索·恩 历史图书馆

006

The translation of this work was supported by a grant from the Goethe-Institut.

DIE UNTERWERFUNG DER WELT

Globalgeschichte der europäischen Expansion

1415-2015

征服世界

一部欧洲扩张的全球史

1415~2015

「上

WOLFGANG REINHARD

〔德〕沃尔夫冈·赖因哈德 / 著

周新建　皇甫宜均　罗伟 / 译

SSAP 社会科学文献出版社

SOCIAL SCIENCES ACADEMIC PRESS (CHINA)

索·恩
THORN BIRD
忘掉地平线
Beyond
the horizon

上

中

第二十一章　第二次世界大战和亚洲的去殖民化

第二十二章　晚期殖民主义和非洲的去殖民化

第二十三章　没有未来的过去?

第二十四章　总结和展望

前　言 11

1983年至1990年由斯图加特科尔哈默出版社（Verlag W. Kohlhammer）出版的四卷本《欧洲扩张史》是我最重要的著作，因此为全面对它进行修订，无论付出多少辛劳都是值得的。对沃尔夫冈·贝克（Wolfgang Beck）、约纳坦·贝克（Jonathan Beck）和德特勒夫·费尔肯（Detlef Felken）作为出版人参与这次修订版的出版，我认为给予再高的评价都不为过。不过，公众思想的转变也为修订工作带来了有利的条件，因为20世纪80年代的一个更具有边缘性特征的主题在今天已被置于政治和科学讨论的中心。当年曾付出十年辛劳，现在还要再花费五年努力进行的学术要求很高的、完善的总体描述因此更加富有意义。

当初我写下的文字虽说大部分经受住了学术发展的检验，然而因为出现了种种新知识和新观点，所以对文本不仅必须进行修订，还需要作出扩充。因此在其他一些地方进行缩减是不可避免的。当初只有在社会经济学上有明确论断的东西受到认真对待。首先，那时关注的已经是文化接触方面的种种问题，因此我使用了大量统计数字和图表为这部著作提供保障。在这方面我可以进行裁减，因为一个长达数页的统计常常归结为一个句子就可以传达知识。其次，我以惋惜的心情将手头掌握的大量图表和图片缩减为配有附带信息的插图和地图，并且放弃了单纯的插图。最后，我为各章列出了丰富的图书资料目录，用以替代详细的注释，这类注释可能会因补入新获取的信息而以不合理的方式显得臃肿。专业人员以这种方式一眼就能核实我的论述的依据所在，对某个分主题感兴趣的读者很容易找到原始资料和相关文献，意
欲追寻细节的读者虽然会遇到困难，但他们毕竟是例外。只有较 12
长的引文和一些争议特别大的论断在文中有说明。如没有特别说

明，文中的引文均由本人翻译。

一部这种规模的著作只有依据第三方的种种研究成果才能成为可能。在处理各个事件或涉及重新认知世界的文献时，则会使用在这种情况下具有“准证物特性”的原始文献资料。由于资料遍及各地，当中某些亦年代久远，又或是结构已显陈腐，我不得不将解决如山之档案的问题委托给其他人。二手乃至三手的科学研究工作是应当予以支持的，因为随着各种见解普及程度的提高，历史学中对伪造之物的抵抗力也在提高。

我希望实证研究和理论反思在这部著作中也达成了一种和谐的关系。在此过程中，我尝试尽量少使用学术行话。我一直认为花费些气力，用明白易懂的德语阐述大部分事情是历史科学的优势。“我的”审校人克里斯蒂安娜·施密特（Christiane Schmidt）在为出版社极为认真地审校手稿的过程中继续在明白易懂方面提供了帮助。

我也希望自己依照现实情况恰到好处地解决了此间已具有迫切现实意义的问题，即如何在政治方面正确使用词语。在20世纪80年代的第一版中，我还能毫无问题地使用“黑人（Neger）”和“奴役黑人（Negersklaverei）”这样的表述，而现在则已用其他词语替换了“Neger类词语”（最近的叫法）。例如我依然常常使用人们熟悉的“印第安人（Indianer）”一词，放弃了“原住民（First Nations）”等类似词语，因为与拉丁美洲的“Indio”不同，大概也与北美的“Indian”不同，德语中的“Indianer”并不含贬义。然而我偶尔也使用一些有争议的概念，如“Indio”，再现了原始资料中的贬义，但用引号淡化了蔑视色彩。这些引号应该表明，贴近原始资料中的意义使用一个概念并不是说我认同它或讽刺性地使用它。总之，有一些有争议的词语类别是不可或缺的，因为若要替换它们，就只能使用毫无实际意义的一般概念或进行复杂的改写。

与第一版一样，第二版也全部出自我手。尽管如此，此次还必须向众人表示谢意：埃尔富特（Erfurt）的卡特琳·沃尔夫（Katrin Wolff）扫描了第一版的文字作为此次修订的基础；埃尔福特的马克斯韦伯研究院（Max-Weber-Kolleg Erfurt）通过贝蒂娜·霍尔施泰因（Bettina Hollstein）给这一工作提供了资金支持；弗赖堡（Freiburg）的托马斯·瓦伏拉（Thomas Wawra）在解决数据处理的难题方面是我不可缺少的助手。众多同人 13
友好地付出辛劳审读了书稿的各个部分：赫尔穆特·阿尔特里希特（Helmut Altrichter）、扎比内·达布林豪斯（Sabine Dabringhaus）、马尔库斯·登策尔（Markus Denzel）、吉塔·达拉姆帕尔－弗里克（Gita Dharampal-Frick）、施蒂克·弗尔斯特（Stig Förster）、伊丽丝·加莱斯（Iris Gareis）、马克·黑贝尔莱因（Mark Häberlein）、克里丝蒂讷·哈茨基（Christine Hatzky）、亚历山大·基瑟（Alexander Keese）、沃尔夫冈·克内伯尔（Wolfgang Knöbl）、汉斯－约阿希姆·柯尼希（Hans-Joachim König）、利维阿·罗森（Livia Loosen）、贝尔恩德·马丁（Bernd Martin）、克里斯托夫·马克斯（Christoph Marx）、费利齐塔斯·施密德尔（Felicitas Schmieder）、彼得·瓦尔特曼（Peter Waldmann）、赖因哈德·温特（Reinhard Wendt）和米夏埃尔·佐伊斯克（Michael Zeuske）。马克·黑贝尔莱因、亚历山大·基瑟和克里斯托夫·马克斯的种种建议在修订过程中对我帮助极大。佩特拉·瓦格纳（Petra Wagner）非常认真地审核了图书目录，付出了极大的辛劳。然而不言而喻，对书中的所有论点和可能出现的谬误，均由我一个人承担责任。

古德龙·赖因哈德（Gudrun Reinhard）也仔细审读了本书全文。我将本书献给她，衷心感谢她在五十年间坚定、愉快、耐心、休戚与共地忍受和支持着我和我的学术研究。

第一章

近代欧洲扩张的基础

尽管早已不再扮演主导世界历史进程的角色，欧洲还是呈现着扩张性。2013年欧盟拥有28个成员国，人们还看不出其扩张有终止之日，2014年它毫不犹豫地容忍了俄罗斯的挑战。然而欧洲的发展壮大几乎不再像以往那样靠使用武力，而是凭借自己的经济魅力，即不是通过自己已逐渐弱化的硬实力（hard power），而是通过一种软实力（soft power）来实现，因为欧洲人的主导动机不再是以往的对真正信仰的传播或在争来斗去的多元世界中寻求民族的壮大，而是永无止境的经济增长。这一观念直到20世纪才在欧洲经济思想的帮助下产生，欧洲得以及时地以这一极为有效的新理念取代了旧有的、在持续的扩张行为中为自己正名的观念，而这种早期的扩张实际上已经完成了。“我扩张故我在（Ich expandiere, also bin ich）”，这是欧洲对经典哲学用语进行的适当翻新。

欧洲过去就一直在扩张，绝非只限于越出自己的疆域满世界伸手的15世纪至20世纪。当时欧洲根本没有别的选择，因为它的形成没有预先确定的根基，没有清晰标定界线的地理根基，没有民族或政治根基；欧洲是在偶然性的扩张过程中形成的，确切地说是通过三次相互交叠的偶然扩张产生的。因此，欧洲的历史无法划定一个可以精确定义的空间，它一直是欧洲自己向自己讲述的历史，其间，“欧洲”这个从一开始就模糊不清的地理概念根本就没有出现的必要。没有标定的疆界，同时又不断进行扩张，这不可避免地导致欧洲历史和非欧洲历史交叠在一起，而这种情况已一再出现。欧洲很难从疆域上定义，只能依照进程将其定义为一个包括不同归属的精神体，不过，它同时也是一个真正的实体。可以说，欧洲从一开始就与它自己的扩张进程息息相关。

18 罗马帝国汇聚起古代文明却又跨越了古代文明的传统生存空间，也就是跨越了仅为欧洲一小部分的地中海地区，向北扩张，向高卢、日耳曼尼亚和布列塔尼亚扩张，此乃第一次扩张。被不完全合理地通称为“日耳曼人（Germanen）”的“蛮族（Barbarenvölker）”从东北方向扩张，进入罗马帝国，这是第二次扩张。这些入侵者中，许多都消亡了。后来，罗马帝国崩溃瓦解。这两次扩张在阿尔卑斯山以北重叠、交织在一起，一些新的、文化混杂的共同体在法兰克诸王的统领下在那片大地上存活下来。罗马帝国的继承者罗马教会以其在阿尔卑斯山以北地区的传教活动进行扩张，将那里的居住者变成了拉丁基督教教徒，此为第三次扩张。于是，“基督教体（Christenheit）”或者说“欧洲”诞生了！

这一地区的绝大部分在很短一段时间内属于查理大帝的帝国，那是欧洲当时仅有的一个具有囊括性的大帝国。皇帝查理五世、拿破仑·波拿巴和阿道夫·希特勒都曾意欲建立覆盖全欧洲的大帝国，但没过多久均因欧洲显而易见的政治多元性（Pluralität）而失败。这种多元性完全是随着文化同一性（Einheitlichkeit）产生的，而究其根源，则首先是随着宗教同一性产生的。欧洲的多元性可以说是由多种先决条件汇集而成的。第一，与其他大陆相比，这个次大陆可以划分为一些相对小的地理区域。第二，各种各样独立的贵族统治恰好建立在这些区域里，它们是欧洲各个新兴民族最初的政治组织形式。第三，这里还出现了世界史上绝无仅有、冲突连连的二元对立（Dualismus）现象，即政治力量和宗教力量的二元对立，世俗势力与教会势力的二元对立，普通教徒和神职人员的二元对立，以及后来发展为机构形态的国家和教会的二元对立。在其他地方，要么是宗教被政治力量左右，要么是宗教控制政治。第四，在这种独一无二的、“欧洲特色”的背景下，后来出现了那种使前现代欧洲人与众不同的个体的政治对抗。

在这些条件下，政治野心勃勃的强权意志如何才能获得成功？显然只能通过与受相同目的驱动的其他同时代人不断竞争。这必然导致武装冲突频繁发生，至少会带来改善自己处境和增强自己财力物力的需求。一些成功的大国以这种方式发展为帝国，最后，它们中的一些在18世纪至20世纪发展成现代强国。领土扩张作为手段和目的，同样是这一发展过程不可缺少的组成部分。

扩张需要暴力！虽然作为神话人物和地域形象代表的欧罗 19
巴（Europa）是位女性，但欧洲扩张因其或隐伏或明显的暴力行为，从头至尾基本上就是男人的事。不过，时不时也会看到女性的积极行动，尤其是那些欧洲扩张所涉及的女性。与扩张所涉及的所有人一样，女性绝不仅仅是消极被动的客体和饱经苦难的历史牺牲品，她们往往善于掌握自己的命运，常常使用或强或弱的温柔力量制服欧洲人。

最早实施暴行的男人是维京人、意大利商人、十字军战士、葡萄牙探险者、西班牙征服者和不列颠航海英雄，他们都属于已在《奥德赛》（*Odyssee*）中出现过的冒险者类型。作为航海者，这些人依照不同情况，可被分为商人、强盗、奴隶贩子、探险者和征服者，开始进行扩张的正是他们，而不是其母国的当权者。在那些殖民帝国的初期，扩张的发起者很少是政治当局，而更多是有兴趣的个体自发形成的合作性组织乃至17世纪的各大贸易公司。国王和王侯们认为参与这种事情有利可图，他们或被请求授予权利，或自己想获得控制发展的权力。在19、20世纪，首倡扩张的常常是那些“现场的人（men on the spot）”，如探险环游者、商人、传教士和军人，还有处处可见的冒险者，他们善于将政治拖入自己的行动中。

南欧和西欧有着便利的航海条件，世界上几乎没有一个地区能与之相比，因此南欧和西欧的扩张带有海洋特色就是自然而然的了。当维京人和十字军战士企图在海外建立统治时，那些地位稳固的欧洲领主们也在陆地上征服自己的邻居，或是将殖民者请进自己的领地来建立城市，通过内部扩张加强自己的统治。在这个意义上，传教士传播的就是拉丁基督教（das lateinische Christentum）。拉丁基督教用这种方式以前加洛林帝国（Karolingerreich）为基地向东扩张，在那里遇到了来自拜占庭（Byzanz）的竞争势力。拜占庭已使东欧的大部分皈依，但也由此造成了巨大的文化差异。这种差异的发端是希腊和斯拉夫的教会语言和文化语言，和皈依罗马的欧洲的语言不同，其书写不采用拉丁字母。

因此，我们从历史角度暂且将欧洲定义为“拉丁欧洲
20 （lateinisches Europa）”或许是非常合理的，即罗马教会及其后继者传播的拉丁文化所进入的区域。因为海外扩张也是以这一区域为出发地的。今天我们大概也能由此确定一个边界地带，在它两侧，一方为芬兰、波罗的海三国、波兰、匈牙利和克罗地亚，另一方为俄罗斯、白俄罗斯、乌克兰、罗马尼亚和塞尔维亚。南斯拉夫解体时的情况表明，这条文化分界线一如既往地存在着。从前，它被当作政治工具服务于所谓的基督教西方，服务于北约以反对苏联，使得这一历史研究结果长期以来很难被人们接触和认识。

无论在西方还是在东方，面对种种世俗化理论，宗教虽然还存在着，但自18世纪欧洲启蒙运动以来，已不再是文化的全部。欧洲文化富有自主性，有自己的世俗科学技术，有自己的世俗政治和世俗日子；18世纪以来，俄国依照这种文化模式进行了自身的欧洲化，土耳其也在20世纪照此进行了欧洲化。除此之外，俄国还成功地将其殖民地西伯利亚俄罗斯化，这样也就欧洲化了。但是，我们难道由此就可以得出结论，认为在

此期间，欧洲疆界已抵达了太平洋？这显然是一个相当荒谬的观念。不过，欧洲的确没有明确的东部疆界，以博斯普鲁斯海峡和乌拉尔山脉作为分界线只是历史沿袭下来的、没有说服力的说法。

欧洲扩张基本上集中表现为海外帝国主义和海外殖民主义，亦即怀着强烈的欲望，成功地占领、统治和掠夺美洲、亚洲和非洲殖民地。在此过程中涉及的总是相隔遥远、只能由海路到达的国家。然而俄国的历史表明，帝国扩张和对殖民地的统治不仅可以通过海路进行，而且可以从帝国核心区域出发，通过领土的相互关联而在大陆上进行。就连通过海路开展的扩张也是最先发生在欧洲本土的，最终又将欧洲的自身结构直接带出欧洲。当人们发现所谓的欧洲内部殖民主义（innerer Kolonialismus），尤其是英格兰对邻国（如爱尔兰）统治的殖民特征时，他们就得以从相反的视角证明这一史实。具有代表意义的是那些已经在欧洲积累了建立帝国经验的国家，即在“收复失地运动（Reconquista）”中积累了经验的葡萄牙和卡斯蒂利亚（Kastilien）、在爱尔兰积累了经验的英格兰，最初在海外建立帝国的活动就是从这些国家开始的，而这些活动中动用的就是那些已在欧洲本土进行过这种实践的人。

显然，在欧洲以内和欧洲以外进行的扩张所导致的结果都是帝国的建立，殖民帝国无非欧洲帝国的变体（Varianten），
因而我们并不总是能够轻易地与其他帝国类型区分开来。在此 21
期间，大王国或帝国（Imperien）再次引起研究界的关注，它们作为政治体制形式的地位重新得到重视，与现代国家相比，这一形式有其自身的合理性。然而，帝国是几千年来大政治体制的标准形式，与其相比，现代国家则是一种特殊情况，它到了 18、19 世纪才出现，而且最初只出现在欧洲。

帝国与现代国家的主要差异在于，帝国政治结构松散，而

国家的现代性则要求统一和同一性。在帝国中，替代统一的国家权力的是各种或平行或分为等级的权力机构（Instanzen），这些机构的产生并非通过中央权力机构授权，而是依据自己的法律。一个帝国可以没有统一的国土，可以由一些法律地位各异且与中央联系强弱不同的地区组成，对它们的控制常常是依离中心区域的距离递减，甚至有时连与相邻帝国的明确边界也不存在。由享有同样权利或同样不享有权利的个体组成的现代国家的国民则必须是统一的和同一的，即首先是说同一种语言，其次是从前属于同一种宗教的——尽管两者无论是过去还是现在都常常是虚设的。作为法治国家，现代国家会强制维护法律的统一；作为民族国家，现代国家会强制维护民族的统一。与此相对，一个帝国内共同生活着不同的群体，他们的法律不同，与中央的关系疏密各异，相互之间的融洽度也各不相同。对这种共同生活进行调节的往往是非官方的习俗而不是明确的法律规定。在帝国里构成共同体的基本单位不是直接隶属于国家的个人，而是家长控制下的家庭以及其首领控制下的集体或地区。一个现代国家的“国民”或多或少与该国家的“居民”是一致的，而一个帝国的“国民”则是由不同居民群体中享有政治权威的群体组成。由不同成分构成的帝国转变为由相同成分组成的联邦，这是政治现代化的一种形式，也就是国家化（Verstaatlichung）的形式，这种国家化首先一再出现在大不列颠帝国去殖民化（Dekolonisation）的过程中。

现代国家是专制的，因为它不承认任何物、任何人凌驾于自己之上，也不承认自己治下的自主。在实践上，这种专制对内体现为由行政、司法和警察垄断法定的自然权力（legitime physische Gewalt），对外表现为拥有使用国家武装力量随意进行战争的无限权力。在这方面，帝国表明自己是现代国家的
22 先期形式，因为帝国之主也要求专制，即便对他们来说事情发

生在欧洲之外，即便这一欧洲法律观念在那里是陌生之物。他们能够在战争中充分实现这种要求，尽管他们的军队常常还不是纯国家性的。由于前面提及的帝国结构松散，对内权力的垄断大都状态欠佳。一个专制统治者虽然经常像现代国家一样不承认任何凌驾于自己之上的权力，但他不像现代国家那样是自身合法性的原创者，而是通过“神赐”这种方式由他人授予合法性，或作为“天之子”被囿于超验的准则中。而现代国家则是世俗的，它凭借人民主权（Volkssouveränität）的法律构架，以自身的力量确认自己的合法地位并决定自己的权限。法西斯主义独裁统治以及有生存忧虑的现代国家在20世纪将这种权能扩展到极致，因为现代国家是权力国家（Machtstaat），是人曾经发明的最有效的权力集中制度。

大多数殖民帝国还是前现代意义上的帝国，因为欧洲扩张处在巅峰状态时，所直接导致的结果都是权力国家在其领土之外又建立起另外的帝国。成功的秘密就在于，在这一时刻，世界范围内就只存在着在大规模施展力量方面敌不过现代国家的帝国。现代国家的优势虽然可能表现在经济力量和军事工艺方面，但最终的依托还是在紧急情况下能动员起无限资源的能力。在这方面具有决定性意义的是17、18世纪欧洲发明的国家贷款，当时世界其他地区对此还一无所知。依靠长久的财政支持施展力量就能达到目的，而依靠短期的财政支持则不能。日本由帝国转变为国家及其随后取得的政治成就也非常清楚地印证了欧洲扩张成功的这一原因。

对于殖民帝国来说，“殖民地（Kolonien）”这一名称在很长时间里根本不流行，似乎到18世纪这一概念的意义才变得明确，在那之前，殖民地一词完全按照古罗马“colonia”的意义仅指在他人土地上新建立的移民点，英语称作“plantations”。近代早期西班牙帝国的美洲部分被称作“Las

Indias”，与阿拉贡或那不勒斯一样，它们也是整个君主国内在形式上权力平等的王国；当然，在那些王国里起作用的是非官方的卡斯蒂利亚人的统治。19、20世纪，大英帝国内白种人居住的属地（Dominion）获得了在形式上与英格兰平等的
23 地位，之前正是拒绝承认这种平等地位导致了美国的脱离。其他各个地区保持着情况各异的法律地位，与中央的关系也亲疏有别。印度是个特例，它在伦敦甚至有一个自己的“部”。

总体来说，对海外殖民帝国的控制从未做到特别强有力。与欧洲土地上各前现代帝国一样，费用方面的原因使那里也缺乏地方行政管理人员。在本土和海外都必须注重与当地管理机构的合作，在非洲部分则干脆先以所谓的行政首脑形式建立起管理机构。按照这一原则，西班牙在美洲的殖民统治已经正常运转，尽管它的组成部分是官僚的。借助印度王侯和北尼日利亚埃米尔进行的著名的间接统治（indirect rule）并非大不列颠的智慧结晶，而是大不列颠节约开支的结果。出于相同原因，其他殖民大国也采用了这种方式，而罗马人也早就实行过它，比如在巴勒斯坦。即便在19、20世纪的殖民帝国中，也极少有现代国家政权，顶多可以算上英格兰的移民殖民地和英属印度。欧洲的世界主要是采用帝国统治的前现代方法来治理的，也就是在通常情况下，通过当地的受庇护者进行治理，遇有紧急情况，则动用欧洲后备军进行干预。这一体系的现代性仅仅体现在一个方面，即越往后越多地使用各殖民国家庇护的人，而不是个别当权者庇护的人。

因此，为了更确切地区分欧洲扩张，划分帝国的类型与划分殖民地类型将大有裨益。从帝国中央与其边缘地区的关系这一重要视角可以分出四种帝国类型。

1. 德意志民族的神圣罗马帝国类型以欧洲的眼光来看，大概属于最古老的类型。它的中央虚弱而且没有形成毋庸置疑的

中心。它不可能在殖民舞台上扮演任何角色，因为就自身而言，它已没有能力进一步扩张，充其量其诸侯中实力最强者具备这种能力，但必须自己承担风险。实际上，奥地利和普鲁士在这方面取得了很大的成功，但几乎没有海外扩张。

2. 西班牙类型的中心区域为一个民族君主国，不过该君主
国自身具备一个帝国的前现代特征。不仅西班牙的正式国名长
期用的还是复数“Las Españas”，而且卡斯蒂利亚作为狭义
的领导力量，尽管有一个实力强大的君主制度，但比起作为现 24
代领土国家，它更像是不同统治势力的捆绑体。直到 18 世纪，
开明君主制才卓有成效地推动了现代国家的形成并试图加强对
殖民地的控制。

3.19、20 世纪的不列颠或法国类型的中心区域是一个实力强大的现代权力国家。在这一时期，欧洲内现代国家的形成以及欧洲之外欧洲殖民帝国的建立均达到巅峰。不稳中有稳的欧洲国家体系基本上不允许在欧洲本土进行扩张。然而，从民族自我维护的利益出发，扩张又势在必行。因为欧洲之外没有任何地方的政治发展水平能与欧洲现代权力国家相比，所以欧洲诸强的扩张很少遇到有效的长期抵抗。

在占据历史领先地位期间，大不列颠一直满足于所谓的自由贸易帝国主义（Freihandelsimperialismus）这一间接方法。但只要有其他国家赶上来，欧洲扩张立刻就成为高度帝国主义（Hochimperialismus）的赛跑，而民众日益广泛的政治参与以及相应的媒体宣传则继续激励着这种赛跑。结果就是：地球表面几乎一点儿不剩地被划分给欧洲殖民国家以及被它们带动起来的竞争者——美国和日本。即使是少数没有完全失去其政治独立的国家，也处在欧洲辐射宽广的影响之下，如中国、泰国、伊朗和奥斯曼帝国。

4. 俄国类型拥有一个正在形成的现代权力国家，它将越来

越多的相邻地区占为己有，将它们纳入自己的政治体系，排挤或同化原有居民。这或可凭借政治强迫这种硬实力进行，或可凭借包括东正教传教在内的优势文化，即软实力进行。另外还结合以修建铁路为主的地区开发，有计划地让俄国人移民。最后它甚至企图向海外扩张，向阿拉斯加和加利福尼亚扩张。

在欧洲以及欧洲附属地区之外，这类大陆扩张也在进行，实施者为那些无法或无意进行海外扩张的国家，如中国。俄国的扩张后来在17世纪正好与中国的扩张相撞。显然，大陆扩张是历史的一般情况，而欧洲的海外扩张则属于特殊情况，尽
25 管其规模巨大。当欧洲国家在相邻地区再没有扩张的可能性时就立即转向海外扩张。唯有俄国人有继续进行大陆扩张的可能性。

另外，凭借这种大陆帝国主义（Kontinentalimperialismus）取得最大成功的是“新欧洲”，特别是独立的美国，不过也包括各拉美国家以及不列颠的殖民地加拿大、南非和澳大利亚。对美国和澳大利亚而言，海外帝国主义（Überseeimperialismus）也在太平洋列岛实现了无缝对接。在涉及独立的前欧洲殖民地时，我们可以从欧洲扩张的视角谈次级扩张（Sekundärexpansion）或次级帝国主义（Sekundärimperialismus），在涉及大不列颠殖民地时，我们可以谈附属帝国主义（Subimperialismus）。历史上也确有作为殖民地的附属殖民地（Subkolonien），例如菲律宾在很长时间内是墨西哥的殖民地，安哥拉依附巴西比依附葡萄牙的时间更长。

去殖民化过程中的情况表明，大陆帝国主义很难或根本不可能去殖民化，因为它们或是大规模地用移民取代了前居民，或是将他们边缘化，或是将他们同化。唯有高加索、中亚和南非例外，因为统治者和被统治者的数量比使政治同化在这些地

方必然遭受失败。这些地点也曾有各个群体对殖民统治进行的激烈抵抗，而欧洲扩张在其他地方取得成功的秘密就在于非欧洲人显而易见的弱势，如16、17世纪的印第安人，再如19、20世纪的亚洲人和非洲人。

唯有如此，才能将殖民帝国的形成与非殖民帝国的形成区分开来。殖民统治虽然是异族统治（在其他类型帝国中也常有异族统治），但这种异族统治还充分利用了统治者和被统治者之间或局部或普遍的发展差距。例如，罗马人征服希腊人和苏联控制民主德国虽然都导致了直接或间接的异族统治，但却不是殖民统治，因为我们无法将它归因于双方不同的发展水平。与此不同，美洲各石器时代民族与进行扩张的欧洲人相比，几乎在各个方面都处于劣势。而亚洲人虽然在文化方面可能与欧洲人水平相当甚或处于优势，但他们和非洲人一样缺少一种政治制度，一种在18世纪至20世纪与现代权力国家相称的政治制度，更何况现代权力国家还可以动用其领先的军事技术工艺。

当然，“发展差距（Entwicklungsdifferenz）”这一概念 26
容易引起反感并被误解为带有种族主义色彩，但它绝对是纯描述性的，绝对应被理解为不含丝毫价值评判。我们既没有借助它来假定存在着人类攀向现代顶峰的一条共通的发展之路——西方已端踞于其顶峰，也没有借助它来假定拥有原子弹是比拥有弓箭更可喜的发展。它只是说明种种历史结果是从这种发展差距中产生的。

另外，读者诸君也勿从这一概念推论出主动的殖民者与被动的被殖民者之间的明确对立。殖民帝国臣民的法律地位通常比较低，受剥削的程度也高于欧洲臣民，这一点在西班牙帝国的“印第安人（Indios）”身上可以看得非常清楚。即便如此，他们也是殖民统治的参与者，尽管面对自己的主人时他们会扮演各种不同的、变换着的角色。被殖民者可能会耐着性子忍受殖民统治，也可能进行抵抗，也可能狡猾地进行破坏，他们可能会与殖民者合作，甚或开始兴奋地接受殖民者推动的文化转变。无论在哪种情况下，他们都积极参与了殖民地的塑造，从而也积极参与了后殖民世界的塑造。我们常常很难将加害者与受害者明确分开。

因此，这部欧洲扩张史没有将太多的笔墨用于殖民国家的相关行为，而是将殖民和后殖民社会以及国家的兴衰置于关注中心。然而，力量对比造成了研究殖民者和被殖民者行为的现状以及原始资料现状的失衡，因此，在阐述中偏重西方视角一时在所难免。

转变的推动力虽然可能主要源于殖民国家，但如何利用这种推动力在很大程度上取决于当地文化的种种条件。日本无疑是个突出案例，但绝不是唯一的案例。虽然世界上各种文化有着共同点，但立于终点的却不是唯一的“纯西方样式的现代”，而是“多种多样、数量众多的现代”。按照历史进程可以分出四种各不相同的现代化之路：（1）欧洲自身之路；（2）欧洲的移民殖民地之路，即北半球和南半球的新欧洲之路；（3）由外
27 力推动但自主完成了现代化，如日本；（4）在异族统治下的殖民地或多或少使用暴力手段进行现代化，不过正如前面已提到的，这同样不是单方面的进程。

因此，人在世界范围内的移民，以及在此框架内由欧洲扩张启动的各种文化的相互影响就是一部新世界史的合适主题，这样一部新世界史将从全球视角描述过去五百年甚或整整一千年的历史。认为主要推动力源自欧洲的论断确实带有欧洲中心论色彩。然而，首先就其起因而言，此事本身就是以欧洲为中心的，其次我们也可以用反思性的开明欧洲中心论（aufgeklärter Eurozentrismus）替代这种说法——老实说

我们反正也做不了更多的事。同样清楚的是，这里描述的不是某些我们恰好身为其中一员的民族的历史功绩，而是一个庞大的“编织物”，编入其中的一方面是各种前提条件、框架条件和推动力，另一方面是各种偶然事物，正是这些偶然事物给欧洲分派了在世界史中扮演的角色。今天同样清楚的还有，这种在“力量市场”上演进的历史进程通常必然与种种阴暗面联系在一起，必然与种种罪行联系在一起。这个无可避免的发展进程不会免去肆无忌惮或罪行累累的参与者为他们的（罪恶）行为所应承担的责任。

19、20世纪的欧洲扩张如今经常被称为“帝国主义”，整个殖民统治体系被称为“殖民主义”。然而必须注意，这些19世纪的概念在20世纪变成了攻击性的战斗口号，完全变成了骂人词语。因此在使用它们时必须小心谨慎，在用于前现代时仅使用它们的转义，因为它们本不属于那个时期。

与殖民帝国（Kolonialreich）和殖民统治（Kolonialherrschaft）一样，殖民主义在逻辑上以殖民地（古罗马的colonia）和殖民（Kolonisation）两个概念为前提。殖民就意味着建立殖民地，例如，即使是建在奥得河（die Oder）畔一块排干的沼泽地上，它也可以被称为殖民地。殖民地亦即一个新移民点，它可能是独立的，也可能依旧处在移民者母国的控制之下。不过，在其转义上，所有在空间上与相关国家分隔的统治地区都可被称作殖民地，尤其是当它们位于海外时。殖民地这一概念的狭义为居住地“或”统治，广义为居住地“和”统治。因此，在历史上可以分出三种殖民地类型，而各个类型又有其变体。

1. 据点型殖民地（Stützpunktkolonien）。此类殖民地或是服务于经济目的，如商业，或是为了保障军事实力，或
是两者兼而有之。因此它可能是：a. 一个在他国范围内的移 28

民区，例如中世纪时意大利商人在东方城市里的聚居地，或是今天在罗马的德国移民区；b. 在他国土地上建立的自治体（autonome Gebilde），如马其顿人和罗马人曾建立的移民点，后来葡萄牙和其他西欧海洋强国在印度洋沿岸建立的据点网，不列颠人最终在世界范围内建立的海军基地网。在建立据点时，经济意图和军事意图通常是联系在一起的。据点网也可能就是该地区逐渐变为移民型殖民地或统治型殖民地的开端，如早期美国西部的要塞或俄国人在西伯利亚的基地。

2. 移民型殖民地（Siedlungskolonien）。此类型可被视为殖民地的原始类型，因为殖民行为就是数量日益增长的人类不断进行移居和土地开垦。这甚至被视为执行《圣经》中的创世令（Schöpfungsbefehl）："要生养众多，遍满地面，治理这地！"（《创世记》1：28）然而其间被忽略的是，从美洲到澳大利亚再到巴勒斯坦，只有为数极少的新移民区在辟为殖民地前是没有人烟的。它们已由其他人居住，而这些人处于劣势，因此不得不避让或臣服。大多数情况是定居的农人排挤猎人、采集人和游牧人以传播文化（cultura），即传播高度发达的农业经济形式以及附着于它的土地私有制。在那些农人已经定居的地方，如阿尔及利亚或巴勒斯坦，较发达的农业经济形式取得了成功。由此产生的情况可能有：a. 完全排挤原居民（Vorbewohner），如英属北美和澳大利亚；b. 原居民规模或大或小地转变为独立劳动力，如阿尔及利亚和巴勒斯坦的以色列人；c. 由输入的劳动力取代原居民，如美洲的奴隶种植园。不过这类殖民以殖民统治为其前提条件。

3. 统治型殖民地（Herrschaftskolonien）。此类型不局限于建立基地，而是要控制整个国家，但并非持续不断地向这个国家新增移民。a. 此类型中较老的西属美洲型近似于移民型殖民地，因为大量的移民长久定居在殖民地，不过，他们首先将自己的生存基础建立在统治占人口大多数的本地人上，为了这一目的，至少大体上让本地人保持着自己的经济生活形式；b. 较新的亚非类型以英属印度为范例，其特点为极少数非长期 29
定居的殖民主统治着占人口绝大多数的当地人。不过，这两个变体都只能在有当地助手的基础上才会发挥作用。

在所有这些情况下，无论是迁入还是迁出，都要归结到殖民地以及殖民帝国之中。不过，移民在这里不是表现为整个民族的迁徙，而是由个人组成的或大或小的群体的迁居。a. 它能以移民型殖民地和统治型殖民地为目的地，却又不必局限于它们，大多数迁出欧洲的移民进入了已经独立的美国，但就其本身而言它依旧是欧洲扩张的产物；b. 强迫性的劳动力移民至少具有同等重要的意义，它起初表现为大西洋的奴隶交易，后来表现为半自愿性的苦工交易，即猪仔交易（pig trade），因而由于欧洲扩张，某些国家如今的居民已完全不是发现它们时的居民。

欧洲人的那些发现在世界近代史上是无与伦比的，它们究竟是如何发生的？在欧洲之内已不存在可能性的情况下，欧洲人为何能够在欧洲之外的国家如此成功地继续进行自己无休止的扩张？为何整体上会出现决定性的发展差距，而实际情况中，又会发生欧洲各国各不相同的具体扩张？人们持续讨论着欧洲扩张成功的原因和背景，即讨论着“欧洲奇迹”，但这种讨论长期忍受着一种折磨：在扩张鼎盛时期，欧洲拥有某种优势在其自我认知中是毋庸置疑的；然而，在反殖民主义取得辉煌成果的标志下，这一假设在欧洲人以及美洲人遭受挫败的自我认知中，在政治上和科学上却是不被许可的。

不过以下几点思考兴许有望得到赞同。（1）与欧洲中世纪先辈所处的时代一样，在15世纪至17世纪进行早期世界扩张期间，欧洲面对亚洲各个高度发达的文明，不可能占有总

体优势，甚至可能正好相反，因为欧洲伴同历次十字军远征最
初进行的海外扩张尝试都遭受了失败。新世界里不同的力量对
比导致了那里的早期成功，而在亚洲和部分非洲地区，欧洲人
只是被容忍，定调子的仍是当地国家。（2）这一情形到18世
30 纪晚期才开始发生变化，但首要原因不是所谓的工业革命，而
是各欧洲帝国变成了权力国家，至20世纪再无人能与这些权力
国家匹敌，因此它们才能够在世界其他地方放开胆子奋力建立帝
国。另外，促进这一进程的一方面是各亚洲帝国内出现的一系列
危机，另一方面是19世纪以来欧洲经济和技术工艺的发展。
（3）在这个框架内，大概在中世纪就已存在着一些欧洲文化特
性，甚至是作为古希腊罗马遗产传承下来的特性，它们为欧洲
人创造了这种或那种竞争的有利条件。世界范围内的比较思想
史作出的一些尝试也在这方面揭示了令人惊异的相似情况。

尽管如此，我还是觉得欧洲在两个方面领先的可能性是非常大的，这两个方面相互关联，而且一直还处在竞争之中。一是独特的知识文化，而且它已在独一无二的欧洲大学机构里扎下了根，虽然最初它还没有对经验认识的研究进行奖励，但或许已经激励了对体系的好奇心。与此密切相关的是在翻译异族语言和文化作品方面高度发达的技能，这是因为人们迫切需要理解自身文化中的犹太遗产和古代遗产，由此产生了这种技能。二是基督教依照创教人的旨意，以这种知识文化做衬里向世界传教的意愿："使万民做我的门徒！"（《马太福音》28：19）这种传教首先在天主教修会里找到了既坚定又内行的先驱，欧洲扩张伊始他们就参与其中。

然而，我们以此很难解释清向欧洲以外的世界进行扩张的历次开端，同样也很难用商人追逐利益的欲望、喜好冒险的骑士的虚荣心、政治家的谋划来解释，更不能用文化史体系中1860年的华丽篇章"复兴之人（Renaissancemenschen）"来

解释——人们称其甩掉了从未存在过的所谓中世纪束缚人的锁
链，启程去“发现世界和人”。虽然我们可以分析前面提及的
所有人的前提条件、框架条件和推动力，从而绘制一个个可信
的场景，但以这种方式不可能从总体上解释欧洲扩张的原因。
因为与大多数历史事件、历史进程和历史架构一样，欧洲扩张
也是通过一个个偶然事物以及这些偶然事物的偶然堆积来完成
的，当然，各种前提条件、框架条件和时代独有的推动力为这
种堆积开通了渠道。这种前提条件、框架条件和推动力极其清
楚地集中在克里斯托弗·哥伦布（Christoph Columbus）身 31
上。我们固然可以用以上方式让人们理解他的行为，但却解释
不了。各种解释更多地源于他一生的那些偶然以及与其同时代
人的相互作用。

古希腊罗马与亚洲的联系

欧洲的世界扩张是近代的一个进程，却拥有一段可追溯至古希腊罗马时期的“前史（Vorgeschichte）”，了解这段前史大概极有助于我们理解欧洲扩张。可以从头看一看一些地理历史架构和文化架构，即使在近代，我们也能再次找到它们：季风和沙漠的意义，荒漠商道上的商城和游牧民的意义，亚洲市场对欧洲货物的微弱需求以及由此产生的贵金属向东方的流失——这一点从罗马帝国时期直至18世纪都可以观察到。此外还有一些不仅在欧洲的扩张时代，甚至到了20世纪还时不时地发挥作用的传统，即人们总是记挂着东方穆斯林势力范围另一边有一个由那位所谓的基督教长老约翰创建的帝国，总是记得亚历山大远征以及与此相关联的帝国的“冲动”。

无疑，历来总是有货物，或许还有人，从欧亚大陆的这一头运往另一头，但最先开始做亚洲和欧洲这一大题目的是欧洲的先驱：希腊人。地中海地区的居民对近东很熟悉，与再往东的地区的联系则要通过阿契美尼德帝国，该帝国疆域自爱琴海直抵印度，公元前518年至公元前515年，大流士一世（Dareios I）治下的帝国将印度河地区作为第二十个行省并入了自己的版图。这一地区的名字“Hind”或者“Sind”经波斯语传入希腊语，最终印度河以东的整个地区被称作“Indike”，这一模糊用语一直被沿用至16世纪。因此，我们并不总能轻松地确定那些一心想找到印度的发现者们寻找的到底是什么。

卡延达的斯凯勒克（Skylax von Karyanda），一个为波斯效力的希腊人，于公元前519年至公元前512年间顺印度河而下，绕行阿拉伯半岛最后到达埃及，希罗多德（Herodot）记述了此事，不过他关于印度的信息真假混杂。

欧洲与亚洲的第一次大规模接触是由亚历山大远征带来

的。在稳固了今天的阿富汗之后，这位马其顿国王于公元前327年沿喀布尔河谷（Kabultal）进发，占领了五河流域地区［旁遮普（Pandschab）］。在试图越过贝阿斯河（Bias，或译作“比阿斯河”，希腊文为Hyphasis）继续向东进军时，军队发生了叛乱。亚历山大沿印度河而下，于公元前325/前324年冬天以一次恐怖的行军穿越格德罗西亚沙漠［俾路支斯坦（Belutschistan）］，撤回苏萨（Susa）和巴比伦，同时海军将领奈阿尔科斯（Nearchos）率领舰队沿海岸撤回波斯湾。

远征印度总是最能激发对亚历山大所有行为的想象。在时间的长河中，欧洲和亚洲的一些称霸世界的想象就是以他为依据的。许多传奇式的传记在他生前就已开始流传。大约在公元3世纪，有人根据这些文本编纂了一部小说，并称原作者是亚历山大的宫廷史官、哲学家卡利斯西尼斯（Kallisthenes）。原本已经佚失，但我们藏有不下八十种古希腊罗马时期的改写本。到中世纪，这一兴趣变得更加强烈。很受欢迎的一部伊朗的亚历山大传奇是1200年创作的。这一古典时期的素材经由三条途径，即罗马、拜占庭和西班牙涌向欧洲，于是，那里出现了几乎所有语言的或韵文或散文的改写本。到15世纪人文主义时期，亚历山大远征的原始资料重新出现，却丝毫没有影响人们对这类小说的喜爱。1472年，约翰·哈特利布（Johann Hartlieb）还在奥格斯堡出版了一本关于亚历山大的书；1558年，汉斯·萨克斯（Hans Sachs）据此在纽伦堡写了一部亚历山大剧。于是，印度在欧洲人的意识里成了奇境异地，就连一些严肃的思想家也毫无顾忌地将亚历山大小说用作资料的来源，最后一位如此使用的是塞巴斯蒂安·明斯特尔（Sebastian Münster），时间是1544年，就是说距离发现原始资料已经过去很久了。

公元前323年，亚历山大辞世，在继业者战争中，东部归胜利者塞琉古（Seleukos Nikator）所有；公元前318年他失去了印度，公元前305年试图夺回，但徒劳一场，他已敌不过在此期间出现的印度大帝国旃陀罗笈多的孔雀王朝（Candragupta Maurya），双方以印度河为界。不久之后，麦加斯蒂尼（Megasthenes）作为塞琉古的使节来到孔雀王朝的都城华氏城（Pataliputra）[恒河下游比哈尔的巴特那（Patna in Bihar）]，他的印度报道虽然有些流于表面，却描绘了这个仙境似的地方，不过这部书只有一些残篇保留在后来的一些希腊作者的著作里。

33 公元前3世纪末，埃拉托色尼（Eratosthenes）将此前希腊人获得的地理知识汇编在一起，它们在斯特拉波（Strabo）的著作里流传给我们。从此之后，印度次大陆的三角形状以及塔普罗巴内岛（Taprobane）（锡兰，今斯里兰卡）的存在就为人熟知。但印度是这块陆地的东南角，恒河已经注入了在东面环绕着这块陆地的大洋。关于印度后面的那些国家，人们还一无所知。

这一时期，希腊人在印度的活动有了新的迅猛发展。公元前205年前后，巴克特利亚（Baktrien，阿富汗和兴都库什山以北的中亚地区）摆脱了塞琉古帝国，这未留下任何后果，因为安条克三世（Antiochos III）身陷与罗马的冲突之中。同一时期，孔雀王朝帝国也崩溃瓦解，因而巴克特利亚的“希腊人”可以向印度西北突进，在那里建立起一系列一直延续至公元前1世纪的诸侯国。弥兰陀（Menander）是这些国王之一，是唯一跻身印度文学殿堂的希腊人，他所著的佛教经典名为《弥兰陀王问经》（Milinda）①。当时就有铸着希腊语的和印地语的双语硬币，似乎也有希腊人崇拜毗湿奴和佛陀，但这绝对

① 巴利语为Milinda-pañha，也称作《弥兰王所问经》，收入巴利三藏藏外，是为南本；此经北本即为汉文大藏经中的《那先比丘经》，卷上所述弥兰王事迹与南本大同小异。——编者注

不能被理解为现代意义上的“皈依”或印度化。

即便这些“希腊人”的统治早已被其他从西北方迁入者取代，这种文化推动力依然具有活力。公元1世纪至7世纪，所谓的犍陀罗艺术（Gandhara-Kunst）在西北地区一片繁盛，它用以表现佛和其本生故事场景以及印度传统诸神的雕塑和浮雕具有强烈的希腊风格。欧洲历史学家倾向于将它看作希腊文化的组成部分，而印度人则将其视为自己历史的产物。另外还有来自伊朗的其他影响。多种解释的存在说明这里涉及第三种因素，即高度发达的文明之间存在一个卓有成效的相互作用进程。

前面列举的欧亚之间的种种接触基本都是经由陆路进行的，而地中海地区与印度之间海上贸易的意义自公元前1世纪以来也日益增强。据说自公元前2世纪至公元2世纪，控制着伊朗及其邻国的帕提亚人（Parther）危害到陆路贸易，或者说至少使其费用增加。不过估计他们自己也缺少必要的组织。南阿拉伯半岛的居住者为确保自己垄断转口贸易而在曼德海峡 34
（Bab el-Mandeb）封锁红海的说法虽然听起来颇有说服力，却尚未得到证明。阿拉伯福地（Arabia felix）的财富绝对没有依靠海上霸权来获取。

可以确定的是，在埃及托勒密王朝于公元前100年前后向南扩张期间，屈茨克斯的欧多克斯（Eudoxos von Kyzikos）曾两次直接从红海前往印度，估计也就是在这个时期，一个叫锡巴路士（Hippalos）的人发现了季风系统，因而也发现了西方人快速横渡印度洋的可能性。据猜测，锡巴路士曾是欧多克斯的舵手。托勒密王朝开始扩大这一联系，但好像很少利用它，尽管克利奥帕特拉（Kleopatra）在阿克提乌姆海角（Aktium）失败后曾考虑逃往印度。

真正利用这一新可能性是在罗马统治时期才开始的。地理学家斯特拉波报道称，埃及总督科尔内留斯·伽卢斯

（Cornelius Gallus）统治期间（公元前30年至公元前27年）每年有120艘船从米奥斯霍尔莫斯（Myos Hormos，苏伊士湾南端）驶往印度，而在托勒密王朝统治期间却不足20艘。后来，更往南的贝雷尼斯（Berenice）［与拉斯贝纳斯（Ras Benas）的麦地那（Medina）处于同一纬度］取代米奥斯霍尔莫斯成为前往印度的主要港口。在这两种情况下，货物均由陆路运抵尼罗河再运往亚历山大城（Alexandria）。7月中旬船只驶离埃及沿海岸向南行驶，10月借助西南季风驶往印度，待东北季风起后于11月或12月从印度驶回非洲海岸，来年春天再返抵埃及。

罗马与印度的直接贸易大约繁荣了两百年，关于这一时期，我们手头上有重要的原始资料：一是公元1世纪下半叶老普林尼（Plinius der Ältere）编撰的37卷《自然史》（*Naturalis Historiae libri* XXXVII），在介绍各国风土的第6卷和介绍植物的第12卷中涉及了印度；二是《厄立特里亚海航行记》（*Periplus des Erythraeischen Meeres*），它是用希腊语写的印度洋航海手册，同样可追溯到1世纪中叶，它出自一个贸易实干家之手，不是出于学术目的而写就的，但正因为如此而更加充满价值；三是罗马帝国和印度富于启发意义的出土文物；四是南印度典籍中的一些提示，不过历史描述中没有提到古印度文明。

由于充分利用季风提供的种种可能性，罗马人的目的地逐
35 步南移，先是印度河入海口，继而是古吉拉特（Guyarat），最后是马拉巴尔海岸（Malabarküste），后者是真正的胡椒之乡。南印度大地至少出土了罗马帝国时代的5400枚第纳里乌斯银币（denarii）和800枚奥里乌斯金币（aurei）。给人印象最深的发掘地是印度东海岸本地治里（Pondichéry）的阿里卡梅杜（Arikameddu），那里发掘出一个罗马人的商行，另外还有

在阿雷佐（Arezzo）的陶器。庞贝（Pompeji）的印度象牙雕像与科拉布尔（Kolhapur）[马哈拉施特拉（Maharashtra）]的罗马波塞冬青铜像遥相呼应。

典籍和出土文物证明，罗马人很快也进一步熟悉了这块次大陆的东侧以及直抵马六甲海峡的这片地区。不过，混乱不清的记载以及远远不足的出土文物也引出了一个结论，即罗马人对印度支那半岛（Hinterindien）以及中国的了解还很不够。罗马人到达了中国，中国人也试图由陆路和水路与罗马帝国的东部边缘地区建立联系，然而与印度次大陆不同，还谈不上有经常性的长久关系。迄今为止在中国土地上仅仅发现了一个罗马硬币储藏点，而现在它已被证实是后来一个传教士的硬币收藏。

罗马与中国之间的陆路贸易也从未有计划地进行，从未进行远距离的订货贸易。“丝绸之路（Seidenstraßen）”——德国的亚洲地理学家费迪南德·冯·李希霍芬（Ferdinand von Richthofen）创立的一个概念——穿过亚洲腹地和伊朗，经荒漠商道上的商城巴尔米拉（Palmyra）通向叙利亚海岸，在那里，安条克（Antiochia）作为终点扮演着与埃及的亚历山大城一样的角色。然而，罗马人的商队绝没有通过这条商路去远东，中国人的商队也没有去过遥远的西方，货物是依据完全不同的需求观念一次次转手运送的。欧洲与亚洲的贸易当时是一种双向的奢侈品贸易，这一事实直到近代才改变。它的一个原因就是成本障碍，直至19世纪，这一障碍一直影响着大件货物和廉价的大众货物的远程运输。

罗马帝国从印度进口香料，尤其是胡椒，而普林尼对此已经提出异议：

> 令人惊异的是胡椒如此受青睐。其他货物或以甜香味诱人，或以外观吸引人，而胡椒既不是水果也不是谷物。

> 唯有它的刺激味引发人的兴趣——我们就为此驶往印度！（*Naturalis Historiae* 12，14，29）

另外还有桂皮和肉桂。在古典后期的罗马法律汇编中，在《学说汇纂》（*Degesten*，39，4，16，7）中有一份列有28种
36 东方香料的进口税率表，其中就有桂皮、黑胡椒和白胡椒。不过最重要的是据说有时与黄金等价的丝绸，除此之外还有各种未经加工的宝石、珍珠、象牙、裘皮和金属制品。

贸易差额问题没有得到解决。《厄立特里亚海航行记》虽然提到了纺织品、金属制品，以及在印度极受欢迎的畜栏和葡萄酒，但也提到了巨额铸币。泰米尔人的文学作品提到“印度—希腊人（Yavanas）”时——大概可以将其理解为来自罗马帝国的人——除了出色的战争才能，也提到了他们以自己熟练的手工技巧制作的产品以及他们的葡萄酒，不过同样也报道了他们那些建造坚固的船载着黄金到来，又装着胡椒驶离。普林尼此时已像后来的重商主义者（Merkantilisten）那样抱怨说：

> 印度每年都要从我们富裕的帝国至少吸走5千万赛斯泰尔斯硬币（Sesterzen），却以生产者价格的成百倍向我们提供货物。（*Naturalis Historiae* 6，26，101）根据最低计算结果，印度人、塞雷尔人（Serer）和阿拉伯人每年从我们帝国拿走1亿赛斯泰尔斯硬币：这一数目是我们花在我们的享乐和我们女人身上的钱。（*Naturalis Historiae* 12，41，84）

根据较新的计算，1亿赛斯泰尔斯硬币应折合为7267公斤黄金，根据这位普林尼的说法，这大约是北西班牙金矿一年

的总产量。这就意味着，罗马帝国黄金存有量每年提高的数额估计应大于所称流失的数额。另外，普林尼的统计数字可能根本就没有以精确的调查作为基础。无论真实的贸易差额有多大，进口印度奢侈品而造成欧洲贵金属流失这一话题在16至18世纪的现实意义并不亚于普林尼时代。

尽管如此，罗马好像并没有实行特别的贸易政策。商业权衡对外向型活动的影响常常被夸大，至少它仅在极少数事例中能够得到证实，即使埃里乌斯·加卢斯（Aelius Gallus）于公元前26年至公元前24年试图征服南阿拉伯半岛时也不存在这种影响，修建大道以及供养舰队和卫戍部队也是如此。就连提及图拉真（Trajan）疏浚托勒密王朝的“苏伊士运河”时，与印度贸易有关联的也仅有一处。政府对贸易的关注似乎单纯是站在国库角度的。

与已在伊朗和印度定居的希腊人不同，罗马人没有经常性和决定性地出现在辽阔的地中海地区之外的亚洲发达文明区域，因此相互间的文化影响几乎难以证实。从中亚来的一波新 37
的征服者建立了贵霜帝国（Kushan-Reich），公元1世纪在西北印度蓬勃发展，它的一个统治者拥有一个非常独特的辑合称号“Maharajasa Rajatirajasa Devaputrasa Kaisarasa”（梵语），意为“大国王（印地语）众王之王（波斯语）神之子（中文所说的天之子）皇帝”。不过，这一区域同一时期的犍陀罗艺术所受的影响是来自希腊人，而不是来自罗马人。在印度天文学中能够看到的西方对印度精神生活的少量影响也是来自希腊人。与此相反，我们想象的印度对毕达哥拉斯思想或新柏拉图思想的影响，至今未得到证实。

由于大量的贸易联系，关于亚洲的地理知识自然也有了进步。公元2世纪中叶，当时所达到的知识水平由克劳狄乌斯·托勒密（Claudius Ptolemaeus）在亚历山大城进行了总结。

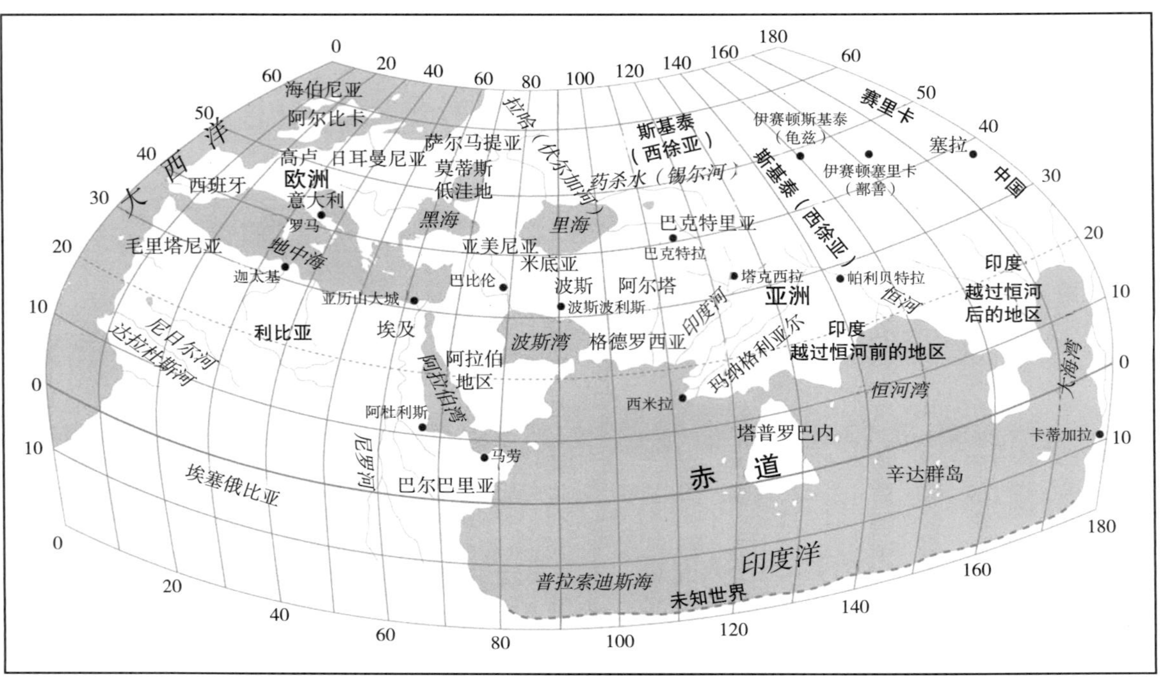

插图 1　克劳狄乌斯·托勒密认知里的世界

（本书插图为德语原书插图的中译版，后不再说明）

尽管他流传下来的著作的一些部分很可能是到拜占庭时期才被补充进去的，但这份古典时代的地理学遗产依然具有典范意义。尽管相对于埃拉托色尼来说，印度的形状再次改变，尽管对斯里兰卡的面积估计过大，但众多地区的方位得到了校正，印度河和恒河两大水系得到了正确划分，还能看到关于印度支那半岛的初步知识。不过，关于再往东的地区只有模糊的介绍，例如对与中国水路贸易的最重要的枢纽、港口城市卡蒂加拉（Kattigara）定位的说明就充满矛盾，以至于直到今天还无法确定马六甲海峡与中国海岸之间所有具有可能性的港口中的哪一个是它。最主要的是托勒密先验地将印度洋变成了一个内海，海岸线在中国不是像真实情况那样转向北，而是转向南，然后作为未知区域转向西，最后作为非洲东海岸转向北。撰写《厄立特里亚海航行记》的那位实用主义者看事物的眼光比他更切合实际，因为托勒密用下面的话结束了对东非［估计就是后来的桑给巴尔地区（Sansibar）］的描述：

> 这大约是阿扎尼亚陆地（Azania）最后一些有人居住的地方——若从贝雷尼斯出来，阿扎尼亚位于右侧。因为这个至今还未探索过的大洋从那些地方的另一边转向西方，沿着埃塞俄比亚、利比亚和非洲南海岸延展，最终与西方的海洋汇为一体。（Hennig，Bd. 1，383 f.）

如果没有这种非托勒密式的见解流传开来，人们会寻找绕过非洲前往印度的海路吗？对于托勒密的信徒而言，这条海路根本就不存在！

关于古典时代晚期和中世纪早期的情况我们知之不详。帝国时代稳固的印度贸易体系好像在 3 世纪已崩溃瓦解，印度也没有这一时期的出土文物——斯里兰卡是个引人注目的例外。

幼发拉底河地区和红海似乎已摆脱了罗马的军事控制。自226年以来，结构松散的帕提亚帝国（Partherreich）的地位被组织严密的新波斯萨珊君主国（Sassaniden-Monarchie）取代，与亚洲的陆路贸易逐渐被波斯商人垄断。即使在由埃及出发的海路上，相对于印度人和阿拉伯人而言，罗马帝国的臣民也退居到次要地位。人们虽然还前往东方，但这种旅行已从驾轻就熟之事变为冒险之行。阿克苏姆（Aksum）的埃塞俄比亚帝国已皈依基督教因而亲罗马，它的居民在4世纪似乎扮演着重要的中间人角色。取道斯里兰卡或许与他们的行商习惯有关联。

基督教也经由前面描述的商路来到印度。按照一种可追溯至公元4世纪的安波罗修（Ambrosius）和哲罗姆
39 （Hieronymus）的流行说法，使徒多马（Thomas）就是在那里传教，后在今天的金奈（Chenai）[马德拉斯（Madras）]附近殉教。由于贸易联系紧密，此事的可能性极大，阿里卡梅杜就在南边不远的地方！我们可以推断，2世纪印度存在着基督教团体的可能性极大，甚至能证实4世纪印度的堂区已在使用东叙利亚教会特有的惯例。6世纪“印度船员”科斯马斯（Kosmas Indikopleustes）知道马拉巴尔海岸、后来的孟买地区和斯里兰卡有基督教徒。所谓的马拉巴尔的多马－基督教徒（Thomas-Christen）存活了下来，中世纪的旅行者也提到了他们，15世纪他们重新与西亚的聂斯托利派教徒（Nestorianer）建立了联系。

6世纪中叶，“印度船员”科斯马斯撰写了一部《世界基督教地志》（*Christliche Topographie des gesamten Universums*）。关于他我们只知道是一个商人，或许是一个香料进口商，其本人从未到过印度。他的著作是一种将神学推想与世界知识结合在一起的新思想的产物。按照这种新的宇宙观，大地是一个四方形的盘子，上面罩着不动的天，下面是地狱，大地的中心是

耶路撒冷。不过在这一理论框架内，除了神迹故事，附带产生的还有一些地形学知识，它比伟大的托勒密的知识正确一些：印度洋不是一个内海，而是环围大地的世界海洋的组成部分，是向南开放的。中国海岸是转向北，而不是托勒密说的转向南。丝绸之乡“秦尼斯达（Tzinista）”——中国——的另一边还是一片汪洋。

欧洲中世纪时的扩张

在此期间，西方发生了根本性变化，西罗马帝国已经土崩瓦解。由于西罗马帝国扩张的结果与“日耳曼”诸民族扩张的结果相互交叠，也由于罗马教会的传教活动，“基督教体”或“欧洲”产生了，一个以阿尔卑斯山以北地区为中心的拉丁世界产生了，我们可以从回顾的角度出发，称其为“拉丁欧洲”。

中世纪早期的这个欧洲虽然可能也有远程贸易，但其对高档商品的需求却无法与古典时代城市世界的需求相比。

拜占庭接过了城市世界的遗产，对西方而言，它也扮演着重要的中间人角色；在犹太人之外，“叙利亚人（Syrer）”也是西方世界中世纪早期做远程贸易的商人。然而，就连拜占庭也几乎不再与东方有直接联系。为了避开波斯转口贸易对丝绸生意的垄断，查士丁尼（Justinian）试图以亚喀巴湾（Golf von Akaba）为起点重振红海商路，但收效甚微。不过拜占庭发现了生产丝绸的秘密并开始自己生产，据说蚕或蚕卵是僧侣装在空手杖里从东方带回来的。

拉丁欧洲刚一形成，欧洲人便开始了自己的扩张。我们可以在欧洲的中世纪中分出四次扩张浪潮，它们之间有部分关联，甚至相互交叠在一起：1. 维京人；2. 十字军远征；3. 土地扩展和向东移民；4. 意大利的贸易体系和殖民体系。它们全都留有重要的印记，不过影响持久和历时长久的唯有土地扩展和向东移民；为了俄国的欧洲化和大陆扩张，向东移民甚至还保持着持续性。这次典型且成功的扩张浪潮是唯一一次陆路扩张，其余三次都是海洋型的，它们或归于失败，或成果一般。

严格地说，维京人最初根本不属于基督教欧洲，而是作为异教入侵者闯进来的。公元 6 世纪至 11 世纪，斯堪的纳维亚三个民族的船只一直在袭扰欧洲海岸。不过当这种活动在

9、10世纪达到巅峰时，斯堪的纳维亚人（Skandinavier）融入基督教欧洲的进程已经开始。至12世纪，由于基督教化（Christianisierung）支持建立帝国，在丹麦、挪威和瑞典也出现了基督教王国。维京人的远征早已不总是掠夺行为，而是在向建立统治和移民过渡。斯堪的纳维亚人向苏格兰各组群岛移民，向冰岛和格陵兰移民，丹麦人和挪威人占领了不列颠诸岛的一部分并在那里定居。有一个群体从西法兰克国王手里得到了诺曼底（Normandie）作为公国，这件事具有深远的意义，因为1066年这些诺曼人（Normannen）占领了英格兰，而他们中的另一些人则于11、12世纪为自己建立了一个西西里－南意大利帝国（sizilianisch-süditalienisches Reich），两者均是政治高度发达的国家，对后来的欧洲历史来说是重要的国家实体。另外，维京人作为武装商人越过东欧各水系 41
直逼君士坦丁堡（Konstantinopel）。在一个多世纪的时间里，拜占庭皇帝供养着一支由所谓的“瓦兰吉人（Waräger，英文为Varangians）”组成的卫队。不过，瓦兰吉人自身在建立统治和创立帝国方面也成果累累，因为不仅诺夫哥罗德（Nowgorod），而且最重要的还有罗斯（Rus），也就是基辅公国（Fürstentum Kiew），即后来的俄国的雏形，都可以在他们那里追根溯源。

维京人有时与穆斯林也有接触，而后来欧洲的扩张浪潮则与亚洲扩张的变体相遇，其方式多种多样且变化无穷，但大都相当激烈，例如伊斯兰扩张和蒙古扩张。它们与欧洲人的相互作用虽然可能导致了严重的对峙，但彼此也获取了颇大的收益。在那些运动中，只有扩张性的伊斯兰教存活得长久，这个四处传播的宗教具有无所不包的权力，而欧洲的扩张则变换着地点，变换着实施者，强度也有起有伏。直至扩张结束，欧洲人在世界的不同地方一再与伊斯兰文化相遇，而且时常是作为对手相遇的。

622 年，先知穆罕默德（Mohammed）移居麦地那，这一年遂成为伊斯兰纪年元年，并形成历法沿用至今天。634 年至 642 年，阿拉伯人夺取了近东、波斯和埃及；8 世纪初，第二波扩张使其越过北非突入西班牙，最后进入法兰克王国，地中海的东、南、西海岸尽在他们的掌控之中。9 世纪西西里岛被占，10 世纪巴利阿里群岛（Balearen）被夺。各基督教国家的海岸不时遭受游击式的侵袭。撒拉森人（Sarazenen）有段时间甚至能够在阿尔卑斯山西部地区安营扎寨。717 年，他们第一次站在君士坦丁堡的城门前。他们与拜占庭持续不断的冲突极大损害了后者的贸易。他们并未终止向西方提供东方的货物，但交易完全掌控在他们手里，价格由他们操纵。往后人们提起中世纪而联想到的时代特征，都是由这种新局势奠定的。穆斯林作为中间商进行垄断取代了与印度的直接交往。

这种状态自 11 世纪起发生了变化。伊斯兰世界内部早已分崩离析，8 世纪和 9 世纪经历了繁荣昌盛的巴格达阿拔斯哈里发世界帝国（Weltreich der abbasidischen Kalifen von Bagdad）已分解为一些区域性政权，在西班牙和埃及甚至还出现了具有竞争力的哈里发。自 10 世纪起，信仰伊斯兰教的各突厥民族
42 （Turkvölker）在近东扮演着越来越重要的角色。基督教徒夺回了西地中海的控制权，奋力向上的各意大利商业城市寻求并获得了在拜占庭港口和伊斯兰港口修建仓房和建立商人殖民区的特权。

十字军远征为这一发展提供了有利条件，凭借暴力获得了前往亚洲商路终点的通道。十字军运动在近东对耶路撒冷发动的远征从 1096 年持续到 1291 年，12 世纪达到巅峰。1147 年，有人提出要“将基督教边界向东推移！”，事实上也确实建立了基督教的耶路撒冷王国、塞浦路斯王国

（christliches Königreich Zypern）、安条克公国（Fürstentum Antiochia）、埃德萨伯国（Grafschaft Edessa）和的黎波里伯国（Grafschaft Tripolis），其间法兰西贵族起着主导作用。随后在12世纪，撞运气的骑士（Glücksritter）从西欧大批迁入，他们在故土仅有极少的机会建立自己的生存基础。从这个角度看，十字军远征对法兰西起的作用与向东移民对中欧人起的作用可能相同，即减轻负担。然而到13世纪，一切又走到了尽头，1291年耶路撒冷王国的最后都城、海岸要塞阿卡（Akkon）陷落。只有塞浦路斯依旧保持着基督教信仰，直到16世纪才被奥斯曼人（Osmanen）攻占。

武装进入圣地朝拜这种宗教动机和目的是确凿无疑的，而不论社会经济方面的动机和目的的重心到底是什么，可以确定的是，在巴勒斯坦和叙利亚建立起基督教统治后发生的那些事件是由贸易政策方面的考虑决定的。穆斯林和意大利各海港城市都是如此。地中海整个东海岸都在基督教掌控之下，因而各条荒漠商路的终点也握在基督教手里——在埃及人看来，这意味着一种具有威胁的竞争。基督教冒险者试图逼近红海进入埃及人垄断海洋贸易的区域，法兰克人的强大对手苏丹萨拉丁（Saladin）极其强硬地给予了回击，这绝非出于偶然。不过交战间也交替进行着和平协商，协商的主角是意大利人。尽管如此，基督教欧洲人与印度以及远东诸国直接联系的可能性最初是微乎其微的，与伊斯兰世界之间拥有紧密的文化联系的可能性同样也微乎其微。来自阿拉伯世界的文化冲击在历史上意义重大，这种冲击是经远方的西西里岛首先到达西班牙，然后传遍欧洲的。

十字军远征激起了人们对东方的兴趣，但遇到了资料不足的问题，所以在欧洲关于亚洲的观念中，想象成分便更强烈地走到了前方。千万不可轻视这一发展，在历史上，想象施展的推动力有时可能强于现实！不过，普林尼的切合实际的信息依然具有生命力，即使在那些最具传奇色彩的报道里也留有它们的印痕，例如在中世纪，欧洲人非常清楚印度是生产胡椒的国家！不过印度首先被视为亚历山大传奇中大冒险家的国度和童话国度——这种印象甚至部分源于印度自己的童话。如今，我们已经有比较具体的研究成果描述了东方童话和传说材料是如何在这一时期传入西方的。总而言之，印度很有可能被看作一个极乐世界，一个临近人间乐园的地方，一个在空间上可以真实接近的地方。“印度船员”科斯马斯在这方面还规规矩矩地保持着距离。

这种可能性还是比较大的，因为当时的地理观念和地理概念模糊不清，就连游历广、专业知识丰富的多明我会修士约尔丹（Jordan）在14世纪上半叶也分出了小印度、大印度以及东非的第三个印度。这大概是对古典时代晚期三部分印度观的一种曲解（类似于恺撒时代的高卢）：1.今天的北印度；2.只能乘船从埃塞俄比亚到达的部分，可能是今天的南印度；3.世界尽头的印度，现代称为印度支那半岛。于是，传说中的基督教长老约翰国王的帝国最终被定位在埃塞俄比亚——这一观念对理解葡萄牙人环绕非洲向前推进的目的非常重要。

这则关于约翰长老的传说使得自12世纪起，“印度”这一概念下又聚积起种种想象并招致诸多后果。人们认为宿敌穆斯林背后有基督教徒，而这个模糊信息的起源可以追溯到聂斯托利派基督教经由亚洲腹地直至中国的传播。1141年，喀喇契丹帝国（Reich der Kara-Kitai，即中国历史上的西辽）在撒马尔罕（Samarkand）打败了那里的穆斯林，这一惊人的军事胜利在叙利亚基督教徒那里转瞬间变成了教友的成就，尽管喀喇契丹国仅有一部分人是基督教徒。1145年，历史学家奥托·冯·

弗赖辛（Otto von Freising）在维泰博（Viterbo）遇到了一位叙利亚主教，后者告诉他，在波斯的另一头有一个基督教约翰长老国王统领的国家，他战胜了穆斯林，已经起兵准备援助耶路撒冷，但他率领的大军未能渡过底格里斯河（Tigris）。1165年至1170年，教宗、罗马皇帝和拜占庭皇帝都接到了一封邮寄的信，这位约翰在信中描述了他对自己帝国的模范治理，以及人们在流行的印度想象中早已熟知的帝国奇迹。虽然 44
今天的研究者更愿意将此信归为满纸乌托邦理想或针砭时弊的小册子，但当时的人对它的态度非常认真，教宗亚历山大三世（Alexander III）甚至还于1177年发出了一封回信。

13世纪，蒙古人在成吉思汗及其继任者的统领下创建了自己的世界帝国，其间征服了西亚的穆斯林——1258年巴格达最后一任哈里发成了他们的牺牲品；而蒙古人起先就被认定是约翰长老或他所谓的继承人大卫统治的国家，这毫无奇怪之处。14世纪，德拉·斯卡拉家族（Haus Della Scala）的一位意大利城市统治者还傲慢而目标明确地自称为“Can grande（大汗）”。“汗（Khagan）”或“大汗（Großkhan）”是亚洲腹地游牧民族大帝国统治者的传统称号，1206年，蒙古人铁木真因将蒙古各部族统一在自己的政权下而得到了这一称号。作为“成吉思汗”，他凭借高度有效的军事组织征服了亚洲腹地。他的继承人们分割了帝国，但各部都处在他们当中产生的一位大汗的宗主统治之下。13世纪时，他们征服了罗斯地区、近东等。埃及的马穆鲁克骑兵（Mamluken）在西南阻拦了他们，并于1260年在耶路撒冷附近战胜了他们。在东方，蒙古人两次跨海远征日本遭遇了失败，却占领了东南亚的部分陆地，甚至还影响到印度次大陆。

蒙古人的世界帝国是曾经有过的最大帝国，自此以后它由四大集团组成。统治罗斯地区和西西伯利亚的所谓“金帐汗国（Goldene Horde）”，它以伏尔加河畔的萨莱（Saraj）为中心，其统治者不久之后就改信了伊斯兰教。14世纪该汗国瓦解，之前为其募集贡物的莫斯科大公（Großfüsten von Moskau）于是可以冒险谋求独立。到16世纪，历任莫斯科大公在进行帝国扩张的过程中征服了金帐汗国分裂后留下的最后几个国家。察合台汗国（Khanat Tschagatai）囊括了中亚，14世纪下半叶成为以撒马尔罕为中心的帖木儿短命帝国的核心区域。死于1405年的帖木儿（Timur）也是穆斯林，他战胜了金帐汗国，战胜了奥斯曼人，一直挺进至北印度。不过最主要的是他灭掉了另一个统治着伊朗和伊拉克的汗国伊尔汗国（Ilkhane）的残留部分，该汗国自1335年起处于分裂状态，1330年前后也皈信伊斯兰教。1507年，什叶派的萨法维人（Safawiden）掌握了政权，在此之前，帖木儿的逊尼派后代一直是伊朗的主人。另外，印度莫卧儿王朝（Moguldynastie）也是帖木儿的后裔。最强大的集团盘踞在以中国为核心的东方，自忽必烈汗（Kubilai Khan，1259~1294年）时期至1368年，成吉思汗的后裔在那里做着元朝皇帝。

1236年至1240年征服罗斯地区之后，蒙古人于1241年大败了西里西亚（Schlesien）征召的军队，于1241/1242年战胜了匈牙利人。据说是时任大汗的死促使身为统帅的成吉思汗之孙为了自己朝代的利益在取得这些胜利之后班师回朝。我们不知道随后他为何满足于统治罗斯地区和西伯利亚，不过我们可以确定，两个扩张在这里相撞并停滞了很长时间，一方是以建立帝国、扩展土地和向东移民为内容的欧洲扩张，一方是蒙古帝国的形成。在法兰西人眼里这是十字军远征，而对波希米亚人（Böhmen）、德意志人、波兰人、匈牙利人及其他人来说则是自己国家的经济扩张和政治扩展。从这种“双翼”突进来看，似乎有一个主意很合适，即 12 世纪至 14 世纪的欧洲历史可整体归在关键词“扩张”之下。

10 世纪的重心一方面是德意志人的征服，另一方面是在 46
斯堪的纳维亚、波兰、波希米亚、匈牙利和克罗地亚等地的国家建构，紧随其后的是 11 世纪开始的内部土地扩展，其原因是人口压力，其形式是获取新土地以及建立村庄和城市。12 世纪是所谓的“德意志向东移民”的时期，即新建农民移民区和建立归属德意志的城市。它使得帝国的面积扩大了三分之一，却并未在帝国的边境停下脚步，在诸侯的倡导下，向东移民自 13 世纪起也延展至波兰、波希米亚和匈牙利。最早的移民绝非狭义的德意志人，许多人来自人口密度过大的尼德兰[①]。征募移民全是依照发展政策进行的，而移民则是西方在经济和法律方面的成就的体现者，其间出身观念大概不起多大作用。直到 19、20 世纪，德意志向东移民才有了民族标签。

西里西亚人和匈牙利人遭受惨败之后，西方人不得不认识到蒙古人不是基督教徒，但教宗向大汗派出的使者依旧在顺道访查约翰长老。教宗派出的第一位使者是方济各会修士若望·柏朗嘉宾（Giovanni di Piano Carpini），他于 1246 年前往蒙古的哈拉和林（Karakorum）去见贵由大汗（Großkhan Küjük）并递交了一封信函，该信要求大汗皈依基督教并信守和约。我

---

① 作者在全书中使用“Niederlande”（低地）作为整体的地理、民族、文化概念，所指区域包括今天的荷兰、比利时、卢森堡、法国南部等。由于“尼德兰”所指的政治体也发生过变化，例如尼德兰七省联合共和国、联合尼德兰主权公国、尼德兰联合王国、尼德兰王国，与作为局部地区的荷兰省（Holland）和作为政治体的荷兰王国等有别，因而本书译文尽量贴合原文的 Niederlande 和 Holland，分别选用“尼德兰”和“荷兰”的译法，并依照历史时期作必要的说明。而对于一些惯用的中文译法，例如货币种类“荷兰盾”、语言“荷兰语”、质量单位“荷兰磅”以及殖民语境下的“荷属印度”“荷属加勒比”，若依照原文改用“尼德兰”或“尼属”则容易干扰理解，故予以保留。——编者注

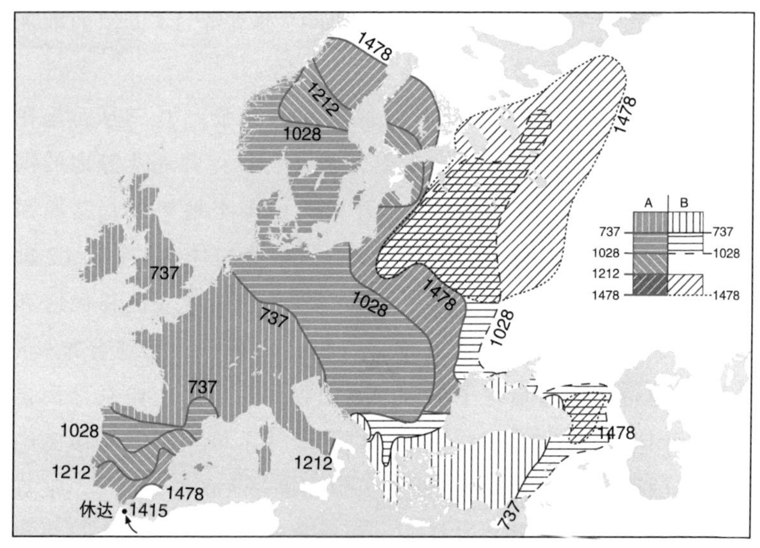

插图 2　拉丁欧洲（A）和希腊欧洲（B）的扩张

们今天能读到两份简短的游记，一份出自柏朗嘉宾，一份出自他的一个随行人员。1920 年，梵蒂冈档案馆里发现了一封信，那位大汗在信中与教宗针锋相对：大汗发给他的是一份归顺令。

不久之后，法国国王圣者路易九世（Ludwig IX der Heilige）开始了他对埃及的那场不顺的十字军远征，他也在寻找穆斯林身后的同盟者。他派往都城哈拉和林的一个多明我会使团结局凄惨。1253/1254 年，国王又半正式地派出了佛兰德的方济各会修士威廉·冯·鲁布鲁克（Wilhelm von Rubruk），此人的重要意义不在于他取得了什么样的成功——他也成功不了——而在于他是一个敏锐的观察者，他给我们留下了对此次出行的详细描述。我们从中还得知，当时大汗朝廷中有不少欧洲人。鲁布鲁克在地形学、国情学和民族学方面提供了大量对当时亚洲的正确观察，还顺带第一次确切说明中国是丝绸之乡，另外还提供了中国人使用纸币的消息，而人们常常以为这一消息是马可·波罗（Marco Polo）最先带回来的。鲁布鲁克还报道了与佛教徒和道教徒进行的一次关于信仰的谈话。

尽管各蒙古汗国之间时有冲突发生，但忽必烈执政时 47
期还是构成了当时从叙利亚和喀尔巴阡山脉直抵太平洋的帝国联合体的巅峰。现代人常谈“蒙古治下的和平（Pax monogolica）”，而当时却不存在真正的和平，不过从亚洲的一头走到另一头还是不太成问题的。

这马上就见到了经济成效：据说自1257年地中海地区又有了中国丝绸出售。同一时期所谓的商业革命在意大利达到巅峰。凭借新组织形式（资本公司、海洋担保）和新技术（往返运输、会计簿记、航海图、航海罗盘、冬季航行），各意大利城市创建了扩张性的各类货物贸易网，该贸易网此时成为世界贸易体系的一部分，由于各种有利的气候条件和环境条件，这个世界贸易体系从纽卡斯尔（Newcastle），甚或从格陵兰直抵北京。世界贸易体系由三个还可继续细分的贸易圈组成，即意大利人的欧洲贸易圈、西亚贸易圈和印度与中国之间的南亚与东亚贸易圈，从中国人的视角看，后两个贸易圈可以被合称为“海上丝绸之路（maritime Seidenstraße）”以表明其特性。然而，整个体系的各个部分在很大程度上处于分割状态，一些不时变更的转运地将它们彼此联系起来，如霍尔木兹（Hormuz）或马六甲，最近这种转运地被学者称作“商贸中心”。

欧洲贸易圈在三处与西亚贸易圈相合：1. 在黑海北岸诸港口与亚洲腹地的荒漠商道相连；2. 在叙利亚和巴勒斯坦各港口与去往伊拉克的荒漠商道相连，从那里或选取波斯湾走海路，或取陆路继续东行；3. 在亚历山大城与埃及转口贸易相连，不过埃及人严禁任何欧洲人主动参与。在意大利的两个相互竞争的主要航海强国中，热那亚共和国支持拜占庭夺回竞争对手威尼斯共和国利用第四次十字军远征改道之机于1204年在君士坦丁堡建立的拉丁帝国，所以热那亚人从此以后便有了君士坦丁堡旁的两个城市佩拉（Pera）和加拉塔（Galata，今伊斯坦
48 布尔中心的地区），在黑海北岸也有卡发（Kaffa）作为牢固的阵地。另外，至1566年，它一直能够确保生产利润颇丰的明矾和乳香的开俄斯岛（Chios）作为自己的殖民地。威尼斯人控制着与亚历山大城的贸易，能够将1204年收获的克里特岛（Kreta）一直保有至1669年。他们在塞浦路斯王国与热那亚争夺控制权，直至1489年能够接管该岛，那时它是一个威尼斯国王遗孀的遗产。直到1571年，塞浦路斯才被奥斯曼人占领。

威尼斯人也非常老到地迅速在黑海重新立稳了脚跟，由于与埃及进行着有利可图的奴隶贸易，他们是不会放弃那里的。除了顿河入海口的塔纳（Tana），克里米亚半岛（Krim）上的苏达克（Sudak）也是他们的主要基地，最终它被视为世界最大港口之一。1261年至1269年，威尼斯人尼科洛·波罗（Niccolò Polo）和马费奥·波罗（Maffeo Polo）外出行商到过中国，1271年他们再次离开意大利，此行还带着尼科洛17岁的儿子马可。这一次他们取道波斯前往亚洲腹地。在忽必烈朝中停留多年之后，他们于1295年才又返回故乡。

在当时的条件下，这样的旅行肯定绝非仅此一次。它之所以非同寻常，之所以对后来的历史具有重要意义，是一次偶然事件造成的。由于威尼斯与常年竞争对手热那亚的一次冲突，马可·波罗被俘虏，1298年他在热那亚监狱中向一个狱友口述了自己在亚洲的种种经历，这位狱友是个专业写小说的人，用当时写此类作品流行的法语加意大利语的混合语言记下了这些经历。的确，马可·波罗的讲述在内容方面通常具有令人惊

异的可信度，尽管他依据的肯定是二手资料。于是在很长时间内，他是西方人眼中真正发现中国的人，亚历山大·冯·洪堡（Alexander von Humboldt）甚至称他是“有史以来最伟大的游历天下之人”。因为学会了当地语言并享有忽必烈的宠爱，所以他能够相当准确地认识中国和亚洲其他地区。两次长途出行带着他穿过帝国西部到达缅甸，向东行走到达福建地区。归乡途中，他走水路抵达波斯，因而也有机会通过亲身体验了解一部分印度洋周边国家。

这部本来未分章节的著作首先描述了波罗兄弟的第一次出行，然后概要描述了第二次出行、大汗的款待和归程，接着描绘了前往中国途中去过的地区并附上了各种说明，如恐怖的阿萨辛派（Assassinen）、成吉思汗的故事以及蒙古人的习俗。
接下来他描绘了忽必烈汗及其统治系统并有各种各样关于中国 49
的说明，其中包括关于纸币的著名资料以及使用石棉和石炭的情况。马可·波罗报道了前往中国西部和东部的两次出游并回忆了蒙古人最近几次远征，随后说到了日本、印度和其他印度洋国家，也说到了他本人没有去过的地方，如马达加斯加、桑给巴尔和阿比西尼亚（Abessinien）。在关于斯里兰卡的章节里有欧洲人首次记下的佛陀故事［早期基督教神学家哲罗姆在《反乔维尼安纳论》（*Adversus Jovi nianum*）中仅提到佛陀是一个处女生下的所谓“神秘信仰信奉者”的导师］。马可·波罗根据对东亚大乘佛教的体会评价佛教是偶像崇拜，可尽管如此，他还是得出了值得注意的结论：佛陀若是受过洗礼的基督徒，将成为一位大圣徒。该书最后依据二手材料讲述了西亚和北亚的蒙古帝国。

马可·波罗这本书的命运有截然不同的两个方面。一是他的同时代人不相信他。流传下来的多种语言的手抄本相互之间不尽一致，数量超过一百种，它们虽然证明他在文学方面获得了成功，但却是作为约翰·曼德维尔（John Mandeville）先生的虚构游记一类的消遣读物，后者被称作14世纪的卡尔·麦（Karl May）[1]。因为这类文学作品在中世纪还具有一定的可信度，所以马可·波罗的一些信息最终还是发挥了自己的影响力。不过我们必须考虑到，他的读者是依照自己的兴趣进行选择的。有资料表明他们一直格外感兴趣的描述对象是权势、财富，是宫廷的各种黄金饮器、披金裹银的宫墙，是仅来自行在[2]临安府（Stadt und Provinz Kinsay）的年收入就接近十万公斤的黄金，是传说中的日本的巨额黄金财富。关于哥伦布我们至少知道，他熟悉他了解到的那个马可·波罗并充分利用了他。

值得注意的是对蒙古人在宗教方面的宽容的描述，虽然这种宽容是出于政治考虑因而绝非没有限度，但对欧洲人来说，已经独特到了极点。关于这一点，在一个拉丁文译本中可以看到如下的论断。

> 那些鞑靼人毫不关心自己的国家里敬奉着什么神。只要忠于、顺从汗，只要缴上分内的贡物以及行事不违公正，就可以跟随自己的心灵做自己想做的事。唯一不能容忍的是亵渎他人的神和阻碍他人有自己的信仰。（Hart，109）

50 基督教徒马可·波罗似乎认为这类事更令人反感，尤其是在促使不同信仰相互融合时，忽必烈甚至将佛陀、基督、穆罕

---

① 卡尔·麦（1842~1912），德国著名通俗小说作者。（如无特别说明，本书脚注均为译者注。）

② 即今天的杭州，或写作 Quinsay、Quinsai、Cansay、Chisai 等，对于诸种拼写与汉语名称的审音和勘同，大体存在三种意见，即认为应与“京师”、“行在”或“杭州”勘同。

默德和摩西看作腾格里神（Tängri）的四位地位平等的大先知，而腾格里是“至高无上的天”，是蒙古人至高无上的神。马可·波罗这本书的命运的另一方面表现在：亚洲始终是扰乱欧洲基督教自信心的根源所在。有一种中世纪的传统，它与可以追溯至希罗多德的古典时代关于印度婆罗门的报道紧密相连，它一直纠缠着一个问题，即据说那些哲人凭借纯自然的基础，不需神的启示就可以获得一种在基督教看来甚至还高于基督教徒的道德态度。当然我们只能探究欧洲宽容思想的形成受到的种种影响，明确的答案还没有。

不管怎么说，14 世纪罗马对中国进行的传教在许多事情上好像远比教派分立后的近代传教心胸开阔，而近代向中国传教和当年一样，依旧是由同一个方济各修会进行的。当时翻译成该国语言的不仅有《新约》和《诗篇》，而且有拉丁文的礼拜仪式。1289 年，教宗派遣若望·孟高维诺（Giovanni da Monte Corvino）去见大可汗。孟高维诺从波斯沿水路旅行，于 1294 年到达汗八里，在聂斯托利派教徒的极度敌视下开始传教。尽管如此，他还是能够为 6000 人施了洗礼并建起一座教堂，其遗存在此期间已被找到。为了让基督教在当地扎根，他逐步买齐了 150 个男童，在礼拜仪式、礼拜歌咏、方济各会的生活方式以及抄书方面训练他们，大概是想在一定时间内造就一批当地教徒，不过这一目标好像没有实现。

教宗从自己的修会中为他派去了后援力量，1307 年任命他为汗八里总主教，拥有一个宗主教和教宗使节的全权，下辖六位主教。我们更为熟悉的是担任当时中国最重要的港口城市刺桐（Zayton）[1] 的主教的安德烈·佩鲁贾（Andrea da Perugia）。刺桐是福建省的港口城市之一，位于台湾对面，但

① 指今天的泉州。

元朝之后就失去了其作为世界城市的作用。若望·孟高维诺和
另外几个传教士富于启发意义的信件都保存到了今天。最为重
要的是1322年至1328年在中国北方逗留的神父波代诺内的鄂
多立克（Odorico da Pordenone）的记载，他详细描述了传教
环境，提供了一些有趣的个案观察，如在被赤道穿过的苏门答
51 腊岛（Sumatra）上北极星消失在地平线下，或是描述了对当
时的西方人来说显然是闻所未闻的中国习俗——在一家客店里
受托举办宴会，以及有关“偶像崇拜者的教宗”西藏拉萨的达
赖喇嘛的见闻。不过就整体而言，他很少有超出马可·波罗的
地方。

1328年，这位首任总主教去世，对此后的传教情况我们几乎一无所知。中国的原始文献资料中未提及这方面的情况，或许成果颇丰的传教与蒙古族统治的联系过于紧密。然而，皇帝向教宗派出的一个使团于1338年前往阿维尼翁（Avignon），虽说那是一个盛行假冒远方各国使团的时期，但从保存下来的皇帝信函中的粗暴语气看，这个使团无疑是真的。本笃十二世（Benedikt XII）以派遣若望·马黎诺里（Giovanni de Marignolli）为教宗使节作为回应，后者于1342年走陆路抵达北京。元朝末代皇帝接见了他，并破例将其记入中国的史册，大概是因为他敬献了皇帝一心想要的一匹欧洲战马，此马因格外高大和毛色特别而受到赞叹，甚至还被画了下来。

这些身在远东的传教士并非全然与自己的同胞隔绝。作为普通教徒的欧洲人，尤其是意大利人完全可以证实这一点，尽管这种证实只是以一些偶然事件为依据。若望·孟高维诺曾写到一个“忠实的基督徒和大商人彼德鲁斯·德·鲁卡隆戈（Petrus de Lucalongo）先生”，他在北京买了用于修建教堂的地产送给了这位传教士。若望还愤恨地抱怨过一个来自伦巴

第的外科医生，称此人1303年到达北京，以难以置信的针对教宗、方济各修会以及西方情况的渎神言辞污染了这个世界。我们完全可以认为当时已有真正的欧洲人移民区。1951年，在拆除上海西南方的港口城市杭州的老城墙时，在一段1357年沿外国人居住区边缘修建的城墙里发现了一块基督教墓碑，碑文是语体纯正的拉丁文，墓碑主人是一个叫卡塔丽娜·维里奥尼（Katarina Vilioni）的女性。另外，墓碑上还有基督教图案，表现的是圣母、圣婴以及圣凯瑟琳传说（Katharinenlegende）的一些场景，不过风格是中国式的。墓碑主人很可能是其他文献资料中提到的热那亚商人维里奥尼家族的成员。这块墓碑并非绝无仅有。显然，当年占据优势地位的是意大利人，而在意大利人中占优势的是热那亚人，他们可能是被在近东贸易中遭遇的日益严重的困难驱赶到了这里。

1291年，十字军的最后一处要塞阿卡落入了埃及的马穆鲁克人手里，转口贸易随之恢复了十字军远征前的状态。教宗针对埃及发布的商业禁运令更加刺激人们寻求一条直接前往东方的途径以避开埃及人的转口贸易。绕过非洲前往印度的最初尝试应该就是在这种关联中出现的，巧的是，它同样出现在1291年，这一点很能说明问题。进行尝试的是热那亚人乌戈利诺·维瓦尔迪（Ugolino Vivaldi）和梵蒂诺·维瓦尔迪（Vadino Vivaldi）兄弟，他们得到了共和国权威强有力的支持。他们的意图是“穿过 53
大洋前往印度诸国并在那里购进有益的货物”。显然他们失败了。遗憾的是，热那亚商人即使成功了也远比马可·波罗默默无闻。人们只能花费大力气从公证事务处的档案中复原出这次或那次东方之行。

与其相反，佛罗伦萨巴尔迪商贸公司的代理商弗兰西斯科·巴尔杜奇·裴哥罗梯（Francesco Balducci Pegolotti）则给我们留下了一本枯燥的实用商人手册《通商指南》（*La pratica*

插图 3　杭州的基督教墓碑（1342 年）

delle mercatura）。它写于1310年至1340年间的亚洲贸易昌盛期，因此也提供了关于远东的情况。它原来的书名“各国商业志（Libro di divisamcnti di paesi e di misure di mercanzie）”与其内容更加相符，因为读者从中可以详细了解各个国家及其交通路线，了解各种商业惯例和与目的最相宜的行为举止，了解货物的供求情况和度量衡情况。从克里米亚半岛的塔纳至中国的陆路商道被认为是绝对安全的。它建议商人带上亚麻布在途中卖掉换取银子，带着得来的银子前往中国。在那里，所有的银子都会被国家收走，商人会得到等价的纸币，用它可以去购进渴望的丝绸。它仔细计算丝绸的运输成本，还给出各种具体建议，如留胡子会有好处，或如何能得到女人在旅途中相伴而行。

14世纪中叶，这一繁盛的贸易体系以及随之进行的传教活动崩溃了，欧洲与亚洲较远地区的几乎所有直接关系一下子瓦解了。14世纪初就已经出现了种种衰退征兆。源自亚洲蒙古帝国的传染性疾病黑死病于1346年至1348年在世界范围内肆虐，它和它留下的后患导致了欧洲人口锐减和市场结构的改变。欧洲和亚洲发生的一次次激烈战争使这种局面更加恶化。特别是在中国，具有强烈民族意识因而倾向排外的明王朝于1368年取代了蒙古族的统治，1371年新皇帝亲自将最后一位欧洲商人送上了归乡之途。皈依基督教的似乎只有蒙古人和其他少数民族，但几乎没有汉人，因而传教也同样走到了尽头。至16世纪，中国不再有欧洲人。

就连旅程也变得不再安全。蒙古世界帝国已经解体，分裂后出现的各个国家之间战事不断。在此期间日渐强大的奥
斯曼人也没有理由促进欧洲人与亚洲的直接贸易。意大利在 54
东地中海地区的各商业殖民地缓慢却确定无疑地落入了奥斯曼人的手里。由于土耳其人攻占了君士坦丁堡，意大利贸易

体系的边界在1348年至1453年从北京退至波斯的大不里士（Täbris），最后退至君士坦丁堡。帖木儿的自俄国和安纳托利亚（Anatolien）延展至中亚和北印度的帝国在其死后解体，它仅仅在短时期内延缓了奥斯曼的扩张。伊斯兰地区的转口贸易重新占据统治地位，埃及马穆鲁克苏丹国或许还是最安全的，但它要求巨额利润分成，因而抬高了货物价格。

虽然还有欧洲人旅行前往亚洲，但他们的报告读起来给人一种连旅行方式也被迫改变的印象。1419年至1444年，威尼斯商人尼科洛·孔蒂（Niccolò Conti）旅行去了印度海岸、印度支那半岛、苏门答腊和爪哇。他在那里听说了再往东的豆蔻岛（Muskatinseln）和丁香岛（Nelkeninseln），听说了安汶岛（Amboina）和班达岛（Banda），但又特别补充：航船去那里格外危险。他报道了大量印度和印度尼西亚风俗习惯的细节，它们十分有趣而且大都准确。在缅甸他听说了丛山后面的中国。不过我们能看到孔蒂的报道的唯一原因是：在归途中他在埃及，也就是在转口贸易垄断者手里被迫成了穆斯林，为此他请求教宗赦免罪责；出于这个缘故，教宗的秘书波焦·布拉乔利尼（Poggio Bracciolini，一个著名的人文主义者）记下了孔蒂的经历，后来收入自己的著作《命运之变幻》（*De Varietate Fortunae*，1448年）。它也因此辗转到了葡萄牙的资料搜集者手中。

作为使节前往亚洲的其他旅行者则没有经受这类麻烦。然而再也没有人到过中国。为了在奥斯曼人身后建立第二条战线，威尼斯人多次向当时的波斯统治者派出特使。卡特里诺·芝诺（Caterino Zeno）、约萨伐·巴尔巴罗（Josafa Barbaro）和安布罗乔·孔塔里尼（Ambrogio Contarini）报道过15世纪下半叶的这类旅行。就连俄国沙皇伊凡三世（Iwan III）为了能够钳制伏尔加河中游地区的喀山汗国

（Khanat Kasan）也竭力争取波斯。1468 年至 1474 年，俄国人阿法纳西·尼基京（Athanasius Nikitin）一直走到了北印度。

商人在不否认自己信仰的情况下也能够通过那些地方，不过他们得冒着巨大风险，15 世纪末热那亚人格罗尼默·迪·桑托·斯提法诺（Geronimo di Santo Stefano）就有过这样的经历。两次险些被没收货物之后，他最终在一次沉船事 55
故中丧失了一切。博洛尼亚冒险家罗多维科·迪·瓦尔泰玛（Lodovico di Varthema）宁愿一开始就冒充穆斯林，因而他能在 1503 年至 1508 年间不仅从叙利亚去了麦加（Mekka）和南阿拉伯，而且还到过印度次大陆、印度支那半岛、印度尼西亚、班达群岛和马鲁古群岛（Molukken）。在最终不得不逃到不久前抵达印度的葡萄牙人那里之前，他获得了关于香料和香料交易的详尽知识，这些知识让他获益匪浅。葡萄牙驻印度总督（Vizekönig）和国王知道该重视他的资料，授予了他骑士头衔。1510 年，他那既客观又扣人心弦的报道在罗马首次出版。

尽管加入了存续时间不长的世界贸易体系，但在拥有关于亚洲的资料方面，欧洲中世纪远远不及瓦尔泰玛以及 16 世纪早期的葡萄牙人。在这里我们必须再次提一下约翰·曼德维尔先生虚构的那些旅行（1366 年），一是因为文学作品与真实之间界限模糊，二是因为这本译成各种文字的书流传广泛。书里自然有大量的寓言和怪物，根据读者的传统兴趣将圣地放在了中心位置。不过它也理所当然地认为地球是个球体，记载了关于亚洲的确切资料。曼德维尔的这些资料取自那些传教士的旅行记，尤其是波代诺内的鄂多立克的，极有可能也有取自马可·波罗的。若望·柏朗嘉宾因《史鉴》（*Speculum Historiale*）——博韦的樊尚（Vinzenz von Beauvais，1264 年去世）所著百科全书的一部分——得以继续流传，威廉·鲁布鲁克则借助他的修会教友罗吉尔·培根（Roger Bacon）的《大著作》（*Opus maius*，1267 年）使他的见闻传世。

然而，根据这些旅行记绘制地图时却有许多不如人意之处。尽管有大量国情方面的新信息，可关于亚洲的种种观念显然不是那么容易修正的。1375 年，当时欧洲最优秀的绘图师在马略卡岛（Mallorca）为法国国王查理五世（Karl V）绘制了所谓的《加泰罗尼亚世界地图》（*Katalanischer Weltatlas*），它接受了马可·波罗和其他旅行者关于亚洲的说明，全貌仅有些微改动。1406 年前后，从希腊语翻译的克罗狄斯·托勒密的著作《地理学》（*Geographiae*）再次为人所知，相对于当时的认识水平来说，它虽然意味着一种进步，但专门针对远东的文字和地图一如既往相当欠缺。这位古典时代地理学家的威望甚至还导致了退步。学识渊博的皮埃尔·德·埃里（Pierre d'Ailly）在其《世界形象》（*Imago Mundi*，约 1410 年）里还将印度洋描绘为开放型的海洋，因为他依据的是罗吉尔·培根，
56 即那些传教士的报道和阿拉伯作者的著作，而在其《地理概要》（*Compendium Cosmographiae*，1413 年出版）中，他却已经转而接受了托勒密那个著名的观点，即印度洋是一个被陆地环围的内海。

与此相对，1330 年前后由李泽民绘制的一张中国的世界地图①在精确度方面超过了那个时期欧洲和阿拉伯的世界地图。就算是亚洲对欧洲的了解胜于欧洲对亚洲的了解，旅行者和发现者都来自欧洲。或者也许不是这样？例如来自丹吉尔（Tanger）的法学家伊本·白图泰（Ibn Battuta），一个出于激情而旅行的人，1325 年至 1354 年间完成了一个行

---

① 李泽民图今已失传，朝鲜人带回后绘制了《混一疆理历代国都之图》，今存多种摹本。——编者注

程远远超过十万公里的旅行计划，马可·波罗或罗多维科·迪·瓦尔泰玛的成绩与他相比还差很多。他去过安达卢西亚（Andalusien）与南罗斯（Südrussland）之间以及尼日尔河畔的曼丁哥帝国（Reich der Mandingo）与印度尼西亚之间的所有伊斯兰国家，另外还作为德里苏丹的使节到过中国，其间他乘坐的是中国式远洋帆船（chinesische Dschunken），当时从马拉巴尔海岸往东的整个交通好像都由这种帆船承担。

在东非摩加迪沙（Mogadischu）和桑给巴尔之间出土了数量可观的唐宋时期（618~1279 年）的中国硬币和瓷器。自向世界开放的唐代以来，中国的文献资料中有了非洲的信息。具有异域特色的非洲动物激起了极大的兴趣，引进它们被视为皇帝统治世界的象征。宋代后期和元朝，中国已在扩充海军，至少忽必烈汗试图用自己的舰队攻占日本。新的具有民族意识的明王朝（始于 1368 年）起初继续进行着这种扩充。元代和明代前期，中国拥有世界上最大和航海能力最强的舰队，因而拥有三千多艘战船的永乐皇帝（1402~1424 年在位）能够派遣船队西行进行一系列探险，据说是为了追踪被他排挤走后逃往那里的前代皇帝，不过主要还是为了增添中国作为世界强国的荣耀和加强有利可图的贸易联系。

我们可以看到由当时中国的参与者撰写的三份报道以及西行首领郑和命人写的几份碑文。他们共进行了七次探险航行，每次都涉及爪哇、苏门答腊、马六甲海峡以及印度尼西亚和印度支那半岛的其他地区。前三次（1405~1407 年，1407~1409 年，1409~1411 年）到达了马拉巴尔海岸的卡利卡特（Calicut），第四次（1413~1415 年）驶抵进入波斯湾的贸易转运地霍尔木兹海
峡，第五次（1417~1419 年）和第六次（1421~1422 年）到达 57
了亚丁（Aden）和东非，第七次也是最后一次（1431~1433 年）则又只行驶至卡利卡特。

参与这些大规模西行行动的有大量船只，人员达两万至三万或者更多，因此船队很可能分开航行，其中的一部分应该到达了麦加。另外，郑和有能力且乐于大力展示威势，例如1411年在斯里兰卡经过激烈战斗擒获了当地的一个王侯并将其带回中国。这种引起轰动的成就得到朝廷的赏识，同样得到赏识的还有东非马林迪（Malindi）的一个使团于1415年带去的一份重礼：一只活的长颈鹿，我们有当时的中国人为它画的一幅图。然而在永乐皇帝的后继者统治期间，这种西行探险中止了，最终于1436年开始裁减海军，以陆地为本和重农观得到贯彻。因此，1426年呈给新皇帝的一份奏章这样写道：

> 臣仆切望陛下莫强谋战事，莫以遣师远国博取荣耀。乞请陛下放弃无利之异国，赐百姓以修养期，使其能全力
> 58 事农及致力学业。此后再不起刀兵，再无边塞之患，乡村不再哀怨：领兵者不必再谋取声名，兵士不必再奉献生命于遥远之他乡，远方诸族将自愿臣服，远方诸国将拜服我朝之威，我朝将传至万代。（Filesi，121）①

中国的精英们无须与他人往来，凭借自己的优势视自己为世界的中心。那里或许不乏扩张的先决条件和有利的框架条件，却缺乏推动力，没有给发生影响巨大的历史偶然事件留下空间。

---

① 引文由译者根据德文原书翻译。——编者注

资料来源缩略语

（后不再说明）

Siglen: AA = African Affairs | ACR = Africa Contemporary Record | AG = Archiv der Gegenwart | AHR = American Historical Review | AHSI = Archivum Historicum Societatis Iesu | ASR = African Studies Review | CEA = Cahiers d'études africaines | CHR = Canadian Historical Review | CJAS = Canadian Journal of African Studies | CSSH = Comparative Studies in Society and History | EcHR = Economic History Review | EHR = English Historical Review | HA = History in Africa | HAHR = Hispanic American Historical Review | Hakluyt = Hakluyt Society, First Series, 100 Bde., 1847–99, Second Series, 190 Bde., 1899–2000, Third Series, 22 Bde., 1999–2010, Extra Series, 46 Bde., 1903–97 | HJ = Historical Journal | HZ = Historische Zeitschrift | IESHR = Indian Economic and Social History Review | IJAHS = International Journal of African Historical Studies | JAfH = Journal of African History | JAsH = Journal of Asian History | JCH = Journal of Contemporary History | JEcH = Journal of Economic History | JESHO = Journal of the Economic and Social History of the Orient | JEÜG = Jahrbuch für Europäische Überseegeschichte | JGH = Journal of Global History | JGLA = Jahrbuch für Geschichte [von Staat, Wirtschaft und Gesellschaft] Lateinamerikas | JHI = Journal of the History of Ideas | JICH = Journal of Imperial and Commonwealth History | JIH = Journal of Indian History | JMH = Journal of Modern History | JPHS = Journal of the Pakistan Historical Society | JRA = Journal of Religion in Africa | JWH = Journal of World History | MAS = Modern Asian Studies | MES = Middle Eastern Studies | MH = Missionalia Hispanica | MHSI = Monumenta Historica Societatis Iesu | NCHI = The New Cambridge History of India | NZMW = Neue Zeitschrift für Missionswissenschaft | OM = Outre-Mers | PHR = Pacific Historical Review | PP = Past and Present | RBH = Revista Brasileira de História | RFHOM = Revue Française d'Histoire d'Outre-Mer | RH = Revue Historique | RHAF = Revue historique de l'Amérique française | RHDGM = Revue d'histoire de la deuxième guerre mondiale | RHE = Revue d'histoire ecclésiastique | RHMC = Revue d'histoire moderne et contemporaine | RI = Revista de Indias | RSI = Rivista Storica Italiana | SC = Storia contemporanea | SM = Scripta Mercaturae | TAJH = Transafrican Journal of History | TI = Terrae Incognitae | VSWG = Vierteljahrschrift für Sozial- und Wirtschaftsgeschichte | WMQ = William and Mary Quarterly | ZfG = Zeitschrift für Geschichtswissenschaft | ZHF = Zeitschrift für Historische Forschung | ZMRW = [Zeitschrift für] Missionswissenschaft (und Religionswissenschaft)

原始资料与参考文献

欧洲的扩张与世界历史进程

Burbank, J./Cooper, F., Empires in World History: Power and the Politics of Difference, Princeton 2010 | Cobet, J., Weltwissen vor Kolumbus/Die Horizonte der antiken Oikumene, in: Periplus 23 (2013) 1–6/7–34 | Daniels, C./Kennedy, M. V. (Hg.), Negotiated Empires: Centers and Peripheries in the Americas, 1500–1820, New York 2002 | Darwin, J., Der imperiale Traum. Globalgeschichte großer Reiche 1400–2000, Frankfurt 2010 | Gehler, M./Rollinger, R. (Hg.), Imperien und Reiche in der Weltgeschichte. Epochenübergreifende und globalhistorische Vergleiche, 2 Bde., Wiesbaden 2014 | Hardt, M./Negri, A., Empire. Die neue Weltordnung, Frankfurt 2003 (amerik. 2000) | Hechter, M., Internal Colonialism: The Celtic Fringe in British National Development, 1536–1966, London 1975 | Jones, E. L., The European Miracle: Environments, Economics and Geopolitics in the History of Europe and Asia, 2. Aufl., Cambridge 1987 | Levine, P. (Hg.), The Rise and Fall of Modern Empires, 4 Bdc., Farnham u. a. 2013 | Lüthy, H., Die Epoche der Kolonisation und die Erschließung der Erde. Versuch einer Interpretation des europäischen Zeitalters (1963/67), in: ders., Gesammelte Werke, Bd. 4, Zürich 2004, 3–57 | Maier, C. S., The Century as a Historical Period: Consigning the Twentieth Century to History. Alternative Narratives for the Modern Era, in: AHR 105 (2000) 807–31 | Mazower, M., Hitlers Imperium. Europa unter der Herrschaft des Nationalsozialismus, München 2009 | Mitterauer, M., Warum Europa? Mittelalterliche Grundlagen eines Sonderwegs, München 2003 | Murthy, V., Takeuchi Yoshimi and the Dilemmas of Resistance to Global Capitalist Modernity, in: IIAS Newsletter 46 (2008) 24 f. | Newbury, C., Patrons, Clients, and Empire: Chieftaincy and Over-Rule in Asia, Africa, and the Pacifc, Oxford 2003 | Nolte, H.-H. (Hg.), Internal Peripheries in European History, Göttingen 1991 | Nye, J. F., Soft Power: The Means of Success in World Politics, New York 2004 | Oschema, K., Bilder von Europa im Mittelalter, Ostfildern 2013 | Osterhammel, J./Jansen, J. C., Kolonialismus. Geschichte – Formen – Folgen, 7. Aufl., München 2012 | Pollock, S. (Hg.), Comparative Intellectual History of Early Modern Asia, in: IIAS Newsletter 43 (2007) 1–14 | Pomeranz, K., The Great Divergence: China, Europe, and the Making of the Modern World Economy, Princeton 2000 | Reinhard, W., Sprachbeherrschung und Weltherrschaft. Sprache und Sprachwissenschaft in der europäischen Expansion, in: ders. (Hg.), Humanismus und Neue Welt, Weinheim 1987, 1–36, u. in: ders., Ausgewählte Abhandlungen, Berlin 1997, 401–33 | –, Dialektik des Kolonialismus. Europa und die Anderen, in: Bade, K. J./Brötel, D. (Hg.): Europa und die Dritte Welt. Kolonialismus, Gegenwartsprobleme, Zukunftsperspektiven, Hannover 1992, 5–25 | – (Hg.), Verstaatlichung der Welt? Europäische Staatsmodelle und außereuropäische Machtprozesse, München 1999 | –, Geschichte der Staatsgewalt. Eine vergleichende Verfassungsgeschichte Europas von den Anfängen bis zur Gegenwart, 3. Aufl., München 2002 | – (Hg.), Sakrale Texte. Hermeneutik und Lebenspraxis in den Schriftkulturen, München 2009 | Schmale, W., Geschichte und Zukunft der europäischen Identität, Stuttgart 2008 | Therborn, G., Die Gesellschaften Europas 1945–2000, Frankfurt 2000 | Vries, P., Zur politischen Ökonomie des Tees, Wien 2009 | Winter, S., Aufstieg und Niedergang des osmanischen Wüstenemirats (1536–1741). Die Mawali-Beduinen zwischen Tribalisierung und Nomadenaristokratie, in: Saeculum 63, 2 (2013) 249–63.

古希腊罗马与亚洲的联系

Casson, L., The Periplus Maris Erythraei, Princeton 1989 | Charlesworth, M. P., Roman Trade with India: A Resurvey, in: Studies in Roman Economic and Social History, Princeton 1951, 131–43 | Colpe, C., Von Alexander dem Großen zum Großmoghul Čehāngır. Die Frage nach einer indischen Enthellenisierung des Weltherrschaftsgedankens, in: Most, G.W./Petersmann, H./Ritter, A.M. (Hg.), Philanthropia kai Eusebeia. Festschrift für Albrecht Dihle zum 70. Geburtstag, Göttingen 1993, 46–73 | Conermann, S. (Hg.), Der Indische Ozean in historischer Perspektive, Hamburg 1998 | Cosmas Indicopleustes, Topographie chrétienne, hg. v. Wolska-Conus, W. (Sources chrétiennes 141, 159, 197), 3 Bde., Paris 1968–73 | Cunliffe, B.W., Europe between the Oceans: Themes and Variations 9000 BC–AD 1000, New Haven 2008 | Derrett, J. D. M., Megasthenes, in: Der kleine Pauly, Bd. 3, München 1979, 1150–54 | Dihle, A., Der Seeweg nach Indien, Innsbruck 1974 | –, Die entdeckungsgeschichtlichen Voraussetzungen des Indienhandels der römischen Kaiserzeit, in: Temporini, H. (Hg.), Aufstieg und Niedergang der römischen Welt II: Principat, Bd. 9, 2, Berlin u. a. 1978, 546–80 | –, Antike und Orient. Gesammelte Aufsätze, Heidelberg 1984 | –, Hellas und der Orient. Ihre wechselseitige Rezeption, Berlin 2009 | Drexhage, R., Untersuchungen zum römischen Osthandel, Bonn 1988 | Faller, S., Taprobane im Wandel der Zeit. Das Sri-Lanka-Bild in griechischen und lateinischen Quellen zwischen Alexanderzug und Spätantike, Stuttgart 2000 | Ferguson, J., China and Rome, in: Temporini, H. (Hg.), Aufstieg und Niedergang der römischen Welt II: Principat, Bd. 9, 2, Berlin u. a. 1978, 581–603 | Gandhara. Das buddhistische Erbe Pakistans. Legenden, Klöster und Paradiese, Mainz 2008 | Hennig, R., Terrae incognitae. Eine Zusammenstellung und kritische Bewertung der wichtigsten vorcolumbischen Entdeckungsreisen anhand der darüber vorliegenden Originalberichte, 4 Bde., 2. Aufl., Leiden 1944–56 | Herodot, Historien, 4. Aufl., Stuttgart 1971 | Höllmann, T., Die Seidenstraße, München 2004 | Hübner, U./Kamlah, J./Reinfandt, L. (Hg.), Die Seidenstraße, 2. Aufl., Hamburg 2005 | India and Italy: Exhibition, Rom 1974 | Karttunen, K., India in Early Greek Literature, Helsinki 1989 | Lach, D. F./Van Kley, E. J., Asia in the Making of Europe, 3 Bde. in 9 Tln., Chicago 1965–93 | McGrindle, J. W. (Hg.), The Commerce and Navigation of the Erythrean Sea and Ancient India, Calcutta u. a. 1879–81, Ndr. 1973 | Miller, J. J., The Spice Trade of the Roman Empire 25 B. C. to A. D. 641, Oxford 1969 | Müller, C. D. G., Geschichte der orientalischen Nationalkirchen, in: Die Kirche in ihrer Geschichte, Bd. 1, Göttingen 1981, 270–367 | Narain, A. K., The Indo-Greeks, Oxford 1957 | Pirenne, J., Le développement de la navigation égypte-inde dans l'antiquité, in: Mollat, M. (Hg.), Sociétés et compagnies de commerce en orient et dans l'océan indien, Paris 1970, 101–19 | Plinius Secundus, Gaius, Naturkunde, 37 Bde. in 44 Tln., Darmstadt 1973–97 | Ptak, R., Die maritime Seidenstraße, München 2007 | Ptolemaios, Klaudios, Handbuch der Geographie. Griechisch-Deutsch, hg. v. Stückelberger, A./Grasshoff, G., 3 Bde., Basel 2006–09 | Raschke, M. G., New Studies in the Roman Commerce with the East, in: Temporini, H. (Hg.), Aufstieg und Niedergang der römischen Welt II: Principat, Bd. 9, 2, Berlin u. a. 1978, 604–78 | Reade, J. E. (Hg.), The Indian Ocean in Antiquity, London 1996 | Schmitthenner, W., Rome and India. Aspects of Universal History During the Principate, in: Journal of Roman Studies 69 (1979) 90–110 | Strabo, Geographica, Wiesbaden 2005 | Tarn, W. W., The Greeks in Bactria and India, 2. Aufl., Cambridge 1951 | Weerakkody, D. P. M., Ancient Sri Lanka as Known by the Greeks and the Romans, Turnhout 1997.

欧洲中世纪时的扩张

Abulafia, D., Mediterranean Encounters, Economic, Religious, Political, 1100–1550, Aldershot 2000 | Atlas zur Kirchengeschichte, Freiburg 1970 | Balard, M., La Romanie génoise (XIIe–début du XVe siècle), 2 Bde., Rom 1978 | Balducci Pegolotti, F., La pratica della mercatura, hg. v. Evans, A., Ndr. New York 1970 | Bartlett, R./MacKay, A. (Hg.), Medieval Frontier Societies, Oxford 1989 | Baum, W., Die Verwandlungen des Mythos vom Reich des Priesterkönigs Johannes. Rom, Byzanz und die Christen des Orients im Mittelalter, Klagenfurt 1999 | Beckingham, C. F., The Quest for Prester John, in: Bulletin of the John Rylands Library 62 (1980) 290–310 | Conermann, S. 1998 | Cresques, A. u. J., Der katalanische Weltatlas vom Jahre 1375, hg. v. Freiesleben, H.-C., Stuttgart 1977 | Dreyer, E. L., Zheng He. China and the Oceans in the Early Ming Dynasty, New York 2007 | Dunn, R. E., The Adventures of Ibn Battuta, Berkeley 1986 | Ertl, T., Der China-Spiegel. Gedanken zu Chinas Funktion in der deutschen Mittelalterforschung des 20. Jahrhunderts, in: HZ 280 (2005) 305–44 | –, Seide, Pfeffer und Kanonen. Globalisierung im Mittelalter, Darmstadt 2008 | Favreau-Lilie, M.-L., Die Italiener im Heiligen Land vom ersten Kreuzzug bis zum Tode Heinrichs von Champagne (1098–1197), Amsterdam 1989 | Feldbauer, P./Liedl, G./Morrissey, J. (Hg.), Mediterraner Kolonialismus. Expansion und Kulturaustausch im Mittelalter, Essen 2006 | Filesi, T., Le relazioni della Cina con l'Africa nel medio-evo, 2. Aufl., Mailand 1975 | Finlay, R., Portuguese and Chinese Maritime Imperialism: Camões's *Lusiads* and Luo Maodeng's *Voyage of the San Bao Eunuch*, in: CSSH 34 (1992) 225–41 | Foccardi, G., The Chinese Travellers of the Ming Period, Wiesbaden 1986 | Fuchs, W., The *Mongol Atlas* of China, Peking 1946 | Gibb, H. A. R. (Hg.), The Travels of Ibn Battuta (Hakluyt II 110, 117, 141), 3 Bde., London 1958–71 | Gonzalez de Clavijo, R., Narrative of the Embassy of R. G. d. C. to the Court of Timour at Samarkand (Hakluyt I 26), Ndr. Nendeln 1970 | Gregor, H., Das Indienbild des Abendlandes, Wien 1963 | Hahn, T., The Indian Tradition in Western Medieval Intellectual History, in: Viator 9 (1978) 213–34 | Hart, H. H., Venezianischer Abenteurer, Bremen 1959 | Helbig, H., Landesausbau und Siedlungsbewegungen, in: Handbuch der europäischen Geschichte, Bd. 2, Stuttgart 1987, 199–267 | Hellmann, M., Die politisch-kirchliche Grundlegung der Osthälfte Europas, in: Handbuch der europäischen Geschichte, Bd. 1, Stuttgart 1976, 857–938 | Höllmann, T., Kamelkraniche für den Sohn des Himmels. Zur Wahrnehmung Afrikas in chinesischen Quellen, in: Röhreke, A. (Hg.), Mundus Africanus, Rahden 2000, 75–79 | Houmanidis, L. T., Byzanz im Früh-, Hoch- und Spätmittelalter, in: Handbuch der europäischen Wirtschafts- und Sozialgeschichte, Bd. 2, Stuttgart 1980, 471–505 | Hübner, U. u. a. 2005 | Humboldt, A. v., Kosmos, Stuttgart u. a. 1867 | Jackson, P., The Mongols and the West, 1221–1419, Harlow 2005 | Kemp, F. (Hg.), Pietro della Valle: Reisebeschreibung in Persien und Indien, Hamburg 1981 | Knefelkamp, U., Die Suche nach dem Reich des Priesterkönigs Johannes, Gelsenkirchen 1986 | Labib, S. Y., Handelsgeschichte Ägyptens im Spätmittelalter, Wiesbaden 1965 | Lach, D. F./Van Kley, E. J. 1965–93 | Lenhoff, G. D./Martin, J., The Commercial and Cultural Context of Atanasij Nikitin's Journey beyond the Three Seas, in: Jahrbücher für die Geschichte Osteuropas 37 (1989) 321–44 | Lopez, R. S., Italien: Die Stadtwirtschaft vom 11. bis 14. Jahrhundert, in: Handbuch der europäischen Wirtschafts- und Sozialgeschichte, Bd. 2, Stuttgart 1980, 451–69 | Lupprian, K. E., Die Beziehungen der Päpste zu islamischen und mongolischen Herrschern im 13. Jahrhundert anhand ihres Briefwechsels (Studi e testi 291), Città del Vaticano 1981 | Major, R.H. (Hg.), India in the Fifteenth Century (Hakluyt I 22), London 1857, Ndr. 1970 | Mandeville, J., The Travels (Hakluyt II 101), 2 Bde., London 1950–53 | Manz, B.F., The Rise and Rule of Tamerlan, Cambridge 1989 | Mayer, H.E. (Hg.), Die Kreuzfahrerstaaten als multikulturelle Gesellschaft. Einwanderer und Minderheiten im 12. und 13. Jahrhundert, München 1997 | –, Geschichte der Kreuzzüge, 10. Aufl., Stuttgart 2005 | Mills, J.V.G. (Hg.), Ma Huan: Ying Yai Shêng Lan [The Overall Survey of the Ocean's Shores] (Hakluyt Extra 3), London 1970 | Morrall, E.J. (Hg.), Sir John Mandevilles Reisebeschreibung, Berlin 1974 | Münkler, M., Erfahrung des Fremden. Die Beschreibung Ostasiens in den Augenzeugenberichten des 13. und 14. Jahrhunderts, Berlin 2000 | Muldoon, J. (Hg.), The North Atlantic Frontier of Medieval Europe, Farnham u.a. 2009 | Nagel, T., Timur der Eroberer und die islamische Welt des späten Mittelalters, München 1993 | Needham, J. u a., Science and Civilization in China, 7 Bde. in 27 Tln., Cambridge 1956–2008 | Olschki, L., Der Brief des Presbyters Johannes, in: HZ 144 (1931) 1–14 | –, Marco Polo's Asia, Berkeley 1960 | Petech, L., Les marchands italiens dans l'empire mongol, in: Journal asiatique (1963) 549–74 | Phillips, J.R.S., The Medieval Expansion of Europe, Oxford u.a. 1988 | Polo, M., Il milione. Versione toscana del trecento, hg. v. Bertolucci Pizzorusso, V., Mailand 1975 | –, Le devisement du monde, hg. v. Ménard, P., 6 Bde., Genf 2001–09 | Ptak, R. 2007 | –/Rothermund, D. (Hg.), Emporia, Commodities and Entrepreneurs in Asian Maritime Trade, c.1400–1750, Stuttgart 1991 | Reichert, F. (Hg.), Die Reise des seligen Odorich von Pordenone nach Indien und China (1314/18–1330), Heidelberg 1987 | –, Columbus und Marco Polo – Asien in Amerika. Zur Literaturgeschichte der Entdeckungen, in: ZHF 15 (1988) 1–63 | –, Begegnungen mit China. Die Entdeckung Ostasiens im Mittelalter, Sigmaringen 1992 | – (Hg.), Ludovico de Varthema: Reisen im Orient, Sigmaringen 1996 | –, Erfahrung der Welt. Reisen und Kulturbegegnung im späten Mittelalter, Stuttgart 2001 | Rockhill, W.W. (Hg.), The Journey of William of Rubruck (Hakluyt II 4), London 1900 | Rubiès, J.-P., Travel and Ethnology in the Renaissance: South India through European Eyes, 1250–1625, Cambridge 2000 | Salmon, C./Ptak, R. (Hg.), Zheng He. Bilder und Wahrnehmungen, Wiesbaden 2005 | Sawyer, B. u. P., Die Welt der Wikinger, Berlin 2002 | Schmieder, F. (Hg.), Johannes von Plano Carpini: Kunde von den Mongolen 1245–1247, Sigmaringen 1997 | –, Europa und die Fremden. Die Mongolen im Urteil des Abendlandes vom 13. bis in das 15. Jahrhundert, Sigmaringen 1998 | –, Das Werden des mittelalterlichen Europa aus dem Kulturkontakt, Voraussetzungen und Anfänge der europäischen Expansion, in: Dürr, R./Engel, G./Süßmann, J. (Hg.), Expansionen in der Frühen Neuzeit (ZHF, Bh 34), Berlin 2005, 27–41 | –, Nomaden zwischen Asien, Europa und dem Mittleren Osten, in: Fried, J./Hehl, E.-D. (Hg.), WBG Weltgeschichte, Bd. 3, Darmstadt 2010, 179–202 | Schottenhammer, A. (Hg.), The Emporium of the World: Maritime Quanzhou, 1000–1400, Leiden 2001 | Schwinges, R.C., Die Kreuzzugsbewegung, in: Handbuch der europäischen Geschichte, Bd. 2, Stuttgart 1987, 181–98 | Seibt, F., Von der Konsolidierung unserer Kultur zur Entfaltung Europas, in: Handbuch der europäischen Geschichte, Bd. 2, Stuttgart 1987, 6–173 | Sinica Franciscana I: Itineraria et relationes fratrum minorum saeculi XIII et XIV, hg. v. Van den Wyngaert, A., Quaracchi 1929 | Sinor, D., The Mongols in the West, in: JAsH 33 (1999) 1–44 | Stanley, E.J. (Hg.), Travels to Tana and Persia (Hakluyt I 49), London 1873, Ndr. 1963 | Suryadinata, L. (Hg.), Admiral Zheng He and Southeast Asia, Singapur 2005 | Troll, C.W., Die Chinamission im Mittelalter, in: Franziskanische Studien 48 (1966) 109–50; 49 (1967) 22–79 | Van Houtte, J.A., Europäische Wirtschaft und Gesellschaft von den großen Wanderungen bis zum Schwarzen Tod, in: Handbuch der europäischen Wirtschafts- und Sozialgeschichte, Bd. 2, Stuttgart 1980, 1–149 | Wagner, B., Die *Epistola presbiteri Johannis* lateinisch und deutsch. Überlieferung, Textgeschichte, Rezeption und Übertragungen im Mittelalter, mit bisher unedierten Texten, Tübingen 2000 | Weiers, M., Geschichte der Mongolen, Stuttgart 2004 | Wieczorac, A./Fansa, M./Meller, H. (Hg.), Saladin und die Kreuzfahrer, Darmstadt 2005 | Wührer, K., Die Wikingerzüge, in: Handbuch der europäischen Geschichte, Bd. 1, Stuttgart 1976, 966–96 | Yule, H. (Hg.), Jordanus: Mirabilia descripta. The Wonders of the East (Hakluyt I 31), London 1863, Ndr. 1963 | –/Cordier, H. (Hg.), Cathay and the Way Thither (Hakluyt II 33, 37, 38, 41), 4 Bde., Nendeln 1967.

第二章

“欧洲的大西洋”的开端

大西洋今天是“西方世界的地中海”，因为欧洲和北美之间三分之二以上的国际海运和国际空运一直还是经大西洋北部进行的，我们可以将此视为经济和文化交往。从历史角度看，它的这一角色与它的名字一样年轻。“Mare atlanticum”在古典时代仅仅是摩洛哥海岸面前大海的名称，它或是源于传说中的国家亚特兰蒂斯（Atlantis），据说那个国家位于“赫拉克勒斯之柱（Säulen des Herkules）”，即直布罗陀海峡另一头的某个地方；或是源于提坦神族的阿特拉斯（Atlas），他必须在那里的世界尽头托举着天穹，如今他的名字依然活在阿特拉斯山脉的山名中。这片西边的大海整个被看作“俄刻阿诺斯（Okeanos）”的一部分，后者是环围着所有已知大陆的世界大洋，不过那是在一个球状的大地表面上，无论是中世纪还是古典时代，人们都认为这种大地表面是不言而喻的。由于在西方发现了一个“新世界”，这个唯一的世界大洋被分成了可确定界线的几个部分，到了16世纪，这一部分的名称“阿特拉斯海洋（Oceanus atlanticus）”才获得了地理学家们的承认，而地理学界对“大西洋（Atlantik）”这一名称正式达成一致则已是1893年！它和它的附属海（Nebenmeere）占全球海洋面积的29%。

然而，尽管这个大洋时而会被轻视，它可绝对不是什么“地球村”中的“大池塘”。确切地说，大西洋从古至今都是交通和人类的可怕对手，它的北部是所有海洋中波浪最凶、风暴最大的区域。走到欧洲的西端面对着它时，首先感觉到的就是对自然力那种原始威力的恐惧。即便今天，现代船舶在北大西洋的暴风雨中也会消失得踪迹全无！人们在谈及大西洋历史时，仅仅是顺带谈谈船舶航行的种种条件，这

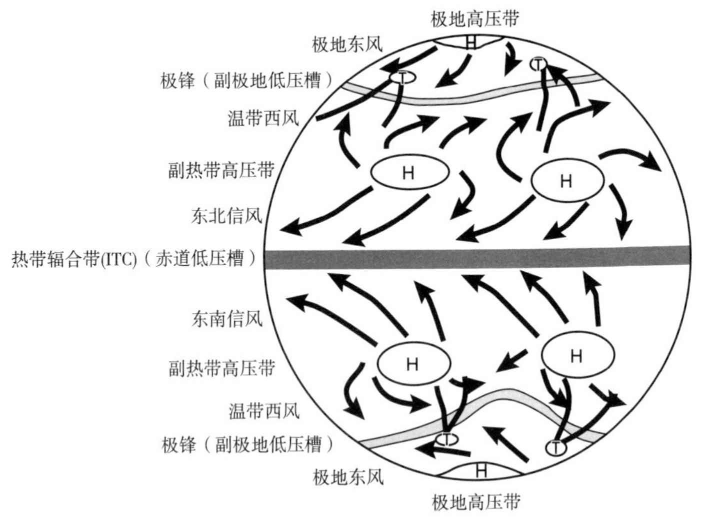

插图 4　世界范围的风

里谈的更绝不是纯粹的“水世界”，而是对这个大洋周边国
62 家关系的隐喻。在这方面可以分出三个一般等级：“环大西洋史（circumatlantische Geschichte）”描述整个区域或该区域大部分地区的国家之间的变化过程，如种植园经济和奴隶买卖；“跨大西洋史（transatlantische Geschichte）”对各个国家和帝国进行比较，如西班牙和大不列颠；“大西洋西岸史（cisatlantische Geschichte）”通过对大西洋各种关系的描述突出地区史的特征，如南特（Nantes）或西非。（Armitage in: Armitage / Braddick）

当然，不宜人的大西洋的风和洋流作为航海框架条件是一切的基础，也是历次地理发现的基础，因为除了地中海的帆桨大船（Galeere）和斯堪的纳维亚的桨船（Ruderschiff），直至 19 世纪，这里航行的都是依赖顺风和洋流的帆船（对风进行描述时会按照风向来命名）。风会对深达 200 米的表层洋流

产生影响，而温度差和盐度差则在海洋深处导致密度差，并由此形成补偿洋流。大气环流在世界范围内，在南北两个半球各自的极地高压带以及副热带高压带之间进行，还在南北副极地低压槽以及热带辐合带（赤道低压槽）之间进行，其间这些气 63
压带在北半球冬季和南半球夏季时向南移动，在北半球夏季和南半球冬季时向北移动。从理论上讲，应自北向南或自南向北的大气交换因地球自转在北半球偏向右，在南半球偏向左。于是就产生了纬度 60° 与 70° 之间的极地低压槽这一侧的极地东风，产生了北纬 30° 和南纬 30° 之间的东北信风或东南信风。纬度 30° 和 60° 之间是副热带高压带暖空气和副极地低压槽冷空气相遇的行星锋区。其间会经常产生新的低压带（气旋）和新的高压带（反气旋），它们在这一纬度区的外热带盛行西风的驱动下继续移动直至各自消散。天气在这里相应变化，由于达到某一强度的气旋和反气旋的旋转特性，虽然以西风为主，但风向也会变化。

相应的，主洋流在大西洋表现为信风带和西风带中的两个大环流，即葡萄牙航海者语言中的 Volta，它在北半球顺时针运行，在南半球逆时针运行。信风在低纬度区推动暖流向西漂行，随后暖流在高纬度区因西风作用向东漂行，被海洋深处的水冷却后在大陆边缘向南或向北回漂。南半球的相应区域没有陆地，因而西风和西漂流可以无阻碍地环地运行。北方陆地的形状将西来的暖流导引向北，这就是所谓的海湾洋流，作为结果的冰岛北面以及冰岛和格陵兰南面的副环流又推动冷流向南漂流。因此，挪威一些地方的年平均气温比同纬度的东格陵兰高出 6℃。海湾洋流为西欧备了一份赠礼！

暂且将斯堪的纳维亚人放在一边。从古代起，在不列颠群岛、法国和伊比利亚半岛之间发展起了航船交通。然而，中世纪前期出地中海的通道被西班牙的穆斯林和北非的穆斯林控制

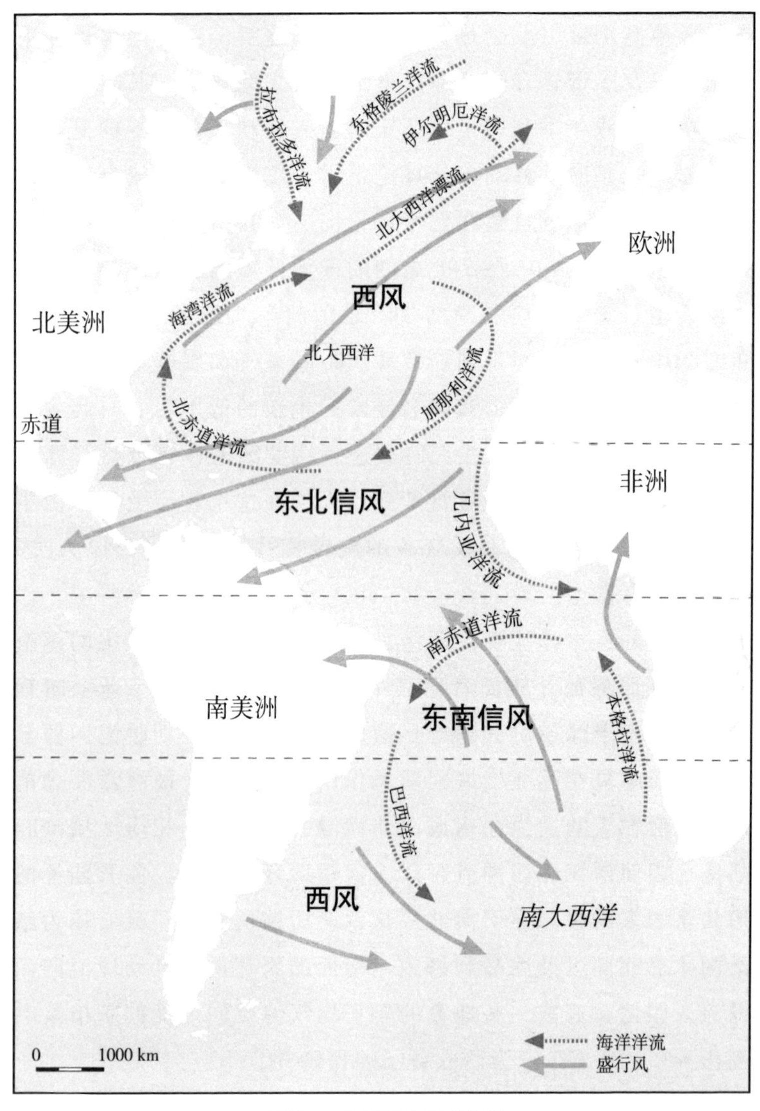

插图 5　大西洋的风和洋流

着。扩张型的意大利各滨海城市与他们建立了联系，直到 13 世纪，由于基督教重新征服（“收复失地运动”）的进展，这条通道才又畅通无阻，塞维利亚（Sevilla）于 1248 年从一个伊斯兰世界海港变成了一个基督教世界海港。自 1277 年起，热 65
那亚的帆桨商船驶往西北欧，可能自 1314 年起，威尼斯的帆桨商船也驶往那里，那里的布鲁日（Brügge）很快便成了另一个世界港口。他们运去高档商品，再运回锡以及意大利纺织工业需要的棉花、南法兰西和葡萄牙的盐。首先是热那亚人在伊比利亚半岛定居下来。葡萄牙国王雇他们帮助自己发展海军，1319 年，他任命一个热那亚人做了海军将领。

向大西洋的勇敢挺进很快也开始了，不过其成果仅限于大西洋的那些岛屿。也就是说，只要中纬度区的西风还吹在欧洲人脸上，他们就不可能驾驶着帆船轻而易举地发现美洲。他们必须首先向南进入信风带，然后才能像哥伦布那样让风和洋流带着他们越过大西洋。与极地东风带不同，与风向时常变化和洋流逆向运行的高纬度区不同，从技术层面看，这里有着更好的成功西行的机会，而勇敢的维京人很快就驾着他们那快速而灵活的船只开始利用这样的机会。

北方于 9、10 世纪经历了斯堪的纳维亚人大规模扩张的巅峰期，除了海上掠夺和征服，途中和平占领土地也属于扩张行为。自 9 世纪起，挪威人向冰岛移民，之前那里只有爱尔兰僧侣。红毛埃里克（Erik der Rote）因殴人致死被驱逐出冰岛，于 982 年去寻找并找到了传闻中西方的那片土地，为了吸引移民，他为其取名“绿色土地”，即格陵兰。中世纪的气候当然比现在温和，无冰面积比现在大。那里出现了两组错落分散的移民点，一组是艾斯特立拜格德（Eystribygd，即东移民点），实际上它在岛南岬角的西侧，一组是靠北的维斯特立拜格德（Vestribygd，即西移民点），在今天的首府附近，同样也在西海岸边。由于有较暖的洋流，西海岸较宜居住，东海岸因其冷海岸洋流气温更低，不宜居住。当时可能有近 300 个院落，人口为 3000~5000。

自 999 年起，基督教从挪威传入，最终有了 17 个堂区，在艾斯特立拜格德的加达尔（Gardar）有了一个主教。这里仅仅存在着一个远未成熟的政治体制，到 1261 年，这片土地和冰岛一样，也向挪威国王臣服了。这是必须的，因为重要的生活物品只能从那里来，如铁和粮食。在格陵兰只能进行牲畜饲养、狩猎和捕鱼。据说 1369 年之前，每年都有一艘船驶来，格陵兰人用作支付手段的竟是海象牙、独角鲸大牙和许多人渴望的犀牛角！大瘟疫严重损伤了挪威和冰岛，格陵兰人的境况
66 有时甚至可能好于冰岛人和挪威人。然而在 1350 年后，西移民点很快被舍弃了，东移民点似乎在接近 1500 年时被舍弃。能够证实的最后一批冰岛人到访的时间是 1408 年至 1410 年。

尽管在此期间，人们能够从非洲更有利地获取象牙，但在 15 世纪，格陵兰可能存在着与不列颠群岛的直接的商业往来，尤其是与布里斯托尔（Bristol），这种往来取代了与斯堪的纳维亚陷于停顿的商业联系，不过我们还缺乏这方面的证据。至少那里发掘出的衣物与 15 世纪欧洲的新款式相吻合。1540 年前后，一艘漂泊至格陵兰的船在一个无人居住的岛上发现了一处捕鱼人停靠点和一个孤单的死者。相邻移民岛屿的居民是否就是已经从北面迁移过来的因纽特人（爱斯基摩人），这一点我们还不清楚。欧洲人移民点什么时间出于何因被舍弃，其居民又消失于何方，这些问题还有待澄清，不过突发灾难以及因食物不足而逐渐衰退的可能性都可以排除。出土的尸骨并不具有普遍性。在此期间已统治挪威及周边地区的丹麦人于 18 世纪前期开始向因纽特人传教并重新占有格陵兰，他们在那里没有再遇见自己的先辈。然而从那以后，致力于格陵兰史研究的

考古学家以及历史学家属于哪个民族便发挥着某种作用！

斯堪的纳维亚人不仅向这个美洲第一大岛移民，而且还踏上过美洲大陆的土地，至少在那里暂时安过家。格陵兰人的传说以及有关红毛埃里克的传说对此都有描述，不过那些传说既有谬误也有矛盾，它们讲述的是13世纪相互竞争的家族联盟的家族史。可能是贝加尼·赫尔沃夫森（Bjarni Herjulfsson）于986年第一个看到了美洲海岸，而红毛埃里克的儿子莱夫（Leif）于1000年先后造访了赫卢兰（Helluland，意为岩石地区）、马克兰（Markland，意为森林地区）和文兰（Vinland，意为葡萄地区或草地）。他在文兰发现了鲑鱼、野小麦和野葡萄。那些始终都最有说服力的说法证实，赫卢兰是巴芬岛（Baffin-Insel），马克兰即拉布拉多岛（Labrador），而文兰就是纽芬兰（Neufundland）。不难设想，当年他就是在西移民点的纬度上横越了戴维斯海峡（Davis-Straße），随后被拉布拉多洋流（Labradorstrom）送往南方。

这些传说还描述了随即进行的另外四次没有多少成果的探险，其主要原因是与印第安人的冲突。他们留在相对安宁的格陵兰，不过至少至1347年，好像都要定期驾船去美洲运回木材。1961年以来，人们在纽芬兰西北岬角的兰塞奥兹牧草地（L'Anse-aux-Meadows）发掘出一个公元1000年前后的典型 67
的斯堪的纳维亚人居住区，于是可以确定文兰的位置就在那里，因为关于距离的说明准确无误。不过那里没有传说中所说的野小麦和野葡萄，却有海滩黑麦和大量浆果，当年的斯堪的纳维亚人自然非常熟悉它们，它们取代了那些很少有人知道的独特物种。

其他“有关维京人的出土文物（Wikinger-Funde）”或是谬误，如朗费罗（Longfellow）赞美的罗得岛的纽波特塔楼（Newport-Tower），其实那是一个17世纪的风磨；或是伪造，如明尼苏达州肯辛顿的如尼文石（Runenstein）。可以相当有把握地说，1965年耶鲁大学展示的那幅文兰地图也是一件伪造品，是从古物市场得来的，若依照它，早在1440年前后在巴塞尔就有人详知格陵兰和文兰的情况了，而事实上当时的人几乎已将那些北方移民点忘得一干二净，至少在欧洲从未有人认为它们具有发展能力。因此，无从证实的哥伦布是否知道它们的问题也就无关紧要了。斯堪的纳维亚人不可能去贬低他的发现的首创性，而意大利各界对那幅文兰地图作出反应时的攻击性是用错了地方。

然而在一些欧洲国家，要求承认自己的某位同胞先于哥伦布发现美洲已经成了习惯。例如受伊丽莎白一世时代的“帝国主义”的影响，有人就虚构了一位威尔士的麦多科（Madoc aus Wales），称他于1170年发现了美洲。据说18世纪末一个名叫约翰·伊文斯（John Evans，威尔士名字）的旅行者在密苏里河（Missouri）上游发现了说威尔士语的印第安人。布里斯托尔的商人和捕鱼者可能是首先发现北美的人，这一说法我们也遇到过。

航船与引航

地中海地区的传统船型自古以来就是帆桨船，一种主要依赖划桨的船。帆桨船虽说主要适用于小型航海和大都风平浪静的海域，但由于宽船腹的建造方式和意大利人比较擅长使用同时备有的船帆，它完全符合中世纪意大利人最远至不列颠群岛的大西洋航行的需求。然而它所需要的划桨手却造成了船员和现有货舱之间极其不利的比例。因此，它或仅仅被当作战船使用，或被用于短程运送价值高昂的货物，或在有可能中途停靠补给食物时被使用。若用于远程航行，货舱只装划桨手的给养也不够用。这种帆桨船极易驾驶，但葡萄牙人在1440年之前的非洲航行的初始阶段并未使用它，不过他们或许使用了一种既能用帆也能用桨的船，与维京人的船非常相似。

此外，自古以来，人们还使用一种宽腹笨重的帆船运输大宗货物，它只有一根桅杆，桅杆上只挂一张大横帆。15世纪，热那亚人在所有航线上几乎全改用了这种船，因为这种宽腹船比帆桨船更具改装的可能性，可以增加桅杆数量，而且采用了自十字军远征以来就闻名于地中海地区的北欧造船人的种种成果。北欧人的船就是所谓的“单桅高舷帆船（Koggen）”，它以直龙骨取代了曲状龙骨，船首船尾都有上部建筑，有各种能更好地控制横帆和尾舵的装置。前述最后一项成果是安装在船体纵轴船尾部的可旋转舵板，它取代了安装在船行方向右侧（即右舷）的桨状舵，据说中国出现尾舵要比北欧早一千年。温彻斯特大教堂有一个约造于1180年的罗马式洗礼盆，盆边的一幅雕刻已刻有尾舵。因借助操纵杆，这种舵在操作时很省力，后来又借助了复合滑轮和转轮，于是操控较大的船也成为可能。另外，如果配置有相应的帆，用这种驾驶装置可以承受强风航行，可以逆风进行之字形航行。

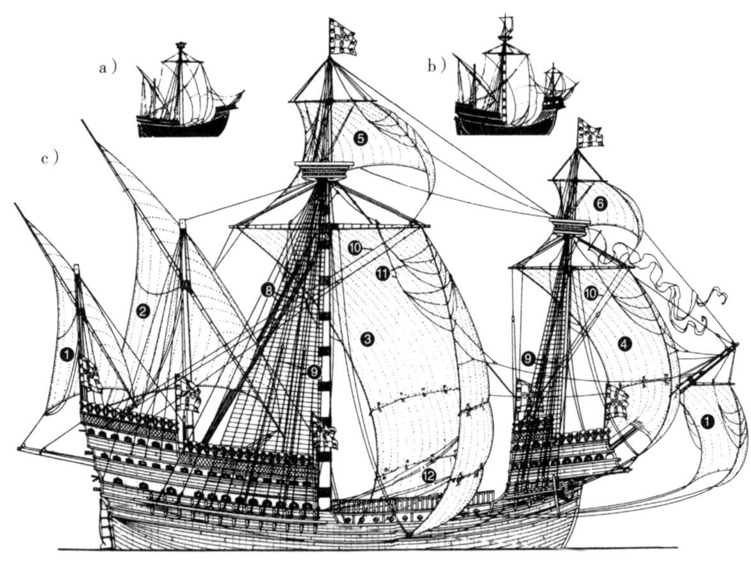

插图 6　15、16 世纪的帆船

说明：
a）15 世纪初的地中海小帆船，挂大帆和后帆。
b）15 世纪末的威尼斯帆船，挂前帆、大帆、大桅帆和后帆。
c）葡萄牙卡拉克帆船“西奈山的圣凯瑟琳（Santa Catarina do Monte Sinai）”，约 1520 年：❶ 第四桅后帆；❷ 后帆；❸ 加两个辅助帆的大帆；❹ 加一个辅助帆的前帆；❺ 大桅上帆；❻ 前桅上帆；❼ 斜桅帆；❽❾⓬ 滑轮组；❿⓫ 帆用索具和其他索具。该帆船有六层甲板，配有超过 160 门火炮。

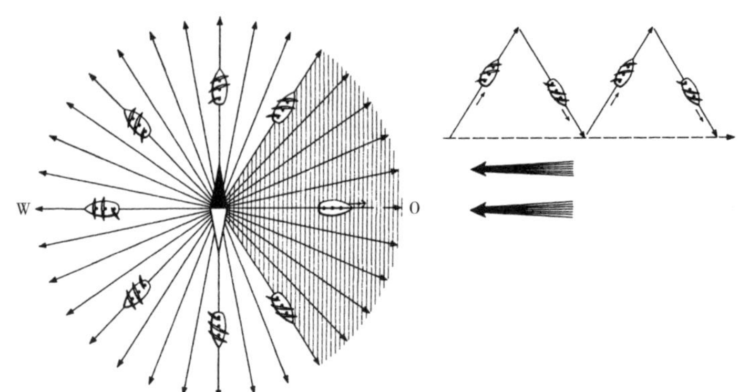

插图 7　一艘三桅横帆船（Carabela redonda）的曲折行驶能力

说明：三桅帆船可以向任意一个方向行驶，在 32 个罗盘方向中，它可直接向 23 个方向行驶，有 9 个方向须采用逆风之字形行驶。

阿拉伯人很早就在地中海地区采用了三角帆（dreieckiges Lateinsegel），它的最大优点是可以在强风中横向前行，也适合在狭窄的水域中曲折航行。然而大三角帆（主桅常常与整个船体等长）难以操控，因为在做之字形航行时，帆必须全部收拢、系牢，收在桅杆前再放下来。因此，一艘三角帆帆船需要50个水手，而同样大小的横帆帆船最多有25个就足够了——一个重要的成本因素。另外，在顺风时横帆占有明显的优势。横帆还可以缩帆，帆的数量也几乎可以随意增加，这对三角帆来说是不可能的。将两个系统组合起来的时候到了。人们尝试在前桅杆上挂横帆，在一个或多个桅杆上挂三角帆。后来，据说在14世纪，肯定最晚在15世纪便出现了前桅主桅挂横帆、后桅挂三角帆的标准型三桅船，很快，每个桅杆都挂上了多个帆。这一类型最大的变体是所谓的卡拉克帆船（Karacke），其吨位能达到1000吨甚至更多。因成本和货舱的有利比例，16世纪葡萄牙人将其用于印度和东亚航行。

关于吨位的说明模糊不清，因为它们会涉及各种各样的吨单位，而且这些单位随着时间的推移还在变化。不过，“西班牙吨（Tonelada）”（1570年）和“法国吨（Tonneau）”一样，是以2.6立方米作为1000公斤粮食的船体容积的计量单位，大体相当于1854年开始实行的2.83立方米等于1“登记吨”的计算方法。

处在吨位等级另一头的是三桅帆船（Karavelle），虽然它大名鼎鼎，但我们却知之不详。它可能与16世纪臻于完善的葡萄牙和西班牙海岸地区的发展有关，是一种不超过百吨的小而轻的帆船，长20~30米，宽6~8米，只有一层甲板甚至是仅有一半船舱被封盖。似乎起初它的两根或三根桅杆上只挂三角帆，后来进行了各种横帆和三角帆组合试验，直至三桅标准船型“三桅横帆船（Carabela redonda，西班牙语）”在这方面也获得了成功：它挂两个横帆和一个后桅三角帆。由于这种船小，若有必要可以全部更换船帆。哥伦布就将他的三桅帆船“平塔号（Pinta）”和“尼雅号（Niña）”部分改成了横帆，因为在信风带顺风中挂三角帆行驶较慢。然而，三桅帆船的灵巧性一直未被超越。

到了开拓非洲海岸的中期，人们大约从1440年开始使用
71 这种三桅帆船。最晚从1497年起，瓦斯科·达·伽马（Vasco da Gama）更喜欢使用更大的标准型帆船进行航程更远的探险航行，不过人们也很乐意为船队添加几艘三桅帆船用于侦察。最终，人们在16世纪设计出了“西班牙大帆船（Galeone）”作为战船，它比卡拉克帆船小，尤其是船体更瘦，上部建筑也更加低矮。后来英国人和荷兰人的标准化东印度航船就源于它，直至纳尔逊时代所有的大型战船也源于它。

在三桅帆船上采用的地中海地区的另一项成就是平铺镶，它不像北欧叠镶式技术那样将船外体木板叠搭式地钉在一起，而是用楔子将木板并排固定在一起，这使得船外体表面平滑，因而提高了船速。造船业的所有创新都是在1200年至1500年间进行的，因而直至19世纪，造船技术都能够利用已经开辟的路径适应各类新需求。

另外，航海技能在欧洲扩张进程中又面临着新问题，而解决之道就是多少具有科学性的引航（Navigation）的产生，即在看不见陆地的情况下，仅仅凭借观察和利用天文地理数据使航船保持航向并抵达目的地的技能。此前还没有这种意义上的引航，而是只有领港技术（Lotsenkunst），即依据视野内的海岸找到路径，以及在必要时凭借经验，在看不见陆地的海面上航行一段时间的技能。除此以外，人们还能根据太阳的位置和星图确定方向。面对维京人和波利尼西亚人（Polynesier）的航海成就，自然不应低估这种航行的可能性。不过从13世纪

或14世纪以来，如果能识字、会计算，地中海的航海人还有四种辅助工具可用：引航手册、磁罗盘、海图和简易测程仪。

引航手册在地中海地区和与其有关联的“波尔托兰图（Karte Portolan，葡萄牙语也称Roteiro）”一样，都继承了古典时代“环游记（Periplus）”的传统，而今天航海指南（英语为pilot）的现代化形式则是对它的传承。它沿海岸走向描述陆上标志、海水深度、危险地点等，有必要时也描述潮汐情况。这些描述的一部分可以转化为或多或少是靠目测绘制的
海岸线图。自13世纪以来，这种图被标上了经纬网，因而围 72
绕着一个中心点依照16个罗盘方向（后来增至32个）环状排列的各个点彼此全被连接起来。航海人若想扬帆出海，就用尺子在出发地与目的地之间画一条连线，再借助圆规寻找自己这一理想航线的最近平行线，于是他便得到了罗盘方向，若有比例尺便也能得出距离，至少在大比例尺图上能得出距离。在现代坐标系统已经确立的1720年代，这种图还一直附带标有波尔托兰线网。

然而，航海人若不能保持用这种方法确定的直线航线，或是因为想寻找更有利的风情（关于风向、风力的情况），或是因为偏离了航线，或是因为必须进行之字形航行（在此期间已成为可能），那这种确定航线和距离的方法就不起作用了。不过，自14世纪晚期以来已经有了一些简单的三角学图表，如Toleta de Marteloio，它们包含各种直角三角形的勾股弦关系，用它们可以将直接航线与实际行驶的航线之间的关系分解成一系列直角三角形，从而确定准确的航线，前提是航海人能够根据船只已行驶的时间和船速计算出已行驶的航程。这方面暂时靠的是估计，计程绳（Logleine）到16世纪中期以后才出现。

一个新问题是，在不熟悉的水域和不熟悉的海岸边如何

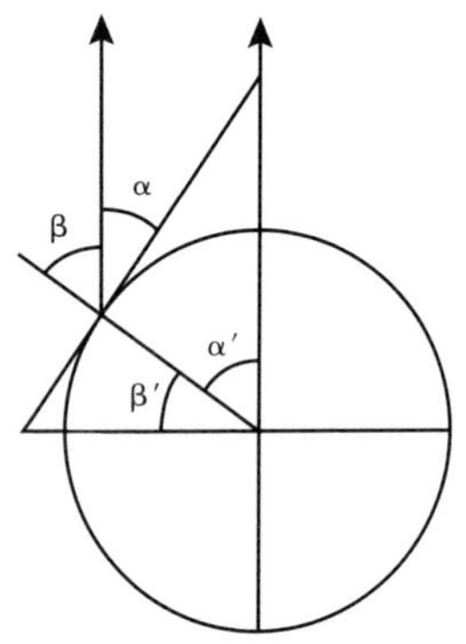

插图 8　利用北极星的地平高度测定纬度

说明：因实际距离可被视为无穷大，所以至北极星的测向线相当于地轴的平行线。α'（纬度）= α（北极星地平高度），因为 β = β'（纬度与两条平行线的夹角）以及 α+β 和 α'+β' 各等于 90°。

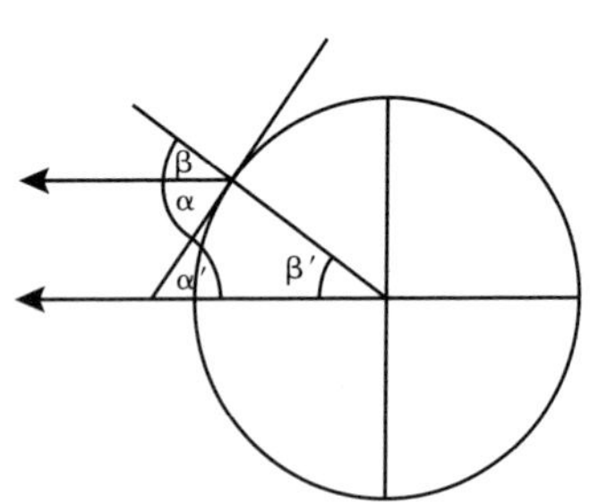

插图 9　利用天赤道的地平高度测定纬度

说明：因实际距离可被视为无穷大，所以至天赤道的测向线平行于地球中心点至地球赤道的某条直线。β = β'（同插图 8），α+β 和 α'+β' 各等于 90°。

确定位置和航线，最后得出的解决办法是在船上计算出地理坐标，也就是计算出地球表面任意一点的经纬度。任何一个点都可以通过其坐标确定位置的知识是古典时代的一项成就，它在中世纪没有被完全遗忘，此时又重获新生。适合用于确定经纬度的固定点只能是天体。人们早就知道纬度越低的地区北极星的位置越低，最后会完全消失在地平线以下，它的高度与地平线的夹角在某一地理纬度上的任何一个点上都是一致的。于是，海员们携带有角度刻盘的简易测量仪出海，陆上的占星学家——那时还没有现代意义上的天文学家——早就熟悉这些测量仪：四分仪，不久之后是等高仪。另外，16 世纪还出现了按照某个阿拉伯样板设计的用于同一目的的直角仪，这种测量仪操作自由，在上下颠簸的船上使用起来效果优于线测锤（四分仪）或必须垂直悬挂的测量板（等高仪）。另外用直角仪测量不用直视太阳，只需用一端遮住太阳，再从结果中减去 15'。印度洋上的航海人早就将它用于测定南北距离。

进入南半球后没有了北极星，又找不到相对合适的星体，这时就必须测量太阳了。人们取太阳正午高度作为替代物，依此测定天赤道的地平高度，从而得出与自己所在位置的地理纬度构成的余角。然而太阳正午高度与天赤道高度一致只是个别现象，而每天都在变化的偏移须经复杂的计算才能得出。经葡萄牙王室目标明确的倡导，这一问题在针对一些发现进行的高水平研究中得到了解决。1484 年，若昂二世（Johann II）任命了一个科学委员会，让它拟定方法并向航海人提供必要的天文图表，航海人从中可以得知在测量太阳高度时必须加上或减去什么。这一切被汇编入一本实用航海手册，最晚于 1509 年以《四分仪天文数据汇编》（*Regimento do astrolabio e do quadrante*）为书名印刷出版，在一系列各种文字的此类书籍中，它是第一本。

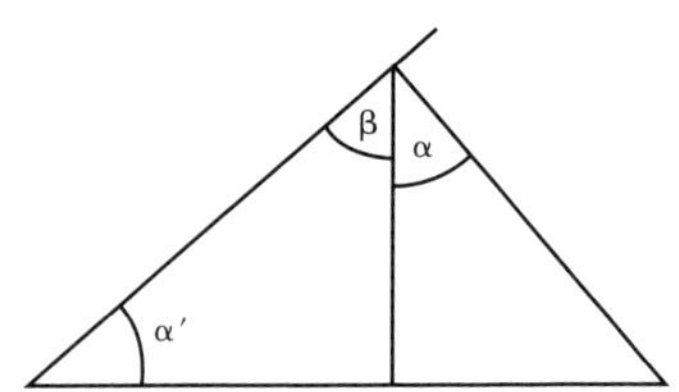

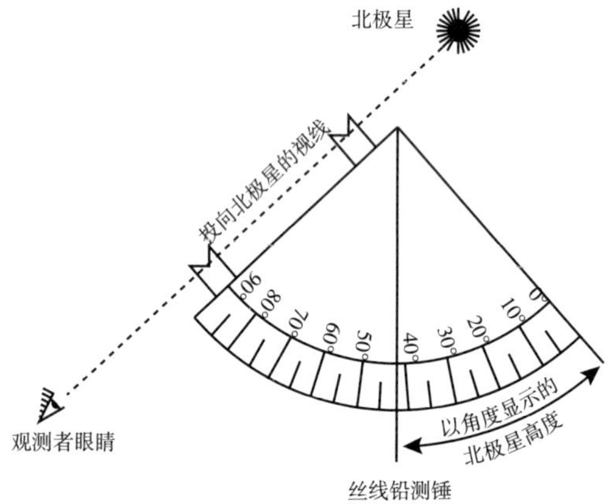

插图 10　用四分仪测北极星

说明：α = α'，因为二者与∠β 互为余角。

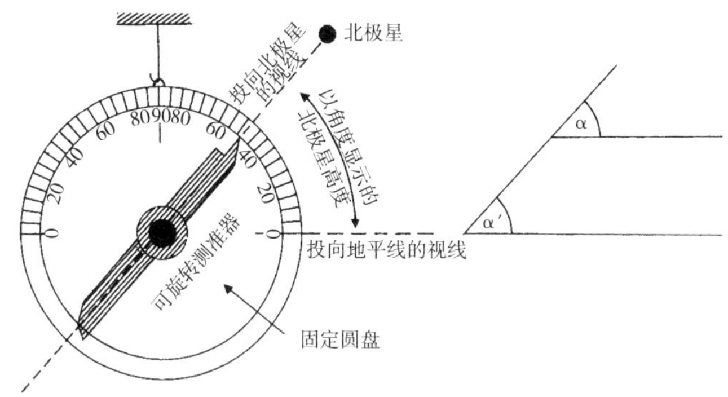

插图 11 用等高仪测北极星

说明：α = α'，因为一条直线与一组平行线相交构成相等的同位角。

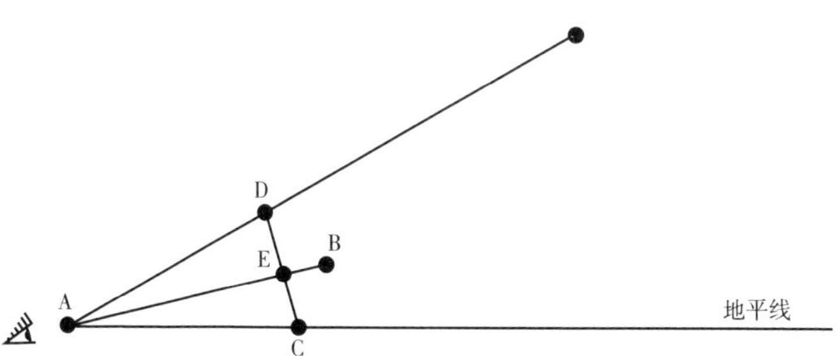

插图 12 用十字测天仪（Jakobsstab，或称“十字杆”“直角仪”等）测定太阳高度

说明：在 AB 上移动 CD，直至太阳与地平线之间的距离占满十字杆上下端的空间，实际操作时，人们用上端遮住太阳以避免直视，然后从结果中减去 15'。若在 AB 上相应地标上刻度，就可以直接读出∠CAD 的度数。人们或通过测验各种角度，或借助半角∠EAD 的正切函数以及 DE 和 AE 的长度来标定刻度。

然而，那个时代完全没有可能测定地理经度。为此必须知道任意一个地点与起始子午线的时间差，在托勒密传统中，这条起始子午线在“极乐岛（Inseln der Seligen）”，具体说就是加那利群岛（Kanarische Inseln）最西边的耶罗岛（Hierro）或费罗岛（Ferro）。18 世纪以前还没有走时精准的表，因而无法在起始子午线时间与通过观测太阳得出的当地时间之间进行比较。总之只要是在大西洋上航行，特别是在南北向航行时，更为重要的是测定纬度。此外，人们的应急方法还有，先寻找想要的纬度，然后凭借估测或经验得出向东或向西的航行时间。尽管如此，葡萄牙佩德罗·赖内尔（Pedro Reinel）的测绘学校在 16 世纪前期依然再次冒险使用了一个标有经度的坐标系统。

许多历史学家一再声称，与其他发现成果一样，迈出从技能型航海转为科学引航这一步是一个专家中心的杰作，
76 据说这个中心是航海者恩里克王子（Prinz Heinrich der Seefahrer）为进行研究和培训探险者在葡萄牙西南角的萨格里什（Sagres）自己的府邸创建的。有人称恩里克聘用了一个来自马略卡岛的皈依了基督教的犹太人，此人可能是《加泰罗尼亚世界地图》绘制者的儿子，不过，聘用是 16 世纪初的事情了。除此之外，我们没有任何这方面的文献证据。拉穆西奥（Ramusio）和巴罗斯（Barros）提供的说法模糊不清而且时间较晚，即它们已经属于一个时代，在那个时代里，博学多才和春风风人正是伟人的本色，这放在恩里克身上是不合实际的。另外，他到暮年时才在萨格里什定居。不过这一切并非要否定这个神话的先驱者们，按照他们的观点，正是保密的必要性才导致没有文献出现。没有办法证明的东西也就无从反驳！

至少有一个现存证据表明，葡萄牙人最早于 1456 年、最晚于 1484 年已将四分仪用于测定北极星高度。或许可以说，

采用科学引航某种程度上更应被归为组织和资料问题，而不是真正的革新问题。大部分解决问题的方法和仪器早已为占星学家们所熟知，现在只需将它们转用于海上，只需向航海人解释清楚。但由于这类人受教育的水平有限，无论如何都会出现大量困难和拖延情况。在负责此项工作的西班牙贸易署（Casa de la Contratación，全称为 Casa de la Contratación de Indias，即“印度群岛贸易署”）里，经常发生理论家和实践者之间的争论。至于哥伦布，我们也不知道他在科学天文引航方面能力如何，他随行带有由纽伦堡天文学家雷吉奥蒙塔努斯（Regiomontanus）[即弗兰肯地区柯尼斯贝格（Königsberg in Franken）的约翰内斯·米勒（Johannes Müller）]和亚伯拉罕·扎库托（Abraham Zacuto）制作的标示太阳及其他天体位置的图表。关于第一个环航世界者斐迪南·麦哲伦（Ferdinand Magellan）我们知道，他的探险远航配备有 23 幅西班牙最新海图、1 幅世界地图、21 个四分仪、6 个等高仪和大量罗盘，不过我们不知道它们的使用情况。更值得注意的是，大量保存下来的波尔托兰图中没有一幅留有任何使用过的痕迹！在葡萄牙和西班牙，引航和制图由国王专设的一些机构集中管理，而且从理论上说保密极其严格，我们的资料也因此而残缺不全。英国大海盗弗朗西斯·德雷克（Francis Drake）猎得一幅西班牙太平洋图时也曾连声欢呼。

成为大发现时代之先驱的不是巨大的中国，也不是欧洲比较大的国家，如法国、英国、卡斯蒂利亚王国和阿拉贡王国，而是相对小而穷的葡萄牙，它的国土面积几乎不及巴伐利亚地区大，1500年前后的人口大概还不到法国人口的十分之一，也不到邻国西班牙人口的五分之一。当然，葡萄牙的地理位置对前往西非海岸格外有利，对于选择前往美洲的最佳航线也特别有利；然而，正是美洲不是由葡萄牙人发现的这一事实证明，起作用的不仅仅是地理位置。确切地说，必定是一系列其他条件和前提以及诸多动机汇聚在一起，才得以产生开发非洲海岸和建立印度洋海洋帝国这一结果。

人们都知道，葡萄牙王室成员在这方面起了决定性的作用，如被称作“航海者”的恩里克王子以及国王若昂二世，然而这不仅是因为他们的个人地位和个人兴趣，而且也是因为葡萄牙君主国的特殊结构。1383年至1385年，前任国王的私生子以革命的方式成功违抗卡斯蒂利亚王国对继承权的要求，作为若昂一世建立了新王朝阿维什（Aviz），此前，他的身份是阿维什骑士团首领。因为在此期间，他能够依靠市民阶层和法学家反对高等贵族，所以造成了王国对这些阶层的亲和性和君主国的相对高度集权，而同一时期的英国、法国和卡斯蒂利亚王国则陷于内战或百年战争无力自拔。新王朝只需做其前任们，尤其是国王迪尼什（Dinis，1279~1325年在位）长期以来所做的事情，即推行一种有高度事业心的经济贸易政策，这种事业心最终表现为王室直接参与交易和由国王亲自装备商船。也就是说，恩里克、若昂和16世纪的“君王资本家们”首先就是在继续保持葡萄牙王国的传统。

且不论世人如何评价15世纪的葡萄牙人取得的毋庸置疑

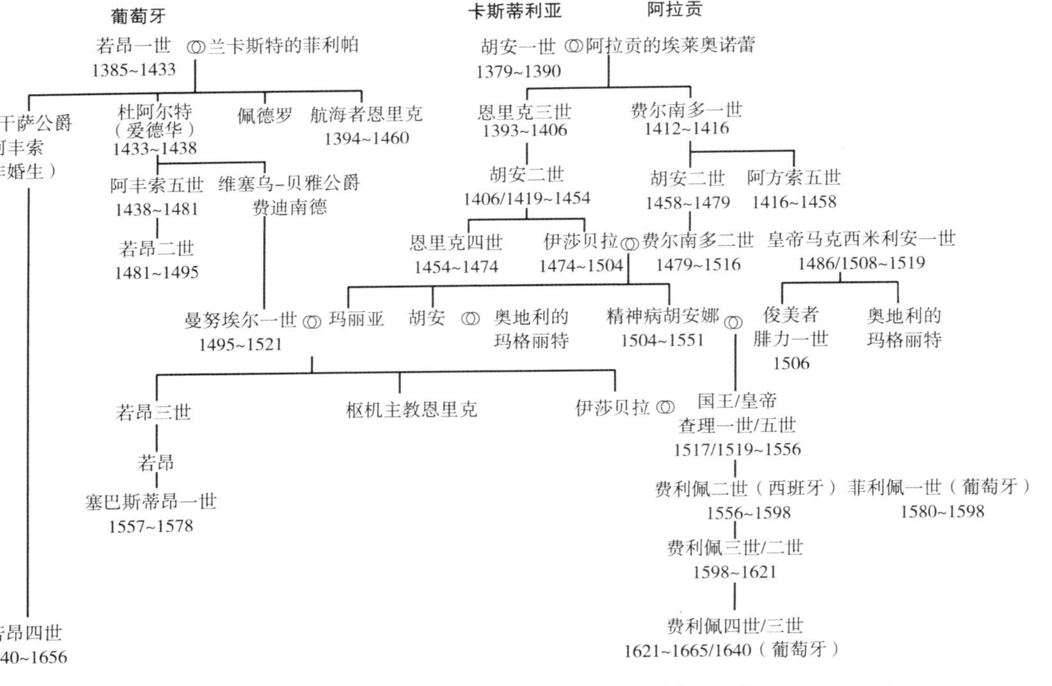

插图 13 1656 年前出自阿维什王族、贝雅（Beja）王族、特拉斯塔马拉（Trastamara）王族、奥地利王族和布拉干萨（Braganza）王族的葡萄牙国王和西班牙国王

的成就，可以确定的是，他们在各个方面都从加泰隆人[①]，特别是从意大利人的“专业知识（know how）”中获得了极大好处。在航海前往英国和佛兰德（Flandern）的过程中，意大利商人在作为中间站的葡萄牙站住了脚，葡萄牙王室也鼓励他们这样做，1317 年，国王迪尼什任命埃玛努埃尔·佩萨格诺（Emanuele Pessagno，葡萄牙语为 Manuel Pessanha）做自己的海军将领，这等于发出了一个信号。在他之后，该家族有五位成员担任过这一职务。意大利人的殖民地以及他们在内陆和海外的经济事业心成为葡萄牙历史的一个常数。不过，在葡萄牙持久占优势的似乎是佛罗伦萨人，热那亚人则将自己的重点移往了卡斯蒂利亚王国。

首先重新冒险前往直布罗陀海峡另一边的非洲海岸的似乎也是意大利人。关于这一海岸区域和加那利群岛的知识从未完全遗失。当时迦太基的一次探险甚至到达了喀麦隆，关于这次探险的报道在一个希腊语译本中被留存了下来。12、13 世纪，热那亚人造访过摩洛哥西海岸。据称，1312 年，一个名叫兰斯洛特·马洛赛洛（Lancelotto Malocello）的热那亚人
79 再次发现了中世纪的绘图人非常熟悉的加那利群岛，当中的兰萨罗特岛（Lanzarote）就是因他而得名的。1339 年，这一区域的岛屿在一张地图上被标上热那亚国旗。根据意大利人文主义者乔万尼·薄伽丘（Giovanni Boccaccio）的一份报道，一支由佛罗伦萨人、热那亚人、葡萄牙人和西班牙人组成的混合探险队于 1341/1342 年造访过加那利群岛。多少可算作顺路的马德拉群岛（Madeiragruppe）在这一时期大概早已为人所知。总而言之，自 14 世纪中叶以来，人们对这些地区的概念相当合乎实际。一位佚名方济各会修士的《万国知识辑

---

① 或译作“加泰罗尼亚人”。——编者注

录》(*Libro del Conoscimiento de todos los reynos*)对直至博哈多尔角(Kap Bojador)的地区知之甚详，知道加那利群岛和马德拉群岛的25个岛，其中有今天所称的兰萨罗特岛、特内里费岛(Teneriffa)、大加那利岛(Gran Canaria)、富埃特文图拉岛(Fuerteventura)、费罗岛和波多圣多岛(Puerto Santo)。另外还有一些关于沙漠另一端的塞内加尔地区的模糊信息。1375年的《加泰罗尼亚世界地图》体现了同样的认识水平，另外还有再往西北的群岛，我们已从1351年的《梅迪奇地图》(*Medici-Karte*)知道了它们，并可以确定它们就是亚速尔群岛(Azoren)。

总之在此期间，倡导人由意大利人和葡萄牙人变成了加泰隆人和马略卡岛的居民，他们于1342年、1346年、1352年、1369年和1386年五次航海前往加那利群岛，尽管1344年因教宗将其授予一个卡斯蒂利亚王侯，西班牙和葡萄牙之间爆发了第一次争夺该群岛归属权的冲突。14世纪至少有方济各会传教士在当地人中传教，据说在一段时间内曾有过一个主教管区。1393年，卡斯蒂利亚人重又出现，结果是亲卡斯蒂利亚的法国国王为其侄子让·德·贝当古(Jean de Bethencourt)取得了占领加那利群岛的许可，后者可以将其作为卡斯蒂利亚授予的封地向那里移民。吸引贝当古的大概是获取非洲黄金的希望。1402年，他在兰萨罗特岛定居，但在对付当地的原居民方面收效甚微。1418年，他将自己这个封地卖给了一个西班牙人。当葡萄牙人此时重新主动起来时，意大利人也再次参与进来。

然而，意大利人的贡献并非仅限于亲自参与和资金投入，也不仅限于造船技术和航海方面的成就。虽说这些或许在历史上具有极其重要的意义，但除此之外还是有充足的理由断言，在意大利人具有决定性作用的参与下，殖民主义的各种重要技

巧在中世纪的地中海地区已经发展成熟，随后葡萄牙人接受了它们，后来，西班牙人和西北欧人也接受了它们。在十字军远
80 征参与国区域以及东地中海地区意大利的殖民地，尤其是在威尼斯人统治的塞浦路斯岛、热那亚的开俄斯岛以及克里米亚的卡发，殖民组织和殖民活动的资金筹措、土地授予、经济利用等的基本形式已经创立，而在大西洋地区，则还要经过几百年的考验才能形成。除了新封建主的资助，我们已经看到了17、18世纪各种殖民公司和贸易公司的早期形式。不过，首先出现的是以食糖作为最贵重产品的大种植园经济及其附属的对来自巴勒斯坦和塞浦路斯岛的奴隶的蓄养。大种植园经济通过瓦伦西亚（Valencia）和阿尔加维（Algarve）传到大西洋诸岛，最后通过西非传往美洲。当葡萄牙人在非洲海岸向南推进时，他们早已习惯也在那里期待着奴隶。

葡萄牙人重新积极活动的开端是1415年对休达（Ceuta）的占领，然而其动机初看显得很老式、很封建。1249年以来，穆斯林的统治在葡萄牙土地上已不复存在，葡萄牙方面的收复失地运动已经结束。要寻找能在其面前证明自己且能从其手中获取战利品的传统对手，必须前往直布罗陀海峡的另一端。尽管1411年与卡斯蒂利亚王国签订了和约，但它拒绝共同对格拉纳达（Granada）采取行动。杜阿尔特（Duarte）、佩德罗（Pedro）和恩里克三位雄心勃勃的王子渴望被封为骑士，休达于8月陷落后，他们得到了骑士称号。然而，一直占领它作为据点这一事实表明有更多的因素在起作用。实际上，稍后从戈梅斯·埃亚内斯·德祖拉拉（Gomes Eannes de Azurara）的半官方历史中就可以读出其他动机：为渗透和日后可能占领摩洛哥打下基础，并抢在竞争对手卡斯蒂利亚王国之前采取行动——一个帝国主义的老式动机！一方面希望在对面海岸设立海军基地保护自己和意大利人的贸易，另一方面希望在与穆斯

林竞争时进行海上掠夺。最后还需要获得对穿越撒哈拉的荒漠商道的控制权，其最重要的终点是西休达，除了阿尔及尔、布日伊（Bougie）、邦纳（Bône）、突尼斯和的黎波里之外，还要控制东面更多的地方。奴隶和象牙经这条路运抵海岸，但在所有物品中，欧洲最渴望的是黄金。

中世纪欧洲绝大部分国家拥有银货币，1250 年以后才逐渐补充性地铸造金币，而伊比利亚半岛则与拜占庭地区和伊斯兰地区一样，一直在使用金货币。然而，大约从 1395 年至 1415 年，这两种贵金属在整个欧洲都极度短缺。矿山生产量 81
在下降，而亚洲贸易逆差却使金银继续流失。因为几乎不存在创建转账货币的可能性，所以这一发展就意味着原本危急的经济形势更加恶化。政治突变造成了金融后果，危机在葡萄牙继续升级，援助阿拉贡造成的黄金流失使货币的相对短缺日益加剧，于是不得不采用那个时代的流行方法——降低硬币成色——为各次战争筹措资金，这是古老的贬值性增加货币数量的方法之一。含银量为 230 克的银马克在 1325 年值葡萄牙货币 19 镑，到 1383 年还是 25 镑，到 1415 年已达 9240 镑，最终到 1433 年值 29325 镑。因为按照葛拉森定律（Gresham’schen Gesetz），劣币将良币驱逐出了市场，所以在葡萄牙很快便几乎没有了黄金和白银。通过铸造金银硬通货进行币制改革因缺少制币材料也是不可能的。自 1383 年至 1435 年，葡萄牙没有铸造一枚金币。因此说，对黄金的渴望在葡萄牙表达的是国民经济的需求，它不仅仅是个人的贪婪！

中世纪晚期的威尼斯从匈牙利获取黄金，南欧其他地区则从非洲获取。从古典时代直至 18 世纪，充满神秘色彩的黄金产地万加蜡（Wangara）的居民一直用黄金交换生活必需的盐和其他物品，今天我们确定万加蜡就是尼日尔河上游和塞内加尔河（Senegal）之间的班布克（Bambuk）以及沃尔特河

（Volta）上游的洛比（Lobi）。希罗多德曾描述过这种双方不见面的“无言交易（stiller Handel）”：商人用鼓声通知自己到来，将自己的货物放在河边并隐藏起来，随后当地人来用黄金换取货物；若违背规矩，则以断绝往来作为惩罚。接着，这些黄金随同奴隶以及其他货物一起经由撒哈拉荒漠商道运到北非各港口城市，那里停泊着基督教徒的船，他们卸下布料、铁制品和其他手工制品，如威尼斯的玻璃制品，再装上黄金和其他非洲产品。

巴塞罗那、马略卡、马赛、热那亚、比萨、佛罗伦萨、阿马尔菲（Amalfi）和威尼斯的商人在北非各港口有自己的货栈（Fonduks）。无论基督教世界和伊斯兰世界有多少冲突，他们都依照合约处理他们的商贸事务，就是说不仅受到保护，而且也受限制。从热带稀树草原的加纳帝国和桑海帝国（Reich Songhai）到北海岸的摩尔人（Mauren），中间商都严厉监视，不许欧洲人深入大陆腹地，不让有关非洲及其商路的信息向外
82 泄露。只有犹太人有较大的行动自由，向大洋彼岸的教友传授自己的知识。于是，在已多次提及的1375年的《加泰罗尼亚世界地图》里出现了一些关于“几内亚”及其富有而权重势威的黑人统治者穆萨马里（Musse Melly）的信息，这里说的就是马里大帝国（Reich Mali，又称“曼丁戈帝国”）及其赫赫有名的统治者曼萨·穆萨（Mansa Mussa，1312~1332年在位）或穆萨二世（Mussa II，1374~1387年在位）。15世纪欧洲人最早的几次成功的探查提高了知识水平，但提得更高的是好奇心。1470年前后，佛罗伦萨的波尔蒂纳里公司（Firma Portinari）在廷巴克图（Timbuktu）成功地建立起一个代理处时，葡萄牙人已经走海路到了那里。

除了试图确保自己能够直接获取黄金供应，我们还可以从这种危急的经济形势中推论出葡萄牙1415年开始扩张的另

外一个动机。货币贬值使固定货币收入的价值减少，货币收入者，尤其是贵族们，倾向于以不失自己身份的通行方式，通过占领或掠夺保持或改善自己的生活水平。除此之外，研究还解释清了其他可能的经济动机：葡萄牙必须寻找新的粮食供应地，因为 14 世纪大危机期间的人口下降偏偏导致了粮食供应情况令人忧虑的恶化。价格不菲的农村劳动力的短缺一方面导致了牧场经济的扩展，另一方面也导致了普遍向高价值产品的集中，如酒和油。另外，制糖业也在扩张，它也在寻求适合建立种植园的地区和劳动力，说白了就是寻找奴隶。就连其他行业的兴趣也被调动起来：印染业和皮革产品生产需要一定的原材料，捕鱼业者知道非洲的西北海岸是高产渔场。

仅仅占有休达意义已经不大，因为各条荒漠商道都已经改线。若想继续奉行 1415 年选定的扩张政策，还得另外有所获取便是不可避免的。除了可以继续进攻摩洛哥，还存在着由海路进军的第二种选择，而且费用也低一些。1418 年至 1425 年间，葡萄牙人占领了马德拉群岛并向那里移民，之前该群岛无人居住。1424/1425 年，葡萄牙人耗费巨资试图攻占大加那利岛，但因当地人的抵抗归于失败。接着是与卡斯蒂利亚王国的一场激烈冲突，因为它的两个高级贵族提出了继承贝当古遗产的要求。另外，西班牙人对群岛对面的西非海岸提出了主权要求，而葡萄牙人同样也造访过那里。1427 年至 1452 年间，亚 83
速尔群岛被发现和占领，此事有些令人困惑不解，这个群岛远离之前选定的方向，在葡萄牙西面的大西洋中，与葡萄牙相距 1400 公里，而且很难到达，因为那里的风和洋流相对于欧洲来说都是逆向的。最有可能的是从非洲返回时路过那里，为了最有效地利用风情和洋流，向西走了个大弧度返回葡萄牙。只要能明确这一点，那么 14 世纪从加那利群岛返回时就完全有可能有了这一所谓的发现。反正初夏季节亚速尔群岛的高压也能生成东风，向西航行也就成为可能。

1433年，恩里克王子重又尝试从卡斯蒂利亚王国手中获取加那利群岛，此事值得注意，因为两个强国都竭力争取教宗支持自己的要求还是第一次。恩里克失败了，1437年在他指挥下占领丹吉尔的尝试也同样失败了。与此相反，他的一个廷臣于1434年成功地迈出了对继续开发非洲西海岸具有决定性的一步，而在此之前，他的手下已一次又一次前往那里：他进行了绕过博哈多尔角的航行。不过当年绕过的很可能不是今天叫这个名字的海角，而是北面与加那利群岛同一纬度的尤比角（Kap Juby）。不管怎么说，此举克服了一个地理障碍，但首先克服的是一种精神障碍。吓倒航海人的不仅有荒僻海岸、远远延伸入大海的浅滩和持久不散的海雾，而且还有关于那边有什么在等候着他们的传统的想象，以及很受关注的对摩洛哥的巧妙宣传所引发的恐惧：充满死亡威胁的荒漠和洋流定让人有去无回。不是还有关于热带的想象吗？说那里热得不可能让人活着到达南半球，更不用提那些旋涡和航海人传说中的种种怪物了。然而你瞧，海角那边的世界看上去没有什么不同。人们可以放心地继续前进，而且他们确实也那么做了。

其实这位“航海者”本人的航海经历仅仅是去过休达和丹吉尔，宫廷历史学家德祖拉拉为我们列举了使他成为大发现促进者的动机：第一个是渴望在为上帝和国王的效力中建立大功业以获取荣誉，即要么在与穆斯林的战斗中取得成就，要么进行他人没有胆量进行的探险发现；第二个是希望为葡萄牙寻得新贸易伙伴，尤其是信奉基督教的贸易伙伴；第三个是查明宿
84 敌穆斯林的势力范围到底有多大；第四个是期望在宿敌身后找到信奉基督教的盟友；最后，第五个是传播信仰，以及通过拯救众多灵魂在天堂得到同样多的声音为其说情的愿望。不过按照德祖拉拉的说法，最后决定恩里克成为一个成果辉煌的征服

者的是星命图的位置。至于今天的历史学家如何看待隐于后台的驱动力，前文已有论述。甚至有人断言，早期探险航行真正的促进者不是恩里克，而是他哥哥摄政王佩德罗，而恩里克首先是被德祖拉拉有目的地树为传奇式的“航海者”，继而被树为葡萄牙的民族神话人物的。

至少有两个广泛流传的对恩里克的异议绝对经不住批评。其一为他的探险发现意志不具有现代特性和科学特性，是初级的，是由好奇心和荣誉欲望决定的。恩里克是个受人喜爱、令人敬佩的人，有强烈的虚荣心和权力意志，深知自己的地位能带来什么样的经济机会，尽管他那些庞大的计划耗费的钱财好像多于他能筹措的。但他毕竟也不是学者。其二为虽然文献中有短暂的“共同意见（communis opinio）”，但无法证实他一开始就已经计划经由海路到达印度次大陆并进行周密的准备。直到他临终时，教宗训谕中才提到了“直达印度河（usque ad Indos）”的航行，1502 年国王曼努埃尔一世（Manuel I）声称：

> 我叔父英雄恩里克王子发现几内亚时就开始有了意图和愿望，从前面已提及的国家——几内亚的海岸出发去发现和探访印度。（Hennig，Bd. 4，8）

不过我们千万不要忽视，这里所说的印度也可能是指“第三个印度”，即埃塞俄比亚，鉴于它在穆斯林身后的战略意义以及尚不明确的东方概念，它的所指也可能确实如此。

还是先谈那些更容易理解的事情。因统治者更替造成的紧张关系停顿了一段时间之后，恩里克于 1440 年又下令恢复探险航行。1441 年，他在里奥－德奥罗（Rio de Oro）地区抓获了第一批奴隶，此举引起的轰动远大于绕过博哈多尔角，因而恩里克门前立刻挤满了各式各样的唯利是图者。接着，他于1443年让摄政王佩德罗授予他博哈多尔角以南航行的垄断权，人们只有拿着他的许可证并向他缴纳本归王室收缴的五分之一
85 的利润后才允许出航。1440年代共有五十余艘船驶抵布兰科角（Kap Blanco）和今天的几内亚比绍之间的地区，大部分是去抓捕奴隶。自1461年至1638年，在布兰科角南面的阿尔金（Arguim）有一个葡萄牙的奴隶交易站。那位宫廷历史学家的臭名昭著的报道提到的是1444年的情景——

> 奖酬善行的上帝终于有了欢心，为酬答为他效力而忍受的各种各样的艰难困苦，赐给了他们战果累累的一天，为他们的辛劳赐给了荣誉，为他们的花费赐给了补偿，因为除了丧命的或被杀死的之外，共抓获了男人、女人、孩童165个。（Azurara 17）

1443年，这位王子在萨格里什地区建起府邸，出售这些战利品就是在距其不远的阿尔加维的拉各斯（Lagos）进行的，这位宫廷历史学家将其作为最具宣传效应的轰动性事件详细而动情地加以描述，其中他详细论述了葡萄牙对家庭奴隶的人道，但未论及种植园奴隶。据称，1530年前后，葡萄牙总人口中有3%来自非洲，而里斯本的约占10%。恩里克后来就是在这一基础上被奉为葡萄牙种族同化殖民理论的祖师的。

1446年，亨利的垄断特权扩展至加那利群岛，此时他极力试图在那里扎下根基——徒劳了一场，1454年，他的人被卡斯蒂利亚人驱赶了出去。与此相反，海岸线的形势一如既往地一派大好，这体现在投入非洲航行的既有葡萄牙资本也有外国资本，据说只有三分之一的航行是由这位王子发起的。1455年和1456年，威尼斯商人阿尔维塞·卡达莫斯托

（Alvise Cadamosto）进行了两次航行，他留下了关于这两次航行的生动描述。他和他的热那亚同行安东尼奥托·乌塞迪马雷（Antoniotto Usodimare）合伙进行的航行。值得注意的是，关于后者，我们从可靠的资料得知他为自己的航行买了保险。据说1456年，二人发现了佛得角群岛，不过也有人称它是另一位意大利人安东尼奥·德·诺利（Antonio de Noli）于1462年发现的。对非洲的兴趣甚至将一位斯堪的纳维亚人吸引到恩里克府中。

王室大力鼓励国外资本投资，依照传统主要是意大利人和犹太人进行投资，同时王室也充满猜忌地竭力提防外国统治者。英国和法国忙于解决自己的问题，然而卡斯蒂利亚王国的安达卢西亚海岸的位置太有利了，因而尽管有内乱也不可能
不进行非洲探险；而在东邻葡萄牙阿尔加维的西班牙的涅布拉 86
（Niebla），那里的渔民也探查了直至博哈多尔角的水产丰富的马尔佩克纳（mar pequena），但尚未对加那利群岛提出任何要求。1449年，西班牙的梅迪纳·西多尼亚公爵（Herzog von Medina Sidonia）从自己的国王处得到了对至博哈多尔角的海岸的垄断特权。

教宗的三个训谕（证书）《有关不同的……》（Dum diversas，1452年）、《罗马教宗》（Romanus Pontifex，1455年）和《在一切造物中》（Inter cetera，1456年）的背景是葡萄牙试图阻止卡斯蒂利亚王国在非洲与自己竞争，它们符合葡萄牙的想法，部分符合已经作出的调整。反正教宗训谕常常是详尽地仿照已按训谕形式撰写的请求书的文本。不过尼古拉五世（Nikolaus V）和卡利克斯特三世（Calixtus III）有理由觉得应感谢葡萄牙，因为1453年，土耳其人攻占君士坦丁堡后教宗号召发动十字军远征，阿丰索五世（Alfons V）是唯一以整军备战作出响应的统治者，然而那批军备后来于1458

年被用于攻占休达和丹吉尔之间的海岸要地阿尔卡塞尔－瑟盖尔（Alcáçer-Ceguer）——那时开始采用金币“克鲁扎多（cruzado）”总算没有徒劳一场！敦促进行十字军远征的要求以及附属的各种特权在1452年相对来说还面向所有的人，但到1455年却明确改为具体针对航海者恩里克的事业，而且还被扩大了，因此，《罗马教宗》这份训谕被称作“葡萄牙帝国主义证书（Chartedes Portugiesischen Imperialismus）”并非完全没有道理。

教宗在训谕中提到了占领大西洋诸岛，提到了绕过非洲航行并期望与东方的基督教徒建立联系。他明确授权国王或王子征讨、制服和奴役生活在沿途的穆斯林（此为十字军远征者的传统）以及异教徒（此为新说法）。为保护这一救世事业，教宗禁止其他所有王侯，甚至皇帝，在这些地区航海、捕鱼、经商、进行攻占或开展其他活动，对个人的惩罚是开除教籍，对群体的惩罚是颁布褫夺教权的禁令，若想得到赦免，负罪者必须先与葡萄牙王室达成一致。最后，1456年的训谕确认了先前的特权并确立了教会相应的垄断权。在葡萄牙所进行的所有占领活动中，葡萄牙骑士团获得了独有的等同于主教的权力。该骑士团是成立于1318年的收容当时受压制的圣殿骑士的组织，此时归恩里克王子管辖，它的收入也被用于资助非洲计划。它一直被掌握在王族成员手里，直至1551年其首领称号与王权合二为一。

最迟至西欧各国代表被悉数召至里斯本大教堂，听取训谕《罗马教宗》的郑重公布时，什么是最重要的已一目了然了：证明一个垄断权的合法性。从此，葡萄牙人觉得自己被赋予了权力，可以无情地使用自己独有的权力了。有报道称，他们抓住了一个被认作入侵者的热那亚商人，像对待一个被当场擒获的可恶窃贼一样剁掉了他的双手。因此说与意大利人的合作针

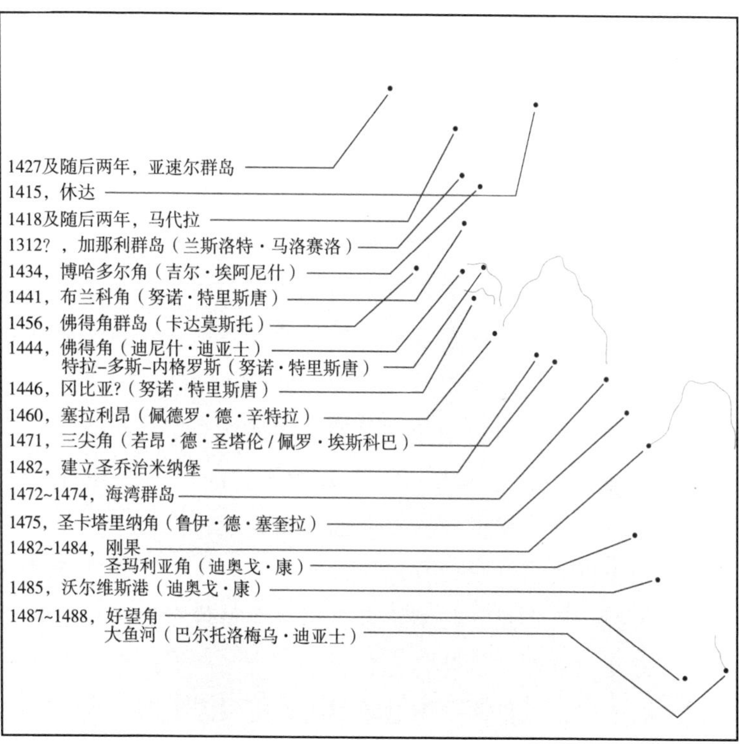

插图 14 葡萄牙人在非洲海岸的挺进

对的是个别人，但绝对不是全体。1434/1435 年，一支葡萄牙舰队就曾出海前去截击地中海竞争对手热那亚人的船只。

葡萄牙人并没想改善对卡斯蒂利亚人的态度，不过后者实力更为强大。1474 年，卡斯蒂利亚国王恩里克四世（Heinrich
88 IV）去世，其妹妹伊莎贝拉（Isabella）和其女儿胡安娜（Johanna）之间因王位继承产生了争执。伊莎贝拉 1469 年与阿拉贡的费尔南多（Ferdinand）结婚——西班牙的统一近在眼前，而胡安娜的叔父、葡萄牙的阿丰索五世急切地向胡安娜求婚。接着爆发了战争，其间伊莎贝拉强有力地打出了非洲牌，一次次派出探险队，最远的一次到达了几内亚。直到 1479 年的《阿尔卡索瓦斯和约》（Friede von Alcáçovas）才使局势最终明朗化——正如后来的发展所表明的那样。伊莎贝拉女王承认葡萄牙对加那利群岛所在纬度以南所有地区的垄断权，而群岛本身自此永远归卡斯蒂利亚王国所有。

加那利群岛是传统的争端之源，在此次卡斯蒂利亚王国与葡萄牙的争端中，它也是一个次要战场。1477 年，伊莎贝拉派出卡斯蒂利亚王室的一支军队迎击葡萄牙的进攻。这位最后的封建领主得到了补偿，在王国大臣们的领导下开始进行对该群岛的占领。资金投入的确不多，而且还得依靠居住在塞维利亚的与宫廷关系密切的热那亚巨富们出资——不久之后为哥伦布出资的依旧是这批人。不过攻占者们也得到承诺，他们将分得战利品作为其酬劳的一部分，可他们必须先获得战利品——就像后来在美洲那样。

与 15 世纪葡萄牙人移民的其他所有大西洋岛屿不同，加那利群岛之前并非无人居住。然而我们关于原居民的知识也同样相当不完备，因为他们要么就是被移民者同化，要么就是至 17 世纪晚期时断根绝种。各个岛上的原居民在种族、语言和文化方面都不相同，所有方面都存在着相当程度的差异，肤色有浅有深，绝大多数可归为西北非柏柏尔人（Berber）的近亲。“关切人（Guanchen）”原本仅指特内里费岛上的居民。然而奇怪的是，在所有的岛上人们都不懂航海。那里还是一种低级石器时代文化，会种植粮食饲养山羊，一部分人赤身裸体活动，其他人穿用兽皮或棕榈叶制作的衣物。群岛通常分归多个酋长管辖，似乎已有了一种社会等级制度。欧洲人对他们的评价在“一身恶习的半兽人”和“因无所需求而感觉幸福的自然之子”之间摇摆不定——至少在古典时代，欧洲人已将“极乐岛”定位在加那利群岛。

尽管原居民的数量可能不是很多（估计那些较大的岛上有
几千人），但他们却善于在与占领者的长期周旋中自我维护， 89
用棍棒和石块让他们一次次陷于失败。贝当古和他的后继者们一直住在东面干燥的兰萨罗特岛和富埃特文图拉岛上，在戈梅拉岛（Gomera）上他们仅能保住一个据点，而其他三个气候宜人的大岛拉帕尔玛岛（La Palma）、特内里费岛和大加那利岛却能维护它们自己的自由近百年。直到1477年至1496年间，它们才被攻占，那是各酋长之间的不合帮了卡斯蒂利亚人的忙。他们当中的一些人很快就成为忠顺的臣民，而另一些人则一直抵抗到最后。因此，卡斯蒂利亚王国的政策在给予这些新臣民平等权利和进行残酷的恐怖统治之间动摇不定。

原居民或者被杀，或者被卖作奴隶，或者在与欧洲人密切接触后很快死于各种各样的传染性疾病。因此，在以收复失地式的分配制分配被占土地时几乎不必再顾及他们，此时他们在数量上劣于移民者。似乎有一些原居民在退守地区还坚持生存了一段时间。除了卡斯蒂利亚人，在移民者中扮演重要角色的是葡萄牙人和意大利人，尤其是从此间人口过多的马德拉群岛来的葡萄牙人。群岛提供的产品有染料、蔗糖、粮食和酒。输入非洲奴隶虽然没有停止，但并未用于甘蔗种植园，甘蔗由拿份额的租户种植。后来随着新世界的蓬勃发展，加那利群岛的经济意义重又降低，16世纪末，其蔗糖生产败于巴西的竞争，不过它依旧保有航运中转站的重要地位。1634年以来，最西面的费罗岛或耶罗岛的经度一直作为世界经纬网的起始子午线，直至1888年才被格林尼治（Greenwich）子午线取代！

葡萄牙人早已在非洲海岸继续推进，1460年恩里克王子去世时已经到达塞拉利昂，尽管国王阿丰索五世成功地重振了攻占摩洛哥的计划。1471年他将丹吉尔、萨非（Safi）和另外三座城收入自己手中。1469年至1475年，他将非洲事务和探险发现事务以出租形式委托给里斯本一个名叫费尔南·戈麦斯（Fernão Gomes）的著名新基督徒[①]，条件是每年向前推进探查100里格（léguas）[②]，即整整550公里。契约到期时，戈麦斯的人实际上已经越过赤道到达今天加蓬境内的圣卡塔里纳角（Kap Santa Catarina）。此事必定是值得一干，因为戈麦斯将契约又续了一年（1474年至1475年），缴纳的年费不是之
90 前的200米尔瑞斯金币（milreis）[③]，而是300，而且还按50%补交了前几年的年费。大冒险变成了大买卖。经过一段时间的直接管辖后，1514年几内亚的垄断权重新被包出去，年费是原先的五倍。

葡萄牙人早已从强盗式掠夺和追捕奴隶转为和平贸易，并以这种方式一再深入西非腹地。他们甚至有预谋地请求教宗在前面提及的训谕中确认这种部分放弃十字军远征的做法具有合法性。对数量众多、逞勇好斗的非洲人采

---

① 新基督徒指从15世纪起自愿或被迫皈信罗马天主教的南欧系犹太人（Sephardic Jews）、以色列人（Bene Israel Jews）和穆斯林摩尔人等。对新、旧基督徒的区分是一种宗教内部的以及社会的隔离策略，通过西班牙和葡萄牙君主法令来制定。——编者注

② 旧时的航海计程单位。

③ 葡萄牙旧时使用的金币。

用暴力毫无益处。王室对非洲贸易的垄断特别包括黄金、奴隶、胡椒和象牙。在很长时间内，各段几内亚海岸的名字是依照自葡萄牙人时代以来向欧洲输出的主要产品起的，从西向东依次为利比里亚的胡椒海岸（Pfefferküste），与国家同名的象牙海岸（Elfenbeinküste）[①]，加纳的黄金海岸（Goldküste），多哥、达荷美（Dahomey）和尼日利亚的奴隶海岸（Sklavenküste）。关于象牙交易我们缺少文献资料，不过我们知道，葡萄牙人从今天的利比里亚购进一种类似于胡椒的调料，即所谓的马拉奎塔椒（非洲豆蔻，一种姜科植物），从贝宁湾购进一种真正的胡椒的变种（学名 Piper），1491 年至 1514 年二者的年均购进量为 370 担和 110 担，每担的价格在 8~15 克鲁扎多之间。然而，当葡萄牙人开始输入印度胡椒，以及当西班牙人、法国人和英格兰人为避开葡萄牙人对印度的垄断而试图获取几内亚胡椒以满足自己的需求时，这一交易在 16 世纪被禁止了。

第一批非洲黄金在 1440 年代就和第一批奴隶一起被运往了葡萄牙，然而前者显然不如后者引人注目。1454 年，国王阿丰索五世明确将大量黄金从非洲流向葡萄牙算作其叔父恩里克的功绩。1434 年，葡萄牙恢复了铸造金币的能力，1457 年开始采用 $23\frac{2}{4}$ 开金的克鲁扎多作为新金币。另外，葡萄牙的商业吸引来大批白银，这些白银是这个时期人们在中欧大量开采所得的，其数量之大使得葡萄牙于 1489 年恢复铸造银币。1471 年在戈麦斯的统领下，人们发现了今天加纳所在的地区使用阿善提（Aschanti）的黄金进行交易，这给戈麦斯带来了“米纳（da Mina）”这一贵族称号。1481 年，与西班牙的战争刚刚结束，王室就下令在那里修建圣乔治米纳堡（Fort São

① 象牙海岸共和国（即 La République de Côte d'Ivoire），自 1985 年 12 月 31 日起，联合国正式使用“科特迪瓦”为该国中文音译名。——编者注

Jorge da Mina）。根据留存下来的残缺不全的米纳堡［或称艾尔米纳堡（Elmina Castle）］账簿，1517 年至 1561 年每年从那里流向里斯本用于铸造金币的纯金为 150~450 公斤。另外
91 还有阿尔金的黄金和私家输入的其他黄金，1494 年至 1513 年每年的输入量在 52~371 公斤。从 1500 年到 1520 年，几内亚每年向葡萄牙提供的黄金不低于 700 公斤——新发现的美洲各黄金产地从 1503 年至 1540 年平均年产量也只有 904 公斤。

16 世纪中叶以后，情况发生了突变。维持艾尔米纳堡的费用超出了黄金交易的收益。主要原因是竞争，西班牙人、英格兰人、尼德兰人、法国人，甚至摩洛哥人都经海路插手几内亚贸易，其规模之大使得西班牙和葡萄牙的费利佩三世（Philipp III）于 1613 年能够推测出，尼德兰人就是用他们从几内亚获取的利润支付了历次东印度探险航行的费用。另外，葡萄牙人从未成功地将黄金交易完全吸引到西海岸和南海岸，那些黄金产地和热带稀树草原帝国的居民能够从北方购得盐、铜和纺织品，价钱比葡萄牙人的更便宜。到 16 世纪末，穆赖·艾哈迈德·埃尔·曼苏尔（Mulai Achmed el-Mansur，胜利者）从摩洛哥大举南下，1591 年甚至攻占了廷巴克图，黄金商队再次被诱往北方。1637 年艾尔米纳堡最终陷落，1638 年阿尔金陷落，它们都落入了最危险的竞争对手尼德兰人的手里。

运往里斯本的第四类商品——奴隶——至 1448 年共计 927 名，1486 年至 1493 年共计 3589 名。不过葡萄牙本土的需求量要低于它的大西洋诸岛的需求量，而诸岛的经济意义常常被低估。马德拉群岛起初提供木材、染料和鱼类，后来也为本土的粮食供应作出了贡献，到 15 世纪中叶已成为举足轻重的食糖生产地，不仅供应给伊比利亚半岛，而且还通过安特卫普和德意志的韦尔泽尔公司（Firma Welser）供应给中欧，1498 年输出总量为 12 万阿罗瓦（Arrobas，即 1800 吨）。16 世纪

食糖生产日益遭到葡萄种植业的挤压。在戈麦斯统领下发现的几内亚湾的亚速尔群岛专营染料，很少参与食糖业的竞争。据称，1512 年圣多美（São Tomé）已有 60 个使用奴隶经营的种植园，1554 年向安特卫普输出了 15 万阿罗瓦（即 2250 吨）食糖。直到美洲提出自己对劳动力的需求时，特别是甘蔗种植转移到那里之后，与蔗糖生产联系紧密的奴隶买卖才成为世界性的交易。

1481 年，一支舰队载着预先制作好的建筑构件来到今天加纳所在的地区，建造了艾尔米纳堡。其建造展现了一种合理而有远见的规划的新风格，这种风格也表现了若昂二世（1481~1495 年在位）的特征。在关于引航的章节里我们已经 92
认识了若昂二世，自 1473 年起，他就以王储的身份负责非洲事务，因而成为葡萄牙印度帝国实际的创建人，尽管他未能经历后来的成功。可能就是他将到达印度次大陆和接手威尼斯的香料生意垄断权确立为目标。此处并非仅仅想强调到他统治时，印度的香料才第一次被提及，他的所作所为比话语更清楚地说明了问题。

首先重新开始的是沿海岸航行。尽管这一方面的史料文献相当欠缺，但考古成果有时却能对它们进行修补，因为那些船长从葡萄牙带去了石柱（padrões，单数为 padrão），上面刻着十字、葡萄牙国徽和铭文；它们被竖立在引人注目的地方作为业已占有此地的标志。一些石柱保存了下来。1482 年至 1484 年，久经考验的船长迪奥戈·康（Diogo Cão）发现了刚果，到达了今天安哥拉境内南纬 13° 的圣玛利亚角（Kap Santa Maria）。他以及他的后继者的成果理应得到特别注意，因为他们从加蓬起航后必须克服逆洋流逆风的困难，这段海岸的洋流主要向北漂流，风也主要是南风，而此前他们可以借助洋流和风向南或向东航行。估计迪奥戈·康在 1485 年的第二次航行中推进到了纳米比亚的沃尔维斯港（Walfischbai）。

据说纽伦堡人马丁·贝海姆（Martin Behaim）参与了迪奥戈·康的第二次航行。1476 年他作为商贸代理人来到尼德兰，1484 年到了葡萄牙并在那里结了婚，1507 年在那里去世。1492/1493 年在家乡短暂停留期间发明了那个著名的地球仪，它是世界上保留下来的最古老的地球仪，上面标记有这次非洲航行。我们在纽伦堡人哈特曼·舍德尔（Hartmann Schedel）于 1493 年出版的编年史中也可以读到相同的内容。当然，这个地球仪上的图和文字是多种知识的混合，既有托勒密、曼德维尔和其他许多人的传统地理概念，也有关于大西洋诸岛和非洲西海岸的新知识。虽说德国人出于爱国意识喜欢高估贝海姆的发现的意义，但他确实将这方面的信息传达给了特别感兴趣的德意志商人。

迪奥戈·康对刚果河的发现使得他们与当地统治者的联系迅速建立起来，这位统治者的执政地就在刚果河南面不远的姆班扎刚果（Mbanza Congo，今安哥拉最北面的圣萨尔瓦多）。1490 年，第一批葡萄牙传教士进入这一地区。1506 年，受过洗礼的王侯之子阿丰索阁下（Dom Afonso）[原名恩辛加·姆贝姆巴（Nzinga Mbemba）] 在与一个异教对手的较量中占据
93 上风，估计其间得到了葡萄牙的帮助，并一直统治到 1543 年。他打算借助葡萄牙王室同僚的帮助发展自己的国家，为此目的写给里斯本的 29 封信保存到了今天，而葡萄牙方面的回信却遗失了；不过我们可以看到另外一些具有启发意义的文件，其中有一份 1512 年的发展援助计划，该计划的目的是向刚果传播葡萄牙文化，其主要角色准备交给基督教。1508 年，阿丰索阁下将自己的儿子恩里克王子（Dom Henrique）送往葡萄牙学习，1518 年王子被教宗任命为主教，1521 年领受圣职。他是第一个被授予圣职的非洲人，在很长一段时间内也是唯一

的一位。葡萄牙与刚果的关系从一开始就充满了发展援助和传教与商业的竞争，尤其是与奴隶买卖的竞争，甚至在那些身在刚果的传教士身上也是如此。圣多美的葡萄牙殖民地很善于维护中间人的垄断权以及阻止刚果与葡萄牙直接联系。不过，因为自己的种植园利益，圣多美本就是一个奴隶买卖中心。起初这一买卖还能完全按照非洲的惯例进行，但在欧洲人手中很快就变成了大面积灾害。高尚的意愿不可能在这种利益为先的状况下实现。

与后来的巴西一样，当葡萄牙王室面对印度时，刚果首先退居次要地位。1485 年，若昂二世误以为已经到了阿拉伯海入口。当确定了非洲海岸继续向南延伸时，自 1487 年起，他开始实施一个分为三部分、各个行动相互补充的计划。首先应探明非洲腹地，看看从那里是否能够到达东方并找到约翰长老。在刚果之外，1480 年代还与位于今天尼日利亚境内的贝宁王国（Reich Benin）建立了联系，其著名的青铜雕塑在 16 世纪塑造的正是欧洲人的形象。被一些地理学家认定是尼罗河西支流的塞内加尔河很久以前就受到了怀疑。插手那里的沃洛夫人（Wolof）的政治尝试成果甚微。

在此期间，另有两条路线被证实更为有利。1487 年，巴尔托洛梅乌·迪亚士（Bartolomeu Dias）重又沿海岸向南航行，途中被风暴吹得从今天的纳米比亚地区向南面的大海漂行了数日，最后他又向北航行，在非洲东南海岸靠岸，地点可能是莫塞尔港（Mossel-Bai）。继续往东时，估计是在大鱼河（Großer Fischfluss），他的全体船员逼着他返航。归程中他造访了好望角（Kap der Guten Hoffnung）。据说他为其命名
“风暴角”，后来是国王起了这个友善的名字。那是 1488 年春 94
天的事情。

然而若昂还有第三手准备。同样是在 1487 年，他派出两

个密探，让他们化装成穆斯林越过伊斯兰地区的封锁。佛罗伦萨的马尔基奥尼银行（Bankhaus Marchioni）是此次行动的其中一个资助方。阿方索·德·派瓦（Alfonso de Paiva）带着给约翰长老的信；在这个时期，人们认定长老就是阿比西尼亚（Abessinien）的国王。佩鲁·达·科维利亚（Pero da Covilhã）是个精通多种语言的冒险家，若放在今天人们大概会称其为职业秘密间谍，他的任务是探查印度。他们在开罗分手，不久之后德·派瓦就死了。达·科维利亚取海路前往印度，极其详尽地探查了马拉巴尔海岸和香料买卖，回程中他肯定到过波斯湾和非洲东海岸，因为他在自己的报告中强调，从几内亚走海路环非洲绕行可以到达他曾去过的索法拉（Sofala，位于今莫桑比克境内）。这份报告是1490年通过一个犹太人从开罗送往里斯本的，这个犹太人受国王委托专门在开罗等候他。随后，达·科维利亚去了埃塞俄比亚，在那里获得了极高的荣誉，娶了一个妻子并生育了众多孩子，但至死都被扣留不得离开。

如果达·科维利亚的报告（原件没有保存下来）被送到了若昂二世的手里，那国王便不仅拥有关于印度次大陆香料交易的详尽资料，还拥有整个非洲海岸线的详尽资料（除了大鱼河和索法拉之间仅跨越15个纬度的海岸），详情到底如何我们不得而知。他未得到这份报告的表现是，第一位远航印度的瓦斯科·达·伽马启程时虽然带有与目的相符的致著名香料市场卡利卡特统治者的一封信，但另外也明显暴露了对印度情况的一无所知，因为他携带的礼物更符合非洲惯例而不是印度惯例。倘若他读到过达·科维利亚的报告，怎么可能不了解这些情况？

将近十年以后，葡萄牙才又向印度方向进行了一次新的远航，不过这一次成果颇丰。难道拖延的原因就是资料欠缺？这

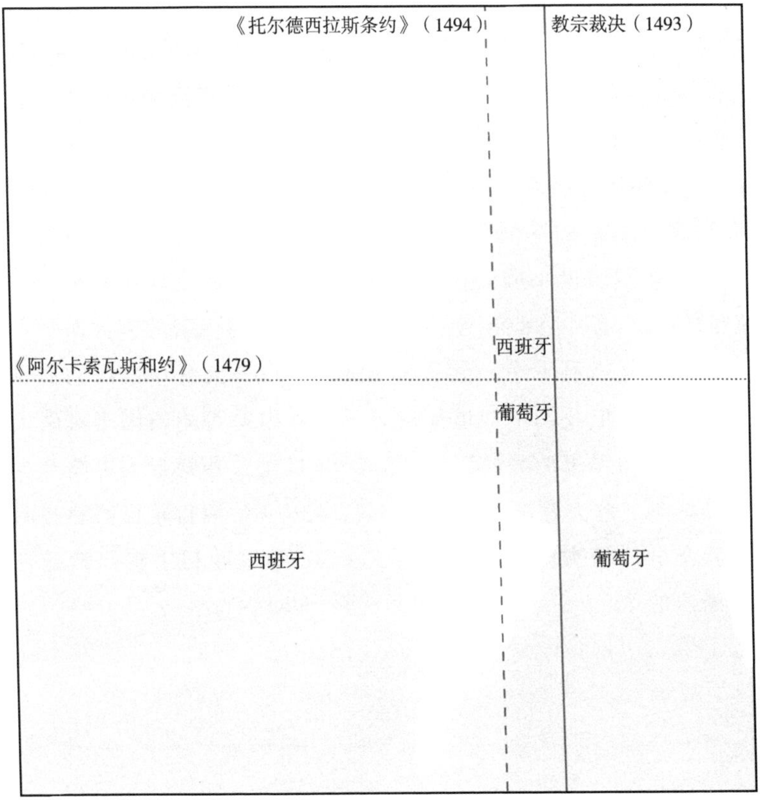

插图 15 《阿尔卡索瓦斯和约》和《托尔德西拉斯条约》的分界线

一点我们不得而知。然而比较有说服力的应该是，造成拖延的是本土发生的一系列戏剧性事件：1487 年以来摩洛哥境内发生的激烈战斗；1491 年王储去世；1492 年被逐出西班牙的犹太人大批逃亡至葡萄牙；也是 1492 年，哥伦布的发现可能一下子就使继续盯着东航线显得多余。当务之急是必须澄清与西班牙的法律状态，必须澄清 1494 年的《托尔德西拉斯条约》（Vertrag von Tordesillas）给 1493 年的教宗裁决带来了什么改变。另外，根据 1479 年的南北分界线（《阿尔卡索瓦斯和约》），葡萄牙被限定在佛得角群岛西面的经线（西经 46°37′）以东 370 里格的区域里。还有 1495 年统治者由若昂二世变成了曼努埃尔一世（1495~1521 年在位）。除此之外还有那个常用的假设，即 1488 年至 1497 年进行了严格保密的南大西洋探查航行。瓦斯科·达·伽马虽说避开了沿非洲海岸航线的逆风
96 和逆洋流，但我们不知道他对环流的利用是否能归因于对南大西洋风情和洋流情况的详细了解。14 世纪，葡萄牙人可能至少已经熟悉了北大西洋的环流，不过 1436 年以后肯定已经熟悉南大西洋的风情和洋流情况，那么 1446 年以后利用它们就是自然而然的了。

美洲诸岛及美洲海岸

哥伦布一生的业绩深深扎根于地中海世界和伊比利亚世界。1451年，克里斯托弗·哥伦布（Christoph Columbus，也写作 Cristoforo Colombo）生于热那亚，是利古里亚（Liguria）一个织工家庭的儿子。1470年代他在热那亚的一家商行当海员，最后落脚于葡萄牙，娶了马德拉群岛圣波尔图岛（Porto Santo）头领的女儿，这位头领也是意大利人的后裔，是葡萄牙探险发现的促进者、航海者恩里克王子的一个合作者。这种关系绝非偶然，而是完全具有典型意义的，因为一个为伊比利亚效力的热那亚人发现新世界完全符合历史的发展！正如我们所看到的，自中世纪盛期的商业革命以来，意大利的专业知识、意大利的首创精神、意大利的资本和意大利的先驱者就起着不容低估的作用，就连在跨入大西洋的探险事业中也不例外。最晚自12世纪以来，我们就能在大西洋中看到热那亚人的身影。于是，将姓名拼写为 Cristóvão Colom 的哥伦布也成为热那亚在葡萄牙的移民区的一员。1481年至1484年间，他参加了一次前往艾尔米纳——葡萄牙在今天加纳境内新建的主要据点的航行，其间详细了解了正在进行中的葡萄牙扩张，了解了航海技术，以及获取黄金、奴隶和香料的代理系统乃至到达印度的远大目标。他自学了很多知识，这一点已经清楚地体现在他的书面语言上。后来他甚至用西班牙语给热那亚写信！

1484年，他获得机会向葡萄牙国王若昂二世陈述自己向西环绕地球航行到达印度的计划，那时的印度指的是整个南亚和东亚。关于西方一些岛屿的传闻在这方面可能起了一定的作用，甚至有传言称它们在哥伦布之前已被偶然发现。因为对当时有文化的人来说，地球的球体形状是不言而喻的，所以产生这种想法也是顺理成章的事。称哥伦布第一个证明了地球是球体并驳斥了中世纪的大地平板观实为19世纪反教权主义的一种奇谈。与古典时代地理学家托勒密不同，人们期待的肯定不是被陆地环围的内海，而是认为那片区域是开放型海洋，很好的例子就是哥伦布小心翼翼地使用的论述，包括地理学权威皮埃尔·德·埃里的《世界图志》（*Ymago Mundi*，1410年出版）里的论述，以及艾伊尼阿斯·西尔维乌·比科罗米尼（Enea Silvio Piccolomini，后来的教宗庇护二世）的《罗马历史地理大全》（*Historia Rerum ubique gestarum Locorumque Descriptio*，1461年出版）里的论述。塞维利亚保存着这些书和其他一些著作，里面有他亲手写的富有启发意义的边注。有这种想法的绝非仅他一人：在佛罗伦萨有一个人文主义者圈子，他们都对地理感兴趣，部分人也对商业感兴趣，他们都认为西行航路大有希望，而且试图将他们认真观察的葡萄牙的行动引向这一方向，例如保罗·达尔·波佐·托斯卡内利（Paolo dal Pozzo Toscanelli）1474年6月25日写的那封著名的信，该信经由主教大教堂教士会成员费尔南·马丁（Fernão Martins）被呈递给葡萄牙国王阿丰索五世。哥伦布知道这封信，在托斯卡内利1482年去世前还与其有书信来往。他后来与佛罗伦萨在塞维利亚的小殖民地也关系密切。佛罗伦萨人与哥伦布犯了同样的地理错误，他们大大高估了亚洲的东西距离，而且按照古典时代的模式低估了地球的周长和各经度间的距离。一个阿拉伯蓝本里的错误换算更是使后一个错误变得更加严重。另外，马可·波罗正确说明了中国至日本的距离为1500“中国里”（一里折合500米），可是马可·波罗的热心读者哥伦布却将它“翻译”成了1500意大利海里（一海里折合1480米）！结果托斯卡内利算出的从加那利群岛西行至日本的距离相当于今天的3000海里，哥伦布算出的甚至

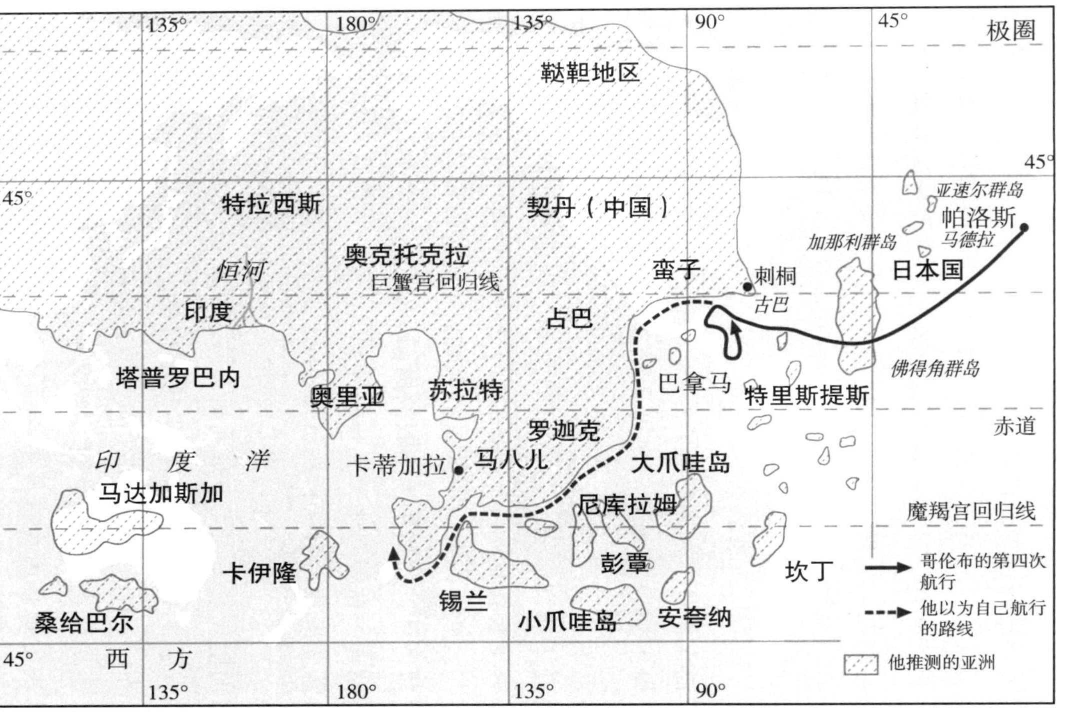

插图 16 让哥伦布获益匪浅的地理认知错误

只有2400海里，而真实的直线距离是10600海里。哥伦布的好运在于，美洲位于他们为亚洲估算的距离之内！

然而，葡萄牙国王若昂二世创立的科学顾问委员会所掌握的对亚洲地理位置的设想比哥伦布的更切合实际，因此他的建议被否决了。当然，人们并非没有计划尝试从亚速尔群岛出发进行探险考察，从而查明传说中的那些西方岛屿到底是怎么回事。我们无法确定计划于1486年由为葡萄牙人效力的佛兰德人费迪南德·范·奥尔蒙（Ferdinand van Olmen）实施的航行到底是否如期进行了。它已经是多余之举，因为巴尔托洛梅乌·迪亚士于1488年绕过了好望角，自此，西行航路对葡萄牙而言绝对不是必需的了。

对卡斯蒂利亚王国来说情况就不同了，自古以来它就与葡萄牙处于竞争状态，1479年的《阿尔卡索瓦斯和约》才使它离开了非洲海岸。1485年哥伦布已经前往西班牙，在方济各会修道院拉比达（La Rábida）找到了朋友，又从那里找到了进入宫廷的门路。但那里的专家们也有理有据地说明了他们的保留条件，而信奉天主教的国王伊莎贝拉和费尔南多（他们的婚姻使卡斯蒂利亚王国和阿拉贡王国第一次联为一体）也另有打算，即攻占穆斯林在伊比利亚半岛的最后一个统治地格拉纳达。1485年至1492年，哥伦布怀着宗教使命意识以令人折服的坚韧毅力竭力争取西班牙宫廷的支持，同时也带着足够的商业意识通过他弟弟巴尔托洛梅奥·哥伦布（Bartolomeo Columbus）开始向英格兰和法国宫廷游说，却徒劳无功，而
99 且在西班牙提出了一些过分的要求，1491年底的一项有利于他的决定正是因为这些要求面临着流产的危险。这位普通海员竟然为自己索要卡斯蒂利亚高级贵族头衔和出身！当方济各会修士设法让他见到伊莎贝拉之后，费尔南多身边的一批皈依者（受过洗礼的犹太人）和热那亚人起了对他有利的决定性

作用。

通过1492年4月的一份契约（Capitulación），哥伦布受命去发现和获取印度方向的大洋中的岛屿和陆地。被擢升为贵族后，他被任命为可世袭的海军大将和相关地区的总督，并有权获得收益的十分之一，以及对所有船只的装备拥有八分之一的投资份额。国王费尔南多的两个司库和一个热那亚投资者准备了200万马拉维迪铜币（Maravedís），大部分资金来自圣兄弟会的钱柜，那是西班牙各城市的一种维护地区安宁的组织。这笔相对微薄的资金折合为几千杜卡特金币（Dukaten），他们用这笔私人资金装备起了三艘帆船：载重约100吨、长约28米的“圣玛利亚号（Santa Maria）”，载重60吨、长23米的“平塔号”，载重50吨、长18米的“尼雅号”。较小的两艘属三桅帆船型，而圣玛利亚号是一艘卡拉克帆船（葡萄牙语称Nao），一种造得较高、较笨重的船型，据说它后来也撞上了西印度的一个暗礁沉没了。三艘船都配置有三桅船帆具，有了这种帆具，无论风向如何，它们都可以向任意一个方向航行，至少可以之字形航行。王室有意选定帕洛斯港（Palos）作为出发地，它与塞维利亚以及后来的加的斯（Cádiz）一样都属于王室管辖的城市，而安达卢西亚海岸（古老的航海人之乡）的其他港口都在高级贵族手里。梅迪纳塞利公爵（Herzog von Medinaceli）已作好准备随哥伦布去历险，但正在形成的现代国家的代表们不愿让首倡权被他人从自己手里夺走！

1492年8月3日，载有90名船员的小船队升帆待航，它要先去加那利群岛寻找有利的东北风的纬度。9月6日，他们从那里启航，虽然船员遭遇了各种各样的心理危机，但越洋航行基本还算顺利。1492年10月12日，船队到达巴哈马群岛（Bahamas）中的一个岛，可能是华特林岛（Watlings-Insel）或萨马纳岛（Samana Cay）。印第安人称之为瓜纳哈尼

（Guanahani），哥伦布为其取名圣萨尔瓦多。此时，人们以为找到了日本和中国大陆。哥伦布沿古巴和海地北海岸航行，然而无论在哪里，见到的都是友好的赤身裸体的土著，根本没有亚洲财富的踪影。当海地岛上出现了第一批黄金首饰时，1492 年 12 月 25 日，他们建起了纳维达德居住地（Siedlung
100 Navidad）以收集黄金。1493 年 1 月 16 日，两艘船开始返航。在确定纬度时哥伦布很幸运地算错了，因而进入了有利于返航的西风带。一场风暴迫使他于 2 月 18 日在亚速尔群岛靠岸，3 月 4 日在里斯本登陆。葡萄牙人的反应起初充满敌意，但后来国王若昂二世友善地接见了这位发现者，其间当然表明了对新发现岛屿的明确要求，从那时起人们就开始依据传说中的“安提利亚岛（Antilia）”称新发现的岛屿为“安的列斯群岛（Antillen）”。3 月 15 日，哥伦布回到帕洛斯。一支横穿西班牙的凯旋队伍引领着他以及随行的 6 个印第安人（Indianer，他们其实想指“印度人”！）于 4 月底到达宫廷所在地巴塞罗那。他实现了自己的愿望。

1493 年 9 月 25 日，他又能率领一支大型船队启航了。第二次航行的船队由 3 艘卡拉克帆船和 14 艘三桅帆船组成，人员数量为 1200~1500，这次航行的目的是建立移民点。善于经商的副主教胡安·罗德里格斯·德·丰塞卡（Juan Rodriguez de Fonseca）参与了组织工作并发挥了决定性作用，热那亚人皮内利（Pinelli）参与了投资。第二次航行一直持续至 1496 年，相继探查了小安的列斯群岛北部的岛弧、波多黎各以及古巴和海地的南海岸，发现了牙买加。在此期间，纳维达德居住地毁于西班牙人的内部冲突以及与土著之间的冲突。一个新建的移民点情况也好不了多少，直到 1496 年在海地南海岸建立了圣多明各（Santo Domingo），它是欧洲人在新世界修建的今天还存在的最古老的城市。

葡萄牙人创立的固定据点和商行体系的模式显然启发了哥伦布和西班牙国王，它使得与土著进行有利可图的交易成为可能。与被奉为榜样的葡萄牙人一样，他们首先感兴趣的也是黄金、奴隶和香料。哥伦布本人在笔记中虽然对赤身裸体的土著那可爱的纯洁表露了许多好感，但与他的十字军战士的热情、他的方济各会启示录、他从约阿希姆·冯·费奥雷（Joachim von Fiore）的历史神学得到的灵感一样，这很少能阻止他不择手段地获取黄金和奴隶的行为。即便他越来越觉得自己是为完成拯救事业而将基督背负往西方的人（Christusträger，即英文中的 Christ-bearer，他自己的签名就是$\chi_{\rho o}$ FERENS）——19 世纪为他行的宣福礼若放在今天，或将因他作为鳏夫姘居而落空！1495 年，他派出一艘船载着他在讨伐抵抗西班牙剥削者和虐待者的海地土著时抓获的 500 个俘虏返回欧洲，其中 101 200 个死于途中，剩下的被精于商道的丰塞卡在塞维利亚市场上作为奴隶卖出，以促进安达卢西亚经济发展。与亚洲或非洲相比，至此他们新发现的那些地区文化财富微薄，因而两次远航和建立移民点没有获得足够的利润，除了继续寻获黄金，经营奴隶买卖是哥伦布唯一的前程。

然而，哥伦布失去宫廷的信任不仅仅是因为他迟迟没有交上后者所期待的收益，而更是因为他和两个弟弟毫无顾忌地追求发财，对印第安人和西班牙移民实行恐怖统治，当然，后一类人中有被赦免的罪犯。由于缺乏利润，他不得不等了两年才凑齐了用于第三次航行（1498~1500 年）的 6 艘帆船。因为他恣意妄为的统治，此间，国王派往海地的一位全权特使命人给他戴上镣铐，从远航途中押解回欧洲。到此时为止，他已去过特立尼达（Trinidad）和奥里诺科河入海口（Orinokomündung）北面的陆地，意识到那里是“另一片大陆”（他大概只是碰巧没有把它写作“新大陆”），不过还和以前一样认为那里是印度支那半岛的

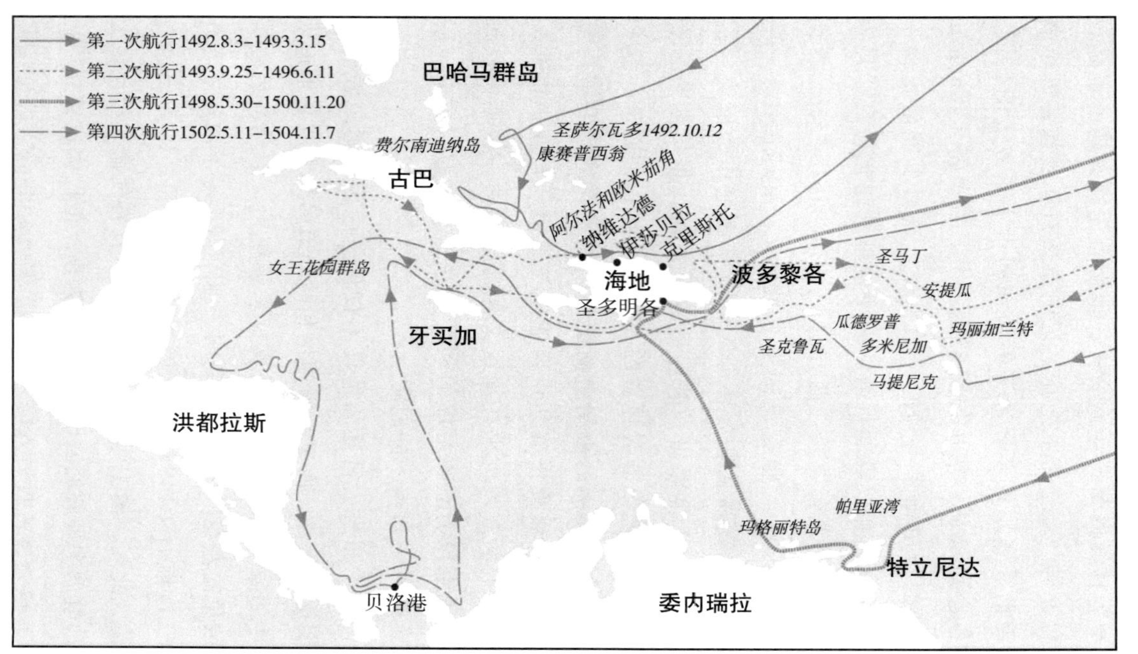

插图 17 哥伦布的历次航行

一部分，即在此之前还不为人们所知的一部分；他一时错误地以为《圣经·创世记》里的人间乐园就在附近。他并非仅仅在这一情况下发现了自己曾期待的东西，给了他这种认知的还有他的读物！

在西班牙，这位受辱的发现者的海军大将军地位和收入得到了恢复，但总督的权力被悄无声息地剥夺了，管理任务此后由王室专业人员承担。1502 年至 1504 年，哥伦布又能够率领 4 艘三桅帆船进行他的第四次也是最后一次航行，他希望在这次航行中找到他以为是中国一个半岛的古巴与 1498 年发现的大陆之间的通道。人们特意交给他一封致瓦斯科·达·伽马的信，彼时后者刚刚进行了第二次绕过好望角前往印度的航行！他在极其困难的条件下沿着洪都拉斯至巴拿马的海岸航行，直至不得不终止航行，勉强让还剩给他的漏船在牙买加靠了岸。饥饿、疾病和哗变使这次远航面临绝境。当哥伦布终于返回西班牙时，伊莎贝拉已经生命垂危。费尔南多友善地接见了他，打算以在西班牙供养他的方式满足发现者的要求。对此，哥伦布愤怒地予以拒绝，于 1506 年身心俱疲地死去，但绝非像他和他的继承人所宣称的那样死于穷困，而是作为百万富翁离开了这个世界。他的儿子和孙子都短暂地做过海地总督，他的家族在以后的岁月里获得过数个公爵头衔，其家族首领今天依然享有“印度大将军”称号。

葡萄牙的海岸位置及其所占据的亚速尔群岛极其有利于从它出发前往那些新发现的地区，而西班牙的所有行动却都要以与葡萄牙达成一致为先决条件。出于这一目的，信奉天主教的西班牙国王向新教宗亚历山大六世（Alexander VI）提出了约请。新教宗是瓦伦西亚人，为了自己家族的政治利益曾不得不迁就他们。他们请教宗颁布了几个训谕，其模式均依照其他教宗于该世纪中叶颁布的，用于确定开发“黑非洲”[①]的专有权归属葡萄牙的训谕。1493 年 5 月 4 日颁布的文件中有如下核心语句。

> 凭借我们的圣徒的威能，凭借经由圣彼得知会我们的全能上帝的权威，作为耶稣基督的代理者，我们将西方和南方所有已发现和将被发现的岛屿以及地区永久赐予、准予及分予你们——卡斯蒂利亚和莱昂国王、你们的继承者以及你们的后代，自北极向南极画一条直线，该直线应通过亚速尔群岛向西一百海里和佛得角群岛向南一百海里的交点，该线以西所有已被发现的岛屿和地区［……］概属你们所有，我们指定你们、你们的继承人以及你们的后代为它们的主人，并享有完全的、无限的、全面的权力、权威以及司法管辖权。（Konetzke 1971，5）

103 训谕还包括一项传教委托和一项不许其他任何王侯入侵那里的禁令。这种被称为“委托式分封”的法律形式，或者说委以拯救异教徒的职责并未减弱这里所传达的教宗统治世界的权力，而是正好相反。这些文件的实际政治意义当然绝对不是教宗公文语言的大话，也绝对不是一纸裁决，而是西班牙在与葡萄牙对弈中走出的一着妙棋，现在他们也可以向对手出示同样的法律条文，而葡萄牙当初就是借助这种东西使自己的非洲垄断权合法化的。葡萄牙的若昂二世知道教宗是依照约请行事，他并未将时间浪费在向罗马提出异议上，而是开始与西班牙直接谈判。1494 年 6 月 7 日，两国以教宗历次训谕为基础，在前

① 一般指撒哈拉沙漠以南地区，又称亚撒哈拉（Sub-Sahara）地区，俗称“黑非洲”，意为“黑种人的故乡”，泛指撒哈拉沙漠中部以南的非洲，其历史文化发展同沙漠以北的阿拉伯人和柏柏尔人不同。本书作者将此作为一般性的历史地理概念使用，故中译本予以保留并统一加引号标注，后不再说明。——编者注

面已经提及的《托尔德西拉斯条约》里达成一致，但将分界线从西经 38° 移到了西经 46°37′，或者说移至佛得角群岛以西 370 海里处，这是整整 1175 现代海里。葡萄牙东印度船队可能引发的冲突因此得以避免，该船队常常远远深入南大西洋后西转，以便充分利用风情和洋流的情况，其结果就是葡属巴西的出现。

此间的情况表明，王室若仅与一个发现者有关联，那么无论在组织方面还是在财力方面都不足以完成新任务。新发现地区及其居民的范围和特性也不允许一开始就以目的明确地修建据点的方式创立一个葡萄牙式的有利可图的贸易体系。以正规的移民型殖民地作为长期盈利最大化的基础就变得十分必要。要在广大范围内分散进行探查，必须首先搞清楚自己到底身处何方。因为这些任务超出了王室的财政能力，所以“印度”于 1495 年，即在专有权所有者哥伦布似乎下落不明时首次对卡斯蒂利亚王国的私人发起者开放，最终到 1499 年全面向其开放。王室与相关实施者在不对等的情况下签订一份合同——一份契约，王室任命该实施者为探险远航的指挥者和被占领地区的最高权力拥有者（“海军大将”和 / 或“总督”），其中确定的事项涉及新发现地区内的事宜，但最为重要的内容是实施者向王室缴纳的份额：如果王室参与了投资，则应缴纳所获贵金属的五分之一（quinto）以及战利品的一半。然而，筹集远航探险资金主要是实施者的事情，远航探险的投资者以及参与者与他之间是一种私法关系——这正是众多冲突、纠纷之源。 104
1503 年依照葡萄牙模式建立了“塞维利亚印度商贸所（Casa de la Contratación de las Indias de Sevilla）”作为财政监督机构。1499 年至 1506 年进行了 11 次小规模航行，人们也称其为“安达卢西亚航行”，它们大都由参加过哥伦布前几次航行的人率领，参与者为集中在塞维利亚的安达卢西亚意大利海员和商人，其结果是探查了巴拿马和巴西中部之间的南美洲东海岸和北海岸。

当然，为此作出贡献的还有其他人，而不仅仅是进行其第四次航行的哥伦布。1500年，佩德罗·阿尔瓦雷斯·卡布拉尔（Pedro Álvares Cabral）率领的葡萄牙东印度船队在南大西洋向西航行得太远，于4月22日在今天的塞古鲁港（Porto Seguro）附近［位于里约热内卢与巴伊亚（Bahia）之间］经过了一个海岸，该海岸被称作"真正的十字架岛（Ilha da Vera Cruz）"。葡萄牙国王曼努埃尔要求将这一地区纳入葡萄牙的势力范围，因而派出不同的探险船队前往那里。所有发现者中最受争议的亚美利哥·韦斯普奇（Amerigo Vespucci，1451~1512年）参加了由贡萨罗·科埃略（Conçalo Coelho）指挥的1501/1502年的探险航行。韦斯普奇来自佛罗伦萨的名流社会，与梅迪奇家族关系密切，受其委托，自1491年起驻在塞维利亚，在那里与哥伦布建立了友好的关系。按照一些人的说法，韦斯普奇是个狡猾的伪造者和骗子，而按照另一些人的说法则是一个重要的发现者，因而新世界以他的名字命名是合理的。后一类人相信韦斯普奇自己在那些信中的说法，其中五封是写给梅迪奇的，一封是写给他的同学贡法洛涅里·索代里尼（Gonfaloniere Soderini）的。韦斯普奇自称于1497年进行的先于哥伦布到达中美洲大陆的第一次航行被普遍认为是虚构的。1499/1500年，他随大胆鲁莽的阿隆索·德·霍耶达（Alonso de Hojeda）到达南美洲北海岸，1501/1502年随葡萄牙人到达巴西海岸，据说1503/1504年应国王邀请又随葡萄牙人去了一次巴西海岸。现在依然不清楚的是，当时他向南航行了多远。他那些天文方面的说明或许能让人推测他确曾到达了巴塔哥尼亚（Patagonien），甚或到达了南乔治亚岛（Südgeorgien）？根据较新的研究，他向南航行的真实距离很有可能大于之前人们认可的距离。

韦斯普奇在一个方面发挥了更重要的作用，那就是满足发现题材类文学作品的市场需求：在1493年至1532年出版的124部发现题材的作品中，与他有关的就有60部。他写给梅迪奇的关于巴西之行的报告题为《新世界》(*Mundus novus*)，于1502~1503年或1504年首次出版，没过几年，再版已接近40次，出版文字已达6种。它的成功远远超出所谓哥伦布 105
写于1493年的信，或许正是因为这一巨大的成功，1504年或1505~1506年出版其致索代里尼的信的计划被推迟了，不过该信是出自韦斯普奇本人之手还是出自他人之手无疑是有争议的。1507年，来自圣迪耶(Saint-Dié)的地理学家马丁·瓦尔德塞米勒(Martin Waldseemüller)以及他的朋友马蒂亚斯·林曼(Matthias Ringmann)将该信的拉丁语译文收入了他们的宇宙学和地理学教科书，也就是他们的《宇宙概论》(*Cosmographiae Introductio*)中，并且建议依照亚美利哥的名字命名新发现的第四个大洲为“亚美利加(America)”。尽管在最新几版中它依然仅仅被叫作“新世界”——显然他们已经认识到自己的谬误——但“亚美利加”获得了认可，至于是否合乎情理，在历史上常常被归为无关紧要的枝节问题，例如1535年，塞巴斯蒂安·弗兰克(Sebastian Franck)在他的世界编年史中完整地叙述了哥伦布的历次航行，却将真正发现新世界归功于1497年的韦斯普奇！直到1500年，韦斯普奇本人还和哥伦布以及其他那些描绘着一个“新世界”或“另一个世界”的人一样，一如既往地将新发现的各个地区看作亚洲的组成部分。1508年至1512年，在塞维利亚商贸所担任领航人主管(Piloto mayor)的韦斯普奇或许不久就改变了自己的看法，称自己不是第一个发现者，但是第一个拥有广泛影响的人。关于这一点尽管还存在争论，但是鉴于1478年佛罗伦萨就有人基于纯理论考虑公开维护这一观点的事实，时人对发现第四个大洲的期待应该是符合事实的。“新世界”这一概念虽说是出于欧洲中心论，是相对于“旧世界”而言的，但是它意味着克服了出于神学原因而称在旧世界的三个组成部分之外不可能有人类的传统定见。

这种新的世界观缓缓进占了制图业。在1502年前后出现的四种世界地图上［卡维里欧（Caverio）地图、坎提诺（Cantino）地图、昆斯特曼（Kunstmann II）地图和佩萨罗（Pesaro）地图］，人们已在尽力顾及关于新世界东海岸的最新知识。瓦尔德塞米勒大概是第一个在地图上大胆绘出清晰的西海岸的人（1507年），尽管它暂时还纯粹属于假设。1513年，土耳其航海人皮里·雷斯（Piri Reis）的地图已详细标明了伊比利亚人的发现。然而，即使在对太平洋区域有了更详细的了解时，在制图业里有理论有据地将美洲归为亚洲的状态依然在持续，因为人们假设在陌生的北方有一个很宽的大陆桥，那是对史前状态的一种奇怪的类推。在1562年和1566年的地图上，那里第一次出现了一个海峡，即假设的“阿尼安海峡（Straße von Anian）”，北美洲也由此获得了有别于亚洲的自
106 己的身份。瓦尔德塞米勒所说的“亚美利加”仅指大洲的南部分。直到18世纪，维他斯·白令（Vitus Bering）才澄清了那里的地理情况。

韦斯普奇也是自哥伦布以来第一个详细报道新世界土著情况的人，正是他对巴西的这段描述触发了思想史上的一次重大发展。在他笔下，这些“野蛮人”因为过着一种贴近自然的生活而处于幸福的状态。他于1502年这样写道：

> 他们没有法律，没有信仰，他们依从大自然生活。他们没有灵魂不朽的观念，他们当中不存在个人财产，因为一切都是共有的。他们不知道帝国和省这类名称，没有国

> 王，他们不听命于任何人，每个人都是自己的主人［……］最令我惊讶［……］的是，从他们那里我无法得知他们相互之间会为何而开战，因为他们没有任何占有物，既没有帝国也没有王国，他们不知道遗产为何物，这就叫作财产，或者说，按照我的理解，控制欲是战争和所有混乱无序的唯一原因。

不过他还补充说驱使他们的是复仇欲和对人肉的贪婪（Schmitt，Bd. 2，177）。后来他在《新世界》中还添加了关于印第安女人的一般概念，称她们放荡不羁，任何时候都乐于毫无束缚的乱交；这种印象直到今天还备受重视。

人们或将新世界看作亚洲的组成部分，或将其看作第四个大洲；在这两种情况下，到达真正的印度以及香料岛的西航路还是一直未被找到，而在此期间，走东航路已经到达了那里。哥伦布的计划依然是未竟之事。另外，西班牙根本无法确定，如果将《托尔德西拉斯条约》划定的线绕地球延长出去，香料岛会在西班牙的半球呢，还是在葡萄牙的半球。1513年，瓦斯科·努涅斯·德·巴尔博亚（Vasco Núñez de Balboa）横穿巴拿马地峡，在另一侧发现了“南海（Südmeer）”（若从巴拿马视角看，太平洋的这一名称还是恰当的）。之后继续向前航行就成为必然的了。一个具有印度航行经验的葡萄牙人斐迪南·麦哲伦（约1480~1521年）完成了哥伦布的事业。克里斯多瓦尔·德·阿罗（Cristóbal de Haro）是重要的商业城市布尔戈斯（Burgos）一个商人家庭的成员，该城与葡萄牙、安特卫普和南德意志地区都保持着良好的关系。就是阿罗将这位不满足的葡萄牙人拉到了西班牙，不久之后就加冕为皇帝查理五世的查理国王于1518年在那里与麦哲伦签订了一份合同。麦哲伦得到了5艘帆船（120吨、100吨、90吨、85

吨、75吨）和238名船员，另一说为265名船员。德·阿罗也参与了投资，很有可能他当时是奥格斯堡资本（Augsburger Kapital）的前台人物，效力于富格尔（Fugger）家族、韦尔
107 策尔（Welser）家族以及其他人。1519年，麦哲伦离开西班牙，探查了巴西和阿根廷海岸，1520年发现了南美洲与火地岛（Feuerland）之间的海峡并克服一切艰难险阻穿过了它，他的船员们马上就以他的名字为那个海峡命了名。随后他航行至今天的瓦尔帕莱索（Valparaiso）的纬度，接着向西北方向横渡了他称为“太平（Pazifisch）”的大洋，其间没有经过陆地（仅望见了三个环形珊瑚岛），在关岛（Guam）靠岸后才结束了两个半月的饥渴和坏血病（维生素C缺乏病）的威胁。1521年在宿雾（Cebu）东面菲律宾的麦克坦岛（Mactan）上，在当地头领间的冲突中麦哲伦因偏袒一方被打死。他的两艘船到达了马鲁古群岛，但仅有一艘（维多利亚号）从彼时已到达那里的葡萄牙人手中逃脱，在塞巴斯蒂安·德·埃尔卡诺（Sebastian de Elcano）的指挥下载着香料于1522年回到西班牙，原来的船员仅剩下18人。

1525年，西班牙试图再次进行驶往马鲁古群岛的航行却失败了，从刚刚占领的墨西哥的太平洋海岸出发的一次相关行动也同样落了空。1529年，查理五世在《萨拉戈萨条约》（Vertrag von Zaragoza）里将其引发争端无数的对马鲁古群岛的权利卖给了葡萄牙人，价钱为35万杜卡特金币。那时没有人能够确定马鲁古群岛在葡萄牙的半球里，因为《托尔德西拉斯条约》确定的经线（东经133°23′）延长后会穿过澳大利亚和新几内亚岛西部。葡萄牙和西班牙在萨拉戈萨（Zaragoza）达成一致，根据估算，在马鲁古群岛东面297.5里格处画了一条线（约为东经129°）。1564年时菲律宾的占领到这时终于可以被证明是大有收获的，那里可以作为墨西哥

的后门通向亚洲，因为 1565 年，人们发现了走一个弧度穿过北太平洋回美洲的路，那是另外一个环流（Volta）！

到 1530 年代，人们对北美南海岸和东海岸也有了一定程度的了解，这也是因为其他国家在这里各自寻找前往东印度的航路。自然，西班牙人从海地和古巴出发对墨西哥海岸进行了探查。1513 年和 1521 年，胡安·庞塞·德·莱昂（Juan Ponce de León）探查了佛罗里达（Florida）和尤卡坦半岛（Yukatan），1517 年和 1518 年，弗朗西斯科·埃尔南德斯·德·科尔多瓦（Francisco Hernández de Cordoba）和胡安·德·格里哈尔瓦（Juan de Grijalba）受古巴总督迪亚戈·维拉斯奎兹（Diego Velásquez）的委托到达玛雅人（Maya）和阿兹特克人（Azteken）生活的海岸，带回了关于那里高度发达的文明的第一批详细信息，他们的行动值得予以特别注意。

威尼斯人乔瓦尼·卡伯特（Giovanni Caboto）好像认为自己是热那亚人哥伦布的竞争对手，后者找到的前往印度的航路未必比自己的更好。英格兰的亨利七世（Heinrich VII）因拒绝了哥伦布的建议而落在了后面，1496 年，他依照惯例颁发给卡伯特一份发现者证书。1497 年，卡伯特前往纽芬兰，在那里发现了富渔场，不过有一种未经证实的说法称来自布 108
里斯托尔的航海人在他之前已经到过那里。卡伯特误以为自己到了中国，1498 年率领 6 艘船出航进行新探险，但一去就再也没有回来。他的儿子塞巴斯蒂亚诺·卡伯特（Sebastiano Caboto）作为发现者一会儿为西班牙效力，一会儿又为英格兰效力。

葡萄牙王室想知道新世界的北部是否真的不在分界线以东，也就是不在葡萄牙的半球内，因而多次为前往那里的航行颁发特许证。进行这一系列探险航行的第一人是若昂·费尔南德斯（João Fernandes），一个葡萄牙农场主（lavrador），

1499年，他再次发现格陵兰并将其命名为“农场主之地（tiera del lavrador）”，到后来这一名字才转写成Labrador，即今天所说的拉布拉多岛。一个葡萄牙传说称亚速尔群岛的一个名门望族在哥伦布之前发现了美洲，该家族的加斯帕·克尔特·雷阿尔（Gaspar Corte Real）1500年在纽芬兰区域失踪，他的兄弟米盖尔·克尔特·雷阿尔（Miguel Corte Real）1501年在寻找他时也失踪了。随后数年，英格兰人和亚速尔群岛的居民很少有发现成果传世。然而，葡萄牙制图学的发展却可以印证在北大西洋的大量活动，不过最为重要的是在纽芬兰迅速出现了国际性的捕鱼活动。

法国的弗朗索瓦一世（Franz I）一再处在与皇帝查理五世的交战中。1522年，他的手下劫获了几艘西班牙航船，它们运送的是呈献给皇帝的阿兹特克人珍宝。1523年，来自里昂的对直接与中国做丝绸生意感兴趣的佛罗伦萨商人为他呈献了自己的“哥伦布”或“麦哲伦”：乔万尼·达·维拉萨诺（Giovanni da Verazzano），一个托斯卡纳贵族。1524年，他在国王的资助下探查了自北卡罗来纳（North Carolina）至新斯科西亚（Nova Scotia）的北美洲东海岸，查明那一区域没有他们要找的前往亚洲的通道。在后来的一次前往巴西的航行中，他在小安的列斯群岛的一个岛上被加勒比人（Kariben）打死，据说还被吃掉了。来自圣马洛（Saint-Malo）的雅克·卡蒂埃（Jacques Cartier）继续在北美洲寻找通道。1533年，弗朗索瓦一世请亲法的教宗克莱门斯七世（Clemens VII）对亚历山大六世的训谕进行了对他有利的解释：它们只涉及当时已经发现的地区，不涉及新发现地区。1534年，卡蒂埃探查了圣劳伦斯河（St. Lorenz）入海口地区，1535/1536年和1541/1542年逆流而上一直行驶到今天的魁北克（Quebec），甚至在那里建立了一个法国人的停靠站，尽管寻找西北通道和寻找黄金都毫无结果。针对西班牙使节的抗议，弗朗索瓦一世的回答是：但愿能向他出示始祖亚当指定卡斯蒂利亚国王和葡萄牙国王为单独继承人的遗嘱。

查理五世好像本来就有抢在弗朗索瓦一世之前行动的意 109
图，1525 年，埃斯特万·戈麦斯（Estévan Gomez）受他委托探查了缅因（Maine）与圣劳伦斯河入海口之间的海岸，1526 年自海地出发，在北卡罗来纳建立了一个移民点，但很快就垮掉了。所有这些探查航行既没有找到前往亚洲的航路，也没有找到贵金属，因而所有强国对北美洲的兴趣很快就消退下来；然而他们在南美洲却成果累累，并且进行了骇人听闻的征服占领。发现新世界最终变成了征服新世界。

原始资料与参考文献

大西洋与西方的维京人

Afflerbach, H., Das entfesselte Meer. Die Geschichte des Atlantik, München 2001 | Bailyn, B., Atlantic History, London 2005 | –/Denault, P. (Hg.), Soundings in Atlantic History: Latent Structure and Intellectual Currents, 1500–1830, Cambridge, MA 2009 | Bardsen, I., in: The Voyages of the Venetian Brothers Nicolò and Antonio Zeno (Hakluyt I 10), London 1873, Ndr. 1964, 37–41 | Benjamin, T., The Atlantic World: Europeans, Africans, Indians and their Shared History, Cambridge 2009 | Bentley, J. H./Bridenthal, R./Wigen, K. (Hg.), Seascapes: Maritime Histories, Littoral Cultures, and Transoceanic Exchanges, Honolulu 2007 | Bramwell, M. (Hg.), The Rand McNally Atlas of the Oceans, 2. Aufl., New York 1979 | Butel, P., Histoire de l'Atlantique de l'Antiquité à nos jours, Paris 1997 | Canny, N./Morgan, P. (Hg.), The Oxford Handbook of the Atlantic World, c. 1450–c. 1850, Oxford 2011 | Colker, M. L., America Rediscovered in the Thirteenth Century? In: Speculum 54 (1979) 712–26 | Cooper, A. (Hg.), The Times Atlas of the Oceans, London 1983 | Cunliffe, B., Facing the Ocean: The Atlantic and its Peoples, 8000 BC to AD 1500, Oxford 2001 | Dreyer-Eimbcke, O., Island, Grönland und das nördliche Eismeer im Bild der Kartographie seit dem 10. Jahrhundert, Stuttgart 1987 | Fingerhut, E., Who First Discovered America? A Critique of Pre-Columbian Voyages, Claremont, CA 1984 | Fröschl, T. (Hg.), Atlantische Geschichte, in: Wiener Zeitschrift für Geschichte der Neuzeit 3, 2 (2003) 3–171 | Gad, F., The History of Greenland, 2 Bde., Montreal 1971–73 | Giunta, F., Contributo italiano al chiarimento della questione di Vinlandia, in: Atti del convegno internazionale di studi colombiani, Genua 1974, 91–119 | Greene, J. P./Morgan, P. M. (Hg.), Atlantic History: A Critical Appraisal, Oxford 2009 | Hattendorf, J. B., *The Boundless Deep*: The European Conquest of the Oceans, 1450 to 1840, Providence 2003 | – (Hg.), The Oxford Encyclopedia of Maritime History, 4 Bde., Oxford 2007 | Ingstad, H., Die erste Entdeckung Amerikas, Berlin 1966 | Keller, C., Vikings in the West Atlantik: A Model of Norse Greenlandic Medieval Society, in: Muldoon, J. (Hg.), The North Atlantic Frontier of Medieval Europe, Farnham u. a. 2009, 25–46 | Klein, B./Mackenthun, G. (Hg.), Das Meer als kulturelle Kontaktzone. Räume, Reisende, Repräsentationen, Konstanz 2003 | Koczy, L., The Vinland Map, in: Antemurale 14 (1970) 85–171 | Langenberg, I., Die Vinland-Fahrten, Köln 1977 | Leiner, M. (Hg.), Weltatlas der Ozeane, München 2001 | Lindh, K., Wikinger, die Entdecker Amerikas, München 2003 | Marcus, G. J., The Conquest of the North Atlantic, New York 1980 | Morison, S. E., The European Discovery of America: The Northern Voyages AD 500–1600, New York 1971 | Müller, L./Rössner, P. R./Tamaki, T. (Hg.), The Rise of the Atlantic Economy and the North Sea: Baltic Trades, 1500–1800, Stuttgart 2011 | Müller-Wille, M., Zur mittelalterlichen Besiedlungs- und Wirtschaftsgeschichte Grönlands, in: Jahrbuch des Römisch-Germanischen Zentralmuseums Mainz 19 (1972 [1974]) 155–76 | The Nature of Atlantic History, in: Itinerario 23 (1999) 48–173 | Nottarp, H., Das Grönlandbistum Gardar, in: Zeitschrift der Savigny-Stiftung für Rechtsgeschichte, Kanonistische Abteilung 50 (1964) 1–77 | O'Flanagan, P., Port Cities of Atlantic Iberia, ca. 1500–1900, Aldershot 2008 | Pietschmann, H. (Hg.), Atlantic History: History of the Atlantic System 1580–1830, Göttingen 2002 | Quinn, D. B., North America from the Earliest

Discovery to the First Settlements. The Norse Voyages to 1612, New York 1977 | –, New American World. A Documentary History of North America to 1612, 5 Bde., London 1979 | Schmieder, U./Nolte, H.-H. (Hg.), Atlantik. Sozial- und Kulturgeschichte in der Neuzeit, Wien 2010 | Schmitt, E. (Hg.), Dokumente zur Geschichte der europäischen Expansion, 7 Bde., München u. a. 1984–2008 | Schott, G., Geographie des Atlantischen Ozeans, 3. Aufl., Hamburg 1942 | Seaver, K. A., The Frozen Echo: Greenland and the Exploration of North America, c. AD 1000–1500, Stanford 1996 | –, Maps, Myths, and Men: The Story of the Vinland Map, Stanford 2005 | Simek, R., Die Kugelform der Erde im mittelhochdeutschen Schrifttum, in: Archiv für Kulturgeschichte 70 (1988) 361–73 | Skelton, R. A./Marston, T. E./Painter, E. D., The Vinland Map and the Tartar Relation, New Haven 1965 | Starkey, D. J./Thór, J. T./Heidbrink, I. (Hg.), A History of the North Atlantic Fisheries, Bd. 1: From the Early Times to the Mid-Nineteenth Century, Bremen 2009 | Williams, C. A. (Hg.), Bridging the Early Modern Atlantic World, Farnham 2009 | Williams, G. A., Madoc. The Making of a Myth, London 1979 | Young, I. R./Holland, G. J., Atlas of the Oceans: Wind and Wave Climate, Oxford 1996.

航船与引航

Barber, P. (Hg.), Das Buch der Karten, Darmstadt 2006 | Beazley, C. R., Prince Henry the Navigator, Ndr. New York 1969 | Brendecke, A., Imperium und Empirie. Funktionen des Wissens in der spanischen Kolonialherrschaft, Köln 2009 | Chaunu, P., L'expansion européenne du XIIIe au XVe siècle, Paris 1969 | Destombes, M., Astrolabios náuticos del siglo XVI, in: RI 41 (1981) 359–94 | De Vries, D. u. a., The Van Keulen Cartography Amsterdam 1680–1885, Alphen 2005 | Diffie, B. W./Winius, G. D., Foundations of the Portuguese Empire, 1415–1580, Minneapolis 1977 | Freiesleben, H.-C., Geschichte der Navigation, 2. Aufl., Stuttgart 1978 | Hamann, G., Der Eintritt der südlichen Hemisphäre in die europäische Geschichte, Wien 1968 | Hattendorf, J. B. 2007 | Kiedel, K.-P./Schnell, U., Die Hanse-Kogge von 1380, 2. Aufl., Bremerhaven 1989 | Kirsch, P., Die Galeonen. Große Segelschiffe um 1600, Koblenz 1987 | Landström, B., Segelschiffe, Gütersloh 1970 | Mauro, F., Le Portugal et l'Atlantique au XVIIe siècle (1570–1670), Paris 1960 | Mollat, M. (Hg.), Le navire et l'économie maritime du Moyen Age, Paris 1958 | –/Adam, P. (Hg.), Les aspects internationaux de la découverte océanique aux XVe et XVIe siècles, Paris 1966 | Nebenzahl, K., Der Kolumbus Atlas. Karten aus der Frühzeit der Entdeckungsreisen, Braunschweig 1990 | Parry, J. H., Zeitalter der Entdeckungen, München 1963 | Pereira, D. P., Esmeraldo de Situ Orbis (Hakluyt II 79), London 1937 | Pires, T., Suma Oriental (Hakluyt II 39–40), 2 Bde., London 1944 | [PMC] Portugalliae Monumenta Cartographica, hg. Cortesão, A./Teixeira de Mota, A., 5 Bde., Lissabon 1960, Ndr. 1987 | Singer, C. (Hg.), A History of Technology, Bd. 3, Oxford 1957 | Smith, R. C., Vanguard of Empire. Ships and Exploration in the Age of Columbus, New York u. a. 1993 | Taylor, E. G. R., The Haven-Finding Art: A History of Navigation from Odysseus to Captain Cook, London 1956 | Unger, R. W., The Ship in the Medieval Economy, 600–1600, London 1981 | –, The Tonnage of Europe's Merchant Fleets, 1300–1800, in: The American Neptune 52, 4 (1992) 247–64 | Woodward, D./Harley, J. B./Lewis, M. (Hg.), The History of Cartography, 3 Bde. in 6 Tln., Chicago u. a. 1987–2007 | Wright, J. K., Notes on the Knowledge of Latitudes and Longitudes in the Middle Ages, in: Isis 5 (1923) 75–98.

非洲海岸和大西洋诸岛

Abulafia, D., The Discovery of Mankind: Atlantic Encounters in the Age of Columbus, New Haven u. a. 2008 | Almeida, P. R. de, História do colonialismo português em Africa. Cronologia, Bd. 1, Lissabon 1978 | [A]zurara, Gomes Eanes de, Crónica do descobrimento e conquista da Guiné [engl.] (Hakluyt I 95, 100), 2 Bde., London 1886/99, Ndr. 1963 | Balandier, G., La vie quotidienne au royaume de Kongo du XVI au XVIII siècle, Paris 1965 | [Barbosa] The Book of Duarte Barbosa, (Hakluyt II 44/49), 2 Bde., London 1918–21 | Baum, W., Äthiopien und der Westen im Mittelalter, Klagenfurt 2001 | Beckingham, C. F./Blake, J. W. (Hg.), Europeans in West Africa, 1450–1560 (Hakluyt II 86–87), 2 Bde., London 1941–42, Ndr. 1967 | Bontier, P./Le Verrier, J., Le Canarien ou Livre de la conqueste et conversion faicte des Canariens (Hakluyt II 46), London 1872, Ndr. 1971 | Bovill, E. W., The Golden Trade of the Moors, 2. Aufl., London 1963 | Boxer, C. R., The Portuguese Seaborne Empire, 1415–1825, London 1969 | Brandt, A. M., Martin Behaim (1459–1507), Seefahrer, Entdecker, Kosmograph, Regensburg 1989 | Brühne, W., Kreuzzug und Asienhandel. Genua, Portugal und die europäische Expansion 1290–1520, in: Periplus 2 (1992) 142–51 | Cortesão, A., O mistério de Vasco da Gama, Coimbra 1973 | Cortesão, J., História dos descobrimentos portugueses, 3 Bde., Lissabon 1979 | Day, J., The Great Bullion Famine of the XVth Century, in: PP 79 (1978) 3–34 | Fernández-Armesto, F., The Canary Islands after the Conquest, Oxford 1982 | –, Atlantic Exploration before Columbus: The Evidence of Maps, in: Renaissance and Modern Studies 30 (1986) 12–34 | –, Before Columbus: Exploration and Colonisation from the Mediterranean to the Atlantic, 1229–1492, Basingstoke 1987 | Freiesleben, H.-C. (Hg.), Der katalanische Weltatlas vom Jahre 1375, Stuttgart 1977 | Garfield, R., A History of São Tomé Island, 1470–1655: The Key to Guinea, San Francisco 1992 | Glas, George, Geschichte der Entdeckung und Eroberung der Kanarischen Inseln (1777), Marburg 1976 | Godinho, V. M., L'économie de l'empire portugais aux XVe et XVIe siècles, Paris 1969 | –, Os descobrimentos e a economia mundial, 4 Bde., 2. Aufl., Lissabon 1982–83 | Hamann, G. 1968 | Hennig, R., Terrae incognitae. Eine Zusammenstellung und kritische Bewertung der wichtigsten vorcolumbischen Entdeckungsreisen, 4 Bde., 2. Aufl., Leiden 1944–56 | Henze, D., Enzyklopädie der Entdecker und Erforscher der Erde, 5 Bde., Graz 1978–2004 | Herbers, K., Die Eroberung der Kanarischen Inseln – ein Modell für die spätere Expansion Portugals und Spaniens nach Afrika und Amerika? In: Duchhardt, H. u. a. (Hg.), Afrika. Entdeckung und Erforschung eines Kontinents, Köln 1989, 51–95 | Ivańczak, W., Die Kartenmacher. Nürnberg als Zentrum der Kartographie im Zeitalter der Renaissance, Darmstadt 2009 | Jadin, L./Dicorato, M. (Hg.), Correspondance de Dom Afonso, roi du Congo, 1506–1543, Brüssel 1974 | Jann, A., Die katholischen Missionen in Indien, China und Japan, Paderborn 1915 | Kalthammer, W., Die Portugiesenkreuze in Afrika und Indien, Basel 1984 | Kellenbenz, H. (Hg.), Fremde Kaufleute auf der Iberischen Halbinsel, Köln u. a. 1970 | Kinzel, G. G., Die rechtliche Begründung der frühen portugiesischen Landnahme an der westafrikanischen Küste zur Zeit Heinrichs des Seefahrers, Göppingen 1976 | Knefelkamp, U., Der Behaim-Globus – Geschichtsbild und Geschichtsdeutung, in: Unverhau, D. (Hg.), Geschichtsdeutung auf alten Karten, Wiesbaden 2003, 111–28 | Leo Africanus, The History and Description of Africa (Hakluyt I 92–94), 3 Bde., London 1896, Ndr. 1970 | Libro del conoscimiento de todos los reynos [engl.] (Hakluyt II 29), London 1912 | Lopez, R. S., I Genovesi in Africa occidentale nel medio evo, in: ders., Studi sull'eoconomia genovese nel medio evo, Turin 1936, 1–61 | Major, R. H. (Hg.) India in the Fifteenth Century (Hakluyt I 22), London 1857, Ndr. Nendeln 1970 | Marques, A. H. de O. (Hg.), A expansão quadrocentista (NHEP 2), Lissabon 1998 | –, Travelling with Fifteenth-century Discoverers: Their Daily Life, in: Disney, A./Booth, E. (Hg.), Vasco da Gama and the Linking of Europe and Asia, Delhi 2000, 30–47 | Marques, A. P., Portugal e o descobrimento do Atlantico/Portugal and the Discovery of the Atlantic, Lissabon 1990 | Matos, A. T. de (Hg.), A colonização atlantica (NHEP 3, 1–2), 2 Bde., Lissabon 2005 | Monumenta Henriciana, 15 Bde., Coimbra 1960–75 | Moseley, C. W. R. D., Behaim's Globe and *Mandeville's Travels*, in: Imago Mundi 33 (1981) 89–91 | Muso, G. G., Genovesi e Portogallo nell'età delle scoperte, Genua 1976 | Newitt, M., A History of Portuguese Overseas Expansion, 1400–1668, 2005 | –, The Portuguese in Westafrica, 1415–1670: A Documentary History, Cambridge 2010 | Olmedo Bernal, S., El dominio del Atlántico en la baja edad media. Los títulos jurídicos de la expansión peninsular hasta el Tratado de Tordesillas, Valladolid 1995 | Penrose, B., Travel and Discovery in the Renaissance, 1420–1620, New Haven 1953 | Peragallo, P., Cenni intorno alla colonia italiana in Portogallo nei secoli XIV, XV, XVI, in: Miscellanea di storia italiana 40 [IV 9] (1904) 379–462 | Peres, D., História dos descobrimentos portugueses, 2. Aufl., Coimbra 1960 | Pohle, J., Deutschland und die überseeische Expansion Portugals im 15. und 16. Jahrhundert, Münster 2000 | Pope, P. E., The Many Landfalls of John Cabot, Toronto 1997 | Randles, W. G. L., L'ancien royaume du Congo des origines à la fin du XVIIIe siècle, Paris 1969 | Redman, C. L./Bonne, J. L., Qsar es-Seghir (Alcácer Ceguer), a 15th and 16th Century Portuguese Colony in North Africa, in: Studia 41/42 (1979) 5–50 | Russell, P., Prince Henry *the Navigator*: A Life, New Haven u. a. 2000 | Saunders, A. C. de C. M., The Depiction of Trade as War as a Reflection of Portuguese Ideology and Diplomatic Strategy in West Africa, 1441–1556, in: Canadian Journal of History 17 (1982) 219–34 | Schmitt, E. 1, 1984 | Tangeroni, M., Commercio e navigazione nel Medioevo, Rom 1996 | Trebeljahr, M., Pêro da Covilhãs Indien- und Äthiopienreise und die Expansionspolitik Johanns II. von Portugal, Freiburg 2003 [Ms.] | Treidler, H., Hanno, in: Der kleine Pauly, Bd. 2, München 1979, 937 f. | Uhlig, S./Bühring, G., Damian de Góis' Schrift über Glaube und Sitten der Äthiopier, Wiesbaden 1994 | Verlinden, C., The Transfer of Colonial Techniques from the Mediterranean to the Atlantic, in: ders., The Beginnings of Modern Colonisation, Ithaca/London 1970, 3–32 | –, The Italian Colony of Lisbon and the Development of Portuguese Metropolitan and Colonial Economy, in: ebd., 98–112 | The Voyages of Cadamosto (Hakluyt II 80), London 1937 | Witte, C.-M. de, Les bulles pontificales et l'expansion portugaise au XVe siècle, in: REH 48 (1953) 683–718; 49 (1954) 438–61; 51 (1956) 413–53, 809–36; 53 (1958) 5–46, 443–71 | –, Henri de Congo, in: Dictionnaire d'histoire et de géographie ecclésiastiques, Bd. 23, Paris 1990, 1117 f.

美洲诸岛及美洲海岸

Abulafia, D. 2008 | Adão da Fonseca, L./Ruiz Asencio, J. M. (Hg.), Corpus documental del tratado de Tordesillas, Valladolid 1995 | Arcelus Ulibarrena, J. M., Cristóbal Colón y el abad calabrés Joaquín de Fiore, in: Mediterraneo medievale. Scritti in onore di Francesco Giunta, Bd. 1, Sovera Mannelli 1989, 1–40 | Ballesteros Beretta, A., Cristóbal Colón, 2 Bde., Barcelona 1945 | Barber, P. 2006 | Batllori, M., Alejandro VI y la Casa Real de Aragon, Madrid 1958 | Bedini, S. A. (Hg.), The Christopher Columbus Encyclopedia, 2 Bde., New York u. a. 1992 | Berger, F. (Hg.), Der Erdglobus des Johannes Schöner von 1515, Frankfurt 2013 | Bitterli, U., Die Entdeckung Amerikas, 3. Aufl., München 1992 | Catz, R., Christopher Columbus and the Portuguese, 1476–1498, Westport 1993 | Colón, C., Textos y documentos completos. Relaciones de viajes, cartas y memoriales, hg. v. Varela, C., Madrid 1982 | Colón, H., História del Almirante, hg. v. Arranz, L., 2. Aufl., Madrid 1984 | [Columbus] The Journal of Christopher Columbus (Hakluyt I 86), London 1893, Ndr. 1971, 15–193 | Conti, S., Bibliografia Colombiana 1793–1990, Genua 1991 | Contreras Miguel, R., Conocimentos técnicos y cientificos del descubridor del Nuevo Mundo, in: RI 39 (1979) 89–103 | Crino, S., La scoperta della carta originale di Paolo dal Pozzo Toscanelli che servi di guida a Cristoforo Colombo per il viaggio verso il nuovo mondo, Florenz 1941 | Crosby, A. W., Historical Interpretation of the Columbus Voyages, in: Itinerario 13, 2 (1989) 45–66 | Dilke, M. S./Brancati, A., The New World in the Pesaro Map, in: Imago Mundi 31 (1979) 78–83 | Dörflinger, J., Die Namensgeschichte der Bering-Straße, in: Anzeiger der Phil.-Hist. Klasse der Österr. Akad. d. Wiss. 112 (1975) 128–46 | Dotson, J. (Hg.), Christopher Columbus and His Family: The Genovese and Ligurian Documents (Repertorium Columbianum 4), Turnhout 1998 | Ezquerra Abadía, R., Medio siglo de estudios colombinos, in: Anuario de Estudios Americanos 38 (1981) 1–24 | The First Voyage Round the World (Hakluyt I 52), London 1874, Ndr. 1963 | Flint, V. I. J., The Imaginative Landscape of Christopher Columbus, Princeton 1992 | García Gallo, A., Las bulas de Alejandro VI y el ordenamiento jurídico de la expansión portuguesa y castellana en Africa y Indias, in: Anuario de Historia del Derecho Español 27/28 (1957/58) 461–830 | García-Villoslada, R., Sentido de la conquista y evangelización de América según las bulas de Alejandro VI (1493), in: Anthologica annua 24/25 (1977/78) 381–452 | Gewecke, F., Christoph Kolumbus, Frankfurt 2006 | Gil, J., Las cuentas de Cristóbal Colón, in: Anuario de Estudios Americanos 41 (1984) 425–511 | – (Hg.), El libro de Marco Polo anotado por Cristobál Colón, Madrid 1987 | –, Mitos y utopias del descubrimiento, 3 Bde., Madrid 1988–89 | Goldstein, T., Florentine Humanism and the Vision of the World, in: Congresso internacional de historia dos descobrimentos, Actas, Bd. 4, Lissabon 1961, 195–207 | Griffin, N. (Hg.), Las Casas on Columbus (Repertorium Columbianum 7), Turnhout 1999 | Henige, D., In Search of Columbus: The Sources for the First Voyage, Tucson 1991 | Henze, D. 1978–2004 | Hernáez, F. J. (Hg.), Colección de bulas, breves y otros documentos relativos a la Iglesia de America y Filipinas, 2 Bde., Brüssel 1879, Ndr. Vaduz 1964 | Hessler, J. W., The Naming of America: Martin Waldseemüller's 1507 World Map and the *Cosmographiae Introductio* (Translation and Commentary), London 2008 | Heydenreich, T. (Hg.), Columbus zwischen zwei Welten. Historische und literarische Wertungen aus fünf Jahrhunderten, 2 Bde., Frankfurt 1992 | Julien, C. A., Les Français en Amerique pendant la première moitié du XVIe siècle. Textes des Voyages, Paris 1946 | –, Les voyages de découverte et les premiers établissements (XVe–XVIe siècles), Paris 1948 | Kadir, D., Columbus and the Ends of the Earth: Europe's Prophetic Rhetoric as Conquering Ideology, Berkeley 1992 | Kellenbenz, H., Die Finanzierung der spanischen Entdeckungen, in: VSWG 69 (1982) 153–81 | Kolumbus, Christoph, Der erste Brief aus der Neuen Welt, Stuttgart 2000 | Konetzke, R., Der weltgeschichtliche Moment der Entdeckung Amerikas, in: HZ 182 (1956) 267–89 | – (Hg.), Colección de documentos para la historia de la formación social de Hispanoamérica 1493–1810, 3 Bde. in 5 Tln., Madrid 1958–63 | –, Überseeische Entdeckungen und Eroberungen, in: Propyläen Weltgeschichte, Bd. 6, Berlin 1964, 535–93 | –, Lateinamerika seit 1492, Stuttgart 1971 |

Kretschmer, K., Die Entdeckung Amerikas in ihrer Bedeutung für die Geschichte des Weltbildes, 2 Bde., Berlin 1892 | Ladero Quesada, M. A., España en 1492, Madrid 1978 | –, Palos en vísperas del descubrimento, in: RI 38 (1978) 471–506 | Lagoa, V. J. de, Magalhães, 2 Bde., Lissabon 1938 | Lardicci, F. (Hg.), A Synoptic Edition of the Log of Columbus's First Voyage (Repertorium Columbianum 6), Turnhout 1999 | Laubenberger, F., Ringmann oder Waldseemüller? Eine kritische Untersuchung über den Urheber des Namens America, in: Erdkunde 13 (1959) 163–79 | Leitner, W., Die *Amerikakarte* des Piri Re'is von 1513, in: Blätter für Heimatkunde 55 (1981) 69–80 | Leturia, P. de, Relaciones entre la Sante Sede e Hispanoamérica 1493–1835, 3 Bde., Rom 1959–60 | Luzzana Caraci, I., Amerigo Vespucci (Nuova raccolta colombiana 21), 2 Bde., Rom 1997 | Manzano Manzano, J., Cristóbal Colón. Siete años decisivos de su vida 1485–1492, Madrid 1964 | –, Colòn y su secreto. El predescubrimiento, Madrid 1981 | Marcus, G. J., The Conquest of the North Atlantic, New York 1980 | Melón y Ruiz de Cordejuela, A., Los primeros tiempos de la colonisación. Cuba y las Antillas. Magellanes y la primera vuelta del mundo, Barcelona 1952 | Milhou, A., Colón y su mentalidad mesiánica en el ambiente franciscano español, Valladolid 1983 | Moebus, J., Über die Bestimmung des Wilden und die Entwicklung des Verwertungsstandpunktes bei Kolumbus, in: Das Argument 15 (1973) 273–307 | Morales Padrón, F., Historia del descubrimiento y conquista de América, 4. Aufl., Madrid 1981 | Morison, S. E., Admiral of the Ocean Sea: A Life of Christopher Columbus, 2 Bde., Boston 1942 (deutsch 1992) | –, The European Discovery of America: The Northern Voyages AD 500–1600, New York 1971 | –, The European Discovery of America: The Southern Voyages AD 1492–1616, New York 1974 | Nader, H. (Hg.), The Book of Privileges Issued to Christopher Columbus by King Fernando and Queen Isabel, 1492–1502 (Repertorium Columbianum 2), Berkeley 1996 | Nebenzahl, K. 1990 | Nuova raccolta columbiana 1991 ff. | O'Flanagan, P. 2008 | O'Gorman, E., The Invention of America, Westport 1961 | Otte, E., Das genuesische Unternehmertum und Amerika unter den Katholischen Königen, in: JGLA 2 (1965) 30–74 | Parry, J. H., Asia-in-the-West, in: TI 8 (1976) 59–72 | –, The Discovery of South America, London 1979 | Payne, A., The Spanish Letter of Columbus [1493], London 2006 | Petrus Martyr de Anghiera, De orbe novo decades octo, 2 Bde., Genua 2005 (dt.: Acht Dekaden über die Neue Welt, 2 Bde., Darmstadt 1972–73) | [Petrus Martyr] Eatough, G. (Hg.), Selections from Peter Martyr (Repertorium Columbianum 5), Turnhout 1998 | Pietschmann, H., Staat und staatliche Entwicklung am Beginn der spanischen Kolonisation Amerikas, Münster 1980 | Pistarino, G., Tra la *Mappa per i Sette mari* ed il *Libro della Marina* di Piri Reis, in: Anuario de Estudios Medievales 20 (1990) 297–315 | Pope, P. E. 1997 | Provost, F., Columbus: An Annotated Guide to the Scholarship on His Life and Writings, 1750–1988, Providence 1991 | Quinn, D. B. 1977, 1979 | Ramos, D., Audacia, negocios y política en las viajes españoles de descubrimiento y rescate, Valladolid 1981 | Randles, W. G. L., De la terre plate au globe terrestre. Une mutation épistémologique rapide 1480–1520, Paris 1980 | Reichert, F., Columbus und Marco Polo – Asien in Amerika. Zur Literaturgeschichte der Entdeckungen, in: ZHF 15 (1988) 1–63 | Repertorium Columbianum, 13 Bde., Berkeley u. a. 1993–2004 | Rumeu de Armas, A., El tratado de Tordesillas, Madrid 1992 | Russell, J. B., Inventing the Flat Earth: Columbus and Modern Historians, London 1991 | Sandman, A./Ash, E. H., Trading Expertise: Sebastian Cabot between Spain and England, in: Renaissance Quarterly 57 (2004) 813–46 | Sanz, C., The Discovery of America: The Three Maps which Determined It, Promoted Knowledge of Its Form and Fixed Its Name, in:

TI 6 (1974) 77–84 | Sauer, C.O., The Early Spanish Main, Berkeley 1966 | Schmitt, E. 1984–2008 | Schultheiss, W., Die Entdeckung Amerikas und Nürnberg, in: Jahrbuch für fränkische Landesforschung 15 (1955) 171–99 | Select Documents Illustrating the Four Voyages of Columbus (Hakluyt II 65, 70), 2 Bde., London 1930–33 | Sweet, L. I., Christopher Columbus and the Millenial Vision of the New World, in: Catholic Historical Review 72 (1986) 369–82 | Symcox, G./Sullivan, B., Christopher Columbus and the Enterprise of the Indies: A Brief History with Documents, Boston 2005 | Taviani, P. E., Cristoforo Colombo. La genesi della grande scoperta, 2 Bde., Novara 1974, gekürzte deutsche Ausgabe: Das wundersame Abenteuer des Christoph Columbus, Leipzig/Berlin 1991 | Thrower, N. J. W., New Light on the 1524 Voyage of Verrazzano, in: TI 11 (1979) 59–65 | Tratado de Tordesillas, Madrid 1973 [Faksimile] | Varela, C., Colón y los florentinos, Madrid 1988 | –/Aguirre, I., La caída de Cristobal Colón. El juicio de Bobadilla, Madrid 2006 | Venzke, A., Der *Entdecker Amerikas*. Aufstieg und Fall des Christoph Kolumbus, Zürich 1991 | [Vespucci] The Letters of Amerigo Vespucci (Hakluyt I 90), London 1894, Ndr. 1964 | Vigneras, L.-A., Etat présent des études sur Jean Cabot, in: Congresso internacional de história dos descobrimentos, Actas Bd. 3, Lissabon 1961, 657–70 | –, The Discovery of South America and the Andalusian Voyages, Chicago 1976 | Vogel, K. A., Sphaera terrae. Das mittelalterliche Bild der Erde und die kosmographische Revolution, Diss. Phil. Göttingen 1995 | Waldseemüller, M., Cosmographiae Introductio [...] insuper quatuor Americi Vespucij navigationes, Mexico 2007 [Faksimile mit span. Übersetzung u. Einführung] | Wallisch, R., Der *Mundus novus* des Amerigo Vespucci (Text, Übersetzung u. Kommentar), Wien 2002 | Washburn, W. E., The Meaning of *Discovery* in the 15th and 16th Century, in: AHR 68 (1962) 1–21 | Watts, P. M., Prophecy and Discovery: On the Spiritual Origins of Christopher Columbus's *Entreprise of the Indies*, in: AHR 90 (1985) 73–102 | Weckmann, L., Las Bulas Alejandrinas de 1493 y la Teoría Política de Papato Medieval. Estudio de la Supremacia papal sobre Islas 1091–1493, Mexico 1949 | Werner, T., Die Beteiligung der Nürnberger Welser und Augsburger Fugger an der Entdeckung des Rio de la Plata und an der Errichtung von Buenos Aires, in: Beiträge zur Wirtschaftsgeschichte Nürnbergs 1 (1967) 515–21 | West, D. C./Kling, A. (Hg.), The *Libro de las Profecías* of Christopher Columbus. An *En Face* Edition, Gainesville 1991 | Williamson, J. A. (Hg.), The Cabot Voyages and Bristol under Henry VII (Hakluyt II 120), London 1962 | –, The Voyages of the Cabots and the English Discovery of North America under Henry VII and Henry VIII, London 1929, Ndr. 1970 | Woodward, D. u. a. 1987–2007.

第三章

欧洲人来到亚洲海岸：葡萄牙人和西班牙人

国王曼努埃尔一世犹豫不定地作出了在长远规划的框架内将自己前任的印度计划进行到底的决定，从此之后，葡萄牙人就在有意识地创造历史。就连欧洲和亚洲之间的误解无疑也在发挥其作用。随后几十年的一个个具有决定性意义的抉择影响着两大洲居民之间数百年的关系，因而一位印度政治家称其为“瓦斯科·达·伽马时代（Vasco-da-Gama-Zeitalter）”也并非全无道理。然而这些抉择是冷静而深思熟虑地在里斯本作出的，绝不是当地突发情况造成的。以到达目的地印度为使命的探险远航，即瓦斯科·达·伽马1497年至1499年的航行，已经证明了这一点。与此前的行动完全不同，他的航行留下了非常出色的文献资料，因为我们能看到一位参与者的详细日记［它也被称作《航海日志》（*Roteiro*）］。此人的名字叫阿尔瓦罗·韦柳（Álvaro Velho），后来的一些葡萄牙历史学家，例如巴罗斯，还将这本日记用作蓝本。

被所有历史学家依照这本日记转述的一件逸事简洁明了地再现了他的任务。达·伽马率领的船队在印度靠岸后，第一批上岸的葡萄牙人在卡利卡特遇见了两个突尼斯人，后者惊讶地，且似乎不那么愉悦地用西班牙语问：“真撞见鬼了。是什么风把你们吹到这里来了？”他们得到的回答同样简短而明确：“我们在寻找基督教徒和香料。”另外，达·伽马还带有香料样品，他在非洲的开普敦（Kapland）将样品拿给一无所知的科伊科伊人（Khoikhoin）看，并问在他们那里能否找到这样的东西。他们寻找基督教徒是那样执着，以至于最初将印度教教徒认作了基督教徒，尽管是有些奇怪的基督教徒，而唯一的原因就是他们显然不是穆斯林，并且会敬奉塑像。有这种“圣像”的穷人虽然极多，但并不妨碍达·伽马在“教堂”里作自己的祷告。自恩里克王子时代以来，寻找教友就有从背后包抄穆斯林的政治目的，也有借助基督教打通新市场获取新货物的经济目的。

114 达·伽马，一个无足轻重的廷臣，得到了3艘前面描述过的坚固的混合型帆船，1艘计划在到达开普敦后即毁掉的补给船和1艘本应派往艾尔米纳的三桅帆船，船员大约170人，巴尔托洛梅乌·迪亚士担任顾问。该航海日志记载，这些船于1497年8月3日离开佛得角群岛，3个月没有经过陆地，11月4日到达西南非海岸——在此之前还没有人敢远洋航行如此之久，就连哥伦布也没这么做过。随后他们沿着海岸航行，却遇到了极大的困难，因为过了马达加斯加北岬角所在的纬度之后，必须与强大的阿古拉斯海流和莫桑比克海流较量。1497年圣诞节，他们到达了一个自此以后就叫作“纳塔尔（Natal）”的地区。在今天的莫桑比克休整了一个月后（船员受到维生素C缺乏病的严重折磨），1498年3月2日，莫桑比克城中的达·伽马联系上了一个新世界，即东非的那些穆斯林海岸城市。他并未到达坐落在南边的城市索法拉。从这里直至非洲东岬角有一长串诸侯国，其中一部分是1000年之前由阿拉伯移民和波斯移民建立的。尽管这些城市应属于伊斯兰文化圈，但那里的文化是一种阿拉伯因素、波斯因素与非洲因素进行有益结合的文化，它的语言斯瓦希里语（Kisuahili，阿拉伯语中的“swahili”意为“海岸”）是一种受阿拉伯语影响的班图（Bantu）语言，当时使用阿拉伯字母书写，拥有自己的文学。这些城市远近闻名的财富得益于与印度的贸易以及时而与中国进行的贸易。它们提供象牙和赞比西河（Sambesi）地区出产的黄金，进口印度纺织品和玻璃制品。

最初，他们在莫桑比克受到了友好的接待，因为那里的人以为葡萄牙人是自己的教友，也就是恰好把他们当作了土耳其人。一发现这是个错误，那里的人就利用一切手段试图消灭这些不信真主的竞争者，或公然发起进攻，或夜间从水下偷袭，或进行错误的引航。这些冲突在今天肯尼亚南部的蒙巴萨（Mombasa）达到其高潮。只有在北面不远的马林迪显现了比较有利的前景，因为这个城市希望而且也能够借助葡萄牙人摆脱相邻的对手蒙巴萨的逼迫。瓦斯科·达·伽马在这里得到了一个可靠的引航员，后者借助提前刮起的西南季风将他安全地领往印度。1498 年 5 月 20 日，他到达最重要的香料市场卡利卡特。那里的萨摩莱邦主（Raja Samoré，意为“大海之
主”）最初也很好地接待了他，尽管这位邦主对显然是按照西 115
非礼仪准备的微薄礼物感到很扫兴。对于后来发生的冲突乃至相互动手，葡萄牙人首先将责任推给了定居在卡利卡特的穆斯林商人。

> 那帮人告诉国王我们是强盗，说如果我们开始定期来这个国家，那么麦加、坎贝（Cambaya）、印度或其他地方的船就不可能再来他的国家，因此他就不能再和那些地方做生意，也就不能从中获利了。而我们非但不会给他任何好处，而且还将掠夺他的财富。（Fontoura da Costa，60）

如今大英博物馆里藏有一份阿拉伯人写的有关马拉巴尔海岸的手稿，关于葡萄牙人的到来，它表达的其实也完全是这种意思。

> 人类分支中一个魔鬼种群，其行为举止卑鄙下流，神和神的先知的敌人，如今出现在马拉巴尔。他们被称作法兰克人，敬奉木头做的偶像，在石头塑像前鞠躬，那些塑

> 像的形体和他们的身形一样，面部神色也和他们一样，都同样可憎可恶。他们长着荒漠鬼怪般的蓝眼睛，像狗一样撒尿，使用暴力迫使纯洁的人离开自己的宗教，在航海、暴乱和欺骗方面很有经验。他们压根不是纯洁的人。就是这样一个种群，他们现在进入了马拉巴尔境内，伪装成商人来进行欺骗和迷惑。他们想为自己获得胡椒和姜，除了椰子什么都不给别人留下。（Abdurachman，162）

竞争者的嫉妒使人目光敏锐，完全是在预言将要出现的情形。然而不管怎么说，这位邦主好像完全将葡萄牙人当作潜在的顾客接受了，因为他们买到了一小批香料并得到了一封致其国王的信，信中称愿提供胡椒、肉桂、丁香、姜和宝石以换取黄金、白银、珊瑚和猩红色布料。

葡萄牙人显然还没有搞懂季风系统，所以他们过早地起航离开。印度洋季风是盛行于大西洋和太平洋的信风系统的一个变体，受到大陆诸因素的制约。即使在这里，风也是从北和南吹向赤道低压槽，由于地球自转而偏向西，从而形成东北或东南信风。在印度自 9 月至次年 6 月吹干燥的东北季风，与东北信风是一致的。然而到了夏季，低压槽随太阳向北移动，受大陆低压带影响，其强度增加了 3 倍。由此产生的东南风在赤道的那一边偏向东，从而形成潮湿的自 6 月持续至 9 月的西南季风。

116 在印度洋航行必须遵循这一周期，这一周期在东南亚海面大体相似，但相较前者，受季风影响没有那么显著，古典时代的印度洋航海人就已经熟知这些知识了。葡萄牙人没有重视它，于是无风和逆风使归程变成了一场灾难，他们用了近三个月才到达马林迪，船员因维生素 C 缺乏病人数大减，他们不得不烧毁了三艘船中的一艘，因为他们已无法再为它配备船员。

幸存下来的人于1499年夏天到达里斯本。

离开印度时，达·伽马抓了一个波兰犹太人，此人之前漂泊至印度，几十年的经历让他非常熟悉东方各个市场和各种价格。他受了洗礼，按照其教父的名字取名加斯帕·达·伽马（Gaspar da Gama），随后成为王室重要的讯息提供人，在后来几次印度航行中随行担任翻译。国王曼努埃尔扩展了自己的统治者称号，从此称自己为“葡萄牙和阿尔加维国王，几内亚主人，埃塞俄比亚、阿拉伯半岛、波斯和印度之占领、航行以及通商的主人”，以此向世人宣布了一个计划。当印度航行成果累累之时，为了纪念瓦斯科·达·伽马的成就，也为了营建自己的墓地，他下令在特茹河畔的贝伦（Belém am Tejo，航海人通常在那里等候顺风）按照以他的名字命名的建筑风格修建一个豪华的修道院，这种风格将印度元素与欧洲的哥特风格和文艺复兴风格融合在了一起。

印度洋航海和贸易的主人当然暂时还是其他人，因为葡萄牙人是作为入侵者进入了一个有序运行的体系，《航海日志》的作者对这一体系进行了合乎实际的描述：

> 东方和西方、葡萄牙和世界所有其他国家消耗的香料都来自被称作高地印度的卡利卡特。众多各种各样的宝石同样来自卡利卡特城。也就是说，在这个城市里属于自己的产品的只有下列香料：许多的姜、胡椒和肉桂，尽管后者不如产自一个叫作锡兰的岛的肉桂精细。该岛距离卡利卡特有8天的航程，它所有的肉桂都被运往卡利卡特和一个他们称作马六甲的岛，用作香料的丁香是从那里运到卡利卡特的。麦加来的船在那里装上香料运往位于麦加地区一个叫吉达（Djiddah）的城市。从马六甲到那里他们需要逆风航行50天，因为这个国家的船不会借助侧风航行。

> 到那里之后，他们卸下货物并向大苏丹缴纳关税，然后香料被装上较小的船经红海运往位于西奈海岸圣卡塔丽娜（St.Katharina）附近一个叫苏伊士（Suez）的地方，在那里，他们还得缴纳关税。在那里，商人们改用雇来的骆驼将香料运往开罗，雇一匹骆驼的费用为4个克鲁扎多金
> 117 币，行程10天，到了开罗还得重新缴纳关税。在前往开罗的途中他们经常遭到强盗袭击，那里强盗很多，或是贝都因人（Beduinen）或是其他人。在那里，他们将香料重新装上船经一条河运走，那条河叫作尼罗河，从低地印度的约翰长老的国家流来。他们在这条河上航行2天到达一个叫做罗塞特（Rosette）的地方，在那里又得缴税。此时这些珍贵的货物又改用骆驼花费1天时间运往一个叫亚历山大的滨海城市。威尼斯和热那亚的帆桨船行驶到那里购买这些香料。据计算，开罗城里的大苏丹从这些香料收缴的关税款达60万克鲁扎多金币。（Fontoura da Costa, 68 f.）

胡椒产于卡利卡特腹地的西高止地区（West-Ghats）和苏门答腊，它和斯里兰卡（锡兰）的肉桂一样经马六甲销往中国。另外还有走波斯湾的第三条商道，不过它主要用于波斯的供应，穿过叙利亚沙漠的继续运输使货物价格高于走红海线路的货物。不过可以确定的是，即使走红海线路，多次转运和多次缴纳关税造成的价格提升也是惊人的，在卡利卡特以2.5~3个杜卡特金币购进的香料在开罗要卖68个杜卡特金币。宗教朝圣、信仰传播与商旅相结合被认为是一种阿拉伯特色；麦加是朝圣之地，它的吉达港则是香料转运地。由于葡萄牙人的航海行动也像阿拉伯人的商旅那样具有复合性，人们将他们与穆斯林之间爆发的冲突戏称为“胡椒十字军战士对阵肉桂朝

圣者”。阿拉伯人控制着红海运输和卡利卡特至亚丁的胡椒运输线，然而他们不是这一体系中唯一的商人，更不是最重要的商人。自中国人消失以来，马六甲以西的商业霸权掌握在古吉拉特人手里，即掌握在拥有商贸重镇坎贝和港口第乌（Diu）、兰德（Rander）以及苏拉特（Surat）的古吉拉特苏丹国的商人手里，印度今天位于印度河入海口东南方向的一个邦也叫古吉拉特。“坎贝首先伸开双臂，右臂伸向亚丁，左臂伸向马六甲，都是最重要的地方”，一个了解情况的葡萄牙内行这样写道，他称古吉拉特人是印度洋的意大利人。他们当中既有穆斯林也有印度教教徒。

与在欧洲不同，无论是阿拉伯人还是古吉拉特人，这些商人在行动时既没有组织在较大的商社里，也不受政治左右。然而除了家族联盟之外，他们松散的组织形式却拥有广泛的网络，而印度洋沿岸各国的统治者因自己的关税收入以及贵金属的流入非常关心那些经商的臣民。当然，亚洲不知道在欧洲已 118
存在的垄断、储运法（Stapelrecht）[①] 以及类似的事物。这从一开始就给拥有严密组织的葡萄牙人带来了有利条件，可是这并不意味着当地商人会毫无抵抗地听任他人损害自己的商业利益，各邦主不会任由他人影响自己的关税收入，威尼斯人也不会听任他人危害自己的欧洲垄断地位。更确切地说，情况很快就表明，对葡萄牙人来说，不使用武力就不可能成功地参与东方香料市场。

1500 年，佩德罗·阿尔瓦雷斯·卡布拉尔率领的即刻装备起来的葡萄牙第二支印度船队首次动用了武力，船队有 13 艘船，人员为 1200~1500 人。船队依照达·伽马的方法选择

① 指中世纪城市有要求过往商人在一定时间段内，将其货物卸载、堆放在堆货场并进行销售的权利；部分商人可通过支付一定费用而免除此义务。——编者注

了遥远西非的南路航线，那里的风情和洋流情况都十分有利。然而凡事好过了头便成了坏事，1500年4月22日他们到了一个海岸，那里被称作“圣十字架土地（Land des heiligen Kreuzes）”，不过后来叫作巴西。短暂停留之后——反正也足够和印第安人建立联系了——卡布拉尔重又起航，9月13日到达印度。与卡利卡特的萨摩莱一开始关系不错，这一次萨摩莱得到了恰当的礼物，准许葡萄牙人按照计划建立一个商行并可以开始往船上装香料。可是葡萄牙人却要求得到先于麦加竞争者的优先权，一艘装载着香料的阿拉伯商船准备出港时遭到了他们的劫掠，因而穆斯林攻占了商行，商贸代理和50个葡萄牙人在此过程中丢了性命。卡布拉尔劫夺了停泊在港口的9艘或10艘穆斯林商船，杀死了500~600名船员并纵火烧毁了那些被劫掠一空的商船。第二天他下令用船上的重炮轰击城市，随后便驶离了。无疑，他的命令完全是出于商贸目的，显然他至少期待与萨摩莱保持和平关系，国王的一封信也向他提出了相应的建议。然而，国王对卡布拉尔作出的反应好像十分满意。至少他是依据这一要旨向西班牙的费尔南多和伊莎贝拉报告的。与欧洲早期海外扩张常见的情形一样，葡萄牙的扩张也是在强盗行径和资本主义之间进行的。

卡布拉尔找到了南面的科钦邦主（Raja von Cochin）作为萨摩莱的对手，前者很乐意与葡萄牙人合作，为他们搞到胡椒。另外科钦港口也比较好，距离胡椒产地更近。

1502年，瓦斯科·达·伽马率领的一支由22艘船组成的
119 船队到达，他开始在印度近海伏击返回麦加的船只。一艘载有数百名乘客的大船被劫掠一空，然后连同所有乘客被烧毁，其中有许多妇女儿童。烧毁大船之前，他们挑出了17个男孩准备施洗礼。所有的文献资料都报道了这次行动，虽然有个别差异，但说法基本一致，描述最为详尽的是一个叫托梅·洛佩斯

（Tomé Lopes）的目击者。这绝不是一时冲动的恣意妄为，而是深思熟虑之后对竞争者采取的恐怖活动。给达·伽马的指示虽然没有保存下来，但在给卡布拉尔的通常比较温和的指示中已经可以读到如下的内容。

> 如你们在途中遇到任何麦加的船只而且你们认为有能力夺取它们，则应进行尝试，但是只要能够避免就不要进行近战，而应以你们的炮火迫使他们放弃抵抗并放下小船，载着他们的引航员、船长和商人送到你们船上，这样这场战争就能够更加安全地进行，你们船上的人员就能够减少伤亡。若靠上帝帮助能够夺取他们的船只，你们应尽力占有所有的货物，将在他们船上找到的货物搬到你们船上。如果可行，应用你们的船将引航员、船长和一些大商人押送到我们这里，其他人以及那些船的船员在缴纳赎金后一律释放，其前提是你们具备这样做的能力而且天气条件许可。如你们不具备这一能力，则应将他们悉数塞进那些船中最破的一艘中放其离开。其他船只应沉掉或烧毁，但须谨记，承主欢心你们才能够劫得这样的船只，你们才能够占有所有的货物，无论是大是小［……］。（Marques，Descobrimentos，582；Greenlee，47 f.）

随后达·伽马前往科钦，在那里建立起一个商行，完全实行西方的经济政策，与邦主商定了一个供应香料的固定价格。卡利卡特的萨摩莱大概不赞同这些新顾客移往他处，当达·伽马出现在卡利卡特附近的海面上时，他表示愿意和解，提议交出攻占卡布拉尔商行的 12 个最重要的作恶者，赔付 2 万帕尔多（pardoes），甚至愿意将数额翻倍。然而，达·伽马要求将所有穆斯林逐出卡利卡特，也就是授予葡萄牙人买主独家垄断权。邦主不同意这么做。于是达·伽马下令抓捕出海的渔民和停泊在港口里的船只的水手，将他们吊死在挂帆的桁架上，然后砍下他们的头颅、双手和双脚扔进一只小船，让小船漂至岸边，船上还放有一封用阿拉伯文写的恐吓信。同时代的葡萄牙史学家巴罗斯明确称其为“恐怖行径”。接着，他们再次对卡利卡特进行轰击，随后达·伽马离开去忙香料装船的事。在此期间，卡利卡特北面的坎纳诺尔（Cannanore）的邦主也
120 被标在葡萄牙人的地图上，他提供了价格便宜的货物。在另外一次海战之后（萨摩莱的一个陷阱），达·伽马1503年实际上能够运回3万担香料。一支小舰队和一个商行留守在科钦。达·伽马离开后，萨摩莱发起攻击时，科钦变成了印度土地上第一个葡萄牙人的堡垒。增援力量很快就到达：1503年有9艘船从葡萄牙驶出，1504年有13艘。卡利卡特的穆斯林对自己的未来丧失了信心，他们放弃了那里——否则只会在远海落入1504年舰队的首领洛波·苏亚雷斯·德·阿尔贝加利亚（Lopo Soares de Albergaria）手里被悉数歼灭。

为了与国王称号对印度洋航行和贸易提出的要求相称，葡萄牙作出了较大的努力。我们根据文献资料计算得出，1501年至1505年驶往印度的船不少于81艘，人员大约有7000人。不过在此期间，他们也清楚地意识到，凭借每年往返的船队以及一些国外商行不可能争得和保持海上霸权以及贸易垄断权。着眼于长久利益的决定是1505年作出的，它具体体现在任命已经是著名战争英雄的船队首领弗朗西斯科·德·阿尔梅达（Francisco de Almeida）为总督。这一头衔与统治理念和领土概念紧密联系在一起。另外还制定了与船队没有连带关系的三年任期制，而且原则上任期将来还可延长。在给德·阿尔梅达的一系列指示中我们可以看出明确的地缘政治纲领。他得到的指示首先是占领东非海岸的索法拉和基尔瓦（Kilwa）并在

那里设防，将后来成为中心地区的果阿（Goa）南面的一个岛改建为要塞。然后他应当尽全力利用在阿比西尼亚的支持下修建的一个要塞封锁红海。

> 因为我们从那里可以进行监管，不再让香料进入埃及苏丹的国家，要让印度每一个人都放弃那种想法，即除了通过我们还能有别的办法做生意的想法。（Cartas Albuquerque，Bd. 2，311）

1506 年，他又得到指示，要占领肉桂岛斯里兰卡和丁香转运地马六甲并在那里设防，而据我们所知，此前还没有一个葡萄牙人造访过那两个地方！然而，德·阿尔梅达似乎没有国王顾问的那种远见，另外他也暂时被迫转入防御状态。

德·阿尔梅达得到了 22 艘船以及 1500 名士兵，国王后续还派给他另外 6 艘船，1506 年又派去了一支由 14 艘船组成的船队。不过这些力量有时候是分开行动的。德·阿尔梅达本人实施基尔瓦和蒙巴萨的设防，而莫桑比克和索法拉的 121
事务则交给其他指挥官执行。印度的主要据点暂时是科钦的堡垒。1506 年派去的船队的指挥官特里斯唐·达·库尼亚（Tristão da Cunha）和阿方索·德·阿尔布克尔克（Alfonso de Albuquerque）于 1507 年根据指示攻占了红海出口的索科特拉岛（Sokotra）。接着，德·阿尔布克尔克就应该攻打这片海域真正的大门：亚丁要塞。他可能是觉得自己力量太弱，于是转而进攻比较容易攻取的霍尔木兹，那里是海湾和波斯贸易的重地。他事先洗劫了波斯湾入口的那些滨海城市，通过有计划的恐怖行动弥补自己战力上的劣势。俘虏一律被释放，但释放之前，女性被割掉鼻子和耳朵，男性被割掉鼻子和砍下右手。他在霍尔木兹的失败不是因为当地人的抵抗，而是因为属下的叛乱。

葡萄牙人已经开始转入反攻。萨摩莱组建了一支由几百艘小船组成的舰队，让两个叛逃的米兰人给自己铸造了欧式火炮。周游世界的博洛尼亚人迪·瓦尔泰玛曾遇见这两个人，他们之后因被怀疑又要叛逃而被杀掉了。1507年，这支舰队悄悄出航帮助葡萄牙人的另一个死敌埃及人，因为苏丹很快便觉察到葡萄牙人这些行动的结果，而且这些活动还包括有计划地在红海线路上游弋劫掠。还有威尼斯人，虽然他们与自己的埃及贸易伙伴建立了联系，但没敢旗帜鲜明地公开站在穆斯林一边对抗自己的教友和竞争对手葡萄牙，因为当时他们在欧洲政治中也受到排挤。威尼斯人与埃及人的合作几乎得不到证实，葡萄牙人的指责作为证据是远远不够的。起初，苏丹以毁灭巴勒斯坦的圣地相威胁，后来也采取了有效的措施准备进行尝试，即组建一支舰队。埃及没有战船，也没有造战船所需的木材。它雇了25艘船从黑海运木材，但只有10艘到达，因为当时定居在罗得岛（Rhodos）上的约翰尼特人（Johanniter）在一个葡萄牙人的指挥下袭击了它们。如此一来，1507年最终能够驶往印度的只有12艘船和1500人。

就连古吉拉特人也受到葡萄牙人行动的波及。曾身为奴隶的马利克·阿亚兹（Malik Ayaz）一直升到第乌指挥官的位置，他尽力阻止葡萄牙人作出反应，采用拖延的方法巧妙地应
122 对各方。因为他的苏丹对海洋问题不感兴趣，所以谁强他就站在谁的一边。1508年，埃及舰队直接驶向第乌，成功地从那里对葡萄牙人的船只进行了一次袭击，德·阿尔梅达的儿子在这次袭击中丧生。一心复仇的父亲拒绝向已被指定为继任者的德·阿尔布克尔克移交自己的职权，而口袋里装着秘密任命书的后者彼时已来到印度。1509年，德·阿尔梅达出兵第乌，歼灭了港口里的埃及舰队，马利克·阿亚兹马上与德·阿尔梅达

达成了妥协。这位达到荣誉顶峰的英雄返程途中在开普敦抢劫牲畜时被科伊科伊人打死。

除了守住阵地，德·阿尔梅达没有做更多的事情，而真正实现国王计划的是其继任者阿丰索·德·阿尔布克尔克总督（1509~1515 年在任）的事业。因此有人甚至意欲让他成为这一计划的首创者。虽说这与实际不相符，但此时已经出现的葡萄牙印度帝国确实在许多方面都是他的手笔。使这位已年满五十、经验丰富的军人与众不同的是杰出的领导才能和超群的个人勇气，还有老练的政治家的残忍狡诈以及商人精打细算的才能——头戴王冠的里斯本大老板绝对不会看重后一特性。在欧洲扩张史中，德·阿尔布克尔克是“帝国创建者（Empire Builder）”类型的第一位代表人物。除了目的明确地使用武力，各商业帝国的政治形态也清楚地显现了，从此以后，东方一再出现这一类人物：尼德兰人中的简·皮特斯佐恩·科恩（Jan Pieterszoon Coen），法国人中的约瑟夫·弗朗索瓦·迪普莱克斯（Joseph François Dupleix），英格兰人中的罗伯特·克莱武（Robert Clive）和沃伦·黑斯廷斯（Warren Hastings）。

不过对德·阿尔布克尔克的任命有过争议，而他在历史中的引领角色有一部分也是通过他人的不幸成就的。1509 年，葡萄牙元帅（级别最高的显贵）带着特别全权证书到达，他的使命是在某个时候访问印度。作为德·阿尔布克尔克的亲戚，可能是他说服德·阿尔梅达让了步，不过直到元帅在轻率地攻打卡利卡特时丧生之后，德·阿尔梅达才让出了职位。德·阿尔布克尔克利用这个机会攻占了果阿，这一行动同样是执行国王的指示而非他自己的主张。果阿所属的比贾布尔（Bijapur）穆斯林帝国的苏丹刚刚去世，其继任者须尽力应对国内动乱和边境战事，信奉印度教的国民也乐意支援葡萄牙人打击穆斯

123 林。果阿港口是那段海岸最好的港口之一，作为一个岛，只要修筑起必需的防御工事便易守难攻。葡萄牙人还没来得及修建好工事，苏丹已率领一支大军杀来，迫使他们撤出了那里。但他刚刚转回去解决自己帝国内的问题时，德·阿尔布克尔克随即卷土重来，于 1510 年 11 月 25 日第二次占领这个城市，这一次是永远的。

葡萄牙国王原本指定了两个不受印度总督节制的指挥官分别负责阿拉伯区域和占领商业重地马六甲，然而第一个指挥官不得不毫无成果地撤回，第二个遭受了与葡萄牙人当初在卡利卡特一模一样的失败。先是允许进行商贸活动和建立起一个商行，接着发生了穆斯林商人策划的骚乱，最后商行被毁，未被关进马来人监狱的葡萄牙人被尽数驱逐。德·阿尔布克尔克让不走运的马六甲指挥官靠边站，他更乐意自己接手这次行动。1511 年，他成功地攻占了马六甲，敌方的优势兵力至少是他的 20 倍，而且装备有与他势均力敌的火炮。然而，马六甲几乎没有修筑防御工事，苏丹的统治也是风雨飘摇、不得人心，因而葡萄牙人能够找到同盟者。至少他们表现了值得重视的勇敢，特别是在苏丹投入他所有的战象冲向他们之时。那些动物被在欧洲用于抵御骑兵进攻的长矛枪刺伤，受惊发怒后将死亡和混乱带入了自己的阵列。可是，从这个大概属于亚洲最富有的城市获得的战利品被海洋上的一场暴风雨吞噬了。

果阿和马六甲这两大战果令印度政界对葡萄牙人刮目相看，就连古吉拉特苏丹（其臣民在马六甲被严重伤害）从此也看重与德·阿尔布克尔克维持良好的关系。然而，1513 年在印度洋另一端的相应行动却遭遇了失败。亚丁的工事和防御被证实优于马六甲，葡萄牙人的装备显得不足。进军红海寻求另一种可能性——德·阿尔布克尔克的继任者考虑攻占吉达——因风情不利以失败告终。不过在回师印度途中解决了一个老问题：萨摩莱被他野心勃勃的弟弟毒死了，主意是德·阿尔布克尔克出的。新邦主力求取得葡萄牙人的好感，允许他们在自己的城外修建一个要塞。

1513 年，伊朗国王伊斯迈尔一世（Ismail I，1501~1524 年在位）与德·阿尔布克尔克建立了联系。由他建立的萨法维王朝虽然重新统一了伊朗，但这次统一是在什叶派的宗教基础上进行的，因而伊朗在逊尼派占优势的伊斯兰世界里受到孤立，另外还受到当时正在大力扩张的奥斯曼人的威胁。寻求与逊尼派的敌人建立联系就不足为奇了。然而伊朗同样准备吞并霍尔木兹。德·阿尔布克尔克懂得急则生患。他拖住波斯人，于 1515 年以他最后一次海上远征占有了霍尔木兹。倘若再能成功地攻占亚丁，全面封锁红海，那么整个北方贸易就可以通过葡萄牙人的霍尔木兹海峡进行了。然而，命运没有将这一业绩赐予他。返航途中，在果阿已经在望时，他死于肠道感染引发的并发症。

除了亚丁，葡萄牙商业帝国的框架此时已依照计划基本搭建起来了。以各个战略位置极佳的要塞为据点可以控制海洋和贸易，尽管数量相对较小，但有一系列设防或不设防的商行作为弥补；科钦商行是其中最重要的。至 1700 年，登记在册的葡萄牙要塞中，东非和波斯湾有 20 个，印度有 47 个，马六甲
以东有 12 个。适度的领土占有渐渐出现了，首先是在果阿周 125
边地区，它向整个体系提供日用品和收入，特别是提供人力。德·阿尔布克尔克已经非常清楚地意识到葡萄牙人口太少，不可能长期年年向东方派遣新人。每年的净移民人数维持在几百人的规模。另外，很多移民没有葡萄牙血统的后代，因为很少有女性有勇气前往印度，从 1545 年起开始派遣女性孤儿才使情况稍有改善。因此，德·阿尔布克尔克想出了一个解决办法，即有计划地支持男性移民与出身上等阶层、受过洗礼的当

地女人结婚，通过自认为是葡萄牙人的混血儿来弥补人口的减少。尽管如此，这个商业帝国中与欧洲文化有归属关系的成年男性人口估计最多为12000~14000人，其中还包括神职人员。1635年在亚洲有4903个“白人”已婚者（Casados）和7435个“黑人”已婚者，他们是信奉基督教的居民，不过后一类是当地人。另外，除了被征服的当地人以外，还有众多出身各不相同的奴隶。

尽管葡萄牙的统治更多地针对市场而不是领土，但它无疑是在行使统治。然而，数量如此之少的人，区区几百个士兵，后来增至几千个，竟然能够迫使一个全球范围内的商贸体系接受他们的控制，能够在与高度文明的帝国的较量中达到目的，而这些帝国的统治者中任何一位掌管的臣民都要比葡萄牙国王多数倍，都是比西班牙人战胜的印加人（Inka）和阿兹特克人更需要认真对付的对手，这看起来几乎是个谜团。葡萄牙人获得成功的原因我们在前面已经顺带有所涉及。

关于葡萄牙士兵那种时而让人觉得近乎疯狂的鲁莽大胆，文献资料的描述出奇地一致，因而人们似乎不可能将这些描述当作传奇故事搁置在一旁。然而，这种鲁莽大胆是与目无军纪的致命特性紧密相连的，也是德·阿尔布克尔克唯有竭尽全力通过军事训练才能够约束住的。除了土耳其人和一些东亚人，印度洋海岸当时好像没有其他具有相同攻击性的军人。另外还有残酷的摩洛哥之战透出的狂热：他们不但坚信那是一项能带来收益的事业，而且坚信那是反对世界公敌摩尔人（Mouros）的正义事业。相比之下，他们对待印度教教徒就要好一些！这
126 个思想传统大概解释了他们的残酷无情和恐怖行为。摩洛哥之战堪称“杀人训练（Schule für Halsabschneider）”。最后也不应忽略，直至曼努埃尔国王时代的流行做法是，专门赦免一批罪犯以为印度远征军补充兵员，也就是说，被补充到军队中

的不仅仅是那些本土社会关系的无辜牺牲品。在陆地上，葡萄牙人与亚洲人交战时也一直这样狂妄。

然而，葡萄牙人在海上占据明显的物质优势。印度洋海岸没有一个帝国拥有一支配享海军之名的舰队。卡利卡特的萨摩莱以及埃及苏丹的最终失败证实了这一判断。穆斯林商人用于控制海洋的船尽管也大，但在建造时没有普遍使用金属，因此不如葡萄牙人的船坚固。另外，它们是按借助季风航行的原理来设计的，因此灵巧性较差。欧洲的船此时已经完成尾桨和三桅船帆具的组合，具有明显的优势。与欧洲帆船上配置的火炮相比，它们的火力配备也绝对不足，尽管有人可能质疑那些大炮除了威慑力实际上能有多大杀伤力。在这里我们又可以换一个角度审视：当遇到在航海能力和火炮配置上旗鼓相当的对手时，也就是遇到土耳其人和中国人时，葡萄牙人总是陷于困境。

葡萄牙人在中国和日本的影响无足轻重，将此与其在印度洋成果累累的行动进行一番比较就可以看出他们之所以成功的另一个原因。他们在印度以及印度以西色彩斑驳的政治版图中得到了好处，他们巧妙地利用了敌对各方之间无休无止的矛盾冲突。利用马林迪与基尔瓦、科钦与卡利卡特甚或伊朗与土耳其相争而从中渔利并不是什么难事。从整体看，印度次大陆的政治结构对葡萄牙人几乎并无有利之处。起决定作用的是印度教教徒和穆斯林之间在宗教问题以外的冲突，在这个过程中，穆斯林长期以来呈推进之势。然而向前推进的绝不总是清晰的信仰边界！至12世纪，伊斯兰教的范围仅限于印度的西北部。后来他们通过一次新的入侵建立了德里苏丹国，它创造了一个直至不列颠时代都在发挥作用的政治传统：势力遍及整个半岛，拥有强有力的中央集权，但也对臣民的印度教信仰持容忍态度，只要他们缴纳了自己的赋税。葡萄牙人到来时，这一

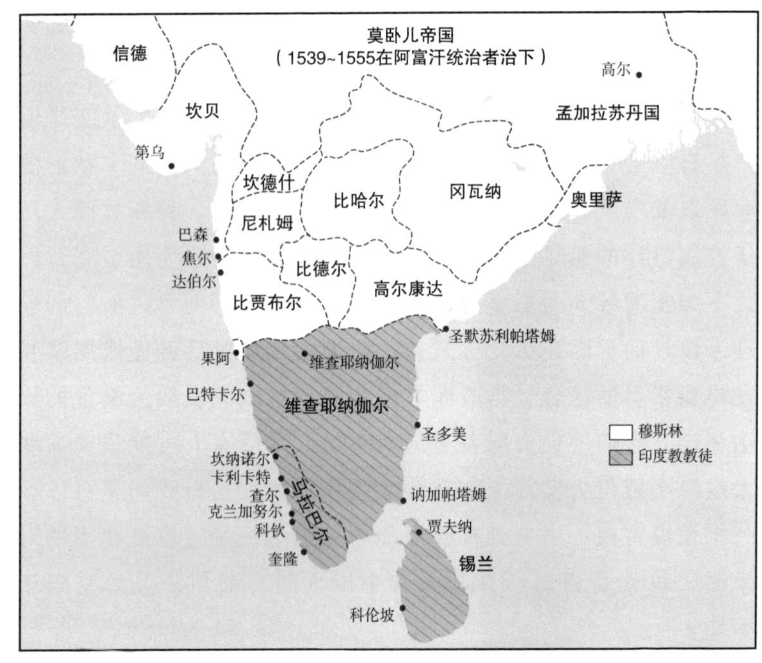

插图 18　1542 年的印度

政治体已分解为众多区域性国家。分裂后残留的德里苏丹国和孟加拉苏丹国分占了北方的大河流域，印度半岛北部由相互之间不时发生冲突的众多苏丹国占领。与葡萄牙人有关联的主要是古吉拉特和果阿北面的比贾布尔。半岛南部由印度教诸侯控制，14 世纪产生的大帝国维查耶纳伽尔（Vijayanagar）处于统领地位。各滨海城市的统治者影响力不大，其中包括卡利卡特的萨摩莱。

自德·阿尔梅达以来，尤其是自果阿被掌握在葡萄牙人手里以来，维查耶纳伽尔与葡萄牙之间形成了一种合作伙伴关系。维查耶纳伽尔经由这一港口进行自己的对外贸易，特别是
128 从伊朗进口其骑兵部队迫切需要的战马，因为南印度无法养殖马。对于也占据着波斯海岸前的霍尔木兹海峡的葡萄牙人而

言，这又成为另一个有利可图的垄断贸易，另外，就连比贾布尔很快也成了买主。根据1520年前后在印度逗留过的纽伦堡人格奥尔格·波克（Georg Pock）的说法，维查耶纳伽尔那时每年要购进1200匹马，据说在霍尔木兹购进时仅花费2万杜卡特金币，在果阿缴纳3万杜卡特金币的关税，而卖给国王的价钱是53.3333万杜卡特金币，利润简直叫人难以置信。

德·阿尔布克尔克的继任者们有些方面能力不如他，不过他们的困难首先不在于印度而在于西边，他们在那里从未能成功地控制住红海，或者说就连仅仅控制住其南出口也没有做到。而且此时他们在那里面对的是远比埃及苏丹危险的对手。1516/1517年，奥斯曼人占据了北美索不达米亚、叙利亚、巴勒斯坦、埃及及其对面的阿拉伯海岸，而葡萄牙在这些年里进行的红海远征却一无所获，尽管埃及已经崩溃。不过当时滞留在马萨瓦的一个使团于1520年终于找到了“约翰长老”，也就是说他们到达了阿比西尼亚皇帝的高原。使团与皇帝就在曼德海峡边建立一个要塞进行谈判，然而一直没有谈出结果。

1518年，葡萄牙在印度达到了另外一个目的：在斯里兰卡的科伦坡建立了一个商行。由此，他们穿过这个地区并进行传教活动，最终使科特国王（König von Kotte）于1557年皈依了基督教。在与内地敌对诸侯的不断冲突中，一个葡萄牙对这个肉桂之岛的南部和西部领土的控制体系逐步建立起来了；1591年至1628年，这一体系扩大至该岛的所有海岸。

为了控制古吉拉特人的贸易以及向其征税，占领第乌无疑显得比较重要。1531年，总督努诺·达·库尼亚（Nuno da Cunha，1529~1538年在任），即特里斯唐·达·库尼亚的儿子，徒劳地尝试向第乌发起正面进攻。然而到1534年，古吉拉特苏丹出人意料地表示愿意将第乌提供给他，因为印度一些相对稳定的政权受到新的征服者的威胁，它们要寻找盟友。

1524 年，莫卧儿王朝缔造者巴布尔（Babur）从阿富汗侵入印度并在德里驻扎下来，他的儿子显露了新帝国继续向古吉拉特扩张的态势。于是葡萄牙人得到了他们早已渴望的第乌要塞。然而当他们的支援被证实毫无效力而且入侵者将自己的注意力转向东方时，苏丹对自己的这一妥协懊悔不已，遂与奥斯曼人
129 结盟对付葡萄牙人。奥斯曼宫廷中有一批人，他们收集了欧洲扩张的材料并主张进行干预，目的也是地中海东部诸国和岛屿的香料贸易的利益。

一支由 72 艘船和 6500 人组成的土耳其舰队于 1538 年开向第乌，指挥官是怒气冲冲的苏莱曼帕夏（Suleiman Pascha），此人是个希腊叛徒。途中舰队攻占了亚丁。曼德海峡两边的亚丁和泽拉（Zeila）后来是土耳其地方长官的治所。特别是因为土耳其占有火炮优势，围困第乌似乎将以葡萄牙人遭受一场灭顶之灾结束。但土耳其人突然之间撤军了，他们的盟友封锁了他们的补给线，因为那些盟友担心自己最终会受自己的“客人们”奴役。于是土耳其人在印度区域再没有与葡萄牙人较量的基地。不过他们已于 1534 年占领了包括巴格达在内的两河下游地区，因而逼近了霍尔木兹，局势相当严峻。1546 年，土耳其人到达巴士拉（Basra），1552 年试图围困霍尔木兹，但葡萄牙人知道如何守住阵地。还有其他一些冲突，特别是争夺巴林诸岛（Bahraininseln）的冲突，不过在较长时间内双方处在妥协状态。

葡萄牙的反击，即 1541 年由发现者的儿子伊斯特方·达·伽马（Estevão da Gama）总督（1540~1542 年在任）率领的远征红海的舰队扑了个空，土耳其人避而不战。这是最后一次远征。在这次航行中葡萄牙人得知，在土耳其人的帮助下，被葡萄牙人称为“左撇子（Granyé）”的哈勒尔的埃米尔（Emir von Harar），也就是艾哈迈德·伊本·易卜拉欣·埃尔加齐

（Achmed ibn Ibrahim el-Ghazi），正在毁灭信奉基督教的埃塞俄比亚。此时葡萄牙人从其较好的一面显示了他们的疯狂。在没有任何获益的希望，仅有些许生还机会的情况下，总督舰队的400名志愿兵在其弟弟克里斯托弗·达·伽马（Cristovão da Gama）的带领下进军内地给皇帝彻底解了围。消息通过这次行动的幸存者传到了里斯本和罗马，带来的结果是：一个耶稣会传教团被派往该处；1555年，教廷还为埃塞俄比亚任命了一个罗马宗主教。虽说取得了显著成就，但此举未能将埃塞俄比亚教会和拉丁教会统一在一起。1634年，拉丁人又被赶出了那个国家。

即使在印度，情势时而也显得令人忧虑。1546年，古吉拉特人单独对第乌进行了第二次围困，起因具有典型意义，即葡萄牙税务官强制实行对第乌有利的垄断性仓储法（monopolistische Stapelpraktiken）。在博学又偏激的总督若昂·达·卡斯特罗（João da Castro，1545~1548年在任） 130
别具风格的表述下，这个故事变得十分有名；而比这个故事更重要的是印度政治舞台上发生的种种变化。1564年，维查耶纳伽尔与印度中部两个穆斯林苏丹国——比贾布尔和高尔康达（Golkonda）——的联盟瓦解。1565年，四个苏丹国的联军取得了一场胜利，这场胜利意味着印度教大帝国从此走向终结，它的附属国纷纷独立。紧接着，这些结盟的苏丹国转而对付葡萄牙人，在此过程中它们又附带将卡利卡特的萨摩莱拉进了联盟，并策动苏门答腊北部的亚齐穆斯林苏丹国向马六甲发起进攻。1570/1571年，果阿和其他大部分葡萄牙要塞都遭到围困，这是一场生死存亡之战，不过葡萄牙人在这场大战中还能够保住阵地。

很快，局势似乎变得更加具有威胁性。1572年，莫卧儿大帝阿克巴（Akbar，1556~1605年在位）占领了古吉拉特，

1595年将比贾布尔北面的艾哈迈德讷格尔苏丹国（Sultanat Ahmadnagar）逼入极其艰难的困境。然而阿克巴对贸易和航海丝毫不感兴趣，对葡萄牙手里那些星星点点的小片土地也没有兴趣。不过他利用了葡萄牙人当时的对手，并造就了一种局面，使得后来到达此处的欧洲人以及葡萄牙人的竞争对手获得进行商贸活动的基础。

从建立、维持直至最后，葡萄牙的印度帝国始终伴有精彩的插曲，它们特别能够激发写作者的想象力。不过也不乏关于亚洲的客观真实的专业信息，我们甚至不时能看到批判性反思的先兆。最先出现的是我们已经熟悉的1497/1498年瓦斯科·达·伽马第一次远航印度的一位参与者写的客观真实的《航海日志》。接着出现了一些类似的专业书籍。1512年至1515年，药剂师托梅·皮雷斯（Tomé Pires）在马六甲和果阿写出了他的《东方志》（*Suma oriental*），描述了埃及和印度洋北岸的国情，侧重于经济，描述对象有印度、马鲁古群岛以及后来的菲律宾、中国和日本。书中，皮雷斯对自己在马六甲所能搜集到的资料有所删减。或许是因为其经济价值，该书被看作须加以保密的紧要之物，总之在16世纪它还不为一般人所知。马拉巴尔海岸的一个王室商贸代理写的一本类似的书情况就不同了，它就是1518年出现的《杜阿尔特·巴博萨之书》（*Buch des Duarte Barbosa*），1524年一个热那亚人翻译了此书，1550年意大利人拉穆西奥在自己的游记集中发表了它的节选。这本书涉及了整个印度洋以及到中国为止的东亚，与皮雷斯不同的是它也涉及了非洲东海岸，但重点是真正的印度次大陆。另外，对葡萄牙深感失望的杜阿尔特·巴博萨（Duarte
131 Barbosa）参加了其亲戚麦哲伦的环球航行——如果确实是同一个人的话。而像前面提及的总督若昂·达·卡斯特罗那样举足轻重的人作为目光敏锐的观察者也写有自己的印度和红海之行的《航海日志》。

第一批书写葡属印度历史的编纂者认真收集和运用了这一类资料。费尔南·洛佩斯·德·卡斯塔内达（Fernão Lopes de Castanheda，1500~1559年）本人虽然自1528年至1538年游历了印度，但在科英布拉（Coimbra）做了很长时间的大学图书管理员后才于1551年出版了他的《葡萄牙人发现和征服印度史》（*História do descobrimento e conquista da India pelos Portuguezes*）第一卷。这部十卷本著作描述的是1498年至1542年的印度。另外，卡斯塔内达不得不对第一卷进行修改并压下了最后几卷，因为那些重要人物在那里面被写得过于糟糕。他这部著作大概符合大众的兴趣，因为它迅速在欧洲流传开来，还被译成多种文字。

如果说卡斯塔内达已具备古典文化修养，那么若昂·德·巴罗斯（João de Barros，1496？~1570年）则将自己视为葡萄牙大发现的利维乌斯（Livius），他自1552年开始出版的半官方著作《亚洲十年纪》（*Décadas da Asia*）从标题就表明了这一层意思。这部著作自恩里克王子的事迹一直描述到1526年，他去世后才出版的第四部"十年纪"和第五部"十年纪"的某些部分被进行了有损于其意义的修改。巴罗斯从未亲临印度，唯一的出海经历是一次几内亚之行，但他是一个不知疲倦的认真的资料收集者，利用了他那个时代所能利用的所有机会，因而他这部著作当被归入历史编纂最优异的成果之列。他的后继者迭戈·德·科托（Diogo do Couto，1542~1616年）在印度生活过，他作为官方历史编纂者继续了这一事业。然而，由德·科托编写的第四至第十二部"十年纪"没有出齐，因为就连在历史编纂方面也存在着影响力巨大的竞争对手。最后他还写了《奋战的战士》（*O soldado pratico*，1611年出版），对葡属印度进行了批判性的分析，但直到1790年才被出版，这一点很能说明问题。德·科托采用的是人文主义的对话体，巴罗斯则在模仿利维乌斯。葡萄牙的扩张也不缺一个“恺撒”：功绩显赫的德·阿尔布克尔克的亲生儿子将父亲留下的文件编成了《集注》（*Comentarios*），于1557年出版。最著名的葡萄牙人文主义者达米亚·德·戈亚斯（Damião de Goís，1502~1574年）作为历史编纂者在历史上地位并不高，作为葡萄牙的宣传家却或许非常重要，他的《评1538年印度大事》（*Commentarii rerum gestarum in India MDXXXVIII citra Gangem*，1539年出版）以古典时代赞美英雄的方式描述了第乌事件，在整个欧洲大获成功。

葡萄牙民族语言文学中同样充满了对英雄和民族伟业的诗情洋溢的颂扬，但也可以听到不同的声音，如1511年发表
132 的一首诗，据说这是欧洲文学第一次描写了对一个异族女人的爱。甚至也不乏批判之声，不过批判的主流基调是认为殖民地财富将腐蚀整个民族。“作为勇敢的骑士赢得了印度，作为贪婪堕落的商人将失去它”，约格·费雷斯·德·瓦斯康斯罗斯（Jorge Ferreira de Vasconcelos，1527？~1584年）在诗中这样写道。人们还可以真切感受到远航印度时常会遭受失败，这种悲剧性已经成为诗歌的题材。

如果说这种正面的自我认知占据绝对优势，那这首先是路易·德·卡蒙斯（Luis de Camões，1524~1580年）以及他的民族史诗《卢济塔尼亚人之歌》（*Os Lusiadas*，1572年发表）的功绩，它是数不清多少代人上学时的读物。这部史诗分为十章（Cantos），每章整整一百段，每段八行，即当时流行的八行体（Ottava Rima），韵格为abababcc，其结构深受《奥德赛》（*Odyssee*），尤其是《埃涅阿斯纪》（*Aeneis*）的影响，诗中混合着古典神话、历史、基督教、民族主义和性爱。虽然瓦斯科·达·伽马第一次远航印度是作品框架结构

内的一个故事，但史诗不仅仅颂扬了个人，而且颂扬了整个民族。卢索斯（Lusus）是神话中的民族始祖。同样是源于古典神话，在诸神会议中巴库斯（Bacchus）是葡萄牙人的敌人，而维纳斯（Venus）则是葡萄牙人的保护神。前两章描述达·伽马航行至东非的冒险经历，在第三、四章中他向马林迪部落首领讲述了葡萄牙的历史，在第五章中讲述了自己的历险故事。在第六章中的一场暴风雨之后，第七、八章描述了卡利卡特城前发生的事情。在第九章中，史实中因维生素C缺乏病而严重减员的骑士踏上了一个热心的仙女们居住的爱之岛，于是便出现了在第十章中描绘葡萄牙殖民帝国约至1550年的地理幻象和历史幻象的契机。

德·卡蒙斯不是为体制进行盲目宣传的人。自1553年至1567年，他是最独特也最重要的诗人，甚至在印度亦如此；他与迭戈·德·科托是朋友，还写过其他特别具有批判力的诗。即使在《卢济塔尼亚人之歌》里也不乏批判的声音。然而从整体上看，现实决定了诗人创作的自由不得不让步于一些更积极、正面的说辞。一个典型例子是，关于两个突尼斯人在卡利卡特遇见第一批葡萄牙人时的传统说法在诗人笔下变成了下面的情景。

> 从拥向海岸边的人群当中，
> 跑出一位穆罕默德的信徒［……］
> 他高兴地对使者表示欢迎，
> 用他流利的西班牙语问道：
> “是什么让你离开遥远的家乡
> 来到了这另外一个世界里？” 133
> 他说：“我们从深海漂泊而来，
> 那时没有一个凡夫能料到，

还能望见遥远印度的辽阔大河，
还能在那里传扬主的律法。”

虽然也提到过一次商贸，但从未提及贸易垄断，说得更多的是葡萄牙人热衷的话题：摩尔人的阴险狡诈。关于葡萄牙人，诗中这样写道：“高贵的愤怒之焰在复仇中平息，它让敌船四处溅满鲜血”——只字未提考虑周密的恐怖行为。求知欲、骑士的大无畏精神和信仰的热情驱使葡萄牙人来到遥远的海洋完成一项项业绩，古典时代的众英雄和古典史诗中的功业与它们相比统统黯然失色。德意志人除了背离圣彼得的代表就没干出更好的事，欧洲各民族在一场场兄弟之争中耗尽了自己，而葡萄牙人却使基督教得到了壮大。他们的民族使命显而易见。卡蒙斯的诗中或许含有真实，印度的真实中含有诗，只不过占优势的从来都不是这些成分。

因为葡属印度真正的现实没有给人留下激奋人心的印象，尤其是因为印度在很长时间里就连在经济方面也毫无成就——这一点我们即将看到。组织结构一直处于不成熟状态，在臣民人数太少的情况下这倒是可以理解的。居于首位的是驻果阿的总督，他几乎拥有无限全权，但一直没被授予对贵族的死刑判决和委任高级官员的权力。协助他的议事会不具有官方属性。他下辖有司法机构和财政机构。16 世纪中叶在果阿设立的“交际团（Mesa de relaçāo）”由六个负责不同工作范围的法官组成，由他们中的一位，即“印度大法官（Ouvidor geral da India）”担任主席。财政事务由一位总监督，即“印度财政专员（Vedor da fazenda da India）”管辖，他的下属有财务主管（Provedor mór da casa dos contos）、果阿中心商行（Feitoria Goa）的商贸代理，以及负责管理、商贸和税收事务的海关负责人税务官。各据点的管理机构是中央管理机构的一个缩影：其首领既是指挥官又是行政长官，下属为一个负责经济和财政的商贸代理（Feitor）和一个负责法律裁判的法官（Ouvidor）。手下还有五花八门的各类书记员和辅助人员。至少指挥官、商贸代理和税务官职位是可以出卖的，1614 年霍尔木兹的指挥官就以 145000 色拉芬（Xerafines）① 卖出了很体面的最高价。常常还有候补者名单，因为这些职位的任期一般只有三年——分期偿还的压力还是巨大的。在统治土著方面则是尽可能不予过问，由土著中间人负责安定和秩序，特别是 134
负责收缴税款。这一方法同样是阿尔布克尔克开始实行的，但在被各种各样的征服者侵袭过的印度，它似乎也不是什么特别新鲜的事。就其结构原则看，至少在不列颠统治时期它还扮演着重要角色，而且还不仅仅限于印度。

正规的葡萄牙人政区依照本土城市模式拥有自治权。1510 年在果阿已经创建了名为“市政议会（Senado da Camara）”的相应机构，果阿保持使用里斯本政区的法规。除果阿之外，至 17 世纪拥有这种市政议会的还有科钦、澳门、科伦坡和马六甲，第乌也有过一段时间。虽然市政议会的议员资格与颇具吸引力的特权紧密相连，但这些职位从未像西属美洲相应机构总督府（Cabildos，一译“参事会”）中的职位那样显赫。确切地说，它们经程序相当复杂的选举由值得尊敬的人（Homens bons）或普通百姓（Povo）担任，至少果阿的市政议会中也有手工业者的代表。不过这并未阻碍寡头政治的发展趋势。市政议会管理城市的收入，负责城市生活，包括公共建筑，有时也包括城防。总督的控制有限，市政议会甚至有权与国王直接通信。

---

① 或写作 Xerafim、Xerafin、Xeraphim、Xeraphin，一种银币，主要从 1570 年至 19 世纪在葡属印度（果阿、第乌）和马六甲等地区流通，后被葡萄牙在印度发行的卢比（Rupie）取代；后者则于 1958 年被埃斯库多（Escudo）取代。

不能进入市政议会的人则作为宗教团体成员被纳入教区生活中。

因为教会组织是葡萄牙海外统治体系和社会体系的重要组成部分，基于“皇家保教权（Padroado real）”，控制这一宗教组织的不是教宗而是国王。皇家保教权意味着职位分派权和传教专属权，但也意味着为教会和传教提供费用的责任。构成其法律基础的是前面论及的教宗训谕以及1514年的训谕《崇高的奉献》（Praecelsae devotionis）。当时丰沙尔（Funchal）被提升为整个葡萄牙殖民帝国的主教区，1534年被提升为总主教区，下辖新主教区果阿。1558年，果阿最终成为整个亚洲都主教的驻地，都主教区下辖的主教管区有：科钦、马六甲（两地于1558年设立），澳门（1576年设立），日本的府内（Funai，1588年设立），以及印度东海岸的圣多美－迈拉普尔（Sâo Tomé-Mailapur，1606年设立）。1567年至1606年召开过六次地方宗教会议。马拉巴尔海岸的克兰加努尔（Cranganore）（总）主教管区的归属地位不是很明确，它负责那里的多马基督徒，直到在1599年宗教会议上这些基督徒
135 被强制拉丁化，尽管实际上毫无效果。果阿的宗教会议是进行宗教和社会惩戒的重要工具。

强迫人改变信仰的做法虽然被禁止，但自1540年以来，果阿的印度教庙宇遭到毁坏——对葡萄牙人来说，毁掉清真寺本来就是理所当然的——也禁止举行非基督教祭礼，另外还有一些带有社会歧视性质的措施。不过在实施中常常非常宽容，这也是顾忌势力强大的印度教或穆斯林邻邦。1560年在果阿建立的宗教裁判所似乎更多是用于迫害秘密印度教（Krypto-Hindus），而不是追究从葡萄牙钻空子进来的隐秘犹太人，而它本来就是为后者而设立的。不过它也惩治同性恋等行为，在以后的年代里也惩治从罗马来到印度的传教者，他们因为会危

害葡萄牙的皇家保教权而被视作异教徒。在这方面，宗教组织自身已显露了充当国家统治工具的真实面目。

宗教宽容在葡萄牙的海外社会里根本没有可能。果阿的印度居民破坏相关禁令的方法是“出逃”至相邻的地区或国家，并且是在天主教框架内进行各种各样的混杂式宗教活动。无论海外扩张引起了多少社会地位的变动，贵族（Fidalgos）享有特权的等级社会制度在印度如同在欧洲一样是理所当然的。各个殖民城市的人分为贵族、军人（Soldados）和已婚者，不过缺乏明确的划分标准。已婚者即葡萄牙基督教家庭之主，分为“白人”已婚者和“黑人”已婚者（受过洗礼的当地人）；“白人”已婚者又有等级之别，分为来自葡萄牙的（reinos）、父母为葡萄牙人但出生在亚洲的（castizos）以及母亲为当地人的（mestizos）。葡萄牙的殖民理论直到最后都声称葡萄牙殖民帝国与尼德兰以及盎格鲁撒克逊人①的殖民帝国完全不同，是建立在种族宽容基础之上的，只要能够适应其文化——在近代早期主要体现在宗教方面——就能不折不扣地成为葡萄牙共同体的成员。15 世纪与非洲人交往不是毫无偏见吗？那时不是还有德·阿尔布克尔克的异族通婚政策吗？

然而，进一步观察将表明情况完全是另一个样子的。在 16 世纪形成了一种对非洲人的偏见，它也扩展到其他深肤色人群身上。德·阿尔布克尔克在挑选婚姻候选人时不仅看她们是否出身上层社会，而且还要看她们的肤色，他对深肤色的南印度人一律持否定态度。由于教会在当时的社会中具有核心地位，所以对于种 136
族政策来说，是否允许担任神职是一个可靠的考量标准。世俗教士和修士会在这方面对非洲人以及深肤色亚洲人的限制越来越严格，像 1518 年将主教职位授予一个非洲人的事，不久之后就再

① 指以英语为母语者。——编者注

也没有可能发生了。意大利人范礼安（Alessandro Valignano）自身是个非常有远见和开通的耶稣会修士（关于他的传教政策后面还将论及），就连他也拒绝接纳印度人进入修士会。

> 我们须尽可能少地接受混血儿和在当地出生的白人，尤其是混血儿，因为他们自身的当地血统越多就越像印度人，就越得不到葡萄牙人的认可。（Boxer，Portuguese Empire，252）

然而这里涉及的不是严格的生物学意义上的种族界限，而是肤色界限——一些研究者把它称作“肤色统治（Pigmentocracy）”。日本人、中国人、朝鲜人和越南人更容易得到认可，因为他们被列入白人种族。

葡萄牙人和西班牙人在马六甲以东地区

同样是民族、语言、帝国和宗教众多并伴有矛盾冲突，在印度洋海岸，葡萄牙人获得的是好处，但在日本、中国和印度尼西亚之间更为辽阔的地域，他们面对的却是无法克服的重重困难。他们在这里虽然也企图实现垄断，也试图在经济和政治市场开创自己的地盘，然而他们的成功很少能长久。从地理角度看随时都存在着不同的选择，因为葡萄牙人感兴趣的生意在这里不是集中在一条海岸线上，这里的当地人在海外贸易方面比大多数印度人更活跃、更内行，而且从一开始这里就存在着欧洲竞争对手，先是西班牙人，接着是尼德兰人和英国人。与尼德兰人不同，葡萄牙人一开始就将自己的力量集中于印度次大陆，他们在那里成功的原因就是在这里失败的原因——缺乏侵入这一辽阔地域的财力和人力，毕竟仅仅从地理角度看，这里需要的财力和人力肯定就比印度次大陆多出许多。守住作为东进大门的马六甲就已经够困难的了，不仅马来半岛上的柔佛（Johore，马六甲苏丹国之后出现的国家）屡屡发起进攻，北苏门答腊岛上的亚齐苏丹国也时有进攻。因此，葡萄牙人出现在马六甲以东地域时很少是作为有组织的贸易帝国，更多的是作为单个的商人和撞运气的人，几乎没有出现过靠国王威严使人顺服的情况。在香料岛上，他们显露了自己最糟糕的一面。就连要为了自己国家的荣誉而写作的历史学家巴罗斯也称那些岛屿是“万恶之巢穴”，而这不仅仅是因为土著的狡诈。他明确称它们是“祸根”，它们给葡萄牙人带来的所有金银都不足以抵消带来的厄运。

在公元纪年的第一个千年以及随后的一段时间里，印度尼西亚诸岛的马来各族处在盛行印度教和佛教的印度的文化影响之下。那些非同寻常的废墟今天还在证明爪哇曾是这一文化的一个中心。其最后一个大王国、辉煌于14世纪的满者伯夷国（Majapahit）的政治中心也在爪哇。然而，从未有过一个统一的政权统治整个区域，从实体和概念上讲，印度尼西亚和菲律
138 宾都是后来欧洲殖民统治的产物。满者伯夷王朝的衰落以及15世纪马六甲海峡贸易控制者的更迭恰好与伊斯兰教自西向东的传播时间相合。这个新宗教循着各条商路通过商人的，特别是古吉拉特人的网络进行传播，对于满者伯夷王朝的那些附属国来说，它就是它们脱离宗主、实现独立的合法证明。为了保住自己的地位和扩大影响力，马六甲既要依靠伊斯兰，又要依靠宗主国中国。葡萄牙人和西班牙人到来时，伊斯兰教的进一步传播正在全力进行。有些地方甚至形成了伊斯兰教与基督教竞争的态势。据称，两个宗教吸纳教徒的成果在1550年至1650年间达到巅峰（Reid 1993, 151）。15世纪下半叶，伊斯兰教才传入印度尼西亚香料的真正产地，也就是位于苏拉威西岛（Sulawes）和新几内亚之间的小列岛。出产肉豆蔻和肉豆蔻花的班达群岛的村镇共和体于1450年前后接受了伊斯兰教，而在相互对抗的特尔纳特岛（Ternate）和蒂多雷岛（Tidore）的诸侯统治下，哈尔马赫拉岛（Halmahera）西面的丁香岛，另外还有重要的香料转运地安汶岛，直到15世纪末才接受伊斯兰教。

1513年，占领马六甲三个月之后，德·阿尔布克尔克派出三艘船，由安东尼奥·德·阿布雷乌（António de Abreu）率领，在爪哇领航人的帮助下前往香料岛。德·阿布雷乌在班达岛和安汶岛购足货物后返回。弗朗西斯科·塞朗（Francisco Serrão）的船搁浅了，不过他和他的手下到达了真正的马鲁古群岛，援助特尔纳特苏丹与蒂多雷苏丹作战并一直留在那里，即使当1514年、1516年、1517年、1518年和1519年其他葡萄牙远航船队出现时也未离开。后来西班

牙人来了。1521 年，麦哲伦的远航探险船队到达菲律宾。麦哲伦被打死后，他们不得已放弃了当时剩下的三艘船中的一艘，其余两艘船于 1521 年 11 月到达蒂多雷岛并装上了香料。弗朗西斯科·塞朗在此期间中毒身亡，他是葡萄牙人麦哲伦的朋友，据说曾写信建议后者参加自己的行动。“维多利亚号（Victoria）”起航回国，摆脱葡萄牙人后于 1522 年 9 月到达西班牙——第一次环球航行成功！“特立尼达号（Trinidad）”试图找到横越太平洋的回乡之路，但失败了。由于天气和给养问题它不得不原路返回，于 1522 年 10 月向马鲁古岛上的葡萄牙人投降。

因为不缺提供讯息的人，所以葡萄牙国王能够立刻针对麦
哲伦的行动采取应对措施。1522 年 6 月，安东尼奥·德·布 139
利托（António de Brito）在特尔纳特岛上建立了一个设防的站点。后来“维多利亚号”返航途中发生的事导致葡萄牙国王若昂三世（Johann III，1521~1557 年在位）与其姻亲查理五世皇帝之间发生了严重的外交纠纷；在这一纠纷过程中，科学论证经修饰后大概在历史上第一次发挥了作用，因为当时还无法确定，根据《托尔德西拉斯条约》马鲁古群岛到底位于谁的半球里。前面已经提及，这场纠纷的最后结果是在 1529 年的《萨拉戈萨条约》里，西班牙可能拥有的权利被卖给了葡萄牙。

然而，远东诸问题并未因此得到解决。麦哲伦远航队成员利用与特尔纳特岛的对立已经在蒂多雷岛上站住了脚跟，那里的苏丹宣布自己是查理五世的封臣。一支大型远航船队 1525 年从已宣称归西班牙所有的香料港口拉科鲁尼亚（La Coruña）出发，其残余部分于 1526 年到达蒂多雷岛。1528 年到达那里的是埃尔南·科尔特斯（Hernán Cortés）从他刚占领的墨西哥派出的三艘船中的一艘。1542 年有六艘船在鲁伊·洛佩兹·德·维拉罗波斯（Ruy Lopéz de Villalobos）的率领下从墨西哥－

新西班牙（Mexiko-Neuspanien）起航。1543年，他以西班牙王储——后来的费利佩二世（Philipp II）的名字为菲律宾命名，之前维拉罗波斯同样也暂时驻扎在蒂多雷岛。不过，他在横越太平洋返回墨西哥的航程中与他的前辈们一样运气不好。

在此期间，葡萄牙人试图更好地组织自己在马鲁古群岛的兵力。自1520年代前期，特尔纳特岛上就建起了圣约翰要塞，马鲁古群岛的行政主官（Capitão mór）驻在那里，和通常情况一样，其任期也是三年，另外在安汶岛有一个商行，在班达群岛有两个。船只来往航行走印度尼西亚各主岛北面的自然航道穿过爪哇海、弗洛勒斯海（Flores-See）和班达海，北半球夏季在那里可借助季风向东北航行，冬季可向西南航行。婆罗洲（Borneo）北面和苏门答腊南面的航线虽然已为人所知，但不利因素多而且危险。自1523年起，贸易正式由一艘国王授予专营权的“黑船（Nau do trato）”进行，与班达群岛做肉豆蔻和豆蔻花生意，与特尔纳特岛做丁香生意。这种专营船的指挥权连同其生意有时也会被交给一个贵族，以表示宠爱或酬谢，不过它通常也是像职位一样被出卖的。

利润极为诱人。16世纪初，1巴哈拉（Bahar）丁香在当地卖1~2个克鲁扎多金币，而马六甲的丁香售价是9~14克鲁扎多金币，也就是说运到那里之后，毛利润已能达到4.5~14
140 倍。即使按马拉巴尔海岸30~42克鲁扎多金币的价格计算，利润也能达到2~4倍。16世纪中叶，就连国家财政机构也极为卖力地参与其中。扣除所有支出和运输费用之后，总能获得百分之百的纯利润是司空见惯之事。特尔纳特贸易船的指挥官敢于预计10000克鲁扎多金币的纯利润，班达贸易船的指挥官甚至敢于预计15000克鲁扎多金币，而王室赚的约有20000克鲁扎多金币。

当时特尔纳特岛的指挥官另有一个更好的发横财的机会，

尽管不太合法，那就是完全避开理论上的葡萄牙内部的王室专营，国王的官员在这方面尤为典型。指挥官任职三年的期限更是刺激了这种做法。1536 年至 1539 年在那里任职的是一个既正直又有才干的总督安东尼奥·加尔旺（António Galvão），他大力推进葡萄牙人移民并向菲律宾派出了传教士，当地土著虽然请求延长自己“父亲（o pai）”的任期，但被拒绝了。加尔旺之所以出名，还因为他属于第一批全面描述大发现史的作者，他写有一部关于马鲁古群岛的著作。很能说明问题的是他死时极其贫苦，而他的前任和后任都是一帮撞运气的且有时带有犯罪特质的人。

一个苏丹被谋杀最终导致其继承人——一个狂热的穆斯林——宣布对葡萄牙人进行“圣战”，因而，一个“国际性”穆斯林联盟于 1570 年向葡萄牙开战并非出于偶然。1575 年，葡萄牙人不得不放弃特尔纳特要塞。始终心怀嫉妒的蒂多雷岛人允许葡萄牙人于 1578 年在那里修建一个要塞，后者一直在那里坚守到 1605 年。另外，自 1560 年代以来，他们在安汶岛上也有一个要塞。然而此时北欧人来了。1579 年，弗朗西斯·德雷克环球航行时偶然拜访了特尔纳特苏丹，1599 年尼德兰人到达，并于 1605 年将葡萄牙人逐出了蒂多雷岛和安汶岛。在此期间，西班牙人在菲律宾扎稳了根基并与葡萄牙人统合在一个君合国内，他们于 1606 年重新占领了蒂多雷岛和特尔纳特岛的一部分，因为特尔纳特岛人与南菲律宾的穆斯林——西班牙人不得不交战的对手——结成了同盟。不过到 1662 年，因害怕中国人进攻马尼拉，西班牙的驻防部队被调回，尼德兰人在马鲁古群岛可以放开手脚自己做主了。葡萄牙人的香料贸易彻底终结，1610 年，王室放弃了自己的垄断权。然而，葡萄牙传教士和檀香木材商人却相反，他们自 1560 年代起在索洛岛（Solor）立足，1570 年代起在弗洛勒斯岛站住了脚，

1580年代起在小巽他群岛（kleine Sunda-Inseln）的帝汶岛
141 （Timor）扎下了根，自1593年以来还有一个负责帝汶岛的指挥官。这里出现了一个混血者的自治共同体，叫作“托帕斯（Topasses）”[①]，或者按照其在弗洛勒斯岛上的所在地称作“拉兰图基罗斯（Larantuqueiros，即拉兰图卡的居民）”，在17世纪下半叶其兴盛时期还拥有几个真正的侯国。在其成员来自不同民族的情况下，它们在天主教信仰中寻得了一致之处。至少它们中的一部分挺过了尼德兰人以及印度尼西亚人的统治。在东帝汶（尽管还有尼德兰人），葡萄牙人甚至将自己形式上的殖民统治一直保持到1975年。

不过自16世纪下半叶以来还存在着一种选择的可能性，即葡萄牙人的中国生意和日本生意。他们知道在马六甲有可能遇上中国人，在1508年给第一批前往马六甲的葡萄牙人的指示中就包括收集中国人相关资料的任务。他们与中国商人的关系友好地发展，后者甚至为1511年葡萄牙人的占领行动提供了帮助，因为中国商人觉得受到了苏丹的逼迫。托梅·皮雷斯依据1512年至1515年自己在马六甲的经历撰写的《东方志》中有一些关于中国的内容，其中包括欧洲人第一次描述用筷子吃饭。1514年至1516年，第一批葡萄牙人到达中国，不过关于这次旅行我们所知甚少。1517年，费尔南·佩雷斯·德·安德拉德（Fernão Peres d’Andrade）率领的一支由8艘船组成的船队载着一个正式使团驶向广州南面珠江口海湾里的屯门岛。因为等待许可的时间过久，所以他最后自作主张带着两艘船向广州驶去。他鸣放礼炮向广州城致礼，却被看作侮辱行为惹来了怒气。不过除此之外，佩雷斯的表现都非常得体，因而当地大员最终接见了他，这预示着将获得完全成功，而且托梅·皮雷

① 原专指印度和马来女性与葡萄牙人生育的后代，后泛指混血人群，最后在葡萄牙语中特指小巽他群岛上信仰天主教的混血人群。

斯率领的一个使团可以在广州等候，待得到许可后便可以前往皇宫。1518 年，佩雷斯回到马六甲。

然而，费尔南·佩雷斯的兄弟西蒙·德·安德拉德（Simião d'Andrade）给了葡中关系这一很有希望的开端沉重的一击。1519 年到达的船队由他指挥，他肆无忌惮地干出一系列违反中国法律和中国习俗的事情，特别是可能还武装攻击了第三方的商船。除此之外，他还以购买和交换的方式弄来一大批孩子，当时出现的谣传称异邦人糟蹋了那些孩子然后将他们吃掉，直到 19 世纪，这种谣传还是仇视欧洲的中国宣传的标准说法。尽管如此，佩雷斯使团还是获准于 1520 年前往北京，
却一无所获，原因之一是曼努埃尔国王的信中对中国皇帝使 142
用的称呼与自己的一样。不过主要还是因为随着统治者更迭，1521 年中国出现了一次政治骤变，敌视异族的倾向占了上风。使团被送往广州并到达了那里，此前，葡萄牙船队拒绝遵从新颁布的不准与外国人通商交往的禁令，因而爆发了激烈的战斗，西蒙·德·安德拉德最终得以逃脱。1522 年，一支新的葡萄牙船队同样被卷入一场海战。使节皮雷斯死在中国的一所监狱里。从当时一个名为顾应祥[①]的中国官员的角度看，这一事件是这样的——

> 正德丁丑予任广东佥事，署海道事。蓦有大海船二只直至广城怀远驿，称系佛狼机国进贡。其船主名加必丹，其人皆高鼻深目，以白布缠头，如回回打扮。即报总督陈西轩公金临广城，以其人不知礼，令于光孝寺习仪三日而后引见。查大明会典，并无此国入贡，具本参奏，朝廷许

① 1483~1565，字惟贤，号箬溪，明朝思想家、数学家。历任广东按察佥事、江西按察副使、山东右布政使、云南巡抚等职，累迁南京刑部尚书。——编者注

> 之，起送赴部。时武庙南巡，留会同馆者将一年。今上登极，以其不恭，将通事明正典刑，其人押回广东，驱之出境去讫。（Franke，*China und das Abendland*，21）①

只有了解当时中国看待外国人的传统观念，才可能理解这些。按照中国人的宇宙论，大地是以天为楷模组织排列的，皇帝是静止不动的中心极点，天下人皆围绕着他运动。同时皇帝又是天与地之间的沟通者，他所在之地是世界的中心，因此称为“中国”，它是一切文化的原点，文化的发达程度随着与这一中心的距离的增加而递减。所以蛮人自然应来这一世界中心朝拜，来感受皇帝的慈恩，进而感受文化的好处。从这一角度看事物，根本就不可能存在地位相当的发达文化。于是，在中国与其邻国之间发展起一种特别的外交往来，即所谓的朝贡制
143 度。使节们带着礼物，也就是贡物来北京，在那里受到款待，然后带着回赠的礼物离去，而回赠的礼物有时价值可能高于接受的礼物。可以归入中国人这一宇宙观的大概不仅仅是实际纳贡，而且还有贸易关系，有时甚至还有中国向北方的马背民族纳贡的情况。不过中国的邻国习惯于或多或少地尊重这些游戏规则，而葡萄牙人却不明白，估计他们也是没有看出尊重它们的理由。

当然，与葡萄牙人的生意不可能完全禁得住，它毕竟给中国南部富有影响力的各种势力带来了多之又多的利益。通过广州东面的福建和浙江的港口进行的走私活跃起来；直至16世纪中叶商业利益在中国重又获得认可，这种走私相比之下很少通过广州进行，即使那里重开贸易之后，葡萄牙人也被明确排除在外。1557年，葡萄牙人获得半官方许可在珠江口海湾西

① 引自茅元仪，《武备志》，清初莲溪草堂修补本，卷一百二十二。——编者注

面的澳门半岛上建立了一个移民点，1582 年该移民点获得官方正式许可，但主权依然属于中国。它称自己为“以上帝之名在中国的辖地（Povoação do nome de Deus na China）”，若是考虑到它成了大规模的中国传教团的入侵之门，这个说法倒是有其道理。澳门很快就成为一个拥有城市法的葡萄牙殖民区，1640 年，有 600 个葡萄牙已婚者、500 个在当地出生的已婚者、5000 个出身极不相同的奴隶以及 20000 个中国人。不过与其他任何一个葡萄牙属地不同，它更是一个商业城市。其存在的先决条件是缴纳中国关税。禁止中国商人直接进行海外贸易的法令直至 1557 年都还有效，然而极大的需求也依旧存在，所以没有政治风险而且精通航海的葡萄牙人来得正是时候，作为中国的代理人他们可以建立一种真正的转手贸易垄断，尤其是在涉及日本时，因惧怕日本海盗，中国人依然被严禁与日本建立联系。1580 年至 1600 年是澳门的全盛时期，有一件事可以表明此间澳门对日本生意的依赖程度：在此期间设置的日本商贸专营船的指挥官在城中停留期间，驻在当地的澳门官员皆归其管辖。

日本当时处在一个内部争斗时代，而这个时代产生了一种新的政治制度。日本天皇早已成为没有权势的宗教和仪式性的傀儡，这一状态直到 1867 年才结束。然而，就连从前取代天皇统治国家的最高指挥官和最高领主——幕府将军（Shogun）也不再具有影响力，起决定作用的是称作大名 144
（Daimyo）的地方诸侯及其手下按封建主从原则组织起来的武士（Samurais，一种军人贵族）。16 世纪中叶以来，各大名之间不停地争来斗去，因而这一时期被称作“战国时代”（各诸侯之间争斗的时代），在这些争斗中出现的实力最强的大名成为新的统治者。出自不同家族的织田信长（1534~1582 年）、丰臣秀吉（1536~1598 年）和德川家康（1542~1616 年）作为国家统一者前后更迭，后者于1603年执掌幕府并使德川家族世袭将军之位直至1867年。

1543年，做中国走私生意的葡萄牙人被暴风雨刮到了日本，对正处在上升期的西南地区大名来说，尤其是对九州岛的大名来说，这些异邦人来得正是时候。日本的《火枪编年史》（*Teppô-ki*）告诉我们他们首先关注的是什么：仿造新来者的轻便火枪。自1544年起，这些异邦人的船大量驶往这个新发现的地区，那里的大名期望从与他们的生意中获取利益，也期待借此壮大自己的势力。很有可能是经过权衡之后决定推动基督教在当地的接受，这样一个大名就能够将葡萄牙人与自己的港口拴在一起了。出于这个原因，大村纯忠（1533~1587年）将长崎城交给了自1549年以来在那一地区活动的耶稣会士，于是长崎港口从1571年直到最后一直是葡萄牙人日本航行的目的地。这里出现了一个日本基督徒之城，不过它也接受了一些具有葡萄牙特点的东西，如慈爱兄弟会（Misericordia-Bruderschaft）。

与当地丝绸相比，日本上层社会更喜欢中国丝绸，而中国人则特别看重日本的白银，可日本人自己却不大在意。15、16世纪，日本海盗已发展成真正的海上霸主，他们控制着内海和外海航道。中国人宁愿远离这类人，这构成了葡萄牙人转手贸易的基础。听到这一新买卖的风声后，果阿立即像往常一样于1550年也建立起葡萄牙内部的专营。与香料岛的情况完全一样，每年可以去一艘大船，指挥官是一个有功之人。实际上最多时可能派出的是3艘卡拉克帆船，从1618年起最多时甚至达8艘小型加里奥托桨船（Galiotas）。据说它们的指挥官有丝绸货物10%的分成，跑一趟可以赚5万杜卡特金币。后来日本贸易专营权被拍卖给出价最高者，1610年的拍卖价为2.7万帕尔多银币（Silberpardãos，或色拉芬银币）。另外购买船只和给养以及雇用船员还需4万帕尔多银币，不过还是有望获得15万帕尔多银币的利润。

日本贸易专营船从果阿起航后通常搭载给澳门的20万~30 145
万里亚尔银币（Silberreales），即西班牙货币，因为这种银币归根结底来自拉丁美洲。除此之外，船上装载着为中国和日本准备的各类货物，如水银、铅、糖、朱砂红以及印度和欧洲产的奢侈品。船上搭载的先前从日本买进的银子此时被用来购买中国商品，如50~80吨生丝、彩色丝绸和印染丝绸以及最多时达1.5吨的黄金。丝绸的卖出价大概在购入价的1.5~4倍间浮动，黄金的差价为20%~30%。

回程装载的货物主要是日本的银块。虽然我们不掌握当时日本银矿开采量的具体数字，但众所周知，类比玻利维亚著名银矿而起的称号“东方波托西（Potosí des Ostens）”是当之无愧的。葡萄牙人到达前不久，大规模开采贵金属已经开始。自16世纪中叶以来，日本在越来越大的范围内转向货币经济，也就是一种金本位制；然而日本自己的黄金开采量远不够用，而以用中国人喜欢的银子进行交换的方式输入“便宜的”中国黄金是完全划算的，金银交换的比率为5.5∶6.5。

返回印度装载的是中国商品和中国黄金，黄金在那里可以实现80%~90%的利润。不过，除了经营费用还必须从毛利润中减去各种税钱。如果在果阿装卸货物，驶入和驶出那里的关税均为8.5%，马六甲的关税为7.5%。在中国可以通过向官员行贿缴纳很低的关税，但在日本，税钱和给统治者的礼物是不能少的，而且还少不了长崎经纪人，即耶稣会士的参与。

不过，修士会承担这一角色并非完全出于自愿。耶稣会士即便不是唯一的，至少也是具有决定性影响力的居住在日本的欧洲人群体，只有他们精通语言，熟悉风俗习惯；而他们也需要钱。自传教先驱方济各·沙勿略（Franz Xaver）1549

年至1551年在那里旅行以来，特别是由于灵活地顺应了日本人的心态，耶稣会士建立起了一个兴旺的基督教会，1580年前后拥有约15万名教徒和200个教堂，65位神父和众多的辅助人员负责照管这些教徒和教堂。这一机构每年需要费用10000~12000克鲁扎多金币，而这笔钱不可能从新皈依者手里收取。与东方其他地区的教会一样，这里的传教也处在葡萄牙的庇护之下，也就是说它在财政方面依赖葡萄牙，特别是依
146 赖印度和中国澳门。然而，修士会在印度的财产收入、国王和教宗的资助加在一起不超过7700克鲁扎多金币——如果它们能够顺利送达。于是耶稣会士迫于无奈，不顾教会高层神职人员的反对开始通过参与与澳门之间的生意为自己的传教筹集资金，反正他们在其过程中也必须为日本方面提供帮助。1587年，丰臣秀吉从大村家族手里夺取了长崎；1591年，他委任日语说得最好的陆若汉（João Rodriguez）神父担任自己驻长崎的私人商务代理。

然而，葡萄牙庇护传教还意味着政治依附。王室通过控制入境人员，从而控制那里的人员构成。这就是说，一方面，耶稣会士依据教宗授予的特权垄断着在日本的传教；另一方面，在那里活动的耶稣会士主要是葡萄牙人或意大利人，因为后者在殖民政治竞争方面并不构成威胁。危机是随着竞争对手西班牙人从菲律宾过来的。与葡萄牙远东体系的辉煌时期一样，在其崩溃过程中，商贸、传教和政治也极其紧密地联系在一起，共同发挥着作用。

此时，西班牙人在菲律宾完全站稳了脚跟，在那里建立起一种远比葡萄牙人正规的殖民统治。直到今天，菲律宾还带有部分西班牙文化的印记，大部分居民为天主教徒。不过这一殖民地当初的唯一意义是保障通往香料市场的后门畅通无阻。有文献证实，1560年代诸次具有决定性意义的行动都是由当时

极其高昂的香料价格引起的。1565年，4艘船和380人到达菲律宾，其中有奥古斯丁教团（也译作奥斯定会）的6位传教士，带领他们的是米格尔·洛佩斯·德·莱加斯皮（Miguel Lopez de Legazpi）和奥古斯丁教团神父安德烈斯·德·乌尔达内塔（Andres de Urdaneta），后者从前是士兵，有在菲律宾生活的经历。尝试在群岛中心区域的保和岛（Bohol）和宿雾岛驻扎下来之后，1571年，他们占领了北部大岛吕宋岛（Luzon）上的马尼拉，在那里建立起一座西班牙城市并将其确立为殖民地中心。这里有一个极好的港口，从这里可以控制菲律宾肥沃的第一大平原。另外，在这里有一种更安全的感觉，不易遭受葡萄牙人的侵害，因为1568年时后者已经从马鲁古群岛向这块新殖民地发动过一次徒劳的进攻。1580年建立的西班牙与葡萄牙之间的君合国消除了这一危险，尽管费利佩二世于1581年对托马尔议会（Cortes von Tomar）承诺让这两个殖民帝国各自保持独立。群岛的北部和中部的绝大部分很快被征服，其间主要使用的是外交手段，使用武力时非常谨慎。这一点之所以有可能实现，是因为当时在菲律宾除了被称作“巴朗盖（Barangay）”的亲族联合体，几乎没有较大 147
的政治统一体。刚刚到达这里的伊斯兰教也正在改变这一状态，因此西班牙人从未能够完全征服南部区域、大岛棉兰老岛（Mindanao）的主要地区、苏禄群岛（Sulu-Gruppe）以及巴拉望岛（Palawan），直到19世纪中叶以后凭借炮艇和现代野战炮才取得了持久性的成功。1898年，美国在西美战争中占领了菲律宾之后也试图完成这件事。

然而，对菲律宾的“西班牙化”起决定性作用的是传教士们的工作，1591年在这一区域活动的已经有140个传教士。“一个传教士能抵一百个士兵”，1605年给国王的一封信中这样写道。和在美洲一样，他们将分散垦殖居住的土著组织在一个实行西班牙法的自成一体的教区中——这是基督教化和西班牙化的第一步，也是其先决条件。新带入的传染性疾病使拉丁美洲人口损失了约 40%，而原本错落分布的居住点则使菲律宾这里的人口损失能够低于这个数字。1565 年至 1606 年间到达的 5 个修士会共建造了 1036 个这种居住点，其中奥古斯丁会建造了 385 个，两个方济各会分支共建造了 468 个。1579 年，马尼拉已设立了一个主教教区，1595 年改为辖有三个主教教区的菲律宾教省。

西班牙占领菲律宾目的明确，就是建立统治，它已不同于我们此前看到的葡萄牙人所体现的欧洲人在亚洲的战略布局。但是，西班牙殖民帝国的形成过程也体现了一个特别之处，即有限度地使用武力和强有力地参与传教。王室在这里完全有意识地从在美洲的经验以及那里的多明我会修士的殖民批判中吸取了教训，将保持安定（Pacificación）作为可选的占领（Conquista）模式，在实践中首次进行检验。当然，即使在这里也是在实行殖民统治，不过与征服美洲和葡萄牙强制实行贸易垄断相比，它在形式上远没有那么野蛮。当然，即使在这里也存在着对土著的压榨，尤其是在开始阶段将土著分配给西班牙个人，即监护征赋制（Encomienda）[1] 实行期间。

教会的激烈抗议减少了，经济发展顺利，这些在 16 世纪末似乎给这里带来了好转。水稻产量得以显著提高，自 1570
148 年代以来，人们从仅仅是有可能做成的香料投机生意转向实实在在的有利可图的中国生意。越来越多的中国式帆船来到马尼拉，带来了丝绸和其他奢侈品。一个中国人的据点出现了，它渐渐掌管起菲律宾的零售商业。1580 年代初在马尼拉划分给它一个单独的中国城（Chinatown）。中国人成了不可或缺的，

① 又译“委托监护制”“授田制”等。——编者注

尽管西班牙人已经意识到他们人数的增加是一种威胁。1596年，马尼拉有1000~2000名西班牙人和14000名中国人，总督很乐意将后者减至3000人，1621年中国人口达16000人，据称他们后来减到了6000人。这种紧张关系既一次次引发中国人暴动，也一再引发对中国人的集体迫害，但这都没有长期影响做生意赚钱。

毫无疑问，这一商贸成就归因于菲律宾在法律和经济上是近代史上第一例附属殖民地，即不是西班牙的殖民地，而是新西班牙的，是墨西哥的。直至殖民时代结束，菲律宾总督和1595年建立的检审法院（Audiencia，高级和行政法院）院长都归新西班牙总督管辖，马尼拉主教直到1595年都从属于墨西哥总主教。这种关系的根由是阿隆索·德·阿雷利亚诺（Alonso de Arellano）和乌尔达内塔于1565年发现了返回墨西哥的航路。自那以后，人们2月或3月离开墨西哥的阿卡普尔科（Acapulco）向西南方航行，然后借助东北信风以及北纬12°和北纬14°之间的北赤道洋流向西横越太平洋。6月和8月之间从马尼拉出发，利用西南季风航行至北面的向东北方流动的“黑潮”（即日本暖流）区域，最后到达北太平洋的西风带。到达北纬27°和北纬33°之间的美洲海岸后，可以借助加利福尼亚洋流沿着海岸返回墨西哥。

这条固定航线的确立导致了发现的减少，其实如果航船离开这条航线可能还会有所发现。1525年，葡萄牙人偶然发现了加罗林群岛（Karolinen）中的雅浦岛（Yap），1526/1527年到达新几内亚的北海岸，而西班牙人在其历次太平洋远航以及徒劳的返回墨西哥的尝试中主要是经过了密克罗尼西亚（Mikronesien）的一系列岛屿，而且今天也很难确定具体是经过了当中的哪些。

在墨西哥取得的成功没有使秘鲁人将雄心和抱负抛在一边

吗？印加人有一个关于西方黄金岛的传说，另外还广泛流传一种观念，它与托勒密密切相关，认为存在着一个辽阔的南大洲
149 （Südkontinent），1570年以来在那些很有影响力的地图上都能找到它，如亚伯拉罕·奥特柳斯（Abraham Ortelius）的那些地图。1567/1568年，阿尔瓦拉·德·门达尼亚·德·内拉（Alvaro de Mendaña de Neira），即当时驻在卡亚俄（Callao）的秘鲁总督卡斯特罗（Castro）的外甥，率领一支由两艘船组成的探险船队向西航行，在新几内亚东面的美拉尼西亚（Melanesien）发现了所罗门群岛（Salomon-Inseln）。回到之前不久发现的北弧线后，门达尼亚不得不等到1595/1596年才得到率领四艘船前往所罗门群岛建立殖民地的许可。可能让西班牙人增强兴趣的是英格兰人进入了太平洋：1578年的德雷克，1586年的亨利·卡文迪什（Henry Cavendish），1593年的理查德·霍金斯（Richard Hawkins）。西班牙人发现了马克萨斯群岛（Marquesas-Inseln），并以资助探险航行的总督德·门多萨侯爵（Marqués de Mendoza）的名字为该群岛命名，而且第一次比较详细地了解了波利尼西亚的一个民族。他们到达了所罗门列岛东南端的圣克鲁斯岛（Santa Cruz），但探险船队也在那里瓦解散伙，其主舵手葡萄牙人佩德罗·费尔南德斯·德·基罗斯（Pedro Fernándes de Quirós）将剩余的人带到菲律宾，随后又带回了美洲。

德·基罗斯本人一门心思要在所罗门群岛区域找到那个辽阔的南大洲。在欧洲获得资助后——也是通过教宗克莱门斯八世（Clemens VIII），1605/1606年他带领三艘船进行了寻找自己梦中目的地的航行，途中发现了土阿莫土群岛（Tuamotu-Archipel）和波利尼西亚的另外一些岛屿，后来在新赫布里底群岛（Neue Hebriden）的圣埃斯皮里图岛（Espiritu Santo）上，德·基罗斯认为自己到达了目的地。然而，这支探险船队

也因内部的矛盾冲突而瓦解。德·基罗斯返回后写了无数备忘录，最后一无所成地死去。他的船长路易斯·韦兹·德·托雷斯（Luis Vaez de Torres）在前往菲律宾途中穿越了后来以他的名字命名的新几内亚和澳大利亚之间的托雷斯海峡。此行证实了新几内亚是一个岛。德·托雷斯是否看到了澳大利亚，我们不得而知；不管怎么说，尼德兰的一艘船同样于1606年从西面到达了约克角半岛（Kap-York-Halbinsel），从而发现了澳大利亚，而且时间要早几个月。先前葡萄牙人可能曾漂泊到澳大利亚海岸，但没有留下任何印迹。

德·基罗斯是个理想主义者，他想传播基督教，但不愿重复征服美洲的残暴行为。新的研究表明，门达尼亚的历次航行已经处在方济各修会的影响之下，而德·基罗斯更是如此，1617年至1634年西班牙的方济各会修士为所谓的南大洲制定了庞大的传教计划。显然，从前的墨西哥方济各会传教士的精神传统在这里依然具有生命力，他们曾试图与土著合作，共同建立理想国。然而这只存在于那三次航行之中。在近两百年里，西班牙人的太平洋仅限于墨西哥—菲律宾轴线。不过，西班牙帝国虽然没有开发太平洋，但却“发现”了它（Headley）。

从此之后，西班牙人每年都要从马尼拉横越太平洋前往阿卡普尔科将中国丝绸运往北美，每次都是两到三艘整整300吨重的西班牙大帆船，回程通常载着200万比索（Pesos）以上的王室银币或私家银币。这就是马尼拉大帆船，或称阿卡普尔科西班牙大帆船，其最后一次航行是1815年。这些银币大部分流往中国，部分是直接的，部分是通过澳门的转手贸易。从日本获得的银子总计有18~20吨，这仅仅是从美洲流往欧洲的白银的4%，仅仅是美洲白银运往马尼拉之数额的20%。这就是说，即使加上经果阿从西方运来的银子，澳门依旧面对着渴

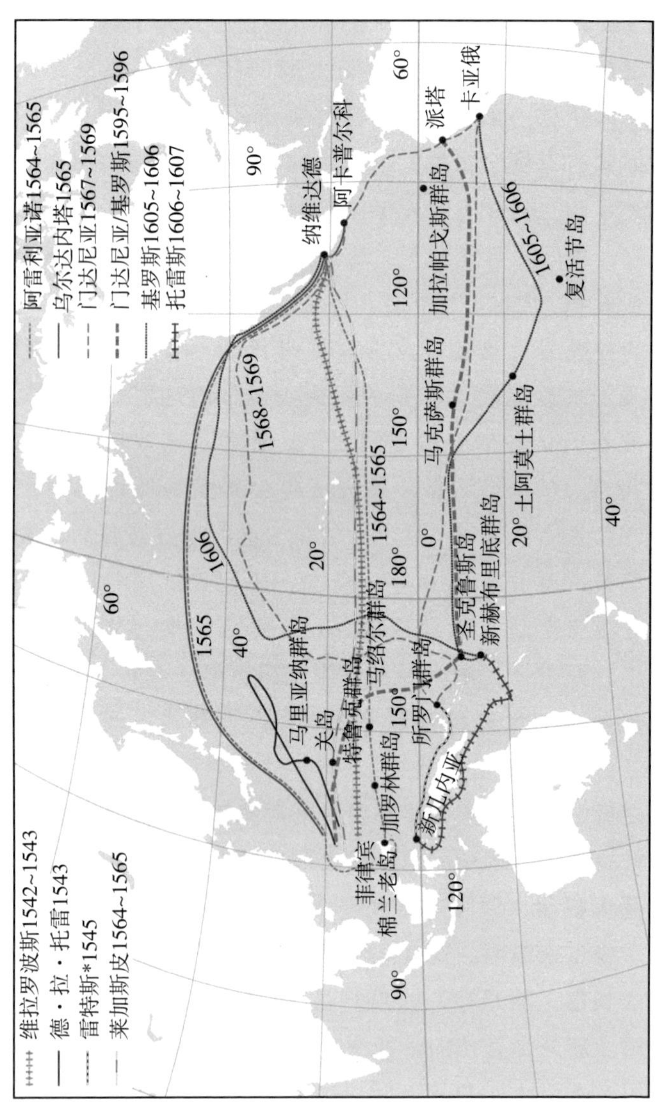

注：*Yñigo Ortiz de Retes，16 世纪西班牙海上探险家。

插图 19　马尼拉西班牙大帆船的太平洋航线（与阿雷利亚诺以及乌尔达内塔的航程大体相合，但母港为阿卡普尔科）以及西班牙的历次探险航行

求白银的中国市场上危机重重的竞争。尽管西班牙和葡萄牙是君合国，但澳门与马尼拉之间的贸易是被禁止的，这恰恰说明了这条贸易线的繁荣。17 世纪前期，尼德兰人切断了前往果阿的航运，因此再不可能从那里向澳门运送银子，葡萄牙人不得不在日本商行借贷银子用于在中国购货，其利息为 35%~80%。 151
因而从与马尼拉的交易中获得急需的支付资金是比较有利的。与日本决裂后，那里的白银来源被完全堵死，与马尼拉的生意便成为澳门生存的前提条件。因此，1640 年马尼拉的进口货物 50% 来自澳门。

西班牙人在日本出现对这一决裂的产生起了很大的作用。无论是按照传教纲领还是按照民族归属，自 1592 年起来到日本的西班牙托钵修会僧侣都有意识地将自己视为葡萄牙耶稣会士的竞争对手。面对耶稣会士日益增长的政治影响，丰臣秀吉本来就起了疑心，1587 年毫不犹豫地将基督教作为异己予以禁止。然而这一敕令几乎从未被执行，第一批到达的方济各会修士甚至受到了欢迎——目的是建立与马尼拉的商贸关系以与澳门竞争。新建立的日本商船队除了前往中南半岛，很快还特地去了马尼拉。据说 17 世纪初有 15000 名日本人生活在马尼拉。

然而，对异族人的疑心仅需一点点推力就会被重新强烈激起，例如一个因船只搁浅滞留在日本的西班牙船长的自吹自擂。有一种观点得到了丰臣秀吉（及其继任者）幕僚的重视，即在日本国土上现在存在着两支“第五纵队”，对刚刚重新统一的国家尚未巩固的结构来说，这可能相当具有危险性。实际上，并非只有耶稣会士希望葡萄牙动用军事力量，西班牙人的征服欲更强烈，只是他们的行动欲望更多地指向中国。“我了解到的情况是，在你们的帝国里宣布（基督教）律法是一种诡计和骗人伎俩，你们通过它征服其他帝国。”1597 年，丰臣秀吉在给马尼拉的信中这样写道。同年，他下令将 6 个西班牙方济各会修士、他们手下的 17 个日本基督徒以及 3 个耶稣会士在长崎钉十字架处死——处死后者还是出于一时错误。由于顾及商业利益，丰臣秀吉之后，德川家康又终止了这一迫害，长崎依旧可以做基督徒之城。

对葡萄牙人和耶稣会修士来说，形势在一步步恶化。1600 年，一艘尼德兰船横越太平洋来到日本，它的英格兰舵手威廉·亚当斯（William Adams）获得幕府将军的信任留在了日本。应家康的邀请，尼德兰人于 1609 年从印度尼西亚来九州岛西面的平户（Hirado）建立了一个商行，在与欧洲人做生意
152 方面，九州岛的领主一直和长崎进行着竞争。在亚当斯的建议下，1613 年英国人也来到日本，而且也在平户安家立足，直到 1623 年他们将那块地盘让给了尼德兰人。无须太关注信奉天主教的西班牙人和葡萄牙人与信奉新教的英国人和尼德兰人相互之间充满敌意的诡计和各种动作——和西班牙人与葡萄牙人一样，尼德兰人与英国人之间也在相互竞争，这同样不必大惊小怪。相比之下更值得关注的是，日本人此时不再单单依赖葡萄牙人。不过，后者暂时还被允许继续来长崎，因为澳门依然是进入中国市场最好的通道，即使在日本于 1611 年开始，又于 1614 年进一步有计划地疯狂迫害基督徒时也是如此。1614 年颁布反基督教敕令首先是“因为基督教教义要求信徒更多地服从作为精神牧者的神父，而不是更多地服从作为世俗主人的大名”。因为这样一来，作为统治体系基础的领主依附关系似乎就受到了损害。

日本计划在尼德兰人的帮助下于 1637 年攻占菲律宾，据说是为了解决日本的实际或所谓的外交困难——同年爆发的西九州岛的岛原（Shimabara）起义带来了最终的转折。遭压榨的农民、受迫害的基督徒、失去主人的武士和浪人（Ronin，

社会头号不安定因素）在那里聚集在一起。虽然利用尼德兰船上的火炮进行轰击，但还是难以制服起义者。此时，幕府作出了对外锁国（Sakoku）的决定。1623 年英国人退出，1624 年西班牙人被逐出。1635 年所有日本人被禁止出国，凡在国外生活的必须返回日本。此时基督徒遭到无情的清除，被处决的比较少，大多是利用刑罚强迫其背弃基督教信仰。为了进行宗教监控，1640 年以来每个日本人都必须在一个寺庙登记注册。尽管如此，一些大的秘密基督徒团体还是坚持到了 19 世纪解除锁国禁令，它们作为宗教集体［隐切支丹，即隐藏的基督徒（Kakure Kirishitan）］至今仍存在。1636 年，葡萄牙人被限制在长崎港内的人工小岛出岛（Deshima）上，1639 年日本完全禁止他们进行商贸活动，1640 年一个澳门来的使团被处决。从那之后，日本的对外联系仅限于与朝鲜、琉球群岛、中国以及 1641 年迁往出岛的尼德兰商行进行的有限贸易。

然而，这个尼德兰商行却是欧洲文化对日本的有限影响的源地，这种文化影响就是“兰学（Rangaku）”。耶稣会的传教宣传，即其《年度报告》（*Litterae annuae*），之前已经传播了这个国家相当好的形象，而在这个信息源枯竭之后，关于 153
日本的各种讯息则通过商行传入西方。1584 年至 1586 年，甚至有一个由信奉基督教的大名的亲戚组成的使团在葡萄牙、西班牙和意大利逗留，还在那些国家被介绍给天主教知名人物。然而耶稣会士最重要的著作——范礼安、路易斯·弗洛伊斯（Luis Fróis）和陆若汉的著作直到 20 世纪都未被公布于众。17 世纪，也有一些德意志人作为尼德兰商贸公司的成员在日本驻留。来自莱姆戈（Lemgo）的医生恩格尔伯特·坎普弗尔（Engelbert Kaempfer）1690 年至 1692 年在日本逗留，著有一本重要的游记和介绍国情的书，值得注意的是其英文译本于 1727 年出版，而德文版直到 1777 年至 1779 年间才出版。

在16世纪，人们对中国的了解非常欠缺，因为没有人深入过它的内地。仅有一些报告描述了在华南的经历。为了弥补这种讯息的不足，教宗格里高利十三世（Gregor XIII）委托奥古斯丁教团的僧侣胡安·冈萨雷斯·德·门多萨（Juan González de Mendoza）收集整理所有可供使用的有关中国的资料，整理成果就是1585年在罗马付梓的《大中华帝国史》（*Historia de las cosas mas notables, ritos y costumbres del gran Reyno de la China*），它被译成许多文字，成为欧洲的畅销书。显然它符合普遍的需求。直到耶稣会士进入了皇宫，直到17世纪他们在那里扮演了重要而尚存争议的角色，才给欧洲带来了势如潮涌的关于中国的讯息，带来了中国真正的最新情况。耶稣会士的这些成就与中国政治体系的更迭以及重新稳固有关联。明王朝（1368~1644年）后期出现了各种各样的危机，17世纪上半叶又屡屡发生自然灾害，它们导致了广泛且持久的民众起义。1644年，当起义者攻占北京时，明王朝末代皇帝自缢而死。然而继承权并没有落在起义首领手里，而是被满族人首领收入囊中，其父亲和祖父半个世纪以来已在东北地区建有自己的军事帝国。其父亲已于1636年称帝。顺治是清朝入关后的第一位皇帝。

1570年至1620年，在澳门之外，华南也形成了中国人踊跃参与经商的局面——不由得让人想起他们在马尼拉扮演的角色——不过这些进程并未立刻产生作用，因为在几十年间，那里还是忠于明王朝的力量的退守区域。他们在中国西南
154 地区起着决定性作用，很多人甚至皈依基督教，期望能得到欧洲人的帮助，因为有关这个插曲的文献资料翔实，其意义有时会被高估。郑成功，也被称作“国姓爷”，在荷兰语中称作“Koxinga”，在东南沿海建立了大力向海上发展的统治。在被清廷逼入困境后，郑成功于1661年率领900艘船和25000人

收复了台湾，1622 年，尼德兰人试图从葡萄牙人手中夺取澳门没有成功，自 1624 年以来驻扎在台湾。中国作出的反应是绝对禁止出海并将沿海居民迁往内陆（1662 年）。1683 年，清朝最终收复了台湾。1685 年，中国各港口对外国船只开放。不仅澳门的垄断随之不复存在，而且尼德兰人和英格兰人此前各种毫无成效的尝试也最终失败，他们想以武力或在北京采取外交措施迫使葡萄牙人放弃自己当时扮演的角色。当 1760 年与欧洲人的贸易再次集中在广州时，欧洲垄断者已不复存在。

不过，葡萄牙在马六甲以东的贸易体系在此之前已经瓦解。虽然澳门于 1622 年成功击退了尼德兰人的一次大规模进攻，但 1639 年，与日本的贸易终结了。1642 年，葡萄牙人经历了自 1640 年开始的脱离西班牙恢复独立的战斗，直至 1668 年一直与西班牙人处在战争状态之中。与果阿的联系早已因尼德兰人而变得困难重重。澳门四面都遭到封锁。就连马尼拉的贸易也在 1640 年至 1680 年间以灾难性的规模倒退——那几十年间菲律宾饱受民众起义之苦也就不足为怪了。战争和东亚体系的结构危机与世界经济萧条同时发生。根据新的研究成果，白银流入的下降也可能加速了明王朝危机的到来。17 世纪下半叶的经济繁荣虽然重振了与中国的贸易，但至少对马尼拉而言，印度半岛、中南半岛以及印度尼西亚也扮演起越来越重要的角色。

葡萄牙扩张成功首先是因为其王室比欧洲其他任何国家的王室都要更直接、更强势地参与经济生活。开发非洲西海岸导致了这种行为及其组织形式的扩大，允许私营公司参与始终只是当中的一种小插曲。早在14世纪，在布鲁日就已经有了一个国王的商贸代理人（Feitor），当外国人出于经济和政治原因从布鲁日迁往安特卫普时，布鲁日城中的葡萄牙殖民地首领早已变成了国王的商贸代理人。在葡萄牙人的事例中，国王的国外商贸代理处是1499年随着这一迁移开设的，其他国家直到1511年才开始仿效。

国王的国外商贸代理处（Feitorias）网络构成了自非洲至远东的葡萄牙帝国最重要的组成部分。业务中心是几内亚、米纳和印度事务所（Casa de Guiné，Mina e India），其前身是恩里克王子设在南葡萄牙拉各斯的几内亚事务所（Casa de Guiné）。1481/1482年，若昂二世将它迁到了里斯本，在那里，它最后只被称作印度事务所（Casa da India）。王室在这里组织船队航行和货物转运。虽然也需要私人资本而且有私人资本参与，但它们大都只起辅助作用。在绝大部分时间里，葡萄牙的扩张就是王室的生意，葡萄牙帝国就是王室的公司。当然，这并不意味着其全力谋求的香料垄断获得了成功，也不意味着所有的利润归王室所有，更不意味着这一行为总能获得收益。

花费第一、风险第一的是“印度航行（Carreira da India）”——从里斯本至果阿以及再返回的航行在当时被冠以这一名称。除了马尼拉西班牙大帆船的航线，它是世界上航程最远的帆船航线，可能也是存在时间最长的。从1497年至19世纪蒸汽机船时代，通常每年都有从里斯本驶往果阿并返回的船。对航线和航行计划起决定性作用的是信风和季风系统。人们很快便学会

了利用大西洋的风和洋流。15 世纪依照常例是借助东北信风
以及向南和向东行进的洋流沿非洲海岸向南和向东行驶，而返 156
回葡萄牙时则借助北赤道洋流向西航行至大洋上再向北航行，到达亚速尔群岛所在纬度，进入西风带后就很容易返回葡萄牙了。这一环行被称作“几内亚回航航路（Volta da Guiné）”或“米纳回航航路（Volta da Mina）”。

总是引起人们讨论的是，早在 1497 年，瓦斯科·达·伽马在赤道以南已经利用过像镜像那样刚好反过来的风和洋流，后来这一走法就很常见了。人们先按通常的方法沿非洲海岸向南航行，但之后不是向东往几内亚方向，而是借助南赤道洋流向西航行，然后借助巴西洋流沿南美洲海岸向南航行，到达西风带后再折转向东往好望角航行。回程中，人们在离开非洲海岸一段距离时向北行驶，然后在赤道以北走一个弧度转向西。印度船队的往返航线在大西洋中画了一个大大的“8”字。

这条航线不仅导致人们在 1500 年的第二次航行中就发现了巴西，还让人们发现了南大西洋中的一些贫瘠的小岛，如圣赫勒拿岛（St. Helena，1502 年发现）、阿森松岛（Ascensión，1502 年发现）以及特里斯坦 - 达库尼亚群岛（Tristan da Cunha，1506 年发现，以一支印度船队的指挥官的名字命名），它们可以用于建立据点。只是这种固定航线的存在使海战和海盗掠夺成为可能，否则数量那么少的船只在那么辽阔的大洋中的任何一次相遇似乎都是一种不可能的巧合。

印度洋的季风系统对航行时间表有着决定性的影响。印度航船离开葡萄牙后，虽然在夏天的西南季风季节能及时到达东南非，但直到 9 月初才能到达印度，因为从 5 月底至 9 月初刮西南季风期间，实际上无法到达印度西海岸的港口。与此相反，从印度启程既要赶冬季的东北季风，又要考虑在南非狂烈的西风刮起前，即在 5 月之前必须到达那里。实际上就是：3

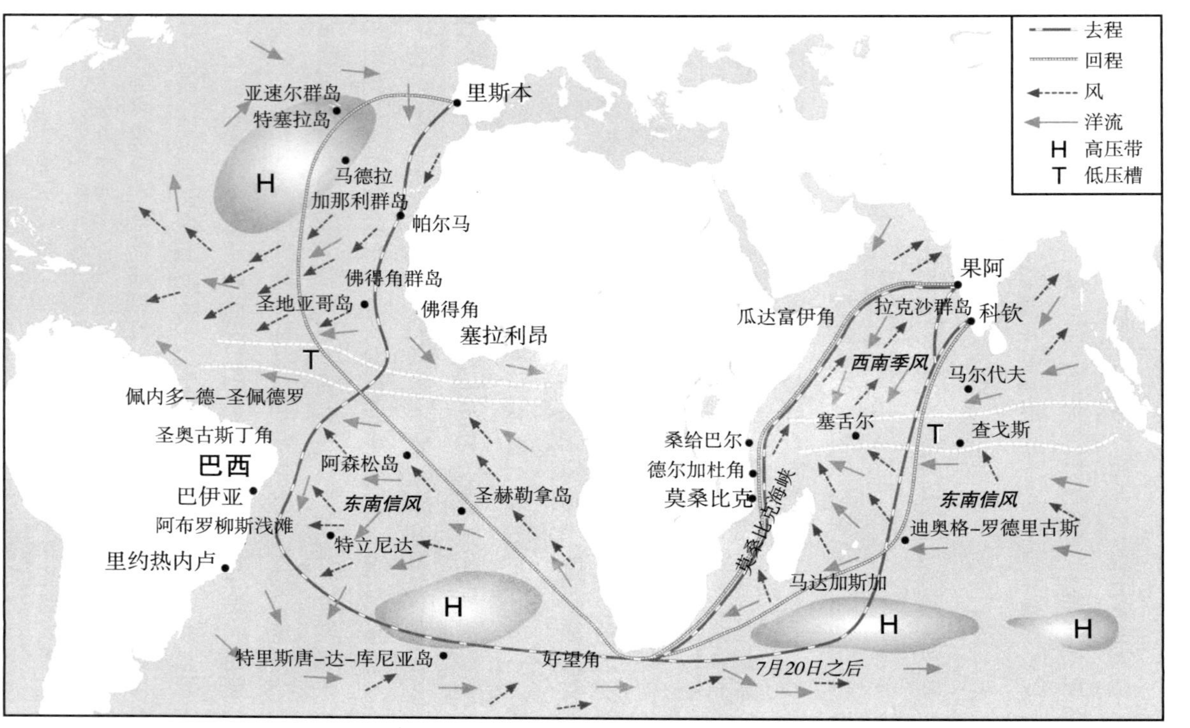
去程
回程
风
洋流
H 高压带
T 低压槽
里斯本
亚速尔群岛
特塞拉岛
马德拉
加那利群岛
帕尔马
佛得角群岛
圣地亚哥岛
佛得角
塞拉利昂
佩内多-德-圣佩德罗
圣奥古斯丁角
巴西
阿森松岛
巴伊亚
东南信风
圣赫勒拿岛
阿布罗柳斯浅滩
特立尼达
里约热内卢
特里斯唐-达-库尼亚岛
好望角
7月20日之后
果阿
瓜达富伊角
拉克沙群岛
科钦
西南季风
马尔代夫
桑给巴尔
塞舌尔
查戈斯
德尔加杜角
莫桑比克
莫桑比克海峡
东南信风
迪奥格-罗德里古斯
马达加斯加

插图 20　印度航行

月底、4 月初从里斯本起航，航行四个半月至七个半月，在东非过冬，停留一年半，到达印度的时间有可能从 9 月延迟至 11 月。回程时：12 月底、1 月初从果阿出发，航行四个半月至九个月到达里斯本，抵达时间大多为 6 月中旬至 9 月中旬。

以 10 年为单位计算，从里斯本开出的船次至 1539 年从 13.8 降至 8，1540 年至 1629 年在 4.4 和 6.7 之间波动，1630 年至 1660 年在 3.2 和 4.4 之间起伏，1661 年至 1750 年降至 1.9 和 2.6 之间，至 1800 年继续下降。要正确分析这些数字，还需要了解这些船的平均吨位。三桅帆船几乎已不再被使用，但三桅帆具的配置证实了自己的效力并得到了普遍推广：两个前桅挂横帆，后桅挂三角帆。驶往印度的船只要大许多。有一种笨重的商船，船首和船尾都建有高大的上部建筑，目的是获得更大的空间。后来有了一种卡拉克帆船（Karacke，即 Não），其船体更加细长，上部建筑更低，人们称其为西班牙大帆船（Galeone，即 Galeão）。西班牙大帆船主要被用作战船，不过在惯用语和术语方面没有明显差异。起初最常见的船载重量约为 400 吨。自 16 世纪中叶以来，也就是不得不为更严峻的形势着想时，人们开始将越来越大的船只投入使用，尽管王室出于安全和利益考虑试图限制吨位。较小的船比较容易驾驶，在水中行动更灵巧。尽管如此，1600 年前后似乎已经出现了 2000 吨的庞然大物。

1592 年被英国人掳走的“圣母号（Madre de Deus）”的相关数据保留了下来：重 1600 吨，龙骨长 34.5 米，船首第一 158
斜桅至船尾灯长 50.3 米，船体最大宽度 13.8 米，吃水 8.9 米，主桅高 40 米以上，有 7 层甲板，可载 900 吨货物和 600~700 人。大船有利于降低费用，因为随着吨位增加，运营费用的增幅会变小。若每个人须备 850 公斤给养，一艘 300 吨的船需要 50~60 名船员，那么就须装载 42500~51000 公斤给养。但一艘700吨的船只需要80~90名船员，它所需要的给养就不是97750~119000公斤，而是只有68000~76500公斤，这样就获得了装载29750~42500公斤可获利商品的空间。但另一方面，超大船因结构问题而花费的巨额投资并不划算，因为一艘在葡萄牙建造的船最多能坚持跑3个或4个来回，其使用寿命基本不到10年。而在果阿的总督船坞里建造的船就不一样了，它们不仅便宜，而且防水防虫，因为使用的是坚硬且含油脂的柚木。我们知道有一艘卡拉克帆船使用了25年，而且至少完成了9次往返远航。

1497年至1700年，从里斯本驶出的船只共计1149艘，装载货物721705吨，搭载人员330354名，其中到达亚洲的有960艘，货物598390吨（83.6%），人员292227名（88.5%）。反向驶出的船只共计781艘，装载货物537215吨，搭载人员193937名，其中到达里斯本的有666艘，货物441695吨（82.2%），人员164012名（84.6%）。1661年至1670年，21艘船中只有14艘到达印度，4865人中到达的只有2633人，而1591年至1600年的48艘船中只有22艘到达，16590人中仅有11190人到达。这是损失尤为惨重的20年。然而，1651年至1660年从印度驶出的16艘船却悉数到达里斯本，船上搭载的3385人中有3188人到达目的地。损失的船只大概有四分之三是被海洋吞没，其余的成了葡萄牙的敌人和海盗的牺牲品。谨慎的商人估计1558年的损失为20%。回程损失率略高的原因是过载。在官方规定的香料货物外，所有船员都有权带一部分按标准箱（Caixas da liberdade）计量的免运费货物，另外，按照不同级别计算，这些货物还可以免10%~20%的关税。1575年，标准箱的尺寸定为105厘米×52.5厘米×52.5厘米。1620年前后，指挥官有权带15个这样的箱子，船长6个，水
159 手1个。另外，尽管严厉禁止，但还是有人收受贿赂，将客舱

和给养舱让给商人放他们的私人货物。最后，有些时候，货物甚至是被胡乱堆放在那里的。

人员损失量与船只损失量大致吻合。维生素 C 缺乏病和流行病造成的死亡没有从前认为的那么多，尽管船上的生活条件确实很差。一艘有 4 层甲板的大型卡拉克帆船至少载着 120 名船员，但更可能是 200 名，起航时还要载上各类乘客，特别是士兵、传教士和碰运气的人，但几乎没有女性，至少没有令人尊敬的女性。伙食是耐储存的船用饼干、咸肉或咸鱼，单调而难吃，因为有失火危险，只有在风平浪静的海上才能做热食。几乎没有船员和普通乘客睡觉的空间，特别是在船超载时。要睡觉时就得钻进身体能通过的货包间的缝隙，要解手也往那种地方钻，病了也钻进那里躺倒，甚至有可能就死在那里。清洗身体和换衣服既不流行也不可能，到处有大量的害虫和老鼠。

人们必定是为了躲避更大的苦难，或是为了追求远大目标，如发财或拯救灵魂，才会作为水手和乘客承受如此凶险的航行中的千辛万苦。文献资料说当时水手奇缺，我们完全可以相信这一点。资料还描述了 1505 年有一艘船的船员由刚放下犁具的农民组成，他们甚至连最基本的海员用语都不懂，根本无法执行指令。在印度洋上航行的和在日本航程上的葡萄牙船只的船员大部分是本土海员甚至奴隶，因此船员构成了一个特别受歧视的社会阶层。这也累及舵手，尽管真正操控、指挥船只的是他们。船长和船队指挥官出身贵族阶层，他们当中只有极个别人懂得一些航海知识。直到 17 世纪末，将一艘船的指挥权交给一个承担实际责任的人在葡萄牙才成为可能。

头几次印度航行任何人都可以参与，只要他得到国王的许可并为自己的货物向王室缴纳 5% 的关税。尽管王室具有相当高的能力，但也需要他人的资本装备船队。关于 1502 年和 1504 年的航行，我们可以看到南德参与者的相关材料，尽管

最初他们还不允许德意志人涉足装备船只。1499年，威尼斯
160 共和国与土耳其的战争爆发后，奥格斯堡的商人试图通过热那亚满足自己的香料需求，但由于里斯本供货进展顺利，后来他们在韦尔泽尔家族带领下试图在那里站住脚跟。1503年与曼努埃尔国王签订香料供货协约的不仅有韦尔泽尔家族，而且还有富格尔家族（Fugger）；1504年，卢卡斯·雷姆（Lucas Rem）在里斯本开设了一个韦尔泽尔国外商贸代理处。然而他们未被允许加入1504年出发的船队。1503年达·伽马船队归来后，货源充足导致胡椒价格下跌，这促使王室后来建立王家垄断以控制发展。

然而，国王的资金满足不了1505年德·阿尔梅达那支庞大船队的需求，单单它大概就要耗费王室一年收入的四分之三。因此，由德意志人和意大利人组成的一个临时性组合被允许出3艘船参与航行，它们分别为“圣海罗尼莫号（S. Jeronimo）”、“圣拉斐尔号（S. Rafael）”和“圣雷奥纳多号（S. Leonardo）”。在65400克鲁扎多金币的总投资资本中，佛罗伦萨人和热那亚人（估计已在先前的航行中投资过）出了29400克鲁扎多金币，德意志人出了36000克鲁扎多金币，即韦尔泽尔家族和弗林家族（Vöhlin）出了20000克鲁扎多金币，富格尔家族和霍赫施泰特家族（Höchstetter）各出了4000克鲁扎多金币，伊姆霍夫家族（Imhof）和格瑟姆布罗特家族（Gossembrot）各出了3000克鲁扎多金币，希尔施福格尔家族（Hirschvogel）出了2000克鲁扎多金币。我们可以读到两份德意志人关于此次航行的报道，其中一份是韦尔泽尔家族的商贸代理巴尔塔萨·施普林格（Balthasar Springer）写的《前往未知岛屿和未知帝国的海洋航行和新航路开辟记》（*Die Merfart und erfarung nüwer Schiffung und Wege zu viln onerkanten Inseln und Künigreichen*），其中有许多有

趣的观察，但关于生意的信息很少。1508 年，汉斯·布克迈尔（Hans Burgkmair）创作了六幅反映此次航行各主要时段的木刻画并配有施普林格的文字，1509 年出版，但画的印刷质量较差。1506 年，这一临时性组合运回的香料获利至少达 150%。

不过，实现这一利润遇到了重重困难，因为 1506 年以来最终实行了王室垄断，并一直持续至 1570 年。

王室为何突然之间便具备了独自为船队筹措资金的能力？它从香料生意中获得的收益有如此之高吗？可能性比较大的是，其信贷信誉因印度船队而提高，从而使它能够筹措到急需的资金。不管怎么说，王室债务的出现导致了垄断。不过，1560 年因没有偿付能力已经出现了一次国家破产。

然而，我们也不应忽略王室的垄断仅限于香料以及为获得香料所急需的支付资金，而其他商品的交易则一如既往是广泛放开的。例如韦尔泽尔家族虽然未能自己出船加入 1506 年 161
的船队，但可以进行少量的投资。1506 年，船队装载的货物只有四分之一属于王室，其余的四分之三属于私人。1518 年，船队的类似情况也可以得到证实。另外，船员的免运费货物以及允许进行其他商品交易的机会当然也被用于偷偷参与香料交易。

王室垄断首先被葡萄牙人自己以这种以及其他方式一步步破坏掉，直至国王塞巴斯蒂安（Sebastian）于 1570 年最终放开了这一交易，不过还保留流向印度的白银和黄铜的供货权和控制权。自此，香料交易陷入了国际金融资本投机的旋涡之中，尤其是从西班牙费利佩二世以来：他是当时金融世界最大的债务人，自 1580 年起也是葡萄牙国王。起决定性作用的自然依旧是欧洲香料市场的需求。王室竭力将自己的收益最大化并将风险转嫁给投机者，其方法是与后者签订两种合同

（Contratos）。在所谓的“亚洲合同”中，投机者负有在印度购进香料并在葡萄牙出售给王室的义务，两者的价格都是确定的。王室以这种方法摆脱了所有的风险，而合同接受方赚到钱的唯一办法就是保持低成本并尽量提高供货量。较有成功希望的是第二种合同，也就是所谓的“欧洲合同”。在此合同中，商人负有以固定价格在里斯本买进一定数量的香料并自担风险转手销售的义务。在这里，滞销和价格下跌的风险也转嫁给了投机者。不过，只要利用亚洲合同控制供货，就能够通过数量确定一个对自己有利的价格。

来自奥格斯堡的康拉德·罗特［Konrad Rot（t）］已经签订了一份欧洲合同，1578 年在规划建立一个欧洲胡椒卡特尔（Pfefferkartell，即垄断集团）的框架内又签了一份亚洲合同。1580 年他破产后，这一合同由他的诸位意大利生意伙伴，尤其是由来自米兰的乔万尼·罗韦拉斯卡（Giovanni Rovellasca）继续执行。该合同期满后，费利佩二世与罗韦拉斯卡签订了一份为期六年的新合同，他负有每年向印度船队五艘船提供 2.4 万克鲁扎多金币装备费用的义务，每次还须按印度官方定价向那里输送用于购买 3 万担胡椒的 17 万克鲁扎多金币，为此，在印度商贸所供货时，他可以拿到 12 克鲁扎多金币一担的价格，2.4 万克鲁扎多金币的装备费用
162 也会退还给他，另外他还有权免税进口 1.2 万克鲁扎多金币的其他货物。大概是在其驻里斯本商贸代理克里斯托弗·曼里希（Christoph Manlich）的推动下，马尔库斯·韦尔泽尔（Marcus Welser）和马特乌斯·韦尔泽尔（Matthäus Welser）参与承担该合同规定费用的十二分之五，并将其中的十二分之三，即四分之一，出让给菲利普·爱德华·富格尔（Philipp Eduard Fugger）和奥克塔维安·塞肯多斯·富格尔（Oktavian Secundus Fugger），他们虽然被排除在富格尔家

族活动之外，但一如既往非常热心于与西班牙的现金交易。

然而在亚洲，葡萄牙人的地位再次受到威胁，马六甲遭到攻击。欧洲笼罩在西班牙—葡萄牙与尼德兰、英国之间的战云之下。因此，这个临时性组合能够提供的胡椒数量连约定的一半都不到。合同期满后，自 1592 年至 1600 年，实际上再没有胡椒运往里斯本，这致使胡椒价格上涨得令人难以置信。

尽管如此，这个临时性组合依然在印度次大陆建立起了一个自己的国外商行网。罗韦拉斯卡的代表是佛罗伦萨商人和人文主义者菲利波·萨塞蒂（Filippo Sassetti，1540~1588 年），1583 年至 1588 年在印度逗留期间，他给佛罗伦萨有学识的朋友们写了大量书信，信中有许多敏锐的观察，一部分观察还是有计划地进行的，不过它们没有很快公之于众。1587 年，富格尔家族和韦尔泽尔家族将奥格斯堡人费迪南德·克罗恩（Ferdinand Cron，约 1559~1637 年）派往果阿，1592 年，临时性组合的国外商行解散后，他独自经营，在当时经澳门进行的兴旺的远东生意中挣了一笔可观的财富。凭借给总督借贷以及自己拥有的信息，他成为印度地方政治的重要人物。他虽然离开了公司，但依然参与富格尔家族创建的所谓富格尔报刊通信网络的活动，所以他能依据奥格斯堡的来信就 1598 年尼德兰船队驶出一事提前向总督发出警告。然而，他还是败于其对手的阴谋诡计。

1597 年，这一临时性组合的欧洲合同期满后，再也找不到对胡椒合同感兴趣的人了，尼德兰和英国的威胁带来的风险实在太大了。直至 1616 年，还都有针对其他香料和船队装备的相关合同，不过它们有时无疑是与同一些人签订的。

印度贸易此时迫不得已再度由王室垄断，只有在王室和里斯本城市的帮助下，印度航行才得以维持。仿效尼德兰建立东印度公司作为经营体的努力仅仅持续了六年，即从 1628 年持

163 续到1633年。出于里斯本的胡椒价格偏低以及其他一些原因，生意一直没有大的起色。因此，公司的主要弱点变得更加突出：它对私人资本没有，而且始终没有吸引力，尽管仿效尼德兰建立它的主要目的就是吸引私人资本。在价值1380926克鲁扎多金币的总投资额中，来自王室的为1056809克鲁扎多金币，但只有80000克鲁扎多金币是现钱，其余的是装备和库存胡椒；有318867克鲁扎多金币来自29个葡萄牙城市，其中仅来自里斯本的就有150000克鲁扎多金币，来自印度城市焦尔（Chaul）的是3750克鲁扎多金币；来自两个私人投资者的仅为1500克鲁扎多金币。站在这些城市身后的自然是其上等阶层，然而他们出资绝对不是出于自愿。

由于担忧犹太出身的所谓新基督徒的影响日益增大，全面开放贸易的建议在1609年遭到了拒绝。王室对香料生意的垄断直到1642年，即在新的葡萄牙王朝——布拉干萨王朝统治期间才取消，但肉桂生意除外，因为在世界市场的新形势下，肉桂生意暂时显得比胡椒生意赚钱，直到尼德兰竞争者控制住锡兰。

在印度购足香料是王室专设的各个国外商行负责的事情，但那些临时存在的私家商行也必须与它们合作。通常情况下，人们都是在公共市场上购进香料。南印度的胡椒园都归寺庙、领主和最高社会等级成员所有，其佃户在新旧年交替期间收获胡椒，然后至少在向阳处晾晒一个月，再将这些收获物卖给供应市场的当地经纪人。然而，葡萄牙人为了保证对自己的供应，并不依赖于市场机制。在马拉巴尔海岸，当地的多马基督徒中的商人被赋予优先向葡萄牙人供货的义务，必要时甚至会借助教会的权威行事。另外，合同还使当地领主承担保证船队所需货物数量的义务。作为回报，这些领主可以在自己的港口征收自己的出口关税。

葡萄牙人当然不是唯一的香料买主。依据同时代人的记述，特别是依据托梅·皮雷斯的《东方志》（著于1512~1515年）中的记载，可以相当准确地估算出1500年至1520年亚洲香料的年产量：胡椒约7000吨，肉豆蔻约1350吨，丁香约1250吨，生姜约300吨，肉桂约150吨，肉豆蔻花约115吨，总计10000余吨或197000旧担[①]。不过，其中大部分是在亚洲
本地消费，胡椒主要是在中国消费。1496年通过威尼斯人运 164
往欧洲的香料共计68500担。

我们已无法算出里斯本进口的数量，因为印度商贸所的官方记录已毁于1755年的地震。不过，从不同的原始资料中至少可以整理出一些关于胡椒的情况。据此，数量最高的1503年、1515年、1517年、1519年和1547年在30000~48000担范围内，1505年和1597年间的其他年份大都在20000担左右。不过此间亚洲的年产量几乎翻了一番。17世纪头20年的香料年产量估计为18000~19000吨，根据英国和尼德兰的原始资料估算，欧洲1620年至少消费了6000吨胡椒、450吨丁香和400吨肉豆蔻。

关于购进价格，我们仅对胡椒了解得比较详细。1498年至1502年，葡萄牙人为每担胡椒支付3.5~4.5个克鲁扎多金币。后来瓦斯科·达·伽马进行第二次航行期间通过合同将科钦的价格定为1015雷亚尔（Reais），约合2.5个克鲁扎多金币，也就是1巴哈拉胡椒价值8个克鲁扎多金币，不过他的代理人可以以每担2个克鲁扎多金币的价格购进部分货物。据说1506年，3个克鲁扎多金币不仅可以支付收购款，而且还够支付关税和运输费用。这一定价一直持续到16世纪中叶，尽管大约自1520

① 在公制单位中，1担等于100公斤；但在普遍使用公制单位前，各地所用的质量单位“担”并不相同，此处“旧担”应指葡萄牙旧制中的担，约合58.75公斤。——编者注

年以来它对当地商人已不再具有吸引力。然而，若非依据固定价格，我们很难对印度航行进行比较准确的估算。支付采用贵金属货币或铜币，当红海被封锁导致西方货物紧俏时也临时采用以货易货。

1558 年的一份原始资料告诉了我们一批货物成本费用的详情，首先必须知道，1 个帕尔多折合 5 个坦加（Tangas）或 300 雷亚尔。当时购进 27240 担货物的平均价格为每担 $4\frac{1}{3}$ 个帕尔多或 1300 雷亚尔，共计 118011 帕尔多。由于货物脱水重量损耗 3%（817 担），剩下的 26423 担合每担 4.5 帕尔多或 1356 雷亚尔。另外还要为保障这一交易进行的葡萄牙管理系统和军事系统支付 167041 帕尔多的基本设施费，再加上未详细列明的损耗 7460 帕尔多，最后的总额为 292512 帕尔多或者 205633 克鲁扎多金币。

接下来算旅程。由于途中货物脱水以及类似情况，还要减去 30%，依据经验，五艘船中可能要损失一艘，即再减去
165 20%，于是 26423 担货最终在里斯本卸下时为 14796 担，因而运抵里斯本的成本费用为每担 19 帕尔多 3 坦加 40 雷亚尔，也就是 13.8 克鲁扎多金币。按 4 克鲁扎多金币运费和以 34 克鲁扎多金币在印度商贸所卖出计算，利润为 88.8%。如不将基本设施费计算在内，则得出的数目为 9.5 克鲁扎多金币，其中运费为 4 克鲁扎多金币，货物费用为 5.5 克鲁扎多金币，这样利润就是 152%。

由此，所有殖民历史共同面临一个问题：殖民利润没有回流进支付殖民体系基本设施费用的那个钱箱。确切地说，我们认为这与一个分裂的体制有关，在这一体制中，国家承担基本设施费用和投资，而且始终亏损或面临亏损，而凭借这一基本设施实现的利润却使个人得益匪浅，但是没有通过税收和类似方法保证能有一定比例的利润回流入国库。用广

大民众阶层的赋税进行国家支付，而民众只能有限地享受殖民所获的利益，或许是通过自己的工作职位。葡萄牙王室试图通过那个时代流行的垄断方法避免这种危险，但并未成功，因为它没有偿还能力，所以始终不断举债。不过国家债务是当时自下而上的分摊进程最重要的形式。

坚持固定价格被证实大有问题，因为它导致供货商用靠大量掺水来增加重量并混入了各种其他东西的劣质胡椒欺骗国王。1518 年因货物脱水和类似情况造成的重量损耗只有 7%，1557 年已达 40%！据说当时通过威尼斯可以买到质量较好的胡椒。另外，在各个港口查明的 1561 年至 1569 年的价格已证实比固定价格高出 101%~148%，但此间普遍的价格上涨可能在 300% 左右。不过至 1626 年，胡椒价格至少在坎纳诺尔仅上涨了 2~3 倍，而其他香料则贵了 5~7 倍。

“有了胡椒就有了金钱”，1530 年两个威尼斯人这样说过，因为胡椒是投机生意最重要的商品之一。尽管是迫于无奈而举债，但葡萄牙最初支付胡椒购进款并没有困难，也就是说还没到普林尼所描述的欧洲货币被吸净、榨干的地步。绕过非洲海角进行的海外贸易所造成的贵金属流失只是“小溪”，而不是
“洪流”。整个 16 世纪上半叶，每年船队装载的贵金属在 3 万 166
至 8 万克鲁扎多金币范围内浮动，偶尔出现的较高数额都是政治目的带来的。在威尼斯的香料生意处在鼎盛时期时，每年从那里流往东方的至少有 10 万杜卡特金币，最高时达 50 万杜卡特金币。然而，自 1522 年至 1557 年，葡萄牙船队驶离时装载的货物平均价值为 35 万克鲁扎多金币——与贵金属的差额又从何而来？

这些船队通常装载着数量巨大的铜。1520 年至 1526 年，王室设在安特卫普的商行每年向里斯本提供 8650 担铜。1497 年至 1521 年，富格尔家族从匈牙利向安特卫普出口了

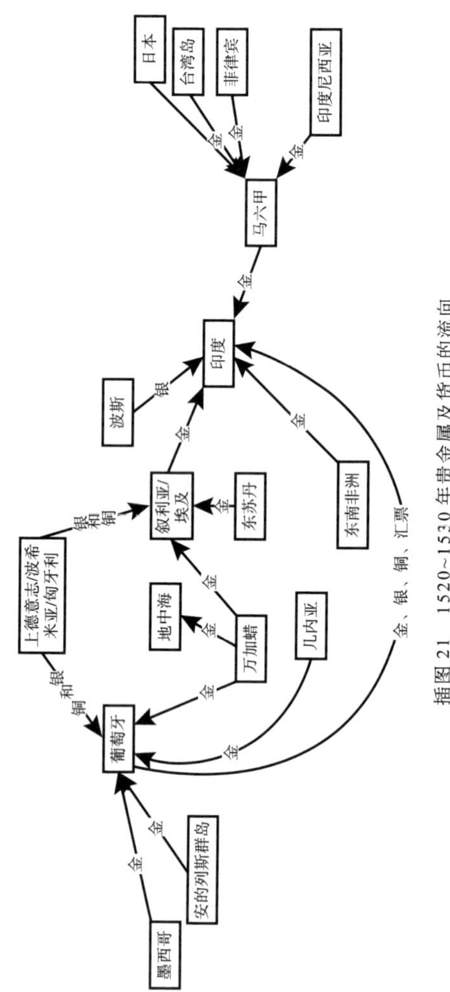

插图 21 1520~1530 年贵金属及货币的流向

大约11200吨铜，1495年至1521年葡萄牙在那里至少购买了5200吨。葡萄牙当时仅铸造很少的铜币，不过或许印度要铸造铜币，这也要耗费大量的铜块。除西非外，印度是主要买主，至16世纪末，铜在葡萄牙也成为紧缺之物。

另外也根本无须将前面列举的船队所携带的克鲁扎多金币款项真的如数装到船上。1551年是非常典型的一年，当年共向印度输送了10万克鲁扎多金币，但其中现金只有4万，另外4万是信用证（Kreditbriefe），对于剩下的2万，果阿的财政专员（Vedor da facenda von Goa）可以向印度商贸所开具这种能够在里斯本支付的信用证。鉴于利息禁令，这种信用证是作为汇票（a cambio）开具的，尽管它涉及的并不是真正的汇兑业务。唯有欧洲人在印度长期驻在，才会出现东方贸易的这一创新。身在印度的商人和官员也要将利润汇往本土，因而葡萄牙与自己的印度帝国之间的收支结算有时甚至为正数。有时返国的船上甚至也装载着现金。

长期驻扎在当地使得印度帝国自筹资金成为可能，从而也直接或间接地使印度贸易自筹资金成为可能。因统治而获得的常规收入很快就变得比从与穆斯林进行的海战和陆战中获得的惊人的战利品更为重要。1630年，王室从其亚洲领地获得的收入为83万色拉芬金币（该金币价值与克鲁扎多金币相等），其中47%来自关税，31%来自租金和贡金，14.75%来自间接税，7.25%来自清偿。尚不清楚的是，王室收入中有多少流进了官员的口袋，让我们注意到这方面问题的是具有批判性的迭戈·德·科托。

果阿每年都要派出自己的舰队，强迫沿古吉拉特至马拉巴尔的印度西海岸航行的所有商船接受葡萄牙的通行证（Cartazes），他们认为获得了制海权便拥有这一权力。为此收缴费用倒是无关紧要，但这份通行证使那些商人承担了停靠葡萄牙港口并在那里缴纳关税的义务，另外它还包含葡萄牙的禁运规定，例如禁运香料和铜，若有违反，则处以没收和划桨苦役，被查出没有通行证的商船也照此处罚。作为回报，葡萄牙承担保护商船不受敌人和海盗伤害的义务。通过强制进行护航（Cafila），16 世纪末这种既监察又保护的做法还算能够维持，尽管从整体上本就不能过高评价这些措施的效果。

另外还有葡萄牙人自己在印度洋和东亚区域的贸易，即后来所称的“国家贸易（Country Trade，德文为 Landhandel）”[①]（贸易是陆间的，但仅有极少部分走陆路进行）。对其意义根本无法予以过高评价。根据一份可能出自 1580 年的清单，绕好望角的航路带来的收益最多只占葡萄牙帝国在整个贸易中实现的利润的五分之一。香料在霍尔木兹不仅用于换取维查耶纳伽尔所需要的战马，还用于换取白银。在古吉拉特，人们用香料和铜换取白银和纺织品，那些印度纺织品在马六甲以东的岛国世界特别受欢迎，它们使香料和黄金的继续流入成为可能。在远东各个地方都能获得黄金，因而 1510 年汇聚于位于古典时代的“黄金半岛（Goldhalbinsel）”上的马六甲的黄金有 2000 公斤，1586 年甚至达 2800 公斤，
168 远远高出几内亚鼎盛时期从那里获取的黄金数量。通过这一途径，印度在贵金属方面可以做到自给自足，另外还能获得来自中国和日本的铜。

另外，葡萄牙，或者称葡属印度更为确切，掌握着东南非的黄金。斯瓦希里人（Suaheli）的索法拉本来就是与内陆的莫诺莫塔帕帝国（Monomotapa-Reich）进行黄金交易的中心。1505 年以后，葡萄牙人建立了一个商行并实行了垄断。16 世纪以及 17 世纪前期，从这里流往印度的黄金有

① 特指近代早期殖民大国在印度洋、东南亚和东亚地区进行贸易的一种形式。

500~1500公斤，印度用其铸造自己的帕尔多金币。这些黄金没有一克直接运达葡萄牙，也不再运往红海，这或许是土耳其帝国金融危机的一个原因。然而，象牙生意在东非的重要性很快就超过了黄金生意。岛城莫桑比克发展为中心，冒险者们沿赞比西河建立起自己的统治（Prazos），那是葡萄牙封地与非洲酋长制的一种特殊混合体。不过，葡萄牙人只能长期坚守在今天莫桑比克境内的德尔加杜角（Kap Delgado）以南地区，多次战斗后，1593年在蒙巴萨北部建立的耶稣要塞（Fort Jesus）也于1698年最终落入阿曼人（Omanis）之手。

最后，从葡萄牙向印度出口欧洲商品的贸易也起了一定的作用，这些商品是珊瑚、布料、朱砂和水银。德·阿尔布克尔克意欲拓展这方面的交易，他认为将贸易片面地固定在香料上是一个错误。一个佛罗伦萨人很快就会教给我们一个更好的办法，他这样说。1513年，他鼓动在亚速尔群岛和葡萄牙种植罂粟以获取出口印度的鸦片。“那无非就是罂粟液”，他这样写道。为什么要将这桩买卖让给亚丁来的穆斯林呢？

16世纪上半叶，印度贸易造成的葡萄牙货币外流微不足道，但到下半世纪，这一状况发生了彻底变化并维持了很长时间。从此以后直至18世纪，葡萄牙人、尼德兰人、英国人和法国人均用源自西班牙的银币支付货款，从西属美洲流出的银子此时进入了整个世界经济。例如1600年至1620年，英国东印度公司向印度出口的布料、铅、锡以及其他商品价值292286镑，但输往那里的通用银币西班牙里亚尔（Reales）价值548090镑。葡萄牙商船带往印度的也主要是里亚尔，意大利商人萨塞蒂估计1585年流往果阿的里亚尔价值80万~100万克鲁扎多金币。人们计算出的结果是，1500年前后有50万杜卡特金币流往东方，即1750公斤黄金或20500公斤白银，而欧洲的银产量在其巅峰时期——1526年至1535年——约为 169

84000公斤。17世纪前25年，流往东方的杜卡特金币达150万，相当于5250公斤黄金或64300公斤白银。当时欧洲的银产量已下降到21000公斤，然而从美洲流入的白银却有20万公斤。在寻求银子方面没有多大成果的葡萄牙通过与西班牙的贸易，通过与西班牙王室签订的合同，通过经亚速尔群岛和拉普拉塔河（Rio de la Plata，意为银子河）地区进行的走私，最终是通过向西属美洲提供非洲奴隶，让一部分美洲白银流向自己。而奴隶交易在17世纪上半叶就已经使西班牙货币流向了里斯本。

换算成尼德兰里克斯银币（Rijksdaaler），各个时期贵金属流向的年平均量如下。

单位：百万里克斯银币

	1550年	1600年	1650年	1700年	1750年	1780年	1800年
美洲产量	5	11~14	10~13	13	27~30	26	33
流向卡斯蒂利亚/葡萄牙	3	10	8~9	10.5~12.5	18~25	18~23	22~27
流向亚洲	2~3	4.4	6	8.5	12.5	14.7	18

然而，银子流往亚洲不仅仅是通过绕过好望角的航路，另外还有四条途径。按平均数算，首先是马尼拉—西班牙大帆船将美洲输出白银的17%运往马尼拉，83%运往卡斯蒂利亚，而1690年前后这一比例变为39%和61%。第二条途径是白银经地中海和地中海东部国家和岛屿流向亚洲。第三条是经波罗的海、俄国和伊朗流向亚洲。不过第四条最为重要，在1668年禁止白银输出之前，日本是葡萄牙人和尼德兰人重要的白银供给者。17世纪中叶，尼德兰人从日本运往巴达维亚（Batavia）的白银甚至多于从欧洲运往那里的数量。1560年至1640年约有7350吨白银从日本流往中国，其中很多是经葡

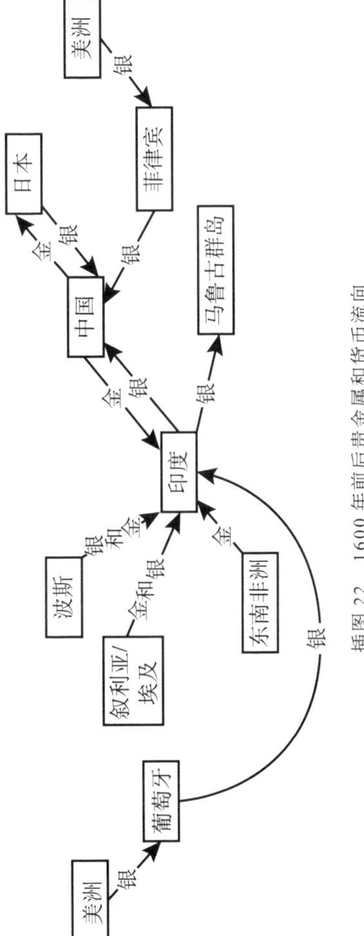

插图 22　1600 年前后贵金属和货币流向

萄牙人之手，而运往那里的美洲白银只有1320吨。

此时，就连里斯本和安特卫普之间的货币流向也反了过来，1549年关闭那里的葡萄牙商行可以作为这一变化的标志。16世纪初，德意志人购买香料的银子经安特卫普流向里斯本，但很快香料就不再能抵偿葡萄牙进口的纺织品、制造玻璃的原料和奢侈品。1569/1570年与安特卫普之间的贸易为逆差，葡萄牙向那里输出了100万杜卡特的香料和2万杜卡特的宝石，另外还需支付50万杜卡特现金。

16世纪上半叶，安特卫普是葡萄牙香料的总转运地，1501年第一艘船在那里卸下装载的香料，自1503年起货物定期运来，1508年佛兰德商行（Feitoria de Flandres）成为里斯本印度事务所的分理处，它也负责在欧洲的销售。16世纪前20年，不仅是英国人，而且连南德意志人也越来越多地转向安特卫普香料市场。1507年，大拉文斯堡商贸公司（Große Ravensburger Handelsgesellschaft）决定此后在那里购进自己所需要的货物。1515年，富格尔家族主动提出取代佛罗伦萨的阿菲塔蒂和古尔特洛蒂公司（Haus Affaittati & Gualterotti）签订合同购进全部胡椒并提供葡萄牙急需的铜。

然而，香料交易并未因此而从地中海最终转往大西洋，尽管葡萄牙几任国王都曾有这种意图，尽管威尼斯的原始资料里那些抱怨和不满曾让好多代历史学家都信以为真。威尼斯人参与了大发现，尽管人们仅仅记得阿尔维塞·卡达莫斯托（Alvise Cadamosto），不过更应该记得的是对各种新讯息的接受，如威尼斯制图学的发展就让人们认识到这一点。第一部游记和探险报道大型汇编——1550年至1559年出版的三卷本《航海与旅行丛书》（*Delle navigationi et viaggi*）出自威尼斯人乔万尼·巴蒂斯塔·拉穆西奥之手绝非出于偶然。丛书对第一批香料货物到达里斯本予以了特别关注并进行了评论，提供了大量1501年的原始资料。乔万尼·普里乌利（Giovanni Priuli）的《日记》（*Diario*）记录下了当时人的一些表述，从这些表述里我们已看到威尼斯商贸强国的终结，尽管葡萄牙进口货物的数量还相对比较小。不过根据较新的研究成果，这些表述仅在某种条件下符合实际。在15世纪，威尼斯对香料生意的垄断绝对没有受到大发现的 171
影响。威尼斯的帆桨船在贝鲁特（Beirut）接运经霍尔木兹海峡运抵的货物，在亚历山大城接运经红海运抵的货物。当时在威尼斯交易的胡椒的价格具有印度洋和红海“保护费（protection costs）”的功能，也就是说穆斯林商人能够而且必须以此价格购买自己生意的安全。1420年以后，埃及苏丹利用吉达与亚丁争斗使红海航行变得安全时，胡椒的价格就下跌了；1499年以后，与土耳其的一场战争影响到威尼斯的地中海贸易时，胡椒价格便急剧上涨。在此之后，葡萄牙尝试进行的封锁才被人注意到。自1499年至1529年，从威尼斯驶往亚历山大城和贝鲁特的船只数量下降了几乎一半，胡椒进口量下降到之前的六分之一，而且有几年颗粒未进，而在同一时间，葡萄牙则通过安特卫普占领了市场。1521年，威尼斯人甚至考虑在里斯本购进货物。

不过，流入地中海东岸国家和岛屿的“胡椒之流”从未完全干涸，而让霍尔木兹海峡保持开放状态的是葡萄牙人自己。最初的冲突过去之后，奥斯曼人自1534年以来在下美索不达米亚的存在产生了有利的影响，从而使葡萄牙人于1543年自己接管了霍尔木兹的海关，此后可以不走穿越叙利亚沙漠的商路，而是溯幼发拉底河尽量往上游航行，自河岸出发走一段较短的旱路便可到达阿勒颇（Aleppo）和贝鲁特。在这种情况下，封锁红海便失去了其意义。活跃的，尤其是由葡萄牙人自己进行的向埃及的香料走私开始了，因而1550年至1560年每年又有 3 万至 4 万担香料出现在亚历山大城的市场上，这几乎等于绕好望角运来的数量。1560 年以来，奥斯曼人在红海建有一个胡椒贸易体系，然而政治形势的发展再次导致了骤变。威尼斯与奥斯曼人之间的战争（1570~1573 年）——1571 年发生了勒班陀海战（Schlacht bei Lepanto）——不仅为已经又被压制住的葡萄牙人的胡椒生意创造了新的机会，而且也使威尼斯在地中海区域的竞争对手们，尤其是马赛大大受益。拉古萨（Ragusa）在 16 世纪中叶前就已蓬勃发展，以至于富格尔家族试图借助那里在亚历山大城站稳脚跟。对 1600 年前后从印度驶出的商船的吨位有一个估算，从中可以看出亚洲方面，情况的发展对经过近东的商路有利。

172 1600 年前后从印度驶出商船的目的地和吨位如下。

单位：吨

西方近海航行		东方近海航行		总计
绕好望角航路	6000	勃故（缅甸）	5000	50000
东非	1000	中国和日本	3000	
红海	10000	马鲁古群岛	1000	
霍尔木兹	10000	马六甲海峡西海岸	1000	
斯里兰卡	3000	马六甲海峡东海岸	10000	
总计	30000	总计	20000	

（Dicionario de historia de Portugal，Bd. 1，194）

关于欧洲胡椒价格的变化，我们了解的信息残缺不全而且不均衡，关于价格的基础以及对胡椒的需求量，我们掌握的资料也是如此。1579 年、1611 年和 1612 年的胡椒销售量估计在 300 万磅和 600 万磅之间波动，其中最大份额是销往中欧、北欧和东欧。保存下来的少量关于价格的残缺资料表明，自 16 世纪中叶以来出现了较以前价格更加一致的趋势。有时它似乎形成了一种世界市场价格，尤其是在1565年和1599年前后的两个异乎寻常的价格高峰期，这两次高峰的原因可以归结为印度洋边以及西欧政治动荡加剧造成的断货，而威尼斯在这一时期获得供货的情况则相对较好。这一情况使得葡萄牙有时试图从奥斯曼人那里得到使用红海航路的正式许可——情况变化就是如此之大。

特别是由于葡萄牙在安特卫普建有移民点，因而那里直至17世纪都是香料市场，不过仅具有地区意义。在临时性组合与葡萄牙王室签订欧洲合同的进程中，其他欧洲城市也获得了同样的重要性。1575年，奥格斯堡的康拉德·罗特签订了为期五年的欧洲合同，1578年又签订了亚洲合同，意图以此将欧洲合同扩展为世界性垄断。他自己保留了这一临时性组合30个份额中的12.5份，转让给葡萄牙公司10份，转让给意大利公司7.5份。这两家公司负责向南欧和西欧供货，萨克森选帝侯奥古斯特一世（August I）建立的一家公司负责向中欧、北欧和东欧供货，选帝侯的姻亲、丹麦的弗雷德里克二世（Frederik II）则应为此提供船只。由于不可能准确估计价格以及没有借贷到足够的资金，这项计划归于失败。罗特破产了。

1584年，费利佩二世向威尼斯提出建议，让其承担在里
斯本进口的所有胡椒的销售，但威尼斯人觉得开列的条件过于 173
不利，而且他们担心会在政治方面变得依赖于西班牙，而以他们的困难处境根本对付不了奥斯曼人。

就连其他意大利人也拒绝接受这一建议，最终，1586年至1591年有效的亚洲合同持有者们被迫与反正已被西班牙的国家借贷紧紧束缚住的富格尔家族签订了一份期限为1591年至1597年的欧洲合同，否则他们在西班牙和葡萄牙那些未收回的款项就会受到威胁。在32个份额中，葡萄牙的希梅内斯公

司（Haus Ximenes）持有 12 份，富格尔家族接受了 7 份，韦尔泽尔家族 5 份，米兰的罗韦拉斯卡 4 份，来自布尔戈斯的西班牙马尔文达公司（Firma Malvenda）也是 4 份。鉴于荷兰政治形势的发展变化，这个临时性组合选择汉堡作为主要转运地。在 1591 年的供货中，48% 运往了汉堡，23% 运往了吕贝克（Lübeck），29% 运往了阿姆斯特丹。不过 1591 年，富格尔家族将自己的份额转让给了安德烈·希梅内斯（Andrea Ximenes）的一个姻亲。威尼斯的竞争对手得到的供货一直比较充足——直到 17 世纪在尼德兰的带领下才在两条商路的竞争中作出了有利于绕好望角航路的抉择。

16 世纪上半叶，在一定程度上垄断亚洲香料生意的短暂繁盛期内，葡萄牙王室在最有利的情况下能够实现 60% 的最终利润。然而，由于各种风险以及供货和销售周期皆长，只有拼命借贷才能维持这一垄断。1560 年因国家破产而出现了崩溃，从此之后，当地和外地富豪成了定调子的人。给里斯本的短周期香料供货已经终止，长周期供货也呈下降态势，尽管该城将自己香料市场的重要意义维持到了约 1650 年。印度帝国虽然到 17 世纪才出现赤字，也就是在不得不耗费巨资进行防卫时，特别是针对尼德兰人进行防卫时，但是它对葡萄牙的重要性，也就是它在王室收入中所占的比重已在下降。1518/1519 年香料生意为王室收入仅贡献了 39%，而 1619 年绕好望角航路所得的全部收益仅占王室收入的 20%。日益重要的内陆贸易并没有给王室带来持久性的补偿。由于资金不足和利益矛盾，1628 年至 1633 年以及 1685 年至 1693 年仿照西北欧模式建立葡萄牙印度公司的尝试均宣告失败。在 17 世纪进程中，在对本土的重要性方面，葡属印度被巴西挤到了次等位置，它在世界经济中扮演的角色被尼德兰人取代。

174 研究界倾向于认为，葡属印度（Estado da India）危而不亡的原因不在于任职者的官方政策，不在于规模虽然缩小但仍在继续进行的欧洲贸易，而在于它那些身在亚洲的已婚者的非官方活动和生意，特别是那些混血儿或娶当地女人为妻者的活动和生意。将葡萄牙人明确分为不同种族群体或政治群体的实际可能性微乎其微。印度洋的贸易世界自古就是由出身不同而且有着各种各样联系的散居者构成的，他们或相互替代，或同时进行活动。印度属地的第一批葡萄牙人当中就有外国人，例如当时就有一个德意志炮手组成的外籍军团，很快就有大批德意志和意大利商人成功地在属地（Estado）定居下来。另一方面，有为数不少的葡萄牙人转而为异国效力，而且其间也不惧于成为穆斯林。不过同时也有重新为旧主效力或秘密提供情报的人。

私家向里斯本输入货物的重要性日益增强，据称1580年至1640年甚至占总数的93%！特别是在亚洲，除了王室的香料买主垄断以及特许的合同船的官方内陆贸易，那些已婚者的私家生意起着越来越重要的作用，而人们所说的严格的群体界限的影响则越来越小。私家生意投入的资本可能比属地官方生意投入的多出很多倍。在实力强大的欧洲竞争对手尼德兰人和英国人与当地的各统治者之间，那些已婚者总能不断发现新的可为自己所用的，且多少显得狭小的市场角落。在欧洲航路上，尼德兰和英国船只优于葡萄牙的船，而已婚者自己设计的小型船则被证实在亚洲水域胜出一筹。这种情况在文化方面的表现是：葡萄牙语作为亚洲贸易区域通用语言发挥着持久作用。就连尼德兰人也没有别的选择，只能用洋泾浜葡萄牙语（Pidgin-Portugiesisch）与当地人进行交流。葡萄牙未能建立起一个官僚体制控制的帝国，但靠着当地的亚洲裔或非洲裔“葡萄牙人”，它的帝国历经危难仍能生存下来（Newitt 2004，2）。

因此对于亚洲而言，葡萄牙人的存在和活动既不像从前人们所认为的，是欧洲在这一大洲殖民统治的开端；也不像后来研究界的所谓“重新定位”所宣称的那样，完全处在边缘地带
175 而且无足轻重。最后的结果呈现了多样性，最终带给亚洲人的也绝不仅仅是不利。葡萄牙人虽然毁掉了当地的财产和商业，损害或改变了当地的贸易网，但没有毁灭国家和文化，而是仅仅在政治和经济方面对亚洲的某些边缘地区施加了或多或少的影响。虽然基督教传教活动取得了成功，然而它留下的印记是有限的。它常常会催生一种虽属杂交，但其中的一部分却极具生命力的混合文化形式。从长远角度看，葡萄牙人至少开始将印度和中国与正在形成的、由美洲白银赋予活力的世界经济紧紧联系在一起。对于贵金属流入对那里的经济和帝国政治产生的影响，今天人们的评价要高于以往。

中国拥有一个有效运转的银本位纸币系统。15 世纪为筹措战争经费，纸币数量急剧增加，白银的等价相应失去效用，纸币的价值即相应下跌。于是商人们重又使用起银币，即使靠强制推行纸币也无法继续维持。1570 年代以来，捐税也必须用银币缴纳。因此有段时间，中国的银价是世界其他地方的两倍，这就导致此间西属美洲大量开采的白银经欧洲的亚洲贸易，通过各种途径流向印度，不过主要是流向中国。即便在中国的银价下跌之后，已经建立起来的亚洲生意依然具有吸引力，白银之流在继续流淌。

从墨西哥经马尼拉流向中国的白银数量也比以往更多，1601 年至 1699 年每年为 200 万比索，1620 年甚至达 300 万比索。马尼拉存在的用途就是与中国做白银换丝绸（在墨西哥加工）生意。中国的白银需求是西班牙世界帝国的基础，因此西班牙人毫不动摇地长期不改变其“8 里亚尔（Real de a ocho）”或银比索（Silberpeso）的银含量，然而在自己国内

却自1603年起实行“维隆币（Vellon-Geld）”（铜币）贬值，这给王室带来了好几百万比索的收益。白银流入促进了中国和印度的经济发展，特别是促进了出口商品生产的发展。作为16世纪银币的卢比成了莫卧儿帝国以及印度统一的基础之一。我们有充分的理由将经济全球化的开端象征性地定在1571年，即马尼拉建立之时（Flynn / Giráldez 2010）。

货币单位 176

（参见Souza，Survival XV-XVII，用于换算）

1克鲁扎多（金币）=1两（Tael，银币）=1.25里亚尔= 1.33色拉芬=400雷斯（Reis）1基尔德（Guilder，银币）= 20斯托伊弗（Stuivers）=0.4里亚尔=0.32克鲁扎多=0.43色拉芬=0.32–0.35银两

1比索（银币）=8里亚尔=0.8克鲁扎多=1.07色拉芬=2基尔德10斯托伊弗

1里克斯（银币）=2基尔德8斯托伊弗（自1665年起1里克斯=3基尔德=1.2里亚尔=0.96克鲁扎多=1.29色拉芬）

1银两（3.75克银，未铸造）=10 Mace=1.25里亚尔=1.33色拉芬=1克鲁扎多=3基尔德2斯托伊弗（1637~1640年为2基尔德17斯托伊弗）

1色拉芬（金币）=1帕尔多=1帕塔卡（Pataca）= 0.75克鲁扎多=300雷亚尔=2基尔德7斯托伊弗

质量单位

（参见Souza，Survival XV-XVII，用于换算）

1巴哈拉（Bahar）=3百担（Picols）=1坎第尔（Candil）=400磅=181.44公斤

1 百担 =133$\frac{1}{3}$ 英国磅 =124 荷兰磅 =60.3 公斤

1 磅（荷兰）=1.09 英国磅 =0.494 公斤

1 磅（英国）=0.4536 公斤

1 担（葡萄牙）=130 英国磅 =59 公斤

1 担（西班牙）=100 英国磅 =45.36 公斤

原始资料与参考文献

葡萄牙人在印度洋

Abdurachman, P. R., Moluccan Responses to the First Intrusions of the West, in: Soebadio, H./Marchie Sarvaas, C. A. du (Hg.), Dynamics of Indonesian History, Amsterdam 1978, 161–88 | [Albuquerque] The Commentaries of the Great Alfonso Dalboquerque (Hakluyt I 53, 55, 62, 69), 4 Bde., London 1875–83, Ndr. 1970 | [Albuquerque] Cartas de Affonso de Albuquerque seguidas de documentos que as elucidam, hg. v. Bulhão Pato, R. de (Collecção de monumentos ineditos para a história das conquistas dos portuguezes I, 10, 12–17), Lissabon 1884–1935, Ndr. 1976 | Almeida, M. de, Some records of Ethiopia, 1593–1646 (Hakluyt II 107), London 1954, Ndr. 1967 | Alvares, F., The Prester John of the Indies, hg. v. Beckingham, C. F./Huntingford, G. W. B., (Hakluyt II 114/15), 2 Bde., London 1961–75 | Aquarone, J.-B., D. João de Castro, gouverneur et vice-roi des Indes orientales (1500–1548), 2 Bde., Paris u. a. 1968 | Aranha, P., Il cristianesimo latino in India nel XVI secolo, Mailand 2006 | Asher, C. B./Talbot, C., India before Europe, Cambridge 2006 | Aubin, J., Le royaume d'Ormuz au début du XVIe siècle, in: Mare Luso-Indicum 2 (1973) 77–179 | Baião, A., A Inquisição de Goa 1569–1630, 2 Bde., Coimbra u. a. 1930–45 | [Barbosa] The Book of Duarte Barbosa (Hakluyt II 44/49), 2 Bde., London 1918–21 | Barendse, R. J., History, Law, and Orientalism under Portuguese Colonialism in Eighteenth-Century India, in: Itinerario 26,1 (2002) 33–59 | Barros, J. de, Asia, 4 Bde., Lissabon 1945–46 | Bhattacharya, B. u. a. (Hg.), Spatial and Temporal Continuities of Merchant Networks in South Asia and the Indian Ocean, in: JESHO 50 (2007) 91–361 | Bouchon, G., Les rois de Kōṭṭēau début du XVIe siècle, in: Mare Luso-Indicum 1 (1971) 65–96 | –, Les musulmans du Kerala à l'époque de la découverte portugaise, in: Mare Luso-Indicum 2 (1973) 3–59 | Boxer, C. R., Race Relations in the Portuguese Empire, 1415–1825, Oxford 1963 | –, Portuguese Society in the Tropics: The Municipal Councils of Goa, Macao, Bahia and Luanda, 1510–1800, Milwaukee u. a. 1965 | –, The Portuguese Seaborne Empire, 1415–1825, London 1969 | –, Women in the Iberian Expansion Overseas, 1415–1815, New York 1975 | –, From Lisbon to Goa, 1500–1750: Studies in Portuguese Maritime Enterprise, London 1984 | –, Portuguese Conquest and Commerce in Southern Asia, 1500–1750, London 1985 | –, *Carreira* and *Cabotagen*: Some Aspects of Portuguese Trade in the Indian Ocean and the China Sea, 1500–1650, in: Renaissance and Modern Studies 30 (1986) 45–59 | Brito, B. G. de, Historia tragico-maritima. Berichte aus der großen Zeit der portugiesischen Seefahrt 1552–1602, Stuttgart 1983 | Brockey, L. M. (Hg.), Portuguese Colonial Cities in the Early Modern World, Farnham u. a. 2008 | Brummett, P., Ottoman Seapower and Levantine Diplomacy in the Age of Discovery, Albany 1994 | Carvalho, A. F. de, Diogo do Couto. O soldado pratico e a India, Lissabon 1979 | Carvalho, J. B. de, As fontes de Duarte Pacheco Pereira no *Esmeraldo de situ orbis*, Lissabon 1982 | Casale, G., The Ottoman Age of Exploration, Oxford 2010 | Castanheda, F. L. de, História do descobrimento e conquista da India pelos Portugueses, hg. v. Azevedo, P. de, 4 Bde., Coimbra 1926–33 | Castanhoso, Miguel de, The Portuguese Expedition to Abyssinia in 1541–43 (Hakluyt II 10), London 1902, Ndr. 1967 | Chaudhuri, K. N., Trade and Civilization in the Indian Ocean: An Economic History from the Rise of Islam to 1750, Cambridge 1985 | –, Asia before Europe: Economy and Civilization of the Indian Ocean from the Rise of Islam to 1750, Cambridge 1990 | Cipolla, C. M., Guns and Sails in the Early Phase of European Expansion 1400–1700, London 1965 | Correa, G., Lendas da India, 4 Bde., Lissabon 1858–64 | Correia-Afonso, J. (Hg.), Indo-Portuguese History: Sources and Problems, Oxford 1981 | Cortesão, J., História dos descobrimentos portugueses, 3 Bde., Lissabon 1979 | Couto, D. do, Decadas, ausgew. v. Baião, A., 2 Bde., Lissabon 1947 | –, O soldado pratico, Lissabon 1954 | Dahm, B./Feldbauer, P./Rothermund, D., Agrarzivilisationen, Hafenfürstentümer, Kolonialsiedlungen. Indischer Ozean, Süd- und Südostasien, in: Feldbauer, P./Lehners, J.-P. (Hg.), Die Welt im 16. Jahrhundert, Wien 2008, 210–64 | Dale, S. F., Indian Merchants and Eurasian Trade, 1600–1750, Cambridge 1994 | –, The Muslim Empires of the Ottomans, Safavids, and Mughals, Cambridge 2010 | Dallapiccola, A. L., Vijayanagara: City and Empire. New Currents of Research, 2 Bde., Stuttgart 1985 | Danvers, F. C., The Portuguese in India, 2 Bde., London 1894, Ndr. 1966 | Daus, R., Die Erfindung des Kolonialismus, Wuppertal 1983 | Diffie, B. W./Winius, G. D., Foundations of the Portuguese Empire, 1415–1580, Minneapolis 1977 | Disney, A., The Portuguese Empire, Cambridge 2009 | –/Booth, E. (Hg.), Vasco da Gama and the Linking of Europe and Asia, Delhi 2000 | Don Peter, W. L. A., Education in Sri Lanka under the Portuguese, Colombo 1978 | Embree, A. T./Wilhelm, F., Indien. Geschichte des Subkontinents von der Induskultur bis zum Beginn der englischen Herrschaft (Fischer WG 17), Frankfurt 1967 | Erhardt, M., A Alemanha e os descobrimentos Portugueses, Lissabon 1989 | Etiemble, R., L'Orient philosophique au XVIIIe siècle, Paris 1956–58 | Feldbauer, P., Estado da India. Die Portugiesen in Asien 1498–1620, Wien 2003 | Flores, J. M./Matthee, R. (Hg.), Portugal, the Persian Gulf and Safavid Persia, Leuven 2011 | Fontoura da Costa, A. (Hg.), Roteiro da primeira viagem de Vasco da Gama (1497–1499) por Álvaro Velho, Lissabon 1940 | Greenlee, W. B. (Hg.), The Voyage of Pedro Alvares Cabral to Brasil and India (Hakluyt II 81), London 1938, Ndr. 1967 | Hamann, G., Der Eintritt der südlichen Hemisphäre in die europäische Geschichte, Wien 1968 | Hart, H. H., Vasco da Gama und der Seeweg nach Indien, Bremen 1965 | [HEP] Historia da Expansão Portuguesa, hg. v. Bethencourt, F./Chaudhuri, K., 5 Bde., Lissabon 1998–2000 | Hess, A. C., Piri Reis and the Ottoman Response to the Voyages of Discovery, in: TI 6 (1974) 19–37 | Hümmerich, F., Vasco da Gama und die Entdeckung des Seewegs nach Ostindien, München 1898, Ndr. 1977 | Kamat, P., The Tail Wags the Dog? Colonial Policies of Conversion and Hindu Resistance Through Syncretism and Collaboration in Goa, 1510–1755, in: IHR 30 (2003) 21–39 | Kömmerling-Fitzler, H., Der Nürnberger Kaufmann Georg Pock († 1528/29) in Portugiesisch-Indien und im Edelsteinland Vijayanagara, in: Mitteilungen des Vereins für die Geschichte der Stadt Nürnberg 55 (1967/68) 137–84 | Krendl, P., Ein neuer Brief zur ersten Indienfahrt Vasco da Gamas, in: Mitteilungen des Österreichischen Staatsarchivs 33 (1980) 1–21 | Lombard, D./Aubin, J. (Hg.), Marchands et hommes d'affaires asiatiques dans l'Océan Indien et la Mer de Chine (XIIIe–XXe siècles), Paris 1988 (engl. Delhi 2000) | Loureiro, R. M., Portuguese Involvement in the Sixteenth Century Horse Trade through the Arabian Sea, in: Fragner, B. G. u. a. (Hg.), Pferde in Asien. Geschichte, Handel und Kultur, Wien 2009, 137–45 | Malekandathil, P., The Germans, the Portuguese and India, Münster 1999 | Marques, A. H. de O. (Hg.), História dos Portugueses no extremo Oriente, 2 Bde. in 5 Tln., Lissabon 1998–2003 | Marques, J. M. de S. (Hg.), Descobrimentos portugueses. Documentos, Bd. 3 (1461–1500), Lissabon 1971 | Newitt, M., East Africa, Aldershot 2002 | –, A History of Portuguese Overseas Expansion, 1400–1668, London u. a. 2005 | Novos Mundos –

Neue Welten. Portugal und das Zeitalter der Entdeckungen, Dresden 2007 | Pearson, M. N., Merchants and Rulers in Gujarat: The Response to the Portuguese in the 16th Century, Berkeley 1976 | –, The Portuguese in India (NCHI 1, 1), Cambridge 1987 | –, Port Cities and Intruders: The Swahili Coast, India, and Portugal in the Early Modern Period, Baltimore 1998 | Pennec, H., Des Jésuites au royaume du prêtre Jean (Éthiopie). Stratégies, recontres et tentatives d'implantation 1495–1633, Paris 2003 | Pereira, D. P., Esmeraldo de Situ Orbis (Hakluyt II 79), London 1937 | Peres, D., História dos descobrimentos portugueses, 2. Aufl., Coimbra 1960 | Perniola, V., The Catholic Church in Sri Lanka: The Portuguese Period, 3 Bde., Dehiwala 1989–91 | Pinto, F. M., Pereginação, 2 Bde., Lissabon 1983 (dt. Stuttgart 1987, engl. Chicago 1989, frz. Paris 1991) | Pinto, P. J. de S., The Portuguese and the Straits of Melaka, 1575–1619: Power, Trade and Diplomacy, Singapur 2012 | Pires, T., Suma Oriental (Hakluyt II 39–40), 2 Bde., London 1944 | Die Portugiesen in Asien, in: Periplus 8 (1998) 1–102 | Ptak, R./Rothermund, D. (Hg.), Emporia, Commodities and Entrepreneurs in Asian Maritime Trade, c. 1400–1750, Stuttgart 1991 | Schmitt, E. 1984–2008 | Scholberg, H. u. a., Bibliography of Goa and the Portuguese in India, Delhi 1982 | Schott, G., Geographie des Indischen und des Stillen Ozeans, Hamburg 1935 | Schwartzberg, J. E. (Hg.), A Historical Atlas of South Asia, 2. Aufl., New York u. a. 1993 | Sinopoli, C. M., From the Lion Throne: Political and Social Dynamics of the Vijayanagara Empire, in: JESHO 43 (2000) 364–98 | Souza, T. de, Indo-Portuguese History: Old Issues, New Questions, Delhi 1985 | Stein, B., Vijayanagara (NCHI 1, 2), Cambridge 1989 | Subrahmanyam, S., *Um Bom Homem de Tratar.* Piero Strozzi, a Florentine in Portuguese India, 1510–1522 (1987), in: ders., Improvising Empire: Portuguese Trade and Settlement in the Bay of Bengal, 1500–1700, Delhi 1990, 1–16 | –, The Portuguese Empire in Asia, 1500–1700: A Political and Economic History, London 1993 | –, The Career and Legend of Vasco da Gama, Cambridge 1997 | –, Taking Stock of the Franks: South Asian Views of Europeans and Europe, 1500–1800, in: IESHR 42 (2005) 69–100 | –, The Birth-Pangs of Portuguese Asia: Revisiting the Fateful *Long Decade* 1498–1509, in: JGH 2 (2007) 261–80 | Vasco da Gama, Die Entdeckung des Seewegs nach Indien, Tübingen u. a. 1980 | Vink, M. P. M., Between the Devil and the Deep Blue Sea: The Christian Paravas. A *Client Community* in 17th-Century Southeast India, in: Intinerario 26, 2 (2002) 64–89 | –, Indian Ocean Studies and the *New Thalassology*, in: JGH 2 (2007) 41–62 | Whiteway, R. S., The Rise of Portuguese Power in India, 1497–1550, London 1899, 2. Aufl. 1967 | Witte, C.-M., Les lettres papales concernant l'expansion portugaise au XVIe siècle, in: NZMW 40 (1984) 1–25, 93–125, 194–205; 41 (1985) 41–68, 173–87, 271–87.

葡萄牙人和西班牙人在马六甲以东地区

Abdullah, T., Islam and the Formation of Tradition in Indonesia: A Comparative Perspective, in: Itinerario 13, 1 (1989) 1–16 | Alden, D., The Making of an Enterprise: The Society of Jesus in Portugal, its Empire, and Beyond, 1540–1750, Stanford 1996 | Atwell, W. S., International Bullion Flows and the Chinese Economy, ca. 1530–1650, in: PP 95 (1982) 68–90 | La Austrialia del Espíritu Santo (Hakluyt II 126–27), 2 Bde., London 1966, Ndr. 1976 | Baert, A., Le paradis terrestre, un mythe espagnol en Océanie. Les voyages de Mendaña et de Quiros 1567–1606, Paris 1999 | Barros, J. 1945–46 | Bauer, W., China und die Fremden, München 1980 | Bernabeu Albert, S., La aventura de lo imposible. Expediciones maritimas españolas, Madrid 2000 | Borao, J. E., The Massacre of 1603: Chinese Perceptions of the Spanish on the Philippines, in: Itinerario 22, 1 (1998) 22–40 | Boxer, C. R. 1963, 1965, 1969, 1975, 1986 | –, Portuguese Merchants and Missionaries in Feudal Japan, 1543–1640, Aldershot 1986 | Brockey, L. M. 2008 | Campbell, W., Formosa under the Dutch., London 1903, Ndr. Taipei 1967 | Cartier, M., Les importations de métaux monétaires en Chine. Essai sur la conjuncture chinoise, in: Annales 36 (1981) 454–66 | Carvalho, J. B. 1982 | Castanheda, F. L. 1926–33 | Chabrié, R., Michel Boym, Jésuite Polonais et le fin des Ming en Chine, Paris 1933 | Chang, T., Sino-Portuguese Trade from 1514 to 1644, Leiden 1934, Ndr. 1973 | Chaunu, P., Les Philippines et le Pacifique des Ibériques (XVIe–XVIIe siècle), 2 Bde., Paris 1960–66 | –, Manille et Macao face à la conjuncture mondiale du XVIe et XVIIe siècles, in: Annales 17 (1962) 550–80 | –, Conquête et exploitation des nouveaux mondes (XVIe siècle), Paris 1969 | [CHSEA] The Cambridge History of Southeast Asia, 2 Bde., Cambridge 1992 | Cocks, R., Diary (Hakluyt I 66–67), 2 Bde., London 1883, Ndr. 1964 | Cooper, M. (Hg.), The Southern Barbarians: The First Encounters in Japan, Tokio 1971 | –, This Island of Japan: João Rodrigues' Account of 16th Century Japan, Tokio u. a. 1973 | –, Rodrigues the Interpreter: An Early Jesuit in Japan and China, New York 1974 | Cribb, R., Historical Atlas of Indonesia, Richmond 2000 | Dahm, B./Feldbauer, P./Rothermund, D. 2008 | Disney, A. 2009 | –/Booth, E. 2000 | Dodge, E. S., Islands and Empires: Western Impact on the Pacific and East Asia, Minneapolis 1976 | Feldbauer, P. 2003 | Flynn, D. O./Giráldez, A., China and the Birth of Globalization in the Sixteenth Century, Farnham u. a. 2010 | Franke, H./Trauzettel, R., Das chinesische Kaiserreich (Fischer WG 19), Frankfurt 1968 | Franke, W., China und das Abendland, Göttingen 1962 | Friis, H. R. (Hg.), The Pacific Basin: A History of Its Geographical Exploration, New York 1967 | Frois, L., História de Japam, hg. v. Wicki, J., 5 Bde., Lissabon 1976–84 (dt. Leipzig 1926) | Galvão, A., Tratado dos descobrimentos (Hakluyt I 30), London 1862, Ndr. 1962 | Gil, J., Mitos y utopias del descubrimiento, 3 Bde., Madrid 1988–89 | –, Los chinos de Manila (siglos XVI y XVII), Lissabon 2011 | Häberlein, M./Keese, A. (Hg.), Sprachgrenzen – Sprachkontakte – kulturelle Vermittler. Kommunikation zwischen Europäern und Außereuropäern (16.–20. Jh.), Stuttgart 2010 | Häbler, K., Die Fugger und der spanische Gewürzhandel, in: Zeitschrift des Historischen Vereins für Schwaben 19 (1892) 25–44 | Hall, J. W., Das japanische Kaiserreich, Frankfurt 1968 | Headley, J. M., Spain's Asian Presence, 1565–1590: Structures and Aspirations, in: HAHR 75 (1995) 623–46 | Heesterman, J. C., The *Hindu Frontier*, in: Itinerario 13, 1 (1989) 17–36 | Hidalgo Nuchera, P., Encomienda, tributo y trabajo en Filipinas, 1570–1608, Madrid 1995 | Hsü, I. C. Y., The Rise of Modern China, 2. Aufl., New York 1975 | Kaempfer, E., Geschichte und Beschreibung von Japan (1777), Stuttgart 1964 | Kangying, L., The Ming Maritime Policy in Transition, Wiesbaden 2010 | Kellenbenz, H. (Hg.), Fremde Kaufleute auf der Iberischen Halbinsel, Köln u. a. 1970 | Kelly, C., Calendar of Documents. Spanish Voyages in the South Pacific, Madrid 1965 | Lagoa, V. J. de, Magalhães, 2 Bde., Lissabon 1938 | Laures, J., Takayama Ukon, Münster 1954 | Lombard, D./Aubin, J. 1988, 2000 | Marques, A. H. de O. 1998–2003 | Mathes, W. M., A Quarter Century of Trans-Pacific Diplomacy: New Spain and Japan, 1592–1617, JAsH 24 (1990) 1–29 | Meilink-Roelofsz, M. A. P., Asian Trade and European Influence in the Indonesian Archipelago between 1500 and about 1630, Den Haag 1962 | Memorials of the Empire of Japon in the XVI and XVII Centuries (Hakluyt I 8), London 1850, Ndr. 1963 | Mendana, A. de, The Discovery of the Solomon Islands (Hakluyt II 7–8),

2 Bde., London 1901, Ndr. 1967 | Mendoza, J. G. de, The History of the Great and Mighty Kingdom of China (Hakluyt I 14–15), 2 Bde., London 1854, Ndr. 1970 | [Mendoza] Die *Geschichte der höchst bemerkenswerten Dinge und Sitten im chinesischen Königreich* des Juan Gonzales de Mendoza, hg. v. Grießer, M., Sigmaringen 1992 | Morga, A. de, The Philippine Islands (Hakluyt I 39), London 1868, Ndr. 1970 | –, Sucesos de las islas Filipinas (Hakluyt I 140), London 1971 | Mota, A. T. de, A viagem de Magalhães e a questão das Molucas, Lissabon 1975 | Newitt, M. 2005 | Newson, L. A., Conquest and Pestilence: The Early Spanish Philippines, Honolulu 2009 | Pereira, D. P. 1937 | Phelan, J. L., The Hispanization of the Philippines, 1565–1700, 2. Aufl., Madison 1967 | Pinto, F. M. 1983, 1987 | Pinto, P. J. de S. 2012 | Pires, T. 1944 | Pluvier, J. M., Historical Atlas of South-East Asia, Leiden 1995 | Portugiesen 1998 | Ptak, R., Portugal in China. Kurzer Abriss der portugiesisch-chinesischen Beziehungen und der Geschichte Macaus im 16. und beginnenden 17. Jahrhundert, Bammental 1982 | –, Die maritime Seidenstraße, München 2007 | –/Rothermund, D. 1991 | Quiros, P. F. de, The Voyages (Hakluyt II 14–15), 2 Bde., London 1904, Ndr. 1967 | Reid, A., Southeast Asia in the Age of Commerce, 1450–1680, 2 Bde., New Haven u. a. 1988–93 | – (Hg.), Southeast Asia in the Early Modern Era: Trade, Power, and Belief, Ithaca u. a. 1993 | Rosner, E., Die *Familie der Völker* in der Diplomatiegeschichte Chinas, in: Saeculum 32 (1981) 103–16 | Salazar, D. de/Porras Camúñez, J. L., Sinodo de Manila de 1582, Madrid 1988 | Sandhu, K. S./Wheatley, P. (Hg.), Melaka. The Transformation of a Malay Capital, 2 Bde., Kuala Lumpur 1983 | Sansom, G. B., A History of Japan, 3 Bde., Stanford 1958–63 | Saris, J., The Voyage to Japan in 1613 (Hakluyt II 5), London 1900, Ndr. 1967 | Schmitt, E. 1984–2008 | Schott, G. 1935 | Schurhammer, G., Franz Xaver. Sein Leben und seine Zeit, 2 Bde. in 4 Tln., Freiburg 1955–73 | Schurz, W. L., The Manila Galleon, New York 1939 | Sharp, A., The Discovery of Australia, Oxford 1963 | Sobredo, J. (Hg.), European Entry into the Pacific: Spain and the Acapulco-Manila Galeons (Pacific World 4), Aldershot 2001 | South China in the 16th Century (Hakluyt II 106), London 1953, Ndr. 1967 | Souza, G. B., The Survival of Empire: Portuguese Trade and Society in China and the South China Sea, 1630–1754, Cambridge 1986 | Spate, O. H. K., The Spanish Lake: The Pacific since Magellan, London 1981 | Spence, J. D./Wills, J. E. (Hg.), From Ming to Ch'ing: Conquest, Region and Continuity in 17th Century China, New Haven u. a. 1979 | Stapel, F. W. (Hg.), Geschiedenis van Nederlands Indië, 5 Bde., Amsterdam 1938–40 | Subrahmanyam, S. 1993 | Tate, D. J. M., The Making of Modern South-East Asia, 2 Bde., 2. Aufl., Kuala Lumpur 1977–79 | Tjandrasasmita, J., The Introduction of Islam, in: Soebadio, H./Marchie Sarvaas, C. A. du (Hg.), Dynamics of Indonesian History, Amsterdam 1978, 141–60 | Torodash, J., Magellan Historiography, in: HAHR 51 (1971) 313–35 | Turnbull, S., The Kakure Kirishitan of Japan: A Study of their Development, Beliefs and Rituals to the Present Day, Richmond 1998 | Valignano, A., Il ceremoniale per i missionari del Giappone, hg. v. Schütte, J., Rom 1946 | Villiers, J., Südostasien vor der Kolonialzeit, Frankfurt 1965 | Wagner, H. R., Spanish Voyages to the Northwest Coast of America in the Sixteenth Century, San Francisco 1929, Ndr. 1966 | Wheatley, P., The Golden Khersonese: Studies in the Historical Geography of the Malay Peninsula before A. D. 1500, Kuala Lumpur 1961 | Wills, J. E., Pepper, Guns and Parleys: The Dutch East India Company and China 1622–81, Cambridge, MA 1974 | Zhihong, S., China's Overseas Trade Policy and its Historical Results, in: Latham, A. H. J./Kawakatsu, H. (Hg.), Intra-Asian Trade and the World Market, Abingdon u. a. 2006, 4–23.

葡萄牙人的王权资本主义和私营经济

[Albuquerque] Cartas 1976 | Ames, G. J., The Carreira da India, 1668–1682: Maritime Enterprise and the Quest for Stability in Portugal's Asian Empire, in: Journal of European Economic History 20 (1991) 7–28 | Attman, A., The Bullion Flow between Europe and the East 1000–1650, Göteborg 1981 | –, Dutch Enterprise in the World Bullion Trade, 1550–1800, Göteborg 1983 | –, American Bullion in the European World Trade, 1600–1800, Göteborg 1986 | Atwell, W. S. 1982 | Barendse, R. J., Trade and State in the Arabian Seas: A Survey from the Fifteenth to the Eighteenth Century, in: JWH 11, 2 (2000) 173–225 | Beckert, S., King Cotton. Eine Geschichte des globalen Kapitalismus, München 2015 | Benedetti, A. (Hg.), Filippo Sassetti, Lettere indiane, 2. Aufl., Turin 1961 | Bentley, J. H./Bridenthal, R./Wigen, K. (Hg.), Seascapes: Maritime Histories, Littoral Cultures, and Transoceanic Exchanges, Honolulu 2007 | Boxer, C. R. 1969, 1984, 1986 | Boyajian, J. C., Portuguese Trade in Asia under the Habsburgs 1580–1640, Baltimore 1993 | Braudel, F., La méditerranée et le monde méditerranéen, 2 Bde., 2. Aufl., Paris 1966 | Brito, B. G. 1983 | Bruijn, J. R./Gaastra, F. S. (Hg.), Ships, Sailors and Spices: East India Companies and their Shipping in the 16th, 17th and 18th Centuries, Amsterdam 1993 | Caraci, G., Introduzione al Sassetti epistolografo, Rom 1960 | Carvalho, A. F. de 1979 | Casale, G., The Ottoman Administration of the Spice Trade in the Sixteenth Century, in: JESHO 49 (2006) 170–98 | Chaunu, P. 1969 | Cipolla, C. M. 1965 | Dahm, B./Feldbauer, P./Rothermund, D. 2008 | Denzel, M., Das System des bargeldlosen Zahlungsverkehrs europäischer Prägung vom Mittelalter bis 1914, Stuttgart 2008 | Diffie, B. W./Winius, G. D. 1977 | Disney, A., Twilight of Pepper Empire, Cambridge, MA 1978 | – 2009 | –/Booth, E. 2000 | Feldbauer, P. 2003 | Fitzler, H., Der Anteil der Deutschen an der Kolonialpolitik Philipps II. in Asien, in: VSWG 28 (1935) 243–81 | Flynn, D. O./Giráldez, A. 2010 | Glahn, R. v., Fountain of Fortune: Money and Monetary Policy in China, 1000–1700, Berkeley 1996 | Glamann, K., Dutch-Asiatic Trade, 1620–1740, Den Haag 1958 | Godinho, V. M., L'economie de l'empire portugais aux XVe et XVIe siècles, Paris 1969 | –, Os descobrimentos e a economia mundial, 4 Bde., 2. Aufl., Lissabon 1982–83 | Goris, J. A., Etudes sur les colonies marchandes méridionales (portugais, espagnols, italiens) à Anvers, Löwen 1925 | Greenlee, W. B. 1967 | Häbler, K., Konrad Rott und die Thüringische Gesellschaft, in: Neues Archiv für sächsische Geschichte 16 (1895) 177–218 | –, Die überseeischen Unternehmungen der Welser und ihrer Gesellschafter, Leipzig 1903 | Hagedorn, B., Die Entwicklung der wichtigsten Schiffstypen bis ins 19. Jahrhundert, Berlin 1914 | [HEP] | Hildebrandt, R. (Hg.), Quellen und Regesten zu den Augsburger Handelshäusern Paler und Rehlinger 1539–1642, Bd. 2, Stuttgart 2004 | Kellenbenz, H., Autour de 1600. Le commerce de poivre des Fugger et le marché international du poivre, in: Annales 11 (1956) 1–38 | –, Ferdinand Cron, in: Lebensbilder aus dem bayerischen Schwaben, Bd. 9, München 1966, 194–210 | –, Die Beziehungen Nürnbergs zur Iberischen Halbinsel, in: Beiträge zur Wirtschaftsgeschichte Nürnbergs, Bd. 1, Nürnberg 1967, 1–37 | – 1970 | – (Hg.), Schwerpunkte der Kupferproduktion und des Kupferhandels in Europa 1500–1650, Köln u. a. 1975 | Krieger, M., Konkurrenz und Kooperation in Ostindien. Der europäische Country-Trade auf dem Indischen Ozean zwischen 16. und 18. Jahrhundert, in: VSWG 84 (1997) 322–55 | Labib, S. Y., Handelsgeschichte Ägyptens im Spätmittelalter, Wiesbaden 1965 | Lach, D. F./Van Kley, E. J., Asia in the Making of Europe, 3 Bde. in 9 Tln., Chicago 1965–93 | Lane, F. C., Venice: A Maritime Republic,

London 1973 | Lombard, D./Aubin, J. 1988, 2000 | Malekandathil, P. 1999 | Marcucci, E. (Hg.), Lettere edite e inedite di Filippo Sassetti, Florenz 1855 | Newitt, M. 2005 | Nußer, H.G.W., Frühe deutsche Entdecker, München 1980 | Pearson, M.N. 1976 | – (Hg.), Spices in the Indian Ocean World, Aldershot 2002 | –, Asia and World Precious Metal Flows in the Early Modern Period [2001], in: ders., The World of the Indian Ocean, 1500–1800, Aldershot 2005, 21–57 | Peres, D. 1960 | Pohl, H., Die Portugiesen in Antwerpen (1567–1648), Wiesbaden 1977 | Prakash, O. (Hg.), European Commercial Expansion in Early Modern Asia, Aldershot 1995 | –, European Commercial Enterprise in Pre-Colonial India (NCHI 2, 5), Cambridge 1998 | Rau, V., Les marchands-banquiers étrangers au Portugal sous le règne de João III (1521–57), in: Mollat, M./Adam, P. (Hg.) Les aspects internationaux de la découverte océanique, Paris 1960, 275–317 | Romano, R./Tenenti, A./Tucci, U., Venice et la route du Cap 1499–1517, in: Cortelazzo, M. (Hg.), Méditerranée et océan indien, Venedig 1970, 109–39 | Rothermund, D., Violent Traders: Europeans in Asia in the Age of Mercantilism, Delhi 2014 | Schmitt, E. 1984–2008 | Schulze, F./Hümmerich, F., Quellen und Untersuchungen zur Fahrt der ersten Deutschen nach dem portugiesischen Indien 1505/6, München 1918 | Schurhammer, G. 1955–73 | Silva, J.G. da, L'appel aux capitaux étrangers et le processus de la formation du capital marchand au Portugal du XIV eau XVIIe siècle, in: Mollat, M./Adam, P. (Hg.) Les aspects internationaux de la découverte océanique, Paris 1960, 341–63 | Smith, S.H., A Question of Quality: The Commercial Contest between the Portuguese Atlantic Spices und Their Venetian Levantine Equivalents during the Sixteenth Century, Itinerario 26, 2 (2002) 45–63 | Souza, G.B., The Survival of Empire: Portuguese Trade and Society in China and the South China Sea, 1630–1754, Cambridge 1986 | Subrahmanyam, S. 1990, 1993 | Thomas, P.J., Mercantilism and the East India Trade, London 1926 | Thomaz, L.F., Portuguese Sources on Sixteenth-Century Indian Economic History, in: Correia-Afonso, J. (Hg.), Indo-Portuguese History: Sources and Problems, Oxford 1981, 99–113 | Trakulhun, S., Siam und Europa, Hannover-Laatzen 2006 | Warburg, O., Die Muskatnuss, Leipzig 1897 | Watt, G. u.a., A Dictionary of the Economic Products of India, 7 Bde. in 10 Tln., Delhi 1889–93, Ndr. 1982 | Westermann, E., Silberrausch und Kanonendonner. Deutsches Silber und Kupfer an der Wiege der europäischen Weltherrschaft, Lübeck 2001.

第四章

欧洲人来到亚洲海岸：尼德兰人、英国人、法国人及其他

尼德兰东印度公司*

进入17世纪以来，欧洲扩张的主导地位从伊比利亚诸强那里转入西北欧人手里，在这一过程中，最初尼德兰人领先于英国人，到18世纪，大不列颠才最终取得优势。这些西北欧的初来乍到者与当时强大的殖民大国葡萄牙和西班牙的对立最初常常表现为信仰之战，因为至此为止，殖民垄断权的所有者是天主教徒，敌视垄断的竞争者则是新教徒。从政治角度看，这是所谓信仰之战时代的欧洲冲突延展至海外，因而17世纪中叶的冲突完全可被看作欧洲的第一次世界大战，而德意志土地上的冲突则表现为三十年战争。

从经济史角度看，这一转换的出现当然并不出人意料，甚至可以说是各种关系的正常化，因为欧洲世界贸易的主导地位也随之转到了经济最为发达的地区，转到了17世纪黄金时代的尼德兰，在这一时代，它在许多方面都对整个欧洲起着典范作用。除了意大利北部，在中世纪，尼德兰就已是经济中心之一，是欧洲人口密度最大的地区之一。不过在尼德兰内部，其中心地区在南部。位于当时较大而开放的须德海（Zuidersee）与北海（Nordsee）之间的荷兰省（Holland）以及莱茵河入海口的群岛泽兰（Seeland）稍逊于中世纪的都市布鲁日，稍逊于16世纪曾是欧洲举足轻重的商品市场和金融市场的安特卫普。就连葡萄牙有时也通过设在安特卫普的一个商行经营它的印度香料贸易，并在那里购进用于支付采购款的铜。不过尼德兰自古以来就因商业关系与伊比利亚半岛紧密联系在一起，也因政治与其紧密联系在一起，它是查理五世世界帝国的中心。在这种情况下几乎谈不上与伊比利亚

* 正式名称为“联合东印度公司（Vereenigde Oostindische Compagnie）”，常译作“荷兰东印度公司”。——编者注

180 诸强真正展开竞争，尼德兰在那里投入的资本也不少于南德意志地区的富格尔家族和韦尔泽尔家族。

1568年至1648年，尼德兰与西班牙进行了所谓的八十年战争（1609年至1621年因令人费解的停战中断了一段时间），然而，就连这场战争也没有完全瓦解这一经济联系，这一点很能说明问题。双方都徒劳地试图阻止与敌方的贸易，它们相互依赖的程度非常高，西班牙需要波罗的海地区的粮食和造船所需的北欧原材料，两者均由尼德兰人提供，而尼德兰则在很大程度上需要西属美洲的白银为自己的经济注入资金，这些银子通过一些渠道从塞维利亚和加的斯半合法地流出，也就是通过德意志和英国代理人，通过法国和其他途径。

这一体系的主要受益者是阿姆斯特丹城，它所在的荷兰省正处在繁荣期，鲱鱼捕捞和波罗的海贸易处在飞跃发展之中。1576年西班牙人对安特卫普的毁坏以及1585年亚历山大·法尔内塞（Alexander Farnese）对它的再度占领意味着该城繁荣期的终结，北尼德兰的这一港口因斯凯尔特河入海口（Scheldemündung）遭封锁而长期无法使用。于是，安特卫普不少身份显赫的居民向北迁居，已经非常繁荣的阿姆斯特丹是他们乐于前往之地；由于控制着内陆水道，它已准备好接替安特卫普的角色。1594年，有个新到那里的人写道："在这里，安特卫普已经被阿姆斯特丹所取代。"1585年阿姆斯特丹的人口大概3万出头，1622年已达10.5万，1670年前后超过20万。17世纪时，它是欧洲的航运中心、最大的商品市场和具有决定性影响的资本市场。

1595年，在阿姆斯特丹北面的霍伦（Hoorn），经过对老船型进行改进，第一艘弗鲁特船（Fluyt）被设计出来了，这是一种专门用于廉价运输大宗货物的商业用船，之后可以依照接近现代标准化生产的方式由尼德兰各造船厂廉价地批量制

插图 23　尼德兰的弗鲁特船

造。弗鲁特船重心低，船底平，船体两侧大幅度向内收窄，从而使甲板比较小，因为1669年之前，海峡关税是按照甲板周长计算的。与宽度相比，船体非常长，这样桅杆的间距就比较大，因而装卸舱口也就比较大。船首和船尾的上部建筑被省去。与一般船只以及标准东印度航船的低矮船尾不同，它的尾
182 柱是圆的，它还尽可能地放弃火炮。这种船使用滑轮装置和类似装置来操纵船帆，因而可以保持较少的水手人数。1600年前后，一艘这一类型的尼德兰百吨船只要10名船员就够用了，而一艘同吨位的英国船则需要30人。这种费用的降低使尼德兰人在自波罗的海至地中海的海上航运方面占据着优势地位。就连在印度洋中，他们也投入使用了弗鲁特船。然而，真正的东印度航船通常是葡萄牙人使用的船型，只不过是较小和较灵活的变体。

商贸中的主导角色使阿姆斯特丹成为欧洲第一个商品货场，自1585年起，那里定期印制、发布最重要商品的价目表，即所谓的“价格报（Preiskuranten）”。无论是想买粮食还是铜，无论是想购进装备物品还是奢侈品，在阿姆斯特丹什么都能买到，甚至常常是只有在阿姆斯特丹才能买到。因而商品交易所里投机生意盛行是理所当然的，同样，金融市场和资本市场上的主导角色也是理所当然的。国内国外的借贷业蓬勃发展，而相当具有现代特色的有价证券投机活动已然泛滥，很快也涉及了东印度股票。1609年建立的汇兑银行扮演着类似今天瑞士银行的国际银行角色：它促成国家间的支付往来，遇有危机时，将为欧洲上层提供稳妥的投资机会。一些王公贵族用假名在这里开有自己的账户。

这一发展的社会承载者是荷兰省和泽兰省各城市的商人、船主和手工工场主。政治和经济领导权掌握在富裕市民、寡头统治者手里，即统治各城市的所谓摄政者（Regent）手里。共

和国[①]的联合体结构松散，这也就意味着七个省、国会和各省代表大会中分量最重者具有决定性的影响力。随着时间的推移，摄政者越来越多地抽身，不再积极参与交易，仅限于非公开地参与合伙，或是将自己的资金投入借贷和不动产。商人领导层变成了一个吃年金的阶层。尽管接近 17 世纪末时摄政者中流行着一种奢侈的生活方式，但他们从未完全失去自己的市民特性。

尼德兰商业资本也对香料交易感兴趣是不言而喻的。然而，只要有可能直接或间接分沾葡萄牙的利润，尼德兰人显然非常乐于不去冒与此相连的各种风险。西班牙的费利佩二世是共和国的死敌，1580 年又成为葡萄牙国王，他似乎扼杀了这 183
种可能性，不过并不是像以前所认为的那样主要通过禁运和随意没收，而更多的是通过与不包括尼德兰人在内的临时性国际联合组织签订合同。对尼德兰人来说这就等于被排除在市场之外，尝试与东印度生产者建立直接联系便是出于这一原因。

我们并不缺少这方面的信息。1592 年，一个名叫让·哈伊根·范·林斯霍滕（*Jan Huyghen van Linschoten*，1563~1611 年）的人回到了恩克赫伊森（Enkhuizen），他出身天主教家庭，自 1579 年起与兄弟们在西班牙经商，自 1583 年在印度做果阿总主教的书记员，其间有计划地收集了葡萄牙商业帝国的资料。此时他已改信加尔文教。1595 年，他的《葡萄牙人东方航海记》（*Reysgeschrift van de Navigatien der Portugaloysers*）出版，这是一部葡萄牙印度航海手册的汇编，是 1596 年出版的《葡萄牙人之东印度水路志》（*Itinerario, voyage ofte schipvaert van Jan Huyghen van Linschoten naer Oost-ofte Portugails Indien*）的第三部分。

---

① 尼德兰七省联合共和国（1581~1795 年），也称作尼德兰联省共和国、荷兰共和国等。——编者注

《水路志》采用自传性报道的形式详细介绍了东印度的国情，也依据文献介绍了几内亚和美洲的国情，从中不仅可以了解风情和航路，还能了解葡萄牙帝国的强项和弱点。特别具有吸引力的消息大概是，穿过巽他海峡可以直接到达西爪哇，在那里不仅可以不受葡萄牙人干扰购得大量优质胡椒，还能买到丁香和肉豆蔻。1598 年英译本和德译本出版，1610 年法译本出版。在范·林斯霍滕的著作出版之前，他收集的资讯已在尼德兰发挥了作用，与其共同发挥作用的还有从佛兰德逃出来的加尔文派传教士和地理学家皮特鲁斯·普兰修斯（Petrus Plancius，1552~1622 年）的各种建议。

尼德兰人绝对没有忘记敌对关系的存在，他们很想避开葡萄牙人，不太喜欢走穿过麦哲伦海峡（Magellanstraße）或绕过合恩角（Kap Hoorn）的那条危险而漫长的环球航路（自 1598 年起尼德兰船只多次试行了这条航路），而是更想走一条设想的沿西伯利亚海岸航行的东北航路。在普兰修斯的建议和范·林斯霍滕的亲自参与下，1594 年至 1597 年共派出了三支探险船队向东北方探查，前两支船队由政府派出，最后一支由阿姆斯特丹倔强的商人派出。徒劳了一场，成果仅为发现了新地岛（Novaja Semlja）和斯匹次卑尔根岛（Spitzbergen）；以后者的史密伦堡（Smeerenburg）为据点的“北方公司（Nordische Compagnie）”（1614~1642 年）由此扩大了自己
184 的捕鲸范围。然而如今，由于极地冰盖后退，东北航道很快将会变宽，鹿特丹（Rotterdam）至横滨（Yokohama）的航行时间大概可以缩短 34%。

不过在此期间，尼德兰人走传统航路到达了印度。1594 年，9 个商人在阿姆斯特丹成立了“远程贸易公司（Compagnie van Verre）”，公司花费 29 万荷兰盾装备了 4 艘船，自 1595 年至 1597 年出海航行，目的是购买香料，但应避开葡萄牙人

并友好地对待土著。主要是由于自己不熟练，船队首领科尔内里斯·德·浩特曼（Cornelis de Houtman）只带着3艘船归来，248名船员归来的仅为89人，而且带回来的货物也不多，然而前往西爪哇万丹（Bantam）的航路开通了。

相互竞争的公司迅速涌现。至1601年共有8家不同的公司派出14支船队前往万丹和马来亚，船只总数达65艘。一支选择绕行美洲航路的船队的最后一艘船于1600年到达日本。损失数量巨大，然而由雅克布·范·内克（Jacob van Neck）率领的一支由8艘船组成的船队于1599年和1600年分两批满载着胡椒和丁香从爪哇和马鲁古归来，带来的利润为400%。各个公司之间的竞争被证实极其有害。1599年，阿姆斯特丹船队得到的指示是："时刻谨记在生意场上泽兰人是我们的对手，因此不得信任他们。"（Masselman，119）香料的收购价自然迅速飙升，因为需求者之间的激烈竞争面对的是供给方的垄断。于是建立买方垄断便作为合适的解决方法被提上了议事日程。1598年，尼德兰国会试图促成各竞争对手进行合作，却空忙了一场。最终，阿姆斯特丹公司毫不犹豫地在尼德兰国会为自己申请印度洋贸易的垄断权，垄断当然仅仅着眼于消除尼德兰人之间的竞争。然而，任何一家公司都没有被授予特权，在共和国举足轻重的政治活动家约翰·范·奥尔登巴内费尔特（Johan van Oldenbarnevelt）的帮助下，竞争对手们组合成"联合东印度公司（Vereenigde Oost-Indische Compagnie，V.O.C.）"。对于范·奥尔登巴内费尔特来说，这一经济政策举措首先具有外交方面的意义。

> 人们都非常清楚，西班牙国王对这种不和感到十分高兴，因为与一个强大的统一公司抗衡对他来说恐怕将非常困难。因此各方联合起来归入一个组织符合共和国的利

益。（Masselman，41）

185 联合公司赶在1602年春天出航日期之前及时成立了，3月20日，尼德兰国会签发了公司的证书（octrooi），该证书授予联合东印度公司此后21年间经营好望角和麦哲伦海峡之间尼德兰贸易的垄断权，享有进行战争、缔结条约、占领土地和修建要塞的权力。该证书分别于1623年、1647年、1683年、1696年、1740年、1741年、1742年、1748年、1774年和1776年进行了延期，几乎每次延期联合东印度公司都向尼德兰国会缴纳了费用。自1674年起就连各地方长官也拿有自己的份额。

联合公司由相互竞争的利益群体组合而成，这一属性反映在其联合体结构上。它由六个议事会（kamers）组成，各议事会分别设在阿姆斯特丹、米德尔堡（Middelburg，位于泽兰省）、代尔夫特（Delft）、鹿特丹、霍伦以及恩克赫伊森（后四处与阿姆斯特丹一样都在荷兰省），在共同行动的框架下各自装备自己的船只，在各自的港口卸货，集中进行结算。高达6424588荷兰盾的原始公司资本的来源可以让人看出阿姆斯特丹和荷兰省的优势。

单位：荷兰盾

阿姆斯特丹	3674915
米德尔堡	1300405
代尔夫特	469400
鹿特丹	173000
霍伦	266868
恩克赫伊森	540000

每个尼德兰居民都有权投资，投多投少出于自愿。认购额在50荷兰盾和97000荷兰盾之间不等。阿姆斯特丹的

3674915荷兰盾分别属于1143位股东（Participanten），其中认购1万荷兰盾以上的只有84人，不过他们的投资额合计已达1620260荷兰盾。阿姆斯特丹的股东中有301位是从南方逃过来的，他们的认购额总数达140万荷兰盾。位居第二的米德尔堡议事会拥有264位股东，其中认购额超过1万荷兰盾的37人，1000荷兰盾至1万荷兰盾的148人，低于1000荷兰盾的79人。股东中也有德意志人和英国人，例如符腾堡公爵（Herzog von Württemberg）有段时间曾在鹿特丹议事会投入2万帝国塔勒（Reichstaler）。不过，尼德兰人自己的资金并非都限于省界之内，阿姆斯特丹人也在米德尔堡进行投资。17世纪末那里有160位省外股东，投资额总计达60万荷兰盾，超过该议事会资本的一半，其中108位股东的43.9万荷兰盾来自阿姆斯特丹。

普通股东有权参与分红，但对经营没有任何影响力。在议 186
事会中，他们从投资额在6000荷兰盾以上的股东中选出对经营拥有一定监督权的主股东（Hooftparticipanten），在较小的议事会中从投资额在3000荷兰盾以上的股东中选出。另外，经营几乎不受什么约束地掌握在从此前各个公司的寡头领导中产生的管理者（Bewindhebbers）手里。这种终身董事最初为76人，后减为60人，其名额分配情况如下：阿姆斯特丹20人，米德尔堡12人，其他议事会各7人。这个圈子若有缺员，就进行补选，而身为各城市统治者的股东对此没有什么发言权。这些董事的中心是最高领导机构“十七人董事会（heren XVII）”，其中阿姆斯特丹占8个席位，米德尔堡占4个，其他议事会各占1个。第17个席位不固定，目的是在形式上阻止阿姆斯特丹占多数。十七人董事会从管理者和主股东中聘任各个委员会，协助它做各类准备工作。

由十七人董事会聘任的公司律师越发成为真正的业务负

责人，这对历史学家来说是一件幸运的事，因为1652年至1706年在任的第三任律师皮特·范·达姆（Pieter van Dam）受十七人董事会委托，于1693年至1701/1703年撰写了一份供内部使用的《东印度公司说明》（Beschryvinge van de Oostindische Compagnie），内容丰富，详细描绘了公司历史、公司组织、业务进展、各个贸易领域、公司的亚洲管理系统和公司为教会效力的情况。

公司内部的寡头结构及其与共和国各当权群体的密切关系允许董事们主要根据自己的利益进行经营，各类股东的异议不会对他们产生任何实质性影响。起初，这些董事可以通过参与装备船只和进口货物直接做生意，后来代之以领取薪水。尽管公司总是需要巨额资金用于投资和在亚洲的行动，但为了这些董事的领导不受干扰，经营策略一直是迅速支付红利以及放弃积累资金，这样一来便会经常出现急迫的资金短缺的情况。尽管如此，公司从未大幅度提高基本资金的数额，若遇急需资金的情况，便以存货做担保，通过短期借贷进行筹措，而这些存货的用途本是控制价格。因为没有人比这些董事更了解详情，
187 所以他们以及与他们关系亲近的人就是这种款项的借贷人。也就是说，他们不承担任何风险地把钱预借给公司，以此获取由普通股东承担的高额利息。从一些角度看，东印度公司好像是作为一种让少数家族发财的工具而被设计出来的。

从前期公司（Voorcompagnieën）① 到发展成熟的联合东印度公司，这条路走下来，完成了从规约公司（regulatedcompany）到合股公司（joint-stock company），再到一种具有现代意义的股份公司的企业形式的转变。规约公司是纯粹的合伙公司，被统合在其中的商人们各自独立，自己承担风险，但依照一

① 联合东印度公司的前身是一系列公司，统称为“前期公司”。——编者注

定的、大都是由当局宣布的准则行动。而只要合股公司实际上在使用共同资本进行运作，那它就是一种资本投资公司。它与现代股份公司的区别在于其资本只能用于某一行动，如一次东印度航行，或者最多能在某一期限内使用，比如说十年。只要满足下列条件它就成了股份公司：1. 投入资本不再有具体期限；2. 任何人都可以直接参与；3. 资本份额可以在交易所买卖；4. 开始按出资金额承担有限责任。前期公司具有合股公司类型的资本投资公司特征，不过，只要股东只是领导层的某一成员拉来增加资金的，也就是说不是直接和匿名参与的，那它们就依然是合伙公司。

东印度公司比较接近现代股份公司，当然也存在着差异，即它享有国家给予的特权以及它的开业证书上的规定，按照规定，任何一个股东在任何时间都可以解约并要求偿还自己投入的本金以及支付红利，另外，公司还负有十年后与所有股东结算的义务。然而不可能再废除投资使这两个规定成为不可能，第一个规定被不声不响地置之不理，1612 年，尼德兰国会免除了东印度公司在第二个规定中承担的义务，而且 1606 年以后越来越频繁地被称作“股份（actie）”的资本份额的可交易性也被交易所接纳。

交易所的行情随着经营状况波动，红利分发和政治成就在这方面都发挥着各自的作用，它们也可能被管理者用于操纵行情。正面传言让它在 1606 年飙升至 200，负面流言使它在
1607 年降至 60。1631 年至 1649 年成功地在亚洲挤压葡萄牙 188
人时，它因应发展趋势从 200 上升到 400 以上，1648 年达到最高值 539。17 世纪上半叶每年的红利无规则地上下起伏，最高值为 1610 年的 132.5%，最低值为 1627 年的 12.5%，其间每年分红两次，有的年份甚至三次。用现金分红和用丁香分红的次数几乎相等，有一次分红使用的甚至是肉豆蔻花。截至

1796年，东印度公司支付的红利共计2.32亿荷兰盾。

这种殖民地特许公司完全具有半国家特性，作为高度发达的经济组织形式比王权资本主义更有能力动员起用于欧洲扩张的巨额资本，因此直至19世纪，它们都是最受欢迎的殖民地政治的工具，其鼎盛期为17、18世纪。

然而，这并不是说东印度公司一开始就通过自己的成就显现自己的优越性。第一次分红让人等了八年并非没有缘由。各项计划都制定得很好，但成果甚微。1602年、1603年、1605年、1606年和1607年东印度公司都向亚洲派出了船队，每支船队都不少于11艘船。与葡萄牙人作战，攻占他们的据点，特别是攻占莫桑比克、锡兰、马六甲乃至果阿都已列在计划之中，当然并非没有异议。1603年还处在前期公司时期，从澳门驶出的1500吨的卡拉克帆船“圣卡塔丽娜号（Santa Catarina）”在马六甲海峡被劫掠，1604年被送往埃姆登（Emden）出售。那一船货物购进时花了3389772荷兰盾，其中，1200包中国生丝就用了250万荷兰盾。

不过，有一些具有影响力的股东反对在商业航行中使用暴力，认为一个私营公司没有获取战利品的权力，这些股东中有门诺派教徒（Mennoniten）。有些股东示威性地将自己具有200%红利的份额送给了穷人。然而，尼德兰海军法庭作出了有利于公司的裁决。公司律师、21岁的胡果·格劳修斯（Hugo Grotius）在一份详细的法律评估书中为对葡萄牙人使用暴力进行了辩解，评估书题为“关于获取战利品权力的解释（De Jure Praedae Commentarius）”。

各家前期公司都留下了商行，但1600年在安汶岛建立的据点首先被丢掉了。不过1605年，他们长久性地占有了安汶岛上的维多利亚堡（Fort Victoria），这是东印度公司获得的第一块具有领土性质的土地，当地居民勉强同意签订一项香料

垄断合同。同年，他们将葡萄牙人逐出了蒂多雷岛，但菲律宾 189
的西班牙人于1606年夺回了该岛并占领了半个世纪。1607年，特尔纳特岛由尼德兰庇护，签订了一份丁香垄断合同。同样在1605年，班达岛居民迫于登岛的尼德兰人的压力同意了垄断合同，但在尼德兰人的竞争对手爪哇和英国人的影响下并未长期遵守合同。1609年，一位想强制推行一种新规定的尼德兰海军将领及其46名手下被杀。尽管尼德兰人立刻重建了自己的控制，但班达人始终是靠不住的生意伙伴。

1609/1610年在日本建立了平户商行。东印度公司清楚印度次大陆作为纺织品供应地的重要意义，自筹部分资金的欧洲与香料岛的交易不能缺少这些纺织品。然而，由于当地人、葡萄牙人和英国人的抵制，从一开始就作出的在苏拉特、马拉巴尔海岸和肉桂岛锡兰立住脚跟的尝试进展得并不顺利。与此相反，至1605年在东海岸却开设了四个商行，从北向南依次为默苏利帕塔姆（Masulipatam）、尼札姆帕塔姆（Nizampatam）、普利卡特（Pulicat）和特噶纳帕塔姆（Teganapatam）。

起初公司的地位还不稳固，因而1607年至1609年，尼德兰与西班牙进行停战谈判期间涉及垄断问题时，东印度公司从其利益出发还不可能像先驱者那样反对葡萄牙和西班牙的垄断权，也不可能争取自由远洋贸易。格劳修斯关于获取战利品权力的那份评估书当时尚未公开，从中选取有关章节以“论海洋自由，或荷兰参与东印度贸易的权利（Mare Liberum, sive De Iure quod Batavis competit ad Indicana commercia Dissertatio）”为题匿名发表，此时显得非常恰当。国际法的准则之一不正是“任何一个民族都可以探访另一个民族并与其做生意”吗？如果任何一个民族生来就不会要求将与其临近的海洋作为自己的独家财产，大洋宽度如何能缩减那么多。如果葡萄牙人抱怨自己的利益受到损害，人们只能如此回答：“每个人都可以对某一对所有人都具有均等机会的利益提出要求，即使另一个人从前曾独自榨取过它，这完全合乎自然法则，完全符合法理和公理。”从中得出的结论是：“尼德兰人的事业实则更为合理，因为他们的得益与整个人类的得益紧密联系在一起，而葡萄牙人则要毁灭这一得益。”葡萄牙人的所得虽然会减少，“却是为了整体的利益。但愿世界上所有王公贵族和专制
190 君主的所得也照此减少”（Grotius/Selden 16，99 f.）。1609年发表的《论海洋自由》对停战谈判而言来得太迟，不过在与英国的争执中应该对尼德兰人的捕鱼业和航海起到了很大作用。在这场争执中，约翰·塞尔登（John Selden）于1619年撰写了反驳文章《封闭性的海洋或制海权》（*Mare Clausum seu De Dominio Maris*）。东印度公司的许多船只环绕不列颠群岛航行而不是穿过英吉利海峡，另外，尼德兰人也在这些水域捕鱼。今天，国际法对海洋自由又有所限定的理解就出于尼德兰的利益政治，尼德兰虽然打着“海洋自由（Mare Liberum）”的战斗口号登场，但在东方却竭力尽快以自己的“封闭性海洋（Mare Clausum）”取代葡萄牙人的“封闭性海洋”。

为实现这一目标，十七人董事会于1609年作出了与葡萄牙人当年同样的决定，组建了一个由总督领导的亚洲中央领导机构，委托总督在柔佛、万丹或雅加达（Jacarta）为一个尼德兰体系创设中心。1611年，小邦国雅加达的统治者允许在其优质港口建立一个不设防商行，然而由于英国的竞争，他们未能取得进一步的成就，直到十七人董事会找到了他们自己的“德·阿尔布克尔克”情况才有了转变，此人便是1619年至1623年以及1627年至1629年担任总督的简·皮特斯佐恩·科恩（1587~1629年）。在总督手下担任总会计师以及后来担

任总经理期间，科恩凭借自己在意大利所得的专业知识改革了公司的簿记，同时制定了一个政治规划，即《就荷属印度问题给尊贵的股东的建议》（Discoers aen de Edelen Heeren Bewinthebberen touscherende den nederlantsche Indischen staet），1614 年将该规划寄给了十七人董事会，甚至尼德兰国会也讨论过它。

科恩富有远见的规划包括三个要点：国家贸易、香料垄断和移民。不仅要在与欧洲的香料交易方面，而且要在亚洲贸易，即所谓的国家贸易方面将葡萄牙人和西班牙人排除在外。国家贸易比与欧洲的贸易更加有利可图，而且为了给欧洲贸易筹集资金，它也是不可或缺的。为此必须要有庞大的船队和尼德兰的移民殖民地，而对手的优势就在于其殖民地和当地信奉基督教的臣民。由于将香料以外的亚洲自由贸易让给了个人，移民计划对有兴趣者颇具吸引力。自由贸易，但必须效力于一个高一级的垄断！已经负债累累的东印度公司一旦缺乏资金，尼德兰国会必定出手相助。科恩对英国人在马鲁古群岛的活动的担忧几乎高于对伊比利亚诸强的担忧。公司必须以比例适当 191
的正义和暴力（世界上唯有靠力量实现的正义才能带来更多的正义）实现自己有条约为依据的权利，并最终创建秩序。为此，海上巡逻以及控制爪哇向香料岛输出其不能自给的稻米都是适当的措施。科恩否定葡萄牙式的使当地人皈依的尝试。加尔文派传道士，“即前所未有的白痴”，应主要用于使尼德兰海员、士兵和未来的移民遵守纪律。科恩以长远的眼光，计划待 1621 年与西班牙的停战期满后，攻占马六甲、中国澳门和马尼拉。用钱可以找来足够的当地雇佣兵以实现该目的，因为在马鲁古群岛，这种雇佣兵已经证实了自己的能力。

然而，这一计划在那些具有决定性作用的董事看来花费太大，他们不愿长期付出而短期内不能实现收益——或许有必要审视一下王权资本主义与商业资本主义在这一点上是否有差异，以及差异有多大。科恩只能实施他的垄断和组织计划。

总部依然设在万丹，英国商行和尼德兰商行之间在那里会发生武装冲突。不过在此期间，科恩未经当地邦主许可就在雅加达修建了一个要塞。英国人在一场海战中赶走了科恩，但在爪哇人面前又退却了，后来科恩又驱逐了爪哇人。1619 年，他建立了巴达维亚新总部，其间曾恢复了旧名雅加达，今天那里还是印度尼西亚的首都。18 世纪，巴达维亚有约 2 万名居民，其中有 4000~6000 名是为东印度公司效力者，有 3000 多名中国人，另外郊区还有 6 万人。

鉴于与西班牙在欧洲的停战将于 1621 年到期，英国人和尼德兰人于 1619 年达成了和解。由在此期间下台的范·奥尔登巴内费尔特筹划的联合公司没有成功，否则欧洲扩张史或许是另一种走向。尼德兰人将三分之一的香料生意让给了英国人，英国商行也迁往了巴达维亚。但科恩此时奉行的是一种挑衅政策。1623 年，安汶岛的尼德兰地方长官下令处决了那里已决定解散的英国商行的 10 个英国人、10 个日本人和 1 个葡萄牙人，原因是密谋反对尼德兰人。这次“安汶岛大屠杀”加剧了对立，而且成为英国方面在历次针对尼德兰的战争中随时可用的宣传材料，甚至到 1899 年至 1902 年的布尔战争期间还在使用。1673 年，英国诗人约翰·德赖登（John Dryden）写了一部当时极为适时的悲剧，剧名叫作《安汶岛，或荷兰人对英国商人的残酷暴行》（*Amboyna, or, The Cruelties of the Dutch to the English Merchants*）。1623 年，英国人放弃了他们的日本站点，1628 年又回到万丹，直至 1682 年尼德兰人将他们从那里驱赶了出去。

1621 年，科恩也让不安定的班达群岛“安定下来”。最初的战斗结束后，班达人由于已经投降而被视作尼德兰的臣民。

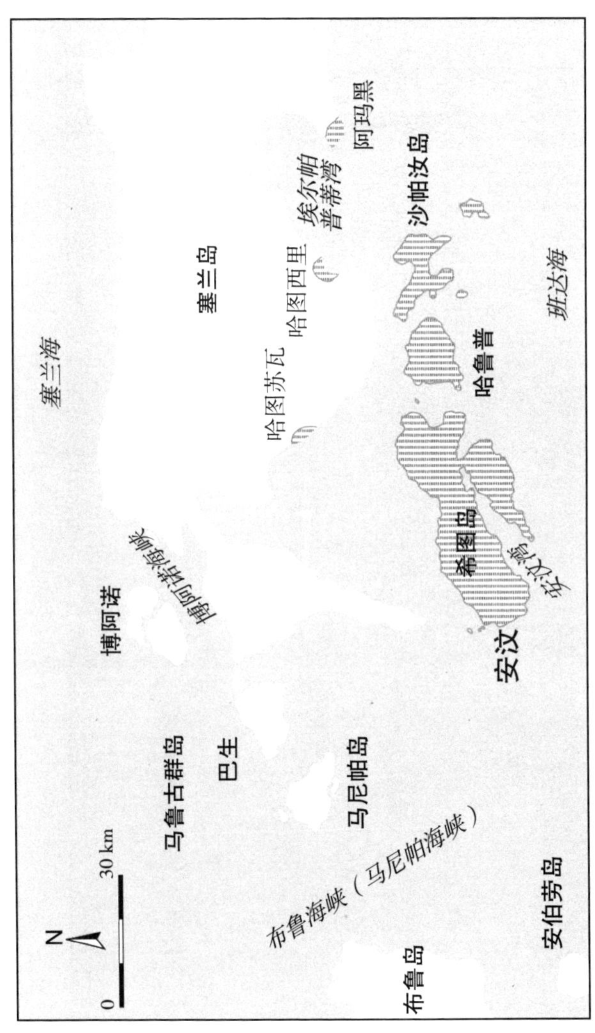

插图24　安汶岛，1619年

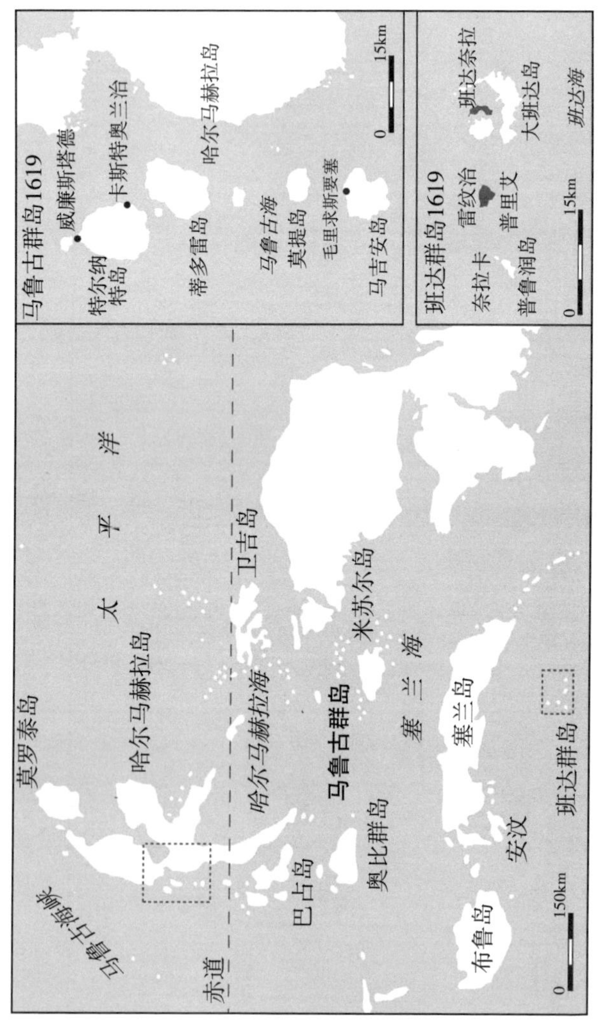

插图 25、26 马鲁古群岛和班达群岛，1619 年

按照在尼德兰施行的罗马法，他们的再次起义是要受到死刑惩处的反叛行为。尼德兰人以及他们的日本雇佣兵或屠戮当地居民——47 个首领事先受到刑讯，或将他们卖为奴隶，或将他们赶进深山饿死。关于班达岛居民至少有一位前地方长官这样写道："我们理应想到，他们是在为自己国家的独立自主而战斗，而我们在多少年里同样是为了这一目标奉献了生命和财产。"肉豆蔻垄断此时有了保障。奴隶在尼德兰人监督下劳动，播撒肉豆蔻树种，其数量事先受到限制。1638 年，有资料提到 280 个班达人（Bandanesen）和 2200 个奴隶，其中，部分奴隶是从印度输入的。

丁香生产分布范围更广，因此控制起来不可能那么容易。马鲁古群岛一如既往地向欧洲的竞争各方供货，另外，超量生产也会导致货物在欧洲跌价（东印度公司的红利常常用丁香发放），所以为了消除与自己控制的丁香产地安汶岛的竞争，尼德兰人转而开始让名为"战艇队（Hongitochten）"的特别探险队驾驶当地的科拉科拉船（Coracora）毁灭丁香树。1662 年，受到中国逼迫的西班牙人从马鲁古群岛撤出，此举为尼德兰人采取这一行动提供了机会。在此期间，苏拉威西岛［西里伯斯岛（Celebes）］西南部的伊斯兰苏丹领地望加锡（Makassar）成为当地人、葡萄牙人、英国人和丹麦人的香料交易中心，1660 年至 1669 年，尼德兰人派出三支远征军攻击该地并将其置于自己的直接控制之下——他们的肉豆蔻和丁香垄断此时终于获得了最终保障。

1622 年，科恩企图攻占对中国贸易的门户澳门，被葡萄牙人击退。尼德兰人在佩斯卡多尔列岛（Pescadores-Inseln）站稳了脚跟，从那里威胁中国海岸，最后被一支中国舰队驱走。当时有一个中国人这样描述这些新来的红发蛮人的特性——

> 194 他们贪婪狡猾，对于珍贵物品具有广博的知识，善于非常巧妙地发挥自己的长处。为了获取利润，他们会毫不犹豫地拿自己的生命冒险。再偏远的地方他们也会想方设法成功前往。若在海上遇到他们，必定会遭其劫掠。（Parthesius，7）

自1624年至1661年，尼德兰人占据着台湾，他们在该岛西南部的要塞热兰遮（Zeelandia）很快便成为对中国内陆贸易或走私活动的中心，直至明王朝追随者国姓爷郑成功收复了该岛。至少在1650年以后，东印度公司在那里通过中国货物、农业产品、狩猎产品（供给日本的兽皮）、351个村庄的赋税以及将土地租赁给中国人获得了丰厚的收益。17世纪下半叶的冲突以及尝试接近均未促成与中国的特别值得注意的接触。18世纪，东印度公司不得不与其他欧洲人分享对中国贸易。而在日本情况则完全不同，出岛（Deshima）上的尼德兰人一直是那里唯一的欧洲人，因为无论有多少限制，日本贸易都是特别值得一做的。中国竞争对手已经在巴达维亚刺探他们的情况并向日本人报告。1638年，仅进口贸易就获益250万荷兰盾，1651年至1671年，年均收益为90万荷兰盾，1641年至1689年的年均利润率在49%和75%之间起伏！

这一商业成就的秘密就是公司自己经营的内陆贸易。1595年至1660年，欧洲与亚洲之间的航行为1368航次，但其他520个目的地之间的航行却达11507航次，而且呈上升趋势。这些航行最重要的货物是印度纺织品以及科罗曼德尔海岸（Koromandelküste）和孟加拉地区的棉布，1630年，东印度公司在孟加拉站住了脚，直至大约1720年一直扮演着比英国人重要的角色。另外，孟加拉还提供生丝和鸦片，前者在日本销售，后者销往印度尼西亚。由于日本停止输出白银和黄金，

17 世纪末，内陆贸易的重要性减弱，于是孟加拉成为尼德兰的主要供货方。按照价值计算，1700 年前后 40% 的进口货物出自那里，其中源自那里的纺织品占一半以上，生丝达 80%。对方——莫卧儿帝国重视白银进口，十分优待这一交易。印度商人作为供货商从中获取利益，作为对手，他们具有费用低和网络宽广的竞争优势。在印度融入新的世界贸易方面，尼德兰人以这一方式所起的作用大于葡萄牙人。

尼德兰人在与缅甸的贸易中也以印度纺织品作为支付手段，自 1634 年至 1680 年，他们在那里设有各类商行。然而与那里输出的锡、中国黄金、中国铜币、象牙和漆进行结算时无 195
法实现轧平，因而在内陆贸易的重要性初显下降时，缅甸被放弃了。另外，与缅甸合作进行的奴隶交易在 17 世纪处于鼎盛时期，参与交易的不仅有葡萄牙人，而且有尼德兰人，奴隶既有战俘也有买来的。1621 年至 1629 年，葡萄牙人将 42000 个孟加拉奴隶运到吉大港（Chittagong），1621 年至 1665 年，尼德兰人卖出了 27000 人，其中男性占三分之二。17、18 世纪共有 20 万 ~30 万奴隶被送到巴达维亚，1688 年尼德兰人蓄养的男女奴隶为 66348 人。所有的尼德兰殖民城市都是奴隶社会。1699 年，巴达维亚的人口中奴隶占 57%，在科伦坡占 53%，在开普敦占 42%。

1604 年至 1765 年，东印度公司在暹罗（Siam）当时的首府阿育他亚（Ayutthaya）也设有一个商行，1608 年该商行甚至将一个暹罗使团送到了尼德兰。暹罗最初的重要性在于它为日本市场提供兽皮和檀香木，向巴达维亚供应稻米，还在于它提供了进入封闭的中国的可能通道，后来还向马来半岛提供锡。东印度公司方面用白银支付货款并为宫廷提供印度纺织品和奢侈品。因为宫廷控制着交易或自己经营交易，所以生意双方相互提供帮助，不过有时也相互插手对方的事务。当生意不再有利可图时，出于战略原因，尼德兰人依然坚持与欧洲竞争对手对抗，最终等到了葡萄牙人的退却，挺过了法国人和英国人登场的插曲。另外在18世纪中叶，东印度公司虽然哀叹花费巨大，但还是多次将暹罗佛僧送到自己控制着其海岸的肉桂岛斯里兰卡，这些佛僧需要重新振兴在那里处于颓势的佛教。东印度公司以这种方式插手地处内陆的康提帝国（Reich Kandy）的事务，甚至试图让一个作为佛僧一同来到斯里兰卡的暹罗王子取代那里的对它怀有敌意的国王。

科恩与彼得·范·登·布卢克（Pieter van den Broecke）一起在西部也取得了一些奠定基础的成果。1616年在西南印度的重要商业港口苏拉特重新建立了一个商行，担任苏拉特负责人和阿拉伯半岛、波斯和印度经理的范·登·布卢克于1620年至1629年建立起一个商贸网，在布罗奇（Broach）、坎贝和已属内陆的艾哈迈达巴德（Ahmedabad）、阿格拉（Agra）和布尔汉普尔（Burhanpur）的据点都属于这一商贸网。1615年他已与也门建立了联系，他希望通过销售香料、纺织品和其他印度货物在那里赚到用于支付欧洲所需货物款项
196 的贵金属。1618年在伊斯坦布尔的尼德兰代理人科内里斯·哈加（Cornelis Haga）弄到了苏丹的许可证书。1620年至1624年在摩卡（Mokka）设有一个商行，但由于尼德兰的垄断政策它成了对立的牺牲品。

利用波斯局势的发展变化，尼德兰人取得的成果更大。阿拔斯大帝（Shah Abbas der Große，1588~1629年在位）寻求与欧洲建立联系以对抗奥斯曼人，意欲绕开奥斯曼帝国在西方销售波斯丝绸。由于对哈布斯堡家族诸国失望，他转而去找英国人，后者不顾欧洲的和平，毅然决然帮助他于1622年攻占了葡萄牙人占据的霍尔木兹的岛屿并毁灭了它，从此位于对面大陆的波斯的阿拔斯港（Bändär Abbas）取代了其地

位。1623年，那里建立起一个尼德兰商行并在内陆设有一些据点，它很快就将大部分丝绸生意揽入自己手里。虽说必须用银子支付货款，但丝绸确实能带来丰厚的利润。在丝绸输出方面，尼德兰人很快就赶上了竞争对手英国人，没用几年便压过了他们。

尼德兰人的船较小且更加灵活，武器配置更强，火炮威力更大，船员更为训练有素，因而在海上冲突中一般都占据上风，但尽管如此，科恩还未真正突破葡萄牙人在印度次大陆的防护体系。在这一区域开始取得成就的是安东尼·范·迪门（Antonio van Diemen，1593~1645年），他是一个逃亡的破产者，科恩本人将他培养为自己的继承者，不过直到1636年他才被任命为总督。对十七人董事会来说，他的想法太多，他倡导的行动有时代价过于昂贵，例如阿贝尔·塔斯曼（Abel Tasman）对澳大利亚的探查，尽管如此，他担任总督一职直至1645年去世。

他于1636年开始发动的攻势意在控制斯里兰卡的肉桂和马拉巴尔的胡椒。地处斯里兰卡内地的邦国康提的数代统治者长期以来都与葡萄牙人有冲突，此时的罗阇·辛哈二世（Raja Sinha II，1634~1687年在位）打算利用尼德兰人打击葡萄牙人。1638年，尼德兰人攻陷了东部的拜蒂克洛（Batticola），1640年占领了南部的加勒（Galle），那里是肉桂产区的真正首府。另外自1636年起，每到航海季节，范·迪门都派出一支舰队封锁果阿，此举使此前一直由葡萄牙人控制的内陆贸易丧失可能，而且切断了果阿与澳门以及马六甲的联系。经过长期围困，马六甲于1641年落入尼德兰人手里，从此葡萄牙人在东部海洋的活动范围仅仅限于澳门。

1641年，葡萄牙起而反抗西班牙以及新政府与尼德兰停 197
战的消息传到了印度。然而范·迪门拖延着与葡萄牙人的谈判，直至1643年一直派出舰队进行封锁。起初尼德兰人以康提国王委托的“托管人（Treuhänder）”身份维持着对斯里兰卡的占领，随即又试图与葡萄牙人就分享肉桂收成达成一致，前提当然是让葡萄牙人付出代价。不过，停战协议也允许尼德兰人进入马拉巴尔海岸参与胡椒生意，1647年他们在那里的卡耶姆库拉姆（Kayamkulam）建立了第一个商行。

1652年与葡萄牙停战期满，以及1654年与英国的第一次战争之后，尼德兰人重又展开攻势。1656年攻陷科伦坡，1658年攻占贾夫纳帕塔姆（Jaffnapatam），尼德兰人以此控制了斯里兰卡的全部海岸。然而在随后数年里，攻占马拉巴尔海岸主要不是著名的长年担任总督的约翰·梅耶特瑟伊克（Johan Maetsuyker，1653~1678年在任）的成就，而是好战的老里耶克罗夫·范·戈恩（Rijklof van Goens des Älteren）的业绩，他是印度洋的最高指挥官，1657年至1662年以及1664年至1675年任斯里兰卡地方长官，1678年至1681年任总督。1661年拿下奎隆（Quilon），1662年攻占克兰加努尔，1663年在第二轮攻击中攻陷葡萄牙人最重要的胡椒交易中心科钦，另外还有坎纳诺尔。在东部的科罗曼德尔海岸，1656年占领了斯里兰卡对面的杜蒂戈林（Tuticorin），1658年占领了讷加帕塔姆（Negapatam）。葡萄牙人的其他据点随后也相继陷落，1662年高尔康达的统治者在尼德兰人的帮助下最终将葡萄牙人赶出了今天金奈（马德拉斯）附近的圣多美。尼德兰人将被占城市中的葡萄牙居民驱往果阿。葡萄牙提出外交抗议，因为一部分攻占是在1662年12月尼德兰与葡萄牙的和约得到批准之后进行的，这些抗议得到的回答是支付巨额款项后即予以归还的建议，而这一建议显然不是认真的。尼德兰人的统治取代了葡萄牙人的统治，但葡萄牙印度总督属地依然还在维持，而且其情况好于人们先前的认定。不过尼德兰人的地位绝对不是只建立在暴力基础上，而是建立在一种多样化的体系之上，除了努力获取特权和争取结盟以外，与亚洲竞争对手竞争在其中也占有一席之地。

在印度次大陆，1680 年之前可视为垄断时期，1680 年至 1748 年可视为竞争时期，东印度公司在后一时期虽说依然是实力最强的公司，但 18 世纪首先在孟加拉落在了英国人的后面。之前在那里以及在科罗曼德尔海岸和苏拉特的生意都是有盈利的，而此时在孟加拉的生意却与其他两处相反，蒙受了巨 198
大损失。不过这仅仅涉及当地结算，因为尽管斯里兰卡和马拉巴尔海岸在整个时间内都是亏损的，但至少锡兰的肉桂在尼德兰销售可以获得高额利润。

1668 年和 1670 年从亚洲运回的货物中，从胡椒获得的利润为 29%，丁香、肉豆蔻和肉桂的利润为 28.5%，棉织品和丝绸为 24%，其他产品如硝、糖、靛、铜等为 18.5%。1620 年胡椒的利润还高达 56%！ 1738 年和 1740 年胡椒的利润是 11%，其他香料 23.5%，纺织品为 28.5%，茶和咖啡为 25%，其他货物为 12%。

按照其结构来看，尼德兰人的统治体系与葡萄牙人的体系相似之处要比人们基于不同的主体所预期的多出许多。在占据有领土的地方，也就是在巴达维亚周边地区、各香料岛、苏拉威西和斯里兰卡，领土占有仅服务于香料垄断和中心地区的供应，除此之外再无其他意图。对当地各邦国的宗主权也是如此，例如先后在爪哇、马鲁古群岛和苏拉威西取得的宗主权，它只是用于确保东印度公司更高的目标，其本身绝不是目标。尽管科恩制定了各种计划，但尼德兰人并未像葡萄牙人那样与自己周围的亚洲世界建立更紧密的关联。

虽然尼德兰国会的权威赋予它了半国家的特性，但东印度公司的组织在一定程度上始终是一个商贸公司组织，即使各要塞指挥官被授予的官职也是商事总管（Opperkoopman）。总督和他的参议会驻在巴达维亚，参议会包括负责商贸业务的总经理、各商行的总监察官、财政总监（首席检察官性质的）、一位军事事务主管和一位船队事务主管。安汶岛、马鲁古群岛、班达岛和斯里兰卡的地方长官也是参议会成员，他们不在期间由副参事代表。巴达维亚及周边地区直接隶属于总督。此外还有八个地方长官，除了前面提及的四个，还有四个为望加锡、东北爪哇、马六甲和南非的地方长官。在未控制领土而只有据点的地方派驻有经理，如科罗曼德尔海岸、孟加拉、苏拉特和阿拔斯港，而马拉巴尔、加勒和贾夫纳帕塔姆的指挥官的级别则更低一些。在一些地方，例如摩卡和出岛，单独商行的负责人为总管（Opperhooft）。当地邦主处都派有一个
199 总督。东印度公司留下的大量档案中存有各个重要领地的日志（daghregisters），其详细程度令人高兴，它们是顶级的原始资料。

严格的垄断体制要求所有的交易原则上必须通过巴达维亚进行，这首先导致在印度次大陆进行的交易费用大幅度提升，并导致人们以各种方式开始直接与尼德兰来往。不过，唯有斯里兰卡自1664年起能够长期享有这一特权。就连与广州的贸易也只是在1728年至1734年间可以直接进行。每年有三支船队从尼德兰驶往巴达维亚，9月为“凯尔米斯船队（Kermis-Flotte）”，圣诞节和复活节也各有一支船队。每年从巴达维亚驶出两支船队，一支在圣诞节期间，一支在一到两个月之后，也就是在从孟加拉、中国和日本驶出的船抵达巴达维亚之后。个别船也在其他时间出航。起初，尼德兰人力求避开葡萄牙人的势力范围，因而发现了一条新航路，1615年成为规定航路。印度航船必须在开普敦停留休息，双向来的船都规定停留两周，但实际停留期平均为四周或更长。倘若在非紧

急情况下停靠其他港口，特别是停靠英国人的港口，则必须缴纳罚金。自 1652 年起在好望角有一个为此目的建立的殖民地，自 1680 年起鼓励大量移民在这个“印度航行客栈（Indischer Zeeherberg）”定居——白种人南非的发端。由于有从巴达维亚输入的奴隶，那里很快发展起使用奴隶劳动经营的农业。

绕过非洲之后，尼德兰人就将自己交给了南半球的西风，也就是说他们在南纬 38° 和南纬 42° 之间向正东航行，然后借助季风转向东北进入巽他海峡。1595 年至 1795 年驶往亚洲的尼德兰船只共计 4700 余艘，返回船只为 3300 多艘。在同一时间段内，英国驶出的船只总计 2676 艘，法国 1455 艘，葡萄牙还有 386 艘。尼德兰人在去程中船上共载 97.3 万人，回程载 36.7 万人，死亡率在 7% 上下波动。1602 年至 1630 年，每年驶出的船只平均为 12 艘，1626 年至 1670 年为 19 艘，1671 年至 1780 年为 29 艘，最高峰的 1721 年至 1740 年为 38 艘，去程平均航程为 250 天，返程为 230 天，前往巴达维亚和前往斯里兰卡航行时间相同。若不超过这一航行时间就有奖金。去程的平均损失率比 2% 多一点，回程在 3.4% 和 4.5% 之间。这一差别的原因应该是超载，因为损失在英国或法国对手以及 200
海盗之手的仅仅在 0.7% 和 0.9% 之间。去程的死亡率在 17 世纪平均为 6.7%，到 18 世纪为 9%，死亡率最高的 1690 年至 1695 年以及 1770 年至 1775 年分别达 20% 和 23%。回程的死亡率明显较低，这一差别的原因尚不清楚。人们估计 18 世纪死亡率高与几次流行性传染病暴发以及船员总体健康状况低下有关。与葡萄牙人相比损失减少的原因可能是严格的经营管理和技术进步。

然而 18 世纪，东印度公司在采用第三层甲板和给船体包铜方面，一开始出于费用原因而有所保留。各议事会均在自己的船厂造船，其中拥有数百工人的阿姆斯特丹造船厂效率最高，1783 年它可以同时让三艘大船下水。关于船只的建造和装备有相当精确的详细规定。标准型东印度航船和一般船只一样有三根桅杆，船首和船尾有上部建筑，船尾是平的。规定的船只大小分为三个类型，各类型具体定义常有变动。最大型的船至艏柱上方的长度为 170 英尺（约合 55 米），宽 39 英尺（约合 13 米），高 18.25 英尺（约合 6 米）；最小型船的长宽高分别为 61 英尺、16.5 英尺和 7 英尺（约合 20 米、6.5 米和 2.5 米）。大部分船只的长度为 100~150 英尺（约合 33~50 米）。个别船，例如一艘长 160 英尺的船，主桅须高 94 英尺 7 英寸（约合 32 米），粗 26 掌（约合 2.6 米）。一艘这么大的船须有 9 个严格规定的不同重量的锚以及 26 门不同口径的火炮，其中能发射 24 磅炮弹的两门，能发射 4 磅炮弹的四门。船舱起初设计得相当高，但后来比较低。造船费用逐年上涨幅度很大，1688 年造一艘大船的费用为 9.8 万荷兰盾，1735 年升至 14 万荷兰盾，1790 年达 18.4 万荷兰盾。长度在 100~140 英尺范围内的弗鲁特船造价较低，因此在欧洲航运中占优势地位，在东印度用于运输大宗货物，如稻米、小麦或胡椒。不过在印度也造了一些造价低廉的船，1690 年在科钦建造的一艘长宽高分别为 114 英尺、27.5 英尺和 12 英尺的船费用为 34642 荷兰盾。

17 世纪，东印度公司共建造最大型船只 53 艘，二级大型船只 43 艘，三级大型船只 199 艘，小型船只 412 艘，共计 707 艘；18 世纪建造各种类型船只分别为 219 艘、283 艘、175 艘和 78 艘，共计 755 艘。造船大型化的趋势是显而易见的。1725 年的一支船队拥有 161 艘船，其中 52 艘在亚洲，达
201 到了最高峰。建造这 1462 艘船共投资 1 亿多荷兰盾，应该为尼德兰经济增长作出了巨大贡献。

大型船配备人员约 300 人，小型船约 250 人，其中三分之一至五分之二为签有数年契约的士兵。他们当中还有受过训练

的创伤科医生（外科医生），东印度公司维持着一个规模庞大的病员护理系统。薪金和食物供应规定写得很吸引人。17、18世纪一个合格水手每月薪金为12荷兰盾，一个士兵为9荷兰盾。1603年已作出规定，付给留守家属的是医治维生素C缺乏病的柠檬汁。当然，其他原始资料还提供了不同的报道——获取利润的坚定意志不仅让人盘算效率，而且让人想方设法节省开支。估计特别是由于削减水手的薪金和食物供应，尼德兰人在17世纪才能够如此大规模地占领海运市场。

承担尼德兰扩张的是城市商业资本和证券资本，尼德兰人比葡萄牙前驱更加看重其投资产生的利润。然而他们不必像葡萄牙人那样背井离乡就可以让钱生钱，因而移民（blijvers）中很少有出身社会上层的人。东印度公司的高层公职人员常常只追求一个目标，即在印度发财后回归故里（trekkers）。然而，从社会下层中招募海员和士兵并不总是那么容易。各个城市中有大量的无产者（grauw，或称"群氓、下等人"），将他们驱往海上、驱往印度的是失业，而驱使社会上层成员的则是获取利润的前景，相比之下，前者的驱动力更大。商船队的薪金虽高，但其面对的各种危险也令人生畏。例如18世纪甚至有三分之二的创伤科医生死在他们任职于东印度公司期间。当招募变得更加困难时，总还有大量被尼德兰的繁荣吸引来的外国人可以雇用。18世纪，外国雇员的比例上升到约50%，例如来自外国的创伤科医生的数量从13%上升到41%以上。特别是始终有大批德意志人为东印度公司效力，仅威斯特法伦（Westfalen）就有5000人前往亚洲，返回的只有30%，不过这一比例也适用于所有的公职人员。从1602年至1799年，东印度公司按三年、五年或更长时间的合同雇用的人数总计约100万，其中外国人占40%，在士兵中甚至占60%。另外，偷偷使用奴隶以及来自爪哇、印度和中国的自由水手的现象越来越常

202 见。1792 年的返程船队在 579 个欧洲水手之外，还有 233 个印度水手、101 个爪哇水手和 504 个中国水手。

这帮被斥责酗酒、淫乱、残暴的士兵和水手不大适合殖民计划。按照葡萄牙的已婚者（casados）模式让雇用期满的前公司雇员作为自由公民（vrijburger）定居下来的方案出于多重原因一直毫无成效。东印度公司给他们参与有利可图的交易制造了很多困难，在其他行业中他们又无力与更熟悉当地条件的中国对手竞争，他们最易获得成功的还是酿制烧酒和开客店，主要是因为欧洲人有很大的需求。另外还有成家方面的困难。很少有完整的尼德兰家庭或所谓名声好的女性参与移民，而东印度公司对出身社会下层、喜好冒险、对薪金没有什么选择的姑娘毫不重视，尽管这样的姑娘数量很多。尽管官方在很短一段时间内对娶当地女性给予奖励，但没有什么成效，较好的当地家庭不愿意要尼德兰女婿。于是便有了与当地普通女人、葡萄牙混血姑娘以及女奴隶的结合。为了对在这种关系中出生的孩子进行基督教教育，他们建立了一所孤儿院。

这种相对稳定的关系产生了一个有违意愿的副作用。那些女人没有被尼德兰社会同化，相反，那些男人虽然没有被亚洲社会同化，却被欧亚混合型社会和混合型文化同化了，尽管这有违当时的权力关系以及尼德兰人身上同样强烈的种族自负和宗教自负。政治和舆论话语虽然可能具有强烈的“种族主义”色彩，但真实生活却发展得多姿多彩、意蕴丰富！非常典型的是这样一个事实，即一种洋泾浜葡萄牙语即使在尼德兰人统治下，也作为东部地区的口语保持下来并被长期生活在该地区的尼德兰人接受。据称，甚至一些纯尼德兰血统家庭的孩子对他们这种日常口语的掌握也强于对荷兰语的掌握。直到 18 世纪，至少在印度次大陆，英语才获得认可并取代了它。同样是到 18 世纪，生活在亚洲的欧洲人才达到值得一提的数量。那

时东印度公司雇用了大约 2.2 万人，其中一半人在它的各艘船
上。1688 年在东南亚的人员中有 7806 个士兵。从事医务的有
200~370 人，从事教会事务的有 100~170 人。不过，在巴达
维亚以及其他中心地区之外，只有少数东印度公司的人员。然 203
而到了 1740 年，巴达维亚不同群体多少还算平和的共同生活
被一起大规模屠杀中国人的事件打断了，起因是一些相邻的甘
蔗种植园爆发了园工骚乱。

东印度公司虽然不像其西印度的姐妹组织那样具有好斗的加尔文派的色彩，但它严格而不容异说地遵循着新教路线，保持着一个规模并不小的教会机构，支持在它的臣民中进行的传教活动。当然，这一切只能在不妨碍赚取利润的情况下进行。实际上，人们对各新教教派完全持容忍态度，例如对德意志的路德派，甚至对教宗制信徒（Papisten）也持容忍态度，而且尽力避免因强调基督教行为或传教尝试而伤害日本人或穆斯林贸易伙伴的感情。只有在台湾，按照公司利益进行的新教传教活动能够在当地教师的帮助下赢得众多的追随者。与此相反，在原本极其不容异说的尼德兰人统治下的斯里兰卡，天主教传教活动甚至取得了进展。

不少尼德兰传教士为欧洲了解亚洲作出了重要贡献。尽管巴达维亚从未长久保有一所拉丁文学校，但尼德兰在 17 世纪一直是欧洲教育水平最高的国家，世纪之交过后很快也成为亚洲游记文学的领跑者。1603 年出版了一本荷兰语—马来语词典试用本，1651 年出版了《打开通向异教秘密的大门》（*De open Deure tot het verborgen Heydendom*），这是一部关于印度教的权威著作，其资料是传教士亚伯拉罕·洛杰利乌斯（Abraham Rogerius）在驻留科罗曼德尔海岸的普利卡特期间搜集的。1724 年至 1726 年，弗朗索瓦·瓦伦提因（François Valentijn，1666~1727 年）的内容丰富的百科全书《新旧东

印度志》(*Oud en Nieuw Oost Indien*)出版。众多合著者为1678年至1703年出版的《印度马拉巴尔园林》(*Hortus Indicus Malabaricus*)作出了贡献，这是一部具有开拓性的植物学著作，署名者为亨德里克·阿德里安·范·雷德·德拉肯施泰因男爵(Baron Hendrik Adriaen von Rheede tot Drakensteyn)。来自哈瑙(Hanau)的格奥尔格·艾伯哈特·鲁姆费乌斯(Georg Eberhard Rumphius，1628~1702年)独自为他的居住地安汶岛完成了同样的成果，1697年他将自己的《安汶岛本草志》(*Amboinsch Kruidboek*)手稿寄往欧洲，1741年至1750年在阿姆斯特丹分六卷出版。他于1705年出版的《安汶岛珍稀之物》(*Amboinische Rariteytskamer*)描述了各种贝类、鸟类、岩石和其他“珍稀之物”。尤其值得注意的是由公司雇员撰写的关于闭关锁国的日本的报告，其中之佼佼者是祖籍德特莫尔德(Detmold)的医生恩格尔伯
204 特·坎普弗尔。1822年出版的《日本画册》(*Illustrations of Japan*)是前出岛商行负责人伊萨克·蒂进(Isaac Titsingh，1745~1812年)几十年研究的成果。东印度公司及其经理们的寡头管理虽然一再遭受公众舆论的批评，但它利用灵活的新闻策略以及借助像格劳修斯或瓦伦提因一类的作者成功地进行反击。然而从整体上说，尼德兰的扩张与之前伊比利亚国家的扩张一样都受到本国公众舆论的容忍，因为民族的成功有助于提升年轻共和国的地位，因此，与格劳修斯和范·奥尔登巴内费尔特关系密切的尼德兰诗人约斯特·范·德·冯德尔(Joost van den Vondel，1587~1679年)吟诵道：“任凭利润将我们引向何方，引向每一个海洋和每一个海滩，我们出于对收益的热爱探查遥远世界的一个个海港。”

东印度公司的利润给众股东带来了好处，也间接给尼德兰国民经济带来利益，不过首先可以从中获利的是大股东、经理

和他们身后的城市政治寡头们。此过程涉及的不单单是在尼德兰的销售所得。与近代前期的众多机构及由其囊括的绝大多数国家一样，东印度公司付给其公职人员的薪金也显然很低，但它通过各种特权给他们提供了提高自己收入的可能性。例如我们在葡萄牙人那里已经看到的从印度返回时可免费携带货物的特权即属于此类，一个普通士兵或见习水手有权带一个长高宽分别为 3.5 英尺、1.4 英尺和 1.4 英尺（约合 110 厘米、40 厘米和 40 厘米）的箱子，级别高的可以带多个。这种体制完全是在鼓励人通过贿赂发横财。东印度公司的公职人员有正规的小型准股份公司，它们绕开雇主的垄断从事非法交易。到 17 世纪末，就连最高层也盛行贿赂，这损害了公司利益，却对公司领导层有好处。经理们凭借各城市领导层内部的个人关系占据着印度特别有油水的高级职位，又或者将这些职位直接卖出。统治者家庭将自己的儿子派往亚洲赚钱，尤其是在 18 世纪尼德兰的繁荣开始衰退之时。据称，执政者们之所以让早已破产的东印度公司继续存在，唯一的原因就是没有更好的赚钱机会。

1687 年至 1736 年大概是收益情况最好的时期，尼德兰的结算持续呈正数，分红数额和股票价格都高得出奇。1696 年衰退之势已在巴达维亚显现，不过它自此持续呈负数的结算能够通过本土的收益轧平。后来就连在尼德兰本土，东印度公 205
司也无法再摆脱赤字。尽管如此，它依旧按年均 16.5% 的比例继续分发红利。若按 12.5% 计算，至 1782 年，它本能积累 1200 万荷兰盾的储备金。然而由于种种债券和自 1676 年额外接受的短期借贷，长期债务持续增加，到 1781 年总数达 2200 万荷兰盾，已是公司资本的三倍多。凭借与阿姆斯特丹汇兑银行（就连这家银行也是由执政阶层中的少数人操纵着）的良好关系，公司通过借贷筹措到了这笔款项。与尼德兰分开进行巴达维亚的结算虽然显示为正数，但却不可能兑换成现金。由于严格保密，只有经理们知道真实的经营状况，借助高额分红可以轻易蒙蔽公众。损失不断增大，因为欧洲需求的越来越多是那些东印度公司没有垄断权的、在进行激烈竞争的货物，另外也因为尼德兰不得不为购进货物投入的资金越多，公司从亚洲内部贸易中获得的正规收益就越少——毫不奇怪，四分之三的亚洲内部贸易都是以走私形式进行的。18世纪末由政治引发的危机造成债务灾难性地急速上升。由于东印度公司是保守的寡头政治的堡垒，自然就成为受法国革命影响的爱国主义者党（Patriotenpartei）的眼中钉，所以在再次等候更换其证书期间，它于1799年12月31日被巴达维亚共和国（Batavische Republik）接管，价格为1.405亿荷兰盾，其中资本为650万荷兰盾，债务为1.34亿荷兰盾。东印度公司的领地成为尼德兰国家的殖民地，并以这种形式断断续续地延续到第二次世界大战结束之后。

英国东印度公司

与尼德兰人一样，其余从欧洲新来到亚洲的也是由其母国授予专许权的商贸公司，显然这一经营方式能够最有效地动员起资本，使商业利润最大化，同时又使远程贸易特有的风险降到最低。一方面尼德兰模式表现为一种挑战，另一方面尼德兰人常常自己作为行家和股票持有者参与其中。不过在这个模式里，欧洲各国的公司之间存在着巨大的差异。

英国公司的产生虽然和尼德兰公司一样，都起因于西北欧对伊比利亚的优势地位作出的反应，其间经济利益与原民族主义（Protonationalismus）以及好战的新教共同发挥着作用，但英国的经济政治环境与尼德兰的相去甚远，这最初给英国的印度贸易带来的多是不利。直到17世纪末，英国公司才开始在亚洲接过了无可争议的引领角色，而此前它一直不如尼德兰公司。

从一开始英国就存在着对欧洲扩张的浓烈兴趣，而滋养这一兴趣的不仅有对获取经济利润的追求，而且还有希冀民族强盛的愿望。16世纪，英国航海英雄们从其对西班牙人的胜利中不仅期待着荣誉，而且同样期待着收益，而算计精明的商人也并非白白投资了他们的探险远航。1577年至1580年，弗朗西斯·德雷克成为第二个环球航行的人，他原本的目的地是马鲁古群岛。除了与特尔纳特岛苏丹签订的一份贸易合同，他还从西属美洲不设防的太平洋海岸带回了价值60万英镑的贵金属战利品，而他的装备仅花费了5000英镑。对包括女王在内的投资者来说，这是一次十分划算的行动。因而，英国扩张的大鼓动家理查德·哈克鲁特（Richard Hakluyt，1551?~1616年）的注意力首先瞄向的是美洲，只有在那里可以实现他以及其他人鼓动的意在减轻本土人口压力和解决贫穷问题的移民规划。他于1589年出版的划时代著作《英吉利民族的重大航海、航行和发现》（*The principall navigations, voiages and discoveries of the English nation*）虽然不同于之前拉穆西奥的著作，仅限于自己民族的业绩，但眼睛同样紧紧盯着东方以及通往那里的路。

1579年，耶稣会传教士托马斯·史蒂芬斯（Thomas Stephens）是第一个到达印度次大陆的英国人，尽管他转而成为自己国家的死敌，但是他给父亲——一个伦敦商人的一封信在伦敦引起了极大的轰动，因而它被收进哈克鲁特的著作里，
207 同样被收入其中的还有伦敦城随即派出的约翰·纽伯瑞（John Newbery）、拉尔夫·斐奇（Ralph Fitch）、威廉·雷德斯（William Leedes）和詹姆斯·斯托瑞（James Story）写的一份份报道，他们于1583年启程由陆路到达印度。只有斐奇于1591年归来。卡斯塔内达描述葡萄牙人在印度的初期历史的第一卷英译本于1582年出版，尼德兰人范·林斯霍滕的著作具有严格的指路意义，其英文版于1598年出版。

在此期间，英国人在经济方面对东方的兴趣也在增强。自中世纪以来，英国的对外贸易主要是向安特卫普输出羊毛布料，这类半制成品在那里继续加工和转手销售。然而自16世纪中叶起，安特卫普的买主们面临着危机，由于战斗在尼德兰境内继续进行，恢复元气已经没有希望可言，1585年安特卫普走入末路。因此时间越长，英国商人就不得不越来越多地自己承担更大的风险，他们被迫自己为其布料寻找销售通道，或者去开辟全新的市场。于是1567年，布料货仓迁往了汉堡，1570年与意大利建立了直接贸易关系，1576年与俄国以及波斯商人联合组建了莫斯科公司（Muscovy Company），1578年从苏丹穆拉德三世（Murad III）手里获得在奥斯曼帝国境内进行贸易的特许权，1581年与东方商人联手组建利凡特公

司（Levant Company）。从前在安特卫普可以按照需要得到想要的所有货物，可以用国际汇票支付，现在两者在东方和其他地方均不再行得通。当英国人因此不得不更多地转向进口和再出口时，对处处受欢迎的东印度货物的兴趣势必提高。因而利凡特公司通过阿勒颇购进丝绸、靛蓝和香料。尽管较之尼德兰人，英国人被更加严厉地排斥在葡萄牙人的市场之外（那里需要尼德兰人），但与东方建立直接联系好像并不是当务之急，尤其是因为1588年战胜无敌舰队（Armada）之后于1591年进行的一次东印度航行收效不大。

推动力来自1599年一支满载香料而归的尼德兰印度船队。“正如经验将马上向我们展示的那样，这一印度贸易显然击垮了我们的阿勒颇贸易。”来自开俄斯岛的约翰·桑德森（John Sanderson）这样写道（Travels，190）。依此来看，东印度公司（East India Company）在其初期仅仅是受到威胁的利凡特公司的一个子公司，它的经营者是同一个伦敦商圈的人。1599年9月22日，101个伦敦商人为进行一次印度航行筹集了30133英镑6先令8便士，9月24日，他们请求女王伊丽莎白给予许可。因顾及正在与西班牙进行的和平谈判，这一申 208
请暂时被拒绝。

和近代早期大多数统治者一样，伊丽莎白一世和她的顾问们也未推行一项真正的经济政策，而那些相关措施都是出于外交、社会政治或国家财政方面的动机，因为除了惧怕战争和国内动乱，驱动力还有王室对金钱的持续需求。唯有作为王室的债权人，这些商业冒险家（Merchant Adventurers）才能保住自己不无争议的垄断权。促成官方支持探险航行的是开辟新财源的希望。王室早就想推行殖民政策首先就是基于这种观念。

尽管如此，在接下来的一年里重又开始大力准备印度航行。1600年12月31日，公司得到了自己的营业特许状

（Charter of Incorporation）。特许状上的名称非常具有启发意义：“伦敦督办及商人东印度贸易公司（The Governor and Company of Merchants of London Trading into the East Indies）”。除了英国东印度贸易的垄断权，最重要的特许权包括头四年免于缴纳关税以及每次出航可以带出价值 3 万英镑的贵金属。凭借这一为期十五年的特许权，和当初在尼德兰一样，一家非固定性的私营合股公司创立了，它设有一个总督（Governor）和 24 个董事（Direktoren），他们每年应由全体股东选出。至 1613 年共进行了 12 次航行，每次均单独认购资本，1601 年共有 218 人筹集了 68373 英镑，参股人大都认购 240 英镑，高于此数的只有 23 人，低于此数的为 11 人，最高认购额为 1440 英镑，最低认购额为 40 英镑——与换算后高出 8 倍的尼德兰东印度公司的原始资本及其投资额相比，显得十分寒酸。

最初的目的地绝非印度次大陆，确切地说，1601 年至 1603 年以及 1604 年至 1606 年的头两次航行（最初几年总是谨慎地等待前面出航的船队归来）是前往苏门答腊的亚齐胡椒市场、爪哇的万丹胡椒市场以及马鲁古群岛的胡椒市场。1602 年在万丹建立了第一个商馆。然而在那里几乎找不到英国羊毛制品的买主，英国人不得不像其他欧洲人一样为印度尼西亚市场购进印度次大陆的纺织品。因此，在 1607 年至 1609 年的第三次航行途中开始了与亚丁的贸易，特别是开始了与西印度的转运站苏拉特的贸易。

在此期间，印度次大陆的政治形势发生了巨大变化。巴布尔，蒙古征服者帖木儿的后裔，至 1530 年建立了一个从阿
209 富汗延伸到孟加拉地区的政权。经历了多次危机之后，他的孙子阿克巴（1556~1605 年在位）将其发展为莫卧儿帝国，它是欧洲人统治印度前的最后一个大帝国。阿克巴已经将自己

的统治区域扩展至北方德干苏丹国（Sultanate im nördlichen Dekkan）的一部分，特别是扩展至对贸易至关重要的古吉拉特及其港口苏拉特。在其子贾汉吉尔（Jahangir，1605~1627年在位）统治下，帝国度过了一个和平时期，到沙贾汗（Shah Jahan，1628~1658年在位）统治时期重又向南进行扩张，这一扩张由奥朗则布（Aurangzeb，1658~1707年在位）最后完成，到他去世时，整个次大陆已被统一于一人之手，只有次大陆最南端和斯里兰卡例外。

按照阿克巴的构想，莫卧儿帝国应实行中央集权统治。依据一次土地普查测量，一种统一征收的税收拿走了整整三分之一的农业收成。可以毫不过分地说，留给农民的仅仅够维持基本生存。通过将土地分配给官吏，征税工作交由他们实施，他们作为村之上的最低一级行政机构同时也负责地方的安定和秩序。几个最低行政机构组成由“福吉达尔（Faujdar）”主管的专区［萨尔卡尔（sarkar）］，几个专区再组成由“苏巴达尔（Subahdar）”主管的省［苏巴（subah）］。这一普遍实行的管理体系内的官吏同时又被授予军阶并负有相应的义务（mansabdars）。管理和财政事务由“迪万（Diwan）”或“瓦希尔（Wazir）”负责，另外还有由“萨德尔（Sadr）”统领的各级法官、由“米尔－巴克希（Mir Bakhshi）”统领的军事管理机构以及君主之外的最高权威“瓦齐尔（Wakil）”。阿克巴通过他的容忍政策以及他本人对各种宗教信仰调和融合的兴趣淡化了帝国的伊斯兰特性，因而成为耶稣会士的对话者。然而奥朗则布又回到了严格的原则，例如他重又实行对非穆斯林征收人头税（Kopfsteuer），而此前阿克巴为普遍实施收成税已经废除了人头税。不过还不能证明这一宗教政策方针的改变对在其统治期间业已开始的帝国解体具有决定性的作用。

莫卧儿帝国统治体系中的一些东西继续留存在后来的英

属印度中。不过当务之急是通过皇帝的许可确保在苏拉特建立一个商馆。1609年至1611年，船长威廉·霍金斯（William Hawkins）为此目的逗留于阿格拉，但徒劳无功，他败给了葡萄牙人的反制行动。然而，1611年至1612年在苏拉特海面进行的多次海战中，英国人一直保持着对葡萄牙人的优势，于是地方当局作出了让步，1613年初，一份由皇帝颁布的文件（Firman）确认了对建立商馆的许可。与葡萄牙人的战斗卓有
210 成效地继续进行着。在此期间，公司争取到新国王雅各布一世（Jakob I，1603~1625年在位）[①]对自己的支持，1609年从他那里获得了一份经过修改的特许状。1614年，公司自己出钱派托马斯·罗伊爵士（Sir Thomas Roe）作为国王的特使拜见莫卧儿皇帝。1615年至1618年在宫廷逗留期间，罗伊在形式上虽然未能取得重大进展，但公司的地位得到了明显的改善。

在这段时间里，1613年之后在胡椒岛苏门答腊建立了三个商馆，在苏拉威西岛上的望加锡、西婆罗洲和东爪哇各建立了一个商馆。1610年，公司雇用了皮特·弗罗里斯（Pieter Floris）和卢卡斯·安特乌尼斯（Lucas Antheunis），两位都是尼德兰人！1611年至1615年的第七次航行由此二人实施，这次航行不仅带来了214%的利润，而且还促成在印度东海岸的默苏利帕塔姆建立了一个商馆，在暹罗另建了两个，一个在首府阿育他亚，另一个在马来半岛东海岸的北大年（Patani），那是一个重要的中国货物转运站，这三个商馆都在与尼德兰人进行竞争。1613年的第八次航行在平户建立了日本商馆，该商馆一直存在到1623年。自1616年起，英国人与波斯港口贡布伦（Gombron）有直接生意来往，1622年，他们的船在攻陷葡萄牙人的霍尔木兹以及让新港口阿拔斯港取代它的过程

① 即英国国王詹姆斯一世。

中起了决定性作用。与尼德兰人一样，英国人在此期间也与印度内地建立了贸易联系或在那里建立了商馆。1615 年，各商馆合为分别由万丹和苏拉特统领的两组，印度东海岸归万丹一组，自 1618 年起，它们的负责人称为“总裁（President）”。

在印度尼西亚依然是尼德兰人保持着优势。1618 年在雅加达海面进行的海战未分胜负，1619 年在本土议定的条约将三分之一的香料生意分给了英国人，但尽管如此，1623 年还是发生了安汶岛大屠杀。由于尼德兰人的禁运令，1651 年至 1659 年万丹的重要地位受到影响，此前经常使用的通往马鲁古群岛的后门望加锡到 1669 年被彻底封锁，1682 年，英国人的万丹商馆最终自行关闭。1685 年，英国人试图在西南苏门答腊的班库伦（Bencoolen）重建商馆以继续保持获取苏门答腊胡椒的通道畅通。

在印度东海岸和孟加拉的发展同样经历了危机，但与在印度尼西亚相反，在这里得到的结果是正面的。1611 年，他们在暂时还未依附莫卧儿帝国的高尔康达苏丹国的主要港口默苏利帕塔姆建立了商馆，这个商馆虽然同样吃尽了与尼德兰人竞争的苦头，甚至还一度被放弃，但 1640 年，他们从一个信奉印度教的小统治者手里得到了再往南的一片土地用于建立第 211
一个设防商馆。1641 年，这里出现了圣乔治堡，环绕着它发展起了马德拉斯帕塔姆城（Madraspatam）或马德拉斯城（今天的金奈），到 1650 年代，它作为南总裁驻地（Presidency）暂时替代了万丹，后来则永久性地取代了万丹。1647 年，高尔康达占领了周边地区，但英国人依然得到了一份关于他们此前法律地位的证明文件。1633 年，以默苏利帕塔姆为基地在广袤的孟加拉三角洲西部的奥里萨（Orissa）建立了哈里哈尔普尔（Hariharpur）据点和巴拉索尔（Balsore）据点。孟加拉“苏巴达尔”的英国私人医生为他的同胞搞到了该省的许可，1651 年在最西边的三角洲支流旁的胡格里（Hugli）建起了一个商馆。尽管遇到竞争者的抵制和经历了内部危机，1658 年还是在上游的丝绸贸易中心卡辛巴刹尔（Kazimbazar）建立了另一个商馆。

英国的查理一世（Karl I）和西班牙的费利佩四世（Philipp IV）之间缔结和约并未使印度的局势安定下来，直至苏拉特总裁威廉·梅斯沃尔德（William Methwold）于 1635 年与葡萄牙总督达成了长期停火协议。另外，马拉巴尔海岸因此也对英国人开放，不过在那里，他们在尼德兰人之外只能扮演一个小角色。

英国公司最初面对尼德兰公司所处的劣势与对其行动能力和竞争能力产生不利影响的资本微薄有关，另外也与其在英国政治体系中地位低下有关，地位低下造成它对敌对利益集团和政治风云变幻没有抵御能力。这种劣势导致英国人将其重点移往印度次大陆，而这一转移对后来的影响极为重大。在 1612 年前进行的十二次航行中，每一次都是单独筹集资本，随后即将利润付给股东。也就是说，到此时，英国公司在组织方面尚处在尼德兰前期公司的水平。投入资本的数额在 7142~80163 英镑范围内波动，收益在 95% 和 234% 之间浮动，两次全数损失除外。由于对时间有重叠的航行分别进行结算存在困难，且有必要进行更长期限的投资，自 1613 年起，人们转而实行按多年时间段投资的制度。第一个合股期为 1613 年至 1621 年，认购的数额为 418691 英镑；第二个合股期为 1617 年至 1632 年，认购额为 1629640 英镑；第三个合股期为 1631 年至 1642 年，认购额为 420700 英镑；第四个合股期为 1642 年至 1649 年，认购额为 194500 英镑。然而这些数额是采用分年摊付的办法来支付的，并非总是全数募齐。第一个合股期带来的收益还是 87.5%，然而由于前面提及的 1620 年代的困难，

利润随后便急剧下降。第二个合股期的平均利润为12.5%，另 212
外还欠下了巨额债务。因为与尼德兰人的冲突造成了收益降低，为了能够满足装备需求以及分红愿望，董事们被迫接受利率为8%~10%的短期借贷，以解决流动资金的问题。在1628年至1630年的波斯贸易以及1641年至1649年的印度贸易中，甚至又退回到按各次航行投资的办法，这些航行的利润似乎相当可观，实则不过是因为没有将基本设施费用记入账内。

直到1657年的新特许状才确定了一种长期投入的统一公司资本，它就是新普通股（New General Stock）。认购的数额达74万英镑，但实际支付的只有37万英镑。英国公司不仅在组织方面跛着脚跟在尼德兰公司后面走了半个世纪，即使最终赶上了领先者时，它所拥有的资本换算后也只有尼德兰公司的一半多一点。因此，1601年至1613年每年平均有两艘船出航，1614年至1640年每年平均五艘，而尼德兰人一开始出航的船就已经超过十艘。

阿姆斯特丹与泽兰地区各城市之间的竞争就相当于英国伦敦与其余港口［即外港（Outports）］之间的利益冲突。然而与在尼德兰相反，英国的利益冲突无法借助国家的权威通过建立一个整体组织来平息，而是在媒体和议会里的激烈争吵中平息下来。因为政治领导层，即贵族和中上层在公司投资者中只占少数，他们的态度模糊不清，而一有机会便向当事者勒索借贷和礼物的王室的态度也同样模棱两可。1622年攻占霍尔木兹破坏了与西班牙的和约，公司仅通过向国王及其宠信的首相白金汉公爵（Duke of Buckingham）大量行贿就得以免受追究。1604年，外港和未参与投资的伦敦商人以及手工业者甚至在下院通过了一项法律，主张实行普遍的自由贸易，反对国王依据其超越议会的特权授出的垄断权，而国王让该法律在上院遭到了否决。

政治困难以及附带的经济困难也源于公司要为自己的贸易筹措支付资金。亚洲对英国产品，特别是对羊毛布料的需求量不大，对白银的需求量却很大，这迫使英国人完全像尼德兰
213 人一样用源自西班牙的银子支付自己在亚洲的采购款。然而竞争对手尼德兰长久以来可以弄到日本的贵金属，且在欧洲第一个金融市场有自己的位置，而对英国人来说筹措到足够的支付资金却要困难得多。一个特别的“里亚尔委员会（Committee for Rials）”必须尽力获取西班牙里亚尔，这一努力的结果变化不定，直接影响到贸易额。不过最初在伦敦、阿姆斯特丹、米德尔堡和法国北部，人们都可以不费什么周折地得到必需的资金。

临近1620年，一场贸易危机拉开了序幕，获取贵金属变得更加困难，此外公司还受到猛烈抨击，尽管它从国王那里得到了每次出航可携带3万英镑的特权，或者说恰恰是因为这一特权才受此抨击。议会和公众舆论倾向于认为贵金属外流是这一危机的罪魁祸首，并认为东印度公司是主要责任者。二十四董事之一的托马斯·孟（Thomas Mun）以《论英国与东印度的贸易》（*A Discours of Trade from England to the East Indies*，1621年）和《总督以及伦敦商人东印度贸易公司的请愿及抗议》（*Petition and Remonstrance of the Governor and Merchants of London Trading to the East Indies*）承担了用文献为公司辩护的角色，这两份文献分别于1628年和1641年被印发给议会。他于这一时期完成的主要著作《英国得自对外贸易的财富，或我们的对外贸易差额是我们财富的尺度》（*England's Treasure by Forraign Trade. Or, The Bailance of our Forraign Trade is the Rule of our Treasure*）已经开始探讨经济理论中至为重要的基本思想，不过这部著作直到1664年才作为遗作出版。

这部所谓重商主义的主要著作提出的原则和出发点是，提高以贵金属来衡量的国家富足程度的唯一途径就是“每年卖给外国人的商品总值应大于购买其商品的总值”，因为使用这一方法产生的出口过量“必定会带回财富”。乍一看这与公司的利益相互矛盾。然而，具有决定性意义的是与整个外部世界贸易的总结算，不是与某一个国家的贸易结算。另外，托马斯·孟已经开拓性地将劳务收益计算在内。在这种情况下，贵金属可以毫无损失地流向印度，只要从整体上计算得出流入大于流出——这一点可以得到证实。而这正是通过印度贸易实现的，因为其间进口的贵重货物大部分没有留在英国，而是继续出口创造利润。这种见解已被证明是正确的，因为我们今天知道，公司付款时不仅使用英国货币，而且还使用在国外用汇票兑换而得的白银，而能够这样做的前提是国际收支整体上呈正数。根据 1630 年与马德里的和约，西班牙白银经伦敦进入世界市 214
场，伦敦取代了热那亚的角色。

公司的困难并未因此而消除。1635 年，查理一世给以威廉·科腾（William Courteen）为首的一个商团颁发了一份特许状，其适用范围是那些所谓被东印度公司忽略的非洲和亚洲地区，但这不久就导致这些捣乱者也强行进入了印度，而且 1645 年至 1646 年，他们还试图在马达加斯加建立殖民地，尽管徒劳无功。科腾失败后，一个新商团于 1649 年继承了这些计划，其部分成员还是前一个商团的人，但为首者是很有影响力的托马斯·费尔法克斯勋爵（Lord Thomas Fairfax）。这两个商团中似乎都是新来的、比较具有攻击性的商人，他们都试图对印度贸易施加影响。而在此之前，所有东方贸易公司的权威人士都是伦敦商界一个相当封闭的进口商群体中的人，大约自 1618 年起又出现了一个群体，他们中的一部分人似乎是乡村贵族，招募自伦敦以外的地方。此前的东印度公司是温和的，而这些新人强硬的行事方式使公司于1658年至1663年间短暂地奉行了一条比较具有攻击性的路线。

1650年，新商团与老公司的联合起初没有带来什么收益，与之相反，1652年至1654年的第一次英荷战争以及1654年至1657年印度贸易事实上的放开导致了崩溃。董事们打算解散公司并卖掉商馆。然而1657年10月19日，股东们成功地使奥利弗·克伦威尔（Oliver Cromwell）准予颁发一份新的垄断特许状，该特许状允许公司确定永久性股票，赋予公司交战、签订条约和维持要塞的权力，因而使它具备了与尼德兰竞争对手同样的权利。恢复君主制后，国王查理二世（Karl II）于1661年4月3日签发的特许状遵循的是同一方针。

1661年，查理的葡萄牙妻子布拉干萨的卡塔里娜（Katharina von Braganza）带来了作为嫁妆的孟买岛，这让果阿的总督感到绝望，那可是西海岸最好的港口。但是由于与内地联系不畅，公司对其兴趣不大。1665年至1668年存在的王室殖民地孟买的领导层企图开通苏拉特航路，并按葡萄牙人的习惯做法取代那里的总裁为印度船只签发英国证书，于是东印度公司于1668年以一笔无望收回的5万英镑的借款为价并支付了10英镑的年租金接收了孟买，不过其总部驻地依然是苏拉特。

215 1665年至1667年以及1672年至1674年发生了另外两场英荷战争，其中1673年在科罗曼德尔海岸前进行的一场海战中，英国人惨败于尼德兰人。尽管如此，公司的生意于1680年代前几年整体上经历了一次明显的飞跃，股票价格和贸易额的增长都反映了这一点；而且贸易额的增长非常明显，即便存在价格波动也丝毫不影响这一趋势。1684年的进口指数升至619（1664年为100），1671年的出口指数甚至上升到792（1660年为100）。股票价格起伏不定，但整体趋势从60上升至300，

1685 年达到最高值 500。分红越来越趋于每年进行，红利在 10% 和 50% 之间波动。30 年内共向 1657 年进账的资本支付了 641.5% 的红利，1683 年资本提高了 100%。

这一成就的基础是棉纺织品地位的提升，它取代了最初独具决定意义的香料。尽管 17 世纪下半叶在胡椒老产地马拉巴尔海岸最终出现了三个英国商馆，但由于这一发展变化，经济重心还是向东转移了，首先转往了马德拉斯，那里自 1661 年起就是总裁驻地，除了建立圣乔治堡，还发展为一座城市，1688 年接受了一部英国地区法的管辖。不过后来到了 1700 年，孟加拉发展得更引人关注，那里建起了一批新商馆，其中首个商馆于 1668 年建于达卡。1682 年至 1684 年，这批商馆首次短暂独立，不依附于马德拉斯。

不过，这一重心转移是一种相对的转移，绝对没有妨碍孟买上升为一个繁荣的西部商业城市。1669 年至 1677 年担任苏拉特总裁的杰拉尔德·奥吉尔（Gerald Aungier）有计划地推动了这一发展，并且已经使用了在后来的英属印度至为重要的各个民族体和各个宗教体高度自治的原则。在一场新危机中，在他的建议下，西部总裁驻地最终于 1687 年从苏拉特迁往孟买，而奥吉尔则准备以建立公司的第一支军队来应时。

起因是孟买后面山区的马拉特人（Marathen）发展成莫卧儿帝国的强劲对手。在操马拉特语的各印度教群体中，过去在苏丹国治下的信奉印度教的官吏家族采取了主动的军事和政治行动，而且由于革新了战术而取得节节胜利。1674 年，马拉特人的领袖西瓦吉（Sivaji）加冕为独立国王，在反抗穆斯林统治的过程中被称为印度教传统的恢复 216
者和保护人。但是通过历史编纂，马拉特人的所作所为成了宗教“觉醒运动（Erweckungsbewegung）”和“民族运动（Nationalbewegung）”！ 1681 年奥朗则布前往南方，一方面征服残存的德干穆斯林苏丹国，另一方面打击马拉特人，直至1707年去世，他都不得不一直留在那里。

孟买于1670年代已被卷入这类冲突之中。由于总督和奥朗则布对特许权的表述并不一致，最晚自1678年起，公司须向莫卧儿官吏缴纳的税额在孟加拉就存在着争议。1680年，奥朗则布宣布苏拉特的关税从2%提高到3.5%，最终这一税额也波及孟加拉。1686年，董事们决定使用武力并派遣一支舰队，任命苏拉特/孟买总裁约翰·柴尔德（John Child，1682~1690年在任）为亚洲最高指挥官和行政管理人。然而，夺取孟加拉三角洲东缘的吉大港的尝试失败了。全靠多年担任商馆馆长的约伯·查诺克（Job Charnock）的坚韧不拔，公司才得以在沼泽纵横交错的苏塔那堤（Sutanati）坚守下来，并在1690年缔结和约时重又获得承诺给予的贸易特许权。1696年，这块殖民地被建成设防的威廉堡（Fort William），1700年成为孟加拉新总裁的驻地，它就是后来的加尔各答（Calcutta）。

西部战事也同样进展不利，它导致苏拉特商馆馆长被俘，孟买被围困，直至1690年英国人不得不请求议和。议和得到允许，尽管莫卧儿皇帝当时应该有力量消灭他们。在赔款15万卢比，还赔偿了其他损失，承诺将来循规蹈矩，并且驱逐在此期间被封为贵族的约翰·柴尔德爵士之后，英国人得以继续进行商贸活动。约翰·柴尔德死得恰好是时候。这次失败的侵略尝试的目的是：

> 建立一个拥有民间力量和军事力量的政体，并创造和确保足够的收入以维持二者［……］这可能是未来永保英国在印度的统治地位的广泛而坚实的基础。

1687 年 12 月，与总裁柴尔德并无亲戚关系的公司总裁乔舒亚·柴尔德爵士（Sir Josiah Child）在寄住马德拉斯的一封信中这样写道（CHI，Bd. 5，102）。尽管有时有人认为，它和后来那种方式一样，是大规模占领领土的计划，但我们大概应将其仅仅理解为公司试图按照尼德兰模式，通过建立独立的设防
据点网来摆脱对当地统治者的依赖。若追求更多的目标，公司恐 217
怕得付出过于高昂的代价，这里的目标还只是贸易利润，而不是统治本身。但是公司依然计划形成为这一利润服务的团体统治地位。

另外，公司在本土的力量也过于薄弱。恰恰是它的重新兴旺导致了与垄断破坏者（interlopers）和垄断竞争者的矛盾冲突，而这些破坏者和竞争者在公司内部那些通过革命而飞黄腾达的辉格党人（Whig）那里，甚至都得到了理解和体谅。乔舒亚·柴尔德爵士是最大的股东，在 369891 英镑资本中他占有 10 万英镑，从 1681 年至 1690 年连续担任公司总裁或副总裁，他作为托利党人（Tory）寄希望于王室和垄断，尽管他之前是作为革命的受益者和辉格党人晋升上来的。1681 年至 1688 年，他每年向国王缴纳 1 万英镑作为礼金，1682 年，国王拒绝了成立一个竞争公司的计划，并批准了关于现有公司的法规。据称，股市行情的反应是股价从 255 飙升至 400。1685 年，垄断权也在法庭上得到了确认。

然而，光荣革命却使由托利党人主导的、靠斯图亚特王室提携的公司遇到了辉格党人占优势的新政府带来的麻烦。柴尔德与宫廷的关系以及在议会中的影响力足以将这场战斗拖上数年。对手的自由化措施以及公司维持自己垄断权的尝试都收效甚微。国家财政状况的发展变化导致了一个决定的出现：拍卖印度贸易垄断权。公司主动提出将自己 1693 年因更广大的群体参股已经强行翻倍的资本再翻一倍，提高到 150 万

英镑，并将其中的70万英镑以4%的利息借给王室。它的对手提出以8%的利息出借200万英镑。虽然利率高，但议会接受的还是后者的出价，债权人们组成了新的英国东印度贸易公司（English Company Trading to the East Indies），其垄断权在不损害老公司权利的前提下具有效力，不过老公司的权利到1701年就期满了。为谨慎起见，老公司假借其财务主管的名义认购了新公司31.5万英镑的股票，这样一来，无论在什么情况下都不会出局，不过1700年它的权利又得到了延期。另外，由于新公司在印度很难与老公司根深蒂固的基础设施抗衡，所以1702年出现了合作协定——柴尔德已于1699年去世。因为混乱不可能因此就被清除，所以1708年的一项法律确定两个公司进行合并，代价是向热心于西班牙王位继承战争（der Spanische Erbfolgekrieg）的政府提供120万英镑
218 的新一笔借款。此时借款共计320万，利率为5%。从财经史的角度看，这个新公司无非就是国家债务的一个基础牢固的组织形式。王室为其债务支付低利息，借款不能中止，但国家债务证书可以交易。另外，债权人也因东印度贸易垄断权得到了补偿。

1709年建立了名为“英国商人东印度贸易联合公司（The United Company of Merchants of England Trading to the East Indies）”的新公司，简称也是“东印度公司（E.I.C.）”，结算后资本确定为316.3万英镑。它的特别之处在于，与前一个新公司有别于老公司一样，它也不再仅仅局限于伦敦。另一个特别之处是，此时它纹章上的格言为“从属于赞助者——英格兰国王和国会（Auspicio Regis et Senatus Angliae）”，即不再是从前的“上帝引导（Deus indicat）”和“在上帝的引导下我们无所畏惧（Deo ducente nil nocet）”。扩张不受教会约束，而是服从议会的权威，不过这并不意味着它将来有望得

到这个国家代表的支持。社会政策和经济政策的论证一如既往地发挥着不利于它的作用。

17世纪下半叶转向印度棉织布料源于一场时装革命。凡是买得起的人，都更喜欢轻薄时尚的布料，特别是产自法国的布料，而粗重的英国羊毛布料则备受冷落。“英国每个女佣的一半工钱都成为法国国王的固定收入。”一个批评家这样评论道（Thomas 1926，25）。1678年，法国亚麻和丝绸布料连同葡萄酒和烈性酒一起被禁——让·巴普蒂斯特·柯尔培尔（Jean Baptiste Colbert）已于1667年禁止英国羊毛布料进入法国，于是需求大量转向印度棉织布料。国内和国外对英国羊毛布料的需求量大幅度下降。另外，斯皮塔佛德（Spitalfields）和坎特伯雷（Canterbury）新兴的英国丝织业也受到这一竞争的打击，就连印度贸易的受益者也无法否认失业正日益蔓延。1674年，这一问题已被提到议会，不过由于当时的力量对比而徒劳了一场。1689年骤变后，持续多年的争论最终于1700年带来结果：以法令形式禁止印度和中国丝绸以及棉织布料，当然，后一类只包括已染色或印花的。公司显然另外选择了高档布料，例如麦斯林纱，还选择了进口未加工的棉织布料和棉纱。英国的棉织品加工繁荣起来了。另一次纺织品危机引发的1720年对棉织品更严厉的禁止促使英国人转而在自己的纺织作坊里生产布料——后来统治世界的英国棉纺工业就是从这里 219
开始的。不过，东印度公司继续进口大量的棉织布料用于并未禁止的再出口，其中包括向非洲和美洲殖民地出口，它在那里拥有一个不受限制的、不仅仅供应奴隶服装制作的市场。

贸易额和股票行情既反映了公司的这一政治历史，也反映了历次战争的后果以及相对独立的变幻不定的经济形势。

在此期间与英国国家债务的关系一直都未解除。1733年特许状等待延期期间，公司好像再次受到竞争对手提供低息借款的威胁。不过公司拿出了20万英镑，将利率降至4%，从而得到将其特许权延期至1769年的许可。以没有列入基本资金的另一笔100万英镑的借贷为代价，1744年，公司获得延期至1783年的许可。1750年，一项法令将利率降至3%。1786年资本提高了80万英镑，1789年和1793年各提高了100万英镑，从而达到600万英镑的资本，一直保持到公司解散。

1710年至1760年可被视为英国东印度公司的动荡历史中最平静的几十年，这是一个凭借有条不紊地运行的经营体制总体趋向兴盛的时期，初期的红利为10%，股票价格在100和150之间波动。1711年进口总值为452324英镑，1760年为711340英镑；两个极端值，即最低的1715年和最高的1750年分别为282837英镑和1013641英镑，大多数时候进口总值在50万和80万英镑之间波动，总体呈上升趋势。1711年英国出口总值为542419英镑，1760年为515144英镑，最低的1713年为300418英镑，最高的1752年为1404878英镑，出口总值也最常在50万和80万英镑之间。到该世纪中叶，总趋势为出口低于进口，但出口额之后急剧上升至超过100万英镑，原因是那些年的出口货物中包含大量贵金属。

公司在伦敦始终由董事会（Court of Directors）领导，其二十四位董事每星期举行一次会议。日常工作由各个委员会（Committees）处理，这些委员会由总裁和副总裁进行协调并向董事会负责。每年的股东大会（General Court）选举董事，只有股份超过500英镑的股东才有选举权，股份在2000英镑及以上的股东具有被选举权。董事们最重要的任务包括每年督
220 促交付所需的印度货物，编制出口货物货单，组织运抵货物的仓储和销售。他们通常不直接接触销售市场，而是每个季度在伦敦进行“烛光”拍卖（Versteigerung at the candle）。这样就能使供应不完全受制于每年运抵一次的货物，而能够比较

均匀地进行分配，从而可以遏制销售价格的波动。因为董事们都是伦敦大商人圈内的人，所以他们自己也是买家，能够在东印度货物的再销售中大赚一笔。不过还不能证明他们商定将销售价格保持在低位，这样做有利于他们自己却损害了小股东的利益。英国公司显然比尼德兰人的寡头公司更遵循平等主义，因而对公司之兴盛的关心事实上就是一种很好的监督机制。

根据风情，驶往印度最有利的起航时间是早春，到达印度西海岸是 12 月 10 日，东海岸是 1 月 10 日。在印度各个停靠点肯定一再检查是否严格遵守航行计划，货物如何组合可望得到更大的收益。最初商船在好望角中途停靠，后来在马达加斯加或者科摩罗群岛（Komoren）中途停靠。自 1659 年起，大西洋中的圣赫勒拿岛上有了一个英国殖民地作为中间站，因而就避开了尼德兰人的好望角。1708/1709 年至 1712/1713 年平均每年从英国驶出的船为 11 艘，1743/1744 年至 1747/1748 年为 20 艘且吨位更大。最初公司或自己买船或自己造船。它很快就放弃了一开始也是出于安全原因而偏爱的货仓约可载货 1000 吨的巨型船，因为迅速购足能够获利的货物太困难了，损失的风险太大了。于是 300~600 吨的船流行起来了，自 17 世纪中叶危机以来人们只租赁这类船，这样船主也承担了风险。当然可以通过分散占有份额来减轻这一风险。公司董事负责船只的占有，这样使用相关船只便有了保障。最终，这形成了一个复杂至极的体系，依照这一体系，公司不必付全价租赁整个船舱，货运价格按照货物分为不同等级，混装船只中的贵重货物运费较高，较小的船运费较低。船主可以通过赚取运费保证不受损失。公司的货物在船上由押运员（Supercargo）负责。

18 世纪中叶，170 个贸易点由三位亚洲总裁管辖，他们在 1686 年的实验失败后恢复了平等级别，分别驻在孟买、马德拉斯的圣乔治堡和加尔各答的威廉堡，各有自己的法律和司法机构。三位总裁同时又是他们各自设防驻在地城市的行政长官，在此期间，这些城市高度独立于印度君主。他们受他们的参事会的决定约束，不过他们在参事会中占有两票。他们的年薪为500英镑。参事会最主要的成员是簿记主管（Book-Keeper）、货物主管（Warehouse-Keeper）和主顾（Customer）。各商馆由馆长统管，馆长由大商人担任，任职期不少于8年，年薪40英镑，他下辖的代理人主要从事采购，任职期5年，年薪20英镑，最低级别的群体是书记员，年薪10英镑。王室的驻军或舰队不属总裁统辖，它们代表王室和公司共同的政治利益。这一点变得越来越重要，因为法国人发
222 展成了在亚洲的竞争对手，其危险性远远超过英国人的传统对手尼德兰人。

法国亚洲公司以及欧洲其他小亚洲公司

就连法国人也不甘心任由伊比利亚诸强独霸扩张。另外，1524 年就有一艘法国船驶抵第乌，而目光长远的海运企业主让·安格（Jean Ango）从迪耶普（Dieppe）或鲁昂（Rouen）派出的另外两艘船也于 1529 年抵达苏门答腊。不过法国王室主张至少禁止进入葡萄牙人的势力范围，后来胡格诺战争（Hugenottenkriege）的巨大危机似乎也阻碍着进一步的行动。国王亨利四世（Heinrich IV，1589/1594 至 1610 年在位）治下的繁荣时期正值英国人和尼德兰人扩张时期，顺应时代的、大多以商业公司形式进行的新的主动行动随之开始了。据称，1599 年至 1663 年在法国至少成立了 36 家经营海外贸易的公司。1601/1602 年圣马洛的船进行了印度航行，之后第一家享有国王特许权的东印度公司于 1604 年出现，当然其后台是母港布列斯特（Brest）以及准备打破尼德兰垄断权的人。因此，它因巴黎的共和国的反对意见而失败，随后几十年间，其他公司到达东印度水域的法国船只也基本上被尼德兰人掠走了成果。

宰相黎塞留（Armand-Jean du Plessis，Duc de Richelieu，1624~1642 年在位）的殖民政策意在为国王获取势力范围，将商业资本统合在一个国家大公司里的做法正是服务于这一目的，因此移民和传教比贸易更重要。后来，移民殖民地的任务为提供热带货物，于是 1642 年建立了开发马达加斯加的东方公司（Compagnie de l'Orient）。在岛的东南端建起了多凡堡（Fort Dauphin），送往那里的移民共计近 500 人。然而该公司到 1663 年因内部对立而破裂，国王将其并入新的印度公司。

对大臣让·巴普蒂斯特·柯尔培尔（1661~1683 年在任）来说，别的国家能够通过向法国提供殖民地货物做自己的买卖是不能容忍的，这些利润理应有利于法国的贸易结算。另外，遏制尼德兰人的优势地位和提升法国在这一领域的势力也是一个关乎国家荣誉的问题。在他眼里，贸易政治就是一种利用其他手段进行的战争。除了一个被赋予特权的大型商贸公司，显然没有更好的手段能动员起法国人实现这一目标。为了作公众舆论方面的准备，柯尔培尔约请学者弗朗西斯·夏庞蒂埃（Francis Charpentier）于1664年春作了那个演讲：《一个法国忠臣关于法国东印度贸易公司的演讲——致全体法国同胞》（*Discours d'un fi dèle sujet du roi touchant l'établissement d'une compagnie française pour le commerce des Indes orientales. Adressé à tous les français*）。除了前面提及的论点，这个演讲还指出在印度次大陆和欧洲之间的马达加斯加建立一个主要据点要比在巴达维亚建立据点有利得多。对商界施加了巨大的压力之后，公司才得以于1664年9月1日正式成立，这是一个按照熟知的模式建立的股份公司，享有50年的垄断特权，总资本为1500万里弗尔（Livres），分3年缴入，最低股份额为1000里弗尔。领导权掌握在由二十一人董事会（Chambre générale）手里，其中巴黎的董事12名，外省的9名，董事必须持有不低于2万里弗尔的股份，由持有6000里弗尔以上股份的股东召开的股东大会（Assemblée générale）选举，董事任期7年，不过实际上是由国王指定。国王承诺为公司提供军事保护，提供为期10年的300万里弗尔的无息借款，出口货物每吨奖励50里弗尔，进口货物每吨奖励75里弗尔。至少关于奖励的承诺极为不同寻常，明显表现了这一创举的不真实特征。即便如此，认购的数额也只有8179885里弗尔，其中宫廷贵族和王室财务总管各200万里弗尔，最高法院成员120万里弗尔。考虑到柯尔培尔施加的压力，这一数额自然可以看作一种强制性借款。另外，里昂认购了100万里弗尔，鲁昂 55 万里弗尔，波尔多（Bordeaux）40 万里弗尔，南特 20 万里弗尔，图尔（Tours）15 万里弗尔，圣马洛 10 万里弗尔，还有其他一些认购，而巴黎仅仅认购了 65 万里弗尔。实际上最初可供使用的只有 550 万里弗尔，其中 300 万里弗尔来自国王。自然，柯尔培尔当上了董事会主席，直至 1715 年，这一职位一直由一位大臣担任。

22 个经验丰富的尼德兰人被聘为舵手和商人，弗朗索瓦·卡隆（François Caron）是其中之一，1665 年他担任了印度 224
生意的负责人。比利时人卡隆在尼德兰联合东印度公司已经升到了高级职位，但出于个人原因和公司闹翻了。凭能力以及对尼德兰体系的熟悉，他似乎有着远大的前程，却在 1672 年于返回法国途中溺水身亡。最初的任务是扩建马达加斯加的据点，但行动进展很不顺利，因而 1669 年国王又接管了岛上的多凡堡，1674 年甚至不得不放弃了它。据点移往了波旁岛（Isle Bourbon），也就是今天的留尼汪（Réunion），法国人于 1638 年占领了它，从 1665 年起向那里移民。在已经有一个法国嘉布遣会修道院的苏拉特，卡隆经莫卧儿大帝许可于 1668 年建立了一个商馆，另外还短暂地在东海岸的默苏利帕塔姆（1669~1674 年）和爪哇的万丹（1671 年）建立过据点。

卡隆胸怀有损于尼德兰人的目标远大的扩张计划，出于这一原因，他建议派遣一支王家舰队进行一次展示法国力量的示威行动。曾在亚洲获得总督职位的雅各布·布兰奎特·海牙（Jacob Blanquet de la Haye）率领 6 艘战舰和 3 艘弗鲁特船于 1670 年载着 238 门火炮以及 2100 名士兵启程向印度进发，另外还有公司的 3 艘商船，大概到此为止，这就是从欧洲来的实力最强的海军编队。然而，在与高尔康达的统治者以及尼德兰人交手时，它遭到了惨败，这里不仅存在着指挥问题，而且有缺乏给养的原因。1672 年至 1678 年，路易十四（Ludwig

XIV）与尼德兰在欧洲处于交战状态，自此，欧洲战事对他而言处在优先地位，柯尔培尔渐渐不得志。

不过，一些商馆馆长的灵活和顽强使这一失败得到了部分补救。法国在苏拉特的地位得以扩展，特别是马德拉斯南面的本地治里。那是1672年从一个小邦主手里得到的，尽管受到多重威胁且遭受了暂时的损失，但弗朗索瓦·马丁（François Martin）在1706年去世前将那里扩建成一个强大的据点。在1674年获得的孟加拉据点胡格里城下的金德讷格尔（Chandernagore），马丁的女婿德朗德（Deslandes）于1690年至1694年也建起了一个设防的法国商城。

传教也属于法国政治、经济方面的主动行动。1622年建立的罗马传教机构传布信仰圣部（Congregatio de Propaganda Fide）利用新成立的法国外方传教会（Société des missions étrangéres），试图控制葡萄牙在亚洲的传教，并于1662年派遣了数位法国主教作为教宗特使前往东南亚和中国。1685
225 年，路易十四目的明确地将法国耶稣会士作为葡萄牙人的竞争对手派往中国。当时深谙世道的暹罗国王与其他君主完全不同，他允许宗教自由，甚至提供资助，所以法国传教士在他那里建立了自己的据点；1674年，那些法国传教士中的一个被授予暹罗主教职位。暹罗国王不仅期望通过这一关系建立能带来收益的政治和文化联系，而且也期待着与尼德兰联合东印度公司和英国东印度公司合作的可能性，因为这些传教士正与法国东印度公司进行着密切合作。这位统治者密切关注着法荷战争的进程。暹罗派往法国的第一个使团（与曾经派往尼德兰的一样）于1681年随着它搭乘的法国船沉没了。不过1683年至1689年，法国和暹罗各自向对方派出了两个外交使团。促使国王皈依的希望当然没有实现——欧洲人总是将好奇错当成皈依意愿。1687年的第二个法国使团带了600人的部队，其任务是保护在外交和经济政策方面举足轻重的国王宠臣康斯坦丁·费肯（Constantin Phaulcon，原名Geraki，意为鹰）的地位。此人祖籍凯法利尼亚（Kephalonia），1679年才随英国东印度公司来到暹罗，此时因娶了一个有葡萄牙血统的欧亚混血儿而皈依了天主教并将宝押在了法国人身上。然而，1688年的一次革命性的君王更迭致使他被处决，也导致法国人被驱逐（和英国人一样）。尽管关系很快又恢复正常，传教士继续被容忍，但寄予暹罗的巨大希望没有实现。不过，这一插曲引发了关于这个国家的各种各样的出版物面世。

在1688年至1697年的普法尔茨战争（der Pfälzer Krieg）和1701年至1713年的西班牙王位继承战争中，英国和尼德兰均站在法国的对手一方，这些战争同样给公司的发展和业务造成极为不利的影响。尽管分发了虚构出来的红利（与呈赤字的收益情况绝不相符，钱是由王室的钱库出的），但法国资本对公司的兴趣依然不大。1668年已有不少股票持有者宁愿让自己之前的投资失效也不愿继续支付他们当初认购的、又到了支付日期的股份。甚至连柯尔培尔自己好像也是这么做的。1500万里弗尔的原始资本虽说高于英国和尼德兰公司的资本，但实际到账的资金仅有三分之一，其中的300万里弗尔还来自国王。尽管有个别年份经营情况尚好，但公司只能靠接 226
受借款（部分借贷利息很高）以及王室的补助维持其运转。由于资金不足，实际上它一开始就形同破产，经过修饰的结算所确定的资产拥有量再大，也不可能带来任何改变。若不算1665年和1666年的两次马达加斯加探险航行，若不算王室的船队，特别是若不将布兰奎特·海牙的探险航行以及暹罗船队计算在内，公司1668年至1706年平均每年派往印度的船只为2.6艘，1706年已不得不完全停止了自己的航行。自1708年起只能由个人向公司缴纳资金实施东印度航行。1712年至

1719 年，公司实际上由圣马洛接管。

1718/1719 年，苏格兰人约翰·劳（John Law）进行了整顿法国经济和国家财政的尝试。他的体系的三个支柱除了货币发行银行、包税人制度，就是印度公司，当时所有的海外贸易公司，包括美洲贸易公司，全部被并入印度公司。为了降低国家债务，劳允许以大幅贬值的国债券的票面价值作为支付手段购买印度公司的股票。结果就是股票发疯似的上涨了 3600%，而当 1720 年公司仅支付了可怜的 2% 的红利时，公司股票同样发疯似的趋于崩溃。法国和海外的混乱于 1723 年通过将公司与劳氏体系剥离得以消除，可是它和以往一样依然享有美洲和非洲的特权。不过最迟从 1731 年起，它实际上已将力量完全集中于东印度。由于被授予烟草贸易垄断权，公司有能力保证其股东的固定收入。它的资本为 1.12 亿里弗尔，即面值 2000 里弗尔的 5.6 万股股票，另外还有十分之一面值 200 里弗尔的股份。然而，这些资本是国债的数额，公司无法支配使用。因此公司的股份数年后才达到其票面值，后来在与英国的战争期间再度下跌。

不过，此时贸易已具有相当大的规模并且能够产生利润。1731 年，尼德兰联合东印度公司最重要的四个印度纺织品供货商转向法国人。与英国人不同，法国公司保有一支自己的船队，船数在 30 艘以上，有些年份里行驶在印度航线上的船只超过 20 艘，数量与英国东印度公司相当。87% 的雇用人员来自布列塔尼（Bretagne）。最初，印度贸易是公司具有决定性作用的业务，但自 1741 年起对中国贸易的份额从 32% 上升到 42%。出售进口货物所获收益波动很大，最低值为 972380 里
227 弗尔（1747 年），最高值为 28081408 里弗尔（1755 年），主要在 400 万 ~1000 万里弗尔以及 1400 万 ~2100 万里弗尔范围内波动。尽管如此，流动资金还是一直短缺，因而首先是各印

度商贸点为完成自己的任务被迫进行短期借贷。因此，和以往一样，战争导致债台高筑，以致贸易于1769年被放开且公司开始被清理。在整顿法国国家财政的尝试中，1785年出现了一个新公司，但1790年因革命而中止。它的清算一直持续到1875年。

1723年以后公司领导层经历过多次改组，不过它始终处在比柯尔培尔时代更加严厉的国家监管之下。董事们不是经选举产生，而是由国王任命，国王委派的一个全权代表凌驾于他们之上。管理机构分散设在巴黎、南特和洛里昂（Lorient），其中，洛里昂港是1660年代为柯尔培尔的东印度公司修建的。各海外领地和据点由地方行政长官或董事长管辖，驻在本地治里的行政长官负责管辖亚洲。在重要事情上他受制于由高级官员组成的理事会（Conseil）作出的决定。东海岸的加里加尔（Karikal）、默苏利帕塔姆、亚南（Yanam）的商馆以及自1720年代起实际上已经被放弃的苏拉特归本地治里直接管辖。金德讷格尔驻有一个董事（Directeur）和省理事会（Conseil provincial）负责孟加拉事务，其下辖的据点有巴拉索尔、卡辛巴刹尔、巴特那和达卡，在1721年获取的马拉巴尔海岸的马埃（Mahé）设立的理事会负责马埃和卡利卡特商馆。另外还有设在摩卡和广州的办事处以及印度洋岛屿。马达加斯加虽然依然被弃置，但波旁岛（留尼汪）和法兰西岛（Ile de France，毛里求斯）均是公司的种植园殖民地，由各自的行政长官管辖，直到1764年它们才被转让给国王。毛里求斯在1638年至1711年由尼德兰联合东印度公司占有，其名字得自尼德兰的一位地方长官。1715年它暂时易名为法兰西岛。各个岛屿以及三个设防城市本地治里、金德讷格尔和马埃都驻有卫戍部队，因为公司拥有独立于王室的自己的军事力量，不过其军官在级别上低于文职人员等级。文职人员等级划分得很细，依照资历，职级依次为助理职员（sous-commis）、二级职员（commis de 2e classe）、一级职员（commis de 1re classe）、助理商事（sous-marchand）、主商事（marchand principal）。

与我们的预料一样，这种组织形式与尼德兰和英国的极为相似，但是这种相似不应掩盖那些导致法国人不如其竞争对手
228 成功的差异。当然，法国公司作为新来乍到者处于不利地位，先到的对手已经在亚洲站稳了脚跟。不过更为重要的是它太依附于创造了它的国王，国王创造它的初衷不是着眼于利润，而是着眼于势力。另外，国王还经常在策略和人事方面进行干预，摩擦导致了损失，对业务极其不利。除此之外还总是出现资金短缺的情况，到柯尔培尔的公司时甚至已出现了真正的资本不足。这不仅与企业特别明显的国家特性有关——它好像有意识地放弃了对国际金融市场以及对手阿姆斯特丹的利用，而且特别与法国商业资本的兴趣索然有关，而这种冷漠又可以从法国历史上的经济地理因素得到解释。法国还没有一个全国性市场，巴黎不像伦敦是一个经济中心，与此相反，法国分成了几个相互竞争的区域性市场。尽管在印度贸易中可望获得25%~40%的利润，而在欧洲贸易中只能得到5%~7%，但法国人的经济兴趣还是在于后者。

如果说法国东印度公司是国王出于自己的基本政治动机创建的，那么欧洲其余众多的亚洲贸易公司的存在则应归因于各国政府及诸侯与垄断破坏者之间的合作。荷兰语中有一个描述这些垄断破坏者的单词为“闯入者（Interlopers）”，后来它通过英语广泛流传开来。这里涉及的首先是尼德兰联合东印度公司没有给予或者没有充分给予其行动机会的那些尼德兰人。在法国，亨利四世的东印度公司就是由这类人发起的，至少可证实有一个尼德兰人参与了黎塞留的计划，而柯尔培尔的公司

主要靠招募的尼德兰人来维持。尼德兰人感兴趣的既有英国的东印度公司，也有勃兰登堡（Brandenburg）的计划，后者最终促成了一家非洲公司的建立。1616年，丹麦首家东印度公司的首倡者是两个长期居住于哥本哈根的尼德兰人，其实施航海的人员最初几乎全部来自尼德兰。

这一首倡正好符合丹麦国王克里斯蒂安四世（Christian IV，1588~1648年在位）的政治雄心和海洋抱负，他随即资助了所需资本的12.5%，又通过施加压力从高级贵族那里弄到了15.5%，从哥本哈根弄到了35%，从其王国的其他城市弄到了29.5%，而尼德兰人和汉堡所出资金仅为5%和2.5%。1618 229
年有五艘船驶往印度，1620年得到了南科罗曼德尔海岸的德伦格巴尔（Tranquebar）作为主要据点。然而生意进行得很不顺利，其资本的抗风险能力很低，而三十年战争的纠纷又引发了种种阻碍。1639年驶出了最后一艘船。1650年公司解散，不过据点德伦格巴尔留给了王室。此前的区域贸易，特别是与万丹和望加锡的贸易获得了很大的成功，其中部分为印度教和穆斯林商人的委托贸易，而此后取而代之的是对那些穆斯林商人的劫掠。另外，17、18世纪丹麦人还参与了从印度向东南亚贩运奴隶。

1670年，丹麦王室按照法国模式重新组建了公司，在此次组建中经验丰富的尼德兰商人同样也起着重要作用。王室又出了部分资本并实行监管。1706年，它在德伦格巴尔建立了一个哈勒虔信派教士传教团（Mission Hallescher Pietisten）。因丹麦持中立态度，起初公司从欧洲战争中获取了利益，然而丹麦参与1709年至1720年的北方战争却给公司带来了灭顶之灾。1721年公司不得不交还了贸易权，1729年公司解散后德伦格巴尔又转给了王室。

在此期间，与中国进行的贸易占据着重要地位，特别是茶叶贸易。1732 年新建立的亚洲公司（Asiatisk Kompagni）于 1732 年至 1745 年共进行了 20 次印度航行和 17 次中国航行，而 1746 年至 1771 年共进行了 28 次印度航行和 49 次中国航行。另外，1752 年在卡利卡特建立了新商馆，1754 年在尼科巴群岛（Inselgruppe der Nikobaren）建立了新商馆（1768 年至 1788 年亨胡特兄弟会传教士为争取“野蛮人”在那里作出了种种徒劳的努力），1755 年在孟加拉离加尔各答不远的塞兰布尔（Serampore）建立了新商馆。生意进展顺利，这也是因为 18 世纪最后数年里，印度贸易相对于中国贸易重又取得较为重要的地位。与前几个公司相比，该公司更加重视零散资本份额的作用，1772 年更换新的特许证书前，公司由哥本哈根举足轻重的商人们控制着，尽管资本份额越来越多地掌握在丹麦中等阶层手里，而外国资本份额只是曾经短暂地超过 10%。

1772 年，该公司仅具有中国贸易垄断权，在丹麦国旗庇护下进行的私人印度贸易被放开，但必须向公司缴纳一定费用。1777 年王室接手了维持各据点的费用。丹麦的印度贸易
230 越来越半合法地附属于英国东印度公司。丹麦公司负责将英国公司雇员获得的个人白银收益汇回欧洲，从而获得在印度采购所需的支付资金。公司的主要进口货物是孟加拉的纺织品，通过英国中间人可以半合法地搞到。除此之外，它还为印度战争经营武器进口并从中盈利。与此并行的是英国人打着丹麦国旗大规模进行的损害自己公司垄断的私人贸易。

英国降低茶叶关税之后，丹麦的中国贸易开始缩减，工业革命的兴起自 1790 年代起对孟加拉纺织品的销路产生了不利的影响，1798 年英国在孟加拉采取的各项措施摧毁了私人贸易体系的基础，自 1807 年起与英国的战争最终给了丹麦公司致命一击，1843 年它被彻底清算解散，1845 年塞兰布尔和德伦格巴尔被卖给了英国人。

在邻国瑞典，古斯塔夫·阿道夫（Gustav Adolf）在尼德兰人的影响下于 1626 年在哥德堡（Göteborg）创建了一个大型海外贸易公司。为扩大其基础，自 1632 起，三十年战争期间站在瑞典一方的德意志帝国阶层被邀请参与。然而，它与 1668 年至 1674 年存在的一个小型瑞典东印度公司一样没有多少成就。通过建立一个贸易公司将马达加斯加那些声名狼藉的海盗变成瑞典国王查理十二世（Karl XII,1697~1718 年在位）的臣民的冒险主意也未能如愿。

勃兰登堡于 1634 年受邀加入瑞典公司。在一个不得志的前尼德兰联合东印度公司海军将领的鼓动下，勃兰登堡选帝侯弗里德里希·威廉（Friedrich Wilhelm，1640~1688 年在位）在 1647 年至 1653 年以及 1660 年至 1663 年间特别热心于筹划创建一个勃兰登堡东印度公司，1651 年买下了丹麦人不再需要的德伦格巴尔公司，但购买合同于 1653 年不得不被宣布无效，因为勃兰登堡无法筹措到约定的 12 万塔勒（Taler）。促使皇帝和西班牙共同建立一个东印度公司的尝试显然毫无结果，勃兰登堡的兴趣最终转向了非洲和西印度。

甚至葡萄牙在 17 世纪也试图仿照西北欧模式建立公司，之后在西班牙君主国从前的生意伙伴热那亚共和国也出现了关于东印度的计划。在联合东印度公司的一个尼德兰竞争对手的倡议下，1647 年，一个热那亚东印度公司按照尼德兰模式建 231
立起来了。1649 年，两艘热那亚商船带着城市首领的证书到达苏门答腊，“可船上大部分是荷兰船员，因而后来估计有特殊的荷兰商人参与其中”，一个目击者这样写道（Merklein，58）。事先得到消息的尼德兰总督派他的船迫使这两艘热那亚商船驶靠巴达维亚。因为在和平时期不能对热那亚人做什么，所以总督下令将尼德兰臣民接下船。剩下的人力量太弱，他们别无选择，只能连船带货全数卖给联合东印度公司，不愿为公司效力的人跟随下一个欧洲船队返回。1657年，一个英国的“闯入者”重新在热那亚发起倡议。1660年代，热那亚对该倡议进行了审查，因前面提及的经历而将其否决。

1695年建立的苏格兰海外公司首先因其在拉丁美洲的行动失败而出名，就连它也试图以公司之名开展闯入东印度的航行，随着1707年英格兰和苏格兰结为联盟，该公司很快便宣告终结。

新一波创立公司的大潮出现在西班牙王位继承战争后的普遍热心于投机的时期，当时中国茶叶贸易发展迅猛。由于英国是主要买家且英国东印度公司是主要垄断者，因而这方面涉及的完全是由英国主导的公司。随着南尼德兰归属奥地利而北方解除了对其进行的封锁，赞同苏格兰公司的詹姆士党难民自此在经济前景有利的南尼德兰定居下来，他们借助比利时资本共同为私人亚洲航行出资，1721年有三艘船从奥斯坦德（Ostende）起航前往印度和中国。尽管欧根亲王（Prinz Eugen）提出了警告，但奥地利自1719年起便支持建立公司，1723年按照通常模式，通过颁发许可证书（Octroi）建立了奥斯坦德公司，初始资本为600万荷兰盾，在安特卫普交易所转瞬间就被认购一空。董事中的英国名字和尼德兰名字旗鼓相当。在英国人的压力下，奥地利不得不放弃了马德拉斯南面的一个据点，不过1726年恒河上位于加尔各答上面的班吉巴扎尔（Bankibazar）成功地建立了一个有契约保障的商馆。在此过程中起决定性作用的是苏格兰人亚历山大·休姆（Alexander Hume），他是英国公司的前雇员。生意进展十分顺利，四年间纯利润就超过了700万荷兰盾。然而查理六世
232 （Karl VI）意欲使他于1713年签署的国事诏书在国际上得到认可，以确保他女儿玛丽娅·特蕾莎（Maria Theresia）继承王位，因而在诸海洋强国的逼迫下，1727年，他不得不同意

至1732年废除特许证书并停止贸易。

从前支持建立奥斯坦德公司（其船只和航海人员主要源于英国）的各国对东印度的兴趣据说后来又在瑞典找到了一个新对象，1731年在瑞典成立了哥德堡东印度公司（Ostindiska Companiet von Göteborg），它一直存在至1813年，其独特之处是至1753年都没有固定的公司资本，因为英国人、尼德兰人、比利时人甚至法国人在此间与瑞典人会集在了一起。1721年至1804年共有130多艘船驶往亚洲，主要驶往中国，其中大部分是瑞典的大型帆船。获取的利润极大，1746年至1766年为投入资本的5倍。当然，英国人不容这个主要经营中国贸易的公司在印度立足。即使在这里，除了瑞典，占大多数的也是改换名称的英国船只和英国船员。

另外，对东印度的种种兴趣还检验着其他国家国旗的庇护力度，也就是当时同样成立了一个新公司的丹麦、西班牙甚至波兰的庇护力度。最后出场的是埃姆登的各家普鲁士公司。早在经济前景向好的1720年代和1730年代，一些相关建议就送到了弗里德里希·威廉一世手上。然而，因为汉堡预先被确定为港口，而汉堡人又可能惧怕此时肯定反对这类行为的神圣罗马帝国皇帝，所以这位谨慎的普鲁士国王没有被说动。而他的儿子弗里德里希二世（Friedrich II）则完全不同了，因为自1744年起他拥有了自己的北海港口埃姆登。1750年，一个普通的亚洲公司被授予特权，其大多数股东为英国人和比利时人，不过由于生意进展不利，该公司于1757年停止经营。1753年同样在埃姆登成立的一家孟加拉公司只是英国人私人兴趣的短命幌子。

威廉·勃茨（William Bolts，别名 Wilhelm Bolts）是英国东印度公司的前成员，1775年他从玛丽娅·特蕾莎手里获得了一份海外贸易特许证，出发地为特里斯特（Triest）和该君主国其他在亚得里亚海的港口。哈布斯堡皇室的托斯卡纳（Toskana）的里窝那（Livorno）同样被划入其中。奥斯坦德公司的各亚洲据点均掌握在皇帝手里。1781 年公司濒临崩溃，此时一位奥斯坦德公司前股东的儿子普罗里伯爵（Graf Proli）被吸收进来，而皇帝约瑟夫二世（Joseph II）也亲自参与，因而公司作为“特里斯特和安特卫普皇家亚洲贸易公司（Société impériale pour le commerce asiatique de Trieste
233 et d’Anvers）”被置于一个全新的基础之上。由于在美国独立战争中皇帝持中立立场，大规模的贸易起初进展不错，但缔结和约后，因种种内部矛盾，公司于 1785 年宣告破产。

特权贸易公司时代此时好像完全结束了。就连西班牙的第二个菲律宾公司也感受到了这一点，该公司建立于 1785 年，延续至 1834 年，虽然有英国公司的资助，但也不得不于 1808 年停止了经营活动。

既然私人航行不可能受到大型公司的阻碍，而且根据经验，纵然风险较大，但可望得到丰厚的收益，那么尼德兰和英国“闯入者”究竟为何要选择一个外国特权贸易公司来经营自己的生意呢？虽说不可能有一个完全令人信服的答案，但对庇护的需求可能起着重要的作用，而且抵御竞争对手和海盗侵犯尚属次要，在欧洲和海外受法律保护才是最主要的因素，而一面国旗提供的正是这种法律保护。最后也不应忽略这类虚设公司所属国的经济政策的利益。亚当·斯密（Adam Smith）就已经指出：东印度垄断权在贫穷国家能够吸引资本，使过量投资成为可能，从而使这些国家能够参与远洋贸易。

商业资本主义的结构

尽管存在着各种差异，但特权型贸易公司也显现着惊人的一致性，在17、18世纪，它们是欧洲和亚洲关系的重要体现者。无论定点于何处，每一个公司都处在西北欧商业资本和利息资本的影响之下，作为股份公司的早期形式，它们懂得如何比以往更好地动员起这类资本。即使从经营组织方面来看，展现在我们面前的现代大企业的早期形式也是它们，而不是梅迪奇家族或富格尔家族。如果说乍一看它们的亚洲据点网与葡萄牙人的据点网非常相像，那么前者追逐利 234
润的着眼点比后者更为严厉，也更为现代化。自然，这类贸易公司的现代性还受到局限，因为它们是前现代特权的体现者，因而也就受制于政治力量，不能总是将自己的经济利益作为出发点。它们首先从统治者或者共和国手里得到有保障的垄断权，作为回报，它们必须自己承担基础设施费用，必须自己建立和维护亚洲据点体系，为此它们被赋予各种准国家权力（缔结条约权、设防权、交战权和司法权）。与葡萄牙人的体系相比，它们在相当大的程度上免除了公众的控制，尽管公众的参与也常常发挥作用。因而到了19世纪，非洲各国试图再次动用这一模式就毫不奇怪了！然而这类公司首先被请来为国库偿付大量资金——就连尼德兰公司也不例外，而这一点经常被人们忽略。在18世纪，英国公司和法国公司甚至是国债的真正构成成分。不过，压榨它们的并不仅仅是国家权力，因为本土的寡头领导和亚洲的雇员一样，根本没有将自己和自己家族的利益与公司的利益视为一体，而按照自由主义批评家的说法，公司的利益通过垄断结构压制了私人合法利益。

我们有理由认为享有特权的垄断贸易公司是所谓的重商

主义最为重要的现实表现形式之一，尽管重商主义从未作为自成一体的理论或实践体系存在过，它只是重农主义者和亚当·斯密的挑衅性的创造。然而不容否认，这个时代的理论以及实践所显露的某些趋势完全可以归结为重商主义这一概念。第一，商业在整个经济中的意义被大大高估，或许这是因为商业游说活动留给历史学家们的原始资料远多于其他经济领域，因此，商人资本是最重要的资本积累代表的理论并不仅仅出现在卡尔·马克思的回顾中。第二，世界经济资源和可能的贸易总额被看作一个定量，因而便有了第三点，即各个国家现在完全自然而然地处在经济思维和行动的最终基准点，他们必定会在一种关乎自我保护或赢得力量的战争中为获得
235 尽可能大的份额而战斗。这需要通过以贵金属表示的贸易顺差来实现，当然在此期间，这种顺差被理解为多边的，而不像以前那样被理解为双边的；与古典时代的类似想法相比，这是一种进步。因此，这些国家对内大力促进生产，对外采取保护贸易措施以及垄断措施。所以连使用武力也是欧洲人亚洲贸易的理所当然的组成部分！

然而，各印度公司绝非完全适应了这一纲领而没有产生任何问题，亚当·斯密观察到的英国国内的那些矛盾冲突已经表明了这一点。这些公司必须一次次用为国家经济带来的真实的或所谓的利益证明自己出口贵金属和进口制成品的合法性。另外，它们的垄断也一直招致同时代批评家以及后世自由主义理论家和历史学家的极大反感。按照亚当·斯密的说法，它和国家干预一样，完全是对投资资本最佳分配的损害，而这种分配只有在由个体利益主导的经济不受阻碍地自由发展时才可能实现。实际上资金不足难道不就是反复出现的，连东印度公司也必须奋力解决的中心问题吗？尽管如此，我们仍须避免不加思索就接受这一批评。第一，从历史角度看，当时大型公司的

传统形式不是自由贸易而是特权和垄断，人们不可能轻而易举地摆脱这种形式，因为它们似乎适合确保商人和当权者获得利润。第二，应当严肃地看待那些公司给出的理由，即唯有如此才能确保迅速而低成本地获得亚洲货物所必需的基本设施。无论我们如何评价研究界至今还在争论的欧洲人到来之前的亚洲贸易，至少按照单纯的市场机制来看，欧洲在亚洲的需求是否如愿建立起了一个供应体系，这一问题还有待商榷。这种公司体制从整体上取得的成就毕竟表明，至少从企业管理角度看，它恐怕并非完全不合理。

现在我们应当比较详细地关注一下贸易的进展情况。尼德兰人的总销售额——在这里，装备费（Equipagie）应理解为驶往亚洲船队的装备费用，包括货物但不包括基础设施费用——所显示的发展趋势与阿姆斯特丹议事会的销售趋势是一致的：整体呈上升趋势，但 18 世纪增长极为缓慢，有时甚至出现倒退。显而易见，17 世纪是扩张最剧烈的时期，这无疑与需求发 236
生变化以及由此导致的贸易重点的地理转移有关。纺织品、咖啡和茶叶取代几乎被尼德兰人垄断的香料成为主角，其间竞争对手在日益重要的中国贸易方面超越了尼德兰人。

在英国人那里同样可以观察到总体增长。1660 年至 1760 年进口总增长率为 2.3%，出口总增长率为 2.1%。在 17 世纪下半叶的纺织品时代，东印度公司经历了一次繁荣，而 1684 年至 1709 年，英国的政治结构危机也反映在进口大低谷上。随后约至 1725 年，进口出现了迅猛增长。从那之后增长又放缓，不过并未完全停止。18 世纪中叶的那些进口新高峰显然是有针对性的贵金属出口造成的。另外，1725 年之后增长放缓可能与前一时期达到的高额基数有关，不过可能也与贸易条件（Terms of Trade）的变化有关，17 世纪的贸易条件对英国的出口有利，而到 18 世纪却变成了不利因素。

欧洲最重要的出口物是贵金属，而且一直是贵金属，尤其是铸成硬币或未铸成硬币的白银，1660 年至 1760 年它占英国出口总值的 70%~90%，17 世纪上半叶的情形也差不多如此。这些白银归根到底来自西属美洲。17 世纪，这些白银被铸造成西班牙八里亚尔银币（Real de a ocho）[1] 运往亚洲。不过随着时间的推移，它们也在那里被铸成新的尼德兰银币，如铸成里克斯银币，而英国公司却将自己的银子铸成印度卢比。由于在马六甲以东世界扎下了根以及开展了大规模的波斯贸易，尼德兰人在 17 世纪有时也有其他的白银供应来源。对 1652/1653 年贵金属进出巴达维亚情况的一项研究表明了这一点，当时英荷战争切断了来自其本土的补充。另外通过马尼拉和苏拉特，也就是通过地中海东部国家和地中海区域，还一直有西班牙里亚尔送往巴达维亚。除此之外，最重要的贵金属来源地是日本，因此尽管问题重重，尼德兰人一直谨慎小心地维护着日本贸易。1668 年日本禁止白银出口，但日本黄金可以利用在科罗曼德尔海岸的升水获得，直到 1672 年日本也禁止了黄
237 金出口，1696 年硬币成色降低（货币贬值）使这一交易失去了意义。

① 荷兰语称为 Reaal 或 Stuk van achten，英语称为 Ryall of eight 或 Piece of eight。——原注。中文也常称作“西班牙银圆”“本洋”“双柱”“佛头”等。——编者注

1602 年至 1794 年尼德兰联合东印度公司换算成荷兰盾的贵金属流出情况

单位：百万荷兰盾

	来自尼德兰的贵金属	来自日本的白银	来自日本的黄金
1602~1610	5.2		
1610~1620	10.2		
1620~1630	12.4		
1630~1640	8.5		
1640~1650	9.2	15	
1650~1660	8.4	13	
1660~1670	12.1	10	4
1670~1680	11.3		11
1680~1690	19.7		3
1690~1700	28.6		2
1700~1710	39.3		
1710~1720	38.8		
1730~1740	40.1		
1740~1750	38.3		
1750~1760	59.0		
1760~1770	53.5		
1770~1780	48.3		
1780~1790	47.9		
1790~1794	17.0		

从此以后，就连尼德兰联合东印度公司也重新紧急要求从欧洲发运贵金属。虽说偶尔会出现瓶颈，但在那里早已存在的国际银行体系和支付体系中，通常还是能够筹措到急需的款项，尽管事实上支付向尼德兰开出的汇单已逐渐成为联合东印度公司的巨大额外负担。17 世纪共计有 3000 万荷兰盾以这种方式从亚洲汇往尼德兰，18 世纪为 2.07 亿荷兰盾。1700 年至 1710

年，现金与公司之间支付汇款（assignaties）的比例为6∶1，1790年至1796年现金与正规汇单的比例为1∶1。从尼德兰出口的贵金属折合共计574355013荷兰盾，1602年至1700年为125572979荷兰盾，1700年至1794年为448215734荷兰盾。与此相对，回程载货总值9.313亿荷兰盾，1613年至1700年为2.513亿荷兰盾，1700年至1795年为6.78亿荷兰盾。英国东印度公司1660年至1760年出口贵金属折合39714307英
238 镑，出口货物价值12241136英镑，按银价换算贵金属折合1396358034荷兰盾。与此相对，1664年至1760年进口货物总价值为45013751英镑，折合1582683485荷兰盾。

有人称欧洲贵金属输出是必然之事，因为亚洲对欧洲其他产品几乎没有需求，这是从古典时代起就已经证实的、众所周知的事实，是理应尊重的事实，而如今从经济理论视角看，这是一个有待商榷的问题。如果说能用重量轻的印度棉制品赚取寒冷的欧洲的钱，那为何就不能用欧洲的羊毛布料赚取终年处处炎热的亚洲的钱？其实起决定性作用的是今人眼中的成本比较原则。尤其是因为劳动力价格低廉，亚洲可以低成本地生产某些物品，而欧洲凭借西班牙的美洲殖民帝国生产着特别廉价的白银。用银金比率表示，白银在欧洲价廉，在东方昂贵，因此白银流往亚洲。1600年至1630年，银金比率在美洲大概是16∶1，在西班牙大概是12.5∶1，在印度大概是9∶1，在东亚大概是7∶1。

再就是欧洲其他出口物品在亚洲从未扮演过重要角色。在尼德兰人那里，它们最高只能达到他们携带的贵金属价值的七分之一，不过供应巴达维亚的货物、船上装载的砖瓦或雕刻石门不包括在内。在英国人那里，该类货物的价值在出口总值的三分之一和十分之一之间起伏，在法国人那里大体占三分之一。欧洲纺织品是重要货物，特别是布料和丝绒，此外还有金

属制品、葡萄酒和也用作压舱物的铅等。

欧洲进口的主要货物首先是胡椒——西北欧人的最终目标就是夺过葡萄牙人的香料生意。17 世纪上半叶胡椒一直是最重要的货物，即使在该世纪下半叶其相对意义下降之后，进口的绝对数量仍在继续上升。不过这也可以解释为，公司对自己占有欧洲胡椒市场份额的重要意义估计过高，英国人和尼德兰人企图通过尽可能多的进口压制竞争对手，这导致了价格下跌，给两国公司造成了损失。胡椒为非伸缩性需求提供了一个范例。即便在供应过多造成价格下跌时，需求量仍在上升，但最终的收益是下降的。17 世纪上半叶，欧洲的需求量约为 700 万磅，尼德兰人在 17 世纪和 18 世纪按照市场状况每年提供的数量在 400 万和 800 万磅之间，英国人 1603 年至 1640 年每年进口的数量在 40 万和 290 万磅之间，大多数年份为 100 万磅左右，该世纪下半叶进口量继续上升，1677 年达最高纪录 810 万磅，之后再度迅速下跌，18 世纪重又上升之后最终在每年 200 万和 400 万磅之间起伏。胡椒不仅是精心装载的珍贵货物，它本身也是相当贵重的压舱物。

17 世纪下半叶，尼德兰人试图通过占领马拉巴尔海岸以及将英国人逐出其胡椒最大进口地万丹（1677 年便是如此）来建立胡椒垄断；在此之前，他们已经对其他香料建立了垄断。实际上，英国人虽然可以通过班库伦从苏门答腊得到充足的货源，而且尼德兰人也未能完全控制马拉巴尔海岸，但英国人在采购方面已有较大的困难。另外，尼德兰联合东印度公司的马拉巴尔贸易结算也处于亏损状态。

货物采购一部分通过供货合同，一部分在公开市场上进行。在印度尼西亚的一些地方，欧洲的需求好像促成了新种植 240
园的建立。随着时间的推移，两国公司学会了确保自己在亚洲胡椒交易中的份额，以及学会了从波斯和中国的这种香料的供货中获取利润，以筹措其为欧洲采购所需要的资金。

与胡椒的情况相反，尼德兰人对丁香、肉豆蔻和肉桂等比较精美的香料实施并保持着垄断，英国的进口数量一直很低。有违常理的情况是，在英国人尚能守住班达群岛和安汶岛的最初那些年里进口量较低，而后来只能通过望加锡囤货时进口量反倒比较高。虽说尼德兰的垄断常常伴随着一些现象，包括使用暴力限制生产数量，强行制定极低的购入价格以及通过相应规定的售价获取高额利润，但不应忽视的是，尼德兰人一直是唯一的垄断者。即使在这里，市场法则也不会完全被废置。例如在这种情况下，在亚洲香料市场供货时大力抬高价格，致使竞争对手认为不值得买下拿到欧洲再销售就很重要了。不过，过高的价格也导致这里和欧洲的需求下降。

如果说最初的数十年是处在香料法则的控制之下，那么17世纪的后三分之一时间在尼德兰人和英国人那里则是纺织品全盛时期，特别是印度棉织品的全盛时期，看一下有关的类别曲线，这一点便一目了然了。

有利的原料供应，精湛的技术，还有显然相对廉价的劳动力，这些早已使印度成为粗棉布、细棉布、纯白棉布、印花棉布、染花棉布生产的领先者。旁遮普、古吉拉特、科罗曼德尔海岸和孟加拉是四个中心地区，它们也从印度内陆贸易获取利润。此外，马六甲以东地区的印度纺织品名声很高，可以非常便利地用它换得印度尼西亚的香料。西北欧人非常清楚这一点，所以尼德兰人立即在科罗曼德尔海岸扎下了根，而英国人则首先尝试获取古吉拉特的纺织品。1612年就有一个尼德兰人因那里的棉布料而将科罗曼德尔海岸描绘为“马鲁古的左臂”。向欧洲出口棉织品是这一关系的副产品，但它很快便获得了重要意义。最初，欧洲人好像将棉布用作床上用品、桌布以及类似的东西，直到17世纪下半叶，时装行业相中了这种

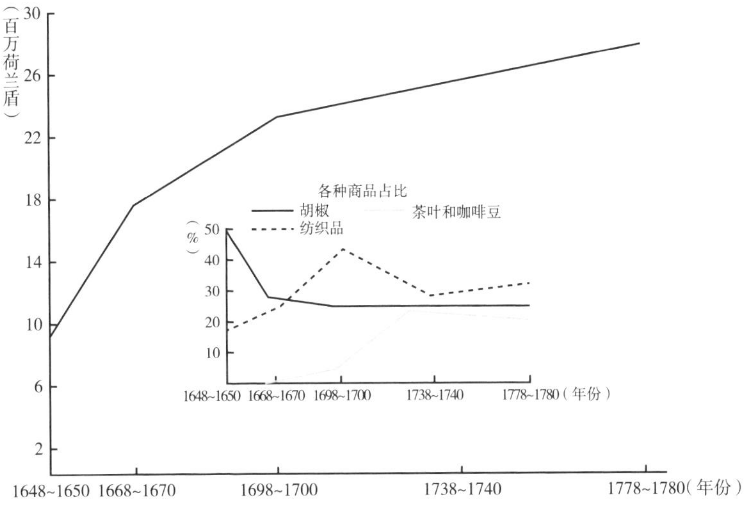

插图 27 尼德兰联合东印度公司在阿姆斯特丹的销售量及百分比

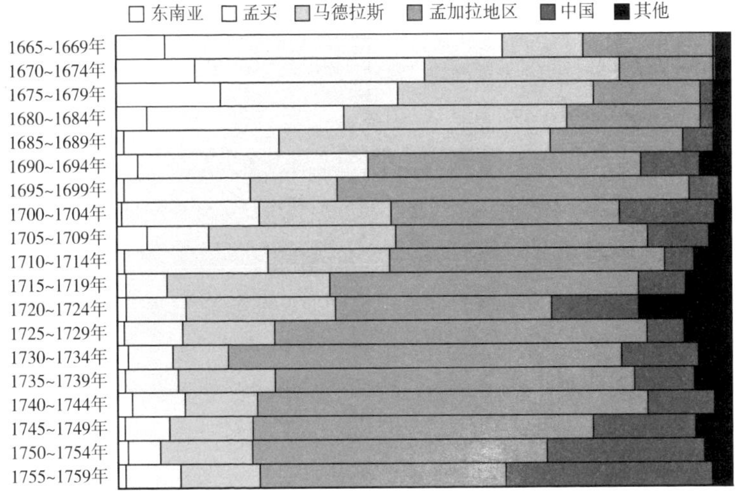

插图 28 英国东印度公司进口货物的来源地区

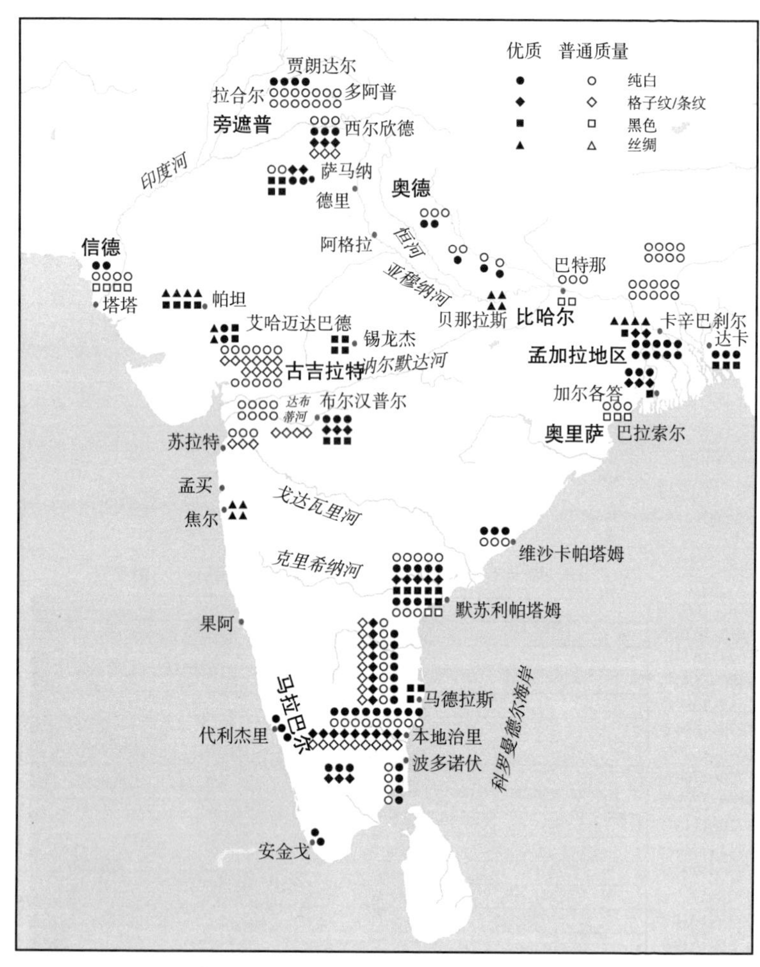

插图 29 1600~1750 年印度棉织工场分布

材料。另外，在非洲和美洲，对棉布的需求还与奴隶交易和奴隶蓄养相关联——荷兰语名词“Guineesche lijwaten”（几内亚棉布）和“negroskleden”（黑人奴隶）就证明了这一点。英国人在这方面很快超过了尼德兰人，就连主要驻地在科罗曼德尔海岸的本地治里的法国公司也在这一地区发展成不容小觑的竞争对手。1684/1685 年至 1688/1689 年，尼德兰人进口了 111.9 万件，1684 年至 1688 年，英国人进口了 4309245 件。

对质量更为精细的产品的需求量在上升，加之古吉拉特和东南海岸政治局势不安定，需求因而向孟加拉地区转移。1664 年，苏拉特提供了英国纺织品进口数量的 50% 和进口价值的 35%，马德拉斯提供的分别为 41% 和 48%，孟加拉提供的为 9% 和 17%，其中的数量和价值之比已经在一定程度上表明了质量。1710 年，三地的数量占比分别为 25%、28% 和 47%。按照价值计算，1697 年尼德兰人进口的纺织品 55% 来自孟加拉，27% 来自科罗曼德尔海岸，仅有 2% 来自苏拉特。印度纺织品至少对英国公司而言已经完全成为最重要的贸易品，而且按份额来说也是如此，所以对英国乃至整个欧洲的亚洲贸易来说，孟加拉成了最重要的地区。

因为进口的是制成品，而且需要顾及欧洲人的审美口味，所以采购时的组织要求相比其他货物要高。通行的做法是欧洲人预付部分货款，在当地中间人处进行预订，运输及其他环节的风险由中间人承担。他们或他们的下级代理预付现金安排手工匠人进行生产。这种与伊斯兰法相应的现金预付制不应与欧洲的分发包销加工制相混淆，后者向手工匠人提供生产资料，即向织工提供棉纱，有时也提供织机。当然，分发包销加工制也出现在公司直接进入的地区，如以英国人的“棉纱 + 工钱制”形式出现在孟加拉，以及作为手工工场式的大企业出现在孟买、马德拉斯和本地治里。这些纺织工人有多贫穷，特别是

因欧洲人的剥削而变得贫穷，还是一个尚待探讨的问题。与此
244 相对，很多材料表明，正是印度棉织品的挑战促使英国手工业以低成本赶上了印度的发展优势，并进而引发了工业化。

与棉花相比，丝绸的情况则完全不同，欧洲早已有能力纺出丝线和织出精美的丝绸布料。最初几十年过后，奢华的中国丝绸很快失去了重要意义，尼德兰人更乐意将其在日本卖掉来为印度生意赚取贵金属；由于亚洲劳动力价格低廉，除了奢华的中国丝绸，从亚洲引进丝绸工业的原料显然是值得的。于是，未经纺或织的生丝在欧洲的进口物品中所占份额尽管变化极大，但并非微不足道，1702 年英国人进口的生丝甚至占到进口总值的 26.5%。

因为两国公司起初都没有直接进入中国的通道，所以对欧洲来说，里海周边山区出产的波斯蚕丝便扮演着至关重要的角色，这些蚕丝经陆路运往西方，后来阿拔斯将葡萄牙人逐出霍尔木兹，目的就是避开奥斯曼帝国将蚕丝交付给尼德兰人和英国人。向欧洲出口蚕丝是伊朗经济最重要的白银来源。不过 15 年后，波斯的冲突导致人们发现孟加拉能够提供比中国和波斯价格更低的生丝。尼德兰人在这里的采购量越来越大，1670 年代，孟加拉蚕丝已成为英国预订货物中的固定组成部分，这是孟加拉的重要性不断提高的另一个原因。直到 18 世纪中叶以后，英国人才真正利用起新开拓的从中国直接采购的机会。

就像之前棉花时代取代了香料时代一样，现在咖啡茶叶时代取代了棉花时代。早在 1616 年，尼德兰西印度洋贸易的创始人彼得·范·登·布卢克在摩卡接触到“一种黑色小豆子”，“他们用它制作一种趁热饮用的黑水”。那时咖啡已在伊斯兰文化圈内流行了上百年，大概于 15 世纪从它的故乡阿比西尼亚传到此间它在阿拉伯半岛南部的唯一种植区。奥格斯堡的东方旅行家莱昂哈德·劳沃尔夫（Leonhard

Rauwolf）于 1582 年第一个品尝了咖啡，帕多瓦的教授普罗斯佩罗·阿尔皮尼（Prospero Alpini）则于 1592 年描述过咖啡树。不过尼德兰人起初只是尝试着偶尔参与向波斯和印度供应咖啡。直到 1661/1662 年，咖啡才在阿姆斯特丹走向市场，但数量一直很小。1690 年之后，尼德兰联合东印度公 245
司以迅猛扩大的规模承担起欧洲的生意。英国人在这方面走在了前面，就连法国人也大力参与。1652 年，第一家咖啡馆在伦敦开张，据说 1680 年前后伦敦已经有许多家咖啡馆。茶直到 18 世纪才在英国出现，此前咖啡显然是那里最受欢迎的饮品。1671 年和 1672 年，马赛和巴黎出现了第一批咖啡馆，但高雅的巴黎咖啡馆时代的起始不会早于 1700 年。1683 年土耳其人撤军后，维也纳出现了第一家咖啡馆，接着是布拉格、纽伦堡和雷根斯堡。斯图加特出现第一家咖啡馆是 1712 年，奥格斯堡是 1713 年。1717 年，德累斯顿有十家咖啡馆，也卖茶和巧克力，顾客来自不同的社会阶层。显然欧洲最先模仿的是东方咖啡馆而不是中国茶馆。一部分咖啡无疑是通过穿越地中海东部国家和岛屿的商路来到欧洲的，1719 年奥斯曼帝国的商人买下了在阿拉伯半岛主要咖啡市场拜特费吉赫（Beit el-Fakih）出售的八分之七的咖啡。然而也门具有独立地位，因而土耳其苏丹无法将西方贸易公司排挤出咖啡交易。

英国人、法国人、尼德兰人以及其他国家的人通过唯一可用的深水港口摩卡进行采购，有时他们在那里还设有商行。最终，咖啡交易的重要性致使尼德兰人和英国人允许打破亚洲贸易围绕中心进行的原则，设置了摩卡至欧洲的直达航行。另外，他们用从欧洲带去的现钱支付货款，放弃了从亚洲内陆贸易中筹措资金的通常做法。由于需求加大以及销售价格相应提高，1724 年，英国的进口量创下了其绝对纪录，超过了 120

万公斤，占整个贸易量的24%。随后至18世纪中叶，进口量在50万公斤上下起伏，占总贸易量的5%~7%。1720年，尼德兰人从摩卡进口了180万荷兰磅，1724年仅进口了80万荷兰磅，不过1724/1725年，尼德兰人自己在爪哇岛的生产已经让他们多获得了整整300万荷兰磅。

欧洲的需求导致咖啡在也门价格上涨，以致各个公司原本很高的利润下降，结果便是他们纷纷冒险尝试自己种植咖啡。英国人在印度进行尝试，法国人在波旁岛，尼德兰人在斯里兰卡。1718年咖啡种植进入荷属苏里南（Surinam），1727年
246 进入葡属巴西。不过取得极大成功的首先是爪哇的尼德兰人，1696年在那里开始的尝试自1711年起获得成功。在欧洲获得极高评价的爪哇咖啡在1724年已能满足尼德兰的需求，不过尼德兰还是继续向摩卡派出一艘船，目的是通过需求维持那里的高价位，从而维护自己的成本优势。1732/1733年，尼德兰在巴达维亚收购了580万荷兰磅咖啡，另外还有上一年收获的240万荷兰磅。供应过量威胁着咖啡生意。另外还有针对尼德兰咖啡生意采取的贸易保护主义措施，尤其是德意志诸侯采取的措施，其中最为出名的大概是“老弗里茨”[①]的措施，然而尼德兰咖啡被认为品质很糟糕，而比较好的法国咖啡则得到了认可。

然而在此期间，一种新的大众饮品在英国被普遍接受并展现了全新的商业前景，它就是中国茶。三千年来，中国人一直饮茶，元代以来绿茶已成为大众饮品，据说到明代又出现了味道浓烈、保存时间长久的红茶用于出口。1610年起，尼德兰联合东印度公司和英国东印度公司将少量茶叶引入欧洲，1637年，人们第一次提到欧洲对茶叶的需求。18世纪前期，在尼

① 即普鲁士的弗里德里希大帝。

德兰从药品升格为享乐品的烈性酒成为英国人喜爱的饮品。然而，当酒税越来越高和酿制烧酒的原料越来越紧缺时，茶叶获得了优势地位，尽管需求增加，而且至1784/1785年为止茶税一直在提高，但茶叶价格最终越来越便宜。它之所以受欢迎，估计也是因为它必须与西印度糖配在一起享用，而这种糖同样也越来越便宜——这是东印度和西印度的经济利益在英国市场的一次独特结合。后来到19世纪，土豆、黄油面包和茶是最典型的英国大众食物。因此可以说，欧洲需求的重点在于价格比较低廉的品种。

英国公司的文件里自1660年代出现了茶叶，在茶叶供应方面，英国公司依靠直接购买，而尼德兰人则靠中国帆船将茶叶运到巴达维亚。然而自1685年至1719年，中国南部的一些港口重新对外国开放，葡属澳门的垄断被最终打破。英国人立刻尝试在中国贸易中立住脚跟。由于货物供应较好和安全等级较高，在中国皇帝于1760年明确将对外贸易限定在广州之前，欧洲贸易已迅速集中在这座城市了。广州驻有一个最高权 247
威“户部”（hoppo，名称即源于主管财政的户部）[①]，它在朝贡制度语境里直接代表皇帝管理着海关，在其辖下，官行[②]（国家行会）享有对外贸易的垄断权。这十三个商人（该数字后来因破产有减少）在城郊河岸边均设有自己的“行”，后来那里按照法国的模式，到18世纪中叶陆续建起了比邻而立的各个国家的商馆。尽管时有冲突，英国茶叶贸易突飞猛进。所有其他欧洲公司也参与其中并获得相当大的成就，至1729年，奥斯坦德公司运出的茶叶几乎不少于英国人从中国运出的茶叶。唯有尼德兰人最初还试图促使中国人向巴达维亚提供茶叶以降低成本，在投入广州的交易上犹豫不决。1728年至1734年，这

① 即粤海关，外国商人常常直接称粤海关监督为“Hoppo”。——编者注

② 亦称公行，鸦片战争前清朝政府特许的广州经管外贸商人的同行组织。

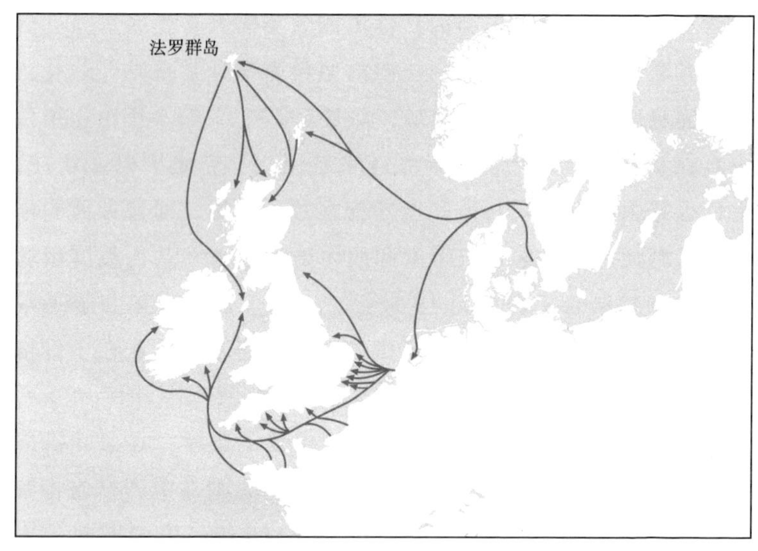

插图 30 18 世纪向英国进行的茶叶走私

一港口与尼德兰之间的直达航行使日益紧张的本土财力有撤出巴达维亚的风险。因此，英国人的优势地位未受损害。1772 年至 1774 年输往英国的茶叶总值已经超过之前最重要的货物——棉织品。

不过，其他国家输往欧洲的茶叶最终瞄向的也是英国市场，这些茶叶主要用于向一个庞大的走私体系提供货物，英国的各个邻国都从这一体系获取利益。根据保守的估计，1740 年前后，东印度公司合法进口的茶叶在实际运入英国的茶叶中仅占一小部分，1784 年前不久几乎不到一半。1784 年，茶叶关税从净值的 110% 猛降至 12.5%，从而导致走私体系的崩溃，而在此之后，这一体系的经济意义大概也就是将巴西产的黄金弄出英国了。

银价在中国保持高位期间，白银在广州一直被作为支付手段使用。18 世纪上半叶，英国驶往中国的商船装载的 90% 是白银。1750年前后，中国的白银价格与欧洲的基本相等，因而欧洲货物的占比从10%提高到三分之一以上。另外自1765年起，英国公司可以动用得自其新获得的领地孟加拉的廉价白银。1778年至1784年，英国驶往中国的船只的装载物84%是货物，主要是轻质羊毛制品。在这种真正的商贸往来的新情况下，欧洲、印度和官行之间发展起一种信用体系，往来支付不用现金而用汇票，这一体系主要对英国人有利。各个公司的代理人使用汇票进行交易，官行使用中国式的信用票。

直至19世纪，中国一直是唯一的茶叶供应者，因为与咖啡不同，欧洲人直到19世纪中叶以后才得知茶叶是如何生产的。1785年至1833年间，英国人的广州贸易达到了其巅峰。尽管茶叶关税再度提高，但由于在世界政治中占有优势地位，1799年至1833年，英国人依然接纳了广州出口量的96%。1828年至1833年，这一出口量是1778年至1784年总量的5倍，是1719年至1725年总量的17倍。对于本土而言，中国此时是与印度同等重要的贸易伙伴，甚至是更为重要的贸易伙伴。1866年至1870年，英国人进口的茶叶90%来自中国，而1901年至1905年却不到5%，因为在此期间，印度（阿萨姆）、斯里兰卡以及其他一些国家已经成为茶叶出口国。但这并未说明全部问题。起决定性作用的是印度和中国之间的亚洲内部贸易。1817年至1833年，英国人输入广州的货物有82%至88%来自印度，其中主要是棉织品，直至利润巨大的鸦片逐渐被推 249
上前台。如果将1799年至1806年输入广州的这两种货物的数量各设为100，那么1828年至1833年棉织品指数达189.9，而鸦片指数达488.6，1834年至1838年已达874.4——这是一个并非不会产生政治后果的发展。

香料、纺织品、咖啡和茶叶虽说是欧洲从亚洲进口的最重要的商品，但绝非只有这些种类。各种进口货物总计有50

到60种。除前面提到的生丝外，欧洲还从日本和中国进口瓷器，它对贸易结算的意义虽然较小，但还是值得一提，因为与其他种类的货物不同，至少有部分瓷器一直保存到了今天。自古以来，中国帆船就向外输出瓷器。东亚茶具属于饮茶的时兴之物。随着基于欧洲需求的茶叶生产的扩大，中国人也明白，在瓷器制作方面也应适应自己顾客的愿望，这些顾客对青白瓷器的评价特别高，1730年，英国东印度公司至少售出了51.7万件瓷器之后，在代尔夫特和伟基伍德公司（Firma Wedgwood）的伊特鲁里亚工场（Etruria-Werke）都进行了模仿生产这种瓷器的尝试。

尼德兰人使用的压舱货物是糖，特别是爪哇糖，英国人带的则是靛蓝和硝石。自1621年起，尼德兰人也一再使用日本铜作为压舱货物，因为虽然价格下跌，但在阿姆斯特丹还是可以以比瑞典铜更低的价格出售。17世纪下半叶，诱人的铜价才导致日本铜向阿姆斯特丹的供应量大幅提高。按照尼德兰联合东印度公司的观念，直至18世纪，铜一直是排在香料之后的最贵重的贸易货物。不过，得要知道日本的出口大部分是以什么形式进行的，这一点才好理解——是以亚洲的国家贸易形式进行的。

“国家贸易（Country Trade）”被翻译成了德语的“Landhandel”，很容易引起误解。它指的完全是跨海贸易，不过是“没有超出国家的”跨海贸易，是在非洲东海岸和日本之间的区域进行的跨海贸易。自葡萄牙人开创国家贸易以来，在欧洲人进行这种贸易期间，通过在亚洲的盈利为欧洲进口亚洲货物筹措资金的观念就与它联系在一起。1600年之前几乎只有葡萄牙人参与这种交易，起初的形式是特许垄断贸易航行，这种航行有时会由王室拍卖给出价最高者，例如果阿至马鲁古的航行、澳门至
250 日本的航行、科钦至霍尔木兹的航行等。另外，时间越长，私

人参与者就越多，这些私人参与者是葡萄牙人和混血种人，专门从事这种国家贸易，只要与王室垄断不发生冲突，他们就被允许这样做。除此之外，葡萄牙人还要求当地商船须持有证书（cartazes），并试图通过海上巡逻贯彻这一要求。它的目的就在于保证王室的香料垄断，就在于消除西亚穆斯林的竞争，就在于通过强迫亚洲人停靠葡萄牙人的港口以提高海关税收。不过在这种体制下起决定性作用的无论如何都是私人倡导者。

这一情况随着尼德兰人更强有力地追求更长远的目标发生了变化。首先是实行了给予或不给予证书的体制，同时发展起了一支力量强大的海上力量用以消灭某些航线上显现竞争力的当地人贸易，或使其移往符合尼德兰联合东印度公司当时利益的其他航线。其次，公司自己接手了国家贸易，目的是尽量使用在亚洲贸易中的盈利为向欧洲提供货物筹措资金。于是便有了早期对科罗曼德尔海岸纺织品的兴趣，因为它在印度尼西亚很受欢迎；于是便有了日本在公司贸易体系中的重要意义，因为它提供着在印度、中国甚至部分欧洲地区都让人渴望的白银、黄金和铜，而且价格相当便宜；于是便有了尼德兰联合东印度公司成员不得自出资金从事国家贸易的禁令，不过这一禁令与由公司完全控制国家贸易一样收效甚微，因为出于种种政治原因，17 世纪日益强势的、打着其他欧洲国家旗号进行的国家贸易不可能不留后果地被压制下去，至少在理论上，葡萄牙人或某些亚洲人的国家贸易不可能被压制下去。至 1660 年，除了在欧洲和亚洲之间航行的尼德兰联合东印度公司的 529 艘船，另外能够查明的还有 529 艘船，它们或在亚洲建造，或在亚洲购得，而且只在那里航行。因而在亚洲 520 个港口之间航行的船次可能是在欧洲和亚洲之间航行船次的 8 倍。17 世纪中叶每年的航行船次为 200~300。

此时英国人越来越引人注目。英国东印度公司虽然最初也

禁止其成员从事私人贸易，但到 1670 年代，它认为有理由或多或少地放开私人贸易，它根本没有足够的资本像尼德兰联合
251 东印度公司那样自己接手。作出这一决定并非完全出于自愿，之后也不再可能撤销，不过从整体上看好像发挥了积极作用。他们在亚洲进行的基础性经济建设有一部分实现了独立，与此同时将力量集中在洲际贸易主体上，从企业经济角度看是明智的。英国人打着亚洲国家的旗号从马德拉斯强行与马尼拉进行贸易，他们的做法非常独特，确保了自己能参与非常渴望的马六甲以东的交易，以及能在美洲流出的白银中分一杯羹。

由于其显而易见的弱点，法国公司自 1722 年放开国家贸易以来，就从未在其中取得过有利的地位。从事国家贸易的法国个体商人很难与力量超强的英国和尼德兰竞争对手抗衡。经测算，1713 年之后各参与群体的地位排名如下：最强大的国家贸易经营者是尼德兰联合东印度公司，其次是英国私家商人，再次是葡萄牙王室、葡萄牙国家贸易商人、英国公司、法国个体商人、丹麦公司和法国公司，最后是个体经营的尼德兰人、比利时人和丹麦人。然而从此往后，归属公司的尼德兰国家贸易至少比较明显地衰退了，而英国的私家商人却大力进行扩张。尼德兰联合东印度公司的资金不足以跟上这一步伐。1743 年，尼德兰放松了对公司成员参与私人贸易的禁令，但为时已晚，他们早已悄悄参与了英国国家贸易商人的交易，甚至参与了诸如有损尼德兰联合东印度公司利益的爪哇水域走私一类的活动。追究也仅仅是空想，因为最高官员或他们的妻子也参与其中，如董事长和后来的总督雅各布·摩塞尔（Jacob Mossel）于 1740 年代作为合伙人参与了孟买总督威廉·维克（William Wake）的私人交易。尼德兰联合东印度公司内部的腐败给英国人带来了益处，受到追究威胁的尼德兰人可以逃到英国人处躲避危险。

然而，英国人的国家贸易私人化并不意味着它与公司的
官方贸易不存在关联，情况恰恰相反。特别是在印度东海岸和
孟加拉，当地商人与出资者之间、欧洲的国家贸易商人与航海
人之间、较小的欧洲公司与英国东印度公司之间发展起一种复
杂的、非正式的相互配合关系。18 世纪中叶，英属马德拉斯
与丹麦属德伦格巴尔之间就存在着这种极为有效的贸易共生关
系。在 18 世纪最后数十年里，英国公司的雇员利用丹麦人回 252
汇自己的私人收益。不过这一体制并非必然损害公司的官方生
意，它还有助于扩大这一生意，发财的公司成员们慷慨解囊，
向自己的公司提供贷款。如今，这大概会让人联想到当代的
“影子经济（Schattenwirtschaft）”体系及其对创造经济价值
的贡献，尽管二者产生自完全不同的原因。在这两种情形下，
人类追逐利益的强烈欲望避开了社会体系和政治体系设置的界
限，论证了其游戏规则的荒谬性！临近 18 世纪末，在所谓的
代理行（Agency Houses）中最终产生了真正的国家贸易投资
公司，特别是针对中国的生意。欧洲和亚洲出身的个人以及群
体在国家贸易中的收益显然和在洲际贸易中一样好。

可是，商业资本主义时代亚洲和欧洲之间的总体经济结算情况又如何呢？即使在那些对外贸易在总体经济中的意义高于法国的国家里，也就是在英国和尼德兰（后者尤甚），对外贸易中的亚洲份额也远低于人们习惯依据其名声所作的假设。1699 年至 1774 年，英国进口值中的亚洲份额从 12.9% 上升到 15.1%，出口值中的亚洲份额从 6.8% 下降到 4.9%。与英属北美殖民地和西印度的贸易额是亚洲份额的 3~4 倍。尽管西北欧印度贸易的重要性大于葡萄牙人的印度贸易，可不合常理的是它对本土的意义却比较小。当然它并非没有效果。对造船业的刺激就源于它，而围绕进口印花布发生的冲突则推动了工业化。另外，贵金属持续性输出可能有助于稳定银价和利息水

平。从统计角度不易理解的再出口提升了英国和尼德兰在欧洲的经济分量。东印度既不占数量优势，又不是增长最迅猛的区域，所以几乎不能认为西北欧经济增长最强劲的推动力源自那里。如果一定要这样认定，那也只能将这一作用归于整个远洋贸易。通过船队的总运载量比通过亚洲贸易更能让我们看清英国乃至法国在 18 世纪面对当时占优势的尼德兰是如何赢得一席之地的。1570 年英国的船队总运载量为 4.2 万吨，尼德兰的为 23.2 万吨，法国的为 8 万吨，1670 年还分别是 9.4 万吨、60 万吨和 8 万吨，但 1786/1787 年已分别为 88.2 万吨、39.8 万吨和 73 万吨。

亚洲从与欧洲的贸易中获利好像比较少。被众人追捧的贵金属流向那里迷惑了人们。若将贵金属视作交换中的商品，那么通过比较成本定理，它的重要性便会适度降低。另外，这些输入的贵金属被囤积起来的老观点同样需要修正，因为欧洲人运往印度次大陆海岸地区的白银绝对没有被留在那里，而是作为支付资金流入了印度次大陆的内部贸易以及与中国的贸易，当然那里事实上也必须用储藏的黄金和白银结账。再者，印度各邦主收税时越来越喜欢收现钱而不喜欢要实物。然而这不符合这些欧洲国家国内早已通行的利于经济的政策。可能遭受统
254 治者掠夺的高风险阻碍了进行长期投资的热情，而这种投资正是经济增长的一个前提条件。鉴于印度和中国的国土面积，我们不应高估欧洲需求对增长的推动力：即使在 18 世纪的孟加拉，欧洲的需求充其量也只能给 11% 的纺织工提供工作，所以从总体上说，与欧洲的贸易大概只具有微小的意义。一种二元结构在这里形成了，在这种结构里，针对欧洲的贸易岛和生产岛被置于当地经济形态和关系的汪洋之中，而这种形态和关系与欧洲的经济形态和关系势均力敌。

在这种情况下大概谈不上亚洲当时普遍遭受了欧洲的剥

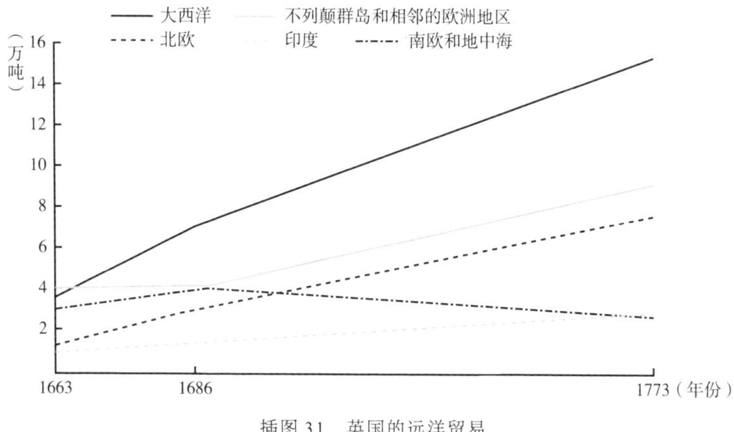

插图 31 英国的远洋贸易

削。当然，个别群体被欧洲人以全新的方式进行了残酷的剥削，如香料岛的居民。然而，对印度纺织工和中国瓷器工来说，这类事情就得不到证实了。可以借用一个最优秀的专家的话说，17、18 世纪南亚日益贫穷谈不上是由于欧洲的影响，同样，欧洲也不是通过从亚洲获得的战利品迅速富有起来。但欧洲对亚洲的经济作用要小于亚洲对欧洲的经济作用，欧洲商人的影响是边缘性的。然而问题不应就这样被搁置起来。至少欧洲商人的影响将亚洲的大部分纳入了由他们开创的全球交互的新型世界经济之中。从此，这种经济将不断发展下去。

原始资料与参考文献

尼德兰东印度公司

[AGN] Algemeene geschiedenis der Nederlanden, Bde. 5–8, 11, 14, 15, Utrecht 1949–58, 1979–83 | Andrade, T., How Taiwan Became Chinese: Dutch, Spanish and Han Colonization in the Seventeenth Century, New York 2008 | Arasaratnam, S., Merchants, Companies and Commerce on the Coromandel Coast, 1650–1740, Delhi 1986 | –, Ceylon and the Dutch, 1600–1800, Aldershot 1996 | Attman, A., The Bullion Flow between Europe and the East 1000–1650, Göteborg 1981 | –, Dutch Enterprise in the World Bullion Trade, 1550–1800, Göteborg 1983 | –, American Bullion in the European World Trade, 1600–1800, Göteborg 1986 | Baldaeus, P., Wahrhaftige Ausführliche Beschreibung der Berühmten Ost-Indischen Küsten Malabar und Koromandel, Amsterdam 1672 | Barbour, V., Capitalism in Amsterdam in the Seventeenth Century, 3. Aufl., Ann Arbor 1976 | Barendse, R. J., The Arabian Sea. The Indian Ocean World of the Seventeenth Century, New York u. a. 2002 (ndl. 1998) | Bhattacharya, B. u. a. (Hg.), Spatial and Temporal Continuities of Merchant Networks in South Asia and the Indian Ocean, in: JESHO 50 (2007) 91–361 | Blussé, L. u. a., De Dagregisters van het Kasteel Zeelandia, Taiwan 1629–61 (Rijks geschiedkundige publicatiën, grote serie, 195, 229, 233, 241), 4 Bde., Den Haag 1986–2000 | – u. a., The Deshima Dagregisters: Their Original Tables of Contents, Bd. 1 ff., Leiden 1986 ff. | Bosma, U./Raben, R., Being *Dutch* in the Indies: A History of Creolisation and Empire, 1500–1920, Singapore u. a. 2008 | Boxer, C. R., The Dutch Seaborne Empire, 1600–1800, London 1965 | –, Dutch Merchants and Mariners in Asia, 1602–1795, London 1988 | Brook, T., Vermeers Hut. Das 17. Jahrhundert und der Beginn der globalen Welt, Berlin 2009 | Bruijn, I., Ship's Surgeons of the Dutch East India Company, Leiden 2009 | Bruijn, J. R., De personeelsbehoefte van de V.O.C. overzee en aan boord, in: Bijdragen en mededelingen betreffende de geschiedenis der Nederlanden 91 (1976) 218–48 | –/Gaastra, F. S./Schöffer, I. (Hg.), Dutch-Asiatic Shipping in the 17th and 18th Centuries, 1595–1795 (Rijks geschiedkundige publicatiën 165–167), Den Haag 1979–87 | Brulez, W., Shipping Profits in the Early Modern Period, in: Acta Historica Neerlandica 14 (1981) 65–84 | Campbell, W., Formosa under the Dutch, London 1903, Ndr. 1967 | Chaudhuri, S./Morineau, M. (Hg.), Merchants, Companies and Trade: Europe and Asia in the Early Modern Era, Cambridge 1999 | [CHIran] The Cambridge History of Iran, 7 Bde. in 8 Tln., Cambridge 1968–96 | Clark, G. N./Van Eysinga, W. J. M., The Colonial Conferences between England and the Netherlands in 1613 and 1615, 2 Bde., Leiden 1940–51 | Clulow, A., The Company and the Shogun: The Dutch Encounter with Tokugawa Japan, New York 2014 | Coolhaas, W. P. (Hg.), Generale Missiven van Gouverneurs-General en Raden aan Heren XVII der Verenigde Oostindische Compagnie 1610–1697 (Rijks geschiedkundige publicatiën, grote serie 104, 112, 125, 134, 150), 5 Bde., Den Haag 1960–75 | –, A Critical Survey of Studies on Dutch Colonial History, 2. Aufl., Den Haag 1980 | Cribb, R., Historical Atlas of Indonesia, Richmond 2000 | Das Gupta, A., The World of the Indian Ocean Merchant, 1500–1800, Delhi 2001 | Das Gupta, B., European Trade and Colonial Conquest, London 2005 | Davies, D. W., A Primer of Dutch Seventeenth Century Overseas Trade, Den Haag 1961 | De Heer, C., Bijdragen tot de financiele geschiedenis der V.O.C., Amsterdam 1929 | De Vries, D. u. a., The Van Keulen Cartography Amsterdam 1680–1885, Alphen 2005 |

Dijk, W. O., Seventeenth-Century Burma and the Dutch East India Company, 1634–80, Kopenhagen 2006 | –, An End to the History of Silence? The Dutch Trade in Asian Slaves: Arakan and the Bay of Bengal, 1621–65, in: IIAS Newsletter 46 (2008) 16 | Driessen, C., Die kritischen Beobachter der ostindischen Compagnie. Das Unternehmen der *Pfeffersäcke* im Spiegel der niederländischen Presse und Reiseliteratur des 17. Jahrhunderts, Bochum 1996 | Dunn, M., Kampf um Malakka. Eine wirtschaftshistorische Studie über den portugiesischen und niederländischen Kolonialismus in Südostasien, Wiesbaden 1984 | Fisch, J., Hollands Ruhm in Asien. François Valentijns Vision des niederländischen Imperiums im 18. Jahrhundert, Stuttgart 1986 | Fuhrmann-Plemp van Duiveland, M. R. C. (Hg.), Die gefahrvolle Reise des Kapitän Bontekoe und andere Logbücher und Schiffsjournale holländischer Seefahrer des 17. Jahrhunderts, Tübingen 1972, 2. Aufl. 1976 | Gaastra, F. S., Die Vereinigte Ostindische Kompanie der Niederlande. Ein Abriss ihrer Geschichte, in: Schmitt, E./ Schleich, T./Beck, T. (Hg.), Kaufleute als Kolonialherren. Die Handelswelt der Niederländer vom Kap der Guten Hoffnung bis Nagasaki 1600–1800, Bamberg 1988, 1–89 | Gepken-Jager, E./Van Solinge, G./Timmerman, L. (Hg.), VOC 1602–2002: 400 Years of Company Law, Deventer 2005 | Glamann, K., Dutch-Asiatic Trade, 1620–1740, Den Haag 1958 | Goodman, G. K., Japan and the Dutch, 1600–1853, 2. Aufl., Richmond 2000 | Goonewardeena, K. W., Foundation of Dutch Power in Ceylon, 1638–58, Amsterdam 1958 | Greig, D., The Reluctant Colonists: Netherlanders Abroad in the 17th and 18th Centuries, Assen 1987 | Grotius, H., Mare Liberum (1618)/Selden, J., Mare Clausum (1635), Ndr. Osnabrück 1978 | Guy, J. S., Woven Cargoes: Indian Textiles in the East, London 1998 | Häberlein, M./Jeggle, C. (Hg.), Praktiken des Handels. Geschäfte und soziale Beziehungen europäischer Kaufleute in Mittelalter und früher Neuzeit, Konstanz 2010 | –/Keese, A. (Hg.), Sprachgrenzen – Sprachkontakte – kulturelle Vermittler. Kommunikation zwischen Europäern und Außereuropäern (16.–20. Jh.), Stuttgart 2010 | Haneda, M. (Hg.), Asian Port Cities, 1600–1800, Singapore 2009 | Hildebrandt, R. (Hg.), Quellen und Regesten zu den Augsburger Handelshäusern Paler und Rehlinger 1539–1642, Bd. 2, Stuttgart 2004 | Honoré Naber, S. P. L. (Hg.), Reisebeschreibungen von deutschen Beamten und Kriegsleuten im Dienst der niederländischen West- und Ostindischen Kompanien 1602–1797, 13 Bde., Den Haag 1930–32 | Israel, J. I., The Dutch Republic and the Hispanic World, 1606–1661, Oxford 1982 | –, The Dutch Republic, 1477–1806, Oxford 1995 | –, Conflicts of Empires: Spain, the Low Countries and the Struggle for World Supremacy, 1585–1713, London 1997 | Jörg, C. J. A., Porcelain and the Dutch China Trade, Den Haag 1982 | Kernkamp, J. H., De handel op den vijand, 2 Bde., Utrecht 1931–34 | Keuning, J., Petrus Plancius, teoloog en geograaf, Amsterdam 1946 | Krieger, M., Konkurrenz und Kooperation in Ostindien. Der europäische Country-Trade auf dem Indischen Ozean zwischen 16. und 18. Jahrhundert, in: VSWG 84 (1997) 322–55 | Kuepers, J. J. A. M., The Dutch Reformed Church in Formosa, 1627–1662, Immensee 1978 | Landwehr, J., VOC: A Bibliography of Publications Relating to the Dutch East India Company 1602–1800, Utrecht 1991 | Leuker, M.-T., Im Buch der Natur lesen. Antikerezeption im Werk von Georg Everhard Rumphius, in: Boschung, D./Kleinschmidt, E. (Hg.), Lesbarkeiten, Würzburg 2010, 242–66 | [Linschoten] Burnell, A. C./Tiele, P. A. (Hg.), The Voyages of John Huyghen van Linschoten (Hakluyt I 50–71), London 1885, Ndr. 1970 | Mann, M., Sahibs, Sklaven und Soldaten. Geschichte des Menschenhandels rund um den Indischen Ozean, Darmstadt u. a. 2012 | Matthee, R. P., The Politics of Trade in Safavid Iran: Silk for Silver, 1600–1730, Cambridge 1999 | McLeod, N., De Oost-Indische Compagnie als zeemogendheit in Azië 1602–92, 3 Bde., Rijswijk 1927 | Meilink-Roelofsz, M. A. P., De vestiging der Nederlanders ter kuste Malabar, Den Haag 1943 | –, Asian Trade and European Influence in the Indonesian Archipelago between 1500 and about 1630, Den Haag 1962 | Merklein, J. J., Reise nach Java, Vorder- und Hinterindien, China und Japan 1644–53 (Honoré Naber, Reisebeschreibungen, Bd. 3), Den Haag 1930 | Mollat, M. (Hg.), Sociétés et compagnies de commerce en Orient et dans l'Océan Indien, Paris 1970 | Morineau, M., Les grandes compagnies des Indes orientales (XVIe–XIXe siècles), Paris 1994 | Nagel, J. G., Abenteuer Fernhandel. Die Ostindienkompanien, Darmstadt 2007 | [NHEP] Nova Historia da Expansão Portuguesa, 12 Bde. in 15 Tln., Lissabon 1991 ff. | Nieuhoff, J., Voyages and Travels to the East Indies, 1653–1670 (1682/1732), Singapur 1988 | Oranda Sho-kan-cho Nikki (Daghregisters gehouden door de hoofden van de Nederlandse Factorij), Bd. 1 ff., Tokyo 1971 ff. [nl. u. jap.] | Parthesius, R., Dutch Ships in Tropical Waters: The Development of the Dutch East India Company (VOC) Shipping Network in Asia, Amsterdam 2010 | Perniola, V., The Catholic Church in Sri Lanka: The Dutch Period, 3 Bde., Dehiwala 1983–85 | Pluvier, J. M, Historical Atlas of South-East Asia, Leiden 1995 | Poettering, J./Friedrich, S., Transformation von Wissen in der niederländischen Expansion, in: SFB 573 Mitteilungen 2011, 1, 38–40 | Prakash, O., The Dutch Factories in India, Bd. 1 (1617–1623), Bd. 2 (1624–27), Delhi 1984–2007 | –, The Dutch East India Company and the Economy of Bengal, 1630–1720, Princeton 1985 | –, Precious Metal and Commerce: The Dutch East India Company in the Indian Ocean, Aldershot 1994 | – (Hg.), European Commercial Expansion in Early Modern Asia, Aldershot 1995 | –, European Commercial Enterprise in Pre-Colonial India (NCHI 2, 5), Cambridge 1998 | Ptak, R., Zur Befreiung Taiwans vom holländischen Joch. Die Vertreibung der Niederländer durch Zheng Chenggong vor 350 Jahren, in: Saeculum 62, 1 (2012) 113–34 | –/Rothermund, D. (Hg.), Emporia, Commodities and Entrepreneurs in Asian Maritime Trade, c. 1400–1750, Stuttgart 1991 | Raychaudhury, T., Jan Company in Coromandel, 1605–1690, Den Haag 1962 | Rommelse, G., The Second Anglo-Dutch War (1665–1667), Hilversum 2006 | Ruangsilp, B., Dutch East India Company Merchants at the Court of Ayutthaya, Leiden 2007 | Schilders, G., Organisation and Evolution of the Dutch East India Company's Hydrographic Office in the Seventeenth Century, in: Imago Mundi 28 (1976) 61–78 | Schmitt, E. (Hg.), Dokumente zur Geschichte der europäischen Expansion, 7 Bde., München u. a. 1984–2008 | S'Jacob, H. K. (Hg.), De Nederlanders in Kerala 1663–1701, Den Haag 1976 | Souza, T. de, Indo-Portuguese History: Old Issues, New Questions, Delhi 1985 | Spruit, R., J. P. Coen, Houten 1987 | Steensgaard, N., The Asian Trade Revolution of the Seventeenth Century: The East India Companies and the Decline of the Caravan Trade, Chicago 1974 | Stols, E., The Southern Netherlands and the Foundation of the Dutch East and West India Companies, in: Acta Historica Neerlandica 9 (1976) 30–47 | Tate, D. J. M., The Making of Modern South-East Asia, 2 Bde., 2. Aufl., Kuala Lumpur 1977–79 | Taylor, J. G., The Social World of Batavia: European and Eurasian in Dutch Asia, Madison 1983 | Trakulhun, S., Siam und Europa, Hannover-Laatzen 2006 | Van Dam, P., Beschryvinge van de Oostindische Compagnie, hg. v. Stapel, F. W. u. a., 7 Bde. (Rijks geschiedkundige publicatiën, grote serie 63, 68, 74, 76, 83, 87, 96), Den Haag 1927–54 | Van der Wee, H., The Growth of the Antwerp Market and the European Economy, 3 Bde., Den Haag 1963 | Van Gelder, R./Sauer, A./Hoops, E. (Hg.), Das ostindische Abenteuer. Deutsche im Dienste der Vereinigten Ostindischen Kompanie der Niederlande (VOC) 1600–1800, Hamburg 2005 | Van Goor, J., Jan Company as Schoolmaster: Dutch Education in Ceylon,

1690–1795, Groningen 1978 | –, De Nederlands Koloniën. Geschiedenis van den Nederlandse Expansie, 1600–1975, Den Haag 1993 | Van Ittersum, M. J., Profit and Principle: Hugo Grotius, Natural Rights Theory and the Rise of Dutch Power in the East Indies, 1595–1615, Leiden 2006 | Van Klaveren, J., The Dutch Colonial System in the East Indies, Den Haag 1953 | –, Europäische Wirtschaftsgeschichte Spaniens im 16. und 17. Jahrhundert, Stuttgart 1960 | Van Kley, E. J., The Effect of the Discoveries on Seventeenth-Century Dutch Popular Culture, in: TI 8 (1976) 29–43 | Van Speilbergen, J., East and West Indian Mirror (Hakluyt II 18), London 1906, Ndr. 1967 | Van Troostenburgh de Bruyn, C. A. L., Der hervormde kerk in nederlandsch Oost-Indie onder de Oost-Indische Compagnie, Arnhem 1884 | Van Veen, E., How the Dutch Ran a Seventeenth-Century Colony: The Occupation and Loss of Formosa 1624–1662, in: Itinerario 20, 1 (1996) 59–77 | Vink, M. P. M., The World's Oldest Trade: Dutch Slavery and Slave Trade in the Indian Ocean in the Seventeenth Century, in: JWH 14, 2 (2003) 131–77 | VOC-Glossarium, Den Haag 2000 | Warburg, O., Die Muskatnuss, Leipzig 1897 | Ward, K., Networks of Empire: Forced Migration in the Dutch East India Company, Cambridge 2009 | Werken der Linschoten-Vereeniging, 110 Bde., Leiden u. a. 1909–2011 | Wills, J. E., Pepper, Guns and Parleys: The Dutch East India Company and China 1622–81, Cambridge, MA 1974 | Wilson, C., Die Früchte der Freiheit, München 1968 | Winius, G. D., The Fatal History of Portuguese Ceylon: The Transition to Dutch Rule, Cambridge, MA 1971 | –/Vink, M. P., The Merchant-Warrior Pacified: The VOC and its Changing Political Economy in India, Delhi 1991.

英国东印度公司

Arasaratnam, S. 1986 | Asher, C. B./Talbot, C., India before Europe, Cambridge 2006 | Athar Ali, M., The Apparatus of Empire: Awards of Rank, Offices and Titles to the Mughal Nobility (1574–1658), Delhi 1985 | Bhattacharya, B. u. a. 2007 | Bhattacharya, S., The East India Company and the Economy of Bengal from 1704 to 1740, London 1954 | Boxer, C. R. 1988 | Brenner, R., The Social Basis of English Commercial Expansion, 1550–1650, in: Journal of Economic History 32 (1972) 361–84 | Bromley, J. S./Kossmann, E. H. (Hg.), Britain and the Netherlands in Europe and Asia, London 1968 | Bruijn, J. R./Gaastra, F. S. (Hg.), Ships, Sailors and Spices: East India Companies and their Shipping in the 16th, 17th and 18th Centuries, Amsterdam 1993 | Burnell, J., Bombay in the Days of Queen Anne (Hakluyt II 72), London 1933, Ndr. 1967 | Calendar of State Papers, Colonial Series, Bd. 2–4, Bd. 6, Bd. 8 (East India, China, Japan, Persia), London 1862–92, Ndr. 1964 | Chaudhuri, K. N., The English East India Company: The Study of an Early Joint Stock Company, 1600–1640, London 1965 | –, The Trading World of Asia and the English East India Company, 1660–1760, Cambridge 1978 | [CHI] The Cambridge History of India, Bd. 5: British India 1497–1858, Cambridge 1929, Ndr. 1968; Bd. 6: The Indian Empire, 1858–1918, Cambridge 1932 | [CHIran] | Cipolla, C. M./Borchardt, K. (Hg.), Europäische Wirtschaftsgeschichte, Bd. 2, Stuttgart 1979 | Clulow, A., European Maritime Violence and Territorial States in Early Modern Asia, 1600–1650, in: Itinerario 33, 3 (2009) 72–94 | Coleman, D. C., Sir John Banks, Baronet and Business Man, Oxford 1963 | Crowhurst, P., The Defence of British Trade, 1689–1815, Dawson 1977 | Dale, S. F., The Muslim Empires of the Ottomans, Safavids, and Mughals, Cambridge

2010 | Das Gupta, A. 2001 | David, M. D., The Beginning of Bombay's Economic Development 1611–1708, in: JIH 55 (1977) 197–240 | Davis, R., The Rise of the English Shipping Industry, London 1962 | –, The Rise of the Atlantic Economies, London 1973 | [Downtown] The Voyage of Nicholas Downtown to the East Indies (Hakluyt II 82), London 1939, Ndr. 1967 | Embree, A. T./Wilhelm, F., Indien. Geschichte des Subkontinents von der Induskultur bis zum Beginn der englischen Herrschaft (Fischer WG 17), Frankfurt 1967 | Ferrier, R. W., An English View of Persian Trade in 1618, in: JESHO 19 (1976) 182–214 | Floris, P., His Voyage to the East Indies (Hakluyt II 74), London 1934, Ndr. 1967 | Foster, W., England's Quest of Eastern Trade (Tuck, East India Company, Bd. 1), London 1933 | Fryer, J., A New Account of East India and Persia (Hakluyt II 19, 20, 39), 3 Bde., London 1909–15, Ndr. 1967 | Furber, H., John Company at Work, Cambridge, MA 1948, Ndr. New York 1970 | –, Rival Empires of Trade in the Orient, 1600–1800, Minneapolis 1976 | Gepken-Jager, E./Van Solinge, G./Timmermann, L. 2005 | Gordon, S., The Marathas 1600–1818 (NCHI 2, 4), Cambridge 1993 | [Hakluyt] The Original Writings and Correspondence of the Two Richard Hakluyts (Hakluyt II 76–77), 2 Bde., London 1935, Nr. 1967 | [Hakluyt] The Hakluyt Handbook, hg. v. Quinn, D. B. (Hakluyt II 144–45), 2 Bde., London 1974 | [Hedges] The Diary of William Hedges (Hakluyt I 74, 75, 78), 3 Bde., London 1887–89, Ndr. 1967 | Jones, J. R., The Anglo-Dutch Wars of the Seventeenth Century, London u. a. 1996 | [Jourdain] The Journal of John Jourdain, 1608–17 (Hakluyt II 16), London 1905, Ndr. 1967 | Kelsey, H., Sir Francis Drake: The Queen's Pirate, New Haven 1998 | Klein, E., Englische Wirtschaftstheoretiker des 17. Jahrhunderts, Darmstadt 1973 | Krieger, M. 1997 | –, Geschichte Asiens, Köln 2003 | –, Tee. Eine Kulturgeschichte, München 2009 | [Lancaster] The Voyages of Sir James Lancaster (Hakluyt II 85), London 1940, Ndr. 1967 | Lawson, P., The East India Company, London 1993 | Matthee, R. P. 1999 | Meilink-Roelofsz, M. A. P., Een vergelijkend onderzoek van bestuur en handel der Nederlandse en Engelse handelscompagnieen op Azie in de eerste helft van de zeventiende eeuw, in: Bijdragen en mededelingen betreffende de geschiedenis der Nederlanden 91 (1976) 196–217 | [Middleton] The Voyage of Sir Henry Middleton to the Moluccas (Hakluyt II 88), London 1943, Ndr. 1967 | Mui, H.-C./Mui, L. H., The Management of Monopoly: A Study of the East India Company's Conduct of Its Tea Trade, 1784–1833, Vancouver 1984 | Mukherjee, R., The Rise and the Fall of the East India Company, 2. Aufl., Berlin 1958 | Nagel, J. G. 2007 | [NCHI] The New Cambridge History of India [Einzelbände] | Newitt, M., The East India Company in the Western Indian Ocean in the Early Seventeenth Century, in: JICH 14 (1986) 5–33 | Parker, J., Books to Build an Empire: A Bibliographical History of English Overseas Interest to 1620, Amsterdam 1965 | Ponko, V., The Privy Council and the Spirit of Elizabethan Economic Management, 1558–1603, in: Transactions of the American Philosophical Society NS 58, 4 (1968) 34–44 | Prakash, O. 1998 | Rabb, T. K., Enterprise and Empire: Merchant and Gentry Investment in the Expansion of England, 1575–1630, Cambridge, MA 1967 | Rawlinson, H. G., British Beginnings in Western India 1579–1657, Oxford 1920 | Rebitsch, R., Die englisch-niederländischen Seekriege, Köln 2014 | Relations of Golconda in the Early Seventeenth Century (Hakluyt II 66), London 1931, Ndr. 1967 | Richards, J. F., The Mughal Empire (NCHI 1, 5), Cambridge 1993 | Riello, G., Asian Knowledge and the Development of Calico Printing in Europe in the 17th and 18th Centuries, in: JGH 5 (2010) 1–28 | [Roe] The Embassy of Sir Thomas Roe to the Court of the Great Mogul (Hakluyt II 1–2), 2 Bde., London 1899, Ndr. 1967 | Rommelse, G. 2006 | Rothermund, D., Violent Traders: Europeans in Asia in the Age of Mercantilism, Delhi 2014 | [Sanderson] The Travels of John Sanderson in the Levant, 1584–1602 (Hakluyt II 67), London 1931, Ndr. 1967 | Sarkar, J. N., Shivaji, the Mughals and the Europeans, in: JIH 53 (1975) 269–82 | Schmitt, E. 1984–2008 | Schorowsky, M., Die Engländer in Indien 1600–1773, Bochum 1978 | Schulin, E., Handelsstaat England. Das politische Interesse der Nation am Außenhandel vom 16. bis ins frühe 18. Jahrhundert, Wiesbaden 1969 | Schwartzberg, J. E. (Hg.), A Historical Atlas of South Asia, 2. Aufl., New York u. a. 1993 | Scott, W. R., The Constitution and Finance of English, Scottish and Irish Joint Stock Companies, 3 Bde., Cambridge 1910–12 | Steensgaard, N. 1974 | Stern, P. J., The Company State: Corporate Sovereignty and the Early Modern Foundations of the British Empire in India, Oxford 2011 | Supple, B. E., Commercial Crisis and Change in England, 1600–1642, 2. Aufl., Cambridge 1962 | [Teixeira] The Travels of Pedro Teixeira (Hakluyt II 9), London 1901, Ndr. 1967 | Thomas, P. J., Mercantilism and the East India Trade, London 1926 | Tuck, P. (Hg.), The East India Company: 1600–1858, 6 Bde., London u. a. 1998 | Van Houtte, J. A., Anvers aux XVe et XVIe siècles. Expansion et apogée, in: Annales 16 (1961) 257–60 | Watson, I. B., The Establishment of English Commerce in North-Western India in the Early Seventeenth Century, in: IESHR 13 (1976) 375–91 | Weindl, A., Wer kleidet die Welt? Globale Märkte und merkantile Kräfte in der europäischen Politik der Frühen Neuzeit, Mainz 2007 | Wilbur, M. E., The East India Company, 2. Aufl., New York 1970 | Wink, A., Akbar, Oxford 2009 | Wood, A. C., A History of the Levant Company, London 1935.

法国亚洲公司以及欧洲其他小亚洲公司

Ames, G. J., Colbert's Indian Ocean Strategy of 1664–1674, in: French Historical Studies 16 (1989/90) 536–59 | –, Colbert, Mercantilism, and the French Quest for Asian Trade, DeKalb 1996 | Arasaratnam, S. 1986 | Babudieri, F., L'expansione mercantile austriaca nei territori d'oltremare nel VIII secolo, Mailand 1978 | Barbour, V. 1976 | Barendse, R. J. 2002 | Bernier, F., Histoire de la Dernière Revolution des Etats du Grand Mogol, 2 Bde., Paris 1670 | –, Voyages, 2 Bde., Amsterdam 1699 | –, Travels in the Mogul Empire AD 1656–1668 (1671), London 1934, Ndr. 1983 | Blussé, L. (Hg.), On the Eighteenth Century as a Category of Asian History, Aldershot 1998 | Bonnassieux, P., Les grandes compagnies de commerce, Paris 1892 | Brønsted (Hg.), Vore gamle Tropekolonier, 2. Aufl., Kopenhagen 1966 | Bruijn, J. R./Gaastra, F. S. 1993 | [Carré] The Travels of the Abbé Carré in India and the Near East (Hakluyt II 95–97), 3 Bde., London 1947–48, Ndr. 1967–68 | Chailley-Bert, J., Les compagnies de colonisation sous l'Ancien Régime, Paris 1898, Ndr. 1968 | Challe, R., Journal du voyage des Indes Orientales et relation de ce qui est arrivé dans le royaume de Siam en 1688, Genf 1998 | Chamberlain, M. E., The Scramble for Africa, London 1974 | Chappoulie, H., Aux origines d'une église. Rome et les missions d'Indochine au XVIIe siècle, 2 Bde., Paris 1943–48 | Chaudhuri, S./Morineau, M. 1999 | CHI | Cipolla, C. M./Borchardt, K. 1979 | Cordier, L., Les compagnies à charte et la politique coloniale sous le ministère de Colbert, Paris 1906, Ndr. 1976 | Denzel, M./Vries, J. de/Rössner P. R. (Hg.), Small ist Beautiful: Interlopers and Smaller Trading Nations in the Pre-industrial Period, Stuttgart 2011 | Dermigny, L., La Chine et l'Occident. Le commerce à Canton au XVIIIe siècle 1719–1833, 4 Bde., Paris 1964 | Diller, S., Die Dänen in Indien, Südostasien und

China (1620–1845), Wiesbaden 1999 | Feldbaek, O., Indian Trade under the Danish Flag 1772–1808, Kopenhagen 1969 | –/Justesen, O., Kolonierne i Asien og Afrika, Kopenhagen 1980 | Furber, H. 1970, 1976 | Gepken-Jager, E./Van Solinge, G./Timmermann, L. 2005 | Giacchero, G., Il seicento e le compere di San Giorgio, Genua 1979 | Gœbel, A., The Danish Asiatic Company's Voyages to China 1732–1833, in: Scandinavian EcHR 27 (1979) 1–25 | Hallberg, P./Koninckx, C. (Hg.), A Passage to China: Colin Campbell's Diary of the First Swedish East India Company Expedition to Canton, 1732–33, Göteborg 1996 | Hanotaux, G./Martineau, A. (Hg.), Histoire des colonies françaises et de l'expansion de la France dans le monde, 6 Bde., Paris 1929–33 | Haudrère, P., La compagnie française des Indes au XVIIIe siècle (1719–1795), 4 Bde., Paris 1989 | – (Hg.), Les Français dans l'océan Indien au XVIIIe siècle, Paris 2004 | Hennings, A., Gegenwärtiger Zustand der Besitzungen der Europäer in Ostindien, 3 Bde., Kopenhagen u. a. 1784–86 | Heyck, E., Brandenburgisch-deutsche Kolonialpläne. Aus den Papieren des Markgrafen Hermann von Baden-Baden, in: Zeitschrift für Geschichte des Oberrheins 41 (1887) 129–200 | Kaeppelin, P., La compagnie des Indes Orientales et François Martin, Paris 1908, Ndr. 1978 | Koninckx, C., Maritime Routes of the Swedish East India Company during its First and Second Charter, in: Scandinavian EcHR 26 (1978) 36–64 | Koser, R., Geschichte Friedrichs des Großen, Bd. 2, Stuttgart u. a. 1925 | Kretzschmar, J., Schwedische Handelskompanien und Kolonisationsversuche im 16. und 17. Jahrhundert, in: Hansische Geschichtsblätter 17 (1911) 238–40 | Krieger, M. 1997 | –, Kaufleute, Seeräuber und Diplomaten. Der dänische Handel auf dem Indischen Ozean (1620–1868), Köln 1998 | – 2009 | –, Der dänische Sklavenhandel auf dem Indischen Ozean im 17. und 18. Jahrhundert, in: JEÜG 12 (2012) 9–30 | Krüger, H., Plans for the Foundation of an East India Company in Brandenburg-Prussia, in: Veröffentlichungen des Instituts für Orientforschung der Deutschen Akademie der Wissenschaften zu Berlin 63 (1968) 123–46 | Manning, C., *Fortunes à faire*: The French in Asian Trade, 1719–1748, Aldershot 1996 | Martineau, A. (Hg.), Memoires de François Martin (1664–94), 3 Bde., Paris 1931–34 | Merklein, J. J. 1930 | Mollat, M. 1970 | Moree, P. J., A Concise History of Dutch Mauritius, 1598–1710, London 1998 | Nagel, J. G. 2007 | [Olafsson] The Life of Jón Olafsson, Traveller to India (Hakluyt II 53, 61), 2 Bde., London 1923–31, Ndr. 1967 | Prakash, O. 1998 | [Pyrard] The Voyage of François Pyrard of Laval (Hakluyt I 76–77), 2 Bde., London 1887–90, Ndr. 1964–71 | Ray, A., The Merchant and the State: The French in India, 1666–1739, 2 Bde., Delhi 2004 | Ruangsilp, B. 2007 | Saintoyant, J., La colonisation française sous l'Ancien Régime, 2 Bde., Paris 1929 | Schmitt, E. 1984–2008 | Schnapper, B., A propos de la doctrine et de la politique coloniale de Richelieu, in: Revue d'histoire coloniale 41 (1954) 314–28 | Schurz, W. L., The Royal Philippine Company, in: HAHR 3 (1920) 491–508 | Sen, S. P., The French in India: First Establishment and Struggle, Calcutta 1947 | Smith, A., Der Wohlstand der Nationen, München 1978 | Trakulhun, S. 2006 | Van der Cruysse, D., Louis XIV et le Siam, Paris 1991 | –, L'abbé de Choisy, androgyne et mandarin, Paris 1995 | Weber, H., La compagnie française des Indes (1604–1875), Paris 1904.

商业资本主义的结构

Attman, A. 1981 | – 1983 | – 1986 | Atwell, W. S., International Bullion Flows and the Chinese Economy, ca. 1530–1650, in: PP 95 (1982) 68–90 | Barendse, R. J., Trade and State in the Arabian Seas: A Survey from the Fifteenth to the Eighteenth Century, in: JWH 11, 2 (2000) 173–225 | – 2002 | Beckert, S., King Cotton. Eine Geschichte des globalen Kapitalismus, München 2015 | Brennig, J. J., Joint-Stock Companies of Coromandel, in: Kling, B. B./Pearson, M. N. (Hg.), The Age of Partnership, Honolulu 1978, 71–96 | Brook, T. 2009 | Bruijn, J. R./Gaastra, F. S./Schöffer, I. 1979–87 | Butel, P., L'économie maritime française au XVIIIe siècle, in: VSWG 62 (1975) 289–308 | Chaudhuri, K. N. 1965, 1978 | Chaudhuri, S./Morineau, M. 1999 | Cheong, W. E., The Hong Merchants of Canton, Richmond 1997 | Coleman, D. C., Mercantilism Revisited, in: HJ 23 (1980) 773–91 | Dale, S. F. 2010 | Das Gupta, A. 2001 | Das Gupta, B. 2005 | Davis, R. 1962 | Denzel, M. 2008 | Denzel, M./Vries, J. de/Rössner, P. R. 2011 | Dermigny, L. 1964 | Eames, J. B., The English in China, London 1909, Ndr. 1974 | Flynn, D. O./Giráldez, A., China and the Birth of Globalization in the Sixteenth Century, Farnham u. a. 2010 | Furber, H. 1970, 1976 | Gaastra, F. S. 1988 | –, Private Money for Company Trade: The Role of the Bills of Exchange in Financing the Return Cargoes of the VOC, in: Itinerario 18, 1 (1994) 65–76 | Glahn, R. v., Fountain of Fortune: Money and Monetary Policy in China, 1000–1700, Berkeley 1996 | Glamann, K., Dutch-Asiatic Trade, 1620–1740, Den Haag 1958 | Goddio, F. (Hg.), Weißes Gold. Versunken, entdeckt, geborgen, Göttingen 1997 | Guy, J. S. 1998 | Haneda, M. 2009 | Haudrère, P. 1989 | Herzig, E. M., The Iranian Silk Trade and European Manufacture in the 17th and 18th Centuries, in: Journal of European Economic History 19 (1990) 73–89 | –, The Volume of the Iranian Raw Silk Exports in the Safavid Period, in: Iranian Studies 25 (1992) 61–79 | Hochmuth, C., Globale Güter – lokale Aneignung. Kaffee, Tee, Schokolade und Tabak im frühneuzeitlichen Dresden, Konstanz 2008 | Jörg, C. J. A. 1982 | Krieger, M. 1997, 1998, 2009 | –, Kaffee. Geschichte eines Genussmittels, Köln 2011 | – 2012 | Lützelburg, P. v., Der Weg des Kaffees in die Welt, in: Ibero-Amerikanisches Archiv 13 (1939/40) 106–34 | Meilink-Roelofsz, M. A. P. 1962, 1976 | Menninger, A., Genuss im kulturellen Wandel. Tabak, Kaffee, Tee und Schokolade in Europa (16.–19. Jh.), 2. Aufl., Stuttgart 2008 | Minchinton, W. E. (Hg.), The Growth of English Overseas Trade, London 1969 | Mollat, M. 1970 | Morse, H. B., The Chronicles of the East India Company Trading to China, 1635–1834, 5 Bde., Oxford 1926, Ndr. 1965 | Nagel, J. G. 2007 | Pearson, M. N. (Hg.), Spices in the Indian Ocean World, Aldershot 2002 | –, Asia and World Precious Metal Flows in the Early Modern Period (2001), in: ders., The World of the Indian Ocean, 1500–1800, Aldershot 2005, 21–57 | Perlin, F., Proto-Industrialization and Pre-Colonial South Asia, in: PP 98 (1983) 30–95 | Pierson, S., Collectors, Collections, and Museums: The Field of Chinese Ceramics in Britain, 1560–1960, Bern 2007 | Prakash, O., Bullion for Goods: International Trade and the Economy of Early Eighteenth Century Bengal, in: IESHR 13 (1976) 159–87 | – 1995, 1998 | Rauwolff, L., Aigentliche Beschreibung der Raiss inn die Morgenlaender (1583), Graz 1971 | Raychaudhury, T. 1962 | Rothermund, D., Europa und Asien im Zeitalter des Merkantilismus, Darmstadt 1978 | – 2014 | Shimada, R., The Golden Age of Japanese Copper: The Intra-Asian Copper Trade of the Dutch East India Company, in: Latham, A. H. J./Kawakatsu, H. (Hg.), Intra-Asian Trade and the World Market, Abingdon u. a. 2006,

24–36 | S'Jacob, H. K. 1976 | Smith, A. 1978 | Souza, T. de, Indo-Portuguese History: Old Issues, New Questions, Delhi 1985 | Sperling, J., The International Payments Mechanism in the 17th and 18th Centuries, in: EcHR 14 (1962) 446–68 | Steensgard, N. 1974 | Teuteberg, H. J., Kaffeetrinken sozialgeschichtlich betrachtet, in: SM 14, 1 (1980) 27–54 | Treue, W., Das Porzellan im Handelsbereich der Niederländisch-Ostindischen Kompanie im 17. Jahrhundert, in: VSWG 39 (1952) 30–62 | Van Dam, P. 1927–54 | Van Dyke, P., The Canton Trade: Life and Enterprise on the China Coast, 1500–1845, Hongkong 2005 | Van Leur, J. C., Indonesian Trade and Society, Den Haag 1955 | Vries, P., Zur politischen Ökonomie des Tees, Wien 2009 | Washbrook, D. A., India in the Modern World Economy: Modes of Production, Reproduction and Exchange, in: JGH 2 (2007) 87–111 | Watson, I. B., Foundations for Empire: English Private Trade in India, 1659–1760, Delhi 1980 | Weber, H. 1904.

第五章

从印度贸易到欧洲人的统治

尼德兰在爪哇的统治 257

在18世纪的进程中，与亚洲进行商品贸易转而成为欧洲人对数百万亚洲人进行统治，这无疑是自发现前往印度的海上航路以来最为重要的新事态，因为亚洲和欧洲之间的关系因此在接下来两个世纪里持续经历了质变和量变。从亚洲人的视角看，在此之前，欧洲人的经济、文化和政治影响多少可以说是边缘性的，而此时在这里也开始了西方经济、西方文化和西方政治为主宰的时代，直到第二次世界大战之后，这个时代才宣告结束。一种统治形式建立起来了，它不再直接服务于贸易或服务于欧洲移民据点的建立；欧洲人在英属印度形成了一种新型的支配地位，后来这种情况在19世纪盛行开来。印度不仅因其经济和政治方面的重要性而成为欧洲人最重要的领地，而且在地位上也是后来的殖民统治的样板。

当然，这并不等于说18世纪之前在亚洲不存在欧洲人的统治，并不等于说印度次大陆的英国人是最先成功建立领土统治的人。葡萄牙商业帝国就是建立在对据点及少量领土进行统治的基础之上，西班牙人在菲律宾建立的是美洲模式的征服型殖民地，尼德兰体系的基础同样也是在那些对其贸易战略具有决定性意义的地方实行统治。就连印度次大陆的英国人和法国人最初在原则上也绝对没有排除建立统治的可能性——这不由得让人想起乔舒亚·柴尔德爵士1687年的那封“帝国主义”书信，然而他们几乎没有这样做的可能性。也就是说，只要是觉得必要或能够带来利益，在亚洲的欧洲人对统治从未持否定态度。十分重要的观点是：统治还是一种为贸易服务的工具。
葡萄牙人以务实的方式信奉这一观念，西北欧贸易公司基于盈 258
利的考虑信奉这一观念。西班牙人占领菲律宾乍看与这一模式不同，但仔细观察就会明白它也是由同一个贸易法则决定的。

一旦亚洲环境条件出现了一定的变化，并且欧洲人具有了新的优先权，那么贸易就开始转向统治了，最初还会使用传统的理由，即声称这样做是为了确保或提高贸易利润。

以这种方式开始的不是印度次大陆的英国人，而是爪哇的尼德兰人。为巩固自己的贸易体系所进行的种种努力首先导致尼德兰联合东印度公司加强了对该岛的政治控制，18世纪之初的情况表明，统治本身能够产生收益。一开始，联合东印度公司仅仅控制着巴达维亚周边地区。爪哇西部的万丹苏丹国控制着南苏门答腊的胡椒生产，自然也就成了联合东印度公司的敌人，因为它是具有独立地位的香料存储地和竞争对手英国人的供货者。苏丹阿贡（Agong Tirtayasa，1651~1682年在位）奉行着坚决的亲伊斯兰而敌视尼德兰的政策。然而尼德兰人借助一次宫廷阴谋保持着优势。1684年，万丹成为公司的附庸，公司接手了胡椒垄断，在城中修建起一个城堡，驱逐了英国人之后便禁止非尼德兰船只进入港口。另一场战争结束后，这种附庸关系于1753年最终固定下来，直至1813年，“苏丹”仅仅是由尼德兰人赐予的荣誉称号。

由于与实力强大的中爪哇王国马塔兰（zentraljavanisches Reich von Mataram）发生矛盾冲突，17世纪联合东印度公司不能随意对万丹采取行动，称号为“苏苏呼喃（Susuhunan，意为最高统治者）”的马塔兰苏丹要求统治整个爪哇。马塔兰通过爪哇北海岸自己的港口城市向巴达维亚、苏门答腊、马六甲和马鲁古群岛供应稻谷。然而，它的统治者未能攻下1628年和1629年被围困的巴达维亚，或者说未能阻止尼德兰建立海上霸权。1646年，新一任苏苏呼喃阿芒古拉特一世（Amangkurat I，1646~1677年在位）通过条约与他的“兄弟”尼德兰总督达成了一致，联合东印度公司承认他的统治权并向其纳贡，而得到的回报是跨海贸易的垄断权和王国境内的自由贸易。

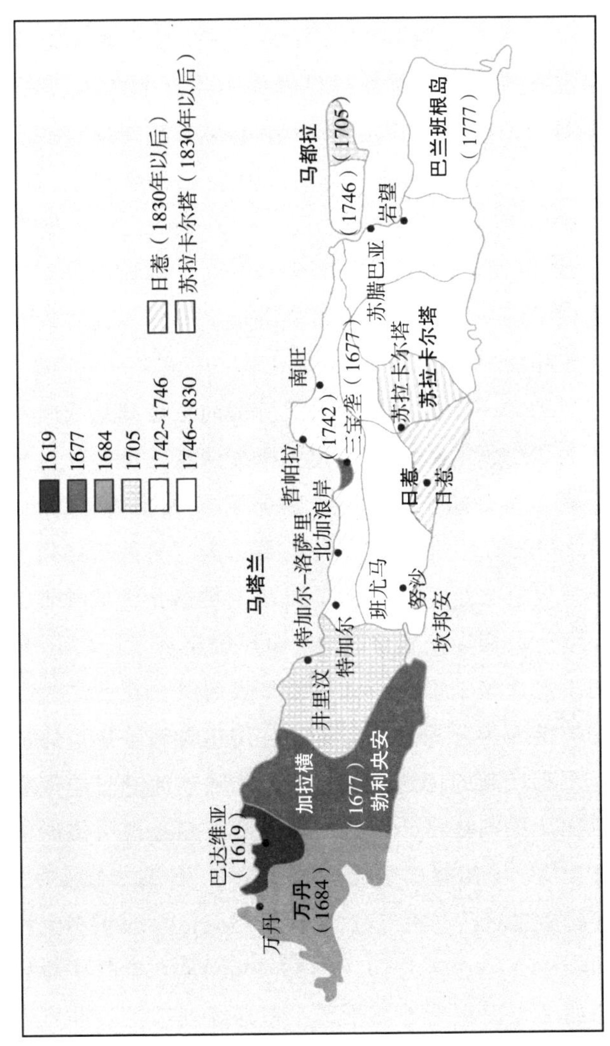
1619
1677
1684
1705
1742~1746
1746~1830
日惹（1830年以后）
苏拉卡尔塔（1830年以后）
马塔兰
马都拉
（1746）
（1705）
巴兰班根岛
（1777）
岩望
苏腊巴亚
南旺
哲帕拉
（1742）
三宝垄
（1677）
苏拉卡尔塔
苏拉卡尔塔
日惹
日惹
北加浪岸
特加尔-洛萨里
特加尔
班尤马
努沙
坎邦安
井里汶
加拉横
（1677）
勃利央安
巴达维亚
（1619）
万丹
（1684）
万丹

插图 32 尼德兰控制爪哇的范围

尽管这位统治者的地位如同圣神一般，但由于王位继承方面缺乏规章，爪哇的政治体系不是特别稳固。1674年之后，大概是由尼德兰垄断造成的北部经济危机和对统治者的宗教政治压迫作出的反应共同导致马塔兰在一场大规模起义中瓦解，阿芒古拉特请求尼德兰提供援助，并自1676年起得到了后者的援助。他的继任者是1678年由尼德兰指挥官扶上王位的，他留有一支尼德兰护卫部队驻在自己的都城。1677年，他将巴达维亚南面的加拉横地区（Krawang）和勃良安地区（Priangan）以及港口三宝垄（Semarang）割让给公司，另外公司还得到了鸦片和印度纺织品的进口垄断权。此时，总督已经成为苏苏呼喃的庇护人和“父亲”。

在随后的数十年里，在一次次所谓的王位继承战争中，尼德兰人多次用更加顺从的继任人换掉统治者，每次都以条约形式使联合东印度公司大获收益。1705年，井里汶（Cheribon）和马都拉（Madura）东部归属了尼德兰人，另外还必须定期供应稻谷作为战争赔偿。1733年，马塔兰被禁止种植咖啡，因为联合东印度公司直接控制地区的产量已经足够了。1740年，巴达维亚的一次大屠杀引起了大规模华人起义，在此之后，爪哇北部和东部落入了公司之手，另外公司还得到了货币铸造权以
260 及马塔兰所有产品的优先购买权。苏苏呼喃此时只能依靠尼德兰的护卫部队保护自己，但这些护卫部队却必须由他的国家供养。马塔兰从一个附庸国变成了尼德兰的一个省。在1755年的另外一次起义之后，它最终分为日惹（Jogjakarta）和索拉卡尔塔（Surakarta）两个苏丹国，1825年至1830年的爪哇战争之后，它们的领土面积大为缩小，一直延续到第二次世界大战结束之后——它们或许是现代印度尼西亚独立的胚芽。

为了保证巴达维亚的安全，为了垄断的附加利润，尼德兰商人成了爪哇的统治者。不过就连在这方面，尼德兰商人

也没有忘记盘算得益。结果就是，最终只有一个欧洲式的行政管理机构负责“乡区（Ommelanden）”[①]，而爪哇岛其余地方的尼德兰统治则采用费用低廉甚至创利的方式由当地人实施。这种“间接管理”主要通过当地附庸国宫廷中的尼德兰总督（niederländischer Resident）实施，他们是联合东印度公司的政务和商务代理人，身后有其卫戍部队，他们须监督当地政府并开展公司业务。1800 年前后，负责这些任务的“总督”概念最终被采用，而在此之前这一体制已经存在了上百年。即便是后来的尼德兰殖民理论家提到的“直接管理”，实际上也是由当地权威人士实施的，只是缺少一个王侯头领的统治。后一种体制主要兴盛于巴达维亚南面的勃良安地区，对这一体制而言具有决定性影响的是当地贵族，从前他们在苏丹的辖下，现在由尼德兰人委任在 16 个地区中各自实行统治。荷兰语中的“执政（Regent）”称号也用在了他们身上。1709 年，井里汶和马都拉也按此行之有效的模式被划分成 43 个大小相等的执政辖区（Regentschaft）。尽管尼德兰人通过 1716 年所设的专员及其辖下的监视者（Anfseher）控制勃良安地区的土著事务，又通过总督对其他地区的执政们进行控制，但那些执政对土著还是实行着一种严厉的独裁统治，他们或许既不承认私有财产也不尊重婚姻和家庭关系，就连司法权也掌握在他们手里。据说与从前苏苏呼喃统治时期相比，在公司统治时期他们的权力甚至更大。

在联合东印度公司看来，这些执政最重要的任务就是廉价提供贸易货品，如靛蓝和胡椒，到了 18 世纪则主要是咖啡。每年都有一定的强制性供货（gedwongen leveringen）或定
额供货（contingenten），或是免费作为贡物，或是按照依据 261
尼德兰市场行情确定的固定价格和数量来供货。1711 年，公

① 联合东印度公司统治时期，巴达维亚分为“城区（Stad）”和“乡区”。——编者注

司为一担勃良安咖啡支付 50 荷兰盾，这是一个能够刺激生产的好价钱。然而到 1726 年，价格却降到 12.5 荷兰盾，而引导生产也变成了强制措施。与此相关联的一件事相当重要，即以采用人工浇灌的稻田制（Sawah-System）进行的水稻种植取代了原本在勃良安地区流行的按照所谓迁徙耕作制（Ladang-System）进行的烧荒开垦种植。迁徙耕作制农民属于半迁徙群体，可以变换主人，而稻田制农民却在经济上和法律上与自己的田地联系在一起。充满艺术美感的梯田如今是勃良安地区的特色，不过它们是联合东印度公司一项剥削政策的遗存。

还有通过操控衡器剥削爪哇咖啡种植农的情况。1764 年，在巴达维亚交货时，一担计 140 荷兰磅，到装船运往尼德兰时只有 126 荷兰磅，14 荷兰磅的差额是仓储管理机构的毛利。但那些执政向其臣民一担要的是 222~270 荷兰磅，另外他们还利用公司的容忍使用自己制作的衡器替代巴达维亚分发的标准衡器。那些执政借此发了财，有人称其年收入为 5 万 ~10 万荷兰盾。为获得乘坐一辆金马车前往巴达维亚的特许，姬安朱尔（Tjiandjur）的执政向联合东印度公司支付了 2.5 万荷兰盾。不过即使有高收入也难以承担这种生活方式的费用。因此执政们要求公司为他们提供的货物支付带利息的预付款。巴达维亚乐于见到这种情况，因为执政们以这种方式保持着依附关系，而且这里面还有获得额外收益的机会。主要是土著事务专员借此作为那些执政的债主做着附带的生意，他可以从总督那里得到 3% 利息的款项，然后再以 9%~12% 的利息将钱借给执政们。所以总是总督的亲戚或宠信被任命为土著事务专员就不足为奇了。尽管存在着这一剥削体制，当地的人口却在增长，只是 18 世纪的瘟疫阻止了爪哇发生人口爆炸。我们能否换种说法，即虽然公司进行着严厉的统治，但正是这种非同寻常的和平使得这一发展成为可能？

与在爪哇一样，当地政治体制的改变在印度次大陆也是欧洲人统治开始形成的必要条件。不过在这里有必要再看看另外两个推力。一是英国和法国在世界政治舞台相互竞争对抗的作用，两个国家都越来越频繁地试图将对方势力挤出印度大地，有时仅仅是为了防止对手有类似的意图而抢先采取行动，即使对方的意图可能是臆测出来的。二是政治冒险者——约翰·霍勒斯·佩里（John Horace Parry）不无道理地称之为“新征服者（neue Conquistadoren）”——利用已经开始变化的形势，以扩张的形式宣示个人利益以及所谓的国家利益。各种军事冲突导致英国东印度公司人员采取半军事化措施。在英国，人们的感受是他们正在与法国进行一场世界战争，而到了革命时期和拿破仑统治时期，法国更是越来越具有挑衅性。尽管如此，身在印度的人奉行的进攻政策还是常常与其公司的方针路线相矛盾，后者依然谨小慎微，其首要宗旨是商业得益。身在印度的人认为自己更加清楚什么有益于自己的公司和自己的国家。伦敦对他们在印度的行动作出反应至少需要6个月，这给了他们额外的自由发展的余地，特别是一旦造成既定事实，在政治上绝无可能轻易改变。在这里我们已经能够非常清楚地看到在海外土地上进行的欧洲冲突，可以看到欧洲近代扩张在外围地区的典型现象：“英帝国创建者的次级帝国主义（Subimperialismus der Empire Builder）”。或许可以说“帝国主义时代”已经开始了！

大英帝国史学的经典观点认为，随着莫卧儿帝国的没落，印度陷于一定程度上由宗教问题导致的内战和犯罪的混乱之中，最终拯救印度的是英国统治，它带来了和平、秩序和现代观念，当然这种观点是不可取的。更为值得注意的是，这种看

待事物的眼光与“前现代欧洲”的形态是相符的，这一形态同样也已过时，尽管在两块大陆的前现代经济、社会和政治里确
263 实存在过结构上的相似体。不过那种广为流传的、批判殖民的观点同样也没有多少说服力，它认为欧洲贸易和欧洲人的殖民统治仅仅是印度历史或非洲历史的边注，对它们的进程几乎没有起过作用。真实的情况实际上介于二者之间。除印度史学家之外，最先是克里斯托弗·A. 贝利（Christopher A. Bayly）和彼得·J. 马歇尔（Peter J. Marshall）指出，印度的种种框架条件如何决定了英国统治的产生和形态。因进口欧洲白银得到加强的货币化以及欧洲的纺织品需求有助于印度经济全面商业化，然而这一商业化进程完全独立于欧洲人，是由一批印度商业和金融新精英承担的。由于在此过程中广泛涉及印度教教徒，我们或许可以认为这是在与此前的伊斯兰统治体系保持距离，即使他们之间还有业务联系。因为除了在全印度范围进行的贸易，包税制、汇票业务和汇兑业务也对这批精英的崛起起着至关重要的作用。贝那拉斯（Benares）是印度新金融市场的一个中心。英国东印度公司别无选择，只能依靠这批人筹措统治经费和战争经费，而他们在与新主人合作方面没有任何问题。

1707 年奥朗则布死后，莫卧儿政权陷入了衰落，其更深层次的原因至今仍是有争论的问题。奥朗则布不容忍印度教教徒或宫廷中贪污腐败、无视道德的现象肯定不足以作为理由，今天看来，与通货膨胀和自然灾害造成的财力不足相关联的领导群体危机可能性更大一些。无论是哪种情况都必须注意一点：不管是在历史上还是在当代，整个印度次大陆的政治统一更应被视作一种特例而非常例，回归冲突连连的多中心状态应被看作恢复正常状态，而不应被视为无政府状态。即使在其力量鼎盛时期，帝国统治尽管在其中心地区是统一的和集权

的，但在地方层面上却更像一块布满补丁的政治地毯（Alam/Subrahmanyam: patchwork quilt）。这样，莫卧儿政权作为合法政权继续存在下去并进入了英国时代就能得到解释了。就连莫卧儿中央政权最强大的内部对手马拉特人的活力也被以某种方式纳入了这一新的政治体系，其国王自1707年起成为莫卧儿的附庸，当其帝国变成萨塔拉/浦那（Satara/Poona，位于孟买东面）的佩什瓦（Peshwa，国王的前宰相）领导下的 264
各邦主联盟时，那些新显贵的权力也通过被授予莫卧儿的头衔而被合法化。于是从拉合尔（Lahore）至孟加拉以及马都拉的马拉特人的骑兵可以以莫卧儿的名义驰骋于印度各邦国，为自己征收乔特税（Chauth）——该税收占当时国家收入的四分之一。这些新势力的目的不是消除中央权威，而是让其为自己的目标服务。

各个宫廷派系争来斗去，它们有的源于图兰的逊尼派，有的源于伊朗的什叶派，有的源于印度的印度教，也都完全抱着同样的想法。1707年后它们不停地推出又废掉莫卧儿统治者，有时间隔很短。其间，中央政权已失去对各省的控制，尽管派系首领们试图用兼职的办法将宫廷职位与省执政官的职位统合起来。各个地区，也就是一个或数个省（subahs，又译作“苏巴”）构成的历史地理统一体，在政治方面起着决定性的作用。当时的执政官（subahdar，又译作“苏巴达尔”）成功地以自己职位的世袭制取代了宫廷任命制，这一事件在历史上至关重要。一个在宫廷中失败的派系首领的行为十分典型，他的头衔是“尼扎姆－乌尔－穆勒克（Nizam-ul-Mulk）”，1724年他前往海得拉巴（Hyderabad），即回到授予他的德干省，并用武力对抗莫卧儿任命的继任者，实现了自己在那里的统治。这一时间前后，奥德省（Oudh，恒河中游勒克瑙周围的平原）也以类似的方式独立，其统治者使用宫廷头衔“维齐尔（Wazir）”不再表明奥德处在治所离得不远的莫卧儿的影响之下，恰恰相反，它表明是莫卧儿处在奥德的影响之下。还是由奥朗则布任命的穆尔希德·库利汗（Murshid Kuli Khan）在孟加拉同样也创建了一个王朝。

最终帝国又被来自西北方的新入侵进一步削弱。1722年萨法维王朝垮台后，纳迪尔沙（Nadir Shah）于1736年至1747年重新统一了伊朗，1739年攻占并掠夺了德里；1398年帖木儿攻占德里之后，这是德里首次被攻占。他去世之后，艾哈迈德汗阿卜达里（Ahmad Khan Abdali，1747~1773年在位）统领下的阿富汗人已经不是较小的威胁，1757年德里遭他们毁灭，1761年他们在帕尼帕特（Panipat）打败了马拉特人，这大概至少有助于孟加拉和南印度暂时减轻压力。

欧洲战争之后，欧洲人开始在南部大力介入印度的政治冲突。参与其中的有海得拉巴的尼扎姆（Nizam，该土邦君主的称号）、依附于海得拉巴的科罗曼德尔海岸腹地的卡纳蒂克（Carnatic）的纳瓦布（nawab，即省长）、一些较小的印度教邦国、马拉特人、英国人和法国人。当时英国人和法国人在这
265 一海岸最重要的设防据点马德拉斯和本地治里相距仅约100公里。不过直到数个谋取者争夺海得拉巴和卡纳蒂克的统治权，并竭力取得欧洲人帮助时，这一政治博弈才真正复杂起来。

虽然1741年至1748年进行着奥地利王位继承战争，但两个贸易公司大概其实并不反对在印度保持和平以及让船只航行中立化，然而处在危险之中的不仅有它们的生意，而且还有它们从事国家贸易的工作人员的生意，特别是约瑟夫·弗朗索瓦·迪普莱克斯的收益。此人于1722年来印度，先担任参议，1731年至1741年任孟加拉的金德讷格尔的董事，干得都很出色。他不仅使公司的业务达到了巅峰，以至法国人第一次成为英国人的真正对手，而且他同时还通过做私人生意积聚了大量

财富。1742 年至 1754 年，他任本地治里总督，其显著特点是以政治家的远见专断地开展冒险。他的精通泰米尔语的妻子和印度挚友阿南达·兰加·皮莱（Ananda Ranga Pillai）使他顺利地进入了印度政治世界，皮莱的日记是留给我们的最重要的原始资料之一。

然而，无论是他还是他的英国同行都无法保证各自的王家舰队行为得当。例如贝特朗·弗朗索瓦·马埃·德·拉布尔多内（Bertrand François Mahé de la Bourdonnais）于战争开始时就在巴黎暂时赢得了对攻击性计划的赞同。后来一支英国中型舰队开始劫掠法国商船时，作为法兰西岛（毛里求斯）总督他自己组建了一支小型舰队，于 1746 年在迪普莱克斯的配合下攻占了英国人的主要据点马德拉斯。无论是英国人还是被其招来帮忙的纳瓦布都未能夺回这个城市，后者刚刚由尼扎姆任命，取代了出自另一个家族的竞争对手。直到 1748 年，《亚琛和约》（Frieden von Aachen）才恢复其原状，当然实际上是不可能完全恢复的。在此之后，英国人就通过依据欧洲国际法签署的条约占领着马德拉斯，相互争斗的纳瓦布中的一个还免除了英国人此前欠他的贡物。一个实力强大的印度王侯敌不过在数量上远处劣势的法国军队，因而迪普莱克斯在随后的年月里可以偏离直接贸易利润优先的一般原则，并试图为自己和法国人在南印度创立政治霸权，同时以此排斥英国的竞争。

与在欧洲相反，1749 年至 1756 年，英国人和法国人之间 266
在印度不存在和平。第一任尼扎姆死后，1748 年在海得拉巴出现了王位继承之争，同时卡纳蒂克的老王侯家族在马拉特人的支持下东山再起，归来逼压此间的纳瓦布。多亏极有才干的指挥官查尔斯－约瑟夫·帕蒂西耶·德布希（Charles-Joseph Patissier de Bussy），迪普莱克斯才得以将自己推举的人扶上尼扎姆之位，让他统治到 1750 年，并且使他在政治上依附

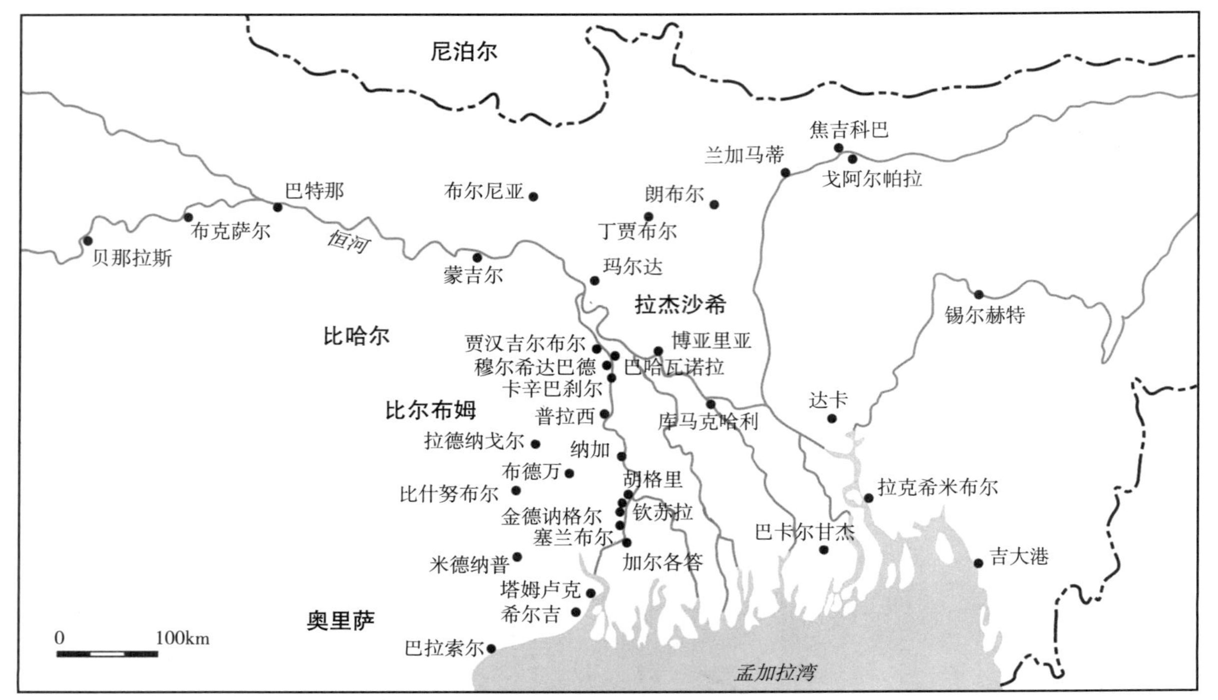

插图 33 18 世纪的孟加拉

法国人。迪普莱克斯得到的酬劳是大量礼物，同时他被提升为基斯特纳河（Kistna-Fluss）以南东海岸边所有地区的行政长官，并被授予默苏利帕塔姆南面的四个省（sarkars，或写作circars）。后一项是急切需要的，因为迪普莱克斯很少动用公司资金作为战争经费，更多的是动用自己的个人财产和利用借贷。就连德布希也必须预付钱款。

在卡纳蒂克却不同，英国人成功地以自己推举的人对抗法国人推举的人。享有盛名的是26岁的上尉罗伯特·克莱武，他于1751年发动奇袭占领了敌方首府阿尔果特（Arcot），随后面对占有巨大优势的敌人成功进行了城市保卫战。在迪普莱克斯获得成功期间，他那独具特色的政策在法国虽然受到批评，但也得到容忍。在卡纳蒂克的失利导致他被召回，也导致了停战，停战即是承认英国人获胜，但也为法国人保留了他们在海得拉巴的领地和影响。此时显而易见的是，莫卧儿帝国和贸易公司之间的传统关系在新条件下开始颠倒过来：欧洲人提供政治庇护，各印度王侯成了他们的客户。

七年战争（1756~1763年）期间，1758年法国部队抵达之后，敌对行动重又开始，这导致了迪普莱克斯和德布希所获成果的丧失，德布希被从海得拉巴召回。由于不能随机应变，1760年法国指挥官托马斯·阿瑟·拉里伯爵（Thomas Arthur Comte de Lally）在马德拉斯和本地治里之间的文迪瓦什（Wandiwash）自然败给了艾尔·库特（Eyre Coote）将军，1761年在本地治里投降。1766年，他因此事在法国被处以死刑。1763年的《巴黎和约》（Frieden von Paris）将本地治里交还给法国，但只能作为不设防城市。英国人拥有明显的海上优势，他们此时在东南印度以及孟加拉的霸权毋庸置疑。

对欧洲贸易而言，孟加拉已成为印度最重要的部分，因而在欧洲人眼里也是次大陆最富庶的地区。在奥朗则布时代，英国公司的扩张行为还在受控范围之内，然而在随后爆发的王位继位之争的进程中，1717年，一个英国使团成功地从当时的莫卧儿王朝得到了一项特权（farman），该特权准予公司每年支付3000卢比后即可免除苏拉特之外的所有进出口关税，赋予它获取加尔各答威廉堡周围83个村子的权力，允许它使用进口白银铸造莫卧儿卢比银币。不过鉴于文件表述在法律上存在着歧义，此间握有实权的孟加拉纳瓦布们有充足的理由阻止这些特权真正得到承认。首先存有争议的是，特权仅免除公司官方生意的关税，还是也免除公司雇员私人生意的关税。不管在哪种情况下，吃亏的都是担负重税的当地商人。纳瓦布和公司都毫不客气地采取各自的措施而且觉得自己占理，所以相互刺激成了长期行为。

新纳瓦布西拉杰·乌德·达乌拉（Siraj-ud-daula）即位时，英国人未按常例送上贡礼，达乌拉带着猜疑关注着为即
268 将开始的英法新战事作准备而进行的对加尔各答威廉堡防御工事的加固工作，英国人摆脱不了与其对手的小集团有联系的嫌疑。最终他于1756年夏天袭击了英国人并攻占了加尔各答，让许多欧洲人丧失了生命，使公司遭受了整整22万英镑的财产损失。据说一夜之间就有146个英国俘虏被关进一个狭小的监狱（black hole），其中只有23个人活了下来。当时的人对这一绝非没有争议的插曲置若罔闻；到19世纪，它被编成大英帝国创立者最重要的反印度神话之一。

马德拉斯派出了整整1600人和12艘船（其中只有10艘到达）。指挥官不是王家军官，而是公司军官罗伯特·克莱武，此人自1744年从年轻的书记员做起，后来成功地开启军人生涯，竞选英国下议院议员的尝试失败后即重返印度。1757年初在一场速决战中，加尔各答被夺回，阿富汗人入侵西部留下的印象促使纳瓦布签署了一个和约，和约授予公司那些有争议

的特权和加尔各答设防权。在此期间，七年战争爆发的消息已经传到印度，所以克莱武随即按照指令攻占了金德讷格尔的法国要塞。因为西拉杰·乌德·达乌拉始终不是英国人的朋友，而英国人想从他的国库中获取对在加尔各答所受损失的补偿，所以他们采用贿赂手段参与了一个推翻达乌拉的阴谋。然而计划泄露，冲突再起，最后于1757年6月23日进行了普拉西之战（Schlacht von Plassey），此役中克莱武以3200人和8门火炮对阵占优势的纳瓦布，后者拥有49000人、40门火炮外加法国炮兵以及战象。当然这不仅仅是克莱武的功劳，受阴谋参与者指挥的敌军中有相当数量的部队根本没有加入战斗。

不过最晚到这里，我们可以看出一个问题，即相对于当地人的部队，在数量上处于极度劣势的欧洲人部队为何却占有显而易见的军事优势。具有决定性意义的说到底不是技术领先，而是对部队的控制和后勤供应。大约至1770年，欧洲人拥有先进许多的火炮和枪支，当地王侯当时根本就没有真正的野战炮兵。在普拉西，之后在布克萨尔（Buxar），这一点起到了巨大的作用。不过，在法国人和其他欧洲人以及投敌者 269
的帮助下，即使英国东印度公司竭力保守炮兵技术的秘密，印度人很快赶了上来。1786年在迈索尔（Mysore）生产的滑膛枪与英国的已不相上下，而英国人甚至采用了在那里设计的火箭。公司部队的欧洲籍士兵起初并不优秀。公司部队的大多数成员是印度人，即所谓的印度兵（Sepoys），这是因为印度雇佣兵市场上资源暂时还算丰富，英国东印度公司精明地利用了这一点。一个典型的步兵团在1806年由46名英国军官和下级军官、280名印度军官和下级军官以及1800名印度士兵组成。这些部队明确的等级制度以及欧洲式的训练使步兵和炮兵在行动时能够严守纪律，具有印度军队最初根本无法达到的较高的射击速度。印度军队缺乏强有力的统帅，是各个依附于最高指挥官的首领所派出的兵员的聚合体，一场大战的成败取决于这类首领的忠诚和个人勇敢，普拉西之战就清楚地表明了这一点。18 世纪末，迈索尔的印度人、马拉特人以及旁遮普的锡克人（Sikhs）也采用了欧式军事组织结构，这样一来英国人取胜便不再那么容易了，投入部队的数量须与对方数量大体相当。此时的情况表明，欧洲人的优势不是建立在军事革新的基础之上，而是建立在组织革新的基础之上。因为在这方面，双方的准则各不相同，所以这里涉及的依然是“跨文化战争（transcultural wars）”。印度军队部分由忠实的追随者的队伍或军事企业的部队组成，经常因军饷给养匮乏而依靠抢掠，而英军部队则凭借借贷和印度银行家的钱款汇兑定期发饷，尽管不同群体和社会等级的要求不同，但却能提供很有效力的后勤供应。另外在此期间，英国东印度公司在相当大的程度上控制着雇佣兵市场，因而欧洲籍教官和对方的指挥官遇到紧急情况便离开各自的部队。尽管外形是一个贸易公司，但正在形成的现代权力国家被证实优于印度的流动性的前现代集合体，不过也只是凭借混合型的人员结构和后勤供应而具有优势。

克莱武任命了一个新的纳瓦布，后者立刻让人杀了老纳瓦布，并且不得不允诺给予英国人那些既有的特权，另外还答应
270 奉上巨额款项以及加尔各答以南地区的赋税收入。1757 年至 1760 年，他交给公司的钱不少于 2531250 英镑，向公司雇员赠送礼物花费 660375 英镑，其中给克莱武本人的就有 234000 英镑，此外克莱武还得到一块封地（也就是加尔各答附近一些村子）的收入，每年应该有 34567 英镑。1759 年，克莱武击退了尼德兰人的一次进攻，之后英国公司成了孟加拉的主人。法国人被逐出，尼德兰人和其他欧洲人的生意只能在英国人还容忍的情况下进行，纳瓦布靠英国人的恩惠进行统治。

然而，这种对孟加拉经济和政治的控制还不是着眼长久的

有组织的统治。不过1759年初，克莱武已在考虑由公司接管主权甚至建立英国人的政府，以这种方式建立的政府可以获得巨额收入，从而减轻自己的国家债务。

1760年他暂时返回英国，在那里他的荣誉和财富引起了巨大轰动。他过着贵族式的生活，也就是从殖民地发财而归的英国人理应享受的生活，亦即“纳巴布（Nabob）”（按照一种印度王侯头衔而创的对这类新富的称呼）应该享受的生活。对他来说，政治活动同样是这一角色的一种特征。他受封为“普拉西的克莱武男爵”，还得到了一个下议院席位。克莱武勋爵之所以能成为下议院议员，是因为他的封地就是为此目的而封授的。令他遗憾的是这只是一个爱尔兰封号，而这块封地就是克莱尔郡（County Clare）的一个被称为“普拉西”的庄园。人们在东印度公司大厦（East India House）的大厅里为他竖立起一个超过真人大小、身着古罗马大将服饰的纪念塑像，最后，国王封他为巴斯修会骑士（Ritter des Bath-Ordens）。

尽管全数买下了股票，并且将选票分投给各位傀儡，但他和他的朋友们还是未能将举足轻重的股东劳伦斯·沙利文（Laurence Sulivan）排挤出东印度公司领导层。后者遵循的是更加注重商业利益的政策，威胁着克莱武未经董事们许可而取得的封地，而这块封地正是其财富和权力的基础。这里是否已经向我们揭示了一个问题，即克莱武奋力谋取土地的统治意志与城市“追求金钱”的商业原则发生碰撞？总之克莱武又被派往孟加拉担任总督，去清理那里的“奥基阿斯王的牛圈”[①]。他杜绝公司的公职人员未经董事们许可收受个人礼品，这一使命让这位偷猎者变成了森林管理人。

1757年至1765年是孟加拉的黄金时代，其间公司的公 271

① 典出希腊神话，相传该牛圈中养了三千头牛，已有三千年未清扫。

职人员能够在令人难以置信的范围内大发横财。纳瓦布若是试图维护或恢复自己的权力便会被更换，这种情况已发生了多次。每个新傀儡都得向公司交钱，都得筹措送给公司职员的礼品。公司职员从各个纳瓦布那里共收到2169665英镑，公司共收到10731683英镑，其中3770883英镑是现金，6960800英镑是土地税金。据估算，1758年从孟加拉获得的年收入为2818251英镑。另外，公司职员还有充分利用新的权力地位做生意的可能，因为他们被免除了所有的税，而且在这方面他们以武力坚守这一特权，而他们的印度竞争对手则必须缴纳最高达40%的关税。一个纳瓦布试图也免除印度人的这一负担，结果是公司将他赶下了台。

1757年，董事们已经停止向孟加拉输送白银，自古典时代以来，贵金属流向第一次颠倒过来流回欧洲。因为在孟加拉获取的收入不仅必须被用来采购欧洲所需货物和为中国贸易支付资金，而且必须被用于支付那里的政治和战争费用，所以1758年贵金属已回流伦敦是毋庸置疑的。从1760年代到1790年代，白银又不得不一再由英国发往中国，1815年也发运了一次。1791年、1796年至1808年、1815年至1820年又有大量白银流向印度，1803年数额最高——为了战争。

最终，受到排挤的纳瓦布于1763年让他的指挥官瓦尔特·赖因哈德（Walter Reinhard，一个很有成就的德意志冒险家）在巴特那屠杀了200个被俘的英国人，并且与奥德的维齐尔纳瓦布以及因阿富汗人入侵刚刚失去故土的莫卧儿王朝结成反英联盟。不过1764年10月22日，英国东印度公司在布克萨尔击败了这一联盟并一举攻占了奥德，莫卧儿朝廷则重新与公司靠近。普拉西是开端，布克萨尔之后，英国人对孟加拉的统治得以确立，只是形式尚不明确。由公司任命的一个纳瓦布的副手赛义德穆罕默德·利萨汗（Saiyid Muhammad Reza Khan）

暂时代替未成年的王公统管整个行政机构。

克莱武放弃了继续向德里推进。与此相反，他以500万卢比为价将奥德还给了它的纳瓦布充当缓冲国，用英国东印度公司每年交纳的260万卢比贡金将莫卧儿皇帝安置在阿拉哈巴德地区（Allahabad）。为此，莫卧儿皇帝将“地方权 272
力（Diwani）”交给了公司，即在孟加拉以及附属于它的比哈尔和奥里萨的征税权和民事审判权。于是产生了一种间接统治，根据其双重属性，我们可将其称作双元体系（duales System）。从理论上说，公司（征缴赋税和民事司法）和纳瓦布（军权和刑事审判权）分享主权，但事实上主权全都掌握在公司手里，它通过利萨汗手下的印度代理人统一行使这些主权。克莱武可以抑制发横财的传染病，却无法终止它。因为所有的人都无声地达成一致，所以它还要继续存在数十年，另外也是因为董事们以费用太高为由拒绝了一些备选建议，如提高职员的薪水。东印度公司发生财政危机时，1769/1970年在孟加拉造成数百万人死亡的大饥荒的消息也传到了英国，人们描述的情景和食品投机生意使这一消息更加令人惊恐，克莱武应为此承担责任，甚至在下议院受到控告。尽管被宣布无罪，但他还是感到抑郁沮丧，1774年他结束了自己的生命。

不合情理的是，英国东印度公司的财政危机直接与自己的新财富相关联，首相老威廉·皮特（William Pitt der Ältere）在美洲推行印花税失败后，为解决七年战争的债务对国库造成的困境，他想从公司的新财富中取钱。政府最初要求公司自1767年起每年提供40万英镑，并且也得到了这笔钱——议会当时年年都得批准美洲殖民地48万英镑的费用。另外，接管孟加拉的地方权力导致股票价格上涨，公司方面为了通过分发高额股息进行投机而继续推动这一上涨。克莱武本人通过做内部交易从中获取利益。至1772年，公司付给国库2169399

英镑，但同时又不得不举债，也是为了支撑股价和支付股息。1769 年和 1772 年，伦敦的两次股市和金融危机最终导致公司于 1772 年不得不请求政府提供支持性贷款。对投机损失的愤怒与对因 1769/1770 年饥荒而清晰显现的孟加拉的弊病的愤怒交汇在一起，人们呼吁政府进行干预。

当然，无论是从英国还是从印度的角度看，由英国政府接手孟加拉都不合适。英国没有任何合适的官吏机构，也不敢违
273 背私有财产的神圣原则而损害公司的利益，毕竟英国东印度公司在下议院有自己的游说团体。另外，备受争议的是公司的主权范围，即公司通过莫卧儿皇帝在司法上享有的主权到底有多大。英国政府几乎不可能获得这一地位。1773 年，议会确定所有公司领地本来就属于王室，不过凭借 1813 年的《特许状法》(Charter Act)，这一确定才转变成有效权利。莫卧儿皇帝的宗主权在形式上也随之宣告结束。

公司得到了它的 140 万英镑的贷款，却不得不同意限定红利数额，特别是不得不接受国家监管。另外，它以前为办理特许状事宜不得不先后提供给王室的 420 万英镑的借款被毫无补偿地一笔勾销。1773 年的《调整法案》(Regulating Act) 试图稳定公司的领导层，方法是将获得股东大会表决权所需的股票最低持有额提高到 1000 英镑，减少多重表决权以及将董事任期延长至四年。以后董事们须向国家财政部门解释自己的财务账目，须向国务秘书 (Secretaries of State) 解释自己的政策。正像克莱武已经建议的那样，孟加拉总督作为大总督，职位高于他的马德拉斯、孟买和班库伦（苏门答腊）的同事，不过在作决定时要受一个四人理事会的多数表决的约束。理事会成员通过法律任命，其中只有一位是公司的人。另外为了确保纪律，在印度建立了负责英国臣民事务的高等法院，其人事同样由王室任命。然而这一新体制矛盾之处太多，因而没有很好

地发挥效用。

沃伦·黑斯廷斯（Warren Hastings）成为第一任大总督，他非常了解孟加拉的各种情况，另外还享有比较廉洁的声誉。1750年他从书记员做起，1758年被派往穆尔希达巴德（Murshidabad）的纳瓦布处任总督（Resident）——披着外交外衣进行间接统治的总督制（Residentensystem）此时也出现在英国人那里——在英国停留后于1765年至1769年在马德拉斯任理事，最终于1772年成为孟加拉总督。他的大总督任期（1774~1785年）决定性地影响了英国统治印度的特性，即一种与莫卧儿王朝传统紧密相连，但由欧洲观念进行解释的专制政体。黑斯廷斯意欲停止那种与权力和责任相分离的单一剥削，他不仅要为剥削承担责任，而且要为被剥削者承担责任。这是从贸易转向统治的具有决定性意义的第二步。

黑斯廷斯精通波斯语和孟加拉语，据说还懂梵语和乌尔都 274
语（Urdu）。前几代英国人只利用印度文化中安逸舒适的细枝末节，却未深入其表层之下。他们始终是同时代英国人中排除了沟通障碍的、用粗糙简陋的方式进行交流的例子。他们虽然采用被曲解的印度概念，但在与印度人交流时一如既往地使用洋泾浜葡萄牙语。现在则不同了，一些人因与印度精英进行社会交往而熟悉了他们的文化，如安托万－路易斯·亨利·波利尔（Antoine-Louis Henri Polier），尽管他们依然站在欧洲一边，但至少试图更深入地了解对方。不过他们所涉及的大多为当时权力精英的穆斯林文化，很难接近印度教文化。对于统治来说这也具有实际意义，因为当时英国人进行统治不仅要依据法治国家的准则，而且要尽可能与当地传统保持和谐。18世纪末，一些穆斯林和印度教的古典法律文本被译成了英语。尽管有婆罗门专家参与，或者说恰恰是由于他们的参与，反而导致了传统被损害，因为被选中的一些异本被作为通行本确定下来。

这个接受过程中，一个关键人物是威廉·琼斯（William Jones，1746~1794年），一个很有成就的律师、学识渊博的东方学家和多产诗人，1783年成为加尔各答高等法院的陪审法官（puisne judge）。他不仅权威性地参与了翻译和不完全正确地解释印度教法律，而且还改写了一些古印度文本，当然他剔除了其中露骨的性描写和施虐、受虐狂部分。1784年，他创建了延续至今的加尔各答“亚洲学会（Asiatick Society）”，此举被称作“印度语言和文化学［……］真正诞生的时刻”（von Hinüber）。

黑斯廷斯首先从纳瓦布手里完全夺过了财政和司法权力，创建了一个英国式的地区税务和法院系统，该系统直接隶属于此时跃升为孟加拉首府的加尔各答。然而在征缴赋税的基层，黑斯廷斯差一点没能走出不幸的包税制试验。与此相反，国家财政同等对待英国贸易和印度贸易的新方法对经济发挥了非常有益的影响。黑斯廷斯的各项措施虽然从长远看具有划时代的意义，但其直接成效却显得微乎其微，尤其是如果不是从先期混乱的角度，而是从现代管理的角度看，则更是如此。然
275 而，黑斯廷斯的政策内外都承受着沉重的压力。数年里他的理事会中的多数一直反对他，为首者是他的对头菲利普·弗朗西斯（Philip Francis），一个英国辉格党人，在他眼里黑斯廷斯体现的是“金钱利益”，在与此进行的战斗中他一直有将个人敌意与政治品德混淆在一起的嫌疑。回到英国后，弗朗西斯与在这件事情上并非完全无私的著名政治家埃德蒙·伯克（Edmund Burke）共同准备弹劾，即通过下议院向上议院控告沃伦·黑斯廷斯。控告于1787年进行，在145次会议的旷日持久的辩论之后，1795年以宣判无罪告终。此时，黑斯廷斯也可以像克莱武一样跃升为帝国的偶像。

黑斯廷斯肆无忌惮地残酷榨取印度各位王公贵族的金钱，

这一事实虽然不能否认，但这类事情的发生不是出于他的私人利益，而是在为公司尽职，为了公司他不得不同时进行三场战争，可又不知道用什么支付这些战争的费用。1778 年战争开始时，公司供养着 6.7 万名士兵，数量超过了本土，收入近 380 万英镑，支出却已经接近 500 万英镑，而此前的结算则是正数。

另外，在马德拉斯和孟买手握决策权的人根本就没有考虑服从大总督。在此期间，马拉特人又恢复了元气，1771 年控制了莫卧儿皇帝并将他送回德里，因而自 1772 年起，公司拒绝向他缴纳贡物。孟买干预浦那的佩什瓦继承之争导致了 1775 年至 1782 年的第一次马拉特战争，这次战争几乎没有改变现状。在此间出现了一个新政权的南方的结局也一样。穆斯林海德尔·阿里（Haidar Ali）从军事指挥官跃升为印度教邦国迈索尔的统治者（1761~1782 年在位），并大力向马拉巴尔海岸扩张，但同时也向科罗曼德尔海岸扩张，在 1767 年至 1769 年的第一次迈索尔战争中在那里成功地包围了马德拉斯，强迫英国人接受了和约。自 1780 年起，公司与他和他的儿子、王位继承人铁普苏丹（Tipu Sultan，1782~1798 年在位）进行了第二次迈索尔战争。另外，此处还有 1778 年参加美国独立战争打击英国人的法国人。自 1782 年起，法国海军将领皮埃尔·安德烈·德叙弗朗（Pierre André de Suffren）对英国人采取了相当有成效的行动，1783 年协助久经考验的德布希侯爵率领部队登陆。然而为时已晚，因为《凡尔赛条约》的消息于 1784 年在印度也导致了疲惫至极后实现的和平。此时英国东印度公司在印度所欠债务为 940 万英镑，在伦敦所欠债务为 920 万英镑。

1783 年失去美洲殖民地之后，英国形势的特点是普遍的 276
政治宿醉感，据称还有政治理想主义的高涨。是否最好完全放弃印度？剩下的贸易是否也能像中国贸易一样在不参与任何政治的情况下进行？1772 年，自由贸易商们陈述了赞同的理由，1776 年，亚当·斯密则撰文反对垄断。然而抽身而出已经不是容易之事：第一，中国贸易的部分基础建立在对印度的统治之上；第二，对手法国会非常乐意占有英国在印度腾出来的位置。然而各项改革未能达到预期目的。最后的结果不仅仅是对黑斯廷斯提出的弹劾，而且尤为重要的是 1784 年新首相小威廉·皮特（William Pitt junior）的《印度法案》（India Act），英国按照该法案统治印度直至 1858 年。它澄清了管辖权问题并紧缩了机构。除了选举董事，股东大会被剥夺了其他所有权力。董事保留职务委任权和贸易监督权，但王室可以撤掉担任最高职务者。在“英国在印度的属地（British possessions in India）”（此时的称谓）的政治事务和军事事务上，他们须服从王室参事会的六个印度事务专员的监督和指示，其中参事会中有一个国务秘书和财政大臣。主持这个“管理委员会（Board of Control）”的国务秘书事实上成为印度事务大臣。在印度，大总督的地位相对于他的理事会以及其他两个总督得到了加强。

正因如此，美国独立战争中约克镇战役的战败者、大总督查尔斯·康沃利斯侯爵（Charles Marquis Cornwallis，1786~1793 年在任）得以利用一些他额外拥有的全权，解决了黑斯廷斯还未解决的管理、征税和司法方面的问题。一番清理之后，商业人员和管理人员最终被明确分开。公司归属 1774 年已经成立的加尔各答“贸易委员会（Board of Trade）”管辖，其地方商贸代理人可以继续从事私人贸易，但不再承担任何官方任务。官员从此领取适当的薪金，但不得从事商业活动。印度早已有“文职人员（Civil Service）”的概念和事物，本土则是后来才出现对应之物。1805 年至 1875 年，黑利伯里（Haileybury）的一所专门学院负责培训这种“印度文职人员”。随后文职人员的大门向所有申请者敞开，而此前董事们用人范围狭小，因而会形成一个个名副其实的“朝代”。

另外，行政和司法也被分开。在重新确定的区划里各有 277
一个归加尔各答“税收委员会（Board of Revenue）”管辖的“税务员（Collector）”和一个作为民事法官和警务总管的“区法官（District Judge）”，国家最重要的四个城市里还设有刑事法院。此外，依据1784年的法律委托，国家基层的收税活动以及与之关联的基层政治社会组织活动通过1793年的“长久性定居点（Permanent Settlement）”进行，或许这是所有决定中最具影响力的一项。

前英国时代的“地主土地管辖制（Zamindari-System）”不仅仅在孟加拉流传下来，按照这一体制，世袭的收税人收取土地收成的份额并行使警察权力。按照习惯法，只要缴纳了自己的赋税、履行了自己的义务，占有土地的农民是不能被驱赶的。地主土地管辖制可以是王公贵族层面的，可以是商人层面的，也可以仅仅是村级的。菲利普·弗朗西斯让人确信这个更为灵活的农业体制，这个涵盖了大地产主和佃户，同时也是统治制度的体系所具有的优越性，让人确信威廉·琼斯主张的私有财产制度的“万能救世属性”，因而英国人要使地主成为世袭地产主，要使农民成为佃户，并希望随后在印度形成一种英国式的农村贵族。

实际上，这种强制性移入文化试验产生了其他一些后果。尽管在既没有土地登记簿，又不详细了解地方情况的条件下造成了极大的不公平，但一次性确定的赋税后来还是顺利地征收上来了，农村的局势也缓和了下来。因为这种新型大地产主从此可以通过提高产量赚钱，所以外乡投机者争相而来，直至今天，印度还在忍受这带来的后果。另外，在城市中生活的地产主作为这一新型关系的受益者构成了孟加拉英化城市市民的基础，即“薄陀罗卢迦（Bhadralok）”。当孟加拉的这一管理体制向马德拉斯和孟买推广时，那里无论如何也不可能实行“地主土地管辖制”。托马斯·蒙罗（Thomas Munro）实行的“莱特瓦尔制（Ryotwari-System）”[①]在马德拉斯坚持了下来，它采用的方式是向单个确定的农民课税。

1784年的《印度法案》禁止在印度实行任何占领政策和扩张政策，因为这种政策违背“国家的意志、荣誉和政治准则”。但是在遵循这种政治准则的情况下，尤其是在董事们出于利益考虑本就反对这样做的情况下，英国到1818年时已占
278 领了印度次大陆的大部分地方，这又如何解释呢？可以用来为此进行辩解的是一项附加条款，即准予对当地王侯进行防御战争以及履行保护义务。英帝国的扩张即使在这里也主要是通过推进式防御来完成的，其背后自然可能隐藏着种种其他兴趣。1789年至1792年，康沃利斯与铁普苏丹之间进行了因双方互不信任而无法避免的第三次迈索尔战争，康沃利斯吞并了铁普苏丹的一部分领地，其中包括南马拉巴尔海岸。然而1795年海得拉巴的尼扎姆被马拉特人打败时，公司却又坚持道德标准，拒绝向他提供帮助。

理查德·莫宁顿勋爵（Richard Lord Mornington），即后来的韦尔斯利侯爵（Marquis Wellesley，1798~1805年），是在拿破仑战争中出名的威灵顿公爵（Herzog von Wellington）的兄长，他于1798年至1805年任大总督时情况发生了变化。一种观念在英国流传开来，即政治控制是扩大贸易的前提条件。不仅孟买省政府在个人利益的影响下奉行着一条极其明显的扩张政策，就连公司领导层内也有实施推进战略的支持者和

---

① 英国殖民当局在印度实行的一种田赋制度，主要推行地为马德拉斯和孟买。

与孟买有商业关系的支持者。另外，人们也有理由担忧经历了革命的法国的占领欲望，1793 年至 1814 年，它与英国几乎始终处在交战状态。在各印度王侯军队中服役，并非常成功地使其军队部分实现现代化的欧洲冒险者中就有不少法国人。铁普苏丹不仅在与奥斯曼帝国联系时将自己描述为伊斯兰的先锋，而且也与法国建立了联系。1798 年，波拿巴进行了他的埃及远征。这位“新时代的亚历山大”会走陆路经叙利亚，或者走海路经毛里求斯进军印度吗？1800 年和 1807 年，拿破仑为印度行动与俄罗斯帝国建立了联系。在这种情况下，主管国务秘书亨利·邓达斯（Henry Dundas）准许在印度通过预防性扩张来进行推进式防御。这也符合此间在当地领导层中定调子的军官们的雄心。

莫宁顿勋爵这位新任大总督通过他偏爱的扩张工具——“军事援助协定（subsidiary treaty）”——将尼扎姆与自己紧紧拴在一起。情势促使这位王公请求英国人提供保护并派出一支将由他自己提供给养的护卫部队，这确保了他的生存（尼扎姆王朝统治在海得拉巴一直延续到 1949 年），也保证了英国人扩展其影响力的可能性。1798/1799 年，铁普苏丹被解决，这个具有公众效应的胜利使莫宁顿升为韦尔斯利侯爵。整个南部此时或被吞并，尤其是海岸地区，或完全处于附庸地位。奥德也是如此，1801 年其版图大为缩小，此后被英国领地三面 279
围住。最后，韦尔斯利打算制服最后残留的印度势力——马拉特人，显而易见他们内部并不统一。1802 年，韦尔斯利与佩什瓦签订了一个保护条约，在 1803 年至 1805 年的第二次马拉特战争中攻占了包括德里在内的北印度平原，差一点就到了旁遮普边界。莫卧儿皇帝从受马拉特人保护重又变为受公司保护。

后来的失败导致韦尔斯利被解职。在随后的年月里，支持实施克制政策的人在公司重新占据上风。不过，尤其是在吉尔伯特·埃利奥特·明托勋爵（Gilbert Elliot Lord Minto）担任总督期间，这并不意味着消极被动。通过与波斯的结盟谈判，以及1809年与印度河下游信德人（Sind）和旁遮普锡克人签订的条约，西北边境有了安全保障，它们针对的是锡克人地盘上的法国人和不安宁的邻国，此时也已经开始针对俄国。更为重要的是，这确保了前往印度的航路，尤其是因为尼德兰——自1795年起作为巴达维亚共和国，自1806年起作为荷兰王国——已经成为法国的附庸国，最终于1810年被并入拿破仑帝国。尼德兰联合东印度公司的领地已由国家接管，但逃往英国的原尼德兰总督1795年被策动指令荷属殖民地暂时接受英国的保护。依据这一法律基础，开普敦、锡兰、马六甲和马鲁古群岛被英国占领，而爪哇则依然属于尼德兰，据说是因为英国怯于行政费用。

尼德兰总督赫尔曼·威廉·达恩德尔斯元帅（Herman Willem Daendels，1808~1811年在任）的任务是使爪哇现代化，不过首要任务是抵御英国人。因此，德克·范·霍根多普（Dirk van Hogendorp）1802年的自由主义计划没有被实施，该计划准备在爪哇实行土地私有，以赋税替代强制交纳货物，废除劳役，放开贸易，发给官员足够的薪金。反而是依照法国模式建立的国家行政机构取代了公司的行政机构，每个行政长官衙署都设有一个自己的法庭。另外，他们清除了万丹和井里汶王侯的独立残余，并主要通过修建道路和构筑工事作好防御准备。然而他们徒劳了一场，就在法国即将接手时，吉尔伯特·埃利奥特·明托勋爵于1811年转瞬间攻占了爪哇，并且任命托马斯·斯坦福·莱佛士（Thomas Stamford Raffles）为总督代理（1811~1816年在位）。莱佛士自1807年起在马来亚任职。长期以来，英国人在那里与尼德兰人抗衡，并于

1786年在槟城（Penang）建立了一个据点。莱佛士为1811年 280
的远征作好了准备。他在爪哇的功绩是废除了所有的货物交纳和劳役，并以交纳钱款取而代之——但这只是理论上的，因为实际上臣民的负担并未减轻，而是常常不得不同时尽新老两种义务。

1814年至1816年拿破仑败落，之后领土易手的结果并非不利于获胜者英国。新的尼德兰政权[①]重新得到了在马来亚和印度尼西亚的领地，这一点虽然有违莱佛士的观念，但1819年他从班库伦出发，在马来半岛南端创建了控制着海洋的英国据点新加坡，最后尼德兰在1824年的条约中承认了这一据点。开普敦和锡兰（斯里兰卡）依然属于英国。在1810年攻占的法国岛屿中，波旁岛重新归属法国，因而确是“Réunion”（归并）[②]；而被尼德兰人称为“毛里求斯”的法兰西岛则最终归属英国。凡是归还给其他列强的印度次大陆的领地，除了葡萄牙的，涉及的都是没有政治危险性的商行。

英国大总督弗朗西斯·罗顿·莫伊拉伯爵（Francis Rawdon Earl of Moira，1813~1823年在任，战胜尼泊尔后被封为黑斯廷斯侯爵）是王室的宠儿，他本来不是扩张主义者，但在印度感受到自己肩负着完成韦尔斯利的未竟事业的迫切使命，其间表现了种种出乎意料的能力。1814年至1816年，从加德满都河谷进军平原的廓尔喀人（Gurkhas）被击败并被限制在尼泊尔，该国家得到了一个总督，但此外没有欧洲人可以进入。在此基础上，廓尔喀人始终与英国人保持着良好的关系，直至20世纪他们一直作为雇佣兵证实着自己的能力。

① 即尼德兰联合王国（Verenigd Koninkrijk der Nederlanden）。——编者注

② 1642年，法国控制该岛，命名为“波旁岛”；法国大革命期间更名为“留尼汪岛（La Réunion）”，意为“会议、联合”；1806年称作“波拿巴岛”；1810年英国占领该岛时恢复了“波旁岛”的旧称；复辟的波旁王朝倒台后，1848年起又称作“留尼汪岛”。——编者注

此时，黑斯廷斯可以以一次在战略和政治方面精心计划的行动解决马拉特人及其前援军宾德人（Pindaris）的问题了。后者从其统帅那里学到了利用飞驰的骑兵部队进行劫掠战的屡试不爽的战术。1817/1817 年，英军部队逾十万兵士相互配合，从各个方向进入中印度西部。其实英军之所以获胜不是因为占据军事优势，而是因为马拉特人内部显而易见并不团结，他们当时的指挥官没有军事才能，而且他们的联盟早已瓦解。孟买腹地，特别是佩什瓦统治地区的大部分被吞并，孟买管辖区（Bombay Presidency，或称孟买省）最终也成为内陆强国。国土从这里与孟加拉连在了一起，否则黑斯廷斯只好满足于通过间接控制实现的保障。无论如何，1818 年是印度历史划时代的
281 一年，因为此时英国在印度的统治最终变成了英国对印度的统治。几乎向各个方向都能直抵自然疆界：大海，东面的阿萨姆丘陵，北面的喜马拉雅山前缘山地，西面的塔尔沙漠（Wüste Thar）。只有西北旁遮普边缘地带的边界没有自然险阻，不过与那里的锡克邦国的关系是依照条约来处理的，一直保持着稳定。值得注意的是，渡海而来的陌生的英国政权最终占领了西北并从孟加拉开始建立起自己的帝国，而从前的征服者们（最后是莫卧儿人）总是由陆路从西北入侵并在那里保留一个政治中心。

按照 1773 年的《调整法案》，每 20 年须更换一次东印度公司的特许状，1793 年，董事们将船舱提供给自由贸易使用并许诺每年向政府提供 50 万英镑，因此更换进行得很顺利。然而，到 1813 年有了激烈的争论，因为英国东印度公司由于新的战争不得不重新借贷，在此期间，每年净亏空达 54.6 万英镑，总负债额达 3900 万英镑。因此人们不仅要求由王室接管印度，而且还要求开放印度贸易和中国贸易。结果公司的中国贸易垄断权保持至 1833 年，印度贸易则予以开

放。公司的印度贸易量下降，1824 年完全停止。红利能够而且只能靠中国贸易支付，因为从印度得到的赋税收入必须用于那里的行政军事开支以及利息支付。这并非意味着钱留在了国内并有益于印度经济，但这方面的可能性确实大于 1757 年和 1766 年之后那数十年，那时，公司及其职员在争先恐后地掠夺孟加拉。虽然可以明确这种情况下殖民剥削的事实和形式，但要负责任地说明殖民剥削对印度和英国的影响程度和后果却非常困难，尽管这并非完全不可能。

关于 1757 年至 1766 年掠夺孟加拉的“黄金时代”，布利尹·吉舍尔·古普塔（Brijen Kishore Gupta）计算出的损失情况如下。

单位：英镑

出超	5084545
私人贸易盈利汇款	2500000
未如期输入的欧洲贵金属	9500000
损失总计	17084545

他估算的汇款在涉及欧洲贸易公司的汇票数额中占 25%，关于 1757 年之前贵金属的输入量，他依据的是英国总督对所有欧洲公司的估算。总而言之，这不是非常精确的数据基础。他将 1758 年孟加拉的年收入 2818251 英镑笼统地乘以 10 后与这一数据进行对比，得出的结论是孟加拉失去了其收入的 60% 至 66%（Gupta 1962，126-131）。

按照印度古典经济学与国家经济史学家罗梅什·杜特
（Romesh Dutt）的观点，从印度向英国的“财富流失（drain 283
of wealth）”是整个英国统治时期的特征。关于孟加拉最初数十年，他依据英国的原始资料给出了各类数字：1765 年至

1771 年收入为 20133579 英镑，其中用于征收赋税的费用以及给皇帝和纳瓦布的酬金为 7066818 英镑，用于行政、军事、建筑等的费用为 9027609 英镑。不过剩余的 4039152 英镑仅是流往英国的国家收入的一小部分，因为 1766 年至 1768 年孟加拉的输入仅为 624375 英镑，而输出为 6311250 英镑，是输入的 10 倍还多。1771 年至 1777 年，公司在孟加拉的官方收入为 24709178 英镑，支出为 21955342 英镑，就是说盈余已经下降。正如我们在前面看到的，随着 1778 年战争开始，收支甚至变成了赤字。这一情况已经成为趋势（Dutt 1906，46 f.，69，291 f.）。

1763 年至 1769 年有 135.5 万英镑的白银因采购而流往中国，单年总值估计最高达到 24 万英镑。1768 年，公司已经吸引私家商人的盈余为中国贸易筹措资金，用他们的钱购买中国所需货物，设在广州的商行给他们开具在伦敦公司兑换的汇票，公司为此被授权支付总数达 20 万英镑。据称，1770 年代前期每年还有 20 万英镑从孟加拉流往中国，其中的 10 万英镑由公司支付。不过到 1780 年代，这一流向停止了，甚至颠倒过来（Dermigny Bd. 2，813–816）。

依据详细的调查，彼得·马歇尔估算 1757 年至 1784 年汇往英国的私商盈余（也通过其他欧洲国家的东印度公司进行）共计 1500 万英镑（Marshall 1976，256）。霍尔顿·弗伯（Holden Furber）估算 1783/1784 年至 1792/1793 年的流失时不仅依据孟加拉的数字，而且依据整个印度的数字。按照购买价计算得出英国通过公司进口货物价值为 10284479 英镑，通过私商为整整 2362000 英镑，共计 12646541 英镑。与此相对的向印度出口价值为 6268647 英镑，因而流失了 6377894 英镑。此外，还有使用汇票等进行汇款产生的整整 675 万英镑的流失，汇款虽然是通过所有公司进行的，但主要有益于英国人。私商采购中国所需货物产生的间接流失估算为250万英镑。据此，弗伯估算的流失数额在1500万~1800万英镑之间，也就是每年150万~180万英镑。不过这里涉及的是货物和汇款，没有提到贵金属向英国大量流失的情况（Furber 1948， 284
304-310）。最后是纳兰德拉·克里希纳·辛哈（Narenda Krishna Sinha），他估算仅1786年就从孟加拉流失了180万英镑：其中，100万英镑用于购买英国东印度公司的出口货物，20万英镑用于中国贸易，60万英镑用于私商和其他公司。若算上其他管辖区，流失数额则升至200万英镑（Sinha 1，1961，236）。

然而若是仅仅从流失的角度看孟加拉与英国的经济关系恐怕就不对了。孟加拉与印度其他地区的交流关系至今几乎还不为人所知，我们大概应当予以重视，以英国人重构孟加拉经济和社会为起点的再分配效应亦然。当然，在印度人中，善于利用这种新推力的也大有人在。英国人不仅使举足轻重的印度贾加特赛特银行（Hindubankhaus der Jagat Seths）破了产，而且也为新商人群体的崛起作出了贡献。因为不单单是英国人在积累资本。殖民地经济唯有在与当地群体协作的情况下才会正常运行，一般来说这不会损害他们的经济利益。流失论（Drain-Theorie）采用的是单方面的货币观察方式和全商业观察方式，用它来解释上述情况是行不通的。

甚至从货币角度看，流失对英国经济的意义也低于人们的主观预期。按照最乐观的估计，1760年英国的资本量为1.3亿英镑，1770年的国民收入为1.4亿英镑，每年的资本形成为940万英镑。这么看，从印度汇出的私商盈余的50万英镑只占国民收入的0.36%，弗伯估算1783年至1793年英国从印度获得的盈余共计17828071英镑，这一数字在国民收入中所占比例还不到1.3%。从亚洲贸易中获得的利润极小，不可能成为英国经济增长加速和1750年后工业化的决定性原因。另外，这些利润被用于偿还国家债务，被用于获取土地，仅在极个别情况下被用在了工业化发展上。在印度碰运气的英国人的价值观依旧是传统的价值观。与罗伯特·克莱武一样，他们想过乡村贵族的生活，想以此跻身社会和政治的权威等级。

尽管主导动机未变，但在印度可以看到英国人的社会发生了巨大变化，特别是他们与当地人及其文化的关系发生了巨大变化。据称，1756年，整个孟加拉有671名欧洲男性，其中500名是士兵，只有80名欧洲女性。1785年黑斯廷斯离
285 开印度时，大概有2000名欧洲平民，其中1000名在加尔各答，另外还有5000名欧洲士兵，但只有200~300名欧洲女性。这里依旧是在亚洲的欧洲殖民地常见的男性社会，在性别结构和社会阶层上有其明显的特征。其特征还包括一种种族文化优越感，印度人被称作“黑人（Blacks）”甚至“黑鬼（Niggers）”，不过从实际情况看来，承认当地人的平等地位以及认可与印度女性或印葡混血女性的关系显然没有受到其阻碍。据称，1822年加尔各答有1万名混血儿，却只有2500个欧洲人。与葡萄牙人和尼德兰人一样，英国人也认为混血儿处在社会从属地位。然而在18世纪，在受过良好教育的英国人那里，我们可以看到其对印度文化的尊重以及与穆斯林上层无拘无束的社会交往，因为穆斯林与印度教教徒不同，他们不会因种姓制而影响交流。最为著名的例子就是沃伦·黑斯廷斯。

然而，他的继任者康沃利斯任总督（1786~1793年在任）时开始发生巨大的变化。这位行政体制改革者认为印度的一切都已腐败，因此不允许印度人担任较高级别的新公职人员。时间越长，保持社会距离以及在各个方面宣示英国人的优越性就越是显得顺理成章，也就是说，这种局面的形成并不仅仅是因为英国人获得权势地位。这一变化在抽烟习惯

上表现得非常典型：大多数英国人放弃了已经习惯的印度水烟，改抽欧洲烟斗或雪茄。首先是较大城市里的英国人数量渐渐足以组成一个封闭型的自我满足的社区（community），特别是在更多的女性来到印度以及有了更多的全英血统家庭之后。董事的人事任免权自然导致了一个由相互交织的家族构成的封闭型社会的产生。由于与董事爱德华·惠勒（Edward Wheler）成为姻亲，1773 年，奇彻利·普劳登家族（Familie Chicheley Plowden）可以派一个家族成员前往印度，之后该家族 68 名男性成员中有 39 名在公司效力，48 名女性成员中有 16 名嫁给了公司成员。著名小说家威廉·梅克比斯·萨克雷（William Makepeace Thackeray）的家族情况与此相似。

不过，随着女性到来的不仅仅是具有封闭性的家庭生活，她们所处的中产阶层环境的典型偏见也因其到来而传播开去，其中最主要的是心胸狭窄的基督教偏见。以威廉·威尔伯福斯（William Wilberforce）为首的所谓“克拉朋联盟（Clapham Sect）”让“福音复兴（Evangelical Revival）”觉醒运动产生 286
了巨大的影响。查尔斯·格兰特（Charles Grant）以及 1793 年至 1798 年任大总督的廷茅斯勋爵约翰·肖尔（John Shore, Lord Teignmouth）都是该联盟成员，格兰特还是 1794 年至 1823 年公司权威人士之一康沃利斯圈子里的人。1807 年，明托勋爵还能激烈批评以丹麦据点为依托进行活动的传教士，因为他们对异见的不宽容具有很强的攻击性；而 1813 年更换公司特许状时，传教已在英属印度获得准许。对威尔伯福斯来说，这比他备受赞扬的为废除黑奴交易而进行的战斗更为重要，不过他认为印度教教徒是“堕落和残忍的怪物（Monster an Verkommenheit und Grausamkeit）”，认为他们的宗教是“唯一的滔天暴行（einen einzigen ungeheueren Gräuel）”。对查尔斯·格兰特来说，基督教义务和对利润的兴趣一样，都是用宗教真理教会印度人接受一种更好的社会形式和经济形式。19 世纪的欧洲主义已经在它的基督教变体中发出了声音，几年后则是以英国功利主义者的面目出现了世俗变体。将近 1850 年，英国人鄙视印度的一切已经成为常态。出于种族中心主义鄙视他人虽然属于人类群体社会文化的一般特性，但在这里涉及的东西更多，包括它的后果，以及随着普遍的心理作用而同时出现的欧洲对亚洲实施新统治的合法化。

然而我们应该说，有计划的英帝国主义此时才刚刚开始。经济动机并非占领印度的直接动机，它最多算是间接的。因为英国东印度公司的董事们虽然反对占领，却分别于 1747 年、1753 年和 1756 年请求政府保护自己在印度的利益。然而主导政府的是与法国长期冲突中地理战略方面的考虑，不过政府也认为印度的经济潜力不能放弃，但并不是作为对失去美洲的补偿，毕竟美国独立后，英国与新世界的贸易比之前更加繁荣。以往的研究认为，后来的印度帝国有计划地取代了先前的美洲帝国，这一观点已经过时。确切地说，“新征服者”，即“身处现场的人（men on the spot）”必需的活动空间是因在印度的政治利益和间接经济利益而产生的。不过，这中间不存在一个统一的帝国计划，确切地说，是政治实用主义在发挥作用，它带来了一系列偶然性结果。对许多同时代人来说，印度的发展进程和美洲的发展进程是并行的，它们产生的仅仅是偶然性结果，彼此间没有关联。不过，18 世纪中叶以来，也有一些
287 政治家已经从英国在世界范围内的表现中发现了一个世界海洋帝国。出于务实的原因，尤其是出于财政方面的原因，七年战争结束后，人们在美洲和印度尝试加强政府的控制，在此过程中，这个帝国改变了自己的特性。如果说此前它是“新教的、商业的、海洋的和自由的”（Peter Marshall），那么现在对异文化臣民的领土统治则变得更为重要，臣民已不是新教的自由

英国公民。1780年至1830年，这方面涉及的是另一个帝国，是第二个帝国，其托利党思想后来被自由贸易帝国的自由主义思想取代（Christopher Bayly）。

可是对于一些英国臣民来说，这个仍然显得很虚幻的世界帝国已经完全变成了传记中的现实。伊利胡·耶鲁（Elihu Yale）于1671年来到印度，以并非完全无可非议的方法通过私人贸易积累了一笔价值500万美元的财富。1701年，他被说服加入了为美洲殖民地康涅狄格（Connecticut）的纽黑文（New Haven）的一所学校设立的基金会。耶鲁大学基金会的资金如今已经增加到196亿美元。18世纪苏格兰的约翰斯顿家族（Familie Johnstone）中有七兄弟和六姊妹在世界范围内活动，并且在下议院中占有席位。一个兄弟在英国发了财，遭克莱武憎恨，而他本人也厌恶黑斯廷斯，另一个兄弟死在了那里。一个兄弟是英属西佛罗里达总督，另一个在加勒比海的格林纳达（Grenada）买了一个使用奴隶经营的种植园。该家族的一个孟加拉女奴被卖往弗吉尼亚（Virginia）。这种故事里讲述的大概只是世界日常故事的冰山一角。然而，有其他人在这方面走在了英国人的前面，单就一个帝国的组织而言，西班牙人甚至已经领先了300年。

原始资料与参考文献

尼德兰在爪哇的统治

Colenbrander, H. T., Koloniale Geschiedenis, Bd. 2–3, Den Haag 1925–26 | Day, C., The Dutch in Java, London 1904, Ndr. 1966 | De Haan, F., Priangan. De Preanger-Regentschappen onder het Nederlandsch Bestuur tot 1811, 4 Bde., Batavia 1910–12 | De Klein, J. W., Het Preangerstelsel,1677–1871, en zijn nawerking, Delft 1931 | De Klerck, E. S., History of the Netherlands East India, 2 Bde., Rotterdam 1938, Ndr. 1975 | Parry, J. H., Europäische Kolonialreiche. Welthandel und Weltherrschaft im 18. Jahrhundert, München 1972 | Ricklefs, M. C., War, Culture and Economy in Java, 1677–1726: Asian and European Imperialism in the Early Kartasura Period, Sydney 1993 | Soebadio, H./Marchie Sarvaas, C. A. du (Hg.), Dynamics of Indonesian History, Amsterdam 1978 | Tate, D. J. M., The Making of Modern South-East Asia, 2 Bde., 2. Aufl., Kuala Lumpur 1977–79 | Van Goor, J., De Nederlands Koloniën. Geschiedenis van den Nederlandse Expansie, 1600–1975, Den Haag 1993 | Van Klaveren, J., The Dutch Colonial System in the East Indies, Den Haag 1953.

英国在印度和印度尼西亚的统治

Barnett, R. B., North India between Empires: Awadh, the Mughals, and the British, 1720–1801, Berkeley 1980 | Bayly, C. A., Rulers, Townsmen and Bazaars: North Indian Society in the Age of British Expansion, 1770–1870, Cambridge 1983 | –, Indian Society and the Making of the British Empire (NCHI II, 1), Cambridge 1988 | –, Imperial Meridian: The British Empire and the World, 1780–1830, London 1989 | Bence-Jones, M., Clive of India, London 1974 | Benyon, J., Overlords of Empire: British *Proconsular Imperialism* in Comparative Perspective, in: JICH 19 (1991) 164–202 | Bhaduri, A., The Evolution of Land Relations in Eastern India under British Rule, in: IESHR 13 (1976) 45–58 | Bhattacharya-Panda, N., Appropriation and Invention of Tradition: The East India Company and Hindu Law in Early Colonial Bengal, Delhi 2008 | Blunt, E., The Indian Civil Service, London 1937 | Bowen, H. V., Lord Clive and Speculation in East India Company Stock, 1766, in: HJ 30 (1987) 905–20 | –, A Question of Sovereignty? The Bengal Land Revenue Issue, 1765–67, in: JICH 16 (1988) 155–76 | –, Revenue and Reform: The Indian Problem in British Politics, 1757–1773, Cambridge 1991 | –, Elites, Enterprise, and the Making of the British Overseas Empire, 1688–1775, Basingstoke 1996 | –, British Conceptions of Global Empire, 1756–83, in: JICH 26, 3 (1998) 1–27 | –, The Business of Empire: The East India Company and Imperial Britain, 1756–1833, Cambridge 2006 | Bryant, G., Officers of the East India Company's Army in the Days of Clive and Hastings, in: JICH 6 (1977/78) 203–27 | [Burke] Langford, P./Marshall, P./Todd, W. B. (Hg.), The Writings and Speeches of Edmund Burke, Bd. 5–6, Oxford 1981–1991 | Chatterjee, P., The Black Hole of Empire: History of a Global Practice of Power, Princeton 2012 | Chaudhuri, N. C., Clive of India, London 1975 | Cohn, B., Recruitment and Training of British Civil Servants in India, 1600–1860, in: Braibanti, R. (Hg.), Asian Bureaucratic Systems Emergent from the British Imperial Tradition, Durham, NC 1966, 87–140 | Colley, L., Captives: Britain, Empire and the World, 1600–1850,

New York 2002 | Cooper, R. G. S., The Anglo-Maratha Campaigns and the Contest for India: The Struggle for Control of the South Asian Military Economy, Cambridge 2003 | Coupland, R., Raffles of Singapore, London 1946 | Datta, K. K. u. a. (Hg.), Fort William – India House Correspondence and Other Contemporary Papers Relating Thereto, 21 Bde., Delhi 1949–82 | Davies, A. M., Warren Hastings, Maker of British India, London 1935 | –, Clive of Plassey, New York 1939 | Dermigny, L., La Chine et l'Occident. Le commerce à Canton au XVIIIe siècle 1719–1833, 4 Bde., Paris 1964 | Dirks, N. B., Scandal of Empire: India and the Creation of Imperial Britain, Cambridge, MA 2006 | Dodwell, H., Dupleix and Clive, London 1920, Ndr. 1967 | Dutt, R., The Economic History of India, B. 1, 2. Aufl., London 1906, Ndr. 1969 | Dyson, K. K., A Various Universe: A Study of the Journals and Memoirs of British Men and Women in the Indian Subcontinent, 1756–1856, Oxford 1978 | Edwardes, M., British India, 1772–1947: A Survey of the Nature and Effects of Alien Rule, London 1967 | –, Plassey: The Founding of an Empire, London 1969 | Embree, A. T., Charles Grant and British Rule in India, New York 1962 | –/Wilhelm, F., Indien. Geschichte des Subkontinents von der Induskultur bis zum Beginn der englischen Herrschaft (Fischer WG 17), Frankfurt 1967 | Feiling, K., Warren Hastings, London 1954 | Fieldhouse, D. K., Economics and Empire 1830–1914, London 1973, Ndr. 1976 | Fischer, W., Wie Europa reich wurde und die dritte Welt arm blieb, in: Geschichte in Wissenschaft und Unterricht 32 (1981) 37–46 | Fisher, M. H., A Clash of Cultures: Awadh, the British, and the Mughals, Riverdale 1987 | Förster, S., Handelsmonopol und Territorialherrschaft. Die Krise der East India Company, 1784–1813, Bamberg 1991 | –, Die mächtigen Diener der East India Company. Ursachen und Hintergründe der britischen Expansionspolitik in Südasien, 1793–1819, Stuttgart 1992 | Franklin, M. J., Sir William Jones, Cardiff 1995 | Furber, H. (Hg.), The Private Record of an Indian Governor-Generalship: The Correspondence of Sir John Shore, Governor-General, with Henry Dundas, President of the Board of Control, 1793–1798, Cambridge, MA 1933 | –, John Company at Work, Cambridge, MA 1948, Ndr. 1970 | Ghosh, S. C., The Social Condition of the British Community in Bengal, 1757–1800, Leiden 1970 | Gordon, S., The Marathas 1600–1818 (NCHI 2, 4), Cambridge 1993 | –, The Limited Adoption of European-style Military Forces by Eighteenth-Century Rulers in India, in: IESHR 35 (1998) 229–45 | Gupta, B. K., Sirajuddaullah and the East India Company, 1756–1757, Leiden 1962 | Habib, I. (Hg.), State and Diplomacy under Tipu Sultan: Documents and Essays, Delhi 2001 | Hanotaux, G./Martineau, A. (Hg.), Histoire des colonies françaises et de l'expansion de la France dans le monde, 6 Bde., Paris 1929–33 | Harlow, B./Carter, M., Imperialism and Orientalism: A Documentary Sourcebook, Oxford 1999 | –/–, Archives of Empire, 2 Bde., Durham u. a. 2002 | Hinüber, O. v., Indiens Weg in die Moderne. Geschichte und Kultur im 20. Jahrhundert, Aachen 2005 | Hossain, H., The Alienation of Weavers, in: IESHR 16 (1979) 323–45 | House of Commons: Sessional Papers of the Eighteenth Century, Bd. 26, 40, 74, 84, 85, 91, 106, 126, Wilmington 1975 [betr. East India Company] | Huttenback, R. A., British Relations with Sind 1799–1843, Berkeley 1962 | Ingram, E., The Rules of the Game: A Commentary on the Defence of British India, 1798–1829, in: JICH 3 (1974/75) 258 f. | [Jones] Cannon, G. (Hg.), The Collected Works of Sir William Jones, 13 Bde., London 1807, Ndr. 1993 | Khan, A. M., The Transition in Bengal, 1756–1776: A Study of Saiyid Muhammad Reza Khan, Cambridge 1969 | Kincaid, D., British Social Life in India, 1608–1937, London 1938, Ndr. 1973 | Kling, B. B./Pearson, M. N. (Hg.), The Age of Partnership: Europeans in Asia bevor Dominion, Honolulu 1979 | Kortüm, H.-H., Transcultural Wars from the Middle Ages to the 21st Century, Berlin 2006 | Lawford, J. P., Britain's Army in India, London 1978 | Lawson, P., The East India Company, London 1993 | Lenman, B./Lawson P., Robert Clive, the *Black Jagir*, and British Politics, in: HJ 26 (1983) 801–29 | Lock, F. P., Edmund Burke, Bd. II: 1784–1797, Oxford 2006 | Lütt, J., Das moderne Indien 1498–2004 (Oldenbourg Grundriss der Geschichte), München 2012 | Madden, A. F. u. a. (Hg.), Selected Documents on the Constitutional History of the British Empire and Commonwealth, 8 Bde., London 1985–2000; Bd. 3, 1987 | Mann, M., Bengalen im Umbruch. Die Herausbildung des britischen Kolonialstaates 1754–1793, Stuttgart 2000 | Marshall, P. J., The Impeachment of Warren Hastings, London 1965 | –, Problems of Empire: Britain and India, 1757–1813, London 1968 | –, East Indian Fortunes: The British in Bengal in the Eighteenth Century, London 1976 | –, Bengal, the British Bridgehead: Eastern India 1740–1828 (NCHI II, 2), Cambridge 1988 | – u. a., India and Indonesia during the Ancien Regime (Comparative History of India and Indonesia 3), Leiden 1989 | –, The Making of an Imperial Icon: The Case of Warren Hastings, in: JICH 27, 3 (1999) 1–16 | – (Hg.), The Eighteenth Century in Indian History: Evolution or Revolution? New York/Oxford 2003 | –, The Making and Unmaking of Empires: Britain, India, and America c. 1750–1783, Oxford 2005 | Martineau, A., Dupleix et l'Inde française, 1749–1754, 4 Bde., Paris 1920–28 | –, Dupleix, sa vie et son œuvre, Paris 1931 | –, Bussy et l'Inde française, Paris 1935 | McFarlane, I., The Black Hole or the Making of a Legend, London 1975 | Misra, B., The Central Administration of the East India Company, 1773–1834, Manchester 1959 | Moon, P., Warren Hastings and British India, New York 1949 | Moosvi, S., The Zamindars' Share in the Peasant Surplus in the Mughal Empire: Evidence of the Ain-i-Akbari Statistics, in: IESHR 15 (1978) 359–74 | Muir, R. (Hg.), The Making of British India, 1756–1858, Manchester u. a. 1915 | Nayeem, M. A., The Working of the Chauth and Sardeshmukhi System in the Mughal Provincs of the Deccan, 1707–1803, in: IESHR 14 (1977) 153–206 | Ness, G. D./Stahl, W., Western Imperialist Armies in Asia, in: CSSH 19 (1977) 2–29 | Nightingale, P., Trade and Empire in Western India, 1784–1806, Cambridge 1970 | Noti, S., Das Fürstentum Sardhana. Geschichte eines deutschen Abenteurers und einer indischen Herrscherin, Freiburg 1906 | O'Brien, P., European Economic Development: The Contribution of the Periphery, in: EcHR 35 (1982) 1–18 | [OHBE] The Oxford History of the British Empire, 5 Bde., Oxford 1998–99 | Parry, J. H. 1972 | Pemble, J., Resources and Techniques in the Second Maratha War, in: HJ 19 (1976) 375–404 | Philips, C. H. (Hg.), Correspondence of David Scott, Director and Chairman of the East India Company, 2 Bde., London 1951 | –, The East India Company, 1784–1834, Manchester 1940, Ndr. 1961 | [Pillai] Price, J. F./Rangachari, K. (Hg.), The Private Diary of Ananda Ranga Pillai, 12 Bde., Madras 1904–08 | [Polier] Alam, M./Alavi, S. (Hg.), A European Experience of the Mughal Orient: The I'âz-i Arzalânî (Persian Letters, 1773–1779) of Antoine-Louis Henri Polier, Delhi 2001 | Ray, A., Dupleix's Private Trade in Chandarnagore, in: IHR 1 (1974) 279–94 | –, The Merchant and the State: The French in India, 1666–1739, 2 Bde., Delhi 2004 | Ray, R., The Bengal Zamindars: Local Magnates and the State before the Permanent Settlement, in: IESHR 12 (1975) 263–92 | Roberts, P. E., History of British India, 3. Aufl., London 1952 | –, India under Wellesley, London 1929, 2. Aufl., Gorukpur 1961 | Rothschild, E., The Inner Life of Empires: An Eighteenth-Century History, Princeton 2011 | Roy, K., The Hybrid Military Establishment of the East India Company in South Asia, 1750–1849, in: JGH 6 (2011) 195–218 | Saintoyant, J., La colonisation française pendant la Révolution, Paris 1930 | –, La colonisation française pendant la période napoléonienne, Paris 1931 | Sarkar, J., Fall of the Mughal Empire, 4 Bde., 2. Aufl., Calcutta 1949–52 | Schorowsky, M., Die Engländer in Indien 1600–1773, Bochum 1978 | Sen, S. P., The French in India: First Establishment and Struggle, Calcutta 1947 | Sil, N. P., An Anatomy of Colonial Penetration and Resistance in the Eighteenth Century: The Odyssey of Sáraj-ud-Daula and Tipu Sultan, in: JAsH 39 (2005) 44–91 | Sinha, N. K., The Economic History of Bengal from Plassey to the Permanent Settlement, 2 Bde., Calcutta 1961–62 | Spear, P., The Nabobs: A Study of the Social Life of the English in Eighteenth Century India (1932), Delhi 1998 | Spear, T. G. P., The Oxford History of Modern India, 1740–1975, 2. Aufl., Delhi 1978 | Stein, B., Thomas Munro: The Origins of the Colonial State and his Visions of Empire, Delhi 1989 | Stern, P. J., The Company State: Corporate Sovereignty and the Early Modern Foundations of the British Empire in India, Oxford 2011 | Stokes, E., The English Utilitarians and India, Oxford 1963 | Sur, N., The Bihar Famine of 1770, in: IESHR 13 (1976) 525–31 | Sutherland, L. S., The East India Company in Eighteenth-Century Politics, 2. Aufl., Oxford 1962 | Tarling, N., Anglo-Dutch Rivalry in the Malay World, 1780–1824, Cambridge 1962 | Thompson, E./Garratt, G. T., Rise and Fulfilment of British Rule in India, Allahabad 1962 | Travers, R., Ideology and British Expansion in Bengal, 1757–72, in: JICH 33 (2005) 7–27 | –, Ideology and Empire in Eighteenth-Century India: The British in Bengal, Cambridge 2007 | Tuck, P. (Hg.), The East India Company: 1600–1858, 6 Bde., London u. a. 1998 | Van der Veer, P., The Global History of *Modernity*, in: JESHO 41 (1998) 285–94 | Webster, A., The Political Economy of Trade Liberalization: The East India Company Charter Act of 1813, in: EcHR 43 (1990) 404–19 | –, The Twilight of the East India Company: The Evolution of the Anglo-Asian Commerce and Politics, 1790–1860, Woodbridge 2009 | Weitzmann, S., Warren Hastings and Philip Francis, Manchester 1929 | Wickremesekera, C., *Best Black Troops in the World*: British Perceptions and the Making of the Sepoy, 1746–1805, Delhi 2002 | Yapp, M. E., Strategies of British India: Britain, Iran, and Afghanistan, 1798–1850, Oxford 1980.

第六章

走向“西班牙的大西洋”

后来称作“大西洋”的海洋在很长时间里被视为“西班牙海”，这自有其道理，因为西班牙人最先通过自己在“新世界”的征服占领让大西洋成了一个新帝国的地中海，暂时唯有这个帝国配给海洋冠以这个名称。被他们征服的新世界的旧主人的先祖是最早的移民。在上个冰川时代期间和之后，他们经由今天的白令海峡（Bering-Straße）区域从亚洲进入了一个此前无人类居住的大陆，在时间上可以分为相隔久远的三个阶段，大约分别是在公元前60000年、公元前30000年和公元前12000年。根据DNA分析，所有“美洲原住民（Native Americans）”中的96.9%属于四个线粒体单倍群（mitochondriale Haplogruppe），其中三个单倍群是与西伯利亚住民共有的。尽管如此，欧洲人见到的依然是形形色色的遗传、语言和文化现象：蒙古人种和欧罗巴人种的特征，几百种语言和文化，它们囊括了狩猎者、采集者和具有高级组织形式的共同体之间的一切可能，在科学、艺术和政治方面取得了了不起的成就。不过，动物饲养在中美洲只涉及火鸡、卡斯罗犬和蜜蜂，在南美洲只有羊驼、豚鼠和鸭子。因此安第斯山区有季节性的牲畜迁移，但没有真正的游牧民。与此相反，食用植物的培育和种植达到了很高的水平，玉米、豆子和南瓜构成了北部的食物基础，而在南部，马铃薯和红薯更为重要。南美洲和北美洲都盛产棉花。

在这个双重大陆的南端和北端，在落基山区（Felsengebirge），在加利福尼亚和南美洲东部的一些地区生活着狩猎人和采集人。这个大陆剩下的大部分地区实行着一种混合型经济和多元的生活形式，它们将种植人工培育的植物与狩猎采集活动结合在一起。在南美洲的热带地区，木薯是最重要的作物。这一空间存在着比较复杂的文化区：北美洲东部的密西西比文明（Mississippikultur），北美洲西南部的普韦布洛文明（Pueblokultur）和哥伦比亚高原的奇布查文明
292 （Chibchakultur）。不过大概应该先说说今天墨西哥中部的各个民族：最早是东海岸平原的奥尔梅克人（Olmeken），后来有特奥蒂瓦坎（Teotihuacán）的住民和高原的托特肯人（Tolteken）。15 世纪以来，这一区域的各个民族大多处在阿兹特克人的控制之下，与另一个文明高度发达的民族——危地马拉和尤卡坦的玛雅人之间存在着联系。在西海岸以及今天的厄瓜多尔和北智利之间的南美高原，印加人起着决定性的作用，他们的基础是早前的文明，如莫切文明（Moche）、蒂瓦纳科文明（Tiahuanaco）和契姆文明（Chimú），在它们之前还有查文文明（Chavín）、帕拉卡斯文明（Paracas）和纳斯卡文明（Nasca）。

这个双重大陆的大多数住民大概就生活在这三个区域，尽管它们在经济上绝对不是特别有利的地区。特别是墨西哥高原，那里一再出现灾难性的粮食不足的情况，人们将其与阿兹特克宗教的英雄悲观主义联系在一起，颇有说服力。与此相对，印加帝国保持着一种乐观的世界观，据称那里虽然实行着严厉的统治，但因组织得好而没有人会挨饿。这个帝国绵延约 200 万平方公里，是唯一配称帝国的政治体，因为所谓的阿兹特克帝国只限于一种单纯的霸权统治，据说它统治着 450 个城邦，我们或许也可以称其为对中央统治者有利的掠夺体制（Plünderungssystem）。

墨西哥和契姆的水利工程，印加长达数千公里的帝国大道，大都建于金字塔上面的众多庙宇，以及各种文明的世俗建筑，都体现了一种高度发达的工艺，可以与之媲美的还有种种优异的智力成果和玛雅历法。然而，只有中美洲的各种文

明有文字，南美洲的各种文明没有文字。上述这种工艺虽然可以加工贵金属和有色金属，但人们使用的器具和武器还是石制的。虽然已经知道有车轮这种事物，但一直未投入使用——想用也用不了，因为没有役畜。

尽管可以确定这些文明的要素与东亚和东南亚文明的要
素有着形式上的相似，但是人们一直缺乏关于跨越太平洋的文
明影响的证明。或许古亚洲文明的种种精神元素只是像预先编
好的程序一般，在太平洋两岸并行发展着？即使在大西洋那一
侧，也只有维京人在格陵兰的殖民点以及公元1000年以来他 293
们造访纽芬兰和拉布拉多的历史可以得到证实。不管有多少推
测和伪造，这个问题在历史上始终不了了之。这一情况随着16
世纪欧洲人第二次侵入发生了巨大变化，其间最先起主导作用
的是西班牙人，确切地说是卡斯蒂利亚人。

征　服

尽管有夸大其词的教宗训谕，但发现新世界后西班牙人便进行征服绝对不是一开始就确定的，而是不同的人从务实角度出发作出的决定，这些决定造成了种种偶然结果，它们累积起来成为一种新结构。西班牙人与美洲原住民（native americans）之间的数量比最初几乎还不如葡萄牙人与亚洲人或非洲人之间的数量比。（另外，我们没有必要非得将新世界的旧主人称为“Indígenas”，而是可以继续称其为“Indianer”，因为与在拉丁美洲一些地区使用西班牙语的“Indio”不同，德语中使用这个词没有蔑视的意思。）西班牙人的这些成果背后隐含着需要解释的历史事实，即与亚洲人和非洲人不同，美洲原住民与欧洲人交手几乎每战必败。因而在亚非的例外在美洲很快成为惯例，探险远征、贸易远征和劫掠远征演变为征服占领。

在新世界缺乏收益首先导致原构想的改变。1494 年维持海地岛上的站点要花费整整 10.4 万杜卡特金币，但黄金开采量仅仅价值 3 万杜卡特。筹措继续推进的经费以及建立更大规模的黄金开采矿山需要更多的资金，超出了王室能够和意欲筹措的数目。因此，私营商业和私人资本得到鼓励，前提条件是王室的控制和利润须得到保证。于是固定贸易据点体系的葡萄牙模式出现变化，开始更加注重统治的形成。目标不再是通过扩展贸易空间使短期利益最大化，而是通过扩展统治空间使长期利益最大化。因此，欧洲的扩张在这里从初级经济进程发展为政治进程，变成征服旧主人以便移民，而为了安置移民而建的就是“Kolonien”，此处使用的是这个词原本的词义“居住点”，尽管当时并不是这样称呼它的。除了一些微不足道的例外，这一进程于数百年后才在世界其他地区出现。

数年之后，西班牙国王的统治意图在文件上得到体现。它首先表现在他们对奴役印第安人的态度上。他们不同意哥伦布运送奴隶并退回了一部分奴隶，他们并不反对奴役本身，而是认为更应为他们新取得的统治赢得臣民的支持，从而也能获得劳动力。热那亚商人哥伦布或许根本没有正确理解这一变化。他的垄断剥削政策激怒了他的西班牙下属恐怕不仅仅是因为它阻碍着他们的贪欲，而且还因为它严重违逆了他们那以贵族价值观为标准的主人心性。至少他的后任海地总督解释说，西班牙国王“既不是农民也不是商人，他们意欲拥有那些土地不是为了自己得益，而是为了帮助他们的臣民，为了让臣民的处境更好一些”（Konetzke 1963，16）。于是，征服者（Conquistadores）对黄金的渴望作为征服美洲（Conquista）最显而易见的动力被激发出来了。

> 手中拿着金子时，西班牙人的脸上笑开了花，他们的眼睛因满足而闪闪发光，他们欣喜若狂。他们像猴子似的抓拿金子，用手指触摸金子，他们沉醉于喜悦之中，金子的光也点燃了他们的心。他们渴望的只有金子，这是真的！他们的贪欲和对金子的渴望在膨胀，他们对金子的渴望永远得不到满足，他们像饿猪掘土寻食一样寻找金子。（Leon-Portilla 1965，42）

一个阿兹特克人（这时他已经知道了猪这种动物）这样回忆第一批西班牙人出现在墨西哥时的情形。西班牙的原始资料呈现的也是同样的情形，开篇便是哥伦布的记述，他不断地讲述如何以及在何处能够搞到金子。

然而，这种疯狂的贪婪不只是一种个人恶习，它是经济和
社会的普遍倾向在个体身上的表现，因为经济活动需要稳定的 295

支付手段。在中世纪后期资金普遍短缺的背景下，西班牙和葡萄牙都通过降低铸币成色引起货币贬值，为战争和内战筹措经费，造成的后果是货币混乱。信奉天主教的国王虽然通过恢复铸造金币成功地进行了货币改革，但因争夺格拉纳达的战争还是陷入了财政困境。皇帝查理五世的政策很快就表明了他们那永远得不到满足的要求。尽管在此期间，整体经济的瓶颈已经消除，但对于近代早期贵族阶层的财政来说它依然存在；由于统治者实行耗费巨大的大国政治，在西班牙更是如此。

各个征服者意欲获得财富的目的惊人相似。是用战利品进行营利性投资（也是为新的征服战筹措资金）还是肆意挥霍金钱——这完全不是在精于经商和奢侈铺张之间作出个人的历史抉择的问题，或者说不仅仅是这个问题。确切地说，依照贵族的价值观，财富首先是通过巨额花销获得威望的工具，是除征服者的功绩之外提升社会地位的重要途径。征服具有提升社会地位的作用，征服的动力尤其以此为基础。最先的哥伦布、后来的科尔特斯和弗朗西斯科·皮萨罗（Francisco Pizarro）不都从低级贵族甚至底层跻身顶级贵族的行列了吗？

贵族价值观在征服中所起的作用几乎没有被高估的可能。情况表明，格外喜欢《高卢的阿玛迪斯》（*Amadís de Gaula*）一类骑士小说的不仅有堂吉诃德（Don Quixote），还有征服者们，大概那些赋予征服额外动力的古典神话也传给了征服者们，如亚马孙族女战士、黄金人和恺撒城的故事。“对这一神奇的王国我们感到异常惊讶，它几乎就像阿玛迪斯骑士小说中的一座座宫殿那样亦虚亦幻。”记录了墨西哥征服史的编年史作者贝尔纳尔·迪亚斯（Bernal Díaz）这样写道（237）。这种英雄典范与真诚至极的宗教热情（随行僧侣有时不得不抑制其狂热）的结合体为征服提供了一个理由，即将征服解释为“收复失地”的延续，也就是西班牙收复被穆斯林夺去的土地的继续，进而将征服解释为一场十字军远征或宗教之战。科尔特斯本人不就常常将墨西哥的庙宇称作“清真寺”吗？这种关联是否定不了的，不过西班牙收复失地的所谓十字军远征性质或许可以被否定。也就是说，这是一场边境战争，一场群伙 296
战争，为的不是信仰，而是土地和战利品，特别是在后来的美洲，对因货币贬值而面临贫困化的低级贵族来说，特别是对无生活来源的非长子来说，这种战争是一个机会，他们可以手提刀剑为自己赢得更好的生存条件。这里不排除有为上帝和国王而战的真诚信念——然而不单单是为了这一信念，因为关于阿兹特克人拿西班牙人做牺牲祭品的行为贝尔纳尔·迪亚斯这样写道：

> 他们死于那种残忍至极的暴行，为了效命于上帝和陛下，为了给那些身在黑暗中的人带去光明，也为了获得我们所有人常常寻求的财富。（20）

通常情况是王室与某个行动实施人签订一份合同，这是一份不对等的合同，它确定了行动的任务和双方的权利。大多数情况下，行动实施人被任命为将被征服的地方的行政长官和指挥官（总司令）。从行动得益中至少须缴纳五分之一给国王。然而，王室的法律专家一开始就将合同写得几乎随便就可以找到某种理由或者借口，从征服者手里拿走征服成果。有人甚至曾干脆将其解释为王室的一种政治扩张策略。总之，只有少数像哥伦布和科尔特斯那样的统帅能够确保为自己的家庭获得合法收益，而参与“进入（Entradas）”（指探险远征和征服远征）的大多数普通人至死都没有发财。

最初是从圣多明各向邻近岛屿推进，即 1509 年向波多黎各、1511 年向古巴推进。在古巴，哈瓦那（Havanna）很快取代了圣多明各成为继续向墨西哥和北美洲扩张的中心。最后是于1512年向牙买加挺进。大陆海岸有珍珠和黄金的消息通过前面提及的“小发现者们”传开之后，行动随即向这一方向展开。1509年在位于今天的哥伦比亚北海岸的圣玛尔塔（Santa Marta）和卡塔赫纳（Cartagena）区域站住了脚，同时开始征服巴拿马地峡，我们可以认定这一征服到1514年已经结束。在此过程中，瓦斯科·努涅斯·德·巴尔博亚于1513年抵达太平洋。1514年，佩德拉里亚斯·达维拉（Pedrarias Dávila）——或叫作佩德罗·阿里亚斯·阿维拉（Pedro Arias de ávila）——带领1500名移民从西班牙来到此处，此人至今仍颇有争议。1520年代中期，该地峡的事务由五个西属城市组织，1519年建立的巴拿马城是其中之一，而佩德拉里亚斯已经向北推进到尼加拉瓜，
297 他手下的人在那里与从墨西哥向南进军的西班牙人会合。不过最终的征服到1560年代才在哥斯达黎加结束。

按照那些原始资料，征服这一“黄金卡斯蒂利亚（Castilla del oro）”期间，西班牙人实施暴行达到了第一个高潮。对此进行报道的不仅有对殖民持批评态度的巴托洛美·德·拉斯·卡萨斯（Bartolomé de las Casas）所著的《印第安人史》（*Historia de las Indias*），而且还有赞同征服本身的贡萨洛·费尔南德斯·德·奥维多（Gonzalo Fernández de Oviedo）所著的《印度群岛通史与自然史》（*Historia general y natural de las Indias*）。就连人文学者彼得·马特·安吉拉（Petrus Martyr de Anghiera）编纂的八卷本《新世界十年纪》（*De Orbe novo Decades*）中对此也有所透露，尽管这部重要的对征服的总体描述没有作者自己的新世界经历，而是靠汇集各种报道写成的。拉斯·卡萨斯和德·奥维多则不同，他们参与了在大陆立住脚跟的最初尝试，虽然除此之外的报道也是依据二手资料写就的。有段时间，德·奥维多甚至还是佩德拉里

亚斯指挥部的成员。

1517/1518年，西班牙人开始从古巴进入墨西哥的文明发达地区，对于征服者和自此任古巴总督的迪亚戈·维拉斯奎兹来说，已拥有足够的理由于1519年向那些地区派出一支由10艘船和608人组成的舰队，舰队配备有10门火炮和16匹马，统帅为埃尔南·科尔特斯。作为来到海地和古巴的移民，埃尔南·科尔特斯的奋斗非常成功，因而有能力自己装备10艘船中的7艘。他大概是征服者中最重要的人，是统领人的高手，具有意志力和勇气，是个具有高超战术技能、做事无所顾忌的政治天才。因此，他能够智胜不止一次打算撤掉他的、疑心重的维拉斯奎兹，将一支派来对付他的征服者部队争取到自己一边，最后甚至将皇帝查理五世也争取了过来，尽管依然具有强大影响力的“印度政治家”丰塞卡是维拉斯奎兹的亲戚。他直接写给皇帝的五封信就是出于这一目的，他在信中以自己的眼光描述了一个个事件，依从的格言是：

> 陛下可以凭借同一权力，像拥有德意志皇帝称号一样拥有这些广袤无边的省份的皇帝称号。（9）

与各个团伙的战斗结束后，1519年8月16日从海岸出发的科尔特斯能够于11月8日在受到蒙特苏玛二世（Moctezuma II）欢迎的情况下进入特诺奇蒂特兰（Tenochtitlán）。对于阿兹特克人最初采取拘谨克制态度的通常解释是，在阿兹特克
历法的循环体系里，这些异族人出现的年份与被神化的托特肯 298
统治者奎兹特克（Quetzalcoatl）的所谓消失年份具有同样的标记，都是“一和芦苇管”[①]。诸神回来了吗？带着什么意图？

① 在阿兹特克人的宗教历法中，将13个数字与20个记号相配组成一个循环系统，芦管是20个记号之一。

据称，科尔特斯通过他的女翻译得知这一关联之后充分利用了它。因为在海岸边曾有人送给他一个说纳瓦特尔语（Nahuatl）和玛雅语的女奴隶，因而在一个生活在玛雅人当中的西班牙人的帮助下她可以进行翻译。马琳辛（Malintzin），后来的教名为堂娜玛丽娜（Doña Marina），不仅成了他的情人，而且成为一个重要的顾问和中介人，是他获得成功的至关重要的条件。所谓科尔特斯利用奎兹特克神话被证实是后来创作的传说。难道阿兹特克人事后愿意这样解释自己的失败吗？而可以得到证实的是，科尔特斯立即看出阿兹特克统治体制的压制性结构能给他提供的好处，并出色地利用了它。作为使人摆脱阿兹特克人压迫的解放者，他可以赢得所有部族支持自己。

> 我记得福音书中的那句话，它是这样说的："凡一国自相纷争，就成为荒场。"于是我与双方进行谈判，私下里对每一方的好建议表示感谢，并使双方确信我的友谊。（37）

忠实的本地盟友是不可或缺的，尤其是在幻想破灭的阿兹特克人已经不再顾忌自己的统治者还在异族人手里的时候：1520年6月30日夜里，即在那个"悲痛之夜（Noche triste）"里，西班牙人撤退时在可怕的战斗中差一点被全歼。一年后科尔特斯卷土重来，率领反阿兹特克联盟的大军攻占了已被西班牙人带来的天花传染病大大削弱了实力的特诺奇蒂特兰，并将其作为他的殖民地"新西班牙（Neu-Spanien）"的首府。

整个过程都有基于不同角度的出色的文献记载。除科尔特斯的报告外，我们首先还能读到亲历者贝尔纳尔·迪亚斯的《征服新西班牙信史》（*Historia verdadera de la Conquista de la Nueva España*）。事件过后，他写下了极其生动的描述，或许主

大　西　洋
德・索托
1539~1542
科罗纳多
1540~1542
科尔特斯
1519
圣多明各建立
1496
科尔特斯进入
特诺奇蒂特兰
1519.11.8
圣多明各
墨西哥
驶往菲律宾
《托尔德西拉斯条约》
1494
莱加斯皮/乌尔达内塔
巴拿马
巴尔博亚发现
“南海”（即太平洋）
1513.9.29
奥雷利亚纳
1539~1541
平松
1499
基多
亚马孙河
太　平　洋
皮萨罗
1532~1533
库斯科
皮萨罗进入库斯科
1533.11.15
阿尔马格罗
1535~1536
卡布拉尔
1500
麦哲伦
1519~1520
瓦尔迪维亚建立
圣地亚哥1541.2.12
圣地亚哥
大　西　洋
图卡佩尔战事使得
征服止步1553.12.25
征服的出发地
决定性阶段
重要的发现航行

插图 34　征服

插图 35 科尔特斯、堂娜玛丽娜和蒙特苏玛二世（《特拉斯卡拉史》插图）

要是为了反驳科尔特斯后来的神父弗朗西斯科·洛佩斯·德·哥马拉（Francisco López de Gómara）在其《印度群岛通史》（*Historia general de las Indias*）第二编中大加渲染的神话。另外还有大量多少具有可信度的印第安人的原始资料，它们来源于相互为敌的不同群体的成员。它们虽然和西班牙人的原始资料一样带有各自利益的印记，但还是清晰地显现了不同文化间的一些误解，它们对印第安人来说后果非常严重：那些异族人渴求的不是珍贵的羽毛制品，而是价值较低的黄金，他们在战斗中杀死敌人而不捕获俘虏用于献祭，他们坚信自己的神而不会预期一场宇宙灾难，他们恪守自己的目标而不容让步。这类东西比土著很快就知道如何对付的钢刀、火器和马更为重要。

科尔特斯控制着作为三城联盟遗产的大约30万平方公里的土地，1520年代（1522年科尔特斯被国王任命为总督），他和他手下的人另又添进了整整20万平方公里土地，包括阿兹特克帝国里的一些飞地以及北方和南方的一些相邻地区。不过新中心墨西哥的影响力很快就远远超出了这一范围。

佩德罗·德·阿尔瓦拉多（Pedro de Alvarado）于1523/1524年开始征服危地马拉，1520年就是他引起了阿兹特克人反对西班牙造访者的起义。他中途回了一趟西班牙，与他的同居女友路易莎·西格滕卡特（Luisa Xicoténcatl）分了手，娶了一个高级贵族夫人，获得了有权有势的国王秘书弗朗西斯科·德·洛斯·科沃斯（Francisco de los Cobos）的宠信，然后作为危地马拉总督和总司令返回美洲。

科尔特斯本人于1524年至1526年进行了一次艰难的洪都拉斯远征，目的是在他派出的征服者中创立规章秩序。其间，他们经过已经嫁给一个西班牙骑士的堂娜玛丽娜的家乡， 301
她被留在了那里——科尔特斯也有更高的追求。第一次去西班牙时，他于1529年被封为瓦哈卡侯爵（Marqués del Valle de Oaxaca）并被任命为总司令，其封地有11000多平方公里，人口约20万。但他被剥夺了民事管理权，人们认为他在管理新国家时过于强调对他本人的忠诚。

他证明了自己是一个出色的生意人，他以授权归他统治的土地和印第安人[①]为基础，以首府及其驻地库埃纳瓦卡（Cuernavaca）以南为重点，当上了当时美洲最大的企业主，尤其是在采矿行业。仅在特万特佩克（Tehuantepec）他就雇用了400个印第安人采掘黄金，除此之外他还拥有许多银矿。

① 依据监护征赋制（encomiendas），他要统治、保护和教化授予他的这些印第安人。——编者注

不过他也有足够的远见，没有将宝全押在重金属上。他建立了墨西哥第一批榨糖作坊并向秘鲁和西班牙出口糖。他引入了桑蚕喂养，生产粮食饲养牲畜。他在首府拥有一些商店，在首府通往港口韦拉克鲁斯（Veracruz）的大道边拥有一些旅店，在特万特佩克拥有一个船坞，还拥有一些远洋船只。1543 年他生产了 50 吨白糖。1542 年他与热那亚人莱昂纳多·罗美里尼（Leonardo Lomellini）签订了一个合同，每年向其提供 50 吨糖和 30 吨棉花，对方须支付 6000 杜卡特金币和一些实物。另外，罗美里尼还应向他提供 500 个非洲奴隶，不过 1549 年他只有 60 个奴隶。

他在古巴娶的第一个妻子恰在此时死去（据说是被他掐死的），没有生育，于是他可以娶上层贵族女人了。第二任妻子生下的儿子按照科尔特斯父亲的名字取名马丁（Martín），成为他的主要继承人。他有三个私生子，就是说与皮萨罗（Pizarro）、堂娜玛丽娜（生的儿子也叫马丁）以及蒙特苏玛的女儿堂娜伊莎贝尔（Doña Isabel）各生了一个，他请教宗克莱门斯七世亲自确认他们为合法孩子并赋予他们在墨西哥的统治权。不过直至他的合法和不合法的男性后代全部与世长辞，行政官员们都对他们一直心存怀疑。

就连征服尤卡坦也必须从墨西哥出发实施，尽管弗兰西斯科·德·蒙特霍（Francisco de Montejo）1526 年已在西班牙签了他的合同。他和他的家族的行动一直持续到 1545 年，因为众多玛雅人的独立城邦不答应给予足够的战利品，而且无法像在墨西哥那样依据一个中心收服它们。伊察人（Itzá）的最后一座城市位于佩滕（Petén）的一个湖岛之上，直到 1697 年才被攻占，之后作为尤卡坦和危地马拉之间陆路通道的“王家大道（Camino Real）”才成为可能。

302 1534 年，阿尔瓦·努涅斯·卡韦萨·德·巴卡（Alvar

Núñez Cabeza de Vaca）和另外三个活下来的探险队成员出现在墨西哥海湾的北海岸，他们是从今天的得克萨斯徒步跋涉来到这里的。弗朗西斯科·巴斯克斯·德·科罗纳多（Francisco Vásquez de Coronado）随后于1540年至1542年对今天美国的西南部进行了一次考察探险，行程直抵堪萨斯（Kansas）。科尔特斯本人还开始考察加利福尼亚海岸，这与他前往马鲁克群岛的探险计划紧密相关。他的继任者、第一任总督门多萨（Mendoza）继续进行这一海岸考察。然而由于在那里没有找到黄金，直到16、17世纪之交，在英国人具有威胁性活动的影响下才真正占领了那些地区。就连战略位置重要得多、控制着返回西班牙航路的佛罗里达也是到1565年以后才被占领，在此之前，那里的一个法国据点被清除。1579年，弗朗西斯·德雷克宣布在加利福尼亚建立一个“新阿尔比恩（New Albion）”；1599年，胡安·德·奥尼亚特（Juan de Oñate）在“新墨西哥（New Mexiko）”建立了第一批移民点；1610年，他建立了圣菲（Santa Fé）作为中心；1602/1603年，塞巴斯蒂安·比斯卡伊诺（Sebastián Vizcaíno）从圣弗朗西斯科（San Francisco）越过海湾考察了加利福尼亚海岸，建议将蒙特里（Monterey）作为据点。西北部基本上留给了传教士，直到18世纪，由于俄国人和英国人出现在北方，西班牙人才进行了直抵阿拉斯加的航海探险。1770年建立蒙特里城，1776年建立圣弗朗西斯科城——那正是美国独立的那一年。1539年至1543年，赫尔南多·德·索托（Hernando de Soto）的探险对今天的美国南部进行了全面考察，但由于经济原因一直没有成果。

向诸岛屿、巴拿马地峡、墨西哥进行的征服是第四个重点，德·索托凭借从对这些地方以及秘鲁的征服中获得的战利品为自己的行动筹集资金，因为征服已经成为一个自行发展的进程，在这一进程的各个阶段里积累起了人力物力，直至新的目标产生新的刺激。最晚自1522年起，人们已在巴拿马谈论南方神话般的黄金国“秘鲁（Birú）”。一个低级贵族的私生子弗朗西斯科·皮萨罗（Francisco Pizarro）成功地参与了巴尔博亚和达维拉的行动，因而得以与他的同乡迭戈·德·阿尔马格罗（Diego de Almagro）共同经营巴拿马的矿山。然而要成为被他奉为楷模的表弟科尔特斯那样成功的征服者，他需要更多的资金。他与一个教士联手，后者的身后有加斯帕·德·埃斯皮诺萨（Gaspar de Espinosa）的支持，他是由王室任命的圣多明各的法官，也是西班牙一个重要的接受了基督教洗礼的犹太银行家族的成员。1524年和1526/1527年，皮萨罗向南进行了两次考察航行。一条做生意的木筏被劫夺的事情以及
303 通贝斯城（Tumbes）的景象给人们留下了那里有大批财富等着他们的印象。三个印第安人被抓获并被训练成翻译。皮萨罗回到西班牙，1529年从摄政女王那里得到了自己的合同并被任命为指挥官以及将被占领的秘鲁的总督。他此前的合作者均被封为贵族，那位合作的教士当上了主教。

1531年，皮萨罗带着他的同父异母兄弟们以及近200人，外加37匹马，从巴拿马踏上了征途。他沿着今天厄瓜多尔的海岸艰难行进，直到能够向巴拿马运回黄金时他才得到了补给。随后他踏上高原，于11月到达卡哈马卡（Cajamarca）。在此过程中，他对一些首领严刑逼供，从中得知阿塔瓦尔帕（Atahuallpa）和瓦斯卡尔（Huascar）为争夺印加王位在进行内战，而西班牙人所在的北方当时被控制在阿塔瓦尔帕手里。得知弟弟瓦斯卡尔失败被俘的消息后（不过没等西班牙人让瓦斯卡尔就范即被杀害），阿塔瓦尔帕打算见见这些入侵者，准备吓唬吓唬他们，显然是想让他们就此罢手，按照当时的情况来看也不能责怪他这样行事。然而他没有料到对手的放肆无

赖，虽然对手中的一些人吓得要命，但在阿塔瓦尔帕不出所料地拒绝了皈依基督教和臣服的要求之后，西班牙人俘获了阿塔瓦尔帕本人并且击退了2000~7000名扈从——一切都按照那百试不爽的模式。阿塔瓦尔帕被允许——通过官方渠道——以326539比索的黄金和51600马克的白银赎身，但为了王室的利益被继续关押，最后因从事阴谋活动被处死。

分掉这些战利品之后，皮萨罗于1534年进入帝国的中心库斯科（Cuzco），使它成为一个实行西班牙法律的城市，并从库斯科派中选出一人任命为新印加王，打算通过他进行统治。因为西班牙人没有能力像印加人那样凭借自己的力量坐镇高原行使统治，而是要依靠控制海上补给线，所以1535年在海岸边建立了“三圣王之城（Ciudad de los Reyes）”作为“新卡斯蒂利亚（Neukastilien）”规划中的首府，亦即今天的利马。

西班牙人一方面与印加人进行合作，另一方面也与从印加统治下解放出来的各部族进行合作，不过这些合作很快便因恣意妄为以及新主人要求大量提供印第安劳动力而失败。1536年，新印加王起而反抗西班牙人，西班牙人险遭失败。新印加王的后代坚守在比尔卡班巴（Vilcabamba）山区维持着一种独立的统治，直至1572年，这一地区也被占领，印加王图帕克·阿玛鲁（Túpac Amarú）被处决。印加王之死以及阿塔瓦尔帕之死被编入一个纪念剧里，至今仍被土著人（Indígenas）表演着。

为库斯科解围应该归功于老迭戈·德·阿尔马格罗。尽管他为保障补给立下了功劳，却日益遭受皮萨罗兄弟的排挤而退居次要位置，不过他也建立起了自己的势力。1538年，他在第一次内战中被打败并被处死，1541年，他的党羽谋杀了弗朗西斯科·皮萨罗为他报了仇。1542年，国王任命的总督克里斯托巴尔·巴卡·德·卡斯特罗（Cristóbal Vaca de

插图 36（左图） 阿塔瓦尔帕和皮萨罗在卡哈马卡（波马·德·阿亚拉著作插图）

插图 37（右图） 囚徒阿塔瓦尔帕（波马·德·阿亚拉著作插图）

Castro）又恢复了正常秩序。尽管如此，第一任秘鲁总督布拉斯科·纳尼斯·贝拉（Blasco Núñez Vela）还是于 1546 年成为一场西班牙人暴动的牺牲品，这场暴动是 1542 年的有利于印第安人的法律在秘鲁传开后爆发的。此时，贡萨罗·皮萨罗（Gonzalo Pizarro）作为无冕之王进行着统治，看样子他确实有独立之意。然而国王的全权特使佩德罗·德·拉·格斯卡（Pedro de la Gasca）成功地使用多种手腕重建了对王室的忠诚，并动员起已经具有极其重要的作用的利马商人的资金用于对付皮萨罗，作为国王委派的监察，格斯卡是宗教裁判委员会的可靠的神职人员。1548 年，贡萨罗·皮萨罗被打败并被处死。215 个监护征赋地、13.5 万比索的捐赠以及印第安差役（yanaconas）被重新分配给另外 140 个忠诚的人，德·拉·格斯
305 卡以此为王室稳定了那里的局势，还给王室带去了近 150 万比

索的贵金属。安东尼奥·德·门多萨（Antonio de Mendoza）在墨西哥经受过考验，在他的统领下，一个正常的总督政府于1556年至1560年在秘鲁稳定下来。

四兄弟中唯一合法的儿子埃尔南多·皮萨罗（Hernando Pizarro）原本是家族的主人，他娶了自己的侄女弗朗西斯卡·皮萨罗（Francisca Pizarro），也就是弗朗西斯科和他的情人、阿塔瓦尔帕的一个妹妹生的女儿。因杀害阿尔马格罗以及未将家族收益的五分之一缴纳给王室，1540年至1561年，埃尔南多在西班牙被监禁，即便如此，作为家族最优秀的商人，他还是能够在家乡特鲁希略（Trujillo）和埃斯特雷马杜拉（Extremadura）的地产和借贷业，以及给王室的借贷（juros）中投入了110294比索。1567年，他的家族虽说已拥有202206比索给王室的借贷，但1596年王室还欠着家族115809比索的利息。

在这一冲突过程中，阿兹特克人和玛雅人中的印第安语作者能够将一个个事件写入文字历史，而南美洲的情况却不太有利，因为南美洲所有的发达文明都没有文字。与南美洲不同，北美洲的插图手抄本传统延续了下来。在保存下来的30个手抄本中，据说有14个可以追溯至前西班牙时代。另外，北美洲很快就出现了用拉丁字母书写的土著语文本。直到被征服之后，南美洲才有了西班牙语作者的记载以及用西班牙语记下的标准印第安语言——克丘亚语（Quechua），而这些西班牙语作者中就有一些著名的白种人与印第安人的混血儿。倒数第二个比尔卡班巴的印加王蒂图·库西·尤潘基（Titu Cusi Yupanqui）1570年甚至还为与西班牙人的战斗写了一份两种语言的辩解书。因为有一点在当时是有争议的，即西班牙人统治的合法性是因为它是印加帝国的延续，还是因为它将人们从印加暴政下解放出来。娶了一个印加公主的征服者胡安·德·贝唐佐斯

（Juan de Betanzos）受总督安东尼奥·德·门多萨的委托按照前一种观点写作，而写作相当客观的佩德罗·谢萨·德·莱昂（Pedro Cieza de León）也是如此，他是德·拉·格斯卡的受托人，对殖民持批评态度的拉斯·卡萨斯的思想对他也具有影响。以太平洋探险者之称闻名的佩德罗·萨缅托·德·甘博阿（Pedro Sarmiento de Gamboa）为总督弗朗西斯科·德·托雷多（Francisco de Toledo，1568~1581年在任）写作，后者给印加人带来了重大的历史政治转向并灭掉了比尔卡班巴。萨缅托的书经由42位印第安名人审读，被评价写得很好。在很长时间内名气最大的是后来出现的加尔西拉索·德·拉·维加（Garcilaso de la Vega）的著作，他母亲是印加人，他受过人文主义教育，描述历任印加统治者时依照的是李维（Livius）描述罗马君王的方式。费利佩·华曼·波马·德·阿亚拉（Felipe Guamán Poma de Ayala）也有印第安血
306 统，他的著作意在推动有利于印第安人的改革政治，不过吸引令人的主要是他那些质朴而内容丰富的插图。

卡哈马卡的战利品激起了征服的巨大新动力。1534年，佩德罗·德·阿尔瓦拉多从危地马拉跨海入侵厄瓜多尔，其目标是整个秘鲁。然而皮萨罗麾下的指挥官塞巴斯蒂安·德·贝拉尔卡萨尔（Sebastián de Benalcázar）当时正自行外出搜寻阿塔瓦尔帕的战争财宝，在他之前占领了基多（Quito）。阿尔瓦拉多和贝拉尔卡萨尔与再次迟到的阿尔马格罗一起解决了阿塔瓦尔帕的部队。随后阿尔瓦拉多被驱逐，他的被挖走的部队壮大了向南撤退的阿尔马格罗的个人势力。贝拉尔卡萨尔继续向北进军，进入了位于今天哥伦比亚的奇布查人（Chibchas）的黄金之国。然而冈萨罗·希梅内斯·德·克萨达（Gonzalo Jiménez de Quesada）已经抢在他之前从北海岸的圣玛尔塔出发溯马格达莱纳河（Magdalenenstrom）而上，在损失严

重的航行之后控制了高原上的黄金和绿宝石邦国。另外，委内瑞拉韦尔泽尔家族的步兵统领尼古劳斯·费德曼（Nikolaus Federmann）也从东北方到达波哥大（Bogotá）。由于克萨达的机智灵活，三方和平地达成一致，于1538/1539年共同建立首府圣菲波哥大（Santa Fé de Bogotá）并撤兵，结果是第四方圣玛尔塔总督渔翁得利。

在此期间，阿尔马格罗试图夺取自己的正式驻地库斯科，后来决定于1535年至1537年在深入印加帝国南部、远征智利中寻找自己的运气，但徒劳一场，损失极为惨重。回来之后命运就捉弄了他。1540年，佩德罗·德·瓦尔迪维亚（Pedro de Valdivia）受皮萨罗委托重又开始征服智利，1541年建立圣地亚哥（Santiago）。因在秘鲁战胜贡萨罗·皮萨罗中立下了功绩（他曾短暂地回到那里），瓦尔迪维亚得到了德·拉·格斯卡的认可，但他也并非完全没有感到被刁难。多亏他给皇帝查理五世写了那些报告，我们才能了解到这一事实，尽管是单方面的，但是对了解征服的日常情况来说，它们仍不失为极好的原始资料。1553年在图卡佩尔（Tucapel）附近与阿劳坎人（Araukaner）[马普切人（Mapuche）]交战时，瓦尔迪维亚被打败并丢了性命。这些印第安人在康赛普西翁（Concepción）南边比奥比奥河（Bio-Bio-Fluss）边的边境地区一直坚守至19世纪。不过在他们的土地上没有多少可带走的东西。

为了得到葡萄牙帝国视为珍宝的黄金或肉桂，贡萨罗·皮萨罗甚至下行进入安第斯山东面的雨林地区。1541/1542年，他的一部分部队乘着自己建造的两艘船在亚马孙河（Amazonas）顺流而下，然后沿着海岸回到委内瑞拉。弗赖·加斯帕·德·卡瓦哈尔（Fray Gaspar de Carvajal）在日记中提到了亚马孙族女战士，这条大河就是从这里得到了自己的名字。

307 委内瑞拉当时是奥格斯堡韦尔泽尔家族贸易公司的领地，他们和最重要的竞争对手富格尔家族一样，很早就以贸易方式参与了欧洲在东方和西方的扩张。1520年代和1530年代，韦尔泽尔在圣多明各设有一个商行。1528年以他们的名义与西班牙王室签订了多份合同，其中一份是关于招募德意志矿工做发展助手，另一份是关于向美洲提供4000个非洲奴隶，还有一份是委托他们征服委内瑞拉并向那里移民，皇帝的秘书弗朗西斯科·德·洛斯·科沃斯（Francisco de los Cobos）通过一份私人合同也参与其中。1529年至1546年，这一地区掌握在公司手里，其间，来自乌尔姆（Ulm）的安布罗西乌斯·埃因芬戈尔（Ambrosius Alfinger）和尼古劳斯·费德曼、来自施佩耶尔（Speier）的格奥尔格·霍尔姆特（Georg Hohermut）以及菲利普·冯·胡腾（Philipp von Hutten）等公司雇员与巴托洛梅乌斯·韦尔泽尔（Bartholomäus Welser）结伴进行了各种深入内陆的探险考察。这些德意志征服者与西班牙征服者没有什么差别。猎捕奴隶、掠夺和施暴对他们来说也是司空见惯之事，但与西班牙反德意志的历史编纂流派所宣称的不同，这类行为并未超出通常的程度。尽管建立了科罗（Coro）和马拉开波（Maracaibo），但对这一地区的开发还是显得有些不足。韦尔泽尔家族在一场诉讼中被撤销了权力，不过也可能是他们因为无利可图而失去了兴趣。富格尔家族比较谨慎，1531年他们就签订了关于征服从钦查（Chincha，在秘鲁利马以南）至麦哲伦海峡一线向内陆延伸200英里的南美土地的合同，但这一合同从未被执行。

来自纽伦堡的雅各布·韦尔泽尔（Jakob Welser）和奥格斯堡人克里斯多夫·赫尔瓦尔特（Christoph Herwart）的女婿乌尔姆人塞巴斯蒂安·耐德哈德（Sebastian Neidhart），

或许也有富格尔家族的成员，共同为一支有12~14艘船的船队投了资，1535年，富有的上层贵族佩德罗·德·门多萨（Pedro de Mendoza）带领这支船队行驶到拉普拉塔河。1526/1527年，为西班牙效力的塞巴斯蒂亚诺·卡伯特进行了几次探查航行，之后一个葡萄牙人于1531年为他的国家占有了这一地区。西班牙方面意欲通过1536年建立布宜诺斯艾利斯（Buenos Aires）来防止这类索求变成现实。然而，这次探险遭受了全面失败。1537年在巴拉圭河汇入巴拉那河的河口处建立的亚松森（Asunción）后来比1541年被放弃的布宜诺斯艾利斯更为重要。

1541年至1544年，在令人难忘的横穿南巴西之旅后，阿尔瓦·努涅斯·卡韦萨·德·巴卡（徒步跋涉从得克萨斯到达墨西哥的即为此人）受皇帝委托，试图在亚松森驯服这个“特别倔强”的殖民地，却徒劳无功。西班牙以秘鲁和智利为基地，通过1553年建立的图库曼省（Tucumán）的圣地亚 308
哥－德尔艾斯特罗（Santiago del Estero）开拓了今天阿根廷的内陆。1562年以智利为基地建立了门多萨（Mendoza），1573年以圣地亚哥－德尔艾斯特罗为基地建立了科尔多瓦（Córdoba），最后于1580年以利马为基地，通过亚松森第二次建立了布宜诺斯艾利斯。至此，西班牙在拉丁美洲的统治结构网已经完备。

在这一征服过程中形成了一些固定的进程模式，我们可以直接称其为“征服术（Technik der Conquista）”，只要将皮萨罗的行动与他表弟科尔特斯的行动进行比较，我们就能特别清楚地看出这些模式。宣传那个地方的财富非常重要，这对西班牙人而言是一种刺激。就连命名也对他们具有同样的作用，除带有宗教背景和与基督教圣徒相关的名字外，常见的还有在家乡的地名或国名前加上“新”，或者是加上具有诱惑力的词，如“富（rico）”、“金（oro）”、“银（plata）”。另外还要展示一下土著人或那个地方的珍贵产品，例如其中留存下来的收藏于维也纳的那顶著名的阿兹特克羽毛王冠，不过它其实并不是蒙特苏玛的王权标识物。

在那里，西班牙人十分乐意与当地的盟友合作，他们做出是那些盟友的解放者的样子，或者说至少很乐意与忠诚的当地女人合作。我们不能超越时代地用现代眼光将这种“合作者（Kollaborateure）”理解为叛徒，因为他们的忠诚不属于当时尚不存在的民族，也不属于让他们处处感受到压制的帝国，而是属于自己的小群体。充其量他们谋取的是小群体的利益，如果不单单是为了个人利益的话。作为个体，他们或自愿或不自愿地属于“文化中介人（cultural brokers）”的类别，如皮萨罗目的明确地捕获并训练出的翻译，他们多少具备一些能力活动于不同文明之间的精神层面，甚至活动在一个真实存在的“第三空间”[①]里。俘虏，后来还有混血儿，都特别适合做这类事情。

当地女人扮演着一种特别的角色，有人曾称，西班牙人征服他们的新世界使用“阴茎（Schwanz）”多于使用剑（Schwert），每次“进入”时留下孕妇多于留下尸体（Padden 1967, 229 f.）。据说科尔特斯的家臣就和当地人生了几十个混血儿。女奴隶被作为礼物转送给他们，就连上层女人也被用作得胜的奖赏，或被用作巩固某个联盟的象征。蒙特苏玛的女儿（教名为堂娜伊莎贝尔）先是嫁给了他的“王储”，然后又嫁给父亲的两个继任者，获胜后成为科尔特斯的情妇，再后来又先后嫁给另外两个西班牙人。印加公主们都有着类似的故
309 事。今天在拉丁美洲和欧洲还能找到一些印加王朝和蒙特苏玛

① 爱德华·W. 索亚（Edward W.Soja）提出的概念，指在真实（第一空间）与想象（第二空间）之外，又融构了真实与想象的“差异空间”。——编者注

二世的贵族后裔。印第安女人好像非常乐意与西班牙人结婚，但在这件事情上她们似乎成了一个错误的牺牲品，即她们按照土著人的观念认为那是婚姻，而对西班牙人来说，这却只是婚姻市场不能提供足够的西班牙女人或西班牙化的混血女人时的暂时同居。另外，野蛮的强奸也是征服中经常发生的事情，有证据证实有时甚至会强奸幼女。征服者中的非洲人的行为也没有什么不同。

尽管新近的反殖民主义范式认为印第安女人是受摧残的牺牲品，和以往认为她们是自愿成为妓女的殖民主义观点一样，都不能准确概括事实，但是征服中普遍存在着暴力行为却是毫无疑问的，也就是说绝非仅仅对女性使用暴力。暴力照样也可能转而用于对付其他西班牙人，尤其是1538年至1548年发生在秘鲁的那些事件，以及起义的洛佩·德·阿基里（Lope de Aguirre）在其1560/1561年顺亚马孙河而下直抵委内瑞拉的远征中留下的血痕，都说明了这一点。这类行为或许可以归因于近代早期欧洲人普遍比较强烈的暴力倾向，或者可以归因于伊比利亚人在与穆斯林交战时特有的“割断脖子传统（Halsabschneidertradition）”。不管怎么说，难以置信的自由空间以及微乎其微的制约为征服时期出现各种超越限度的行为提供了温床。征服者们觉得自己身在文明的边缘或敌人的土地上。历史上也不乏文明人失去所有的顾忌、肆意妄为的例子。或许正是对这种经历的恐惧以及对王室不太深的忠心促使一些粗蛮之人也敬畏国王的权威，即便这种权威到来之时几乎不具备什么力量，例如佩德罗·德·拉·格斯卡在秘鲁时的情形。

从土著人的视角看，无论是出于个体利益还是出于群体利益，与强大的新主人结盟完全是可能的，特别是因为至少在最初，新主人的统治体系与之前的没有根本区别，这大概是普遍的认知。征服和扩大西班牙人的统治体系只有借助当地盟友才有可能，从另一方面说也只会出现这种结盟，因为与其他大洲不同，这里几乎不存在与更大的政治体的联系。如果没有印第安人的辅助部队，科尔特斯大概充其量只能占领一些海岸城市。特诺奇蒂特兰的失败在今天被看作反阿兹特克联盟的成果，联盟的稳定一方面有赖于它取得的成果，另一方面也有赖于科尔特斯灵活的外交策略。西班牙人的武器技术
310 优势在下降，因为这些对手很快就相互学习起来。因此，在这里只能有限度地说它是一场文明之间的战争。由于是用弓弩、火枪和作为刺击武器用的长剑对阵阿兹特克人的劈砍式刀剑，不过更重要的是由于西班牙人只能同心协力，因而作为精锐部队，他们的作用是突破敌方战线，剩下的事则由盟友们去完成，包括得胜后的屠杀，据说还包括西班牙人无法阻止的吃人肉的行为。皮萨罗很少有当地人盟友，但他善于利用印加帝国的内部危机。借助其兄弟从墨西哥送来的几千名纳瓦战士（Nahuakrieger），阿尔瓦拉多才可能完成对危地马拉高原的占领。活下来的纳瓦战士随后定居在今天的安提瓜岛（Antigua），将自己的事迹写进一部新的插图手抄本中流传下来。

西班牙征服者本身并不是非同寻常的英雄人物，大部分根本就不是职业军人。根据现有的关于大约 2100 名墨西哥征服者的说明，其中 37.3% 是海员，27.5% 是手工匠人和商人，16.3% 是军人，11.1% 是广义的文人（Letrados），即法官和其他“有文化的人”。不过会写字的人占 84%，其中 6% 是西班牙下层贵族（Hidalgos）。他们当中 28% 的人不满 20 岁，40 岁以上的人占 8%。征服者里没有西班牙农民，这一点很能说明问题：征服似乎是由城市的人承担的。

自哥伦布以来，拘押当地统治者做人质进行勒索已经很普

遍，包括事后处死也是顺理成章的事。这样做的目的是有计划地用恐怖手段威慑对手；众所周知的暴行、酷刑以及使用专门训练咬人的猎狗同样也是服务于这一目的。在古巴出现了一个西班牙语新动词“aperrear”，意为让狗撕咬碎。个人的暴虐行为与以往一样在政治恐怖中最多起着次要作用。除了个人发财，有计划地亵渎坟陵和圣地就是为了表明基督教的神比当地人的神和祖先强大和优越。在宣读公告和做一些象征性的、表示正式占领的动作之后，建起一个实行西班牙法律的城市以及将土地和印第安劳动力分配给征服者就意味着征服实际结束。有时，某个征服者建立一个城市的目的是马上让由他任命的市议会授予自己其他行动的权力——科尔特斯在韦拉克鲁斯、瓦尔迪维亚和圣地亚哥就是这样做的。

征服背后的思想依据是西班牙国王先验地认为他们有权统治新世界，这一统治思想原则上不认同印第安人是权力对等的主体而与其缔结条约。自1513年起，征服者有义务宣读所谓的“要求（Requerimiento）”，即一种经过公证文书证实的公告，将这一权力告知印第安人。只有在拒绝皈依和臣服之后才能转而采取军事行动。公告是这样写的：

> ［……］超越于世间所有种族之上，主，我们的上帝，将做所有世人的主人和统领的职责赋予了一个名叫圣彼得的人［……］裁判和统治所有民族的职责，无论他们是基督教徒还是摩尔人，无论是犹太人还是异教徒，无论他们信仰什么［……］先前的教宗之一接替他威严地高踞于前面提及的世界之主的宝座之上，他将这些岛屿以及这个大洋的这个大陆［……］作为礼物赠予了国王和女王以及他们的后代，［……］因此他们是这些岛屿和这个大陆的国王陛下和主人［……］因而我请你们承认教会是主人，［……］教宗［……］是以教会的名义行事，而国王和女王［……］代表教宗［……］请你们让这些修会修士向你们解释和宣教所说之言。如若你们这样做了，［……］陛下和我将以他们的名义满心慈爱地接受你们，将把你们的妻子儿女和财产留给你们，免受任何奴役［……］如果你们自己在被告知真理之后还不愿意皈依，不会强迫你们成为基督教徒［……］然而你们若不这样做［……］，那我要告知你们，我将在上帝的帮助下［……］与你们开战［……］征服你们，将你们置于教会和陛下的桎梏之下，让你们听从教会和陛下之命。我将抓捕你们的人和

> 你们的妻子儿女，让他们成为奴隶，把他们作为奴隶卖掉［……］就像那些不愿顺从、不愿承认自己主人的下属［……］我宣布，由此而产生的杀戮和损失责任在于你们而不在于陛下，也不在于与我同来的先生们［……］（Oviedo 3，227-232）

经院哲学的个人人格至上论的薄面纱几乎掩盖不住征服者的战争法则，而 1493 年教宗训谕证明扩张合法性的功能在这一文本中同样显而易见。大概使用这种公告形式在厚颜无耻方面超过了其文本本身，因而德·奥维多会严厉地对佩德拉里亚斯说：

> 先生，我觉得印第安人不喜欢这种宣告式的神学，他 312
> 们没有能向他们解释神学的人，愿阁下能吩咐人将这种宣告存放起来，直至我们将这些印第安人中的一个放进一个笼子里，以便他能正确地学会它，以便主教先生向他解释它。（Oviedo 3，230）

不过，人们最初为新世界选定路线的讨论结果就是使用这种“要求”和这种措辞。哥伦布以葡萄牙人为榜样，毫无顾忌地将奴役及贩卖印第安人看作从地理发现中获取利益的其中两种最重要的途径。1492 年至 1511 年共有 1700 个印第安奴隶被送往西班牙，尽管 1495 年已经暂时禁止奴役印第安人，到 1500 年彻底禁止这种做法。国王需要臣民，他们打算从贸易转向统治，觉得自己即便对印第安人也负有责任。然而他们也可以依照欧洲战争法则的惯常做法，对一场正义战争的俘虏继续进行奴役。这是 1513 年写入“要求”中的法律见解。

人们具体看到的是好战的加勒比人，他们袭击西印度群岛的和平住民，被诋毁为食人者，因而制服和奴役他们显得合情合理。食人肉、性放荡、男性同性恋以及人祭都在标准指控之列，因此那些土著被宣布为野蛮人，而对他们最好的办法就是征服。不过，这是一种可以追溯至希罗多德的“他者化（Othering）”技巧的变异。事实上，将适合变成奴隶的人宣布为加勒比人并非鲜有之事。

远征尚未西班牙化的岛屿或在南美洲北海岸抓捕奴隶已经成为常态。一些善心的传教士被自己的羔羊们打死，因为之前传教士的西班牙同胞袭击了他们的族人并将他们掠走为奴。因为所有的控制努力没有起到任何作用，所以皇帝查理五世决定于1530年全面禁止奴役印第安人。迫于既得利益者的压力，1534年该禁令又被取消，1542年重又颁布，并且成为当时颁布的改革法的永久性组成部分。然而，已成为奴隶的人没有随之立刻被解除奴隶身份，各边境地区因战争而合法化的奴隶制还持续了很长时间。

奴隶制是印第安人经受的最极端的强制劳动形式，但绝
313 不是唯一的形式。由于怀着贵族阶层特有的碰运气的心态，西班牙移民几乎不愿意从事体力劳动。因而新世界的经济“开发（mise en valeur）”要靠役使印第安人来进行。

> 为了搜集黄金和从事其他我们安排的劳作，有必要使用印第安人的劳役，因此你们应强迫他们劳动为我们效力，其间应付给每个人你们觉得适当的酬劳。

1501年，国王给哥伦布的继任者的委托书中这样写道（Pietschmann 1983，40）。不过，印第安人的文化发展也应随之同步进行，因为君王在1503年的一份指令中解释说：

> ［……］为了拯救印第安人的灵魂［……］有必要让他们分居于各个村子里，在村子里他们共同生活，不用分成一个个小群体穿越丛林，他们中的每个男性在那里都应有与自己的妻子儿女同住的房子，都应有自己耕作的田地［……］和蓄养牲畜的田地［……］［因而］村子要建得适合印第安人在那里共同生活，就像生活在我们帝国里的人那样［……］［特别是］他们要穿上衣服，四处走动时要像理性的人。（Pietschmann 1983，41）

也就是说，印第安人不仅要成为基督徒（关于这一点人们经常能读到），而且在文化方面也要随之经历很大程度的欧洲化。赤身裸体、信奉异教的散居者应变成身穿欧洲衣装、信奉基督教的农民，生活在自成一体的村子里，因而无法躲避教会、政治，特别是国家财政的控制。欧洲式的正常田间劳作在西印度印第安人看来始终是怪异的、不可理解的文化，而这种想法在西班牙人看来也同样不可理解。他们只能将印第安人的打着另一种文化印记的行为解释为懒惰。不仅公家和私人对利润的追逐经常阻碍完全出于好意表述的发展政策，而且种族中心主义的狭隘眼界也给它造成额外的困难。强制劳动（Arbeitszwang）似乎是唯一的解决办法。

于是1503年实行了“印第安人劳役分摊制（Repartimientos）”，并以监护征赋制（Encomiendas）的形式组织实施。王室官员将印第安人头人指派的一定数量的印第安人分给值得信任的人。这些出劳役者被明确定义为自由人，不是农奴，西班牙主人有义务为他们提供住处、食物和衣服，有义务付给他们适当的酬劳，并在空闲时间向他们传授基督教。然而，这种监护征 314
赋制实际上就意味着毫无顾忌地剥削印第安人，强行招募劳动力，拆散家庭使用女工、童工，遇有反抗或逃跑时使用残酷的暴行，其间常常连用于维持生命的最低限量的食物也不提供。这一体制或许甚至比奴隶制还糟糕，因为它无须将劳动力视为须加以维护的投资物，它可以无所顾忌地追逐利益最大化——损失的劳动力在此期间还很容易找到替代。

1511 年降临节期间，多明我会修士安东尼奥·德·蒙特西诺斯（Antonio de Montesinos）与其教友在圣多明各的教堂举行了一次布道，那场布道大概让当时在场的殖民地名流气都透不过来了。

> 你们所有的人都身在弥天大罪之中，由于对那些无辜的人实施残酷暴政，你们是生是死都在弥天大罪之中。说说看，你们有什么权力［……］如此残酷可怕地役使那些印第安人？［……］你们如此压榨折磨他们，不给他们吃的，因超强度劳动落下病却不予照料，他们的病是你们造成的，他们死于天天攫取黄金，确切地说，是你们杀了他们。（Las Casas 2，1957，174–179）

总之，必须还印第安人以自由身，否则西班牙人在忏悔时再也得不到赦免了。殖民地一片哗然，就连国王费尔南多二世也感到愤怒，有人在他那里告了状。但他还是任命了一个专家委员会，它给出的建议促成了 1512 年《布尔戈斯法》（Leyes de Burgos）的颁布，这是关于印第安人的第一项立法。该法坚持上层阐明的各项原则，但试图通过有利于印第安人的详细规定解决疑难问题。不过，为了实行该法而采用土地依附制，按照当时欧洲的观念也并非不合理。这样，通过官僚机构对劳动者的生存状况和死亡进行经常性的监督就应成为可能。

这是迫切需要的，因为在此期间，印第安人大批地在他们的新主人面前消失了，情状可怕且后果严重——他们死了！发

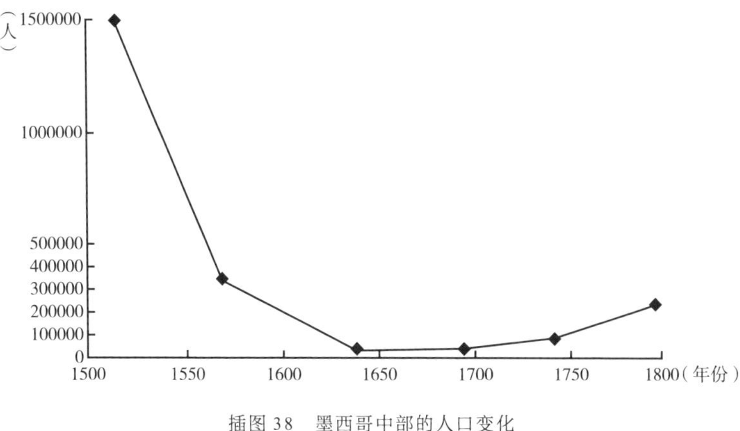

插图 38 墨西哥中部的人口变化

现美洲二十年后，人口灾难全面爆发。今天我们在西印度群岛见到的主要是非洲人，他们是后来输入的奴隶的后裔，但再也找不到一个当地印第安人了。据称，1520 年前后，海地还有 1.6 万名原住民，而 1492 年生活在那里的原住民有整整 100 万。不过其他对原住民人数的估计从 5.5 万 ~800 万不等。今天的估算在 20 万和 30 万之间。

关于阿纳瓦克（Anahuac）高地山谷，即墨西哥中部，我们有相对准确的数据。根据查尔斯·吉布森（Charles Gibson）的估算，将有纳贡义务的印第安人人数乘以三可得出较为可信的人口数。不过，1519 年有纳贡义务的人数特别不可靠。

年份	有纳贡义务的人数	人口数
1519	500000	1500000
1570	117270	325000
1644	22658	70000
1692	24566	75000
1742	37854	120000
1800	64485	275000

伍德罗·博拉（Woodrow Borah）和谢尔本·F. 库克（Sherburne F. Cook）对整个墨西哥的人口进行估算，结论为人口数字下降，1519 年为 2520 万，1568 年为 260 万，1605 年为 100 万，不过对他们的这些估算结果还存有争议。斯里彻·范·巴斯（Slicher van Bath）主张将这些数字各减去大约 15%，而其他一些估算数字更低。1540 年，尼加拉瓜和洪都拉斯有 4.5 万名有纳贡义务者，1570 年仅有 1.4 万名。

316 谢伊（Shea）估算 1520 年秘鲁的人口为 130 万 ~190 万，而诺布尔·戴维·库克（Noble David Cook）则研究得出这一年的人口为 900 万，1570 年降至 120 万，1620 年降至 67 万，损失了 93%。根据最新估算，厄瓜多尔人口损失了 85%。据称，巴西印第安人人口损失了 94%，不过这个结果是计算至今天得出的。

灾难性的人口损失是毫无疑问的，不过还无法准确地计算其数量。虽然说最晚到 1570 年前后已经有了对有纳贡义务者人数的统计，但统计结果必须向上调整，因为有一个无法确定的数字，大概是三分之一的原住民，很善于逃避纳贡义务和服役义务。无论使用什么计算技巧，1492 年人口的起始数字毕竟纯属估算。对整个美洲人口的估算在 840 万 ~1.126 亿之间。今天，我们认为约 5400 万这个数字较为可信。最初几十年的损失数字大概是最高的，然而这种考虑同样仅仅是估计。

尽管这一灾难已经显露端倪，但《布尔戈斯法》几乎一直没有起作用。批评者们并没有放弃自己的战斗。在此期间，巴托洛美·德·拉斯·卡萨斯（1484~1566 年）加入了多明我会，他是一个神职人员、士兵和委托监护主（Encomendero），按照他自己的陈述，他是在读《德训篇》① 第三十四章（“拿走

① 也称作《息辣书》《息辣箴言》《便西拉智训》《教会经典》等，《圣经·旧约》的一卷次经。——编者注

劳动者的报酬就是流他的血”）时经历了观念的转变并放弃了自己的委托监护权。他与他的朋友们作出了各种各样的努力，争取王室或那些年的各个当政者支持修正印第安人政策。一份草稿这样设想：在那些约有 240 户人家的村子里组建一个个小组，每组由一户西班牙小农家庭和五户印第安家庭构成，它们在西班牙人的带领下平分共同获得的扣除赋税后的收益。摈弃所有对西班牙人个人的人身依附，除了自己的劳动所获，西班牙人不得占有其他任何东西。不过，不可缺少的矿山劳动应使用非洲奴隶——后来拉斯·卡萨斯对该建议表示后悔并撤回了它。1520 年，拉斯·卡萨斯获准在委内瑞拉海岸进行的有关尝试失败了，因为他无法阻止这一地区奴隶猎捕者的活动。自 1522 年起，他作为多明我会修士团成员投身于他自己设立的终生事业，即释放印第安人，这也是他们得以和平推进基督教化的前提条件。

无论有多少疑虑，其间，埃尔南·科尔特斯还是在新占领 317
的墨西哥实行了监护征赋制。任何其他满足占领者和确保领地安定的方法都将意味着所产生的费用额度是皇帝查理五世不可能允许的，因为他总是需要钱进行他的欧洲战争。不过，皇帝被说服将监护征赋制限定在收取王室本就享有的某一地区的印第安人纳贡上。自 1536 年起，监护征赋制不再包括占有印第安人人身的权力。印第安人纳贡是一种人头税，是唯一向印第安人征缴的税，可以实物完税，在某些情况下也可以提供“个人服务（Servicio personal）”的形式抵税，这有可能成为问题。因为税额已经被明确规定了，而且禁止由监护主直接收缴，所以似乎逐渐制约住了个别西班牙人的恣意妄为——至少在设有正常管理机构的地区能如此。

在此期间，关于西班牙统治的合法性以及如何对待印第安人的讨论达到了一个令人瞩目的理论高度。一方的基本论点是印第安人天生低贱，他们应被看作野蛮人，甚至被看作没有理性天赋的半兽人，因此按照伟大的亚里士多德的理论，大自然本身似乎已经确定他们为奴隶。国王费尔南多的法律顾问之一胡安·洛佩斯·德·帕拉西奥斯·卢比奥斯（Juan López de Palacios Rubios）以其1513年的小册子《大洋诸岛请愿书》（*Libellus de insulis oceanis*）成为这一合法论的第一个“经典作者”。他也是“要求”的作者。

另一方的拉斯·卡萨斯和多明我会修士一直否定这一观点。1537年，他们从教宗保罗三世（Paul III）那里得到了教宗训谕《至高无上的上帝》（Sublimis Deus），训谕中明确而毫无赘言地指出，印第安人与其他人一样是具有理性的人，而作为这样的人，他们具有接受基督福音的能力。另外，正值鼎盛时期的西班牙晚期经院哲学和所谓“萨拉曼卡学派（Schule von Salamanca）”的领军人物、多明我会修士弗朗西斯科·德·维多利亚（Francisco de Vitoria，约1492~1546年）在1537年至1539年的几次授课中以远远超出那个时代的方式论述了这一问题，而值得注意的是，由于皇帝干预，这几次授课的讲稿直到1557年才得以出版。他不仅否定了关于教宗的世界统治权的传统理论（“要求”就是以它为依据），而且还否定了在查理五世的圈子里极有活力的皇帝普世统治理论（这给他带来了前面提及的禁印）。在他看来，政治生活的基本单位是独立自主的单个国家，“国际”政治就存在于这种单个国家的平等关系之中——一个使德·维多利亚成为真正的“国际法
318 之父”的理论。德·维多利亚此时也赞成赋予新世界的印第安政治体这种独立自主的单个国家的性质。然而这样一来，西班牙统治可能就只能要求非常有限的合法权利了：

> 第一个合法权利要求涉及自然社会和人类共同体的

思想。西班牙人有权向那些国家移民并在那里定居，只要他们这样做时没有对蛮人行不公之事［……］对此的论点二：［……］蛮人诸侯不能禁止其臣属与西班牙人进行贸易，另一方面，西班牙诸侯也不能禁止与那些人进行贸易［……］论点五：如若蛮人意欲阻止以上通过国际法阐述的事情，例如阻止贸易［……］则西班牙人应首先通过理性的话语和说服劝导避免任何不快之事发生，并用所有合情合理的理由证明自己的到来不是要损害他们的利益，而是想以和平的方式在他们那里居住和旅行［……］然而如果蛮人不理会所有合情合理的理由依然不满，甚至打算使用武力，则西班牙人可以进行自卫［……］并可以使用战争法则［……］论点六：若西班牙人已尽了所有的努力，除了征服蛮人之外没有其他办法能够确保自己的安全不受蛮人威胁，那么也允许西班牙人进行征服［……］

第二个合法权利要求可以称作：宣扬基督教。论点一：基督教徒在蛮人诸国有权［……］宣布福音［……］论点二：纵然此事［……］所有的人都可以做，但是教宗也可以将这类事务委托给西班牙人并禁止任何其他人行此事［……］更何况西班牙诸侯最先［……］自出经费［……］发现了新世界，因此西班牙人独享这一发现的得益［……］是公正的［……］论点三：若蛮人无论是接受还是不接受信仰都允许西班牙人自由而不受阻碍地传布福音，则不得出于传教理由以战争威胁他们，且不得占领他们的国家［……］论点四：若蛮人［……］阻碍西班牙人自由传布福音，那么西班牙人可以［……］因此开战［……］，直至自己获得传布福音的可能和保障。另外，还有一种情况能够提出合法权利要求，也就是当蛮人统治者自己作出暴行，或使用他们残暴的法律对无辜的人行不公

> 之事的时候，例如［……］用无辜之人献祭，或为了食其肉而杀死未经判决的人［……］（Konetzke 1971，9–11）

德·维多利亚绝对不否认印第安人的“野蛮”，不过他认为它并非他们本性的组成部分，不能表明征服和奴役他们是正确的，野蛮的原因是教育不足。许多西班牙农民也出于同一原因更像动物而不太像人。

自 1537 年起，拉斯·卡萨斯试图仅仅凭借多明我会传教团“真正的和平（Verapaz）”的和平武器获取北危地马拉的“战乱之地”图苏卢特兰（Tuzulutlán）。虽然成果有限，但即
319 使在这里，西班牙人与印第安人之间已成惯例的游戏规则在很长时间内都未失去效力。1540 年他回到西班牙，在那里成功地说服皇帝本人清理了纠缠于美洲利益的印度委员会以及负责殖民地的高层机构，颁布了有利于印第安人的 1542 年《新法》（Neue Gesetze），该法彻底去除了监护征赋制的水分。然而，它引起的反应（1544 年贡萨罗·皮萨罗在秘鲁发动的叛乱只是其中最引人注目的部分）迫使人们于 1545 年废止了相关部分。1549 年禁止将缴纳贡金转变为劳役，即便印第安人原本就有提供劳役的义务。但在那些西班牙人只将他们看作劳动力的地区，例如在巴拉圭，这种“个人服务”的实践一直持续到了 18 世纪。

1544 年至 1546 年，拉斯·卡萨斯作为南墨西哥恰帕斯主教（Bischof von Chiapas）维护的定居者利益重又遭受伤害。最终，1547 年，他回到西班牙，直至其生命尽头一直置身于关于印第安人命运的辩论之中，其高潮是在皇帝的一个专家委员会面前与胡安·希内斯·德·塞普尔韦达（Juan Ginés de Sepúlveda，1489？~1579 年）进行的辩论。后者是一位著名的人文主义者和前宫廷史官，在其对话录《次级民主》

（*Democrates secundus*，1543 年或 1544 年）中充当了当时在辩论中占下风那一派的代言人，按照亚里士多德的理论，他们认为印第安人属于劣等人。他的论证概括起来就是：

> 因为［……］就其本性而言，印第安人是奴隶、野蛮人和粗野凶残的人，所以他们拒绝聪明的人、强大的人和优等人的统治，不能为了自己的好处而接受他们，这符合大自然的公正，据此物质必须服从形式，躯体必须服从精神，欲望必须服从理性，粗野的动物必须服从人类，也就是不完美的必须服从完美的，劣等的必须服从优等的［……］作为第二个原因，你提及了根除食人肉这一骇人听闻的罪行，它完全违背自然，你还提及了避免不敬奉上帝而朝拜魔鬼［……］尤其是还与那种用人献祭的令人毛骨悚然的仪式联系在一起［……］通过上帝的法，所有的人都有义务［……］保护每一个人免受这种罪行侵害。第四，你指出了这样一种情况，即基督教的使命是在每一个地方［……］用宣布福音进行传教［……］要以某种方式保护这些传教士，以便在保障他们个人安全的情况下宣示救世论。同时必须将野蛮人从对他们的诸侯和祭司的惧怕中解放出来，以便他们一旦皈依，就能够自由和不受惩罚地接受基督教。（Konetzke 1971，8 f.）

拉斯·卡萨斯宣读了他那内容广泛的《论证辩解书》（*Argumentum Apologiae*）作为回应。委员会方没有作出裁定，但王室自此倾向于拉斯·卡萨斯的观点。

他花费毕生精力写出的、直到 1875/1876 年才出版的 320
《西印度史》（*Historia de las Indias*）和《西印度护教史》（*Apologética historia de las Indias*）也具有同等重要的意

义，因为它们收录了1542年写成、1552年刊印的论战节录《西印度毁灭述略》（*Brevisima Relación de la destruyción de las Indias*），发挥了巨大的影响。尽管我们应为哥伦布在甲板上写的日记得以流传下来而感谢历史学家拉斯·卡萨斯，但在使用他的《西印度毁灭述略》做原始资料时却需要格外谨慎。因为它描述了西班牙人的暴行，西班牙的政治对手和殖民政治竞争对手兴奋地抓住了它，它历来拥有众多的荷兰语版本、法语版本和英语版本的事实就表明了这一点。它为反西班牙的历史观作出了决定性的贡献，特别是为信奉新教的欧洲和北美洲的反西班牙历史观，即所谓的"黑色传说（Leyenda negra）"，作出了贡献。因此，拉斯·卡萨斯作为"玷污自家巢穴的家伙"在西班牙长期被否定。对这一历史观的必要修正首先应归功于北美洲研究，不过这种修正有时又似乎完全转向了另一个极端，即西班牙殖民政治的"白色传说（Leyenda blanca）"。在其他殖民大国中没有一个如此之早地进行过如此之多的自我批评，没有一个殖民大国的政府如此积极地表现良好意愿，如1542年至1573年西班牙的立法以及16世纪下半叶西班牙的神学讨论，这些虽说都没错，但在北美洲实现起来却很不如人意。虽然监护征赋制得到了控制，虽然自1573年颁布各项法令以来，以"要求"进行的征服实际上已由以"安抚（Pacificación）"进行的征服所取代，但剥削印第安人劳动力仍以其他方式继续进行着。

由于印第安传统通过欧洲的干预奇特地叠加在一起，因此不仅存在着没有自由身份的家庭仆役和田间劳作者（Naborías，在墨西哥称Mayeques，在秘鲁称Yanaconas，传统上他们不属于当地的社会集体），而且特别是印加的国家劳役还继续存在，即"米塔制（Mita）"，从此以后，它主要被用于开采贵金属矿，尤其是被用于开采1545年发现的海拔4000米的波托西

（Potosí）银矿。不过米塔制也被用于纺织业（obrajes）。1563年，秘鲁总督道出了王室在责任意识和金钱需求之间的两难困境。

> 陛下命令使用印第安人在矿山劳动时不应违背他们的意愿……陛下还命令务必十分重视开采矿山，这样做非 321
> 常重要。但愿阁下［……］在一件事情上不要耽于想象，即以为可以使用西班牙人开采矿山，因为很少有西班牙人会做此事，他们非常傲慢，宁愿饿死也不会拿起镐头。（Konetzke 1971，27）

另外，备用劳动力在适应新环境方面面临着诸多困难。因而下一任总督于1572年作出规定，周围16个区每年须有13500个印第安人在波托西做工一年，这样以4500人为一批实行轮班，下矿井一周后休息两周，各矿主须支付路费和低于自由劳工工资的酬劳。米塔制废止后，工资部分甚至还升至两倍多。劳动时间为从日出一个半小时后至日落，冬季为从10点至16点，中间休息一小时，星期天和节日不出工。不过，教宗已于1537年将印第安人无须出工的宗教节日从45天减为11天，这一规定未被废止。另外，如有缺席，星期天弥撒时将被责罚十五杖挞。尽管如此，这个与印加帝国的习俗相关联的体制在书面上给人以还可忍受的印象。

然而，实际上那些矿主省去了路费开支，并且找出种种借口削减工钱。他们延长劳动时间，强迫劳工留在井下五天并在那里过夜，由于排水和通风条件差，劳工的健康受到极大的损害。“服米塔劳役者”丧生了，实行米塔制的诸省的住民纷纷逃离，他们宁愿在别的地方充当没有自由却不用服米塔劳役的农业劳工，或者巧妙地找出其他方法逃避服米塔劳役。因此我们必须慎重看待这方面的数字，例如有人称自1574年至1683年，实行米塔制诸省的人口从81000降至10633，或者称150年间有800万名印第安人在波托西那些银矿中丧生。但是另一方面，我们也几乎没有必要通过新的研究更加精细地分析这一体制，以重新评价它并为其辩护。它从来就不缺少出自西班牙最高行政机构的批评者。当然，米塔制直到1812年才被废止，那时它早已过时了。

就整体而言，剥削西班牙帝国的印第安人下层并使他们贫困化的趋势是一目了然的。然而，成为白色专制牺牲品的原住民并非得不到任何慰藉，不过留给他们的慰藉只有古柯
322 （Koka）[①]或酒精带来的迷醉感受。因为与印加时代不同，西班牙人已经普遍使用起古柯这种从前只有极少数人能使用的药物，他们甚至用它做起了生意；同样，他们也用当地人尚不知道的浓度更高的酒精饮料做生意，此前他们已经凭借那里尚无人知晓的烧酒酿制技术将它引入了美洲。然而在这种躲避主义之上，还存在各种各样应对殖民强国的可能性，其中就包括极富创造性的，在底层参与塑造新生的殖民社会的方式。最终也不乏集体行动。一系列社会动乱、本土运动和起义长期持续，给人留下了深刻印象。

---

① 古柯科古柯属灌木或小灌木，生长于南美洲安第斯山区，从其叶中提炼的古柯碱又称“可卡因”。——编者注

大西洋的生态

另外，随着哥伦布的历次航行，世界历史上规模最大的生物文化交流进程也在全球范围内拉开了帷幕，因此它被恰如其分地称作“哥伦布大交换（Columbian Exchange）”（Crosby 1972）。概括地说，新世界从旧世界得到的是人、文化、动物和植物，旧世界从新世界得到的首先是独特的人工培育植物。然而，第一批欧洲人和非洲人一踏上美洲土地，那里就开始了上文描述过的原住民的人口灾难，在很短的时间内就导致了难以置信的人口损失。

持批判态度的同时代人，如拉斯·卡萨斯，用征服者的种种罪行来解释人口损失，“黑色传说”到 20 世纪仍在流行，现代人依据那些罪行谴责西班牙人对印第安人进行的种族灭绝性屠杀。然而，人数不多的西班牙人在体能上根本没有能力像人们所谴责的那样杀害 1200 万 ~2000 万人，毕竟这完全不符合他们的利益，因为他们不会杀死自己意欲剥削其劳动力的人。

被称作莫托里尼亚（Motolinia）的托里比奥·德·贝纳文特（Toribio de Benavente）是第一批进入墨西哥的方济各会修士中的一个，他列出了人口灾难的十个原因，和其他同时代人一样，他列在首位的是使攻占特诺奇蒂特兰成为可能的天花。紧随其后的是征服战争和随后在西班牙人之间进行的历次内战，以及战争期间粮食停产而造成的饥荒。其余六个原因皆与印第安人承受的重负荷有关，根源在于他们的劳动力在纳贡和施工，尤其是在矿山施工中被过度榨取。另外还有劳工营养不足以及监工施虐等原因，后者包括非洲监工的虐待，与印第安监工相比，西班牙人常常更信任他们。今天我们必须补充一点，即对男性的强制劳役使维持生计的整个重担落在了女性身上，家庭四分五裂，致使人口再生产能力受限，更莫说绝望使人通过禁欲、避孕、堕胎和杀婴来逃避生育后代。这些原住民不愿生下未来的奴隶！

不过实际上，主要原因是天花和其他流行病，当然，它们与其他原因之间存在着关联，因为贫穷、营养不良、劳累过度和迁徙可能加剧了流行病的传播，甚至可能本来就是由它们引起流行病传播的。从根本上讲，生物文化交流的副作用，或者说“世界微生物的统一化（unification microbienne du monde）”，也就是我们今天所称的“微生物的全球化（mikrobiologische Globalisierung）”已经开始。欧洲人和非洲人以及由他们引入的家畜将病毒和细菌带往完全不知它们为何物的美洲，而原住民缺乏必需的抗体，或者说基因甚至决定了他们特别容易感染某些传染病。

考古学家已经指出，在欧洲人到来之前，最早的美洲人也患关节炎、肺结核以及偏食玉米和类似食物而造成的多种营养缺乏症。婴儿死亡率、产妇死亡率以及频繁的战争使平均寿命的统计结果在当时已下降到25~30岁。然而尽管如此，由于他们与外界隔绝，以及自迁徙到那里以来，已在严酷环境中经受了几千年的磨炼，从整体上讲，他们比旧世界的住民更健康。

然而，现在欧洲人和非洲人不但带来了天花，还带来了麻疹、流行性感冒、腺鼠疫、白喉、伤寒、猩红热、沙眼、百日咳、肺炎、水痘、流行性腮腺炎、风疹、疟疾和黄热病，其中后两种病来自非洲。具有灾难性后果的不单是那些人们熟悉的传染病，如O型血不能形成抗体的鼠疫或天花，而且还有危险性相对低的伤风和流感。就连欧洲的家畜也是传染体——凡是欧洲家畜数量增加的地方，印第安人的家畜的数量就在减少。
324 不过分散居住显然能够保全生命。此外，新世界长期与外界隔绝似乎导致了人口基因组合的高度一致（例如可能所有印第安人都是O型血），因而这一群体适应新一轮自然选择的可能性十分有限，或者需要以新的基因组合为前提来应对挑战——欧洲白人与印第安人的混血儿事实上就具有抵抗旧世界传染病的能力。那些可以证明与欧洲人仅有过和睦关系的民族也很快便灭绝了。

至少可以确证从1520年至1600年，新世界有17次较大规模的时疫。1518年，第一次天花流行夺去了埃斯帕诺拉（Española）大部分住民的生命，如果他们之前没有在1493年哥伦布带来的流行性感冒中丧生的话。接着，天花于1520年让保卫特诺奇蒂特兰的阿兹特克人大量死亡，并侵入尚未出现过欧洲人的南美洲和北美洲南部。据称，印加王瓦伊纳·卡帕克（Huayna Capac）1525年也是死于此病。秘鲁人口稠密的海岸地区的住民几乎全部消失并被白人和非洲人取代，而分散居住的高原印第安人则相对安全地活下来了——有传染风险的接触在这里较少发生。

北美洲西南部普韦布洛文明区以及北美洲东南部密西西比文明区的人口损失据称也非常大，以至于后者的社会秩序瓦解了，并由活下来的人组成的新联盟所取代。1540年前后，德·索托在今天的南卡罗来纳（Südcarolina）见过一些被遗弃的荒芜城市。1616年至1618年，天花第一次在大西洋海岸的北部地区传播，一些部族，如马萨诸塞部族（Massachusett）和万帕诺亚格部族（Wampanoaq），在很短的时间内就失去了其90%的族人。五大湖区于1633年开始出现天花。1639/1640年的一次天花流行致使休伦人（Huronen）人口从2.1万减至一半。

由于各种估算数字皆不可靠，因而我们在这里将1492年的人口数设为百分之百，用相对百分比替代绝对数字重新进行计算，以描述西属美洲人口减少的大致情况。人口减少是随时疫而阵发的，间隔期内人口可能有所恢复。另外，不是所有的人都会被感染，形成免疫体的人数也在增加。一些传染病逐渐演变为儿童疾病，病愈后活下来的人像旧世界的人一样获得了免疫力。然而，某种此前不知道的流行病会造成更糟糕的结果。当然不是所有被感染者都死了，特殊年龄段和特殊群体可
325 能死亡率更高。幼儿死亡后，家庭中很快又有新生儿降生。用这种修正得出了下面的数据（HGAL 2，316）。

单位：年，%

时间段	疾病 / 间隔	人口变化百分比	与初始人口相对的人口百分比
1492			100.0
1493~1514	流感？	-20.0	80.0
1514~1519	5 年	+ 2.5	82.0
1519~1528	天花	-35.0	53.3
1528~1531	3 年	+ 1.5	54.1
1531~1534	麻疹	-25.0	40.6
1534~1545	11 年	+ 5.5	42.8
1545~1546	肺鼠疫	-35.0	27.8
1546~1557	11 年	+ 5.5	29.3
1557~1563	麻疹	-20.0	23.4
1563~1576	13 年	+ 6.5	24.9
1576~1591	伤寒	-47.0	13.2
1591~1595	4 年	+ 2.0	13.5
1595~1597	麻疹	- 8.0	12.4
1597~1611	14 年	+ 7.0	13.3
1611~1614	麻疹	- 8.0	12.2
1614~1630	16 年	+ 8.0	13.2
1630~1633	伤寒	-10.0	11.9

除了已经提及的 1519 年至 1528 年的天花时疫，造成灾难性后果的还有该世纪中叶的肺鼠疫和 1576 年至 1591 年的伤寒时疫。按照这一算法，到 17 世纪前 30 年只剩下初始人口的 12%。

在疾病领域，新世界给旧世界的唯一“回礼”是一种新型侵入性梅毒，它是由哥伦布的随从带入欧洲的。

印第安人和非洲人清楚知道某些流行病与白人的“魔法”有

关。不过有意识的生物战似乎并不多见，尽管杰弗里·阿默斯特（Jeffrey Amherst）将军和亨利·鲍奎特（Henry Bouquet）上校绝对不是唯一这样做的人——他们于1763年企图借助分发沾染了天花病毒的被单使印第安人大量减少。18世纪，尼加拉瓜总督和得克萨斯总督在对付“未开化的野蛮人”时也寄希望于天花，而亚松森总督确实让印第安人感染上了天花（Weber 2005, 151）。

旧主人的巨大损失绝对没有通过新主人的相应移入而得到补偿，尽管现在我们得到了关于部分群体的准确数字，但相应 326
的，各种估算结果差异也很大。另外，这里涉及的是家庭（之主）还是（成年）个人也不总是明确的。以下数据是对移出西班牙的人数的较新估算（HGAL 3/2, 417–422）。

单位：年，人

1506~1540	43251
1541~1560	42420
1561~1600	157182
1506~1600	242853
1601~1625	111312
1626~1650	83504
1601~1650	194816
1506~1650	437669

据称，1493年至1600年，女性移民占比从5.6%上升到28.5%。1517年至1700年从狭义卡斯蒂利亚[①]走出的9812个有名有姓的移民中，女性只占8%。然而这些女性有一半

① 卡斯蒂利亚地区最早为伊比利亚半岛西北部的一片区域，9世纪隶属于阿斯图里亚斯王国，之后成为莱昂王国的领地，不断扩大面积、与周边王国融合，1035年建立卡斯蒂利亚王国，在伊莎贝拉与费尔南多二世治下与阿拉贡王国合并为统一的政权。卡斯蒂利亚王国包括西北部的老卡斯蒂利亚和中部的新卡斯蒂利亚，因而有狭义和广义之分。——编者注

已经结婚，而年轻男性移民则有 90% 是单身，他们大多处于 20~29 岁的区间，且当中有大量是仆人。至少在最初，西班牙移民的死亡率肯定也很高，另外可能还有最高达 20% 的返回者。17 世纪从卡斯蒂利亚走出的移民人数下降到 16 世纪的四分之一——经历了一场鼠疫灾难后，西班牙彼时也忍受着人口不足之苦。

西班牙移民来自卡斯蒂利亚的不同地区，最初主要来自安达卢西亚和埃斯特雷马杜拉，科尔特斯、皮萨罗、瓦尔迪维亚等人就来自埃斯特雷马杜拉。在“皮萨罗之城”特鲁希略的约 9000 名居民中，与美洲有关联的远远超过 1000 人，因此 16 世纪中叶可以证实的来自那里的移民有 846 人就不足为怪了。和通常一样，家族网络和其他社会网络在迁徙中发挥着巨大作用。西班牙中心区布里韦加（Brihuega）的 4000 名居民中有 1000 人去了墨西哥的普埃布拉（Puebla），他们聚居在那里，因而他们当中违反刑法的同时代人不可能轻而易举地在新世界销声匿迹。虽说美洲归卡斯蒂利亚王室所有，但至少在私下里也被允许做阿拉贡王室的臣民。1526 年至 1542 年，甚至皇帝查理五世所有帝国的国民都可移民美洲——或许这是其世界统治理论的一个结果？在西班牙的催逼下，这一许可后来被废止。迁出须有殖民机构商贸楼（Casa de la Contratación）的许可。我们知道，1509 年至 1577 年有 25698 份许可登记在册，
327 1598 年至 1621 年有 22034 份，其中 2313 份是给修士的，当中有 961 个方济各会修士、642 个多明我会修士和 348 个耶稣会修士。然而并非所有的人都被记进了登记簿，控制之外的移民经常发生，毕竟 1559/1560 年非法渡海每人收费 9~25 比索，而合法渡海每人收费为 18~35 比索。因为与其他殖民帝国不同，西班牙官方特别注意只让那些有助于建立良好秩序的人移民。完整家庭移民、家庭团聚移民和组建家庭移民得到特别重

视。另外，与印第安女人的正式婚姻于1514年得到法律的明确认可。摩尔人、犹太人以及他们接受洗礼的后代与异教徒以及吉卜赛人一样都被排除在外，在大多数时候，外国人也被排除在外。殖民时代末期，有经济创造力的巴斯克人（Basken）和北部西班牙人的移民人数增多了。

征服者中本来就有非洲裔人，不过第一批西班牙移民也带有非洲奴隶。由于印第安劳动力出现了严重问题，因此较大规模的非洲奴隶进口很快就开始了，供应者是控制着非洲海岸的葡萄牙人，但进口者是国王颁发的准予买卖一定数量奴隶的特许状的持有者或从持有者那里买得特许状的人。除国王的诸多宠信外，在1528年的特许状获取者中，我们也看到了奥格斯堡的韦尔泽尔公司。自1595年开始，西班牙与唯一一个经营者签订为期若干年的垄断合同，它就是所谓的“阿西恩托（Asiento）”[①]。根据较新的计算，西班牙人自己将整整100万名非洲人运往美洲，其中四分之三是于19世纪运往古巴。西属美洲其余地方进口的奴隶人数经核实为42.7万，不过大部分是通过阿西恩托持有者转手而得的。在葡萄牙人及其他人之后，18世纪从事这项贸易的是英国人。到达英属和荷属加勒比海诸岛的非洲人数量巨大，但具体数字无法确定，应在250万人以上，不过他们只能通过偷渡进入西属美洲，主要是取道牙买加和库拉索（Curaçao）。至18世纪下半叶应有71.6万名非洲人被强制带入西属美洲，而自由西班牙移民为67.8万人。据称，1640年秘鲁有7万非洲裔人口，1646年墨西哥有15.2万非洲裔人口，其中大部分是奴隶。

---

① “阿西恩托”是16世纪初至18世纪中叶，西班牙与外国政府或外国商人所签订的关于经营自非洲贩运奴隶至西属美洲殖民地特权的协定名称。第一个协定是由西班牙国王于1518年签署批准的，最后一个是1773年。——编者注

然而，即使把西班牙人和非洲人加在一起，也抵消不了印第安人的死亡数量，因而从生态角度看，在最初的一百年
328 里，人对环境的压力开始减轻。西属美洲当时似乎比之前和之后都要多一些“绿色”。或许哥伦布到达之前的那些拥有高度文明的大民族在1492年已经达到了其栖息地生态承载力的上限，正面临着一个马尔萨斯陷阱（malthusianische Falle）的闭合点，即人口的增长即将超过社会生产总值的增长，特别是超过粮食生产的发展。印第安人生活在与自然和环境的和谐关系中终归是一种不切合实际的虚构图景，是对文化持批判态度的欧洲人的一种怀旧式投影。与别处的所谓未开化民族的流行做法一样，印第安人大概也会向被认为具有灵魂的自然“请求原谅”，如果他们伤害了它。但这并不妨碍他们出于自身需求而大肆破坏它。比如有人怀疑他们在很久以前就杀绝了“双大陆”[①]上许多可猎杀的大型动物。就连新世界的一些草原也不是原本就有的，而是印第安人定期焚烧森林的结果。墨西哥的浮园耕作（Chinampas）[②]，即湖上的人工苗床，在特诺奇蒂特兰周边大约有1.2万公顷，和一个个灌溉系统以及安第斯山区最少60万公顷的梯田一样，不仅是高度人为的生态系统，而且是高度敏感的生态系统。

然而欧洲人想过惯常的生活，因此一开始就依照自己的生活方式，带着自己习惯的欧洲人工培育植物和家畜越过了大西洋：小麦以及包括谷子和稻子在内的各种粮食，蔬菜和香料，各种果树，橄榄、栗子、扁桃和葡萄，各种花卉和其他观赏植物，不过同时也带去了各种各样的杂草。另外，还有旧世界其他地区的植物，如柑橘、香蕉和甘蔗。我们能够列出158种此时开始征服新世界的旧世界植物，其中人工培植的植物有93

① 指南美洲和北美洲。——编者注

② 又译湖滨菜园或湖滨花园。——编者注

种。葡萄和橄榄树在四季潮湿的热带美洲遇到了气候问题。另外，旧世界的动植物在与南北美洲大陆的动植物竞争，而美洲动植物的物种要丰富许多，不过这也是差异性生态适应的结果。一个很能说明问题的调查结果是，在北美洲东北部这个物种交流特别深入的地区，美洲植物虽然至今仍然保持着显而易见的物种丰富性，因为那里的植物只有 18% 源自旧世界，但在单种的生物量方面占优势的却是后者。

此外，新植物的引入并不限于最初接触时期。对今天的拉丁美洲经济至关重要的产品——咖啡——是 18 世纪引进的，柳树和澳大利亚桉树的引入时间是 19 世纪，今天它们已成为一 329
些美洲地区的独特风景。

虽说欧洲农业与印第安农业水平相当，处于竞争状态，但前者还是被接受了。耕犁排挤掉了印第安人的木铲，不过土壤侵蚀的后果也不鲜见。欧洲式的农业生产区出现了，农庄和大地产出现了，地中海类型或西欧类型的村庄和城镇出现了。围栏成了一种新的经济形式的主要标志，而这种经济形式正是严格的私有制在文化史上的一个特例。19 世纪和 20 世纪，北美洲和南美洲的稀树草原最终变成了世界经济的粮仓。

与人工培植的植物不同，同样被立刻引入的欧洲家畜几乎没有竞争对手。1493 年，马、牛、猪、绵羊、山羊和鸡已经被送上了伊斯帕尼奥拉岛（Hispaniola），欧洲的狗、猫和鼠类不久也跟随而至。战马和猎犬在西班牙人征服进程中的意义已为人所知，少有人知的是黑猪的作用，它们被当作活给养，成群地赶着上路，并且很快野化并繁衍、散布开来。《佛罗伦萨抄本》（*Codex Florentinus*）的一幅插图描绘了科尔特斯离船上岸时，它们在海岸边四处奔跑的情景。1520 年代末，墨西哥城议会不得不商议如何将大量的猪从街上清除掉的问题。1539 年，德·索托“进入”北美洲时带了 13 头猪，到 1542

年已变成700头，这段征服史确实叫人禁不住大骂“猪猡”。

野化的牛群和马群也找到了良好的生存条件。此前印第安人几乎不懂得饲养家畜，动物蛋白的享用量极为有限。很快他们便懂得了利用这些新的可能性，对数量增多的欧式肉食极为赞赏，特别是动物数量增加而人口数量减少导致了肉类价格下跌。另外，皮革随之也成为新世界的一种新产品，而且很快成为重要的出口货物。胡安·希内斯·德·塞普尔韦达甚至认为，引入铁、家畜和人工培植的植物，比西班牙人从印第安人那里抢夺的所有东西都更有价值。犁、车以及驮货骡队唯有借助引进的动物才有可能使用，骡队替代了美洲驼队，替代了人力搬运，甚至被用于运载人。1550年后不久，墨西哥的印第安人还曾抗议“吃
330 人”的绵羊数量激增。到16世纪末，墨西哥印第安人就成了欧洲意义上的农民，他们将农业和畜牧业结合起来，因为他们此时养有成千上万的绵羊、山羊和猪。他们似乎只将牛让给了西班牙人。与禁止他们携带欧洲武器一样，他们也被禁止养马。或许就是出于这一原因，杂交主要集中于骡子饲养领域，最终为一次运输革命作出了贡献。

尽管如此，通过买卖和抢夺马匹，北美洲和南美洲出现了以骑马捕猎大型野兽或以骑马放牧为生的新型印第安文明，直到19世纪后期，美国、阿根廷和智利发动意在占领的远征时，这些印第安文明还在维护自己的独立。在北美大草原，马于17、18世纪从南部一直传到萨斯喀彻温（Saskatchewan），那里的印第安人有时会为了骑马游猎放牧而放弃基本属于定居的生活方式。这说明我们的冒险传奇图书和冒险传奇电影中的印第安骑兵勇士其实是大西洋交流的富有创造性的产物。

接受人工培植的植物新物种和家畜，特别是接受一种新的经济和文化生活方式，本质上是各参与群体之间文化力量的趋向问题，除非某一革新的种种优点显而易见而且遇上了同样显

而易见的需求。有些人工培植的植物（如新粮食物种玉米）与已有物种有相似之处，但相对后者有其优点（例如在非洲后引进的木薯之于本土的山药），接受它们比接受全新和陌生的物种要容易一些（陌生物种马铃薯在欧洲则经过较长时间才被广泛种植和食用）。此时，美洲的种植文化能够提供大量人工培植的植物新物种：玉米、马铃薯、红薯、木薯、各类美洲豆、花生、西红柿、各类美洲南瓜、辣椒、可可、烟草，等等，若没有它们，欧洲乃至全世界今天恐怕难以养活自己。美洲人工培植的植物为57~250种，但其中有许多已（几乎）被忘记了，因为对一个物种的接受倚重的不是生物优势，而是文化习惯和权力影响，因此接受进程会因植物和受众不同而存在极大的差异。

今天，玉米生长在整个世界那些比较温暖的地区。它填充了小麦和稻子之间的小生境，生长在那些对小麦而言过于潮湿而对稻子而言过于干燥的地方。它的单产量是其他任一粮食物种的两倍或三倍，其热量高出各种非洲谷类50%至100%。它 331
生长速度快，不像稻子需要那么多的田间管理。它含有大量碳水化合物和脂肪，其热量高出等量小麦75%。然而若将其作为单一主食便会导致维生素缺乏症：糙皮病。哥伦布1493年就已经带上了它。在地中海地区夏季潮湿的边缘地带，它找到了理想的生长条件，在葡萄牙北部、西班牙北部和意大利北部很快被接受。后来又加上了巴尔干，那里成了许多美洲人工培植植物的乐土，而不仅仅是辣椒的乐土。我们尚不完全清楚奥斯曼帝国在美洲植物传播过程中所起的作用，但在许多欧洲语言里，玉米被称作“土耳其人的粮食”。玉米粥于17世纪在意大利以“Polenta”①之名流行于大众餐桌上，18世纪作为“Mamaliga”②在罗马尼亚成为大众食物。今天玉米在欧洲分

① 用玉米淀粉煮制而成的糊状食物。——编者注

② 一种传统主食，将玉米粉煮成粥状，常搭配酸奶油食用。——编者注

布广泛，但与其他大洲不同，只是在极大的范围内间接为人们所食用，即用作牲畜饲料。

16 世纪，葡萄牙人将玉米、花生、红薯、木薯、辣椒以及其他许多美洲人工培植植物带往了中国和东南亚。在此期间，各种辣椒赋予许多亚洲菜系以各自的典型辣味。17、18 世纪，玉米和红薯在中国成为重要的大众食物。今天中国 37% 的粮食为原产于美洲的植物物种，全球 80% 的红薯收获量在中国。红薯生长在对稻子而言过于陡峭、干燥和贫瘠的土地上，不需要太多的田间管理，其单产量却是稻子的三倍至四倍。它易清理、易烹调，含有大量的碳水化合物和维生素。或许就是这一粮食状况的改善使中国后来的人口爆炸成为可能。17 世纪初，马铃薯和红薯进入日本，可能是从印度尼西亚进入的。1772 年，蝗虫毁掉了日本九州岛的稻子收成，是红薯使那里的人免于饿死。

除中国之外，东南非洲各国是今天最大的玉米种植区，作为最重要的作物和最重要的热量提供物，玉米在这里的重要性甚至大于在墨西哥和危地马拉的重要性。然而它好像很晚才进入南非和东非，大概不早于 19 世纪。16 世纪，葡萄牙人已将它带入濒临大西洋的非洲地区。1550 年，它在佛得角群岛和圣多美已经是主要食物。17 世纪，谷子和稻子在西非的种植量下降而玉米的种植量提升。谷子的生长期长，而在新砍伐的森林地
332 区，玉米常常能收获两季。“白人的粮食”——曼德人（Mande）和巴刚果人（Bakongo）如此称呼玉米——早已融入了文化和礼仪，它是一个阿肯族群（Akan-Gruppe）的图腾，是约鲁巴人（Yoruba）陶器上的伸展形图案，是 18 世纪阿散蒂[①]王国军事实力的体现。

木薯也是葡萄牙人输往非洲的重要物种，在那里同样成

① Asante 或 Ashanti，也可译作阿善提（见前文）。——编者注

为最重要的淀粉提供物之一，它的热量高出玉米150%，优点多于和奴隶一起到达美洲的非洲山药，在任何海拔高度都能生长，能生长在贫瘠干旱的土地里，抗虫抗涝，而且单产量高于其他所有热带作物。另外成熟的块根可在土壤中保留四年。可以证实濒临大西洋的非洲地区很早就有了木薯，在第一批欧洲人到达刚果盆地南部之前那里就已经有了木薯。除非洲传统之外，与16世纪末17世纪初文化英雄夏阿姆（Shyaam）建立库巴王国（Kubareich）联系最紧密的就是玉米、木薯、豆类和烟草的引入。就连非洲部分地区人口变得稠密，建立起帝国，恐怕也是因借助美洲人工培植植物改善了粮食生产状况才成为可能的，甚至奴隶买卖的扩大可能也与此有间接关联。

同样重要的还有那些源于美洲的植物脂肪的提供者，如非洲、印度和中国种植的花生，或者说对气候不敏感的向日葵。19世纪以来，后者在俄国被广泛种植，但不是用于庭院装饰，而是为了榨油；今天特别是在非洲，它依然具有重要意义。

马铃薯是北欧最为重要的源于北美洲的人工培植植物，而它被用作食物的进程同样缓慢，由于是新物种，它长期被不信任的目光视为庭院植物。马铃薯的单产量能达到北欧主要粮食黑麦的四倍，与玉米不同，它几乎含有人体需要的所有营养素。不过，尽管种植它需要高强度的劳动，但是鉴于贫困人口众多，马铃薯非常适合用来养活他们。这一新作物无须缴纳教会什一税等各种传统赋税，玉米的情况也大概如此。定期锄草取代了翻耕休耕地，也就是说造成了三田轮作制的解体。据称，一个家庭靠不足一公顷土地收获的马铃薯便可以活一年。这对欧洲人口增长和工业化起步而言是十分理想的作物！可以证实，1573年在塞维利亚，人们已经在食用马铃薯。17世纪
以来，它成为爱尔兰和西阿尔卑斯山脉地区的主要食物。直 333
到18世纪末，一定程度上依靠当局的帮助，又或因为经历过

1771 年至 1774 年的粮食危机，马铃薯才在欧洲其他地区普及。在《百科全书》（*Encyclopédie*）里可以读到这样的文字：

> ［尽管经过烹饪，］这种块茎依然味道不佳而且少汁。无法将其列为美味食物，而它为只满足于果腹的人提供了丰富的营养。有理由认为马铃薯会引起肠胃胀气，但对农民工人强壮的器官而言放屁又有什么关系呢？（Crosby 1972，182）

早先当战俘时在普鲁士了解了马铃薯的安托万·帕门蒂尔（Antoine Parmentier）在最高层的支持下尽其所能在法国大力推广它。18、19 世纪，马铃薯在北欧和俄国的一些地区成为地地道道的大众食物。

不过从美洲来到的也有新型杂草，例如南美洲的凤眼莲（Eichhornia crassipes）从此在非洲的一个个湖面和沼泽里形成了厚厚的垫子似的覆盖层，使水下动物没有了氧气。美洲提供的还有具有兴奋作用的新植物。一种工业化生产的现代饮料[①]承诺含有玻利维亚古柯叶和非洲柯拉果这两种具有兴奋作用的原料——但实际上丝毫未含二者的成分。美洲的第一个巨大成功是具有兴奋作用的植物烟草，欧洲人在南美洲和中美洲熟悉的享用形式是卷制烟，在北美洲是烟斗。烟草的植物学名称“Nicotiana”得自 16 世纪中叶致力于推广它的法国外交官基恩·尼科特（Jean Nicot）。1600 年前后，欧洲和亚洲大概已普遍认识了烟草这种东西，非洲也很快赶了上来，因为 17 世纪以来，它在那里已成为欧洲商人最喜欢的进口货物之一。也是在 17 世纪，它被认可为享乐品。据称，英国的烟草人均年

---

① 即可口可乐（Coca-Cola）。——编者注

消耗量从1630年的0.02磅上升到1700年的2.3磅，尼德兰的数字与其类似，在尼德兰的豪达（Gouda）有15000人从事陶制烟斗的生产。除治疗作用外，它的有害作用也很早就被确定。英国国王雅各布一世（Jakob I）[①]亲自写了一份传单《这贵重的恶臭》（*this precious stinke*）；1604年以来，世界上所有大国和许多小国都曾宣布过禁烟，次数之多令人印象深刻。然而这是徒劳无功的，特别是直至今天，人们一直在实行一种双重道德标准，各个国家同时采用禁令建立起烟草垄断，或者至少通过课税获取利益。1845年开始大量生产香烟，据称，1988年全世界抽掉了52700亿支香烟。

---

① 即詹姆斯一世。

原始资料与参考文献

新世界的旧主人

Anderson, A. J. O./Dibble, C. E. (Hg.), Codex Florentinus: General History of the Things of New Spain, 13 Bde., Salt Lake City 1950–82 | Bollinger, A., So bauten die Inka, Diessenhofen 1980 | Bosch-Gimpera, P., Transpazifische Parallelen der amerikanischen Hochkulturen und ihre Chronologie, in: Saeculum 22 (1971) 195–226 | [CHNPA] The Cambridge History of the Native Peoples of America, 3 Bde. in 6 Tln., Cambridge 1997–2000 | Clendinnen, I., Aztecs: An Interpretation, Cambridge 1991 | Conrad, G. W./Demarest, A. A., Religion and Empire: The Dynamics of Aztec and Inca Expansionism, Cambridge 1984 | Fingerhut, E., Who First Discovered America? A Critique of Pre-Columbian Voyages, Claremont, CA 1984 | Kurella, D., Kulturen und Bauwerke des Alten Peru, Stuttgart 2008 | Lanczkowski, G., Die Religionen der Azteken, Maya und Inka, Darmstadt 1989 | León-Portilla, M., The Aztec Image of Self and Society, Salt Lake City 1992 | Lucena Salmoral, M., Amerika 1492. Porträt eines Kontinents vor 500 Jahren, München 1991 | Mann, C. C., 1491: New Revelations of the Americas before Columbus, New York 2005 | Prem, H. J., Geschichte Altamerikas, 2. Aufl., München 2008 | Reséndez, A./Kemp, B. M., Genetics and the History of Latin America, in: HAHR 85 (2005) 283–98 | Ross, K., Codex Mendoza. Aztekische Handschrift, Fribourg 1984 | Schalley, A. C., Das mathematische Weltbild der Maya, Frankfurt 2000 | Soustelle, J., So lebten die Azteken am Vorabend der spanischen Eroberung, Stuttgart 1956 | Wilhelmy, H., Welt und Umwelt der Maya. Aufstieg und Untergang einer Hochkultur, 2. Aufl., München 1989 | [World Digital Library] http://www.wdl.org.

征　服

Adorno, R./Boserup, I., New Studies of the Autograph Manuscript of Felipe Guaman Poma de Ayala's Nueva coronica y buen gobierno, Kopenhagen 2003 | Aldrich, R./McKenzie, K. (Hg.), The Routledge History of Western Empires, London u. a. 2014 | [Alvarado] Termer, J. (Hg.), Quauhtemallan und Cuzcatlan. Der erste und zweite Bericht des Pedro de Alvarado über die Eroberung von Guatemala und El Salvador im Jahre 1524, Hamburg 1948 | Amaya Topete, J., Atlas mexicano de la conquista, Mexico 1955 | Aram, B., Leyendas negras y leyendas doradas en la conquista de America. Pedrarias y Balboa, Madrid 2008 | Asselbergs, F. G. L., Conquered Conquistadors: The Lienzo de Quauhquechollan, a Nahua Vision of the Conquest of Guatemala, Leiden 2004 | Avonto, L., Mercurino Arborio de Gattinara e l'America, Vercelli 1981 | Ballesteros Gaibrois, M., Descubrimiento y conquista del Perú, Barcelona 1963 | Baumgartner, J., Ein Vorläufer Las Casas'. Der Konquistador Alvar Núñez Cabeza de Vaca, in: NZMW 37 (1981) 172–88 | Benítez, F., The Century after Cortés, Chicago 1965 | Bernal Díaz del Castillo, Verdadera historia de los sucesos de la conquista de la Nueva España, Madrid 1923 | [Bernal Diaz] Narziß, G. A. (Hg.), Bernal Diaz del Castillo, Wahrhafte Geschichte der Entdeckung und Eroberung von Neu-Spanien, 3. Aufl., Stuttgart 1971 | [Betanzos] Martin Rubio, M. de C. (Hg.), Juan de Betanzos, Suma y narración de los Incas, Madrid 1987 | Brading, D. A., The First

America: The Spanish Monarchy, Creole Patriots and the Liberal State, 1492–1867, Cambridge 1991 | Burland, C. A., Montezuma, Herrscher der Azteken, Würzburg 1974 | Chamberlain, R. S., Conquista y colonización de Yucatán 1517–50, Mexico 1974 [engl. 1948] | Chaunu, P., Les romances de chevalerie et la conquête du Noveau Monde, in: Annales 10 (1955) 216–28 | –, Conquête et exploitation des nouveaux mondes (XVIe siècle), Paris 1969 | Chiappelli, F. (Hg.), First Images of America: The Impact of the New World on the Old, 2 Bde., Berkeley 1976 | Chipman, D. E., Moctezuma's Children, Austin 2005 | Cieza de León, Pedro, The War of Quito (Hakluyt II 31), London 1913, Ndr. 1967 | –, The War of Chupas (Hakluyt II 42), London 1917, Ndr. 1967 | –, The War of Las Salinas (Hakluyt II 54), London 1923, Ndr. 1967 | [Cieza de León] Cook, A. P. u. D. N. (Hg.), Pedro Cieza de León, The Discovery and Conquest of Peru, Durham 1998 | Clendinnen, I., Ambivalent Conquests: Maya and Spaniard in Yucatan, 1517–1570, Cambridge 1987 | Colmenares, G., La provincia de Tunja en el Nuevo Reino de Granada. Ensayo de historia social (1539–1800), Bogotá 1970 [Ms.] | The Conquest of the River Plate (Hakluyt I 81), London 1891, Ndr. 1964 | Conway, G. R. G. (Hg.), La noche triste. Documentos, Mexico 1943 | Cook, W. L., Flood Tide of Empire: Spain and the Pacific Northwest 1543–1819, New Haven 1973 | [Cortés] Delgado Gómez, A. (Hg.), Hernán Cortés, Cartas de relación, Madrid 1993 | [Cortés] Litterscheid, C. (Hg.), Die Eroberung Mexikos, Stuttgart 1980 [Briefe 2–4] | [Cortés] Termer, F. (Hg.), Durch Urwälder und Sümpfe Mittelamerikas. Der fünfte Bericht des Hernán Cortés an Kaiser Karl V., Hamburg 1941 | Crónicas de América, 73 Bde., Madrid 1984–92 | Cypess, S. M., La Malinche in Mexican Literature, Austin 1991 | Denzer, J., Die Konquista der Augsburger Welser-Gesellschaft in Südamerika (1528–1556). Historische Rekonstruktion, Historiographie und lokale Erinnerungskultur in Kolumbien und Venezuela, München 2005 | Durand, J., La transformación social del conquistador, 2 Bde., Madrid 1953 | Engl, L. u. T. (Hg.), Die Eroberung Perus in Augenzeugenberichten, 2. Aufl, München 1977 | Ercilla y Zúñiga, A. de, La Araucana, Madrid 1884 | Errazuriz, C., Historia de Chile 1, Pedro de Valdivia, Santiago 1911 | [Federmann] Friede, J. (Hg.), Nicolaus Federmann, Indianische Historia, München 1965 | Frankl, V., Die Begriffe des mexikanischen Kaisertums und der Weltmonarchie in den *Cartas de Relación* des Hernán Cortés, in: Saeculum 13 (1962) 1–34 | Friede, J., Descubrimiento del Nuevo Reyno de Granada y fundación de Bogotá (1536–1539), Bogotá 1960 | –, Nicolas Federman el conquistador, Bogotá 1960 | –, Los Welser en la conquista de Venezuela, Caracas/Madrid 1961 | –, Das Venezuelageschäft der Welser, in: JGLA 4 (1967) 162–75 | Friederici, G., Der Charakter der Entdeckung und Eroberung Americas durch die Europäer, 3 Bde., Gotha 1925–36, Ndr. 1969 | Gabaldón Márquez, J., Descubrimiento y conquista de Venezuela, Caracas 1962 | Galster, I., Aguirre oder die Willkür der Nachwelt. Die Rebellion des baskischen Konquistadors Lope de Aguirre in Historiographie und Geschichtsfiktion (1561–1992), Frankfurt 1996 | García Martínez, B., El Marquesado del Valle. Tres siglos de régimen señorial en Nueva España, Mexico 1969 | Gareis, I., La escenificación del trauma: representaciones rituales de la conquista y muerte del Inca en el Peru colonial y contemporaneo, in: Geist, I. (Hg.), Procesos de escenificación y contextos rituales, Mexico 1996, 201–32 | Gerbi, A., La natura delle Indie. Da Cristoforo Colombo a Gonzalo Fernández de Oviedo, Mailand 1976 | Gibson, C., The Aztecs under Spanish Rule. A History of the Indians of the Valley of Mexico, 1519–1810, Stanford 1964 | –, Conquest, Capitulation, and Indian Treaties, in: AHR 83 (1978) 1–15 | –, Conquest and So-called Conquest in Spain and Spanish America, in: TI 12 (1980) 1–19 | [Gómara] Luis de Rojas, J. (Hg.), Francisco

López de Gómara, La conquista de Mexico, Madrid 1987 | Góngora, M., Los grupos de conquistadores de Tierra Firme (1509–1530), Santiago 1962 | Grunberg, B., L'univers des conquistadores. Les hommes et leur conquête dans le Mexique du XVIe siècle, Paris 1993 | –, Histoire de la conquête de Mexique, Paris 1995 | –, Dictionnaire des conquistadores de Mexique, Paris 2001 | Häbler, K., Die überseeischen Unternehmungen der Welser und ihrer Gesellschafter, Leipzig 1903 | Hammond, G. P./Rey, A. (Hg.), Don Juan de Oñate: Colonizer of New Mexico, 1595–1625, 2 Bde., Albuquerque 1953 | Hampe Martínez, T., Don Pedro de la Gasca 1493–1567. Su obra política en España y América, Lima 1989 | Hassig, R., Mexico and the Spanish Conquest, Norman 2006 | Hemming, J., The Conquest of the Incas, London 1970 | Henze, D., Enzyklopädie der Entdecker und Erforscher der Erde, 5 Bde., Graz 1978–2004 | Hernáez, F. J. (Hg.), Colección de bulas, breves y otros documentos relativos a la Iglesia de America y Filipinas, 2 Bde., Brüssel 1879, Ndr. 1964 | Hernández Sánchez Barba, M., La sociedad colonial americana en el siglo XVIII, in: Vicens Vives, J. (Hg.), Historia de Espagña y de América, Bd. 2–4, 2. Aufl., Barcelona 1978, Bd. 4, 2, 320–502 | [HGAL] Historia general de America latina, Bde. 1–5, Madrid u. a. [UNESCO] 1999–2003; Bd. 2, 2000 | [HGEA] Historia general de España y America, Bde. 7, 9, 1–2, 11, 1–2, 13, Madrid 1982–92; Bd. 7, 1982 | Hoffman, P. E., A New Andalucia and a Way to the Orient: The American Southeast during the Sixteenth Century, Baton Rouge 1990 | Houwald, G. F. v. (Hg.), Nicolás de Valenzuela, Conquista del Lacandón y conquista del Chol. Relación sobre la expedición de 1695 contre los Lancandones e Itzá según el *Manuscrito de Berlin*, 2 Bde., Berlin 1979 | Jérez, F. de, True Account of the Conquest of Peru, hg. v. Reyna, I. V., New York 2013 | Jones, G. D., The Conquest of the Last Maya Kingdom, Stanford 1998 | Kellenbenz, H., Die Finanzierung der spanischen Entdeckungen, in: VSWG 69 (1982) 153–81 | Kelly, J. E., Pedro de Alvarado, Conquistador, Princeton 1932, Ndr. 1971 | Konetzke, R., Entdecker und Eroberer Amerikas, Frankfurt 1963 | –, Überseeische Entdeckungen und Eroberungen, in: Propyläen Weltgeschichte, Bd. 6, Berlin 1964, 535–93 | –, Die Indianerkulturen Altamerikas und die spanisch-portugiesische Kolonialherrschaft, Frankfurt 1965 | –, Lateinamerika seit 1492, Stuttgart 1971 | –, Christentum und Conquista im spanischen Amerika, in: Saeculum 23 (1972) 59–73 | Kortüm, H.-H., Transcultural Wars from the Middle Ages to the 21st Century, Berlin 2006 | Krickeberg, W., Moctezuma II., in: Saeculum 3 (1952) 255–76 | Krumbach, H., Zur Alexander von Humboldt-Forschung XVII. Die alten mexikanischen Bilderhandschriften, in: Mitteilungen der Alexander von Humboldt-Stiftung, Dezember 1989, 47–56 | Kubler, G., The Behavior of Atahuallpa, in: HAHR 25 (1945) 413–25 | –, The Neo-Inca State (1537–1572), in: HAHR 27 (1947) 189–203 | Lamana, G., Domination without Dominance: Inca-Spanish Encounters in Early Colonial Peru, Durham 2008 | [Landa] Rincón, C. (Hg.), Diego de Landa, Bericht aus Yucatan, Stuttgart 1990 | Leonard, I. A., The Books of the Brave: Being an Account of Books and of Men in the Spanish Conquest and Settlement of the Sixteenth-Century New World, 2. Aufl., New York 1964 | León-Portilla, M./Heuer R. (Hg.), Rückkehr der Götter. Die Aufzeichnung der Azteken über den Untergang ihres Reiches, Frankfurt 1965 | Liss, P. K., Mexico under Spain, 1521–1556, Chicago u. a. 1975 | Lockhart, J., The Men of Cajamarca: A Social and Biographical Study of the First Conquerors of Peru, Austin 1972 | – (Hg.), We People Here: Nahuatl Accounts of the Conquest of Mexico, Berkeley 1993 | –/Schwartz, S., Early Latin America, Cambridge 1983 | Lohmann-Villena, G., Les Espinosa, Paris 1968 | Mahn-Lot, M., La conquête de l'Amérique espagnole, Paris 1974 | Mariño de Lobera, P., Crónica del Reino de Chile,

Madrid 1960 | Martínez, J. L., Hernán Cortés, Mexico 1990 | – (Hg.), Documentos cortesianos, 4 Bde., Mexico 1990–92 | Martínez Martínez, M. de C. (Hg.), Hernán Cortés, Cartas y memoriales, León 2003 | Mellafe, R./Villalobos, S., Diego de Almagro, Santiago 1954 | Melón y Ruiz de Cordejuela, A., Los primeros tiempos de la colonización. Cuba y las Antillas. Magellanes y la primera vuelta del mundo, Barcelona 1952 | Mena García, M. del C., Sevilla y las flotas de Indias. La gran armada de Castilla de Oro (1513–1514), Sevilla 1998 | –, Nuevos datos sobre bastimentos y envasos en armadas y flotes de carrera, in: RI 64, 231 (2004) 447–84 | Millones Figuera, L., Pedro Cieza de León y su Crónica de Indias. La entrada de los Incas en la historia universal, Lima 2001 | Mira Caballos, E., Terror, violación y pederastia en la Conquista de América. El caso de Lázaro Fonte, in: JGLA 44 (2007) 37–66 | –, Hernán Cortés. El fin de una leyenda, Badajoz 2010 | Morison, S. E., The European Discovery of America: The Southern Voyages AD 1492–1616, New York 1974 | Mund, S., Les rapports complexes de l'*Historia verdadera* de Bernal Diaz avec la vérité, Brüssel 2001 | Myers, K. A., Fernandez de Oviedo's Cronicle of America, Austin 2007 | Núñez Cabeza de Vaca, A. de, Naufragios/Comentarios, Madrid 1918 | Oesterreicher, W., Cajamarca 1532. Diálogo y violencia. Los cronistas y la elaboración de una historia andina, in: Lexis 21, 2 (1997) 211–71 | Olson, J. S. (Hg.), Historical Dictionary of the Spanish Empire, 1402–1975, New York 1992 | O'Sullivan-Beare, N., Las mujeres de los conquistadores. La mujer española en los caminos de la colonización americana, Madrid 1954 | Otte, E. (Hg.), Cartas privadas de emigrantes a Indias 1540–1616, Mexico 1993 | –, Von Bankiers und Kaufleuten, Räten, Reedern und Piraten, Hintermännern und Strohmännern. Aufsätze zur atlantischen Expansion Spaniens, Stuttgart 2004 | [Oviedo] Perez de Tudela Bueso, J. (Hg.), Gonzalo Fernández de Oviedo y Valdés, Historia general y natural de las Indias, 5 Bde., Madrid 1959 | Padden, R. C., The Hummingbird and the Hawk: Conquest and Sovereignty in the Valley of Mexico, 1503–1541, Columbus 1967 | Pagden, A., The Fall of Natural Man: The American Indian and the Origins of Comparative Ethnology, Cambridge 1982 | Pailler, C. u. J.-M., Une Amérique vraiment latine. Pour une lecture *dumézilienne* de l'Inca Garcilaso de la Vega, in: Annales 47 (1992) 207–35 | Pérez-Mallaina, P. E. (Hg.), Historia de Iberoamérica, Bd. 2: Historia moderna, Madrid 1990 | Petrus Martyr de Anghiera, De orbe novo decades octo, 2 Bde., Genua 2005, (dt.: Acht Dekaden über die Neue Welt, 2 Bde., Darmstadt 1972–73) | [Petrus Martyr] Eatough, G. (Hg.), Selections from Peter Martyr (Repertorium Columbianum 5), Turnhout 1998 | Pietschmann, H., Staat und staatliche Entwicklung am Beginn der spanischen Kolonisation Amerikas, Münster 1980 | –, Die spanische Kolonialpolitik des 16. Jahrhunderts und der Entwicklungsgedanke, in: Buisson, I./Mols, M. (Hg.), Entwicklungsstrategien in Lateinamerika, Paderborn 1983 | Poma de Ayala, F. G., Nueva corónica y buen gobierno. Codex péruvien illustré, Paris 1936 [Faksimile] | [Poma de Ayala] Murra, J. V./Adorno, R./Uriosto, J. L. (Hg.), Poma de Ayala, Felipe Guaman (Waman Puma), El primer nueva corónica y buen gobierno, 3 Bde., Mexiko 1980 | [Poma de Ayala] http://www.kb.dk/elib/mss/poma | Porras Barrenechea, R., Los cronistas del Perú, 1528–1650, Lima 1962 | –, Las relaciones primitivas de la conquista del Perú, Lima 1937, Ndr. 1967 | Potthast, B., Von Müttern und Machos. Eine Geschichte der Frauen Lateinamerikas, Wuppertal 2003 | Powers, K. V., Women in the Crucible of Conquest: The Gendered Genesis of Spanish American Society, 1500–1600, Albuquerque 2005 | Prescott, W. H., The Conquest of Mexico, 2 Bde., London 1909 | Prien, H.-J., Hernán Cortés' Rechtfertigung seiner Eroberung Mexikos und der spanischen Conquista Amerikas, in: ZHF 22

(1995) 71–93 | Quinn, D. B., North America from the Earliest Discovery to the First Settlements: The Norse Voyages to 1612, New York 1977 | –, New American World: A Documentary History of North America to 1612, 5 Bde., London 1979 | Restall, M., Seven Myths of the Spanish Conquest, New York 2003 | Richmond, I. B., California under Spain and Mexico, 1535–1847, New York 1965 | Romano, R., Les mécanismes de la conquête colonial. Les conquistadores, Paris 1972 | Rostworowski de Diez Canseco, M., Doña Francisca Pizarro. Una ilustre mestiza, 1534–1598, Lima 1989 | Rubio, J. M., Exploración y conquista del Rio de la Plata, Barcelona 1942 | Rubio Mañé, J. I., Introducción al estudio de los Virreyes de Nueva España, 4 Bde., Mexico 1955–63 | Salinero, G., Une ville entre deux mondes. Trujillo d'Espagne et les Indes au XVIe siècle, Madrid 2006 | Sánchez, J.-P., Mythes et légendes de la conquête de l'Amérique, 2 Bde., Rennes 1996 | [Sarmiento] Markham, C. (Hg.), Pedro Sarmiento de Gamboa, History of the Incas (Hakluyt II 22), London 1907, Ndr. 1967 | [Sarmiento] Bauer, B. S./Smith, V. (Hg.), Pedro Sarmiento de Gamboa, The History of the Incas, Austin 2007 | Sauer, C. O., The Early Spanish Main, Berkeley 1966 | –, Sixteenth Century North America: The Land and the People as Seen by the Europeans, Berkeley 1971 | Schimmelpfennig, B., Was Kolumbus nicht ahnte. Indianisches Blut in Spaniens Adel, in: Aachener Kunstblätter 60 (1994) 385–96 | Schmitt, E. (Hg.), Dokumente zur Geschichte der europäischen Expansion, 7 Bde., München u. a. 1984–2008 | Scholes, F. V., Don Diego Quijada, alcalde mayor de Yucatán 1561–1565, 2 Bde., Mexico 1938 | –/Menéndez, C. R. (Hg.), Documentos para la historia de Yucatán, 2 Bde., Merida 1936–38 | Seed, P., Ceremonies of Possession in Europe's Conquest of the New World, 1492–1640, Cambridge 1995 | Simmer, G., Gold und Sklaven. Die Provinz Venezuela während der Welser-Verwaltung (1528–1556), Berlin 2000 | Socolow, S. M., Women of Colonial Latin America, Cambridge 2000 | [Solórzano] Ots Capdegui, J. M. (Hg.), Juan de Solorzano Pereira, Politica Indiana corregida e illustrada con notas por F. Ramiro de Valenzuela (Madrid 1647), 5 Bde., Buenos Aires 1930, Ndr. 1972 | Solórzano Pereira, J. de, De Indiarum Iure I–III, 4 Bde., Madrid 1994–2001 | Somonte, M. G., Doña Marina, *la Malinche*, Mexiko 1969 | Stenzel, W., Das kortesische Mexiko. Die Eroberung Mexikos und der darauf folgende Kulturwandel, Frankfurt 2006 | Stern, S. J., The Rise and Fall of Indian-White Alliances, in: HAHR 61 (1981) 461–92 | Straub, E., Das bellum iustum des Hernán Cortés in Mexiko, Wien u. a. 1976 | Thayer Ojeda, T., Los conquistadores de Chile, 3 Bde., Santiago 1908–13 | [Titu] Bauer, R. (Hg.), Diego de Castro Titu Cusi Yupanqui: An Inca Account of the Conquest of Peru, Boulder 2005 | [Titu] Lienhard, M. (Hg.), Der Kampf gegen die Spanier. Ein Inka König berichtet, Düsseldorf 2003 | Townsend, C., Malinzin's Choice: An Indian Woman in the Conquest of Mexico, Albuquerque 2006 | Trexler, R., Sex and Conquest: Gendered Violence, Political Order, and the European Conquest of the Americas, Cambridge 1995 | [Tupac Amaru] The Execution of the Inca Tupac Amaru, 1571, by Captain Baltasar de Ocampo, 1610 (Hakluyt II 22), London 1907, Ndr. 1967 | [Valdivia] Toribio Medina, J. (Hg.), Cartas de Pedro de Valdivia que tratan del descubrimiento y conquista de Chile, Santiago 1953 [Faksimile] | [Valdivia] May, P./Reinhard, W. (Hg.), Die alltägliche Conquista. Zwölf Briefe des Pedro de Valdivia von der Eroberung Chiles, Frankfurt 1995 | Varón Gabai, R./Jacobs, A. P., Peruvian Wealth and Spanish Investments: The Pizarro Family during the Sixteenth Century, in: HAHR 67 (1987) 657–95 | Vas Mingo, M. de, Las Capitulaciones de Indias en el siglo XVI, Madrid 1986 | Verlinden, C., Le génois Leonardo Lomellini, homme d'affaire du marquisat de Fernand Cortés au Mexique, in: JGLA 4 (1967) 176–84 | Vernon, I. S. W., Pedro de Valdivia, Conquistador de Chile, Austin 1946, Ndr. 1969 | Vicens Vives, J. (Hg.), Historia de España y de América, Bd. 2–4, 2. Aufl., Barcelona 1978 | [Vivar] Saez Godoy, L. (Hg.), Gerónimo de Vivar, Crónica y relación copiosa y verdadera de los reinos de Chile (1558), Berlin 1979 | Walter, D., Organisierte Gewalt in der europäischen Expansion. Gestalt und Logik des Imperialkrieges, Hamburg 2014 | –/Kundrus, B. (Hg.), Waffen, Wissen, Wandel. Anpassen und Lernen in transkulturellen Erstkonflikten, Hamburg 2012 | Walter, R., Der Traum vom Eldorado. Die deutsche Conquista in Venezuela im 16. Jahrhundert, München 1992 | Weber, D. J. (Hg.), New Spain's Far Northern Frontier: Essays on Spain in the American West, 1540–1821, Albuquerque 1979 | Werner, T., Die Beteiligung der Nürnberger Welser und Augsburger Fugger an der Entdeckung des Rio de la Plata und an der Errichtung von Buenos Aires, in: Beiträge zur Wirtschaftsgeschichte Nürnbergs 1 (1967) 515–21 | White, J. M., Cortés and the Downfall of the Aztec Empire: A Study in a Conflict of Cultures, London 1971 | Wurm, C., Doña Marina, la Malinche. Eine historische Figur und ihre literarische Rezeption, Frankfurt 1996 | Zárate, A. de, Historia del descubrimineto y conquista del Perú, Madrid 1923 | Zavala, S., Amérique latine. Philosophie de la conquête, Den Haag 1977.

旧主人的新主人

Abril Castelló, V., Bartolomé de Las Casas en 1976, in: Arbor 361 (1976) 27–46 | André-Vincent, P.-I., Bartolomé de Las Casas, prophète du Nouveau Monde, Paris 1980 | Arnoldsson, S., La leyenda negra. Estudios sobre sus orígenes, Göteborg 1960 | Avonto, L. 1981 | Barnadas, J. M., Charcas. Orígenes históricos de una sociedad colonial, La Paz 1973 | –, Una polemica colonial. Potosí 1579–84, in: JGLA 10 (1973) 16–70 | Benítez, F. 1965 | Biermann, B., Das Requerimiento in der spanischen Conquista, in: NZMW 6 (1950) 94–114 | –, Missionsgeschichte der Verapaz in Guatemala, in: JGLA 1 (1964) 117–54 | –, Der zweite Missionsversuch bei den Choles in der Verapaz (1672–76), in: JGLA 2 (1965) 245–56 | –, Don Vasco de Quiroga und seine Schrift *De debellandis Indis*, in: NZMW 22 (1966) 189–200 | –, Zur Auseinandersetzung um die Menschenrechte der Indianer. Fray Bernardino de Minaya OP und sein Werk, in: NZMW 24 (1968) 179–89 | Borah, W./Cook, S. F., The Population of Central Mexico in 1548, Berkeley 1960 | –/–, The Aboriginal Population of Central Mexico on the Eve of the Spanish Conquest, Berkeley 1963 | Boucher, P. P., Cannibal Encounters: Europans and Island Caribs 1492–1763, Baltimore u. a. 1992 | Brading, D. A. 1991 | Bruman, H. J., Alcohol in Acient Mexico, Salt Lake City 2000 | Chamberlain, R. S. 1974 | Chaunu, P., Las Casas et la première crise de la colonization espagnole (1515–23), in: RH 229 (1963) 59–102 | Chiappelli, F. 1976 | Cole, J. A., The Potosí Mita under Hapsburg Administration: The Seventeenth Century, PhD University of Massachusetts 1981 | –, An Abolitionist Born of Frustration: The Conde de Lemos and the Potosí Mita, 1667–73, in: HAHR 63 (1983) 307–34 | Colmenares, G. 1970 | Cook, N. D., Demographic Collapse: Indian Peru, 1520–1620, Cambridge 1982 | Cook, S. F./Borah, W., The Indian Population of Central Mexico, 1531–1610, Berkeley 1960 | –/–, Essays in Population History: Mexico and the Caribbean, 3 Bde., Berkeley 1971–79 | Crónicas 1984–92 | Cuello, J., The Persistance of Indian Slavery and Encomienda in the Northeast of Colonial Mexico, 1577–1723, in: Journal of Social History 21 (1988) 683–700 | Denevan, W. M. (Hg.), The Native

Population of the Americas in 1492, Madison 1976 | Escobedo Mansilla, R., El tributo indígena en el Perú. Siglos XVI y XVII, Pamplona 1979 | Fisch, J., Völkerrechtliche Verträge zwischen Spaniern und Indianern, in: JGLA 16 (1979) 205–44 | Friede, J./Keen, B. (Hg.) Bartolomé de Las Casas in History, DeKalb 1971 | Friederici, G. 1969 | García Añoveros, J. M., Carlos V y la abolición de la esclavitud de los Indios, in: RI 60 (2000) 57–84 | Gerbi, A. 1976 | Gibson, C. 1964, 1978, 1980 | Giménez Férnandez, M., Bartolomé de Las Casas, 2 Bde., Sevilla 1953–60 | Góngora, M., Studies in the Colonial History of Spanish America, Cambridge 1975 | Hanke, L., Pope Paul III and the American Indians, in: Harvard Theological Review 30 (1937) 65–102 | –, Aristotle and the American Indians: A Study in Race Prejudice in the Modern World, London 1959, Ndr. 1975 | –, More Heat and Some Light on the Spanish Struggle for Justice in the Conquest of America, in: HAHR 44 (1964) 293–340 | –, A Modest Proposal for a Moratorium on Grand Generalizations: Some Thoughts on the Black Legend, in: HAHR 51 (1971) 112–27 | Henkel, W., Die Las Casas-Forschung 1966–76, in: NZMW 33 (1977) 81–98 | Hernáez, F. J. 1964 | HGAL | HGEA | Höffner, J., Kolonialismus und Evangelium. Spanische Kolonialethik im Goldenen Zeitalter, 2. Aufl., Trier 1969 | Jara, A., Guerre et société au Chili. La transformation de la guerre d'Auricanie et l'esclavage des indiens du début de la conquête espagnole aux débuts de l'esclavage légal (1612), Paris 1961 | Juderías, J., La leyenda negra, Madrid 1914 | Kahle, G., Die Encomienda als militärische Institution im kolonialen Hispanoamerika, in: JGLA 2 (1965) 88–105 | Keen, B., The Black Legend Revisited: Assumptions and Realities, in: HAHR 49 (1969) 703–19 | –, The White Legend Revisited: A Reply to Professor Hanke's *Modest Proposal*, in: HAHR 51 (1971) 336–55 | –, The Aztec Image in Western Thought, New Brunswick 1971 | –, All Mankind is One: A Study of the Disputation between Bartolomé de Las Casas and Juan Ginés de Sepúlveda in 1550 on the Intellectual and Religious Capacity of the American Indians, Dekalb 1974 | Konetzke, R. 1958, 1963, 1964, 1965, 1971, 1972 | [Las Casas] Poole, S. (Hg.), Bartolomé de Las Casas, In Defence of the Indians, Dekalb 1974 | [Las Casas] Castañeda, P. (Hg.), Fray Bartolomé de Las Casas, Obras completas, 14 Bde., Madrid 1988–98 | [Las Casas] Delgado, M. (Hg.), Bartolomé de Las Casas, Deutsche Werkauswahl, 4 Bde., Paderborn 1994–97 | Lemistre, A., Les origines du *Requerimiento*, in: Melanges de la Casa de Velázquez 6 (1970) 161–209 | Levillier, R., Don Francisco de Toledo, Bd. 1, Madrid 1935 | Liss, P. K. 1975 | Lockhart, J./Schwartz, S. 1983 | Mahn-Lot, M., Bartolomé de Las Casas et le droit des indiens, Paris 1982 | Maltby, W. S., The Black Legend in England: The Development of Anti-Spanish Sentiment, 1558–1660, Durham, NC 1971 | Mannoni, O., Prospero and Caliban: The Psychology of Colonization, London 1956 (frz. 1950) | Mariño de Lobera, P. 1960 | Mechoulan, H., L'antihumanisme de J. G. de Sepúlveda. Etude critique du *Democrates Primus*, Den Haag 1974 | Miranda, J., Vitoria y los intereses de la conquista de América, Mexico 1947 | –, El tributo indígena en la Nueva España durante el siglo XVI, Mexico 1952 | Murra, J. V., The Mit'a Obligations of Ethnic Groups to the Inca State, in: Collier, G. A. (Hg.), The Inca and Aztec States, 1400–1800, New York 1982, 237–62 | Olson, J. S. 1992 | Pagden, A. 1982 | Peña, J. de la, De Bello contra insulanos. Intervención de España en América. Escuela española de la paz, segunda generación 1560–1585, testigos y fuentes, 2 Bde., Madrid 1982 | Pérez-Mallaina, P. E. 1990 | Pietschmann, H. 1980, 1983 | Poma de Ayala | Quinn, D. B. 1977, 1979 | Reinhard, W., *Eine so barbarische und grausame Nation wie diese.* Die Konstruktion der Alterität Spaniens durch die Leyenda negra und ihr Nutzen für allerhand Identitäten, in: Gehrke, H.-J. (Hg.), Geschichtsbilder und Gründungsmythen

(Identitäten und Alteritäten 7), Würzburg 2001, 159–77 | Rodríguez Demorizi, E., Los domínicos y las encomiendas de Indios de la isla Española, Santo Domingo 1971 | Rodríguez Valencia, V., Isabel la Católica y la libertatd de los Indios de América. Devolución de los esclavos, in: Anthologica annua 24/25 (1977/78 [1981]) 645–80 | Rubio Mañé, J. I. 1955–63 | Saignes, T., Las étnias de Charcas frente al sistema colonial (siglo XVII). Ausentismo y fugas en el debate sobre la mano de obra indígena, 1595–1665, in: JGLA 21 (1984) 57–105 | Saint-Lu, A., La Vera Paz, esprit évangelique et colonisation, Paris 1968 | –, Les premières traductions françaises de la *Brevissima relación de la destrucción de las Indias* de Bartolomé de Las Casas, in: Revue de littérature comparée 52 (1978) 438–49 | –, La marque de Las Casas dans le *Journal de la découverte* de Christophe Colomb, in: Les Langues Néo-Latines 75 (1981) 123–34 | Scardaville, M. C., Alcohol Abuse and Tavern Reform in Late Colonial Mexico, in: HAHR 60 (1980) 643–71 | Schmitt, E. 1984–2008 | [Sepúlveda] Losada, A. (Hg.), Juan Ginés de Sepúlveda, Democrates segundo o De las justas causas de la guerra contra los indios, Madrid 1951 | Sherman, W. L., Indian Slavery and the Cerrato Reforms, in: HAHR 51 (1971) 25–50 | Simpson, L. B., The Laws of Burgos of 1512, Berkeley 1934 | –, The Civil Congregation, Berkeley 1934 | –, The Emancipation of the Indian Slaves and the Resettlement of the Freedmen, 1548–1553, Berkeley 1940 | – (Hg.), The Laws of Burgos 1512–13, San Francisco 1960 | –, The Encomienda in New Spain, Berkeley 1950, 2. Aufl., 1966 | Slicher van Bath, B. H., The Calculation of the Population of New Spain, especially for the Period before 1570, in: Boletín de Estudios Latinoamericanos y del Caribe 24 (1978) 67–93 | Solórzano 1972, 1994–2001 | Specker, J., Die Missionsmethode in Spanisch-Amerika im 16. Jahrhundert, Schöneck-Beckenried 1953 | Tandeter, E., Forced and Free Labour in Late Colonial Potosí, in: PP 93 (1981) 98–131 | Taylor, W. B., Drinking, Homicide and Rebellion in Colonial Mexican Villages, Stanford 1979 | Trenk, M., Die Milch des weißen Mannes. Die Indianer Nordamerikas und der Alkolhol, Berlin 2001 | Van Aken, M., The Lingering Death of Indian Tribute in Ecuador, in: HAHR 61 (1981) 429–60 | Vázquez Machicado, H., Die Lebensbedingungen des Indianers und die Arbeitsgesetzgebung in Santa Cruz de la Sierra (Ostbolivien) im 16. Jahrhundert, in: Saeculum 8 (1957) 382–91 | Vicens Vives, J. 1978 | Villamarín, J. A. u. J. E., Indian Labor in Mainland Colonial America, Newark 1975 | [Vitoria] Schätzel, W. (Hg.), Francisco de Vitoria, De Indis recenter inventis et de iure belli Hispanorum in Barbaros, Tübingen 1952 | Wright, R., Geraubtes Land. Amerika aus indianischer Sicht seit 1492, Braunschweig 1992 | Wurm, C. 1996 | Yeager, T. J., Encomienda or Slavery? The Spanish Crown's Choice of Labor Organzation in Sixteenth-Century Spanish America, in: JEcH 55 (1995) 842–59 | Zambardino, R. A., Mexico's Population in the Sixteenth Century: Demographic Anomaly or Mathematical Illusion? In: Journal of Interdisciplinary History 11 (1980) 1–28 | [Zorita = Zurita] Keen, B. (Hg.), Alonso de Zorita, Life and Labor in Ancient Mexico: The Brief and Summary Relation, New Brunswick 1963 | Zulawski, Ann, They Eat from Their Labor: Work and Social Change in Colonial Bolivia, Pittsburgh 1995 | [Zurita = Zorita] Ramirez Cadanas, J. (Hg.), Alonso de Zurita, Breve y sumaria relación de los señores de la Nueva Espagña, Mexico 1942.

大西洋的生态

Altman, I., Emigrants and Society: Estremadura and Spanish America in the Sixteenth Century, Berkeley 1989 | –, Transatlantic Ties in the Spanish Empire: Brihuega, Spain and Puebla, Mexico, 1560–1620, Stanford 2000 | Bruman, H.J. 2000 | Canny, N./Morgan, P. (Hg.), The Oxford Handbook of the Atlantic World, c. 1450–c. 1850, Oxford 2011 | Carney, J. A./Rosomoff, R. N., In the Shadow of Slavery: Africa's Botanical Legacy in the Atlantic World, Berkeley 2009 | Cook, N. D., Born to Die: Disease and New World Conquest, 1492–1650, Cambridge 1998 | Crosby, A. W., The Columbian Exchange: Biological and Cultural Consequences of 1492, Westport 1972 | –, Ecological Imperialism: The Biological Expansion of Europe, 900–1900, Cambridge 1986, 2. Aufl. 2004 | Denevan, W. M., Cultivated Landscapes of Native Amazonia and the Andes, Oxford 2001 | Dunmire, W. W., Gardens of New Spain: How Mediterranean Plants and Foods Changed America, Austin 2004 | Dupuis, J., Un problème de géographie médievale. Diffusion du maïs et traversée de l'Atlantique à l'époque précolombienne, in: Cahiers d'Outre-Mer 28 (1975) 5–15 | Foster, N./Cordell, L. S. (Hg.), Chilies to Chocolate: Food the Americas Gave the World, Tucson 2006 | Goodman, J., Tobacco in History: The Cultures of Dependence, London 1993 | Grove, R. H., Green Imperialism: Colonial Expansion, Tropical Island Edens, and the Origins of Environmentalism, 1600–1860, Cambridge 1995 | Gunn, G. C., First Globalization: The European Exchange, 1500–1800, Lanham 2003 | Harkin, M. E./Lewis, D. R. (Hg.), Native Americans and the Environment: Perspectives on the Ecological Indian, Lincoln 2007 | Henige, D., Numbers from Nowhere: The American Indian Contact Population Debate, Norman 1998 | Hensel, S., Africans in Spanish-America: Slavery, Freedom, and Identities in the Colonial Era, in: Indiana 24 (2007) 15–37 | Ho, P., Studies on the Population of China, 1369–1953, Cambridge, MA 1959 | Höllmann, T., The Introduction of Tobacco into Southeast Asia, in: Hubert, A./Le Failler, P. (Hg.) Opiums, Paris u.a. 2000, 305–26 | Jacobs, A. P., Los movimientos migratorios entre Castilla y Hispanoamerica durante el reinado de Felipe III, 1598–1621, Amsterdam 1995 | Jones, D. S., Rationalizing Epidemics. Meanings and Uses of American Indian Mortality since 1600, Cambridge, MA u.a. 2004 | Kiple, K. F. (Hg.), The Cambridge World History of Human Diseases, Cambridge 1993 | – (Hg.), The Cambridge World History of Food, 2 Bde., Cambridge 2000 | –/Beck, S. (Hg.), Biological Consequences of the European Expansion, 1450–1800, Aldershot 1997, Ndr. 2004 | Livi Bacci, M., Conquest: The Destruction of the American Indios, Malden 2008 (ital. 2005) | Lockhart, J. 1993 | MacLeod, M. J./Rawski, E. S. (Hg.), European Intruders and Changes in Behaviour and Customs in Africa, America, and Asia before 1800, Aldershot 1998 | Martínez Martínez, M. de C., La emigración castellana y leonesa al Nuevo Mundo (1571–1700), 2 Bde., Valladolid 1993 | Martínez Shaw, C., La emigración española a América (1492–1824), Colombres 1994 | McCann, J., Maize and Grace: Africa's Encounter with a New World Crop, 1500–2000, Cambridge, MA u.a. 2005 | Norton, M., Sacred Gifts, Profane Pleasures: A History of Tobacco and Chocolate in the Atlantic World, Ithaca 2008 | Otte, E. 1993 | Ottenjann, H./Ziessow, K.-H. (Hg.), Die Kartoffel, Cloppenburg 1992 | Ratekin, M., The Early Sugar Industry in Española, in: HAHR 34 (1954) 1–19 | Ravagnan, G. M., Sunflower in Africa, Firenze 1993 | Reinhard, W., Parasit oder Partner? Europäische Wirtschaft und Neue Welt 1500–1800, Münster 1997 | Salaman, R. N., The History and Social Influence of the Potatoe, Cambridge 1949, Ndr. 1970 | Salinero, G. 2006 | Sánchez-Albornoz, N. (Hg.), ¿Epidemias o explotaciones? La catastrofe demográfica del Nuevo Mundo, in: RI 63, 227 (2003) 9–187 | Siegert, B., Passagiere und Papiere. Schreibakte auf der Schwelle zwischen Spanien und Amerika, München 2006 | Stuart, C. u. T., Africa: A Natural History, Shrewsbury 1995 | Toribio Motolinía, History of the Indians of New Spain, hg. v. Foster, E. F., Berkeley 1950 | –, Historia de los Indios de la Nueva España, hg. v. Baudot, G., Madrid 1985 | Trenk, M. 2001 | Vandenbroeke, C., Cultivation and Consumption of the Potatoe in the 17th and 18th Century, in: Acta Historiae Neerlandica 5 (1971) 15–39 | Verano, J. W./Ubelaker, D. H. (Hg.), Disease and Demography in the Americas, Washington 1992 | Weber, D. J., Bárbaros: Spaniards and their Savages in the Age of Enlightenment, New Haven 2005 | Wendt, R., Vom Kolonialismus zur Globalisierung. Europa und die Welt seit 1500, Paderborn 2007 | Zeuske, M., Sklavereien, Emanzipationen und atlantische Weltgeschichte, Leipzig 2002.

第七章

“西班牙的大西洋”的生活

经济与社会

从征服中产生的“西班牙的大西洋（der spanische Atlantik）”是欧洲第一个殖民帝国。对许多后来者而言，它在一些方面完全起着范例作用。若考虑到前已论及的墨西哥和菲律宾之间横跨太平洋的固定联系，我们大概还可以稍稍夸张地提出一个“西班牙的太平洋（der spanische Pazifik）”的概念，从整体上称为西班牙世界帝国，特别是在1580年至1640年在君合国体制内与葡萄牙的非洲及亚洲领地连为一体的时期。另外，这第一个殖民帝国也是最成功的，因为它给自己治下的殖民地臣民的生活世界打下的烙印比其他任何一个帝国都要广泛、深刻和持久。如果我们将语言视为核心文化财富和具有决定性意义的交际媒介，那么在拉丁美洲说西班牙语和葡萄牙语的人占其人口的70%至100%，相比之下，在印度说英语的人数以及在非洲说英语或法语的人数可谓少之又少。在此期间，法语在印度支那完全消失，荷兰语在印度尼西亚同样也完全消失。非洲部分地区有混杂着英语的克里奥尔语（Kreolsprache）[①]和混杂着法语的克里奥尔语，而西班牙语的美洲变体虽说有别于卡斯蒂利亚语[②]，但没有被混合化。

除此之外，亚洲贸易已经显示，西属美洲的白银通过旧世界各种渠道的流通以及跨越太平洋的流向使得世界范围内经济的相互作用和经济创新成为可能。西班牙的银比索发展成国际货币。因为就连美国国会也于1776年接受它作为美元（US-

---

① 克里奥尔，也常译作克里奥约，意为“混合”，说这些混合语言或经过多代混血的人常常也被称作“克里奥尔人”。——编者注

② 卡斯蒂利亚语的发源地为古代西班牙北部坎塔布里亚山以南一带，15世纪随着卡斯蒂利亚－阿拉贡王国统一西班牙，卡斯蒂利亚语也被广泛使用。现在，西班牙语在一些国家和地区被称为西班牙语（Español），而在其他地区被称卡斯蒂利亚语（Castellano）。——编者注

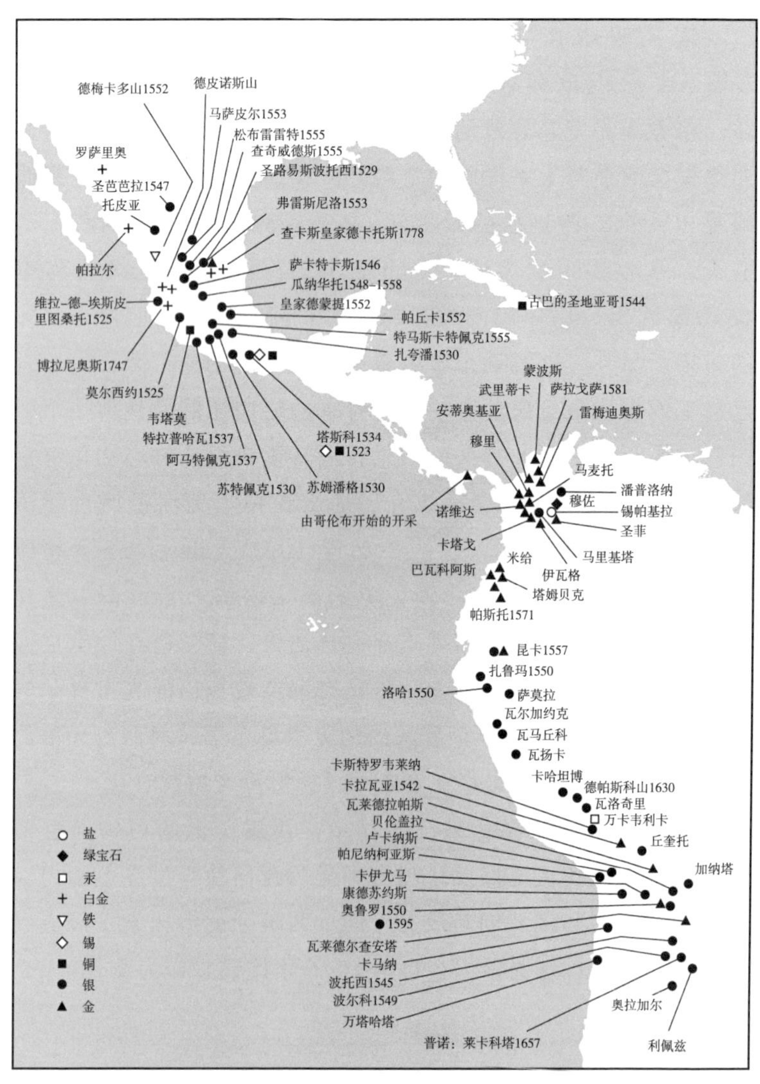

插图 39 西属美洲的矿业

Dollar），所以它存在至今，尽管其间已变成了纸币形式。“西班牙的大西洋”成为首个世界性经济体系及其后多个世界性经济体系的先驱。

然而在征服期间以及紧接着征服之后，西班牙人的美洲经济行为首先是猎取，因为在所有地方，紧跟在征服之后的首先都是一个经济上的“猎取周期（Beutezyklus）”。因而即使在这里，最初进行的也是大规模的强取豪夺。在短短数年里，西 339
班牙人夺走了多少代印第安人积累下来的贵金属，大部分运往了西班牙。至 1530 年，猎取仅涉及黄金，其数量至 1560 年仍在继续增长，不过就比例而言，自 1530 年代以来，白银已超过了黄金。可以证实，1531 年之后黄金猎取再度上升可归因于对秘鲁的征服。然而原住民的财富很快就枯竭了，就连多多少少缺乏计划的采掘黄金和淘金的收获也在下降。除强制使用他们的劳动力外，印第安人身上也没有多少东西可取了。因而西班牙人必须找到在欧洲受欢迎的产品，如果他们意欲保持自己在美洲的统治并将其建立在牢固的基础之上的话。

在大量需求贵金属时，正巧 1542 年至 1555 年间新发现了巨大的储量，从此时开始，向矿山投资并强迫原住民充当劳工开采它们成了一种惯常做法。除了哥伦比亚的武里蒂卡（Buritica）金矿（卡塔赫纳港口繁荣的基础）、厄瓜多尔的扎鲁马（Zaruma）金矿和秘鲁的卡拉瓦亚（Carabaya）金矿，此时主要开采的还有墨西哥的塔斯科（Taxco）银矿、瓜纳华托（Guanajuato）银矿和萨卡特卡斯（Zacatecas）银矿（1546 年），以及秘鲁的波尔科（Porco）、卡斯特罗韦莱纳（Castrovirreina）和波托西的银矿（1545 年）。在此期间，专业人员们来到了这些地区，特别是德意志专业人员，他们也受聘参与开发 1530 年在古巴发现的铜矿。好像只有他们有能力解决那里出现的技术问题。

因为此时在银矿也遇到了纯度不高的问题，因而不能再像秘鲁高原印第安人那样在狂风肆虐的山上（huayras）建炉子，用再熔化的方法提纯银子。那是一种既费力又耗时的方法，另外它所需要的燃料量也超出了高原所能供应的。带来决定性进展的是利用汞在常温下也能与其他金属化合这一特性的汞齐法。将含银的岩石磨成粉末状，添加 0.4%~0.6% 的硫酸铜、2%~3% 的食盐和 0.5%~0.6% 的汞混合搅拌，再加水搅拌成浆状，然后放在“院子（Patio）”里让阳光照晒两个月后即生成汞合金，由于质量大，不难通过洗涤将它从岩石粉末中分离出来。接着通过加热将银和汞分离开来，因为汞受热蒸发，不过还能收集起一部分继续使用。这非常必要，因为要得到 10 公斤银子需要使用 14~17 公斤汞。用化学方程式表示就是：

340 $CuSO_4 + 2\ NaCl \rightarrow CuCl_2 + Na_2SO_4$

$CuCl_2 + Ag_2S \rightarrow 2\ AgCl + CuS$

$2AgCl + \underline{n}Hg \rightarrow Hg_{\underline{n}2}Ag_2$ [汞合金] $+ Hg_2Cl_2$

15 世纪以来欧洲至少大致知道这一方法。1550 年代，塞维利亚人巴托洛米·德·麦地那（Bartolomé de Medina）和德意志人卡斯帕尔·罗曼（Kaspar Lomann）使其适应了墨西哥银矿的需求。这一工艺的进步是由需求促成的，理由是二人在同一时间段内各自独立地得出了同一结果。1572 年，总督弗朗西斯科·德·托雷多在秘鲁采用了汞齐法，当时他还推动大规模使用水力作为碾磨岩石的驱动力，并且组织实施前面描述过的米塔劳役。

然而必不可少的汞必须耗费巨资从欧洲进口，主要是从富格尔家族控制的卡斯蒂利亚西南部的阿尔马登（Almadén）汞矿进口。1563 年在离利马不远的万卡韦利卡（Huancavelica）发现了一个汞矿绝不是偶然，因为印加人曾在那里开采过朱砂。王室将其垄断权租给了企业主，并在米塔制的基础上建立起一种劳役制，它与波托西的劳役制相比，虽然对人数的限制更加严格，但在灭绝人性方面却要严重很多。批评者们称其为“印第安人屠宰场”并最终在 1604 年限制了这种开采。1582 年，汞矿以 13600 担达到其生产顶峰，即整整 625 吨。至 1660 年，年均生产量为 215 吨，而美洲的需求量是 363 吨，也就是说还得像以前一样进口 148 吨。一眼望不到头的美洲驼商队行进在 1500 公里的商道上，将汞从万卡韦利卡运往波托西，回程将银子运往利马，这些商队自此成为秘鲁的一道风景线。1568 年至 1600 年，万卡韦利卡生产了 176040.45 担汞，阿尔马登自 1559 年至 1600 年生产了 82397.5 担，它们被全数运往了墨西哥，而墨西哥前后还总共从秘鲁额外得到了 16204 担。1701 年至 1760 年，万卡韦利卡的年产量在 1500 担至 7900 担范围内浮动。

波托西赛罗里科山（Cerro Rico de Potosí）银矿在海拔接近 4800 米的高山上实行井下开采。由于有 32 座水库，破碎可以在水力驱动的锤击破碎场进行，然后在同一个设施里与汞混合并进行随后的提纯。位于银矿山脚下海拔 4000 米的“帝国之城波托西（Villa Imperial de Potosí）”1545 年尚未存在，而 1555 年已有 4.5 万名居民，1585 年为 12 万，1610 年 341
为 16 万。因此说它是当时世界上最大的城市之一，也是最富有和最不合伦理的城市之一，城里开有 800 家酒馆，仅白人妓女就有 120 个，其中包括国际顶级妓女。一个特殊市场向印第安人出售毒品古柯，为了能在劳动中撑下来，他们需要它。1585 年，那里一个名叫路易斯·卡波切（Luis Capoche）的矿主（minero）受官方委托写了一本《帝国之城波托西概述》（*Relación general de la Villa Imperial de Potosí*），从中我们可以了解西班牙帝国这个经济心脏的详细情况。至少到 1609 年，美洲白银产量的三分之二至四分之三出自秘鲁，也就是说主要出自波托西。

按照西班牙法律，采矿权属于王室，然而王室常常将这一权利作为永久开采权转让给矿层的发现者和开采者，而这些开采权拥有者与开采和加工经营者可以不一致。特别是自采用水力以来，开采和加工需要大笔资金——波托西不利的位置意味着必须为设备耗费巨额资金。产业似乎已存在着集中的趋势，1585 年仅山上就有 569 家采矿企业，而波托西的加工场只有 51 家。据称，分给矿主的服米塔劳役者在 1606 年已有 20% 以钱赎身，30 年后该比例已达 50%，对开采权拥有者来说这是一种毫无风险的收入，他们可以找雇佣劳工，而米塔制则成为一项额外的收入。

墨西哥各银矿的生产条件没有那么恶劣。它们可以主要依靠印第安人的自愿劳动，尽管用于支付薪金的费用很高，但这一体制在很长时间内表现优于秘鲁体制。1760 年代，那里有 1243 个登记注册的白银生产商，但 85% 的白银生产出自 10% 的企业主。这些精英在政治上也享有特权地位，拥有巨大的地产（haciendas），部分人拥有贵族头衔和长子继承权。

关于两个最重要矿区，最初 150 年的白银生产规模我们有可靠的数据［单位：百万结算比索（Rechenpesos）[①]，1 比索折合 450 马拉维迪铜币（Maravedís）］，波托西的生产规模如下（Bakewell 1975，92–94）。

单位：百万结算比索

1549~1550	2.716	1581~1590	40.237	1621~1630	30.955	1661~1670	18.877
1551~1560	13.891	1591~1600	42.205	1631~1640	31.691	1671~1680	18.388
1561~1570	12.564	1601~1610	39.829	1641~1650	27.370	1681~1690	19.718
1571~1580	14.791	1611~1620	35.024	1651~1660	23.669	1691~1700	14.576

① 比索作为一种结算货币。——编者注

萨卡特卡斯的生产规模如下（Bakewell 1971，241-244），其中用“*”表示缺少证据。 342

单位：百万结算比索

1561~1570	6.906	1611~1620	10.622	1661~1670	6.416*
1571~1580	7.073*	1621~1630	12.059	1671~1680	13.479
1581~1590	5.216*	1631~1640	9.169	1681~1690	6.148*
1591~1600	5.994	1641~1650	6.551	1691~1700	6.890
1601~1610	6.714*	1651~1660	7.488		

不过这里涉及的仅仅是官方登记在册的白银。肯定有巨额走私白银没有登记入册，估计18世纪墨西哥尚有17%的白银没有登记入册。白银生产在整个殖民时代呈增长趋势，往少里说年增长率为0.6%。大幅度增长的第一个高峰出现于1592年，第二个高峰出现在1625年前后，增长了300%以上，在此之后，至1700年便停滞不前甚至下降了三分之一，从1700年至1810年再次增长了300%，因而18世纪末生产总量最高，仅新西班牙（Neuspanien）的年均生产量就在2400万比索上下。第一次高速增长可明确归因于波托西，但其产量自1592年至1720年呈下降趋势。银矿山的富矿脉已经枯竭。墨西哥的生产量刚达到了一个顶峰就因缺乏汞而从1630年起同样呈下降趋势，不过由于重新采用熔化法，自1660年起又好转起来。18世纪采用了爆破法。王室负责提供廉价的欧洲汞，而人口的快速增长则保证了需求和劳动力。波托西也再度兴旺，不过18世纪末美洲白银的三分之二出自墨西哥。我们只能对殖民时代所有矿区的白银总产量进行估算。1984年估算的结果是16世纪产量为18500吨，17世纪为33700吨，18世纪为67300吨，总计119500吨。若再加上开采的黄金，特别是18世纪葡属巴

西开采的黄金，那就是13万~15万吨白银或白银等价物。

白银要缴纳费用接受官方检验并压印标记，还要留下给王室的五分之一（Quinto）——起初是五分之一，后来是十分之一。美洲的铸币所（casas de moneda），如圣多明各铸币所和墨西哥铸币所（二者皆成立于1537年），以及利马铸币所（1568年）和波托西铸币所（1572年），用这些银子铸造著名的西班牙银币，这种银币成为近代早期世界经济最重要的货
343 币，其基本单位是“里亚尔”，折合为34马拉维迪铜币；更为重要的是比索银币或者八里亚尔银币，后者重25.56克，纯银含量23.36克，折合为8里亚尔或272马拉维迪铜币。马拉维迪本来是一种阿拉伯铜币，1497年以后成为一种西班牙铜币，一马克（Mark）铜铸造96枚此种铜币，不过它首先是西班牙帝国的结算货币。

原计划用于美洲管理和防御的收入的剩余部分，也就是美洲赋税和垄断收入的一部分，还有付给王室提供的汞的货款，再加上留给王室的五分之一的白银，最终作为王室银子一并运往西班牙。不过这种王室银子估计仅占运往欧洲的贵金属的三分之一，运往欧洲的大部分是私人银子，从微观经济角度看是用于支付供货款以及汇兑利润，从宏观经济角度看是因为银子应流向因供不应求而价值最高的地方。不过这一点在欧洲与其亚洲贸易伙伴之间，即与印度以及中国之间更为典型。

刚刚才完成了征服的新西班牙（墨西哥）于1528年就试图参与东亚航行，东亚航行原本的目的地是香料群岛，到1565年还是如此，占领菲律宾并将其作为墨西哥的附属殖民地在当时已经成为可能，因为人们于同一年找到了走弧线越过北太平洋返回墨西哥的航路。然而，马尼拉很快就从通往马鲁古群岛的后门变成了通往中国的后门，而在中国，白银与黄金的比价一时非常高。很快，每年都有两艘至三艘西班牙大帆船

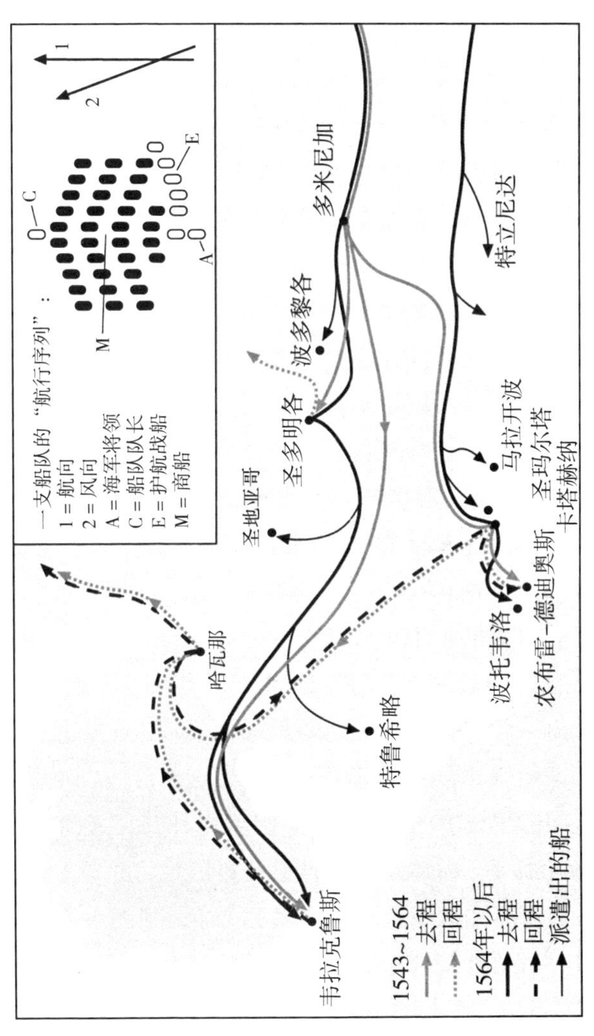

插图 40 船队穿越加勒比海的航路

从阿卡普尔科驶往马尼拉，1576年至1648年，它们通常载着200万~500万比索银币，用于购买中国丝绸和其他远东奢侈品运回墨西哥。据称，这一时期共有6500万王室银子以及数目在1.2亿~1.48亿之间的私人银子跨越了太平洋。“马尼拉西班牙大帆船（Manila-Galeone）”一直航行至1815年，尽管西班牙绝对不愿看到这种对自己贸易垄断的背离。

自1543年至18世纪，即使在欧洲航线上，航行的也主要是有护航的船队，即集群船队在战船的护卫下航行，不过一再出现中断几年的情况。这样做不仅是为了确保垄断体系，而且也是为了保护商船免遭敌对国家和海盗的袭击。王室提供的汞由战船的船长（Capitana）和海军将领（Almiranta）运送。如果没有船队出航，则每年由两艘战船将汞送往墨西哥以确保生产。从塞维利亚至美洲各目的港的“印度航行”平均持续80天，回程需要120~130天。个别情况下航行时间需要5个半月，在港口停泊的时间为18个半月。自1564年起，墨西哥船队和秘鲁船队分别从西班牙出发，以便充分利用不同的有利的航行条件，但在回程中一起航行。秘鲁船队，或者叫“坚实大地船队（Tierra-firme-Flotte）”，也叫“西班牙大帆船”船队，在途中分出一些船只分别驶往委内瑞拉和哥伦比亚北海岸的各个港口，主船队在卡塔赫纳靠岸，其终点港口为农布雷－德迪奥斯（Nombre de Dios），1593年后则为巴拿马地峡的波托韦洛（Portobelo），在那里卸下供给秘鲁的货物并装上从秘鲁来的货物。墨西哥船队向南从大安的列斯群岛驶过并派出各艘船驶往那里，目的港是韦拉克鲁斯。返回西班牙时两个船队在古巴的哈瓦那会合，随后一同穿越危险重重的佛罗里达海峡。

1587年至1594年的三支坚实大地船队由29~32艘船组成，共有船员1148~1535人；三支墨西哥船队由36~81艘船组成，共有船员1510~3316人。创纪录的1608年两支船队共有206艘船，船员约9000人。船只损失去程平均为1.3%，回程平均为3.7%。这一差别大概可以用回程中装载的银子对 345
海盗的吸引力或西风带比较危险的气候情况来解释。尽管如此，这一低微的数字表明了巨大的成功，或许这可以归因于船队有经验丰富的指挥者——1608年至1632年，一个指挥者曾34次横越大西洋——以及得力的舵手。我们对参与者的死亡率所知不多，1573年至1593年的7支船队的死亡率为12.3%，不过其中的一半是死于两艘船的沉没。商贸楼在西班牙的航线终点塞维利亚监督和管理贸易垄断，它也负责培训舵手。在改革之前，以及在后来有需要时，它也允许登记在册的单艘船替代船队进行美洲航行。在18世纪成为常态之前，单艘船航行大概至少占比已达到20%。

根据肖努（Chaunu）的研究结果，1504年至1650年有10635艘船共装载2116700吨货物驶往美洲，但只有7332艘船载着整整1613400吨货物返回。按照加西亚·富恩特斯（García Fuentes）的说法，1650年至1699年去程共有1052艘船载着217780吨货物，回程有783艘船且仅载有95189吨货物。因为去程装载的货物远比回程运的贵金属占地方，所以人们喜欢将快要废弃的旧船用于去程——这也是平衡本土与美洲长期贸易逆差的一种方法！美洲航行中的三桅帆船很快便被较大型的卡拉克帆船或吨位在100~400吨的西班牙大帆船排挤掉就毫不奇怪了。17世纪已经出现了较低矮、较细长、更加灵巧、速度更快但同样坚固的有武装护卫能力的三桅快速战舰（Fregatte），到18世纪，这一类型的船占据了主导地位。

在韦拉克鲁斯、卡塔赫纳和波托韦洛，一个名副其实的交易大会因船队抵达而出现。供给秘鲁的货物经巴拿马地峡运走，在巴拿马装上驶往卡亚俄的“南方舰队（Armada del Sur）”。据称，给各矿业中心（如波托西）供货利润最高可达

1000%，而300%~400%的利润在波托韦洛交易大会上已被看作平常之事。不过，其间各种人为造成货物紧缺的把戏、寡头垄断以及类似的手段大概已在起作用。因此，西班牙美洲贸易资金提供者的利息能在25%和100%之间波动就不难理解了。
346 与宗教法规和世俗法规相符的是，从中世纪以来，依照“出现海上风险合同（Cambium ad risicum maris）”——也称“重大变故合同（Contrato de cambio marítimo）”或“运输风险合同（Contrato de riesgo marítimo）”——资金是在货船抵达后或交货后才提供的。1492年至1614年有登记的借贷合同有2784份，借贷金额为6.7亿马拉维迪铜币，平均每年23份合同，每份的借贷额为23.7万马拉维迪铜币。不过有时一年仅有1份金额为1万马拉维迪铜币的借贷合同，而1508年则有368份合同，总金额达1440万马拉维迪铜币。起初债权人为西班牙商人（42%）、热那亚知名银行家族的人（18%）和航海人（10.5%）。1612年至1695年共有借贷合同287份，总金额2.14亿马拉维迪铜币，每年1~26份合同，平均金额为74.8万马拉维迪铜币。现在我们可以清楚地查到大额借贷的合同份数以及总额。它们与投入使用的船舱数量的变化情况相符，却不见得与总体经济的发展趋势相一致。

当1680年税额开始按照船舱容积计算时，船舱常常被报得很小，如1737年瞒报的容积超过50%。不过除经济因素外，官方船只吨位的波动变化还受到一系列非经济因素影响。从整体看不算太高的船只损失率在这方面同样起了一定的作用，船只损失于恶劣天气或操控失误的情况较少，更多的是损失于海盗和政治对手的袭击。除了自担风险、自付费用行动的海盗，西班牙人还要对付其敌手法国人、尼德兰人和英国人的行动，当中有一部分还是大规模行动——1628年皮特·海恩（Piet Heyn）率领尼德兰特许西印度公司（Geoctroyeerde West-

Indische Compagnie）的31艘船，使用700门火炮劫走运银船队构成了这类行动的第一个轰动性高潮。与这类行动相关联的是，西班牙的这些欧洲竞争对手于17世纪在西印度群岛牢牢站稳了脚跟。除开损失不算，还产生了额外的巨额费用，因为要增加军费确保各个港口和船队的安全，要在哈瓦那修建一个大型要塞，要加强护航力量。

经济史的全貌会因巨大的“黑暗数字”[①]而严重失真，其严重程度致使人们不禁会问，除从整体上认定发展趋势外，利用数字进行精确的说明到底有无可能。毫无疑问，人们一直知道，不仅登记常常是马马虎虎的，而且在官方数字记录的交易之外还存在着贿赂和走私。在很长时间内，人们或许过于果断地将这一切视作“可忽略不计的量（quantité négligeable）”。或许首先是较新的认知使得历史学家敏锐地意识到要严肃对待 347 这些黑暗数字，而这一认知就是，即使在今天，社会产值中相当大的一部分也是由所谓的“影子经济”实现的。

欧洲人在西印度以及奥里诺科河入海口与亚马孙河入海口之间的“荒野海岸”（圭亚那）边进行着竞争，这种竞争乍一看犹如西欧人在努力追上西班牙人的猎取周期。但是这种竞争的存在不仅有助于直接猎取，而且同样有助于走私那些或以垄断性高价向西属美洲居民供应的，或供应数量有限的货物，例如纺织品，也例如非洲奴隶。为此，走私者获得的是巴西红木、兽皮、烟草以及银子。西班牙当局试图摆脱这一局面，其方法是1605年指示撤空整个海地北海岸的住民，从而使走私者失去合作者，该措施对自己住民造成的损害几乎不亚于对对手的打击。

1700年以后，英属牙买加代替荷属库拉索岛成为走私者的主要巢穴。当时英国人每年从其走私货物能得到15万~20

① 指一些在官方数据上未能有效反映的统计资料。——编者注

万英镑（75万~100万比索）。英国人的走私不仅损害了以《航海法》（Navigation Laws）为依据的西班牙垄断体制，而且也损害了以之为依据的英国垄断体制，然而由于其利润受到官方的容忍甚至支持，因而就连在战争期间，走私依然在进行。英国的北美殖民地逐渐接过了走私的主导地位。在1713年的《乌德勒支和约》（Frieden von Utrecht）中，英国南海公司（South Sea Company）获得了向西属美洲提供奴隶的权利，情况很快便表明，货物贸易能获得更多的利益。为此目的，它获得了每年向波托韦洛或韦拉克鲁斯派出一艘载货商船的特权。这些船上的货物白天被卖空，夜间又被悄悄装满。

另一个走私中心是拉普拉塔河地区，其地理位置有违常理，与西班牙没有直达航行，是人为地与秘鲁拴在了一起。1648年至1702年在那里卸船的货物只有21%是合法的，因为除34艘获得特许且“登记在册（Navios de registro）”的合法商船外，还有大约200艘走私船在那里靠岸。对比一下：同一时间段抵达波托韦洛的船只为331艘。另外，走私还通过相邻的巴西的葡萄牙人进行。据称，1730年前后，英国与北岸的葡属科洛尼亚－德萨克拉门托（Nova Colónia do Sacramento）的生意占英国总进口量的6.25%。总之，葡属
348 诸岛和港口是向西属美洲走私航行的主要起点和终点。据称，1701年至1725年在秘鲁也有150艘法国船非法承担了70%的对外贸易，其间赚了9900万比索。就连西班牙港口也不是完全没有违反塞维利亚垄断的嫌疑。由于位置比较有利（这也意味着在检查方面难度较大），加的斯在此类美洲航运中受到偏爱（1630年以来，30%的美洲航运在那里办理），大约到了1680年，这种状态被合法化，最终1717年，这里也有了具有垄断权的商贸所。不过17世纪时，这里已经存在着真正的梅特多尔家族（Metedores）的走私组织，他们按照货物价值

的 1% 收取费用，帮助人躲避检查。

由于贿赂和代理人体制的存在，历史学家最初想援引的官方记录绝对不符合在塞维利亚或加的斯进行的垄断生意的实际情况。1641 年的船队实际装载的白银数量是登记在册的 7 倍，1659 年为 5 倍，1691 年至 1695 年累计甚至达到 340 倍！显然，先前广泛流传的认为 17 世纪印度航行衰落的观念是纯粹的假象造成的，而出现这一假象的原因是原始资料的不足。按照商贸楼的登记簿，1503 年至 1700 年运入白银的数目如下（单位：结算比索，1 比索折合 450 马拉维迪铜币）；不过，我们可以将 1581 年之后的官方数字（Hamilton 1965，34；García Fuentes 1980，388 f.）与更了解实情的尼德兰商人提供的更真实可信的数字（Morineau 1985，250）进行一下比较。

单位：结算比索

1503~1510	1187000		1601~1610	55900000	55700000
1511~1520	2189000		1611~1620	54641000	56200000
1521~1530	1173000		1621~1630	51965000	61100000
1531~1540	5588000		1631~1640	33245000	53900000
1541~1550	10463000		1641~1650	25534000	57900000
1551~1560	17865000		1651~1660	10655000	48400000
1561~1570	25349000		1661~1670	675900094	800000
1571~1580	29158000		1671~1680	526400085	200000
1581~1590	53207000	53100000	1681~1690	2226000	86100000
1591~1600	69613000	73100000	1691~1700	146400082	100000

这种数额巨大的瞒避官方检查的行为完全是有可能的，因为贪腐在这里已经成为管理体制的一种痼习。

塞维利亚商人和加的斯商人的行会组织是 1543 年成立的“印度航行码头工人团体（Universidadde los Cargadores a las

Indias）”，简称“商贸领事馆（Consulado de Comercio）”，
349 享有为船队装载货物的专有权。因为这一有利可图的特权以及对应设在大西洋彼岸的“领事馆（Consulados）”，它定期被王室召去借款和“自愿捐献（donativos）”。不过它早已成为外国人的代理人群体，因为外国人本来不得参与美洲贸易，尤其是西班牙的宿敌，如尼德兰人——尼德兰公证所的档案可以毫无疑问地证实他们的决定性作用。1596年，英国人和尼德兰人攻占加的斯的港口时，西班牙指挥官下令沉掉了已经作好起航准备的美洲船队的船只——不必惊讶，因为他此举给尼德兰货主造成的损失大于西班牙人自己的损失。1686年，半个西欧在船队的船上都有货，法国占39.5%，货物几乎全是纺织品；热那亚占16%，货物主要是丝绸制品和缝纫用品；英国占14%，货物为毛料和蜡制品；尼德兰占12%，货物是工具和羊毛制品；佛兰德占7%，货物是纺织品；西班牙占5.6%，货物为丝绸制品、油、葡萄酒和烧酒；只有汉堡排在西班牙之后，占5%，货物为麻织品。很快，外国货物数量占50%而货物价值占90%就成了常例。

1570年至1650年，塞维利亚为外国人出具了1700份公证文件，其中37%是给尼德兰人，25%是给葡萄牙人，17%是给热那亚人，9%是给法国人，5%是给英国人，4%是给意大利人，3%是给德意志人。提交入籍申请的人中葡萄牙人居多，占37%，其次为尼德兰人，占28%，意大利人和德意志人多于英国人。按照纳税额计算，1640年的精英商人中西班牙人为45.5%，佛兰德人为19%，葡萄牙人为19%，法国人为9%，热那亚人为8%，英国人为3%。1713年至1791年，就连加的斯的居民中也有12%至14%是外国人，其中三分之一为法国人。出口货物大多数运往法国和比利时，而当时进口货物的一半来自汉堡，主要是萨克森和西里西亚的纺织品。

在此期间，有三分之二的船在国外卖掉或出租，主要是在尼德兰和英国。17世纪下半叶在海上航行的船中有289艘出自西班牙造船厂（156艘出自北海岸，45艘出自塞维利亚），211艘出自美洲［53艘出自坎佩切（Campeche），33艘出自古巴］，275艘出自其他欧洲国家（99艘出自尼德兰，18艘出自英国）。到18世纪时再也见不到一艘美洲造的船了，外国造的船只为362艘（此时英国造的为118艘，法国造的为113艘，意大利造的为51艘，尼德兰造的仅为28艘），是西班牙自造的109艘的三倍多。

西属美洲对本土经济、欧洲经济以及世界经济的意义主要在于提供贵金属。不过，在这方面须顾及那些看上去自相矛盾 350
的附带事实：第一，白银迅速从西班牙流向意大利和北欧，特别是流入尼德兰；第二，在西班牙依然可以看到价格上涨（历来对此的解释都是贵金属的输入，可是并非在国内发生的货币量增加如何能够引发通货膨胀呢？）；第三，尽管有财富流入以及有利于增长的通货膨胀，西班牙依然出现了经济衰退。

输出的贵金属大部分首先到达伊比利亚半岛。尽管西班牙国王因其白银船队享有财富无数的名声，但他即便拥有美洲的王室白银，却依旧入不敷出。没收私银时有发生，作为补偿，其所有者得到年金形式的国债（juros）。到王室手里的白银仅有很小一部分是在西班牙国内花销掉的。巨大的数额立刻从国内流出，流向各个战场，或者流向为西班牙大国政治提供资金的债权人所在的热那亚。当然，在这种情况下，依然有更多的未申报的私银流入并秘密囤积起来。这一发展愈演愈烈，以致在白银输入最高峰的1584年不得不在西班牙开始铸造铜币，也就是所谓的维隆铜币（Vellón-Münzen）。支付资金严重匮乏，致使王室在政治上实行铸币劣质化的政策。从此，王室向私银所有者支付维隆铜币。留在贸易流通中的银子同样也流出了西班牙，因为向美洲出口的较好的手工业商品有很多并非出自西班牙，而是出自其他国家。

尽管如此，长久以来人们就知道，伴随不断增长的贵金属输入而来的是物价上涨，整个16世纪上涨率为400%。图表表明它与官方输入的白银数量的曲线非常接近，因而其间的关联显得相当可信。毕竟那个时代的人对此已经进行过思考。在1550年至1562年衰退期间（1557年的国家破产是其最清楚的表现），一个来自布尔戈斯的名叫路易·奥蒂斯（Luis Ortiz）的国王顾问进行的思考格外引人注意，只是直到今天它才被公布于世。按照他的看法，物价上涨的主要原因是，西班牙人虽然富有但却没有进行生产性劳动，因而财富便流向了生产热销货物的地方。所以说应降低西班牙银币的含银量，也就是说必须贬值，从而减少外国对西班牙货币的需求，同时刺激自己的手工业生产。另外还应储备一笔战备资金，通过减少货币流通量同样也能起到遏制物价的作用。

如若始终将白银看作商品，我们就可以明确得出贵金属输入与物价上涨之间的关联，然而与我们今天还一直读到的不同，第一个有此认识的不是1568年的让·布丹（Jean Bodin），而是1556年的来自巴斯克的神学家马丁·德·阿斯皮奎塔（Martín de Azpilcueta）。托马斯·德·梅尔卡多（Tomás de Mercado）在1568年发表的一篇论战文章中更为详尽地分析了这种关联，描述了当时流行的种种货币交易。他指出，购买力不仅在涉及商品时取决于供求关系，在涉及货币时也是如此。他以此解释了在货币价值最低的地方生活费用最高的原因，而生活费用最高的地方是美洲，其次是西班牙，在西班牙又以美洲航行港口所在的安达卢西亚地区为最高，接下来是银子最先流入的地方尼德兰和意大利，最后是相邻的法国以及其他国家。

因为法国的物价上涨是随着结算币贬值出现的，所以那里

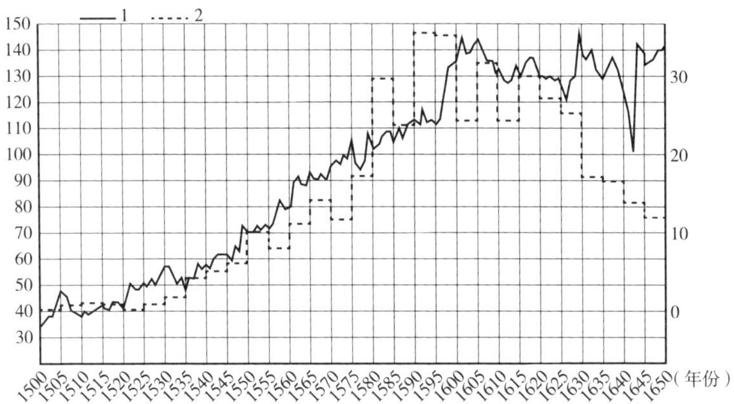

插图 41 西班牙物价变化（1）和贵金属输入（2）情况

说明：左侧纵轴为物价指数（1570~1580 年为 100），右侧纵轴单位为百万比索。

的财政官员让·德·马莱斯特鲁瓦（Jean de Malestroit）于 1566 年得出结论，认为通货膨胀是纯粹的表象，人们付出的贵金属始终是等量的，只是必需的单位变小了，随之量也就变大了。让·布丹对此的回应是 1568 年确定的结果，他认为物 352
价上涨的主要原因是来自新世界的白银过多，因为与西班牙的贸易顺差，这些银子继续流向了法国。

然而依旧存在的问题是，如果说美洲白银仅仅以有限的规模进入了西班牙国内的经济循环体系，那它怎么能够也在，以及偏偏在西班牙，引起了极其剧烈的物价上涨。必须考虑到王室在西班牙也有巨额支出，还要考虑到数量巨大的躲过官方耳目的私银中有很大一部分也在西班牙支付出去，它们并非只是被囤积起来。如果说西班牙的生产无法满足对美洲出口货物的已经增大的需求，那么从欧洲其他国家进口的可能性也是有限的，因为当时的人口增长以及相对繁荣在各地都导致了对此类货物需求的增加和工资的相应提高。这些必然也在西班牙引起物价上涨。

今天我们知道，物价上涨不能单单归因于货币数量的增加，而且也要归因于货币流通速度加快、借贷量加大（当然借贷量加大在事实上也导致了货币量的增加）、人口增长以及因此而发生变化和提高了的需求。所谓的16世纪价格革命早在美洲白银流入之前就已经开始了。因此，我们倾向于在讨论征服动力时就已表述过的观点，即经济繁荣引起了贵金属生产的提高而不是下降！

尽管如此，我们还是不应低估时人的认识以及他们解决问题的建议的效用。萨拉曼卡神学派在16世纪的经济理论方面也起着开拓性的作用，17世纪时，改革宣传册的世俗作者们，即所谓的“规划者（Arbitristas）”，在西班牙继承了它的传统。然而一无所获，因为一方面，尽管再次出现国家破产，但王室并未改变其耗费巨大的政策以及由其引起的短期收入最大化的狭隘财政观；另一方面，卡斯蒂利亚的思想方法似乎比同时代其他民族的思想方法更加与现代的财富理念格格不入。他们缺乏驱动力去有效地克服西班牙经济区域的天然困难，如卡
353 斯蒂利亚内部交通状况的困难。所以西班牙殖民地越来越多地给欧洲其他国家带来了好处，美洲白银聚向热那亚，而时间越长则越多地聚向阿姆斯特丹。

其他欧洲国家，特别是很快就处于经济主导地位的西北欧各国间接参与美洲贸易；通过奴隶买卖与非洲建立关联；最后，一方面是通过马尼拉西班牙大帆船，另一方面是尼德兰人和英国人利用西班牙白银为亚洲贸易筹措资金，建立起与亚洲的关联——这一切都表明“西班牙的大西洋”的内部前景极其狭窄，必将被近代早期的“全球化”前景取代，即被第一个“世界经济”取代，或者说至少必将由它补充。这一世界经济随着15世纪欧洲开始扩张就已起步，它明确遵循着商业法则，无论是企业主还是经济政策都如此。感兴趣的人大可以与卡尔·

马克思谈一谈近代早期的“商业资本主义”。

这一前现代的经济世界可以分为五个商业地理区域，其中华盛顿至圣弗朗西斯科一线以北的气候温和的美洲暂时只发挥着很小的作用。比较重要的是欧洲（包括地中海地区和北非）、伊比利亚美洲[①]、热带亚洲以及撒哈拉以南的热带非洲。这四个或五个区域之间的货物流动首先可以理解为相互补充。欧洲、非洲和亚洲有美洲缺少的人力，特别是在发生人口灾难之后。就是说欧洲主要提供移民和专业人才，非洲提供奴隶充当劳动力。后来到 19 世纪，转而由亚洲向美洲提供劳动力，即提供中国人、印度人和日本人充当劳动力，卖非洲人为奴的交易被“猪仔交易”，即卖亚洲人为苦力的交易所取代。欧洲和非洲生产贵金属，不过后来主要是热带美洲，这些贵金属最终主要流向了亚洲。另外，美洲还以越来越大的规模为欧洲生产热带农产品，如糖和可可。亚洲提供香料和制成品，特别是为欧洲和美洲的高级消费提供这类货物。

为美洲提供劳动力的欧洲和非洲之间存在着一种隐性竞争，作为手工业产品提供者的欧洲和亚洲之间也如此（其中也为美洲提供），三个热带区域之间因热带农产品也存在着隐性竞争，后来欧洲和气候温和的美洲之间因其他农产品也如此。这也可能导致货物替代的现象，而用什么替代什么，例如在非洲是欧洲纺织品还是印度纺织品，在美洲是欧洲丝绸还是中国丝绸， 354
要使用黑人劳动力还是白人劳动力，要购买欧洲菘蓝还是美洲靛蓝，则取决于哪种更受欢迎，特别是哪种更廉价。在这方面，运输费用起决定性作用的情况大概也不鲜见。很典型的是，美洲和非洲几乎只提供初级产品，而中间产品则来自亚洲和欧洲，

① 伊比利亚美洲的概念是从 19 世纪下半叶开始使用的，指那些曾经是西班牙和葡萄牙殖民地的美洲国家，而原宗主国西班牙和葡萄牙以及安道尔在一些情况下也被归于这个概念之内。——编者注

欧洲在第三产业输出，即服务业以及类似行业上占有明显优势。

当然，这一货物流通图像是静态的，因而也是不全面的，它在很大程度上没有考虑时间因素和各种非经济性制约因素。至少按照趋势来看，近代早期的经济波动是众所周知的。到大约1350年，长期趋势呈上升态，随后是下降或停滞，到1500年前后，新的繁荣期开始。17世纪是停滞期，18世纪带来了新的持续性繁荣。不过这一整体描述自然可以依照地区、行业以及时间继续细化。

肖努试图依据关于西班牙的白银输入数量和航行吨位的官方说明拟出经济发展趋势图，特别是16、17世纪的长期趋势图。然而，当人们发现航行船只数据几乎和贵金属输入数据一样不可靠之后，这一尝试自然就行不通了。不过还是可以看出1575年至1600年美洲有一个明显的低谷，估计它与灾难性的人口下降造成的后果有关联。在这一点上无须涉及白银开采的下降，看看白银的重新分配就足够了。在所谓的“17世纪危机”期间，墨西哥各经济行业的指标均显示停滞，而白银生产虽有短期波动，却呈现增长趋势。然而进入西班牙王室钱箱的白银比较少，相当多的白银流向了马尼拉，而且大都留在那里以满足大幅提升的防御费用，西班牙的欧洲对手们不仅在西印度发动攻势，而且也在太平洋海岸发起攻击。1591年至1690年，王室在秘鲁收入3100万比索，其中运往西班牙2000万比索，1100万比索留在当地。而1681年至1690年收入的2400万比索中只有120万比索运往西班牙，其余部分不得不花费在维护太平洋船队［船坞设在瓜亚基尔（Guayaquil）］以及修建各处要塞上。1576年至1648年总共投入的防御费中，花费在秘鲁的有5000万比索，用在加勒比海的为1860万比
355 索，用在墨西哥的为1500万比索，呈长期增长趋势。18世纪时军费支出达到了顶峰。不过美洲航行的吨位和贵金属供

应量同时也在缓慢回升，自 18 世纪中叶起回升速度加快。

弗里德里克·毛罗（Frédéric Mauro）和肖努声称自己证实了欧洲经济史的经济发展长波周期［即所谓的康德拉季耶夫周期（Kondratieff-Zyklen），上升和衰落期合起来平均为 50 年］，而且他们将这一周期与欧洲扩张的进程联系在了一起。不过，仍不能确定何为原因、何为结果。在 1509 年至 1529 年的上升期内，美洲被征服，葡萄牙人的亚洲贸易帝国得到扩展。后者在 1529 年至 1560 年的停滞期内遇到了日益增强的反抗，而在美洲征服临近尾声时，人口危机已经显现。1560 年至 1595 年的繁荣意味着印度及中国周边贸易区的拓展以及美洲白银生产的兴旺。白银生产的下降发生在 1595 年至 1620 年的衰落期，其间，伊比利亚民族的势力范围内出现了尼德兰竞争者。1620 年至 1640 年战争经济带来了上升趋势，而在 1640 年至 1660 年的衰落期，欧洲内部的战争与和平，以及葡萄牙人的亚洲市场因日本锁国而缩小，都是标志性事件。柯尔培尔在法国实行的经济政策以及美洲西印度群岛经济地位的上升都发生在 1660 年至 1670 年的上升期，而新一轮贵金属短缺则出现在 1670 年至 1690 年的衰落期。战争经济在 1690 年至 1720 年占主导地位，新的银行和投机公司纷纷成立，人们在巴西发现了黄金。1720 年至 1730 年短暂的衰落与和平，也与英国、法国的大投机崩溃有关（南海泡沫事件①与约翰·劳②）。1730 年至 1775 年的繁荣期是历时最长、最重要的繁荣期之一，是巴西黄金生产和墨西哥白银生产的兴旺期，是英

① 指 1720 年由对英国南海公司的投资狂潮引发的股价暴涨和暴跌事件，与 1720 年的法国密西西比公司事件及 1637 年的荷兰郁金香狂热并称为近代西方爆发的三大泡沫经济事件。——编者注

② 在其倡议下由法国政府成立的海外殖民公司“密西西比公司”股价暴涨，同时法国皇家银行纸币严重超发，导致法国发生严重的通货膨胀，随后股价暴跌，纸币急速贬值。——编者注

国“农业革命”和工业化开始的时期。贵金属产量的下降以及北美殖民地的丧失标志着1775年至1792年的衰落，直到战争经济首先在英国带来了1792年至1815年新的繁荣，而和平以及南美的独立则带来了直至1850年的长期衰落。

这种经济发展史略图至少将时间因素加到了对世界贸易体系的研究之中，尽管它们在细节方面相当不准确，很容易被反
356 驳。不过除此之外，以其特有的殖民地形式表现出来的、一直显露于字里行间的权力因素也必须被考虑进去。因为作为贵金属提供者，伊比利亚美洲在当时世界经济中的特殊地位不仅产生于经济统治关系，而且也产生于不能被轻易地完全简化为经济因素的政治统治关系。由于这种统治关系，西属美洲的经济可以凭借政治手段向欧洲出口贵金属和其他原材料。同样由于这种统治关系，欧洲只需与人数较少的美洲上层阶级分享这种不对等交易的利润。不过，殖民史上的这一事实情况不可能像依附理论（Dependencia-Theorien）曾尝试的那样轻而易举地延续至后殖民时代，因为在此期间，拉丁美洲现实的经济发展以及政治发展已经超越和反驳了这种理论。

然而真实的情况是，美洲的西班牙人在很长时间内觉得难以用贵金属以外的出口产品做生意，因为对王室而言，贵金属就是西属美洲经济存在的目的。1531年至1700年，运往西班牙的货物中，占货物价值90%至99%的是贵金属，且主要是白银；1594年占货物价值比例为95.5%，剩下的是占2.8%的胭脂红（胭脂虫）、占1.4%的兽皮和占0.29%的菘蓝，它们的重要性不及后来的糖和可可。毕竟从胭脂虫提取的高价值红色颜料同样也被视为一种贵重物品，原住民生产这种颜料的方法是严格保密的。据说生产1磅胭脂红需要7万个干胭脂虫，所以1600年前后，它的售价不低于同等重量白银价钱的57%，到18世纪仍能有后者价钱的20%。1599年，船队装载

的胭脂红价值估计为55万比索。此外，菘蓝也发展为尤卡坦和尼加拉瓜之间的中美洲最重要的出口物品。

1747年至1778年，从美洲进口货物的77.6%是贵金属，22.4%是其他货物。其他货物中大多数为可可、糖和烟草。1717年至1738年，烟草曾占主导地位，糖的数量较少，可可的数量与之差不多。贵金属占优势的后果就是，1561年至1650年，本土从美洲获得的价值是它向新世界提供的货物价值的两倍至四倍。

须注意到的是，西班牙向美洲的出口绝不能受到当地生产的影响。王室本来从旧世界带来了制糖业，大力支持其在新 357
世界发展，然而当1599年矿业出现劳动力紧缺的情况时，又转而实行限制政策，从此不再给食糖生产分配印第安劳役工（Repartimiento）。美洲自己的纺织品生产最初被容忍甚至得到支持，因为当时本土的生产显得不足，而美洲的需求又在那里引起了价格上涨。王室同样一再尝试限制殖民地的葡萄酒生产，因为葡萄酒也是本土的主要产品，王室需要保证其销售市场。到18世纪，葡萄酒和烧酒在西班牙对美洲出口中还占有很大的比例。另外，在最初的几十年，西班牙还向殖民地提供其必需的主要的粮食品种，但很快就被更加有利可图的高价货物取代，特别是纺织品和金属制品。这种生意值得一做，因为美洲的价格高于西班牙，而西班牙的价格又高于其他欧洲国家。也就是说，需求者在这两种情况下都可以有利地购进，而供应者可以有利地售出。

西班牙政治的重商主义特性还远远不足，还谈不上为实现长期利益最大化而扩大本土生产制成品的能力。依赖外国提供对美洲出口的货物被广泛接受。王室政策更是在为国库尽力，通常都是为了在最短的时间内让尽可能多的钱流入总是空空如也的国库。因此，王室总是名正言顺地按照葛拉森法则（Gresham'sches Gesetz）坚持在美洲只铸造银币，而不是像在西班牙那样铸造铜币。其结果就是，在殖民地，普通人没有可用于日常交易的零钱。城市和社团用布料或兽皮代替货币进行支付，或者用未铸造的碎银子进行支付，或者用其他金属件支付，例如在拉普拉塔河地区使用鱼钩，在墨西哥像前殖民时代一样使用可可豆，或者干脆用以物易物的方式进行交易。

依旧不完全清楚的是，美洲白银当时有多少留在了当地。1576年至1645年，可证实的在美洲登记在册的有8.42亿比索，估计开采出的白银为9.08亿比索，在西班牙入账的为5.79亿比索，17世纪后，这项数额明显减少。与此相反，1655年
358 至1730年输往西班牙的贵金属数量好像始终高于生产量。另外还有流往马尼拉的白银以及殖民政府日益增加的军费开支负担。难道说美洲当时在动用积累的储备进行自己的白银输出？

因为尽管有滔滔的白银巨流，“西班牙的大西洋”在经济上远远不是完整一体的。跨洋交通在很长时间内相当脆弱，与所有前现代的远程贸易一样，海外贸易只有在高价值商品上，对双方而言才都是值得的，也就是说只在相当有限的经济领域是值得的。据称，殖民时代末期高度繁荣的采矿业作出的贡献仅占墨西哥国民生产总值的8%。然而西属美洲并非首先在18世纪人口重新上升的前提下发展成一个多样化的市场体系，这些市场的发展更多是依照自己的方针而不是本土的方针。甚至有人提出了这样的论点，即认为与17世纪西班牙和欧洲危机相对而立的是西属美洲同一时间的繁荣，也就是“西班牙的大西洋”框架内存在相反性的经济繁荣。因此我们可以说，就连前现代经济也不是单单由贵金属生产和世界贸易构成，而是由多样化的生产以及多样化的地方贸易和区域贸易构成的！

然而，这里还缺少一个旧世界意义上的农民阶级。虽然已经出现了西班牙小地产主和西班牙雇佣工人，后者主要出现在矿业区域，但城市和乡村的雇佣劳动一般都由印第安人承

担，如果不是使用没有自由的劳工，或使用非洲和印第安奴隶的话。很快，人数可观的西班牙手工业者阶层就出现了，行会组织和各种特权保护他们不会面对印第安人的竞争。西班牙人遇到的是拥有高度文明的印第安民族高度发达的手工业，虽说印第安民族的手工业好像很喜欢并成功地采用了新主人的各种技术，但从长远来看，他们显然被后者视为令人不快的竞争对手，不管是在地区范围内出于个体视角，还是在全球范围内出于本土的重商主义视角。然而，切勿像近代早期一样将立法机构申明的企图与历史真实混淆在一起。印第安手工业整体上呈停滞状态并被强迫退回原始状态的说法绝不符合事实——正好相反，大量富有艺术感的手艺，也恰恰因为其艺术感，在一些地方甚至成为印第安人的独门绝技。

除矿业外，西班牙人从业的重点不外乎纺织品生产、金属
加工和建筑业。如果说 1560 年之前秘鲁已有 1 万 ~2 万名西班 359
牙人，那么其中至少有 800 名手工业者，不过也可能有约 2500 名。作为手工业者只要积累起足够的资本，就有可能跻身大商人之列，至少在最初的岁月里是如此。这是既有利可图又具有长远意义的事情，如果完全不从事借贷生意以度过大商贸船队到来之间的萧条时间的话。17 世纪前 30 余年，墨西哥城有 300 多个商人，1614 年他们总共向大西洋贸易投入资金 280 万比索，其中仅 44 个最大的商人就投资了 180 万比索。顶级群体由 4~10 个控制着白银周转的银商（Mercaderes de Plata）构成。与马尼拉贸易的利润在 30% 和 200% 之间波动，与塞维利亚贸易的利润在 25% 和 60% 之间，而与卡亚俄 / 利马贸易的利润则在 10% 和 12% 之间。1650 年前后，利马也有近 300 个商人，他们合在一起可以为一个船队投入 400 万 ~1200 万比索，另外还有能力向总督借出几十万比索。除了商业和矿业，商人们也向农业生产和制造业生产投资。1592 年在墨西哥，1613 年在

利马，他们按照本土模式组建起一个享有特权的社团，即“领事馆（Consulado）”，它还具有自己的商事裁判权。

经济领导阶层主要由大地产主构成。就连商人和制造业主们也都乐意投资地产。不过那已不再是早期的委托监护主，因为在此期间，监护征赋制已普遍消失，而由众多变体发展而成的、典型的拉丁美洲大地产形式“庄园（Hacienda）”已经出现。监护征赋制是一种纯粹的人际关系，王室在土地分配上更多持保留态度。这种“土地赠予（Mercedes de tierra）”不得超过 42.8 公顷农业用地，另外还有一块城中建筑用地以及附带的放牧权。然而通过转手倒卖，通过为强占的土地支付“资产费（Composiciones）”（以这种方法经由总是缺钱的王室使土地占有合法化），通过用钱赶走印第安人，通过滥用委托监护主的角色，通过依习惯将放牧权变为土地占有，到 17 世纪，或最晚到 18 世纪，这种新型大地产形式产生了。

上层西班牙人从此不再集中生活在一个个城市里，他们当中有一部分生活在自己的庄园里，或者生活在城市的人们间或在庄园度过一段时光。印第安人口下降无疑使庄园的形成变得更加容易。另外，既为了控制也为了保护原住民，16、17 世纪，
360 政府方面让印第安人迁入一个个自成一体的村庄，这大概也为庄园的形成拓展了自由空间，尽管他们有些时候曾试图阻止西班牙人占据空出的土地。殖民时代之初，除了城市周围西班牙人的一个个地产孤岛，整片土地还相当完整地掌握在印第安人手里，而 18 世纪的地图则显现着一个色彩斑斓的景象，因为西班牙人的庄园与印第安聚居区的土地分散交错在一起。

印第安人从被强制劳役剥削变成了失去自己的土地，从长远看，这或许是一件更严重的事情，不过与剥削相比，后者更是在悄无声息中进行的。它不像在监护征赋制中涉及的是有政治意义的事物，而是涉及一个初始的经济过程。一方面，殖民

地需要对相应货物有足够大的需求，另一方面，印第安人要宁愿在庄园干活也不愿自主经营，只有在这种情况下，庄园作为农业生产之地才是可能的和值得的。因为土著臣民的劳动法一般来说是分三步或四步形成的。在一个委托监护主直接或间接的控制下，情况又恢复为此前实行的一种可变的劳役制：由殖民当局将印第安行政官选送的劳役工分配给一个西班牙雇主在某一时段内做某一事情。1549 年在墨西哥正式实施这一方法取代了监护征赋制。波托西的米塔制是一个变体。可是采用这一方法很快就找不到足够的劳动力，而且不仅仅是在波托西。1630 年，这一体制在墨西哥宣告终结。随后是向主要采用自由雇佣工的制度过渡，然而带来的结果是原住民在一些领域自愿或非自愿地陷入新的依附关系。因为现代的自由劳动关系对原住民和混血儿都没有特别的吸引力，他们更加期待的不是货币支付而是实物支付（银子、土地、生活物资和实物借贷）。

在秘鲁，为了逃避矿山的劳役，自由印第安人自行成为西班牙人的庄园的隶属“仆役（Yanaconas）”，不仅如此，在墨西哥也无须使用各种伎俩或借助预支来将“雇工（Peones）”诱为低薪的债务农奴。到了 18、19 世纪，债务农奴在那里更是成了一种普遍现象。常常是庄园主（Hacendado）欠其农工的工薪。尽管如此，自由印第安人有时还是乐于自愿前来，因为按照雇主 361
提供的待遇以及保障来说，庄园的工作一直还是他们所能得到的最好工作。另外在同一时期的东欧，一些农民为了躲避诸侯越来越多的要求而甘愿成为一个地产主的所谓“二次农奴（zweite Leibeigenschaft）”。庄园不但可以是经济形式，而且完全可以是生活形式，其间，经济依附被表述为一种准封建的非正式的忠诚和保护关系，这种关系或许已经表现在居住形式上了。

虽然我们不时能看到一种资本投入微少，而劳动力相当低廉的粗放型经济形式——本来就是所谓的 17 世纪一个经济衰退期的典型产物——但它涉及的绝对不是庄园主及其臣属（Untertanen）的纯自给自足经济（农民虽然没有在法律意义上，但在事实上或许已经成为臣属）。因为庄园是一种资本主义市场经济的产物，对这种市场经济而言，首先就是要为周边市场提供肉、粮食和其他农业产品。由于18世纪的人口增长，城市发展在其间发挥着增加需求的重要作用。

对于长途贩运来说，交通状况极差而且费用很高——从具有可比性的东欧发展来看，交通具有重要的意义，因为安第斯山区没有费用低廉的水路。只有肉畜能够进行长途驱赶并且盈利，例如从北部驱赶到人口稠密的墨西哥中心地区，或者从阿根廷驱赶到上秘鲁（Hochperu）矿区。欧洲家畜数量迅速增加，有些地方存在着巨大的野化畜群。因此肉类价格低廉，是一种普通人也买得起的大众食物。在墨西哥，除了印第安人的畜牧业，很快也发展起具有西班牙传统的畜牧业体系，包括羊群来回转场。1537年，王室就已依据本土模式将畜牧业联合成一个整体组织“梅斯塔（Mesta）”。

于是，因地方条件各异，庄园的产生、经营规模、资本配置、与印第安自主经济的关系以及劳动力都表现了各不相同的形态。它既不可能在所有的地方挤掉独立的印第安村庄，也不可能统一招募自己的农工。除了非洲奴隶，我们还能看到季节工甚至小佃户。农业生产若不是为了自我供应，就是为了当地市场和区域市场，但也确实存在着例外。由于拥有费用低廉的海上航路，智利成为人口密度较大的秘鲁的小麦供应者。不
362 过，首先是巨大的矿业城市波托西在其繁荣时期发展成一个吸引农产品的地方。地处高原的它无法依靠其周边地区解决供应问题，大量的需求造成了诱人的价格。粮食、水果和鱼来自阿根廷西北部的图库曼省或者太平洋海岸，牛群和羊群甚至是从巴拉圭和布宜诺斯艾利斯驱赶到高原上来的。

另外，西班牙还投入大量的人力财力生产一系列原产欧洲和美洲的高价值农产品，大部分是在热带低地的种植园里使用非洲奴隶进行生产的。最为重要的是糖、可可和烟草，最终它们也向本土出口。此外还有昂贵的特种养殖，例如在墨西哥利用仙人掌养殖胭脂虫以提取色素。

即使手工业也主要是为了当地和区域的自给自足，对此根本不需要王室时而实行的限制性重商主义政策。除已经提及的手工业外，其实进入工业生产领域的只有纺织品生产、烟草加工和造船。第一类生产，特别是毛料生产，有时甚至得到官方的资助，因为本土供货不足，而美洲的高需求量在西班牙引起了价格上涨。于是出现了臭名昭著的织布作坊（obrajes），这些作坊最初使用印第安劳役工，1601 年禁止印第安人从事这种劳动后又加倍使用非洲奴隶经营。它们平均使用 12 台织机进行生产，有时高达 30 台，而且也参与自己生产的毛料的进一步加工。一个中心在普埃布拉和特拉斯卡拉（Tlaxcala）地区，另一个中心在厄瓜多尔。然而 18 世纪，这种纺织品生产无力应对越来越多地来自英国的廉价进口货的竞争。

16 世纪，人们就已在太平洋海岸的埃尔雷阿莱霍（El Realejo，在今天的尼加拉瓜）造船，令人惊奇的是，他们也在内陆的亚松森（巴拉圭）造船，后来又添加了瓜亚基尔、坎佩切和哈瓦那等地点。17 世纪上半叶，船队 42% 的船只是在美洲造的，不过这一数字很快就降到了 19% 乃至更低，18 世纪再未提及一艘造于美洲的船。

高度的地域化很快就成为西属美洲经济总貌的一个特点；一个个经济体出现了，今天的拉美诸国就是在它们的基础上诞生的。两大中心墨西哥和秘鲁之间没有可以利用的陆地连接，17 世 363
纪初，对日益发达的海上交通颁布了禁令，目的是阻止马尼拉来的亚洲货物通过阿卡普尔科输往南方。哥伦比亚高原虽然用牲畜和矿业产品与厄瓜多尔和本土交换纺织品，但却好像在很大程度上撇开本土发展成一个独立的经济体系。安的列斯群岛、委内瑞拉和拉普拉塔河地区尽管拥有糖和可可之类的种植园产品或畜牧业，但与大殖民中心相比依然黯然失色。特别受歧视的是布宜诺斯艾利斯，直到1618年以后才被允许每两年派出两艘船直航西班牙，而平时则完全依赖于遥远而且难以到达的秘鲁。

利马最初大概曾在西属美洲起着经济主导作用。17世纪初它可能有6万人口，其中白人有5000~6000人，非洲奴隶为3万人。然而它几乎像是1580年已有12万人口的矿业之都波托西的寄生虫。时间越长，墨西哥城的地位越重要，它是北部的政治之都，同时也是整个西属美洲的经济之都。它在西班牙航线终点韦拉克鲁斯与亚洲航线终点阿卡普尔科之间起着调节作用，在各个种植园地区、畜牧地区和矿业地区之间同样起着调节作用。它不但是富商的聚居地，而且是重要的手工业生产的所在地。据称，它的人口自1550年至1800年从7.5万增加到13万，其间白人从1.8万（1570年）增至6.75万（1790年）。当时它的地位几乎等同于美洲贸易的老欧洲之都塞维利亚。西属美洲的城市中心网以及功能最终大概与欧洲的情形不再有多大差异。

不过与欧洲相比，信贷业似乎不是特别发达。众多总有借贷需求的矿山企业主大都以十分不利的条件从所谓的“飞人（Aviadores）”那里得到预支的货物和钱（avíos），后者收回的是白银并将其卖给银商。然后都市大商人中的这些精英让人将白银在铸币所铸成银币，悄悄地让它们流入自己的交易。因为在殖民地之间以及跨洋贸易中，商人之间的相互借贷似乎扮演着极其重要的角色。商人大概首先也是手工业最重要的债权人，因为与
364 西班牙不同，那里没有银行。不过各教会机构也在一定程度上扮演了这一角色。一方面是修士会和修道院，另一方面是捐赠管理机构［遗产法院（Juzgados de testamentos）、弥撒活动基

金（capellanías）和慈善基金会（obras pias）]，它们都很乐意将自己越来越多的财富用作大都相当实惠的农业借贷，例如17世纪下半叶，秘鲁高原各庄园借贷的85%来自教会。据称，墨西哥城的法院（Juzgado）在18世纪与一家银行已不再有什么区别。然而小人物很难得到借贷，如手工业者。1771年在墨西哥、1792年在利马创建了“当铺（Monte de Piedad）”[①]，那是中世纪晚期在意大利为穷人而设的。这一时期，教会财富已经成为引起政治愤慨的原因。在墨西哥城，47%的地产属于教会，仅1767年被驱逐的耶稣会就有400处较大的庄园。

① 源自意大利语monte di pietá，也译作“仁慈银行”，原指某修士为使穷人免遭高利贷盘剥，通过募捐创建的一种慈善机构，人们以物品抵押，便可在该处借到无息或低息款项。后来的当铺虽非慈善机构，但也沿用了这个名字。——编者注

统治与社会

“经济猎获周期（ökonomischer Beutezyklus）”在政治上与“暴力周期（Gewaltzyklus）”是相对应的。征服者必然要在最初几十年里首先贯彻其统治，遇有地方精英不甘被征服时常常使用残酷的暴力。原住民的武力反抗也不断发生，但他们从未建立起反对自己新主人的共同阵线，否则新主人的统治可能早就结束了。因为统治之所以能实行，条件是在当地对原住民的身份提出依据，在原住民眼里，旧帝国并不比新帝国更有意义。只要地方精英认为自己的利益得到了维护，他们便像适应旧帝国一样适应新帝国。顶多是改换宗教的新要求遇到了阻碍。基督教在那些岁月里也是强行传播的，但不是明确地强迫人们信仰，因为教义不允许那样做，而是通过有计划地消灭现有宗教，通过毁掉其祭祀场所和祭祀对象，通过打压其祭礼来进行的。

365 然而西班牙人之间也不断有暴力事件发生，直至变成征服者派系之间的内战，最终发展为对王室的反抗，其间甚至在秘鲁图谋建立一个独立的王国。科尔特斯的公认权威似乎在墨西哥阻止了西班牙人内部冲突的这种极端发展，尽管——恰恰是因为如此——他被剥夺了政治权力。虽然1527年为这一目的建立的第一个司法机构［检审法院（Audiencia）］的院长暴露了其极其残忍腐败的征服者本相，但随着第二个检审法院的建立和第一任总督的到来，情况就比较正常了——这明显是发生在秘鲁之前的事。

不过在帝国边境地区，暴力始终发挥着自己的作用——边境也是一个文明人会一反常态地像“野蛮人”一样行事的地方。西班牙帝国的扩张在16世纪已经停止，只有在出现了欧洲竞争对手时才会再度开始，特别是在加利福尼亚。不过这一点好像适用于前现代大多数边境地区。大力拓展边境的现象在19世纪尤为普遍，西属美洲也是如此。另外，在西属美洲边境地区占支配地位的不单单是无法控制的边境住民，而且主要是传教士，他们眼里全是原住民的利益——他们自己是这样理解的。

王室从一开始就明确知道自己在政治方面想做的事情：建立一个尽可能不受限制的官僚行政机构。他们事先就要遏制想要形成或多或少独立的封建和教会统治的倾向，这种统治在本土发挥着巨大的作用。因此王室毫无顾忌地违反与发现者和占领者签订的合同，从违反与哥伦布签订的合同开始。这一方法甚至可能在签订合同时就已谋划好了。

虽然不得不容忍监护征赋制，因为再没有其他方法补偿征服者们，但它被限制在不可能演化成世袭封建统治的范围内，渐渐成为一个被淘汰的模式。据称，1540 年，四分之一的西班牙人是委托监护主，到 1570 年仅有二十分之一。1555 年，墨西哥还有 506 个委托监护主，其中一半生活在首府。1561 年，秘鲁有约 8000 名西班牙人，委托监护主为 477 人。16 世纪中叶，秘鲁的委托监护主已经不得自己收取他们有权享受的印第安人的贡物或指派某种劳役，而是通过国王的官员得到它们。监护征赋制变成了一种国王的息金——一种可以缩减的息 366
金。1555 年，秘鲁的委托监护主为继承监护征赋制向王室缴了 760 万比索。1560 年的一次土著头领（Curacas）大会在应对措施中答应多给 10 万比索并动员起了拉斯·卡萨斯及其多明我会修士，但王室没有冒险作出明确决定。于是，边境地区的监护征赋制能够继续存在下去：以图库曼地区为例，1693/1694 年，那里有 96 个以印第安村庄为基础的委托监护主，辖有土著 4563 人；以私有土地（例如庄园）为基础的委托监护主有 164 个，辖有 2846 个印第安人——这两类印第安人都不得不主要以劳动（即“个人服务”）抵偿自己欠委托监护主的贡金，而这本来是被禁止的。

在美洲的领土结构方面，王室更是将国王的城市及其周边地区确立为唯一的基本单位，也就是在本土存在的仅次于贵族和教会领地的“别墅加土地（Villa y Tierra）”模式。据称，1570 年，西属美洲有 225 个城市，共有人口 12.5 万至 15 万。虽然这不是现代意义上的人口稠密，但从政治和文化角度来看，或许我们可以说，西属美洲是一个城市社会。是城市使整个大陆西班牙化！

从欧洲国家政权史的一般视角看，人们在这里坚持不懈地尝试将此前通过各种各样的私营企业主推行的政治在殖民土地上实现国家化，换句话说就是推进政治现代化，然而此时因资源外包（outsourcing）又倒退了。这并非没有理由，因为这种“通过合同进行统治”可能完全是有利可图的。西班牙王室虽然没有在不利用私人商业和资源的情况下得到美洲的方法，但或许在法律和政治上具有将个人活动家取得的政治利益据为己有的可能性。必须认可给他们的经济补偿，但要阻止他们转化为独立的政治势力。王室虽然凌驾于法律之上，但在此事上须服从要求信守合同的自然法。委托监护主们完全懂得为此提起诉讼，迫不得已时就暴动反抗。

在西班牙王室官僚帝国的设计规划中，我们第一次，但绝不是最后一次看到那种在殖民土地上实现在本土不可能实现的政治目标的尝试。直至欧洲殖民主义终结，这种实实在在的政治乌托邦一次次成功地出现，至少是成功地出现于开始阶段。

367 不过这一视角不应诱导人们超脱于当时的时代，套用现今的历史观念去全盘高估这类开端的成功。那时绝对没有成功地建立起一个集权性国家财政的剥削制度。撇开声名狼藉的贿赂不说，各个殖民地之间正在进行收入的重新大分配。因为长期以来，西班牙殖民地官僚机构的实际效力十分低下。它虽然制造了大量令历史学家欣喜的文件，但也容忍了整个体系范围内的贿赂。这一点在经济政策上就能够观察到。然而，属于道德范畴的贿赂在前现代官僚机构中至少有一部分用错了地方，因为个人和各群体的微观政治利益重于正在形成的国家政权的宏观政治利益，这一点不仅在过去和现在都难以避免，而且——如能巧妙利用——甚至可能对后者有好处。

于是，财政境况极为窘迫的王室越来越倾向于使各种职位成为可以花钱买得的东西。自1559年起公证所被卖出，自1606年起大多数城市职位被卖出，1633年财政官职位被卖出，1687年就连检审法院的最高法官职位也被卖出。虽然在美洲出生的西班牙人，即所谓的“克里奥尔人（Kreolen）”，因此有机会获得此前只有本土来的“半岛人（Peninsulares）”才有资格担任的职位，但担任者的独立性和才能却明显下降了。1664年一个会计署否决了二十年中的400份决算单。17世纪，王室的威信以这种方式跌到了最低点。它用政治损失换来了自己的财政收益。因此1750年又适时禁止了卖出法官职位的做法。

在殖民批评者的影响下，王室于16世纪摆脱了颁布公告式的占领者心态，之后极为看重被视为当地统治者的权力继承人。秘鲁的影子印加王（Schatteninkas）就是为这一目的服务的，他们被理解为西班牙国王的臣仆，直至总督弗朗西斯科·德·托雷多（1569~1581年在任）当政时进行了相反的尝试。这种尝试显得更加有用，它与清除印加末代统治有关，即要改写秘鲁历史，将印加王变成暴君，而西班牙人则和在墨西哥一样，成了被奴役的各民族的解放者。这迅速导致秘鲁老一代历史学家分为两个相互对立的派系。

直到进入18世纪，官方对西属美洲从未使用过“殖民地（Colonia）”这一现代概念，官方惯用名称为“印度王国（Los Reynos de las Indias）”。位于欧洲的“附属地区
368 （Nebenländer）”① 如阿拉贡或那不勒斯是属于“同等重要（aeque principaliter）”② 行列的，就是说在其法律以及特权继续有效的情况下成为西班牙帝国联合体的一部分，而位于美洲的“附属地区”则是通过“加入（accessio）”成为帝国联合体的一部分。这就是说，它们是卡斯蒂利亚王室的“分王国（Teilreiche）”，不是卡斯蒂利亚国家的“臣属国（Untertanenländer）”。但是与原有的分王国如莱昂（León）或托莱多（Toledo）不同，它们享有类似于欧洲“附属地区”的自治。它们没有参加卡斯蒂利亚议会，议会也不管辖它们，因为议会的任务首先是批准赋税，而欧裔美洲臣民已经免除了直接税。

西属美洲法律虽然依从卡斯蒂利亚法律，但是通过国王的立法它自身继续独立发展，比较重大的整体问题由处理该类问题的官员通过“规章（Ordenanzas）”或“指令（Instrucciónes）”解决，单个问题由处理该类问题的官员通过“文书（Cédulas）”解决。迭戈·德·恩希纳斯（Diego de Encinas）、安东尼奥·德·利昂·皮内洛（Antonio de León Pinelo）和胡安·德·索洛萨诺（Juan de Solórzano）实施的《印度法》（Derecho indiano，这里的“印度法”指“美洲法”，不是指“印第安人法”）材料汇集和准备工作完成后，索洛萨诺的《印度诸岛王国法》（Recopilación de Leyes de los

---

① 或“附属国”，狭义上指一个国家中处于从属地位的地区，国家虽为一个整体，但是内部结构可能有不同之处。“附属地区”往往也有谋求政治独立的倾向，或者在历史、民族语境中与国家的主体部分有较大不同。广义上也涉及某些殖民地。——编者注

② 此拉丁语概念原为罗马天主教会所用，指两个或多个教区进行合并时，为了避免主导权之争，所有教区都被赋予同等的地位。——编者注

Reinos de las Indias）最终于 1681 年出版。这里系统化地汇编了数千个法律和裁决，因为该法的思路还一直是依据个案裁决的判例法。即使在这里，前现代的统治也是在司法外形下，也就是通过对具体单个问题进行法律裁决来实施的。

这种国家法的事实情况导致有人认为西属美洲各国实际上从来就不是殖民地。然而这种单从司法角度看事物的观点既不符合征服原住民的事实，也不符合美洲依附欧洲的事实——在经济和政治上无疑都涉及殖民地，这一事实情况也完全表现在统治结构上。

本土负责美洲事务的最高机构是 1524 年从皇家卡斯蒂利亚委员会分出来的“皇家最高印度事务委员会（Consejo Real y Supremo de las Indias）”，简称“印度委员会”，是一个主要由法学家和宗教法规学家组成的具有全面管辖权的合议机构：最高行政机构、最高法院、财政机构和教会领导机构。在主席之下它拥有数量越来越多的委员、一个财政总监、一个或两个秘书以及一些辅助人员，1552 年总共有 24 人，1687 年共有 110 人。它的决定须由多数通过作出，在比较重大事情上的决定作为“合议（Consulta）”呈给君主，也可能由少数人投票共同决定。一个特别委员会，即 1568 年的“大政务委员会（Junta magna）”使整个美洲政治在国王的经济特权方面更加严密，1567 年至 1571 年担任调查员、1571 年至 1575 年担 369
任主席的胡安·德·奥万多（Juan de Ovando）对印度委员会进行了改革，之后于 1573 年也利用详细的调查表开始有计划地获取帝国这一部分的信息。尽管 18 世纪进行了行政改革，但印度委员会当时几乎没有失去其重要意义。

西班牙帝国的其他部分也有相应的委员会，例如有一个意大利委员会或一个阿拉贡委员会，而美洲在帝国体系中独一无二的作用则可以体现在其设于本土的第二个中心机构，这就是

1503 年建立的商贸楼，在印度委员会的监督下它管理着与美洲的所有人员、航船、货物和金钱往来，而且还管理着近代史早期范围最广的垄断。出于这一目的，美洲的来往航行被强制集中在塞维利亚，后来集中在加的斯，1717 年商贸楼也迁往那里。商贸楼还有一个“领航人主管（Piloto mayor）”和一个地理部，后来又为制图设立了一个数学部，帆船驾驶培训也由这里负责。和大多数殖民地管理部门的工作人员一样，商贸楼的工作人员也懂得不顾禁令利用自己的地位做自己的生意。

就连新世界的最高机构一眼看上去也与旧世界的机构分毫不差：虽然莱昂和托莱多没有像 1535 年起的墨西哥和 1543 年起的利马那样设有总督，但在阿拉贡、那不勒斯和西西里岛则有设立。1739 年添上了波哥大，1776 年再加上布宜诺斯艾利斯。通常三年内从本土派遣两次高级贵族。然而美洲的总督绝对不是他们幅员辽阔的职务辖区的摄政王，而是凭借对其他机构下达命令的权力进行政治方面多于行政方面的监督，不过他们没有被赋予干涉各机构正常行政事务的权力。作为“国王的活影像”，他们与身在欧洲的君主本人一样是繁文缛节的对象，是合法性系统的必不可少的组成部分。然而又因为他们是在政治和经济方面具有决定性意义的墨西哥和秘鲁的总督，所以他们又具有特殊的重要性。一些重要的总督对西班牙统治体系的建立作出了决定性的贡献，如墨西哥的安东尼奥·德·门多萨（1535~1549 年在任）和秘鲁的弗朗西斯科·德·托雷多（1569~1581 年在任）。

在设立总督之前，当地就已经按照皇家巴利亚多利德高等法院和格拉纳达高等法院的模式设立了所谓的“检审法院”，1511 年在圣多明各，1527 年在墨西哥，1538 年在巴拿马，1543 年在危地马拉和利马，1548 年在瓜达拉哈拉（Guadalajara）和波哥大，1559 年在查卡斯（Charcas），

插图 42（左图） 秘鲁总督弗朗西斯科·德·托雷多 370

插图 43（右图） 利马的检审法院

1563 年在基多，1595 年在依附新西班牙的马尼拉，1606 年在智利的圣地亚哥（Santiago de Chile）。这里涉及的是职业法官集体（西班牙语为 Oidores，德语为 Auditoren），他们是各自地区的最高民事和刑事司法机构。利马和墨西哥各有 8 个民事法官、4 个刑事法官外加 2 个财政官，其他地方有 4~5 个法官和 1 个财政官。另外，其院长也是司法管理机构的长官，检审法院作为整体也对行政和财政行使常设监督机构的职责，比如视察行政机构或检查贡物登记簿。如有需要，检审法院也可以行使临时政府的职责。总督是高级贵族，而检审法院中则聚集着知识精英（Elite der Letrados），即出身平民和下层贵族的受过司法教育的官员。按照 1687 年至 1750 年的价格，他们在到职和升职时还得缴纳其 3000~5000 比索薪金的一半，即所谓的“平均年俸（media anata）”，西班牙王位继承战争的危急状态中甚至要缴纳全年薪俸。

此外，殖民统治体系并非统一地按等级秩序来建构的，而是存在着相互分开的、有着各自限定辖区的司法、行政、军
371 事、财政和教会机构，而到了后来，前三个职务范围集于一人之手，这赋予了掌握该职权的人以特殊的地位，并使其较大程度地独立于时任总督。因此，大多数依照地图对这些关系进行的描述都是有误导性的、不充分的。和上述两个总督一样，瓜达拉哈拉、危地马拉、圣多明各、波哥大、巴拿马、基多、圣地亚哥和马尼拉的总督也在他们各自更加狭小的行省里将最高军事指挥官（Capitán generál）和检审法院院长的职位统一在自己的职位中，称作“高级统治者（Gobernadores superiores）”。其余省督（17 世纪共有 39 个省），即“次级统治者（Gobernadores menores）”，虽然在行政事务上直接隶属于王室，但作为军事指挥官则隶属于距离最近的总指挥官，作为高级法官则隶属于一个检审法院，而这些上级法院的所在地不一定总是与自己的驻地相同。

在初期阶段以及后来在欠发达地区，各总督都相当于非正式使用的地方代理人（Tenientes de Gobernador）或军事指挥官。不过在人口较稠密和控制得较好的地区，总督之下只设有一个行政级别，即“区行政长官（Corregidores）”级别。其间，墨西哥有段时间在“大市行政长官（Alcaldes Mayores）”之下设有一个市区行政机构，但由于人口下降很快便并入下一级的“区（Corregimientos）”。包括整个中美洲的危地马拉“王国”在内，1700 年前后共有 19 个下级行政区，其中 4 个有自己的市行政长官，9 个有大市行政长官，6 个有区行政长官。殖民时代末期，墨西哥有 116 个最低一级的行政区，秘鲁有 138 个。

西属美洲按照地中海传统将城市作为最低一级的行政区。

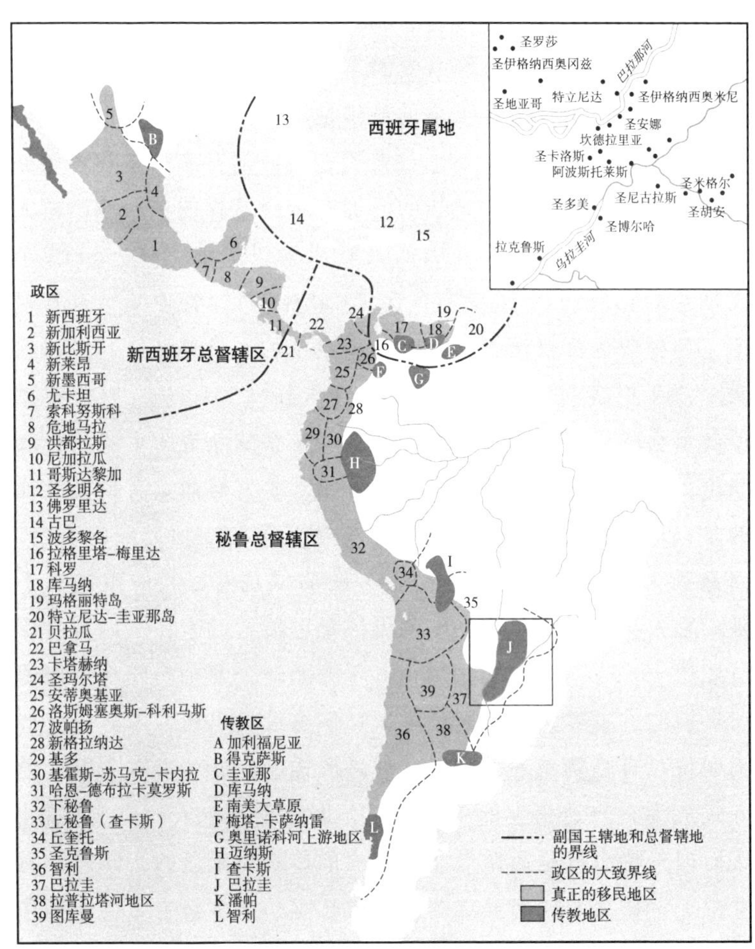
西班牙属地
新西班牙总督辖区
秘鲁总督辖区
圣罗莎
圣伊格纳西奥冈兹
巴拉那河
圣地亚哥
特立尼达
圣伊格纳西奥米尼
圣安娜
坎德拉里亚
圣卡洛斯
阿波斯托莱斯
圣米格尔
圣尼古拉斯
圣胡安
圣多美
圣博尔哈
拉克鲁斯
乌拉圭河
政区
1 新西班牙
2 新加利西亚
3 新比斯开
4 新莱昂
5 新墨西哥
6 尤卡坦
7 索科努斯科
8 危地马拉
9 洪都拉斯
10 尼加拉瓜
11 哥斯达黎加
12 圣多明各
13 佛罗里达
14 古巴
15 波多黎各
16 拉格里塔-梅里达
17 科罗
18 库马纳
19 玛格丽特岛
20 特立尼达-圭亚那岛
21 贝拉瓜
22 巴拿马
23 卡塔赫纳
24 圣玛尔塔
25 安蒂奥基亚
26 洛斯姆塞奥斯-科利马斯
27 波帕扬
28 新格拉纳达
29 基多
30 基霍斯-苏马克-卡内拉
31 哈恩-德布拉卡莫罗斯
32 下秘鲁
33 上秘鲁（查卡斯）
34 丘奎托
35 圣克鲁斯
36 智利
37 巴拉圭
38 拉普拉塔河地区
39 图库曼
传教区
A 加利福尼亚
B 得克萨斯
C 圭亚那
D 库马纳
E 南美大草原
F 梅塔-卡萨纳雷
G 奥里诺科河上游地区
H 迈纳斯
I 查卡斯
J 巴拉圭
K 潘帕
L 智利
副国王辖地和总督辖地的界线
政区的大致界线
真正的移民地区
传教地区

插图 44 17 世纪的行政区划

建立实行西班牙法律的城市是为了征服占领，其布局是王室为西班牙殖民地规定的棋盘格局，这种格局于1522年第一次出现在纳塔（Natá，位于巴拿马）。1573年，一个大型“规章”对这一格局作了详细的规定，其中显然吸取了古典时代维特鲁威（Vitruv）的建筑教科书中的东西。因为与给市民分配地产联系在一起，所以保存下来的城市地图显然是被用于代替地籍登记簿。城市中心的广场十分典型，上面建有主教堂和市政办公建筑。原则上每一个定居的、拥有带建筑物的在册地产的人都是市民（Vecino），并因而具有成为议员的资格。6~12个议员（Regidores）组成参事会（Cabildo），管理城市及其财产，各种职务由议员担任或由选举产生的人员担任，其中包括
373 两个每年更换的市法官（Alcaldes ordinarios）。此时已有大量参事会的记录出版。参事会议员职位很快就成为世袭的长久职位，城市统治普遍落入了地方寡头之手。然而具有典型特征的是，这种寡头政治产生的原因并不是最初土地分配的不公，而是因为一些市民是印第安人劳动的得益者，其他市民则不是。私人买卖城市各个职位的做法早已流行起来，之后售卖议员职位于1591年合法化，1606年开始还公开拍卖即将空出的议员职位。不过大部分职位可以私下继续卖出或继承。只有市长职位一直是例外——尽管也只是形式上例外。参事会以这种方式成为在当地出生的西班牙人，即克里奥尔人的重要依靠。然而国王特派员是遵循卡斯蒂利亚的传统被派遣的，同样，通常由王室任命的任期五年的区行政长官、参事会主席、监察官员和二审法官也是如此。

除西班牙人区行政长官（Corregidores de Españoles）下辖的西班牙自治城市外，还有印第安人区的西班牙人行政长官下辖的印第安自治城市，秘鲁总督辖区有85个这样的区，其中52个在今天的秘鲁，而西班牙人区行政长官为16个。然而

印第安人区并不一定是自成一体的居住区，它们常常是由一个主要村镇（cabecera）加不同的村庄以及小村组成的区行政长官代理人（Tenientes de corregidor）管辖的区。就连西班牙人城市的印第安人居住区也不是该城市的组成部分，而是那种印第安人自治区域。例如在墨西哥首府，即从前的特诺奇蒂特兰，西班牙人的城市被四个印第安自治区围在中间。

为了在财政、政治、宗教和文化方面更好地施加控制，原住民原则上应在自治城镇里生活或迁入这些自治城镇。16世纪下半叶的这种大规模的聚居群体（Congregaciones）或改信了基督教的土著人村落（Reducciones）在墨西哥可能与前西班牙时代的聚居区域有关联，而在秘鲁高原，分散居住在小村子里则是常见情况。据称，秘鲁总督弗朗西斯科·德·托雷多在1570年代和1580年代将150万名印第安人迁入由80个区下辖的614个新村庄，村庄实行自治城镇法，每个村庄设有一个行政官员“库拉卡（Kuraka）”。有一次他们将600个小村子变成17个村庄，另有一次则将共有12.9万人的900个小居住地变成44个新区。一个小村子很少有超过3~10所房子的规模。

监护征赋制以及拉斯·卡萨斯规划的西班牙人和印第安人共同居住的方案失败后，王室自16世纪中叶起转而实行坚 374
定的分离居住政策。与非洲人以及混血儿一样，不担任公职的西班牙人被禁止在印第安人处逗留或居住。印第安区的西班牙人行政长官此时作为王室官员取代了半封建的委托监护主，在印度安人看来，他们露出了不啻后者的祸害的本相。若不提供资助和贿赂，一个区行政长官得不到自己的职位，他必须按照卖价缴纳一笔“捐款（donación）”，必须从自己微薄的100~300比索的薪俸（相当于一个村神父的薪俸）中缴出一笔“平均年俸”。为此，他不得不在一个大商人处借贷。从此之后，他便自己收取费用和收受礼物，或许在分派印第安劳工时还能够利用自己的有利条件。除此之外，在与其下辖的印第安人做生意时，他凭借职务既实现买方垄断又实现卖方垄断，就是说他作为其债权人的代理人以低价全部买下印第安人的产品，并以高价向他们提供需要的货物，或者也提供不需要的货物。在16世纪就已形成的这种劳役制度（Repartimiento）或提供产品、证券的体系（Reparto de Mercancias / Efectos）首先在秘鲁显露其剥削特征，在墨西哥有时则充当针对印第安生产者的借贷系统。

从理论上说，所有官员履行职务都受到严格监督，一个高级别的独立巡视员（Visitador）会定期检查一个地区的整个体系，官员在个人任期结束时要接受一个驻在地程序（Residencia-Prozess）的审查，终身任职者则要每五年接受一次审查。然而这种巡视至少在美洲被证实没有多少效用而且费用昂贵，而驻在地程序也显然可以轻松愉快地进行，因为对区行政长官来说，这一程序都是由各自的继任者进行的。

征服行动结束后，军事活动起初似乎大都只发生在北墨西哥、南智利、巴拉圭以及亚马孙盆地周围的边境地区。当然从一开始就必须保护船队免受帝国的欧洲敌人的攻击，这些敌人很快也将其行动扩大到加勒比诸岛和海岸地区。墨西哥高原虽然不会受到敌人的侵害，但16世纪后期以来，敌人一方面越过巴拿马地峡，另一方面绕过合恩角成功地攻击了秘鲁和智利海岸。因此必须修建要塞、建造战船，必须供养职业军人以及西班牙和印第安民兵。费用在持续上升。

财政机构组织得比行政机构统一。众多直接隶属于印度委员会或西班牙财政委员会（Consejo de Hacienda）的皇家财政机构（Cajas reales）征收着各种各样的税，特别是常常包租出去的普通消费税（Alcabala）。另外还有印第安人的贡金，

插图 45 区行政长官和印第安女人

它是唯一的直接税，其收缴量波动很大。在秘鲁的利马和奥鲁罗（Oruro），年收缴量长期在 1 万比索上下起伏，在波托西有时远远超过 5 万比索。最后，这些财政机构还要负责教会税和王室垄断的收益，特别是负责对银矿非常重要的汞。此外，用殖民地贵金属铸造钱币的王室铸币所是独立的。1605 年有 47 个财政机构（其中一个在马尼拉）。为进行监督，1600 年前后设立了会计署。

1576 年至 1598 年，墨西哥的皇家财政机构共收进 71.64 亿马拉维迪铜币，其中“五分之一留成（Quinto）”占 28%， 376

提供汞的收入占27.6%，印第安人贡金占23%，普通消费税占8.9%，教会税和圣战费（Cruzada）占6.2%，关税（Almojarifazgo）占1.6%。至16世纪中叶，王室收入总计已达442319847马拉维迪铜币，各地区具体情况如下（Sanz 2，1980，172）。

单位：年，马拉维迪铜币

1557	新托莱多（Neu-Toledo，智利）和邻省	201134700
1553~1557	新西班牙（墨西哥）	85500000
1557	新卡斯蒂利亚（秘鲁）	79118024
1553~1557	圣玛尔塔和新格拉纳达（哥伦比亚）	14333850
1554	埃斯帕诺拉（海地）	12638536
1553~1557	新加利西亚（Neu-Galicien，北墨西哥）	11790000
1556	波多黎各	9366162
1548	危地马拉	9120876
1555	黄金卡斯蒂利亚/坚实大陆（Tierra ferme，巴拿马）	6454016
1556	洪都拉斯	5855377
1555/1556	卡塔赫纳	3535994
1550	尼加拉瓜	2456100
1548	古巴	554962
1549	尤卡坦和科苏梅尔（Cozumel）	461250

新托莱多（智利）和相邻各省的高额数字大概可归因于上秘鲁（玻利维亚）的银矿。

教会组织虽然与政治组织远远分开，但在结构上与政治组织一样是多轨的。除了对于当时的欧洲观念来说属于正常的、至少大部分是由世俗神职人员组成的教会等级制机构，还有一个不依附于等级制教会机构的组织在边境地区和边境以外地区向印第安人传教，该组织被托钵修会，后来也被耶稣会质疑。然而，当传教区或聚居村落，也就是修会领导下的传教村能够转成“Doctrinas”[①]时，这种双轨制就遇到了问题，那可是真正的有受俸圣职的印第安堂区，不过使用的是印第安语。与西班牙权势阶层紧紧联系在一起的主教现在也应像主管西班牙语教区那样，主管可能完全住着印第安人的神甫管区（Curatos）？或者让它们继续归属于一个既为了自己的利益又为了印第安人的利益而试图维护自己地位的修士会？按照大政务委员会的决定，所有已创建的印第安堂区应尽快改为拥有世俗教职人员、服从主教权威的教区。各修会虽然屈服于主教，但当它们的传教区有新任命时，当牧灵西班牙化时，它们有时也进行反抗并取得成功。即使在这方面，形式和真实之间也存在着极大的距离，这种距离甚至可 377
能有利于原住民。首先是 18 世纪波旁王朝强化的王权至上论带来了巨大的推力。1600 年前后，危地马拉有 31 个世俗堂区（Säkularpfarreien），1750 年约有 150 个，到 1776 年上升为 360 个。

在今人看来应受到严厉批评的拒绝授予原住民和混血儿圣职的做法遵循的是适应美洲情况的“血统纯正（Limpieza de sangre）”原则，而“血统纯正”要靠西班牙人出身得到证实，这种拒绝在一定程度上受到修会的关注，因为原住民绝没有被视为劣等“种族”（1537 年教宗就已禁止这样做），而是暂且被视为未开化以及信仰能力差。对于在宗教方面尚不成熟的人来说，维持特殊的传教区是非常适宜的。不过一个“印第安佬（Indio）”能当上修会高层人员并可以指挥西班牙人，或者说一个混血儿能当上总主教与总督比肩而立，这对克里奥尔人来说是难以想象的。[即使到 20 世纪初，西南非洲的移民也无法忍受这样一种观念，即权利平等最后的结果是一个“半黑

① 拉丁美洲方言，指尚未建立教区的信奉基督教的印第安人村庄。

鬼（Halbneger）”竟能作为军官指挥德国士兵。因此异教婚姻甚至被溯及既往地宣布为不合法。］然而在这一问题上，国王和教宗难得意见一致地发来了相反的指示。1588 年，王室指示准许向混血儿授予神职，1697 年、1725 年和 1766 年指示准许向印第安人授予神职并准备向他们提供大学的学习位置。1700 年前后，西属美洲有 19 所大学，不过全是修士会办的。尽管如此，在 1200 个方济各会修士中只有 50 个混血儿和 10 个印第安人。如果说 18 世纪中叶酋长的儿子在秘鲁不单单是成为神职人员，而且也是凭借自己的语言能力到达了具有影响力的位置，那么很具有典型意义的就是他进入了世俗神职人员的行列。修士会都比较审慎。

不过鉴于整个教会作为一种国家教会被牢牢掌握在王室手里这一事实，教会内部的这种矛盾冲突只具有次要意义。前面提及的 1493 年的教宗训谕已经确立了与葡萄牙在非洲和亚洲的权力相对应的西班牙在美洲的传教专有权。另有训谕于 1501 年准予国王支配美洲的教会什一税，并规定负有赠予领地的义务。1508 年，王室获得了普遍庇护权，在欧洲它仅在新征服的格拉纳达王国享有这一权力，1518 年获得了确定教区界线的权力。这意味着王室凭借自己的绝对权力创设并拥有
378 美洲所有的圣职职位，即从主教职位直至最低一级的在原始森林中向印第安人传教的工作。

王室为了这些权力毫不吝惜地花费钱财。1504 年至 1620 年在美洲建立了 35 个主教区，另有两个建成后又被放弃，另外还有 6 个在计划中，但没有成为现实。它们分布在五个教省中，即圣多明各教省、墨西哥教省、利马教省（1547 年）、波哥大教省（1565 年）以及拉普拉塔［今天玻利维亚的苏克雷（Sucre）］教省（1609 年）。另外自 1493 年至 1822 年，至少有 15097 个修会修士作为传教士前往美洲，大都是由王室出

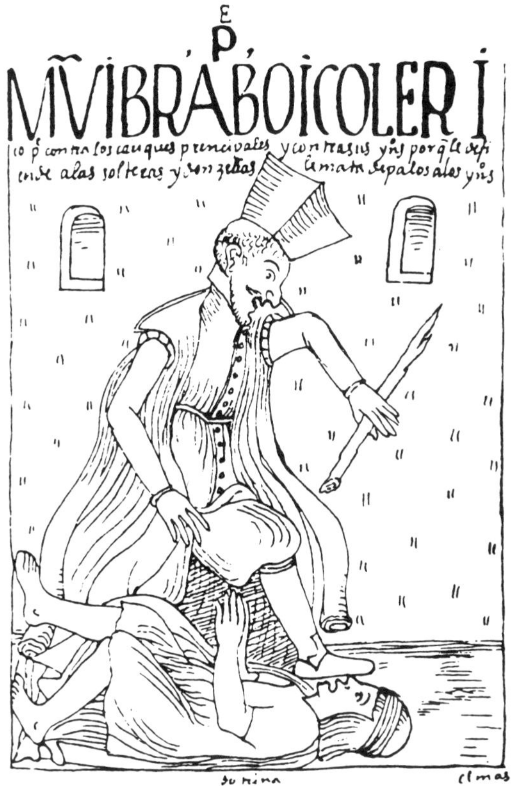

插图 46 一个神职人员虐待一个印第安人

资，其中方济各会修士 8441 人（至 1598 年为 2200 人），耶稣会修士 3189 人，多明我会修士 1837 人（1670 年），嘉布遣会修士 802 人，梅塞德会修士 388 人（一说 300 人），奥古斯丁会修士 380 人，其他修会修士 60 人。

西班牙国王被他自己的法学家们变成了教宗的代理人，即耶稣基督的代理人，也就是变成了美洲副教宗之类的角色。这种所谓的“国王代理（Vicariato real）”论与君权无限论之间是一种相互支持的关系。西班牙在美洲的教会统治显而易见地体现了君主政体印记，这一君主政体将自己所有的法律权力视为竞争对手，让它们屈从于自己的权力垄断。教宗在美洲只能感受到一些形式上的权力，例如接受主教们提供的分成，要求主教们“赴罗马拜谒使徒圣墓”，批准教省宗教会议的决定。这种教省宗教会议于1551/1552年、1567/1568年、1582/1583年、1591年和1601年在利马举行，1555年、1565年、1585年在墨西哥举行，1622年在圣多明各举行，1625年在波哥大举行，1629年在拉普拉塔举行，王室以不信任的目光注视着这些大会，阻止它们的召开，最终禁止召开宗教大会，尽管——或者恰恰是因为——它们涉及接受特伦托普世大会（Universalkonzil von Trient）的种种改革（特别是1567/1568年的利马宗教大会）以及确定对印第安人传教的方针（1582/1583年的利马宗教大会，1585年的墨西哥宗教大会从属于它）。直到18世纪，更加严厉的国王教会统治自身在开明的改良天主教的影响下才重又促成美洲教省宗教会议的举行，而此时教宗又对这些会议大为不满。然而好像与国王庇护对与罗马信函来往的控制要求完全相反，主教们与教廷有直接通信联系。1622年，负责向异教徒传道的罗马中央机构传布信仰圣部（Sacra Congregatio de Propaganda Fide）成立了，传教本应依靠它摆脱各殖民大国的控制并直接隶属于教宗，可是与在亚洲和非洲相反，教宗在殖民地美洲从未取得值得一提的发言权。马德里力求在自己控制的美洲有一些特殊的修会上层人员，甚至力求有一个自己的宗主教，对此罗马只能竭力加以阻止。

就连宗教裁判所也是一个国家教会机构。1570年在利马、1571年在墨西哥、1610年在卡塔赫纳建立了西班牙式的宗教裁判法庭，但它们绝不是仅仅关注原住民异教的后续影响，而是将全部力量集中在“信仰之敌”上，这些敌人就是法国和北欧的新教徒以及葡萄牙的犹太人，他们不顾一切禁令和控制从外面侵入，首先通过巴西渗透进来。1528 年已有两个皈依犹太教的人在墨西哥被烧死，1579 年又烧死一个，1596 年甚至烧死了九个。在欧洲冲突激化的影响下，在 1574 年和 1575 年的“宗教审判（Autos de fé）”中，对新教徒的迫害第一次升级为审判英国海员。宗教裁判所按照西班牙人的观念保卫着自己国王的王国免遭新教徒和犹太人“世界阴谋”的伤害并因此在当地流行开来，直到 18 世纪开始实行新的标准。

宗教裁判所原本不负责惩处非基督教徒，而是只追究那些背叛真正信仰的人。秘密犹太教徒正式受过洗礼，新教徒也 380
曾是天主教徒。而作为新皈依者的原住民则被视为信仰能力欠缺，据称不受宗教审判。尽管如此，在墨西哥依然有因“崇拜偶像”和迷信而进行的宗教审判程序。据称，1542 年在尤卡坦调查“秘密崇拜玛雅偶像”时共刑讯了 4800 多个印第安人，其中导致 158 人死亡。为追究秘密偶像崇拜者，1600 年前后在秘鲁设立了一种半机构化的类宗教裁判所，即“清除偶像崇拜（Extirpación de la idolatría）”巡视员，它采用的是针对印第安人的相应方法。1619 年该巡视员报告称，他进行了 1618 例对巫师和异教邪师的审判，捣毁了 1769 尊异教偶像和 7288 尊祖先像，焚烧了 1365 具用于宗教崇拜的干尸，赦免了 20893 人的偶像崇拜罪——这是传教 80 年后一个令人深思的结果。另外还必须注意，世俗教士和修会神职人员无不在使用体罚原住民的权力。

文化与社会

经济关系和政治关系有可能首先在一场革命进程中和在征服中迅速发生改变，而文化和社会变化则需要较长的时间，因为它涉及自古以来就铭刻在一代又一代人心中、被认为是一个群体的不可或缺的行为典范，因而也涉及人的生存基础。经济和政治在文化上的深层次结构也属于此列。尽管如此，在正在形成中的西属美洲，随着持续几十年的文化休克（Kulturschock），文化变化的湍流时期也开始了。撇开力量对比不说，这一点在一定程度上也完全适用于不得不成为美洲人的西班牙人。不过对他们来说，文化休克的最核心部分，即原住民被强制改换宗教一事是不存在的。在前现代状况下，文化
381 和宗教虽然也并非全等，但确实在很大程度上是重合的，因而人们自然将宗教视为文化的核心部分。若用“世界观”替换一下基督教欧洲色彩浓厚的概念“宗教”，那原因就非常清楚了：这里确定的是人与神、人与世界的关系。

宗教在文化中的这种优先地位也完全适用于西班牙人，只要看一看殖民时代的各类艺术就一清二楚了。虽然说不乏富丽堂皇的政治建筑和私人建筑以及迫不得已修建的要塞建筑，但是中心显然在宗教建筑上，特别是教堂。就连绘画和雕塑也主要是为了教堂的装饰。就世俗绘画而言，它也主要着眼于社会目的，因为它一方面创作人物肖像，另一方面对各种混血人种（castas）进行了大量的描画，而混血人种的等级尊卑对社会分层是有着重要影响的。只有一种奢侈品值得人们注意，其历史可以追溯到马尼拉航行，那就是日本的彩绘屏风（piombo）。教育事业也被掌握在教会手里。许多知名写作者都是神职人员。不过这丝毫没有阻碍他们对世俗世界持相对开放的态度，也没有阻碍他们的创作拥有高质量，修女胡安娜·伊内斯·德·拉·克鲁斯

（Juana Inés de la Cruz）直到今天仍在最优秀的五个西班牙语天才抒情诗人之列。

16 世纪中叶有约 6 万名西班牙人生活在新西班牙（墨西哥），约占总人口的 0.5%；尽管印第安人大批死亡，到 1650 年西班牙人也仅约占 10%。据称，1580 年墨西哥城约有 3000 名享有充分权利的西班牙市民（Vecinos），到 1630 年已约有 15000 名，在这两个年份里，利马的西班牙人人数为 2000 和 9500，库斯科为 800 和 3500，普埃布拉为 500 和 3000，银都波托西为 400 和 4000（HBLA 3/2，722）。1538 年在墨西哥首府共有 107 个商人、11 个有学位的医生、30 个有学位的法官（包括检审法院）以及从事 60 个不同行业的 440 个手工业者。大多数殖民城市都有一个由大地产主、矿主、商人、高级官僚和贵族组成的社会上层阶级。最初只有科尔特斯和皮萨罗得到了贵族头衔，但是征服者和首批移民（primos pobladores）都将自己视为贵族，认为自己与他人不同，当然这阻止不了他们中的许多人穷困潦倒，据称，1604 年有人曾在墨西哥看见一些立有功勋的征服者的儿子活活饿死。因为西班牙殖民社会很快就从在征服期内拥有特殊的高度社会灵活性转为对社会等级制的呆板复制。卡哈马卡战役结束五年后，阶级流动性极强的时期在秘鲁即告结束。不过，阶层中的这些空 382
缺由新王国进行了填补，17 世纪以来，这些新王国的重要人物被授予西班牙骑士团的身份，最后被授予贵族称号。贵族称号也可以花钱买得。有些大地产主确立了欧洲贵族式的长子继承法。到 18 世纪，仅在秘鲁就有 70 个侯爵、2 个子爵、49 个伯爵，甚至还有 1 个公爵。

由“自由职业人”、低级官僚、神职人员、境况较好的店铺主和手工匠人组成的中等阶层通常比较小。这个阶层中已经有了一些混血儿甚至“印第安佬”。后者在由小业主、工人、用人和边缘群体构成的人数最多的下层占了大多数。据称，1612年墨西哥城除1.5万名西班牙人外，非洲奴隶、自由非洲人和黑白混血儿（通常是由白人父亲和黑人母亲所生）有5万，印第安人有8万。

通过“日常生活的失守（Alberro）”，西班牙人在诸多方面经历了渐进式的文化转变，这涉及衣着、饮食和餐桌习俗。新食物和新享乐品如玉米饼、巧克力、烟草和龙舌兰酒渐渐被接受，原因可能是缺少西班牙女佣，厨房故而掌握在土著人手里。与阿兹特克蒸汽浴一样，龙舌兰酒酒馆作为社交场所也被西班牙人接受了。总是由母亲或女佣抱孩子这一印第安习俗流行起来了——不过这绝不是儿童成长环境相对于欧洲的唯一变化。因为普通欧洲人和当地人一样相信爱情魔法和伤害魔法，所以有人去请教印第安巫师。西班牙人中还出现了吸食毒品甚至参与祭拜当地诸神的行为。

第一批传教士就已将新世界视作救恩史（Heilsgeschichte）中的一个重要事件，美洲西班牙人（他们已经习惯了“克里奥尔人”这一名称）在构建自己的群体意识时可以以此为起点。圣人崇拜作为天主教在当地的一种变体在此时发挥着重要作用，而这种作用完全就是宗教在文化中的关键作用。据说1531年，瓜达卢佩圣母[①]曾向印第安人胡安·迭埃戈（Juan Diego）显现。胡安·迭埃戈作为这种具有重要政治意义的强烈崇拜的发起者，1999年由教会在墨西哥的瓜达卢佩为他行了宣福利，2002年被封为圣徒。然而最早的原始资料标注的建造日期是

① 瓜达卢佩（Guadalupe），西班牙人的一个朝圣地。相传圣母在此处向虔诚的印第安人胡安·迭埃戈显现，要他向主教表明自己在此处建一座小圣堂的意愿。主教将信将疑，圣母吩咐胡安在山上采摘玫瑰以作证据。时值严冬，山上竟开满鲜花，胡安用衣襟兜起采得的玫瑰去见主教，奇迹发生，衣襟上出现了圣母的肖像，主教和众人深深信服并流泪请求宽恕。圣堂落成后，短短数年内有超过800万印第安人改信天主教。——编者注

1648 年，因而近来甚至有人质疑胡安·迭埃戈的存在。这个故事和正在觉醒的克里奥尔人的自我意识特别契合，一个原因是他们在 1649 年借助一个纳瓦特尔语译本轻而易举地与阿兹 383
特克人的宗教传统建立起了联系。托特肯人传说中的神王奎兹特克（Quetzalcoatl）就是在“印度”传教的使徒多马，这一说法和瓜达卢佩奇迹一起被墨西哥作者作为克里奥尔人身份的创始神话记录下来了。

就连秘鲁也在 17 世纪创造了自己的五个圣人，克里奥尔人精英为了自己的身份大力推动为他们封圣，其中最为成功的是利马的罗莎（Rosa von Lima），1617 年逝世后，她立刻被封为圣徒，1669/1670 年被列入圣徒名册，被教宗宣布为秘鲁的庇护者。

在与生于本土的西班牙人（在墨西哥称为“Gachupínes”，在南美洲称为“Chapetónes”）越来越激烈的竞争中，克里奥尔人不仅为了自己的利益而在叙事中利用西班牙的历史，而且还越来越倾向于将美洲印第安历史据为己有，从而依据两个根源将自己描述为那片土地的真正主人。因为尽管原则上权力平等，但王室还是喜欢委派“欧洲人”担任国家和教会的领导职务。不从职位所在地的住民中挑选官员是国王的一种统治权术。然而官方出卖官职的现象日益增多，时间越长，行政职位就越是向富有的克里奥尔人敞开大门。到了 18 世纪，像科内利斯·德·鲍尔（Cornelis de Pauw）一类的启蒙派人士宣布美洲的一切都是劣等的，克里奥尔人自然而然也是退化的、落后的，这种论断得到了一定的认同，于是克里奥尔人的自我意识发展成了克里奥尔人的身份认同。现在，身份的建构前所未有地变成了克里奥尔人自卫的武器。

在此期间，美洲西班牙人的性活动和生殖行为造成一个相当复杂的、介于他们和土著之间的全新社会阶层的产生，即一个包括各类混血儿的阶层。由于未婚西班牙男青年人数巨大，而移民中女性稀少，他们不可能娶到西班牙妻子，因而其数量的增多从一开始就是无法避免的。自中世纪起，西班牙法中就有“同居制（Barraganía）”，即单身男女间的一种法律认可的、可解除的同居关系。尽管出现了西班牙男人娶印第安女人的现象，但大多数混血儿没有合法出身，据称在利马占80%。不过17世纪在利马和墨西哥城，三分之一的白人也没有合法出身。据称当时墨西哥城有2000个妓女，也就是说，妓女与男人的比例为1∶12。另外，非洲女奴数量日益增加以及黑白混血儿数量的相应增加也已经在发挥着作用。

384 至1650年，西班牙人向墨西哥和秘鲁大概运送了25万~30万名非洲奴隶，因而此时在大城市里，非洲裔人口据称大大超过了西班牙人。人们认为这一时期非洲奴隶数量达到了顶峰，墨西哥为3.5万，秘鲁为10万，直到殖民时代结束，这一数字也未被突破（CEHLA 1，2006）。这些奴隶的待遇是否优于加勒比海的奴隶，后来是否也优于北美的奴隶，一直是有争议的问题。至少王室将他们看作自己的基督教臣民，他们由像彼得·克拉弗（Petrus Claver）那样的英勇的神职人员照料着，不过也得服从宗教裁判。他们在教会团体中的自治组织得到支持，王室甚至还为他们开通了状告自己主人的法律之路。有个别人成功地在法庭上解除了自己的奴隶身份。

估计这一政策的目的也在于控制，因为非洲人数量日益增加完全而且不无理由地被感受为一种威胁。1612年有35个黑人密谋者在墨西哥被处决，据称他们图谋在杀死西班牙男人后建立一个信奉基督教的美洲黑人聚居区，而让土著依然对其负有纳贡义务。另外有些奴隶一开始就逃入荒野（Cimarrones）之中，在那里建立起独立的聚居区（Palenques）。在巴拿马地峡，这类聚居区成了英国海盗的危险盟友，但在采取各种军事行动之后他们被争取过来做了西班牙的盟友。在其他地方，这种聚居区被默默容忍着，例如在厄瓜多尔海岸的埃斯梅拉达斯（Esmeraldas），甚至在利马的周边地区。

除“麦士蒂索人（Mestizen）”（父亲是欧洲人，母亲是印第安人）外，西班牙社会里还出现了越来越多的“穆拉托人（Mulatten）”（父亲是欧洲人，母亲是非洲人）以及“桑博人（Zambos）”（父亲是非洲人，母亲是印第安人，或者反过来）。所谓印第安人和非洲人之间不可克服的相互厌恶与这些被压迫群体之间虚构的、理所当然的相互团结一样，都被证明为不实之说。这六个“纯正的”或混合的“血统群体”（这么说是为了接近原始资料的语言）之间继续结合生出的后代被既形象又抽象地纳入一个精细的种姓体系（System von Castas），例如一个非洲男人和一个“桑博女人”生出的孩子是一个“深褐色桑博人（Zambo prieto）”，一个麦士蒂索男人和一个印第安女人生出的孩子是一个“灰色人种（Coyote）”等。因此乍一看，殖民地西属美洲是一个严格按照种族划分等级的社会，最上层是西班牙人和克里奥尔人，其下是细化的混血儿等级，再往下是自由印第安人和自由非洲人，最下层是非洲奴隶。对此 385
有时有人声称，进一步观察之后便会看出它涉及的纯粹是合法身份证明，或者说完全就是一个被掩饰起来的严格的经济阶级社会，在殖民条件下，白人在这个社会里控制着生产资料。至少在殖民时代末期，在麦士蒂索人占多数的前提下，在有些地方可以看到同质化趋势。

虽然实际上它是一个以种族为依托的特权社会，但也是一个在类别划分上可以变动和交易的社会。即便是非洲人也未必就自然而然属于最底层，例如他们有可能被派到织布作坊当监工虐待印第安人。在殖民时代晚期的瓦哈卡（Oaxaca），土著精英们要求得到西班牙式的“血统纯正”认可，因为初次与基督教相遇时他们即已皈依，所以是“老基督教徒”，完全不同于声名狼藉的偶像崇拜者，如非洲人。不过表型（Phänotyp）[①]常常比世系（Genealogie）[②]更为重要。另外，文化行为也显现一个人的“品质（Calidades）”[③]，如掌握西班牙语或穿衣着装。土著精英们通过穿西班牙上层社会的衣装和使用某个贵族纹章来宣示自己的身份，而他们很难获得进入西班牙上层社会的资格。乔卢拉（Cholula）的纳瓦（Nahua）女人嫁给非洲人或穆拉托人，改换衣着并要求免除印第安贡金。既然王室作为法定特权的源头可以授予甚至卖出本来需要世系依据的贵族头衔，那它为何不能将一个白人的品级同样授予甚至卖给一个尽管比他人更难脱离自己表型的黑人或穆拉托人呢？殖民时代末期有一个官方授予“白色”身份的明码实价的价目表，然而这种“白色”并不是总能得到承认。贵族头衔的情况大抵如此。

大多数麦士蒂索人和穆拉托人的父亲是白人，很少有母亲一方是白人，出现这一情况的原因不单单是前面提及的西班牙人的性别比例。这里涉及的是在欧洲扩张史上所有异族间性关系中不断重复的一个现象，它好像对早前的每个异族统治来说都具有典型性，简而言之：女人是获胜男人的战利品。与前西班牙时代的境况相比，女人的社会角色也变得更糟了吗？事实上，当时与维系自己世系的家族制度并存的还有据说是相当
386 自由的且并不看重童贞的婚前性行为。然而现在占优势地位的是男人统治下的等级制，它遵循基督教观念，甚至出现了性交时的“传教士体位”这一名称；它依从的是西班牙法，童贞受

① 表型（英语：Phenotype），又称表现型，表示一个生物的某一特定的物理外观或成分，例如一个人是否有耳珠、植物的高度、人的血型、蛾的颜色等。——编者注

② 或译作家谱、谱系、宗谱、家系学、血统学等。——编者注

③ 或译作地位、名望等。——编者注

到褒扬，为了丈夫的名誉，妻子应受到控制。为了能够维持生计，“印第安佬”外出干活变得越来越普遍。就连去信奉一个与“无性别”和“性压抑”紧密相连的新神，也导致一些印第安女人遭受男性神职人员的骚扰。因为原始资料表明，忏悔室里的引诱（Solicitatio）在美洲绝对不是个案。

不过即使在这里，关系也不是单一的。也就是说“两性并行（Gender Parallelism）”绝对没有排除前西班牙时代的男性优势地位（Socolow）。教会支持的自由选择（理论上）取代了印加王统治时期的那种配偶分配。圣母崇拜的盛行让人推测土著女人学会了走新的宗教之路。就连修道院生活也为她们开辟了全新的可能性。为了照管身为麦士蒂索人的女儿们并使她们西班牙化，1551 年，库斯科的参事会建立了一个克拉利斯修道院（Klarissenkloster），随后又建起其他修道院，因而库斯科出现了女子修道院林立的局面，它们与社会上层有着紧密的关联，特别是与在那里依然实力强大的印加精英关系密切，与经济也紧紧联系在一起，主要是作为债权人。当债务人因独立战争再也无力付款时，衰退便开始了。女子修道院可以索要 3000~4000 比索作为嫁妆。就连神秘主义修女乌尔苏拉·德·赫苏斯（Ursula de Jesús）那样一个贫穷的穆拉托女人也能够成功地推行修道院政治。非洲女人和印第安女人也懂得成功地利用西班牙法律文化提供的机会。16、17 世纪，墨西哥三分之二的诉讼有女性参与，根据记录，诉讼中常常是印第安女人说得滔滔不绝，而男人则胆怯地站在一旁。前西班牙时代好像未曾有过女性头领，而 1600 年前后，当地女人成功地创造了一个所谓的习惯法，它使她们有了担任“头领（Cazicazgos）”的可能性。

地方首领的印第安领导层被成功地整合，这是西班牙统治取得成功的关键所在。因为它使用了前西班牙时代的政治结构和精英，所以我们可以用 20 世纪才创造的概念“间接统治”

来描述它，当地的殖民政治文化就汇集在这样一种统治中。

墨西哥中心地区依旧保持着城邦（Altepetl）体制，即环绕一个主要聚居地而建并由一个世袭君侯（Tlatoani）统治的
387 聚居地群落。在西班牙人到来之前，这种主要聚居地常常已经具有城市特征，因此共同居住在这里基本上属于多余之举，只是由于遭受了巨大的人口损失，共同居住才成为必要。与之相反，西班牙人可以立刻将自己的城市法完全套用于城邦，不过还要借助一个市行政长官建立市议会。为此可以任命一个忠心的君侯，或者任命一个可以信任的外地人。市行政长官、大市行政长官和议员是任命还是选举产生都无所谓，这些职位由人轮流坐也可以，因为它们依然掌握在地方精英手里，掌握在前西班牙时代的贵族手里，掌握在上等阶层（Pipiltin）手里，而谁进入他们的圈子都一样。最初是一个或数个市行政长官被分派给委托监护主，16世纪中叶以来，委托监护主的位置由王室的区行政长官取代，不过他们大都主管数个自治城市。尽管其他人也渐渐有可能获得这些政治职位，但城市贵族的社会和经济整体依然保留着。到18、19世纪，“酋长（Cazique）”头衔仅还用于称呼一位土著出身的巨富而已。

在秘鲁总督的管辖区内没有这种遍布各地的城市政治文化。与当地的分散式居住相适应，地方基本单位“阿伊鲁（Ayllu）”是家族共同体和农业协作社的复合体。其上是世袭的地方或地区首领“库拉卡（Kurakas）”，他们在印加王统治时曾享有的对最低一级行政区的全权管辖由西班牙人确定下来。建立巨大的共同居住区后，实行西班牙自治城市法对此没有多少改变。就像曾是委托监护主的合作者一样，他们依旧是区行政长官的合作者，因为其间他们得到了满足，所以大都始终保持着忠诚。1754年共有2078个库拉卡或酋长。不过除了这些有权势的人，还有一些具有影响力的城市精英，如前面已

经提及的库斯科印加王。前者和后者都维护着一种具有自我意识的土著贵族身份，不过没有将其保持到独立。

墨西哥和秘鲁的这一土著精英阶层的成员都同样善于有把握地活动在两个世界里，即印第安人的世界和西班牙人的世界，而按照王室的意愿它们理应是分开的。首先他们利用了这样一个事实，即具有司法属性的西班牙统治是由一种显著的法律意识确定的。甚至有人论及“一种热衷于诉讼的文化”，它也鼓励土著选取法律之路。从一开始就出现了地方的“印第安人庇护者（Protectores de Indios）”，后来又有了“穷人、印第安人和奴隶的总保护人（Defensores generales de pobres, indios y esclavos）”。在墨西哥，他们甚至为印第安人设立了一个最高特别法庭。在秘鲁，印第安人或许能够要求“纸张守 388
护者（Quilcaycamayoc）”，即掌握两种语言和欧洲文字的土著书记员和公证人提供帮助。除正规诉讼外，土著还使用请愿书反对西班牙人提高贡金、强制劳役和虐待，在墨西哥以聚居区的名义使用宣告自己传统法律地位和财产地位的法律文书，最后还相当成功地运用了告发手段，包括告发西班牙人和神职人员，而且也乐于在宗教法庭进行告发。

特拉斯卡拉居民的例子非常具有启发意义。作为攻占特诺奇蒂特兰战斗中科尔特斯的盟友，他们应该体验到优厚的待遇，无须缴纳贡金，未被迫实行监护征赋制，而且人们起初还非常小心谨慎地让他们的城邦适应新政权。他们原本的社会制度最初似乎相当完整地保留了下来。他们不仅自视为西班牙人的忠实盟友——其他墨西哥人也可以声称自己是这样的人——而且直接将自己看作和西班牙人共同获胜的人。为了对侵犯作出回应，他们向西班牙派出费用昂贵的使团，同时也对自身进行了充分的西班牙化。1540/1541 年，他们让人用纳瓦特尔语出版了自己参事会的文件。1549 年，他们购置了一个欧洲生活方式的象征物——一个塔楼大钟。但后来他们成为人口灾难和西班牙移民进逼的牺牲品。此时就不再需要小心谨慎了。

不过许多东西实际上仅仅适用于土著上层。印第安人或许是人人都能分享的，但在更多时候，他们恐怕是印第安人上层和西班牙人共同剥削的对象。有这样一种理想化的构思：为了保护“印第安人共和体（República de indios）”，应该将其与“西班牙人共和体（República de españoles）”分开。这种构思未能完全实现：在农村，即印第安人聚居区并入大庄园的地带，无论其有没有实行劳役制，这种构思都没有得以实现；在城市，特别是在大城市，这种构思也没有实现，尽管印第安人聚居的城郊（Barrios）实行自治，但在城市里还是形成了一个出身几乎不起作用的下层（Plebe）。

另外，这种分开居住应是为了保护和控制土著，绝不是为了保护他们的文化。确切地说，目的完全在于通过基督教化和西班牙化实现文化转变，而这一转变是凭借权势立刻开始的。在这方面我们对墨西哥了解得特别清楚。1540年代，即便在偏远的瓦哈卡也有了耕犁和金属工具，尽管传统木铲被证实在种植玉米、豆子和南瓜之类的传统作物时还占有优势。畜牧业
389 渐渐被接受，其中家禽尤其快地被接受。1566年，特拉斯卡拉的一个酋长还有一些传统的羽袍，但有一件已经是用欧洲鸭子的羽毛做的。欧洲衬衫完全普及开来而且被接受得很快，“Camisa”（衬衫）是纳瓦特尔语中最早的外来词之一。裤子排挤掉传统的遮羞布花费的时间较长，不过到16世纪下半叶逐渐得到认可，外衣、帽子和鞋也是如此。与此相反，印第安人的男式斗篷继续被沿用，长衬衫加外袍的女装也被沿用下来，或许是因为它们与欧洲的女式外袍相近。发型仅进行了部分西班牙化，“印第安佬”继续留长发（就像波马·德·阿亚拉画作中的那样），而胡须则被视为西班牙人的典型特征。

纳瓦人的名字错综复杂，有时很粗俗，例如“Maxixcatzin”意为“撒尿的人”。姓名体系开始被扩充，最开始的做法是附加一个常见圣徒的名字作为教名。1550年前后，大概所有孩子和成年人都有一个这样的名字。一些人给自己添上其他圣徒的名字，或者去掉土著名字。后来西班牙姓氏也逐渐流行起来，或得自教父，或得自庇护人，或直接将一个占为己有。与土著名字不同，西班牙姓氏也由印第安人继承下去。土著名字消失了，直到殖民时代末期，一些祖上为纳瓦人的名人又有目的地给自己添加一个土著老名字。

有人为纳瓦特尔语创制了文字，有一部分作为日常语言和官方语言保留下来，而且留有大量档案资料。在近几十年里，通过整理这些档案，一个成果累累的新研究分支出现了。虽然人们也为秘鲁的克丘亚语创制了文字，但这一语言几乎仅仅用于教会目的。世俗文本在那里是珍品。当然，就连纳瓦特尔语也经历了西班牙语影响下的文化变迁。这一变迁可清楚地分为三个时期（Lockhart 1992）。1. 至1540/1550年，纳瓦人通过创造性地为新事物发明了大量新词来应对文化休克，例如通过创造新词“tepozchichiquillateconi”（金属切割工具）来表示“锯”。2. 1540/1550年至1640/1650年，长期更加深入的接触导致纳瓦人从西班牙语中吸收外来词，但仅限于名词。3. 之后，通过接受动词、助动词等，才触及语言结构。不过这个“克里奥尔化”阶段是暂时的，随后他们进入了接受西班牙语或使用双语的阶段。

或许这种分期模式也能应用于西属美洲的其他地区，并
且也可以应用于别的领域，比如说应用于宗教。因为在宗教领 390
域，第一个时期是因大力——而且常常是暴力——推行基督教而产生的文化休克；第二个时期是获知基督教信息，不过常常是依照种种传统条件来进行的；到了第三个时期才渐渐谈得上

一种按照教会意义勉强算正确的大众天主教。因此说在第二个时期是偶像崇拜，在第三个时期还只是迷信。两种文化的“基本相似之处（Basic similarities）”（Burkhart 1989），如前西班牙时代墨西哥的寡头城市统治，或者像敬奉神像或圣徒像的种种礼仪，或者信仰神人，或者将教会年作为礼仪年历，这些虽然减轻了文化转换的难度，但却常常是基于相互之间的误解。因为各方都借助自己的范畴理解对方的各种现象，其实并不能达成了解，充其量只是停留在自己的议论之中。

> 一个坚实的土著基础继续构成框架，而西班牙人的构件和模块却迅猛地从四面涌入，它们不是浸润或渗透，而是被分派给已存在于土著文化模式中的一个个壁龛。（Lockhart 1992，203）

和其他土著以及多神教徒一样，纳瓦人在接受基督教方面最初并没有多少问题，因为对一个常胜群体的神来说这是不言而喻的，只不过那是在传统的“万神殿框架”内进行认知的。洗礼同时包含着宗教征服和政治征服。与此前不同，他们现在是在与一个不可接近的、会嫉妒的神打交道，首先必须费力地教会他们这一点。双方好像都不十分明白土著的一元论和欧洲的二元论之间的根本对立，尽管他们总是被迫面对这一对立。不知有善神与恶魔的对立，美洲诸神既善又恶，因此也没有“违背神的戒律即为罪”的观念。洗礼完全被理解为清洗仪式，却难以与关于（原）罪的观念联系起来。特别是土著不会明白一夫多妻不合乎道德。对印第安人来说，就连魔鬼也是一个需要适应的概念，而西班牙人则可以轻易地将他们那些可怕的神“妖魔化”——神“维齐洛波奇特利（Huitzilopochtli）”变成了魔鬼“维齐洛波奇特利（Vitzliputzli）”。通过可怕的景象

插图 47 给印第安人布道　　插图 48 给印第安人施洗礼 391

将一个人奉为救难者对秘鲁的印第安人来说是正常的，对传教士来说，这却是网罗女巫的魔鬼。于是那些女救难者开始讲述天使的显现。

一般意义的教会和特殊意义的传教都是用于征服和惩戒印第安人的统治工具，这一点毫无疑问。有人甚至称它们是维持西班牙殖民统治的具有决定性意义的机构。当然这并不是说教会的目标仅限于此，也不是说可以将它的活动解释为具有讽刺意味的操纵策略。更确切地说存在着真诚的一致意见，即拯救灵魂是最高目标，而通过文化转变征服印第安人并使他们欧洲化是实现这一目标的最佳途径。只是在方法问题上，以及在王室的财政利益和单个西班牙人的经济利益能在多大程度上与这个宏伟目标统一起来的问题上存在着意见分歧。

早期征服进程中的集体受洗很快就被更深入一步的尝试取代，即为基督教开辟通向印第安人心灵之路的尝试。例如最早到达墨西哥的方济各会传教士已在努力建立一个有印第安神职人员的印第安人教会。千禧年精神传统大概至少在所谓的“墨西哥十二使徒”（一个于1524年踏上那片土地的方济各会修士群体）那里发挥着巨大的作用。生活淳朴的印第安人好像展现了
392 在新世界实现远离腐败欧洲的方济各会精神王国的可能性。这种乌托邦的推动力变换着各种形式一再出现在欧洲扩张史中。瓦斯科·德·基罗加（Vasco de Quiroga）是位博学的法学家，1530年作为检审法院法官来到墨西哥，1537年成为米却肯（Michoacán）的主教，就连他也在1530年代建立起一个个印第安村庄，他以托马斯·莫尔（Thomas Morus）的《乌托邦》（*Utopia*）为蓝本组织这些村庄。1536年，方济各会修士在墨西哥的特拉特洛尔科（Tlatelolco）创建了一所进行高等研究的学院，当地的神职人员以及其他领导人员都本应出自那里。虽然这一目标没有实现，但这所学校成了一个进行深入文化交流的场所，贝尔纳迪诺·德·萨阿贡修士（Fray Bernardino de Sahagún）关于纳瓦文化的大型资料汇编就在这里诞生，至今它依然是了解纳瓦文化最重要的原始资料之一。

然而建立一个印第安人教会的雄心勃勃的计划失败了，不仅是因为实践中免不了的种种失望，而且还因为政治路线的改变。1568年，国王费利佩二世通过马德里的“大政务委员会”作出了一些决定，这些决定不仅意味着国家教会体系的定型，而且还宣告了所有建立一个印第安人教会计划的末日——美洲教会从今往后必须是西班牙人的。这是转向了王室出面阻止虐待印第安人的反面。对印第安人友好的出版物此后都被贬低，德·萨阿贡的著作直到19、20世纪才得以出版。人们重新并且更为着重地强调印第安人宗教能力低下。向他们授予神职已不再可能。甚至出现了是否允许印第安人领圣餐的顾虑，尽管他们可能早已受了洗礼，不过这也毫不奇怪。1588年，耶

稣会修士何塞·德·阿科斯塔（José de Acosta，1540~1600年）出版了他的《促进印第安人的福祉》（*De procuranda Indorum salute*），其中阐明的实用传教理论描述了在这种条件下还能最大限度地对印第安人友好的做法。

但是千万不可忽视，放弃建立一个印第安人教会的理想不仅可以归因于政治干预，而且同样可以归因于印第安宗教发现可以打着正规基督教的幌子顽强地坚守在民间。显然，若建立不起稍稍正规的基督教，就存在着基督教信仰的一些成分轻易就被印第安多神自然宗教同化的危险。16世纪末17世纪初，在墨西哥和秘鲁都对继续存在的地方神崇拜以及崇拜者 393 进行了真正的征讨，在秘鲁为此目的创设了“清除偶像崇拜（Extirpación de la idolatría）”巡视员这一准机构。1621年在墨西哥（Ruiz de Alarcón）、1629年在秘鲁（Arriaga）甚至出现了相关手册，今天它们都是珍贵的原始资料。

玛雅人似乎是同化高手，17世纪末他们当中只有极少数人说西班牙语。1562年甚至有过在一个教堂进行了一次人祭的报道。同一年，传教士试图通过烧掉所有玛雅人手抄本来与产生了这种混合信仰的传统决裂，而此举又会让谁感到惊讶呢。后来在得到官方资助、由普通土著教徒领导的教会兄弟会中也有过类似的行动。教士的必不可少的普通教徒助手有时在秘鲁也被证实具有反抗性。纳瓦人在这方面大概不如玛雅人成功，但就连他们也首先是将自己的基督教打造成旧宗教的变体而不是某种新东西。至少在玛雅人那里和安第斯山区，一些旧宗教的变体一直保持到今天。估计要到其信奉者融入一个在自然科学和经济上都已祛魅的世界，它们才会最终消失——到那时可能连基督教信仰本身也消失了。

异教和基督教之间的同化进程也可能变得有利于基督教。另外随着与异教进行斗争，不但开始引入圣徒敬奉，而且还开始有计划地树立新圣徒，他们应表明天主教“已经降临”美洲。例如马丁·德·波里斯（Martin de Porres，1569~1639年）是个穆拉托人，是一个普通的多明我会修士，对他的敬奉非常流行，他被视作印第安人、非洲人和混血儿的正派人生方面的楷模，尽管到1837年和1962年的时候他才享有升入祭坛的荣誉。18世纪墨西哥中心地区有十三个创造奇迹的圣像，七个是基督受难像，六个是圣母像，圣母像中包括前面提及的瓜达卢佩圣迹。虽说在它们出现之初，方济各会的虔敬与纳瓦人对一片神圣之地的憧憬二者可能是相似的，但这类圣像还是完全符合伊比利亚民间天主教的标准。因为欧洲的民间天主教与美洲的民间天主教从过去到现在，按照特伦托宗教会议的标准在教会仪式规制上多大程度可算正确，就是另外一个问题了。

然而传教对西班牙统治体系的意义并非只限于整合和管束
394 境内的印第安臣民，它也有助于边境的安全和拓展，地图上的传教区的分布已表明了这一点。如果说每个殖民帝国都有其特殊的、能够表明其结构特征的“边境居民”的话，那么在西属美洲首先就是传教士，特别是方济各会或耶稣会修士团的传教士。这些教士两人一组进入荒原野岭，让那些游牧或分散居住的印第安人聚居在较大的固定村庄（Reducción）里，在那里教他们欧洲文化和基督教入门知识，虽然并非没有政治当局和军事当局的帮助，但他们原则上采用和平方法。这样印第安人同时也听命于西班牙王室，因而最终能够成为正常的印第安臣民。这种文化先驱工作整合的是语言文字：借助那个时代以拉丁语为基准的语言分类，学习并系统、科学地记录了各种印第安语言。不过传教士的活动有时不仅有助于那时还“荒凉的”印第安人边境的安全，而且还使抵御殖民竞争对手的防守阵地向前推进，例如在当时荒凉的墨西哥北部（今天美国的西南部）以及耶稣会修士在巴拉圭建立的聚居地。

在前面提及的西班牙人向北推进的过程中，16世纪末以来在索诺拉（Sonora）、亚利桑那（Arizona）和下加利福尼亚形成了一个耶稣会修士传教团，蒂罗尔人奥泽比乌斯·库恩（Eusebius Kühn，1644~1711年）成为其最著名的代表人物，无论是作为探险旅行者、印第安人政治家还是作为传教士，他都带来了重要的影响。18世纪，当需要抵御向前推进的俄国人以确保加利福尼亚海岸的安全时，方济各会修士取代了此间被驱逐的耶稣会修士，于是，圣弗朗西斯科站点（Station San Francisco）得到了自己的名字。

上述的耶稣会修士传教体系在巴拉圭得到彻底实现而且有所扩展，因为那是一个远离商路、经济落后、人烟稀少的地区。另外，耶稣会修士得到了政府的特别援助，因为这样一来，面对从圣保罗（São Paulo）过来的巴西人以及从拉普拉塔河口发起攻击的敌人时就能确保世界帝国的经济中心银都波托西的安全。在内地定居的西班牙人在这方面无能为力。然而西班牙人在作为委托监护主获得瓜拉尼印第安人（Guaraní-Indianer）的“个人服务”方面的能力却丝毫不弱，这自然吓住了印第安人，让他们不敢放弃自己的游牧生活方式并迁入自成一体的村庄，以免进一步受制于西班牙人。总督的一个 395
禁令可能于1611年传到了耶稣会修士那里，该禁令禁止人们对自1609年以来纳入各个村庄的印第安人实施监护征赋制（1633/1634年，这一禁令得到了王室的批准），此时他们可以用这样的理由吸引瓜拉尼人：加入我们就能躲避西班牙人的劳役。不过他们以此举将西班牙移民永远树为了自己的敌人。当时不仅在瓜拉尼人当中，而且在其他耶稣会修士建立的聚居地里有一部分传教士并不是西班牙人出身，有的可能是德意志人出身，这一情况所包含的矛盾也因此而激化，教士弗朗茨·迪尔海姆（Franz Dirrhaim）、约瑟夫·多米尼库斯·梅尔（Joseph Dominicus Mayr）、弗洛里安·保克（Florian Paucke）和安东·塞普（Anton Sepp）的《回忆录》（*Erinnerungen*）为我们提供了这方面的信息。

不过千万别受“耶稣会国家（Jesuitenstaat）”这一绝对迷惑人的概念误导而对巴拉圭耶稣会修士建立的那些聚居地进行过高的评价。在其鼎盛时期，在巴拉那河上游与乌拉圭河最接近的那片区域有 30 个聚居地，其中 8 个在今天巴拉圭境内巴拉那河北面，15 个在今天阿根廷境内（米西奥内斯）①，7 个在乌拉圭河南面。这些村庄分布在一个长宽各约 300 公里的地域里，控制着一个长宽各多出一倍、面积多出三倍的地区的经济。人口数波动很大，但平均只有 10 万人，1732 年达最高值，有 3 万个家庭和超过 14 万人口。

这些村庄严格按照规划布局，值得注意的是它们不太像西班牙殖民城市的棋盘格局，倒是更像古代罗马军团的兵营。“广场（Plaza）”中央矗立着地方庇护圣徒的塑像，围绕“广场”三面建有一排排简陋但牢固的茅舍，多个茅舍并排而列，共用一个由支柱支撑的雨棚。“广场”的第四面是各种公共建筑，位于中间的教堂是唯一装饰豪华的建筑，教堂的一边是该村两个传教士的住宅、作坊和仓房，另一边是墓地和女宅，后者是为安置因废除一夫多妻制而多出的女人修建的，其管理纪律近似修道院。教堂后面是一个园子，里面培育各种欧洲果树和蔬菜。

对于所有村民来说，与严格的布局一样，每一天也都伴着钟声和鼓点，受到固定时间表管理。众多区行政机构和圣母马利亚联合会的教会精英负责监督。不过还谈不上恐怖统治，因为遇到具体事情，由教士宣布并由印第安官员执行的处罚都很

① 此处德语原文为 Staat Misiones。米西奥内斯现为阿根廷的 23 个省之一，位于该国东北部，与巴拉圭和巴西接壤，是具有重要地缘战略意义的走廊地带。——编者注

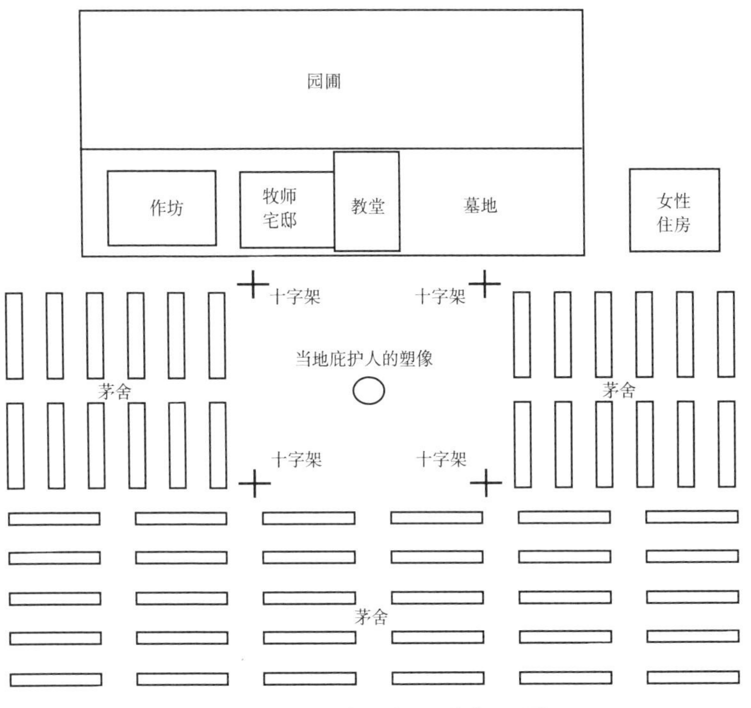

插图 49 一个瓜拉尼人聚居地的平面图

宽松。没有死刑，对谋杀处以十年监禁，监禁结束后即逐往其他聚居地，对堕胎处以两个月监禁和两轮各二十五下的杖击，对私通处以十五天监禁和一顿责打。由于外在的监督和内心的控制以及两性被严格分开，好像很少出现严重的犯罪。就连耶稣会修士也只有在见证人在场的情况下可以与女性说话。另外，男性在 17 岁、女性在 15 岁就已结婚也是原因之一。

两个耶稣会修士中的一个作为神甫（Cura）对村庄负责，担任按照西班牙模式设置的各种职务的印第安人，特别是以 397
由西班牙总督任命的区行政长官为首的参事会，据称不过就是他的帮手。整个传教区僧团主管（Superior）的代理权同样很广泛，在他之上是传教区之外驻在科尔多瓦的教省大主持

（Provinzial）[①]。与其他传教区一样，瓜拉尼人各聚居地也隶属于国王委派的亚松森总督，后来隶属于国王委派的布宜诺斯艾利斯总督，后者根据教团的提议任命神父和行政主管，巡视各聚居地，并有权征召印第安人服官方劳役［如修筑蒙德维的亚（Montevideo）的工事］或服兵役。一旦传教点成为正式的印第安人堂区（Doctrinas），它们也同时归属主教管辖，主教同样可以对其进行巡视。不过在这里存在着与教团首领的权限之争，因为主教不时自己充当移民利益的维护者或要求缴纳印第安人已被免除的教会什一税，后者原本只需向王室缴纳常规的“印第安人贡金”。

因此尽管他们自主权相当大，但在这种情况下还谈不上是一个真正的耶稣会国家，更确切地说，他们是在一个具备各种有利条件的地区里，特别坚定地实现了西班牙向印第安人传教政策的种种基本原则。任何外人不得在这些聚居地居住，不得在这一地区的特定市场逗留三天以上，这种禁令完全符合前面已有论述的一般性原则。在对耶稣会修士的种种指责进行了调查之后，1743 年，费利佩五世（Philipp V）在所谓的“大证书（Cédula grande）”中明确肯定他们的体系符合王室的意图。

许多人认为这些聚居地实行了“共产主义”经济体制和社会体制。它不是源于系统的规划，也绝非参照了莫尔的《乌托邦》或托马索·康帕内拉（Tommaso Campanella）的《太阳城》（*Sonnenstaat*），而是由那些在组织和经济事务方面很有效率的耶稣会修士以相当务实的态度设计出来的。充其量是那些在秘鲁印加体制中积累的经验发挥了作用，毕竟巴拉圭第一个教省大主持就出自秘鲁的一个聚居地。要达到宗教目的，就

① 也称 Provinzialminister、Provinzialmagister 或 Provinzialsuperior 等，根据不同修会或教派团体的规定，任期一般为三年或四年。——编者注

有必要保证能够供养一个经济欠发达地区的住民，同时也须获得一些盈余，这对于缴纳贡金、支付输入物品的货款以及预防灾难来说，也是必不可少的。

耶稣会修士将“神之物（Tupambáe）”与“人之物 398
（Abambáe）”区分开来。前者包括大部分农田、圈栏里的牲畜、粮食储备以及手工业者的产品，它们直接归神父负责，神父应给予必要的指导并作出所有经济决定。“人之物”包括住所、衣物、部分家禽和一块土地，人们可在特定给予的假期里耕种它，但这些东西多为分配所得，虽可终身使用，却不属于个人财产。耶稣会修士试图鼓励印第安人完全自担风险经营，然而聚居地里没有货币经济，只有作为货币单位的结算比索，其经济环境不利于这类经营的发展。总之在瓜拉尼人的传统文化体系里没有出现过私人利润和储备型经济。他们习惯于径自拿走他们发现的东西——白人称之为“偷窃”，但耶稣会修士很聪明，仅对此进行轻度处罚。另外，印第安人慷慨大方地平分自己所有的东西，不去考虑明天。在这种情况下，私人生产从未满足过需求，各个聚居地一直依赖“神的储备”中的粮食。

肉类需求本来靠那些巨大的野牛群得到满足，也就是今天乌拉圭北部所谓“海一样的牛群”。当西班牙人和葡萄牙人为获取用于出口的牛皮和油脂而使这些野牛数量开始大幅度减少时，各个聚居地的偏远的畜牧庄园（Estancias）就变得越来越重要了。最终，这些聚居地拥有100万头以上的牛以及30万只绵羊和山羊。然而由于自身需求量很大，这里基本上没有什么剩余。另外，人们还通过布宜诺斯艾利斯的教团代理人出售耶巴（Yerba，即马黛茶或巴拉圭茶），这位代理人也担负着采购输入货物的任务。耶稣会修士对野生植物耶巴进行了人工培育，并着手营造一个个人工林，而阿根廷的植物学家到20世纪才完成了这一工作。每年的生产量可能为800吨，不过根据代理人的账本来看盈利好像一直低下。如果说耶稣会最终成为拉普拉塔河地区最重要的资本主义企业，那也不是因为这些聚居地，而是因为那些位于这一地区其他地方的神学院的大型庄园，1692年已有1300个非洲奴隶在那些庄园里干活。

另外，并不存在着一个与“共产主义”经济相符的平等主义的社会政治。社会分化完全是被支持的。耶稣会修士甚至将从
399 前的酋长及其家族塑造成一种世袭贵族，他们被免除贡金，可以让从前的随从为自己干活。在聚居地“特立尼达（Trinidad）”，酋长被安葬在教堂里，而聚居地的其他成员则被安葬在墓地。就连区行政官员也常常是从这个圈子里被挑选出的，不过并不是只从这个圈子挑选，因为除此之外还有凭业绩得到提升的例子。除酋长和官员的儿子以外，该地还为学校选送特别聪明的孩子，手工匠人和享有特权地位的人都应经由学校培养教育，其余的孩子则被派去劳动。手工业和手工艺高度发达。能够证实这一点的有：保存下来的教堂和其他建筑物，雕塑和其他艺术作品，在巴拉圭聚居地印刷的书籍，近期在极为类似的玻利维亚奇基托斯（Chiquitos）聚居地发现的音乐作品——这些作品将印第安音乐与欧洲的巴洛克音乐联系在了一起。

这些聚居地从一开始就受到巴西圣保罗的印第安奴隶猎捕者的威胁，据称，他们自1612年至1638年在森林和聚居地里捕获了30万名瓜拉尼人，仅1628年至1631年就卖出了6万名瓜拉尼人。然而1639年和1641年耶稣会修士率领的聚居地部队击败了他们，1652年和1676年与巴拉圭总督共同彻底打败了他们。另外，巴西的繁荣使得非洲奴隶的供应迅速上升。尽管如此，这些聚居地还是因巴西遭受了失败，因为在交换布宜诺斯艾利斯对面的走私巢穴科洛尼亚－德萨克拉门托时，西班牙于1750年将远离乌拉圭、位于今天巴西南里奥格兰德州（Rio Grande do Sul）的七个村庄转让给了葡萄牙。印第安人

觉得自己被国王和耶稣会修士出卖了，拒绝服从迁出命令，但在1753年至1756年败给了西班牙和葡萄牙部队。耶稣会修士对王室保持着理由充分的忠诚，只限于引证自然法提出口头抗议，这样做毁掉了他们的统治体系的情感基础，而西班牙却不懂得对他们表示感谢。1761年废止了1750年的条约，但为时已晚。撤销教团导致1768年神父们被驱逐。各个聚居地虽得到保留，但已管束不住印第安人。这一方面导致了西班牙人的剥削，另一方面导致了印第安人离开那些聚居地。新神父们不受欢迎。总人口数从1768年的88828下降到1801年的45639。各场独立战争以及新建立的共和国相互之间争来斗去给了这一体系致命的一击。

有一种广为流传的观点认为，是耶稣会的权力欲和金 400
钱欲在巴拉圭建立起一个独立国家并推行了一种狡诈的剥削制度；这一观点是18世纪反耶稣会宣传的产物，这种宣传使所谓的耶稣会修士国家直到今天还“声名响亮”。与这个论点相反，认为那是一个共产主义的理想社会或“开发性独裁（Entwicklungsdiktatur）”[①]，也是违背真实的。问题在于另一个方面：不管取得了多少成就，完美实现了“分别发展（getrennte Entwicklung）”的这一西班牙模式最终因何又失败了？因为在发起者领导期间运转是正常的，所以好像一切都归结为一个问题，即耶稣会修士是有意识还是无意识地忽视了要引领瓜拉尼人走向成熟，或者说，150年是否还不够使这个民族的传统社会文化体系改变方向，走向现代经济社会。

有人在总结边境地区接受传教的印第安人的生活方面作了批判性的尝试（Sweet in Langer / Jackson 1995），它列举的负面事物有共同居住引起的传染病和人口减少，口味怪异而

① 也常译作“发展独裁”、“开发独裁”、“发展型专政”等。——编者注

且时而短缺的食物，靠惩罚制进行的管束，自己文化的丧失，自然的异化以及幼稚症的出现。与之相对，正面的机遇则有个体和群体的基本存活，新工具和新技术的应用，对新的社会集体形式的适应，对基督教的接受；不过，当中也培养了有组织地进行反抗的能力。南智利的阿劳坎人（Araukaner）有能力将自己的独立维护到19世纪，从他们的例子我们可以看到，与行政、军事和传教的相互作用如何超越了界限，引起社会变迁以及经济和政治进步。

一直有人认为瓜拉尼人还未成熟就被置入世界，而真实情况可能完全并非如此，那些聚居地不是出于内因，而是由于外因，即由于战争暴力的残酷影响而衰亡的。不管怎么说，在巴拉圭，耶稣会传教团中为印第安人安排的命运大概要好于在西属美洲其他地方。至少耶稣会修士为那里的印第安人的语言所付出的辛劳使瓜拉尼语成为一种按照欧洲方法创立的，有语法、词典和自己文学的语言，今天它是唯一一种作为其国家第二官方语言的印第安语，因此在巴拉圭学校里，它是必修课。

401 不管怎么说，瓜拉尼人在那些聚居地里学会了进行反抗，尽管最终他们和所有反对具体的管理混乱和剥削情况的土著起义一样都归于失败，而从西班牙殖民统治的残暴开端以来，这种混乱和剥削就一直伴随发生。当18世纪王室加紧了控制时，反抗也愈加强烈，甚至还出现了与克里奥尔人之间的联盟，而此前克里奥尔人最多是以个别冒险者的身份出现的，如17世纪自封为西班牙印加王的佩德罗·博霍奎斯（Pedro Bohorques）。不过，土著同样也从他们的主人那里学会了利用文学表达隐性抵抗，例如波马·德·阿亚拉的著作就可以作为含蓄的精神反抗文献来读。即使在西班牙帝国内部，殖民统治也辩证地产生了一些自我克服（eigene Überwindung）的开端，与在许多情况下一样，传教也适于在这方面扮演先驱的角色。

原始资料与参考文献

经济与社会

Agricola, G., Vom Berg- und Hüttenwesen (1556), München 1977 | Arzans de Orsúa y Vela, B., Historia de la villa imperial de Potosí, hg. v. Hanke, L./Mendoza, G., 3 Bde., Providence 1975 | Bakewell, P., Silver Mining and Society in Colonial Mexico. Zacatecas 1546–1700, Cambridge 1971 | –, Registered Silver Production in the Potosí District 1550–1735, in: JGLA 12 (1975) 67–103 | –, Technological Change in Potosí: The Silver Boom of the 1570's, in: JGLA 14 (1977) 157–77 | – (Hg.), Mines of Silver and Gold in the Americas, Aldershot 1997 | Bargalló, M., La mineria y la metalurgia en la América española durante la época colonial, Mexico 1955 | –, La amalgamación de los minerales de plata en Hispanoamérica colonial, Mexcio 1969 | Barnadas, J. M., Charcas. Origenes históricos de una sociedad colonial, La Paz 1973 | –, Una polémica colonial. Potosí 1579–84, in: JGLA 10 (1973) 16–70 | Barrett, E. M., Encomiendas, Mercedes y Haciendas in the Tierra Caliente of Michoacan, in: JGLA 10 (1973) 71–112 | –, Indian Community Lands in the Tierra Caliente of Michoacan, in: JGLA 11 (1974) 78–120 | Barrett, W., The Sugar Hacienda of the Marqueses del Valle, Minneapolis 1970 | Baudot, G., La vie quotidienne dans l'Amérique espagnole de Philippe II, XVIe siècle, Paris 1981 | Bauer, A. J., Rural Workers in Spanish America: Problems of Peonage and Oppression, in: HAHR 59 (1979) 34–63 | Bernal, A.-M., La financiación de la carrera de Indias (1492–1824). Dinero y crédito en el comercio colonial español con America, Sevilla 1992 | Borah, W., New Spain's Century of Depression, Berkeley 1951, Ndr. 1977 | Boyer, R., Mexico in the XVIIth Century: Transition of a Colonial Society, in: HAHR 57 (1977) 455–78 | Brading, D. A., Haciendas and Ranches in the Mexican Bajio: Leon 1700–1860, London/New York, 1978 | –/Cross, H. E., Colonial Silver Mining: Mexico and Peru, in: HAHR 52 (1972) 545–79 | Braudel, F./Spooner, F., Prices in Europe from 1450 to 1750, in: Cambridge Economic History of Europe, Bd. 4, Cambridge 1967, 374–486 | Capoche, L., Relación general de la Villa Imperial de Potosí, hg. v. Hanke, L., Madrid 1959 | Carmagnani, M., Les mécanismes de la vie économique dans une société colonial. Le Chili 1680–1830, Paris 1973 | [CEHLA] The Cambridge Economic History of Latin America, 2 Bde., Cambridge 2006 | Céspedes del Castillo, G., La sociedad colonial Americana en los siglos XVI y XVII, in: Vicens Vives, J. (Hg.), Historia de España y de América, Bd. 2–4, 2. Aufl., Barcelona 1978, Bd. 3, 2, 387–578 | Chaunu, P., Séville et l'Atlantique (1504–1650), 12 Bde., Paris 1957–60; Kurzfassung: Seville et l'Amérique aux XVI et XVII siècles, Paris 1977 | –, Séville et la Belgique (1555–1648), in: Revue du Nord 42 (1960) 259–92 | –, L'Amérique et les Amériques, Paris 1964 | –, Conquête et exploitation des nouveaux mondes (XVIe siècle), Paris 1969 | Chevalier, F., La formation des grandes domaines en Mexique. Terre et société aux XVIe–XVIIe siècles, Paris 1952 | Cobb, G. B., Supply and Transportation for the Potosí Mines 1545–1640, in: HAHR 29 (1949) 25–45 | Colmenares, G., La provincia de Tunja en el Nuevo Reino de Granada. Ensayo de historia social (1539–1800), Bogotá 1970 [Ms.] | Colosia Rodriguez, I. P. de/Sanjuan, J. G., El tráfico de Málaga con las Indias en tiempos de Carlos I, in: RI 38 (1978) 563–92 | Crailsheim, E., Extranjeros entre dos mundos. Una aproximación proprocional a las colonias de mercaderes extranjeros en Sevilla, 1570–1650, in: JGLA 48 (2011) 179–202 | Crespo Solana, A., Legal Strategies and Smuggling Mechanisms in the Trade with the Hispanic Caribbean by Foreign Merchants in Cadiz: The Dutch and Flemish Case, 1680–1750, JGLA 47 (2010) 181–212 | Cushner, N., Lords of the Land: Sugar, Wine and Jesuit Estates of Coastal Peru, 1600–1767, Albany 1980 | –, Jesuit Ranches and the Agrarian Development of Colonial Argentina, 1650–1767, Albany 1983 | Dobado González, R., El monopolio estatal del mercurio en Nueva España durante el siglo XVIII, in: HAHR 82 (2002) 685–718 | Dusenberry, W. H., The Mexican Mesta: The Administration of Ranching in Colonial Mexico, Urbana 1963 | Ewald, U., Estudios sobre la hacienda colonial en Mexico. Las propriedades del Colegio Espíritu Santo, Wiesbaden 1976 | Fernández Alvarez, M., El memorial de Luis Ortiz, in: Anales de economia (1957) 101–200 | Ferry, R. J., Encomienda, African Slavery, and Agriculture in 17th-Century Caracas, in: HAHR 61 (1981) 603–35 | Fisher, J. R., The Economic Aspects of Spanish Imperialism in America, 1492–1810, Liverpool 1997 | Florescano, E. (Hg.), Haciendas, latifundios y plantaciones en America latina, 2. Aufl., Mexico 1978 | –, Ensayos sobre el desarollo económico de Mexico y América latina 1500–1975, Mexico 1979 | Frank, A. G., Mexican Agriculture 1521–1630. Transformations of the Model of Production, Cambridge 1979 | Friede, J., Proceso de la formación de la propriedad territorial en la America intertropical, in: JGLA 2 (1965) 75–87 | Frost, E. C. u. a. (Hg.), El trabajo y los trabajadores en la historia de Mexico, Tucson 1979 | García-Baquero González, A., Cádiz y el Atlántico (1717–1778), 2 Bde., Sevilla 1976 | –, La carrera de Indias. Histoire du commerce hispano-americain (XVIe–XVIII siècles), Paris 1997 (span. 1992) | García Fuentes, L., El comercio español con América, 1650–1700, Sevilla 1980 | Girard, A., Le commerce français à Séville et Cadix au temps des Hapsbourgs, Paris 1932 | Góngora, M., Studies in the Colonial History of Spanish America, Cambridge 1975 | Gonzalez Casasnovas, I., Las dudas de la corona. La política de repartimiento para minería de Potosí (1680–1732), Madrid 2000 | Grice Hutchinson, M., The School of Salamanca: Readings in Spanish Monetary Theory, 1544–1605, Oxford 1952 | Hamilton, E. J., American Treasure and the Price Revolution in Spain, 1501–1650, Cambridge, MA 1934 | –, War and Prices in Spain, 1651–1800, Cambridge, MA 1947, Ndr. 1969 | Hamnett, B. R., Politics and Trade in Southern Mexico 1750–1821, Cambridge 1971 | Handbuch der Geschichte Lateinamerikas, 3 Bde., Stuttgart 1992–96 | Hanke, L., La villa imperial de Potosí, Mexiko 1955 (engl. 1956) | Haring, C. H., Trade and Navigation between Spain and the Indies at the Time of the Hapsburgs, Cambridge, MA 1918 | Hausberger, B., La Nueva España y sus metales preciosos: La industria minera colonial a través de los libros de cargo y data de la Real Hacienda, 1761–1767, Frankfurt 1997 | –/Ibarra, A., Comercio y poder en América colonial. Los consulados de comerciantes, Siglos XVII–XIX, Madrid 2003 | Helmer, M., Comércio e contrabando entre Bahia e Potosí no século XVI, in: Revista de Historia 15 (1953) 195–212 | Henning, F. W., Spanien in der Weltwirtschaft des 16. Jahrhunderts, in: SM 3 (1969) 1–37 | Histoire économique et sociale de la France, Bd. 1, Paris 1977 | Hoberman, L. S., Mexico's Merchant Elite, 1590–1660: Silver, State, and Society, Durham, NC 1991 | Jara, A., Tres ensayos sobre economía minera hispanoamericana, Sevilla 1966 | Jarlot, G., Dominique Soto devant les problèmes moraux de la conquête americaine, in: Gregorianum 44 (1963) 80–87 | Keith, R. G., Encomienda, Hacienda and Corregimiento in Spanish America: A Structural Analysis, in: HAHR 51 (1971) 431–46 | –, Conquest and Agrarian Change: The Emergence of the Hacienda System on the Peruvian Coast, Cambridge, MA 1976 | Kellenbenz, H. (Hg.), Precious Metals in the Age of Expansion, Stuttgart 1979 | –, Der mexikanische Silberbergbau (16. und erste Hälfte des 17. Jahrhunderts). Zum Stand der Forschung, in: Steger, H. A./Schneider, J. (Hg.), Wirtschaft und gesellschaftliches Bewusstsein in Mexiko seit der Kolonialzeit, München 1980, 227–40 | Klein, H. S., The American Finance of the Spanish Empire: Royal Income and Expenditure in Colonial Mexico, Peru and Bolivia, 1680–1809, Albuquerque 1998 | Konetzke, R. (Hg.), Colección de documentos para la historia de la formación social de Hispanoamérica 1493–1810, 3 Bde. in 5 Tln., Madrid 1958–63 | –, Die Indianerkulturen Altamerikas und die spanisch-portugiesische Kolonialherschaft, Frankfurt 1965 | Konrad, H. W., A Jesuit Hacienda in Colonial Mexico: Santa Lucia, 1576–1767, Stanford 1980 | Lang, M. F., El monopolio estatal del mercurio en el México colonial, 1550–1710, Mexiko 1977 | Langue, F., Los señores de Zacatecas. Una aristocracia mineraria del siglo XVIII novohispanico, Mexico 1999 | Licate, J. A., Creation of a Mexican Landscape: Territorial Organization and Settlement in the Eastern Puebla Basin, 1520–1605, Chicago 1981 | Liehr, R., Entstehung, Entwicklung und sozialökonomische Struktur der hispanoamerikanischen Hacienda, in: Puhle, H.-J. (Hg.), Lateinamerika. Historische Realität und Dependencia-Theorie, Hamburg 1977, 105–46 | Lockhart, J., Encomienda and Hacienda: The Evolution of the Great Estate in the Spanish Indies, in: HAHR 49 (1969) 411–429 | –, Spanish Peru, 1532–1560: A Colonial Society, Madison 1974 | Lohmann-Villena, G., Las minas de Huancavelica en los siglos XVI y XVII, Sevilla 1949 | –, Las ordonanzas de la coca del conde de Nieva (1563), in: JGLA 4 (1967) 283–302 | Loosley, A. C., The Puerto Bello Fairs, in: HAHR 13 (1933) 314–25 | López Martinez, A. L., Cádiz y el comercio entre Europa y América a finales del siglo XVIII. Una aproximación a partir de las polizas des seguros maritimos, in: JGLA 47 (2010) 213–46 | MacLeod, M. J., Spanish Central America: A Socioeconomic History, 1520–1720, 2. Aufl., Austin 2008 | Martínez López-Cano, M. del P., El crédito a largo plazo en el siglo XVI, Mexiko 1995 | Martínez Shaw, C./Oliva Melgar, J. M. (Hg.), El sistema atlántico español (siglos XVII–XIX), Madrid 2005 | Mauro, F., Towards an *Intercontinental Model*: European Overseas Expansion between 1500 and 1800, in: EcHR 14 (1961) 1–17 | –, L'expansion européenne (1600–1870), Paris 1967 | –, Le XVIe siècle européen. Aspects économiques, 2. Aufl., Paris 1970 | McLachlan, C./Rodriguez, E. J. O., The Forging of the Cosmic Race: A Reinterpretation of Colonial Mexico, Berkeley 1980 | Mena García, M. del C., Sevilla y las flotas de Indias: La gran armada de Castilla de Oro (1513–1514), Sevilla 1998 | –, Nuevos datos sobre bastimentos y envasos en armadas y flotes de carrera, in: RI 64, 231 (2004) 447–84 | Menzel, U., Das Ende der Dritten Welt und das Scheitern der großen Theorie, Frankfurt 1992 | Moreno Yáñez, S. E., Traspaso de la propriedad agrícola indígena a la hacienda colonial. El caso de Sasquisili, in: JGLA 17 (1980) 97–119 | Moret, M., Aspects de la société marchande de Séville au début du XVIIe siècle, Paris 1967 | Morineau, M., Incroyables gazettes et fabuleux métaux. Les retours des trésors américains d'après les gazettes hollandaises, Cambridge u. a. 1985 | Moutoukias, Z., Power, Corruption, and Commerce: The Making of the Local Adminstrative Structure in Seventeenth-Century Buenos Aires, in: HAHR 68 (1988) 771–801 | Moya, J. C. (Hg.), The Oxford Handbook of Latin American History, Oxford 2011 | Nestares Pleguezuelo, J. y T., Valoración nutricional de la dieta en los galeones de la Armada. El apresto de una escuadra de Socorro con destino a Filipinas en 1619, in: JGLA 36 (1999) 63–82 | Nickel, H. J., Schuldknechtschaft in mexikanischen Haciendas, Stuttgart 1991 | O'Flanagan, P., Port Cities of Atlantic Iberia, ca. 1500–1900, Aldershot 2008 | Parry, J. H., The Spanish Seaborne Empire, London 1966 | Pearce, A. J., Huancavelica 1700–1759: Administrative Reform of the Mercury Industry in Early Bourbon Peru, in: HAHR 79 (1999) 669–702 | –, British Trade with Spanish America, 1763–1808, Liverpool 2007 | Pérez-Mallaina, P. E., Spain's Men of the Sea: Life on the Indies Fleets in the 16th Century, 2. Aufl., Baltimore 2005 (span. 1992) | –, Juan Gutiérrez Garibay. Vida y hacienda de un general de la carrera de Indias en la segunda mitad del siglo XVI, in: RI 70, 249 (2010) 319–44 | Pietschmann, H., Staat und staatliche Entwicklung am Beginn der spanischen Kolonisation Amerikas, Münster 1980 | Pike, R., Enterprise and Adventure: The Genovese in Seville and the Opening of the New World, Ithaca 1966 | Pohl, H., Studien zur Wirtschaftsgeschichte Lateinamerikas, Wiesbaden 1976 | –, Die Wirtschaft Hispanoamerikas in der Kolonialzeit (1500–1800), Stuttgart 1996 | Prem, H. J., Milpa und Hacienda. Indianischer und spanischer Landbesitz im Becken des Alto Atoyac, Puebla, Mexico (1520–1650), Wiesbaden 1978 | Priotti, J.-P./Saupin, G. (Hg.), Le commerce atlantique franco-espagnol. Acteurs, négoces et ports (XVe–XVIIIe siècle), Rennes 2008 | Quiroz, F., Artesanos y manufactureros en Lima colonial, Lima 2008 | Randall, L., A Comparative Economic History of Latin America, 1500–1914, 4 Bde., Ann Arbor 1977 | Recopilación de las Leyes de los Reynos de las Indias, 4 Bde., Madrid 1681, Ndr. 1973 | Reinhard, W., Parasit oder Partner? Europäische Wirtschaft und Neue Welt 1500–1800, Münster 1997 | Riley, J. D., Hacendados jesuitas en Mexico. La adminstración de los bienes inmuebles del Colegio Máximo de San Pedro y Pablo de la ciudad de Mexico, 1685–1767, Mexico 1976 | Les routes de l'Atlantique, Paris 1969 | Salvucci, R. J., Textiles and Capitalism in Mexico: An Economic History of the Obrajes, 1539–1840, Princeton 1987 | Sanz, E. L., Comercio de España con América en la época de Felipe II, 2 Bde., Valladolid 1979–80 | Scammell, G. V., *A Very Profitable and Advantageous Trade.* British Smuggling in the Iberian Americas circa 1500–1750, in: Itinerario 24, 3–4 (2000) 135–72 | Schmitt, E. (Hg.), Dokumente zur Geschichte der europäischen Expansion, 7 Bde., München u. a. 1984–2008 | Sempat Assadourian, C., El sistema de la economía colonial. Mercado interno, regiones y espacio económico, Lima 1982 | Siebenmann, G. (Hg.), Die lateinamerikanische Hacienda. Ihre Rolle in der Geschichte von Wirtschaft und Gesellschaft, Diessenhofen 1979 | Slicher van Bath, B. H., Economic Diversification in Spanish America around 1600: Centres, Intermediate Zones and Peripheries, in: JGLA 16 (1979) 53–96 | Sluiter, E., The Gold and Silver of Spanish America, c. 1572–1648: Tables Showing Bullion Declared for Taxation in Colonial Treasuries, Remittances to Spain, and Expenditures for Defence of Empire, Berkeley 1998 | Socolow, S. M. (Hg.), The Atlantic Staple Trade, 2 Bde., Aldershot 1996 | [Solorzano] Ots Capdequi, J. M. (Hg.), Juan de Solorzano Pereira, Politica Indiana corregida e illustrada con notas por F. Ramiro de Valenzuela (Madrid 1647), 5 Bde., Buenos Aires 1930, Ndr. 1972 | Solorzano Pereira, J. de, De Indiarum Iure I–III, 4 Bde., Madrid 1994–2001 | Starke, K.-P., Der spanisch-amerikanische Kolonialhandel. Die Entwicklung der neueren Historiographie und künftige Forschungsperspektiven, Münster 1995 | Steward, W., Chinese Bondage in Peru: A History of the Chinese Coolie in Peru, 1849–1874, Durham, NC 1951 | Super, J. C., Querétaro Obrajes: Industry and Society in Provincial Mexico, 1500–1810, in: HAHR 56 (1976) 194–216 | –, Bread and the Provisioning of Mexico City in the Late Eighteenth Century, in: JGLA 19 (1982) 159–83 | –, Food, Conquest and Colonization in Sixteenth-Century Spanish America, Albuquerque 1988 | Tandeter, E., L'argent du Potosí. Coercition et marché dans l'Amérique colonial, Paris 1997 (engl. 1993) | Taylor, W. B., Landlord and Peasant in Colonial Oaxaca, Stanford 1972 | TePaske, J. J./Klein, H. S., The Seventeenth Century Crisis in New Spain, Myth or Reality? In: PP 90 (1981) 116–35 | Toribio Motolinía, History of the Indians of New Spain, hg. v. Foster, E. F., Berkeley 1950 | –, Historia de los Indios de la Nueva España, hg. v. Baudot, G., Madrid 1985 | Trautmann, W., Genese und kolonialzeitliche Entwicklung der Hacienda in Tlaxcala (Mexico), in: Saeculum 32 (1981) 117–29 | –, Die sozio-ökonomische Struktur der kolonialzeitlichen Latifundien in Tlaxcala (Mexico), in: VSWG 68 (1981) 349–71 | –, Der kolonialzeitliche Wandel der Kulturlandschaft in Tlaxcala, Paderborn 1983 | Valentinitsch, H., Das landesfürstliche Quecksilberbergwerk Idria 1575–1659, Graz 1981 | Van Klaveren, J., Europäische Wirtschaftsgeschichte Spaniens im 16. und 17. Jahrhundert, Stuttgart 1960 | Van Oss, A. C., Architectural Activity, Demography and Economic Diversification: Regional Economics of Colonial Mexico, in: JGLA 16 (1979) 97–146 | Van Young, E., Hacienda and Market in Eighteenth-Century Mexico: The Rural Economy of the Guadalajara Region, 1675–1820, Berkeley 1981 | Vilar, P., Or et monnaie dans l'histoire 1450–1920, Paris 1974 | Vives Azancot, P. A., El espacio americano español en el siglo XVIII. Un proceso de regionalización, in: RI 38 (1978) 135–75 | Vornefeld, R. M., Spanische Geldpolitik in Hispanoamerika 1750–1808. Konzepte und Maßnahmen im Rahmen der bourbonischen Reformpolitik, Stuttgart 1992 | Werner, T., Europäisches Kapital in ibero-amerikanischen Montanunternehmungen des 16. Jahrhunderts, in: VSWG 48 (1961) 18–55 | –, Das Kupferhüttenwerk des Hans Tetzel aus Nürnberg auf Kuba und seine Finanzierung durch europäisches Finanzkapital (1545–71), in: VSWG 48 (1961) 289–328, 444–502 | –, Zur Geschichte Tetzelscher Hammerwerke bei Nürnberg und des Kupferhüttenwerks Hans Tetzels auf Kuba (1547), in: Mitteilungen des Vereins für die Geschichte der Stadt Nürnberg 55 (1967/68) 214–25 | Wobeser, G. v., El crédito eclesiástico de la Nueva España, siglo XVIII, Mexico 1994 | Zimmerman, A. F., Francisco de Toledo: Fifth Viceroy of Peru, 1569–1581, New York 1938, Ndr. 1968.

统治与社会

Albi, J., La defensa de las Indias (1764–1799), Madrid 1987 | Andrien, K. J., Andean Worlds: Indigenous History, Culture, and Consciousness under Spanish Rule, 1532–1825, Albuquerque 2001 | Aparicio, S., Influjo de Trento en los Concilios Limenses, in: MH 29 (1972) 215–39 | Armellada, C. de, Concilio provincial de Santo Domingo 1622–1623, in: MH 27 (1970) 129–252 | Arriaga, P. J. de, Eure Götter werden getötet: *Ausrottung des Götzendienstes in Peru* (1621), hg. v. Wipf, K. A., Darmstadt 1992 | Ayala, M. J., Diccionario de gobierno y legislación de Indias, 9 Bde., Ndr. Madrid 1991–98 | Bakewell, P., La maduración del gobierno del Perú en la década de 1560, in: Historia Mexicana 39 (1989) 41–70 | –, A History of Latin America, c. 1450–1930, Oxford 1997, 2. Aufl. 2004 | Bertrand, M., Grandeur et misère de l'office. Les officiers de finance de Nouvelle Espagne, XVIIe–XVIIIe siècles, Paris 1999 | Bethencourt, F., História da Inquisiçõoes: Portugal, Espanha e Itália, Lissabon 1994 (frz. 1995, engl. 2009) | Birckel, M., Recherches sur la trésorerie inquisitoriale de Lima, in: Mélanges de la Casa de Velázquez 5 (1969) 223–307; 6 (1970) 309–57 | Borah, W., The Collection of Tithes in the Bishopric of Oaxaca during the Sixteenth Century, in: HAHR 21 (1941) 386–409 | –, Tithe Collection in the Bishopric of Oaxaca, 1601–1867, in: HAHR 29 (1949) 498–515 | – (Hg.), El gobierno provincial en la Nueva España, 1570–1787, Mexico 1985, 2. Aufl. 2002 | Borges, P., La nunciatura Indiana. Un intento pontificio de intervención directa en Indias bajo Felipe II, 1566–1588, in: MH 19 (1962) 169–227 | –, En torno a los comisarios generales de Indias entre las órdenes misioneras en América, in: Archivo Ibero-Americano 23 (1963) 145–96; 24 (1964) 147–82; 25 (1965) 3–61, 173–221 | Borges Morán, P., El envio de misioneros a América durante la época española, Salamanca 1977 | Boxer, C. R., The Church Militant and Iberian Expansion, 1440–1770, Baltimore 1978 | Boyer, R. 1977 | –, Absolutism versus Corporation in New Spain: The Administration of the Marquis of Gelves 1621–1624, in: International History Review 4 (1982) 475–503 | Brading, D. A., The First America: The Spanish Monarchy, Creole Patriots and the Liberal State, 1492–1867, Cambridge 1991 | Bradley, P., The Defence of Peru, 1648–1700, in: JGLA 29 (1992) 91–120 | –, El Perú y el mundo exterior. Extranjeros, enemigos y herejes (siglos XVI–XVII), in: RI 61 (2001) 651–71 | Brendecke, A., Imperium und Empirie. Funktionen des Wissens in der spanischen Kolonialherrschaft, Köln 2009 | Brenner, P. J. (Hg.), Der Reisebericht, Frankfurt 1989 | Bronner, F., Urban Society in Colonial Spanish America: Research Trends, in: Latin American Research Review 21 (1986) 7–72 | Burkholder, M. A., Biographical Dictionary of Councilors of the Indies, 1717–1808, New York 1986 | – (Hg.), Administrators of Empire, Aldershot 1998 | –/Chandler, D. S., From Impotence to Authority: The Spanish Crown and the American Audiencias, 1687–1808, Columbia 1977 | –/–, Biographical Dictionary of Audiencia Ministers in the Americas, 1687–1821, Westport 1982 | Cañeque, A., The King's Living Image: The Culture and Politics of Viceregal Power in Colonial Mexico, New York 2004 | Carbía, R. D., Historia de la leyenda negra hispanoamericana, Madrid 1944 | Castañeda, P., El sinodo de la iglesia de Charcas de 1773, in: MH 35/36 (1978/79) 91–136 | Chueca Goitia, F./Torres Balbas, L./Gonzalez y Gonzalez, J., Planos de ciudades iberomaericanas y filipinas existentes en el Archivio de Indias, 2 Bde., Sevilla 1951 | Crouch, D. P./Garr, D. J./Mundigo, A. I., Spanish City Planning in North America, Cambridge, MA u. a. 1982 | Cunningham, C. H., The Audiencia in the Spanish Colonies as Illustrated by the Audiencia of Manila (1583–1800), Berkeley 1919 | Cushner, N., Lords of the Land: Sugar, Wine and Jesuit Estates of Coastal Peru, 1600–1767, Albany 1980 | –, Jesuit Ranches and the Agrarian Development of Colonial Argentina, 1650–1767, Albany 1983 | Damler, D., Imperium Contrahens. Eine Vertragsgeschichte des spanischen Weltreichs in der Renaissance, Mainz 2008 | Daniels, C./Kennedy, M. V. (Hg.), Negotiated Empires: Centres and Peripheries in the Americas, 1500–1820, New York 2002 | Don, P. L., The 1539 Inquisition and Trial of Don Carlos of Texcoco in Early Mexico, in: HAHR 88 (2008) 573–606 | Durán, J. G., El Catecismo del III Concilio provincial de Lima y sus complementos pastorales 1584–1585, Buenos Aires 1982 | –, Monumenta catechetica hispanoamericana (siglos XVI–XVIII), 2 Bde., Buenos Aires 1984–91 | Dussel, E. D. (Hg.), Historia general de la Iglesia en América latina, Bde. 1, 1; 4–9, Salamanca 1983–95 | Egaña, A. de, La teoría del Regio Vicariato español en Indias, Rom 1958 | Elliott, J. H., Empires of the Atlantic World: Britain and Spain in the Americas, 1492–1830, New Haven u. a. 2006 | Escobedo Mansilla, R., El tributo indígena en el Perú. Siglos XVI y XVII, Pamplona 1979 | Farberman, J./Boixados, R., Sociedades indigenas y encomienda en el Tucumán colonial, in: RI 66 (2006) 601–28 | García-Abásalo, A. F., Martin Enriquez y la reforma de 1568 en Nueva España, Sevilla 1983 | García Pérez, R. D., El Consejo de Indias durante los reinados de Carlos III y Carlos IV, Pamplona 1998 | Gareis, I., Wie Engel und Teufel in die Neue Welt kamen. Imaginationen von Gut und Böse im kolonialen Amerika, in: Paideuma 45 (1999) 257–73 | –, Repression and Cultural Change: The *Extirpation of Idolatry* in Colonial Peru, in: Griffiths, N./Cervantes, F. (Hg.), Spiritual Encounters: Interactions between Christianity and Native Religions in Colonial America, Birmingham 1999, 230–54 | –, Die Geschichte der Anderen. Zur Ethnohistorie am Beispiel Perus (1532–1700), Berlin 2003 | Gerhard, P., A Guide to the Historical Geography of New Spain, 2. Aufl., Norman 1993 | –, The North Frontier of New Spain, 2. Aufl., Norman 1993 | –, The Southeast Frontier of New Spain, 2. Aufl., Norman 1993 | Gibson, C., The Inca Concept of Sovereignty and the Spanish Administration of Peru, New York 1948, Ndr. 1969 | Góngora, M. 1975 | Grafe, R./Irigoin, M. A., The Spanish Empire and its Legacy: Fiscal Redistribution and Political Conflict in Colonial and Postcolonial Spanish America, in: JGH 1 (2006) 241–67 | Greenleaf, R. E., Zumárraga and the Mexican Inqusition, 1536–1543, Washington 1962 | –, The Mexican Inquisition of the XVIth Century, Albuquerque 1970 (span. 1985) | –, Persistence of Native Values: The Inquisition and the Indians of Colonial Mexico, in: The Americas 50 (1994) 351–76 | Griffiths, N., *Inquisition of the Indians?* The Inquisitorial Model and the Repression of Andean Religion in Seventeenth-Century Peru, in: Colonial Latin American Historical Review 3 (1994) 29–38 | Guy, D. J./Sheridan, T. F. (Hg.), Contested Ground: Comparative Frontiers on the Northern and Southern Edge of the Spanish Empire, Tucson 1998 | Hamnett, B. R., Church Wealth in Peru: Estates and Loans in the Archidiocese of Lima in the Seventeenth Century, in: JGLA 10 (1973) 113–32 | Hanke, L./Rodriguez, C. (Hg.), Los virreyes españoles en América durante el gobierno de la Casa de Austria. Perú, 6 Bde. (BAE 280–285), Madrid 1978 | Hardoy, J. E./Solano, F. de, Guia de colecciones de planos de ciudades iberoamericanos, in: RI 38 (1978) 791–851 | Haring, C. H., The Spanish Empire in America, New York 1948 | Henkel, W., Die Konzilien in Lateinamerika, 2 Bde., Paderborn 1984–2010 | Heredia Herrera, A. (Hg.), Catálogo de las consultas del Consejo de Indias 1600–1630, 5 Bde., Sevilla 1983–87 | Hernáez, F. J. (Hg.), Colección de bulas, breves y otros documentos relativos a la Iglesia de America y Filipinas, 2 Bde., Brüssel 1879, Ndr. 1964 | Herzog, T., Defining Nations: Immigrants and Citizens in Early Modern Spain and Spanish America, New Haven 2003 | [HGAL] Historia general de América latina, Bde. 1–5, Madrid u. a. [UNESCO] 1999–2003 | Himmerich y Valencia, R., The Encomenderos of New Spain, 1521–1555, Austin 1991 | Irigoin, M. A./Grafe, R., Bargaining for Absolutism: A Spanish Path to Nation-State and Empire Building, in: HAHR 88 (2008) 173–245 | Israel, J. I., Race, Class, and Politics in Colonial Mexico, 1610–1670, London 1975 | Jago, C., Habsburg Absolutism and the Cortes of Castile, in: AHR 86 (1981) 307–26 | Kinsbruner, J., The Colonial Spanish American City: Urban Life in the Age of Atlantic Capitalism, Austin 2005 | Kirk, P., Sor Juana de la Cruz: Religion, Art, and Feminism, New York 1998 | Klein, H. S., The American Finance of the Spanish Empire: Royal Income and Expenditure in Colonial Mexico, Peru and Bolivia, 1680–1809, Albuquerque 1998 | Konrad, H. W. 1980 | Koschorke, K. u. a. (Hg.), Außereuropäische Christentumsgeschichte (Asien, Afrika, Lateinamerika) 1450–1990, 2. Aufl., Neukirchen-Vluyn 2006 | Kossok, M./Markov, W. | *Las Indias no eran Colonias?* Hintergründe einer Kolonialapologetik, in: Markov, W. (Hg.), Lateinamerika zwischen Emanzipation und Imperialismus, Berlin 1961, 1–34 | Krüger, H., Der Cabildo von Asunción. Stadtverwaltung und städtische Oberschicht in der ersten Hälfte des 18. Jahrhunderts (1690–1730), Frankfurt 1979 | Kügelgen, H. v., The Way to Mexican Identity: Two Triumphal Arches of the Seventeenth Century, in: World Art, Bd. 3, University Park u. a. 1989, 709–21 | Lea, H. C., The Inquisition in the Spanish Dependencies, New York 1908 | Lebroc, R., Proyección tridentina en America, in: MH 26 (1969) 129–207 | León Pinelo, A. de, Recopilación de las Indias, hg. v. Sánchez Barba, I., 3 Bde., Mexico 1992 | Levillier, R., Don Francisco de Toledo, 2 Bde., Madrid 1935–40 | Liebman,

S. B., The Inquisitors and the Jews in the New World, Coral Gables 1974 | Liehr, R., Die soziale Stellung der Indianer von Puebla während der zweiten Hälfte des 18. Jahrhunderts, in: JGLA 8 (1971) 74–125 | Lobo Guerrero, B./Arias de Ugarte, F. (Hg.), Sínodos de Lima de 1613 y 1636, Madrid 1987 | Lockhart, J./Berdan, F./Anderson, A. J. O. (Hg.), The Tlaxcalan Actas: A Compendium of the Records of the Cabildo of Tlaxcala (1545–1627), Salt Lake City 1986 | –/Schwartz, S., Early Latin America, Cambridge 1983 | Lohmann-Villena, G., El corregidor de Indios en el Peru bajo los Austrias, Madrid 1957 | –, Notas sobre la presencia de la Nueva España en las cortes metropolitanos y de cortes en la Nueva España en los siglos XVI a XVII, in: Historia Mexicana 39 (1989) 33–40 | –, Las Cortes en las Indias, in: Las Cortes de Castilla y León 1188–1988, 2 Bde., Valladolid 1990, Bd. 1, 589–623 | –, El secretario mayor de gobernación del virreinato del Perú, in: RI 65 (2005) 471–90 | Lopetegui, L./Zubillaga, F./Engaña, A. de, Historia de la Iglesia en la América española. Desde el descubrimiento hasta comienzas del siglo XIX, 2 Bde., Madrid 1965–66 | Lorimer, J. (Hg.), Settlement Patterns in Early Modern Colonization, Aldershot 1998 | Manzano Manzano, J., La incoroporación de las Indias a la corona de Castilla, Madrid 1948 | –, Historia de las recopilaciones de Indias, 2 Bde., Madrid 1950–56 | Maruri Villanueva, R., Poder con poder se paga. Títulos nobiliarios beneficiados en Indias (1681–1821), in: RI 69 (2009) 207–40 | Mateos, F., Primer concilio de Quito (1570), in: MH 25 (1968) 193–244, 319–68 | –, El primer concilio del Rio de la Plata en Asunción (1603), in: MH 26 (1969) 257–359 | –, Sínodos de obispo de Tucuman Fr. Hernando de Terjo y Sanabria (1597, 1606 y 1607), in: MH 27 (1970) 257–340; 28 (1971) 5–75 | –, Constituciones sinodales de Santa Fé de Bogotá, 1576, in: MH 31 (1974) 289–368 | Medina, J. T., Historia del tribunal del Santo Oficio de la Inquisición de Lima (1569–1820), 2 Bde., Santiago 1887 | –, Historia del tribunal del Santo Oficio de la Inquisición en Chile, 2 Bde., Santiago 1890 | –, Historia del tribunal del Santo Oficio de la Inquisición en Mexico, Santiago 1905 | Meier, J., Das Provinzialkonzil von Santo Domingo (1622/23). Seine Aussagen über die kirchlichen Rechte und Pflichten der Indianer und Afrikaner in den karibischen Ländern, in: Annuarium Historiae Conciliorum 12 (1980 [1982]) 441–51 | Merluzzi, M., Politica e governo nel Nuovo Mondo. Francisco de Toledo, viceré del Perú (1569–1581), Rom 2003 | Mesa, C. E., Concilios y sínodos en el Nuevo Reino de Granada, hoy Colombia, in: MH 31 (1974) 129–71 | –, El arzobispado de Santa Fé de Bogotà (1564–1625), in: MH 42 (1985) 89–140 | Moore, J. P., The Cabildo in Peru under the Hapsburgs, Durham 1954 | –, The Cabildo in Peru under the Bourbons, Durham 1967 | Morales Folguera, J. M., La construcción de la utopia. El proyecto de Felipe II., Malaga 2001 | Muldoon, J., The Americas in the Spanish World Order: The Justification for Conquest in the 17th Century, Philadelphia 1994 | Muro Romero, F., Las presidencias-gobernaciones en Indias (siglo XVI), Sevilla 1975 | Musset, A./Pérez-Mallaina, P. E. (Hg.), De Séville à Lima, Paris 1997 | Nowell, C. E., Old World Origins of the Spanish-American Viceregal System, in: Chiappelli, F. (Hg.), First Images of America: The Impact of the New World on the Old, 2 Bde., Berkeley 1976, Bd. 1, 221–20 | Ortíz de la Tabla Ducasse, J., Los encomenderos de Quito, 1534–1660, Sevilla 1993 | Osorio, A., The King in Lima: Simulacra, Ritual, and Rule in Seventeenth-Century Perú, in: HAHR 84 (2004) 447–74 | Ots Capdequí, J. M., Instituciones (História de America y de los pueblos americanos 14), Barcelona 1969 | Parente, O. G., Concilio provincial Dominicano (1622/23). Aportación venezolana, in: MH 29 (1972) 129–213 | Parry, J. H., The Spanish Theory of Empire in the Sixteenth Century, Cambridge 1940 | –, The Sale of Public Office in the Spanish Indies under the Hapsburgs, Berkeley 1953 | –, The

Audiencia of New Galicia in the XVIth Century, Cambridge 1948, Ndr. 1968 | Patch, R. W., Imperial Politics and Local Economy in Colonial Central America, 1670–1770, in: PP 143 (1994) 77–107 | Peraza de Ayala, J., El real patronato de Canarias, in: Anuario de Historia de Derecho Español 30 (1960) 113–74 | Pérez Villanueva, J./ Escandell Bonet, B., Historia de la Inquisición en España y América, 3 Bde., Madrid 1984–2000 | Phelan, J. L., The Kingdom of Quito in the Sixteenth Century: Bureaucratic Politics in the Spanish Empire, Madison 1967 | Pietschmann, Die staatliche Organisation des kolonialen Iberoamerika, Stuttgart 1980 | –, Staat und staatliche Entwicklung am Beginn der spanischen Kolonisation Amerikas, Münster 1980 | –, Die Kirche in Hispanoamerika. Eine Einführung, in: Henkel, W. 1984, 1–48 | Pinto Vallejos, S., Aportes extra-ordinarios a la Real Hacienda española en el Virreinato Peruano: la región de Cuzco 1575–1600, in: JGLA 17 (1980) 69–96 | Poma de Ayala, F. G., Nueva corónica y buen gobierno. Codex péruvien illustré, Paris 1936 [Faksimile] | [Poma de Ayala] Murra, J. V./Adorno, R./Uriosto, J. L. (Hg.), Poma de Ayala, Felipe Guaman (Waman Puma), El primer nueva coronica y buen gobierno, 3 Bde., Mexiko 1980 | [Poma de Ayala] http://www.kb.dk/elib/mss/poma | Poole, S., Juan de Ovando: Governing the Spanish Empire in the Reign of Philip II, Norman 2004 | Potthast-Jutkeit, B., Das Memorandum von Yucay und der Einfluss des Bartolomé de las Casas auf die Spanische Krone, in: ZHF 20 (1993) 258–73 | Prien, H.-J., Die Geschichte des Christentums in Lateinamerika, Göttingen 1978 | –, Das Christentum in Lateinamerika, Leipzig 2007 | Puente Brunke, J. de la, Encomienda y encomenderos en el Perú. Estudio social y politico de una institución colonial, Sevilla 1992 | Ramos, D. u. a., El Consejo de las Indias en el siglo XVI, Valladolid 1970 | Real Diaz, J. J., Estudio diplomatico del documento indiano, Sevilla 1970 | Recopilación 1973 | Riley, J. D. 1976 | Robinson, D. (Hg.), Migration in Colonial Spanish America, Cambridge 1990 | Román, A. Y., Sobre Alcaldias mayores y corregimientos en Indias, in: JGLA 9 (1972) 1–39 | Rubio Mañé, J. I., Introducción al estudio de los Virreyes de Nueva España, 4 Bde., Mexico 1955–63 | Ruiz Medrano, E., Gobierno y sociedad en Nueva España. Segunda Audiencia y Antonio de Mendoza, Michoacán 1991 | Russell-Wood, A. J. R. (Hg.), Local Government in European Overseas Empires, 1450–1800, 2 Bde., Aldershot 1999 | – (Hg.), Government and Governance of European Empires, 1450–1800, 2 Bde., Aldershot 2000 | Sáiz Diez, F., Los colegios de Propaganda Fide en Hispanoamerica, in: MH 25 (1968) 257–318; 26 (1969) 5–114 | Sánchez-Bella, I., La organización financiaria de las Indias (siglo XVI), Sevilla 1968 | –, Derecho Indiano. Estudios, 2 Bde., Pamplona 1991 | Santos Pérez, J. M., Elites, poder local y regimen colonial. El cabildo y los regidores de Santiago de Guatemala, 1700–1787, South Woodstock 1999 | Sanz Tapia, A., La venta de oficios de hacienda en la audiencia de Quito (1650–1700), in: RI 63 (2003) 633–48 | Schaefer, E., El Consejo Real y Supremo de las Indias, 2 Bde., Sevilla 1935–47, Ndr. 1975 | Schmitt, E., Bd. 3, 1987 | Schwaller, J. F., The Cathedral Chapter of Mexico in the Sixteenth Century, in: HAHR 61 (1981) 651–74 | Semboloni, L., Los mandamientos virreinales en la formación jurídica política de Nueva España, 1535–1595, in: JGLA 48 (2011) 151–78 | Seoane, J. C./Sanles, R., Aviamento y catálogo de misiones y misioneros de la Merced de Castilla a las Indias, in: MH 33 (1976) 5–42, 34 (1977) 93–138 | Shiels, W. E., King and Church: The Rise of the Patronato Real,Chicago 1961 | Siegert, B., Passagiere und Papiere. Schreibakte auf der Schwelle zwischen Spanien und Amerika, München 2006 | Silverblatt, I., Modern Inquisitions: Peru and the Origins of the Civilized World, Durham 2004 | Solano, F. de, Estdudios sobre la ciudad iberoamericana, Madrid 1975 | –/Ponce, P., Cuestionarios para la formación de las relaciones geograficas de Indias: siglos XVI–XIX, Madrid 1988 | [Solorzano] 1972, 1994–2001 | Tardieu, J.-P., L'inquisition de Lima et les hérétiques étrangers (XVIe–XVIIe siècles), Paris 1995 | Taylor, W. B., Magistrates of the Sacred: Priests and Parishioners in Eighteenth-Century Mexico, Stanford 1996 | Tejeira-Davis, E., Pedrarias Davila and his Cities in Panama, 1513–1522: New Facts on Early Spanish Settlements in America, in: JGLA 33 (1996) 27–61 | TePaske, J. J./Klein, H. S. 1981 | –/–, Royal Treasuries of the Spanish Empire in America, 4 Bde., Durham 1982–90 | –/–, Ingresos y egresos de la Real Hacienda de Nueva España, 2 Bde., Mexico 1986 | Tercer Concilio Limense 1582–1583. Version castellana original de los decretos con sumario del segundo Concilio Limense, Lima 1982 | Van Oss, A. C., Catholic Colonialism: A Parish History of Guatemala, 1525–1821, Cambridge 1986 | Vargas Ugarte, R., Concilios Limenses 1551–1772, 3 Bde., Lima 1951–54 | Velasco, B., El concilio provincial de Charcas de 1629, in: MH 21 (1964) 79–130 | Vidal Ortega, A., Cartagena de Indias y la región histórica del Caribe, 1580–1640, Sevilla 2002 | Villegas, J., Consultas del Consejo de Indias al Rey para nominar a los arzobispos y obispos de la Iglesia de Indias 1577–1601, in: JGLA 9 (1972) 102–36 | Ward, C., The Defense of Portobelo: A Chronology of Construction, 1585–1700, in: Ibero-Amerikanisches Archiv 16 (1990) 341–86 | Weber, D. J., The Spanish Frontier in North America, New Haven 1992 | –/Rausch, J. M. (Hg.), Where Cultures Meet: Frontiers in Latin American History, Wilmington 1984 | Wicki, J., Nuovi documenti attorno ai piani missionari di Pio V nel 1568, in: Archivum Historicum Societatis Jesu 37 (1968) 408–17 | Wightman, A. M., Indigenous Migration and Societal Change: The Forasteros of Cuzco, 1570–1720, Durham 1990 | Wobeser, G. v. 1994 | Wolff, I., Regierung und Verwaltung der kolonialspanischen Städte in Hochperu 1538–1650, Köln 1970 | Ybot León, A., La Iglesia y los eclesiásticos españoles en empresa de Indias, 2 Bde., Barcelona 1954–63.

文化与社会

Abou, S., The Jesuit *Republic* of the Guaranies (1609–1768) and its Heritage, New York 1997 | Actas del coloquio internacional *Túpac Amaru y su tiempo*, Lima 1980 | Adorno, R., Guaman Poma: Writing and Resistance in Colonial Peru, 2. Aufl., Austin, 2000 | –/Boserup, I., New Studies of the Autograph Manuscript of Felipe Guaman Poma de Ayala's Nueva coronica y buen gobierno, Copenhagen 2003 | Aguirre, C., Breve Historia de la esclavitud en el Perú, Lima 2005 | Alberro, S., Les Espagnols dans le Mexique colonial. Histoire d'une acculturation, Paris 1992 | Albó, X., Jesuitas y culturas indigenas. Perú 1568–1606. Su actitud, métodos y criterios de aculturación, in: América indigena 26 (1966) 249–308, 395–445 | Aldrich, R./McKenzie, K. (Hg.), The Routledge History of Western Empires, London u. a. 2014 | Altman, I., Spanish Society in Mexico after the Conquest, in: HAHR 71 (1991) 413–45 | –, The War for Mexico's West: Indians and Spaniards in New Galicia, 1524–1550, Albuquerque 2010 | Andrien, K. J., The Sale of Fiscal Offices and the Decline of Royal Authority in the Viceroyalty of Peru, 1633–1700, in: HAHR 62 (1982) 49–71 | Armas Asin, F., Religión, género y construcción de una sexualidad en los Andes (siglos XVI y XVII). Un acercamiento provisional, in: RI 61 (2001) 673–700 | Arriaga, P. J. de 1992 | Bailey, G. A., Art on the Jesuit Missions in Asia and Latin America, 1542–1773, Toronto 1999 | Baudot, G., Utopie et histoire au Mexique. Les premiers chroniqueurs de la civilisation mexicaine (1520–1569), Toulouse 1977 | –1981 | Becker, F., Die politische Machtstellung der Jesuiten in Südamerika im 18. Jahrhundert. Zur Kontroverse um den *Jesuitenkönig* Nikolaus I. von Paraguay. Mit einem Faksimile der *Histoire de Nicolas I*, Köln u. a. 1980 | Benitez, F., La vida criolla en el siglo XVI, Mexico 1952 | Bennett, H. L., Africans in Colonial Mexico: Absolutism, Christianity, and Afro-Creole Consciousness, 1570–1640, Bloomington 2003 | Berger, U., Gebetbücher in mexikanischer Bilderschrift, Münster 2002 | Biermann, B., Don Vasco de Quiroga und seine Schrift *De debellandis Indis*, in: NZMW 22 (1966) 189–200 | Boccara, G., Guerre et ethnognèse Mapuche dans le Chili colonial. L'invention de soi, Paris 1998 | Bolognani, B., Pioneer Padre: A Biography of Eusebio Francisco Kino S. J., Missionary, Scientist, Discoverer, 1645–1711, Sheerbrooke 1968 | Bolton, H. E., The Mission as Frontier Institution in the Spanish American Colonies (1917), in: Weber, D. J. (Hg.), New Spain's Far Northern Frontier: Essays on Spain in the American West, 1540–1821, Albuquerque 1979, 51–64 | –, Rim of Christendom: A Biography of Eusebio Francisco Kino, Pacific Coast Pioneer, New York 1936 | Borah, W., Justice by Insurance: The General Indian Court of Colonial Mexico, Berkeley 1987 | Borges, P., Métodos misionales en la cristianización de América, siglo XVI, Madrid 1960 | –, Vasco de Quiroga en el ambiente misionario de la Nueva España, in: MH 23 (1966) 297–340 | Brading, D. A. 1991 | –, Mexican Phoenix: Our Lady of Guadelupe: Image and Transition across Five Centuries, Cambridge 2001 | Büschges, C., Familie, Ehre und Macht. Konzept und soziale Wirklichkeit des Adels in der Stadt Quito (Ecuador) während der späten Kolonialzeit (1765–1822), Stuttgart 1996 | Burkhart, L. M., The Slippery Earth: Nahua-Christian Moral Dialogue in Sixteenth-Century Mexico, Tucson 1989 | Burns, K., Colonial Habits: Convents and the Spiritual Economy of Cuzco, Peru, Durham 1999 | –, Making Indigenous Archives: The Quilcaycamayoc of Colonial Peru, in: HAHR 91 (2011) 665–89 | Burrus, E. J., Correspondencia del P. Kino con los generales de la Compañía de Jesús, 1682–1707, Mexico 1961 | –, The Language Problem in Spain's Overseas Dominions, in: NZMW 35 (1979) 161–70 | –/Zubillaga, F. (Hg.), El noroeste de Mexico. Documentos sobre las misiones jesuiticas, 1600–1769, Mexico 1986 | Cahill, D./Tovías, B. (Hg.), Elites indigenas de los Andes. Nobles, caciques y cabildantes bajo el jugo colonial, Quito 2003 | Campbell, L. G., Social Structure of the Túpac Amaru Army in Cuzco, 1780–81, in: HAHR 61 (1981) 675–91 | Carral Cuevas, J., Economia regalista en Nueva España. *Altépetl*, encomienda y pueblo de indios, in: JGLA 47 (2010) 155–80 | Carter, W. B., Indian Alliances and the Spanish in the Southwest, 750–1750, Norman 2009 | Case, B. W., Gods and Demons: Folk Religion in Seventeenth-Century New Spain, 1614–1632, PhD Cornell 1977 | Castañeda, C. P., The Corregidor in Spanish Colonial Administration, in: HAHR 9 (1929) 446–70 | Cervantes, F., The Devil in the New World, New Haven 1994 | Céspedes del Castillo, G. 1978 | Chance, J. K., Race and Class in Colonial Oaxaca, Stanford 1978 | –, The Caciques of Tecali: Class and Ethnic Identity in Late Colonial Mexico, in: HAHR 76 (1996) 475–502 | –/Taylor, W. B., Estate and Class in a Colonial City: Oaxaca in 1792, in: CSSH 19 (1977) 454–87; dazu: ebd. 21 (1979) 421–42 | Charles, J., Allies and Odds: The Andean Church and its Indigenous Agents, 1583–1671, Albuquerque 2010 | Charney, P., Indian Society in the Valley of Lima, Peru, 1532–1824, Lanham 2001 | Chevalier, F., Les municipalités indiennes en Nouvelle Espagne (1520–1620), in: Anuario de Historia de Derecho Español 15 (1944) 352–86 | Chiappelli, F. 1976 | [CHNPA] The Cambridge History of the Native Peoples of America, 3 Bde. in 6 Tln., Cambridge 1997–2000 | Clendinnen, I., Landscape and World View: The Survival of Yucatec Maya Culture under Spanish Conquest, in: CSSH 22 (1980) 374–93 | Coello de la Rosa, A., Mestizos y criollos en la Compañia de Jesús (Peru, siglos XVI–XVII), in: RI 68 (2008) 37–66 | Cook, N. D. u. A. D., People of the Volcano: Andean Counterpoint in the Colca Valley of Peru, Durham u.a. 2007 | Cope, R. D., The Limits of Racial Domination: Plebeian Society in Colonial Mexico City, 1660–1720, Madison 1994 | Coronado Aguilar, J., Conquista Espiritual. A história da evangelização na Província Guairà na obra de Antonio Ruiz de Montoya S.I. (1585–1652), Rom 2002 | Cussen, C.L., The Search for Idols and Saints in Colonial Peru: Linking Extirpation and Beatification, in: HAHR 85 (2005) 417–48 | Cutter, C.R., The Protector de Indios in Colonial New Mexico, 1659–1821, Albuquerque 1986 | Dakin, K./Lutz, C. (Hg.), Nuestro pesar, nuestra aflicción: Tunetuliniliz, tucucua, memorias en lengua Nahuatl enviadas a Felipe II por indigenas del Valle de Guatemala hacia 1572, Mexico u.a. 1996 | Diaz-Polanco, H. (Hg.), El fuego de la inobediencia. Autonomia y rebelión india en el obispado de Oaxaca, Mexico 1996 | –/Manzo, C. (Hg.), Documentos sobre las rebeliones indias de Tehuantepec y Nexapa (1660–1661), Mexico 1992 | Dirrhaim, F.X., Biennium Itineris oder Reisebericht in die Missionen des Vizekönigreichs Peru im Jahre 1718, hg. v. Stadelmann, K.H., Konstanz 2008 | Don, P. 2008 | Donahue-Wallace, K., Art and Architecture of Viceregal Latin America, 1521–1821, Albuquerque 2008 | Dueñas, A., Indians and Mestizos in the „Lettered City“: Reshaping Justice, Social Hierarchy, and Political Culture in Colonial Peru, Boulder 2010 | Duran, J.G. 1982, 1984–91 | Durand Florez, L. (Hg.), Colección de documentos del Bicentenario del la revolución emancipadora de Túpac Amaru, 5 Bde., Lima 1980–82 | Durston, A., Pastoral Quechua: The History of Christian Translations in Colonial Peru, 1550–1650, Notre Dame 2007 | Dussel, E.D. 1983–95 | Duverger, C., La conversion des indiens de la Nouvelle Espagne, Paris 1987 | Duviols, P., La lutte contre les religions autochthones dans le Pérou colonial. *L'extirpation de l'idol trie* entre 1532 et 1660, Paris 1971 | –, Procesos y visitas de idolatria: Cajatambo, siglo XVII, Lima 2002 | El Alaoui, Y., Jésuites, Morisques et Indiens. Étude comparative des methodes d'evangélisation de la Compagnie de Jésus d'après les traits de José de Acosta (1588) et d'Ignacio de las Casas (1605–1607), Paris 2006 | Engl, L. u. T. (Hg.), Die Eroberung Perus in Augenzeugenberichten, 2.Aufl, München 1977 | Farriss, N.M., Nucleation versus Dispersal: The Dynamics of Population Movement in Colonial Yucatan, in: HAHR 58 (1978) 187–216 | –, Maya Society under Colonial Rule: The Collective Enterprise of Survival, Princeton 1984 | Fassbinder, M., Der Jesuitenstaat in Paraguay, Halle 1926 | Fisher, A.B./O'Hara, M.D. (Hg.), Imperial Subjects: Race and Identity in Colonial Latin America, Durham 2009 | Fisher, L.E., The Last Inca Revolt, 1780–93, Norman 1966 | Florescano, E./García Acosta, V. (Hg.), Mestizajes tecnológicas y cambios culturales en Mexico, Mexico 2004 | Foster, G.M., Culture and Conquest: America's Spanish Heritage, Chicago 1960 | Fraser, V., Architecture of Conquest: The Building in the Viceroyalty of Peru, 1535–1635, Cambridge 1990 | Furlong, G. Misiones y sus pueblos de Guaranies, Buenos Aires 1962 | –, Historia social y cultural del Rio de la Plata, 1536–1810, 3 Bde., Buenos Aires 1969 | García Fuentes, L., Licencias para la introducción de esclavos en Indias y envios desde Sevilla en el siglo XVI, in: JGLA 19 (1982) 1–46 | Gareis, I., La metamorfosis de los dioses. Cambio cultural en las sociedades andinas, in: Anthropologica 9 (1991) 247–57 | – 1999 | – 2003 | Garrett, D., Shadows of Empire: The Indian Nobility of Cuzco, 1750–1825, Cambridge 2005 | Germeten, N. v., Black Blood Brothers: Confraternities and Social Mobility for Afro-Mexicans, Gainesville 2006 | Gibson, C., Tlaxcala in the Sixteenth Century, New Haven 1952 | –, The Aztecs under Spanish Rule:

A History of the Indians of the Valley of Mexico, 1519–1810, Stanford 1964 | Gil, F., Primeras *Doctrinas* del Nuevo Mundo. Estudio histórico-teológico de las obras de Fray Juan de Zumárraga (+1548), Buenos Aires 1993 | Golte, J., Determinanten des Entstehens und des Verlaufs bäuerlicher Rebellionen in den Anden vom 18. zum 20. Jahrhundert, in: JGLA 15 (1978) 41–74 | Góngora, M. 1975 | Gonzalbo Aizpuru, P., El nacimiento del miedo, 1692. Indios y españoles en la ciudad de Mexico, in: RI 68 (2008) 9–34 | Gosner, K., Soldiers of the Virgin: The Moral Economy of a Colonial Maya Rebellion, Tucson u. a. 1992 | Graubart, K. B., With Our Labor and Sweat: Indigenous Women and the Formation of Colonial Society in Peru, 1550–1700, Stanford 2007 | Greenleaf, R. E. 1994 | Griffiths, N., The Cross and the Serpent: Religious Repression and Resurgence in Colonial Peru, Norman 1996 | Gründer, H., Welteroberung und Christentum. Ein Handbuch zur Geschichte der Neuzeit, Gütersloh 1992 | Gruzinsky, S., Les hommes-dieux du Mexique. Pouvoir indien et société coloniale (XVIe–XVIIIe siècles), Paris 1985 (span. 1988, engl. 1989) | –, La colonisation de l'imaginaire. Sociétés indigènes et occidentalisation dans le Mexique espagnol, XVIe–XVIIIe s., Paris 1988 | Hackel, S. W., Children of Coyote, Missionaries of Saint Francis: Indian Spanish Relations in Colonial California, 1769–1850, Chapel Hill 2005 | Hall, L. B., Mary, Mother and Warrior: The Virgin in Spain and the Americas, Austin 2004 | Hampe Martínez, T., Santidad e identidad criolla. Estudio del proceso de canonización de Santa Rosa, Cuzco 1998 | Handbook of Middle American Indians, 16 Bde., 3 Supplementbde., Austin 1964–76, 1981–85 | Handbook of South American Indians, 7 Bde., New York 1946–63 | Haskett, R. S., Indigenous Rulers: An Ethnohistory of Town Government in Colonial Cuernavaca, Albuquerque 1991 | Haubert, M., L'œuvre missionaire des Jésuits au Paraguay (1585–1768). Genèse d'un *paradis*, Paris 1966 | –, La vie quotidienne au Paraguay sous les Jésuites, Paris 1967 | Hausberger, B., Für Gott und König. Die Mission der Jesuiten im kolonialen Mexiko, Wien u. a. 2000 | Hennessy, A., The Frontier in Latin American History, London 1978 | Hensel, S., Africans in Spanish-America: Slavery, Freedom, and Identities in the Colonial Era, in: Indiana 24 (2007) 15–37 | Hernández, P., Misiones del Paraguay. Organización social de las doctrinas Guaraníes de la Compañía de Jesús, 2 Bde., Barcelona 1913 | Hinz, F., „Hispanisierung" in Neu-Spanien 1519–1568. Transformation kollektiver Identitäten von Mexica, Tlaxkalteken und Spaniern, 3 Bde., Hamburg 2005 | Hoberman, L. S./Socolow, S. (Hg.), Cities and Society in Colonial Latin America, 4. Aufl., Albuquerque 1991 | –/– (Hg.), The Countryside in Colonial Latin America, Albuquerque 1996 | Hyland, S., The Jesuit and the Incas: The Extraordinary Life of Padre Blas Valera, S. J., Ann Arbor 2003 | Ingoli, F., Relazione delle Quattro Parti del Mondo, hg. v. Testi, F., Città del Vaticano 1999 | Israel, J. I. 1975 | Johnson, L. L., *A Lack of Legitimate Obedience and Respect*: Slaves and their Masters in the Courts of Late Colonial Buenos Aires, in: HAHR 87 (2007) 631–57 | Jones, G. D., Maya Resistance to Spanish Rule, Albuquerque 1989 | Jopling, C. F. (Hg.), Indios y negros en Panama en los siglos XVI y XVII. elecciones de los documentos del Archivo General de Indias, South Woodstock 1994 | Karttunen, F./Lockhart, J., Nahuatl in the Middle Years: Language Contact Phenomena in Texts of the Colonial Period, Berkeley 1976 | Katzew, I., Casta Painting: Images of Race in Eighteenth-Century Mexico, New Haven 2004 | Kicza, J. E. (Hg.), The Indian in Latin American History: The Resistance, Resilience, and Acculturation, 2. Aufl., Wilmington 2000 | Kinsbruner, J. (Hg.), Encyclopedia of Latin American History and Culture, 6 Bde., 2. Aufl., Detroit 2008 | Klor de Alva, J. J., Spiritual Conflict and

Accommodation in New Spain: Toward a Typology of Aztec Responses to Christianity, in: Collier, G. A. u. a. (Hg.), The Inca and Aztec States, 1400–1800, New York 1982, 345–66 | Knaut, A. L., The Pueblo Revolt of 1680: Conquest and Resistance in Seventeenth-Century New Mexico, Norman 1995 | Konetzke, R. 1958–63 | –, Die Mestizen in der kolonialen Gesetzgebung. Zum Rassenproblem im spanischen Amerika, in: Archiv für Kulturgeschichte 42 (1960) 131–77 | –, Die Bedeutung der Sprachenfrage in der spanischen Kolonisation Lateinamerikas, in: JGLA 1 (1964) 72–116 | – 1965 | Lafaye, J., Quetzalcoatl and Guadelupe: The Formation of Mexican National Consciousness, 1531–1815, Chicago 1976 | Lane, K., Quito 1599: City and Colony in Transition, Albuquerque 2002 | Langer, E./Jackson, R. H. (Hg.), The New Latin American Mission History, Lincoln 1995 | Larson, B., Rural Rhythms of Class Conflict in Eighteenth Century Cochabamba, in: HAHR 60 (1980) 407–30 | Lejarza, F. de, Don Vasco de Quiroga en las crónicas franciscanas, in: MH 23 (1966) 129–244 | Leturia, P. de, Relaciones entre la Sante Sede e Hispanoamérica 1493–1835, 3 Bde., Rom 1959–60 | Lewin, B., La rebelión de Túpac Amaru, 3. Aufl., Buenos Aires 1964 | Licate, J. A. 1981 | Liehr, R. 1971 | Liss, P. K., Mexico under Spain, 1521–1556, Chicago u. a. 1975 | Lockhart, J., The Social History of Colonial Spanish America: Evolution and Potential, in: Latin American Research Review 7, 1 (1972) 6–45 | –/Schwartz, S. 1983 | Lohmann-Villena, G. 1957 | Lopetegui, L., El padre José de Acosta y las misiones, Madrid 1942 | –/Zubillaga, F./Engaña, A. de 1965–66 | Lorandi, A. M., Spanish King of the Incas: The Epic Life of Pedro Bohorques, Pittsburgh 2005 (span. 1997) | Lutz, C. H., Santiago de Guatemala, 1541–1773: City, Caste, and the Colonial Experience, Norman 1997 | MacCormack, S., Religion in the Andes: Vision and Imagination in Early Colonial Peru, Princeton 1991 | Martínez, M. E., The Black Blood of New Spain: *Limpieza de sangre*, Racial Violence, and Gendered Power in in Early Colonial Mexico, in: WMQ 61 (2004) 479–518 | –, Genealogical Fictions: Limpieza de sangre, Religion and Gender in Colonial Mexico, Stanford 2008 | Mayr, D., Terra Amazonum oder Landschafft der streitbaren Weiber, hg. v. Stadelmann, K.-H., Konstanz 2002 | McAlister, L. N., Social Structure and Social Change in New Spain, in: HAHR 43 (1963) 349–70 | –, Spain and Portugal in the New World 1492–1700, Oxford 1984 | Megged, A., Exporting the Catholic Reformation: Local Religion in Early Colonial Mexico, New York 1996 | Meier, J. (Hg.), *Usque ad ultimum terrae*. Die Jesuiten und die transkontinentale Ausbreitung des Christentums 1540–1773, Göttingen 2000 | – (Hg.), Sendung – Eroberung – Begegnung. Franz Xaver, die Gesellschaft Jesu und die katholische Weltkirche im Zeitalter des Barock, Wiesbaden 2005 | – (Hg.), Jesuiten aus Zentraleuropa in Portugiesisch- und Spanisch-Amerika, 4 Bde., Münster 2005–2013 | –, *Totus Mundus nostra fit Habitatio*. Jesuiten aus dem deutschen Sprachraum in Portugiesisch- und Spanisch-Amerika, Stuttgart 2007 | –, Von Europa ans Ende der Welt. Die Niederlassungen des Jesuitenordens in Süd- und Nordamerika als landschaftsprägendes Gesellschaftsmodell, in: Denzer, V. u. a. (Hg.), Homogenisierung und Diversifizierung von Kulturlandschaften, Bonn 2011, 243–63 | Merino, M., Don Vasco de Quiroga en los cronistas Augustinianos, in: MH 23 (1966) 89–112 | Metzler, J., Francesco Ingoli und die Indianerweihen, in: NZMW 25 (1969) 262–72 | Mills, K., Idolatry and its Enemies: Colonial Andean Religion and Extirpation, 1640–1750, Princeton 1997 | Mira Caballos, E., La primera utopia americana. Las reducciones de indios de los jerónimos en La Española (1517–1519), in: JGLA 39 (2002) 9–35 | Moerner, M., The Political and Economic Activities of the Jesuits in the La Plata Region: The Hapsburg Era, Stockholm 1953 | –, El mestizaje en la historia de Ibero-América, Mexico 1961 | –, Das Verbot für die Encomenderos, unter ihren eigenen Indianern zu wohnen, in: JGLA 1 (1964) 187–206 | –, Race Mixture in the History of Latin America, Boston 1967 | –, La corona española y los foraneos en los pueblos de Indios de America, Stockholm 1970 | –, Estado, razas y cambio social en la Hispanoamérica colonial, Mexico 1974 | –, Estratificación social hispanoamericana durante el período colonial, Stockholm 1980 (Research Paper 28) | –/Gibson, C., Diego Muñoz Camargo and the Segregation Policy of the Spanish Crown, in: HAHR 42 (1962) 558–68 | Molina, Fray A. de, Vocabulario en Lengua Castellana y Mexicana, Mexico 1571, Ndr. 1944 | –, Arte de la lengua mexicana, Mexico 1571, Ndr. 1945 | –, Aqui comiença vn vocabulario en la lengua castella y mexicana, hg. v. López, M. G., Malaga 2001 | Monumenta Mexicana, 8 Bde. (MHSI 77, 84, 97, 104, 106, 114, 122, 139), Rom 1956–91 | Monumenta Peruana, 7 Bde. (MHSI 75, 82, 88, 95, 102, 110, 120, 128), Rom 1954–86 | Morales, M. M. (Hg.), *A mis manos han llegado.* Cartas de los PP. Generales a la Antigua Provincia del Paraguay (1608–1639), Madrid 2005 | Moreno Cebrian, A., El corregidor de indios y la economia peruana del siglo XVIII, Madrid 1977 | Morgan, R. J., Spanish American Saints and the Rhetoric of Identity, 1600–1810, Tucson 2002 | Mumford, J. R., Litigation as Ethnography in Sixteenth-Century Peru: Polo de Ondegardo and the Mitimaes, in: HAHR 88 (2008) 5–40 | Nebel, R., Santa María Tonantzin, Virgen de Guadelupe. Religiöse Kontinuität und Transformation in Mexiko, Immensee 1992 | –, Kirche und Conquista espiritual. Mythische Imagination und Transformationsprozesse in Mexico, in: Edelmayer, F./Hausberger, B./Potthast, B. (Hg.), Lateinamerika 1492–1850/70, Wien 2005, 137–53 | Olaechea, J. B., Los concilios provinciales de América y la ordinación sacerdotal del Indio, in: Revista Española de Derecho Canonico 24 (1968) 489–514 | –, Como abordaron la cuestión del clero indígeno los primeros misioneros de Mexico, in: MH 25 (1968) 95–124 | –, Participación de los indios en la tarea evangelica, in: MH 26 (1969) 241–56 | –, Sacerdotes indios del América del Sur en el siglo XVIII, in: RI 29 (1969) 371–91 | –, Los indios en las órdenes religiosas, in: MH 29 (1972) 241–56 | –, La ilustración y el clero mestizo en América, in: MH 33 (1976) 165–80 | Olsen, M. M., Slavery and Salvation in Colonial Cartagena de Indias, Gainesville 2004 | Olwer, L. N. d', Fray Bernardino de Sahagún (1499–1590), Mexico 1952 | Osowski, E. W., Passion Miracles and Indigenous Historical Memory in New Spain, in: HAHR 88 (2008) 607–38 | Ots Capdequi, J. M. 1969 | Owen, D. J., A Historical Geography of the Indian Missions in the Jesuit Province of Paraguay, 1609–1768, PhD Kansas 1977 | Owensby, B. P., How Juan and Leonor won their Freedom: Litigation and Liberty in Seventeenth-Century Mexico, in: HAHR 85 (2005) 39–79 | –, Empire of Law and Indian Justice in Colonial Mexico, Stanford 2008 | Padden, R. C., The Hummingbird and the Hawk: Conquest and Sovereignty in the Valley of Mexico, 1503–1541, Columbus 1967 | Pagden, A., Spanish Imperialism and Political Imagination, New Haven u. a. 1990 | Palafox y Mendoza, J. de, Virtues of the Indian/Virtudes del Indio, hg. v. Fee, N. L., Lanham 2009 | Palmer, C. A., Slaves of the White God: Blacks in Mexico, 1570–1650, Cambridge, MA 1976 | Patch, R. W., Maya Revolt and Revolution in the Eighteenth Century, Armonk 2002 | [Paucke] Becker-Donner, E./Otruba, G. (Hg.), Florian Paucke S. I., Zwettler Codex 420, 2 Bde., Wien 1959–66 | Pease, F., Curacas, reciprocidad y riqueza, Lima 1992 | Perissat, K., Los Incas representados (Lima siglo XVIII) ¿Supervivencia o renacimiento? In: RI 60 (2000) 623–49 | Phelan, J. L., The Millenial Kingdom of the Franciscans in the New World,

Berkeley 1956, 2. Aufl. 1970 | Pietschmann, H., Dependencia-Theorie und Kolonialgeschichte. Das Beispiel des Warenhandels der Distriktbeamten im kolonialen Hispanoamerika, in: Puhle, H.-J. (Hg.), Lateinamerika. Historische Realität und Dependencia-Theorie, Hamburg 1977, 147–67 | Poloni-Simard, J., La mosaïque indienne. Mobilité, stratification et métissage dans le corregimiento de Cuenca (Équateur) du XVI eau XVIIIe siècle, Paris 2000 | Polzer, C. W. u. a. (Hg.), The Jesuit Missions of Northern Mexico, New York 1991 | Poma de Ayala | Poole, S., Church Laws on the Ordination of Indios and Castas in New Spain, in: HAHR 61 (1981) 637–50 | Pott, A., Der Acosta-Text vom Weihehindernis für Indianer. Kritisch geprüft und erklärt, in: NZMW 15 (1959) 167–80 | Potthast, B., Von Müttern und Machos. Eine Geschichte der Frauen Lateinamerikas, Wuppertal 2003 | Powers, K. V., Women in the Crucible of Conquest: The Gendered Genesis of Spanish American Society, 1500–1600, Albuquerque 2005 | Presta, A. M., Undressing the Coya and Dressing the Indian Women: Market Economy, Clothing, and Identities in the Colonial Andes, La Plata (Charcas), Late Sixteenth and Early Seventeenth Centuries, in: HAHR 90 (2010) 41–74 | Prien, H.-J. 1978, 2007 | Quarleri, L., Gobierno y liderazgo jesuitico-guarani en tiempos de Guerra (1752–1756), in: RI 68 (2008) 89–114 | Radding, C., From the Counting House to the Field and Loom: Ecologies, Cultures, and Economies in the Missions of Sonora (Mexico) and Chiquitania (Bolivia), in: HAHR 81 (2001) 45–87 | Ramirez, S. E., The World Turned Upside Down: Cross-Cultural Contact and Conflict in 16th-Century Peru, Stanford 1996 | Ramos Cárdenas, G., Muerte y conversión en los Andes. Lima y Cuzco 1532–1670, Lima 2010 | Rappaport, J., *Asi lo paresçe por su aspeto*: Physiognomy and the Construction of Difference in Colonial Bogotá, in: HAHR 91 (2011) 601–31 | Rasmussen, J. N., Bruder Jakob der Däne OFM als Verteidiger der religiösen Gleichberechtigung der Indianer in Mexiko im 16. Jahrhundert, Wiesbaden 1974 | Recopilación 1973 | Reinhard, W., Missionare, Humanisten und Indianer im 16. Jahrhundert. Ein gescheiterter Dialog zwischen Kulturen? Regensburg 1993 | –, Gelenkter Kulturwandel im 17. Jahrhundert. Akkulturation in den Jesuitenmissionen als universalhistorisches Problem, in: HZ 223 (1974) 529–90, u. in: ders., Ausgewählte Abhandlungen, Berlin 1997, 347–99 | –, Sprachbeherrschung und Weltherrschaft. Sprache und Sprachwissenschaft in der europäischen Expansion, in: ders. (Hg.), Humanismus und Neue Welt, Weinheim 1987, 1–36, u. in: ders., Ausgewählte Abhandlungen, Berlin 1997, 401–433 | Resines Llorente, L., Catecismos americanos del siglo XVI, 2 Bde., Valladolid 1992 | Restall, M., The Maya World: Yucatec Culture and Society, 1550–1850, Stanford 1997 | – (Hg.), Beyond Black and Red: African-Native Relations in Colonial Latin-America, Albuquerque 2005 | –/Sousa, L./Terraciano, K. (Hg.), Mesoamerican Voices: Native Language Writing from Colonial Mexico, Oaxaca, Yucatan, and Guatemala, Cambridge 2005 | Restivo, P., Linguae Guarani Grammatica ... (1724), hg. v. Seybold, C. F., Stuttgart 1892 | Ricard, R., La conquête spirituelle du Mexique. Essai sur l'apostolat et les méthodes missionaires des ordres mendiants en Nouvelle Espagne de 1523 à 1572, Paris 1933 | Rizo-Padrón Boylan, P., Linaje, dote y poder. La nobleza de Lima de 1700 a 1850, Lima 2000 | Rösing, I., Die heidnischen Katholiken und das Vaterunser im Rückwärtsgang. Zum Verhältnis von Christentum und Andenreligion, Heidelberg 2001 | Rojas, J. L. de, Boletos sencillos y pasajes redondos. Indigenas y mestizos americanos que visitaron España, in: RI 69 (2009) 185–205 | Rosenblat, A., La población indigena y el mestizaje en América, 2 Bde., Buenos Aires 1954 | Roulet, E., L'évangélisation des Indiens du Mexique. Impact et réalité de la conquête spirituelle,

Rennes 2008 | Ruis de Alarcón, H., Tratado de las idolatrias, supersticiones, dioses, ritos, hechicerías y otras costumbres gentilicias de las razas aborigenes de México (1629), hg. v. Pasay Trancoso, F. del, 2. Aufl., Mexico 1953 | Ruiz de Alarcón, H., Treatise on the Heathen Superstitions that Today Live among the Indians Native to this New Spain, 1629, hg. v. Andrews, J. R./Hassig, R., Norman 1984 | Ruz, M. H. (Hg.), Semillas de industria. Transformaciones de la tecnología indígena en las Américas, Mexico 1994 | Saeger, J. S., The Chaco Mission Frontier: The Guaycuruan Experience, Tucson 2000 | Saint-Lu, A., Condition coloniale et conscience créole au Guatemala (1524–1821), Paris 1970 | Salomon, F./Urioste, G. L. (Hg.), The Huarochirí Manuscript: A Testament of Ancient and Colonial Andean Religion, Austin 1991 | Sandos, J. A., Converting California: Indians and Franciscans in the Missions, New Haven 2004 | Sandoval, A. de, Treatise on Slavery: Selections from *De Instauranda Aethiopum salute*, hg. v. Germeten, N. V., Austin 2008 | Schmitt, E., Bd. 5, 2003 | Schramm, R., Pocona und Mizque. Die Umgestaltung einer indianischen Gesellschaft im kolonialen Peru (Charcas), Köln u. a. 1999 | Schroeder, S. (Hg.), Native Resistance and the Pax Colonial in New Spain, Lincoln 1998 | –, Jesuits, Nahuas, and the Good Death Society in Mexico City, 1710–1767, in: HAHR 80 (2000) 43–76 | –/Wood, S./Haskett, R. (Hg.), Indian Women of Early Mexico, Norman 1997 | [Sepp] RR. PP. Antonii Sepp und Antonii Böhm Der Societät Jesu Priestern Teutscher Nation [...] Reißbeschreibung [...], Nürnberg 1698 | Serrano Gassent, P., Utopia y derecho en la conquista de America, Madrid 2001 | Sherman, W. L., Forced Native Labor in 16th-Century Central America, Lincoln 1979 | Sievernich, M., Die Jesuitenmissionen in Amerika (16.–18. Jh.). Ein Überblick über die neuere Forschung, in: Theologie und Philosophie 76 (2001) 551–67 | Sievernich, M. u. a. (Hg.), Conquista und Evangelium. 500 Jahre Orden in Lateinamerika, Mainz 1992 | Silva, M. B. N. da (Hg.), Families in the Expansion of Europe, 1450–1800, Aldershot 1998 | Silverblatt, I., Moon, Sun, and Witches: Gender Ideologies and Class in Inca and Colonial Peru, Princeton 1987 | Simpson, L. B., The Civil Congregation, Berkeley 1934 | Socolow, S. M., Women of Colonial Latin America, Cambridge 2000 | Solano, F. de, La espiritualidad del indio (Guatemala, siglo XVIII), in: MH 27 (1970) 5–57 | Solorzano 1972, 1994–2001 | Spalding, K., Social Climbers: Changing Patterns of Mobility among the Indians of Colonial Peru, in: HAHR 50 (1970) 645–64 | Specker, J., Der einheimische Klerus in Spanisch-Amerika im 16. Jahrhundert, in: Beckmann, J. (Hg.), Der einheimische Klerus in Geschichte und Gegenwart, Beckenried 1950 | –, Das Weiterleben des Heidentums in den peruanischen Missionen des 17. Jahrhunderts, in: JGLA 3 (1966) 118–40 | Stavig, W., Ambiguous Visions: Nature, Law, and Culture in Indigenous-Spanish Land Relations in Colonial Peru, in: HAHR 80 (2000) 77–111 | Stenzel, W., Das kortesische Mexiko. Die Eroberung Mexikos und der darauf folgende Kulturwandel, Frankfurt 2006 | Stephens, T. M., Dictionary of Latin American Racial and Ethnic Terminology, Gainesville 1989 | Steward, C. (Hg.), Creolization: History, Ethnography, Theory, Walnut Creek 2007 | Storni, H., Catálogo de los Jesuitas de la Provincia del Paraguay (Cuenca del Plata) 1585–1768, Rom 1980 | Tardieu, J.-P., El negro en el Cuzco. Los caminos de la alienación en la segunda mitad del siglo XVII, Lima 1998 | –, Cimarrón-Maroon-Marron. Note épistémologique, in: OM 94, 1 (2006) 237–47 | –, Cimarrones de Panamá. La forja de una identitad afroamericana en el siglo XVI, Madrid 2009 | –, Negros y indios en el obraje de San Ildefonso, Real Audiencia de Quito, 1665/66, in: RI 72 (2012) 527–50 | Tarragó, R. E., Los Kurakas. Una bibliografia anotada (1609–2005) de fuentes impresas sobre los señores andinos en Perú y Alto Perú entre 1533 y 1825, Madrid 2006 | Telesca, I., Paraguay a fines de la Colonia ¿Mestizo, Español o indígena? In: JGLA 46 (2009) 261–88 | Tercer Concilio 1982 | Terraciano, K., The Mixtecs of Colonial Oaxaca: Ñudzahui History, Sixteenth through Eighteenth Centuries, Stanford 2001 | Thomas, J., Dresser les corps des Indiens dans les Andes au XVIe siècle, du mariage à l'apparence corporelle, in: JGLA 46 (2009) 177–201 | Thompson, S., Maya Paganism and Christianity: A History of the Fusion of Two Religions, New Orleans 1954 | Tomichá Charupá, R., La primera evangelización en las reducciones de Chiquitos, Bolivia (1691–1767). Protagonistas y metodologia misional, Cochabamba 2002 | Tous, M., Caciques y cabildos. Organización socio-politica de los pueblos de indios en la alcaldia mayor de Sonsonate (s. XVI), in: RI 69 (2009) 63–82 | Valcarcel, C. D./Durand Flores, L. (Hg.), La rebelión de Túpac Amaru, 4 Bde., Lima 1970–71 | Valenzuela Márques, J., *Que las ymagenes son los ydolos de los christianos*. Imágenes y reliquias en la cristianización del Perú (1569–1649), in: JGLA 43 (2006) 40–65 | Van Deusen, N. E. (Hg.), The Souls of Purgatory: The Spiritual Diary of a Seventeenth-Century Afro-Peruvian Mystic, Ursula de Jésus, Albuquerque 2004 | Verástique, B., Michoacán and Eden: Vasco de Quiroga and the Evangelization of Western Mexico, Austin 2000 | Villella, P., *Pure and Noble Indians, Untainted by Inferior Idolatrous Races*: Native Elites and the Discourse of Blood Purity in Late Colonial Mexico, in: HAHR 91 (2011) 633–63 | Wachtel, N., La vision des vaincues. Les indiens du Pérou devant la conquête espagnole 1530–1570, Paris 1971 (engl. 1977) | Warren, F. B., Vasco de Quiroga and his Pueblo-Hospitals of Santa Fe, Washington 1963 | –, Vasco de Quiroga, fundador de hospitales y colegios, in: MH 23 (1966) 25–46 | Weber, D. J. 1979 | Wilde, G., Prestigio indígena y nobleza peninsular. La invención de linajes guaraníes en las misiones del Paraguay, in: JGLA 43 (2006) 119–45 | Williams, C. A., Resistance and Rebellion on the Spanish Frontier: Native Responses to Colonzation in the Columbian Chocó, 1670–1690, in: HAHR 79 (1999) 397–424 | Wissmann, H., Sind doch die Götter auch gestorben. Das Religionsgespräch der Franziskaner mit den Azteken von 1524, Gütersloh 1981 | Wolff, I., Die *Grenze* in Hispanoamerika, in: JGLA 2 (1965) 429–38 | Wortman, M. L., Government and Society in Central America, 1680–1840, New York 1981 | Yannakakis, Y., The Art of Being In-Between: Native Intermediaries, Indian Identity, and Local Rule in Colonial Oaxaca, Durham, NC 2008 | Ybot León, A. 1954–63 | Zavala, S., Recuerdo de Vasco de Quiroga, Mexico 1965 | –, The Frontier in Hispanic America (1965), in: Weber, D. J. (Hg.), New Spain's Far Northern Frontier: Essays on Spain in the American West, 1540–1821, Albuquerque 1979, 179–99 | Zimmerman A. F. 1968 | [Zorita] Keen, B. (Hg.), Alonso de Zorita, Life and Labor in Ancient Mexico: The Brief and Summary Relation, New Brunswick 1963 | Zorraquin Becú, R., La movilidad del indígena y el mestizaje en la Argentina colonial, in: JGLA 4 (1967) 61–85 | Zudaire Huarte, E., Análisis de la rebelión de Túpac Amaru en su bicentenario, in: RI 40 (1980) 13–79.

第八章

“葡萄牙、尼德兰以及犹太人的大西洋”

1500年，卡布拉尔的东印度船队发现了“圣十字架之地（Land des heiligen Kreuzes）”，最初人们无法确定那里是不是与西属美洲分开的岛屿，很快人们就将它的名字改为“苏木之地（Terra do Brasil）”，1511年，这个名称第一次出现在一张地图里。在罗曼语族各种语言里，“苏木”指的是中世纪从亚洲输入欧洲用于制作一种重要红色颜料的树木。在新发现的这一热带土地海岸地区的森林里，费不了多少劲就可以采伐到它的一个亚种“巴西红木（Caesalpinia echinata）”。向欧洲出口一米至两米长的这种树木树段的数量一直呈上升趋势，即使后来在其重要意义逊于其他货物时也是如此。1630年和1704年，它在阿姆斯特丹交易所的售价达到了顶点，然而在欧洲化学工业出现之前，这一发展势头良好的产品因巴西海岸地区森林被伐光而受到致命打击，而到了1605年，人们就已经对森林的消失叫苦连天。

葡萄牙王室的垄断不光包括苏木的采伐，大概也包括它的运输和出售，依据《托尔德西拉斯条约》，王室将巴西视为葡属土地，但由于同时受到亚洲生意支付义务的约束，王室筹措不到多少资金，而且也没有多少兴趣开发巴西。于是这一垄断权有时会被包租出去，不过大都是收取税金将其授予自己的臣民。一个个商馆杂乱无章地出现了，其中最为重要的是1516年建于伯南布哥（Pernambuco），即今天的累西腓（Recife）的商馆，1510年在今天的圣保罗城和萨尔瓦多城（Salvador，巴伊亚）地区还建立起一个个与印第安人混居的葡萄牙人移民点。不过同一时期也有为数不少的法国船只造访海岸地区采买巴西苏木。葡萄牙国王若昂三世（1521~1557年在位）力图确保自己的权利不受这类竞争对手的侵害，这一努力促使他

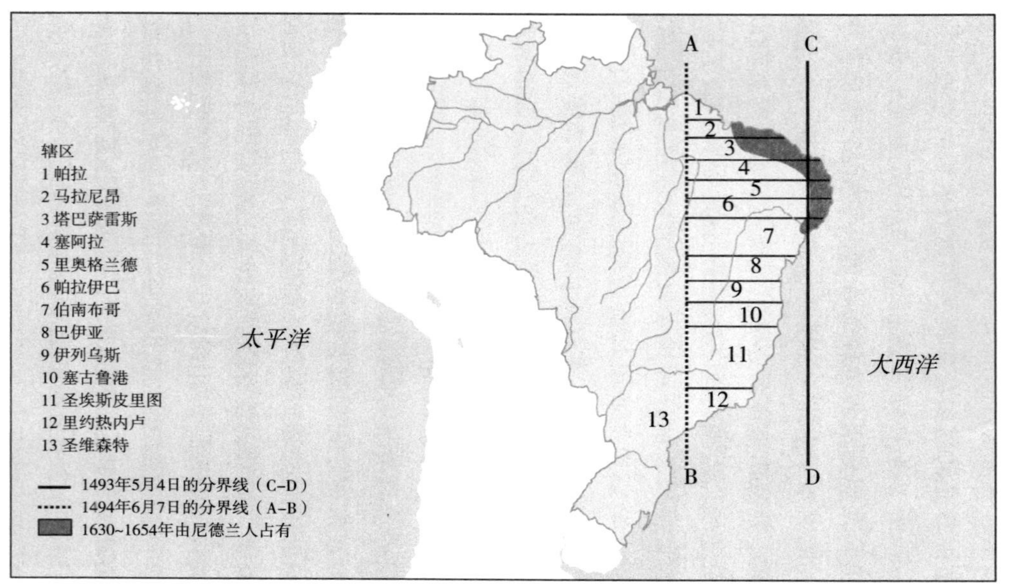
A
C
1
2
3
4
5
6
7
8
9
10
11
12
13
B
D
太平洋
大西洋
辖区
1 帕拉
2 马拉尼昂
3 塔巴萨雷斯
4 塞阿拉
5 里奥格兰德
6 帕拉伊巴
7 伯南布哥
8 巴伊亚
9 伊列乌斯
10 塞古鲁港
11 圣埃斯皮里图
12 里约热内卢
13 圣维森特
1493年5月4日的分界线（C–D）
1494年6月7日的分界线（A–B）
1630~1654年由尼德兰人占有

插图 50　巴西最早的行政区划

最终加强了投入，并使之更有规划——这是他开始进行殖民占有的一个动机，它在欧洲殖民史上一直起着重要作用。1530年，王室派出一支探险船队，1532年，它在南部建立了殖民点圣维森特（São Vicente）［在今天距圣保罗不远的桑托斯（Santos）附近］。1532年至1534年，葡萄牙国王将自亚马孙河河口至今天的圣卡塔里纳州（Santa Catarina）的土地分为15个“辖区（Capitanias）”，并将它们作为可继承的财产授予12个“受赠人（Donatarios）”。当时确定的只有一段海岸的北端和南端，从两端划出与纬度线平行的线作为辖区的界线，这些平行线应在内陆某处与同样无法精准定位的、《托尔德西拉斯条约》约定的线相交。

一个引起广泛争论的问题是，与西班牙王室的实际做法相比较，这种受赠人制是否向美洲移植了封建体制。事实上，王室将主权和王室的经济特权委托给了这些受赠人：军事指挥，司法，行政管理，各种垄断权，征收关税，征收辖区土地收益的五分之一，不限数量地奴役印第安人，但限量在里斯本奴隶市场自由提供印第安人。移民须为交付给他们的土地（sesmaria）向教会（实际上是向王室）和受赠人交纳赋税——封建领主土地所有制的结构因素清晰可见。然而，若是不细究封建机构的词语，这里涉及的实际上是一个投机性的资本主义的“获取利益（mise en valeur）”和开发土地的体制，它以获取商业利润为目的——对扩张中的欧洲而言，这是一个极为典型的由封建主义和资本主义构成的混合形式。而西班牙王室只是以另外一种方式利用个人利益为自己效力。

不过，这些受赠人几乎全都没有资本用于投资，因而他 407
们几乎没有什么作为。唯有伯南布哥辖区和圣维森特辖区凭借有利的交通位置和优良的自然条件迅速兴盛起来。这里很早就引入了食糖生产。1533年建起了圣维森特的第一个制糖作坊，

1542年建起了伯南布哥的第一个制糖作坊，到1545年，圣维森特已经有了五个制糖作坊，有一部分还是利用尼德兰人的资本修建的。另外，法国人的威胁有增无减。在这种情况下，国王决定自己接管殖民地的行政管理。1548年，他收回了其所有者非常喜欢的诸圣湾辖区，1548年至1551年在那里建起了“诸圣湾巴伊亚萨尔瓦多（São Salvador da Bahia de Todos os Santos）”城作为整个巴西的总督驻地，该城有1000名移民，其中400人是囚犯。

总督梅姆·德·萨（Mem de Sá，1558~1572年在任）对印第安人实行了一种残酷的征服政策，巴伊亚周边的几百个印第安村子被毁掉。葡萄牙人虽然习惯于凭借在希罗多德的著作中就见过的对性放纵以及吃对方人肉的描写来证明自己的文化优于所有印第安人，但他们还是将“善良的”图皮人（Tupí）与“邪恶的”塔普亚人（Tapuia）区别开来，后者有所谓的各种各样的食人习俗，既有仪式性的也有兽性的。不论进行多少战斗，葡萄牙人依然与图皮人交往，学习他们的语言，与他们结为姻亲——凡是从一个酋长处接受一个女人，就成为酋长的女婿。这些结合在一起的女人和男人扮演着多种非常重要的文化中介者角色。又名迪奥戈·阿尔瓦雷斯的卡拉姆斯（Caramuru alias Diogo Alvares）甚至成了民族神话人物。操不明语言的塔普亚人最初被看作异类和敌人，尽管如此，在他们当中也出现了一位有名的中介人。她是一个被捕获为奴的艾莫里族（Aimoré）①女人，教名叫作玛格丽达（Margarida），她在被囚期间学会了图皮语。她被她的主人作为礼物送回她的族里，此举最终促成了和平交往。

总督行政体制取代或覆盖了理论上一直存在至18世纪

---

① 是巴西东部博托库多族（Botocudo）中的一支。——编者注

的受赠人制。一个“总监察（Provedor mor）”负责财政管理，一个“大法官（Ouvidor geral）”负责司法。1587年或1609年，后者并入按照本土模式设立的新的合议庭高等法院“巴伊亚法院（Relação da Bahia）”，它类似于西班牙的检审法院，有十个法官，自1577年起，院长由时任大总督（Generalgouverneur）担任，自1640年起，有时由总督担任，自1720年起则一直由总督担任。直至1763年，巴伊亚一直是首府，后被里约热内卢取代，因为人们希望从那里能够更好地控制在经济上越来越重要的南方以及当时并非不危险的西班牙邻居。

侧重南方并未带来任何变化，只是在1772年通过并 408
入亚马孙河河口区域此前独立的帕拉（Pará）和马拉尼昂（Maranhão）地区，巴西在北方拓展了疆域。由于季风和洋流情况，从那里的西北偏西走向的海岸与葡萄牙建立联系比与南巴西建立联系更为容易。因此，巴西的这一部分此前一直直接隶属于本土，就连那里的主教也隶属于里斯本教省而不属于巴伊亚总主教区。1551年，巴西从丰沙尔（马德拉群岛）主教区分出并创建了巴伊亚主教区，1676年升为总主教区，里约热内卢和累西腓均属于该总主教管区。然而，首任主教于1556年被印第安人抓获，而且据称被吃掉了。到18世纪，圣保罗和玛丽安娜（Mariana）[即米纳斯吉拉斯（Minas Gerais）]也归入该总主教管区，此时帕拉和马拉尼昂也归入了巴伊亚总主教区。另外，非洲的圣多美主教区和安哥拉主教区也属于巴伊亚——这又是一个极有特色的事情。自1574年起，总督代表国王行使庇护权，和西班牙君主一样，葡萄牙国王也从教宗那里得到了这一权力。

六个耶稣会修士跟随首任总督来到这片土地，对巴西印第安人的传教也随着他们的到来而开始。与在西属美洲一样，他们也一次又一次陷入与移民利益的激烈冲突之中。与西班牙人一样，这些大都没有妻子的移民不怎么反感与印第安女人结合，因而在这里很快就出现了大量的麦士蒂索人，即葡萄牙人所称的“马木卢克人（Mamelucos）”[①]，在巴西历史上他们也扮演着一种重要角色。即使到了今天，一本小小的巴西词典里也还有两万个源于印第安语的词。不过这只是文化交往的一个方面。另一方面是猎捕奴隶。与西班牙人一样，葡萄牙人也不是来新世界亲身从事繁重的手工劳动的，对巴西苏木进行预加工就已必须使用印第安劳力，甘蔗种植和其他事情更是如此。然而，巴西各部族往往只是临时定居下来，虽然他们非常熟悉农业劳作，但因为其文化体系中没有欧洲式的劳动纪律，所以很快就实行了强制措施。尽管国王曼努埃尔于1511年就将他的印第安臣民和白人置于同一种法律保护之下，但和西班牙人那里一样也存在着高度灵活的“正义战争”的合法性，可以奴役战俘。1570年的一项法律对这类行为进行了限制，但在1573年又不得不废止；同样，1609年的另一项法律宣布所有
409 的印第安人为自由人，但1611年也不得不废止。就连1639年禁止奴役印第安人否则将开除教籍的教宗通谕也没有成效。

为了自己的传教利益，耶稣会修士成为印第安人的利益维护者，他们获得了信任。和他们的西班牙教友在瓜拉尼人那里的做法完全一样，他们很早就制定了一种图皮语语法，翻译教义问答和其他礼拜仪式文本，懂得通过演剧及类似的活动吸引印第安人。不过最为重要的是他们自1650年代以来就将自己的基督教徒聚合在一起，住在自成一体的“村子（Aldeias）”

① 即欧洲人与美洲印第安人结合生下的第一代混血后代。17、18世纪，该词被用于指代以混血者为重要组成部分的奴隶贩子探险者、淘金者团体（Bandeirantes）。有观点认为，该词源自阿拉伯语中的“马穆鲁克”，意为“奴隶兵”或“奴隶出身者”，于中世纪被葡萄牙语吸收。——编者注

里。1702年巴西有25个这样的村子，村民14450人，1730年马拉尼昂有21000名印第安村民。与此相对，1600年前后有4万~5万名白人，1700年前后有约10万名白人，1670年有相同数量的非洲人。然而与在巴拉圭不同，耶稣会修士未能以这种方式使自己保护的人躲掉移民的强行征募。与此相反，移民特别偏爱接受传教的印第安人，因为他们已经半“开化”，而且比那些“野蛮人”更容易捕捉。另外，向印第安人传教一直都不是致力于灵魂关怀和教育的巴西耶稣会修士的主要活动，最终，耶稣会修士的三分之一由当地人构成。巴西最著名的耶稣会修士是安东尼奥·维埃拉（Antonio Vieira，1608~1697年），他不仅投身于各种教会改革和政治改革并批判奴役制，而且还是尝试在自己教团的庇护下保住亚马孙地区印第安人自由的先驱。

17世纪上半叶，猎捕印第安奴隶达到了其顶峰，猎捕是由所谓的圣保罗“旗兵（Bandeirantes）”进行的，也就是圣保罗的居民（Paulistas），主要是麦士蒂索人，他们既有葡萄牙人的文化自我意识，又有印第安人适应荒野生活的能力。1600年前后，圣保罗约有120所房子以及各类居民约2000人，因为它显然对印第安人也具有吸引力，甚至对来自耶稣会修士建立的聚居地的印第安人也具有吸引力。1610年有3000名土著在圣保罗各个村庄里安家定居。当时一个“旗队（Bandeira）”就是一个猎捕奴隶的探险队，由几十至几百个“马木卢克人”组成，另外还有人数更多的印第安人辅助部队，在这方面，人们充分利用了部族间的敌意。他们最喜欢选择的目标是耶稣会修士在巴拉圭建立的那些聚居地，猎捕者完全不顾1580年至1640年西班牙和葡萄牙是一个君合国的事实，甚至说，或许正是因为这一事实，这种目标才如此受到偏爱。猎捕到的印第安奴隶不仅被卖到北方的各个庄园，而且也被用于自己的农

庄，这与以前的说法有所不同。因为为了应对在制糖业带动下
410 日益兴盛的北方各个地区的需求，圣保罗在17世纪就发展起小麦和肉类生产，显然甚至还有铁制品生产。除制糖业外，至少巴伊亚的造船业也起了一定的作用。

经营种植园生产食糖的形式是中世纪从巴勒斯坦和塞浦路斯传入瓦伦西亚的，后在葡萄牙扩张进程中又传入马德拉群岛和几内亚湾的圣多美。不过葡萄牙人很快就看出，巴西具备最好的生产条件，特别是有大量可供使用的土地，因为种植甘蔗会很快耗尽地力。仅在巴伊亚周围就有大约1.1万平方公里最适合种植甘蔗的土地。收获期间时间紧迫，一个工人每天最多可收割4200根甘蔗。生产增长的标准是制糖作坊（engenhos）数量的增加，甘蔗在作坊里被碾碎并在垂直安装的辊子间榨两遍，然后将甘蔗汁熬成原糖。

1559年，蔗糖的本土精加工被明令禁止，这对殖民地极为有利！1570年有60家制糖作坊，1583年增加到131家，1610年增加到230家，1629年增加到346家，1700年增加到528家（Mauro 1977，56）。然而甘蔗种植园和制糖作坊的利润看起来似乎极低。在少数几个我们能够见到账目的事例中，34%的人工成本（24%用于支付薪金，10%用于购买奴隶）和66%的材料成本（其中21%为燃料费）仅略微低于毛利额，以至于扣除税收和资本利息之后毫无盈余。然而事实情况表明，商人们靠食糖在欧洲生意中获得了实实在在的巨额利润，因此人们很容易猜测出，单独来看分毫不赚的生产经营者身后也藏有很大的利润。

然而在蔗糖生产中使用印第安奴隶并非有百利而无一害。和西属美洲一样，印第安人口迅速减少，而由于社会文化差异，其劳动效率估计也难以让人满意。不过18世纪，米纳斯吉拉斯还存在印第安奴隶是可以得到证实的。葡萄牙拥有非洲

插图 51　巴西的制糖作坊

西海岸的贸易垄断权，除黄金和象牙之外，奴隶是那里最重要的出口货物。非洲奴隶为葡属美洲提供着取之不尽的劳动力资源，而且是合格的劳动力资源。也就是说，此中涉及的非洲各个民族在农业耕作、畜牧和手工业（包括金属加工）方面所达到的发展水平比印第安人高出许多，因而巴西的大量手工业技能和其他文化财产都可以追溯到他们。

从新发现的非洲海岸输出的第一批奴隶于 1441 年被运往葡萄牙，不过他们似乎大都被用作了家庭奴隶。至 1520 年，靠使用奴隶经营的甘蔗种植园在几内亚湾的圣多美落了户。不过这一体系并未立刻移植巴西，葡萄牙人的奴隶买卖要首先满足西属美洲的需求。在制糖业兴起过程中，1570 年前后，巴西开始进口奴隶。1585 年，殖民地总人口为 5.7 万人，其中集中在产糖区伯南布哥的奴隶已经至少有 1.4 万人。1574 年，巴伊亚附近“塞尔希培甘蔗种植园（Engenho do Sergipe）”的园工中非洲人仅占 7%，1591 年已占 37%，1638 年达 100%。受需求量的影响，奴隶价格上升幅度大于糖价的上升，而糖价有时甚至还跌落。因而要赚回买一个奴隶所花的费用需要较长的时间。根据新近的计算，至1700年，葡萄牙人向巴西运送了61万非洲人，18世纪运送了130万，19世纪甚至运送了160万。总体上说，非洲人在数量上超过了葡萄牙人初到时见
412 到的印第安人。1818年，巴西人口为350万，其中或多或少有白人血统的约100万，穆拉托人50万，黑人200万。此间在数字上已经可以将印第安人忽略不计了。

和西属美洲一样，巴西也有许多逃亡奴隶聚居地，那里显然也住着躲避移民抓捕的印第安人。可以证实1614年至1826年仅巴伊亚周边就有35个这种被称作“黑人村庄（Mocambos）”或“逃奴堡（Quilombos）”的聚居地。一些聚居地通过不同宗教的混合崇拜，也就是所谓的“神圣崇拜（Santidades）”联合起来。最为著名的是伯南布哥和巴伊亚之间内陆地区的“帕尔马雷斯（Palmares）”，那是一个创建于1600年前后的独立共同体，据称其人口曾高达3万，与葡萄牙人一直进行着小规模战争，直到1694年被攻占消灭。不过并非所有的“逃奴堡”都受到攻打和毁灭。有时逃亡奴隶只是试图以这一方式获得较好的劳动条件。他们的一些聚居地得到了宽容，因为经济合作关系已经形成。最终它们发展成一个个黑人小农村庄。

至1550年，非洲奴隶主要来自至刚果河河口的西非各地，其次是来自刚果王国以及南面相邻的安哥拉。葡萄牙人与刚果王国的关系原本十分友好，最初是计划进行发展援助的，在此期间已在很大程度上变成了奴隶交易，特别是由圣多美的葡萄牙移民进行的奴隶交易。据称1530年前后，刚果王国每年出口4000~5000个“印度备件（Peça de Indias）”。奴隶贩子的计算单位“印度备件”（西班牙语称为Pieza de Indias，法语称pièce des Indes，英语称Piece of the Indies）指的是一个无可挑剔的健壮的男性壮年奴隶。其他类别和“备件”相比

于此人数更多，价格却远远更低。

一而再地重新尝试限制和控制刚果王国的奴隶出口致使圣多美的奴隶贩子将自己的关注点转向了南面的邻国恩格拉王国（Reich des Ngola，安哥拉的名字从此而来）。葡萄牙移民点罗安达（Luanda）于1557年建立，而且很快便跃升为最重要的海岸奴隶市场，而最初的种种困难也因此被克服。葡萄牙人很少亲自进入内陆，他们让中间商（pombeiros）通过内陆的各个市场（pombos）给自己供货，也让加戛勇士（Jagas）给自己供货。据称16世纪末那里每年向巴西出口1万~1.5万个非洲人，其他买主还未计算在内。在本土的葡萄牙人也参与的 413
情况下，可以形成一个三角贸易：本土的货物运往安哥拉，安哥拉的奴隶运往巴西，巴西的蔗糖运往葡萄牙。然而更为重要的似乎是巴西和安哥拉之间的互利共生，即蔗糖生产和黑人劳动力之间的互利共生，因而相对于菲律宾是墨西哥的附属殖民地而言，安哥拉作为巴西的附属殖民地的依存程度要高出许多。当罗安达脱离本土独立时，1822年至1825年，那里的人还曾考虑加入巴西，但又担心这样做只是把旧殖民主换成了新殖民主。

然而这一成熟的葡萄牙南大西洋体系从一开始就受到外来的威胁。在巴西非常及时地建立起了名副其实的殖民地，可以对抗早已预料到的法国的强势干预。在海军将领科利尼二世（Coligny，Gaspard II）以及法国国王的支持下，1555年，尼古拉·迪朗·德·维盖尼翁（Nicolas Durand de Villegaignon）率领的一支探险队在瓜纳巴拉湾（Bai von Guanabará）建立了“法国南方领地（France Antarctique）”以及科利尼堡（Fort Coligny），1557年，增援力量——日内瓦的新教徒到来。当然，教派之争此后在法国殖民地并未停止。1560年，一支葡萄牙船队攻占了这块殖民地，1565年作为预防措施在其原地建起了移民点里约热内卢。不过法国人的推进绝没有因此而停止。另外，第一个葡萄牙定居点于1616年在亚马孙河河口地区的建立与1612年至1615年法国人试图在那里站住脚有关。

“尼德兰人的大西洋”

据称，临近1600年时，巴西的蔗糖生产超过了2.9万吨，使得葡萄牙的整个东印度贸易黯然失色。这足以成为引起尼德兰人关注的理由，他们在里斯本买下一部分巴西蔗糖运往重新崛起的世界贸易中心阿姆斯特丹。他们懂得利用1609年至1621年与西班牙王室的停战期，按照自己的预估通过波尔图（Porto）一类港口的葡萄牙经纪人参与了巴西贸易的一半乃至三分之二。每年人们在尼德兰专门为这条航线至少建造15条船，1595年有3家或4家蔗糖精加工作坊，1622年增加到29家，其中25家在阿姆斯特丹。1621年停战协定期满后，尼德兰人重又开始与宿敌西班牙在世界范围内展开争斗，其间笼罩着经济危机，而西班牙实施的封锁要比人们长期以来所认为的更有效力。与西班牙帝国针锋相对地进行海外扩张好像是最好的出路。然而1609年之前已经进行的历次行动首先针对的却是当时不幸与西班牙同属一个君合国的葡萄牙的属地，这些属地更倚重海洋和商业，比较容易受到尼德兰海军的攻击。

威廉·乌赛林克（Willem Usselincx，1567~1647年）是一个出生于安特卫普的充满激情的加尔文派信徒，长期以来一直建议打击新世界的西班牙人，而为实现这一目标应仿照1602年建立的东印度公司创建一个西印度公司。乌赛林克所有的反西班牙激情和反教宗激情远远超过了他的同时代人，因为按照他的理念不应去占领，而应向尚无人占有的地方移民，目的是为世界市场生产原料。他的兴趣所在不是波托西，而是蔗糖之城伯南布哥。然而主导着与西班牙停战的大资产阶级关注的是以和平方式获取商业利益，他们不接受这种着眼于长久的计划。

1619年，奥伦治家族（Haus Oranien）的追随者以及争强好斗的加尔文派信徒等主战派掌握了权力，下令处死了主和派领袖范·奥尔登巴内费尔特，自1621年重又开始进行反西班牙的“八十年战争”，其间成立了一家西印度公司（W.I.C.），1621年6月3日，公司从尼德兰国会得到了自己的特权（octroy）。殖民和贸易应是它的目的，但是与乌赛林克的观念不同，达到这一目的的基础不是和平渗入无人占有的地区，而是战争和占领。西印度公司获得了在自非洲西海岸至新几内亚岛东端之间的大西洋和太平洋进行贸易、航行和占领土地的专有权。尼德兰人也以此划分了世界，不过值得注意的是，他们在两个股份公司之间划分了世界，即在东印度公司和西印度公司之间划分了世界，这是一种比最初的伊比利亚王室垄断更为现代、更有效力的欧洲扩张形式。除了缔结联盟、进
415 行战争、修建要塞、供养船队和部队的权力，还明确提到了修建殖民点。在进行战争方面它获得了尼德兰国会的军事和财政支持，因此它的军人也必须向国会和地方长官宣誓效忠。

虽然担负着官方任务，但它是一个私人资本公司，1623年拥有初始资本7108106荷兰盾。与东印度公司一样，股东（participanten）被组织在各个议事会中，议事会由其董事（bewindhebbers）自主领导，董事来自大股东（hooftparticipanten）行列，由各城市和各省的执政当局委任。他们中的一些人也以相同的方式成为任期六年的大董事会成员，也就是“十九人董事会（Heeren negentien或heeren XIX）”成员。大董事会的一个席位留给尼德兰国会的代表，其他十八个按照各个议事会的资本份额进行分配。只有在盈利超过10%的情况下才进行分红，一般情况下是每6年进行一次结算，24年后特许权到期时，如股东不愿参与申请延期，公司可依照要求向其支付本息进行最终结算。不过股份也可以拿到交易所进行交易。

和东印度公司一样，阿姆斯特丹议事会实际上起着决定性作用，各项决定都是在其所在地作出的。不过这里聚集起的商人资本与东印度公司的不是同一批资本。与前面表述的推测不同，犹太人的投资仅占初始资本的0.5%，在初始股东中只扮演着微不足道的角色，但躲避西班牙人的尼德兰南部各地的加尔文派流亡者则起着更大的作用。许多资本来自内陆城市，此前它们好像还不能向海外贸易大力投资。仅纺织城莱顿（Leiden）的投资就占阿姆斯特丹议事会资本的十分之一。总体情况如下表（Israel 1982，128）。

投资者	投资额（荷兰盾）	投资地	议事会	资本额（荷兰盾）
莱顿	269800	阿姆斯特丹	阿姆斯特丹	2846520
哈勒姆（Haarlem）	134800			
乌德勒支	214775			
代芬特尔（Deventer）	110000			
奈梅亨（Nijmegsekwartier）	110000			
聚特芬（Zutphen）	70000			
各德意志地区	76450			
阿姆斯特丹的塞法迪犹太人	33900			
弗里斯兰（Friesland）	10000			
法国	121000			
丹麦宫廷	4000			
米德尔堡	897475	米德尔堡	泽兰	1379775
法拉盛（Flushing）	199600			

续表

投资者	投资额（荷兰盾）	投资地	议事会	资本额（荷兰盾）
费勒（Veere）	132000			
托伦（Tholen）	100000			
阿纳姆（Arnhem）	35000	鹿特丹	莫兹	1039202
代芬特尔	10000			
兹沃勒（Zwolle）	10000			
弗朗索瓦·范·埃尔森（François van Aerrsen）	25000			
代尔夫特	?	代尔夫特		
海牙	?			
多德雷赫特（Dordrecht）	?	多德雷赫特		
格尔德恩（Geldern）	60000			
弗里斯兰	50000	格罗宁根城	格罗宁根城	836975
德伦特（Drenthe）	50000			
格罗宁根城（Stadt Groningen）	400000			
恩克赫伊森	123235	霍伦/恩克赫伊森	北区（Noorderkwartier）	505627
霍伦	?			
弗里斯兰	?			

新公司首先派出的是商船，然而它从一开始就在讨论各种进攻计划，最后选定了巴西，因为在它看来，攻占和守住巴

西相对容易，成本和收益之比也有利，另外，其地理位置也有利于从侧翼击败西班牙帝国并控制南大西洋的贸易。1624年，首府巴伊亚在首次尝试中被攻占，但1625年又被一支葡萄牙—西班牙联合船队夺回。同年进攻波多黎各和非洲黄金海岸边的艾尔米纳堡也遭受失败。然而劫掠行动进行得十分顺利，1628年，公司派出了由久经沙场的海军将领皮特·海恩率领的一支船队，他成功而且完好无损地制服了马坦萨斯（Matanzas）港口（古巴）的西班牙运银船队，战利品价值1200万荷兰盾，其中仅17.7万磅白银就价值800万荷兰盾。此时，人们决定攻占累西腓/伯南布哥，那里是最重要的蔗糖中心，而且其防御很差也是尽人皆知的。1630年虽然从港口和北边的奥林达（Olinda）拿下了城市，但葡萄牙人退入附近的沼泽地区进行防守，在那里顽强地与尼德兰人进行了长达数年的游击战。双方的增援力量也没有决出胜负，不过尼德兰人 417
的海上力量使他们逐渐占据了上风。

然而这一时刻，公司已经负债1800万荷兰盾。它动用船只806艘，仅仅夺取了总价值为3700万荷兰盾的伊比利亚船只547艘，而自己的军费开支则高达4500万荷兰盾，占领巴西的额外开支远远超过从殖民地产品得到的收益。在这种情势下，尼德兰各省迟迟不肯支付遇有战事时它们有义务交纳的补贴。按照东印度模式，将整个全权集中在一个大总督手里可能是在本土和巴西取得成功的方法，不过这一次要从地方长官家族中挑选。被选中的是自由英雄威廉·范·奥伦治（Wilhelm von Oranien）的侄孙约翰·莫里茨·范·拿骚-锡根伯爵（Johann Moritz von Nassau-Siegen，1604~1679年）。1637年至1641年，他在军事和政治方面都取得了巨大胜利，此时称作“新荷兰（Neu-Holland）”的巴西最终包括13个老辖区中的7个，疆域北起马拉尼昂，南到距巴伊亚不远的塞尔希培

（Sergipe）。不过他未能拿下首府。

1640年，葡萄牙奋起反抗西班牙，在出自布拉干萨家族的若昂四世（Johann IV）统治期间赢回了自己的独立。虽然葡萄牙在印度和美洲败给了尼德兰人，但对西班牙的共同仇恨很快促成了以维持属地现状为基础的十年停战。然而与在印度一样，尼德兰人还利用正式宣布批准条约之前的时间于1641年迅速在巴西和非洲夺取了葡萄牙人的重要属地：北方马拉尼昂的圣路易斯以及安哥拉的罗安达，从而确立了自己在南大西洋和奴隶买卖中的统治地位。

尼德兰人无视葡萄牙的垄断权早已成功地开展了非洲贸易。到1609年停战开始时，每年大概有20艘船在几内亚海岸用廉价的纽伦堡商品换取黄金和象牙，每年约有2000阿姆斯特丹磅（Amsterdamer Pfund）的黄金从几内亚流入尼德兰。黄金海岸边的艾尔米纳依然被控制在葡萄牙人手里，1612年，尼德兰人在其东边的莫里（Mouree）建起了拿骚堡（Fort Nassau）。1621年停战结束时，由于其货物价钱低廉，尼德兰人已成为这一区域里占据支配地位的商人，每年获取的黄金数量大概已经翻番。

占有巴西产糖地区之后，尼德兰人需要奴隶。在此之前，
418 他们几乎从未经营过此类货物，而现在的情况却是："没有黑人便没有伯南布哥，而没有安哥拉则没有黑人。"这是耶稣会修士安东尼奥·维埃拉于1648年写下的话。1637年，约翰·莫里茨派人夺取了艾尔米纳，伯南布哥进口的奴隶立刻从约1000人上升至1580人。这种买卖在尼德兰虽然有宗教方面的顾忌，但戈弗里德·乌德曼斯（Godfried Udemans）等神学家在回答十九人董事会的询问时对奴隶买卖所作的辩解与正统神学家为竞争进行的辩解同样巧妙。

因为人们认为安哥拉的奴隶更顺从、更适用，所以1641

年夺取了罗安达，随后又夺取了本格拉（Benguela）和圣多美，最后于1642年夺取了黄金海岸边的阿克西姆（Axim）。1636年至1645年，公司在累西腓进口了23163个非洲奴隶，卖奴所得共计6714423荷兰盾——这只是账面上的数字，因为种植园主用糖支付，而且是赊购，这使得他们成为公司或其他尼德兰人的债务人。1644年，奴隶买卖变成了现金交易，此时犹太投机商人接手了这一有利可图的转手买卖。

与苏木和军事装备交易一样，奴隶买卖也是公司的垄断贸易，而其余贸易，也包括蔗糖贸易，经长期争论后于1638年向所有持有公司股份的尼德兰个人以及葡萄牙种植园主开放。与东印度公司不同，西印度公司或领导它的阿姆斯特丹议事会期待能从一种扩张性贸易的税收中获取收益，而不是实行费用高昂的总体垄断，因为它缺乏进行垄断的资本。另外，蔗糖自由买卖也是与尼德兰人和睦相处的葡萄牙种植园主保证行为正派的前提之一，他们一如既往地控制着蔗糖生产，而尼德兰移民则和众多犹太人一起在各个城市中占据支配地位。1644年，新荷兰有大约3000名尼德兰人不属于公司职员（vrijluiden），另外还有1450个犹太人。

约翰·莫里茨是位虔诚却不狂热的新教徒，是位或许毫无顾忌却又极其灵活的政治家，为了殖民地的发展，他将希望寄托在和解与容忍之上。被容忍的不仅有犹太教，还有除耶稣会修士外的天主教徒，这完全违背了激进的加尔文派信徒的意愿。即使在内陆那些“野蛮”的印第安人当中，这位伯爵也极受爱戴，尽管在投奔他们的白人影响下［其中有一个名叫雅各布·拉贝（Jakob Rabbe）的德意志犹太人］，他们分为亲尼德兰群体和亲葡萄牙群体。不过据称，尼德兰人对待印第安人以及巴西的非洲奴隶一般来说要比葡萄牙人好一些。约翰·莫 419
里茨种种努力的最大成果是召开了有尼德兰人和葡萄牙人参加

的“等级代表会议（Ständeversammlung）”，这在近代早期拉丁美洲史上是一个绝无仅有的事件。

在累西腓附近的安东尼奥瓦斯岛（Antonio Vaz）上创建的新“莫里茨城（Mauritsstad）”里，约翰·莫里茨伯爵修建了两座公侯府邸，它们成为那些科学文化活动的场所，而那些活动也使他名扬天下——或许也可以说理应使他名扬天下。约翰·莫里茨有计划地通过艺术和科学让人们了解了他心爱的巴西，为此目的，单是画家他就带了六位，其中就有弗朗斯·珀斯特（Frans Post）和阿尔伯特·埃克豪特（Albert Eckhout），不过他们的巴西画作仅保存下来了一部分。从认识水平和方法上看，这片大陆的第一个气象观测站以及在地质、植物、动物和人种学方面搜集的内容丰富的藏品显然超过了德·奥维多或者德·阿科斯塔所能达到的水平。追随这位地方长官的科学家们早已接受新兴的严格实证研究的影响。来自东普鲁士利布斯塔特（Liebstadt）的格奥尔格·马克格拉夫（Georg Marcgraf，1610~1644年）居于领先地位，然而他的著作和那些收藏一样只保存下来了一部分，其中在约翰内斯·德莱特（Johannes de Laet）的《巴西自然史》（*Historia Naturalis Brasiliae*，莱顿，1648年）中保存了一部分。与一些前辈的著作不同，这个群体的著作在欧洲获得了很高的知名度。

约翰·莫里茨不仅用自己的钱支付他那些耗资巨大的活动，而且也使用了公司资金。毫不奇怪，当十九人董事会觉得自己的殖民地有了安全保障时，他们便打算免掉自己这位花费太多的地方长官。1644年，约翰·莫里茨回到欧洲，这一年殖民地经济处在其巅峰。当时尝试进行的结算看上去非常有利。巴西带来了270万荷兰盾的收益，其中从巴西苏木垄断中的获益只有5万荷兰盾，而蔗糖出口税收就达160万荷兰盾，另外还有尼德兰提供的 40 万荷兰盾的货物。与其相对的成本为 143 万荷兰盾，其中用于运糖船只和军事费用各 50 万荷兰盾，盈余为 127 万荷兰盾。在非洲西海岸的收入为 138.2 万荷兰盾，其中 41.6 万荷兰盾来自进口货物，72 万荷兰盾来自奴隶买卖。14.4 万荷兰盾的支出主要用于军事。加上非洲 123.8 万荷兰盾的盈余，总盈余达 250.8 万荷兰盾。不过对支配一切的蔗糖和奴隶的收入大概估算过高，巴西和本土的贸易结算可能最多是持平。1644 年，尼德兰西印度公司的股价从 68 跌至 50，而 1628 年皮特·海恩突袭获胜时股价从 115 猛升至 206， 420
1630 年攻占了累西腓以及 1640 年葡萄牙独立时股价至少达到 142 和 134。

葡萄牙一再紧逼归还巴西，但于 1644 年遭到拒绝。1642 年，圣多美和马拉尼昂成功进行了反抗尼德兰人的起义，1644 年就连伯南布哥也爆发了“自由战争”。起初里斯本对此大概并不知情，不过这些行动得到了巴伊亚的支持。1648 年，一支葡萄牙船队成功夺回了安哥拉，其指挥官萨尔瓦多·科里亚·德萨－贝内维德斯（Salvador Correiade Sá e Benavides）带领的手下虽然来自葡萄牙，但他出身南巴西一个大甘蔗种植园主家族。凭借自己的资金以及向其他种植园主借贷，他能够让自己的远征军先在巴西完全获得战斗力——蔗糖生产业出资确保自己能够得到劳动力的补充！起义者在巴西虽然取得缓慢的进展，但尼德兰人的海上优势使葡萄牙人在劫掠海船战中遭受巨大损失。1649 年建立“巴西贸易总公司（Companhia geral para o Estado do Brazil）”作为助手，它动员“新基督教徒”的资本用于建造战船，使财政虚弱的葡萄牙国家按照西班牙模式建立护航体系成为可能。

1650 年，荷兰省阻止尼德兰对此作出反应，具体来说首先是来自阿姆斯特丹城的阻止，因为对其商界而言，与葡萄牙做欧洲生意比战争更为重要。1652年至1654年的英荷战争牵制住了共和国的海上力量。1654年就连累西腓和最后几个尼德兰人的据点也重又落入葡萄牙人手里。由于至1657年，波罗的海地区局势发展处在关键时期，尼德兰国会拖延再三才作出军事反应，但葡萄牙人仅在东印度重新遭受损失，在巴西则未受挫。英国和法国的调停最终导致了1661年和约的达成。按照该和约，葡萄牙人支付800万荷兰盾收回巴西，不过须给予尼德兰人自由贸易以及殖民的权利，就像以前给予英国人此类权利一样，而英国国王查理二世打算于1662年迎娶布拉干萨家族的一位公主。

1664年，西印度公司在第二次英荷战争中失去了哈得孙河（Hudson）沿岸的“新尼德兰（Nieuw-Nederland）”，那是它在北美洲的毛皮生意据点和移民聚居区，1621年，西印度公司从先前的一个公司手里接过了它，1655年，其总督皮特·斯特凡森（Pieter Stuyvesant）吞并了1638年在尼德兰私人商业活动基础上建立的“新瑞典（Nya Sverige）”。
421 尼德兰人仅在加勒比地区还能够坚持，16世纪末，他们首次在今天的圭亚那和苏里南站住了脚。此时，这一地区归属尼德兰西印度公司，另外它在加勒比地区还占据了圣马丁岛（Sint Maarten，1630年）、库拉索岛（1634年）、阿鲁巴岛（Aruba，1636年）、博奈尔岛（Bonaire，1636年）以及圣尤斯特歇斯岛（Sint Eustatius，1638年）。1648年，西班牙在《威斯特法利亚和约》中放弃了这些岛屿，而苏里南则是作为新尼德兰的补偿由英国人于1667年转让给尼德兰人的。丧失巴西之后，库拉索成为尼德兰人的贸易中转站，其贸易主要是与西班牙帝国以及英国和法国在加勒比海的领地做走私生意。库拉索与委内瑞拉形成了一种共生关系，西班牙当局对此也无能为力。圣尤斯特歇斯岛对英属和法属岛屿也扮演着同样的角色。不过在大陆地区，尼德兰人也建立了一些新的甘蔗种植园，至少在17世纪，他们与英国的北美殖民地继续有生意往来。《航海法》规定使用英国船只进行运输是须履行的义务，它首先针对的就是尼德兰“世界承运人”，于是尼德兰人或用带来的预制件在英国殖民地建造船只，或租用英国船只，或假装买下它们。

由于各省在资金投入方面持观望态度，尼德兰西印度公司债台高筑，最终不得不于1674年强行对公司进行了整顿，但股东和债权人为此遭受了巨大损失。从此之后，它主要是一个奴隶贸易公司，因为几内亚的各个据点还在尼德兰人手里。

“犹太人的大西洋”

在与“葡萄牙和尼德兰的大西洋”的共生关系中，一个“犹太人的大西洋”形成了，即一个主要源自葡萄牙的塞法迪犹太人（Sephardim）的世界网络。至16世纪，葡萄牙和西班牙对其国民中的犹太人或进行驱逐，或使其改信基督教，为了迫害“新基督教徒”中的隐秘犹太教徒而建立了国家宗教法庭。然而与西班牙的宗教法庭不同，葡萄牙宗教法庭在美洲的活动仅限于1591年至1595年、1618年至1620年以及1763年至1769年的巡查，因而相当多的隐秘犹太教徒能够在巴西生存下来，特别是女人们依然在家里保持着犹太人的风俗习惯。巡查结果表明，1600年前后，三分之一的甘蔗种植园主（社会精英）以及40%以上的巴伊亚和伯南布哥商人是新基督教徒。

1580年至1640年，葡萄牙与西班牙同属一个君合国，在这种条件下，犹太人作为“葡萄牙人”也得以在西属美洲扩散开来。当时葡萄牙的大西洋商人大多数是犹太裔。对卡塔赫纳“葡萄牙”商人以及奴隶贩子的大西洋贸易帝国的研究比较详尽，它在向秘鲁提供奴隶方面扮演着重要角色。在塞内冈比亚（Senegambien）和几内亚，大西洋贸易，特别是奴隶贸易中，商人以及中间人常常是混血儿且在文化方面已部分非洲化，而即使在这些商人和中间人当中，葡萄牙籍犹太人也占大多数。17世纪，他们的人数达到巅峰。在塞内冈比亚和佛得角群岛存在着设有犹太会堂的犹太人居住区，因此1672年在佛得角群岛也设立了葡萄牙宗教法庭。

因为尼德兰人在相当大的程度上实行宗教宽容政策，而且出于这一原因首先在阿姆斯特丹出现了在经济上十分重要的塞法迪犹太人居住区，所以“尼德兰人的大西洋”也同时是“塞法迪犹太人的大西洋”。如前所述，除尼德兰西印度公司职员和大约3000名尼德兰人外，1644年在荷属巴西有不少于1450个犹太人，其中一部分是此时重归其父辈宗教的葡萄牙新基督教徒，一部分是尼德兰来的移民。凭借其尼德兰客户网，犹太人生意规模巨大，他们的商船为殖民地供应食物，支付的关税占整个税收的70%至90%。又名艾伦·列维（Aaron Levi）的安东尼奥·德·蒙特西诺斯认为在印第安人中发现了十个失踪的、具有浓郁传说色彩的以色列部族的踪迹，并考虑将新世界作为自己民族的避难地。1972年，西蒙·威森塔尔（Simon Wiesenthal）还从这个意义上诠释了哥伦布的航行，而蒙特西诺斯则获得了“第一个犹太复国主义者”的称号。

1646年，宗教法庭追究了攻占莫里茨堡时抓获的一群犹太人的罪责，因为葡萄牙人夺回城堡后就正式不再容忍犹太教徒了。然而到18世纪，在米纳斯吉拉斯针对隐秘犹太教徒还提起了57起诉讼，它们都是由本土宗教法庭审理和结案的，因为在各次巡查之间，仅米纳斯吉拉斯就有22个兼职神 423
职“委员”以及8个公证员，他们拥有一个由457个代理人（Familiares）组成的网络。担任委员被视为荣誉，有助于提升社会地位，因为委员们与地方显贵紧紧联系在一起。因此并不缺少老基督教徒申请委员职位。

在种植园经济从巴西移向加勒比海地区的过程中，一个重要角色无可避免地落在遭驱逐的塞法迪犹太人身上。在犹太人最终占总人口三分之一的库拉索，1659年出现了整个美洲第一个犹太人居住区，它一直存在至今天。圣尤斯特歇斯岛上当时有一个犹太会堂，今天在苏里南还能见到一些这样的会堂。在英国人攻占牙买加之前和之后，犹太移民都在那里发挥着重要作用。1672年，13个犹太人在那里获得了入籍权和经商许可。1654年，第一批犹太人到达新阿姆斯特丹（Nieuw-

Amsterdam），也就是后来的纽约。新近的研究表明，尽管有英国人的限制性航海法律，塞法迪犹太人的环大西洋网仍能在很大范围内使大西洋世界贸易在相当长的时间内暗暗保持在尼德兰人手里。

不过，横跨北大西洋移居的犹太人数量非常有限，北美独立之时，在那里生活的犹太人据称仅有约2500人。到1763年，在纽波特/罗得岛（Newport/Rhode）才建立起一座犹太教会堂。然而自1825年至1925年则约有400万犹太人移居美洲，现在移居美洲的主要是俄罗斯帝国的阿什肯纳兹犹太人（Aschkenasim）。在此期间，全世界所有犹太人的40%生活在美国，因而“现代犹太人的大西洋”是“英美大西洋”的一部分。

黄金循环体系中的巴西和葡萄牙

“被解放的”巴西最初并未兴盛——正相反，葡萄牙的巴西公司没有兴旺起来，在世界经济衰退过程中，由于西印度呈现竞争局面，蔗糖生产于17世纪末遭受了严重的生产危机和销售危机。不过领地扩张并未因此受阻，而是继续得到推动。葡萄牙人继续向内陆推进，意欲通过发现贵金属矿找到摆脱危机的出路。在此过程中，西班牙的权利几乎未受到尊重，而因为西班牙人没有多少兴趣向东扩展自己的统治范围，所以葡萄牙人向西推进时能够不受什么阻碍，能够远远超过《托尔德西拉斯条约》的分界线。出于这一原因，巴西今天的西部边境线不是西经46°37′，而是推移至西经74°，也就是疆土向西延伸了3000公里。

在南面，巴西的疆域延伸到今天的乌拉圭直至拉普拉塔河地区，延伸至1680年建立的与布宜诺斯艾利斯相对的科洛尼亚-德萨克拉门托。葡萄牙人想以合法或非法方式确保通向白银产地的后门畅通无阻，尤其是因为走私活动比以前更加活跃。直到在1750年的《马德里条约》里乌拉圭才暂时归属西班牙，科洛尼亚与耶稣会修士建立的七个聚居地进行了交换，在前面我们已经看到这是那些聚居地走向终结的开始。首先以圣保罗为基地对构成今天巴西南半部的各个地区进行开发。17世纪是旗兵的辉煌时代，而旗兵所做的恐怕不仅仅是劫掠和猎捕印第安人。

安东尼奥·拉波索·塔瓦雷斯（Antonio Raposo Tavares）是最重要的旗兵，据称他率领的最大的旗兵远征队于1648年出发，穿过巴拉圭抵达瓜波雷河（Guaporé），随后顺该河以及马代拉河（Madeira）而下，后又溯亚马孙河而上，最终到达了厄瓜多尔的基多。回程大概是沿亚马孙河而下，然后顺托坎廷斯河（Tocantins）前行，再向南穿越陆地，1652年返抵

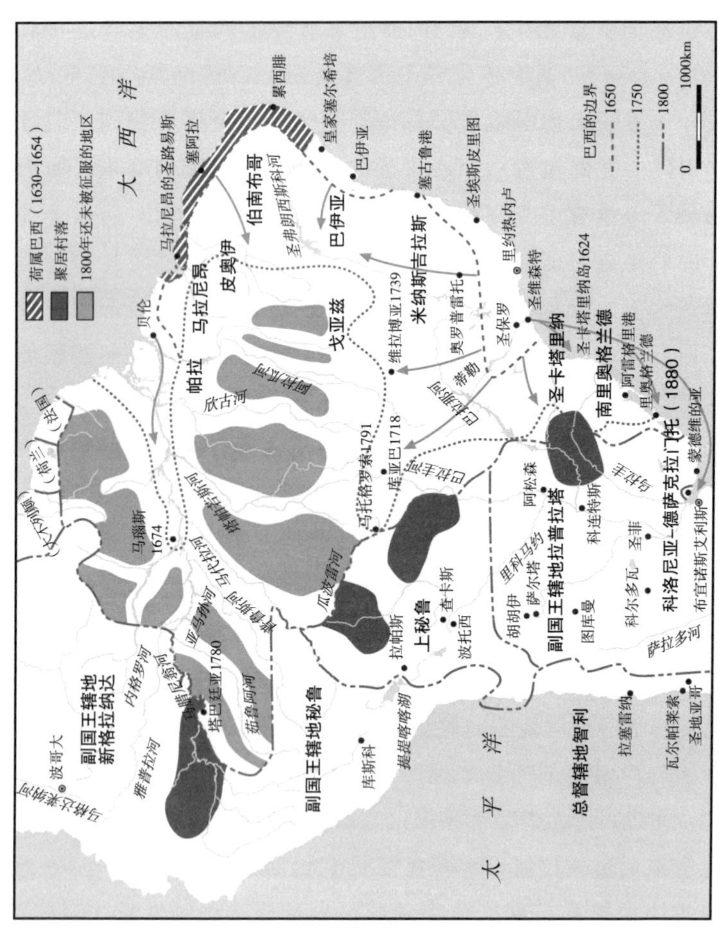
荷属巴西（1630~1654）
聚居村落
1800年还未被征服的地区
大西洋
太平洋
巴西的边界
1650
1750
1800
0
1000km
累西腓
皇家塞尔希培
巴伊亚
塞古鲁港
圣埃斯皮里图
里约热内卢
圣维森特
圣保罗
马拉尼昂的圣路易斯
塞阿拉
伯南布哥
圣弗朗西斯科河
巴伊亚
米纳斯吉拉斯
马拉尼昂
皮奥伊
帕拉
戈亚兹
欣古河
贝伦
马瑙斯
1674
维拉博亚1739
库亚巴1718
马托格罗索1791
奥罗普雷托
圣卡塔里纳岛1624
圣卡塔里纳
南里奥格兰德
阿雷格里港
科洛尼亚-德萨克拉门托（1880）
蒙德维的亚
布宜诺斯艾利斯
萨拉多河
科尔多瓦
圣菲
图库曼
科连特斯
阿松森
萨尔塔
胡胡伊
副国王辖地拉普拉塔
上秘鲁
查卡斯
波托西
拉帕斯
提提喀喀湖
库斯科
副国王辖地秘鲁
总督辖地智利
拉塞雷纳
瓦尔帕莱索
圣地亚哥
副国王辖地新格拉纳达
波哥大
马格达莱纳河
雅普拉河
内格罗河
亚马孙河
马代拉河
塔巴廷亚1780
茹鲁阿河
瓜波雷河
（法国）
（荷兰）
（大不列颠）

插图 52　巴西的扩张

圣保罗。亚马孙河探索者们也从河口的贝伦（Belem）出发完成了同样的事情，其中有为数不少的传教士。1637年就有一队传教士在佩德罗·泰克希拉（Pedro Teixeira）率领下溯亚马孙河而上，于1638年到达基多。1639年的回程队伍中有西班牙耶稣会修士克里斯托瓦尔·德·阿库尼亚（Cristóbal de Acuña），他于1641年发表的关于自己这次旅程的著作极受关注，在法国和英国引发了占领亚马孙河地区的提议。葡萄牙有充分的理由确保亚马孙河流域的安全，而西班牙人只是偶尔在那里有所行动，如耶稣会修士萨穆埃尔·弗里茨（Samuel Fritz）1691/1692年的旅行，后来几乎再没有打扰过它。

1693年至1695年，各个旗兵远征队在圣弗朗西斯科河（Rio São Francisco）上游地区发现了金矿，因此这一地区至今还叫作“米纳斯吉拉斯”（公共矿山）。这一消息刚一传到海岸边，史上首次“淘金热”已经开始。那些梦想发财的人从各个海岸地区以及葡萄牙拥入矿区，他们在那里使用数量急速增长的非洲奴隶，很快便排挤走了使用印第安人的圣保罗人，最终于1708年演化成了一场内战。就连众多的修会修士也纷纷跑到矿区碰运气。1711年，主要金矿变成了“富庶之城欧鲁普雷图（Vila Rica de Ouro Preto）”（意为“富庶的黑金之城”，根据一种深色金属变体命名），具有这种聚居地所有善恶特性的金都。

如果说波托西是印第安劳工的地狱，那么富庶之城则是非洲奴隶的地狱，因为白人女性极其缺乏，所以其间穆拉托人的数量急速增长。这里驻有王室的行政管理机构，它须监督这种融合，并须利用这一机会征收赋税。金矿发现者有4000平方米的开采权，后来这一面积被修改，而且王室也得到了一部分，可以将其继续分配给其他感兴趣的人。另外，王室要求得到收益的五分之一，不过1730年从20%降为12%。在此期间，426
王室还试验了其他征税形式。1735年至1749年，每个淘金者须为自己的每个奴隶缴纳 17 克黄金。

由于当时实行的这一财政措施，我们得以知道米纳斯吉拉斯那时有 9 万至 10 万矿山奴隶，其中只有 1.8 万至 2 万个奴隶在富庶之城。1682 年已经发现戈亚斯（Goias）的金矿，1718/1719 年又发现了远方马托格罗索（Mato Grosso）的其他金矿，然而它们的产量从未达到米纳斯吉拉斯的产量。据称，1700 年至 1799 年，黄金总开采量为 176 吨，1750 年前后年开采量达到巅峰。不过在同一时间段内运抵葡萄牙的黄金据称为 885 吨，原始资料中的这一矛盾尚未得到澄清。

在米纳斯吉拉斯北面，在热基蒂尼奥尼亚河（Jequitinhonha）发源地的贫瘠山区，掘金者们发现了一些漂亮的晶体，在打扑克牌或玩类似游戏时将其用作计数子儿，直至有人凭借在印度的经历发现那是钻石并悄无声息地尽量将其弄到手。不过 1729 年王室听到了有关此事的风声，1730 年创建了一个严格划定界线并享有日益强化的特别法律地位的钻石矿区。一个格外廉正的行政长官率领一支部分由葡萄牙调入的龙骑兵精锐部队负责维护王室的垄断权，他在很大程度上独立于米纳斯吉拉斯的官员以及总督。发明了无数偷窃钻石花样的矿井奴隶受到极其严厉的监视，受到怀疑时必须在他人监视下服用一种强效泻药。这种管理制度与 20 世纪流行于南非和西南非钻石矿的制度完全一样而且后果严重。

世界市场的钻石价格下跌了 75%，致使王室与阿姆斯特丹和伦敦的主要钻石商人商定暂时全面停止生产。1740 年至 1771 年通过合同将垄断权包给了一个企业主。据称当时开采的钻石总量为 1666569 克拉（合 333.31 公斤），共卖得 15515403.7 米尔瑞斯金币，缴纳给王室 4644181.6 米尔瑞斯金币。然而非法寻找钻石者和承包垄断者的侵吞都没有得到根除。因此，1771 年王室接管了钻石生产并实行严厉的警察化管理，直到1835年才最终废止这一管理体制。18世纪开采的钻石总量大约为615公斤。

1750年至1754年黄金生产达到顶峰后随即下降，之后1760年代和1770年代的钻石生产高峰大概延长了繁盛期。不 427
仅巴西是这样，整个世界经济也是如此，凭借巴西的黄金，世界经济又能够更大规模地转向铸造金币。尽管严令禁止，但巴西黄金依然迅速流出葡萄牙，特别是流入并非自1703年签订《梅休因条约》(Methuen-Vertrag)以来才成为优先贸易伙伴的英国。自1700年以来，巴西黄金的流入抑制了葡萄牙工商业的发展，直到1765年之后，即黄金生产下降进口减少之后，它才又得到促进。在此期间，白银价格因黄金数量增加而相对提升——1747年金银比为1∶13.5，而此前不久为1∶17——这促进了墨西哥的白银生产。

在巴西，黄金生产的兴旺不仅带来了普遍繁荣，而且也促成了经济和政治结构的变化。人口增长不仅仅是各个矿区的现象。对矿区的供应主要由圣保罗进行。不仅出现了牧场，而且还出现了在黄金之外大都被忽视的铁制品生产和加工。巴伊亚虽然相隔很远，但圣弗朗西斯科河使其与矿区之间交通便利，因而被用作进出口港。然而1702年，巴伊亚被禁止与矿区做生意，牲畜生意除外，因为绕开国家财政的机会太多了。在此期间，里约热内卢成为矿区的真正港口，从此各类交通条件得到了改善。里约热内卢是最名贵的当地特产的出口港，1750年，那里有375个珠宝匠和1500个徒工。里约热内卢进口欧洲货物，提供非洲奴隶，在自己的周边地区生产烟草和烧酒——此间，西非对它们的需求量很大。

1703年，葡萄牙在西班牙王位继承战争中转向了英国一边，因而1710/1711年里约热内卢成为法国的进攻目标便毫不奇怪了。1751年，那里设立了第二个上诉法庭，1763年，首府从巴伊亚移到了里约热内卢，这也毫不奇怪——南部已经成为巴西的经济中心。不过就连北部、西部和南部的周边地区也因畜牧业而兴盛了起来。此间已经出现了直到今天依然存在的现实问题，即畜牧巨头（Poderosos do sertão）夺占小移民者的土地，尽管殖民当局原本按照葡萄牙1375年的《荒地法》（Lei das sesmarias）将荒地分给了小农，目的是促进小农耕
428 种荒地。王室对这一发展趋势无能为力——18世纪不断公布修订的法律就说明了这一点。

与西班牙帝国相比，葡萄牙帝国的结构要松散许多。相比起王室，显贵们的社团或商人自己组织的网络更像是帝国的代言人。没有殖民规划，没有统一的殖民地宪法，几乎没有殖民地官僚体系。葡萄牙帝国及其文化遗产通过非洲、亚洲和美洲半葡萄牙血统的混血儿群体和文化存留下来。巴西社会从一开始就不是西属美洲意义上的城市社会，没有由城市统治中心构成的网络，即使到18世纪也只有一些港口以及一些次要的矿业城市，唯有圣保罗是个例外。乡村大地产主的准封建生活方式在巴西显得比在西属美洲更加根深蒂固，因而它才可能径直被美化为葡萄牙人在热带生存的典范，在那里，大地主与各种族“和睦相处”（Gilberto Freyre）。尽管由于白人女性人数稀少而出现了众多麦士蒂索人和穆拉托人，但即便在巴西也和西班牙人那里一样，基本谈不上有种族平等。与其他国家不同，各种族的共同日常生活或许本没有问题，可一旦等级制度发挥作用，种种难题就会马上出现。若想在教会、国家机构、军队或行会中有所成就，就必须出身“老基督教徒”，也就是说先辈中不能有犹太教徒、异教徒和穆斯林。另外还有肤色限制，当然这一点重点涉及非洲人。

然而，实际上正是在巴西，葡萄牙人有时显得相当宽宏大量，即使是涉及犹太人的后裔的时候，因为与葡属果阿和西属

美洲不同，在巴西没有常设宗教法庭，只有来自本土的巡查，巡查期间若有需要才进行审判。另外非洲人被看作士兵，如果他们的军官被纳入军队，国王可以免除妨碍他们的肤色耻辱。

各殖民城市实行葡萄牙的城市法规（波尔图或里斯本特别受到偏爱）并拥有一个市议会（Senado da Camara），议会在构成及职位方面与西属美洲的市议会极为相似。然而议会成员职位在这里既不出卖也不继承，至少在形式上是通过选举取得的。除当地贵族外，各种行会（同样也被称作旗队）有时 429
也有发言权。这种城市体制的第三根支柱是地方慈善兄弟会（Santa Casa da Misericórdia），与市议会和行会一样，它对自己成员的名声和出身也提出了很高的要求。本土葡萄牙人的不断拥入允许各市议会要求以相当严格的标准维护血统纯正，至少在港口城市是如此。喜欢追溯至“本土孩子（filhos do reino）”的婚姻政策也是为此服务的。不过，对商人的贬低以及当地种植园主占优势地位与此并非必然是矛盾的，比如在巴伊亚就不是矛盾的。

面对王室官员，各城市议会非常善于维护自身的某种独立性，尽管各个城市最期待的可能是行政效力。另外，葡萄牙的统治体系比西班牙的松散，不过钻石区是众所周知的例外。即使到18世纪后期，总督也只控制着自己的省、与乌拉圭接壤的南部地区、陆军和舰队，却控制不了其他八个省的行政长官，他们的头衔为“总督和总船长（Governador e capitão mor）”，直接由里斯本任命，与王室保持着直接联系。这八个省为马托格罗索、戈亚斯、圣保罗、米纳斯吉拉斯、巴伊亚、伯南布哥、马拉尼昂和帕拉。就连1642年作为中央机构在里斯本建立的海外委员会（Conselho Ultramarino）似乎也不如与之对应的西班牙的机构。

原始资料与参考文献

葡萄牙人在巴西以及蔗糖循环体系

Alden, D., The Making of an Enterprise: The Society of Jesus in Portugal, its Empire, and beyond, 1540–1750, Stanford 1996 | Alencastro, L. F. de, O trato dos viventes. Formação do Brasil no Atlântico sul, seculos XVI e XVII, São Paulo 2000 | Amado, J., Mythic Origins: Caramuru and the Founding of Brazil, in: HAHR 80, 4 (2000) 783–811 | Aymoré, F. A., Die Jesuiten im kolonialen Brasilien. Katechese als Kulturpolitik und Gesellschaftsphänomen (1549–1760), Frankfurt 2009 | Bakewell, P., A History of Latin America, c. 1450–1930, Oxford 1997, 2. Aufl. 2004 | Bernecker, W./Pietschmann, H./Zoller, R., Eine kleine Geschichte Brasiliens, Frankfurt 2000 | Bethell, L. (Hg.), Colonial Brazil, Cambridge 1987 | Boxer, C. R., The Portuguese Seaborne Empire, 1415–1825, London 1969 | Burns, E. B., A History of Brazil, New York 1970 | Cardoso, A., A conquista do Maranhão e as disputas atlânticas na geopolitica da União Ibérica, in: RBH 31, 61 (2011) 317–38 | Castelnau-L'Estoile, C. de, Les ouvriers d'une vigne stérile. Les jésuites et la conversion des indiens au Brésil, 1580–1620, Paris 2000 | [CEHLA] The Cambridge Economic History of Latin America, 2 Bde., Cambridge 2006 | [CHNPA] The Cambridge History of the Native Peoples of America, 3 Bde. in 6 Tln., Cambridge 1997–2000 | Costa, L. F., O transporte no Atlântico e a Companhia Geral do Comércio do Brasil, 1580–1663, 2. Bde., Lissabon 2002 | Daus, R., Die Erfindung des Kolonialismus, Wuppertal 1982 | Disney, A., The Portuguese Empire, Cambridge 2009 | Gaffarel, P., Histoire du Brésil français au seizième siècle, Paris 1878 | Gomes, M. P., The Indians and Brazil, Gainesville 2000 (brasil. 1988) | Goodman, E. J., The Explorers of South America, New York 1972 | Guirado, M. C. (Hg.), Relatos do descobrimento do Brasil – as primeiras reportagens, Lissabon 2001 | Handbuch der Geschichte Lateinamerikas, 3 Bde., Stuttgart 1992–96 | Haubert, M., L'église et la défense des *sauvages*. Le Père Antoine Vieira au Brésil, Brüssel 1964 | Hemming, J., Red Gold: The Conquest of the Brazilian Indians, Cambridge 1978 | [HEP] História da expansão portuguesa, hg. v. Bethencourt, F./Chaudhuri, K., 5 Bde., Lissabon 1998–2000 | Hernáez, F. J. (Hg.), Colección de bulas, breves y otros documentos relativos a la Iglesia de América y Filipinas, 2 Bde., Brüssel 1879, Ndr. 1964 | [HGAL] Historia general de América latina, Bde. 1–5, Madrid u. a. [UNESCO] 1999–2003 | Höner, U., Die Versklavung der brasilianischen Indianer. Der Arbeitsmarkt in Portugiesisch-Amerika im 16. Jahrhundert, Zürich u. a. 1980 | Holanda, S. B. de, História geral da civilição brasileira, Bd. 1, 1–2, São Paulo 1960 | Horn, J./Altman, I. (Hg.), *To Make America:* European Emigration in the Early Modern Period, Berkeley 1991 | Julien, C. A., Les Français en Amérique pendant la première moitié du XVIe siècle. Textes des voyages, Paris 1946 | Klein, H. S./Luna, F. V., Slavery in Brazil, Cambridge 2010 | Lahmeyer-Lóbo, E. M., Processo administrativo ibero-americano (Aspectos sócio-econômicos. Período colonial), Rio de Janeiro 1962 | Lima-Barbosa, M. de, Les Français dans l'histoire du Brésil, Paris 1922 | Lockhart, J./Schwartz, S., Early Latin America, Cambridge 1983 | Marchant, A., From Barter to Slavery: The Economic Relations of Portuguese and Indians in the Settlement of Brazil, 1500–1580, Baltimore 1942, Ndr. 1966 | Mauro, F., Le Brésil du XVe siècle à la fin du XVIIIe siècle, Paris 1977 | Meier, J. (Hg.), Jesuiten aus Zentraleuropa in Portugiesisch- und Spanisch-Amerika, 4 Bde., Münster 2005–

2013 | Metcalf, A. C., Go-between and the Colonization of Brazil, 1500–1600, Austin 2005 | Moniz Bandeira, L. A., O feudo: A casa da torre de Gracia d'Avila. Da conquista dos sertões à independéncia do Brasil, Rio de Janeiro 2000 | Monteiro, J. M., The Heathen Castes of the Sixteenth-Century Portuguese America: Unity, Diversity, and the Invention of the Brazilian Indians, in: HAHR 80, 4 (2000) 697–719 | Monumenta Brasiliae, 5 Bde. (MHSI 79–81, 87, 99), Rom 1956–68 | [NHEP] Nova História da Expansão Portuguesa, 12 Bde. in 15 Tln., Lissabon 1991 ff., Bd. 6–7, 1991–92 | Pinheiro, T., Aneignung und Erstarrung. Die Konstruktion Brasiliens und seiner Bewohner in portugiesischen Augenzeugenberichten 1500–1595, Stuttgart 2004 | Pompa, C., Religião como tradução. Missionarios, Tupí e Tapuia no Brasil colonial, Bauru 2003 | Prado, J. F. de A., Pernambuco e as capitanias do norte da Brasil (1530–1630), 4 Bde., São Paulo 1939–42 | –, A Bahia e as capitanias do centro do Brasil (1530–1626), 3 Bde., São Paulo 1945–50 | Reis, J. J./Gomes, F. de S. (Hg.), Liberdade por um fio. História dos quilombos no Brasil, São Paulo 1996 | Reis, J. J./Silva, E., Negociação e conflito. A resistência negra no Brasil escravista, São Paulo 1989 | Ruiz González, R., El modelo jesuítico frente a las experiencias producidas per la prática de la catequesis en el Brasil colonial, in: RI 64 (2004) 485–502 | Schmieder, U./Nolte, H.-H. (Hg.), Atlantik. Sozial- und Kulturgeschichte in der Neuzeit, Wien 2010 | Schmitt, E. (Hg.), Dokumente zur Geschichte der europäischen Expansion, 7 Bde., München u. a. 1984–2008; Bd. 2–4, 1983–88 | Schwartz, S. B., Sugar Plantations in the Formation of Brazilian Society: Bahia, 1550–1835, Cambridge 1985 | –, Slaves, Peasants, and Rebels: Reconsidering Brazilian Slavery, Urbana u. a. 1992 | Serrão, J. V., Do Brasil filipino ao Brasil de 1640, São Paulo 1968 | Simonsen, R. C., História económica do Brasil (1500–1820), 2 Bde., São Paulo 1937 | Socolow, S. M. (Hg.), The Atlantic Staple Trade, 2 Bde., Aldershot 1996 | Subrahmanyam, S. (Hg.), Merchant Networks in the Early Modern World, Aldershot 2005 | Taunay, J. D. E., História geral das bandeiras paulistas, 11 Bde., São Paulo 1924–50 (Kurzfassung: Historia das bandeiras paulistas, 3 Bde., 2. Aufl., São Paulo 1961) | [Thevet] Histoire d'André Thevet, cosmographe du Roy, de deux voyages par luy faits aux Indes Australes et Occidentales, hg. v. Laborie, J.-C./Lestringant, F., Genf 2006 | Thomas, G., Die portugiesische Indianerpolitik in Brasilien 1500–1640, Berlin 1968 | –, Espiritu Santo/Abrantes. Die Entwicklung einer Indianersiedlung des brasilianischen Nordostens im Zeitalter Pombals, in: JGLA 14 (1977) 97–133 | Venancio, R. P., Os ultimos carijós: Escravidão indigena em Minas Gerais, 1711–1725, in: RBH 17, 34 (1997) 165–81 | Vieira, A., Briefe aus Brasilien, hg. v. Pögl, J., Wien 2010.

“尼德兰人的大西洋”

Baumunk, B.-M., *Von brasilischen fremden Völkern*. Die Eingeborenen-Darstellungen Albert Eckhouts, in: Kohl, K.-H. (Hg.), Mythen der neuen Welt, Berlin 1982, 188–200 | Boxer, C. R., Salvador de Sâ and the Struggle for Brazil and Angola, 1602–1686, London 1952 | Boxer, C. R., The Dutch in Brazil, 1624–54, Oxford 1958, Ndr. 1973 | Brienen, R. P., Georg Marcgraf (1610–c. 1644): A German Cartographer, Astronomer, and Naturalist-Illustrator in Colonial Dutch Brazil, in: Itinerario 25, 1 (2001) 85–122 | –, Visions of Savage Paradise: Albert Eckhout, Court Painter in Colonial Dutch Brazil, Amsterdam 2006 | Brunn, G./Neutsch, C. (Hg.), Sein Feld war die Welt. Johann Moritz von Nassau-Siegen (1604–1679). Von Siegen über die

Niederlande nach Brasilien und Brandenburg, Münster 2008 | Cabral de Mello, E., Olinda restaurada. Guerra e açúcar no nordeste, 1630–1654, Rio de Janeiro 1998 | –, O negócio do Brasil. Portugal, os Paéses Baixos e o nordeste, 1641–1660, 2. Aufl., São Paulo 2011 | Den Heijer, H., De geschiedenis van de WIC, 2. Aufl., Zutphen 2002 | Emmer, P. C., The Dutch Atlantic, 1600–1800: Expansion without Empire, in: JGLA 38 (2001) 31–48 | Goslinga, C. C., The Dutch in the Caribbean and on the Wild Coast, 1580–1680, Assen 1971 | –, The Dutch in the Caribbean and in the Guianas, 1680–1791, Assen 1985 | Israel, J. I., The Dutch Republic and the Hispanic World, 1606–1661, Oxford 1982 | Kellenbenz, H., Die wirtschaftlichen Beziehungen zwischen Antwerpen und Brasilien in der ersten Hälfte des 17. Jahrhunderts, in: VSWG 55 (1968) 449–63 | Klooster, W., Illicit Riches: Dutch Trade in the Caribbean, 1648–1795, Leiden 1998 | Meilink-Roelofsz, M. A. P. (Hg.), Dutch Authors on West Indian History, Den Haag 1982 | Mello, J. A. G. de, Tempo dos flamengos. Influência da ocupação holandesa na vida e cultura do norte do Brasil, 3. Aufl., Recife 1987 | Menkman, W. R., De West-Indische Compagnie, Amsterdam 1947 | Pohl, H., Die Zuckereinfuhr nach Antwerpen durch portugiesische Kaufleute während des achtzigjährigen Krieges, in: JGLA 4 (1967) 348–73 | Postma, J./Enthoven, V. (Hg.), Riches from Atlantic Commerce: Dutch Transatlantic Trade and Shipping 1585–1817, Leiden 2003 | Rebitsch, R., Die englisch-niederländischen Seekriege, Köln 2014 | Santos Pérez, J. M./De Souza, G. F. C. (Hg.), El desafio holandés al dominio ibérico en Brasil en el siglo XVII, Salamanca 2006 | Schmitt, E., Bd. 3, 1987; Bd. 4, 1988 | Schneeloch, N. H., Aktionäre der Westindischen Compagnie von 1674. Die Verschmelzung der alten Kapitalgebergruppen zu einer neuen Aktiengesellschaft, Stuttgart 1982 | Schnurmann, C., Atlantische Welten. Engländer und Niederländer im amerikanisch-atlantischen Raum 1648–1713, Köln 1998 | Spruit, R., Zout en slaven. De geschiedenis van de Westindische Compagnie, Houten 1988 | Van der Straaten, H. S., Maurits de Brasiliaan, Amsterdam 1999 | Whitehead, P. J. P./Boeseman, M., A Portrait of Dutch 17th-Century Brazil: Animals, Plants, and People by the Artists of Johan Maurits of Nassau, Amsterdam 1989.

“犹太人的大西洋”

Assis, A. A. F. de, Inquisição, religiosidade e transformações culturais. A sinagoga das mulheres e a sobrevivência do judaismo feminino no Brasil colonial – Nordeste, séculos XVI–XVII, in: RBH 22, 43 (2002) 47–66 | Bernardini, P./Fiering, N. (Hg.), The Jews and the Expansion of Europe to the West, 1450–1800, New York 2001 | Böhm, G., Los sefardies en los dominios holandeses de América del Sur y del Caribe, 1630–1750, Frankfurt 1992 | Böttcher, N., Aufstieg und Fall eines atlantischen Handelsimperiums. Portugiesische Kaufleute und Sklavenhändler in Cartagena de Indias von 1580 bis zur Mitte des 17. Jahrhunderts, Frankfurt 1995 | Cwik, C., Atlantische Netzwerke. Neuchristen und Juden als Lançados und Tangomaos, in: Schmieder, U./Nolte, H.-H. 2010, 66–85 | Feingold, H. L. (Hg.), The Jewish People in America, 5 Bde., 2. Aufl., Baltimore u. a. 1992 | Fragoso, J./Gouvêa, M. de F. (Hg.), Na trama das redes. Política e negócios no império português, séculos XVI–XVIII, Rio de Janeiro 2010 | Lipiner, E., Os judaisantes nas capitanias de cima. Estudos sobre os Cristãos-Novos do Brasil nos séculos XVI e XVII, São Paulo 1969 | Mello, J. A. G. de 1987 | Newson, L. A./Minchin, S., From Capture to Sale: The Portuguese Slave Trade to Spanish South America in the Early Seventeenth Century, Leiden 2007 | Novinsky, A.,

Ser marrano em Minas colonial, in: RBH 21, 40 (2000) 161–75 | Rodrigues, A. C., Formação e atuação da rede de comissários di Santo Oficio em Minas colonial, in: RBH 29, 57 (2009) 145–64 | Pietschmann, H. (Hg.), Atlantic History: History of the Atlantic System 1580–1830, Göttingen 2002 | Schnurmann, C. 1998 | Studnicki-Gizbert, D., A Nation upon the Ocean Sea: Portugal's Atlantic Diaspora and the Crisis of the Spanish Empire, 1492–1640, Oxford 2007 | Wachtel, N., La foi du souvenir, Paris 2002 | Wadsworth, J. E., Agents of Orthodoxy: Honor, Status, and the Inquisition in Colonial Pernambuco, Brazil, New York u. a. 2007.

黄金循环体系中的巴西和葡萄牙

Alden, D. 1996 | Alencastro, L. F., O trato dos viventes. Formaçao do Brasil no Atlantico Sul, seculos XVI e XVII, São Paulo 2000 | Almeida, A. F. de, Samuel Fritz and the Mapping of the Amazon, in: Imago Mundi 55, 1 (2003) 113–19 | Bakewell, P. 2004 | Bernecker, W./Pietschmann, H./Zoller, R. 2000 | Bethell, L. 1987 | Bicalho, M. F., As Câmaras municipais no imperio Português. O exemplo do Rio de Janeiro, in: RBH 18, 36 (1998) 251–80 | Boxer, C. R., Portuguese Society in the Tropics: The Municipal Councils of Goa, Macao, Bahia and Luanda, 1510–1800, Milwaukee u. a. 1965 | – 1969 | –, The Golden Age of Brazil, 1695–1750, Berkeley 1962, Ndr. 1995 | Edel, M., The Brazilian Sugar Cycle of the Seventeenth Century and the Rise of Westindian Competition, in: Caribbean Studies 9 (1969) 24–44 | Expeditions into the Valley of the Amazonas, 1539–40, 1639 (Hakluyt I 24), London 1859, Ndr. 1963 | Fisher, H. E. S., The Portugal Trade: A Study of Anglo-Portuguese Commerce, 1700–1770, London 1971 | Flory, R./Smith D. G., Bahian Merchants and Planters in the Seventeenth and Early Eighteenth Centuries, in: HAHR 58 (1978) 571–94 | Fragoso, J./Gouvêa, M. de F. 2010 | Francis, A. D., The Methuens and Portugal, 1671–1708, Cambridge 1966 | [Fritz] Journal of the Travels and Labours of Father Samuel Fritz in the River of the Amazons between 1686 and 1723 (Hakluyt II 51), London 1922, Ndr. 1967 | Goes, S. S., Navegantes, bandeirantes, diplomatas. Aspectos da descoberto do continente, da penetração do território brasileiro extra-Tordesilhas e do establecimento das fronteiras da Amazônia, Brasilia 1991 | Handbuch, Bd. 1, 1994 | Hanson, C. A., Economy and Society in Baroque Portugal, 1668–1703, London 1981 | HEP Bd. 2–3, 1998 | HGAL Bd. 3, 1–2, 2000 | Klein, H. S./Luna, F. V. 2010 | Kula, W., El ocaso de la economía azucarera en el Brasil en el empalme de los siglos XVII y XVIII, in: Acta Poloniae Historica 44 (1981) 55–76 | Mauro, F. 1977 | Newitt, M., A History of Portuguese Overseas Expansion, 1400–1668, 2005 | NHEP, Bd. 7, 1991 | Pinto, V. B. N., O ouro brasileiro e o comércio anglo-português, São Paulo 1979 | Randall, L., A Comparative Economic History of Latin America, 1500–1914, 4 Bde., Ann Arbor 1977, Bd. 3 | Reis, J. J./Silva, E. 1989 | Russell-Wood, A. J. R., Fidalgos and Philanthropists: The Santa Casa da Misericordia of Bahia, 1550–1755, Berkeley 1968 | –, Colonial Brazil: The Gold Cycle, c. 1690–1750 [1984], in: Bakewell 1997, 321–83 | –, Centros e periferas no mundo luso-brasileiro, 1500–1808, in: RBH 18, 36 (1998) 187–250 | –, Local Government in European Overseas Empires, 1450–1800, 2 Bde., Aldershot 1999 | –, Government and Governance of European Empires, 1450–1800, 2 Bde., Aldershot 2000 | –, Rethinking Bandeirismo in Colonial Brazil, in: The Americas 61, 3 (2005) 353–492 | Sá, I. dos Guimarães, Quando o rico se faz pobre. Misericórdias, caridade e poder no império português, 1500–1800, Lissabon 1992 | Sarmento, C. (Hg.), Women in the Portuguese Colonial Empire, Newcastle 2008 | Scammell, G. V., *A Very Profitable and Advantageous Trade:* British Smuggling in the Iberian Americas circa 1500–1750, in: Itinerario 24, 3–4 (2000) 135–72 | Schmieder, U./Nolte, H.-H. 2010 | Schmitt, E., Bd. 3–4, 1987–88 | Schwartz, S. B., Magistracy and Society in Colonial Brazil, in: HAHR 50 (1970) 715–30 | Shaw, L. M. E., The Anglo-Portuguese Alliance and the English Merchants in Portugal, 1654–1810, Aldershot 1998 | Sideri, S., Trade and Power: Informal Colonialism in Anglo-Portuguese Relations, Rotterdam 1970 | Socolow, S. M. 1996 | Telles, E. E., Race in Another America: The Significance of Skin Color in Brazil, Princeton 2004 | Vilar, P., Or et monnaie dans l'histoire 1450–1920, Paris 1974 | Zenha, E., O municipio no Brasil (1532–1700), São Paulo 1948.

索·恩 历史图书馆

006

The translation of this work was supported by a grant from the Goethe-Institut.

DIE UNTERWERFUNG DER WELT

Globalgeschichte der europäischen Expansion

1415-2015

征服世界

一部欧洲扩张的全球史

1415~2015

中

WOLFGANG REINHARD

〔德〕沃尔夫冈·赖因哈德 / 著

周新建　皇甫宜均　罗伟 / 译

社会科学文献出版社
SOCIAL SCIENCES ACADEMIC PRESS (CHINA)

索·恩
THORN BIRD
忘 掉 地 平 线
Beyond
the horizon

上

中

第二十一章 第二次世界大战和亚洲的去殖民化

第二十二章 晚期殖民主义和非洲的去殖民化

第二十三章 没有未来的过去?

第二十四章 总结和展望

第九章

加勒比地区和“非洲的大西洋”

位于美洲大陆东海岸的巴西距自然航路不远，这种引人注目的位置使其比西班牙帝国的核心地区更易遭受损失。从欧洲视角看，西班牙帝国的核心地区位于美洲的另一面，只要控制住海洋它们就不可能被攻占，尽管那里的各个港口，特别是对于本土与秘鲁之间的联系具有决定性战略意义的巴拿马地峡，都是防御力不强的地方。然而若想在这里攻击西班牙，则必须花费力气进入太平洋，或者至少能够完好无损地穿过加勒比海，那是西班牙控制下的“美洲地中海”，是入侵的必经之地。另外，西班牙人的活动集中于各个文化发达地区和贵金属产地，这导致忽略了对（现代狭义上的）西印度群岛的控制和渗透。确切地说，大安的列斯群岛的四个岛屿有西班牙移民，自东往西依次为波多黎各、伊斯帕尼奥拉（或称海地岛）、古巴及其南面的牙买加，其中，海地岛上有圣多明各的检审法院和总主教区。而其东南方向的小安的列斯群岛的火山岛圆弧却无人居住，或者说尚处在尚武、野蛮、可怕的加勒比人手中，这些岛自南向北为巴巴多斯（Barbados）、马提尼克（Martinique）和瓜德罗普（Guadeloupe）。从墨西哥至委内瑞拉的中美洲及南美洲海岸虽然属于西班牙帝国的各个省，但对它们的控制却没什么效力，即便是与委内瑞拉海岸相望的库拉索岛，与尼加拉瓜海岸相对的普罗维登斯岛（Providence）或古巴和牙买加之间的开曼群岛（Cayman-Inseln）也是如此。委内瑞拉东面的所谓“荒芜海岸”（自西向东依次为今天的圭亚那、苏里南和法属圭亚那），包括佛罗里达在内的墨西哥湾北海岸，以及古巴北面的巴哈马群岛实际上都在西班牙帝国的疆域之外，尽管当初哥伦布最早是在巴哈马群岛中的一个岛屿登陆的。个别几处要塞也没有为此带来任何改变。

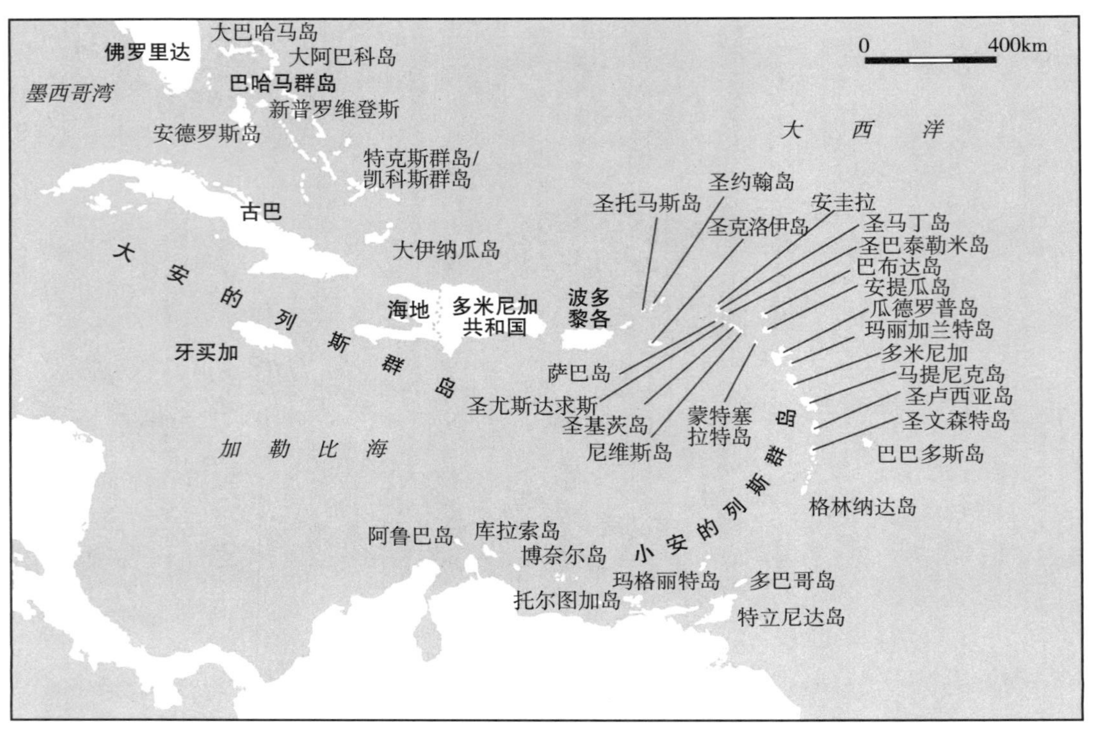
佛罗里达
大巴哈马岛
大阿巴科岛
巴哈马群岛
墨西哥湾
新普罗维登斯
安德罗斯岛
0
400km
大西洋
特克斯群岛/
凯科斯群岛
圣约翰岛
圣托马斯岛
安圭拉
古巴
圣克洛伊岛
圣马丁岛
圣巴泰勒米岛
大伊纳瓜岛
巴布达岛
大安的列斯群岛
安提瓜岛
波多
黎各
瓜德罗普岛
海地
多米尼加
共和国
玛丽加兰特岛
牙买加
多米尼加
萨巴岛
马提尼克岛
圣卢西亚岛
圣尤斯达求斯
蒙特塞
拉特岛
圣基茨岛
圣文森特岛
加勒比海
尼维斯岛
巴巴多斯岛
格林纳达岛
阿鲁巴岛
库拉索岛
博奈尔岛
小安的列斯群岛
玛格丽特岛
多巴哥岛
托尔图加岛
特立尼达岛
插图 53　加勒比地区

西班牙的海上对手运气略好时可以冒较小的风险在加勒比地区活动，其结果就是，至18世纪，西班牙不得不与北欧和西欧所有航海国家共同享有这一地区，就连库尔兰（Kurland）也未缺席，而勃兰登堡—普鲁士只是偶尔参与。甚至连享有主权的马耳他骑士团（Malteserorden）自1651年至1665年也染指其中。也就是说，加勒比地区在此期间已成为西欧世界贸易体系的重要组成部分，因而对亚当·斯密来说也成为重商主义殖民地的典范。此时它取代巴西向欧洲供应原糖，为原糖生产购进了几百万非洲奴隶。它以这种方式成为种植园经济的核心地区和范例，而种植园经济的结果就是大中企业以单一经济形式资本集约化生产高价值农产品。

“种植园美洲（Plantagenamerika）”自巴西（蔗糖，后来是咖啡和棉花）延展至后来的美国南方各州（稻谷和菘蓝，后来主要是棉花），也包括西属美洲的热带海岸地区（蔗糖和可可）。种植园美洲是后来殖民地种植园经济的样板，是历史上首次出现的大规模资本主义农业经营，也给环境和人类生态带来了严重后果。由于垦荒、采伐木柴以及地力耗尽，一种总是受飓风威胁的人造田野，以及通过强迫移民引入的新创奴隶人 435
口出现了。印第安人几乎消亡殆尽，欧洲人在许多岛屿上成为走向消逝的少数。不过加勒比地区与巴西以及美国南方各州一同发展成“非洲大西洋”的其中一个核心地区。

不过其他各国国民最初关心的只是使西班牙人遭受损失的劫掠，最多还试图打破西班牙人对美洲贸易的垄断。西班牙的原则是：在自己殖民势力范围内遇到的每一个非西班牙人或非葡萄牙人，无论其母国与西班牙的关系如何，将一律被视为卑鄙的窃贼和不受法律保护的海盗，并应按此类别进行处置。这一原则反过来理解就是:（只要不是关系到自己的海洋和自己的贸易，）将海洋自由和贸易自由原则作为出发点的非西班牙航海人觉得自己处在与西班牙的永恒战争之中，尽管官方在欧洲是一片和平。欧洲和平期间，在海上以及西班牙殖民地进行的小规模战争成为双方或多或少都默许的国际法的实践活动。弗朗西斯·德雷克称这一状态为“此线之外没有和平（No peace beyond the line）”。1611 年以来的法国文件对此线作了比较具体的描述：亚速尔群岛所在的经线以及在佛罗里达和古巴之间穿过的北回归线是交战区域的东部界线和北部界线。据称，这一准则是在一次针对 1559 年《卡托 – 康布雷齐和约》（Frieden von Cateau-Cambrésis）的非正式口头协商中由西班牙和法国首次约定的。这种非正式方法完全可被视为“通过消除海外冲突使欧洲国际法共同体协调一致”（Kempe）。然而到 17 世纪下半叶，这一准则逐渐被废弃，直到最终于 1684 年签订了《法国—西班牙条约》（Französisch-spanische Vertrag 1684），该条约明确规定它在欧洲范围之内和之外（in et extra Europam），以及在该线的这边和那边（tam cis quam trans lineam）均有效力。

欧洲列强向现代国家发展的进程改变了这类冲突的特性。若是论及英国、法国、尼德兰以及其他国家在加勒比地区的行动，其发起者其实根本不是各国王室或尼德兰七省联合共和国，而是私人，是有可能为此组成有期限合伙公司的商人、航海者和喜欢冒险的贵族。然而他们可能会从各国君主或尼德兰国会那里得到各种特权，有时规模尚且不大的皇家船队
436 的船只也参与其中。只要这种行动是在与西班牙的战争期间进行的，那么进行海战的都是私人武装。因此，英语里表示这类人的名词“privateer”被用来定义私人战船或其私人指挥官。德语名词将两类“劫掠者”区分开来：一类是具有劫掠证书，即某一当局颁发的攻占敌方船只的许可证的“海盗（Korsaren）”，另一类是违背法律法规自己承担行动后果的

“海盗（Piraten）”。不过两者是可以随时转换的。与在陆地战争中强盗摇身一变成为雇佣兵，以及在和平时期雇佣兵再变成强盗一样，在海上也会依据不同的政治形势，从第二类海盗变成第一类海盗，或者反过来。古代腓尼基人和希腊人是欧洲殖民主义先驱，作为航海人他们就在不同的情况下先后做过正直的商人、嗜血成性的海盗、肆无忌惮的奴隶贩子或野心勃勃的殖民地创建者（可以再读一下《奥德赛》）。就连科尔特斯的行动也是以商业探险开始的。在法国革命和拿破仑时代也通过第一类海盗对抗英国的制海权，如具有浓厚传奇色彩的圣马洛的罗伯特·修考夫（Robert Surcouf）。就连巴塞尔的布尔克哈特家族（Burckhardt）的一个成员也借助瑞士资本参与其中。在此期间，私人进行的战争转到长久性资本公司手里，如西印度公司或各个东印度公司，一种组织方面的进步。随着现代国家进一步兴盛及其常备军和舰队的扩大，私人进行战争越来越显得多余，最终成了麻烦。

使用适应当地水土的武装力量——例如生活在加勒比地区的海盗——自有其优点，他们对那里的各种传染病具有免疫力。从外面新来的移民和部队在旱季有可能取得成功，然而只要一下雨，他们中的许多人就会死于疟疾和黄热病。据说被逼入困境的西班牙人就恪守躲在堡垒围墙后的策略，静待这类进攻者大部分死去，或者至少等他们被瘟疫削弱了战斗力。1802/1803 年，拿破仑入侵海地的部队肯定也有过同样的经历，初期取得成功后遭受了惨痛的失败。

由于皇帝查理五世和国王弗朗索瓦一世之间进行的战争，自 1520 年代以来，法国人率先开始伏击西班牙的美洲商船，很快他们也开始袭击劫掠西印度的各个港口。1552 年，欧洲冲突再起时，西印度便成了真正的战场。1554 年，法国人在弗朗索瓦·克莱克（François le Clerc）的率领下占领了古

437 巴圣地亚哥三十天并彻底毁灭了它。1555 年，雅克·德·苏里（Jacques de Sores）甚至占领了哈瓦那。与这些法国海上英雄中的许多人一样，德·苏里也来自诺曼底，也是新教徒。与在巴西已出现的情形一样，在法国人在新世界进行的行动中，反罗马情绪自此与反西班牙情绪联系在了一起。新创建的一个个据点当时不仅是为了寻找贵金属，进行贸易活动和海盗劫掠活动，而且也用作胡格诺派教徒的避难所，例如1562/1563 年进行了一次徒劳无功的进攻后于 1564 年在佛罗里达东北海岸建立的卡洛琳堡（Fort La Caroline）。首领让·里博（Jean Ribault）和雷内·古兰·德·劳顿内（René Goulaine de Laudonnière）的后盾是信奉新教的诺曼底以及海军将领科利尼。因此，按照西班牙国王费利佩二世的明确命令，这一移民点于 1565 年即被消灭。运送白银的航路不容受到威胁，尤其是不容受到异教徒的威胁。挑出了一些妇女儿童和天主教徒后，指挥官下令杀掉了那里的守卫部队和剩下的居民，“因为为了上帝和陛下，此举是必要的”。至 1612 年，西班牙人在佛罗里达四周建立了一系列殖民点。

胡格诺派教徒的英国盟友好像多次参与了佛罗里达的行动，此前他们与西班牙的良好关系此时开始恶化。由船主和伦敦富豪支持的普利茅斯的约翰·霍金斯（John Hawkins von Plymouth）于 1562 年带领三艘小船前往塞拉利昂，在那里靠货物交换和使用暴力弄到了几百个奴隶，1563 年在西印度以相当公开的方式将他们卖给了西班牙人。这是走私行为，并非像一些历史学家认为的那样是在向费利佩二世宣示自由贸易的优越之处。显然这桩生意做得很好，因而于 1564/1565 年再度实施了这类行动，这一次女王和高级贵族也投入了资金，参与行动的还有王室的一艘船。这些受到各主管当局警告的殖民者肯定是被诡计和权力催逼着行动的。尽管仅能得到 60% 的利润在英国引起强烈不满，但霍金斯还是得到了一支更大的船队进行 1568/1569 年的另一次探险航行，船队还包括两艘王室的战船。难道是伊丽莎白一世想向西班牙国王证明后者帝国的脆弱性？然而生意进行得很不顺利，最终霍金斯被迫试图进入韦拉克鲁斯的港口躲避一场风暴，第二天船队抵达了那里。战斗以惨重的损失结束，只有霍金斯和他表弟弗朗西斯·德雷克带领的两艘英国船得以逃脱。

于是英国人暂时放弃了尝试向西属美洲走私奴隶和其他
货物，仅还进行海盗劫掠活动，这是一件有利可图的事情，在 438
伊丽莎白时代后期贸易陷入萧条时，人和船都被用于进行这一活动。英国和西班牙的敌对最终发展为公开战争，1588 年，庞大的无敌舰队进攻英国构成了其高潮。弗朗西斯·德雷克（1540~1596 年）成为第二阶段的主角。

1572/1573 年，德雷克从荒凉的哥伦比亚丛林海岸边的一个据点出发，成功袭击了农布雷－德迪奥斯和巴拿马，将大量白银战利品运往英国，这次行动得到了一些长期骚扰巴拿马地峡的逃亡奴隶（Cimarrones）帮伙的帮助。而仿效者的运气就欠佳了，约翰·奥克森罕（John Oxenham）率领的一队人马被击败，其大小头目在利马被宗教法庭以异教徒罪名处决。

其间，德雷克于 1577 年绕过合恩角驶入太平洋，极为成功地劫掠了不设防的海岸，其探查航行直抵加利福尼亚。1580 年，他作为第一个环球航海的英国人由东印度返回，通过业绩和战利品最终成为民族英雄。1585/1586 年，他作为海军将领袭击圣多明各和卡塔赫纳大获全胜，1595 年与无敌舰队交战后回师占领巴拿马并将其扩建成进攻秘鲁的基地。这一大规模行动失败了，德雷克在此期间去世。除这些正式行动外，1585 年至 1603 年还有 74 个英国私人探险队前往西印度，总共进行了 183 次航行，使用船只 235 艘。德雷克、霍金斯、马丁·弗罗比舍尔（Martin Frobisher）和沃尔特·雷利（Walter Raleigh）大概是作为英国海上霸权的先驱为自己赢得了民族英雄的称号。然而也不应忽略，他们首先是作为谋求利益的凶残海盗成为民族英雄的。

尼德兰人在这方面的行动晚于法国人和英国人，1594年之前他们还没有出现在西班牙官员关于外来入侵者的怨言之中。当然应该考虑到，他们完全是靠着西班牙代理人而行动的，尽管没有达到在塞维利亚那样的程度，因为在他们看来没有那种必要。然而1585年、1595年和1598年在伊比利亚各港口针对尼德兰船只进行了大规模的扣押查封行动，这表明那里的生意风险已经加大，在这种情况下直接与美洲来往的兴趣日益增强。自从大名鼎鼎的英国寻宝人沃尔特·雷利发表了关于他1595年的法属圭亚那之行的报道（1596年），对西班牙几乎没有占领的今法属圭亚那和委内瑞拉海岸的兴趣尤为高涨。在这
439 一地区还能得到尼德兰不可或缺的进口货物——盐，此前通常是从葡萄牙购进的，而此时已变得更加困难了。尼德兰最重要的两个经济行业——鲱鱼捕捞和波罗的海贸易——也有赖于此。自1599年起，尼德兰人出现在蓬塔-德-阿拉亚（Punta de Araya）大型天然盐场，它在委内瑞拉东部的一个半岛上，在玛格丽特岛（Margarita）南面和库马纳（Cumaná）北面，而且那里的盐质量优于南欧的盐。1599年至1605年，驶抵的尼德兰船每年平均为120艘，不过还有25艘英国船、4艘法国船和4艘其他国家的船，它们来时绝不是空的，而是装载着各种各样的走私货物，通过少数几个西班牙移民点卖出去。直到1622年，西班牙人才成功地切断了这条通道。

因为法国商人长期活动于西印度，约自1600年起，英国人又作为商人大批卷土重来，所以西班牙王室尤其在1605年至1609年采取了各种强有力的对策；而鉴于之前国库亏空导

致了1606年对尼德兰一次攻势的失败以及1607年的国家破产，此举很值得关注。中央和地方的海上巡逻队建立起来了，1605年对阿拉亚的尼德兰人进行了一次猛烈进攻，同年将海地北部和西部走私巢穴之地的居民迁往东南部，不过西班牙人以此举为他人的殖民点让出了地方，这大大违背了自己的利益。南美洲北海岸地区被禁止种植烟草，目的是断绝外人最重要的出口货物。

一方面是欧洲对烟草的需求量上升，另一方面是欧洲战事再起，这很快再次导致竞争对手们加紧了行动。据估算，英国仅1611年就消耗了大约10万磅烟草，1621年的消耗量超过了16.6万磅。最初20年，尼德兰、英国和法国在法属圭亚那至亚马孙河河口之间建立的那些短命的殖民点大都主要从事烟草生产。1621年至1648年，西班牙与尼德兰重又处于战争状态，1624年至1629年与英国进行战争，1635年至1659年与法国交战，这些战事对这些国家的人来说都是抢占西班牙尚未占领的小安的列斯群岛并在那里种植烟草、建立贸易站的机会。1621年至1629年，人们在英国讨论是否要按照尼德兰模式建立一个针对西班牙的西印度公司。1623年，英国人到达圣克里斯托弗岛（St. Christopher）[圣基茨岛（St. Kitts）]，1625年到达巴巴多斯，1627年到达圣文森特岛（St. Vincent），1628年到达巴布达（Barbuda）和尼维斯（Nevis），1632年到达蒙特塞拉特（Montserrat）、安提瓜岛和多米尼加，1648年到达玛丽加兰特（Marie Galante），
1650年到达安圭拉（Anguilla）。尼德兰人于1634年攻占了 440
委内瑞拉海岸边的库拉索岛并占领了圣尤斯特歇斯岛，1640年占领萨巴（Saba），1648年占领圣马丁岛。1635年，法国人夺取了马提尼克和瓜达卢佩，1640年占领格林纳达和圣巴泰勒米（St. Barthélemy），1660年占领圣卢西亚（St.

Lucia）。有一些岛屿进行了交换，大都对英国有利，因为在各项欧洲和平条约中都承认了当时的占领，1648 年在明斯特（Münster）也承认了尼德兰人的占领。

17 世纪中叶以来，葡萄牙人在欧洲战争和海外战争进程中的政治分量慢慢下降，尽管从最终结果的角度看，这个变化很容易被认为过于急促。1652 年至 1654 年、1664 年至 1667 年、1672 年至 1674 年，尼德兰与英国之间进行了多次战争，1667 年至 1668 年、1672 年至 1678 年、1688 年至 1697 年，尼德兰与法国之间也进行了多次战争，其间，正值上升期的强国英国首先制服了当时占优势的尼德兰对手们，只是偶尔与法国联手，不过自 1674 年起便与尼德兰关系比较亲近，自 1689 年起将法国视为世界政治的主要对手。

英吉利共和国[①]已在推行一种贸易扩张和舰船扩张政策，在欧洲扩张史上，奥利弗·克伦威尔是首先使用后来被称为“社会帝国主义”的动机和行为模式的人之一。为了摆脱内政困境，英国对天主教西班牙的殖民帝国发动了在经济和思想方面都具有吸引力的攻势。1655 年的海上远征本应攻占圣多明各作为对大陆采取行动的出发地，然而成效甚微，作为权宜之计仅仅取得了牙买加。

尼德兰人在奥里诺科河河口和亚马孙河河口之间的海岸地区，在广义法属圭亚那坚持了很长时间，尽管自 16 世纪后期以来那里有列强的许多殖民点。尼德兰殖民点大都集中在西面今天的圭亚那，尽管时有中断，但它还掌握在尼德兰人手里，直到 1814 年不得不被转让给英国。直到 1797 年，英国人才从西班牙人手里夺得特立尼达，1803 年他们得到了多巴哥岛（Tobago）。位于该段海岸中间的今天的苏里南于 1667 年作

① 或译作英格兰共和国，全称为英格兰、苏格兰与爱尔兰共和国，1649~1660 年。——编者注

为交换新阿姆斯特丹（纽约）的条件，由英国转给了尼德兰，除尼德兰人之外，在那里定居的本来还有来自巴巴多斯的英国人。虽然存在着一些法国从前的移民点，但尼德兰人还保持着对东面卡宴（Cayenne）的控制权，直至1676年被一支法国船队夺去。这已是力量对比变化的一个迹象，因为西印度群岛日渐成为英法在世界范围内博弈的另一个舞台，而这一博弈后 441
来成了18世纪的主线。

在17世纪的劫掠战中，西班牙、尼德兰、英国和法国之间变换着角色，这种劫掠战造就了可以根据需要使用的特别人才，除大部分祖籍为英国和法国的人才外，大概也从小安的列斯群岛不得志的殖民者中招募了一部分。对于这些“Buccaneers”[①]（英语，此名称与他们制作肉食的方法有关）或“Flibustiers”（法语，意为海盗）来说，缔结和约无非意味着从官方委托的劫掠战转为自担风险的海上掠夺。因此作为雇佣兵他们实际上只是被用于他们能够猎获战利品的地方，也就是说主要是针对西班牙。海地北海岸附近的托尔图加岛（Tortuga）属于法国的势力范围，牙买加岛上的罗亚尔港（Port Royal）属于英国的势力范围；17世纪中叶，他们就躲在这两处地方初级行政机构的眼皮底下，纠集起数千人进行远征，无论这是否符合其“主人”的利益。不过，加勒比地区以及部分北美地区的英国和法国殖民地总督在颁发劫掠证书方面格外大方，甚至在颁发空白劫掠证书以及远征结束后颁发赦免证书方面也格外大方，因为这不仅关系到他们各自君主的利益，而且也关系到他们自己的利益，他们与各自的王室以及某些资金提供者一样也参与劫掠行动。

这些海盗仅从1655年至1661年就袭击掠夺了西班牙的

① 意为海盗。

22座城市。在既有魅力又嗜杀成性的首领威尔士人亨利·摩根（Henry Morgan）的率领下，他们的活动达到了顶点。摩根活动的基地是牙买加，在那里受到总督托马斯·莫迪福德爵士（Sir Thomas Modyford）的庇护，后者也是在国王查理二世复辟过程中立下功勋的阿尔伯马尔公爵（Duke of Albemarle, George Monck）的表兄弟。1668年，摩根带领2000人占领波托韦洛，1671年带领1800人占领巴拿马，两座城市被抢劫一空并经历了可怕的骚乱。然而当西班牙加强了外交和军事反应时，当因阿尔伯马尔公爵去世而失去庇护时，总督被解职关进了塔楼。不过摩根在英国经历了一次所谓的调查之后就被封为贵族，1674年作为副总督返回牙买加。人们开始让公山羊充当看园人去抑制海盗行为。

虽为个别事例，但这种事件对一般发展情况而言也是具有典型性的。尽管海盗在17世纪最后20年已将自己的活动范围
442 成功转移到美洲的太平洋一侧，但他们也渐渐受到抑制。西班牙学会了保护自己，尽管我们在前面已看到它的殖民地预算还有其他负担。加勒比地区的新殖民强国——英国和法国——也不愿意让持续发酵的暴力因素危及在制糖业兴盛条件下有序的经济关系的建立。17世纪末开始追歼海盗，尽管起初人们还一再使用他们。为进行1689年至1713年的各次战争，皇家海军得到大力扩充，从此拥有了必需的规模。凡是没有劫掠到足够的财富成为牙买加或法属圣多曼格（Saint Domingue）甘蔗种植园主的海盗，凡是不愿意躲入其他海域的海盗，都可能被强行纳入当时的海军。

在此期间，英国和法国在印度洋的海盗劫掠活动正值全盛时期，由于夺取了受莫卧儿皇帝庇护的船只，甚至连英国东印度公司的生意也受到威胁。很能说明问题的是，在伦敦执政的辉格党人于1696年将深谙此道的加勒比海盗威廉·基德

（William Kidd）作为反劫掠者从美洲派往印度洋去追歼海盗和法国人。然而此人却打着法国旗号进行劫掠并获取了大量战利品。当印度的报复重又咄咄逼人时，他身后的指使人抛弃了他。1699 年，他镣铐加身被押回英国，审判者压下或许能使他免罪的文件后对他进行了审判，1701 年被处决。18 世纪头 20 年虽然是国际海盗最为猖獗之时，但殖民地各场战争已不再使用凶蛮的海盗群伙，而是使用正规陆军和海军按照战争法则进行。能干的法国行政官员精明地将荒凉的西海地逐步变成安宁繁盛的蔗糖殖民地法属圣多曼格，不过在 1697 年的《赖斯韦克和约》（Frieden von Rijswijk）中尚未承认这一结果，直到 1777 年在阿兰胡埃斯（Aranjuez）才认可了它。

毋庸置疑，加勒比海盗绝大多数是嗜血凶残的罪犯，他们的恶行甚至会让那些征服者的恶行黯然失色。他们在牙买加岛上托尔图加和罗亚尔港的据点理应被视为“世上罪孽最为深重的地方”。尽管如此，除海盗影片中表现的逃避现实的浪漫主义外，自 20 世纪末以来还有一种很成问题的海盗浪漫主义，它淡化罪恶，将海盗平等主义的自我组织描绘成没有资本主义
的无政府基层民主的典范。1640 年前后建立的合作组织“海 443
岸兄弟会（Les frères de la Côte）”的确有其章程，每个海盗都必须对其宣誓，船上的生活靠它调节，战利品依据它平均分配。船长经选举产生，而且必须通过功绩证明自己。对战斗中受伤致残者约定须给予补偿。这不就是面对福柯（Michel Foucault）所说的官方“生命政治（Biopolitik）”而坚持“身体的尊严（Würde des Körpers）”吗？作为生命力持久的“大西洋地下世界”的组成部分，海盗群体不就是所承受的苦难有时甚至超过奴隶的水手能找到的唯一避难所吗？“有海员在场时，黑人会觉得自己是个人。”（James Kelley 1838 nach Linebaugh / Rediker 5）然而准确地说，海盗的无政府主义自

我组织与没有首领的狩猎者、采集者和游牧人的自我组织更相近，很难将其转用于现代社团。另外，海盗们的无政府主义并不妨碍他们分享同时代人最糟糕的社会偏见。这种理想化的自我组织好像从来就摆脱不了其嗜血成性的阴暗面。

随着对海盗的打压以及法属圣多曼格的发展，18 世纪的西印度群岛格局建立起来了。尽管西班牙表面上具有优势，但实际上占据支配地位的是进行竞争的大国英国和法国。除牙买加、巴巴多斯以及包括船队基地安提瓜岛在内的小安的列斯群岛的其他岛屿之外，英国人还占有法属圭亚那海岸，1631 年至 1641 年占领尼加拉瓜海岸附近的普罗维登斯岛失败后，至 19 世纪，英国人对那里的所谓米斯基托印第安（Miskito-Indianer）混血居民实行一种庇护政策，另外他们还占有北面的一个前英国海盗居住地（即后来的英属洪都拉斯，今天的伯利兹）、巴哈马群岛和开曼群岛。法国领地范围较小，主要是法属圣多曼格、瓜德罗普和设有其船队据点的马提尼克，不过即使对英国人来说，它们也是在经济方面更具有价值。尼德兰占有库拉索、法属圭亚那和小安的列斯群岛的一些岛屿，丹麦占有圣克洛伊岛（St. Croix）和圣托马斯岛（St. Thomas），它们比两个大国要逊色许多。剩下的西属岛屿也是这种情况，如波多黎各、圣多明各（位于海地东部，今属多米尼加共和国）和古巴，不过后者直到 19 世纪才发展成蔗糖和奴隶岛。墨西哥湾北海岸在法国人和西班牙人之间换来换去，在具有重
444 要海洋战略地位的佛罗里达竞争的是西班牙人和英国人，1803 年，密西西比河以西地区落入美国之手，1818 年，密西西比河以东的海岸地区连同佛罗里达归美国所有。

至 18 世纪，加勒比地区的冲突具有了另一种特性，军事和政治冲突在国家层面上进行，而私人行动仅局限于经济方面。战争在大国英国和法国之间进行，或在英法与西班牙之间

进行，不过自西班牙王位继承战争以来，统治西班牙的是法国波旁王朝的一个旁支。此时不再像从前只是进行短期的劫掠，而是着眼于与扩张性蔗糖生产相关联的长期经济利益。它涉及生产所需的奴隶买卖，与此相关联也涉及向西属美洲走私，与从前偶尔为之的此类买卖相比，此时的走私具有一种完全不同的规模。

由于缺少前往非洲的通道，西班牙在向其殖民帝国供应奴隶方面一直依赖他人，最初自然是依赖葡萄牙人。自16世纪末起，西班牙王室与葡萄牙商人就向西属美洲提供奴隶签订了一种仅限少数人参与的有期限垄断合同。“Asiento”（供应合同）一词本来可用于指称各种合同，后在外交语言中逐渐变为仅用于指称这类合同。葡萄牙重新独立后，尽管有各种各样的代理人，但这一供应合同自1640年至1695年实际上掌握在此间在几内亚贸易中击败了葡萄牙人的尼德兰人手里。不过就连法国人也为自己建立起强有力的地位，特别是在塞内加尔地区，而1665年英国人在几内亚海岸已有18个站点。1685年至1687年的天花时疫使安哥拉部分地区人口灭绝，事过之后就连葡萄牙人也退回了几内亚。1695年至1702年是葡萄牙和法国掌握供应合同时期，到1703年，因波旁家族在西班牙继承了王位，所以一家法国“供应合同执行公司（Compagnie du asiento）”得以独自承担这一生意，而这又招致英国人染指其间。在西班牙王位继承战争结束后的1713年《乌德勒支和约》中，英国人得到了这份供应合同，早在1711年他们就为与西属美洲的贸易预先建立了一家“南海公司（South Sea Company）”，很快它就成为狂热投机生意的目标。

奴隶买卖还被英国人用作进行欧洲制成品非法交易的幌子。《乌德勒支和约》允许他们每年运一船此类货物，但相关船只白天在波托韦洛卸下货物后，又连夜再次装满从牙买加来 445

的货物。此外，奴隶从牙买加被转卖给西班牙人。据称1706年至1713年，牙买加与加勒比南海岸大规模走私生意的年平均额为25万镑。根据一项精细估算，1748年至1765年，英国从其各个殖民地获得的收入为325万镑，其中大部分来自牙买加。该岛当时是英国王室的一个宝地，原因不仅在于它的蔗糖生产，而且还在于它的走私生意。另外，英国北美殖民地的居民也大规模地参与对西属美洲的走私生意，而且规模越来越大。

与西班牙的冲突没有停止。1738年，船长罗伯特·詹金斯（Robert Jenkins）向下议院展示了他的一只浸泡在烧酒中的耳朵，那是1731年被一支西班牙海岸巡逻队割下来的——奥地利王位继承战争作为“詹金斯的耳朵战争（War of Jenkins' Ear）”在西印度群岛提前一年开始，即在1739年开始，其间法国迅速站到了西班牙一边。与在西班牙王位继承战争中一样，两个大国之间在西印度群岛仅发生了有限的对抗，但相互损害对方与西属美洲的蔗糖交易以及贸易的倾向还是比以往更加明显。1748年《亚琛和约》签订后，南海公司于1750年停止了自己的贸易活动，它的供应合同结束，其结果是奴隶市场呈开放状态。

七年战争在英法之间同样提前一年开始（1755~1763年），对英国方面而言，这场战争在西印度群岛最终更多的是一场经济战。1758年，法国在塞内冈比亚的各个奴隶站点被攻占，1759年，西印度群岛的瓜德罗普被攻占，1762年被攻占的是马提尼克以及西班牙的枢纽港——古巴的哈瓦那和菲律宾的马尼拉。战争期间，法国的奴隶买卖已经衰退，这对英国人有利。英国烧酒酿造和蔗糖贸易游说集团要求吞并蔗糖岛瓜德罗普，以扩大生产和向欧洲大陆的再出口。而甘蔗种植园主游说集团则担心竞争和价格下跌，因此反对吞并。出于政治考虑，政府得出了同样的结论并优先安排获取加拿大。当然在双方眼里这一大片土地价值低于小岛瓜德罗普。不过最晚自七年战争结束以来，英国在加勒比地区的统治地位已经确立，因而英国的奴隶买卖得以继续扩大。

在此期间，加勒比地区的一切都围绕着糖运转。情况绝非从一开始就如此。第一批垦殖者并非都是完全自愿踏上这些岛屿的，最初他们将自己的希望都寄托在烟草上。烟草种植不需要很多资本，但需要精心照料作物。因此这些新殖民地最初的社会经济结构是小土地占有结构。相对于后来的制糖业奴役制来说，“烟草是自由人的作物”。在具有 10 万英亩（4 万公顷）可耕地的巴巴多斯，1645 年有 18300 个具有作战能力的男性，其中 11200 人是小地产所有者，只有 5680 个非洲奴隶。平均每块地产不超过 4 公顷，每 7 公顷土地才有一个奴隶。人口密度达到令人惊异的每平方公里 217 人。

烟草生产的扩大自 1620 年代以来已经导致价格下跌，很快，小种植主就几乎不可能获得利润了。在这种情况下，较低等的西印度群岛品级无力与弗吉尼亚的品级抗衡。然而尼德兰人却有办法，他们将甘蔗种植从巴西转往西印度群岛，甚至预付了甘蔗种植必需的资本。因为与烟草不同，甘蔗是需要资本的商业作物。一个经营体必须足够大才能确保在收获季节充分使用费用昂贵的甘蔗压榨设备。另外，种植和收割甘蔗、运送燃料以及操作甘蔗压榨设备都需要大量工人，当然主要是无须培训的工人。因为可供使用的白人劳动力数量不足，所以很快就依赖于购买主要由尼德兰西印度公司从西非提供的奴隶。在这种情况下，只有财力雄厚的人才能做甘蔗种植园主或将经营维持下去。小地产主卖掉了所有的地产。这就是所谓的“蔗糖革命（Sugar Revolution）”，而这场革命又是在巴巴多斯岛上最为显著。经过 22 年，也就是到 1667 年，那里原先的 11200 个地产主仅剩下 745 个，各个经营体的规模为 80~400 公顷。
447 白人数量在减少，而岛上的奴隶数量已达 82023 人，即平均每公顷土地有 2 个。1663 年，英国种植园主和官员罗伯特·哈利爵士（Sir Robert Harley）从巴巴多斯写信称：

> 在此之前，各个移民点皆无生气，确切地说，它们因缺少后备力量面临着衰败。然而在失去巴西之后有许多尼德兰人和犹太人迁往巴巴多斯，开始在那里种植甘蔗、生产蔗糖。这促使尼德兰人在它们面临衰败时向其提供船只和借贷方面的帮助。另外，尼德兰人在几内亚海岸地区做奴隶生意，但失去巴西后不知该将非洲人卖往何处。因此，他们赊账向巴巴多斯提供奴隶。于是这个移民点存活下来并开始做起了生意。（nach McCusker / Menard in Schwartz 2004，295）

尽管时代见证人让·巴蒂斯特·迪泰特（Jean Baptiste Du Tertre）从法属马提尼克对同一时期也进行了内容相同的报道，但对巴巴多斯岛蔗糖革命的这一经典总结，特别是关于尼德兰人的主导作用，在此期间却受到了质疑。有人认为，除烟草之外，英国移民早先也曾试验了其他产品，其中也包括蔗糖。另外，不仅顽强坚持自己的“英国做法”的新种植园主祖籍大多是英国，而且提供船舱和借贷的也主要是英国人。确切地说，巴巴多斯岛上真正的革命成果是他们发展起的集约型种植园经营模式。因为缺乏进行集约耕作所需的劳动力，所以甘蔗生产最初被委托给拿份额的租赁者，比如合同到期的前白人契约佣工（indentured servants）。到该世纪中叶制糖业兴旺以及有非洲奴隶供应时，转为采用“班组制（gang-System）”直接经营管理就成为可能，奴隶分成班组在一个监工皮鞭的监督下在田间劳作。因而 1753 年，在牙买加一个奴隶一年平均可以生产 422 公斤甘蔗。不过在西印度群岛实行的这种集约型种植园模式大概在巴西早已为人所知了。

与瓜德罗普和马提尼克一样，巴巴多斯也属于小安的列斯群岛的圆弧，属于“背风群岛”。正如岛名所表明的，它们的位置特别有利于与欧洲的交通往来。人们可以借助信风直接驶向那里，回程时可以借助信风艰难地向北航行，直至进入湾
448 流，在西风带中获得驶往欧洲的顺风。然而从牙买加就不可能顶着信风直接向西北穿越古巴和海地之间的海峡，必须向西绕一个大弯才能在古巴北海岸遇到前面描述的有利航行条件。因此，牙买加的糖有时要比巴巴多斯的糖贵几镑。

每个岛屿都在自己的框架条件内经历了自己的“蔗糖革命”。例如可以很有把握地估计，牙买加甘蔗种植园的资本是通过走私和海上掠夺积累起来的。走私和海盗中心罗亚尔港的大部分商人将自己的钱用于进行土地投资。1630年代和1650年代兴盛期之后，糖价重新下跌，即便如此，转向蔗糖生产还是有望获得可靠的利润，因为需求在继续上升。据称，糖原本是印度调味品类中的珍品。原则上说对调味品的需求是没有弹性的，例如对胡椒的需求就不可能随意上升；可是对糖而言则没有这种限制。似乎16世纪糖的消费量就高于先前的假定，因而通常的解释，即认为糖的消费是在18世纪为了给殖民地的茶、咖啡、巧克力等热饮料增添甜味才普及开来的，大概会受到质疑。或许在这里，是一种具有吸引力的供应创造了一种不断上升的需求。一方面是大批量生产，另一方面是购买力的逐渐提高，因而有越来越多的人买得起这一消费品，社会上层炫耀式的消费使它显得很体面。17世纪下半叶，糖价明显下跌也使糖更具有吸引力，后来价格又开始持续攀升。人们希望买上一些，而且他们也具备这一购买能力！

在此进程中，尼德兰和葡萄牙关系的发展变化使西印度群岛的抉择获得了竞争优势。1640年，巴西生产了1.3万吨蔗

糖，而 1760 年英属西印度群岛生产了 12.13 万吨，法属圣多曼格生产了 6.43 万吨，加勒比海其他地区生产了 9000 吨，巴西只生产了 5800 吨，墨西哥生产了 2400 吨，到 19 世纪才获得主导地位的古巴也生产了 700 吨。18 世纪中叶，在占领东印度之前，西印度群岛实际上是英国王室最珍贵的宝贝。1700 年前后，它在英国对外贸易总额中占 7%，已经超过各北美殖民地，它们加在一起才只占 6%。1697 年，英国向西印度群岛出口的货物价值 141847 英镑，从那里进口的货物价值 327267 英镑。1772 年发展至顶峰时这些数字提高到十倍：出口价值 449
1334313 英镑，进口价值 3292749 英镑。因此，按照那个时代的重商主义理念来说，西印度群岛是殖民地典范，少数欧洲人在那里使用他国劳动力生产高价值的中间产品，它充实了本土的贸易平衡，却未与本土的制成品形成竞争。

然而面对甘蔗种植园里的单一种植我们应该注意到，尽管蔗糖经济占有优势地位，但像棉花、菘蓝以及后来的咖啡之类的可选择作物也都完全发挥着作用，即使完全不考虑依然活跃的走私活动，另外也还有畜牧经济和木材经济，以及一个经营商业和手工业的城区。在食物以及手工产品供应方面，西印度群岛绝对没有只依赖于进口。大部分岛屿的多山地特性使经营甘蔗种植园只能在平坦的海岸地区进行。逃亡奴隶在牙买加可以躲进腹地森林覆盖的山区。

初始时期，甘蔗种植园的利润在巴巴多斯据称为 40% 至 50%，而根据牙买加的一份抽样调查结果，1763 年至 1775 年那里的利润一直还是 8.9%。这大体相当于贸易的利润，也大体相当于奴隶买卖的利润。1688/1689 年，在牙买加经营一个仅 40 公顷的种植园需要投资 3620 英镑，其中，830 英镑用于购买 50 个奴隶，988 英镑用于开垦土地，1000 英镑用于购置器具设备，674 英镑用于支付头三年无收获期内 8% 的借贷利息。另外，每年还有 329 英镑的费用，其中 82 英镑用于购置被看作必不可少的 10% 的后备奴隶。三年后，糖和糖蜜的利润为 702 英镑，减去赋税后为 372 英镑。这样就可能有 10.28% 的利润。如果还必须继续付 8% 的借贷利息，那么纯利润则减少为 82 英镑，即只能获得 2.28% 的利润。

糖蜜是糖结晶后残留的含糖液体，不能再继续浓缩。它和被撇出的浮沫一起用于酿制朗姆酒，出于这一用途，它的出口方向主要是北美洲。不过，酿制较高品质的朗姆酒品种也需要用到纯甘蔗汁。马提尼克岛上 70% 的种植园、瓜德罗普岛上 31% 的种植园以及法属圣多曼格 23% 的种植园都生产自己的朗姆酒。除此之外还有一些正规的酿酒作坊。朗姆酒被很大方地分给奴隶，一方面是为了让他们保持好心情，另一方面是作为食物的替代品。据称 18 世纪末，一个奴隶年消耗朗姆酒为 12~16 升。欧洲人、印第安人和非洲人都很早就熟悉低酒精度 饮品，他们肯定也熟悉用甘蔗做基本原料的低酒精度饮品。而烧酒酿制则是一项由欧洲人传播的较新“成果”。因为尼德兰人在欧洲这一领域也起着主导作用，所以将他们归为首创者是可以理解的，17 世纪初，蔗糖制作和朗姆酒酿制一起在加勒比地区所有岛屿上普及开来。

18 世纪上半叶，仅马提尼克每年生产的朗姆酒就有 90 万 ~227.5 万升，其中一半用于出口，不过其价值仅为同期法国进口蔗糖的 2%。然而朗姆酒的出口对象不是法国——那里的葡萄种植农和烧酒酿造者于 1713 年实施了进口禁令，而是法属北美和英属北美，它还出口非洲用于奴隶买卖。

英国政治家们很早就已忧心忡忡，他们的国家依赖进口法国烧酒和葡萄酒因而造成货币外流。在 17 世纪末历次英法战争期间，进口先是被禁止，后于 1685 年被征收高额关税。1703 年，《梅休因条约》通过低关税促进了葡萄牙的进口。此时，英属西印度群岛的朗姆酒来得恰逢其时。自 1741 年以来不断增加的朗姆酒进口一直远远超过烧酒的进口。然而英国本地的金酒（加杜松子的粮食酒）价格明显比较便宜。1735 年，付税的金酒为 2900 万升，1733 年进口的朗姆酒为 230 万升。该世纪中叶因粮食歉收，面包价格面临着上涨——每个前现代政府的噩梦——在“西印度利益”的驱使下，议会禁止用粮食酿制烧酒。朗姆酒进口攀升至 1900 万升。另外，朗姆酒在正在开始的反酗酒运动中结果明显好于金酒。在加勒比地区，朗姆酒生产在甘蔗种植园收益中所占的比例上升了，大概在 15% 和 25% 之间波动。不过也有报道称其价值达到了 43%。

理想的种植园的位置是临近海岸或一条能行船的河流旁边，这样就能够降低运走糖桶的费用。种植园的建筑物三面围着甘蔗地，一排排树木保护着甘蔗地不受狂风的侵害。其后是奴隶们的园子，最后是作为储备的树林，若是榨干的甘蔗不够燃料之用，树林中的树木就被用作熬糖的木柴。主人的房子位于中央，与进行生产的建筑，特别是与甘蔗压榨房和熬煮房隔有一段距离。另外还有一两条由奴隶茅屋夹成的巷子以 451
及一些供牲畜栖息之地：拉车的牛、奶牛、马、绵羊、山羊等。然而主人的房子里住的常常不是种植园主，而是主人委托的管理者，越到后来，主人越是频繁地住在本土——简·奥斯汀（Jane Austen）的《曼斯菲尔德庄园》（*Mansfield Park*，1814 年出版）中的故事就发生在这种“主人不在”的环境里。

依照传统做法，糖由设在欧洲港口的各贸易公司投放市场，这些公司通过自己的船长或者代理人在当地收购糖。这样一来，生产者虽然不再承担任何风险，然而他的谈判地位却很低微，特别是当商人是其唯一的借贷来源因而同时又是其债权人的时候；除此之外，这些商人常常还控制着奴隶供应。时常甚至会出现以物易物的情况，即用糖结算奴隶和货物的款项，或结算利息和借款。这一体系在法国种植园主那里一直存在至最后，由于惯常的重商主义的保护关税政策，法国种植园主虽然独享法国市场，但带给他们的利益却很少。一方面是法国的糖价格最低，因此有可能从自由贸易中获得收益，另一方面，英属北美的食物以及从英国贩子手中得到的奴隶比法国市场上价格更便宜。与北美洲的英国殖民者一样，法属圣多曼格的法国殖民者也认为重商主义的殖民体系仅对本土单方面有利，因此对其持保留态度。

而英国种植园主则不同，他们自己承担风险，将自己生产的糖用船运往英国并委托一个商人销售。这些蔗糖生意代理人为种植园主管理账户，后者向其中汇款，用于购买奴隶等事项；此外，代理人也负责采购货物和借贷事务。英国糖价最高，这一体系可以在重商主义条件下发挥有利于种植园主的作用，因为它将具有优势的竞争对手法国人排除在英国市场之外。另外，它也方便西印度群岛的种植园主不留在当地，因为他们更喜欢住在英国，在那里直接与自己的代理人处理他们生意方面的事务，而且可以代表西印度群岛利益表达政治意见。

1700 年至 1760 年，蔗糖产量提高了两倍，不过需求同样也在上升。战争并非必定起着阻碍作用，因为鉴于海上力量的对比，它首先适合于削弱法国的竞争力。议会中的西印度群岛利益相关者代表着 5000 万英镑的种植园资本。公众舆论相应地赞同
452 奴隶买卖是制糖业长久繁荣的前提条件。按照 1749 年一篇匿名文章的说法，唯有奴隶买卖能够使种植园进行有价值产品的有利生产，能使与此相关的英国航海扩张和工业扩张成为可能，因而对国家而言，进行非洲奴隶买卖象征着取之不竭的财富和海上力量。毫不奇怪，一个非洲裔美洲人——后来的特立尼达和多巴哥总理埃里克·威廉姆斯（Eric Williams）——1938 年接受了他当时所上大学的一位文科毕业生的论点，该论点称，蔗糖贸易

和奴隶买卖的利润是工业革命最重要的资本来源。不过这一说法未能经受住实证检验。即使这些利润一点不剩地全用于此，它在英国工业投资中所占的比例也仅为 7.9%，虽然数目可观，却绝对不是决定性的。不过，从贸易中获取的利润应该被继续投入了贸易，而从种植园获取的利润投资的则是社会地位。

然而在 18 世纪最后三十余年，英属西印度群岛的繁荣开始衰减，至少相对法属岛屿是如此，1767 年，法属岛屿出口的蔗糖（7.7 万吨）就已经多于英属岛屿（7.2 万吨），另外与英属岛屿相比，法属岛屿的精炼糖接近 40%。地力消耗的减少和较大的土地储备使公顷产量得以提高：1788 年在法属圣多曼格为 5 吨，在牙买加仅为 1.5 吨。因此，法国人在报价时就可以低于英国人：“一大桶”（合 0.8 英国吨或 0.72 公吨）蔗糖当时在牙买加售价为 45 先令，但在法属圣多曼格仅售 36 先令 4 便士，而利润也与此相应。法国种植园的利润平均为 8%，在法属圣多曼格甚至达到 12%，而在巴巴多斯为 6%，在牙买加甚至只有 4%。长久以来有一种论点称，在废除奴隶买卖和奴隶制以前，至少英国人的种植园已处在衰退之中。实际上，美国独立战争期间的危机过后，首先又有一段上升期。由于当地爆发革命，法属圣多曼格的竞争消失，这首先有利于英国的竞争，其次有利于西班牙自古巴进行的竞争。不过 1800 年前后，它们都出现了生产过剩。1820 年代危机加剧，这不仅与 1807 年废除奴隶买卖以及 1833 年废除奴隶制相关联，而且也与糖税提高到 70% 有关。另外在欧洲大陆，新的甜菜糖已经填补了因拿破仑封锁大陆而出现的市场缺口。西印度群岛利益相关者希望能够 453
采取政治措施，然而他们在议会中的分量已经减弱，本土对重商主义经济政策的热情也逐渐消退。新兴工业利益的目标不是保护仅仅生产蔗糖，除奴隶外只接受少量货物的那些小岛，而是在北美洲和南美洲为自由贸易开拓广阔的市场。

奴隶买卖

在不乏难堪之事的欧洲扩张史里，从15世纪至19世纪（1441年葡萄牙人开始贩卖奴隶和1888年在巴西废除奴隶制是这个时间段的起止点），买卖非洲奴隶以及使用被卖为奴的非洲人经营美洲种植园是令人愤慨至极的事情之一。以今人的眼光很难理解这件事，自18世纪以来，人们才渐渐对这一特殊的大西洋体系提出疑问，而在此之前，它一直是无人质疑的理所应当的事情。洛克、伏尔泰和杰斐逊等启蒙主义者也和各个教派的基督徒一样参与其中。尽管耶稣会中也出现了像阿隆索·德·桑多瓦尔（Alonso de Sandoval）那样的对体系持批判态度和关怀奴隶灵魂的人，他们像彼得·克拉弗在卡塔赫纳（哥伦比亚）一样为这一使命受尽煎熬，但这丝毫没有改变同一个修士会在拉丁美洲各地使用非洲奴隶经营种植园的现实。就像当年多明我会修士反对奴役印第安人一样，嘉布遣会修士弗朗西斯科·何塞·德·哈卡（Francisco José de Jaca）和埃皮法尼奥·德·穆瓦朗（Epifanio de Moirans）1681年也在古巴反对奴役非洲人；1682年，他们被遣送回西班牙并监禁在修道院中。然而在我们这个强烈谴责种族主义的时代，这一骇人听闻的事件已使“非洲的大西洋”成为历史学研究最为深入的课题之一。

除了成千上万的出版物，今天发挥重要作用的首先是大卫·埃尔蒂斯（David Eltis）、大卫·理查德森（David Richardson）和其他一些人建立起的“跨大西洋奴隶买卖（The Trans atlantic Slave Trade）”数据库，它于1999年启用（TSTD 1），2008年以来有了一个扩充版本（TSTD 2，www.slavevoyages.org）。现在它记录的贩奴航行为34808航次，占估算总航次的77%。它们之中的许多航次都有关于船只、船长、船员、装货地点、卸货地点、航行时间以及航行情况的说明，不过最重要的信息是：上船的奴隶总数为10125456人，而下船的为8733592人，这意味着航行期间的损失平均为13.7%。从中得出高于此前估算的总数：非洲出口的奴隶为12521000人，美洲进口的奴隶为10703000人。

然而这种知识水平的提升非但没有解答任何尚有争议的问题，甚至还引发了种种新问题。例如，人们对使用非洲奴隶解决甘蔗种植园劳动力问题时所持的理所当然的心态提出了问题。有一点很清楚，即在巴西为经营种植园而使用的印第安人规模有限，而在加勒比地区则根本没有使用，因为当时那里的印第安人大都死了。然而不是也在使用白人劳动力经营种植园吗？也就是说，除被判处流放的刑徒（在英国称为barbadoes'd）外，初创时期起重要作用的首先是那些因无力偿还债务而为奴的人（indentured servants，法语称作engagés）。他们负有劳动5~7年的义务，随后就能得到自己的土地。因为是用劳动偿还横渡大洋的费用，所以他们常常只得到食物，所受的待遇并不比奴隶强。然而随着种植园的扩张，可供使用的土地紧缺起来，而17世纪欧洲的政治危机和经济危机已被克服，这使得在海外为奴偿还债务的吸引力大大降低。虽然欧洲人不能在热带气候条件下从事体力劳动的种族主义观念尚未流行，但欧洲债奴显然比非洲人更容易患上传染病。那时，现代意义上的白人自由雇佣工即便在欧洲也几乎不存在，因为劳动在那里通常还是与社会制度紧密联系在一起的。形式上的奴隶制甚至在欧洲依然存在。虽说按照大卫·埃尔蒂斯的说法，沦为奴隶的欧洲人比非洲人便宜，但禁止以欧洲人为奴的文化禁忌是不可能逾越的。即便某些地方将罚做奴隶定为刑罚，例如英国对流浪者实行的处罚，也不过是威吓。与此相反，个人自由的思想观念早已在欧洲史上发酵，其影响

之大使得殖民地的统治层也惧怕白人工人的难以驾驭，他们或参与起义，或甚至与敌人勾结在一起，例如英属圣基茨岛上的
455 爱尔兰工人，1681 年时他们充当了法国舰队的“第五纵队”。

有违常理的是，奴役非洲园工甚至可被视为欧洲人独一无二的自由意志的文化成果，也就是说，这种自由意志的功绩并不只是阻止了欧洲人自己被奴役。确切地说，个体对财产不受限制的支配也属于欧洲人的自由，与其他文化不同，时间越久，这种支配就越发脱离集体和非经济义务，就仅仅听命于各种市场力量。不过从市场观点看，与非灵活性地提供印第安园工和白人园工不同，灵活地提供非洲人是对需求作出的最佳反应。然而，基于这种纯经济考虑而选择奴隶制的做法之所以成为可能，完全是由于在文化层面上已经选择了有着特殊需求的市场经济。因此很有代表性的事实是，最成功的奴隶贩子和奴隶主都来自社会经济最发达的西欧国家。也就是说，到那时为止的自由的最高形式产生了到那时为止的最严酷的奴隶制。

然而这之所以成为可能，也正是因为以今人的眼光看，彼时高度发达的自由文化还不等同于平等文化。与世界上所有地方一样，至少在具有决定性意义的 17 世纪，不平等地对待各个社会群体或种族群体在欧洲是无人深究的理所当然之事，特别是在对待那些有别于自己的群体方面。因此，在为了蔗糖经济而奴役非洲人这件事上，根本没有必要依据种族主义特别歧视他们。这种歧视在 17 世纪往往是个例而非常态。只是到了后来，种族主义才被用来证明奴役的合法性，即只有在突然需要论证不平等对待各种人的理由时，被奴役的非洲人才必须被解释为劣等人。

当欧洲人认为这样做对经济具有重大意义时，他们便立刻直接采用了非洲自古就存在的奴隶制，并按照自己的需要改造它。从古至今，无论在世界的哪个角落，无论在哪个时期，各

种各样的不自由，其中也包括将一个人归为他人财产的奴隶制，都是大多数人不言而喻的生存条件。当然，人们往往很难清楚地划分自由人和奴隶，而是只能对自由和不自由划分复杂的等级。自由和不自由处在矛盾对立中，它们甚至能够以这种方式相互依存，正如我们所看到的，这种矛盾对立是西方文化 456
的一个特性。总体来说，这些人或生下来就没有自由身份（奴隶的孩子还是奴隶），或是作为战俘沦为奴隶。后一种情况是国际法的普遍准则，这一点在亚里士多德的著作中就能得到验证。主人与奴隶之间存在一种没有言明的契约：我放弃剥夺你的生命，但是为此你必须为我效命。如果欧洲人怀疑自己是否有权购买非洲人，那么他们往往惯于用形式上的假设安慰自己的良心：他们是非洲内部冲突的战俘。而对于非洲人常常为了捕获奴隶进行战争这一点，人们则极乐意忽略。

阿瑟・杨格（Arthur Young）于1772年已能断言，在自由条件下生活的人最多有5%。这同样适用于非洲，那里的黄金海岸边的传教士们在19世纪就无奈地确定，其实几乎没有人是完全自由的，奴隶制是一种自然而然的东西。以此便可以解释一个今天依旧令人愤慨的事实：非洲人毫无顾忌地参与了横越大西洋的奴隶贩卖。大家都知道，大部分非洲奴隶是经由非洲贩子之手卖出去的。和在新世界完全一样，非洲也没有种族团结，因为非洲人尚不懂得自己是非洲人。非洲人的忠诚往往不是奉献给他们自己或许就归属其中的帝国，而是奉献给自己的狭小群体，这与美洲的情况如出一辙。因此他们毫无顾忌地转卖自己的奴隶，或者为了这一目的去抓捕其他群体的成员。以非洲人的眼光看，大西洋奴隶买卖不是由外部带入非洲史的异体，而是非洲各家公司在出售一种产品，到贩运奴隶的船只离开非洲海岸的那一刻之前，这些公司都完全掌控着这种产品。

即使在非洲，奴隶制的结构也并不一致。与美洲的准工业化种植园相对比，奴隶制从整体上被描绘为与家庭关联的家长制下的田园生活，这一描绘并不符合其实情。首先在西苏丹各王国，奴隶完全被用于矿山和统治者的大型农业庄园。直到19世纪，奴隶在有些国家还可能被杀掉用作神的祭品或者死者的祭品。在其他一些地方，奴隶军人在战争以及和平时期都具有重大作用，有时甚至可能掌握政权。另外还有一些男女奴隶被纳入一夫多妻的大家庭，而不单单充当劳动力。有些奴隶被释放，可以自己挣取财产并以此为自己赎身，或者自己再买奴
457 隶，有时，后者是他们的首选。为自己的主人生育子女的女性奴隶常常被释放，至少她们生下的孩子被承认是合法后代。在农业劳作主要依靠女性的地方，女性奴隶的需求量要大于大西洋奴隶买卖对女性的需求，大西洋奴隶买卖虽非只涉及男性，却主要对男性劳动力感兴趣。

向伊斯兰世界提供的奴隶同样来自非洲。与非洲奴隶制相似，它的奴隶制在结构方面也不一致。从种植园工、家庭奴仆、情妇到奴隶军人，在伊斯兰世界都可以找到同样的变体。另外作为特有现象，那里还会为了获得宦官而给少年奴隶做阉割手术，那是一种有生命危险的手术。在中世纪早期，欧洲向穆斯林提供斯拉夫出身的奴隶，给这些人做这种手术的地方是尼德兰或法国北部。不过据称，在欧洲中世纪时，阿拉伯文本已在宣传肤色种族主义和黑皮肤非洲人的劣等性。各伊斯兰苏丹国是穆斯林最重要的供货商，它们抓捕奴隶的目的就在于此。通过撒哈拉商道向北运送的非洲奴隶可能与从东非用船经红海、波斯湾和印度洋运到买方手里的奴隶数量不相上下。不过与在美洲不同，伊斯兰世界形态多样的奴隶制和在非洲一样，没有形成一个清晰明确的奴隶或前奴隶（或称作“被解放的奴隶”）人口数。而奴隶和自由人的区别在这里和非洲不像

在美洲那么绝对和持久，因而奴隶长期淹没在总人口数里。而且这一情况又被淡化，因为伊斯兰世界和非洲一样，奴隶身份是由父亲往下传的，而在大西洋体系中则是由母亲往下传，后一种情况使得奴隶身份无法逃避。另外，《古兰经》宣称释放奴隶是功德之举。

穆斯林奴役非洲人从 7 世纪持续至 20 世纪，据称还一直在暗中进行。今天这种奴役有时会被用来作为未参与大西洋奴隶买卖的证明，而辩护士们在这一问题上首先强调的是规模。然而确实没有什么报告能与前面提及的数据库在可靠性方面进行哪怕是大致的比较，有的只是各种估计和由此得出的估算。1501 年至 1900 年，运往美洲的非洲人超过 1250 万，同一时间段穿越撒哈拉的商道被送抵马格利布（Maghreb）的奴隶据说为 184.4 万，顺尼罗河而下送往埃及的为 132.2 万，从东非通过红海主要运往阿拉伯半岛的为 117.2 万，从东非运往波斯湾各 458
国以及印度的为 53.3 万，总数约为 490 万（Eltis / Richardson 2010，5）。1780 年至 1840 年向东方出口奴隶甚至达到了其顶峰。然而穆斯林做奴隶买卖比西方整整早出了 800 年，于是今天有人算出，仅通过撒哈拉运送的奴隶就达 600 万至 700 万（Wright 2007），这样总数至少为 1200 万（Eltis / Richardson a.a.O.），还有学者算出的数字甚至达 1700 万（N’Diaye 2010 nach Austen）。另外还有一种对 1401 年至 1900 年贩运奴隶数量的估计，除了越过大西洋的 1260 万，取道撒哈拉商路的为 360 万，跨越印度洋的为 230 万，但是最为重要的是另有 1850 万是在“黑非洲”内进行的奴隶买卖，这样总数就达 3700 万人（Parker / Reid 2013，60）！

此外还有其他犯罪者，而且和在历史上经常见到的情形一样，有时犯罪者和受害者无法被截然区分开来，但是这一事实不会影响我们对大西洋奴隶买卖的估测。之所以称其为“大西洋的奴隶买卖”，也是因为至1800年，约70%的贩奴船是从各欧洲港口启程，不过之后90%的奴隶买卖是从美洲出发进行的，特别是从巴西和古巴。

非洲方面可以分出以下一些奴隶来源地。1.上几内亚（Oberguinea），也就是自塞内加尔——包括重要据点戈雷岛（Gorée）——直至位于利比里亚和象牙海岸境内的一个地区，象牙海岸在奴隶买卖中几乎没有扮演什么角色。2.黄金海岸，即今天的加纳，包括腹地的阿善提帝国以及（自西往东）重要的港口艾尔米纳、海岸角城堡（Cape Coast Castle）、阿诺玛普（Anomabu）和克里斯蒂安堡（Christiansborg）。3.尼日尔河三角洲西面的贝宁湾，包括达荷美王国、奥约王国（Reich Oyo）、贝宁王国以及主要港口波波（Popo）、维达（Widah，1727年被达荷美王国占领）和拉各斯。4.尼日尔河三角洲东面的比夫拉湾（Biafra），包括新卡拉巴尔（New Calabar）、邦尼（Bonny）和老卡拉巴尔（Old Calabar）。5.经过一个同样几乎未参与奴隶买卖的地区，即喀麦隆和北加蓬之后，就是中非西部海岸，包括港口卡宾达（Cabinda）、马勒博（Malembo）和卢安果（Loango），其中卢安果位于刚果河河口北面的同名王国境内；另外还包括该河南岸港口罗安达和本格拉，那里的刚果王国和恩东戈王国（Ndongo-Reich）被腹地的马坦巴王国（Matamba）和卡桑杰王国（Kasanje）取代。6.今天的莫桑比克，包括港口洛伦索－马贵斯（Lourenço Marques）、克利马内（Quilimane）和莫桑比克岛，除安哥拉外，它也在19世纪起着重要的补充作用。1501年至1867年，装上船的奴隶共计12520170人，其中1479800（11.8%）来自上几内亚，1208670人（9.7%）来自黄金海岸，1999600人（16%）来自贝宁湾，1595400人（12.7%）来自比夫拉湾，5693900人（45.5%）来自中非西部，542800人（4.3%）来自东南非洲。

16世纪和17世纪早期，奴隶买卖主要集中于塞内冈比亚， 459
后来主要集中于比夫拉地区和中非西部。16世纪中叶，其他地区开始做这一买卖，而且交易数字迅速攀升。各地区交易顶峰大都出现在18世纪下半叶，而贝宁湾的顶峰则出现于1721年和1730年之间，中非西部以及莫桑比克的顶峰出现于19世纪。由于1807年英国禁止奴隶买卖，当时其他地区的交易数字明显下降，比夫拉，特别是贝宁湾下降的速度最慢，而中非西部和莫桑比克为一方、巴西和古巴为另一方的奴隶生意此时却最为兴盛。

奴隶上下船地点在地域上虽然分布很广，但也显现了明显的集中。1252万名奴隶中有1038.3万人是在192个交易地中的20个地方上的船，其中最重要的10个分别是：

交易地	奴隶人数
罗安达	2826000
维达	1004000
本格拉	764000
卡宾达	753000
邦尼	672000
马勒博	549000
阿诺玛普	466000
卢安果	418000
老卡拉巴尔	412000
海岸角城堡	318000

从时间来说，欧洲方面第一批奴隶贩子是葡萄牙人。他们和巴西人一起贩运的奴隶共占46.7%，主要是从安哥拉运往巴西，尽管一开始他们也出现在其他一些交易地。贩运奴隶的数量持续上升，在19世纪第二个25年里达到了最高点。英国人贩运的奴隶占26%，他们于17世纪中叶开始参与奴隶买卖，

18世纪下半叶其数量已达最高点，不过1807年根据法律正式停止了自己的奴隶买卖。法国人贩运的奴隶占11%，他们开始得比较晚，将此生意一直做到1848年。英国人和法国人在西非和中非西北部购进奴隶，向加勒比地区各殖民地供货，也或多或少间接地向西属美洲供货。西班牙贩运的8.5%的奴隶至1700年也包括根据供应合同提供的奴隶。不过到19世纪，四分之三的奴隶被送往古巴，其主要来源地为中非西部。尼德兰
460 人的奴隶买卖占4.4%，与英国人的买卖并行发展，起初将奴隶贩往巴西，后来也贩往加勒比地区和法属圭亚那。尼德兰人不仅在西非购进奴隶，而且还在也属于葡萄牙人交易地的安哥拉购进。英国的北美殖民地，即后来的美国，于17世纪后期开始参与时所占份额为2.4%，1808年本土禁止进口后，它到19世纪还在继续做这一生意。剩下的1%主要由丹麦贩运到西印度群岛，不过这一部分还包括勃兰登堡由几内亚海岸向西印度群岛供应的大约3万名非洲人。

单位：年，人

年份	西班牙 古巴	葡萄牙 巴西	英国	尼德兰	美国	法国	丹麦等	合计
1501~1525	6363	7000	0	0	0	0	0	13363
1526~1550	25375	25387	0	0	0	0	0	50762
1551~1575	28167	31089	1685	0	0	66	0	61007
1576~1600	60056	90715	237	1365	0	0	0	152373
1601~1625	83496	267519	0	1829	0	0	0	352844
1626~1650	44313	201609	33695	31729	824	1827	1053	315050
1651~1675	12601	244793	122367	100526	0	7125	653	488065

续表

年份	西班牙古巴	葡萄牙巴西	英国	尼德兰	美国	法国	丹麦等	合计
1676~1700	5860	297272	272200	85847	3327	29484	25685	719675
1701~1725	0	474447	410597	73816	3277	120939	5833	1088909
1726~1750	0	536696	554042	83095	34004	259095	4793	1471725
1751~1775	4239	528693	832047	132330	84580	325918	17508	1925315
1776~1800	6415	673167	748612	40773	67443	433061	39199	2008670
1801~1825	168087	1160601	283959	2669	109545	135815	16316	1876992
1826~1850	400728	1299969	0	357	1850	68074	0	1770978
1851~1866	215824	9309	0	0	476	0	0	225609
合计	1061524	5848266	3259441	554336	305326	1381404	111040	12521337

一开始奴隶价格在非洲很低，有时甚至还下跌，因而需求很容易得到满足。然而自17世纪后期起，蔗糖价格持续上升，奴隶在美洲的售价以及在非洲的买入价也能够确定下来，具体情况不详，但大体呈并行趋势。直到19世纪，非洲的奴隶价格才重新下跌。

但是用廉价货是绝对换不来奴隶的。非洲人做生意很精明，知道自己能够要什么。欧洲商船带去的有铁制品，特别是滑膛枪和火药；用于交换奴隶的货物有纺织品，尤其是棉布和亚麻布，还有烧酒和烟草，有可能时也用贝壳等作为支付手段。最初在几内亚海岸涉及的多是黄金而较少是奴隶。1662 461
年至1703年，英国人为交换黄金投入的货物价值比为交换奴隶投入的多7倍。可是当世纪末奴隶的买入价上升时，负责黄金海岸的尼德兰总理事报告称，当地人已不再花费气力去寻找黄金，而是更愿意进行战争以抓捕奴隶。英国人随即率先转而经营奴隶买卖。

贩奴船停泊在各个相关港口，主要是“皇家非洲公司（Royal African Company）”的国家站点、尼德兰人新建立的西印度公司的站点以及各家法国公司的站点，有时也停泊在其他一些公司的站点。1731年，几内亚海岸（第二至第四地区）有15个尼德兰站点、9个英国站点和1个丹麦站点。葡萄牙人、法国人、勃兰登堡人和瑞典人已经或多或少自愿放弃了他们设在那里的据点。剩下的公司也于1690年至1730年相继失去了重要性。无须固定费用维持站点以及无须投资“奴隶储备”待售的自由贸易被证实更为有利。

在当地经营的同胞或许已经集中起了奴隶并将其关押起来，不过做这类事更多的是非洲贩子和中间人。这种贩子和中间人多是葡萄牙人和非洲人的混血儿，他们善于在不同的文化群体之间活动。在上几内亚和安哥拉，女性在这个圈子里扮演着重要角色，其中一部分是很快就死于传染病的欧洲商人的非洲遗孀。这些人的活动远远深入内地，因而奴隶可能会经过多人之手。那时甚至存在着一些真正的、能提供成千上万奴隶的交易市场。

尽管如此，没有备好“货物”的情况还是常常出现，于是商船不得不游走停靠不同的港口，或不得不长时间停泊。1730年至1803年，尼德兰人共进行了57次贩奴航行，据查证，他们在海岸边停留的时间平均为200天，每天购进不到2个奴隶。在比夫拉湾是赊账提供货物，须在那里等候非洲合作伙伴凑足相应的奴隶数量，这可能要持续数月。在这种充满风险的生意中并非总是不使用暴力，不过一旦使用暴力，欧洲人通常是绝对占不了优势的，就连在设有站点的地方也占不了优势，他们常常不得不妥协让步。

然而一个人又是如何被捕并卖为奴隶的呢？1730 年 2 月，一个非洲穆斯林派他的儿子阿尤巴·苏莱曼（Ayuba Suleiman）去一艘英国商船购买纸张和其他物品，那艘船正溯冈比亚河而上 462
寻找奴隶。父亲让儿子带了两个奴隶用以支付货款。因为那艘船的船长为奴隶出价太低，所以苏莱曼用奴隶在河的南面换了奶牛。可是在返回途中他遭到曼丁哥强盗（Mandingo-Räuber）的袭击，那些强盗将他卖给了同一个船长，后来船长将他卖给马里兰（Maryland）的一个烟草种植主，获得了 45 镑。

根据 19 世纪的一份调查，奴隶来源的三分之一是战俘。贝宁王国知道应禁止向欧洲人贩售奴隶，而从前的阿善提和达荷美王国据称则完全是通过战争抓捕奴隶强大起来的。它们的扩张今天首先被归因于政治权力意志，但作为伴随现象的奴隶买卖显而易见也在当中产生了影响。与先前的观点不同，今天人们认为使用大量进口的枪支只起着次要作用，与奴隶买卖之间不存在直接的因果关系。购买滑膛枪并非只是为了捕获奴隶，而卖奴隶也不是为了得到滑膛枪。倒是安哥拉内地“群雄”与奴隶买卖的关系更为密切。17 世纪，刚果王国和恩东戈王国从安哥拉分裂出去之后，恩辛加公主（Prinzessin Nzinga）在葡萄牙势力范围之外的内地建立了自己的马坦巴王国，依靠的是凶残的因班加拉人（Imbangala）武士群体武装。因班加拉人自己在南面也创建了卡桑杰王国。马坦巴和卡桑杰发展成奴隶买卖经纪人帝国，派出自己的部队猎捕奴隶并向葡非混血儿贩子（pombeiros）供货，与西非不同，这里的贩子必须自己进入内地，不过以到达供货人所在地点为限。

另有近三分之一的奴隶属诱拐而来。这种也涉及诱拐儿童的做法主要是比夫拉湾边那些群龙无首的公司所为，老卡拉巴尔以及其他一些城市的非洲公司配备有重武器的战艇在那里溯河而上去购买奴隶，但也捕捉他们能够抓到的任何人。与之相反，这一人口密集地区的居民会毫无顾忌地卖掉每一个不属于自己氏族的人，或许连不属于自己村子的人也会卖，因而这里的需求在离海岸不远的地方就能得到满足。人们离开自己的村子时都会带上武器，会尽其所能看护儿童。18 世纪，伊博人（Igbo）可能总共将 100 万个本民族成员卖为奴隶。

还有近三分之一的奴隶以前就是奴隶，属于直接转卖。再
463 剩下的就是被非洲司法机构或神谕宣示所判决有罪的人，人们可以用这种方法甩掉这类人，甚至还能获取利益，不过若遇其他情况，这部分人的数量会大大减少。比夫拉湾阿罗人（Aro）的神谕宣示所将一些被判有罪的人“吞噬”在一个山洞里，随后他们又出现在奴隶市场上。还有一些人被卖为奴是因为无力偿还自己的债务，或是因为他们的亲属想以这种方式解除自己的债务。在这种或其他困境中也会出现自己卖自己的情况，例如在饥荒时期。

事实上，运输过程，即所谓的“中间过程（Middle Passage）”从奴隶被装上船就开始了，这种经历远远不只留下创伤。许多奴隶不知道等待自己的是什么；许多奴隶是第一次见到浅肤色的人，按照他们的想象这些人犹如幽灵；有些奴隶以为自己会被吃掉；有些不会游泳的奴隶在用小船运往大船时就淹死在不平静的海里。随后即进行侮辱人格的健康检查、劳动能力检测以及像牲畜一样被打上烙印。18 世纪普遍使用了运奴船，它重约 200 吨，大小约为货船的一半，也就是说这是船舱面积和货物占用空间的最佳比例。货物占用空间为船舱下每人 0.5~0.75 平方米的铺位，男女被分隔开来。夜里，男性奴隶被用铁链相互锁在一起——此时放置在舱内的马桶很少能起到作用，特别是出现常有的腹泻病时就更不起什么作用了。夜晚和海上浪高时，就连很少的几个舱口也被封闭，在空气流通和温度方面都会产生相应的后果。运输途中男性奴隶赤身裸体，女性奴隶仅

穿着必须穿的衣服，因而后者有可能受到性骚扰。根据现有数字看，男性奴隶平均占65.4%，女性奴隶平均占34.6%，很少随时间和空间发生变化。倒是平均占20.4%的儿童数量到末期有所增长，在安哥拉和莫桑比克为一方与巴西和古巴为另一方的买卖中增长到近一半。这是供应的问题，还是其后隐藏着另外的考虑？也就是说，即便废除了奴隶买卖，儿童也不会那么快就须被替换，他们可以被剥削更长的时间。

虽说这些人是一种商品，但却是人们想使其保持良好状态，以便以尽量高的价格卖出去的一种商品。一条贩奴船装载300个奴隶，船上若死一个奴隶，在18世纪就意味着0.67%的损失，死亡率若达15%，即意味着利润损失三分之一，死亡率超过15%的航行则会使人们失去经济方面的兴趣。因此船上通常会有一个医术可能不算特别高明的医生，从理论上说， 464
船上食物量很充足，构成也十分合理。船上为每个奴隶备有200公斤食物和一桶约66升被精心保持洁净的饮用水。来自萨赫勒地区（Sahelgebiet）的奴隶主食是小米，来自其他地区的奴隶主食通常为大米和山芋。1789年的一艘英国贩奴船上每天开两顿饭，食物包括1650克山芋、60克面粉、100克豆子、280克面包干、咸牛肉、大蕉和玉米。另外还有少量的酒和烟草，每天早上还有加柠檬或醋的漱口水以预防维生素C缺乏病。奴隶每天必须用海水洗一次澡并在甲板上活动，有时甚至可以伴着鼓点跳舞，在此期间，船员打扫奴隶的船舱。

为了此类后勤工作以及监管工作，贩奴船需要的船员至少比一般商船多出60%。人们常常明智地让贩奴船长分享利润，而贩奴船上的水手过的日子却比其他船上的要苦许多。因为人们不想卖水手，所以也无须爱惜他们。正相反，人们会在适当的时候，最晚在抵达美洲时甩掉他们，那样便可以省掉船员工资。被解雇的水手充实了海盗队伍，扩大了加勒比地区白人下层的数量。在非洲海岸边停留期间，船员的死亡率最高时达45%，关于横越大洋期间曾有过死亡率达28%的报告。到最后由于生意困难重重，就连古巴的西班牙贩奴船上那些当时工资最丰厚的海员的遭遇也是如此。

据称，奴隶的平均死亡率约为13.7%，不过由于空间和时间方面的巨大差异，这一数字说明不了多少问题。最初死亡率大约为20%，从1700年至1750年下降到10%，至1800年下降到8%，19世纪下降到5%。其间这些平均数字适用于越来越多的航行，大量死亡的情况减少了。是奴隶价格上升导致了人们更加爱惜奴隶？18世纪的奴隶死亡率相当于同期运送士兵和移民途中的死亡率，直到19世纪，后者才下降到1%。另外，死亡率也因航程长短而各异。因为从几内亚和中非西部驶往加勒比地区甚至北美洲，正常情况下需要两至三个月，所以这一航程最终的死亡率明显高于安哥拉至巴西的航程，后者只需要一个月多一点。比较特别的是，从莫桑比克运出的奴隶死
465 亡率下降幅度更大，从18世纪的30%下降到19世纪的18%。

此外，影响死亡率的还有奴隶的来源地。首先是来自比夫拉湾的奴隶携带着各种传染病菌，因而从那里起运的奴隶死亡率在17世纪为30%，18世纪为24%，到19世纪依然为3%~18%。从总体上看，大部分奴隶死于肠道疾病（如痢疾）和热病——两种传染性很强的疾病。1781年，来自利物浦的贩奴船“桑格号（Zong）”的船长下令将132个奴隶活着扔入大海，首先被扔下船的是52个妇女儿童，因为他的船由于未曾预料到的航期延长而严重缺乏饮用水，许多奴隶已经得病或死亡。这样他还能卖掉最初装上船的442个奴隶中的200个。1783年，他的公司依据法院判决从保险公司得到了每个死亡奴隶30镑的赔偿金。因为此间英国正在争论奴隶买卖问题，所以这一审判引起了轰动，废奴运动也将它用于自己的宣传。

先前是否曾有以及有多少具有可比性的案件悄悄进行了审理，我们就不得而知了。因为将患病奴隶变成死亡奴隶，进而获得保险赔偿是划算的。

除各种疾病外，特别可怕的还有长期停泊期间来自陆地的袭击以及船上的暴动。虽然可以证实的此类事例只有600起，仅占航行总数的2%，但可以推想这里存在着一个巨大的黑暗数字，真实比例应为10%。然而只有26起暴动中的奴隶成功地乘船返回了非洲。1839年，“阿米斯塔德号（Amistad）”在古巴北海岸前被来自塞拉利昂的“货物”掌控，被特地宽恕的舵手本该驾驶它返回非洲，他却将它驶向北美洲，被美国海军截获。不过“最高法院（Supreme Court）”却作出一项引起轰动的裁决，给了那些奴隶自由。尤其令人害怕的是来自塞内冈比亚的奴隶，他们仅占奴隶总数的6%，但可以证实的暴动中有22.6%是他们发动的。或许可以用他们出生于一个争强好斗的穆斯林环境来解释这一点。来自安哥拉的奴隶似乎最为平和。

贩奴船在美洲靠岸的港口至少有179个，但1070.6万个活下来的奴隶中有832.5万个又是在其中的20个港口上的岸。最重要的10个港口分别是：

单位：人

466

港口	奴隶人数
里约热内卢	1839000
萨尔瓦多（巴伊亚）	1550000
金斯敦（牙买加）	886000
累西腓	854000
布里奇敦（巴巴多斯）	493000
哈瓦那	464000
法兰西角（海地）	406000
帕拉马里博（苏里南）	256000
圣皮埃尔（马提尼克）	217000
查尔斯敦（南卡罗来纳）	186000

这些港口归属各个贩奴国家的情况与各地区输入奴隶的情况特点一致。巴西输入奴隶最多：486.348 万人，占总数 1070.6 万人的 45.4%，至 1850 年呈持续增长趋势。英属加勒比居第二位，输入奴隶 231.82 万人（21.7%），其间重点是 18 世纪时的牙买加（101.75 万人）和巴巴多斯（49.42 万人）。西属美洲输入奴隶 129.55 万人（12.1%），不过其中 77.91 万人（7.3%）于 19 世纪输入新甘蔗种植岛古巴。西属大陆输入奴隶在 25 万至 40 万人之间，具体数字无法确定，不过那里输入奴隶的数量至 17 世纪第一个 25 年呈上升状态，随后即下降。法属加勒比和英属加勒比一样，重点在 18 世纪，共输入奴隶 112.09 万人（10.5%），其中法属圣多曼格 77.37 万人，马提尼克 21.72 万人。荷属西印度群岛自 17 世纪中叶起输入非洲人 44.37 万名（4.1%）。这些奴隶输入的重点起初为诸岛屿，18 世纪为法属圭亚那，其总数翻了一番。英属北美输入奴隶 39.097 万人（3.7%），主要时间为 18 世纪，重点地区为南卡罗来纳、北卡罗来纳和佐治亚。丹麦人占据的西印度群岛以及在那里泊岸的勃兰登堡人在 18 世纪贩运奴隶 10.86 万人（1%）。剩下的 16.441 万人（1.5%）由 19 世纪主要被英国战舰从贩奴船上解救返回非洲的黑人构成。据称仅有 9010 名非洲人到达欧洲。

奴隶一卖掉，贩奴船即返回欧洲，它们仅在特殊情况下才装运蔗糖或者其他殖民地商品，此类货物运输一直由规定承担这类任务的较大型商船完成。18 世纪返回欧洲的尼德兰贩奴船中有 65 艘装载了压舱货物，52 艘装载了少量货物，满载货物的仅有 69 艘。所谓的“三角贸易”只是特例而不是以前人们所认为的常例，它指的是同一艘船载着货物从欧洲驶往非洲，装载上奴隶后从那里驶往美洲，再装上美洲的蔗糖返回欧洲。不过由于缺乏生产设施，参与贩奴的较小国家好像常常进行这

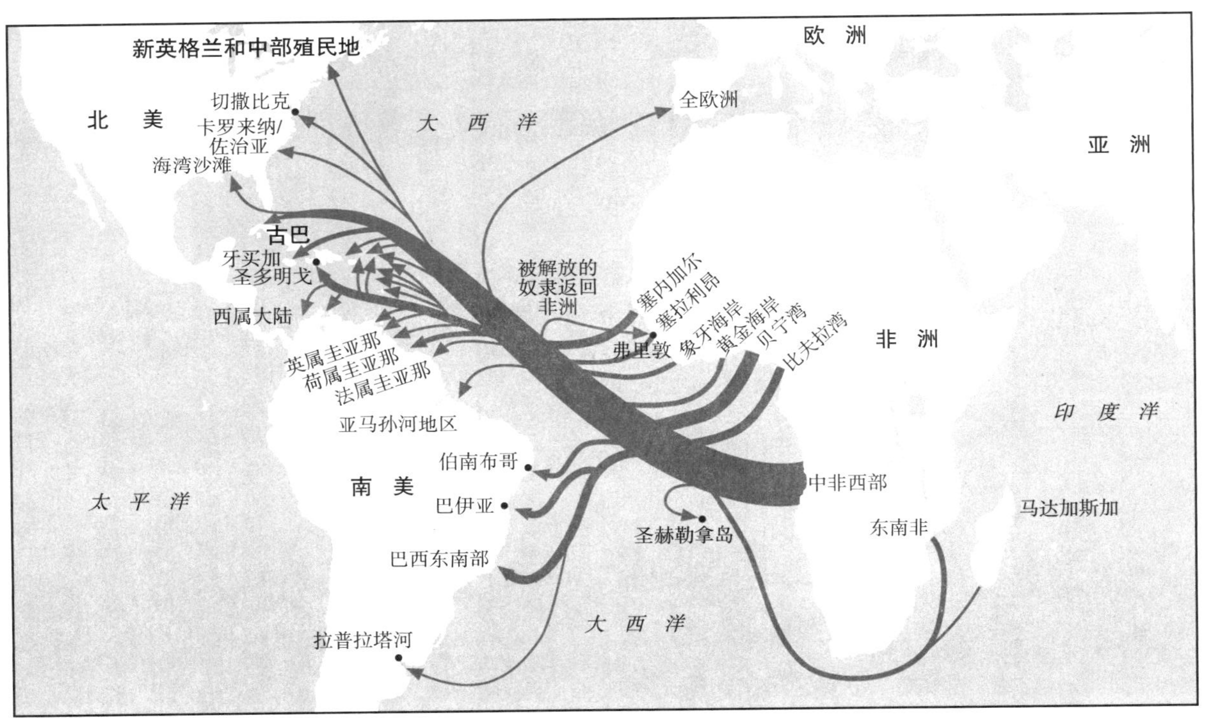

插图 54　大西洋奴隶买卖

种三角贸易，如丹麦。总之在南大西洋占主导地位的是非洲和巴西之间的直航。

对新世界而言，奴隶买卖带来的后果是：从经济史角度乍一看，它是由种植园美洲及其强制非洲移民新人口构成的人造世界，它在17世纪兴盛于巴西，18世纪繁荣于西欧各国占据的加勒比地区，19世纪兴旺于古巴和美国南部。然而在此之后它消失了，遗留下可怜的自给农业经济或没有多少收益的小农经济。可是再仔细观察，则还能看到跨越大西洋散落在外的非洲人丰富的文化遗产，尽管大西洋奴隶买卖带给非洲的后果一如既往还是有争议的问题。

欧洲人在其世界贸易中促进了一体化，其间非洲人明确地认识到，支付自己渴求的欧洲进口货物的最好手段是人，因为这方面的需求在持续上升。1680年至1780年，非洲的大西洋贸易以这种方法增长了5倍。关键问题在于，由此产生的人口
468 损失造成的后果对非洲意味着什么。然而我们无法对这个问题给予回答，因为不仅缺少额外向伊斯兰世界出口奴隶的准确数字，而且关于为捕获一个奴隶而杀戮的人数也仅有种种推测。据称在猎捕奴隶时，老人、病人和幼童照例都被杀掉。大部分贩奴地区的供应区深入内陆，这导致运输道路遥远，途中还另有死亡情况发生。从整体上看，每获得一个奴隶都有另一个人死亡或许能被视为令人信服的推测。

安哥拉遭受的损失大概最为严重，因为一方面它的人口密度小，另一方面又是持续性人口输出数量最高的地区。不过无论遭受多少损失，比夫拉湾的腹地人口密度一直较高。难道是留下的女性过剩，通过增加生殖弥补了人口损失？按照一项模拟计算，1850年前后，撒哈拉以南的非洲人口本应能达到1亿，但奴隶买卖造成的损失使得那里实际上只有5000万人，另外，非洲人在整个大西洋区域的人口中占比也从1600

年前后的30%下降至1900年前后的10%。即便这些结果合乎实际，它们又能意味着什么呢？非洲的生产力以最佳年龄男性的形式转移到美洲是否使非洲遭受了损失？这种人口损失是否使非洲内地的需求缩减至低于经济增长所必需的水平？或者说奴隶买卖使非洲这个在农业方面被轻视的大陆摆脱了它已无力养活的过剩人口的负担？至少有种种证据表明，美洲的奴隶即使饭食很差也总是比留在故土的非洲人吃得好。19、20世纪，欧洲大规模的自愿移民使人口增长抵消经济增长的情形得以避免，而非洲的强制移民是否与那些欧洲移民的作用相同？可以确定的是，至少几个主要奴隶输出地成了非洲大陆经济和政治发达程度最高的国家以及去殖民化的先驱，如尼日利亚和加纳。

然而这一发展还是有其相反的一面，因为经济增长完全可能是随着失却人性来实现的。尽管价格在上升，但日益增长的对奴隶的需求却是在剥夺人的价值，也就是已经让人变成了商品，难道我们还缺少这方面的例证吗？在猎捕人和抢夺人已经司空见惯的地方，用人祭祀就可能像在达荷美那样异变为杀戮。另外，非洲人扩展了自己传统的奴隶经济，并且适应了大 469
西洋的奴隶经济。18世纪，非洲的奴隶数量已经与美洲相当，1850年前后已多于美洲，大概接近1000万——这也是“非洲大西洋”的一个共通之处！

关于给欧洲带来的后果虽然同样存在着争议，但凭借现有的各种数据完全可以得出令人信服的结论。奴隶贩子的利润因航次而异，差别很大。18世纪有三分之一的航次甚至是亏损的。从丹麦人在1766年至1772年进行的十次三角贸易航行的结算可以看出，利润是靠向非洲出口的货物实现的。

单位：帝国塔勒

在欧洲免费送上船的货物采购	312393
运输费用	30256
在几内亚的成本	342642
在几内亚的进款	561633
利润	218984
购入 2132 个奴隶	241153
运输费用	54484
在西印度群岛的成本	295637
在西印度群岛的进款（扣除 170 个死亡奴隶）	251247
亏损	44390
购入蔗糖和朗姆酒	195701
运费和关税	31041
在哥本哈根的成本	226742
在哥本哈根的进款	212123
亏损	14619
总利润	160471

偶尔有利润达 50% 以上的情况，平均利润在 7% 和 10% 之间，这使得奴隶买卖比其他生意显得更有吸引力。然而如前所述，蔗糖生意和奴隶买卖绝对没有构成英国工业化的唯一基础。奴隶买卖在英国国民生产总值中所占比例在 1730 年的 0.12% 和 1770 年的 0.54% 之间，即使是西印度群岛的种植园经济最多也只占 4%。这些利润肯定不是工业化的充分条件，甚至可能连必要条件也算不上。

然而奴隶买卖对航海、信贷业和商品生产的一些分支产生了巨大影响。特别是一些港口城市直接从奴隶买卖中获益，大概最为明显的是南特和利物浦，南特进行了 1427 次贩奴航行，占法国贩奴航行的一半，利物浦为 5700 次航行提供了装备，据称，1795 年至 1804 年其进行的贩奴航行占英国的 85%，占
470 欧洲的七分之三。作为贩奴航行出发地的 188 个城市有许多位于美洲，若按照在那里交易的奴隶数字算，它们甚至是最重要

的。不过即使在这里，902.4 万个奴隶中的 835.6 万个的交易地也集中于 20 个城市。最重要的 10 个城市为：

单位：人

里约热内卢	1507000
萨尔瓦多（巴伊亚）	1362000
利物浦	1338000
伦敦	829000
布里斯托尔	565000
南特	542000
累西腓	437000
里斯本	333000
哈瓦那	260000
拉罗谢尔（La Rochelle）	166000

欧洲排名较前的城市还有泰瑟尔（Texe）、勒阿弗尔（Le Havre）、波尔多、弗利辛恩（Vlissinge）、米德尔堡、塞维利亚、圣马洛和加的斯。在统计中排第十五位的是罗得岛，其四个港口贩运奴隶总数为 11.1 万人。

通过这些和其他一些海港城市，奴隶买卖也渗入了内地，一方面是它吸引着投资者，另一方面是它要为非洲贸易寻求货物，采购这些货物的资金要占一次贩奴航行费用的 55%~65%。为非洲制造滑膛枪的不仅有伯明翰（Birmingham），而且还有苏尔（Suhl）。当印度不再提供受欢迎的棉织品时，生产棉织品转由瑞士公司进行，为了这一目的，这些公司在南特设点开业。1780 年前后，它们在那里生产着非洲所需货物的 80%~90%。然而 18 世纪初，亚麻布取代棉布成为最重要的纺织品。这些亚麻布料主要来自德意志地区，即来自西里西亚、威斯特法伦、黑森（Hessen）、施瓦本（Schwaben）和贝尔吉施地区（Bergisches Land）。由于劳动条件差，它们的价格低于来自印

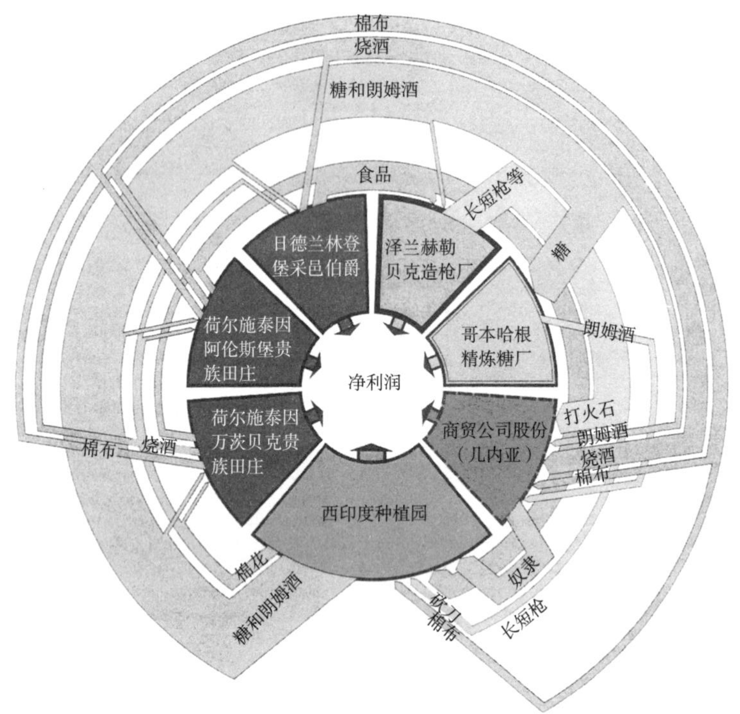

插图 55　席梅尔曼的帝国

度的进口货。它们经由汉堡投入西欧市场，另外1800年前后，汉堡开设有400家精炼厂加工西印度群岛的蔗糖。总而言之，可能当时有一半汉堡人是靠奴隶买卖的分公司生活的。

数以百计的瑞士人和德意志人在这些贩奴城市里设点开业，其中不乏显赫的名字，如巴林（Baring）、贝特曼（Bethmann）、布尔克哈特（Burckhardt）等。他们或为奴隶买卖出资，或参与奴隶买卖，并且也自己装备贩奴船。流行的做法是一个公司仅承担一艘船的部分费用，不过同时又参与多个航行，这样就降低了风险。一些德意志或瑞士企业主甚至自己经营西印度群岛的甘蔗种植园。

德裔丹麦伯爵海因里希·卡尔·冯·席梅尔曼（Heinrich Carl von Schimmelmann，1724~1782 年）创建了一个混合型康采恩，它在所有行业都有经营活动，因而在一定程度上构成一个自成一体的经济循环体。它在自己设在石勒苏益格－荷尔斯泰因（Schleswig-Holstein）的企业里生产纺织品，在泽兰生产枪支，向非洲派出贩奴船，在西印度群岛拥有一些甘蔗种植园，在哥本哈根拥有一家蔗糖精炼厂。

鉴于这些关联，人们大概很容易回想到威廉姆斯的一个被修正过的论点。18 世纪，特别是下半叶，整个英国贸易的增长完全属于爆发式的增长，在这种情境下实际上可能加快了经济重心向工业领域的转移。因为在劳务时代之前，一般性的出口 472
定向以及特殊性的工业产品出口均被看作现代经济的特征。如果说大西洋贸易的增长只是由于非洲人及其后代在新世界的聚集型劳动才成为可能，那么奴隶买卖就又成了工业化的条件。然而对此仍需考虑的是，首先，与北美洲和欧洲的贸易比与非洲和西印度群岛的贸易更为重要；其次，具有政治功用的对外贸易制造了大量原始资料，与国内需求微弱的影响力相比，历史学家们喜欢对它作出过高的评价。

奴隶制和外来非洲人的地位

18 世纪末，整个加勒比地区有近 120 万奴隶（1700 年前后有 15 万），巴西和美国各有约 100 万奴隶，另外巴西还有约 50 万“有色人种”自由人，而在加勒比地区和美国，仅在很小的范围内有这一群体。然而大约截至同一时间点，“输入”加勒比地区的非洲人为 420 万，“输入”巴西的为 290 万，“输入”英国北美殖民地或美国的为 39.2 万。1860 年废除奴隶制时美国约有 400 万奴隶，1872 年巴西有 150 万，另外还有 510 万“有色人种”自由人和“混血儿”。19 世纪，另有 190 万非洲人被运往巴西，非洲人总数约 480 万。在奴隶制条件下，非洲裔美洲人的人口繁衍机会显然在美国较好，在巴西一般，在加勒比地区极差。实际上，1700 年至 1750 年输入西印度群岛的奴隶有 40% 被用于替代“损耗”，剩下 60% 的作用是增加奴隶人数。1750 年至 1790 年，这一比例颠倒了过来，60% 被用于替代“损耗”。如果说可以证实这一时期每个奴隶的生产率有明显提高而蔗糖生产方面没有任何技术革新，那么得出的结论只能是劳动条件进一步恶化。

并非种植园的任何劳动都那么恐怖，不过在巴西，在一个甘蔗种植园里当奴隶大概已被视为人间地狱。种植和护理由劳动能力相等的奴隶组成“班组”在监工的皮鞭监督下进行，而到甘蔗收获时则常常采用计件劳动。估计一个奴隶每天要砍 4200 根约 5 厘米粗、5~7 米高的甘蔗，这样的甘蔗硬度几乎和树木差不多。妇女、小孩和老人的任务是将甘蔗捆成捆并装上车。至少有半年要这样从日出干到日落，也就是说一天要干 15~20 个小时。在甘蔗碾榨坊和熬煮房常常是 24 小时轮班，因为甘蔗不能变干，糖汁不能发酵。虽说在这里干活的工人是专业工，在奴隶等级中地位较高，但在持续的噪音和高温中他们的情况也好不到哪里去。家庭奴隶享有种种特权，但为此得直接承受主人喜怒无常的脾气。

在这种难以承受的劳动节奏下，奴隶真的只能坚持短短几年吗？以前曾广为流传的一种说法称，平均来算一个奴隶最多能活7年，到那时，一方面他会干得累死，另一方面他的身价已分期偿还完毕，这一见解目前已被经验论者驳倒。挺过最初的休克期后，一个新从非洲来的人与在当地出生的第二代奴隶一样，寿命完全可能长达几十年，后者的人口增长率甚至可能是正数。人口增长呈负数以及不得不经常补充奴隶的原因并不全在于总死亡率极高，而更多地应归因于性别比例严重失调和婴幼儿死亡率极高，后者不仅与各种传染病有关，而且与母亲的饮食和劳动压力有关。估计在女奴隶不愿生新奴隶的地方还存在着堕胎的黑暗数字。营养不足不仅影响胎儿健康，而且还影响女性的生育能力，其中也包括生育期缩短。另外，加勒比地区似乎还保留着多年哺乳孩子的非洲习惯，这样做会延迟新的受孕。据称，在美国放弃这一习俗使那里的奴隶人口大幅度增长。不过在此期间，这也符合那里的奴隶主的利益，随着英国和美国分别于1807年和1808年终止奴隶买卖，“补充品” 474
开始枯竭。在这一时间点之前，这对加勒比地区来说显然没有必要，而在巴西，奴隶进口一直持续到了1850年。

通过研究奴隶墓地中的骸骨，我们对奴隶食物了解得很详尽，食物通常不足，结果往往是营养失调而非营养不良。食物部分由种植园主分发，部分由奴隶在为此目的提供的园子里自己生产。另外，英裔北美人还提供肉干和鱼干，他们让英国种植园主付现钱买这些东西，而在法国种植园主那里则收取糖和糖蜜。法国糖质量较好，由于那里禁止烧酒，糖蜜几乎等于白送，它们在北美洲众多的烧酒酿造坊里变成了朗姆酒。奴隶的基本食物是玉米面、大米、木薯和大蕉，补充食物有山芋、香蕉、红薯、椰子、辣椒和其他蔬菜。与西非不同的是另外还有动物蛋白，它或来自分发的罐头牛肉、罐头猪肉和腌鱼，或来自奴隶自己饲养的家禽，有时奴隶甚至还养有猪和牛。动物蛋白的摄入导致西印度群岛的奴隶比同时期的西非人个头高，北美洲的奴隶比西印度群岛的奴隶个头高；不过奴隶的健康状态不如留在故土的非洲人，由于缺乏维生素，他们和留在故土的非洲人一样患各种营养缺乏症以及贫血。

虽然在监狱似的木板屋或简陋的茅屋中有住处，虽然提供了简单的棉布或亚麻布衣物，但奴隶的物质生活条件还是极差，不过严格地说，应该几乎不比同时期的欧洲底层人差，有些或许甚至还强一点儿。就连欧洲底层人的寿命也不太长，50% 的婴幼儿死亡率在他们那里同样是司空见惯的。根本性的区别在于奴隶的极度不自由以及与此相连的野蛮的强制劳动。

尽管如此，这里与古拉格或集中营的情况还是不同。星期天是休息日，有些地方连星期六下午也不干活。在这方面，无疑是宗教考虑在这种文化背景下起着作用，因为至少信奉天主教的奴隶主希望奴隶是基督教徒或成为基督教徒。在安哥拉，
475 奴隶上船前要集体接受洗礼。新教徒在这方面比较审慎，或者说至少看法不一，尽管无论在哪里，受洗礼对奴隶的地位都没有任何改变。

不过休息日首先被用于前面提及的奴隶自己的园地。他们的产品也可以用于交易，因而在巴西和加勒比地区，星期天有名副其实的集市，奴隶可以不受任何阻碍地去集市交易。在金斯敦（牙买加）和法兰西角（法属圣多曼格），数以千计的几乎无人监管的奴隶聚集在集市上，他们不但交换自己的产品，而且也出售自己的产品并用钱购买纺织品、烟草、酒和其他东西。这些集市是几乎不受妨碍的交际、娱乐、节日乃至进行密谋活动的中心。

在这种情况下，极少数白人如何能使这样一个剥夺自由和强制劳动的庞大体制有效地维持数百年？为何占绝对多数的人不反抗对他们的奴役？他们为何不通过集体怠工和破坏活动终止这一体制？一个种植园主如何能独自在数以百计的奴隶中坚持下来，甚至还对他们实行暴力统治？他生活在一种具有持续性的特殊状态之中吗？通常和易于接受的回答是：暴力！劳动纪律和日常生活纪律靠无情地使用皮鞭维持，另外辅之以折磨和侮辱，下面就是一个逃跑又被抓获的奴隶的事例。

> 结结实实给他一顿鞭子，让人好好地给他涂上醋和盐，强迫赫克托往他嘴里拉屎，嘴里拉满后让人将嘴封堵上四或五个小时。

18 世纪下半叶，牙买加的种植园管理人托马斯·希斯特伍德（Thomas Thistlewood）在他那部内容丰富的个人日记中这样写道（nach Füllberg-Stolberg in Schmieder/Nolte 2010, 104 f.）。他在日记中还仔细记述了与女奴隶的 3852 次性交并带有质量评价，尽管她们中间有一个是他的固定情妇。与致伤致残不同，主人谋杀自己的奴隶是被禁止的，然而谋杀者却几乎从未受到过惩罚。这是在展示实力，是在向奴隶表明一旦有事会有什么在等待他们。殖民国家的军队在后台作好了应对紧急情况的准备，至少种植园主的民兵作好了这种准备，而奴隶则被严禁拥有武器和马匹。不过另一方面还有奖
酬：和善的对待，烟草，烧酒，晋升奴隶等级。有人声称基督 476
教的控制非常有效，若我们考虑到基督教在奴隶那里经历的种种变化，则至少可以怀疑这一断言。就连尽量选取来源各异的奴隶，以及让奴隶相互争斗的策略也并非总是管用。起决定性作用的是白人组成了一个团结一致的阵线（海地革命也表明了

这一点），以及对一个白人进行的任何攻击都被视为应判死刑的罪行。

一种严格的种族主义制度就以这种方法创立并维持了下来，依据这个制度，同一个种植园中的白人和黑人分属不同的世界。种族主义宣布非洲人的劣等性无法消除，这种理论十分有用，因而完全有理由断言，不是种族主义创造了奴隶制，恰恰相反，是奴隶制创造了作为论证合法性理论的种族主义。为此还有人从传统角度引用了《圣经》中的诅咒，诺亚诅咒他的儿子含的后代将在他的儿子闪和雅弗的后代处做奴仆（《创世记》9：25-27）。传统上认为非洲人是含的后代，而闪的后代则移居到了东方，雅弗的后代移居到了欧洲。

对于日常生活具有决定性意义的是奴隶也在自己的内心认同这一世界秩序。减轻他们这一认同难度的一方面是他们所来自的那个社会，不自由和等级制在那里本来就是天经地义的，另一方面是他们被纳入的那个业已存在的体制，在那里同样存在着等级差别，因而为团结一致设下了重重障碍。如果这种意义上的日常生活基本上能不用强制就能正常进行，如果主人除了展示实力，有时也展示亲善，那么生活还说得过去——这一点大概不单单适用于西印度群岛的奴隶。由于被视为“同一类”，他们还萌生了一种意识，即自己不再仅仅是巴刚果人或伊博人，而是非洲人，这种意识也是认知的一部分。

在这种境况中进行反抗十分危险，而且成功的希望很小。和近代早期的欧洲农民一样，这些奴隶也展示了各种各样的反抗形式：有目的的怠工，进行破坏，利用毒药或巫术进行暗杀，逃亡，有时在无法挽回的境地中选择自杀，最后是武装起义。然而缺乏的是出路。如果以前的逃亡黑奴（Maroons）（这里与伊比利亚人占据的美洲以及法属圣多曼格一样都有逃亡黑奴）在牙买加山区的各个聚居地与奴隶主交战后，以协约

形式就抓捕和送交这类逃亡者达成了一致，一个奴隶又应该逃往何处？尽管如此，18 世纪仅仅在牙买加就发生了十余次奴 477
隶起义。1733 年重新修订的一项西班牙法令给予所有从英国殖民地逃亡出来的奴隶以自由，随即在佛罗里达出现了一个个半官方性质的逃亡黑奴聚居地。

西属美洲和巴西的奴隶在某些方面的机会总归要好于加勒比地区和北美洲的奴隶。释放奴隶在西属美洲和巴西比较常见而且比较容易实现。通过罢工逃亡和关于劳动条件的谈判，最终他们有时甚至能赢得一些东西，例如不太充分的雇工权利。无论有多少限制，首先他们知道寻求司法解决，完全懂得为自己的目的利用司法。人们喜欢将这种差异归因于某些人（尤其是葡萄牙人）的种族主义偏见较少。1943 年，巴西社会学家吉尔贝托·弗雷雷（Gilberto Freyre）在《主人府邸与奴隶茅屋》（*Herrenhaus und Sklavenhütte*）中将奴隶种植园描绘为一夫多妻家长制的田园生活，有人说，与冷酷无情的盎格鲁撒克逊新教徒相比，天主教徒的博爱更多一些，不过事实证明这类描述和这种断言都是虚幻的构想。法国的《黑人法令》（Code noir）于 1685 年已禁止将母亲和子女分开，限制实施惩罚，允许奴隶向法庭提起申诉，而一个奴隶在英属美洲诉讼中的陈述则毫无用处。西班牙立法中也能找到相应的内容。英属区域没有类似的规定，不过这与日常生活实践关系不大，毕竟无论在哪里都只是有限地依据立法行事，与之更有关联的是罗马法传统，亦即“习惯法（Common Law）”所主导的各种法律文化，以及英国的统治体制，后者几乎不像西班牙和法国君主制那样懂得利用中央调控。

尽管生物学意义上的一对母子（Mutter-Kind-Dyade）也是一项基本的家庭法事实，然而母亲和子女依旧常常被分开卖掉。由于性别比例失调以及处在那种生活条件之下，建立并维持一个持久稳定的家庭格外困难。尽管如此，还是令人惊奇地存在着大量固定而且非常注重感情的伴侣关系和家庭，它们的建立似乎主要出自奴隶的自由选择而非主人的提议。婚姻和家庭有地域差异，构成了奴隶社会生活的基础。在这方面，他们接受了其主人一夫一妻的小家庭形式。非洲的一夫多妻形式仅还偶尔出现，例如在半独立的、生活富裕的巴西奴隶那里。另外与主人的婚姻不同，奴隶中的男人和女人是平等的，也就是说他们同样都被剥夺了权利。

478 奴隶买卖终止后，美国南部各州的奴隶主十分重视种植园里的奴隶组成家庭生活，因为19世纪中叶，那里的每个奴隶家庭平均有7个孩子——不花钱得来的新奴隶！然而此前以及在其他地方，尤其是在加勒比地区，奴隶的婚姻不受任何法律保护或者实际保护，随时都有可能因卖奴而被拆散。天主教会虽然要求几乎都受过洗礼的奴隶也以教会仪式举行婚礼，但却不愿也不可能实施这一要求，因为奴隶主担心按教会仪式缔结了婚姻之后难以再拆开。

女奴的孩子与主人的孩子在一起长大，有时他们既是女奴的孩子又是主人的孩子。无论角色差异有多大，尽管小奴隶早早就被纳入劳动过程，但这种基本交际情景有可能对文化传递产生巨大作用。除此之外，在天主教地区，特别是在巴西，按照教会法还很流行在受洗时给孩子指定教父，对新来的成年人也是如此。这种教父大都出自同族人，据说从未有过家长制构想所认为的让主人当教父的情况。确定教父不仅对孩子具有巨大影响，对其父母也是如此；而确定教父依照的是地中海模式，因而这些非洲人又接受了南欧文化的另一个重要的基本元素。

在很长时间内人们都认为，由于彻底离开了自己的根，奴隶完全失去了自己的文化传统，取而代之的是接受了其主人的文化传统。而今天人们却乐于断言，奴隶们甚至在美国也能够在很大程度上保持自己原本的非洲文化。有关蜘蛛阿南西（Spinne Anansi）的著名非洲童话今天不是还在加勒比地区流传吗？多亏前面提及的数据库，被贩奴隶的来源地和目的地在这里被联系起来了。“非洲的大西洋”这一概念已被证实是非常有道理的，因为若不追溯非洲的渊源，常常就不可能理解在美洲发现的事物——有时也可能反过来。一些非洲的民族体可能在美洲某些地区有意识地进行了重建。利用已建立的商贸关系在某一地区尽快装满一艘贩奴船的倾向非常符合这种情况。不过这种优先权可能很快就发生了变化。

然而，一个民族标签有时也会改换意义，例如民族名称“曼丁哥（Mandingo）”直至19世纪至少在特立尼达一直 479
被用于指称穆斯林。有时美洲土地上的一些相邻群体的成员会构成一个新民族，例如贝宁湾人在巴伊亚构成了“纳戈人（Nagô）”。在这方面充当中介的是非洲裔美洲人的宗教，而较少受到控制的天主教兄弟会给了他们敬奉某一圣徒的可能性。约鲁巴人的世界性宗教就是由此产生的。反过来看，大批非洲裔巴西人返回西非时同样是作为一个具有一定特征的民族群体出现的，例如在拉各斯。可能他们甚至为19世纪在那里也构建起一个广泛的约鲁巴人的身份认同作出了贡献。另外，他们将天主教引入了西非海岸地区，在有限范围内将伊斯兰教引入了这些地区。没有任何人妨碍他们当中的许多人生来就是奴隶贩子。

虽然我们显然不能说非洲文化被原封不动地移往了美洲，但在进一步观察中，众多的非洲群体可被归为三大文化板块（还可细化为七个分支），所以保留非洲要素就变得容易了，而这样划分也利于我们认识其文化：1. 上几内亚，那里至少存在着三个语言群，另外还有穆斯林和异教徒的对抗；2. 真正的几内亚海岸地区，那里的所有语言都属于同一个语族，最多可以分出一个西部语言群和一个东部语言群，不过深入的沟通已具有传统；3. 中非西部，在那里，刚果语（Kikongo）和金邦杜语（Kimbundu）之间的差异并不大于西班牙语和葡萄牙语之间的差异。

然而这些非洲人已长期失去了自己的语言，尽管在他们的祭祀范围内还有有限的例外。从这里就可以看出，在语言的“克里奥尔化”，以及引申来说，在文化普遍的“克里奥尔化”中，他们既不是纯粹接受白人的东西，也不是从非洲全数照搬，而是基于来源各异的组成部分进行文化创新发展，而这些组成部分主要产生于非洲人的日常生活实践。在许多种语言和方言相互接触的地方，常常会形成一种“通用语（Lingua franca）”，而且大都是一种使用非洲语法和欧化词汇的“混杂语言（Pidgin）”。因为语法在文化中植根较深，而词汇则是动态的。我们能够在墨西哥观察到这种进程，它的开端是非洲的葡萄牙语。不过，一种混杂语言为操不同语言者增加了相互
480 理解的可能性。如果发展成一个群体别无选择的母语，它就成了“克里奥尔语”。在加勒比地区就是这种情况，那里产生了由英语、法语和荷兰语混合而成的多种克里奥尔语，而美国和巴西则与墨西哥一样，最终是白人主人的语言被普遍接受。大多数奴隶没有接受过学校教育是这种发展进程的一个重要前提条件。

在工艺品制作、音乐，特别是在宗教方面也有相应的文化变革进程，西印度群岛的出土文物就是工艺品制作方面的证明，而北美的爵士乐也在世界范围内多次经历了进一步变革。在巴西和法属加勒比，奴隶们或多或少被成功地说服皈依了天主教，不过这并不妨碍他们借助天主教在非洲基础上发展新的宗教实践，直到今天，他们依然或同时或轮流属于两种宗教的

成员。首先是敬奉某些圣人的天主教兄弟会变成了祭祀非洲诸神的组织，这些非洲神在其“职属”方面与那些圣人相当，例如母亲、爱情和海洋女神“耶曼雅（Iemanjá）”与圣母马利亚，战神“奥贡（Ogún）”与圣乔治。而在新教地区似乎存在着一个空白地带，至少从官方基督教的视角看是如此，直到18世纪，在新教的唤醒运动进程中，浸信会才填补了北美洲的空白地带。浸信会虽然不再与非洲传统相关，但依旧与黑人密切相关，因为它们借助被选定民族从埃及人的奴役下解放出来的故事将一个旧约主题放在了中心位置，而这个旧约主题就类同于自己的希望。此外，这里还产生了一些独特的非洲风格的歌唱和舞蹈形式。

在天主教地区的非洲裔美洲人的宗教中，伏都教（Voodoo）出自海地的农村地区，坎东布雷教（Candomblé）出自巴西的萨尔瓦多（巴伊亚），萨泰里阿教（Santería）出自古巴，翁班达教（Umbanda）出自巴西南部各大城市。虽然有着各种各样的具体差异，但它们不仅分享在很大程度上共有的神庙，而且还分享某些重要的实践活动，例如成年仪式、殡葬仪式和通过音乐制造的沉迷状态——处在沉迷状态时，神或鬼怪会附在巫师身上。约鲁巴人（尼日利亚）的神都称作“奥里莎（Orishá）”，相当于丰族人（Fon）（达荷美，今贝宁）称作“沃顿（Wodun）”的诸神。没有人敬奉造物神，因为祂不再关心这个世界，在祂之下是东游西荡的奥里莎们，形态各种各样，本性有善又恶，他们繁衍后代，不时变化，依据崇拜仪式和祭品帮助敬奉他们的人。很能说明特点的是，在非洲敬奉哪个奥里莎是各个群体（例如一个大家族）自己的事，而非 481
洲裔美洲人各宗教总是敬奉神庙里所有的神。另外值得注意的是，尤其是在坎东布雷教中，女性扮演着主导角色，因为祭祀场所的领头人从前和现在大部分是女性。不过与约鲁巴神学的支配地位相比，来自中非西部的奴隶对非洲裔美洲人宗教的贡献新近得到了更多的重视，他们的贡献不仅表现在选举兄弟会的“国王”上，而且也表现在鬼怪信仰和救恩实践上。

不过在形态极其多样的翁班达教中，19世纪欧洲的通灵术和实证论也扮演着决定性的角色，主要是通过亚兰·卡甸（Allan Kardec）[原名H. L. D. 里韦尔（H. L. D. Rivai）]的著述。相应的，它的鬼怪世界也形态多样，然而仅有一部分因此脱离了自己的非洲渊源。“翁班达”成为巴西中间阶层的宗教群众运动，并且得到军人独裁政权的秘密支持，政权的中心人物正是出于这个阶层。

当美国的非洲裔美洲人于1960年代开始追寻自己的文化身份时，他们当中特别严肃的人厌恶各种现有宗教的融合特性，由于他们在新教氛围中实现了社会化，因而他们尤为厌恶这些宗教的天主教背景。正如研究文献所描述的那样，在寻找非洲真实感的过程中，他们将约鲁巴人的宗教变成了自己的宗教。于是便产生了“美国约鲁巴运动（American Yoruba Movement）”及其位于南卡罗来纳州的“奥约腾吉约鲁巴村（Oyotunji Yoruba Village）”，在那里重现的“美国造”约鲁巴宗教和约鲁巴文化结果比在非洲“更真实”。由于其各种变体在世界范围内的传播以及众多非非洲人也信奉它，约鲁巴宗教的奥里莎崇拜今天有了提出成为世界宗教要求的可能性。然而最初的崇拜凭借的是口口相传，没有圣典，或许恰恰是出于这一原因它才是唯一具有宽容性的崇拜。另外，缺少文字记载这一状态既适应非洲的情况，也适应能够提供大量相关物的互联网时代。

1930年，拉斯塔法里（Ras Tafari）大事铺张地加冕成为埃塞俄比亚皇帝海尔·赛拉西（Haile Selassie），在加勒比地区引发了弥赛亚降临的希望，他在意大利人那里经受的“苦

难”更是增强了这种希望。1966年，这位皇帝访问牙买加时
好不容易才摆脱了蜂拥而来的梳着脏辫的崇拜者。拉斯塔法里
运动今天在世界范围内有五百万追随者。另外，对现代音乐文 482
化的推动也来源于它，这是在爵士乐之后“非洲大西洋”的最
大成就之一。

弥赛亚降临带来的重返非洲故土的希望，或者至少是在情感上再次定位于非洲，对“散居在外的非洲人（Afrikanische Diaspora）”来说具有根本性的意义，这类人自1965年开始升迁发迹。与犹太人相类似，这类人的形成一方面是由于非洲人或被迫或自愿散落于世界各地，另一方面是因为文化身份问题的出现，而文化身份不仅与特有的环境有关，而且尤其与非洲渊源有关。从此，他们就成为不同学科种种学术研究里的主导概念，这些努力至少可以追溯到19世纪那些重要的先驱，可以追溯到20世纪那些知识分子运动以及说法语者的“黑人文化认同”。

在此期间，奴隶制至少已在美洲普遍消失，特别是在加勒比地区早已消失。然而奴隶制消亡绝对不是直接起因于经济发展情况，例如埃里克·威廉姆斯于1938年就断言：“1807年生产过剩要求废除，1833年生产过剩要求解放。”[在这里的英语表达中，“废除（abolition）”指废除奴隶买卖，“解放（emancipation）”指废除奴隶制本身，而在美国，后一意义则使用“废除（abolition）”来表示。]毕竟曾使用奴隶经营的加勒比地区的甘蔗种植园、巴西的咖啡种植园以及北美洲的棉花种植园一如既往地在赚钱。夺走它们的奴隶其实是基于政治选择。在加勒比地区，“经济自杀（Econocide）”就是后果（Drescher）。这一抉择有可能受到了海地革命和其他起义的影响，不过首先是在一种思想变化的影响下作出的。

17世纪晚期以来，在其他地方也一再有人表述的对奴

隶制的怀疑在贵格会（Quäker）内越积越多，尽管，或者说恰恰是因为美洲的贵格会教徒是奴隶贩子，而且威廉·佩恩（William Penn）是奴隶主。到18世纪又添加了孔多塞（Marquis de Condorcet）等启蒙主义者的声音，尽管新兴的天赋人权思想曾为奴隶制进行过辩解，而且像洛克和伏尔泰那样的大启蒙主义者自己也参与过奴隶交易。18世纪末，贵格会最终宣布蓄奴与自己的宗教互不相容，并且建立了一个协会与之作斗争，英国新教徒也接受了它的各种目标。英国和殖民地的议会提案虽然最初遭遇了失败，但后来在北美革命期间人
483 们取得了第一批成果，而奴隶制的对手在英国通过有计划的宣传活动成功发起了历史上第一场民主群众运动。经历了启蒙的丹麦于1803年禁止了奴隶买卖，英国的一项法律于1807年废除了奴隶买卖，1808年，美国国会也紧随其后作出了决定。经历了复杂的反复之后，1833年在不列颠帝国也废除了奴隶制本身，但临时解决办法却有损于作为自由人还须暂时继续无偿劳动的奴隶，奴隶须向无法维持下去的西印度群岛的种植园主支付大量补偿金。由于海地事件，法国国民议会于1794年废除了奴隶制，但拿破仑于1802年又恢复了它。直到1848年革命期间，一个坚定的少数派才最终废除了它。

出于人道主义，不过也是为了创造平等的竞争条件，1807年之后，英国到处要求至少禁止奴隶买卖，为此目的签订了大量条约，并派出相当规模的皇家海军，以并非总是符合海洋法的方式拦截贩奴船。尽管如此，巴西的“进口”继续进行至1850年，古巴的则多少具有合法性地至少进行到1873年。美国在内战期间于1863年废除了奴隶制，新兴的拉美各国于1822年至1869年间逐渐废除了奴隶制，最后是古巴和巴西也分别于1886年和1888年废除了奴隶制。

不必去质疑先驱们的理想主义，但必须说明的是，为何

英国大众能被争取过来支持打击奴隶买卖，为何废除奴隶制最终能够在广阔的战线上获得成功。英国人和美洲人的背景一方面在于激进的新教徒需要为罪孽、悔过和救赎寻得相应的现世社会行为，另一方面在于普遍性的仁慈强调一种注重情感的伦理。许多英国人和美洲人因此具有心安理得的需求。另外由于拿破仑的成功，1807 年英国的集体道德急切需要提高，尽管还未明确涉及以善反对邪恶帝国（Reich des Bösen）的斗争。

然而从整体上说，作为依附性劳动体制的种植园奴隶制已经过时了。就这一点来说，反对奴隶制的斗争象征着对旧制度的政治经济进行清算。在出于道德原因投身于反奴隶制活动之前，本杰明·富兰克林（Benjamin Franklin）仔细计算过全部费用，认为奴隶的费用高于自由雇佣工。瓷器厂主约西亚· 484
伟基伍德（Josiah Wedgwood）既是富有激情的废奴主义者，同时又是早期工业最严酷的雇主之一，鉴于这一事实，有一种推测的可信度就提高了，这就是解放非洲人不是为了让他们独立，而是为了让他们作为规规矩矩的劳动者活着，对于雇主来说这完全不同于奴隶制，既不会带来风险也不会带来义务。一些被海军解救的奴隶作为契约劳工（最初和以前一样被称作“契约奴仆”或“佣工”）实际上是在一种新的奴役下终了一生。

如果完全不考虑后来殖民地式的强制性劳动，那么奴隶制已在广大范围内被契约劳动取代，奴隶买卖已由介绍契约劳工所取代，在涉及中国人的地方，这种介绍首先也被称作“苦力买卖”或“卖猪仔”。1831 年至 1870 年用船运送的非洲劳工依然多达 96032 个，三分之二被送往加勒比地区，三分之一被送往法属种植园岛留尼汪。另外，1831 年至 1920 年来自印度的契约劳工为 1336030 人，来自中国的为 386901 人，来自日本的为 85202 人，来自太平洋诸岛的为 96043 人，来自爪哇的为19330人，还有56027个欧洲人和1842个北美人，等等，总计2076625人。

其中进入加勒比地区的为809163人，印度人占多数，但至1874年大约有15万中国人进入了古巴。452602个劳工去了毛里求斯，111120个去了留尼汪，当中也是印度人居多。在为英属南非和英属东非招募的255316个劳工以及为斐济群岛招募的82460个劳工中也是印度人占多数。在为秘鲁招募的118380人，中国人占多数，接下来是日本人，而在为夏威夷招募的115188个劳工中情况则相反。最后去了昆士兰的为67672个，主要来自太平洋诸岛。

隐藏在这些数字背后着的无数个体和群体的命运虽然差异极大，但至少至19世纪第三个25年还常常存在着歧视、苛刻的契约、严酷乃至地狱般的劳动条件。后来契约制劳动也受到批评，至1922年被逐渐废除或终止使用。1926年，一份《国际联盟禁奴公约》（League of Nations Slavery Convention）也在国际范围内对这种准奴隶制表明了拒绝。经济无疑找到了解决问题的途径，从而使近似于奴隶制的劳动关系得以维系到今天。人们依旧认为至少有2700万人被奴役，而推测的数字甚至高达2亿。

原始资料与参考文献

“此线之外没有和平”

Andrews, K. R., Elizabethan Privateering, New York u. a. 1966 | –, Caribbean Rivalry and the Anglo-Spanish Peace of 1604, in: History 59 (1974) 1–17 | –, The Spanish Caribbean: Trade and Plunder, 1530–1630, New Haven u. a. 1978 | –, Beyond the Equinoctial: England and South America in the Sixteenth Century, in: JICH 10 (1981/82) 4–24 | –/Canny, N. P./Hair, P. E. H. (Hg.), The Westward Enterprise: English Activities in Ireland, the Atlantic, and America 1480–1650, Liverpool 1978 | Appleby, J. C., An Association for the West Indies? English Plans for a West India Company, 1621–29, in: JICH 15 (1987) 213–41 | Bardelle, F., Freibeuter in der Karibischen See, Münster 1986 | Beckles, H. McD., A History of Barbados, 2. Aufl., Cambridge 2006 | Blancpain, F., Les droits de la France sur la colonie de Saint Domingue et le traité de Ryswick, in: Outre-Mers 95 (2007) 305–29 | Bohn, R., Die Piraten, München 2003 | Bonetti, M., Staat und Gesellschaft im karibischen Raum im 16. Jahrhundert, München 1984 | Boucher, P. P., France and the American Tropics to 1700, Baltimore 2008 | Bradley, P., The Lure of Peru: Maritime Intrusion into the South Sea, 1598–1701, Basingstoke 1989 | Bridenbaugh, C. u. R., No Peace Beyond the Line: The English in the Caribbean 1624–90, New York u. a. 1972 | Butel, P., Histoire des Antilles françaises. XVIIe–XXe siècle, Paris 2007 | Calendar of State Papers, Colonial Series, Bd. 1, Bd. 5, Bd. 7 (America and the West Indies 1574–1674), London 1860–92, Ndr. 1964 | Colonizing Expeditions to the West Indies and Guiana, 1623–1667 (Hakluyt II 56), London 1926, Ndr. 1967 | Cooper-Prichard., A. H. C., The Buccaneers, London 1926 | Crowhurst, P., The Privateering Activities of a Swiss Merchant, Benoit Bourcard, at Nantes, 1793–1814, in: RFHOM 69 (1982) 225–35 | Curtin, P. D., The Rise and Fall of the Plantation Complex, Cambridge 1990 | Den Heijer, H., De geschiedenis van de WIC, 2. Aufl., Zutphen 2002 | Denzel, M./De Vries, J./Rössner P. R. (Hg.), Small is Beautiful. Interlopers and Smaller Trading Nations in the Pre-industrial Period, Stuttgart 2011 | Deschamps, H., Pirates et flibustiers, Paris 1973 | Devèze, M., Antilles, Guyanes, la mer des Caraïbes de 1492 à 1789, Paris 1977 | The Discovery of the Large, Rich and Beautiful Empire of Guiana (Hakluyt I 3), London 1848, Ndr. 1970 | Doerr, A. E./Dunn, O., Drake's California Harbor: Another Look at William Caldreira's Story, in: TI 9 (1977) 49–59 | [Drake] New Light on Drake (Hakluyt II 34), London 1914, Ndr. 1967 | [Drake] Sir Francis Drake's Westindian Voyage 1585–1586 (Hakluyt II 148), London 1981 | Drake, F., The World Encompassed (Hakluyt I 16), London 1854, Ndr. 1963 | Earle, P., The Sack of Panama, London 1981 | Emmer, P./Gaastra, F. (Hg.), The Organization of Interoceanic Trade in European Expansion, 1450–1800, Aldershot 1996 | English Privateering Voyages to the West Indies 1588–1595 (Hakluyt II 111), London 1959 | English Voyages to the Caribbean: Spanish Documents (Hakluyt II 62); London 1929, Ndr. 1967 | English Voyages to the Spanish Main: Documents 1569–1580 (Hakluyt II 71), London 1932, Ndr. 1967 | Exquemelin, A. O., The Buccaneers of America: a true account of the most remarkable assaults committed of late years upon the coasts of the West Indies by the buccaneers of Jamaica and Toruga (both english and french), Dover 1967 | –, Das Piratenbuch von 1678, Stuttgart 2000 | Fisch, J., Die europäische Expansion und das Völkerrecht. Die Auseinandersetzung über den Status der überseeischen Gebiete vom 15. Jahrhundert bis zur Gegenwart, Stuttgart 1984 | Fisher, J. R., The Economic Aspects of Spanish Imperialism in America, 1492–1810, Liverpool 1997 | Further Voyages to Spanish America, 1583–1594 (Hakluyt II 99), London 1949, Ndr. 1967 | Galvin, P., Patterns of Pillage: A Geography of Caribbean-Based Piracy in Spanish America, 1536–1718, New York 2000 | Goslinga, C. C., The Dutch in the Caribbean and on the Wild Coast, 1580–1680, Assen 1971 | –, The Dutch in the Caribbean and in the Guianas, 1680–1791, Assen 1985 | –, The Dutch in the Caribbean and in Surinam, 1791/5–1942, Assen 1990 | Gould, E. H., Zones of Law, Zones of Violence: The Legal Geography of the British Atlantic, circa 1772, in: WMQ 60, 3 (2003) 471–510 | Harlow, V. T., A History of Barbados, 1625–1685, Oxford 1926, Ndr. 1969 | Hartog, J., Geschiedenis van de Nederlandse Antillen, 4 Bde. in 5 Tln., Oranjestad 1953–64 | The Hawkins Voyages (Hakluyt I 57), London 1878, Ndr. 1970 | Hilton, S. L., El conflicto anglo-español sobre derecho de navegación en mares americanos (1729–1750), in: RI 38 (1978) 671–713 | Hoffman, P. E., The Spanish Crown and the Defence of the Caribbean, 1535–1585, Baton Rouge 1980 | Incháustegui, J. M., La gran expedición inglesa contra las Antillas mayores, Bd. 1: El plan antillano de Cromwell (1651–55), Mexico 1953 | Israel, J. I., Conflicts of Empires: Spain, the Low Countries and the Struggle for World Supremacy, 1585–1713, London 1997 | Joseph, G. M., John Coxon and the Role of Buccaneering in the Settlement of the Yucatan Colonial Frontier, in: TI 12 (1980) 65–84 | Kellenbenz, H., Die Brandenburger auf St. Thomas, in: JGLA 2 (1965) 196–217 | –, Von den karibischen Inseln. Archive und neuere Literatur, insbesondere zur Geschichte von der Mitte des 17. Jahrhunderts bis zur Mitte des 18. Jahrhunderts, in: JGLA 5 (1968) 378–404; 6 (1969) 452–69; 7 (1970) 381–410 | Kelsey, H., Sir Francis Drake: The Queen's Pirate, New Haven 1998 | –, Sir John Hawkins: Queen Elizabeth's Slave Trader, New Haven 2003 | Kempe, M., Fluch der Weltmeere. Piraterie, Völkerrecht und internationale Beziehungen 1500–1900, Frankfurt 2010 | Kuhn, G., Life under the Jolly Roger: Reflections on Golden Age Piracy, Oakland 2010 | Lane, K., Pillaging the Empire: Piracy in the Americas, 1500–1750, Armonk 1998 | The Last Voyage of Drake and Hawkins (Hakluyt II 148), London 1972 | Layton, S., Discourses of Piracy in an Age of Revolution, in: Itinerario 35, 2 (2011) 81–97 | Lewis, M., The Hawkins Dynasty: Three Generations of a Tudor Family, London 1969 | Linebaugh, P./Rediker, M., Die vielköpfige Hydra. Die verborgene Geschichte des revolutionären Atlantiks, Berlin u. a. 2008 (engl. 2000) | Liss, P. K., Atlantic Empires: The Network of Trade and Revolution 1713–1826, Baltimore 1983 | Maynarde, T. (Hg.), Sir Francis Drake, his Voyage (Hakluyt I 4) London 1849, Ndr. 1970 | McDermott, J., Martin Frobisher: Elizabethan Privateer, New Haven u. a. 2001 | McGrath, J. T., The French in Early Florida: In the Eye of the Hurricane, Gainesville 2000 | McKee, A., The Queen's Corsair: Drake's Journey of Circumnavigation, 1577–1580, London 1978 | McLachlan, J. O., Trade and Peace with Old Spain, 1667–1750: A Study on the Influence of Commerce on Anglo-Spanish Diplomacy in the First Half of the 18th Century, Cambridge 1940 | McNeill, J. R., Mosquito Empires: Ecology and War in the Greater Caribbean, 1620–1914, Cambridge 2010 | Mims, S. L., Colbert's West India Policy, New Haven 1912 | Moreau, J.-P., Pirates. Flibuste et piraterie dans la Caraïbe et les mers du sud, 1522–1725, Paris 2006 | –, Pirates aux jour le jour, Paris 2009 | Mulcahy, M., Hurricanes and Society in the British Greater Caribbean, 1624–1783, Baltimore 2006 | Nettels, C., England and the Spanish-American Trade, 1680–1715, in: JMH 3 (1931) 1–32 | Newton, A. P., The European Nations in the West Indies 1493–1688, London 1933 | Niedhart, G., Handel und Krieg in der britischen Weltpolitik 1738–1763,

München 1979 | Offen, K. H., British Logwood Extraction from the Mosquitia: The Origin of a Myth, in: HAHR 80 (2000) 113–35 | Pares, R., Merchants and Planters, Cambridge 1960 | –, War and Trade in the West Indies, 1739–1763, Oxford 1936, Ndr. 1963 | Parry, J. H., Europäische Kolonialreiche. Welthandel und Weltherrschaft im 18. Jahrhundert, München 1972 | Pitman, F. W., The Development of the British West Indies 1700–1763, New Haven 1917, Ndr. 1967 | Postma, J./Enthoven, V. (Hg.), Riches from Atlantic Commerce: Dutch Transatlantic Trade and Shipping 1585–1817, Leiden 2003 | Potthast, B., Die Mosquitoküste im Spannungsfeld britischer und spanischer Politik 1502–1821, Köln 1988 | Quinn, D. B., North America from the Earliest Discovery to the First Settlements: The Norse Voyages to 1612, New York 1977 | Quinn, D. B. u. A. M. (Hg.), Virginia Voyages from Hakluyt (1984–90), London 1973 | Rediker, M., Between the Devil and the Deep Blue Sea: Merchant Seamen, Pirates, and the Anglo-American Maritime World, 1700–1750, Cambridge, MA 1987 | –, Villains of All Nations: Atlantic Pirates in the Golden Age, Boston 2004 | Rein, G. A., Über die Bedeutung der überseeischen Ausdehnung für das europäische Staatensystem, in: HZ 137 (1928) 28–90, Ndr. Darmstadt 1953, 2. Aufl. 1965 | A Relation of a Voyage to Guiana by Robert Harcourt, 1613 (Hakluyt II 60), London 1926, Ndr. 1967 | Ritchie, R. C., Captain Kidd and the War Against the Pirates, Cambridge, MA 1986 | Rodger, N. A. M., The Command of the Ocean: A Naval History of Britain, 1649–1815, New York u. a. 2004 | Rödel, W. G., Der Malteserorden in der Karibik, in: VSWG 72 (1985) 193–207 | Roman, A., Saint-Malo au temps des négriers, Paris 2003 | –, La saga des Surcouf. Mythes et réalités, Saint-Malo 2006 | Rumeu de Armas, A., Los viajes de John Hawkins a América (1563–1595), Sevilla 1947 | Scammell, G. V., *A Very Profitable and Advantageous Trade:* British Smuggling in the Iberian Americas circa 1500–1750, in: Itinerario 24, 3–4 (2000) 135–72 | Scelle, G., Histoire politique de la traite négrière aux Indes de Castille. Contrats et traits de Asiento, 2 Bde., Paris 1906 | Spate, O. H. K., Monopolists and Freebooters, London 1983 | Stebbing, W., Sir Walter Raleigh, New York 1972 | Stols, E., The Southern Netherlands and the Foundation of the Dutch East and West India Companies, in: Acta Historica Neerlandica 9 (1976) 30–47 | Storm van's Gravesand, L., The Rise of British Guiana, 2 Bde. (Hakluyt II 26–27), London 1911, Ndr. 1967 | Thornton, A. P., West-India Policy under the Restoration, Oxford 1956 | Thrower, N. J. W. (Hg.), Sir Francis Drake and the Famous Voyage, 1577–1580, Berkeley 1984 | The Voyage of Robert Dudley [...] to the West Indies (Hakluyt II 3), London 1899, Ndr. 1967 | Wafer, L., A New Voyage and Description of the Isthmus of America (Hakluyt II 73), London 1934, Ndr. 1967 | Williams, E., From Columbus to Castro: The History of the Caribbean 1492–1969, London 1970 | Williamson, J. A., The Age of Drake, London 1938, 4. Aufl. 1960 | Wright, I. A., The Early History of Cuba, 1492–1586, New York 1916, 2. Aufl. 1970 | Wright, J. L., Anglo-Spanish Rivalry in North America, Athens, GA 1971.

蔗糖革命

Beckles, H. McD. 2006 | Bieber, J. (Hg.), Plantation Societies in the Era of European Expansion, Aldershot 1997 | Boucher, P. P. 2008 | Bridenbaugh, C. u. R. 1972 | Butel, P. 2007 | Calendar Bde. 1, 5, 7, 1964 | Carrington, S. H. H., The Sugar Industry and the Aboliton of the Slave Trade, 1775–1810, Gainesville 2002 |

CEHLA Bd. 1, 2006 | Curtin, P. D. 1990 | Debien, G., Les engagés pour les Antilles (1634–1715), Paris 1951 | Debien, G., Études antillaises (XVIIIe siècle), Paris 1956 | Deerr, N., The History of Sugar, 2 Bde., London 1949–50 | Devèze, M. 1977 | Elisabeth, L., La société martiniquaise aux XVIIe et XVIIIe siècles 1664–1789, Paris 2003 | Galloway, J. H., The Sugar Cane Industry: An Historical Geography from its Origins to 1914, Cambridge 1989 | Gragg, L., Englishmen Transplanted: The English Colonization of Barbados 1627–1660, New York 2003 | Harlow, V. T. 1969 | Kammen, M., Empire and Interest: The American Colonies and the Politics of Mercantilism, Philadelphia 1970 | Kuster, T., 500 Jahre kolonialer Rohrzucker – 250 Jahre europäischer Rübenzucker, in: VSWG 85 (1998) 477–512 | Labat, J. B., Nouveau voyage aux isles de l'Amerique, Paris 1742 | Lippmann, E. O., Geschichte des Zuckers, 2. Aufl., Berlin 1929 | Menard, R. R., Sweet Negotiations: Sugar, Slavery, and Plantation Agriculture in Early Barbados, London u. a. 2006 | Mintz, S. W., Die süße Macht. Kulturgeschichte des Zuckers, Frankfurt 1987 | Pares, R. 1960 | Parry, J. H. 1972 | –,/Sherlock, P. M., A Short History of the West Indies, New York 1965 | Pearce, A. J., British Trade with Spanish America, 1763–1808, Liverpool 2007 | Pérotin-Dumon, A., La ville aux îles, la ville dans l'île: Basse Terre et Point-à-Pitre, Guadeloupe, 1650–1820, Paris 2000 | Pitman, F. W. 1967 | Reinhard, W., Parasit oder Partner? Europäische Wirtschaft und Neue Welt 1500–1800, Münster 1997 | Ryden, D. B., West Indian Slavery and British Abolition, 1783–1807, Cambridge 2009 | Schmitt, E., Bd. 4–5, 1988–2003 | Schwartz, S. B. (Hg.), Tropical Babylons: Sugar and the Making of the Atlantic World, 1450–1680, Chapel Hill 2004 | Sheperd, V. (Hg.), Slavery without Sugar: Diversity in Caribbean Economy and Society since the Seventeenth Century, Gainesville 2002 | Smith, F. H., Caribbean Rum: A Social and Economic History, Gainesville 2005 | Stein, R. L., The French Sugar Business in the Eighteenth Century, Baton Rouge 1988 | Ward, J. R., The Profitability of Sugar Planting in the West Indies, 1650–1834, in: EcHR 31 (1978) 197–213 | Williams, E., Capitalism and Slavery, Chapel Hill 1944 | – 1970 | Zahedieh, N., The Capital and the Colonies: London and the Atlantic Economy, 1600–1700, Cambridge 2010.

奴隶买卖

Aldrich, R./McKenzie, K. (Hg.), The Routledge History of Western Empires, London u. a. 2014 | Allen, R. A., The Constant Demand of the French: The Mascarene Slave Trade and the World of the Indian Ocean and the Atlantic during the 18th and 19th Centuries, in: JAfH 49 (2008) 43–72 | Autunes, C./Da Silva, F. R., Cross-cultural Entrepreneurship in the Atlantic: Africans, Dutch, and Sephardic Jews in Western Africa, 1580–1674, in: Itinerario 35 (2011) 49–76 | Barry, B., Senegambia and the Atlantic Slave Trade, Cambridge 1998 | Bean, R., A Note on the Relative Importance of Slaves and Gold in West African Exports, in: JAfH 15 (1974) 351–56 | Berendt, S. D./Latham, A. J. H./Northrup, D. (Hg.), The Diary of Antera Duke, an Eighteenth-Century Slave Trader, New York 2010 | Bierlich, B., The Danish Slave Trade, its Surgeons and Slave Mortality, in: OM 97, 2 (2009) 229–48 | Birmingham, D., Die Sklavenstadt Luanda aus deutscher Sicht, in: Periplus 20 (2010) 37–56 | Black, J. (Hg.), The Atlantic Slave Trade, 4 Bde., Aldershot 2006 | Bley, H. u. a. (Hg.), Sklaverei in Afrika. Afrikanische Gesellschaften im Zusammenhang von europäischer und interner Sklaverei und Sklavenhandel, Pfaffenweiler 1991 | Brooks, G.E., Eurafricans in Western Africa, Athens, OH 2003 | Calendar Bde. 5, 7, 1964 | Carreira, A., As companhias pombalinas de Grão-Pará e Maranhão e Pernambuco e Paraíba, 2. Aufl., Lissabon 1983 | Cateau, H./Carrington, S.H.H. (Hg.), Capitalism and Slavery Fifty Years Later: Eric Eustace Williams. A Reassessment of the Man and His Work, New York 2000 | Clarence-Smith, W.G., Islam and the Aboliton of Slavery, London 2006 | Coughtry, J., The Notorious Triangle: Rhode Island and the African Slave Trade, 1700–1807, Philadelphia 1981 | Curtin, P.D., The Atlantic Slave Trade: A Census, Madison 1969 | David, T./Etemad, B./Schaufelbuehl, J.M., Schwarze Geschäfte. Die Beteiligung von Schweizern an Sklaverei und Sklavenhandel im 18. und 19. Jahrhundert, Zürich 2005 | Davidson, B., Vom Sklavenhandel zur Kolonialisierung, Reinbek 1966 | Davies, K.G., The Royal African Company, 2. Aufl., London 1960 | Degn, C., Die Schimmelmanns im atlantischen Dreieckshandel. Gewinn und Gewissen, 3. Aufl., Neumünster 2000 | Donnan, E. (Hg.), Documents Illustrative of the History of the Slave Trade, 4 Bde., Washington 1930–35, Ndr. 1965 | Drescher, S., White Atlantic? The Choice for African Slave Labor in Plantation America, in: Eltis, D./Lewis, F.D./Socolow, K.L. (Hg.), Slavery in the Development of the Americas, Cambridge 2004, 31–69 | –/Engerman, S.J. (Hg.), A Historical Guide to World Slavery, New York u.a. 1998 | Duignan, P./Clendenen, C., The United States and the African Slave Trade, 1619–1862, Westport 1963 | Eltis, D., Economic Growth and the Ending of the Slave Trade, Oxford u.a. 1987 | –, The Rise of African Slavery in the Americas, Cambridge 2000 | –/Engerman, S.L. (Hg.), The Cambridge World History of Slavery, Bd. 3: AD 1420–AD 1804, Cambridge 2011 | –/Richardson, D., Extending the Frontiers: Essays on the New Transatlantic Slave Trade Database, New Haven 2008 | –/–, Atlas of the Transatlantic Slave Trade, New Haven u.a. 2010 | Emmer, P.C., The Dutch Slave Trade, 1500–1850, Oxford u.a. 2006 (ndl. 2000) | Finkelman, P./Miller, J.C. (Hg.), Macmillan Encyclopedia of World Slavery, 2 Bde., New York 1998 | Galenson, D.W., The Rise and Fall of Indentured Servitude in the Americas: An Economic Analysis, in: JEcH 44 (1984) 1–26 | Garnsey, P., Ideas of Slavery from Aristotle to Augustine, Cambridge 1996 | Gøbel, E., Danish Shipping Along the Triangular Route, 1671–1802: Voyages and Conditions on Board, in: Scandinavian Journal of History 36 (2011) 135–155 | Groeben, O.F. von der, Guineische Reise-Beschreibung (1694), Ndr. Hildesheim 2011 | Harding, L., Das Königreich Benin, München 2010 | Harms, R.W., Das Sklavenschiff, München 2004 (engl. 2002) | Heintze, B., Studien zur Geschichte Angolas im 16. und 17. Jahrhundert, Köln 1996 | Heuman, G./Burnard, T. (Hg.), The Routledge History of Slavery, London u.a. 2011 | –/Walvin, J. (Hg.), The Slavery Reader, London 2003 | Hornby, O., Kolonierne i Vestindien, Kopenhagen 1980 | Inikori, J.E., Africans and the Industrial Revolution in England, Cambridge 2002 | Jones, A., From Slaves to Palm Kernels, Wiesbaden 1983 | –, German Sources for West African History, 1599–1669, Wiesbaden 1983 | –, Brandenburg Sources for West African History, 1680–1700, Stuttgart 1985 | Klein, H.S., The Atlantic Slave Trade, Cambridge 1999 | Klein, M., The Slave Trade and Decentralized Societies, in: JAfH 42 (2001) 49–65 | Klosa, S., Die Brandenburgische-Africanische Compagnie in Emden, Frankfurt 2011 | Knight, F.W. (Hg.), General History of the Caribbean, Vol. 3: The Slave Societies of the Caribbean, London 1997 | Kolchin, P. (Hg.), Slaveries in the Atlantic World, in: WMQ 59, 3 (2002) 551–696 | Larson, P.M., Enslaved Malagasy and *le travail de parole* in the Pre-Revolutionary Mascarenes, in: JAfH 48 (2007) 457–79 | Law, R., *Here is No Resisting the Country*: The Realities of Power in Afro-European Relations on the West African *Slave Coast*, in: Itinerario 18, 2 (1994) 50–64 | – (Hg.), The English in West Africa [...]: The Local Correspondence of the Royal African Company of England, 1681–1699, 3 Bde., London 1997–2006 | –, Ouidah: The Social History of a West African Slaving *Port*, 1727–1892, Athens, OH 2004 | –/Lovejoy, P. (Hg.), The Biography of Mahommah Gardo Baquaqua: His Passage from Slavery to Freedom in Africa and America, Princeton 2001 | Lovejoy, P. E., The Volume of the Atlantic Slave Trade: A Synthesis, in: JAfH 23/24 (1982) 473–501 | –, Transformations of Slavery: A History of Slavery in Africa, Cambridge 1983 | –/Richardson, D., *This Horrid Hole*: Royal Authority, Commerce and Credit at Bonny, 1790–1840, in: JAfH 45 (2004) 363–92 | Ly, A., La compagnie du Sénégal, Paris 1958 | Lydon, J. G., New York and the Slave Trade, 1700 to 1774, in: WMQ 35 (1978) 375–94 | Manning, P., Slavery and African Life: Occidental, Oriental, and African Slave Trade, Cambridge 1990 | – (Hg.), Slave Trades, 1500–1800: Globalization of Forced Labour, Aldershot 2002 | Mattiesen, O. H., Die Kolonial- und Überseepolitik der kurländischen Herzöge im 17. und 18. Jahrhundert, Stuttgart 1940 | Meillassoux, C. (Hg.), L'esclavage en Afrique précoloniale, Paris 1975 | Meissner, J./Mücke, U./Weber, K., Schwarzes Amerika. Eine Geschichte der Sklaverei, München 2008 | Mettas, J., Répertoire des expéditions négrières françaises au XVIIIe siècle, 2 Bde., Paris 1978–84 | Miers, S./Kopytoff, I. (Hg.), Slavery in Africa: Historical and Anthropological Perspectives, Madison 1977 | Miller, J. C., Way of Death: Merchant Capitalism and the Angolian Slave Trade, 1730–1830, London 1989 | Morgan, K., Slavery, Atlantic Trade, and the British Economy, 1660–1800, Cambridge 2000 | –, The British Transatlantic Slave Trade, 4 Bde. London 2003 | Morgan, P. D./Hawkins, S. (Hg.), Black Experience and Empire (OHBE, Companion Series), Oxford 2004 | Moya, J. C., Migración africana y formación social en las Américas, 1500–2000, in: RI 72 (2012) 321–48 | N'Diaye, T., Der verschleierte Völkermord. Die Geschichte des muslimischen Sklavenhandels in Afrika, Reinbek 2010 (franz. 2008) | Northrup, D., Trade without Rulers: Pre-Colonial Economic Development in South-Eastern Nigeria, Oxford 1978 | –, Africa's Discovery of Europe, 1450–1850, 2002 | Nováky, G., Small Company Trade and the Gold Coast: The Swedish Africa Company, 1650–1663, in: Itinerario 16, 1 (1992) 57–76 | Nwokeji, G. U., The Slave Trade and Culture in the Bight of Biafra, Cambridge 2010 | Palmer, C. A. (Hg.), The Worlds of Unfree Labour: From Indentured Servitude to Slavery, Aldershot 1998 | Paquette, R. L./Smith, M. M. (Hg.), The Oxford Handbook of Slavery in the Americas, Oxford 2010 | Pares, R., A Westindian Fortune, London 1950, 2. Aufl., Cambridge, MA 1968 | Parker, J./Reid, R. (Hg.), The Oxford Handbook of Modern African History, Oxford 2013 | Parry, J. H./Sherlock, P. M. 1965 | Pétré-Grenouilleau, O., Traites et esclavages: vieux problèmes, nouvelles perspectives? In: OM 89, 2 (2002) 5–282 | –, Nantes, Paris 2003 | –, Les traites négrières. Essai d'histoire globale, Paris 2004 | Peukert, W., Der atlantische Sklavenhandel von Dahomey 1740–1797. Wirtschaftsanthropologie und Sozialgeschichte, Wiesbaden 1978 | Platt, V. B., *And Don't Forget the Guinea Voyage*: The Slave Trade of Aaron Lopez of Newport, in: WMQ 32 (1975) 601–18 | Pope Hennessy, J., Geschäft mit schwarzer Haut, Wien 1970 | Postma, J., The Atlantic Slave Trade, Gainesville 2005 | Rediker, M., The Slave Ship, London 2008 | Reinhard, W. 1997 | Richardson, D./Schwarz, S./Tibbles, A. (Hg.), Liverpool and the Transatlantic Slave Trade, Liverpool 2007 | Rinchon, D., Pierre-Ignace-Liévin van Alstein, capitaine négrier Gand 1733–Nantes 1793, Ifan-Dakar 1964 | Roman, A. 2003 | Rupert, L. M., Contraband Trade and the Shaping of Colonial Societies in Curaçao and Tierra Firme, in: Itinerario 30, 3 (2005)

35–54 | Scelle, G. 1906 | Schmitt, E., Bd. 4–5, 1988–2003 | Schneeloch, N. H., Aktionäre der Westindischen Compagnie von 1674. Die Verschmelzung der alten Kapitalgebergruppen zu einer neuen Aktiengesellschaft, Stuttgart 1982 | Schück, R., Brandenburg-Preußens Kolonial-Politik unter dem Großen Kurfürsten und seinen Nachfolgern (1647–1721), 2 Bde., Leipzig 1889 | Sibille, C. (Hg.), Guide des sources de la traite négrière, de l'esclavage et de leurs abolitions, Paris 2007 | Sparks, R. J., Die Prinzen von Calabar. Eine atlantische Odyssee, Berlin 2004 | Stein, R. L., The French Slave Trade in the Eighteenth Century, Madison 1979 | Teipel, M., Die Versklavung der Schwarzen. Theologische Grundlagen, Auswirkungen und Ansätze ihrer Überwindung, Münster 1999 | Thornton, J., Africa and Africans in the Making of the Modern World, 1400–1680, Cambridge 1992 | Van der Heyden, U., Rote Adler an Afrikas Küste. Die brandenburg-preußische Kolonie Großfriedrichsburg in Westafrika, Berlin 2001 | Verger, P., Flux et reflux de la traite des nègres entre le golfe du Benin et Bahia de todos os Santos du XVIIe au XIXe siècle, Paris 1969 | Walvin, J., The Zong: A Massacre, the Law, and the Ende of Slavery, New Haven u. a. 2011 | Weber, K., The Atlantic Coast of German Trade: German Rural Industry and Trade in the Atlantic, 1680–1840, in: Itinerario 26, 2 (2002) 99–119 | –, Deutschland, der atlantische Sklavenhandel und die Plantagenwirtschaft der Neuen Welt (15. bis 19. Jh.), in: Journal of Modern European History 7, 1 (2009) 37–63 | Williams, C. A. (Hg.), Bridging the Early Modern Atlantic World, Farnham 2009 | Wirz, A., Sklaverei und kapitalistisches Weltsystem, Frankfurt 1984 | Wismes, A. de, Nantes et le temps des négriers, Paris 1992 | Wolff, I., Negersklaverei und Negerhandel in Hochperu 1545–1640, in: JGLA 1 (1964) 157–86 | Wright, J., The Trans-Saharan Slave Trade, London u. a. 2007 | www.slavevoyages.org | Zeuske, M., Handbuch Geschichte der Sklaverei, Berlin 2013 | Zook, G. F., The Company of Royal Adventurers Trading to Africa, 2. Aufl., Westport 1970.

奴隶制和外来非洲人的地位

Agorsah, E. K. (Hg.), Maroon Heritage: Archaeological, Ethnographical, and Historical Perspectives, Kingston 1994 | Aguirre, C., Breve Historia de la esclavitud en el Perú, Lima 2005 | Aldrich, R./McKenzie, K. 2014 | Anstey, R., The Atlantic Slave Trade and British Abolition, 1670–1810, London 1975 | – (Hg.), Liverpool, the African Slave Trade, and Abolition, Liverpool 1976 | Araújo, A. L., Public Memory of Slavery: Victims and Perpetrators in the South Atlantic, Amherst 2010 | Aubert, G., *The Blood of France*: Race and Purity of Blood in the French Atlantic World, in: WMQ 61, 3 (2004) 439–78 | Azevedo, C. M., Abolitionism in the United States and Brazil: A Comparative Perspective, New York 1995 | Bales, K., Disposable People: New Slavery in the Global Economy, Berkeley 1999 | Barnes, S. T., Africa's Ogun, 2. Aufl., Bloomington 1997 | Bastide, R., Les Amériques noires. Les civilisations africaines dans le Nouveau Monde, Paris 1967 | –, Die afrikanischen Religionen in Brasilien, Gießen u. a. 1974 (franz. 1960) | Becker, R. M., Trance und Geistbesessenheit in Candomblé von Bahia, Münster 1995 | Beckles, H. McD. 2006 | Behn, A., Oroonoko (1688), New York 1973 | Bender, T. (Hg.), The Antislavery Debate: Capitalism and Abolitionism as a Problem in Historical Interpretation, Berkeley 1992 | Bennett, J. H., Bondsmen and Bishops: Slavery and Apprenticeship on the Codrington Plantations of Barbados, 1710–1834, Berkeley 1958 | Bennett, H. L., Africans in Colonial Mexico: Absolutism, Christianity, and Afro-Creole Consciousness, 1570–1640, Bloomington 2003 | Berding, H., Die Ächtung des Sklavenhandels auf dem Wiener Kongress 1814/15, in: HZ 219 (1974) 265–89 | Bethell, L., The Abolition of the Brazilian Slave Trade: Britain, Brazil, and the Slave Question, 1807–1869, Cambridge 1970 | Blackburn, R., The Overthrow of Colonial Slavery, 1776–1848, 2. Aufl., London 1990 | –, The Making of New World Slavery: From the Baroque to the Modern, 1492–1800, London 1997 | Blumenthal, D., Enemies and Familiars: Slavery and Mastery in Fifteenth-Century Valencia, Ithaca 2009 | Boulle, P. H., La construction du concept de race dans la France de l'ancien régime, in: OM 89, 2 (2002) 151–75 | –, Race et esclavage dans la France de l'Ancien Régime, Paris 2007 | Bowser, F. P., The African Slave in Colonial Peru, 1524–1650, Stanford 1974 | Boxer, C. R., Race Relations in the Portuguese Empire, 1415–1825, Oxford 1963 | Brown, C. L., Moral Capital: Foundations of British Abolitionism, Chapel Hill 2006 | Burnard, T., Mastery, Tyranny, and Desire: Thomas Thistlewood and his Slaves in the Anglo-Jamaican World, Chapel Hill 2004 | Capone, S., Les Yoruba du Nouveau Monde. Religion, ethnicité et nationalisme noir aux Etats-Unis, Paris 2005 | Cardoso, F. H., Capitalismo e escravidão no Brasil meridional, São Paulo 1962 | Carrington, S. H. H. 2002 | Carter, M./Torabully, K. (Hg.), Coolitude: An Anthology of the Indian Labour Diaspora, London 2002 | Clark, K. M., Mapping Yoruba Networks: Power and Agency in the Making of Transnational Communities, Durham, NC 2004 | Clarke, C. (Hg.), South Asians over Sea: Migration and Ethnicity, Cambridge 1990 | Clemens, P. G. E., The Rise of Liverpool, in: EcHR 29 (1976) 211–25 | Conrad, R., The Destruction of Brazilian Slavery, 1850–1888, Berkeley 1973 | Craton, M., Sinews of Empire: A Short History of British Slavery, Garden City 1974 | Crespo Solana, A., América desde otra frontera. La Guayana Holandesa (Surinam), 1680–1797, Madrid 2006 | Cushner, N. P., Slave Mortality and Reproduction on Jesuit Haciendas in Colonial Peru, in: HAHR 55 (1975) 177–99 | Davidson, D. M., Negro Slave Control and Resistance in Colonial Mexico, in: HAHR 46 (1966) 235–53 | Davis, D. B., The Problem of Slavery in Western Culture, Ithaca u. a. 1966 | –, The Problem of Slavery in the Age of Revolution, 1770–1823, Ithaca u. a. 1975 | –, Inhuman Bondage: The Rise and Fall of Slavery in the New World, Oxford u. a. 2006 | De Jong, G. F., The Dutch Reformed Church and Negro Slavery in Colonial America, in: Church History 40 (1971) 423–36 | Dean, W., Rio Claro: A Brazilian Plantation System, 1820–1920, Stanford 1976 | Debien, G. 1956 | Desmangles, L. G., The Faces of the Gods: Vodou and Roman Catholicism in Haiti, Chapel Hill 1992 | Détang, A./Beaujon-Cherdieu, K./Picard, J., Le roman d'Anansi ou la fabuleux voyage d'une araignée, Paris 2006 | Devèze, M. 1977 | Dorigny, M. (Hg.), Les abolitions de l'esclavage de L. F. Sonthonax à V. Schoelcher, 1793–1794–1848, Paris 1995 | Dorsch, H., Afrikanische Diaspora und Black Atlantic. Einführung in Geschichte und aktuelle Diskussion, Münster 2000 | Drescher, S., British Way – French Way: Opinion Building and Revolution in the Second French Slave Emancipation, in: AHR 96 (1991) 709–34 | –, Abolition: A History of Slavery and Antislavery, Cambridge 2009 | –, Econocide: British Slavery in the Age of Abolition, 2. Aufl., Chapel Hill 2010 | –/Engerman, S. J. 1998 | Dresser, M., Slavery Obscured: The Social History of the Slave Trade in an English Provincial Port, 1689–1833, London u. a. 2001 [Bristol] | Eltis, D. 1987 | –/Engerman, S. L., The Importance of Slavery and the Slave Trade to Industrializing Britain, in: JEcH 60 (2000) 123–44 | –/– 2011 | –/Lewis, F. D./Richardson, D., Slave Prices, the African Slave Trade and Productivity in the Caribbean, in: EcHR 58 (2005) 673–700 | –/Walvin, J. (Hg.),

The Abolition of the Atlantic Slave Trade: Origins and Effects in Europe, Africa, and the Americas, Madison 1981 | Emmer, P. C. (Hg.), Unfree Labour, in: Itinerario 21, 1 (1997) 9–16 | Falola, T., The African Diaspora: Slavery, Modernity, and Globalization, Rochester 2013 | –/Childs, M. D. (Hg.), The Yoruba Diaspora in the Atlantic World, Bloomington 2004 | –/Roberts, K. D. (Hg.), The Atlantic World, 1450–2000, Bloomington 2008 | Farnsworth, P. (Hg.), Island Lives: Historical Archeologies of the Caribbean, Tuscaloosa u. a. 2001 | Figge, H. H., Geisterkult, Besessenheit und Magie in der Umbanda-Religion Brasiliens, Freiburg 1973 | Finkelman, P./Miller, J. C. 1998 | Flaig, E., Sklaverei, in: Ritter, J./Gründer, K. (Hg.), Historisches Wörterbuch der Philosophie, Bd. 9, Basel 1995, 976–85 | Flasche, R., Geschichte und Typologie afrikanischer Religiosität in Brasilien, Marburg 1973 | Floyd, S. A., The Power of Black Music: Interpreting its History from Africa to the United States, New York 1995 | Franke, B., Sklaverei und Unfreiheit im Naturrecht des 17. Jahrhunderts, Hildesheim 2009 | Frederickson, G. M., Rassismus, Stuttgart 2011 (engl. 2002) | Frey, S. R./Wood, B., Come Shouting to Zion: African American Protestantism in the American South and the British Caribbean to 1830, Chapel Hill 1998 | Gabaccia, D. R./Hoerder, D. (Hg.), Connecting Seas and Connected Ocean Rims: Indian, Atlantic, and Pacific Oceans and China Seas Migrations from the 1830s to the 1930s, Leiden 2013 | García Añoveros, J. M., Luis de Molina y la esclavitud de los negros africanos en el siglo XVI, in: RI 60 (2000) 307–29 | Garnsey, P. 1996 | Geiss, I., Geschichte des Rassismus, Frankfurt 1988 | Germeten, N. v., Black Blood Brothers: Confraternities and Social Mobility for Afro-Mexicans, Gainesville 2006 | Gilroy, P., The Black Atlantic: Modernity and Double Consciousness, Cambridge, MA 1993 | Glasson, T., *Baptism does not bestow Freedom* Missionary Anglicanism, Slavery, and the Yorke-Talbot Opinion, 1701–30, in: WMQ 67, 2 (2010) 279–318 | Gomez, M. A., Reversing Sail: A History of the African Diaspora, Cambridge 2005 | – (Hg.), Diasporic Africa: A Reader, New York 2006 | Graden, D. T., An Act *Even of Public Security*: Slave Resistance, Social Tensions, and the End of the International Slave Trade to Brazil, 1835–1856, in: HAHR 76 (1996) 249–82 | Grasso, C./Casper, S. E. (Hg.), Abolishing the Slave Trade: Ironies and Reverberations, in: WMQ 66, 4 (2009) 665–1016 | Green, W. A., British Slave Emancipation, Oxford 1976 | Greene, J. P., *A Plaine and Natural Right to Life and Liberty*: An Early Natural Rights Attack on the Excesss of the Slave System in Colonial British America, in: WMQ 57, 4 (2000) 793–808 | Hall, G. M., Social Control in Slave Plantation Societies: A Comparison of Saint-Domingue and Cuba, Baltimore u. a. 1971 | –, Slavery and African Ethnicities in the Americas: Restoring the Links, Chapel Hill 2005 | Hall, N. A., Slave Society in the Danish West Indies: St. Thomas, St. John, and St. Croix, hg. v. Higman, B. W., Baltimore u. a. 1992 | Harding, R. E., A Refuge in Thunder: Candomblé and Alternative Spaces of Blackness, Bloomington 2000 | Hatzky, C. (Hg.), Sklaverei und Postemanzipationsgesellschaften in Afrika und der Karibik, in: Periplus 20 (2010) 1–193 | Haviser, J. B. (Hg.), African Sites Archaeology in the Caribbean, Princeton u. a. 1999 | Hawthorne, W., From Africa to Brazil: Culture, Identity, and the Atlantic Slave Trade, Cambridge 2010 | Hensel, S., Africans in Spanish-America: Slavery, Freedom, and Identities in the Colonial Era, in: Indiana 24 (2007) 15–37 | Herskovits, M. J., The New World Negro, Bloomington 1966 | –, The Myth of the Negro Past, Boston 1958, 2. Aufl. 1973 | Heuman, G./Walvin, J. 2003 | –/Burnard, T. 2011 | Heywood, L. M. (Hg.), Central Africans and Cultural Transformations in the American Diaspora, Cambridge 2002 | Hine, D. C./McLeod, J. (Hg.), Crossing Boundaries: Comparative History of Black People in Diaspora,

Bloomington 1999 | Hochschild, A., Bury the Chains: The British Struggle to Abolish Slavery, New York u. a. 2005 (dt. 2007) | Hoefte, R., In Place of Slavery: A Social History of British Indian and Javanese Laborers in Suriname, Gainesville 1998 | Hoogbergen, W., *De Bosnegers zijn gekomen*. Slaverij en Rebellie in Suriname, Amsterdam 1992 | Hopkins, D. P., The Danish Ban on the Atlantic Slave Trade and Denmark's Colonial Ambitions, 1787–1807, in: Itinerario 23, 3–4 (2001) 154–84 | Inikori, J. E., Market Structure and the Profits of the British African Trade in the Late Eighteenth Century, in: JEcH 41 (1981) 745–76 | Johnson, L. L., *A Lack of Legitimate Obedience and Respect*: Slaves and their Masters in the Courts of Late Colonial Buenos Aires, in: HAHR 87 (2007) 631–57 | Kielstra, P. M., The Politics of Slave Trade Suppression in Britain and France, 1814–48, Basingstoke 2000 | Kiple, K. F., The Caribbean Slave: A Biological History, Cambridge 1984 | – (Hg.), The African Exchange: Toward a Biological History of Black People, Durham u. a. 1988 | Klein, H. S., Anglicanism, Catholicism, and the Negro Slave, in: CSSH 8 (1966) 295–327 | –/Luna, F. V., Slavery in Brazil, Cambridge 2010 | Knight, F. W. 1997 | Konetzke, R. (Hg.), Colección de documentos para la historia de la formación social de Hispanoamerica 1493–1810, 3 Bde. in 5 Tln., Madrid 1958–63 | Lachatañeré, R., Afro-Cuban Myths: Yemayá and Other Orishas, Princeton 2006 | Lai, W. L., Indentured Labor, Caribbean Sugar: Chinese and Indian Migrants to the British West Indies, 1838–1918, Baltimore 1993 | Larson, P. M., Ocean of Letters: Language and Creolization in an Indian Ocean Diaspora, Cambridge 2009 | Laurence, K. O., A Question of Labour: Indentured Immigrants into Trinidad and British Guiana, 1875–1971, Kingston 1994 | Lovejoy, P./Trotman, D. (Hg.), The Transatlantic Dimension of Ethnicity in the African Diaspora, London u. a. 2003 | Ludi, R., Haile Selassie auf Jamaica. Rastafari, Äthiopianismus und die Sklaverei in Abessinien, in: Historische Anthropologie 19, 1 (2011) 82–111 | Manning, P., The African Diaspora: A History Through Culture, New York 2009 | Martínez, M. E., The Black Blood of New Spain: *Limpieza de sangre*, Racial Violence, and Gendered Power in Early Colonial Mexico, in: WMQ 61 (2004) 479–518 | Mathieson, W. L., British Slavery and its Abolition, 1823–1838, London 1926 | –, British Slave Emancipation, 1839–1849, London 1932 | Matori, J. L., Black Atlantic Religion: Tradition, Transnationalism, and Matriarchy in the Afro-Brazilian Candomblé, Princeton 2005 | Maxwell, J. F., Slavery and the Catholic Church, London 1975 | Mayes, K. A., Kwanza: Black Power and the Making of an African-American Holiday Tradition, New York 2009 | McGiffert, M. (Hg.), Constructing Race: Differentiating People in the Early Modern World, in: WMQ 54 (1997) 3–252 | Meissner, J./Mücke, U./Weber, K. 2008 | Mellafe, R., Negro Slavery in Latin America, Berkeley 1975 | Mello e Souza, M. de, Reis negros no Brasil escravista. Historia de coroação de Rei Congo, Belo Horizonte 2001 | Midgley, C., Women against Slavery: The British Campaigns, 1780–1870, London u. a. 1992 | Miers, S., Britain and the Ending of the Slave Trade, London 1975 | Moerner, M., Das vergleichende Studium der Negersklaverei in Anglo- und Lateinamerika, in: JGLA 5 (1968) 405–21 | Moreau de Saint Méry, M. L. E., Loix et constitutions des Colonies françoises de l'Amérique sous le vent, 6 Bde., Paris 1784–90 | Morgan, P. D. (Hg.), African and American Atlantic Worlds, in: WMQ 56, 2 (1999) 240–414 | Murray, D., Odious Commerce: Britain, Spain, and the Abolition of the Cuban Slave Trade, Cambridge 1980 | Nabuco, J., Abolitionism: The Brazilian Antislavery Struggle, Illinois 1977 | Northrup, D., Indentured Labor in the Age of Imperialism, 1838–1922, Cambridge 1995 | – 2002 | Olaniyan, T./Sweet, J. H. (Hg.), The African Diaspora and the Disciplines, Bloomington 2010 | Oldfield, J. R., Popular Politics and British Anti-Slavery: The Mobilisation of

Public Opinion against the Slave Trade, 1787–1807, Manchester 1995 | Olsen, M.M., Slavery and Salvation in Colonial Cartagena de Indias, Gainesville 2004 | Oltmer, J., Globale Migration. Geschichte und Gegenwart, München 2012 | Olupona, J.K./Rey, T. (Hg.), Orisa Devotion as World Religion: The Globalization of Yoruba Religious Culture, Madison 2008 | O'Rourke, D.K., How America's First Settlers Invented Chattel Slavery, New York u.a. 2005 | Osterhammel, J., Sklaverei und die Zivilisation des Westens, 2. Aufl., München 2009 | Owensby, B.P., How Juan and Leonor won their Freedom: Litigation and Liberty in Seventeenth-Century Mexico, in: HAHR 85 (2005) 39–79 | Palmer, C.A., Slaves of the White God: Blacks in Mexico, 1570–1650, Cambridge, MA 1976 | Paquette, R.L./Smith, M.M. 2010 | Pares, R. 1968 | –, Yankees and Creoles: The Trade between North America and the West Indies before the American Revolution, London 1956, 2. Aufl., Cambridge, MA 1968 | Parry, J.H. 1972 | Pétré-Grenouilleau, O. 2002 | Pollak-Eltz, A., Trommel und Trance. Die afroamerikanischen Religionen, Freiburg 1995 | Price, R., Alabi's World, Baltimore 1990 | – (Hg.), Maroon Societies, 3. Aufl., Baltimore 1996 | Proctor, F.T., Gender and Manumission of Slaves in New Spain, in: HAHR 86 (2006) 309–36 | Ragatz, L.J., The Fall of the Planter Class in the British Caribbean, 1763–1834, New York 1963 | Ramos, A.O., Die Negerkulturen der Neuen Welt, Zürich 1948 | Régent, F., La France et ses esclaves. De la colonisation aux abolitions, 1620–1848, Paris 2007 | Reinhardt, T., Geschichte des Afrozentrismus. Imaginiertes Afrika und afroamerikanische Identität, Stuttgart 2007 | Reis, J.J./Silva, E., Negociação e conflito. A resistência negra no Brasil escravista, São Paulo 1989 | Restall, M. (Hg.), Beyond Black and Red: African-Native Relations in Colonial Latin-America, Albuquerque 2005 | Reuter, A., Voodoo und andere afroamerikanische Religionen, München 2003 | Roberts, J., Working between the Lines: Labor and Agriculture on Two Barbadian Sugar Plantations, 1796–97, in: WMQ 63, 3 (2006) 551–86 | Rodriguez, J. (Hg.), The Historical Encyclopedia of World Slavery, 2 Bde., Santa Barbara 1997 | – (Hg.), Chronology of World Slavery, Santa Barbara 1999 | – (Hg.), Encyclopedia of Slave Resistance and Rebellion, 2 Bde., Westport 2007 | Rout, L.B., The African Experience in Spanish America, Cambridge 1976 | Ryden, D.B. 2009 | Saco, J.A., Historia de la esclavitud de la raza africana en el nuevo mundo, 4 Bde., Havanna 1875–78 | Sandoval, A. de, Treatise on Slavery: Selections from *De Instauranda Aethiopum salute*, hg. v. Germeten, N.V., Austin 2008 | Schmidt, N., Victor Schoelcher, Paris 1994 | Schmitt, E., Bd. 4–5, 1988–2003 | Sidbury, J., Becoming African in America: Race and Nation in the Early Black Atlantic, New York 2007 | –/Cañizares-Esguerra, J., Mapping Ethnogenesis in the Early Modern Atlantic, in: WMQ 68, 1 (2011) 181–208 | Souty, J., Pierre Fatumbi Verger. Du regard détaché à la conaissance initiatique, Paris 2007 | Stinchcombe, A.L., Sugar Island Slavery in the Age of Enlightenment: The Political Economy of the Caribbean World, Princeton 1995 | Tan, C.-B. (Hg.), Routledge Handbook of the Chinese Diaspora, London u.a. 2013 | Tannenbaum, F., Slave and Citizen: The Negro in the Americas, New York 1947 | Tardieu, J.-P., L'affranchissement des esclaves aux Amériques espagnoles, in: RH 268 (1982) 341–64 | –, El negro en el Cuzco. Los caminos de la alienación en la segunda mitad del siglo XVII, Lima 1998 | –, Cimarrón-Maroon-Marron. Note épistémologique, in: OM 94, 1 (2006) 237–47 | –, Cimarrones de Panamá. La forja de una identitad afroamericana en el siglo XVI, Madrid 2009 | –, Negros y indios en el obraje de San Ildefonso, Real Audiencia de Quito, 1665/66, in: RI 72 (2012) 527–50 | Temperley, H., British Antislavery, 1833–1870, London 1972 | Thompson, P., Henry Drax's Instructions on the Management of a Seventeenth-Century Barbadian Sugar Plantation, in: WMQ 66, 3 (2009) 565–604 | Thornton, J., Africa and Africans in the Making of the Modern World, 1400–1680, Cambridge 1992 | Tinker, H., A New System of Slavery: The Export of Indian Labour Overseas, 1830–1920, London 1974 | Toplin, R. B. (Hg.), Slavery and Race Relations in Latin America, Westport 1974 | Valtierra, A., El santo que libertó una raza: San Pedro Claver, Bogotá 1954 | Verger, P., Dieux d'Afrique, Paris 1954 | –, Notes sur le culte des Orisas et Vodun a Bahia, Dakar 1957 | –, Orisha. Les dieux Yorouba en Afrique et au Nouveau Monde, Paris 1982 | Walvin, J., Slavery and British Society, 1780–1838, Basingstoke 1981 | –, An African's Life: The Life and Times of Olaudah Equiano, 1747–1797, London 1998 | –, Making the Black Atlantic: Britain and the African Diaspora, London 2000 | –, Black Ivory: Slavery in the British Empire, 2. Aufl., Oxford 2001 | Whitford, D. M., The Curse of Ham in the Early Modern Era: The Bible and the Justification for Slavery, Aldershot 2009 | Williams, E. 1970 | Wilson, K., The Performance of Freedom: Maroons and the Colonial Order in Eighteenth-Century Jamaica and the Atlantic Sound, in: WMQ 66, 1 (2009) 45–86 | Wirz, A. 1984 | Wolff, I. 1964 | Wood, B., The Origins of American Slavery, New York 1997 | Zeuske, M., Sklavereien, Emanzipationen und atlantische Weltgeschichte, Leipzig 2002 | –, Schwarze Karibik. Sklaven, Sklavereikultur und Emanzipation, Zürich 2004 | –, Sklaven und Sklaverei in den Welten des Atlantik 1400–1940, Münster 2006 | – 2013 | Zoller, R. (Hg.), Amerikaner wider Willen. Beiträge zur Sklaverei in Lateinamerika und ihre Folgen, Frankfurt 1994.

第十章

“法国和英国的大西洋”

法属北美

雅克·卡蒂埃（Jacques Cartier）1535年寻找西北通道和贵金属的旅程一直延伸到今天的蒙特利尔（Montreal）。1541年至1543年，他和让-弗兰索瓦·德·罗伯瓦尔（Jean-François de Roberval）试图在被印第安人称作“加拿大”的今天的魁北克（Quebec，印第安语，意为河峡）地区定居，但是严酷的北美冬季、维生素C缺乏病和当时居住在那里的易洛魁人（Irokesen）的敌对行动使得他们不得不终止了定居的尝试。威廉·巴顿（William Button）和威廉·巴伦支（William Barents）对1610年由亨利·哈得孙（Henry Hudson）发现的哈得孙海湾（Hudson-Bai）的考察直到1616年也未能找到西行之路，西欧人可能已经丧失对这块尚未开发的大陆的一切兴趣。尽管在卡蒂埃第一次尝试时走过的新大陆海滩上一直有捕捞活动，但在这块陆地上长期定居的吸引力日渐式微。

然而16世纪后半叶，渔民们已经开始在停留于陆地时进行海狸皮交易。当时流行的帽式引发了欧洲对这种商品的巨大需求，这导致了毛皮贸易的迅速繁荣，而毛皮贸易最终促进了对北美洲北部的开发，同时也长期成为欧洲各个民族与印第安民族之间不断冲突的根源。尽管印第安人的毛皮贸易经济与欧洲人的市场经济观点大相径庭，但是生意依然兴隆。1581年后，大量的毛皮商船队从诺曼底各港口出发。圣劳伦斯河（St.–Lorenz-Strom）下游的塔杜萨克（Tadoussac）发展为法国商人和印第安商人的聚集地。

1577年后，法国人在纽芬兰、新不伦瑞克（Neubraunschweig）、新苏格兰（Neuschottland）西部和芬迪湾（Fundy-Bai）东部地区进行了数次移民，直至来自弗吉尼亚的英国人

的最后定居点于1613年被摧毁，这个地区一直是英国和法国
488 之间的危机爆发点。1604年到1607年，塞姆尔·德·尚普兰（Samuel de Champlain，1567~1635年）证实了法国人第一次地理考察中称为阿卡迪（Acadie）的芬迪湾地区地貌，他沿着卡蒂埃走过的路线溯圣劳伦斯河而上，获得了有关大湖群的第一手信息。

1608年，为了建立一家固定的贸易事务所，他回到了魁北克。这是法国人在加拿大的第一次，也是长期以来唯一的一次移民。这次和其他所有移民活动的实施者都是欧洲贵族，他们从王室那里获得了在区域和时间上有限的对加拿大的特许权，为了在经济方面充分利用这个权力，他们与商人们建立了公司。为了巩固这个特权，他们接管了向新法兰西（Nouvelle France）移居极少数法国人的权力，并且取得了一定的成功，因为1627年在加拿大只有不超过107个移民。德·尚普兰在其九次大旅行中考察了包括以他的名字命名的湖泊、南方的安大略湖（Ontariosee）和西部的休伦湖（Huronsee）等广大区域，进行了其他科学考察活动，在法国停留期间，他还通过发表新世界游记进行了宣传。他总共走了超过3.5万公里的路程。1609年，他和他的印第安同盟者在尚普兰湖（Champlainsee）边与莫霍克人（Mohawk）发生冲突，他依靠当时还鲜为人知的火枪占了上风。这是法国人和易洛魁人结下世仇的开始。

当然，这个世仇并非由德·尚普兰引发，而或多或少是由毛皮贸易生意的地缘政治情状所导致的必然结果。当他1603年再次来到圣劳伦斯河时，那里已经没有易洛魁人了。现在来自西北部的阿尔贡金部落（Algonkinstämme）成了欧洲人毛皮生意的伙伴。来自大湖群地区和西部近邻地区的毛皮聚集到了休伦人手中，这是一个生活在休伦湖的乔治亚湾（Georgian Bay）与锡姆科湖（Simcoesee）之间狭小地带的易洛魁语族

的民族。早在欧洲追崇毛皮之前，休伦人就是毛皮贸易的行家里手了，因此，德·尚普兰竭力要把他们争取过来，在1615年带来了一个刚刚到达的方济各会—重整会（Franziskaner-Rekollekten）神父来做传教士。

狭义上的易洛魁人从他们位于安大略湖与哈得孙湾之间的居住区来看，周围比以往任何时候都更四面受敌。难道那个很快以进攻的方式席卷整个东部北美洲的著名的五族联盟［塞内卡人（Seneca）、卡尤加内人（Cayuga）、奥弄达加人（Onondaga）、奥奈达人（Oneida）和莫霍克人（Mohawk），1722年与塔斯卡洛拉人（Tuscarora）联合扩大为六个民族］是作为防御组织出现的吗？抵御住法国人和休伦人1615年的 489
进攻之后，局势反转了。易洛魁人转入攻势，并通过具有吸引力的手段占据了毛皮市场的优势。尼德兰人最晚从1613年开始在亨利·哈得孙于1609年发现的哈得孙河从事毛皮贸易。1614年，他们成立了新尼德兰公司（Neu-Niederland-Companie），其遗产1621年由西印度公司接手。以贸易基地为基础，在今天的奥尔巴尼（Albany）附近和曼哈顿（即后来的纽约）出现了奥伦治堡（Fort Oranje）和新阿姆斯特丹（Nieuw-Amsterdam）。1626年，出于直接与尼德兰人交往以便从他们那里获得火枪的考虑，易洛魁人消灭了在哈得孙河谷上游居住的莫西干人（Mohikaner）。他们能够成功地在损害阿尔贡金人和休伦人与法国人的贸易的情况下，扩展与尼德兰人之间的毛皮贸易吗？

在法国人看来，休伦人暂且是不稳定的朋友。因此，1625年以后来到这个国家的耶稣会布道团首先就把传教目标专注于这个族群，尽管这会导致消极后果，但考虑到毛皮贸易的利益，还是可以接受的。然而，由于与欧洲人关系紧密，这个本来拥有1.8万人（远远多于易洛魁人联盟）的骄傲的民族在 1634 年到 1639 年因为瘟疫而大幅减员，士气低落，但是白人却在很大程度上免受其害。这和中美洲的发展情况如出一辙。对于休伦人来说，基督教简直就是死亡的同义词，而且更甚、更烈。由尼德兰人引发的易洛魁人的毛皮欲望导致了暴力升级。最终，他们的 1200 人侵入了休伦人之国，直至 1650 年逐渐灭绝了这个由于法国人实行限制性的射击武器政策而装备不良的民族。在这期间，也有几个耶稣会会士被刑讯致死。易洛魁人的这个胜利保证了他们对西部毛皮的攫取。

虽然在首相枢机主教黎塞留（Kardinal Richelieu）的努力下，殖民政策首次被赋予了重要的意义，试图以目标长远的公司来取代短期内随意更换的垄断者和垄断公司，但是新法兰西（Nouvelle France）仍然太过孱弱，无力阻止这一情况的发生。1627 年，他创立了新法兰西公司［也叫百人公司（Compagnie des Cent-Associés）］，并赋予其成员特别优先权：贵族和教士们可以在不损失他们的“特权（dérogeance）”的前提下参与其中；拓荒者可以享有在法国很难获得的特权；在加拿大出生的人被视为法国人，贸易保有十五年免税权。为此，公司必须在这十五年内安置 4000 名移民。所有的参与者
490 必须是天主教徒。与之前的法国殖民尝试不同，这次胡格诺派教徒们居于次要地位的参与就像马克·莱斯卡伯特（Marc Lescarbot）在阿卡迪那样，并没有激起耶稣会会士们的反感。现在在法国除沿海地区外，第一次有包括巴黎在内的内陆省积极地参加其中。

然而，1628 年至 1629 年，魁北克和此间重新崛起的法属阿卡迪被英国人侵袭和占据，直至查理一世由于担忧其法国夫人的嫁妆而把这两个地方归还给了法国，并且打开了新的局面。现在又有几个大家族迁往加拿大，使得那里的居民人数到 1645 年时增加到了大约 300 人。筹划好的封建领主土地所

有制（seigneuries 或者 fiefs）中只有极小一部分人被授予了土地所有权，但是在沿圣劳伦斯河而上的两岸，在三河地区（Trois Rivières）和在蒙特利尔（1641 年）建立了居住区。耶稣会会士于 1635 年在魁北克成立了墨西哥以北地区的第一所中等学校——神学院，把乌尔苏拉会修女（Ursulinen）和医院护士（Soeurs Hospitalières）从迪耶普（Dieppe）接到这个国家，他们于 1639 年建立了一个女子学校和一家医院。修女玛丽·德尔因卡那什（Marie de l'Incarnation）的记载是描述了那些年的重要资料来源。特权检查当时非常频繁，因为管理和军事方面的领导岗位都在马耳他骑士团的成员手中，而耶稣会会士在 1632 年至 1659 年行使着一定程度的教会垄断权。由于他们的影响，1645 年，新法兰西公司让出了本地人公司（Compagnie des habitants）的贸易权和殖民管理权，其管理层由移民家长们组成，它的最高机构是一个参事会，在参事会里耶稣会会士的主管和总督共同决定事务。

1663 年，尽管人口快速增长到了 3035 人，但是阿卡迪的繁荣乏善可陈，危机接踵而至。阿卡迪于 1654 年丢失，被英国占领，直到 1667 年至 1670 年才作为《布雷达和约》（Frieden von Breda）的结果而重新回归。加拿大一直处于易洛魁人不断发动新攻势的重压之下，这一点影响到了毛皮生意，以至于本地人在 1658 年不得不把统治权以新的形式归还给了百家公司。

在宗教领域也发生了严重冲突，此事与耶稣会会士为了补充一个正规的教会机构有关。虽然他们在 1657 年成功地把由罗马教廷行使的宗座代牧和领衔主教的任命权争取到了亲近他们的弗朗索瓦·德·拉瓦尔（François de Laval）手中，后者后来于 1674 年成为魁北克第一位正式主教，但是鲁昂（Rouen）的总主教拒绝了宗座代牧这种更现代的、符

491 合罗马要求的机制，并且以传统方式提出使加拿大成为他的主教管区下辖的一部分的要求。他派遣一位来自苏尔皮琴人（Sulpizianer）神父会的总代理牧师，随其迁入的还有他的同伴们，并且在蒙特利尔引发了与耶稣会会士和1659年进入这个国家的德·拉瓦尔之间的激烈冲突。德·拉瓦尔被证明是特别严厉的，他不仅和妇女修道会，而且和总督发生争吵。最终，这位总代牧通过对当事人开除教籍和进行严厉的世俗的惩罚，直至对逮捕的罪犯实施枪决的强力手段，平复了自德·尚普兰时期就出现的但久拖未决的向印第安人出售烧酒的问题。

遭受外来威胁和内部不和的加拿大人一再向英国王室求助，直到1663年，德·拉瓦尔最终开始推行彻底的人事调整。法国拥有了和平，它在欧洲的主要对手被削弱了，在路易十四的个人统治和柯尔培尔大臣的经济政策下，法国有意识地谋求世界意义的顶点，在殖民政策方面也是这样。为了法国的更大荣誉，也为了损害对手，应该使加拿大最终能够维持下去，或许甚至容忍它为母国带来利益。正如柯尔培尔经常在改革项目中所做的那样，一篇文章及时地发表了，它恰当地展示了事物的最好的一面。在《加拿大（新法兰西）的国家习俗和生产实录》（*Histoire véritable et naturelle des moeurs et productions du pays de la Nouvelle-France, vulgairement dit le Canada*，1664年）一书中，皮埃尔·布彻（Pierre Boucher）全面呈现了这个国家的存量登记。新法兰西公司必须解体，1664年被西印度公司（Compagnie des Indes occidentales）取代，后者和柯尔培尔的平级公司一样都是国家领导下的团体，其私人股东并不总是完全自愿地承担其份额。另外，它们还一直被限制于经济范围，而政治和行政管理大权此后被掌握在王室代表手里，主管海军的国务秘书负责殖民事务。

加拿大应该和其他地方一样成为法国的一个行省，但又与其他地方有所不同，不仅因为它的特殊环境条件需要一个更强的军事阵地，还因为像在其他殖民地频繁发生的那样，在并无历史形成的对抗力量的负担的情况下，母国的统治者在处女地试图实现他们的政治观点。在此种情形下，这就意味着毫无限制的君主政体。阶级代表在法国被压制的时代，亦不允许在加拿大出现代表机构。尝试建立这样一种代表机构的简单的政治实验据说就使总督弗龙特纳克（Frontenac）遭到了谴责。领事机构所的东西均被严格地控制，城市管理（此间魁北克已成 492
为城市）和由民兵首领（capitaine de milice）按照半军事化社会特点主导的乡镇管理同样如此。

半军事化在这里意味着，总督和魁北克殖民地总督及其下属的三河和蒙特利尔总督作为军事和政治权力的掌控者有着比在母国更为重要的影响；而在母国，这一职位仅仅是个名誉职位。他可以像西班牙总督一样作为君王的代表干预行政管理，但在此种情况下须向巴黎方面说明理由。在经历了开始阶段的一些问题之后，这个体制逐渐运转正常。除他之外，还有一位实际上与他平起平坐的地方行政长官——加拿大、阿卡迪、纽芬兰及北方法兰西其他土地的司法、治安、财政督办官，就像在法国国王的全权大臣有对应的驻地方的行政、司法和财政代表一样。首位加拿大行政长官让·塔隆（Jean Talon，1665~1668 年、1670~1672 年在任）尽管任职时间很短，但仍然被视为新加拿大真正的创立者。

在新设置的地方法院之上，现在又设置了一个最高委员会（Conseil souverain）作为高级法院，也同时作为立法机构。它相当于法国的议会。其成员除了总督、主教、行政长官，还有大律师、公证员和五个参议员。这个人员构成到 1703 年增加到了十二人。从 1675 年开始，他们由国王任命，而在此之前他们都是由总督或主教委任的。在法国司空见惯的贿赂官员现象在加拿大似乎未有踪迹。柯尔培尔甚至命令禁止律师在殖民地挂牌开业。加拿大人肯定对公证员的工作是满意的。巴黎的习俗（Coutume de Paris）和本地的惯例是权威性的。法国人始终回避就诸如印第安人是否也应该服从法国法律，即做法国王室的臣仆，或者不臣服而只是保留作为同盟者等问题进行答复。与同时期在母国的情况相比，加拿大的司法给人们留下了更好的印象，其惩处亦较温和：在法国统治时期，总共只对67人判处了死刑，获准的行刑仅为19例，其中9例还以减轻处罚了结。错判似乎并未有过。

1663年，3035名居民中有65%居住在魁北克，15%在三河，20%在蒙特利尔。三分之二的人依靠土地生活，只有三
493 分之一的人是城市人。截至那时，有69个封建领主庄园被重新分配，62个分配给了个人，其中大部分生活在加拿大，7个分配给了宗教机构，其中耶稣会是最积极的。整个土地的三分之二都被掌握在一个家族手中。然而，69个封建领主庄园中只有0.87%，即712个农场，被转送给了农民（censitaires）。并非所有的庄园主都是贵族出身，但是在加拿大除了2.5%是教士，还有3.2%是贵族。母国的等级社会继续存在。但是这里的上层阶级比之母国的那个贵族社会更加年轻，平均年龄为20.6岁。470对夫妇生育了1497个孩子，即每个家庭有3个孩子。三分之一的居民是在加拿大出生的，其中少数是混血儿。剩余的迁入者大半来自法国西部个别地区，足有四分之一来自诺曼底。

加拿大是一个封建社会吗？早期的垄断特权已使其所有者有权创造出甚至带贵族称号的封建领主土地所有制，而事实上，百人公司在1630年代就已经这样做了。1760年前后，加拿大最终共有250个庄园和总计约320万公顷土地。庄园主

必须效忠于君王的代表，在变更产权时必须缴纳税款。他们要求佃农每年和涉及继承时支付费用，此外还要服劳役。佃农必须在庄园主的磨坊磨面。在很多情况下，庄园主拥有低级审判权。而与法国相比较，实际上这一切在一个庄园主很难找到佃农的社会里意义有限。甚至有人说，在加拿大根本就不存在经济意义上的封建领主土地所有制。

本地人的生存状态不错。由于地域辽阔，他们臣服于主人的统治，这是因为经济上最有价值的和军事上最安全的土地在圣劳伦斯河畔，并过早地就以封建领主土地所有制的形态转让出去了。因此，地主们在一定程度上完成了土地和殖民代理人的功用。就这样一直到18世纪才出现了旧加拿大的典型的殖民景象：沿河每隔几百米就有一个农场，它们建在一块狭窄的但深入陆地的土地上，一直延展到更远的与之平行的建筑群，每隔几公里就会有一栋地主庄园住宅或者一座教堂。

因此从社会的视角来看，庄园也是非常现实的。庄园主不仅是可以获得土地并因而升入贵族行列的富人，而且他可以在 494
加拿大这种特殊状况下成为佃农的军事首领。这与始终移民甚少的加拿大拥有令人惊讶的军事能力有关联吗？最终，加拿大从本地人中招募到1.5万名特别善战的民兵。无论如何，传统的价值观被重新唤醒，即使庄园主们本身并非出身贵族。加拿大复制了母国等级社会并形成了一种变体，它具有很高的社会同族婚姻比例，新旧贵族也在当中占据优势地位。

三个中心中的每一个都拥有防御工事，且至少有一个小教堂。魁北克共有三个教堂和七个礼拜堂、一家医院、一间或几间磨坊。魁北克起码已经显现有着迷人建筑物的正儿八经的欧洲城市的模样了。1752年，它拥有8000名居民，蒙特利尔有5000名。这就是说，这里的城市人口的数字已经高于母国城市了。

为最终解决易洛魁人问题，新政权调动了由24个分队组成的一个团的正规军去加拿大。欧洲战术虽然无法打赢丛林战士，但是可以毁灭易洛魁人的村庄和物资贮备。因为除此之外，易洛魁人还遭到印第安对手和天花病的袭扰，1667年，他们不得不同意媾和。这一和平时期一直持续到1680年代，并为柯尔培尔和塔隆的发展计划提供了活动余地。易洛魁人早就依赖收养俘虏来生活，只要他们还没有被虐待致死。1660年前后，此类人口占易洛魁民族的三分之二。这丝毫不能改变联盟人口的下降。易洛魁人的人口数量从1630年的2.2万人锐减到1700年的5000人。但是同样在加拿大，比如在额外获得的路易斯安那（Louisiana），印第安人的死亡也在继续。

现在可以实施法属加拿大的第一次也是最后一次的大移民计划了。被调来对付易洛魁人的那个团的400名退役士兵在他们作为庄园主的军官们的率领下成了农民。在加拿大，白人妇女本就很少，此时更加失衡。印第安姑娘被认为是自愿地为法国人提供了性服务，而且据说是一种新型的、非强迫的关系，但是欧洲式的在家操持家务的生活方式显然不大适合她们。法国王室在1663年至1673年输送了774名已到婚龄的妇女来到路易斯安那，即使一小部分出身卑微，曾为妓女，但大多数看起来还算正派。这些“国王的女儿（filles du roi）”中的
495 32人甚至出自胡格诺教派。她们全都很快嫁了人，但问题还没有得到完全解决。或许在那些年还有另外1000名说法语的适婚女性也嫁到了加拿大！另外，家庭和所谓志愿者（engagés）的移居也得到了支持。为了获得独立安家的土地，这些人在过渡期必须做三年家仆。然而尽管得到支持，也只有很少人到来。

根据新近的统计数据，总共有33500人移居到了加拿大，另有数据称甚至有多达7万人，其中7000人迁到了阿卡迪。

但是这个数字与法属加勒比和英格兰殖民地的规模相比就显得太低了。这里所说的移民是指所有法属北美殖民地的移民，而超过三分之二的移民都重新回到了法国，这就像是法国国内城市劳动力迁移的海外延伸版，当中鲜有农村劳动力参与。与英属北美洲相反，有关加拿大的信息几乎不会被传播到法国的底层，殖民地的气候和迥异的生活条件更是恶名远扬。另外，文化上似乎还曾有反对移民的保留意见。

在塔隆治下，可能陆续有 2516 人迁入，到 1713 年还有 1050 人迁入。1713 年至 1752 年大概又来了 3000~4000 个拖家带口的父亲、退役士兵和英国逃兵、囚犯和冒险者。据说总共有 8527 人。但是尽管如此，这个北美洲的新法兰西在生物学上必须靠自己延续下去，基本上直到今天仍然如此。这个年轻化的人口结构有着高出生率和与旧世界相比较低的死亡率，特别适合在这里繁衍生息，尤其是他们并不缺乏国家支持：奖励早婚，开除名誉职位上的单身汉，每年对每个有 10 个孩子的家庭发放 300 里弗尔金法郎的王室膳宿资助，有 12 个孩子的家庭则发放 400 里弗尔。其结果令人印象深刻：1660 年至 1670 年的出生率据称为 63‰，这是祖籍欧洲的人口曾达到的最高出生率。每个妇女的平均生育数量是 8 个孩子。每个普通家庭有 7~8 个孩子。1663 年至 1685 年的人口数量从 3035 增加到 10725，1713 年这个数字为 18119，1755 年为 62000，1763 年达到了 75000。

但是，从当时的经济形式看，殖民地加拿大并未显现太多发展可能性。除毛皮外，它没有用产品为母国换回有价值的原材料，而这些产品过早地受到过量供应所导致的价格下滑的威
胁。与西印度相比，加拿大在经济上几乎没有什么重要作用。496
但是王室用非重商主义的慷慨大方来考虑这种特殊情形。向母国运输多余的粮食和木材是许可的。因为给西印度的供应要受

到英国殖民地的控制。生产成品的中小企业得以继续发展。按照塔隆的倡议，甚至新型公司的贸易垄断也被叫停。塔隆心中似乎筹划过把法国的渔业垄断作为另一种经济发展方案。阿卡迪被殖民和开发，人们还试图建立一条从那里通向加拿大的陆路通道，强化法国在纽芬兰的存在感。然而事实表明，自17世纪前30年起，英国在任何地方提出的要求都得到了强化。

1671年，塔隆再一次派遣一支探险队前去北部的哈得孙湾，这同样可能与英国的行动有关，因为1668年有一艘英国的毛皮货船到过那里，1670年哈得孙湾公司（Hudson's Bay Company）成立，它从王室和议会那里获得了对鲁伯特王子之地（Prince Rupert's Land）的垄断权。除此之外，向大湖群地域的新一轮推进以及从那里出发继续向外推进便是要先下手为强，抢在其欧洲对手英国和西班牙之前行动。同样在1671年，塔隆的代理人在那里将整块土地据为法国所有，而且防备性地随即扩展到了南部海域、西部海域和北部海域。即便是柯尔培尔1674年为更好地巩固和控制殖民地而颁布的对再派探险队的禁令也预设了两种例外情况：如果另一个强国为了损害法国而威胁要把这块土地据为己有，或者如果能够找到一条不封冻的通道。在这两种情况下禁令无效。

在同样具有扩张愿望的生意能手总督路易斯·德·布德·弗龙特纳克伯爵（Louis de Buade Comte de Frontenac，1672~1682年、1689~1698年在任）治下，法属北美洲扩展到了它的最大范围。皮货商人路易·乔利埃（Louis Jolliet）和耶稣会会士雅克·马克特（Jacques Marquette）1673年在由于害怕遇到西班牙人而折返之前，就已经从大湖群出发，直达密西西比河并顺流而下到达阿肯色河河口。1682年，狂热的发现者罗伯特·加瓦尔利尔·德·拉赛尔（Robert Cavelier de La Salle）到达了柯尔培尔河口（这是密西西比河当年的称

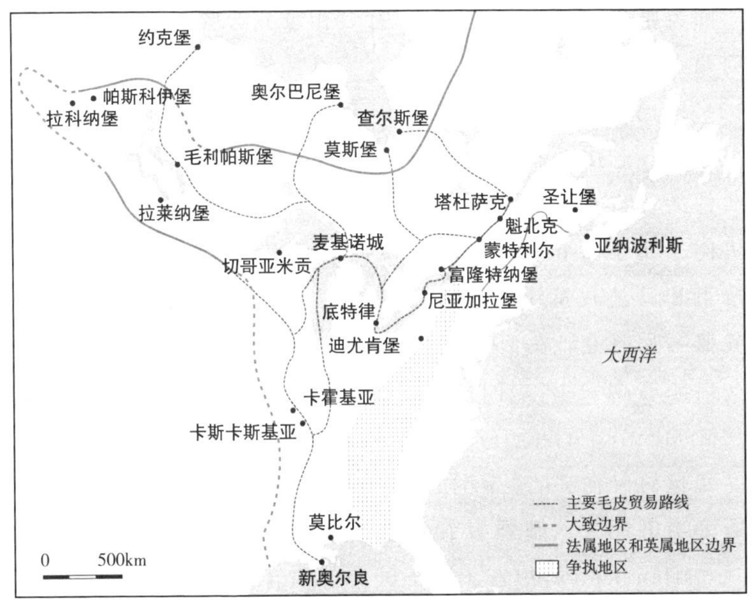

插图 56 1750 年前后的法属北美洲

呼)，为“路易大帝”正式占据了“路易斯安那”[①]，带有明显的反西班牙倾向。现在，从加拿大起，在大湖群与密西西比—密苏里河流域之间的战略位置上，以及在西北部一直延伸到今天的萨斯喀彻温（Saskatchewan），都设置了堡垒链。18 世纪，法国人一直扩张到了石灰岩山区。

在实际占领失败且拉塞尔本人于 1687 年被谋杀之后， 497
1699 年在密西西比河口东面的比罗西（Biloxi）海湾沙滩上出现了第一个居住区，1711 年在今天的亚拉巴马（Alabama）建起了作为新殖民地首府的莫比尔（Mobile）。它暂时隶属于加拿大并由加拿大殖民。1714 年，那里有 380 个法国人，其中 170 人是为王室服务的。企业行为代价高昂，以致 1712

① 即得名于法国国王路易十四。——编者注

年路易斯安那的贸易垄断权被转让给了巴黎投机商安托尼·克洛扎特（Antoine Crozat），以期对维持殖民地有所助益。1717年到1731年，路易斯安那被转手到了一家新的西方公司（Compagnie d'occident）手中，它的业务正是苏格兰人约翰·劳的大型投机公司整顿法国国家财政的基础。1718年，新奥尔良（La Nouvelle Orléans）成立，1722年成为殖民地的首府，此间它先是事实上，然后在法律上独立于魁北克。路易斯安那的欧洲人口在1723年至1769年从1800增加到了4000，
498 最终还有6000名非洲奴隶。1752年，新奥尔良有3200个居民，被看作走私者和骗子们的聚集地。与加拿大相反，路易斯安那是一个奴隶社会和种植社会，其末端一直延伸到伊利诺伊斯（Illinois）。1724年，它甚至拥有一部自己的奴隶制度法。

“乔利埃—马克特（Jolliet-Marquette）”的结合表达了这样一个基本的事实，即在加拿大扩张和文化传播这两个方面，皮货猎人（coureurs de bois，后称为voyageurs）和耶稣会传教士充当了主要的承载者。后者带着诱变动机，谋求达到与在伊比利亚美洲相同的目标。“野蛮人”首先应该定居下来，“被文明化”并且使其在与他们的文化元素很好地融合的情况下皈依基督教。所以，教团就聚焦于像休伦人这样的半定居民族。然而，随着对当地宗教观念的适应，他们有时候似乎走得更远。

传教士们有着值得赞赏的英雄主义，《耶稣会会士报告》（*Relations des Jésuites*）作为早期加拿大史最重要的文献之一，让这种英雄主义在欧洲公众中间留下了良好印象，然而尽管如此，这些成果还是有点不尽如人意。原因不仅在于休伦人等许多民族与欧洲人的联系因为瘟疫的传播而大幅度减少，还在于加拿大的政治和经济形势对这种“笃信上帝的实验”来说，也远不如在巴拉圭那么有利。与巴拉圭不同的是，耶稣会

会士们竭尽全力也没能在他们的印第安教友面临敌人，尤其是易洛魁人攻击时为其提供有效和持续的保护，因此他们的传教明显丧失了吸引力。

另外，法国的殖民体制没有计划将白人与印第安人分离，而只是通过联系达到同化。但是这种联系产生了消极的影响。这一点或许与跑遍整个印第安北美洲的皮毛商人和皮毛猎人关系不大——他们有着不受羁绊的习惯，作为旅游者虽贡献巨大却享有恶名。消极影响恐怕更多来源于烧酒买卖的恶劣后果，无论这种生意是他们做的，还是别人做的。因为在北美洲，印第安人也喜欢这种新的麻醉剂，尽管他们缺乏有助于快速分解毒素的发酵酶。

尽管印第安人面对的现实十分黯淡，而且《耶稣会会士报告》常常把那些尚未与白人接触的部族的习俗描述得令人讨厌，加拿大传教士约瑟夫·弗朗索瓦·拉菲陶（Joseph Francois Lafitau）还是凭借他1724年的那本《美洲蛮人风俗与原始风俗的比较》（*Moeurs des sauvages amériquains, compares aux moeurs des premiers temps*），以一种最符合 499
欧洲启蒙意义的方式让这些“高贵的野蛮人”的神话重获生机。这算是对单调的传教生活的一种纯粹的过度补偿吗？他一直被认为是像拉斯·卡萨斯（Bartolomé de Las Casas）一样的原始人种学者。因为《耶稣会会士报告》实际上并没有仅仅依照耶稣会会士的描述去刻画印第安人的形象，而是相当忠实于印第安人所处的现实。不仅这些耶稣会会士的行列中产生了殉教者，当地人中也产生了圣徒，甚至还有女性圣徒。殉道者凯瑟琳·特卡奎莎（Catherine Tekakwitha）就是一个例子，1980年，人们在她的殉道三百年纪念日上为其行了宣福礼。可是前不久又有研究声称，这位易洛魁女性不过是用对新神灵的宗教仪式和心灵体验对她以前的信仰进行了调整。其他时候，基督教的实践常以失败告终，沦为某种“异端邪说”，把传教士推入了绝望的境地。

但是，加拿大的法国人与印第安人的关系和美洲其他地方的一般情况有着明显的区别。当那些皮毛猎人——曾经的加拿大边境居民中很典型的一类人——在贸易中也欺骗和灌醉印第安人的时候，丝毫不会影响法国人继续融入印第安世界。他们并不只是通过习得印第安人在荒野中战斗和生存的技能而极其成功地适应了环境。他们之中的许多人还具有一半印第安血统并且生育了混血儿。大湖群流域发展成文化交融区，一个中间地带，在这个区域里印第安人和混血儿拥有话语权，当然也产生过一些富有创意的误解。尽管存在着像易洛魁人那样值得注意的例外，但是当英法两个世界大国在印第安人的边境爆发战争的时候，与英国人和他们所处的劣势明显相反的是，法国人与印第安人的关系总体上是友好的。

据说人们把这种差异归结于法国人的更人性化、更善于交往和较少带偏见的民族性格。像马克·莱斯卡博特（Marc Lescarbot）这样的法国人在17世纪初就确信，他们与印第安人的关系会比其他欧洲人的情况更好。但是，真正起决定性作用的并非不同文化根源所可能导致的行为差异，而是殖民地加拿大特殊的生存条件。在巴西、西印度甚至路易斯安那，法国人的做法与其他人实际上别无二致。而在加拿大，他们为了维持其体系，尤其为了维持关乎殖民地兴亡的毛皮贸易，只能
500 与印第安人进行自愿和和平的合作。因为还需要印第安人作为同盟者，所以首先要招揽酋长，甚至一部分酋长是由总督来委任的。

1681年，路易十四明确命令“平和地”对待印第安人，并下令惩处向印第安人施暴的本地人。与西班牙人和英国人不同，法国人既不是为了印第安人的劳动力，也不是为了他们的土地，

那片殖民地实在太小，而是为了毛皮和灵魂，这两者似乎都是较少引发冲突的东西。虽然除了一些非洲奴隶外还有大约占人口总数5%的印第安奴隶，但是他们与法国人和印第安人共同生活着，这种共同生活在很大程度上带有文化上相互适应的烙印。德·尚普兰或许曾经梦想两个民族通过异教婚姻进而融合，但是官方政策在此方面并不一致而且多变。1723年，这种一直受到鼓励的异教婚姻被禁止。德·尚普兰当然也和其他法国人一样确信自己的文化具有优越性。但在加拿大，共同生活的必要性支配着日常生活，尽管文化和语言仍然保持分离状态。

18世纪上半叶的加拿大给人的第一印象还是不错的。该世纪中期危机发生前，经济增长，国家繁荣。人口增加了一倍，而且较大部分是依靠自身力量增长的。耕种面积从1720年的61357阿尔庞（arpents）①增长到了1739年的213701阿尔庞，粮食生产从1716年的252304舍非尔（Scheffel）②提高到了1739年的634605舍非尔，牲畜存栏数从1719年的18241头上升到1739年的38821头。本地人同样被认为是富裕的和难以驾驭的。只要经营能自给自足，就几乎不受限制。加拿大人早就可以穿上自己生产的衣服了。向第三国的出口是允许的，只要它们能阻止支付手段流失，而这些支付手段只能作为其企业的补充资金流向母国。铜铁矿开采业进行得并不特别成功，但是在加拿大造船厂采用加拿大木料的造船业却可圈可点。与法属安的列斯群岛进行的外贸和英国相比几乎始终毫无进展，它的结算仍然为负数，相反，与母国的贸易结算则趋向平衡甚至盈余。仍然占据出口一半份额的海狸皮贸易呈下降趋势，此外还有手工业品、农产品和渔业产品。

44所经认证的小学和法国的学校相比，质量不好也不坏。

---

① 法国旧时面积计量单位，可换算为20~25公亩。

② 一种谷物容量单位，在不同地区差异较大，换算为今天的50~222升。

501 中学包括几所拉丁语学校、耶稣会会士学校和神学院。此外，当地已开始培养法官和工程师，但是没有真正的大学，尽管已经出现了一个有着文学和自然科学兴趣的文明的城市社会。比母国教会权威更盛的是社会文化主管机构。教育和家庭生活都在它的控制之下，它在公共生活中起着重要作用。当时，在教士领导下的教区就呈现了形成封闭社会的趋势，这一点后来应该使法国—加拿大文化的一致性得以保留下来。然而从母国来到加拿大的开明游客们都倾向于对这种关系持反感态度。

但是后来为什么会出现萧条并最终失去殖民地呢？一位加拿大历史学家在论及1672年到1750年的情况时这样写道："它不再是活着，而是艰难困苦地生存。"母国管理的衰落是决定性因素，这种衰落不久后使得加拿大深受地缘政治的位置问题之害。7.5万居民是一个相当大的数目，而塞巴斯蒂安·费班（Sébastien Vauban）梦想拥有30万名居民，因为在必要时需要这么多居民以应对150万占据内线优势的英国人，维护加拿大和横跨半个大陆的帝国的前哨基地。

英属北美的建立

英国人很早就开始从布里斯托尔（Bristol）出发进入美洲了。在亨利八世统治时期（1509~1547 年）他们还似乎满足于在纽芬兰海滩分享捕捞权。在伊丽莎白一世时代（1558~1603 年）才在文学作品上和实践上出现新的动机。只要不涉及西班牙死敌的战利品，英国就像其他地方一样，兴趣主要在于经西北航道[①]去往中国，并希望发现贵金属。这时，伦敦和布里斯托尔前方西南部的港口的作用就凸显了。1660 年代，伊丽莎白王室宠臣汉弗莱·吉尔伯特（Humphrey Gilbert）就致力于成为发现者巨擘，并得到了对发现去中国的东北航道[②]感到失望的慕斯科威公司（Muscovy Company）商人们的支持。为了替当时的海盗马丁·弗罗比舍（Martin Frobisher）1576 年到 1578 年所做的那些旅行进行宣传，从 1577 年起又为一家更多由贵族而不是由那些谨慎商人们承担的凯茜公司（Cathay Company）进行招徕，吉尔伯特于 1576 年编撰并印行了他的备忘录《关于新发现的通往中国航道的演讲》（*A Discourse of a Discoverie for a New Passage to Cataia*）。他三次到达巴芬兰（Baffin-Land）[③]，但是没有找到航道。从动用 15 艘船只的第三次旅行中，他带回了 1350 吨闪耀着黄色光泽的黄铁矿（Pyrit），公司多年来尝试用它提炼黄金，直至破产为止。一起带回来的因纽特人在死于他们不熟悉的传染病之前，尚能够在英国展示他们作为独木舟驭手和猎人的技艺，并被约翰·怀特（John White）等艺术家描绘下来。

① 指沿北美大陆北部海岸并穿越加拿大北极群岛，从而连通大西洋和太平洋的航线集合。

② 指西起挪威北角附近的欧洲西北部，经欧亚大陆和西伯利亚的北部沿岸，穿过白令海峡到达太平洋的航线集合。

③ 或译“巴芬岛”。——编者注

1578年，吉尔伯特获得一项委任，委任授予他拉布拉多半岛和佛罗里达之间所有未占领土地的发现权和命名权，赋予他贸易垄断权和总督的特权，包括建立适用英国法律的居住区。这是英国官方殖民政策的第一份文件。在1578年至1579年借助西风出海失败之后，1583年，吉尔伯特驾帆船前往已被他纳为英国所有的纽芬兰。尽管这一行动直到17世纪时才显示实际效果，但是至少在纽芬兰它被视为不列颠帝国的建立日。

在返航途中，吉尔伯特连同他的小船一起被巨浪吞噬。他的一个弟弟和伦敦商人们一起重新拾起了这项事业。为了它，吉尔伯特青年时期的朋友约翰·戴维斯（John Davis）于1585年、1586年和1587年三次往返于格陵兰岛和巴芬兰之间。这些旅行一直把他带到了进入西部通道的大门——兰开斯特海峡（Lancaster Sound），但这条通道直到19世纪仍然是封闭的。戴维斯在旅行途中还与因纽特人和平相遇。此间，人们发现了深入南部的哈得孙湾，然而，驶进哈得孙湾不仅于1610年至1611年对亨利·哈得孙来说，而且于1612年至1616年对威廉·巴芬（Baffin）等人以及对1670年成立的哈得孙湾公司的航船来说，都等于驶入了冰雪死胡同。1903年至1905年，罗尔德·亚蒙森（Roald Amundsen）才驾船成功地找到了通道。

吉尔伯特的继承人是他的一个异父弟弟沃尔特·雷利（Walter Raleigh），1584年，他作为女王的宠儿轻松地得到了与吉尔伯特同样的委任状。同一年，他所派遣的两艘船只从西印度出发，沿着北美海岸，直到在今天的北卡罗来纳附近的
503 罗阿诺克岛（Roanoke Island）发现了一个大有前途的有着友好居民的地方。

在英国，彼时有一个积极反对西班牙并热衷于扩张的沃尔

辛厄姆议会党团（Walsingham-Faktion），他们在王室宫廷里与谨慎的伯雷派（Burleigh-Gruppe）相互抗衡。他们在英国圣公会找到了牧师理查德·哈克鲁特（Richard Hakluyt，约1552~1616年）作为天才的宣讲员，尽管他的部分文章可能是基于与他同名的堂兄的前期工作写就的。他在1582年出版的《与美洲发现相关的数次航行》（*Divers Voyages touching the discoverie of America*）中指出对英国的裨益之后，1583年通过弗朗西斯·沃尔辛厄姆（Francis Walsingham）成为驻巴黎公使馆神父。1584年，他应雷利之请为女王写了关于在新世界建立殖民地的优势的《论西部种植》（*A Discourse Concerning Western Planting*）一书。这个国家相对而言位置不太远，但是处于其他君侯的统治和疆域之外。它可以作为英国羊毛披肩的销售市场，并且为英国提供造船材料，另外还可以在贸易的刺激下建立一支足够强大的海军舰队，进而削弱西班牙的海上霸权和商船舰队。但是，首先人们可以在那里便宜地生产现在必须从尼德兰和法国高价购买的铁、盐、葡萄酒、油、橙子、柠檬和无花果。其次还有一个好处，即人们可以合理地对生活落魄者、退役士兵、乞讨的流浪汉乃至英国的过剩人口加以利用。最后，还可以借此传播基督教，为宗教难民创建逃亡地，在爆发边境战争的情况下为年轻人提供练兵场——可见，把殖民战争视作第一次世界大战的总演习的观点并非现代人的信口开河！哈克鲁特把他的生平巨著命名为《英国的重要航海、旅行和发现》（*The Principall Navigations, Voiages and Discoveries of the English Nation*），先是在1589年，后于1598年至1600年以三卷本形式出版——地理发现史成了扩张计划。他理所当然地成了哈克鲁特出版社的命名者，这个出版社在19世纪展开了宏大的扩张史资料和翻译的出版蓝图。

雷利出版了他的探寻报告，在教会带回来的印第安人如何说话之后，他在公众面前展示了这些印第安人。整个英国被震撼了。女王封雷利为骑士，任命他为以女王名誉命名的弗吉尼亚的总督，但是不许他前往那里，且不许他用哈克鲁特宣讲的方式行使王室的任何义务。1585 年，在罗阿诺克岛建立了固定的移民区。布拉格犹太人约阿西姆·甘斯（Joachim Gans）
504 率领一支专家队伍打探岛上的矿产，与此同时，有着人文主义情怀的托马斯·哈里奥特（Thomas Hariot）撰写了土地的说明书，画家约翰·怀特绘制具有极高的人种学价值的阿尔贡金人的生活状况水彩画。虽然这个殖民地在与海盗作战时可被用作根据地，但是它被当时把注意力集中于德雷克在西印度的行动的西班牙人所忽略。1586 年，它由于供给困难被放弃了，增援部队来得太晚了。

显然，殖民行动一再失败的主要原因不仅仅是在加拿大严寒的气候下，前几个冬季供给不足和由此导致的疾病（维生素 C 缺乏病）。一群殖民者于 1587 年在罗阿诺克岛重新建立了一个“罗利之城（City of Ralegh）”，但是“舰队之年”1588 年一直没有补给，1590 年补给到来时，这个殖民点已经荒芜。寻找失踪的殖民者的行动仍在继续。几支考察队来到弗吉尼亚，一如人们努力发现后来的新英格兰（Neu-England）那样。新的定居点直到雅各布一世[①]时期（1603~1625 年）才开始建立，并发生了局部的变化。

总的说来，英国的扩张长期以来在政策方面既没有有力的引导也没有严密的控制，所以在美洲东海岸陆续出现的殖民地尤其杂乱无章。当然，早期政府机构的效益和其他地方一样尚有不足之处。但是英国人在新世界比西班牙人、法国人甚至葡萄牙人还要孤立无援。英国王室的控制手段则极为有限，只有

① 即詹姆斯一世。——编者注

当其中有利可图或产生摩擦的时候，有影响力的王室集团才会参与进来，而且掌权者只对殖民地感兴趣。英国从来没有像西班牙那样统一地进行殖民立法，也没有统一的印第安人政策。但这并不是说不存在可带来长远改变的趋势，只不过它不像其他地方那样，那么直接地依赖于政治体系的决策。

为使其殖民行为合法化，英国人和其他后起的殖民大国一样，有意识地采取与西班牙相反的法律立场。伊比利亚列强以地理发现和象征性的占有来宣示自己的无限权力——如果这样看，哥伦布的行为将意味着整个美洲都该属于西班牙——而英国人则要求只有事实上占领，才可承认对方的权力具有合法性。只有这样，他们才有可能在西班牙主张占有而非实际控制 505
的地区进行合法的移民，如在小安的列斯群岛、伯利兹和北美海岸。

但是 1609 年至 1620 年，英国的观点发生了变化，这一观点基于巧妙的神学和法学诠释，很快就发展为和他们唾弃的西班牙那种无所不包的统治思想别无二致。像加尔文派所说的，难道所罗门没有在《诗篇》（72：8）中说过“他要执掌权柄，从这海直到那海，从大河直到地极”吗？雅各布一世不就是新的所罗门吗？虽然在 18 世纪上半叶后期才有“跨大西洋的不列颠”一说，但是历经三个王朝的不列颠群岛统治还是开创了帝国意识形态的开端。

英国人习惯于把自己看作新的被挑选出来的民族，而把美洲看作新的迦南，其居民由于臭名昭著的野蛮而无权拥有自己土地。因为他们过于懒惰，以至于无法遵守圣经中《创世记》（1：28 和 3：23）关于耕地的戒律。所以通过土地开垦出现了土地财产，这是一个学说，这一学说不仅出现在早期的清教徒那里，而且很早就作为一个经典观点出现在约翰·洛克的财富理论中，它很可能是通过观察美洲情况而获得的。法学家爱德华·柯克（Edward Coke）在1608年甚至论述到，要将异教徒定义为永久的敌人，这些敌人在失败之时必须丧失所有权利，包括他们的财产权。

与欧洲国家不同的是，英国合法要求的变化是政治局势改变的结果。西班牙帝国不再是竞争对手，而是被其他像尼德兰和法国这样的新的强国取而代之。面对这些国家，在这个新世界里，英国人感觉处于与之前的西班牙人一样的境地。引人注目的是，尼德兰人、法国人和瑞典人并没有共同参与这个全方位的转变。

为了殖民活动，尤其为了与土著人的关系，英国人可以采取与那些国家有所不同的做法，却又能像意大利人和伊比利亚国家那样很好地延续自己的传统和经验。对于那些人来说，他们在东部地中海和黑海的殖民地是收复失地运动，就像爱尔兰之于英国，是一所海外殖民学校。人们在这里也要与野蛮的对手进行斗争，把他们赶走并以自己的移民取而代之，同时还可以借助王室特权大做生意。

当然，爱尔兰和美洲的情形截然不同。一方面，整个爱尔兰
506 兰是英国统治体系的外围王国，而不是殖民地。它和本岛的关系是由中世纪遗留下来的，尤其是带有早就根植于本土的“老英国”上层的印记。另一方面，在16世纪出现了新的激化殖民政策情况的条件：文化冲突的激化和宗教的分裂——爱尔兰“野蛮人”此后在宗教方面被归入劣等——使王室的政策更为强硬。

像吉尔伯特和雷利这样的人在爱尔兰人的争斗中以放高利贷者著称。长期以来，经常见到他们在爱尔兰与美洲公司之间往返周旋。在西属美洲成为美洲的范例之前甚至可能为在爱尔兰的行动提供了一种模式。这件事情的关联在美洲殖民者的词汇中已经有所表述，因为像“种植、种植园、殖民地、当地

人”这样一些基本概念首先被运用于爱尔兰。殖民统治者的这些观点由那些普通殖民者加以充实，他们早期在弗吉尼亚和爱尔兰没有与土著保持殖民地纪律所希望的距离，而是更加频繁地像人们以前所做的那样走向“野蛮人”，因为与居住点按部就班的劳作相比，这些人宁愿选择自由和懒惰的生活。还有“文化倒戈”也属于大西洋区域早期殖民公司所带来的拿手好戏。

1600年前后，在英国出现了早期商业意义上的殖民商业化。从一开始没有商人们的金钱就寸步难行，所以商人的利益至关重要。但是，伊丽莎白时代殖民计划的优势地位投射了封建时代的目标，与西班牙时期的征服者们相似。当然，某个吉尔伯特或某个雷利也想变得富有，但是首先必须通过掠夺贵金属，或者拥有土著和那些能够被吸引前来纳贡和劳动的住民。然而在国家权力扩张的年代，这种方式的掠夺和占领的地位在欧洲和海外都日渐式微。

而尼德兰却显示了远洋贸易是一种蕴含多种可能的选择。自世纪之交起，英国迅速地转变到这个观点。商人们变得更富于冒险，上流社会开始在国家意义上把贸易看作重要活动。从17世纪初开始，大量的宗教文献对这一对象进行了研究。这样，哈克鲁特所首创的这个观点变得至关重要。殖民地的任务是为母国生产一流的农产品。这不仅对于英国新获得的西 507
印度，而且对于新建立的弗吉尼亚而言，都成了生存和成功之道。

沃尔特·雷利爵士，美洲公司的领袖人物，自1603年以来就由于叛国罪而呆在塔楼监狱。国王因为谋求与西班牙媾和而奉行谨慎路线。而恰恰是这个媾和给了利益集团新的鼓励。在这个过程中，不可或缺的人物理查德·哈克鲁特发挥了重要作用。还有其他人想要将英国从潜在罪行中释放出来，包括首席法官约翰·波帕姆爵士（Sir John Popham）和曾经加入爱尔兰殖民公司的伦敦商人托马斯·史密斯爵士（Sir Thomas Smith），他们现在都身居黎凡特公司（Levant Company）和其最年轻的分公司东印度公司（East India Company）的高位，并且获得了现已债台高筑的雷利的权力。多年之后，他们争取到了重要的政治家索尔兹伯里勋爵（Lord Salisbury）[①] 的支持——他是伊丽莎白的大臣伯雷勋爵威廉·塞西尔（Lord Burleigh，William Cecil）的儿子和继承人，是真正扶植国王雅各布的政治元老。

结果就是：1606 年 4 月 10 日成立的弗吉尼亚公司（Virginia Company）获得了首份特许状[②]。由于参股人分成对北美洲南部感兴趣的伦敦集团和来自普利茅斯（Plymouth）、埃克塞特（Exeter）和布里斯托尔的专注于北部的集团，所以他们另设了一个最高王室理事会作为协调机构，下设两个配有特命官员的地方理事会，但是无权持有北纬 38°~45° 的弗吉尼亚北部和北纬 34°~41° 的弗吉尼亚南部的股份（这种重叠属有意为之）。他们为南方设计了一个专注于有价值的农产品生产的居民点方案，以地产对该区域移民为公司付出的劳动进行补偿，虽然土地在形式上暂时仍然是公司财产。

1607 年，在靠近切撒皮克湾（Chesapeake Bay）的地方建立了詹姆斯福特（Jamesfort），或称詹姆斯城（Jamestown）[③]。尽管第一批男性殖民者只有 104 个且 1609 年时已经增加到将近 800 个，但情况依然不容乐观，出现了普遍的供给困难和疾病（伤寒和维生素 C 缺乏病）。居民点被烧毁了，尽管流

① 又称罗伯特·塞西尔爵士（Sir Robert Cecil），1603 年被封为埃森登男爵（Baron Cecil of Essendon），1604 年被封为克兰伯恩子爵（Viscount Cranborne），1605 年被封为第一代索尔兹伯里伯爵（earl）。——编者注

② 特许状（Charter），又译作“章程”。——编者注

③ 又译作“詹姆斯敦”。——编者注

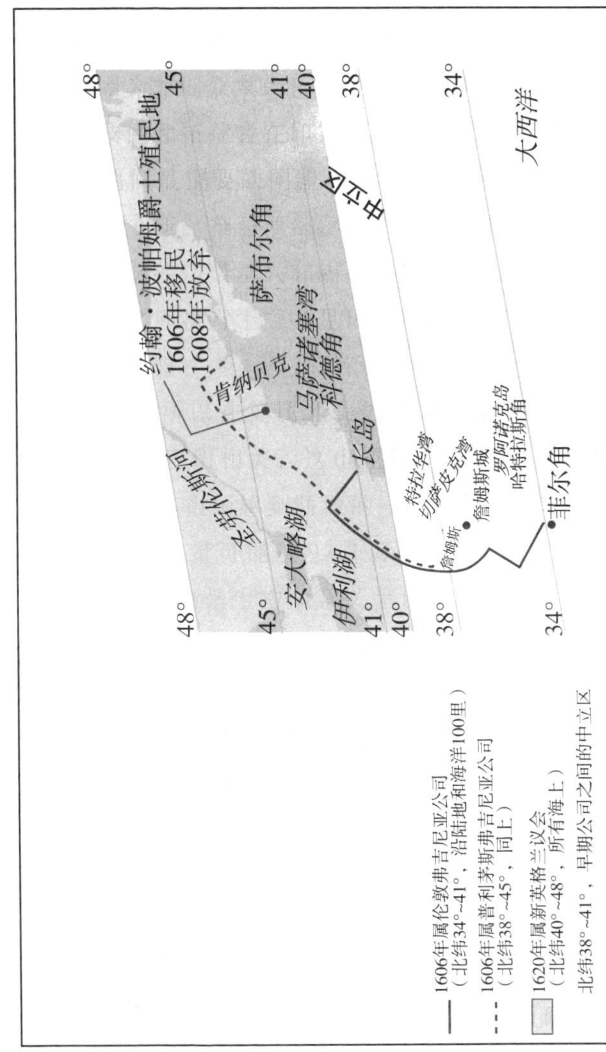

插图 57 1606~1620 年英国王室的土地授予

传着关于冒险家约翰·史密斯（John Smith）船长和公主波卡洪塔斯（Pocahontas）的叙事歌谣，但是印第安人的行为使人希望渺茫，殖民者依旧无可救药地放浪形骸，犹如一盘散沙。由于不能获得任何回报，且位于今天的缅因（Maine）的北弗吉尼亚公司（North Virginia Company）及其居民点在1609年同样失败，人们似乎将再一次迎来终结。但弗吉尼亚渐渐成为政治上的众望所归之地，它必须被用来支撑
508 与西班牙的对抗。因此，狭义上的弗吉尼亚公司于1609年通过新的特许状而独立，并且促成了全体政治知名人士的支持。1612年，公司获得了它的第三份作为正常贸易公司的特许状，之后领导权就过渡到了股东手中。另外，考虑到新的利益，公司的权力也扩展到了大西洋上，即以詹姆斯城为起点，沿海岸线向北和向南各200英里，并向陆地延伸至太平洋，因为1612年以来人们已经成功地向百慕大（Bermuda）进行移民了。但是，1615年，百慕大群岛公司（Bermuda Company）独立，1684年，百慕大群岛成为直辖殖民地。

1612年至1624年，烟草被证明是弗吉尼亚对英国经济唯一值得一提的互补产品。负债累累的公司为了提供新的激励，开始逐渐过渡到允许新移民在更大程度上成为私人土地拥有者。但尽管移民数量可观，死亡率仍旧高得可怕。1620年3月，弗吉尼亚仅有867名居民。在托马斯·史密斯爵士被埃德温·桑迪斯爵士（Sir Edwin Sandys）排挤出公司领导层后，人们曾尝试用包括自治权在内的母国的自由原则来替代当时使殖民
509 地苟延残喘的严厉的战争法则，或许这是北美洲历史上影响最大的一步。1618年的特许状除行政长官之外还设置了两个理事会，首先是一个由王室和公司委任的充当顾问和支持行政长官的常务国务委员会（Council of State）。

> 另一个会议，一般来说由总督每年召开一次，并不频繁，但是是为非常特殊和重要的情况——国务委员会——而召开的。会议成员应该由居民在每个城镇或者特定的种植园内选择两个自由民组成；该会议被称为大会（General Assembly），其中（同上述国务委员会一样）所有事项都应由出席的大多数人的意见来决定、判断和命令，始终有权对总督保留反对意见。该大会应该有权自由处理、磋商和决定包括所有紧急情况在内的有关该集体及其每一部分利益的事务。同时，为了该属地的利益，间或在必要时也为了一个良好的政府的运转，也可以起草、制定和颁布普通法律和法令。（Jensen 1955，186）

1619年6月30日，在詹姆斯城教堂成立了有22位成员的北美第一届议会（Amerikas erstes Repräsentantenhaus）[①]。

在北方，在1614年被弗吉尼亚老船长约翰·史密斯称作新英格兰的地方，殖民地的境况黯淡无光。在形形色色的探险考察中，值得一提的是1605年乔治·威茅斯（George Waymouth）进行的那次，因为他们身后还有备受困扰的英国天主教徒们对于海外避难所的兴趣。人们要设想出一个世界历史进程，这个进程里没有由清教徒主导的新英格兰！这次考察还产生了英国第一份关于这个地方的出版物:《乔治·威茅斯船长1605年最成功的航海经历实录》（*A true relation of the most prosperous voyage made this present year 1605 by Captaine George Waymouth*）。位于普利茅斯的北弗吉尼亚公司于1607年至1609年在缅因建立的移民区由于众所周知的原因而失败，而南弗吉尼亚公司从1611年以来就向北部派遣

① 即“弗吉尼亚议会”，是北美殖民地的第一次立法代表会议。——编者注

船只，并在1613年预防性地摧毁了阿卡迪的法国移民区。

此时，那个经常被驱逐的极端新教才随着“第一代清教徒移民（Pilgerväter）”加入进来。这里说的是一个来自约克郡（Yorkshire）的团体，他们在1608年迫于宗教压力而逃往宽容的莱顿（尼德兰）。但这个团体却面临在尼德兰人中间失去原有身份的危险。宽容社会的同化政策是不宽容社会对少数群体的压迫的一种变体，这实际上又引起了少数群体的厌恶。第三条道路指向了美洲。他们于1617年向弗吉尼亚公司递交了寻求土地的申请，但直至1620年才找到伦敦商人作为投资
510 者。1620年11月，“五月花号（Mayflower）”才带着102个人登陆马萨诸塞湾，只有35个“朝圣者（Pilgrims，即清教徒移民）”隶属于原来的团体。他们还成功地避免了其他地方常见的冲突，这要归功于他们果敢的领导威廉·布拉德福德（William Bradford，1590~1657年在任），他后来多次被选为新普利茅斯的行政长官，还留下一部编年史《普利茅斯种植园：1620~1647》（*Plymouth Plantation 1620 bis 1647*）。因此人们决定留下来而不去弗吉尼亚，在弗吉尼亚公司领域之外建立新的作为基地的共同体，即所谓的《五月花号公约》（Mayflower Compact）。这阻碍了少数同来的不属于核心团体的“外来人（Strangers）”[①]行使没有法律约束的原始状态的自由。

> 为了上帝的荣耀，为了发扬基督教的信仰，提高我们君主和国家的荣耀，我们漂洋过海，在弗吉尼亚北部建立第一个殖民地。我们这些签署人在上帝面前共同庄严立誓

① “五月花号”的乘客分成了两派：一派是肩负宗教使命、组织严密的清教徒；另一派被称为Strangers，译作“外来人”或“陌生人”，其上船的动机主要是在新大陆发财致富。——编者注

> 签约，自愿结为民众自治团体。为了使上述目的能得到更好的实施、维护和发展，将来不时依此而制定颁布的对这殖民地全体人民都最合适、最方便的法律、法规、条令、宪法和公职，我们都保证遵守和服从。（Jensen 1955，136）

尽管他们的做法务实而简朴，但还是以令人印象深刻的方式实现了那个时代对社会契约的设想。随后建立的殖民地、城市和教会社团都应该以这种“契约”模式得以实现，而不是在被改革宗所重新强调的旧约上帝及其子民的同盟的理念下缔结参与者的同盟。因为在许多加尔文主义者看来，原来的“恩典契约（Covenant of Grace）”早已为“劳动契约（Covenant of Works）”的工作伦理（Werkethik）所排斥，工作伦理也是在世俗社会层面上对他们“被上帝选中”的证明。在第一个有很多移民死亡的严冬之后，第二年“朝圣者们”被赐予了一个好收成，他们用烤火鸡在感恩节庆祝了这一丰收。抛开他们对塑造美洲神话和美洲习俗的意义，第一代移民殖民地普利茅斯实际上作用甚微。1642 年，他们仍然没有能够偿还创始阶段的贷款，因为数百移民主要依赖实体经济生活，除毛皮贸易外没有任何可获利的收入来源。

新英格兰的统治应该属于波士顿（Boston）周围的马萨诸塞殖民地，这个殖民地在“大迁徙”的第二阶段才出现，1620 年至 1642 年，总共大约有 58000 个英国人越过大洋来到这
里。1620 年代，大部分人的目的地还是西印度，但从 1629 年 511
到 1640 年，每年平均有 1600 人来到新英格兰。至此，殖民地才变得富有生命力，另外又新建了许多住处。当然，这个英国人口的首次大规模外迁与当时英国由各种危机导致的不满情绪有关。经济萧条首先影响到重要的羊毛工业，并导致大规模失

业。人们对国家和教会里的独裁趋势的反感十分普遍。这些还仅仅是前提条件，尚不足以直接构成人口外迁，后者更多是基于由带着不同动机的、形形色色的资助者所推动的征募、组织和投资而开展的。

移民中并不只有或多或少能自担费用的个体经营者，他们带着家人、用人和家什一起来到美洲，这种情况在新英格兰比比皆是。契约佣工所占数量更大，尤其是在殖民地南部，这是一些贫穷的年轻人，他们为了远航而受雇于船长数年，然后船长在美洲又把他们卖给新的雇主。这些契约佣工（法语叫 engagé）在受雇期间获得膳宿供应，合同到期后一般会获得能供其独立生活的土地。后期还有较大规模的强制移民（transportation）步其后尘：被驱逐的依靠社会救济生活的人，以及被流放的刑事罪犯和政治犯。

1621 年，经过王室特许，普利茅斯弗吉尼亚公司的继任机构“新英格兰政务委员会（Council for New England）”成立了，它的权力范围一直到达北纬 40°~48° 的地区。土地的分配使得第一代开拓者的殖民区被合法化，并将后来的缅因委托给了费迪南多·戈吉思爵士（Sir Ferdinando Gorges），将新罕布什尔（New Hampshire）委托给了约翰·马森（John Mason）。一群商人和来自多尔切斯特（Dorchester）的严格的新教徒建立了一个渔港，据说它同时成了一个基督教模范镇。在一次迁址后，1626 年在它的基础上成立了塞勒姆（Salem）移民区。

多尔切斯特公司（Dorchester Company）变成了清教徒在美洲的利益的“结晶点”。1628 年，从多尔切斯特公司产生了新英格兰公司（New England Company），由上层清教徒贵族、绅士和神学家负责管理。1629 年，他们获得了王室特许，以“新英格兰马萨诸塞的总督和公司（Governor and

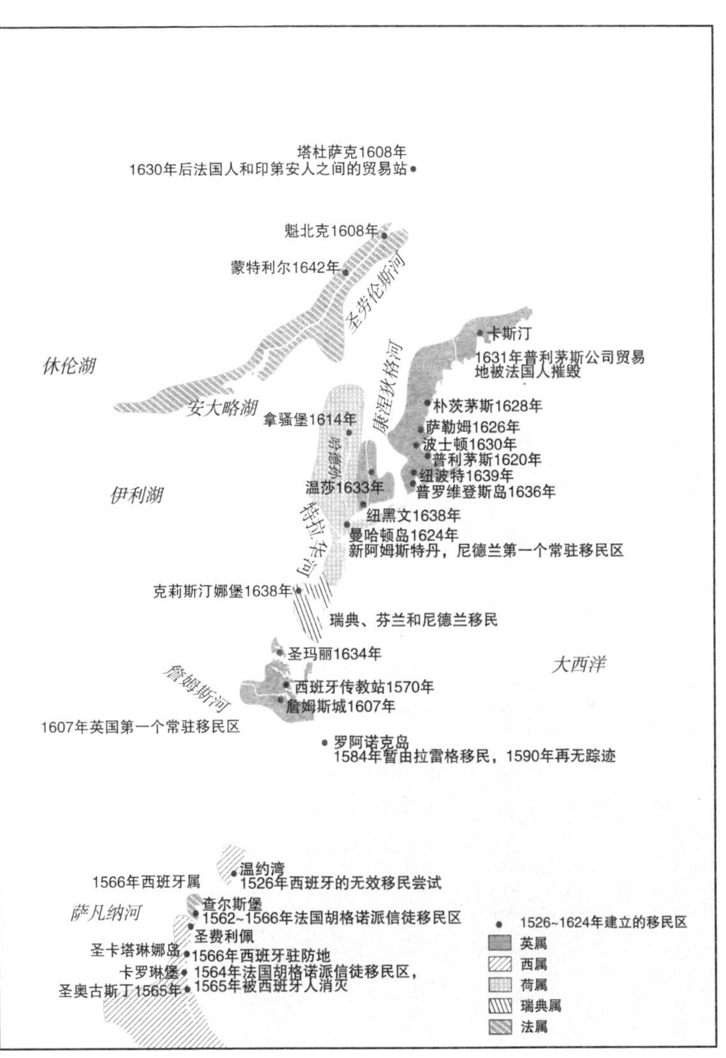

插图 58 1526~1642 年北美洲的欧洲移民区

Company of the Massachusetts Bay in New England）”的名称作为合并后的资本公司。这个公司并不仅仅由清教徒组成，但是清教徒很快就接管了领导权，尤其是当一个严格追随该路线的很有影响力的团体负责移民事务的时候——该团体来
511 自东安格利亚（East Anglia），以上流社会成员约翰·温思罗普（John Winthrop）为首。温思罗普被选为总督，可以持有特许状，也就是说，公司所在地自身就成了“新世界”。1630年，他与1000个移民一同启程。同年年末，除塞勒姆和波士顿外，在马萨诸塞又出现了五个镇，这一数字在几年后由于后续移民的到来而增加了两倍。

513 根据特许状，公司由股东（自由人）组成的殖民地大议会（General Court）每年选出的总督和（理论上18位）董事（助理）领导。殖民地大议会每季度召开会议颁布法律和决定其他事务。很快，人们便对自由人无须身为股东也可以被选为殖民地大议会代表习以为常了。尽管1631年，作为自由人、作为完全公民和作为各自教区的成员的资格必须获得认证，但是资本公司很快成为一个自治的政治团体，1644年之后由助理和自由人组成了两院议会。殖民地大议会悄悄地获得了完全的立法权，这就在事实上摆脱了对英国的依附。殖民地在1641年就已经能够颁布自己的法典，1648年通过了修订后的法典文本，1643年建立了最早的四个县。

各个乡镇（townships）也同样拥有自己选举的自治机构：镇民大会（town meeting）和选出的市政委员（selectmen）。各教区根据公理会原则也彼此独立。教会的统一由临时教会代表会议和由神学界及社会各界确定的有影响的高级布道者们来加以保障。当来自母国的相关补给中断时，本地供应将及时替补。1636年至1637年，殖民地大会议在剑桥（Cambridge）的一个村庄建立了一所高级学校，约翰·哈佛（John

Harvard）给它留下了四百镑和四百册书籍。哈佛（Harvard）很快由学校发展成综合性大学/学院[1]，并于1650年正式建成。在广泛地进行自然科学教育的同时，对后备神职人员的培养也长期处于中心地位。

尽管有足够的土地，但我们能注意到他们采用了封闭的居
住方式。需要抵御敌对的印第安人可能是其中一个原因，而清
教徒村镇典型的互相监视和殖民精英们制订的详尽计划可能也
导致了这种居住方式。无论怎样，在母国已经废除的三年轮种 514
体系的殖民和土地形式被复制了出来。1656年到1657年才出
现了一个由分散移民庄园组成的村庄。通过所有权的变更，自
成一体的庄园逐步显现优势。

但这里的政治体系与现代民主只是有着表面的相似。温思罗普和其他人起劲地大谈综合了君主立宪、贵族统治和民主等元素的混合政体，大谈它如何在欧洲从很久以前就为人称颂，如何在古罗马共和国和现代威尼斯共和国实现并成为典范。但是其宽容度远不如英国。1650年代，在马萨诸塞甚至会处死传教的贵格会教徒（Quäker）。有观点认为，新英格兰清教徒离开旧英国的自由是一种随意压迫其他人的自由，这虽然曲解了他们的目标，但是这个目标事实上在于，能够按照自己设想的制度自由地建立一个新世界，并且摒弃所有违抗这个制度的人。

然而恰恰是这个事实以新建国家的方式促进了新英格兰的富裕。罗杰·威廉姆斯（Roger Williams）批评马萨诸塞教会不纯洁，理由是它与母国的圣公会教会有联系并且把物质与精神混为一谈。此外，他还对王室的土地授予权的效力持有异

---

① 1636年初建成时，学校名为“新学院（New College）”，1639年更名为“哈佛学院（Harvard College）”，1780年改称“哈佛大学（Harvard University）”。——编者注

议。只有从印第安人那里获得土地才是具有法律效力的。1636年，他并不十分情愿地离开了这个国家。它的宽容并非来源于人文启蒙运动，而是出自极端的新教教义。1637年至1638年，安妮·哈钦森（Anne Hutchinson）反律主义的“选择理论（Erwählungslehre）”的追随者们被驱逐。其他极端分子随后也遭驱逐。威廉姆斯创建了普罗维登斯（Providence）移民区，安妮·哈钦森的信徒们建立了朴次茅斯（Portsmouth）和纽波特（Newport），第三批人建立了沃威克（Warwick）。1644年至1660年，由这些地方组成了宽容的罗得岛（Rhode Island）殖民地。

1630年代，不满的人们，尤其是认为马萨诸塞体系过于僵化的人，还有已经存在的毛皮商人和以前的英国移民在康涅狄格（Connecticut）河谷落脚。另外一群英国移民在1637年发起了建立共同秩序的倡议，这个共同秩序被写进了1639年至1662年施行的《康涅狄格基本法》（The Fundamental Orders of Connecticut）。该法对这里实行的权威的马萨诸塞模式作出了最独特的修正：行政长官任期仅为一年，助手们不得对法律进行否决。每个居民都拥有选举权，如果说被选举
515 权仅限于虔敬的土地占有者的话，那么他们不必是教会神职人员。除了已经独立的第一代开拓者们的普利茅斯，其他来自马萨诸塞的移民还在1638年创建了纽黑文（New Haven）殖民区，与康涅狄格不同，这个殖民区以严格的宗教统一性为前提。1664年，纽黑文与康涅狄格合并，而普利茅斯在1692年才并入马萨诸塞。在新英格兰北部，费迪南多·戈吉思直至1649年去世之前一直都有效地控制着缅因沿海地区的少数移民。1652年，马萨诸塞接管了这个地区。它同样适用于新罕布什尔，其拥有者马森死于1635年，但并非没有继承人。

弗吉尼亚一直显示非同寻常的高死亡率。1622年，在愤

怒的印第安人的一次袭击中，有三分之一的人口牺牲了。烟草业的繁荣也带来了一些麻烦。母国的弗吉尼亚公司绝望地翻了脸，以致这个殖民地于 1624 年为王室所接管。这导致了地方议会被官方正式废除，但它在形式上还继续召开，最终在 1639 年由国王重新建立。在此期间，人口剧烈增长，到 1640 年大约有 1 万人。1634 年，殖民地分成了八个地区，其领导权按照英国模式由地方寡头推举的初级法院治安法官（Justice of the Peace，J. P.）来负责。在他们中间再确定最重要的警官和财政官员——县治安官（Sheriff）。他们通常还要与此间建立的圣公会教区代表（vestrymen）取得一致。与在母国不同的是，他们可以任命或开除牧师。此外，烟草种植的土地需求迅速扩大，到 1651 年又建立了七个地区。这当然有损于印第安人，但在他们遭受 1644 年最后一次大战失败之后，就再也不需要顾及他们了。

弗吉尼亚不能越过波托马克河（Potomac）和切撒皮克海湾继续扩张，因为那里出现了一个独立的殖民地。巴尔的摩男爵乔治·卡尔弗特（George Calvert Baron Baltimore）成了天主教徒，他要为他的信众和旧英国的封建主义寻求一个驻扎地。1632 年，他的儿子塞西利乌斯（Cecilius）从国王那里获得了北纬 40° 以南地区和波托马克河东部从河源到出海口的土地作为自有财产。所有者们以女王的名字把这个殖民地命名为“马里兰（Maryland）”，但这不仅仅是女王的名字，因为这个首府之地原本就叫作圣玛丽（St. Mary’s），并且随着第一批移民的到来，1633 年已经有两个耶稣会会士进入这个地区，他们似乎试图建立加拿大模式。巴尔的摩男爵所拥有的特许状授予了他达勒姆（Durham）主教在其中世纪式领地所能行使的权力，因而拥有比国王在英国更大的全权，把土地纳入 516
自己的财产，并且以封地和继承封地的形式进行分配。他开拓了大约六十个地主庄园（Manors），但是仍然没有能够确立足够的天主教领地优势。这样，新教自由农就可以动摇土地所有者的计划。特许状中拟定的参议大会要求拥有立法权，并转而激烈地反对天主教。在英国的清教革命中，他们甚至成功地在1654年至1655年驱逐了土地所有者。

弗吉尼亚当时选择站在国王一边，国王在1639年重新给予了弗吉尼亚议会权，而弗吉尼亚1651年从认为巴巴多斯更重要的桀骜不驯的英吉利共和国（Commonwealth）的代表们那里获得了最高的优先条件——行政长官及其议会的选举权。新英格兰的独立当然首先得益于母国长期以来政治孱弱和思想上对其有亲和力的政权。

但是这并不妨碍罗得岛、康涅狄格、纽黑文和普利茅斯在复辟之后立刻承认查理二世为国王。前两个拥戴者因此各自获得特许状而确定了它们的宪法。纽黑文于康涅狄格之后也加入了。难以驾驭的马萨诸塞只是承认非宗教成员的平等地位和母国的法律尊严，但它也受到长期善待。弗吉尼亚和马里兰恢复革命前的状态就更是毫无困难的事情了。

然而，这两个对王室更忠诚的南方殖民地却违背情理地经受着比新英格兰更甚的复辟之害，因为它们现在在更大程度上受到共和国强化的经济政策的制约，这种经济政策在中世纪就已经开始实施，并且直到1849年仍然在发挥作用。1661年、1663年和1673年的三项法律都曾巩固和扩展弗吉尼亚1651年的《航海法》（Navigation Act）。非英籍轮船被禁止在英国与殖民地之间航行。特定商品如粮食、蔗糖、棉花、烟草和靛蓝只允许被运往英国，要么是为了提高那里的关税收入，要么是为了给母国提供就业机会。新英格兰几乎没有被波及，而弗吉尼亚却因其烟草而受损。最终所有的向殖民地进口皆须通过英国进行，而爱尔兰享有有限的例外。

由此，一个贸易帝国的概念也逐步形成。自英吉利共和国的政治实验以来，母国首次出现了类似于负责殖民地事务 517
的中央机构，先是1660年成立的拥有一系列委员会的枢密院（Privy Council）（当时英国还没有由各个专设的大臣组成的内阁），后有1696年成立的贸易委员会（Board of Trade）。财政机构和海军部管理殖民地并委派官员去那里执行《航海法》。1680年代最终产生了由王室分别向北部、中部和南部派遣总督取代殖民地自治，且美洲（可能是效仿法属加拿大）由伦敦的官僚机构直接管辖的计划。

1685年，国王的弟弟约克公爵，即雅各布二世（Jakob II）[1]，登上王位，他和他的幕僚起了决定性作用。借助其皇家非洲公司（Royal African Company），他至少在他的英国领地内垄断了西非奴隶贸易。在这里和在美洲一样，“17世纪的世界转运商”尼德兰人被赶出了这一生意圈。当时公众舆论广为流传的口号是“我们想要的比尼德兰人现有的还要多”。所以，议会也准备与王室就殖民地事务进行合作。

但是在美洲，英国的北部和南部殖民地直到1664年还被新尼德兰（Neu-Niederland）所分隔，而新尼德兰正在雄心勃勃的皮特·斯特凡森（Pieter Stuyvesant）总督的领导下进行空前扩张。亨利·哈得孙在1609年为尼德兰人发现了一条河流并用自己的姓氏为其命名，他们从1613年起就控制着这个地区的毛皮贸易。尼德兰的美洲垄断公司——西印度公司在1620年代就设置了不同的殖民区和根据地，其中有曼哈顿岛上的新阿姆斯特丹，它是公司经理的驻地（丧失巴西后，西印度领地也隶属于它），还有今天的奥尔巴尼附近的奥伦治堡作为与易洛魁人进行毛皮贸易的中心。1629年，公司的股东被

① 即英国国王詹姆斯二世。

允许建立拥有对移民者的持续法律权力和统治权的大庄园。当公司迫于尼德兰议会的压力从1638年随着垄断的结束而对家庭农场移民点强力施压时，才可以加强移民。1664年有9000个来自不同国家的欧洲人带着400个奴隶，其中有些来自封闭的英国乡村，还有部分来自严酷的马萨诸塞的难民来到长岛（Long Island）。除了尼德兰新教徒和英国新教徒外，还有路德宗和贵格会的信徒，从1654年起还有一群塞法迪犹太人也生活在这个殖民地。

518 尼德兰在美洲的扩张先驱威廉·乌塞林克斯（Willem Usselincx）由于对其国人感到失望而求助于瑞典国王古斯塔夫·阿道夫（Gustav Adolf），并于1624年创建了一个瑞典海外贸易公司（schwedische Überseehandelsgesellschaft）。为了他于1632年创建的后续组织，威廉·乌塞林克斯在海尔布隆会议（Heilbronn Tagung）上试图获得与瑞典结盟的德国新教徒的支持。为此目的，他发表了一份题为《阿尔戈船英雄记》（*Argonautica Gustaviana*）的宣传文本，其中一章为“日耳曼墨丘利——给德国的特别指示（Mercurius Germaniae, das ist sonderbahre Anweisung für Teutschland）”。在此基础上，1636年成立了一个业务范围仅限于美洲的新瑞典公司（Neu-Schweden-Companie），这个公司在宰相阿克塞尔·乌克森谢纳（Axel Oxenstierna，1583~1654年）的提携下，1638年在现在的特拉华州（Delaware）的北部建立了殖民地新瑞典（Nya Sverige），它和克莉斯汀娜堡（Fort Christina）都位于今天的威尔明顿（Wilmington）。瑞典和芬兰的移民从事农业生产，主要归功于与印第安人进行成功贸易的良好关系。从一开始，这种竞争就使得相邻的尼德兰人眼热，直到尼德兰在欧洲转而反对瑞典的扩张趋势的时候，尼德兰总督皮特·斯特凡森在1655年将瑞典殖民地连同400人一起断然吞并。

但是尼德兰人无法为他们的战利品长期欢欣鼓舞。在反抗尼德兰的政治进程中，英王查理二世于 1663 年任命他的弟弟约克公爵为缅因的所有者，并无限制全权辖制新英格兰和马里兰之间的整个地区。但是其中没有涉及居民的议会。在授予特许权之前，位于新尼德兰的这个军事地位被探明以后，这个地方于 1664 年被用一小部分兵力轻松地夺走，并依据它的新拥有者更名为“新约克（New York）”。总督理查德·尼克尔斯（Richard Nicolls）慷慨地答应了尼德兰人和英国人的条件，首先是宗教自由和尼德兰的财产继承权，但是没有答应成立具有征税权的代表大会。

尼克尔斯试图吸引移民来到新约克南部海岸地区，而并未料到公爵于 1664 年把这块土地赠给了他的两个忠实追随者乔治·卡特瑞特爵士（Sir George Carteret）和约翰·伯克利勋爵（John Lord Berkeley）。这种特殊的奖赏方式在近代早期十分流行，赠予者自己无须花费一分钱。根据卡特瑞特的出生地，这两个所有者把他们的土地命名为新泽西（New Jersey）。

这两位成了卡罗来纳的另一家公司的所有者。八个出身上层贵族的投机者在权威赫赫的大臣克拉伦登（Clarendon）和扶植国王的阿尔比马尔公爵［即乔治·蒙克（George Monk, Duke Albemarle），前蒙克将军（General Monk）］的领导
下，在 1663 年按照马里兰的榜样获得了他们殖民地卡罗来纳 519
（Carolina，得自查理二世之名）的特许状。他们打算以接收来自弗吉尼亚和新英格兰的饥民，特别是被巴巴多斯岛“蔗糖革命”驱赶出来的移民的方式来做一笔交易。据说，所有者沙夫茨伯里伯爵安东尼·阿什利－库珀（Anthony Ashley-Cooper Lord Shaftesbury）1669 年和他的秘书约翰·洛

克共同撰写了有点空想主义的《基本宪法》(Fundamental Constitutions)[①]。就和我们在詹姆斯·哈灵顿(James Harrington)的《海洋》(*Oceana*)中所看到的那样，关于土地所有者的政治意义的思考构成了这些法律的出发点。其中规定了要在非洲奴隶制度的基础上按照等级分配土地来创建贵族和相应的两院议会制，“以避免建立无数的民主制度”。但是，社会经济现实比计划表现得更为剧烈。只有首府查尔斯敦(Charlestown)依照计划被设置为镇，而其他地方是荒芜一片。在这部宪法中，总督、议院和代表大会之间的关系逐渐顺畅，但没有成功维护殖民地的统一。北方的弗吉尼亚原住民从1664年开始有了自己的总督和代表大会。在尝试过设置一位共同的总督之后，1701年，土地所有者们不得不接受了南卡罗来纳(South Carolina)和北卡罗来纳(North Carolina)的分离。

在很少获利的新泽西，其中一位所有者伯克利勋爵于1674年将他在西部的份额出售给了一个贵格会企业组织，后者要为到处追随它的信徒们觅得一个住处，因为在新英格兰，人们鞭挞和吊死他们！1682年，东部也被卖给贵格会信徒，但是东部不能像西部那样进行自主移民。这两个部分数易其主，直至1702年被并入王室殖民地新泽西。

其时，贵格会信徒们正在全力以赴地实施另一个计划。很有影响力的贵格会信徒威廉·佩恩(William Penn，1644~1718年)是约克公爵身边的殖民决策圈里一个海军上将的儿子，英国国王欠了这位海军上将1.6万英镑，所以这个已经受雇于新泽西的儿子在1681年获得特许状，成为以其父亲名字命名的宾夕法尼亚(Pennsylvania)的所有者。然而，与

① 又称《卡罗来纳宪法》或《卡罗来纳基本法》。——编者注

其他殖民者不同，这个特许状把他置于王室的控制之下，甚至明文赋予他有限的征税权。宾夕法尼亚应当成为基督教的模范集体，也应当是一笔好生意。估计是佩恩提出的第二个要求使他 1682 年发表的《政府框架》（Frame of Government）与之前部分参照了 1677 年新泽西西部立法计划的草案相比，性质上要保守得多。新泽西西部立法计划倡导法律面前人人平等，所有男性居民拥有秘密选举权，在佩恩这儿则至少是所有土地所有者拥有秘密选举权。立法机关实际上是全能的。佩恩原本 520
甚至有权通过委员会而非具体部门负责人进行委任和执行行政职能；而现在，总督和议院具有完全行政权和司法管理权，立法动议权在富裕绅士组成的上院，一年只开会九天的下院只能接受或拒绝。

显然，佩恩不仅相信通过印刷品和利用信众的信息网络进行精心的宣传能吸引众多的移民，而且能吸引富有的投资者。他利用这两者取得了成功。宾夕法尼亚很快落入富有的贵格会寡头手中（还有少数圣公会信徒），但同时出现了前所未见的移民潮，1685 年就已经有 8000 人。1683 年，他们中间来自克雷菲尔德（Krefeld）的十三个贵格会和门诺派信徒（Mennoniten）家庭创建了北美洲第一个德意志移民区，取名“日耳曼敦（Germantown）”。这里在 1688 年就举行了对北美土地上的奴隶买卖机构的首次抗议活动。首府费拉德尔菲亚（Philadelphia，即费城，意为兄弟之爱）不久后开始与纽约争夺贸易第一的地位。1682 年，佩恩从约克公爵那里获得了今天的特拉华地区，这是他的领地通往海洋的通道。1701 年，当佩恩一方面被他的殖民地寡头们逼迫，另一方面又被王室威胁剥夺权力而不得不承认继续行使自决权之时，这个地区获得了自治。这尽管还不是他在法学界的落幕，但已是他政界的退场了。

在光荣革命（Glorious Revolution）和世纪之交的年代，几乎到处都在经历着从土地所有者的统治转向王室殖民地及其殖民者广泛参与的标准化体系的发展——当中一部分以相当戏剧性的形式进行。在新英格兰，马萨诸塞通过购买土地所有者的权利，在1677年合法地接管了缅因。而在新罕布什尔，1679年，关于所有者遗产的诉求重新兴起，导致了马萨诸塞的分离和独立王室殖民地的建立。王室与马萨诸塞之间日积月累的争执几近白热化。

1686年，詹姆斯二世把从缅因到新泽西的所有殖民地统一为“新英格兰自治领地（Dominion of New England）”，没有设立代表大会，而是由前纽约总督埃德蒙·安德罗斯爵士（Sir Edmund Andros）和一个直接任命的委员会领导，这是实现独裁改组计划的第一步。威廉·范·奥伦治到达英国的消息在波士顿引发了反对圣公会信徒和托里·安德罗斯（Tory
521 Andros）的起义，人们指责他与印第安人和天主教徒同流合污。这是一场发生在印第安人边界的战争。1691年，马萨诸塞从新政府获得了特许状，可以拥有王室总督，获得与地产相关而无关清教徒法律正统性的选举权，以及仅针对新教徒的宽容令。破产的普利茅斯殖民地与马萨诸塞合并，而在康涅狄格一切如旧。貌似自治的“上帝之国”此后一路降低到普通殖民地状态。

纽约在1683年获准成立议会，但1686年它也成了新英格兰自治领地的一部分。光荣革命也在这里引起了一场起义，起义的原因是对印第安人和天主教徒的恐惧。在德意志商人雅各布·莱斯勒（Jacob Leisler）的领导下，一个安全委员会接管了政权，但是商人和地产寡头反感这次起义，这样他们从新国王那里得到了包含议会召开权的具有普遍性的宪法，莱斯勒被作为叛乱者绞死。马里兰自1689年以来也发生过一次以相同动机发动的起义。这里的地产所有者都是天主教徒，而托里被疑为背叛者，这让议会有足够的理由剥夺他的权力。即使在他 1715 年被恢复名誉之后，议会依然拥有强势地位。1676 年，弗吉尼亚发生了“培根叛乱（Bacon’s Rebellion）”，一场反对总督在印第安战争中令人不满的区别性政策的起义。此后，总督和代表大会的合作越来越好。1677 年，卡罗来纳爆发反对地产所有者统治的起义，1688 年又爆发一次。18 世纪早期的印第安人战争暴露了地产所有者兴趣索然的事实，最终 1729 年王室被说服接管这两个殖民地。

现在在南方只剩下佐治亚（Georgia）[以乔治二世（Georg II）的名字命名]——十三个老殖民地中的最后一个了。在这个过程中，不仅有建立针对西班牙人和印第安人的防护堤的愿望，而且有或多或少的以仁爱思想为基础的社会政策，它们都发挥了作用。詹姆斯·奥格尔索普（James Oglethorpe）和托马斯·布雷（Thomas Bray）以及其他受托人在 1732 年共同获得特许状，被授权安置获释的囚犯，尤其是那些因负债而被拘捕的人。21 年之后，所有殖民地都落入王室手中。到 1752 年为止，包括补助费在内，议会为这一行动一共支付了 136608 英镑。烈酒、奴隶制度、大地产和代表机构在佐治亚都不再被允许。但是较之合理的制度设计，权力关系和利益再一次占据上风。在偷运了许多奴隶之后，1750 年关于奴隶制度的禁令被取消。同年，受托人不得不允许再立议 522
会，之后的 1752 年，他们把殖民地移交王室。

英属北美的政治、宗教、社会和经济

殖民政策的中心决策部门是自1696年以来成立的贸易委员会，它由两位议员和五名专家组成，总体负责所有殖民文件的往来。从官方层面看，这个委员会只是枢密院的咨询机构，如果由此认为他们地位低微，那就理解错误了。殖民政策和其他政策主要是由重要的大臣——第一财政大臣和国务秘书们制定。另外，财政部是负责海关和财政收入及美洲支出的最高一级主管机关，海军部和他们的海事法庭（vice-admiralty courts）自1696年以来负责《航海法》的实施。最终，起初仅在弗吉尼亚存在的圣公会也开始广泛传播。两个圣公会教团——基督教知识普及会（Society for Promoting Christian Knowledge）和英国海外福音传教会（Society for the Propagation of the Gospel in Foreign Parts）——大约从1700年起就向殖民地派遣牧师，寄送《圣经》和传教材料。但美洲并没有自己的主教，而只是隶属于伦敦主教辖区。

在18世纪上半叶，当殖民地没有什么价值时，英国手握权柄的政治家们对殖民地的兴趣就会减少。这一点到该世纪中期在世界范围内与法国的争论过程中才发生了改变。此间最多涉及帮助政治盟友在殖民地获得职位，这自然会招致吃了亏的殖民地英格兰人的怨恨。虽然议会有时候为殖民地颁布法律，但这些法律主要解决重商主义体系里出现的贸易问题。显然，不光特许状赋予的建立殖民地的权限，还有随后通过中央——如果松散的不列颠体系内真的有“中央”可言的话——对殖民地进行的
523 统治，都属于王室的特权，也就是国王所掌握的独立于议会的那些权力。这样的话，仅仅通过国王的敕令（proclamation）就可以对领地进行新的规划，就像1763年发生过的那样。尽管18世纪各个殖民地在伦敦都设有代理人，但他们的游说团

都相对弱，与对西印度的关注一比尤为明显。个体的成功面临新的限制：1732 年禁止生产帽子，1750 年禁止在美洲进行铁器加工，1733 年的《糖蜜法案》（Molasses Act）更是对利润丰厚的从法属西印度进口的朗姆酒、糖蜜和蔗糖课以高额关税。

直到 18 世纪，在所有的殖民地内，按照相同组织结构构建的政治体系运行流畅。核心机构是总督（Governor）、政务会（Council）和议会（Assembly）。由国王或者地产所有者们（仅有马里兰的巴尔的摩家族和宾夕法尼亚的佩恩家族有此权力）任命的总督是国王的代表、行政机构的主管官员、军队总司令和海军副司令（Vizeadmiral）。凡有关议会的召集、延期、解散，以及确定发言人及其决议等事宜，在君主体制框架内，总督对于殖民地议会比王室对于下议院拥有更大的全权。而事实上，总督的地位非常虚弱。因为重要的位置，包括在通常有十二个议席的议会中，最终是由王室直接授予的，所以总督无法在寡头政治中借助 18 世纪在英国非常重要的互惠互利方式来建立可信任的追随者集团。在最重要的政府事务上共同发挥作用的政务会——和总督共同组成最高法院，而又独立充当殖民地代表大会中的上议院——一般由上层社会的成员组成，其利益要求他们与国王委派的代表共事。但是发生冲突和抵制的个别情况也在所难免。

尤其是议会利用其征税权和预算权与政务会形成了制衡势力。王室过早地准许在弗吉尼亚成立这样一个机构。当 1692 年第一位马萨诸塞王室总督上任时，在新英格兰的企业特许殖民地（korporative Kolonien）[①] 中就已经有这个机构，并且它继续存在。在罗得岛和康涅狄格，企业特许殖民地直至终结之

① 殖民地居民作为法人团体被授予特许状。——编者注

时，那里的总督和政务院甚至一直是由代表大会选举出来的。在那些因为特殊原因而由王室密切控制的殖民地，代表大会的地位最为低微。在纽约，代表大会一再坚持才获得自己的权
524 力；在佐治亚，代表大会直到1752年才得以成立，并且由于社会结构未完善而一度影响甚微。但是，建立代表大会是国王特许的一项内容，因为只有通过沿用英国惯例，殖民者的殖民地管理机器才能够获得必要的财政支持。

各个代表大会的成员是有产者的代表，这并不妨碍非正式党派在这种寡头体制中形成。对投票者资产状况的要求语焉不详、标准不一，这限制了50%~80%的男性白人行使选举权。因此这种情况可能比同时期在英国更为普遍。代表大会的主要任务就是通过批准殖民税来侵占有产者的财产。必须获得相关人员的同意是批准殖民税的基本原则，这一点是没有争议的，以至于征税权被视为理所当然的，而不是国王的恩赐。由于国王只在特殊情况下给他的总督们发饷，而通常总督们的工资是由代表大会来支付的，所以代表们手中就有了另一个施压手段。他们不能让自身变成一个固定的工资发放者。另外，代表们逐渐懂得了把自己的征税权扩展到税收支出的支配和监督，这始终是一个引发激烈争论的话题。而通过在县和乡镇层面上选举出来的代表进行自我管理似乎就是没有争议的了。

尽管在美洲，理论上和实践上都适用英国法律（甚至法官们也头戴标准的假发），政治体制也像是英国国王、大臣和英国下议院分权模式的微缩复制版，但当中仍然不乏紧张和对立。这样，与在母国不同，王室的终审权在殖民地被保留了下来。与那里的情况不同，君主的代表们在美洲可以对法律行使否决权并干涉司法程序。法官在这里并非不可罢免。难道社会的持续变动造成了政治制度的不确定性，就要对这种比在英国同期更明显的反对精神负责任吗？政治上的“国家哲学

（country philosophy）”理念及其对统治者的政治野心和贪污腐败的谨慎质疑在这里比在母国受到更多关注。在对权力关系的真实情况，以及对王室或真或假的剧烈增长的要求的持续争论中，美洲被视为旧英国自由权利的堡垒，这里可以坚持“自 525
由和财产（Liberty and Property）”的理念。美洲被看作一个“更好的英国”。

特别是在新英格兰的清教徒们看来，关于这种思想与其宗教渊源的假设也许并不是错的，因为美洲首先应当成为宗教意义上的更好的世界，“一个信仰的种植园，而不是贸易的种植园，基督在地上的荣耀王国的缩影”。英属北美早期历史中，新英格兰南部这种思想的主导地位使得历史学家和文学家对于清教徒的严肃和美洲的自由理想之间的矛盾非常敏感。清教徒长期以来主要被认为是宿命的、狭隘的和不宽容的，被认为与美式自我认知中的自由理念不符，并因此被剥夺了在美洲人自己的历史中的位置——这段历史恰恰是经过了自我净化和“反思（bewältigen）”[①]的。20世纪30年代，他们重新得到了他们在历史中的荣誉地位。他们的现实理解力、道德优势、引人注目的精神成就再一次受到赞赏。他们不仅创办了北美的第一所大学，而且从他们对优越环境的反思中涌现了美洲的第一批重要诗人，例如安妮·布拉德斯朱特（Anne Bradstreet，1612~1672年）和爱德华·泰勒（Edward Taylor，1644~1729年）。然而这种荣誉拯救没有完全避免时代错误的危险。清教徒们把他们在严格的加尔文选择学说中的渊源彻底地与现代性区分开来。甚至巫术的观点在他们的宗

① 或写作“Vergangenheitsbewältigung”，是一个特定的历史学概念，译作“反思历史”“克服过去”等，特指20世纪下半叶德国对民族社会主义的反思，以及由此形成的社会性的记忆文化和历史反思文化；也常常泛指一个国家关于近代史中有争议时期的公众讨论。——编者注

教虔诚中也产生了影响。只是在他们的生活和思想发生转变之后，他们才成为后期美洲的理想之父。

17世纪下半叶，严格的清教主义的解体初现端倪，教区的排他主义让步于广泛的开放，甚至出现了自由加尔文派教堂，这可能与教区女性人口的不断增加有关。圣公会信徒、浸礼会信徒和贵格会信徒的数量也在新英格兰增长，直至1692年，他们最终成为平等的公民。哈佛学院的神学学生人数在1671年陷入一个低潮。或许1692年至1693年的塞勒姆女巫审判案[①]中的大众幻觉是对清教内部危机作出的应对。因为可以看出，这是一个被社会发展所超越的团体的告密行为，其对象是成功的竞争者和社会阶层跃升者。另一个反应也影响深远，它通过克顿·马瑟（Cotton Mather）这样的神职人员把新英格兰短暂的历史进行理想化。然而在此过程中，随着时间
526 的推移，一个由天意选出的不依靠任何帮助，而是仅凭自己的力量在荒野创造了一个新的、更好的世界的基督徒团体发展成了一个模范公民集体。但是新英格兰信仰神灵的政治权利与母国复辟没落的体系的对立仍然是政治文化的组成部分。

随着人口的大规模迁入，现有的新教派别得到了加强，增添了完全的新人，其中部分依赖于移民的来源国。德意志人主要是路德宗教友或者改革宗信徒，一小部分属于浸礼会、圣公会和极端虔信派团体（如门诺派、亨胡特兄弟会和千年至福派等）。从宾夕法尼亚来到西部边界的爱尔兰—苏格兰人（Iro-

① 1692年，美国马萨诸塞地区塞勒姆镇一个牧师的女儿突然得了一种怪病，随后与她平素形影不离的7个女孩相继出现了同样的症状。当时人们普遍认为，孩子们得怪病的真正原因在村里的黑人女奴、一个女乞丐和一个孤僻的从来不去教堂的老妇人身上。人们对这3名女性严刑逼供，“女巫”和“巫师”的数量也一步步增加，先后有20多人死于这起冤案，另有200多人被逮捕或监禁。1992年，马萨诸塞州议会通过决议，宣布为所有受害者恢复名誉。

Schotten）[①]带来了长老会，而从威尔士进入中部殖民地的移民则壮大了浸礼会。在教区里，平信徒对所有团体来说都是个问题，甚至对费尽周折建立起来的圣公会团体也不例外，因为受过培训和被授予圣职的人员往往非常稀缺。正是圣公会作为国教本该负责却由于羸弱而疏于监控，才方便了宗教多样化的发展。

在18世纪，伴随着“伟大的觉醒（Great Awakening）”最终发生了规模和影响巨大的宗教群众运动。它构成了全世界范围基督教大觉醒运动的一部分，其中英国的约翰·卫斯理（John Wesley）和基督教卫理公会派发挥了核心作用。以泛教派的福音新教忏悔活动为例，在仪式中个人可以用表演和狂喜的时刻来认识自己的罪孽，达成个人的救赎体验。早在英国人乔治·怀特腓德（George Whitefield，1714~1770年）始于1740年的朝圣之旅激发中部和北部殖民地大众的宗教热情之前，美洲著名神学家乔纳森·爱德华兹（Jonathan Edwards，1703~1758年）就已在加尔文学说的基础上，于1734年在新英格兰发起宗教新生运动。亨胡特兄弟会领导人尼古拉斯·冯·钦岑多夫（Nikolaus von Zinzendorf）、路德宗的领导人亨利·梅尔基奥·米伦伯格（Heinrich Melchior Mühlenberg）和其他牧师的活动也将操德语的移民融入了大觉醒运动。

这一运动引发了新旧信仰团体建立大学的汹涌浪潮。在早期（1701年）作为康涅狄格宗教协会学校的纽黑文耶鲁学院（Yale College）创建之后，1746年出现了新泽西学院（College of New Jersey），即今天的普林斯顿大学；1764年

① 主要指依附于爱尔兰、马恩岛和苏格兰教会的信徒群体。历史上，爱尔兰僧侣常被称为“苏格兰人（德文为Schotten）”或“爱尔兰—苏格兰人（Iro-Schotten，也写作Iroschotten）”。他们自7世纪起在欧洲大陆建立的修道院体系常被称为“苏格兰修道院（德文Schottenstift，英文Scottish Abbey）”。——编者注

至 1765 年成立了一所浸礼会教友学院，后来发展成布朗大学；
527 1766 年，罗格斯大学（Rutgers University）的前身在新不伦瑞克建立。伴随着宗教的脉搏，其时盛行的功利思想也步调一致了；除了大觉醒运动，功利思想也促成了大学的建立。1754 年在纽约成立了皇家学院（King's College），即今天的哥伦比亚大学，1755 年至 1756 年建立费拉德尔菲亚学院（College of Philadelphia），即后来的宾夕法尼亚大学。正是在这里可以特别清楚地看到启蒙主义—功利主义的特征，因为本杰明·富兰克林（Benjamin Franklin，1706~1790 年）也是初创者之一。他的人生放在美国发展史中看颇具示范意义：它体现着新英格兰的清教主义和启蒙的自然神论和功利主义，同时还保留了生活的自律和社会冲动。1743 年，人们建立费拉德尔菲亚美国哲学学会（American Philosophical Society）的尝试徒劳无功，最终在 1769 年，学会成功建立，且长期以来都是美国最重要的科学学会，而追溯这段历史，我们也可以看见富兰克林在其中的身影。富兰克林的个人生涯始于当印刷工人绝非偶然。就像英国在 17 世纪识字率就在欧洲领先一步一样，新英格兰清教徒们的受教育程度也高于平均水平，所以第一台印刷机在这里安装起来了。大约在 1765 年，除新泽西和特拉华由纽约和费拉德尔菲亚发行报纸以外，几乎所有殖民地都有了自己的印刷厂和报纸。书籍和杂志也有了广泛的读者群。在宾夕法尼亚，克里斯多夫·索尔（Christoph Saur）和海因里希·米勒（Heinrich Miller）开办了印刷德语刊物的印刷厂并取得成功。

与北部不同，大觉醒运动在南部殖民地并没有引起多大反响，教育事业上的投入也没有形成那么深刻的改变。1693 年按照王室圣公会的意愿建立的弗吉尼亚威廉玛丽学院（College of William and Mary in Virginia）始终未能发展为一个更高等级的学府。寡头们让他们的孩子接受家庭老师的授课，然后送他们去欧洲上大学，特别是去伦敦的律师学院（Inns of Court）和去当时比英国的大学声誉更旺的苏格兰的大学。

大觉醒运动的意义并不限于它对教育史的影响。乔纳森·爱德华兹发动的宗教新生运动促使以宗教教义为基础的新英格兰意识形态进行革新，并且产生了可能延续至今的深远影响。因为他的思想有着明显的末世—千禧年论（eschatologisch-chiliastisch）维度。在本土进行的福音宣讲和面向异教徒的传教因而被引导到末世的千年王国上来。它的展示地就是美洲。
因为在全世界传教的结束就是千年的开始，清教新英格兰将会 528
包纳全球，这将符合《圣经》的预言。即使人们不知道这个预言具体是如何增强了革命时代新英格兰的使命意识的，但是它从很久以前就对新时代美洲的自我意识产生了深远影响，还是相当令人惊讶的。

爱德华兹也致力于向印第安异教徒传教。因此在清教同道中他更是一个特例，尽管向印第安人传教时甚至必须证明建立殖民地的合法性。这样，马萨诸塞湾殖民地的印章上就有了一个印第安人，从他嘴里冒出一条带标语的飘带，上面写着《圣经》语句“来拯救我们吧！”（《使徒传》16：9）。然而，19世纪伟大的福音传教运动在更广泛的范围内把宗教大觉醒运动的启发变成了现实。在此之前，新教所有派别的传教努力和成绩都比天主教的平庸，在美洲情况也如此，或者说，恰恰在美洲这种情况尤为显著。此间，神学理论的差异恐怕产生了一定的影响。尽管在向异教徒传教时，改革宗从一开始就比路德宗吸引了更多的关注，但与天主教的受洗所规定的条件相比，改革宗的皈依在知识上有更高的要求。

但制度上的差异至少是同样重要的。天主教在其托钵修士和耶稣会会士中拥有计划周密、纪律严格、热衷传教的队伍。

插图 59　马萨诸塞殖民地的印章

天主教殖民地国家往往还有一项集中的传教政策及相应的传教资助机构。这一切在英国人那里都是不可能实现的，虽然在英国也不缺乏致力于把福音传播当作民族扩张主要目标的优美宣言。事实上，王室对此几乎漠不关心，因为他们并不打算为传播信仰破费。殖民者和清教徒们并没有一支布道的骨干力量。尽管承担这项工作的是传教士们，但他们只是教区功能的执行者。如果没有机构，他们就是一些普通的无业者，组织和财政都无法为开展更大规模的布道活动给予他们足够的支持。

早在爱德华兹之前，清教长期传教无效中出现的成功例外就格外引人注意了。从1642年开始，梅修家族（Mayhew）五
529 代人就在马萨葡萄园岛（Martha's Vineyard）和楠塔基特岛

（Nantucket）鼓动印第安人皈依为基督教徒了。约翰·艾略特（John Eliot, 1604~1690年）成了最重要的“印第安的使徒”，他1631年就来到了新英格兰，而直到1643年才专注于马萨诸塞的传教活动。他学习他们的语言，翻译教义问答手册和修身资料，特别是《圣经》。1661年至1663年，他出版了完整的《圣经》阿尔贡金语译本（Mamusse Wunneetupanatamwe Up-Biblum God）。母国的清教领导层于1649年成立了一个新英格兰公司（New England Company），并授权它为在印第安传教筹措资金。这就为艾略特和其他人首先保证了经济基础。尽管他们在传教活动中与耶稣会会士们不同，并不需要与印第安人宗教体系有什么关联点，但是明显以告密形式进行的活动长远地看并非没有相应的成果，但是根据那里的一切表象，土著文化通过与白人的前期交往已处在瓦解之中。所谓“祷告的印第安人（Praying Indians）”的封闭居住区建立起来了，他们被教导用自己的语言阅读现有的文献。定居生活在这里作为“不可或缺的条件”，也属于基督教化的一部分。成功的顶点是1674年，艾略特的14个印第安村庄赢得了1100 530
名村民，此外，在新英格兰其他地方也有同样数量的印第安人的到来。

这个数字估计还不到当时印第安人总数的10%。另外，艾略特的1100名印第安人中只有119人接受了洗礼，74人是领圣餐者。新英格兰最大的印第安人战争“菲利普王之战（King Philip’s War）”① 在1675年和1676年间结束了。虽然祷告的印第安人几乎完全站在白人一边并和平地留在那里，但是他们被以集中营的方式隔离开来。接下来，他们之中仅有一半人活

① 菲利普王战争是发生在17世纪晚期北美殖民地的一次种族冲突，是菲利普王梅塔科迈特（Metacomet）率领印第安原住民与英国殖民者进行的一次大规模战争，最后以英国殖民者的胜利告终。

了下来，虽然他们仍然信仰基督教，但逐渐地死光了。1855年，这群人当中只有一个印第安人活着。英国传教活动的失败及其原因不可忽略，即使后来在其他地方有所成功。越来越多皈依基督教的印第安人陷身于印第安人战争的前线，战争中他们最先成为他们白皮肤的教友兄弟的牺牲品。这样，1782年独立的美国边境居民仅仅凭着怀疑就屠杀了住在恩赐茅舍里的绝对平和的印第安人，这些人是在大觉醒运动过程中由亨胡特兄弟会信徒的圣母会兄弟们引领皈依基督教的（钦岑多夫本人也来过美国）。

总体看来，英国移民和印第安人的关系也更加糟糕。这时，多年前时刻作好准备要与易洛魁野蛮人战斗的传统发挥了作用，同样发挥作用的还有清教徒中发展出的一种思想，即一个“新的被选中的民族”要从“新的迦南人”那里夺回它的应许之地。这同时也说到了冲突的现实主题，即在英属美洲不可思议般迅速增加的移民与加拿大的法国人相比攫取土地的欲望要大得多。通常情况下，尚未开垦的被视为无主的土地根据特许状被占据，并由其所有者继续分配。同样，那里的土地购买和平地进行着，印第安人在购买土地时从未被欺骗过，威廉·佩恩与印第安人签订的合同非常著名；那里初期也存在着影响深远的社会文化误解，这种误解在欧洲扩张的历史中同样在其他地方发挥了很大的作用。在欧洲人的意识里，北美印第安人和其他半游牧人和普通种植者一样，只知道以这种或那种形式集体占有土地，而绝对没有按照欧洲的观念对任何一块土地拥有私人财产权。因此，如果他们想要把一块土地转让给欧洲人使用时，与这些人不同，他们要从其他的先决条件出发，而当
531 其排他主义的要求遭遇欧洲人的财产概念时，他们就有些不满。这就很容易在随后的冲突中让双方都感觉有理，因为他们都是从相互矛盾的文化准则出发来考虑问题的。

由于白种人的技术和逻辑思维，印第安人的没落是早已注定的，他们也许能赢得一场战役，但从未赢得过一场战争，除非是借助英国的欧洲对手们的帮助。这就意味着，当大陆上没有英国人和后来的美国人的白人对手时，他们的命运就被确定了。有充分的理由可以断言，正是这种战斗的残酷无情导致了可怕的战争习俗的出现，这些战争的习俗制造了，并且仍然正在制造着印第安人文学和印第安人电影的无数消费者的紧张感。比如剥取战败者头皮的习俗虽然纯然起源于印第安人，却被白种人接受、促进和传播。1670 年在弗吉尼亚生活着 2000~3000 名印第安人，大约占第一批欧洲人发现的印第安人总数的 8%。

人口的丧失不仅仅为战争所致，首先还要归因于欧洲人带来的传染病。新英格兰人把它看作命运的暗示，以这种方式来到这个国家的天花传染病在他们迁入之前已经夺去了他们计划中的殖民区 2.5 万名原住民的生命，使得人口减少了一半。严峻事态还在进一步发展。仇视印第安人的杰弗里·阿穆斯特（Jeffrey Amherst）将军抱着种族屠杀的妄想，要把印第安人当作寄生虫而加以灭绝。他在 1763 年 7 月 16 日写给总司令的信中说：“请求您让印第安人感染天花或者使用什么其他方法，以便根除这个令人厌恶的种族。”（Gallay 1996，72f.）事实上，皮特堡（Fort Pitt）的瑞士指挥官西蒙·艾库耶（Simeon Ecuyer）船长也支持他的医疗站给印第安人注射天花病毒。

另一方面，也不乏对印第安人的同情者，很多时候，印第安人的俘虏在获得释放后拒绝回归“文明”。另一些人自愿或不自愿地充当了文化传播者的角色，不过据说仅仅是作为口译人员。一个叫托马斯·莫顿（Thomas Morton）的人甚至用书面形式向早期清教徒们表达他对印第安人生活方式的高度赞赏。萨克森律师和早期启蒙者克里斯蒂安·科特利普·普利波尔（Christian Gottlieb Priber）1730 年代出现在切罗基人

（Cherokee）那里，归化为印第安人，为印第安人抵制白人出
532 谋划策，并筹划建立一个所有人享有平等和共同财产的印第安人联合“天堂王国”，并且为非洲奴隶提供避难所。1743年，他被绑架并死于佐治亚的监狱里。

而殖民者却乐于利用传统的部族敌对。东康涅狄格的强悍部族佩科特人（Pequot）于1636年至1637年与白人以及西部和东部依赖其生存的莫西干人和纳拉甘西特人（Narragansett）结成联盟。1675年至1676年，梅塔科迈特——或称“菲利普王”——领导他的万帕诺亚格人和南马萨诸塞的其他部族一起反抗白人，有数千白人被杀死，也就是说，英国人中每20个人就有1个丧命，而敌对方印第安人的死亡率却是三分之二。因为白人人口在这十年里从5200人增加到了6800人，所以印第安人所占的比例从四分之一降到了十分之一。特拉华人的迁移最为有名，他们在白人的压力下先是从中部海岸进入后来的宾夕法尼亚，而后继续一直向西。在卡罗来纳北部，罗阿诺克地区的大约5000名塔斯卡罗拉人（Tuscarora）1711年至1713年被迫外迁。他们在纽约的腹地与他们的易洛魁人亲戚结为联盟。

印第安人族群之间的频繁冲突导致了在印第安人那里的奴隶制度成为自然而然的事情。因为如同在非洲一样，没有共同的认知能够阻止这一点。有些印第安人甚至自己都雇用黑奴。先是卡罗来纳，后是南卡罗来纳在1670年至1715年成为最重要的奴隶商贩殖民地。詹姆斯·摩尔（James Moore）总督本人就是最大的奴隶商贩之一。来自路易斯安那的法国威胁，无论是真是假，引发了抵制乔克托人（Choctaw）等法国人的印第安盟友的战争。西班牙的遗产争夺战成为攻击佛罗里达的理由，而这样做会带来尤其丰厚的收获。在此过程中，殖民者使用了雅玛西人（Yamassee）和本身就是重要的奴隶商贩的

锡卡索人（Chickasaws）、克里克人（Creek）和其他部族作为同盟者，而并不顾忌在适当的时候把他们的追随者也变为奴隶。在特定的时间段内，英国人至少卖出了2.4万名甚至可能多达5.1万名印第安人奴隶。买主是英属西印度群岛和北方的殖民地，因为非洲奴隶的价格提高了。由于殖民地无力控制商贩的可疑伎俩和拓荒者在印第安人土地上的向前推进，雅玛西人试图把他们最重要的同盟者英国人从他们的土地上赶走。1715年至1716年，雅玛西部落被击溃了，其残余人员加入了克里克部落。这些切诺基人和锡卡索人于随后的数十年里在英 533
国人与法国人之间执行了一条见风使舵的政策，而乔克托人与法国人结成了同盟。

印第安人之所以在英属北美处于越来越无望的境地，与白人的快速增多密切相关，这也正是对统计学有兴趣的本杰明·富兰克林为其祖国感到骄傲的一个原因。1721年至1760年，白人的人口数量可能从93.7万增加到了126.7万，增长了219%，并且主要是生物学意义上自然生老病死的结果。其间，中部殖民地和内陆腹地比新英格兰、南方和海岸地带增长更为迅猛。新英格兰在1660年至1720年经历了人口大增长，以每十年74%的增长率，总共增长了600%。二者原因可能是相同的。在英属美洲人口爆炸到来之前，那里18世纪的人口出生率为45‰~50‰，高于英国和其他欧洲国家，而死亡率为20‰~25‰，低于英国和其他欧洲国家。

具体调查得出了这样的结论：低死亡率，尤其是儿童和育龄妇女的低死亡率是美洲人口快速增长的主要原因。另外，到那时为止，在美洲没有发生在欧洲周而复始的阻碍自然人口增长的灾难性饥荒的生存危机。即使在疫情出现的时候，死亡率也似乎较低，估计其原因不仅是居民的健康状况较好，而且在于他们不那么拥挤的居住方式。他们的婚龄也低于欧洲，家庭也相应更大。

富兰克林及其同时代人已经确认，在美洲还有地方留给那些在欧洲必死无疑的流亡者们。1700 年至 1775 年，可能有 25 万 ~30 万人迁入美洲，这个数字占同期人口增长数字的 15%~20%。英国官方殖民政策以前不欢迎非英国人入境，而从现在起，重商主义思想导致了对英国人移居国外的限制和对第三国人口迁入的推动，以便通过人口众多的殖民地确保对母国的工业产品的不断增长的需求。

第一个较大的非英国移民团体是来自帝国的西南方、瑞士
534 和萨尔茨堡的讲德语的团体，1710 年经历了在纽约的不愉快之后，他们首先来到宾夕法尼亚和南北卡罗来纳。1717 年有数百人到达费拉德尔菲亚，后半世纪估计每年平均有 2000 人，1727 年到 1775 年，在这个德意志人的主要入境港口总共有 79107 人。1750 年达到顶点，有 3 万德意志人拥入这个殖民地。富兰克林估计，1766 年，宾夕法尼亚人口中的三分之一为讲德语者。到大革命时，有 98144 名德意志人在美洲定居，到 1800 年为 12.9 万人。普法尔茨地区（Pfalz）的居民为躲避战乱而逃亡，但总的说来，经济动机、殖民地开发者的招募和链式迁移①是移民的主要原因。还有宗教移民动机也不可忽视。被逐出萨尔茨堡的新教徒 1734 年在佐治亚安身，还有很多为了不受干扰地以自己的方式事奉上帝的教派的信徒也来到这里。但是，宗教的排他性可能延迟了德语民族融入美洲社会并妨碍了他们对美洲社会的影响。

不久之后，来自北爱尔兰的爱尔兰—苏格兰人（Iro-Schotten）开始了移民，天主教背景的爱尔兰人和天主教徒不受欢迎。英国的工业立法阻碍了爱尔兰人的工业发展，农业中

---

① 指投奔已移民的亲属、友人或其他关系密切者的连锁迁移活动。——编者注

的租赁条件不合理，工资低，而偏偏信奉长老会的爱尔兰—苏格兰人又经常拒绝向圣公会国家教会缴纳什一税。他们在1717年至1718年首先在新英格兰进行尝试，但遭到拒绝。现在，他们径直向南方的殖民地而去，于是那些中部殖民地的边境地区率先成了爱尔兰—苏格兰人的“应许之地”。

因为他们和德意志人一样付不起航海费用，所以他们愿意作为“救赎者”，一种17世纪的“契约”移民方式来到这里。这里说的不是事先签订的劳动合同，而是如果在八天以内不能清偿航海费用，就得将自己作为劳动者出卖的契约，比如被已经定居的人赎走。通过这种方式，一个家庭成员在殖民地就可能实现全家移民。1727年至1776年，据说有三分之二的德意志人都是用这种方法移民的。

除了这两个最主要的移民团体之外，1718年和1775年间大约还有5万英国移民，以及同样数量的当时作为劳动力首先被运送到中部殖民地的英国囚犯。1718年，《判决犯迁移法》（Convict Transportation Act）甚至允许地方季审法院（Quarter Sessions）作出七年、十四年或者终身流放的判决。商人们不费任何成本地接手这些被判决的人并将其运送到美 535
洲，然后再把他们像契约奴仆一样出售。尽管逃亡者面临死刑判决，但还是有许多人逃脱了，有些人甚至成功返回了英国。

这里还应该提到苏格兰人、胡格诺信徒和塞法迪犹太人。这些犹太人在1740年被议会授予了公民全权。1763年，他们在罗得岛的纽波特（Newport）建立了犹太会堂。主要说英语的民众对移民以及对爱尔兰—苏格兰人和苏格兰人的偏见不容忽视，富兰克林在1753年同样对于“普法尔茨的农家粗人（Palatine Boors）”的蜂拥而至忧心忡忡地表述了看法。几个殖民地禁止新的移民担任公职。后来，在19世纪，这些新教的老移民们共同抵制南欧和东欧的天主教和阿什肯纳兹犹太人

（aschkenasische Juden）移民。

最后，还有“黑色的强迫迁居”——来自非洲的奴隶输入。这时当然是种植园殖民地在发挥主要作用，然而从19世纪和20世纪的视角来看也不能忽略，在北方也生活着可观的奴隶人口。因为美洲的奴隶商贩们都集中在北方特定的港口，来自罗得岛殖民地的四个港口城市有大量商贩，其中还有犹太人和贵格会信徒，以11.1万名奴隶的交易数量而居大西洋奴隶贸易港口的第15位。

第一批奴隶早在1619年就被运送到了弗吉尼亚。“大约在8月底，一个尼德兰人卖给我们20个黑人”，当时一个人这样写道。虽然一开始白人就认定了非洲人的卑贱，但是到了17世纪中期以后，当非洲人在人口中占据很大比例时，这一点才以法律形式确定下来，终身奴隶制度被合法化，释放奴隶变得更加困难，黑人与白人之间的性交和通婚被禁止。特别是那些自由黑人——显然当时是存在自由黑人的——也受到了社会有意识的歧视。他们既不能拥有武器，也不能担任公职，不能出庭作证，也不能参加选举。1723年由弗吉尼亚颁布的选举禁令引起了英国总检察长（Attorney General）的抗议，他不愿意接受“为什么一个自由人仅仅因为他的肤色而比别人更坏”。总督回答到，这是不可避免的。

> 要在自由黑人和黑白混血儿身上烙下永久的印记，把他们从自由人的特权中剔除出来，因为人们知道自己一直以来，且将永远坚持使用和偏爱使用奴隶。我认为这是一
> 537 个很好的设计，目的是要使自由的黑人意识到，他们的后代和一个英国人的后代之间应该有区别，因为他们永远不会被认为是平等的。（Simmons 1976，89）

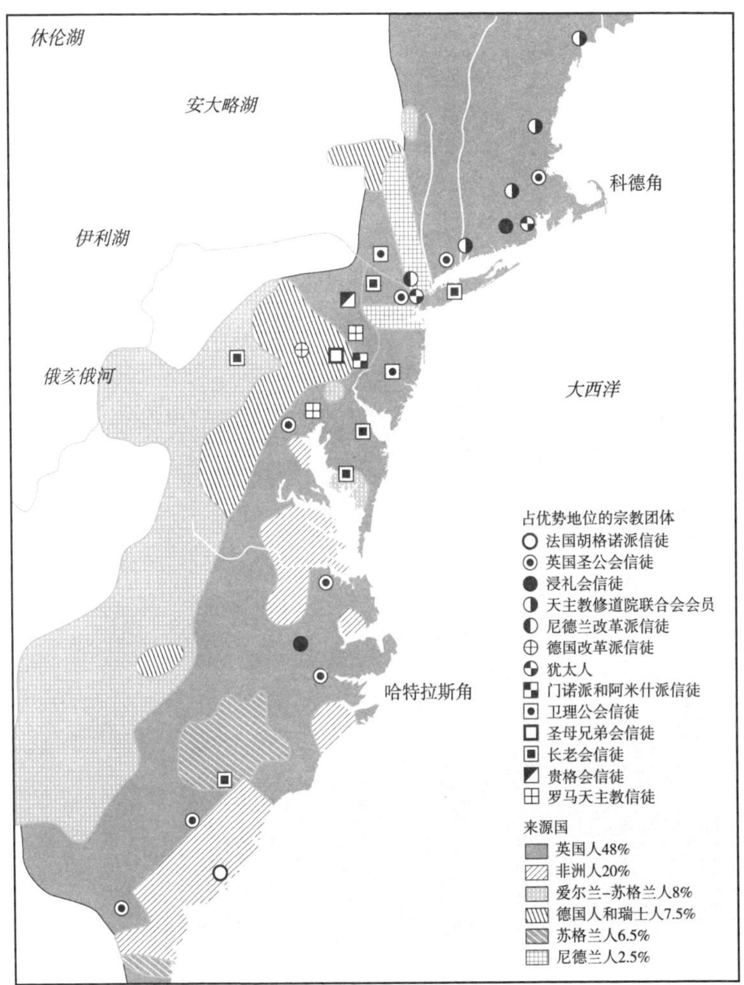

休伦湖
安大略湖
伊利湖
俄亥俄河
科德角
大西洋
哈特拉斯角
占优势地位的宗教团体
法国胡格诺派信徒
英国圣公会信徒
浸礼会信徒
天主教修道院联合会会员
尼德兰改革派信徒
德国改革派信徒
犹太人
门诺派和阿米什派信徒
卫理公会信徒
圣母兄弟会信徒
长老会信徒
贵格会信徒
罗马天主教信徒
来源国
英国人48%
非洲人20%
爱尔兰-苏格兰人8%
德国人和瑞士人7.5%
苏格兰人6.5%
尼德兰人2.5%

插图 60 1790 年人口来源和宗教团体

18世纪奴隶人口经历了高速增长，而且不仅仅是人口输入增加的结果。奴隶人口早期自然增长明显较慢，18世纪中期，在切撒皮克海湾区域，黑人数量却似乎已经出现了人口生物学意义上可观的增长，尽管与此同时，或者恰恰也是由于人口输入迎来了高峰。考虑到19世纪北美的奴隶主持续依赖自然新生力量的情况，这个人口状况影响深远。北美洲只接收了31万名来自非洲的奴隶，仅占所有运往美洲的奴隶数量的3.8%，据称还有另外7.2万人来自加勒比地区。尽管如此，1800年前后，北美洲已经拥有100万非洲裔居民。1950年，新世界的美国黑人几乎占了人口的三分之一。输入的高潮在1731年至1770年。但输入的人口只占主要居住在马里兰、弗吉尼亚、南卡罗来纳和北卡罗来纳的黑人居民增长的一小部分。在南卡罗来纳，1780年，黑人（9.7万人）甚至比白人（8.3万人）还多，弗吉尼亚的黑人和白人比例约为2∶3（220582∶317422）。

奴隶制度改变了南方殖民地的社会面貌。对白人奴仆的需求减退了，这意味着大规模人口迁入的一个重要源泉枯竭了。同样，种植园也使小业主退居次要地位。但是种植园工人可能比许多家奴和黑人手工业者更少受到尊重，也更少获得良好待遇。这种亲善的家长主义（Paternalismus）根植于一个以非自由和盘剥为基础的体系之中，最迟在发生骚乱和奴隶起义时就变得非常明显。拒绝上工、逃跑、纵火和毁坏工具等低级的反抗方式比骚乱和起义传播得更加广泛。因为美洲存在的奴隶制在那里从未发挥过经济方面的重要作用，所以南北之间在生产方式和生活方式上都形成了巨大的差异，但是人们不应该用后来的发展对这种对立现象进行高度评价。

较新的估算得出如下人口发展和分布情况。

单位：人

538

年份 地区	1650	1700	1750	1780
缅因				49133
新罕布什尔	1305	4958	27505	87802
普利茅斯	1566			
马萨诸塞	14037	55941	188000	268627
罗得岛	785	5894	33226	52946
康涅狄格	4139	25970	111280	206701
纽约	4116	19107	76696	210541
新泽西		14010	71393	139627
宾夕法尼亚		17950	119666	327305
特拉华	185	2470	28704	45385
马里兰	4504	29604	141073	247959
弗吉尼亚	18731	58560	236681	538004
北卡罗来纳		10720	72984	270133
南卡罗来纳		6260	74000	180000
佐治亚			5200	56071
合计	49368	251444	1186408	2680234

18 世纪人口的剧烈增长在宾夕法尼亚是移民所致，而在马里兰、弗吉尼亚、北卡罗来纳和南卡罗来纳要归因于当时快速提高的非洲人口比例。

人口增长当然也发生在城市，其中费拉德尔菲亚在 1770 年以 3.5 万人口成为伦敦之后的不列颠帝国第二大城市。还有纽约（2.3 万人）、波士顿（1.6 万人）、查尔斯敦（1.1 万人）都达到了欧洲城市的规模。但增长的重点明显是在农村。1720 年到 1760 年，五个最大城市的人口数量翻了一番，而整个殖民地翻了两番。人口快速增长的最重要结果是居住区域的扩展。比如，在这几十年里，康涅狄格建立了 32 个新的乡镇，其人口由 5.9 万增加到 14.2 万。在新英格兰和纽约，对法国人和印第安人的恐惧导致现有居住区域内的自由空间被充满。人们把边界继续向南推进至山区，至 1760 年代已经推进到俄亥俄（Ohio）和田纳西（Tennessee）。那里的边境地带人口的主要构成是爱尔兰—苏格兰人和德意志人。

有些人甚至在任何一个他们喜欢的地方以“擅自占用者”的身份安身下来，然而并非不受阻挠，因为土地的测量和分配一般都非常有序地进行。这毫不奇怪，因为现在土地投机活动
539 变成了大买卖。在新英格兰，政府把股份出售给新建立的乡镇，在南方，常有数千公顷土地被出售或租赁给名门望族中那些具有政治影响力的成员。到处都在试图快捷便宜地获得大块土地，以便之后当需求和价格提升时再以小块加价出售。由于在这种交易中一切都依赖于快速攫取和政治权威的庇护，因而一方面鼓励了侵犯边境，另一方面有力激化了政治腐败。这就是说英语的北美洲不断扩张的主要动因。没有别的指望，为了做大宗商品生意，形成了具有半官方性质的股份公司，部分由英国政府给予了友好资助，它期望由像1747年成立的毫无业绩的弗吉尼亚俄亥俄公司（Ohio Company）那样的公司对法国人和印第安人之间的边界提供保证。

甚至不同的殖民地之间的武装冲突也未能避免，比如1760年代围绕着萨斯奎汉纳河（Susquehanna）上游河谷所进行的竞争。除了利益冲突之外，移民的不同来源也可能使得殖民地的自我认同得以维持。据说，来自英国不同地区的移民各自偏爱去某一个殖民地定居，从借用故乡的某个地名开始，给当地的文化打上了特殊的地域烙印。于是，最迟在18世纪，人们已经历着一个明显的社会政治交汇过程。新英格兰人和南部殖民地居民现在比从前任何时候都更加相似了。

90%以上的居民依靠土地生存。土地便宜而劳动力昂贵，这与欧洲的情况完全相反。1774年，在估计为8800万镑的商品总量中，仅土地就占6020万镑，畜牧占1010万镑，商品生产占910万镑，消费品占860万镑。在拓荒时期，原始的自给

农业常常依靠狩猎和采集来增加收益，如果有合适的海路和陆路可供使用的话，多数情况下都能迅速为生产开创市场。

切撒皮克湾周围的殖民地主要从事烟草种植，这一行业虽然在1670年和1725年间并不景气，但很快便繁荣起来。1740年，出口到母国的烟草量几乎等于其他被带入世界市场的大宗货物之和。但是烟草种植的技术并没有得到改善，小烟农挣扎在最低生活线的边缘。那些能够投资黑人劳动力和搞到 540
新土地的巨商大贾生意兴隆。1740年至1770年，小麦种植异军突起。尽管当时到处都在种植和消费玉米，但是高需求者们偏爱小麦面包。此外，大量的粮食出口到了地中海地区。这些殖民地的富裕的种植园主无论如何也不将自己仅仅局限于种植，他们放贷，出租他们的奴隶，并开始跻身贸易。

位于东部的南卡罗来纳凭借灌溉系统技术和雇用奴隶经营的种植园成为18世纪所有殖民地中的最富裕者。西非奴隶甚至很可能在水稻种植的引进方面发挥过作用。大部分稻谷运往英国，北卡罗来纳没有相应的农业出口产品，但因为拥有五针松森林，该地区成为对其他殖民地及母国出口的沥青、焦油和松脂精的最重要生产者。而这个生产行业也是需要靠雇用奴隶来运转的大型企业来支撑的。

在宾夕法尼亚东部，很早就形成了对费拉德尔菲亚城进行供应的田纳西环状带：那里有园林、水果种植、奶制品行业，在西部和北部还有一个区域，从遥远的地方运送过来的牲畜在屠宰之前先在那里被喂肥。在国家的其他地区，农民们以混合农业的方式专门为出口生产小麦，其大部分被输送到地中海沿岸国家。在其余中部殖民地，情景也大致相同，包括纽约周围的特殊种植区。除弗吉尼亚和马里兰外，宾夕法尼亚也是殖民地最重要的生铁产区。

在新英格兰，玉米比小麦更重要，且畜牧业对于市场有着突出的作用。供应西印度的大部分牛肉和猪肉及几乎全部的鱼肉都产于此地。新英格兰同时也是向其他殖民地、母国和西印度供应木材、木制品和捕鲸业产品的主要出口商。

以欧洲标准来说，美洲农业显得特别粗放和原始。它丝毫没有参与到当时兴起于英国的奠定欧洲农业新基础的农业革命中。它根本不需要农业革命，因为它可以挥霍地对待资源，在相当大的范围内拥有便宜的生产要素——土地。由于美洲产品的海内外市场并不具有无限的接纳能力，因而它们对于扩大生产的刺激也比较弱。

541 殖民地产品的主要销售市场是英国、爱尔兰、南欧和西印度，同时，通过英国的再出口也具有越来越重要的地位。即使总体上影响日益下降，但烟草仍然是极为重要的出口商品，其次是大米。新英格兰和中部殖民地对西印度的鱼类和其他食品贸易也意义非凡。18 世纪上半叶驶出波士顿、纽约和费拉德尔菲亚的所有船只的 40%~50% 都开往西印度。只有在查尔斯敦，母国才能占据第一位。在 1630 年和 1660 年间，波士顿对西印度以及西班牙和大西洋岛屿的食品出口非常稳定，这对新英格兰腹地市场的食品生产是一个激励。对于中部殖民地的食品出口来说，南欧是个重要的顾客，因为南欧也向这两个地区出口食品，还向英国出口烟草、大米、靛蓝和生铁。

这种贸易正中母国的经济决策者下怀，它带来了那里有用的原材料和食品。对南欧的出口并无妨碍，相反，可以赚回美洲人为买英国产品所必须花费的钱。此外，从海运、航海保险、奴隶贸易以及 1700 年前后由纽约大规模从事的海盗行为中还赚取了大量看不见的收入。1768 年到 1772 年，美洲轮船每年平均赚得 61 万镑航海运输利润，其中较大份额归属新英格兰。1768 年到 1772 年，三大经济区域的总平均贸易额（镑）如下。

新英格兰：

出口至	西印度		南欧		英国	
鱼类	94700	34%	57200	87%		
马匹	53900	19%				
木板	39700	14%				
牲畜	19500	7%				
蜡	18200	7%				
肉类	15600	6%				
鲸油					40400	52%
碳酸钾					22400	29%
其他	36400	13%	8400	13%	14200	19%
总计	278000	100%	65600	100%	77000	100%
进口自	西印度		南欧		英国	
糖蜜	141300	48%				
朗姆酒	74800	25%				
蔗糖	40400	14%				
盐			11000	61%		
葡萄酒			7000	39%		
其他	38300	13%			670200	100%
总计	294800	100%	18000	100%	670200	100%
差额	–16800		+47600		–593200	

中部殖民地：

出口至	西印度		南欧		英国	
面包和面粉	171000	76%	132800	73%		
小麦			32400	18%		
肉类	14200	6%				
铁					24000	36%
碳酸钾					12200	18%
其他	38800	18%	17600	9%	30400	46%
总计	224000	100%	182800	100%	66600	100%
进口自	西印度		南欧		英国	
朗姆酒	102400	46%				
蔗糖	61000	28%				
糖蜜	42000	19%				
葡萄酒			22500	69%		
盐			9700	31%		
其他	15600	7%			822200	100%
总计	221000	100%	32200	100%	822200	100%
差额	+3000		+150600		–755600	

南部殖民地：

出口至	西印度		南欧		英国	
烟草					766100	63%
大米	56000	29%	51000	33%	198600	16%
靛蓝					112400	9%
小麦			58000	38%		
面包和面粉	31800	16%	27000	18%		
玉米	48200	25%				
木板	39800	20%				
其他	18500	10%	16900	11%	136500	12%
总计	194300	100%	152900	100%	1213600	100%
进口自	西印度		南欧		英国	
朗姆酒	100500	65%				
蔗糖	27100	18%				
糖蜜	15500	10%				
葡萄酒			16700	99%		
其他	11300	7%	100	1%	1336300	100%
总计	154400	100%	16800	100%	1336300	100%
差额	+39900		+136100		-122700	

三大经济区域合计：

总差额	+26100	+334300	-1471500

除上列货运贸易之外，估计还有另外22万镑的隐性收入，其中仅来自航运保险就有16.8万镑。1763年到1775年，每年还从变卖美洲制造的船只中收入14万镑。在1775年的劳氏船舶登记年鉴（Lloyd's Register）①中，英国注册的7000多艘船里有32%是在美洲制造的。尽管奴隶贸易主要掌控在英国手中，但这一生意仍能获利。1764年，罗得岛立法会议的呈文说到，来自英国的进口额为12万镑，而出口额仅为5000镑，仅仅来自奴隶贸易的服务行业获益就有4万镑。

① 也译作“英国劳埃德船级社”，是世界上成立最早的一个船级社，成立于1760年。其机构庞大，历史较长，在世界船舶界享有盛名，是国际公认的船舶界权威认证机构。它主要从事的工作包括制定与出版船舶标准、进行船舶检验、检定船能、公布造船规则等。每年还出版劳氏船舶登记年鉴。

美洲进口的商品——其中 80% 来自英国，其余部分来自西印度和南欧——在 18 世纪剧烈上升。最主要的是纺织品和金属制品，其次是许多其他手工业产品和从英国转口的其他国家的产品，尤其是来自亚洲的茶和香料。1750 年前后，这些英国产品中的 25% 运往新英格兰，41% 运往中部殖民地（两个最大的港口都属于此），23% 运往切撒皮克湾，10% 运往卡罗来纳。蔗糖和糖制品来自西印度，它使新英格兰成了朗姆酒的生产商和出口商。殖民者们富有了，并成为进口商品尤其是英国商品的狂热消费者。殖民地报纸的广告、遗产清单和商务交易账目都反映了差别越来越大的商品供应。即使是在殖民地腹地，苏格兰商行的店主、摊贩和职员也都很活跃。1768 年至 1772 年，估计殖民地的每个居民的 10.7~12.5 英镑年收入中可以花费 3~4 英镑于这些商品。中部殖民地的平均收入最高，为 11.5~13.4 英镑。

17 世纪末的几场殖民战争或许每次都促进了经济繁荣，特 544
别是在贸易和航海控制于美洲人手中的地方，如新英格兰、纽约和宾夕法尼亚。另外，纽约的商人们至少不忌惮与双方做生意，紧急情况下还可以通过中立的傀儡和加勒比港口来达到目的。此外，还有来自英国的用于战争的大笔费用注入这一地区。

1745 年前的贸易收支可能是平衡的，因为来自西印度和南欧的利润可能弥补了与母国贸易的亏空。1745 年之后，英国的进口剧烈增长，以至于贸易收支至少可以通过美洲人隐性的服务行业利润而得以平衡的估计缺乏可信性。尤其南部殖民地在服务行业所占比重甚低，因为烟草出口已经可以从美洲直接到达英国和苏格兰（格拉斯哥）商人手里。在烟草行业和在快速增长的廉价手工业产品贸易中，英国商人在大规模地进行信贷贸易。美洲人对英国人的债务是 18 世纪的一个特征。

因为英国人和其他美洲大商行一样要求现金支付，贵金属的断流加剧了，原因是不能自主铸币而又处于上升期的北美经济的资金短缺，至少美洲人自己是这样认为的。通过有利的外汇兑换率吸引外国硬币并不能解决问题。因此在17世纪末，一些殖民地就已经过渡到纸币支出，英国的利益相关者们满腹狐疑地观察着这种发展。由于殖民地内部的支付和信贷往来依赖于资金量的增加，英国政府就对资金支出量进行监控和限制。在英国和美洲的获益者们发生多次冲突之后，1751年英国议会出台了一项法律，严厉限制新英格兰政府印行纸币的全权并且仅限用于偿还公共支出。这样的话，殖民地货币中的债务就不可能得到有利的清偿。所以英国商人们就致力于把这项法律扩展到所有的美洲殖民地。

英国法律是针对殖民地工商业生产的出现而制定的，而表
545 象是，似乎仅对帽子生产的禁止富有成效。在其他情况下，要么工业发展自行停止，因为在劳动费用很高的情况下，来自英国的进口更为划算；要么禁令在殖民地生产呈现盈利的地方形同虚设。这一点不仅反映在面粉厂、造纸业、鱼类加工和船舶制造业，对于炼铁和铁器加工来说情况也如此。位于萨斯奎汉纳河河口的普林西比（Principio）炼铁厂于1715年建立，巴尔的摩铁厂于1731年建立。1758年，马萨诸塞拥有41个熔铁厂、14座高炉、1个炼钢炉和4个锻铁厂。

然而，在乡村的家庭手工业，尤其是纺织品领域以及小手工业作坊实现了行业生产的规模，18世纪中期以来，在城市里奢侈产品生产者比如钟表匠、银匠和家具制造者等也形成了与母国的竞争。然而在南方，由于奴隶手工业者的存在而没有形成较大规模的自由手工业。殖民地彼此之间有着各种不同的关系，同时也可见对母国的依赖和与母国的分工，经济领域的这种多样化十分显著。最晚至1776年，英属北美紧随英国开始了经济繁荣。但是殖民地的内部市场发展仍然很弱，它们的出口还仅限于少数货物，特别是原材料，《航海法》的重商政策显露了明显的缺陷，缺乏投资资本的流入。

1684 年至 1763 年的英法大战

英法在美洲的战争或许是遵从了欧洲强权政治的法则。但尽管如此，在这个过程中殖民地的冲突也得到了解决。殖民地开拓者的利益并不一定与宗主国的利益一致。比较典型的是，当欧洲还充满和平之时，奥地利的王位继承战争和七年战争就在美洲爆发了。因此，这些战争在这里就有了另外的名字。印第安人作为第三方也参与其中。18 世纪，易洛魁人联盟有段时间沦落为被两个大国争夺的第三种力量的角色。到大约 1725 546
年之前，印第安人在新英格兰一直完全被视为一种威胁。尽管取得过一些胜利，但是长期看来，他们变成了受害者。

路易十四以尼德兰战争为借口在 1672 年避开了柯尔培尔的国内改革政策，并且永久地给予军事荣耀（gloire）优先地位。但这种荣耀在加拿大几乎无法获得。1674 年，英国转向了法国对手的阵营，反对法国霸权的世界局势呼之欲出，这种局势于 1689 年以尼德兰的威廉·范·奥伦治执政被委任登上英国王位而最终形成。

在这种情况下，法国已经不复具有给予殖民地结构性政策的地位，尤其是柯尔培尔 1683 年死后。法国在政治上和经济上都首先是一个欧洲大陆国家。加拿大在政治和经济上都没有给法国带来过什么，而相反，保护它要花费很多钱。由于这些居民的财政负担很小，它的财政收入足够维持殖民地的支出，但是却不足以支付战争花费。伟大的法国思想家伏尔泰和孟德斯鸠以及公众舆论都认为加拿大与欣欣向荣的西印度不同，它是多余的，也就是说是负担。尽管法国人在 1680 年代有着伟大的战争功绩，当英法之间潜在的紧张局势不断显明，特别是在有争议的圣劳伦斯河河口地区一再引发冲突的时候，这些负担按照欧洲的发展轨迹升级为一系列旷日持久的战争。

法国	英国	德意志
1684~1713 年 三十年战争	1689~1697 年 威廉王之战	1688~1697 年 普法尔茨战争
1740~1748 年 奥地利王位继承战争	1702~1713 年 安妮女王之战 1739~1742 年 詹金斯的耳朵战争 1744~1748 年 乔治王之战	1701~1714 年 西班牙王位继承战争 1740~1742 年 第一次石勒苏益格战争 1744~1745 年 第二次石勒苏益格战争
1754~1763 年 七年战争 *	1754~1763 年 法国印第安人战争	1756~1763 年 七年战争

注释：* 原文如此。

欧洲大国试图暂时将美洲中立化，但还在 1686 年，哈得孙湾公司的大部分根据地就已经落入法国人手中，这是众多战争的缘由之一！直到 1697 年《里斯韦克和约》（Frieden von Rijswijk）和 1713 年《乌得勒支和约》（Frieden von
547 Utrecht）签署之前，英国公司每次都只能在哈得孙湾勉强维持。这里的地理战略位置对法国人有利。而英国人每次只能恢复失地。这场战争原本是印第安人的战争，它是以 1684 年易洛魁人在伊利诺伊斯对圣路易斯堡（Fort St. Louis）的侵袭，以 1687 年鲜有成效的对应措施和以印第安人在 1689 年对蒙特利尔一个居民区的一场灭绝性打击开始的。战争时期是易洛魁人的伟大的时代，开始是五个，后来有六个民族对美洲东北地区的绝大部分实行恐怖统治，它们虽非始终，但也主要与英国人结成同盟，它们从 1674 年开始与这些人一起以《链条盟约》（Covenant Chain）来对抗法国人和剩余的印第安部族。这是一个通过在英法边境地区上演《皮袜子故事集》（*Lederstrumpf-Erzählungen*）[①] 而获得文学盛誉的时代，一个

① 美国作家詹姆斯·费尼莫尔·库柏（James Fenimore Cooper）的系列小说《皮袜子故事集》主要描写印第安人和边疆居民，作者以多谋而不算高贵的印第安人与同样足智多谋的林中人之间的争斗为创作主题，取得了丰硕的成就。

法国英雄——路易斯·德·布德·弗龙特纳克老总督的时代。尽管他的成就不多，但敌方对魁北克的大举进攻以失败而告终，最终《里斯韦克和约》维持了美洲的现状。

当易洛魁人终于在1701年愿意与法国人达成和平的时候，1702年欧洲人之间又重启战端。即使是现在，也鲜有此类军事行动。一支离港驶往魁北克的英国舰队于1711年中途失败，但是1710年英国人成功地占领了阿卡迪的罗亚尔港。因为在欧洲力量的对比渐渐发生了对法国不利的改变，乌德勒支也带来了在美洲的第一波失败。法国最终放弃了哈得孙湾和其腹地以及两国主张拥有并已经移民的纽芬兰，但是得到了捕鱼权。另外，法国人不得不割让了阿卡迪，而事实上只是暂时割让了新斯科西亚（Nova Scotia）。在印第安人联盟的帮助下，法国首先非正式地获得了今天的新不伦瑞克。此外，还保留了对控制圣劳伦斯河非常重要的北方突出部的圣约翰岛［Ile Saint-Jean，英国接管后更名为St. John's Island，即今天的爱德华王子岛（Prince Edward Island）］和罗亚尔岛［Ile Royale，即今天的布雷顿角岛（Cape Breton Island）］。在罗亚尔岛于1713年建立了制海要塞路易斯堡（Louisbourg）。对易洛魁人的统治权归于英国。而五个民族对这个因法国方面退让而产生的协议未置可否。

1739年至1740年，由于贸易利益之争，西印度爆发了战争，在美洲主要是一场海战，其中北美的海盗船（privateers）发挥了重要作用。1745年路易斯堡陷落，但在1748年的《亚琛和约》（Frieden von Aachen）中又被归还。易洛魁人从1701年开始在很大程度上保持中立。反之，在从弗吉尼亚蜂拥而至的英国移民、印第安人和法国俄亥俄山谷的要塞驻防部队之间现在开始了战争。

这种和平只不过比停战稍强些，冷战一直延续到1754年 548

新的战争爆发，此次战争不出预料地依旧在俄亥俄地区进行。法国人在停战期间加强了这一地区的防御，扩建了要塞链。1754年，在控制上俄亥俄山谷的战略要地建立了以前总督名字命名的迪凯纳堡（Fort Duquesne）。1759年后改称皮特堡，今天叫作匹兹堡（Pittsburgh）。

英国在海上对法国军队补给的攻击和在陆地对俄亥俄要塞地区［一位名叫乔治·华盛顿（George Washington）的军人也参与其中］的进攻于1754年展开，比欧洲的七年战争提前两年开战。阿卡迪随即丢失。其不愿意在英国统治下苟且的法国居民于1775年被流放到英国殖民地，在那里过着困苦的生活。有一部分人去了路易斯安那，在那里作为卡琼斯人（Cajuns）发展出一种别样的文化和生活方式。而在其他战场，法国人使英国人陷入了困境，当然，这要归功于他们的印第安游击队战士。易洛魁联盟并未表明正式的态度，但是个别部落参与到了双方的战斗中。这一点符合易洛魁人的传统，即个别战士部落始终有行动的自由权。

1754年，根据贸易委员会的倡议，七个北部和中部的英国殖民地的代表和许多易洛魁首领在奥尔巴尼会晤，以期恢复他们的联盟和消除自身的不统一问题。本杰明·富兰克林建议制定一个松散联盟的宪章方案，而非通常所说的那样受到易洛魁联盟的鼓动。但是他遭到了各殖民地和英国政府的拒绝。因为双方都想要保留各自的自由行动权。

然而，1757年战争的势头逆转了。法军的指挥机构争执不休，军需部门贪污腐化。加拿大的援军带来了一场灾难性的瘟疫，它又与一场严重歉收不期而遇。而对手方面由老威廉·皮特（William Pitt）和纽卡斯尔公爵（Herzog von Newcastle）共同接手了领导权。他想大规模地投入正规部队。与那个在欧洲进行军事行动的法国不同，他尚能承担这种投入，并且他懂得扭转在美洲的战争中对英国有利的方向和作出决断。1758 年，路易斯堡陷落，剩余的阿卡迪人被驱逐到法国，俄亥俄地区的印第安人被迫与英国握手言和，这迫使法国人撤退。1759 年，魁北克在一次激动人心的攻击之后也沦陷 549
了，战斗中，法军司令官路易斯－约瑟夫·德·蒙卡尔姆侯爵（Louis-Joseph Marquis de Montcalm）和英军总司令詹姆斯·沃尔夫（James Wolfe）殒命。1760 年，蒙特利尔被攻陷。至此，许多加拿大人放弃了法国的事业，尤其是易洛魁人也向他们发动了突然袭击。最终，多亏一位娶了酋长女儿的能干的英国调停人，他们中的大部分才转到了英国一边。

1763 年的巴黎和会中，北美洲的大部分地区更换了主人。除了仍然保留圣皮埃尔岛（Inseln Saint-Pierre）和纽芬兰以南的密克隆岛（Miquelon）这几个小岛之外，法国将其所有占领权移交给英国，把密西西比以西的路易斯安那割让给西班牙，作为西班牙把佛罗里达割让给英国的补偿。法属北美的时代结束了，留下来的法国人变成了英国臣民。仅仅在加勒比地区还留有法国殖民地。

原始资料与参考文献

法属北美

Aldrich, R./McKenzie, K. (Hg.), The Routledge History of Western Empires, London u. a. 2014 | Altman, M., Economic Growth in Canada, 1695 to 1739: Estimates and Analysis, in: WMQ 45 (1988) 684–711 | Anderson, K., *Chain Her by One Foot*: The Subjugation of Native Women in Seventeenth-Century New France, New York u. a. 1991 | Aubert, G., *The Blood of France*: Race and Purity of Blood in the French Atlantic World, in: WMQ 61, 3 (2004) 439–78 | Axtell, J., The Ethnohistory of Early America: A Review Essay, in: WMQ 35 (1978) 110–44 | –, Invading America: Puritans and Jesuits, in: Journal of Interdisciplinary History 15 (1984) 635–46 | Bailey, A. G., The Conflict of European and Eastern Algonkian Cultures, 1504–1700: A Study in Canadian Civilization, 2. Aufl., Toronto 1969 | Bamford, P. W., Forests and French Sea Power, 1660–1784, Toronto 1956 | Banks, K. J., Chasing Empire Across the Sea: Communications and the State in the French Atlantic, 1713–1763, Montreal u. a. 2002 | Berthiaume, P., Le tremblement de terre de 1663. Les convulsions du verbe ou la mystification du logos chez Charlevoix, in: RHAF 36 (1982/83) 375–87 | Beutler, C., Le rôle du blé à Montreal sous le régime seigneurial, in: RHAF 36 (1982/83) 241–61 | Biggar, H. P., The Early Trading Companies of New France, Toronto 1901 | Bishop, M., Champlain: The Life of Fortitude, New York 1948 | Brandão, J. A., *Your fyre shall burn no more*: Iroquois Policy toward New France and its Native Allies to 1701, Lincoln 1997 | Brière, J.-F., L'état et le commerce de la morue de Terre-Neuve en France au XVIIIe siècle, in: RHAF 36 (1982/83) 323–38 | Broc, N., Dictionnaire illustré des explorateurs et grands voyageurs français du 19e siècle, 4 Bde., Paris 1988–2003; Bd. 3, 1999 | Bruman, H. J., Alcohol in Ancient Mexico, Salt Lake City 2000 | Calendar of State Papers, Colonial Series, Bd. 1, Bd. 5, Bd. 7 (America and the West Indies 1574–1674), London 1860–92, Ndr. 1964, Bd. 1 | Canny, N./Morgan, P. (Hg.), The Oxford Handbook of the Atlantic World, c. 1450–c. 1850, Oxford 2011 | Cappon, L. J./Petchenik, B. B./Long, J. H., Atlas of Early American History: The Revolutionary Era 1760–90, Princeton 1976 | [Champlain] The Voyages and Explorations of Samuel de Champlain 1604–1616, hg. v. Bourne, E. G., 2 Bde., New York 1922, Ndr. 1973 | Charbonneau, H./Legare, J., La population du Canada aux recensements de 1666 et 1667, in: Population 6 (1967) 1031–54 | Chinard, G., L'Amérique et le rêve exotique dans la littérature française au XVIIe et au XVIIIe siècle, Paris 1913, Ndr. 1970 | [CHNPA] The Cambridge History of the Native Peoples of America, 3 Bde. in 6 Tln., Cambridge 1997–2000; Bd. 1, 1, 1997 | Choquette, L., *Ces Amazones du Grand Dieu:* Women and Mission in Seventeenth-Century Canada, in: French Historical Studies 17 (1992) 627–55 | –, Frenchmen into Peasants: Modernity and Tradition in the Peopling of French Canada, Cambridge, MA 1997 | Clark, J. G., New Orleans, 1718–1812: An Economic History, Baton Rouge 1970 | Colenbrander, H. T., Koloniale geschiedenis, Bd. 2, Den Haag 1925 | Davies, K. G., The North Atlantic World in the Seventeenth Century, Minneapolis u. a. 1974 | Davis, N. Z., Women on the Margins: Three Seventeenth Century Lives, Cambridge, MA 1995 | Dawdy, S. L., Building the Devil's Empire: French Colonial New Orleans, Chicago 2008 | Dawson, N. M., Les filles à marier, envoyées en Nouvelle France (1632–1685). Une émigration protestante?

In: Revue d'histoire de l'église de France 72 (1986) 265–89 | Dechêne, L., Habitants and Merchants in Seventeenth-Century Montreal, Montreal 1992 (franz. 1974) | Deffain, D., Un voyageur français en Nouvelle France au XVIIe siècle. Etude littéraire des relations du père Paul Le Jeune (1632–41), Tübingen 1995 | Diamond, S., Le Canada français au XVIIe siècle: une société préfabriquée, in: Annales 16 (1961) 317–54 | Dickinson, J. A., Annaotaha et Dollars vus de l'autre côté de la palissade, in: RHAF 35 (1981/82) 163–78 | –, La guerre iroquoise et la mortalité en Nouvelle France 1606–1666, in: RHAF 36 (1982/83) 31–53 | Dorsey, P. A., Going to School with the Savages: Authorship and Authority among the Jesuits of New France, in: WMQ 55, 3 (1998) 399–420 | Dufour, P., La construction navale à Quebec, 1760–1825, in: RHAF 35 (1981/82) 231–51 | DuVal, K., Indian Intermarriage and Metissage in Colonial Louisiana, in: WMQ 65, 2 (2008) 267–304 | Eccles, W. J., The Canadian Frontier, 1534–1760, Toronto 1969 | –, The Fur Trade and Eighteenth-Century Imperialism, in: WMQ 40 (1982) 341–62 | Egnal, M., New World Economies: The Growth of the Thirteen Colonies and Early Canada, Oxford 1998 | Engelbrecht, W., Iroquoia: The Development of a Native World, Syracuse 2003 | Ertler, K.-D. (Hg.), Von Schwarzröcken und Hexenmeistern. Jesuitenberichte aus Neu-Frankreich (1616–1649), Berlin 1997 | Fenton, W., The Great Law and the Longhouse: A Political History of the Iroquois Confederacy, Norman 1998 | Friederici, G., Der Charakter der Entdeckung und Eroberung Americas durch die Europäer, 3 Bde., Gotha 1925–36, Ndr. 1969; Bd. 2 | Giraud, M., Histoire de la Louisiane française, 4 Bde., Paris 1953–74 | Goldstein, R. A., French-Iroquois Diplomatic and Military Relations, 1609–1701, Den Haag u. a. 1969 | Gray, E. G./Fiering, N. (Hg.), The Language Encounter in the Americas, 1492–1800, New York 2000 | Greer, A., The Jesuit Relations: Nations and Missionaries in Seventeenth-Century North America, Boston 2000 | –, Colonial Saints: Gender, Race, and Hagiography in New France, in: WMQ 57, 1 (2000) 323–48 | –, Mohawk Saint: Catherine Tekakwitha and the Jesuits, Oxford 2005 | Groulx, L., Histoire du Canada français, 2 Bde., Montreal 1969 | Häberlein, M./Keese, A. (Hg.), Sprachgrenzen – Sprachkontakte – kulturelle Vermittler. Kommunikation zwischen Europäern und Außereuropäern (16.–20. Jh.), Stuttgart 2010 | Haines, M. R./Steckel, R. H. (Hg.), A Population History of North America, New York 2000 | Harris, R. C., The Seigneurial System in Early Canada: A Geographical Study, Madison 1966 | Hart, S., The Prehistory of the New Netherlands Company, Amsterdam 1959 | Havard, G./Vidal, C., Histoire de l'Amérique française, 2. Aufl., Paris 2006 | Henze, D., Enzyklopädie der Entdecker und Erforscher der Erde, 5 Bde., Graz 1978–2004 | Histoire de la colonisation française, 2 Bde., Paris 1991 | Histoire de la France coloniale, 2 Bde., Paris 1990–91 | Horn, J./Altman, I. (Hg.), *To Make America:* European Emigration in the Early Modern Period, Berkeley 1991 | Hunt, G. T., The War of the Iroquois: A Study in Intertribal Relations, Madison 1940 | Innis, H. A., The Fur Trade in Canada, 2. Aufl., Toronto 1956 | Jaenen, C. J., Amerindian Views of French Culture in the XVIIth Century, in: CHR 55 (1974) 261–91 | –, Friend and Foe: Aspects of French-Amerindian Contact in the Sixteenth and Seventeenth Centuries, New York 1976 | Johnson, D. S., La Salle: A Perilous Odyssey from Canada to the Gulf of Mexico, New York 2002 | Julien, C. A., Les Français en Amérique pendant la première moitié du XVIe siècle. Textes des voyages, Paris 1946 | Kälin, K., Indianer und Urvölker nach Jos. Fr. Lafitau (1681–1746), Fribourg 1943 | Kohl, K.-H., Entzauberter Blick. Das Bild vom guten Wilden und die Erfahrung der Zivilisation, Berlin 1981 | Kuttner, S., Handel, Religion, Herrschaft.

Kulturkontakt und Ureinwohnerpolitik in Neufrankreich im frühen 17. Jahrhundert, Frankfurt 1998 | Lanctot, G., Histoire du Canada, 4 Bde., Montreal 1964–65 | Landry, Y./Légaré, J., The Life Course of Seventeenth-Century Immigrants to Canada, in: Journal of Family History 12 (1987) 201–12 | Lender, M. E./Martin, J. K., Drinking in America: A History, New York 1982 | Lestringant, F., Le Huguenot et le sauvage. L'Amérique et la controverse coloniale en France au temps des guerres de religion (1555–1589), 3. Aufl., Genf 2004 | Louis-Jaray, G., L'empire français d'Amérique (1534–1803), Paris 1938 | Mancall, P. C., Deadly Medicine: Indians and Alcohol in Early America, Ithaca 1997 | [Marie de l'Incarnation] Lettres de la R. Mère Marie Guyard, 2 Bde., Tournai 1876; Supplement hg. v. Griselle, E., Paris 1910 | Martin, G., Jacques Cartier et la découverte de l'Amérique du Nord, Paris 1938 | McDermott, J. F. (Hg.), The French in the Mississippi Valley, Urbana 1965 | Meinig, D. W., The Shaping of America: A Geographical Perspective on 500 Years of History, Bd. 1: 1492–1800, Bd. 2: 1800–1867, Bd. 3: 1850–1915, Bd. 4: 1915–2000, New Haven 1986–2004 | Miquelon, D., Canada's Place in the French Imperial Economy: An Eighteenth-Century Overview, in: French Historical Studies 15 (1987/88) 432–43 | Mitchell, R. D./Groves, P. A. (Hg.), North America: The Historical Geography of a Changing Continent, Savage, MD 1990 | Monumenta Novae Franciae, 9 Bde. (MHSI 96, 116, 130, 135, 138, 144, 146, 149, 154), Rom 1967–2003 | Moogk, P. N., Reluctant Exiles: Emigrants from France in Canada before 1760, in: WMQ 46 (1989) 463–505 | –, La Nouvelle France: The Making of French Canada. A Cultural History, East Lansing 2000 | Moore, J. T., Indian and Jesuit: A XVIIth-Century Encounter, Chicago 1982 | Munro, W. B., The Seigneurial System in Canada, New York 1907 | Norton, T. E., The Fur Trade in Colonial New York, 1686–1776, Madison 1974 | Parkman, F., France and England in North America, 7 Bde. in 9 Tln., Boston 1865–99, Ndr. in 15 Bdn. 1969 | Peckham, H./Gibson, C. (Hg.), Attitudes of Colonial Powers toward the American Indian, Salt Lake City 1969 | Podruchny, C., Making the Voyager World: Travelers and Traders in the North American Fur Trade, Lincoln 2006 | Post, F.-J., Schamanen und Missionare. Katholische Mission und indigene Spiritualität in Nouvelle France, Münster 1997 | Pritchard, J., In Search of Empire: The French in the Americas, 1670–1730, Cambridge 2004 | Quinn, D. B., New American World: A Documentary History of North America to 1612, 5 Bde., London 1979 | Reese, A., Europäische Hegemonie und France d'outre-mer. Koloniale Fragen in der französischen Außenpolitik 1700–1763, Stuttgart 1988 | Richter, D. K., War and Culture: The Iroquois Experience, in: WMQ 40 (1983) 528–55 | Ronda, J. P., The European Indian: Jesuit Civilization Planning in New France, in: Church History 41 (1972) 385–95 | –, *We Are Well as We Are:* An Indian Critique of Seventeenth-Century Missions, in: WMQ 34 (1977) 66–82 | Rushforth, B., *A Little Flesh We Offer You:* The Origins of Indian Slavery in New France, in: WMQ 60, 4 (2003) 777–808 | Sanfilippo, M., Dalla Francia al Nuovo Mondo. Feudi e signorie nella valle del San Lorenzo, Viterbo 2008 | Sayre, G. M., Les Sauvages Américains: Representations of Native Americans in French and English Colonial Literature, Chapel Hill 1997 | Schmidt, H., Francis Parkman als Historiker, in: Archiv für Kulturgeschichte 53 (1971) 140–51 | Schmitt, E. (Hg.), Dokumente zur Geschichte der europäischen Expansion, 7 Bde., München u. a. 1984–2008 | Sleeper-Smith, S. (Hg.), The Middle Ground Revisited, in: WMQ 63, 1 (2006) 3–96 | Snow, D., The Iroquois, Oxford 1994 | Socolow, S. M. (Hg.), The Atlantic Staple Trade, 2 Bde., Aldershot 1996 | Stanley, G. F. G., New France: The Last Phase, 1744–1760, Toronto 1968 | Terrell, J. H., La Salle: The Life of an Explorer, Toronto 1968 | Thierry, E., La France de Henri IV en Amérique du Nord. De la création de l'Acadie à la fondation de Québec, Paris 2008 | Thivierge, M., Les artisans de cuir à Québec (1660–1760), in: RHAF 34 (1980/81) 341–56 | Thwaites, R. G. (Hg.), The Jesuit Relations and Allied Documents: Travels and Explorations of the Jesuit Missionaries in New France 1610–1791, 73 Bde., Cleveland 1898–1901; Auswahl: Kenton, E. (Hg.), The Jesuit Relations, New York 1925 | Trenk, M., Die Milch des weißen Mannes. Die Indianer Nordamerikas und der Alkohol, Berlin 2001 | Trigger, B. G., The Children of Aataentsic: A History of the Huron People to 1660, 2 Bde., Montreal 1976 | – (Hg.), Handbook of North American Indians, Bd. 15: The North-East, Washington 1978 | –, Natives and Newcomers: Canada's *Heroic Age* Reconsidered, Kingston 1985 | Trudel, M., The Beginnings of New France, 1524–1663, Toronto 1973 | –, Débuts du régime seigneurial au Canada, Montreal 1974 | –, Montréal. La formation d'une société 1642–1663, Montreal 1976 | –, La population du Canada en 1666. Recensement reconstitué, Sillery 1995 | Turgon, L., French Fishers, Fur Traders, and Amerindians during the Sixteenth Century: History and Archeology, in: WMQ 55, 1 (1998) 585–610 | Vidal, C., L'Atlantique français, in: Outre-Mers 97, 1 (2009) 7–139 | Wallot, J.-P., Le régime seigneurial et son abolition au Canada, in: CHR 50 (1969) 367–93 | Walter, D./Kundrus, B. (Hg.), Waffen, Wissen, Wandel. Anpassen und Lernen in transkulturellen Erstkonflikten, Hamburg 2012 | Washburn, W. E. (Hg.), Handbook of North American Indians, Bd. 4: History of Indian-White Relations, Washington 1989 | Wellenreuther, H., Niedergang und Aufstieg. Geschichte Nordamerikas vom Beginn der Besiedlung bis zum Ausgang des 17. Jahrhunderts, Münster 2000 | –, Ausbildung und Neubildung. Die Geschichte Nordamerikas vom Ausgang des 17. Jahrhunderts bis zum Ausbruch der Amerikanischen Revolution, Münster 2001 | White, R., The Middle Ground: Indians, Empires, and Republics in the Great Lakes Region, 1650–1812, Cambridge 1991 | Wood, P. H., La Salle: Discovery of a Lost Explorer, in: AHR 89 (1984) 294–323 | Wrong, G. M., The Rise and Fall of New France, 2 Bde., Toronto 1928, Ndr. 1970.

英属北美的建立

Anderson, F., Crucible of War: The Seven Years' War and the Fate of Empire in British North America, 1754–1766, New York 2000 | Anderson, V. D., New England's Generation: The Great Migration and the Formation of Society and Culture in the Seventeenth Century, Cambridge 1991 | Andrews, C. M., The Colonial Period of American History, 4 Bde., New Haven 1934–38 | Andrews, K. R./Canny, N. P./Hair, P. E. H. (Hg.), The Westward Enterprise: English Activities in Ireland, the Atlantic, and America 1480–1650, Liverpool 1978 | Arber, E. (Hg.), The Travels and Works of Captain John Smith, 2 Bde., Edinburgh 1910 | Armitage, D., The Cromwellian Protectorate and the Languages of Empire, in: HJ 35, 3 (1992) 531–55 | –, The Ideological Origins of the British Empire, Cambridge 2000 | –/Braddick, M. J. (Hg.), The British Atlantic World, 1500–1800, Basingstoke 2002 | Arneil, B., John Locke and America: The Defence of English Colonialism, Oxford 1996 | Bachman, V. C., Peltries or Plantations: The Economic Policy of the Dutch West India Company in New Netherland, 1623–39, Baltimore 1969 | [Baffin] The Voyages of William Baffin (Hakluyt I 63), London 1881, Ndr. 1960 | Bailyn, B., The New England Merchants in the Seventeenth Century, Cambridge, MA 1955 | –, Voyagers to the West: Emigration from Britain to

America on the Eve of the Revolution, London 1987 | Beer, G. L., The Origins of the British Colonial System, 1578–1660, New York 1908, Ndr. 1959 | [Bermudas] The Historye of the Bermudaes or Summer Islands (Hakluyt I 65), London 1882, Ndr. 1964 | Beyreuther, E., Die Erweckungsbewegung (Die Kirche in ihrer Geschichte 4/R 1), Göttingen 1963 | Bliss, R. M., Revolution and Empire: English Politics and the American Colonies in the Seventeenth Century, Manchester 1990 | Bowen, H. V./Mancke, E./Reid, J. G. (Hg.), Britain's Oceanic Empire: Atlantic and Indian Ocean Worlds, c. 1550–1850, Cambridge 2012 | Breen, T. H./Lewis, J. H./Schlesinger, K., Motive for Murder: A Servant's Life in Virginia, 1678, in: WMQ 40 (1983) 106–20 | Bremer, F. J., John Winthrop: America's Forgotten Founding Father, New York 2003 | Bridenbaugh, C., Vexed and Troubled Englishmen 1590–1642, Oxford 1968 | Bruman, H. J. 2000 | Buranelli, V., The King and the Quaker: A Study of William Penn and James II, Philadelphia 1962 | Calder, A., Revolutionary Empire: The Rise of the English-Speaking Empires from the 15th Century to the 1780s, New York 1981 | Calder, I. M., The New Haven Colony, New Haven 1934 | Calendar 1964 | Canny, N. P., The Ideology of English Colonization: From Ireland to America, in: WMQ 30 (1973) 575–98 | –/Morgan, P. 2011 | [CHBE] The Cambridge History of the British Empire, 8 Bde. in 9 Tln., Cambridge 1929–59; Bd. 1 | Coleman, K., Colonial Georgia: A History, New York 1976 | Coleman Hall, C. (Hg.), Narratives of Early Maryland, 1633–1684, New York 1910, Ndr. 1967 | Colenbrander, H. T., Bd. 2, 1925 | Commager, H. S. (Hg.), Documents of American History, 2 Bde., 9. Aufl., New York 1973 | Cotton, J., The Way of Faith, New York 1982 | –, The End of the World, New York 1983 | Craven, W. F., The Southern Colonies in the Seventeenth Century, 1607–1689, Baton Rouge 1949 | Cressy, D., Coming Over: Migrations and Communication between England and New England in the Seventeenth Century, Cambridge 1987 | Cronon, W., Changes in the Land: Indians, Colonists, and the Ecology of New England, New York 1983 | Daniels, B. C., Dissent and Disorder: The Radical Impulse and Early Government in the Founding of Rhode Island, in: Journal of Church and State 24 (1982) 357–78 | Daunton, M. J./Halpern, R. (Hg.), Empire and Others: British Encounters with Indigenous Peoples, 1600–1850, London 1998 | [Davis] The Voyages and Works of John Davis the Navigator (Hakluyt I 59), London 1880, Ndr. 1970 | Donnan, E. (Hg.), Documents Illustrative of the History of the Slave Trade, 4 Bde., Washington 1930–35, Ndr. 1965; Bd. 1 | Drake, J. D., King Philip's War in New England, 1675–1676, Amherst 2000 | Dunn, R. S. (Hg.), The World of William Penn, Philadelphia 1986 | Durant, D. N., Raleigh's Lost Colony, London 1981 | Ekirch, A. R., Bound for America: The Transportation of British Convicts to the Colonies 1718–1775, Oxford 1987 | Elliott, J. H., Empires of the Atlantic World: Britain and Spain in the Americas, 1492–1830, New Haven u. a. 2006 | Emerson, E. (Hg.), Letters from New England: The Massachusetts Bay Colony, 1629–1638, Amherst 1976 | Fenton, W. 1998 | Fitzmaurice, A., The Commercial Ideology of Colonization in Jacobean England: Robert Johnson, Giovanni Botero, and the Pursuit of Greatness, in: WMQ 64, 4 (2007) 791–820 | Friederici, G. 1969 | [Frobisher] Best, G. (Hg.), The Three Voyages of Martin Frobisher (Hakluyt I 38), London 1867, Ndr. 1963 | Gassert, P./Häberlein, M./Wala, M., Kleine Geschichte der USA, Stuttgart 2007 | Gaustad, E. S., Liberty of Conscience: Roger Williams in America, Grand Rapids 1991 | Geiter, M. K., William Penn, London 2000 | The Geography of Hudson's Bay (Hakluyt I 11), London 1852, Ndr. 1964 | [Gilbert] The Voyages and Colonizing Enterprises of Sir Humphrey Gilbert (Hakluyt II 83–84), 2 Bde., London 1938–39 | Graham, W., Adaptation and Innovation: Archeological and Architectural Perspectives on the Seventeenth-Century Chesapeake, in: WMQ 64, 3 (2007) 451–522 | Hakluyt, R., Virginia Richly Valued (1609), Ndr. Ann Arbor 1966 | [Hakluyt] The Original Writings and Correspondence of the Two Richard Hakluyts (Hakluyt II 76–77), 2. Bde., London 1935, Ndr. 1967 | [Hakluyt] Divers Voyages Touching the Discoverie of America (Hakluyt I 7), London 1850, Ndr. 1970 | [Hakluyt] The Hakluyt Handbook, hg. v. Quinn, D. B. (Hakluyt II 144–45), 2 Bde., London 1974 | Hall, D. (Hg.), Puritans in the New World: A Critical Anthology, Princeton 2004 | –, The Faithful Sheperd: A History of the New England Ministry in the Seventeenth Century, Cambridge, MA 2005 | Hall, M./Leder, L./Kammen, M. (Hg.), The Glorious Revolution in America: Documents on the Colonial Crisis of 1689, New York 1972 | Hart, S. 1959 | Hatch, N. O./Stout, H. S. (Hg.), Jonathan Edwards and the American Experience, New York 1988 | Heavner, R. O., Indentured Servitude: The Philadelphia Market, 1771–1773, in: JEcH 38 (1978) 701–13 | Hechter, M., Internal Colonialism: The Celtic Fringe in British National Development, 1536–1966, London 1975 | Henze, D. 1978–2004 | Higginbotham, A. L., In the Matter of Color: Race and the American Legal Process. The Colonial Period, New York u. a. 1978 | [Hudson] Henry Hudson the Navigator (Hakluyt I 27), London 1860, Ndr. 1960 | Jacobs, J., New Netherland: A Dutch Colony in Seventeenth-Century America, Leiden 2005 (ndl. 1999) | Jameson, J. F. (Hg.), Narratives of New Netherland, 1609–1664, New York 1909, Ndr. 1959 | The Jamestown Voyages under the First Charter, 1606–1609, hg. v. Barbour, P. L. (Hakluyt II 136–137), 2 Bde., London 1968, Ndr. 1974 | Jefferson, T., Betrachtungen über den Staat Virginia, hg. v. Wasser, H., Zürich 1989 | Jensen, M. (Hg.), American Colonial Documents (English Historial Documents 5), New York 1955 | Johnson, A., The Swedish Settlements on the Delaware, 1638–1664, 2 Bde., Philadelphia 1911 | Johnson, R. R., Adjustment to Empire: The New England Colonies 1675–1715, Leicester 1981 | Jones, M. J. A., Congregational Commonwealth: Connecticut 1636–1662, Middleton 1968 | Juricek, J., English Territorial Claims in North America under Elizabeth and the Early Stuarts, in: TI 7 (1975) 7–22 | Kavenagh, W. K. (Hg.), Foundations of Colonial America: A Documentary History, 3 Bde., New York 1973 | Krugler, J. D., Lord Baltimore, Roman Catholics, and Toleration: Religious Policy in Maryland during the Early Catholic Years, 1634–1649, in: Catholic Historical Review 65 (1979) 49–75 | –, English and Catholic: The Lords Baltimore in the Seventeenth Century, Baltimore 2004 | Kupperman, K. O., The Jamestown Project, Cambridge, MA u. a. 2007 | Lockridge, K. A., A New England Town: The First Hundred Years: Dedham, Massachusetts, 1636–1736, London 1970 | Lutz, D. S. (Hg.), Documents of Political Foundation Written by Colonial Americans, Philadelphia 1986 | Madden, A. F. u. a. (Hg.), Selected Documents on the Constitutional History of the British Empire and Commonwealth, 8 Bde., London 1985–2000; Bd. 1–2, 1985 | Main, G. L., Tobacco Colony: Life in Early Maryland, 1650–1720, Princeton 1982 | Mancall, P. C., Hakluyt's Promise: An Elizabethan's Obsession for an English America, New Haven 2007 | Mapp, A. J., The Virgina Experiment, 2. Aufl., La Salle 1974 | McManis, D. R., Colonial New England: A Historical Geography, New York 1975 | Meinig, D. W., Bd. 1, 1986 | Merwick, D., Possessing Albany, 1630–1710: The Dutch and English Experiences, Cambridge 1990 | Middleton, R., Colonial America: A History, 1565–1776, 3. Aufl., Oxford 2002 | Middleton, S., Order and Authority in New Netherland: The 1653 Remonstrance and Early Settlement Politics, in: WMQ 67, 1 (2010) 31–68 | Miller, P., The New England

Mind, 2 Bde., Cambridge, MA 1953–54 | –, Errand into the Wilderness, Cambridge, MA 1956 | Mitchell, R. D./Groves, P. A. 1990 | Morgan, E. S., The Puritan Dilemma: The Story of John Winthrop, Boston 1958 | – (Hg.), Puritan Political Ideas, 1558–1794, New York 1965 | –, Roger Williams: The Church and the State, New York 1967 | Morison, S. E., The European Discovery of America: The Northern Voyages AD 500–1600, New York 1971 | Myers, A. C. (Hg.), Narratives of Early Pennsylvania, West New Jersey and Delaware, 1630–1707, New York 1912, Ndr. 1967 | [New England] The English New England Voyages, 1602–1608 (Hakluyt II 161), London 1983 | [OHBE] The Oxford History of the British Empire, 5 Bde., Oxford 1998–99; Bd. 1–2 | Parker, J., Books to Build an Empire: A Bibliographical History of English Overseas Interest to 1620, Amsterdam 1965 | [Penn] Dunn, M. M. u. R. S. (Hg.), The Papers of William Penn, Bd. 1 ff., Philadelphia 1981 ff. | Pestana, C. G., The English Atlantic in an Age of Revolution, 1640–1661, Cambridge, MA 2004 | Pietschmann, H. (Hg.), Atlantic History: History of the Atlantic System 1580–1830, Göttingen 2002 | Poole, B. P. (Hg.), The Federal and State Constitutions, Colonial Charters, and Other Original Laws of the United States, 2 Bde., New York 1924, Ndr. 1972 | Porter, A. N., Atlas of British Overseas Expansion, London 1994 | – (Hg.), Bibliography of Imperial and Commonwealth History since 1600, Oxford 2002 | Quinn, D. B., Raleigh and the British Empire, London 1947 | – u. A. M. (Hg.), Virginia Voyages from Hakluyt (1984–90), London 1973 | –, James I and the Beginnings of Empire in America, in: JICH 2 (1973/74) 135–52 | –, England and the Discovery of America, London 1974 | –, Renaissance Influence in English Colonization, in: Transactions of the Royal Historical Society V, 26 (1976) 73–93 | –, North America from the Earliest Discovery to the First Settlements. The Norse Voyages to 1612, New York 1977 | – (Hg.), Maryland in a Wider World, Detroit 1982 | –/Ryan, A. N., England's Sea Empire, 1550–1642, London 1983 | Reiss, O., Blacks in Colonial America, Jefferson, NC 2006 | Rink, O., Holland on the Hudson: An Economic and Social History of Dutch New York, Ithaca u. a. 1986 | The Roanoke Voyages 1584–90 (Hakluyt II 104–105), 2 Bde. London 1952, Ndr. 1967 | Rohrbough, M. J., Trans-Appalachian Frontier: People, Societies, and Institutions, 1775–1850, 3. Aufl., Bloomington 2008 | Roper, L. H./Van Ruymbeke, B. (Hg.), Constructing Early Modern Empires: Proprietory Ventures in the Atlantic World, 1500–1750, Leiden 2007 | Rountree, H. C., Pocahontas, Powhatan, Opechancanough: Three Indian Lives Changed by Jamestown, Charlottesville 2005 | Schambeck, H./Widder, H./Bergmann, M. (Hg.), Dokumente zur Geschichte der Vereinigten Staaten von Amerika, Berlin 1993, 2. Aufl. 2007 | Schmitt, E., Bd. 2–3, 1984–86 | Schnurmann, C., Atlantische Welten. Engländer und Niederländer im amerikanisch-atlantischen Raum 1648–1713, Köln 1998 | –, Vom Inselreich zur Weltmacht. Die Entwicklung des englischen Weltreichs vom Mittelalter bis ins 20. Jahrhundert, Stuttgart 2001 | Schulin, E., Handelsstaat England. Das politische Interesse der Nation am Außenhandel vom 16. bis ins frühe 18. Jahrhundert, Wiesbaden 1969 | Seed, P., Ceremonies of Possession in Europe's Conquest of the New World, 1492–1640, Cambridge 1995 | Sheehan, B. W., Savagism and Civility: Indians and Englishmen in Colonial Virginia, Cambridge 1980 | Shurtleff, N. B. (Hg.), Records of the Governor and Company of Massachusetts Bay in New England, 5 Bde. in 6 Tln., Boston 1853–54, Ndr. 1968 | Simmons, R. C., The American Colonies from Settlement to Independence, London 1976 | Smith, G. L., Religion and Trade in New Netherland: Dutch Origins and American Developments, Ithaca u. a. 1974 | Sosin, J. M., English America and the Revolution of 1688: The New England Colonies, 1675–1715, New Brunswick 1982 | Souden, D., *Rogues, Whores and Vagabonds?* Indentured Servant Migrants to North America, and the Case of Mid-Seventeenth Century Bristol, in: Social History 3 (1978) 23–42 | Sprunger, K. L., Dutch Puritanism, Leiden 1982 | Stebbing, W., Sir Walter Raleigh, New York 1972 | Strachey, W., The Historie of Travell into Virginia Britania 1612 (Hakluyt II 103), London 1951, Ndr. 1967 | Stuchtey, B., Nation und Expansion. Das Britische Empire in der neuesten Forschung, in: HZ 274 (2002) 87–118 | Stuyvesant, P., Correspondence 1647–53/1654–58, hg. v. Gehring, C. T., 2 Bde., Syracuse 2000–2003 | Trenk, M., Königreich Paradies. Christian Gottlob Priber, ein Utopist aus Sachsen bei den Cherokee, in: Historische Anthropologie 9 (2001) 195–213 | Tyler, L. G. (Hg.), Narration of Early Virgina, 1606–1625, New York 1907, Ndr. 1966 | Vaughan, A. T., *Expulsion of the Savages*: English Policy and the Virgina Massacre of 1622, in: WMQ 35 (1978) 57–84 | Vickers, D. (Hg.), A Companion to Colonial America, Malden 2003 | The Voyages of Captain Luke Fox of Hull and Captain Thomas James of Bristol in Search of the Northwest Passage in 1631–1632 (Hakluyt I 88–89), 2 Bde., London 1894, Ndr. 1966 | Ward, C., The Dutch and the Swedes on the Delaware, 1609–1664, Philadelphia 1930 | Weir, D. A., Early New England: A Covenanted Society, Grand Rapids 2005 | Wellenreuther, H. 2000 | – 2001 | Wende, P., Das Britische Empire, München 2008 | Willison, G. F., Saints and Strangers, New York 1945 | Wright, J. L., Anglo-Spanish Rivalry in North America, Athens, GA 1971 | Zakai, A., Exile and Kingdom: History and Apocalypse in the Puritan Migration to America, Cambridge 1992 | Ziff, L. (Hg.), John Cotton on the Churches of New England, Cambridge, MA 1968.

英属北美的政治、宗教、社会和经济

Aldrich, R./McKenzie, K. 2014 | Anderson, L., Economic Growth in Colonial New England: *Statistical Renaissance*, in: JEcH 39 (1979) 243–58 | Anderson, R. C., The Great Migration Begins: Immigrants to New England, 1620–1633, 3 Bde., Boston 1995 | Anderson, W. L. (Hg.), Cherokee Removal: Before and After, Athens, GA 1991 | Armitage, D./Braddick, M. J. 2002 | Axtell, J., Natives and Newcomers: The Cultural Origins of North America, New York u. a. 2001 | –/Sturtevant, W., The Unkindest Cut, or Who Invented Scalping? In: WMQ 37 (1980) 451–72 | Bachman, V. C. 1969 | Bailyn, B. 1955 | – 1987 | –, The Ideological Origins of the American Revolution, 2. Aufl., Cambridge, MA 1992 | Banner, S., How the Indians Lost their Land: Law and Power on the Frontier, London 2005 | Bergamasco-Lenarda, L., La naissance et la petite enfance en Nouvelle-Angleterre à l'époque coloniale 1630–1750, in: RHMC 31 (1984) 377–97 | Beyreuther, E. 1963 | Billington, R. A./Ridge, M., Westward Expansion: A History of the American Frontier, 5. Aufl., New York 1982 | Blanke, G. H., Die Anfänge des amerikanischen Sendungsbewusstseins. Massachusetts Bay 1629 bis 1659, in: Archiv für Reformationsgeschichte 58 (1967) 171–211 | Boskin, J., Into Slavery: Racial Decisions in the Virginia Colony, Philadelphia 1976 | Bowden, H. W., American Indians and Christian Missions: Studies in Cultural Conflict, Chicago 1981 | Bowen, H. V., Elites, Enterprise, and the Making of the British Overseas Empire, 1688–1775, Basingstoke 1996 | Boyer, P./Nissenbaum, S., Salem Possessed: The Social Origins of Witchcraft, Cambridge, MA 1974 | –/– (Hg.), The Salem Witchcraft Papers, 3 Bde., New York 1977 |

Breen, T. H. (Hg.), Shaping Southern Society: The Colonial Experience, New York 1976 | Bridenbaugh, C., Mitre and Sceptre: Transatlantic Faiths, Ideas, Personalities, and Politics, 1689–1775, London 1962 | Brinck, A., Die deutsche Auswanderungswelle in die britischen Kolonien Nordamerikas, Stuttgart 1992 | Brown, K., The Controversy over the Franchise in Puritan Massachusetts 1954 to 1974, in: WMQ 33 (1976) 212–41 | Brumm, U., Puritanismus und Literatur in Amerika, Wiesbaden 1973 | Burnard, T., Creole Gentlemen: The Maryland Elite, 1691–1776, New York 2002 | Bushman, R. L., From Puritan to Yankee: Character and the Social Order in Connecticut, 1690–1765, London 1967 | Butler, J., Enthusiasms Described and Decried: The Great Awakening as Interpretative Fiction, in: Journal of American History 69 (1982) 305–25 | Butts, F. T., The Myth of Perry Miller, in: AHR 87 (1982) 665–92 | Calder, A. 1981 | Calendar 1964 | Canny, N./Morgan, P. 2011 | Cappon, L. J./Petchenik, B. B./Long, J. H. 1976 | Cassedy, J. H., Demography in Early America: Beginnings of the Statistical Mind, 1600–1800, Cambridge, MA 1969 | Cave, A. A., The Pequot War, Amherst 1996 | [CEHUS] The Cambridge Economic History of the United States, 3 Bde., Cambridge 1996–2000; Bd. 1 | Cesarini, J. P., John Eliot's *A Brief History of the Mashepog Indians* 1666, in: WMQ 65, 1 (2008) 101–34 | CHNPA, Bd. 1,1, 1997 | Clemens, P. G. E., The Consumer Culture of the Middle Atlantic, 1760–1820, in: WMQ 62, 4 (2005) 579–624 | Coombs, J., The Phases of Conversion: A New Chronology for the Rise of Slavery in Early Virgina, in: WMQ 68, 3 (2011) 332–60 | Cressy, D. 1987 | Deane, P./Cole, W. A., British Economic Growth, 1688–1959, 2. Aufl., Cambridge 1969 | Dillinger, J., Die politische Repräsentation der Landbevölkerung. Neuengland und Europa in der Frühen Neuzeit, Stuttgart 2008 | Dinkin, R. J., Voting in Provincial America: A Study of Elections in the Thirteen Colonies, 1689–1776, Westport 1977 | Drake, J. D. 2000 | [Edwards] The Works of Jonathan Edwards, hg. v. Miller, P. u. a., 26 Bde., New Haven u. a. 1957–2008 | Egnal, M. 1998 | Ekirch, A. R. 1987 | [Eliot] John Eliot's Indian Dialogues: A Study in Cultural Interaction, hg. v. Bowden, H. W./Ronda, J. P., Westport 1980 | Ernst, J. A., Money and Politics in America, 1755–1775: A Study in the Currency Act of 1764 and the Political Economy of Revolution, Chapel Hill 1973 | Fertig, G., Lokales Leben, atlantische Welt. Die Entscheidung zur Auswanderung vom Rhein nach Nordamerika im 18. Jahrhundert, Osnabrück 2000 | Fischer, D. H., Albion's Seed: Four British Folkways in America, New York 1989 | Floud, R. P./McCloskey, D. N. (Hg.), The Economic History of Britain since 1700, Bd. 1, 2. Aufl., Cambridge 1994 | Galenson, D. W., White Servitude in Colonial America: An Economic Analysis, Cambridge 1981 | –, Traders, Planters, and Slaves: Market Behavior in Early English America, Cambridge 1986 | Gallay, A. (Hg.), Colonial Wars in North America, 1512–1763: An Encyclopedia, New York 1996 | –, The Indian Slave Trade: The Rise of the English Empire in the American South, 1670–1717, New Haven 2002 | Games, A., Migration and the Origins of the English Atlantic World, Cambridge, MA 1999 | Gassert, P./Häberlein, M./Wala, M. 2007 | Geiser, K. F., Redemptioners and Indentured Servants in the Colony and Commonwealth of Pennsylvania, New Haven 1901 | Ghachem, M. W., The Slave's Two Bodies: The Life of an American Legal Fiction, in: WMQ 60, 4 (2003) 809–42 | Ginsburg, A. I./Wall, R. E., The Franchise in Seventeenth Century Massachusetts: Two Comments on the Brown Thesis, in: WMQ 34 (1977) 446–58 | Gray, E. G./Fiering, N. 2000 | Greene, J. P., The Quest for Power: The Lower Houses of Assembly in the Southern Royal Colonies, 1689–1763, Chapel Hill 1963, 2. Aufl., New York 1972 | –, Roundtable: Colonial History and National History: Reflections on a Continuing Problem, in: WMQ 64, 2 (2007) 235–86 | Griffin, P., The People with No Name: Ireland's Ulster Scots, America's Scots Irish, and the Creation of a British Atlantic World, 1689–1764, Princeton 2001 | Grubb, F., German Immigration and Servitude in America, 1709–1920, London u. a. 2011 | Guggisberg, H. R., Die Indianerbibel des John Eliot in einer Basler Gelehrtenbibliothek des 17. Jahrhunderts, in: Basler Zeitschrift für Geschichte und Altertumskunde 82 (1982) 195–206 | Häberlein, M., Vom Oberrhein zum Susquehanna. Studien zur badischen Auswanderung nach Pennsylvania im 18. Jahrhundert, Stuttgart 1993 | –/Keese, A. 2010 | Haines, M. R./Steckel, R. H. 2000 | Hall, D. 2004 | – 2005 | Hansen, M. L., The Atlantic Migration, 1607–1860: A History of the Continuing Settlement of the US, 3. Aufl., Cambridge, MA 1945 | Hanson-Jones, A., Wealth of a Nation to Be: The American Colonies on the Eve of the Revolution, New York 1980 | Higginbotham A. L. 1978 | Hinderaker, E./Mancall, P. C., At the Edge of Empire: The Backcountry in British North America, Baltimore u. a. 2003 | Historical Statistics of the United States: Colonial Times to 1957, 2. Aufl., Washington 1961 | Hoerder, D., Cultures in Contact: World Migration in the Second Millenium, Durham, NC 2002 | Hofstadter, R., America at 1750: A Social Portrait, New York 1971 | Horn, J./Altman, I. 1991 | Hornsby, S. J., British Atlantic, American Frontier: Spaces of Power in Early Modern British America, Lebanon u. a. 2005 | Isaac, R., The Transformation of Virginia, 1740–1790, Chapel Hill 1982 | Jennings, F., The Invasion of America: Indians, Colonialism, and the Cant of Conquest, Chapel Hill 1975 | Kamensky, J. u. a., Forum: Salem Repossessed, in: WMQ 65, 3 (2008) 391–534 | Kawerau, P., Kirchengeschichte Nordamerikas (Die Kirche in ihrer Geschichte 4/S), Göttingen 1963 | Kellaway, W., The New England Company, 1649–1746: Missionary Society to the American Indians, London 1961 | Kelso, W. M., Kingsmill Plantations, 1619–1800: Archeology of Country Life in Colonial Virginia, 2. Aufl., Charlottesville 2003 | Kirchberger, U., Konversion zur Moderne? Die britische Indianermission in der atlantischen Welt des 18. Jahrhunderts, Wiesbaden 2008 | Klein, B./Mackenthun, G. (Hg.), Das Meer als kulturelle Kontaktzone. Räume, Reisende, Repräsentationen, Konstanz 2003 | Kohl, K.-H. 1981 | Kulikoff, A., The Economic Growth of the Eighteenth-Century Chesapeake Colonies, in: JEcH 39 (1979) 275–88 | Kupperman, K. O., Settling with the Indians: The Meeting of English and Indian Cultures in America, 1580–1640, Totowa 1980 | –, Indians and English: Facing Off in Early America, Ithaca 2000 | Labaree, L. W. (Hg.), Royal Instructions to British Colonial Governors, 1670–1776, 2 Bde., New York 1935, Ndr. 1967 | Lachenicht, S., Hugenotten in Europa und Nordamerika. Migration und Integration in der Frühen Neuzeit, Frankfurt 2010 | Lenhart, J. M., Die Anfänge der protestantischen Amerikamission im 17. Jahrhundert, in: ZMRW 16 (1926) 274–87 | Leyburn, J. G., The Scotch-Irish: A Social History, Chapel Hill 1962 | Lindig, W./Münzel, M., Die Indianer. Kulturen und Geschichte der Indianer Nord-, Mittel- und Südamerikas, München 1976 | Lowance, M. I., The Language of Canaan: Metaphor and Symbol in New England from the Puritans to the Transcendentalists, Cambridge, MA 1980 | Madden, A. F., *Not for Export*: The Westminster Model of Government and British Colonial Practice, in: JICH 81 (1979/80) 10–29 | Marcus, J. R., The Colonial American Jew, 1492–1776, 3 Bde., Detroit 1970 | Marsden, G. M., Perry Miller's Rehabilitation of the Puritans: A Critique, in: Church History 39 (1970) 91–105 | –, Jonathan Edwards: A Life, New Haven 2003 | Marshall, P./Williams, G. (Hg.), The British Atlantic Empire before the American Revolution,

London 1980 | McCusker, J./Menard, R. R., The Economy of British America, 1607–1789, Chapel Hill u.a. 1991 | –/Morgan, K. (Hg.), The Early Modern Atlantic Economy, Cambridge 2000 | McDonald, F. u. E. S. M., The Ethnic Origins of the American People, 1790, in: WMQ 37 (1980) 179–99 | McHugh, P. G., Aboriginal Societies and the Common Law: A History of Sovereignty, Status, and Self-Determination, Oxford 2004 | Meinig, D. W., Bd. 1, 1986 | Menard, R. R., Agricultural Productivity Change in 18th-Century Pennsylvania, in: JEcH 36 (1976) 102–25 | Middlekauff, R., The Mathers: Three Generations of Puritan Intellectuals, 1596–1728, New York 1971 | Middleton, R. 2002 | Miller, P. 1953–54 | – 1956 | Minchinton, W. E. (Hg.), The Growth of English Overseas Trade, London 1969 | Mitchell, R. D./Groves, P. A. 1990 | Montgomery, M. S., American Puritan Studies: An Annotated Bibliography of Dissertations, 1882–1981, Westport 1984 | Morgan, E. S., American Slavery – American Freedom: The Ordeal of Colonial Virgina, London 1975 | Morgan, G./Rushton, P., Eighteenth-Century Criminal Transportation: The Formation of the Criminal Atlantic, New York 2004 | Morgan, K., Robert Dinwiddie's Reports on the British American Colonies, in: WMQ 65, 2 (2008) 304–46 | Morison, S. E., The Intellectual Life of Puritan New England, New York 1956 | Morriss, M. S., The Colonial Trade of Maryland, 1689–1715, Baltimore 1914 | Morton, T., New English Canaan (1637), New York 1972 | Naumann, U., Pribers Paradies. Ein deutscher Utopist in der amerikanischen Wildnis, Frankfurt 2001 | Nolte, P., Soziale und kulturelle Identität in der atlantischen Kolonialgesellschaft. Das Werk von Jack P. Greene, in: ZHF 26 (1999) 99–108 | OHBE, Bd. 1–2, 1998 | Olson, A. G., The Virginia Merchants of London: A Study in 18th-Century Interest-Group Politics, in: WMQ 40 (1983) 363–88 | O'Malley, G. E., Beyond the Middle Passage: Slave Migration from the Caribbean to North America, 1619–1807, in: WMQ 66, 1 (2009) 125–72 | Pares, R., Yankees and Creoles: The Trade between North America and the West Indies before the American Revolution, London 1956, 2. Aufl., Cambridge, MA 1968 | Pearce, R. H., Rot und Weiß. Die Erfindung des Indianers durch die Zivilisation, Stuttgart 1991 | Pencak, W., Jews and Gentiles in Early America, 1664–1800, Ann Arbor 2005 | Perkins, E. J., The Economy of Colonial America, New York 1980 | Pestana, C. G., Protestant Empire: Religion and the Making of the British Atlantic World, Philadelphia 2009 | Pietschmann, H. 2002 | Poole, B. P. 1972 | Porter, A. N. (Hg.), Bibliography of Imperial and Commonwealth History since 1600, Oxford 2002 | Porter, H. C., The Inconstant Savage: England and the North American Indian 1500–1660, London 1979 | Price, J. M., A Note on the Value of Colonial Exports of Shipping, in: JEcH 36 (1976) 704–24 | Pulsipher, J. H., Subjects unto the Same King: Indians, English, and the Contest for Authority in Colonial New England, Philadelphia 2005 | Rabushka, A., Taxation in Colonial America, Princeton 2008 | Raimo, J. W. (Hg.), Biographical Dictionary of American Colonial and Revolutionary Governors 1607–1789, London 1980 | Reid, J. D., Economic Burdens: Spark to the American Revolution? In: JEcH 38 (1978) 81–120 | Reinhard, W., Parasit oder Partner? Europäische Wirtschaft und Neue Welt 1500–1800, Münster 1997 | Reiss, O. 2006 | Richter, D. K., Facing East from Indian Country: A Native History of Early America, Cambridge, MA 2001 | Robinson, W. S., The Southern Colonial Frontier, 1607–1763, Albuquerque 1979 | Roeber, A. G., Palatines, Liberty, and Property: German Lutherans in Colonial British America, Baltimore 1993 | Ronda, J. P., Generations of Faith: The Christian Indians of Martha's Vineyard, in: WMQ 38 (1981) 369–94 | Salisbury, N., Manitou and Providence: Indians, Europeans, and the Making of New England, 1500–1643, Oxford u.a. 1982 | Scammell, G.V., *A Very Profitable and Advantageous Trade:* British Smuggling in the Iberian Americas circa 1500–1750, in: Itinerario 24, 3–4 (2000) 135–72 | –, Seafaring, Sailors and Trade: Studies in British and European Maritime and Imperial History, Aldershot 2003 | Schmitt, E., Bd. 4–5, 1988–2003 | Schumpeter, E.B., English Overseas Trade Statistics, 1697–1808, Oxford 1960 | Shannon, T.J., King of the Indians: The Hard Fate and Curious Career of Peter Williamson, in: WMQ 66, 1 (2009) 3–44 | Sheehan, B.W. 1980 | Shepherd, J.F./Walton, G.M., Shipping, Maritime Trade, and the Economic Development of Colonial North America, Cambridge 1972 | Silverman, D.J., Indians, Missionaries, and Religious Translation: Creating Wampanoag Christianity in Seventeenth-Century Martha's Vineyard, in: WMQ 62, 2 (2005) 141–74 | Simmons, R.C. 1976 | Simmons, W.S., Cultural Bias in the New England Puritans' Perception of the Indians, in: WMQ 38 (1981) 56–72 | Slotkin, R./Folsom, J.K., So Dreadful a Judgement: Puritan Responses to King Philip's War, 1676–1677, Middletown, CO 1978 | Smith, B.G., Death and Life in a Colonial Immigrant City: A Demographic Analysis of Philadelphia, in: JEcH 37 (1977) 863–89 | Smith, D.S., The Demographic History of Colonial New England, in: JEcH 32 (1972) 165–83 | Snyder, C., Slavery in Indian Country: The Changing Face of Captivity in Early America, Cambridge, MA 2010 | Socolow, S.M. 1996 | Sperling, J., The International Payments Mechanism in the 17th and 18th Centuries, in: EcHR 14 (1962) 446–68 | Tomlins, C., Freedom Bound: Law, Labor, and Civic Identity in Colonizing English America, 1580–1865, Cambridge 2010 | Trautz, F., Die pfälzische Auswanderung nach Nordamerika im 18. Jahrhundert, Heidelberg 1959 | Trenk, M. 2001 | Trigger, B.G. 1978 | Truxes, T.M., Defying Empire: Trading with the Enemy in Colonial New York, New Haven 2008 | Tyler, L.G. 1966 | Vann, B.A., In Search of Ulster-Scots Land: The Birth and Geotheological Imagings of a Transatlantic People, 1603–1703, Columbia, SC 2008 | Vaughan, A.T. 1978 | Vickers, D. 2003 | Walter, D./Kundrus, B. 2012 | Walton, G.W., Sources of Productivity Change in American Colonial Shipping, 1675–1775, in: JEcH 20 (1967) 67–78 | Washburn, W.E. 1989 | Weeden, W.B., Economic and Social History of New England, 1620–1789, 2 Bde., New York 1880, Ndr. 1963 | Wellenreuther, H. 2000 | – 2001 | Wells, R.V., The Population of the British Colonies in America before 1776: A Survey of Census Data, Princeton 1975 | Wende, P. 2008 | Wieczek, W.M., The Statutory Law of Slavery and Race in the Thirteen Colonies, in: WMQ 34 (1977) 258–80 | Wokeck, M.S., Trade in Strangers: The Beginnings of Mass Migration to North America, 3. Aufl., University Park 2003 | Wolf, S.G., Urban Village: Population, Community, and Family Structure in Germantown, Pennsylvania, 1683–1800, Princeton 1976 | Wood, B., The Origins of American Slavery, New York 1997 | Zahedieh, N., The Capital and the Colonies: London and the Atlantic Economy, 1600–1700, Cambridge 2010 | Zakai, A. 1992.

1684 年至 1763 年的英法大战

Anderson, F., 2000 | Baker, E.W./Reid, J.G., Amerindian Power in the Early Modern Northeast: A Reappraisal, in: WMQ 61, 1 (2004) 77–106 | Billington, R.A./Ridge, M. 1982 | Brumwell, S., Redcoats: The British Soldier and War in the Americas, 1755–1763, Cambridge 2001 | Davies, K.G. 1974 | Dowd, G.E., War under Heaven: Pontiac, the Indian Nations and the British Empire, Baltimore 2002 | Eccles, W. J., Canada under Louis XIV, 1663–1701, Toronto 1964 | –, The Canadian Frontier, 1534–1760, Toronto 1969 | Friederici, G., Bd. 2, 1969 | Gallay, A. (Hg.), Colonial Wars in North America, 1512–1763: An Encyclopedia, New York 1996 | Gipson, L. H., The British Empire before the American Revolution, 15 Bde., New York 1936–70; z. T. 2.–4. Aufl., 1958–74, Bd. 6–8 | Godfrey, W. G., Pursuit of Profit and Preferment in Colonial North America: John Bradstreet's Quest, Waterloo 1982 | Grenier, J., The First Way of War: American War Making on the Frontier, 1607–1814, Cambridge 2005 | Groulx, L. 1969 | Havard, G./Vidal, C. 2006 | Histoire, Bd. 1, 1990 | Histoire, Bd. 1, 1991 | Louis-Jaray, G. 1938 | Middleton, R. 2002 | Mimler, M., Der Einfluss kolonialer Interessen in Nordamerika, Hildesheim 1983 | Miquelon, D., Ambiguous Concessions: What Diplomatic Archives Reveal about Article 15 of the Treaty of Utrecht and France's North American Policy, in: WMQ 67, 3 (2010) 459–86 | Nester, W. R., The Great Frontier War: Britain, France, and the Imperial Struggle for North America, 1607–1755, Westport 2000 | –, The First Global War: Britain, France, and the Fate of North America, 1756–1775, Westport 2000 | OHBE, Bd. 1–2, 1998 | Parmenter, J., After the Mourning Wars: The Iroquois as Allies in Colonial North American Campaigns, 1676–1760, in: WMQ 64, 1 (2007) 39–82 | Peters, M., The Myth of William Pitt, Earl of Chatham, Great Imperialist, I: Pitt and Imperial Expansion, 1738–1763, in: JICH 21 (1993) 30–74; II: Chatham and Imperial Reorganization, 1763–1778, in: JICH 22 (1994) 393–431 | Porter, A. N. 2002 | Pritchard, J. 2004 | Reese, A. 1988 | Rich, E. E., The History of the Hudson's Bay Company, 1670–1870, 2 Bde., London 1958–59 | –, The Fur Trade and the North West to 1857, Toronto 1967 | Rutledge, J. L., Century of Conflict: The Struggle between the French and British in Colonial America, Garden City 1956 | Savelle, M., Empires to Nations: Expansion in America, 1713–1824, Minneapolis u. a. 1974 | Shannon, T. J., Indians and Colonists at the Crossroads of Empire: The Albany Congress of 1754, Ithaca 2000 | Simmons, R. C. 1976 | Stanley, G. F. G. 1968 | Walter, D./Kundrus, B. 2012 | Wellenreuther, H. 2000 | – 2001 | Wende, P. 2008 | White, R. 1991 | Wrong, G. M. 1970.

第十一章

大西洋地区的改革、革命和去殖民化

伊比利亚美洲的启蒙和改革

豪尔赫·胡安－桑塔西利亚（Jorge Juan y Santacilia） 553
和安东尼奥·德·乌略亚（Antonio de Ulloa）在《美洲秘
闻》（*Noticias secretas de America*）中尖锐和批判性地描述
的1740年前后，总督辖地秘鲁白人的堕落与印第安人受压迫
的情景可能是不够全面的，因为彼时的经济前景比较乐观。18
世纪，世界经济的上行趋势在伊比利亚美洲也可以观察到，巴
西的黄金发现和墨西哥的银器生产即便不是导致了，也至少是
加速了这一经济上升。除了巴西的黄金和钻石业的繁荣和西印
度群岛蔗糖业的兴旺，西属美洲也出现了显著的繁荣。而在这
一进程中，墨西哥无疑发挥了最重要的作用。秘鲁退居次要地
位。该世纪中期，美洲港口从西班牙的进口额大约为1100万
比索，而美洲的出口额为2300万比索，其中1800万来自矿
产业，500万来自农业，到1785年，进口额达到3800万，出
口额6300万，其中4400万来自矿产业，1900万来自农业。
在1800年前后，根据亚历山大·冯·洪堡（Alexander von
Humboldt）详尽的考察，墨西哥和危地马拉接收了37%的进
口，提供了出口额的46%，矿业产品占58.5%，因此，西属美
洲获得了91.4%的出口盈利。秘鲁和智利的进出口只是墨西哥
进出口额的一半或三分之一，占西属美洲进口额的19.4%，出
口额的17.5%，矿业产品的20%，其中只有矿业产品获得了微
小的出口盈利。但是上秘鲁（玻利维亚）及其拉普拉塔地区的
白银业受到了打击。如果18世纪西属美洲的手工业生产价值
估计为1600万比索的话，那么墨西哥估计为800万。1779年
和1816年间，据说墨西哥的农业生产甚至从1900万比索提高
到了1.38亿比索。西班牙帝国的基本经济结构好像几乎没有 554
变化，但是在这一框架下出现的经济增长与发展重心转移和地

区产品多样化相关。

与此相应，出现了明显的人口增长，这是西班牙帝国直至17世纪特别严峻的人口危机的一次好转。1700年，巴西的人口估计达到100万，1820年达到了397万，只有英属美洲曾超越这个增长幅度。这一人口增长不仅基于欧洲繁荣时期的人口迁移，更是归因于大规模的奴隶进口。巴西的非洲人数量在1700年至1820年从大约10万增加到了将近200万。随之也出现了混血人口的增加。

而这种广泛的移民在西属美洲并不存在。奴隶进口萎缩，来自西班牙的移民仅有52500人。其中17%的移民来到这个国家是为了充任行政管理、教会和军队的职务，而不一定会留在美洲。最有趣的是，其余大约8000~10000人都是商人或企业主。这类人的迅速增加主要是在1780年之后。这些人——其中起主要作用的是加泰罗尼亚人（Katalanen）、巴斯克人（Basken）、阿斯图里亚斯人（Asturier）和瓦伦西亚人（Valencianer）——给西属美洲的矿业、手工业和贸易方面注入了新的活力。这些来自欧洲的商人在各个港口占据统治地位。他们首先把韦拉克鲁斯打造成了一个与墨西哥城相抗衡的贸易中心，它于1795年被批准成立商人们自己的领事馆。1792年到1802年，韦拉克鲁斯的贸易额从2150万比索提高到6003万比索。

在18世纪的进程中，人口数量从1700年前后的大约1000万增长到约1500万，但是人口自然增长是其主要因素，这种自然增长现在也再次涉及印第安人。印第安人口的增长比例浮动于三分之一（哥伦比亚、智利）和三分之二（玻利维亚）之间。白人占多数的乌拉圭和非洲人居多的安的列斯群岛除外。墨西哥有43%的人口为印第安人，在秘鲁，这个比例为56%。相反，白人的比例大多在四分之一和三分之一之间。

被归入这两个群体的还有沦为奴隶的和人数较多的自由的非洲裔美洲人，以及人数相当可观的各种混血人，很显然，他们并不能总是被很明确地列入等级分明的西属美洲混血人系统。

然而，在总共300万名具有欧洲血统的西属美洲人之中，95%以上生于此地，并且随着时间的推移，越发自认为是美洲 555 人，这一点与美洲大陆的北部居民非常相似。亚历山大·冯·洪堡报告说，18世纪末，在这个圈子里经常可以听到“我不是西班牙人，我是美洲人”这样的说法。当感觉被歧视和被侮辱的时候，这些克里奥尔人的不断增长的自我意识可能随时都会抵制祖国与代表祖国的人。秘鲁印第安人大起义的领袖何塞·加布里埃尔·孔多尔坎基（José Gabriel Condorcanqui），一位白人和印第安人的混血儿，根据末代印加王的名字自称图帕克·阿马鲁二世（Túpac Amaru II），对其亲爱的克里奥尔人不无道理地声称：“我要让我们像兄弟一样一起生活在一个共同体里，但是要消灭欧洲人。”

欧洲的影响也促进了克里奥尔人与西班牙决裂意识的生成。启蒙运动可能鼓舞他们摆脱母国的控制实现解放，但更主要的是西班牙政府通过实施重商主义经济政策，以及实施随着军事化出现的独裁统治，创造了有利的先决条件和足以激起解放运动的现实冲突。类似的事情在英属美洲再一次发生，无论如何也叫人不能忽视。

启蒙运动肇始于法国和英国，再传播到西班牙和葡萄牙，并由以马德里为驻地的新的波旁王朝加以强化。尽管有中世纪的宗教法庭和禁书目录，但新思想仍然通过人际交往和书籍广泛传播到了美洲。笛卡儿、牛顿、布丰（Buffon）和狄德罗的书籍被人们阅读。法国启蒙运动鼎盛期的经典之作《百科全书》（*Encyclopédie*）出版了很多册。洛克、孟德斯鸠和卢梭的政治哲学被热情地接受。1771年，利马大学

（die Universität Lima）为了笛卡儿、莱布尼茨、培根和伽桑狄（Gassendi）的思想修订了教学大纲。无独有偶，上秘鲁法院的所在地，今天的苏克雷（Sucre，位于玻利维亚）——“新世界的萨拉曼卡”——的丘基萨卡大学（die Universität von Chuquisaca）吸引着来自全西属美洲的学生到这里认识狄德罗和《百科全书》，认识孟德斯鸠和卢梭。卢梭的著作在这里被翻译，他的思想在这里，但也绝非只在这里被审时度势地应用。他的“公共意志原则（volonté générale）”[①]被当作反对西班牙自决权的理由，他的高度发展的爱国主义被用来证明一个国家正在产生的民族主义的合法性。智利人曼努埃尔·德·萨拉斯（Manuel de Salas）宣扬“克里奥尔化（criollismo）”[②]，一种与欧洲人相匹敌的美洲人的文化意识，
556 这个思想也通过与北美洲的联系而得以丰富。富兰克林对此的影响似乎非常明显。

但是克里奥尔学者也与欧洲学人达成了一致。其中有些人在欧洲学习过。在欧洲和在北美洲一样，学会和学人阶层对启蒙思想的传播和继续发展发挥着重要的作用。很多城市模仿英国、法国和西班牙成立了“国家之友（经济）协会［Sociedad（económica）de Amigos del País］”。它不仅限于博爱观点的实际修正，而且经常进行理论方面甚至是政治方面的讨论。在巴西也成立了类似的机构，比如里约热内卢的“科学—文学学会”，堪称世纪末巴西最好、最现代的图书馆。和北美洲完全一样，西属美洲也出现了报纸和杂志。1722年最先出版《墨

① 卢梭认为公意只考虑到公共的利益，是普遍的共同的意志。公意以公共利益为依归，永远是公正的，个别意志则彼此会发生冲突。国家要保护全体人民的权利，须以公意为基础。

② 克里奥尔一词原意是“混合”，泛指世界上那些由葡萄牙语、英语、法语以及非洲语言混合并简化而生的语言，克里奥尔化意指各种不同文化相互影响、相互融合而产生的混合文化现象。

西哥和新西班牙新闻公报》（*Gazeta de México y noticias de Nueva España*）。1768年出现《墨西哥文学日报》（*Diario literario de México*）和其他出版物。值得一提的还有利玛的《秘鲁水星报》（*Mercurio peruano*）、哈瓦那的《期刊》（*Papel periódico*）和《圣菲波哥大期刊》（*Papel periódico de Santa Fé de Bogotá*）。

但是，开明的理性是一把双刃剑。它不仅意味着解放，而且导致了统治手段的提高和开明的独裁政治的后果：一种以损害臣民为代价的国家权力的新的增长推力，这种增长推力被强化了的法律王权至上论所合法化。波旁王朝的首位皇帝费利佩五世（1700~1746年在位）就已经开始在西班牙和其他殖民地施行现代化措施，尤其是引进在故乡法国业已被证明有效的机构。但是，除了意大利和西班牙的自身发展，法国的影响也不应被过高估计。在西班牙王国向中央集权制国家有意的转变过程中，大概也是出于交换政治精英的目的，旧的管理机构被新的排挤。其中有两个机构特别重要。早就作为真正秘书处长期存在的“国家秘书处和世界办事处（Secretaría de Estado y del Despacho Universal）”被改设为政府的一个部（Ministerium）。很多国务秘书的职责发生了多重变化，现在要么直接与下属的管理机构，要么与君主政体对接。旧的委员会（Consejos）受到贬谪。除印度委员会外，还出现了类似的专业领域的部长。此外，1711年至1749年，在西班牙的省级管理部门都依据法国高级官员的设置进行了改制，可被任意撤换的王室代表在所有领域具有无限的职权，同样，中央政府也期待他们拥有所需的专业知识和无条件的忠诚。他们最重要的 557
任务之一就是扩建能够应对西班牙不断增长的外部威胁的常备军和建立民兵。

基于提高和集中国家权力的设想，在美洲，经济和财政政策中还发生了重心转移。在不改变国家法律的情况下，美洲首次持续地在运用重商原则时——尤其像格罗尼默·德·乌兹塔里兹（Gerónimo de Uztáriz）在其1724年撰写的《贸易和海洋的理论与实践》（*Teoría y práctica de comercio y marina*）中所宣扬的那样——把它看作符合母国经济利益的总体系中的组成部分。这与英国的北美殖民地完全一样，必定导致不断激化的利益对立。很重要的是，直到此时，“殖民地（Kolonien）”这个贬义的概念才被普遍应用。它完全可以被故意称为对“美洲的第二次占领”，伴随着占领，旨在对这个国家进行更好的开发，出现了第二个大发现的时代，科考活动因而受到鼓励。最初参加科考的有豪尔赫·胡安-桑塔西利亚和安东尼奥·德·乌略亚，后来亚历山大·冯·洪堡也在1799年至1804年参加过这样的考察。在当时的部长何塞·德尔·坎皮略-科斯西奥（José del Campillo y Cossio）的备忘录中，1743年在激烈地批评了美洲状况之后，他也建议把高级官员制度引进美洲。这一措施的首要目标是有计划的经济发展政策，使西班牙摆脱对外国供应的依赖。通过提高对美洲市场的接受能力和废除呆板的舰队制度，对同期母国的工业化努力进行决定性的支持。殖民地除了作为销售市场，还应该是原材料的供应者。

在费尔南多六世（1746~1759年在位）统治时期，战争和财政部部长恩塞纳达侯爵（Marqués de la Ensenada）从针对英国的军事政策的利益出发，开始了殖民地财政管理的改革。税租金被废除，改为征收国家贸易税，一种最重要的消费税，创建了一直延伸到行省最远角落的管理制度。上级财政银行不再直接隶属于王室，而是隶属于总督们，他们自1751年来就在君合国里担任皇家财政部总监（Superintendentes Generales de Real Hacienda），并由此第一次被纳入了管理部门的等级制度。

西班牙的开明君主政体在卡洛斯三世（1759~1788 年在位）时期达到顶峰。此外，导致了哈瓦那暂时丧失和佛罗里达被割让的七年战争的失败引发了新一轮改革浪潮。1763 年开 558
始，西班牙在美洲建立了新的要塞和常备军，还有一支相当有效的民兵。为使参加民兵更具吸引力，他们给予每个民兵职业士兵的特权，特别是赋予其特别的审判受理地。对于克里奥尔人来说，民兵部队的军官职位是一个重要的身份象征。另外，他们可以以这种方式熟悉一些现代作战的方法，这又是一个与当时北美洲的状况极为相似的情况。当新西班牙武装力量的数量由 2000 人提高到 2300 人，民兵部队达到 11000 人时，就已经引起相当的财政紧缺。

实际上，在 18 世纪中期到末期，新西班牙的税收收入可以通过继续实行以前经济状况良好时所采取的措施而从 500 万比索提高到 2000 万比索。母国从海外获得的直接国家收入似乎在减少，从 1753 年至 1759 年的 21% 降到 1762 年至 1779 年的 14%，再降至 1783 年至 1788 年的 8.5%（Pieper 1988）。钱都花在美洲了吗？因为根据其他数据，殖民地对于西班牙国家税收的贡献从 1763 年的 12% 上升到了 1798 年的 25%，到 1802 年的 42%，以及 1809 年的 76%（Marichal/Rodriguez Venegas 1999）。1780 年，3800 万比索的美洲税收总额中应该有 800 万 ~900 万流向了西班牙，大约占母国 3500 万比索国家收入的 17%（Klein 1998）。国家税收和垄断的来源还有商人们的贸易法庭和矿业法庭吸收的信贷，和像普遍捐款这样的强制缴纳。

何塞·德·盖尔维兹（José de Gálvez）——1765 年至 1771 年任新西班牙总检察官（Generalvisitator），1776 年至 1787 年担任印度事务部部长——对于改革政策有着决定性的影响。开化的“技术官僚精英”的权力交接直到此时才完成。1767年，耶稣会会士被驱逐也与此有关，因为他们与精英和官僚领导阶层沆瀣一气。但是因为他们也与美洲的上层克里奥尔人关系密切，所以西班牙政府便用这种措施给他们在这个环境中制造了另一个对手。然而，有关德·盖尔维兹1769年建议在美洲引进高级官员制度的讨论也表明，在制定歧视克里奥尔人的危险的政策时完全是有意识的，就和他们1771年在墨
559 西哥城的请愿书中明白无误的表述一样。此后，西班牙人对美洲人的不公正的优越就基于这样的恶意诋毁之上了。

> 生活在这片土地上的欧洲父母所生育的我们几乎不具备做人的足够的理智，人们把我们排除在主教座堂和其他高级神职，还有军队、行政管理和司法等各个领域的要职之外。这是国际法的沦丧。这不仅是一条丧失美洲的道路，也是一条毁灭国家的道路。在排除外来人的前提下把职位授予土著民，是代表所有法律准则的原则，它得到所有国家的接受，注入了天生的理性，铭刻在人们的心灵和愿望之中。（Konetzke 1971，37）

这种传统的理由恰恰有力地支持着旧土著政策，针对此，西班牙枢密院尽管在1768年就坚持着独裁统治原则，即在美洲安排来自西班牙的异乡官员进行管理，但同时明确指出，为了达到公平均衡，必须同样在西班牙授予克里奥尔人一系列职位——不过，这样的事情从来没有实现过。

为了更好地抵御英国人，1739年最终由巴拿马、新格拉纳达（Neugranada，哥伦比亚）、基多和委内瑞拉组建了新的“新格拉纳达总督辖区”之后，德·盖尔维兹于1776年在布宜诺斯艾利斯又建立了第四个总督辖区——“拉普拉塔总督辖区

(Rio de la Plata)”。彼时，今天的玻利维亚及其贵金属生产被从秘鲁划分出去，并被列入布宜诺斯艾利斯。这个决定带来的影响几乎如何高估都不为过。直到彼时势力还相对弱的阿根廷正是通过这种走后门的秘密方式变成了公开合法的“白银之国”，并且获得了巨大的增长动力，而原来领先的秘鲁明显丧失了重要性。1776年，北墨西哥的瓜达拉哈拉行政区直属王室管辖。1776年至1786年，委内瑞拉获得自己的独立管理权和检审院，成为独立于波哥大的行政区。1778年，在智利也创建了一个行政区。至此便勾勒出了后来独立的拉丁美洲的政治划分。

这种所谓的第二次占领和原先的征服一样，是建造新城市的时代。在西班牙殖民帝国时代的早期，就业已存在地域经济的差别。加之不断增长的白人人口和在欧洲一样，主要是通过社会化有意识地与各自的地域，而非与大政治格局相联系。与此相应，新的经济行政划分亦是如此。人们完全可以把地方行 560
政长官制度的实施看作去集中化的措施。因为这样可以使殖民地的管理部门的权限产生新的利益关系，或者确保这里已经存在的利益的状况，所以，通常他们会习惯于熬过非殖民化，甚至当这种利益状况和今天的非洲一样明显没有意义的时候。但是即使在美国的比较狭小的区域里，政治的碎片化直至在第二次占领过程中才被解决。

在强化的重商主义统治下，贸易体系也令人感到不满，因为人们在西班牙非常清楚，在加的斯的主要生意始终都是外国人在做。人们也认识到，借助于总是在不断增长的走私，自然的自由贸易顶住了反自然的监督而达到了自己的目的（显而易见类似于今天的灰色经济）。西班牙始终以重商主义的追求为先导，保障西班牙人的生意和促进西班牙工业增长的动力，及时地进行了如何才能够使西班牙的个人积极性比在优胜劣汰体制下发挥更强作用的可能性试验。

除了经过检验、被准许单独航行的商船在有限区域航行外［即所谓的备案制（Registros）］，政府还尝试过建立享有特权的垄断贸易公司，这种做法在西北欧已证明是可行的。1728年，随着加拉加斯－吉普乔纳皇家公司（Real Compañía Guipuzcoana de Caracas）成立后对委内瑞拉生意的垄断地位的确立，1740 年又出现了古巴的哈瓦那公司（Real Compañia de la Habana），1747 年成立了负责美洲其余地方的塞维利亚圣费尔南多皇家公司（Real Compañia de San Fernando de Sevilla），1755 年成立了负责圣多明各、波多黎各和玛格丽特岛的巴塞罗那皇家公司（Real Compañia de Barcelona）。使母国特定地域的资本流动起来的企图非常明显。但是只有一直存在到 1784 年的加拉加斯公司的工作富有成效，也许甚至太过成功了，因为他们对可可、棉花、靛蓝和烟草贸易的垄断遭到了委内瑞拉人民的强烈抵制，这种抵制在 1749 年至 1752 年的一次起义中得以宣泄。

有关加的斯垄断体系（das Monopolsystem von Cádiz）[①] 的调查于 1765 年导致了九个最重要的西班牙港口至少是参加了西印度群岛的贸易，同时按照经济观点降低了之前完全从国家财政方面考虑的关税。据称，此时加的斯完全成了巴塞罗那的前哨。这一成功如此的完满，以至于这个体系在 1774 年和 1776 年间持续扩展，并最终在 1777 年到 1778 年所谓的自由贸易体系中达到顶峰，它在母国的十三个港口之间，其中
561 有马略卡岛的帕尔马（Palma de Mallorca）和圣克鲁斯－德特内里费（Santa Cruz de Tenerife），与布宜诺斯艾利斯与

① 美洲的金银对欧洲与亚洲的贸易非常重要，所以哈布斯堡家族坚持垄断性的贸易结构，要求所有商船都必须经过西班牙的加的斯港，以控制银币的铸造，使西班牙比索在贸易扩张时期成为最重要的全球货币。

彭萨科拉（Pensacola）之间的海湾以及西海岸的康赛普西翁（Concepción）和阿卡普尔科（Acapulco）等二十四个美洲港口进行自由贸易。1789 年，船队被最终取缔，1790 年，贸易公司解体。美洲较大的港口对西班牙的进口货物征收 3% 的关税，对外国的进口货物要征收 7% 的关税，在较小港口，关税率则为 1.5% 和 4%。西班牙的纺织品保持十年免税。这是十足的重商主义，但也只是涉及西班牙帝国内部的自由贸易，至少理论上如此。与中立国之间的贸易则依据自 1797 年以来的政治局势或准许，或禁止，1810 年后完全开放。其结果值得重视。贸易总额扩大了（或许只是将此前的走私也一并统计在内了），另外，社会上，一个相当有地位的克里奥尔商人阶层出现了。

1782 年至 1786 年，政治经济改革的圆满成功应该在所有地方，甚至在菲律宾，建立起一套高级官员制度，但是在新格拉纳达却没有。在此间已与总督职权分离的，较大地区已设立的财政总监及军队和财政的高级官员之下，又任命了省级行政官员，像新西班牙这样的较大的核心地区这时被划分为若干行省。最终，在行政区内，特命官员的授权代表（Subdelegados der Intendentes）取代了区行政长官，而这些代表是从克里奥尔权贵阶层中慎重选出的。与此前主要依据法律而设置的官员不同，这些特命官员本身就是适应社会经济发展计划的高薪水、高素质的专业人员，而推动社会经济发展也正是他们的任务。追求监督，连细枝末节都希望通过国家权力自上而下地进行规范，这在开明君主制中十分典型。在这种原则下，这项计划在 1782 年和 1786 年颁布的内容丰富的大部头《印第安管理者条例》（Ordenanzas de Intendentes de Indias）中被落实下来了。特命官员的授权代表不领薪水，而是从他们征收的印第安人供奉中获取份额。但是普遍的弊端并没有多少改变。甚至在 1751 年还合法而现在被禁止的分配贸易似乎还继续存在。在殖民时代的末期，据说地方行政部门的水平并没有提高，而是变得更为低下。

尽管行政官员尤其在教育和福利政策方面取得了成就，但是美洲的大众仍然不接受新的制度。王权表面上的提高事实
562 上是以王室在克里奥尔人那里的道德威信丧失为代价的，因为王室用现代化对传统的道德经济提出了质疑。太多既得利益由于强硬的国家干预和专家政治的冷酷无情而受损，几乎没有人不对改革充满抱怨。自由贸易对一些人有利，却使另一些人受损，例如本土的纺织品生产。为提高收入而制定的由国家垄断的烟草专卖政策招致所有人的反感。大地主承受着印第安人不断增加的负担，官员阶层失去了他们的主人角色以及相应的利润。限制公职人员做生意减少了克里奥尔人的机会。检审法院重新被来自伊比利亚半岛的人们大举占据；行政官员们也都来自西班牙。提高税收的实验导致怨声载道。秘鲁 1772 年的销售税从 2% 提高至 4%，1776 年再提高到 6%，并且由于设立了新的海关检查站，税收力度急剧加大，免税优惠纷纷取消。基多王室的银库收入额从 1730 年至 1734 年的 351713 比索增加到 1785 年至 1789 年的 2508330 比索。印第安人是主要的输家，因为王室和精英们对他们的压力不断地增加。在总督辖地秘鲁，印第安人的纳贡额从 1700 年的 8.5 万比索提高到 1800 年的 100 万比索。另外，此计划还反对他们熟悉的具有文化意义的多语性的日益加剧的西班牙语化。

天主教教士也同样大规模地遭受利益损失。他们可以被看作第二个主要的利益受损群体。尽管天主教是传统的西班牙国教，但是它从未像现在臣服于新的统治这样，对一个坚定的国家领导俯首称臣。一个突出的现象是，到 17 世纪，出于内在的宗教改革动力，由特伦托宗教会议（Konzil von Trient）

衍生的定期召开的美洲教会省区会议[①]被王室完全扼杀了。而现在他们强烈地感觉自己可以倡议组织这种宗教活动，以按照欧洲模式在美洲引进一种国家控制的开明的改革派天主教（Reformkatholizismus）原则。驱逐2200名耶稣会会士也属于此类活动，因为这些人与社会紧密联系，尤其是往往充当着教育机构的负责人，这一措施引发了仇恨。另外，在220个布道团里的30万名印第安人失去了他们精神上的指导者。世俗神职人员获得支持，而修会作为传统的教宗统治的盟友，因为维护教宗的利益而被遏制。众多的牧区由修会教士转让给了世俗神职人员，来自修会的主教数量减少，但是他们中的半岛 563
人[②]的比例却提高了。王室主要从天主教教士身上压榨了巨额的钱财，比如，基多的王室银库在1750年到1754年仅仅从教会就收取了13567比索，而1785年到1789年收取了不少于760235比索。

在无能的卡洛斯四世（Karl IV，1788~1808年在位）时期，西班牙政府并不具备在遭到抵制时将业已开始的改革进行到底的能力。一部分改革措施被撤回。行政官员们成为重新掌握全权的总督的下属，但归根到底，这几乎无法给任何人带来好处。

18世纪，西属美洲各民众团体的起义层出不穷。这些运动没有太多共性，而是因应各地的不同弊端而起。但是，从中也许可以归结出一个共同点，那就是对开明的独裁时代王室的措施不满。这些起义很少被认为是启蒙思想的直接运用，而相反被认为是对君主制的开明改革政策的反应，是传统的政治体

① 省区会议（provincial council）参加者是一省内各教会的代表，规模更大的宗教会议为由全国各教会的代表出席的国家会议（national council），以及代表整个普世教会的大公会议（ecumenical council），例如1545~1563年的特伦托大公会议。——编者注

② 指来自伊比利亚半岛的人。——编者注

制对外来的令人厌恶的革新的抵御。此时，旧的经院哲学的理论术语被复活过来，用以反对暴政，人们重新引用了似乎遭到启蒙运动排斥的作者们的话语。这不仅与北美《独立宣言》十分类似，而且与美洲和欧洲早前的起义不无关联。

这样，落魄的酋长何塞·加布里埃尔·孔多尔坎基作为图帕克·阿马鲁二世，于1780年在秘鲁发动了大型起义，起因是印第安人对白人长期剥削和压迫的仇恨，以及为了反抗波旁王朝对国家资产的严重干预和王朝代表者的严酷统治。但是，呼吁克里奥尔人共同反抗西班牙暴政在这种情形下却收效甚微，因为印第安人战争反而促成了白人们相互靠拢，尽管图帕克·阿玛鲁二世寻求以传统方式把反对殖民政权的斗争与对王室的效忠结合起来。想把他升华为现代反殖民化意义上的首位拉丁美洲独立斗士的企图，完全是基于非常狭隘的缘由的，因为这与后来的独立运动没有任何关联。但无论如何，我们还是可以把他看作第一位民族主义者，他试图把这个国家的所有反对外来西班牙统治的团体联合起来。印第安人视他为自16世
564 纪以来已被神化的印加王的重生，或者甚至视他为弥赛亚降临，但尽管如此，他们在向白人残酷复仇时却走着自己的道路。但是，库斯科的印加精英们却认为在西班牙人那里可以获得更佳利益。然而，这次起义之后，加尔西拉索·德·拉·维加的印加人的故事就被禁止了。

西班牙政府绝对没有低估美洲的“自由酵母”的作用，尤其是美洲革命和法国革命后，其危险还在上升的时候。与北美洲的情况一样，一种面向未来的旨在维持国家联盟的模式也绝对没有被忽视。在签署给美国带来独立的《巴黎和约》之后，1768年，对克里奥尔人的秉性非常了解的佩德罗·巴勃罗·阿兰达伯爵（Pedro Pablo Graf Aranda）据说不仅预测了美国未来的霸权地位，而且建议在美洲建立与西班牙帝国维持持

续而松散联系的，由西班牙王子领导的三个王国。后来，在独立的拉丁美洲，临时建立的各种不同的新型君主政体表明，这个构想并非没有过实现的可能。

截至1801年，巴西的人口也增加到了300万。黄金业的繁荣不仅导致了奴隶输入的增加，而且引起了来自人口过密的葡萄牙北部的移民，这些移民强化了中部和南部的葡萄牙特色，巴西也经历了一个开明独裁的统治时期，尽管那里的发展缺少了西属美洲的那种戏剧性的巅峰时刻。在国王若泽一世（Joseph I，1750~1777年在位）治下，部长塞巴斯蒂昂·何塞·德·卡瓦略－梅洛［Sebastião José de Carvalho e Mello，1770年封为冯·蓬巴尔侯爵（Marquis von Pombal）］自克服1755年里斯本地震的影响以来，实行了开明的追求经济发展的专政统治“发展独裁（Entwicklungsdiktatur）”。他尝试与排犹主义斗争，促进种族平等，但是并未触及对巴西经济意义非凡的奴隶贸易，而只是在母国废除了奴隶制度。他于1759年至1760年镇压了耶稣会，是欧洲最早这样做的人之一。他想以此来终结在耶稣会会士们控制的“村子（Aldeias）”对印第安人行为能力的剥夺，并让印第安人融入社会。教会已被完全置于国家的严格领导之下。

对中产阶级起促进作用的开明—功利主义的教育政策同时也被当作一种经济发展的政策。就像建立家庭——包括与来自不同人种的伴侣组成家庭——明确受到支持一样，新型城市和乡村的建立也获得支持。统治者尤其尝试对城市日常生活进行，甚至细化到颁布对服装的规定。管理部门被顺利地整合统一，1763年，首都迁到国家新的经济中心里约热内卢，之前 565
独立的埃斯塔多－杜马拉尼昂（Estado do Maranhão）1774年与巴西统一。司法体系的扩建改善了法庭判决，财政管理的改造实现了更有效的征税，新组建的民兵部队保障着内部和外部的安全。但是，在南部与西班牙进行的戏剧性的归根到底没有结果的战斗不可能在没有职业士兵的情况下最终决出胜负。

为了促进巴西的贸易，冯·蓬巴尔侯爵创建了两个普通类型的垄断公司，1755 年为北方建立了格朗帕拉和马拉尼昂总公司（Companhia geral do Grão Pará e Maranhão），1759 年为中部建立了伯南布哥和帕拉伊巴总公司（Companhia geral do comercio do Pernambuco e Paraíba），它们虽然为殖民地的繁荣作出了贡献，但只为很小的圈子带来了较大的利润。它们似乎本来就特别致力于奴隶贸易。1778 年至 1780 年，这两个公司被解散了。在巴西，总督路易斯·德·阿尔梅达·席尔瓦·马什卡雷尼亚什［Luís de Almeida Silva Mascarenhas，拉夫拉迪奥侯爵（Marquis von Lavradio），1768~1779 年在任］，也实行了发展政策。在南方开展了多样化的咖啡种植——这是一项成功的措施；手工业，特别是圣保罗的铁器生产在扩大，科学活动得到经济支持。这项政策及其实施方式和成果都与西班牙有不容忽视的关系。

北美洲和法国革命的“自由酵母”在巴西并非没有影响作用。1783 年到 1798 年在四个地方发生了不同团体的谋反，但这些团体并未对殖民统治提出质疑。尽管开明的改革在整个伊比利亚美洲导致了美洲的精英们对西班牙和葡萄牙的逐步疏远，但是后来的独立既没有展示改革的完成，也没有表现对它的反应。他们虽然创造了独立的便利条件，但其实施仍需要额外的动力。美洲并非必须独立，它或许还有其他的可能性。它并不缺乏革命成功的必要条件，但是充分的条件必须产生于大西洋两岸的相互作用的新局势下。这也同样适用于英属北美洲。

北美洲的革命

在英属美洲，18 世纪的“财政军事国家（fiscal-military state）”同样谋求改革，这里的这些改革也导致了中央权力的加强。与拉丁美洲不同的是，尽管它们有着共同的方向，但是它们缺乏统一性和计划性。它们更多地给人以临时的印象。因为这里的改革并不涉及殖民地的独裁君主政体，这些殖民地至少原则上都臣服于统一的等级制度秩序。更确切地说，一方面，中央王室和议会之间的合作必须不断通过协商达成一致，此时，部长的更替往往会带来政策的变化；另一方面，殖民地之间尽管有着共性，但是存在明显的彼此分隔，并且往往不依附于中央。 566

新开创的英裔美洲殖民社会由于其社会差距和等级划分而变得更加欧洲化，就连因此而导致的社会的流动性也不例外。但是这里也显示着不断扩大的差异、社会下层的贫穷化和结婚年龄的上升趋势——至少在靠近海岸的地区是这样的。虽然与欧洲的情况相比，这里有着前所未有的广泛的政治参与度，但是来自上层富裕家庭的少数精英拥有被广泛认可的政治统治地位。这里并不存在世袭贵族。英属美洲虽然拥有了民主，但民主只有在人们放弃了平均主义的观点时才存在。代替平均主义的观点的并非封建的，而是公民—财阀统治的价值等级秩序。

尽管有上面谈到的那种发展趋势，但这里还是少有欧洲或者西属美洲规模的社会冲突。对于南部殖民地而言，至少可以归结于这个事实，即由于存在着来自白人殖民社会的奴隶人口，富人与穷人之间潜在的阶级矛盾可以被转移。而殖民社会相对的完整性要归因于与西属美洲截然不同的情况，即印第安人从一开始就不属于奴隶群体。精英们可以安全地宣扬自由和平等，因为在白人中尽管也存在贫穷，但是并不存在心怀不满

567 的底层。按照定义，底层一般为奴隶，必须团结一致反抗白人。从这一点上说，是黑奴制度再一次决定了白人的自由，所以出现了这种在彼时和今天看来都相当乖谬的局面，即奴隶主充当了自由斗士的角色。塞缪尔·约翰逊（Samuel Johnson）早在 1775 年就明确地指出了这一点：“为什么叫唤自由叫唤得最响的，是那些使唤黑奴的人呢？”

英属美洲的精英们远非铁板一块，而是由于非常狭隘的地方主义而各自为政，这一点并没有因为各个殖民地政治制度的明显趋同性而得以完全消弭。因此，现实的困境，比如 1754 年来自易洛魁人的威胁，也未能带来殖民地的团结，虽然人们在奥尔巴尼会议上制定了应对方案。然而这一弱点同时又是美洲的一个强项：因为殖民地没有“神经中枢”，所以革命也不会对它造成决定性打击。成功的革命是以发达社会，但又不能是以因内部错综复杂而高度敏感、高度发达的社会为先决条件的。

英属美洲难以控制的离散的结构也是如下情况的原因：中央措施，比如重商主义的贸易法律，暂时还不能够严重地损害上述社会经济制度的职能，所以，这种与母国虽有摩擦但总体稳定的关系尚不构成问题。当母国和殖民地的期待背道而驰时，七年战争的结果才带来糟糕的变化。

1763 年，随着英国对法国的胜利和法国被彻底地排挤出北美洲，来自外部敌人的、影响殖民地与母国之间的凝聚力的压力从根本上消除了。殖民地不再需要英国的保护。同时，英国政府在边境政策和印第安人政策中发生了一个激起美洲人愤怒的转向。如果说人们之前愿意看到边境居民针对法国宿敌的红色盟友们向前推进的话，那么现在人们只能自己负责印第安人地区的安宁，并且筹划如何确保对那里的皮革贸易的控制。

英国人给美洲人带来的军事和政治的挫败感还不止于此。

有1.7万人在英国的各省政权里服务，但是英国职业士兵让他们十分明显地感觉受到轻视，似乎取得胜利全靠英国人自己。比如民军上校乔治·华盛顿就受到过一位英国上尉的羞辱。强 568
制征召和强制宿营在广大的范围内引发了对英国军队的仇恨。

殖民地的代表机构在战争中担负了更高的责任。尽管如此，在伦敦的英国政府还是倾向于把欧洲移民当成发战争财的人，因为这些人靠着损害母国利益发了横财。为了赢得这场战争，英国不得不给这片土地投入了巨额的资金。1763年1月，英国国债达到122603336英镑，并且每年还要支付4409797英镑的利息。在殖民地，最终只有人均收入的1.5%用来纳税，而在母国则为5%~7.5%。英国人每人专为国防支付26先令，而“美洲人”只付1先令。1770年前后，当英国政府在美洲收取4万英镑税费和关税时，一方面要支付官员的工资，另一方面要为债务还本付息，再加上进一步的现金流失，每次都要支出同样多的钱。还有40万英镑的军事开支，而这笔钱原本是为了减轻英国负担而垫付给殖民地的。怎么做要比拉着殖民地在财政上共同承担经济重负更好呢？但是为了实现这一目的，还需要有一个差不多的明智的帝国组织取代迄今为止的政治乱象。相反，欧洲移民却在筹划着继续扩大他们的政治独立。这意味着一方或者另一方，或者双方都不会按照同一个计划采取行动。

在俄亥俄和大湖群之间的印第安人土地上的法国要塞易手之后，印第安人在渥太华（Ottawa）首领旁蒂克（Pontiac）的领导下发动起义，捣毁了很多要塞，并且围困了核心要地底特律（Detroit）。1763年，王室公告禁止印第安人在山脉的西部居住和购买任何土地，这是英国进行成功反击之后附加的一项措施。西部变成了军事区。土地投机商和边境居民感觉被出卖了。

1764年在《货币法案》（Currency Act）中针对纸币的禁令最终从新英格兰扩展到所有的殖民地。它照顾到了英国商人的利益，却损害了战后已经历收缩，此时由于通货紧缩而更加严峻的美洲经济。

同年，《蔗糖法案》（Sugar Act）使从法属西印度群岛的进口关税比1733年的《糖蜜法案》（Molasses Act）时期下降了一半。由于这个乍看上去好像对美洲有利的措施实际上是为了提高关税收入，与行政改革相关联，所以它应当最终结束尽
569 管有《糖蜜法案》却持续猖獗的走私活动。因为并不仅仅是纽约的商人们可以毫无顾虑地在战争情况下与双方做生意，在紧急情况下也可以通过中立的尼德兰人、丹麦人或西班牙人以及他们在西印度群岛的港口达到目的。毕竟按照那里的总督的观点，走私对于他们来说是理所当然的权力。而且17世纪末以来，除了正式法庭，还有不设陪审团的海事法庭负责对走私活动进行审判。这种程序现在需要激发出应有的功能。尽管四位海事法官准确且相当谨慎地行使他们的权力，并且普通法法院的陪审团绝对没有总为走私者开脱，但是现在对走私者所作的没有陪审团的判决恰恰不仅伤害了法律意识，而且损害了“美洲人”的钱包。

1765年，英国议会通过《印花税法案》（Stamp Act）首次实行了一种由母国征收，通过在报纸、小册子和各种官方证书上的印花来交付的税费，而且这些税费可以被用作驻美洲常备军的给养。各个层面的大规模抗议，以及对英国商品成功而又相当激烈的抵制（这使英国对殖民地的出口降低了三分之二）使得这一税种在1766年被废除，但是同时又出台了一个《报关法案》（Declaratory Act），它违背欧洲移民所宣扬的“无代表不纳税（No Taxation without Representation）”原则，明确地确认了英国议会在其所不能代表的美洲殖民地的

立法权。但是它所确认的所谓“可能的代表”对于欧洲移民来说绝对是不适合的。他们愿意像苏格兰一样把自己的议员派往威斯敏斯特（Westminster），而不是像爱尔兰那样被当作仆从国。照此办理的还有 1767 年获准的所谓《汤森税收法案》（Townshend Duties）——对茶叶、玻璃、铅、颜料和纸等征收的进口关税。同样，这种税收也在极为有效地抵制进口的行动后于 1770 年被废除，但是茶叶关税作为帝国主权的象征依然存在。

各种法律据说并没有给殖民地造成明显的税务负担。新税种更多地涉及政治问题而非经济问题，因而遭到了各地议会的一致抗议。1765 年甚至有九个殖民地特使在纽约举行印花税法大会。1768 年为了支持海关官员，英国军队甚至登陆特别不安定的波士顿。与民众的不断纠纷在 1770 年终于造成了有五人死亡的武装冲突，它被塞缪尔·亚当斯（Samuel Adams）这样的反英宣传家渲染成了“波士顿大屠杀（Boston Massacre）”。

1773 年，《茶叶法案》（Tea Act）成了情绪的宣泄口。在 570
这里，大英帝国与全世界的关联及其相当的临时性特点变得明显了。美洲的印花税失败后，英国政府尝试通过压榨东印度公司来弥补财政亏空。但是 1772 年，东印度公司自身也入不敷出，所以东印度公司可以在航运法律的豁免下暂时不通过母国而直接向美洲运输茶叶。在美洲，茶叶也是一宗好生意，尤其是经济封锁使得它的价格提高了。1768 年，82 家进口商给波士顿运进了 942 箱茶叶，1770 年只有 22 家进口了 167 箱。经济封锁结束之后，1771 年又有 103 家进口商进口 890 箱茶叶。而东印度公司的茶叶尽管加上关税，却甚至仍然比走私茶叶便宜。这不仅触及业已存在的利益，而且以这种方式威胁到了民众对茶叶关税的容忍。这便导致在波士顿和纽约，化妆成印第安人的激进分子把342个箱子里的茶叶从船上扔进大海——这是一次有目的的挑衅。伪装印第安人既可以不被认出，又对英国显示了美洲身份的认同。

英国议会在1774年以一系列法律予以回应，它们被称为“强制法案（Coercive Acts）”，而美洲人称之为“不可容忍法案（Intolerable Acts）”。这些法律首先是针对马萨诸塞的。波士顿的港口被封锁，总督和其从现在起由王室任命的委员会的权力扩大了，本地的国民会议被尽可能地取消，对其他殖民地以及母国的迁移诉讼被批准。这一切将会导致什么，美洲人可以从同时期的《魁北克法案》（Quebec Act）中看出端倪。该法案既没有预定这个1763年获得的殖民地按照法国模式成立国民大会，也没有预定其成立刑事陪审法庭，并且甚至允许人们信仰“宿敌”天主教。此外，魁北克未来不仅继续拥有圣劳伦斯河两岸地区，还拥有包括大湖群周边直至密西西比河和俄亥俄的所有土地，拓荒者和投机者们的贪婪目光早就关注着这块土地了。

双方现在都保持着对纠纷的控制。王室管理部门被搁置，并理所当然地被移民大会和主要由来自立法会议圈的移民组成的委员会取代。1775年到1776年，总督们最终引退。根据立法会的提议，1774年在费拉德尔菲亚召开了首次大陆会议，它决定了对英国贸易的封锁，并计划了如果在此期间不提出补
571 救行动的话，下次会议将于1775年举行。关于完全脱离英国的思想尚未占上风，占据更多优势的是与后期英国的自治领状态相适应的观点。英国议会对美洲的管辖权被否认，但英国国王的有限主权仍然得到承认。然而，英国议会上下两院始终坚持国王和首相腓特烈·诺斯（Frederick North）的不妥协强硬政策。

此间，马萨诸塞由托马斯·盖奇（Thomas Gage）将军领导

下的军政府接管了政权，但在该地整军备战之时，波士顿却受到限制。拔除叛军在康库尔德（Concord）的武器库的行动于1775年早春在列克星敦（Lexington）和康库尔德酿成武装冲突——战争来临！马萨诸塞开始建立民军部队。

美洲人关于英国统治圈密谋建立凌驾在殖民地之上的“僭越政治”的怀疑对于这场争论具有重大的机能意义，尽管现实的内容有限，但并不缺少客观的基础。因为当时的英国寡头政治以日渐排他的、非意识形态的犬儒主义和金融政策的实用主义为特征，明显地在更大规模上谋求对殖民地的统治，而不是在经济政策方面进行协调。这一点与不断增长的猜疑正相吻合，即欧洲移民们正谋求自我独立。在某些方面，它导致了殖民地立法会与下议院之间的对抗：前者把自己类比为下议院并且据此要求相应权力，后者则坚决地坚持帝国的寡头政治以及在这种情况下实际上并没有行使代议制的君权统治。

顺便提一下，这一要求绝非由来已久。因为在英国看来，这是过去议会与国王特权之争的一部分，也就是说“国王会同枢密院（King-in-Council）”可以撇开议会代为行使这些权力。殖民地直至此时一直被看作国王特权的一部分，虽然议会长期以来在法律上控制着贸易，但是现在议会颁布的是涉及殖民地的精神生活和居民钱袋的法律。如果说1763年西方的领土关系还是由王室所操控的话，那么1774年《魁北克法案》是完全有意识地补充了类似内容。非常典型的是，自1760年代以来，殖民地不再向议会，而是向王室递交呈文，以此来强调其应被视为王室而非议会的臣民。甚至《独立宣言》也部分 572
地遵循了这个观点。

当英国出现的激进运动对建立在非官方关系上的议会寡头政治提出批评并谴责它腐败时，美洲人对于僭越政治威胁的担忧加剧了。相反，英国的统治阶层则倾向于把叛逆的美洲人与母国反叛的暴民视同一律。难道在美洲人中间的英国下层就应被用于杀鸡儆猴吗？这个问题罔顾了这样的事实：与欧洲移民们的想法相反，英国所有阶层的舆论一致拥有本能的殖民主义的优越感和主人翁意识。富兰克林 1767 年在伦敦这样写道："在英国，每个人似乎都自认为是美洲统治者的一分子［……］并且在谈论殖民地的'我们的奴仆'。"美洲人被认为是只拥有少数权利的英国二等公民。终于，英国在爱尔兰的政治体制现在在美洲有了一个早已可以类比的政权。

这个观点导致了英国在美洲的领导毫无疑问地违背了在英国必须小心翼翼地遵行的原则：公民财产不可侵犯，征税必须经当事人或其代理人同意；法庭审理必须有陪审团参与；和平时期不维持常备军。因此，效仿 17 世纪英国革命的美洲革命出现了，因为美洲人要捍卫英国人当年通过战斗而取得的权利，但是英国人却想要削弱或者干脆剥夺欧洲移民的这些权利。去殖民化程序是建立在运用母国的政治文化规则反对这种规则迄今为止唯一的所有者的基础之上的。这个结论具有普遍意义吗？

在此情形下，对美洲政治思想体系的建立产生重大影响的主要不是约翰·洛克的理论，而是英国的一种更少被接受，并因此也鲜为人知的所谓"国家哲学"，或者说是"老辉格党的"或"真辉格党的"——在革命时代，极端主义分子早已借此将自由传统继续发扬。为期一年的议会、职位的轮转、严格的权力分配、承担职位者进入议会的不可选择性、民军部队代替常备军等都是最重要的要求，他们想以此来预防暴政。怀着完全无法平息的对国家权力增长的猜疑，他们将损害传统自由的苗
573 头判断为极端危险的。所以必须防备这些苗头，这也正是美洲人的信念。

然而这个思想体系在英国和美洲都与 17 世纪先驱者们的思想相反，拥有显著的自以为是和保守的特点。这里所说的自

由，仅仅是有产者的自由，更准确地说就是土地所有者的自由。到达一定程度时，这种自由就是农业社会针对孕育着现代化的领域的防御策略。在美洲不仅出现了后来在去殖民化进程中所发生的现象，即谋求解放的殖民地精英们接受了似乎是最激进的，但在母国的社会状况下已经过时的思想体系，而且这也是由农业主导的社会面对快速发展的经济和政治力量的一种自我保护。正如 1688/1689 年的雅各布二世一样，现在君主作为革命者出现，镇压合法的反抗甚至成了他的义务。从这一点上说，美洲的革命被看作一种保守运动，是对在母国的变化的反应，这种革命不会带来预想的革新。

反抗的手段包括签订协议和自觉承担抵制英国贸易的义务，为此，有时候会很典型地用到一个令人敬畏的词语：盟约（covenant）。此外还出现了针对某项措施的暴乱（riots），社会下层参与政治时很容易失控的行动，以及对所有准备与英国合作的力量的恐吓，甚至赤裸裸的恐怖行为。因为这种对现政权忠诚的人据说至少还占到了整个社会的三分之一。

在组织形式上，人们拥护现有的结构：议会、城镇会议和政治俱乐部。1765 年新成立的积极分子组织“自由之子（Sons of Liberty）”与传统的团体有了联系。在费拉德尔菲亚，他们由志愿消防队组成。甚至在战略上具有决定性意义的通讯委员会（Committees of Correspondence）也是其发起人塞缪尔·亚当斯于 1772 年从公理会组织复制而来的，通讯委员会的职责是进行原则上相互完全独立的各个乡镇之间的协调工作。现在它们作为领导的主管机关代替了被总督们解散的议会，而它们常常由这些原议会成员组成。在革命的进程中，监督和安全委员会对它进行补充，而这些委员会由相同人选组成的情况并不少见。权力制衡建立起来了，居民受它的监控，也由它来动员。

动员是完全有必要的，即使毫无疑问存在着一个由一些对 574

英国怀有忠诚的群体所共有的批评性的基本共识。但是反对行动的积极参与者却常常是少数。此外，这场运动还远远不如它想让我们看到的那么团结一致。社会经济的利益使得精英们和大众的态度截然不同。通常现存的统治体系挫伤了上等阶层中奋发向上的家庭的权力欲。马萨诸塞重要人物圈对副总督托马斯·哈钦森（Thomas Hutchinson）的排他主义的怨恨表达了明确的态度。人们甚至声称，美洲革命的根本原因是18世纪上半叶纽卡斯尔公爵短视的资助政策，作为主管部长，他为了英国人的利益，通过这项政策把美洲人从他们国家的肥缺神职中排挤出去。如果说除了深受母国举措之害的马萨诸塞，还有弗吉尼亚走在这次运动的最前列的话，那么这可能与英格兰人和苏格兰人中的精英们声名狼藉的负债状况有关。在经济停滞的马萨诸塞，民众尤其倾向于有攻击性的爆发，而繁荣的宾夕法尼亚连同那里温和的贵格会信徒则表现得更为克制。还有普通的革命追随者也希望他们的状况有所改善。如果纽约的租户和南北卡罗来纳后方地区的居民宁愿成为对现政权忠诚的人的话，那么这就可能不仅是对现状表达满意，而且是针对纽约和卡罗来纳的爱国精英们对这些小人物进行剥削的一种反应。难道英国竟是这里的穷人的希望所在吗？

但是，这场运动不能被弱化为一场社会经济利益冲突的运动，它显露了被激发的意识形态的，甚至是宗教的观点。1773年至1777年，在革命的催化下，新英格兰传统的千禧年主义经历了一次“井喷”，据说它还催生了革命人民的美好的政治愿望①。法国和印第安的战争被寓意为反对教宗的末世决战。因

① 在新英格兰殖民地时期，千禧年主义末世论被广为接受，有观点认为，人们普遍存有一种对千禧年的渴望、对基督降临的期待，这种观念成为早期美国社会革命和改良的一种动力，塑造着美国社会的神学、政治和思想伦理。——编者注

为法国人信仰天主教而与印第安魔鬼们结盟。这种音符在革命中率先被奏响：真正的新教徒反对英国的“类罗马天主教（Quasipapismus）”——直到法国人成为革命的决定性的同盟者。甚至在马萨诸塞，反罗马天主教运动迅速蔓延开来，直到不得不承诺对波士顿的天主教教徒给予有限的容忍。而反对英 575
国圣公会的清教徒们的反感情绪依旧未变。早在革命之前，他们就有意识地阻止了美洲主教管区的建立。在 307 个圣公会牧师中，有 128 个属效忠派，其中 100 多个是好战者，但还有 120 个是爱国者。

“爱国者”是对美洲的自由斗士的时代称谓，另外他们还越来越频繁地被叫作“美洲人”。但是正如人们所说，他们为之奋斗的自由首先与独立绝非一致。冲突暂时被看作英帝国内部的纷争。独立战争和战争的国际化才导致了疏远。因为他们作为美洲人而拥有的特征原本与不列颠帝国的社会下层是完全可以兼容的——只要帝国还是那个熟悉的不列颠帝国。旧欧洲政治反抗的古老模式还在长期使用着，它使得统治者未被触及，而仅仅是假装与他糟糕的参议和部长们进行了斗争。然而欧洲的这个模式已经两次被打破：1580 年在尼德兰，费利佩二世的统治结束，1649 年在英国，查理一世被处死。

当 1775 年第二次大陆会议在费拉德尔菲亚召开之时，独立尚未被列入议程，而是与英国达成谅解。一个刚刚移民的对英国社会充满仇恨的英国人托马斯·潘恩（Thomas Paine）在 1776 年出版的小册子《常识》（*Common Sense*）上发出了建立独立共和国的呼声，这个小册子在三个月内就卖出了 12 万册。在人口为 220 万的白人那里，每 4 个男人就拥有一册。一直积极推动独立的议员小团体在大陆会议上终于获得了成功，这首先归功于拒绝国王的谅解尝试［议会的“橄榄枝请愿书（Olive Branch Petition）”］和支持议会的强硬路线（1775

年的下议院辩论）。此外，其他的内外政策考虑也发挥了作用。此时正是立刻将正在解体的政治制度建立在一个新的合法性基础上的时候，因为革命者都是有财产意识的保守分子。出于这个原因，1776 年 1 月 6 日，新罕布什尔制定了新宪法，不过只是临时的。但这一限制没有被包括在 5 月大陆会议的推荐议
576 程中。在此议程中，所有殖民地被劝说采取相同做法。独立最终成为赢得外部反英同盟者——尤其是法国的唯一途径。

在 4 月实行反对英国重商主义的自由贸易之后，1776 年 7 月 4 日由托马斯·杰斐逊（Thomas Jefferson）起草的美洲十三合众州的《独立宣言》（这个概念也出自托马斯·潘恩）经过大会（纽约弃权）个别修改后一致通过。其中，关于自然权利和神圣权利是这样描述的——

> 下列事实我们认为是不言而喻的：所有人天生而平等；他们被造物主赋予了一定的不可转让的权利；还有生活、自由和追求幸福的权利；为保障这些权利，政府成员必须在经由被领导者同意而获得相应权利的人当中任命；当某种政府形式表明不利于这些目标达成时，人民有权改组、废除和任命新政府，在此基础上组建新政府并对其权力形式进行安排，直至人民认为其能够提供安全和幸福的保障。（Adams 1976，262）

紧随这个具有启蒙意味的前言之后，是对乔治三世所谓尝试的详细阐述，即他通过对权利的各种蔑视，最终通过对其臣仆的战争，试图在美洲建立专制统治——这番论证可以追溯到 1649 年和 1580 年的事件，甚至追溯到中世纪的欧洲反抗传统。很典型的，这里根本就没有谈到议会，只是在最后遗憾地向英国兄弟宣战，因为他们受到暴君的支持，对要求平等和强

调血亲关系的声音充耳不闻。合众国想以此来免除对英国王室的忠诚义务并在将来独立。

这个文献在细节上，或者至少凭借其政治哲学，成了历史上谋求建立国家的分离主义者追捧的典范，到 1826 年为止已经有过二十次效仿。在那之后，追随者的名单还能变得更长，包括 1948 年的以色列、1965 年的罗得西亚（Rhodesien）、1991 年的斯洛文尼亚和克罗地亚，当然，还有 1860 年的南卡罗来纳等。

但是独立的军事行动最初却不尽如人意。美洲人不能靠自己的力量，而只有凭借着适宜的世界政治局势，具体说是依靠与英国的宿敌法国结盟才得以获胜。尽管英国人不得不使用了 3 万名被他们的侯爵出售[①]的德意志黑森地区的雇佣兵，但是 577
他们的行动如此成功，以至于 1776 年底的革命事业相比之下就像是一个失败。出于社会保守动机而拒绝游击战的乔治·华盛顿试图模仿欧洲方式进行战争，至少将他的大陆军队塑造成普鲁士和法国那样具有严格等级的形象。但是大陆军队领取着正在贬值的纸币，没有一直获得出于居民自愿的良好供应。而英国军队用硬通货支付，控制着海外补给，并且在国内还能强征其他所需。但是这场战争自从法国参战就尤其成了不列颠群岛的巨大负担，并激起了爱尔兰的自治诉求等政治反响。

这场战争原本就是一种奇特的混合物，混合了革命、国内战争和有着欧洲旧政治制度风格的战争。另外，它还是一场殖民战争，或者用今天的话来说是帝国主义战争，更确切地说是第一次去殖民主义战争（Dekolonisationskrieg）。它以其两面性区别于此后的战争，即它不只是反对殖民主人们，而且以

---

① 一篇匿名的法文讽刺信函《黑森佣兵的销售》（*The Sale of the Hessians*），据说作者为本杰明·富兰克林，指出黑森佣兵指挥官希望更多麾下士兵死亡，如此他便可获得更优厚的补偿。——编者注

强硬的种族态度反对其印第安盟友。在切罗基人于1776年，易洛魁人于1778年参与英国方面的进攻后，前者于1777年丧失其大部分土地，后者于1779年被逐步消灭。但是，这场经常以游击战形式进行的反对效忠英国的保守党人的内战对一种消弭边界的、总体化的新型作战方式作出了贡献。

当1777年10月在哈得孙河边的萨拉托加（Saratoga）附近成功地迫使一支英国军队投降之时，这第一次伟大胜利促使一直暗中支持美洲人的法国于1778年公开走向战争。西班牙和尼德兰在随后的几年也参战了。这不仅加强了美洲人的力量，而且把英国军队从那里的战场上调走。1781年，美洲和法国陆海军协作，又迫使康沃利斯侯爵（Lord Cornwallis）率领的英国军队在切撒皮克湾的约克镇（Yorktown）缴械投降。事实上此役是这场战争的最后一战。新的英国政府同意进行谈判。

1783年的《巴黎条约》（Frieden von Paris）[①]确认了美利坚合众国获得独立。大湖群和密西西比河应该构成其领土边界。各国被阻止为亲英国政权的效忠者们恢复名誉——这是美国历史上的黑暗一页，因为这些人常常被迫害，甚至遭到公开
578 羞辱和折磨。在南北卡罗来纳等效忠派大本营所在地，革命具有了一种内战的特性。那里有19000名效忠者为英国而战，有6000~10000人离开这个国家前往西印度群岛、加拿大或者返回欧洲。据说他们中间除英国官员外，大部分都是那些没有融入美洲社会的人。据称，三分之二的效忠者不是在美国出生。其中2291人从英国总共拿到300万英镑，这是他们所要求的赔偿款的37%。美国国会恳请各国归还被没收的财产。

1776年至1780年，在所有的州（除具有传统的法人性

---

① 1783年9月3日美国与英国在巴黎签署的和平条约，也译作《巴黎和约》。——编者注

质的康涅狄格和罗得岛外）都有了新宪法或者确定了基本法声明。虽然有着共同的民主原则，但是唯独在宾夕法尼亚出现了受西部农业影响的极端平均主义趋势，虽然也只是短暂地维持到 1790 年的宪法修正案。原先在这里以及在贵格会信徒早期的宪法草案中，都规划过一个一院制议会的孱弱的选举产生的行政机关。

从 1777 年的国民代表大会到 1781 年由合众国制定的《邦联条例》（Articles of Confederation）都更倾向于在国家层面上建立国家联盟而非联邦国家。只有在明确的转让出来的权力上，邦联才具有权限，尤其是在外交政策和印第安人政策以及铸币方面。但是它既不具有独自的税收，也没有可能对各州实施联邦的决议。邦联甚至不能在军队解散时为其支付拖欠的军饷。一种是具有强权意识的国家主义，它尤其产生于军队军官中间；另一种是对共同的对外经济政策的需要，这种需要在战后萧条期显得尤为迫切；此外还有精英们对于过多的民主，以及对于威胁到秩序和财产的民众的政治影响力的恐惧，这种影响在战后的各种事件中都似乎出现过［特别是在马萨诸塞的谢司起义（Shays' Rebellion）中］……所有这些都迫使国家宪法作出更加强烈的中央集权化的修订。

这样，根据几个寻求解决紧迫问题的州的提议，他们在费拉德尔菲亚召开了制宪会议。1787 年，它在不公开的情况下制定了一部新的联邦宪法，宪法于 1788 年经过各州的深入讨论后获得通过。大会没有正式文件，这使得人们对该宪法的 579
产生的解释有了很大的发挥空间。有观点认为它或多或少参照了瑞士的模式。然而，宪法达成妥协的代价是继续容忍奴隶制度，只是在自 1808 年停止对外奴隶贸易这点上达成了一致。

至此，近代史上第一个真正的联邦制国家诞生了，这个国家具有一个严格的分权体系和代议制原则，这个原则允许人民作为虚构的主权人（fiktiver Souverän），但只在选举时发挥影响。宪法的缔造者之一詹姆斯·麦迪逊（James Madison）早就指出，联邦权力的使命在于为了政治体系的稳定而行使以前由英国王室行使的监督职能。在保守的英国宪法理想的意义上——尽管不是在真实的英国宪法的意义上——人们可以把总统理解为“有任期的国王”。只是从1951年开始，才规定总统只能连任一次。通过建立一个稳定的新国家，第一次去殖民化的进程结束了，正如人们很快看到的，这个进程取得了极大的成功。新政体的建立经过了联邦宪法和接下来的认可程序，而使人们在感性上认识新国家的，是不属于任何一个联邦州的、理性构建的联邦制国家的首都华盛顿。在某些方面来说，这个国家为以后其他国家的建立树立了典范，尽管那些国家的奠基人并没有明确地把它树为榜样。因为在美国也同样，民族的形成源于革命和国家的形成，而不是相反，然而原型民族的（protonational）文化共性理所当然地存在，并指引了国家产生的路径。

新的民族从旧的民族那里继承了帝国主义。因为单个的殖民地对于它们边界以西的地域而言，都曾经是富于侵略性的“小帝国”，它们现在以损害原住民为代价，为了继续共同推进扩张而联合起来了。在这里，普通人也可从革命的成果中获得利益。尽管成功地发动了群众，但是以下这种观点似乎并非完全错误，即仅有少数欧洲裔的男人从革命中获益，并且相应制造了对革命的选择性的回忆。屠杀印第安人的刽子手成了民族英雄。有许多站在革命一边战斗的非洲奴隶获得了自由，或者作为黑人效忠者来到了非洲的塞拉利昂。1777年至1804年，在北方各州废除了奴隶制。但是在南方，奴隶制反
580 而更加尖锐化了。正如人们所说，在联邦层面上直到1808年才终止了对外奴隶贸易。相反在1787年，只有在规定南方州

议员人数时，南方的奴隶人口才不得不被关注到，然而这些人恰恰不属于被代表的群体——真是一条自揭短处的悖论！但是只有“创造一个统一的民族”才有可能建立稳定的民族联盟。因此，从建立在道德和共同富裕要求基础之上的“准等级的（quasiständisch）”共和国向以平等竞争的个体利益为基础的共同体的过渡开始了。在古老的道德经济（moral economy）之地出现了市场经济。与此相应，美洲人的自我认识和自我描述也发生了变化。

海地岛上的革命

以前人们有意忽略了海地（Haiti）美国黑人奴隶的成功革命，它是紧随欧洲拓荒者在北美洲的第一次反殖民运动之后的第二次反殖民运动，也是非洲的殖民统治尚未被推翻时的第一次有色人种的去殖民化。近期——特别是从2004年海地独立纪念日以来——学界出版了大量的有关文献，2008年出版了此项研究的专著《海地的转折》（*Haitian turn*）。19世纪不仅有海因里希·冯·克莱斯特（Heinrich von Kleist）1811年对海地革命的关注和研究，还有阿尔丰斯·德·拉马丁（Alphonse de Lamartine）1850年出版的一部诗体剧，它以可信的理由强调，格奥尔格·威廉·弗里德里希·黑格尔（Georg Wilhelm Friedrich Hegel）在《精神现象学》（*Phänomenologie des Geistes*，1807年）中关于主奴辩证法的著名讨论受到了海地事件的启发，根据黑格尔的观点，一个人在没有其他人作为其奴仆的情况下是不可能成为主人的。到了今天，人们的兴趣反而与当时较为罕见的乌托邦视角关联密切，这个视角看到了不久前才开始被宣扬的人权在海地革命中，通过——同时也是为了——“这个地球上该诅咒的”非洲裔美国人而首次得以全面实施。但是在这里与之前在北方和之后在拉丁美洲一样，与大都市的政治交互影响也产生了启发，因为这是法国革命在殖民地的翻版。

581 加勒比的英属岛屿也不安宁。早在1651年，在巴巴多斯就听到了“无代表不纳税”的口号，因为这里的欧洲移民和北美洲人一样赞同这一思想。但是他们比北美洲人更依赖英国的政治和军事保护，许多人无论如何都把英国视为他们的故乡。但是这里也不缺少想要反叛的奴隶。有数百个种植园和据说超过10万名奴隶参加的1760年牙买加大起义被维持秩序的部队勉强镇压了下去，但直到此时仍然缺乏发生在圣多曼格的那种法国大革命式的动力。

伊斯帕尼奥拉岛（Insel Hispaniola）于 18 世纪末分裂成如今的两部分，一个是较大的东部的西属圣多明各（spanische Santo Domingo）[①]，有 12.5 万人口（50% 为白人，40% 为自由有色人种，10% 为奴隶）；另一个是西部的法属圣多曼格（französische Saint Domingue）[②]，那里生活着大约 50 万名奴隶、4 万名白人、3 万名自由黑人和穆拉托人。与西属部分的粗放松散经济模式不同，法属部分实行的是供应欧洲市场的资本和劳动集约式的蔗糖和咖啡大生产。1788 年共生产了 1634000 公担（每公担约合 48.9 公斤）蔗糖和 682000 公担咖啡。棉花和靛蓝属于次要产品。虽然蔗糖种植园只占总种植面积的十分之一，但是其产量最大，因而其所有者也是最重要的。

奴隶们遭受着残暴的统治，因为短命而必须不断更换。他们中的大部分在非洲出生，因而尚不能完全适应这里的制度。1783 年以后运进了 23 万名奴隶。在社会的其余部分，在富足的种植园主与普通白人、手工业者、商贩、看守人和其他劳动者之间，在白人与自由的有色人种之间，在穆拉托人与被释放的奴隶之间充斥着紧张气氛。1784 年到 1788/1789 大旱之年的供应危机激化了矛盾。除了服从于母国经济利益之下的重商主义，这里还存在着君主制中央集权官僚对政治权利的剥夺，当地的种植园主寡头政治要求维护自我管理和贸易自由，普通白人则不时地揭竿而起。

---

① 1502 年，伊斯帕尼奥拉岛正式成为西班牙殖民地，被命名为“圣多明各”。——编者注

② 1665 年，法国政府声称西班牙岛西部三分之一是法国的殖民地，称为“圣多曼格”，又译“圣多明”。——编者注

看起来母国的革命首先迎合了这个形势。1789年巴士底陷落之后，种植园主寡头们组织了不合法的殖民地大会并使其议员获得了“第三阶层（Tiers Etat）”的承认。有些
582 种植园主反正经常不在庄园而生活在巴黎、南特或者波尔多（Bordeaux）。自由的有色人种和穆拉托人同样有他们的代表，并向国民大会要求政治平等，但是要与奴隶有明显区别，而从1788年成立的黑人之友协会（Société des Amis des Noirs）行列中走出来的奴隶们的代言人还没有行动起来。圣多曼格的白人以大规模屠杀穆拉托人作为回应。当国民大会为了简便起见先宣布它对殖民地问题不负主管责任时，穆拉托人樊尚·奥热（Vincent Ogé）和让－巴蒂斯特·沙瓦纳（Jean-Baptiste Chavannes）进行谋反，这一谋反被极端残酷地镇压了。接着公众舆论反转，1791年国民大会给予了那些父母为自由人的自由有色人种完全的公民权，这一点更加剧了岛上白人的厌恶情绪。

在这一糟糕的形势下，1791年8月在北方省爆发了规模巨大的奴隶暴动。领袖是逃亡奴隶布克曼·达迪（Boukman Duty）[①]。由于北方、西方和南方省份被山脉分隔，起义基本上没有波及整个殖民地。在北部殖民地的8000个种植园中，有1000多个被付之一炬，其间有大约2000名白人和10000名黑人被杀，其中部分人被以异常恐怖的手段屠杀。国民大会愤慨地取消了对自由有色人种的承认，这使得他们与白人之间永远不可能取得一致。

起义的奴隶分为不同首领统领下的不同群体，这些首领中的一部分也在相互争斗，因此他们的目标也大相径庭。有些人和先前人民起义的参加者一样相信“好国王”（他真的想要改

① 原文人名疑拼写有误，应为Boukman Dutty。——编者注

善奴隶的状况，而奴隶们并不知情），他们被革命者看作与旺代省（Vendée）保王党的起义者相同的人。他们迟疑地，并且只是为了自己的群体提出自由和人权的要求，尽管有些奴隶肯定已经听说过人权了，因为1789年，他们中间就出现了革命的“巡回布道者”。

在雅各宾派的监督下，国民大会于1792年又改弦更张，重新保障自由有色人种的公民权，并派遣具有专制代理权的全权代表和6000人的可靠的共和国军队上岛，该岛此刻被认为是母国的组成部分。在这种情况下，依靠穆拉托人的帮助，这些全权代表致力于挫败白人反革命和自治主义分子。奴隶制仍然被正式地保留下来。当1793年英国和西班牙向大革命的法国宣战的时候，这些白人的一部分与同年占领岛屿西部和南部 583
部分地区的英国人结盟。而起义的奴隶则倒向了西班牙。

在他们中间，被奉为有才能的军事家、政治家和组织者的弗朗索瓦－多米尼克·杜桑·卢维杜尔（François Dominique Toussaint Louverture，1745~1803年）成了主要的指挥官，并把这支队伍打造成了尚算训练有素的军队。他出生在当地，原本属于家奴中享有特权的一族，并以这个身份成为热心的天主教徒。他于1776年获得自由身份并最终成为咖啡种植园主和奴隶所有者，他始终在白人和黑人的两个世界之间活动。在黑人中他被赞为精通医道的人，因为他能够在起义者面前救治他的前主人。

当这些受到各方面排斥并由于英国的海上霸权而被切断补给的全权代表的士兵相继死去的时候，他们试图通过有目的地释放奴隶来获得支持，这是一种在北美洲被证实卓有成效的策略。最终，全权代表、奴隶制坚定的反对者莱热－费利西泰·松托纳克斯（Léger-Félicité Sonthonax）于1793年夏天宣布，解放北海地的全部奴隶并使其成为共和国的自由和平等的公民，这是历史上首次无条件地、彻底地和直接地废除奴隶制度！他的同僚之后也在西部和南部效法了他。在极端化过程中，法国的雅各宾派把第一批美国黑人接纳到他们的阵营。1794 年 2 月 4 日，被圣多曼格选入国民议会的路易·迪费（Louis Dufay）成功地使国民议会以鼓掌欢呼的方式全面废除了奴隶制度。虽然据称在 1793 年仍然有 1 万名奴隶被运输到法属殖民地，但人们还是为如此多的自由、平等和友爱而相互庆祝。但是这些措施据说也与乔治·丹东（Georges Danton）的反英政策极为相符。

杜桑·卢维杜尔带领他的 4000 人投向法国方面并迅速接管了政治领导权。他成功地赶走了西班牙人，后者于 1795 年与法国签订了和平协议，并退出圣多明各。据说英国人在丧失了 2 万人之后，在 1798 年也放弃了他们的最后一个根据地。法国的五人执政内阁在 1796 年迫不得已任命杜桑·卢维杜尔为副总督，1797 年任命他为总司令。但是，被他挫败的法国特派代表煽动南方的穆拉托人反对前奴隶们。一场残酷的战斗之后，玛拉顿人于 1799 年至 1800 年被打败，而这场战斗的指挥官
584 让－雅克·德萨林（Jean-Jacques Dessalines）被称为残暴至极的屠夫。1801 年，这个岛屿的曾归属西班牙的东部被占领。

杜桑·卢维杜尔为整个岛屿创建了一部独裁的总统制宪法，这部宪法赋予他终身统治权，而法国仅保留主权，他在国际政治舞台上应付裕如。黑人的军事专制和白人的经济专长结合产生了新的经济繁荣，这对军队的供给尤为必要。但是由于被解放的非洲人宁愿作为小农谋生，他们被迫从军队转到重新建起的甘蔗种植园从事劳动，暴力惩处如影随形。人们甚至考虑了重新许可奴隶输入以弥补劳动力欠缺。反抗没有停止，但一再被镇压。直至 1830 年代，杜桑·卢维杜尔的继任者才放弃了这一政策。海地仍然是一个小农之国。带着这种限制，杜

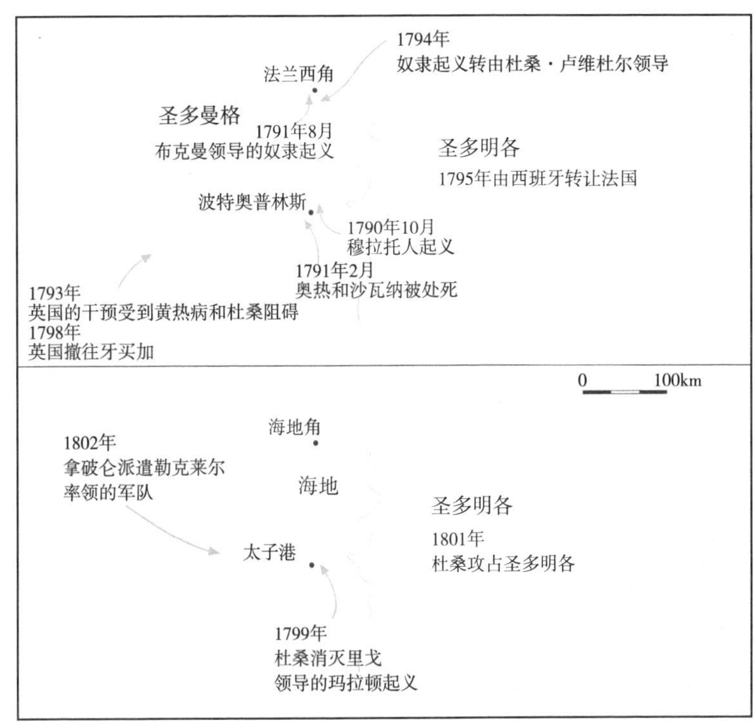

插图 61　1790~1798 年和 1799~1804 年的海地革命

桑治下还是逐步产生了法治国家的状态。种族纠纷平息下来。

作为法国新主人的第一执政拿破仑·波拿巴完全站在了前种植园主一边。他的第一任妻子约瑟芬·德·博阿尔内（Joséphine de Beauharnais）出身于一个为圣多曼格生产物品的克里奥尔种植园主家庭。拿破仑利用《亚眠和约》（Frieden von Amiens）之机，把他的妹夫夏尔·维克托·埃马努埃尔·勒克莱尔（Charles Victor Emmanuel Leclerc）和 4.4 万人派到了西印度群岛。杜桑被打败并押往法国，1803 年他在法国作为囚徒被关押在庞塔里尔（Pontarlier）以南的尤科斯城堡（Joux），并凄惨地死在那里。当在其余法属岛屿重新实行奴隶制度的消息传到圣多曼格的时候，新的战争爆发了，其间由于2.9万人及其司令官感染黄热病，军队遭受巨大损失而无力再战。一场双方都认为具有种族灭绝性的谋杀式的决战之后——勒克莱尔本人也向拿破仑建议消灭非洲人——其余的法国军队不得不在1804年向英国人投降。

获胜的非洲人在1804年1月1日宣布岛屿的西半部以印第安名字“海地”独立。据说，海地的独立宣言的撰稿人当时曾宣告：“我们需要以白人的皮肤作纸张，以他们的头颅作墨瓶，以他们的血作墨水，以他们的刺刀作笔。”（Manning 2009，148）在法国大革命中虽然也有过类似的格言，但海地皇帝让-雅克·德萨林（1804~1806年在位）毫无疑问是以拿破仑为榜样的，宣告自己为“新世界复仇者”——这个概念此时已经成为一个固定概念，而他实际上在1804年3月的一场
585 种族灭绝中就已经杀光了剩余的白人，这是逆向的种族主义的胜利！而那些人们可以利用的德意志人和波兰人（虽然后者还在勒克莱尔的军队中战斗过）被宣布成为黑人共和国的公民。1791年到1803年可能总共有20万人丧命，超过当时总人口的三分之一。

1806年，这个国家分裂为南部的一个穆拉托共和国和北部的一个非洲人王国，直到1820年重归一统。岛上先前的法属东部经过1808年的一场人民起义，重归西班牙殖民统治之下。1821年它宣布独立，但到1844年又被海地吞并。之后，多米尼加共和国成功地从海地分离，形成了今天的格
586 局。法国直到1825年才承认海地的独立，条件是1.5亿金法郎的巨额赔偿款，1838年削减到了9千万金法郎，彼时国家收入估计为每年3千万金法郎。在法国战舰的威吓下，海地同意并在巴黎接受了贷款。这个到1867年应该给付的五笔分期付款直到1883年才终于付清。19世纪，这个国家

一直处于法国的非正式控制下，很早就发生了后来所说的新殖民主义（Neokolonialismus）现象。但是，1825 年开创了新世界的第二个独立国家，即第一个后殖民时期有色人种共同体获得国际承认的肇始。随后，英国、尼德兰、丹麦、瑞典和比利时迅速宣布承认。其他国家则犹豫不决了更长时间。梵蒂冈直到 1860 年才承认，因为德萨林自封为宗教首领。美国（只要您想想“说法语的黑鬼”就清楚了）则直至 1862 年才承认，因为亚伯拉罕·林肯（Abraham Lincoln）希望能够将美国黑人驱逐到那个地方。去殖民化虽然成功了，但是其后果直至今天仍未克服。可以说，去殖民化的进程尚未完结。

伊比利亚美洲的革命和去殖民化运动

伊比利亚美洲似乎缺乏像圣多曼格那样的极易爆发的社会因素，也缺少英裔美国人那样的自由传统。长期以来，人们习惯了独裁统治。所以，殖民地的精英们与母国的疏远尽管与北美洲的情况非常类似，但走得并不远，以至于这里被一些人追求的独立也只能算是迈出了第一步。这个事实证明了这一点：委内瑞拉军官弗朗西斯科·德·米兰达（Francisco de Miranda）从自己的经验出发来认识欧洲、北美甚至是法国大革命，并于 1806 年试图通过一次在其祖国的登陆行动来进行反抗西班牙的起义。这次行动由于缺乏支持而失败。为了也启
587 动这里的去殖民化进程，他们需要拿破仑的进攻导致的母国崩溃所产生的巨大推动力。有时候甚至给人以这样的印象：这里发生的事情更像是权宜之计。巴西的道路和西属美洲的道路有天壤之别。

当 1807 年法国和西班牙共同进攻葡萄牙之时，摄政王［自 1818 年为国王若昂六世（Johann VI）］1808 年在英国舰队保护下将其君主国迁往里约热内卢。有 1 万 ~1.5 万名领导阶层成员跟随着他，由于葡萄牙被敌方占领，王室出于自我保存的考虑不得不断绝与母国的重商主义联系。1808 年就开放了贸易和手工工场的建立，并成立了一家中央银行。但是自由贸易的意义只不过是之前走私活动的合法化和证明了对于统治海洋的英国的依赖。1810 年，英国收到了一个带有优惠条件的协议书，它同意英国对巴西市场的实际控制延长至下半个世纪。1815 年，在维也纳会议的协商过程中，巴西的殖民状态结束了。这个国家被宣布为王国，并且是一个葡萄牙人和巴西人享有平等权利的统一的大西洋君主国。其王位仍暂时设在巴西。这个专制统治建立了严格集权化的管理体系，而国家由于

其农业初级产品的出口而出现了经济繁荣。除蔗糖外，主要是棉花。咖啡并不起主导作用。但是，巴西的出口必须经由葡萄牙进行，葡萄牙仍然负责产品的转卖。

相反，西属美洲的独立运动不是通过迁移，而是专制制度的崩溃以及由此产生的政权真空所引发的。1796 年以后，西班牙几乎经常处在与英国的战争状态中，而英国想利用其 1805 年在特拉法尔加（Trafalgar）期间获得的海上霸权真正地在西属美洲站稳脚跟。1806 年，英国人支持米兰达并派出 1 万人进攻长期以来对它非常重要的港口布宜诺斯艾利斯。总督逃亡了，但是由克里奥尔人和欧洲西班牙人组成的反对派在 1806 年至 1807 年两次击退了占优势的英国人，并暂时接管了政府。这一成功大大提升了美洲克里奥尔人的自信。

在卡洛斯四世政府已经被证明在美洲无能之后，1808 年，拿破仑将其赶下了台，将自己的长兄约瑟夫（Joseph 588
Bonaparte）扶上了西班牙王位。此时，英国成了反抗西班牙的同盟者，因为那里立刻爆发了一系列暴动，这些暴动都承认被驱逐的王位继承者费尔南多七世。社会等级的政务委员会（Juntas）取代了之前由法国人使用的行政机构。1809 年至 1810 年，中央政务委员会也要求在美洲进行代表选举。在美洲，从 1808 年到 1809 年，城市市政厅组成了这种政务委员会，而这些政务委员会把对费尔南多七世的承认与为他们的国家要求更多的自治权相联系，因而大部分这样的诉求被压制了下去。与西班牙相反，在美洲，正规的行政机构事实上还保持其节奏，只是暂时地向约瑟夫·波拿巴暗送秋波。

由 1810 年拿破仑对这个国家的重新占领导致的西班牙中央政务委员会的垮台成了下一波成功的独立运动浪潮的推手。这并没有受到西班牙议会的自由派的阻止。1810 年的这次议会集会是由政务委员会任命的摄政参议会作为立宪会议在加的斯召开的。而美洲的代表不能达到与他们人口数字相应的议员数，否则由1500万美洲人形成的多数票优势就会对1000万西班牙人构成威胁。从一开始就没有全体参会，也没有同时出席会议的63名“美洲人”在立宪会议中明显属于少数。由于受加的斯商行的影响，对外贸易也没有完全开放。但是对整个西班牙世界都有效的1812年宪法删除了全部的生产限制条款，保证了地方性自治和在废除宗教法庭情况下的言论自由。白人、混血儿和印第安人都获得公民权，但美国黑人不被包括在内。奴隶制度并未被触动。1813年至1814年，根据《加的斯宪法》（Verfassung von Cádiz），美洲还是重新举行了选举，这是一次民主的预演。

1810年在委内瑞拉、新格拉纳达、墨西哥、拉普拉塔地区和智利这五个主要舞台发生了革命运动，只有秘鲁与图帕克·阿马鲁时代相反保持着平静。1810年，加拉加斯（Caracas）的一个政务委员会暂时以费尔南多七世的名义从驻军最高长官手中接管了政权。但是1811年选出的议会由于实行财产选举权（Zensuswahlrecht）而由克里奥尔人上层阶级所主导，在极端爱国主义的影响下，决定委内瑞拉完全独立。除了米兰达，西蒙·玻利瓦尔（Simón Bolívar，1783~1830年）也在这件事上发挥了重要作用，他是上层社会成员，并且在卢梭和
589 其他启蒙运动者的影响下，于1805年居留欧洲期间宣誓忠诚于南美洲的解放事业。但是，国内的保王派力量和海岸的封锁于1812年导致了此间被指定为独裁者的米兰达的投降，玻利瓦尔麾下的一伙军官马上把他交给了西班牙人。1816年，他被铐在墙上死于加的斯监狱。

1810年在新格拉纳达，对自由对外贸易感兴趣的卡塔赫纳城独立。它的竞争对手圣玛尔塔（Santa Marta）依旧忠于君王，这符合欧洲的地区性传统［比如近代早期的西西里岛的

巴勒莫（Palermo）和墨西拿（Messina）的忠诚］。在波哥大地区出现了集权主义共和国，而新格拉纳达的其他起义地区则极度厌恶这种集权主义并建立了联邦制。费尔南多七世的宗主权至少在形式上仍然受到承认。此外，厄瓜多尔的克里奥尔人在 1809 年经历了政务委员会失败的开端之后，于 1810 年又尝试国王领导下的自治，但是面对西班牙的反击，他们仅仅勉强维持到 1812 年。哥伦比亚西南部是顽固的保王派的中心。

借助来自新格拉纳达的帮助，玻利瓦尔于 1813 年作为“自由斗士”成功地回到了委内瑞拉并移居加拉加斯，在这里，1814 年国民议会确定他为独裁者。这次他遵循了对欧洲西班牙人的坚定的恐怖政策，比如下令枪毙了上千名俘虏，虽然他们大部分并不是战斗人员。然而，当这些奥里诺科平原（Orinoco-Ebenen）的野蛮的游牧民平原人（Llaneros）在其领袖的率领下倒向保王派一方时，对方便以其人之道还治其人之身。因为现在事情演变成了一场乡下无产者针对城市上层有产阶级的战争。1814 年，加拉加斯被共和党人放弃，没有逃走的人被杀死。委内瑞拉的第二共和国由于尖锐的社会矛盾而失败。

玻利瓦尔于 1814 年收到了他再次栖身的新格拉纳达联邦的请求，在地区间内战中以武力来实现不同的独立地区的统一。他取得了部分成功，但 1815 年对卡塔赫纳的围攻失败之后，他不得不在西班牙人眼皮底下退回到了英属牙买加。费尔南多七世在回到西班牙王室并野蛮恢复传统的官僚体系之后，立刻派遣了 1 万人在值得信赖的巴勃罗·莫里略（Pablo Morillo）将军率领下前往美国。莫里略在委内瑞拉并没有遇到反抗，在占领卡塔赫纳和开展严厉的法庭审判后在新格拉纳达重新建立了旧秩序。革命只能赢得一部分精英的支持，而对于 590
大众来说依然是十分陌生的。至少现在已经达到一种对一方或者另一方来说，决定一旦作出就不再可能被撤销的状态。也就是说，不管现在胜利还是灭亡，冲突都会继续激化。

在1808年由少数欧洲西班牙人接管政权的墨西哥，革命具有一种完全不同的特点。一个与具有启蒙思想的基督教乡村牧师米格尔·伊达戈尔–科斯蒂利亚（Miguel Hidalgo y Costilla，1753~1811年）有联系的克里奥尔人密谋圈子因为有被发现的危险而不得不开战。伊达戈尔1810年在墨西哥北部发动了反对西班牙统治的群众运动。瓜达卢佩的圣母像是融合的象征。废除非洲奴隶制度和印第安人的进贡制度，以及归还被出租的印第安人土地都已列在计划中，不过似乎没有更进一步的土地改革。但这足以使克里奥尔人和西班牙人团结起来反对起义。1811年，革命者在墨西哥城前败于一支小型的保王派军队，其首领被处死。在同样是乡村牧师的何塞·马利亚·莫雷洛斯（José María Morelos）领导下，群众运动首先在南方宣布用游击战术进行革命，甚至在1813年发布独立声明，在1814年撰写了一部共和宪法。但是，在莫雷洛斯被捕并于1815年被处死后，这场革命终结了。牧师们及其人际网络是不同文化之间的重要传播者，尽管他们绝大多数是奉公守法的人，但是他们在1814年至1817年秘鲁南部的革命中也起到了同样的主导作用。

拉普拉塔地区是唯一一个不仅进行了独立运动，而且能够将运动持续下去的地区。其结果是，这里的内部问题特别早地暴露出来。当西班牙中央政务委员会垮台的消息传来，自信的克里奥尔人主张他们自行接管政权的权利。1810年，布宜诺斯艾利斯的上层建立了管理政务委员会。反对革命的行动被镇压下去，总督和检审庭被带到了加那利群岛。1813年召开了拉普拉塔省制宪会议。与西班牙的关系悬而未决，但是他们决定废除印第安人进贡制度，废除世袭财产，限制非洲奴隶买卖和建立强力的国家行政机构。

因为布宜诺斯艾利斯的统治集团以一种对后来的去殖民化
进程也具有典型意义的方式坚持以前的拉普拉塔总督辖地的领 591
土完整，并使用暴力应对分裂主义趋势。这个地区的边缘地带并非直截了当地接受了这个观点。上秘鲁的爱国者们（即今天的玻利维亚人）都站在布宜诺斯艾利斯一边，因为保王派想把这片土地重新与总督辖地秘鲁联合起来——冲突中的地方主义要素在这里非常明显。但是，1810 年至 1815 年布宜诺斯艾利斯与秘鲁之间所进行的斗争以国王的胜利而告结束。

相反在巴拉圭，地区的自身利益与布宜诺斯艾利斯的利益相悖。因为现在控制着通向拉普拉塔地区大门的克里奥尔族群与西班牙殖民政府不同，征收关税只是为了自己的好处而给巴拉圭带来坏处。因此，克里奥尔的军队在 1811 年被尚在总督领导下的巴拉圭人击退。但当总督寻求葡萄牙方面支持他对抗国内爱国者时，巴拉圭于 1813 年宣布成为独立共和国，不参加其他拉普拉塔省份的联盟。何塞·加斯帕尔·托马斯·罗德里格斯·德·弗朗西亚律师（José Gaspar Tomás Rodríguez de Francia，1766~1840 年）从 1814 年起任独裁者。

东部海岸地区（Banda Oriental，即今天的乌拉圭）的独立运动进程更为复杂。在这里，纯粹由本地的白人联合起来进行非同寻常的统一革命运动，但是首都蒙得维的亚（Montevideo）出于与布宜诺斯艾利斯的竞争需要而继续忠于国王。它得到了来自始终企图吞并这个地区的巴西的支持。由于布宜诺斯艾利斯政府的海上优势，占领蒙得维的亚的行动成功了，却引发了与那里的爱国者的冲突。拉普拉塔地区的其他省份也反对首都的这种中央集权的统治野心，以至于在联邦制的要求下产生了相当混乱的地方主义。在布宜诺斯艾利斯的第一大贸易伙伴英国不再要求继续照顾其西班牙盟友时（拿破仑已被打败），1816 年在图库曼（Tucumán）召开的一次会议得以宣布南美洲联合省份的独立，但是其内部形势极不稳定，以至于巴西在 1816 年至 1817 年能够重新占领东部海岸。直至联合的阿根廷省份与巴西之间在 1825 年至 1828 年的一场战争之后，乌拉圭方才经由绝非不怀私心的英国的调停而独立。

1810 年在智利首都圣地亚哥，克里奥尔政务委员会也剥夺了尤其令人憎恨的驻军最高长官的权力，1811 年实行自由
592 贸易——布宜诺斯艾利斯应该不被允许单独做生意了——并且召开了国民大会。在极端分子中，何塞·米格尔·卡雷拉（José Miguel Carrera，1785~1821 年）和爱尔兰裔秘鲁总督的非婚生儿子贝尔那多·奥西根思（Bernardo O'Higgins，1776~1842 年）相互对抗。正如在拉丁美洲那样，除了这种个体的意义，我们不能忽视传统上层具有竞争力的家庭联姻的代表人物，他们既有优势又有劣势。然而，不管是针对国民大会发动政变从而成为独裁者掌权的卡雷拉，还是战功卓著的总司令奥西根思，都没能遏制来自属于保王派的秘鲁的回击。1814 年，他们不得不逃亡阿根廷。所谓的智利“祖国（patria vieja）”时代结束了。

克里奥尔精英们在组建政务委员会的时候又回归了传统的法律结构，即在美洲不仅有西班牙的殖民地，而且有西班牙国王的附属的几个国家，在这几个国家里由于君主缺位，主权回归人民所有。从这一立场出发，它们或多或少谨慎地朝着独立和共和主义的方向摸索前进。但是政治人群传统上都是来源于团体组织的精英阶层，而绝不是像今天这样来源于全部生活在国内的个体所组成的大众。另外，精英们的法人属性传统上与一个城市或作为聚居地（patria）的一个地区相关，而又绝对不是直接与长官辖区或者总督辖地有关系，更谈不上与整个西属美洲有关联。所以各个独立运动从一开始就具有强烈的区域

主义特点，有时甚至发展成地区间的内战。另外，克里奥尔人与底层，尤其是与印第安人和美国黑人有着模棱两可的关系。他们一方面作为同盟者受到欢迎，另一方面又有理由使克里奥尔人对他们产生恐惧，因为他们倾向于使用残酷暴力来谋求自己的利益。《加的斯宪法》最终也同样发挥了双重作用。它一方面强调此时已受到威胁的国家统一，并一再损害殖民地；另一方面它又为民主创造机会并推行现代化的民族国家宪法模式，而一旦条件允许，后者还可以被借用到自己的聚居地上。

然而，1814年至1816年，除包括巴拉圭在内的拉普拉塔地区外，西班牙在美洲的统治完全重新建立了起来。随着费尔南多七世重登西班牙王位（1808~1833年在位），合法性的欠缺所引起的愤怒终于平息了。由于拿破仑战败，军队得以腾出手来，可以被派遣到美洲去。然而，正是君主政体的复辟最终导致了克里奥尔人精英群体与西班牙君主制度的分道扬镳。已 593
经在美洲着手实行的1812年自由宪法被取缔，以及通过残酷的迫害措施恢复无限君主制度，大概可被视为过度革命带来的反作用。因为在美洲并没有计划进行经济和政治改革，相反，之前取得的成就被逐一废除，所以西班牙的统治对于“美洲人”来说变得不可忍受。在南美洲的南方和北方的第二波行动浪潮都取得了决定性的成功，其中心人物在秘鲁和玻利维亚也终于握手言和。这样，整个大陆的解放得以完全实现，而同时在墨西哥，为了同一目标的第三次运动也获得了成功。

一位西班牙职业军官名叫何塞·德·圣马丁（José de San Martín，1778~1850年），他来自今天的阿根廷，曾在欧洲服役，并在1812年效力于革命。他决心不再像以前那样，徒劳地通过陆地席卷而下进攻保王派的抵抗中心秘鲁，而是要从智利的海上发起进攻。在他作为阿根廷边境省份的总督策划好行动之后，于1817年率领4000人跨过了安第斯山，强行进入圣地亚哥并于 1818 年和奥西根思一道给予保王派以致命一击。奥西根思成为从此以后最终独立的智利的独裁者，而圣马丁作为智利的总司令准备向秘鲁进击。智利海军的领导人是前英国海军提督托马斯·柯克伦勋爵（Thomas Lord Cochrane，1775~1860 年），他随后在 1823 年和 1825 年间接管了巴西海军。1820 年，圣马丁率领主要由智利人组成的军队渡海向北进攻。

在北方，玻利瓦尔于 1816 年从海地率领一支 4000 人的外籍军团（其中有 500 名英国人）进行了一次徒劳的入侵委内瑞拉的行动。直至 1817 年他才取得进展，他的最后成功发生在 1818 年，追随者们推举他为游牧民平原人的新领袖。原因是痛恨玻利瓦尔的加拉加斯现在成了保王派的中心，却拒绝对游牧民平原人的效忠予以承认。1819 年末，安格斯图拉（Angostura）国民议会决定由委内瑞拉、新格拉纳达和以玻利瓦尔为战时独裁者的基多来组建一个未来的哥伦比亚中央集权制共和国。同年，玻利瓦尔率领着由最初的 500 名英国志愿军扩建而成的部队从奥里诺科河谷向新格拉纳达进攻，对阵总督，取得了决定性的胜利，成功进军波哥大，但是又因为他的追随者的宫廷革命而重新返回委内瑞拉。

594 自由党人在西班牙成功地在加的斯策反了准备乘船前往美洲的军队起义。此时爆发的起义迫使费尔南多七世重新承认加的斯的自由宪法，这使美洲极端保守的保王派感到迷惑。在西班牙仍能有效统治的地方，兴起了有关这部宪法意义的激烈的政治运动。但是，一方面，已经独立的地区并没有显示重归西班牙统治的倾向；另一方面，新的西班牙议会向美洲的少数派作出了些许让步。另外，国王在新的形势下也无法向保王派提供更多的援助。

这样，玻利瓦尔首先在委内瑞拉达成停火，然后在 1821

年获得决定性胜利。同年，在两国交界处的库库塔（Cúcuta）会议上，由委内瑞拉和新格拉纳达的精英代表们成立了哥伦比亚共和国［为了与后来的哥伦比亚相区别而称为大哥伦比亚（Großkolumbien）］，它实行中央集权制，由玻利瓦尔担任对交战地区享有专制全权的总统。奴隶问题也通过在西属美洲其余地区实行的妥协措施《新生儿自由法》（libertad de vientres）而得以解决：新出生的奴隶后代暂时自出生起即为自由身。但是无论如何，美国黑人的参战和战乱都普遍地带来了奴隶制度的倒退。另外，在库库塔使用“Indigenda”（当地人）的概念取代了歧视性的“Indio”（殖民地土著）一词。巴拿马的一次起义促进了它与哥伦比亚的联合。在其最重要的下级指挥官安东尼奥·何塞·德·萨克雷–阿尔卡拉（Antonio José de Sucre y Alcalá，1795~1830年）的胜利之后，解放者玻利瓦尔又接管了基多（厄瓜多尔）。

在秘鲁，圣马丁的进攻随着西班牙本土的自由主义转向的消息的传来而受挫。一石激起千层浪：先是一次针对总督的军官哗变，接着又有一次企图通过谈判而达成妥协的尝试，最后是独立运动在秘鲁的兴起，以及保王派向上秘鲁的撤退。1821年，圣马丁得以作为独立的秘鲁拥有独裁全权的庇护者进入利马。1822年，他与此间由北方进军而来的玻利瓦尔在海港城市瓜亚基尔会面。

尽管这一会谈的细节尚不清楚，但人所共知的是，玻利瓦尔提出的反对圣马丁偏爱的君主立宪计划的共和方案得以实施，并且拒绝了为仍然强大的秘鲁保王派提供支持。因为圣马丁在秘鲁也遇到了反对派，他于1823年返回欧洲并于1850 595
年去世。秘鲁国民议会陷入如此窘迫的境地，以至于必须在1824年授予玻利瓦尔以专制的全权。1824年12月9日，德·苏克雷在阿亚库乔（Ayacucho）打败了总督。这是独立运动的最后的决定性战役。上秘鲁国民议会拒绝了与秘鲁或阿根廷合并的动议，并于1825年宣告了以解放者命名的新国家玻利维亚的独立。德·苏克雷当选总统（1826~1828年在任）。被秘鲁国民议会推举为终身总统的玻利瓦尔回到哥伦比亚，因为那里又出现了骚乱和分裂主义的苗头。

在此期间，墨西哥和巴西也以自己的方式实现了独立。在墨西哥，人们担心西班牙转向自由主义可能产生的社会后果，它会使保守精英们丧失对统治母国的兴趣。这时，军官阿古斯丁·德·伊图尔比德（Agustín de Iturbide，1783~1824年）制定了一项独立的墨西哥君主制度计划，包括平等权利和自由表达观点的权利，但是也提出和实行了维持军队和教会的特权。总督由于缺乏支持者而引退。当君主立宪派和共和主义者之间的冲突在1822年的宪法大会上公开爆发时，一次军队政变把德·伊图尔比德变成了皇帝阿古斯丁一世（Agustin I），像玻利瓦尔所嘲笑的那样，“这是从上帝和刺刀而来的怜悯”。然而这个皇帝被不满的将军们所排斥并于1824年被枪杀。这样就为1824年宪法的保守的联邦制共和国清除了障碍。但是总体上看，这里通往独立道路的第二阶段与南方相比，已经不那么血腥了。

在中美洲，1820年也发生了与母国分离的事件；恰帕斯（Chiapas）转向墨西哥（它本来就应该归属那里）；随后在1822年和1823年间，中美洲在危地马拉的带领下与墨西哥合并。但是在圣萨尔瓦多（San Salvador）地区的领导下，自由主义趋势迅速得以发展，这种趋势要把自己从危地马拉的统治地位下解放出来。首先出现了一个中美洲的联邦制共和国。

只有古巴和波多黎各不为所动，并成为从大陆逃亡过来的保王派难民的避难所。古巴的克里奥尔人寡头政治鉴于海地的先例，不想使蔗糖市场上来自圣多曼格的竞争力量消失之后，刚刚兴盛起来的奴隶经济体制受到一场革命运动的危害。西班牙的统治对他们的利益来说最有益处。

在巴西，中央集权制王国的建立大大促进了自我认同感的 596
培养。但是，1817 年伯南布哥共和独立运动由于其地方主义而失败。但是，1820 年的西班牙自由者的暴动也波及了葡萄牙，那里召开了立宪会议并要求君主重返母国。这一发展会给巴西带来什么后果呢？当国王于 1821 年回到欧洲时，据说他给他的一个儿子和佩德罗的代表留下了秘密指令，在必要时分离巴西和葡萄牙，只有这样才能稳固布拉干萨王朝（Dynastie Braganza）的统治。当以 65 名巴西人占少数的葡萄牙国会在 1821 年意欲迫使巴西倒退回殖民地状态时，这种情况出现了。政治自治被废除，国家在里斯本被分割为辖属的省份，王储被召回。取代贸易和手工业的自由而再度出现了葡萄牙的垄断。在这种情况下，巴西的独立运动占了上风，佩德罗一世（Pedro I）宣布巴西于 1822 年成为君主立宪制帝国。葡萄牙军队被赶走。尽管有些地方必须使用暴力实行新的体系，但是这种暴力的程度要远远低于西属美洲。由于种植园贵族统治在这一进程中发挥了根本性的作用，所以奴隶制度的社会体系没有被触及。一个被广泛认可的君主立宪制度的毋庸置疑的合法性存在使得巨大国家的统一得以保持。

除西印度群岛和圭亚那外，拉丁美洲于 1824 年独立于欧洲。但是欧洲自 1815 年起就存在着一个有理由被质疑的在各地推动重建旧制度的“神圣同盟（die Heilige Allianz）”。1823 年，法国对西班牙的武装干涉结束了自由的间奏曲，并使得新型的专制主义恐怖统治成为可能。1817 年至 1825 年任美国总统的詹姆斯·门罗（James Monroe）拒绝了英国提出的订立关于拉丁美洲独立的共同保障宣言的倡议之后，于 1823 年 12 月给国民议会的信件中宣告了所谓的门罗主义

（Monroedoktrin）。门罗主义认为，尽管仍然遗留下来的占领应该持续得到尊重，美洲大陆已经停止作为欧洲国家的殖民地而存在，美国必须把神圣同盟每一个试图“将其制度扩展到此半球的一部分的尝试看作对我们和平和安全的威胁”。1825年，597 拉丁美洲各共和国也都同样得到了英国的承认。但是，所有的国家都迟疑不决，因为西班牙在费尔南多国王于1833年死后才逐步放弃了它以前的殖民地。数任罗马教宗由于他们的正统主义观念，直到1836年才最终确定与拉丁美洲的教会关系。

在西属美洲，早先的各种影响深远的联盟计划失败以后，玻利瓦尔于1824年邀请召开包括巴西和美国作为观察员的拉丁美洲国民议会，以期创建一种抵御神圣同盟可能的干涉的集团，或者在不创建一个民族的情况下实现新国家之间的紧密联系。但是只有大哥伦比亚、秘鲁（仍由玻利瓦尔担任国家首脑）、墨西哥和中美洲参加了1826年在巴拿马举行的会议，而其他国家则出于自身的利益考虑缺席了会议。这次会议的目标是建立一个拥有捍卫独立权利与和平调解冲突义务的共同武装力量的联邦。但是这一协议仅仅被大哥伦比亚通过。由玻利瓦尔提出的平行推行的安第斯山联邦（Andenkonföderation）也未能实现。在国内政策方面，玻利瓦尔越来越趋于保守，他试行总统、参议员和监察官终身制以图达到最终政治稳定。然而徒劳无功，他死后的1830年，大哥伦比亚分裂为它的三个组成部分：委内瑞拉、哥伦比亚和厄瓜多尔（巴拿马在1903年才在美国的推动下实现与哥伦比亚的分离）。中美洲联邦在1839年解体为五个国家：危地马拉、萨尔瓦多（El Salvador）、洪都拉斯、尼加拉瓜和哥斯达黎加。此前，在他致国民议会的最后一封信中，这位濒临死亡的解放者不得不确认：“独立是我们不惜所有代价赢得的一切。”他在去世前一个月又写道：“美洲对于我们而言是不可统治的。谁若献身革命，

那他就是在枉费力气。在美洲唯一能做的事情，就是流亡国外。”（König 1984，125）

在这里，去殖民化取得了成功，但也是在这里，由此产生了至今无法解决的问题。大部分土地已经荒芜，经济低迷。内战和地方主义使得当地的军事独裁（Caudillos）常态化。很多国家内部纷争又起。影响至今的在后殖民地国家存在的军人特殊地位皆源于革命战争和后革命战争。因为这首先关涉的是克里奥尔人上等阶层的成功，所以下层人尤其是在有些国家占多数的印第安人的解放进程直至今天仍未结束。人们愿意 598
以“印第安人”而非“美洲”之名来说明自己的新身份，因为“美洲”在 19 世纪被各种国家身份代替之前，就在 1800 年前后从一个中性的地理概念变成了一个高度政治化的概念。

这些印第安人身上仍保留着一个思想体系结构，而真正存在的印第安人作为同盟者，其运动是受欢迎的，只要他们对社会各阶层的财产占有状况没有质疑。当在墨西哥，本土的历史和象征——比如瓜达卢佩——至少仍然可以继续促进克里奥尔人、混血儿和土著人的一致性认同时，对于秘鲁的克里奥尔人来说，本土人就是野蛮人，混血儿就是劣等人。印第安人从他们那方面来讲与在以前的暴动中一样，对超越民族的计划鲜有兴趣，而是希望革命改善他们的状况和消除地方上可以感觉到的弊端。因此，克里奥尔人与他们的联盟被认为虚伪是不无道理的（van Young，1987）。所以这种联盟往往很快终结，或者像在墨西哥一样不可能成功。同样，在后殖民时期，通过教会，以及通过那种理论上应该使他们成为市场和现代文化的平等参与者的管理来将印第安人从父权管束下解放出来，可能有时候是善意的，却往往更多地导致新的剥削和社会混乱。

尽管如此，自由之战，即血腥内战是美洲所有三次革命的共性，在这些战争中，低级阶层的人为了他们的利益而战，虽然他们的利益与精英阶层的利益不一致并且因此在很大的程度上是徒劳的。因为革命的持续性成果正是基于占多数的民众的忠诚对象的转变，即在旧的政治制度中，保证土著精英们在政权里占足够比例还是不够的。具有决定意义的是，所有团体都对旧政权怨声载道，它的压制措施被认为是专横和不公的。然而，对美洲的总共四次独立运动和三次革命的对比表明，到处都是对主权的征服，而没有一个地方把平等的民主当作目标和结果；到处都导致了专制统治。民主的发展进程在美国同样打了折扣，其权威的政治家作为统治者不信任人民，因此选举权
599 只能缓慢扩大。但是在美国，全体人民的参与成功地实现了从国家的形成过渡到民族的形成，而拉丁美洲国家因其下层的参与不足而半途而废。

尤其从政治精英的观点出发，仅在国际环境下解读独立运动的成功，也可以视之为大西洋两岸交互作用的结果。它以18世纪帝国主义现代化措施引起反作用为肇始。由于他们大多数人对美国的愿望作出了同样会引起反作用的反应，所以人们甚至可以将其吸纳到这里的大都市革命中来。而在独裁统治的拉丁美洲，爆发革命正需要这种独裁崩溃的参与。另外，大都市反革命势力的相对弱势亦发挥着作用。对革命的压制随着那里的政治形势而摇摆不定，往往并不容易在美洲的广阔地区发挥影响，当掌握海洋权的英国站在他的对手一边时，在加勒比和拉丁美洲就必须与补给困难作斗争。因为作为贸易和海军大国的英国是现在实行自由贸易的主要受益者和新型国家的主要债权人。因此，在拉丁美洲，独立运动还没有迎来它最辉煌的时代。

原始资料与参考文献

伊比利亚美洲的启蒙和改革

Abadie-Aicardi, A., La idea del equilibrio y el contexto geopolítico fundacional del Virreinato Rioplatense, in: JGLA 17 (1980) 261–96 | Alfonso Mola, M., Navegar sin botar. El mercado de embarcaciones de segunda mano en la Carrera de Indias (1778–1797), in: JGLA 34 (1997) 128–57 | L'Amérique espagnole à l'époque des Lumières, Paris 1987 | Andrien, K. J., The Kingdom of Quito, 1690–1830: The State and Regional Development, Cambridge 1995 | –, Andean Worlds: Indigenous History, Culture, and Consciousness under Spanish Rule, 1532–1825, Albuquerque 2001 | Bakewell, P., A History of Latin America, c. 1450–1930, Oxford 1997, 2. Aufl. 2004 | Barbier, J. A., Reform and Politics in Bourbon Chile, 1755–1796, Ottawa 1980 | Barral, M. E., Disciplina y civilidad en el mundo rural de Buenos Aires a fines de la Colonia, in: JGLA 44 (2007) 135–55 | Baskes, J., Indians, Merchants, and Markets: A Reinterpretation of the Repartimiento and Spanish-Indian Economic Relations in Colonial Oaxaca, 1750–1821, Stanford 2000 | Bernard, G., Le Secrétariat d'Etat et le Conseil Espagnol des Indes (1700–1808), Genf 1972 | Bernecker, W./Pietschmann, H./Zoller, R., Eine kleine Geschichte Brasiliens, Frankfurt 2000 | Böttcher, N., Monopol und Freihandel. Britische Kaufleute in Buenos Aires am Vorabend der Unabhängigkeit (1806–1825), Stuttgart 2008 | Booker, J. R., Veracruz Merchants, 1770–1829: A Mercantile Elite in Late Bourbon and Early Independent Mexico, Boulder 1993 | Boxer, C. R., The Portuguese Seaborne Empire, 1415–1825, London 1969 | Brading, D. A., Miners and Merchants in Bourbon Mexico, 1763–1810, Cambridge 1971 | –, The First America: The Spanish Monarchy, Creole Patriots and the Liberal State, 1492–1867, Cambridge 1991 | Brilli, C., The Genoese Response to the Collapse of the Spanish Empire in America, in: JGLA 47 (2010) 247–72 | Burkholder, M. A., The Council of the Indies in the Late Eighteenth Century: A New Perspective, in: HAHR 56 (1976) 404–23 | –/Chandler, D. S., From Impotence to Authority: The Spanish Crown and the American Audiencias, 1687–1808, Columbia 1977 | Campbell, L. G., The Military and Society in Colonial Peru, 1750–1810, Philadelphia 1978 | –, Church and State in Colonial Peru: The Bishop of Cuzco and the Túpac Amaru Rebellion of 1780, in: Journal of Church and State 22 (1980) 251–70 | Carmagnani, M., Les mécanismes de la vie économique dans une société coloniale: le Chili 1680–1830, Paris 1973 | Chamoux, M.-N. (Hg.), Prêter et emprunter. Pratiques et crédit au Mexique (XVIe–XXe siècle), Paris 1993 | Costeloe, M. P., Spain and the American Wars of Independence: The Free Trade Controversy, 1810–1820, in: HAHR 61 (1981) 209–34 | Crahan, M. E., Civil-Ecclesiastical Relations in Habsburg Peru, in: Journal of Church and State 20 (1978) 93–111 | Driesch, W. v. d., Staatliche und kirchliche Zensur in Spanisch-Amerika im 18. Jahrhundert, Hamburg 1982 [Ms.] | Elliott, J. H., Empires of the Atlantic World: Britain and Spain in the Americas, 1492–1830, New Haven u. a. 2006 | Falola, T./Roberts, K. D. (Hg.), The Atlantic World, 1450–2000, Bloomington 2008 | Farriss, N. M., Crown and Clergy in Colonial Mexico, 1759–1821: The Crisis of Ecclesiastical Privilege, London 1968 | Fisher, J. R., Government and Society in Colonial Peru: The Intendant System, 1784–1814, London 1970 | –, Silver Production in the Viceroyalty of Peru, 1775–1824, in: HAHR 55 (1975) 25–43 | –, Silver Mines and Silver Miners in Colonial Peru, 1776–1824, Liverpool 1977 | –, Imperial

Free Trade and the Hispanic Economy, 1778–1796, in: Journal of Latin American Studies 13 (1981) 21–56 | –, Commercial Relations between Spain and Spanish America in the Era of Free Trade, 1778–1796, Liverpool 1985 | –, Bourbon Peru, 1750–1824, Liverpool 2003 | –/Kuethe, A. J./McFarlane, A. (Hg.), Reform and Insurrection in Bourbon New Granada and Peru, Baton Rouge 1990 | Fisher, L. E., The Last Inca Revolt, 1780–93, Norman 1966 | Furlong, G., Historia social y cultural del Río de la Plata, 1536–1810, 3 Bde., Buenos Aires 1969 | García-Baquero González, A., Cádiz y el Atlántico (1717–1778), 2 Bde., Sevilla 1976 | –, La carrera de Indias. Histoire du commerce hispano-américain (XVIe–XVIII siècles), Paris 1997 (span. 1992) | –, El comercio colonial en la época del absolutismo ilustrado. Problemas y debate, Granada 2003 | Garner, R. L., Silver Production and Enterpreneurial Structure in 18th-Century Mexico, in: JGLA 17 (1980) 157–186 | Garrett, D., Shadows of Empire: The Indian Nobility of Cuzco, 1750–1825, Cambridge 2005 | Golte, J., Determinanten des Entstehens und des Verlaufs bäuerlicher Rebellionen in den Anden vom 18. zum 20. Jahrhundert, in: JGLA 15 (1978) 41–74 | Góngora, M., Studies in the Colonial History of Spanish America, Cambridge 1975 | Halperin Donghi, T. (Hg.), El ocaso del orden colonial en Hispanoamérica, Buenos Aires 1978 | –, Geschichte Lateinamerikas, Frankfurt 1991 | Hernández Sanchez Barba, M., La sociedad colonial americana en el siglo XVIII, in: Vicens Vives, J. (Hg.), Historia de España y América, Bd. 2–4, 2. Aufl., Barcelona 1978, Bd. 4, 2, 320–502 | Herrero, P. P., I principi politici del riformismo borbonico americano. Considerazioni storiografiche, in: RSI 99 (1987) 696–717 | Holanda, S. B. de, História geral da civilição brasileira, Bd. 1, 1–2, São Paulo 1960 | Humboldt, A. v., Lateinamerika am Vorabend der Unabhängigkeitsrevolution, hg. v. Faak, M., Berlin 1982 | Hussey, R. D., The Caracas Company, 1728–1784, Cambridge, MA 1934 | Jacobsen, N./Puhle, H.-J. (Hg.), The Economies of Mexico and Peru during the Late Colonial Period, 1760–1810, Berlin 1986, Ndr. 2000 | Johnson, L. L./Socolow, S., Colonial Spanish South America, in: Moya, J. C. (Hg.), The Oxford Handbook of Latin American History, Oxford 2011, 65–97 | Klein, H. S., The American Finance of the Spanish Empire: Royal Income and Expenditure in Colonial Mexico, Peru and Bolivia, 1680–1809, Albuquerque 1998 | Konetzke, R., Die Politik des Grafen Aranda, Berlin 1929 | – (Hg.), Colección de documentos para la historia de la formación social de Hispanoamérica 1493–1810, 3 Bde. in 5 Tln., Madrid 1958–63 | –, Die Bedeutung der Sprachenfrage in der spanischen Kolonisation Lateinamerikas, in: JGLA 1 (1964) 72–116 | –, Spanische Universitätsgründungen in Amerika und ihre Motive, in: JGLA 5 (1968) 111–59 | –, Lateinamerika seit 1492, Stuttgart 1971 | Kuethe, A. J., The Development of the Cuban Military as a Sociopolitical Elite, 1763–1783, in: HAHR 61 (1981) 695–702 | –/Blaisdell, L., French Influence and the Origins of the Bourbon Colonial Reorganization, in: HAHR 71 (1991) 579–607 | Lahmeyer-Lóbo, E. M., Processo administrativo ibero-americano Aspectos sócio-economicos. Periodo colonial, Rio de Janeiro 1962 | Lamikiz, X., Trade and Trust in the Eighteenth-Century Atlantic World: Spanish Merchants and their Overseas Networks, Woodbridge 2010 | Leiby, J. S., Colonial Bureaucrats and the Mexican Economy: Growth of a Patrimonial State, 1763–1821, New York 1986 | Lewin, B., La rebelión de Túpac Amaru, 3. Aufl., Buenos Aires 1964 | Lockhart, J./Schwartz, S., Early Latin America, Cambridge 1983 | Marichal, C./Rodriguez Venegas, C., La bancarrota del virreinato. Nueva España y las finanzas del imperio español, 1780–1810, Mexico 1999 (engl. 2007) | Maxwell, K. R., Pombal and the Nationalization of the Luso-Brazilian Economy, in: HAHR 48 (1968) 608–31 | –, Pombal: Paradox of the

Enlightenment, Cambridge 1995, Ndr. 2001 | McAlister, L. N., Social Structure and Social Change in New Spain, in: HAHR 43 (1963) 349–70 | Morales Padrón, F., Atlas histórico-cultural de América, 2 Bde., Las Palmas 1988 | [NHEP] Nova Historia da Expansão Portuguesa, 12 Bde. in 15 Tln., Lissabon 1991 ff.; Bd. 8, 1992 | O'Phelan Godoy, S., Rebellions and Revolts in Eighteenth Century Peru and Upper Peru, Wien 1985 | –, La gran rebelión en los Andes. De Túpac Amaru a Túpac Catari, Cuzco 1995 | Pagden, A., Spanish Imperialism and Political Imagination, New Haven u. a. 1990 | Paquette, G. B., Enlightenment, Governance, and Reform in Spain and its Empire, 1759–1808, New York 2008 | Pearce, A. J., British Trade with Spanish America, 1763–1808, Liverpool 2007 | Pieper, R., Die spanischen Kronfinanzen in der zweiten Hälfte des 18. Jahrhunderts, Stuttgart 1988 | Pietschmann, H., Die Einführung des Intendantensystems in Neu-Spanien im Rahmen der allgemeinen Verwaltungsreform der spanischen Monarchie im 18. Jahrhundert, Köln 1972 | –, Die staatliche Organisation des kolonialen Iberoamerika, Stuttgart 1980 | –, Betrachtungen über Protoliberalismus, bourbonische Reformen und Revolution. Neu-Spanien im letzten Drittel des 18. Jahrhunderts, in: Comparativ 7 (1991) 50–71 | Pohl,. H., Die Wirtschaft Hispanoamerikas in der Kolonialzeit (1500–1800), Stuttgart 1996 | Ramos Gómez, L. J. (Hg.), Noticias secretas de América. Jorge Juan y Antonio de Ulloa (1735–45), 2 Bde., Madrid 1985 | Rees Jones, R., El despotismo ilustrado y los intendentes de la Nueva España, Mexico 1979 | Rico Linage, R., Las reales compañías de comercio con America. Los Organos de gobierno, Sevilla 1983 | Rinke, S., Revolutionen in Lateinamerika. Wege in die Unabhängigkeit 1760–1830, München 2010 | Robins, N. A., El mesianismo y la rebelión indígena: la rebelión de Oruro en 1781, La Paz 1997 | Saenz de Santamaria, C., La Compañía de comercio de Honduras, 1714–1717, in: RI 40 (1980) 129–57 | Savelle, M., Empires to Nations: Expansion in America, 1713–1824, Minneapolis u. a. 1974 | Slicher van Bath, B. H., Real hacienda y economía en Hispanoamérica, 1541–1820, Amsterdam 1989 | Socolow, S. M., The Merchants of Buenos Aires, 1778–1810, Cambridge 1978 | Stavig, W., Ethnic Conflict, Moral Economy, and Population in Rural Cuzco on the Eve of the Túpac Amaru II Rebellion, in: HAHR 68 (1988) 737–70 | Stein, S. J., Bureaucracy and Business in the Spanish Empire, 1759–1804: Failure of the Bourbon Reform in Mexico and Peru, in: HAHR 61 (1981) 2–28 | –/Stein, B. H., Edge of Crisis: War and Trade in the Spanish Atlantic, 1789–1808, Baltimore 2009 | Stoetzer, O. C., Las raíces escolásticas de la emancipación de la América española, Madrid 1982 (engl. 1979) | Thomson, S., We Alone Will Rule: Native Andean Politics in the Age of Insurgency, Madison 2003 | Ulloa, J. J. y A. de, Noticias secretas de América, 2 Bde., Madrid 1918 | Vives Azancot, P. A., El espacio americano español en el siglo XVIII. Un proceso de regionalización, in: RI 38 (1978) 135–75 | Vornefeld, R. M., Spanische Geldpolitik in Hispanoamerika 1750–1808. Konzepte und Maßnahmen im Rahmen der bourbonischen Reformpolitik, Stuttgart 1992 | Walker, C., Smoldering Ashes: Cuzco and the Creation of Republican Peru, 1780–1840, Durham, NC 1999 | Walker, G., Spanish Politics and Imperial Trade, 1700–1789, London 1979 | Weber, D. J., Bárbaros: Spaniards and their Savages in the Age of Enlightenment, New Haven 2005 | Wiecker, N., Der iberische Atlantikhandel. Schiffsverkehr zwischen Spanien, Portugal und Iberoamerika, 1700–1800, Stuttgart 2012.

北美洲的革命

Adams, A. u. a. (Hg.), Die Entstehung der Vereinigten Staaten und ihrer Verfassung. Dokumente 1754–1791, Münster 1995 | Adams, W. P., Republikanische Verfassung und bürgerliche Freiheit. Die Verfassungen und politischen Ideen der amerikanischen Revolution, Darmstadt 1973 | Adams, W. P. u. A. M. (Hg.), Die amerikanische Revolution in Augenzeugenberichten, München 1976 | Allison, R. J., The American Revolution: A Concise History, Oxford 2011 | Anderson, F., Crucible of War: The Seven Years' War and the Fate of Empire in British North America, 1754–1766, New York 2000 | Angermann, E., Ständische Rechtstraditionen in der amerikanischen Unabhängigkeitserklärung, in: HZ 200 (1965) 161–89 | – (Hg.): New Wine in Old Skins: A Comparative View of Socio-Political Structures and Values Affecting the American Revolution, Stuttgart 1976 | Armitage, D., The Declaration of Independence: A Global History, London 2007 | Atwood, R., The Hessians: Mercenaries from Hessen-Kassel in the American Revolution, Cambridge 1980 | Bailyn, B., The Ideological Origins of the American Revolution, 2. Aufl., Cambridge, MA 1992 | Beard, C. D., Eine ökonomische Interpretation der amerikanischen Verfassung (1913), Frankfurt 1973 | Bell, J. B., A War of Religion: Dissenters, Anglicans, and the American Revolution, Basingstoke 2008 | Billington, R. A./Ridge, M., Westward Expansion: A History of the American Frontier, 5. Aufl., New York 1982 | Bloch, R. H., Visionary Republic: Millennial Themes in American Thought, 1756–1800, Cambridge 1985 | Bonwick, C., English Radicals and the American Revolution, Chapel Hill 1977 | Boyd, J. P., The Declaration of Independence: The Evolution of the Text as Shown in Facsimiles, Princeton 1945 | Breunig, M., Die amerikanische Revolution als Bürgerkrieg, Münster 1998 | Brewer, H., Entailing Aristocracy in Colonial Virginia: *Ancient Feudal Restraints* and Revolutionary Reform, in: WMQ 54, 2 (1997) 307–46 | Brown, R. D. (Hg.), Major Problems in the Era of the American Revolution, 1760–1791: Documents and Essays, Lexington 1992 | Brown, R. M./Fehrenbacher, D. E. (Hg.), Tradition, Conflict, and Modernization: Perspectives on the American Revolution, New York 1977 | Bührer, T./Stachelbeck, C./Walter, D. (Hg.), Imperialkriege von 1500 bis heute. Strukturen, Akteure, Lernprozesse, Paderborn 2011 | Burnard, T., Creole Gentlemen: The Maryland Elite, 1691–1776, New York 2002 | Canny, N./Pagden, A. (Hg.), Colonial Identity in the Atlantic World, 1500–1800, Princeton 1987 | Cappon, L. J./Petchenik, B. B./Long, J. H., Atlas of Early American History: The Revolutionary Era 1760–90, Princeton 1976 | Carp, B. L., Fire of Liberty: Firefighters, Urban Voluntary Culture, and the Revolutionary Movement, in: WMQ 58, 4 (2001) 781–818 | Christie, I./Labaree, B., Empire or Independence, 1760–1776: A British-American Dialogue on the Coming of the American Revolution, New York 1976 | Cogliano, F. D., No King, No Popery: Anti-Catholicism in Revolutionary New England, Westport 1995 | Collier, C., All Politics is Local: Family, Friends, and Provincial Interests in the Creation of the Constitution, Hanover u. a. 2003 | Conser, W. u. a. (Hg.), Resistance, Politics, and the American Struggle for Independence, 1765–1775, Boulder 1986 | The Constitution of the United States, in: WMQ 44, 3 (1987) 411–656 | Conway, S., The British Isles and the War of American Independence, Oxford 2000 | Countryman, E., The American Revolution, New York 1985 | Cress, L. D., Wither Columbia? Congressional Residence and the Politics of the New Nation, 1776 to 1787, in: WMQ 32 (1975) 581–600 | Derry, J., English Politics and the American Revolution, New York 1977 | Dickinson, H. (Hg.), British Pamphlets on the American Revolution, 1763–1785, 8 Bde., London 2007–08 [Faksimiles] | Dippel, H., Die amerikanische Revolution, 1763–1787, Frankfurt 1985, Ndr. 2009 | Documents of the American Revolution 1770–1783, 19 Bde., Shannon 1972–78 | Eelking, M. v., Die deutschen Hilfstruppen im nordamerikanischen Befreiungskrieg 1776–1786, 2 Bde., Hannover 1863, Ndr. Kassel 1976 | Egnal, M., The Origins of the Revolution in Virginia: A Reinterpretation, in: WMQ 37 (1980) 401–28 | Elliott, J. H. 2006 | Ernst, J. A., Money and Politics in America, 1755–1775: A Study in the Currency Act of 1764 and the Political Economy of Revolution, Chapel Hill 1973 | Flavell, J. M., Government Interception of Letters from America and the Quest for Colonial Opinion in 1775, in: WMQ 58, 2 (2001) 402–30 | Foner, E., Tom Paine and Revolutionary America, New York u. a. 1976 | Foner, P. S., Labor and the American Revolution, Westport 1976 | Fraenkel, E., Das amerikanische Regierungssystem, Köln u. a. 1960 | Gipson, L. H., The British Empire before the American Revolution, 15 Bde., New York 1936–70; z. T. 2.–4. Aufl., 1958–74 | Godfrey, W. G., Pursuit of Profit and Preferment in Colonial North America: John Bradstreet's Quest, Waterloo 1982 | Greene, J. P., Political Mimesis: A Consideration of the Historical and Cultural Roots of Legislative Behavior in the British Colonies in the Eighteenth Century, in: AHR 75 (1969) 337–67 | –, The Quest for Power: The Lower Houses of Assembly in the Southern Royal Colonies, 1689–1763, Chapel Hill 1963, 2. Aufl. 1972 | –, The Seven Years' War and the American Revolution: The Causal Relationship Reconsidered, in: JICH 8 (1979/80) 85–105 | – (Hg.), The American Revolution: Its Character and Limits, New York 1987 | –/Maier, P. (Hg.), Interdisciplinary Studies of the American Revolution, Beverley Hills 1976 | –/Poole, J. R. (Hg.), A Companion to the American Revolution, Malden u. a. 2000 | Hamilton, A./Madison, J./Jay, J., Die *Federalist*-Artikel, hg. v. Adams, A. u. W. P., Paderborn 1994 | Hamowy, R., Jefferson and the Scottish Enlightenment: A Critique of Gary Will's *Inventing America: Jefferson's Declaration of Independence*, in: WMQ 36 (1979) 503–23 | Hanson-Jones, A., Wealth of a Nation to Be: The American Colonies on the Eve of the Revolution, New York 1980 | Heideking, J., Die Verfassung vor dem Richterstuhl. Vorgeschichte und Ratifizierung der amerikanischen Verfassung 1787–1791, Berlin 1988 | –/Mauch, C., Geschichte der USA, 4. Aufl., Tübingen 2006 | –/Nünning, V., Einführung in die amerikanische Geschichte, München 1998 | Henretta, J. A., *Salutary Neglect*: Colonial Administration under the Duke of Newcastle, Princeton 1972 | Hoffman, R. u. a. (Hg.), The Economy of Early America: The Revolutionary Period, 1763–1790, Charlottesville 1988 | Huck, S., Soldaten gegen Nordamerika. Lebenswelten braunschweigischer Subsidientruppen im amerikanischen Unabhängigkeitskrieg, München 2011 | Ingrao, C., *Barbarous Strangers*: Hessian State and Society during the American Revolution, in: AHR 87 (1982) 954–76 | Jacob, M. u. J. (Hg.), The Origins of Anglo-American Radicalism, London 1984 | Jasanoff, M., The Other Side of Revolution: Loyalists in the British Empire, in: WMQ 65, 2 (2008) 205–32 | [Jefferson] The Papers of Thomas Jefferson 1 (1760–1776), Princeton 1950 | Jefferson, T., Betrachtungen über den Staat Virginia, hg. v. Wasser, H., Zürich 1989 | Jennings, F., The Creation of America: Through Revolution to Empire, Cambridge 2000 | Jensen, M., The New Nation: A History of the United States during the Confederation, 1781–1789, New York 1950 | – (Hg.), American Colonial Documents (English Historial Documents 5), New York 1955 | –, The Founding of a Nation: A History of the American Revolution, 1763–1776, New York 1968 | Kammen, M., Empire and Interest: The American Colonies and the Politics of Mercantilism, Philadelphia 1970 | Kim, S. B., Impact of Class Relations and Warfare in the American Revolution: The New York Experience, in: Journal of American History 69 (1982/83) 326–

46 | Klooster, W., Revolutions in the Atlantic World: A Comparative History, New York 2009 | Koenigsberger, H. G., Zusammengesetzte Staaten, Repräsentativversammlungen und der amerikanische Unabhängigkeitskrieg, in: ZHF 18 (1991) 399–423 | Krüger, B., Die amerikanischen Loyalisten. Eine Studie der Beziehungen zwischen England und Amerika von 1776 bis 1802, Frankfurt 1977 | Kurland, P. B./Lerner, R. (Hg.), The Founders' Constitution, 5 Bde., Chicago u. a. 1987 | Langley, L. D., The Americas in the Age of Revolution, 1750–1850, New Haven u. a. 1996 | Lutz, D., Popular Consent and Popular Control: Whig Political Theory in the Early State Constitutions, Baton Rouge 1980 | – (Hg.), Documents of Political Foundation Written by Colonial Americans, Philadelphia 1986 | Lynd, S./Waldstreicher, D., Free Trade, Sovereignty, and Slavery: Toward an Economic Interpretation of the American Independence, in: WMQ 68, 4 (2001) 597–656 | Lynn, K. S., A Divided People, Westport 1977 | The Madisonian Moment, in: WMQ 59, 4 (2002) 865–956 | Maier, P., From Resistance to Revolution: Colonial Radicals and the Development of American Opposition to Britain, 1765–1776, New York 1972 | Main, J. T., The Social Structure of Revolutionary America, Princeton 1965 | Marienstras, E., Les mythes fondateurs de la nation américaine, Paris 1976 | Marshall, P., Imperial Policy and the Government of Detroit: Projects and Problems 1760–1774, in: JICH 2 (1973/74) 151–89 | –/Williams, G. (Hg.), The British Atlantic Empire before the American Revolution, London 1980 | Marshall, P. J., The Making and Unmaking of Empires: Britain, India, and America c. 1750–1783, Oxford 2005 | Mayer, M., Die Entstehung des Nationalstaates in Nordamerika, Frankfurt 1979 | McCullough, D., John Adams, New York 2001 | McDonnell, M. A., The Politics of War: Race, Class, and Conflict in Revolutionary Virginia, Chapel Hill 2007 | McLeod, D. J., Slavery, Race, and the American Revolution, London 1974 | Meinig, D. W., The Shaping of America: A Geographical Perspective on 500 Years of History, Bd. 1: 1492–1800, Bd. 2: 1800–1867, Bd. 3: 1850–1915, Bd. 4: 1915–2000, New Haven 1986–2004 | Middlekauff, R., The Glorious Cause: The American Revolution 1763–1789 (Oxford History of the United States 2), Oxford 1982 | Morgan, E. S., American Slavery – American Freedom: The Ordeal of Colonial Virgina, London 1975 | –, The Birth of the Republic, 1763–1789, 3. Aufl., Chicago 1992 | –, Benjamin Franklin. Eine Biographie, München 2006 | Morgan, E. S. u. H. M., The Stamp Act Crisis: Prologue to Revolution, Chapel Hill 1953 | Murdoch, D. H., Rebellion in America: A Contemporary British Viewpoint, 1765–1783, Santa Barbara 1980 | Nash, G. P., The Urban Crucible: Social Change, Political Consciousness and the Origins of the American Revolution, Cambridge u. a. 1979 | Nettels, C. P., The Emergence of a National Economy, 1775–1815, New York 1962 | Nolte, P., Die amerikanische Revolution als Bruch des gesellschaftlichen Bewusstseins. Politischer, ökonomischer und soziokultureller Mentalitätswandel von 1750 bis 1800, in: ZHF 18 (1991) 425–60 | Olson, A. G., Anglo-American Politics, 1660–1775: The Relationship between the Parties in England and Colonial America, New York 1973 | –, The London Mercantile Lobby and the Coming of the American Revolution, in: Journal of American History 69 (1982/83) 21–41 | [Paine] Conway, M. D. (Hg.), The Writings of Thomas Paine, 4 Bde., New York 1894–96, Ndr. 1967 | Paquette, G. B., Imperial Portugal in the Age of Atlantic Revolutions: The Luso-Brasilian World, c. 1770–1850, Cambridge 2013 | Parkinson, R., From Indian Killer to Worthy Citizen: The Revolutionary Transformation of Michael Cresap, in: WMQ 63, 1 (2006) 97–122 | Pearson, M., Those Damned Rebels: Britain's American Empire in Revolt, London 1972 | Pencak, W., Warfare and Political Change in Mid-Eighteenth–Century Massachusetts, in: JICH 8 (1979/80) 51–73 |

Perkins, E. J., The Economy of Colonial America, New York 1980 | Pitman, F. W., The Development of the British West Indies 1700–1763, New Haven 1917, Ndr. 1967 | Pole, J. R., The Decision for American Independence, London 1977 | Poole, B. P. (Hg.), The Federal and State Constitutions, Colonial Charters, and Other Original Laws of the United States, 2 Bde., New York 1924, Ndr. 1972 | Ray, R., The American Revolution: A People's History: How Common People Shaped the Fight for Independence, New York 2001 | Reid, J. D., Economic Burdens: Spark to the American Revolution? In: JEcH 38 (1978) 81–120 | –, Constitutional History of the American Revolution, 4 Bde., Madison 1986–93 | Robinson, D. L., Slavery in the Structure of American Politics, 1765–1820, London 1971 | Rogers, A., Empire and Liberty: American Resistance to British Authority, 1755–1763, Berkeley 1974 | Sainsbury, J., The Pro-Americans of London, 1769 to 1782, in: WMQ 35 (1978) 423–54 | Schambeck, H./Widder, H./Bergmann, M. (Hg.), Dokumente zur Geschichte der Vereinigten Staaten von Amerika, Berlin 1993, 2. Aufl. 2007 | Schlesinger, A. M., The Colonial Merchants and the American Revolution, 1763–1776, New York 1917, Ndr. 1966 | –, The Birth of a Nation: A Portrait of the American People on the Eve of Independence, New York 1968 | Schröder, H.-C., Die amerikanische Revolution, München 1982 | Shaw, P., American Patriots and the Rituals of Revolution, Cambridge, MA 1981 | Shy, J., Toward Lexington: The Role of the British Army in the Coming of the American Revolution, Princeton 1965 | Spalding, P., James Oglethorpe and the American Revolution, in: JICH 3 (1974/75) 396–407 | Steele, I. K., The Empire and Provincial Elites: An Interpretation of Some Recent Writings on the English Atlantic, 1675–1740, in: JICH 8 (1979/80) 2–32 | Stuart, R. C., The Origins of American Nationalism to 1783: An Historiographical Survey, in: Canadian Review of Studies in Nationalism 6 (1979) 139–51 | Thomas, P. D. G., British Politics and the Stamp Act Crisis: The First Phase of the American Revolution, 1763–1767, Oxford 1975 | –, The Townshend Duties Crisis: The Second Phase of the American Revolution, 1767–1773, Oxford 1987 | Tucker, R. W./Hendrickson, D. C., The Fall of the First British Empire: Origins of the War of American Independence, Baltimore u. a. 1982 | Ubbelohde, C., The Vice-Admiralty Courts and the American Revolution, Chapel Hill 1960 | Van Alstyne, R. W., Empire and Independence: The International History of the American Revolution, New York 1965 | Van Doren, C., The Great Rehearsal: The Story of the Making and Ratifying of the Constitution of the United States, New York 1948 | [Washington] The Diaries of George Washington, 1748–1799, hg. v. Fitzpatrick, J. C., 4 Bde., Boston 1925, Ndr. 1971 | Wellenreuther, H., Korruption und das Wesen der englischen Verfassung im 18. Jahrhundert, in: HZ 234 (1982) 33–62 | –, The Revolution of the People: Thoughts and Documents on the Revolutionary Process in North America 1774–1776, Göttingen 2006 | –, Von Chaos und Krieg zu Ordnung und Frieden. Der amerikanischen Revolution erster Teil, 1775–1783, Münster 2006 | White, M., The Philosophy of the American Revolution, New York 1978 | –, Philosophy, *The Federalist,* and the Constitution, New York 1987 | Widmer, P., Der Einfluss der Schweiz auf die amerikanische Verfassung von 1787, in: Schweizerische Zeitschrift für Geschichte 38 (1988) 359–89 | Winkler, K. T., Soziale Mobilität in Nordamerika 1700–1800, in: Scripta Mercaturae 19 (1985) 1–87 | Wood, G. S., The Creation of the American Republic, 1776–1787, Chapel Hill 1969 | –, Empire of Liberty: A History of the Early Republic, 1789–1815, New York 2009 | Wright, E. (Hg.), Red, White, and True Blue: The Loyalists in the Revolution, New York 1976 | Young, A. F. (Hg.), The American Revolution, DeKalb 1976.

海地岛上的革命

Bénot, Y./Dorigny, M. (Hg.), Grégoire et la cause des noirs, in: RFHOM 87, 2 (2000) 1–184 | Biloa Onana, M., Der Sklavenaufstand von Haiti. Ethnische Differenz und Geschlecht in der Literatur des 19. Jahrhunderts, Köln 2010 | Blackburn, R., Haiti, Slavery, and the Age of Democratic Revolution, in: WMQ 63, 4 (2006) 643–74 | Boulle, P., Race et esclavage dans la France de l'Ancien Régime, Paris 2007 | Branda, P./Lentz, T., Napoléon, l'esclavage et les colonies, Paris 2006 | Brière, J.-F., Haiti et la France 1804–1848, le rêve brisé, Paris 2008 | Buck-Morss, S., Hegel, Haiti, and Universal History, Pittsburgh 2009 | Buisson, I./Schottelius, H., Die Unabhängigkeitsbewegungen in Lateinamerika 1788–1826, Stuttgart 1980 | Butel, P., Histoire des Antilles françaises. XVIIe–XXVe siècle, Paris 2007 | Cauna, J. de/Donnadieu, J.-L., Quand le comte de Noé écrit à Toussaint Louverture, in: OM 96, 1 (2008) 289–301 | Debien, G., La société coloniale aux XVIIe et XVIIIe siècles, Bd. 2: Les colons de Saint-Domingue et la Révolution, Paris 1953 | –, Études antillaises (XVIIIe siècle), Paris 1956 | Desmangles, L. G., The Faces of the Gods: Vodou and Roman Catholicism in Haiti, Chapel Hill 1992 | Dorigny, M. (Hg.), Les abolitions de l'esclavage de L. F. Sonthonax à V. Schoelcher, 1793–1794–1848, Paris 1995 | – (Hg.), Haiti, première république noire, in: OM 90, 2 (2003) 5–254 | Drescher, S., Abolition: A History of Slavery and Antislavery, Cambridge 2009 | Dubois, L., Avengers of the New World: The Story of the Haitian Revolution, Cambridge, MA 2004 | –/Garrigus, J. D., Slave Revolution in the Caribbean, 1789–1804: A Brief History with Documents, Boston 2006 | Duffy, M., Soldiers, Sugar, and Seapower: The British Expeditions to the West Indies and the War against Revolutionary France, Oxford 1987 | Frostin, C., Les révoltes blanches à Saint Domingue aux XVIIe et XVIIIe siècles, Paris 1975, Ndr. 2008 | Gaspar, D. B./Geggus, D. P. (Hg.), A Turbulent Time: The French Revolution and the Greater Caribbean, Bloomington 1997, Ndr. 2003 | Gauthier, F., L'aristocratie de l'épiderme. Le combat de la Société des Citoyens de Couleur 1789–1791, Paris 2007 | Geggus, D., Slavery, War and Revolution: The British Occupation of Saint Domingue, 1793–1798, Oxford 1982 | –/Fiering, N. (Hg.), The World of the Haitian Revolution, Bloomington 2009 | Ghachem, M. W., The Old Regime and the Haitian Revolution, Cambridge 2012 | Girard, P. R., Black Talleyrand: Toussaint Louverture's Diplomacy, 1798–1802, in: WMQ 66, 1 (2009) 87–124 | Gliech, O., Saint-Domingue und die Französische Revolution. Das Ende der weißen Herrschaft in einer karibischen Plantagenwirtschaft, Köln 2011 | James, C. L. R., Schwarze Jakobiner. Toussaint L'Ouverture und die Unabhängigkeitsrevolution in Haiti, Köln 1984 (engl. 1983) | King, S. R., Blue Coat or Powdered Wig: Free People of Color in Pre-Revolutionary Saint Domingue, Athens, GA 2001 | Klooster, W. 2009 | Knight, F. W., The Haitian Revolution, in: AHR 105 (2000) 103–15 | Lamartine, A. de, Toussaint Louverture, hg. v. Hoffmann, L.-F., Exeter 1998 | Manning, P., The African Diaspora: A History Through Culture, New York 2009 | Menzel, G., Der schwarze Traum vom Glück. Haiti seit 1804, Frankfurt 2001 | Nesbitt, N., Universal Emancipation: The Haitian Revolution and the Radical Enlightenment, Charlottesville 2008 | Nicholls, D., Race, couleur et indépendance en Haiti (1804–1825), in: RHMC 25 (1978) 177–212 | O'Shaughnessy, A. J., An Empire Divided: The American Revolution and the British Caribbean, Philadelphia 2000 | Petit, E., Droit public ou gouvernement des Colonies Françoises (1771), hg. v. Girault, A., Paris 1911 | Popkin, J. D. (Hg.), Facing Racial Revolution. Eyewitness Accounts of the

Haitian Insurrection, Chicago 2007 | –, You Are All Free: The Haitian Revolution and the Aboliton of Slavery, Cambridge 2010 | Rinke, S. 2010 | Roussier, M., L'éducation en France des enfants de Toussaint Louverture et l'institution nationale des colonies, in: RFHOM 64, 236 (1977) 308–49 | Schnakenbourg, C., Statistiques économiques haitiennes à l'époque coloniale (1681–1789), in: OM 99, 2 (2011) 145–55 | Schüller, K., Die Haitianer deutscher Herkunft, in: JGLA 28 (1991) 277–84 | –, Die deutsche Rezeption haitianischer Geschichte in der ersten Hälfte des 19. Jahrhunderts. Ein Beitrag zum deutschen Bild vom Schwarzen, Köln 1992 | [Sonthonax] in: RFHOM 84, 316 (1997) 1–173 | Spieler, M. F., The Legal Structure of Colonial Rule During the French Revolution, in: WMQ 66, 2 (2009) 365–408 | Tarrade, J., Les colonies et les principes de 1789. Les assemblées révolutionnaires face au problème de l'esclavage, in: RFHOM 76, 282/83 (1989) 9–34 | [Toussaint Louverture] Nesbitt, N., Toussaint Louverture, The Haitian Revolution, London 2008.

伊比利亚美洲的革命和去殖民化运动

Abadie Aicardi, A. 1980 | Adelman, J., Sovereignty and Revolution in the Iberian Atlantic, Princeton 2006 | –, Independence in Latin America, in: Moya, J. C. 2011, 153–80 | Andrés García, M., De Peruanos e Indios. La figura del indígena en la intelectualidad y política criollas (Perú: siglos XVIII–XIX), Huelva 2007 | Andrien, K. J. (Hg.), The Political Economy of Spanish America in the Age of Revolution, 1750–1850, Albuquerque 1994 | Archer, C. I., They Serve the King: Military Recruitment in Late Colonial Mexico, in: HAHR 55 (1975) 226–50 | –, The Army of New Spain and the Wars of Independence, in: HAHR 61 (1981) 705–14/21 | –, The Officer Corps in New Spain: The Martial Career 1759–1821, in: JGLA 19 (1982) 137–58 | Bakewell, P. 2004 | Bernecker, W./Pietschmann, H./Zoller, R. 2000 | Brading, D. A. 1991 | Buisson, I./Schottelius, H. 1980 | Bushnell, D., The Last Dictatorship: Betrayal or Consummation? In: HAHR 63 (1983) 65–106 | –, Símon Bolívar: Liberation and Disappointment, New York 2003 | – (Hg.), El Libertador: Writings of Símon Bolívar, Oxford 2003 | Carrera Damas, G., Simon Bolívar. El culto heroico y la nación, in: HAHR 63 (1983) 107–45 | Chasteen, J. C., Americanos: Latin America's Struggle for Independence, Oxford 2008 | Chust, M./Serrano, J. A. (Hg.), Debates sobre las independencias iberoamericanas, Madrid u. a. 2007 | Collier, S., Nationality, Nationalism, and Supranationalism in the Writings of Bolivar, in: HAHR 63 (1983) 37–64 | Dorsch, S., Die Verfassung von Michoacán (Mexiko). Ringen um Ordnung und Souveränität im Zeitalter der Atlantischen Revolution, Köln 2010 | Drescher, S. 2009 | Elliott, J. H. 2006 | Falola, T./Roberts, K. D. 2008 | Feres Júnior, J., O conceito de América: conceito basico ou contra-conceito, in: JGLA 45 (2008) 9–29 | Fisher, J. R., Royalism, Regionalism, and Rebellion in Colonial Peru, 1808–1815, in: HAHR 59 (1979) 232–57 | – 2003 | Friede, J. (Hg.), La batalla de Ayacucho – 9 de Dicembre de 1824 – Recopilación documental, Bogotá 1974 | Gerstenberger, D., Gouvernementalität im Zeichen der globalen Krise. Der Transfer des portugiesischen Königshofes nach Brasilien, Köln 2013 | Halperin Donghi, T., Revolución y guerra. Formación de una élite dirigente en la Argentina criolla, Buenos Aires 1972 | – 1978 | –, Riforma y disolución de los imperios ibéricos, 1750–1850, Madrid 1985 | – 1991 | Hamnett, B. R., Roots of Insurgency: Mexican Regions, 1750–1824, Cambridge 1986 | Hernáez, F. J. (Hg.), Colección de bulas, breves y otros documentos relativos a la Iglesia de America y Filipinas, 2 Bde., Brüssel 1879, Ndr. 1964 | Kahle, G., Militär und Staatsbildung in den Anfängen der Unabhängigkeit Mexikos, Köln 1969 | –, Simón Bolivar und die Deutschen, Berlin 1981 | Klooster, W. 2009 | König, H. J. (Hg.), Simon Bolívar. Reden und Schriften, Hamburg 1984 | –, Auf dem Wege zur Nation. Nationalismus im Prozeß der Staats- und Nationbildung Neu-Granadas 1750 bis 1856, Stuttgart 1988 (span. 1994) | Kossok, M., Der iberische Revolutionszyklus 1789 bis 1830. Bemerkungen zu einem Thema der vergleichenden Revolutionsgeschichte, in: JGLA 6 (1969) 211–38 | Langley, L. D. 1996 | Latin American Independence I–II, in: HAHR 90 (2010) 389–522; 91 (2011) 199–331 | Leturia, P. de, Relaciones entre la Sante Sede e Hispanoamérica 1493–1835, 3 Bde., Rom 1959–60 | Liss, P. K., Atlantic Empires: The Network of Trade and Revolution 1713–1826, Baltimore 1983 | Lowenthal, M., Kinship Politics in the Chilean Independence Movement, in: HAHR 56 (1976) 58–80 | Lynch, J. V., The Spanish American Revolutions, 1808–26, London 1973 | –, Bolivar and the Caudillos, in: HAHR 63 (1983) 3–36 | – (Hg.), Latin American Revolutions, 1808–1826: Old and New World Origins, London 1994 | –, Símon Bolívar: A Life, New Haven 2006 | –, San Martín: Argentine Soldier, American Hero, New Haven 2009 | Masur, G., Simon Bolivar, Albuquerque 1948 | Meissner, J., Eine Elite im Umbruch. Der Stadtrat von Mexiko zwischen kolonialer Ordnung und unabhängigem Staat, Stuttgart 1993 | Mols, M. (Hg.), Integration und Kooperation in Lateinamerika, Paderborn 1981 | Pagden, A. 1990 | Pearce, A. J. 2007 | Porras Barrenechea, R. (Hg.), El congreso de Panama (1826), Lima 1930 | Prien, H.-J., Die Geschichte des Christentums in Lateinamerika, Göttingen 1978 | –, Das Christentum in Lateinamerika, Leipzig 2007 | Racine, K., Francisco de Miranda: A Transatlantic Life in the Age of Revolution, Wilmington 2003 | Rieu-Millán, M. L., Los diputados americanos en las Cortes de Cádiz (Igualdad o independencia), Madrid 1990 | Rinke, S. 2010 | Rodriguez, J., The Independence of Spanish America, Cambridge 1998 | –, The Emancipation of America, in: AHR 105, 1 (2000) 131–52 | Rodriguez, J. E., Sobre la supuesta influencia de la independencia de los Estados Unidos en las indpendencias hispanoamericanas, in: RI 70, 250 (2010) 691–714 | Rugendas, M., Malerische Reise in Brasilien, Paris u. a. 1835 | Rydjord, J., Foreign Interests in the Independence of New Spain, Durham 1933, Ndr. 1970 | Saenz de Santamaria, C., El proceso ideológico-institutional desde la Capitanía General de Guatemala hasta las Provincias Unidas del Centro de América: De provincias a estados, in: RI 38 (1978) 219–85 | Urban, G./Sherzer, J. (Hg.), Nation-States and Indians in Latin America, Austin 1992 | Van Young, E., L'enigma dei re. Messianismo e rivolta popolare in Messico, 1800–1815, in: RSI 99 (1987) 754–86 | –, The Other Rebellion: Popular Violence, Ideology, and the Mexican Struggle for Independence, 1810–1821, Stanford 2001 | Walker, C. 1999 | Weber, D. J. 2005 | Wortman, M. L., Government Revenue and Economic Trends in Central America, 1787–1819, in: HAHR 55 (1975) 251–86 | –, Government and Society in Central America, 1680–1840, New York 1981 | Zeuske, M., Francisco de Miranda und die Entdeckung Europas, Münster 1995.

第十二章

16世纪至19世纪的认知和接受

新世界和旧世界

18 世纪末和 19 世纪初，不只是欧洲在严重的冲突中开 603
始彻底改变它的政治、经济、社会和文化形态。在这种关联中，新世界在政治上变得独立于旧世界。但是它的组成部分在内外武装冲突爆发之前已经找到自己的同一性。过去三百年的大西洋体系开始瓦解或者至少接受了另一种形态。同时，欧洲在南亚和东亚的存在也在伴随着伊斯兰世界、印度和印度尼西亚内部危机而发生的激烈的内外斗争中改变着他们的特点。此前主要在海上活跃，而在陆地上仅限于控制港口和根据地的欧洲贸易公司接过了对印度中心地带和中心岛屿印度尼西亚的统治权。看起来，这些世界范围内的革命直接或间接地都可以追溯到欧洲的推动作用。只有中国和日本虽然遭受了同样的全球性的经济挑战，但它们在危机中继续走着自己的道路。在世界范围而言，拥有几乎无限资源的逐渐羽翼丰满的欧洲金融和军事国家——这也是唯一无可质疑的欧洲成就——的代表们虽然不能再控制住它们在新世界里的分公司，但是却证明了从现在起，它们能够对付数个世纪以来一直优于它们的亚洲帝国。由此，帝国主义呼之欲出。

与此同时，或者说在这一戏剧性的发展之前，在欧洲，人们对于世界的认知和接受也发生了变化。据说欧洲人一开始就因其对新生事物的感知力而出众。早在 16 世纪，人文主义者就已将旅行升华为“旅行的艺术（Apodemik）”[①]，并为此设计了问卷。同一时期，在西班牙及其殖民地，以政府的详细问卷为依据，开始对地形关系进行有计划的国土绘图。而贸易公司
和其他商人这样做则是为了赚取利润。对于不能保证获益的知 604

① 该词源于希腊语的 ἀποδημέω，直译为“在旅途”，原意为“旅游指引”，后指“旅行的艺术”，是文艺理论中的一个概念。——编者注

识他们几乎不感兴趣。如果有利于竞争，他们有时甚至会阻碍这类知识的传播。这种小肚鸡肠的秘密也一直得到伊比利亚王室的传承。就连语言的掌握也遵循着功利主义的考量，即使是精神方面的也概莫能外。

然而，受到启蒙和批判的理性主义的影响，欧洲的认知和知识在数量和质量上都达到了一个新的水平。比以前任何时候都有更多的对政治、宗教和商业方面感兴趣的私人网络被用于知识的传播。欧洲精英们被好奇心所控制，在异国风情的吸引力和哲学认知欲之间摇摆不定。此前所积累的关于世界的知识应该得到了充实，尤其是得到了系统化。有计划地派遣出去的国家和私人的科学研究考察逐步取代了惯常的层出不穷的发现者和遍地开花的发现行动，从现在开始，那些拟定了方法得当的行动计划并执行明确任务的科学家也参与了科学研究考察。但是人们不再仅仅为了实际利益，而是通过知识来占有世界；通过知识来占有世界变成了目的本身，成了科学。

这种由世界向欧洲传播知识的路径与欧洲有计划的知识系统化相一致。近代早期收藏异域珍品的艺术馆和博物标本室变成了系统建造的博物馆，异国植物的种植造就了系统建造的植物园。虽然西班牙的国王们早在16世纪就把植物学家派往美洲并从那里获得了大量的植物标本，而且有志向的尼德兰人在17世纪也在亚洲做过类似的事情，因此已知的植物数量在150年里增加到原来的40倍！然而，直到此时才有了卡尔·冯·林内（Carl von Linné）把整个植物世界纳入一个唯一体系中的尝试。最晚到17世纪，人们已观察到热带生态系统对于农业和林业所造成的后果缺乏抵抗力，并开始有计划地保护环境。

古典时期以来就有一种推测，地球的特定部分由特定的祖先的后代居住，不同的气候造就不同的人群。此时才由冯·林内和其他人提出了人类种族的相应系统，即白种人、黄种人、

红种人和黑种人分别对应欧洲人、亚洲人、美洲人和非洲人，肤色顺序立刻成了种族的价值等级的序列。关于异国文化及其 605
历史的信息不断被传播。一方面通过有计划的比较，另一方面通过对整个人类发展道路的新颖想象——在这条道路上的各个民族一步步地迈向越来越高级的文明——一部人类的世界史由此产生。

此外，人们认识到，应当重视倾听其他人的真实的声音，而且不仅是对其他人，也要对自身进行不带偏见的认知。在一段时间里，欧洲的自我相对化（Selbstrelativierung）拥有真实的发展空间，尽管它被少数人用于批判人种中心论和殖民统治，或者用于拥有开放性结局的跨文化成就的比较。因为开明的欧洲一方面因传统的基督教偏见而自以为高人一等，并自然地贬低异教徒，另一方面尽管产生了种族学说，但还没有完全被19世纪展现的帝国主义傲慢的新的无意识所控制。欧洲的“学者共和国（Gelehrtenrepublik）”[①]的跨文化共性即将完结，因为认知和知识也同样被国有化了。

开明的无偏见尽管有着良好的意愿，到一定的程度时也会导致自我欺骗，开明的眼光也是一种短浅的目光。因为一方面，这种新的发展思维会导致开明的普遍主义而成为欧洲的负担，因为欧洲理所当然地清楚自己处于人类发展的最高级阶段。人们或多或少地对“尊贵的”野蛮人抱有开放心态和同情心，自认为有义务给他们带来进步。与此相应，开明的知识也不可避免地被怀疑为权力的知识。另一方面，当他者在现实中不能适应这种明显的欧洲观点，即一种自我构建的“善意欧洲

① 威廉·冯·洪堡认为教育可以造就一个自律且自发的学者群体。他提倡德意志民族需要打造一个“学者共和国”，这个共和国的公民由一群回归希腊古典精神的全能型天才组成：他们不但知识丰富，而且对世间万物都抱有浓厚兴趣，文化艺术品位高雅。

（ein wohlmeinendes Europa）”时，正是这种对他者的理想化会扭曲自己的感知。

当然，人们可以落落大方地置身于大量的感官体验所引起的惊讶之中，这种情况在新世界尤甚。最少受到刺激的是触觉，最强烈地且不间断地受到挑战的是视觉。但是欧洲人的嗅觉和味觉现在也有了全新的体验，嗅闻着鲜花的芳香和烟草的香味，品尝着巧克力和辛辣的胡椒，听着前所未有的声音——不知名鸟儿的鸣叫和未知人群的音乐。但是要建立像这种不能
606 立刻被熟悉的已有知识所消化的陌生的知识，是需要作好感知差异的准备的。

通过媒介来加工感知，以及随后通过意识将其纳为知识，偏离了感官的经验模式。感知和获取是创造性的过程，这个过程由语言控制，尤其受到语言为了处理新的知识而提供或者无法提供的这些范畴的控制。这一点从一开始就明显地显露在传教士们的困难中，即难于把基督教的关键概念用其他语言恰当地复述出来，也难于用自己的语言恰当地理解异国的宗教。甚至视觉感知都借助语言进行了社会建构。东亚人被实际地描述为白肤色，印第安人被描述为棕肤色。中国人有时候也被人们，尤其是被那些不能容忍他们的人叫作“黄种人”，因为在欧洲传统里，黄色是被唾弃的人、妓女和犹太人的颜色，象征着嫉妒和虚伪。但在18世纪后期，中国人在工具书的描述里一直都是白色。只是18世纪末期在伊曼努尔·康德的重要参与下建立的种族理论把他们定义为黄种人（Gelben），把印第安人定义为红种人（Roten），以便于从肤色上确定种族等级的划分：从白色过渡到黄色和红色，最低下的为黑色。红色皮肤直至17世纪末才出现。当时可能是指雷纳佩人（Lenape）[①]

① 又称作“德拉瓦人（Delaware）”，是说阿尔贡金语的印第安部族，曾居住在北美洲的大西洋沿岸，集中在德拉瓦河流域。——编者注

的身体涂色。直至 18、19 世纪，印第安人才被描述为红色种族。

此外，将感知到的食物纳为新知识也受到了人们已有的或者打算掌握的旧知识的影响。自 17 世纪以来，欧洲的思想才从古典时期和基督教原有知识的桎梏中解放出来。在此之前，印第安人和中国人起先是依据亚里士多德的著述或者《圣经》被感知的。人们以古典地理学家和历史学家为榜样来解释事物，比如根据罗马历史的模式来解释对秘鲁的占领。首先，各种各样的期待影响着对感知的加工，进而影响基本知识的形成。其次，个体文化传播者可能充当着“过滤器”的角色，这种角色被一再谈及。此外，无论在空间上还是时间上，首次接触的发生已渐渐远去，感知对象也趋向于焕发自己的新生命和不断吸纳新的意义。因为他们经常从原本所属的文化语境剥离（dekontextualisiert），以归入新的文化语境（rekontextualisiert）。我们不应该忽略，精神的侵占可以轻易地导致物质的占有。

由于理解通常就是从不理解开始的，所以我们在欧洲的扩 607
张历史中经常可以碰到欧洲人和其他人之间的误解，这种误解呈现了互补的形势。然而这种误解也会成为成功的文化联系的先决条件。各方都认为要在自己的文化模式框架下行事，而在现实中又会屈从于其他文化的影响，直至相互交融。并不是说推理所得的模糊意义背后不存在“真实的历史”，只是这个历史不容易接近，尤其因为创造的概念的历史自己变成了真实的历史。

1552 年，弗朗西斯科·洛佩斯·德·哥马拉（Francisco Lopez de Gomara）公开了他在其著作《印度群岛通史》（*Historia general de las Indias*）中致皇帝查理五世的献词中里的几句话：

> 自创世起，除了造物主的造人和死亡之外，最伟大的事件就是发现印度；人们因此把它称为新世界，主要不仅因为它新近被发现，而且因为它如此巨大，几乎与旧世界中的欧洲、非洲和亚洲的总和一样大。（Gomara 1918，156）

关于这个遥遥相对的美洲的极其新颖且意义深远的观点固化为世界历史中被普遍接受的概念，我们在亚当·斯密1776年的著作《国民财富的性质和原因的研究》（*An Inquiry into the Nature and Causes of the Wealth of Nations*，也译作《国富论》）中也看到过这个概念，然而此间有了新的要旨。

> 发现美洲和绕过好望角抵达东印度的航线是人类历史上两个最伟大和最具意义的事件。其结果虽然已经相当令人瞩目，但是人们仍然不可能在过去的两三个世纪的短暂时间里认识到它在整个波及范围内的影响。没有任何人的智慧和视野可以预见，这一发现将会导致整个人类的何种善行和何种不幸。总而言之，它们在未来的发展趋势上仍可能是有用和有益的，因为它们使世界上最遥远的地区在某种程度上联结了起来，并使这些地区能够互相帮助，在交换中满足对必需的和可接受的东西的需求，并且促进相互之间的手工业和贸易。（Smith 1978，526）

与亚当·斯密在思想上持相反意见的卡尔·马克思于1848年在《共产党宣言》（*Manifest der Kommunistischen Partei*）中作出了类似预断，只不过作了另一种诠释。

> 美洲的发现、绕过非洲的航行，给新兴的资产阶级开
> 辟了新天地。东印度和中国的市场、美洲的殖民化、对殖
> 民地的贸易、交换手段和一般商品的增加，使商业、航海
> 业和工业空前高涨，因而使正在崩溃的封建社会内部的革 608
> 命因素迅速发展。以前那种封建的或行会的工业经营方式
> 已经不能满足随着新市场的出现而增加的需求了。工场手
> 工业代替了这种经营方式……但是，市场总是在扩大，需
> 求总是在增加。甚至工场手工业也不再能满足需要了。于
> 是，蒸汽和机器引起了工业生产的革命。现代大工业代替
> 了工场手工业……大工业建立了由美洲的发现所准备好的
> 世界市场。世界市场使商业、航海业和陆路交通得到了
> 巨大的发展。这种发展又反过来促进了工业的扩展……资
> 产阶级也在同一程度上发展起来，增加自己的资本，把中
> 世纪遗留下来的一切阶级排挤到后面去。（Marx 1968，
> 526f.）

前人对过去的经济和政治发展进行了两三百年的思考，这深化了德·哥马拉的观点。美洲的发现产生了彼时他本人还无法预见的长距离影响之后，人们继而逐渐认识到其影响范围有多广大。当一个阿兹特克人用其母语纳瓦特尔语描述1610年至1614年跨越太平洋来到墨西哥的日本使者的外貌和行为之时，这难道不是正在开始的全球化的早期证据吗？而在那之后，后者前往西班牙和意大利继续他们的世界之旅。

18世纪，受启蒙运动的影响，人们第一次可以在更加广泛的公众舆论范围内对欧洲的这个最大成就的后果进行批评。正如我们所见，虽然对殖民地的批判从一开始就提高了自己的声音，但是它只是作为对殖民地政策竞争对手进行诋毁的手段在大众传媒上有些许效果而已。而阿贝·纪尧姆·

雷纳尔（Abbé Guillaume Raynal）在1770年首次发表的《东西印度欧洲人殖民地和贸易的哲学与政治史》（*Histoire philosophique et politique des établissements et du commerce des Européens dans les deux Indes*）使得针对西班牙人在新世界的残暴行径的传统批判普遍化了，“所有贪婪和嗜血的基督徒，一个不幸的偶然将这些人……带到了另一个半球的彼岸”，法国人在此事上也难辞其咎。这部由狄德罗等重要的启蒙运动者参与编纂的书籍在1789年之前就至少出版了49个版次。雷纳尔还悬赏征求这个问题的最佳答案：新世界的发现为人类带来了幸福还是不幸？

然而这个问题始终是彻头彻尾的欧洲中心主义的。启蒙运动者真正关注的并不在于欧洲人给新世界带来的灾祸，而在于新世界对欧洲的经济、政治和道德的影响，在于未经启蒙的人获得权力而对其他人的腐化。被害人的历史应当成为谋杀者提
609 高技艺的教材。而后者更为重要，因为人们一如既往地认定文明人和野蛮人之间始终有着根本的差别，而美洲诸部族毫无差异地全都被划定为野蛮人！野蛮人的极端例证就是在哥伦布时代就已经发现的食人族。虽然同类相食作为一种文化现象，不能被简化为一场单纯的讨论，并且极少像人祭那样引起普遍的争议；但是今天人们对16世纪传播得太过成功的美洲食人族故事的真实性提出质疑，完全是合理的。这是古典的野蛮人神话的组成部分，它被证明在政治上是完全合适的。由于西班牙人在美洲想要工人，英国人想要土地，所以食人族神话可以用来证明狩猎奴隶和强迫劳动是合理的，有关懒惰的印第安人的神话故事成了占有其土地的理由。但是同样的，非洲人也有着他们的食人族神话，因为很多非洲奴隶预料他们将被白人食尽。

可是，历史的教训——尤其是自雷纳尔时代以来，我们这

个大陆的直接的政权丧失的教训——早就销蚀了欧洲那种光辉的、毫不动摇的种族中心主义的优越感。明智的亚当·斯密看到了更远，并且预感到会发生什么。

> 对于土生土长的东印度和西印度人来说，由这两个事件产生的所有贸易优势已经消耗殆尽，它们结束于人们曾经忍受的可怕的不幸之中，而这并非根源于偶然，而是根源于事情的必然。在人们经历了两次大发现的那个时代，欧洲一方权力的比重如此之大，以至于它们允许在这些遥远的地方存在各种不平等。或许在未来，土著人的国家会变得更加强大和有力，而欧洲人的权力会更加虚弱，这样，世界上所有地区的居民都会获得同样的勇气和同样的力量，因而达到一种威慑中的平衡，仅仅这一点就可以将独立国家的不平等转变为一种对相互之间权利的尊重。除却各种知识和技术知识的交换，似乎没有任何东西能够建立这种力量的均衡，而这种交换是由所有国家相互间完全自主的全面贸易［……］带来的。（Smith 1978，527）

但是亚当·斯密本人没能认识到，人们的无形之手在持续
进行而不受控制的过程中，在多大的规模上塑造着各大陆之间
的关系！在欧洲人可以有意识地干涉新发现世界的自然和作物
之前，他们就在不知情的情况下，通过引进在美洲至此为止尚
未被弄清楚的微生物彻底改变了他们的生物系统。紧接着，欧 610
洲人很快入侵了植物界和动物界，它们与旧世界的巨大差异
性从一开始就引起了他们的注意。伴随着人工栽培植物，他们
也带去了欧洲文化，因为欧洲人想把新世界变成旧世界的一部
分。小麦面包和葡萄酒也同样不仅是地中海世界的基本食品，
离开它们，西班牙人就无法生活，而且它们在基督教最重要的

宗教活动——圣餐中也有着核心意义，对欧洲人而言具有一种高级的文化象征价值。

对于跨文化交往场景极具典型意义的是，拥有高度发达的植物种植文化（这种植物种植在人口稠密的国家几乎提供了唯一的食物基础）的印第安人很难接受欧洲的人工栽培的植物，却很快接受了各种欧洲家畜。因为在旧美洲几乎没有发展家畜养殖业，动物蛋白在食物方面也意义甚微。与经济作物不同，欧洲家畜所提供的机会迅速被印第安人抓住了。在北美洲和南美洲的大平原上出现了游牧民族的新型混合文化。作为畜牧者或者骑马的大型猛兽狩猎者的生活显然比之前的生活更为富足，食品供应更佳。

还有新的人也来了，他们是欧洲移民和数百万像牲畜一样被运来的非洲人。19 世纪的亚洲契约工人给圭亚那等现今的国家或特立尼达留下的印记，不亚于黑人给西印度、白人给北方和南方的印记。大陆的旧主人被消灭、清除或是被排挤至社会边缘。此外，人种混融由此产生，这既引起了新的社会问题，也增强了基因多样性和当地人对欧洲传染病抵抗力的增强。

引入种植资源的同时，英国人还输入了他们的技术、行为方式和公共机构。随着役畜的引进，车轮和犁耙才有了意义；随着贵金属的出口，精湛的矿冶技术出现了；随着白人人口的增长，欧洲式的手工业兴起了。正如欧洲的耕作和新的牲畜群排挤了印第安的移动牧场和园艺一样，地中海城市、法式庄园和英国乡镇代替了延续迄今的居住方式。很快又有了大型庄
611 园、庄园住宅和种植场。但是，这不仅意味着在大陆完全改变的外貌中，在它的新型文化垦殖区中展现了对于美洲来说全新的生态和经济，它同时还意味着另外一种社会和政治生态的胜利——旧世界模式的生态的胜利。

这种事实真相的基本表现是欧洲语言的普及，欧洲语言

对于许多使用者来说理所当然地优于印第安语言。土著人究竟有没有语言？或者他们必须先说话并以此来学习合乎人的尊严的生活？相反，拒绝接受新主人们的语言是拒绝文化移入的标志，因为语言是其文化媒介，尤其是一种宗教媒介，一定会给印第安人留下印记。传教士们不仅具有更好的智力技能，而且是语言学的先驱。此处应该出现的，是一种按照旧世界的思考和生活风格，按照旧世界的精神和政治规范而建立的典范。业已出现的往往是一种混合物，一种在新世界的条件和影响之下的旧世界的思维和生活方式的独特变体。墨西哥的瓜达卢佩圣母像不是卡斯蒂利亚的瓜达卢佩圣母像，弗吉尼亚立法议会亦非英国的下议院。但是对新世界原有秩序的修正的启示也来自旧世界：如果没有启蒙运动和专制制度，或许甚至如果没有特定的，乍看是单纯发生在旧世界的一系列政治事件，比如七年战争和拿破仑战争，也就不会有以上述方式进行的新世界的去殖民化运动！

那么，旧世界最终完全按照自己的形象，寄寓着自己的属性，把新世界打造成和它相似的模样了吗？即并非无中生有，而是更有把握，且确确实实“毁灭性地”利用现成的“材料”去打造新世界的模样了吗？无可争辩，这是许多旧世界的代表的观点，并且他们在令人惊恐的巨大的范围内达到了他们的目的。尽管如此，新世界依然存在着，它甚至在更高的程度上给旧世界打下了烙印，而这一点，旧世界自己竟未必知晓！

人们可以有些惊讶地发现，尽管新世界的发现堪称轰动
世界的事件，但是旧世界对它的认识却是相当迟疑的。欧洲对
来自美洲的货物和各种刺激的接受似乎也缓慢得令人惊讶，但
那些人们期待获得并为此而远走他乡的东西除外，比如贵金属
和异教徒的灵魂。对新世界的感知往往在当时当地就已注定是 612
不足的或者谬误的，这不单是因为原有的理解工具根本不适用

于新的事物——例如，欧洲的语言本就缺乏一种能够对热带雨林的壮美进行描述的足够细分的色谱。而更重要的是，欧洲人往往只看到了自己所期待看到的东西——对此没有什么好惊讶的，这是相当正常的文化现象，因为要进行无偏见的、客观的科学观察，必先经过非常高标准的智力训练。

欧洲通过剥夺其差异性而将之纳入欧洲的传统概念，必要时甚至通过挑选可用的和忽视不可用的成分，不仅在政治上，而且在精神上对美洲进行驯化。当中的核心种类就是那些“异教徒”，这样，印第安人就得以毫无问题地编入欧洲的两个不完全相同的文化体系之中——基督教文化和古典文化，因为异教徒同时也是古典文化里的“野蛮人”形象在基督教文化中的体现。异教徒在基督教世界里获得了一个固定位置，这意味着他们是第一等的邻人，需要受到管束才能皈依。这样的话，这位邻人被当成一种动物来观察和对待的可能性无论如何已明确地排除在外，这样，他就可以与人们所认识的其他异教徒进行比较，尤其是与那些古典时期的人相比较。人们找到了剥去他神秘性的途径。1724 年，耶稣会会士拉菲陶（Lafitau）写道：“当珀涅罗珀（Penelope）相信她的儿子死了的时候，她像一个印第安女人那样哀号了起来。希腊异教徒们像野兽一样厮杀，阿喀琉斯（Achill）展示了易洛魁人的所有残暴。”（Chinard 1970，324）

就连印第安人的起源问题都要通过回溯《圣经》和古典时期的谱系来回答，甚至美洲的理想主义神话早就运用了人们熟悉的传说，就像哥伦布那样在那里找到了人间的天堂，又或者说找到了阿卡狄亚（Arkadien）[①]或琉善（Lukian）所说的黄金时代。基督徒和犹太人将印第安人的起源解释为全世界范围

① 古典时期田园诗中描述的世外桃源，人们在其中躲避灾难，安居乐业，过着牧歌式生活。——编者注

内十个失落的以色列氏族。有些印第安人接受了这个观点，以便为自己的部族赢得更大的尊重。和早期的传教士一样，摩门教徒也借此赋予美洲在救恩史中的意义。

欧洲近代早期的问题和问题的制造者本来并不是美洲，因为欧洲的巨大成就产生于许多与新世界没有直接关联的欧洲国家。问题和问题的制造者曾经并且仍然是古典时期，美洲变成 613
了人们对古典时期的接受（Rezeption）的附属品。虽然有个米歇尔·德·蒙田（Michel de Montaigne）在从事新世界居民的研究，但是古典时期向他提出了更重要的问题，他广受好评的评判独立性来源于斯多噶派（Stoa）。即使欧洲自 17 世纪晚期开始从古典时期中解放出来，面对美洲却依旧沿用由来已久的自闭式的接受模式。

积极地研究新世界在欧洲从一开始就是与利益相关的。各个热心于殖民政策的国家和团体制造和接受了大量的报告、地图和图画。这自然首先适用于西班牙人，那个时候，马丁·费尔南德斯·德·恩西索（Martin Fernandez de Enciso）在 1519 年首次试图在他的《地理综述》（*Suma de Geographia*）中系统地表述新的地理知识。1530 年，彼得·马特·安吉拉从哥伦布还活着的时候就开始撰写的《新世界十年纪》一书完整出版了，1535 年出版了贡萨洛·费尔南德斯·德·奥维多的《印度群岛通史与自然史》的第一部分，随后还有许多其他历史与国情著作。西班牙王室除了赞助航海学的研究和教育，还很早就建立了官方的开展美洲历史撰写和地理描述的机构。费利佩二世从 1571 年也开始针对美洲组织《地形关系》（*Relaciones topográficas*）的编撰。虽然这个项目没有完成，但是这些土地说明书对更好地认识新世界，尤其是认识墨西哥作出了贡献。书中还有许多图片获得了赞誉，这些图片大部分都可以追溯到前西班牙时代的印第安地图学。还有传教士们的努力，他们自己努力的原因在于要尽可能详细地认识新世界的居民。这样，一部有理由被认定为早期西班牙国情与历史探索的集大成著作的问世并非偶然，它就是出自耶稣会会士何塞·德·阿科斯塔之手的《印度群岛的自然和道德历史》（*Historia natural y moral de las Indias*）。除此之外，他还撰写了重要的美洲传教理论。这对于欧洲对新世界的接受来说是独特的，即德·阿科斯塔必须把这部著作的第一卷用于一个目的：在传统的基督教救恩地理学（Heilsgeographie）中为美洲求得一席之地，并对教父拉克坦兹（Laktanz）进行了反驳，后者的观点是，地球上不可能存在两个对称的极点。

但是大部分关于美洲的早期著述并不是在西班牙出版，而是在德意志和意大利，也就是说，在意大利北部和德意志北部
614 的贸易城市，想必那里的商人们对于在美洲做生意有着最强烈的兴趣，特别是在威尼斯、米兰、奥格斯堡和纽伦堡，直至威尼斯人拉穆西奥于1550年和1559年间撰写出第一部游记汇编。16世中叶出版的425部有关美洲的书籍和83部有关巴西的书籍中，有250部是用拉丁语撰写的。其中，关于美洲书籍的29%和关于巴西书籍的38%都在德意志出版，在意大利出版的这两个种类占比分别为25%和21%，在西班牙出版的则只占17%和8%。

相反，法国在1480年和1609年间出版的有关亚洲和土耳其的著作多达美洲题材著述的四倍，直到16世纪末，法国地理课程传授的关于古典世界的知识仍远远多于新世界的知识，这种情况可能也发生在其他国家。值得注意的例外是多米尼加人安德烈·德韦特（André Thevet）1558年写的《法属美洲的独特之处》（*Singularitez de la France antarctique*）和在日内瓦受过教育的让·德·勒利（Jean de Léry）1578年写的《巴西，或者称作美洲的旅行史》（*Histoire d'un voyage fait en la terre du Bresil, autrement dite Amerique*），典型的是，这两位作者都是法国在巴西进行殖民尝试的圈子里的人。但是我们还能看到一部作品，它就是马克·莱斯卡伯特（Marc Lescarbot）1609年献给年轻国王的《新法兰西历史》（*Histoire de la Nouvelle-France*）。比起观念的转变，它更多只是"奉旨写作"，因为在1600年和1625年间的216部地理著作中，只有38部是写美洲的。1625年到1660年，这个数字提高到了239部中的74部，因为此时法国公众对加拿大倾注了强烈的兴趣。但是同样带有这种政治兴趣的有关出版物的数量在路易十四战争期间再次下降。

我们已经看到，英国也经历了相似的发展历程。主要的出版物有哈克鲁特1589年的《英吉利民族的重大航海、旅行和发现》，塞缪尔·帕切斯（Samuel Purchas）1625年的《哈克鲁特遗作，或帕切斯的朝圣》（*Hakluytus Posthumus, or Purchas, His Pilgrimes*）①，后者第一次尝试以图画的形式出版了《门多萨手抄本》（*Codex Mendoza*），这与英国的扩张政策有关。

但是，认识新世界的兴趣并不一定要与国家的政治经济扩张联系起来，也有可能是为了着手研究来自美洲的具体的实际问题。比如，人们不得不深入研究非自愿感染的梅毒所带来的后果，1539年，塞维利亚医生鲁伊·迪亚斯·德·伊思拉（Ruy Diaz de Isla）的《关于预防西班牙语中通称为"脓肿"的"蛇病"的论文》（*Tratado contra e mal serpentino que vulgarmente en España es llamado bubas*）②就一再确认了梅毒来源于美洲，按照今天的研究水平来看，它极有可能是

① 一部辑录了大量早期英国地理发现资料的百科全书，共四卷。——编者注

② 根据德·伊思拉的说法，梅毒就像蛇这种动物一样丑陋、麻烦和骇人。——编者注

正确的。即使在欧洲，微生物也差不多是首批从另一世界输入之物。

615 然而，这一输入的规模可能远远不及反向输出的规模，动物甚至是人的输入和输出也符合这种情况。火鸡和天竺鼠颇受欢迎，1905 年作为皮毛动物被引进的麝鼠成了祸害，20 世纪 20 年代来到欧洲的马铃薯瓢虫被视为害虫……但与人们有理由相信的欧洲家畜给美洲带来的巨变不同，上述这些动物中没有任何一种深刻地改变了欧洲的景观。在哥伦布尝试向西班牙奴隶市场输送印第安人遭到禁止之后，新世界无论如何也不能向旧世界输送人口。而人口和劳动力恰恰是他们最大的空缺，尤其是人口灾难爆发以后。

在植物的统计方面却呈现了截然不同的情形，在这方面，美洲出现了令人惊讶的新型财富，印第安农业也显露了野生植物驯化方面的重要成就，特别是把玉米从一种几厘米高的，果序只有铅笔般粗的野草培育成具有多颗粒肉穗花序的粮食作物。除玉米外，最为重要的作物有马铃薯、甘薯、木薯，还有美洲豆类、花生、西红柿、美洲南瓜、辣椒、可可和烟草，能提取人们长期以来不可或缺的退热药奎宁的金鸡纳树却没有被归在其中。这些植物的名称同样部分来自美洲的语言。

由于只有在食物的基础扩大的情况下，人口才有可能增长，所以鉴于人们已证实美洲可食用植物对欧洲、亚洲和非洲的粮食供应有重大的意义，我们有理由认为，正是由于这些植物，地球的这些部分才实现了人口增长。当人们还在抨击黄花菜的时候，中国就已经在种植玉米、甘薯和花生了。水稻在 17 世纪可能为中国提供着三分之二的粮食，而 1937 年它只占到三分之一。剩余部分来自干旱地区的食用植物，其中美洲来源的产品占据上述产品总量的五分之一。这些美洲可食用植物使得 17 世纪以后中国出现人口爆炸成为可能。在欧洲，人口增长构成了工业革命和向世界其余地区进行持续扩张的基础！

其他美洲可食用植物的重要性也不容低估。假如没有花生，印度和塞内加尔会是什么样子呢？如果没有可可，加纳会是什么样子呢？要是没有大豆、西红柿和辣椒，那欧洲的菜谱 616
又该怎样编写呢？从树皮中提取的奎宁此间被人工合成化工产品所超越，而可可树的药物性经由可口可乐获得了世界声誉，尽管这种饮料仅含有少量像非洲可可豆中的那种药物。烟草中的尼古丁成了传播最为广泛的药物，这是美洲在旧世界取得的最大成就之一。

但是，新世界的经济意义也绝非竭力扩散美洲的可食用植物。新世界作为贵金属和高品质农产品的生产者而成为新的世界贸易体系的不可或缺的组成部分。但是它在这个体系中的比重几乎无法被精确地计算。非常典型的是，在这种情形下，没有人敢于尝试开创一段违背事实的历史。如果没有美洲，世界经济将会如何发展，这简直是无法想象的。

> 美洲被发现，被研究，被殖民，因为强大的欧洲人相信，这会带来纯利。尽管出现了巨大的缺陷，但欧洲人还是获得盈利了，而且收获颇丰。（Hamilton in：Chiapelli 2，1976，876）

毫无疑问，美洲白银虽然并没有直接带来通货膨胀，也没有直接引发16世纪的经济增长，但是美洲白银促进了这些情况的发展，使得亚洲贸易更加方便，其间涌入的大量白银给东南亚国家带来的影响尚未被彻底研究清楚。从鱼类到水稻、烟草再到白糖以及后来的咖啡，美洲给欧洲提供了各种重要的商品。还有对于欧洲经济来说也许是最为重要的东西：给予欧洲人大量的土地和发展的机会。其他人估计美洲对劳动力的需求会更高，这个需求推动了具有倍增效应的奴隶进口。同样还有对货物的需求，这些货物16世纪来自西属美洲，18世纪除了来自西属美洲，还尤其来自正在崛起的北美殖民地。虽然这种贸易不是英国繁荣的直接原因，但也是其不可或缺的组成部分。

在这种关联之中，人们还不能忽略扩张所带来的经济地理影响，这些影响大部分都导致了欧洲经济从从前的边缘区域至少暂时地向中心移动：安达卢西亚、一些大西洋岛屿、南特和利物浦。欧洲上升为世界政治和经济的统治力量，既不能纯粹解释为受美洲的外部促进，也不能说是不受这种促进而完全是自己内在动力的结果。当欧洲相当有目的地发现新世界的时
617 候，它已经在进行着扩张。但若没有这一发现，欧洲的其他巨大成功都不可能发生。它使欧洲获得了与其人口数量相比极多的土地和资本，并以此使它的世界统治成为可能。

在这一过程中，我们也不能忽视政治的作用。早期的经济政策原则上必须有益于王室及其权力和收入。新世界的宝藏本应服务于西班牙统治者们的声誉，至少在查理五世和费利佩二世统治时期都暂时实现了这一目标。法国甚至英国的重商主义政策被一种超经济的（metaökonomisch）统治意志支撑着，经济计算在政治体制框架下仅仅具有服务的作用。来自美洲的收入可以使君主们不再受制于本土各社会等级的许可。他们在新世界拥有一个帝国，与在本土相反，他们在那里可以提出不受限制的专制统治要求。就连法国国王在法国也要受到某些限制，而与此同时，英国王室在北美洲也进行着专制的初步尝试。在这一点上颇具有典型性的是，西属美洲出现了严厉的国家宗教的统治，在本土惯有的许多限制在这里都被取消了。

亚历西斯·德·托克维尔（Alexis de Tocqueville）已经认识到新世界与旧世界之间的政治尺度：

> 在殖民地，人们可以更明确地认清大都市的政府管理的轮廓，因为在那里，它们的属性一般都表现得更加明显和引人注目。如果我要认识路易十四的行政管理理念和他的错误，我就必须去加拿大。（Tocqueville 1952，286）

事实上，人们可以有足够的理由断言，美洲殖民地社会由于取消了在本土发挥作用的反对力量，因而更加坚定地追随着那里的政治文化特定的发展趋势。新西班牙是一个官僚和专制的西班牙，新法兰西是一个天主教和专制的法兰西，新英格兰是个严格的新教英格兰。

对国际大国体系的影响必然发生。作为欧洲信贷的基础，美洲白银直接或间接帮助西班牙获得了欧洲统治地位。土耳其苏丹知道，他为什么要在勒班陀（Lepanto）战役失败之后让
人书写西班牙时期西印度的历史。在海外，一开始就有针对葡 618
萄牙利益范围的分界线，这可以追溯到15世纪的非洲政策。随后就进入欧洲对手试图通过反对其殖民帝国及其航海路线的行动来打击西班牙的时期。这时候，新的国际法观点就被用于证明帝国的合法性。与此相悖的恰恰是西班牙哲学家们关于自己殖民帝国的批判性思考，它指出了一条通往平等的民族国家共同体的现代国际法之路。

但是，美洲依然至多是次要战场，是国际法的荒漠，欧洲的协议据说在这里无效。只是在17世纪的进程中，美洲才逐步成为国际政治和国际法的主体。或许人们可以将这里的先锋作用归结于尼德兰人对伊比利亚国家及其对巴西的占领的（第一次）世界大战。18世纪，欧洲国家之间在殖民地内和周边爆发了战争，直到最后，这些殖民地通过去殖民化而从国际政治和国际法的客体变成了主体。当美国在1917年作为最重要

的前欧洲殖民地开始给欧洲政治带来决定性的影响之时，才迈出了决定性的一步。

皇帝查理五世几乎不再谈论使他富有的新世界。他的格言“永无止境（Plus Oultre）”和作为象征的赫拉克勒斯之柱本来与新世界也毫无关系，而只是后来在这个意义上由德·哥马拉于1552年进行了另一番解释。一百多年后，美洲在政治方面才受到欧洲的认真对待。而对它的自身条件仍然不予承认，或许直到今天仍然如此。事实的表达是语言接受的开始。母国的语言给新世界留下了印记，特别是传教士对印第安人语言的掌握仅局限于殖民地范围内和仅仅是为了实现其统治目标。

无论是西班牙人还是英国人，他们应对蜂拥而来的新事物的语言概念的方式方法都是具有典型意义的。源于印第安语的外来词数量众多，但是这些词语大部分来自最先进行交往区域的语言，来自与西班牙人交往的阿鲁阿克人（Aruak）的语言和与英国人交往的阿尔贡金人的语言。比如西班牙语中的cacique（酋长）、canoa（独木舟）——这两个词于1492年录入——和maiz（玉米，1493年），英语中的caribou（驯鹿，1605年）、moccasin（软皮平底鞋，1607~1609年）和tomahawk（战斧，1634年），等等。还有很多词语是通过叙事而产生的新造词语，像candle-tree（蜡烛木，1691年）就是因为形似而得名的，尽管它是错误的；再如用piño（五针松果）来指菠萝（1519年），用pavo（孔雀）
619 来指火鸡（1502年），用说明来源的词语trigo de Indias（印度小麦）来指玉米（1580年）；还有转译过来、但不怎么可能会造成误导的词语ladino，原指西班牙化的摩尔人（Maure），来指说西班牙语的印第安人（1565年）。在继续推进的过程中，虽然有些技术概念是从高等文化的语言中接受过来的，但是别的一些同化进程占据着主导地位。西班牙人和英国人传播了这些他们在最先交往区域所接受的阿鲁阿克语和阿尔贡金语概念，甚至把它们继续传向西方进入大陆。

通过欧洲的造型艺术来感知美洲通常也经过了过滤，这不仅仅归因于当时的艺术家的风格特点。像汉斯·布克梅尔（Hans Burgkmair）和阿尔布莱希特·丢勒（Albrecht Dürer）这样的艺术家在 1513 年和 1519 年间为马克西米利安一世（Maximilian I）相当精确地再现巴西图皮安巴印第安人（Tupinamba-Indianer）的相貌之时，虽然他们进行了再创作，但还是有着完全符合现实的表现。而克里斯多夫·韦迪茨（Christoph Weiditz）在 1529 年得到机会，在西班牙用科尔特斯带回来的墨西哥印第安人作为它的《民族服装图书》（*Trachtenbuch*）插画的模特。其他忠实于自然的作品还有 1567 年前后乔瓦尼·达·博洛尼亚（Giovanni da Bologna）塑造的火鸡和乔治·霍夫纳格尔（Georg Höfnagel）1570 年在巴伐利亚公爵阿尔布莱希特五世（Albrechts V）的祈祷书里的植物画，其中除了鲜花还有烟草；1576 年至 1577 年有各种因纽特人素描。尤其是约翰·怀特和卢卡斯·德·黑尔（Lucas de Heere）提到过的那些来自巴西的画作，它们出现在围绕着尼德兰总督约翰·莫里茨·冯·拿骚（Johann Moritz von Nassau）的人际圈子里。

但是与此相反的很多情况是，很多艺术对象被欧洲人的预期所超越。尤其是当人们不只是为了收集和记录时，便会有这种情况发生。巴伐利亚公爵艺术宝库的一幅墨西哥的神像出自洛伦佐·皮格诺利亚（Lorenzo Pignoria）笔下，他在《印第安人的想象》（*Imagini degli dei indiani*，1615/1647 年）中悄悄地把它与古埃及的形象结合起来。因为洛伦佐·皮格诺利亚和他的担保人奥格斯堡人汉斯·乔治·赫沃斯（Hans Georg Herwarth）一样对埃及学感兴趣，并且相信古埃及与墨西哥之间存在着关联。纵使新世界被近代早期的大型节庆表演所呈现，它似乎仍然主要是间离的（verfremdet），乃至面目不清的。作品中出现的印第安人更像是童话里的野蛮人，而不像美洲的现实。一个例外是1550年在鲁昂为亨利二世（Heinrichs II）所建的巴西庄园，其中除了以同样方式画成红色的裸体法国人，还有真正的印第安人在一起玩耍。

特奥多·德·布里（Theodor de Bry）和他的家人1590
620 年至1634年在法兰克福出版的十三卷本美洲报告的插图终结了这种现象。只要这些版画力求回归真实情景，而不是遵循出版者的想象，它们就不可能不忠于现实。但是它们毫无例外地在古典主义的风格中发生了变化。当施特劳宾人汉斯·施塔登（Hans Staden）笨拙地画下一幅印第安纵酒欢宴的草图作为他历险报告的插画时，德·布里正在描绘着一个盛典，画面上，奥林匹克众神被仔细地进行了安排和分组。施塔登笔下的一个食人者从一具尸体上取出内脏，这个意象被德·布里以雕塑般的庄严感和姿势运用在他画中参加盛典的裸体者身上，以至于让人产生错觉，仿佛一位艺术史学家正在作坊里修复一件古希腊罗马雕像。德·布里把施塔登笔下被肢解的腐尸变成了像“死去的战士”那样的浇铸而成的尊贵遗体。这幅由德·布里创作的美洲和美洲人的古典主义和理想主义作品对于此后欧洲的两百年都是权威的。在19世纪，欧仁·德拉克洛瓦（Eugène Delacroix）笔下的印第安人与其他希腊人几乎没有差别。

艺术由此与思想史的发展完全吻合。欧洲的思想领域极少把美洲的精神作为研究对象，而主要是关注自身，同时却不时打着美洲的旗号出现。即使是本杰明·基恩（Benjamin Keen）按照自征服至今的西方思想，注重细节地研究阿兹特克人的画作也无法反驳这一现状。按照惯例，欧洲人自己就是标准，而印第安人的另类行为则被定义为反常。更为典型的是，从同样的观察和同样的报告中常常会得出完全相反的解释。因为这种情况同样不是基于对美洲的兴趣，而是借用它来给有着无政府主义渴望的欧洲传统神话提供证明。

哥伦布的首批报告就适合于充分展示黄金时代和阿卡狄亚田园生活的古希腊罗马的神话，后来他在基督教传统的“人间天堂”附近沉迷于这种幻想中。托马斯·莫尔（Thomas Morus）让他的理想国“乌托邦（Utopia）”落户在新世界的彼岸，那里没有财产的腐蚀性影响。关于它有过类似的报道——但是乌托邦首先是古希腊罗马文学中深奥知识的产物。墨西哥的第一批方济各会传教士以为，与过着简朴生活的印第安人一起就可以实现千年至福论的属灵理想。蒙田不仅在他的食人族随笔中把来自新世界的报告用于对价值的相对化，而且把黄金时代的古希腊罗马神话转化为关于幸福和尊贵的野蛮人的新神 621
话。与希腊人和罗马人的比较一再得出对印第安人有利的结论。特别是耶稣会会士的传教报告不断地使欧洲牢记印第安人的自然美德。

然而，启蒙运动者最终提出了这样的疑问：他们为什么还需要宗教呢？游历过加拿大的路易斯·阿曼德·德·拉·翁坦（Louis Armand de La Hontan）在其 1703 年出版的书中就这样问到。而耶稣会会士约瑟夫·弗朗索瓦·拉菲陶（Joseph François Lafitau）撰写了印第安人与古希腊罗马人的习俗比较，此书于 1724 年出版，强化了他的读者们对印第安人和希腊人的身份认同。假如说伏尔泰的《天真汉》（*Ingenu*）仅仅代表了未被玷染的理智对巴黎生活的评判，那么卢梭则严肃地认为，可以将前文明状态表述为幸福的状态。艺术和文学中的古典主义和浪漫主义表现法有助于尊贵的野蛮人的形象的传播，直至弗里德里希·席勒（Friedrich Schiller）1798 年出版《纳多维斯人的哀诉》（*Nadowessische Todtenklage*）。通过詹姆斯·费尼莫尔·库柏的皮袜子系列小说的普及，卡尔·麦（Karl May）的《温内图》（*Winnetou*）中尊贵的野蛮人鲜活至今。

这类关于新世界的观点多出自欧洲而非美洲，但总算还是积极的，它们与美洲及其居民臭名昭著的劣等性的负面形象处于持续的竞争之中，这些负面形象通过欧洲人的干预才可以消除，而欧洲人对此负有神授的或者世俗化的对世界历史的任务。于是，西班牙统治形成时期的早期思想家们开始了一系列的行动。正如德·布里的插图所表现的那样，西班牙的反对者们将拉斯·卡萨斯的《关于印度群岛被破坏的简述》（*Brevissima Relación*）应用于对其政治同伴的诋毁，不过他们绝非总是准备将令人悲叹的西班牙的受害者看作尊贵的野蛮人。那位极有影响的加尔文派牧师乌尔拜因·沙伟顿（Urbain Chauveton）1578 年这样描写印第安人："如果我们没有上帝之光的眷顾，我们就和他们一样是贫穷、瞎眼、赤裸的偶像崇拜者，没有任何智慧，背负所有的罪恶。"对托马斯·霍布斯来说，在美洲野蛮人那里充斥着他所假定的所有人对所有人的战争那种可怕的原始状况，而约翰·洛克引用了美洲的例子来解释财富是如何的自然，殖民者占有和使用荒地是多么正确，如何出于保护的需要而产生了政治团结。

塞缪尔·约翰逊博士甚至驳斥了所有话题中最基本的传统主题，即印第安人的身体优势和健康。自然研究者布丰强调说，人这类哺乳动物在美洲无一例外要比在旧世界更为矮小和孱弱。尼德兰人科内利斯·德·鲍尔 1768 年在柏林出版的《美洲哲学研究》（*Recherches philosophiques sur les*
622 *Américains*）一书得出了关于新世界及其居民的毁灭性的评论。在那里只能日渐堕落的欧洲移民没有被排除在外。很可能他是受了弗里德里希二世（Friedrich II）的委托而写的，后者出于大规模移民计划（Peuplierung）的利益想要吓退其他潜在的移民（Honour 1976，131）。一番争论之后，《百科全书》定于1776年发表的美洲条目被交给德·鲍尔撰写。在美国独立的前夜，反美洲主义也最终给它的乐器定了调，从黑格尔直到19世纪末，蔑视美洲的人几乎再未提出新的论据，尽管有人对布丰的论点提出了实证反驳，但德·鲍尔的论点依旧公开或秘密地存在着。

但是与此相反，在新世界的土地上最晚从独立以来，自觉维护美洲身份和优越性的人数在持续增长。印第安酋长突然从死敌变成了传奇英雄。美洲现在在欧洲人中也赢得了许多赞赏者，特别是那些去美洲旅行并干脆留在那里的人。就连歌德也对新世界的吸引力不无感触。最终，19世纪的美洲前所未有地成为千百万想改善其社会和政治状况的欧洲移民——小人物的乌托邦。而时间越久，拉丁美洲则越退居次要地位。但是印加人和巴拉圭耶稣会会士必须根据意愿充当启蒙专制制度或社会主义的主要见证人。亚历山大·冯·洪堡虽然建立了严格客观的科学的国情学，但是，在亨利·卢梭和保罗·高更（Paul Gauguin）那里，在D. H.劳伦斯（D. H. Lawrence）和B.特拉温（B. Traven）以及许多其他人那里，更重要的是热带自然和印第安秘密的诗一般的吸引力。拉丁美洲成为冒险之地，而这块大陆同时变成了欧洲殖民统治和美国霸权的易手之地。

在欧洲的语言使用当中，“美洲（Amerika）”变得与“美国（USA）”越来越一致，因为时间越久，人们就越容易发现，与欧洲相关联的几乎只有美国。在美国，人们也自认为是美洲的全部，代表性地决定着新世界与旧世界的关系。不管是否出于《创世记》1：28中上帝让人“治理这地”的指令，就像1629年新英格兰总督温思罗普声称的那样，或者出于后来那种世俗化的、

促进文明的传教，美国始终都把自己理解为从荒蛮中被挑选出来
的民族，是制止反上帝的骚乱、维护文化秩序的力量——以前有
623 人种学和政治意义的“红种人”作乱，现在有穆斯林的恐怖分
子骚乱。由于这种自我理解出自欧洲传统，于是美洲和美国就
成了“更好的欧洲”，成了“超级欧洲”，新世界成了旧世界
再生意义上的“更好的世界”。

双方各有优越感并不能阻止当时旧世界的出口商品运入新世界，再从那里以改良和变化了的形式经过大洋回流欧洲。此外可能还达成了一些成就，比如要在英国司法程序中设立法律顾问，或者因向往自由而革命。这样，人们就可以把美国的革命看作法国大革命的最重要的直接原因。事实上，在反对宿敌英国的战争中站在起义者们一边的决定就导致了旧政权终结的开始。除此之外，美洲革命还提供了积极的教材，为实用的启蒙运动，为宪法的顺利重建，为没有贵族统治的社会提供了一个范例。起源于英国临时政府的保留决定权消失了，革命变成了一种社会功能。另外，美洲派驻巴黎的大使本杰明·富兰克林，以及在美洲，尤其是在拉斐特（Lafayette）服役的军官和士兵的直接私人关系也发挥了作用。值得一提的还有它对英国激进主义，对尼德兰，对德意志市民阶层，尤其是对拉丁美洲的影响。

大西洋的历史绝对没有随之而结束。相反，随着不断增长的经济交易，它随后以变化了的形式真正开始，此中可以看到欧洲人的首次大规模外迁，文化的传播（且越来越多是双向传播），以及带有明显的重心转移迹象的非正式的政治相互影响。今天，旧世界了无希望地陷入了被新世界和它的超我占据优势的状况，而且不仅仅在军事方面。就像前不久法国政府曾尝试的那样，这时候对英语借词（Anglizismus）的使用进行任何惩罚都无济于事。不但在政治上，而且在文化上，中心都不在

旧世界，而是在新世界。殖民运动和反殖民运动之后，新旧世界之间的平衡明显被打破。亚当·斯密当时就预感到会发生什么事情。考虑到宗主国的殖民统治的有害后果，哲学家尤斯图斯·利普修斯（Justus Lipsius）在 1603 年给一位西班牙朋友这样写道："被你们所战胜的新世界现在战胜了你们（Novus orbis victus vos vicit）。"（Ramirez 1966，372）

欧洲的新世界的大西洋历史在没有伟大的前期历史（Vorgeschichte）的情况下，随着新世界的被发现和被占领突然开始了。参与者的相互感知，感知转化为知识，以及相应的文化适应的过程首先作为它们历史融合的组成部分在其土地上发生着。而欧洲本身的感知、知识和吸收显然暂时与此相分离，成长更为缓慢。

欧洲和旧世界的其余各个部分的相互影响具有完全不同的特点。这种影响可以一直上溯到人类历史的初始，并且进行得如此变化多端和杂乱无章，以至于往往无以证实其具有足够的有说服力的影响，而只能揣测。尤其是与大西洋世界不同，欧洲与其他文化——必要时也与穆斯林——有着大规模的直接联系。在南亚和东亚，欧洲人只是以个人或者相对较小的团队出现在有限的地理和社会空间。由此就产生了游记作者、国情记述者、历史学家和吟唱我们论述过的欧洲英雄壮举的诗人对信息的垄断。

传教士们至关重要，因为他们迫不得已最为努力地去研究陌生文化。另外，传教攻势带来的挑战促使当地文化的一些代表深入研究欧洲文化。因为在葡萄牙、西班牙和尼德兰的势力范围之外，传教士们在自己冒着风险工作。与在拉丁美洲不同，他们大部分在亚洲并不是殖民统治工具的组成部分。据此，当地人只有在欧洲人的倡议与他们有联系的时候，他们才对欧洲人有所关注。他们对有关欧洲的知识几乎毫无兴趣。与在新世界完全不同的是，旧世界的前现代文化联系纯粹是单方面的事情，而且在这种事情上一直是由土著人来制定游戏规则。尽管如此，他们的学习文化（Lernkultur）和知识文化（Wissenskultur）也是不折不扣的欧洲文化。

欧洲只是亚洲的一个东部边界极其模糊的“半岛”，所以 625
它政治上的稳定边界从来就没存在过。它也因而成为很多“道路”的终点，在这些起于远东的道路上，自人们无法忆及的远古以来就进行着交流。那是东亚、印度、西亚伊斯兰和欧洲的各个高等文化区域之间的交流，以及他们所有人与欧亚草原各民族的交流，而一些重要的推动力就出自后者。因此，除了印度洋的海上世界中轴线和它的邻近海洋（称为“海上丝绸之路”）以及欧洲的地中海，那里的陆路（称为“丝绸之路”）拥有特别重要的意义。地球东半部的其他地方长期以来被这种交流过程排除在外，它们被欧洲人使用武力才拉了进来，这给这些地方的原住民带来灾难性的后果：一者为澳大利亚和太平洋群岛；二者为西伯利亚。

旧世界的核心地区并没有按照种族集团来划分，它的四个高等文化区彼此交错又有着明显的分界，更多地呈现着一个缤纷的画面。东亚可以划分为中国和日本两大分支，更不用提还有朝鲜和越南。长期以来，中国和印度的影响在东南亚互相重叠。在印度，文化是按照不同宗教来区分的。与此同时佛教被输出，在其发源国直至新近才重新发挥微小的作用。阿拉伯、波斯和土耳其穆斯林彼此差异很大，伊斯兰教在前印度教地区如巴基斯坦和印度尼西亚有着最为众多的信徒。对于欧洲自身来说，各个方面的多样化成了其在世界历史中的真实的竞争优势。

以这种差异性为基础的交流很长时间里只是直接地在相邻文化之间进行。另外，这种交流还在迁移，并间接地、接力式地继续传播。智力方面或许最为重要的传播事件就是印度数学经由阿拉伯人传给欧洲人，但是欧洲人在19世纪还不愿意承认他们这个最重要的思维方法之一的起源。比如亚历山大东征、罗马人的印度贸易和中国人的西行这些直接交流仍然属于特殊情况，而像中国、日本和许多伊斯兰国家的闭关锁国才是常态。只是欧洲扩张自16世纪以来为了贸易和传教的利益才改变了这个古老的游戏规则，去除了此前的中间人，建立了与其余整个世界的直接联系，遇到抵抗时则武力相向。

626 在这些新的条件下，可以第一次至少对最简单的交换——商品贸易进行更详细的说明，因为通过这种跨越海洋直接进行的商品贸易可以更好地按照源头供货方式获得第一手商品。需求、供应和运输价格使亚洲率先成为高品质农业和手工业产品的供应地；与此相反，没有任何一件值得一提的欧洲的商品出口，而只有贵金属流入亚洲。这种贵金属自16世纪以来都来自美洲。统治美洲是新的欧洲对亚洲贸易的一项必要条件，因为亚洲从欧洲得不到它自己的物品，而是获得美洲物品，这不仅适用于商品贸易，而且特别适用于人工培植植物的传播。亚洲的供货除了像丝绸和瓷器这些不久后欧洲也学会自己制造的奢侈品，主要是暂时只有亚洲才能生产的大宗商品：首先是香料，其次是棉花，最后还有咖啡和茶叶。而欧洲的需求不仅可以通过种植某些植物，而且可以通过香料的品味趋势完全改变亚洲的生产。中国的瓷器遵循欧洲对蓝色的喜好，或者按照西方的模型来制造。东方地毯越来越成为一种按照西方样式和颜色，依照西方偏爱挑选出来的当地风情的图样的混合物。

与商品贸易不同，历来的生物交换（微生物、植物、动物、人）都趋于带来持久的结果，但是恰恰因为东方与西方之间开放的边界，环境很难再恢复原貌。经过许多努力之后才能够确定，这种或那种生物“可能”来自何方，但很少能确切地知道它“必定”来自哪里。就像当初传到美洲那样，欧洲人也把疾病病原体输入了与外界隔绝的大洋洲，还将一部分输入了西伯利亚，缺乏相应免疫保护的原住民人口因此剧烈减少。相反，当涉及亚洲的高等文化区域的时候，欧洲则可能曾经是感染病原体的那一方。庞大的人群与家畜以及老鼠在狭小空间里共同生活，那里是新型微生物理想的滋生地，尤其是再加上适度潮热的气候、水稻的水田种植和肥料以及人类粪便等因素。据此人们可以认为，像天花和瘟疫这样的传染病的滋生地是南亚和西亚，并从那里在值得注意的同一时间段内向相对年轻的高等文化区域——中国和地中海侵袭，这样就爆发了查士丁尼瘟疫 627
（531年至580年在地中海地区）和黑死病（自1346年起在欧洲）。此后，由欧洲建立的世界各地之间的稳固的直接联系又进一步促进了传染病的传播。孟加拉的地方性传染病霍乱从1817年起经过海洋和陆地被带到西亚、欧洲和美洲，很多地区都是第一次接触这种疾病。它在圣地麦加再次爆发，随后从这个热带中心地又一次席卷伊斯兰世界。

若问及植物和动物的交换，对于非驯化种类来说意义甚微，因为欧洲与亚洲共享三个主要植物带，野生动物可以自由迁徙，而东部其他地区的植物和动物群由于气候原因很不适合与欧洲的种群进行交换。但是人们通过人工培植植物和养殖家畜彻底改变了这种原本明确的境况，而绝大部分发生在史前时期，其过程只能艰辛地用考古学、生物学和语言学的方法再现出来。至少小麦、大麦和黑麦这些粮食作物可能来自西亚，小米更可能是来自中亚。水稻的原产区在泰国和中国之间，葡萄的原产区在亚美尼亚与兴都库什之间的山区里。橄榄的原产地是地中海，而荚果来自西亚。蔬菜如白菜和洋葱到处可见，果树方面有欧洲的苹果和梨，西亚的李子和中国的桃。一种棉花在西亚或印度被驯化，另一种在前哥伦布时代的美洲。产自印度支那半岛的柑果抵达了欧洲，柠檬在中世纪通过阿拉伯人进入欧洲，柑橙在16世纪由葡萄牙人带到欧洲，这些都是历史上的重要时刻。阿拉伯人也把甘蔗从印度带到了西方。在扩张时代，欧洲从索取者变成了给予者，它把花生、玉米、红薯一类的作物带到了亚洲，这种美洲的人工种植植物在那里对于食物供应有着巨大的意义。而欧洲也用它的植物群给澳大利亚和新西兰打下了烙印，因为这些植物在那里找到了理想的生长条件。澳大利亚的桉树可以称为重要的回馈，它现在已经遍布全世界。

对于最重要的家畜如狗、牛、猪和家禽，人们也进行了平行的多重驯养，而山羊、绵羊和单峰骆驼最先在近东被驯化。
628 马和双峰骆驼来自亚洲腹地。除此之外，历史上几乎没有再发生什么大的变化，美洲在此方面也没有什么可以奉献的了。欧洲只对澳大利亚和新西兰的动物群进行了戏剧性的改变。由于缺乏较大型的哺乳动物品种，绵羊和牛在适宜的气候条件下爆炸式繁殖，还有被带入的野生动物由于缺乏天敌而茁壮生长。兔子在澳大利亚成为国家的灾难，直至 1950 年多发性黏液瘤爆发。

人的交换也遵循着同样的规律。除了史前的迁徙，历史上有三次来自亚洲的大规模的人口迁移或者占领浪潮：古典时代晚期的人口迁徙，阿拉伯的扩张，蒙古的扩张。若论及欧洲的扩张，十字军东征算是半途而废，而近代的扩张却成为伟大的、成功的历史。然而除后来的以色列外，它们也并没有在亚洲核心地区的任何地方引起过更大规模的移民。高等文化地区被占领，另外还拥有了传染病的防护墙，这个防护墙在其他地方阻止了欧洲人到热带定居。而由他们带到气候温带或寒带的边缘地区的传染病则获得了地盘：澳大利亚、新西兰和西伯利亚在 19、20 世纪通过国外人口迁入变成了欧洲新体系中的一员。

16 世纪以来，欧亚之间的相互影响从间接到直接联系的根本转变当然也同样带来了信息流动和互相感知中的变化。诚然，高等文化民族之间是互相了解的，但是这些信息往往是单薄和歪曲的。人们只想到印度是欧洲人眼中的童话之国。偏见占据了主导地位，因为为了避免争论，那种由于自身对其他人感到不安而产生的紧张关系被吸收进偏见，并由此而传送给陌生人群。在这个过程中，由于欧洲人永不满足的好奇心和死板的勤奋使信息不断增加的情况似乎暂时不会有多少改变。人们一如既往地看到他们想要看到的东西，最多不过是用新的偏见代替旧的。追求科学的客观性和人与人之间坦诚相待的意愿始终难以实现。人种学、印度学、伊斯兰学、日本学和汉学的历史都在教给我们这一点。

另一方面，亚洲高等文化民族长期以来没有机会去主动了解一开始只是少数出现的来自西方的拜访者。和他们做生意，
偷学他们一些有用的技能，拒绝他们纠缠不休的传教士，这些 629
就足够了。只是当西方的优势显而易见之时，这种自信的泰然自若便无法长久保持下去了。

欧洲文化圈只有和伊斯兰文化圈自古以来保持着直接联系，这种直接联系对于经由阿拉伯进行的古典文化和亚洲文化成就向西方的传播意义重大。或许是一种优越的外来文化的靠近产生了影响，它发端于 12 世纪至 14 世纪那场反伊斯兰论战，所使用的概念直至今天仍在发挥着作用。首先，游记对这个敌人的形象的修正贡献甚少。紧接着的与奥斯曼帝国的对峙加剧了双方的疏远。《古兰经》最多只是为了传教的目的，而大多数情况下只是在论战之时才为人所关注。但是在边境地区和拥有正面穆斯林形象的分支流派始终都存在着联系，比如欧洲的反三位一体派寻求志同道合者。在受到纪尧姆·波斯特尔（Guillaume Postel）16 世纪的《和谐的世界》（*Concordia Mundi*）推动之后，莱顿于 17 世纪发展成了东方学的麦加，而同时文学里的东方题材成了时尚。经过巴泰勒米·德埃贝洛（Barthélemy d'Herbelot）百科全书式的《东方图书

馆》（*Bibliothèque orientale*，1697年），《古兰经》的新译本（1698年）和安托万·加朗（Antoine Galland）对《一千零一夜》的翻译（1704~1717年），东方形象被打上了长期的烙印。当奥斯曼帝国逐渐赢得与西方国家的缓和关系时（正如他的使节所记载的那样），欧洲从它那方面也开始越来越多地热衷于东方。17世纪，欧洲就从奥斯曼人那里接过了对郁金香的时尚热情，并以此附带引发了他们历史上的首次投机泡沫。

所谓"东方（Orient）"首先是指伊斯兰东方，尽管在西方国家对异国风情的崇尚方面，印度、中国、日本和南太平洋完全引领着时尚。它们在色情方面也很有分量，以至于异国风情直至今天仍往往导向了"性爱秀"。但是，在19世纪流行很广的东方化的建筑，尽管有着18世纪的中国样式，但也更多地模仿着来自穆斯林世界的样板。"土耳其式"比"中国式"更常见。1815年和1822年间，乔治四世（Georg IV）下令在布赖顿（Brighton）建立皇家庭院（Royal Pavilion），外部是印度的穆斯林莫卧儿风格，而内部是中国风格。在文学中，歌德翻译的波斯田园诗歌激发了东方崇拜，这种崇拜尽管偶尔会援引一些印度或中国的话语，总体上却完全局限于伊斯兰世界。因此，与其说歌德是例外，不如说他才是准则。

630 > 受到对差异的无可遏制的兴趣的驱使，18世纪带来了东方主义，它充分挖掘了东方平行的文化的潜力：用所有可供使用的艺术方法对东西方世界进行反复对照、掂量和映射，把东方用作文学工具，来审视自身文明的社会、文化和宗教问题。（Polaschegg in Goer/Hofmann 2008, 23f.）

戈特霍尔德·埃夫莱姆·莱辛（Gotthold Ephraim Lessing）

的《智者纳旦》（*Nathan der Weise*）也并非今天意义上的包容一切的宣言，而是主要论及当时欧洲的时代问题，如理智与领悟、个人与集体之间的关系。

黑格尔的精神上升为自觉也是遵循着从东方到西方的道路。这是“欧洲式确信”的哲学风格化，古典文化和基督教表现为世界文明的绝对巅峰。这不一定成为实际研究的障碍，实际研究由于拿破仑的埃及远征而获得了重要的推动。1822 年出现了亚洲学会（Société Asiatique），1824 年出现了皇家亚洲学会（Royal Asiatic Society），1842 年出现了美国东方学会（American Oriental Society），1845 年成立了不仅仅致力于近东研究的德意志东方国家学会（Deutsche Morgenländische Gesellschaft）。跨国合作编纂的《伊斯兰百科全书》（*Enzyklopädie des Islam*，1908~1938 年）总结了这些研究，这些研究通过唤醒东方新一代人的文化自觉而为亚洲的解放奠定了基础。

诚然，欧洲的学习文化和知识文化往往下意识地足够多地关涉自身的问题。至少在所有的开放性方面受到它自己范畴的预先设定，比如西方的宗教概念，直至今日，这也被证明不仅仅对于伊斯兰教而言是不合理的。因此，爱德华·萨义德（Edward Said）在米歇尔·福柯的理论基础上，把欧洲的“东方主义（Orientalismus）”，尤其是它的学术“东方学（Orientalistik）”解释为由西方建构的话语体系，西方的设想和语言先验地（a priori）决定了它所谈论和接受的所谓东方是什么。在这个过程中，无意识的自我理解比有意识的设定更为意义深远。根据他的诠释学的要求，西方认为自己比他人更好地了解他们，并因此把东方设定为下等的他者，东方人除了接受这个异类形象作为自己的形象之外别无选择。西方代表东方，因为东方没有能力代表自己。

对这种新的欧亚文化迁移的解构式的“揭示”被证明部分
631 是合乎实际的，并在某种程度上被证明是颇有成果的，但由于其具有还原主义的特点而无法普遍化。第一，东西方之间在处理非文学文本时，比如在英属印度，首先就肯定不总是按照游戏规则来进行。第二，欧洲对东方的侵占绝对不仅仅建立在对东方的劣等性的想象上，欧洲从过去到现在一直都在通过优越的智慧和生活艺术来寻求灵感。第三，正是这个受到指责的东方主义被证明是后殖民主义自我意识成为可能的条件。

因为尽管距离相当近，但是在伊斯兰世界还从来没有过一门有关西方的相应科学。严格意义上说，人们只是通过战争和征服来与无信仰的人交往。学会他们的语言是一种玷污。和会说多种语言的基督教上帝相反，伊斯兰的神只说阿拉伯语。只是在西方优势的压力之下才逐渐出现了均衡的政治关系，而在已经明显的军事优势的支配下，东方对西方国家产生了接受的兴趣。我们不知道有哪个穆斯林在 18 世纪之前试图学习过一门欧洲语言！

在东方，文化交往更加稀少。很长一段时间里，欧洲的交流团体数量很少，信息相应也经过了过滤。对亚洲人来说，西方的有些成就以明显的实用性而出众，以至于它们很快就被接受了。例如，日本立即就开始仿制葡萄牙的火器，仿造尼德兰的金属吹哨，并学习吸食烟草。服务于西印度乡村贸易的本地造船业也向欧洲模式看齐。但是对欧洲文化的深层兴趣似乎从没有过。虽然人们因为他们的效益而赞赏欧洲文化的代表人物，但是人们在印度、爪哇、中国和日本都鄙视他们，因为他们缺乏礼貌，特别是讨厌他们冲动的行为，如尼德兰人声名狼藉的酗酒行为；而除了粗鲁恶习，还讨厌他们缺乏自我控制力。“印度人说，欧洲人什么都吃，他的敏锐嗅觉让他厌恶他们难闻的气味。”约翰·哥特弗里德·赫尔德（Johann

Gottfried Herder）这样写道（nach：Exotische Welten 1987, 34），并且以此使欧洲人的大西洋气味经验与印第安人和非洲人的形成鲜明对比。但长期以来，尽管在欧洲人看来表现方式近似于漫画式，那些精美的日本屏风（Biombos Namban）上对大鼻子葡萄牙人和他们身穿黑衣的传教士的描绘更多地只是一个例外。同样，这些日本人甚至又放弃了已成功接受的 632
火器，因为它们与他们的贵族作战原则不相吻合。1582 年至 1590 年，那里的耶稣会传教士送四个日本年轻人去见西班牙国王和教宗，以便通过这种联系互相留下文雅的印象。但是，1590 年出版的有关欧洲的游记在日本并没有引起回响。而在欧洲，1585~1593 年至少出版了 6 种语言的 76 种关于这个所谓的天正使团（Tenshō-Gesandtschaft）的书籍。耶稣会传教士们有时带着个别的中国陪同者来到欧洲。1732 年在那不勒斯成立的宣教团中文神学院在大约一百年的时间里才培养了 106 个中国学生和 67 个近东的学生。其中分别有 82 人和 62 人成了牧师。

那些处于亚洲框架内边缘位置的欧洲前现代殖民地虽然存在着文化的融合，但是其中的欧洲组成部分占主导地位。这种欧亚混合文化不仅仅产生于两个部分的均衡贡献，因为融合的功能主要是欧洲文化要素那一边承担的，这一点从这个环境中的语言上看得最为清楚。洋泾浜葡萄牙语和后来的洋泾浜英语尽管进行了最大限度的简化并添加了亚洲语汇（Asiatica），但从结构来看仍然属于欧洲语言。甚至在敌对的日本，葡萄牙语也在语言上留下了痕迹。

基督教甚至要求那里的本土皈依者或多或少明确地过渡到欧洲文化。特别直观的一个例子是，葡萄牙人让印度的新基督徒吃牛肉，以使他们因不洁而无法在拥有宗教合法性的种姓制度里继续生存。因此，基督教在亚洲的传教在狭小的欧洲势力范围之外仅仅获得了边缘性的成果。

18 世纪晚期，已经开始的开明的教育和文化针对被鄙夷的印度混血儿文化发起了攻击，这种攻击在 19 世纪的英国和尼德兰统治下获得了成功。印度次大陆上，在文化上印度化了的欧洲人和巴达维亚的种姓贵族丧失了政权；在面对那些只是短暂居住，却带着家人从欧洲远道而来，遵循着家乡的文化和习俗并鄙夷所有印度事物的人时，他们也丧失了影响力。矛盾的是，开明的“亚洲去魔化”变成了对亚洲的鄙夷（Osterhammel 1998）。经过理性剖析，它失去了自身的秘密
633 和它的神秘的自我意识，据说它被证明是落后的、停滞的和衰退的。欧洲的文明理论催生了欧洲的文明使命。

受到亚洲传教影响的相互学习?

耶稣会会士们在日本、中国和印度的传教中已经作出尝试：超越欧洲的社会文化框架；以一种适合亚洲高等文化的方式去传播基督教福音，同时在最高的理智层面上去冒文化接触的风险。尽管这些实验都失败了（我们甚至可以说它们必然失败），但作为盲目的、最终自 18 世纪以来也在亚洲被采用的欧洲人种中心主义之外的另一种世界史观，它们依然值得特别的关注。

此外，耶稣会传教士们还因此成了欧洲最重要的南亚和东亚信息的提供者。和在美洲一样，他们还编纂了当地语言的第一批词典和语法教科书。但是这些成就几乎不为印度和日本所知，以至于对于印度学和日本学来说，18、19 世纪的学科的新开端都是必需的。而中国的情况由于礼俗之争引起了如此多的轰动，以至于在欧洲兴起了一股真正的中国热。

在海外传教和建立教堂直到 18 世纪一直都主要是天主教承担的事务。但是直至今日，认为较早的新教派别在传教中没有成果的观点甚至还为路德宗所质疑，而路德宗在 16、17 世纪还常常把异教徒们不仅定义为远离上帝的人（gottferne），而且定义为《旧约》意义上的敌视上帝的人（gottfeindlich）和已经被抛弃的族群。属于改革教会的人从一开始就是更加开明的。加尔文热衷于在巴西进行胡格诺派传教试验。宗教改革的选择学说和末日审判的来临一样，都不会对传教造成很大阻碍。类似的观点对于正统的传教理论来说并不陌生。像所有基 634
督教流派的大多数传教士一样，比如耶稣会会士方济各·沙勿略（Franz Xaver）就理所当然地以传统的、西方的不宽容的教义为出发点，认为“信而受洗必然得救，不信的必被定罪”（《马可福音》16：16）。但是当后来的耶稣会会士们认为尊贵的异教徒不信仰基督教也可以获得救赎的时候，在乌利希·慈运理（Huldrych Zwingli）身边的信徒圈子中也出现了受到鹿特丹的伊拉斯谟（Erasmus von Rotterdam）人文主义启示的一种思想。

天主教的优势尤其拥有现实的基础，首先，在伊比利亚国家扩张范围内，旧教会在时间上占据优势。其次，随着修会被取缔，新教教会失去了唯一对传教工作拥有必要的动力和组织的教会机构。最后，信奉新教的西北欧享有特权的贸易公司明显的趋利取向对于传教行动而言，比信奉天主教的葡萄牙人和西班牙人把经济和统治兴趣相结合的做法更加不利。但不管情况怎么样，教会和传教都与西方权力密切相关。这个在任何地方都非常重要的共同结构成分甚至在某些地方——例如在罗马传信部[①]想要摆脱这种依赖的情况下——也得以贯彻。对法国的非官方的依赖现在代替了对葡萄牙的官方的依赖。这种宗教和政治的关系甚至可以逆转，因为最晚到16世纪之后，海外的教会作为教派教会（Konfessionskirche）出现的时候，就不仅意味着宗教的目光短浅，而且意味着政治和经济冲突的激烈化。尼德兰人对葡萄牙人的攻击并不单纯是经济战争，它还有信仰斗争的特性，以至于在他们的印度占领区消除天主教的僧侣统治制度就密不可分地属于尼德兰东印度公司的进攻计划。然而事实证明，经济利益的统治地位对于非官方的宗教宽容的发展长远来看是有益的。

天主教的海外传教以葡萄牙的庇护教会开始，西班牙紧随其后，这是一种国王领属的教会和传教统治体系（葡萄牙语称为padroado，西班牙语称为patronato或padronazgo），它

① 传信部（Sacra Congregatio de Propaganda Fide），意为“传布信仰圣部”，又译作“传道议会”“传道总会”等，由教宗格列格利十五世于1622年成立，负责与天主教会有关的宣教活动。——编者注

保证王室对教会的拥有权，并承担教会的供养和传教费用。在葡萄牙，教宗暂时把这种任务交给了基督教修会，恩里克王子成为修会首领。到 1551 年，这些任务开始逐步转交给王室。教会机构随着 1558 年果阿总主教区以及科钦和马六甲主 635
教管区（Suffraganbistümern）的建立而终结。1579 年建立澳门教区，1588 年在日本建立府内（Funai）教区。然而，作为葡萄牙统治体系的组成部分和合法的主管机关，教会的角色还是阻碍了基督教的继续传播。印度次大陆东南海岸帕拉瓦（Paravas）的采珠人阶层的封闭的皈依并没有构成例外。他们为了自己的团体利益寻求葡萄牙的保护，以应对不同的印度诸侯。

方济各·沙勿略（1505~1552 年）是第一个来到亚洲的耶稣会传教士，他有计划地勘察了从印度次大陆经马鲁古群岛到日本的葡萄牙人的整个势力范围，至死未能进入中国。他历次旅行的结果是带来了一种新的理念，即要与传福音对象的秉性相适宜，按照保罗（Paulus）的话就是："向什么样的人，我就作什么样的人。无论如何，总要救些人。"(《哥林多前书》9:22）。特别是在当时盛行政治和宗教多元统治的日本，他可以按照这些原则在 1549 年至 1551 年为快速繁荣的耶稣会传教事业奠定基础。根据他的观点，耶稣会监会司铎（Visitator）亚历山德罗·范礼安（Alessandro Valignano）1580 年以后制定了接受当地社会行为的规则，这些规则应该引导传教士融入日本社会。他依据重要的佛教教派榜样塑造了传教的僧侣等级体系，并让他的教士们学习对于日本生活非常重要的礼仪。但是在这种尝试失败之后再来适应在日本占主流的大乘佛教的宗教术语则是再不可能的。其隐含的基本哲学观点被证明是不能与之达成一致的。这样，在日语中引入一个表达基本概念"上帝"的外来词"Deus"是完全正确的，因为一个个人的、超验的世界观念在日本是陌生之物！对日本人来说，另一个引起抵触的原因是神义论和人的自由这两个命题相互交织，产生了一连串问题。一个愿意为恶或者只是容忍恶，允许天使和人受到诱惑并失败，紧接着为此给予他们永恒惩罚的上帝，要么是恶毒的家伙，要么是无能的家伙！在自由的冒险行动中和在个人的自决中寻求人的尊严，且不说是欧洲人的一种怪异的特点，这对于远东地区来说显然是不可理解的。

尽管如此，日本传教的成果还是经得起旁人评判的。1614年，府内教区有16个耶稣会传教士，还有27个托钵修会成员，
636 他们违背属于葡萄牙庇护教会的耶稣会会士的意愿从西属马尼拉来到日本。基督徒约有30万,一说甚至多达75万，可能占日本人口的1.5%到近4%。另外，传教还产生了50个日本教士。1590年至1614年，一家印刷厂印刷了大量宗教、科学和文学的日语书籍。《伊索寓言》成了基督教传教终结之后仍然保留下来的巨大成就。因为同样在1614年，日本颁布了诏书，发起了第二次迫害基督徒的浪潮，这次浪潮的结果就是教会在日本的消亡。

1587年第一道反基督教的诏书可能是内政方面的担心使然，害怕基督教会发展成一种自治的政治势力，就像1580年才最终被战胜的佛教一向宗（净土真宗）[Ikko-Sekte（Jōdo Shinshū）] 及其他农民组织、僧人等级制度和寺庙城郭那样，所以到了现在，对外政策的视角显得更为重要。这种教义的追随者对他们的上帝及其仆人比对父母和君主等其他人都更要顺从，这对于刚刚创建的德川幕府政治体制是一种双重威胁，尤其是这些陌生上帝的仆人令人有种并非完全没有根据的怀疑，他们可能是两种同样陌生的政权扩张欲望的代理人。

由于佛教、神道教和儒教的特殊结合，基督教势力为日本作为“众神和多佛之国”的口号所反对——在这里，神道之

神被解释成了各种不同佛的化身。对统治者和团体的无条件的忠诚属于这种理所当然的事物的秩序。每个日本人必须加入一支佛教的主要流派。社会基本单位以五个家庭为一组，彼此担保，这种互相监督也延伸到了宗教领域。为了维护这种意识形态，基督教被带有敌意地塑造为个人主义的学说，它从内部威胁到了这个国家的秩序。

对基督教和非基督教农民的残酷剥削和压迫引起了 1637 年和 1638 年间的岛原起义，这次起义在尼德兰舰炮的帮助下才被镇压下去。尼德兰人如果想要继续从事日本生意的话，除此之外别无选择。起义在政权方面留下了创伤，加速了国家的封闭。但是这一封闭也是这个国家通过清晰地与外部划清界限（由于岛屿的位置而容易做到）所达到的社会文化新融合的 637
政治所完成的。与此相应的是内部迫害的恐怖也同样残酷和有效。尽管如此，几百年间还是有数千名秘密基督徒（kakure kirishitan）幸存。但他们的宗教更强烈地日本化了，以至于当基督教在 19 世纪才重新回到日本时，他们中间的许多人已经找不到与基督教之间的联系。

经由处于极其严格的限制之下的尼德兰海外属地出岛（Desima/Deshima），欧洲的文化财富得以继续渗入日本。只要有用，接受尼德兰人的科学［兰学（rangaku）］是完全被允许的。在 18 世纪，对这方面的兴趣甚至还明显增加了，比如在医学和天文学领域。1700 年前后，日本出现了一张按照西方样板绘制的世界地图，地图边缘相当精确地绘有世界各个民族的形象。凭借这种方式，带有耶稣会会士和葡萄牙人印记的吉利支丹时代（Kirishitan-Zeit）[①] 的稀有遗产在日本不至于湮没，如此一来，日本在 19 世纪与西方的论争就不是毫无准备的了。

① 吉利支丹是日本战国时代、江户时代乃至明治初期对日本天主教徒的称呼。

被驱逐出日本的耶稣会会士们在澳门从事对相邻的印度支那的传教，在此过程中他们与在日本一样，没有对当地的宗教观点妥协，并巧妙地适应了那里的文化状态。罗历山（Alexandre de Rhodes）神父1651年编纂的问答手册是最重要的原始资料之一，它证明了这一文化适应策略的重要成就。这个手册由罗马传教印刷厂分为双栏印制，拉丁文文本对应用“国语字（Quōc-Ngu）”写的越南语文本，这是一种由拉丁字母和发音符号组成的文字，是澳门传教士为这种之前用汉语符号书写的语言发明的。1910年以后，这种文字成为越南语的官方文字。

起初，耶稣会会士们从在日本的最初的适应成功中得出了进一步用于中国和印度的结论。当1583年传教士们终于被允许进入中国时，范礼安安排两个耶稣会会士按照可靠的模式装扮成和尚，在距离广州不远的肇庆住下。但是这次行动的领导利玛窦（Matteo Ricci）很快认识到，他对局势的判断是错误的。中国的和尚与日本的和尚不同，是社会中的我行我素者。在所有领域中，儒家文人至为重要。中国的领导阶层深信所有外人在文化上都不如自己，如果要找到一条通往这个阶层的通道，就必须从这些文人入手。也就是说，利玛窦接受了他们的
638 衣着和言行方式，并以西方学者的身份出现。他特别的睿智和道德品质以及其出色的语言天赋使他引起了上层的兴趣和认可，以至于他能够以英雄般的耐心建立起中国关系网，赢得了一些文人的支持，最终于1601年经皇帝的许可在北京居住下来，直至1610年离世。

他用汉语所作，用神学宣传小册子的形式传播的著述令人敬佩，超越了被他的谈话伙伴赞叹不已的道德哲学论文体裁。1595年写的《天主实义》（*Die wahre Lehre vom Himmelsherrn*）被用汉语九次重印，最终为士大夫所接受。

他的作品还被翻译成日语、朝鲜语、满语，最终还被译成法语。他还使传授西方科学技术服务于他的事业。1598 年，他依照亚伯拉罕·奥特柳斯（Abraham Ortelius）[①] 的图式制作了一张世界地图，多次再版。这张地图传播了对于中国概念来说具有革命性的西方地理世界景象，同时也作了一些灵活的让步，即至少一定程度上，将明显比一直以来所想象的要小得多的中国向世界的中心位置移动。1605 年，他首次出版了耶稣会会士数学家克里斯多夫·克拉维乌斯（Christoph Clavius）[②] 对欧几里得的评注（1589 年，罗马）[③] 的汉译本。受到特别赞赏的还有在中国不为人知的欧洲的发条驱动的钟表。

和在日本一样，耶稣会会士在中国的传教的尝试从明朝（1368~1644 年）的衰落、国家陷入的全面危机中获益颇丰，因为危机促使人们寻求能够替代占统治地位的新儒家正统观念——宋代理学的精神潮流。王阳明（1472~1529 年）的理学受到巨大的欢迎。宗教兴趣的重新兴盛与此有一定关系，尤其是对佛教的兴趣。所谓的东林党人试图通过回归古典作家来对待这个严格的儒教准则的理想主义宗教的瓦解。其中可能还曾有人寻求一种取代佛教来与儒家学说建立联系的世界观，而不破坏社会道德的已有规范。一种松动地，有时甚至是批判性地对待传统的情况已经显明。对有些作家来说，利玛窦的信息可能来得正当其时。也许可以把徐光启（1562~1633 年）划归这个作家群 639
体，他是受利玛窦影响的最重要的皈依者，是当时中国最高级官员之一。

---

① 1527~1598 年，生于安特卫普，佛兰德地图学家和地理学家，1570 年出版第一部现代地图集《寰宇全图》（*Theatrum orbis terrarum*，意为“世界是一个剧场”）。——编者注

② 1537~1612 年，德国天文学家、数学家。——编者注

③ 克拉维乌斯对欧几里得《几何原本》进行整理编纂，在原有的十三卷的基础上增加了两卷注释。——编者注

利玛窦和他的同事们超越了日本经验的模式，因为他们尝试超越纯粹的表层的对文化的适应，而在他们的基督教文化和中国的文化核心——儒家思想之间建立起关系，但不是与占主导地位的，在他们眼中属于无神论的和唯物的新儒教，而是与古典作家们建立关系。利玛窦相信，可以在孔子和孟子那里发现一种伟大的纯粹一神论，一种天成的神学，普通的天主教哲学和教义学同样可以建立在这一点之上，就像托马斯·阿奎纳（Thomas von Aquin）在他那个时代同样将学说建立在亚里士多德的崭新的基础之上那样。利玛窦宣告了中国天主的真正的学说并坚信可以用源自中国古典作家的概念“上帝”或者“天”来描述他的这个上帝。相关的古典作家的引用被今天的汉学解释得非常详尽。第一，古代中国的上帝与基督教的自然神学或者自然神论者的唯一上帝有些不同。第二，在孔子那里也不能确定，他的相关语汇的运用应该归因于对一个人格化的神的信仰，还是纯粹的惯例。第三，有关上帝的问题似乎根本不是中国天然关心的问题。

而在利玛窦时代存在的困难在于，宋学的典籍的意义被有约束性地，即不是单纯根据它的意义确立下来的。因此，利玛窦的后来者龙华民（Niccolo Longobardi）[①] 把基督教的教义变成了儒学的术语，否则将不可避免地出现从宋学意义出发而作出错误的理解。他没有把神学概念引入汉语，而是像在日本一样运用了外来词，比如 Deus。但是他似乎忽略了，日语的音节文字可以做到音译，因为音节并不用考虑意义，而仅仅根据音值就可以进行拼合。而汉语及其表意文字不是这样的，在汉语里，音节和相应的文字符号始终是意义的承载体。因此，

---

① 1559~1654 年，意大利西西里人，明朝末年来中国的天主教传教士。——编者注

礼拜仪式的拉丁语洗礼和变体仪式[①]的语音在中国人听来，就像是汉字的没有意义的排列。这种语音听起来是可笑的，或者像是魔法仪式。这样，支持利玛窦做法的人暂时保持着优势。

在印度，耶稣会会士罗伯托·德·诺比利（Roberto de Nobili）以利玛窦为楷模，想尝试克服当地印度人与作为不纯 640
洁的葡萄牙人的宗教而被厌恶的基督教之间的社会文化障碍。1607 年，他疏远了葡萄牙人的传教模式并声明，他不是令人厌恶的“普兰基斯（pranguis）”，而是来自意大利的王侯。这就是说，他将他的角色翻译成了意大利贵族而进入印度种姓制度视野，在其中成了二等种姓刹帝利（kschatrias）的成员。然后，他接受了上层社会的托钵僧（saniasi）的服装和生活方式。在研习泰米尔语（Tamil）、泰卢固语（Telugu）和梵语之后，通过无休止的谈话，在马杜赖（Madura，或写作 Madurai）获得了最上层种姓的一小群信众。在教义和礼拜仪式上他没有让步，他和印度教的争论和他的泰米尔语文本明显地具有护教的色彩。与在中国相比，印度教理论体系的多重性和由此产生的相当大的宽容性为此提供了更大的可能性，因为在中国，一切思想必须用儒家正统观念的标尺来衡量。

印度的困难之处在另一个领域。它的社会文化体系的兴衰与种姓制度及相应的日常生活习俗化密切相关。因此，德·诺比利对清除种姓制度的迷信色彩的尝试与利玛窦所经历的过程十分相似，并证明这和他的许多纯粹的市民阶层的、世俗化的仪式是一样的。经过更长久的争论，德·诺比利的耶稣会会士们于 1623 年获得了教宗格列高利十五世的许可，可以保留某些特定的习惯，其中有婆罗门绳（Brahmanenschnur）和当地宗教仪式中的沐浴；尽管有保留条件和强制的命令，但他们

① 或称“变体论”，指面饼和葡萄酒经祝圣后变成基督的体血，即使它们仍保留饼和酒的外形。——编者注

还是借助基督教的博爱克服了种姓的羁绊。婆罗门教传教的成功在1640年导致了潘达拉印度教神父制度（Pandaraswami-Patres）的建立，这种制度同样是按照适应原则产生的，但是由于策略性地巧妙选择的角色，他们被准许涉及所有的种姓。由于穆斯林向南渗透，婆罗门的影响越发衰退，他们的工作就变得越发重要。而这些印度的穆斯林证明，尽管其他耶稣会会士作出了相当大的努力，传教还是几乎无法接近他们。耶稣会会士参与阿克巴大帝（Akbar）[①]的不同信仰的融合试验，以及16世纪末和17世纪初跻身贾汗吉尔（Jahangir）[②]的宫廷，相比之下只是短暂的插曲。以这种途径达到皈依的目标无法实现。

在中国，耶稣会会士们可以作为欧洲技术、科学和文化，
641 尤其是数学和天文领域的成就的传播者登上历史舞台，这对于他们的继续活动来说具有决定性的意义。中国世界观的主流观点——天地人的和谐——要求人的行为遵循自然规律，也就是说，首先要合乎天体的运行。因此，天文占星历书就成了公共和私人生活的基础。但是，这种每年由政府出版的日历长期以来就混乱不堪。预先估算的日全食等重要事件的日期不够准确，所以政治上的屡屡失败就毫不奇怪了。通过已经成为基督徒的高官引荐，耶稣会会士们成功地完成了历法改革这个具有最高政治意义的任务，并利用欧洲最新的天文学知识，即约翰尼斯·开普勒（Johannes Kepler）的行星图精确预告日全食和月全食。这使他们在钦天监身居领导地位，并在1644年尽管备受攻击仍然担任钦天监的领导，其间只因为修会被取缔经历过几次短暂的中断，直至19世纪一直保持着这个领导权。第一位伟大的宫廷天文学家汤若望（Johann Adam Schall von Bell，1592~1666年）甚至安然度过了1644年血腥的改朝换

① 1542~1605年，莫卧儿帝国第三位皇帝。——编者注

② 1569~1627年，莫卧儿帝国第四位皇帝。——编者注

代，并且赢得了顺治皇帝（1644~1661 年在位）的充分信任，让他晋升为一品官员。尽管根本不是随机应变的宫廷耶稣会会士一类，但汤若望还是能够在 1652 年取得促成达赖喇嘛拜谒皇帝的外交成就，以及 1656 年的一个尼德兰使节团的觐见。

他的继任者，比利时人南怀仁（Ferdinand Verbiest，1641~1688 年）在康熙大帝（1662~1722 年在位）时期曾经有类似的影响力，但首先是充当着宫廷技术总管的角色。如果说过去需要新的天文仪器或者像汤若望为明朝浇铸的现代大炮的话，现在就需要用新的欧洲三角测量法来丈量土地，或者在乾隆统治时期皇帝要用铜版画为欧洲描绘自己。南怀仁和他的继任者设法做到了这一切，其间，那些从 1688 年起作为团队进入这个国家的法国耶稣会会士是很大的帮手。另外，南怀仁还设计了一辆蒸汽车！他的天文仪器是按照此间在欧洲已经过时的第谷·布拉赫（Tycho Brahe）的体系[①]来制造的，原因在于南怀仁的工艺制造水准有限，而不是因为神学对新物理学和天文学持保留态度，这些学科要求耶稣会会士们原则上都要遵循布拉赫的天文学妥协方案。只是例外地，他们在中国介绍了日心 642
说的宇宙观，但是直到 1757 年才正式引进。1707 年到 1709 年和 1711 年到 1774 年，德意志神父庞嘉宾（Caspar Kastner）、纪理安（Kilian Stumpf）、戴进贤（Ignaz Kögler）和刘松龄（Albrecht von Hallerstein）都是钦天监的主管，尽管在 920 名中国耶稣会会士中只有 34 个说德语的人。在这些宫廷耶稣会会士的庇护下，传教活动总是能够躲过一波又一波的迫害浪潮。南怀仁简直就是为了做他的教友的工作而劳累至死。在耶稣会会士们成功地为实现 1689 年中俄《尼布楚条约》（Vertrag von Nertschinsk）的签订立下功劳之后，1692 年的宽恕诏书终于为

① 第谷·布拉赫认为哥白尼的日心地动说未能妥善解决“视差悖论”等一系列问题，其提出的折中的“第谷体系”仍属于地心说体系。——编者注

他们的辛苦带来了报偿。在1700年前后可能至少存在20万名基督徒，重点在福建，那里也是托钵修会的活动范围。

1723年又掀起了新的强烈迫害的浪潮，这种迫害浪潮在18世纪不断死灰复燃。宫廷耶稣会会士们耐心地坚持着，尽管他们完全清楚，他们只是被看作有用的傻瓜。另外，传教由于自17世纪中叶以来的内部激烈争论也伤及了自身：一方面是关于中国的礼仪之争，另一方面是关于葡萄牙的庇护权和可选择的传教组织的冲突。中国的社会和政治植根于宇宙观体系之中，其礼拜仪式尤其是孔子崇拜和祖先崇拜对每个人来说是不言而喻的，对于领导阶层成员来说却是一种义务。即便以康熙皇帝为首的开明的中国人和欧洲人能够不费力地把崇拜仪式解释为纯粹的市民阶层事务，但大众的孔子崇拜和祖先崇拜也保持着它们的宗教色彩。自1631年托钵修会的传教士们来到中国后（他们须先登记在下层进行的吸纳教徒活动），允许中国的基督徒做崇拜仪式就因此变得有争议了。这个与利玛窦有关正确描述上帝的争论相关的冲突就是所谓的礼仪之争，而非有关业已存在的用汉语进行礼拜仪式的争论。

传教的神学问题同时也是社会文化问题。是应该像耶稣会会士那样尝试用开放的内心适应陌生文化来赢得贵族阶层乃至整个国家，还是说，像托钵修会以及新教徒那样只需要直接宣道，不借助各种文化适应策略地宣告“十字架的愚拙（Torheit des Kreuzes）”[①]更符合基督教？然而，用后一种方法传教仅
643 仅可以在社会边缘地区获得成功。但这不是在虚幻地期待一个

① 方济各会和多明我会会士采用直接的传教方策，手持十字架宣道，认为耶稣会士的传教方式太迂回、间接，并批评其允许中国的信徒崇拜偶像、祭祀祖先。“十字架的愚拙”出自“因为十字架的道理，在那灭亡的人是愚拙，在我们得救的人却是上帝的大能”（《哥林多前书》1：18）和“犹太人要的是神迹，希腊人求的是智慧，我们却是传被钉十字架的基督，这对犹太人是绊脚石，对外邦人是愚拙”（《哥林多前书》1：22-23）等。——编者注

无懈可击的高等文化区的重要群体认同一个外来文化的宗教吗？所有的适应都不得触动福音的基本内容，这使其自始至终保持着疏离的色彩。利玛窦一开始隐瞒了基督教教义里会引起中国人情感抵触的部分，比如关于受难和复活的内容，而保留了可作为榜样的将要受洗者的故事。这样，新的理论对于被传教的人来说更易于接受，但他们可以很快地让这个理论适应于自己的世界观。当利玛窦神父临终之时，中国的基督教徒们在耶稣受难像前面放了三服药，通过抽签的方法看上帝的旨意来决定给他吃哪服，这是一种他们取自寺庙的做法。但是犹太人、基督教徒和穆斯林的神是一个嫉妒心强的神，他不愿意被同化并坚持自己的秉性。因此中国人完全有理由把穆斯林和基督教徒看作一伙儿的。

而欧洲的同时代人主要在神学范畴内进行思考。如果中国人没有迷信的天性的话，人们可以忍受他们的礼拜仪式吗？还是说人们必须选择抛弃他们的安全之路？人们可以接受古老中国人的自然宗教和高水平的道德足以使他们获得永生的说法吗？抑或人们必须认为他们的道德纯粹是炫耀的恶习，而正如奥古斯丁（Augustinus）和方济各·沙勿略认为的那样，所有未经受洗礼的人都被罚入地狱？与在其他情形下一样，在这里，耶稣会会士的反对者们也来自奥古斯丁的派别，尤其是法国的詹森教派（Jansenismus）。因为另一边恰恰是法国耶稣会会士们承担着特别的责任，礼仪之争与法国宗教政治的宫廷阴谋结合了起来，而他们对罗马的态度不无影响。这种反复的对抗和反对抗到最后以教宗在很大程度上放弃适应策略而宣告结束，但教宗作出这个决定是不容易的。而对正反双方观点的认真检验最终归为一种稳妥的方案，即在教义上正确，但也充满了欧洲中心主义色彩的认信主义。

带着对中国礼拜仪式的禁令和在印度查看一切是否妥当

的任务（这时围绕着当初向德·诺比利妥协的问题同样爆发了冲突），教宗克莱门十一世（Clemens XI）1703 年派遣铎罗（Charles Thomas Maillard de Tournon）前往亚洲。铎罗在印度禁止了当地的习惯，并尝试在中国实行同样的措施。但由于当时耶稣会会士们绝非弱小无力，争论持续不休。罗马教廷 644 观点中的狭隘欧洲主义里，铎罗对于细节的掌握十分典型，他试图将那些对于印度概念来说令人厌恶的，而根据天主教神学本不重要的仪式——在洗礼时呵气和用唾液来触摸——无论如何都要贯彻下去。1720 年和 1721 年间派出了第二个教宗使节，但直到教宗本笃十四世发出了两份教宗训谕，即 1742 年给中国的《自从上主圣意》(Ex quo singulari）和 1744 年给印度的《所有请求》(Omnium sollicitudinum)，礼仪之争在权力变化的情况下才正式结束。接着，这一礼仪之争潜移默化地影响了 1758 年至 1773 年的耶稣会教团被取缔一事，以及 1800 年前后的传教危机，影响了在新的传教活动中欧洲主义的普遍大泛滥。而今天，老耶稣会会士们由于对这个国家的现代化所作出的贡献在中国享有非常的好评。如今，那里已经有好些中国基督教研究机构。北京的耶稣会会士公墓[1]于1900年被义和团损毁，在勉强重建之后于 1974 年被“文化大革命”再次破坏。1984 年在废墟之上再次重建，2006 年甚至被宣布为国家级文物保护单位。

除礼拜仪式问题外，促成在废除葡萄牙庇护的情况下由教宗直接控制传教制度也属于铎罗的任务。在由于分布广阔并主要由个人统治而容易被渗透的政治统治框架下，教廷放心地把传教事务移交给各国国王。在不断崛起的现代国家中开始了传教垄断，以及从庇护向几乎无懈可击的国王教会统治的转变。

① 现全称为“利玛窦和外国传教士墓地”。——编者注

此外，印度洋沿岸的教会事务由于新的国家状况而深受葡萄牙利益约束的痛苦。本来强烈赞成传教的后特伦托时期的罗马教廷因此也对获得传教的直接控制权很感兴趣。最后，1622 年在罗马成立了一个常设的传布信仰圣部（Sacra Congregatio de Propaganda Fide）。与葡萄牙在以前所保有的统治范围之外还要求整个亚洲的传教庇护相反，传布信仰圣部到 1673 年在亚洲逐步实行了完全的传教自由，包括允许传教士登上葡萄牙舰船以外的其他船舶和选择经过印度果阿邦以外的其他路线。

但是，为了实现新的方案，与他们提供给传布信仰圣部的相比，需要使用更多的新人和更多的资金。1653 年，印度 645
支那的传教士亚历山大·德·罗德在欧洲之旅中成功地在他的故乡法国获得了一个有影响力的世界神父团体的支持，不久后，这个团体组织了巴黎外方传教会（Société des Missions Etrangères de Paris）和传教的神学研讨活动。1658 年，法国人陆方济（François Pallu）、朗伯尔（Pierre Lambert de la Motte）和高多冷提（Ignace Cotolendi）[①] 被任命为印度支那和中国部分的宗座代牧，并被授予异教区主教圣职（Bischöfen in partibus infidelium）。宗座代牧的新的机构从 1592 年起在尼德兰、1637 年为了对抗葡萄牙在印度次大陆的比贾布尔经受住了考验。凭借它就可以建立起依赖于罗马的传教僧侣统治制度。正式任命的主教们面对教宗有一定的自主，但他们当时实际上一直臣服于世界教会的统治。对于宗座代牧来说，作为名誉主教或者教宗特派员两者都是不合适的。葡萄牙国王要求预留主教职位在形式上并没有受到损害，但实际上被规避了。虽然葡萄牙于 1690 年成功任命了北京和南京

① 也译作“高多林第”或“高多林”，1660 年被任命为南京首任宗座代牧。——编者注

教区庇护主教，但是这个新体系是逐步获得承认的。教团的反抗，尤其是同样拥有旧体制传教垄断权的耶稣会会士的反抗被粉碎了，因为从 1680 年以后，所有传教士必须向宗座代牧宣誓表示服从。尽管如此，有时候还是会导致主动权混乱和冲突的情况，直至 1700 年前后开始引进新的解决方案，按照罗马的旨意给特定的（教团）集体划定某个传教区域，并取消这个集体的宗座代牧。

1659 年给宗座代牧的训示主要表达了传布信仰圣部的新方针。主要内容是更多地培养本土教士，但前提是要与罗马保持比此前的普遍情况更为紧密的关系。日本或中国耶稣会会士们的那种政治参与行为被严厉禁止。最终把广泛适应当地文化规定为义务，但要坚持在礼仪之争中承认的与天主教西方国家的信仰和道德保持一致的保留条件。传教士的经济活动被坚决禁止。

然而现实与这类理想绝对不符。虽然传布信仰圣部赢得了许多意大利亚洲传教士团体（值得一提的是嘉布遣会修士在中国西藏地区和天主教徒在缅甸的活动），但是传教历史
646 的新时期成了没有庇护权的法国时代。从那些日子开始，传教政策一直是法国殖民扩张的工具。陆方济向法国东印度公司建议并试图争取到柯尔培尔的力量，以加强法国在印度和东南亚半岛的影响。在成为宗座代牧区的暹罗，路易十四世于 1680 年代徒劳地试图进行政治干预。18 世纪末，在交趾支那（Cochinchina）宗座代牧百多禄（Pierre-Joseph-Georges Pigneau de Béhaine）的帮助下，在印度支那开启了法国移民时代。在东印度的法国和英国基地周围的法国嘉布遣会修士的事业心要追溯到黎塞留的“灰衣主教”约瑟夫·莱克莱尔·杜·特伦布莱（Joseph Leclerc du Tremblay）神父。仅仅派遣法国耶稣会会士去中国就成了路易十四更大的荣耀，他曾坚决禁

止他们向宗座代牧宣誓服从。在北京的法国耶稣会会士们要求从隶属于葡萄牙庇护的教团副省中独立出来，并从内心把服从国王放在服从修会首领之前！

有时候必须由中国皇帝来调停他们与在北京的葡萄牙耶稣会会士们的争端，这肯定对他们所传达信息的可信度没有什么裨益。但是，并非这样的弱点造成了耶稣会的文化融入策略失败。具有决定意义的更多是中国文化重要承载者的果断，在新朝代的统治下完整地坚持新的社会文化体系。所以才会重新出现中国强烈的民族中心主义。自16世纪以来从马尼拉涌入的烟草不能被阻止，尽管如此，它还是被禁止了。在那些无法回避由耶稣会会士带来的技术创新方案的地方，中国仍然注重自己的特色。有个论点颇受欢迎，即种种发明都是早先从中国传到西方的，只是现在又传回来了。令人惊讶的是这种自我辩护式的观点甚至在很大程度上是符合事实的。根据李约瑟（Joseph Needham）的观点，由耶稣会会士带到中国的17个技术产品中只有4个是真正新的，其余的只是自宋朝中国技术的伟大时代以来被遗忘了。其他成就或被拒绝，或被巧妙地同化了。耶稣会会士郎世宁（Giuseppe Castiglione，1688~1766年）是擅长动物画、肖像画和历史画的宫廷画师，他成功地舍弃了阴影再现和视角运用的限制，因为这两点被认为是非中国因素。一座由耶稣会会士建造的皇帝夏宫[①]的外形
仅拥有欧洲巴洛克宫殿的外形，其稳定性建立在中国的木结构 647
而非欧洲的墙体基础之上，外部是欧洲的多层结构，而内部符合中国传统的一层居住方式。类似的吸收融合还发生在科学领域。比如对欧几里得几何学的接受促进了其代数化发展，因为

① 此处应指圆明园，许多西方学者称其为“夏宫”或“老夏宫”，也有学者认为此名称不合适，因为圆明园虽兼具避暑的功能，但皇帝全年有很长时间都在其中居住、理政。——编者注

中国数学以代数学为基础，而希腊数学以几何学为基础。

每次在中国文化价值领域里的冲击更是被成功地抵御住。因为传教士们始终反对的一夫多妻制与中国的孝道密切相关，因此可以假定传教士们试图把君臣、父子、兄弟、夫妻和朋友这五种关系及其社会基础统统埋葬。和日本的情况一样，对于中国人来说，个人的上帝观、作为人的自由和人性恶的可能性，以及通过上帝造人和献身而来的救赎，似乎都是荒谬和愚昧的。此处把上帝、世界和人彻底分开，可能会破坏宇宙的统一。西方对精神和物质的分离对于中国人的思维来说是陌生的，就像超验（Transzendenz）与内在（Immanenz）分离一样，在一定程度上甚至质量和数量之间的矛盾也是陌生的。鉴于这些基本矛盾，似乎每一个适应策略从一开始就注定要失败。只有社会政治的瓦解才容许外来文化和宗教的涌入，这是欧洲人16世纪在日本、17世纪在中国以及19世纪再次在亚洲的机遇。

近代早期，新教在亚洲的传教在进行规模如此巨大的试验时难以持久地坚持下去。在纯粹的贸易社会领域里，利润法则至上，这一点在英国人那里最为明显。在17世纪认信时代，他们显然缺乏传教活动的资金，而新建立的贸易公司反正也是以世俗为依据的。因为1698年国王的特权规定东印度公司有义务为每艘容载量超过500吨的船配备一名神父并支付其薪水，所以公司一直只租用船舱容载量为499吨以下的船只，直到这项规定于1773年失效。

但是由于尼德兰公司的兴盛时期仍属于认信时代，所以在
648 这里盈利法则败给了一些无可避免的有利于教会的限制。尼德兰公司在海上和海外的加尔文主义特点与其公司承担传教士和助手（krank-bezoekers 或 zieken-troosters）的费用是不言而喻的。但是它的牧养关怀和传教活动是严格服从于商业利益

的，特别极端的情况是在敌视基督教的日本。对公司进行宗教信仰的评判是绝不能容忍的，即使公司为了避免损害与穆斯林的贸易而压制了传教。

1618年，后来的马鲁古群岛传教士尤斯图斯·厄尔尼乌斯（Justus Heurnius）在《警示印度的使命》（*De legatione ad Indos capessenda admonitio*）中对尼德兰东印度公司对于异教徒的牧养关怀进行了批评。1622年以后，尼德兰东印度公司在莱顿开办了由安东·瓦拉耶斯（Anton Walaeus）领导的东印度神学院，直到1633年它不堪重负止。两所出于同样想法在锡兰成立的学校总共培养了八个本地神父和许多教员及中层管理人员。他们只是在南印度、锡兰和安汶岛的天主教徒和台湾岛的异教徒中进行传教活动。在南印度和锡兰尽管大费力气，仍然成果寥寥。而由于孤悬海外，天主教在安汶岛上的影响被逐渐消除，居民都皈依了加尔文派，这在1945年之后引发了改革派和忠诚于尼德兰的南马鲁古人逃亡尼德兰。从1627年到1662年，他们在台湾进行了特别艰苦的传教活动。但这些活动就像尼德兰的统治一样昙花一现。

18世纪初期，在丹麦属德伦格巴尔终于看到了受虔诚主义鼓舞的路德宗传教活动。传教活动不是由丹麦公司而是由丹麦王室承担。传教活动甚至违背公司规定在进行。传教士并非由丹麦教会组成，而是来自德意志的虔诚教派。1706年来到德伦格巴尔的两位先行者巴托洛梅乌斯·齐根巴尔格（Bartholomäus Ziegenbalg）和海因里希·普吕绍（Heinrich Plütschau）是来自哈勒的A. H. 弗兰克（A. H. Francke）的学生。尤其是齐根巴尔格，他从事关于印度教的扩展研究，并向哈勒寄出详尽的用于宣传的报告。和在其他事务中一样，耶稣会会士在这里树立的榜样是显而易见的，尽管这往往在研究中被人为地贬抑了。但在虔诚派先锋不同于耶稣会会士，率

先向种姓制度宣战这一点上，这种评价至少是合理的。但到
649 了 1727 年，他们不得不开始至少通过隔离贱民来照顾印度人的感情。同年，他们被迫放弃建立普及教育体制的尝试。但是传教事业仍然蓬勃发展。1728 年，在 1698 年和 1699 年间就成立的基督教知识宣传协会（Society for the Propagation of Christian Knowledge）的协助下，传教活动向印度的英国势力范围扩展。但传教士始终几乎全是德意志虔诚派信徒，他们建立了路德宗教区。在印度，产生于卫理公会派和大觉醒运动的传教理念直到 19 世纪才在英国统治下发挥作用。至此，传教和欧洲的政治经济扩张才比之以前更为紧密地联系了起来。

《中国近事》*：来自亚洲的知识

按照1585年胡安·冈萨雷斯·德·门多萨受教宗委托，针对中国所作的对于那个时代来说极其可靠的描述，耶稣会会士的宣传为在礼仪之争中有计划地捍卫自己的立场以及进一步向欧洲传播关于这个国家的信息作出了贡献。宣传中心巴黎编辑出版了有关文章，积累了中文书籍，以至于耶稣会会士的活动结束以后，1814年法兰西学院（Collège de France）设立了一个教授席位，那里得以产生一个语文学汉学学派。另外，19世纪新的中国传教活动中，新教和天主教代表也取得了汉学研究的成绩，尽管这时在西方占主导地位的是“贬华（sinophobie）”而非“颂华（sinophilie）”。因为只有学者们认为中国是“世界末端的腐烂着的半文化（Halbkultur）”（Friedrich Engels）。1898年创建法国远东学校（Ecole française d'extrême-orient）和1909年在汉堡设立第一个德国汉学教授席位的时候，帝国主义的利益和在其他考察旅行中一样显著地占据着中心地位。语言学的帝国主义企图在甲柏连孜（Georg von der Gabelentz，也译作“嘎伯冷兹”）1881年编纂的《汉文经纬》（*Chinesische Grammatik*）中把汉语强行归入希腊语—拉丁语范畴。

要等到亚洲向欧洲派遣自己的“宗教传教士”，尚需时日。
纵然欧洲人在亚洲开启的文化移入过程处于边缘状态，亚洲并 650
没有相应的对欧洲的直接影响。戈特弗里德·威廉·莱布尼茨于1697年宣告的东西方之间的“思想贸易”和商品贸易一样，仍旧是欧洲人单方面进行的事务，是一个选择和同化的过程。欧洲人在亚洲挑选他们能够利用的东西带往欧洲。由于社会文

* 《中国近事》（*Novissima sinica*）是德国哲学家莱布尼茨1697年的著作。

化需要成为基础，一切都可以适应并融于欧洲文化。

这一点尤其适用于商品贸易，适用于调味品、咖啡和茶叶，适用于纺织品和瓷器。这些商品经过欧洲的同化并非没有留下社会文化的影响。人们开始饮用咖啡，咖啡馆作为一种社交现象出现了，在英国还形成了饮茶这一大众习惯。对亚洲的棉制品和瓷器产品的模仿催生了发明，诱发了工商业的增长。在这种大规模进口的情形下，欧洲接受了亚洲物质文化的其他形形色色的成果，并使其适应自己的需求，比如漆器、印花裱糊纸、太阳伞、轿子、卫生纸和睡衣裤等。不久后，还学会了自己制造真正的瓷器。

另外，欧洲不断增长的特殊需求——对地理的好奇心——也得到了满足。水平参差不齐、种类五花八门的游记大受欢迎，尤其是以丛书形式出版的游记，到 18 世纪时已经达到可观的学术水平。尼德兰在这方面居领先地位，伊斯布兰特·邦特科（Ijsbrandt Bontekoe）船长在东印度的冒险旅行游记在 1646 年至 1756 年至少印发了 50 次。1631 年，约翰内斯·德·莱特（Johannes de Laet）发表了描述莫卧儿帝国的《莫卧儿帝国纪行》（*De Imperio Magni Mogolis*）。艾萨克·科米林（Isaac Commelin）1646 年出版了来自东印度公司地区的报告汇编，随后又有一部由彼得·范·德·阿（Pieter van der Aa）在 1706 年和 1708 年间编纂的大全书。在英国，由约翰·丘吉尔（John Churchill，1704 年）和约翰·哈里斯（John Harris，1705 年）出版的丛书继承了理查德·哈克鲁特和塞缪尔·帕切斯的传统。在同一时间，人们借助虚构的历险记来宣扬哲学思想，使游记类型题材的流行度得到二次利用并取得了前所未有的成功：一部是丹尼尔·笛福的《鲁滨孙漂流记》（1719 年），另一部是乔纳森·斯威夫特的《格列佛游记》（1726 年），而后者本身还是对当时大受欢迎的游记题材的滑稽讽刺。人们还对文本进行批判性的选择和有计划地将关于同一对象的各种说法汇编在一起，在这方面，托马斯·阿斯特利（Thomas Astley）在 1743 年至 1747 年编纂的《新航海旅行记》（*A New General Collection of Voyages and Travels*）堪称上品。

正当英国出版商疲于应付之时，以小说著称的作家阿贝· 651
安托万－弗朗索瓦·普雷沃（Abbé Antoine-François Prevost）将他对阿斯特利作品的翻译扩编成了《航海旅行记》（*Histoire générale des voyages*），它于 1746 年和 1759 年间在巴黎以十六卷本首次出版，之后又历经多次重印和再版。在这部作品之前，还有一部梅尔奇赛德赫·特维诺（Melchisedech Thévenot）1663 年写的特别受欢迎和流传很广的《关于各种神奇旅行的记录》（*Relations des divers voyages curieux*）。1670 年和 1699 年还出版了在莫卧儿帝国行医的弗朗索瓦·伯尼埃（François Bernier）写的来自印度的报告。

德意志和意大利对于游记文学的贡献相比却显得不足。在皮埃特罗·德拉·瓦莱（Pietro della Valle）的亚洲访古之旅后，率先引起轰动的是由乔瓦尼·弗朗切斯科·格梅利·卡雷里（Giovanni Francesco Gemelli Careri）进行的并无甚独创和新奇的世界之旅，而莱姆戈（Lemgo）医生恩格尔伯特·肯普弗（Engelbert Kaempfer）的重要的日本游记在德意志却久久未能完整出版。该世纪中叶之后，在德意志也按照阿斯特利和普雷沃的模式出版了四卷本的游记汇编，从大约 1780 年起，哥廷根大学发展成为能真正对游历进行学术评定的中心。

事实证明，如果考虑到传教士，特别是耶稣会会士对于亚洲知识的贡献，那么德意志人、意大利人和波兰人的意义实际上要大得多，“葡萄牙的”耶稣会会士们也部分地由这些在殖民政策方面不受葡萄牙王室怀疑的民族的人组成。关于那些与印度和印度尼西亚相反的，不能自由接近的国家——日本和中国，更详细的信息首先很大程度上来自耶稣会会士们。这已经被认为是东亚地图学的基础。利玛窦就正确地确定了北京的地理纬度，而经度的确定尚需时日，以至于中国经常被描述为欧洲面积的数倍。来自特伦托的神父卫匡国（Martin Martini）在30年内游历了大半个中国。琼·布劳（Johan Blaew，也写作Joan Blaeu）1655年在阿姆斯特丹发表的十二卷本《布拉维亚纳地理》（*Geographia Blaviana*）中的《中国新地图集》（*Novus Atlas Sinensis*）就是依据了他的地图。来自利沃夫（Lwow）的神父卜弥格（Michael Boym）由于在南明政权统治者身边的活动，也同样认识了中国的大部分地区，他留下了18张中国地图，这些地图在1670年由布劳的竞争对手法国的参孙和马利提公司（Firma Sanson und Marietti）接管。这些部分依据中国草图制成的地图提供了参考信息，但在技术上无足轻重。1705年到1719年，奉康熙皇帝的旨意，神父雷孝恩（Jean-Baptiste Régis）领导下的一群耶稣会会士用当
652 时最先进的测量技术绘制了一幅巨幅中国地图。唐维尔（Jean Baptiste Bourguignon d'Anville）根据这张地图，在保留各个定位的情况下运用新发明的彭纳等面积投影制图法（Bonne Projection）制成了他的《中国新图集》（*Nouvel Altlasde la China*），于1737年与杜赫德（Jean-Baptiste Du Halde）的《中华帝国全志》（*Description géographique, historique, chronologique, politique, et plysique de l'Empire de la Chine et de la Tartarie chinoise*）一起出版。

耶稣会会士们发展成了传教大师，向欧洲公众展示自己的活动，尤其是通过定期发表之前在欧洲谨慎编辑的传教士的《年度报告》（*Litterae annuae*）。利玛窦留下了关于他的活动的详尽笔记，这些笔记的第一卷包括对中国和中国人的系统描

述。传教神父金尼阁（Nicolas Trigault）把他在中国传教的大规模宣传和化缘旅行的手稿带到了欧洲，并于1615年在奥格斯堡发表了一个稍作加工的拉丁文译本。这本书在1616年、1617年、1623年和1684年再版，1616年、1617年和1618年出版法语版，1617年出版德语版，1621年出版西班牙语版，1622年出版意大利语版，1625年出版英语版。对于西方而言，利玛窦通过这本书成为学术领域的中国发现者，但是同时也非自愿地成了随后的一个半世纪里“中国神话”的缔造者。第一卷第六章介绍了通过客观的考试招募开明的精英进行的统治，尽管在这本书的其他地方也可以读到关于中国官员的专制统治和贪婪金钱的内容。1605年，耶稣会神学家莱昂哈德·莱西乌斯（Leonhard Lessius）将欧洲买卖职位的乌烟瘴气与无须花钱，或只有在通过科举考试之后才能够被安排任职的中国官僚体制进行了对比——实际上，在清朝统治下买官现象也非常普遍！

在礼仪之争中，耶稣会会士们作出了巨大的努力，按照他们的意愿向欧洲提供关于中国的信息。尤其在法国神父们那里，身在中国和巴黎编辑部的报告人和翻译者之间有着组织良好的合作，编辑部有时候会扣下一些过于客观的文章，或者对它们断章取义。尽管如此，还是出现了既丰富又缜密的关于中国的信息，之前人们从未对任何一个亚洲国家拥有过这样的信息。上文提到的卫匡国神父——礼仪之争中的修会代理人——于1659年在阿姆斯特丹出版了《中国上古史》（*Historiae sinicae decas prima*），其中指出，中国编年史的起始远远早于基督教记载的历史。他的《鞑靼战纪》（*Regni sinensis enarratio*，1661年）还被李希霍芬（Ferdinand von Richthofen）称赞为中国古代地理描述的最佳著作。著名的博物学者阿塔纳斯·珂雪（Athanasius Kircher，也译作基

653 歇尔，1618~1680 年）根据他的修会兄弟提供的信息编纂了巨作《中国图说》（*China illustrata*，1667 年），不过这本书按照文艺复兴的传统也属于以埃及为中心的西方神秘学范畴，因此也包含关于印度的消息，特别是海因里希·罗特（Heinrich Roth）神父所描述的梵语字母。

法国也贡献了三四部划时代的作品。首先是由柏应理（Philippe Couplet）和其他人对三位中国古典作家作品的翻译，其译本迎合欧洲人的品味，其中有孔子的《论语》，1687 年以《中国贤哲孔子》（*Confucius Sinarum Philosophus*）之名在巴黎出版。这部作品构成了西方国家孔子崇拜的基础。1702 年至 1776 年在巴黎总共出版了 34 卷出自耶稣会会士的《耶稣会士中国书简集》（*Lettres édifiantes et curieuses écrites des missions étrangéres*），这同样是有关中国知识的宝库，但编辑得很细致。其次，多年编辑这些信件的杜赫德于 1735 年出版了四卷本的《中华帝国全志》，它先后出版了英语和俄语译本，1745 年至 1749 年出了德语译本，在世界范围内引起了关注。根据雷孝恩神父的意见，在学术性方面最为重要的是第一卷和第四卷，而历史和教会史是加工过的。在对中国的兴趣退潮之时，作为增补在 1776 年至 1814 年又出版了 16 卷本的《历史记忆：中国人的科学、艺术、风俗、习俗等》（*Mémoires concernant l'histoire, les sciences, les arts, les moeurs, les usages etc. des Chinois*），还有一本刊物，北京的耶稣会会士们在修会兴起后用它来捍卫他们眼中的中国形象。另外，当逐步成型的汉学能够站稳脚跟之时，耶稣会会士们还把更多的手稿和中文原著寄往巴黎。1783 年至 1788 年，那里甚至制出了 24 幅用于颂扬乾隆皇帝准噶尔战役的系列铜版画。

耶稣会会士们不能埋怨受过良好教育的欧洲人对于中国

的兴趣。但是由这些传教者转介的知识被用于他们自己不知道的目的。在所有的不同利益中呈现了相当一致的接纳和同化模式。耶稣会会士们不十分准确地把中国人呈现为理性主义者、唯灵论者和自然神论者的民族。17 世纪的自由主义者和 18 世纪的启蒙者由此得出了一系列结论，这些结论可以延伸到有关永恒世界、原始无神论和道德独立于宗教的各种想象。如果中国的历史典籍可以上溯的时间远远早于以《圣经》为基础推算的年表，如果中国人那里没有发生大洪水，那完全建立在《圣经》基础之上的历史图像岂不是虚假的？

特别是卫匡国的书引发了种种思考，这些思考所蕴含的 654
威胁在一群身在中国的法国耶稣会士那里表现得最为明显，他们就是所谓的索隐派学者（Figurist），如白晋（Joachim Bouvet）、傅圣泽（Jean-François Foucquet）、马若瑟（Joseph de Prémare）和其他一些人，他们试图以寓意手法解释中国典籍从而解决问题。根据上述的所谓神秘学观点，即在基督时代之前的原始启示的意义上，中国的古典作品涵盖了从处女生子到各个圣礼的基督教的全部理论。传说中创立八卦的伏羲不仅被看作《圣经》里的以诺，而且被看作“三重伟大的赫尔墨斯（Hermes Trismegistos）”[①]，即欧洲神秘学主要文章的原始作者。一位《诗经》里的神话英雄就像《旧约》里的人物那样被视作“耶稣基督的原型（Figura Jesu Christi）”。还有中国的文字也各有附加的象征意义，被解释为埃及象形文字的起源。当傅圣泽的正统性被最终怀疑时，他很乐意得到圣西蒙公爵（Louis de Rouvroy Duc de Saint-Simon）的保护。

历史批判性的接受获得了胜利。1756 年，伏尔泰在《风

---

① 西方神秘学里的知名人物，据说融合了古希腊的赫尔墨斯、古罗马的墨丘利和古埃及的透特三种形象，一说还包含以诺的形象，掌管心智、语言、交流、学习、书写等，为炼金术、占星术和魔法的守护者。——编者注

俗论》（*Essai sur les moeurs*）中推崇中国古老的历史，认为“中国是世界上开化最早的国家”，而这在1650年还是一个危险的说法。中国人的自然原始一神论命题和与之相关的高尚品德在那些耶稣会发起者眼中成了“特洛伊木马”，因为利玛窦的反对者们已经不是把中国人宣告为一神论者，而是把他们宣告为无神论者了。如果弗朗索瓦·德·拉莫特·勒瓦耶（François de La Mothe Le Vayer）1642年可以把伊拉斯谟的“圣苏格拉底，请为我们祈祷（Sancte Socrate，ora pro nobis）”和他的“神圣的孔子，请为我们祈祷（Sancte Confuci，ora pro nobis）”相提并论的话，那基督教成为救赎之道岂不是多余的？如果皮埃尔·培尔（Pierre Bayle）在对他的1697年版《辞典》（*Dictionnaire*）所作的注释中，在暹罗而非中国的例证里确定了无神论和品德之间的联系，而这种联系在其他地方也被认定与中国的情况相符的话，那岂不是证明了宗教对于道德之建立无足轻重？

但培尔恰恰向我们表明了，当耶稣会会士们用亚洲例证向他求证时，他是如何根据古罗马诗人卢克莱修（Lukrez）的古典源头构想出有道德的无神论者的可能性的。这种新思想的反对者们同样不苛求非得是中国的例证，只要这些例证有利于他们的目的。尼古拉斯·马勒伯朗士（Nicolas Malebranche）毫不隐瞒，他于1708年发表的反对信奉唯物主义一元论的中国哲学的文章从根本上是反对巴鲁赫·德·斯宾诺莎（Baruch de
655 Spinoza）的，后者的思维历程似乎已经把中国的思想运用于同时代人。因为他针对的是斯宾诺莎的泛神论，所以所使用的有关中国的信息是否客观对他来说并无所谓。

就连伏尔泰的《风俗论》里的中国形象——这是欧洲“颂华”的顶峰——也更多地来自伏尔泰而非来自中国本身，尽管不可否认耶稣会会士的中国神话可以作为源泉。伏尔泰的中国就像一个革除了余弊的法国：一种没有迷信和教士统治的自由、宽容和自然的上帝崇拜，一种没有专制统治和腐败的开明、人文和友善的君主制度——这两者都由文人精英来控制，后者对于有关开明中国的讨论来说始终是一个特别宝贵的主题。

虽然上文描述的交流结构保证了法国在对中国的接受上处于领先地位，但这涉及的是一场欧洲运动，它在英国已经在威廉·坦普尔爵士（Sir William Temple，1628~1699 年）那里达到高潮。作为怀疑论者和政治家，他将孔子看作一个与自己意气相投的人物，一个教化人类的智者，没有形而上学和乌托邦也能立身处世，走出一条通过提升社会道德来真正改善人类共同体的实用之路。他在《古代和现代的争论》（*Querelle des Anciens et des Modernes*）中对古希腊古罗马文化的无可超越性的鲜明态度并没有妨碍他对中国的尊重，他估计，古希腊罗马文化可能从印度和中国那里接受了一部分固有的人类知识。在马修·廷德尔（Matthew Tindal）的《基督教如创世一般古老》（*Christianity as old as Creation*）和《自然神论的圣经》（*Bibel des Deismus*）中，孔子成了这一世界观，即在整个世界流传的同类自然宗教的主要见证人。他和基督教的说法在某些程度上具有同等意义，所以人们可以借助孔子的文章来说明《圣经》的隐晦部分。在实现自然的完美原则方面，中国人略优于欧洲人。

后一条论据在戈特弗里德·威廉·莱布尼茨那里也可以找到，他与其他德意志思想家一样，同样对 1692 年以来的“颂华”倾向表示了赞许，尤其在 1697 年的《中国近事》中。他的主导思想是普世的，不局限于基督教信仰的泛基督教主义。在这个范围内，他对每一次“通过科学来传教（Propagatio fidei per scientias）”都报以热烈掌声，就如同中国耶稣会会士们对传教所做的那样。在这种“知识的往来”中，双方同时为给予者和接受者，但在实证哲学（即道德和政治）的比较中，中国就比欧洲更优越。但是莱布尼茨在他对中国的接受中处处都能自洽。

656 1701 年，莱布尼茨通过白晋神父初识了古老中国预测吉凶的《易经》的八卦和六十四卦。由三条线段或者断线产生八种可能的组合（八卦），以及由六条线段或断线组成六十四种组合（六十四卦）。其中，连贯的线段是“阳线”，表示坚固和强健，是男性的；断线是“阴线”，表示虚弱和柔软，是女性的。最特殊的卦象就是表示天的全由阳线组成的“乾卦”，以及表示地的全由阴线组成的“坤卦”。通过相应的卦象即可洞悉事态，甚至进行预卜。索隐派学者白晋和莱布尼茨在其中发现了由莱布尼茨 1697 年发明的只使用 0 和 1 两种符号的二
657 进制。由两条阳线和中间的一条阴线组成的“火卦”可以记作 101，即十进制的 5。但若一切都是由 0 和 1 组成，按照莱布尼茨的理论就可以使人相信，世界是由上帝从无到有创造出来的。

在 1701 年和 1716 年发表的两部著作中，莱布尼茨探讨了朱熹的新儒家哲学。他在其中不仅发现了给耶稣会会士们造成困惑的多神论，而且找到了他在自己的哲学观点中表达的精神与物质的关系。然而他的成功仅仅是因为他大量地、果断地用诠释法使至今仍存在各种译法的万物本质“理”向他的“哲学单子（Monade）”[①]靠拢，并最终毫不犹豫地将之与精神和上帝等同。

莱布尼茨哲学和中国哲学的种种引人瞩目的相似性引发

① 德国哲学家莱布尼茨认为，单子是能动的、不能分割的精神实体，是构成事物的基础和最后单位。单子是独立的、封闭的，然而，它们通过神彼此互相发生作用，并且其中每个单子都反映和代表着整个的世界。

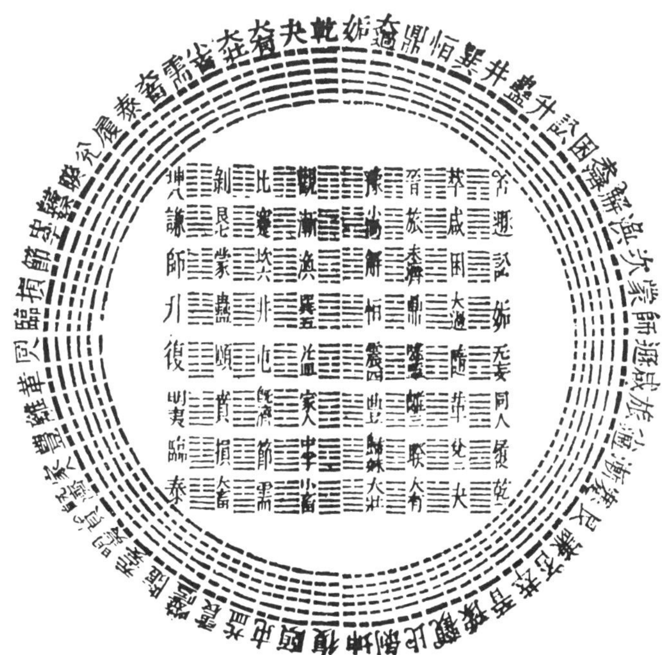

插图 62 《易经》六十四卦方圆图（莱布尼茨 1711 年收藏）

了这样一个论题，即尝试用一种有机哲学来克服西方把精神与物质、唯心主义和唯物主义相区分的传统，这种尝试据说只能追溯到莱布尼茨，故可以解释为这是中国对这个思想家的影响。但是从历史年代学角度考证，这一论题是站不住脚的，所以在莱布尼茨那里，中国只是满足了一个业已存在的需要，按照布莱士·帕斯卡尔（Blaise Pascal）对上帝的寻觅者说的话就是："如果你还没有找到我的话，就不必寻找了。"同样著名的哲学家克里斯蒂安·沃尔夫（Christian Wolff）虽对中国的体验不够深刻，却更加引起轰动。当他 1721 年在哈勒大学的校长演说中把儒学评价为自然美德丰富的精髓的时候，在神学家们的催促下，他因涉嫌多神论于 1723 年受到国王弗里德里希·威廉一世（Friedrich Wilhelm I）的惩罚被驱逐出境。但弗里德里希二世紧接着又撤回了这个命令。最后，这位“哲学家国王（roi philosophe）”以他的《中国皇帝的使臣菲希胡发自欧洲的报道》（*Report de Phihihu, emossaire de Lempereur de la Chine en Europe*，约1760年）[①]甚至也为中国时尚作出了文学方面的贡献，尽管它实际上是一篇针对亲奥地利的教宗的政治论争文章。

“颂华”运动的最后一波浪潮是政治浪潮。据说受过良好教育的精英经过客观的考核被招募进政治领导集团，这和中国所谓的开明专制主义一样成了值得赞赏的典范。显然，中国模式被用来满足各种功能，因为它不仅被用来证明由市民阶层出身者占主导的精英集团具有合理性，一如伏尔泰等法国启蒙思想家所憧憬的那样，而且被用来捍卫英国乡绅在议会中占统治
658 地位的要求，而乡绅从1692年以后，特别是在汉诺威王朝前几位国王统治期间逐渐将议会统治地位让给了城市财阀。在同样风行接受中国的意大利，中国也成为18世纪从执行判决到天花疫苗接种等诸项改革（Riformismo）的具体措施的参照和榜样。

其中，经济政策的改革也发挥了不小的作用，因为最后的欧洲颂华派来自农业的重农主义理论家和开明专制主义的圈子。中国神话给他们提供了这样一个观点的证明，即一个以农业为基础，由友善的专制君主统治的社会是理想的社会。1767年，重农学派创始人弗兰索瓦·魁奈（François Quesnay）发表了他颇具影响的系列文章《中华帝国的专制制度》（*Le Despotisme de la Chine*）。1769年，法国王储在其祖父应允的情况下和奥地利共治者约瑟夫二世（Joseph II，1765~1780年与母亲玛丽亚·特蕾莎共同执政）都感到有理由效仿中国的

① 一部虚构的“中国驻欧洲大使”向中国皇帝写的书信集。——编者注

一种由皇帝礼仪性地扶犁首耕的耕耤礼。道教的“无为”甚至可能被当作了经济自由“不干涉主义（laissez-faire）”的楷模。

重农主义者懂得让中国素材的文学加工服务于他们的思想传播，因为中国时尚早已蔓延到舞台和文学，然而尽管有像伏尔泰、奥利佛·戈德史密斯（Oliver Goldsmith）和卡尔·西格蒙德·冯·赛肯多夫（Karl Siegmund von Seckendorff）等著名作家的参与，也仅仅取得了在质量和数量上都微不足道的成就。据称，在法国 18 世纪的 11662 部舞台剧中仅有 30 部与中国有关。

更为引人注目的是时兴的中国艺术风格（Chinoiseries）的物品对造型艺术的贡献。除了前述的对中国的陶瓷造像、印花织布和漆器加工的接受，中国元素还渗透到欧洲的工艺美术和绘画艺术之中。中国主题出现在法国的哥白林双面挂毯上并由此进入绘画领域。打伞的中国人的形象属于欧洲洛可可式宫殿的标准墙饰。在让－安托万·华多（Jean-Antoine Watteau）的油画中总能看到中国元素。从 18 世纪中叶以后，建造中式凉亭、茶屋、宝塔甚至整个村庄成为时尚。同时，扬·尼霍夫（Jan Nieuhoff）1665 年的尼德兰公使馆报告中的插图也被用作样本。1750 年到 1752 年，威廉·哈夫彭尼（William Halfpenny）和约翰·哈夫彭尼（John Halfpenny）出版了《中国寺庙、凯旋拱门、花园座椅、围 659
栏的新设计》（*New Designs for Chinese Temples, Triumphal Arches, Garden Seats, Palings etc.*）；1754 年出版了乔治·爱德华兹（George Edwards）和马蒂亚斯·达利（Matthias Darly）的《一本关于中国艺术设计的新书》（*A New Book of Chinese Designs*）；1757 年有威廉·钱伯斯（William Chambers）的《中国建筑、家具、服饰、机器和餐具等的

新设计》（*New Designs of Chinese Buildings, Furniture, Dresses, Machines and Utensils*）；还有著名的家具设计师托马斯·齐本德尔（Thomas Chippendale）设计出了他的中国系列家具。

而英国最重要的贡献是新的仿中式园林。喜欢中国的威廉·坦普尔爵士在1692年就描写过非对称东方园林的美学魅力，神父王致诚（Jean-Denis Attiret）在1749年的《耶稣会士通信集》[①]中对皇家夏宫的描述给出了最初的推动，这些信件在1752年被翻译成了英语。钱伯斯1757年出版的书中关于园林的章节成为权威，到1772年他接着出版了《东方园艺学》（*Dissertation on Oriental Gardening*）。

但英国园林只是非常表面化的中国仿制品。如果在中国那里适合通过阳性元素（例如山和岩）及阴性元素（例如水）的完美结合来表现阴阳和谐的话，那么在英国这里，所有的洛可可式中国工艺美术品都会实现完美的反古典艺术构想，即一个缺乏对称和透视的轻快、古怪，甚至充满想象，但又体现了完美和谐的建筑。中国元素对这一反古典趋势来说恰逢其时。

相同的接受模式在思想史领域也可以看到。在这个领域，欧洲赞赏中国少于赞赏自己，并以自身的解放的理想为豪。启蒙运动和洛可可都与中国的推动无涉，而是欧洲人自己接受和吸收了这种激励，因为它符合自我发展的重要趋势。所以，一旦这个需要得到满足，就很容易从“颂华”过渡到“贬华”。

---

① 该出版物题为 *Lettres édifiantes et curieuses écrites des missions étrangéres par des missionnaires de la compagnie de Jésus*，为欧洲旅居中国和东印度的传教士们的书信和报告集，创办于1702年。其中收录了大量从中国寄回的书信，1843年在巴黎重新出版，名为《耶稣会士中国通信集：1689~1781》（*Lettres édifiantes et curieuses: écrites de 1689 à 1781 par des missionnaires jésuites de Pékin et des provinces de Chine, Edition du Panthéon littéraire*）。——编者注

即便不考虑像雅克-贝尼涅·博须埃（Jacques-Bénigne Bossuets）那样特别厌恶启蒙的观点，也从不缺少对欧洲的中国热的批判之声。英国在更大程度上经由商人和航海者获取有关中国的信息，而在耶稣会会士占统治地位的法国因而从未发展出一种毫无保留的热潮。例如笛福在1719/1720年的《鲁滨孙漂流记》补录中表示了对那些既不配得到他们的智慧荣耀，也不配得到他们的道德声誉的中国人的强烈反感。1705年他猛烈地讥讽了中国人。有个后来“变节”了的中国迷是塞缪尔·约翰逊博士，他最后直接把中国人解释为另一类野蛮人。此外，新古典主义者们从来没有停止过对中国风格工艺美术品的嘲笑。

在法国，世界旅行家拉·巴比奈斯·勒·让蒂尔（La 660
Barbinais Le Gentil）在1730年和1731年间通过验证，赋予了中国人相对的意义，称他们的艺术和科学符合他们的习惯、特性和生活的环境。这种看法由孟德斯鸠在1748年写的《论法的精神》（*Esprit deslois*）中进行了延续。中国在他看来是一个建立在敬畏之上的专制政治体系。至少耶稣会会士的报告是片面的。现存的专制主义界限并非以法律为依据。但不能仅仅因为这一点，中国就不能作为欧洲的榜样，由于两个大陆具有完全不同的环境条件（首先是不同的气候），因此也就适合于完全不同的政治体系。这里宣示着欧洲与他者的关系在理论方面发生了划时代的变化：历史—社会的相对主义和跨文化比较。这个新的调整并未产生对于异域文化的新的尊重，而只是终结了对这种异域文化刺激的单纯接受和吸收。

法国启蒙运动晚期（Hochaufklärung）对中国的批评意义不甚深远，有时却很尖锐。如果说弗里德里希·梅尔希奥·格林（Friedrich Melchior Grimm）在他颇具影响的《文学通信》（*Correspondance littéraire*）中还只是散布谨慎的怀疑的话，那么克洛德·阿德里安·爱尔维修（Claude Adrien Helvetius）则对此毫不隐晦，他认为中国人已堕落到用宗教无可救赎的地步，保尔－亨利·提利·霍尔巴赫（Paul-Henri Thiry d'Holbach）比起视孔子为道德的创立者，更多地视其为父亲和丈夫暴行的发起人。狄德罗回避了他早期收藏的中国工艺美术品，并在他录入《百科全书》的中国词条与东亚词条中保持疏远的态度。卢梭从满怀愤懑的英国水手而非耶稣会会士那里得到了与他的观点一致的中国形象，因为发生在一个奴隶民族之上的可恶的专制统治对他来说是人进入文明时必然产生的罪的后果。狄德罗和卢梭都选择了另一种模式——自然人——来理解这件事。

当18世纪中叶以后，广州商人和水手的丑陋的中国形象代替了耶稣会会士描述的可爱的中国形象之时，欧洲至少发现了三种可供选择的文化模式：第一种模式是以新的，积极向古希腊罗马文化靠拢的古典主义为基础；第二种模式是在新发现的南太平洋的高贵野蛮人中，以新的形式显现的天真的自然的理想；第三种模式是另外一种不那么冷静理智的亚洲智慧，即印度的智慧。

因为受浪漫主义的影响，在高贵的野蛮人之后，取代中国启蒙智者而出现了另一类人，即长期被低估的印度朋友——拥
661 有神秘感和深奥的宇宙起源说和智慧学说的婆罗门。当然，自德·诺比利以来的耶稣会会士，然后是尼德兰的加尔文派传教士和丹麦的虔信派教徒致力于整理印度语言和宗教知识，原本几乎并不比在中国的耶稣会会士所取得的成就少。但在欧洲，人们的兴趣和接受被稍微或者完全地误导了，就和伏尔泰富有启发性的情况一样。伏尔泰把经由本地治里传到欧洲的《埃祖尔吠陀》（*Ezour Vedam*）[①] 视为婆罗门原始自然神论的古老产

① 18世纪的一部法语版《吠陀经》。——编者注

物，因其具有一神论倾向。而实际上它是耶稣会传教的宣传手册。同样又是伏尔泰把真实的《吠陀经》文本当作衰退的多神信仰和迷信加以拒绝。

在欧洲，人们也逐渐积累了印度精神世界的严肃信息。先行者之一是雅克·安奎尔－杜佩龙（Jacques Anquetil-Duperon，1731~1805 年），他在 1754 年至 1761 年居留印度求学，并带回许多手稿。他的第一部印度著作几乎与杜赫德的第一部中国著作一样影响深远。他研习了帕西人（Parsen）的宗教，翻译了他们的圣书《阿维斯陀》[①]。1785 年至 1786 年又翻译了印度哲学著作《奥义书》（*Upanishaden*），但是根据波斯语版译出的。安奎尔－杜佩龙的一位批评者是威廉·琼斯爵士（Sir William Jones），同样研究波斯语系（波斯语是在印度的莫卧儿王朝统治的语言），他可以被称为现代印度学的创立者是有一定理由的。1783 年他作为法官来到加尔各答，在那里他遇到了一群研究印度学的英国人。1784 年在那里成立了皇家孟加拉亚洲学会（Royal Asiatic Society of Bengal），1788 年到 1839 年出版年鉴《亚洲研究》（*Asiatick Researches*）。1822 年巴黎成立了亚洲学会（Société Asiatique），1824 年皇家亚洲学会（Royal Asiatic Society）在伦敦成立，1845 年德意志东方国家学会（Deutsche Morgenländische Gesellschaft）成立。琼斯本人翻译了古印度文学和《摩奴法典》（Manu），查尔斯·威尔金斯（Charles Wilkins）1785 年出版了史诗《薄伽梵歌》（*Bhagavadgita*）的译本，亨利·托马斯·科尔布鲁克（Henry Thomas Colebrooke）阐述了

① 《阿维斯陀》的翻译工作于 1760 年完成，于 1771 年连同他的《创世篇》（Bundahišn）译本以及印度游记、关于手抄本的注解、琐罗亚斯德的生平介绍、有关帕西人社会文化的散文等以《阿维斯陀经注释》（*Le Zend Avesta*）为题出版。——编者注

印度哲学和数学。1790年在巴黎出现了东方语言学院（Ecole des Langues Orientales），而东印度公司1805年在赫特福德（Hertford）附近的黑利伯里（Haileybury）为其职员建立了一所学习东方语言的学校。

由于有了新的可利用的资源，更加深入的印度文化研究又开始了，其中，德意志的印度研究从赫尔德开始。曾在巴黎求学的弗里德里希·冯·施莱格尔（Friedrich von Schlegel）1808年发表了《论印度人的语言和智慧》（*Über die Sprache und Weisheit der Indier*）一书，他弟弟奥古斯特·威廉·冯·施莱格尔（August Wilhelm von Schlegel）1818年成为波恩的梵语教授。约瑟夫·格雷斯（Joseph Görres）和弗里德里希·威廉·约瑟夫·谢林（Friedrich Wilhelm Joseph Schelling）
662 同样为尊崇印度作出了贡献。1814年，亚瑟·叔本华（Arthur Schopenhauer）开始研究印度。

> 当时人们在印度看到了“人类的发祥地”，认为印度教教徒拥有一种古老的智慧，将其神秘的深奥归结于印度人更接近有机大自然的古老源泉，比那些远离生命源泉时代的后来人拥有更强大、更直接的直觉认知力。（Glasenapp 1960，229）

而对黑格尔来说，印度是停滞在一个早期历史阶段的典型。对他和马克思而言，印度在历史上是可有可无的。直至19世纪后半叶采用了历史的观察方法，欧洲人才不再指望印度的恩赐，或者因其无用而将其抛弃——当然直至今日也并未全然抛弃。印度对于欧洲的好处并不局限于对自我深层根源的浪漫探寻方面。逐渐兴起的印度学也具有非常重要的政治作用。值得深思的是，东方研究开展的地方，如1778年的巴达维亚艺术与科学学会（Bataviaasch genootschap van Kunsten en Wetenschappen）和1784年的皇家孟加拉亚洲研究会的所在地，都恰恰是当时欧洲对亚洲的统治开始建立的中心地带。

然而，对欧洲人来说，这些或多或少正确的对亚洲的感知可能归根结底不是必需的。而对亚洲人而言，19世纪的形势应该发生了根本变化。此前他们还能够干脆无视欧洲，而此时新的力量对比不仅迫使他们去了解欧洲，而且使他们还处于巨大的文化适应的压力之下。他们从关于西方的信息中获取并应用了什么，最终也变成了生存还是灭亡的问题。这里不仅涉及信息，而且关系到接受。但是与此同时，传统所形成的障碍程度不同，所以东西方在不同领域的文化联系就可能产生完全不同的结果。

自然科学、技术和医学领域的情况相当明显。在早期，技术成就由东向西迁移，或许发生了创造性的迁移，比如水平旋转的东方风车变成了垂直旋转的欧洲风车。在早期的直接交流中，人们挑选他们需要的东西，日本人选择了步枪，中国人选择了发条钟，欧洲人选择了瓷器。在欧洲优势前提下，西方的 663
全部知识和技术被东方接纳，包括组织形式和意识形态。

但是，膳食、农业和手工业的不同体系尽管一直有交流，而长久未有变化。自古以来，东亚以植物性食物和人力耕作为主，而欧洲依靠混合食物和畜力耕作。其他文化圈的成就在需要的时候也可以补充进这些体系。丝蚕养殖业中的桑树种植并未对欧洲的农业形成很大的影响，就像亚洲农业的特点没有因为接受美洲的人工培植植物而发生很大改变一样。还有欧洲对于茶叶、地毯、青花瓷或棉制品的需求，在没有深刻的生产关系变化的情况下似乎也可以得到解决。只有欧洲占据明显优势时，才诱导了大规模的经济转型。

第二次大发现时代

第二次航海大发现时代也属于18世纪世界范围内的知识大推动。其主要成就是对太平洋及其群岛的详尽研究。公元前60000年至公元前40000年，第一批深色人种到达澳大利亚并逐步占据了新几内亚和新喀里多尼亚（Neu-Kaledonien）以及斐济群岛之间的今天的美拉尼西亚（Melanesien）。大约公元前6000年以后，浅色皮肤的南岛语系民族（Austronesier）从东南亚来到这里，他们逐步在今天的帕劳（Palau）、基里巴斯（Kiribati）和马里亚纳群岛（Marianen）之间的密克罗尼西亚（Mikronesien）定居下来，公元前1500年在复活节岛（Rapanui）、夏威夷、图瓦卢（Tuvalu）和新西兰之间的巨大的波利尼西亚（Polynesien）三角地带定居了下来，而新西兰直到大约公元前500年才有人定居。这些一流航海家的逐步推进可能归因于资源的缺乏，因为据说在复活节岛上所有树木被砍伐之后，他们最终生活在最低生活水平的边缘。16世纪和17世纪早期，欧洲人从东边和西边进入了太平洋，但是并未留下太多的痕迹。18世纪，他们第二次来到这里。到了19世纪，他们致力于占领这里。

这时的技术和组织条件远远好于近代初期。虽然人们基本上还在使用和16世纪相同类型的帆船，但是18世纪末通过对当中最优秀的船型，如战列舰（Linienschiff）、舰队的三桅快速战舰以及与其相近的东印度货船等进行许多细节改良，这种帆船已经达到一种几乎无法超越的完美程度。帆船的大小因为建造木料的长度而受到天然的限制，尽管18世纪末英国已经在试用铁制的连接部件。如果不能把桅杆建得更高，就把直角帆造得更宽，增加每根桅杆上的帆的数量，同时提高其可控性。自1740年起，在尾桅上加装斜桁

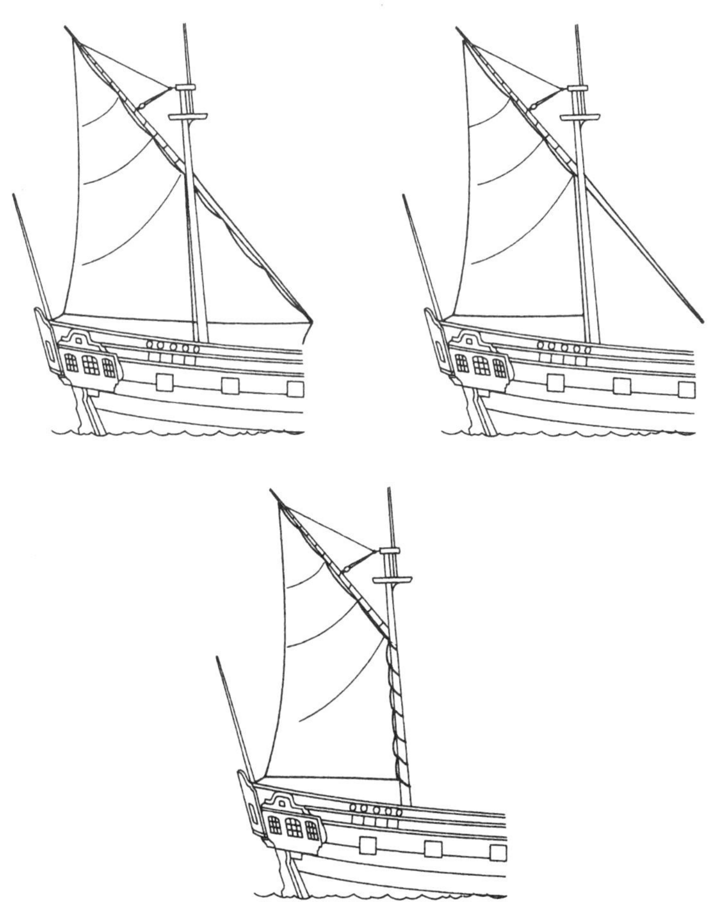

插图 63　从三角帆到斜桁帆

帆（Gaffelsegel）来代替三角帆（Lateinsegel）的做法越来越普遍。因为它仍然在桅杆后面，所以更易于操纵，并在前面另加了直角帆。1700 年以后，人们采用舵轮代替舵柄，其方便的传动系统可让人们更轻松和更精确地控制航线。大约从 1760 年起采用的铜壳船体使得轮船更耐用、更快速。另外，人们还认识到了内弯型船体上部和封闭式上甲板的优点。英国人为了用所谓的锚船从北方向伦敦供煤，创制了改良型的坚固的尼德兰商船，这种船也被证明适合用于詹姆斯·库克（James Cook）航行中的研究目的。

665 在领航领域终于用两种不同的方式解决了确定地理经度的老问题。值得注意的是，这是依靠国家有计划的资助完成的。在英国，一次船难之后，1714 年经过议会法案成立了经度委员会（Board of Longitude），依据法案为这个任务的完成悬赏了两万英镑的奖金。自 16 世纪以来人们就知道，地方时间及其地理经度可以依据可预知的月亮和太阳或其他天体的距离来计算确定。自 1767 年起，通过埃德蒙多·哈雷（Edmond Halley）、莱昂哈德·欧拉（Leonhard Euler）、约翰·托比亚斯·迈耶（Johann Tobias Mayer）和内维尔·马斯凯林（Nevil Maskelyne）的一系列观察和计算，人们才为海员制成了一个可用于此目的的手册。1761 年，约翰·哈里森（John Harrison）用他的天文钟发明出了发条钟，带上它出海可以将标准时间与当地时间进行对比。由于行船的运动摆钟并不适合。但是海员们慢慢地才接受这第二个更简单的确定经度的方法，这不仅仅是因为天文钟非常稀少和昂贵。用麦卡托投影法（Mercatorprojektion）制作的海图到 18 世纪才战胜了海员们的保守主义，尽管其优点从大约 16 世纪起就已为人所知。等角航线（一条与所有经线相交成等方位角的线）在海图上表现为一条直线，也就是说，船的航向无须换算就可以用直尺画出来。

因为在1730年代还通过镜子的运用发明了观察天空的精密仪器，这种仪器也提高了纬度测量的精度，所以18世纪后半叶大海上的精确定位和陌生海岸的测量也成为可能。这与其他技术进步一样，也是对航海安全的重要贡献。此外，人们还成功地控制了营养缺乏症——维生素C缺乏病。乔治·安森（George Anson）将军在1740年代因为维生素C缺乏病损失了他一半的海员，而库克船长不久后一人未失，尽管他不得不接受其他原因所造成的人员损失。1795年以后，英国海军的每个水手每天都可以得到定量的柠檬汁。谁要是在18世纪末出海，估计相当有可能活着健康地回家——这与16世纪从葡萄牙通往印度的航道的情况相比是何等的进步！

还有新的利益。葡萄牙人和西班牙人在1521年和1528年 666
间路过了澳大利亚和新西兰。尼德兰的大总督安东尼奥·范·迪门（Antonio van Diemen）在1642年派遣弗朗克·雅各布·维斯谢尔（Franchoys Jacobsz Visscher）和亚伯·詹森·塔斯曼（Abel Janszoon Tasman）去寻找传说中的南大陆。他们从毛里求斯出发，路过了后来的塔斯马尼亚岛（Tasmanien）的南海岸［当时称范迪门地（Van-Diemens-Land）］，发现了新西兰、汤加群岛和斐济群岛，并沿着新几内亚北海岸回到巴达维亚。1644年，他们又在新几内亚和新西兰之间寻找直达航线。在勘察澳大利亚西北海岸时停了下来。尼德兰人这时对新荷兰（Neu-Holland）[①] 的北、西和南海岸有了比较确定的认识，就像他们称呼澳大利亚那样，而对东海岸则不甚了解，因而不知道塔斯马尼亚岛、澳大利亚、新西兰和新几内亚是否属于大陆的一部分。但是尼德兰东印度公司的董事们根本不想知道这一点，因为那里得不到收益。从商业资本主义这一观

① 此处为澳大利亚的新荷兰，注意与前文巴西的新荷兰及北美洲的新尼德兰相区别。——编者注

念出发，仅仅局限于伊比利亚大发现成就的二次利用是更具有意义的。然而，阿尔瓦拉·德·门达尼亚·德·内拉（Alvaro de Mendaña de Neira）和佩德罗·费尔南德斯·德·基罗斯（Pedro Fernándes de Quiros）在16世纪末和17世纪初的航行随着发现美拉尼西亚和波利尼西亚而停滞不前。西班牙人只是在“马尼拉大帆船”[①]的航线上的密克罗尼西亚的几个岛上安营扎寨，并进行了传教尝试。

但现在新的动机——国家权力和威信的利益——又占据了主要地位，就像我们在法国的印度政策中屡屡看到的那样，与此密切相关的还有科学勘察的意愿和对土地的渴望。俄国人随即在太平洋地区开启了彻底研究和开发西伯利亚的进程。为此，彼得一世委派维他斯·白令（Vitus Bering，1681~1741年），一位在俄国服役的丹麦舰长，去勘察亚洲与美洲之间的边境地区。1728年至1729年，白令从堪察加（Kamtschatka）出发穿越了后来以他的名字命名的海峡，并确定了亚洲的东端。1732年根据他的建议，安娜女皇下令进行北方大考察，从1733年开始在白令率领下的570人分为三个部分进行三项大任务的研究：考察西伯利亚和堪察加，对西伯利亚北海岸进行测绘，勘察通往日本和美国的海路。最后一项任务在白令亲自率领下于1741年和1742年间的海上航行中进行，在圣埃利亚斯山（Mount Saint Elias）到达阿拉斯加南海岸，并在返航途中发现了阿留申群岛（Aleuten）。到1830年为止，俄国还进
667 行了其他勘察活动，其中有多次乘帆船环行世界。除了科学和政治利益，还有毛皮猎人的利益也在其中发挥作用，这导致了1799年至1867年俄属美洲在阿拉斯加的建立了。

俄国人的倡议一部分是针对英国提出的，因为英国此间也

① 指16世纪下半叶至19世纪初航行于菲律宾的马尼拉与墨西哥的阿卡普尔科之间的木制货运帆船。——编者注

开始了对太平洋的开发。但是英国 17 世纪末和 18 世纪初的太平洋航行与 16 世纪由西班牙资助的海盗公司的模式别无两样。尽管如此，这些海盗中间一个名叫威廉·丹皮尔（William Dampier）的人被称为成功的海洋作家，并于 1699 年和 1701 年间携带正式的勘察合同访问了美拉尼西亚和澳大利亚西北部。

在新时代的边缘，乔治·安森在 1740 年至 1744 年乘帆船环游世界。至此，据说加上麦哲伦的首次伊比利亚航行已经有十次成功的环球航行，其中五次由尼德兰人完成，四次由英国人完成。最后这次是尼德兰人雅各布·罗格芬（Jacob Roggeveen）完成的，他于 1722 年发现了复活节岛。安森出 668
海进行劫掠同样是针对西班牙的。实际上他也成功地劫掠了马尼拉大帆船，把价值四十多万英镑的贵金属战利品带了回家。安森是由八艘舰船组成的英国中型舰队的司令，但是他只带回来了一艘舰船。因为他的国家正在和西班牙正式交战。安森没有展示发现新事物的才能，却获得了丰富的可供其他航行借鉴的太平洋航海的宝贵经验。关于他的航行的报告成了畅销书，这份报告的确包括大量的有用信息，尤其是关于如何能够在西班牙主张占有的太平洋地区依靠岛屿基地进行活动的信息。另外，安森对其不愉快经验的描述在孟德斯鸠、卢梭和约翰逊等中国批评者那里被用作偏见的有力支持。

这份报告的发表与欧洲对于传说中的南大陆的新一轮兴趣浪潮同时发生，这个大陆的存在自古典时期以来一直是一个假设。现在它尽管依然是假设，但还是成为英国和法国之间殖民政治对抗的对象。即使在这样的情形下仍可以看到两个国家在太平洋上的航行，这些航行在 1763 年和平之后立刻开始，截然不同于之前由政府主导的官方性质的航行。皇家海军从此以后为了覆盖全球的贸易帝国主义，需要测量世界并保障其安全。这时候适合抢在竞争对手之前采取行动。需要时甚至尝试过改造自然和社会，比如输入人工种植的植物。因此，威廉·布莱（William Bligh）1787 年把面包果作为奴隶的廉价食品从塔希提岛（Tahiti）带到了牙买加。

据说约翰·拜伦（John Byron）可能在 1764 年至 1765 年找到了驶出大西洋的西北通道。但是他调转了航向，他更想寻找南方大陆。萨缪尔·沃利斯（Samuel Wallis）1767 年至 1768 年被明确地安排去未知的南方大陆。而他却发现了塔希提岛，与他分开的第二条船则在菲利普·卡特莱特（Philip Carteret）的率领下，为更好地了解澳大利亚北面的美拉尼西亚群岛作出了贡献。

在此期间，路易斯–安托万·德·布干维尔（Louis-Antoine de Bougainville，1729~1811 年）驾驶着国王的三桅快船“长沙发号（La Boudeuse）”在 1766 年至 1769 年的世界之旅途中开进了“南海”（太平洋自古以来一直被这样称呼）。他于 1768 年 4 月 6 日至 15 日停留在塔希提岛，然后经过美拉尼西亚回国，其间，他比之前的舰船都更加靠近过澳大利亚东海岸。因为他与他
669 的先行者走着近似的航线，所以他作为发现者的成就有限。值得注意的是，这是有史以来第一次有一个经过挑选的科学家班子陪同的航行。这次航行更多地是以布干维尔报告的文学成就而具有世界历史意义的——尤其是他对塔希提岛上将近九天的田园生活的描述！这份报告于 1771 年在巴黎出版，1772 年出版德语译本。

尽管有几个布干维尔的法国追随者和几位西班牙总督通过派出科考队来主张向来就占有南太平洋的尝试不可低估，但太平洋最重要的研究者无疑非詹姆斯·库克（1728~1779 年）莫属。他是一个雇农的儿子，通过蒸汽船航行和在战舰舰队中的晋升成为一流的航海者和测绘者，并且通过对纽芬兰海岸的杰出测绘证明了自己。此外，他的领导能力和组织才能也大大促成了他的成功。

他在1768年和1771年间乘坐改建的蒸汽船“奋进号（Endeavour Bark）”所作的首次航行是受英国海军部委托，有皇家学会（Royal Society）成员的科学指导［库克据此把塔希提岛周围的岛屿命名为社会群岛（Gesellschaftsinseln，英文为Society Islands）］。这次航行的任务首先是从塔希提岛观察金星凌日的运行轨迹，其次是探查南方大陆。完成了天文观测任务和对塔希提岛进行了详尽描述之后，接着对新西兰海岸进行了精确的地形测绘，并首次考察了此前尚不了解的澳大利亚东部海岸，其间库克对这些地方与之前已熟知的澳大利亚地区各自有利于定居的特点进行了描述。

1772年至1775年，他乘坐“决议号（Resolution）”和“探险号（Adventure）”（第二次大发现时代的船名就是他们的计划）蒸汽船的第二次航行按照库克自己的计划要最终解决南方大陆的问题。他在南纬50°~60°之间自西向东环游了地球，这是一个此前鲜有人造访的区域。他走这条航线时拐了五个之字形大弯，两次向北（在南半球的冬季），三次向南。向北带来了波利尼西亚和美拉尼西亚地区的重要发现，向南一直把他带到了南纬71°10′，那里距离南极大陆边缘只有数百公里。他由此确定，南方大陆要么根本不存在，要么仅存在于常年冰封的地区。在这次航行中，库克由约翰·莱因霍尔德·弗斯特（Johann Reinhold Forste）及后者的儿子乔治陪同，他们让自己的成果走向了文学市场。

1776年至1780年，库克率领“决议号”和“发现号 670
（Discovery）”进行第三次航行。有关俄国地理发现的消息传来，这次航行要据此再次解决太平洋一侧的西北通道这个老问题。在从塔希提岛向北的航行中，库克发现了夏威夷岛。然后他从今天的俄勒冈（Oregon）沿着海岸进入白令海峡到达北方冰原的边缘。返航途中他在夏威夷被波利尼西亚人杀死。

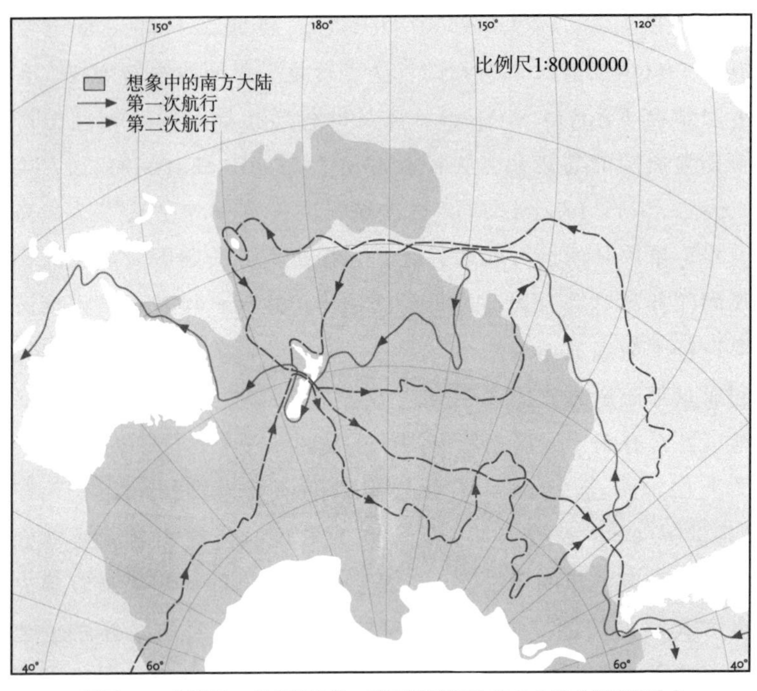

插图 64　詹姆斯·库克想象的、被证明错误的南方大陆（阴影部分）

马歇尔·萨林思（Marshall Sahlins）对库克结局的解释从 1981 年以来就引起了具有巨大科学影响的争论。因为波利尼西亚人起初认为欧洲人是超自然人种，库克可能在夏威夷岛上被认定是和平之神洛诺（Lono），因为他 1778 年和 1779
671 年的到来在时间上与洛诺周期性的回归庆祝日相吻合。当他和他的队友们无法再扮演这个角色之时，就发生了致命的冲突。反正战神库（Ku）代表接管权力的时候到了。批评者们认为这种表述是欧洲人神话夸张的结果，它要把奇异的思想和奇异的行为强加于他者身上，强行使他者有别于自己，这是一种文化决定论思维，也恰恰符合固执的欧洲观念的期待。这种情况和把羽蛇神话运用于埃尔南·科尔特斯身上十分相似，不可忽视。夏威夷人实际上和阿兹特克人一样，在第一次交流失败之后，他们就对欧洲人作出了非常实际的反应，索性暴力相向。但是双方都有文化理解的问题，所以库克就沦为了“跨文化角力的牺牲品”（Salmond 2004，416）。

1789年至1794年，一支由西班牙派出的由亚历杭德罗·马拉斯宾纳（Alejandro Malaspina）领导的考察队乘坐两艘专门为此行制造的舰船“勇敢号（Atrevida）”和“发现号（Descubierta）”，经过蒙得维的亚（Montevideo）西属美洲海岸，绕过合恩角抵达阿拉斯加，横穿了从墨西哥到菲律宾的太平洋，造访了新西兰和东南澳大利亚，经过汤加去卡亚俄，然后从那里返回加的斯。在今温哥华岛（Vancouver Island）上的努特卡人（Nootka）面前，马拉斯宾纳于1791年陷入了一场政治危机的旋涡。1774年西班牙人身在该地，1778年库克来了，1789年西班牙舰船又被派往那里，因为人们担心向南逼近的俄国人落脚在由西班牙主张占领的海岸。而西班牙人碰到了1785年就到达那里为中国市场收购海獭皮的英国人。西班牙的进攻激起了努特卡事变（Nootka-Zwischenfall）。1790年至1795年，西班牙人在那里建立了一个坚固的观测站，但是1792年乔治·温哥华（George Vancouver）升起了英国旗帜，并先于另一支西班牙考察队四天到达那里。1790年至1794年，两国政府就努特卡达成了多项协议（Nootka Conventions）之后，双方才撤退。西班牙就此最终从北太平洋消失了。乔治·温哥华，一位前库克考察队成员，在1791年至1795年完成了对北美洲西海岸的勘察。至少是对于帆船而言，一条从大西洋出发的西北通道自此关闭了。

法国出于嫉妒，在1785年至1788年也组织了由让·弗朗索瓦·加拉普·德·拉·佩鲁兹（Jean-François Galaup de la Pérouse）率领的有两艘三桅快速战舰“星盘号

（L'Astrolabe）”和“指南针号（La Boussole）”的考察队。这支考察队首先在北太平洋活动，同时勘察朝鲜和日本北海道的地理，最后经过堪察加到达欧洲。然后他们把活动中心移到
672 大洋洲，在他们消失于美拉尼西亚之前到访了密克罗尼西亚、萨摩亚群岛（Samoa）和东澳大利亚。最终，尼古拉斯·博丹（Nicolas Baudin）率领的考察队赢得了尊重，他们在 1801 年和 1803 年间对澳大利亚的北、西和南海岸进行了详尽的考察，英国考察队也在马修·弗林德斯（Matthew Flinders）领导下在同一时间对澳大利亚南海岸和北海岸进行了测绘。

欧洲在此期间学会了把远洋新发现迅速地运用于他们的目的。首先是布干维尔 1771 年出版的塔希提报告被用来阐述有关自然人（高贵的野蛮人）的另类理想新潮，他们被看作对堕落的文明人提出的挑战。这个想法本身并不新鲜。我们在古代典籍中就见过，例如塔西佗（Tacitus）的《日耳曼尼亚志》（*Germania*）；在布干维尔之前的新时代文学中也见过。蒙田的食人族随笔和伏尔泰的“天真汉”同样都可以称为范例。美洲传教士与印第安人的关系对于他们的阐述起着重要的作用。加拿大的耶稣会会士拉菲陶成为它们最重要的传播者。这种对乌托邦、《鲁滨孙漂流记》和虚构游记的贴近是不可忽略的。

但是塔希提群岛热还包括了一些新的要素。布干维尔和他的陪伴者们特别热衷于波利尼西亚人的健康、美丽、热情和性开放，至少布干维尔本人绝对没有忽略，对于欧洲人来说这是一种令人震惊的浅薄，岛屿的占据和统治情况一点也谈不上人道或平等。塔希提岛人对于欧洲人来说，可以成为淳朴善心、自由爱情和政治革新的主要见证人。狄德罗在其 1796 年才出版但从 1773 年就开始流传的《布干维尔航行补编》（*Supplement au voyage de Bougainville*）中把文化人的痛苦归结于骗人的教会（性）道德使他陷于永远与自己进行的斗争之中。他把这一点与波利尼西

亚人仅仅为保持物种目的而进行的两性生活的不间断享乐主义进行了比较。这样，对于启蒙者来说，野蛮人的塔希提变体就显现了一种比中国的智者更为彻底的解放的潜能。

然而，在中国和塔希提的例子中，欧洲视角都脱离了该国的真实情况，一如对欧洲而言，两者都用处有限。早在 18 世纪，早在现代文学和民俗学之前很久，就可以听到批评之声，这些声音指出南太平洋不是野蛮人的天堂，而是人性残忍的地狱。这样，南太平洋就比之前的中国更快地丧失了它的吸引力，但这种吸引力也非完全丧失，它还始终可以作为一种简单 673
生活的理想激起人们的憧憬。到今天为止，仍然有人钦佩“邦蒂号（Bounty）”船的叛乱者，这些叛乱者为了能够尽情地投入南太平洋田园风光，1789 年抛弃了他们严厉的船长威廉·布莱。英国人为了能够获得他们的实际利益而开始发现太平洋，这位布莱船长稍晚之后也参与了发现，但首先探索的不是无数的岛屿，而是气候适宜的澳大利亚东南部。澳大利亚的其他部分和新西兰紧随其后，其余岛屿只是在后来帝国主义列强竞争的背景下才被涉及。

原始资料与参考文献

新世界和旧世界

Acosta, J. de, Historia natural y moral de las Indias (Sevilla 1590), 2 Bde., Madrid 1894 | Acuña, R. (Hg.), Relaciones geográficas del siglo XVI, Mexico 1982 ff. | Alden, J./Landis, D. C. (Hg.), European Americana: A Chronological Guide to Works Printed in Europe Relating to the Americas, 1493–1776, 6 Bde., New York 1980–96 | Alexander, M., Discovering the New World: Based on the Works of Theodor de Bry, London 1976 | Alvarez Peláez, R., La historia natural en tiempos del emperador Carlos V., in: RI 60 (2000) 14–31 | American Values Projected Abroad: A Series Founded by the Exxon Education Foundation, 3 Bde., Washington 1982 | Andrien, K. J./Adorno, R. (Hg.), Transatlantic Encounters: Europeans and Andeans in the Sixteenth Century, Berkeley 1991 | Arens, W., The Man-Eating Myth: Anthropology and Anthropophagy, Oxford 1979 | Armitage, D./Subrahmanyam, S. (Hg.), The Age of Revolution in Global Context, c. 1760–1840, London 2010 | Bandau, A./Dorigny, M./Mallinckrodt, R. v. (Hg.), Les mondes coloniaux à Paris au XVIIIe siècle. Circulation et enchevêtrement des savoirs, Paris 2010 | Barrera-Osorio, A., Experiencing Nature: The Spanish American Empire and the Early Scientific Revolution, Austin 2006 | Bataillon, M., Plus Oultre. La cour découvre le Nouveau Monde, in: Les fêtes de la renaisscance, Bd. 2, Paris 1960, 13–27 | Beck, H., Alexander von Humboldt, 2 Bde., Wiesbaden 1959–61 | Bénot, Y., Diderot. De l'athéisme à l'anticolonialisme, 2. Aufl., Paris 1981 | Berg, E., Zwischen den Welten. Anthropologie der Aufklärung und das Werk Georg Forsters, Berlin 1982 | Billington, R. A., Land of Savagery, Land of Promise: The European Image of the American Frontier, London 1981 | Bleichmar, D. u. a. (Hg.), Science in the Spanish and Portuguese Empires, 1500–1800, Stanford 2009 | Bonwick, C., English Radicals and the American Revolution, Chapel Hill 1977 | Borja Gonzalez, G., Die jesuitische Berichterstattung über die Neue Welt. Zur Veröffentlichungs-, Verbreitungs- und Rezeptionsgeschichte jesuitischer Americana auf dem deutschen Buchmarkt im Zeitalter der Aufklärung, Göttingen 2011 | Boucher, P. P., Cannibal Encounters: Europeans and Island Caribs 1492–1763, Baltimore u. a. 1992 | Brendecke, A., Imperium und Empirie. Funktionen des Wissens in der spanischen Kolonialherrschaft, Köln 2009 | Brenner, P. J. (Hg.), Der Reisebericht, Frankfurt 1989 | –, Der Reisebericht in der deutschen Literatur, Tübingen 1990 | Bugge, H./Rubiés, J. P. (Hg.), Shifting Cultures: Interaction and Discourse in the Expansion of Europe, Münster 1995 | Bustamante, J., El conocimiento como necesidad de Estado: las encuestas oficiales sobre Nueva España durante el reinado de Carlos V, in: RI 60 (2000) 33–55 | Cañizares-Esguerra, J., How to Write the History of the New World: Histories, Epistemologies, and Identities in the Eighteenth-Century Atlantic World, Stanford 2001 | Canny, N./Morgan, P. (Hg.), The Oxford Handbook of the Atlantic World, c. 1450–c. 1850, Oxford 2011 | Chiappelli, F. (Hg.), First Images of America: The Impact of the New World on the Old, 2 Bde., Berkeley 1976 | Chinard, G., L'Amérique et le rêve exotique dans la littérature française au XVIIe et au XVIIIe siècle, Paris 1913, Ndr. 1970 | Clayton, M. u. a. (Hg.), Flora: The Aztec Herbal, London u. a. 2009 | Cline, H. F., The *Relaciones Geográficas* of the Spanish Indies, 1577–1586, in: HAHR 44 (1964) 341–74 | –, Hernando Cortés and the Aztec Indians in Spain, in: Quarterly Journal of the Library of Congress 26 (1969)

70–90 | Collet, D., Die Welt in der Stube. Begegnungen mit Außereuropa in Kunstkammern der Frühen Neuzeit, Göttingen 2007 | Cook, H. J., Ancient Wisdom, the Golden Age, and Atlantis: The New World in Sixteenth Century Cosmography, in: TI 10 (1978) 25–44 | Crosby, A. W., The Columbian Exchange: Biological and Cultural Consequences of 1492, Westport 1972 | De la Vega, G., The Royal Commentaries of the Incas II (Hakluyt I 45), London 1869, Ndr. 1963 | Demel, W., Wie die Chinesen gelb wurden. Ein Beitrag zur Frühgeschichte der Rassentheorien, in: HZ 255 (1992) 625–66 | Denis, F., Une fête brésilienne célebrée à Rouen en1550, Paris 1850, Ndr. 1968 (brasil. 1944) | Dippel, H., Americana Germanica 1770–1800. Bibliographie der deutschen Amerikaliteratur, Stuttgart 1975 | –, Germany and the American Revolution, 1770–1800: A Sociohistorical Investigation of Late Eighteenth-Century Political Thinking, Wiesbaden 1978 | Disney, A. (Hg.), Historiography of Europeans in Africa and Asia, Aldershot 1995, Ndr. 2002 | Echeverria, D., Mirage in the West: A History of the French Image of America to 1815, Princeton 1957, 2. Aufl. 1966 | Elliott, J. H., The Old World and the New, 1492–1650, Cambridge 1970 | Enders, A., Die Legende von der *Neuen Welt*. Montaigne und die *littérature géographique* im Frankreich des 16. Jahrhunderts, Tübingen 1993 | Esparza, M. (Hg.), Relaciones geográficas de Oaxaca, 1777–1778, Mexico 1994 | Europe and its Encounter with the Americans, in: History of European Ideas 6, 4 (1985) 379–482 | Fairchild, H. N., The Noble Savage: A Study in Romantic Naturalism, New York 1928, Ndr. 1961 | Fisch, J., Die europäische Expansion und das Völkerrecht. Die Auseinandersetzung über den Status der überseeischen Gebiete vom 15. Jahrhundert bis zur Gegenwart, Stuttgart 1984 | Forster, R. (Hg.), European and Non-European Societies, 2 Bde., Aldershot 1997 | Foster, G. M., Culture and Conquest: America's Spanish Heritage, Chicago 1960 | Frevert, U./Pernau, M., Europa ist eine Frau, jung und aus Kleinasien, in: H-Soz-u-Kult 22. 06. 2010 | Friedrich, H., Montaigne, 2. Aufl., Bern u. a. 1967 | Furet, F., De l'homme sauvage à l'homme historique. L'expérience américaine dans la culture française, in: Annales 33 (1978) 729–39 | Gerbi, A., La disputa del nuovo mondo. Storia di una polemica, 1750–1900, Mailand u. a. 1955 (engl. 1973) | Glassner Gordon, A., Confronting Cultures: The Effects of the Discoveries on 16th-Century French Thought, in: TI 8 (1976) 45–57 | Godechot, J., Les Révolutions (1770–1799), Paris 1970 | Gómara, F. L. de, Historia General de las Indias, Madrid 1918 | Gonen, R., The Quest for the Ten Lost Tribes of Israel to the Ends of the Earth, Northvale 2002 | Góngora, M., Studies in the Colonial History of Spanish America, Cambridge 1975 | Grafton, A. u. a., New Worlds, Ancient Texts: the Power of Tradition and the Shock of Discovery, 3. Aufl., Cambridge 2000 | Greenblatt, S., Wunderbare Besitztümer. Die Erfindung des Fremden, Berlin 1994 (engl. 1991) | Greer, A., The Jesuit Relations: Nations and Missionaries in Seventeenth-Century North America, Boston 2000 | Greve, A., Die Konstruktion Amerikas. Bilderpolitik in den *Grands Voyages* aus der Werkstatt de Bry, Köln 2004 | Groesen, M. v., The Representation of the Overseas World in the De Bry Collection of Voyages (1590–1634), London u. a. 2008 | Grove, R. H., Green Imperialism: Colonial Expansion, Tropical Island Edens, and the Origins of Environmentalism, 1600–1860, Cambridge 1995 | Häberlein, M./Schmölz-Häberlein, M., Transfer und Aneignung außereuropäischer Pflanzen im Europa des 16. und frühen 17. Jahrhunderts, in: Zeitschrift für Agrargeschichte und Agrarsoziologie 61, 2 (2013) 11–26 | Hampe, T. (Hg.), Das Trachtenbuch des Christoph Weiditz, Berlin u. a. 1927 | Hanzeli, V. E., Missionary Linguistics in New France, Den Haag 1969 | Hirschberg, J., Social Experiment in New Spain: A Prosopographical Study of the Early Settlement at Puebla de los Angeles, in: HAHR 59 (1979) 1–33 | Honour, H., The New Golden Land: European Images of America, New York 1976 | Howsam, L./Ravens, J. (Hg.), Books between Europe and the Americas: Connections and Communities 1620–1860, Basingstoke 2011 | Huigen, S./De Jong, J. L./Kolfin, E. (Hg.), The Dutch Trading Companies as Knowledge Networks, Leiden u.a. 2010 | Johnson, C. R., The German Discovery of the World: Renaissance Encounters with the Strange and the Marvellous, Charlottesville 2008 | Juderías, J., La leyenda negra, Madrid 1914 | Julien, C. A., Les voyages de découverte et les premiers établissements (XVe–XVIe siècles), Paris 1948 | Jurt, J., Die Kannibalen. Erste europäische Bilder der Indianer von Kolumbus bis Montaigne, in: Fludernik, M. u.a. (Hg.), Der Alteritätsdiskurs des Edlen Wilden, Würzburg 2002, 45–63 | Karttunen, F./Lockhart, J., Nahuatl in the Middle Years: Language Contact Phenomena in Texts of the Colonial Period, Berkeley 1976 | Keen, B., The Aztec Image in Western Thought, New Brunswick 1971 | Kellenbenz, H., Neue und Alte Welt. Rückwirkungen der Entdeckung und Eroberung Amerikas auf Europa im 16. Jahrhundert, München 1977 | Kiening, C., Das wilde Subjekt. Kleine Poetik der Neuen Welt, Göttingen 2006 | Kohl, K.-H., Entzauberter Blick. Das Bild vom guten Wilden und die Erfahrung der Zivilisation, Berlin 1981 | Konetzke, R., Der weltgeschichtliche Moment der Entdeckung Amerikas, in: HZ 182 (1956) 267–89 | –, Die *Geographischen Beschreibungen* als Quellen zur hispanoamerikanischen Bevölkerungsgeschichte der Kolonialzeit, in: JGLA 7 (1970) 1–75 | Kupperman, K. O., America in European Consciousness, 1493–1750, Chapel Hill 1995 | Lahontan, L. A. de, Dialogues avec un sauvage, hg. v. Roelens, M., Paris 1973 | Lamb, U. (Hg.), A Navigator's Universe: The *Libro de cosmographia* of 1538 by Pedro de Medina, Chicago 1972 | –, The Spanish Cosmographic Juntas of the Sixteenth Century, in: TI 6 (1974) 51–63 | Lanson, G./Tuffrau P., Histoire de la littérature française, Paris 1951 | Lehmkuhl, U./Rinke, S. (Hg.), Amerika – Amerikas. Zur Geschichte eines Namens von 1507 bis zur Gegenwart, Stuttgart 2008 | Lehner, M., Reise ans Ende der Welt (1588–1693). Studie zur Mentalitätsgeschichte und Reisekultur der Frühen Neuzeit anhand des Reisetagebuchs von Georg Christoph Fernberger von Egenberg, Frankfurt 2001 | Leibsohn, D./Peterson, J. F. (Hg.), Seeing Across Cultures in the Early Modern World, Farnham u.a. 2012 | Léry, J. de, Histoire d'un voyage fait en la terre du Brésil, autrement dit Amérique (1578), Genf 1975 | Lestringant, F., L'atelier du cosmographe ou l'image du monde à la Renaissance, Paris 1991 | –, Le cannibale, grandeur et décadence, Paris 1994 (engl. 1997) | –, Le Huguenot et le sauvage. L'Amérique et la controverse coloniale en France au temps des guerres de religion (1555–1589), 3. Aufl., Genf 2004 | Lima-Barbosa, M. de, Les Français dans l'histoire du Brésil, Paris 1922 | Lovejoy, A. O. u.a., Primitivsm and Related Ideas in Antiquity, Baltimore 1935, Ndr. 1965 | Lüsebrink, H.-J. (Hg.), Das Europa der Aufklärung und die außereuropäische koloniale Welt, Göttingen 2006 | MacCormack, S., On the Wings of Time: Rome, the Incas, and Peru, Princeton 2007 | MacLeod, M. J./Rawski, E. S. (Hg.), European Intruders and Changes in Behaviour and Customs in Africa, America, and Asia before 1800, Aldershot 1998 | [Malaspina] Sagredo Baeza, R./González Leiva, J. I. (Hg.), La Expedición Malaspina en la frontera austral del imperio español, Santiago de Chile 2004 | Marx, K., Frühschriften, Stuttgart 1968 | Menninger, A., Die Macht der Augenzeugen. Neue Welt und Kannibalen-Mythos, 1492–1600, Stuttgart 1995 | Moffitt, J. F./Sebastian, S., O Brave New People: The European Invention of the American Indian, Albuquerque 1996 | Montaigne, M. E. de, Essais, dt., hg. v. Stilett, H., 3 Bde. München 2011 | Mrotzek, T., Die Genese von Legenden in der Neuen Welt im Spannungsfeld antiker, mittelalterlicher und indigener Einflüsse, Frankfurt 2011 | Mundy, B. E., The Mapping of New Spain: Indigenous Cartography and the Maps of the Relaciones Geográficas, Chicago 1996 | Myers, K. A., Fernandez de Oviedo's Chronicle of America, Austin 2007 | Nash, R., Wilderness and the American Mind, 2. Aufl., New Haven 1973 | Neuber, W., Wahrnehmung Amerikas. Fremde Welt im europäischen Horizont, Berlin 1991 | Obermeier, F., Bilder vom Kannibalen, Kannibalismus im Bild, in: JGLA 38 (2001) 49–72 | Obeyesekere, G., Cannibal Talk: The Man-Eating Myth and Human Sacrifice in the South Seas, Berkeley 2005 | O'Gorman, E., The Invention of America, Westport 1961 | Osterhammel, J., Die Entzauberung Asiens. Europa und die asiatischen Reiche im 18. Jahrhundert, München 1998, Ndr. 2010 | Padrón, R., The Spacious Word: Cartography, Literature, and Empire in Early Modern Spain, Chicago 2004 | Pagden, A., The Forbidden Food: Francisco de Vitoria and José de Acosta on Cannibalism, in: TI 13 (1981) 17–30 | –, Das erfundene Amerika. Der Aufbruch des europäischen Denkens in die Neue Welt, München 1996 (engl. 1993) | – (Hg.), Facing Each Other: The World's Perception of Europe and Europe's Perception of the World, 2 Bde., Aldershot 2000 | Palmer, P. M., Neuweltwörter im Deutschen, Heidelberg 1939 | Palmer, R. R., Das Zeitalter der demokratischen Revolution, Frankfurt 1970 (amerik. 1959) | –, The Impact of the American Revolution Abroad, Washington 1976 | Panhorst, K. H., Deutschland und Amerika. Ein Rückblick auf das Zeitalter der Entdeckungen und die ersten deutsch-amerikanischen Verbindungen unter besonderer Berücksichtigung der Unternehmungen der Fugger und Welser, München 1928 | Pastine, D. u. a., L'Europa cristiana nel rapporto con altre culture nel secolo XVII, Florenz 1978 | Pearce, R. H., Rot und Weiß. Die Erfindung des Indianers durch die Zivilisation, Stuttgart 1991 | Pinheiro, C. C., Words of Conquest: Portuguese Colonial Experience and the Conquest of Epistemological Territories, in: Indian Historical Review 36 (2009) 37–53 | Pino Diaz, F. de, Texto e dibujo. La *Historia indiana* del jesuita Acosta y sus versiones alemanas con dibujos, in: JGLA 42 (2005) 1–31 | Plischke, H., Von Cooper bis Karl May. Eine Geschichte der völkerkundlichen Reise-und Abenteurerliteratur, Düsseldorf 1951 | Poettering, J./Friedrich, S., Transformation von Wissen in der niederländischen Expansion, in: SFB 573 Mitteilungen 2011, 1, 38–40 | Prosperi, A./Reinhard, W. (Hg.), Die Neue Welt im Bewusstsein der Italiener und Deutschen des 16. Jahrhunderts, Berlin 1993 | Rabasa, J., Inventing America: Spanish Historiography and the Formation of Eurocentrism, Norman 1993 | Ramirez, A. (Hg.), Epistolario de Justo Lipsio y los Españoles, Madrid 1966 | Ratekin, M., The Early Sugar Industry in Española, in: HAHR 34 (1954) 1–19 | [Raynal] Wilhelm Thomas Raynals philosophische Geschichte der Besitzungen und Handlung der Europäer in beyden Indien, 11 Bde., Kempten 1783–88 | Reinhard, W., Parasit oder Partner? Europäische Wirtschaft und Neue Welt 1500–1800, Münster 1997 | Riese, B., Mexiko und das pazifische Asien in der frühen Kolonialzeit, Bern 2012 | Röckelein, H. (Hg.), Kannibalismus und europäische Kultur, Tübingen 1996 | Romeo, R., Le scoperte americane nella coscienza italiana del cinquecento, 3. Aufl., Rom u. a. 1989 | Rubiès, J.- P., Travellers and Cosmographers: Studies in the History of Early Modern Travel and Ethnology, Aldershot 2007 | Ryan, M. T., Assimilating New Worlds in the 16th and 17th Centuries, in: CSSH 23 (1981) 519–38 | Sánchez, J.-P., Mythes et légendes de la conquête de l'Amérique, 2 Bde., Rennes 1996 | Saulnier, V.-L., La littérature française du siècle philosophique, Paris 1961 | Sayre, G. M., Les Sauvages Américains: Representations of Native Americans in French and English Colonial Literature, Chapel Hill 1997 | –, The Indian Chief as Tragic Hero: Native Resistance and the Literatures of America, from Moctezuma to Tecumseh, Chapel Hill 2005 | Scammel, G. V., The New World and Europe in the 16th Century, in: HJ 12 (1969) 389–412 | Schaffer, S. u. a. (Hg.), The Brokered World: Go-Betweens and Global Intelligence, 1770–1820, Sagamore Beach 2009 | Schelbert, L., *America*. Von der Macht und dem Wandel eines Archetyps, in: Saeculum 28 (1977) 75–86 | Schillinger, J./Alexandre, P. (Hg.), Le Barbare. Images phobiques et réflexions sur l'alterité dans la culture européenne, Berlin 2008 | Schnurmann, C., Europa trifft Amerika. Zwei alte Welten bilden eine neue atlantische Welt, 1492–1783, Berlin 2009 | Schwartz, S. B., Implicit Understandings: Observing, Reporting, and Reflecting on the Encounters between Europeans and Other Peoples in the Early Modern Era, Cambridge 1994 | Seed, P., American Pentimento: The Invention of Indians and the Pursuit of Riches, Minneapolis 2001 | Sievernich, G. (Hg.), De Bry, America, Berlin 1990 | Smith, A., Der Wohlstand der Nationen, München 1978 | Solano, F./Ponce, P., Cuestionarios para la formación de las relaciones geográficas de Indias: siglos XVI–XIX, Madrid 1988 | Stagl, J, Eine Geschichte der Neugier. Die Kunst des Reisens 1550–1800, Wien 2002 | –, Thesen zur europäischen Fremd- und Selbsterkundung in der Frühen Neuzeit, in: Brendecke, A./Friedrich, M./Friedrich, S. (Hg.), Information in der Frühen Neuzeit, Münster 2008, 65–77 | Storey, W. K. (Hg.), Scientific Aspects of European Expansion, Aldershot 2002 | Thornton, J., Cannibals, Witches, and Slave Traders in the Atlantic World, in: WMQ 60, 2 (2003) 273–94 | Tinker, H., A New System of Slavery: The Export of Indian Labour Overseas, 1830–1920, London 1974 | Tocqueville, A. de, L'ancien régime et la révolution, hg. v. Mayer, J.-P., Paris 1952 | –, De la démocratie en Amérique (1835/40), Paris 1961 | Vaughan, A. T., From White Man to Redskin: Changing Anglo-American Perceptions of the American Indian, in: AHR 87 (1982) 917–53 | Webb, W. P., The Great Frontier, Austin 1972, 5. Aufl. 1979 | Wendt, R., Vom Kolonialismus zur Globalisierung. Europa und die Welt seit 1500, Paderborn 2007 | Woodward, D./Harley, J. B./Lewis, M. (Hg.), The History of Cartography, 3 Bde. in 6 Tln., Chicago u. a. 1987–2007; Bd. 3 | Wuttke, D., Humanismus in den deutschsprachigen Ländern und Entdeckungsgeschichte 1493–1534, Bamberg 1989.

欧亚交流

Aldrich, R./McKenzie, K. (Hg.), The Routledge History of Western Empires, London u. a. 2014 | Ames, G. J./Love, R. S. (Hg.), Distant Lands and Diverse Cultures: The French Experience in Asia, 1600–1700, Westport 2003 | Arnold, D., Cholera and Colonialism in British India, in: PP 113 (1986) 118–51 | Ballaster, R., Fabulous Orients: Fictions of the East in England, 1662–1785, Oxford 2005 | Barendse, R. J., History, Law, and Orientalism under Portuguese Colonialism in Eighteenth-Century India, in: Itinerario 26, 1 (2002) 33–59 | Barthold, V.-V., La découverte de l'Asie. Histoire de l'orientalisme en Europe et en Russie, Paris 1947 (zuerst russ., dt. 1913) | Bauer, W., China und die Fremden, München 1980 | Beckmann, J., Zum Wandel vom positiven zum negativen Chinabild in Europa, in: NZMW 22 (1966) 126–28 | Bertsch, K. u. F., Geschichte unserer Kulturpflanzen, Stuttgart 1948 | Bes, L., Bogus Sadhus and Famous Rhinos: Early Modern Dutch Scholars, Artists, and Missionaries on South Asia, in: IIAS Newsletter 48 (2008) 22 f. | Biraben, J.-N., Les hommes et la peste en France et dans les pays européens et méditerranéens, Bd. 1, Paris 1975 | Bowsma, W. J., Concordia Mundi: The Career and Thought of Guillaume

Postel (1510–1581), Cambridge 1957 | Bray, F., Rice Economies: Technology and Development in Asian Societies, Oxford 1986 | Carey, D. (Hg.), Asian Travel in the Renaissance (Renaissance Studies 17, 3), Oxford 2003 | Clark, H., The Publication of the Koran in Latin: A Reformation Dilemma, in: Sixteenth Century Journal 15, 1 (1984) 3–12 | Crosby, A. W. 1972 | –, Ecological Imperialism: The Biological Expansion of Europe, 900–1900, Cambridge 1986, 2. Aufl. 2004 | Daniel, N., Islam and the West: The Making of an Image, Edinburgh 1960, Ndr. 1980 | –, Islam, Europe, and Empire, Edinburgh 1966 | –, The Arabs and Medieval Europe, London 1975 | Edwardes, M., East-West Passage: The Travel of Ideas, Arts, and Inventions between Asia and the Western World, New York 1971 | Emanuel, J. M., Matteo Ripa and the Founding of the Chinese College at Naples, in: NZMW 37 (1981) 131–40 | Ende, W., Muslime über Europa und die Europäer, in: Fürnrohr, W. (Hg.), Die Welt des Islams, Dortmund 1984, 22–37 | Endreß, G., Einführung in die islamische Geschichte, München 1982 | Erdmann, K., Europa und der Orientteppich, Berlin 1962 | Exotische Welten – Europäische Phantasien, 3 Bde., Stuttgart 1987 | Feuchter, J./Hoffmann, F./Yun, B. (Hg.), Cultural Transfer in Dispute: Representations in Asia, Europe, and the Arab World since the Middle Ages, Frankfurt 2011 | Fisch, J., Der märchenhafte Orient. Die Umwertung einer Tradition von Marco Polo bis Macaulay, in: Saeculum 235 (1984) 246–66 | Forster, R. 1997 | Franke, W., China und das Abendland, Göttingen 1962 | Franklin, M. J. (Hg.), Romantic Representations of British India, London u. a. 2006 | Fück, J. W., Die arabischen Studien, Leipzig 1955 | Gabrieli, F. (Hg.), Mohammed in Europa, München 1983 | Geiss, I., The Intercontinental Long Distance Trade, in: Itinerario 10, 2 (1986) 33–51 | Gernet, J., Chine et christianisme, action et réactions, Paris 1982 (ital. 1984, engl. 1985) | –, Die Begegnung Chinas mit dem Christentum, 2. Aufl., St. Augustin 2012 | Glasenapp, H. v., Das Indienbild deutscher Denker, Stuttgart 1960 | Göçek, F. M., East Encounters West: France and the Ottoman Empire in the Eighteenth Century, New York 1987 | Goer, C./Hofmann, M. (Hg.), Der Deutschen Morgenland. Bilder des Orients in der deutschen Literatur und Kultur von 1770 bis 1850, München 2008 | Goodman, G. K., Japan and the Dutch, 1600–1853, 2. Aufl., Richmond 2000 | Grabar, O./Liskar, E. (Hg.), Europa und die Kunst des Islam. 15. bis 18. Jahrhundert, Wien 1985 | Gunn, G. C., First Globalization: The European Exchange, 1500–1800, Lanham 2003 | Halbfass, W., Indien und Europa, Stuttgart 1981 | Hanèar, F., Zur Frage der Herdentier-Erstdomestikation. Ziegenzuchtbeginn im Lichte prähistorischer und früher historischer Daten, in: Saeculum 10 (1959) 21–37 | Hegel, G. W. F., Vorlesungen über die Philosophie der Weltgeschichte I: Die Vernunft in der Geschichte, Hamburg 1955 | Hehn, V., Kulturpflanzen und Haustiere in ihrem Übergang aus Asien nach Griechenland und Italien sowie das übrige Europa, 8. Aufl., Berlin 1911, Ndr. 1963 | Herkenhoff, M., Die Darstellung außereuropäischer Welten in Drucken deutscher Offizinen des 15. Jahrhunderts, Berlin 1996 | Hobhouse, H., Fünf Pflanzen verändern die Welt, Stuttgart 1987 | Hourani, A., Der Islam im europäischen Denken, Frankfurt 1994 | Howard, D./Ayers, J., China for the West: Chinese Porcelain and other Decorative Arts for Export, 2 Bde., New York 1978 | Hubert, K., Japan und China – Tochterkultur und Mutterkultur, in: Saeculum 1 (1950) 560–612 | Hunke, S., Allahs Sonne über dem Abendland. Unser arabisches Erbe, Stuttgart 1977 | Ibn Warraq, Defending the West: A Critique of Edward Said's *Orientalism*, New York 2007 | Inden, R., Orientalist Constructions of India, in: MAS 20 (1986) 401–46 | Johanyak, D./Lim, W. S. H. (Hg.), The English Renaissance, Orientalism, and the Idea of Asia, Basingstoke 2010 | Joseph, G. G., A Passage to Infinity: Medieval Indian Mathematics and Its Impact, Delhi 2009 | Katzer, A., Araber in deutschen Augen. Das Araberbild der Deutschen vom 16. bis zum 19. Jahrhundert, Paderborn 2008 | Kirsch, P., Die Barbaren aus dem Süden. Europäer im alten Japan 1543 bis 1854, Wien 2004 | Klein, D./Platow, B. (Hg.), Wahrnehmung des Islam zwischen Reformation und Aufklärung, München 2008 | Klemp, E., Asien auf Karten von der Antike bis zur Mitte des 19. Jahrhunderts, Weinheim 1989 | Kulke, H., Gab es ein indisches Mittelalter? In: Saeculum 33 (1982) 221–39 | Kulturaustausch zwischen Orient und Okzident. Über die Beziehungen zwischen islamisch-arabischer Kultur und Europa (12.–16. Jahrhundert), Bonn 1985 | Lach, D. F./Van Kley, E. J., Asia in the Making of Europe, 3 Bde. in 9 Tln., Chicago 1965–93 | Lewis, B., The Muslim Discovery of Europe, New York u. a. 1982 (dt. 1984) | –, Cultures in Conflict: Christians, Muslims, and Jews in the Age of Discovery, New York 1995 | Littmann, E., Morgenländische Wörter im Deutschen, 2. Aufl., Tübingen 1924 | –, Morgenland und Abendland, Tübingen 1930 | Liu, X./Shaffer, L. N., Connections across Eurasia: Transportation, Communication, and Cultural Exchange on the Silk Roads, New York 2007 | MacLeod, M. J./Rawski, E. S. 1998 | Marchand, S. L., German Orientalism in the Age of Empire: Religion, Race, and Scholarship, Cambridge 2009 | Martino, P., L'Orient dans la littérature française au XVIIe et au XVIIIe siècle, Paris 1906 | Massarella, D., A World Elsewhere: Europe's Encounter with Japan in the Sixteenth and Seventeenth Centuries, New Haven u. a. 1990 | –/Moran, J. F. (Hg.), Japanese Travellers in Sixteenth-Century Europe: A Dialogue concerning the Mission of the Japanese Ambassadors to the Roman Curia (Hakluyt III 25), London 2012 | Matar, N., Europe through Arab Eyes, 1578–1727, New York 2009 | McCabe, I. B., Orientalism in Early Modern France: Eurasian Trade, Exotism, and the Ancien Regime, Oxford 2008 | McNeill, W. H., Seuchen machen Geschichte, München 1978 | Meinhold, P., Die Begegnung der Religionen und die Geistesgeschichte Europas, Wiesbaden 1981 | Melman, B., Women's Orients: English Women and the Middle East, 1718–1918, 2. Aufl., London 1995 | Möhring, H., Interesse und Desinteresse mittelalterlicher Muslime an Land und Leuten in Europa, in: Periplus 23 (2013) 183–230 | Nocentelli, C., Empire of Love: Europe, Asia, and the Making of Early Modern Identity, Philadelphia 2013 | North, M. (Hg.), Artistic and Cultural Exchanges between Europe and Asia, 1400–1900, Farnham u. a. 2010 | Numata, J., Historical Aspects of the Acceptance of Western Culture in Japan (Pre-Meiji-Period), in: East Asian Cultural Studies 6 (1967) 110–23 | Osterhammel, J. 1998 | Pagden, A. 2000 | Perrin, N., Keine Feuerwaffen mehr. Japans Rückkehr zum Schwert 1545–1879, Frankfurt 1982 | Pinto, M. H. M., Biombos Namban – Namban Screens, Lissabon 1988 | Price, A. G., The Western Invasion of the Pacific and its Continents: A Study of Moving Frontiers and Changing Landscapes, 1513–1958, Oxford 1963 | Ptak, R., Die maritime Seidenstraße, München 2007 | Pullapilly, C. K./Van Kley, E. J. (Hg.), Asia and the West: Encounters and Exchanges from the Age of Explorations, Chicago 1986 | Reichert, F., Erfahrung der Welt. Reisen und Kulturbegegnung im späten Mittelalter, Stuttgart 2001 | Reinhard, W., Sprachbeherrschung und Weltherrschaft. Sprache und Sprachwissenschaft in der europäischen Expansion, in: ders. (Hg.), Humanismus und Neue Welt, Weinheim 1987, 1–36, u. in: ders., Ausgewählte Abhandlungen, Berlin 1997, 401–33 | – (Hg.), Sakrale Texte. Hermeneutik und Lebenspraxis in den Schriftkulturen, München 2009 | Reinhardt, L., Kulturgeschichte der Nutzpflanzen, Bd. 1, München 1911 | Robinson, J., The Impact of the Orient on European Thought 1770–1850, in: Renaissance and Modern Studies 31 (1987) 102–33 | Rotter, E., Abendland und Sarazenen. Das okzidentale Araberbild und seine Entstehung im Frühmittelalter, Berlin u.a. 1986 | Ruffié, J./Sournia, J.-C., Die Seuchen in der Geschichte der Menschheit, Stuttgart 1987 | Said, E., Orientalismus, Frankfurt 1981 (amerik. 1978) | Sansom, G. B., The Western World and Japan: A Study in the Interaction of European and Asian Cultures, New York 1950 | Schaeder, H. H., Die Orientforschung und das abendländische Geschichtsbild, in: ders., Der Mensch in Orient und Okzident, München 1960, 397–423 | Schmidt-Glintzer, H., Der Buddhismus im frühen chinesischen Mittelalter, in: Saeculum 23 (1972) 269–94 | Schulin, E., Die weltgeschichtliche Erfassung des Orients bei Hegel und bei Ranke, Göttingen 1958 | Schwanitz, F., Die Entstehung der Kulturpflanzen, Berlin 1957 | Sievernich, G./Budde, H. (Hg.), Europa und der Orient 800–1900, Gütersloh u.a. 1989 | Simmons, I. G., Biogeography, Natural and Cultural, London 1979 | Storey, W. K. 2002 | Subrahmanyam, S., Taking Stock of the Franks: South Asian Views of Europeans and Europe, 1500–1800, in: IESHR 42 (2005) 69–100 | Tavares, A. A. (Hg.), O ocidente no oriente através dos descobrimentos portugueses, Lissabon 1992 | Teltscher, K., India Inscribed: European and British Writings on India, 1600–1800, Delhi 1995 | Treadgold, D. W., The West in Russia and China II: China 1582–1949, Cambridge 1973 | Vavilov, N. J., Studies on the Origins of Cultivated Plants, Leningrad 1926 | –, The Origin, Variation, Immunity and Breeding of Cultivated Plants, Waltham 1951 | Vernet, J., El Islam y Europa, Barcelona 1982 | Vink, M. P. M., Images and Ideologies of Dutch-South Asian Contact, in: Itinerario 21, 2 (1997) 82–123 | Watt, W. M., The Influence of Islam on Medieval Europe, Edinburgh 1972 | Windisch, E., Geschichte der Sanskrit-Philologie und indischen Altertumskunde, 2 Bde., Straßburg u.a. 1917–20 | Wokoeck, U., German Orientalism: The Study of the Middle East and Islam from 1800–1945, London 2009 | Yapp, M. E., Europe in the Turkish Mirror, in: PP 137 (1992) 134–55 | Zeuner, F. E., Geschichte der Haustiere, München 1967 | Zimmermann, A., Orientalische Kultur und europäisches Mittelalter, Berlin 1985.

受到亚洲传教影响的相互学习？

Alam, M./Subrahmanyam, S., Frank Disputations: Catholics and Muslims in the Court of Jahangir (1608–11), in: IESHR 46 (2009) 457–511 | Alden, D., The Making of an Enterprise: The Society of Jesus in Portugal, its Empire, and beyond, 1540–1750, Stanford 1996 | Aldrich, R./McKenzie, K. 2014 | Amann, E., Malabares (Rites), in: Dictionnaire de théologie catholique, Bd. 9, 2, Paris 1927, 1704–45 | Arokiasamy, S., Dharma, Hindu and Christian, according to Roberto de Nobili, Rom 1986 | Bachmann, P. R., Roberto de Nobili 1577–1656, Rom 1972 | Bailey, G. A., Art on the Jesuit Missions in Asia and Latin America, 1542–1773, Toronto 1999 | Baldaeus, P., Wahrhaftige Ausführliche Beschreibung der Berühmten Ost-Indischen Küsten Malabar und Koromandel, Amsterdam 1672 | Berling, J. A., The Syncretic Religion of Lin Chao-en, New York 1980 | Bernard-Maître, H., Le père Matthieu Ricci et la société chinoise de son temps (1552–1610), 2 Bde., Tientsin 1937 | –, Un dossier bibliographique de la fin du XVIIe siècle sur la question des termes chinoises, in: Recherches de science religieuse 36 (1949) 25–79 | –, Chinois (Rites), in: Dictionnaire d'histoire et géographie ecclésiastiques, Bd. 12, Paris 1953, 731–41 | Berry, M. E., Hideyoshi, Cambridge, MA 1982 | Bettray, J., Die Akkomodationsmethode des P. Matteo Ricci S. J. in China, Rom 1955 | Beurdeley, C. u. M., Giuseppe Castiglione, Rutland u. a. 1971 |

Beyreuther, E., Bartholomäus Ziegenbalg, Berlin 1952 | Blondeau, R. A., Mandarijn en astronoom. Ferdinand Verbiest S. J. (1623–1688), Brügge 1970 | Bontinck, F., La lutte autour de la liturgie chinoise, Löwen u. a. 1962 | Bourdon, L., La Compagnie de Jésus et le Japon, Lissabon u. a. 1993 [1547–70] | Boxer, C. R., Jan Company in Japan, 1600–1817, Den Haag 1950 | –, The Christian Century in Japan, 1549–1650, 2. Aufl., Berkeley 1974 | –, Portuguese Merchants and Missionaries in Feudal Japan, 1543–1640, Aldershot 1986 | Brockey, L. M., Journey to the East: The Jesuit Mission to China, 1579–1724, Cambridge, MA 2007 | Brucker, J., Chinois (Rites), in: Dictionnaire de théologie catholique, Bd. 2, 2, Paris 1932, 2364–91 | Campbell, W., Formosa under the Dutch, London 1903, Ndr. 1967 | Campeau, L., Le voyage du Père Alexandre de Rhodes en France, 1653–1654, in: AHSI 48 (1979) 65–86 | Camps, A., Jerome Xavier S. J. and the Muslims of the Mogul Empire, Schöneck-Beckenried 1957 | Chan, A. (Hg.), Chinese Books and Documents in the Jesuit Archives in Rome, Rom 2002 | Chapman, A., Tycho Brahe in China: The Jesuit Mission to Peking and the Iconography of European Instrument-Making Processes, in: Annals of Science 41 (1984) 417–43 | Chappoulie, H., Aux origins d'une église. Rome et les missions d'Indochine au XVIIe siècle, 2 Bde., Paris 1943–48 | [CHC] The Cambridge History of China, 15 Bde. in 16 Tln., Cambridge 1978–2009; Bd. 7–9, 1988–2002 | [CHI] The Cambridge History of India, Bd. 5: British India 1497–1858, Cambridge 1929, Ndr. 1968 | Ching, J., To Acquire Wisdom: The Way of Wang Yang-ming, New York 1976 | [CHJ] The Cambridge History of Japan, 6 Bde., Cambridge 1988–99; Bd. 4, 1991 | Cieslik, H., Die Fünferschaft im Dienste der Christenüberwachung, in: Monumenta Nipponica 7 (1951) 102–55 | –, Um eine japanische christliche Terminologie, in: NZMW 22 (1966) 102–17 | Clossey, L, Salvation and Globalization in the Early Jesuit Missions, Cambridge 2008 | Collani, C. v., Von Jesuiten, Kaisern und Kanonen. Europa und China – eine wechselvolle Geschichte, Darmstadt 2012 | Cooper, M. (Hg.), The Southern Barbarians: The First Encounters in Japan, Tokio 1971 | – (Hg.), This Island of Japan: João Rodrigues' Account of 16th Century Japan, Tokio u. a. 1973 | –, Rodrigues the Interpreter: An Early Jesuit in Japan and China, New York 1974 | Correia-Afonso, J., Letters from the Mughal Court: The First Jesuit Mission to Akbar (1580–1583), Anand 1980 | Criveller, G., Preaching Christ in Late Ming China: The Jesuits' Presentation of Christ from Matteo Ricci to Giulio Aleni, Taipei u. a. 1997 | Cummins, J. S., Two Missionary Methods in China: Mendicants and Jesuits, in: Archivo Ibero-Americano 38 (1978) 33–108 | –, Jesuit and Friar in the Spanish Expansion to the East, Aldershot 1986 | –, A Question of Rites: Friar Domingo Navarrete and the Jesuits in China, Cambridge 1993 | Dahmen, P., Robert de Nobili, Münster 1924 | – (Hg.), Roberto de Nobili, l'apôtre des Brahmes, Première Apologie, 1610, Paris 1931 | Dardess, J. W., Blood and History in China: The Donglin Faction and its Repression, 1620–1627, Honolulu 2002 | De Bary, W. T. (Hg.), Sources of Japanese Tradition, Bd. 1, New York 1964 | Dehergne, J., Répertoire des jésuites de Chine 1552 à 1800, Rom u. a. 1973 | –, Les lettres annuelles des missions jésuites de Chine au temps des Ming (1581–1644), in: AHSI 49 (1980) 379–92 | –, L'exposé des jésuites de Pékin sur le culte des ancêtres présenté à l'empereur K'ang hi en novembre 1700, in: Actes du IIe colloque international de sinologie. Les rapports entre la Chine et l'Europe au temps des lumières, Paris 1980, 185–229 | –, Lettres annuelles et sources complémentaires des missions jésuites de Chine, in: AHSI 51 (1982) 247–84 | D'Elia, P., Quadro storico del primo libro di dottrina cristiana in cinese, in: AHSI 3 (1934) 193–222 | – (Hg.), Il mappamondo cinese del P. Matteo Ricci, Città del Vaticano 1938 | –, Il trattato sull'amicizia.

Primo libro scritto in cinese da Matteo Ricci S. I. (1595), in: Studia missionalia 7 (1953) 425–515 | –, Recent Discoveries and New Studies (1938–1960) on the World Map in Chinese of Father Matteo Ricci S. I., in: Monumenta Serica 20 (1961) 82–164 | Dermigny, L., La Chine et l'Occident. Le commerce à Canton au XVIIIe siècle 1719–1833, 4 Bde., Paris 1964 | Dharampal-Frick, G., Indien im Spiegel deutscher Quellen der Frühen Neuzeit (1500–1750), Tübingen 1994 | DiFiore, G., La legazione Mezzabarba in Cina (1720–21), Neapel 1989 | Documenta Indica 1–18 (MHSI 70, 72, 74, 78, 83, 86, 89, 91, 94, 98, 103, 105, 113, 118, 123, 127, 132, 133), 18 Bde., Rom 1948–88 | Documenta Malucensia 1–3 (MHSI 109, 119, 126), 3 Bde., Rom 1974–84 | Dunne, G. H., Das große Exempel. Die Chinamission der Jesuiten, Stuttgart 1965 | Duteil, J.-P., Le mandat du ciel. Le rôle des jésuites en Chine de la mort de François Xavier à la dissolution de la Compagnie de Jésus (1552–1774), Paris 1994 | Eichhorn, W., Die Religionen Chinas, Stuttgart 1973 | Elison, G., Deus Destroyed: The Image of Christianity in Early Modern Japan, Cambridge, MA 1973 | –/Smith, B. L. (Hg.), Warlords, Artists, and Commoners: Japan in the Sixteenth Century, Honolulu 1981 | Elman, B., Early Modern Classicism and Late Imperial China, in: IIAS Newsletter 43 (2007) 5 f. | Faes, U., Heidentum und Aberglauben der Schwarzafrikaner in der Beurteilung durch deutsche Reisende des 17. Jahrhunderts, Diss. phil. Zürich 1981 | Franckesche Stiftungen zu Halle (www.francke-halle.de), Datenbanken zu Archivbeständen, Digitale Bibliothek | Franke, H./Trauzettel, R., Das chinesische Kaiserreich (Fischer WG 19), Frankfurt 1968 | Franke, W. 1962 | Frei, G., Zum chinesischen Gottesbegriff, in: NZMW 1 (1945) 221–28 | Fujita, N. S., Japan's Encounter with Christianity: The Catholic Mission in Pre-Modern Japan, New York 1991 | Gaubil, A., Correspondance de Pékin 1722–1759, Genf 1970 | Gensichen, H.-W., Missionsgeschichte der neueren Zeit (Die Kirche in ihrer Geschichte 4 T), 2. Aufl., Göttingen 1969 | Gernet, J. 2012 | Gonda, J., Die Religionen Indiens, 2 Bde., Stuttgart 1960–63 | Goodman, G. K. 2000 | Granet, M., Das chinesische Denken, München 1963 | Grentrup, T., Das kirchliche Handelsverbot für die Missionare, in: ZMRW 15 (1925) 257–68 | Grueber, J., Als Kundschafter des Papstes nach China 1656–64. Die erste Durchquerung Tibets, Stuttgart 1985 | Gründer, H., *Östliche Moral und westliches Know-how.* Koloniale Missionsausbreitung und Modernisierung in Japan, in: Leidinger, P./ Metzler, D. (Hg.), Geschichte und Geschichtsbewusstsein, Münster 1990, 205–30 | Gründler, J. E./Ziegenbalg, B., Die Malabarische Korrespondenz. Tamilische Briefe an deutsche Missionare, hg. v. Liebau, K., Sigmaringen 1998 | Hall, J. W., Das japanische Kaiserreich, Frankfurt 1968 | Handbuch der Kirchengeschichte, Bde. 4–5, Freiburg 1967–70 | Hanotaux, G./Martineau, A. (Hg.), Histoire des colonies françaises et de l'expansion de la France dans le monde, 6 Bde., Paris 1929–33; Bd. 5, 1932 | Harris, G. L., The Mission of Matteo Ricci S. J., in: Monumenta Serica 245 (1966) 1–168 | Hassinger, E., Wirtschaftliche Motive und Argumente für religiöse Duldsamkeit im 16.und 17. Jahrhundert (1958), in: Zeeden, E. W. (Hg.), Gegenreformation, Darmstadt 1973, 332–56 | History of Christianity in India, 4 Bde., Bangalore 1982–90, Bd. 1–2, 1982–84 | Houtard, F., L'implantation portugaise au Kerala et ses effets sur l'organisation sociale et religieuse des Syriens et sur le système des castes, in: Social Compass 28 (1981), 201–35 | Hsia, R. P., Noble Patronage and Jesuit Missions: Maria Theresia von Fugger-Wellenburg (1690–1762) and Jesuit Missionaries in China and Vietnam, Rom 2006 | –, A Jesuit in the Forbidden City: Matteo Ricci 1552–1610, Oxford 2010 | Huang, R., 1587. Ein Jahr wie jedes andere. Der Niedergang der Ming, Frankfurt 1986 (engl. 1981) | Hur, N.-L., Death and Social Order in Tokugawa Japan: Buddhism, Anti-Christianity, and the Danka System, Cambridge,

MA 2007 | Iannaccone, I., Johann Schreck Terrentius. Le scienze rinascimentali e lo spirito dell'Academia dei Lincei nella Cina dei Ming, Neapel 1998 | Ingoli, F., Relazione delle Quattro Parti del Mondo, hg. v. Testi, F., Città del Vaticano 1999 | Israeli, R., Muslims in China: The Incompatibility between Islam and Chinese Order, in: T'oung Pao 63 (1977) 296–322 | Jami, C./ Engelfriet, P./Blue, G. (Hg.), Statecraft and Intellectual Renewal in Late Ming China: The Cross-Cultural Synthesis of Xu Guangqi (1562–1633), Leiden 2001 | Jann, A., Die katholischen Missionen in Indien, China und Japan, Paderborn 1915 | Jordão, L. M. (Hg.), Bullarium Patronatus Portugalliae Regum in Ecclesiis Africae, Asiae et Oceaniae, 3 Bde., Lissabon 1868–79 | Jorissen, E., Das Japanbild im *Traktat* (1585) des Luis Frois, Münster 1988 | Josson, H./Willaert, L. (Hg.), Correspondance de Ferdinand Verbiest, Brüssel 1938 | Kern, I., Buddhistische Kritik am Christentum im China des 17. Jahrhunderts, Bern 1992 | Kirsch, P. 2004 | Koschorke, K., Dutch Colonial Church and Catholic Underground Church in Ceylon in the 17th and 18th Centuries, in: ders. (Hg.), Christen und Gewürze, Göttingen 1998, 95–105 | Krahl, J., China Missions in Crisis: Bishop Laimbeckhoven and his Times (1738–1787), Rom 1964 | Krieger, C. C., The Infiltration of European Civilization in Japan during the 18th Century, Leiden 1940 | Kuepers, J. J. A. M., The Dutch Reformed Church in Formosa, 1627–1662, Immensee 1978 | Lach, D. F./Van Kley, E. J. 1965–93 | Lancaster, C., The *European Palaces* of Yüan Ming Yüan, in: Gazette des beaux arts 6, 34 (1948) 261–88, 307–14 | Langner, R.-K., Kopernikus in der verbotenen Stadt. Wie der Jesuit Johannes Schreck das Wissen der Ketzer nach China brachte, Frankfurt 2007 | Lederle, J., Mission und Ökonomie der Jesuiten in Indien. Intermediäres Handeln am Beispiel der Malabar-Provinz im 18. Jahrhundert, Wiesbaden 2009 | Lemercinier, G., The Effect of the Caste System on Conversions to Christianity in Tamilnadu, in: Social Compass 28 (1981) 237–68 | Li, W., Die christliche Chinamission im 17. Jahrhundert, Stuttgart 2000 | Lippiello, T./Malek, R. (Hg.), *Scholar from the West*: Giulio Alieni S. J. (1582–1649) and the Dialogue between Christiantity and China, Brescia u. a. 1997 | Litterae quadrimestres 1–7 (MHSI 4, 6, 8, 10, 59, 61, 62), 7 Bde., Rom 1894–1932 | Luk, B. H., A Study of Giulio Aleni's Chih-fang wie chi, in: Bulletin SOAS London 40 (1977) 58–84 | Maclagan, E., The Jesuits and the Great Mogol, London 1938 | Magnum Bullarium Romanum, Bd. 16, Luxemburg 1752 | Malek, R. (Hg.), Western Learning and Christianity in China: The Contribution and Impact of Johann Adam Schall von Bell, 2 Bde., Nettetal 1998 | –, Martin Martini S. J. (1614–1661) und die Chinamission im 17. Jahrhundert, Nettetal 2000 | Margiotti, F., I riti cinesi davanti alla S. C. de Propaganda Fide prima del 1643, in: NZMW 35 (1979) 133–53, 192–211 | Martzloff, J. C., La compréhension chinoise des méthodes démonstratives euclidiennes en cours du XVIIe siècle et au début du XVIIIe siècle, in: Actes du IIe colloque international de sinologie. Les rapports entre la Chine et l'Europe au temps des lumières, Paris 1980 | McMullin, N., Buddhism and the State in Sixteenth-Century Japan, Princeton 1984 | Meier, J. (Hg.), *Usque ad ultimum terrae.* Die Jesuiten und die transkontinentale Ausbreitung des Christentums 1540–1773, Göttingen 2000 | – (Hg.), Sendung – Eroberung – Begegnung. Franz Xaver, die Gesellschaft Jesu und die katholische Weltkirche im Zeitalter des Barock, Wiesbaden 2005 | Menegon, E., Ancestors, Virgins, and Friars: Christianity as a Local Religion in Late Imperial China, Cambridge, MA 2009 | Metzler, J. (Hg.), Sacrae Congregationis de Propaganda Fide Memoria Rerum 1622–1972, 3 Bde. in 5 Tln., Rom 1971–75 | –, Die Synoden in China, Japan und Korea 1570–1934, Paderborn 1980 | –, Die Synoden in Indochina 1625–1934, Paderborn 1984 | Minamiki, G., The Chinese Rites Controversy from the Beginning to Modern Time, Chicago 1985 | Monumenta Historica Japoniae 1–3 (MHSI 111, 137, 148), 3 Bde., Rom 1975–95 | Monumenta Xaveriana 1–2 (MHSI 16, 43), 2 Bde., Rom 1899/1900–1912 | Mungello, D. E. (Hg.), The Chinese Rites Controvery: Its History and Meaning, Nettetal 1994 | –, The Spirit and the Flesh in Shandong, 1650–1785, Lanham 2001 | Murr, S., L'Inde philosophique entre Bossuet et Voltaire, 2 Bde., Paris 1986–87 | Needham, J. u a., Science and Civilization in China, 7 Bde. in 27 Tln., Cambridge 1956–2008; Bd. 4, 2, 1969 | Neill, S., A History of Christianity in India, 2 Bde., Cambridge 1984–85 | Nørgaard, A., Missionar Benjamin Schultze als Leiter der Tranquebarmission (1720–1726), in: NZMW 33 (1977) 181–202 | Noll, R. R./St. Sure, D. F. (Hg.), One Hundred Roman Documents Concerning the Chinese Rites Controversy (1645–1941), San Francisco 1992 | North, M. 2010 | Numata, J. 1967 | Ohm, T., Machet zu Jüngern alle Völker. Theorie der Mission, Freiburg 1962 | Ommerborn, W., Geistesgeschichtliche Forschung in der VR China. Die gegenwärtige Bewertung des Zhu Xi (1130–1200) und seiner Konzeption von Li und Qi, Bochum 1987 | Ooms, H., Tokugawa Ideology: Early Constructs, 1570–1680, Princeton 1985 | Paikada, M., Kirche in Indien und Inkulturation, in: ZMRW 71 (1987) 200–18 | Paramore, K., Ideology and Christianity in Japan, London 2009 | Phan, P. C., Mission and Catechesis: Alexandre de Rhodes and Inculturation in Seventeenth-Century Vietnam, Maryknoll 1998 | Picard, R., Les peintres jésuites à la cour de Chine, Grenoble 1973 | Pinot, V., La Chine et la formation de l'esprit philosophique en France, Paris 1932, Ndr. 1971 | –, Documents inédits relatifs à la connaissance de la Chine en France de 1685–1740, Paris 1932, Ndr. 1971 | Quang Chinh, Do, Lieh sú› chû quôc ngû 1620–1659, Saigon 1972 [Geschichte des Quôc Ngû] | Reil, S., Kilian Stumpf 1655–1720. Ein Würzburger Jesuit am Kaiserhof zu Peking, Münster 1978 | Reinhard, W., Gelenkter Kulturwandel im 17. Jahrhundert. Akkulturation in den Jesuitenmissionen als universalhistorisches Problem, in: HZ 223 (1974) 529–90, u. in: ders., Ausgewählte Abhandlungen, Berlin 1997, 347–99 | Ricci, Matteo, The True Meaning of the Lord of Heaven (T'ien-chu Shih-i), hg. v. Lancashire, D./Hu Kuo-chen, P./Malatesta, E., St. Louis 1985 [zweisprachig] | [Ricci] Tacchi Venturi, P. (Hg.), Opere storiche del P. Matteo Ricci, 2 Bde., Macerata 1911–13 | [Ricci] D'Elia, P. M. (Hg.), Fonti Ricciane, 3 Bde., Rom 1942–49 | [Ricci] China in the Sixteenth Century: The Journals of Matthew Ricci 1583–1610, hg. v. Gallagher, L. J., New York 1942 | [Ricci/Trigault] Histoire de l'expédition chrétienne au royaume de la Chine 1582–1610, hg. v. Bessière, L./Dehergne, J., Paris 1978 | Ross, A. C., A Vision Betrayed: The Jesuits in Japan and China, 1542–1742, Edinburgh 1994 | Rosso, A. S., Apostolic Legations to China in the 18th Century, Pasadena 1948 | Rouleau, F.-A., Maillard de Tournon, Papal Legate at the Court of Peking: The First Imperial Audience, in: AHSI 31 (1962) 264–323 | Rule, P. A., Jesuit and Confucian? Chinese Religion in the Journals of Matteo Ricci S. J., 1583–1610, in: Journal of Religious History 5 (1968/69) 105–24 | Sachsenmaier, D., Die Aufnahme europäischer Inhalte in die chinesische Kultur durch Zhu Zongyuan (ca. 1616–1660), Nettetal 2001 | The Saint Thomas Christian Encyclopedia of India, 2 Bde., Trichur 1973–82 | Sanfilippo, M./Prezzolini, C. (Hg.), Roberto de Nobili (1577–1656), missionario gesuita poliziano, Perugia 2009 | Sansom, G. B., A History of Japan, 3 Bde., Stanford 1958–63; Bd. 2, 1960 | Santos Hernandez, A., Las misiones bajo el patronato portugués, Madrid 1977 | Schleichert, H./Roetz, H., Klassische chinesische Philosophie, 3. Aufl., Frankfurt 2009 | Schütte, G. (Hg.), Alexandro Valignano S. I., *Il ceremoniale per i missionari del Giappone,* Rom 1946 | –, Valignanos Missionsgrundsätze für Japan (1573–1582), 2 Bde., Rom

1951–58 | – (Hg.), Luis Frois S. J., Kulturgegensätze Europa–Japan (1585), Tokio 1955 | Schütte, J. F., Der Osaka-Feldzug 1614/15 und die Kirche in Japan, in: ZMRW 63 (1979) 52–62, 129–48 | Schumann, H. W., Buddhismus. Stifter, Schulen und Systeme, Olten u. a. 1976 | Schurhammer, G., Das kirchliche Sprachenproblem in der japanischen Jesuitenmission, Tokio 1928 | –, Die Disputation des P. Cosme de Torres mit den Buddhisten in Yamaguchi im Jahre 1551, Leipzig 1929 | –, Franz Xaver. Sein Leben und seine Zeit, 2 Bde. in 4 Tln., Freiburg 1955–73 | –, Die Bekehrung der Paraver (1535–37), in: ders., Gesammelte Studien, Bd. 2, Rom 1963, 215–54 | –/Voretzsch, E. V. (Hg.), Luis Frois. Die Geschichte Japans 1545–1578, Leipzig 1926 | Sebes, J. S., Christian Influence on the Shimabara Rebellion, 1637–1638, in: AHSI 48 (1979) 136–48 | Shinmura, I., Western Influences on Japanese History and Culture in Earlier Periods, 1540–1860, Tokio 1936 | Sievernich, M., Die Jesuitenmissionen in Amerika (16.–18. Jh.). Ein Überblick über die neuere Forschung, in: Theologie und Philosophie 76 (2001) 551–67 | –, Die Jesuitenmissionen in Asien (16.–18. Jh.). Ein Überblick über die neuere Forschung, in: Theologie und Philosophie 77 (2002) 389–426 | – (Hg.), Christentum in China, in: ZMRW und Religionswissenschaft 93 (2009) 163–328 | Spalatin, C., Matteo Ricci's Use of Epictetus' Encheiridion, in: Gregorianum 56 (1975) 551–57 | Standaert, N. (Hg.), Handbook of Christianity in China, Bd. 1: 635–1800, Leiden 2001 | Storey, W. K. 2002 | Struve, L. A., The Southern Ming, 1644–1662, New Haven u. a. 1984 | Szczesniak, B., Note on Kepler's *Tabulae Rudolphinae* in the Library of Pei-t'ang in Peking, in: Isis 40 (1949) 344–47 | Thilo, T., Klassische chinesiche Baukunst, Wien 1981 | Thomaz de Bossierre, Y. de, Un Belge mandarin à la cour de Chine aux XVIIe et XVIIIe siècles. Antoine Thomas (1644–1709). Ngan To P'ing Che, Paris 1977 | Totman, C., Tokugawa Ieyasu: Shogun, San Francisco 1983 | –, Early Modern Japan, Berkeley 1993 | Trauzettel, R., Denken die Chinesen anders? Komparatistische Thesen zur chinesischen Philosophiegeschichte, in: Saeculum 41 (1990) 79–99 | [Trigault] De Christiana Expeditione apud Sinas suscepta ab Societate Jesu. Ex P. Matthaei Riccij eiusdem Societatis Commentariis Libri V, Augsburg 1615 (dt. 1617) | Turnbull, S., The Kakure Kirishitan of Japan: A Study of their Development, Beliefs and Rituals to the Present Day, Richmond 1998 | Übelhör, M., Hsü Kuang-Ch'i (1562–1633) und seine Einstellung zum Christentum, in: Oriens extremus 15 (1968) 191–257; 16 (1969) 41–74 | Väth, A., Johann Adam Schall von Bell S. J., Köln 1933, 2. Aufl., Nettetal 1991 | Van Goor, J., Jan Company as Schoolmaster: Dutch Education in Ceylon, 1690–1795, Groningen 1978 | Van Troostenburg de Brujin, C. A. L., Der hervormde kerk in nederlandsch Oost-Indie onder de Oost-Indische Compagnie, Arnhem 1884 | Vink, M. P. M., Between the Devil and the Deep Blue Sea: The Christian Paravas. A *Client Community* in 17th-Century Southeast India, in: Intinerario 26, 2 (2002) 64–89 | Voiret, J.-P. (Hg.), Gespräch mit dem Kaiser und andere Geschichten. Auserlesene Stücke aus den *Erbaulichen und seltsamen Briefen aus dem Reich der Mitte*, Bern 1996 | Wakeman, F., The Great Enterprise: The Manchu Reconstruction of Imperial Order in Seventeenth-Century China, 2 Bde., Berkeley 1985 | Walravens, H., Father Verbiest's Chinese World Map (1674), in: Imago Mundi 43 (1991) 31–47 | Wicki, J., Philipp II. und die Jesuiten der indischen Provinz 1580–1598, in: AHSI 50 (1981) 161–211 | Widmer, P. (Hg.), Europe in China – China in Europe: Mission as a Vehicle to Intercultural Dialogue, Stuttgart 2012 | Wills, J. E., Some Dutch Sources on the Jesuit China Mission, 1662–1687, in: AHSI 54 (1985) 267–94 | Witek, J. W. (Hg.), Ferdinand Verbiest (1623–1688): Jesuit Missionary, Scientist, Engineer and Diplomat, Nettetal 1994 | Wong, G. H. C., China's Opposition to Western Science during Late

Ming and Early Ch'ing, in: Isis 54 (1963) 29–49 | Yang, H./Yeung, D. H. N. (Hg.), Sino-Christian Studies in China, Newcastle 2006 | Yue, C., The Renewal of Buddhism in China: Chu-hung and the Late Ming Synthesis, New York 1981 | Zettl, E., Johannes Schreck-Terrentius, Wissenschaftler und China-Missionar (1576–1630), Konstanz 2008 | [Ziegenbalg] Caland, W. (Hg.), Ziegenbalg's *Malabarisches Heidenthum*, Amsterdam 1926 | [Ziegenbalg] Brentjes, B. (Hg.), Bartholomaeus Ziegenbalg, *Grammatica Damulica*, Halle 1985 | [Ziegenbalg] Jeyaraj, P. D. (Hg.), Bartholomäus Ziegenbalgs *Genealogie der malabarischen Götter*, Halle 2003 | Zürcher, E./Standaert, N./Dudink, A., Bibliography of the Jesuit Missions in China, ca. 1580–ca. 1680, Leiden 1991 | Županov, I. G., Disputed Mission: Jesuit Experiments and Brahmanical Knowledge in Seventeenth-Century India, Delhi 1999.

《中国近事》：来自亚洲的知识

Aldrich, R./McKenzie, K. 2014 | Allgemeine Historie der Reisen zu Wasser und Lande, 21 Bde., Leipzig 1747–74 | Anquetil-Duperron, A. H., La relation du voyage du traducteur aux Indes orientales, in: ders., Zend-Avesta, Bd. 1, Paris 1769 | App, U., The Birth of Orientialism: Encounter with Asia, Philadelphia 2010 | Appleton, W. W., A Cycle of Cathay: The Chinese Vogue in England during the 17th and 18th Centuries, New York 1951, Ndr. 1979 | Bagrow, L., Die Geschichte der Kartographie, Berlin 1951 | Ballaster, R. 2005 | Beekman, E. M., Troubled Pleasures: Dutch Colonial Literature from the East Indies, 1600–1950, Oxford 1996 | Berger, W. R., China-Bild und China-Mode im Europa der Aufklärung, Köln 1990 | Bergunder, M. (Hg.), Missionsberichte aus Indien im 18. Jahrhundert, Halle 1999 | Bernier, F., Histoire de la Dernière Revolution des Etats du Grand Mogol, 2 Bde., Paris 1670 | –, Voyages, 2 Bde., Amsterdam 1699 | –, Travels in the Mogul Empire AD 1656–1668 (1671), London 1934, Ndr. 1983 | Bhattacharya-Panda, N., Appropriation and Invention of Tradition: The East India Company and Hindu Law in Early Colonial Bengal, Delhi 2008 | Biblioteca Vaticana, Borgiano cinese 521 | Bitterli, U., Die *Wilden* und die *Zivilisierten*. Grundzüge einer Geistes- und Kulturgeschichte der europäisch-überseeischen Begegnung, München 1976 | Bodart-Bailey, B. u. a., 400 Years Japanese-Dutch Relations, in: IIAS Newsletter 22 (2000) 7–10 | Bolognani, B., L'europa scopre il volto della cina. P. Martino Martini S. I. mandarino di prima classe, Trient 1978 | Bonn, G., Engelbert Kaempfer (1651–1716), Frankfurt 2003 | Bontinck, F. 1962 | Boscaro, A., Sixteenth-Century European Printed Works on the First Japanese Mission to Europe: A Descriptive Bibliography, London 1973 | Boulerie, F./Favreau, M./Francalanza, E. (Hg.), L'Extrême-Orient dans la culture européenne des XVIIe et XVIIIe siècles, Tübingen 2009 | Boxer, C. R., The Dutch Seaborne Empire, 1600–1800, London 1965 | Brou, A., Les Jésuites sinologues de Pékin et leurs éditeurs à Paris, in: Revue d'histoire des missions 11 (1934) 551–66 | Camps, A., Die Wiederentdeckung der ersten abendländischen Sanskrit-Grammatik des P. Heinrich Roth S. J., in: NZMW 23 (1967) 241–43 | Carey, D. 2003 | Cartier, M., Aux origines de la politique des lumières. La Chine vue par Matteo Ricci, in: Actes du IIe colloque international de sinologie. Les rapports entre la Chine et l'Europe au temps des lumières, Paris 1980, 39–48 | Castets, J., L'Ezour védam de Voltaire et les pseudo-védams de Pondichéry, Pondichéry 1935 | Chabrié, R., Michel Boym, Jésuite Polonais et le fin des Ming en Chine, Paris 1933 | Chang, S. C., Natur und Landschaft. Der Einfluss von Athanasius Kirchers *China Illustrata* auf die europäische Kunst, Berlin 2003 | Chatterjee, A., Representations of India, 1740–1840: The Creation of India in the Colonial Imagination, London 1998 | Ching, J./Oxtoby, W. G. (Hg.), Moral Enlightenment: Leibniz and Wolff on China, Nettetal 1992 | Collani, C. v., Die Figuristen in der Chinamission, Frankfurt 1981 | –, Joachim Bouvet und Gottfried Wilhelm von Leibniz, in: NZMW 39 (1983) 214–19 | –, P. Joachim Bouvet S. J. Sein Leben und Werk, Nettetal 1985 | – (Hg.), Eine wissenschaftliche Akademie für China. Briefe des Chinamissionars Joachim Bouvet S. J. an Gottfried Wilhelm Leibniz und Jean-Paul Bignon über die Erforschung der chinesischen Kultur, Sprache und Geschichte, Stuttgart 1989 | [Confucius] Intorcetta, Prospero u. a. (Hg.), Confucius Sinarum Philosophus (1687), Rom 2011 (Monumenta Sinica 1, MHSI Nova Series 6) | Cook, D. J./Rosemont, H., The Pre-Established Harmony between Leibniz and Chinese Thought, in: JHI 42 (1981) 253–67 | Davis, W. W., China, the Confucian Ideal, and the European Age of Enlightenment, in: JHI 44 (1983) 523–48 | Dawson, R., The Chinese Chameleon: An Analysis of European Conceptions of Chinese Civilization, London 1967 | Debidour, A., L'indianisme de Voltaire, in: Revue de litterature comparée 4 (1924) 26–40 | Dehergne, J. 1973 | – 1980 | Demel, W., Als Fremde in China. Das Reich der Mitte im Spiegel frühneuzeitlicher europäischer Reiseberichte, München 1992 | – 1992 | –, The «National» Images of China in Different European Countries, ca. 1550–1800, in: Malatesta, E. J./Raguin, Y. (Hg.), Images de la Chine, Paris 1995, 85–125 | –, Die politischen Ordnungen Japans und Chinas in der Wahrnehmung frühneuzeitlicher europäischer Reiseberichterstatter, in: Beck, T. u. a. (Hg.), Barrieren und Zugänge. Die Geschichte der europäischen Expansion, Wiesbaden 2004, 160–76 | Dharampal, G., Le rôle des missionaires européens dans l'essor de l'indianisme, in: NZMW 37 (1981) 189–212 | Dharampal-Frick, G., Indien im Spiegel deutscher Quellen der Frühen Neuzeit (1500–1750), Tübingen 1994 | Du Halde, J. B., Description Géographique, Historique, Chronologique, Politique et Physique de l'Empire de la Chine et de la Tartarie Chinoise, 4 Bde., Paris 1735, 2. Aufl. 1736 | –, Ausführliche Beschreibung des Chinesischen Reiches und der großen Tartarey, 4 Bde., Rostock 1747–49 | Eikelmann, R. (Hg.), Die Wittelsbacher und das Reich der Mitte, München 2009 | Elisonas, J. S. A. [= Elison, G.], An Itinerary to the Terrestrial Paradise: Early European Reports on Japan and a Contemprorary Exegesis, in: Itinerario 20, 3 (1996) 25–68 | Emanuel, J. M. 1981 | Exotische Welten 1987 | L'Ezour-Vedam, 2 Bde., Yverdon 1778 (dt. 1779) | Filliozat, J., La naissance et l'essor de l'indianisme, in: Laghu-prabandha, Leiden 1974, 270–77 | Franke, O., Leibniz und China, in: Zeitschrift der deutschen morgenländischen Gesellschaft 82, NF 7 (1928) 155–78 | Franklin, M. J., Sir William Jones, Cardiff 1995 | – 2006 | Frauendorfer, S. v., Ideengeschichte der Landwirtschaft und Agrarpolitik, Bd. 1, München 1957 | Fuchs, W. (Hg.), Der Jesuitenatlas der Kanghsi-Zeit, Peking 1943 | Gemelli Careri, G. F., Giro intorno al mondo, 6 Bde., 1699–1700 (frz. 1727) | Glasenapp, H. v. 1960 | Goer, C./Hofmann, M. 2008 | Golvers, N., Ferdinand Verbiest S. J. 1623–1688 and the Chinese Heaven: The Composition of the Astronomical Corpus, its Diffusion and Reception in the European Republic of Letters, Leuwen 2003 | Goodman, G. K. 2000 | Graf, O., Tao und Jen. Sein und Sollen im sungzeitlichen Monismus, Wiesbaden 1970 | Guadalupi, G., China. Eine Entdeckungsreise vom Altertum bis ins 20. Jahrhundert, München 2003 | Guillet, B. (Hg.), La soie et le canon. France – Chine 1700–1860, Paris 2010 | Guy, B., The French Image of China before and after Voltaire, Genf 1963 | Haberland, D. (Hg.), Engelbert Kaempfer. Werk und Wirkung, Stuttgart 1993 | – (Hg.), Engelbert Kaempfer (1651–1716). Ein Gelehrtenleben zwischen Tradition und Innovation, Wiesbaden u. a. 2004 | Hamann, G., Geistliche Forscher- und Gelehrtenarbeit im China des XVII. und XVIII. Jahrhunderts, in: Oesterreich und Europa. Festgabe H. Hantsch, Graz 1965, 49–67 | Hein, J. H., Fr. Henriques' Grammar of Spoken Tamil 1548, in: Indian Church History Review 1977, 127–57 | Heyndrickx, J. (Hg.), Philippe Couplet, S. J. (1623–1693): The Man Who Brought China to Europe, Nettetal 1990 | Himmelfarb, H./Neveu, B., Saint-Simon, les jésuites et la Chine. Correspondance inédite avec le P. Fouquet et le cardinal Gualterio sur les affaires chinoises, Cahiers Saint-Simon 5 (1977) – 8 (1980) | Hsia, A. (Hg.), Deutsche Denker über China, Frankfurt 1985 | –, Chinesia: The European Construction of China in the Literature of the 17th and 18th Centuries, Tübingen 1998 | Iustus et Iacobus pueri Iapones Martyres [...], Augsburg 1638 | Jami, C. u. a. 2001 | Jarry, M., La vision de la Chine dans les tapisseries de la manufacture royale de Beauvais, in: Actes du IIe colloque international de sinologie. Les rapports entre la Chine et l'Europe au temps des lumières, Paris 1980, 173–83 | Javary, G., Hou Ji, Prince Millet, l'agriculteur divin. Interprétation du mythe chinois par le R. P. Joachim Bouvet S. J. Introduction et traduction du latin, in: NZMW 39 (1983) 16–41, 107–19 | Jorissen, E. 1988 | Kaempfer, E., Geschichte und Beschreibung von Japan (1777), Stuttgart 1964 | –, Werke. Kritische Ausgabe in Einzelbänden, hg. v. Haberland, D./Michel, W./Gässmann, E., 3 Bde. in 4 Tln., München 2001–03 | Kaltenmark, M., Lao-tzu und der Taoismus, Frankfurt 1981 | Kapitza, P. (Hg.), Japan in Europa. Texte und Bilddokumente zur europäischen Japankunde von Marco Polo bis Wilhelm von Humboldt, 3 Bde., München 1990 | [Kircher] Athanasii Kircheri e Societate Jesu China [...] illustrata [...], Amsterdam 1667 | Kirk, P., Sor Juana de la Cruz: Religion, Art, and Feminism, New York 1998 | Kirsch, P. 2004 | Klocke-Daffa, S./Scheffler, J./Wilbertz, G. (Hg.), Engelbert Kaempfer und die kulturelle Begegnung zwischen Europa und Asien, Lemgo 2003 | Lach, D. F./Van Kley, E. J. 1965–93 | Lamalle, E., La propaganda du P. Nicolas Trigault en faveur des missions de Chine (1616), in: AHSI 9 (1940) 49–120 | Lee, C. H. (Hg.), Western Visions of the Far East in a Transpacific Age, 1522–1657, Farnham u. a. 2012 | Lee, E.-J., *Anti-Europa*. Die Geschichte der Rezeption des Konfuzianismus und der konfuzianischen Gesellschaft seit der frühen Aufklärung, Münster 2003 | Leibniz, G. W., Zwei Briefe über das binäre Zahlensystem und die chinesische Philosophie, hg. v. Loosen, R./ Vonessen, F., Stuttgart 1968 | –, Das Neueste von China (1697), hg. v. Reinbothe, T./Nesselrath, H. G., Köln 1979 | –, Der Briefwechsel mit den Jesuiten in China (1689–1714), hg. v. Widmaier, R., 2. Aufl., Hamburg 2006 | Leites, E., Confucianism in Eighteenth-Century England: Natural Morality and Social Reform, in: Actes du IIe colloque international de sinologie. Les rapports entre la Chine et l'Europe au temps des lumières, Paris 1980, 65–81 | Li, W./Poser, H. (Hg.), Das Neueste über China. G. W. Leibnizens Novissima Sinica von 1697, Stuttgart 2000 | Litterae Iaponicae Anni MDCVI, Chinenses Anni MDCVI et MDCVII, Antwerpen 1611 | Lundbaek, K., The Image of Neo-Confucianism in *Confucius Sinarum Philosophus*, in: JHI 44 (1983) 19–30 | –, T. S. Bayer (1694–1738): Pioneer Sinologist, London 1986 | Maçzak, A./Teuteberg, H. J. (Hg.), Reiseberichte als Quellen europäischer Kulturgeschichte, Wolfenbüttel 1982 | Malek, R. 1998 | Massarella, D. 1990 | – 2012 | –/Bodart-Bailey, B. M. (Hg.), The Furthest Goal: Engelbert Kaempfer's Encounter with Tokugawa Japan, Folkestone 1995 | Mendoza, J. G. de, The History of the Great and Mighty Kingdom of China (Hakluyt I 14–15), London 1854, Ndr.

1970 | [Mendoza] Die *Geschichte der höchst bemerkenswerten Dinge und Sitten im chinesischen Königreich* des Juan Gonzales de Mendoza, hg. v. Grießer, M., Sigmaringen 1992 | Milsky, M., Les souscripteurs de *L'Histoire Générale de la Chine* du P. de Mailla, in: Actes du IIe colloque international de sinologie. Les rapports entre la Chine et l'Europe au temps des lumières, Paris 1980, 101–13 | Mukherjee, S. N., Sir William Jones: A Study in Eighteenth-Century British Attitudes to India, Cambridge 1968 | Mungello, D. E., Leibniz and Confucianism: The Search for Accord, Honolulu 1977 | –, Curious Land: Jesuit Accommodation and the Origins of Sinology, Stuttgart 1985 | –, The Great Encounter of China and the West, 1500–1800, Lanham 1999 | Murr, S. 1986–87 | Needham, Bd. 2, 1956 | Neubert, F., Ezourvedam, in: Enzyklopädie der Neuzeit, Bd. 3, Stuttgart 2006, 733–36 | Newman, M., Die deutschen Porzellan-Manufakturen im 18. Jahrhundert, 2 Bde., Braunschweig 1977 | Noel, P., Sinenses libri classici sex, Prag 1711 | Pagden, A. 2000 | Parel, A., Friedrich Schlegel and the Beginning of Sanskrit Studies in Germany, in: JIH 54 (1976) 547–66 | Pekar, T., Engelbert Kaempfer als Reisender der Frühen Neuzeit, in: Daphnis 26 (1997) 149–72 | Pinot, V. 1971 | Quesnay, François, Œuvres économiques et philosophiques, Paris 1888, Ndr. 1965 | Reichwein, A., China und Europa. Geistige und künstlerische Beziehungen im 18. Jahrhundert, Berlin 1928 (engl. 1968) | [Ricci] 1911–13 | – 1942 | – 1942–49 | [Ricci/Trigault] 1978 | Richard Hakluyt and his Successors (Hakluyt II 93), London 1946, Ndr. 1967 | Rowbotham, A. H., The Impact of Confucianism on Seventeenth Century Europe, in: Far Eastern Quarterly 4 (1945) 224–42 | –, Jesuit Figurists and Eighteenth Century Religion, in: JHI 17 (1956) 471–85 | Schmidt-Glintzer, H., Sinologie und das Interesse an China, Stuttgart 2007 | Schütte, G. 1955 | Song, S.-C., Voltaire et la Chine, Aix-en-Provence 1989 | Sonneman, R./Wächtler, E. (Hg.), Johann Friedrich Böttger. Die Erfindung des europäischen Porzellans, Stuttgart 1982 | Spence, J. D., Der kleine Herr Hu. Ein Chinese in Paris, München 1993 (engl. 1989) | –, The Chan's Great Continent: China in Western Minds, New York 1998 | Standaert, N. 2001 | Sweetman, W., Mapping Hinduism: *Hinduism* and the Study of Indian Religions, 1600–1776, Halle 2003 | Szczesniak, B., The Writings of Michael Boym, in: Monumenta Serica 14 (1949–55) 481–538 | –, The Atlas and Geographic Description of China: A Manuscript of Michael Boym, in: Journal of the American Oriental Society 73 (1953) 65–77 | –, The Seventeenth-Century Maps of China, in: Imago Mundi 13 (1956) 116–36 | Teltscher, K. 1995 | Thacker, C., The History of Gardens, London 1979 | Thilo, T. 1981 | [Thunberg] Karl Peter Thunbergs Reise durch einen Theil von Europa, Afrika und Asien, hauptsächlich in Japan, in den Jahren 1770 bis 1779, hg. v. Friese, E., 2 Bde., Heidelberg 1991 | [Trigault] 1615 | Tscharner, E. H. v., China in der deutschen Dichtung bis zur Klassik, München 1939 | Väth, A. 1991 | [Valle] The Travels of Pietro della Valle (Haklyut I 84–85), 2 Bde., London 1892, Ndr. 1973 | Van Kley, E. J., The Effect of the Discoveries on Seventeenth-Century Dutch Popular Culture, in: TI 8 (1976) 29–43 | Varma, V. P., Hegel's Philosophy of Indian History, in: JIH 55 (1977) 71–80 | Vink, M. P. M. 1997 | Vissière, I. u. J.-L. (Hg.), Lettres édifiantes et curieuses de Chine, 1702–1776 (Extraits), Paris 1979 | Vogel, H., Der chinesische Geschmack in der deutschen Gartenarchitektur des 18. Jahrhunderts und seine englischen Vorbilder, in: Zeitschrift für Kunstgeschichte 1 (1922) 322–35 | Walravens, H., China illustrata. Das europäische Chinaverständnis im Spiegel des 16. bis 18. Jahrhunderts, Weinheim u. a. 1987 | Watson, W., Interpretations de la Chine à l'époque des lumières. Montesquieu et Voltaire, in: Actes du IIe colloque international de sinologie. Les rapports entre la Chine et l'Europe au temps des lumières, Paris 1980, 15–37 | Wendt, R. 2007 | Wicki, J., Von den gelegentlichen Veröffentlichungen der Missionsbriefe aus Übersee zu den offiziellen Litterae annuae der Gesellschaft Jesu (1545–1583), in: NZMW 32 (1976) 95–129 | Windisch, E. 1917–20 | Witek, J. W., Jean-François Foucquet et les livres chinois de la Bibliothèque Royale, in: Actes du IIe colloque international de sinologie. Les rapports entre la Chine et l'Europe au temps des lumières, Paris 1980, 145–63 | –, Controversial Ideas in China and Europe: A Biography of Jean-François Foucquet S. J. (1665–1741), Rom 1982 | Wu, X. (Hg.), Encounters and Dialogues: Changing Perspectives on Chinese-Western Exchanges from the 16th to the 18th Centuries, Nettetal 2005 | [Ziegenbalg] 1926 | – 1985 | – 2003 | Zoli, S., La Cina et l'età dell'illuminismo in Italia, Bologna 1974.

第二次大发现时代

Aldrich, R./McKenzie, K. 2014 | Angster, J., Erdbeeren und Piraten. Die Royal Navy und die Ordnung der Welt 1770–1860, Göttingen 2012 | Anson, G., A Voyage Round the World in the Years 1741–1744, Oxford 1974 | Atlas of Geographical Discoveries in Siberia and North Western America, Moskau 1964 | Ballantyne, T. (Hg.), Science, Empire, and the European Exploration of the Pacific, Farnham u. a. 2004 | Balme, C. B., Pacific Performances: Theatricality and Cross-Cultural Encounter in the South Seas, Basingstoke u. a. 2007 | Berg, E. 1982 | Bernabeu Albert, S., La aventura de lo imposible. Expediciones maritimas españolas, Madrid 2000 | Bitterli, U. 1976 | Bligh, W., A Voyage to the South Sea, London 1792 | –, An Account of the Mutiny on HMS Bounty, hg. v. Bowman, R., Atlantic Highlands 1981 | Bougainville, L.-A. de, Voyage autour du monde par la frégate du roi *La Boudeuse* et la flûte *L'Etoile* en 1766, 1767, 1768 et 1769, 2 Bde., Paris 1771 (dt. 1772) | Carteret's Voyage round the World (Hakluyt II 124–25), 2 Bde., London 1965 | [Cook] Beaglehole, J. C. (Hg.), The Journals of Captain James Cook on his Voyages of Discovery (Hakluyt Extra 34–37), 4 Bde., London 1955–74 [Bd. 4 Biographie] | [Cook] Grenfell Price, A. (Hg.), Entdeckungsfahrten im Pazifik, Tübingen 1971 | Cook, W. L., Flood Tide of Empire: Spain and the Pacific Northwest 1543–1819, New Haven 1973 | Cooper, A. (Hg.), The Times Atlas of the Oceans, London 1983 | Dampier, W., Neue Reise um die Welt, hg. v. Uszinski, M., Berlin 2012 | D'Arcy, P. (Hg.), Peoples of the Pacific: The History of Oceania to 1870, Farnham u. a. 2008 | Denoon, D. u. a. (Hg.), The Cambridge History of the Pacific Islanders, Cambridge 1997 | Denoon, D./Mein Smith, P./Wyndham, M., A History of Australia, New Zealand, and the Pacific, Malden 2007 | Devèze, M., L'Europe et le monde à la fin du XVIIIe siècle, Paris 1970 | Diderot, D., Œuvres, Paris 1951 | Edmond, R., Representing the South Pacific: Colonial Discourse from Cook to Gauguin, Cambridge 1997 | Ferdon, E. N., Early Tahiti as the Explorers Saw it, 1767–1797, Tucson 1981 | Fischer, S. R., A History of the Pacific Islands, Basingstoke 2002 | Fisher, R., Bering's Voyages, Whither and Why, Washington 1977 | Fisher, R./Johnston, H. (Hg.), Captain James Cook and His Times, London 1979 | Flynn, D. O./Giráldez, A. (Hg.), The Pacific World: Lands, Peoples, and History of the Pacific, 17 Bde., Farnham u. a. 2001–09 | Forster, G., A Voyage round the World, 2 Bde., London 1777 (dt. 1778–80) | Forster, J. R., Observations Made during a Voyage round the World, London 1778 (dt. 1783) | Friis, H. R. (Hg.), The

Pacific Basin: A History of Its Geographical Exploration, New York 1967 | Frost, O., Bering: The Russian Discovery of America, New Haven u.a. 2003 | Gascoigne, J., Captain Cook: Voyager between Worlds, London 2007 | Gibson, J. R, Sitka versus Kodiak: Countering the Tlingit Threat and Situating the Colonial Capital of Russian Alaska, in: PHR 67 (1998) 67–98 | –, Otter Skins, Boston Ships, and China Goods: The Maritime Fur Trade of the Northwest Coast, 1785–1841, Seattle 1999 | Gil, J., Mitos y utopias del descubrimiento, 3 Bde., Madrid 1988–89; Bd. 2 | Gould, R.T., The Marine Chronometer, London 1923 | Grinev, A.V./ Bland, R.L./Solovjova, K.G., The Tlingit Indians in Russian America, 1741–1867, Lincoln 2005 | Haycox, S./Barnett, J.K./Liburd, C.A. (Hg.), Enlightenment and Exploration in the North Pacific, 1741–1805, Seattle 1997 | Henze, D., Enzyklopädie der Entdecker und Erforscher der Erde, 5 Bde., Graz 1978–2004 | Hervé, R., Découverte fortuite de l'Australie et de la Nouvelle-Zélande par des navigateurs portugais et espagnols entre 1521 et 1528, Paris 1982 | Howse, D., Greenwich Time and the Discovery of Longitude, Oxford 1980 | Joppien, R./Smith, B. (Hg.), The Art of Captain Cook's Voyages, 3 Bde. in 4 Tln., New Haven 1985–88 | Kaufmann, D., Die *Wilden* in der Geschichtsschreibung und Anthropologie der *Zivilisierten*. Historische und aktuelle Kontroversen um Cooks Südseereisen und seinen Tod auf Hawaii 1779, in: HZ 260 (1995) 49–73 | Kendrick, J., The Men with Wooden Feet: The Spanish Exploration of the Pacific Northwest, Toronto 1986 | Lafitau, J.F., Moeurs des sauvages amériquains, comparées aux Moeurs des premiers temps, 2 Bde., Paris 1724 | Lincoln, M. (Hg.), Science and Exploration in the Pacific: European Voyages to the Southern Oceans in the Eighteenth Century, Woodbridge 1998 | Mackay, D., In the Wake of Cook: Exploration, Science, and Empire, 1780–1801, New York 1985 | [Malaspina] David, A. u.a. (Hg.), The Malaspina Expedition 1789–1794: Journal of the Voyage by Alejandro Malaspina (Hakluyt III 8, 11, 13), 3 Bde., London/Madrid 2001–04 | [Malaspina] 2004 | Miller, D.P./Reill, P.H. (Hg.), Visions of Empire: Voyages, Botany, and Representations of Nature, Cambridge 1996 | Neuffer, M., Der *plan total* des Charles de Brosses. Die *Histoire des navigations aux terres australes* zwischen Naturgeschichte und kolonialer Anthropologie, in: Saeculum 63, 2 (2013) 265–84 | Obeyesekere, G. 2005 | Pachat, G., Der Exotismus während des Mittelalters und der Renaissance, Uppsala 1970 | Pagden, A. 2000 | Parry, J.H., Europäische Kolonialreiche. Welthandel und Weltherrschaft im 18. Jahrhundert, München 1972 | Paulmier, Abbé J., Memoires touchant l'établissement d'une mission chrestienne dans le troisième monde autrement appelé La Terre Australe, Meridionale, Antartique, & Inconnuë (1663), hg. v. Sankey, M., Paris 2006 | Paxman, D.B., Freeman, Mead, and the Eighteenth-Century Controversy over Polynesian Society, in: Pacific Studies 11, 3 (1988) 1–19 | Price, A.G., The Western Invasion of the Pacific and its Continents: A Study of Moving Frontiers and Changing Landscapes, 1513–1958, Oxford 1963 | Quill, H., John Harrison, the Man who Found Longitude, London 1966 | Riley, J.C., Mortality on Long-distance Voyages in the Eighteenth Century, in: JEcH 41 (1981) 651–56 | Roberts, W.C.H., The Dutch Exploration of Australia, 1605–1756, Amsterdam 1973 | Robertson, G., The Discovery of Tahiti [...] under [...] Captain Wallis (Hakluyt II 98), London 1948, Ndr. 1967 | Sahlins, M., How Natives Think: About Captain Cook, for Example, Chicago u.a. 1995 | Salmond, A., Two Worlds: First Meetings between Maori and Europeans, 1642–1772, Auckland 1991 | –, Between Worlds: Early Exchanges between Maori and Europeans, 1773–1815, Honolulu 1997 | –, The Trial of the Cannibal Dog: Captain Cook in the South Seas, London

2004 | –, Aphrodite's Island: The European Discovery of Tahiti, Berkeley 2010 | –, Bligh: William Bligh in the South Seas, Berkeley 2011 | Samson, J. (Hg.), British Imperial Strategies in the Pacific, 1750–1900, Farnham u. a. 2003 | Scott, A. M. u. a. (Hg.), European Perceptions of Terra Australis, Farnham u. a. 2012 | Sharp, A., The Discovery of Australia, Oxford 1963 | –, The Voyages of Abel Janszoon Tasman, Oxford 1968 | Smith, B., European Vision and the Southern Pacific, 1768–1850, Oxford 1960, 2. Aufl. 1985 | –, Imagining the South Pacific: In the Wake of the Cook Voyages, New Haven u. a. 1992 | Storey, W. K. 2002 | Tasman, A. J., Entdeckung Neuseelands, Tasmaniens und der Tonga- und der Fidschi-Inseln, Tübingen 1982 | Taylor, E. G. R., The Haven-Finding Art: A History of Navigation from Odysseus to Captain Cook, London 1956 | Van Goor, J., De Nederlands Koloniën. Geschiedenis van den Nederlandse Expansie, 1600–1975, Den Haag 1993 | Wendt, R. (Hg.), Der Pazifik und Europa, in: Saeculum 64, 1 (2014) 1–150 | Williams, G., The Great South Sea: English Voyages and Encounters, 1570–1750, New Haven 1997 | –, Buccaneers, Explorers, and Settlers: British Enterprise and Encounters in the Pacific, 1670–1800, Aldershot 2005 | –, The Death of Captain Cook: A Hero Made and Unmade, London 2008 | –/Frost, A., *Terra Australis* to Australia, Melbourne 1988 | Wilson, A. M., Diderot, New York 1972 | [Zimmermann] Heinrich Zimmermanns Reise um die Welt mit Captain Cook, Mannheim 1781, Ndr. 1978.

第十三章

帝国主义扩张和对北半球的移民

俄国和欧亚帝国

在第二次大发现时代和革命时期，欧洲的扩张呈现了一种 677
新的特点，这个特点一直影响着19世纪。地球的整个表面都被牵涉进来。与其他欧洲国家以及与海外国家、民族，同样也包括与那些此前尚未被这一进程波及的地区的联系都变得更加频繁和积极。参与国家之间的竞争加快了扩张速度。作为中期目标区域的新开拓的太平洋显现了地缘政治意义。俄国和美国在北太平洋相遇了。英国在这里的存在退居次要地位，西班牙的存在完全消失了。俄国继续向中国推进，并最终与日本发生冲突，日本如同英国主导下的中国一样，被跨太平洋而来的美国人和欧洲人强行吸纳到世界政治之中。之前，英国人和尼德兰人就从印度和爪哇岛开始征服澳大拉西亚（Australasia）[①]。英国人继续向南太平洋前进，并在这里与其他欧洲国家和美国迎头相撞。这些国家也参与到了在澳大拉西亚的行动，并和美国人一起觊觎中国，中国沦为一个任由世界贸易和世界政治摆布的欧洲扩张的共同殖民地。如果不只看它们的结果的话，这意味着地球某个部分的扩张进程与另一个部分的扩张进程比以往有了更紧密的联系。因此在历史学中，扩张史非常自然地成为相互关联的历史，是“纠缠史（entangled history）”或“交错史（histoire croisée）”。

另外，俄国在太平洋的存在从历史的角度看，甚至是新世界移民和在亚洲海洋沿岸建立贸易体系之外的第三种欧洲扩张类型的结果。当另外两种扩张在海外进行的时候，俄国通过向
邻国，向新的、更远的邻国，乃至向作为边界的海洋的扩张， 678
已成长为实际上的欧洲大国。但是在那里，扩张并没有停止，

① 包括澳大利亚、新西兰及邻近的太平洋岛屿。——编者注

而是随即跨洋过海继续扩大，并演化成为海外帝国主义。这是第四种扩张类型，其各种变体影响了19、20世纪。不仅19世纪美国的扩张沿着相似轨迹进行，伊比里亚的收复失地运动过程中向摩洛哥的失败扩张和对非洲岛屿和南部海岸的成功扩张也都遵循着同样的原则。

但是俄国的扩张显示了一系列不同的特征。第一，由于与中世纪欧洲东部殖民地有着地理和历史关联，人们可以把俄国对西伯利亚的占领看作其扩张的最后阶段，可以完全看作一个新欧洲的建立。对此必须强调“新”字，因为否则欧洲就延伸到了太平洋。第二，这次向东扩张的最后阶段的实施国与其他所有欧洲殖民国家不同，并非根植于拉丁文化，而是扎根于希腊—拜占庭文化，这一点反映在宗教上，即与其他国家信奉天主教和新教不同，它信仰正教。第三，这次扩张的进行虽然也与美国的扩张不同，但是它不仅损害到了各个处于劣势的民族，而且从一开始就与其他很有竞争力的，甚至一向占据优势的欧亚帝国相关。这一切都以从蒙古帝国的遗产中“搜集俄国的土地”开始，这也是一种基督教的“收复失地运动”。蒙古人或鞑靼人的最西部的可汗国金帐汗国早就分裂成了若干小政权，它们都皈依了伊斯兰教。它们从14世纪以后在乌拉尔山脉西部被以前的臣民和代征纳贡者莫斯科公国（Großfürstentum Moskau）逐步占领。在西欧扩张者们看来，俄国是一个另类，不仅因为它信奉正教，而且因为它是一个亚洲国家，或者说是一个欧亚国家！

当莫斯科在15世纪开始从把俄罗斯民族的其余公国并入大公国过渡到征服其前主人，尤其是喀山可汗国（Khanate Kasan）和阿斯特拉罕（Astrachan）的遗产的时候，它的扩张在南部已经推进到第一个边境地区，即黑海和里海北部的草原。这是一个或大或小的游牧人或半游牧人联盟的世界，其

由弓箭手组成的机动骑兵部队在战场上毫无疑问能够对付俄国军队。那里占统治地位的是另外一种政治文化。掳掠被认为 679
是对生计的合法贡献，联盟或者和平协议是对现时力量对比的暂时认可，并伴随着作为礼物或者贡品的税收。而莫斯科追求的欧洲目标是扩张成为一个建立在基督教传播意识和伪历史（pseudohistorisch）要求之上的稳定的帝国。莫斯科大公于1472年和拜占庭公主结婚之后，开始拥有“全俄君主”的头衔。“沙皇”是彼时为蒙古可汗保留的一个没有宗主的公爵称号。因此，协议被看作对沙皇合法的宗主统治权的臣服。对方承担的物质上的义务被认为是亏欠沙皇的税赋，而己方的义务则是仁慈的体现，即便它们实际上应是用来安抚极强大的对手的，并被对手看作俄国对他们的纳贡。而违背协议被视为叛国罪。

以长远的目光看，由此产生一种成功的模式要归功于莫斯科，特别是归功于对一类独特的边境居民——哥萨克人（Kosaken）的灵活使用。这些人本来是自由人，但也是逃亡农奴，他们在莫斯科和波兰立陶宛王国的南方由所有男人选举出首领（ataman）并成立了自治联盟。原本他们傍河而居，驾船航行，并以河流命名，比如第聂伯—哥萨克人、顿河—哥萨克人、库班—哥萨克人。后来他们和游牧人一样过渡到游牧文化，在17世纪，他们以掳掠方式与这些游牧人进行斗争，以此来保卫北方的基督教帝国。他们被后者征募来为其服务，却以武装起义来应对其限制他们自治的做法。这可以说是完全的从士兵滑向强盗的过渡。因此，长此以往在俄国出现了武装农民的固定居住地，其居民构成了一个个军队单元。男子成年后即自动宣誓效忠沙皇。但是作为个体之间的联盟，他们始终懂得在政府那里维护自身的利益。原先他们可以“成为”哥萨克人（获得身份），以后便“生为”哥萨克人（归属身份），而哥萨克人没有发展成一个民族。在民族方面，他们仍然属于俄罗斯人。

这样一来，莫斯科就可以用环形要塞来防御来自草原的攻击。然后他们在草原实行固定居住政策，首先在沿河区域，继而在内陆，这样就限制了游牧人的流动，直至他们都被置于政
680 治和军事控制之下。18世纪，俄国南部草原被其中一部分来自德意志的移民改造成了耕地。剩余的游牧人除了同样定居别无选择。只有克里米亚汗国（Khanat der Krim）维持不变。后来它成了奥斯曼人的臣属国，造成了两个帝国彼此邻接的局面。1774年，俄国战胜奥斯曼人之后，克里米亚半岛才于1783年被吞并。俄国站在了黑海之滨。

在东北部，中世纪的商业共和国诺夫哥罗德（Nowgorod），紧随其后的俄罗斯各个公国，最后还有莫斯科公国已经向北面的德维纳河（Dwina），向乌拉尔山脉以及鄂毕河（Ob）延伸。在16世纪，起源于诺夫哥罗德的斯特罗加诺夫（Stroganow）商贾王朝发挥着重要作用。另外，英国和尼德兰在冰洋上展开了竞争，但是竞争仅在紧靠德维纳河入海口的阿尔汉格尔斯克（Archangelsk）进行，凭借沙皇的帮助，伯朝拉河（Petschora）和鄂毕河地区得以避开这类竞争。在南方，伏尔加河拐弯处旁边的喀山被占领，导致的结果自然是1552年继续向东溯卡马河（Kama）而上，翻越乌拉尔山脉向西伯利亚推进。斯特罗加诺夫人也热衷于在这里经营，但是陷入了与西伯利亚汗国（Khanat von Sibir）的武装冲突。沙皇伊凡四世本人在1570年代和1580年代处于个人、内政和外交的困境。尽管如此，他于1574年把西伯利亚的几块土地赠予了斯特罗加诺夫人（这几块土地既不属于他，也不属于他们），允许他们在1581年自己负责为一次行动招徕人马。他们在叶尔马克·齐莫菲叶维奇（Jermak Timofejew）领

导下招募了一支840人的哥萨克军队，在1581年击败了鞑靼人，占领了西伯利亚汗国，但是这支军队的大部分人，包括叶尔马克在内，都在反击战中丧命。由于在英雄壮举和掠夺之间通常黑白难辨，俄国的民族英雄叶尔马克也完全可以被称为强盗首领。俄国人的优势建立在他们的热兵器上，鞑靼人和西伯利亚各民族的武器无法与之抗衡。他们的占领和随即建立的统治在残暴和无情盘剥当地人方面与西班牙的征服没有任何不同。

与在新西班牙和新法兰西一样，这从一开始就是掠夺行为，随之而来的便是移民，并且据说仅仅是出于安全的考虑。这里有让人们趋之若鹜的皮毛和野物。猎杀皮毛动物的地域范围非常广大，正如在北美洲那样，有限地区的物产迅速被掠夺一空。这一趋势与上述莫斯科统治者的扩张努力并行不 681
悖。这样，统治者立刻就接管了这里的领导权，并且指挥哥萨克军和正规军迅速按计划继续扩张。获益非常诱人，1644年沙皇收入的10%来自皮毛。1585年至1605年，鄂毕河和额尔齐斯河（Irtysch）地区被征服，1587年额尔齐斯河畔的托博尔斯克（Tobolsk）建立，1604年托木河（Tom）岸边的托木斯克（Tomsk）建立。1628年，俄国人拿下了叶尼塞河（Jenissei）、通古斯卡河（Tunguska）和安加拉河（Angara）流域，1619年建立了叶尼塞斯克（Jenisseisk）并到达勒拿河（Lena）。此时，扩张继续向东北和东南延展。1632年在勒拿河畔，1646年在海边分别建立了雅库茨克（Jakuts）和鄂霍茨克（Ochotsk），1648年到达亚洲和美洲之间的堪察加和后来所称的白令海峡。同时，贝加尔湖地区被占领，并于1652年在那里建立了伊尔库茨克（Irkutsk）。这种迅疾地在相当广阔的区域进行扩张的驱动力就是猎取皮毛动物。巨大的河流网使得推进更为容易。

除了士兵、皮毛猎人和皮毛商人以及其他冒险家，还有俄国移民渗透进来，20世纪主要是进入有着丰饶土地的乌拉尔河与叶尼塞河之间与旧俄国相似的地方，尤其是托博尔斯克和托木斯克地区。1670年在托博尔斯克周围有超过7500个俄国庭院，农民人口约为3.4万。在城市及其基地驻扎有沙皇的官员和军队，并征收皮毛贡品。皮毛猎人也要缴纳他们猎获的10%。由于这个体系一般是自筹资金的，所以俄国人在广阔的土地上尽情搜刮并引起了相应的后果。此前，这块土地的居民分属于不同语言的许多群体。17世纪的整个西伯利亚有16个民族群体，总共约23万人。总人数达3万或更多的布里亚特人（Burjaten）、通古斯人（Tungusen）和雅库特人（Jakuten）是其中最重要的群体。西伯利亚各民族虽然从一开始就不断起义，但是由于人数稀少、居住分散，且组织和技术力量处于无望的劣势而失败。只有最北端的楚科奇人（Tschuktschen）和科里亚克人（Korjaken）的斗争取得了胜利，并且直到沙皇帝国末期都在主张其特殊地位。

不久前，在1650年向黑龙江/阿穆尔河（Amur）源头地区推进的指令中，司令官被授命以最佳征服手段战胜那里的“神圣的汗（Fürst Bogdai，俄语为богдыхан）”并要求他纳贡，如果被拒绝就杀光这些桀骜的男人，掳走女人和儿童（这一点不言而喻）作为奴隶出卖。到了此时，所谓的“神圣的
682 汗”正是中国的康熙皇帝本人，康熙对这个地区开始遭到洗劫深感不悦，因为他特别担忧俄国人向清王朝的发祥地靠近。

俄国人的对面仍然是中国比较强大的部分。与欧洲的扩张相反，所谓汉族人的扩张，是一种自公元前2000年就不断传播的文化，它是由商人和拓荒者在黄河下游发展起来的。这个一再被危机打断，但几千年来延绵不绝的过程因为两大

特点而获得了特殊的优势。第一，中国的高度文明在世界范围内是唯一的，它从始至今都是土生土长的，并且因而在很大程度上与其领土视为一体。中国文化的起源地一直是中国的核心地区。第二，汉族人作为一个民族，很大程度上是由文化决定的，是“与占统治地位的中国文化一致而有别于其他民族”（Thomas Höllmann），这就是说，他们有能力不断同化那些新群体。

中国的政治扩张进行得特别无序，频繁因反向的发展而中断。它只是偶尔与基础文化的扩张相一致，似乎极少以帝国主义计划作为必要基础来抵御北方游牧民族和通过先发制人式的打击遏制后者迫在眉睫的扩张。这样一来，“中央帝国”的政治思想随时都适合为扩张和统治作证明，尽管如此，它并不总是以政治力量对比，而是以一种宇宙论的文化优越性为基础，这一宇宙论里只有汉族人和野蛮人，并且把中国皇帝看作世界的中心。此处也没有外交政策，而只有处理与不同野蛮民族之间的关系的规则，这些民族只有通过这种方式才能部分地皈依汉文化，才能从“原生的”野蛮人提升为“成熟的”野蛮人。贸易以派遣纳贡使臣的方式进行，其中完全可能隐藏着正常的货物交换。

在17世纪中叶，清朝在中国南部与忠诚于明朝的人以及半独立的军事统帅们作战，以至于俄国人在黑龙江上游拐向北方的最远端的雅克萨（Albasin）建立了根据地。南方战事一停息，1685年雅克萨就被攻占并捣毁，立刻重新加固之后于1687年又遭到围攻。关于此事康熙皇帝自己写道（Hsü 156），目前针对俄国人的这场战役表面看起来根本不重要，而实际上意义至关重大，俄国人袭扰黑龙江和森加里地区三十多年并偷走一块地方（雅克萨），它离王朝的发祥地很近；如果不彻底消灭他们，他担心在边境地区人将会没有存身之地。

因为双方都有和平解决冲突的意愿，所以在黑龙江的源头石勒喀河（Schilka）河畔的尼布楚（Nertschinsk）举行了谈判，谈判中中国人取得了成功。因为北京的耶稣会会士张诚（Jean-François Gerbillon）和徐日升（Tomás Pereira）充当翻译和调停人，1689年的协议用拉丁语拟好正式文本，以五种语言签订。俄国人必须放弃雅克萨和黑龙江/阿穆尔河下游地区。边境线应该沿着阿尔贡河（Argun）、黑龙江/阿穆尔河上游和斯塔诺夫山脉（das Stanowoi-Gebirge）[1]直至海
684 边划定。允许俄国商队将来定期来北京，并在那里从事免税贸易，而仅在1689年和1718年间，这项规定就被使用了十次。1727年，在贝加尔湖地区南面的恰克图（Kjachta）商定订立另一个关于成立共同委员会的协议，以确定中俄在蒙古地区的北部边界。俄国人可以在北京保留一座内有会汉语的教士和学生的东正教堂。

值得注意的是这两个帝国的早期碰撞，它为19、20世纪设定了立场，以至于尽管保留着纳贡制度中的行话，但中国还是愿意在与俄国的交往中承认对方是一个与自己几乎平等的西方国家，这样才会与它签订协议。而海洋列强花费了将近二百年才达成这一步。

在俄国统治下，西伯利亚当地居民的数量不单由于18世纪以来从中国逃出来的难民而剧增。他们的数量还因为迁入的
685 俄国人而不断增加。从1719年到1795年，当地人的数量从28.8万提高到73万，但是1720年人口数量就已经达到70万的俄国人也在以同样的速度增加，以至于在西伯利亚，当地人的数量只占总人口的30%。1897年为15%，是总人口573万中的86.1万，1989年只有5%，即3200万人中的160万；在

① 即外兴安岭山区。——编者注

人口组成上，西伯利亚不仅是苏联的一部分，而且是狭义的俄罗斯的一部分，这是“新欧洲”的典型例证！

18世纪的历任沙皇都进行了卓有成效的西伯利亚研究和开发。1708年，彼得大帝设立了以托博尔斯克为首府的西伯利亚行政区。在18、19世纪，行政区的数量增加了数倍，还设立了与欧洲部分的俄国不同的大行政区。在西部，首先是亚洲 686
中部地区的草原被排除在外，但是在18世纪，哥萨克人在那里将边界线推进到阿尔泰地区（Altai）和额尔齐斯河。1700年前后，在总面积六七百万平方公里的区域里仅有大约2.5万个俄国人家庭，其中有1.1万个农民居住点，不过此时人们至少可以自给自足。

皮毛贸易立刻就从官方支持的东西伯利亚和北太平洋考察中大获其利。按照在阿拉斯加建立第一个俄国要塞的商人格里戈里·舍利霍夫（Grigori Schelichow）的策划，1799年，他为他的妻子和女婿尼古拉·列扎诺夫（Nikolai Resanow）创建了由国家持多数股份的俄美公司。1790年至1799年，亚历山大·巴拉诺夫·舍利霍夫（Alexander Baranow Schelichow）成为经理，1799年至1818年由他负责阿拉斯加殖民地。他完全可以被看作新帝国的创始人之一。1799年，他在附近的一个岛屿上建立了今天的锡特卡（Sitka）。锡特卡曾被称为“新阿尔汉格尔斯克（Nowo Archangelsk）”，1802年被特立吉特—印第安人（Tlingit-Indianer）攻克，据说得到了美国和英国的支持。1804年它被重新占领，1808年成为俄属阿拉斯加的首府。1806年库页岛（Sachalin）被吞并。1818年，在美国土地上有十五个俄国居民点，其中有一个于1812年在旧金山以北只有145公里的加利福尼亚建立，并一直存在到1841年。但是与美国和英国进行有关贸易和捕鲸利益方面达成一致的尝试没有取得任何结果。由于缺少女性，在俄属美洲也出现了混血人口，他们也和俄国本土的东正教教士们一样被接纳入教。但公司的经营亏损了，结果他们的殖民地在 1818 年被国家接管。这个外围据点是为抵御克里米亚战争中来自加拿大的英国威胁而设置的，因为距离遥远，供养和防卫变得非常昂贵，所以在 1876 年把它出售给美国看来是最佳解决方案。

在西伯利亚，自 1735 年开始对被驱逐者的流放和自由移民的渗透使得 18 世纪的俄国人口明显增长。在老欧洲也非常普遍的流放的惩罚不仅可以有时间上的长短差别，在严厉程度上也有强制居留（个别情况下与家人一起）、四年乃至终身监禁和强制劳动等方式的不同，陀思妥耶夫斯基等人在 1860 年以令人印象深刻的文字描述过这种境况。但是司法机构是相当宽宏大量的，有时候会取消死刑判决。在 19 世纪，大约总计
687 有 90 万人被流放西伯利亚，但是其中有一半是强制遣送的农民，他们几乎是可以随便定居的。

但这并不是说发生了大规模的移民，情况完全相反。农奴制度和独裁专制也恰恰不能促进流动性，即使政府相当宽容地使自发进行的移民合法化，并在 1800 年前后出于保护边境的考虑在高加索山区和贝加尔湖地区对面开始实施移民计划。1822 年的迁徙法规同样没能带来多少改变，直至负责自由的国家农民的国有土地部（Domänenministerium）成立之后，才有了移民政策，此政策旨在化解俄国欧洲部分的土地人员配置过多的威胁。因为在这种情形下，由国家支付必要经费的穷人尤其愿意迁移，但相当恶劣的经济状况使得行动只能维持在一定的范围内。自 1838 年国有土地部成立到 1861 年的农民解放运动为止，移民行动迁移了大约 20 万名男性农民并为此花费了 250 万卢布。其中可能还有大约 6 万名秘密移民的到来。

和其他地方一样，俄国处于转型危机中，在方向不定的

紧急状态下，也出现了富有侵略性的民族主义。我们可以从中看到俄国的帝国主义信念，就如同美国那有着冒险性的远大目标的“昭昭天命（Manifest Destiny）”①［从尼罗河到涅瓦河（Newa），从易北河（Elbe）到中国……］。克里米亚战争中令人震惊的失败使国家精英们突然明白，19世纪上半叶的独裁制度导致了这个国家面对西方时，陷入了令人忧虑的落后状态。因此，早在1861年就讨论过的废除农奴制终于无可避免。截至当时，将近一半的俄国农民都是贵族地主的私有财产。然而因为农民必须为他们所得到的土地进行清偿，并且很大程度上被束缚在乡村，距离他们真正的解放还要等待很长时间。这还根本谈不上农民大规模迁移到殖民地区。这也是不受欢迎的，因为人们追求的是安宁而不是农村群体的移动。因此，他们对迁出设立了很高的官僚主义的障碍。当时迁移的人主要迁入新占领的高加索地区；可能只有数千人通过非法途径到达了西伯利亚。

自1870年代以来，人们明显可以感觉到人口的压力，以至于在公众舆论和行政部门中要求有组织地大规模迁出的观点具有很大影响力。另外，通过修建铁路以及通过解决那里纺织企业劳动力明显短缺的问题来开发西伯利亚的倡议也在增多。 688
克里米亚战争暴露了运输业落后的状况，补给由于缺乏铁路而失败。因此，尽管国家的工业化程度不高，但铁路建设仍然得到促进，并借助于西欧的投资获得成功。铁路线网在1850年和1910年间从601公里增加到76946公里，其中17390公里在亚洲。此外还有政治上的考虑，即考虑到中国或者日本势力的发展可能构成威胁。

1880年代以来，西伯利亚移民的数字显著提高，这也是

① 又译作“天命论”“命定扩张论”等，于19世纪提出，是一个惯用的政治措辞，表达美国凭借天命，对外扩张，散播民主自由的信念。——编者注

长期以来农民解放的结果。1861 年后，农民获得的土地不是私有财产，土地分给乡村，由乡村再把土地分给农民并由他们集体承担税务和赎金支付（以此应该还可以阻止无产阶级化）。这一调整被证明是人口流动的制动器。如果农民想要从他原先要加入的乡村退出是很困难的。1903 年才废除了连带责任，1905 年又取消了赎金支付。农业改革家彼得·阿尔卡季耶维奇·斯托雷平（Pjotr Arkadjewitsch Stolypin）担任首相时（自 1906 年起）解散了旧乡村。强壮有力、雄心勃勃的农场农民形象取代了共同承担责任的、乡村的、穷苦的形象，农民此后可以把自己的土地登记为私产，可以尝试提高他们的生产，扩大或出售他们的财产，在城市里找个新的营生，或者也可以移民西伯利亚。

1881 年的一项规定和 1889 年的一项法律开启了迁徙政策的部分自由化。虽然严格的管理控制明显比促进迁徙更为重要，但是从 1881 年开始，农民可以带着他们的解约债务迁徙，以便以他们新的更好的财产状况来清偿。1889 年，不仅批准程序得到简化，申请人还被允许表达自己希望的目的地，但至于是否能前往该地则仍由官员们决定。另外，申请人还可以获得两年免税、免除兵役和另外两年减税 50% 的权利。他还可以申请各种用于开始新生活的补助，但这项规定对农民不是完全透明的。但在农业危机加剧的影响下，西伯利亚对于俄国农民来说成了一种更好和更自由的生活的神话。大规模的迁移开始了。1882 年有 10082 个移居者，1888 年为 31077 人，1894 年已经达到 72612 人，1900 年甚至多达 219265 人。

689 1890 年代，人口数量的增加与铁路的建设密切相关。1881 年已经有人开出移民的便宜价目表。1884 年，交通部的备忘录声明修建西伯利亚铁路为紧迫的政府任务。1885 年，从叶卡捷琳堡［1924~1991 年称为斯维尔德洛夫斯克

（Swerdlowsk）］向东到达秋明（Tjumen）的乌拉尔铁路延长了，以此连接西西伯利亚水路网，出现了西伯利亚新的主要门户。西伯利亚的开发借助1891年至1905年建设的西伯利亚铁路运输线［车里雅宾斯克（Tscheljabinsk）—鄂木斯克（Omsk）—新西伯利亚（Nowosibirsk）—克拉斯诺亚尔斯克（Krasnojarsk）—伊尔库茨克—符拉迪沃斯托克（Wladiwostok）］得以成功。对于这个开发来说，战略的考虑以及新近获得的俄国远东地区的安全考虑和经济考虑同样重要。沿着这条铁路"构成了一条从乌拉尔直到太平洋的俄国的不间断的村庄链"。大量资金为此而投入。首先是对数十万农民的地产进行重新测量；接着是移居者的补助和贷款，这笔款项在1907年至1913年达到峰值，每年为1000万~1200万卢布；最后还有道路交通、教堂、学校、医生等。移民计划的总支出在铁路建设期间就持续增长，然后从1906年的500万迅速增长到1907年的1300万卢布，1912年达到2600万卢布。此外，还有由1896年建立的移民事务中央领导机构所作的更好的安排和相关的宣传活动。特别是迁移限制的规定到1905年至1906年时已几乎被完全取消。

1801年到1914年总共有大约640万人迁入西伯利亚，其中540万人是在1887年至1913年迁入的。由于日俄战争而暂时减弱之后，1908年的迁入人口数字达到758812人的高峰。西伯利亚的人口在1815年至1863年从150万上升到300万，到1897年几乎翻了一番，达到573万，到1914年已达1000万。但是人口集中于西部和南部，在阿尔泰山脉，在鄂毕河和叶尼塞河上游，那里的土地和气候最佳。北部森林地区和远东被大大冷落。在远东地区，中国人和在乌苏里江地区定居的朝鲜人带来了他们卓有成效的种植技术，取得了四倍于以前在此进行粗放式经营的俄国农民的收获。俄国移民在西伯利亚从事着他们所熟悉的小农生产。这片土地的大规模工业开发尚待时日。

690 此外，西伯利亚西部移民区集中的可能原因在于，这里在尼古拉一世治下就将边界向南继续前推了。这样的话，1896年和1916年间的移民的29%就能够在今天的哈萨克斯坦的北部定居了。这个地方在欧洲中世纪时就既从欧洲部分的俄国方向，又从波斯和北印度方向受到蒙古统治的钳制。16世纪，俄国使团就从这里走上了一条良好的贸易交流之路。1723年至1732年，在彼得大帝对波斯人的一场胜利之后，里海南岸落入俄国之手。

1731年和1740年，过着游牧生活的哈萨克人大部分归附于俄国的宗主权。相反，伏尔加—卡尔梅克人（Wolga-Kalmüken）因为俄国政府对于后备部队的过分要求和对他们民族自治的干涉而感觉受到逼迫。另外，他们还担心本地区定居的哈萨克人村庄数量不断增加，担心不断迫近的德意志移民殖民化和自己被迫定居的前景。与其他游牧人相比，他们不会屈服于命运。1771年，3万个帐篷和15万~17万人开拔启程，全要通过敌对的哈萨克人地区悄悄地前往准噶尔。13000个帐篷仍然留在伏尔加河畔。由于寒冷、饥饿、瘟疫和哈萨克人的劫掠，只有15000个帐篷、共计7万人到达中国。2004年，俄罗斯的卡尔梅克自治共和国（die autonome Kalmükenrepublik）共有30万居民。

高加索地区被并入离欧洲政治舞台最近的俄罗斯帝国。18世纪之后，俄国人与波斯人和奥斯曼人在这里进行竞争，1801年至1829年，俄国人几乎夺走了整个高加索地区以及外高加索地区。外高加索地区的亚美尼亚人和格鲁吉亚人早在俄国人之前就已经成为基督教徒和古希腊罗马文化的传承人。1783年，俄国人接管了格鲁吉亚的保护权来抵抗波斯人。1801年

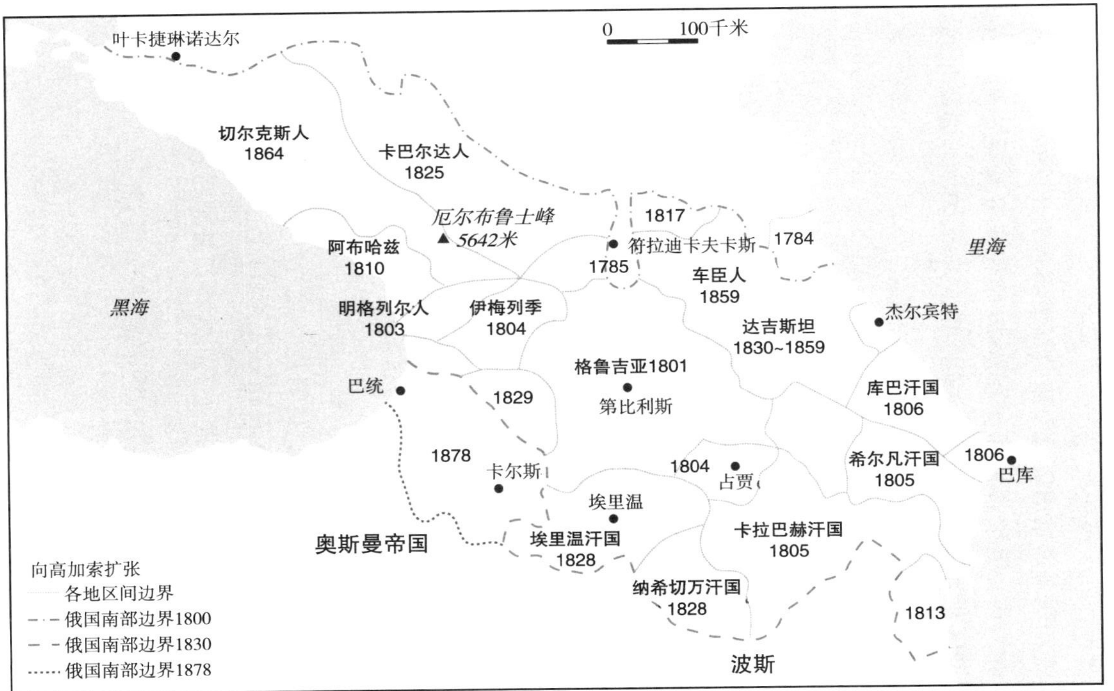

插图 65　高加索山区的俄国

这个国家被吞并，在政治和宗教方面都被融合了。1828 年和 1878 年，它南面的亚美尼亚的东北部被兼并，亚美尼亚人绝大部分仍然处于奥斯曼人的统治之下。

随着外高加索地区被收服，征服高加索山区的山地民族成为必须，首先是要征服居住在从 18 世纪末开始建设的翻越山
691 脉的“格鲁吉亚军事大道”旁的那些人。1784 年建立了符拉迪卡夫卡斯（“高加索的统治者”）城堡。但是依靠巨额经费和极度残酷所驱动的征服一直持续至 1864 年。并不只有托尔斯泰一位作家用文学引起对这些战争的极大关注。西部的切尔克斯人（Tscherkessen）和东部的车臣人（Tschetschenen）率先主张他们的独立。在车臣和达吉斯坦（Dagestan）进行了一场“圣战（jihad）”，它由以纪律严明著称的逊尼派穆里德教团（Muridenorden）的伊玛目领导。到他失败和 1859 年被捕的时候，伊玛目沙米尔（Imam Schamil）建立了一个以“沙里亚（scharia）”① 为名的伊斯兰公共团体，就他而言，这是高加索山区的一次革新。拥有 20 万人军队优势的西部的切尔克斯人在克里米亚战争（战争中他们与俄国保持着关系）之后才最终被镇压。因为俄国想占领切尔克斯人的黑海海岸并用基督教移民占据丰饶的山区前沿地，所以绝大部分切尔克斯人被杀或者被驱逐。1864 年后，他们之中大约有 30 万人离开故乡迁入奥斯曼帝国。1897 年在俄国只有 4.5 万名切尔克斯人。部分
692 高加索人直到 1917 年一直处于正常行政管理机构之外的军事殖民政权之下。

俄国影响波斯的道路敞开了，这让英属印度感觉受到了威胁。而俄国也担心英国人从印度向西北扩张过来，所以打算在

① 伊斯兰教法的专称，原意为“通向水泉之路”，泛指“行为”“道路”，引申为应予遵循的“正道”“常道”，即《古兰经》中所启示的、圣训中所明确解释的安拉诫命的总称，为每一个穆斯林必须遵守的宗教义务。

他们面前抢占先机，这个观点在1839年对咸海（Aralsee）南面的希瓦汗国（das Khanat Chiwa）进行的一次失利的远征时就发挥了重要作用。但是在中亚，这涉及一个古老的安全问题，即在草原边缘的定居人群是否能够抵御从辽阔的区域挺进来而随即又消失于其中的游牧者。以额尔齐斯河划定的边界在18世纪是由一圈儿哥萨克居民点拱卫着的。1834年到1854年的一次钳形攻势把拥有固定根据地和哥萨克村庄的哈萨克草原包围了起来。由于克里米亚战争而休息一段时间后，包围圈在1864年被一次迅速的军事行动终结，1865年夺取布哈拉汗国（das Khanat Buchara）的重要要塞塔什干（Taschkent）又使包围圈完整了。哈萨克人被包围，直到世纪末才或多或少地得以安宁下来。此后再没有过更大范围的俄国居住点。圣彼得堡政府认为边境的安全已经稳妥，继续拓展只会带来昂贵的费用。

然而，地方当局特别是野心勃勃的军队往往另有想法，并且完全懂得让它们的政府面对既成事实。另外，受益者们也激烈地宣扬，抢在英国之前对中亚进行经济开发并控制市场，保证产自气候适宜地区的低价原棉对俄国纺织工业的供应。但这不足以证明这些理由对当时作出这些政治决定具有决定性意义。军队想方设法进行经济开发，是为了事后表明占领它们是正确的，并为此提供经济支持。而对于圣彼得堡来说，中亚政治只是欧洲权力政治的一个功能。只有在这里，人们才在克里米亚战争之后有效地触及英国的利益。1869年就直接谈到了“对于开放苏伊士运河的答复”。

乌兹别克农耕民族的汗国的目的是在锡尔河（Syr-Darja）和阿姆河（Amu-Darja）地区从事灌溉农业，并在他们的城市里创建伊斯兰文化的中心。1866年到1876年，希瓦、布哈拉和浩罕汗国（das Khanat Kokand）被征服，浩罕被吞并，希 693

瓦和布哈拉被缩小并置于间接统治之下。由此，俄国和英国的势力范围更加接近，相互间的敏感性和侵略性在加剧。对于1879年和1881年间英国在阿富汗影响的扩大，俄国以占领咸海以南的土库曼地区予以回应。俄国与伊朗的边界因此得以确定，但与阿富汗的边界仍然不明朗，以至于1884年到1885年，俄国在边缘地带的一次进攻使英俄两国走到了爆发战争的边缘。奥托·冯·俾斯麦（Otto von Bismarck）利用了这次危机，在这两个世界大国互相牵制之时建立了德意志殖民帝国。带来的结果并不是冲突，而是迫使两国或其从属国之间调整边界，它们此后没有了中立的缓冲区而直接相邻。但是1888年的临时协定在1892年由于俄国侵入帕米尔高原而再次受到质疑，1895年还是在这里找到了解决方案。在俄国与英属印度之间应该保留一块阿富汗狭长地带。

此外，俄国的向南进逼还导致英俄在伊朗的竞争重新活跃。如果两个大国中的一个得到沙阿（Schah，伊朗国王）的许可，被允许建设公路和铁路或者对烟草进行垄断，那么这个许可往往一开始就在另一个国家的催促下被迫取消，与此同时，两国都共同尽力避开第三国，如德国、法国或者美国等。沙阿在1897年就身处驻扎在其宫廷的俄国军官指挥的哥萨克旅（Kosakenbrigade）的影响之下了。这种政治控制也会服务于经济目的，即为不具备竞争力的俄国工业保障波斯市场，而后者被证明容纳力较低。相反，俄国经营的德黑兰波斯贴现—贷款银行的金融工作程序较少服务于经济目的，而更多地为政治所用。它通过贷款有效地维护了波斯王室的独立以及防止接受英国贷款。与俄国在北波斯的这种态势相抗衡，英国人在南方也建立了这种银行。英国于1901年的石油开采许可尽管面临俄国的压力，却没有被取消；正是因为这个许可，第二次世界大战以后形成了波斯石油开采受西方控制的格局。

1887年以后，在两个世界大国接近的情形下，双方确认了他们在伊朗的影响范围，并在1907年以协约形式确定了下来。这样，对于哪里可能遗留了真空地带，使竞争势力得以进入的病态担忧，虽然终结了缓冲区方案，但实际上保住了波斯艰难的形式上的独立。它和中国、暹罗一样属于帝国主义时代的半殖民地。

1878年的经济萎靡和政治困顿以及柏林会议之后，直至1892年的大饥荒和流行性霍乱发生，俄国在财政大臣谢尔盖·维特（Sergei Witte，1892~1905年在任）的领导下同样过渡到了帝国主义经济政策。为了重建俄国的国际政治竞争能力，维特在实行税率平均超过30%的关税壁垒政策之后，通过国家倡议把重点放在了工业化尤其是铁路建设上面。1896年到1901年，差不多有2万公里铁路竣工，1891年到1905年，出现了横贯西伯利亚的铁路线。通过1897年（同年在日本也一样）的国际通用黄金标准的过渡和严厉的预算整顿，俄国对于他们迫切需要的西方资本来说又重新具有了吸引力。其结果是相当可观的。硬煤开采和生铁生产在1880年和1913年间增长为原来的10倍，纺织企业的产量增长为原来的6倍。工业和交通行业的工人从1865年的38万人增加到了1900年的300万人。1890年代高度繁荣期的增长率甚至超过了北美洲的增长率。食品生产也在扩大，并且可以出口粮食，虽然粮食 695 增长的部分原因是税赋压力导致粮食从自给流向市场。因为农业必须额外承受工业化无法消化的人口急剧增长，俄国人口在1880年至1913年从9770万上升至1.709亿。据计算，1900年前后，俄国的人均耕地面积只占到1860年的一半。现在，向西伯利亚移民才成为生育过剩和迫近的农业革命的安全调节阀。另外，根据维特的观点，俄国后起的工业化只有当沙皇帝国在亚洲拥有其他尚未被十分发达的工业国家的以极强的竞争力占领的市场的时候，才能得到持续的保障。这正是他低估了其风险的东亚政策的意义所在。俄国因此被卷入了它力不能及的争端中。失败便成了统治终结的开端。即便这场后起的工业化后来由苏联在完全不同的外部条件下进行到底，维特的俄国发展政策方案也绝对可以说经受住了考验，当时亚洲的被殖民地区成为他后来继承人的宝库。

这时，俄国开始在中亚占领地区进行渗透。原先的军事独裁政权只允许在草原的北部边缘地区和选定的地点进行移居并竭力争取当地人的忠诚。他们成了被公平对待的国民，税赋也没有增加，风俗和伊斯兰权利也未被损害，既没有强制劳动，也没有兵役义务。但是在开发西伯利亚的过程中，1896年至1916年，有超过100万的移民来到中亚北部的草原地区——草原大行政区。尽管这在1911年只是少数，但是是一个通过迁移和大量生育而拥有较高增长率的少数。另外，他们的农民居住点还一再渗入游牧民的生活空间。游牧民决定改为定居，最好的土地已经被分配。直到1916年在为前线征召强迫劳动力时，才发生了大规模的暴动，但它们都被残酷地一一镇压了。数十万人丧生或逃亡到中国。但在1928年，还有75%的哈萨克人为游牧民。

在南方，在图尔克斯坦（Turkestan）大行政区则是另一番景象。1910年，这里除了650万穆斯林外仅有38万俄国人。
696 在军事政权统治下出现过另一种殖民依赖：国家经济以一种使人联想到英属印度的方式，发展为生棉生产者和俄国工业的销售市场。其后果是传统的经济形式解体，债台高累的农民随即陷入贫困。苏联继续推动了在南方的俄国化，穆斯林在全中亚人口中所占比例从1926年的78%降至1965年的55%，在城市里他们成了少数。

与西方国家一样，俄国自1805年以来也徒劳地致力于扩大他们与中国的贸易。圣彼得堡以一种复杂的心情观察1839年[①]至1842年的第一次鸦片战争。中国会变成英国的势力范围吗？俄国能与作为对抗西方的助手的中国做生意吗？这时俄国并没有想到获得土地。当地的尼古拉·穆拉维约夫伯爵（Graf Nikolai Murawjow）［后来使用了阿穆尔斯基伯爵（Amurski）称号，1847年起任西伯利亚大总督］怀有另外的计划。波罗的海学者亚历山大－西奥多·冯·米登多夫（Alexander Theodor von Middendorf）在1840年代的一次考察旅行之后再次提请关注黑龙江地区的农业发展机会和矿藏。在穆拉维约夫看来，这非常适合东西伯利亚经济的持续发展和作为对英国影响中国的制衡力量。

为了给圣彼得堡造成由于国家面子之故而不愿意矫正的既成事实，他巧妙地运用了他远离皇室的自主性。在这种情况下，1850年在黑龙江河口建立了尼古拉耶夫斯克（Nikolajewsk）。在克里米亚战争中，他以英国威胁到了俄 697
国在北大西洋的地位为据，到1855年获得了占领黑龙江左岸的批准。但是中国拒绝了所要求的割让。在第二次鸦片战争期间，穆拉维约夫才经由一个中国全权代表于1858年签署的《瑷珲条约》（Vertrag von Aigun）得到了割让已经占领的黑龙江地区的承诺。但是北京1859年拒绝了这个条约，而后又由于战事的发展而被迫让步。1860年，根据《北京条约》（Vertrag von Peking），黑龙江以北和乌苏里江以东的全部土地属于俄国。同年，穆拉维约夫在已经获得的日本海边建立了一个不冻港，它有一个充分反映他的野心的名字：符拉迪沃斯托克（“东方的统治者”）。

俄罗斯帝国面积为2100万平方公里，几乎是紧随其后的

---

① 原文如此。——编者注

中国面积的两倍之大。1897年在俄国有130种不同的语言，而狭义上的俄国人（大俄罗斯民族）只占总人口的45%，其中70%为东正教教徒，有些人是在暴力胁迫下改变信仰的。帝国的决定性的成功方案自始至终都是把各个地方的精英融入俄国贵族，而这个融合过程相当成问题。就这点而言，倾向俄国方面的文化倒戈者起到了非常重要的作用，但有时候也发生逆反的情况，甚至多次反复。最晚在19世纪中期，据说随着俄国的民族主义开始了语言和文化方面的无情的俄国化。实际上，这种计划和行动始终存在，但并没有持续统一的政策。根据务实原则，各个部族受到了相当不同的对待。1900年前后，占总人口11%的穆斯林的文化继续受到尊重，只要他们不进行反抗或者不像同属于俄罗斯帝国的波兰那样发展自己的民族主义。因为俄国化目标本身并不是帝国巩固行政的手段。我认为新近在德语中流传的狭义民族意义上的“俄国的（russki）”与表示帝国以及后共产主义俄罗斯的“俄国的（russiski）”之间的区别是人为的，从历史上看它们属于一个整体。因为据称，在塔什干甚至还有过“俄国的土地”。

作为或多或少非统一的，并因此仅仅拥有有限权力来施展能力的拼凑的实体（patschwork entities），“帝国”除了它占统治地位的帝国国民和其“核心民族主义”，往往还包括其他民族。与此相反，现代的“权力国家（Machtstaat）”是集
698 中而统一的，根据原则，这种权力国家只有一个唯一的国家民族，所有臣民都属于它，不管他们愿意与否。西方殖民国家围绕着它们的民族国家打造附加的殖民帝国之前，都在很大程度上完成了其内部国家的构成程序，或者两个程序分开进行，特别也因为这种殖民帝国具有海外特征。而在俄国，国家的形成和殖民帝国的建立由于后者的大陆特征而同步进行。原则上说，帝国与国家应该是同一事物。因此俄国尽管在西伯利亚有

着强大的融合成就，在帝国的其他部分的国家构建方面却半途而废。1989 年之后，未融合部分与俄国国家分离，或者为了某种拒绝给予他们的可能性而斗争，比如车臣人，因为他们只是由于历史的偶然而进入了更狭义的俄罗斯联邦，即俄罗斯苏维埃联邦社会主义共和国（RSFSR）。

俄国对中国的扩张在初期成功之后甚至到达其极限并因此陷入灾难。对俄国远东地区的投资和移民一直到维特时代都乏善可陈。横贯西伯利亚的铁路线的竣工应该是具有决定意义的。人们想要依靠它把俄国商品以颇具竞争力的价格投入中国市场，为此还计划了连通中国的铁路线。当然，这种方式会使中国依赖于俄国，但这是非正式的通过和平而进行的渗透。所以俄国的兴趣在于，保护中国的领土完整以对抗竞争对手，尤其是当西伯利亚铁路线尚未完工的时候。但是在此过程中，俄国人陷入了与新的非白人帝国主义——日本帝国主义的对立之中。

美国的“昭昭天命”和加拿大

国际法意义上的欧洲在北美洲的大部分的扩张历史在1776年或1788年，即当新世界的这一部分从旧世界争取到了它的政治独立时就结束了。但是独立的美国不仅在继续着殖民
699 扩张，而且其速度和力度甚至提升了。美国占领大陆和由此产生的美帝国主义从欧洲的视角来看是扩张的第二阶段，它们依然与欧洲扩张的总体现象有着内在联系。从类型上看，第一阶段主要是大陆扩张，其方式与其他强国占尽优势地跨越海洋进行的扩张不同；这一点也体现在俄国对西伯利亚和中亚的渗透上。但后者被视为扩张的第一个阶段，视为通过扩张而获得殖民特征的传统的帝国形态。

如果我们今天主张美国从开始至今的帝国计划具有连续性，那么我们将找不出维持不变的侵略性扩张政策。各种政治手段过去和现在都被广泛使用，从辅助措施到战争，从耐心谈判和公平协议到对人类的犯罪。政治目标的设想从过去到现在都在不断地变换。西奥多·罗斯福（Theodore Roosevelt）在1900年前后对拉丁美洲国家干预的“大棒政策”30年后被富兰克林·D. 罗斯福（Franklin D. Roosevelt）公布的合作性质的“好邻居政策”所代替。但50~70年后，像罗纳德·里根（Ronald Reagan）和乔治·布什（George W. Bush）这样的“全球牛仔”重新为美国确定了全美洲甚至世界警察的角色。

美国的经济同时在扩张，并同样因为汇率变化和危机而中断，其间后者大约以20年为周期多次发生（1817年、1837年、1857年、1877年、1893年、1929年）。只有第一次世界大战和1945年之后美国成为世界经济的霸主才打破了这个危机周期。但总的说来以引领世界经济为奋斗目标实现了不断的增长。“美国的国家大事就是做生意（The business of America is business）”，卡尔文·柯立芝（Calvin Coolidge）如是说。某些企业、商人和投资者的游说集团过去和现在都懂得运用政策，或者政策过去和现在都会促进带有社会帝国主义利益的扩张——在内政方面以经济增长来确保劳动岗位。一个典型案例是这个年轻的共和国在1801年到1805年率先领导了一场针对北非“野蛮国家”的经济战，因为北非海盗损害了它的地中海贸易。

来自美国东北部的精英们从一开始就明白，要通过美国“例外主义”的意识形态让美国人民认识到，接连不断的、各种形式的扩张是理所当然的事情，甚至是任务。虽然所有民族都认为自己比它们的邻居们更好，但对于新的美利坚民族来 700
说，这种身份的建立是尤为根本的。这一切都建立在上帝的新选民的基督教观念上，负有将上帝福音传播到整个世界的使命。这种“被选中”的意识在新英格兰清教徒那里达到了独一无二的程度。虽然基督教的理想主义者们从过去到现在都为美国的精神扩张作出了贡献，但其上帝福音在此期间变得世俗了。“自由的帝国”（Thomas Jefferson）有着在全世界“保卫民主”的历史任务（Woodrow Wilson）。

与基督教传教不可分割，文明传教也属于政治福音，也就是说，要在所有的领域自由地进行一种个体自我实现文化的传播。和以前开化的基督教徒蔑视或者怜悯非基督教野蛮人一样，这种彰显着男子气概的“美国式坚强”在过去和现在都不仅自我感觉高于女性化的拉丁美洲人和东方人，而且绝对优于所有的黑人、褐种人（Braunen）、黄种人以及大多数其他白人。这种种族主义和人种中心论绝对不只是潜在的，而是更为明显和根本的，只是在近几十年里才有所动摇。

“自由的帝国”身受双重的自由悖论之苦（Wolfgang Fikentscher）。首先，无限的经济自由无可避免地终结了，因为强大的经济主体独揽自由而限制甚至取消其他市场参与者的自由。其次，为保证“自由民主的基本秩序”而限制甚至完全废除政治自由，在政治上是普遍的，或者说是不可避免的。“自由的帝国”的崇高理想始终只在维护美国利益的保留前提下才起作用。一旦有会损害美国利益的情况出现，就毫不迟疑地采取非自由的政治手段。

美国扩张的第一阶段是对北方的大湖群和北纬 49° 之间以及南方的格兰德河（Rio Grande）和墨西哥北部沙漠之间的美洲大陆的完全占领。1775 年的独立战争和 1812 年与英国的第二次战争（1812~1814 年）中快速占领加拿大的两次尝试都悲惨地失败了。

成功的大陆扩张的前提和后果是欧洲不断投入的大规模移民。在 1780 年至 1820 年，有 414740 名移民到来，1815 年至 1914 年超过 5000 万人，其中仅 1907 年的最高峰就达
701 到 128 万人。尽管有四分之一到三分之一的人可能又回到了欧洲，但 1790 年至 1900 年，美国的人口还是从 390 万增长到了 7600 万。1880 年至 1890 年，移民占人口增长的 40.7%。虽然很多移民留在由于工业急速发展而能够提供工作岗位的东部城市里，但西部将近 30% 的移民并非出生于美国，在北部边境地区，这个比例甚至更高。首先到来的主要是英国人、爱尔兰人和德意志人。1815 年至 1914 年只有 550 万德意志人，其中 1846 年至 1857 年和 1864 年至 1873 年各有 100 万，1880 年至 1893 年甚至达到 180 万人。1880 年以后，还有很多南欧人和大约 200 万俄国犹太人迁入。1840 年至 1882 年还有大概 32 万中国工人为了修建铁路而来，但只有一部分留在了这个国家。但是在 1882 年，他们被禁止移民。1885 年至 1939 年有大约 28.5 万日本人到来，他们主要在加利福尼亚从事蔬菜种植。

移民的历史也是歧视的历史，尤其是中国人深受其害。正如普遍情形一样，参与早期移民的群体中最晚抵达的群体会受到先期到达群体不信任的审视和歧视，首先，在新教印记深刻的美国受歧视的移民群体为天主教徒占多数的爱尔兰人，其次是南欧人，最后是犹太人。尽管如此，英裔美国人的主导文化对新来人的同化还算有所成就，即便自1782年以来就有的“融合”的想象被认为过于夸张。因此，1908年创建的隐喻词“熔炉（Melting Pot）”今天被“沙拉碗（Salad Bowl）”所代替，用来比喻各种肤色的美国的混血人［比如德裔美国人（German-American）］，这些人保护着自己作为美国公民和一个文化群体成员的双重身份。此外，还有土著人（Native）和美国黑人（Afro-American）以及拉丁美洲人数量的不断增加的问题。

已被本杰明·富兰克林所肯定的大陆扩张的政治基础是割让西部地区的政策，该政策是根据1780年的一个议会决议由各个州向联邦提出的。其背后原因是未参与这些提议的沿海州害怕其他州占据优势。1784年，易洛魁人也被唆使参与对大湖群、俄亥俄和密西西比之间的西北部统治权的分割。当时已经计划在阿巴拉契亚山脉（Appalachen）和密西西比河—密苏里河之间建立14个新州。根据杰斐逊同年的一个方案，出台了1787年由议会通过的《俄亥俄西北合众国领土管理法令》（Ordinance for the government of the territory of the United States North West of the river Ohio），简称《西北法令》（North West Ordinance）。这个法令确保了联邦继续成长的共 702
和民主形式。根据“三级模式”首先确定了联邦官员——省长、秘书和三名法官——管理之下的领土。如果有五千名选民，其领土就获得自己的立法权；六万以上选民就可以在联邦里被提议为一个新的州。这就是说，由于去殖民化而产生的联邦未来可以拥有自己的殖民地，但它的去殖民化已经在一个正规程序里被预先设计好了。西北领土（今天的俄亥俄州、印第安纳州、密歇根州、威斯康星州和伊利诺伊斯州）的新联邦官员与土地投机公司紧密勾结，为 1803 年首个联邦州俄亥俄的建立设置障碍。但是印第安人根本不同意这个方案。经过一年的战争，他们才于 1795 年被迫同意割让继续移民所必需的土地。在运输革命的过程中，西部的新移居地区先是通过运河［伊利运河（Eriekanal），1817~1825 年］，1830 年代以后通过铁路与东部经济中心连接了起来。

这一调整也能让我们认识到，不久前还是一个松散邦联的联盟已经成功地转变为联邦的合众国，并正在通过共同政策变成一个国家的最佳道路之上。当 1861 年至 1865 年由于新联邦州的奴隶制问题的地域性扩大，并就联邦州是否可以退出联盟的问题而爆发国内战争之时，事实表明，一个国家是不能容忍有人退出的。

首先，东部的保守圈对国家的迅速发展持怀疑态度。因为被怀疑地观察着的边境居民以这种方式合法化的扩张的动力，对于秩序来说似乎是危险的。这样，1803 年杰弗逊总统从法国手里买下落后且尚未开发的路易斯安那时就不仅因为 6000 万法郎的价格而受到非议。这种领土的翻增在内政方面被认为是令人忧虑的。

北方和南方的扩张者们在继续推进。在 1812 年和 1814 年间的打成平手的英美战争中，英国方面的东北方印第安人的最后大联盟领袖肖尼·特库姆塞（Shawnee Tecumseh）于 1813 年牺牲。这一地区的印第安人反抗即将终结，他的印第
703 安人作为英国人的同盟者而受到惩罚。同时，后来的美国总统安德鲁·杰克逊（Andrew Jackson）将军对东南方的克里克人（Creeks）和塞米诺尔人（Seminolen）进行毫不留情地残

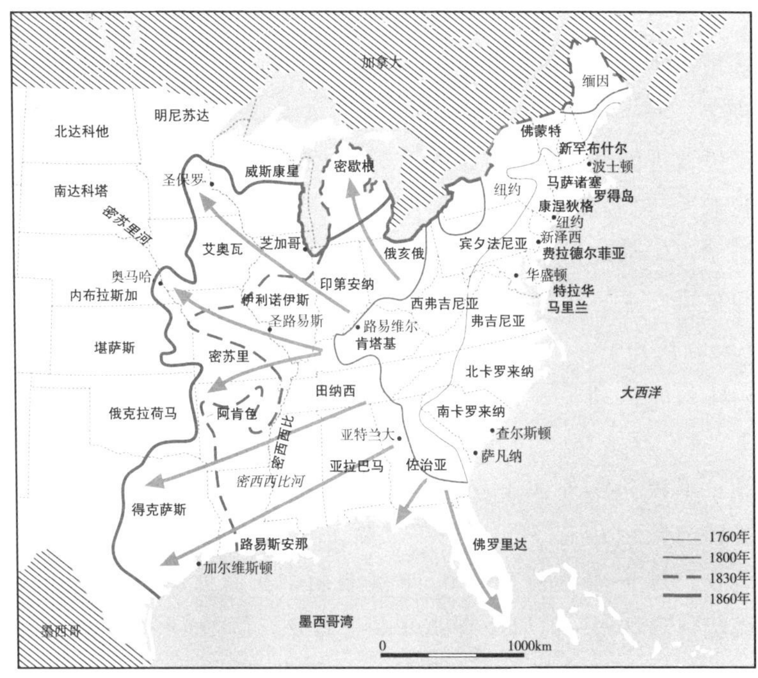

插图 66　1776~1860 年边界的推进

酷进攻。他以其印第安战士的名誉建立了他的政治功勋。在南方，西班牙于 1795 年至 1817 年取得了西佛罗里达以及今天的密西西比、路易斯安那和亚拉巴马四块土地，1819 年，东佛罗里达通过与西班牙的边界协议《亚当斯－奥尼斯条约》（Adams-Onís-Vertrag）划归路易斯安那。这种小块取得土地的方式被视作进攻得克萨斯和墨西哥的范例。

现在轮到留在老南方的印第安人、乔克托人（Choctaw）、奇克索人（Chickasaw）、克里克人、切罗基人和塞米诺尔人了，尽管——或者正是因为——切罗基人取得了令人惊讶的文化移入成就并有意识地融入了白人的体系。早在 18 世纪，他们就开始从事农业，甚至成为商人，以便保住他们在佐治亚、 704

亚拉巴马和田纳西之间的土地。1817年，酋长决定把他的部族用传统的接纳形式改变为美国式的共和国，比如有两院立法机关，八个法院管辖区和州法院，有骑警和税务体系。清教派被请进国内开办学校，一批新的按照白人标准培养的精英成长起来了。1819年，一个名叫西科瓦依（Sikwayi）的银匠研制出了部族语言的音节文字。1828年出版了刊载切罗基语和英语文章的部族语言报纸《切罗基凤凰报》（*The Cherokee Phoenix*）。

当时达到了文化移入的最高峰。切罗基人拥有2.2万头牛、4.6万头猪、7600匹马和2500只羊，除不计其数的工具、犁耙和车外，还有762个织布机、31个磨坊、61个铁器铺，甚至还有一个火药厂。除了许多教堂，还建了18所学校，维护着各种道路和18艘渡船，在白人的概念里这已经达到高峰——他们还有600多个黑奴。但是1829年，在他们的土地上发现了黄金，佐治亚州提出了它的脱离要求，印第安人的敌人、好斗的边境地区代表安德鲁·杰克逊成为总统（1829~1837年在任）。按照他选举时的承诺，1830年颁布了将全部印第安人迁到密西西比西部地区的《印第安人迁
705 移法》（Indian Removal Act）。其他印第安人顺从了，而切罗基人显示了他们所学到的东西，他们向最高联邦法院控告佐治亚州的做法。尽管他们在著名的联邦法官约翰·马歇尔（John Marshall）的帮助下在1832年的二审中获得了权利，但是佐治亚州和总统对这个判决置之不理。1838年和1839年间，1.8万名切罗基人在军队护送下迁往西部，有8000人在这条“眼泪之路”上死亡。总共有5万人被迁入俄克拉荷马（Oklahoma）的印第安人土地。

在切罗基人和东南部其他印第安部族居住的地区此时开始可以无阻碍地推行以奴隶劳动为基础的种植园经济了。美国的

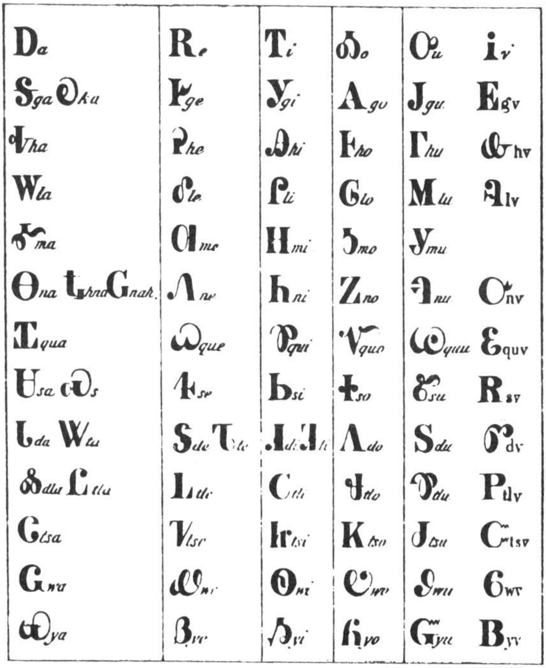

插图 67　切罗基音节字符（1821 年）

横渡大西洋的奴隶贸易虽然根据联邦宪法于 1808 年停止，但是又为大规模的内部的奴隶贸易所替代，数十万奴隶从旧的东部海岸的南方州（弗吉尼亚、南卡罗来纳、佐治亚）被带到新出现的棉花种植核心地区（亚拉巴马、密西西比、田纳西）和 706
路易斯安那。此中隐含着奴隶制度扩张的政治爆发力，这一点在 1820 年关于是否接纳作为奴隶之国的密苏里加入联邦的第一次争论中变得尤为明显。

其间，在墨西哥独立的影响下，西南部也开始了变化。西班牙在 1700 年前后根据法国以前在路易斯安那的实际情况，派遣一位总督带领军队前往得克萨斯并建立了根据地和传教团。1823 年，墨西哥政府为了改善国家的移民状况，准许 300

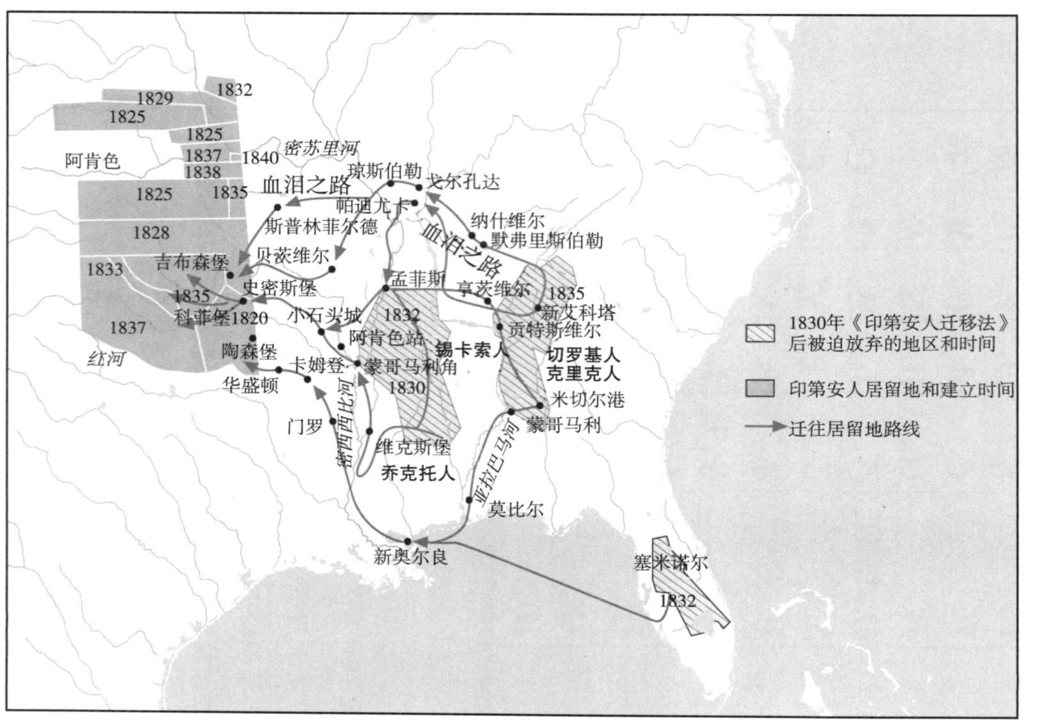

插图 68 1820~1840 年驱赶印第安人出南部

个美国家庭在史蒂芬·奥斯汀（Stephen Austin）的领导下在得克萨斯安家。1821年，开启了独立区（密苏里）和北墨西哥移民重点区圣菲（Santa Fé）之间的荒漠商队贸易。“圣菲小道（Santa Fé Trail）”成为通往西部的南方主要道路。北方主要道路是“俄勒冈小道（Oregon Trail）”，在布瑞哲堡（Fort Bridger，位于今天的怀俄明州西南部）附近又分岔出了“加利福尼亚小道（California Trail）”。

扩张不仅从东方而来，以移民区的推进方式通过了密西西比，而且同时从四个西部重点区域回转向东架起一座桥梁，所谓的空白的中间地区被逐渐填满。这主要指的是得克萨斯、加利福尼亚、俄勒冈和犹他的摩门教居住区。早就没有任何一个美洲人还怀疑美国对于整个大陆的索求，起码在它的地域跨度上是这样的。1845年出版的《合众国期刊和民主评论》（*The United States Magazine and Democratic Review*）杂志据说首次谈到了“昭昭天命”，这是“我们预定目标的明确实现，即为了我们每年增加的数百万人的发展而占领天命赋予我们的大陆”。但是这个计划早已不是什么新鲜事了。但凡涉及墨西哥、大不列颠，或仅仅与印第安人有关时，其他竞争性的要求就得让步。对于那些尚未占据的地区，美国就临时性地用军事工事加以维持。

自哥伦比亚1792年被占领并发现了后来同样以它的名字命名的西北部河流之后，美国提出了对这个地区占领要求。梅里韦瑟·刘易斯（Meriwether Lewis）和威廉·克拉克（William Clark）的科考队于1805年进行科学考察之后，纽约的皮货商人，来自维斯洛赫（Wiesloch）附近的华尔道夫（Walldorf）[因此后来有了著名的“华尔道夫酒店（Waldorf Astoria）”]的约翰·雅各布·阿斯特（Johann Jakob Astor）于1811年在哥伦比亚河口建立了一个皮货贸易站，以便参与

1784 年开始的美国对中国的贸易。从 1842 年开始，移民沿着“俄勒冈小道”纷至沓来。但是，俄国人、西班牙人和英国人仍在提出占领西北部海岸的主张，这些要求可以追溯到第二次
707 大发现时期，它们在 1790 年几乎引发了英国与西班牙的战争。西班牙人消失之后，英国人对几乎延伸至旧金山北面的整个海岸提出要求，并参与了皮货贸易。但是俄国人继续尝试将北太平洋变成俄国的内海。

从 1797 年起，美国的舰船在西北海岸占据优势。在 1819 年对路易斯安那的边界协议中，美国接受了西班牙在西北部的遗产，因为那儿的边界应该划到太平洋北纬 42°（今天仍是俄勒冈州和加利福尼亚州之间的边界）。与英国的一项协议已经在 1818 年把北纬 49° 确定为美国的北部边界，但是只到岩石山区为止。所谓的俄勒冈地区［即今天的俄勒冈州、华盛顿州和加拿大英属哥伦比亚省（British Columbia）］直至 1846 年都是美英共管地，在这里，英方的哈得孙湾公司自 1820 年起拥有话事权。他们的代表，被称为“老俄勒冈之王”的约翰·麦克罗夫林（John McLoughlin）博士在温哥华堡［Fort Vancouver，位于哥伦比亚河入海口处，非今天的温哥华］居住，他既没有阻拦，也没能通过加拿大的兄弟公司遏制美国的大规模移民。加拿大缺乏应对此事的人手。尽管哥伦比亚北部的美国移民区人烟稀少，但是美国的爱国者却无理地要求得到直到夏洛特皇后群岛（Königin-Charlotte-Insel，北纬 54°40′）以北的俄国边界的全部土地。据说 1844 年以“要么北纬 54°40′，要么战斗”的口号赢得大选的詹姆斯·K. 波尔克（James K. Polk）总统乐意承认 1846 年达成的妥协，这个协议把美英边界沿北纬 49° 延长到了普吉特海湾（Puget Sound），然后再沿温哥华岛南面的胡安德福卡海峡（die Juan-de-Fuca-Straße）直至大海。

在此期间，在得克萨斯桥头堡的美国人的数量已经多于墨西哥人。因为美国在 1819 年的《路易斯安那边界协议》（der Louisiana-Grenzvertrag）中放弃了得克萨斯，这些移民要求至少在墨西哥内实行自治，并于 1833 年擅自出台了相应的宪法。墨西哥总统安东尼奥·洛佩斯·德·桑塔·安纳（Antonio López de Santa Ana）正在准备清除同样拥有联邦宪法的墨西哥单个州的自治。在墨西哥人和美国人一场流血的战斗之后，1836 年，独立的得克萨斯共和国成立了［总统为山姆·休斯敦（Sam Houston）］，其领土范围只包括今天这个州的东部。由于经济困境，得克萨斯立刻蛮横地计划占领新墨西哥、加利福尼亚和墨西哥本身。美国对这个竞争不感兴趣，也不关心英国在这里要建立一个与南方诸州竞争的棉花供应机构。1845 年加入美利坚合众国在双方看来似乎是最佳解决方 708
案。因此，在独立的墨西哥已经废除的奴隶制度机构在得克萨斯又重新建立了。

尽管作好了谈判准备，墨西哥还是陷入了与北方邻国的争端。正如我们所看到的那样，在俄国人出现以后，西班牙才开始对西北部感兴趣。当来自方济各会（传教士们总是西班牙的边防哨）的先锋们在人烟稀少的印第安部族中建立了由 21 个传教站组成的链条时，加利福尼亚直到北纬 42° 为止的地域同样在 1769 年和 1832 年间才被认真地占领。现在，墨西哥的畜牧者也出现了。在蒙特雷（Monterey）驻有一位西班牙总督，后来是一位墨西哥总督，他们带着一些士兵，管辖着大约 3000 名墨西哥人。形势看起来宁静祥和，经济亦毫无建树。美国人决定消除这种不良状况。他们率先从湖上来了。1826 年，一个设陷阱捕猎的人第一次经陆路到达加利福尼亚。随后，经由圣菲小道的贸易交通迅速建立了起来。从 1841 年起，当大批美国人到达加利福尼亚时，持续不断的冲突也就此拉开序幕。按照其来源，他们或为勤奋的先锋，厌恶墨西哥人的冷淡和阴险，必须在加利福尼亚的阳光下争得一席之地；或为无用之人，他们中只有极少数作为农民定居下来，而大多数是想浑水摸鱼。联邦政府早就计划不仅要从墨西哥手中夺取加利福尼亚，还要拿下新墨西哥省（die Provinz Neu-Mexiko），不过这里说的不是今天的新墨西哥州，而是美国的整个西南部。

此间，墨西哥的对面又出现了传统的帝国主义的局面。因为这个国家并不恪守自己对于其美洲信徒们的义务。为了取悦新加入的得克萨斯人，美国要求把格兰德河边界再向南推进，并要保障美洲信徒们的安全。此外还要求割让加利福尼亚和新墨西哥，价格最多2000万美元。美国人以向前推进到格兰德河回应了墨西哥人眼中理所当然的拒绝，这是第一次以战争形式进行的较量（1846~1848年），在战争过程中，美国甚至占领了墨西哥的首都，并且吞并了由那里的美洲人在一个月之间变为共和国的加利福尼亚。根据和平协议，墨西哥以1500万美元的价格转让了今天美国的几乎整个西南部，而且美国接收了墨西哥欠美国私人的债务，其数额高达325万美元。最后圆满的收尾是1853年在最西南部通过所谓的加兹登购买方式[①]
709 完成的，当时美国人认为有必要在这个地区修建一条已规划好的铁路，不过修建时间是1870年至1880年。

正在这个关键时刻，即1848年春天，人们在加利福尼亚发现了黄金。这时，“四九人（Neunundvierziger）”[②]从海路和陆路蜂拥而至，矿井里的状况尽人皆知。经济兴旺了，加利福尼亚作为一个州在1850年被接纳进了联邦。1859年，俄勒冈紧随其后。1851年，美国国会颁布一项法律，该法律无视

① 1853年美国驻墨西哥公使J. 加兹登（J. Gadsden）以购买方式兼并墨西哥领土的事件。

② 指1849年参加加利福尼亚淘金潮的移民。

与墨西哥的和平协议，将加利福尼亚的墨西哥大地产以及将瑞士人约翰·奥古斯特·苏特尔（Johann August Sutter）转交给了擅自占用公地的美国人，最早发现黄金的地方就是苏特尔的庄园。尽管加利福尼亚的奴隶制度已被禁止，但对于那里的印第安人来说，类似于奴隶制的劳动状况却是司空见惯的。

美国西部的第四座桥头堡要归功于耶稣基督末世圣徒会（Church of Jesus Christ of Latter-Day Saints），简称摩门教信徒（Mormonen），他们在思想上与殖民相联系，就这一点而言，他们的《摩门书》（Buch Mormon，1830年）与加尔文派的有关以色列失散部落的“新英格兰神话”和大觉醒运动的“千年至福论”密切关联。根据他们的理论，耶稣基督本人还在美国发挥着作用，这是美国特殊论的顶峰。这个1830年代出现的团体先是在俄亥俄和密苏里，其次在伊利诺伊斯落地生根，针对他们好斗的对手组建了一支战斗力强大的自卫队。当创建人约瑟夫·史密斯（Joseph Smith）1844年在监狱中被“异教徒（Gentiles）”谋杀时，他们决定在杨百翰（Brigham Young）的领导下迁入西部。这个组织优良的行动到1847年7月已经引导1800个摩门教信徒进入落基山脉大盐湖周围的荒原，那里当时还是墨西哥的土地，但1848年就属于美国管辖了。本来他们计划建立一个大国“德撒律（Deseret）”，但即刻被美国逼回今天的犹他州。经过双方让步之后，它于1850年作为犹他的领土被接纳入联邦，1857年，一个非摩门教徒担任它的行政长官。1890年，它废除了特别令人反感的一夫多妻制，1896年才作为一个州加入了合众国。1867年，内布拉斯加（Nebraska）被纳入联邦，1912年，新墨西哥和亚利桑那作为美国成片大陆四十八个州中的最后两个被联邦接纳，在此期间，大陆的贯通完成了。

横贯大陆的铁路线的建设也具有战略作用，它的第一条线

随着大盐湖附近的一段铁路线的建成于 1869 年顺利完工。它们
710 先于交通需求而建成，然后促进了交通需求的发展。作为公私合营的混合企业，它们依靠贷款提供财政支持。另外，它们还从联邦获得根据建设进展定量的赠予土地，这些土地可以以实惠的价格售出。铁路公司的老板有计划地贿赂政治家，操纵舆论，并把额外开支转嫁到公众身上。就连其他联邦土地的价格也由于铁路线的连通而上升。铁路建设加速了移民的向前推进。

1860 年前后，整个东部的移民还甚少超越今天阿肯色州、密苏里州和艾奥瓦州的范围而向前推进。东经 95° 以西的大平原在很大程度上被认为是不适合定居的。人们都更愿意致力于内部移民，这就是说，要把最后遗留下来的印第安人赶出这块土地。西部的荒漠刚好适合他们。毫无疑问，大平原在英裔美国人到来之前已完成一个值得注意的文化变迁过程，这样才能够促成印第安人在这个地区更大规模的移民，有了马匹的引进才可能产生水牛骑猎手文化。那种描绘印第安人最流行的情景的文化完全是新近产生的。大约在 1630 年，各南方部族，尤其是科曼奇人（Comanche）从西班牙人那里接受了用于骑乘的马匹，到 1775 年，就连最北部的草原部族也拥有了马群。在这个基础上，原先在遥远东方作为玉米种植农生活的各个苏族部族（Sioux）变成了草原居民，他们的物质和精神文化总体上都以猎捕水牛为导向。在 18 世纪晚期和 19 世纪早期，在当时的得克萨斯以西的平原上崛起了一个科曼奇帝国（Comanche Empire），这是一个松散但强大的由 4 万个商人和水牛猎手组成的联盟，它在对墨西哥的战争中向美国提供过帮助。由于他们的土地上马匹过多，他们就开始以向墨西哥进袭的强盗行径来保障他们的生活来源。

由于丝绸帽代替海狸皮帽成为男性时尚，1840 年前后，海狸皮的价格暴跌，于是那些早就推进到西部的白人毛皮猎人

转而去大量猎杀水牛以获取牛皮，但还有一部分理由在于可以从猎杀中体会到“体育运动”的快乐。这损害了大平原各部落的生活基础，当时他们约有 36 万人。当移民也来到时，旧的跨文化误解因土地占有又以更激烈的形式出现了。“出卖土地！为什么不卖空气、云彩或大海呢？”据说著名的特库姆塞酋长就这样说过。采取粗放型经营方式的西部水牛猎手比之那些东部的森林地带居民对失去土地更为敏感。1862 年《宅地 711
法》（Homestead Act）之后，每个移民可以以少量费用从联邦获得 65 公顷土地，并在经营时转为个人财产。但是联邦如何得到它的土地呢？

印第安人基本上被认为是美国主权下的自治民族，他们的权利由协约加以规定或有待规定。理论上说，这是一种比西班牙治下更好的法律形态。但事实上白人拥有更有益的权利，在印第安人事务方面还有最高法院的相关法律解释。印第安人的权利必须向权力低头。冲突的处理大多遵循着相同的模式：当地白人的利益可以通过很好的民主程序，比如通过他们选举出来的法官来获得保障，他们要求获得居住土地或矿藏，并因此伤害了原有的印第安人的权利。印第安人好斗的反应引发了报复措施和新的协议，新的协议更加限制了印第安人。政府偶尔的善意观点由于民主的必然程序而被利益相关者们轻松地掩饰过去。此外，前内战军队在 1869 年和 1886 年间的“和平政策之战（Wars of Peace Policy）”① 中显示了他们可以做什么。

---

① 美国总统格兰特意识到政府政策对于大平原地区的印第安人不起作用，印第安人与政府之间冲突不断，于 1868 年提出“和平政策（Peace Policy）”。该政策仍力图将大平原上的印第安人迁入专门划定的保留地并鼓励他们融入美国白人社会。为了实现这一点，总统格兰特让军队更有力地保护保留地内的印第安人免受白人攻击，同时允许军队攻击拒绝留在保留地的印第安人。格兰特还将保留地的腐败的印第安管理者换为基督教徒，他相信基督教会的神职人员更可靠且不会对大平原地区的印第安人施加压迫。——编者注

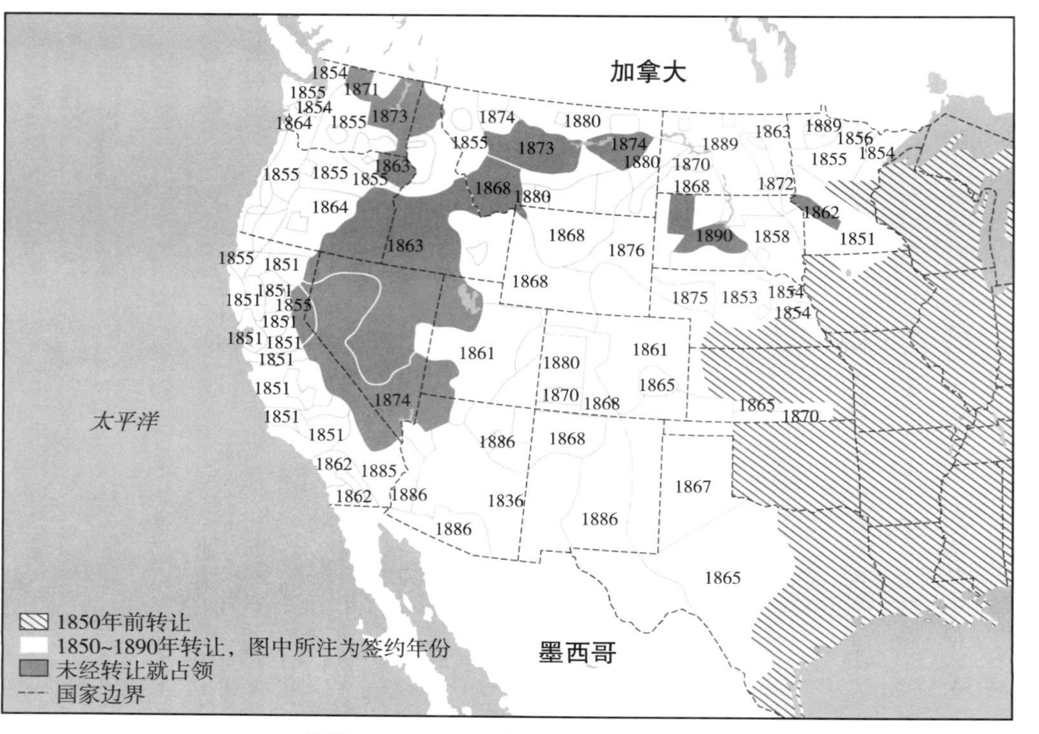

插图 69　1850~1890 年印第安人土地的丧失

最后一场与达科他人（Dakota）的战争堪称“经典”，1860年代，达科他人针对淘金者和移民进入他们的神圣黑山（Black Hills，位于南达科他和怀俄明之间）进行了自卫。1875年据说又新发现黄金时，几个月里，共有1.5万名淘金者拥入黑山，达科他人徒劳地要求按保护协议上的规定维护他们拥有的权利。回应他们的自我救助的是战争、解除武装，甚至是将他们关押在劣等保留地中。直到1980年，最高联邦法院才确认他们对1877年被夺走的黑山地区280万公顷土地要求的1.05亿美元赔偿。1890年，达科他人中“鬼舞运动（Ghost Dance）”[①]的追随者们在翁迪德尼（Wounded Knee）附近被美国人屠杀，当时他们在绝望中期盼1883年前几乎被灭绝的水牛和死者的回归。这种排外主义的宗教运动是对白人殖民扩张的典型反应。西南部的阿帕切人（Apachen）是当时最后被安定下来的。

整个美国不再有自由生活的印第安人了。保留地也烟消云散了。就连原先承诺的印第安人领土也变成了白人的俄克拉荷马州。通过1887年的联邦法律，所有部族土地应该作为私有财产分配给印第安人，以便迫使他们在社会文化方面融入白人社会。这是杰斐逊的思想，并且可能在白人偏见的框架下善意 712
地认为这是印第安人生存的唯一途径。但是，这一法律的实施过程完全不公正。为了加速这一进程，有时印第安人的孩子被抢走并被安排在寄宿学校接受西方教育，但并不很成功。

1934年，1887年的这项法律被废除，并允许重建印第安

① 鬼舞运动，亦译“幽灵舞”，为19世纪末盛行于北美印第安人中的一种救世主运动。始倡者为来自加利福尼亚州派尤特部落（Paiute）的沃沃卡（Wovoka），其仪式舞蹈象征白人入侵者的消失，已经亡故的印第安人与已经灭绝的野牛重返家园。其主旨为从异族欺压中拯救印第安人。1880年代末至1890年代初波及整个加利福尼亚州和周围许多地区，其消沉后被仙人掌教取代。

人团体。但是这需要时间，尤其是1953年意欲一劳永逸地把印第安人从官员们——1824年以来是内政部长领导下的印第安事务委员会或事务局（Commission / Bureau of Indian Affairs）——的监护下解放出来的尝试使事情再次中断。特别的社会福利费用和保留地又被认为是多余的。1960年代以后有了新的转折，在法律判决中也逐步有了变化。在1968年的《民权法》（Civil Rights Act）和1975年的《印第安自决法案》（Indian Self-Determination Act）颁布之后，在此期间已经有将近300个部落实体，其中一部分拥有保留地，但这些保留地大多数都小得出奇。它们形式上与政府处于“政府对政府”的关系之
713 中。这就意味着按照最初的观念，这里有很大程度的内部自治，但它们没有退出权。此后，印第安人的数量急剧增长，从1900年的237196人上升到1980年的1361869人，还有42149个因纽特人（旧称爱斯基摩人）和14177个阿留申人（Aleuten）。印第安人的聚居地集中在加利福尼亚、俄克拉荷马、亚利桑那［纳瓦霍人（Navajos）］、怀俄明和南达科塔。

19世纪后半叶是伟大的野蛮西部时代，是畜牧庄园和西部牛仔的时代，是富于传奇色彩的美国硬汉的时代。1880年以后的迹象集中表现为在蛮荒边界地区的自由先驱们的生活走向终结。1874年发明了铁丝网，并被迅速用于强迫人们尊重游牧畜牧者的固定的财产界限，就和以前尊重印第安人固定的财产界限一样。西部的边界于1890年宣布关闭，并由此成为神话，成为美国意识的主题，就像在文学作品和无数西部电影中所表现的那样。

当然史学也有其贡献。1893年，美国历史学会的弗雷德里克·杰克逊·特纳（Frederick Jackson Turner）提出了直至今天还在被讨论的命题“美国历史上边疆的意义”，按照他

的观点，带有挑战性的荒野的简朴生活创造了那种能干和热情的典型人物，与其水平相当的国家形式就是美国式民主。这个命题引发了世界上一系列关于扩张前沿边境地带的研究，但得出了与预期完全不同的结果。与特纳的命题相反，这也被认为适用于自17世纪早期以来存在着完全不同边界的北美洲。尤其是西方的扩张与城市化密切相关。西部的产品在芝加哥的屠宰场和粮仓里被加工，然后在期货交易所被换成钱，而芝加哥的木材商人在竭力搜寻建造典型的草原木屋所必需的来自大湖群周边地区的材料。在野蛮西部的经典式扩张本身不仅如特纳所认为的是“男人的”和“白人的”，而且是“女人的”和“多人种的”，由此也是“种族的”扩张。另外，美国不仅仅产生于边疆，它的先驱者秉性也不仅仅通过道德表现出来。

然而，扩张在继续，从大陆扩张紧密地过渡到在拉丁美洲和海外的美国帝国主义，后者实际上早就开始了，但其“伟大时代”到此时才拉开序幕。它的最重要代表西奥多·罗斯福（1901~1909年任总统）在1889年发表了他的历史著作《征服西部》（*The Winning of the West*）。战胜了墨西哥之后， 714
美国开始考虑对这个国家进行全部吞并。这个计划不仅由于道义的抗议，而且因为厌恶棕色人种和天主教居民而失败。尤其引起激烈争论的是，是否允许把南部国家的奴隶制度体系扩张至新占领地区。尽管如此，在附近的西班牙—美洲国家里的美国冒险者们仍然在墨西哥战争之前和之后东跑西颠。根据海盗们的说法，他们被叫作“饶舌者”（有别于议会中以冗长演说阻挠议会作出决议的人）。还有商人和投资者的扩张，但是在与英国的竞争中，比如在通过建铁路发展南美洲南半部的过程中他们暂时处于劣势。

在加勒比地区，尽管有英国人和法国人的竞争，美国人还是更为成功。早在1835年，一个法国人就从哥伦比亚获得了许可，在巴拿马修建服务于繁荣的太平洋贸易的运河。经过英国人同意，美国人于1855年才修建了一条通过地峡的铁路。英国人同意并买下法国人的许可证之后，他们于1903年与哥伦比亚签订了一项关于修建运河的协议。当哥伦比亚议会拒绝通过时，巴拿马在美国支持下独立，1904年，美国与这个新的国家签订了《运河条约》，这个条约规定了运河地区的租约和美国的干预权。1914年，美洲运河竣工，1915年在旧金山的国际展览会上举办了奢华的庆祝活动。

自1823年门罗主义（Monroe-Doktrin）产生以后，美国自视为两个大陆的领导国家。外交部部长理查德·奥尔尼（Richard Olney）于1895年声明，美国因其力量和道德优势而在全美洲拥有“至高无上的主权”。美国的奴隶解放也在古巴引起了类似的运动，运动的先行者们主张把单方面以宗主国利益为准的主权殖民统治引向自治。1868年至1878年，博得同情关注的反对西班牙的暴动在美国发生，这次运动被宗主国要求以承诺解放奴隶和政治改革为宗旨。第一项承诺于1881年和1886年间兑现，第二项更加重要的承诺却没有兑现。此外还有针对美国的高额保护关税，它既伤害了美国人，也伤害了古巴人的利益。1895年爆发了新的暴动，战争由双方以恐怖方式进行。为了切断敌人的支援，西班牙人当年（先于英国人在布尔战争中）采用了将大部分居民封锁在
715 集中营里的方法。尽管伤亡惨重，这种做法却徒劳无功。“缅因号”战列舰可能由于燃煤自燃在哈瓦那发生爆炸之后，美国人却将之归咎于西班牙，于1898年介入了古巴人反对西班牙的第二次起义。古巴尽管没有被吞并，但是美国于1902年使其干预权得到了承认，并以对古巴蔗糖的特惠关税换取了对美国产品的最惠国待遇。还有至今仍被证明是特别有利于从美国转移违法分子的关塔那摩（Guantánamo）军事基地。

而波多黎各被纳入美国治下，其居民于 1917 年获得美国公民权。

对古巴的干预权在 1906 年至 1909 年和 1912 年都行使过。1904 年，美国在以门罗主义为依据的“罗斯福推论（Roosevelt Corollary）”中要求在西半球行使国际警察的干预权，以对抗欧洲的干涉和当地政府的错误行为。1899 年，联合果品公司（United Fruit Company）成立，1900 年出现用于洪都拉斯的“香蕉共和国”这一概念，它成为一个产品依赖于美国市场的国家。为了达到政治和经济的控制，美国分别于 1912 年至 1925 年占领尼加拉瓜，于 1915 年至 1934 年占领海地，于 1916 年至 1924 年占领多米尼加共和国，于 1917 年至 1922 年重新占领古巴，于 1917 年从丹麦手中买下维尔京群岛（Virgin Islands）。与此同时，美国的经济地位正在持续提高。

拉丁美洲的民族主义日渐强化，富兰克林·罗斯福实行“好邻居政策”，1948 年美洲国家组织成立，约翰·F. 肯尼迪（John F. Kennedy）发动善意的攻势，1961 年设立了“争取进步联盟（Alliance for Progress）”。从此之后，直到现在，在美国利益或者某些美国人的利益受到威胁的情况下，都需要优先采取果断的干预措施，尤其是需要投入特种力量：1954 年在危地马拉，1961 年在古巴（但徒劳无功），1973 年在智利，1980 年在尼加拉瓜，都是这样。对十分孱弱的国家可以始终挥舞军事干预的大棒：1966 年对多米尼加共和国，1983 年对格林纳达（Grenada），1989 年对巴拿马无不如此；但在最后一个案例中，军事干预并没能阻止在 1999 年根据协议把运河转让给这个国家。

在美国于 1867 年以 720 万美元从被克里米亚战争削弱的俄国手中买下阿拉斯加时，太平洋的“大边境”（Jean

Heffer）就关闭了吗？至少在北太平洋，尤其是在1898年夏威夷被兼并之后是这样的。在与西班牙的战争中，针对这一步骤的抵抗被搁置了。尽管这些岛屿早就首先被传教士，继而被
716 移民所渗透，但是遥远的距离和那里甘蔗种植者们的竞争还是在取消关税时妨碍了这一步骤的进行。阿拉斯加和夏威夷受到美国文化的影响，因此成为“合并建制领土”，并在1959年成为合众国的最后两个州。而波多黎各由于其文化，也可以说由于种族差异，而仍然是“不可合并的”，但在1952年获得了作为联合自治政区的更好的状态，因为那里呈现了一种同化趋势。

美西战争的决定性战役是1898年由双方海军在马尼拉附近的海面上进行的。这个海港作为“美国的香港”而成为通向东亚的大门，与东亚的经济和政治的关系早就变得越来越活跃。所以它与作为后勤补给站的关岛（Guam）一样要被吞并。但是如果没有菲律宾，马尼拉也就不值得拥有。这就意味着针对那里在西班牙统治末期就已经开始的独立运动进行战争，也意味着采取军事镇压措施直至1915年，当中包括建立集中营。这种“美国历史上最成功的反叛乱运动”（Linn 2000，328）为美国在第一次世界大战中创造自己作为“监视国”的安全策略提供了范例。菲律宾仍然作为殖民地存在，然后是作为半殖民地存在，因为尽管某些菲律宾人希望加入美国，但由于缺乏融入，提议未被考虑。直至第二次世界大战之后它才取得独立。

美国的扩张此后以另外的非殖民的方式在第一次世界大战，最终在第二次世界大战之后达到其顶点。自1945年以来，为了对世界进行有计划的经济和文化渗透，美国还在世界范围内建立起由许多基地网络构成的联盟体系，并为此投入大量的军事和经济援助，以遏制共产主义即苏联及其盟国的威胁。1989年苏联解体以后，这一体系的大部分作为自由发展体继

续存在并服务于美国的霸权，而美国在穆斯林恐怖主义中找到了新的死敌，这个敌人使得美国作为世界警察的干预显得公正合理。在此过程中，美国可以和从前一样使用从高尚到违法的所有政治手段。但是，最近又出现了中国、重新强大的俄罗斯，可能还有印度等这些新的对手。

即使在加拿大，大陆扩张也发生了，不过是在较小的范围之内，并且没有随后世界范围的扩散。此处也缺少大规模移民所产生的张力。1835 年和 1906 年间，甚至有更多的人从英国 717
和爱尔兰进入美国而非加拿大。1867 年至 1916 年，来到加拿大的移民只有 220 万人，而去美国的移民却多达 630 万人。其他来源的大量移民在 1900 年以后才到来，但总还是少于来自不列颠群岛的人。另外，东部核心地带进行了深入的去殖民化，这样，其自主性才得以好好发展。美国在这一方面差不多领先了一百年。

拥有建议权和征税批准权的殖民者议会长期以来都属于英国王室殖民地的普通配置，西印度群岛和北美大陆也有这种议会。在 1763 年被征服的魁北克，英国人也想实行这种政治制度。但是因为那里的英国人属于少数，而且始终与非常强大的按照英国法律应该被禁止的天主教教会产生龃龉，所以 1774 年的《魁北克法案》（Quebec Act）选择了另一条道路——一种没有代表大会的总督领导下相当独裁的统治，但是承认法国权力和天主教徒的宗教及政治平等（在宗主国，当时这还是不可能的事情）。不过背景是这一新获得的土地逐步实现英国化。

美国革命之后，通过从美国移入的大约 4 万名受排挤的效忠者来实现英国化，看起来更为可能了。因为这些人首先来到了海岸地区，1784 年，新不伦瑞克（New Brunswick）成为独立的，与新斯科舍（Nova Scotia）其余地区相分离的殖民地。一部分移民在上加拿大扎下了根。这些移民不仅要求设立英国人的法律，而且要求设立他们习惯的代表体制，对于这些要求，英国考虑到法裔加拿大人和刚刚在美国取得的经验，既不能完全同意，也不能彻底拒绝。1791 年的《宪法法案》（Constitutional Act）达成了妥协。加拿大分为拥有自己的总督和立法机构的主要由法国人组成的下加拿大（即今天的魁北克）和主要由英国人组成的上加拿大（即今天的安大略），不过，这是在特定的产生自美国经验的谨慎措施之下进行的。法国人虽然可以保留他们的信仰和权利，但为了支持政府，在两个省份建立了英国圣公会教堂并配置了土地。此外还建立了一种任命制的贵族院，其成员应该是一个尚待建立的世袭贵族阶层。但是首先，税收的一部分直接由总督支配，以使他有别于
718 此前的美国殖民地而独立于本土立法机构。帝国税的负担被免除，但殖民地由此应当自行解决财政问题。

这种宪法模式也没有经受住考验。法裔加拿大人感觉受到了英国人的歧视，就如同上加拿大说英语的新移民被“老效忠者”派系歧视一样。有些地方在谋求改革，极端主义者们甚至计划成立共和国，因为榜样就在眼前。1837 年，在两个殖民地都发生了暴动。在随后的英国议会讨论中尽管已经心灰意冷地确认了殖民地脱离宗主国显然已无可避免的事实，但人们认为在加拿大，这个时间点还未到来。这样，1838 年，达勒姆勋爵（Lord Durham）被委任为北美殖民地特命全权总督派往加拿大，他同样极端而固执，但作为查尔斯·格雷（Charles Grey）首相的女婿，他是执政的辉格党内相当有影响力的成员。他在当地政绩甚微，1839 年回国后为此写了指导性的《达勒姆报告》（Durham Report），其中作出了极端的诊断，并推荐了极端的补救措施。

他认为在加拿大有两大弊端必须纠正。对其中之一是这样

论述的：遵循英国18世纪的原则（这在今天的美国宪法中依然保留着），立法权和行政权被划分得如此清晰，以至于不熟悉当地情况的总督无法操控或多或少由当地公众观点所承载的立法会议，而立法会议也无法在税收问题方面起到更多的阻碍作用；因此，“可以有充分理由地说，行政院和议院的碰撞是所有这种殖民地统治中的自然状况”。

由于在议员中并不缺少有能力的政治家，所以达勒姆建议成立大臣负责制的殖民地自主政府作为纠正手段，“责任政府”成了一个创造历史的口号。按照英国此时才最终创建的内阁制度的榜样，总督应该把政策的实施权委托给殖民地立法会议的多数派代表，并习惯于不依靠英国政府权威的支持，独立地处理殖民地的内部事务。英国政府对帝国事务保留权力：1. 殖民地的宪法事务；2. 对外交政策的监督；3. 对殖民地与宗主国及与其他英国殖民地和第三国贸易的监督；4. 拥 719
有国家的地产。

第二个弊端是两种文化，即英裔加拿大人文化和法裔加拿大人文化的经常冲突。达勒姆这样写道：“我希望看到一种政府和人民之间的纷争。但是我发现了两个互相厮杀的族群……我看到的不是原则之争，而是种族斗争。”他的济世良方在这里很少起到指引未来的作用。坚定不移地进行法裔加拿大人的英国化在他看来似乎是唯一可能的出路。为了使他们“无望的民族希望”破灭，魁北克应该重新与上加拿大统一为一个省。这样的话，此间移民的55万英裔加拿大人将会在政治上，并持续地在文化上以多数票战胜45万法裔加拿大人。

非常典型的是，人们首先把第二个建议变成了现实。1840年，这两个省又合二为一，这对于法裔加拿大人来说是比达勒姆的设定更为不利的条件。

而大臣负责制则被认为是危险的。尽管总督锡德纳姆勋爵

（Lord Sydenham）在1840年就开始和议院商量选举他的同事，但这个选举直到1848年经过各种争执之后才在新苏格兰，然后同年在加拿大得以进行。由某个部负责的殖民地可能走向独立之路，这一危险没有被当时深受自由贸易影响的英国政策认真对待。如果在重商主义贸易体系之下，殖民地是“不能脱离我们的顾主和只能卖给我们东西的卖主”的话，那么在新的由1846年废除的谷物关税和1849年《航海法》宣布开始的自由贸易管理之下，它们在这个方面的作用简直是多余的。另外，由于它们产生了费用，所以极端的自由贸易者们甚至乐意看到它们受损。无论如何，划时代的1867年《英属北美法案》（British North America Act）的通过远远不如随即引发讨论的修改犬税法案那样使下议院激动。

自由贸易主义学说的后果是，由达勒姆设定的中央特权中的两项迅速落到了殖民地手中：拥有公共土地和调整贸易政策。1854年，英国承认了加拿大独立地与美国签订的贸易协定。1859年，当加拿大擅自宣布保护关税时，冲突发生了。
720 身后有谢菲尔德（Sheffield）贸易协会表决支持的总督干预也毫无成效。加拿大财政部长亚历山大·高尔特（Alexander Galt）富有说服力的反驳理由是这样的：

> 当帝国政府的观点与加拿大人民的观点相比更受喜爱时，才算是完全废除了自我管理。因此当前政府的义务是，强调坚持加拿大行政机构的权力，把居民的赋税调整到他们所认为的正确状态，即使它可能不幸地引起帝国政府的非难。不能向陛下建议废除这类法律，除非陛下的顾问们（指英国内阁）已经准备接手殖民地事务的管理，而不考虑民众的看法。

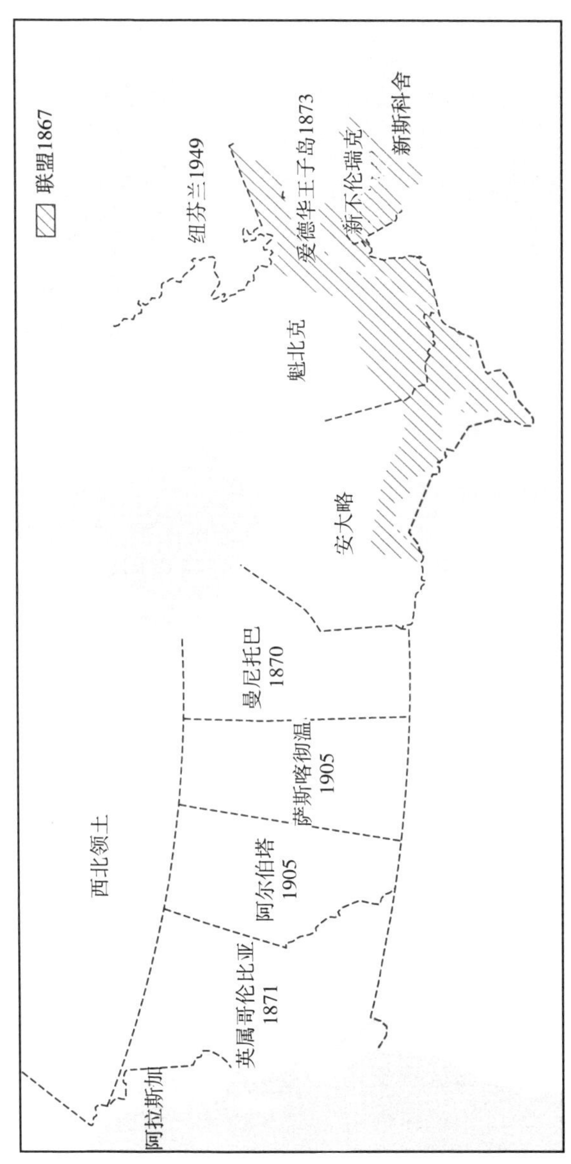
联盟1867
纽芬兰1949
爱德华王子岛1873
新不伦瑞克
新斯科舍
魁北克
安大略
曼尼托巴
1870
萨斯喀彻温
1905
阿尔伯塔
1905
西北领土
英属哥伦比亚
1871
阿拉斯加

插图70　加拿大的扩张

用后一种选择来示意是不具有危险性的。第一，它过于昂贵；第二，它把此间习惯了自我管理的加拿大人推向了美国的怀抱。

美国在其内战时期显现了各种新的扩张趋势。1867 年阿拉斯加的获得，以及一种构成阻碍的事实，即加拿大经济区域划分为独立程度不同的各个殖民地，都继续推动着这种发展。当 1854 年开始建设加拿大横贯大陆的铁路线时，可以说加拿大成了“凭借一条铁路寻求成为一个国家”。这样，尽管各个殖民地有着利益的分歧，但还是于 1864 年在魁北克召开了一个各地代表的会议。根据会议的建议，1867 年，英国议会出台了《英属北美法案》，这是“加拿大联邦”的基础性文件和宪法。同时还使用“加拿大自治领”这一概念，有意识地抵制热衷平等的加拿大人所希望的形式——“加拿大王国”。因此，成为国家首脑的不是王室的总督，而是由内阁任命的大总督。宗主国的优势得以保留。

这一宪法把英国的议会负责制的议会政府原则与美国的联邦制思想统一了起来。但是，他们根据美国内战的经验对各省的权力进行了仔细定义，并作了有利于联邦的严格的限制。没有任何一个省可以像美国的某些州那样要求最高主管当局的主权。同时，魁北克重新独立并成为唯一一个获得有保证的联邦议会最低代表权的省份，这体现了法裔加拿大人地位的明显改
721 善。1945 年后甚至发生了强烈要求魁北克独立于加拿大的运动，这个运动在 2006 年几近失败的全民公投之后，通过承认魁北克作为加拿大联邦内的一个国家而被遏止。

联邦的原始成员有新不伦瑞克、新苏格兰、安大略和魁北克。其余英属北美地区后来陆续加入，此时加拿大仍然在经历着它的向西然后向北的大陆扩张。1870 年，联邦从哈得孙湾公司手中买下了西部和北部地区，并把今天的曼尼托巴

省（Manitoba）的一小部分作为第五个省纳入联邦。最西部的英属哥伦比亚于 1871 年加入，这个殖民地于 1866 年才由温哥华岛上哈得孙湾公司的一个分公司周围的不同占领区以这个名字组成。接着是 1873 年独立的爱德华王子岛（Prince-Edward-Insel）。1880 年，英国交出了对靠近加拿大的北极群岛的权力。1927 年，加拿大将其要求扩展为一个从西经 60° 延伸到西经 142°，纬度直至北极的地区。1905 年，在各种重新划分措施的进行过程中，新组成的西部省份萨斯喀彻温省（Saskatchewan）和阿尔伯塔省（Alberta）并入。1912 年，安大略和曼尼托巴省扩展至今天的边界。1949 年，纽芬兰（自 1809 年以来，拉布拉多海岸的一部分属于它）最终作为第十个省加入联邦。它于 1855 年获得内部自治，也在 1918 年成为自治领。

印第安人，亦即“第一民族”（1982 年以来在加拿大被 722
这样称呼）依靠 1763 年的《公告》（Proclamation）[①] 保住了他们的土地。土地转让只有向王室申请并获得王室许可才有可能进行。但是这类原则往往被忽视。另外，印第安人理解的一般土地转让不同于欧洲私有财产意义上的土地转让，他们将其理解为暂时使用，或者为了共同使用而订立的协定。白人方面从 19 世纪早期以来就力争使印第安人定居并同化他们。尽管如此，似乎没有发生较大的争斗。只有曼尼托巴省南部红河（Red River）河畔的梅提斯人（Métis，法国皮货商人和哈得孙湾公司职员们的混血儿）于 1869 年建立了一个共和国，但又被军事镇压了下去。

1870 年代，加拿大政府与哈得孙湾公司的领土上的第一民族签订了一个关于有偿土地转让的普通协议。1876 年的《印

① 也称作《1763 年皇家宣言》。——编者注

第安法案》(Indian Act)试图强迫所有印第安人接受欧洲的社会结构和文化观念。从1885年起，与印第安人的关系由于不断强化的白人种族主义而持续恶化。新的反抗又发生了，印第安人似乎面临毁灭。非常典型的是，西南海岸的居民们创制的著名的“夸富宴仪式(Potlatch-Zeremonie)”[①]被禁止，依据1951年的《加拿大印第安法案》(Canadian Indian Act)才重新被允许。自1927年以来，甚至代表印第安人利益的组织也被明确禁止。

第二次世界大战之后，自治组织才成为可能。1960年以来，印第安人可以进行选举，这是他们在19世纪被明确否决的一项权利。1970年代，法庭首次针对印第安人的土地诉求进行了审理。最高法院声明1763年《公告》始终具有效力。1982年的《联邦宪法》至少确认了已有的权利。此后与各个印第安族群进行了激烈的谈判。2006年有70万印第安人，其中56.5万人属于获得承认的民族，正如1876年的法律所规定的那样，13.5万人不属于被承认的民族。此外还有梅提斯人和因纽特人。2009年共计有632个部族，差不多3000个保留地，三分之一的部族和57%的保留地位于英属哥伦比亚省。

① “夸富宴”是夸克特人的一种夸富宴仪式，美国人类学家弗朗茨·博厄斯(Franz Boas)最早对其进行描述，鲁斯·本尼迪克特(Ruth Benedict)也曾对其进行解释，后来的人类学家一般将其看作一种再分配的经济制度。夸丘特尔印第安人(Kuakiutl Indians)居住在英属哥伦比亚的温哥华岛，由于海陆资源极其丰富，他们的物质生活很容易满足，他们或许因此而更热心追求社会地位，夸富宴就是这种追求的表达手段。宴席上，主人请来四方宾客，故意在客人面前大量毁坏个人财产并且慷慨地馈赠礼物，其形式可以是大规模地烹羊宰牛，也可以是大把地撒金撒银，目的是让宾客蒙羞，从而证明主人的财富和高贵的地位。这对于部落里的贵族来说不仅象征着权力和奢侈，而且被用来确定部落内部的等级秩序。

原始资料与参考文献

俄国和欧亚帝国

Arsenjew, W. K., Russen und Chinesen in Ostsibirien, Berlin 1926 | Baddeley, J., The Russian Conquest of the Caucasus (1908), Ndr. 1999 | Bassin, M., Imperial Visions: Nationalistic Imagination and Geographical Expansion in the Russian Far East, 1840–1865, Cambridge 1999 | Beckert, S., King Cotton. Eine Geschichte des globalen Kapitalismus, München 2015 | Benton, L., A Search for Sovereignty: Law and Geography in European Empires, 1400–1900, Cambridge 2010 | Bitterli, U. (Hg.), Die Entdeckung und Eroberung der Welt, 2 Bde., München 1981; Bd. 2 | Black, L. T., Russians in Alaska, 1732–1867, Fairbanks 2004 | Bodenstedt, F., Die Völker der Kaukasus und ihre Freiheitskämpfe gegen die Russen, Frankfurt 1848 | Boeck, B. J., Imperial Boundaries: Cossack Communities and Empire Building in the Age of Peter the Great, Cambridge 2009 | Bolkhovitinov, N. N. (Hg.), Istoriia Russkoi Ameriki, 1732–1867, 3 Bde., Moskau 1997–99 [russ.] | Bührer, T./Stachelbeck, C./Walter, D. (Hg.), Imperialkriege von 1500 bis heute. Strukturen, Akteure, Lernprozesse, Paderborn 2011 | Burbank, J./von Hagen, M./Remnev, A. (Hg.), Russian Empire: Space, People, Power, 1700–1930, Bloomington 2007 | Busch, B. C., Britain and the Persian Gulf, 1894–1914, Berkeley 1967 | Butakov, A. J., Tagebuch der Aralsee-Expedition 1848/49, Zell 2008 | Buttino, M., Un popolo di pastori nomadi, i kazakhi, tra il crollo del'impero zarista e la rivoluzione, in: SC 10, 3 (1981) 354–86 | [CHC] The Cambridge History of China, 15 Bde. in 16 Tln., Cambridge 1978–2009; Bd. 10, 1978 | Coquin, F.-X., La Sibérie. Peuplement et immigration paysanne au XIXe siècle, Paris 1969 | Dabringhaus, S., Ethnische Identitäten im modernen China, in: Reinhard, W. (Hg.), Die fundamentalistische Revolution, Freiburg 1995, 69–110 | –, Territorialer Nationalismus in China. Historisch-geographisches Denken 1900–1949, Köln 2006 | –, Geschichte Chinas 1279–1949, München 2006 | Dahlmann, D., Sibirien. Vom 16. Jahrhundert bis zur Gegenwart, Paderborn 2009 | Demko, G. J., The Russian Colonization of Kazakhstan, 1896–1916, Den Haag 1969 | Donnert, E., Russlands Ausgreifen nach Amerika, Frankfurt 2009 | Fairbank, J. K./Reischauer, E. O./Craig, A. M., East Asia: Tradition and Transformation, London 1973 | Ferrier, R. W., The History of the British Petroleum Company, Bd. 1: The Developing Years 1901–1931, Cambridge 1982 | Fieldhouse, D. K., Economics and Empire 1830–1914, London 1973, Ndr. 1976 | Forsyth, J., A History of the Peoples of Siberia: Russia's North Asian Colony, 1581–1990, Cambridge 1992 | Gammer, M., Muslim Resistance to the Tsar: Shamil and the Conquest of Chechnia and Daghestan, London 1994, Ndr. 2005 | Geyer, D., Der russische Imperialismus. Studien über den Zusammenhang von innerer und auswärtiger Politik 1860–1914, Göttingen 1977 | Gibson, J. R., Sitka versus Kodiak: Countering the Tlingit Threat and Situating the Colonial Capital of Russian Alaska, in: PHR 67 (1998) 67–98 | –, Otter Skins, Boston Ships, and China Goods: The Maritime Fur Trade of the Northwest Coast, 1785–1841, Seattle 1999 | Grinev, A. V./Bland, R. L./Solovjova, K. G., The Tlingit Indians in Russian America, 1741–1867, Lincoln 2005 | Happel, J., Nomadische Lebenswelten und zaristische Politik. Der Aufstand in Zentralasien 1916, Stuttgart 2010 | Hölzl, M., Tibet – vom Imperium zur chinesischen Kolonie, Frankfurt 2009 | Hofmeister, U., Russische Erde in Taschkent? Koloniale Identitäten in Zentralasien, 1867–1881, in: Saeculum 61, 2 (2011) 263–82 | Hsü, I. C. Y., The Rise of Modern China, 2. Aufl., New York 1975 | Issawi, C., The Economic History of Iran, 1800–1914, Chicago 1971 | Kappeler, A., Die *vergessenen Muslime*. Russland und die islamischen Völker seines Imperiums, in: Saeculum 55, 1 (2004) 19–47 | –, Russland als Vielvölkerreich. Entstehung, Geschichte, Zerfall, 2. Aufl., München 2008 | Kazemzadeh, F., Russia and Britain in Persia, 1864–1914: A Study in Imperialism, New Haven u. a. 1968 | Khodarkovsky, M., Russia's Steppe Frontier: The Making of a Colonial Empire, 1500–1800, Bloomington 2002 | –, Bitter Choices: Loyalty and Betrayal in the Russian Conquest of the North Caucasus, Ithaca 2011 | Lary, D. (Hg.), The Chinese State at the Borders, Vancouver u. a. 2007 | Leibniz, G. W., Das Neueste von China (1697), hg. v. Reinbothe, T./Nesselrath, H. G., Köln 1979 | Leonhard, J./Hirschhausen, U. v. (Hg.), Comparing Empires: Encounters and Transfers in the Long Nineteenth Century, Göttingen 2011 | Levine, P./Marriott, J. (Hg.), The Ashgate Companion to Modern Imperial Histories, Farnham u. a. 2012 | Malozemoff, A., Russian Far Eastern Policy, 1881–1904, Berkeley 1958 | Mancall, M., Russia and China: Their Diplomatic Relations to 1728, Cambridge, MA 1971 | Manz, B. F., Central Asian Uprisings in the Nineteenth Century: Ferghana and the Russians, in: Russian Review 46 (1987) 267–81 | Mathes, W. M., The Russian-Mexican Frontier: Mexican Documents Regarding the Russian Establishment in California, 1808–1842, Fort Ross 2008 | Merck, C. H., Das sibirisch-amerikanische Tagebuch aus den Jahren 1788 bis 1791, hg. v. Dahlmann, D. u. a., Göttingen 2009 | Miller, G. A., Kodiak Kreol: Communities of Empire in Early Russian America, Ithaca 2010 | Morrison, A. S., Russian Rule in Samarkand 1868–1910: A Comparison with British India, Oxford 2008 | Nolte, H.-H., Russländisches Reich, in: Enzyklopädie der Neuzeit, Bd. 11, Stuttgart 2010, 452–78 | Owen, T. C., The Russian Industrial Society and Tsarist Economic Policy, 1867–1905, in: JEcH 45 (1985) 587–606 | Perdue, P. C., China Marches West: The Qing Conquest of Central Eurasia, Cambridge, MA u. a. 2005 | Pierce, R. A., Russian Central Asia, 1867–1917: A Study in Colonial Rule, Berkeley 1960 | Poe, M. T., The Russian Moment in World History, Princeton 2003 | Romaniello, M. P., The Elusive Empire: Kazan and the Creation of Russia, 1557–1671, Madison 2012 | Romanow, B. A., Russia in Manchuria (1892–1906), Ann Arbor 1952 | Rossabi, M. (Hg.), Governing China's Multiethnic Frontiers, Seattle 2004 | Rywkin, M. (Hg.), Russian Colonial Expansion to 1917, London 1988 | Sanders, T./Tucker, E./Hamburg, G. (Hg.), Russian-Muslim Confrontation in the Caucasus: Alternative Visions of the Conflict between Imam Shamil and the Russians, 1830–1859, London u. a. 2004 | Sanjdorj, M., Manchu Chinese Colonial Rule in Northern Mongolia, London 1980 | Schimmelpenninck van d. Oye, D., Russian Orientalism: Asia in the Russian Mind from Peter the Great to the Emigration, New Haven 2010 | Schramm, G., Das Zarenreich. Ein Beispielfall für Imperialismus, in: Geschichte und Gesellschaft 7, 2 (1981) 297–310 | Sidorco, C. P., Dschihad im Kaukasus. Antikolonialer Widerstand der Dagestaner und Tschetschenen gegen das Zarenreich (18. Jahrhundert bis 1859), Wiesbaden 2007 | Spencer, E., Travels in Circassia, Krim Tartary & C, 2 Bde., London 1837 | Starr, S. F. (Hg.), Russia's American Colony, Durham, NC 1987 | Stolberg, E.-M. (Hg.), Sibirische Völker. Transkulturelle Beziehungen und Identitäten in Nordasien, in: Periplus 17 (2007) 1–209 | –, Sibirien. Russlands *Wilder Osten*. Mythos und soziale Realität im 19. und 20. Jahrhundert, Stuttgart 2009 | –, *Želtorossija – Gelbes Russland*. Reflexionen über den russischen Orientalismus am Beispiel der Kolonialpolitik in der Mandschurei (1890–1917), in: JEÜG 10 (2010) 121–45 | Sunderland, W., Taming the Wild Field: Colonization and Empire on the Russian Steppe,

Ithaca 2004 | Tikhmenev, P. A., A History of the Russian-American Company, Seattle 1978 | Treadgold, D. W., The Great Siberian Migration: Government and Peasant in Resettlement from Emancipation to the First World War, Princeton 1957 | Walter, D./Kundrus, B. (Hg.), Waffen, Wissen, Wandel. Anpassen und Lernen in transkulturellen Erstkonflikten, Hamburg 2012 | Witzenrath, C., Cossacks and the Russian Empire, 1598–1725: Manipulation, Rebellion and Expansion into Siberia, London 2007 | Zabriskie, E. H., American-Russian Rivalry in the Far East: A Study in Diplomacy and Power Politics, 1895–1914, Philadelphia 1946, Ndr. 1973 | Znamenski, A. A., Shamanism and Christianity on the Russian Siberian Borderland: Altaian Responses to Russian Orthodox Missionaries (1830–1917), in: Itineriario 22, 1 (1998) 107–30.

美国的“昭昭天命”和加拿大

Adams, W. P., Die USA vor 1900, 2. Aufl., München 2009 | –, Die USA im 20. Jahrhundert, 3. Aufl., München 2012 | Anderson, W. L. (Hg.), Cherokee Removal: Before and After, Athens, GA 1991 | Anderson, W. W./Lee, R. G. (Hg.), Displacements and Diasporas: Asians in the Americas, New Brunswick 2006 | Arnade, C. W., The Acquisition of Florida by the United States, in: JGLA 44 (2007) 187–205 | Bade, K./Emmer, P. C./Lucassen, L./Oltmer, J. (Hg.), Enzyklopädie Migration in Europa. Vom 17. Jahrhundert bis zur Gegenwart, Paderborn 2007 | Banner, S., How the Indians Lost Their Land: Law and Power on the Frontier, London 2005 | Barnett, L. K., The Ignoble Savage: American Literary Racism, 1790–1890, Westport 1975 | Beck, W. A./Haase, Y. D., Historical Atlas of California, Norman 1974 | –/–, Historical Atlas of the American West, Norman 1989 | Beckert, S. 2015 | Beede, B. R. (Hg.), The War of 1898 and US Interventions, 1898–1934: An Encyclopedia, New York 1994 | Bessel, R./Haake, C. B. (Hg.), Removing Peoples: Forced Migration in the Modern World, Oxford u. a. 2009 | Billington, R. A./Ridge, M., Westward Expansion: A History of the American Frontier, 5. Aufl., New York 1982 | Blackhawk, N., Violence over the Land: Indians and Empires in the Early American West, Cambridge, MA 2006 | Bowden, H. W., American Indians and Christian Missions: Studies in Cultural Conflict, Chicago 1981 | Buckner, P. A., The Transition to Responsible Government: British Policy in British North America, 1815–1850, Westport 1985 | –, Canada and the British Empire, Oxford 2008 | Burroughs, P., British Attitudes towards Canada, 1822–1849, London 1971 | –, The Canadian Crisis and British Colonial Policy, 1828–1841, London 1972 | –, The Determinants of Colonial Self-Government, in: JICH 6 (1977/78) 314–29 | Cappon, L. J./Petchenik, B. B./Long, J. H., Atlas of Early American History: The Revolutionary Era 1760–90, Princeton 1976 | Careless, J. M. S., The Union of the Canadas, 1841–1857, Toronto 1967 | Carlson, J., The Limits of Structural Change, Uppsala u. a. 1981 | Carr, R., A Colonial Experiment: The United States and Puerto Rico, New York 1984 | Cayton, A. R. L./Teute, F. J. (Hg.), Contact Points: American Frontiers from the Mohawk Valley to the Mississippi, 1750–1830, Chapel Hill 1998 | [CHAFR] The Cambridge History of American Foreign Relations, 4 Bde., Cambridge 1993 | [CHBE] The Cambridge History of the British Empire, 8 Bde. in 9 Tln., Cambridge 1929–59; Bd. 2, Ndr. 1968 | Chipman, D. E., Spanish Texas, 1519–1821, Austin 1992 | [CHNPA] The Cambridge History of the Native Peoples of America, 3 Bde. in 6 Tln., Cambridge

1997–2000; Bd. 1, 1997 | Cole, D./Chaikin, I., An Iron Hand upon the People: The Law against the Potlatch on the Northwest Coast, Seattle 1990 | Cole, M. D., Das Selbstbestimmungsrecht indigener Völker. Eine völkerrechtliche Bestandaufnahme am Beispiel der Native Americans in den USA, Berlin 2009 | Connor, S. V./Skaggs, J. M., Broadcloth and Britches: The Santa Fé Trade, Austin 1977 | Cook, W. L., Flood Tide of Empire: Spain and the Pacific Northwest 1543–1819, New Haven 1973 | Craig, G. M., Upper Canada: The Formative Years, 1784–1841, Toronto 1963 | Cronon, W., Nature's Metropolis: Chicago and the Great West, New York 1992 | Damiani, B. P., Advocates of Empire: William McKinley, the Senate and American Expansion, 1898–1899, New York 1987 | Daniels, C./Kennedy, M. V. (Hg.), Negotiated Empires: Centres and Peripheries in the Americas, 1500–1820, New York 2002 | Grazia, V. de, Das unwiderstehliche Imperium. Amerikas Siegeszug im Europa des 20. Jahrhunderts, Stuttgart 2010 | Du Val, K., The Native Ground: Indians and Colonists in the Heart of the Continent, Philadelphia 2006 | Ellinghaus, K., Absorption in the United States and Australia, in: PHR 75, 4 (2006) 563–85 | Elliott, M. A., Custerology: The Enduring Legacy of the Indian Wars and George Armstrong Custer, Chicago 2008 | Eue, J., Die Oregon-Frage. Amerikanische Expansionspolitik und der pazifische Nordwesten, 1814–1848, Münster 1995 | Fifer, J. V., United States Perceptions of Latin America, 1850–1930: A *New West* South of Capricorn? Manchester 1991 | Finzsch, N., Die Goldgräber Kaliforniens. Arbeitsbedingungen, Lebensstandard und politisches System um die Mitte des 19. Jahrhunderts, Göttingen 1982 | –/ Horton, J. O. u. L. E., Von Benin nach Baltimore. Die Geschichte der African Americans, Hamburg 1999 | Fisch, J., Völkerrechtliche Verträge zwischen Spaniern und Indianern, in: JGLA 16 (1979) 205–44 | Fischer, J. R., Cattle in Hawai'i: Biological and Cultural Exchange, in: PHR 76 (2007) 347–72 | Fish Kashay, J., Competing Imperialisms and Hawaiian Authority: The Cannonading of Lāhainā in 1827, in: PHR 77 (2008) 369–90 | Fite, G. C., The Farmers' Frontier, 1865–1900, Albuquerque 1977 | Flake, C. J., A Mormon Bibliography, 1830–1930, Salt Lake City 1978 | Frantz, K., Die Indianerreservationen in den USA, Stuttgart 1993 | Frings, M.-L., Henry Clays *American System* und die sektionale Kontroverse in den Vereinigten Staaten von Amerika 1815 bis 1829, Frankfurt 1979 | Furtwangler, A., Answering Chief Seattle, Seattle 1997 | Gassert, P./Häberlein, M./Wala, M., Kleine Geschichte der USA, Stuttgart 2007 | Georgi, B., Der Indianer in der amerikanischen Literatur, Köln 1982 | Gibson, J. R. 1999 | Go, J./Foster, A. L. (Hg.), The American Colonial State in the Philippines: Global Perspectives, Durham 2003 | Golay, F. H., Face of Empire: United States-Philippine Relations, 1898–1946, Madison 1998 | Gold, K. A., United States Foreign Economic Policy-Making: An Analysis of the Use of Food Resources, 1972–1980, New York 1987 | Goldring, P., Province and Nation: Problems of Imperial Rule in Lower Canada 1820 to 1841, in: JICH 9 (1980/81) 38–56 | Gough, B. M., Distant Dominion: Britain and the Northwest Coast of North America, 1579–1809, Vancouver 1980 | Grabbe, H.-J., Vor der großen Flut. Die europäische Migration in die Vereinigten Staaten von Amerika 1783–1820, Stuttgart 2001 | Graebner, N., Empire on the Pacific, 2. Aufl., Oxford 1983 | Grandin, G., Empire's Workshop: Latin America, the United States, and the Rise of New Imperialism, New York 2006 | Greenwald, E., Reconfiguring the Reservation: The Nez Perce, Jicarilla Apaches, and the Dawes Act, Albuquerque 2002 | Gump, J. O., A Spirit of Resistance: Sioux, Xhosa, and Maori Responses to Western Dominance, 1840–1920, in: PHR 66 (1997) 21–52 | Hackel, S. W., Children of Coyote, Missionaries of Saint Francis: Indian-Spanish Relations in Colonial California, 1769–1850, Chapel Hill 2005 |

Hämäläinen, P., The Rise and Fall of Plain Indians Horse Culture, in: Journal of American History 30, 3 (2003) 833–62 | –, The Comanche Empire, New Haven 2008 | –, The Politics of Grass: European Expansion, Ecological Change, and Indigenous Power in the Southwest Borderlands, in: WMQ 67, 2 (2010) 173–208 | Hagan, W. T., United States-Comanche Relations: The Reservation Years, New Haven 1976 | –, The Indian Rights Association: The Herbert Welsh Years, 1882–1904, Tucson 1985 | –, Taking Lands: The Cherokee (Jerome) Commission, 1889–1893, Norman 2003 | Halliburton, R., Red over Black: Black Slavery among the Cherokee Indians, Westport 1977 | Harper, M./Constantine, S. (Hg.), Migration and Empire, Oxford 2012 | Heffer, J., Les états-unis et le pacifique. Histoire d'une frontière, Paris 1995 (engl. 2002) | Herring, G. C., From Colony to Superpower: U.S. Foreign Relations since 1776, Oxford 2008 | Heston, T. J., Sweet Subsidy: The Economic and Diplomatic Effects of the U.S. Sugar Acts, 1934–1974, New York 1987 | Hine, R. V./Faragher, J. M., The American West: A New Interpretive History, New Haven u. a. 2000 | Höhn, M./Mun, Sung-suk (Hg.), Over There: Living with the U.S. Military Empire from World War Two to the Present, Durham, NC 2010 | Hopkins, A. G., Capitalism, Nationalism, and the New American Empire, in: JICH 35 (2007) 95–117 | Horne, G., The White Pacific: U.S. Imperialism and Black Slavery in the South Seas after the Civil War, Honolulu 2007 | Hoxie, F. H. (Hg.), Encyclopedia of North American Indians, Boston u. a. 1996 | Hurt, R. D., The Indian Frontier, 1763–1846, Albuquerque 2002 | Hyslop, S. G., Bound for Santa Fé: The Road to New Mexico and the American Conquest, 1806–1848, Norman 2002 | Igler, D., Re-Orienting Asian American History through Transnational and International Scales, in: PHR 76 (2007) 611–14 | Immerman, R. H., Empire for Liberty: A History of American Imperialism from Benjamin Franklin to Paul Wolfowitz, Princeton 2010 | Irving, W., Astoria, or Anecdotes of an Enterprise beyond the Rocky Mountains (1836), Norman 1964 | Johannsen, R. W., To the Halls of the Montezumas: The Mexican War in the American Imagination, New York 1985 | Jones, K. R./Wills, J., The American West: Competing Visions, Edinburgh 2009 | Karlen, S., *Paz, progreso, justicia y honradez.* Das Ubico-Regime in Guatemala 1931–1944, Stuttgart 1991 | Keil, H., Die Vereinigten Staaten von Amerika zwischen kontinentaler Expansion und Imperialismus, in: Reinhard, W. (Hg.), Imperialistische Kontinuität und nationale Ungeduld im 19. Jahrhundert, Frankfurt 1991, 68–86 | Knox, B. A., The British Government, Sir Edmund Head, and British North American Confederation, 1858, in: JICH 4 (1975/76) 206–17 | Krüger, B., Die amerikanischen Loyalisten. Eine Studie der Beziehungen zwischen England und Amerika von 1776 bis 1802, Frankfurt 1977 | Kryzanek, M. J., U.S.-Latin American Relations, 3. Aufl., New York 1996 | Kushner, H. I., Conflict on the Northwest Coast: American-Russian Rivalry in the Pacific Northwest, 1790–1867, Westport 1976 | Lamar, H. R. (Hg.), The New Encyclopedia of the American West, New Haven u. a. 1998 | [Lewis/Clark] Moulton, G. E. (Hg.), The Journals of the Lewis and Clark Expedition, 13 Bde., Lincoln 1987–2001 | Lindig, W./Münzel, M., Die Indianer. Kulturen und Geschichte der Indianer Nord-, Mittel- und Südamerikas, München 1976 | Linn, B. M., The Philippine War, 1899–1902, Lawrence 2000 | Littlefield, D. F., Seminole Burning: A Story of Racial Vengeance, Jackson 1996 | Madden, A. F. u. a. (Hg.), Selected Documents on the Constitutional History of the British Empire and Commonwealth, 8 Bde., London 1985–2000; Bd. 3–4, 1987–90 | Magliari, M. F., Cave Johnson Couts and the Binding of Indian Workers in California, 1850–1867, in: PHR 73 (2004) 349–90 | –, Free State Slavery: Bound Indian Labor and Slave Trafficking in California's Sacramento Valley, 1850–1864, in: PHR 81 (2012) 155–92 | Mansergh, N., Das britische Commonwealth, München 1969 | Martin, G., The Canadian Rebellion Losses Bill of 1849 in British Politics, in: JICH 6 (1977/78) 3–22 | –, Confederation Rejected: The British Debate on Canada 1833–1840, in: JICH 11 (1982) 33–57 | –, The Causes of Canadian Confederation, Fredericton 1990 | –, Britain and the Origins of Canadian Confederation, 1837–67, Basingstoke 1995 | Maurer, N./Yu, C., The Big Ditch: How America Took, Built, Ran, and Ultimately Gave Away the Panama Canal, Princeton 2011 | May, R. E., Manifest Destiny's Underworld: Filibustering in Antebellum America, Chapel Hill 2002 | McCoy, A. W., Policing America's Empire: The United States, the Philippines, and the Rise of the Surveillance State, Madison 2009 | –/Sarano, F. A. (Hg.), Colonial Crucible: Empire in the Making of the Modern American State, Madison 2009 | McDonnell, J. A., The Dispossession of the American Indian, 1887–1934, Bloomington 1991 | McFerson, H. M. (Hg.), Mixed Blessing: The Impact of the American Colonial Experience on Politics and Society in the Philippines, Westport 2002 | McHugh, P. G., Aboriginal Societies and the Common Law: A History of Sovereignty, Status, and Self-Determination, Oxford 2004 | McLoughlin, W. G., Thomas Jefferson and the Beginning of Cherokee Nationalism, 1806 to 1809, in: WMQ 32 (1975) 547–80 | Meinig, D. W., The Shaping of America: A Geographical Perspective on 500 Years of History, Bd. 1: 1492–1800, Bd. 2: 1800–1867, Bd. 3: 1850–1915, Bd. 4: 1915–2000, New Haven 1986–2004 | Miller, K. A., Emigrants and Exiles: Ireland and the Irish Exodus to North America, New York 1985 | Milner, C. A./O'Connor, C. A./Sandweiss, M. A. (Hg.), The Oxford History of the American West, New York 1994 | Missal, A., Seaway to the Future: American Social Visions and the Construction of the Panama Canal, Madison 2008 | Montoya, M. E., Translating Property: The Maxwell Land Grant and the Conflict over Land in the American West, 1840–1900, Berkeley 2002 | Morton, W. L., The Critical Years: The Union of British North America 1857–1873, Toronto 1964 | Mücke, U., Aus einer anderen Welt. Asiatische Einwanderer in den Amerikas, ca. 1850–1945, in: Periplus 14 (2004) 117–42 | Nash, R., Wilderness and the American Mind, 2. Aufl., New Haven 1973 | Neatby, H., Quebec, 1760–1791, Toronto 1971 | Nichols, R. L., Indians in the United States and Canada: A Comparative History, Lincoln 1998 | Nobles, G. H., American Frontiers: Cultural Encounters and Continental Conquest, New York 1997 | Nugent, W., Habits of Empire: A History of American Expansion, New York 2008 | O'Brien, T. F., Making the Americas: The United States and Latin America from the Age of Revolution to the Era of Globalization, Albuquerque 2007 | Oltmer, J., Migration im 19. und 20. Jahrhundert, München 2010 | –, Globale Migration. Geschichte und Gegenwart, München 2012 | Onuf, P., Toward Federalism: Virgina, Congress, and the Western Lands, in: WMQ 34 (1977) 353–74 | Ouellet, F., Le Bas-Canada 1791–1840, Ottawa 1976 (engl. 1980) | Owram, D., Promise of Eden: The Canadian Expansionist Movement and the Image of the West, 1856–1900, Toronto 1980 | Pearce, R. H., Rot und Weiß. Die Erfindung des Indianers durch die Zivilisation, Stuttgart 1991 | Pérez, L. A., The War of 1898: The United States and Cuba in History and Historiography, Chapel Hill 1998 | Perkins, W. T., Constraint of Empire: The United States and Caribbean Interventions, Oxford 1981 | Pletcher, D. M., The Diplomacy of Annexation: Texas, Oregon, and the Mexican War, Columbia 1973 | –, The Diplomacy of Trade and Investment: American Economic Expansion in the Hemisphere, 1865–1900, Columbia 1998 | –, The Diplomacy of Involvement: American Economic Expansion across the Pacific, 1784–1900, Columbia 2001 | Powell, P. W., Tree of Hate: Propaganda and Prejudices Affecting United States Relations with the Hispanic World, 3. Aufl., Albuquerque 2008 | Pratt, J. W., The Origins of *Manifest Destiny*, in: AHR 32 (1927) 795–98 | Price, C., The Oglala People, 1841–1879: A Political History, Lincoln 1996 | Prucha, F. P., The Great Father: The United States Government and the American Indians, 2 Bde., Lincoln 1984 | –, Atlas of American Indian Affairs, Lincoln 1990 | –, American Indian Treaties: The History of a Political Anomaly, Berkeley 1994 | Reichstein, A., Der texanische Unabhängkeitskrieg 1835–36, Berlin 1984 | Renda, M. A., North American Empire, in: Levine, P./Marriott, J. (Hg.), The Ashgate Companion to Modern Imperial Histories, Farnham u. a. 2012, 243–71 | Rich, E. E., The History of the Hudson's Bay Company, 1670–1870, 2 Bde., London 1958–59 | –, The Fur Trade and the North West to 1857, Toronto 1967 | Richmond, I. B., California under Spain and Mexico, 1535–1847, New York 1965 | Roberts, B. H., Comprehensive History of the Church of Jesus Christ of the Latter-Day Saints, 6 Bde., Provo 1957 | Rinke, S., Lateinamerika und die USA, Darmstadt 2012 | Rohrbough, M. J., Trans-Appalachian Frontier: People, Societies, and Institutions, 1775–1850, 3. Aufl., Bloomington 2008 | Rosen, F. (Hg.), Empire and Dissent: The United States and Latin America, Durham, NC 2008 | Rosenberg, E. S., Spreading the American Dream: American Economic and Cultural Expansion, 1890–1945, New York 1982 | –, World War I and the Growth of United States Predominance in Latin America, New York 1987 | –, Financial Missionaries to the World: The Politics and Culture of Dollar Diplomacy, 1900–1930, Cambridge, MA 1999 | – (Hg.), Geschichte der Welt 1870–1945. Weltmärkte und Weltkriege, München 2012 | Rydell, R. W./ Kroes., R., Buffalo Bill in Bologna: The Americanization of the World, 1869–1922, Chicago 2005 | Saunt, C., A New Order of Things: Property, Power, and the Transformation of the Creek Indians, 1733–1816, Cambridge 1999 | Savage, H., Discovering America 1700–1875, New York 1979 | Savelle, M., Empires to Nations: Expansion in America, 1713–1824, Minneapolis u. a. 1974 | Schlesinger, S./Kinzer, S., Bananen-Krieg. CIA-Putsch in Guatemala, Zürich 1992 | Schoonover, T., Uncle Sam's War of 1898 and the Origins of Globalization, Lexington 2003 | Shoemaker, N., American Indian Population Recovery in the Twentieth Century, Albuquerque 1999 | Short, J., American Business and Foreign Policy: Cases in Coffee and Cocoa Regulation, 1961–1974, New York 1987 | Slatta, R. W., Comparing Cowboys and Frontiers, Norman 1997 | Slotkin, R., Regeneration through Violence: The Mythology of the American Frontier, 1600–1860, Middletown 1973 | Smith, H. N., Virgin Land: The American West as Symbol and Myth, Cambridge, MA 1950 | Snoxell, D., Expulsion from Chagos: Regaining Paradise, in: JICH 36 (2008) 119–29 | –, Anglo-American Complicity in the Removal of the Inhabitants of the Chagos Islands, 1964–73, in: JICH 37 (2009) 127–34 | Soluri, J., Banana Cultures: Agriculture, Consumption, and Environmental Change in Honduras and the United States, Austin 2005 | Spickard, P., Almost All Aliens: Immigration, Race, and Colonialism in American History and Identity, New York 2007 | Steiner, M., From Frontier to Region: Frederick Jackson Turner and the New Western History, in: PHR 64 (1995) 479–501 | Stephanson, A., Manifest Destiny: American Expansionism and the Empire of Right, New York 1995 | St. Germain, J., Indian Treaty-Making Policy in the United States and Canada, 1867–1877, Lincoln 2001 | Stickler, M., *American Indian* Holocaust? Die Politik der USA gegenüber den Plainsindianern 1851 bis 1890, in: JEÜG 7 (2007) 65–101 | Stout, J. A., Schemers and Dreamers: Filibustering in Mexico, 1848–1921, Fort Worth 2002 | Streeter, S. M., Managing the Counterrevolution: The United States and Guatemala, 1954–1961, Athens, OH 2000 | Thompson, L., The Imperial Republic: A Comparison of the Insular Territories under U.S. Dominion after 1898, in: PHR 71

(2002) 535–74 | –, Imperial Archipelago: Representation and Rule in the Insular Territories under U.S. Dominion after 1898, Honolulu 2010 | Tocqueville, A. de, De la démocratie en Amérique (1835/40), Paris 1961 | Tyrell, I., Reforming the World: The Creation of America's Moral Empire, Princeton 2010 | Utley, R., The Indian Frontier, 1846–1890, 2. Aufl., Albuquerque 2003 | Vandervort, B., Wars of Imperial Conquest in Africa, 1830–1914, London 1998 | Van Minnen, C. A./ Hilton, S. L. (Hg.), Frontiers and Boundaries in U.S. History, Amsterdam 2004 | Waechter, M., Die Erfindung des amerikanischen Westens. Die Geschichte der Frontier-Debatte, Freiburg 1996 | Walsh, M., The American Frontier Revisited, Basingstoke 1981 | –, The American West: Visions and Revisions, New York 2005 | Washburn, W. E., The American Indian and the United States: A Documentary History, 4 Bde., New York 1973 | – (Hg.), Handbook of North American Indians, Bd. 4: History of Indian-White Relations, Washington 1989 | Weeks, W. E., John Quincy Adams and American Global Empire, Lexington 1992 | –, Building the Continental Empire: American Expansion from the Revolution to the Civil War, Chicago 1996 | –, The New Frontier, the Great Society, and American Imperialism in Oceania, in: PHR 71, 1 (2002) 91–125 | Wehler, H.-U., Grundzüge der amerikanischen Außenpolitik 1750–1900, Frankfurt 1983 | Wellenreuther, H., *First Principles of Freedom* und die Vereinigten Staaten als Kolonialmacht 1787–1803: Die Northwest Ordinance von 1787 und ihre Verwirklichung im Northwest Territory, in: Angermann, E. (Hg.), Revolution und Bewahrung, München 1979, 89–188 | White, R., The Winning of the West: The Expansion of the Western Sioux in the 18th and 19th Century, in: Journal of American History 65 (1978) 319–43 | –, The Middle Ground: Indians, Empires, and Republics in the Great Lakes Region, 1650–1812, Cambridge 1991 | –, Railroaded: The Transcontinentals and the Making of Modern America, New York 2012 | Wilkins, D. E., American Indian Sovereignty and the U.S. Supreme Court: The Masking of Justice, Austin 1997 | Wilkinson, R., American Tough: The Tough-Guy Tradition and American Character, Westport 1984 | Wishart, D. J., The Fur Trade of the American West, 1807–1840, Lincoln 1979 | Woodruff, W., America's Impact on the World: A Study of the Role of the United States in the World Economy, 1750–1970, Basingstoke 1975 | Wright, R., Geraubtes Land. Amerika aus indianischer Sicht seit 1492, Braunschweig 1992 | Wrobel, D. M., Global West, American Frontier, in: PHR 78 (2009) 1–26 | Zilberstein, A., Objects of Distant Exchange: The Northwest Coast, Early America, and the Global Imagination, in: WMQ 64, 3 (2007) 591–620 | Zollinger, J. P., Johann August Sutter, König von Neu-Helvetien. Sein Leben und sein Reich (1938), Zürich 2003.

第十四章

南半球的帝国主义扩张和移民

移民革命

俄罗斯帝国的大陆扩张和美国及加拿大的大陆扩张一样，都与欧洲的全球扩张阶段紧密关联，后者由于其新的形式及其深远后果而在今天被称为“移民革命”；若以1783年和1929年为基础数据，那么19世纪末和20世纪初即为扩张的高潮（James Belich）。在此过程中，新奇的不是欧洲人为了在其他大陆安居而迁出，而是他们如此大规模地迁徙，以至于在西伯利亚和海外出现了移民殖民地，它们比之前的欧洲扩张所创造的大多数移民殖民地都更具有完整性，人们可以更有理由称它们为“新欧洲”（Alfred Crosby，1986）。只有在英属北美洲，这种扩张发生在17、18世纪。移民革命就这方面而言对于欧洲化，或者如果人们不想承认这一点的话，至少对于漫长的19世纪的世界变化作出了决定性的贡献（Jürgen Osterhammel）。随着2011年《移民殖民研究》（*Settler Colonial Studies*）杂志的创办，研究者开始把“移民殖民主义”作为单独的研究对象。

1500年至1800年，估计有200万~300万欧洲人迁出。1800年前后，除美国和西伯利亚外，他们在世界范围内虽然建立了500~600个基地，但只有4个人口超过2000的持久性居住地：果阿、马尼拉、巴达维亚和开普敦。而在1800年和1960年间，起码有6100万欧洲人参与了这种跨洲迁徙。其间，英国人发挥了引领作用。18世纪，或许有50万人离开了不列颠群岛，而在1815年和1924年间大约有2500万人迁出。另外还有500万德国移民，他们与斯堪的纳维亚人一样，由于种族和文化亲缘关系而被英国人承认为他们殖民地里适应能力较强的移民。移民革命造就了今天的英语世界，在这个世界里，美国虽然在各方面都定下了基调，但也与同样脱

胎于英国移民殖民地的另外三个国家——加拿大、澳大利亚和
726 新西兰——一起发挥着重要作用，如果不说英国在印度和非洲
的殖民统治遗产的话。

当第一批殖民国家——就它们的扩张而言——人口不是太多，而是太少时，自18世纪起，欧洲却开始出现人口爆炸。欧洲人口从1800年的大约1.87亿变成了1913年的4.68亿。因此，在那些没有工业劳动岗位可以容纳不断增加的人口的地方，社会压力空前加剧。但问题是，早期的工业化是否能够以这种方式解决大众贫困的问题。大规模迁移不仅意味着有助于解决大规模贫穷的政治问题，而且可以获得对整个经济有利的结果。因为人口增长对经济增长发挥着促进作用，但前提是以人均收入计算，又不至于因为人口增长过快而得出经济负增长。当欧洲在19世纪处于类似处境的时候，大规模移民的安全阀可能拯救了欧洲，使其避免了20世纪发展中国家面临的这个问题。

不过，人口爆炸虽然肯定是大规模移民的必要条件，但并非其充分条件。因为人口增长高潮在1815年前后，而移民高潮在1913年前后。很多额外的推动和拉动因素也被论及，但是无法确定具有普遍意义的因果关联。在英国，1820年代公开地鼓励移民肯定推动了事情的进展。罗伯特·约翰·威尔莫特-霍顿（Robert John Wilmot-Horton）和爱德华·吉本·维克菲尔德（Edward Gibbon Wakefield）是关键人物。和以前输出罪犯一样，现在应该输出贫穷，而其他政治家们想要在宗主国开始社会改革。一项讨论分析表明，“移民（emigrant）”和“殖民者（settler）”这两个概念在1780年至1789年和1900年至1910年这两个时代使用频率迅速上升，其中“殖民者”一词比“移民”更具影响力。而垦殖在1820年代和1890年至1910年是最普遍的事情。就目的国的吸引力

来说，繁荣的形势发挥着重要作用，就像在加利福尼亚、澳大利亚和南非发现黄金一样。1820 年以前，澳大利亚有着相当糟糕而可怕的名声，但 1828 年和 1842 年间的第一次繁荣为它预告了美好的未来。此刻，人们谈论着的是殖民地超越宗主国，以及人口达到 1 亿 ~5 亿的事情。另外，蒸汽船和铁路的
使用让空间变得稠密，移居也变得更为简单了。距离越长，移 727
民就会越多地考虑在现成的网络中，或起码在所熟悉的环境中落户。

只有俄国除外，这里涉及的是向海外移民。与俄国或者中国相反，西欧除了把它的多余人口向海外输出，根本没有其他可能性。正如我们所看到的那样，美国的大陆扩张与俄国不同，它拥有庞大的海外移民。4100 万或者 70% 的欧洲移民迁往北美洲，美国独立之后干脆发展成新的欧洲。但人们不应该忽略其余的 2000 万或者 30% 的人，其中 12% 去了南美洲，9% 去南非、澳大利亚和新西兰，其余的 9% 进入俄国的亚洲部分。

除俄国外，这些 19、20 世纪的移民目的地显示着令人瞩目的共性。阿根廷、智利、乌拉圭、南非、澳大利亚以及新西兰都位于南半球，并且主要在亚热带和温带地区，这里的气候条件与欧洲人所习惯的气候大致相仿。巴西的南部可能也是这样，那里是欧洲移民在这个国家的主要目的地。所有这些国家原本都人烟稀少。只有在智利南部、南非的东南部和新西兰岛上才有较大的前欧洲时代的居民群定居并从事耕作。人们因此可以成功地像在北美洲那样创造白人封闭的“家乡”。人们在 19 世纪还不能预见，新西兰的原始居民不可能被完全边缘化，南非的欧洲化在最后的去殖民化进程中甚至出现了部分的倒退。

向世界市场提供产品的农业和畜牧业成为移民占优势的

经济形式。经过移民革命，数亿公顷的空旷土地变成了小块的耕地，作为私有财产从属于这个或那个欧洲国家的法律，可以在地产市场上交易，尽管使用的程序在各个殖民地之间有所不同。虽然少数移民最初是通过自然经济和粗放经营的畜牧业获取了土地，但随后，之前缓慢增长的移民急剧增加，对某些大
728 宗农业产品的需求也爆炸式增长，尤其是对棉花和小麦。这两者好像是交互增长的。即便是经济繁荣无可避免的周期性崩溃之后的复苏也以为欧洲和海外的城市中心提供这类农产品为主。由于发明了冷冻法，且蒸汽船使海洋运输提高了速度并降低了费用，牛羊肉和奶制品发挥着越来越重要的作用。英国大量的投资也是移民急剧增长和经济繁荣的重要原因。1871 年到 1891 年，澳大利亚的人口数量从 200 万增加到了 380 万。同时，英国在那里投资了 2.1 亿英镑，在新西兰投资了 4000 万英镑。1850 年到 1886 年；新西兰得到了 3.36 亿英镑的投资，澳大利亚在 1861 年至 1891 年甚至得到 12 亿英镑。1914 年，英国在澳大利亚的投资占其投资总额的 12%，在印度的投资仅占 8%。除了投资可以创造巨大的财富，就连季节性劳工有时收入也相当可观。

在有本土耕农的地方，这些农民不是被平等地融入体制，他们可能拥有的竞争力部分被以暴力遏制，而他们的劳动力也受白人的支配。这样，流动性的短工就流行了起来。在那些本土劳动力供不应求的地方，就会出现合同工的输入，比如印度人、中国人和南太平洋诸岛的居民的移入，这无异于用其他方式继续进行奴隶买卖。人们将向南美洲贩卖苦力称作“卖猪仔”。

当智利、南非和澳大利亚由于矿藏的发现和占领而把经济重点转移到矿业领域——比如硝石、铜、黄金和钻石——的时候，对劳力的需求尤其持续上涨。因此，当地也需要更高的投

资，这些投资截至此时主要来自英国。所有这些国家在 19 世纪都以这种或那种方式成为英国自由贸易帝国的组成部分，它们的发展建立在英国占统治地位的世界贸易的基础之上，它们在政治上部分地依赖于英国，而在经济上则无论在什么情况下都依赖于英国。与热带殖民地不同，它们最终也是英国资本偏爱的投资地。上述拉丁美洲国家虽然成为主权国家，但是它们从西班牙帝国被歧视的人烟稀少的边缘地位上升为世界贸易的积极参与者并变成白人移民国家，这首先要归功于对英国的依赖。人们完全可以把它们称为英国人偶尔会尝试暴力干涉，但一般情况下都能通过其经济影响力来实现其利益的“被收养的自治领”（James Belich）。

而南非、澳大利亚和新西兰则成为失去美国和战胜拿破 729
仑之后重新建立的，占世界统治地位的不列颠帝国的组成部分，但它们最初是不具有经济意义的前哨，主要是出于战略或其他政治原因而被占领和保留的，直至它们显示自身的经济潜能。于是这些国家成了白人的富裕岛和天堂，至少在 20 世纪的危机发生之前是如此。到 1930 年，1200 万“最贫穷的英国人”和美国人一起变成了 2 亿“最富有的英国人”（James Belich）。他们的成功基于一种事实，即这些移民不同于中国人和印度人等其他移民，他们绝大多数想要在那里安家。几乎没有出现英国移民回流的情况。

因此他们和以前一样，在美洲以具有英国风格的分散却稳定的政治单元来安排自己的一切。比如在北美洲，程度较高的社会平等似乎促进了形式上的民主。新领地里更大的活动空间在某些情况下，比如在男性选举权的范围方面，或者在妇女选举权的引入方面，甚至允许对英国式的政治机构进行改善：1869 年，后来加入联邦的怀俄明州给予了妇女选举权，1893 年在新西兰，1902 年在澳大利亚也实现了这一点，但是直到

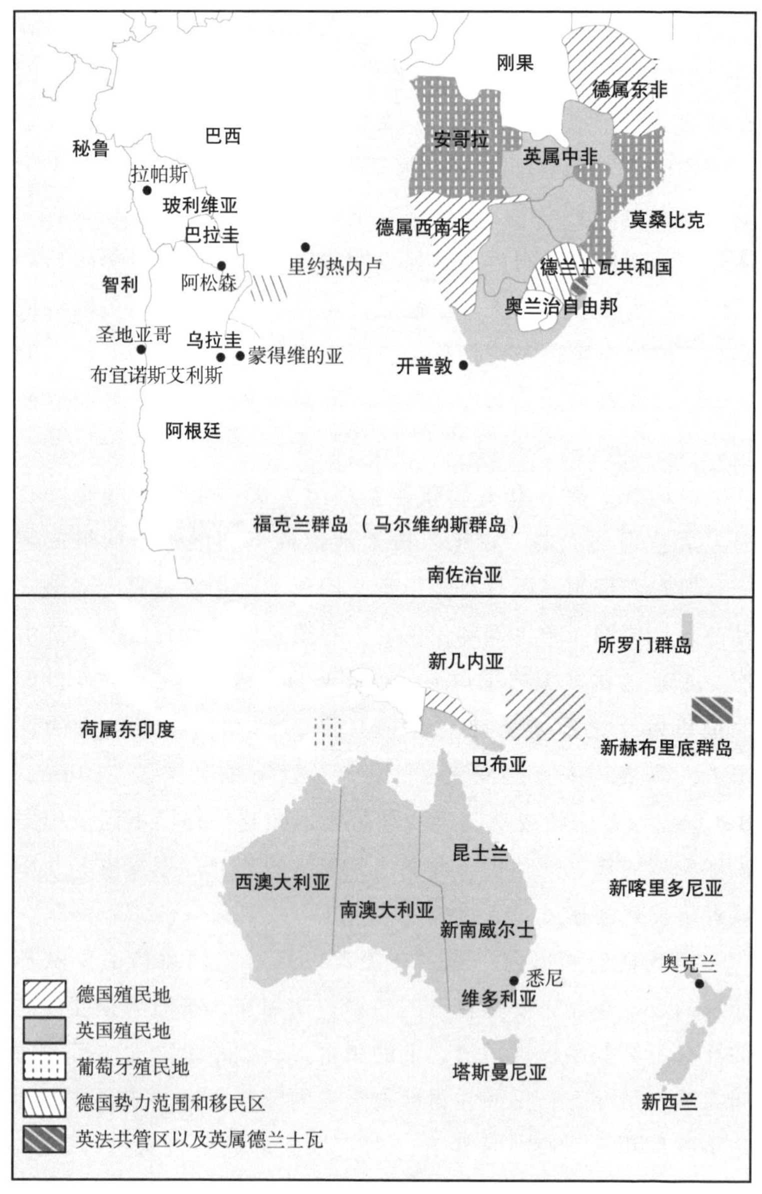

插图 71　1890 年前后南半球的“新欧洲”

1919年，英国妇女才获得选举权，并且当时还存在着限制。在各英国移民殖民地形成的宪法虽然出现过复制威斯敏斯特模式的举动，但它们在合法化上无疑是一个传奇。随着这种模式的输出，英国变得比事后所声称的更为谨慎。海外宪法的形成更加依据当地的意愿，并相应地相互之间有所区别。

另外，与西班牙帝国不同，所有这些移民社会的成功完全和在美国一样，都是建立在新居民的严格的排他性基础之上的。所有的人都属于边境居民社会，在这个社会的边缘，与原住民的关系可以在日常的共处和种族屠杀之间摇摆不定。土著人到处都受到移民的各种方式的排挤。虽然1830年代在奴隶解放运动之后，英国议会圈曾经尝试慈善地弱化当时普遍的，或多或少有些残暴的对待各个原住民的做法（*Aborigines Select Committee*，1837），但这种努力由于政治权力逐步被移民接管而没有能够在当地进行，而这种努力一般是与他们决定土著人拥有何种权利相关联的。有充分的理由将高度移民社 730 会看作种族主义盛行的社会，尤其是在有节制的性关系使纯粹的白人家庭成为可能的那些地方。因为拒绝融入社会和政治是他们成功的前提，所以不能顺利贯彻这条路线的国家在很长时间里一直很少获得成功，比如非洲人占大部分和欧洲人占极小部分的南非，再如其移民未融入当地社会和政治的阿根廷。

北美洲的原住民从前被英国人基本视为局外人，因此只能与他们维持协议关系，而在新殖民地的土著此时也被看作英国的臣民，但是作为被保护人，这是一种在法律上可以且必须规范的关系。但是这种宗主权导致了他们的最终消失。因为要么是他们无望的“劣等性”使得他们那不可避免的消亡至少变得更容易些，要么他们应该被同化、融入到移民社会里。还有他们那些前殖民时期组织的解体也属于此，双方在这种交往中都从根本上把它们归结为“部族”，土地占有的私有化对于土著人来说，往往以丧失土地告终。

英国的移民殖民地呈现了与美国以前脱离英国一样的趋势，这种脱离由于此间所积累的经验而进行得比那里优雅得多。但是在19世纪末期，通过真正的明确的白人帝国联邦制实现“大英国（Greater Britain）”计划，仍然主要为宗主国
731 的政治家们所掌握。而在第一次世界大战后进行的第二次纯粹白人的去殖民化过程中产生了独立国家的英联邦（British Commonwealth）这种后殖民时期的组织形式。

南锥体地区*：阿根廷、智利、乌拉圭

独立之后最初几十年的经济发展进行得更加令人失望，从19世纪中期才开始上升。欧洲的需求由于人口增长和生活水平提高也逐步扩大，并且铁路和蒸汽船的使用也使运输工具更便宜、更快捷。阿根廷除了和以前一样出口毛皮和棉花，还越来越多地出口牛肉。其牧场经济的发展首先从这一点可以看出：这个国家在1877年和1881年间进口了不少于5万吨北美洲发明的用作牧场篱笆的铁丝网。粮食生产随后迎来繁荣。由于将其丰饶的大草原从牧场转为耕地，1870年还在进口粮食的阿根廷到第一次世界大战末期已经成为世界小麦和玉米的主要出口国之一。1865年至1900年，种植面积由约1000平方公里扩展到20万平方公里。为了开发，铁路网转瞬间在大地上延伸开来，仅仅在1880年和1890年之间就从2400公里增加到11200公里。但是铁路有着对殖民地而言很典型的特征，它是为各出口港修建的，特别是布宜诺斯艾利斯，这个城市就像一只伏在自己网里的蜘蛛。

最重要的贸易伙伴是英国，据说它1935年时对阿根廷的出口减少了25%，对智利减少了35%，对乌拉圭减少了17%，从阿根廷主要进口肉类、玉米、小麦和棉花，从智利进口硝酸盐和铜。相反，英国向拉丁美洲出口纺织品、钢铁产品、机器和煤炭，其间，纺织品的份额与该世纪的前半叶相比明显下降。其中，41%输往阿根廷，11%输往智利。投资也主要来自英国。1875年至1885年在阿根廷的投资翻了一番，1885年至1895年翻了两番。1913年，那里的所有外国投资的60%

* Southern Cone，西班牙语为Cono Sur，指南美洲处于南回归线以南的地区，一般包括阿根廷、智利、乌拉圭三国，在社会和政治语境中通常也包含巴拉圭、巴西南部地区、巴西圣保罗州等。——编者注

732 是英国的。1865 年，在整个拉丁美洲的投资是 8900 万英镑，1913 年是 11.799 亿英镑，其中 4.798 亿英镑在阿根廷。1865 年的新投资额占国家公债的四分之三，而 1913 年前后有超过三分之一的投资流向铁路。

乌拉圭也依赖英国的贷款“输液”，不过由于畜牧业兴旺，它仍然能够维持国际收支盈余。英国和比利时合资的利比希公司（Firma Liebig）的浓缩肉汁在当时的欧洲被认为是灵丹妙药。这个小国的铁路网在 1889 年和 1909 年间从 705 公里增加到 2146 公里，但仍属于英国所有。

智利的粮食生产虽然由于向南扩大种植面积而显著提高，但它的富裕首先要归功于采矿。在 1870 年代，它在世界市场上占有 40% 的铜的份额。当时，今天智利北部的大部分海岸荒漠还属于孱弱的玻利维亚，而那里的硝酸盐矿藏则由秘鲁的公司，尤其是智利的公司进行开采，硝酸盐不仅被用于火药生产，而且被用于日益受欢迎的肥料的生产。为了克服 1870 年代经济危机的问题，智利在 1879 年和 1883 年间发起了“硝石之战”，玻利维亚在第一次失败之后退出，战争期间秘鲁受到致命打击。这两个国家随即把它们拥有硝石和铜矿的海岸荒漠割让给了智利。自此，硝酸盐占据了智利出口的主导地位。但在 1890 年，70% 的硝酸盐是由英国公司生产的。美国外交事务负责人认为：“[事实上] 这是一场英国和秘鲁之间的战争，智利在其中只是为虎作伥。”这一点并未得到证实。英国资本主义更倾向于避开政治风险。

这一经济发展与白人移民密切相关。在智利移民的影响甚微，但至少德国人在针对印第安人的南部开发中在这里定居下来。而仅仅在 1870 年和 1914 年间，就有大约 550 万欧洲人迁入阿根廷，尽管其中有大量的人回迁，但仍然有三四百万人留在这个国家。阿根廷的人口在 1869 年至 1914 年从 190 万增加到790万。1843年，乌拉圭总人口中的63%是在外国出生的，这时移民使它获得了40万人，这意味着它的人口数量翻了一番。其结果就是社会的彻底欧洲化。克里奥尔人的生活方式和之前带有非洲或印第安人血统的人的形象都消失了。在巴西可以观察到欧洲移民如何接受混合的生活方式，比如 733
美国黑人的宗教，而这种现象在这里已经不再可能。“新的欧洲”出现了。1851年至1924年，阿根廷接纳了46%的迁往拉丁美洲的欧洲移民。这些移民中的38%来自意大利，28%来自西班牙，11%来自葡萄牙，只有少数人来自非罗曼语族国家。农业的报酬有时如此之高，以至于很多意大利人只是作为季节性劳工（golondrinas，原意为燕子）来到这个国家，接着前往巴西收获咖啡，秋天又回到北半球从事欧洲的收获工作。因为在1900年，从大部分西班牙人的出发地加利西亚（Galicien）乘船只需要17天即可到达，而在1850年前后则需要两个月之久。

尽管在阿根廷，人们为了促进这种发展进行了多次政治尝试，但是仍然没有像在美国那样出现由拥有中型自有企业的农庄主构成的崇尚平等主义的社会。半数的移民留在城市里，特别是在布宜诺斯艾利斯，它在1890年就已经是一个拥有40多万人口的大城市，到1914年又增加到了160万。而早在19世纪中期，其超过三分之一的居民就是由国外迁入的。和以前一样，在农村还是大地产占统治地位。短期合同有碍于其佃农扎根社会。由于直到1912年，寡头政治还未给予他们选举权，他们也就鲜有对这个国家产生认同感的理由。与英国殖民地情况不同，这里无法产生有自我意识的乡村中等阶层。

此外，南锥体地区的欧洲化意味着印第安人被彻底排斥在外，而在乌拉圭，印第安人早就灭绝了。智利的阿劳坎人由于接受了马匹成功地保住了自己，以至于西班牙人在1612年不得不承认康赛普西翁附近的比奥－比奥河作为边界。尽管双方一再发生军事冲突，但还是有着长时间的和平时期，尤其是1683年以来将印第安人战俘卖为奴隶被遏止以后。基督教传教可以进行了，尽管面对完整无损的印第安文化而很少成功。阿劳坎人为了狩猎跨越了安第斯山脉，结果是那里的印第安人接受了他们的文化成就，特别是骑乘马匹，并且像北美洲的草原印第安人一样，从狩猎文化和采集文化转向了骑乘文化。这不仅带来了畜牧业的发展并促进他们参与翻越安第斯山的运输
734 业，还引发了从白人那里掳掠牲畜的行为。1800年前后，印第安人的边界还在布宜诺斯艾利斯所在的纬度上！1860年前后，边界仅在海岸地区向南推进了一些，在内陆丰饶的大草原则维持原状。在与白人关系的不断变化的过程中，早在19世纪，那里便形成了令人恐惧的酋长的强大统治，其人口组成不仅有印第安人，还有掳掠来的白人妇女、混血儿以及被边缘化的白人。

但是不断增加的土地使用和白人人口的剧烈增长对印第安人造成了障碍。在1860年代和1870年代，阿根廷和智利把与印第安人的边界持续前推，并建立了连环要塞，同时新修建的铁路也使得补给更为容易。1870年与巴拉圭进行的损失惨重的战争结束之后，阿根廷军队在1879/1880年的“荒漠战役（Campaña del desierto）”中最终“扫清”了丰饶的大草原。驱逐、瘟疫和酒精对土著人造成了致命打击——他们从阿根廷的历史中消失了。1860年代和1870年代在智利有一个自我任命的阿劳坎人的法裔国王。1878年开始了对印第安人的进攻，但是硝石之战使他们有了喘息之机，甚至能够进行反击，到1883年，阿劳坎国（das Araukanerland）被最终征服。至少这里建立起了保留地，此间在这些保留地又出现了政治活动。

南　非

19世纪初，欧洲在非洲的存在即使是在海岸地区，事实上也是微不足道的。总共有大约2.5万名欧洲人生活在撒哈拉沙漠以南，但是其中有2.2万人生活在气候适宜的开普敦。为了保障1652年在好望角建立的基地舰船的供给，尼德兰东印度公司资助了尼德兰农民、胡格诺派农民和德国农民向这里移民。但他们的农场和葡萄种植园一直由来自亚洲和东非的奴隶耕作，这些奴隶的数量在1815年前后约有2.6万人。

一部分移民几乎不再从事耕种，而是在干旱的北方经营大型畜牧场。这种发展和尼德兰的遗产分配原则相结合，与高度的人口自然增长联系在一起。一个儿子继承了农场，并用牲畜向其他继承人支付他们应得的遗产，他们靠这些牲畜可以在内地安家落户。这种“迁徙的布尔人（Trekburen）”发展出了新的半游牧的生活方式，它最终导致了大规模的自给自足经济的产生。因为随着距离海岸线越来越远，运送肉类几乎不再划算。有充足的土地可以使用。只要不涉及占领所谓无主土地，所有权凭证可以顺利地从政府获得。在那里生活过的非黑色人种的科伊科伊人［Khoikhoi，也叫霍屯督人（Hottentotten）］本身就曾经是畜牧者。他们人数不是很多，几乎没有组织。因此他们或被驱逐，或被用作牧人，从1713年起几次天花传染病使其人口减少了80%。理论上说他们是自由的，但实际上他们的被奴役状况往往与奴隶身份无异。

但是在橘河（Oranjefluss，也作奥兰治河）流域的北部边界，在从18世纪就在这个国家活动的新教传教士的影响下，一些新的部分移动、部分定居的自治联盟形成了，它们被称为格里夸人（Griqua）。其核心由各个强悍的家族组成。起重要作用的是科伊桑人（Khoisan）或巴斯塔德－霍屯督人

（Bastard-Hottentotten），他们至少在文化方面是混合体，因为他们已皈依基督教，说简化了的荷兰语，穿欧洲服装，骑马并拥有火器。由于他们的生活来源部分是通过抢掠牲畜获得，所以他们促使比邻而居的非洲人组成以自卫为目的严格的政治组织。在18世纪后半叶屈服于开普殖民地（Kapkolonie）的经济和政治扩张之前，格里夸人有时候也实施对领土的政治控制。一部分人迁入了后来的德属西南非洲。

而在东部，布尔人碰上了班图人（Bantu），首先是既从事畜牧业又进行农耕的科萨人（Xhosa），他们人数更多，军事上更加具有战斗力。他们并非组织在稳定的部落里，而是组织在拥有不断变化的追随者的酋长部落里，这些酋长部落的一部分组成了正规的王国。与北方不同，先是布尔人移民，后是英国移民的继续推进必然在这条边界线上导致较大的冲突，在
736 1779年和1879年间总共发生过九次边界之战。开始只是互相抢夺牲畜的行为，随着英国在1812年至1852年的军事投入而升级为一种总体战争，这场战争通过破坏非洲人的生活基础而为移民和土地投机商廓清了这片土地。科萨人绝望之下听从一个女预言家的指示，在1856年杀死了一部分感染了瘟疫的牛，祈求祖先和健康的牛群回来并赶走白人。结果是发生了饥荒，之后仅有四分之一的科萨人活了下来。3.5万~5万人死亡，但有16万人逃走。给剩余的科萨人留下的只有东部的特兰斯凯（Transkei），1877年至1879年它被开普殖民地所吞并，同时被吞并的还有在特兰斯凯与此间出现的第二个殖民地纳塔尔（Natal）之间的，由非洲人保有的最后几个地区。

19世纪初在东北部发生了非洲的扩张，它促成了在沙加（Shaka，约1787~1828年）领导下的充满传奇色彩，因而也充满争议的祖鲁国（Zulu）的建立。很可能是由于1822年至1824年的大旱之年，但也可能是随着欧洲影响的不断增加而

扩大的贸易往来和奴隶争夺的缘故，在南非东部的恩古尼民族（Nguni）那里，从18世纪末以来形成了一个更大的政治群体。沙加在这种背景下创建了一个组织严密的富于侵略性的军事帝国，由这个帝国通过征服和合并产生了祖鲁民族，直至今天它都是南非人数最多的民族。它最重要的权力工具是军营化的，仅听命于沙加的由同一年龄段的人组成的军事团体，他们采用密集的阵型，用长矛进行战斗。但在19世纪前半叶，整个东北部直到赞比西（Sambesi）乃至超出这部分的区域都卷入了这一运动。这个过程中出现了一系列新的非洲帝国，它们很少以人种，而更多是以统领者周围的年轻男子联盟为基础形成了新的民族。尤其是年龄较大的女性似乎深受其苦。她们有时候几近饿死，或者不得不同类相食。此外，莫舒舒（Moshoeshoe，约1786~1870年）在山区建立了他的巴苏陀兰［Basutoreich，即今天的莱索托（Lesotho）］，一个被赶到北方的祖鲁侯爵建立了今天的斯威士兰（Swasiland）。由姆兹里卡兹（Mzilikazi，1795~1868年）领导的一个群体从祖鲁帝国覆盖的区域向西到达高地，然后向北迁徙，最后在今天的津巴布韦建立了恩德贝勒人（Ndebele）的帝国。起初它只有200~300个战士，1830年已经拥有6万人，新建了很多军团。

约1817年至1826年发生的这些事件习惯上被归结为一个历史性大事件，它伴有无以名状的恐怖行为和无数的牺牲， 737
被称为“姆菲卡尼（Mfecane）”（大破坏之意），被理解为由沙加引发的连锁反应。残暴的沙加或背负着非洲恶魔的骂名，或享有非洲民族英雄的美誉。直到今天，祖鲁民族还在庆祝“沙加纪念日”。近来，有学者认为，他在这一复杂的，而绝不仅仅是用暴力推动的民族形成的过程中只发挥了有限的作用（Norman Etherington）。

非洲人与正在进行扩张的白人相遇所引发的那些战斗颇具传奇色彩。1795年和1803年间，英国人侵占了开普敦，1806年再一次占领了它，1815年彻底占领，目的是确保印度航线畅通无阻。英国行政官员们考虑的是把布尔人置于法律控制之下，而英国传教士和博爱主义者对与科伊科伊人打交道持反对意见，尽管后者形式上的平等又立刻被英国方面通过规定加以限制了。但是在大英帝国范围内毕竟从1834年以来就废除了奴隶制度！1828年开始在当地实行英国管理和司法制度，当时给总督配备的议事会已经在1834年分为行政议会和立法议会。新饲养的美利奴绵羊的细羊毛成了移民的大生意。1835年至1872年，羊毛出口的利润从1.6万英镑上升到330万英镑。和大量英国移民一道拥来的还有土地投机商。土地价格急速上涨。

布尔人感到这种发展是对他们生活方式和获取土地的欲望的限制，特别是他们感觉到没有必要为了英国人的利益在东部边界参加对科萨人的战斗。于是他们派出侦查员去寻找土地，最终在1835年和1840年间分为不同群体作为“开拓者（Voortrekker）”赶着他们的牛车向北越过了橘河。这些群体各有数百人，总共有6000名白人，这大约占开普殖民地人口的9%，至1845年应该又有1万人随后迁往他们那里。

在1836年战胜姆兹里卡兹率领的恩德贝勒人之后，这些开拓者转向东方，在祖鲁人那里陷入埋伏，但在1838年凭借他们的火器大胜了祖鲁人，并于1839年在祖鲁帝国以南的海岸地区建立了纳塔尔共和国（Republik Natalia）。他们明显的分庭抗礼被英国方面认为是一种危险——能允许在印度航线旁边建立另一个国家吗？于是英国于1843年吞并了纳塔尔，并向那里充实了英国移民；纳塔尔于1852年成为独立殖民地，
738 1859年开始使用输入的印度合同工人进行新引进的甘蔗种植。

1885年，纳塔尔的白人和印度人人数相当。迁徙大军和开拓者进行的战斗在19世纪末被总结成了“大迁徙”神话，它在布尔人的国家具有巨大的作用。以一位开拓者领袖的名字命名的并不只有首都比勒陀利亚（Pretoria）。

在布尔人重新转向北方之后，他们又在那里陷入了与“迁徙的布尔人”及格里夸人的冲突，且因为要建立自己的国家而面临重重困难。1843年，他们宣布成立一个共和国，它主张的区域位于橘河和它的北面支流瓦尔河（Vaal）之间，这个地区在1848年被英国人吞并。但是征服其逃窜的白人臣民的花费对伦敦来说太高了，1852年，英国人和瓦尔河北面的布尔人签订了协议，1854年也与已经被征服的瓦尔河南面的布尔人签订了协议，协议解除了对两者的管束，以至于在其后的二十年里出现了作为布尔人政体的奥兰治自由邦（Oranje-Freistaat）和南非德兰士瓦共和国（Südafrikanische Republik Transvaal）。在奥兰治自由邦发展为稳定的政体期间，在德兰士瓦，四个布尔人的核心居住地之间冲突不断，最终酿成内战。在北方对佩迪帝国（Pedi-Reich）的战争失败之后，这个垮台的国家的局势如此令人绝望，以至于1877年英国的吞并成为唯一的解决方案。在英国人击溃佩迪帝国和祖鲁帝国之后，布尔人的反抗使他们于1881年从英国自由党政府手里要回了有限的独立，1884年要回了完全的独立。

而英属开普敦除了它的总督，1852年还获得了一个议会代表机构（代议制政府），所有种族都拥有选举权，但这一权利和在欧洲一样受到财产状况的限制。1872年，开普敦由自己的一个部成立了政府（责任制政府），其总理现在比总督更为重要。按照加拿大的榜样进行的自我管理使英国移民感到满意，对宗主国来说花费也更少。纳塔尔在1856年得到了在副总督领导下的一个代议制政府，于1881年成为独立的王室殖民地。

1867 年在自治的土著人地区［今天的西格里夸兰（Griqualand West）］的金伯利（Kimberley）发现钻石，1886 年在德兰士瓦的威特沃特斯兰德（Witwatersrand）发现黄金，之后南非才变得具有世界经济意义。英属开普殖民地无视奥兰治自由邦的要求立即吞并了钻石地区。金伯利钻石地区和德兰士瓦的约翰内斯堡（Johannesburg）出现了现代化的工业城市，它们必须得到供应并需要交通连接。铁路得以修
739 建，资本——特别是英国的资本——涌入这个国家。不断上涨的开采费用引起了参与企业的集中，直至英国的千万富翁、殖民政治家和开普殖民地总理塞西尔·约翰·罗兹（Cecil John Rhodes，1853~1902 年）的德比尔斯公司（De Beers，以钻石发现地的农场命名）得以在世纪末建立直到今天还存在的垄断，之前他在伦敦和南非巧妙地充分利用了最为重要的股东，当中主要是犹太人股东。

在此过程中，黑人的劳动条件持续恶化。周工资从 1870 年的 30 先令降低到 1890 年包伙食的 8 先令，原因是为了便于监视，非洲工人此时必须住在封闭的居住点。尽管如此，非洲人作为季节性劳工和食品生产者还是可以从普遍的繁荣中获得比白人所愿意提供的更多的好处。农业自此迅速发展，白人因而想自己接手地产，并且把各个地方的非洲人变成廉价工人的“常备军”。到 1899 年，在所有四个南非国家中，反对非法占领土地的规定都限制着非洲的农业，而英国人把残留的包括祖鲁人在内的非洲政治体都强行并入开普殖民地和纳塔尔。只有北方的斯威士兰、巴苏陀兰和贝专纳兰［Betschuanaland，也写作博茨瓦纳（Botswana）］尽管被征服，但还是作为被保护国保持着半独立。

但是这项政策不仅涉及土地和人，而且意味着要抢在不

断扩张的，向海洋进逼的德兰士瓦之前行动，因为黄金业的繁荣彻底改变了力量对比。1883 年到 1895 年，德兰士瓦的国家收入提高了 25 倍。新建立的约翰内斯堡一转眼就变成了大城市。本地的劳动力贮备已经满足不了需求，要在莫桑比克（Mosambik）甚至更远的地方招募工人。费用昂贵的开采要求更高的投资，并且像钻石业一样会引发企业的集中，尽管雄心勃勃的塞西尔·罗兹这次也没有能够在这里成功地建立垄断。1886 年至 1913 年向威特沃特斯兰德投资了 1 亿多英镑，英国在 1884 年至 1911 年对南非的总投资从 3400 万提高到 3.51 亿英镑，这与其他国家相比也是最高的数值了。高需求和高收入带动了所有经济行业的兴旺。整个南非的白人数量翻了一番，甚至通过移民增加了两倍。1891 年有 60 万白人，1904 年超过 100 万，而 1899 年仅在威特沃特斯兰德就生活着数十万黑人工人。

在德兰士瓦，掌控经济的外国人与想要在政治上掌握大权 740
的布尔人寡头政治之间的紧张关系在加剧。在铁路建设中，德兰士瓦的总统保罗·克鲁格（Paulus Krüger）为了葡属德拉瓜湾（Delagoabai）海岸线的一条由德国和尼德兰共同修建的铁路而轻视从纳塔尔延伸出来的英国铁路。不满的外国人计划与此间成功当选开普殖民地总理的罗兹联手在德兰士瓦实行一次政变突袭，起初受到英国殖民大臣约瑟夫·张伯伦的保护，但在 1895 年，这次政变由于缺乏支援而惨败，根据其头目的名字它被称为“詹森突袭行动（Jameson Raid）”。

罗兹必须引退，但张伯伦凭借秘密文件而毫发未损，并能够把对德兰士瓦的控制变成帝国的生死攸关的问题。英国的高级全权代表阿尔弗雷德·米尔纳（Alfred Milner）为这一持续升级的紧张关系做了他自己的事情。尽管重要的布尔政治家们采取的是和解态度，但是他的军队部署因正值外国人选举权的冲突，还是导致了1899年至1902年的布尔战争，在这场战争中，布尔人尽管有着初期的成功和紧接着的卓越的游击战术，但还是败给了集中在帝国一方的优势。英国人从各个移民殖民地和印度招募军队，而布尔人则受到约2500名来自不同国家的志愿者的支持，部分志愿者非常知名，其中也有德国人。布尔人在国际公众场合明显受到欢迎，而各国政府通常都采取谨慎的克制态度，在皇帝威廉二世通过“克鲁格紧急公函（Krüger-Depesche）”向德兰士瓦总统祝贺1896年挫败詹森突袭行动而明显损害了德英关系之后，德国政府亦变得谨小慎微了。

和之前西班牙人针对古巴人的起义一样，针对布尔人的游击战也创建了如其名所示的集中营。它们不是用于毁灭，而是用于完善此时采用的焦土战略。25%的死亡都归结于组织不充分和瘟疫。另外，英国公众对这一“野蛮行径”反应激烈，因为它是针对白人的。人们不大关心同时存在的黑人集中营。虽然人们长期以来想要收回非洲人的枪支（他们往往大规模有目的地通过雇佣劳动而获得这些武器），但是他们中有些人或自愿或不自愿地支持英国人或者布尔人。如果他们落入对方手中，就会被毫不留情地杀死，这对双方而言是一样的。

741 因为涉及白人，为了帝国框架下南非的稳定，人们最终需要他们的帮助，所以虽然布尔人输掉了战争，但是他们赢得了和平。战后，当1906年新的自由党政府走上更为顺应时代和更为公平的道路，再次保证实行自治的时候——理所当然只是为了白人，英国直接统治下的对这个国家相当残暴的英国化尝试宣告失败。为了克服各殖民地之间不断增多的冲突，联邦制解决方案看来是合适的，正如在澳大利亚所出现的情况。于是在1910年创建了由四个殖民地（未来的省份）组成的一个具有较强中央集权特征且拥有广泛自治权的南非联邦，一个欧洲移民的国家，在这个国家只有在开普省（Kapprovinz）的非白人拥有选举权；直至1936年，他们的这个权利也被取消。布尔人不久后又开始了进军，但是祖籍英国的白人不想动摇白人的统治地位。1913年，禁止非洲人在此间设立的保留地以外购置土地，白人的地产被限定了非洲承租人的数量。对白人获取保留地内的土地的相关禁令由于人数和面积完全不符，实际上没有什么作用。虽然这项法律看起来暂时没有发挥效力，在白人占主导地位的南非，黑人土地占有者无论如何没有被没收地产，但是预定目标十分清楚：通过歧视占多数的非洲人口，同时有计划地剥削他们保持廉价状态的劳动力来维护占少数的白人的统治。布尔民族党在1948年赢得选战后，这一长期趋势通过种族隔离政策（Apartheid）能够被有计划地、坚定地推向极致时，南非以这种方式变成了白人的应许之地。

澳大利亚

在第一个澳大利亚的殖民地新南威尔士（New South Wales），人们以实实在在的方式利用第二次大发现时代的各种成果。传统上，英国把罪犯运往美洲殖民地，在那里把他们卖作有期限的奴隶，从1717年通过《第一运送法案》（First
742 Transportation Act）到1776年共运送了大约5万人。当这一行动随着美国的独立而停止，且寻求其他可能性的努力徒劳无功之后，英国政府于1786年决定在澳大利亚的新南威尔士的由库克船长发现的植物学湾（Botany Bay）建立一个罪犯殖民地。完全抛开它作为英国的贸易根据地的潜力不说，此举也是对法国扩张的防御措施。另外，这要比在英国监狱里拘押这些罪犯花费更少。

1787年，第一支减轻英国监狱负担的船队驶离港口，船上载有大约1000人，其中有757名罪犯。截至1867年驱离行动结束，英国共运送了132308名男性和24960名女性，不过必须注意的是，并非所有的人都留在了那块土地上，有些人在刑期结束之后又返回了英国。此外由于当时严厉的刑法，尽管对驱离出境要求的最低刑期是七年（另外还有十五年和终身监禁），绝对不是所有的罪犯都可被看作现今意义上的刑事罪犯，尤其是至1823年占到将近四分之一的爱尔兰人不是这种罪犯。这里涉及的更多是下等阶层的普通成员。绝大部分的判决都是因为财产犯罪。

首任总督亚瑟·菲利普（Arthur Phillip，1787~1792年在任）1788年刚一抵达就立刻行使了他在英国概念里闻所未闻的无限全权，把这一移民点从交通不便的植物学湾迁至更远的北方的一个更好的地方，这个地方是根据内政大臣悉尼勋爵（Lord Sydney）的名字命名的。另外，他成功地争取到政府赞同一个真正的移民殖民地的远景规划。释放的罪犯和自由移民都致力于耕种，只要服刑的罪犯不是在政府的农场和施工场地干活，就交由自由移民看管。菲利普的继任者鼓励自由交易，造成的结果是官员和军官们得到了巨额贿赂，不过也给这个新殖民地带来了显著的经济腾飞，不久它就不再依赖宗主国的供应了。这个殖民地很快成为海豹捕猎者和捕鲸者的重要基地，它用他们的产品进行贸易。1805 年以后，绵羊养殖规模扩大。1810 年在新南威尔士有五个移民点，在范迪门地（塔斯马尼亚岛）有两个。用“澳大利亚”命名这个大陆（曾环绕它航行的马修·弗林德斯在 19 世纪初建议使用这一名称）被接受得非常缓慢。悉尼发展成了一个拥有学校、报纸和剧院的体面城市。1810 年在澳大利亚生活着 11942 人，成年男性 6332 人，成年女性 2519 人，儿童 3091 人，其中有 1701 名罪犯；罪犯中有 1368 名成年男性、175 名成年女性和 158 名儿童！军队有 1559 人，其家属有 2291 人，还有 64 名公职人 743
员及其家属 80 人。尚在服刑的被驱离出境者占 14.1%。在东方首次新建了一种直到当时在那里还不为人所知的移民殖民地类型，尽管或许人们一开始并没有这种意图。

但是新近富裕起来的、受人尊敬的殖民地公民抵制前罪犯融入社会，而总督拉克兰·麦格理（Lachlan Macquarie，1809~1821 年在任）则支持这种融入。因为与英国其他白人殖民地不同，总督作为一种和监狱长所差无几的人物几乎拥有无限全权，所以公民们向他要求自己作为英国臣民的权利，尤其是要求陪审团审判和参与立法。事实上，在 1823 年的一次调查之后就设立了一个由五到七名被任命的成员组成的立法议会。但立法的动议权仍掌握在总督手里，英国王室可以在三年期限内废除澳大利亚法律。第一个陪审团由军官组成。不过这项英国法律有理由被视为澳大利亚从监狱向殖民地的过渡。

1828 年重新颁布了这项法律，适用范围扩展到 1825 年上升为独立殖民地的塔斯马尼亚岛。立法议会现在最多可以有十五位指定的绅士。

对参与澳大利亚沿海考察的法国人的恐惧促使英国政治家们在建立数个不甚宜居的根据地之后，最终在 1829 年与伦敦和悉尼的亚洲贸易利益相结合，在今天的珀斯（Perth）附近的西澳大利亚的天鹅湖创建了一个没有服刑罪犯的新的殖民地。但是劳动力的缺乏使得移民们在 1846 年自己向国王请求发配罪犯。尽管如此，西澳大利亚长期以来一直是这个大陆上最弱的殖民地。

在新南威尔士，经济大权在 20 世纪属于大土地所有者和大商人，他们在 1930 年代又获得了政治大权。之前通过总督进行的慷慨的土地分配受到了限制，人们不想要前罪犯（emancipists），而是鼓励资本雄厚的新移民前来。服刑罪犯则应被清除出城市，分配给内地的拓荒者们。不可救药者被集中到在今天的布里斯班（Brisbane）附近的莫顿湾（Moreton Bay）新建的一个罪犯殖民地。这是昆士兰（Queensland）殖民地的肇始。那几十年的大生意是为永远无法满足的英国羊毛工业进行羊毛生产。英国羊毛工业于 1805 年前后消耗了 1.05 亿磅羊毛，而 1845 年到 1849 年消耗量为 2.095 亿磅，1860 年到 1864 年甚至达到 3.122 亿磅。其中 1805 年消耗量
744 的 31% 不得不靠进口，1845 年到 1849 年这个比例为 43%，1860 年到 1864 年是 49%。1850 年，澳大利亚提供了这一需求的一半。“擅自占用土地者”在蓝山（die Blauen Berge）的另一边发现了他们迫切需要的土地，人们于 1813 年就翻越了蓝山，那些擅自占用土地者都是规模不等的绵羊养殖大户。伦敦为了行政控制而制止这种扩张的尝试被证明难以进行下去。塔斯马尼亚岛的居民开发了他们岛上的牧场之后，又渡海

到了对面的海岸，在菲利普湾港（Port Phillip Bay）建立了一个定居点，这便是维多利亚州（Victoria）的开端。1828年，新南威尔士有36598名居民，塔斯马尼亚岛有20265人，其中依然有服刑罪犯，两地分别有17986名和7449名罪犯。

1832年和1842年间又来了7万自由移民，其中五分之四受到英国政府的支持。截至1850年，移民人数应达到20万。1831年至1900年，除罪犯外总共有147.4万人从英国迁入澳大利亚，其中74万人受到国家支持。1836年又建立了南澳大利亚，在这个过程中，计划移民的鼓动者——特别是爱德华·吉本·维克菲尔德，投机商和新教慈善家共同发挥了作用。殖民改革派从同一个自由经济理论推导出了与同时代的自由贸易者有些不同的结论，以他们的方式为英国继续扩张作出了和自由贸易者同样的贡献。罗伯特·约翰·威尔莫特－霍顿考虑的是通过国家资助的移民项目有效地把英国穷人打发走，而维克菲尔德想要的则是经过挑选的、有足够资本购买土地的移民。与此同时，土地是需要上税的，以便以这种方式为后续移民筹措资金和解决劳动力问题。应出现一个新的整合式中产阶级帝国来取代堕落贵族的旧帝国，这也属于殖民地的自我管理。于是维克菲尔德就成了白人联邦的预言者。人们计划在南澳大利亚建立一个农民国，此外它也是持不同政见者的一个避难所。在澳大利亚其余地区占主导地位的是英国圣公会，它于1836年在悉尼有了自己的第一个主教，他在1847年成为管辖其他五个主教区的总主教。另外，那里一开始就有一个爱尔兰天主教少数派，他们占19世纪移民的25%，1829年英国天主教解放运动之后得以同时联合英国圣公会建立了自己的僧侣统治制度。1901年，40%的澳大利亚人为英国圣公会信徒，23%是天主教徒，还有27%是以南澳大利亚为堡垒的独立教会信徒。虽然在那里进行着绵羊养殖和土地投机，这颇令维克

745 菲尔德和慈善家们失望，但那里同时还保持着农民的食品生产经济。

但是澳大利亚的这一发展从一开始就损害了深色皮肤的原始居民及其简朴的狩猎和采集文化。由于他们的生活方式和较少的人数，他们的土地可以被看作空置的和无主的，可以被毫无问题地占有。无疑，当地有了比那个时代的英属美洲更为友好的土著政策的开端，因为彼时王室对于处女地主权的模糊想法与保护土著人的责任的同样模糊的想法联系在了一起。首任总督菲利普致力于和平交往。当在1838年不断发生的小规模战斗中，黑人在丛林被白人肆意杀害时，尽管有白人抗议，七名肇事者仍被绞死，这在当时引起了很大的震动。但是即使是那些友好的白人也不能理解，为什么原住民不立刻表示愿意接受文明和基督教，反而以攻击来回应白人拿走土地的行为。于是就有了驱逐或者消灭的口号，因为这个深肤色民族与在南太平洋的情况相反，从来就没有被欧洲人理想化过。这个民族似乎更多是由于它的劣等性，按照所谓的自然法则注定要走向毁灭，正如查尔斯·达尔文（Charles Darwin）在1839年所认定的那样。第一，文化差异如此巨大，以至于文化之间的误解发挥了巨大作用，就连传教士们在交流时也有很大困难。第二，白人需要越来越多的土地，而他们只能从黑人那里掠取这些土地。十分典型的是，当移民扩张达到高潮的时候，黑人的反抗也往往是最激烈的。双方都在学习对方的暴力文化，并发明了新的交战方法。土著居民用他们有限的方式保卫自己，袭击移民居住地，偷窃绵羊或者点燃丛林。他们因而被毒死、打死或枪毙。第三，传染病和酒精也发挥着毁灭性的作用。但是首要原因是白人的扩张夺走了他们的生存空间和食物。

塔斯马尼亚岛的数千住民比之大陆的土著人更为愚昧和野蛮，但同时当再没有任何躲避的可能性，而且野兽也在灾难性地减少时，他们又是世界上最为和平和善良的民族，他们经历了自身悲惨而不可避免的毁灭。这种传统的认知此间也在被修正。因为遗留下来的塔斯马尼亚人在1827年和1831年间用 746
654次针对移民的攻击应对移民浪潮，其间打死、打伤了大约400名白人，而150~250名土著人丢失了性命。1700名移民和1000名士兵打败了他们，他们中的大部分在被驱逐过程中死于种种疾病，之后又持续发生了袭击事件，直到1842年最后七名战士被俘。据说最后一个塔斯马尼亚人于1876年死亡。

估计1788年时，澳大利亚的土著人口至少为31.5万。1921年在这块大陆上还有7.5万名土著人。1500万澳大利亚白人着重认定这是个社会文化问题而不是种族问题，因为在他们那里没有种族隔离。鉴于数量关系，种族隔离也是不必要的。相反，在保护本地人的过程中，大约从1900年到1969年，所有土著儿童的大约三分之一被迫离开父母，他们被送进国家或者教会的保育院，或者被白人收养，以便于他们融入白人社会，找到最好的归宿，以此来最终推动他们民族很大程度上失败了的同化进程。就连种族融合也被看作使黑人在生物学上逐步走向消亡的途径。在美国的印第安人政策中有时候就有这样的措施。种族冲突便以这种方式演变成文化冲突。

那里绝对不缺乏作为防御机制的种族主义，这种防御机制一方面是对于具有优越感的白人而言的，另一方面是对于白人工人的社会地位而言的。当1843年绵羊养殖者们想从印度和太平洋群岛输入牧羊人，以解决劳动力紧缺问题的时候，愤怒的浪潮一触即发，以致他们懊悔地回到使用罪犯劳动的方案上。伦敦殖民局的行政主管当时写道：必须避免在美洲所犯的与非洲人聚居在同一块土地上的错误，还要注意不能让种族混杂败坏了“高贵的白人种族”。即便这个“高贵的种族”系由罪犯组成并因此而被有道德的英国人看作“堕落的泥沼”，也即便这样的看法本身并不完全合理。根据相关的调查结果，1840年英国停止向新南威尔士运送服刑罪犯。对于南澳大利亚来说，运送服刑罪犯从一开始就是被禁止的。但是在问题成堆的1840年代，英国比任何时候都更需要一个罪犯殖民地，而塔斯马尼亚岛太小了。尽管在立法会中有影响力的大土地所有者乐于看到重新同意至少向新南威尔士的北部地区（即今天的昆士兰）运送服刑罪犯，但是公众的意见最终还是被贯彻下去了。1852年，这个制度也在塔斯马尼亚岛被废除，自此，
747 所有的东部殖民地都废除了这一制度，只有在西澳大利亚一直存在至1868年，直到它于宗主国而言再也无利可图。因为约16万被驱离者中的许多人刑期结束之后回到了英国，此外还必须考虑到人数不多的罪犯后代，所以这类人只占澳大利亚人的少数。1850年，新南威尔士的人口为265503人，范迪门地为70130人，南澳大利亚为63300人，但西澳大利亚仅为4600人。

在罪犯问题上得由宗主国作出决定使得自治的呼声首先在新南威尔士日益高涨。人们更愿意自行颁布有关土地占有、移民和关税的法律，并通过向议会负责的大臣来实施。严格说来，这是一种在宗主国也刚刚才实行的制度。1842年的法律继续把上述事务委托给宗主国，把行政权委托给总督，根据这项法律，新南威尔士立法委员会现有的36名成员中的24人由拥有大量财产的选民选举，而在塔斯马尼亚岛和南澳大利亚依然实行指定委员制。1844年，新南威尔士立法委员会要求以加拿大为榜样实行大臣负责制，虽然这个体制在那里尚未正式存在。直到格雷伯爵（Earl Grey）担任约翰·罗素（John Russell）自由党内阁（1846~1852年）的殖民大臣时，这个制度才得到认可，而他认为澳大利亚殖民地的发展不够充分。另外，他还与当时的常务次官詹姆斯·菲茨詹姆斯·斯蒂芬

（James Fitzjames Stephen）一样在读过托克维尔的《论美国的民主》（*démocratie en Amérique*）之后，考虑在一个没有贵族的国家如何才能避免多数暴政。此外，他还打算考虑后来的维多利亚的独立追求——墨尔本（Melbourne）距离悉尼有一千公里之远，但是作为纠正措施，应该产生一个所有殖民地的共同代表大会，大会应拥有立法权，比如对正在建设中的铁路的立法权。但是已经迅猛发展的地区利益拒绝了这些计划。人们事实上在以不同的轨距建设铁路。

1850 年，格雷使《澳大利亚殖民地政府法》（Australian Colonies Government Act）获得通过，该法使维多利亚作为独立殖民地脱离新南威尔士。它也为昆士兰设计了同样的方案，1859 年昆士兰脱离了新南威尔士。四个东部殖民地根据 1842 年的模板制定了宪法，西澳大利亚后来可能请求拥有这样一部宪法，1870 年开始着手此事。立法委员会不仅拥有确定其范围和选举其三分之二成员的权利，而且可以在伦敦批准的条件下制定新宪法，其中规定了两院立法会议。然而，殖民 748
地寡头政治很失望，因为英国仍然保留着土地政策和财政事务方面的广泛权力。其后几年的斗争涉及的都是这方面的事，但绝没有涉及同样缺失的大臣负责制。新宪法即刻被制定了出来，这些宪法都规定，为了保障稳定的寡头统治以抵制这个时代的民主趋势，除选举产生的地方议会外，还要各自任命一个立法议会；但是它们都有意识地放弃了大臣负责制。但是这些是伦敦的意愿，以便根据加拿大的经验抢在澳大利亚的想法之前行动。最终，拟将土地法的立法权移交给殖民地的新宪法也作了相应的修改，通过英国的法律于 1855 年在新南威尔士和维多利亚生效，1856 年在现在确定名叫塔斯马尼亚岛的殖民地生效，1859 年在拥有自主权的昆士兰生效，而 1890 年才在西澳大利亚生效。伦敦的保留权力被谨慎地使用，理论上它可能意味着无限的范围，但实际上只是减轻了它的继续扩展。

澳大利亚对外自主和内部民主化的重要推动力是十年间（1851~1861年）人口数量从40.5万到134.9万的急剧增长。在国外出生的人当时占总人口的52%。原因是自1851年以来，在新南威尔士和维多利亚发现了黄金，后来也在昆士兰和西澳大利亚发现了黄金。1858年有15.5万名淘金者在金矿里淘金。1852年至1870年，黄金成为这个国家最重要的出口商品。经济繁荣吸引着移民们，引起了农业和加工工业的倍增效应，但是在1870年代以前还没有大规模的英国投资，所以1854年开始的铁路建设仍然局限在地方线路。航运则发展起来了，这应该也有利于羊毛和小麦产业的发展。1850年以后，各殖民地甚至针对宗主国具有了有限的海关主权，但是没有特惠关税的可能性，也没有相互间的关税优惠。后者的限制于1873年取消，普遍的限制则于1895年取消。

随着黄金热和大规模的移民，巨贾和绵羊巨头的优势地位动摇了。除了大约4万名华人，移民的来源与先前几乎没有什么不同，大部分来自英国的势力范围。但正是这些淘金者通过要求平等和秘密选举权，要求废除被选举权的财产资格和要求
749 实行特种饮食展现了他们明显的政治能量。1856年，维多利亚的人口数在1851年和1861年间由97489增加到539764，其自由派力量实现了男性的普遍和秘密选举权；1858年，新南威尔士实现了这一选举权，1902年实现了妇女选举权，比宗主国早出很长时间。保守的土地所有者和自由派的市民面对不断崛起的工党，在1891年联合组成了一个政党。自由党人在1860年后还完成了农业立法，为小农场主提供了从业的机会。

那些年，各个殖民地各行其道。自1842年以来一再提出的有关建立一个包括新西兰的澳大利亚统一组织的建议由于

地区间明显的利益差异而失败。但这一点应该在世纪末得到了改变。由于德国和法国在邻近地区［新赫布里底群岛（Neue Hebriden）、新喀里多尼亚和新几内亚］的威胁性行动，1883年，北昆士兰总理再次提请讨论建立一个联邦。还有从中国和南太平洋地区输入劳工的问题，它不仅引起了种族主义者，而且尤其引起了工会的不安。早在1850年代就有过针对华人的骚乱活动，1879年和1884年全澳大利亚工会大会讨论过外国工人的问题，1892年昆士兰议会禁止本国北部甘蔗种植园雇用有色人种工人。另外，1890年至1894年的经济危机也使得企业主呼吁按照共同的银行政策和措施应对扩大的罢工浪潮。这一切与澳大利亚的民族主义的兴起同时发生。1861年还有超过50%的居民是在英国出生的，而1901年已有82%的人出生在本地。

多次酝酿之后，澳大利亚的总理们最终一致决定成立一个由民众选举的十人委员会，它于1897年着手制定联邦宪法的工作。1899年至1990年，经过复杂的程序，民众通过了这部宪法①。西澳大利亚在谈判中议定了特别条件，此外还决定由联邦出资修建铁路网。新西兰因为在军事、土著及贸易政策方面有较大的利益分歧而没有加入。必然要与英国殖民大臣约瑟夫·张伯伦就按照英国模式建立澳大利亚联邦法院一事达成谅解，这似乎是为了英国投资者的安全。之后，英国议会批准了《澳大利亚联邦宪法法令》（Commonwealth of Australia Constitution Act），它于1901年生效。由于大
都会悉尼和墨尔本（维多利亚）的对抗，1909年在它们之间 750

① 即《澳大利亚联邦宪法》（The Constitution of the Commonwealth），它经由全民公决批准通过后，批准的草案于1900年由英国议会作为下文的《澳大利亚联邦宪法法令》的第九条正式立法，其开头为"联邦宪法如下（The Constitution of the Commonwealth shall be as follows）"。——编者注

划定了一个“澳大利亚首都区域”，由一位美国建筑师建造了一个联邦首都，1913 年将其命名为堪培拉（Canberra）——一个意为“聚会场所”的伪土著语词。1927 年最终正式迁都堪培拉。

在美国和加拿大之间，澳大利亚人更愿意以前者为榜样，联邦比加拿大的自治领听起来更具共和意味一些。澳大利亚各州拥有全部权利，这些权利没有交给联邦，而在加拿大，各省的权限和联邦更广泛的权限是相互分离的。总督继续由王室任命，这就削弱了大总督的地位。澳大利亚参议院作为各州法律的守护者拥有强势的地位，各州在参议院中有六个议员，后来增加到十个，他们均由全民选举产生。在两点上，澳大利亚的独立意志显然高于加拿大。虽然在这两个国家，宪法整体上只能由英国议会进行修改，但是，澳大利亚实际的宪法——它作为《澳大利亚联邦宪法法令》第九条出现——却不由英国议会修改。针对它拟定了一个澳大利亚内部自己的宪法修改程序。此外，有约束力的宪法解释权不像之前在帝国流行的那样，在伦敦枢密院的司法委员会，而是在加拿大的高级法院。上述与殖民大臣达成的妥协仅限于经过高级法院同意的申诉，迄今为止只发生过一次！因为联邦国家的建立意味着自我负责的法官制度也在澳大利亚最终实现了。

英国议会完全清楚这个进展的影响。张伯伦在他的演讲中明白无误地表示，英国与这些自治殖民地的关系现在仅仅取决于它们的良好意愿。英国白人殖民地的解放超越了加拿大范例。张伯伦想充分利用 1897 年召开的拥有自治权的殖民地政府协商会议（第一次协商会议于 1887 年召开）建立一个帝国联邦来取代或者凌驾于澳大利亚联邦之上的尝试从一开始就注定要失败。尽管成立了英联邦，但是自治领之路导致的是越来越多的独立。第一次世界大战期间，在加里波利（Gallipoli）

投入澳大利亚和新西兰军团（ANZAC）行动的失败决定性地推动了全澳大利亚爱国主义的发展。“澳大利亚阵亡将士纪念碑”和其他纪念碑都使得这种爱国主义明显地表现出来。在过 751
去的几十年里，澳大利亚的民族意识不断地脱离原来的英帝国的基础，并在思想上变得封闭自守。

新的联邦制国家的第一项措施是在1901年公布《移民限制法令》（Immigration Restriction Act）。自由派总理谈到了白人的民族特点和值得保留的自由遗产，白人澳大利亚劳工运动的领袖是大众高生活水准的先决条件。因为张伯伦在1897年禁止对种族和肤色的所有歧视，人们便采取在其他地方也使用的“听写测试”的方法。潜在的移民必须在纸上准确无误地听写出某一欧洲语言的五十个词汇，而有关当局可以任意选择一种语言。这项法律直到1958年才被废除，当时它已实现保持澳大利亚的白肤色的目标。华人数量比19世纪更少。而1945年至1982年又来了118.3万英国人，其中，1960年代为移民高峰期。73%的人受到国家资助。另外还有数万人，不仅有来自德国的，而且现在有更多是来自南欧和东欧的；自1947年起拥入了19万难民（欧洲失去国家的战争受难者）。

根据联邦宪法，土著居民至少理论上说拥有选举或被选举权，而妇女们没有。1902年的《第一部联邦特许法令》（First Commonwealth Franchise Act）给予了妇女选举权而取消了土著的选举权。但是1966年以后土著开始抗议，并特别主张他们历史上的土地权利。1972年以来，他们在旧议会大楼前面一个插有自己旗帜的帐篷里维持着他们的“使馆”。国际压力接踵而来。白人主导的澳大利亚开始作出反应。1975年，宪法中“澳大利亚白人政策（White Australia Policy）”的基础被删除。1976年，土著居民从英国的扩张中获得了自己的保留地。1985年，他们比起艾尔斯岩石

（Ayers Rock）更为著名的乌鲁鲁（Uluru）国家公园的财产权被承认。此后，各种法庭判决证明了他们更广泛的土地要求。但是这个新的土地政策一直受到经济利益的损害，因为澳大利亚无法承诺放弃那里的铀矿开采权，因为这些矿藏位于土著的土地上。土著的数量此间与他们的自我意识共同增长。1981 年有 144665 人；1982 年，霍布斯·达纳亚里（Hobbles Danaiyarri）口授了他的《库克船长传奇》（*Saga of Captain Cook*），这是一部土著历史经历的汇编，按照这部汇编的说法，白人武力夺走了土著人的土地、宝藏乃至一切（Schreuder/Ward 2008，27–31）。1997 年设立了“被拐儿童纪念日”。2002 年，在澳大利亚历史学家中间，真假未明的“土著人历史的伪造问题”引发了激烈的争论。白人
752 澳大利亚的排外移民政策也随之失效了。1973 年宣告了“多元文化社会”。不仅有来自东南亚的乘船难民，还有很多中国人。但这一政策随着政府的不稳定而摇摆不定。1992 年，工党总理承认了对土著居民的罪行；1993 年，他的保守的继任者则态度明朗地退回到一种民族自豪感中。2008 年，一位部长就二百年的不公向土著人致歉，但他的继任者又至少推动了一项更加具有限制性的迁徙政策，尤其是乘船难民要被直接驱逐到太平洋群岛上去。

新西兰

虽然起始点不同，但是新西兰在这段时间也成了一个自治的移民殖民地。尼德兰人用自己家乡第二重要的省份的名字来命名这些由亚伯·塔斯曼（Abel Tasman）于1642年发现的岛屿（他们的“新荷兰（Neu-Holland）”后来变成了澳大利亚）。但是他们对没有贸易货物的土地不感兴趣，所以为土著人留下了150年的宽限时期。但是新西兰的毛利人（Maori）与澳大利亚的黑肤色原住民有着显著的不同。前者属于浅肤色波利尼西亚人，其祖先数千年前从东南亚迁来，占领了斐济群岛和社会群岛之间的今天的波利尼西亚核心地区。从那里开始才向波利尼西亚三角洲的尖岬渗透，然后向夏威夷和复活节岛，最终到达新西兰。与老澳大利亚人相比，他们的文化财产更加丰厚，社会结构更为多样化。他们从事流行的波利尼西亚园艺业，但其间由于气候的原因不再种植热带植物，红薯占据主要地位，同样作为纺织材料植物的亚麻取代了韧皮树。另外也开始养猪，菜单上也增加了狩猎所得和鱼类产品。而食用 753
人肉可能更多地具有宗教仪式特性。像大多数波利尼西亚人一样，毛利人也是造船和文身大师。他们的石器时代的武器是近距离格斗的利器。对抗和族群武装冲突似乎是他们好斗文化的固定组成部分。后来到达澳大利亚的毛利人不但鄙夷那里的土著人的肤色和贫穷，而且瞧不起他们的武力懈怠的状态。大家族、部落分支、部落和部落联盟里的社会组织都按照男性谱系传承。但是族群都相当小，因为经济原因，聚居地大概各有数百人。据估算，毛利人的总数在欧洲人到达时大约在8.6万和20万之间，对于26.9万平方公里的面积来说人口实在是太少了。然而，因为大多数毛利人定居在北岛上，所以呈现了与澳大利亚不同的较大的人口密度和另外一种接触情形。

1769年，库克开始精确测量诸岛屿的海岸，他对这些岛屿的占有和法国人的占有一样徒劳无功。当新澳大利亚殖民地的居民与法国人和美国人围绕库克发现的新西兰亚麻、捕猎海豹和捕鲸展开争夺之时，更加生机勃勃的经济活动在1790年代开始了。商人、海豹猎手和捕鲸者建立了基地，这些基地看来偏偏不是由白人主动挑选、占领的。毛利人提供土豆、生猪、女人和干枯的人头，为此得到了毛毯、刀具、步枪，还有极具灾难性后果的各种传染病——在这种情况下很普遍。在发生冲突时人们互相杀戮。毛利人信奉血族复仇原则。但是欧洲人提供了更多的东西：1814年传教士们来了，先是从澳大利亚来的英国国教的教会传教士协会（Church Missionary Society），接着，1822年和1838年来了卫理公会教徒和法国天主教徒。1845年，英国和外国圣经协会（British and Foreign Bible Society）为一半土著人把毛利语《圣经》带进了这个国家。但是皈依的成果是逐渐才显现的，有些作者认为这与欧洲影响导致毛利文化解体是同步进行的，这也许是不公正的，因为本土社会得到的维护似乎要好于长期以来人们所认定的那样。它不仅一再把个别欧洲人当作“白种毛利人（Pakeha-Maori）”[①]完全融入自己的行列，据说直至使其加入
754 食人族，而且立刻发起了不同信仰的宗教融合运动，这类运动以反基督教为目标，将基督教的一部分内容纳入了传统观念，其中的一部分一直保持到20世纪。

19世纪初，毛利人接受了步枪。但这并不能证明，在其后几十年里族群之间无休止的战斗都应归因于欧洲的影响和欧洲的武器。后者的影响甚至有着缓和作用，因为用还相当不完善的步枪进行战斗虽然更加残酷，但还是要比用陈旧的近距离

---

① Pakeha意为“新西兰白种人”，尤指没有毛利血统的白种人。——编者注

格斗武器进行的战斗少一点血腥。另外，1830 年代的状况似乎平稳了下来，到 1840 年代就又爆发了与欧洲人的争斗。既缺乏毛利文化稳定的证据，也没有其分裂的证据。或许人们必须区分其地区差异，此外还必须注意到，英国的关于骚乱的信息来源往往会导致英国政府作出吞并的决定。在新南威尔士总督的催促下，1832 年，一个英国执政来到了新西兰，他建立安宁和秩序的努力收效甚微，故针对此进行了相应的报告。传教士是反对吞并的，因为他们希望有一个基督教的毛利人政府，这个政府在他们的影响下可以把一切转向最好的方向。在这方面已经有塔希提岛作为榜样。当一个 1837 年成立的新西兰协会（New Zealand Association）计划建立一个英国的模范定居点时，在传教团的作用下，该计划未获议会通过。1838/1839 年在爱德华·吉本·维克菲尔德的具有决定性意义的参与下成立的新西兰公司（New Zealand Company）立刻派出了一艘舰船，其任务是夺取必需的定居土地，尽管——或者恰恰是因为——它的许可证被拒绝了。此时在新西兰已经有大约 2000 名白人。1830/1831 年还只有 300 人。此外，澳大利亚不断上涨的地价也引发了那里的移民大潮。

现在伦敦决心行动了。信奉福音派的殖民地办公室（Colonial Office）常务次官詹姆斯·斯蒂芬对作为代理总督派出的船长威廉·霍布森（William Hobson）的指示是：将毛利酋长作为主权方对待，以协议方式从他们那里得到必需的土地，然后通过王室进行转卖，保证毛利人作为英国臣民的权利并保障他们的现有财产。1840 年 2 月 6 日，按照这层意思在新西兰北岛西北高地的怀唐伊（Waitangi）签署了一项关于以主权转让交换保障土地占有权的协议。5 月 21 日，霍布森宣布根据协议，英国对北岛拥有主权，根据发现者的权利对南岛 755
拥有主权，然而法国人显示了令人疑心的兴趣，尽管此间英国移民已经到达南部。由传教士完成的《怀唐伊条约》（Vertrag von Waitangi）[①]的毛利语文本比英文文本的表述更加模糊，不过与类似事例不同，人们可以排除有意欺骗的目的。然而酋长可能对这个权力交易的影响和细节不甚明了。另外，即使按照白人的国际法，它的作用也值得怀疑，因为酋长们并非拥有这种意义上的主权，即他们没有能力约束自己的人民，或者根本不能转让土地。和以往一样，土地问题立刻成为继续发展的核心。虽然英国政府希望，通过严格控制能够实现基督教毛利人社会和白人殖民地的共存，并且可以避免别处出现过的殖民的不良后果；但是它忽视了，不但白人移民会千方百计地购买他们想要的一切土地，毛利人在以好价钱出售土地方面也不会捆住自己的手脚。智慧从来无法阻止贪欲。新西兰公司把《怀唐伊条约》视为对它努力的令人愤怒的障碍，并尽公司最大的努力破坏这个条约。1841 年，殖民事务办公室态度发生了转变，承认了这个公司并给予它许可证。

但是白人以条约签订之前购置的土地为由提出的要求常常经受不住官方的审查，包括据说由公司购得的 800 万公顷土地。当毛利人 1843 年屠杀了专横的土地测量员时，事情不再受到总督的密切关注，这又激起了移民的愤怒。可很多毛利人也感到不满，因为王室阻止他们向私人出售土地，而总督自己也没钱购买土地。1844 年，英国的一个议会调查委员会得出结论称，承认毛利人的财产权是一个错误。而王室对所有尚未使用的土地享有权利，并应为土著人建立保留地。接着，《怀唐伊条约》的第一个签署人拿起了武器对白人采取行动。

在乔治·格雷（George Grey）总督强有力的领导下，英

① 又译《威坦哲条约》，是 1840 年英国王室与毛利人之间签署的一项协议。条约的签订促使新西兰建立了英国法律体系，同时也确认了毛利人的土地和文化的拥有权。该条约被公认为新西兰的建国文献，为现行文件。

国人用军事手段重新建立了安宁，就连在出售土地方面暂时松动的政策也被废除。但现在的目标不是保留毛利文化，而是迅速地同化，以建立在高级法院之下的法院网络为第一手段。这些法院进行土地纠纷裁决，毛利人也参与其中并从中获利，不过依据的是英国法律和欧洲的私有财产原则，因为不存在关 756 于毛利人土地所有权的法律上的明确观念。但新的自由党大臣格雷伯爵（1844 年的委员会主席）试图制定合乎公司利益的政策。《新西兰政府法令》（New Zealand Government Act）应在 1846 年给仍然占少数的移民带来更加广泛的自治，一项给总督的指令应使 1844 年的土地政策原则取代“毫无意义的等待条约（treaty of Waitingi nonsense）”[①]生效。总督、高级法官和主教的一致反对导致宪法和土地政策中止效力直至 1852 年。

1851 年在新西兰有六个白人定居点，即奥克兰、威灵顿、北岛上的塔拉纳基（Taranaki）、纳尔逊（Nelson）、坎特伯雷（Canterbury）和南岛上的奥塔哥（Otago），共有 26707 人。羊毛和在澳大利亚一样是主要的产品，人们共有大约 25 万只绵羊。直到 1870 年代，牧羊农场至少占有 4000 公顷土地，它们大体构成了新西兰的基本经济单位。白人的经济和在澳大利亚以及以前在美洲一样都引起了植物和动物界的大规模变化。一览无遗的新西兰甚至成了这种生态帝国主义的经典范例。1853 年，新的宪法公布了，有六个省国民议会和一个总议会，后者也对未使用的土地享有支配权。没有规定大臣负责制，但它在 1854 年被毫无争议地通过了。把处理土著人事务的权力留给总督的尝试在十年内都没有成功。

1840 年前后，7 万名毛利人面对的仅仅是 2000 名白人，

① 指《怀唐伊条约》。

而1854年，毛利人在11.5万人的总人口中仅占56%。之所以直到1860年才发生战争，是因为白人的扩张大部分是在只有少量土著人的南岛上进行，不过也与北岛各族群之间的冲突有关。作为对移民推进的反应，毛利民族主义兴起了，以至于最终各部落酋长推举他们中的一个作为波塔涛一世（Potatau I）担任国王，此举并非没有受到《旧约》的启示，这一情形一直持续到1858年，最初完全是出于防御意图。但是正是这一点对移民的土地渴求来说是无法忍受的。战争理由也相应地显现出来：一个毛利人试图出售土地，但被他的酋长阻止了，却得到了英国人的武力支持，虽然高级法院法官判决酋长有理。战斗从1860年持续到1872年。1863年，总督拥有5000人的英国常备军和克里米亚战争的老将邓肯·卡梅伦（Duncan Cameron）将军领导的5000名殖民地民兵。由于进行了显著
757 的军事革新，尽管力量对比悬殊，毛利人依然能够很好地保存自己。他们的父辈面对后来西方大战的掩体和战壕体系先下手为强，以至于几百名毛利人能够有效地抵御数千名有重炮支援的英国士兵。当最终还是被打败时，他们转入游击战。伦敦大为惊愕，特别是对巨额的耗资。之所以给予各殖民地自治，是因为之后它们必须自己花钱解决自己的问题，所以截至1870年，英国军队完全撤离。军事上和政治上的冲突交由新西兰人自己解决，并带来相应的结果。1864年有将近130万公顷土地被没收。但是这些土地的一半后来被归还或者照价支付。但是，不再有任何国王的追随者联合抵制的尝试能够有助于对抗这种强制引进的自由土地市场了。

1892年，人数减少的毛利人还占据着六分之一的土地，但主要是北岛上的比较贫瘠的地区。议会中74个席位中的4个在1867年预留给拥有选举权的“体面的食人族”（与当时他们所占人口比例7%基本相符），但其作用甚微。虽然政府在

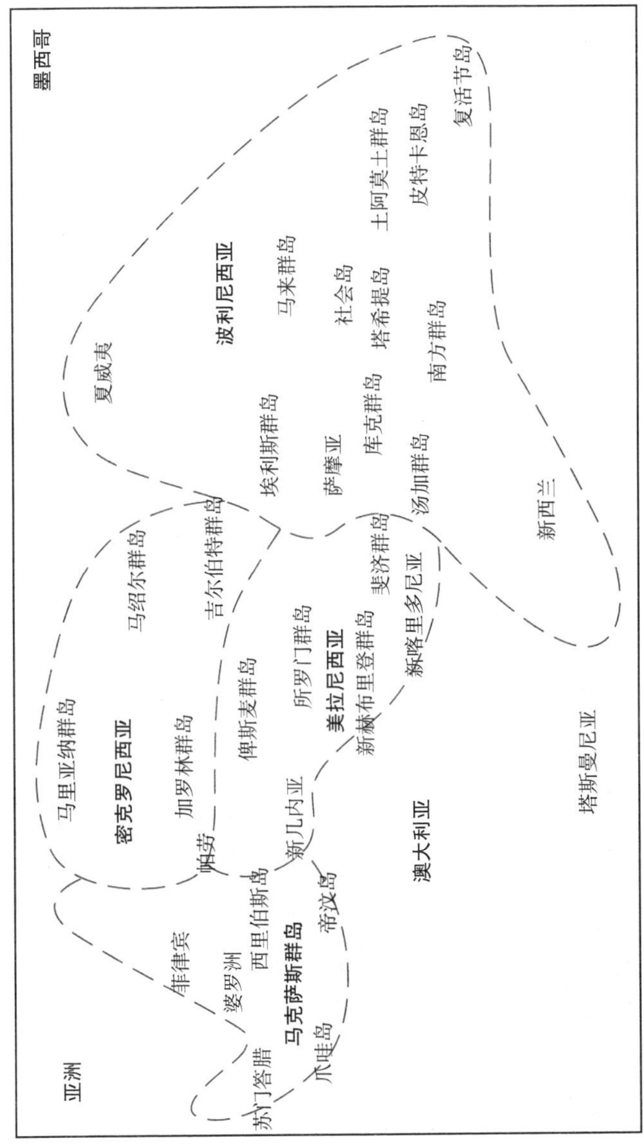

插图 72　澳大利亚和大洋洲

1870年代已经过渡为和解政策，在1890年和1902年间存在的毛利议会从未被承认。尽管让步被愉快地接受，但直到20世纪都绝对没有停止过排外主义和不同宗教的融合运动。长期地看，更为重要的可能是不断增加的融合现象，其中异族通婚不仅有白人男子与毛利妇女，而且有毛利男子与白人妇女，种族意识较强的社会出于一种集体嫉妒，对此是不能容忍的。1896年，达尔文主义者认为仅有42113人的毛利族是一个正在消亡的民族。此后，毛利人的数量又重新上升，1966年增加到20.1万人。此间，他们的高繁殖力有所下降，他们的生育行为与白人相近，这也是融合的一个标志。虽然他们可以始终认为自己受到歧视，但是他们的代表在争取土地权和自治权（rangatiratanga，毛利首领之职）的斗争中——不管他们到底如何理解后者——比其他处在殖民统治下的民族都有着更好的初始状况，这尤其要归功于《怀唐伊条约》。然而与在澳大利亚和其他地方情况一样，通过同化来克服每种潜在的不平等的愿景，亦即让他们融入而成为一个统一民族的平等的公民，与自治的要求是对立的。新西兰长期以来将毛利传统的某些部分
758 用作构建一个历史身份的基石，尤其是为了彰显与澳大利亚的差异，这与美洲的某些做法颇有相似之处。这个国家的第二个名字，也许甚至是第一个名字“白云之国（Aotearoa）”是如此富有诗意。

1966年，拥有267.7万人口的新西兰早就成为一个白人国家，比任何其他殖民地更为严格地符合英国殖民地的属性，按照计划创作出了一幅尽可能与英国社会一致而与澳大利亚相反的图景。1858年和1885年间，新西兰接收了30万迁徙人口，几乎全是白人，尽管在1880年代就出台了限制法律。到1901年，移民的80%来自不列颠群岛，之后这个比例至少还有三分之二。一方面，移民中工人占了大多数，另一方面，他

们从一开始就积极地参与政治，这两个因素使得新西兰1891
年至1912年在自由党政府领导下，1935年以后又在工党政
府领导下制定了远远超过宗主国社会发展水平的法律。1893
年，新西兰成为世界上第一个赋予妇女选举权的国家。接着它
又成为具有教育、劳动和社会立法的现代福利国家，但仍然受
到平均主义收入政策的限制。人们认为自己是英国人，最终借 759
助1890年代后的冷冻技术，成为宗主国最重要的奶制品和肉
类供货商。在此过程中，人们想尽可能地保持独立，至少对
澳大利亚保持独立，对此，新西兰的民族主义可以起到明显
的作用。当1907年的帝国议会将新西兰纳入“海外的自治领
地”时，它确定的只是一个早就存在的事实，尽管新西兰直到
1947年也未能有先见之明地使这一地位固定下来。

太平洋群岛（大洋洲）

1873年，新西兰总理朱利叶斯·沃格尔爵士（Sir Julius Vogel）在伦敦提交了一份备忘录，这份备忘录建议宗主国和它的翻版“南方的英国一起……把文明带给太平洋的富足的岛屿，如果波利尼西亚不应该受制于外来民族的话”（Mansergh 1969，200）。尽管沃格尔被格莱斯顿（Gladstone）内阁蔑视为装腔作势的帝国主义者，一个新西兰的和一个澳大利亚的次级帝国主义计划也绝不是非现实的。在经济和战略上，宗主国都没有多少兴趣的南太平洋发生的事都涉及这两个自治领的“自然”影响范围。

在此之前，这里只有西班牙在马里亚纳群岛和关岛上的殖民统治以及西班牙对“马尼拉西班牙大帆船”的航线旁边的加罗林群岛拥有的形式上的主权。18世纪晚期以后，白人在许多岛上开始出现的情形与白人在新西兰开始出现时的情形十分相似。一切都是随着商人、捕鲸者和传教士的到来开始的。1834年，1790年已在最东部的皮特凯恩岛（Pitcairn）上定居的“邦蒂号”船上的叛乱者被置于英国保护之下。海滩拾荒者（beachcombers）中占很大比例的是逃亡水手或者干完活儿就被成本意识极强的船长们赶走的水手。只要条件允许，他们中的一部分人就是和平的避世者，他们乐于享受大自然和土著人的温暖赐予。另一部分人则变成了和斐济群岛上那个查尔斯·萨维奇（Charles Savage）一样的顽固罪犯，查尔斯·萨维奇在1808年从一艘沉船中搞到了一批毛瑟枪和火药，聚集了一个由20个放高利贷者组成的团伙，为一个权欲极重的酋长效力，恐吓民众，最后被敌对部族俘虏并吞食。

贸易的货物只有鸟粪、鲸油、新西兰亚麻和产自塔希提岛的猪肉。捕鲸者的大型基地为塔希提岛上的帕皮提

（Papeete）、新西兰北岛的岛屿湾（Bay of Islands），尤其是夏威夷岛上的火奴鲁鲁。这里不仅涉及欧洲或者澳大利亚的需求，还涉及供应中国市场。中国市场几乎不需要西方货物，而欧洲又必须在那里采购，特别是采购茶叶，要么支付现金，要么用其他值得运入中国的货物交换。这类货物最初是来自美洲西北海岸的毛皮。后来在夏威夷岛和斐济群岛上发现了檀香木，中国大量需要它作为制作线香的香料。自大约 1800 年兴旺起来的檀香木贸易在夏威夷一直由统治者垄断着，而在斐济群岛上，相互竞争的酋长和商人为了生意乱砍滥伐。由此，这些岛屿才真正成为西方人的迁入区域。当檀香木存量在 1825 年前后基本被消耗殆尽时，一个美国人发现了干海参生意，因为在斐济群岛周围生长的大量海参在中国被腌制成了畅销的美味。1856 年，美国经济界为了寻求肥料，促使国会制定了《鸟粪岛法案》（Guano Islands Act），根据这个法案，太平洋的所有鸟粪海岛都应该按计划由美国占领并拥有。根据此法案占领的岛屿有五十多个，其中包括 1867 年占据的夏威夷西北尚无人居住的中途岛（Midway Inseln）。

凡是在能够立稳脚跟的地方，传教士都倾向于尽可能地远离其他欧洲人，因为他们不大指望从商人和海滩拾荒者对其羔羊的影响中获得什么好处。甚至于一个欧洲大国形式上的兼并对他们而言也是不合时宜的，他们可以在那里通过顺从的本土统治者传递他们的信息。在传教中起主导作用的是新教徒，因为大觉醒运动的各个流派自 18 世纪以来释放了新教中前所未有的传教能量，而以前占主导地位的天主教徒必须要从旧制度的崩溃中恢复元气。当天主教重新出现时，其传教士往往是法国人，他们与来自英国的新教竞争对手一样在母国也拥有政治
游说集团的支持。就这点而言，太平洋地区和其他地区各传教 761
团之间的教派竞争都倾向于融入国家间的政治竞争，尤其是英

国和法国之间，但这个过程并非一成不变。

具有一般性的新教目标的伦敦传教协会（die London Missionary Society，L. M. S.）在1795年成立，但不久后就落入了公理会的清教徒手中，他们选择了塔希提岛作为第一批目标之一。发现者的报告使得这个岛屿蜚声欧洲，尤其是通过对一种自由的爱情生活的描述。然而，哲学家们如狄德罗从中看到的是上帝的启示，传教士们从中看到的则是撒旦的作为，这完全是背道而驰的。另外，与中国完全不同的是，这里没有敌视传教的政府。1797年，伦敦传教协会的25个传教士到达塔希提岛，他们都是理想主义者和目光短浅之人。他们和其他欧洲人一起支持原先毫不起眼的波马雷家族（Familie Pomaré）对社会群岛的统治权的追求。1812年，波马雷二世（Pomaré II）成为基督教徒，或许是因为一名传教士示意他，他新近的失败应归因于他的神的软弱无能。他的父亲曾是一个欧洲人的朋友，却坚持旧的信仰。然而这些正直的传教士却延迟了洗礼，因为他们的施主是个声名狼藉的酒鬼和同性恋者。但是1815年，异教派别被确定无疑地打败了，1818年至1822年，传教士们能够依靠国王的帮助和以惩处相威胁来彻底消灭传统的习俗和宗教。

他们颁布的，或是应他们的敦促而颁布的法律表明，他们的所作所为与在日内瓦的加尔文派统治如出一辙。谋杀，尤其是杀害儿童是要面临死刑惩罚的，偶像崇拜也一样。一夫多妻制被禁止，而且禁令具有追溯效力；拉皮条，特别是出于好客而出卖自己的妻子和淫乱均应处以强制劳动和罚金。在安息日不仅禁止劳动，甚至还禁止散步，违者处以刑罚。诽谤传教士或者仅仅是对这种诽谤行为不予举报，都会按照传教士的意愿带来强制劳动或惩罚的后果。同样受罚的还有接受外来学说、知识或者藏匿外来著述。文身、淫荡娱乐（如原先大受欢迎的舞蹈）以及做礼拜时头上插花都会处以强制劳动，流浪会处以强制劳动和/或体罚。受洗成为担任酋长或者法官的先决条件。告发者有可能被自动选为国家和教会的较高层级人员。

此外，这并非个别事例，因为在夏威夷岛上发挥主导作用的美国清教传教士海勒姆·宾厄姆一世（Hiram Bingham I）试图在19世纪中叶把他这一派的传教士们分派到整个太平洋 762
地区，这些传教士有一部分是当地出身的。于是，他和他的同伴们从1857年开始在密克罗尼西亚和波利尼西亚之间的吉尔伯特群岛（Gilbertinseln）与他们的当地追随者们一道建立起一个具有相应法律的类似政权，该政权自1870年通过伦敦传教协会得到了强化。他的儿子海勒姆·宾厄姆二世（Hiram Bingham II）至1890年把整部《圣经》翻译成了当地的文字。在那里作为恶习被追究的不仅有酗酒，还有吸烟。而与之竞争的天主教传教士们不仅分发烟草，而且对据说甚为丑陋的当地习俗更为宽容。这些罗马天主教徒被福音派教徒视为撒旦的仆役。

当塔希提岛上的传教士们以出其不意的方式为他们已故朋友的三岁儿子加冕之后，他们做了整整二十年该岛的主人，开始是在新王的领导下，后来则由其姐姐领导。欧洲服装和居住习俗落地生根，农耕和畜牧业得到改良，语言发展成文字语言，在学校教授阅读和书写。在一些欧洲手工技能和相应工具的使用以外，人们还学会了酿酒技术，这既是成果，也带来后果。所以值得怀疑的是，即使人们以传教士们的观点为基础，习俗的彻底改变是否也是一种改善。

同时身为英国领事的传教士乔治·普里查德（George Pritchard）赢得了年轻女王波马雷四世的信任。他似乎在为英国统治努力工作。但是不管怎样，1836年在他的驱动下，两个新来的法国天主教传教士被驱逐出了这个国家。法国在太平洋几乎没有什么具体利益，不过也在为捕鲸、贸易、传教和海军寻求支点。巴黎政府深受商业、教会，或许还有反英情绪的影响。1838 年，阿贝尔·奥贝尔·迪帕蒂－图阿尔（Abel Aubert Dupetit-Thouars）船长率领一艘战舰到来，强迫同意法国人进入，其中包括传教士和一位领事。现在英国传教士要求英国进行兼并，但被拒绝；在伦敦，人们对新西兰已经感到厌烦。由于法国人在那里被排挤，他们似乎在其他地方寻找到了补偿。迪帕蒂－图阿尔超越自己的权限，和与英国友好的女王的对手合作，于 1842 年建立了对塔希提岛的保护国统治。到 1847 年，他成功地在与领袖家族联姻的亚历山大·萨蒙（Alexandre Salmon）的帮助下赢得女王的支持，稳定了保护
763 国，以至于伦敦和巴黎在同一年得以就互相承认在新西兰和塔希提岛的权力达成了一致。

塔希提岛事件在澳大利亚比在英国受到更为审慎的观察。1844 年在悉尼甚至召开了抗议大会。当拿破仑三世 1853 年迫于第一批移民和天主教传教士的压力下令占领距离更近的新喀里多尼亚时，反应则要弱得多。澳大利亚在这里的利益似乎很小，处于克里米亚战争中的英国当时需要和法国建立反俄同盟。1864 年至 1897 年，在可怕的条件下向新喀里多尼亚输送了 2.2 万名罪犯，其中，1872 年有大约 4000 名巴黎公社的战士，他们后来作为自由移民更有理由建立反叛的传统。到 1922 年为止，这个岛屿一直是刑事犯殖民地。但是在 1864 年发现镍，随之又发现铬和磷酸盐之后，它发展成了矿业殖民地。移民和工人如潮水般涌入这个地方，当地人，即所谓的卡纳肯人（Kanaken，意为“人”）被继续边缘化。

但是澳大利亚的声音，尤其是 1859 年新南威尔士议会的决议，要求英国吞并美拉尼西亚的斐济群岛作为对新喀里多尼亚的补偿，这不仅是为了取悦传教士们，而且特别有益于澳大

利亚在这些岛上不断扩大的经济事业。在1850/1860年代，太平洋地区的白人从与土著人进行贸易过渡到在自己的领导下在种植园为西方市场进行作物生产。除了传统的蔗糖，此处还涉及椰子油，需求脂肪的欧洲对其越发追捧。椰子油可以创造颇为可观的利润，人们在种植园种植椰树，在那里生产半成品椰子肉（切碎风干的椰子核团），然后才在欧洲从中制造油。另外，美国内战造成了棉花需求突然增加。这样，在澳大利亚领导下，面对着英国人、法国人和美国人，条件适宜的斐济群岛上棉花和甘蔗种植园迅速繁荣，以至于引发了由维多利亚、新南威尔士或者英帝国来接管这些岛屿的讨论。好像只有走出这样一步才适合确保投资资本的足够安全，因为尽管进行过西方宪法模式的试验，要求统治权的酋长绝对没有受到普遍的尊重。另外，购买土地和土地财产似乎一如既往没有足够的安全保障。

但是最初合伙人中没有人准备承担费用。英国的格莱斯 764
顿内阁和本杰明·迪斯雷利（Benjamin Disraeli）的内阁观点迥异，之后于1874年发生了兼并，一个理由是，一个西太平洋的基地对于以自由贸易帝国主义方式非正式地控制这个地区只会是有益的。库克早在1770年就将整个南太平洋一揽子收入英国囊中。身兼多职的斐济总督成为西太平洋高级专员（Western Pacific High Commissioner）。这似乎不仅仅是出于保护这个地区大量增加的英国臣民的要求，也是为了禁止往往与奴隶贸易几无差别的美拉尼西亚劳动力交易。斐济群岛上的劳动力问题从1879年开始通过大量输入印度人而得以解决。印度人的增加导致了与土著酋长的长期冲突，这些酋长得到了这里的英国人的特别呵护，并享有很大程度的自治权。昆士兰和其他澳大利亚殖民地恰好有着对美拉尼西亚劳动力的需求，这种需求刺激了对东新几内亚（Ostneuguinea）和新赫布里底群岛的兴趣，但起初并没有结果，因为澳大利亚人不想分担费用。不过，英国政府也禁止了更为慷慨大方的新西兰人在他们总理沃格尔领导下吞并萨摩亚（Samoa），它感觉其他负担够重了。

在萨摩亚，国王也没有得到安宁、有序和外国利益安全所要求的那种程度的尊重。但是，这里的局势由于西方各国的竞争而复杂化了，除了英国人、澳大利亚人和新西兰人，主要还有美国人和德国人。因为汉堡的 J. C. 戈德弗罗伊公司（J. C. Godeffroy，其所有者被称为“南太平洋之王”）自 1845 年以来就在太平洋活动，1857 年后，主要驻地设在萨摩亚岛上的阿皮亚（Apia），有 45 个分公司。据说在 1870 年前后，它就控制了整个南太平洋贸易不少于 70% 的份额。和其他德国公司一样，它从 1865 年开始大规模经营种植园生意。它的代表西奥多·韦伯（Theodor Weber）正是发现了可以把椰子肉运往欧洲而非就地生产椰子油这一方法的人。1878 年，戈德弗罗伊公司由于欧洲生意的原因事实上破产，它的继任者德国贸易和种植园公司（Deutsche Handels-und Plantagengesellschaft）在投资者中响应者寥寥，所以俾斯麦 1880 年时想实行 4.5% 的国家保证利率，但在议会中没有通过。于是，德国贸易和种植园公司的股份转让给了英国的巴林银行（Bank Baring），这些股份必须在 1884 年由一个德国财团从巴林银行购回。

萨摩亚问题对于德国来说成了举国敏感的问题，以至于
765 当 1883 年新西兰想要实现由英国进行占领时，引起了德国的强烈反应。因为奥克兰成了英国萨摩亚生意的重要中转地。但是当时伦敦有其他的担忧，所以在德国实际上占优势时，它容忍了不稳定的并立状态。虽然各个强国间的竞争使得君主制在当地存活了下来，但是强国又各自支持自己的求助者。

最终通过1889年的萨摩亚文件成立了统辖中立的萨摩亚群岛三个领事区的三国领地，其中美国控制东部和图图伊拉岛（Tutuila），德国和英国控制西部和萨瓦伊岛（Savaii）及乌波卢岛（Upolu）。但是这个艰难的均衡状态随时都可能动摇。而在汤加，乔治·图普一世（George I Tupou）依靠澳大利亚卫理公会传教士的帮助，至1845年时建立了足够强大的王国，1847年的宪法颁布之后，它得到各大国的承认。这个国家虽然在1900年出于世界政治的原因成为英国的被保护国，但是它从未成为殖民地，并一直存在到今天。

夏威夷起先似乎也走上了成功西化和政治独立的道路。乔治·温哥华船长于1794年所接受的向英国臣服的方案从未实现，也被伦敦拒绝。而卡美哈梅哈一世（Kamehameha I）至1795年对主岛，1810年前后对整个群岛进行了残酷的征服，并借助英国顾问的帮助把它变成了一个专制君主国。然而1805年以来，侵入的瘟疫使人口减损了一半。新国王严格地坚守着旧宗教，然而这一旧宗教早已被损害，因为夏威夷人每天都可以观察到，在他们中间生活的外国人可以不受惩罚地蔑视所有规则和禁忌。1819年国王死后，那里发生了一次反对歧视妇女的宗教仪式的妇女起义，领导者是国王的一个遗孀和他的儿媳，这最终使新国王废除了旧的宗教仪式。因而出现的社会文化真空很快由来自新西兰的清教传教士所填充，他们非常及时地在1820年进入了这个国家。人们在首批七个传教士家庭背后议论，说他们通过自己对王朝的影响在很长时间内是这个国家真正的主人。与塔希提岛上的英国同事相比，他们受过更为良好的教育也更聪明，从事着出色的教育工作，最终在1830年代一次真正的对大众的大觉醒运动中赢得了许多土著人的信任，使他们成为加尔文派清教徒。酋长们现在反对当地妇女向海员卖淫。1840年前后，夏威夷已经是一个受过教育

766 的基督教国家，能够在1867年的巴黎世界博览会展现自己的“文明化”。担任大臣的传教士们于1839年促成了君主立宪制对君主制的替代，并于1842年获得了英国、法国和美国的承认。因为夏威夷与汤加不同，不能在经济和政治利益面前避风而存，所以此时难以为继。

由于人口从1778年的大约22.5万减少到1849年的约8万，所以一次土地改革可以进行土地分配和土地私有化，这尤其有利于美国式的大规模畜牧业。传教的一个结果是，许多白人来到这个国家，以老师、医生、手工业者和技术员的身份为这个国家的现代化共同发挥作用。甘蔗种植园主就来自他们的行列，甘蔗种植园主又将合同工人从其他太平洋群岛，从葡萄牙、中国，1868年以后从日本带到了这个国家。美国的土地占有者和资本家最终得以迫使无能的第六任国王在1887年颁布新宪法，新宪法使他们在形式上也成为这个国家的真正的主人。

原始资料与参考文献

移民革命

Aldrich, R./McKenzie, K. (Hg.), The Routledge History of Western Empires, London u. a. 2014 | Banner, S., Possessing the Pacific: Land, Settlers, and Indigenous People from Australia to Alaska, Cambridge, MA 2007 | Belich, J., Replenishing the Earth: The Settler Revolution and the Rise of the Anglo-World, 1783–1939, Oxford 2009 | Bell, D., The Idea of Greater Britain: Empire and the Future World Order, 1860–1900, Princeton 2007 | Bickers, R. (Hg.), Settlers and Expatriates: Britons over the Seas, Oxford 2010 | Bridge, C./Fedorowich, K. (Hg.), The British World: Diaspora, Culture, and Identity, in: JICH 31, 2 (2003) 1–230 | Constantine, S. (Hg.), Emigrants and Empire: British Settlement in the Dominions between the Wars, Manchester 1990 | Crosby, A. W., Ecological Imperialism: The Biological Expansion of Europe, 900–1900, Cambridge 1986, 2. Aufl. 2004 | Denoon, D., Settler Capitalism: The Dynamics of Dependent Development in the Southern Hemisphere, Oxford 1983 | Evans, J. u. a., Equal Subjects, Unequal Rights: Indigenous People in British Settler Colonies, 1830–1910, Manchester 2003 | Fredrickson, G. M., Rassismus, Stuttgart 2011 (engl. 2002) | Gabaccia, D. R./Hoerder, D. (Hg.), Connecting Seas and Connected Ocean Rims: Indian, Atlantic, and Pacific Oceans and China Seas Migrations from the 1830s to the 1930s, Leiden 2013 | Grimshaw, P., Settler Anxieties, Indigenous Peoples, and Women's Suffrage in the Colonies of Australia, New Zealand, and Hawai'i, 1888–1902, in: PHR 69 (2000) 553–72 | Kirchberger, U., Zwischen Kolonialismus, Armenfürsorge und Deportation. Robert John Wilmot-Horton und die britische Auswanderungspolitik in den zwanziger Jahren des 19. Jahrhunderts, in: JEÜG 3 (2003) 31–64 | Lloyd, C./Metzer, J./Sutch, R. (Hg.), Settler Economies in World History, Leiden 2013 | Madden, A. F., *Not for Export*: The Westminster Model of Government and British Colonial Practice, in: JICH 81 (1979/80) 10–29 | – u. a. (Hg.), Selected Documents on the Constitutional History of the British Empire and Commonwealth, 8 Bde., London 1985–2000; Bd. 4, 1990; Bd. 6, 1993 | McHugh, P. G., Aboriginal Societies and the Common Law: A History of Sovereignty, Status, and Self-Determination, Oxford 2004 | Oltmer, J., Globale Migration. Geschichte und Gegenwart, München 2012 | Rhodes, R. A. W./Wanna, J./Weller, P. (Hg.), Comparing Westminster, Oxford 2009 | Russell, L., Colonial Frontiers: Indigenous-European Encounters in Settler Societies, Manchester 2001 | Weaver, J. C., Frontiers into Assets: The Social Construction of Property in New Zealand, 1840–65, in: JICH 27, 3 (1999) 17–54.

南锥体地区：阿根廷、智利、乌拉圭

Brown, M. (Hg.), Informal Empire in Latin America: Culture, Commerce, and Capital, Oxford 2008 | Buve, R. T./Fisher, J. R. (Hg.), Lateinamerika von 1760 bis 1900 (Handbuch der Geschichte Lateinamerikas 2), Stuttgart 1992 | [CHLA] The Cambridge History of Latin America, 11 Bde. in 12 Tln., Cambridge 1984–2008; Bd. 3–4, 1985–2009 | Gabaccia, D. R./Hoerder, D. 2013 | Halperin Donghi, T., Geschichte

Lateinamerikas, Frankfurt 1991 | Mahoney, J., Colonialism and Postcolonial Development: Spanish America in Comparative Perspective, Cambridge 2010 | Mandrini, R. J., Beyond the *Civilized* World: Pampean Indians between the Seventeenth and Nineteenth Centuries, in: Itinerario 22, 2 (1998) 116–30 | Maybury-Lewis, D./Macdonald, T./Maybury-Lewis, B. (Hg.), Manifest Destinies and Indigenous Peoples, Cambridge, MA 2009 | Miller, R., Britain and Latin America in the 19th and 20th Centuries, London 1993 | –, British Investment in Latin America, 1850–1950: A Reappraisal, in: Itinerario 19, 3 (1995) 21–52 | Müther, J., Orllie-Antoine I., König von Araukanien und Patagonien oder Nouvelle France. Konsolidierungsprobleme in Chile 1860–1870, Frankfurt 1990 | Platt, D. C. M. (Hg.), Social Welfare, 1850–1950: Australia, Argentina, and Canada Compared, Basingstoke 1989 | Ratto, S., Indios y cristianos. Entre la guerra y la paz en las fronteras, Buenos Aires 2007 | Rinke, S., Revolutionen in Lateinamerika. Wege in die Unabhängigkeit 1760–1830, München 2010 | –, Lateinamerika und die USA, Darmstadt 2012 | –/Fischer, G./Schulze, F. (Hg.), Geschichte Lateinamerikas vom 19. bis zum 21. Jahrhundert. Quellenband, Stuttgart 2009 | Sanz Fernández, J./Aycart Luengo, C. (Hg.), Historia de los ferrocarriles de Iberoamérica, 1837–1995, Madrid 1998 | Solberg, C., The Prairies and the Pampas: Agrarian Policy in Canada and Argentina, 1880–1930, Stanford 1987 | Spliesgart, R., *Verbrasilianisierung* und Akkulturation. Deutsche Protestanten im brasilianischen Kaiserreich am Beispiel der Gemeinden in Rio de Janeiro und Minas Gerais (1822–1889), Wiesbaden 2006 | Tobler, H. W./Waldmann, P. (Hg.), Lateinamerika und die USA im *langen* 19. Jahrhundert. Unterschiede und Gemeinsamkeiten, Köln 2009 | Viñas, D., Indios, ejercito y frontera, 2. Aufl., Buenos Aires 1983 | Weber, D. J., Bárbaros: Spaniards and their Savages in the Age of Enlightenment, New Haven 2005.

南 非

Ajayi, J. F. A./Crowder, M./Richards, P. (Hg.), Historical Atlas of Africa, London 1985 | Ballard, C., Drought and Economic Distress: South Africa in the 1800s, in: Journal of Interdisciplinary History 17 (1986) 359–78 | Barber, J., South Africa in the Twentieth Century: A Political History. In Search of a Nation State, Oxford 1999 | Baylen, J. O., W. T. Stead's *History of the Mystery* and the Jameson Raid, in: Journal of British Studies 4, 1 (1964) 104–32 | Becker, P., Path of Blood, London 1962 | –, Rule of Fear: The Life and Times of Dingane, London 1964 | –, Hill of Destiny, London 1969 | Beinart, W./Dubow, S. (Hg.), Segregation and Apartheid in Twentieth Century South Africa, London 1995 | Bender, S., Der Burenkrieg und die deutschsprachige Presse. Wahrnehmung und Deutung zwischen Bureneuphorie und Anglophobie 1899–1902, Paderborn 2009 | Bhana, S./Pachai, B. (Hg.), A Documentary History of Indian South Africans, Kapstadt 1984 | Blainey, G., Cost Causes of the Jameson Raid, in: EcHR 18 (1965) 350–66 | Blake, R., A History of Rhodesia, 1890–1965, London 1977 | Bührer, T./Stachelbeck, C./Walter, D. (Hg.), Imperialkriege von 1500 bis heute. Strukturen, Akteure, Lernprozesse, Paderborn 2011 | Bundy, C., The Rise and Fall of the South African Peasantry, London 1979 | Burleigh, B., The Natal Campaign, 3. Aufl., London 1900 | Burman, S. B., The Justice of the Queen's Government: The Cape's Administration of Basutoland, 1871–1884, Leiden 1976 | Chanaiwa, D. S., The Zulu Revolution, in: ASR 23, 3 (1980) 1–20 |

Chanock, M., The Making of South African Legal Culture, 1902–1936: Fear, Favour, and Prejudice, Cambridge 2001 | Chapman, S. D., Rhodes and the City of London, in: HJ 28 (1985) 647–66 | [CHBE] The Cambridge History of the British Empire, 8 Bde. in 9 Tln., Cambridge 1929–59; Bd. 3, 1959 | Christopher, A. J., The Crown Lands of British South Africa, 1853–1914, Kingston 1984 | [CHSA] The Cambridge History of South Africa, 2 Bde., Cambridge 2010–11 | Cobbing, J., The Mfecane as Alibi: Thoughts on Dithakong and Mbolompo, in: JAfH 29 (1988) 487–519 | Colvin, I. D., The Life of Jameson, 2 Bde., London 1922 | Cope, R. L., Strategy and Socio-Economic Explanations, in: HA 13 (1986) 13–34 | Crais, C. C., White Supremacy and Black Resistance in Pre-Industrial South Africa: The Making of the Colonial Order in the Eastern Cape, 1770–1865, Cambridge 1992 | – (Hg.), The Culture of Power in Southern Africa: Essays on State Formation and the Political Imagination, Portsmouth, NH 2003 | Crush, J., Swazi Migrant Workers and the Witwatersrand Gold Mines 1886–1920, in: Journal of Historical Geography 12 (1986) 27–40 | Davenport, T. R./Saunders, C. C., South Africa: A Modern History, 5. Aufl., Basingstoke 2000 | Davidson, B., The People's Cause: A History of Guerillas in Africa, London 1981 | De Klerck, W. A., The Puritans in Africa: A History of Africanerdom, 2. Aufl., Harmondsworth 1982 | Denoon, D., Capital and Capitalists in the Transvaal, in: HJ 23 (1980) 111–32 | Doxey, G. V., The Industrial Colour Bar in South Africa, Kapstadt 1961 | Doyle, A. C., The Great Boer War, London 1901 | Du Toit, A./Giliomee, H., Afrikaner Political Thought: Analysis and Documents, 1780–1850, Berkeley 1983 | Eldredge, E. A., Power in Colonial Africa: Conflict and Discourse in Lesotho, 1870–1960, Madison 2007 | Elphick, R./Giliomee, H. (Hg.), The Shaping of South African Society, 1652–1840, 2. Aufl., Kapstadt 1989 | Etherington, N., The Great Trek: The Transformation of Southern Africa, 1815–1854, Harlow 2001 | Evans, M. M. (Hg.), Encyclopedia of the Boer War, 1899–1902, Santa Barbara u. a. 2000 | Fage, J. D., An Atlas of African History, 2. Aufl., London 1978 | Farewell, B., The Great War in Africa, New York 1987 | Fisher, J., Paul Kruger, London 1974 | Flint, J., Cecil Rhodes, London 1976 | Foreign Office, The Constitutions of All Countries, Bd. 1: The British Empire, London 1938 | Frederickson, G. M. 2011 | Galbraith, J. S., Reluctant Empire: British Policy on the South African Frontier, 1834–1854, Berkeley 1963 | Gifford, P./Louis, W. M. R. (Hg.), Britain and Germany in Africa: Imperial Rivalry and Colonial Rule, London 1967 | Giliomee, H., The Afrikaners: Biography of a People, Cape Town u. a. 2003 | –/Mbenga, B. (Hg.), New History of South Africa, Cape Town 2007 | Goodfellow, C. F., Great Britain and South African Confederations, Cape Town 1966 | Gump, J. O., A Spirit of Resistance: Sioux, Xhosa, and Maori Responses to Western Dominance, 1840–1920, in: PHR 66 (1997) 21–52 | Hamilton, C., Terrific Majesty: The Powers of Shaka Zulu and the Limits of Historical Invention, Cambridge, MA u. a. 1998 | Hattersley, A. F., The British Settlement of Natal, Cambridge 1950 | Headlam, C. (Hg.), The Milner Papers, 2 Bde., London 1931 | Heartfield, J., The Aborigines' Protection Society: Humanitarian Imperialism in Australia, New Zealand, Fiji, Canada, South Africa, and the Congo, 1837–1909, London 2011 | Hertslet, E., The Map of Africa by Treaty, 3 Bde., London 1909, Ndr. 1967 | Holli, M. G., Joseph Chamberlain and the Jameson Raid, in: Journal of British Studies 3, 2 (1964) 152–66 | Holz-Kemmler, F., Der Weg zum Neuen Südafrika. Der historische Prozess der Apartheid vor dem Hintergrund gruppenspezifischer Entwicklungen, Frankfurt 2001 | Horn, A., South African Territorial Segregation: New Data on African Farm Purchases, 1913–1936, in: JAfH 50 (2009) 41–60 | Houghton, D. G./Dagut, J. (Hg.), Source Material on the South African Economy, 1860–1970, 3 Bde., Kapstadt 1972–73 | Hull, R., American Enterprise in South Africa: Historical Dimensions of Engagement and Disengagement, New York u.a. 1990 | Hunter, M., Reaction to Conquest: Effects of Contact with Europeans on the Pondo of South Africa, 2. Aufl., Oxford 1961 | Hyam, R., Elgin and Churchill at the Colonial Office, London 1968 | Iliffe, J., The African Poor: A History, Cambridge 1987 | James, L., The Savage Wars: British Campaigns in Africa, 1870–1920, London 1985 | Johnstone, F.A., Class, Race, and Gold, 2. Aufl., London 1987 | Julien, C.A. (Hg.), Les Africains, 12 Bde., Paris 1977–78; Bd. 2, 1977 | Keegan, T., Rural Transformation in Industrializing South Africa, London 1987 | –, The Making of the Orange Free State, 1846–54, in: JICH 17 (1988/89) 26–54 | Klein, T./Schumacher, F. (Hg.), Kolonialkriege. Militärische Gewalt im Zeichen des Imperialismus, Hamburg 2006 | Kline, B., Genesis of Apartheid: British African Policy in the Colony of Natal, 1845–1893, London 1988 | Krüger, P., Lebenserinnerungen, München 1902 (engl. 1902, Ndr. 1969) | Kubicek, R.V., The Administration of Imperialism: Joseph Chamberlain at the Colonial Office, Durham, NC 1969 | –, Economic Imperialism in Theory and Practice: The Case of South African Gold Mining Finance 1886–1914, Durham 1979 | Kunene, M., Emperor Shaka the Great: A Zulu Epic, London 1979 | Laband, J., The Rise and Fall of the Zulu Nation, London 1998 | Landau, P., Popular Politics in the History of South Africa, 1400–1948, Cambridge 2010 | Lester, A., Imperial Networks: Creating Identities in Nineteenth-Century South Africa and Britain, London 2001 | Lichtenstein, H., Reisen im südlichen Afrika in den Jahren 1803–1806 (1811), 2 Bde,. Ndr. 1967 | Limb, P./Etherington, N./Midgley, P. (Hg.), Grappling with the Beast: Indigenous Southern African Responses to Colonialism, 1840–1930, Leiden 2010 | Lockhart, J.G./Woodhouse, C.M., Rhodes, London 1963 | Mabin, A., Labour, Capital, Class Struggle, and the Origins of Residential Segregation in Kimberley, in: Journal of Historical Geography 12 (1986) 4–26 | Mahan, A.T., The Story of the War in South Africa, London 1901 | Marks, S./Atmore, A. (Hg.), Economy and Society in Pre-Industrial South Africa, Harlow 1980 | –/Trapido, S. (Hg.), The Politics of Race, Class and Nationalism in Pre-Industrial South-Africa, Harlow 1987 | Marsh, P.T., Joseph Chamberlain: Entrepreneur in Politics, New Haven u.a. 1994 | Martineau, J., The Life and Correspondence of Sir John Bartle Frere, 2 Bde., London 1895 | Marx, C., Südafrika. Geschichte und Gegenwart, Stuttgart 2012 | Mawey, A.A., Capital, Government and Politics in Transvaal, in: HJ 17 (1974) 387–415 | McClendon, T., You Are What You Eat up: Deposing Chiefs in Early Colonial Natal, 1847–58, in: JAfH 47 (2006) 259–79 | Meintjes, J., General Louis Botha, London 1970 | –, The Vortrekkers, London 1973 | –, President Paul Kruger, London 1974 | Michell, L., The Life and Times of [...] Cecil Rhodes, 2 Bde., 2. Aufl., London 1912 | Moffat, R., Missionary Labours and Scenes in Southern Africa (1842), Ndr. 1968 | Morrell, W.P., British Colonial Policy in the Mid-Victorian Age: South Africa, New Zealand, The West Indies, Oxford 1969 | Morris, D.R., The Washing of the Spears, 2. Aufl., London 1973 | Nasson, B., The South African War, 1899–1902, London 1999 | Newbury, C., Out of the Pit: The Capital Accumulation of Cecil Rhodes, in: JICH 10, 1 (1981) 25–40 | –, The Diamond Ring: Business, Politics, and Precious Stones in South Africa, 1867–1947, Oxford 1989 | [OHSA] Wilson, M./Thompson, L. (Hg.), The Oxford History of South Africa, 2 Bde., Oxford 1975–78 | Ovendale, R., Profit or Patriotism: Natal, in: JICH 8 (1979/80) 209–34 | Pakenham, T., The Boer War, London 1979 | Peires, J.B. (Hg.), Before and after Shaka: Papers in Nguni History, Grahamstown 1981, Ndr. 1983 | Penrose, E.F. (Hg.), European Imperialism and the Partition of Africa,

London 1975 | Philip, P., British Residents at the Cape, 1795–1819, Cape Town 1981 | Pollock, N. C./Agnew, S., An Historical Geography of South Africa, London 1963 | Porter, A. N., The Origins of the South African War, Manchester 1980 | –, Victorian Shipping, Business and Imperial Policy, Woodbridge 1986 | Price, R., Making Empire: Colonial Encounters and the Creation of Imperial Rule in Nineteenth-Century Africa, Cambridge 2008 | Ranger, T. O. (Hg.), Aspects of Central African History, London 1968 | Raum, J. W., Überlegungen zur Grenze als Problem in der Erforschung der südafrikanischen Vergangenheit, in: Saeculum 40 (1989) 213–36 | Reeves, A. H., Over-Reach: The South African Gold Mines and the Struggle for the Labour of Zambesia, in: Canadian Journal of African Studies 17 (1983) 393–412 | Reifeld, H., Zwischen Empire und Parlament. Zur Gedankenbildung und Politik Lord Roseberys, Göttingen 1987 | Richardson, P./Van Helten, J. J., The Development of the South African Gold Mining Industry, in: EcHR 37 (1984) 319–40 | Ritter, E. A., Shaka Zulu, London 1955 | Robinson, R./ Gallagher, J./Denny, A., Africa and the Victorians: The Official Mind of Imperialism, London 1961, Ndr. 1981 | Rosenbach, H., Das Deutsche Reich, Großbritannien und der Transvaal 1896–1902. Anfänge deutsch-britischer Entfremdung, Göttingen 1993 | Ross, R., Adam Kok's Griquas, Cambridge 1976 | Rotberg, R. I./Shore, M. F., The Founder: Cecil Rhodes and the Pursuit of Power, New York u. a. 1988 | Sagner, A., Ländliche Regionen Südafrikas im Umbruch. Tembuland, ca. 1865–1930, Frankfurt 1991 | Samkange, S., The Origins of Rhodesia, 2. Aufl., London 1978 | Sanders, P., Moshoeshoe, London 1975 | Saunders, C. (Hg.), Black Leaders in South African History, London 1979 | –/Derricourt, R. (Hg.), Beyond the Cape Frontier, London 1974 | Schreuder, D. M., Gladstone and Kruger [...], 1880–1885, London 1969 | –, The Scramble for Southern Africa, 1877–1895: The Politics of Partition Reappraised, Cambridge 1980 | –/Butler, J. (Hg.), Sir Graham Bower's Secret History of the Jameson Raid and the South African Crisis, 1895–1902, Cape Town 2002 | Shepperson, G., Cecil John Rhodes: Some Biographical Problems, in: South African Historical Journal 15 (1983) 53–67 | Sillery, A., The Bechuanaland Protectorate, Capetown 1952, Ndr. 1983 | Smith, I. R., The Origins of the South African War, 1899–1902, London 1996 | Stead, W. T. (Hg.), The Last Will and Testament of Cecil John Rhodes, London 1902 | Stevens, R. P., Lesotho, Botswana, and Swaziland, London 1967 | Storey, W. K., Guns, Race, and Power in Colonial South Africa, Cambridge 2008 | Sturgis, J., The Anglicisation of the Cape of Good Hope, in: JICH 11 (1982/83) 5–32 | Thompson, J. L., Forgotten Patriot: A Life of Alfred, Viscount Milner of St James's and Cape Town, 1854–1925, Madison 2007 | Thompson, L., The Unification of South Africa, Oxford 1960 | –, Survival in Two Worlds: Moshoeshoe of Lesotho, Oxford 1976 | –, A History of South Africa, 3. Aufl., New Haven u. a. 2000 | Torrance, D. E., The Strange Death of the Liberal Empire: Lord Selborne in South Africa, Liverpool 1996 | Turrell, R., Rhodes, De Beers, and Monopoly, in: JICH 10 (1981/82) 311–43 | –, Capital and Labour on the Kimberley Diamond Fields, 1871–1890, Cambridge 1987 | Van der Poel, J., Railways and Customs Policies in South Africa, 1885–1910, London 1933 | –, The Jameson Raid, Cape Town 1951 | Van Harteveldt, F. R., The Boer War: Historiography and Annotated Bibliography, Westport 2000 | Van Helten, J. J., Empire and High Finance: South Africa and the International Gold Standard 1890–1914, in: South African Historical Journal 18 (1986) 529–48 | Van Jaarsveld, F. A., Recent Afrikaner Historiography, in: Itinerario 16, 1 (1992) 93–106 | Van Onselen, C., Chibaro: African Mine Labour in Southern Rhodesia, 1900–1933, London 1976 | –, Studies in the Social and Economic History of the Witwatersrand, 1886–1914, 2 Bde., New York

1982 | –, Race and Class in the South African Countryside: Cultural Osmosis and Social Relations in the Sharecropping Economy of the South-Western Transvaal, 1900–1950, in: AHR 95 (1990) 99–123 | Van Sittert, L., Holding the Line: The Rural Enclosure Movement in the Cape Colony, c. 1865–1910, in: JAfH 43 (2002) 95–118 | Videcoq, P., Aspects de la politique indigène des Boers du nord du Vaal, in: RFHOM 65 (1978) 180–211 | Walker, E. A., Historical Atlas of South Africa, Oxford 1922 | –, The Great Trek, 5. Aufl., London 1965 | Wallis, J. P. R. (Hg.), The Matabele Journals of Robert Moffat, 2 Bde., London 1945 | Warwick, P., Black People and the South African War, Cambridge 1983 | Wheatcroft, G., The Randlords, London 1985 | Williams, B., Cecil Rhodes, London 1921 | Wilson, H. S., The Imperial Experience in Sub-Saharan Africa since 1870, Minneapolis 1977 | Winfield, J. A., Carl Peters and Cecil Rhodes: A Comparative Study, PhD University of Connecticut 1972 | Worger, W. H., South Africa's City of Diamonds, London 1987 | Wright, J./Hamilton, C., Traditions and Transformations: The Phongolo-Mzimkhulu Region in the Late Eighteenth and Early Nineteenth Centuries, in: Duminy, A./Guest, B. (Hg.), Natal and Zululand from the Earliest Times to 1910: A New History, Pietermaritzburg 1989, 49–82 | Wylie, D., Myth of Iron: Shaka in History, Oxford 2006.

澳大利亚

Abbott, G. J./Nairn, N. B. (Hg.), Economic Growth of Australia, 1788–1821, Melbourne 1969 | Anderson, C., Convicts to the Indian Ocean: Transportation from South Asia to Mauritius, 1815–53, Basingstoke 2000 | Belich, J. 2009 | Bloomfield, P., Edward Gibbon Wakefield, London 1961 | Bollen, J. D., English Missionary Societies and Australian Aborigines, in: Journal of Religious History 9 (1976/77) 263–91 | Butlin, N. G., Forming a Colonial Economy: Australia 1810–1850, Cambridge 1994 | Cain, P. J., Economic Foundations of British Overseas Expansion, 1815–1914, London 1980 | Campbell, P. C., Chinese Coolie Emigration to Countries within the British Empire, London 1923, Ndr. 1969 | CHBE, Bd. 7, 1, 1933 | Clark, C. M. H. (Hg.), Select Documents in Australian History, 2 Bde., Sydney 1955, Ndr. 1975 | –, A History of Australia, 4 Bde., Cambridge 1962–78, Ndr. 1975–80 | –, A Short History of Australia, London 1964, 2. Aufl. 1969, Ndr. 1977 | Clendinnen, I., Dancing with Strangers: The True History of the Making of the British First Fleet and the Aboriginal Australians, 1788, Edinburgh 2005 | Coté, J., Being White in Tropical Asia: Racial Discourses in the Dutch and Australian Colonies at the Turn of the 20th Century, in: Itinerario 25, 3–4 (2001) 112–41 | Cramm, J. C. R. u. a. (Hg.), Australians: A Historical Atlas, Broadway 1987 | Cumpston, I. N. (Hg.), The Growth of the British Commonwealth, 1880–1932, London 1973 | Davidson, A., The Invisible State: The Formation of the Australian State, 1788–1901, Cambridge 1991 | Davies, A. F. u. a., Australian Society: A Sociological Introduction, 3. Aufl., London 1977 | Davison, G./Hirst, J./McIntyre, S. (Hg.), Oxford Companion to Australian History, 2. Aufl., Melbourne 2001 | Deane, P./Cole, W. A., British Economic Growth, 1688–1959, 2. Aufl., Cambridge 1969 | Denoon, D. 1983 | –/Mein Smith, P./Wyndham, M., A History of Australia, New Zealand, and the Pacific, Malden 2007 | Donnachie, I., The Convicts of 1830: Scottish Criminals Transported to New South Wales, in: Scottish Historical Review 65 (1986) 34–47 | Ekirch, A. R., Great Britain's Secret Convict Trade to America, 1783–1784, in: AHR 89 (1984) 1285–91 | –, Bound for America: The

Transportation of British Convicts to the Colonies 1718–1775, Oxford 1987 | Eldridge, C.C. (Hg.), British Imperialism in the Nineteenth Century, London 1984 | Ellinghaus, K., Absorption in the United States and Australia, in: PHR 75, 4 (2006) 563–85 | Emmer, P.C. u.a. (Hg.), Colonialism and Migration: Indentured Labour before and after Slavery, Dordrecht 1986 | Ferguson, J.A. (Hg.), Bibliography of Australia, 7 Bde., Sydney 1941–63, Ndr. 1975–77 | Frie, E., History Wars. Australien kämpft um seine Vergangenheit, in: Periplus 14 (2004) 170–90 | Frost, A., Convicts and Empire: A Naval Question, 1776–1811, Melbourne 1980 | Garner, J., The Commonwealth Office, 1925–1968, London 1978 | Gillen, M., The Botany Bay Decision, 1786: Convicts, not Empire, in: EHR 97 (1982) 740–66 | Hall, H.D., Commonwealth: A History of the British Commonwealth of Nations, London 1971 | Harlow, V./Madden, F. (Hg.), British Colonial Developments, 1774–1834: Select Documents, Oxford 1953 | Harper, M./Constantine, S. (Hg.), Migration and Empire, Oxford 2012 | Heartfield, J. 2011 | Howell, P.A., The Judicial Committee of the Privy Council, 1833–1876, Cambridge 1979 | Huttenback, R.A., Racism and Empire: White Settlers and Coloured Immigrants in the British Self-Governing Colonies, 1830–1910, Ithaca 1976 | La Nauze, L.A., The Making of the Australian Constitution, Melbourne 1974 | Lemon, A./Pollock, N.C. (Hg.), Studies in Overseas Settlement and Population, London 1980 | Lewis, F., The Cost of Convict Transportation from Britain to Australia, 1796–1810, in: EcHR 41 (1988) 507–24 | Livingstone, W.S., Federalism in the Commonwealth, London 1963 | MacDonagh, O./Mandle, W.F. (Hg.), Ireland and Irish-Australia: Studies in Cultural and Political History, Beckenham 1986 | Madden, F. u.a., Bd. 3–4, 1987–90; Bd. 6, 1993 | Mansergh, N. (Hg.), Documents and Speeches on British Commonwealth Affairs, 1931–1952, 2 Bde., London 1953; Bd. 1 | –, Das britische Commonwealth, München 1969 | –, The Commonwealth Experience, 2 Bde., 2. Aufl., London 1983 | Marks, S./Richardson, P. (Hg.), International Labour Migration: Historical Perspectives, Hounslow 1984 | Marshall, G., Parliamentary Sovereignty and the Commonwealth, Oxford 1957, Ndr. 1962 | Martin, G. (Hg.), The Founding of Australia: The Argument about Australia's Origins, Sydney 1978 | Matthäus, J., Nationsbildung in Australien von den Anfängen weißer Besiedlung bis zum Ersten Weltkrieg (1788–1914), Frankfurt 1993 | McHugh, P.G. 2004 | McIntyre, S., A Concise History of Australia, Cambridge 1999 | Metz, K.H., *The Survival of the Unfittest.* Die sozialdarwinistische Interpretation der britischen Sozialpolitik vor 1914, in: HZ 239 (1984) 565–601 | Moorehead, A., The Fatal Impact: An Account of the Invasion of the South Pacific, 1767–1840, New York 1966 | Morris, J., Heaven's Command, London 1973 | Moses, A.D. (Hg.), Genocide and Settler Society: Frontier Violence and Stolen Indigenous Children in Australian History, New York u.a. 2004 | –, Empire, Colony, Genocide: Conquest, Occupation, and Subaltern Resistance in World History, New York 2008 | Murray, T. (Hg.), The Archeology of Contact in Settler Societies, Cambridge 2004 | Nicholas, S. (Hg.), Convict Workers: Reinterpreting Australia's Past, Cambridge 1988 | [OHA] Bolton, G. (Hg.), The Oxford History of Australia, Bd. 2–5, Melbourne 1986–92 | Oxley, D., Convict Maids: The Forced Migration of Women to Australia, Cambridge 1996 | Perry, T.M., Australia's First Frontier: The Spread of Settlement in New South Wales, 1788–1829, Melbourne 1963 | Platt, D.C.M. 1989 | Pope, A., Australian Gold and the Finance of India's Exports during World War I: A Case Study of Imperial Control and Coordination, in: IESHR 33 (1996) 115–31 | Reese, T.R., Australia in the Twentieth Century, New York 1964 | Robinson, P., The Hatch and the Brood of Time: A Study of the First Generation of Native-

Born White Australians, 1788–1828, Melbourne 1985 | Rose, F., Australien und seine Ureinwohner. Ihre Geschichte und Gegenwart, Berlin 1976 | Rudé, G., Protest and Punishment: The Story of the Social and Political Protesters Transported to Australia, 1788–1868, Oxford 1978 | Russell, P. H., Recognizing Aboriginal Title: The Mabo Case and Indigenous Resistance to English Settler Colonialism, Toronto 2005 | Rutherford, J., Sir George Grey, London 1961 | Ryan, L., The Aboriginal Tasmanians, Vancouver u. a. 1981 | Saunders, K. (Hg.), Indentured Labour in the British Empire, 1834–1920, London u. a. 1984 | Schreuder, D. M./Ward, S. (Hg.), Australia's Empire, Oxford 2008 | Segesser, D. M., Empire und totaler Krieg. Australien 1905–1918, Diss. Bern 1998 [Ms.] | Semmel, B., The Rise of Free Trade Imperialism, Cambridge 1970, Ndr. 1978 | Shaw, A. G. L., Convicts and the Colonies: A Study of Penal Transportation from Great Britain to Australia and Other Parts of the British Empire, London 1966 | –, James Stephen and Colonial Policy: The Australian Experience, in: JICH 20 (1992) 11–34 | Smith, B., European Vision and the Southern Pacific, 1768–1850, Oxford 1960, 2. Aufl. 1985 | Stiersdorfer, C. (Hg.), Women Writing Home, 1700–1920: Female Correspondence across the British Empire, 6 Bde., London 2006; Bd. 2 | Trainor, L., British Imperialism and Australian Nationalism, Cambridge 1994 | Voigt, J. H., Geschichte Australiens, Stuttgart 1988 | –, Geschichte Australiens und Ozeaniens, Köln 2011 | Walter, D./Kundrus, B. (Hg.), Waffen, Wissen, Wandel. Anpassen und Lernen in transkulturellen Erstkonflikten, Hamburg 2012 | Ward, D., Constructing British Authority in Australasia: Charles Cooper and the Legal Status of Aborigines in the South Australian Supreme Court, c. 1840–60, in: JICH 34 (2006) 483–504 | Ward, J. M., Empire in the Antipodes: The British in Australasia, 1840–1860, London 1966 | –, Colonial Self-Government: The British Experience, 1759–1855, London 1976 | Wheare, K. C., The Constitutional Structure of the Commonwealth, Oxford 1960 | Wight, M., The Development of the Legislative Council, 1606–1945, London 1946 | –, British Colonial Constitutions, Oxford 1952 | Windeyer, V., Australia in the Commonwealth, Cambridge 1978 | Winks, R. W. (Hg.), The Historiography of the British Empire-Commonwealth: Trends, Interpretations and Resources, Durham 1966 | Woolcock, H. R., Rites of Passage: Emigration to Australia in the Nineteenth Century, London 1986.

新西兰

Adas, M., Prophets of Rebellion: Millenarian Protest Movements against European Colonial Order, Cambridge 1979 | Belich, J., The New Zealand Wars and the Victorian Interpretation of Racial Conflict, Auckland 1986 | Bennett, J., Maori as Honorary Members of the White Tribe, in: JICH 29, 3 (2001) 33–54 | Bloomfield, P. 1961 | Brooking, T./Pawson, E., Silences of Grass: Retrieving the Role of Pasture Plants in the Development of New Zealand and the British Empire, in: JICH 35 (2007) 417–35 | Byrnes, G. (Hg.), The New Oxford History of New Zealand, South Melbourne 2009 | Condliffe, J. B., The Welfare State in New Zealand, London 1959 | Crosby, A. W. 2004 | Davidson, A., Two Models of Welfare: The Origins and Development of the Welfare State in Sweden and New Zealand, 1888–1988, Uppsala 1989 | Denoon, D./Mein Smith, P./Wyndham, M. 2007 | Dippel, H., Revolutionäre Anthropologie? Oder der Versuch, Georg Forster neu zu lesen, in: HZ 291 (2010) 23–40 | Evans, J. u. a. 2003 | Fortescue, J. W., A History of the British Army, 13 Bde. u. 6 Atlasbde., London 1899–1930; Bd. 12 | Gump, J. O. 1997 | Harper, M./Constantine, S.

2010 | Hickford, M., *Vague Native Right to Land*: British Imperial Policy on Native Title and Custom in New Zealand, 1837–53, in: JICH 38 (2010) 175–206 | Hill, R. S., State Authority, Indigenous Autonomy: Crown-Maori Relations in New Zealand/Aotearoa, 1900–1950, Wellington 2004 | Howe, K. R., Where the Waves Fall: A New South Sea Islands History from First Settlement to Colonial Rule, Sydney u. a. 1984 | Kawharu, I. H., Maori Land Tenure: Studies of a Changing Institution, Oxford 1977 | – (Hg.), Waitangi: Māori and Pākehā Perspectives on the Treaty of Waitangi, Auckland 1989 | Madden, F. u. a., Bd. 3, 1990; Bd. 6, 1993 | Mansergh, N. 1969 | McHugh, P. G. 2004 | McIntyre, W. D., Dominion of New Zealand: Statesmen and Status 1907–1945, Wellington 2007 | Mein Smith, P., A Concise History of New Zealand, Cambridge 2005 | Miller, J., Early Victorian New Zealand, London 1958, Ndr. 1974 | Oliver, W. H./Williams, B. R. (Hg.), The Oxford History of New Zealand, Oxford u. a. 1981 | Price, A. G., The Western Invasion of the Pacific and its Continents: A Study of Moving Frontiers and Changing Landscapes, 1513–1958, Oxford 1963 | Rutherford, J. 1961 | Salmond, A., Two Worlds: First Meetings between Maori and Europeans, 1642–1772, Auckland 1991 | –, Between Worlds: Early Exchanges between Maori and Europeans, 1773–1815, Honolulu 1997 | Sorrenson, M. P. K., Maori Origins and Migrations, Auckland 1979 | Stiersdorfer, C., Bd. 5, 2006 | Tapp, E. J., Early New Zealand: A Dependency of New South Wales, 1788–1841, Melbourne 1958 | Thorp, D. B., Going Native in New Zealand and America: Comparing Pakeha Maori and White Indians, in: JICH 31, 3 (2003) 1–23 | Walter, D./Kundrus, B. 2012 | Ward, J. M. 1966 | Weaver, J. C. 1999.

太平洋群岛（大洋洲）

Aldrich, R., European Expansion in the Island Pacific: A Historiographical Review, in: Itinerario 13, 2 (1989) 87–102 | –, The French Presence in the South Pacific, 1862–1940, Honolulu 1990 | –/McKenzie, K. 2014 | Ballantyne, T. (Hg.), Science, Empire, and the European Exploration of the Pacific, Farnham u. a. 2004 | Banner, S. 2007 | Bouge, L. J., Première législation tahitienne. Le Code Pomare de 1819, in: Journal de la société des océanistes 8 (1952) 5–26 | Boutilier, J. A./Hughes, D. T./Tiffany, S. W. (Hg.), Mission, Church, and Sect in Oceania, Lanham u. a. 1978, Ndr. 1984 | Braunstein, D., Französische Kolonialpolitik 1830–1852. Expansion, Verwaltung, Wirtschaft, Mission, Wiesbaden 1983 | Cook, C./Paxton, J., Commonwealth Political Facts, Basingstoke 1979 | Craig, R. D./King, F. P. (Hg.), Historical Dictionary of Oceania, Westport u. a. 1981 | D'Arcy, P. (Hg.), Peoples of the Pacific: The History of Oceania to 1870, Farnham u. a. 2008 | Davies, J., The History of the Tahitian Mission, 1799–1830 (Hakluyt II 116), London 1961, Ndr. 1974 | Denoon, D. u. a. (Hg.), The Cambridge History of the Pacific Islanders, Cambridge 1997 | –/Mein Smith, P./Wyndham, M. 2007 | Dodge, E. S., Islands and Empires: Western Impact on the Pacific and East Asia, Minneapolis 1976 | Dousset-Leenhardt, R., Colonialisme et contradictions. Nouvelle-Calédonie, 1878–1978. Les causes de l'insurrection de 1878, 2. Aufl., Paris 1978 | Dudden, A. P., American Empire in the Pacific: From Trade to Strategic Balance, Aldershot u. a. 2004 | Ferdon, E. N., Early Tahiti as the Explorers Saw it, 1767–1797, Tucson 1981 | Fieldhouse, D. K., Economics and Empire 1830–1914, London 1973, Ndr. 1976 | Fischer, J. R., Cattle in Hawai'i: Biological and Cultural Exchange, in: PHR 76 (2007) 347–

72 | Fish Kashay, J., Competing Imperialisms and Hawaiian Authority: The Cannonading of Lāhainā in 1827, in: PHR 77 (2008) 369–90 | Flynn, D. O./Giráldez, A. (Hg.), The Pacific World: Lands, Peoples, and History of the Pacific, 17 Bde., Farnham u. a. 2001–09 | Foucrier, A., The French and the Pacific World, 17th–19th Centuries, Aldershot u. a. 2005 | Gensichen, H.-W., Missionsgeschichte der neueren Zeit (Die Kirche in ihrer Geschichte 4), 2. Aufl., Göttingen 1969 | Gunson, N., Messengers of Grace: Evangelical Missionaries in the South Seas, 1797–1860, Melbourne 1978 | Haberberger, S., Kolonialismus und Kannibalismus. Fälle aus Deutsch-Neuguinea und Britisch-Neuguinea 1884–1914, Wiesbaden 2007 | Heffer, J., Les états-unis et le pacifique. Histoire d'une frontière, Paris 1995 (engl. 2002) | Hezel, F. X., The First Taint of Civilization: A History of the Caroline and Marshall Islands in Pre-Colonial Days, 1521–1885, Honolulu 1983 | Howe, K. R. 1984 | Kelly, J. D., Fiji Indians and Political Discourse in Fiji from the Pacific Romance to the Coups, in: Journal of Historical Sociology 1, 4 (1988) 399–422 | Kennedy, P. M., The Samoan Tangle: A Study in Anglo-German Relations, 1878–1900, Dublin u. a. 1974 | King, F. P. (Hg.), Oceania and Beyond: Essays on the Pacific since 1945, Westport u. a. 1976 | La Croix, S. J./Roumasset, J., The Evolution of Private Property in Nineteenth-Century Hawai'i, in: JEcH 50 (1990) 829–52 | Meleisea, M., Lagaga: A Short History of Western Samoa, Suva 1987 | Mansergh, N. 1969 | McIntyre, W. D., The Imperial Frontier in the Tropics, 1865–1875: A Study of British Colonial Policy in West Africa, Malaya and the South Pacific in the Age of Gladstone and Disraeli, London 1967 | McNeill, J. R., Environmental History in the Pacific World, Aldershot u. a. 2001 | Morgan, W. M., Pacific Gibraltar: U.S.-Japanese Rivalry over the Annexation of Hawai'i, 1885–1898, Annapolis 2011 | Morrell, W. P., Britain in the Pacific Islands, Oxford 1960 | Moses, J. A./Kennedy, P. M. (Hg.), Germany in the Pacific and Far East, 1870–1940, Englewood Cliffs 1977 | Mückler, H., Mission in Ozeanien (Kulturgeschichte Ozeaniens 2), Wien 2010 | –, Kolonialismus in Ozeanien (Kulturgeschichte Ozeaniens 3), Wien 2012 | Newbury, C. W., L'administration de l'Océanie française de 1849 à 1866, in: RFHOM 46 (1959) 97–154 | –, Tahiti Nui: Change and Survival in French Polynesia, 1767–1945, Honolulu 1980 | Ralston, C., Early Hawaiian Contact History 1778–1854: What Happened to the Ordinary Hawaiians? In: Krantz, F. (Hg.), History from Below [Festschrift G. Rudé], Montreal 1985, 361–80 | Robson, A. E., Prelude to Empire: Consuls, Missionary Empire, and the Pre-Colonial South Seas Seen through the Life of William Thomas Pritchard, Wien 2004 | Ross, A., New Zealand Aspirations in the Pacific in the Nineteenth Century, Oxford 1964 | Sagan, E., Tyrannei und Herrschaft. Die Wurzeln von Individualismus, Despotismus und modernem Staat. Hawaii – Tahiti – Buganda, Reinbek 1987 | Samson, J., Imperial Benevolence: Making British Authority in the Pacific Islands, Honolulu 1998 | – (Hg.), British Imperial Strategies in the Pacific, 1750–1900, Farnham u. a. 2003 | Scarr, D., Fiji: A Short History, Sydney u. a. 1984 | Storch, T., Religions and Missionaries around the Pacific, 1500–1900, Aldershot u. a. 2006 | Tapp, E. J. 1958 | Thompson, R. C., Australian Imperialism in the Pacific: The Expansionist Era, 1820–1920, Melbourne 1980 | Toth, S. A., Beyond Papillon: The French Overseas Penal Colonies, 1854–1952, Lincoln 2006 | Toullelan, P.-Y., Tahiti colonial (1860–1914), Paris 1984 | Urbanowicz, C. F., Motives and Methods: Missionaries in Tonga in the Early Nineteenth Century, in: Journal of Polynesian Society 86 (1977) 145–63 | Voigt, J. H. 2011 | Ward, J. M. 1976 | Wendt, R. (Hg.), Der Pazifik und Europa, in: Saeculum 64, 1 (2014) 1–150 |

Werber, H., Kiribati. Politischer und ökonomischer Wandel während der Protektoratszeit 1892–1916, Wien 2011 | Wernhart, K. R., Auswirkungen der Zivilisationstätigkeit und Missionierung in den Kulturen der Autochthonen am Beispiel der Gesellschaftsinseln, in: Wiener Beiträge zur Geschichte der Neuzeit 7 (1980) 120–46 | –, Der König von Hawaii in Wien 1881, Wien 1987 | Wiltgen, R. M., The Founding of the Roman Catholic Church in Oceania 1825 to 1850, Canberra 1979.

第十五章

在印度、印度尼西亚和菲律宾的殖民统治

19 世纪的大英帝国

东印度公司在 18 世纪放弃了欧洲之前在印度洋的贸易基 769
地体系中的一般存在形式，并获得了印度次大陆的部分统治权。在走上此路之后，公司陷入印度政策的新的纠纷，鉴于英国人在当地的权力意志，也鉴于与法国人的持续对抗以及基于经济的考虑，到了 1818 年，这些纠纷使得公司直接或间接地控制了直抵印度河流域的整个次大陆。由此，印度成为英国在北美洲失去最重要的占领地之后最大、最富裕的殖民地，并成为大英帝国将近一个半世纪的核心。英国的俄国、近东和非洲政策的许多内容都出于保证印度安全的考虑。后来的英属非洲（das britische Afrika）径直成为“印度帝国的巨大注脚”。印度在其获得独立前所发生的事情不仅对于大英帝国是决定性的，鉴于英国在扩张中的领导角色，对于其他大国的殖民地而言也至关重要。

这种情形始于从白人移民向统治有色人种的过渡，后者是 19 世纪和 20 世纪重要的殖民地类型。先前所有大国的美洲占领地都是移民殖民地，无论它们具有怎样的规模。然而随后单个白人来到某个国家只是为了暂时统治和赚钱，在这个国家欧洲人始终是不断消失的少数，即使是在非洲那些长期安居的地方亦是如此。据此，在这些新的殖民地和它们的样板印度起初并不存在自我管理机构（在以前的移民殖民地，自我管理机构很普遍），而只存在宗主国代表的不受限制的统治。

与这种统治情况变化相一致的是意识的改变。白人不断
增长的优势在对他人的日益低估中得以表达和维护。欧洲忘记 770
了他们对于印度人和中国人的赞赏，从此以后认为具有高度发展的文化的东方各民族是低等的和堕落的。在英国人的维多利亚时代的价值等级表上，东方各民族位于信奉天主教的南欧

人之下。只有爱尔兰人与他们为伴，处于社会价值等级金字塔的最低级。詹姆斯·穆勒（James Mill）的《英属印度史》（*History of British India*，1817年）——每个派驻印度的英国官员的必读书籍——将印度人视为未开化的，因为他们缺乏对效用的适当追求。印度教被认为是野蛮的。然而这种低估不是归因于种族，而是归因于原则上可以改善的文化环境。在皈依基督教或者说信奉功利主义道德方面，就连印度人也还是有希望的。因为英国的优越感非常清晰地表现在世界范围的宗教、文明和道德的使命意识之中——“为商业和基督教开辟一条道路”（David Livingstone，1857）。因而花费巨资用英国舰队遏制奴隶贸易绝不仅仅导致了经济和政治霸权的实行，而且彰显了民族的道德优势。直到19世纪末，生物决定论和社会达尔文种族主义才得以贯彻。

英国不仅仅是这类发展的典型，它是在1815年之后唯一一个配得上殖民大国称号的国家。只是在19世纪进程中，俄国和美国才成为其竞争对手。其他国家在1815年尚且拥有的东西是英国的恩赐，英国政治家为了欧洲均势和英吉利海峡的安全贡献出了他们的一部分战利品。法国收回了马提尼克岛、瓜德罗普岛、卡宴、塞内加尔入海口、印度洋的波旁岛（因此才有留尼汪岛）以及西印度的“海外分行”，但是后者不得再设防。新建的尼德兰联合王国（die Vereinigten Niederlande）应成为一道强大的针对法国的防护墙，因此把西印度的一些岛屿和圭亚那的一部分［苏里南（Surinam）］归还给了它，不过更重要的是归还了爪哇和印度尼西亚的其他占领地。只有开普敦和锡兰以支付500万英镑的补偿款为代价依然留在英国人手里。美洲进行的去殖民化过程使得伊比利亚帝国所剩无几。西班牙保住了古巴和菲律宾，葡萄牙保住了自己非洲和亚洲海岸边的基地，而老牌的大英帝国手中还有加拿大

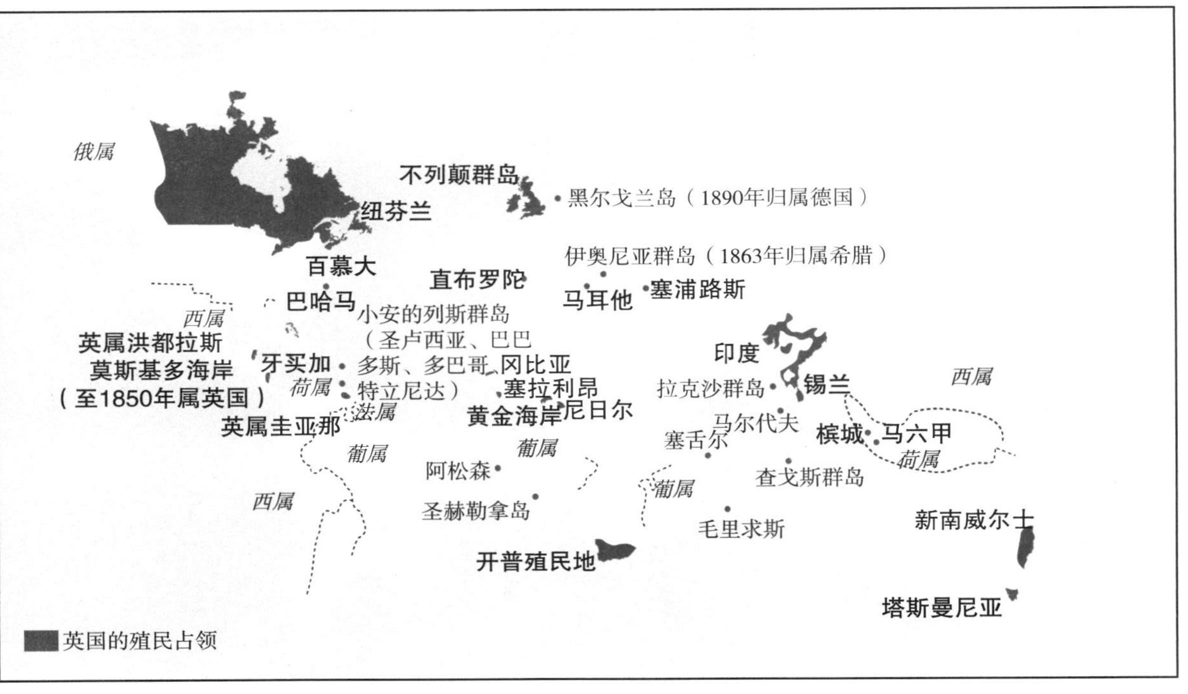

插图 73　1815 年的英帝国

771 和很快便失去重要性的西印度的一部分。蔗糖不再重要，人们也不再需要通向拉丁美洲的入侵关口。因为相比以前，各个新的伊比利亚美洲共和国对于英国贸易的大门是敞开的。

然而此时在旧世界有一个根据地帝国，这些据点的目的是以最行之有效的方式控制印度航线。冈比亚（Gambia）、塞拉利昂和黄金海岸尽管是奴隶贸易时代的残余，但是开普敦和大西洋岛屿阿森松岛、圣赫勒拿岛和特里斯坦－达库尼亚群岛控制着印度航线。从毛里求斯、塞舌尔（Seychellen）和锡兰可以控制印度洋。为了中国贸易的安全，东印度公司从1786年开始在马来半岛西海岸建立了一个基地，1819年在半岛的南端新加坡建立了基地，1824年用英国在南苏门答腊的基地从尼德兰人手中置换了马六甲。还有1788年至1836年在澳大利亚的不同部分建立了居民点。虽然当时还没有苏伊士运河，但是同样可选择的通过地中海和红海的印度航线被小心翼翼地保护着。1704年被占的直布罗陀海峡此时又和马耳他和爱奥尼亚群岛（Jonische Inseln）联系在一起，最后，1839年又轮到通往红海的门户亚丁，葡萄牙人永远也不能获得这个门户。比较典型的是，亚丁在近百年里都是由孟买管理的。

772 乍看起来，这个“新帝国”好像回到了通过基地进行贸易统治的模式，就像葡萄牙人和尼德兰人做过的那样，但是并未提出它们当年的垄断要求。19世纪上半叶有一种认知得到了贯彻，即从现在起无可争议的英国海上霸权和英国在大批量工业产品制造方面的优势地位使自由贸易成为最好的经济政策，因为自由贸易必定自行发展成高度发达的英国经济的优势。1820年以来，商人们就与1651年和1696年间带有自由贸易动机的《航海法》（Navigation Laws）的重商主义体系作斗争。首先对关税进行了有利于殖民地的修正，然后在1846年激烈的宣传鼓动后，1804年至1815年实行的针对粮食进口的保护关税确定了下来；确定下来的还有1849年的《航海法案》（Navigation Act）。由此，殖民地占有似乎是财政预算的多余负担，因此在该世纪中叶的英国遭到激烈反对。当英国和其他国家争先恐后地瓜分世界并试图保护它们在殖民地的市场时，1873年至1896年的所谓大萧条，以及在同一时期，富有竞争力的工业国家在世界市场上的出现，才催生了“帝国主义”的新现象。在19世纪反对殖民主义的背景下，最后几十年的帝国主义才开始了有待解读的革新。

与帝国主义的这个时代相反，19世纪早期的帝国比之以往更多属于新老精英的事务而非大众政治。据说这个概念在普通英国人的生活和意识里几乎没有什么意义，在帝国主义时代它才成为晚期维多利亚大众文化的组成部分。然而即便这种说法属实，帝国的概念此前已隐隐存在，就像艺术品的深层分析所展示的那样。1851年的第一届万国博览会上对自由主义的世界统治的自我表现充分展示了帝国主义的利益政策、狂妄自大和种族主义。英国人更多地表达了他们对帝国的观点，而忽略了他们自身曾受到的帝国的影响。因此，英国等级社会秩序的精英们的观点也使他们总是倾向于优先与他们殖民地的传统精英们合作。

至关重要的统治工具——皇家海军——一如既往地在扩大，并保持着最高的技术发展水平。1830年，它得到了第一批蒸汽驱动的军舰，十年之后螺旋桨驱动代替了笨拙的桨轮驱
动。炮兵的发展催生了当时木质军舰的装甲化。从1862年起 773
又推出了铁质军舰。1881年以后，英国在军舰建造中放弃了最后剩余的帆船。当帆船的航程在某种情况下受其供给能力限制时，蒸汽机只需要有规律地加煤就行。因此也建立了世界范围的基地网络，包括150个海军基地。商业船队的增加甚至更为重要，19世纪末，世界船舶总吨位的三分之一为商业船队，

据其他统计，其占比甚至超过一半，而且它们贡献了海洋贸易总额的一半。

在约翰·加拉赫尔（John Gallagher）和罗纳德·罗宾逊（Ronald Robinson）之后，英国无论如何都不再反对扩张，尽管——或者恰恰因为自由贸易的缘故，它在19世纪实践了“自由贸易帝国主义”这种变体。虽然当时和后来只有有限比例的移民、出口和投资进入帝国，但是在自由贸易时代的高潮时它不断获得新的财产。一方面，在据说非常和平安宁的维多利亚时代，世界范围内发生了超过72场战役；另一方面，当时向帝国出口的比例为30%~35%，进口的比例甚至仅有20%~24%。完全可以把帝国的这段历史写成压迫和反抗的历史。自由贸易和殖民主义不是可以相互转换的两种选择，而是具有延续性的英国政策中同时存在的组成部分。它根据需求采用不同的手段追求着一个统一目标，这个目标就是不断地使新的地域屈从于扩张的英国经济。如果经济控制无法实现，出于费用的原因就采取武力甚至直接占领的手段，口号是“可能的话，就进行非正式控制的贸易，必要时进行统治的贸易”。从英国在拉丁美洲活动的角度出发，有评论认为，将这个目标分为三个而非两个等级更为合适，即除了正式的和非正式的控制，还存在别的不可低估的影响。以统治保障贸易的必要性不断提高，引起了这个领域重点的转移，因此导致了19世纪末的新帝国主义。实际上，此后也更少用“破坏”，而更多是用“推动”和“变化”来评估英国的扩张历史。根据皮特·J.凯恩（Peter J. Cain）和安东尼·G.霍普金斯（Anthony G. Hopkins）的分析，原因在于其从17世纪到20世纪的社会担当者角色的惯性，在于城市的贸易资本和金融资本与贵族的结盟。尽管工业化进步迅速，但在这一背景下，明显的工业利益只是在某些时候才能实现。

但是形形色色的作家都高估了英国政府在这个过程中的计 774
划性。虽然英国政府越来越清楚地知道，内政的稳定性建立在贸易和工业繁荣兴旺的基础之上，但是它们很少表现准备干涉的意愿，如果有干涉的行为，那一定是为了打开市场而非为了进行控制。它们的决定说到底更多是受到内部问题和欧洲问题的影响，而不是受到帝国问题的影响。另外，不能把当时英国内阁变革的可能性想象得过大。它可以进行管理，最多是作出反应，而不能发起行动。动辄进行干涉的国家在欧洲还没有出现。政治始终都不是“形成远景方案，而是要利用所发生的事情”，并且是由门外汉来运作的。

英帝国长期以来更多是受到具有影响力的人们的非正式网络的束缚，其中军队和共济会成员造成了特殊影响。到 1845 年为止，85% 的总督来自军队。还有像负责殖民事务的皇家代理人（Crown Agents）这样的半私人机构。英帝国缺少特别管辖权。自己的内阁大臣和贸易委员会在美洲失败之后就被解散了。1784 年，枢密院又成立了一个新的“贸易和外国种植园事务委员会”，它负责贸易政策和殖民地立法，而首先由内政部来负责殖民地的管理，其次由 1801 年设立的战争部负责。1854 年，其殖民地局才变成了独立的部［殖民地办公室（Colonial Office）］，但是并没有太大的政治分量，特别是因为它在印度说话不算数。

殖民帝国的出现主要是因为对自治感兴趣的人和网络，再加上政治机构的共同作用，其间，按照双方的需求，合作的力度有所变化。随着时间的推移，这个共生现象逐渐演变成了一种新的统治机构。从 17 世纪东印度公司发展到 19 世纪英国王室对印度的统治，这条道路在殖民进程中颇为典型。从这一角度来看，大英帝国虽然在组织上直至最后都是一个带有许多即兴想法的、尚未完工的“施工场地”，但尽管如此，在印度还是建立了一个卓有成效的统治体系。比起人们由此预期的帝国主义繁荣景象，帝国事实上要孱弱一些。和西班牙帝国一样，它必须依靠当地精英和各种力量的合作。形形色色的帝国
775 完全可以被看作欧洲的非正式联盟，是殖民地精英对殖民地和欧洲下等阶层的盘剥。对土著人来说，乍看上去，这往往只是前殖民时期统治状况的延续。而对英国人来说，帝国由于依赖土著的合作而不可避免地越来越成为“一个跨文化的企业”（Colley nach Webster 2006，108）。

1818 年至 1914 年英国统治下的印度

在英国殖民政策似乎不同步、不一致的时期，英国统治下的印度恰恰是它实际上也能具有某种同步性的最佳例证。自由贸易者们对殖民地的反感在这里终结，取而代之的是要求采取国家干预措施和加强基础设施建设以促进贸易自由。19 世纪，没有哪个有名望的英国经济理论家在任何时候质疑过，对印度统治的成本效益平衡是否有益于英国，人们是否因此必须维护这个国家。“我国人民每年通过贸易利润、注入资本的利息和直接纳税从印度获得 6000 万到 7000 万英镑的收入”，还要加上给英国青年的机会和不可放弃的“占有印度带给我们国家的浪漫情趣”——帝国主义是浪漫主义的非文学变体。此外，人们必须保护印度人不受自身的伤害，因为如果没有他们的英国主人，他们会陷入种族和宗教之争；还要保护他们不受其他国家的伤害，比如俄国、德国或者法国，他们的统治可能要比英国统治专横得多。

英国统治下的印度——直接由东印度公司控制的地区——自 1818 年以后包括除西南方的特拉万科（Travancore）外的整个海岸。海权基础显而易见。在内陆只有南方仍然保持着迈索尔人（Mysore）的自治，而在德干高原的北方，残留的土著统治区包围着英国的走廊，他们的最大族群是海得拉巴（Hyderabad）。在大河流域，孟加拉、比哈尔，以及皇城阿格
拉和德里的周边地区在英国人手中，而奥德和印度中西部的邦 776
是独立的，但是通过保护和联盟协议臣服于英国的控制。印度陆地边境的另一边要么没有严格意义上的对手，要么可以与邻居拥有稳定的协议安排，如 1809 年和锡克帝国（Sikh-Reich）在旁遮普签订了协约，1816 年与尼泊尔签订了协约（一直延
续至 1947 年以后）。英国统治的法律基础是在 18 世纪与莫卧 777

儿皇帝订立的租借协议，这位皇帝虽然实际上软弱无能，但是一直是合法当局。当然，在英国继续进行占领行动时，他的统治权就不值一提了。1816 年公司停止向他付款，尽管他的统治者名号直到 1835 年还出现在硬币上。最后，公司鼓动奥德的统治者接受国王称号，以便培植什叶派针对逊尼派帝国的均衡力量。旧秩序的逐步解体显而易见，即便没有人知道取代它的是什么。

谨慎的保守主义的传统印度政策完全尊重当地文化，这一政策的最后的重要代表是孟买总督约翰·埃尔芬斯通（John Elphinstone，1819~1827 年在任）和马德拉斯总督托马斯·蒙罗（Thomas Munro，1820~1824 年在任）。在 19 世纪的日常生活层面，部分印度化的英国富豪（Nabob）消失了，他们穿印度服装，吃咖喱，吸水烟，有印度情妇，与她们生下数万名英印混血儿，后者至少是结结巴巴地说着印度语的。当时还有英国的模仿者效仿印度的生活方式，而不只是印度人在模仿英国。但是现在这些富豪们被身穿制服或者西服，带着罐头、香烟、英国家庭主妇和孩子们作为“文化界桩”的先生们（Sahib）所代替，并且有意识地限定英语作为主人的语言。从此，传教精神的优越感带着多少有些极端的改革意志在所有领域占据了主导地位，这些改革应该对印度人和英国人都同样有好处。即使在医学上，英国和印度的“混杂知识”的合作也消失了。对英国的科学医学来说，印度医学最晚从 19 世纪的传染病理论发展以来就立不住脚了。而印度人此后就被接种疫苗了，不管他们愿意还是不愿意。在印度社会和英国人自己的社会，“他者”被发现或塑造，其贫穷、肮脏、疾病和恶习等应该通过有计划的，以充分的信息为基础的进步加以消弭。但这同样被认为适用于英国下等阶层，不管他们身在英国还是印度；即使出于种族主义的原因，他们在印度有时会受到法官比较温和的对待。但是1835年，对印度士兵的体罚被废除，对英国士兵的却仍然保留！詹姆斯·穆勒的《英属印度史》不仅是针对印度的野蛮行为，从根本上说也是针对英帝国抵制进步的旧制度而写的。

这一改革政策的重要先驱者是大总督威廉·卡文迪什·本汀克（William Cavendish Bentinck，1828~1835年在任），
他非常乐于支持1830年开始执政的格雷改革内阁。这最终成 778
了英国印度政策的一个基本原则，即只有在政府中一直拥有有力支持的大总督们才能取得成功。所以那些来自母国的要员就算对印度知之甚少，也始终比印度管理部门中飞黄腾达的官员们优越。本汀克的声望主要不是源于其经济政策的成功，而是源于其旨在坚定不渝地实现印度西化的文化政策措施。此类措施还包括压制英国人特别反感的印度习俗，因为它们与包罗万象的西方道德习俗是互相矛盾的。

首先被批评的是殉葬（sati）传统，即忠贞的印度教寡妇必须随她的丈夫去死，所以人们就把活着的她和丈夫的尸体一起火葬。1817年至1826年在孟加拉每年就有500~850起殉葬，即使考虑到此后生活的悲惨程度，殉葬者的自愿性也是值得怀疑的。前任大总督卫斯理（Richard Colley Wellesley）在进行干预时受到传统主义分子的阻挠。但是现在英国公众的观点改变了，所以本汀克能够在1829年禁止这一习俗。英国人长期致力于按照他们的理解去改善印度教妇女的命运。1856年法律允许寡妇再婚，1891年童婚的最低年龄从10岁提高到12岁。而在喀拉拉邦（Kerala），直到1933年，对纳亚尔人（Nayars）母系家庭制度的抑制才导致了普遍的父权制的自主实行。过去和现在都没有证据表明褐色肤色男性的性能力比白人的差，以至于印度妇女尽管在某些情况下被证明拥有自主权，但总体说来仍然是殖民地底层中的底层。

比殉葬争议小的是1830年进行的对暴徒的压制。暴徒指的是强盗和杀人者帮会，传说他们把人殉献给女神迦梨（Kali），这一点直到今天仍然存在争议。后来一位总督在1843年废除了奴隶制度，尽管它遮遮掩掩地继续存在。因为它更多地涉及家奴制度而非西印度式的种植园奴隶制度，所以它可能更容易被废除。

人们想要重塑语言和教育政策。1835年，由莫卧儿帝国传下来的官方语言波斯语在低级法院被本土语言和英语所取代，在高级法院和政府中，取代语言则只有英语。因为在印度实行了在法律面前人人平等的欧洲原则，与此同时，政府鼓励
779 印度人对法律地位的追求，所以人们对英国教育兴趣陡增。这是有意而为的，因为从此以后提供给教育事业的资金将不再浪费于传统知识和技能的传授，而是要用于以英语为媒介的英国文学和自然科学课堂。接着很快就出现了相当稠密的英语学校和学院网络，1838年有40所这样的院校，它们一部分由政府负担，一部分由私人负担。在这种教育攻势中，就连传教也可以发挥作用，1813年在福音复兴的背景下，传教在英国控制下的印度终于得到许可，而此前保守派一直将其当作惹是生非之物而拒之门外。虽然不乏印度方面的消极反应，但是这些反应的影响力远远不如一个由商人和法官构成的新的中产阶级的产生，他们在对英国文化的适应方面找到了自己的优势。这种实用主义态度在这样的尝试中得到了理想化的提升，即在精神信仰上对东西方进行综合，从而完成印度文化的革新，就像当年印度教改革家拉姆·莫汉·罗伊（Ram Mohan Roy，1772~1833年）所做的那样。总体说来，许多印度人在掌握与他们的利益相一致的英国成就时并没有什么困难。这也表现在典型的英国运动项目上，如曲棍球和板球，独立的印度在这些项目上最终成为世界强国。反过来，比较友善的英国人也接受

了伊朗和印度的马球。1859 年，英国第一个马球俱乐部成立。

当时，英国控制下的印度并没有继续扩张的计划，相反，1823 年，大总督被提醒要坚决地保持克制，他的帝国总归已经大到了危险的地步。到 1839 年为止只有一次较大的边境冲突，它导致英帝国继续向东扩展。在缅甸又出现了一个有自我意识的不断扩张的君主国，它随即在孟加拉湾插手东印度公司的事务。因为缅甸的贸易增长迅速，加尔各答谋求建立良好关系，直到缅甸 1812 年至 1824 年逐步占据阿萨姆，而且进攻孟加拉已经迫在眉睫。1824 年至 1826 年的第一次缅甸战争以英国人威胁到首都而告结束，以至于宫廷不得不勉强同意割让阿拉干（Arakan）、阿萨姆和丹那沙林（Tenasserim）[①]，支付战争赔款 100 万英镑，签订贸易协议以及允许派驻英国总督等。胜利者踌躇不决地接受了这些好处，一直拖延到了 1838 年才占领阿萨姆，而 1830 年时他们也宁愿放弃丹那沙林。随后，780
丹那沙林作为水稻和柚木产地以及暹罗贸易的门户，才具有让人承担其行政费用的价值。

在西北边境，政治利益也先于经济利益。相反，原先借助蒸汽轮船在印度河上进行的经济渗透有助于保障英国的影响，使政治干涉成为多余。尽管如此，政治干涉仍然不期而至，它产生于几个邻国的政治分裂，因为自 1820 年代末开始，人们认为其背后潜藏着俄国的威胁，因而这种分裂看起来特别危险。印度事务大臣爱德华·罗·埃伦伯勒（Edward Law Ellenborough）在 1829 年写道，“我确信我们必须在印度河上与俄国人作战”，他可能是受到了乔治·伊万斯（George Evans）的《论俄罗斯的诡计》（*On the Designs of Russia*，1828 年）一书的影响。事实上，俄国对奥斯曼帝国和波斯

① 现称德林达依省（Tanintharyi）。——编者注

不断增长的影响在伦敦引起了不安。刚刚被战胜的苏丹通过1833年《温卡尔－伊斯凯莱西条约》（Vertrag von Hünkar Iskelesi）又成了沙皇的被保护人。在高加索山区和里海地区，俄国顺利地战胜伊朗向前推进。当1833年对俄国友好的沙阿登上王位，波斯作为英国控制下的印度的缓冲国的作用才被排除。阿富汗可能会替代这种角色吗？

本汀克的印度政府并不认为事态有多紧张。对他和其他人来说，真正的危险并不在于俄国的进攻，而在于俄国对英国的威胁留给印度臣民的印象。在前沿地带，1838年人们还可以与印度河下游的信德（Sind）的部分领主订立贸易协定并给他们派驻一位总督，这些都意味着主权的宣示。控制着印度五河流域和克什米尔的锡克亲王在自1809年以来的力量对比的现实估量中被证明是值得信赖的伙伴。

锡克教（Sikhism）是印度教的不同信仰互相调和产生的教派，它倡导没有神龛和挂像的一神论，最初是由古鲁[①]领导的，他们在逝世前指定自己的继任者。教派创始人那纳克（Nanak）古鲁于1500年前后在世。当这个团体被卷入莫卧儿帝国的继承冲突时，它的第十个也是最后一个导师哥宾德·辛格（Govind Singh）在1700年前后创建了一个严格的、具有好战特点的社会组织。他设计了皈依的象征——长发、缠头巾、带匕首，并为所有男性成员取名辛格。在18世纪历次小型战争中，锡克教徒都受相互竞争的酋长家族的领导，直到兰吉特·辛格（Ranjit
781 Singh，1780~1839年）在莫卧儿统治崩溃时围绕着拉合尔（Lahore）和阿姆利则（Amritsar）建立了一个统一的国家，其优势在于它有一支由欧洲军官训练的出色军队。

冷落这样一个同盟者而讨好与他为敌的阿富汗统治者以赢

① 或“师尊”，是锡克教最初十位领袖的统称。——编者注

得后者加入反波斯人和俄国人的联盟，没有人考虑这么做；所以阿富汗人求助于俄国。奥克兰大总督试图使用武力对付俄国。但是前往喀布尔的远征以失败告终，只有一个英国人幸存了下来。尽管后来的复仇之战胜利了，但是1838年至1842年的第一次阿富汗战争之后一切照旧。波斯保持了克制，俄国几乎未有改变。而奥克兰的继任者埃伦伯勒及其受挫的司令官罗伯特·内皮尔（Robert Napier）懂得创造廉价的成功，他们在公开承认的违法的情况下，毫无理由地而且恶意地在1843年吞并了信德，这让内皮尔额外又收入了5万英镑。

1839年，锡克邦的统治者兰吉特·辛格逝世。其结果是派别之争爆发，军队威胁要脱离控制。作为一条出路，1845年人们把它引上了对萨特累季河（Sutlej）地区的进攻，因为阿富汗灾难之后，英国的声望明显下降了。但是英国人还是胜利了。1846年，锡克邦不得不退出克什米尔，后者成为英国主权下的一个独立诸侯国，并且接受了一位热心改革的总督。1848年就爆发了反对这一调整的暴动。英国人又一次胜利之后，1849年旁遮普被兼并，尽管并没有从伦敦发出这种指令。

这个乐于决断的大总督叫J. A. B. 拉姆塞·马奎斯·达尔豪西（J. A. B. Ramsay Marquis Dalhousie，1848~1856年在任）。在他治下，缅甸问题又一次陷入危机。商谈好的外交关系作用堪忧，英国的贸易受到刁难，边界不受尊重，因为以边界为准则在缅甸的世界观中是不存在的。但是达尔豪西和王室准备作出妥协，然而双方的煽动者知道如何在仰光现场引起冲突升级，这场冲突在1852/1853年的第二次战争期间结束。这次英国人决定留下马达班（Martaban）的各个港口及其腹地。为了赢得谈判的主动权，他们继续深入内地向前推进。但是缅甸不谈判，也不签署和平协议。整个下缅甸或勃固（Pegu）就以这一方式变为英国所有，而其余部分被海洋切断并依赖于英国继续存在，之所以这样，主要是因为它不值得去占领。

782 新获得地区的行政管理由英国人直接掌握，非常严格，但是为民众带来了改善。在旁遮普，减少税赋和灌溉措施使得前不久还持敌对态度的民众在1857年反对英国人的暴动中保持了忠诚。这与带着强烈西化的目的来到印度的达尔豪西的方式一致。像他一样的保守派此间都成了全方位现代化政策的追随者，这样，达尔豪西就成为本汀克作品的完成者和现代印度的创立者。现在整个印度教育事业的扩展统一化了，并向小学层面拓展。助学金制度鼓励私人致力于新建教育机构。1857年出现了印度的第一批三所大学，达尔豪西还增建了一所技术学院。继在母国政府中负责铁路建设以后，他成了印度铁路网和邮政电报体系的创始人。

对许多尚存的土邦来说，在达尔豪西的新印度没有它们的位置。在他看来，它们即使不是不人道的，至少也是不喜欢进步的。所以此前在个别困难情况下使用的吞并政策现在必须有计划地在三重法律基础上大规模地实行。如果一个领主没有享有继承权的亲生子女，而且其配偶作为女统治者拒绝采用印度法律通行的收养做法的话，那么此时就“适用遗产归公原则（doctrine of lapse）”，这在萨塔拉（Satara）、占西（Jhansi）和那格浦尔（Nagpur）引发了印度教教徒们的怨恨。这还会招致联合政府的指责，就像1856年奥德被穆斯林吞并时引起了强烈不满那样。最终，在没有直系继承人的情况下，达尔豪西废除了传统的统治者称号，作为补偿，会承认其他的合法要求。

达尔豪西刚刚离开这个国家，所谓的1857年叛乱就对这个大力推进的现代化作出了反应，其最后的残余在1859年才被打败。乍看上去这是大部分孟加拉军队都参加了的暴乱。加尔各答、马德拉斯和孟买三个管辖区各自都有军队，总共有

3.8 万欧洲人和 20 万印度人，其中加尔各答有 2.3 万欧洲人和 13.4 万印度人。欧洲人主要驻扎在孟买和旁遮普，那里平安无事，在贝那拉斯与萨特累季河之间的暴乱地区几乎只有印度人，其中将近 4 万人来自奥德。他们当中的很多人是上层种姓成员，尤其是婆罗门，当西方对禁忌的破坏威胁到他们的社会 783
文化身份时，他们尤为敏感和多疑。从 1856 年以后，新兵必须宣誓准备去海外服役，这意味着宗教仪式上的不纯洁。尤其有一种传言称新式李 – 恩菲尔德步枪（Lee-Enfield-Gewehr）的子弹的包裹纸在使用前要用嘴撕咬下来，而这种包裹纸是涂了牛油和猪油的——前一种动物对于印度教教徒来说是神圣的，后一种对穆斯林来说是不洁的。当 1857 年 5 月在德里北面的密拉特（Meerut）拒绝使用这种子弹的士兵被抓的时候，部队发生了哗变，他们杀死了军官，开往德里并让目瞪口呆的莫卧儿老皇帝重新掌权。这一行动对其他部队是一个信号，然后很快传遍整个军队，宣誓服役只好搁置。双方的残暴使得冲突持续升温，但是与这些只是在反对新政方面达成一致的暴动者相反，英国人明确地知道他们想要什么。英国人重新赢得优势只是个时间问题，因为民众和精英的大部分表现消极，或者甚至像锡克教徒一样对英国人友好。

有人要把这次暴动升级为印度的第一次民族独立战争，这是错误的。可以肯定的是，这次叛乱得到了部分传统精英人士的响应，西化计划威胁到了他们的领导角色和文化身份。对他们来说，随着每一个土邦的消失会有大批职位消失，而新的英国行政部门不再需要他们。西方的教育和法律原则的渗透不仅使传统神职人员、教师和法官的意义成了问题，而且使他们所习惯的生活的基础成了问题。一个寡妇可以再婚，反叛者不被剥夺继承权的印度教社会会变成什么样子呢？而谁要是已经向西方文化妥协，谁就站在了英国一边。农民暴动作为对生态问题的反应而爆发，如果说它是继军队叛乱和传统精英造反之后的第三种现象，那么可以说，这些暴动都缺乏统一的特点，更遑论民族的意愿了。

但是英国人从此患上了“哗变综合征”。印度政策的转变是第一个后果。东印度公司在财政和经济上无论如何都走到了尽头。1858 年 11 月 1 日，王室接管了印度政府。莫卧儿皇帝被罢黜并流放缅甸，其名号被废除。而大总督（Generalgouverneur，即 General Governor）此后将被称作总督（Vizekönig，即
784 Viceroy）。军队应该适用印度人和欧洲人 2∶1 的人数比例，在孟加拉甚至为 1∶1。在当年的暴动地区欧洲人占多数，另外还给他们配备有重武器。从此以后本土军队将较少在印度中部而较多在旁遮普甚至在尼泊尔招募，人们寄希望于传统的军队模式。自由主义的改善世界的意愿此时到达其终点。人们用英雄神话包装了具有优越感的权贵，在这些神话里，哗变发挥着关键作用。

由于现在怀疑印度人的发展能力，所以人们用蔑视来惩罚那些西化的新精英的追捧和软弱，并寄希望于证明了自己优势的“天生的领导人”。英国式的“男子气概”被用于与孟加拉人的“娘娘腔”形成对比，而尼泊尔的廓尔喀人（Gurkhas）和锡克教徒则据说更符合这种理想。农业改革的苗头被中断，大地主又被奉为楷模。对领主们的吞并政策被终结，他们的财产得到保障，最多不过是更换一个统治者而已，即便要更换也要尽可能地依据当地法律。未被明确地吞并过，并且自 1831 年以来直接由英国管辖的迈索尔在 1881 年被交还给一位本地领主。现在，宗教宽容而非促进基督教传教被奉为管理部门的基本原则。英国贵族或者来自中产阶级的自以为是的贵族在本地贵族的协助下统治大众，尽可能少地干涉他们的生活，但这些人实际上是鄙夷他们的。向这一统治体制转变的意义对于英国的整个殖民地政策而言，怎样高度评价都不为过！可是

这个意义仅限于政治体制之内，因为社会经济结构的变化仍在继续。应印度方面的需求，他们只进行了铁路建设，或者至多是继续扩展了受西方影响的教育体制。但是这个矛盾的态度并非没有产生后果。因为一方面，非正式的帝国主义的渗透与正式的只依靠与本土精英的合作来实行对新殖民地的控制完全一样，这一点最迟到哗变时就变得清楚了。而另一方面，一个殖民地政权持续地寄希望于传统精英，并有计划地阻挠现代精英，那也是成问题的。

保守派总理迪斯雷利于 1876 年劝说维多利亚女王接受印度女皇称号，这丝毫无损于体制，也无损于自由派总督在 1880 年至 1899 年的统治。里彭侯爵 G. F. 罗宾逊（G. F. Robinson
Ripon Marquess，1880~1884 年在任）无谓地尝试推动印度人 785
的政治参与。然而归根结底，对英国的自由派来说，“慈善的专制统治”也是对印度恰当的统治形式。如果出现对抗势力的话，它们就会在边境问题上屈服于“帝国的必要性”。

当俄国在 1860 年代转而征服中亚并越来越迫近阿富汗时，西北部重新动荡起来。1879 年和 1881 年间的第二次阿富汗战争就是其结果。英国成功地在那里培植了一个对英友好的领主，1887 年，当俄国扩张到达阿富汗北部边境的时候，双方签订了一个俄阿边境协定。与此相关，俾路支斯坦最终成为大英帝国的一部分，还有西北部的连绵山区也归于英国控制之下，直至最终在 1900 年，这个地区合并为一个新的西北边界省（North West Frontier Province）。在东部，尽管由于统治者变更之后关系恶化，但迫切需要兼并缅甸其余地区的贸易利益到 1886 年才得到顾及，当时政治竞争对手法国从印度支那入侵过来造成威胁。

英属印度政府在一定程度上实行着自己的外交政策。一段时间里，它在马来亚（Malaya）、索马里兰（Somaliland）、亚丁，尤其是在波斯湾的阿拉伯一侧由其总督和代理人负责非正式地代表英国利益。在海湾的这个角色随着去殖民化的发展才告结束。

保守派总督乔治·N. 寇松（George N. Curzon，1899~1905年在任）是帝国总督的典范，在他领导时期，英国在印度的统治最终定型并达到高峰。他体现的是居于统治地位的种族对被监护者的父权主义，被监护者要在遥远的未来才有能力实现独立——如果真能如此的话。作家鲁德亚德·吉卜林（Rudyard Kipling）是这一政治计划的预言者。寇松不仅通过修建铁路和灌溉设施，而且特别通过所有领域的，尤其是行政部门的机构改革尝试来实现这一点。但是英国在印度的统治体系并没有因此而改变其保守特点。必须指出，王室1858年的接管并未触及东印度公司时代的基本结构，只是部分更换了名称，而这一状况至少到1947年仍然存在。

786 本来东印度公司一方面是私人股份公司，另一方面作为国家债权人又是英国的亚洲贸易国家垄断地位的代表人，为实现这个垄断，它拥有国王特许，拥有交战、签订协议和获得土地的政治权力。据此，它拥有了对印度的统治权，但是后果却是一场危机。为了克服这场危机，公司在1773年和1784年屈服于国家控制法。王室顾问会的六个成员以印度事务委员（Commissioners for the Affairs of India）的身份成立管理委员会（Board of Control），固定由一位国务秘书出任主席，财政大臣也应是这个委员会的固定成员。股份公司的董事会被加强了，因为今后股东大会在选举董事之外没有其他权力，不过可以和管理委员会一起就政策和财政管理进行表决。事实上，印度政策是在东印度公司的保密委员会（Secret Committee）的几个董事与管理委员会主席中间制定出来的。

特许权必须每20年更新一次，在更新过程中发生了紧随时代发展的创新。1793 年，印度政府与贸易事务相分离，由此产生了一个必须弃商的高薪官员团体。1813 年，东印度公司失去了在印度的垄断地位，但仍保留着在中国贸易的垄断地位。1833 年，它也必须放弃中国贸易，并把它的所有印度财产移交王室，然后再从王室作为信托资产拿回。因为今后贸易利润取消了，所以从印度税收和关税而来的 63 万英镑年收入作为红利被分配给了东印度公司。难道仅仅是获益者们的政治游说和对私人财产的尊重阻碍了公司的统治权限在当时以机能障碍为由被剥夺吗？绝对不是，因为公司的统治具有双重作用。公司在印度可以作为莫卧儿皇帝的“采邑主”而获得自己的合法身份，而英国王室几乎做不到。董事和内阁的双重政府适合作为抵制暴政的安全措施，因为印度的收入可以使王室独立于英国议会，并因此损害英国宪法的基础。

暴动之后的第一个问题解决了，现在必须应对第二个问题了。1858 年，董事们的影响力降低了。管理委员会主席成了国家印度事务大臣（Secretary of State for India），并以这个身份出现在内阁中，配置有常务次官和印度事务办公室（India Office）。但是，比较重要的决定由有 15 个成员的印度事务委员会（Council of India）来作出，这个委员会越来越多地由以前的印度官员组成。但是它的意义在下降，直到它 1935 年被撤 787
销。理论上说，大臣和内阁要向英国议会负责，而实际上议会在印度事务中极少作为，最多在确定基本原则时发挥作用，比如在宪法改革时。这个印度行政机构特殊的独立性的基础就是，它的费用——包括伦敦的印度事务管理机构的费用——都由印度而不是由议会批准的资金来承担。这样，印度就始终有一个自己的部，而与殖民地部毫无关联，印度官员们也与其他的殖民地官员群体一直保持着分离状态。

在印度，三个平等的管辖地——孟买、圣乔治堡 / 马德拉斯（Fort St. George / Madras）和威廉堡 / 加尔各答（Fort William / Calcutta）——在1773年才划归作为大总督的加尔各答总督管辖，而要等到他能够完全获得承认还需要数十年，因为孟买和马德拉斯始终可以直接与伦敦交往。1833年，当所有财政大权都集中在他手中，这种直接往来才停止了。另外，几乎所有的领地扩展都发生在大总督直接控制的北部地区。只有信德在1847年和1935年间被划归孟买。但是加尔各答管辖的地区显示了不合适的规模。所以在1833年为孟加拉设立了一个特别代理总督。同时在河流上游出现了那时的西北省（Nordwestprovinz），首府为阿格拉。1877年，它与此间被兼并的奥德合并，1902年，这个合并区得名阿格拉和奥德联合省［The United Provinces of Agra and Oudh，缩写为U.P.，今天仍沿用这个缩写，但称作北方邦（Uttar Pradesh）］，首都变成了阿拉哈巴德（Allahabad）。前面提及的新的西北边境省以白沙瓦（Peshawar）作为政府所在地。1854年以后，大总督有权采取区域重组措施。1859年，旁遮普成为独立省，省会为拉合尔，1861年由大部分被达尔豪西占据的地区组成了首府为那格浦尔的中央省和贝拉尔（Central Province and Berar）。

1901年，对于有效的行政管理来说，拥有7800万人口的孟加拉的其余部分相对于拥有4800万人口的第二大省份来说，也实在太大了。另外，人们想用分割该省的办法来限制加尔各答的积极的新印度精英的影响区域，而且更加强硬地把之前分割管理的阿萨姆合并进来。于是孟加拉省（印度教教徒占67.5%，穆斯林占32.5%）分成了以加尔各答为中心的西孟加拉（印度教教徒占83.6%，穆斯林占16.4%）和以阿萨姆为中心的东孟加拉［首府达卡（Dacca），印度教教徒占41.9%，
788 穆斯林占58.1%］。虽然这一措施据称没有在印度教教徒和穆

斯林之间引起本应有的分裂，但这正是它所促成的状态。行政上的理性被证明是严重的政治错误，以至于这种分治仅在1905年和1912年间存在。之后，西部的比哈尔和奥里萨地区作为单独的省份与首府巴特那分离，阿萨姆重新获得独立。重新统一的孟加拉此时有48%的印度教教徒和52%的穆斯林，而另外两个省份由印度教教徒占多数。除了这些大省，还有各个首席专员治下的小行政区，比如俾路支斯坦的直接管辖部分。同样属于首席专员管理的英属缅甸于1937年从印度分离，成为英帝国的像锡兰（斯里兰卡）一样的直辖殖民地，后者从一开始，即从1798年以来就拥有这一地位。1936年，奥里萨也作为独立省与比哈尔分离，信德及其首府卡拉奇（Karachi）从孟买分离出来。

土邦作为飞地零散分布于这个英属印度，它们在1939年时在五分之二的领土上拥有不到四分之一的人口，即3.8亿人口中的9000万。拥有1800万人口的海得拉巴面对着许多仅由几个村庄组成的小政权，尤其是在古吉拉特，562个土邦当中的大部分就在那里。它们以协约的方式与王室相联系，直接隶属于有时负责多个土邦的总督的代理人。对外关系由英国代理，为此它还有义务对内和对外保护这些土邦的统治者。另外，它们必须被纳入全印度的关税和交通政策。但除此之外，它们处于英印立法和司法管辖之外。即使有些土邦的男性或女性统治者想出头当改革家，人们也会问，那些由不同的印度土邦主展示的东方童话的斑斓绚丽，难道不是亚洲历史中的一个晚期现象吗？这个现象只有通过为他们提供免受政治局势变化烦扰，并保证其生存的英国统治才有可能实现。对英国人来说，这种人为多于传统的“美化主义（Ornamentalism）”（Cannadine）是他们保守的秩序观念意义上的一个统治工具。因为独立的印度两年之后就把土邦统治者扫地出门了。

大总督和总督位于顶端，理论上是作为一个由 3 个成员（之后是 6 个，最后为 14 个）组成的委员会作决议时的总负责人，实际上，他至少可以作为执政者而完全不用理会委员
789 会。印度政策一般由在伦敦的印度事务大臣和在印度的总督决定。印度政府“本质上是一种绝对的政府，不是在同意而是在征服的基础上建立起来的”，1869 年至 1872 年担任印度司法部长（Law Member）的詹姆斯·菲茨詹姆斯·斯蒂芬勋爵这样说道。军队依然是幕后的最后的主导因素。但是，与一个自由主义的或者说是信奉基督教的帝国相矛盾的是，英国的统治一直都是强制统治。这个矛盾必然导致“帝国的误解”，即英国化的印度人和以后的非洲人自视为帝国主义的忠实臣民，并以此要求和英国人一样的平等权利。那个共同的涵盖性的概念“主体（subject）”加深了这个误解，这与法国的排他性的概念“公民（citoyen）”截然不同。但是对英国人和对法国人来说都是一样的，即只要他们心怀种族主义之想，“帝国”这个概念就意味着他们的民族国家所占有的一切，哪怕这种占有是理由不充分的。同样，相对独立的印度政府仍然是一个必须屈从于英国利益的英国的政府。1932 年在渥太华（Ottawa）举行的大英帝国经济会议中，英国人说道：“一个强大和独立的印度代表团首次参加与英国代表就印度利益进行谈判的帝国会议。但实际上是英国人与英国人以及经过仔细挑选的享有英国人信任的印度人进行谈判。”（Linow 1991，137）

在印度政府内部，本来是由总督的秘书向总督呈交所有文件，然后这些文件要按照就职年限顺序在议会成员那里流转。但是工作量的增长导致了 1862 年以后议会的每个成员都负责某个特定的领域，总督和相关负责成员磋商之后作出决定。于是就有了内政部长、法律部长、财政部长等。最成问题的是委员会或者

归属委员会的军事管辖权和印度最高司令官的位置。本来的行政管理归属于各个秘书下面的一个部门，它们与主管的议会成员的关系就相当于国务秘书与部长之间的关系。1898 年有下列部门：1. 内政部；2. 财政和农业部（负责重要的土地财政收入）；3. 外交部；4. 财政和商业部（负责财政事业的剩余部分）；5. 军事部（1906 年军事部只负责保障供应事务，而军事事务隶属于总司令）；6. 公共事务部；7. 立法部；8. 工业和商业部（1905 年）；9. 教育部（1911 年）。后来还有更多其他部门。

立法权也同样在委员会总负责人手里。但是为了转变为 790
立法委员会，执行委员会必须扩充成员，这样它不能被轻易忽略。1861 年和 1892 年英国议会颁布的《印度委员会法令》（Indian Councils Acts）确定了他们的数量和架构。从 1892 年起要有 10~16 个委员会，此间大总督在任命这些委员会时应该考虑到不同领域，而不是只任命官员。但是，在印度代表持续缺席和英国主管机构不熟悉情况的情形下，这就意味着英国的印度官僚们首先是他们自己的重要的立法者。1861 年，其首脑占据总督委员会最高级别职位的省份都陆续重新获得了有限的立法权，但最初只有孟买和马德拉斯。虽然伦敦的国务秘书至少从理论上说有最终决定权。但是 1870 年以后，当通往加尔各答的电报线缆铺设好的时候，他才能短期介入。因为此前加尔各答和伦敦之间的信件往来尽管在 1869 年以后通过苏伊士运河的海路大为缩短，也仍然需要 35 天时间。

立法委员会的一项重要任务是为印度编纂法典。《民事诉讼法》（Code of Civil Procedure，1859 年）、《印度刑法典》（Indian Penal Code，1860 年）和《刑事诉讼法》（Code of Criminal Procedure，1861 年）都遵循了英国的基本原则，但是适应了印度的要求，并借鉴了法国法律。这样就建立了次大陆的法律平等，但是尚不完整，因为民法要考虑到不同的宗教团体，所以不可能统一。但还是颁行了一些统一的法律，特别是继承法。英国人在18世纪就依据各种“印度教古代神圣法律典籍”编纂了法典并进行了翻译。但是婆罗门的单方面建议、统一的政治意愿和翻译成英语的陌生化使得这部印度法典充分反映了与过去的决裂。威廉·琼斯勋爵把欧洲的私有财产观传播到了印度，因为他认为在那里也能发现这种观念。在婆罗门的影响下，英国法庭将他们的婚姻规定（与其他等级相反，他们将嫁妆视为一项义务）上升为普遍规则，这一实践同样影响深远。

直到1861年，司法分为审理在印度生活的英国人的国王法庭和审理与印度传统有关的——无论这所谓的传统是真的还是杜撰的——当地人的公司法庭。后来这两种法庭被设在省府
791 的统一的高级法院所代替，后者由英国法官和印度民法法官构成，其中英国法官至少要占三分之一。司法独立得到了保障。但是高级法院的上诉法院不在印度，它是伦敦的枢密院司法审查委员会。司法可能有党派因素存在，但是它与其他殖民地不同，至少是在与印度方面的合作之下运作的。无论如何，司法体系是英国留给印度的一个长期遗产。

司法的统一性是现代欧洲国家政权的主导原则，英国人将其输入印度不仅仅在法制方面影响深远。在他们看来，他们只是出于无奈，要把所看到的混乱的宗教和社会局面简化为更好控制的、尽可能理智的世界。于是就出现了英国人使用的“印度教”这个新型的综合名称，它被用于指称和西方各种基督教派一样相互区别很大的各种宗教教派。这个新的综合范畴应该被证明即使在政治上也极为有用——直到今天！就连种姓制度也被认为是英国的“发明”，这说的当然不是那种自洽的东方小说意义上对印度的理解，而是说，英国人在1857年以来经历了传统主义的转变之后，就更一致和更明确地认定了他们在

恒河边的“印度教”的核心地区所发现的事物。在西北部和孟加拉的部分地区，在南部和德干核心地区，种姓制度在此之前对人们生活的影响要小得多。英国人与印度文化交际中的核心问题并非所谓的信息不足，或他们饱受痛斥的东方学和种族偏见，而是被迫的一体化，以及与之相伴的在认知上对他们所见之事进行本质化的做法（Essentialisierung）。但是，他们偏偏以此奠定了现代南亚的基础。

但是英国人认为，如果他们想用有限的手段来治理印度的话，除了被迫降低复杂性，没有其他选择。所以在省级以下层面很难把行政权和司法权分离开来，因为这样做是行不通的。18 世纪后期的英裔区长官本来只是收税人，除他以外还有拥有警察权力的区法官。因为行政部门官员常常处理财产纠纷和警察案件，这些都由一个特别法官作出判决，既耗费时间又难以决断，所以人们就又放弃了这一体系。区长官一劳永逸地变成了“一把抓”行政官，也就是说，为了完成他从征收税款到负 792
责安全、秩序和公众福祉的任务，在某些情况下他行使法官和警察的权力。区法官仍然负责原本的诉讼事务。这些区长官成了英国的印度行政管理的支柱，即使后来有技术人员（农业、公共劳动）和警局的教区牧师协助他们工作，情况仍大体如此。

行政区由一系列次级行政区组成，配有英裔次级行政长官（Subdivisional Officers）或地方长官（Subcollectors），他们大多是年轻的公务员候选人；在此之下再分为几个设有印度主管、协理税务员、登记官和诸如此类人物的更小的村庄单位。这些人从“孟希（munshis）”（受过波斯教育的译员、经纪人和信息报告员）或者“绅士（babus）”（受过英国教育的孟加拉人）中招募，但给付的工资很低。因此他们被认为是腐败的，更别说那些印度村长和掌管土地的官员。这些行政区与莫卧儿帝国时期的萨尔卡尔（sarkar，即“专区”）——税务和管理区——相对应，面积非常大，一般为 0.5 万 ~1.7 万平方公里（相当于德国的行政专区）。所以马背上的行政管理或者后来的以汽车代步的行政管理都不够有效，必须依赖印度协作者这个中间阶层，这些人此时也获得了他们的利益，而并不总是被当作臣民使用。1887 年在管理机构中有 21466 个这种印度协作者。这是成功的秘诀，否则就无可理解，英国如何以如此少数的官员去统治这样一个大国。这个制度也像对土邦主们的间接统治制度一样在英帝国的其他部分被效仿。

印度官员的小圈子［印度公务员（I. C. S.）］在鼎盛时期也不超过 1000 人，他们自认为是上流的精英人士，这不仅仅是因为为他们预留了较高的职位。为了从事这种契约服务（covenanted service），官员候补人要在加尔各答（1806 年后在英国的黑利伯里）接受东方语言、法律和政治经济学的课程学习，这最终使他们不仅具有团体精神，而且具有功利主义的殖民地意识形态意义上的特质。这些候补人由公司的股东任命，后者负责让有限圈子里的人可以得到这些报酬丰厚的职位。尽管理论上是公平的，但是印度人还是没有机会。除了自由派圈子 1854 年取消职务保护和公开录取考试之外，什么都没有变
793 化。1858 年黑利伯里被关停。因为考试在英国进行，所以尽管有一定的选择机会，但是考拉丁语和希腊语至少可以得到比考印度语高一倍的分数。1864 年至 1868 年有 5 个印度人通过了考试，1868 年至 1875 年，在 14 个印度申请者当中甚至有 11 个通过了考试，这是令人骄傲的成绩。但是英国的印度官员群体懂得如何成功地抵制这一“外人化”，所以 1909 年在 1142 名印度公务员中只有 60 名印度人。第一次世界大战之后这个禁令被打破，但是此时这种职业生涯对于双方都不再像以前那么诱人了。

人们创设了“省级公务员”作为安慰奖，1893 年至少有 1827 名印度官员和法官属于此类，但是即便在各省也为这些印

度公务员预留了较高级别的职位。同样，面对那些技术岗位上表现突出的专业人士，这些印度公务员懂得如何保持英国教育理想意义上的全面的和特别有教养的绅士的优先地位。结果，尽管印度公务员有无可争议的功绩，可他们还是因此留下了矛盾的印象。一方面，通过能力考试招募的精英发挥着先锋作用。在母国，1870 年以后才按照印度公务员的模式引进这种官员团体。另一方面，这个统一以绅士的传统主人角色为定位的团体并不特别适合于把印度的政治现代化和参与权掌握在自己手里。正因为如此，它完全可被视作英印统治体系的缩影。

这一统治体系通过在新德里（Neu-Delhi）建立新都得到了明确的表现。1858 年、1877 年、1903 年和 1911 年，老皇城在觐见仪式中都被用于帝国象征性的自我表现，而（副）国王宫廷会议的这种仪式正是英国“装饰主义（Ornamentalism）”[①]的一个例子。首都仍然是在舰队炮火射程范围之内的加尔各答。但是加尔各答成了西化的新型印度人的中心，人们想使此间变得必不可少的印度立法者们摆脱他们的影响。于是德里于 1921 年被宣布为首都，到 1931 年兴建新德里，它拥有富丽堂皇的大道和宏伟的、具有浓郁东方元素的新帕拉第奥古典主义式（neopalladianischer Klassizismus）[②]的政府大楼。英国

① 在《装饰主义：英国人如何看待他们的帝国》（*Ornamentalism: How the British Saw Their Empire*）一书中，作者大卫·卡纳丁（David Cannadine）认为，对大英帝国来说，阶层、等级、地位甚至比种族更重要，英国人扩张的其中一个动力正是阶级意识，英国移民者试图驯化异域世界，重塑殖民地社会，依照国内的模式复制出一个精细分层的等级社会，一个重要的表现就是在殖民地举行堪比母国的隆重的仪式和盛大的典礼。——编者注

② 帕拉第奥主义是 1720 年至 1770 年在英国兴起的一场建筑艺术运动，在复兴古罗马建筑对称布局与和谐比例方面作出了贡献。建筑作品风格严谨而富有节奏感，表现了手法主义的一种特征。新帕拉第奥古典主义又称典雅主义（Formalism，又译形式美主义），主要流行在美国，致力于运用传统的美学法则来使现代的材料与结构产生规整与典雅的庄严感。

人也和土邦一样长时间地在印度建造受莫卧儿建筑启发的“印
度－撒拉逊风格（indo-saracenic style）”建筑物。19世纪
末，时兴的古典复兴建筑成为一种建筑风格，正如它在全世界
的各种变体一样，过去和现在始终都被赞誉为政治纪念碑建
794 筑。寇松修葺的泰姬陵、加尔各答的巨型维多利亚纪念馆首开
先河绝非偶然。在新德里中心典型地矗立着总督的宫殿。甘地
（Mohandas Karamchand Gandhi）是它的首批拜访者之一，
这是这个建筑物的政治意义在竣工时已被超越的象征。甘地和
尼赫鲁（Jawaharlal Nehru）都激烈地批评过它，但是这并未
妨碍后者和独立印度的政府一道迁入并留在那里。

英属印度的经济和社会

统治体系的费用必须由印度人民来承担，还有那些在英国发生的费用，比如前印度军官的退休金，就像我们在那部杰出的侦探小说里看到的那样，某位经典角色 50 岁就带着两三倍于其英国同行的薪金返回德文郡退休。印度的国家收入的百分比总览如下（CEHI 2，916，926，Tomlinson 1979，155f.）。

	1858/1859	1870/1871	1900/1901	1919/1920	1939/1940	
					中心地区	各省
基本税（土地收益）	50.0%	40%	53%	12.5%	0.1%	30.7%
鸦片垄断	17.0%	16%	?	3.5%	0.4%	
盐垄断 / 盐税	7.0%	12%	16%	4.4%	8.6%	
关税	8.0%	5%	10%	17.1%	41.7%	
间接税（消费税）	4.0%	6%	10%	4.2%	0.3%	13.6%
所得税	0.3%	4%	3%	13.6%	13.2%	
铁路和其他（截至 1900 年）	13.0%	18%	9%			
铁路				24.0%	27.1%	
其他				20.7%	8.6%	55.7%

垄断、间接税和关税的重要意义表明印度的国家财政是前现代的。1860 年至 1886 年实行的所得税最终开始以累进税率计算，关税的意义则由于印度在第一次世界大战之后获得正式的财政自治权而继续增长。但是所得税不适用于土地占有，因 795
为土地占有已经被征税。自前英国时代以来，农业税收构成了国库的支柱。印度仍旧是一个农业国家，但这也意味着土地的

占有情况决定着社会的面貌。既要保守地接受前英国的税收体系，又要考虑欧洲的私有财产原则和自由经济原则，对于这种做法的影响的质疑可能是印度历史的基本问题。

主要食物是粮食产品：东部和沿海种的是水稻，西北和干燥的内陆是小麦或者特别耐旱的黍子，在一些边远地区甚至是玉米。还有经济作物：西北部和西部种棉花，内陆地区种油料作物，北部和西部种甘蔗，北部生产靛蓝（只要不受欧洲化工工业产品的排挤），还有孟加拉的黄麻，阿萨姆的茶叶。它们几乎都是（茶叶除外）印度农民生产的。

农民被其前英国时期的主人拿走了收成的三分之一到一半，但是那个制度具有安全调节作用，而这个调节阀在英国统治时期被关闭了，其结果可想而知。农民以前是土地占有人，而不是土地所有者。他不会被强迫出售土地以偿还债务。另外，土地还不欠缺，陷入困境的农民可以另选处女地。因为就连在北印度的核心地区，1850 年之前还有森林地带。因此只按比例对收成征税还是可以实行的，歉收时税赋的压力自动减轻。另外，此类事情由村镇自主调节，统治者只关心结果。但是尽管有甘地和其他思想家，人们还是不应该把印度前殖民时代的村庄以及其他地方理想化了。与近代早期的欧洲大不相同，在这里自治意味着平等甚至民主。在印度，种姓制度甚至还强化了这种传统的乡村内部的等级制。

莫卧儿时代实行的是可能同时掌握警察权和治理权的征税人制度，作为孟加拉主人的东印度公司却不能胜任这个角色。因为它也不愿意负担庞大的官员机器，所以就突发奇想对印度的制度进行奇怪的欧洲化。1793 年，纳税人——印度地主通过永久居留被宣布为欧洲法律意义上的地产所有者，并承担不变
796 的基本税额。当时人们相信英国模式的大地产主在经济和政治上是一个有益角色。农民变成欧洲法律意义上的佃农。但是所

设计的佃农保护是有限的，对大地产主缺乏像对英国的乡绅们那样的吸引力。所以土地成了投机买卖的对象，佃农成为盘剥对象。国家虽然定期得到税收——否则地主就会被剥夺财产——但不分享收获的增长。如果说原先它能拿到地租的 90%，那么最后就只能得到 28% 或者更少。

出于这个原因，还因为此时主要的功利主义者们鄙夷大规模土地占有，所以 19 世纪早期在孟买和马德拉斯实行了另一种制度——“莱特瓦尔制度（das Ryotwari-System）”[①]：每个农民都成了地产所有者，并依据土地登记册负责缴纳固定的、往往设置太高的税额。人们回溯到了亚当·斯密的观点，即地租不能仅仅取决于土地质量、生产费用和价格，因此毫无疑问，只能征收稳定不变的税额。其结果是农民在歉收时陷入窘境，因为他作为无限制的土地所有者，所承担的税额也是无限制的。1822 年起在北方实行的“马哈瓦里制度（das Mahalwari-System）”[②]可能也产生了类似的后果。这时个体农民是占有者，村庄负责集体纳税。

结果是负债加剧，农业社会结构悄然发生变化。以前农民在特殊情况下或者在歉收时从放债人处贷款，但是当他无偿债能力时他就只根据收成来决定其行为，他的土地仍然被夺走，另外对债务人有利的土著印度人法律也对农民有利。但是现在

---

① 英国殖民者在印度实行的土地制度和田赋制度，是以东印度公司为地主、以解体的农村公社社员为个体佃农的租佃制。由政府对莱特（即农民）耕种的土地进行测量、分级、估税，与莱特直接订约，赋率通常每 30 年改定一次。莱特只要按时向政府缴纳规定的田赋，即可以永久占有和使用土地。

② 该制度的特点是：承认土地所有权为庄地、村庄或村社的农户所共有；政府与庄地或村社的头人（或其代表）直接订约，确定一笔田赋总额，通常为地租的 40%~70%，为期 20~30 年，然后头人将田赋分摊给各户；缴纳田赋时采取连环保形式，集体和各户共同承担责任，通常由其头人（或代表）向各户收齐田赋后再统一上交政府。这种制度是介于柴明达尔制与莱特瓦尔制之间的制度，既吸收了它们的优点，又避免了其缺点。

由于常常依据贷款情况来种植经济作物使得负债扩大了，农民依附于他的土地并可能会被告上法庭，而法庭上适用的是有利于债权人的英国法律。土地占有的负债和抵押负担上升了，同样可能还有出售土地，虽然放债人的兴趣并不总是在于全部接受农民的土地。在这种变化莫测的季风气候的农业条件下，风险广泛地散布在很多小农民中间，可能使利润更为丰厚。但是1900年在孟买北面的苏拉特（Surat）行政区，基础税的85%由放贷者来清偿，在两场战争之间据说差不多有三分之一的农民没有债务。当1929年起发生的经济危机中农业价格崩溃时，
797 局势变糟了，因为1850年以后物价上升，农民的纳税义务、租佃义务和债务义务要以更高的收入水平为前提条件。

我们不应该不假思索就接受19世纪英国官员的立场，不应认为每一笔负债都是令人怀疑的，有人诋毁它们始终只是消费借款而非生产贷款，它们明显遭受的这种诋毁很少与事实相一致。席卷平坦土地的农业资本主义也许并非像有些人所声称的那样毫无结果。难道由英国自由派政治家们解放的市场力量没有对印度人，哪怕是对几个印度人产生好的效果吗？较新的区域研究展示了印度农业史上各地发展有天壤之别，但是当然它也有过这样或那样一种暂时的普遍情况。

因而英国人（与他们一道的还有早期的历史学家们）对于农村情况的了解是不够的，他们的侵犯很少使这些乡村发生变化而更多的是他们的自夸。如果事实上出现过一个作为议会党团追随者过去和现在都起着决定性作用的富裕农民阶层的话［唐纳德·A. 劳（Donald A. Low）所说的占支配地位的农民］，那么这个群体就是由稳定的农民阶层的成功分子而非由新人所组成。一个由被剥夺土地的农民组成的工人阶级的出现似乎并非普遍现象，也不是新的现象，并没有发生一场具有所有农民无产化特点的农村的社会革命。简而言之，印度农民所

表现的应对资本主义挑战的能力强于以前的假设。但是这可能也意味着并没有发生生产结构的变化，所观察到的生产提高长期以来只是通过扩大耕种面积和额外投入劳动而取得的。种姓制度可能要为此负一定责任；或许还有英国的政策本身，它被坚持不渝的农业资本主义的后果给吓退了。

英国的自由主义认真地期望用自由食品市场的力量来长久解决饥馑问题，这个市场的作用最多需要通过交通网络（铁路）的改善来提升，因为往往只涉及某些地区。决定性的因素是相对不太可靠的季风气候。但是除了饥荒和战争后果，高死亡率危机还可能归结于瘟疫——通过铁路传播的瘟疫！在1769/1770 年和 1778 年间发生的孟加拉大饥荒之前，据称在印 798
度发生过 31 次严重的饥荒。1876 年到 1878 年有 610 万~1030 万人死亡，而粮食商人向欧洲出口了 640 万公担小麦。1888 年到 1902 年据说有 950 万~2000 万名死难者。歉收、飓风和战争导致的缅甸进口的停滞在 1941 年到 1943 年又造成了 310 万人死亡。然而死亡率危机消退了，原因是 20 世纪初开始改善卫生状况，死亡率普遍降低，寿命延长，出现了人口爆炸。受孕率虽然由于早婚和未实行避孕而很高，但是因为童婚的后果和禁止再婚而尚未达到可能的生物学最高值。不过自 1871 年以后才有了可靠的人口统计数字，而之前的数字我们只能靠估计。人口数量从 1800 年前后的大约 1.2 亿上升到 1871 年的 2.55 亿，1835 年至 1845 年的经济萧条时期大约为 1.3 亿，1911 年至 1921 年为 3 亿。然后进入增长期，1945 年以后出现决口式的快速增长，尽管当时的平均寿命据称只有 26.6 岁！2001 年印度人口已经突破 10 亿大关。

土地渐渐变得紧缺，传统制度的另一个安全阀门关闭了。由于灌溉设施的建设而扩大耕种面积的速度在 19 世纪中期后由于铁路建设而延缓了。但是水渠灌溉的面积无论如何从 1878 年和 1879 年间的 430 万公顷提高到了 1896 年和 1897 年间的 620 万公顷。新的饥馑过后又迎来了新的动力。20 世纪在印度河流域建成了世界上最大的灌溉系统，所以 1940 年印度拥有 2020 万公顷可灌溉土地，占总耕种面积的五分之一到四分之一。

国内迁移，尤其是向城市流动是普遍的出路。1901 年，在南部、西部和西北部，规模超过 5000 人的移民居住点在人口中占比为 10%~15%，偶尔超过 20%，但在印度中部和东部为 5%~10% 或者更低。这个地区虽然和印度其他地方一样也有很多甚至更多的城市，但是特别是在较大的河流流域，就连乡村的人口密度总体上也和西欧工业国家的人口密度一样高。印度的城市与蓬勃涌现的工业中心在很大程度上是一致的，从这个观点来看是与铁路网的建设紧密相关的，而由乡村而来的人口迁移暂时保持在一定限度以内，1921 年之后才大力推进。
799 但是，即使是印度的产业工人似乎也不仅长期维持着与所属种姓和民族的关联，甚至还维持着与故里的联系。产业工人在这方面可能与西方的无产阶级存在着文化方面的差异，所以印度的传统种姓社会和现代阶级社会的重叠所带来的混乱的社会形态直至今天都很难理清。

移居他乡在印度教里属于禁忌，但是下层种姓似乎有着足够的行动自由，遇有紧急的危机状况时可以作为合同工人移居英帝国的其他地区，但是不断地还有很多的回归人员。1834 年到 1937 年有 3020 万印度人迁出，其中 2410 万人回归，610 万人留在异乡。其中三分之二的人是 1870 年和 1937 年间外迁的，外迁高潮在 1891 年和 1900 年间的饥荒时期。移民的主要来源地是以马德拉斯为迁出港的东南部、北部的比哈尔以及以加尔各答为最大迁出港的北部联合省（United Provinces）东部。优先考虑的迁入地依次是：毛里求斯、英属圭亚那（Britisch-Guayana）、纳塔尔（Natal）、特立尼达、留尼汪岛和斐济群岛。但是 1896 年至 1928 年，拥有 51.9 万移民的锡兰和拥有 38.7 万移民的马来亚发挥着最重要的作用。尽管合同工人的地位一直到 20 世纪的新规定之前往往比被他们取代的前奴隶好不了多少，但是印度移民对于目的国来说已经带来了一些引人注目的结果。1961 年，印度裔在毛里求斯人口占 69%，在英属圭亚那占 64%，在斐济占 49%。1987 年，总共有 800 多万印度人生活在其他国家和其他大洲，其中 100 多万在英国。但是无论是人口外迁还是国内人口流动都未解决印度的社会问题。另外，阿萨姆的茶叶种植园在印度国内招聘合同工人在那里引起了新的有关多数群体和少数群体的问题。另外，英国人在 19 世纪还用船把大约 10 万名南亚罪犯送到了印度洋的其他殖民地。

但是工业的劳动岗位情况如何呢？英国统治下与外贸相关联的未发生或者延迟发生的工业化是长期有争议的问题，以前是在民族主义者和帝国主义者之间，然后是在从属理论家们与修正主义者之间，不过其间他们之间的阵线已不再根据民族来源划分。1876 年，达达拜·瑙罗吉（Dadabhai Naoroji）[①]提出了“财富外流论（Drain of Wealth）”，根据这个理论，1835 年至 1872 年印度的出口额为 12.88 亿英镑，接受
800
贷款 1.5 亿英镑，而进口仅有 9.43 亿英镑，所以有将近 5 亿英镑的外流。此外，在 R.C. 达特（Romesh. C. Dutt）、卡尔·马克思和圣雄甘地等经济理论家看来，大英帝国兰开夏

① 1825~1917 年，印度民族解放运动早期最著名的活动家，国大党奠基人之一。他的《印度的贫困和非英国式统治》一书在印度民族思想的发展中起了巨大的作用，书中的“财富外流论”成了印度民族主义者揭露、抨击英国殖民剥削政策的武器。他一生为争取印度的自由和权利而斗争，在人民中享有很高威望，被誉为印度民族解放运动的元勋。

（Lancashire）的棉花工业的利益破坏了高度发展的印度纺织业，印度由棉花产品的出口国变成了进口国和原材料出口国，特别是原棉出口国——这是带有再乡村化的去工业化！

实际上，印度纺织品的出口在1820年后下降了，之后一段时间里没有恢复过来。而英国1814年向印度输出81.8万码棉花产品，1821年为1900万码，1835年为5180万码，1850年为3.14亿码，1896年为20.38亿码，这相当于英国棉花产品出口的39%。第二大顾客是整个拉丁美洲，当时下降了15.7%。关税政策促进了这一发展，当时颇具影响力的兰开夏游说团体的贸易利益和国家利益插手了印度政府的事务，特别是印度在第一次世界大战后得到关税自治权以后。在19世纪的大部分时间里，印度向英国的棉花产品征收5%的进口税，对棉线征收3.5%，而1812年英国对印度的棉花产品征收进口税税率为27.5%~$71\frac{2}{3}$%，1824年为50%~67%，1832年才降到10%~20%。自由贸易也为自己大开方便之门，英国的前期统治就开始这样做了。其根源显而易见，自由贸易对于兰开夏而言就意味着垄断地位。

然而，英国的进口暂时对印度棉纺织业和印度丝绸产品制造业的损害都不大。但是这种自我维持是建立在织布工人的忍受能力和农业价格暂时走低的基础之上的。比如1837年的进口不足以为每个家庭提供一码棉布，而每个五口之家的年需求量是80码。那么这些进口提高了只有在人口增长且人均收入不断增长时出现的额外需求吗？实际上，修正论者认为1860年至1920年人均收入的年增长率为0.5%，与起点一样处于非常低的水平，但这还不是民族主义者所说的灾难。1920年之后，人口的快速增长耗尽了国民收入的增长率，以至于人们只能估计人均收入增长停滞甚至下降。只有在这一框架下，印度自己的棉花工业的繁荣才可能使传统的织布工坊濒临绝境。

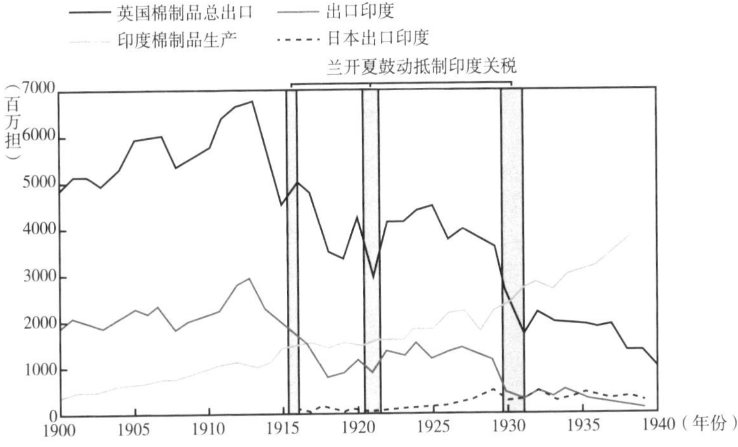

插图 74　1900~1940 年向印度出口棉织品的衰退和针对印度棉花关税的宣传煽动

20 世纪印度可以提高进口关税，但是 1930 年对英国棉织品征收的 15% 的关税还一直是特惠关税，虽然兰开夏此间已不再扮演英国经济命脉的角色，而且印度在两次世界大战之间的时间内已经能够满足自己 90% 的需求。毕竟它的棉花工业在 1914 年已经占据世界第四位，它的纺纱厂的生产已经高于日本纺纱业三倍。拥有 26.08 万名雇员的 264 家工厂中的许多都集中于艾哈迈达巴德（Ahmedabad），尤其是孟买，绝大部分是印度的资本和企业。1914 年，孟加拉的黄麻工业（拥有包装材料世界垄断地位）有 64 家工厂，雇有 21.6 万名工人，苏格兰企业在这些工厂中占据主导地位。1930 年，才有一半的股份掌握在印度人手中。虽然 1774 年就已经开始兴起采煤业，但只是后来不断上升的需求，尤其是铁路的发展才促进了其繁荣。印度以 1914 年采煤 1600 万吨成为居日本之后的亚洲第二大煤炭生产国。尽管钢铁生产在印度有着悠久历史，但是它的现代化工业生产暂时成就寥寥，因为印度政府自己的需求，特别是铁路建设的需求大部分取自英国，所以只能习惯于缓慢发展印度的重工业。直到 1907 年才开始在贾姆斯谢德布尔 / 比哈尔（Jamshedpur/Bihar）建设塔塔钢铁公司（Tata Iron and Steel Company）。来自孟买的塔塔家族（Familie Tata）[①] 原先是把他们的资金投入棉花工业的。30% 的资金来自塔塔家族。大部分资金是在民族热情的鼓舞下由土邦主们和 1.1 万名小投资者筹措的。

但是殖民地印度仍然是一个农业国家。1946 年，乡村农业还使用着 75% 的劳动力，创造着 54% 的国家收入。塔塔公司要是没有战争经济繁荣在 1914 年后也会惨淡。如果说 20 世纪的印度工业拥有显著的增长率并凭借进口替换策略取得成功，那首先要归功于两次世界大战。但是，直至 1914 年印度还几乎完全缺乏重要的“未来产业”，比如化学工业、电器工业和机械制造业。这些领域在 1937 年和 1947 年间才表现出值得注意的增长。1944 年，印度资本控制着 62% 的雇员超过 1000 人的工业企业，1947 年外国公司的出口份额仅为 25%，外国银行只持有 17% 的存款，而 1914 年这个数字为 70%。但是总体说来，印度经济的起步水平仍然太低，不足以创造彻底转型所必需的需求和过剩。政府在这里的大规模介入是必要的，半心半意的、很大程度上由国家财政主导的关税政策是不够的。

1853 年，由“铁路迷”达尔豪西倡议的铁路建设在印度也没有能够像其他行业一样成为工业化的引擎，因为它过多地与英国利益联系在一起了。虽然截至 1914 年已经有 5.63 万公里的铁路网里程，规模为亚洲（俄国也计算在内）最大。但是这个倡议来自外部，由政治家、战略家、贸易和航运利益集团（他们以港口为起点开发印度）、铁路材料生产商（包

① 塔塔家族属于印度少数民族——帕西族。帕西族人数占印度人口比例极小，却是孟买新兴工业资本的先锋，20 世纪 60 年代，塔塔家族从事棉花、茶叶生意，现在已经发展成印度第一大财团。

括铁轨在内几乎全部产自英国）和投资者组成的联盟来承担，803
因为铁路公司是英国的事务。1870 年共有 368 个印度股东和 51519 个英国股东。如果 1900 年前后有大约 3 亿英镑（英国海外投资的五分之一）投入印度的话，其中就有 2.36 亿英镑投在铁路建设上。因为印度保证的股息是 5%，所以在铁路亏空状况下就要花费 5000 万英镑。当利润上升时，这些利润又成为印度国家预算的重要收入项目，不能用于铁路的维护保养和扩建。拥有优惠待遇的港口铁路线段和在英国购买材料和出口商品的价格优惠使得印度铁路以满足英国的利益而不是以满足印度的经济为目标。事实上，在从属理论意义上可以说这是对大都市边缘进行的开发和使之与都市中心相连的建设。

印度对外贸易各种产品的比例实际上体现了以出口原材料和进口产品为主的半殖民地特征（CEHI 2，842、844、857f.）。

	1811/1812	1828/1829	1850/1851	1870/1871	1890/1891	1910/1911
出口						
原棉	4.9%	15.0%	19.1%	35.2%	16.5%	17.2%
棉制品	33.0%	11.0%	3.7%	2.5%	9.5%	6.0%
靛蓝	18.5%	27.0%	10.9%	5.8%	3.1%	0.2%
生丝	8.3%	10.0%				
鸦片	23.8%	17.0%	30.1%	19.5%	9.2%	6.1%
食糖	1.5%	4.0%	10.0%			
粮食			4.1%	8.1%	19.5%	18.4%
生黄麻			1.1%	4.7%	7.6%	7.4%
黄麻制品			0.9%	0.6%	2.5%	8.1%
毛皮			1.8%	3.7%	4.7%	6.2%
种子			1.9%	6.4%	9.3%	12.0%
茶叶			0.2%	2.1%	5.5%	5.9%

续表

	1811/1812	1828/1829	1850/1851	1870/1871	1890/1891	1910/1911
进口						
棉纱		7.8%	9.0%	10.1%	5.2%	2.3%
棉布		22.0%	31.5%	47.0%	37.9%	31.2%
金属		16.0%	16.8%	8.1%	8.4%	11.2%
机械					3.0%	3.7%
铁路材料				4.4%	4.5%	4.6%
酒类		8.6%				
羊毛制品		4.9%				
石油					3.3%	2.5%

804 但是印度直到最后都是贸易顺差，尽管在20世纪根据进出口交换比率（terms of trade）而呈下降趋势。这个过程中值得注意的是，对英国的贸易通常都是逆差，但是对第三国却是顺差。英国因此能够通过印度使它自己对第三国的贸易逆差得到平衡，例如1913/1914年（Albertini 1985，424，单位：百万卢比）。

	从该地进口	向该地出口	差额
英国	1170	580	-590
大英帝国中的其他地区	110	360	+250
大英帝国合计	1280	940	-340
欧洲其他国家	300	850	+550
美国	50	220	+170
日本	50	230	+180
其他国家	150	250	+100
外国合计	550	1550	+1000
总结算	1830	2490	+660

英国还额外从印度获得直接付款，即上文提到的国内财政支出，它呈现不断上升的趋势。1913/1914 年数额如下（Tomlison 1979，18，单位：百万英镑）。

支付利息	11.347
（用于铁路）	（9.000）
（用于灌溉和其他公共事务）	（0.198）
（用于其他）	（2.149）
各种部门支出	0.174
军事负担	4.512
文职任务负担和休假支出	0.698
退休金和养老金	2.066
为印度进行的采购支出	1.503
其他杂项	0.012
总额	20.312

1913/1914 年的这笔约 2000 万英镑的国内财政支出占印度政府支出的 24%。最后还有隐性收入，即利润转入大都市和来自海运货物生意和保险生意的收入，这些都牢牢掌握在英国手中。所有这些进项相当于印度出口价值的 50%，以至于与 1898/1899 年的贸易结算盈余 3.556 亿卢比相比，出现了
3.965 亿卢比的国际收支赤字和 4090 万卢比的最终赤字。 805

在预算中占比 40%~65% 的军事负担造成了特别的麻烦。但这意味着统治印度对于英国来说是值得的，因为统治的方式是控制没有有效海关保护的印度市场，是垄断印度的无形贸易，是由印度支付费用修建以各港口为目的地的交通网，这一交通网因此也是为英国控制贸易而修建的。统治印度是值得的还体现在另一方面，即养活全英国武装力量的一半而不用英国

花钱。印度军队也被完全使用于其他地方，1860 年用于中国，1868 年用于埃塞俄比亚，1882 年用于埃及，1893 年之后还用于非洲其他地方，如投入布尔战争。在第一次世界大战末期，有 130 万士兵不得不离开印度。在第二次世界大战中，印度甚至招募了 250 万士兵，他们不仅被派往马来亚、缅甸和中国抵抗日本人，而且被派往北非、意大利和希腊与轴心国作战，其间牺牲 2.4 万人，失踪 1.2 万人，受伤 6.4 万人，被俘 8 万人。1932 年以后，军官晋升通道也对印度人开放，在 1940 年和 1945 年间印度军官的比例迅速提升。

在控制印度货币方面，英国人也取得了优势。印度实行银本位制，1835 年使用统一的卢比，而在英国控制的世界市场实行的是金本位制。当 1874 年以后白银数量在全世界增加的时候，它被印度的需求抽空，导致了通货膨胀的后果。印度的出口货物便宜而进口货物贵，又必须用黄金以不利的汇率来支付国内的财政支出。1876 年，1350 万英镑价值 1.47 亿卢比，1893 年 1580 万英镑价值 2.7 亿卢比，而土地税额仅从 2 亿卢比提高到 2.5 亿卢比。如此难以为继，所以 1898 年至 1899 年对印度实行了金本位制，对卢比的汇率由伦敦的印度事务大臣确定，暂时为 1 先令 4 便士。在第一次世界大战中，为了使战争贷款得以发行而暂时放弃了货币与黄金的联系。在印度，战争导致的白银短缺引起了卢比升值。为了用黄金来保持平衡，伦敦动员澳大利亚和其他国家支持印度，以便在顾及美国的战争债务的同时保护自己的黄金储备。战争之后，伦敦坚持 1925 年回归金本位制时确定了 1 先令 6 便士的高汇率，遭到印度愤懑的抵制，结果是英国商品得到补
806 贴而印度商品陷入亏损。在世界经济危机中伦敦也维持了这一汇率，英镑汇率的自由浮动并不适用于卢比。所谓的国库自治的印度政府被冷落了，因为伦敦担心在卢比也贬值时印

度可能不会再遵守它对英国的财政义务——这是明显的殖民主义观点。由于黄金价格上升了20%，1931年和1936年间私人储藏的价值30亿卢比的黄金涌向伦敦，直至那里由于黄金盈余而面临通货膨胀。

第一次世界大战之后，印度对英国的财政依赖比商业依赖更为重要了。战争和军费使债务和国内财政支出剧烈增加，资金向英国外流，而不是像1913年以前那样从英国流入高额资金，而当时的汇率使利润向英国转移看起来更为值得。这个殖民统治的最后阶段似乎是最索然无味的阶段。在第二次世界大战中，英国用注入贷款来支持印度的战时经济，以至于印度最后在伦敦有160亿卢比的结存。与一个可能再也还不了钱的债务人相比，人们更愿意让一个自己可以管理其账户的债权人独立。英国对印度的财政兴趣和商业兴趣都减退了，新的英国企业很少支持这个国家，除非是它的经济已经足够发达。但是，依赖于繁荣贸易的印度统治体系恰恰难以尽到它对伦敦所承担的义务。于是经济发展的逻辑结果就是印度的独立，但是此时对印度影响更大的是其旧主人在很大程度上放弃了其发展政策而不是他们的一贯被矫饰的剥削！因为不管是否发生过财富流失，起决定性作用的都不是以前的重商主义观点所宣称的商品和资金流失，而是一个国家为此得到了什么。

在印度的邻国缅甸和锡兰（斯里兰卡）可以看到更为明显的殖民地政策下的经济模式。建立一个相对有力的欧洲模式的直接管理机构，比起实行带有与其相适应的法律关系的现代市场经济体制，尤其通过经济作物与世界市场相联系，要更少具有瓦解社会的作用。在禁止出口大米的缅甸，1880年代被兼并之后迅速成为重要的大米出口国。用西方的方法，按照新的 807
私法原则迁居农民来开垦土地，其后果就是按照同样原则所产生的巨大债务。丧失土地或者因无力偿还债务而沦为农奴，可能会引发乡村集体的瓦解。1937 年，下缅甸水稻种植区的一半耕地属于非本地的土地所有者，其中很多是印度南部的放贷者“遮地人（Chettiars）”，他们在 1886 年后拥入这个国家。当大米价格在世界经济危机中下跌的时候，很多稻农沦落到了最低生存线之下，其结果就是发生骚乱。英国管理方虽然在 1908 年采取了保护农民的政策，但是没有能够在整个印度层面上实行。1937 年印度的脱离才取得了有限的成功，尽管这个脱离是由想要摆脱新德里监管的英国的经济利益团体来承担的。

锡兰以前作为桂皮岛非常有名，19 世纪桂皮的地位被咖啡取代。传统的村庄集体暂时并没有因此而受到触动，因为种植园位于尚未开垦的山地，政府把这些土地占为己有，然后再分给经营者。村庄的居民表示尚未作好到种植园工作的准备，结果就引进了泰米尔人（Tamilen，他们与在锡兰北部定居的泰米尔人有别）。当咖啡树在 19 世纪 80 年代被真菌全部摧毁时，快速引进的茶叶取代了它在世界市场上的位置。体制方面没有任何变化。当被忽视的传统地区的人口增加的时候，那里缺乏可供开垦的土地资源，人们只有种植园。于是就产生了人均土地极少和发展陷入瓶颈期的后果，而茶叶种植园的收益在英国人手中并往往外流，危机则以失业的形式转嫁给了工人。

荷属东印度和西属菲律宾

荷属东印度（Niederlndisch-Indien）（“印度尼西亚”这个概念是1850年创造的，1922年被那里的民族运动所接受）和英属印度一样最初掌握在一个握有特权的股份公司——尼德兰东印度联合公司（V.O.C.）手里，不过它只直接控制着爪哇和香料岛（die Gewürzinseln），在别的地方维持一个基地体系更为便宜。作为保守圈子的保护者，由于负债过多而在1799年被亲法国的爱国者们清除，它的财产由巴达维亚共和国（die Batavische Republik）接管，最终与尼德兰一道被法国吞并。拿破仑式的改革尝试难以为继，因为1811年至1816年，这些岛屿被英国占领了。英国总督托马斯·斯坦福·莱佛士（Thomas Stanford Raffles）尝试根据政治经济原则促使爪哇实现现代化。此前爪哇农民在当地贵族的严厉统治下必须向其提供实物税和以低廉的固定价格向其供货，现在直接管理和市场—货币经济应该取代这种君主制度。如果农民们能够赚到钱，那他们也会买英国的纺织品。在钟情于孟加拉的庄园制度之后应该按照印度税制的模式来推动对农民的耕地征收直接土地税。这样一来国库的收入就会有保证，农民也会被迫用钱来清偿税款，并且会习惯卖和买，习惯货币经济和市场经济。然而还缺少有能力的官员去执行，因为爪哇人极为习惯传统的关系。此外，万隆（Bandung）周围重要的咖啡产地勃良安没有触及这种状况，因为它太有利可图了。 808

虽然英国的贸易可以涉足前尼德兰垄断地区，但是出于欧洲政治上的考虑，印度尼西亚被归还给了尼德兰人。莱佛士忧心忡忡。因此他1819年从柔佛苏丹（Sultan von Johore）手中得到了马来亚半岛南端的新加坡岛来保护英国在印度尼西亚的贸易利益，特别是保护重要得多的中国航线，此举给伦敦政

809 府带来了烦恼，却有加尔各答大总督作后盾。1824年以协议的方式划定了势力范围。尼德兰获得南苏门答腊的英属班库伦（Bencoolen）和其他利益，作为交换必须放弃在印度和马来亚（马六甲）的领地并承认新加坡。这就是说，马来半岛变成英国的，群岛是尼德兰的势力范围，虽然两个国家都可以在那里实行自由贸易——这是为了排除第三国，但应尽可能地让第三国没有觉察。尼德兰人只能在其狭小的占领区内征收与英国在印度征收的一样的保护关税。但是在控制群岛的同时，尼德兰人继续扩展这一区域，英国人对此予以容忍，因为对他们不友好但却较弱的尼德兰在那里要比一个更强大、更富于侵略性的法国更好一些。他们毫不犹豫地朝着有利于自己的方向对合同进行扩展，并在中国航线南面海岸的北婆罗洲（Nordborneo）[加里曼丹（Kalimantan）]站稳了脚跟。詹姆斯·布鲁克（James Brooke）从1840年以后在那里为土著诸侯效力，最后自己成了沙捞越（Sarawak）的王侯。在1846年获得的文莱海湾（Golf von Brunei）的纳闽岛（Labuan）上，英国人建立了一个海军补给站，格拉斯哥（Glasgow）的商人们蜂拥而至，法国人和美国人也在那里露面，尼德兰的抗议可以被驳回了。

1814年之后，和以前一样，只有爪哇、人口密集的群岛核心地带、西里伯斯岛（Celebes）[苏拉威西岛（Sulawesi）]南部和东部的几个香料岛处于尼德兰的直接统治之下。但是直接控制所要求的对尼德兰国家的尊重由于英国占领而动摇了。尼德兰人必须采取军事措施才能够保障当地产品，比如邦加（Bangka，与东南苏门答腊隔海相望）的锡或者南婆罗洲的咖啡和胡椒，重新垄断给他们带来利润丰厚的鸦片和食盐，并且能禁止普遍的海盗行为。于是，在1820年代首先建立了对东南苏门答腊的巴邻旁（Palembang）苏丹国、对西婆罗洲及其从事海盗活动的华人聚居地以及对西里伯斯岛的控制。为了把英国人拒之门外，1828年甚至在“荷属”摩鹿加苏丹国（Molukkensultanat）主张占有的西新几内亚（West-Neuguinea）建立了一个基地，但由于高死亡率又不得不很快放弃了。意欲将苏门答腊中部尤其是米南加宝（Menangkabau）置于控制之下的企图也同样进展甚小，其原因不仅仅是伊斯兰宗教激进主义者（Fundamentalist）“白衣人（Orang Putih）”的激烈反抗；伊斯兰教过去和现在都是印度尼西亚的主要宗教。但是现在通过麦加朝圣，阿拉伯的瓦哈比派（Wahabiten）极端思想到达了苏门答腊，并且引发了与 810
本土诸侯们以及与尼德兰人的冲突。严格的穆斯林不但厌恶嚼槟榔，而且特别把尼德兰人所庇护的吸食鸦片视为极端可恶的事情。

但是，尼德兰势力在苏门答腊的发展被1825年和1830年间的爪哇战争所阻止，其间伊斯兰的觉醒运动也开始发挥作用。18世纪，尼德兰人把古老的马塔兰国（Reich Mataram）蚕食得只剩下南爪哇的日惹（Jogjakarta）和梭罗（Surakarta）两个苏丹统治区了，它们处于一个满足于有限独立的总督的控制下，但这并未排除对其经济的干涉，比如强迫出租种植园土地或者滥用关税承包制。日惹的一个受挫的王位争夺者1852年在传统的并一直存在至20世纪的千禧年主义的意义上被宣布为统治者和宗教改革者。他的追随者们依靠巧妙的游击战术获得了显著的成就并与最重要的尼德兰军队结为一体，当然这些尼德兰军队在尼德兰本土招募的士兵很少，大多数士兵是从群岛的其他岛屿招募来的。费用总共达2000万荷兰盾，这在当时是个天文数字。尼德兰胜利之后，出于均衡的 811
原因，两个苏丹统治区被大大缩小，人们试图用赔款来弥补对忠诚的日惹的不公。

当时较为重要的工业区比利时的分离进一步弱化了尼德兰。这样，尼德兰在1830年终于成了一个小国，它只能拖拖沓沓地回到苏门答腊，人们考虑把该地打造成可靠的原料生产地和纺织品销售市场。1830年代，中部高地被征服，因顾忌到英国的贸易利益，1842年和1844年间又撤出了当时占领的东北沿海地区，此前尼德兰大总督对那个地区的经济价值的评估本来就低于槟城（Penang）的英国贸易商会。原则上说来，当时给总督规定了非扩张性的克制政策，只有在实施大有希望的计划和与英国进行对抗时才可采取特殊措施，比如在苏门答腊、婆罗洲、西里伯斯岛。但是雄心勃勃的“身在现场的人”自1840年代就开始考虑征服整个群岛，他们忧心忡忡地看到布鲁克的榜样为众人所效法。例如另外一个英国冒险家意欲在苏门答腊东南海岸的西阿克（Siak）立足，导致1858年尼德兰人重回这个地区。但是，1840年代到1860年代的所有这些行动都可能促进了诸侯们的被征服和局势的安宁，尤其是促进了对海盗的镇压，直接的欧洲统治原则上与此无关，只有与爪哇相邻的巴厘岛（Bali）例外，它于1850年代被征服。1854年至1859年与葡萄牙订立的一个协定通过1904年至1916年的第二个协议才完全实现，根据前一个协定，帝汶岛（Timor）的东部转让给葡萄牙，而帝汶岛的西部连同小巽他群岛（der kleinen Sundainseln）其余部分由尼德兰掌控。

自1860年代起在苏门答腊岛上发生了几次影响深远的争执。新加坡贸易商会感觉被尼德兰人排除在外了，但事实并非如此，而尼德兰人最终意欲拥有对苏门答腊岛北端的、受到1824年英荷协议保护的穆斯林苏丹统治区亚齐（Aceh）采取自由行动的权力，因为亚齐阻碍着他们保障这片水域航行安全的努力。1869年苏伊士运河的开通自然大大提升了向东亚的航行交通。但亲自建立秩序并非英国的利益所在，而将这一任

务转让给第三国更不符合英国的利益。所以尼德兰在 1871 年 812
获取了经营整个苏门答腊的自由，作为回报允许在印度尼西亚的英国商人享有对尼德兰人也同样适用的条件。另外还商定了向荷属圭亚那运输印度苦力和把西非黄金海岸的尼德兰基地转让给英国。

为了防御尼德兰人，亚齐与在世界港口新加坡的美国人、法国人、意大利人和奥斯曼人共同参与了许多阴谋诡计。即使相关政府对一部分阴谋也是毫不知情，但尼德兰人如此盛怒，以至于大总督在 1873 年以最后通牒的形式要求承认尼德兰的主权，如果避而不答就要应之以宣战。战争一直持续到 1908 年，因为苏丹统治区失败后领导权转到了伊斯兰教的经师乌里玛（Ulama）[①] 和当地酋长手里，他们鼓吹“圣战”，采取分散的游击战术，几乎无法战胜。尼德兰人依靠外部帮助控制着海岸，通过来自马来亚的穆斯林来试图封锁他们。但是直到约翰内斯·本尼迪克特斯·范·赫兹（Johannes Benedictus van Heutsz）那时才取得连续成功。他 1898 年获得指挥权并受到研究伊斯兰的学者克里斯蒂安·史努克·许尔格龙涅（Christian Snouk Hurgronje）的指点，后者在麦加生活过，在那里研究了印度尼西亚朝圣者，最后于 1892 年制定出一项克服冲突的科学而可靠的计划，这是殖民主义科学的经典范例。尽管他从长远着想，意欲在进步意义上把土著从他看来是僵化的穆罕默德宗教中解救出来，但他还是认识到了尊重伊斯兰教和其他宗教的必要性。投入一支训练有素的特种部队进行丛林作战、清除苏丹统治区和镇压真正的主战派乌里玛只是一个方面。另一个方面是，把被这个主战派所压制的贵族们的传统影响力归还给他们，通过严格的福利政策，尤其是通过尊重

① 阿拉伯语中泛指有权威性的伊斯兰教法学家和神学家，以及在清真寺和其他宗教机构任职的重要官员等。

伊斯兰教来赢得民众。为了这个目的，他鼓励去麦加朝觐，并且在吉达（Djiddah）建立了一个尼德兰副领事馆。

但是没有立刻采取这些措施。比较典型的事例是，当1905年日本人战胜俄国人的消息传来之时，发生了最后一次较大规模的暴动。亚齐人甚至试图与日本人建立联系。亚齐之战和印度的叛乱一样属于对传统制度的反应，即如何从领导和计划上认识这个制度。因为与在印度不同，这里从发展中吸
813 取了教训，也尝试了反抗的现代形式，因为这场战争在伊斯兰世界引起的轰动，所以去殖民化的前期史是在这里开始的。另外，亚齐之战的胜利者范·赫兹1904年至1909年作为大总督成为印度尼西亚的征服者绝非偶然。之前的不干涉政策的赞成者们的呼声受到重视，不只是尼德兰的经验告诉人们殖民统治具有继续扩张和加剧的趋势，因为人们无法逃避每次新出现的纠纷的后果。在此之前，尼德兰人喜欢表现出自己与殖民大国英国、法国和德国不同，不是帝国主义分子，这是直到现代的历史编纂学还崇奉的一个错误观点。马尔滕·库易滕布鲁威（Maarten Kuitenbrouwer）证实，1900年以后尼德兰的外交和殖民地政策与其他地方的普遍情况别无二致。

与在印度的英国统治一样，尼德兰在印度尼西亚的统治也是少数统治。巴达维亚的混居环境和它的洋泾浜葡萄牙语以前是那么重要，但在这里也受到欧洲人的遏制，这些欧洲人也许可以长期待在这个国家，但尽管如此却只是暂时待在这里并说荷兰语。荷兰语一直是主人阶层的高雅语言，与在印度的英语不同，它是一个种族区别的标志。虽然为它的使用作足了宣传，但是实际上促进了一种马来共通语作为交际语。1900年前后大约有5000个印度尼西亚人掌握荷兰语。但随后就从他们那方面产生了要求尼德兰式教育的压力。1942年有86万人——只占总人口的1.2%。1856年在爪哇岛上有2万欧洲人，1905年

有8万，而与这些人相对的是在尼德兰的势力范围内的56万华人、3万阿拉伯人和3700万土著，这些土著民中有3000万在爪哇和马都拉，700万在其他岛屿上生活。据此，前者的人口密度为每平方公里226人，而后者仅为每平方公里4人，这使得经济和政治的权重分布一目了然。

殖民地的主权在1815年以后暂时在君主手里，随着1848年的自由主义宪法改革，殖民大臣才变为向国王和议会负责。实际上就像印度一样，殖民地政策首先在大臣和大总督之间决定，由于距离遥远和有1854年的《政府条例》（Regeerings Reglement），大总督在这方面具有决定性意义。虽然有一个五人委员会支持他，但是他只有在立法方面和驱逐出境的案例 814
上才勉强有权参与决定。首脑机关是中央秘书处，也是与在各自主任领导下的专业处室联络的主管机关。1866年的一项改革把旧的处室削减到只剩财政处和行政管理处，又新设立了一个负责教育、宗教和工业事务的处室，另外还有一个司法处和负责其他事务的处室。主任们没有政治责任，只是级别高一些，但不是省级领导人和总督（Resident）的上级，也不是几个直接隶属于大总督的外省总督的上级。

总督是全面负责的官员，在爪哇可能要对100万人负责。他的总督府分为助理（Assistenten）下属的各个部门，再分为由督察（Kontrolleuren）领导的下一级部门，督察是欧洲人担任的最低一级职位，负责与本地同事联系。只要外省有这种机构存在，它就与爪哇不同，可能常常只是监督继续正常运转的本地的统治体系。官员的主要任务本来只是征收税款，所以被叫作税务官。因此他们常常是退伍的低级军官。1843年以后在代尔夫特（Delft）有一个殖民地官员的培训机构，1863年以后有了入职录取考试。谁要是通过了这个考试，就必须积累当税务助理（controleurs-aspirant）的经验。1942

年，在爪哇和马都拉包括内政公务员（binnenlandse bestuur）在内只有200个欧洲人。

此外还有一个平行的本地显要人士等级，这是一个拥有特殊教育背景的官僚显贵阶层（priyayi）。一个由大总督任命的执政（Regent）在助理层面上，在总督的监督下监控本地的酋长，负责公共福利和在民事案件中执法。但他的财政权被取消。在行政区层面，协理员（wedonos）必须监察和帮助官员们做准备工作，次级行政区由协理员助理负责。

行政和司法在世纪之交彼此分离。适用于欧洲人的是修改过的尼德兰法律，适用于本地人的是1873年首次颁布的刑法法典，而在民法方面应该继续实施各地不同的习惯法（adat）。只有华人隶属于欧洲民法管辖。虽然1918年一部适用于印度尼西亚所有居民的刑法法典开始生效，但是这两个民族有着各自的法庭。除了殖民地司法，还有受到监控的本地司法以及出
815 于法律原因而非宗教原因被视为令人怀疑的和受到限制的伊斯兰教的经师们的民法判决。

在穆斯林中间进行基督教传教直到1854年都是被禁止的，之后只有经国家特许和在国家监督下才可进行。在福音觉醒运动的影响下，一系列新教教派开展了引人注目的活动。特别值得注意的是1828年成立的莱茵布道团（die Rheinische Mission）于1861年在苏门答腊中部的非基督教的巴塔克人（Batak）中间开始的活动，因为由此产生了自1940年开始的独立的本地路德教派。另外，根据尼德兰的传统，1817年创建了荷属东印度的新教国家教会，它直到1935年才重新从国家层面分离。后来出现的天主教徒不得不服从相应的管理，这引起了很大的冲突，但是这些冲突并没有妨碍传教活动沿着葡萄牙人的足迹在帝汶岛和弗洛勒斯岛（Flores）获得成功。

顾忌占人口多数的穆斯林的宗教感情也属于尼德兰东印度

公司的政策，因为传教威胁到了它的经济利益。利润取向对于新的国家殖民地政策也一直是决定性的。尼德兰人起初打算保留莱佛士的制度，然而它没有奏效，或者仅仅为英国的商业资本发挥了功效。收入仍然不足，最迟在爪哇战争中殖民地已成负担。但是威廉一世（Wilhelm I）国王将依靠尼德兰殖民地助力经济繁荣视为自己的任务。因为当时比利时的纺织工业和尼德兰的船舶吨位紧密联系在一起，所以尼德兰的轮船将来可以把比利时的纺织品运往印度尼西亚，并由此打败英国。由于缺乏个人积极性，1824 年建立了尼德兰贸易公司（N.H.M.），国王为此捐助了基本资金 1200 万荷兰盾的三分之一和 4.5% 的股息保证金，在这个基础上资金可能增加到了 3700 万荷兰盾。

当财政形势持续恶化时，国王决心回到以前的实物垄断制度的一种变体。这个计划的发起者范·登·博施（Johannes van den Bosch）伯爵 1830 年至 1833 年作为大总督贯彻了该计划，然后作为殖民大臣在他的继任者的协助下继续发展这个计划。这一种植制代替了从 1720 年起实行的勃良安咖啡种植制（Preanger-System），并与莱佛士的土地税相关联。一个通常没有现金的土著人可以选择一种义务，也就是不用自己土地收获的五分之二缴税，而是用自己五分之一的土地和五分之一的劳动为政府种植经济作物，低地地区生产甘蔗、靛蓝、烟 816
草，高原地区开始是咖啡，后来是茶叶。多出的部分应该支付报酬。但是这一切都是出于被迫，更何况这些契约都必须按村签订。因为管理部门只关心收益，所以为简单起见就把整个村庄变成了生意的合伙人。1831 年官员们获得 10% 的利润分红，1832 年确定了每个总督辖区的生产额，1835 年有一位总督的收入下降了一半，因为他生产靛蓝的作物种植失败了。那里流行的是迁徙耕作农业，也就是一种焚林垦田轮作制，除爪哇以外，这种垦田制没有解决人口逃亡的潜在问题，而爪哇也存在着这一问题。另外，这种制度依靠对村长的体罚和其他惩罚来实行，然后村长也对村民如此办理。1862/1863 年体罚即将废除之际，据说有 474375 例杖刑，其中 376206 例在爪哇，这也是一个经济意义上的标准。1840 年，有 72.5% 的人口与这一种植制有关，1860 年仍然有 54.5%，但是如果不算咖啡种植的话，则只有 22.5% 和 32%。

乍看上去这是一个殖民地剥削的典型例证。据说爪哇岛上只有管理人员和华人经纪人从中获利，民众则变得贫穷了。还有由于这个种植制强制荒废水稻种植所造成的饥荒，这些饥荒波及了没有参与这个种植制的地区。仔细观察的话，这个种植制虽然严厉，但是对于爪哇来说也并非只有缺点。相反，报告和统计都证明了人口增长的繁荣。1820 年至 1860 年这个数字还在继续提高，据说是劳动需求增长所致。很多新的劳动岗位和资本经济的向前推进也可以作为这个种植制的现代化成果记录下来。可能的选择在很大程度上被排除在外。用个人资本进行的实验鲜有成功。人们在爪哇和印度次大陆以其为出发点的自治和和谐的前殖民时期的村集体可能在有些地方仅仅作为极乐世界思想体系的一种纯粹的概念存在过。村庄里个人拥有土地的比例 1882 年为 48%，1907 年提高到了 83%。

但令人忧虑的是，以土地面积和劳动作为计算基础的生产方式后来变成了设定过高的产品数量。农村下层对于工作岗位的依赖也是令人忧虑的。当 1840 年世界市场价格暂时下降时，他们的劳动力过剩和产品销售危机不期而遇了，还出现了
817 在这个种植制框架下对于作为经纪人和深加工企业主的华人和欧洲人的依赖。人们之后可以把这些深加工企业主无缝转接到一个自由企业主体系中去。令人担忧的尤其是，人们任由这种转变自行发生，没有实行对乡村社会有利的发展政策。这一体

制的后果不是短期的贫困化，而是对结构变化长期缺失控制或只有单方面的控制，这一点对欧洲人有利，而对爪哇人无益（Elson 1994）。

从中获利的首先应是尼德兰。由于工业化的比利时分离出去而变得虚弱之后，这个种植制甚至成为尼德兰经济的救生圈。尼德兰贸易公司以代销 11% 为条件获得了运输和销售垄断权，还获得了向印度尼西亚的出口垄断权，政府补贴和损失担保最高达 12%。英国商品被征收关税，当英国人也向尼德兰商品强行征税时，这笔税款被作为特别费用悄然如数补贴给了尼德兰贸易公司。尽管超额利润必须交付国库，但 1839 年它还是分发了最高的红利。另外，国库还从巴达维亚政府的钱箱得到了的丰厚利润。1831 年至 1840 年，尼德兰从印度尼西亚每年平均收入 930 万荷兰盾，1841 年至 1850 年为 1410 万，1851 年至 1860 年为 2670 万，1861 年至 1870 年为 2240 万，1871 年至 1877 年仍然达到 980 万，共计 8.23 亿荷兰盾。截至 1850 年它不少于国家收入的 19%，1850 年以后甚至超过 30%。尼德兰的国债由此得以清偿，虽然同时期它的消费税下调并推迟所得税的征收。这些都是尼德兰经济增长的推动力。在特温特（Twente），自己的棉花工业建设得到了直接资助，尼德兰铁路网获得了最初的基金。此外还为造船业提供了动力，阿姆斯特丹再次成为贸易和金融要地。

但是这个殖民政策在尼德兰存在着争议，不过最初仅仅是因为它给予独裁的国王以不受议会制约的收入。在自由党人看来，在议会的控制下额外收入同样是正当的，因为对他们来说，殖民地存在就是为了尼德兰的福祉。但是他们谋求的是自由市场经济，企业、取代种植制的白人种植园、国有或土著人
的土地应有更多的活动自由。然而，在这种拥有分离的权力范 818
围的种植制中，这些几乎都是不可能的。1860 年，前助理总

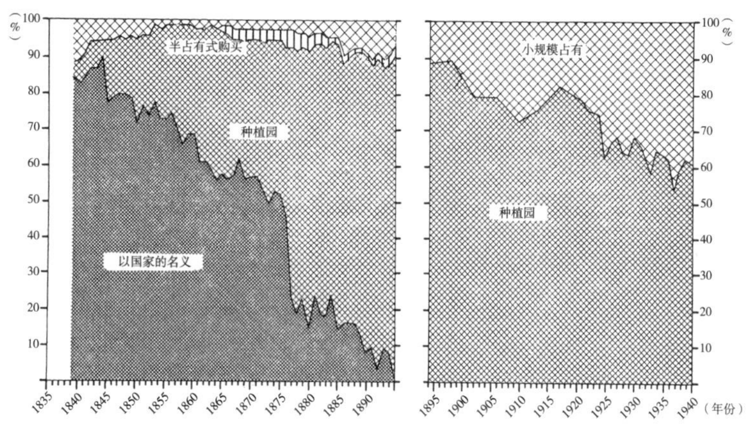

插图 75　出口产品的生产国所占百分比：左为 1834~1890 年，右为 1894~1940 年

督爱德华·D. 德克尔（Eduard D.Dekker）用笔名“莫尔塔图里（Multatuli）”写的殖民地批判自传体小说《马科斯·哈维拉尔》（*Max Havelaar*）面世，在影响公众舆论反对这个种植制方面，它来得正当其时。在各种贪腐丑闻公布于众之后，政府不得不决定废除这个种植制，虽然放弃这种额外收益对它并非易事。从 1862 年起，针对一个又一个产品先后废除了这个种植制，首先是针对各种香料，最后是 1917 年针对产生利润最多的咖啡。此外还有消除关税壁垒，尤其是自由党人的农业立法，尼德兰贸易公司通过转入银行生意在消除关税壁垒方面作了先期准备。不过，他们在实施个人占有土地的过程中注意到了对土著的保护。土著可以在有限时间里（自 1918 年起最多 21.5 年）出租自己耕种的土地。在这种轮换租赁者的基础上建立种植园须经过批准。管理部门可以将未耕土地出租 75 年。这样就和锡兰岛上的情况类似，土地储备被用尽，依照迁徙耕作制进行的焚林垦田轮作制的范围受到了限制。

现在开始的种植园经济的繁荣招致了劳动问题。奴隶制仍有遗存（在 1863 年已被废除），但爪哇岛大量提供自由的

雇佣劳动，不过这并不妨碍有些企业通过与政府或者乡村首领 819
们协商，把代替征税的劳役或乡村总体所欠的劳役变成种植园里的强制劳动。而在外岛到处都缺少劳动力，人们试图通过输入爪哇人和华人进行弥补。但是由于机灵的华人作为商人等类似职业者可以赚到很多的钱，所以这些合同工有时被当作战俘一样对待。苏门答腊岛上“野蛮的”巴塔克人被用于对逃亡苦力的名副其实的“猎捕”。示范性的惩罚和在奴隶制时期一样也是制度的一部分。中止劳动合同一直到1940年后都是违法行为。不过此时终于开始发展外岛的各个地区。1870年，它们在印度尼西亚的出口总值中占13%，1900年占30%，1930年超过了一半，不过此时橡胶和石油这样的新产品也发挥着作用。

在这里很难回答清楚关于殖民统治的剥削问题，至少对于开垦制时期是如此。尼德兰议会在1870年明确拒绝把从印度尼西亚得到的利润重新用于殖民地。而尼德兰经济因此得到发展，其间由于特温特的纺织品提价和各种各样的倍增效应还不得不对上文列举的款项添补了约4000万荷兰盾。1875年盈余竭尽了。殖民地需要自己的钱用于亚齐战争，本地的国库不得不一再用来平衡巴达维亚的财政赤字。另外，随着经济的自由化，尼德兰在印度尼西亚贸易中的份额也萎缩了，1870年至1913年，出口方面从76.6%降到了28.1%，进口方面从40.6%降到了33.3%。尽管如此，仍然有大量款项汇入尼德兰。据说1925年有4.14亿荷兰盾的利息、盈余和利润支付款从印度尼西亚流出，用于国内财政和麦加朝圣的支出为7700万荷兰盾，但是其中共有1.3亿进入了第三国。剩余的3.61亿占当时尼德兰国家收入的6.7%。根据另外的计算，在1938年甚至占到8.4%，加上在尼德兰的收款人的支出总共占到13.7%。这是非常可观的数额，但是与种植制时代不同，它的意义是有限的。此外这里涉及的是个人获益。对于国库来说，印度尼西亚和亚齐战争成了赔本生意。在欧洲殖民史上，国家往往要承担基础设施建设的费用，而利润却流进了个人口袋，
820 但没有造成国家经济发展的亏损。殖民地的丧失并没有带来尼德兰的经济衰退，相反，依靠马歇尔计划在1945年至1955年实现了经济繁荣。损失被强劲的工业化抵消。

尽管其纯负债状况得到了成功的削减，对于印度尼西亚来说它的收支平衡看起来仍然是另一番景象。经济发展无疑带来了现代化和附加的生存机遇。时间越久就会越多地开始保护土著。富裕的欧洲人在这里纳税更多，而按照他们的观点，土著几乎没有被支付过低报酬。但是从世界市场的观点看，他们的工资就完全不是这么一回事。与其他任何地方一样，结构性的畸形发展似乎成了自身的问题。前文描述过的社会经济发展把劳动者的角色固定分配给了爪哇人。假使有可能与欧洲人和华人进行竞争，经济的自我首创精神首先也是不受欢迎的。但是，商品作物生产需要越来越多的工人，越来越多的工人又需要越来越多的大米，快速增长的大米生产又会导致进一步的人口增长，直至在危机中对世界市场的依赖性急剧下滑。在这种情况下要求退回自给自足经济这一事实证明，这个已被填满的乡村体制达到了它的负荷极限，却未能为获得新开垦地打开安全阀。

菲律宾也是在19世纪被商品作物生产带进世界市场的，但是比印度尼西亚宽松一些。它和印度尼西亚一样作为概念也是一件人为产品，得名于西班牙国王费利佩二世，是在他统治时期被占领的，不过不是为了菲律宾本身，而是要将它作为通向香料岛的后门。继而它很快成为白银之国墨西哥通往“求银若渴”的中国的后门，这两个国家的贸易通过每年在马尼拉和阿卡普尔科往返一次的垄断轮船进行。菲律宾是墨西哥的附属

殖民地，而并非本来就是西班牙殖民地。然而，在尤其涉及传教士的军事征服之后，或在军事征服过程中，它就已被西班牙化；教会，尤其是各传教教团成了大土地占有者。

不过直到19世纪，北吕宋岛（Nordluzon）、棉兰老岛（Mindanao）、苏禄群岛（Suluarchipel）和巴拉望岛（Palawan）都没有被最终纳入西班牙的势力范围。在这些岛屿内部也有反殖民的宗教和社会民众运动的传统。在南部是伊斯兰教占统治地位，它在欧洲人之前来到了这个地方。它的中心是苏禄群岛上的霍络岛（Jolo）苏丹统治区，这个地区在1578年至1876年至少遭到西班牙人的16次进攻和3次占据，821
但最后一次才实现长期占领。西班牙依靠在英国购买的蒸汽炮舰和现代化的炮兵部队，到19世纪末至少成功地控制了海岸，而在岛内战斗仍在继续。

在此期间，经济基础也发生了变化。墨西哥的贸易在18世纪就不再大获其利了，但是，受到英国在七年战争中于1762年至1764年占领马尼拉事件的震动，西班牙波旁王朝方才开始改革的尝试。1785年菲律宾在经济方面部分地脱离了墨西哥。一个西班牙菲律宾皇家公司（Real Compañía de Filipinas）建立起来了，它直接绕过好望角与群岛交往，这在以前是不可能的。总督还基于开明的专制政体思想出台了农业发展政策。除香料外，菲律宾还为世界市场生产丝绸、靛蓝、马尼拉大麻、蔗糖和烟草。但是仅仅是实行了一种类似于后来的尼德兰种植制的烟草垄断而获得成功。1809年，烟草给国家带来了28%的收入，高于菲律宾人的贡金和海关关税。但是新的垄断公司主要集中于中美贸易，并于1834年解体。

由于美国的独立，当时与墨西哥的剩余联系也失去了，垄断制度被排除，随着马尼拉于1835年声明成为自由港而开始了贸易自由化。结果就是促进了商品作物生产的发展和出口的繁荣。特别是蔗糖生产迅猛增长，仅在1831年和1854年间就达到了原来的3倍。1839年至1870年，菲律宾的出口总值增长了44倍。1841年是蔗糖，接着是烟草和唯一的工业产品香烟、大麻和麻绳以及靛蓝以总计72.5%的比例成为最重要的出口货物。外贸的总价值在1861年和1865年间的年平均额从1837年的460万美元提高到1850万美元，其中有1280万美元是对英贸易。1841年，年平均额为780万，350万属于英国。因为这个生意很大程度上落入非西班牙的公司手中，它们不仅作为商人，而且作为小农的放贷人对经济进行不断强化的控制。

除了1800年前后出现的英国人和美国人以及其他欧洲人，华人在其中也发挥着明显的作用。1766年，人们未能成功地把他们从这个国家赶走。借助于洗礼或贿赂，许多人留
822 下来了。1778年，驱逐他们的命令被撤销，因为他们推动了贸易体系的发展。1879年，菲律宾成为类似于“西班牙旗帜下的英国和中国的殖民地”，这时，西班牙国家完全承担其费用，并可以首次开展像改善岛屿交通道路这样的基础设施建设。现在，按照各个外国榜样，西班牙的企业也成立了拥有外国贷款的蔗糖种植园企业。除了教会及其传教团，贵族阶级（Principalía）在新的大地主中也有着重要影响。这些贵族最初可以追溯到那些与西班牙人合作并由他们给予特权的土著精英，但是随着时间推移，他们就越来越多地由经过西班牙化的西班牙—菲律宾混血儿和中国—菲律宾混血儿组成。但是他们是唯一拥有政治权利的人，比如（地方）选举权和任职权。

因为只要没有用不断更换的劳动力进行准工业化的种植园生产，租赁制就似乎占据着上风，其间在货币经济的背景下，由于各种预支和交付生产资料等造成的租赁者欠大地主的债务发挥着核心作用。小农经常因为欠放贷者的债而丧失对自

己土地的权利，然后作为租赁者从放贷者手里重新得到土地。除了额外地非法侵占土地，授予和开垦尚未利用的王室土地也有着显著的作用。人口迅速增长，从 1818 年的 200 万增长到 1887 年的 700 万和 1918 年的 1000 万。与英属印度和荷属东印度的大部分地方不同，供应世界市场的贸易作物生产在菲律宾群岛是在大地主的组织形式下进行的，要么在所有者直接经营的种植园里，要么在租赁的小块土地上，这些小块土地甚至都不必连在一起。诸如此类的事情容易让人联想到拉丁美洲的情况。

菲律宾人处于西班牙的统治之下长达数世纪，尤其是通过教会的影响，他们在一定程度上已经基督教化和西班牙化，在拉丁美洲也是如此，而西方的文化移入（如果说西方的意图正在于此的话）在印度次大陆和印度尼西亚还有在中国和日本则成效甚微，或者说具有另一种特点。至少印度教、伊斯兰教和东亚各世界观体系在面对西方的影响时被证明比非穆斯林的菲律宾人更具抵抗力。

原始资料与参考文献

19 世纪的大英帝国

Abbatista, G., James Mill e il problema indiano, Mailand 1979 | Albertini, R. v. (Hg.), Moderne Kolonialgeschichte, Köln 1970 | Andaya, B. W. u. L. Y., A History of Malaysia, London 1982 | Anderson, D. M./Killingray, D. (Hg.), Policing the Empire: Government, Authority, and Control, 1830–1940, Manchester 1991 | Angster, J., Erdbeeren und Piraten. Die Royal Navy und die Ordnung der Welt 1770–1860, Göttingen 2012 | Auerbach, J. A./Hoffenberg, P. H. (Hg.), Britain, the Empire and the World at the Great Exhibition of 1851, Aldershot 2008 | Banton, M. (Hg.), Administering the Empire, 1801–1968: A Guide to the Records of the Colonial Office in the National Archives of the UK, London 2008 | Barringer, T./Quilley, G./Fordham, D. (Hg.), Art and the British Empire, Manchester 2007 | Bayly, C. A., Imperial Meridian: The British Empire and the World, 1780–1830, London 1989 | –, Die Geburt der modernen Welt. Eine Globalgeschichte 1780–1914, Frankfurt 2006 (engl. 2004) | Behrman, C. F., Victorian Myths of the Sea, Athens, OH 1977 | Benton, L., A Search for Sovereignty: Law and Geography in European Empires, 1400–1900, Cambridge 2010 | Benyon, J., Overlords of Empire: British *Proconsular Imperialism* in Comparative Perspective, in: JICH 19 (1991) 164–202 | Betts, R. F., The False Dawn: European Imperialism in the Nineteenth Century, Minneapolis 1976 | Bilgrami, A. H., Afghanistan and British India, 1793–1907, Delhi 1972 | Bloomfield, P., Edward Gibbon Wakefield, London 1961 | Bodelsen, C. A. C., Studies in Mid-Victorian Imperialism, London 1928, 2. Aufl. 1960 | Bolt, C., Victorian Attitudes to Race, London 1971 | Braun, P. C. M. S., Die Verteidigung Indiens 1800–1907, Köln u. a. 1968 | Cain, P. J., Economic Foundations of British Overseas Expansion, 1815–1914, London 1980 | –/Hopkins, A. G., The Political Economy of British Expansion Overseas, 1750–1914, in: EcHR 33 (1980) 463–90 | –/–, Gentlemanly Capitalism and British Expansion Overseas: I. The Old Colonial System, 1688–1850, in: EcHR 39 (1986) 501–25 | –/–, British Imperialism, 2 Bde., London 1993 | Cannadine, D., Ornamentalism: How the British Saw their Empire, London 2001 | Chaudhuri, S., Calcutta, the Living City, 2 Bde., Delhi 1990 | [CHBE] The Cambridge History of the British Empire, 8 Bde. in 9 Tln., Cambridge 1929–59; Bd. 2, Ndr. 1968 | [CHI] The Cambridge History of India, Bd. 5: British India 1497–1858, Cambridge 1929, Ndr. 1968; Bd. 6: The Indian Empire, 1858–1918, Cambridge 1932 | Colley, L., Captives: Britain, Empire and the World, 1600–1850, New York 2002 | The Concept of Empire: Burke to Attlee, 1774–1947, London 1953, 2. Aufl. 1962 | Curzon, G., Frontiers, Oxford 1907 | Darwin, J., The Empire Project: The Rise and Fall of the British World System, 1830–1970, Cambridge 2009 | –, Das unvollendete Weltreich. Aufstieg und Niedergang des Britischen Empire 1600–1997, Frankfurt 2013 (engl. 2012) | Davis, M., Late Victorian Holocausts: El Niño Famines and the Making of the Third World, London 2001 | Eldridge, C. C., England's Mission, London 1973 | –, Victorian Imperialism, London 1978 | Fieldhouse, D., Die Kolonialreiche seit dem 18. Jahrhundert, Frankfurt 1965 (engl. 1982) | Fortescue, J. W., A History of the British Army, 13 Bde. und 6 Atlasbde., London 1899–1930; Bd. 4–5 | Friedrichs, A., Das Empire als Aufgabe des Historikers. Historiographie in imperialen Nationalstaaten: Großbritannien und Frankreich 1919–1968, Frankfurt 2011 | Frost, A., Convicts and Empire: A Naval Question, 1776–1811,

Melbourne 1980 | Galbraith, J. S., Myths of the *Little England* Era, in: AHR 67 (1961/62) 34–48 | Gallagher, J./Robinson, R., The Imperialism of Free Trade, in: EcHR 6 (1953) 1–15 | Gillard, D., The Struggle for Asia 1828–1914: A Study in British and Russian Imperialism, London 1977 | Gillingham, M. F.-J., Historical Atlas of Britain, London 1981 | Gott, R., Britain's Empire: Resistance, Repression and Revolt, London 2011 | Graham, G. S., Great Britain in the Indian Ocean: A Study of Maritime Enterprise, 1810–1850, Oxford 1967 | –, Tides of Empire, London 1972 | Harcourt, F., Flagships of Imperialism: The P&O Company and the Politics of Empire from its Origins to 1867, Manchester 2006 | Harland-Jacobs, J., Builders of Empire: Freemasonry and British Imperialism, 1717–1927, Chapel Hill 2007 | Harlow, B./Carter, M., Imperialism and Orientalism: A Documentary Sourcebook, Oxford 1999 | –/–, Archives of Empire, 2 Bde., Durham u. a. 2002 | Harlow, V./Madden, F. (Hg.), British Colonial Developments, 1774–1834: Select Documents, Oxford 1953 | Herman, A., To Rule the Waves: How the British Navy Shaped the Modern World, London 2005 | Högemann, P., Die Bedeutung des Indischen Ozean für die Weltmächte von Altertum und Neuzeit, in: Saeculum 37 (1986) 34–44 | Hutchins, F., The Illusion of Permanence, Princeton 1967 | Huttenback, R. A., British Relations with Sind 1799–1843, Berkeley 1962 | Hyam, R., Empire and Sexuality: The British Experience, Manchester 1990 | –, Britain's Imperial Century, 1815–1914: A Study of Empire and Expansion, 2. Aufl., London 1993 | –/Martin, G. W. (Hg.), Reappraisals in British Imperial History, London 1975 | Ingram, E., The Rules of the Game: A Commentary on the Defence of British India, 1798–1829, in: JICH 3 (1974/75) 258 f. | –, The Beginning of the Great Game in Asia, 1828–1834, Oxford 1979 | –, In Defence of British India: Great Britain in the Middle East, 1775–1842, London 1984 | Jaeckel, H., Die Nordwestgrenze in der Verteidigung Indiens 1900–1908, Köln u. a. 1968 | James, L., The Rise and Fall of the British Empire, London 1994 | Jenks, L. H., The Migration of British Capital to 1875, London 1971, Ndr. 1973 | Johnston, W. R., Great Britain, Great Empire, St. Lucia 1981 | Kazemzadeh, F., Russia and Britain in Persia, 1864–1914: A Study in Imperialism, New Haven u. a. 1968 | Kiernan, V. G., European Empires from Conquest to Collapse, 1815–1960, Leicester 1982 | Killingray, D., *A Good West Indian, a Good African, and in Short, a Good Britisher*: Black and British in a Colour-Conscious Empire, 1760–1950, in: JICH 36 (2008) 363–81 | Kirk-Greene, A. H. M., On Crown Service: A History of HM Colonial and Overseas Civil Services, 1837–1997, London 1999 | Knorr, K. E., British Colonial Theories, 1570–1850, London 1944, Ndr. 1964 | Knox, B., British Politics towards the Ionian Islands, 1847–1864, in: EHR 99 (1984) 503–29 | –, The Concept of Empire in the Mid-Nineteenth Century, in: JICH 15 (1987) 242–63 | Laidlaw, Z., Colonial Connections, 1815–45: Patronage, the Information Revolution and Colonial Government, Manchester 2005 | Leopold, J., British Applications of the Aryan Theory of Race to India, 1850–1870, in: EHR 89 (1974) 578–603 | Levine, P., Gender and Empire, New York u. a. 2004 | –/Marriott, J. (Hg.), The Ashgate Companion to Modern Imperial Histories, Farnham u. a. 2012 | Lloyd, T. O., The British Empire 1558–1983, Oxford 1984 | Louis, W. R. (Hg.), The Robinson and Gallagher Controversy, London 1976 | Lowe, C. J., Reluctant Imperialists: British Foreign Policy, 1878–1902, 2 Bde., London 1967 | Lowe, P., Britain in the Far East: A Survey from 1819 to the Present, London u. a. 1981 | Lynn, M., Consul and Kings: British Policy, the *Men on the Spot*, and the Seizure of Lagos 1851, in: JICH 10 (1981/82) 150–67 | Mackay, D. L., Direction and Progress in British Imperial Policy, 1793–1801, in: HJ 17 (1974) 487–501 | Madden, A. F., *Not for Export*: The Westminster Model of Government and British Colonial

Practice, in: JICH 81 (1979/80) 10–29 | Madden, A. F. u.a. (Hg.), Selected Documents on the Constitutional History of the British Empire and Commonwealth, 8 Bde., London 1985–2000; Bd. 5–6, 1991–93 | Marshall, P., The First and Second British Empires: A Question of Demarcations, in: History 49 (1964) 13–23 | Marshall, P. J., Imperial Britain, in: JICH 23 (1995) 379–94 | – (Hg.), The Cambridge Illustrated History of the British Empire, Cambridge 1996 | Marwin, C., The Russians at Merv and Herat, London 1883, Ndr. 1978 | Marx, C., Der Preis des Wohlwollens. Inder, Indigene und indirekte Herrschaft im britischen Empire, in: JEÜG 4 (2004) 9–32 | Mathew, W. M., The Imperialism of Free Trade: Peru 1820–1870, in: EcHR 21 (1968) 562–79 | McIntyre, W. D., The Imperial Frontier in the Tropics, 1865–1875: A Study of British Colonial Policy in West Africa, Malaya and the South Pacific in the Age of Gladstone and Disraeli, London 1967 | McLean, D., Britain and Her Buffer State: The Collapse of the Persian Empire, 1890–1914, London 1979 | Mill, J., The History of British India, 3 Bde., London 1817, Ndr. 1972 | Miller, R., British Investment in Latin America, 1850–1950: A Reappraisal, in: Itinerario 19, 3 (1995) 21–52 | Moidu, V. C., A Survey of British Policy in the Persian Gulf, in: JIH 56 (1978) 365–75 | Mommsen, W. J., Das britische Empire, in: HZ 233 (1981) 317–61 | Morrell, W. P., Britain in the Pacific Islands, Oxford 1960 | Münkler, H., Imperien. Die Logik der Weltherrschaft vom Alten Rom bis zu den Vereinigten Staaten, Berlin 2005 | Muir, R. (Hg.), The Making of British India, 1756–1858, Manchester u.a. 1915 | Norris, J. A., The First Afghan War, 1838–1842, Cambridge 1967 | [OHBE] The Oxford History of the British Empire, 5 Bde., Oxford 1998–99; Bd. 3–4 | Oncken, H., Die Sicherheit Indiens, Berlin 1937 | Osterhammel, J. (Hg.), Britische Übersee-Expansion und Britisches Empire vor 1840, Bochum 1987 | –, Die Verwandlung der Welt. Eine Geschichte des 19. Jahrhunderts, München 2009 | Palmer, A., Dictionary of the British Empire and Commonwealth, London 1996 | Platt, D. C. M., The Imperialism of Free Trade: Some Reservations, in: EcHR 21 (1968) 296–306 | –, Further Objections to an *Imperialism of Free Trade*, 1830–1860, in: EcHR 26 (1973) 77–91 | –, Business Imperialism, 1840–1930, Oxford 1977 | Porter, A. N., Atlas of British Overseas Expansion, London 1994 | – (Hg.), Bibliography of Imperial and Commonwealth History since 1600, Oxford 2002 | Porter, B., The Absent-minded Imperialists: Empire, Society and Culture in Britain, Oxford 2004 | –, Further Thoughts on Imperial Absent-Mindedness, in: JICH 36 (2008) 101–17 | Rich, P. B., Race and Empire in British Politics, Cambridge 1986 | Robinson, R., Non-European Foundations of European Imperialism: Sketch for a Theory of Collaboration, in: Owen, R./Sutcliffe B. (Hg.), Studies in the Theory of Imperialism, London 1972, Ndr. in: Louis, W. R. (Hg.): Imperialism: The Robinson and Gallagher Controversy, New York 1976, 128–151 | –/Gallagher, J./Denny, A., Africa and the Victorians: The Official Mind of Imperialism, London 1961, Ndr. 1981 | Rodger, N. A. M., The Command of the Ocean: A Naval History of Britain, 1649–1815, New York u.a. 2004 | Schnurmann, C., Vom Inselreich zur Weltmacht. Die Entwicklung des englischen Weltreichs vom Mittelalter bis ins 20. Jahrhundert, Stuttgart 2001 | Semmel, B., The Rise of Free Trade Imperialism, Cambridge 1970, Ndr. 1978 | –, Liberalism and Naval Strategy, London 1986 | Shaw, A. G. (Hg.), Great Britain and the Colonies, 1815–1865, London 1970 | Smith, W. D., European Imperialism, Chicago 1982 | Stewart, J., The British Empire: An Encyclopedia of the Crown's Holdings, 1493 through 1995, Jefferson u.a. 1996 | Stokes, E., The English Utilitarians and India, Oxford 1963 | Stoler, A. L., Carnal Knowledge and Imperial Power: Race and the Intimate in Colonial Rule, Berkeley 2002 | Street, B. V., The Savage in Literature, London 1975 | Streets,

H., Martial Races: The Military, Race, and Masculinity in British Imperial Culture, 1857–1914, Manchester 2004 | Sturgis, J., John Bright and the Empire, London 1969 | Sunderland, D., Managing the British Empire: The Crown Agents, 1833–1914, Woodbridge 2004 | Turnbull, C. M., The Straits Settlements, 1826–1867, London 1972 | –, A History of Singapore, 1819–1975, London 1977 | Webster, A., The Debate on the Rise of the British Empire, Manchester 2006 | Wende, P., Das Britische Empire, München 2008 | Wenzlhuemer, R., Connecting the Nineteenth-Century World: The Telegraph and Globalization, Cambridge 2013 | West, S., The Victorians and Race, Aldershot 1996 | Wight, M., British Colonial Constitutions, Oxford 1952 | Winks, R.W. (Hg.), The Historiography of the British Empire-Commonwealth: Trends, Interpretations and Resources, Durham 1966 | –, On Decolonization and Informal Empire, in: AHR 81 (1976) 540–56 | Wood, J. C., British Economists and the Empire, 1860–1914, London 1983 | Woollacott, A., Gender and Empire, Basingstoke 2006 | Yapp, M. E., Strategies of British India: Britain, Iran, and Afghanistan, 1798–1850, Oxford 1980.

1818 年至 1914 年英国统治下的印度

Ahmed, R., The Bengal Muslims, 1871–1906: A Quest for Identity, Delhi 1981 | Ahvenainen, J., The Far East Telegraphs, Helsinki 1981 | Albertini, R. v., Europäische Kolonialherrschaft 1880–1940, 3. Aufl., Zürich u. a. 1987 | Aldrich, R./McKenzie, K. (Hg.), The Routledge History of Western Empires, London u. a. 2014 | Al-Qasimi, S. M., The Myth of Arab Piracy in the Gulf, Beckenham 1986 | Ambirajan, S., Classical Political Economy and British Policy in India, Cambridge 1978 | Anderson, D. M./Killingray, D. 1991 | Appadorai, A. (Hg.), Documents on Political Thought in Modern India, Bd. 1, Delhi 1973 | Arnold, D., Police Power and Colonial Rule, Madras 1859–1947, Delhi 1986 | Arunima, G., There Comes Papa: Colonialism and the Transformation of Matriliny in Kerala, Malabar c. 1850–1940, Delhi 2003 | Baird, J. G. (Hg.), Private Letters of the Marquess of Dalhousie, Edinburgh u. a. 1911 | Ball, C., The History of the Indian Mutiny, 2 Bde., London u. a. 1858–1859, Ndr. 1981 | Ballantyne, T., Between Colonialism and Diaspora: Sikh Cultural Formation in an Imperial World, Durham u. a. 2006 | Banerjee, A. C., The Eastern Frontier of British-India, 1784–1826, Calcutta 1943, Ndr. 1964 | Banerjee, S., Becoming Imperial Citizens: Indians in the Late-Victorian Empire, Durham, NC 2010 | Barber, W. J., British Economic Thought and India, Oxford 1975 | Barpujari, H. K., Assam in the Days of the Company, 1826–1856, Ganhati 1963 | Barton, W., The Princes of India, London 1934, Ndr. 1983 | Barua, P. P., Strategies and Doctrines of Imperial Defence: Britain and India, 1919–1945, in: JICH 25 (1997) 240–66 | –, Gentlemen of the Raj: The Indian Army Officer Corps, 1817–1949, Westport 2003 | Bash, A., The Growth of Education and Political Development in India, 1898–1920, Delhi 1974 | Basu, R. S., Reinterpreting Dalit Movements in Colonial and Post Colonial India, in: IHR 33 (2006) 161–80 | Bayly, C. A., Empire and Information: Intelligence Gathering and Social Communication in India, 1780–1870, Cambridge 1996 | –/Kolff, D. H. A (Hg.), Two Colonial Empires: Comparative Essays on the History of India and Indonesiain the Nineteenth Century, Dordrecht 1986 | Bayly, S., Caste, Society, and Politics in India from the Eighteenth Century to the Modern Age (NCHI 4, 3), Cambridge 1999 | Beckerlegge, G., The Ramakrishna Mission: The Making of a Modern Hindu Movement, Delhi 2000 | Bellenoit, H. J. A., Missionary Education and

Empire in Late Colonial India, 1860–1920, London 2007 | Bergunder, M. (Hg.), Missionsberichte aus Indien im 18. Jahrhundert, Halle 1999 | Betts, R. F. 1976 | Bhagavan, M., Sovereign Spheres: Princes, Education and Empire in Colonial India, Delhi 2003 | Bhattacharya-Panda, N., Appropriation and Invention of Tradition: The East India Company and Hindu Law in Early Colonial Bengal, Delhi 2008 | Bilgrami, A. H. 1972 | Bless, R., *Divide et impera?* Britische Minderheitenpolitik in Burma 1917–1948, Stuttgart 1990 | Blyth, R. J., The Empire of the Raj: India, Eastern Africa and the Middle East, 1858–1947, Basingstoke 2003 | Bose, M., A History of Indian Cricket, London 1990 | Bourne, J. M., Patronage and Society in Nineteenth-Century England, London 1986 | Braun, P. C. M. S. 1968 | Brown, J. M., Modern India: The Origins of an Asian Democracy, Oxford u. a. 1985 | Burke, S. M./Quraishi, S. A., The British Raj in India: An Historical Review, Karachi 1995 | Burton, A., At the Heart of Empire: Indians and the Colonial Encounter in Late-Victorian Britain, Berkeley 1998 | Caplan, L., Class and Culture in Urban India: Fundamentalism in a Christian Community, Oxford 1987 | –, Warrior Gentleman: *Gurkhas* in the Western Imagination, Providence 1995 | Carson, P., An Imperial Dilemma: The Propagation of Christianity in Early Colonial India, in: JICH 18, 2 (1990) 160–90 | Chakravarty, G., The Indian Mutiny and the British Imagination, Delhi 2006 | Chakravarty, S., From Kyber to Oxus, Delhi 1976 | Chandavarkar, R., Imperial Power and Popular Politics: Class, Resistance, and the State in India c. 1850–1950, Cambridge 1998 | Chatterjee, A., Representations of India, 1740–1840: The Creation of India in the Colonial Imagination, London 1998 | Chatterjee, I., Gender, Slavery and Law in Colonial India, Delhi 1999 | Chatterjee, K., Collaboration and Conflict: Bankers and Early Colonial Rule in India, 1757–1813, in: IESHR 30 (1993) 283–310 | Chatterjee, N., The Making of Indian Secularism: Empire, Law and Christianity, 1830–1960, Basingstoke 2011 | Chaudhuri, S. 1990 | CHBE, Bd. 2, 1968 | CHI, Bd. 5–6, 1932–68 | Cohen, S., The Indian Army, 2. Aufl., Delhi 1990 | Cohn, B. S., Colonialism and its Forms of Knowledge: The British in India, Princeton 1996 | Collingham, E. M., Imperial Bodies: The Physical Experience of the Raj, ca. 1800–1947, Oxford 2001 | Comparative History of India and Indonesia, 4 Bde., Leiden 1987–89 [Nachdr. aus: Itinerario] | Cook, S. B., The Irish Raj: Social Origins and Careers of Irishmen in the Indian Civil Service, in: Journal of Social History 20 (1986/87) 141–73 | Copland, I., The British Raj and the Indian Princes, Bombay 1982 | Crane, R. J., Inventing India: A History of India in English-Language Fiction, London 1992 | Curzon, G. 1907 | Dalmia, V./Stietencron, H. v. (Hg.), Representing Hinduism: The Construction of Religious Tradition and National Identity, Delhi 1995 | Dalrymple, W., The Last Mughal: The Fall of a Dynasty (Delhi, 1857), London 2007 | Dash, M., Thug: The True Story of India's Murderous Cult, London 2005 | Desai, W. S., History of the British Residency in Burma, Rangoon 1939 | Desika Char, V. S. (Hg.), Readings in the Constitutional History of India, 1757–1947, Delhi 1983 | Dewey, C., Anglo-Indian Attitudes: The Mind of the Indian Civil Service, London 1993 | Dilke, C. W., Problems of Greater Britain, London 1890 | –, Greater Britain, 2. Aufl., London 1868, Ndr. 1894 | Dilks, D., Curzon in India, 2 Bde., London 1969–70 | Dirks, N. B., Castes of Mind: Colonialism and the Making of Modern India, Princeton 2001 | –, Scandal of Empire: India and the Creation of Imperial Britain, Cambridge, MA 2006 | Edwardes, M., The Orchid House: Splendours and Miseries of the Kingdom of Oudh, 1827–1857, London 1960 | –, A History of India, London 1961 | –, British India, 1772–1947: A Survey of the Nature and Effects of Alien Rule, London 1967 | Engels, D./Marks, S. (Hg.),

Contesting Colonial Hegemony: State and Society in Africa and India, London u.a. 1994 | Ewing, A., The Indian Civil Service, 1919–1924, in: MAS 18 (1984) 33–53 | Fieldhouse, D.K., Economics and Empire 1830–1914, London 1973, Ndr. 1976 | Fisch, J., Tödliche Rituale. Die indische Witwenverbrennung und andere Formen der Totenfolge, Frankfurt 1998 | Fischer-Tiné, H., Der Gurukul Kangri oder die Erziehung der Arya Nation. Kolonialismus, Hindureform und *nationale Bildung* in Britisch-Indien (1897–1922), Würzburg 2003 | –, Low and Licentious Europeans: Race, Class and *White Subalternity* in Colonial India, Delhi 2009 | –, Pidgin-Knowledge. Wissen und Kolonialismus, Berlin 2013 | –/Mann, M. (Hg.), Colonialism as Civilizing Mission: Cultural Ideology in British India, London 2004 | Fisher, M. H., A Clash of Cultures: Awadh, the British, and the Mughals, Riverdale 1987 | –, Indirect Rule in India: Residents and the Residence System, 1764–1858, Bombay 1991 | –, Counterflows to Colonialism: Indian Travellers and Settlers in Britain, 1600–1857, Delhi 2004 | Forbes, G., Women in Modern India (NCHI 4, 2), Cambridge 1996 | Fortescue, J.W., Bd. 4–5, 11–13, 1899–1930 | Franklin, M.J., Sir William Jones, Cardiff 1995 | – (Hg.), Romantic Representations of British India, London u.a. 2006 | Fraser, L., India under Curzon and after, London 1911 | Frykenberg, R.E., Modern Education in South India, 1784–1854, in: AHR 91 (1986) 37–65 | Ghose, I., Women Travellers in Colonial India: The Power of the Female Gaze, Delhi 1998 | Glucklich, A., Conservative Hindu Response to Social Legislation in Nineteenth Century India, in: JAsH 20 (1986) 33–53 | Goradia, N., Lord Curzon: The Last of British Moghuls, Delhi 1993 | Gott, R. 2011 | Grewal, J.S., The Sikhs of the Punjab (NCHI 2, 3), Cambridge 1990 | Guha, R., A Corner in a Foreign Field: The Indian History of a British Sport, London 2003 [Cricket] | Gupta, P.S./Deshpande, A. (Hg.), The British Raj and its Armed Forces, 1857–1939, Delhi 2002 | Haeckel, E., A Visit to Ceylon (1883), Dehivala 1975 | Halbfass, W., Indien und Europa, Stuttgart 1981 | Halstead, J.P., The Second British Empire: Trade, Philanthropy and Good Government, 1820–1890, Westport 1983 | Hanham, J.H., The Nineteenth Century Constitution, Cambridge 1969 | Hardless, H.R., The Indian Gentleman's Guide to English Etiquette, Conversation and Correspondence, 2. Aufl., Chimar 1920 | Haynes, E.S., The Political Role of the Armed Forces of the Indian States after World War I, in: JAsH 24 (1996) 30–56 | Heathcote, T.A., The Military in British India: The Development of British Land Forces in South Asia, 1600–1947, Manchester 1995 | Hettne, B., The Political Economy of Indirect Rule, Mysore 1881–1947, London u.a. 1978 | Hevia, J., The Imperial Security State: British Colonial Knowledge and Empire Building in Asia, Cambridge 2012 | Hibbert, C., The Great Mutiny, London 1978 | Hinüber, O.v., Indiens Weg in die Moderne. Geschichte und Kultur im 20. Jahrhundert, Aachen 2005 | Hobson-Jobson: a Glossary of Colloquial Anglo-Indian Words and Phrases, and of Kindred Terms, Etymological, Historical, Geographical and Discursive by Col. Henry Yule and A.C. Burnell [1886], 2nd Edition by William Crook, London 1903, Ndr. 1994 | Houben, V.J.H., Native States in India and Indonesia, in: Itinerario 11, 1 (1987) 107–34 | Howell, P.A., The Judicial Committee of the Privy Council, 1833–1876, Cambridge 1979 | Hunt, R./Harrison, J., The District Officer in India, 1930–1947, London 1980 | Hutchins, F. 1967 | Hyam, R. 1993 | Inden, R., Imagining India, Oxford 1992 | Ingram, E. 1974/75 | – 1979 | – 1984 | Irving, R.G., Indian Summer: Lutyens, Baker and Imperial Delhi, London 1981 | Jaeckel, H. 1968 | Jones, K.W., Socio-religious Reform Movements in British India (NCHI 3,1), Cambridge 1989 | Kaminsky, A.P., The India Office, 1880–1947, London 1985 | Kartodirjo, S., Insurgents Revisited, in:

Itinerario 11, 1 (1987) 277–90 | Keith, A. B., A Constitutional History of India, 1600–1935, 2. Aufl., London 1937, Ndr. 1969 | – (Hg.), Speeches and Documents on Indian Policy, 1750–1921, 2 Bde., Delhi 1985 | Kelly, J. B., Britain and the Persian Gulf, 1795–1880, Oxford 1968 | Kennedy, P. M., Imperial Cable Communcations and Strategy, 1870–1914, in: ders., The War Plans of the Great Powers, 1880–1914, London 1979, 75–98 | Khurana, G., British Historiography on the Sikh Power in the Punjab, London 1985 | Kiernan, V. G. 1982 | Kolsky, E., Colonial Justice in British India: White Violence and the Rule of Law, Cambridge 2010 | Kopf, D., The Brahmo Samaj and the Shaping of the Modern Indian Mind, Princeton 1979 | Krautheim, H.-J., Öffentliche Meinung und imperiale Politik. Das britische Russlandbild 1815–1854, Berlin 1977 | Kulke, H./Rothermund, D. (Hg.), Regionale Tradition in Südasien, Wiesbaden 1985 | –/–, Geschichte Indiens, Stuttgart 1982, 2. Aufl. 2010 | Kumar, D., Science and the Raj, Delhi 2007 | –, Medical Encounter in British India, Delhi 2013 | Kumar, R., Essays in the Social History of Modern India, Delhi 1983 | Kumar, R. N., A Reappraisal of Lord Curzon's Policy towards Afghanistan, Persia and the Persian Gulf Region, in: JIH 56 (1978) 540–51 | Lafont, J.-M., La présence française dans le royaume Sikh du Penjab 1799–1849, in: Journal asiatique 275, 1–2 (1987) 131–38 | Lahiri, S., Indians in Britain: Anglo-Indian Encounters, Race, and Identity, 1880–1930, London 2000 | Lahiri-Choudhury, D. K., Telegraphic Imperialism: Crisis and Panic in the Indian Empire, c. 1830–1920, Basingstoke 2010 | Lamb, A., British India and Tibet, 1766–1910, 2. Aufl., London 1986 | Lambert-Hurley, S., Muslim Women, Reform, and Princely Patronage: Nawab Sultan Jahar Begam of Bhopal, London 2007 | Lieberman, V. B., Burmese Administrative Cycles, Princeton 1984 | Linow, K., Die Farce von Ottawa. Indisch-britische Verhandlungen an der Empirewirtschaftskonferenz von Ottawa im Jahre 1932, Frankfurt 1991 | Llewellyn-Jones, R., The Great Uprising in India, 1857–58: Untold Stories, Indian and British, Woodbridge 2007 | Lu, C. H., The Sino-Indian Border Dispute, Westport u. a. 1986 | Lütt, J., Hindu-Nationalismus in Uttar Pradesh, 1867–1900, Stuttgart 1970 | –, Das moderne Indien 1498–2004 (Oldenbourg Grundriss der Geschichte), München 2012 | Macauliffe, M. A., The Sikh Religion, its Gurus, Sacred Writings and Authors, 6 Bde., Ndr. Delhi 1978 | Macrory, P., Kabul Catastrophe, Oxford 1986 | Madden, A. F. u. a., Bd. 5–6, 1991–93 | –/Fieldhouse, D. (Hg.), Oxford and the Idea of Commonwealth, London 1982 | Mahajan, S., British Foreign Policy, 1874–1914: The Role of India, New York 2002 | Majeed, J., Ungoverned Imaginings: James Mill's *The History of British India* and Orientalism, Oxford 2002 | Major, A., Pious Flames: European Encounters with Sati 1500–1830, Delhi 2006 | – (Hg.), Sati: A Historical Anthology, Delhi 2007 | Majumdar, B./Mehta, N., India and the Olympics, London 2009 | Makepeace, M., The East India Company's London Workers: Management of the Warehouse Labourers, 1800–1858, Rochester 2010 | Malik, J., Islam in South Asia: A Short History, Leiden 2008 | Mani, L., Contentious Traditions: The Debate on Sati in Colonial India, Berkeley 1998 | Mann, M., Geschichte Indiens. Vom 18. bis zum 20. Jahrhundert, Paderborn 2005 | –, Geschichte Südasiens 1500 bis heute, Darmstadt 2010 | Marriott, J., The Other Empire: Metropolis, India and Progress in the Colonial Imagination, Manchester 2009 | –/Mukhopadhyay, B./Chatterjee, P. (Hg.), Britain in India, 1765–1905, 6 Bde., London 2006 | Marshall, P. J., Bengal, the British Bridgehead: Eastern India 1740–1828 (NCHI II, 2), Cambridge 1988 | Martin, B., New India 1885: British Official Policy and the Emergence of the Indian National Congress, Berkeley 1969 | Marwin, C., The Russians at Merv and Herat, London 1883, Ndr. 1978 | Marx, C. 2004 | Mazumdar, S. (Hg.), Insurgent Sepoys: Europe

Views the Revolt of 1857, London 2011 | McDonald, E. E., English Education and Social Reform in Late Nineteenth-Century Bombay: A Case Study in the Transmission of a Cultural Ideal, in: Journal of Asian Studies 25, 3 (1966) 453–70 | McGowan, A., Crafting the Nation in Colonial India, New York 2009 | McLeod, J., Sovereignty, Power, Control: Politics in the States of Western India, 1916–1947, Leiden 1999 | McLeod, W. H., The Sikhs: History, Religion and Society, New York 1989 | –, Sikhs and Sikhism, Delhi 1999 | Mehra, P., The McMahon Line and After, Madras 1974 | –, The North-Eastern Frontier, 2 Bde., Delhi 1979–82 | Metcalf, T. R., An Imperial Vision: Indian Architecture and Britain's Raj, Berkeley 1989 | –, Imperial Connections: India in the Indian Ocean Arena, 1860–1920, Berkeley 2007 | Miller, C., Khyber: British India's North Western Frontier, London 1977 | Misra, B., The Central Administration of the East India Company, 1773–1834, Manchester 1959 | –, The Indian Middle Classes, Delhi 1961 | –, The Administrative History of India, 1834–1947, London 1970 | –, The Bureaucracy in India, Delhi 1977 | Moidu, V. C. 1978 | Moor, J. A. de, Contrasting Communities: Asian Soldiers of the Dutch and British Colonial Armies, in: Itinerario 11, 1 (1987) 35–60 | Moore, R. J., Sir Charles Wood's Indian Policy, 1853–1866, Manchester 1966 | –, Liberalism and Indian Politics, 1872–1922, London 1966 | Morris, J., Pax Britannica, London 1968 | –, Heaven's Command, London 1973 | –, The Spectacle of Empire, London 1982 | Muir, R. (Hg.) 1915 | Mukherjee, A., Imperialism, Nationalism and the Making of the Indian Capitalist Class, Delhi 2002 | Mukherjee, R., Awadh in Revolt, 1857–1858, Delhi 1984 | [NCHI] The New Cambridge History of India [Einzelbände, Abt. III] | Neill, S., A History of Christianity in India, 2 Bde., Cambridge 1984–85 | Norris, J. A. 1967 | OHBE, Bd. 3–4, 1999 | Oldenburg, V. T., The Making of Colonial Lucknow, 1856–1877, Princeton 1984 | O'Malley, L. S. S. (Hg.), Modern India and the West, Oxford 1941 | Omissi, D., The Sepoy and the Raj: The Indian Army, 1860–1940, London 1994 | –, Indian Voices of the Great War: Soldiers' Letters, 1914–1918, Basingstoke 1999 | Oncken, H. 1937 | Onley, J., The Arabian Frontier in the British Raj: Merchants, Rulers, and the British in the Nineteenth-Century Gulf, Oxford 2007 | Panikkar, K. M., A Survey of Indian History, Bombay 1947, 4. Aufl. 1971 | Parry, B., Delusions and Discoveries: Studies on India in the British Imagination, 1880–1930, London 1972, Ndr. 1998 | Patnaik, N., A Second Paradise: Indian Courtly Life, 1590–1947, London 1985 | Paul, J. J., The Legal Profession in Colonial South India, Bombay 1991 | Peers, D. M., War and Public Finance in Early Nineteenth-Century British India: The First Burma War, in: International History Review 11 (1989) 628–47 | – (Hg.), India and the British Empire, Oxford 2012 | Pernau, M., Verfassung und politische Kultur im Wandel. Der indische Fürstenstaat Hyderabad 1911–48, Stuttgart 1992 | – (Hg.), The Delhi College: Traditional Elites, the Colonial State and Education before 1857, Delhi 2006 | –, Bürger mit Turban. Muslime in Delhi im 19. Jahrhundert, Göttingen 2008 (engl. 2013) | Perniola, V., The Catholic Church in Sri Lanka: The British Period, 9 Bde., Dehiwala 1992–2004 | Philips, C. H. (Hg.), The Correspondence of Lord William Cavendish Bentinck, 2 Bde., Oxford 1977 | Pieper, J., Die anglo-indische Station oder die Kolonialisierung des Götterberges, Bonn 1977 | Pollak, O. B., Empires in Collision: Anglo-Burmese relations in the Mid-Nineteenth Century, Westport 1979 | Potter, D., India's Political Administrators, 1919–1983, Oxford 1986 | Price, P. G., Kingship and Political Practice in Colonial India, Cambridge 1996 | Raj, K., The Historical Anatomy of a Contact Zone: Calcutta in the Eighteenth Century, in: IESHR 48 (2011) 55–82 | Ramusack, B., The Princes of India in the Twilight of Empire: Dissolution of a Patron-Client System, 1914–

1939, Columbus, OH 1978 | –, The Indian Princes and their States (NCHI 3, 6), Cambridge 2004 | Ray, R. K., Evolution of the Professional Structure in Modern India, in: IHR 9 (1982/83) 121–92 | Rich, P. B. 1986 | Roberts, M., Caste Conflict and Elite Formation: The Rise of a Karava Elite in Sri Lanka, Cambridge 1982 | Rogers, J. D. (Hg.), Caste, Power, and Region in Colonial South Asia, in: IESHR 41 (2004) 1–101 | Rosselli, J., Lord William Bentinck, Berkeley 1974 | Rothermund, D., Die politische Willensbildung in Indien 1900–1960, Wiesbaden 1965 | Roy, K., Brown Warriors of the Raj: Recruitment and the Mechanics of Command in the Sepoy Army, 1859–1913, Delhi 2008 | –, The Hybrid Military Establishment of the East India Company in South Asia, 1750–1849, in: JGH 6 (2011) 195–218 | Roy, R., The Only True God, Newcastle 1982 | Savarkar, V. D., The Indian War of Independence, London 1909, Ndr. 1947 | Schwartzberg, J. E. (Hg.), A Historical Atlas of South Asia, 2. Aufl., New York u. a. 1993 | Seth, S., Subject Lessons: The Western Education of Colonial India, Delhi 2007 | Sheel, R., The Political Economy of Dowry: Institutionalization and Expansion in North India, Delhi 1999 | Sherman, T. C., State Violence and Punishment in India, London 2009 | Singh, K., A History of the Sikhs, 2 Bde., Princeton u. a. 1963–66, 2. Aufl. 1991 | Sinha, M., Colonial Masculinity: The *Manly Englishman* and the *Effeminate Bengali* in the Late Nineteenth Century, Manchester 1995 | Spear, T. G. P., The Oxford History of Modern India, 1740–1975, 2. Aufl., Delhi 1978 | Stein, B., Thomas Munro: The Origins of the Colonial State and His Visions of Empire, Delhi 1989 | Steinbach, A. 2009 | Stiersdorfer, C. (Hg.), Women Writing Home, 1700–1920: Female Correspondence across the British Empire, 6 Bde., London 2006; Bd. 4 | Stokes, E., The Peasant and the Raj, Cambridge 1978 | –, The Peasant Armed, Oxford 1986 | Streets, H. 2004 | Studdert-Kennedy, G., British Christians, Indian Nationalists and the Raj, Delhi 1991 | Sturgis, J. 1969 | Sullivan, Z. T., Narratives of Empire: The Fictions of Rudyard Kipling, Cambridge 1993 | Symonds, R., The British and their Successors, London 1966 | Thant Myint-U, The Making of Modern Burma, Cambridge 2001 | Trautmann, T. R., Aryans and British India, Berkeley 1997 | Tytler, H., An Englishwomen in India, Oxford 1986 | Van Woerkens, M., The Strangled Traveler: Colonial Imaginings and the Thugs of India, Chicago 2002 | Volodarsky, M., Persia's Foreign Policy between the Two Herat Crises, 1831–1856, in: MES 21 (1985) 111–51 | Wagner, K. A., Thuggee: Banditry and the British in Early Nineteenth-Century India, Basingstoke 2007 | – (Hg.), Stranglers and Bandits: A Historical Anthology of Thuggee, Oxford 2009 | –, Great Fear of 1857: Rumours, Conspiracies and the Making of the Indian Uprising, Oxford 2010 | Watson, B., The Great Indian Mutiny: Colin Campbell and the Campaign at Lucknow, New York 1991 | Webster, A., The Twilight of the East India Company: The Evolution of the Anglo-Asian Commerce and Politics, 1790–1860, Woodbridge 2009 | Whelpton, J., A History of Nepal, Cambridge 2005 | Witz, C., Religionspolitik in Britisch-Indien 1793–1813, Wiesbaden 1985 | Wurgaft, L. D., The Imperial Imagination: Magic and Myth in Kipling's India, Middletown 1983 | Yang, A. A., Crime and Criminality in British India, Tucson 1985 | –, Whose Sati? Widow Burning in Early Nineteenth-Century India, in: Journal of Women's History 1 (1989) 8–33 | Yapp, M. E., Strategies of British India: Britain, Iran, and Afghanistan, 1798–1850, Oxford 1980 | –, British Perceptions of the Russian Threat to India, in: MAS 21 (1987) 647–65 | Zastoupil, L., John Stuart Mill and India, in: Victorian Studies 32 (1988/89) 31–54 | –, Rammohun Roy and the Making of Victorian Britain, Basingstoke 2010 | –/Moir, M. (Hg.), The Great Indian Education Debate: Documents Relating to the Orientalist-Anglicist Controversy, 1781–1843, Richmond 1999.

英属印度的经济和社会

Adas, M., The Burma Delta: Economic Development and Social Change on an Asian Rice Frontier, 1852–1941, Madison 1974 | Albertini, R. v. 1987 | Ali, I., Malign Growth? Agricultural Colonization and the Roots of Backwardness in the Punjab, in: PP 114 (1987) 110–32 | Ambirajan, S. 1978 | Baden-Powell, B. H., The Land Systems of British India, 3 Bde., Oxford 1892 | Bagchi, A. K., Private Investment in India, 1900–1939, Cambridge 1972 | –, Anglo-Indian Banking in British India: From the Paper Pound to the Gold Standard, in: JICH 13 (1985) 93–108 | Bahl, V., The Emergence of Large-scale Steel Industry in India under British Colonial Rule, 1880–1907, in: IESHR 31 (1994) 413–60 | Baker, C. J., An Indian Rural Economy, 1880–1955: The Tamilnad Countryside, Delhi 1984 | Balachanadrian, G., Gold and Empire: Britain and India in the Great Depression, in: Journal of European Economic History 20 (1991) 239–70 | Bandarage, A., Colonization in Sri Lanka: The Political Economy of the Kandyan Highlands, 1833–1886, Berlin u. a. 1983 | Banerji, A. K., Finances in the Early Raj: Investments and the External Sector, Delhi 1995 | Barber, W. J. 1975 | Basu, S., Does Class Matter? Colonial Capital and Workers' Resistance in Bengal, 1890–1937, Delhi 2004 | Bayly, C. A., Rulers, Townsmen and Bazaars: North Indian Society in the Age of British Expansion, 1770–1870, Cambridge 1983 | –, Creating a Colonial Peasantry: India and Java c. 1820–1880, in: Itinerario 11, 1 (1987) 93–106 | –, Indian Society and the Making of the British Empire (NCHI II, 1), Cambridge 1988 | –/Kolff, D. H. A 1986 | Bayly, S. 1999 | Beckerlegge, G. 2000 | Beckert, S., King Cotton. Eine Geschichte des globalen Kapitalismus, München 2015 | Bellenoit, H. J. A. 2007 | Bergunder, M. 1999 | Bliss, C. J./Stern, N. H., Palanpur: The Economy of an Indian Village, Oxford 1982 | Blussé, L. (Hg.), History and Underdevelopment, Leiden 1980 | Bose, M. 1990 | Bose, S., Agrarian Bengal, Cambridge 1986 | –, Peasant Labour and Colonial Capital: Rural Bengal since 1770 (NCHI 3, 2), Cambridge 1993 | Breman, J., Taming the Coolie Beast: Plantation Society and the Colonial Order in Southeast Asia, Delhi 1989 | Burton, A. 1998 | Caplan, L. 1987 | Carson, P. 1990 | Carter, M./ Torabully, K. (Hg.), Coolitude: An Anthology of the Indian Labour Diaspora, London 2002 | [CEHI] The Cambridge Economic History of India, Bd. 2: c. 1757–c. 1970, Cambridge 1983 | Chakrabarty, D., Rethinking Working-Class History, Princeton 1989 | Chandavarkar, R., Industrialization in India before 1947: Conventional Approaches and Alternative Perspectives, in: MAS 19 (1985) 623–68 | Charlesworth, N., British Rule and the Indian Economy, 1800–1914, London 1982 | –, Peasants and Imperial Rule: Agriculture and Agrarian Society in the Bombay Presidency, 1850–1935, Cambridge 1985 | Chatterjee, B., Business and Politics in the 1930s: Lancashire and the Making of the Indo-British Trade Agreement, 1939, in: MAS 15 (1981) 527–73 | Chatterjee, I. 1999 | Chatterjee, N. 2011 | Chatterji, B., Trade, Tariffs, and Empire: Lancashire and British Policy in India, 1919–1939, Delhi 1992 | Chaudhuri, K. N., The Economic Development of India under the East India Company, 1814–1858, Cambridge 1971 | –/Dewey, C. J. (Hg.), Economy and Society: Essays in Indian Economic and Social History, Delhi 1979 | Chowdhury-Zilly, A. N., The Vagrant Peasant, Wiesbaden 1982 | Clarke, C. (Hg.), South Asians over Sea: Migration and Ethnicity, Cambridge 1990 | Collins, M., Sterling Exchange Rates, 1847–1880, in: Journal of European Economic History 15 (1986) 511–33 | Covindassamy, A. M., Foreign Trade of India, 1860–1940, PhD University of Pennsylvania 1980 | Dalmia, V./Stietencron, H. v. 1995 | Davis, M. 2001 | Derbyshire, I. D.,

Economic Change and the Railway in North-India, 1860–1914, in: MAS 21 (1987) 521–45 | Dirks, N. B., From Little King to Landlord, in: CSSH 28 (1986) 307–33 | Domschke, E. M./Goyer, D. S., Handbook of National Population Censuses: Africa and Asia, London 1987 | Drummond, I. M., Imperial Economic Policy, 1917–1939, London 1974 | Emmer, P. C. u. a. (Hg.), Colonialism and Migration: Indentured Labour before and after Slavery, Dordrecht 1986 | – (Hg.), Unfree Labour, in: Itinerario 21, 1 (1997) 9–16 | Farnie, D. A., The English Cotton Industry and the World Market, 1815–1896, Oxford 1979 | Fay, C. R., Imperial Economy and its Place in the Formation of Economic Doctrine, 1600–1932, Oxford 1934 | Fieldhouse, D., Unilever Overseas: The Anatomy of a Multinational, 1895–1965, London 1978 | Fischer-Tiné, H. 2003 | – 2009 | Forbes, G. 1996 | Furnivall, J. S., Colonial Policy and Practice: A Comparative Study of Burma and Netherlands India, Cambridge 1948 | Gabaccia, D. R./Hoerder, D. (Hg.), Connecting Seas and Connected Ocean Rims: Indian, Atlantic, and Pacific Oceans and China Seas Migrations from the 1830s to the 1930s, Leiden 2013 | Gallagher, J./Seal, A., Britain and India between the Wars, in: MAS 15 (1981) 387–414 | Griffiths, P., The History of the British Tea Industry, London 1967 | Guha, R. 2003 | Habib, I., Studying a Colonial Economy without Perceiving Colonialism, in: MAS 19 (1985) 355–81 | Harnetty, P., Imperialism and Free Trade: Lancashire and India in the Mid-Nineteenth Century, Vancouver 1972 | Harper, M./Constantine, S. (Hg.), Migration and Empire, Oxford 2012 | Haynes, D., The Dynamics of Continuity in Indian Domestic Industry: *Jari* Manufacture in Surat, 1900–1947, in: IESHR 23 (1986) 125–49 | Henning, C. G., The Indentured Indian in Natal, 1860–1917, Delhi 1993 | Hoefte, R., In Place of Slavery: A Social History of British Indian and Javanese Laborers in Suriname, Gainesville 1998 | Hume, J. C., Colonialism and Sanitary Medicine, in: MAS 20 (1986) 703–24 | India in 1917 – India in 1935: Social, Political and Economic Developments, 17 Bde., Ndr. Delhi 1985 [Berichte] | Inkster, I., The *Manchester School* in Yorkshire: Economic Relations between India and Sheffield in the Mid-Nineteenth Century, in: IESHR 23 (1986) 313–21 | Islam, M. M., Irrigation, Agriculture and the Raj: Punjab, 1887–1947, Delhi 1997 | Jones, K. W. 1989 | Joshi, S., Fractured Modernity: Making of a Middle Class in Colonial North India, Delhi 2001 | Judd, D./Slinn, P., The Evolution of the Modern Commonwealth, 1902–1980, London 1982 | Keller, W., Strukturen der Unterentwicklung. Indien 1757–1914, Zürich 1977 | Kerr, I. J., Building the Railways of the Raj, 1850–1900, Oxford 1995 | Khouri, N. (Hg.), L'Afrique des indiens, in: OM 96, 2 (2008) 7–127 | Klein, I., When the Rains Failed: Famine, Relief, and Mortality in British India, in: IESHR 21 (1984) 185–214 | Krishnamurti, J., Deindustrialization in Gangetic Bihar, in: IESHR 22 (1985) 359–416 | –, Handicrafts in India and Indonesia in the Nineteenth Century, in: Itinerario 11, 1 (1987) 253–64 | Kulke, H./Rothermund, D. 1985 | –/– 2010 | Kumar, D., Land and Caste in South India, Cambridge 1965 | Lai, W. L., Indentured Labor, Caribbean Sugar: Chinese and Indian Migrants to the British West Indies, 1838–1918, Baltimore 1993 | Lajpat Rai, L., England's Debt to India, New York 1917, Ndr. 1967 | Lal, B. V. (Hg.), The Encyclopedia of the Indian Diaspora, Singapore 2006 | Lambert-Hurley, S. 2007 | Laurence, K. O., A Question of Labour: Indentured Immigrants into Trinidad and British Guiana, 1875–1971, Kingston 1994 | Lemon, A./Pollock, N. C. (Hg.), Studies in Overseas Settlement and Population, London 1980 | Linow, K. 1991 | Ludden, D., Peasant History in South India, Princeton 1985 | –, An Agrarian History of South Asia (NCHI 4, 4), Cambridge 1999 | Ludowyk, E. F. C., The Modern History of Ceylon, London 1966 | Lütt, J. 2012 | MacAlpin,

M. B., Subject to Famine: Food Crises and Economic Change in Western India, 1860–1920, Princeton 1983 | Maddison, A., Class Structure and Economic Growth: India and Pakistan since the Moghuls, London 1971 | Maharatna, A., The Demography of the Bengal Famine of 1943–44: A Detailed Study, in: IESHR 31 (1994) 169–215 | Makepeace, M. 2010 | Mann, M., Britische Herrschaft auf indischem Boden. Landwirtschaftliche Transformation und ökologische Destruktion des *Central Doab* 1801–1854, Stuttgart 1992 | Markovits, C., Indian Business and Nationalist Politics, 1931–1939: The Indigenous Capitalist Class and the Rise of the Congress Party, Cambridge 1985 | Marks, S./Richardson, P. (Hg.), International Labour Migration: Historical Perspectives, Hounslow 1984 | Meek, C. K., Land Law and Custom in the Colonies, London 1946, 2. Aufl. 1949, Ndr. 1968 | Metcalf, T. R., Land, landlords and the British Raj, Berkeley 1979 | Mitchell, B., International Historical Statistics, Bd. 2: Africa and Asia, London 1982 | Mody, A., Population Growth and Commercialisation of Agriculture: India, 1890–1940, in: IESHR 19 (1982) 237–66 | Mukherjee, A. 2002 | Mukherjee, N., A Bengal Zamindar, Calcutta 1975 | Mukherjee, R., Economic History of India, 1600–1800, Bombay u. a. 1947 | –, The Rise and Fall of the East India Company, 2. Aufl., Berlin 1958 | NCHI III | Ohri, V. K., How Custom-Bound is the Indian Farmer, in: IESHR 18 (1981) 159–88 | Olbrecht, U., Bengalens Fluch und Segen. Die indische Juteindustrie in spät- und nachkolonialer Zeit, Stuttgart 2000 | Oltmer, J., Globale Migration. Geschichte und Gegenwart, München 2012 | Peebles, P., The Plantation Tamils of Ceylon, London u. a. 2001 | Perlin, F., Proto-Industrialization and Pre-Colonial South Asia, in: PP 98 (1983) 30–95 | Perniola, V. 1992–2004 | Pope, A., Australian Gold and the Finance of India's Exports during World War I: A Case Study of Imperial Control and Coordination, in: IESHR 33 (1996) 115–31 | Prakash, O., Models of Peasant Differentiation and Aspects of Agrarian Economy in Colonial India, in: MAS 19 (1985) 549–71 | Raj, K. 2011 | Ray, I., Imperial Policy and the Decline of the Bengal Salt Industry under Colonial Rule: An Episode in the *De-Industrialization* Process, in: IESHR 38 (2001) 181–205 | –, The Silk Industry in Bengal During Colonial Rule: The *De-Industrialization* Thesis Revisited, in: IESHR 42 (2005) 339–75 | –, Struggling against Dundee: Bengal Jute Industry during the Nineteenth Century, in: IESHR 49 (2012) 105–46 | Ray, R. J., Industrialization in India: Growth and Conflict in the Private Corporate Sector, 1914–1947, Delhi 1979 | Ray, R. K., Chinese Financiers and Chetti Bankers, in: Itinerario 11, 1 (1987) 209–34 | Richards, J. F., The Opium Industry in British India, in: IESHR 39 (2002) 149–80 | Robb, P., British Rule and Indian *Improvement*, in: EcHR 34 (1981) 507–23 | –, Peasants' Choices? Indian Agriculture and the Limits of Commercialization in Nineteenth-Century Bihar, in: EcHR 45 (1992) 97–119 | Robert, B., Economic Change and Agrarian Organization in *Dry* South India, in: MAS 17 (1983) 59–78 | –, Structural Change in Indian Agriculture, in: IESHR 22 (1985) 281–306 | Rothermund, D., Government, Landlord, and Peasant in India: Agrarian Relations under British Rule, 1865–1935, Wiesbaden 1978 | –, Europa und Asien im Zeitalter des Merkantilismus, Darmstadt 1978 | –, The Great Depression and British Financial Policy in India, 1929–1934, in: IESHR 18 (1981) 1–3 | – (Hg.), Die Peripherie in der Weltwirtschaftskrise, Paderborn 1983 | –, Indiens wirtschaftliche Entwicklung, Paderborn 1985 | –, Staat und Markt in Indien 1757–1995, in: Breuninger, R./Sieferle, R. (Hg.), Markt und Macht in der Geschichte, Stuttgart 1995, 177–205 | –/Wadhwa, D. C. (Hg.), Zamindars, Mines and Peasants: Studies in the History of an Indian Coalfield and its Rural Hinterland, Delhi 1978 | Roy, T., Money Supply and Asset Choice in Inter-War India, in: IESHR 30 (1993)

163–80 | –, The Economic History of India, 1857–1947, Delhi 2000 | Saini, K., A Case of Aborted Economic Growth: India 1860–1913, in: JAsH 5 (1971) 89–118 | Saunders, K. (Hg.), Indentured Labour in the British Empire, 1834–1920, London u.a. 1984 | Sen, S., Colonies and the Empire: India 1880–1914, Calcutta 1992 | Senghaas, D. (Hg.), Kapitalistische Weltökonomie, Frankfurt 1979 | Sharma, S., Famine, Philanthropy and the Colonial State: North India in the Early Nineteenth Century, Delhi 2001 | Sheel, R. 1999 | Simmons, C., *De-Industrialization*, Industrialization and the Indian Economy, c.1850–1947, in: MAS 19 (1985) 593–623 | –, The Great Depression and Indian Industry, in: MAS 21 (1987) 585–623 | Sivasubramonian, S., The National Income of India in the Twentieth Century, Delhi 2000 | Specker, K., Weber im Wettbewerb. Das Schicksal des südindischen Textilhandwerks im 19. Jahrhundert, Stuttgart 1984 | Stewart, G.T., Jute and Empire: The Calcutta Jute Wallahs and the Landscapes of Empire, Manchester 1998 | Stone, I., Canal Irrigation in British India, Cambridge 1984 | Tinker, H., A New System of Slavery: The Export of Indian Labour Overseas, 1830–1920, London 1974 | Tomlinson, B.R., The Political Economy of the Raj, 1914–1947: The Economics of Decolonization in India, Basingstoke 1979 | –, Colonial Firms and the Decline of Colonialism in Eastern India, 1914–1947, in: MAS 15 (1981) 455–86 | –, Writing History Sideways: Lessons for Indian Economic Historians from Meiji Japan, in: MAS 19 (1985) 669–98 | –, The Economy of Modern India, 1860–1970 (NCHI 3, 3) Cambridge 1992 | Wallach, B., British Irrigation Works in India's Krishna Basin, in: Journal of Historical Geography 11 (1985) 155–73 | Washbrook, D.A., Law, State, and Agrarian Society in Colonial India, in: MAS 15 (1981) 649–722 | –, India in the Modern World Economy: Modes of Production, Reproduction and Exchange, in: JGH 2 (2007) 87–111 | Watt, G. u.a., A Dictionary of the Economic Products of India, 7 Bde. in 10 Tln., Delhi 1889–93, Ndr. 1982 | Weede, E., Dependenztheorien und Wirtschaftswachstum. Eine international vergleichende Studie, in: Kölner Zeitschrift für Soziologie und Sozialpsychologie 33 (1981) 690–707 | Wolcott, S., British Myopia and the Collapse of Indian Textile Demand, in: JEcH 51 (1991) 367–84.

荷属东印度和西属菲律宾

Adas, M., Prophets of Rebellion: Millenarian Protest Movements against European Colonial Order, Cambridge 1979 | [AGN] Algemeene geschiedenis der Nederlanden, Bde. 5–8, 11, 14, 15, Utrecht 1949–58, 1979–83 | Agoncillo, T.A./Guerrero, M.C., History of the Filipino People, 5. Aufl., Quezon City 1977, Ndr. 1978 | Barnes, R.H., Raja Lorenzo II: A Catholic Kingdom in the Dutch East Indies, in: IIAS Newsletter 47 (2008) 24f. | Bastin, J.S., The Development of Raffles' Ideas on the Land Rent System in Java and the Work of the Mackenzie Land Tenure Commission, Den Haag 1954 | Bayly, C.A. 1987 | Bayly, C.A./Kolff, D.H.A (Hg.) 1986 | Beekman, E.M., Troubled Pleasures: Dutch Colonial Literature from the East Indies, 1600–1950, Oxford 1996 | Blair, E./Robertson, J.A. (Hg.), The Philippine Islands, 1493–1898, 55 Bde., Cleveland, OH 1903–09, Ndr. 1973 | Blussé, L., Labour Takes Root: Mobilization and Immobilization of Javanese Rural Society under the Cultivation System, in: Itinerario 8, 1 (1984) 77–117 | Boomgaard, P., Multiplying Masses: Nineteenth-Century Population Growth in India and Indonesia, in: Itinerario 11, 1 (1987) 135–47 | Booth, A., The Indonesian Economy in the Nineteenth and Twentieth Centuries: A History of Missed Opportunities, Basingstoke 1998 | Bosma, U./Giusti-Cordero, J.A./Knight, R.G. (Hg.), Sugarlandia Revisited: Sugar and Colonialism in Asia and the Americas, 1800–1940, New York 2007 | –/Raben, R., Being *Dutch* in the Indies: A History of Creolisation and Empire, 1500–1920, Singapore u.a. 2008 | Breman, J., The Village on Java and the Early Colonial State, Rotterdam 1980 | – 1989 | Broeze, F.J.A., De Stadt Schiedam. De Schiedamsche Scheepsreederij en de Nederlandse vaart op Oost-Indië omstreeks 1840, Den Haag 1978 | Burger, D.H., Sociologisch-economische geschiedenis van Indonesia, 2 Bde., Wageningen 1975 | Butlin, R.A., Geographies of Empires: European Empires and Colonies, c. 1880–1960, Cambridge 2009 | Carey, P., The Origins of the Java War (1825–1830), in: EHR 91 (1976) 52–78 | – (Hg.), Bapad Dipanagara: An Account of the Outbreak of the Java War, Kuala Lumpur 1981 | –, Waiting for the *Just King*: The Agrarian World of South-Central Java from Giyanti (1755) to the Java War (1825–1830), in: MAS 20 (1986) 59–138 | – (Hg.), The British in Java, 1811–1818: A Javanese Account, Oxford 1992 | [CHSEA] The Cambridge History of Southeast Asia, 2 Bde., Cambridge 1992 | Comparative History 1987–89 | Corpuz, O.D., An Economic History of the Philippines, Quezon City 1997 | Coté, J., Being White in Tropical Asia: Racial Discourses in the Dutch and Australian Colonies at the Turn of the 20th Century, in: Itinerario 25, 3–4 (2001) 112–41 | Cribb, R. (Hg.), The Late Colonial State in Indonesia: Political and Economic Foundations of the Netherlands Indies 1880–1942, Leiden 1994 | –, Historical Atlas of Indonesia, Richmond 2000 | Cushner, N.P., Spain in the Philippines: From Conquest to Revolution, Quezon City 1971 | Daus, R., Die Erfindung des Kolonialismus, Wuppertal 1982 | De Klerck, E.S., History of the Netherlands East Indes, 2 Bde., Rotterdam 1938, Ndr. 1975; Bd. 2 | Dietrich, S., Kolonialismus und Mission auf Flores ca. 1900–1942, Hohenschäftlarn 1989 | Djuliati Suroyo, A.M., Conditions and Systems of Exploitation: Some Preliminiary Remarks on Colonial Exploitation Systems in Java and India in the Nineteenth Century, in: Itinerario 11, 1 (1987) 61–82 | Driesch, W. v. d., Grundlagen einer Sozialgeschichte der Philippinen unter spanischer Herrschaft (1565–1820), Frankfurt 1984 | Elson, R.E., The Cultivation System and *Agricultural Involution*, Monash 1978 | –, Javanese Peasants and the Colonial Sugar Industry: Impact and Change in an East Java Residency, 1830–1940, Singapore 1984 | –, Sugar Factory Workers and the Emergence of *Free Labour* in Nineteenth-Century Java, in: MAS 20 (1986) 139–174 | –, Village Java under the Cultivation System, 1830–1870, Sidney 1994 | Fasseur, C., Kultuurstelsel en koloniale baten. De Nederlandse exploitatie van Java 1840–1860, Leiden 1975, Ndr. 1978 | –, Een koloniale paradox. De Nederlandse expansie in de Indonesische archipel in het midden van den negentiende eeuw (1830–1870), in: Tijdschrift voor Geschiednis 92 (1979) 162–86 | –, Clio and Clifford Geertz, in: Itinerario 14, 2 (1990) 71–80 | –, The Politics of Colonial Exploitation: Java, the Dutch, and the Cultivation System, Ithaca 1992, 2. Aufl. 1994 | Fortescue, J.W., Bd. 7, 1899–1930 | Furnivall, J.S. 1948 | Gouda, F., Dutch Culture Overseas: Colonial Practice in the Netherlands Indies, Amsterdam 1995 | Groeneboer, K., Gateway to the West: The Dutch Language in Colonial Indonesia 1600–1950: A History of Language Policy, Amsterdam 1999 | Guillermo, A.R. (Hg.), Historical Dictionary of the Philippines, 3. Aufl., Lanham 2012 | Heesterman, J.C. u.a., India and Indonesia: General Perspectives (Comparative History of India and Indonesia 4), Leiden 1989 | Houben, V.J.H 1987 | Irwin, G., Nineteenth-Century Borneo: A Study in Diplomatic Rivalry, Den Haag 1955 | Juan de la Concepción, Historia general de Philipinas, 14 Bde., Manila 1788–92 | Kartodirjo, S. 1987 | Kat Angelino, A.D.A. de, Colonial Policy, 2 Bde., Chicago 1931 | Kerstien, T., The New Elite in Asia and Africa: A Comparative Study of Indonesia and Ghana, New York 1966 | Krishnamurti, J. 1987 | Kuitenbrouwer, M., The Netherlands and the Rise of Modern Imperialism: Colonies and Foreign Policy, 1870–1902, New York 1991 (ndl. 1985) | Larkin, J.A., Philippino History Reconsidered: A Socioeconomic Perspective, in: AHR 87 (1982) 595–628 | Levine, P./Marriott, J. (Hg.) 2012 | Locher-Scholten, E., Sumatran Sultanate and Colonial State: Jambi and the Rise of Dutch Imperialism, 1830–1907, Ithaca 2004 | Mansvelt, W.M.F./Creutzberg, P., Changing Economy in Indonesia: A Selection of Statistical Material from the Early 19th Century up to 1940, 4 Bde., Den Haag 1975–78 | McCoy, A.W./Jesus, C. de (Hg.), Philippine Social History: Global Trade and Local Transformation, Manila u.a. 1982 | Molina, A.M., Historia de Filipinas, 2 Bde., Madrid 1984 | Money, J.W.B., Java, or, How to Change a Colony: Showing a Practical Solution to the Questions Now Affecting British India, 2 Bde., London 1861, Ndr. 1984 | Moor, J.A. de 1987 | Mushirul, H., India and Indonesia from the 1830s to 1914 (Comparative History of India and Indonesia 2), Leiden 1987 | Oltmer, J. 2012 | Owen, N.G. (Hg.), Routledge Handbook of Southeast Asian History, London 2014 | Peper, A., Population Growth in Java in the Nineteenth Century, in: Population Studies 24 (1970) 71–84 | Phelan, J.L., The Hispanization of the Philippines, 1565–1700, 2. Aufl., Madison 1967 | Reid, A., The Contest for North Sumatra: Atjeh, the Netherlands and Britain 1858–1898, Kuala Lumpur 1969 | Reinsma, R., Het verval van het cultuurstelsel, Den Haag 1955 | Ricklefs, M.C., A History of Modern Indonesia, c.1300 to the Present, Bloomington 1981 | Roces, A. (Hg.), Filipino Heritage: The Making of a Nation, 10 Bde., Manila 1985 | Schenk, B. (Hg.), Kolonialismus und Literatur I–V: Multatuli-Symposium II–VIII, Fernwald 1992–2004 | Schreiner, L., Adat und Evangelium. Zur Bedeutung der altvölkischen Lebensordnungen für Kirche und Mission, Gütersloh 1972 | Steenbrink, K., Dutch Colonialism and Islam: Contacts and Conflicts, 1596–1950, Amsterdam 1993 | Stoler, A.L., Capitalism and Confrontation in Sumatra's Plantation Belt, 1870–1979, New Haven u.a. 1985 | Sutherland, H., The Making of a Bureaucratic Elite: The Transformation of the Javanese Priyayi, Singapore 1979 | Tarling, N., Imperial Britain in South-East Asia, London 1975 | –, The Burthen, the Risk, and the Glory: A Biography of Sir James Brooke, Kuala Lumpur 1982 | Tate, D.J.M., The Making of Modern South-East Asia, 2 Bde., 2. Aufl., Kuala Lumpur 1971–79; Bd. 1 | Taylor, J.G., The Social World of Batavia: European and Eurasian in Dutch Asia, Madison 1983 | Turnbull, C.M., A History of Singapore, 1819–1975, London 1977 | Van den Doel, H.W., De stille macht. Het europese binnenlandse bestuur op Java en Madoera, 1808–1942, Amsterdam 1994 | Van Goor, J., De Nederlands Koloniën. Geschiedenis van den Nederlandse Expansie, 1600–1975, Den Haag 1993 | Van Klaveren, J., The Dutch Colonial System in the East Indies, Den Haag 1953 | Van Niel, R., Measurement of Change under the Cultivation System in Java, 1837–1851, in: Indonesia 14 (1972) 89–109 | –, The Effect of Export Cultivations in Nineteenth-Century Java, in: MAS 15 (1981) 25–58 | Van Randwijck, S.C., Enkele opmerkingen over de houding der zending tegenover de expansie van het Nederlands gezag, in: Bijdragen en Mededelingen betreffende de Geschiedenis der Nederlanden 86 (1971) 55–61 | Van Vollenhoven, C., Het Adatrecht van Nederlandsch-Indië, Leiden 1908–18 | –, Staatsrecht overzee, Leiden 1934 | Van Welderen Rengers, D.W., The Failure of a Liberal Colonial Policy: Netherlands East Indies, 1816–1830, Den Haag 1947 | Vlekke, B.H.M, Nusantara: A History of the East Indian Archipelago, Cambridge, MA 1949, Ndr.

1977 | Wendt, R., Fiesta Filipina. Koloniale Kultur zwischen Imperialismus und neuer Identität, Freiburg 1997 | Wendt, R. (Hg.), Der Pazifik und Europa, in: Saeculum 64, 1 (2014) 1–150 | Wesseling, H. L., The Giant that Was a Dwarf, or the Strange History of Dutch Imperialism, in: Itinerario 16, 3 (1988) 58–70 | Witte, J. C., J. B. van Heutsz, leven en legende, Bussum 1976.

第十六章

东亚帝国和自由贸易帝国主义

中 国

在英属印度、荷属东印度和太平洋地区，到处都有对华贸易，更确切地说首先是英国的对华贸易。在东印度公司（E.I.C.）于 1833 年失去了对华贸易的垄断地位（最后一个垄断权）之后，它对于英国的贸易体系依然保持着其战略意义，印度的鸦片出口对英国贸易体系筹措资金依然保持着必要性，1840 年专家就英国—印度—中国三角贸易和支付三角对一个议会委员会所作的陈述告诉了我们这方面的情况（CHBE Bd.2，400，单位：百万英镑）。

从印度和中国出口到英国			9.6
与以下项目进行结算：			
从英国出口到印度		2.5	
从英国出口到中国		0.6	
来自印度的私人盈利向外国付款		0.6	
国内财政收入		3.0	
从印度向中国出口鸦片	3.4		
从印度向中国出口棉花	1.0		
以上两项合计	4.4		
减去中国向印度支付的白银	-1.4		
得出数额	3.0	3.0	
总额		9.7	

简言之，中国向英国出口的茶叶越多，英国就需要向中国出口更多的印度鸦片，因为它几乎是在中国有需求的唯一西方商品。另外，鸦片在印度直到 1947 年都是国家垄断经营，1849 年到 1881 年为国家带来平均 15%~17% 的收入，在

1846/1847 年的高峰时期占印度出口的将近 49%，因为鸦片在印度几乎没有市场。印度政府严防它的人民吸食成瘾，但对中
826 国却毫无顾忌。如果毒品事实上是帝国主义的组成部分的话，那么它首先就是明显和典型的自由贸易帝国主义的组成部分。这一点也适用于同时在非洲进行的烧酒贸易。

19 世纪 80 年代，在中国的民众中估计有 1%~10% 的人是鸦片吸食者。吸食鸦片从 1620 年起和吸烟一道兴起。1729 年以后鸦片被禁止进口，但还可以经过澳门和香港秘密地进入。东印度公司虽然从 1773 年以后占据印度鸦片贸易的垄断地位，但是当鸦片贸易繁荣显现，而公司为了其在整个中国贸易中的垄断地位而需要补偿时，才从 1831 年开始大规模经营。比如怡和洋行（Jardine, Matheson & Cie）谋求在这种不断膨胀的生意中大赚一笔。1838 年这家公司的销售额中鸦片占 75%，茶叶占 16.5%。运茶船很乐意在去程中带上鸦片。1780 年到 1810 年每年平均输入中国的鸦片为 4000~5000 箱，每箱 60~70 公斤，1835 年到 1840 年间年平均量超过了 40000 箱。

与供应量增加而价格下降相应的是中国不断上升的需求，这或许可以被解释为对糟糕的社会发展和当时儒家价值世界的枯燥无味的反应。分销系统和现今的毒品贸易一样与歹徒团伙沆瀣一气。前提是中国官员收受贿赂，比如在 1760 年以来中国外贸的集中地广州，行贿就是买卖的一部分。内地的鸦片消费依靠自己生产，但通过鸦片输入造成的白银流失逐渐达到了动摇贸易体系的程度。中国 19 世纪初期的国际结算白银盈余还折合为 2600 万美元，而仅在 1828 年到 1836 年就流失了 3800 万美元。白银尽管变得昂贵了，但是结果仍然是通货膨胀，因为民众的支付手段是铜钱，1800 年 1000 枚铜钱可兑换一盎司白银，但到 1835 年就要 2000 枚。由于税收必须用白银支付，所以白银就自动升值了一倍，而工资和零售收益暂时没

有变。如果再发生歉收，就会造成税收危机和骚乱的后果。因此最终廉洁的官员（当然在中国也有）被委任管理鸦片贸易。广州的一位总督和钦差逮捕了鸦片商人，并于1839年销毁了价值900万美元的20000多箱鸦片。另外他还写信给维多利亚女王，请求她在自己的国家最终也禁止吸食鸦片，然而这并未阻止19世纪欧洲吸食毒品行为的泛滥——如果真是这样的话。 827
因为在1900年前后，吸食毒品才在世界范围内被视为犯罪。

虽然英国在华商务总监首先促使商人们交出了自己的鸦片，但是走私仍然在继续。运输鸦片的船队干脆把它们的基地移到了马尼拉。局势激变为导致最终决裂的武装事变。在此期间最重要的鸦片商人是威廉·渣甸（William Jardine），不久前他从广州回国，在伦敦努力在商人集团的上层募集两万英镑的战争基金，要为英国国旗遭受"侮辱"和被销毁的鸦片争得补偿，因为那位贸易总监以此名义开具了收据。政治家和公众舆论被有计划地说服了。另外，英格兰中部地区的300家纺织公司还要求进行投资，因为这不仅涉及鸦片销售，还涉及打开中国市场。如果四亿中国人每人都买一英寸英国布料的话，那就可以使当时正处于危机之中的英国工厂生产几十年。应外交大臣巴麦尊子爵亨利·坦普尔（Henry Temple Viscount Palmerstone）的提议，英国内阁决定开战，用于辩驳激烈的议会批评的理由是：这不仅涉及鸦片，而更关系到弥补过错和使中国开放贸易。

传统上，中国不无理由地认为自己是自给自足的，因此执行着一条敌视贸易的政策，这不仅违背了英国的利益，而且也与新的欧洲国际法原则背道而驰。应东印度公司的提请，英国王室为此已经两次向北京派遣使者，但是马戛尔尼（Macartney）在1793年和巴麦尊在1816年都遭受了失败。自给自足的意识是中国人政治世界观里潜移默化的组成部分，根据这个意识，皇帝对所有人来说是天与地的联系者，因此他的中央之国是文化的典范和所有民族的标准。西方的野蛮人除了贡品还能带来什么呢？所以，不是由皇帝，而是由边境省份的一个总督与英国女王进行通信往来。因此，外交代表的观念在北京是无法想象的。人们只知道有觐见的使者。外交这一概念根本不存在。

但是，英国依靠蒸汽船和现代击发武器证明自己占尽了优势并达到了其战争的目的。在1842年的《南京条约》里，除
828 履行协定以外，英国还获得了中国沿海的基地香港，它立刻被宣布为王室殖民地。中国的贸易垄断机构（公行）被废除，开放了五个所谓的通商口岸，除广州外还有厦门、福州、宁波和上海；英国和中国官员未来应实行级别对等；中国支付赔款；没有谈及鸦片贸易。尽管如此，鸦片贸易仍在秘密进行并且急剧扩大，到1879年和1888年才达到了高潮。在吸食毒品在国际上被视为犯罪的过程中，20世纪初鸦片贸易逐渐被遏制，1911年以协议方式终止。当时出让鸦片的垄断权仍然给香港带来了17%的收入。

英国人的竞争对手美国觉得由于《南京条约》自己吃了亏，所以利用战争威胁强行签订了《望厦条约》，在这个条约里它获得在条约口岸的居住权和美国人对中国人的犯罪的特别领事裁判权。此外，英国人和美国人还在他们的条约里有预谋地得到了所谓最惠国条款，条款规定，如果中国日后给第三国以某种优惠，美国应一体均沾。这个规定适合于导致帝国主义干涉的升级。

1836/1837年，英国对中国出口的货物价值3450万美元，同时中国的出口货物额为2530万美元，美国对中国出口的货物价值320万美元，而中国的出口货物额为920万美元，其他国家几乎没有什么作用，法国可以忽略不计。但是法国的贸易

持续增长。法国人不想错过与中国的交往。另外，他们反正在海外政策方面正与英国处于竞争状态。由于缺少其他利益，信仰新教的大臣基佐（Guizot）打出了天主教传教的牌。1724年这个国家的所有传教士被驱逐。虽然他们可以非法地继续工作，但是没有免受迫害的保护。作为自我任命的天主教传教保护人，法国于1845年实行重新允许基督教传教和退还教会财产的政策，虽然中国的教会法规还一直适用葡萄牙的传教庇护权，这个庇护权在1856年才通过与葡萄牙的协定而废除！从此开始了现代中国传教和西方帝国主义的紧密联系，而帝国主义使传教在中国人眼里直至今日都名誉扫地。

理论上，西方的中国政策一直在追求一种它自己眼中值得赞赏的目标，即通过实行自由贸易的基本权利促使中国放弃优势地位，作为平等的伙伴适应大国俱乐部，加入西方国际法体系。中国人从他们的社会文化条件出发本就对此难以接受，除此以外，只要西方的势力和经济利益不断增长，这样一种政策对持抵制态度的中国而言，结果必然是国力持续被削弱。尤其在被三个国家领事馆实际控制的最重要的通商港口上海，海关制度成了麻烦，因为西方商人懂得通过行贿规避条约里规定的关税。这样，1854年最终商定，由西方检查员在中国的职位上行使管理海关的职责，实际上他们建立了一个正确的体系，如果几个大国确定了关税税则，只要可能的话，也多半按照中方的利益正直地工作。1929年到1934年，中央政府收入的一半来源于此。领导一直是英国人。罗伯特·赫德（Robert Hart）爵士在1863年到1911年间给这个职务留下深刻的印记。在1854年到1917年间的22000名工作人员中，欧洲人和中国人各占一半，此外还有中方的辅助人员。1855年到1917年的7809个外国人虽然来自20多个国家，但是其中4210人是英国人，775个是德国人，不过后者于1917年被清除了。

在中国更多地弥漫着一种敌视外国的态度。相互之间的愤怒情绪在增长，直到巴麦尊首相把亚罗号用作开战理由为止。虽然他由于理查德·科布登（Richard Cobden）的不信任议案而被赶下了台，但是他1857年作为受损的英国利益的保护者赢得了一场所谓“中国人的选择”的巨大胜利。当英国的远征军到达中国的时候，法国加入其中。拿破仑三世为取悦教会要为一个传教士被杀而复仇。朝廷对胜利者的要求的持续抵制最终在1860年导致英国人和法国人进军北京，其间圆明园被焚毁。其中一部分设施是耶稣会士传教士们在18
831 世纪把欧洲的巴洛克风格与中国的建筑样式相结合建造起来的。据说，一个当翻译的法国传教士在与法国签订的协议中为传教士们偷偷塞进了在所有省份租赁和购买土地的权利，以便在那儿建造建筑物。情形彻底改变了！

新的条约里规定了新增的通商港口，长江为贸易而开放，还确定了外部和内部关税，在北京设立西方各国使馆，这意味着中国外交政策的完全改变，并最终于1861年设立了总理各国事务衙门。除此以外，在列强的保护措施下还存在中国人自由信仰基督教的现象；最终鸦片贸易和新出现的苦力贸易也被合法化了。截至此时，移居国外是被禁止的，现在中国的劳动力市场由于人口的压力和大规模贫困刚好与英国殖民地和美洲的廉价劳动力需求相适应。形式上中国仍然是主权国家，但实际上其主权通过这些条约和后来的许多条约越来越受到限制。与中国签订的一系列不平等条约直到1943年才终止。

但中国的孱弱还不仅归结于像鸦片贸易和西方侵略这样的外部因素。外部力量只是由于内部体系的危机而发挥了作用，这个危机中几乎无法想象的人口剧增发挥了核心作用。从17世纪末到19世纪中期，中国人口从约1.5亿增加到了约4.3亿。

英国人口虽然在同一时间也呈比例式剧烈增长，但是它在那里是伴随着工业革命的发展而发生的，而在中国则几乎完全是由农业领域所吸收。尽管有新增土地和集约经营（有更多的人粪肥料），农业生产方法并未得到根本改善。与西方的经济体系不同，中国的经济体系从未通过畜力或者机械力节省劳动，而是加大投入人的劳动。在人口过剩的时候，农民只好接受苛刻的租赁条件来获得土地。

前提是有一个完美无缺的统治体系。但是19世纪的皇帝变得越来越软弱和无能，部分原因是这些皇帝都是孩子和少年。皇帝宝座后面的人都没有能力填补这个真空，即使他们曾有过 832
这种意图。这种政治体系结构在危机时期至少需要一个强有力的首脑。因此，属于一种统治体制的普遍的腐败发展到了危害国家的程度。如果之前从百姓那里榨取的财物是向北京缴纳的税额的四五倍的话，那么长江流域地区的这一比例从此就提高到了十倍。包税人、官员和地方绅士们都会从中分一杯羹。

盎格鲁撒克逊[①]研究者把所谓的文人（绅士）叫作“Gentry”，他们在地方层面的社会、文化和政治中占据关键地位。实际上他们和英语里的绅士一样，既不是指封闭式的贵族阶层，也不是指纯粹的与经济相关联的阶级，而是指这两者的混合体。国家的科举考试制度有形式上的决定意义。人们可以在三个级别上（乡试、会试、殿试）通过书面的考试获得成为国家官员的资格。拥有最低学位的人大概有100万，他们仅仅是候补，因为治理中国的较高级官员大约不超过27000名。大约有18000人拥有第二等学位，只有3000人拥有最高学位。[②]最高学位者和从最高学位者中遴选委任的较高级官员和

① 指以英语为母语者。——编者注

② 德文原书作者所写的最低学位、第二等学位、最高学位应指考中秀才、举人、进士者。——编者注

退休官员构成了真正的领导阶层。理论上说社会地位的上升是有可能的，甚至通过购买学位实现预设的目标。但由于大家族在这个社会中的决定性作用，社会地位的变迁只是个例。准备考试要求放弃一切并需要大笔的资金，因而只有家境殷实的考生才有可能备考。一旦他获得职位和头衔，他又可以保证自己家族的地位和富裕。绅士们通过与高官的关系和亲属关系网以及财富掌控着社会和地方管理。另外，绅士还是与国家新儒学思想意识相一致的文学教育的唯一承担者。虽然通过这种方法中国只需要少数官员就足够了，但皇帝的统治尽管有其神圣的依据，仍然必须与绅士们协调一致。

就连经济也在一定程度上受到绅士们的控制。文人和地主虽然并不完全一致，但足以结成利益共同体。尤其在南方，许多农民是绅士的佃农。他们的儒学意识形态产生社会伦理、学问和闲暇，这些最受推崇，耕种地位次之，而商人和士兵阶层
833 的地位相当低下，即使贸易资本在很大的程度上已经为跻身绅士阶层奠定了基础。在与西方碰撞之前，中国已经经历过商人向贸易资本主义和商业资产阶级发展的时期。现在，西方公司的中国经纪人（买办）在各通商口岸，特别是在上海开始积累专业知识和资本，这是以后工业化的基础。一种混合型的中外商业资本主义出现了，它把商业网络扩展到了内地，在1890年前后带来一半的税收。但是这种混合型经济文化的核心增长首先更多地表现为市场的规模扩大而非性质的改变。中国的技术虽然也相当发达，但仍然是手工业技术和简单技术，所以仍然以经过优化的成本—利润比例停留在劳动密集型的生产关系之中。中国的技术甚至被理论家认为优于非人道的西方科学技术，因为它与西方技术不同，仍然保持在人性的范围之内。在随着人口剧增，人均需求下降、劳动更廉价、资本更昂贵的时候，似乎不会存在更新制度的革新理由。总之，中国的制度

没有进行现代化，因为没有现代化的必要。有人称之为一个中国难以打破的“高度均衡的陷阱（high-level equilibrium trap）”。

这个封闭的体系现在与其说是被西方的侵略，不如说是被统治体系的危机和潜在生存危机同时发生所打破。还有经济危机和相应的自然灾害和饥馑，因为获取新的土地意味着对自然资源的掠夺。同时代的中国人已经认识到黄河上游的开垦与下游河水泛滥之间的关联，但是政府缺乏克服它的精力和资金。但这并非意味着濒死状态，而是中国历史框架内的常态。如果统治者的软弱、官员的腐败和自然灾害以及外部侵略同时发生，就意味着王朝的生命周期临近终点了，因为对这个朝代来说天命已尽。所以在 14 世纪和 17 世纪各有一个新的王朝夺取了政权——明朝和清朝。现在看来又要重复了，因为除了动摇帝国根基的内部起义，中国的外部冲突看来暂时尚无危害。

最重要但并非唯一的起义是太平天国运动，它从 1850 年到 834
1864 年在中国南方将一亿人卷入其中，并造成了 2000 万 ~3000 万人的死亡。尽管它失败了，但是它承担了历史赋予的促生新政权的角色。应该驱逐被视作异族野蛮人的满族人，而代之以天王洪秀全领导下的在明朝传统的首都南京建立的太平天国。同时，太平天国运动还展现了一种独特的与西方冲突的形式和中国社会现代化的肇始。太平天国很可能正是失败于这种彻底的变革，因为在中国几乎一切事物所依赖的广大的绅士阶层被彻底震惊了，并拒绝了与它合作。这场运动建立在宗教幻觉基础之上。它表现为一种源于创建人的信息状态不完整的、中国式的福音派新教的基督教信仰，这个宗教信仰虽然懂得洗礼，却不知圣餐为何物。太平天国把信奉新教的西方人看作自己的信仰兄弟，但他们也一并接受了对天主教徒的厌恶。他们感觉自己（如果不是拥有更多权利的话）适合作为教友，他们的创建人自认为是耶稣基督的弟弟，这是他的主张的非常中国式的表达。

一方面是以信仰为基础，另一方面是追思周朝的理想化状态，太平天国的教义对传统的中国社会秩序最基本的组成部分提出了质疑。或许是出于个人的怨恨，创建者拒绝了现有的等级制度。他作为潜在的晋升者多次科举考试落第，可能这个打击导致了宗教幻想，所以他喊出了极端平等的口号，但和历史上经常发生的情况一样，这样的口号对领袖本人往往没有什么约束力。这种上帝之子的平等不仅意味着个人财产被剥夺，意味着按人口分配土地和利用公共积累的供应，而且意味着妇女的完全平等，甚至女性战斗团体的成立，这些都是具有革命性的。与此同时，出现了禁止鸦片、禁止烟草、禁止饮酒和战争期间禁止同房（领袖除外）等清规戒律。严格的一神论导致了
835 一种反对多神和先知崇拜以及天主教的极端加尔文主义的破坏圣像运动。管理中口语的使用也损毁了绅士们的长期垄断地位。

因为这次运动连同它的领袖们主要来自南方处境窘迫的社会下层，所以当1859年洪仁玕（创建者的堂弟）带着详尽的知识从香港归来并在困境中被立即任命总理朝政之时，广泛的西化尝试才有可能。对运动的信仰已经在洪仁玕那里形成了中国的民族主义的形态。他的现代化应该从铁路、轮船和电报开始，通过工业化，包括银行业的发展，直至达到一个具有社会救济和严格的劳动道德的新社会。这种理想的实现不可能再着手进行了。由于创建者的软弱，在1856年他的五个封王之间的几场冲突中已有数千人丧命。1860年到1864年，这场运动被它的对手们残酷镇压了。西方列强最初保持了中立，毕竟它们自己与清政府还处于冲突之中。但是它们马上就认识到，相比起那些革命者，与延续至今的政权更好做生意，因此从1860年起便一同参与到镇压太平天国的行动中。甚至还出现

了一支混合雇佣军队——常胜军，最后它由英国人查理·乔治·戈登（Charles George Gordon，1833~1885年）领导，后者后来成为苏丹喀土穆（Khartum）的英雄。

对于清朝统治者的自我维护具有决定意义的因素既非西方的干涉，也非太平天国内部的软弱，起决定作用的是绅士们选择了清政府，因为中国的革命只有在精英们对新王朝具有好感的情况下才能成功。这一次他们把利益寄托于旧王朝手中，这同时就意味着拒绝了极端的现代化。进行战斗的不再是满人的军队，而是在汉人领导下的汉人军队，这些军队是由绅士们利用各省的矛盾招募起来的。因为战后不可能再从这些手握大权的军阀手中剥夺他们在地方上建立的权力，太平天国失败以后，中国政治分裂成为地方军事指挥官的势力范围，显现出来的这种军阀制度在两次世界大战之间达到顶点。曾国荃在湖 836
南，李鸿章在长江口，左宗棠在其南边——他们都建立了各自的个人势力。

但这毫不妨碍这些人在1860年代所谓的同治中兴时期（同治帝于1862~1874年在位）发挥重要作用。这里涉及的是自强，根据“中学为体，西学为用”这一口号人们坚信，更好地实现传统原则以及将西方的火器、轮船和其他技术成就嫁接到这些原则之上就足以应付一切。首先由作为总理衙门首领的恭亲王推动一条妥协的外交政策。在外交部门出现了一所语言学校和一个翻译中心。或多或少在中央的协调下，各省总督创建了兵工厂、织布厂、船坞、轮船航线、煤矿、军械库、铁路和电报网。按照当时西方的观察家和今天的历史学家的观点，1870年以后，中国在成功的现代化道路上和同期的日本相比一点也不逊色。

但是这场改革运动注定要失败，原因首先在于中央政权显而易见的领导软弱。同治皇帝的母亲慈禧（或称孝钦显皇后）

从1862年到1908年是中国真正的执政者。但是这个宫廷阴谋大师对国家现代化的必要性和西方控制的国际政治的要求一无所知。她的小叔子恭亲王无力与她对抗。1884年他被剥夺权力。但是这种局面确实是可能的，因为这种反动的宫廷圈子是由领导层的广泛多数支持的。改革仍旧是各个高级官员的事情，他们有足够的判断能力，同时还具有部分优势——李鸿章积累了价值四千万美元的财产——他们既不受中央也不受他们多数同僚们的庇护。这个多数仍然死守着传统的观念，即此时需要的是发展正确的思想，而不是接受野蛮人的那些没有价值的技艺。在某些方面，反动派看待事情甚至比改革派更为现实。在不明确或下意识地接受其部分基础知识的情况下，更广泛地全盘接受西方文化的成果是不可能的。因为具有多重依据的西方理性和基督教都不可能与把一切都归结为传统社会道德
837 问题的儒家思想协调一致，而正是儒家思想造就了绅士们实力地位的全部，所以他们不可能迈出这一步。

尽管部分地实现了现代化，但是严重的后果不期而至，尤其是与基督教传教的冲突和外交政策的失败。传教事件成为与西方碰撞的借口和导火索。其行为往往充分反映当时普遍的对中国的一切都蔑视的传教士们不仅是在大炮的掩护下进入这个国家，而且还特别因此而经常挑衅，因为列强的保护也延伸到了他们的中国教区。这吸引了足够多的“吃米的基督徒（Reischristen）”[①]，他们适合被用来证明中国人的反基督教偏见。绅士们接受了挑战，并以在群众中有计划的，有些甚至是高超的反基督教宣传来回应，最极端的诽谤被人们毫不怀疑地相信了。传教士们的傲慢给反对者提供了口实，偶发事件

① 传教士在亚洲传教的时候遇到很多为了得到粮食（米）、劳动工具、教育和社会地位等，即为了生存或出于职业生涯考虑而选择受洗的人，故产生此概念。——编者注

不断增多。总理衙门的相关文件是内容最为广泛的一批文件。在1858年至1860年间受屈辱最深的城市天津，在一家寺庙的旧址上建立了一个维多利亚圣母院。现在民众被欺骗了，说他们在天主教的孤儿院里为了施魔法而把小孩子的心和眼挖出来。法国领事在1870年试图调解咒骂和枪击纠纷，结果被暴民撕碎，其他欧洲人被打死，其中有传教士和十个修女。列强的反应终止了改革派与西方调停的尝试。但是无论政府站在民众一边还是站在外国人一边，对它来说每件丑闻都意味着丧失脸面。

作为军事实力基础的经济现代化仍然薄弱。个别私人企业甚至李鸿章的工业帝国也没有带来足够的推动力，它们缺乏中央的积极推动和政府的资助。而已经建立起来的是二元经济，在这种经济中资本的缺乏阻碍其继续发展。领导层所聚集起来的财富不容调动，政府通常没有足够资金可支配，还要支付战败之后的赔款。列强的干涉最晚在这方面发挥了作用。甲午战争后要支付2亿两白银的战争赔款（折合15亿美元），这是北京年收入的三倍，根据《辛丑条约》还有4.5亿两白银赔款，这是一笔只能通过贷款来筹措的数目。

中国完全拥有现代战争物资，但是缺乏必要的培训。与列 838
强（后来包括日本在内）屡战屡败让人倍感屈辱，以至于由绅士们自己发动了一场深刻的革新运动。其领袖康有为对儒家经典进行了新的阐释，甚至悄然超出了经典的范围。面对“祖制不可改”的异议他反驳道：“今祖宗之地不能守，何有于祖宗之法乎？”这是闻所未闻的，但是年轻的光绪皇帝信任他和他的同道者们。从1898年6月11日到9月21日颁发了40多道改革谕旨，这就是著名的“百日维新”。之后皇帝被他的伯母加姨母慈禧和保守派逮捕，他本来还想剥夺她的权力，据说其余生一直被圈禁。无论如何他是一个命运多舛的人。六位改革者被立刻处死。康有为和他的学生梁启超（后来成为现代中国历史学的创立者）逃亡国外。

随后又出现了另一方对中国困境的反应，即反动派的反应。在中国一直有一些作为反对统治者的避难所的秘密社团，有时候具有半犯罪特性，其中之一因练拳习武而有一个好听的名称——“义和拳”，欧洲人直接称之为拳手，该组织打出“扶清灭洋”的口号揭竿而起。虽然他们的运动是1898年的洪水泛滥和饥荒所造成的，属于传统的中国农民造反者，但他们并不追求社会目标，而是把外国人的出现按照传统意义看作对上天的冒犯，所以上天就用自然灾害对其作出回应。1899年一些欧洲人和中国的基督徒被杀，1900年德国驻华公使克林德（Clemens von Ketteler）被杀害，之前不久他还以起义者为目标练习射击取乐，那里的使馆区被围攻。各省官员的态度不相统一，但是朝廷支持拳民。欧洲列强和日本联合发起的侵略于同年终结了这一事件，给旧耻上又增添了新辱，侵略期间伴有种族主义暴行，也有人数众多的德国士兵的种族主义暴行。义和团事变的赔款在1902年到1910年间消耗了中国国家收入的一半。

此时才到了非改不可的地步。年老的太后不得不勉强同意
839 实行新政进行改革，而几年前皇帝却是为此被幽禁。1901年之后在国家科举考试中终于允许议论时事主题，1905年这个令人敬畏的考试制度被完全废除，1906年实行预备立宪。但是她1908年逝世后，王朝只有缺乏引导的年幼的皇帝，王朝的终结只是时间问题。动议权转移到各个省份，各省从1909年以来新组建的国民大会要求拥有发言权。此间在各个城市也兴起了具有现代宣传形式的群众运动。1905年发生抵制美国货运动，1908年发生抵制日货的抗议活动。一次军事暴动导致了王朝和君主制度在1911年的终结。在此期间改革派变

成了革命者。1919 年 5 月 4 日的学生运动对由《凡尔赛条约》激起的新的屈辱作出反应，要求明确地和彻底地与中国的过去决裂。1911 年的共和国可以和太平天国以及中国的共产主义者们联系在一起，中国的变革通过后者在经历了 20 世纪的历次危机之后终于达到了目标。经过足足百年和无数的牺牲，中国的现代化终于获得了成功。无可避免的问题是：为什么近邻日本可以走出一条完全不同的与西方竞争的成功之路呢?

日　本

乍看上去，日本的初始形态与中国有很多相似性。自1637年以后日本也对西方实行闭关锁国。逗留国外是被禁止的。被限制和谨慎监控的外交关系和贸易继续仅限于中国和朝鲜以及长崎对面的被严格控制的尼德兰东印度公司驻地。虽然与尼德兰人的接触一直是有计划地进行的，是为了有控制地获得有用的知识，尤其是医学和自然科学类知识，即所谓的“兰学”，但是反向的信息流估计不多，19世纪最重要的日本研究者菲利普·弗朗兹·冯·西博尔德（Philipp Franz von
840 Siebold，1822~1829年是尼德兰驻地的医生）被作为间谍驱逐出境，他的情报提供人被折磨致死，他的儿子们被判刑，因为他们没有告发他们的父亲。但是在新的情况下，西博尔德于1859年到1861年作为有影响力的顾问回到日本。

但是在日本和在中国一样，首先要谈到19世纪的“内忧外患（naiyu-gaikan）”。1854/1855年，这个国家被严重的地震和海啸灾难所震撼。这里也不断发生贫苦农民的起义，而围绕领导权的不断增长的政治阴谋往往伴随着谋杀，并且时间越长就越发具有内战的特性。

然而为什么与中国不同，日本的现代化在开始阶段就获得成功了呢？进一步的观察证明日本的初始情况是不同的，因为一方面日本比中国小，因此更容易控制，也比那个庞大帝国更容易活跃起来，另一方面它的社会政治结构与中国不同。其最重要的特点是国家的双峰顶端和封建制度。日本也有一个建立在宇宙神话基础之上的帝制，但它远远地被排除在政治之外。天皇和特殊的非军事宫廷贵族生活在京都深居简出，只致力于礼仪和文化事务。军事和政治权力掌握在幕府将军（shōgun）和它的统治中心——江户（Edo，位于今天的东京）的幕府

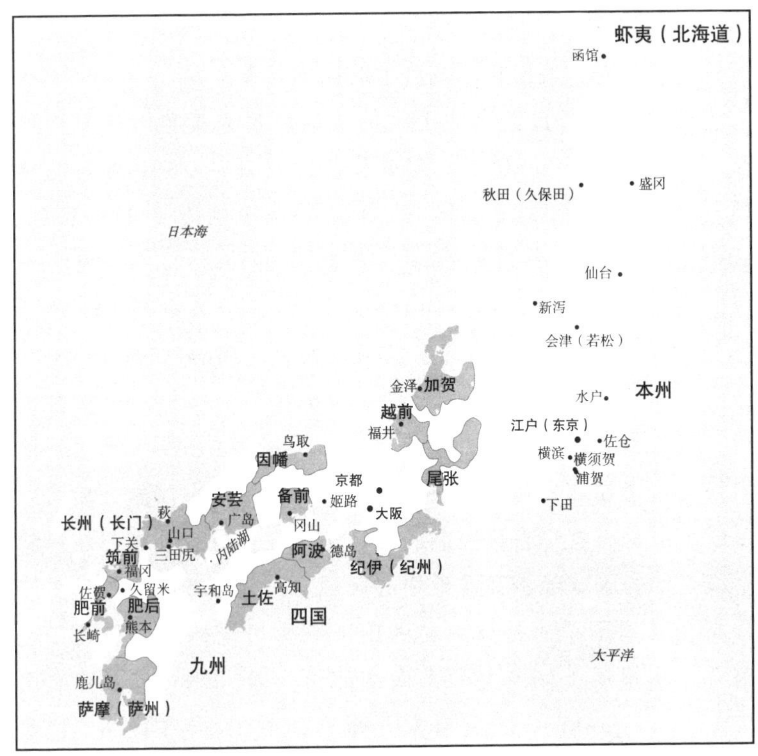

插图 76 19 世纪的日本

（bakufu）手中。幕府将军是个军事头衔，因为他的权力建立在具有原始战争特点的封建制度之上，这一制度的顶端是幕府将军而不是天皇。他的封臣为 260~270 个大名（daimyō），这些人在他们的统治地［藩（han）］行使着几乎是无限制的权力。大名的封臣是武士（samurai），这类人大概有 57 万，加上家人约为 200 万，大约占 3000 万总人口的 6%，这个比例在南方更高。他们构成了严格等级社会的第一级，拥有高级的以忠诚和好斗品德为上的荣誉习俗。尽管这个统治制度的意识形态被有意识地增加了儒家思想的色彩，但是武士作为一个主要阶层与中国的绅士明显不同。他们不是把封建的忠诚寄托于抽象的道德标准，而是维系于中央权力，他们的定向不是文职而是战事，而且他们在总人口中的比例要大得多。

权力按照各自拥有的土地的水稻产量来衡量。计量单位
841 石（koku）折合 180 升。天皇和他的宫廷从 2600 万石的全
国总产量中只取 13 万石。幕府将军直接控制着 420 万石，
260 万石由他的小封臣控制，这些共占约 25%。占统治地
位的德川家族（Haus Tokugawa）[①] 的三个旁系和 145 个在
1615 年之前就属于其追随者的谱代大名（fudai daimyō）共
拥有 930 万石（36%）。剩余的 980 万石（38%）掌握在大
约一百个封地诸侯——外样大名（tozama daimyō）手中，他
们每两年须在江户住一段时间，另外还要留下亲属做人质。或
842 多或少由幕府将军直接控制的地区集中在拱卫着其官邸江户和
皇城京都的国家经济和政治中心区域。与他亲近的家族的田产
分布在其周围，而外样大名的田产则在边缘地区，尤其是在
南方。本州岛（36.9 万石）南端的长州藩［Chōshū，首府山
口（Yama-guchi）］以及南方九州岛的肥前藩［Hizen，首府
佐贺（Saga），35.7 万石］和萨摩藩［Satsuma，首府鹿儿岛
（Kagoshima），77 万石］变得重要了。作为候补领主封臣的
武士配置差异巨大，大约在 4 石到 3000 石之间。

到 19 世纪中叶，这一体制已经经历了长期的剧烈社会变革。作为军人阶层的武士已经失去了重要性，因为日本早就和平安宁了。鉴于他们的数量，安排管理岗位或者创办“私学校”都不能解决所有人的问题。在南方，他们的数量占人口总数三分之一，因而存在着武士的人口压力，这是军事实力和社

---

① 德川家族，即德川氏家族，以江户为政治根据地，开幕府统制天下，亦称江户幕府。自公元 1603 年德川家康受任征夷大将军在江户设幕府开始，至 1867 年第十五代将军庆喜将政治大权奉还朝廷（即大政奉还）为止，约 265 年，为继镰仓和室町幕府之后，最强盛也是最后的武家政治组织。

会动乱的一个源头，可以说明一些问题。尽管他们坚持自己作为四大等级第一级（武士—农民—手工业者—商人）的特权，但是他们在很大程度上要依赖于商人，而商人理论上说是最低阶层，在四个等级中是受歧视的等级。收租者通常不可能消耗完用稻谷缴纳的地租。人们要把它变成钱，把盈余的稻谷运到需要的地方去。武士们需要钱用于很多他必须提供的其他东西。大名尤其是幕府本身需要这种钱的比例更大。所有这些问题就依靠商人们来解决，随着主人阶层债台高垒和商人们的社会地位的提高，尽管等级秩序僵化不变，但是会发生武士变身为商人或商人变为武士的事情。

贸易、借贷和货币经济的发展高于中国，这是现代化的基本条件，尽管这些从事者只有一小部分来自商人阶层。此外还有高度发展的乡村和家庭手工业，它也被证明在现代条件下具有竞争力。农业也同样剧烈地经历了商业化，这培育出了一个富裕的农民阶级，在社会阶层上接近于武士。但是与此相对，出现了小农、佃农和无地者的可怕的贫困化。此时的缴纳负担已经超过收成的65%。通过杀婴节制人口和抵押或出卖家人非常普遍，新的教派信众剧增，农民起义经常发生。尽管农村 843
下等阶层和许多武士的境况堪忧，但是日本在德川时代还是变得富足了。人口增长停滞时期的经济增长带来了平均生活水平的提高。另外平均教育水平相对较高，这意味着日本在一个数量和质量已经相对高的发展水平上可以开始它的现代化和工业化了。

但是上述这一发展导致了幕府的相对削弱和外样大名的相对增强。后者被课以低税，因为他们在传统的水稻种植方面的增长率高于幕府将军的核心地区，而后一地区的经济增长主要是在远远避开了统治者干预的商业领域实现的。还有西南部向琉球群岛（Ryukyu-Inseln）自主进行的经济扩张，那里的蔗糖生产对萨摩藩的税收特别有利。长州藩和肥前藩也变得重要了。这里的武士中等阶层被培养成了政治的参与者，以至于现在确定基调的是武士精英人士。大名已成为纯粹的傀儡。在其他地方，武士的社会挫败感使其也在寻求意识形态的出路。水户地区（Mito）的德川旁系始终将自己理解为幕府将军体系框架下忠诚于天皇的护卫者。现在，从这里产生了以天皇为中心的国家意识形态，它应该给现代的日本打下了烙印。

从 18 世纪末开始，“兽眼长毛野人”的轮船又出现在了日本的面前，不仅有英国人，特别是还有俄国人，后者在北太平洋的扩张中显露了对千岛群岛（Kurilen）、库页岛和日本的兴趣。俄国人的威胁后来促使日本人在其 1869 年开始的现代化进程中向北方岛屿北海道殖民和使其日本化，在这一过程中打退了原住民阿伊努人（Ainu）。1899 年，最后的阿伊努人已经被置于保护之下。最后中国商人和捕鲸者也从北美洲来到这里。但是日本人暂时还是成功地把所有外国人或多或少地拒于国门之外。海岸的防卫加强了。1848 年，当美国的大陆扩张抵达加利福尼亚时，一场有计划的北美扩张在太平洋地区开始了，特别是与俄国展开了竞争。这样，在 1853 年，马休·佩里（Matthew Perry）海军准将率领四艘蒸汽轮船驶入东京湾，并递交一封总统信件，信里要求像在中国那样签署协议。但是
844 佩里是从美国东海岸出发，经过已开放的中国港口过来的，随后又返回中国，等待日本的答复。

值得注意的是，幕府的首席幕臣把此事提交给大名进行讨论。即使在幕府内部，此间掌握决定权的不再是幕府将军自己，藩地诸侯都参与了讨论决策，因而在这里不再能达成统一意见。尽管存在强烈的反对之声，幕府在 1854 年还是和率领八艘轮船返回并炫耀武力的佩里签订了《神奈川条约》（Vertrag von Kanagawa）。条约允许为美国人开放两个港口

作为供应站，并设立领事馆。虽尚未谈到贸易事宜，但是和在中国一样已经有了最惠国条款。随后又与英国（1854 年）、俄国（1855 年）和尼德兰（1856 年）签订了相应的协议。俄国此时已经保有了千岛群岛的大部分，而库页岛向两个国家开放。当美国领事馆 1858 年终于执行了正规的商业协议，规定在不断增加的开放港口施行低额固定关税率和设立外国人殖民地的时候，其他国家接踵而至：法国、葡萄牙、普鲁士、比利时、瑞士、意大利、丹麦、瑞典、西班牙、奥匈帝国，1871 年还有夏威夷。和中国一样，日本落入了同样的不平等条约之网。

由向大名征询意见引发和由幕府内的继承问题所激化的领导层内的派系形成催生了一些强硬的民族主义者，幕府将军准备妥协的开放政策使他们不满，他们决定驱逐外国人。因为幕府将军作为“抵抗野蛮人的总司令”（他的职位名称就是这种含义）在他们的眼里已经失灵。志士们（shishi）传播着由民族的和神圣的天皇统治国家的水户学思想。1858 年，这个反对派虽然能够争取到天皇的权威支持敌视外国的路线并利用他对抗幕府将军，但是幕府的反制措施暂时获得了完全成功。

分别于 1860 年、1862 年和 1864 年派往美国和欧洲的三个使团不仅带回了对西方成就的深刻印象，而且还带回了对于世界政治格局和国家关系的特别清晰的认识。军事和工业现代化措施同样也早就开始实行。1856 年幕府成立了一所现代化的军事学校，1857 年成立了一所海军学院，1862 年在老生意伙伴尼德兰那里订购了第一批三艘战舰，并派遣海军学院的毕 846
业生和整套舰员前往欧洲接收战舰。南方的地方统治此间也利用它们大笔的资金来加强军备。

幕府将军精心建立的政治现实主义对他们来说不仅虚弱，而且还有害无益。因为外国人带来了瘟疫。据称 1858 年的霍

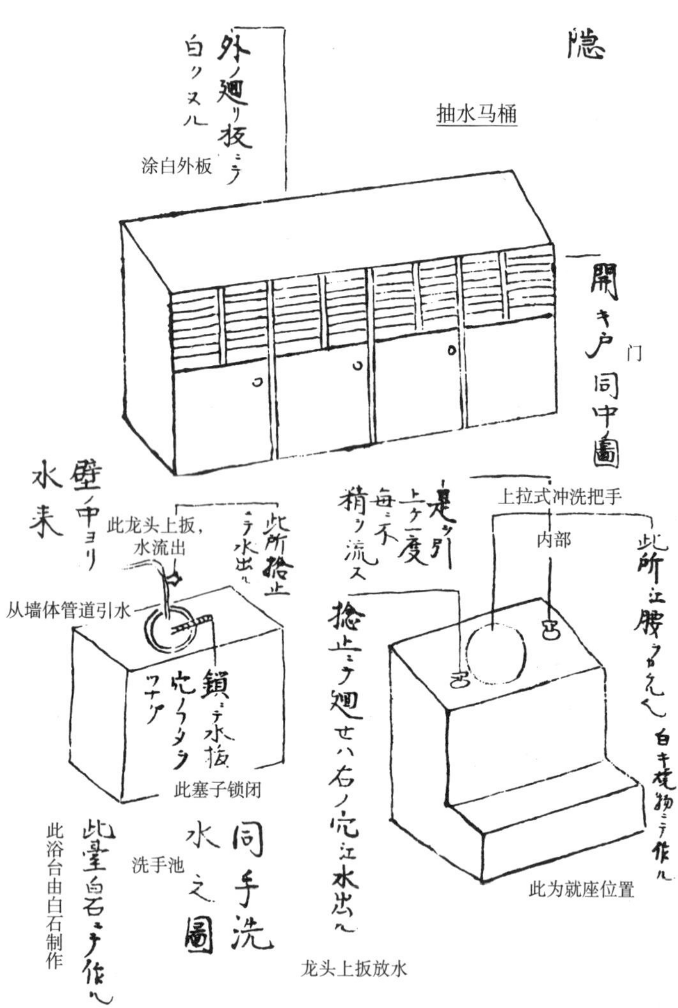

插图 77 日本人对抽水马桶的描述

乱仅在江户就造成了 20 万人死亡。他们的贸易导致了需求引发的物价上涨和这个国家黄金储备的流失。因为日本的黄金对白银的价格比是 10∶1，甚至只有 5∶1，而在其他国家是 15∶1，所以有些商人就不再费力地去做货物贸易，而是用白银兑换黄金，然后再以丰厚的利润在中国出售。幕府的权威幕臣在 1860 年被谋杀，1862 年不得不废除了封臣在江户宫廷的居住义务，结果是领导层迁往京都天皇的身边。权力开始转移，而同时志士们将咨议权据为己有。外国人被杀，轮船被炮击等等，一切都是在“尊王攘夷（sonnō jōi）”的口号之下进行的。这时西方列强为了报复而分别在 1863 年和 1864 年炮轰鹿儿岛和下关（Shimonoseki）。

对于对抗中的精英反对派来说，从这些新的失败中得出了有说服力的结论，即大力推进军事西化，而为此目的必须找到一个强有力的统一的政治领导。与受儒教影响的中国文人相比，受封建关系和武士道（Kriegertugenden）影响的军事贵族更容易接受这一结论。这是一个根本的区别，因为两国的局势和改革者的目标在其他方面都完全一致。在这两种情况下人们都要拯救一个经过修正的现状，这种拯救在中国失败了，但是在日本成功了。因此中国后来的极端主义激起了中国革命，而日本上层的成功革命则阻止了下层的革命，在人们奉为榜样的普鲁士据说就是这样做的。

在天皇—幕府将军—大名的三角冲突中，长州藩和萨摩藩的地方统治首先取得了优势。此时那里主要的武士官僚们懂得顺应形势修改“尊王攘夷”这一口号。他们的新口号是“富国强兵（fukoku kyōhei）”，不过还有“消灭幕府（tōbaku）”。由于经济实力和武士数量特别多，他们可以在英国的帮助下使他们武装力量的装备和战术现代化。英国想借此排挤法国，因 847
其代表正准备帮助幕府做同样的事情。成效微乎其微，因为讨伐长州藩的远征军在1864年还获得一些战果，而在1866年却被长州藩的军队打败，这是250年以来闻所未闻的事件！此前一直在天皇周围互相竞争的长州藩和萨摩藩现在统一采取共同的行动了。1867年天皇去世，当新的幕府将军试图趁机把受欢迎的重建皇权的口号巧妙地用于加强自己地位的时候，长州藩和萨摩藩的军队强占了皇宫并俘获了才15岁的新明治天皇睦仁（Tennō Mutsuhito），后者以1868年1月3日颁发的圣旨最终废除了幕府，并建立了自己的内阁。最后一位幕府将军顺从了。与其追随者的内战在1869年结束。欧洲人的帮助被拒绝了。1868年皇都迁到了幕府之前的所在地，即后来的东京（东方的都城）。这就是“明治复辟”，即按照睦仁的年号命名的“王政复古（ōsei fukko）”，但按照日语的事物概念叫作“维新（ishin）”更为合适。但是多数日本人暂时并不懂得这些事情的未来影响，他们认为这是老一套的权力之争。

在缺乏自信的年轻天皇身后的新的掌权者是一个30人左右的团体，其核心是来自南方藩地的武士官僚，还有一些宫廷贵族、高等贵族和专家。具有典型意义的是，从1885年到1913年间的七个首相中，有三个来自长州藩，两个来自萨摩藩，来自肥前藩和宫廷贵族的各一个，但后两人直到1898年之后才发挥作用，在这27年中他们在任仅仅三年时间。1868年，政府成员的平均年龄为30岁出头。在这个首先更多地从传统而非西方理论中汲取知识，对于外来事物具有不同接受程度的圈子里，尽管他们有着共同的总体目标，但是观点完全不同。其结果就是发生冲突和人员更替。

新政府继续奉行前不久还与之战斗的幕府的政策，不过现在更加坚定不移，而且是在广泛认同的基础之上。1868年4月6日的天皇《五条誓文》是政府的纲领。其中宣告：1.广兴会议，万机决于公论；2.上下一心，盛行经纶；3.官武一途以至庶民，各遂其志，务使人心不倦；4. 破旧来之陋习，基于天地之公道；5. 求知识于世界，大振皇基。与中国相比较，对日本来说至关重要的是立刻实行有效的中央集权。在确保各自军队的忠诚和得到各自大名的赞同之后，各位领袖于 1871 年着手废除封建制度。75 个（从 1889 年起为 45 个）府县取代了藩地，直至今日，府县都是权力集中的日本的行政单位。面对巨额补偿，各个大名逐步地听天由命了。

1869 年，四等级制也随着封建制度而消亡了。1870 年，普通人取姓、选择职业和居住地都放开了，由此实现了具有现代化意义的社会流动。武士们获得勉强够用的国家养老金而非丰厚的薪水。随着征兵制的实施，1873 年他们完全成为多余的人。因为贵族的养老金耗费了国家支出的三分之一，所以就用一次性支付来代替它，最后在 1876 年用国家长期债券代替，总共 1.7 亿日元，平均每家 550 日元。同时，武士被禁止携带身份的象征——双刀。成千上万的前武士绝非偶然地构成了 1877 年西南战争的核心。七年之后，为前大名和公家以及因功晋升者设立了与欧洲形式相似的五个级别的爵位称号。

补偿金与财政新规定有着更大的关联，它虽然没有引起那么大的轰动，但其实还更加重要。新政府接管了幕府将军和大名的财产，随之也承担了他们的债务和补偿金。它非常清楚，不能走向外国大笔举债这条方便之路来应对出现的困难。尽管 1869 年在伦敦以 9% 的利率接受了 93 万英镑的贷款用于铁路建设，1878 年以 7% 的利率接受了 240 万英镑贷款用于补偿金支付，但是这种状态维持了数十年，到对华战争和对俄战争爆发才告终结。因为对新制度的信任如此之大，以至于可以在国内进行广泛贷款。1871 年的货币改革实行了十进制并以日元为货币单位。1 日元等于 1 墨西哥元——几个世纪以来在东亚流通的比索（Peso fuerte）或者八里亚尔银币（Real de a

ocho），就连北美的美元也由它而来。1874年到1881年，1日元价值0.94美元。1872年按照美国范例创建了分散的国家银行体系，但是这个体系首先导致了纸币贬值。1884年，日
849 元纸币才重新被允许兑换银币日元，1897年，日本由于中国的战争赔款得以从银本位货币过渡到国际金本位货币。1日元在1913年还价值0.5美元，但是政府财政长期不良的状况被克服了。

然而金融改革的真正关键是新土地税，因为日本暂时还是一个农业国家。到大约1880年，土地税给国家带来五分之四的收入。从此以后须以货币形式并且只能向国家缴纳土地税，不再按收成而是按土地价值，不再由乡村而是由具体的土地所有者缴纳。因此必须首先确定个人地产或者实行个人地产制。固定税额和个人地产制发挥着提高产量和推动现代化的作用。从1878年到1882年和1888年到1892年，耕种面积增加了7%，水稻产量增加21%，同时可能带来相应后果的风险也增加了。1873年有25%的农民是佃农，1890年这个比例已经达到40%。而土地所有者积累了投入经济发展的资本。这样一来，农民必须承担日本现代化和工业化的费用，他们的负担甚至还在增加。然而与以前相比，现在不仅存在管制，而且还有其他从业领域作为安全阀，不仅有工业的劳动岗位，而且还有义务兵组成的军队和后来靠军队执行的帝国主义政策，这两者都可能促进民众凝聚、民族融合。

现代武装力量的快速建立有着政策上的优先权。一万人的近卫师团发展成了一支法式军队，幕府将军和萨摩的海军发展成为一支英式舰队。在1880年代，军队已经从法国模式过渡到了普鲁士模式，这不但受到1870/1871年法国战败的影响，而且更由于决定性的人物通过亲眼看见而产生的对保守的普鲁士的热情，普鲁士与自由的西方相比更符合那个年代的政治路

线。来自毛奇学校的普鲁士少校、后来的将军雅各布·梅克尔（Jacob Meckel）在1885年到1888年是战术和组织的主要教官。同样依靠普鲁士的帮助，日本自1885年起创建了一个军事化的警察组织。

对工业发展和工艺的支持最初也来自军事方面。这在幕府时代就以钢铁生产和造船业开始了。经过四年的建造，日本人的第一艘蒸汽轮船于1866年下水。1887年有了各种规格的 850
444艘蒸汽轮船。出于战略集中的考虑开始进行铁路建设，因为日本的陆路糟糕得尽人皆知。1872年竣工的东京—横滨铁路线显示了卓越的成效。但是国家不仅在重工业和矿业领域更加积极，而且还在以替代进口为目的的消费品方面制定了目标，因为在不平等条约规定了低额关税的情况下，对西方商品不断增长的需求造成了国际收支差额的令人担忧的发展趋势。1870年成立的工业部开始了用于军服的呢绒生产，但是也开始使用在国外购买的机器推动棉花和丝绸纺织业的工业化。由于便利的原材料供应，丝绸工业很快获得成功，它一开始就承担了日本出口45%的份额。而棉纺织工业最初很难抵御西方的竞争。在修改了不平等条约之后，日本才于1899年重新赢得其海关主权，它的工业化最初是在被强加的自由贸易和最惠国条款下进行的，这些条款又常常造成欠发达贸易伙伴的劣势并阻碍其工业化，而在这种条件下它最终取得的成果更为引人注目。虽然鉴于1850年代的发展人们可以宣称，即使没有明治变革日本的工业化也会进行，但是决定性的意义还是应该归功于新的政府倡议。属于此类的还有对展览业的促进，包括日本参加世界博览会，首次参加是1867年在巴黎。最初，展品仅限于工艺美术品，这引发了欧洲的首次日本时尚潮！在日本也经常举办博览会，比如1871年到1877年间至少举办了51次。

私人资本的投入暂时显得犹豫不决，先是投资于可能利润丰厚的丝织业，然后是矿业，最后是棉花。所有这些领域要么不属于资本密集型，要么更接近传统型。商人们仍然拘泥于传统方式，他们更多地被证明是现代化的障碍而非先驱，但是也有值得注意的例外。三井公司（Mitsui）及时地依靠了新政府，它是自17世纪以来崛起的家族企业，以酿米酒起家，然后通过为大城市供应便宜的消费品和金钱交易而成长壮大。它
851 帮助新政府渡过了最初的财政难关，1872年它送家族的五个孩子和两个职员去美国学习现代管理方法，接着大举进军银行业并逐步涉足其他领域。一个金融和工业财阀诞生了，并一直统治日本经济到现在。在这个过程中，具有典型意义的是通过体系中心里的自家银行筹措资金。另一家财阀三菱公司（Mitsubishi）可以追溯到一个武士家庭，它在土佐藩（Tosa）就已投资造船业和海运业，这些后来成为它在“新日本”的大生意。其他的公司创建者均非出身豪门。自1880年代起，企业的现代化潜力越来越重要，而这更多地源自前贵族或者富裕农民和原始工业的企业家（gōnō），而不是源自传统商人。但是和在欧洲一样，在日本，所谓的通过乡村的家庭劳动进行的原工业化（Protoindustrialisierung）与现代工业之间极少有一种普遍的连续性。

然而，从一开始就有着高水平的资本构成。在1880年代，私人企业已经发展到这样的地步，以至于受到成本压力和通货膨胀威胁的政府可以出售它的国有示范企业（Musterstaatsbetrieb），然后全力投入交通业、公共事业和军备。不过决定性的增长动力到1890年代才出现，其间，1894/1895年和1904/1905年的两次战时经济发挥了作用。由于来源广泛的和此间轻松积累的外国贷款，公共预算明显增长，两次战争胜利后又获得了中国和俄国的巨额战争赔款。日

本又重新获得了经济政策的自主权。1886年在修正不平等条约的十二国会议上还经历了失败的日本至此已取得如此大的成功，到1898年的双边谈判时已经可以主张自己的平等权利了。

外贸总额从1889年（1893年）到1899年（1903年）翻了一番，随后到1913年又增加一倍。当时的重要指标——煤炭消耗量在1893年和1913年间从200万吨上升到1500万吨，食品生产增长了35%~40%，铁路里程同期增加了两倍。由于国家大规模的支持，由现代货船组成的商船队至1913年增长到150万总登记吨，而日本的造船厂每年下水约100艘新船。使用日本船只进行的外贸所占比例在20年里从10%提高到50%。个人消费从1868年到1933年在需求的作用下虽然增长为原来的六倍，但它在国民生产总值中的比例仍然处于相当低的水平。日本的储蓄率令人惊讶，但这个概念可谓新鲜事 852
物，毕竟以前的收入实在太低了。

同样极大促进了经济增长的家长式劳动关系虽然受到德川时代行会制度的影响，但它首先可以追溯到19世纪末期的劳动力市场，当时企业家只是通过各式各样的工头（oyakata）——实际上就是师傅——招募和控制用工。在矿山里，这些工头负责管理工人的住地，工人犹如住在兵营里，由公司利用额外利润提供膳食。但与此相对的有自治的工人互助会和第一批工会，最终还有一个社会主义政党。1909年，日本最大的三十家企业各自雇用的工人人数在3000和21000之间。7个造船厂和兵工厂以及1家钢铁厂位居榜首，接着是14家铜矿和煤矿企业，然后是8家纺纱厂和纺织厂。早期工业艰苦的劳动条件引发了罢工和暴力骚乱，仅在1907年就有60起，超过11000名工人参加，这些罢工和骚乱有一部分是动用军队镇压下去的。其结果是工会领导人受到处罚和工人互助会受到控制，不过工人工资提高了。

在此期间，政治方面也放弃了彻底西化和民主化的尝试而转向保守。1870 年代的特征是热情接受西方的生活方式。最引人注目的当然是发型和服装。从 1870 年开始，天皇也身穿西服公开露面。但是“文明开化（bummei kaika）”的理想影响更为深远。1873 年到 1876 年间开始实行公元纪年和以星期天为休息日的一周七天制，但最初由于疏忽采用的是儒略历而非格里历；中国则从未彻底推行儒略历。西方的艺术、文学和音乐方面的典范，西方的思想比如个人主义和自由主义，西方的教育模式等都被接受。不顾忌激烈讽刺的现代化大众报刊出现了。1884 年已经有了一份发行量超过 500 万份的报纸。被排斥了数百年的基督教作为西方的成果一时受到明显的欢迎。在政治领域，自由民权运动要求实行议会代表制。第一批政党组成了。最重要的启蒙思想家福泽谕吉——每个现代日本人都
853 读他的著作——甚至拥护民权原则和统治契约的自然法思想，但是是在日本民众与政府的和谐的意义之上的。人们甚至还提出了平等对待妇女和传统的边缘群体［部落民（burakumin）、秽多（eta）、非人（hinin）］的要求。歧视边缘群体的规定虽然在 1871 年就被取消了，但直至此时遗风仍在。直到 1947 年才实现了妇女选举权。

当管理危机与骚乱并发之时，1880 年代发生了保守化的转变。现在日本人被灌输的理念是在西方影响面前要捍卫自己的民族价值；西方的技术虽然特别有用，但是在精神和道德价值方面日本远远高于其他国家。这种价值的典范就是所谓无与伦比的日语，以及不同于自古从中国输入的儒家思想，而现在又复兴了的国家神道教。古老的自然神话被改写为民族神话的“国体（kokutai）”——这是特有的日本天皇统治的生活形式，是由明治复辟产生的意识形态，但其灾难性的后果直到后来才完全展现出来。可以理解的是，意识形态的争论集中在教育方

面，1890 年，一份天皇圣谕把当时正在执行的西方的形式和内容重新置于传统道德（服从、和睦和恪尽义务）之下，使之居于次要地位，这一切都以“扶翼天壤无穷之皇运”为原则。在所有的乡镇和学校庄严朗诵这份圣谕成为文化特色。此间即将揭晓的天皇像成了宗教崇拜的对象。由政府统一编纂的教科书被快速印制出来，审查和自我审查使报刊和文学符合统一的规定。

还有当时创建的政治生活形式同样延续到 1945 年。尽管镇压了民众运动，但是政府有足够理由不放弃宪法：1. 通过民众的参与来进行动员；2. 限制公民权利运动；3. 建立能解决精英中具有威胁性的冲突的规则；4. 使日本在君主立宪制时代获得国际完全认可。重要人物们在 1882 年的一次欧洲之行中向国家理论家鲁道夫·格奈斯特（Rudolph Gneist）、洛伦茨·冯·施泰因（Lorenz von Stein）和阿尔伯特·莫斯（Albert Mosse）寻求灵感。但首先得到证明的是赫尔曼·罗斯勒（Hermann Roesler）的影响，他在 1878 年到 1893 年间曾居留日本，编写了日本《商法典》，还在其他领域参与了日本的法典编纂，在编纂这些法典中的那些年里，这个德国人排除了当时还相当重要的法国影响。罗斯勒是一个保守的俾斯麦反对 854
者，他认为普鲁士宪法比帝国宪法的假君主立宪更好，但同时他又是现代社会福利国家的先行者之一。他的建议比 1911 年在日本颁布的《工厂法》更加进步。有两点与 1889 年根据伊藤博文的设计而颁布的《明治宪法》（即《大日本帝国宪法》）有出入，一点是社会福利国家的组成部分，另一点是皇权神圣的特性。

根据《明治宪法》，天皇是所有三种权力的拥有者。然而他只是在首先拥有预算权的两院议会同意的情况下行使立法权。他尊重宪法包含的臣民的基本权利，但紧急情况除外。判决以他的名义进行，但实施者是独立法官。而内阁大臣们只向他负责。选举众议院的选民人数暂时通过人口调查限制在人口的大约1%。这个宪法是保守的，但是在当时日本的统治体系背景下看毫无反动之嫌。符合宪法、建立法治国家和开展议会合作这些基本原则都是新的内容，它们提供了持续民主化的出发点。但是相反的趋势也已经初露端倪。军队只隶属于天皇，并通过相关内阁大臣影响政府。这部宪法特别希望天皇本身拥有政治领导权，但不需要让他为此负责。因为天皇无法胜任这个任务，所以他就成了同样不负责任的寡头政治的不负责任的工具，这种寡头政治被写进了宪法，它的实现形式是设立一个只能由天皇委派而议会不能影响的委员会，比如枢密院。

参照外国典范和顾问们的意见，一个成功的日本方案形成了：准备在控制教材和老师的情况下进行学习。当中国首先排斥了西方思想的时候，日本人已经在德川时代通过尼德兰的介绍有计划、有选择地接受了西方的成就。现在日本政府甚至派遣自己的人员去考察。高潮是“岩仓使团（Iwakura-Mission）”，当时有48个高级官员和59个大学生（其中有5个女生，这在中国是不可思议的）在1871年到1873年考察欧洲和美国。另外，日本人懂得最佳化地利用他们的援助国。不仅为了获得各个国家的最好的东西，他们为不同的任务选择了不
855 同的国家，向英国人学习建造舰队、铁路、公共建筑和学习电报技术，向美国人学习外交、邮政和农业，向法国人和德国人学习军事和法律，另外还向德国人学习医学和教育，包括历史学。为了学习艺术，他们选择了意大利人。1868年到1912年，国家一共雇用了大约4000个外国人，而私人雇用的外国人大约有两到三倍之多。1875年，专家的数量达到了总共858人的最高水平，其中担任国家公职的476人（当中有276个英国人、96个法国人、52个美国人、30个德国人）。但是当日本

转而学习普鲁士模式的军事和宪法之时，德国人以 32 人（后来达到 80 人）居 96 名英国人之后，但是比 12 个美国人和 10 个法国人占有更重要的地位。人们试图尽可能迅速地用日本人取替外国人，其中一个原因便是雇用外国人费用太昂贵了。另外，所有的人都是顾问，从未成为日本机构的领导人。

这样，日本在完全敞开接受新事物的情况下并没有过多地受到外来影响，而是在文化方面保持了自己的特点。对西方的接受从未触动自身文化的核心领域，至少在 1945 年之前是这样。日本文化从来没有像中国文化那样安于现状，而恰恰习惯于接受中国的影响。尤为典型的是，在欧洲和美国的日本游客和使者明显区别于其他国家的游客和使者，他们善于观察细节并进行详尽和整齐的记录。这种引人注目的封闭与开放的关联是日本成功的原因，而中国只知道在这两者之中选择其一。在开放性方面，已经开始生气勃勃的经济发展起着至关重要的作用，而在封闭性方面发挥作用的是政治制度的成功的自我维护，日本的民族主义被解释为这个国家真正的成功方案，尽管等到“政府把农民都变成日本人”尚需时日。另外必须补充说明，这种民族主义可以利用这个制度的特殊性，即天皇和幕府将军这种双重的顶层设计。当在中国没有给没落的朝代留下真正的选择机会的时候，在日本有一个由民族主义者组成的果敢的群体能够排除同样气数已尽的幕府制度，把政治上尚可利用并必须予以尊敬的帝制从政治退隐状态中迎取出来，并以它的名义通过上层革命使这个国家具有世界政治的竞争力。

原始资料与参考文献

中　国

Affaires de Chine. Négociations de Pékin 1900–1902, o. O. 1902 | Banno, M., China and the West, 1858–1861: The Origins of the Tsungli Yamen, Cambridge, MA 1964 | Bauer, W., China und die Hoffnung auf Glück. Paradiese, Utopien, Idealvorstellugen in der Geistesgeschichte Chinas, 3. Aufl., München 1989 | Baumberger-Korbmacher, E., Chinas Traum von Reichtum und Macht. Ansätze zu autozentrierter Entwicklung im Jahrhundert der chinesischen Revolution, Frankfurt 1981 | Bays, D. H., China Enters the Twentieth Century: Chang Chih-tung and the Issue of a New Age, 1895–1902, Ann Arbor 1978 | Bello, D. A., Opium and the Limits of Empire: Drug Prohibition in the Chinese Interior, 1729–1850, London 2005 | Bennett, A. A., Missionary Journalist in China: Young J. Allen and His Magazines, 1860–1883, Athens, GA 1983 | Bensacq-Tixier, N., Histoire des diplomats et consuls français en Chine (1840–1912), Paris 2008 | Bickers, R. (Hg.), Picturing China 1870–1950, in: IIAS Newsletter 46 (2008) Suppl. 1–12 | –, Revisiting the Chinese Maritime Customs Service, 1854–1950, in: JICH 36 (2008) 221–26 | –, The Scramble for China: Foreign Devils in the Qing Empire, 1832–1914, London 2011 | –/Teidemann, R. G. (Hg.), The Boxers, China and the World, Plymouth 2007 | Blue, A. D., The China Coast: A Study of British Shipping in Chinese Waters, 1842–1914, PhD Strathclyde University 1982 | Braunstein, D., Französische Kolonialpolitik 1830–1852. Expansion, Verwaltung, Wirtschaft, Mission, Wiesbaden 1983 | Bray, F., Rice Economies: Technology and Development in Asian Societies, Oxford 1986 | Brook, T./Tadashi Wakabayashi, B. (Hg.), Opium Regimes: China, Britain, and Japan, 1839–1952, Berkeley 2000 | Brown, D., Palmerston and the Politics of Foreign Policy, 1846–55, Manchester 2002 | Bruner, K. F./Fairbank, J. K./Smith, R. J. (Hg.), Robert Hart's Journals, 1854–1863, Cambridge 1986 | Brunero, D., Britain's Imperial Cornerstone in China: The Chinese Maritime Customs Service, 1854–1949, London u. a. 2006 | Buck, D. D. (Hg.), Recent Chinese Studies of the Boxer Movement, London 1987 | Bührer, T./Stachelbeck, C./Walter, D. (Hg.), Imperialkriege von 1500 bis heute. Strukturen, Akteure, Lernprozesse, Paderborn 2011 | Cameron, M. E., The Reform Movement in China, 1898–1912, Stanford u. a. 1931 | Campbell, P. C., Chinese Coolie Emigration to Countries within the British Empire, London 1923, Ndr. 1969 | Chang, C., The Chinese Gentry: Studies on Their Role in the Nineteenth Century Chinese Society, Seattle 1956 | –, The Income of the Chinese Gentry, Seattle 1962 | [CHBE] The Cambridge History of the British Empire, 8 Bde. in 9 Tln., Cambridge 1929–59; Bd. 2 | [CHC] The Cambridge History of China, 15 Bde. in 16 Tln., Cambridge 1978–2009; Bd. 10, 1–2 | Chesneaux, J. (Hg.), Mouvements populaires et sociétés secrètes en Chine aux XIXe et XXe siècles, Paris 1970 | –, Secret Societies in China, Ann Arbor 1971 | –, Peasant Revolts in China, 1840–1949, London 1973 | Chong, K. R., Americans and Chinese Reform and Revolution, 1898–1922, Lanham 1984 | Clark, P./Gregory, J. S., Western Reports on the Taiping, London 1982 | Cochran, S., Encountering Chinese Networks: Western, Japanese, and Chinese Corporations in China, 1880–1937, Berkeley 2000 | Cohen, P. A., China and Christianity, 1860–1870, Cambridge, MA 1963 | –, History in Three Keys: The Boxers as Event, Experience, and Myth, New York 1997 | Cordier, H., Histoire des relations de la Chine avec les puissances occidentales 1860–1902, 3 Bde., Paris 1901–02 | –, L'expédition de Chine, 2 Bde., Paris 1905–06 | Curwen, C. A. (Hg.), Taiping Rebel: The Deposition of Li Hsiu-ch'eng, Cambridge 1977 | Dabringhaus, S., Mündliche Quellen zur chinesischen Volkskultur. Der Boxer-Aufstand (1898–1901) als Thema für Oral History, in: Bios 5, 2 (1992) 173–87 | – (Hg.), China auf dem Weg in die Moderne aus globaler Perspektive, in: Periplus 15 (2005) 1–125 | –, Geschichte Chinas 1279–1949, München 2006 | Degros, M., La création des postes diplomatiques et consulaires français de 1815 à 1870, in: Revue d'histoire diplomatique 100 (1986) 25–64 | Dikötter, F., The Discourse of Race in Modern China, Stanford 1992 | –, Nationalism and Sexuality in China, in: Itinerario 18, 2 (1994) 10–21 | –, The Construction of Racial Identities in China and Japan, London 1997 | Eben v. Racknitz, I., Die Plünderung des Yuanming yuan. Imperiale Beutenahme im britisch-französischen Chinafeldzug von 1860, Stuttgart 2012 | Eberstein, B., Preußen und China. Eine Geschichte schwieriger Beziehungen, Berlin 2007 | Elman, B., Civil Examinations and Meritocracy in Late Imperial China, Cambridge, MA 2013 | Endacott, G. B., A History of Hong Kong, 2. Aufl., Hong Kong 1973 | Eng, R. Y., Chinese Entrepreneurs, the Government, and the Foreign Sector: The Canton and Shanghai Silk Reeling Enterprises, 1861–1932, in: MAS 18 (1984) 353–70 | Fairbank, J. K., Trade and Diplomacy on the China Coast: The Opening of the Treaty Ports, 1842–1854, Cambridge 1954 | –, The Great Chinese Revolution, 1800–1985, New York u. a. 1986 | –/Bruner, K. F./Matheson, E. M. (Hg.), The I. G. in Peking: Letters of Robert Hart, Chinese Maritime Customs, 1868–1907, 2 Bde., Cambridge, MA 1975 | –/Reischauer, E. O., China: Tradition and Transformation, Sydney 1979 | –/Teng, S., China's Response to the West: A Documentary Survey, 1839–1923, Cambridge 1954 | Fay, P. W., The Opium War, 1840–1842, Chapel Hill 1975 | Fei, H., The Role of the Gentry, in: Liu, W. T. (Hg.), Chinese Society under Communism, London 1967 | Fortescue, J. W., A History of the British Army, 13 Bde. u. 6 Atlasbde., London 1899–1930; Bd. 12–13, Atlas 12–13 | Franke, W., China und das Abendland, Göttingen 1962 | –, Das Jahrhundert der chinesischen Revolution 1851–1949, 2. Aufl., München 1980 | Franz-Willing, G., Das Vorspiel der chinesischen Revolution. Der Taiping-Aufstand von 1850–1864, in: Saeculum 22 (1971) 227–73 | –, Die Ideologie der Taiping, in: Zeitschrift für Religions- und Geistesgeschichte 24 (1972) 316–36 | Frodsham, J. D. (Hg.), The First Chinese Embassy to the West, Oxford 1974 | Giles, L., The Siege of the Peking Legations: A Diary, Nedlands 1970 | [Gordon] General Gordon's Private Diary of His Exploits in China, London 1885, Ndr. 1971 | Graham, G. S., The China Station: War and Diplomacy, 1830–1860, Oxford 1978 | Grimm, T., Die Boxerbewegung in China 1898–1910, in: HZ 224 (1977) 615–34 | Gründer, H., Richard Wilhelm – deutscher liberaler Imperialist und Freund Chinas, in: JEÜG 9 (2009) 183–98 | Hana, C., Das Vertragshafensystem. Chinesische Tradition unter westlichem Diktat, in: VSWG 77 (1990) 175–211 | Hao, Y., The Comprador in Nineteenth-Century China, Cambridge, MA 1970 | –, The Commercial Revolution in Nineteenth-Century China, Berkeley 1986 | Harcourt, F., Flagships of Imperialism: The P&O Company and the Politics of Empire from its Origins to 1867, Manchester 2006 | Harris, P. W., Cultural Imperialism and American Protestant Missionaries: Collaboration and Dependency in Mid-Nineteenth-Century China, in: PHR 60 (1991) 309–38 | Hart, R., Land Tax: Inspector General's Suggestions, Shanghai 1904 | Hillemann, U., Asian Empire and British Knowledge: China and the Networks of British Imperial Expansion, Basingstoke 2009 | Ho, P., Studies on the Population of China, 1369–1953, Cambridge, MA 1959 | Hoffmann, R., Der Untergang des konfuzianischen China. Vom Mandschureich zur Volksrepublik, Wiesbaden 1980 | –, Traditionale Gesellschaft und moderne Staatlichkeit. Eine vergleichende Untersuchung der europäischen und chinesischen Entwicklungstendenzen, München 1987 | –/Hu, Q., China. Seine Geschichte von den Anfängen bis zum Ende der Kaiserzeit, Freiburg 2007 | Hou, Chi-ming, Foreign Investment and Economic Development in China, 1840–1937, Cambridge, MA 1965 | Hsiao, L., China's Foreign Trade Statistics, 1864–1949, Cambridge 1974 | Huang, R., China: A Macro History, London 1988 | Huenemann, R.W., The Dragon and the Iron Horse: The Economics of Railroads in China, 1876–1937, Cambridge, MA 1984 | Hunt, M., The Making of a Special Relationship: The United States and China to 1914, New York 1983 | Inglis, B., The Opium War, London 1976 | Jen, Y., The Taiping Revolutionary Movement, New Haven u.a. 1973 | Jiang, Y., The Great Ming Code: Da Ming Lü, Seattle 2005 | Just, M., Die Kaiserin Witwe Ci Xi, Berlin 1997 | Kamachi, N., Reform in China: Huang Tsun-Hsien and the Japanese Model, Cambridge, MA 1981 | [Kang Youwei] K'ang Yu-wei, Das Buch von der großen Gemeinschaft [Da Tong Shu], Düsseldorf 1974 | [Kang Youwei] Thompson, L. G. (Hg.), Ta t'ung Shu: The One-World Philosophy of K'ang Yu-wei, London 1958 | Kehnen, J., Cheng Kuan-ying, Unternehmer und Reformer der späteren Ch'ing-Zeit, Wiesbaden 1975 | Klein, T./Schumacher, F. (Hg.), Kolonialkriege. Militärische Gewalt im Zeichen des Imperialismus, Hamburg 2006 | Knackstedt, K., *Geheimbund? Yi He Ch'üan*. Ein ethnologischer Beitrag zur Neubewertung des interdisziplinär relevanten Geheimbundbegriffs am Beispiel der *Boxer* in China, Münster 2002 | Künnemann, V./Mayer, R. (Hg.), Trans-Pacific Interactions: The United States and China, 1880–1950, New York 2009 | Kuhn, P.A., Rebellion and its Enemies in Late Imperial China: Militarization and Social Structure, 1796–1864, Cambridge 1970 | Kuss, S., Deutsches Militär auf kolonialen Kriegsschauplätzen. Eskalation von Gewalt zu Beginn des 20. Jahrhunderts, 3. Aufl., Berlin 2012 | –/Martin, B. (Hg.), Das Deutsche Reich und der Boxeraufstand, München 2002 | Kwong, L. S. K., The Mosaic of the Hundred Days, Cambridge 1984 | Langlais, J., Les jésuites du Québec en Chine, Quebec 1979 | Latourette, K. S., A History of Christian Missions in China, London 1929 | Lee, H., Revolution of the Heart: A Genealogy of Love in China, 1900–1950, Stanford 2007 | Lekschas, J., Die Großmächte und China 1904/05, in: ZfG 36 (1988) 879–86 | Leonard, J. K., Wei Yuan and China's Rediscovery of the Maritime World, Cambridge, MA 1984 | Le Pichon, A., China Trade and Empire: Jardine, Matheson & Co. and the Origins of British Rule in Hong Kong, 1827–1843, Oxford u.a. 2006 | Leutner, M./Mühlhahn, K. (Hg.), Kolonialkrieg in China. Die Niederschlagung der Boxerbewegung 1900–1901, Berlin 2007 | Lew, R., L'intelligentsia chinoise du mandarin au militant, 1898–1927, in: Le mouvement social 133 (1985) 53–78 | Liao, K., Antiforeignism and Modernization in China, 1860–1980, Hongkong u.a. 1984 | Liu, L. H., The Clash of Empires: The Invention of China in Modern World Making, Cambridge, MA 2004 | Lo, J. (Hg.), K'ang Yu-wei: A Biography and a Symposium, Tucson 1967 | Lui, A. Y., The Hanlin Academy: Training Ground for the Ambitious, 1644–1850, Hamden 1981 | Mabire, J., Blutiger Sommer in Peking. Der Boxeraufstand in Augenzeugenberichten, Wien 1978 | MacLeod, M. J./Rawski, E. S. (Hg.), European Intruders and Changes in Behaviour and Customs in Africa, America, and Asia before 1800, Aldershot 1998 | Marks, R.B., Tigers, Rice, and Silt: Environment and Economy in Late Imperial South China, Cambridge 1998 | Martin, B., The Prussian Expedition to the Far East (1860–62), in: Journal of the Siam Society 78 (1990) 35–42 | –, Die preußische Ostasienmission in China. Zur Vorgeschichte des Freundschafts-, Handels- und Schiffahrtsvertrags vom 2. September 1861, in: Kuo, H./Leutner, M. (Hg.), Deutsch-chinesische Beziehungen vom 19. Jahrhundert bis zur Gegenwart, München 1991, 209–40 | May, E. R./Fairbank, J. K., America's China Trade in Historical Perspective, Cambridge 1986 | McClellan, R., The Heathen Chinee: A Study of American Attitudes toward China, 1890–1905, Columbus, OH 1971 | Michael, F./Chang, C. (Hg.), The Taiping Rebellion: History and Documents, 3 Bde., Seattle u. a. 1966–71 | Mills, J. H./Barton, P. (Hg.), Drugs and Empires: Essays in Modern Imperialism and Intoxication, c. 1500–c. 1930, Basingstoke 2007 | Miners, N. J., Hong Kong under Imperial Rule, 1912–1941, Hong Kong 1987 | Morse, H. B., In the Days of the Taiping, Salem 1927 | –, The International Relations of the Chinese Empire, 3 Bde., London 1910–1918, Ndr. 1971 | Mühlhahn, K. (Hg.), The Limits of Empire: New Perspectives on Imperialism in Modern China, Münster 2008 | Nagata, S., Untersuchungen zum Konservatismus im China des späten 19. Jahrhunderts. Dokumentation zur Reaktion gegen K'ang Yu-wei, Wiesbaden 1978 | Naquin, S., Millenarian Rebellion in China: The Eight Trigrams Uprising of 1813, New Haven 1976 | Ocko, J. K., Bureaucratic Reform in Provincial China: Ting Jih-ch'ang in Restoration Kiangsu, 1867–1870, Cambridge, MA 1983 | Oltmer, J., Globale Migration. Geschichte und Gegenwart, München 2012 | Der Opiumkrieg, Peking 1977 | Osterhammel, J., Semi-Colonialism and Informal Empire in Twentieth-Century China: Towards a Framework of Analysis, in: ders./Mommsen, W. J. (Hg.), Imperialism and After: Continuities and Discontinuities, London 1986, 292–95 | –/Petersson, N. P., Ostasiens Jahrhundertwende. Unterwerfung und Erneuerung in west-östlichen Sichtweisen, in: Frevert, U. (Hg.), Das Neue Jahrhundert, Göttingen 2000, 265–306 | Pelliot, P., Carnets de Pékin, 1899–1901, Paris 1976 | Perdue, P. C., Exhausting the Earth: State and Peasant in Hunan, 1500–1850, Cambridge, MA 1987 | Pong, D., Shen Pao-chen and China's Modernization in the Nineteenth Century, Cambridge 1994 | Purcell, V., The Boxer Uprising: A Background Study, Hamden 1974 | Qian, W., The Great Inertia: Scientific Stagnation in Traditional China, Beckenham 1985 | Die Reformbewegung von 1898, Peking 1978 | Richards, J. F., The Indian Empire and Peasant Production of Opium in the Nineteenth Century, in: MAS 15 (1981) 59–82 | –, The Opium Industry in British India, in: IESHR 39 (2002) 149–80 | Rowe, W. T., Hankow, 2 Bde., Stanford 1984–85 | Rozman, G., Population and Marketing Settlements in Ch'ing China, Cambridge 1982 | Sägmüller, J. B., Das französische Missionsprotektorat in der Levante und in China, in: ZMRW 3 (1913) 118–33 | Scalapino, R. A./Yu, G. T., Modern China and its Revolutionary Process: Recurrent Challenges to the Traditional Order, 1850–1920, Berkeley 1985 | Schmidlin, J., Zum *Imperialismus* der französischen Missionare, in: ZMRW 19 (1929) 247–50 | Schmidt, V., Aufgabe und Einfluss der europäischen Berater in China. Gustav Detring (1842–1913) im Dienste Li Hung-changs, Wiesbaden 1985 | Schram, S. R. (Hg.), The Scope of State Power in China, London u. a. 1985 | – (Hg.), The Foundations and Limits of State Power in China, London u. a. 1986 | Schütte, J., Die katholische Chinamission im Spiegel der rotchinesischen Presse, Münster 1957 | Scott, D., China and the International System, 1840–1949, Albany 2008 | Seagrave, S. u. P., Dragon Lady: The Life and Legend of the Last Empress of China, London 1992 | Seefelder, M., Opium. Eine Kulturgeschichte, Frankfurt 1987 | Shannon, R., Gladstone, Bd. 1: 1809–1865, London 1982 | So, K./Boardman, E. P./Ping, C., Hung Jen-kan, Taiping Prime Minister, 1859–1864, in: Harvard Journal of Asiatic Studies 20 (1957) 262–94 | Sohier, A., La diplomatie belge et la protection des missions en Chine, in: NZMW 23 (1967) 266–83 | Spector, S., Li Hung-chang and the Huai Army, Seattle 1964 | Spence, J. D., The China

Helpers: Western Advisers in China, 1620–1960, London 1969 | –, Opium Smoking in Ch'ing China, in: Wakeman, F. E./Grant, C. (Hg.), Conflict and Control in Late Imperial China, Berkeley 1975, 143–73 | –, Das Tor des himmlischen Friedens. Die Chinesen und ihre Revolution 1895–1980, München 1985 (engl. 1981) | Stoecker, H., Deutschland und China im 19. Jahrhundert, Berlin 1958 | Taiping-Revolution, Peking 1977 | Tan, C.-B. (Hg.), Routledge Handbook of the Chinese Diaspora, London u. a. 2013 | Teng, S.-Y., The Taiping Rebellion and the Western Powers, Oxford 1971 | Teng, Y. C., The Failure of Hung Jan-k'an's Foreign Policy, in: Journal of Asian Studies 28 (1968) 125–38 | Thomas, S. C., Foreign Intervention and China's Economic Development, 1870–1911, Boulder u. a. 1984 | Trocki, C. A., Opium, Empire, and the Global Political Economy: A Study of the Asian Opium Trade, 1750–1950, London 1999 | Tsao, K., The Relationship between Scholars and Rulers in Imperial China, Lanham 1984 | Tung, W. L., China and the Foreign Powers: The Impact and the Reactions to Unequal Treaties, Dobbs Ferry 1970 | Van Briessen, F., Grundzüge der deutsch-chinesischen Beziehungen, Darmstadt 1977 | Van der Putten, F.-P., Small Powers and Imperialism: The Netherlands in China, 1886–1905, in: Itinerario 20, 1 (1996) 115–31 | Vetter, H. Chou, Korruption und Betrug im traditionellen Prüfungssytem Chinas, Freiburg 1985 | Wagner, R. G., Reenacting the Heavenly Vision: The Role of Religion in the Taiping Rebellion, Berkeley 1982 | Wakeman, F., Strangers at the Gate: Social Disorder in South China, 1839–1861, Berkeley 1966 | Wang, D., China's Unequal Treaties: Narrating National History, Lanham 2005, Ndr. 2008 | Wasserstrom, J. N., Global Shanghai, 1850–2010: A History in Fragments, New York 2009 | Webster, A., The Twilight of the East India Company: The Evolution of the Anglo-Asian Commerce and Politics, 1790–1860, Woodbridge 2009 | Wei, T. L., La politique missionaire de la France en Chine 1842–1856, Paris 1960 | –, Le premier concile du Vatican et les problèmes missionaires en Chine, in: RHE 57 (1962) 500–23 | –, Le Saint-Siège et la Chine de Pie IX à nos jours, Allais 1971 | Wiethoff, B., Grundzüge der neueren chinesischen Geschichte, Darmstadt 1977 | Wirth, B., Imperialistische Übersee- und Missionspolitik dargestellt am Beispiel Chinas, in: ZMRW 51 (1967) 105–32, 209–31, 320–39; separat Münster 1968 | Wong, J. Y., Anglo-Chinese Relations 1838–1860: A Calendar of Chinese Documents in the British Foreign Office Records, New York 1983 | –, Deadly Dreams: Opium, Imperialism, and the Arrow War (1858–1860) in China, Cambridge 1998 | Xu, D./Wu, C. (Hg.), Chinese Capitalism, 1522–1840, London 2000 | Die Yihotuan-Bewegung von 1900, Peking 1978 | Zheng, Y., The Social Life of Opium in China, Cambridge 2005 | Zhuang, G., Tea, Silver, Opium, and War: From Commercial Expansion to Military Invasion, in: Itinerario 17, 1 (1993) 10–36.

日 本

L'abord de l'altérité japonaise en France à la fin du XIXe et au debut du XXe siècle, in: L'Ethnographie 82, 2/p108 (1990) 1–246 | Akamatsu, P., Meiji 1868: Revolution and Counter-Revolution in Japan, London 1972 | Altman, A. A., The Press and Social Cohesion during a Period of Change: The Case of Early Meiji Japan, in: MAS 15 (1981) 865–76 | Ando, J., Die Entstehung der Meiji-Verfassung. Zur Rolle des deutschen Konstitutionalismus im modernen japanischen Staatswesen, München 2000 | Antoni, K., Kokutai – Das *Nationalwesen* als japanische Utopie, in: Saeculum 38 (1987)

266–82 | Austin, M. R., Negotiating with Imperialism: The Unequal Treaties and the Culture of Japanese Diplomacy, Cambridge, MA 2004 | Banno, J., The Establishment of the Japanese Constitutional System, London u.a. 1992 | Bartels-Ishikawa, A. (Hg.), Hermann Roesler. Dokumente zu seinem Leben und Werk, Berlin 2007 | Beasley, W. G. (Hg.), Select Documents on Japanese Foreign Policy, 1853–1868, London 1955 | –, The Meiji Restoration, Stanford 1973 | –, Japan Encounters the Barbarians: Japanese Travellers in America and Europe, New York u. a. 1995 | Beck, C. L./Burks, A. W. (Hg.), Aspects of Meiji Modernization: The Japan Helpers and the Helped, New Brunswick 1983 | Beckmann, G. M., The Making of the Meiji Constitution: The Oligarchs and the Constitutional Development of Japan, 1868–1891, Lawrence 1957, Ndr. 1975 | Beier, A. S., Loyalität und Auflehnung in Japan am Vorabend der Moderne. Yamagata Daini (1725–1767) im Kontext des Dualismus zwischen Kaiserhof und Shogunat, Münster 2007 | Black, C. E./Jansen, M. B., Modernization of Japan and Russia, New York 1975 | Bowen, R. W., Rebellion and Democracy in Meiji Japan: A Study of Commoners in the Popular Rights Movement, Berkeley 1980 | Burks, A. W. (Hg.), The Modernizers: Overseas Students, Foreign Employees, and Meiji Japan, Boulder u. a. 1985 | Calman, D., The Nature and Origins of Japanese Imperialism: A Reinterpretation of the Great Crisis of 1873, London u. a. 1992 | Chang, R. T., The Justice of the Western Consular Courts in Nineteenth-Century Japan, Westport 1984 | Checkland, O., Britain's Encounter with Meiji Japan, 1868–1912, London 1989 | Ch'en, P. H., The Formation of the Early Meiji Legal Order: The Japanese Code of 1871 and its Chinese Foundation, Oxford 1981 | [CHJ] The Cambridge History of Japan, 6 Bde., Cambridge 1988–99; Bd. 4–5 | Cortazzi, H. (Hg.), Dr. Willis in Japan, 1862–1877: British Medical Pioneer, London 1985 | Craig, A. M. (Hg.), Japan: A Comparative View, Princeton 1979 | Davis, S. W. T., Intellectual Change and Political Development in Early Modern Japan: Ono Azusa, a Case Study, Rutherford 1980 | Dettmer, H. A., Einführung in das Studium der japanischen Geschichte, Darmstadt 1987 | Eubel, P. u. a., Das japanische Rechtssystem, Frankfurt 1979 | Fairbank, J. K./Reischauer, E. O./Craig, A. M., East Asia: Tradition and Transformation, London 1973 | Feifer, G., Breaking Open Japan: Commodore Perry, Lord Abe, and American Imperialism in 1853, New York 2006 | Fox, G., Britain and Japan, 1858–1883, Oxford 1969 | Frédéric, L., La vie quotidienne au Japon au début de l'ère moderne (1868–1912), Paris 1984 | [Fukuzawa] The Autobiography of Yukichi Fukuzawa (1899), New York 1966, Ndr. 1968 | Gluck, C., Japan's Modern Myths: Ideology in the Late Meiji Period, Princeton 1985 | Gordon, A., The Evolution of Labor Relations in Japan: Heavy Industry 1853–1955, Cambridge, MA u. a. 1985 | Hackett, R. F., Yamagata Aritomo in the Rise of Modern Japan, 1838–1922, Stanford 1971 | Hall, J. W., Das japanische Kaiserreich, Frankfurt 1968 | Hammitzsch, H. (Hg.), Japan-Handbuch, Wiesbaden 1981 | Hanley, S. B. (Hg.), Family and Population in East Asian History, Stanford 1985 | –/Yamamura, K., Economic and Demographic Change in Preindustrial Japan, 1600–1868, Princeton 1977 | Hardach-Pinke, I. (Hg.), Japan. Die Öffnung zum Westen, in: Saeculum 38 (1987) 1–119 | Hedinger, D., Im Wettstreit mit dem Westen. Japans Zeitalter der Ausstellungen 1854–1941, Frankfurt 2011 | Hentschel, V., Wirtschaftsgeschichte des modernen Japans, 2 Bde., Stuttgart 1986 | Hirschmeier, J., The Origins of Entrepreneurship in Meiji Japan, Cambridge, MA 1964 | –/Yui, T., The Development of Japanese Business, 1600–1973, London 1975 | Huber, T. M., The Revolutionary Origins of Modern Japan, Stanford 1981 | Huffman, J. L., A Yankee in Meiji Japan: The Crusading Journalist Edward H. House, Lanham 2003 | Ikeda, K./Kato, Y./Taiyoji, J., Die industrielle Entwicklung Japans unter besonderer Berücksichtigung seiner Wirtschafts- und Finanzpolitik, Berlin 1970 | Irokawa, D., The Culture of the Meiji Period, Princeton 1985 | Ito, H., Commentaries on the Constitution of the Empire of Japan, Tokyo 1906, Ndr. 1978 | Jansen, M. B. (Hg.), The Emergence of Meiji Japan, Cambridge 1995 | –/Rozman, G. (Hg.), Japan in Transition: From Tokugawa to Meiji, Princeton 1986 | Kajima, M., Geschichte der japanischen Außenbeziehungen, 3 Bde., Wiesbaden 1976–80 | Kerst, G., Jacob Meckel, sein Leben, sein Wirken in Deutschland und Japan, Göttingen 1970 | Kitahara, M., The Rise of the Four Mottoes in Japan, in: JAsH 20 (1986) 54–64 | Kosaka, M., The Meiji Era: The Forces of Rebirth, in: Cahiers d'histoire mondiale 5 (1959/60) 621–33 | Krebs, G., Das moderne Japan 1868–1952, München 2009 | –, Deutsche im Japan des 19. Jahrhunderts, in: JEÜG 9 (2009) 255–69 | Kreiner, J. (Hg.), Geschichte Japans, 2. Aufl., Stuttgart 2012 | Krusche, D., Japan, konkrete Fremde, 2. Aufl., Stuttgart 1983 | Kume, K., Die Iwakura-Mission, hg. v. Pantzer, P., München 2002 | Lehmann, J. P., The Roots of Modern Japan, Basingstoke 1982 | Lockwood, W. W., The Economic Development of Japan, Princeton 1968, Ndr. 1974 | Lu, D. J. (Hg.), Sources of Japanese History, Bd. 2, New York 1974 | Luckowandt, E., Die rechtliche Entwicklung des Staats-Shinto in der ersten Hälfte der Meiji-Zeit, 1868–1890, Wiesbaden 1977 | Lühdorf, F. A., Acht Monate in Japan nach Abschluß des Vertrags von Kanagawa, Stuttgart 1987 | Martin, B., Japans Weg in die Moderne, Frankfurt 1987 | –, Verhängnisvolle Wahlverwandtschaft. Deutsche Einflüsse auf die Entstehung des modernen Japan, in: Deutschland in Europa, Berlin 1990, 97–116 | –, Die Öffnung Japans durch den Westen. Annahme und Abwehr der westlichen Herausforderung (1853–1890), in: Elvert, J. (Hg.), Staatenbildung in Übersee, Stuttgart 1992, 197–220 | McOmie, W., The Opening of Japan, 1853–1855: A Comparative Study of the American, British, Dutch, and Russian Naval Expedtions to Compel the Tokugawa Shogunate to Conclude Treaties and Open Ports to their Ships, Folkestone 2006 | Mehl, M., Eine Vergangenheit für die japanische Nation. Die Entstehung des historischen Forschungsinstituts *Tokyo daigaku Shiryo hensanjo* (1869–1895), Frankfurt 1992 | Miller, R. A., Japan's Modern Myth: The Language and Beyond, New York u. a. 1982 | Minear, R. H., Japanese Tradition and Western Law, Cambridge, MA 1970 | Mitchell, R. H., Censorship in Imperial Japan, Princeton 1983 | Moore, B., Soziale Ursprünge von Diktatur und Demokratie, Frankfurt 1969 | Mori, M. G. (Hg.), The First Japanese Mission to America (1860), New York 1938 | Moses, J. A./Kennedy, P. M. (Hg.), Germany in the Pacific and Far East, 1870–1940, Englewood Cliffs 1977 | Nimura, K., The Ashio Riot of 1907: A Social History of Mining in Japan, Durham, NC 1997 | Norman, E. H., Japan's Emergence as a Modern State: Political and Economic Problems of the Meiji Period, New York 1940 | Oka, Y., Five Political Leaders of Modern Japan, Tokio 1986 (japan. 1979) | Okasaki, A., Histoire du Japon: L'économie et la population, Paris 1958 | Okuba, Y., Gustave Boissonade, père français du droit japonais moderne (1825–1910), in: Revue d'histoire de droit français et étranger 59 (1981) 29–54 | Piper, A., Japans Weg von der Feudalgesellschaft zum Industriestaat, Köln 1976 | Pittau, J., Political Thought in Early Meiji Japan, 1868–1889, Cambridge 1967 | Plutschow, H., Philipp Franz von Siebold and the Opening of Japan: A Re-evaluation, Folkestone 2007 | Pratt, E. E., Japan's Protoindustrial Elite: The Economic Foundations of the Gōnō, Cambridge, MA 1999 | Reichert, F., Tommy-Polka. Die erste japanische Gesandtschaft in den Vereinigten Staaten, in: Saeculum 63, 2 (2013) 285–301 | Rosovsky, H., Capital Formation in Japan, 1868–1940, Glencoe 1961 | Rubin, J., Injurious to Public Morals: Writers and the Meiji State, Seattle 1984 |

Russell, O. D., Das Haus Mitsui. Der Aufstieg des größten Handelshauses Japans, Zürich 1940 | Saaler, S., Die Bedeutung der Epochenmarke 1868 in der japanischen Geschichte. Restauration, Revolution, Reform, in: Saeculum 56, 1 (2005) 69–104 | Schenck, P.-C., Der deutsche Anteil an der Gestaltung des modernen japanischen Rechts- und Verfassungswesens. Deutsche Rechtsberater im Japan der Meiji-Zeit, Stuttgart 1997 | Schölch, A., Ägypten in der ersten und Japan in der zweiten Hälfte des 19. Jahrhunderts. Ein entwicklungsgeschichtlicher Vergleich, in: Geschichte in Wissenschaft und Unterricht 33 (1982) 333–46 | Schwebell, G. C. (Hg.), Die Geburt des modernen Japan in Augenzeugenberichten, München 1981 | Sheldon, C. D., The Rise of the Merchant Class in Tokugawa Japan, 1600–1868, Locust Valley 1958 | Siemes, J., Hermann Roesler and the Making of the Meiji State, Tokyo 1968 | –, Die Gründung des modernen japanischen Staates und das deutsche Staatsrecht. Der Beitrag Hermann Roeslers, Berlin 1975 | Silberman, B. S., Ministers of Modernization: Elite Mobility in the Meiji Restoration, 1868–1873, Tucson 1964 | Smith, T. C., Political Change and Industrial Development in Japan: Government Enterprise, 1868–1880, Stanford 1955 | Stahncke, H., Die diplomatischen Beziehungen zwischen Deutschland und Japan 1854–1868, Stuttgart 1987 | [Takayoshi] The Diary of Kido Takayoshi, 3 Bde., Tokyo 1984–86 | Takemitsu, T., Isawa Shûji's *National Music:* National Sentiment and Cultural Westernization in Meiji Japan, in: Itinerario 34, 3 (2010) 97–118 | Teuteberg, H. J., Japan und Deutschland. Begegnungen zweier Kulturen, in: Archiv für Kulturgeschichte 71 (1989) 309–28 | Toby, R. P., State and Diplomacy in Early Modern Japan: Asia in the Development of the Tokugawa Bakufu, Princeton 1984 | Tomlinson, B. R., Writing History Sideways: Lessons for Indian Economic Historians from Meiji Japan, in: MAS 19 (1985) 669–98 | Tsutsui, W. M. (Hg.), A Companion to Japanese History, Oxford 2007 | Umetani, N., The Role of Foreign Employees in the Meiji Era in Japan, 1971 | Uyehara, G. E., The Political Development of Japan, 1867–1909, London 1910, Ndr. 1973 | Wakabayashi, B. T., Anti-Foreignism and Western Learning in Early-Modern Japan: The New Theses of 1825, Cambridge, MA 1986 | Ward, R. E. (Hg.), Political Development in Modern Japan, 2. Aufl., Princeton 1969 | –/Rustow, D. A. (Hg.), Political Modernization in Japan and Turkey, Princeton 1964, Ndr. 1970 | Watanabe, M., Die Japaner und die moderne Wissenschaft, Wiesbaden 1981 | Wittig, H. (Hg.), Pädagogik und Bildungspolitik Japans. Quellentexte und Dokumente, München 1976 | Wray, H./Conroy, H., Japan Examined, Honolulu 1983 | Wray, W. D., Mitsubishi and the N. Y. K., 1870–1914: Business Strategy in the Japanese Shipping Industry, Cambridge, MA 1984 | Yasuba, Y., Standard of Living in Japan before Industrialization: From What Level Did Japan Begin? In: JEcH 46 (1986) 217–24 | Yokoyama, T., Japan in the Victorian Mind: A Study of Stereotyped Images of a Nation, 1850–1880, Basingstoke u. a. 1987 | Zöllner, R., Geschichte Japans. Von 1800 bis zur Gegenwart, Paderborn 2006.

第十七章

帝国主义的扩张以及亚洲和太平洋的殖民统治

围绕中国的角逐 859

民族野心让日本新政权谋求修订各个不平等条约并在列强中间享有均等权利。两者均须通过在外交方面，特别是在武力方面展示日本现代化成就予以证明。此外，日本新领导层同样在内政方面也感受到成就的压力。最终，蓬勃发展的日本纺织业开始在海外争夺市场；但是对于政府来说，此类观点只是发挥着次要作用。

与美国人和欧洲人签署了一系列协定之后，日本和中国于1871年也签订了友好条约，对于两国而言，这是革命性的对西方国际法的适应。尽管如此，从此以后日本却在损害中国利益的基础上也参与了帝国主义的扩张政策。琉球王国处于中国的宗主权之下，但事实上却依附于当时九州南端的萨摩藩。1871/1872年它被并入日本，暂时由一个自己的统治者管理。1871年，琉球群岛一艘船的船员在台湾被杀，1874年日本以此为由对台湾进行报复性远征，并非没有吞并的意图。但是由于顽强的抵抗，日本接受了中国的抗议并且同意了对被杀害的日本臣民的补偿。1879年，琉球群岛变成了冲绳县并且让国王退休。1876年，日本就已经攫取了战略上引人注目的太平洋上的小笠原群岛（Bonin-Inseln）。

新的踌躇满志的帝国主义分子的下一步理所当然迈向了相邻的朝鲜，但是早在16世纪它就已经成为日本尝试占领的目标。朝鲜自1830年代起已经差不多成功地抵御了对它纠缠不休的西方到访者。到1876年，日本按照西方在中国的行动模式打开了它的大门。随后与其他列强签署了惯常的协议，其中
就有1888年与在乌苏里地区相邻的俄国签署的一份协议，中 860
间的斡旋者是柏林（据说是为了让俄国忙于亚洲的事情），不过也可能受到中国的阻挠。中国人甚至与日本在1885年都能

够达成协议[①]，然而当1894年因朝鲜爆发了起义，中国人受朝鲜之邀介入时，日本人也派遣军队到达朝鲜，由此发展成为1894/1895年的中日战争。战争以日本人令人惊异的轻松获胜结束。在《马关条约》（Frieden von Shimonoseki）中，中国不得不放弃朝鲜，承担了2亿两白银的战争赔偿，向日本提供了与西方列强相同的商业特许权，割让台湾岛及其附属岛屿和辽东半岛，其中包括旅顺和大连两个港口。

然而上列的后一项决定引起了对中国感兴趣的其他列强的担忧，以至于日本在1895年就在俄国、法国和德国以外交手段进行的三重干涉下被迫放弃辽东。其结果是日本对德国的立场发生了转折，一次中短期内带来了巨大影响的转折。大话连篇的威廉二世皇帝本人很喜欢当时创造的新流行语“黄祸（Gelbe Gefahr）”，根据需求他将此词或用于日本，或用于中国。1896年与中国建立了反日同盟的俄国可能还迫使东京补充作出了有利于朝鲜独立的声明。

由此在日本产生了一种反俄复仇主义并且掀起了一场大规模的扩张军备运动。但是俄国却为中国介绍了一笔条件非常优惠的4亿法郎的法国贷款（实际支付98%，利率4%），以便中国对日本支付战争赔款。为了办理业务建立了华俄道胜银行，它于1896年获得了中东铁路（Ostchinesische Eisenbahn）的专营权，该铁路施工期为1897年至1903年，几乎呈直线横穿中国东北地区将东西伯利亚的赤塔（Tschita）与符拉迪沃斯托克连接起来。这不仅意味着距离大大缩短，且相对于沿着黑龙江和乌苏里江修建一条铁路线节省了资金，而且中国的“拯救者”俄国和平渗入东北地区的“喜人前景”似乎展现在眼前。与财政大臣谢尔盖·维特的发展计划

① 《天津会议专条》。——编者注

完全不同的是，在外交大臣米哈伊尔·穆拉维约夫（Michail Murawjow，阿穆尔斯基伯爵尼古拉·穆拉维约夫的一个大侄子，圣彼得堡好斗的种族主义新秀）的倡议下，1897年，俄国海军以突然袭击的方式占领了包括旅顺港在内的辽东半岛，以此举对德国的“世界强国政策（Weltmachtpolitik）”和对胶州湾的占领作出回应。自1898年开始修建从“远东巴黎”哈尔滨到旅顺的中东铁路南北支线——南满铁路 861
（Südmandschurische Eisenbahn）。由此，俄国也挤进了侵略中国的帝国主义者行列。

义和团起义期间，在中国正规军队的帮助下，俄国人在很大程度上被成功地赶出了东北地区。紧接着十七万俄国大军被派入该地区并且建立了一个军事政权，在与北京进行的谈判中俄国人意图将其转变成长久控制。维特对中国和平渗透的计划失败了，此外在经济上也是这样。与中国之间的贸易增长甚微，结算对俄国来说一直是逆差。即使在东北地区也是由中国的中间商转介的英国和美国商品更加受到青睐，烟草和伏特加除外。与这一情形相对的是俄国实施东亚政策过度昂贵的费用，它们在富有侵略性的帝国主义的氛围中仍然继续增长。

此时，领导层试图将其他列强驱除出东北地区，但是它要求中国和朝鲜对自己开放门户。它不准备接受将朝鲜以相同的方式变成日本的势力范围，就像东北地区变成俄国的势力范围那样。最终，日本人以一次未经宣战的鱼雷艇偷袭旅顺对这场持续数年的俄国人的谈判作出了答复。1904年在那场由此引发的日俄战争中，日本人取得了奉天之战的胜利，同年占领了被围困的旅顺港阵地并且于1905年在对马岛（Tsushima）消灭了赶来增援的，尚未作好充分准备的俄国第二太平洋舰队。

在朴次茅斯（美国）的和平协定中，俄国作出了有利于中国的撤出东北地区的行动，日本得到了辽东及其港口，此外还有库页岛的南半部，1875年日本用整个库页岛换取了千岛群岛。朝鲜成了日本的被保护国。1910年它就被吞并并且被塑造成日本的殖民地，这种状态一直持续到1945年。虽然俄国保住了横贯东北地区的中东铁路，但却并不能因此改善经济关系，更谈不上实现昔日的对沿线地区的统治。相反，辽东半岛连同其铁路都处于日本人的势力范围之内，而在此期间，一个针对西方，特别是针对美国首倡行动的俄日利益共同体违背常理地很快适应了扮演使这一区域国际化的角色。

日本的胜利确定了那个事先已经可预见到的维特和平扩
862 张政策的失败，同样也确定了俄国富有侵略性的远东政策的结束。它还为俄国送去了1905年革命和由此开始的其政治和社会制度的终结过程。反之，日本克服了它的“双重自卑情结”，今后既不须再屈就中国，也不须再迎合西方的傲慢态度（Zachmann）。通过这一胜利，日本成了世界上第一个非白种人强国，这不仅仅在被殖民的民族中留下了巨大的印记。在证明了自己的大屠杀能力之后，日本在西方也被视为已经文明化（冈仓天心，见Irokawa 1985，XI）。第一次世界大战后，日本作为具有同等权利的强国参加了巴黎和会。与此相反，对在义和团运动中被西方定性为“黄祸”的中国来说，仅仅是把俄国帝国主义更换成了日本帝国主义。

常常被忽略的是，日俄战争中争夺的那块土地原本就不属于这两个强国中的任何一个，而是属于没有参战的第三方，也就是中国。但是在世纪之交前后的数十年里，也就是在所谓的帝国主义时代，国际上强国对抗升级，外交上则往往肆无忌惮地运用惯例和补偿原则。对此，人们的理解是，这是两个敌手以损害一个无力的第三方的利益为代价达成一致，并且在一方获得利益时，理所当然要尽量补偿其他一切方面。这种政治手段就像许多其他政治手段一样，不是当年帝国主义的特点。但是这种自18世纪起经过考验的欧洲的平衡政策非常适合解决那些欧洲扩张进程中出现的矛盾，当除了美国和日本以外也有越来越多的欧洲国家参与其中的时候，这种矛盾必然不断增加。由于中国被视为尚能获得的最有利可图的猎物，以特别激烈的对抗方式蜂拥而至的强国就特别多。与此同时，局势进一步发展，其间每一次与外来势力的矛盾都不可避免地导致中国政府被进一步削弱。如果政府屈从于外国人的要求，它就会在自己的臣民面前丢脸，如果政府进行抵抗，不可避免地就要遭受一场新的失败并且因此同样在它的臣民面前丢脸。所以首先丢失了对那些相邻的纳贡藩国的主权主张，1885年与法国之间的一场速战之后丢失了安南（Annam），1895年与日本发生战争后丢失了朝鲜。随后伸向辽东的胜利者的魔爪只是鉴于欧洲人的嫉妒才被抵挡了回去。很明显中国已经达到了其抵抗 864
力量的极限，被列强瓜分也仅仅是个时间问题。法国就日本吞并的可能已经准备了应对的步骤。

然而下一个冲击来自1895年中国的另一个“救星”，即德意志帝国。自18世纪以来，德意志的中国贸易发展虽然缓慢，但却令人欣喜，1843年起更是受到了英国与中国签订的条约的保护，根据当中的条款，条约中涉及的各港口也对此前广州贸易的其他参与国开放。但是1858年英国和法国方面不再准备继续延长这条附加条款。另一方面，德意志的经济利益越来越重要，普鲁士的兴趣点不仅在于作为关税同盟的领导力量在外交政策上获得益处，而且还要通过赢得声望转移对内部问题的关注。因此，1860年派出了一支在弗里德里希·冯·艾林波伯爵（Graf Friedrich von Eulenburg）的率领下由三艘轮船组成的探险队前往东亚，于1861年得以与中国和日本签订了司空见惯的不平等条约。这些条约对于德意志诸邦来说是不断累积的，其间外交代理权一直在普鲁士手里；所以1871年建立的德意志帝国能够立即接手它。

艾林波伯爵未能按计划完成第二项任务，即在东亚、太平洋或者南美洲建立一个普鲁士殖民地，在台湾岛上也未能实现。不过自1860年代起，关于为贸易建立一个东亚站点并为军舰经常停靠提供服务的话题不时出现在讨论中，虽然它在俾斯麦的外交政策框架内无法实现。但是那次探险不仅长远地影响着这些目标，而且也长远地影响着德国东亚政策的践行者们。后来的驻北京公使马克斯·冯·巴兰德（Max von Brandt）为其中之一，另外还有在对华政策上拥有巨大影响力的地理学家费迪南德·冯·李希霍芬以及后来的23名海军将领和将军们，当时他们作为军校学生参与其中。

在此期间，德国的中国贸易进一步繁荣，由于各省官僚忙于扩充军备，中国成为德国军事物资最大的外国买主，阿尔费雷德·克虏伯（Alfred Krupp）的家族企业名列前茅。在1875年承担中国进口、出口和沿海航运的17000艘船中，德国船只占1577艘，位列英国（8277艘）、美国（3836艘）和中国人自造船只（2411艘）之后。1895年，德国船只增加到2684艘，列在前面的是19574艘英国船和13014艘中国自造船。所有其他国家都被远远地甩到了身后，也包括法国人。相反，1905年，日本（25850艘）几乎赶上了英国（30442艘），
865 法国（6184艘）也差一点赶上了德国（7337艘）。1885年，帝国开始对德国邮船航线给予补贴，起到了进一步的促进作用，根据政府倡议，1889年，德国大银行的临时性财团（贴现公司、德意志银行、达姆施塔特银行、布莱希罗德、奥本海姆、罗斯柴尔德、裕宝银行等）在上海建立了德华银行（Deutsch-Asiatische Bank）。它不仅为商贸提供服务，而且在条件允许的情况下大规模参与中国铁路营运。与给予邮轮补贴一样，这里也是为了在获取土地一事上与其他国家竞争。

威廉二世富有侵略性的新外交政策认为，德国于1895年的介入理应得到中国的感谢，因此最终有权要求对方转让一个它应得的基地。山东半岛胶州湾的青岛港已经作为合适的目标被精选出来，但是中国采取了敷衍的态度。因为一次公开的违法可能会使德国政策颜面尽失，1896年，德方决定采取卓有成效的策略，即静候中国的挑衅，它可以提供机会，在一系列报复行为中逼迫中国作出相应的割让。当然，中国人真的“帮了德国人的忙”，1897年11月1日他们在山东杀害了两位天主教传教士。山东使团的主教安治泰（Johann Baptist Anzer）是个“勇敢的条顿神父”，既野心勃勃又具有强烈的民族主义意识，德意志帝国与其进行合作，早在1890年就从法国接过了对该使团的庇护权。威廉二世心花怒放，因为现在他终于可以“以最粗暴的肆无忌惮”向中国人“表明，德国皇帝不允许别人与自己开玩笑，与他为敌是没有好果子吃的”。除此之外，德国的天主教徒此时可能也认识到，帝国多么强烈地代表着他们的利益。

但是与中国签订的新条约没有只字片语迫使中国对传教使团进行补偿，条约里包含的是更重要的事情：在中国放弃主权的情况下租借胶州地区99年，通过合资设立德华公司（Kapitalgesellschaften）拥有山东省的铁路筑路权和矿产开采权——可是租借从未付过费用，在这一点上，德意志帝国与其他帝国主义列强没有什么区别。虽然“德国的香港”——青岛发展繁荣，但只是借助于帝国的巨额补贴，然而在经营山东方面唯有铁路建设是成功的。之所以如此，部分是因为中国人持续的抵抗，部分是因为对其他列强的政治顾忌，为了给德国保留进入中国其他地区的权利，这些顾忌是必要的。然而德国 866
人却成为众矢之的，这不仅是由于他们穷凶极恶的军事补偿政策，而且也由于他们为修建铁路肆无忌惮地铲平了那些神圣的祖先墓地。

对该条约的反对声首先来自圣彼得堡，然而最终俄国作出让步，作为补偿，当时它占领了辽东半岛并且强行获得了南满铁路哈尔滨至旅顺支线的筑路权。法国要求获得在广州湾[①]为期99年的根据地，此外还有在中国南方的铁路专营权和不将海南岛以及广东、广西和云南诸省交给任何第三方势力的保证。日本获得了一个对中国东南省份福建的类似声明。这种补偿性交易是否会超出瓜分中国的范围很大程度上取决于英国，它容忍了德国的行动，因为它的势力范围没有受到波及，但却认为俄国的行动具有威胁性。

首先，伦敦争取在继续保留中国主权的情况下把中国分为英国和俄国的势力范围。但是当俄国坚持它在东北地区的独特地位时，为了显示势力，它获得了25年内将旅顺对面的威海卫作为海军基地的权利。此外，英国利用这次机会，将租借期为99年的香港扩张到了所谓的“新界（New Territories）”，并且要求将长江流域保留为其势力范围，就像其他列强在其他地区所达成的那样。1900年至1941年，英国人时常在长江上保有一支数量相当可观的炮舰舰队。但是这些措施更多是具有防卫特性，因为除了俄国和日本之外，力争将中国合乎规则地瓜分成具有排他性的势力范围或者统治范围并不关涉英国和其他国家的利益。由于美西战争，没有参与上述大宗额外交易的美国成功地扮演了“门户开放政策（Open Door Policy）”的代言人。未来任何强国都不得在经济上歧视另一个强国在中国的势力范围，特别是不能通过关税这样做。因此，关税应该以一种有效的方式保留在中国的主权之下。但日本和俄国没有加入这个协定。

① 指湛江市。——编者注

列强之间的合作有时很困难，但总体上建立在共同利益的牢固基础之上，这种合作在义和团冲突中再次以损害中国利益为代价得以维持，尽管德国对共同行动所起的作用最终是代价昂贵、态度傲慢、成效甚微和令人难堪的。在1901年所谓的 867
《辛丑条约》（Boxerprotokoll）里不仅强迫中国作出赔偿，巨额赔款达4.5亿两白银，而且列强的大使实际上高踞于政府之上——基本如同在萨摩亚群岛的状况。在随后的时间里，利益范围进一步扩大，协议港口增加到了48个。中国达到了其半殖民地化的最严重的地步。列强为了争夺特许权相互之间也进行激烈的争斗，之后又很快回归经济合作，这种合作以一种正常的中国临时性财团的形式达到高潮。使中国完全殖民地化也许是可能的，但在这种情况下毫无意义，因为完全殖民地化在政治上只能通过分割才能够实现，而不同国家的经济利益却处于一种不可分割的混杂状态之中。签约港口制度的规划是国际性的，虽然它首先符合居领导地位的商业大国英国的利益，英国在世界各地都占有最大的贸易份额，因此每一次分割带来的只能是损失。不过，就算是扩张性的德国贸易也与美国人和法国人的要求一样，其基础建立在门户开放的实践之上。

修建铁路以及区域性支线时常与开采相邻地区矿产的特权紧密联系在一起，第一眼看上去这能够为各不相关的经济帝国的形成打下基础。出于意识形态的原因，中国在很长时间内拒绝修建铁路，之后自1880年代起存在着巨大的补偿需求，鉴于众人皆知的中国政府的资金短缺，这种需求有望变成一种按印度模式进行的大买卖。几条铁路线在没有中国人参与的情况下直接由外国人修建：俄国人修建中东铁路，法国人修建云南铁路，德国人修建山东铁路。然而，这里大多数在形式上涉及的是中国国家铁路，它们的全部收入和权利都被租赁给一家联合财团或者一个国家，直到中国付清相关贷款为止。由于政治压力，大多数贷款的支付条件经常相当不利。通常中国只能获得贷款数额的89%~92%的实际支付，但却必须在20~50年内百分之百地清偿，而且其间还得支付4.5%~9.5%的利息。可是投资者却可以在欧洲的资本市场投资超过92%的份额，除此之外，他们还获得贷款和（或）一部分红利。他们可以在订单的分配上优先照顾各自家乡的工业并且在一定的时间内任用欧洲人占据最重要的管理岗位。
868 首先用作担保的是中国的国家担保，随后便是用铁路本身。虽说这种临时性财团在国际上并非它们的组成形式，然而它们是中国贷款的认购者，中国作为国家的继续存在对它们而言意味着巨大的利益。1895年至1901年，在中国的外国投资中有36.1%是这种国家贷款，1901年至1913年它所占的比重甚至达到了57.9%。1902年至1914年的发展概貌如下（Fieldhouse 1976，433，435，单位：百万美元）。

	1902年				1914年			
	贷款		投资		贷款		投资	
英国	110.3	39.4%	150.0	29.8%	207.5	41.8%	400.0	36.9%
日本	—	—	1.0	0.2%	9.6	1.9%	210.0	19.4%
俄国	26.4	9.4%	220.1	43.7%	32.8	6.6%	236.5	21.8%
美国	2.2	0.8%	17.5	3.5%	7.3	1.5%	42.0	3.9%
法国	61.5	22.0%	29.6	5.9%	111.4	22.5%	60.0	5.5%
德国	79.3	28.4%	85.0	16.9%	127.6	25.7%	136.0	12.5%
总计	279.7		503.2		496.2		1084.5	

从整个帝国的继续存在中获利和保留所有通往它市场的通道是有利可图的。通常私人的经济利益也获得了它们来源国政治领袖们的支持，不过支持的规模因国家、公司和政府的政治

倾向不同而各异。此外，有时政治利益拥有优先权，在它们面前，经济利益必须退让或者从属于前者。另外，政治和资本的国际合作绝不是直线的。可能出现这种情况，即在欧洲是政治朋友，在中国却进行着经济厮杀，而与政治对手的经济合作却非常融洽，比如1905年后的英国、法国和德国之间的关系——中国吞咽下苦果。尽管比较新的论点称西方的干预一直被边缘化并且对这个庞然大国的社会经济发展没有施加决定性的影响，但具有代表性的看法是，由于耗尽了资本形成所需的收入，由于政府权威扫地，1897年至1911年，帝国主义大规模的侵犯使得之前为充满希望的中国现代化付出的努力归于失败。可以确定的是，这一体制在短期内保存了当时的中国政权，但从中期看已彻底掏空了其存在的根基。不过可以确定的还有，从长远看，列强的帝国主义政策作为意外的副作用还是 869
导致中国与世界范围的现代化联系在了一起。

理论与实践中的帝国主义列强

除了同时进行的瓜分非洲，不断升级的列强争夺中国的角逐是帝国主义的典型体现。为获取原材料供应和保证本国工业产品的销售而采取开拓和占有市场的战略；矛盾变得越来越尖锐；为达到此目的，有时甚至由强权政治家和军事政治家实施非官方控制；列强满腹狐疑地观察着局势，只要看到其他国家取得一点好处便立即寻求对自己的补偿……不过此间也存在着各投资者利益的一致性，这种一致性甚至可以缓和潜在的政治矛盾——所有这些都被视为约 1870 年至约 1914 年的“帝国主义时代”的典型现象。俄国、日本、英国、法国、德国、美国以及此时相对边缘化的尼德兰和葡萄牙——这个时代的大部分帝国主义列强在中国、东南亚和大洋洲都在积极地活动着。此外，意大利和比利时在非洲表现积极，老牌殖民大国西班牙和葡萄牙也在积极推行新的帝国主义计划。

从欧洲在旧世界的早期扩张历史中，我们早已熟知了很多东西。这里经常涉及的无非是已持续很久的进程的延续，例如列强争夺中国的角逐，俄国在与英国竞争中进行的大陆扩张；或者涉及的是那些被证明是有效的行动的变体，如在新区域修筑铁路。新的仅仅是国家在经济政策方面比以往更强的义务和大国间关系所呈现的那种神经质的，有时几乎是歇斯底里的特性。

西方各国在日益工业化的背景下始终试图为自己的好处扩张各自的经济利益和政治势力范围，其间不同的活动家差不多无计划地使用各不相同的手段，出于经济利益的缘故，使用国家权力时根本没有什么规则可言。相反的情况也同样显现出来。无论如何很少出现一致的经济利益。纺织业、重工业，化学和电力领域这样的现代工业，以及银行、贸易和交通并不经常追求同一个目标。被大量引证的集中现象压根就不是在所有的地方都形成同样的强度。

但是与过去相比，对民族繁荣的担忧更多地属于政治家的责任，因为在经济增长减缓阶段，经济和政治竞争都变得更加尖锐。英国相对于之前对手的优势在不断萎缩，而且还出现了新的竞争者，特别是德意志帝国。过去数十年的所谓自由贸易帝国主义和新兴的高度帝国主义（Hochimperialismus）之间的差别更多地以量的形式而不是以质的形式显示出来。充其量是在前面提出的丰富多彩的政治领域加入一些新的元素。居民和生产，对外贸易和对外投资并非在所有的地方都一模一样，但却都在增长，其后果是，哪里存在着分离的势力范围，哪里的海外活动空间就越来越狭窄，而且边界也相向地移动。由于预料到扩张可能性的终结而产生一种担心赶不上趟的恐慌，在这种恐慌中只要还存在一些选择的可能性，占有状况就应当被固定起来并尽可能多地保障未来的选择可能性，只要这样的可能性还存在着。应该考察一下，这个欧洲扩张史上最具攻势的阶段是否比其他任何阶段都更受防御动机的操控！强权政治无论如何比过去更加吃香，1900 年前后具有批评精神的同时代人为了这一事实新创了一个谴责性词语“帝国主义”，用其描绘法国拿破仑三世的政策。

由这种批评产生了很有影响力的解读尝试，即帝国主义理论，约在 20 世纪末时它们便经常与政治争论相关联，特别是从社会经济角度进行论证时。更确切地说，它其实是一个反命题，原本想要揭露同时代的殖民主义扩张的理论和实践，暴露它们的深层结构。这种视角既有弱点也有长处，因为仇恨可以使人迷惑，但也可以使人感觉敏锐！然而，尽管借助它们的帮助能够获得一些对历史的认识，这些理论肯定不能作为绝对真理，而只能看作对它们历史环境问题产生的反应，通过重建它们各自的关联使它们拥有完全按照字面上的相对性。如此，理论的历史变成了历史理论的康庄大道！

871 因此，历史发展到今天，昔日的和当今的帝国的存在在理论上基本不再受到质疑。讨论的问题由“为什么”变为“如何”，特别是它们与现代民族权力国家的区别是什么；尽管它们缺少融入因素，尽管它们的地域结构容易瓦解，辽阔而呈发散状，而将它们聚合在一起的又是什么。除了广阔的市场关系和与此相关联的人员网络系统，帝国权力的基础建立在一个共同的法律秩序和统治秩序之上，任何时候都能够通过中央的干涉强制地贯彻这一秩序。可是通常来说，对于白人和有色人种适用两种法律。在中央区域，也就是王朝治所所在地，这种秩序作为象征性的融合资源能够极为成功地投入使用。比如肯尼亚的臣民对女王的信赖即使在殖民时代晚期与英国势力的冲突中也是无法驱散的。

因为在此期间，帝国和帝国主义也被作为文化现象进行了考察，而今天人们在这方面接受、使用的一些文化概念在意义上并不明晰。比如曾存在着一种特别的帝国主义暴力文化。就德国的情况而言，有人宣称其1904年至1907年在西南非洲肆无忌惮的谋杀和1942年至1945年对犹太人的大屠杀之间存在着一种直接的联系——一个出于单一性假设得出的谬论。因为一方面，德国的军事暴力文化在帝国主义时代，即使在其残酷性方面也几乎与其他国家的军事暴力文化没有区别。当时在英国，公众的军事化也在增强。甚至在国际上成果辉煌的童子军运动也不能否认其渊源是布尔战争的军事经验。无论如何，人们喜欢从军界招募地方执政官。另一方面，在令人如此厌恶的军事上附带损伤①，与少数人进行的准工业屠杀之间，存在一个清晰的质的差别。人们明显忽略了，当时军事术语中的“消

① 指战时造成的平民伤亡和非军设施的损失。——编者注

灭”通常“仅仅”表示使对手失去战斗能力，绝对没有消灭对手肉体的意思。不过，在种族主义的背景下，消灭计划有时会升级到后一种程度，比如1904年在西南非洲就短暂地有过这种实例。

位于帝国主义文化史中心的是“意识的殖民化（colonizationof consciousness）”，即帝国主义的国际化，不过并非仅仅对帝国臣民来说是如此——这并非新奇之事——而且对帝国民族本身亦然。此间，在两个方面不仅涉及帝国主义精英及其代表的影响， 872
甚至操纵，而且也涉及相关大众心甘情愿的自我殖民化，也涉及自由发展者的接受。在具有异国情调的世界进行的扩张为幻想装上了翅膀，尤其是为色情幻想装上了翅膀。另外，发挥重要作用的还有印刷和图片媒介，诸如世界博览会、殖民地展览或民族展览之类的大型活动，利用纪念碑以及与直接参与者个人交往进行的民族英雄崇拜。1931年在巴黎万塞讷（Paris-Vincennes）举办的殖民地展览将它的信息传播给了800万参观者，而对殖民地持批评态度的相反主题的展览只有4226名参观者。

很多商业和工业领域的雇员完全清楚自己的生存在多大程度上依赖于帝国，何况那些参与竞选的政治家们还额外将帝国灌输到他们的脑海里。消费者完全清楚粮食和肉类、茶叶和咖啡、做肥皂的棕榈油和制作首饰的黄金是从哪里来的。学校教学、有关的青少年图书和殖民政治妇女组织的行动也同样为这种对帝国的共识作出了贡献。属于这种共识的不仅有自己文化或者种族优越性的理所当然的意识，也有关于本民族帝国使命的信念和关于本民族法律的信念，甚或还有关于本民族统治责任的信念。根据富兰克林·本杰明的说法，早在18世纪，每个英国人都把自己视为美洲臣民的主人。那里聚集着“被拣选之民族”！

各殖民地通过这种反作用对自己的大都会产生的实际影响是否比先前估计的更强烈呢？这个问题先完全放在一边，对帝国的共识本身已经一再表现了非单一性、自相矛盾和陈腐。帝国的使命和基督教的使命比以往任何时候都更紧密地携手共进。对大多数英国人来说，他们的帝国是一个道德的帝国，也就是说，是一个基督教的帝国。1899 年在海外有 10000 名英国传教士，这是留在英国被授予圣职的英国圣公会神职人员的一半，为他们支出的费用为 200 万英镑，与整个英国官员的薪酬一样多。对于美国人来说，传播新教同样是他们扩张“昭昭天命（manifest destiny）”的组成部分。现在在所有的国家和教派里，女性首次在布道团里发挥着重要的作用。1900 年前后，仅法国就派出了 10000 名天主教布道团修女，因为在此期间，天主教会里除男传教团之外也出现了女传教团。意识的殖民化最初都归因于这些传教士。因此，对于从前的帝国主义理论家来说，他们整体上被视为殖民主义的帮凶。

873 但是在文化史的影响下，通过新的传教研究，我们得到了对事物的更加多样的观点。传教士能够真正地促成意识的转变，这种转变使殖民统治降低了难度，有时与帝国主义政策紧密合作。殖民大国关注着只允许本民族的传教士在自己的领地传教。即使是反教权主义的法国也懂得利用它的传教士为政治目标服务，而传教士也试图从中获得好处。1895 年，印度支那大总督认为：“反教权主义的文章不是观念输出”。然而法国人从一开始就怀疑说英语的新教徒可能是英国的特务。就连山东的安治泰也想利用政治传播基督教，而不是相反的做法。这种研究必须首先学会重新认真对待传教士的冲动本身，不轻蔑地把它仅仅当成物质利益和政治利益合法的掩盖而搁置一旁。因此，在高度帝国主义时代，传道与政治之间的很多矛盾突然显现，直至传教士彻底摒弃殖民统治，如 16 世纪的拉斯·卡萨斯。

过去通常双向地将“坏的殖民者”（1945 年之前为“好的殖民者”）和“好的被殖民者”（1945 年之前为“坏的被殖民者”）截然区分开来，而这种区分不仅仅在这里被证明是不切合实际的。并非只有后者作为模仿者去模仿前者，相反的情况也已出现：欧洲人，或许他们在毫无觉察的情况下扮演起了非洲或者印度的角色。多重身份在这里是常例，很少是特例。除了传播自己的文明之外，殖民地主人同样目的明确地致力于维护当地文化。他们认为这样做有利于为自己的帝国更大的荣誉服务，最终将它们放进博物馆，集中展示给公众。但是也存在一种借助白人学者和有才智的经常出入国境的人作为助产士更新土著文化的可能性。实际经常出入国境的人首先是那些跨越文化和种族界限缔结婚姻或者拥有一种亲密关系的女人和男人。因此，从对“异族通婚（Rassenmischehe）”的态度可以看出，对帝国主义列强而言，同化确实是须认真对待的事情。不过，实际经常出入国境的人也包括已被殖民化的各族的众多成员，他们自愿或非自愿地进入殖民政权的军队服役。关于英国的印度军团已有论述，但是非洲军队也同样具有重大意义。

即便是各个帝国间显而易见的民族对抗也并非无限制的。
事实情况不单单是在延续传统的欧洲大国体系以及“欧洲合 874
作”（这种合作自有其习惯规则和补偿规则）的意义上进行协作，恰恰是这种面向海外的协作才常常使得各类民族帝国主义成为可能，必要时也采取共同行动，比如在中国和在奥斯曼帝国。它们相互学习，使用对手国的科学家的知识，尤其是在热带病学领域。然而，尤其是地理和人种学知识并非呈现着无法反驳的唯一性，而是根据需要被塑造和投入使用。也可以将其他大国的统治技巧作为榜样，这显然比刚在德国道听途说的什么门路可靠很多。早在 1931 年，阿诺尔德 · D. 德 · 卡特 · 安格里诺（Arnold D. de Kat Angelino）撰写的殖民理论手册刚一出版，立即就从尼德兰语翻译成英语和法语。

1867 年和 1884 年的两次选举权改革在英国开创了大众政治时代，无论在英国还是其他地方，这个时代对于新型帝国主义而言都具有根本性的意义。与以往相比，大众报刊、通俗文学、殖民政治大众团体和压力集团发挥着越来越重要的作用。在此之前，政治家一直依靠有效的形式呼吁大众，而且可能以这种方式成为自己煽动行为的俘虏，这种煽动随后也过分地影响到他们的历史形象。在自由党人内阁首相格莱斯顿（1880~1885 年在任）和保守党人迪斯雷利（1874~1880 年在任）的所谓殖民政治的矛盾上，很多东西只不过是做做样子而已。他们一个很少想到英帝国的解体，另一个很少想着有计划的扩张。至少英帝国始终都更具有即兴特性，即使从 1854 年起存在着一个殖民地办公室，而且悄无声息地发展成一种帝国体制。然而在政治上它几乎一直仅仅涉及白人移民殖民地和印度。即使它们对于政府和选民而言也绝对没有什么优先权。它们一个主要涉及与其他大国的关系，另一个涉及各种内政问题。1886 年自由党因爱尔兰问题产生分裂，使 1885 年至 1892 年和 1895 年至 1905 年保守党执政成为可能，1885 年至 1902 年政府由担任首相的索尔兹伯里侯爵领导。

此时，帝国主义、种族主义和社会沙文主义的思想财富才开始影响政治家和大众。1888 年前后就连权威的保守人士也转信帝国主义。1899 年自由党人罗斯伯里伯爵阿奇博尔德·普里姆罗斯（Archibald Primrose Rosebery）可以确认：“现在我们所有的人都是帝国主义者。”殖民地部长约瑟夫·张伯伦
875 （1895~1903 年在任）和首相突然对经济论据的大众效应很感兴趣。帝国主义政策被视为民族生死存亡斗争中所必需的，然而当德国和美国能够显示较高的经济增长率时，英国在世界工业生产力和世界贸易中所占份额正处于下降阶段。在 1899 年至

1902 年的布尔战争中，英帝国的大众化在大众中升级为民族主义的过度膨胀。但是它令人羞愧的过程不仅引起了民族的革新运动，而且也引发了对其他传统的思考。在短短的几年里帝国主义狂热便已退去，正常的政治优先清单又重新建立起来。

布尔战争的经验也引发约翰·阿特金森·霍布森（John Atkinson Hobson）在 1902 年第一次对帝国主义进行了全面的批评性分析，不过其主导思想早已散见于英国殖民地改革者和法国早期社会主义者的著述里。根据霍布森的分析，帝国主义对于一个民族来说是一笔坏买卖，但对于某些阶层和行业却不失为一笔好买卖，如军火工业、军队、运输业，从上流阶层招募的管理机构，尤其是投资人和金融商，他确认这些人中的绝大多数是犹太人。由于国内市场需求严重不足导致生产过剩、消费疲软和资本不足，这些人不得不在国外寻找销路和投资，而这些问题通过帝国主义扩张应该比较容易解决。可是当旨在改革的有力的工资政策和税收优化增加了国内需求时，在海外寻求出路就显得有些多余了。但是帝国主义政治懂得将民众的注意力从国内的弊端转向国外，虽然帝国主义教义中的社会帝国主义和社会达尔文主义的论证在各个方面都站不住脚。

关于帝国主义的讨论在很长时间里偏离了霍布森及其追随者的观点。首先他关于为非洲“新帝国”投资的意义的论点遭到反驳，接着是证明具体的扩张过程根本不可能仅仅从大都会的视角去解释，而是只有考虑城市边缘的发展才能解释清楚。但是后来的解释似乎又重新回到了他的论点。凯恩和霍普金斯再次将大都会政策放到了中心地位，不过却尝试着引入之前研究的复杂结果。这样一来，在英国进行得本就不均匀的工业化绝不可能必然意味着工业利益的政治优势，而大多数人都是这样假设的，即使对此存在一致意见，即对于一项必须确保国家收入、劳动岗位和 876
统治制度稳定的政策来说，促进资本主义发展是最好的选择。可是这项政策具体是由地域和行业基础不同的集团不断重新组合的联盟在不断变化的世界经济条件下实施的。此间，在英国占统治地位的不再是社会声望不佳的北方工业资本主义，而是南方绅士的地产抵押资本主义，直至19世纪中叶主导地位才由地产利益转到城市金融资本主义和服务型资本主义。显而易见，除了霍布森，玛格丽特·撒切尔的英国经验对这种解释也发挥了作用，它给霍布森带来了新的现实意义。

在英国，民族主义和帝国主义在一定程度上追求的是同一个目标，而在法国它们之间的关系却是紧张的，因为1871年之后的法国民族主义首先具有复仇主义特征。殖民扩张可以直接诠释为反叛，总理茹费理（Jules Ferry）必定有过此类感受，1881年他因突尼斯被推翻，1885年因东京（Tongking）①再次被推翻，尽管他在一次讲话中解释说，对自1881年起通过关税保护起来的工业化来说，确保殖民地销售市场是民族辉煌的前提。1887年至1892年任殖民地副部长的欧仁·艾迪安内（Eugène Etienne）于1890年提出了一个合乎规则的扩张计划。1892年，热心殖民地政策的议员们成立了殖民地团体。1894年至1898年加布里埃尔·阿诺托（Gabriel Hanotaux）在外交部的行动使其达到高潮。殖民地交替隶属于外交部和商业部，旧制度时隶属于海事部，之后于1894年建立了一个独立的殖民地部。但是“殖民党”却始终是少数，进入20世纪后殖民政治在这里也很快被冷落。只有当民族荣誉受到威胁之时，公众舆论才被短暂地动员起来。尽管如此，法国帝国主义也绝非像宣称的那样仅仅是民族主义的事情。商业利益和工业利益从一开始就参与其中，而且殖民帝国早在1914年之前就已经是最重要的商业伙伴之一。1900年前后，商业协会就已

① 东京（越南语：Đông Kinh）是河内的旧名，法国人控制越南后用它指越南北部大部分地区，越南人则称之为北圻（越南语：Bắc Kỳ）。

经开始了殖民宣传，甚至部分地负责殖民地行动的培训。但是有责任心的经济利益限于单个的团体。重工业和金融寡头长期持观望态度，对殖民地的投资份额很低。1880 年法国进口货物的 4.8% 来自殖民地，后者接收了法国 7.8% 的出口，1913 年两组数字分别为 9.4% 和 13%。但是食糖、大米、葡萄酒和牲畜全部或者绝大部分来自英帝国，机器和金属产品的三分之 877
一以及肥皂的三分之二都出口到那里。对法国来说，直至两次世界大战之间的时间，殖民地才在经济上变得真正重要起来。

自 1789 年起，殖民地在议会里基本上都有代表，1936 年，666 个众议员中有 22 个殖民地代表，307 个参议员中有 7 个。因为这里所涉及的并非殖民地所有居民的代表，而是仅仅涉及法国移民，特别是前往阿尔及利亚的移民，还有那些已经获得法国公民权的少数土生土长者。长期同化被殖民者的最初理想虽然具有欧洲中心论特性，但至少具有平等和普世思想，世纪之交时，这一理想也不得不让位于他们那纯联想性的等级制观念。共和国也具有了帝国特性，开始维护一种“野蛮的帝国文化”（Le Cour Grandmaison 2009）。虽然批判殖民主义和反种族主义的传统依然在延续，但即使在 1925/1926 年对岛礁上的柏柏尔人的战争中也只有少数极左派提出了令人难忘的抗议。多数人仍然停留在普遍的偏见里。

在德国，俾斯麦的外交政策也是果断地面向欧洲，虽然在经济扩张的影响下在他那个时代的政治文献中已可以看到经典帝国主义的教义，其中包括因活动空间越来越狭窄而须确保原料供应、销售市场和投资场所。然而当内政需求与有利的外交形势相契合时，他的殖民政策只是个插曲。与通常情况一样，强权政治的考量对他来说发挥着决定性作用。当英国不得不承受各种各样的失败之时，当它因为埃及与反英势力掌权的法国疏远之时，当与俄国在阿富汗的冲突导致大战在即之时，他利用英国暂时的虚弱和孤立来推行他的殖民政策。然而对俾斯麦在转向殖民政策时所追求的目标可以进行不同的解读，不过各种诠释建议不一定相互排斥。在内政方面，由于殖民热情高涨而赢得了大选，因为据说帝国主义甚至对德国的自由主义都变成了决定性的。可是到 1884 年这种打算不再有效了——或许这是殖民政策很快又被放弃的一个原因。除此之外，通过对德国商业利益的反周期探索可以促进经济。1883 年至 1885 年出
878 口受挫，但是 1885 年至 1890 年又重新增长。最终可能是通过将内部冲突转向外部使这个制度重新稳固下来。至少在俾斯麦的个人地位方面应该说是合乎实际的。俾斯麦是否出于这个原因试图在德国建立一种能够发动起来的反英潜能，从而将当时被错误地期盼很快将成为皇帝夫妇的王储夫妇的自由主义亲英国倾向中立化呢？这里是否涉及一种旨在以后通过让步，重新赢得英国而对其施压的尝试呢？殖民地是否可以作为巧妙操纵的筹码和补偿的对象投入利用呢？这里是不是在尝试接近法国，或是在殖民政策领域对阿尔萨斯－洛林地区（Elsass-Lothringen）进行补偿，或者是在均衡政策的意义上以一个德法殖民联盟对抗英国呢？无论具体采取什么态度——俾斯麦一次次利用呈现给他的机会，但却从来不是一个帝国主义者，殖民政治只不过是诡计囊中的一个权宜之计，别无他用。

而在威廉时代，自 1897 年起帝国主义的“世界政治”已经属于官方计划，1906 年，它实际上已不再具有重大作用之后至少在口头上还依然如此。在宏伟的计划和微小的成果之间至少存在一种不相称的关系。在世界政治方面，比获取其他殖民地更为重要的是在中国和奥斯曼帝国进行的非官方经济扩张，尤其是在海军装备方面。1886 年建立起来的海军快速巡洋舰舰队及其至 1914 年的后继部队对与其他帝国主义大国之间的冲突来说还是太虚弱了。它们主要用于完成殖民地的警察任务。

美国的扩张政策遭遇的是另一类矛盾，也就是作为其起源的所谓反殖民主义冲动。迅速将新获得的土地变成联盟成员，对自己大陆的占领便与其一致了。但是对于拉丁美洲和亚洲的天主教和非基督教深肤色居民来说，这样做就行不通了。在东亚涉及的毕竟只是用于市场开发的基地。原则上，美国保持着这种自由贸易和自由投资的帝国主义，它再一次允许意识形态和利益毫无问题地结合在一起。但是在必要时，军事干涉和占领也完全属于这种自由贸易帝国主义的计划，因而在 1898 年同一时间进行的美西战争中以及在其他地方，它导致非正式的帝国主义暂时转为正式的帝国主义。在国际竞争日 879 益加剧的时代，伴有社会关系紧张的经济危机使得对海外市场的期望高涨。与此相关联，在美国也喊出了种族主义和社会达尔文主义的口号，尤其是西奥多·罗斯福和海军上将阿尔弗雷德·赛耶·马汉（Alfred Thayer Mahan）周围的那些人。马汉是帝国主义时代影响极大的海权主义学说的创立者，根据他的理论，海军力量在强权政治上具有决定性的意义。毕竟美国的蒸汽舰队是世界第三大舰队，而且扩充速度最快，1890 年拥有战舰 456 艘，总吨位 417138 吨，10 年后战舰增加到 932 艘，总吨位 1454966 吨，位列英国（1890 年拥有战舰 5471 艘，总吨位 5369952 吨，1900 年发展到战舰 7930 艘，总吨位 12149090 吨）和德国（1890 年拥有战舰 761 艘，总吨位 762915 吨，1900 年发展到战舰 1209 艘，总吨位 2199919 吨）之后。

当世纪交替那些年短暂的高度帝国主义狂热再次消退之时，在德语区的社会主义圈子里开始了一场争论，争论为什么资本主义在马克思的预言面前没有走向崩溃，在此期间，它的新型帝国主义的生存战略发挥着什么样的作用。继 1910 年鲁道夫·希法亭（Rudolf Hilferding）的文章和 1913 年罗莎·

卢森堡（Rosa Luxemburg）的文章之后，1916年，流亡者列宁撰写了通俗但却具有巨大影响力的总结性文章。根据这一总结，如果金融资本控制整个经济生活，资本主义便通过自我组织为卡特尔和垄断发展成帝国主义。现在起决定性意义的不再是商品出口，而是资本出口，是大型康采恩出于什么目的在它们中间瓜分世界。这必定不可避免地导致冲突，导致被压迫民族的反抗，尤其是导致相互竞争的金融大国之间的战争，在这些大国里，资本主义尽管找到了帝国主义这条出路，最终还是会灭亡。对于列宁来说，首先是以此解释第一次世界大战，而他的追随者们却更强调抵抗殖民主义的意义。然而他们绞尽脑汁思考这样一个问题，即被判言灭亡的资本主义再次找到了出路，其国内市场的发展是霍布森呼吁过的，而列宁却断然宣称不可能。

由于这一成功的战略，资本主义体系对剩余世界的需求最终比任何时候都少，除了一些原材料，例如石油，而它们对资本主义大都会的依赖性显然不可能轻易摆脱，这成了它
880 们自己的命运。因此，在从属理论的帮助下有了向着眼于外围的转变——一个早该出现的转变。除了中心地区无疑具有决定性推力之外，外围吸引力也必定属于一个如同欧洲扩张的过程，从逻辑上说这原本是理所当然的。可是即使是批判性理论家也长期受缚于流行的欧洲中心论。现实发展不仅驳斥了欧洲中心论，同样也驳斥了从属理论。因为一系列当年的殖民地和被视为毫无希望的欠发达国家如今是全球资本主义成功的参与者，在这方面中国列于首位。

直至进入20世纪，力量的不均衡越来越朝着有利于西方的方向发展，并在帝国主义时代达到了高潮。在此期间，除了经济和财政潜能之外，交通技术和武器技术也被赋予了极其重要的意义，例如蒸汽船、铁路、运河、电报，尤其是1880年

至1884年研制出的机枪——马克西姆机枪，希莱尔·贝洛克（Hilaire Belloc）的格言这样说：

> 不管发生了什么，我们拥有了
> 马克西姆机枪，但他们没有。

外围以创造性的合作对优势力量作出反应。研究前所未有地得出明确的结论，数量少得常常令人惊讶的欧洲人要在那里实现自己的目标唯有如此做，绝对不能仅仅依靠赤裸裸的武力。因此，他们在这种范围内依赖他们的当地助手，而拒绝合作以及为此而进行的论证必然让他们的统治陷入危机时刻，必将成为去殖民化（Dekolonisation）的开始！除了让一个个大都会和外围地区简单地面对既成事实，那些身在当地胸怀次级帝国主义（Subimperialismus）野心的人经常还在继续推进扩张，即使在无线电和电报机时代也是如此！并非只有英帝国知道，比起一般的总督，正规的殖民地或自治领的总督（Proconsul）拥有更多权限和影响，比如埃及的克罗默伯爵埃弗林·巴林（Evelyn Baring Cromer）、印度的寇松、南非的亨利·巴特尔·弗里尔（Henry Bartle Frere）和米尔纳，以及尼日利亚的路加德（Frederick Lugard）。在这个过程中，经济动机和军事动机，或者传教动机也都有可能成为决定性因素。虽然戴维·K. 菲尔德豪斯（David K. Fieldhouse）对外围进程进行的总结性研究（1976年）不出所料得出了一个相当混乱的图像，但还是得出了一个基本规则，即在欧洲的扩张过程中，经济利益和政治决定之间关联的建立很少是因经济利益集团对中央政策直接施加影响，而是因为对外围的经济行为 881
制造了问题，然后必须为这些问题找到政治解决方案。

在印度支那（法国人对东南亚半岛东半部的称呼），这类人甚至从17世纪起就有积极活动，并非没有经济利益因素，但最初具有代表性的是传教士。北部的东京和南部的交趾支那这两个大河流域通过沿海国家安南联系在一起，共同组成了安南或者越南王朝，它处于中国宗主权之下，并且深深打上了中国文化的烙印。西边邻国老挝和柬埔寨处于暹罗（泰国）的统治下和印度文化的影响下——甚至路易十四都曾经向暹罗派出了一个正式使团。但是法国传教士的活动重心在安南，17世纪中期他们在那里为越南语引入了今天仍在使用的带变音符的拉丁字符（quōc ngū，国语字）取代了中国字符。自18世纪晚期，传教士们成功地在越南政治中承担义务。

19世纪初，虽然安南的统治者很想与法国继续保持良好关系，但却绝不容忍其文化的影响。传教被禁止，历次迫害基督徒的浪潮据说夺去了13万人的生命。由于法国反正在中国已经打出了传教这张牌，而拿破仑三世又不得不安抚那些对他的意大利政策感到愤怒的天主教徒们，教会建议他介入其中。最终，法国于1859年首先与西班牙一起占领了西贡（Saigon），这样就有了按中国模式进行条约欺诈的筹码。事实上，1862年安南不得不允许宗教自由和开放三个港口，特别是割让西贡
883 和交趾支那三个东部的行政区。法国海军想要并且得到了“它的香港”。法国人为传教而来，因海军留了下来。

为了确保首先是用战斗换来的在印度支那的地位，驻在西贡的军队将自己的影响扩张到了柬埔寨，其国王放弃安南而向法国寻求保护以对抗暹罗的要求。1863年，柬埔寨成为法国的被保护国，法国派出一个总督负责外交，1866年通过与暹罗的协议确认了这一关系。西贡应取代曼谷成为柬埔寨的出

口海港。1867年，交趾支那的其余部分同样也被占领。其间，商业利益也提出了寻求有利的中国通道的要求；首先是里昂的丝绸工业希望获得廉价原料。1866年，一支探险队沿湄公河溯流而上，意欲找到一条直接通往中国南方的道路。虽徒劳无功，然而却证实东京的红河发源于云南。其结果造成了法国的一波东京热情浪潮，尤其是与此同时英国也试图从西边向中国南方推进。围绕着向中国的起义者提供武器的军火商涂普义（Jean Dupuis）的纠纷导致了1873年对河内的占领，在这件事上地方主管当局明显逾越了来自西贡和巴黎的指令。新的第三共和国还要为与德国的战争的结果而斗争。因此虽然行动结束了，但安南被促使于1874年签署了一份新协议确认割让交趾支那，开放红河和东京的三座城市进行贸易，建立了一个表达模糊不清的法国对安南和东京的政治庇护。

与帝国主义时而遇到的情形一样，后来的发展与自1876年安南意欲借助其宗主中国的帮助再次摆脱欧洲庇护的尝试联系在一起。1880年，中国明确拒绝开放云南陆路，中国地方武装“黑旗军（Schwarze Flaggen）”——最早可追溯到当年逃亡的太平军追随者——为安南效力负责封锁红河。除了其他的欧洲首倡项目之外，英国修建的缅甸铁路也对此形成威胁。首次在本土被鼓动激发起来的更为广泛的兴趣参与进来，在那里，除了很有影响的殖民理论家保罗·勒鲁瓦－博利厄（Paul Leroy-Beaulieu），各个地理协会和商会也出尽风头，而重工业和金融寡头却持观望态度。在法国加工的生丝有38%来自中国，1880年里昂的丝绸工业负担着法国出口收入的7%，在这种情况下，人们会愿意为寻找一条获取廉价生丝的通道付出一些代价。此外，中国南方市场极具诱惑力，因为按照在那里 884
的贸易结算，法国从中国的进口额为400万英镑，而出口额仅13.6万英镑。

1882 年，法国向东京派出了一支远征军讨伐黑旗军，后者占领河内之后陷入困境，自然没有什么战力。由此演化出 1883 年至 1885 年与中国的战争，战争以北京再次受辱签署《天津条约》（Vertrag von Tianjin）结束。结果是与安南的两个条约，根据条约，东京保有安南形式上的主权，但作为受法国庇护的国家或多或少归属总督直接管辖。在安南，派驻在宫廷里的大总督变成外交部部长和一种非正式总理，因为国家的关税、交通业和公共工作岗位都处于法国人的管辖之下。在继续战斗至 1885/1886 年之后，最终中国承认了法国在安南的地位，并同意给予法国比海路更加优惠的 5% 的关税。巨额的行动费用尽管微不足道，但其后续影响还是导致了茹费理内阁的垮台。1885 年在议院表决是否保留东京时赞成票仅多出 4 票。

尽管如此，法国的扩张没有就此罢手。自 1884 年起，暹罗以重新提出对整个湄公河谷地的主权要求作出反应，截至 1888 年，通过征服湄公河东岸各老挝王国将自己的阵地继续朝狭窄的安南推进。暹罗好像已处在英国的影响下，因而法国人 1880 年代和 1890 年代在老挝的经济和政治行动原本就是针对英国的。1893 年，法国以封锁曼谷的海湾迫使英国将老挝转让给自己，英国内阁容忍了此举，条件是作为英国和法国之间的缓冲国保留暹罗的核心区域。1896 年的这种处理到 1907 年以条约形式确定下来，因而暹罗可以相对不受干扰地实施自己的现代化，尽管 1909 年它再次被迫顺从英国放弃了对马来半岛的主权要求。

通过与英国巧妙周旋，18 世纪晚期强大起来的暹罗王朝才能够维持自己的独立。像中国一样，它走的是一条以屈从取代反抗的道路。然而英国的利益在这里不如在缅甸那样广泛，以至于英国可以满足于施加自由贸易帝国主义的间接影响，前提是将法国排除在外。1855 年一份商贸条约终结了暹罗王室

此前的外贸垄断，确定了3%的进口关税和5%的出口关税，885
并且给予英国人通常的“法外法权（Extraterritorialität）”。其间王室对鸦片、赌博和酒类实行垄断并且将其包租给中国人。国王蒙固（Mongkut，1851~1868年在位），尤其是朱拉隆功（Chulalongkorn，1868~1910年在位）此时主持着现代化。佛教进行了改革，奴隶制度被废除，王子们从事着西医、兵法和造船。国王朱拉隆功亲自前往印度和印度尼西亚，两次到欧洲旅行。当1880年代在国外受过教育的年轻人取代了那些保守的老部长时，改革路线得到加强，1890年代有英国人、丹麦人和德国人为其发展提供帮助。第一批医院出现了。1898年至1910年，现代的政府学校里学生的人数从5000增加到84000。政府和行政机构被重组和集中。1902年已经可以借助一支现代化军队镇压叛乱。随后在1939年至1946年，最终于1949年以人种民族主义的现代国名泰国（Thailand）替换了传统国名暹罗。然而，没有变化的权力和财产情况阻碍了农业改革，工业化也停滞不前，因为与日本不同，西方可以用自己的产品充斥这个国家。

在漫长的战斗中，越南自1885年至1897年渐渐被法国人“安抚下来”。后来的法属非洲地方总督约瑟夫·西蒙·加利埃尼（Joseph Simon Gallieni）和赫伯特·利奥泰（Hubert Lyautey）分别于1892年至1896年和1894年至1897年期间也参与其中。1900年前后，精英们和人民的反抗被征服，殖民地稳固下来。外交部对创建于1887年的印度支那联邦（Union indochinoise）的管辖权被收回，联盟被划归1894年新建的殖民地部管辖，这破坏了受庇护国的法律地位。联盟首先通过大总督保罗·杜美（Paul Doumer，后来的法国总统）于1897年至1902年获得了它的组织形式。它由五个在法律地位和结构上迥然不同的部分组成：交趾支那、安南、东京、老挝和柬埔寨。宗主国的唯一代表是驻河内的大总督。他拥有一个中央管理机构，下设负责农业、商贸、司法、关税、公共事务和内务的部门，由关税提供运行资金，而直接税则处于五个国家的管辖之下。一个由官员、工商协会的代表以及当地名流组成的印度支那最高理事会（Conseil supérieur de l'Indochine）仅仅拥有咨询权，尤其是在财政预算方面。交趾支那殖民地副总督和四个被保护地的总驻扎官（Résidents
886 supérieurs）从大总督那里获得他们的方针，然而它们的管理机构组织形式迥然不同。老挝和柬埔寨与英属印度邦国的区别仅仅是法国人加强了渗透，而安南的统治者几乎完全被剥夺了权力。新成立的部长理事会在总驻扎官的主持下开会，而且决议都需要他的同意。在东京虽然有安南官员传统政权管辖下的乡村自治，但却受到众多驻扎官的严格控制，以至于整体上基本就是直接统治，正像它在交趾支那统治的那样。

因为法国在那里直接寄希望于社会文化的同化。法国官员取代了传统的统治体制，在司法方面实行宗主国法国的法律。1879年，一个国民总督取代军事管理机构治理交趾支那，1880年建立了一个殖民地议会（Conseil colonial），1881年在巴黎议会有了1个议员席位。殖民地议会的16名议员中10名是法国人，拥有预算权并确定赋税。由于在2000名拥有选举权的法国人中1500人是官员，这就形成了一种自我服务。尽管大总督限制了这个议会的权力，西贡的官员和商人的利益仍然重要，特别是他们能够通过其议员直接在巴黎发挥作用。

直接税收，首先是在殖民地普遍实行的人头税，后来是土地税，都要比前殖民时代高，但是1900年巴黎确定，各殖民地必须自行筹措资金。获得印度支那使法国在1859年至1895年耗费了7.5亿法郎。接着殖民地通过接收法国贷款解决自己的经费，1912年使用贷款消耗掉了其47%的收入。骇人听闻的是通过法国对食盐、酒类和鸦片的垄断实现的间接税，因为管理机构为此不仅要与普遍的非法酿造作斗争，甚至还要促进毒品消费。1904年收入的一半来自这三项垄断。除此之外，法国人较少承受这种税收制度的压力。1913年，越南的人口数是1700万，另外还有23000名法国人。总体上人口密度很小，与之相反，红河三角洲、安南沿海地区和湄公河三角洲人口密度很大，最高达每平方公里1000人，其基础为纯农业。小地产在东京水稻种植民中发挥着重要作用。但是人口压力和税收负担加重了债务，由于法国法律有利于债权人，小农流失 887
土地而大地主获得土地的趋势出现了。可是这种趋势不能单单归咎于殖民统治，因为它同样也出现在相邻的暹罗。在交趾支那的新开发的水稻种植地区，法国和越南大地主占统治地位。但是印度支那变成了位于缅甸之后的世界第二大稻谷出口国。1921年，稻谷出口占其出口额的75%，1930年仍然占60%。

当时的发展政策首先是铁路政策。除了通常的投资生意——必须从杜美出于这一目的整顿过的殖民地财政中为这些投资支付利息——人们还期待着殖民地交通整合方面的大手笔，期待着通过云南铁路开发中国南方的大手笔。1902年，杜美让人在红河上建造了著名的铁路桥。至1914年，法国人在印度支那建成的铁路里程为1600公里，在中国为464公里，但是从一开始就规划的南北铁路直至1936年才得以建成。在这里，铁路建设很少像在印度那样引发一次对工业化的推动。它也压根不该是这样，因为可能成为法国竞争对手的殖民地工业是不受欢迎的；最终人们只是希望获得一个销售市场。关税政策也是与销售市场相对应的。1892年也是为了交趾支那取消了自由贸易，法国关税额适用于第三方的进口，而与法国的贸易往来则是免关税的，因而大都市可以控制这个市场，而印度支那则提供原料。此外还有矿业产品，如在东京使用妇女和

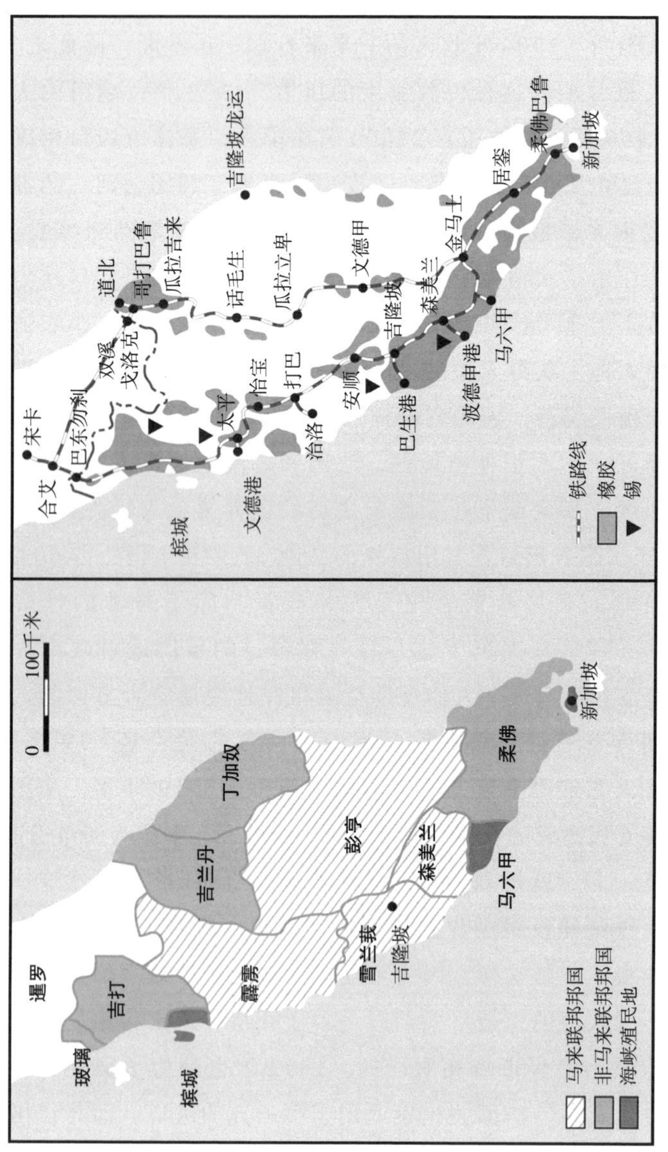

暹罗
玻璃
吉打
槟城
霹雳
吉兰丹
丁加奴
彭亨
雪兰莪
吉隆坡
森美兰
马六甲
柔佛
新加坡
0
100千米
马来联邦国
非马来联邦国
海峡殖民地
宋卡
合艾
巴东勿刹
双溪
戈洛克
道北
哥打巴鲁
瓜拉吉来
吉隆坡龙运
话毛生
瓜拉立卑
文德甲
槟城
文德港
太平
怡宝
打巴
治洛
安顺
巴生港
吉隆坡
森美兰
金马士
波德申港
马六甲
居銮
柔佛巴鲁
新加坡
铁路线
橡胶
锡

插图 78 英属马来亚

童工在早期工业的劳动条件下下井开采的煤炭，它们主要向日本出口。法国人很早就在这里进行了投资。但是他们却没能把印度支那变成印度或者印度尼西亚式的金矿。

即使在自1824年属于英国利益范围的“马来亚”，世界在帝国主义时代也变得狭窄了。首先只有狭小的英国领地，1826年被纳入海峡殖民地（Straits Settlements），自1832年起拥有新加坡作为首都。半岛各马来土邦一部分处于暹罗的统治之下。英国首先将其影响力扩展到南端的柔佛，它放弃了对内部事务的干预，以避免其他麻烦。这样做是不值得的，因为英国的基地并非目的本身，而是为了确保中国航路而创建的。1867年海峡殖民地摆脱了加尔各答和印度办公室的管辖，拥有一个自己的总督并隶属殖民地办公室管辖，这时情况 889
便发生了变化。现在地方利益，尤其是新加坡的利益有了发言权，它们于1868年在伦敦就已经促成了一个真正的游说团体的创建。

在此过程中很少涉及通常的地区贸易，更多涉及的是在霹雳（Perak）、雪兰莪（Selangor）和双溪芙蓉（Sungei Ujong）[后来的森美兰州（Negri Sembilan）的一部分]西海岸露天开采的锡，它自1860年代起在世界市场上越来越抢手。当时的罐头盒就是由锡做成的，此外它还被用于制成各种合金。但是锡的生产牢牢地掌控在中国企业主手中，他们常常利用相互竞争的秘密社团控制同为中国人的工人和制服竞争对手。除了这种凶残的争斗，还有各土邦里不断的冲突以及司空见惯的海上掠夺，因而制造了相当混乱的局势。尽管如此，1870年前后在雪兰莪各锡矿投入的海峡殖民地的资本据说已达20万英镑，1873年在新加坡成立了雪兰莪锡公司（Selangor Tin Company），它竭力争取英国的资本，为了维护安全和秩序竭力争取英国进行干预。虽然当地的英国人已于1871年卷

入一场雪兰莪的内战，但伦敦却未表现多少兴趣。这时，公司
889 让它在伦敦的一个马来伙伴进行了征询，看“英国或者其他任何一个政府”是否能够为保护商人和投资者进行干涉，并补充称这些土邦计划归附于某个欧洲国家的庇护，可能是德意志帝国的庇护。

此举发生了作用，因为伦敦不无忧虑地观察到，法国是如何在印度支那半岛扎下根来，美国如何在太平洋地区扩张自己的影响。由于苏伊士运河的开通，马来亚和苏门答腊之间的海峡变成了一个安全高度敏感的区域。亚齐引起了人们的疑虑，但首先让人疑虑的是德意志帝国，它刚刚在《三皇同盟条约》（Dreikaiservertrag）里与英国的死对头俄国建立了联盟。很明显已经没有其他的选择，唯有加强英国的存在，人们想对可能的竞争对手采取先发制人的措施。为什么不在这里也采用在印度经过检验的总督制呢？

然而速度不是由伦敦，而是由新加坡总督决定的。与给他的指令相反，他行事的座右铭是“先斩后奏（to act in the first place and to report afterwards）”。因为1875年一个总督被杀害，军事干涉看来不可避免。从此时开始，霹雳、雪兰莪和双溪芙蓉各由隶属于新加坡的总督控制，其实就是统治。法国在印度支那的扩张促成了向东海岸的推进。1885年在柔佛设置了代理官，1888年在彭亨（Pahang），当森美兰邦形成时，它也于1895年有了一个代理官。随着马来联邦（Federated Malay States，霹雳、雪兰莪州、森美兰州和彭亨）的建立，自由党政府已制定好的计划于1896年变成了现实。1897年，暹罗以条约形式承担义务，在处于它的主权之下的北部土邦玻璃市（Perlis）、吉打（Kedah）、吉兰丹（Kelantan）和丁加奴（Trengganu），在未与英国协商的情况下不颁发许可证。然而由于德国的行动，英国促成暹罗于

1909年放弃它的权力并将北部也转让给英国。马来亚自此往后由英国的海峡殖民地、4个马来联邦邦国和5个属邦组成。

英国扩张的结果是马来亚锡产量剧增，1883年居世界第一，1890年超过所有其他国家锡产量的总和。除此之外，技术的改善，特别是蒸汽泵抽水发挥着重要的作用。尽管有政府的帮助，但对于欧洲人来说，中国人的优势仍然存在，这也是因为中国工人并非毫无顾虑地愿意为非华人工作。然而，当大规模的可露天开采的矿床需要费用更加昂贵的技术时，中国人 890
的资金经常不再够用。1906年，西方投资的矿区的产量才占马来亚锡的10%，1920年达到30%；1936年，中国人投资的矿区还占锡产量的36%，尽管中国工人仍然占工人总数的81%。

由于政府的支持和交通事业的扩大，由欧洲人控制的种植园经济增长迅速。在尝试过不同的产品之后，“橡胶革命”在1890年代带来了很大的突破，最好的橡胶树——巴西三叶橡胶树于1874年被从巴西走私出来。新加坡植物园园长通过有计划的研究解决了与浆汁提取相关联的各种问题。1895年种植了第一批橡胶树，繁荣出现在1905年至1912年，因为1903年亨利·福特（Henry Ford）建立了他的汽车厂。橡胶种植的传播跟随着铁路的发展；它在西部开始，随后遍及东部，最后传至北部。为了提供劳动力，当地开放了向境内移民。自1906年起，人们推动印度人的移民。所以在西北部泰米尔人占优势，而在南部和东部中国人在工人中占多数。现在马来亚也受到了英国投资的青睐。1914年在这里投入了2730万镑的资金，比除了印度和白人自治领以外所有其他殖民地都多。马来亚理所当然地变成了英帝国重要的组成部分。

在相邻的印度尼西亚，这个殖民大国的力量首先被对亚齐的战争束缚住了手脚，虽然大总督1881年已经谈及了危险，称有能力在外岛立足的不仅有英国的企业主，而且还有德国人和意大利人。事实上，英国人已经在通往中国海路的南部边缘的北婆罗洲定居下来。1841 年至 1942/1946 年，布鲁克（Brooke）家族控制着广阔的沙捞越地区，苏丹国文莱（第一位布鲁克在为其效力时得到了这片土地）最终只是其中的一块飞地。1888 年建立了英国对这两个地区和相邻的北婆罗洲公司地区［沙巴（Sabah）］的庇护。帝汶岛的葡萄牙总督已经于 1951 年在一份条约里将属于他的一半岛屿的西部边界确定下来，并且以 20 万荷兰盾的价格将对弗洛勒斯岛（Flores）和索洛岛的权利转让给了尼德兰人。至 1912 年，葡萄牙加强对东帝汶（Osttimor）控制的努力不是特别成功。

与众多邦主签订的五花八门的条约妨碍了尼德兰努力增
891 强自己的实力。根据在亚齐的经验，人们按照许尔格龙涅的建议转变了方法，不再与各邦主相互之间签订条约，而是要求一个单方面的屈服声明，它仅仅还包含着三点：承认尼德兰的主权、放弃与第三大国间的关系和承担服从殖民政府一切规定的义务，也包括内政管理方面。1898 年开始实行的《简短声明》（Korte Verklaring）于 1927 年构成了与 267 名邦主关系的基础；只有 15 名邦主还获得了另外一个条约。

从此以后，在尼德兰官员的表述中涉及的不再是给各邦主的建议而是指令，如有必要可以使用武力贯彻这类指令。但首先是剥夺了邦主的土地收入，尽管他们从中还得到了自己的生活费用。它们流入一个地方银行以备官员使用。全面控制整个群岛的决定是 1904 年在亚齐之战的胜利者范·赫兹将军与首相和殖民部长的一次谈话里作出的，首相和部长与范·赫兹的顾问亨德里库斯·科莱恩（Hendrikus Colijn）一样都属于加尔文派。于是在多次远征中，整个今天的印度尼西亚都屈从于这种原则之下。在此过程中，各邦国被置于尼德兰的直接管辖之下，特别是不顺从的邦主，如苏门答腊的占碑（Jambi）苏丹或者巴厘岛的几个邦主，否则就使用《简短声明》。占据东南部的英国人对从尼德兰占据的地区发动的入侵提起申诉并以自己的措施进行威胁之后，甚至还实现了对西新几内亚的控制。与实行新的管理体制的最初几年一样，这类行动由军队来承担；总兵力只有5000~6000人，但此时非常有效力，它拥有进行丛林战和应付游击战的特种部队。在一些地方，这类行动持续到了1920年代，不过第一次世界大战前该群岛事实上已基本成为荷属印度。

这种尼德兰帝国主义（niederländischer Imperialismus）
受到一个新的政治转折的影响——摒弃了贯彻在前几十年殖
民政策里的自由主义，转向了注重土著福祉的“伦理政策
（ethische Politik）”。即使在这里也可以证明自由主义的殖
民政策经常造成对土著不利的结果。因此，应该放弃不干涉邦
国内部事务的自由主义原则，为了土著的福祉，要么完全清除
其统治者的管理混乱，要么通过尼德兰的监控进行净化。早 892
在1936年，大总督就宣称，印度尼西亚若要成熟得足以独立，
还需要尼德兰再统治300年。因此，征服土著是为了他们的福
祉，然而在其他大国也可以看到的伦理帝国主义（ethischer
Imperialismus）在那里并未赢得多大影响力。冯·瓦伦霍文
（Cornelis van Vollenhoven）是莱顿大学主讲印度尼西亚法
律的教授，他试图让整整一代殖民地官员铭记他的观点，即管
理机构要注重土著的福祉，同时要尊重他们的生活方式。该系
是高级殖民地官员国内行政（binnenlandsch bestuur）的培训
地。殖民地行政机构在议会颁布的法律的框架内独立运作，这
样就能够发挥有利于印度尼西亚人的作用。甚至主管大臣通常
也是出自同一个群体的职业官员，不像在其他国家那样往往是
政治家。

种植园利益群体于1925年在乌德勒支大学（Universität Utrecht）建立了一个与之竞争的印度语言文化学系，试图以此从根源上对付伦理政策，但这是徒劳的，因为继任官员更喜欢莱顿，在那里他们可以寻找到与业已扎根的精英们的联系。此外，越来越多的混血儿，即所谓的“欧亚混血儿”，找到了进入管理机构的路径，而经济领导层的位置对他们依然是关闭的，也就是说，伦理学家和自由主义者之间的冲突混杂着欧亚混血儿和欧洲人之间的冲突。现在，管理机构不再愿意为种植园保留自由土地，并将人口压力完全导向廉价雇佣劳动。另外，它还尝试建立新村镇，甚至努力改善契约工人的处境。可是并非一切都特别成功，例如1931年才对违背劳动契约的做法发出了惩罚警告，而之前在美国已有人于1929年提出一个法律动议，力争禁止进口在这种条件下生产的商品——不过那也可能是在菲律宾的美国烟草种植者针对苏门答腊的竞争者使出的一个妙招。

占领菲律宾绝不是干劲十足的海军部长西奥多·罗斯福一时冲动的行为。正如1900年选举获胜所展示的那样，他的超前行动受到了总统威廉·麦金莱（William McKinley）的赞赏，而且符合国家的帝国主义氛围。当然，对于美国的这类目标来说，有马尼拉优良的港口作为“美国的香港”似乎已足够
893 了，可是为此必须从西班牙手中夺取整个岛屿群，因为否则就可能会有一个外来力量扎下根，或者一个独立的菲律宾共和国可以继续致力于重新获得马尼拉。

因为与亚洲其他西方殖民地相反，这个持续了数百年的文化移入过程造就了一批西方类型的半现代精英，但他们是当地出身，而对于成功的去殖民化来说他们是重要的前提。也就是说，按照拉丁美洲的榜样出现了一场独立运动，它首先由一个新的中间阶层承担，在秘密社团里组织起来。有威胁的揭发促

使密谋策划者于1896年开战。1896年，思想先驱何塞·黎刹（José Rizal）被处决，之后埃米利奥·阿奎纳多（Emilio Aguinaldo）在经历了内部流血冲突后被确立为领袖。1897年建立了菲律宾共和国，其宪法依据的模式是1895年的古巴宪法。但是西班牙人取得了优势，以至于起义者们于1897年底表示愿意与普里莫·德里维拉（Primo de Rivera）将军签订条约，根据此条约，领袖们必须流亡，而追随者们则可以期待特赦。然而，流亡者很快在香港成立了革命政务委员会，而且将军根本没有放弃惩处投降的起义者。

当他们在马尼拉的海面上成功地对西班牙舰队发动进攻之后，美国人随即将阿奎纳多和他的追随者请回国，后者很快于1898年建立了一个拥有美国式宪法和说他加禄语（Tagalog）的新共和国，除了作为官方语言的西班牙语之外，他加禄语是吕宋岛最重要的语言，但是首先是成功地与美国人并肩战胜了西班牙人。1899年西班牙最后的抵抗被击垮之后，菲律宾人想依靠美国支持实现独立的梦想也迅速破灭了。他们被排除在美国和西班牙之间的和平谈判之外，和谈约定将这个国家转让于美国。美国总统随即宣布美国将接管菲律宾。可是这份与西班牙的和平条约在美国参议院经过激烈争论之后才以极微弱的多数获得通过，赞成方仅多出一票；反帝国主义者即使在当时的美国也绝不是无力的。阿奎纳多于1899年向美国宣战，战争持续到1902年，当阿奎纳多命令处死了他最好的司令官，而且他本人也于1901年被捕之后，就再无取胜的希望了。此时，美国人可以开始在小规模的战争中征服各个岛屿，特别是西班牙人从未彻底征服的南方穆斯林。事实上，苏禄（Sulu） 894
和棉兰老岛（Mindanao）至1915年第一次完全归入菲律宾。

在战争达到顶峰的1900年，与菲律宾人进行战斗的是配有最现代化的武器的7万美国人。有6000名美国黑人士兵被怀疑同情菲律宾人而最终被调回，而这并非完全没有理由的怀疑。美国人阵亡4200名，独立军士兵被杀2万人，其他菲律宾人中的死亡人数至少有25万，根据其他数据甚至达75万。争取平民支持的策略与残酷的惩罚措施相互配合。整个地区的农业被有计划地破坏，存活下来的人被迁往集中地区或者集中营。随之而来的是种族主义的增长，这一点常常被用来和他们对待自己的印第安人的做法相比较。枪杀俘虏和刑讯虽然受到美国反帝国主义的公众的谴责，但是诉讼却常常以宣告无罪结束。在菲律宾经过检验的镇压实践甚至成为第一次世界大战中开始的在美国建立国家监控的榜样。在这场战争几乎被忘却了很长时间之后，在反对恐怖主义的背景下，它再次在美国被宣称为近代历史上“最成功的镇压叛乱”的事例之一——与在越南的失败相反。从此，善意的发展战略和大力镇压叛乱奇特地混杂在一起就成了美国政策的典型特点。

因为与此同时，在北方，一个行政管理机构已于1901年取代了美国的军政府，然而它首先是由军人运作的。1902年按照美国法律建立了一个菲律宾的人民代议机构，美国宪法里的公民基本权利的适用范围扩大到了菲律宾。此外，国家的主要社会问题已经于1902年被着手处理，也就是进行土地改革，在这方面，以在教会土地上创建新农庄替代补偿具有特别的意义。甚至教宗本人也不得不被烦劳，直至教会愿意作出让步。美国管理机构付出的这类努力及其在教育、卫生和交通业领域的无可争辩的成果一起为它赢得了真诚的追随者，他们设立的目标是将菲律宾作为一个州纳入美国。

尽管有战争暴行，但总体上美国在菲律宾为它的臣民的福祉及其未来的独立所做的事情还是要多于在亚洲的其他殖民大
895 国。不过，这种说法肯定是相对而言的。因为一方面，为了目光短浅的利益政策，事实上牺牲了无可争议的美国理想主义的

很多东西；另一方面，与前面的说法有一定的矛盾之处的是，边际主义学派（Marginalisten）新近对这一问题（就如同对印度，特别是对中国）持有一种论点，认为与官方神话以及批判性的反神话相反，美国对菲律宾的影响实际上是微不足道的，各种传统结构在很大程度上继续维持着，而美国人从未进行过真正的剥削，虽然那些具有很大影响力的利益集团并不缺少这方面的意愿。

斗争首先围绕着关税展开，起初规定，相对于来自第三国的相同商品，菲律宾产品在美国降低25%的关税，而美国商品在菲律宾却免关税。但是直至1913年，自由贸易商们都能达到自己的目的，他们的利益植根于业已存在的菲律宾为美国和世界市场进行的经济作物生产的发展中。事实上，蔗糖、椰子油、马尼拉大麻、烟草和橡胶生产迅速增长。当然，前提是有一个有利于企业和投资者的自由土地政策。与此相对，一个想尽量为菲律宾人保留地产的限制性土地政策不仅得到菲律宾民族主义者和美国博爱主义者的支持，而且也得到担心第三国资本侵入的自由主义者的赞同。可是实力强大的美国甜菜制糖工业尤其担心蔗糖的竞争，想通过限制土地这一生产要素来限制竞争。事实上，在不得不忍受关税政策的失败之后，他们成功地将土地政策变成了他们利益的杠杆。美国种植园能够发展壮大的只是个例。但是作为菲律宾农产品出口的主要买主，美国使菲律宾的精英们如此依赖他们，以至于这些人最终宁愿维持这种现状也不谋求独立。

将菲律宾人打造成独立农民的民族的意图也失败了。菲律宾大地主的地位在美国统治期间甚至得到了加强，这并不仅是由于他们更加了解情况和采取了肆无忌惮的手段，而且还由于市场经济的种种规则，它使小农的地产因不可避免的负债重又回到了富人的手里。尽管至1925年，四分之三的教会土地已

896 被出卖，最终它们还是再次落入了美国人、菲律宾大地主甚或教会自己手里。即使是在美国人的统治下，地方性的农业动乱在菲律宾从来也没有停止过。即便在这里，土地问题也显现为殖民地经济的核心问题。

甚至在广阔的太平洋区域，世界在帝国主义时代也变得越发狭窄，因为各大国越来越热心，澳大利亚和新西兰的次级帝国主义也产生了越来越大的影响，东新几内亚和美拉尼西亚所展示的就是这种情景。德国各南太平洋公司不仅在贸易上热心于这个地区，而且常常在这里为萨摩亚群岛上的种植园招募工人。为了保留这些可能性和给未来保留种植园土地，它们建议在新几内亚建立一个殖民地，但首先遭到了帝国的拒绝。即便是澳大利亚人，特别是出于类似原因表现了兴趣的昆士兰人，也未能赢得英国对占领的赞同，因为他们不想承担这笔费用。

1882 年 11 月 27 日，值殖民地协会成立之际，《奥格斯堡汇报》（*Augsburger Allgemeine Zeitung*）发表了一篇文章，要求德国建立一个新几内亚殖民地，而且浓墨重彩地进行了论述。这暂时并未引起德国人的兴趣，但是值得注意的是它倒让澳大利亚人动了心，经过激烈的讨论，这个建议最终导致 1883 年 4 月由昆士兰占领了东经 155° 以东的整个新几内亚，目的是抢在德国的危险到来之前动手。然而，一个殖民地政府未经伦敦许可是无权这么做的，伦敦宣布这一吞并无效，因为它想先听一下殖民地打算为此筹措什么。随即，1883 年的一次澳大利亚殖民地会议提出了财政建议，同时宣布了针对南太平洋地区的门罗主义（Monroe-Doktrin）：在澳大利亚和南美洲之间今后不再容忍新的非英国势力出现。

此时是德国的贸易利益和种植园利益感受到了威胁，为了进行吞并，1884 年成立了一个新几内亚公司并且请求帝国保护。鉴于新近澳大利亚和英国占领整个东新几内亚的决心，保护请求获得了准允。柏林和伦敦之间随即发生了激烈的外交大战和新闻大战，直至1885/1886年通过两个条约将新几内亚和美拉尼西亚分为包括瑙鲁（Nauru）和马绍尔群岛（Marshallinseln）的德属北半部以及包括吉尔伯特群岛的英属南半部。

澳大利亚人在美拉尼西亚感受到德国人的威胁，新西兰人 897
在波利尼西亚感受到德国人的威胁，但是这里不仅有德国人，而且有法国人。法属新喀里多尼亚由于它的镍生产经历了一次迅速的发展。除了33000名土著，1891年那里有20000名法国人（包括囚犯）以及2500名输入的工人，工人主要来自北面相邻的新赫布里底群岛。1887年至1901年，当地的卡纳肯人的数量从42000人减少到28000人。法国人通过由他们任命的酋长和大酋长控制着卡纳肯人相当平等的社会，而酋长和大酋长则受法国警察的监视。由于工人的输入，经济利益也推动着法国对新赫布里底群岛的兼并，自1881年起巴黎对此持善意的容忍态度。1882年至1884年，法国与酋长们签订了多个条约，此举在澳大利亚引起了强烈的反应。此外，法国将它在波利尼西亚的利益范围从塔希提岛向西扩张至库克群岛（Cookinseln），目的是抢在德国从萨摩亚岛向外进行扩张之前下手。但是新西兰对法国海军充满了担忧，觉得自己的商业利益受到威胁。因此，英国政府必须为它的白人殖民地做点什么以制止法国的行动。1900年，英国防备性地建立了对汤加的庇护，新西兰随后于1901年合并了库克群岛。1887/1888年，新赫布里底群岛经过英法之间的谈判实现了中立，但对抗并未随之结束。自1901年起，澳大利亚新联邦执行一套自己的帝国主义政策：非常想要得到整个新几内亚以及插手新西兰帝国主义在库克群岛和斐济群岛的事务，虽然双方都因为宗主国持续不断的监护而在此事上收效甚微。所以法国人能够继续对新赫布里底群岛进行渗透，但是英法之间在达成一项关乎欧洲的《挚诚协定》（Entente cordiale）的背景下不得不于1906年同意英法共管，这种共管直到最后还依然存在。

美国、英国和德国对萨摩亚群岛的共管似乎暂时经受住了考验，虽然德国的经济优势没有丝毫改变。转变发生在1897年，其标志为王朝发生新的王位继承危机和美国转向积极的帝国主义。1899年，人们就德意志帝国和美利坚合众国之间进行瓜分达成了一致，为此，德国必须放弃英国为了防备德国而已经于1893年占领的美拉尼西亚所罗门群岛，并在非洲作出妥协，以换取英国放弃这块关乎德国荣誉的土地。同年，为了
898 完善自己在西太平洋的领地，帝国在西班牙败于美国之后从前者手里购得了加罗林群岛和马里亚纳群岛。加罗林群岛中的波纳佩岛的原住民曾于1887年在一次起义中战胜过他们的殖民地主人西班牙人。这段经历为一次大规模起义作了铺垫，那场起义是由于德国人实行强制劳动和侮辱性惩罚而爆发的，最终在海军的帮助下被镇压了下去。

直至1911年，德国总督威廉·海因里希·佐尔夫（WilhelmHeinrich Solf）在萨摩亚岛执行了一种非常灵巧的间接统治政策，以至于他似乎在萨摩亚人甚至英国人那里比在他的同胞那里更受欢迎。他的同行阿尔贝特·哈尔（Albert Hahl）在新几内亚也没有别的选择，只能通过当地人建立一种类似的间接统治体系，但是那里的分散型氏族社会实行的是平等主义，没有波利尼西亚的那种可以培养的土著显贵。所以他在新喀里多尼亚采用了类似于法国人那样的做法，依靠那些新设置的、由他委任并发放薪酬的村长进行治理，他们负责征收人头税以及寻找管理人员和维护公共秩序的人员。由于新近赢得的声望，也由于人们知道德国有可能进行惩罚性讨伐，这个人为创建的寡头政体尽管经历了各种各样的起义，却被证明好

得令人惊异。估计德国的管理机构在这里关心土著地产的稳定也发挥了作用。在新几内亚，甚至有近六千公顷已经被种植园主购买的土地又重新还给了各村。尽管如此，在德属南太平洋以及其他大国的殖民地，总是有那些光彩照人的平步青云者的舞台，比如有一半萨摩亚血统的艾玛·科（Emma Coe），人称“艾玛女王（Queen Emma）”，她在新几内亚非常成功地建立了一个商贸、种植园和酒店帝国，成为上流社会的中心。

在夏威夷，美国移民至少自1887年起就大权在握。同年美国还接管了海军基地珍珠港（Pearl Harbor），引发了英国和法国的抗议，因为华盛顿没有像在萨摩亚问题上一样准备签订一份条约。但是首先是1890年的麦金莱保护关税毁掉了由美国种植园主经营的夏威夷制糖工业，在此之前，糖可以根据1875年的一份互惠条约免税出口到美国。由美国吞并是最简单的出路，因为此外，1891年夏威夷王国的王朝危机引发的爱国主义者的反应也威胁着美国人。1893年，当女王筹划着一部新宪法的时候，美国移民安全委员会在被叫来的美国海军 899
的帮助下废黜了她，并于1894年创建了夏威夷共和国。然而直到1898年，当美国国会在与西班牙进行的帝国主义战争期间相信了群岛的战略意义时，美国才实行计划，将其吞并为自己的领土。除此以外，1897年，夏威夷共和国还与日本之间经历了一次危险的冲突，日本顽强地捍卫着自从1880年代工人输入以来在那里生活的18000名日本人的利益，以至于人们甚至担心会发生武装干涉。当时，波利尼西亚籍居民在人口总数中的比例还不到三分之一。1959年，夏威夷成为美利坚合众国的第50个州，这大概是冷战时期对第三世界的一种考虑周全的表达良好意愿的姿态。可是另一方面，在此期间兴起的“夏威夷文化复兴运动（Hawai’ian Renaissance）”的那些积极分子今天还不时被贬斥为恐怖主义的野蛮人。

大洋洲的约25000个岛屿分布在1.8亿平方公里的洋面上，陆地面积约100万平方公里，20世纪早期，它们实际上全都被掌握在帝国主义列强手中，他们是带领着澳大利亚人和新西兰人的英国人，还有法国人、德国人、美国人，而西部边缘也已经有了第一批非西方的帝国主义者——日本人。

原始资料与参考文献

围绕中国的角逐

Arsenjew, W. K., Russen und Chinesen in Ostsibirien, Berlin 1926 | Artelt, J., Tsingtau. Deutsche Stadt und Festung in China 1897–1914, Düsseldorf 1974 | Atwell, P., British Mandarins and Chinese Reformers: The British Administration of Weihaiwei, Hongkong 1985 | Baumberger-Korbmacher, E., Chinas Traum von Reichtum und Macht. Ansätze zu autozentrierter Entwicklung im Jahrhundert der chinesischen Revolution, Frankfurt 1981 | Beasley, W. G., Japanese Imperialism, 1894–1945, Oxford 1987 | Biener, A., Das deutsche Pachtgebiet Tsingtau in Schantung 1897–1915. Institutioneller Wandel durch Kolonialisierung, Bonn 2001 | Blue, A. D., The China Coast: A Study of British Shipping in Chinese Waters, 1842–1914, PhD Strathclyde University 1982 | Broc, N., Les voyageurs français et la connaissance de la Chine (1860–1914), in: RH 276 (1986) 85–131 | Bührer, T./Stachelbeck, C./Walter, D. (Hg.), Imperialkriege von 1500 bis heute. Strukturen, Akteure, Lernprozesse, Paderborn 2011 | [CHC] The Cambridge History of China, 15 Bde. in 16 Tln., Cambridge 1978–2009; Bd. 11 | Chen, X., Mission und Kolonialpolitik. Studie über die deutsche katholische Mission in Süd-Shandong, Münster 1992 | Chiasson, B. R., Administering the Colonizer: Manchuria's Russians under Chinese Rule, 1918–29, Vancouver 2010 | [CHJ] The Cambridge History of Japan, 6 Bde., Cambridge 1988–99; Bd. 5 | Cochran, S., Encountering Chinese Networks: Western, Japanese, and Chinese Corporation in China, 1880–1937, Berkeley 2000 | Dabringhaus, S., Ethnische Identitäten im modernen China, in: Reinhard, W. (Hg.), Die fundamentalistische Revolution, Freiburg 1995, 69–110 | –, Territorialer Nationalismus in China. Historisch-geographisches Denken 1900–1949, Köln 2006 | –, Geschichte Chinas 1279–1949, München 2006 | Dubois, H., Die Schweiz und China, Bern 1978 | Edwards, E. W., British Diplomacy and Finance in China, 1895–1914, Oxford 1987 | Endacott, G. B., A History of Hong Kong, 2. Aufl., Hong Kong 1973 | Eng, R. Y., Chinese Entrepreneurs, the Government, and the Foreign Sector: The Canton and Shanghai Silk Reeling Enterprises, 1861–1932, in: MAS 18 (1984) 353–70 | Esser, A., Bibliographie zu den deutsch-chinesischen Beziehungen 1860–1945, München 1984 | Fairbank, J. K./Reischauer, E. O./Craig, A. M., East Asia: Tradition and Transformation, London 1973 | Fieldhouse, D. K., Economics and Empire 1830–1914, London 1973, Ndr. 1976 | Geyer, D., Der russische Imperialismus. Studien über den Zusammenhang von innerer und auswärtiger Politik 1860–1914, Göttingen 1977 | Gollwitzer, H., Die Gelbe Gefahr, Göttingen 1962 | Gründer, H., Christliche Mission und deutscher Imperialismus 1884–1914, Paderborn 1982 | –, Geschichte der deutschen Kolonien, 6. Aufl., Paderborn 2012 | Haines, G., Gunboats on the Great River: A History of the Royal Navy on the Yangtse, London 1976 | Hao, Y., The Comprador in Nineteenth-Century China, Cambridge, MA 1970 | –, The Commercial Revolution in Nineteenth-Century China, Berkeley 1986 | Harcourt, F., Flagships of Imperialism: The P&O Company and the Politics of Empire from its Origins to 1867, Manchester 2006 | Hatada, T., A History of Korea, Santa Barbara 1969 | Hoffmann, R./Hu, Q., China. Seine Geschichte von den Anfängen bis zum Ende der Kaiserzeit, Freiburg 2007 | Hou, C., Foreign Investment and Economic Development in China, 1840–1937, Cambridge, MA 1965 | Hsiao, L., China's Foreign Trade Statistics, 1864–

1949, Cambridge 1974 | Hsü, I. C. Y., The Rise of Modern China, 2. Aufl., New York 1975 | Huber, E. R., Deutsche Verfassungsgeschichte seit 1789, Bd. 4., Stuttgart 1969 | Huenemann, R. W., The Dragon and the Iron Horse: The Economics of Railroads in China, 1876–1937, Cambridge, MA 1984 | Hunt, M., The Making of a Special Relationship: The United States and China to 1914, New York 1983 | Jansen, M. B., Japan and China: From War to Peace, 1894–1972, Chicago 1975 | Kajima, M., Geschichte der japanischen Außenbeziehungen, 3 Bde., Wiesbaden 1976–80 | Karsten, A./Rader, O. B., Große Seeschlachten, München 2013 | Kehnen, J., Cheng Kuan-ying, Unternehmer und Reformer der späteren Ch'ing-Zeit, Wiesbaden 1975 | Kim, J.-S., Korea und der *Westen* von 1860 bis 1900, Frankfurt 1986 | Klein, T., Die Basler Mission in Guangdong (Südchina) 1859–1931, München 2002 | Krebs, G., Das moderne Japan 1868–1952, München 2009 | Kreiner, J. (Hg.), Geschichte Japans, 2. Aufl., Stuttgart 2012 | Kuepers, J. J. A. M., China und die katholische Mission in Süd-Shantung 1882–1900. Die Geschichte einer Konfrontation, Steyl 1974 | Kuo, H. Y. (Hg.), Von der Kolonialpolitik zur Kooperation. Studien zur Geschichte der deutsch-chinesischen Beziehungen, Berlin 1986 | Kurgan-van Hentenryk, G., Leopold II et les groupes financiers belges en Chine. La politique royale et ses prolongements (1895–1914), Brüssel 1971 | Kuss, S., Deutsches Militär auf kolonialen Kriegsschauplätzen. Eskalation von Gewalt zu Beginn des 20. Jahrhunderts, 3. Aufl., Berlin 2012 | LaFeber, W., The New Empire: An Interpretation of American Expansion 1860–1898, Ithaca u. a. 1963, Ndr. 1975 | Lary, D. (Hg.), The Chinese State at the Borders, Vancouver u. a. 2007 | Laves, W. H. C., German Governmental Influence on Foreign Investment, 1871–1914, Chicago 1927, Ndr. 1977 | Lensen, G. A., Balance of Intrigue: International Rivalry in Korea and Manchuria, Bd. 1., Tallahassee 1982 | Leutner, M./Mühlhahn, K. (Hg.), *Musterkolonie Kiautschou.* Expansion des Deutschen Reiches in China. Deutsch-chinesische Beziehungen 1897–1914. Eine Quellensammlung, Berlin 1997 | MacMurray, J. V. A., Treaties and Agreements with and Concerning China, 1894–1919, 2 Bde., New York 1921, Ndr. 1973 | Malozemoff, A., Russian Far Eastern Policy, 1881–1904, Berkeley 1958 | Martin, B., The Prussian Expedition to the Far East (1860–62), in: Journal of the Siam Society 78 (1990) 35–42 | –, Die preußische Ostasienmission in China. Zur Vorgeschichte des Freundschafts-, Handels- und Schiffahrtsvertrags vom 2. September 1861, in: Kuo, H./Leutner, M. (Hg.), Deutsch-chinesische Beziehungen vom 19. Jahrhundert bis zur Gegenwart, München 1991, 209–40 | May, E. R./Fairbank, J. K., America's China Trade in Historical Perspective, Cambridge 1986 | McClellan, R., The Heathen Chinee: A Study of American Attitudes towards China, 1890–1905, Columbus, OH 1971 | Mehnert, U., Deutschland, Amerika und die *Gelbe Gefahr.* Zur Karriere eines Schlagwortes in der Großen Politik, 1905–1917, Stuttgart 1995 | Meyer, H./Passarge, S. (Hg.), Das deutsche Kolonialreich, 2 Bde. in 5 Tln., Leipzig 1914 | Miners, N. J., Hong Kong under Imperial Rule, 1912–1941, Hong Kong 1987 | Möhring, M., Die chinesischen Anleihen von 1896 und 1898, in: Zeitschrift für Unternehmensgeschichte 29 (1984) 180–84 | Mommsen, W. J./Osterhammel, J. (Hg.), Imperialism and After: Continuities and Discontinuities, London 1986 | Morley, J. W. (Hg.), Japan's Foreign Policy, 1868–1941: A Research Guide, New York u. a. 1974 | Moses, J. A./Kennedy, P. M. (Hg.), Germany in the Pacific and Far East, 1870–1940, Englewood Cliffs 1977 | Moulder, F. V., Japan, China, and the Modern World Economy, Cambridge, MA 1977 | Mühlhahn, K., Herrschaft und Widerstand in der *Musterkolonie* Kiautschou. Interaktionen zwischen China und Deutschland 1897–1914, München 2000 | Müller, K., Christliche Mission und Kolonialismus im 19. und 20. Jahrhundert, in: ZMRW 64

(1980) 192–207 | Myers, R. H./Peattie, M. R. (Hg.), The Japanese Colonial Empire, 1895–1945, Princeton 1984 | Nish, I., Japanese Foreign Policy: Kasumigaseki to Miyakezaka, London 1977 | Osterhammel, J., Forschungsreise und Kolonialprogramm. Ferdinand von Richthofen und die Erschließung Chinas im 19. Jahrhundert, in: Archiv für Kulturgeschichte 69 (1987) 150–95 | Papers Relating to the Foreign Relations of the US, 1900 & 1901 (Appendix: Affairs of China), Washington 1902 | Pelcovits, N. A., Old China Hands and the Foreign Office, New York 1948 | Petter, W., Die überseeische Stützpunktpolitik der preußisch-deutschen Kriegsmarine 1859–1883, Diss. phil. Freiburg 1975 | Ratenhof, U., Die Chinapolitik des Deutschen Reiches 1871 bis 1945. Wirtschaft, Rüstung, Militär, Boppard 1987 | Remer, C., Foreign Investment in China, New York 1968 | [Richthofen] Tiessen, E. (Hg.), Ferdinand von Richthofens Tagebücher aus China, 2 Bde., Berlin 1907 | Richthofen, F. v., China, 5 Bde., Berlin 1877–1912 | Rivinius, K. J., Im Spannungsfeld von Religion und Politik. *Johann Baptist Anzer* (1851–1903), Bischof von Süd-Shandong, Nettetal 2010 | Romanov, B. A., Russia in Manchuria (1892–1906), Ann Arbor 1952 | Rossabi, M. (Hg.), Governing China's Multiethnic Frontiers, Seattle 2004 | Saaler, S., Die Bedeutung der Epochenmarke 1868 in der japanischen Geschichte. Restauration, Revolution, Reform, in: Saeculum 56, 1 (2005) 69–104 | Schmidlin, J., Missions- und Kulturverhältnisse im Fernen Osten, Münster 1914 | Schmidt, V., Deutsche Eisenbahnpolitik in Shantung 1898–1914, Wiesbaden 1976 | Schrecker, J. E., Imperialism and Chinese Nationalism: Germany in Shantung, Cambridge, MA 1971 | Shenk, W. R. (Hg.), North American Foreign Missions, 1810–1914: Theology, Theory and Policy, Grand Rapids 2004 | Sprotte, M./Seifert, W./Löwe, H.-D. (Hg.), Der Russisch-Japanische Krieg 1904/05. Anbruch einer neuen Zeit? Wiesbaden 2007 | Stingl, W., Der Ferne Osten in der deutschen Politik vor dem Ersten Weltkrieg 1902–1914, Frankfurt 1978 | Stoecker, H., Deutschland und China im 19. Jahrhundert, Berlin 1958 | Stolberg, E.-M., *Želtorossija – Gelbes Russland.* Reflexionen über den russischen Orientalismus am Beispiel der Kolonialpolitik in der Mandschurei (1890–1917), in: JEÜG 10 (2010) 121–45 | Storry, R., Japan and the Decline of the West in Asia, 1894–1943, London 1979 | Sun, L., Das Chinabild der deutschen protestantischen Missionare des 19. Jahrhunderts, Marburg 2002 | Thomas, S. C., Foreign Intervention and China's Economic Development, 1870–1911, Boulder u. a. 1984 | Tsutsui, W. M. (Hg.), A Companion to Japanese History, Oxford 2007 | Tung, W. L., China and the Foreign Powers: The Impact and the Reactions to Unequal Treaties, Dobbs Ferry 1970 | Urbansky, S., Kolonialer Wettstreit. Russland, China, Japan und die Ostchinesische Eisenbahn, Frankfurt 2008 | Van Briessen, F., Grundzüge der deutsch-chinesischen Beziehungen, Darmstadt 1977 | Van der Putten, F.-P., Small Powers and Imperialism: The Netherlands in China, 1886–1905, in: Itinerario 20, 1 (1996) 115–31 | Vevier, C., The United States and China, 1906–1913, New York 1955, Ndr. 1968 | Vogt, H., Die Überseebeziehungen von Felten und Guillaume (1874–1914), Stuttgart 1979 | Wasserstrom, J. N., Global Shanghai, 1850–2010: A History in Fragments, New York 2009 | Wilgus, M. H., Sir Claude MacDonald, the Open Door, and British Informal Empire in China, 1895–1900, New York 1985 | Wippich, R.-H., Japan und die deutsche Fernostpolitik 1894–1898, Stuttgart 1987 | Wirth, B., Imperialistische Übersee- und Missionspolitik dargestellt am Beispiel Chinas, in: ZMRW 51 (1967) 105–32, 209–31, 320–39; separat Münster 1968 | Wray, H./Conroy, H., Japan Examined, Honolulu 1983 | Young, L. K., British Policiy in China, 1895–1902, Oxford 1970 | Zabriskie, E. H., American-Russian Rivalry in the Far East: A Study in Diplomacy and Power Politics, 1895–1914,

Philadelphia 1946, Ndr. 1973 | Zachmann, U. M., China and Japan in the Late Meiji Period: China Policy and the Japanese Discourse on National Identity, 1895–1904, Milton Park 2009 | Zöllner, R., Geschichte Japans. Von 1800 bis zur Gegenwart, Paderborn 2006.

理论与实践中的帝国主义列强

Abbassi, D. (Hg.), Le sport dans l'empire français, un instrument de domination coloniale? In: OM 97, 2 (2009) 5–161 | Abermeth, K., Heinrich Schnee. Werkstattbericht einer biographischen Studie zur deutschen Kolonialpolitik, in: JEÜG 9 (2009) 235–40 | Abrams, L./Miller, D. J., Who Were the French Colonialists? A Reassessment of the Parti Colonial, 1890–1908, in: HJ 19 (1976) 685–725 | Ageron, C.-R., L'anticolonialisme en France de 1871 à 1914, Paris 1973 | –, France coloniale ou parti colonial? Paris 1978 | Albertini, R. v., Europäische Kolonialherrschaft 1880–1940, 3. Aufl., Zürich u. a. 1987 | Aldrich, R., Greater France: A History of French Overseas Expansion, Basingstoke 1996 | –, Vestiges of the Colonial Empire in France: Monuments, Museums, and Colonial Memories, London u. a. 2005 | – (Hg.), Sites et monuments de mémoire, in: OM 94, 1 (2006) 5–192 | –, The French Colonial Empire and its Contemporary Legacy, in: European History Quarterly 40, 1 (2010) 97–108 | –/McKenzie, K. (Hg.), The Routledge History of Western Empires, London u. a. 2014 | Ames, E./Klotz, M./Wildenthal, L. (Hg.), Germany's Colonial Pasts, Lincoln u. a. 2005 | Andrew, C. M., The French Colonialist Movement during the Third Republic, in: Transactions of the Royal Historical Society 5, 26 (1976) 143–66 | –/Kanya-Forstner, A. S., The French *Colonial Party,* Its Composition, Aims and Influence, 1885–1914, in: HJ 14 (1971) 99–128 | –/–, The *Groupe Colonial* in the French Chamber of Deputies, 1892–1932, in: HJ 17 (1974) 837–66 | –/–, Centre and Periphery in the Making of the Second French Colonial Empire, 1815–1920, in: JICH 16, 3 (1988) 9–34 | Angermann, E., Der Imperialismus als Formwandel des amerikanischen Expansionismus, in: JGLA 4 (1967) 694–725 | Bade, K. J., Friedrich Fabri und der Imperialismus in der Bismarckzeit, Freiburg 1975 | – (Hg.), Imperialismus und Kolonialmission, Wiesbaden 1982 | Baldus, M., Reichskolonialkirchenrecht. Über die religionsrechtliche Lage in den Schutzgebieten des Deutschen Reiches 1884–1919, in: NZMW 44 (1988) 2–18 | Balfour, M., Britain and Joseph Chamberlain, London 1985 | Banton, M. (Hg.), Administering the Empire, 1801–1968: A Guide to the Records of the Colonial Office in the National Archives of the UK, London 2008 | Barth, B., Die deutsche Hochfinanz und die Imperialismen. Banken und Außenpolitik vor 1914, Stuttgart 1995 | Baumgart, W., Der Imperialismus, Wiesbaden 1975 | –, Bismarcks Kolonialpolitik, in: Kunisch, J. (Hg.), Bismarck und seine Zeit, Berlin 1992, 141–53 | – (Hg.), Bismarck und der deutsche Kolonialerwerb 1883–1885. Eine Quellensammlung, Berlin 2011 | Beasley, E., Empire as the Triumph of Theory: Imperialism, Information, and the Colonial Society of 1868, London 2004 | Becker, F., Rassenmischehen – Mischlinge – Rassentrennung. Zur Politik der Rasse im deutschen Kolonialreich, Stuttgart 2004 | Beloff, M., Imperial Sunset, Bd. 1: Britain's Liberal Empire, 1897–1921, London 1969 | Benninghoff-Lühl, S., Deutsche Kolonialromane 1884–1914 in ihrem Entstehungs- und Wirkungszusammenhang, Bremen 1983 | Benton, L., A Search for Sovereignty: Law and Geography in European Empires, 1400–1900, Cambridge 2010 | Benyon, J., Overlords of Empire: British

Proconsular Imperialism in Comparative Perspective, in: JICH 19 (1991) 164–202 | Berg, L., Die katholische Heidenmission als Kulturträger, 3 Bde., Aachen 1923–27 | Berge, F., Le sous-secrétariat et les sous-secrétaires d'Etat aux colonies. Histoire de l'emancipation de l'administration coloniale, in: RFHOM 47 (1960) 301–86 | Bernecker, W./Tobler, H. W. (Hg.), Die Welt im 20. Jahrhundert bis 1945, Wien 2010 | Besier, G., Mission und Kolonialismus im Preußen der Wilhelminischen Ära, in: Kirchliche Zeitgeschichte 5 (1992) 239–53 | Betts, R. F., Tricouleur: The French Overseas Empire, London u. a. 1978 | –, Assimilation and Association in French Colonial Theory, 1880–1914, New York 1961, Ndr. 2005 | Binoche-Guedra, J., La représentation parlementaire coloniale (1871–1940), in: RH 280 (1988) 521–35 | Bonin, H./Hodeir, C./Klein, J.-F. (Hg.), L'esprit économique impérial (1830–1970). Groupes de pression et réseaux du patronat colonial en France et dans l'empire, Paris 2008 | Bouvier, J./Girault, R. (Hg.), L'impérialisme français d'avant 1914. Recueil de textes, Paris 1976 | –/–/Thobie, J., L'impérialisme à la française. La France impériale 1880–1914, Paris 1982 | Bowle, J., The Imperial Achievement, London 1974 | Boyle, T., The Liberal Imperialists, 1892–1906, in: Bulletin of the Institute of Historical Reasearch 52 (1979) 48–82 | Braun, T., Die Rheinische Missionsgesellschaft und der Missionshandel im 19. Jahrhundert, Erlangen 1992 | Brötel, D., Die Zelebrierung des französischen Empire. Kolonialausstellungen – Kolonialpropaganda – koloniale Repräsentation, in: JEÜG 4 (2004) 79–124 | Browne, H., Joseph Chamberlain, Radical and Imperialist, London 1974 | Brunschwig, H., Mythes et réalités de l'impérialisme colonial français 1871–1914, Paris 1960 | Bührer, T./Stachelbeck, C./Walter, D. 2011 | Bush, J., Edwardian Ladies and Imperial Power, London 2000 | Cain, P. J., J. A. Hobson: Financial Capitalism and Imperialism in Late Victorian and Edwardian England, in: JICH 13, 3 (1985) 1–25 | –/Hopkins, A. G., The Political Economy of British Expansion Overseas, 1750–1914, in: EcHR 33 (1980) 463–90 | –/–, Gentlemanly Capitalism and British Expansion Overseas: I. The Old Colonial System, 1688–1850, in: EcHR 39 (1986) 501–25 | –/–, British Imperialism, 2 Bde., London 1993 | Cannadine, D., Ornamentalism: How the British Saw their Empire, London 2001 | Carey, H. M. (Hg.), Empires of Religion, New York 2009 | –, God's Empire: Religion and Colonialism in the British World, c. 1801–1908, Cambridge 2011 | Cell, J. W., Hailey: A Study in British Imperialism, 1872–1969, Cambridge 1992 | Chafer, T., The End of Empire in French West Africa: France's Successful Decolonization? Oxford 2002 | Chatriot, A./Gosewinkel, D. (Hg.), Koloniale Politik und Praktiken Deutschlands und Frankreichs 1880–1912, Stuttgart 2010 | [CHBE] The Cambridge History of the British Empire, 8 Bde. in 9 Tln., Cambridge 1929–59 | Clark, L. L., Social Darwinism in France, Univ. of Alabama 1984 | Conrad, S., Globalization Effects: Mobility and Nation in Imperial Germany, 1880–1914, in: JGH 3 (2008) 43–66 | –, Deutsche Kolonialgeschichte, München 2008 | Crook, D. P., Benjamin Kidd: Portrait of a Social Darwinist, Cambridge 1984 | Crothers, G. D., The German Elections of 1907, New York 1941 | Cumpston, I. N. (Hg.), The Growth of the British Commonwealth, 1880–1932, London 1973 | Darwin, J., The Empire Project: The Rise and Fall of the British World System, 1830–1970, Cambridge 2009 | –, Das unvollendete Weltreich. Aufstieg und Niedergang des Britischen Empire 1600–1997, Frankfurt 2013 (engl. 2012) | Daughton, J. P., An Empire Divided: Religion, Republicanism, and the Making of the French Colonialism, 1880–1914, Oxford 2006 | Davis, L. E./Huttenback, R. A., Mammon and the Pursuit of Empire: The Economics of Imperialism 1869–1912, New York 1988 | Delacroix, S. (Hg.), Histoire universelle des missions catholiques, 4 Bde., Paris 1956–59 | Dennis, J. S./Beach, H. P./Fahs, C. H., World Atlas of Christian Missions, New York 1911 | Dietrich, A., Weiße Weiblichkeiten. Konstruktionen von Rasse und Geschlecht im deutschen Kolonialismus, Bielefeld 2007 | Dulucq, S./Zytnicki, C. (Hg.), Savoirs autochthones et écriture de l'histoire en situation coloniale (XIXe–XXe siècles). *Informateurs indigènes,* érudits et lettrés en Afrique, in: OM 94, 2 (2006) 7–106 | Durrans, P. J., The Two-edged Sword: The Liberal Attack on Disraelian Imperialism, in: JICH 10 (1982) 262–84 | Edelstein, M., Overseas Investment in the Age of High Imperialism: The United Kingdom, 1850–1913, London 1982 | Eldridge, C. C., Victorian Imperialism, London 1978 | – (Hg.), British Imperialism in the Nineteenth Century, London 1984 | Etherington, N. (Hg.), Missions and Empire (The Oxford History of the British Empire, Companion Series), Oxford 2005 | Feis, H., Europe, the World's Banker, 1874–1914, New Haven 1930, Ndr. 1974 | Fenske, H., Imperialistische Tendenzen in Deutschland vor 1866, in: Historisches Jahrbuch 97/98 (1978) 337–83 | Field, H. J., Toward a Programme of Imperial Life: The British Empire at the Turn of the Century, Westport 1982 | Fieldhouse, D. K. 1976 | Fischer, H.-J., Die deutschen Kolonien. Die koloniale Rechtsordnung und ihre Entwicklung nach dem Ersten Weltkrieg, Berlin 2001 | Fitzpatrick, M. P., Liberal Imperialism in Germany: Expansionism and Nationalism 1848–1884, New York u. a. 2008 | Flitner, M., Der deutsche Tropenwald. Bilder, Mythen, Politik, Frankfurt 2000 | Frankema, E., Raising Revenue in the British Empire, 1870–1940: How Extractive were the Colonial Taxes? In: JGH 5 (2011) 447–77 | Friedrichs, A., Das Empire als Aufgabe des Historikers. Historiographie in imperialen Nationalstaaten: Großbritannien und Frankreich 1919–1968, Frankfurt 2011 | Friedrichsmeyer, S./Lennox, S./Zantrop, S. (Hg.), The Imperialist Imagination: German Colonialism and Its Legacy, Ann Arbor 1998 | Fröhlich, M., Imperialismus. Deutsche Kolonial- und Weltpolitik 1880–1914, München 1994 | Froude, J. A., Oceana, or England and Her Colonies, London 1886 | Gadille, J./Mayeur, J.-M./Greschat, M. (Hg.), Die Geschichte des Christentums, Bd. 11: Liberalismus, Industrialisierung, Expansion Europas (1830–1914), Freiburg 1997 | Ganiage, J., L'expansion coloniale de la France sous la Troisième République (1871–1914), Paris 1968 | Gerwarth, R./Malinowski, S., Der Holocaust als *Kolonialer Genozid*? Europäische Kolonialgewalt und nationalsozialistischer Vernichtungskrieg, in: Geschichte und Gesellschaft 33 (2007) 438–66 | Gilley, S./Stanley, B. (Hg.), The Cambridge History of Christianity, Bd. 8: World Christianities, c. 1815 –c. 1914, Cambridge 2006 | Girardet, R., L'idée coloniale en France de 1871 à 1962, Paris 1972, 2. Aufl. 1986 | Gollwitzer, H., Geschichte des weltpolitischen Denkens, Bd. 2, Göttingen 1982 | Graichen, G./Gründer, H., Deutsche Kolonien. Traum und Traumata, Berlin 2005 | Gründer, H., Welteroberung und Christentum. Ein Handbuch zur Geschichte der Neuzeit, Gütersloh 1992 | –, Geschichte der deutschen Kolonien, 6. Aufl., Paderborn 2012 | Grundemann, R., Allgemeiner Missionsatlas, 4 Bde., Gotha 1867–71 | Grupp, P., Theorie des Kolonialimperialismus und Methoden imperialistischer Außenpolitik bei Gabriel Hanotaux, Bern 1972 | –, Frankreich, Deutschland und die Kolonien. Der französische *Parti colonial* und Deutschland von 1890 bis 1914, Tübingen 1980 | Guillen, P., L'expansion 1881–1898, Paris 1985 | Hall, A. R. (Hg.), The Export of Capital from Britain, 1870–1914, London 1968 | Hamer, D. A., Liberal Politics in the Age of Gladstone and Rosebery, Oxford 1972 | Hammer, K., Weltmission und Kolonialismus. Sendungsideen des 19. Jahrhunderts im Konflikt, München 1978 | Hanotaux, G./Martineau, A. (Hg.), Histoire des colonies françaises et de l'expansion de la France dans le monde, 6 Bde., Paris 1929–33 | Harland-Jacobs, J., Builders of Empire: Freemasonry and British Imperialism, 1717–1927, Chapel Hill

2007 | Harlow, B./Carter, M., Imperialism and Orientalism: A Documentary Sourcebook, Oxford 1999 | –/–, Archives of Empire, 2 Bde., Durham u.a. 2002 | Havinden, M./Meredith, D., Colonialism and Development: Britain and its Tropical Colonies, 1850–1960, London 1993 | Heffer, J., Les états-unis et le pacifique. Histoire d'une frontière, Paris 1995, engl. 2002 | Held-Schrader, C., Sozialismus und koloniale Frage. Die überseeische Expansion im Urteil früher französischer Sozialisten, Göttingen 1985 | Henderson, W.O., The German Colonial Empire, 1884–1919, London 1993 | Herman, A., To Rule the Waves: How the British Navy Shaped the Modern World, London 2005 | Hilferding, R., Das Finanzkapital, Wien 1910, Ndr. 1968 | Histoire de la colonisation française, 2 Bde., Paris 1991 | Histoire de la France coloniale, 2 Bde., Paris 1990–91 | Hobson, J.A., Imperialism: A Study, London 1902 (dt. 1968) | Hochmuth, E., Kontrast zur Moderne. Der Beitrag ethnologischer Veranstaltungen zu den nationalen und regionalen Universalausstellungen im späten 19. und frühen 20. Jahrhundert, in: JEÜG 4 (2004) 125–38 | Honold, A./Simons, O. (Hg.), Kolonialismus als Kultur. Literatur, Medien, Wissenschaft in der deutschen Gründerzeit des Fremden, Tübingen u.a. 2002 | Horstmann, J. (Hg.), Die Verschränkung von Innen-, Konfessions- und Kolonialpolitik im Deutschen Reich vor 1914, Schwerte 1987 | Hyam, R., Empire and Sexuality: The British Experience, Manchester 1990 | –, Britain's Imperial Century, 1815–1914: A Study of Empire and Expansion, 2. Aufl., London 1993 | –/Martin, G.W. (Hg.), Reappraisals in British Imperial History, London 1975 | James, L., The Rise and Fall of the British Empire, London 1994 | Jay, R., Joseph Chamberlain, Oxford 1981 | Kat Angelino, A. D. de, Staatkundig beleid en bestuurszorg in Nederlandsch-Indië, 2 Bde. in 3 Tln., Den Haag 1930 | Kearns, G., Geopolitics and Empire: The Legacy of Halford Mackinder, Oxford 2009 | Kesner, R.M., Economic Control and Colonial Development: Crown-Colony Financial Management in the Age of Joseph Chamberlain, Oxford 1981 | Kettenbach, H.W., Lenins Theorie des Imperialismus I. Grundlagen und Voraussetzungen, Köln 1965 | Killingray, D., *A Good West Indian, a Good African, and in Short, a Good Britisher*: Black and British in a Colour-Conscious Empire, 1760–1950, in: JICH 36 (2008) 363–81 | King, A. D., Colonial Urban Development, London 1976 | Kirby, M.W., The Decline of British Economic Power since 1870, London 1981 | Kirk-Greene, A. H. M., On Crown Service: A History of HM Colonial and Overseas Civil Services, 1837–1997, London 1999 | Knaplund, P., Britain, Commonwealth and Empire, 1901–1955, London 1956 | Knoll, A.J./Hiery, H.J. (Hg.), The German Colonial Experience: Select Documents on German Rule in Africa, China, and the Pacific, 1884–1914, Lanham 2010 | Koebner, R., Empire, Cambridge 1961 | –/Schmidt, H. D., Imperialism: The Story and Significance of a Political Word, Cambridge 1964 | Kortüm, H.-H., Transcultural Wars from the Middle Ages to the 21st Century, Berlin 2006 | Kreienbaum, J., *Vernichtungslager* in Deutsch-Südwestafrika? Zur Funktion der Konzentrationslager im Herero- und Namakrieg, in: ZfG 58 (2010) 1014–26 | Kubicek, R.V., The Administration of Imperialism: Joseph Chamberlain at the Colonial Office, Durham, NC 1969 | Kundrus, B., Moderne Imperialisten. Das Kaiserreich im Spiegel seiner Kolonien, Köln 2003 | – (Hg.), Phantasiereiche. Zur Kulturgeschichte des deutschen Kolonialismus, Frankfurt u.a. 2003 | Kuss, S. 2012 | Laidlaw, Z., Colonial Connections, 1815–45: Patronage, the Information Revolution and Colonial Government, Manchester 2005 | Langbehn, V. M. (Hg.), German Colonialism, Visual Culture, and Modern Memory, New York u.a. 2010 | –/Salama, M. (Hg.), German Colonialism, Race, the Holocaust, and Postwar Germany, New York 2011 | Latourette, K.S., A History of the Expansion of Christianity, Bd. 4–6, New

York u. a. 1941–44 | Le Cour Grandmaison, O., Coloniser. Exterminer. Sur la guerre et l'Etat colonial, Paris 2005 | –, La République impériale. Politque et racisme d'Etat, Paris 2009 | –, L'indigénat. Anatomie d'un monstre juridique: le droit colonial en Algérie et dans l'empire français, Paris 2010 | Lenin, V. I., Der Imperialismus als höchstes Stadium des Kapitalismus, in: Werke, Bd. 22, Berlin 1960, 191–309 | Leonhard, J./Hirschhausen, U. v. (Hg.), Comparing Empires: Encounters and Transfers in the Long Nineteenth Century, Göttingen 2011 | Levine, P., Gender and Empire, New York u. a. 2004 | – (Hg.), The Rise and Fall of Modern Empires, 4 Bde., Farnham u. a. 2013 | –/Marriott, J. (Hg.), The Ashgate Companion to Modern Imperial Histories, Farnham u. a. 2012 | Lewis, J. (Hg.), Empire and Monarchy, in: JICH 34 (2006) 1–154 | Lindner, U., Platz an der Sonne? Die Geschichtsschreibung auf dem Weg in die deutschen Kolonien, in: Archiv für Sozialgeschichte 48 (2008) 487–510 | Lowe, C. J., Reluctant Imperialists: British Foreign Policy, 1878–1902, 2 Bde., London 1967 | Luxemburg, R., Die Akkumulation des Kapitals. Ein Beitrag zur ökonomischen Erklärung des Imperialismus, Berlin 1913, Ndr. 1966 | MacKenzie, J. M. (Hg.), Imperialism and Popular Culture, Manchester 1986 | –, The Bad, the Indifferent, and the Excellent: A Crop of Imperial Biographies, in: JICH 23 (1995) 317–24 | – (Hg.), European Empires and the People, Manchester 2011 | Manchuelle, F., Origines républicaines de la politique d'expansion coloniale de Jules Ferry, in: RFHOM 75 (1988) 185–206 | Mann, M. (Hg.), Die Welt im 19. Jahrhundert, Wien 2009 | Marlowe, J., Milner, Apostle of Empire, London 1976 | Marseille, J., Empire colonial et capitalisme français. Histoire d'une divorce, Paris 1984 | –, The Phases of French Colonial Imperialism: Towards a New Periodization, in: JICH 13, 3 (1985) 127–41 | Marsh, P. T., Joseph Chamberlain: Entrepreneur in Politics, New Haven u. a. 1994 | Marshall, P. J., Imperial Britain, in: JICH 23 (1995) 379–94 | – (Hg.), The Cambridge Illustrated History of the British Empire, Cambridge 1996 | Martel, G., Imperial Diplomacy: Rosebery and the Failure of Foreign Policy, London 1986 | Marx, R., Le déclin de l'économie britannique (1870–1929), Paris 1972 | Matthew, H. C. G., The Liberal Imperialists, Oxford 1973 | McLean, J. J., Campbell-Bannerman: The New Imperialism and the Struggle for Leadership within the Liberal Party, 1892–1906, PhD Univ. of Connecticut 1974 | Meek, C. K., Land Law and Custom in the Colonies, London 1946, 2. Aufl. 1949, Ndr. 1968 | Meyer, H./Passarge, S. 1914 | Mock, W., Imperiale Herrschaft und nationales Interesse: *Constructive Imperialism* oder Freihandel, Stuttgart 1982 | Mogh, W., Paul Rohrbach und das *Größere Deutschland.* Ethischer Imperialismus im Wilhelminischen Zeitalter. Ein Beitrag zur Geschichte des Kulturprotestantismus, München 1972 | Mohamed-Gaillard, S./ Romo-Navarrete, M. (Hg.), Des Français outre-mer. Une approche prosopographique au service de l'histoire contemporaine, Paris 2005 | Mommsen, W. J., Nationale und ökonomische Faktoren im britischen Imperialismus vor 1914, in: HZ 206 (1968) 618–64 | –, Imperialismustheorien, 3. Aufl., Göttingen 1987 | Morando, L., L'enseignement colonial en province (1899–1940). *Impérialisme municipal* ou réussites locales? In: OM 91, 1 (2004) 273–94 | –, Les instituts coloniaux et l'Afrique 1893–1940. Ambitions nationales, réussites locales, Paris 2007 | Morlang, T., Askari und Fitafita. *Farbige* Söldner in den deutschen Kolonien, Berlin 2008 | Mouralis, B./Piriou, A. (Hg.), Robert Delavignette, savant et politique (1897–1976), Paris 2003 | Munro, J. F., Maritime Enterprise and Empire: Sir William Mackinnon and His Business Network, 1823–1893, Woodbridge 2003 | Murphy, A., The Ideology of French Imperialism, 1871–1881, Washington 1948, Ndr. 1968 | Nagel, J. G., Die Kolonie als wissenschaftliches Projekt. Forschungsorganisation und Forschungspraxis im deutschen

Kolonialreich, Hagen 2013 [Ms.] | [OHBE] The Oxford History of the British Empire, 5 Bde., Oxford 1998–99 | Osterhammel, J., Die Verwandlung der Welt. Eine Geschichte des 19. Jahrhunderts, München 2009 | Palmer, A., Dictionary of the British Empire and Commonwealth, London 1996 | Parker, W. H., Mackinder: Geography as an Aid to Statecraft, Oxford 1982 | Persell, S. M., The French Colonial Lobby, 1889–1938, Stanford 1983 | Pletcher, D. M., The Diplomacy of Involvement: American Economic Expansion across the Pacific, 1784–1900, Columbia 2001 | Pogge v. Strandmann, H., Imperialismus vom Grünen Tisch. Deutsche Kolonialpolitik zwischen wirtschaftlicher Ausbeutung und *zivilisatorischen* Bemühungen, Berlin 2009 | Porter, A. N., Religion and Empire: British Expansion in the Long Nineteenth Century, 1780–1914, in: JICH 20 (1992) 370–90 | –, Atlas of British Overseas Expansion, London 1994 | –, *Cultural Imperialism* and Protestant Missionary Enterprise, 1780–1914, in: JICH 25 (1997) 367–91 | – (Hg.), Bibliography of Imperial and Commonwealth History since 1600, Oxford 2002 | – (Hg.), The Imperial Horizon of British Protestant Mission, 1880–1914, Grand Rapids 2003 | –, Religion versus Empire? British Protestant Missionaries and Overseas Expansion, 1700–1914, Manchester 2004 | –, Review Essay: Evangelical Visions and Colonial Realities, in: JICH 38 (2010) 145–55 | Porter, B., The Lion's Share, London 1975 | –, The Absent-minded Imperialists: Empire, Society and Culture in Britain, Oxford 2004 | –, Further Thoughts on Imperial Absent-Mindedness, in: JICH 36 (2008) 101–17 | Power, T. F., Jules Ferry and the Renaissance of French Imperialism, 2. Aufl., New York 1966, Ndr. 1977 | Price, R., An Imperial War and the British Working Class, London 1972 | Regnault, J.-M. (Hg.), La séparation des églises et de l'Etat dans les possessions coloniales françaises, in: OM 93, 2 (2005) 5–135 | Reinhard, W., *Sozialimperialismus* oder *Entkolonisierung der Historie*? Kolonialkrise und *Hottentottenwahlen* 1904–1907, in: Historisches Jahrbuch 97/98 (1978) 384–417 | – (Hg.), Imperialistische Kontinuität und nationale Ungeduld im 19. Jahrhundert, Frankfurt 1991 | –, Dialektik des Kolonialismus. Europa und die Anderen, in: Bade, K. J./Brötel, D. (Hg.), Europa und die Dritte Welt. Kolonialismus, Gegenwartsprobleme, Zukunftsperspektiven, Hannover 1992, 5–25 | –, Von der Geschichtstheorie zur Theoriegeschichte, in: Periplus 5 (1995) 72–84 | Rezzi, N., Les gouverneurs français de 1880 à 1914. Essai de typologie, in: OM 99, 1 (2011) 9–19 | Richards, J. (Hg.), Imperialism and Juvenile Literature, Manchester 1989 | Riehl, A. T. G., Der *Tanz um den Äquator*. Bismarcks antienglische Kolonialpolitik und die Erwartung des Thronwechsels in Deutschland 1883–1885, Berlin 1993 | Rioux, J.-P. (Hg.), Dictionnaire de la France coloniale, Paris 2007 | Roberts, S. H., The History of French Colonial Policy, 1870–1925, 2. Aufl., London 1963 | Robinson, R., Non-European Foundations of European Imperialism: Sketch for a Theory of Collaboration, in: Owen, R./Sutcliffe B. (Hg.), Studies in the Theory of Imperialism, London 1972, Ndr. in: Louis, W. R. (Hg.): Imperialism: The Robinson and Gallagher Controversy, New York 1976, 128–51 | –, Imperial Theory and the Question of Imperialism after Empire, in: JICH 12, 2 (1984) 42–56 | Rosenberg, E. S. (Hg.), Geschichte der Welt 1870–1945. Weltmärkte und Weltkriege, München 2012 | Ruppenthal, J., Kolonialismus als *Wissenschaft und Technik*. Das Hamburgische Kolonialinstitut 1908 bis 1919, Stuttgart 2007 | Scally, R. J., The Origins of the Lloyd George Coalition: The Politics of Social Imperialism, 1900–1918, Princeton 1975 | Schiefel, W., Bernhard Dernburg, 1865–1937, Zürich u. a. 1974 | Schlicher, M., Portugal in Ost-Timor. Eine kritische Untersuchung zur portugiesischen Kolonialgeschichte in Ost-Timor 1850–1914, Hamburg 1996 | Schlottau, R., Deutsche Kolonialrechtspflege. Strafrecht und Strafmacht in den deutschen Schutzgebieten 1884 bis 1914, Frankfurt 2007 | Schmidlin, J., Die katholischen Missionen in den deutschen Schutzgebieten, Münster 1913 | Schnee, H. (Hg.), Deutsches Kolonial-Lexikon, 3 Bde., Leipzig 1920, Ndr. 1996 | Schnurmann, C., Vom Inselreich zur Weltmacht. Die Entwicklung des englischen Weltreichs vom Mittelalter bis ins 20. Jahrhundert, Stuttgart 2001 | Schröder, H.-C., Sozialismus und Imperialismus I, Hannover 1963 | –, Sozialistische Imperialismusdeutung, Göttingen 1973 | –, Imperialismus und antidemokratisches Denken. Alfred Milners Kritik am politischen System Englands, Wiesbaden 1978 | –, Gustav Noske und die Kolonialpolitik des Deutschen Kaiserreichs, Berlin 1979 | Schwabe, K./Leutwein, P. (Hg.), Die deutschen Kolonien, Berlin 1924, Ndr. 2009 | Seeley, J. R., The Expansion of England, London 1883 | Seemann, M., Kolonialismus in der Heimat. Kolonialbewegung, Kolonialpolitik und Kolonialkultur in Bayern 1882–1943, Berlin 2011 | Semmel, B., Imperialism and Social Reform: English Social-Imperial Thought, 1895–1914, London 1960 | –, The Rise of Free Trade Imperialism, Cambridge 1970, Ndr. 1978 | Shenk, W. R. 2004 | Sibeud, E., Une science impériale pour l'Afrique? La construction des savoirs africanistes en France 1878–1930, Paris 2002 | Sieberg, H., Eugène Etienne und die französische Kolonialpolitik (1887–1904), Köln u. a. 1968 | Slavin, D. H., The French Left and the Rif War, 1929–1925: Racism and the Limits of Internationalism, in: JCH 26 (1991) 5–32 | Smith, W. D., The German Colonial Empire, Chapel Hill 1978 | –, European Imperialism, Chicago 1982 | Soénius, U. S., Koloniale Begeisterung im Rheinland während des Kaiserreichs, Köln 1992 | Speitkamp, W., Deutsche Kolonialgeschichte, Stuttgart 2005 | Sprigade, P./Moisel, M., Deutscher Kolonialatlas, Berlin 1912 | Springall, J., Youth, Empire and Society, London 1977 | Stanley, B./Low, A. (Hg.), Mission, Nationalism, and the End of Empire, Grand Rapids 2003 | Steinbach, A., Sprachpolitik im Britischen Empire. Herrschaftssprache und Integration in Ceylon und den Föderierten Malaiischen Staaten, München 2009 | Steinmetz, G., The Devil's Handwriting: Precoloniality and the German Colonial State in Qingdao, Samoa, and Southwest Africa, Chicago u. a. 2007 | Stembridge, S. R., Parliament, the Press, and the Colonies, 1846–1880, New York u. a. 1982 | Stewart, J., The British Empire: An Encyclopedia of the Crown's Holdings, 1493 through 1995, Jefferson u. a. 1996 | Stoler, A. L., Carnal Knowledge and Imperial Power: Race and the Intimate in Colonial Rule, Berkeley 2002 | Strauss, W. L., Joseph Chamberlain and the Theory of Imperialism, Washington 1942 | Streets, H., Martial Races: The Military, Race, and Masculinity in British Imperial Culture, 1857–1914, Manchester 2004 | Streit, C., Atlas Hierarchicus, Paderborn u. a. 1913 | Strong, R., Anglicanism and the British Empire, c. 1700–1850, Oxford 2007 | Sullivan, Z. T., Narratives of Empire: The Fictions of Rudyard Kipling, Cambridge 1993 | Sunderland, D., Managing the British Empire: The Crown Agents, 1833–1914, Woodbridge 2004 | Taselaar, A. P., A. D. A. de Kat Angelino en de grondslagen van zijn koloniale theorie, in: Bijdragen en Mededelingen betreffende de Geschiedenis der Nederlanden 107, 2 (1992) 264–84 | Thiede, P. F., Chamberlain, Irland und das Weltreich 1880–1895, Bern 1977 | Thomas, M. (Hg.), The French Colonial Mind, 2 Bde., Lincoln u. a. 2011 | Thompson, A., The Empire Strikes Back? The Impact of Imperialism on Britain from the Mid-Nineteenth Century, London 2005 | – (Hg.), Britain's Experience of Empire in the Twentieth Century, Oxford 2008 | Thompson, J. L., Forgotten Patriot: A Life of Alfred, Viscount Milner of St James's and Cape Town, 1854–1925, Madison 2007 | Thorne, S., Congregational Missions and the Making of an Imperial Culture in Nineteenth-Century England, Stanford 1999 | Townsend, M. E., The Rise and Fall of Germany's Colonial Empire, 1884–1918, New York 1932, Ndr.

1988 | Van der Heyden, U./Zeller, J. (Hg.), Kolonialismus hierzulande. Eine Spurensuche in Deutschland, Erfurt 2007 | Van Laak, D., Imperiale Infrastruktur. Deutsche Planungen für eine Erschließung Afrikas 1880 bis 1960, Paderborn 2004 | –, Über alles in der Welt. Deutscher Imperialismus im 19. und 20. Jahrhundert, München 2005 | Verdeil, C., La classe *sous le chêne* et le pensionnat. Les écoles missionaires en Syrie (1860–1914) entre impérialisme et désire d'éducation, in: OM 95, 1 (2007) 197–221 | Wagner, W. (Hg.), Kolonien und Missionen, Münster u. a. 1994 | Walgenbach, K., *Die weiße Frau als Trägerin deutscher Kultur.* Koloniale Diskurse über Geschlecht, *Rasse* und Klasse im Kaiserreich, Frankfurt 2005 | Walter, D., Organisierte Gewalt in der europäischen Expansion. Gestalt und Logik des Imperialkrieges, Hamburg 2014 | Wehler, H.-U., Der Aufstieg des amerikanischen Imperialismus. Studien zur Entwicklung des Imperium Americanum 1865–1900, Göttingen 1974 | –, Bismarck und der Imperialismus, Köln u. a. 1969, 4. Aufl. München 1976 | –, Grundzüge der amerikanischen Außenpolitik 1750–1900, Frankfurt 1983 | Wende, P., Das Britische Empire, München 2008 | Wesseling, H. L., Het Franse imperialisme, 1871–1914. Een decennium van discussie, 1960–1970, in: Tijdschrift voor geschiedenis 86 (1973) 544–59 | Williams, W. A., The Tragedy of American Diplomacy, New York 1959 | Winkler, H. A., Geschichte des Westens, 4 Bde., München 2009–14 | Woollacott, A., Gender and Empire, Basingstoke 2006 | Zantop, S. M., Kolonialphantasien im vorkolonialen Deutschland (1770–1870), Berlin 1999 | Ziebura, G., Neue Forschungen zum französischen Kolonialismus, in: Neue Politische Literatur 21 (1976) 156–81 | Zimmerer, J. (Hg.), Kein Platz an der Sonne. Erinnerungsorte der deutschen Kolonialgeschichte, Frankfurt 2013 | Zimmermann, A., Geschichte der deutschen Kolonialpolitik, Berlin 1914.

高度帝国主义和在东南亚和大洋洲的殖民统治

Adas, M., Improving on the Civilizing Mission? Assumptions of United States Exceptionalism in the Colonization of the Philippines, in: Itinerario 22, 4 (1998) 44–66 | Ageron, C.-R. 1978 | [AGN] Algemeene geschiedenis der Nederlanden, Bde. 5–8, 11, 14, 15, Utrecht 1949–58, 1979–83 | Agoncillo, T. A./Guerrero, M. C., History of the Filipino People, 5. Aufl., Quezon City 1977, Ndr. 1978 | Albertini, R. v. 1987 | Aldrich, R., European Expansion in the Island Pacific: A Historiographical Review, in: Itinerario 13, 2 (1989) 87–102 | –, The French Presence in the South Pacific, 1862–1940, Honolulu 1990 | – 1996 | –/McKenzie, K. 2014 | Andaya, B. W. u. L. Y., A History of Malaysia, London 1982 | Bade, K. J. 1982 | –, Culture, Cash, and Christiantiy: The German Colonial Experience and the Case of the Rhenish Mission in New Guinea, in: Pacific Studies 10 (1987) 53–71 | Baker, C./Phongpaichit, P., A History of Thailand, Cambridge 2005 | Balme, C. B., Pacific Performances: Theatricality and Cross-Cultural Encounter in the South Seas, Basingstoke u. a. 2007 | Baugher, P. F., The Contradictions of Colonialism: The French Experience in Indochina, 1860–1940, PhD Univ. of Wisconsin 1980 | Beede, B. R. (Hg.), The War of 1898 and US Interventions, 1898–1934: An Encyclopedia, New York 1994 | Best, A. (Hg.), The International History of East Asia, 1900–1968, London 2009 | Black, I. D., A Gambling Style of Government: The Establishment of Chartered Company Rule in Sabah, 1878–1915, Kuala Lumpur 1983 | Braunstein, D., Französische Kolonialpolitik 1830–1852. Expansion, Verwaltung, Wirtschaft, Mission, Wiesbaden 1983 | Bray, F., Rice Economies: Technology and Development in Asian Societies, Oxford

1986 | Brocheux, P./Hémery, D., Indochine. La colonisation ambiguë 1858–1954, Paris 1995 | Brötel, D., Französischer Imperialismus in Vietnam. Die koloniale Expansion und die Errichtung des Protektorats Annam-Tongking 1880–1885, Wiesbaden 1971 | –, Frankreich im Fernen Osten. Imperialistische Expansion und Aspiration in Siam und Malaya, Laos und China, 1880–1904, Stuttgart 1996 | Brown, I., The Elite and the Economy in Siam, c. 1890–1920, Singapore 1988 | Bührer, T./Stachelbeck, C./Walter, D. 2011 | Butcher, J. G., The British in Malaya, 1880–1941: The Social History of a European Community in Colonial South-East Asia, Kuala Lumpur 1979 | Cady, J. F., The Roots of French Imperialism in East Asia, 2. Aufl., Ithaca u. a. 1967 | Chatthip Nartsupha/Suthy Prasartset, S., Socio-Economic Institutions and Cultural Change in Siam, 1851–1910, Singapore 1977 | –/– (Hg.), The Political Economy of Siam 1851–1910/1910–1932, 2 Bde., Bangkok 1978, Ndr. 1981 | Chesneaux, J., Geschichte Vietnams, Berlin 1967 | Christmann, H./Hempenstall, P./Ballendorf, D. A., Die Karolinen-Inseln in deutscher Zeit, Münster 1991 | [CHSEA] The Cambridge History of Southeast Asia, 2 Bde., Cambridge 1992 | Cook, C./Paxton, J., Commonwealth Political Facts, Basingstoke 1979 | Cowan, C. D., Nineteenth Century Malaya: The Origins of British Political Control, London 1961 | Craig, R. D./King, F. P. (Hg.), Historical Dictionary of Oceania, Westport u. a. 1981 | Cribb, R., Historical Atlas of Indonesia, Richmond 2000 | Dahm, B., Emanzipationsversuche von kolonialer Herrschaft in Südostasien. Die Philippinen und Indonesien. Ein Vergleich, Wiesbaden 1974 | –, José Rizal. Der Nationalheld der Filipinos, Göttingen 1988 | De Klerck, E. S., History of the Netherlands East Indies, 2 Bde., Rotterdam 1938, Ndr. 1975; Bd. 2 | Dodge, E. S., Islands and Empires: Western Impact on the Pacific and East Asia, Minneapolis 1976 | Dudden, A. P., American Empire in the Pacific: From Trade to Strategic Balance, Aldershot u. a. 2004 | Dutton, G./Werner, J. S./Whitman, J. K. (Hg.), Sources of Vietnamese Tradition, New York 2012 | Eckardt, A./Nguyen Tien Hu, Vietnam. Geschichte und Kultur, Freudenstadt 1968 | Eli, B., Paul Doumer in Indochina (1897–1902). Verwaltungsreform, Eisenbahnen, Chinapolitik, Heidelberg 1967 | Embree, A. T. (Hg.), Encyclopedia of Asian History, 4 Bde., London 1988 | Fessen, H./Kubitschek, H. D., Geschichte Malaysias und Singapurs, Berlin 1984 | Fieldhouse, D. K. 1976 | Firth, S., Governors versus Settlers: The Dispute over Chinese Labour in German Samoa, in: New Zealand Journal of History 11 (1977) 155–79 | Flynn, D. O./Giráldez, A. (Hg.), The Pacific World: Lands, Peoples, and History of the Pacific, 17 Bde., Farnham u. a. 2001–09 | Forest, A., Le Cambodge et la colonisation française, Paris 1980 | Fourniau, C., La fixation de la frontière sino-vietnamienne 1885–1896, in: Institut d'histoire des pays d'outre-mer. Etudes indochinoises, Aix-en-Provence 1981, 114–42 | –, Vietnam. Domination coloniale et résistance nationale (1858–1914), Paris 2002 | Frasch, T., Nach China durch die Hintertür. Die Erkundung des Irawadi und Mekong im 19. Jahrhundert, in: Periplus 19 (2009) 90–110 | Ganiage, J. 1968 | Giesecke, L. F., History of American Economic Policy in the Philippines during the American Colonial Period, 1900–1935, New York 1987 | Glaser-Schmidt, E., *Die Philippinen den Filipinos*. Die amerikanische Debatte über die Wirtschafts- und Verwaltungspolitik auf den Philippinen, 1898–1906, Frankfurt 1986 | Go, J./Foster, A. L. (Hg.), The American Colonial State in the Philippines: Global Perspectives, Durham 2003 | Golay, F. H., Face of Empire: United States-Philippine Relations, 1898–1946, Madison 1998 | Graichen, G./Gründer, H. 2005 | Gründer, H., Kulturkampf in Übersee. Katholische Mission und deutscher Kolonialstaat in Togo und Samoa, in: Archiv für Kulturgeschichte 69 (1987) 453–72 | – 2012 | Guermeur, H., Le régime fiscal de l'Indochine, Hanoi u. a.

1909, Ndr. Paris 1999 | Guillen, P. 1985 | Gullick, J. M., Rulers and Residents: Influence and Power in the Malay States, 1870–1920, Singapore 1992 | Halblützel, P./Tobler, H. W./Wirz, A. (Hg.), Dritte Welt. Historische Prägung und politische Herausforderung. Festschrift [...] Albertini, Wiesbaden 1983 | Hall, D. G. A., A History of South-East Asia, 2. Aufl., London 1964 | Halle, L. J., The United States Acquires the Philippines, Lanham 1985 | Hardach, G., Bausteine für ein größeres Deutschland. Die Annexion der Karolinen und Marianen 1898–1899, in: Zeitschrift für Unternehmensgeschichte 33 (1988) 1–21 | –, König Kopra. Die Marianen unter deutscher Herrschaft 1899–1914, Stuttgart 1990 | Heefner, G., Hawaiian Statehood, Anti-Colonialism, and Winning the Cold war, in: PHR 74 (2005) 545–574 | Heussler, R., Yesterday's Rulers: The Making of the British Colonial Service, London 1963 | –, British Rule in Malaya: The Malayan Civil Service and its Predecessors, 1867–1942, Oxford 1982 | –, Completing a Stewardship: The Malayan Civil Service, 1942–1957, London 1983 | Hezel, F. X., The First Taint of Civilization: A History of the Caroline and Marshall Islands in Pre-Colonial Days, 1521–1885, Honolulu 1983 | Hiery, H. (Hg.), Die deutsche Südsee 1884–1914. Ein Handbuch, 2. Aufl., Darmstadt 2002 | –, Bilder aus der deutschen Südsee. Fotografien 1884–1914, Paderborn 2005 | Hong Lysa, State and Society in Thailand, 1767–1873, Singapore 1983 | –, Thailand in the Nineteenth Century: Evolution of the Economy and Society, Singapore 1984 | Houben, V. J. H., Native States in India and Indonesia, in: Itinerario 11, 1 (1987) 107–34 | Ileto, R. C., Pasyon and Revolution: Popular Movements in the Philippines, 1840–1910, 6. Aufl., Manila 2003 | Kennedy, P. M., The Samoan Tangle: A Study in Anglo-German Relations, 1878–1900, Dublin u. a. 1974 | Klein, J.-F., Réseaux d'influences et stratégie coloniale. Le cas des marchands de soie lyonnais en mer de Chine (1843–1906), in: OM 93, 1 (2005) 221–56 | Klein, T./Schumacher, F. (Hg.), Kolonialkriege. Militärische Gewalt im Zeichen des Imperialismus, Hamburg 2006 | Köhler, M., Akkulturation in der Südsee. Die Kolonialgeschichte der Karolinen-Inseln im Pazifischen Ozean und der Wandel ihrer sozialen Organisation, Frankfurt 1982 | Kramer, P. A., The Blood of Government: Race, Empire, the United States, and the Philippines, Chapel Hill 2006 | Krieger, M., Geschichte Asiens, Köln 2003 | Kuitenbrouwer, M., The Netherlands and the Rise of Modern Imperialism: Colonies and Foreign Policy, 1870–1902, New York 1991 (ndl. 1985) | Lanier, L., Étude historique sur les relations de la France et du royaume de Siam de 1662 à 1703, Versailles 1883, Ndr. 1969 | LeBoulanger, P., Histoire du Laos français, Paris 1931, Ndr. 1969 | Linn, B. M., The Philippine War, 1899–1902, Lawrence 2000 | Locher-Scholten, E. B., Ethiek in fragmenten. Vijf studies over koloniaal denken en doen van Nederlanders in de Indonesische Archipel 1877–1942, Utrecht 1981 | –, Sumatran Sultanate and Colonial State: Jambi and the Rise of Dutch Imperialism, 1830–1907, Ithaca 2004 | Lorin, A., Paul Doumer, gouverneur général de l'Indochine (1897–1902). Le tremplin colonial, Paris 2004 | –, Une ascension en République. Paul Doumer (1857–1932), d'Aurillac à l'Elysée, Paris 2013 | Lowe, P., Britain in the Far East: A Survey from 1819 to the Present, London u. a. 1981 | Mahajani, U., Philippine Nationalism: External Challenge and Filipino Response, 1565–1946, St. Lucia 1971 | Marseille, J., L'investissement français dans l'empire colonial: l'enquête du gouvernement de Vichy (1943), in: RH 252 (1974) 409–32 | May, G. A., Social Engineering in the Philippines: The Aims, Execution, and Impact of American Colonial Policy, 1900–1913, Westport 1980 | Maybon, C. R., Histoire moderne du pays d'Annam (1592–1820), Paris 1920 | McCoy, A. W., Policing America's Empire: The United States, the Philippines, and the

Rise of the Surveillance State, Madison 2009 | –/De Jesus, C. (Hg.), Philippine Social History: Global Trade and Local Transformation, Manila/Sydney 1982 | –/Sarano, F. A. (Hg.), Colonial Crucible: Empire in the Making of the Modern American State, Madison 2009 | McFerson, H. M. (Hg.), Mixed Blessing: The Impact of the American Colonial Experience on Politics and Society in the Philippines, Westport 2002 | McIntyre, W. D., The Imperial Frontier in the Tropics, 1865–1875: A Study of British Colonial Policy in West Africa, Malaya and the South Pacific in the Age of Gladstone and Disraeli, London 1967 | Meyer, G., Deutsches Kapital in Niederländisch-Indien vor dem Ersten Weltkrieg, in: Jahrbuch für Wirtschaftsgeschichte III (1977) 67–86 | Meyer, H./Passarge, S. 1914 | Miller, S. C., *Benevolent Assimilation*: The American Conquest of the Philippines, 1899–1903, New Haven u. a. 1982 | Milner, A. C., Kerajaan: Malay Political Culture on the Eve of Colonial Rule, Tucson 1982 | –, Colonial Records History: British Malaya, in: MAS 21 (1987) 773–92 | Molina, A. M., Historia de Filipinas, 2 Bde., Madrid 1984 | Morgan, W. M., Pacific Gibraltar: U.S.-Japanese Rivalry over the Annexation of Hawai'i, 1885–1898, Annapolis 2011 | Morlang, T., Rebellion in der Südsee. Der Aufstand der Ponape gegen die deutschen Kolonialherren 1910/11, Berlin 2010 | Morlat, P., Les affaires politiques de l'Indochine (1895–1923). Les grands commis: du savoir au pouvoir, Paris 1995 | –, Indochine années vingt: le balcon de la France sur le Pacifique (1918–1928). Une page de l'histoire de France en Extrême Orient, Paris 2001 | –, Indochine années vingt. Le rendez vous manqué (1918–1928). La politique indigène des grands commis au service de la mise en valeur, Paris 2005 | – (Hg.), Les Grands Commis de l'Empire colonial français, Paris 2010 | Morrell, W. P., Britain in the Pacific Islands, Oxford 1960 | Moses, J. A./Kennedy, P. M. 1977 | Mückler, H., Mission in Ozeanien (Kulturgeschichte Ozeaniens 2), Wien 2010 | –, Kolonialismus in Ozeanien (Kulturgeschichte Ozeaniens 3), Wien 2012 | Murray, M. J., The Development of Capitalism in Colonial Indochina, 1870–1940, Berkeley 1980 | Nguyen The Anh, The Vietnamese Monarchy under French Colonial Rule, 1884–1945, in: MAS 19 (1985) 147–62 | Ofeneo, R. E., The Structure of the Economy during the American Colonial Period, in: Journal of History (Manila) 27 (1982) 1–39 | Osborne, M., The French Presence in Cochinchina and Cambodia: Rule and Response, 1859–1905, Ithaca u. a. 1969 | –, River Road to China: The Mekong River Expedition 1866–73, London 1979 | Owen, N. G. (Hg.), The Emergence of Modern Southeast Asia: A New History, Honolulu 2005 | – (Hg.), Routledge Handbook of Southeast Asian History, London 2014 | Papers 1902 | Parkinson, C. N., British Intervention in Malaya, 1867–1877, Singapore 1960 | Petersson, N., Imperialismus und Modernisierung. Siam, China und die europäischen Mächte 1895–1914, München 2000 | Petit, E., Organisation des colonies françaises et des pays du protectorat, Bd. 1, Paris 1894 | Pham Cao Duong, Vietnamese Peasants under French Domination, 1861–1945, Berkeley 1985 | Pluvier, J. M, Historical Atlas of South-East Asia, Leiden 1995 | Ramsay, J., Mandarins and Martyrs: The Church and the Nguyen Dynasty in Early Nineteenth-Century Vietnam, Stanford 2008 | Ranjit Singh, D. S., Brunei 1839–1983: The Problems of Political Survival, Singapore 1984 | Reid, A., The Contest for North Sumatra: Atjeh, the Netherlands and Britain 1858–1898, Kuala Lumpur 1969 | Roberts, S. H. 1963 | Ross, A., New Zealand Aspirations in the Pacific in the Nineteenth Century, Oxford 1964 | Rystad, G., Ambiguous Imperialism: American Foreign Policy and Domestic Politics at the Turn of the Century, Stockholm 1975 | Sadka, E., The Protected Malay States, 1874–1895, Kuala Lumpur 1968 | Sandhu, K. S./Wheatley, P. (Hg.), Melaka. The Transformation of a Malay Capital, 2 Bde., Kuala Lumpur 1983 |

Saulo, A. B., The Truth about Aguinaldo and Other Heroes, Quezon City 1987 | Schlicher, M. 1996 | Sidhu, J. S., Administration in the Federated Malay States, 1896–1920, Kuala Lumpur 1980 | Smith, S. C., The Rise, Decline, and Survival of the Malay Rulers during the Colonial Period, 1874–1957, in: JICH 22 (1994) 84–108 | Stanley, P. W., A Nation in the Making: The Philippines and the United States, 1899–1921, Cambridge, MA 1974 | – (Hg.), Reappraising an Empire: New Perspectives on Philippine-American History, Cambridge, MA 1984 | Steenbrink, K., Dutch Colonialism and Islam: Contacts and Conflicts, 1596–1950, Amsterdam 1993 | Steinbach, A. 2009 | Stoler, A. L., Capitalism and Confrontation in Sumatra's Plantation Belt, 1870–1979, New Haven u. a. 1985 | –, Sexual Affronts and Racial Frontiers: European Identities and the Cultural Politics of Exclusion in Colonial Southeast Asia, in: CSSH 34 (1992) 514–51 | Sturtevant, D. R., Popular Uprisings in the Philippines, 1840–1940, Ithaca u. a. 1976 | Tarling, N., Britain, the Brookes and Brunei, Kuala Lumpur 1971 | –, Imperial Britain in South-East Asia, London 1975 | –, Sulu and Sabah: A Study of British Policy towards the Philippines and North Borneo from the Late Eighteenth Century, Kuala Lumpur 1978 | –, The Burthen, the Risk, and the Glory: A Biography of Sir James Brooke, Kuala Lumpur 1982 | Tate, D. J. M., The Making of Modern South-East Asia, 2 Bde., 2. Aufl., Kuala Lumpur 1977–79 | Taylor, K. W., A History of the Vietnamese, Cambridge 2013 | The Quyen Vu, Die vietnamesische Gesellschaft im Wandel, Wiesbaden 1978 | Thio, E., British Policy in the Malay Peninsula, 1880–1910, 2 Bde., Singapore 1960 | Thompson, R. C., Australian Imperialism in the Pacific: The Expansionist Era, 1820–1920, Melbourne 1980 | Tompkins, E. B., Anti-Imperialism in the United States: The Great Debate 1890–1920, Philadelphia 1970 | Treue, W., Die Jaluit-Gesellschaft auf den Marshall-Inseln 1887–1914, Berlin 1976 | Turnbull, C. M., The Straits Settlements, 1826–1867, London 1972 | –, A History of Singapore, 1819–1975, London 1977 | Van Dijk, K./ Leemburg-den Hollander, J. (Hg.), European Directory of South-East Asian Studies, Leiden 1998 | Van Goor, J., De Nederlands Koloniën. Geschiedenis van den Nederlandse Expansie, 1600–1975, Den Haag 1993 | Van Klaveren, J., The Dutch Colonial System in the East Indies, Den Haag 1953 | Vo Duc Hanh, E., La place du catholicisme dans les relations entre la France et le Viet Nam de 1851 à 1870, 3 Bde., Leiden 1969 | –, La place du catholicisme dans les relations entre la France et le Viet Nam de 1870 à 1886, 2 Bde., Bern 1992 | –, La place du catholicisme dans les relations entre la France et le Viet Nam de 1887 à 1903, 3 Bde., Bern 2002 | Voigt, J. H., Geschichte Australiens und Ozeaniens, Köln 2011 | Vorapheth, K., Commerce et colonisation en Indochine, 1860–1945. Les maisons de commerce françaises, un siècle d'aventure humaine, Paris 2004 | Walker, I. H., The Hui'O He'e Nalu and Hawaiian Resistance to Colonialism, in: PHR 74 (2005) 575–602 | Webster, A., Gentleman Capitalists: British Imperialism in South-East Asia, 1770–1890, London 1998 | Wehler, H.-U. 1974 | – 1983 | Welch, R. E., Response to Imperialism: The United States and the Philippine-American War, 1899–1902, Chapel Hill 1979 | Wendt, R. (Hg.), Der Pazifik und Europa, in: Saeculum 64, 1 (2014) 1–150 | Werber, H., Kiribati. Politischer und ökonomischer Wandel während der Protektoratszeit 1892–1916, Wien 2011 | Zimmermann, A. 1914.

索·恩 历史图书馆

006

Wolfgang Reinhard
Die Unterwerfung der Welt. Globalgeschichte der europäischen Expansion 1415-2015

The translation of this work was supported by a grant from the Goethe-Institut.

DIE UNTERWERFUNG DER WELT

Globalgeschichte der europäischen Expansion

1415-2015

征服世界

一部欧洲扩张的全球史

1415~2015

下

WOLFGANG REINHARD

〔德〕沃尔夫冈·赖因哈德 / 著

周新建　皇甫宜均　罗伟 / 译

社会科学文献出版社
SOCIAL SCIENCES ACADEMIC PRESS (CHINA)

索·恩
THORN BIRD
忘掉地平线
Beyond
the horizon

上

中

下

第二十一章　第二次世界大战和亚洲的去殖民化

第二十二章　晚期殖民主义和非洲的去殖民化

第二十三章　没有未来的过去?

第二十四章　总结和展望

第十八章

非洲与帝国主义

19世纪非洲的扩张和欧洲势力的渗入 903

虽然早在15世纪，欧洲的扩张已染指非洲，然而直到进入19世纪，欧洲人才开始渗透进非洲。它成为欧洲第三个和最后一个殖民帝国，因此也是最后一个去殖民化的大陆。诚然，亚洲和美洲可以给欧洲人提供很多东西，但唯有一样商品在世界上任何其他地区都无法获得：用于美洲一些人口几近灭绝的地区的黑奴劳动力。“非洲的大西洋”通过欧洲人的奴隶贸易而发展起来。然而，这些商品首先必须在非洲一侧的海岸边由土著中间商购得，他们大都丝毫无意让渗透进非洲内陆的白人从自己手中接手这一买卖。非洲本就鲜有诱人之处。自古以来，北非就属于地中海世界，但是世界上最大的沙漠却将这个大陆的绝大部分与地中海地区分隔开来。非洲海岸的天然港口不多，此外，广袤的沙漠和沼泽地，汹涌的波浪和冰冷的洋流所造成的浓雾经常对它们起着保护作用。非洲的河流很少流入内陆腹地，因为它们经常正好在河口地区被不利于航行的急流所阻断。除此之外，非洲的生态系统也不特别适合人类居住。因此，非洲在培育植物方面为人类作出的贡献最少。由于缺水常常根本无法经营农业，或者只能进行精心管护的农耕。另一方面，热带雨林尽管非常茂盛，但根本不可能经过开垦变成肥沃的农田，而人们原来就是这样认为的。雨林茂盛的基础是体系内的迅速转换，而不是土地的矿物质丰富。然而，一旦这种成长和腐烂的循环系统被阻断，一旦腐殖质层的存储被耗尽，就无法避免地发生地力衰竭和破坏。但是非洲不仅不适合人类居住，甚至还会置人于死地，而这不仅仅是因为野兽和昆
虫。尤其是在西非，几个世纪以来据说很多白人都死于“吃人 904
的气候”，当然实际上是死于一系列传染病，特别是疟疾和黄热病。

尽管非洲不仅是人类始祖的摇篮，而且也是“智人（Homo sapien）”的摇篮，但是人们常常引用的，可以追溯到亚里士多德的套话“走出非洲（Out of Africa）”不管怎么说，原本就含有贬义，因为传统上人们预料从非洲走出的是怪物或类似的东西。历史上的非洲人与人类始祖之间反正也无法建立起一种直接的关联。北部是柏柏尔人（Berber）的土地，中世纪以来也生活着阿拉伯人，在撒哈拉沙漠以南则生活着所谓的“黑非洲人”。不过东北非洲和尼罗河上游地区的住民不仅在身材上，而且在语言上有别于“黑非洲人”。他们四肢偏长，部分人脸型不太像“黑非洲人”的脸型，属于两个特殊语族。因为其余的“黑非洲人”在西非以及在西部和中部苏丹说 A 语族的尼日尔—刚果语言，剩余所有的非洲地区都使用 B 语族的尼日尔—刚果语言，它也被称作班图族语言。把语言和人种的联系相提并论所产生的所有基本的疑问，恰恰很能证明这些种族之间的亲缘关系。只有南非西部的科伊桑人在语言上与这些种族有很大差异，其浅肤色和其他身体特征也明显有别于这些种族。马达加斯加岛也同样是一个特例，因为其语言和统治地位在岛上得到承认的东部浅肤色住民是很早以前从澳大拉西亚迁入的。

当在北非和苏丹呈现农夫和城市住民与游牧民的共生现象时，各班图民族（Bantuvölker）既是农夫又是畜牧者，不过这种情况不适合大约南纬 10° 和北纬 10° 之间的区域，因为该区域由舌蝇传播的畜疫使得畜牧业十分困难甚至难乎为继。与“黑非洲人”原本的文化和宗教相反，苏丹人大部分都变成了穆斯林。至少北非起初就是伊斯兰世界的一部分。可是在埃及，除了穆斯林之外，东方的基督徒一直以来就发挥着重要的作用，在埃塞俄比亚高原甚至占据支配地位。非穆斯林“黑非洲人”虽然大都是没有文字的族群，但绝非因此而没有历史，而人们过去一直是这样认为的。他们发展了城市文化，建立了帝国，据说各帝国之间的关系至少在西非完全具有与欧洲相仿的国家体系的特性。当然，在南部非洲由于最初人口稀少，帝 905
国的建立要明显地晚一些。刚果盆地热带雨林里的住民显然是因为太穷而没有建立帝国。大自然常常亏待了非洲人，以至于人们可以有理由说，他们的历史功绩就在于为人类开发了世界上特别不宜居住的部分（Iliffe 1995）。

欧洲人在非洲的出场直到19世纪事实上一直处于边缘化状态。除了开普敦殖民区是个特例，其他地区都仅仅涉及商贸基地。在几内亚海岸，奴隶贩子的港口鳞次栉比仿佛一串珍珠。只有在安哥拉的罗安达和本格拉才有经营农业的殖民中心区，那里的中间商（pombeiros）将奴隶从内陆的各非洲帝国接出来。不过，安哥拉作为葡萄牙—非洲大西洋的组成部分更像是巴西而非葡萄牙的殖民地。它甚至一度考虑是否与独立的巴西联合的问题。在东非，葡萄牙人在16世纪使非洲穆斯林，即斯瓦希里人（Swahili）的城市臣服于他们，17世纪时，他们在德尔加杜角的北部被阿拉伯的阿曼人赶了出来。1698年，蒙巴萨陷落。但是在南部的莫桑比克——自1752年开始不再隶属于果阿，而是直接隶属于里斯本——他们却能够坚持下来。国王行政机构的作用在这里不如那些冒险者，除了葡萄牙人还有混血儿和亚裔人，他们在赞比西河下游地区获得了领地（prazos），形式上是封地，事实上是独立统治地。

英国的反奴隶制运动开始并不成功，尽管早在1772年一家英国法院支持本土禁止将从前的奴隶强制归还给他们的主人。于是，英国政府想甩掉这些聚集在英国却没有工作的非洲人。一个救助委员会想为这些人在非洲提供一个新家园，同时促使他们文明起来。因此，1787年在塞拉利昂港口建立了一个移民区。但是绝大多数移民都丧失了生命，其余的人都被当地人赶走了，委员会的资金消耗殆尽。随后建立的塞拉利昂公司（Sierra Leone Company）于1792年把1000名新移民送入这个地区，这些人即当年的美洲黑人奴隶，他们在美国革命中站在英国一边，但后来却在新斯科西亚忍受寒冷和种族歧视。由于公司在按照美国模式修建的自由城里向新移民索要租金，而且自由城由白人官员管辖，所以在1800年爆发了一场起义，后来起义被英国军队镇压下去。与来自牙买加的其他550名新移民一起，他们成功地保住了这个移民区，他们同样还要面对来自非洲邻居的攻击，在此期间，这些邻居终于搞明
906 白了，先前在协约里规定的将主权转让给殖民地意味着什么。1807年，邻居们被征服。1808年，殖民地不得不由英国国家接管，因为公司由于对法战争无法取得任何利润。

与欧洲人在非洲的存在感一样，欧洲对非洲的认知也是边缘性的，与亚洲和美洲相比尤其如此。不过，将非洲设想为一个人文地理的整体是欧洲的发明，直到19世纪，非洲人因为美洲的缘故才接受了这一设想，但同时带有明确向积极方向发展的种族主义的弦外之音，这一点很能说明问题。作为“非洲的大西洋”的组成部分，非洲引发了关注，这种关注反映在许多文章里。除了经济和政治文献，以及或多或少涉及国情学和民族学的基本观察，其中也可以找到有关非洲人的第一批记录。其中涉及奴隶的命运，今天它们也是文学作品的素材和主题。所有这些都一如既往地涉及各个海岸地区，而非洲大陆的腹地却少有提及。最为典型的是，即使在涉及基本地理情况时，如尼罗河上游、尼日尔河或刚果河的流向等，也只能引用传闻。

随着19世纪的到来，这种情况发生了变化。因为欧洲世界经济的增长必定不可避免地导致非洲被纳入其中，而这并非首先通过殖民统治，而是于1830年至1880年，在所谓的自

由贸易帝国主义的影响下，已经通过商品贸易及其伴随现象进行了。在此期间，非洲人19世纪的政治行动以及19世纪末欧洲帝国主义均从中获得推动力是毋庸置疑的，问题最多在于程度有多深，范围有多大。欧洲人最初在南非和阿尔及利亚进行的占领受到地域限制，对于商业规则没有丝毫改变。自1807年起，英国立法反对和取缔了贩卖奴隶，尽管如此，与原来的贸易伙伴依旧进行着这种贸易，有一部分还使用着原来的方法，这种贸易建立起了欧洲人和非洲人之间的联系，导致欧洲人间接渗透进非洲大陆腹地。因此出现了没有预料到的消极作用，即在融入世界经济的过程中，除了出现了非洲资本主义的萌芽，此时非洲方面也开始大规模地贩卖奴隶，这完全违背了西方反对奴隶制的“十字军出征”的直接成果。贸易关系的加强具有重要的意义，因为英国人，渐渐地也包括其他欧洲人在工业化的进程中需要出售越来越多的商品。于是他们由奴隶需 907
求者变成了为纺织品、金属制品和其他商品寻找销售市场的商品供应者，最终甚至变成了为其资本寻找投资机会的投资人。

伴随而来的是欧洲人心态的变化，一方面是科学好奇心的推动，它想要探索非洲地图上一个又一个空白点，另一方面是新教的觉醒运动，它的第一个成果就是反对奴隶制运动，并且促使新教教会和团体为传播福音作出了前所未有的巨大努力。不同的驱动力也相互联系在一起，如苏格兰科学考察旅行家大卫·利文斯顿（1813~1873），他从家里出发时是传教士，但他期望扩大生意能和传播福音一样造福于人。

在同一时期，非洲人展示了一种高度的政治热情。19世纪经历了蓬勃发展的宗教运动以及新统治和新帝国的建立，它们偶尔会完全拥有一种殖民地的特征，例如埃及苏丹国。这些人常常是新式的战士群体：过去曾提及的东南非洲民族运动的军事国家，西南非洲的派遣队和东部斯瓦希里的大漠武装商队。这里可能涉及的是对欧洲渗透的直接反应，或是对渗透后果的间接反应。但是这是否适用于非洲人所有的政治活动呢，比如西部苏丹的伊斯兰复兴运动？

自1517年起，埃及是奥斯曼帝国的一个省，在那里，1798年至1801年拿破仑·波拿巴戏剧性的征服尝试是与西方国家加强联系的开端。针对拿破仑的野心，英国人想要保卫通往印度的陆路商道，但根据《亚眠和约》又撤了回去，之后奥斯曼苏丹证明自己没有能力维系自己的尊严，在与之竞争的军事寡头马穆鲁克的统治下，似乎又恢复了旧有局势。因此，穆罕默德·阿里帕夏（Muhammad Ali Pascha），一个来自阿尔巴尼亚（Albanien）的军事指挥官，利用一次民众起义夺取了政权，经伊斯坦布尔勉强确认后于1805年至1848年保住了政权。他将埃及人引上了西方现代化的道路，不是依照一个长远规划，而仅仅是为了自己及家族保住权力，通过1841年苏丹授予可世袭的地方长官职务实现了这一目标。与在奥斯曼人那里一样，居主导地位的是效仿西方模式进行的军事改革，由此
908 引发了一系列其他措施，特别是建立现代教育机构，不仅为军事，而且也为医学、技术和语言服务，同时在作为基础的初等教育领域也进行了普遍的教育改革。外国专家被聘任，主要是法国人，但同时也有考察组，1826年至1847年向欧洲派出了二百多名大学生。由付薪官员组成的等级制度取代了半封建的统治制度与它的包税人，高级官员一如既往均由统治者的亲属和忠诚的追随者担任。这些改革的资金源于依照新近完成的土地登记册征收的土地税。除此之外，整个对外贸易都由国家垄断。为了控制几条潜在的走私路线，穆罕默德·阿里1846年设法从苏丹手里获得了埃及南边红海岸边的萨瓦金（Suakin）和马萨瓦（Massaua）港口。

这一步与他希望从苏丹获得更多的好处相关联，占领苏丹

从1820年就已经开始了。他在那里建立的四个省在1826年至1833年归属在一个总督治下，总督创建了埃及模式的不完善的行政机构和法律。最终，1839年至1842年开始了对南苏丹的征服。此前，伊斯兰化的北部和尼罗河流域非洲人的土地被分隔开来，或者只是由冲突联系在一起。苏丹提供了一些黄金、象牙、奴隶和棉花，但是在穆罕默德·阿里凭空建立一个埃及纺织工业的尝试失败之后，得到的只是经济上的失望。

如果说对苏丹的占领是出于经济原因，那么穆罕默德·阿里的侵略性外交政策在别的地方就有助于维护他在苏丹与欧洲列强之间的地位。1813年至1818年，他在与沙特王朝瓦哈比派的斗争中征服了大部分阿拉伯土地：红海几乎成了埃及的内海。1822年至1827年，他成功地支持奥斯曼人进行了反对希腊的争取自由独立的战斗，以至于后来欧洲列强不得不阻止他的行动，当他1830年代占领叙利亚并向伊斯坦布尔推进时也同样受到阻止。他不得不放弃叙利亚，但是在埃及的权力未受到挑战。

他的第一个继承人统治期间，英国人的影响取代了法国人的影响，自1851年起获得委托修建埃及铁路。但是已经经过很长时间设计筹划的苏伊士运河项目的建设许可却于1854年落到了前法国领事费迪南德·德·莱赛普斯（Ferdinand de Lesseps）的手里。英国无法阻止该项目于1859年开工，股 909
票认购者首先主要来自法国。不过，英国自由贸易者长期反对的垄断体系于1854年被废除。这些连同紧接着进行的土地权利现代化共同促成个体性更强的农业取代了旧的乡村集体制农业。在自由贸易的影响下，西方商人在南部苏丹迅速被黎凡特人（Levantiner）[①]、埃及人和北苏丹人所取代，凭借设防驻地

① 泛指地中海东部诸国和岛屿的人。

和武装助手，他们作为该地区真正的主人制造了令人极度不愉快的局势。然而，猎捕奴隶在这里只是次要的事情，而居于首位的是对象牙的贪婪。在非洲这一地区和其他地方，19世纪是一个大肆猎杀大象的时代。

第二次现代化浪潮是由穆罕默德·阿里野心勃勃的孙子伊斯梅尔（Ismael，1863~1879年在位）引领的，他于1867年从苏丹那里获得了强夺而来并被认可的赫迪夫（Khedive，波斯语，意为王侯或总督）称号。借助于西方势力，他还成功地在南苏丹建立了一套政治控制系统，使他的统治范围进一步扩张。1856年，英国皇家地理协会（Royal Geographical Society）以那个时代典型的坚毅开始着手解决自希罗多德以来就在讨论的尼罗河源头问题，并将理查德·弗朗西斯·伯顿（Richard Francis Burton）和约翰·汉宁·斯皮克（John Hanning Speke）派往东非。1858年，他们发现了坦噶尼喀湖（Tanganjikasee）以及非洲最大的湖，并以女王维多利亚的名字为后者命名。在第二次旅行中，斯皮克与詹姆斯·奥古斯特·格兰特（James August Grant）一起成功地抵达布干达（Buganda），并沿着尼罗河从维多利亚湖行至开罗。尼罗河源头的秘密解开了。随后，赫迪夫计划将埃及一直扩张到东非的湖泊地区。1869年至1872年由萨穆埃尔·贝克（Samuel Baker）和1873年至1876年由在中国经过考验的查理·乔治·戈登接力似地完成了这项工作。但是自1878年起，在艾敏帕夏——戈登的德国医生爱德华·施尼策尔（Eduard Schnitzer）的带领下，在再往北的地方建起了一个赤道省。由于1869年开通的苏伊士运河预示着红海地位的很大提升，伊斯梅尔像他祖父一样于1865年接管了萨瓦金和马萨瓦，并委派他的总督向索马里兰、哈勒尔和埃塞俄比亚挺进，直到1875年和1876年的两次失败才使他们止住了脚步。在这种危急的形势下，戈登成为苏丹1877年至1879年的大总督，并肩负着一个附加的任务，即贯彻1877年与英国签署的《反对奴隶制条约》（Antisklavereikonvention），由于资金短缺和缺少对此抱有信心的埃及合作伙伴，此项工作收效甚微。

同样在埃及本土，这位雄心勃勃的王侯也为他的现代化措施操尽了心。必须提及的是，在一个瑞士督学的领导下建立起了西方式的普及教育体系。然而，尽管通过农民的解放运动产生了乡绅和小资产阶层，但是还缺少能够将发展过程的控制 910
权掌握在自己手中的埃及资产阶级。填补这一空缺的不仅有专家、军官和行政管理人员，而且还有从所有可能的欧洲国家和美国蜂拥而至的商人们，1865年移民人数达创纪录的80000人。此时，按照过去与奥斯曼帝国签订的投降条约要求治外法权的外国人数以百万计。对此的反应不仅是伊斯兰教奋力实行现代化，而且还有简单的仇外心理。

然而，真正的危机是由伊斯梅尔在西方银行的债务引发的。首先，他接手了一个蓬勃发展的经济，因为当美国1861年至1865年内战期间中断了向欧洲纺织工业供应原棉时，深度融入西方世界经济的埃及经历了一个棉花业繁荣期，其间价格增长幅度达到三倍之多。美国内战结束后，由于赫迪夫没有管控好自己的野心，最终使经济崩溃。1863年至1874年支出额的三分之一来自贷款，而总支出的四分之一要用于维持使用这些贷款。1876年，伊斯梅尔已经负债1亿埃及镑，而当年的总收入1000万埃及镑还不够偿还利息和部分本金。非洲大陆最富有的国家濒临国家破产。

尽管存在着埃及人的威胁，信奉基督教的埃塞俄比亚的王侯们却至少在忙于相互争斗，就像对付他们的邻国一样。皇帝只不过是一个有名无实的摆设，直到1855年，特沃德罗斯二世（Tewodros II）[1]这位奇人登基并且强占了世界末日拯救者的盛名。特沃德罗斯二世要实现帝国的统一和现代化，想对教会进行改革并且用皇帝的官员和士兵取代封建统治秩序。在此期间，他不得不与叛乱者进行毫无成果的战斗，此外还不得不与孟尼利克（Menelik）进行战斗，后者是当时最靠南的信奉基督教的绍阿（Schoa）王国年轻的统治者。当特沃德罗斯二世开始使用教会还俗的财产作为自己政策的财政支持时，他便失去了教会的支持。他向英国女王维多利亚致函尝试改善关系，英国人的反应模棱两可，他则回之以扣留人质。罗伯特·内皮尔统率的由32000名英印混血士兵组成的军队也不过证实了特沃德罗斯统治早已开始的分崩离析，前者于1868年在马格达拉（Magdala）将后者逼入困境并迫使其自杀。与西方的政治联合和争斗从此列入议事日程，就连下一位篡权者约翰内
911 斯四世（Johannes IV）也迫于形势不得不暂且与他的对手分享权力，例如绍阿的孟尼利克二世，后者自主与英国建立了关系并于1869年在亚丁开设了一个领事馆。

在此期间，鉴于苏伊士运河的开通，欧洲列强加强了它们在红海沿岸的行动。1839年英国人占领了亚丁，此后他们也试图控制对面的海岸，那里的人自1827年就与柏培拉港（Berbera）的索马里人签有一个条约。在多次进攻之后，法国人于1862年拿下了奥博克（Obok），即后来的法属索马里兰的核心地区［今天的吉布提（Dschibuti）］。1869年，一条意大利的水上航线从地方诸侯手里买下了阿萨布（Assab）。在今天的厄立特里亚（Eritrea）山区，当时有一个法国天主教传教团，驻埃及马萨瓦的法国领事，瑞士人维尔讷·穆辛格（Werner Munzinger）想把它变成法国的领地。德法战争之

---

① 1818~1868年，埃塞俄比亚皇帝，他结束了埃塞俄比亚的百年内乱，重新统一了国家，进行了一些改革，在中兴本国封建制度的活动中起了重要作用。

后，此计划变得毫无希望，穆辛格帕夏作为帝国的创始人与其他人一起把自己的才能奉献给了埃及，直到他遭受了前面提及的1875/1876年的失败。

除摩洛哥外，埃及西边的北非国家同样属于奥斯曼帝国，尽管几乎谈不上被奥斯曼帝国控制。然而，尽管王朝实际上是独立的，但在的黎波里塔尼亚（Tripolitanien）和突尼斯，城市和军队的上层却总是奥斯曼人，阿尔及尔的统治者，即总督，也是从首都的奥斯曼守备部队中选出。他直接控制的地方只有首都的周边地区，但至少能够任命和罢免半独立的内地总督。摩洛哥苏丹虽然是独立的世袭王朝，但是事实上却要依靠其王国各个组成部分的认可而存在，在此传统上，山区的柏柏尔人被证明是难以对付的。柏柏尔人在摩洛哥和阿尔及利亚足足占人口总数的一半，而再往东则是阿拉伯人占主导地位。犹太人移民区对于突尼斯和阿尔及利亚的商业城市十分重要，但是在那里占主导地位的是农民的自给自足经济或游牧经济。可以吸引欧洲人进入这些国家的东西很少；即使是北非人臭名昭著的海盗行为在此期间也失去了与其知名度相应的影响力。

然而，阿尔及利亚是第一个被一个欧洲强国真正和持续占领的非洲国家。在此期间，首先涉及的根本就不是对现有的经济依赖性作出政治保证——恐怕反过来才对。因为法国政府还欠着阿尔及尔的犹太商人的18世纪90年代的粮食供货款，这些商人提出了以他们欠总督的款冲抵法国政府粮食欠款的一揽 912
子建议，在询问冲抵这笔欠款事宜时，法国领事的回答傲慢无礼，总督以著名的“三下驱蚊掸子之击”[①]进行了回击。法国

① 1796年，拿破仑进行意大利远征时向巴黎的两家由阿尔及利亚籍犹太商人开办的公司借了一笔款项。后来拿破仑退位之后，路易十八和查理十世都拒绝偿还这笔借款。1827年4月29日，当法国驻阿尔及利亚最高行政长官以极为傲慢的口气拒绝偿还借款时，侯赛因总督一怒之下用驱蚊掸子击打了前者的头并将他驱逐出宫殿。后来此事件酿成了法国对阿尔及利亚的占领。

的反应一直是节制的，直至它的内政出现了问题，因为受到仇视的查理十世（Karl X）的复辟政府已经决定继续朝着社会帝国主义行列发展。人们决定将选举推迟到胜利之后，1830年夏天，37000名士兵占领了阿尔及尔，此外还占领了邦纳（Bône）和攻击了奥兰（Oran）。但是选举失败了，政府在七月革命中垮台。除了情绪高昂的马赛之外，主张和平的公民君主政体和公共舆论都不知道该如何对待阿尔及利亚。专家们认为，只有将范围限于沿海地区，领地才能自己解决资金问题。然而，政府决定驻守原地不走，以避免给人以示弱的印象。

阿尔及利亚的反应则更加不一致。城市人似乎作好了合作的准备，但是已经有一部分总督奋起反抗，比如康斯坦丁（Constantine）的总督，进行反抗的还有许多山区住民，就像当年反抗土耳其人一样。但是这种反抗是分裂的，此外还有穆斯林兄弟会之间的竞争，直到最终卡迪利亚（Kadirija）接管了领导权并宣布既虔诚又能干的阿卜杜·卡迪尔（Abd al-Kadir）为“圣战”领袖。初时，他尝试着作出安排，由法国来管理大城市，他来控制内地。然而，当法国人试图把不同的地区联系起来的时候，他于1839年又重新开战。此时，整个法国的地位好像受到了威胁。但是正因为如此，没有哪个政府能够在政治上负得起放弃这个国家的责任，特别是还存在着英国很可能取而代之的危险。相反，有限占领的想法被放弃，一下子也筹集到了征服整个国家所需的经费。

1841年至1847年，阿尔及利亚总督和总司令托马斯·罗贝尔·比若（Thomas Robert Bugeaud）将军最高时拥有100000人的军队进行这场残酷的战争。1847年，阿卜杜·卡迪尔投降，1850年代，阿尔及尔东边人口稠密的卡比利亚山区（Kabylei）也被占领。在这些战争中，1831年创建的雇佣军外籍军团（égion etrangère）也发挥了作用。虽然他们随后也被派往其他殖民地，但是直到 1862 年，它的总部一直留在阿尔及利亚。19 世纪 40 年代和 50 年代，这里在知识精英阶层的赞同下爆发了针对“劣等”东方人的种族主义殖民战争，在这场战争中，文明的战争规则已经失效；甚至有人宣告进行真正的灭绝。1830 年至 1872 年，据说 300 万阿尔及利亚人中 913
有 825000 人丧生。除了 20 世纪的阿尔及利亚战争，在 1848 年革命中，这些方法也被转用于针对法国“内部的贝都英人（Beduinen）”的阶级斗争。1860 年代，这个国家堪称安宁。但是这个殖民地国家常常处于军事和行政的紧急状态。为此，军政府创建了阿拉伯人事务办公室（bureaux arabes），军官们必须在每一个地区搜集关于土著的情报并与既有的权威机构保持合作关系。它是一个卓有成效的间接施行统治的机构。

法兰西第二共和国把军政府局限于这个国家的南部。1848 年在宪法第 109 条中将阿尔及利亚和其他殖民地视为法国的国家领土，只允许其暂时保有特殊地位。不久之后又创建了阿尔及尔、奥兰和康斯坦丁 3 个行政区，它们几乎与法国本土的行政区一样直接隶属于巴黎政府各部管辖。但是只有移民才拥有选举权，1851 年，当地人口约 300 万，其中仅有约 132000 人拥有选举权。这些人当中约有 67400 名法国人、41500 名西班牙人和 7500 名意大利人。大多数人生活在城市里，只有 3 万人是农场主。为了消除社会的火药桶，1848/1849 年间尝试让失业的巴黎人进行殖民，但运作得很不成功。即使是一家瑞士的私人农业协会也只能安排原计划 3000 人中的 500 人，直到 1956 年经营才取得成功。这些移民在阿尔及利亚土地肥沃的北部地区所获得的土地来自不同的渠道。首先法国人没收了总督们的土地和伊斯兰的捐赠。接着就通过征战开始了“驱逐（refoulement）”：反抗者丧失了他们的土地并被驱赶到了内陆地区。最终还补充发明了对“居住地（cantonnement）”权力限制的政策：政府决定，如果认定一个群体占有的土地超出他们的所需，多余的部分就会被没收。总体上，这些移民大约获得了耕地总数的20%~30%。

拿破仑三世统治期间，这项政策首先继续生效，到1860年代出现了转折。1860年恢复了总督职位，并且流传着这样的说法，即应确保穆斯林的土地，欧洲人的殖民地应限于城市。1863年，拿破仑谈到了一个“阿拉伯王国”并且宣告，他既是法国人的皇帝，也是阿拉伯人的皇帝。不管这意味着什
914 么，对于土著来说，这种实际结果不见得比此前的政策好。如果出于公务需要必须规定模糊的界限，因而使法律被用作对债权人权力限制的工具的话，那么1863年通过这项法律来保证他们的土地占有又有什么用呢？如果要求以放弃犹太人或者伊斯兰人的权利，即各自的文化身份作为先决条件的话，这部1865年允许犹太人和穆斯林成为法国公民、士兵和官员的法律又有什么价值可言呢？所以，拿破仑三世劝说教宗扩大阿尔及利亚的天主教僧侣统治制度的行为看来是被误解了。另外，尽管与法国之间有关税同盟，移民自1867年起对拿破仑的政策一直持否定态度，并且在1870年有关宪法中的自由主义的全民公决中与其宗主国意见相左，投票严正拒绝了他。

因此，第三共和国立刻回转到了第二共和国有利于移民的政策。只是它向所有犹太人，无论顺服还是不顺服，未经问及均授予公民权的法令既被移民也被穆斯林所拒绝。然而，在三分之一的国土上爆发起义的起因不是这条法令，而是政府更迭的危机。由于缺少相互之间的配合，这些起义自然很快就被镇压下去，起义为继续没收土地提供了求之不得的理由，据称，截至1875年，被没收的土地共574000公顷。常常能见到这种情形：土著起义导致的结果恰恰是它想阻止的事情！1873年的法律给予穆斯林的地产以致命一击。依照该法，哪

怕只有一个合伙人提出申请，也必须将集体地产分配给个人。请注意，此法律伤害了土地所有人的利益，因为在缺少资金的情况下，这可能就意味着丧失了土地。土著代理人随时都可以找到，另外，当土著陷入困境时，代理人可以出卖他们。1871 年，国民议会为忠实的阿尔萨斯人（Elsässer）和洛林人（Lothringer）预留了 10 万公顷土地。当时，那里的欧洲人口约为 245000，其中 10 万人生活在乡村；1891 年这两个数字变成了 50 万和 20 万。1870 年，移民手里掌握着 48 万公顷土地，1880 年已达 80 万公顷。当时引进了葡萄种植；殖民的阿尔及利亚的繁荣可以开始了。

法国对于阿尔及利亚的占领不可能长期不对其邻国造成影响。在突尼斯呈现了结构上非常类似于埃及的局势。那里的贝伊们（Beys）不得不同意抑制收入可观的奴隶贸易，允许欧洲领事为其同胞行使保护法。另一方面，为了制衡伊斯坦布尔意欲使自己的宗主权在的黎波里塔尼亚和突尼斯发挥更大影响的计划，他们又乐意依靠欧洲列强，譬如法国。为了抬高自己 915
的身价，他们执行了一项花费昂贵的建筑政策并建立了一支规模较大的现代化军队。在收入不断降低和管理缺乏效率的情况下，这些导致他们以不利的条件在欧洲银行，尤其是法国银行进行越来越多的借贷。欧洲的影响力随之不断上升；自 1850 年代起欧洲人被允许购进地产，以至于渗透再也不存在任何障碍。旨在修正预算的增税在 1864 年引发了一次暴动，在平息这次暴动的过程中，欧洲的领事们再一次共同发挥了作用。最后，国家破产看起来已不可逆转。然而，因为英国把这种情况视为法国的干涉，大国的竞争再一次拯救了贝伊。但是他被监护了起来。自 1869 年起由一个国际委员会控制经费支出和制定预算。1871 年法国败给德国之后，将绝大多数移民迁往突尼斯的意大利试图接管领导权，对此，英国以一份对突尼斯的保证宣言和购买国家开发权作了答复。法国促成了突尼斯政府的倒台和对改革家哈伊尔丁（Khair al-Din）的任命，后者计划按照奥斯曼模式实施现代化。他能够让突尼斯保住残余的独立吗？

的黎波里卡拉曼利（Karamanli）的统治亦按照相同的模式迅速垮台。收入的损失——这里主要是由于禁止海盗行为——导致了负债，负债又加重了臣民们的负担，引发了起义和大国的干预，不过大国间的博弈使苏丹得以在1835年将直接统治权重新收归自己手里。摩洛哥站在阿卜杜·卡迪尔一边卷入了阿尔及利亚战争并由此首先成为法国的行动目标，随后因为竞争的原因也成为英国和西班牙行动的目标，但这些行动只能在这些港口引发欧洲更高的主动性。苏丹们都在传统主义和现代化之间左右摇摆，欧洲的领事们尽可能地相互之间保持中立，直到穆莱·哈桑（Mulay Hassan，1873~1894年在位）开启了改革时代。

奥斯曼对的黎波里塔尼亚的接管未能阻止住赛努西（Senusija）伊斯兰教团从其中心区域沙拉布普（Dscharabub）向东部接壤的昔兰尼加（Cyrenaika）的社会和政治施加影响，该教团成立于1833年的，意欲以先知为榜样革新整个生活。这里涉及的是严肃的伊斯兰复兴运动的一个组成部分，这场复兴运动始于18世纪中叶瓦哈比教派的兴起。但是，这类运动首先在西部苏丹造成了深远的影响，伊斯兰复兴的传统
916 在那里可以追溯到11世纪的阿尔摩拉维德人（Almoraviden）和其后的阿尔摩哈德人（Almohaden）。现在“黑非洲”的穆斯林各族成了他们事业的继承人，他们是塞内加尔地区的图库洛尔人（Tukolor）和据说与埃塞俄比亚人同源的富拉尼人（Fulani）和富尔贝人（Fulbe），后者作为游牧民族分布于塞内加尔和尼日尔及贝努埃河（Benue）北边的豪萨人（Hausa）地区之间。

奥斯曼·丹·福迪奥（Usman dan Fodio，1754~1817）出身于豪萨地区一个伊斯兰学者家族，即富拉尼家族，1804年他率领自己的追随者发起了反对豪萨帝国的“圣战”。他是宗教激进主义者，但也是受幻象引领的神秘主义者。如同阿尔及利亚的阿卜杜·卡迪尔一样，他也属于具有明显泛神论特征的神秘主义的卡迪利亚兄弟会（Bruderschaft der Kadirija）。净化信仰对他来说首先是清除豪萨—伊斯兰与非洲多神教之间的妥协，其次是用一个符合伊斯兰教法的公正政府取代所谓的暴政。这些都是通过建立富拉尼帝国实现的，该帝国建于1812年，作为索科托（Sokoto）哈里发辖区归他儿子管辖。作为由哈里发或者索科托苏丹授权的埃米尔们的纽带，它从博尔努（Bornu）一直延伸到尼日尔，从沙漠一直延伸到贝努埃河。北尼日利亚和北喀麦隆以及南尼日尔直到今天还留有它的印记。

西部的另外一场“圣战”是由图库洛尔人进行的。“圣战”的发起人是提加尼教团的厄尔·哈吉·奥马尔（El Hadj Omar，1794~1864年），他同样是在幻象中得到指示，第一条指示是1822年在麦加朝觐途中获得的。迎娶了索科托哈里发的女儿之后，他于1848年建立了他的神权国家，1853年开始了讨伐异教徒的战争，其成果是在尼日尔和塞内加尔之间建立起一个帝国。

除了领袖的宗教野心，在众多追随者中发挥作用的还有世俗动机，比如：富拉尼人和图库洛尔人的民族主义，富拉尼人中游牧者与城市住民之间的对立，对抗豪萨人的奴隶贸易，而豪萨人也贩卖穆斯林和富拉尼人。欧洲人在其中只起到了敲边鼓的作用。1850年代厄尔·哈吉·奥马尔与法国人在塞内加尔地区发生冲突，它们更多的是出于偶然；他的敌人不是法国人，而是非洲的异教徒。

1854年至1865年，法国总督路易·费德尔布（Louis

Faidherbe）统治着紧邻塞内加尔的扩张领地，1857 年时在 1816 年占领的佛得角边上建立了达喀尔城（Dakar），在阿尔及利亚统治经验的激励下，他制定了占领整个塞内加尔地区的计划。为了实现这一目标，他创建了一支真正的塞内加尔军队。然而在此期间，他的计划只实现了对河流地区的间接控制。

917 西非海岸地区在此期间已开始发生决定性的变化。此前，最大的奴隶贸易商英国人于 1807 年禁止了奴隶贸易，之后他们出于人道和经济原因也敦促其他国家加入遏制奴隶贸易的行列。但是只要美洲的奴隶需求继续存在，加上美洲各重要国家直到 19 世纪中叶和末期之间才废除奴隶制，这一目标就不可能完全实现。非洲商业伙伴渐渐转向供应新产品，特别是欧洲工业所需的植物脂肪。但是原料交换制成品这一殖民地经济原则并没有因此而改变！

禁止奴隶贸易需要控制海岸地区，这是一个增加基地的理由，只要拥有这方面的资金。面对英国人的这种行动，对手法国人被迫作出相应的反应，当然首先也同样是执行基地政策。1842 年，他们在象牙海岸和加蓬湾获得了第一批基地。白人移民虽然很少，但是那些被海军巡逻队解救的奴隶必须安置在某个地方。将他们送回国的可能性几乎为零，这对他们力求皈依基督教和实现文明化也是一种障碍。所以，除退役士兵之外，塞拉利昂和 1816 年之后同样被英国人占领的冈比亚河口地区获得了由这种接受而来的人组成的新移民，他们形成了一种非洲和英国的混合文化和自己的克里奥尔语（krio）。他们多数人接受了基督教并且享受到传教为教育付出的巨大努力。英国教会传教士协会（Church Missionary Society）[1]1845 年

① 也译作“英国圣公会差会”，是圣公会和其他新教徒的一个世界性的传教机构，成立于 1799 年 4 月 12 日，在 200 年历史中吸引了 9000 名男女参与服务。

在自由城创办了一所男子文法学校，1849 年又创建了一所女子实科中学！一所早在 1814 年或者 1824 年创建的培训教师和传道士的神学院于 1876 年作为弗拉湾学院（Fourah Bay College）成为杜伦大学的一部分，而且拥有学位授予权。不过在此之前，已经有克里奥尔人在英国上大学，后来成为医生、军官和法学家，有一人甚至被封为贵族。

1839 年以后，这些当年的奴隶尝试着在他们昔日的故乡传播基督教并把家乡变成英国殖民地。1864 年，尼日尔地区的新教圣公会教会传教士协会分站获得了一位名叫塞缪尔·阿亚伊·克劳瑟（Samuel Ajayi Crowther）的英国圣公会黑人主教，他主管一个由塞拉利昂的克里奥尔人创建的非洲教会。而建立殖民地却无声无息。英国人的行动仅限于 1861 年吞并了拉各斯，目的是加强对沿海地区的控制和先下手粉碎他们臆测的法国人的计划。为了确保关税征收没有漏洞，控制海岸被 918
证明同样是必需的，因为关税是当时筹措基地经费的唯一途径。因此，英国人在 1851 年接收了丹麦各站点，1871 年接受了尼德兰各站点。与通常情况一样，人们期待着与沿海地区的芳蒂人（Fanti）合作。为了战胜英国人和阿善提人，芳蒂人于 1868 年和 1871 年企图建立一种现代政治秩序，却遭到英国人的阻碍。就连阿善提人也认为自己是这个国家的主人，他们于 1863 年击败了英国人，就如同早在 1824 年击败了英国人一样。英国的一个委员会随即于 1865 年建议放弃所有基地和将行动范围限制在塞拉利昂。但是如果意欲控制贸易，这样做就没有意义了。于是对阿善提人的新侵略作出的回应是 1873 年占领其首都库马西（Kumasi）和将其限制在内陆。为了实施保护，1874 年，海岸地区被宣布为英国的殖民地。尽管这些还算不上是占领，但进军库马西和 1868 年进军马格达拉展示了欧洲大国的实力，这也是将要到来的高度帝国主义的自由贸易帝国主义的总试验。

在非洲西海岸的变化过程中，时间越久就有越多的从美洲返回的黑人在塞拉利昂以外发挥作用。约在19世纪中期，美国有400万黑人奴隶和50万自由黑人，巴西有350万黑人奴隶和150万自由黑人，另外在加勒比地区和拉丁美洲其他地区各有200万非洲裔美洲人。为了让自由黑人返归非洲，1816年在美国组建了美国殖民协会（American Colonization Society），其目的不仅是帮助自由黑人和非洲的野蛮人，而且要把所有的非洲人，或者至少把自由的非洲人从美洲“清理”出去，要用这种方法再次使奴隶制度变得理所当然。代理人在塞拉利昂南边的胡椒海岸（Pfefferküste）获得了土地，因而在1822年能够建立以蒙罗维亚（Monrovia，以当时美国总统的名字命名）为主要城市的殖民地利比里亚。从美国回归者的非洲特性自然大大少于塞拉利昂重获自由的奴隶，起初他们说的是一种美国式英语。他们受独立教会牧师的领导，按照美国西部移民区模式修建自己的城市，践行美国边境居民对待“野蛮人”的行为方式，即绝不与这些人混杂！但是至1840年代，总共只有约17000名黑人回到了利比里亚；缔造者的深远
919 目的失败了。1839年，绝大部分移民区联合组成一个“联邦（Commonwealth）”，1841年取消了白人官员的监管，1847年利比里亚成为独立的共和国。英国将利比里亚视为可为其政策所用的工具，1848年即已承认它的合法地位。而美利坚合众国由于担忧得在华盛顿接待一位黑人大使，一直犹豫到1862年才承认利比里亚。

在此期间，法国人也在他们的一个基地附近为被他们解救的奴隶建了一个移民区：利伯维尔（Libreville），即后来加蓬的首都。除了这些由白人组建的前奴隶移民点，还有个体的回归，其中，非洲裔巴西人的例子尤其产生了令人印象深刻的

影响。仅在拉各斯，1880 年之后就生活着 3000 多个个体回归者，这些人甚至在该城的建筑方面也留下了自己的印记。他们是真真实实地想要“回家”，并且常常也非常了解他们的祖籍地。尽管如此，他们保持着白人的生活方式，并因此居高临下地审视当地的“土著们”。他们回来不是为了促进非洲的发展，而是为了自己变得富裕。因此他们承认事物已有的秩序，作为前奴隶或者前奴隶的后代他们毫无顾忌地自己从事奴隶贸易，或者为非洲的统治者在奴隶贸易方面出谋划策。

总之，西部沿海地区的回归者和克里奥尔人开始了一个广泛的文化移入过程，除了黄金海岸的芳蒂人和尼日尔三角洲各民族，它还包括埃格巴人（Egba）和约鲁巴人（Yoruba）。阿贝奥库塔（Abeokuta）1859 年就有了一份报纸，而英属拉各斯直到 1863 年才有报纸。作为对英国人占领拉各斯的反应，1865 年在阿贝奥库塔成立了埃格巴部落联合管理委员会（Egba United Board of Management），它虽然不能阻止英国人的占领，但作为一个实现现代化的机构一直维持到 1918 年。除此之外，人们还效仿拉各斯建立了一所世俗学校，创建了一个商事法院，实行了一套规范的邮政服务，甚至尝试在城市规划方面也效法西方。但是没有任何政治方面的影响与这种部分具有深远意义的文化影响相称。恰恰相反，从非洲人的视角看，欧洲的影响在 1870 年代已经变得越来越小。其主要原因在于西非经济的丰富多样性以及非洲商人的机敏。我们可以大胆地宣称，欧洲人为确保控制西非最终动用了武力，这是虚弱而不是强大标志！

尽管商业往来持续了几百年之久，非洲人显然还是在欧洲人面前成功护住了非洲内陆，以至于直到 19 世纪初他们的“地理知识”还有很大的残缺。与东部尼罗河发源地问题相应的是西部尼日尔河问题，因为尼日尔河源头距离海洋没几百公 920

里，然后却流向腹地，绕了一个 4000 公里长的巨大弧度后在别的地方入了海，这一事实已经给人造成了震撼。人们把它的上游与塞内加尔河、刚果河甚至尼罗河联系在一起，却没有看出其三角洲属于其水系，以为那是海岸水域网。地理研究方法论推动者约瑟夫·班克斯爵士（Sir Joseph Banks）曾经陪詹姆斯·库克出过南太平洋，为了搞清楚问题，1778 年他创建了英国非洲协会（British African Association）。在其他一些人分别开了头之后，蒙戈·帕克（Mungo Park）自 1795 年至 1797 年从冈比亚出发抵达了尼日尔，但是没有到达被传说故事萦绕的廷巴克图[①]。1805 年他再度启程顺尼日尔河而下，但是在今天的北尼日利亚的布萨急流（Busa）丧命。直到 1830 年，兰德（Lander）兄弟才征服了尼日尔河从布萨急流到入海口的河段，确定了它的真实流程。

在此期间还进行了几次穿越撒哈拉沙漠的行动；1827 年，法国人雷内·卡莱（René Caillet）终于踏上了前往廷巴克图的路途，却没有完成这次旅行。这个区域最著名的研究者是古代史学者和地理学家海因里希·巴尔特（Heinrich Barth），他在 1850 年代受英国委托多次穿越撒哈拉沙漠并且常年居住在苏丹。博尔努、豪萨诸国、贝努埃地区和艾尔高原（Aïrmassiv）都因他而为人们所知。约 1870 年，欧洲对于北非和西非腹地已经有了充分的了解，可以尝试着在那里扎根了。

同样被揭去神秘面纱的还有“撒哈拉—西非商业网”。凭借索科托哈里发管区中心区域，穆斯林（多为豪萨人）控制着

---

① 廷巴克图是一座撒哈拉沙漠中的小城，但在历史上却是赫赫有名的历史名城，二百多年前，欧洲探险家前赴后继，沿着尼日尔河不断地寻找这个与传说联系在一起的地方，这也是欧洲探险家放着更加重要的尼罗河和冈比亚河，而早几十年先探险尼日尔河的原因。

喀麦隆北部的阿达马瓦（Adamaua）、沃尔特河（Volta）中游和沿海地区之间的贸易。他们出口富拉尼酋长国的牲畜、食盐、皮革、纺织品和奴隶，进口西方的可可果、纺织品和兰开夏纺织品，从海岸边进口火器。其中一些商品是为了迎合需求在非洲企业里由奴隶制造的。

在伊博地区（Iboland），一种很有成效的劳动分工已经成为常态。南部生产棕榈油以满足欧洲的需求，北方的山药田则为南方生产粮食。伊博人的社会和约鲁巴人的城市已经极好地适应了新的现状并且知道如何去维持它，虽然并非没有发生过内战。对于非洲人来说，欧洲人已不再是引人注意的客户。欧洲纺织品、金属产品、烟草、朗姆酒和其他货物的进口不断增长，至 1870 年尚没有对传统行业造成严重损害。尽管在黄金海岸欧洲人接管了大部分贸易，但是达荷美王国借助非洲裔巴 921
西人的帮助得以顺利完成从提供奴隶到生产油料的转型，同时维持着自己对沿海地区的控制。

由塞内加尔和冈比亚可以轻松进入腹地是两个特例，此外，再往西走，欧洲的影响力就比较微弱了。贸易掌握在迪尤拉人（Dyula）的商人以及索宁克族（Soninke）和马林凯族（Malinke）的黑人穆斯林手里。在这片比较干旱的区域里，在进行交易的货物中，花生取代油棕成为满足欧洲需求的油脂原料。自 1830 年代起，花生种植开始在塞内加尔地区传播，自由的小产业和对季节工的需求在当时已经是社会转变的推动力。首先销售掌握在非洲和克里奥尔商人手里，但是自 1870 年代起，他们被马赛、波尔多和南特市（当年的奴隶贩子之城！）的公司排挤掉了。法国人的注意力集中在花生油上，而英国人则专注于棕油。这种市场划分为后来的政治吞并指明了道路。

首先，穆斯林商人穿越沙漠的贸易并未受到损害。用比喻来说，撒哈拉是一片分隔北非和苏丹的“大海”，“海”中有岛屿、绿洲以及沙漠之舟骆驼。沙漠边缘地区的名称“萨赫勒（Sahel）”的意思是“海岸”。一条条商路在这片“大海”中穿过，萨赫勒居民和从事荒漠商道运输的各沙漠民族在这片“大海”上互致问候。与西部的迪尤拉人和豪萨人相对应的是东部的杰拉巴人（Jallaba）[1]，后者中绝大部分是已经阿拉伯化的努比亚人（Nubier）。北部具有重要性的是摩洛哥人，其次是沙漠绿洲古达米斯（Ghadames）的居民，他们一方面与图阿雷格人（Tuareg）保持着家族联系，另一方面与豪萨人保持着家族联系。继续往东的沙漠贸易掌握在塞努西亚人手里，具有典型意义的是他们于1895年将自己的主要居住地从昔兰尼加迁往库夫拉（Kufra）绿洲，1899年甚至迁往了提贝斯提山区（Tibestigebirge）。

从南方运来的商品有象牙、兽皮、鸵鸟毛、橡胶，最主要的是奴隶。奥斯曼帝国于1857年废除了奴隶贸易，摩洛哥决定走这一步则不早于1912年。那时奴隶贸易才开始衰退，其原因在于：由于欧洲人的统治，来自南方的补充停止了，这对于沙漠经济，即依赖奴隶劳动的农业和制盐业造成了消极后果。从北方运来的商品有棉织品、毛织品、丝绸、枪支、金属制品、香水、调料、茶叶、食糖、瓷器和纸张，其中大多数商品是由欧洲制造或销售的。曼彻斯特棉制品当时都运达一座城市，比如卡诺（Kano），无论从南方还是从北方运来都一样！1850年巴尔特估算英国棉织品占有八分之一份额，1891年这
922 位驻的黎波里的英国领事估算撒哈拉贸易中货物总值为10万英镑，其中来自曼彻斯特的货物占7万英镑！通常欧洲公司在

---

① 关于Jallaba的词义，一说其词源为阿拉伯语的Jalab，意为零售、贸易，此处用以指代进行奴隶贸易的阿拉伯人；另有说法认为该词为Jallabia（杰拉巴长袍）的变体，指身穿这种阿拉伯传统服装的人。——编者注

北非港口都没有自己的分公司，而是依靠犹太或马耳他商人，而将他们与公司连接在一起的是信贷。18世纪，萨赫勒地区的大旱灾过去之后——最近的这次灾害并非历史上的首次——西部非洲在19世纪经历了一个特别的繁荣期，欧洲用奴隶贸易为这个繁荣期开辟了道路，并通过自己不断变化的需求继续促进这一繁荣。尽管欧洲的工业品越来越多地涌入，1870年前后，西非还远远不是完全依赖欧洲贸易。

从喀麦隆到刚果盆地的中非西部也有类似的结构，不过由于资源配置少和人口密度低，其规模非常有限。甚至对奴隶贸易来说，情况也是相似的。后来在这个地区象牙比油棕产品更重要，再后来是橡胶更为重要。在非洲海岸边的中介群体中，喀麦隆的杜阿拉人（Duala）十分突出，他们在德国人的统治之下仍发挥过令人瞩目的作用。

在东非产生了一个完全不一样的商业系统，因为在这里起决定作用的既不是欧洲人也不是内陆各族，而是生活在海岸地区的也被称为阿拉伯人的斯瓦希里人。然而直到18世纪末，斯瓦希里人与自己在海岸边转运其货物的东非腹地几乎没有什么直接联系。向着一个新方向发展的推动力来自赛义德·伊本苏丹（Said ibn Sultan，即Sayid Said）。作为1806年至1856年阿曼的统治者，自1828年起他加强尝试对其东非臣民进行更为严格的控制，在此过程中发现了这一地区的各种机会。1840年至1851年，他经常驻在东非海岸对面的桑给巴尔岛，把丁香人工种植引入那里的使用奴隶劳动的种植园，将桑给巴尔打造成这种商品的世界一流生产者——利用的也是他引入国内的印度商人的资金；在1850年代大约有超过5000个这样的种植园。关税政策，与英国、法国和美国签订的商贸协定，一个围绕非洲大陆产品拓展开来的货物供应网——这些都吸引着西方的商业国家。

自1830年代起，越来越多的荒漠商队把玻璃珠、铜丝和枪支运入非洲内陆，再带着用于交易的象牙以及种植园所需的奴隶返回。今天的肯尼亚当时不能提供畅通的商道；马赛人和其他民族的人使肯尼亚变得危险重重。尽管在南方有从基尔瓦
923 通向马拉维湖（Malawisee）等地的商道，但那里是一个战争地区，因而对奴隶的期待超过了对象牙的期待。相反，位于今天坦噶尼喀（Tanganjika）的塔波拉（Tabora）则发展成一个一流的水陆转运站，甚至印度的放贷人也把他们的代表派往那里。坦噶尼喀湖边上的乌吉吉（Udjidji）曾经是这条商业主轴线的终点。为了满足需求，各土著民族中出现了职业猎象人，但却在危害大象的存有量。

除此之外，当阿拉伯沙漠商队在旱季到来时，坦噶尼喀中部的尼扬韦齐人（Njamwesi）、南肯尼亚的坎巴人（Kamba）和其他一些人不仅充当季节性的搬运工，而且也带着自己的大型沙漠商队参与贸易。其他人依旧做供货人，但也能够从对手工产品和粮食的旺盛需求中获利。与制盐业一样，铁制品生产也兴盛起来。布干达王国向西南偏西方向的政治扩张赢得了对爱德华湖（Eduardsee）东面可获利的盐湖的控制。从事商业和手工业的人需要食物，其结果就是发展起商业性的植物种植，如木薯、水稻和柑果。一个明显的文化转型开始了，从外部可以看出的是传统服装被进口衣料挤出了市场，四方形的房屋不断传播，旧式圆形茅舍在减少，斯瓦希里语已经成了需要学习的第二语言。这样，斯瓦希里语就成了唯一跨地域的非洲语言，除豪萨语和阿拉伯语外，它今天和当年的殖民主的语言一样具有重要意义。

相反，除了沿海一些零星地区，伊斯兰教在东非的传播不同于西非。布干达国王虽然在1870年代想成为穆斯林，但随即就被埃及的扩张吓住了，并且暂时转向了基督教，此举在当

时显得政治实用性更强。政治局势也同样陷入了动荡中。尽管桑给巴尔从来也没有行使霸权，但是在很多土著政体中社会的转变已经动摇了传统君主政体的基础；因新的财富和军事才干而出众的发迹者接管了政权。其中著名的有尼扬韦齐人米兰博（Mirambo），他于1880年前后创建了一支职业军队，凭借它在塔波拉的北边维持着一个王国。

如果说斯瓦希里人和非洲内陆人之间的共存对双方都有好处而且纷争不太多的话，那么对于猎象人和猎捕奴隶者的猎取理由而言就是另外一回事了。在没有一个懂得自我保护和亲身参与交易的非洲公共体的地方，情况就不一样了，首先是在南方，更为严重的是坦噶尼喀湖对岸与卢阿拉 924
巴河（Lualaba，刚果河上游）之间的地区，直至随后的斯坦利瀑布（Stanleyfall），最后是瀑布东北方向的阿鲁维米河（Aruwimi）流域。大型沙漠商队，特别是著名的提普·提普（Tippu Tip）的沙漠商队，在这里造成了可怕的破坏。当发现者斯坦利到达时，东非的贸易系统已经接近刚果盆地的西非贸易系统，相距仅450公里，因为它的主要货物象牙和奴隶正在消失。直到进入1880年代，提普·提普还尝试着尽其所能地搜刮。随后就开始了欧洲人的时代。

再往南，在葡萄牙的势力范围里，奴隶贩子是欧洲人。1836年，在英国的压力下葡萄牙人徒劳地尝试了废止奴隶贸易。相反，原本不是奴隶贸易殖民地的莫桑比克此时却在满足美国和印度洋法属岛屿的需求，非洲西海岸地区已无力满足这一需求，尽管奴隶贸易在安哥拉还在继续进行。几乎看不到其他的经济选择。1840年，在安哥拉南部的木萨米迪什（Mossâmedes）建造了一座新港口，巴西的流亡者在那里引入了甘蔗种植、朗姆酒生产和棉花种植，葡萄牙人在那里建立了一个新的海岸渔区。但是也就是在美国内战期间出现了棉花繁荣期。进入腹地失败了；安哥拉和莫桑比克之间的直接联系无法建立起来。

那里的新老非洲王国的实力足以维持自己的中间商地位，其间它们懂得去适应需求的变化。例如安哥拉中部的乔奎人（Chokwe）懂得迅速而灵巧地从蜡生产转向象牙供应，最终转向橡胶供应，并且通过政治扩张使这一经济成就圆满完成。再继续向东，1800 年至 1870 年，卢巴王国（Luba-Reich）借助象牙贸易取得了令人惊异的蓬勃发展，却损害了专门从事奴隶贸易的隆达王国（Lunda-Reich），后者最终在 19 世纪 60 年代和 70 年代被米斯里（Msiri）领导下的尼扬韦齐商人用建立新王国加任干西（garenganze）的方式取代。

这一过程的见证人是 19 世纪欧洲最伟大的非洲旅行家、苏格兰传教士大卫·利文斯顿（David Livingstone，1813~1873 年）。1849 年，他横穿卡拉哈里沙漠之后发现了周期性干涸的恩加米湖（Ngamisee），奥卡万戈河（Okawango）也注入该湖。1851 年他来到了赞比西河上游，溯流而上直到源头，从那里又到了开赛（Kasai），最终抵达罗安达，1856 年他从那里启程横穿非洲大陆。其间他发现了赞比西河的瀑布，他以维多利亚女王的名字为其命名。1856
925 年他到达了东海岸。在一次溯赞比西河和希雷河（Schire）而上的旅行中他到达了马拉维湖。1866 年至 1871 年他考察了马拉维湖和坦噶尼喀湖以西地区，其间切断了与外界的联系。美国记者亨利·莫顿·斯坦利（Henry Morton Stanley）在坦噶尼喀湖边的乌吉吉发现了他。接着利文斯顿去寻找“真正的”尼罗河源头，1873 年死在坦噶尼喀湖南边的班韦乌卢湖（Bangweolosee）边。

东部非洲和中部非洲的大部分动乱都可以直接或间接地追溯到南部非洲的种族形成和民族迁徙，其历史与那里的移民、殖民地历史紧密相连。1821年，战士首领姆兹里卡兹和他的手下反叛国王沙加后被驱赶到了南部高地草原（Hohe Veld），首先在那里的今天的德兰士瓦省西部建立了政权。当他1837年被迫向北转移躲避布尔人和祖鲁人时，他带着他的在此期间明显壮大的民族恩德贝勒人最终在今津巴布韦（南罗得西亚）西南找到一个落脚的地方：马塔贝莱兰（Matabeleland）。他的追随者们在其迁徙途中使大量其他民族成员归入其麾下，因而有条件形成三级等级制度：处于顶层的是东南非的恩古尼人（Nguni），也包括祖鲁人，处于中层的是索托人（Sotho）和南非腹地西部地区的茨瓦纳人（Tswana），最后处于底层的是当地的绍纳人（Schona），只要这些人在马塔贝莱兰东边的马绍纳兰（Maschonaland）无力维持自己的政治组织。姆兹里卡兹一直到1868年去世都与布尔人和其他白种人保持着良好的关系。他甚至允许传教士进入他的国家。但是动乱并没有随着恩德贝勒王国的建立而结束。19世纪中叶，动乱的浪潮最终达到了维多利亚湖。同样，在今天的坦桑尼亚南部出现了恩古尼人建立的不同政权。

在西方渗透的同时，土著也在进行扩张也是19世纪马达加斯加的发展的标志。法国曾经在17、18世纪徒劳地尝试在那里扎根。自拿破仑战争起，英国和法国就一直在争夺海岸基地和对内陆的影响。在此期间，梅里纳（Merina）王国的王侯把中部高地统一在一个专制政权之下，他采用强制劳动，禁酒、禁烟、禁大麻，如若违反，即无情处罚。除了武器进口，他不特别需要外部的帮助。然而，他的儿子拉达马一世（Radama I）想通过占领整个岛屿成为“马达加斯加的拿破仑”，为了达到这一目标，他必须走得更远。在一名苏格兰军士、一名法国逃兵和一名牙买加混血儿的帮助下，他建立起了一支完整地装备着火器的1500人的职业军队，依靠这支军队，

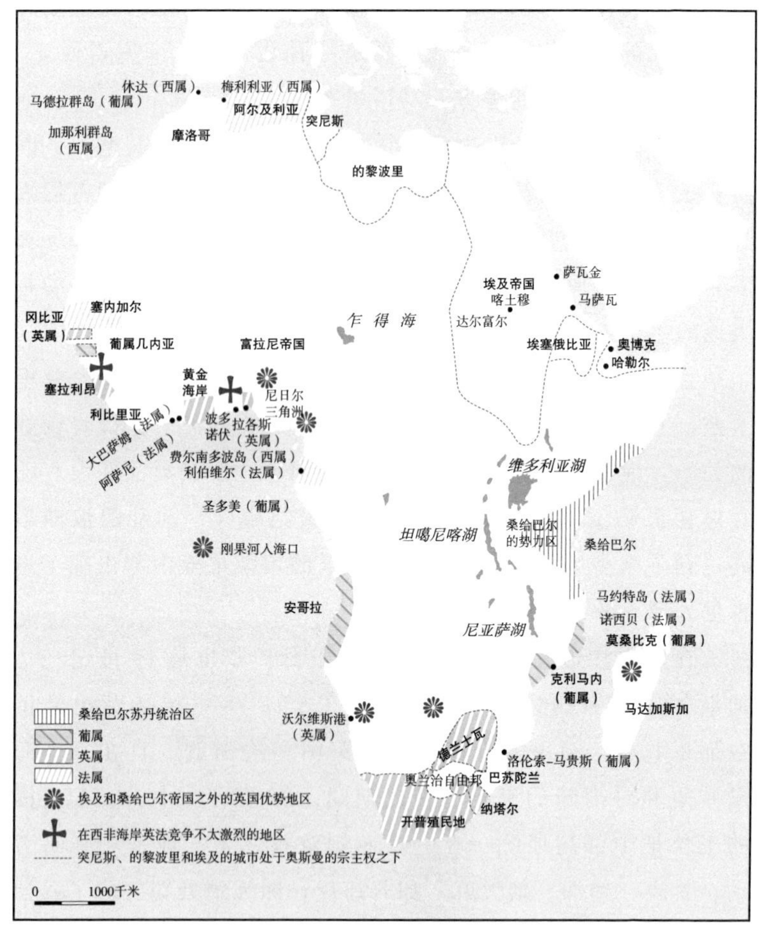

插图 79 1878 年前后的非洲

直到 1828 年去世，他得以事实上征服了整个岛屿，只有南部和西部的一小部分例外。随之出现了按照西方理念的引人注目的现代化。1820 年，国王被英国说服签订了废止奴隶贸易条约，同时也签订了在英国对马达加斯加的年轻人进行手工业和 927
技术培训的协议。欧洲专家，绝大部分是 1818 年获得他允许的伦敦传教士协会的传教士，带来了铁匠和木匠手艺，教授泥瓦工、制革、纺织和制皂技术。一位名叫大卫·琼斯（David Jones）的人根据语音规则为梅里纳－马尔加什人（Merina-Malgasy）创造了由英语辅音和法语元音组成的字母表。

然而，拉纳瓦罗那一世（Ranavalona I）——国王的遗孀和继任者——在统治期间开始执行一套恐怖专制政策，迫害基督徒，大规模地封闭国门。但这绝没有废止所有的革新。沿海地区还保留着贸易站点，一个名叫让·拉波尔德（Jean Laborde）的法国铁匠作为女王的技术总管带领 1000 名工人在首都塔那那利佛（Tananarive）东边建立起一个个工场，生产那些不再需要从欧洲购进的货物，其中包括枪支。女王死后，她儿子统治时期是一个仓促西化的时期，其间英法两国的代表也在宫廷中开始了竞争。拉波尔德成了法国领事。然而，从 1864 年至 1895 年治理国家的是一位聪明的部长赖尼莱亚里沃尼（Rainilaiarivony），他凭借的是与新女王以及随后她的两个继任者联姻。因为法国一直在实施路易十四国王曾经宣称的兼并马达加斯加，所以首相和女王一致决定站在英国一边。1869 年，他和女王成了新教徒。精英们也加入其中，在此期间到达的天主教传教士开始受到迫害，他们只能在边缘群体中找到皈依者。于是他们成为法国干涉的拥护者，这种干涉在苏伊士运河开通之后变得具有战略意义，但是德法战争后暂时变得不可能。1878 年，不断尝试着居中斡旋的拉波尔德去世了。但是并没有出现西方能借以进行干涉的像样理由，因而人们完全可以期待，梅里纳人有能力依靠自己的力量继续走西化之路。因为他们和其他非洲人对于这些新情况均作出了灵巧而有利于革新的反应，所以根本不用担心欧洲经济和文化影响力的不断增强会在几年之内引起对非洲大陆的政治吞并。

争夺非洲 928

通过帝国主义来瓜分非洲大陆好像完全是多余之举，不仅从非洲人的视角看是如此，而且从欧洲人的视角看也是如此，至少从一直具有举足轻重地位的贸易大国英国的视角看是这样，后者显然已在1870年代中期确立了非官方的霸权。法属阿尔及利亚和塞内加尔地区就像是英国人控制下的非洲里的飞地。在其余三个海岸国家中，埃及和桑给巴尔被视为英国的代理人，而葡萄牙在需要时则不得不容忍类似的待遇，比如1846年和1857年它提出的对刚果的要求遭到蔑视。甚至由此发展出了一个英国霸权的政治教条，即对“至高无上的权力（Paramount Power）”的要求，它不是要求占领地盘，而是要求将其他列强排除在外。

由于新老大国与英国的竞争愈加激烈，因而出现了“争夺非洲（Scramble for Africa）”（*The Times*，1884）。不仅新强国德意志帝国和意大利于1871年登上了国际舞台，而且老牌殖民国家葡萄牙和西班牙很快也被民族野心所控制。就连英国的对手法国在败给德国一段时间之后也开始了新的行动。另外还有比利时国王引人注目的个人帝国主义（Privatimperialismus）。

由于社会生产总值的增长，特别是由于对扩张十分重要的领域里的技术进步，如交通和通信领域（蒸汽船、运河建设、铁路、电报）以及武器装备领域（机枪），高度工业化时代带来了实力的提升。然而，首先是工业和贸易对于欧洲各民族来说比以往任何时候都更加重要，因而增长降低的停滞危机在1870年代呈现征象时，它们立刻转回到新重商主义的关税保护政策（德国1879年，法国1881年）。而英国则保持着自由贸易，对于市场引领者来说，它已经被证明是比较好的重商主义，特别是英属印度反正也没有开启自由贸易。面对这种新的政治经济竞争，最有希望的做法好像就是通过兼并贸易伙伴来保全自己，英国人采用的是防守型的前沿防御
929 （Vorwärtsverteidigung），其对手采用的则是攻势。根据同时代人的表述，帝国主义理论家因此把突然占领非洲解释为防御，或解释为重新获得市场份额以保证工业产品的销售以及原材料的供应，如植物油脂和棉花等。推动殖民扩张不是恰恰在出口低谷期间的1879年、1885年和1894年进行的吗？

然而，由于非洲的贸易实际上在整个经济中只发挥着很小的作用，所以面对南非的发展，1902年，霍布森认为，为帝国主义负责的不是商人，而是寻找可靠投资机会的投资商。不过，在殖民地非洲的投资相对而言依然很少。从伪造全球经济帝国主义理论得不出在殖民扩张和西方工业社会的发展之间不存在关联这一结论。一方面，对空间、时间和经济分支的不同分析让人在扩张上看到了完全真实的经济利益，而这些利益也能够以政治形式实现。另一方面，为了促成政治行动，经济方面的期待并不一定非得实现，德国殖民政策的历史恰恰表明了这一点。

具有帝国主义时代典型特征的恰恰是轻率和神经质的行动，因为这里涉及的是新的工业大众社会条件下的政治。借助于报刊、利益团体和群众性政党，这种政治比过去任何时候都要更多地出现在公众场合。政治家掌握着大众和媒体倾向，或者善于为了自己的目的调动这些倾向，他们不可避免地会陷到获取成功的压力之下，这种压力可能会强迫他们为了短期成功或纯粹的声誉而牺牲本该被正确理解的利益。另一方面，当政治家想把大众的关注从内政问题转移开的时候，鼓动大众去实现殖民目标和维护民族尊严是很有诱惑力的。

因为意识形态的气氛已经变得浓重，所以这种行为在殖民

领域也大有希望。通过至少是隐性的、无所不在的社会达尔文主义，19 世纪早期的传统的民族优越感强化为各民族的生存斗争观，在这种斗争中，“劣等种族”的非洲人拥有的机会微乎其微。除了被殖民，他们不会有更好的命运。就连科学，如民族学和地理学，也在相当大的范围内恪守着这一世界观，回顾目前已知的大量探索之旅，这种世界观会更加清晰，即便其 930
中的一部分不是以具体的扩张准备为目的的。而消遣文学则把这一相关的世界观散播给大众。

如果只是指瘟疫和生态危机就像当年在美洲一样，此时在非洲也为白人铺平了道路（尽管因果关系并不十分清楚），或许可以说这种种族主义的庸俗生物论（Vulgärbiologismus）是对的，只是对得令人毛骨悚然。19 世纪 80 和 90 年代那场据说是由意大利人带入的牛瘟可是毁掉了非洲牛存栏数的四分之三，给予畜牧者致命的打击。接踵而来的还有一次全新规模的流行性昏睡症、天花和饥荒。刚果河下游的人口减少了一半。据说当时有些非洲人认为这是欧洲人进行的一场生物战，按他们的理解属于巫术范畴。同样，完全从在欧洲有效用的诸要素中推论帝国主义是完全不可能的，因为在变换了地点的情况下，往往在非洲方和欧洲方一样发挥着作用的那些地方，这些要素才有效用。在各种利益紧密联系在一起的地方，比如在西非，一方或者一个民族的行动必定会引发另一方参与者的反应。

这种在非洲的行动无须借助欧洲政治领导层的知识和意志也能够进行。但是出于民族声誉的原因，欧洲领导层很少准备丢弃自己在地方上的准帝国主义分子。除了商人和其他垂涎于利润的人，这里所涉及的常常是军人，他们常常用自己对情况的准确认识来为其个人计划辩护，这些个人计划是为了民族荣誉和满足自己的虚荣而制定的。面对这种身在现场的总督，有时的确可以借用熊彼得（Joseph Schumpeter）的话将帝国主义解析为战士阶层心态再现的结果！此外，在立刻就想撞上大运的人中间存在着很多心理问题。他们的行为是激起非洲人起义的原因之一，同时又迫使本土承担比预期更加广泛的义务。当民族声誉受到危害时，履行义务便不可推卸，以至于一个临时军事行动最后常常演变为对殖民地的持久占领。因为非洲人不熟悉这一机制，他们的反抗行为一再被证明是达不到目的的，阿尔及利亚的情况已表明了这一点。

931 不过，伴随着帝国主义列强之间的民族主义对抗也可能出现相互之间的模仿甚至合作。如有必要，他们也相互支持以对付非洲人，因为无条件地维护白人的统治要比任何一个民族矛盾都重要。在此过程中形成了一种殖民经验和殖民知识的共同资源，有时甚至形成了一个国际专家团体。各殖民地的不同特性和各殖民大国不同的政治文化更可能导致的是殖民政治中的等级差异而不是原则差异。比如英国人和德国种族主义者都拒绝与非洲人缔结异族婚姻；但是明确禁止异族婚姻的只是那些缺少老殖民大国宽容精神的德国人，因而他们用果断去掩盖没有把握。

对于非洲人来说，至少早期帝国主义与他们所熟悉的没有什么区别，尤其是如果他们曾经与欧洲人结盟。与欧洲人不同的是，他们在很大程度上缺少一种非洲意识。欧洲人知道自己即将瓜分非洲，特别是自1880年代后期帝国主义作为一个有意识的政治计划实施的时候。而对于非洲人来说，涉及的通常只是自己直接接触的周围环境。而且这里出现的联系人与过去相熟的几乎没有差别。很长时间以来，大部分非洲人根本见不到白人，因为早期的殖民统治力量薄弱，而且殖民者出于费用原因尽量减少雇用欧洲人。

吞并开始了，直至1884/1885年的柏林刚果大会（Berliner

Kongokonferenz），在政治方面涉及的多为份额分配，至少在“黑非洲”主要是以海岸为基础。1871年法国的失败也不是首先通过殖民地扩张来补偿的，正相反，这种扩张可能会被视为背弃了复仇这一民族义务。但是这场失败在阿尔及利亚却意味着移民的胜利。1881年，三个阿尔及利亚行政区重新归属巴黎直接管辖。处于军事管制之下的其他大部分地区人口不到50万。在以后的日子里，阿尔及利亚政策都是由在巴黎的阿尔及利亚议员来制定。在他们中间，欧仁·艾迪安内成了举足轻重的帝国主义政治家。这三个行政区共分为196个“全面运动”公社（communes de plein exercise）和77个“混合”公社（communes mixtes）。后者由委派的官员进行管理。而在前一类公社中，被选举出来的市长和市议会还要以松散放任的方式管理那里的数量还相当多的穆斯林居民。穆斯林在市议会中只能占四分之一的议席，而且不能参加市长选举。虽然在事涉 932
民事案件时，穆斯林居民的案件由他们自己的法官依照伊斯兰教法审理，但涉及财产法时除外，财产案和刑事案均由法国法官依照法国法律作出裁决。除此之外，1881年的《土著人法》（Code de l’indigénat）使不经法庭宣判而由行政机构宣告科处罚金和监禁成为可能。截至1890年，只有736个阿尔及利亚人利用了1865年创造的机会，通过放弃他们原有的文化身份而成为法国公民。但是穆斯林在社会文化方面的所得并不符合“移民”的利益。因此，1880年代在法国创建的普及性教育制度引入阿尔及利亚几乎只是为了法国人；没有经费用于穆斯林。不过，按祖籍论，阿尔及利亚的法国人大部分是西班牙人、意大利人和马尔他人，自1889年起他们的后代自然而然成了法国公民。

在宗主国，这种兴趣很低。1901年，阿尔及利亚有474万人口，其中生活在三个行政区的有384万穆斯林、58万欧洲人和 6 万犹太人。当时殖民地愉快地享受着巨大的繁荣，因为当大规模的葡萄根瘤蚜疫病毁灭了法国葡萄种植的时候，恰逢法国禁止从意大利进口葡萄酒。从 1878 年至 1903 年，葡萄种植面积从 1.5 万公顷增加到 16.7 万公顷，葡萄酒产量增加到 5 亿升。在巴黎的政治舞台上上演了为倍遭冷落的总督辖地争取更多的自治权的大戏，并在德雷福斯丑闻（Dreyfus-Affäre）① 狂热的气氛中取得了成功。1898 年，阿尔及利亚获得了自己的预算，预算由财政代表团（délégations financières，总督辖地的一种议会，由 48 个欧洲人和 21 个穆斯林组成）监督。

在相邻的突尼斯，欧洲各国领事之间的争斗使法国得到了好处，因为改革大臣哈伊尔丁（Khair al-Dhin，1873~1877 年在任）为制衡英国人而承认法国人和意大利人拥有特权。英国人曾于 1861 年获得了铁路修建特许权，长时间犹豫之后，最终行动宣告破产，1876 年轮到了一家法国公司，它从政府那里获得了 6% 的利息担保，因此能够迅速筹集到资金。很明显，对突尼斯的经济渗透更多是因为相互竞争的驻突尼斯诸领事的政治野心，欧洲资本寻找投资机会的因素则很少。因为平衡对于所有的人来说虽然只是第二选择，但却是唯一可行的解决方案，而且国际性的国债管理机构发挥着效用，所以促进形势改变的推动力必定来自外部。

933 当俄国的手伸向海峡促使英国着手制定计划后，1878 年召开了平息巴尔干最新危机的柏林会议。尽管保守的迪斯雷利内阁强调帝国意识，但指的不是非洲，而是印度和抵御俄国以维护自己的利益。因此，英国把塞浦路斯视为“通往西亚的钥

① 1894 年，法国陆军参谋部的犹太籍上尉军官德雷福斯被诬陷犯有叛国罪，被革职并判处终身流放，法国右翼势力乘机掀起反犹浪潮。此后不久即真相大白，但法国政府却坚持不愿承认错误，直至 1906 年，德雷福斯才被判无罪。

匙”和苏伊士运河的外围堡垒。然而，现在考虑到列强之间的平衡必须对法国作出一些补偿。“如果你愿意就把突尼斯拿去吧（Prenez Tunis si vous voulez）”是英国外交大臣索尔兹伯里向法国同行提出的建议，该建议获得了首相迪斯雷利的准允和俾斯麦的支持。但是法国首先做的只是建议当地作为被保护国，而总督拒绝这样做。直到1880年，这个亲王的宠儿从法方转向意大利方以及不太温和的格莱斯顿内阁在伦敦执政时，法国外交部才以与阿尔及利亚的一个边界事件为由使武力干涉在内阁和议会获得通过。从阿尔及利亚派出了3万人的军队，8000人在比塞大港（Bizerta）登陆，他们没有遇到抵抗。1881年5月12日通过《巴尔多条约》（Bardovertrag）确立了法国的保护国地位。直到此时才在突尼斯中部和南部爆发了起义，起义部队连同增援部队的5万人均被击败。

《巴尔多条约》和补充的《拉马尔萨协定》（La Marsa，1883年6月8日）都相当模糊，条约里根本没有出现保护国（Protektorat）这个词。实际组织在很大程度上是第一任总督保罗·康邦（Paul Cambon，1882~1886年在任）的作品。形式上它依旧是一个绝对的君主政体，直到1891年才按照阿尔及利亚代表团的模式建立了大会。但是在君主那里总督不仅是法国的代表，而且还是君主的首相和外交大臣，没有他的副署任何文件都无效。在危机的情况下他可以调动法国军队。他建立了由法国人员管理运营的中央行政机构，通过13个民事监督员（contrôleurs civils）监督传统的地方行政机关。旧国债的利息统一为5%，发行了利息为4%的新国债，也就是由法国担保的贷款。由于利息的降低和严格的财政管理，预算得以平衡甚至还有些盈余。这些筹措到的资金被投入到了法国式的教育事业和健康服务中，但是需要很长时间这些才可能在城市之外取得成效。

《土地法》（Land Act）的修订使欧洲人也可能获得土地之后，农业的开发便委托给了欧洲的个人首倡者。阿尔及利亚模
934 式的殖民政策仅仅是权宜之计，而为了开采矿藏建起了铁路和港口。1899年开始开采磷酸盐矿，1905年产量达521000吨。1907年又加上了阿尔及利亚边境地带的铁矿。突尼斯给人以日益繁荣的印象。可是在突尼斯，意大利人一如既往多于法国人，1901年为71000人。在法国与意大利的政治关系重又改善的过程中，他们在1896年获得了与法国人几乎完全相同的权利，不过没有法国公民权。长此以往，办有学校、报纸、俱乐部等的意大利社区成了国中之国。因为很多意大利人始终认为，他们的国家比法国对突尼斯具有更久远和更合理的权利要求。

埃及已经成为非洲最发达的国家，拥有足足15000公里的铁路，8000公里的电报线和4500所公立学校。但是它的财政状况却是灾难性的。因此，赫迪夫伊斯梅尔最终于1875年出售了埃及因合作而得的十六分之七的苏伊士运河股份（177000股），以400万英镑卖给了英国政府。尽管如此，还是没有能够避免国家财政1876年的破产。鉴于与埃及之间传统的亲密关系，而且也因为埃及的债权人大多数是法国人，所以法国政府感到有义务进行干涉。不过，干涉仅限于像在突尼斯那样共同管理债务；法国公众舆论不赞成进一步的行动。保守的英国政府并不准备从官方角度为英国债权人的私人利益提供帮助。它辩称购买股权是“政治金融交易（political transaction）”。如果埃及的政治体系崩溃的话，通往印度的海路就会有危险。但是对埃及贸易安全的担忧私下里的确发挥了作用。1877/1878年的尼罗河特大洪水、瘟疫和饥荒之后，那里的农业——国家财政的支柱——也陷于崩溃。但是20%的土地属于赫迪夫并且是免税的，还有20%的大地产是享受税

收优惠的奥斯曼出身的寡头的财产。对此，伊斯梅尔不想改变什么，就像不想改变他的独裁一样，尽管他为了吸引在此期间出现的埃及本土精英而实施了国家的转向，并且单方面将有担保的国债的利息降为 5%。

针对这一侮辱，列强首先选择的是一条间接的道路，促使苏丹于 1879 年 6 月用赫迪夫的儿子陶菲克（Tawfik）取代了他。至 1881 年，陶菲克的部长们成功地解决了财政危机。对 935
农民实施优惠的降低税收政策，对特权阶层严格征税和改善债款索还等构成了财政政策的基础。国家收入的一半被储备起来用于支付利息和偿还债务，为此，债权人必须同意将利息降至 5%。除此之外还成立了一个国际债务委员会，其主席是一个英国人和一个法国人，他们成为在政府部门提供咨询的国家财政监督员。但是财政整顿却未取得政治成果，因为统治者的更迭导致精英们分裂成一个个相互争斗的派别。另外，新近晋升的、祖籍埃及的军官们成功地依靠自己的军队顶住奥斯曼老统帅部的压力贯彻自己的意志。1881 年，他们以一次出于爱国心的暴动回应法国对突尼斯的占领，然而此举引发的后果却正是他们想让埃及避免的事情。

此时，赫迪夫不得不任命了一些具有爱国思想的部长，自 1882 年起，艾哈迈德·乌拉比（Ahmad Urabi）就是他们中的一个，作为国防部长，他是埃及军官的领袖和民众的偶像。国防部谨慎地触及债务处理问题，但坚决反对西方插手其他财政政策。英法的一份有利于被罢黜的赫迪夫的照会被视为一种挑衅。尽管英法代表在此期间敦促进行军事干预，认为那是对付无政府状态和仇外的唯一手段，英国还是踌躇不决，但认为一定要与法国保持步伐一致，从而阻止乌拉比集团靠近巴黎。乌拉比为确保自己的地位所采取的措施间接导致总督被彻底剥夺了权力。此时，领事们叫来了一个英法海军舰队帮忙，但是舰队抵达亚历山大港（Alexandria）反而使事情变得更加糟糕。即将爆发的动乱被归咎于乌拉比对基督徒的屠杀。因为赫迪夫暗示，欧洲人若采取行动，对他来说是再合适不过了，所以1882年6月11日对亚历山大港的轰炸导致了受人欢迎的国防部长的倒台。然而法国人没有参与这次行动。结果是亚历山大港彻底被毁，赫迪夫逃到了英国人那里，英国海军将军派他的部队登陆，以便在“总督的准允下”维护法律和秩序。现在放弃就等于把埃及拱手让给乌拉比派甚至法国人。所以下议院通过了为埃及战争拨款230万镑的法案。由乌拉比宣布进行的
936 “圣战”在一次从苏伊士运河发起的侧翼进攻面前迅速失败。9月政府投降，随后开罗被占领。

因为情况表明不能重建过去那样的政权，英国人开始了改革，首先计划至1885年离开这个国家。但是如同当年法国在阿尔及利亚一样，他们现在在埃及成了自己干涉行动的俘虏。铁路进行英国式的管理，英国人训练的宪兵队替代了解散的军队，由于法国代表缺席，财政管理由英国独自接管。尽管赫迪夫陶菲克被允许重新委任一个内阁，但是1884年1月4日从伦敦发来的紧急公函一劳永逸地规定，一位埃及部长除了接受英国领事巴林的“建议”之外别无选择。

英国人之所以长期滞留在埃及与1883年的危机紧密相关，当时巨额军事支出造成了新的赤字，却不能阻止英国人威廉·希克斯（William Hicks）统率的埃及人在与苏丹马赫迪穆罕默德·艾哈迈德（Muhammad Ahmad）对抗中遭受失败。后者获胜意味着英国人在非洲和印度航路的地位又多了一个新的威胁。尽管在逊尼派的神学体系里原本没有定说，但是在伊斯兰教中不仅仅在（西）非洲一再出现真主差遣的革新者。他们的标准作用就是马赫迪的作用，就是真主自己“引领正道（Rechtgeleiteten）”的作用。在苏丹，这种千禧年运动完全

可以被理解为对欧洲的渗透的排外主义反应。穆罕默德·艾哈迈德和苏丹的清教徒与他的一些追随者不同，对前两者而言涉及的是彻底摒弃埃及的现代化政策，因为它雇佣不信真主的人并模仿其习俗；而对于后者而言涉及的则是反抗对埃及的征税和废止关乎生命大事的奴隶贸易。但是这位马赫迪还不能被解读为苏丹独立的先驱，因为第一，对伊斯兰教而言这一运动是统治世界的开端，绝不是一个尚未出现的苏丹民族的开端；其次，马赫迪主义（Mahdismus）意味着苏丹伊斯兰教的分裂，这种分裂虽有所缓和，却仍悄然存在至今天。

穆罕默德·艾哈迈德在伊斯兰教的南部边界地区长大并成为严肃论者，他教导人们皈依伊斯兰教，越来越确信自己受到特别的呼召。阿卜杜拉·伊本·穆罕默德（Abdallahi ibn Muhammad）坚定了他的信念，这位来自西南的先知一直在寻找马赫迪并于1881年与他相会。同年穆罕默德·艾哈迈德公开宣布自己是马赫迪，模仿先知呼召大家进行仪式上的出走，也就是离开不信真主者的组织。拘捕他的企图的失败使他 937
声望鹊起。1882年，他已经率领一支军队开始征服，至1884年，科尔多凡（Kordofan）、达尔富尔（Darfur）和加扎勒河（Bahral-Ghazal）都在他的掌控之中，他的追随者已经控制了喀土穆与埃及以及红海之间的区域。艾敏帕夏治下的赤道省与开罗的联系被切断。英国人重又寄希望于1879年在总督任上被解职的戈登，他受命撤离喀土穆。1884年他在那里被包围，1885年1月26日死于攻城战中，但好像不是像迅速创造出来用作政治工具的英国英雄传说所说的，像英雄似的被刺身亡，而是直接被子弹击中而死。马赫迪建立起了他的首都，但不是在不纯洁的喀土穆，而是在尼罗河另一边的恩图曼（Omdurman）。

他的王国改换了名称，但与埃及极其相像。信徒此前错误地作为赋税交到埃及国库的钱，现在须作为“布施（Almosen）”缴纳到马赫迪的国库，当然起初完全是为了救济目的。严厉的婚姻立法是第二项社会政治改革。按照早期伊斯兰教的做法，马赫迪在最高层设立了四个哈里发，当然位于首位的阿卜杜拉·伊本·穆罕默德在他们中间占主导地位。他是军队统帅，马赫迪的副手，1885年马赫迪去世后（估计死于伤寒）最终成为继任者。第三个哈里发的位置巧妙地为塞努西亚的首领预备着，但他并没有接受这一位置。英国人在此期间放弃了苏丹，因为埃及的资源不够支付重新占领的费用。人们也看不到为此投入宗主国宝贵资源的理由。

可是这种隐忍有一个例外——红海海岸地区，在那里有可能威胁印度航路的不仅是马赫迪王国和埃塞俄比亚，而且还有欧洲的竞争对手们。因此，英国在与马赫迪人的斗争中坚守着萨瓦金港口，在索马里北部海岸，英国的庇护条约取代了埃及人的存在。法国人也于1884/1885年把奥博克地区最终变成了殖民地。驻地在阿萨布的洛巴蒂诺轮船公司（Reederei Rubattino）尽管开有意大利至印度的轮船航线，却从未真正掌控自己的领地，1882年，它的领地被新的意大利统一国家接管成为其第一个殖民地。对意大利很不利的突尼斯丑闻激发了那里的殖民激情，意大利转向红海正合英国的心意。意大利不再是威胁，而是变成了受欢迎的小伙伴和代理人。1885年，
938 一支意大利探险队占领了埃及放弃的马萨瓦并开始对厄立特里亚腹地渗透，这是一次朝着积极殖民政策的转变，尽管这项政策的背后尚缺少有纲领的扩张计划，它仍然受到意大利民族主义者的热烈拥护。

对于法国人来说，奥博克是前往印度支那途中的一个站点，也是前往马达加斯加途中的一个站点，在马达加斯加，法国一直与地位有利的英国进行着利益较量。改革家赖尼莱亚

方面扩张至尼日尔河并建立与阿尔及利亚的通道，另一方面扩张至尼日尔河河口。对此感兴趣的军官们大力宣传未来的经济 940
愿景，目的是推行大国政治而不是相反的做法。完全没有帝国主义思想倾向的法国公众舆论可能会因此受到蒙蔽。1879年，议会被诱使大力赞同在阿尔及利亚与法属苏丹之间修建横穿撒哈拉的铁路，它使和平渗入内陆成为可能。然而由于主管政治家的共谋，资金被挪用于占领苏丹。自1879年起在上塞内加尔有一支法国军队，它在很大程度上独立地实施着它的帝国主义计划，直到1897年，英国人才使它的向东扩张止步于尼日尔河边。在总督布里埃尔·德利斯勒（Brière de l'Isle，1876~1881年在任）首先援引了费德尔布的计划之后，1879年至1883年，海军上将让·贝尔纳·若雷吉贝里（Jean Bernard Jauréguiberry）担任主管殖民地事务的海军部长，他是一个热心于扩张的塞内加尔前总督和坚定的反英派。

但是在向内陆推进的过程中，法国人遇到的不仅有厄尔·哈吉·奥马尔的儿子统治下的已经衰败的图库洛尔王朝，更重要的是还有更加年轻和更有影响力的萨莫利·杜尔（Samori Touré，约1830~1900年）的王国。最初他只是来自马林科族的一个迪尤拉商人，自1867年起他在政治上的成功表现使他在1880年代中期占领了尼日尔河上游的广大地区。1884年至1886年间，他把贯彻纯洁的伊斯兰教用于他攻击非洲竞争者继续扩张的计划。1885年的一场冲突对他来说大有收获，而之后他却完全准备好与法国人划分势力范围。为了抢在英国人行动之前占领先机，法国人偷偷往条约里塞进一个附加条款，该条款可以被理解为承认法国的庇护。这里还只是涉及与英国的竞争，到了合适的时间人们会让萨莫利消失。

在真正的几内亚海岸再往南的地区，在此期间充满了愈加激烈的竞争。法国商人此前对政治行动始终抱着怀疑态度，因为他们担心更高的港口关税，他们觉得受到英国和德国竞争者的限制，这不仅是因为后者的行动，而且也是由于他们自己生意的扩大。尽管法国1880年对西非的出口额只相当于英国1854年已经达到的水平，但是自那时起，英国对西非的出口额仅增长了41.6%，而法国仅从1875年起就增加了405%。1874年，英国建立了殖民地黄金海岸，它至1886年都控制着
941 拉各斯，这或许宣示着英国独家控制着这一整个海岸地区，不过1880年，法国从黄金海岸出口的货物至少与从塞内加尔出口的一样多。最终，德国公司在一艘军舰参与的情况下也在多哥海岸边签订了多个条约并将英国人挤出了阿内霍（Anecho），1883年，法国宣布它对今天多哥东半边海岸拥有庇护权，从而将德国人阻止在东边相邻的、尚保持独立的达荷美之外。在达荷美的东南角，他们与拉各斯的英国人争夺着对同样还保持独立的波多诺伏（Porto Novo）的影响力，如果想经拉各斯主导重要城市阿贝奥库塔的对外联系，控制波多诺伏就十分必要。1864年，波多诺伏拒绝了法国的庇护，1883年，它不得不接受这种庇护，将其作为应对英国人的推进的反措施。

在今尼日利亚的海岸，英国人占有优势地位。1870年代，约鲁巴人的城市和埃格巴人的城市之间爆发了旷日持久的战争，严重损害了拉各斯的商业贸易。但是这段时间前后，英国领事老卡拉巴尔在尼日尔河和克罗斯河（Cross River）之间的东部海岸签订了多个条约，从而得以于1885年宣布“对尼日尔地区的庇护（Protectorate of the Niger Districts）”，以确保在此期间已经形成的势力划分。尼日尔河被视为进入内陆的最佳途径，可以摆脱成本昂贵的非洲转手贸易。1878年有四家英国公司在那里活动，当出现了德国和法国竞争者时，在乔治·戈尔迪（George T. Goldie）的倡导下它们联合为一家公司，自1882年起被称为国家非洲公司（National African

Company），并通过倾销价格使法国人破产。1883年，若雷吉贝里的继承者无法继续进行反击，戈尔迪得以至1885年收购了所有法国竞争者的公司。尼日尔河下游处于英国的掌控之中。

尽管水流湍急，刚果河仍然是非洲内陆贸易的重要通道。因此，英国知道应阻止葡萄牙人经河口地区进行控制。但是1879/1880年却出人意料地（因为不是出自迄今为止的贸易体系）出现了两位新的申请人：比利时国王利奥波德二世（Leopold II）和法国研究者萨沃尼昂·德·布拉柴（Savorgnan de Brazza）。长期以来，利奥波德坚信比利时殖民地是必不可少的，但是由于他人兴趣不大便决定先以个人名义做这笔生意。在拉丁美洲和亚洲作过尝试之后他转到了非洲中部，首先于1876年建立了国际非洲协会（Association Internationale Africaine）进行研究，随后于1879年建立了刚果河上游研究中心（Comité d'Etudes du Haut-Congo）作
为勘察大陆经济可能性的股份公司。美国旅行家亨利·莫顿· 942
斯坦利溯刚果河而上建立起一个个商站，通过签订合同确保了自1882年新建的国际刚果协会（Association Internationale du Congo）的采矿和贸易垄断权。1879年，斯坦利在刚果河下游的维维（Vivi）建立了一个站点，然后为绕过湍流修筑了一条通往马莱博湖（Malebo）或者斯坦利湖的道路，那里很快就出现了利奥波德维尔（Leopoldville）[金沙萨（Kinshasa）]。1881年至1883年，他乘坐一艘通过陆路运到那里的蒸汽轮溯刚果河而上，抵达了他在斯坦利瀑布边修建的最远的商站，也就是后来的斯坦利维尔（Stanleyville）[基桑加尼（Kisangani）]。它已经处于东非斯瓦希里商人活动的地区，一开始就迫使斯瓦希里解体，到1887年干脆让其首领提普·提普当了那里的总督。为了充实力量，国际刚果协会其间

在坦噶尼喀湖东岸建立了常驻地，又从安哥拉顺开赛河而下抵达斯坦利湖。在此过程中还谈不上是政治控制，而仅仅是经济开发。利奥波德把事情转向另一个方向归咎于法国人。

1880 年 9 月，自己出资行动的旅行家萨沃尼昂·德·布拉柴与安济科王国国王马可可签订了一个条约，国王在条约中将刚果河下游右岸自己的领地割让给法国——不管这里所指的是什么。就连若雷吉贝里也想拒绝这个关于一片法国没有利益所在的土地的条约，可它却在 1882 年被民族巨浪托着在国会获得通过，尽管人们私下里向英国的主要对手保证继续进行自由贸易。但是随后，利奥波德自 1881 年起要求将承认他的封建主权力（Suzeränität）写入条约，自 1882 年起要求将他的主权写进条约，到 1884 年居然为他个人的国际刚果协会提出占据刚果领土的诉求。法国被争取了过来，因为为了瓦解国际刚果协会，人们承认法国拥有第一优先购买权。而英国则打出了葡萄牙这张牌，于 1884 年以条约的形式承认葡萄牙对刚果河河口的要求，葡萄牙曾为此征战了很长时间。接着，德·布拉柴和法国海军受命签订其他条约并占领该地区，这些事于 1883 年至 1885 年开始进行。此时，就连英国自由党内阁也认识到，自己的非官方霸权不能继续维持在同一个水平上，对它来说，在被勉强接受的自己的庇护与法国的庇护之间只留有一种选择，在它眼里后者简直就意味着灾难。

在南非不存在这一类竞争。但是英国的政策在这里不仅要
943 顾及刚刚建立的非洲各帝国，而且要考虑到各布尔人共和国的殖民帝国主义和开普省的殖民帝国主义。因为开普省自 1872 年起由一个主管部治理，在 1890 年至 1895 年担任首相的塞西尔·罗兹（Cecil Rhodes）的倡议下，它尝试着实行它自己的一套帝国主义政策。1885 年，罗兹促使英国人宣布茨瓦纳兰（Tswanaland）北部地区（今博茨瓦纳）也为庇护地区，

就如同1884年在南部地区发生的那样。至此，布尔人从德兰士瓦向西扩张和德国人从西南非洲向东扩张都被止住了脚步。茨瓦纳兰南部地区成了地产投机的对象，最终于1895年在开普敦崛起，而受庇护地位则确保茨瓦纳兰北部地区——此时叫贝专纳兰（Betschuanaland）——面对开普敦和布尔帝国主义保持着艰难的自治。同样，巴苏陀兰自1884年起也最终享受到同一个特权。因为开普敦总督和负责整个南非事务的英国高级专员巴特尔·弗里尔爵士（Sir Bartle Frere）在1877年至1880年其实是在消灭各非洲王国，至1897年，这种消灭在其他事件中完成。除此之外，从1877年至1884年，他还按照他的由英国统治南非的帝国理念暂时吞并了布尔人共和国德兰士瓦。

其间，祖籍不同的传教士试图渗透进整个南非和中非。从其后果看，完全可以把他们称为帝国主义的先锋，即使他们本人绝没有这种意图，即使他们的活动绝非都很成功。在姆兹里卡兹的政治社会体系功能正常的情况下，无论是伦敦传教士协会还是耶稣会成员，在马塔贝莱兰都没能使一个人皈依基督教。相反，苏格兰教会在赞比西河以北不稳定世界里的部分地区取得了成功。自由教会性质的利文斯敦尼亚布道团（Mission Livingstonia）于1878年在马拉维湖南部尽头的岸边建立了一家公司，从1881年起称为非洲雷克斯公司（African Lakes Company）。它试图以商业种植为基础排挤欧洲人的非洲贸易。这一设想与它的差传一样成功。1894年，1000多个孩子走进了苏格兰自由教会（Free Church of Scotland）的学校，数以千计的非洲人为非洲雷克斯公司或者白人殖民者打工。他们接受提供的新教伦理和资本主义精神的组合不就是为了摆脱自己的危机吗？

在西南非洲的莱茵差传会（Rheinische Mission）与苏格

兰教会极为相似，这不仅是因为与生意和政治联系在一起的宗教和文明使命，而且也因为它是帝国主义的先锋。英国采取的
944 一些帝国主义措施已经是着眼于德国的行动，新建立的德意志帝国与被轻视的葡萄牙相比毕竟是一个必须认真对待的对手。诚然，俾斯麦已经宣告1871年之后帝国在领土上已经满足了；他的政策基本上是防御性的。就这方面而言，要到他的继任者当政时才谈得上真正的帝国主义政策——另外，这与其他国家的发展在时间顺序上也是一致的。可为什么俾斯麦1884/1885年突然转向一种积极的殖民政策而随后又同样突然地放弃了这种政策？可能这些决策都基于这位诡计多端的首相的一种错综复杂的权力政治方面的考虑，这种考虑绝不可能被简化成唯一的动机！

因为占有殖民地的愿望在德国公众舆论中发挥着越来越重要的作用，在这方面具有典型意义的是在西南非洲活动的莱茵差传会巡视员弗里德里希·法布里（Friedrich Fabri），他是具有广泛影响力的宣传鼓动者之一。各种组织相继成立，其中首先应列举的是德意志殖民协会（Deutscher Kolonialverein，1882年）和德意志殖民地协会（Gesellschaft für deutsche Kolonisation，1884年），它们后来于1888年合并为德意志殖民联合会（Deutsche Kolonialgesellschaft）。在帝国议会里，殖民政策起初只得到了民族自由党人和部分中央党人的支持，而坚决拒绝它的一方面是保守党人，另一方面是左翼自由党人和社会民主党人。但这种情况没有保持下去。当帝国主义在世纪之交达到其高潮时，很快，几乎所有的政党都被争取过来赞同殖民政策，甚至包括社会民主党的右翼人士。

除了宣传被社会达尔文主义强化了的民族主义，还进行着经济政治和社会政治方面的论证。德国正处在生产过剩的重压之下，论证中这样说。它必须将自己的过剩人口像自己的商品

和资本一样向外输出。通过殖民地确保原料基地和销售市场就意味着确保就业岗位。对此还不满足的人可以移民国外，而这种移居还包括将制造动乱的社会民主党人流放到一个德意志的澳大利亚或者西伯利亚。借助这种可能的“社会问题的输出”（Wilhelm Liebknecht）可以消除资产阶级对反叛的工人大众的恐惧。这类论点不是专属于德国的，而是帝国主义的公共财产。俾斯麦不赞同这些观点，但却迁就和利用它。当然，他有要求建立稳定的销售市场的意识，但他与举足轻重的经济界人士一样，对殖民地在实现这一目标中的价值实际评价很低。

德国金融资本还是长期对殖民地缺少兴趣；它在其他地方 945
进行着自己的商业活动，它更寄希望于国际合作而不是国际竞争。即使是其西非贸易不断增长的汉萨同盟成员暂时也没有看到任何理由背离自由贸易可靠的游戏规则。易北河烈性酒在汉堡对西非的出口份额中占五分之三，即使这样也没能使当地容克成为殖民政策的拥护者。商人和银行家这种特殊的克制态度是由一种特殊的利益形态决定的，或者说它的出现完全是因为没有多少经济利益和只是侧重于政治考量。起重要作用的是阿道夫·沃尔曼（Adolph Woermann），除贸易外，他的汉堡轮船公司也经营西非的种植园，而且看到英国人和法国人威胁着自己的商业活动，因为他们有排除他人、仅由他们两家划分那里的利益范围的倾向。沃尔曼成功地争取到汉堡商会对殖民地政治行动的支持，却没有赢得政府的支持。至少俾斯麦不会让人夺走这种首倡权。

自 1842 年起，莱茵差传会在西南非洲的两个重要族群中活动，一个是在中央高原从事畜牧业的赫雷罗（Herero）班图人，一个是在贫瘠的南方绿洲中生活的纳马（Nama）[或称霍屯督（Hottentotten）] 科伊桑人。后者也是畜牧者，但是由于生活条件贫乏，他们同时也狩猎、采集和抢掠牲畜——请注意是在赫雷罗人那里抢掠。19世纪，纳马人通过所谓的奥尔拉姆人（Oorlam）增强了实力，后者是从南非来的迁徙群体、混血儿和逃亡奴隶，混血儿和逃亡奴隶作为基督徒已经熟悉了布尔文化的成果，这样一来，原有的冲突就更加尖锐了。拥有战马和火器起着决定性作用，它们让琼克（Jonker）非洲人族群建立了一个也统治着赫雷罗人的霸权。不过，据称所谓的琼克非洲人消亡后，赫雷罗人的自由之战主要是由白人传教士和商人煽动起来的，目的是摆脱纳马人的控制创建一条与赫雷罗人之间的无障碍通道。结果是形成了赫雷罗人和纳马人的霸权企图之间的一种不稳定的平衡，前者力求将自己的牧场向南推进，而后者在此期间又有了新的中心人物亨德里克·维特布伊（Hendrik Witbooi）。传教士和商人们感觉自己起着决定性的作用，尽管这种情况的不稳定性给他们带来的绝不仅仅是好处。因此，莱茵差传会早在1868年和1880年就先后向普鲁士和德意志帝国提出庇护请求，但两次请求都徒劳无功。于是它支持开普敦向西南非洲扩张的企图，但是这些企图都失败了，
946 因为开普殖民地的经济利益不准备承担自己原本期望的吞并那片土地所需要的费用，还因为英国格莱斯顿内阁更想抑制南非的次级帝国主义。因此，1878年吞并西南海岸唯一的良港沃尔维斯港（Walfischbai）时执行的政策依照的完全是英国自由贸易至上的路线。

然而在此期间，德国的撞运气者对南非发掘出的黄金和钻石产生了兴趣，并且希望在地理环境非常相似的西南非洲也能有类似的收获。于是1883年夏季，不来梅烟草商阿道夫·吕德里茨（Adolph Lüderitz）与一位纳马酋长签订了数个协定，根据这些协定，吕德里茨购得小海湾（Angra Pequena）和从橘河河口至南纬26°、纵深20里的一个海岸地带。误解或是故意欺骗造成了如下后果：纳马人以1英里等于1.6公里计算，

而德国方面却以1地理里（Geographische Meile）等于7.4公里计算，也就是说用一个宽150公里的地带取代了宽30公里的地带，面积扩大了4倍。通过与土著和葡萄牙人签订的其他协议，并借建立由英国庇护的贝专纳兰之机划定边界线，德国人占据的土地至1886年超过了80万平方公里。

当然，这已经超出了吕德里茨力所能及的范围，于是不得不在1885年将它们卖给了新成立的德国西南非殖民公司（Deutsche Kolonialgesellschaft für Südwestafrika）。这家资本投资公司的建立并不是出于经济利益，而是为了讨帝国首相的欢心。俾斯麦要的不是“殖民地（Kolonien）”，而是“保护地（Schutzgebiete）”（Protekoraten一词的德语翻译），保护地由私人特许公司自费和自担风险开发及管理。这样的具有前现代特征的计划在同一时间内不仅仅在英国复活。这样，帝国政府不仅省去了一笔费用，而且还可以防止帝国议会通过它的预算权向殖民地施加影响。特许证计划失败而帝国不得不承担责任时发生的正是这种情况。为此，在西南非洲采取的第一个行动是于1885年派出法学家海因里希·戈林（Heinrich Göring）作为帝国的全权代表。

在东非起初也有一个冒险家，他就是牧师的儿子——历史学家卡尔·彼得斯（Carl Peters），1884/1885年，他在一次由他的德国殖民公司资助的旅行中在今坦桑尼亚境内巴加莫约（Bagamoyo）的腹地签订了多个保护协议，保护地面积达14万平方公里，这些协议应该为建立一个德属印度（deutsches Indien）铺上了基石。尽管他只是一个运转良好的体系中的捣乱者，尽管这一体系中的德国合伙人，即对桑给巴尔怀有热 947
情的汉堡商行对这种关系的改变毫无兴趣，尽管——或者恰恰因为——与英国霸权之间的矛盾在桑给巴尔已有呈现，彼得斯还是得到了首相和皇帝的支持。一家德国东非公司（Deutsch-

Ostafrikanische Gesellschaft）建立起来了，它的最大投资者是投入50万马克的皇帝。德国资本在这里比在西南非洲还要克制一些。此时，彼得斯可以作为帝国全权代表动身前去签署其他协议并向非洲人展示德意志帝国的优越性。

到那时为止，英国人对在这个地区获取土地没有兴趣。苏格兰的印度航运船主威廉·麦金农（William Mackinnon）意图用一家股份公司接管桑给巴尔苏丹的整个大陆利益和贸易，他的方案由于缺少伦敦的支持而失败。对桑给巴尔的非官方控制显得已经足够了。因此，当时受到不同方面逼迫的英国政府在1886年年底与德国互致照会之后同意签订一个协议，该协议保证苏丹对海岸的控制，但是针对内陆则确定了英国和德国利益范围的界限，此举导致了后来的德国东非殖民地（再后来的英国委任统治地坦噶尼喀）和肯尼亚的边界线的确定。德国放弃了今肯尼亚和索马里境内的据点。一如既往，中规中矩地占领土地被看作多余的，因为斯瓦希里人的东非商业体系已被证明是具有适应能力和对欧洲人友善的，以至于甚至能经受住由英国推行的废止奴隶贸易。官方的贸易世界，也就是说欧洲人、苏丹、印度投资者和大陆巨商，专注于象牙和新货物，如橡胶。不过，另外始终还存在着一个奴隶贩子的地下世界，因为对于这种商品的需求仍然存在。但是这一官方体系在促进欧洲扩张。甚至提普·提普都成了比利时国王利奥波德的总督。

这种形势有利于通过基督教传道进行成功渗透，传道团比以往任何时候都力主把反对奴隶贸易作为自己的事业，特别是试图以此赢得家乡民众的支持。在英国各个反奴隶制协会中，非洲传教士们此时起着决定性作用。除了英国新教的差传会，自1878年起也出现了天主教的“白人教父”，一个专门为非洲传道，特别是在穆斯林中传道而创建的新修会。它的创建者枢机主教夏尔·马夏尔·拉维热里（Charles Martial

Lavigerie）从1888年开始了反对穆斯林奴隶贸易的行动，结 948
果是在天主教的欧洲也建立起相应的协会。但是通过欧洲人的统治确保传道显得没有必要。新近有人再度尝试将帝国主义归因于“征讨”奴隶制（Egon Flaig），这种做法混淆了动机与证明政策合法的策略。戏剧性的宗教冲突属于例外，如布干达的宗教冲突。在其脱离伊斯兰教的过程中，那里的国王于1876年让人处决了侍从中的穆斯林，也就是国家的青年才俊，因为他们不忠诚。在其继任者的统治下，1885年至1887年，百余名新教徒和天主教徒遭受了同样的命运。天主教会于1964年宣布他们中的22人为圣徒。

德国在西非占据土地起因于其他的先决条件，因为在喀麦隆和多哥存在着明确的经济利益。在利比亚和刚果河河口之间经营着国外代理机构和种植园的汉萨同盟成员看到英国和法国加强控制以及刚果地区的发展威胁着自己的利益。在另一个大国的地盘里还能在与之前相同的有利条件下继续顺利地经营，这在关税保护政策不断扩大的时代是难以期待的。他们的意见成功地促使俾斯麦于1884年春季委派非洲学者和驻突尼斯总领事古斯塔夫·纳赫蒂加尔（Gustav Nachtigal）作为帝国全权代表前往西非，起初的任务只是考察贸易情况以及让英国人、法国人和非洲人承认德国商人的平等地位。在汉萨同盟成员的敦促下，任务中又增加了这样一条指令：为作为霸主的德国皇帝对商行在那里签有协议的海岸地点实施占领。据此，纳赫蒂加尔于1884年7月5日和6日在多哥海岸的韦尔贝尔和布罗姆公司（Firma Wölber und Brohm）的影响区域里升起了德国国旗，随后又于7月14日至8月1日在喀麦隆海岸的不同地点做了同一件事情。

在大多数情况下，纳赫蒂加尔都会比有相关意图的英国早几天采取行动。另外，喀麦隆海岸边的杜阿拉商贾民族看到自己的转手贸易垄断已经出了问题，其中几个部族倾向于德国人，其他部族则倾向于英国人，到年底德国的一次炮轰制服了反对者，英国的抗议是难免的。在与伦敦的直接谈判中得以再次取得平衡，喀麦隆归德国，尼日利亚则归属英国管理。那里
949 的海岸边的一家德国公司的要求恰好适合作为平衡物。此时有可能出现英国对尼日尔进行庇护的情况。尽管俾斯麦也在这里敦促由一家私人公司承担对这一地区的保护，但是汉萨同盟成员坚决而成功地抗拒了这个要求，以至于在 1885 年 7 月不得不向喀麦隆和多哥派出了首任德国总督。

英国在三个地方全都作出了妥协，这可以从它当时的孤立地位和严峻的外交形势中得到解释，俾斯麦以强硬的态度利用了这一有利形势。当他认为可能被伦敦利用拖延迷惑了的时候，在英法关系因为埃及的财政问题破裂后，他巧妙地于 1884 年 8 月说服法国人同意召开关于刚果问题的国际会议。帝国拒绝了英国和葡萄牙的《刚果条约》（Kongovertrag），取而代之承认利奥波德为“独立的刚果国家（unabhängigen Kongostaat）”国王，请注意，条件是承认德国商业利益！利奥波德已经承认了法国在刚果的优先购买权，这正适合将法国政府导向俾斯麦一边。

1884 年 11 月至 1885 年 2 月在柏林召开了由法国和德国共同召集的国际刚果会议（internationale Kongokonferenz）。它绝对没有瓜分非洲，因为在双边条约中对新领地的获取划清了界限，也在——而且恰恰在——德国和英国之间划清了界限。它一开始就直接涉及刚果问题，把刚果地区变成大家都可以进入的自由贸易地区，承认利奥波德的所获是中立国家。不过，随后在俾斯麦的推动下会议建立了国际法原则，即要承认对海外领地（Überseeterritorien）的占有，需要对其进行正式宣布和有效占领——“有效”可以理解为维护法律和秩序，特别

是欧洲贸易安全方面的法律和秩序。另外还普遍禁止了奴隶贸易。随之，葡萄牙模糊宽泛的权力要求的时代终结了，同样终结的还有英国的非官方霸权。未经询问，非洲就被纳入了西方的国际法范畴，它首先导致的结果就是，取代传统的边界地区引入了精确的边界线。帝国主义在柏林呈现了它的程序原则；现在，瓜分才可以真正开始！

1887年的非洲地图表明，英国只拯救了它的非官方非洲霸权有限的遗产。如果谈到有效地实现剩余的要求，英国在一个帝国主义意识日益增强的保守领导层的带领下应能获得较好的结果。当然首先是利奥波德国王对不断扩大领土表现出欲壑难填的胃口，因为对于他这个拥有无限权力的主人来说，土地越多就意味着利益越多。1886年至1888年建起了一支名叫“公安军（Force publique）”的军队，到1898年军队人数已经增至19000人，大部分士兵都是非正规强制招募来的刚果人，他们军饷低廉，遭受虐待，以至于引发了暴动。很大一部分士兵来源于刚果盆地中部操“林格拉语（Lingala）”的族群。凭借这支军队刚果国扩张至赞比西河、马拉维湖、维多利亚湖和尼罗河上游地区。在尼罗河边，爱德华·施尼策尔作为埃及的穆罕默德艾敏帕夏首先宣称反对马赫迪分子。利奥波德在1880年代徒劳地试图争取他支持自己。1890年代，国王的属下使用武力从韦莱河（Uëlle）推进到尼罗河。在东部一次屠杀式的战争中，斯瓦希里人的商业体系和统治体系被粉碎了。“一年后在非洲再没什么可获得的了”，据称，利奥波德1888年曾这样说。

建立起了一种发展不充分的行政系统，包括一个刚果河下游的博马大总督、12~15个行政区、183个站（1900年）和440个由行政区长官任命的头领，后者更像是国家的代理人而非地方权威人士。司法权继续掌握在行政机构手里。但行政机构的问题是要确保利润，因为1887/1888年财政收入仅为支出的十分之一。尽管利奥波德以其帝国主义的乐观精神打算放弃比利时的财政援助，但1890年和1895年多亏比利时的国家贷款把他从破产的危险中解救出来。在橡胶繁荣背景下实行的野

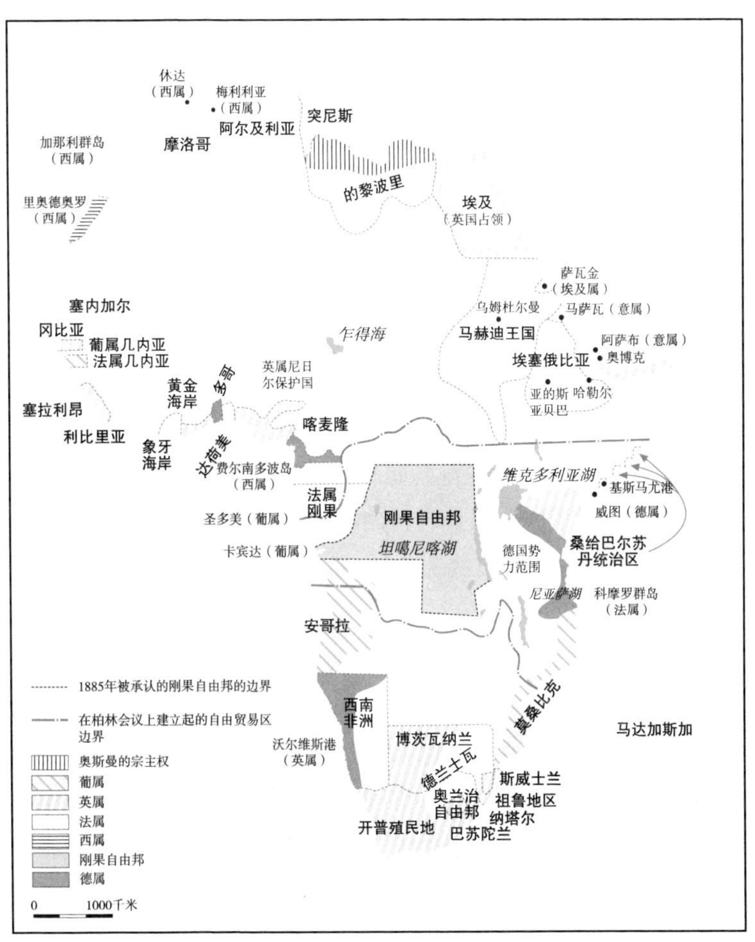

插图 80 1887 年的非洲

蛮政策带来了转机。1891/1892 年，利奥波德采用了“领地政权（régime domanial）”，该政权有违刚果卷宗中关于自由贸易的附加条款。根据该章程，所有未被土著人占有和未耕种的土地以及其上的产物都属于国家财产，唯有国家或经国家特许的资本公司有权对其进行开发利用。说得明白点：这是一种象牙和野生橡胶垄断！

国家的代理人得到了他们的生产酬金，而臣民则可以通过
952 赋税义务被招来从事强制劳动——至 1908 年尽量避免采用货币，从而不给他们留有其他办法——所以形成了一种具有一些犯罪特性的剥削制度。不过 1901 年，刚果提供的橡胶占世界产量的十分之一。

相邻的法属刚果和加蓬经历了一个相似的发展历程。非洲人面对新的白人商业伙伴时的喜悦很快就消退了。殖民地要带来利润而不是烧钱。事情就是这样，尽管至 1906 年，法国在这一地区只有寥寥三十余名行政官员。于是，人们在巴黎决定竭力模仿利奥波德的模式，从 1899/1900 年起把这一地区分配给约 40 家股份公司，绝不是按特许公司模式进行管理，法国的国家利益至上论不可能接受这一套，而是为了经济剥削。因此，各个公司也将土著视为可以剥削的财产并以相应的方法对待他们。在它们当中，只有采用与相邻的刚果国同样残酷的方法的公司取得了成功。就连德国人也在地理条件相似的南喀麦隆建立了一个这样的政体并带来了相应的后果。若想寻找帝国主义酷行方面令人难忘的材料，正确的做法就是研究当时的中非西部。

对于葡萄牙来说，柏林刚果会议决议的结果是民族屈辱，但是这给予殖民地游说集团更多的是推动力。除此之外，根据有效占领的新原则，如果不想被其他强国赶出非洲的话，就要迅速实现尽可能广泛的要求。因此，安哥拉和莫桑比克必

须从沿海地区向内陆腹地扩展，根据《康特拉科斯塔计划》（contra-costa-Konzept）将后殖民国家马拉维、赞比亚、津巴布韦和今天的刚果民主共和国南部等地区也囊括在内，联合成一个大陆帝国。一支支探险队被派出进行探查和签订协议。1886年，德国和法国已准备放弃向库内内河（Kunene）以北的西海岸和鲁伏马河（Rovuma）以南的东海岸扩张。但是当英国的南非次级帝国主义分子向赞比西河推进的时候，英国的先头部队已经到达了马拉维湖边。由于发现了一条可航船的通道，对希雷高原进行庇护在1889年对英国很具有吸引力，而且塞西尔·罗兹愿意承担这笔费用，于是英国占领了这一地区，并以粗暴的形式逼迫葡萄牙放弃；这是英属尼亚萨兰的开始。葡萄牙政府因此垮台，然而它的后继者除了与英国签署协 953
议之外也别无他法，不管怎么说，协议仍然在赞比西河北边为葡萄牙留下了一个20英里宽的连接安哥拉和莫桑比克的通道。葡萄牙议会又使接下来的一届政府垮台，但是当葡萄牙于1891年不得不最终同意接受协议时，英国在此期间已经造成了既成事实。此时各葡萄牙殖民地之间已经没有陆路相连，另外这些殖民地大都得到了它们后来的边界线。同年，利奥波德国王也准备放弃他在赞比西河流域的计划，并准备调整与葡萄牙的边界线。

但是贫穷且饱受财政危机震荡的葡萄牙无法立即完全控制住仍然巨大的地区。直到20世纪，它的各项措施的共同效应才最终促成了统治体系的建立。安哥拉得到了很多从宗主国迁入的移民，这些移民因如何对待黑人的问题时常与土生土长的克里奥尔人发生冲突。除了本格拉的制糖业和捕鱼业，整个经济是停滞的。在安哥拉逐渐扩大的种植园里劳作的黑人工人，还有被输往圣多美的人中的黑人工人，尽管有那些令人印象深刻的法律，他们事实上无非就是奴隶而已。而莫桑比克则经历了它的经济繁荣，不过不是依靠自己的力量。更确切地说，其中大部分是委托给特许公司完成的，这些公司都受国际金融资本控制，首先是受英国金融资本控制。它们在这一地区南部的投资是为中非和南非开创通向大海的道路。至1900年建成了从洛伦索－马贵斯到德兰士瓦以及从贝拉（Beira）到罗得西亚的两条铁路线，它们的建造和营运带来了工作岗位、税收以及各港口城市的兴盛。直到今天，贝拉铁路仍然对莫桑比克的经济具有战略意义。但是外国资本在莫桑比克的统治作用并不能说明葡萄牙崇尚的是一种非经济的帝国主义。某些银行和没有国际意义、但对葡萄牙具有重要意义的纺织工业从宗主国与安哥拉的贸易顺差中获取利润。安哥拉被外来势力渗透的程度低于莫桑比克。当被怀疑充当英帝国主义代理人的来自盎格鲁撒克逊的新教传教士被葡萄牙传教士（在没有葡萄牙传教士的情况下则被其他天主教传教士）所取代或者中立化的时候，这里甚至执行了一种轻度敌视外国人的政策。

954 葡萄牙殖民地不可逆转地陷入了从南非向外扩展的次级帝国主义的旋涡中，这种情况在改变了征兆的情况下仍然保持了很长一段时间。但是这种南非的帝国主义很少遵从国际列强的对抗法则，而是顺从它自己的以地下矿藏为出发点的经济推力。开采1886年发现的威特沃特斯兰德（Witwatersrand）金矿创造了巨大的劳动力需求。尽管最后几个非洲王国被毁灭，尽管试图将非洲人从他们的土地上赶走，尽管有限制性的工作法令和强迫人去挣钱缴税的压力，可国内依然不能满足这一需求。1899年在威特沃特斯兰德生活着几十万黑人工人，他们中的一部分是从莫桑比克或者更远的地方招募过来的。

当时开普敦最具实力的资本家和政治家塞西尔·罗兹（1890年成为那里的总理）首先对在威特沃特斯兰德投资持保守态度，因此与钻石贸易不同，他在这里不可能赢得主导地位。1888年他开始尝试通过大踏步地向中非挺进来纠正这个错误，因为人们当时猜测含金岩层延伸向那里。除此之外，通过在那个区域扎根可以从陆地上包围凭借其黄金变得越来越危险的德兰士瓦。当然，英国的开普—开罗轴心的帝国主义幻景不是出自罗兹，而是来自伦敦。它的先锋是从那里被派往莫桑比克的哈里·约翰斯顿（Harry Johnston），他与罗兹一起从葡萄牙人手中夺回了希雷高原。

罗兹从优柔寡断的恩德贝勒国王洛本古拉（Lobengula）那里得到了一个非常有限的矿山开采许可证，随后从伦敦获得了特许证，该证授权他新组建的英国南非公司（British South African Company，B.S.A.C.）管理中非。索尔兹伯里的保守政府想以此来对付其他列强在这个地区的扩张。在高贵的董事和人道主义空话的外衣下，涉及的是英国金融寡头为开发非洲另一个地区进行的一次联合。受约翰斯顿和罗兹委托，签订条约运动在进行中，它对包括今天的马拉维、赞比亚和津巴布韦三国的整个地区提出了权利要求。

1890年可以开始行动了。在500名英国南非公司警察的护卫下，勘探人员和移民拥入了恩德贝勒人和绍纳人之间的边界地区，不过从一开始恩德贝勒王国就是真正的目标。1893
年出现了一个借口，恩德贝勒人受到攻击，被打败，他们的国 955
门被打开，但是在此期间他们的政治体系暂时完好无损。然而这足以使英国南非公司的股票从暂时下跌转为上升，并且吸引了50万英镑的额外资本。可是到1894年情况就明了了，不可能再找到可以与威特沃特斯兰德相比的金矿。罗兹重新把他的注意力转向德兰士瓦，移民也将他们的兴趣集中到牲畜和土地上。为恩德贝勒人安排的是最差的土地。他们的一部分牲畜也被夺走，借口为它们是他们那位被打败的国王的财产。当牛瘟来袭和警察因詹姆森袭击事件（Jameson Raid）撤回南非时，1896年开始了一场恩德贝勒人和绍纳人的大规模暴动，英国政府的军队出动，暴动才被镇压下去。1897年，恩德贝勒人同意妥协。英国政府驻布拉瓦约（Bulawayo）的一名专员未来负责监管由英国南非公司没收的非洲人的财产。它已经没有力量向再往北的签约地区进行类似的渗透。后来的马拉维于1895年被英国国家接管，而英国南非公司则坚持自己对罗得西亚（赞比亚）的权利要求，但直到20世纪才掌控了那块土地。

南非因其特殊的战略位置及其经济力量对于英国帝国主义十分重要，而在其他地方它情愿作出妥协。作为对法国在东非持拖延态度的回报，英国于1886年承认了法国对马达加斯加的庇护权，之后也没有阻止巴黎继续将该岛的地位降为殖民地。因1890年承认英国对桑给巴尔的庇护权，法国驻塔那那利佛总督甚至赢得了领事的任命权。直到加布里埃尔·阿诺托成为主管部长（1894~1898年在任），老总理的持久抵抗才有了收获。现在几乎再也没有对殖民扩张的抵抗，马达加斯加的模棱两可的地位显然成了一件极其麻烦的事。法国强烈要求进一步让步：转让外交权，无限制的驻扎部队和公共工作的权限。拖延回答即意味着战争，尽管法国遭受了巨大的损失，战争还是以1895年10月女王投降而告终；总理被流放到了阿尔及尔。总督接替了他的任务。结果导致动乱。法国议会随即宣布该岛为殖民地，不服从的贵族被枪毙，女王最终于1897年也被送往阿尔及尔。

956 在西非和东京（Tongking）经受过考验的总督约瑟夫·西蒙·加利埃尼（General Joseph Simon Gallieni）将军于1896年至1905年作为大总督承担着平定和治理该国的责任。他在哪里取得胜利，就在哪里设立法国岗哨，它们的首领负责一切事务，并被告诫自己的行为举止要达到一种效果，即令所有的土著人会为岗哨的消失而感到惋惜。加利埃尼让梅里纳人出资优待被征服的各个民族，他以此举获得了成功，而且最终还可以重新利用传统的占统治地位的民族。凭借不死守教条的学习能力，他很快地认识到，马达加斯加不适合进行有计划的白人移民，因而他提倡促进当地的农业，并为此制定了新式土地法。除了178所传教学校之外，一个具有343所国立学校的法国世俗教育体系传播着政权还俗主义的教育理念。加利埃尼也创办了一所马拉加什学院（Académie malgache），把梅里纳语定为第二官方语言，此举使独立的马达加斯加能够成为为数不多的几个在1972年将当地语言定为国家语言的非洲国家之一。加利埃尼成功的秘诀在于，他没有遵循殖民地不得耗费一点钱财这一殖民主义的最高原则，他巧妙地在巴黎为交通道路建设筹措了6000万法郎的资金，由此，这个国家才真正地得到了开发。

由于处在德英两国在东非对抗的背风面，法国对马达加斯加的占领才得以进行。由于德国人的侵入，英国对桑给巴尔的非官方霸权在那里开始动摇。因为他们是第一批着手将非官方控制转变成统治的人，所以战斗在他们的势力范围内开始了，由此，整个东非变成了欧洲的殖民地。1888/1889年，沿海地区的阿布希里（Abushiri）和布瓦纳西里（Bwana Heri）起义虽然还是非法贸易体系反抗来自桑给巴尔的控制，但也是对德国竞争者的反抗。因为德国东非公司对付不了此事，一支由帝国全权代表赫尔曼·冯·威斯曼（Hermann von Wissmann）上尉带领的远征军不得不以反对奴隶贸易为名介入进来，1891年，帝国也不得不接管了这个殖民地。在1889/1890年布鲁塞尔反对奴隶制的会议上，16个签字国同样作出承诺，在他们控制的地区抑制奴隶贸易并为铲除仍然存在的奴隶制而努力。以此为借口对殖民地的军事控制得以完善并

禁止向非洲人出售新式枪支。但是东非的起义并非信仰之战，在镇压起义中，穆斯林甚至是最好的帮手。所以德国人利用斯
957 瓦希里人担任他们的下级官员并促进斯瓦希里语达到一定规模，这引起了传教士的不满。但是形势暂时并没有平静下来。仅从1891年至1897年就发生了61次讨伐战和征服战。针对南部赫赫人（Hehe）的战争从1893年打到了1898年。追根溯源，那些年的喧嚣大概是因为欧洲人的占领不仅与破坏斯瓦希里人的贸易体系相关联，而且还遇上了1890年开始爆发的严重生态危机（牛瘟和天花）。

即使在其他德国殖民地，那十年中进行的这种逐渐对国家进行的渗透也是一个艰难的过程；在西南非洲，这种渗透也同样是旷日持久的征战。赫雷罗人中的权威群体为了他们自己的利益向德国人作出了妥协，而纳马酋长亨德里克·维特布伊则坚持抵抗了数年之久，甚至还试图促成建立一个反抗入侵者的非洲人联盟。一种独特的非洲和基督教融合论决定了他的世界观，这一世界观在构成殖民时代早期重要的非洲原始资料的文献中也有反映。直到1894年，第二任行政长官、后来的总督特奥多尔·戈特蒂尔夫·罗伊特魏因（Theodor Gotthilf Leutwein，1894~1905年在任）才成功地依靠其间得到大力加强的驻防军迫使维特布伊投降，并借助于忠诚的酋长们将其并入了他的准封建统治体系。但是这种体系仅仅是被设想为现代国家政权和欧洲经济的先驱形式。

德国在东非的行动处在有利的形势之下，因为就连英国的保守政府也没有看到那里有特别值得保护的英国利益，因此，为报答俾斯麦在埃及对英国的支持，英国迅速屈从了德国方面的压力。然而由于暂时在埃及还存在的抉择，英国的政策自1888年起发生改变。为了埃及的安全，英国需要控制尼罗河源头地区，也就是说控制乌干达，还需要通过与东非海岸的

联系保证乌干达的战略安全，因为苏丹仍然掌握在马赫迪分子手中。当然，即使是这个设定了目标的扩张行动也不能耗费金钱。因此，特许公司这一工具又派上了用场，帝国东非公司（Imperial East Africa Company，I.E.A.C.）于1888年获得了占领乌干达的皇家授权。用国家补贴修建计划好的从蒙巴萨到维多利亚湖的乌干达铁路的尝试已在议会里遇到了无法克服的抵制。

与德意志帝国达成了外交方面的一致，在世界政治中这好像要比与法国协商少花一些钱。此外，这种一致出现得也正是时候，因为彼得斯在他垮台之前推进到了乌干达。因此，1890年帝国在所谓的《赫尔戈兰－桑给巴尔协议》（Helgoland- 958
Sansibar-Vertrag）中获得了自1814年属于英国，至此已成为海军战略要地的赫尔戈兰岛（Helgoland），此外还获得了英国对完全获得东非海岸地带的支持，之前这个地带只是从桑给巴尔租借的，最终还获得了以当时帝国首相名字命名的卡普里维地带（Caprivi-Zipfel），从而建立了从西南非洲到赞比西河的陆路联系。为此，德国放弃了在乌干达和肯尼亚的所有权利要求并承认英国对桑给巴尔的庇护权。在西部，德国人坚持与刚果国的共有边界，可能是寄希望于以后的完全占有。英国作出让步，但是却要求利奥波德对具有开普—开罗连接带意义的一个走廊地带作出允诺。然而，当英德关系重新恶化时，利奥波德在德国的压力之下又收回了他的这一允诺。

但是帝国东非公司却没有能力守住乌干达，1892年不得不放弃了它。能扔下乌干达甚至埃及不管吗？因为若想守住埃及，就也要守住乌干达。然而，帝国主义的公众舆论，尤其是乌干达使团的游说集团对于1892年至1894年执政的自由党内阁来说的确太强大了。随着1894年一个自由党帝国主义者出任首相和1895年保守党主政，向前进战略的转变发生了。乌干达铁路得到了资金，1895年至1901年修建至维多利亚湖，1911年延伸进了乌干达。1894年与布干达签署了庇护条约，随后该条约又扩展到了乌干达其他地区，不过在此期间，英国人行事有时就像布干达帝国主义的雇佣军部队！最终，一种在英国控制下非洲王侯拥有部分自治权的间接统治体系形成了，1908年伦敦承认了这一体系。然而先决条件是割让那些最适合白人移民的地区，它们被归入1895年建立的英属东非王室殖民地，即后来的肯尼亚。在这里的高原地区事实上形成了一个白人移民区，尤其是借助于乌干达铁路的开发。

在索马里兰，由埃及控制北部海岸和由桑给巴尔控制南部海岸对英国人来说已足够了。鉴于埃及和苏丹的形势发展，英国人觉得若是由意大利接管，也并非不能接受，比如在马萨瓦。由于意大利踌躇不决，他们自己与不同的索马里部族签订了条约。但是到1889年，意大利人在英国的帮助下取代桑给巴尔建立了一个起初功效不大的对南索马里海岸的保护地。由于当时与法国之间糟糕的关系，意大利人依赖于英国的支持，因此非常适合做英国的占位者。英国试图在北海岸严厉控制内
959 陆，以便抢在奥博克的法国人之前采取行动，导致了一系列的费用昂贵的远征。1899年，赛义德穆罕默德·阿卜杜拉赫·哈桑（Sayid Muhammad Abdallah Hasan）开始了一场“圣战”，暂时将英国人限制在海岸地区。他在内地一直坚持到1920年离世。

但是索马里人不仅遭遇了相互竞争的欧洲帝国主义，而且还额外遭遇了埃塞俄比亚的帝国主义。虽然埃塞俄比亚皇帝约翰内斯四世在1875/1876年间打败了埃及人，并于1878年与他最危险的对手绍阿的孟尼利克达成了一致，然而后者却利用皇帝在北方拥有他的世袭领地和被那里的各种矛盾缠累脱不开身的事实，将其势力范围向南扩张到加拉人和奥罗莫人的

地区，1882年，约翰内斯不得不承认了这一现实。1883年至1885年，孟尼利克创建了与意大利的阿萨布和法国的奥博克的并列的贸易联系，通过它们引进了新式枪支，又靠这些枪支扩张了他的统治范围。约翰内斯在此期间借助英国的帮助与埃及之间实现了和平［《休伊特条约》（Hewett-Vertrag），1884年］，却没有要回厄立特里亚的马萨瓦。

依靠英国人的支持，意大利人在那里立稳了脚跟并很快开始朝内陆推进。另一方面，埃塞俄比亚皇帝与马赫迪不期而遇，与此同时，意大利人切断了他的枪支供应。1887年，埃塞俄比亚人在道加里（Dogali）消灭了一支向前推进的意大利部队，这导致意大利国内掀起了复仇的号叫，同时促成了孟尼利克以一个对约翰内斯的协助承诺与意大利签订了一个秘密的中立协定。在多条战线进行的战争中，埃塞俄比亚皇帝虽然于1889年取得了对马赫迪分子的胜利，但却因伤而亡。孟尼利克即刻被承认为继承者，只有死者的一个儿子在提格雷（Tigre）坚守。这就可以解释为什么孟尼利克在《乌查里条约》（Vertrag von Uccialli）里除马萨瓦之外还向意大利人出让了北部的阿斯马拉（Asmara）和博古斯（Bogos），而他自己则大力扩张进入索马里兰，并于1891年在一份给列强的通报里表明了对直至白尼罗河和鲁道夫湖（Rudolfsee）的领土要求。

但是条约还包含第十七款，其阿姆哈拉语（amharisch）文本的内容包含孟尼利克为意大利国王与欧洲列强的交往效力，而意大利语文本则包含意大利对埃塞俄比亚的庇护。渴望成功的弗朗西斯科·克里斯皮（Francesco Crispi）首相打算实现这个要求，而孟尼利克则懂得如何不断地摆脱意大利的纠缠，当他在北方的最后一个对手顺从之后，他最终宣布废除该条约。在垮台和重又掌权之后，克里斯皮需要一个对

960 外政策方面的大成果；总司令奥雷斯特·巴拉蒂耶里（Oreste Baratieri）将军也有相应的需求。1895年新的敌对行动爆发，意大利人继续向前推进，要求转让提格雷并承认他们的庇护权。孟尼利克的和平试探被拒绝，光荣解决所谓阿比西尼亚问题的命令下达了下去。孟尼利克因有法国人的秘密支持和与马赫迪人之间莫名其妙的停战而感到高兴，因而他能够集中起他的力量。1896年3月1日，约8万埃塞俄比亚人在阿杜瓦（Adua）战胜了2万意大利人，意军死伤及被俘共约8000人。这意味着克里斯皮政策的结束。在《亚的斯亚贝巴和约》（Frieden von Addis Abeba）中意大利不得不承认了埃塞俄比亚的独立并退回到1891年的边界，也就是说厄立特里亚仍然是意大利的。

现在英国、法国和俄国为赢得这位成功的非洲统治者的好感开始展开竞争。1897年，法国不得不满足于奥博克与吉布提的边界，却得到由法国与埃塞俄比亚以白尼罗河为界瓜分南苏丹的允诺。英国人既有苏丹问题又有索马里兰问题，他们促使孟尼利克宣布马赫迪分子为敌人，但不得不在索马里兰边界保持克制。实际上孟尼利克把双方都欺骗了。自1896年起，他便努力对哈里发阿卜杜拉作出妥协，正如他的来往信件所表明的那样，他这样做是出自这样一种认识，即所有的欧洲人都是埃塞俄比亚和苏丹的敌人。虽然埃塞俄比亚帝国主义没有成功地延伸到苏丹和后来的肯尼亚，但是孟尼利克面对锡达莫（Sidama）、奥罗莫和索马里是成功的。他的扩张确定了今天埃塞俄比亚的边界，由此在欧洲帝国主义制造的种种后果之外也制造了诸多种族问题，直至今天，东北非还得为解决这些问题而奋斗。尽管孟尼利克把自己看成“白人”，但还是为那些被征服的民族完全开启了一种可能性，即经过同化，也就是接受基督教、阿姆哈拉语和新的生活方式成为地位平等的臣民。

这种方法毕竟成功地为统治体系的稳定作出了巨大的贡献。但是帝国的现代化局限在一个很窄的范围，它仅限于技术辅助工具，如火器或者电话，电话自1902年将各省省会城市与亚的斯亚贝巴联系到了一起。其余的则更具有美化特性，是为了强调与欧洲大国之间的同等地位。

孟尼利克在苏丹的政策能够从英法之间在尼罗河上游地区的矛盾中获取渔翁之利。哈里发阿卜杜拉在各个方向继续进 961
行“圣战”，但没有取得多少成果。在1889年至1891年的政策之后，他悄无声息地转向“一个国家内的马赫迪主义”的政策，即转向政治整顿，作为马赫迪政权它更可以被视为一个苏丹国家的先驱。策略技巧和适时的愿景让他能够对付反对派。一支职业军队取代游牧民成为政权的支柱，一个相当传统的管理体制建立起来并朝着一个世袭王朝而努力。尽管——或者恰恰是——因为这种正常化，哈里发因意见的广泛一致而感到高兴。然而，当营救艾敏帕夏的斯坦利增援远征军无法守住阵地时，加扎勒河丢失了，马赫迪人虽然能够于1888年在赤道省安顿下来，却更像是被包围的卫戍部队而不像胜利的占领者。虽然他们还知道如何成功地回击刚果国1892年至1893年的第一轮攻击，但随后于1897年被刚果的公安军逼入了严重的困境。

对于英国来说，利奥波德在尼罗河上游的推进或许能阻止法国在这个地区扎根，德国正逼迫利奥波德放弃与英国签订的“走廊协议（Korridorabkommen）”，这种做法激励法国采取对抗措施。外交部部长阿诺托威胁称要告发公安军的比利时领导是刚果协议破裂的罪魁，从而能够逼迫利奥波德撤退，并重新为法国打通从苏丹中部到尼罗河的道路。军官和官员们渲染法国的这一扩张有益于赢得领土和威信，但它在经济上却没有多少意义，以至于外交部很乐意为抵抗英国在西非的平衡而放弃它。

即使对于伦敦来说，此时也涉及民族尊严。在此期间，索尔兹伯里1896年作出的从埃及向苏丹进军的决定起初并没有扩张的性质，而是想减轻所谓在厄立特里亚也遭马赫迪人逼迫的意大利人的压力以改善与三国同盟的关系。但是自1901年被称为克罗默伯爵的英国驻开罗总领事埃弗林·巴林自1883年至1907年一直是埃及真正的主人，鉴于在埃及不断增长的对英国人的憎恶，他要求为赫迪夫赢得土地。于是，野心勃勃的司令官赫伯特·基奇纳（Herbert Kitchener）被允许继续向前推进，直到由于费用不断增长，就连消灭马赫迪主义也成了问题。1898年9月2日，哈里发的主力军在恩图曼郊外被消灭，这是一次新式速射武器的胜利。但是这次行动的目标已经
962 改变，自6月起是控制尼罗河上游地区。所以基奇纳于9月19日向法绍达（Faschoda）推进，从西面来的法国少校让·巴蒂斯特·马尔尚（Jean-Baptiste Marchand）7月在那里升起了法国三色旗。鉴于这样的力量对比，马尔尚不得不撤退。尽管这里所涉及的更多是尊严之争而不是利益之争，法绍达危机也发展到了英法开战的边缘，只是因为巴黎缺少第三方大国的支持才没有敢贸然发起战争。取而代之的是在随后1899年的一份殖民地条约确定了英属苏丹和法属苏丹之间的边界。

由于英国参与了占领，克罗默早在夏天就能够将埃及对苏丹的要求变成盎格鲁—埃及对苏丹的要求，以至于在1899年与埃及的条约里将它定为托管地，理论上是非洲殖民史上的一件怪事，实际上不过是英国又一个殖民地。因为权势无比的大总督是由赫迪夫根据伦敦的建议任命的，并且总是一个英国人。但是埃及必须作出财政和军事贡献，这使得埃及的民族感情受到伤害。基奇纳创造了一种军事管理的基本特性，由英国人担任省长（mudirs），埃及人担任地区长官（mamurs），英

国视察员进行监督。他刚一动身参加布尔战争，克罗默即在开罗作出决定，虽然新任大总督雷金纳德·温盖特（Reginald Wingate）是身在现场的最了解国情的人，是作为专制君主进行统治的。这种管理逐渐具备了民事特性。至1902年，温盖特不得不应付没有军队的日子，因此依靠一致意见进行统治。首先他是通过促进正统伊斯兰教做到了这一点，其间他疑心重重地观察过在马赫迪儿子统治下继续存在的马赫迪亚。出于这一原因，基督教传教在北方被禁止，在南方也不受鼓励，尽管国家在那里的出场几乎没有超出军事行动。卓有成效的还有低赋税，与其相联系的是一项保护苏丹人权利的土地政策。但是埃及必须为此承担所有的军事费用以及民事管理费用的一半。基础设施建设，如修建铁路和港口，是通过埃及的无息贷款筹措资金完成的——确实是一个成本低廉的殖民统治！

然而埃及本身在克罗默统治期间经历了它的全盛时期，不过不应高估这一时期的现代化成效。传统的奥斯曼精英阶层已经瓦解，新的埃及精英正在忍受他们失败的痛苦，几乎没有政治经验。有许多熟知伊斯兰或者西方习俗的知识分子，他们有能力为自己创办发行量相当高的新闻刊物作为传声筒。但是 963
社会并没有发生多少改变。现代教育在扩张，但并没有达到改变社会的规模。水利工程措施和一个改良的管理制度是英国人的主要贡献，（老）阿斯旺大坝（Assuandamm）和现代土地登记制度是主要成果。克鲁默反对工业化，却没有必要加以禁止，因为他的自由经济政策在农业繁荣的背景下自动阻止了它。棉花价格的增长使这一原料的出口份额在1880年至1910年从76%增加到了93%，而粮食则要进口。其间，外国人在经济上发挥着核心作用。他们的人数从7万增加到了15万，1884年至1907年他们占有的土地从5%增加到12%。1901年，每100名公司经理中只有14个穆斯林，但他们肯定不是埃及的穆斯林！贸易顺差还总是用国债进行清偿。

1898/1899 年的法绍达危机具有戏剧性首先是因为两个最重要的殖民大国进行扩张的突进方向分别是从北向南（开罗—开普敦）和从西向东（塞内加尔—乍得湖—尼罗河），它们的扩张在这里撞在了一起。就这方面而言，这种冲突的根源在西非。柏林刚果会议确立的占领规则首先阻止了争夺庇护权，因为对内陆的有效占领的确花费昂贵。英国内阁犹豫不定地准备维持对尼日尔地区的控制，方法是 1886 年授予非洲国家公司（National African Company）用于此目的的特许权。此时公司叫作皇家尼日尔公司（Royal Niger Company），该名称一直用到它 1899 年将授予自己的许可交还给政府。法国从塞内加尔开始的扩张使得在内陆确定界线变得十分必要，在 1889/1890 年与法国和 1890 年与德国签订的条约里，塞拉利昂和冈比亚的边界被划得更加狭窄，人们只是为黄金海岸和尼日利亚要求一个具有纵深的腹地。

与此同时开始了普遍的军备竞赛。各殖民大国在海岸地区建立了由当地新兵组成的武装力量，而非洲的统治者，比如萨莫利或者达荷美国王，则有计划地购买新式枪支甚至尝试仿造。尽管各殖民大国之间存在分歧，它们仍然于 1890 年在布鲁塞尔反奴隶制会议上对此作出决议，今后禁止进行武器交易，须将命中精度高的枪支留给自己的部队，亨德里克·维特布伊等非洲人将此举视为伤害他们的阴谋。

964 随后法国打响了第二轮扩张的信号枪，1891 年，塞内加尔军队向萨莫利发起进攻，它的雄心自 1890 年就得到一个具有影响力的压力集团的支持，即将欧仁·艾迪安内副部长的《乍得计划》据为己有的非洲法语委员会（Comité de l'Afrique française）的支持。之后，从突尼斯经乍得直至刚果的连线以西的所有土地都被确定将成为一个庞大的法兰西帝国的组成部分，其他大国的海岸飞地除外。1880年代末已经建起象牙海岸各站点与上沃尔特（Obervolta）和尼日尔之间的联系，但是从西部出发的法国人直到1890年代才抵达那里。起初，萨莫利试图通过与英国签订一个庇护条约拯救自己的帝国，伦敦参照1889年的《英法条约》（das englisch-französische Abkommen）拒绝签订这种条约。于是他一边战斗一边继续向东撤退，直到他1898年被俘并被流放到加蓬。1892年至1894年轮到达荷美了，借口是禁止猎捕奴隶，法国人从那里继续朝尼日尔中部推进。当时德国人已经抵达了多哥北部和喀麦隆，在富拉尼酋长国阿达马瓦立稳了脚跟。1893年与英国和1894年与法国签订的条约确定了德属喀麦隆与尼日利亚以及法属刚果的边界线。

在此期间，英国的政策也发生了变化。1892年至1894年以暴力方式建立了对尼日利亚西南地区各重要城市的控制。当戈尔迪于1894年派出路加德对抗尼日尔中部的法国人时，伦敦接受了这一做法。最终的转折发生于1895年夏天，其标志为约瑟夫·张伯伦接管殖民地办公室，他相信非洲领地对英国的未来具有经济意义，而且也采取了相应的态度。还是在1895年，一个总督被强加给此前独立的阿善提人，他们抵制黄金海岸总督政策的反叛得到的回答是1901年的吞并。为了对付法国人，尼日尔中部建立起了一支官方的西非边防军（West African Frontier Force），随即它已乐于在1898年的《尼日尔条约》中最终确立了边界。至1903年，路加德在北部建立了英国对索科托苏丹国及其酋长国的统治，自1899年起，他效力的已不再是皇家尼日尔公司而是王室。这个殖民大国通过老主人在那里进行间接统治，这一体制的产生完全是务实的，是出于费用原因。这一体制刚一建立便声名远播并上升为殖民政治的信条。

965 尽管1898年法国人已向尼罗河推进，至1900年还在继续，但他们仍然需要通过集中从阿尔及利亚、苏丹和刚果开往乍得的三支军队取得对这一地区的控制。首先是保罗·沃尔勒（Paul Voulet）和朱利安·沙努安（Julien Chanoine）统领的军队在开往乍得途中进行了可怕的抢掠。当然它依赖缴获，它要供养360名士兵外加1300名挑夫、奴隶和妇女。在撒哈拉沙漠行军的时间更长一些；当1911年塞努西亚人的首领被杀害之后，他们才有必要被征服。在这一时间前后，非洲内陆至少在形式上几乎已被欧洲人瓜分殆尽。一系列双边条约——西班牙和葡萄牙也参与其中——详细确定了边界，其依据常常更多的是暂时的势力划分而不是有意义的地理标准和政治标准。

反应和模仿

大瓜分之后是三十五年的反应和模仿。因为欧洲人的殖民统治经常——而且从一开始就——遇到非洲人不同方式的激烈抵抗。伴随着占领，而且是紧随其后发生的是一波“原始抵抗（Primärwiderstand）”，我认为它总还是与“二级抵抗（Sekundärwiderstand）”有所区别，后者针对的是已经建立起来的异族统治。二级抵抗似乎是在20世纪早期首次大量出现，也就是在非洲人了解和学会了仇恨他们的新主人之后。当然，这种二级抵抗不是去殖民化的先驱，其承担者还不是新精英。这种坚守涉及的是为后殖民时代民族国家之形成服务的一个虚构传统！通常它的成效微不足道，恰恰相反，这样的运动可能产生相反的效果，因为它会让殖民大国的态度强硬起来。但同样也存在着这种可能性：尽管失败了，但引发的对方的反应却发挥了有利于非洲人的作用。

的确必须拥有白肤色，才能将反对帝国主义大国的军事失败转变成政治上的胜利，正如南非的布尔人那样。罗得西亚以及保护地巴苏陀兰、贝专纳兰和斯威士兰一直在南非联盟之外，虽然它们参加联盟不仅是由米尔纳计划好的，而且在宪法里已有规定。但是南罗得西亚移民担心布尔人的优势，而伦敦则打算至少在保护地里确保非洲人的权利。

在各个德国殖民地，由于对这些地区日益增强的渗透，经济和政治压力导致1902年至1907年各地几乎同时爆发了动乱和不断蔓延开来的起义。在喀麦隆，人们反对特许公司在掠夺雨林地区时对黑人劳动者的残酷剥削和德国竞争者对已经定居的非洲中间商的驱赶。东非马及马及起义（Maji-Maji-Aufstand）的起因是征税造成的强迫劳动制，与其相关联的是须在不利条件下种植棉花的义务，这场起义自1905年至1907

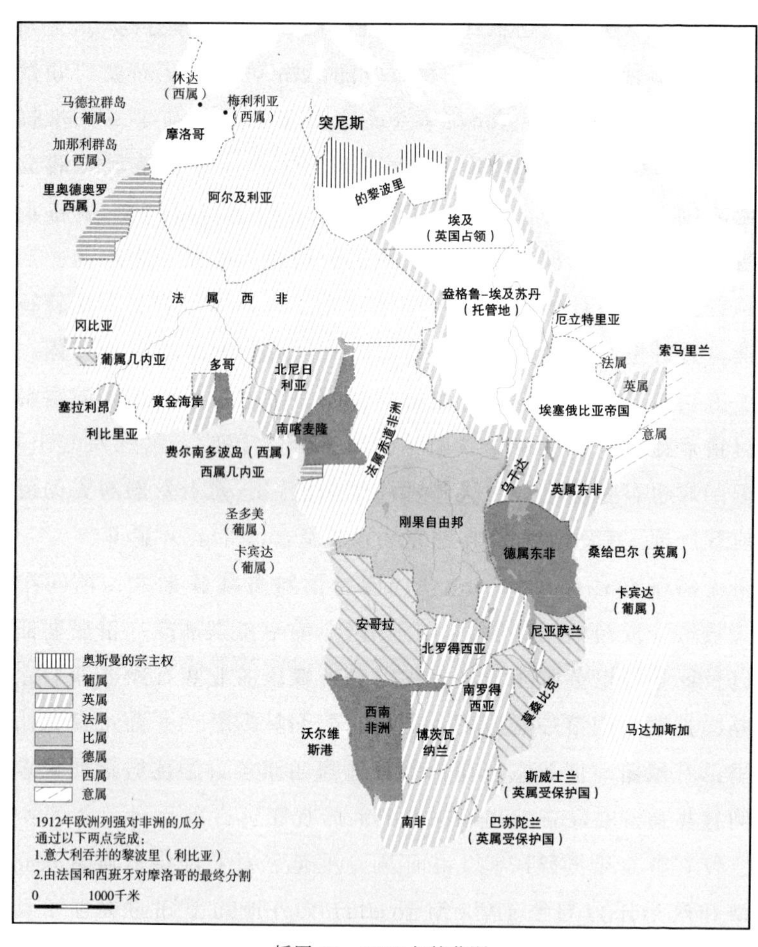

插图 81　1902 年的非洲

年在东非南部波及的地区面积约为26万平方公里，夺去了约13万人的生命，部分是通过血腥屠杀，部分是通过有目的地毁灭生存基础致其饿死。西南非洲的发展进程更具有戏剧性，在德国人的统治下，丧失土地威胁着人们，白人商人因欺骗行为声名狼藉，非洲人的权利普遍没有保障，这些导致了1904年的赫雷罗战争，纳马人很快就加入了这场战争。至1907年，共有14000名德国士兵投入战争，费用足有6亿马克，四分之三的赫雷罗人和一半纳马人丧失了生命。尽管在此主要涉及的是残酷交战和压迫的所谓附带损失，但德国领导层暂时的种族屠杀意图完全可以得到证实。英国的开普殖民地支持德国人并为他们提供补给。然而这场费用昂贵的战争和其他殖民地丑闻导致了议会中在野党的激烈攻击，以至于政府不得不选择一条新的殖民地政治方针。尽管所谓的1907年“霍屯督人选举”以殖民反对者的失败而结束，新的方针仍然保持不变。从此，土著凭着他们的劳动力被视为殖民地最有价值的财富，因此对待他们比以往更加小心。于是可以尝试在东非约束移民的利益以有利于非洲人的自主生产。然而，在西南非洲移民足够强大，依然能够逼迫活下来的土著成为几乎毫无权利的强制劳动者。

原因都相类似，但是刚果国危机却是由外来的首倡者推
动的。橡胶繁荣使来自领地政权的收入自1890年至1901年
从15万猛增到1800万法郎。接着，利奥波德用这些钱在 968
布鲁塞尔、奥斯坦德和其他一些地方为范围广阔的建筑项目
提供资金，并为此目的创建了王室基金会（Fondation de la
Couronne），刚果国有十分之一的地方都被分配给它作为收
入来源地。1896年至1900年，有关这些使这种收益成为可
能的暴行的第一批消息被透露出来，利奥波德大为震惊，却
被他的行政官员说服相信了相反的一面。比利时公众认为这

一切都是英国新教竞争者的诡计，后者想要的只是刚果的财富。埃德蒙·德讷·莫雷尔（Edmund Dene Morel）领导的刚果改革协会（Congo Reform Association）事实上是由英国人主导的事务。1904 年，英国领事罗杰·凯斯门特（Roger Casement）——一位爱尔兰天主教信徒——在一份官方报告中再次进行了这种谴责，利奥波德坚信报告内容并派出了一个国际调查委员会，委员会 1905 年发表的调查结果证实了凯斯门特的谴责。就连英国政府此时也表态反对这些侵害。于是比利时的权威政治家决定由国家来接管刚果。1906 年，当公众看到了丢人现眼的通讯时，利奥波德不得不作出让步，但为他的基金会仍然坚持战斗了两年。1908 年基金会被解散，刚果变成比利时的殖民地。“领地政权”被取缔，采用了一种有序的管理。在具有类似情况的法属刚果也同样进行了调查，但是由被召回的德·布拉柴所撰写的措辞强硬的报告没有被公开。人们在这里用诡计来应付着，这些诡计让人没有任何改革意愿，另外也因为人们害怕变革的代价。

在巴黎，人们更乐意把手伸向非洲最后还保持着独立的地区之一——摩洛哥，它因粮食和棉花出口以及它的各个城市早已被视为大有前景的原料供应者和销售市场。此外，在国家的建设上还存在着各种投资的可能性，特别是在铁路建设方面。然而很长时间都存在着一种假象，仿佛列强间的竞争使得中国或者奥斯曼帝国一类的国家能够维持一种艰难的独立。英国在 1850 年代就打开了这个国家的贸易的大门。1880 年《马德里公约》（Vertrag von Madrid）对摩洛哥贸易进行了多边调整。在摩洛哥贸易中，1904 年，英国占 41.3% 的份额，法国占 22.8%，德国占 14.3%，西班牙占 7.9%。1859 年，西班牙想以占领北摩洛哥回击英国的贸易扩张和法国在阿尔及利亚的
969 扩张，但被英国人的干涉阻止。在苏伊士运河时代，直布罗陀

对面的海岸不允许落到第三国手中。虽然法国把摩洛哥视为某种天然的利益范围，但更从非官方渗透这个国家中看到自己的优势。德国政府也采取了类似的务实政策，尽管在德国已经为更广泛的行动进行了宣传，因为德国的投资超过在贸易中所占的比例，1904 年达到了法国的总量。

一直反对影响深远的发展措施的苏丹和宰相分别于 1894 年和 1900 年离世，一个软弱的统治者身边的新人开始执行实行现代化的政策，这时情况才开始发生变化。这一政策包括为筹措贷款的资金而进行的合理的税收改革以及其他一些西化措施，却引起了一场内战，内战中政治制度开始瓦解。野心勃勃的法国立刻尝试利用这种形势，尽管起初采用的是更加谨慎的方式。1900 年，一份与西班牙签订的条约不仅规定了其南部殖民地里奥－德奥罗（Rio de Oro）和里奥穆尼（Rio Muni）的边界，而且也在北喀麦隆建立了一个扩大了的西班牙的势力范围，而英国则在对抗行动中试图利用德国的帮助控制菲斯政府。但是英国的国际孤立地位和俄国的远东扩张导致了 1904 年英国与法国之间的“协约”，据此，法国获得了在摩洛哥的行动自由权，而英国则获得了在埃及的行动自由权。西班牙的势力范围被大幅度压缩；顾忌到英国，丹吉尔无论如何是被排除在自由行动之外的。

法国和西班牙可以由此开始对这个国家进行渗透了。首先摩洛哥的财政应被置于法国的控制之下，然后开始从阿尔及利亚向那里修建铁路。1904 年形成了以欧仁·艾迪安内为首的摩洛哥委员会（Comité du Maroc）作为支持建立一个法国庇护国的游说集团。但是 1905 年德意志帝国坚持以一个国际解决方案替代法国单方面的解决方案，它这样做不是为了经济利益或公众舆论，而是要通过削弱法国拆散协约。但是《马德里公约》的 12 个签字国在 1906 年的阿尔赫西拉斯（Algeciras）

会议上解决了“第一次摩洛哥危机”，这使得德国陷入孤立。虽然摩洛哥的国家银行和警察由国际控制，还保持着形式上的独立，但法国的优势得到了承认。这次调整一直发挥着作用，直至土著统治制度的瓦解使它成了问题。在对杀害法国人作出的反应
970 行动中，法国军队占领了摩洛哥的大部分领土，最终于1911年应苏丹的救助请求占领了首都菲斯（Fez）和拉巴特（Rabat）。现在连西班牙也开始占领它1904年得到承认的势力范围。

德国的经济利益此时受到了阻碍，在曼内斯曼公司（Mannesmann）和泛德意志协会的联合压力下，柏林向阿加迪尔（Agadir）派出了炮艇“黑豹号（Panther）”以保护在那里生活的德国人，而那里压根儿就没有德国人。更确切地说，“黑豹跃向阿加迪尔”是为了逼迫法国退出刚果。然而由于英国的支持，1911年法国仅需要向德国人让出喀麦隆东南部的一个狭长地带，该地带建起了与刚果的陆路联系，但“第二次摩洛哥危机”后，德意志帝国却不得不在1912年同意按照突尼斯模式建立一个法国庇护国。在随后的几年里，加利埃尼的学生利奥泰将军使摩洛哥最终趋于平静并进行了改组，他是法国大总督中最著名的一位。丹吉尔被国际化。在1921年至1926年的里夫战争中，西班牙唯有靠法国的鼎力支持和使用芥子气才得以实施对其北方地区的统治。然而毒气是由汉堡的斯托尔岑贝格公司（Firma Stolzenberg）提供并按照公司的建议投入使用的。因为斯托尔岑贝格拥有第一次世界大战的经验，与德国国防军合作并且也将产品提供给其他国家，比如美国。顺便说一下，1920年代英国同样在伊拉克使用芥子气对付为争取自己的独立而战斗的库尔德人。温斯顿·丘吉尔（Winston Churchill）认为军方的顾虑过分拘谨因而予以否认，因为这里涉及的是“野蛮种族”。

同样在1912年，由于欧洲列强友善的宽容，意大利在与

奥斯曼帝国签订的《洛桑和约》（Frieden von Lausanne）里得到了它1911年时曾攻击过的利比亚。和平渗透政策已经进行了很长时间，国家的支持如资助轮船航线，扩建电报局和领事馆网络，另外还有罗马银行（Banco di Roma）的大力支持使之成为可能。这家银行是梵蒂冈和其他天主教教会资金的集中地，在主张政权还俗的上意大利地区看不到发展机会，因此在埃内斯托·帕切利（Ernesto Pacelli）的领导下转向了非洲和地中海区域。1911年，它在的黎波里塔尼亚的投资足有500万美金。虽然意大利人的数量在内陆很少，但是1907年进出的黎波里港的船只的45%是意大利籍。由奥地利1908年占领波斯尼亚（Bosnien）煽动起来的意大利民族主义情绪很快就集中到了的黎波里塔尼亚。不仅乔瓦尼·乔利蒂（Giovanni Giolitti）的自由党政府想要显示它的力量，而且民众也被争取了过来，除了极个别的坚定左派，比如具有社会主义思想的编辑贝尼托·墨索里尼（Benito Mussolini）！1911年，这个非洲国家在没有意大利参与的情况下被再次瓜分，青年土耳其党人在伊斯坦布尔接管政权使得奥斯曼政治制度动荡起来，之 972
后意大利向土耳其宫廷发出最后通牒，对的黎波里塔尼亚的混乱提出了诘难。但是他们并没有等待回答，而是通过占领城市吞并了这个国家。然而在农村，意大利人不仅遇到了来自土耳其方面的顽强抵抗，而且首先遇到了来自赛努西教团方面的顽强抵抗，不过苏丹在最后一分钟还是给予了利比亚独立。伴随着变化不定的战争运气，战斗一直持续到1932年，在意大利镇压政策的残酷性方面，不应忽视前法西斯主义时期和法西斯主义时期之间的连续性。据说有50000名被驱逐的贝都因人丧失了生命；1927年意大利对他们使用了毒气。

第一次世界大战之后对殖民地的重新划分绝非出人意料。关于重新瓜分非洲已经讨论了很长时间，在此过程中，德国的

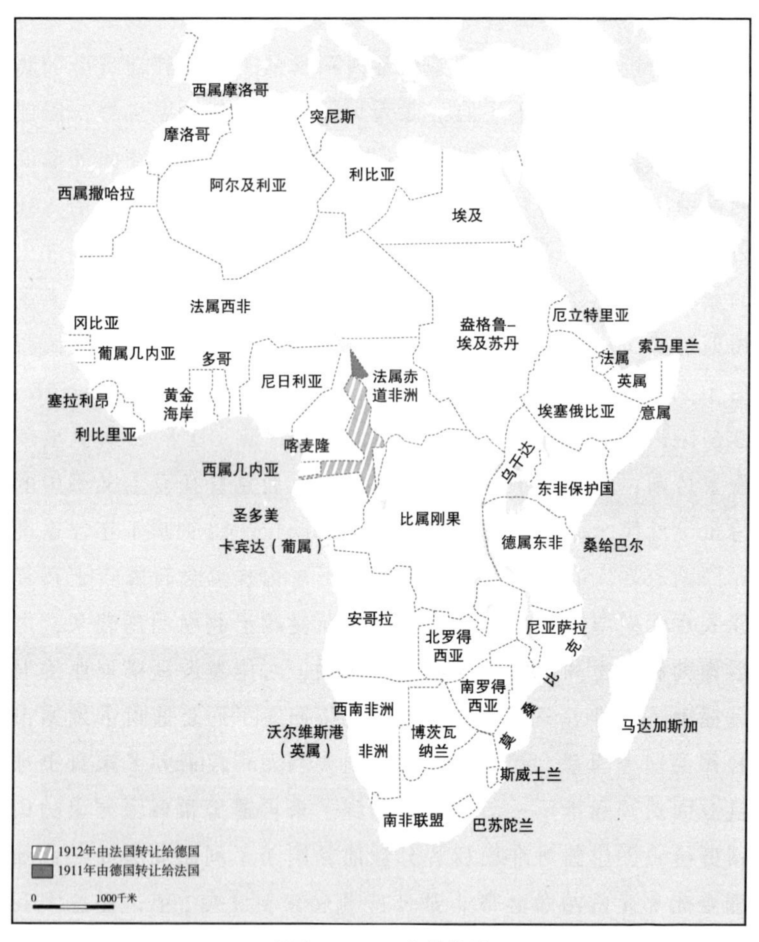

插图 82　1914 年的非洲

贪婪发挥了很大的作用。作为对他们面对布尔人采取的容忍态度的回报，德国人于1898年得到英国的谈判意愿，对方愿意与德国就瓜分葡萄牙殖民地达成协议。或多或少得扩大德属中非的计划在德国赢得了越来越多的关注，计划认为德属中非至少应包括安哥拉的大部分、莫桑比克、比属刚果和法属刚果，第二次摩洛哥危机进程中的情况就是如此。在1913年德国和英国之间最后一次尝试接近的过程中，他们草签了另一个关于瓜分安哥拉和莫桑比克的条约，其间德国资本在那里十分活跃。中非变成了德国官方战争目标规划的组成部分。实际上德国已不得不于1914年8月25日在多哥投降，1915年7月9日在西南非洲投降，他们在喀麦隆的最后抵抗也于1916年夏天被击溃。只有在东非，保罗·冯·莱托–福尔贝克（Paul von Lettow-Vorbeck）能够违背总督的意愿带领15000人长期牵制住据称有16万人的协约国军队，不过这给这个国家和人民造成了严重的伤害，最后只能转移到葡萄牙和罗得西亚的领地上坚持。据称有70万人因为他的清野和焦土战术而被饿死。英雄角色变成了表现自我！交战双方都主要使用非洲士兵作战，还有更多的非洲人被投入了欧洲战场。据估算，战争总共动员了100万名士兵和250万名劳工。

在《凡尔赛条约》中，所谓的德国无能力实行殖民统治是剥夺其殖民地的理由；根据德国人的理解，这种“殖民罪责谎言（koloniale Schuldlüge）”与凡尔赛的“战争罪责谎 973
言（Kriegsschuldlüge）”同出一辙。顾及威尔逊总统的关切，德属殖民地的新主人们必须作好国际联盟托管地法律形式方面的准备，但最初没有形成多大区别。西南非洲可以作为南非的C–托管地[①]合入南非区。其余的地区成为B–托管地，这

① 第一次世界大战结束后，为了加强对非洲殖民地的管理，国际联盟将整个非洲分为A、B、C三个授权区。

样做首先是让人承担维护自由贸易的义务。多哥和喀麦隆由英国和法国瓜分，其间法国人得到的好处较多，而英国人通过获得东部的坦噶尼喀最终可以让开普—开罗的陆路桥合拢了。只有卢旺达—布隆迪（Rwanda-Burundi）归属了比利时。面对此，德国产生了殖民修正主义，直到第三帝国时期它仍然十分活跃。

意大利得到的只是搪塞，也就是在利比亚和索马里兰进行了很小的边界改动，鉴于参战时得到的承诺，此举引起了强烈的怨恨。已经转为法西斯主义分子并于1922年掌握政权的墨索里尼利用了这种潜能。此时对于他来说，帝国主义已经成为一个民族的生命意志的表达，由于历史和地理原因，地中海已被确定为意大利的内海。国家的自给自足和在自己的势力范围内接收大规模外来移民是他的目标。媒体、各种组织甚至部分天主教的传教活动都被用于这类目标。天主教界人士1896年还在帮助埃塞俄比亚保卫主权，对抗敌视教会的意大利政府，而此时却因帝国的热情而激情澎湃。

这首先给法国制造了麻烦：在丹吉尔，在突尼斯，从利比亚向苏丹咄咄逼人地大步推进，同时要求重新划分托管地。意大利看中了喀麦隆。除此之外还尝试作为穆斯林的朋友以及英国和法国之外的第三种可能出现在近东。至于随之给利比亚带来的压迫政策，罗马并不在意。趁占领之机在那里推行的是在被剥夺的土地上建立殖民区的政策，代价高昂却收效甚微。1934年该地区的意大利人数为7万，与一年的移民数相符，也与意大利人口年增长15%相符。在厄立特里亚生活着4500名意大利人，在索马里兰甚至只有1500人，两地的贸易决算均为赤字。由于意大利占领区自然资源贫乏，殖民政策一直是花费昂贵、收效微薄、依赖补贴的行为。

在埃塞俄比亚，意大利始终在与英国和法国对抗。拉斯塔法里·马康南（Ras Tafari Makonnen）1917年夺取政权，自1930年称海尔·赛拉西皇帝，起初倾向于法国，1915年至 974
1917年法国建成通往亚的斯亚贝巴的吉布提铁路，1923年与意大利共同促成国际联盟接收埃塞俄比亚为成员。意大利与英国进行协商，由英国在塔纳湖修建尼罗河大坝，意大利修建从厄立特里亚到索马里兰的铁路，但这一协商导致意大利与埃塞俄比亚之间的关系暂时降温，不过1928年，一个友好经济条约又为两国关系奠定了一个新基础。可条约中计划的由意大利修建的公路不能实现，因为埃塞俄比亚工程师们的领导是个法国人。海尔·赛拉西本来最喜欢在比利时、瑞典、日本和美利坚合众国寻找帮助他发展的人。早在1925年，意大利就策划好了入侵埃塞俄比亚的计划，当利比亚平静下来而与英法的关系因德国的威胁又重新修好时，入侵计划于1932年才被认真地提上了议事日程。

1934年12月30日作出了决定；1935年，法国在一份条约中给予意大利在埃塞俄比亚的行动自由权，而且墨索里尼知道，英国将会接受意大利的扩张。在埃塞俄比亚南部边界的一次交火为此提供了借口，令人生疑的调停尝试被拒绝，一支由16万人组成的远征军登船出发，1935年10月2日宣布对埃塞俄比亚发起进攻。连同非洲的辅助部队共有33万人投入战斗，其中只损失了9100人。北线由佩特罗·巴多格里奥（Pietro Badoglio）统率，南线由鲁道福·格拉齐亚尼（Rodolfo Graziani）率领，两人曾经在利比亚合作过，在投入包括毒气在内的最先进的武器的情况下，埃塞俄比亚的抵抗被有计划地从侧翼击破。1936年5月5日，亚的斯亚贝巴失陷，5月9日意大利国王签署了吞并条约并接受了埃塞俄比亚皇帝称号。估计阿比西尼亚的损失在275000人和760000人之间。这次意大利的胜利是帝国主义在非洲的最后一次武力行动。人们保守

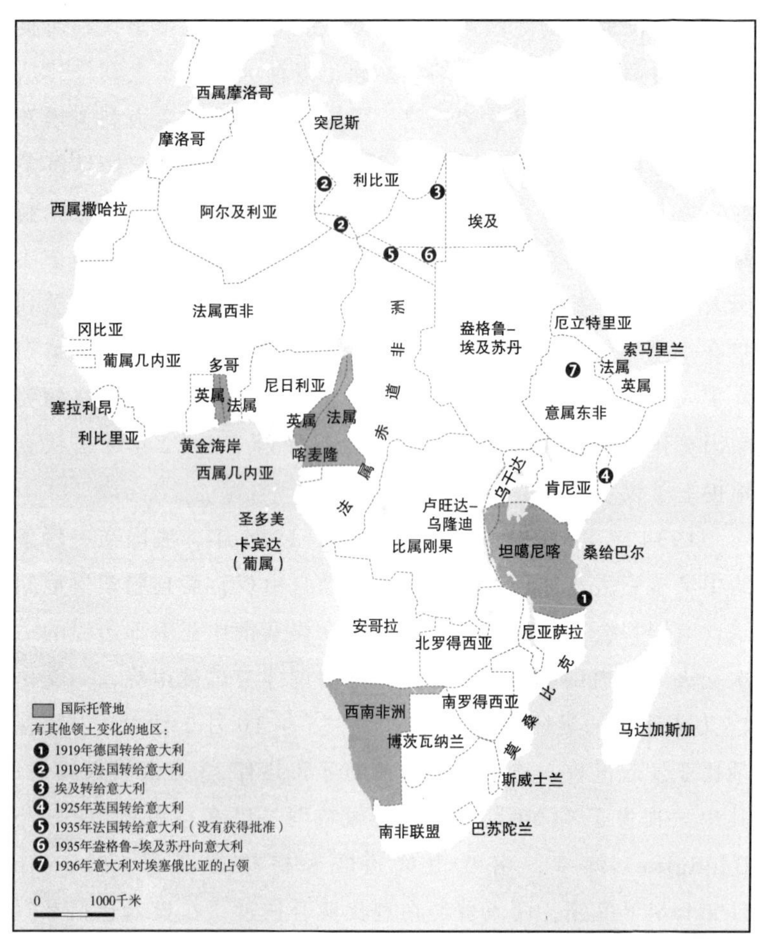

插图 83　1939 年的非洲

着毒气战的秘密，直到前不久在意大利还讳莫如深。

英国不愿冒险投入其具有优势的地中海舰队和封锁苏伊士运河，而是要依靠国际联盟和平解决冲突。1935 年 11 月国际联盟宣布进行制裁：对意大利实行武器禁运、油料禁运、禁止贷款和部分贸易禁运。然而法国犹豫不决，不是国际联盟成员的美国严守中立，却是意大利最重要的油料供货商，它不遵守制裁决议。除此之外，希特勒巧妙地利用意大利的孤立采取一种接近的策略，列强顺从了这一不可避免的事情，但也要承受给他们在非洲的名望带来的灾难性后果。此时非洲无一例外地陷入了殖民统治，或者至少经历了它。即使非洲裔美洲人在利比里亚实行的殖民化也是一种殖民统治，而丹吉尔的国际化也不亚于此。

原始资料与参考文献

19 世纪非洲的扩张和欧洲势力的渗入

Abun-Nasr, J. M., A History of the Maghrib, 2. Aufl., Cambridge 1975 | Adamu, M., The Hausa Factor, Zaria-Ibadan 1978 | Adeleye, R. A., Power and Diplomacy in Northern Nigeria, 1804–1906: The Sokoto Caliphate and its Enemies, London 1971 | Adjaye, J. K., Diplomacy and Diplomats in 19th Century Asante, Lanham u. a. 1984 | African Historical Dictionaries/Historical Dictionaries of Africa, Lanham 1974 ff. [81 u. bisher 51 Bde.] | Agbodeka, F., African Politics and British Policy in the Gold Coast, 1868–1900, Evanstown 1971 | Ageron, C.-R., Les Algériens musulmans et la France (1871–1919), 2 Bde., Paris 1968 | –, *L'Algérie algérienne*. De Napoleon III à de Gaulle, Paris 1980 | Ahmed, M. D., Suezkanal-Bibliographie, Hamburg 1974 | Ajayi, J. F. A., Christian Missions in Nigeria, 1841–1891, London 1965 | –/Crowder, M. (Hg.), History of West Africa, 2 Bde., 2.–3. Aufl., London 1985–87 | –/–/Richards, P. (Hg.), Historical Atlas of Africa, London 1985 | Akinjogbin, I. A./ Catchpole, B., A History of West Africa in Maps and Diagrams, London 1984 | Akintoye, S. A., A History of the Yoruba People, Dakar 2010 | Aldrich, R., Greater France: A History of French Overseas Expansion, Basingstoke 1996 | –/McKenzie, K. (Hg.), The Routledge History of Western Empires, London u. a. 2014 | Alexandre, P., Les Africains, Paris 1981 | Alleg, H. (Hg.), La guerre d'Algérie, 3 Bde., Paris 1981; Bd. 1 | Al-Sayyid Marsot, A. L., Egypt in the Reign of Muhammad Ali, Cambridge 1984 | –, A Short History of Modern Egypt, Cambridge 1985 | Amin, S., L'Afrique de l'ouest bloquée. L'économie politique de la colonisation 1880–1970, Paris 1971 | Appleyard, D. L. (Hg.), The Amharic Letters of Emperor Theodor of Ethiopia to Queen Victoria and Her Special Envoy, Oxford 1979 | Austen, R. A., African Economic History, London 1987 | Ayandele, E. A., The Missionary Impact on Modern Nigeria, 1842–1914, London 1966 | Ayoun, R., Le décret Crémieux et l'insurrection de 1871 en Algérie, in: RHMC 35 (1988) 61–87 | Ba, O., La pénétration française au Cayor, Bd. 1, Dakar 1976 | Backenbury, H., The Ashanti War, 2 Bde., London 1874, Ndr. 1968 | Baker, S., The Albert N'yanza, 2 Bde., London 1866, Ndr. 1963 | Barth, H., Travels and Discoveries in North and Central Africa [...] 1849–1855, 5 Bde., London 1857, Ndr. 3 Bde., London 1965 | –, Die große Reise, Bremen 1986 | Bates, D., The Abyssinian Difficulty: The Emperor Theodoros and the Magdala Campaign, Oxford 1979 | Baumann, H. (Hg.), Die Völker Afrikas und ihre traditionellen Kulturen, 2 Bde., Wiesbaden 1975–79 | Bdira, M., Relations internationales et sous-développement. La Tunisie 1857–1864, Stockholm 1978 | Beckert, S., King Cotton. Eine Geschichte des globalen Kapitalismus, München 2015 | Beecham, J./Ellis, W., Christianity the Means of Civilization: Evidence Given before the House of Commons, London 1837 | Bennett, G., Kenya: A Political History, London 1963, Ndr. 1978 | Bennett, N. R. (Hg.), Stanley's Despatches to the *New York Herald*, Boston 1970 | –, Africa and Europe, New York 1975 | –, Arab versus European: Diplomacy and War in Nineteenth-Century East Africa, London 1986 | Bernus, S., Henri Barth chez les Touareg de l'Aïr, Niamey 1972 | Beyan, A. J., The American Colonization Society and the Creation of the Liberian State: A Historical Perspective, 1822–1900, Lanham 1991 | Bhacker, M. R., Trade and Empire in Muscat and Zanzibar: The Roots of British Domination, London 1992 | Biarnès, P., Les Français en Afrique noire de Richelieu à Mitterrand, Paris 1987 | Biondi, J.-P., Saint-Louis de Sénégal. Mémoires d'un métissage, Paris 1987 | Bitterli, U., Alte Welt – Neue Welt, München 1986 | Blaikie, W. G., The Personal Life of David Livingstone, 3. Aufl., New York 1883 | Blais, H./Fredj, C./Saada, E., L'Algérie au XIXe siècle, in: Revue d'histoire du XIXe siècle 41 (2010) 7–127 | Blake, G./Dewdney, J./Mitchell, J., The Cambridge Atlas of the Middle East and North Africa, Cambridge 1987 | Boahen, A. A., Britain, the Sahara and the Western Sudan, Oxford 1964 | Bontemps, C., Manuel des institutions algériennes, Bd. 1: 1518–1870, Paris 1976 | Bontinck, F. (Hg.), L'autobiographie de Hamed ben Mohammed el-Murjebi Tippo Tip, Brüssel 1974 | Boonzaier, E. u. a., The Cape Herders: A History of the Khoikhoi of Southern Africa, Cape Town 1996 | Boustany, S. (Hg.), The Journals of Bonaparte in Egypt, 1798–1801, 10 Bde., Kairo 1971 | Braukämper, U., Der Einfluss des Islam auf die Geschichte und Kulturentwicklung Adamauas, Wiesbaden 1970 | Brett, M., The Colonial Period in the Maghrib and its Aftermath: The Present State of Historical Writing, in: JAfH 17 (1976) 291–305 | Broc, N., Les explorateurs français du XIXe siècle reconsidérés, in: RFHOM 69 (1982) 237–73 | –, Dictionnaire illustré des explorateurs et grands voyageurs français du 19e siècle, 4 Bde., Paris 1988–2003 | Brode, H., Tippu Tip. Lebensbild eines zentralafrikanischen Despoten, Berlin 1905 | Brooks, G. E., Bohama as a Prospective Site for American Colonization, in: Boletim cultural de Guiné portuguesa 28 (1979) 5–21 | Bruce, J., Travels [...], 1768–1773, 8 Bde., 3. Aufl., Edinburgh 1813 | Brunschwig, H., L'avènement de l'Afrique noire du XIXe siècle à nos jours, Paris 1963 | Bucher, H. H., Liberty and Labor: The Origins of Libreville Reconsidered, in: Bulletin de l'Institut fondamental d'Afrique noire 41 (1979) 478–96 | Bührer, T./Stachelbeck, C./Walter, D. (Hg.), Imperialkriege von 1500 bis heute. Strukturen, Akteure, Lernprozesse, Paderborn 2011 | Burns, A., History of Nigeria, 7. Aufl., London 1969 | Cambridge Encyclopedia of Africa, Cambridge 1981 | Campbell, G., The Adoption of Autarchy in Imperial Madagascar, 1820–1835, in: JAfH 28 (1987) 395–409 | –, The State and Pre-Colonial Demographic History: The Case of Nineteenth-Century Madagaskar, in: JAfH 32 (1991) 414–45 | –, An Economic History of Imperial Madagaskar 1750–1895: The Rise and Fall of an Island Empire, Cambridge 2005 | Casada, J. A., The Imperialism of Exploration: British Explorers and East Africa, 1856–1890, PhD Vanderbilt Univ. 1972 | –/Glendennen, G., The Livingstone Documentation Projekt, in: HA 8 (1981) 309–17 | [CHA] The Cambridge History of Africa, 8 Bde., Cambridge 1975–86; Bd. 3–5, 1975–77 | Chambliss, J. E., The Life and Labors of David Livingstone, Philadelphia 1875 | Charpy, J., Aux origines du port de Dakar, in: OM 99, 1 (2011) 301–17 | [CHE] The Cambridge History of Egypt, Bd. 2: Modern Egypt from 1517 to the End of the 20th Century, Cambridge 1998 | Chrétien, J.-P., The Great Lakes of Africa: Two Thousand Years of History, New York 2003 | Ciammaichella, G., Libyens et Français au Tchad (1897–1914), Paris 1987 | Clarence-Smith, G., The Third Portuguese Empire, Manchester 1985 | Clarke, P. B., West Africa and Islam, London 1982 | –, West Africans at War, London 1986 | –, West Africa and Christianity, London 1986 | Collins, R. O., A History of Modern Sudan, Cambridge 2008 | –/Tignor, R. L., Egypt and the Sudan, Englewood Cliffs 1967 | Connah, G., African Civilizations: An Archeological Perspective, 2. Aufl., Cambridge 2001 | Conte, E. (Hg.), Macht und Tradition in Westafrika. Französische Anthropologie und afrikanische Geschichte, Frankfurt u. a. 1988 | Cooper, F., Plantation Slavery on the East Coast of Africa, New Haven u. a. 1977 | Coquery-Vidrovitch, C., La mise en dépendance de l'Afrique noire. Essai de périodisation, 1800–1970, in: CEA 16 (1976) 7–58 | –, Histoire des villes d'Afrique noire des origines à la colonisation,

Paris 1993 | Cordell, D. D., Dar al-Kuti and the Last Years of the Trans-Saharan Slave Trade, Madison 1985 | Crais, C./Scully, P., Sara Baartman and the Hottentot Venus: A Ghost Story and a Biography, Princeton 2009 | Cromer, E. B., Modern Egypt, 2 Bde., London 1908 | Crooks, J. J. (Hg.), Records Relating to the Gold Coast Settlements, London 1923, Ndr. 1977 | Crowder, M., West Africa under Colonial Rule, London 1968 | Crowther, S. A., Journal of an Expedition up the Niger, London 1855 | –/Taylor, J. C., The Gospel on the Banks of the Niger, London 1859, Ndr. 1968 | Curtin, P. D., The Image of Africa: British Ideas and Actions, 1780–1850, Madison 1964 | –, The Atlantic Slave Trade: A Census, Madison 1969 | – (Hg.), Imperialism, London 1971 | –, Economic Change in Precolonial Africa, 2 Bde., Madison 1975 | –, Cross-Cultural Trade in World History, Cambridge 1984 | Davidson, B., The People's Cause: A History of Guerillas in Africa, London 1981 | Davies, P., Trading in West Africa, London 1971 | Del Piano, L., La penetrazione italiana in Tunisia (1861–1881), Padua 1964 | Delgado, R., Historia de Angola, 3 Bde., Lissabon 1970–78 | Deschamps, H., Histoire de Madagaskar, Paris 1972 | Deutsch, J.-G.,/Wirz, A. (Hg.), Geschichte in Afrika. Einführung in Probleme und Debatten, Berlin 1997 | Diawara, M. u. a. (Hg.), Heinrich Barth et l'Afrique, Köln 2006 | Driver, F., Geography Militant: Cultures of Exploration and Empire, Oxford 2001 | Duchhardt, H., Europäisch-afrikanische Rechtsbeziehungen in der Epoche des *Vorkolonialismus*, in: Saeculum 36 (1985) 367–79 | –, Afrika und die deutschen Kolonialprojekte der zweiten Hälfte des 17. Jahrhunderts, in: Archiv für Kulturgeschichte 68 (1986) 119–33 | Duffy, J., Portugal in Africa, Harmondsworth 1962 | Duignan, P./Gann, L. H. (Hg.), Colonialism in Africa, 1870–1960, 5 Bde., Cambridge 1969–75 | –/–, The United States and Africa, Cambridge 1984 | Durrill, W. K., Atrocious Misery: The African Origins of Famine in Northern Somalia, 1839–1884, in: AHR 91 (1986) 287–306 | Eckert, A./Grau, I./Sonderegger, A. (Hg.), Afrika 1500–1900. Geschichte und Gesellschaft, Wien 2010 | Edgerton, R. B., The Fall of the Asante Empire: The Hundred-Year War for Africa's Gold Coast, New York 1995 | Ehret, C., The Civilizations of Africa: A History to 1800, Oxford 2002 | Elbashir, A. E., The United States, Slavery, and the Slave Trade in the Nile Valley, Lanham u. a. 1983 | [Emin Pascha] Die Tagebücher von Dr. Emin Pascha (Eduard Schnitzer), hg. v. Stuhlmann, F., Bde. 1–4, 6, Hamburg 1916–27 | Ethnographic Survey of Africa, hg. v. International African Institute, Bd. 1 ff., London 1953 ff. | Etudes africaines offertes à Henri Brunschwig, Paris 1982 | Evans-Pritchard, E. E., The Sanusi of Cyrenaica, Oxford 1949, Ndr. 1973 (ital. 1979) | Fabian, J., Out of Our Minds: Reason and Madness in the Exploration of Central Africa, Berkeley 2000 | Faes, U., Heidentum und Aberglauben der Schwarzafrikaner in der Beurteilung durch deutsche Reisende des 17. Jahrhunderts, Diss. phil. Zürich 1981 | Fage, J. D., An Atlas of African History, 2. Aufl., London 1978 | –, A Guide to Original Sources for Precolonial Western Africa Published in European Languages, Madison 1987 [Ms.] | [Faidherbe] Le général Faidherbe, Le Sénégal, Paris 1889 | Fauvelle-Aymar, F.-X., L'invention du Hottentot. Histoire du regard occidental sur les Khoisan (XVe–XIXe siècle), Paris 2002 | Feinberg, H. M./Solodow, J. B., Out of Africa, in: JAfH 42 (2002) 255–61 | Felner, A. de A., Angola. Apontamentos sóbre a colonização dos planaltos e litoral sul de Angola, 3 Bde., Lissabon 1940 | Fieldhouse, D. K., Economics and Empire 1830–1914, London 1973, Ndr. 1976 | Fortescue, J. W., A History of the British Army, 13 Bde. u. 6 Atlasbde., London 1899–1930 | Freeman-Grenville, G. S. P., The Swahili Coast, London 1988 | Fuglestad, F./Simensen, J. (Hg.), Norwegian Mission in African History, 2 Bde., Oslo 1987 | Fyfe, C., A History of Sierra Leone, London 1962 | Gale, T.,

Hygeia and Empire, in: TAJH 11 (1982) 80–91 | Ganiage, J., Les origines du protectorat français en Tunisie (1861–1881), Paris 1959 | –, La population européenne de Tunis au milieu du XIXe siècle, Paris 1960 | –, Une entreprise italienne de Tunisie au milieu du XIXe siècle, Paris 1960 | –, L'expansion coloniale de la France sous la Troisième République (1871–1914), Paris 1968 | Gann, L. H./Duignan, P. (Hg.), African Proconsuls: European Governors in Africa, London u. a. 1978 | Gazetteers of the Northern Provinces of Nigeria, 4 Bde. (1920–1934), 2. Aufl., London 1972 | Gelfand, M., Livingstone the Doctor, Oxford 1957 | –, Rivers of Death in Africa, Oxford 1964 | General History of Africa, 8 Bde., Oxford/Paris (UNESCO) 1990–1999; Bd. 3–6 | Gentil, P., Les troupes du Sénégal de 1816 à 1890, 2 Bde., Thèse Paris I 1978 | Gifford, P./Louis, W. R. (Hg.), France and Britain in Africa: Imperial Rivalry and Colonial Rule, London 1971 | Giles, B. (Hg.), Encyclopedia of African Peoples, New York 2000 | Grandin, N., Le Soudan nilotique et l'administration britannique (1898–1956), Leiden 1982 | Gray, R., A History of the Southern Sudan, 1839–1889, London 1961 | –/Birmingham, D. (Hg.), Precolonial African Trade, London 1970 | Greenberg, J. H., Languages of Africa, Den Haag 1963 | Grevemeyer, J.-H. (Hg.), Traditionale Gesellschaften und europäischer Kolonialismus, Frankfurt 1981 | Griffiths, I. L., An Atlas of African Affairs, London u. a. 1984 | Guernier, E. (Hg.), Afrique Occidentale Française (Encyclopédie de l'Empire Français), Paris 1949 | – (Hg.), Afrique Equatoriale Française (Encyclopédie de l'Empire Français), Paris 1950 | –, La Berbérie, l'Islam et la France, Bd. 2, Paris 1950 | Haarmann, U. (Hg.), Geschichte der arabischen Welt, München 1987 | Hallett, R., Africa since 1875, Ann Arbor 1982 | Hanotaux, G./Martineau, A. (Hg.), Histoire des colonies françaises et de l'expansion de la France dans le monde, 6 Bde., Paris 1929–33; Bd. 4, 1931 | Hanson, J. R., Trade in Transition: Exports from the Third World, 1840–1900, Washington 1980 | Harding, L., Das Königreich Benin, München 2010 | –, Geschichte Afrikas im 19. und 20. Jahrhundert, 3. Aufl., München 2013 | Harms, R. W., River of Wealth, River of Sorrow, New Haven 1981 | Harris, K., African and American Values: Liberia and West Africa, Lanham 1985 | Hasenclever, A., Geschichte Ägyptens im 19. Jahrhundert, Halle 1917 | Hassert, K., Die Erforschung Afrikas, 2. Aufl., Leipzig 1943 | Heffernan, M. J., The Parisian Poor and the Colonization of Algeria during the Second Republic, in: French History 3 (1989) 377–403 | Heintze, B., Ethnographische Aneignungen. Deutsche Forschungsreisende in Angola, Frankfurt 1999 | –, Afrikanische Pioniere. Trägerkarawanen im westlichen Zentralafrika (ca. 1850–1890), Frankfurt 2002 | –/Jones, A. (Hg.), European Sources for Sub-Saharan Africa before 1900: Use and Abuse, Wiesbaden u. a. 1987 | Henriksen, T. H., Mozambique: A History, Totowa 1978 | [HEP] Historia da Expansão Portuguesa, hg. v. Bethencourt, F./Chaudhuri, K., 5 Bde., Lissabon 1998–2000; Bd. 4 | Hesseling, G., Etat et langue en Afrique, Leiden 1981 | Heyworth-Dunne, J., An Introduction to the History of Education in Modern Egypt, London 1939, Ndr. 1968 | Hibbert, C, Africa Explored, Harmondsworth 1984 | Hill, R., Egypt in the Sudan, 1820–1881, London 1959 | – (Hg.), On the Frontiers of Islam, Oxford 1970 | Hilton, A., The Kingdom of Kongo, Oxford 1985 | Hogben, S. J./Kirk-Greene, A. H. M., The Emirates of Northern Nigeria, Ibadan 1967 | Holt, P. M., The History of Sudan, 3. Aufl., Harlow 1979, Ndr. 1988 | Hommes et destins. Dictionnaire biographique d'outre-mer (Académie des sciences d'outre-mer. Travaux et mémoires), 8 Bde., Paris 1975–88; Bd. 1 | Hull, R., African Cities and Towns before the European Conquest, New York 1976 | Hurewitz, J. C. (Hg.), The Middle East and North Africa in World Politics, 2 Bde., 2. Aufl., New Haven 1975–79; Bd. 1 | Hutton, F., Economic Considerations in the American Colonization Society's Early Offers to Emigrate Blacks to Liberia, in: Journal of Negro History 68 (1983) 376–89 | Ibn-Razik, S., History of the Imams and Seyyids of Oman (Hakluyt I 44), London 1971 | Ikime, O., The Fall of Nigeria, London 1977 | Iliffe, J., A Modern History of Tanganyika, Cambridge 1979 | –, The Emergence of African Capitalism, London 1983 | –, Geschichte Afrikas, 2. Aufl., München 2003 (2. engl. Aufl. Cambridge 2008) | Ingham, K., The Making of Modern Uganda, London 1958 | Isichei, E., The Ibo People and the Europeans: The Genesis of a Relationship to 1906, London 1973 | –, History of West Africa, New York 1977 | – (Hg.), Varieties of Christian Experience in Nigeria, London 1982 | –, A History of African Societies to 1870, Cambridge 1997 | Issawi, C., An Economic History of the Middle East and North Africa, London 1982 | Janssen, V., Politische Herrschaft in Äthiopien, Freiburg 1976 | Jeal, T., Livingstone, 2. Aufl., London 1973 | –, Stanley: The Impossible Life of Africa's Greatest Explorer, London u. a. 2007 | Johnson, S., The History of the Yorubas, London 1921, 2. Aufl. 1973 | Johnston, H. A. S., The Fulani Empire of Sokoto, London 1967 | Jones, A., German Sources for West African History, 1599–1669, Wiesbaden 1983 | –, Brandenburg Sources for West African History, 1680–1700, Stuttgart 1985 | –, Zur Quellenproblematik der Geschichte Westafrikas, 1450–1900, Stuttgart 1990 | Jones, W. O., Manioc in Africa, Stanford 1959 | Julien, C. A., Histoire de l'Algérie contemporaine, 2 Bde., 1964–79 | – (Hg.), Les Africains, 12 Bde., Paris 1977–78; Bd. 1; Bd. 6 | Kanya-Forstner, A. S., The Conquest of the Western Sudan: A Study in French Military Imperialism, London 1969 | Katan, Y., Les colons de 1848 en Algérie, in: RHMC 31 (1984) 177–202 | Kimble, D., A Political History of Ghana: The Rise of Gold Coast Nationalism, 1850–1928, Oxford 1983 | Kirchen, C., Emin Pascha. Arzt, Abenteurer, Afrikaforscher, Paderborn 2014 | Kitson, P. u. a. (Hg.), Nineteenth Century Travels, Explorations, and Empires, 1835–1910, 8 Bde., London 2003–04 | Ki-Zerbo, J., Die Geschichte Schwarz-Afrikas, Frankfurt 1986 | Klein, M. A., Islam and Imperialism in Senegal: Sine-Saloum 1847–1914, Stanford 1968 | Konczacki, Z. A. u. J. M. (Hg.), An Economic History of Tropical Africa, 2 Bde., London 1977 | Kopytoff, J. H., A Preface to Modern Nigeria: The Sierra Leonians in Yoruba, Madison 1965 | Krapf, J. L., Reisen in Ostafrika (1858), Ndr. 1964 | Krapf-Askari, E., Yoruba Towns and Cities, Oxford 1969 | Kretschmer, I./Dörflinger, J./Wawrik, F., Lexikon zur Geschichte der Kartographie, Wien 1986 | Krone, D., Forschungsreisen und Kolonialpolitik am Vorabend der kolonialen Aufteilung Afrikas, in: ZfG 34 (1986) 807–13 | Kuczynski, R. R., Demographic Survey of the British Colonial Empire, 3 Bde., London 1948–53 | Landes, D. S., Bankers and Pashas, London 1958 | Lane, E. W., An Account of Manners and Customs of the Modern Egyptians Written in Egypt during the Years 1833–1835 (1836), London 1895, Neuausg. Kairo 2003 | Lanoye, F. de, Le Niger et les explorations de l'Afrique centrale, Paris 1858 | Larson, B. K., The Rural Marketing System of Egypt, in: CSSH 27 (1985) 494–530 | Last, M., The Sokoto Caliphate, London 1977 | Latham, A. J. H., Old Calabar 1600–1891: The Impact of the International Economy upon a Traditional Society, Oxford 1978 | Lawson, F., Economic and Social Foundations of Egyptian Expansionism: The Invasion of Syria in 1831, in: International History Review 10 (1988) 378–404 | Le Cour Grandmaison, O., Coloniser. Exterminer. Sur la guerre et l'Etat colonial, Paris 2005 | Lécuyer, M.-C./Serrano, C., La guerre d'Afrique et ses répercussions en Espagne, Paris 1976 | Lefeuvre, D., Pour en finir avec la repentance coloniale, Paris 2006 | Leggewie, C., Siedlung, Staat und Wanderung. Das französische Kolonialsystem in Algerien, Frankfurt 1979 | Levtzion, N./Pouwels, R. L. (Hg.), The History of Islam in Africa, Athens, OH 2000 | Lewin, T. J., The Ashanti before the British, Lawrence 1986 | Liesegang, G./Pasen, H./Jones, A. (Hg.), Figuring African Trade, Berlin 1986 | Lipschutz, M. R./Rasmussen, R. K., Dictionary of African Historical Biography, London 1978 | Lloyd, C., The Search for the Niger, London 1972 | Loimeier, R., Muslim Societies in Africa: A Historical Anthropology, Bloomington 2013 | –/Seesemann, R. (Hg.), The Global Worlds of the Swahili, Münster 2006 | Longman, K. A./Jenik, J., Tropical Forest and Its Environment, London 1974 | Lopes, M. dos S., Afrika. Eine neue Welt in deutschen Schriften des 16. und 17. Jahrhunderts, Stuttgart 1992 | Low, V. N., Three Nigerian Emirates, Evanston 1972 | Lützelschwab, C., La Compagnie genevoise des colonies suisses de Setif (1853–1956), Bern 2006 | Lupton, K., Mungo Park, London 1979 | Lynn, M., Change and Continuity in the British Palm Oil Trade with West Africa, 1830–55, in: JAfH 22 (1981) 331–48 | –, Consul and Kings: British Policy, the *Men on the Spot*, and the Seizure of Lagos 1851, in: JICH 10 (1981/82) 150–67 | –, The *Imperialism of Free Trade* and the Case of West Africa, ca. 1830 – ca. 1870, in: JICH 15, 1 (1986/87) 22–40 | –, Commerce and Economic Change in West Africa: The Palm Oil Trade in the Nineteenth Century, Cambridge 1997 | Macola, G., Reassessing the Significance of Firearms in Central Africa: The Case of North-Western Zambia to the 1920s, in: JAfH 51 (2010) 301–21 | Marcus, H. G., The Life and Times of Menelik II: Ethiopia 1844–1913, London u. a. 1975 | Marees, P. de, Description and Historical Account of the Gold Kingdom of Guinea (1602), hg. v. Van Dantzig, A./Jones, A., Oxford 1987 | Marissal, J., Le commerce zanzibarite dans l'Afrique des Grands Lacs au XIXe siècle, in: RFHOM 65 (1978) 212–35 | Markham, C. R., A History of the Abyssinian Expedition, London 1869 | Marlowe, J., Anglo-Egyptian Relations 1800–1956, 2. Aufl., London 1965 | Martin, B. G., Muslim Brotherhoods in Nineteenth Century Africa, Cambridge 1976 | Martin, E. C., The British West African Settlements, 1750–1821, London 1927 | Martin, J., L'empire naissant 1789–1871, Paris 1987 | Martin, P., Schwarze Teufel, edle Mohren, Hamburg 1993 | Martin, P. M., The External Trade of the Loango Coast, 1576–1870, Oxford 1972 | Martin, S. M., Palm Oil and Protest: An Economic History of the Ngwa Region, South-Eastern Nigeria, 1800–1980, Cambridge 1988 | Marx, C., *Völker ohne Schrift und Geschichte*. Zur historischen Erfassung des vorkolonialen Schwarzafrika in der deutschen Forschung des 19. und frühen 20. Jahrhunderts, Stuttgart 1988 | –, Geschichte Afrikas. Von 1800 bis zur Gegenwart, Paderborn 2004 | Mary, G. T., Im Schwarzen Erdteil, Tübingen 1978 | Matthies, V., Unternehmen Magdala. Strafexpedition in Äthiopien, Berlin 2010 | M'Bokolo, E., Noirs et blancs en Afrique équatoriale, Amsterdam 1981 | –, Afrique noire. Histoire et civilisations, 2 Bde., Paris 1992–95 | McCarthy, M., Social Change and the Growth of of British Power in the Gold Coast: The Fante States, 1807–1874, Lanham 1983 | McCaskie, T. C., State and Society in Pre-Colonial Asante, Cambridge 1995 | Médard, H., Le royaume du Buganda au XIXe siècle. Mutations politiques et religieuses d'un ancien état d'Afrique de l'Est, Paris 2007 | Medeiros, F. de, L'occident et l'Afrique, Paris 1985 | Mitchell, T., Colonizing Egypt, Cambridge 1988 | Moffat, R., Missionary Labours and Scenes in Southern Africa (1842), Ndr. New York 1968 | Morsy, M., North Africa, 1800–1900: A Survey from the Nile Valley to the Atlantic, London 1984 | Murdock, G. P., Staple Subsistence Crops in Africa, in: Geographical Review 50 (1960) 522–40 | Murray, J., Atlas des civilisations africaines, Paris 1983 | Murray-Brown, J., Faith and Flag: The Opening of Africa, London 1977 | Newbury, C. W. (Hg.), British Policy towards West Africa: Select Documents, 2 Bde., Oxford 1965–71 | Newitt, M., Portuguese Settlement on the Zambesi, 1973 | –, Portugal in Africa: The

Last Hundred Years, London 1981 | –, A History of Mozambique, London 1995 | Newman, J. L., Imperial Footprints: Henry Morton Stanley's African Journeys, Washington 2004 | [NHEP] Nova Historia da Expansão Portuguesa, 12 Bde. in 15 Tln., Lissabon 1991 ff.; Bd. 9–10 | Nicholls, C. S., The Swahili Coast: Politics, Diplomacy, and Trade on the East African Littoral, 1798–1856, London 1971 | Northrup, D., Africa's Discovery of Europe, 1450–1850, Oxford 2002 | Oguntomisin, G. O., Political Change and Adaption in Northern Yorubaland, in: CJAS 15 (1981) 223–37 | Olaniyan, R. (Hg.), African History and Culture, London 1982 | Oliver, R./Atmore, A., Medieval Africa, 1250–1800, Cambridge 2001 | Oliver, R. A./Mathew, G. (Hg.), History of East Africa, 3 Bde., 1.–5. Aufl., Oxford 1976; Bd. 1 | Oloruntimehin, B. O., The Segu Tukolor Empire, 2. Aufl., London 1978 | Opperman, T., Die algerische Frage, Stuttgart 1959 | Oriji, J. N., A Re-Assessment of the Organization and the Benefits of the Slave and Palm Produce Trade amongst the Ngwa-Igbo, in: CJAS 16 (1982) 523–48 | Owen, E. R. J., Cotton and the Egyptian Economy, 1820–1914, Oxford 1969 | Packman, B./Smith, R. (Hg.), Memoirs of Giambattista Scala: Consul of His Italian Majesty in Lagos in Guinea (1862), Oxford 2000 | Page, J., The Black Bishop, London 1908, Ndr. 1979 | Page, W. F., The Encyclopedia of African History and Culture, 3 Bde., New York 2001 | Park, M., Reisen in das Innere von Afrika, hg. v. Schinkel, U., Leipzig 1984 | Parker, J./Reid, R. (Hg.), The Oxford Handbook of Modern African History, Oxford 2013 | Patterson, K. D., The Northern Gabon Coast to 1875, Oxford 1975 | Peel, J. D. Y., Ijeshas and Nigerians, Cambridge 1983 | Pélissier, R., Africana. Bibliographies sur l'Afrique luso-hispanophone 1800–1980, Orgeval 1980 | Pervillé, G./Marin, C., Atlas de la guerre d'Algérie. De la conquête à l'independance, Paris 2003 | Pescheux, G., Le royaume asante (Ghana). Parenté, pouvoir, histoire (XVIIe–XXe siècles), Paris 2003 | Peters, R., Islam and Colonialism, Den Haag 1979 | Pettitt, C., Dr. Livingstone, I Presume? Missionaries, Journalists, Explorers, and Empire, Cambridge, MA 2007 | Piquet, C., Histoire du canal de Suez, Paris 2009 | Powers, D. S., Orientalism, Colonialism, and Legal History: The Attack on Muslim Family Endowments in Algeria and India, in: CSSH 31 (1989) 535–71 | Prochaska, D., Making Algeria French: Colonialism in Bône (1870–1920), Cambridge 1990 | Pückler-Muskau, E. v., Aus Mehmed Alis Reich, Zürich 1985 | Randrianja, S./Ellis, S., Madagaskar: A Short History, London 2009 | Ransford, O., David Livingstone, London 1978 | Ratanga-Atoz, A., Histoire du Gabon, Paris 1988 | Rathbone, R., Law, Politics and Analogy in Akan Historiography, in: JICH 36 (2008) 473–86 | Reade, J. E. (Hg.), The Indian Ocean in Antiquity, London 1996 | Reid, R. J., Political Power in Pre-Colonial Buganda: Economy, Society and Warfare in the Nineteenth Century, Athens, OH 2002 | –, History of Modern Africa: 1800 to the Present, Oxford 2009 | –, Past and Presentism: The *Precolonial* and the Foreshortening of African History, in: JAfH 51 (2010) 135–55 | Relaño, F., The Shaping of Africa: Cosmographic Discourse and Cartographic Science in Late Medieval and Early Modern Europe, Aldershot 2002 | Renault, F., Lavigerie, l'esclavage Africaine et l'Europe 1868–1892, 2 Bde., Paris 1971 | –, Tippo-Tip, un potentat arabe en Afrique centrale au XIXe siècle, Paris 1988 | Richards, A., Egypt's Agricultural Development, 1800–1980, Boulder 1982 | Richmond, J. C. B., Egypt 1798–1952: Her Advance towards a Modern Identity, London 1977 | Rivinius, K. J., Das Missionswerk von Kardinal Lavigerie, in: NZMW 39 (1983) 1–15, 93–106 | Roberts, S. H., The History of French Colonial Policy, 1870–1925, 2. Aufl., London 1963 | Robinson, D., French *Islamic* Policy and Practice in Late 19th-Century Senegal, in: JAfH 29 (1988) 415–35 | –, Muslim Societies in African History, Cambridge 2004 | Robinson,

D./Smith, D., Sources of the African Past, London 1979 | Roche, C., Conquête et résistance des peuples de Casamance, Dakar 1976 | Rockel, S.J., Carriers of Culture: Labor on the Road in Nineteenth-Century East Africa, Portsmouth, NH 2006 | Rodgers, N., The Abyssinian Expedition, in: HJ 27 (1984) 129–49 | Rodney, W., A History of the Upper Guinea Coast 1545 to 1800, 2. Aufl., New York u. a. 1980 | Ronen, D., Dahomey between Tradition and Modernity, Ithaca 1975 | Ross, A., David Livingstone: Mission and Empire, London u. a. 2002 | Rotberg, R. I., A Political History of Tropical Africa, New York 1965 | –, Christian Missionaries, Princeton 1965 | –, Africa and its Explorers, London 1970 | Rousset, C., La conquête de l'Algérie, 2 Bde. u. Atlas, Paris 1889 | Rubenson, S., The Survival of Ethiopian Independence, London 1976 | Ruedy, J., Land Policy in Colonial Algeria, Los Angeles u. a. 1967 | Ryder, A. F. C., Benin and the Europeans, 1485–1897, London 1979 | Salvadorini, V. A., L'Angola dalla fine del settecento al 1836, Pisa 1979 | Sanders, J., Palm Oil Production on the Gold Coast, in: IJAHS 15 (1982) 49–62 | Santi, P./Hill, R. (Hg.), The Europeans in the Sudan, 1834–1878, Oxford 1980 | Schapera, J. (Hg.), David Livingstone's Family Letters, 1841–1856, 2 Bde., London 1959 | – (Hg.), David Livingstone's Private Journals, 1851–1853, London 1960 | – (Hg.), David Livingstone's Missionary Correspondence, 1841–1856, London 1961 | – (Hg.), David Livingstone's African Journal, 1853–1856, 2 Bde., London 1963 | – (Hg.), David Livingstone's South African Papers, 1849–1853, London 1974 | Schölch, A., Ägypten in der ersten und Japan in der zweiten Hälfte des 19. Jahrhunderts. Ein entwicklungsgeschichtlicher Vergleich, in: Geschichte in Wissenschaft und Unterricht 33 (1982) 333–46 | Schröder, I., Das Wissen von der ganzen Welt. Globale Geographien und räumliche Ordnungen Afrikas und Europas 1790–1870, Paderborn 2011 | Schuerkens, U., Geschichte Afrikas, Köln 2009 | Schwertfeger, F. W., Traditional Housing in African Cities, Chichester 1982 | Seaver, G., David Livingstone: His Life and Letters, London 1957 | Sheriff, A., Slaves, Spices, and Ivory in Zanzibar: Integration of an East African Commercial Empire into the World Economy, 1770–1873, London 1987 | Shillington, K. (Hg.), Encyclopedia of African History, 3 Bde., New York 2005 | Sik, E., The History of Black Africa, 4 Bde., 1.–7. Aufl., Budapest 1970–74 | Singaravélou, P. (Hg.), L'empire des géographes. Géographie, exploration et colonisation (XIXe–XXe siècles), Paris 2008 | Skinner, D. E., Thomas George Lawson, Stanford 1980 | Smaldone, J. P., Warfare in the Sokoto Caliphate, London 1976 | Smith, J. W., Sojourners in Search of Freedom, Lanham 1987 | Smith, R. S., The Lagos Consulate 1851–61, London 1978 | –, Warfare and Diplomacy in Pre-Colonial West Africa, 2. Aufl., London 1989 | Speke, J. M., Journal of the Discovery of the Sources of the Nile, London 1863, Ndr. 1969 | Spillman, G., L'Afrique du Nord et la France, Paris 1945 | –, Napoléon III et le royaume arabe d'Algérie, Paris 1975 | Stafford, R. A., Geological Surveys, Mineral Discoveries, and British Expansion, 1835–71, in: JICH 12, 3 (1983/84) 4–32 | Stanley, H. M., How I Found Livingstone, 2. Aufl., London 1872 | Sulaiman, I., A Revolution in History: The Jihad of Usman dan Fodio, London 1986 | Sullivan, A. T., Thomas Robert Bugeaud, Hamden 1983 | Talhami, G. H., Suakin and Massawa under Egyptian Rule, 1865–1885, Washington 1979 | Taylor, J. V., Progress of Growth in an African Church, London 1958 (dt. 1961) | Thébault, E. (Hg.), Code des 305 articles, Tananarive 1960 | Thompson, A., The Role of Firearms and Development of Military Techniques in Merina Warfare, c. 1785–1828, in: RFHOM 61, 224 (1974) 417–35 | Thompson, L., Survival in Two Worlds: Moshoeshoe of Lesotho, Oxford 1976 | Thomson, A., Barbary and Enlightenment: European Attitudes toward the Maghreb in the 18th Century,

Leiden 1987 | Toledano, E. R., The Ottoman Slave Trade and its Suppression, 1840–1890, Princeton 1983 | Treue, W., Das österreichisch-mitteldeutsche und das norddeutsche staats- und privatwirtschaftliche Interesse am Bau des Suezkanals, in: VSWG 57 (1970) 534–55 | Valensi, L., Le Maghreb avant la prise d'Alger (1790–1830), Paris 1969 | –, Tunesian Peasants in the 18th and 19th Centuries, Cambridge 1985 | Vandervort, B., Wars of Imperial Conquest in Africa, 1830–1914, London 1998 | Vandervalle, D., A History of Modern Libya, 2. Aufl., Cambridge 2012 | Vansina, J., Oral Tradition as History, London 1985 | Van Zwanenberg, R. M. A./King, A., An Economic History of Kenya and Uganda, 1800–1970, Basingstoke 1975 | Vatikiotis, P. J., The History of Egypt from Muhammad Ali to Sadat, 3. Aufl., London 1985 | Vatin, J.-C., L'Algérie politique, 2 Bde., Paris 1974/75 | Vogel, J. O. (Hg.), Encyclopedia of Precolonial Africa: Archeology, History, Language, Cultures, and Environments, Walnut Creek 1997 | Wadstrom, C. B., An Essay on Colonization, London 1794 | Waller, H. (Hg.), The Last Journals of David Livingstone, 2 Bde., London 1874 | Walz, T., The Trade between Egypt and the Bilad As-Sudan, 1700–1820, Kairo 1978 | Welmers, W. E., African Language Structures, Berkeley 1973 | Westfall, G., French Colonial Africa: A Guide to Official Sources, London 1992 | Weyel, V., Interaktionen von Politik und Religion in Uganda nach 1875, München 1976 | Wickins, P. L., An Economic History of Africa from the Earliest Times to Partition, Kapstadt 1981 | Wilks, I., Asante in the 19th Century, Cambridge 1975 | –/Levtzion, N./Haight, B. M., Chronicles from Gonja, Cambridge 1986 | Wills, A. J., An Introduction to the History of Central Africa, 4. Aufl., London u. a. 1985 | Wilson, H. S., The Imperial Experience in Sub-Saharan Africa since 1870, Minneapolis 1977 | Wirz, A., Vom Sklavenhandel zum kolonialen Handel. Wirtschaftsräume und Wirtschaftsformen in Kamerun vor 1914, Freiburg 1972 | –, Klio in Afrika: *Geschichtslosigkeit* als historisches Problem, in: Geschichte in Wissenschaft und Unterricht 34 (1983) 98–108 | –, Die Erfindung des Urwalds oder ein weiterer Versuch im Fährtenlesen, in: Periplus 4 (1994) 15–36 | Yacono, X., La colonisation des plaines du Chétif, 2 Bde., Algier 1955.

争夺非洲

Abun Nasr, J. M. 1975 | Ageron, C.-R. 1968 | –, France coloniale ou parti colonial? Paris 1978 | Ajayi, J. F. A./Crowder, M. 1985–87 | –/Smith, R., Yoruba Warfare in the 19th Century, 2. Aufl., Cambridge 1971 | Akinjogbin, I. A./Catchpole, B. 1984 | Alatas, S. H., The Myth of the Lazy Native, London 1977 | Al-Sayyid Marsot, A. L. 1985 | Al-Subaiy, A. N., Anglo-Egyptian Relations under Lord Salisbury, 1885–1892, PhD Michigan State 1980 | Ambler, C. H., Kenyan Communities in the Age of Imperialism, London 1988 | Andall, J./Duncan, D. (Hg.), Italian Colonialism: Legacy and Memory, Frankfurt 2005 | Andrew, C. M./Kanya-Forstner, A. S., France Overseas: The Great War and the Climax of French Imperial Expansion, London 1981 | Anstey, R., King Leopold's Legacy: The Congo under Belgian Rule, 1908–1960, London 1966 | Are, G., La scoperta dell'imperialismo, Rom 1985 | Ascherson, N., The King Incorporated: Leopold II, London 1963 | Asher, A., Imperialists within German Social Democracy prior to 1914, in: Journal of Central European Affairs 20 (1960/61) 397–422 | –, *Radical* Imperialists within German Social Democracy, in: Political Science Quarterly 76 (1961) 555–75 | August, T. C., The Selling of Empire: British and French Imperialist Propaganda, Westport 1985 | Axelson, E. V., Portugal and the Scramble for Africa, Johannesburg 1967 | Bade, K. J., Friedrich Fabri und der Imperialismus in der Bismarckzeit, Freiburg 1975 | Barié, O., Italian Imperialism: The First Stage, in: Journal of Italian History 2 (1979) 531–65 | Barthrop, M., War on the Nile: Britain, Egypt and the Sudan, 1882–1898, Poole 1984 | Battaglia, R., La prima guerra d'Africa, Turin 1958, Ndr. 1973 | Bennett, G. 1978 | Bennett, N. R. 1986 | Berichte der Rheinischen Missionsgesellschaft, Barmen 1848–1941 | Die Berichte der Rheinischen Mission bis zum Jahre 1846, hg. v. Moritz, E., 1915, Neuausgabe v. Bistri, H., Windhoek 2000 | Berke, A., Imperialismus und nationale Identität. England und Frankreich in Afrika 1871–1898, Frankfurt 2003 | Berque, J., L'Egypte. Impérialisme et révolution, Paris 1967 | Biondi, J.-P. 1987 | Blunt, W. S., Secret History of the English Occupation in Egypt, London 1907, Ndr. 1969 | –, Gordon at Khartum, London 1911 | Boelcke, A., So kam das Meer zu uns, Frankfurt 1981 | Bontinck, F., Aux origines de l'état indépendant du Congo, Paris 1966 | Bouvier, J., Encore sur l'impérialisme, in: RFHOM 67 (1980) 217–26 | British Parliamentary Papers: Colonies: Africa, 1801–1899, Shannon 1968 | Broc, N., Bd. 1, 1988 | Brownlie, I., African Boundaries, London u. a. 1979 | Bruchhaus, E.-M./Harding, L. (Hg.), Hundert Jahre Einmischung in Afrika, Hamburg 1986 | Brunschwig, H., L'expansion allemande outre-mer, Paris 1957 | – 1963 | –, Le partage de l'Afrique noire, Paris 1971 | – u. a. (Hg.), Brazza explorateur. Les traités Makoko 1880–1882, Paris 1972 | Bückendorf, J., *Schwarz-weiß-rot über Ostafrika!* Deutsche Kolonialpläne und afrikanische Realität, Münster 1997 | Büttner, C. G., Die Missionsstation Otjimbigue, in: Zeitschrift der Gesellschaft für Erdkunde 20 (1885) 39–56 | Büttner, K., Die Anfänge der deutschen Kolonialpolitik in Ostafrika, Berlin 1959 | Burns, A. 1969 | Cairns, H. A., Prelude to Imperialism, London 1965 | CHA, Bd. 6, 1985 | Chamberlain, M. E., The Scramble for Africa, London 1974 | Chavannes, C. de, Les origines de l'Afrique équatoriale française, 2 Bde., Paris 1935–37 | [CHBE] Cambridge History of the British Empire, Bd. 3, Cambridge 1967 | CHE, Bd. 2, 1998 | Chickering, R., The Men Who Feel Most German, London 1984 | Chrétien, J.-P., Démographie et écologie en Afrique orientale à la fin du XIXe siècle, in: CEA 27 (1987) 43–59 | Christelow, A., Muslim Law Courts and the French Colonial State in Algeria, Princeton 1985 | Cole, J. R. I., Colonialism and Revolution in the Middle East: Social and Cultural Origins of Egypt's Urabi Movement, Princeton 1993 | Collins, R. O., The Partition of Africa, Chichester 1969 | – (Hg.), Problems in the History of Colonial Africa, Englewood Cliffs 1970 | – (Hg.), Problems in African History, Bd. 2: Historical Problems of Imperial Africa, 3. Aufl., Princeton 2000 | – 2008 | –/Tignor, R. L. 1967 | Comte, G., L'Empire triomphant, 1871–1936, Paris 1988 | Cooke, J. J., New French Imperialism, Newton Abbot 1973 | Cooper, F. 1977 | Coquery-Vidrovitch, C. u. a. (Hg.), Brazza et la prise de possession du Congo, Paris 1969 | – 1976 | Cornevin, R., Geschichte der deutschen Kolonisation, Goslar 1974 (franz. 1969) | Cromer, E. 1908 | Crowder, M., Senegal, London 1962 | – 1968 | –, West African Resistance, 2. Aufl., London 1978 | –, Colonial West Africa: Collected Essays, London 1978 | Crowe, S. E., The Berlin West Africa Conference, London 1942 | Curtin, P. D. 1971 | Dachs, A. J., The Catholic Church and Zimbabwe, Gwelo 1979 | Daly, M. W., The Road to Shaykan: Letters of General William Hicks, Durham 1983 | Darby, P., Three Faces of Imperialism, New Haven 1987 | Darmstaedter, P., Geschichte der Aufteilung und Kolonisation Afrikas, 2 Bde., Berlin 1913–1920 | Darmesteter, J., Le Mahdi depuis les origines de l'Islam jusqu'à nos jours, Paris 1885 | Davies, P.

1971 | Del Boca, A., Gli Italiani in Africa orientale, 4 Bde., Bari 1976–84 | Dresler, A., Die deutschen Kolonien und die Presse, Würzburg 1942 | Duignan, P./Gann, L. H., Bd. 1, 1969 | Dujarric, G., L'état mahdiste du Sudan, Paris 1901 | Dumont, G.-H., Léopold II, Paris 1990 | Dumoulin, M., Historiens étrangers et historiographie de l'expansion belge, in: Bijdragen en mededelingen betreffende de geschiedenis der Nederlanden 100 (1985) 685–99 | Eckert, A., Die Duala und die Kolonialmächte. Eine Untersuchung zu Widerstand, Protest und Protonationalismus in Kamerun vor dem Zweiten Weltkrieg, Münster 1991 | –, Grundbesitz, Landkonflikt und kolonialer Wandel: Douala 1880 bis 1960, Stuttgart 1999 | Eldredge, E. A., Power in Colonial Africa: Conflict and Discourse in Lesotho, 1870–1960, Madison 2007 | Emerson, B., Leopold II, London 1979 | Erzberger, M., Die Kolonialbilanz, Berlin 1906 | –, Die Wahrheit über die deutschen Kolonien, Berlin 1908 | –, Koloniale Berufe. Ratgeber, Berlin 1912 | L'expansion belge sous Léopold Ier (1831–1865), Brüssel 1965 | Fabri, F., Bedarf Deutschland der Colonien? Gotha 1879 | Farnie, D. A., East and West of Suez: The Suez Canal in History, 1854–1956, Oxford 1969 | Fenske, H., Die deutsche Auswanderung in der Mitte des 19. Jahrhunderts, in: Geschichte in Wissenschaft und Unterricht 24 (1973) 221–36 | –, Lorenz Stein über Weltpolitik und Kolonien, in: Der Staat 16 (1977) 539–56 | Fiedler, M., Zwischen Abenteuer, Wissenschaft und Kolonialismus. Der deutsche Afrikadiskurs im 18. und 19. Jahrhundert, Köln 2005 | Fieldhouse, D. K. 1976 | Filesi, T., Conferenza di Berlino e colonialismo italiano, in: SC 16 (1985) 867–903 | Fisch, J., Die europäische Expansion und das Völkerrecht. Die Auseinandersetzung über den Status der überseeischen Gebiete vom 15. Jahrhundert bis zur Gegenwart, Stuttgart 1984 | Fischer, E., Die Rehobother Bastards, Jena 1913 | Flitner, M., Der deutsche Tropenwald. Bilder, Mythen, Politik, Frankfurt 2000 | Förster, S./Mommsen, W. J./Robinson, R. (Hg.), Bismarck, Europe, and Africa: The Berlin Africa Conference 1884–1885 and the Onset of Partition, London 1988 | Foreign Office, German African Possessions, London 1920 | Fozard, L. M., Charles-Louis de Saulces de Freycinet: The Railways and the Expansion of the French Empire, PhD Boston Univ. 1975 | Fuchs, G./Henseke, H., Das französische Kolonialreich, Berlin 1987 | Gaffarel, P., Notre Expansion coloniale en Afrique, Paris 1918 | Galbraith, J. S., Mackinnon and East Africa, New York u. a. 1972 | Gallagher, J., The Decline, Revival and Fall of the British Empire, Cambridge 1982 | Ganiage, J. 1959 | – 1968 | Gayibor, N. L. (Hg.), Histoire des Togolais des origines aux années 1960, 4 Bde., Paris 2011 | Gelfand, M. (Hg.), Gubulawayo and beyond, London 1968 | Gellar, S., Structural Changes and Colonial Dependency, London 1976 | General History, Bd. 6, 1989; Bd. 7, 1985 | Gentil, P. 1978 | Gifford, P./Louis, W. R. (Hg.), Britain and Germany in Africa: Imperial Rivalry and Colonial Rule, London 1967 | –/– 1971 | Gilman, S. L., The Image of the Black in the German Colonial Novel, in: Journal of European Studies 8 (1978) 1–11 | Gondola, C. D., The History of Congo, Westport 2002 | [Gordon] The Journals of Major-General C. G. Gordon, London 1885 | Gordon, C. G., Briefe und Tagebuchblätter, Hamburg 1908 | Gotsch, M., Die deutsche Völkerkunde und ihr Verhältnis zum Kolonialismus, Baden-Baden 1983 | Gow, B. A., Menalamba, the Jesuits and the French *Civilizing Mission*, in: TAJH 8 (1979) 53–74 | Grandin, N. 1982 | Gründer, H., Geschichte der deutschen Kolonien, 6. Aufl., Paderborn 2012 | Guignard, D., L'abus de pouvoir dans l'Algérie coloniale (1880–1914), Paris 2010 | Guillen, P., L'expansion 1881–1898, Paris 1985 | Gutkind, P. C. W./Wallerstein, I. (Hg.), The Political Economy of Contemporary Africa, Beverley Hills 1976 | Hall, R., Stanley, Boston 1975 | Hallett, R. 1982 | Hangula, L., Die Grenzziehungen zwischen den afrikanischen Kolonien Englands, Deutschlands und Portugals im Zeitalter des Imperialismus 1880–1914, Frankfurt 1991 | Hanotaux, G./Martineau, A., Bd. 4, 1931 | Harding, L. 2013 | Hargreaves, J. D., West Africa Partitioned, 2 Bde., London u. a. 1975–85 | Harlow, B./Carter, M., Imperialism and Orientalism: A Documentary Sourcebook, Oxford 1999 | –/–, Archives of Empire, 2 Bde., Durham u. a. 2003 | Harrison, R. T., Gladstone's Imperialism in Egypt: Techniques of Domination, Westport 1995 | Hartwig, G. W./Patterson, K. D. (Hg.), Disease in African History, Durham, NC 1978 | Hastings, A., A History of African Christianity, Cambridge 1979 | Hausen, K., Deutsche Kolonialherrschaft in Afrika. Wirtschaftsinteressen und Kolonialverwaltung in Kamerun vor 1914, Zürich 1970 | Heggoy, A. A. u. a., Through Foreign Eyes, Washington 1982 | Heine, P./Van der Heyden, U. (Hg.), Studien zur Geschichte des deutschen Kolonialismus in Afrika. Festschrift [...] Sebald, Pfaffenweiler 1995 | Henrichsen, D., Herrschaft und Alltag im vorkolonialen Zentralnamibia. Das Herero- und Damaraland im 19. Jahrhundert, Windhoek 2011 | HEP, Bd. 4, 2000 | Hertslet, E., The Map of Africa by Treaty, 3 Bde., London 1909, Ndr. 1967 | Herzog, J., Geschichte Tansanias, Berlin 1986 | Hess, K. A./Becker, K. J. (Hg.), Vom Schutzgebiet bis Namibia 2000, Göttingen u. a. 2002 | Hildebrand, G., Die Stellung der Sozialdemokratie zur Kolonialpolitik, in: Koloniale Rundschau 1 (1911), 22–31 | Hill, R. (Hg.), The Sudan Memoirs of Carl Christian Giegler Pasha, London 1984 | –, Gordon: Yet Another Assessment, Durham 1987 | Holl, K. (Hg.), Liberalismus und imperialistischer Staat, Göttingen 1975 | Holt, P. M., The Mahdist State in the Sudan, 2. Aufl., New York 1979 | – 1988 | Hopkins, M. A. G., Economic Imperialism in West Africa, Lagos 1880–1892, in: EcHR 21 (1968) 580–606 | –, The Victorians and Africa: A Reconsideration of the Occupation of Egypt 1882, in: JAfH 27 (1986) 363–91 | Hücking, R./Launer, E., Aus Menschen Neger machen, Hamburg 1986 | Hurewitz, J. C., Bd. 1, 1975 | Hynes, W. G., The Economics of Empire, London 1979 | Hyrkkänen, M., Sozialistische Kolonialpolitik. Eduard Bernsteins Stellung zur Kolonialpolitik und zum Imperialismus, Helsinki 1986 | Ikime, O., Niger Delta Rivalry, London 1969 | – 1977 | Iliffe, J. 1979 | – 2008 | Ingham, K. (Hg.), Foreign Relations of African States, London 1974 | Irle, J., Die Herero, Gütersloh 1906 | Isichei, E. 1973 | James, L., The Savage Wars: British Campaigns in Africa, 1870–1920, London 1985 | Johnson, D. H., The Death of Gordon: A Victorian Myth, in: JICH 10 (1981/82) 285–310 | Johnson, S. 1973 | Kaulich, U., Die Geschichte der ehemaligen Kolonie Deutsch-Südwestafrika (1884–1914), Frankfurt 2003 | Kautsky, K., Sozialismus und Kolonialpolitik, Berlin 1907 | –, Bismarck und der Imperialismus, in: Die neue Zeit 34 (1915/16) 321–28, 361–72 | Keltie, J. S., The Partition of Africa, 2. Aufl., London 1895 | Kennedy, D., Islands of White, Durham, NC 1987 | Keto, C. T., Race Relations and the Changing Missionary Rule in South Africa, in: IJAHS 10 (1977) 600–27 | Kienetz, A., The Key Role of the Orlam Migrations in the Early Europeanization of South West Africa, in: IJAHS 10 (1977) 553–72 | Kienitz, E., Zeittafel zur deutschen Kolonialgeschichte, München 1941 | Ki-Zerbo, J. 1986 | Kjekshus, H., Ecology Control and Economic Development in East African History, Berkeley 1977 | Klauss, K., Die deutsche Kolonialgesellschaft, Diss. phil. Berlin 1966 | Klein, M. A. 1968 | Knoll, A. J., Togo under Imperial Germany, 1884–1914, Stanford 1978 | Knoll, A. J./Gann, L. H. (Hg.), Germans in the Tropics: Essays in German Colonial History, London 1987 | Krone, D. 1986 | Kubicek, R. V., The Colonial Steamer and the Occupation of West Africa by the Victorian State, 1840–1900, in: JICH 18, 1 (1990) 9–32 | Lau, B., The Emergence of Commando

Politics in Namaland, MA Thesis Cape Town 1982 | – (Hg.), Carl Hugo Hahn, Tagebücher, 4 Bde., Windhuk 1984–85 | –, Conflict and Power in 19th-Century Namibia, in: JAfH 27 (1986) 29–39 | –, Southern and Central Namibia in Jonker Africaner's Time, Windhoek 1987 | Leclerc, G., Anthropologie et colonialisme, Paris 1972 | Leroy-Beaulieu, P., Le Sahara, le Soudan et les chemins de fer transsahariens, Paris 1904 | Liebert, E. v., Die deutschen Kolonien im Jahre 1904, Leipzig 1904 | –, Die deutschen Kolonien, Berlin 1906 | Lindner, U., Koloniale Begegnungen. Deutschland und Großbritannien als Imperialmächte in Afrika 1880–1914, Frankfurt 2011 | Lipschutz, M. R./Rasmussen, R. K. 1978 | Lloyd, T., Africa and Hobson's Imperialism, in: PP 55 (1972) 130–53 | Lorimer, D. A., Colour, Class, and the Victorians, London 1978 | Loth, H., Die christliche Mission in Südwestafrika, Berlin 1963 | –, Kolonialismus und *Humanitätsintervention*, Berlin 1966 | –, Griff nach Ostafrika, Berlin 1968 | Low, D. A., Buganda in Modern History, Berkeley 1971 | –, The Mind of Buganda, London 1971 | Lynn, M. 1997 | Madden, A. F./Fieldhouse, D. K. (Hg.), Oxford and the Idea of Commonwealth, London 1982 | Manchuelle, F., Origines républicaines de la politique d'expansion coloniale de Jules Ferry, in: RFHOM 75 (1988) 185–206 | Mandelbaum, K., Die Erörterungen innerhalb der deutschen Sozialdemokratie über das Problem des Imperialismus, Diss. phil. Frankfurt 1926 | Mark, P., A Cultural, Economic and Religious History of the Basse Casamance, Stuttgart 1985 | Marlowe, J. 1965 | Marschalk, P., Deutsche Überseewanderung, Stuttgart 1973 | Marseille, J., Empire colonial et capitalisme français. Histoire d'une divorce, Paris 1984 | –, The Phases of French Colonial Imperialism: Towards a New Periodization, in: JICH 13, 3 (1985) 127–41 | Martin, J., Savorgnan de Brazza (1852–1905), Paris 2005 | Marx, C. 1988 | – 2004 | M'Bokolo, E., Bd. 2, 1995 | McIntyre, W. D., The Imperial Frontier in the Tropics, 1865–1875: A Study of British Colonial Policy in West Africa, Malaya and the South Pacific in the Age of Gladstone and Disraeli, London 1967 | Médard, H. 2007 | Menzel, G., Widerstand und Gottesfurcht. Hendrik Witbooi. Eine Biographie in zeitgenössischen Quellen, Köln 2000 | Meritt, H. P., Bismarck and the First Partition of Africa, in: EHR 91 (1976) 585–97 | Meyer, H./Passarge, S. (Hg.), Das deutsche Kolonialreich, 2 Bde. in 5 Tln., Leipzig 1914 | Miège, J.-L., L'impérialisme colonial italien de 1870 à nos jours, Paris 1968 | –, Expansion européenne et décolonisation de 1870 à nos jours, Paris 1973 | Miran, J., Red Sea Citizens: Cosmopolitan Society and Cultural Change in Massaua, Bloomington 2009 | Mitchell, T. 1988 | Möhlig, W. J. G. (Hg.), Frühe Kolonialgeschichte Namibias 1880–1930, Köln 2000 | Mogh, W., Paul Rohrbach und das *Größere Deutschland*. Ethischer Imperialismus im Wilhelminischen Zeitalter. Ein Beitrag zur Geschichte des Kulturprotestantismus, München 1972 | Moore-Harell, A., Gordon and the Sudan: Prologue to the Mahdiyya 1877–1880, London 2001 | Moritz, E., Die ältesten Reiseberichte über Deutsch-Südwestafrika, in: Mitteilungen aus den deutschen Schutzgebieten 29 (1916) 136–252 | Morsy, M. 1984 | Mowat, R. C., From Liberalism to Imperialism: The Case of Egypt, in: HJ 16 (1973) 109–24 | Müller, F., Die Kolonialpolitik des Deutschen Reiches und die deutsche Sozialdemokratie, Diss. phil. Tübingen 1923 | Müller, F. F., Deutschland – Zanzibar – Ostafrika, Berlin 1959 | Munro, J. F., Shipping Subsidies and Railway Guaranties: William Mackinnon, Eastern Africa and the Indian Ocean, 1860–93, in: JAfH 28 (1988) 209–30 | –, Maritime Enterprise and Empire: Sir William Mackinnon and His Business Network, 1823–1893, Woodbridge 2003 | Ndaywel è Nziem, I., Histoire générale du Congo, Brüssel 1998 | Newbury, C. W. (Hg.) 1965–71 | Newitt, M. 1995 | Ney, N. (Hg.), Conférences et lettres de P. Savorgnan de Brazza, Paris 1887 |

NHEP, Bd. 10, 1998 | Nicoll, F., *Truest History, Struck Off at White Heat*: The Politics of Editing Gordon's Khartoum Journals, in: JICH 38 (2010) 21–46 | Noske, G., Kolonialpolitik und Sozialdemokratie, Stuttgart 1914 | Nzemeke, A. D., British Imperialism and African Response: The Niger Valley, 1851–1905, Paderborn 1982 | Obichere, B. I., West African States and European Expansion, New Haven u. a. 1971 | O'Brien, P., The Costs and Benefits of British Imperialism, 1846–1914, in: PP 120 (1988) 163–200 | O'Brien, R. C., White Society in Black Africa, London 1972 | Oded, A., Islam in Uganda, New York 1974 | O'Donnell, J. D., Lavigerie in Tunisia, Athens, GA 1979 | Oeser, E., Das Reich des Mahdi. Aufstieg und Untergang des ersten islamischen Gottesstaates 1885–1897, Darmstadt 2012 | Oloukpona-Yinnon, A. P., Unter deutschen Palmen. Die *Musterkolonie* Togo im Spiegel deutscher Kolonialliteratur (1884–1944), Frankfurt 1996 | Owen, R., Lord Cromer: Victorian Imperialist, Edwardian Proconsul, Oxford 2004 | Paasche, H., Die Forschungsreise des Afrikaners Lukanga Mukara, Werther 1923 | Pakenham, T., Der kauernde Löwe. Die Kolonialisierung Afrikas 1876–1912, Düsseldorf 1993 | Parvus, A. [= Helphand, I. L.], Die Kolonialpolitik und der Zusammenbruch, Leipzig 1907 | Pehl, H., Die deutsche Kolonialpolitik und das Zentrum, Limburg 1934 | Penrose, E. F. (Hg.), European Imperialism and the Partition of Africa, London 1975 | Perras, A., Carl Peters and German Imperialism 1856–1918: A Political Biography, Oxford 2004 | Person, Y., Samori. Une révolution dyula, 3 Bde., Ifan u. a. 1968–75 | Pesek, M., Koloniale Herrschaft in Deutsch-Ostafrika. Expeditionen und Verwaltung seit 1880, Berlin 2005 | Peters, C., Gesammelte Schriften, hg. v. Frank, W., 3 Bde., München 1943–44 | Peters, R. 1979 | Phillips, J. A. S., Deutsch-englische Komödie der Irrungen um Südwestafrika, Pfaffenhofen 1986 | Piquet, C. 2009 | Pleticha, H. (Hg.), Der Mahdiaufstand in Augenzeugenberichten, München 1981 | Pogge v. Strandmann, H., Domestic Origins of Germany's Colonial Expansion, in: PP 42 (1969) 140–59 | Pollock, J. C., Gordon: The Man behind the Legend, London 1993 | Poncet, J., La colonisation et l'agriculture européennes en Tunisie depuis 1881, Paris 1962 | Porch, D., The Conquest of the Sahara, London 1985 | Porter, A. N., Victorian Shipping, Business and Imperial Policy, Woodbridge 1986 | Prager, E. (Hg.), Die Deutsche Kolonialgesellschaft, Berlin 1908 | Radek, K., Der deutsche Imperialismus und die Arbeiterklasse, Bremen 1912 | Randrianja, S./Ellis, S. 2009 | Ranger, T. O. (Hg.), Aspects of Central African History, London 1968 | Ratcliffe, B. M., The Economics of the Partition of Africa: Methods and Recent Research Trends, in: CJAS 15 (1981) 3–31 | Rathmann, L., Neue Aspekte des Arabi-Aufstandes, Berlin 1968 | Rauscher, F., Hundert Jahre Weiße Väter, in: ZMRW 52 (1968) 257–76 | Reid, R. J. 2002 | Rein, G. A., Europa und Übersee, Göttingen 1961 | Reinhard, W. (Hg.), Hendrik Witbooi, Afrika den Afrikanern, Bonn 1982 | Renault, F. 1971 | Rhoden, L. v., Geschichte der Rheinischen Missionsgesellschaft, Barmen 1888 | Rich, P. B., Race and Empire in British Politics, Cambridge 1986 | Richmond, J. C. B. 1977 | Ridley, H., Images of Imperial Rule, Beckenham 1983 | Rivinius, K. J. 1983 | Robinson, R./Gallagher, J./Denny, A., Africa and the Victorians: The Official Mind of Imperialism, London 1961, Ndr. 1981 | Rosenbaum, J., Frankreich in Tunesien. Die Anfänge des Protektorats 1881–1886, Zürich 1971 | Rotberg, R. I. 1965 | Rouget. F., L'expansion coloniale au Congo français, 2. Aufl., Paris 1906 | Rudin, H. S., Germans in the Cameroons, New Haven 1938, Ndr. 1968 | Ryder, A. F. C. 1979 | Schädlich, K., Motivationen britischer Kolonialexpansion in Tropisch Afrika, in: ZfG 23 (1975) 167–78 | Schippel, M., Marxismus und koloniale Eingeborenenfrage, in: Sozialistische Monatshefte 12, 1 (1908) 273–85 | Schmidt, D.,

The Division of the Earth: Tableaux on the Legal Synopsis of the Berlin Africa Conference, hg. v. Arndt, L. u. a., Köln 2010 | Schneider, W. H., An Empire for the Masses: The French Popular Image of Africa, 1870–1900, Westport u. a. 1982 | Schölch, A., Ägypten den Ägyptern! Die politische und gesellschaftliche Krise der Jahre 1878–1882 in Ägypten, Freiburg 1972 | Schramm, P. E., Deutschland und Übersee, Braunschweig 1950 | Schubert, M., Der Schwarze Fremde. Das Bild des Schwarzafrikaners in der parlamentarischen und publizistischen Kolonialdiskussion in Deutschland von den 1870er bis in die 1930er Jahre, Stuttgart 2003 | Schuerkens, U. 2009 | Schulte-Althoff, F.-J., Rassenmischung im kolonialen System, in: Historisches Jahrbuch 105 (1985) 52–94 | Searcy, K., The Formation of the Sudanese Mahdi State: Ceremony and Symbols of Authority, Leiden 2011 | Sebald, P., Togo 1884–1914, Berlin 1988 | Serton, P. (Hg.), The Narrative and Journal of Gerald McKiernan in South West Africa, Cape Town 1954 | Shaked, H., The Life of the Sudanese Mahdi, New Brunswick u. a. 1978 | Shillington, K. 2005 | Shorrock, W. I., The Tunisian Question in French Policy towards Italy, 1881–1940, in: IJAHS 16 (1983) 631–51 | Slade, R., King Leopold's Kongo, London 1962 | Smith, R. S. 1978 | Smith, W. D., The Ideology of German Colonialism, in: JMH 46 (1974) 641–62 | –, The German Colonial Empire, Chapel Hill 1978 | –, European Imperialism, Chicago 1982 | –, The Colonial Novel and Political Propaganda, in: German Studies Review 6 (1983) 217–35 | Sommerlad, T., Der deutsche Kolonialgedanke, Halle 1918 | Soret, M., Histoire du Congo-Brazzaville, Paris 1978 | Spellmeyer, H., Deutsche Kolonialpolitik im Reichstag, Stuttgart 1931 | Stanley, H. M., Der Kongo und die Gründung des Kongostaates, 2 Bde., Leipzig 1887 (engl. 1885) | –, Im dunkelsten Afrika, 2 Bde., 6. Aufl., Leipzig 1908 | Steins, M., Das Bild des Schwarzen in der europäischen Kolonialliteratur 1870–1918, Frankfurt 1972 | Stengers, J., Leopold II et Brazza en 1882, in: RFHOM 63 (1976) 105–36 | Stenographische Berichte über die Verhandlungen des Deutschen Reichstages 75–325 (1884–1918) mit Beilagen zu den Kolonien | Stoecker, H. (Hg.), Kamerun unter deutscher Kolonialherrschaft, Bd. 1, Berlin 1960 | – (Hg.), Drang nach Afrika. Die deutsche koloniale Expansionspolitik und Herrschaft in Afrika von den Anfängen bis zum Verlust der Kolonien, Berlin 1977, 2. Aufl. 1991 | Street, B. V., The Savage in Literature, London 1975 | Strohschneider, G., Die Stellungnahme der Hamburger Presse als Ausdruck der öffentlichen Meinung zu den Anfängen der Bismarckschen Kolonialpolitik, Diss. phil. Hamburg 1956 | Stuemer, W., 50 Jahre Deutsche Kolonialgesellschaft, Berlin 1932 | Terrier, A./Mouray, C., L'œuvre de la Troisième République en Afrique occidentale, Paris 1910 | Tetzlaff, R., Koloniale Entwicklung und Ausbeutung. Wirtschafts- und Sozialgeschichte Deutsch-Ostafrikas 1885–1914, Berlin 1970 | Thébault, E. (Hg.) 1960 | Tilley, H./Gordon, R. J. (Hg.), Ordering Africa: Anthropology, European Imperialism, and the Politics of Knowledge, Manchester 2007 | Townsend, M. E., Origins of Modern German Colonialism, New York 1921 | –, The Rise and Fall of Germany's Colonial Empire, 1884–1918, New York 1932, Ndr. 1988 | Turin, Y., Affrontements culturels dans l'Algérie coloniale, Paris 1971 | Twaddle, M., The Emergence of Politico-Religious Groupings in Late 19th-Century Buganda, in: JAfH 29 (1988) 81–92 | Uzoigwe, G. N., Britain and the Conquest of Africa: The Age of Salisbury, Ann Arbor 1974 | Vandervort, B. 1998 | Vatikiotis, P. J. 1985 | Vellut, J.-L., L'historiographie du centenaire de l'Acte de Berlin (1885–1985). Fil conducteur d'une commémoration, in: Itinerario 15, 1 (1991) 91–113 | Vigezzi, B., L'imperialismo e il suo ruolo nella storia italiana, in: SC 11 (1980) 29–56 | Vries, J. L. de, Namibia. Mission und Politik (1880–1918). Der Einfluss des deutschen Kolonialismus auf die Missionsarbeit der Rheinischen Missionsgesellschaft im früheren Deutsch-Südwestafrika, Neukirchen-Vluyn 1980 | Wallace, M./Kinahan, J., A History of Namibia from the Beginning to 1990, London 2011 | Warmbold, J., *Ein Stückchen neudeutscher Erd …* Deutsche Kolonialliteratur, Frankfurt 1982 | Washausen, H., Hamburg und die Kolonialpolitik des Deutschen Reiches 1880–1890, Hamburg 1968 | Wehler, H.-U., Bismarck und der Imperialismus, Köln u. a. 1969, 4. Aufl. 1976 | Wehner, S., Der Alldeutsche Verband und die deutsche Kolonialpolitik, Diss. phil. Greifswald 1935 | Weinberger, G., Die deutsche Sozialdemokratie und die Kolonialpolitik, in: ZfG 15 (1967) 402–23 | –, An den Quellen der Apartheid, Berlin 1975 | Welch, W. M., No Country for a Gentleman: British Rule in Egypt, 1883–1907, Westport 1988 | Wesseling, H. L., Divide and Rule: The Partition of Africa, 1880–1914, Westport 1996 (ndl. 1991, dt. 1999) | Williams, F.-N., Precolonial Communities of Southwestern Africa: A History of Owambo Kingdoms, 1600–1920, Windhoek 1991 | Wills, A. J. 1985 | Wilson, H. S. 1977 | Winfield, J. A., Carl Peters and Cecil Rhodes: A Comparative Study, PhD Univ. of Connecticut 1972 | Wingate, F. R., Mahdiism and the Egyptian Sudan, London 1891, Ndr. 1968 | Zimmermann, A., Geschichte der deutschen Kolonialpolitik, Berlin 1914 | Zur 50-Jahrfeier der Deutschen Kolonialgesellschaft, Berlin 1932.

对非洲的瓜分和渗透

Abd al-Rahim, M., Imperialism and Nationalism in the Sudan, 1899–1956, Oxford 1969, Ndr. 1987 | Adeleye, R. A. 1971 | Agbodeka, F. 1971 | Ageron, C.-R. 1978 | Ahounou, C./Klobb, A./Meynier, O., A la recherche de Voulet sur les traces sanglantes de la mission Afrique centrale 1898–1899, Paris 2001, Ndr. 2009 | Akinjogbin, I. A./Catchpole, B. 1984 | Akinwumi, O., The Colonial Contest for the Nigerian Region, 1884–1900, Münster 2002 | Albuquerque, J. M. de, Moçambique 1896–1898, Lissabon 1899 | Al-Sayyid Marsot, A. L. 1985 | Amin, M./Willetts, D./Matheson, A., Die Ugandabahn, Zürich 1987 | Andall, J./Duncan, D. 2005 | Anene, J. C., The International Boundaries of Nigeria, 1885–1960, Ibadan 1970 | Are, G. 1985 | Ascherson, N. 1963 | Axelson, E. V. 1967 | Bade, K. J., Antisklavereibewegung in Deutschland und Kolonialkrieg in Deutsch-Ostafrika 1888–1890, in: Geschichte und Gesellschaft 33 (1977) 31–58 | Baden-Powell, R. S. S., The Matabele Campaign, London 1897 | –, The Downfall of Prempeh, London 1898 | Bairu Tafla, Asma Giyorgis and his Work *History of the Galla and the Kingdom of Sawa*, Stuttgart 1987 | Baratieri, O., Memorie d'Africa, Turin 1898 | Barthrop, M. 1984 | Bates, D., The Fashoda Incident, Oxford 1984 | Battaglia, R. 1973 | Bennett, E. N., The Downfall of the Dervishes, London 1898 | Bennett, G. 1978 | Bennett, N. R. 1986 | Betti, C., Missionari cattolici francesi e autoritè italiane in Eritrea, in: SC 16 (1985) 905–30 | Bhila, H. H. K., Trade and Politics in a Shona Kingdom, Harlow 1982 | Biarnès, P. 1987 | Birmingham, D., A Question of Coffee, in: CJAS 16 (1982) 343–46 | Blake, R., A History of Rhodesia, 1890–1965, London 1977 | Bley, H., Kolonialherrschaft und Sozialstruktur in Deutsch-Südwestafrika 1894–1914, Hamburg 1968 | Boahen, A. A. (Hg.), *The History of the Ashanti Kings and the Whole Country Itself* and Other Writings by Otumfuo, Nana Agyeman Prempeh, 2. Aufl., Oxford 2005 | Brown, R. G., Fashoda Reconsidered, Baltimore u. a. 1970 | Brownlie, I. 1979 | Bührer, T., Die kaiserliche Schutztruppe für Deutsch-Ostafrika. Koloniale Sicherheitspolitik und transkulturelle Kriegführung, 1885–1918, München 2011 | –/Stachelbeck, C./Walter, D. 2011 | Büttner, K./Loth, H., Philosophie der Eroberer und koloniale Wirklichkeit, Berlin 1981 | Burleigh, B., Khartoum Campaign 1898, 2. Aufl., London 1899 | Burns, A. 1969 | Cadbury, W. A., Labour in Portuguese West Africa, London 1909, Ndr. 1969 | Caetano, M. (Hg.), As campanhas de Moçambique em 1895, Lissabon 1947 | Caulk, R., *Between the Jaws of Hyenas*: A Diplomatic History of Ethiopia (1879–1896), Wiesbaden 2002 | CHA, Bd. 6, 1985 | Chassey, F. de, Mauritanie, Paris 1978 | CHBE, Bd. 3, 1967 | Christopher, A. J., Colonial Africa, Beckenham 1984 | Ciammaichella, G. 1987 | Clarence-Smith, G. 1985 | Collins, J. G., The Egyptian Elite under Cromer, Berlin 1984 | Collins, R. O., The Southern Sudan, 1883–1898, New Haven 1964 | –, King Leopold, England, and the Upper Nile, 1899–1909, London 1968 | – 1969 | – 2000 | – 2008 | Collins, R. O./Deng, F. M. (Hg.), The British in the Sudan, Basingstoke 1984 | –/Tignor, R. L. 1967 | Comte, G., L'Empire triomphant, 1871–1936, Paris 1988 | Cone, L. W./Liscomb, J. F., The History of Kenya Agriculture, Nairobi 1972 | Cooke, J. J. 1973 | Coquery-Vidrovitch, C., Le Congo au temps des grandes compagnies concessionaires, 1898–1930, Paris 1972 | Cornevin, R., La république du Bénin des origines dahoméens à nos jours, Paris 1981 | Cromer, E. 1908 | Crowder, M. 1962 | – 1968 | – 1978 | Courten, L. De, L'amministrazione coloniale italiana del Benadir [...] 1889–1914, in: SC 9 (1978) 115–54, 303–33 | Daly, M. W., Empire on the Nile: The Anglo-Egyptian Sudan, 1898–1934, Cambridge 1986 | –, The Soldier as Historian: F. R. Wingate and the Sudanese Mahdia, in: JICH 17 (1988/89) 99–108 | Darkwah, R. H. K., Shewa, Menilek, and the Ethiopian Empire, 1813–1889, London 1975 | David, P., Le soudan et l'état mahdiste sous le Khalifa 'Abdullahi, in: RFHOM 75 (1988) 273–307 | Davidson, B. 1981 | Del Boca, A., Bd. 1, 1976 | Demhardt, I. J., Deutsche Kolonialgrenzen in Afrika, Hildesheim 1997 | Deschamps, H. 1972 | Donham, D./James W. (Hg.), The Southern Marches of Imperial Ethiopia, Cambridge 1986, 2. Aufl. Oxford 2002 | Drechsler, H., Südwestafrika unter deutscher Kolonialherrschaft. Der Kampf der Herero und Nama gegen den deutschen Imperialismus 1884–1915, 2. Aufl., Berlin 1984 | Dreyer, R. F., The Mind of Official Imperialism: British Government Perceptions of German Policy in South West Africa [...] (1890–1996), Diss. sc. pol. Gent 1985 | Duffy, J. 1962 | Duignan, P./Gann, L. H., Bd. 1, 1969 | Dujarric, G. 1901 | Dukes, J. R., Helgoland, Zanzibar, East Africa, PhD Univ. of Wisconsin 1963 | Dumont, G.-H. 1990 | Duperray, A.-M., Les Gourounsi de Haute Volta, Stuttgart 1984 | Eckert, A. 1991 | – 1999 | Edgerton, R. B. 1995 | Ellis, S., The Rising of the Red Shawls, Cambridge 1985 | Emerson, B. 1979 | Englert, B., Die Geschichte der Enteignungen. Landpolitik und Landreform in Zimbabwe 1890–2000, Münster 2001 | Erlikh, H., Ethiopia and the Challenge of Independence, Boulder 1986 | Esterhuyse, J. H., South West Africa, 1880–1894, Cape Town 1968 | Fabunmi, L. A., The Sudan in Anglo-Egyptian Relations: A Case Study in Power Politics, 1800–1956, London 1960 | Falola, T., Colonialism and Violence in Nigeria, Bloomington 2009 | Felner, A. de A. 1940 | Fieldhouse, D. K. 1976 | Filesi, T., La rappresentanza di Menelik alla Conferenza di Bruxelles (1890), in: SC 16 (1985) 931–54 | Finaldi, G. M., Italian National Identity in the Scramble for Africa: Italy's African Wars [...] 1870–1900, Bern 2009 | Flint, J. E., Sir George Goldie and the Making of Nigeria, London 1960 | Förster, L., Postkoloniale Erinnerungorte. Wie Deutsche und Hereros in Namibia des Krieges von 1904 gedenken, Frankfurt 2010 | Förster, S./Mommsen, W. J./Robinson, R. 1988 | –/Pöhlmann, M./Walter, D. (Hg.), Schlachten der Weltgeschichte von Salamis bis Sinai, München 2001 | François, C. v., Deutsch-Südwest-Afrika. Geschichte der Kolonisation bis zum Ausbruch des Krieges mit Witbooi April 1893, Berlin 1899 | Fuglestad, F., A propos de travaux récents sur la mission Voulet-Chanoine, in: RFHOM 67 (1980) 73–87 | –, A History of Niger, Cambridge 1983 | Galbraith, J. S., Myths of the *Little England* Era, in: AHR 67 (1961/62) 34–48 | –, Mackinnon and East Africa, New York u. a. 1972 | –, Crown and Charter, Berkeley 1974 | Ganiage, J./Deschamps, H./Guitard, O., L'Afrique au XXe siècle, Paris 1966 | Gann, L. H., A History of Southern Rhodesia, London 1965 | –/Duignan, P. 1978 | –/–, The Rulers of Belgian Africa, 1884–1914, Princeton 1979 | Gayibor, N. L. 2011 | General History, Bd. 7, 1985 | Gentil, P., La conquête du Tchad, Thèse Sorbonne 1970 | – 1978 | Geshekter, C. L., British Imperialism in the Horn of Africa [...] 1884–1899, PhD UCLA 1972 | Gewald, J.-B., Herero Heroes: A Socio-Political History of the Hereros of Namibia, 1890–1923, Oxford 1999 | Gide, A., Voyage au Congo, Paris 1927 | –, Retour du Tchad. Suite du Voyage au Congo, Paris 1928 | Gifford, P./Louis, W. R. 1971 | Giglio, C., Article 17 of the Treaty of Ucciallo, in: JAfH 6 (1965) 221–31 | Gleichen, A. E. W., Handbook of the Sudan, London 1898 | –, The Anglo-Egyptian Sudan, 3 Bde., London 1905–06 | –, With the Mission to Menelik, 1897, London 1898, Ndr. 1971 | Gondola, C. D. 2002 | Gow, B. A. 1979 | Grandin, N. 1982 | Grassi, F., Le origini dell' imperialismo italiano. Il caso somalo (1896–1915), Lecce 1980 | Gray, J., Anglo-German Relations in Uganda, 1890–1892, in: JAfH 1 (1960) 281–97 | Grohs, G./Czernik, G., State and Church in Angola, Genf 1983 | Gründer, H. 2012 | Gruner, H., Vormarsch zum Niger. Die Memoiren des Leiters der Togo-Hinterlandexpedition 1894/95, hg. v. Sebald, P., Berlin 1997 | Hallett, R. 1982 | Hammond, R. J., Portugal and Africa, 1815–1914: A Study in Uneconomic Imperialism, Stanford 1966 | Hangula, L. 1991 | Harding, L. 2013 | Hargreaves, J. D. 1975–85 | Harlow, B./Carter, M. 1999 | –/– 2003 | Hasenclever, A. 1917 | Hassing, P., Islam on the German Colonial Congresses, in: Muslim World 67 (1977) 165–74 | Heggoy, A. A., The African Politics of Gabriel Hanotaux, Athens, GA 1972 | Heine, P./Van der Heyden, U. 1995 | Henriksen, T. H. 1978 | HEP, Bd. 4, 2000 | Hertslett, E. 1967 | Hess, K. A./Becker, K. J. 2002 | Hess, R., Italian Colonialism in Somalia, Chicago 1966 | Hirshfield, C., The Diplomacy of Partition: Britain, France, and the Creation of Nigeria, 1890–1898, Den Haag 1979 | Hodder-Williams, R., White Farmers in Rhodesia, 1890–1965, London 1983 | Hodgson, M. A., The Siege of Kumassi, 2. Aufl., London 1901 | Holt, P. M. 1979 | – 1988 | Hommes et destins, Bd. 3, 1979 | Honke, G. u. a., Als die Weißen kamen. Ruanda und die Deutschen 1885–1919, Wuppertal 1990 | Hurewitz, J. C., Bd. 1, 1975 | Hynes, W. G. 1979 | Ikime, O. 1977 | Iliffe, J. 1979 | – 2008 | Ingham, K. 1958 | Isaacman, A. u. B., The Tradition of Resistance in Mozambique, London 1976 | –, Mozambique from Colonialism to Revolution, 1900–1982, Boulder 1983 | Jalata, A., Oromia and Ethiopia: State Formation and Ethnonational Conflict, 1868–1992, Boulder 1993 | James, L. 1985 | Janssen, V. 1976 | Jones, R., The Battle of Adwa: African Victory in the Age of Empire, Cambridge, MA 2011 | Julien, C. A., Bd. 1, 1977 | Kanya-Forstner, A. S. 1969 | Karugire, S. R., A Political History of Uganda, Nairobi u. a. 1980 | Kaulich, U. 2003 | Kelly, J. C., Liberalism and Empire, PhD Vanderbilt Univ. 1974 | Keltie, J. S., Stanleys Briefe über Emin Paschas Befreiung, Leipzig 1890 | Keown-Boyd, H., A Good Dusting, London 1986 | Keppel-Jones, A., Rhodes and Rhodesia: The White Conquest of Zimbabwe, 1884–1902, Kingston u. a. 1983 | Kiepert, R., Deutscher Kolonialatlas, Berlin 1893 | Kimba, I.,

Guerres et sociétés, Niamey 1981 | Kimble, D. 1983 | Kjekshus, H. 1977 | Klein, M. A. 1968 | Klein, T./Schumacher, F. (Hg.), Kolonialkriege. Militärische Gewalt im Zeichen des Imperialismus, Hamburg 2006 | Knoll, A. J./Hiery, H. J. (Hg.), The German Colonial Experience: Select Documents on German Rule in Africa, China, and the Pacific, 1884–1914, Lanham 2010 | Labanca, N., In marcia verso Adua, Turin 1993 | –, Oltremare. Storia dell'espansione coloniale italiana, Bologna 2002 | Leutwein, T., Elf Jahre Gouverneur in Deutsch-Südwestafrika, Berlin 1906 | Lewis, D. L., The Race to Fashoda, New York 1987 | Lipschutz, M. R./Rasmussen, R. K. 1978 | Livro do Centenario de Mouzinho de Albuquerque, Lissabon 1955 | Lombardi, E., Il disastro di Adua, Mailand 1994 | Lonsdale, J. M., The Politics of Conquest: The British in Western Kenya 1894–1908, in: HJ 20 (1977) 841–70 | Loth, H. 1966 | Louis, W. R., Ruanda-Urundi, 1884–1919, Oxford 1963 | Low, A., British Public Opinion and the Uganda Question: October–December 1892, in: Uganda Journal 18, 1 (1954) 61–100 | –, Fabrication of Empire: The British and the Uganda Kingdoms, 1890–1902, Cambridge 2009 | Low, D. A./Pratt, R. C., Buganda and British Over-Rule, London 1960 | [Lugard] Perham, M. (Hg.), Lugard, The Diaries, 4 Bde., London 1959–63 | Lugard, F. J. D., The Story of the Uganda Protectorate, London 1900 | –, The Rise of Our East African Empire, 2 Bde., London 1893, Ndr. 1968 | MacPherson, F., Anatomy of a Conquest: The British Occupation of Zambia, 1884–1924, London 1981 | Mann, E. J., Mikono ya Damu – *Hands of Blood*: African Mercenaries and the Politics of Conflict in German East Africa, 1888–1904, Frankfurt 2002 | Marcus, H. G. 1975 | Marlowe, J. 1965 | Martel, G., Cabinet Politics and African Partititon, in: JICH 13, 1 (1984/85) 5–24 | Martin, B. G 1976 | Martins, F. A. O., Ermenegildo Capello e Roberto Ivens, 2 Bde., Lissabon 1951–52 | Marx, C. 2004 | M'Bokolo, E., Bd. 2, 1992 | Médard, H. 2007 | Menzel, G. 2000 | Meyer, H./Passarge, S. 1914 | Michel, M., La mission Marchand, Paris 1972 | –, Gallieni, Paris 1989 | –, Fachoda, guerre sur le Nil, Paris 2010 | Michels, S., Imagined Power Contested: Germans and Africans in the Upper Cross River Area of Cameroon, 1887–1915, Münster 2004 | Middleton, D. (Hg.), The Diary of A. J. Mounteney-Jephson (Hakluyt III 40), London 1969 | Miège, J.-L. 1968 | Möhlig, W. J. G. 2000 | Müller, F. F. 1959 | Mungeam, G. H., British Rule in Kenya, 1895–1912, Oxford 1966 | – (Hg.), Kenya: Selected Historical Documents, 1884–1923, Nairobi 1978 | Mutambirwa, J. A. C., The Rise of Settler Power in Southern Rhodesia, 1898–1923, London 1980 | Mutiwba, P. M., Primary Resistance against the French in Madagaskar, in: TAJH 8 (1979) 105–14 | Mutunhu, T., The Origin and Development of the Mashona-Matabele Political Struggle and Military Resistance against the Establishment of the B.S.A.C.: Colonial Rule [...] from 1888 to 1898, PhD St. John's Univ. 1979 | Ndaywel è Nziem, I. 1998 | Negash, T., Italian Colonialism in Eritrea, 1882–1941, Stockholm 1987 | Newbury, C. W. 1971 | Newitt, M. 1981 | – 1995 | NHEP, Bd. 10, 1998; Bd. 11, 2001 | Nzemeke, A. D. 1982 | Obichere, B. I. 1971 | Oermann, N. O., Mission, Church and State Relations in South West Africa under German Rule (1884–1915), Stuttgart 1999 | Oeser, E. 2012 | Ofonagoro, W. I., Trade and Imperialism in Southern Nigeria, New York u. a. 1979 | Oliver, R., Sir Henry Johnstone, London 1957 | Oloruntimehin, B. O. 1978 | Oloukpona-Yinnon, A. P. 1996 | Orr, C., The Making of Northern Nigeria, 3. Aufl., London 1987 | Osterhaus, A., Europäischer Terraingewinn in Afrika. Das Verhältnis von Presse und Verwaltung in sechs Kolonien Deutschlands, Frankreichs und Großbritanniens von 1894 bis 1914, Frankfurt 1990 | Paillard, Y.-G./Boutonne, J., Espoirs et déboires de l'immigration européenne à Madagaskar sous Gallieni, in: RFHOM 65 (1978) 333–51 | Pakenham, T. 1993 | Palley, C., The Constitutional History and Law of Southern Rhodesia, 1888–1965, Oxford 1966 | Palmer, R., Land and Racial Domination in Rhodesia, London 1977 | Pélissier, R., Les guerres grises. Résistances et révoltes en Angola (1845–1941), Orgeval 1977 | – 1980 | –, Naissance du Mozambique. Résistance et révoltes anticoloniales (1854–1918), 2 Bde., Orgeval 1984 | –/Wheeler, D., Angola, New York 1971 | Penrose, E. F. 1975 | Perbandt, C. v. u. a., Hermann von Wissmann, 3. Aufl., Berlin 1909 | Person, Y. 1968–75 | Pesek, M. 2005 | Pleticha, H. 1981 | Porch, D. 1985 | Porter, B., Critics of Empire, London 1968 | Ram, K. V., British Government, Finance Capitalists, and the French Jibuti-Addis Abeba Railway, 1898–1913, in: JICH 9 (1980/81) 146–68 | Randrianja, S./Ellis, S. 2009 | Ranger, T. O., Revolt in Southern Rhodesia, London 1967 | – 1968 | Reifeld, H., Zwischen Empire und Parlament. Zur Gedankenbildung und Politik Lord Roseberys, Göttingen 1987 | Reinhard, W. 1982 | Richards, A. 1982 | Richmond, J. C. B. 1977 | Roberts, A., A History of Zambia, London 1976 | Roberts, S. H. 1963 | Robinson, R./Gallagher, J./ Denny, A. 1981 | Rosenfeld, C. P., A Chronology of Menelik II of Ethiopia, 1844–1913, East Landing 1976 | Rubenson, S. 1976 | Rudin, H. S. 1968 | Ryder, A. F. C. 1979 | Saccone, S. u. a., Aspetti politici ed economici nell'esplorazione italiana dell'Africa (1867–1900), Bologna 1976 | Salifou, A., Colonisations et sociétés indigènes au Niger de la fin du XIXe siècle au début de la deuxième guerre mondiale, 2 Bde., Diss. Toulouse 1977 | Samkange, S., Origins of Rhodesia, 2. Aufl., London 1978 | Sanderson, G. N., England, Europe, and the Upper Nile, 1882–1899: A Study in the Partition of Africa, Edinburgh 1965 | Sarnow, G., Der Italienisch-Äthiopische Krieg 1894–1896, in: Militärgeschichte 27 (1988) 263–67 | Sathyamurthy, T. V., The Political Development of Uganda, 1900–1986, Aldershot 1986 | Schlemmer, B., Le Menabe, Paris 1983 | Schrank, G. I., German South West Africa: Social and Economic Aspects of its History 1884–1915, PhD New York Univ. 1974 | Schubert, M. 2003 | Schuerkens, U. 2009 | Schweitzer, G., Emin Pascha, Berlin 1898 | Searcy, K. 2011 | Sèbe, B., Heroic Imperialists in Africa: The Promotion of British and French Colonial Heroes, 1870–1939, Manchester 2013 | Seleti, Y., Finance Capital and the Coffee Industry of Angola, 1865–1895, in: TAJH 16 (1987) 63–77 | Sharkey, H. J., Living with Colonialism: Nationalism and Culture in the Anglo-Egyptian Sudan, Berkeley 2003 | Shillington, K. 2005 | Slade, R. 1962 | Slatin, R., Feuer und Schwert im Sudan, 2 Bde., Berlin 1921 | Smith, I. R., The Emin Pasha Relief Expedition, Oxford 1972 | Sollars, J. W., African Involvement in the Colonial Development of German South West Africa, 1883–1907, PhD Univ. of Washington 1972 | Soret, M. 1978 | Sorrenson, M. P. K., Origins of European Settlement in Kenya, Nairobi 1968 | Stanley, H. M. 1908 | Stengers, J., La dette publique de l'Etat indépendant du Congo, in: La dette publique, Brüssel 1980, 297–315 | Stoecker, H. 1960 | – 1991 | Strage, M., Cape to Cairo, London 1973 | Strizek, H., Geschenkte Kolonien. Ruanda und Burundi unter deutscher Herrschaft, Berlin 2006 | Taithe, B., The Killer Trail: A Colonial Scandal in the Heart of Africa, Oxford 2009 | Tignor, R. L., Modernization and British Colonial Rule in Eygpt, 1882–1914, Princeton 1966 | Tordoff, W., Ashanti under the Prempehs, London 1935 | Tosh, J., The Economy of the Southern Sudan under the British, in: JICH 9 (1980/81) 275–88 | Uzoigwe, G. N. 1974 | Vail, L./White, L., Capitalism and Colonialism in Mozambique: A Study of the Quelimane District, London 1980 | Vandervort, B. 1998 | Van Laak, D., Imperiale Infrastruktur. Deutsche Planungen für eine Erschließung Afrikas 1880 bis 1960, Paderborn 2004 | Vanthemsche, G., Belgium and the Congo, 1885–1980, Cambridge 2012 (franz. 2007) | Voeltz, R. A., The European Economic and Political Penetration of South West Africa, 1884–1892, in: IJAHS 17 (1984) 623–39 | –, German Colonialism and the South West Africa Company, 1894–1914, Athens, OH 1988 | Vries, J. L. de 1980 | Wallace, M./Kinahan, J. 2011 | Walter, D./Kundrus, B. (Hg.), Waffen, Wissen, Wandel. Anpassen und Lernen in transkulturellen Erstkonflikten, Hamburg 2012 | Warburg, G., The Sudan under Wingate, London 1971 | Weiskel, T. C., French Colonial Rule and the Baule Peoples: Resistance and Collaboration, 1889–1911, Oxford 1980 | Wesseling, H. L. 1996 | Wiese, C., Expedition in East-Central Africa, 1888–1891, London 1983 | Wills, A. J. 1985 | Zinyama, L. M., The Evolution of the National Boundary of Zimbabwe, in: Journal of Historical Geography 11 (1985) 419–32.

反应和模仿

Abrams, L., French Economic Penetration of Morocco, 1906–1914, PhD Columbia Univ. 1977 | Abun Nasr, J. M. 1975 | Ageron, C.-R. 1978 | Aldrich, R./McKenzie, K. 2014 | Allain, J.-C., Les chemins de fer marocains, in: RHMC 34 (1987) 427–52 | Andall, J./Duncan, D. 2005 | Andrew, C. M./Kanya-Forstner, A. S. 1981 | Aquarone, A., Dopo Adua. Politica e amministrazione coloniale, Rom 1989 | Asante, S. K. B., West African Protest, London 1977 | Aspetti della politica italiana verso l'Etiopia, in: SC 8, 4 (1977) 611–827 | Asserate, A.-W./Mattioli, A. (Hg.), Der erste faschistische Vernichtungskrieg. Die italienische Aggression gegen Äthiopien 1935–1941, Köln 2006 | Austen, R. A., Northwest Tanzania under German and British Rule: Colonial Policy and Tribal Politics, 1889–1939, New Haven 1968 | –, Duala versus Germans in Cameroon, in: RFHOM 64 (1977) 477–97 | – 1987 | Bader, H.-J./Krone, D., Der Abwehrkampf der afrikanischen Bevölkerung Nordkameruns [...] 1886–1892, in: Militärgeschichte 26 (1987) 235–41 | Badoglio, P., Der abessinische Krieg, 2 Bde., München 1937 | Bald, D., Deutsch-Ostafrika 1900–1914, München 1970 | –, Afrikanischer Kampf gegen koloniale Herrschaft. Der Maji-Maji-Aufstand, in: Militärgeschichtliche Mitteilungen 19 (1976) 23–50 | Barker, A. J., The Civilizing Mission: The Italo-Ethiopian War, London 1968 | Barth, B., Die deutsche Hochfinanz und die Imperialismen. Banken und Außenpolitik vor 1914, Stuttgart 1995 | Baumgart, W., Die deutsche Kolonialherrschaft in Afrika, in: VSWG 58 (1971) 468–81 | Becker, F., Rassenmischehen – Mischlinge – Rassentrennung. Zur Politik der Rasse im deutschen Kolonialreich, Stuttgart 2004 | Becker, F./Beez, J. (Hg.), Der Maji-Maji-Krieg in Deutsch-Ostafrika 1905–1907, Berlin 2005 | Becker, W., Kulturkampf als Vorwand. Die Kolonialwahlen von 1907, in: Historisches Jahrbuch 106 (1986) 59–84 | Bley, H. 1968 | Boell, L., Die Operationen in Ostafrika, Hamburg 1951 | Brehl, M., Vernichtung der Herero. Diskurse der Gewalt in der deutschen Kolonialliteratur, München 2007 | Brogini-Künzi, G., Italien und der Abessinienkrieg 1935/36. Kolonialkrieg oder totaler Krieg? Paderborn 2006 | Brunschwig, H., L'Afrique noire, Paris 1988 | Bühler, A. H., Der Namaaufstand gegen die deutsche Kolonialherrschaft in Namibia von 1904 bis 1913, Frankfurt 2003 | Bührer, T. 2011 | Büttner, K./Loth, H. 1981 | Burke, E., Prelude to Protectorate in Morocco, Chicago 1976 | Callahan, M. D., Mandates and Empire: The League of Nations and Africa, 1914–1931, Brighton 1999 | –, A Sacred Trust: The

League of Nations and Africa, 1929–1946, Brighton 2004 | Calvert, A. F., South-West Africa during the German Occupation, London 1915, Ndr. 1969 | CHA, Bd. 6–7, 1985–86 | Chandler, J. A., Spain and her Moroccan Protectorate, in: JCH 10 (1975) 301–22 | CHBE, Bd. 3, 1967 | Childs, T. W., Italo-Turkish Diplomacy and the War over Libya, 1911–1912, Leiden 1990 | Chrétien, J.-P. 2003 | Chukumba, S. U., Big Powers against Ethiopia, Washington 1979 | Cianferotti, G., Giuristi e mondo accademico di fronte all'impresa di Tripoli, Mailand 1984 | Clodomiro, V., Il ministro delle colonie Colosimo e la conferenza di Versailles, in: SC 16 (1985) 1001–42 | Collins, R. O. 1970 | – 2000 | Cooke, J. J. 1973 | Coquery-Vidrovitch, C. 1972 | –/Forest, A./Weiss, H. (Hg.), Rébellions – révolution au Zaïre, 2 Bde., Paris 1987 | Courcelle-Labrousse, V./Marmié, N., La guerre du Rif: Maroc 1921–1926, Paris 2008 | Crothers, G. D., The German Elections of 1907, New York 1941 | Crowder, M. 1978 | Crozier, A. J., Appeasement and Germany's Bid for Colonies, London 1988 | D'Alessandro, A., Il Banco di Roma e la guerra in Libia, in: Storia e Politica 7 (1968) 491 f. | Del Boca, A., The Ethiopian War, 1935–1941, Chicago u. a. 1969 | –, Gli Italiani in Africa orientale, 4 Bde., Bari 1976–84 | –, Gli Italiani in Libia, 2 Bde., Bari 1986–88 | –, I gas di Mussolini. Il fascismo e la guerra d'Etiopia, Rom 1996, 2. Aufl. 2007 | de.wikipedia.org/wiki/Chemische_Waffe | Digre, B., Imperialism's New Clothes: The Repartition of Tropical Africa 1914–1919, New York 1990 | Dinucci, G., Il modello della colonia libera nell'ideologia espansionistica italiana, in: SC 10 (1979) 427–78 | Dominik, H., Vom Atlantik zum Tschadsee, Berlin 1908 | Drechsler, H. 1984 | Duignan, P./Gann, L. H., Bd. 1, 1969; Bd. 4, 1975 | Dunn, R. E., Resistance in the Desert, London 1977 | Duperray, A.-M. 1984 | Eckert, A. 1991 | – 1999 | Eicker, S., Der Deutsch-Herero-Krieg und das Völkerrecht. Die völkerrechtliche Haftung der Bundesrepublik Deutschland für das Vorgehen des Deutschen Reiches gegen die Herero in Deutsch-Südwestafrika im Jahre 1904 und ihre Durchsetzung vor einem nationalen Gericht, Frankfurt 2009 | Ekoko, A. E., The British Attitude towards German Colonial Irredentism in Africa, in: JCH 14 (1979) 287–307 | Epstein, K., Erzberger and the German Colonial Scandals, 1905–1910, in: EHR 74 (1959) 637–63 | Evans-Pritchard, E. E. 1979 | Farewell, B., The Great War in Africa, New York 1987 | Fieldhouse, D. K. 1976 | Filesi, T., Progetti italiani di penetrazione economica nel Congo Belga (1908–1922), in: SC 13 (1982) 251–82 | Förster, S./Mommsen, W. J./Robinson, R. 1988 | Foreign Office, The Constitutions of All Countries, Bd. 1: The British Empire, London 1938 | François, C. v., Ohne Schuß durch dick und dünn, Esch-Waldems 1972 | Fricke, D., Der deutsche Imperialismus und die Reichstagswahlen von 1907, in: ZfG 9 (1961) 538–76 | Gahama, J., Le Burundi sous administration belge, Paris 1983 | García Figueras, T., España y su protectorado en Marruecos 1912–1956, Madrid 1957 | –, La acción africana de España en torno al 98 (1860–1912), 2 Bde., Madrid 1966 | Gayibor, N. L. 2011 | General History, Bd. 7, 1985 | Gershoni, Y., Black Colonialism, Boulder u. a. 1985 | Gerwarth, R./Malinowski, S., Der Holocaust als *Kolonialer Genozid*? Europäische Kolonialgewalt und nationalsozialistischer Vernichtungskrieg, in: Geschichte und Gesellschaft 33 (2007) 438–66 | Gewald, J.-B. 1999 | –, *We Thought We Would Be Free ...*: Socio-Cultural Aspects of Herero History in Namibia, 1915–1940, Köln 2000 | –, *I Was Afraid of Samuel, Therefore I Came to Sekgoma*: Herero Refugees and Patronage Politics in Ngamiland, Bechuanaland Protectorate, 1890–1914, in: JAfH 43 (2002) 211–34 | Ghezzi, C. (Hg.), Fonti e problemi della politica coloniale italiana, 2 Bde., Rom 1996 | Giblin, J./Monson, J. (Hg.), Maji Maji: Lifting the Fog of War, Leiden u. a. 2010 | Gifford, P./Louis, W. R. 1967 | Gilman, S. L.

1978 | Glocke, N., Zur Geschichte der Rheinischen Missionsgesellschaft in Deutsch-Südwestafrika unter besonderer Berücksichtigung des Kolonialkrieges von 1904 bis 1907, Bochum 1997 | Goetzen, A. v., Deutsch-Ostafrika im Aufstand 1905/06, Berlin 1909 | Goglia, L./Grassi, F. (Hg.), Il colonialismo italiano da Adua all'impero, Rom u. a. 1981 | Gondola, C. D. 2002 | Grant, K., Christian Critics of Empire: Missionaries, Lantern Lectures, and the Congo Reform Campaign in Britain, in: JICH 29, 2 (2001) 27–58 | Grimm, H., Das deutsche Südwester-Buch, München 1929, Ndr. 1975 | Gründer, H. 2012 | Guillen, P., L'Allemagne et le Maroc de 1870 à 1905, Paris 1967 | Gundolf, H., Maji-Maji – Blut für Afrika, St. Ottilien 1984 | Gutsche, W., Zu Hintergründen und Zielen des *Panthersprungs*, in: ZfG 28 (1960) 133–51 | Gwassa, G. C. K., The Outbreak and Development of the Maji Maji War 1905–1907, Köln 2005 [Diss. Dar-es-Salam 1973] | –/Iliffe, J. (Hg.), Records of the Maji-Maji-Rising, Bd. 1, Dar-es-Salam 1968 | Hangula, L. 1991 | Hardie, F., The Abyssinian Crisis, London 1974 | Harding, L. 2013 | Harlow, B./Carter, M. 1999 | –/– 2003 | Hausen, K. 1970 | Headlam, C. (Hg.), The Milner Papers, 2 Bde., London 1931 | Heine, P./Van der Heyden, U. 1995 | Helbig, K., Die deutsche Kriegführung in Ostafrika, in: Militärgeschichte 28 (1989) 136–45 | Helfferich, K. T., Die Reform der kolonialen Verwaltungsorganisation, Berlin 1905 | HEP, Bd. 4, 2000 | Hermes, S., *Fahrten nach Südwest*. Die Kolonialkriege gegen die Herero und Nama in der deutschen Literatur (1904–2004), Würzburg 2009 | Herzog, J. 1986 | Hess, K. A./Becker, K. J. 2002 | Hess, R., Italy and Africa: Colonial Ambitions in the First War, in: JAfH 4 (1963) 105–126 | Hildebrand, K., Vom Reich zum Weltreich, München 1969 | Hintrager, O., Südwestafrika in der deutschen Zeit, München 1955 | Hinz, H.-M./Niesel, H.-J./Nothnagle, A. (Hg.), Mit Zauberwasser gegen Gewehrkugeln. Der Maji-Maji-Aufstand im ehemaligen Deutsch-Ostafrika vor 100 Jahren, Frankfurt 2006 | Hochschild, A., Schatten über dem Kongo. Die Geschichte eines der großen, fast vergessenen Menschheitsverbrechens, Stuttgart 2000 | Hommes et destins, Bd. 1–2, 1975–77 | Hyam, R., Elgin and Churchill at the Colonial Office, London 1968 | Iliffe, J. 1979 | – 2008 | Italiaander, R. (Hg.), König Leopolds Kongo, München 1964 | Jacob, E. G., Deutsche Kolonialpolitik in Dokumenten, Leipzig 1938 | Jaeckel, H., Die Landgesellschaften in den deutschen Schutzgebieten, Diss. phil. Halle 1909 | Kabagema, I., Ruanda unter deutscher Kolonialherrschaft 1899–1916, Frankfurt 1993 | Die Kämpfe der deutschen Truppen in Südwestafrika, hg. v. Großen Generalstab, 2 Bde., Berlin 1906–08 | Kaulich, U. 2003 | Kienitz, E. 1941 | Klein, T./Schumacher, F. 2006 | Knoll, A, J./Hiery, H. J. 2010 | Kreienbaum, J., *Vernichtungslager* in Deutsch-Südwestafrika? Zur Funktion der Konzentrationslager im Herero- und Namakrieg, in: ZfG 58 (2010) 1014–26 | Krüger, G., Kriegsbewältigung und Geschichtsbewusstsein. Realität, Deutung und Verarbeitung des deutschen Kolonialkriegs in Namibia 1904–1907, Göttingen 1999 | Kuß, S., Deutsches Militär auf kolonialen Kriegsschauplätzen, Berlin 2012 | Labanca, N. 2002 | Die Landesgesetzgebung des Deutsch-Ostafrikanischen Schutzgebietes, 2 Bde., Dar-es-Salam 1911 | Langbehn, V. M./Salama, M. (Hg.), German Colonialism, Race, the Holocaust, and Postwar Germany, New York 2011 | Langhorne, R. T. B., Anglo-German Negotiations Concerning the Future of the Portuguese Colonies, in: HJ 16 (1973) 361–87 | Lenci, M., La campagna italiana nel mar Rosso durante la guerra di Libia, in: SC 16 (1985) 971–1000 | Lettenmair, J. G., Roter Adler auf weißem Feld, Berlin 1938 | Lettow-Vorbeck, P. v., Meine Erinnerungen aus Ostafrika, Leipzig 1920 | Leutwein, P., Dreißig Jahre deutsche Kolonialpolitik, Berlin 1925 | Lewis, D. L. 1987 | Lindner, U. 2011 | Louis,

W. R. 1963 | –, Das Ende des deutschen Kolonialreiches, Düsseldorf 1971 | Louis, W. R./Stengers, J. (Hg.), E. D. Morel's History of the Congo Reform Movement, Oxford 1968 | Lyautey, P. (Hg.), Lyautey l'Africain, Textes et lettres, 4 Bde., Paris 1953–57 | Mackenzie, K., Some British Reactions to German Colonial Methods, in: HJ 17 (1974) 165–75 | Mager, G., Die deutsche Sozialdemokratie und die Aufstände der Herero und Nama, Diss. phil. Halle 1966 | Malgeri, F., La guerra Libica, Rom 1970 | Marchal, J., E. D. Morel contre Léopold II: Histoire du Congo 1900–1910, 2 Bde., Paris 1996 (fläm. 1985) | Marcus, H. G., Haile Selassie, Bd. 1, Berkeley 1987 | Markstahler, J., Die französische Kongo-Affäre 1905/06, Stuttgart 1986 | Marx, C. 2004 | Mattioli, A., Experimentierfeld der Gewalt. Der Abessinienkrieg und seine internationale Bedeutung 1935–1941, Zürich 2005 | M'Bokolo, E., Bd. 2, 1992 | Melber, H. (Hg.), Genozid und Gedenken. Namibisch-deutsche Geschichte und Gegenwart, Frankfurt 2005 | Menzel, G. 2000 | Michel, M., Le Cameroun allemand aurait-il pu rester unifié? Français et Britanniques dans la conquête du Cameroun (1914–1916), in: Guerres mondiales et conflicts contemporains 42, 168 (1992) 13–29 | Michels, E., *Der Held von Deutsch-Ostafrika*: Paul von Lettow-Vorbeck. Ein preußischer Kolonialoffizier, Paderborn 2008 | Miège, J.-L., Le Maroc et l'Europe (1830–1894), 4 Bde., Paris 1961–63 | –, L'impérialisme colonial italien de 1870 à nos jours, Paris 1968 | – (Hg.), Documents d'histoire économique et sociale marocaine au XIXe siècle, Paris 1969 | Miller, S. G./Rassam, A., The View from the Court: Moroccan Reactions to Europan Penetration, in: IJAHS 16 (1983) 25–38 | Möhlig, W. J. G. 2000 | Morales Lezcano, V., El colonialismo hispanofrancés en Marruecos (1898–1927), Madrid 1976 | Mori, R., La penetrazione pacifica italiana in Libia del 1907 al 1911 e il Banco di Roma, in: Rivista di studi politici internazionali 24 (1957) 102–18 | –, Mussolini e la conquista dell'Etiopia, Florenz 1978 | Ndaywel è Nziem, I. 1998 | Negash, T. 1987 | Newbury, C., Spoils of War: Sub-Imperial Collaboration in South West Africa and New Guinea, in: JICH 16 (1988) 86–106 | NHEP, Bd. 11, 2001 | Norberg, V. H., Swedes in Haile Sealassies Ethiopia, Stockholm 1977 | Nuhn, W., Sturm über Südwest. Der Hereroaufstand von 1904. Ein düsteres Kapitel der deutschen kolonialen Vergangenheit Namibias, Koblenz 1989 | –, Flammen über Deutschost. Der Maji-Maji-Aufstand 1905/06, die erste gemeinsame Erhebung schwarzafrikanischer Völker gegen weiße Kolonialherrschaft. Ein Beitrag zur deutschen Kolonialgeschichte, Bonn 1998 | Obst, E. (Hg.), Handbuch der praktischen Kolonialwissenschaften, 18 Bde., Berlin 1941–43 | Oermann, N. O. 1999 | [OHSA] Wilson, M./Thompson, L. (Hg.), The Oxford History of South Africa, 2 Bde., Oxford 1975–78 | Oloff, F., Zwanzig Jahre Kolonialpolitik, Berlin 1905 | Olusoga, D./Erichsen, C. W., The Kaiser's Holocaust: Germany's Forgotten Genocide and the Colonial Roots of Nazism, London 2010 | Oncken, E., Der Panthersprung nach Agadir, Düsseldorf 1981 | Osborne, J. R., Wilfred G. Thesiger, Sir Edward Grey, and the British Campaign to Reform the Congo, 1905–09, in: JICH 27, 1 (1999) 59–80 | Ó Síocháin, S., Roger Casement: Imperialist, Rebel, Revolutionary, Dublin 2008 | –/O'Sullivan, M. (Hg.), The Eyes of Another Race: Roger Casement's Congo Report and 1903 Diary, Dublin 2003 | Pakenham, T. 1993 | Palazzi, M., L'opinione pubblica cattolica e il colonialismo, in: SC 10 (1979) 43–87 | Parsons, F. V., The Origins of the Morocco Question, London 1976 | Pélissier, R. 1984 | Pesek, M., Das Ende des Kolonialreiches. Ostafrika im Ersten Weltkrieg, Frankfurt 2010 | Pick, F. W., Searchlight on German Africa, London 1939 | Plumon, E., La colonie allemande de l'Afrique orientale, Rennes 1905 | Porch, D., The Conquest of Morocco, New York 1982 | Porter, A. N., Sir Roger Casement and the International Humaitarian Movement, in: JICH 29, 2 (2001), 59–74 | Porter, B. 1968 | Puttkamer, J. v., Gouverneursjahre in Kamerun, Berlin 1912 | Rainero, R., La politique fasciste à l'égard de l'Afrique du Nord, in: RFHOM 64 (1977) 498–515 | Ranger, T. O. 1968 | Rapport Roger Casement (1903), Louvain-la-Neuve 1985 | Rathenau, W., Erwägungen zur Erschließung des Deutsch-Ostafrikanischen Schutzgebietes, in: Rathenau, W., Reflexionen, Leipzig 1908, 114 | Rathgen, K., Die Neger und die europäische Zivilisation, in: Jahrbuch für Gesetzgebung, Verwaltung und Volkswirtschaft NF 34 (1910) 279–305 | Reinhard, W., *Sozialimperialismus* oder *Entkolonisierung der Historie*? Kolonialkrise und *Hottentottenwahlen* 1904–1907, in: Historisches Jahrbuch 97/98 (1978) 384–417 | Rivet, D., Lyautey et l'institution du protectorat français au Maroc (1912–1925), 3 Bde., Paris 1996 | Rivinius, K. J., Akten zur katholischen Togo-Mission, in: NZMW 35 (1979) 58–69, 108–32, 171–91 | Roberts, S. H. 1963 | Rochat, G., Militari e politici nella preparazione della campagna d'Etiopia, Mailand 1971 | Roche, C. 1976 | Rohrbach, P., Deutsche Kolonialwirtschaft, 2 Bde., Berlin 1907–09 | Romero, P. W., E. Sylvia Pankhurst, London 1987 | Rosoli, G., Un secolo di emigrazione italiana, Rom 1978 | Rotberg, R. I./Mazrui, A. A. (Hg.), Protest and Power in Black Africa, New York 1970 | Sah, L. I., Activités allemandes et germanophilie au Cameroun (1936–1939), in: RFHOM 69 (1982) 129–44 | Salifou, A. 1977 | Samassa, P., Die Besiedelung Deutsch-Ostafrikas, Leipzig 1909 | Saresella, D., Le riviste cattoliche italiane di fronte alla guerra d'Etiopia, in: Rivista di storia contemporanea 19 (1990) 447–64 | Sbacchi, A., Ethiopia under Mussolini: Fascism and the Colonial Experience, London 1985 (ital. 1980) | Schiefel, W., Bernhard Dernburg, 1865–1937, Zürich u. a. 1974 | Schnee, H. (Hg.), Deutsches Kolonial-Lexikon, 3 Bde., Leipzig 1920, Ndr. 1996 | Schuerkens, U. 2009 | Schulte, D., Die Monopolpolitik des Reichskolonialamts in der *Ära Dernburg* 1906–1910, in: Jahrbuch für Geschichte 24 (1981) 7–39 | Schulte-Varendorff, U., Kolonialheld für Kaiser und Führer. General Lettow-Vorbeck, Mythos und Wirklichkeit, Berlin 2006 | –, Krieg in Kamerun. Die deutsche Kolonie im Ersten Weltkrieg, Berlin 2011 | Schwabe, K./Leutwein, P. (Hg.), Die deutschen Kolonien, Berlin 1924, Ndr. 2009 | Sebald, P., Zur Rolle militärischer Gewalt bei der Errichtung und Ausweitung der deutschen Kolonialherrschaft in Togo, in: Militärgeschichte 26 (1987) 223–34 | Segrè, C. G., L'Italia in Libia, Mailand 1978 (amerik. 1974) | Shillington, K. 2005 | Smith, I. R./Stucki, A., The Colonial Development of Concentration Camps (1868–1902), in: JICH 39, 3 (2011) 417–37 | Smith, W. D. 1983 | Soret, M. 1978 | Sori, E., L'emigrazione italiana, Bologna 1979 | Starace, A., La marcia su Gondar, Mailand 1935 | Steffanson, B. G./Starrett, R. K. (Hg.), Documents on Ethiopian Politics, Bd. 2–3, Salisbury, NC 1977 [1920–29] | Stoecker, H. 1960–69 | – 1991 | Sudholt, G., Die deutsche Eingeborenenpolitik in Südwestafrika [...] bis 1904, Hildesheim 1975 | Tetzlaff, R. 1970 | Thompson, L., The Unification of South Africa, Oxford 1960 | Troll, C., Das deutsche Kolonialproblem, Berlin 1935 | Tschapek, R. P., Bausteine eines zukünftigen deutschen Mittelafrika. Deutscher Imperialismus und die portugiesischen Kolonien. Deutsches Interesse an den südafrikanischen Kolonien Portugals vom ausgehenden 19. Jahrhundert bis zum ersten Weltkrieg, Stuttgart 2000 | Ulendorff, E. (Hg.), The Autobiography of Emperor Haile Selassi I [...] 1892–1937, London 1976 | Vandervelde, E., Les derniers jours de l'état du Congo, Paris 1909 | Vandervort, B. 1998 | Vanderwalle, D. 2012 | Van Laak, D. 2004 | Vanthemsche, G. 2012 | Verhandlungen des deutschen Kolonialkongresses 1902, 1905, 1910, 1924, Berlin 1903–24 | Venier, P., Lyautey et l'idée de protéctorat de 1894 à 1902. Genèse d'une doctrine coloniale, in: RFHOM 78 (1991) 499–517 | Verich, T. M., The European Powers and the Italo-Ethiopian War, Salisbury, NC 1980 | Vincent-Smith, J. D., The Anglo-German Negotiations over the Portuguese Colonies in Africa, in: HJ 17 (1974) 620–29 | Vries, J. L. de 1980 | Wallace, M./Kinahan, J. 2011 | Wallenkampf, A. V., The Herero Rebellion, PhD UCLA 1969 | Webster, R. A., Industrial Imperialism in Italy, 1908–1915, Berkeley 1975 | Wege, F., Zur Entstehung und Entwicklung der Arbeiterklasse in Südwestafrika, Diss. phil. Halle 1966 | Weinberger, G. 1975 | Wesseling, H. L. 1996 | Willequet, J., Le Congo belge et la Weltpolitik, 1894–1914, Brüssel 1962 | Wilson, H. S. 1977 | Winter, M., Anschauungen eines alten *Afrikaners*, Berlin 1905 | Wirz, A. 1972 | Woolman, D. S., Rebels in the Rif, London 1969 | Yearwood, P., Great Britain and the Repartition of Africa, 1914–1919, in: JICH 18, 3 (1990) 316–41 | Zimmerer, J., Deutsche Herrschaft über Afrikaner. Staatlicher Machtanspruch und Wirklichkeit im kolonialen Namibia, Münster 2001 | – (Hg.), Kein Platz an der Sonne. Erinnerungsorte der deutschen Kolonialgeschichte, Frankfurt 2013 | –, Lager und Genozid. Die Konzentrationslager in Südwestafrika zwischen Windhuk und Auschwitz, in: Jahr, C./Thiel, J. (Hg.), Lager vor Auschwitz, Berlin 2013, 54–67 | –/Zeller, J. (Hg.), Völkermord in Deutsch-Südwestafrika. Der Kolonialkrieg (1904–1908) in Namibia und seine Folgen, 2. Aufl., Berlin 2004 | Zirkel, K., Vom Militaristen zum Pazifisten. General Berthold von Deimling. Eine politische Biographie, Essen 2008.

第十九章

在非洲的殖民统治

各非洲王国完全是欧洲中世纪意义上的“人身依附型国家（Personenverbandsstaaten）”。殖民统治用领土原则和那些有时用直尺划定的边界线把一些新东西带入了非洲政治。就像很多国家，特别是那些通过征服产生的国家一样，殖民地国家也开始从恐怖国家蜕变为剥削国家和有秩序的国家，1945年之后蜕变为发展中国家。可是在很长时间里，它们仍然是管理水平低下的弱国，因为它们缺乏财政和人力资源。原本殖民地应该给它们的“（继）母国（Stief-Mutterländern）”带来利润，至少应该能自己养活自己。但是殖民地的利润都流入了私人的腰包，以至于几乎没有一个国库从非洲领地受过益，即使财政的自给自足也是例外而非常规。因此，人们试图尽可能少地投入欧洲的管理人员处理事务，并且在很大程度上依靠与各种各样的当地人的合作。

一方面，这类人的忠诚建立在他们自己的利益上，因为殖民统治通常导致的是与新老土著精英结盟而牺牲臣民的利益。另一方面，殖民地国家显然随时都能在最后关头使用武力贯彻其意图。可是动用武力体现的不是国家的强大，而是无奈。另外，由于费用问题，实施武力的代理人主要在非洲招募，必要时也在其他殖民地招募，尽管在危急时刻也总可以动用法国的外籍军团、德国的海军陆战队和其他欧洲部队。在非洲招募的是士兵，如著名的“塞内加尔狙击手，国王的非洲来复枪”或德国驻防军的土著民兵（Askari），另外还有警察和其他同样被武装起来的本地卫士（Native Guards），他们与上面提到的其他武装人员都不一样。这些人通常都很忠诚，因为他们的效力与地位的提升联系在一起，他们的所谓的无条件的忠诚——尤其是德国方面常常强调的——是一个殖民主义传说！

980 因为新近有人越来越明确地强调，殖民主人依靠当地人并没有使这些人变成他们的无意志的工具，而是为这些人创造了一个相当大的活动余地，通常当地人不仅会巧妙地利用这一余地不时进行阴谋破坏，而且也会对臣民使用武力。有人谈及与当地有影响的人进行“协商”（Christoph Marx），甚至有人谈及殖民者和被殖民者之间的“日常权力斗争”（Leonhard Harding）。然而这些对抗性的概念掩盖了双方之间或多或少具有深远影响的利益趋同。因为就连殖民主人也常常被迫使用“非洲酋长们的政治法则”（Clifton Crais），并且让自己的统治在日常生活中符合非洲人的期待。

毕竟曾控制着非洲面积的9.7%和人口的9%的德国殖民地消失之后，非洲比过去任何时候都更像是英国和法国的大陆。1939年，两国的领地各占非洲面积的36%，在英国领地上生活的人占非洲人口的47%，在法国领地上生活的人占27%。像德国一样，意大利也仅仅发挥过短暂的作用，尽管其登场极具戏剧性，1939年其领地面积占非洲面积的11.7%，其人口占非洲人口的9%。西班牙是个殖民侏儒，面积和人口占比分别为1%和0.6%。只有比利时和葡萄牙依然还是列强的小伙伴，前者的面积和人口分别占8%和9%，后者的面积和人口分别占7%和6.4%。然而这两个国家受到与法语紧密相关的罗曼语文化影响，具有相似的官方同化观念，而比利时还通过当时在那里尚处于主导地位的法语与法国联系在一起。因而或许可以在英国的统治体系与法国或罗曼语文化的统治体系之间进行对比。可是就连这些乍一看差别如此之大的体系也由于殖民地的形势而拥有很多相同之处，而个中的一些差别可能与英国人通常占有较富裕和人口较稠密的地区相关联。

虽然法国领地中的大部分构成了一个巨大的国家集团，但它的经济价值却主要在北非边缘，在人口最稠密的马格利布，

在1921年与本土的贸易中，它在进口总额72亿法郎中占50
亿，在出口总额47亿法郎中占20亿。两个大殖民地联邦法
属西非（Afrique occidentale française，简称A.O.F.，包括
毛里塔尼亚、塞内加尔、几内亚、象牙海岸、苏丹、上沃尔 981
特、尼日尔和达荷美）和法属赤道非洲（Afrique équatoriale
française，简称A.E.F.，包括加蓬、刚果、乌班吉沙里[1]、乍
得）难以望其项背，特别是后者，因为仅托管地喀麦隆提供的
利润就比整个法属赤道非洲还要多！相比之下，相邻的4个英
国西非领地冈比亚、塞拉利昂、黄金海岸和尼日利亚境况要好
得多。尼日利亚过去和现在都是非洲人口最多的国家。这4个
殖民地不仅提供了棕榈油和花生，而且还生产了世界上一半的
可可豆，另外还有棉花和矿物，同时也成为英国出口商品的重
要买主。尽管有肯尼亚高原的移民农业，但英属东非并不是财
源，不过北罗得西亚的铜矿和南罗得西亚的农业是重要的经济
资产。最后就连比属刚果也由于它的矿藏而变得非常富裕。

这些巨大的经济差异今天仍然是非洲的一个问题，它们的根源在于各殖民大国在争夺非洲时任意地，有时是荒谬地划定的边界。被分割开来的不仅是在语言和文化上相互关联的区域，而且还有靠互补而共存的经济区域和贸易体系。传统的忠诚由于这种边界被埋葬了。即使它们还能够维持，也会受到新出现的忠诚的影响。德属西南非洲的奥万博人（Ovambo）更多是与安哥拉各民族建立联系，而不是与德国殖民地的各民族——但是今天他们在纳米比亚占优势地位！

殖民地的法律地位和宗主国的管辖权在英属区域呈现着一个不统一的景象，那里的各个殖民地几乎从未合成一个较大的联合体，但在与英国的关系方面至少有七种不同的方

① Ubangi-Schari，中非共和国的旧称。

式。（1）拥有广泛主权的自治领（Dominions），如自 1931 年起的南非联邦。除此之外还存在着不同类型的皇家殖民地（Kronkolonien），它们各依参与程度的不同，或近似于自治领，或与自治领相差较远。（2）拥有人民代议机构和议会责任制内阁（responsible government）的皇家殖民地，但没有独立的外交权，在内政方面也处于殖民事务部的监督之下，不过在自筹资金的能力方面几乎从未受过监督；南罗得西亚自 1923 年起具有这样的地位。（3）由总督负责管理的皇家殖民地，同时还拥有一个立法会议（representative government），
982 不过其组成可能差异极大，可能会包括源于出身的、任命的和选举产生的成员，还可能会有白人或有色人种成员。在尼日利亚，1922 年从老拉各斯殖民地委员会中产生了一个南尼日利亚立法委员会（Legislative Council），其 46 名委员中有 27 名官员，只有 4 名选举产生的委员是非洲人。1925 年在黄金海岸的 30 名选举产生的代表中有 9 名非洲人。在此之前，黄金海岸一直属于很长时间里在非洲最常见的类型：（4）没有民众共同发挥作用的皇家殖民地。（5）特许公司老模式的再度复兴，这种由王室授权进行殖民统治的股份公司应该为政府节省资金并向殖民地受益者讨账。但它没有经受住时间的考验：1893 年帝国东非公司（Imperial East Africa Company）不得不放弃这种授权，1900 年放弃授权的是皇家尼日尔公司（Royal Niger Company），1923 年是罗得西亚的英国南非公司（British South Africa Company），尽管后者依然作为大经济体继续存在。（6）较常见的是受保护国，它们保留着在英国监督下的传统政府，而为了英国的直接统治，这种政府可以消失或由英国人重新调整，例如在阿善提。（7）第一次世界大战后又增加了国际联盟托管地（Völkerbundmandat）这一新类型。事实上，各种各样的类型最后都被归结为皇家殖民地和

受保护国，政治的参与程度渐渐成为最重要的区分标准。应该注意的是，有时一个领地的各个部分具有不同的法律地位。例如黄金海岸是皇室殖民地，但阿善提地区却是受保护地，它直到1946年才被纳入立法委员会；而尼日利亚则是由南部的殖民地、北部的受保护地和东部的托管地组成。虽然英国的议会法使法律上的平等成为可能，然而它也恰恰因此而常被规避，因为皇家殖民地的居民是英国臣民，而受保护国的居民却不是。

只要没有议会法参与其中，不但政府，而且甚至连殖民地的地位都可以纯粹由行政机构进行调整，也就是由殖民事务部，最多通过内阁决议（order-in-council）进行调整。只要不触及英国的利益，那些殖民地，或者更确切地说那些可以自筹资金的总督通常都保留了很大的活动余地。因为就连中央也长期尽量减少帝国开支。1801年至1858年由陆军部处理殖民地事务，自1825年起由一个常设次长负责。1854年建立了一个专门的“殖民地部”，但其政治影响力很小，以至于其他政府各部也参与到殖民地的统治中。在1895年至1903年约瑟夫·张伯伦的任职期之前，殖民地大臣通常都是二流政治 983
家。直到此时，在帝国主义时代推行的才是真正的殖民政策！

对于法国来说，为殖民地管理筹措经费同样也是主要问题，1896年它的赤字特性还被用作反对殖民政策的理由。但是这一论据在这里更加有力，因为殖民地几乎没有预算权和征税权，财政和其他所有的决定基本上都是在巴黎作出的。根据这种严格的集权，各殖民地也是一个不可分割的共和国的组成部分，只要不是像摩洛哥和突尼斯那样的受保护国。虽然像在英国人那里一样，很多其他非洲国家通过庇护条约被归到法国的主权之下，但是1904年10月23日的法令已经依据集权制单方面取消了它们的主权和受保护国地位。

同样，在这里很少通过议会为殖民地立法，而是通过共和国总统的法令。在非洲起决定性作用的人是法属西非和法属赤道非洲的两位大总督，他们作为政府的代表在当地拥有包括司法权在内所有领域的无限权力。虽然有一个“政务委员会”或“行政委员会”辅助他们，但除了依附于大总督的高级官员之外，它只包括少数被任命的显要：作为其代表的秘书长、各行政职能部门的负责人（财政、国库、政务和社会、公众事务、经济、教育、卫生）、总司令、最高检察官、司法机构负责人以及省长。因为委员会很少在一起开会，所以只有在颁布已事先写好赞同词的许可证时，它才超出单纯的咨询职能。因为任何法律或法令（即使它是巴黎专门为相关的联盟颁布的）若不通过大总督的公告就不具有法律效力，所以他掌握着事实上的否决权。从理论上讲，那些有一个相应的管理委员会辅助的各殖民地总督也拥有类似的广泛全权，但是他们常常成为大总督的傀儡，因为他们所掌握的财政是有限的，因为各行政职能部门负责人在对省级管理机构进行中央管控时习惯于不太顾及总督。阿尔及利亚大总督以及喀麦隆和突尼斯行政长官的地位受到更大的限制，因为前一位
984 必须顾及移民的影响力和发言权，而后两位必须顾及依然存在的土著人的政治结构。

根据这一体制的逻辑，没有必要建立一个独立的殖民地部，政府各部既对本土也对殖民地尽其职能。若有特殊任务，依然像在旧君主专制时那样由海军部负责处理。直到1883年才建立了一个专门负责殖民地的副部级机构，1894年在帝国主义鼎盛阶段设立了殖民地部，该部由一个殖民地最高委员会（Conseil supérieur des colonies）提供咨询，拥有一个进行监督的殖民地顾问委员会（Inspection des colonies）。仅仅在例外情况下才由一流政治家担任部长，1935年其职员人数

最多，共有 129 位，但仍不属于声名显赫的政府部门之列。此外，它既不负责阿尔及利亚也不负责摩洛哥和突尼斯，也不负责托管地。对受保护国和托管地外交部有决定权，不过发挥作用的是它的视察。

其他罗曼语族国家主管殖民地的机构与法国机构之间的相似性不应被忽视。比利时通过在布鲁塞尔的殖民地部长和在殖民地的大总督对刚果进行集权式统治。刚果虽然是国家领土，但依然通过由部长拟定的政府法令对其进行特殊立法。刚果的黑人和白人居民都不拥有任何政治权利。当然预算和贷款必须获得比利时议会的批准；重要的法令须经殖民地议会（Conseil colonial）批准。

1907 年，葡萄牙也用法国式的民政机构取代了之前的军事政权，在这一机构中，安哥拉和莫桑比克大总督发挥着核心作用。这种结构应该几经修改直至最后都保持着功效。立法和预算权掌握在葡萄牙议会的手里，但是它的法律对于本土和海外领地具有同等效力。海外领地的葡萄牙公民享有地方自治，能够选举议员进入议会。共和国（1910~1926）通过准予拥有自己的立法和预算权的自治平息了他们对至 1911 年由主管的海军部实施管束的厌恶。但是这一体制和共和国自身一样失败在财政问题上。独裁者安东尼奥·德·奥利维拉·萨拉查（António de Oliveira Salazar）的新国家体制（Estado novo）又立刻回到了中央集权制；随后，殖民地部长依靠他的官僚机构进行统治。1930 年或 1933 年，各殖民地更加紧密地与宗主国联系在一起，1951 年被明确宣布为其 985 海外省。1961 年，甚至它们的所有居民在理论上都获得了葡萄牙公民权。

在意大利，起初外交部足以应付殖民地的事务，直到 1912 年占领利比亚之后才创建了一个殖民地部。1937 年它改组为意属非洲部并由墨索里尼亲自接管，或许是为了能够严厉管束管辖着6个东非总督的大总督。在利比亚，自1913年就存在的总督辖区的黎波里塔尼亚和昔兰尼加于1934合并为一个大总督辖区，1939年并入宗主国，创建了4个意大利省和处于特殊管理下的南部区——所依照的或许是阿尔及利亚模式？

虽然德国殖民地拥有一个像罗曼语族各民族一样的统一的法律框架结构，但像英国殖民地一样须更多地考虑当地的情况。可是1914年行政机构尚未完全形成。根据1886年的保护区法，它们无论在国际法还是国家法的意义上都属“国内”，后者有一定的限制，即帝国宪法在当地无效，帝国法律只适用于德国公民，非洲人通过入籍可以得到这一地位。皇帝是唯一的主人和立法者，即使没有在帝国内部所必需的帝国宰相的连署，他的法令也具有法律效力。但是他使用了这种连署，也不断地为殖民地颁布正规的帝国法律，因为帝国成员的法律关系必须得到调整，因为人们一再急需帝国的预算资金，而只有通过帝国国会才能获得这些资金。行政机构是外交部，自1890年起它的殖民地事务处受一位主管领导，随后受处长领导，1907年它成为一个由一位国务秘书（相当于大臣）领导的独立的帝国殖民地事务局。在殖民地，总督们具有权威性，但是他们在不同的范围内必须考虑德国经济和移民的利益，尤其是在西南非洲，自1909年起移民在那里拥有一个选举产生的代表机构和自治权。

对于非洲人来说，他们只能间接感受到一个殖民地的法律地位。对于他们来说更为重要的是行政结构和对土著人的政策，这些都是他们在日常生活中能够感受到的。除职衔外，第一眼看上去，各大国殖民地的组织模式极为相似，很易混淆（斜体标记的为由非洲人担任的官职）：

986

<table>
<tr><td>安哥拉
大总督</td><td colspan="3">法属西非
大总督</td><td>肯尼亚
总督</td><td>比属刚果
大总督</td><td>尼日利亚
总督</td></tr>
<tr><td>地区
总督</td><td colspan="3">殖民地
总督</td><td>—
—</td><td>省
省专员</td><td>省集团
总委员</td></tr>
<tr><td>领地管辖区
行政长官</td><td>管辖区
管辖区指挥官</td><td>（个别情况）
省高级首领</td><td>“混合”公社
行政管理者</td><td>省
省专员</td><td>地区
地区专员</td><td>省
总督
埃米尔</td></tr>
<tr><td>地区
地区首领</td><td colspan="2">分区
分区领导</td><td rowspan="2">“全面运动”
公社
（塞内加尔，4个）市长和顾问</td><td>地区
地区委员</td><td>领地
行政长官</td><td>部门
地区首长
地区首脑</td></tr>
<tr><td>乡长
乡村酋长</td><td colspan="2">镇长
乡长</td><td>酋长</td><td>地方首领
酋长</td><td>乡村酋长</td></tr>
</table>

规则是一个分为三到四级的白人官员等级制度：（1）大总督或总督；（2）一个子殖民地（Teilkolonie）或一个较大地区中具有殖民地性质的部分（Kolonieteil）的总督；（3）管辖区的行政长官；（4）管辖区的局部地区或前哨的管理者。只有第三和第四级官员才直接与非洲人打交道。因此，在法属西非，管辖区指挥官（Commandant de cercle）是整个体制的灵魂，他一人身兼多职——法官、财政官、公共建设工程师、警察官员、安全官员、军事首领、工人和士兵的招募者，根据个人不同的爱好，成为“万能博士”或者“万众之神”。但是作为个体的非洲人很少直接与他接触，通常情况下，在中间充当沟通桥梁的是非洲的辅助管理机构，它拥有自己的等级体系，在有些地方可能包括好几个等级的酋长，这个机构还可能包括书记员、警察、医疗辅助人员（护理人员）等。唯有如此，才可能用为数不多的，甚至不是长期待在非洲的白人统治的广大地区。1930年代末，386名白人官员在尼日利亚管理着2000万人（人数比例为1∶54000）。在法属西非，这个比例为1∶27500，它有118个管辖区，管理着48049个乡村。

987 第一次世界大战之后，两个殖民大国都认同了托管理念，关于它，1922 年弗雷德里克·路加德在其半官方的著作《热带非洲的双重使命》（*The Dual Mandate in Tropical Africa*）里对英国方面作出如下评述：一方面是为被征服者的文明发展尽责任，另一方面是为服务于整个人类的土地开发尽责任。然而，实现这一目标的方式在理论上存在着如此大的差异，以至于有时人们在其中会看到两种几乎对立的殖民统治模式。法国的“民族同化”被认为是一种进步学说，它从平等主义的目标概念出发，有意使殖民地成为一个不可分割的共和国的地位平等的组成部分，想使殖民地居民在语言、教育、文化、衣着、举止、政治心态和政治权利等方面成为法国人。与此相比，当英国的“间接统治”为了利用当地国家的传统结构而尽可能让其继续存在时，当它有时甚至成为它们进化的障碍时，它被认为是保守的，甚至是静止的。若是完全在这个框架内考虑未来，那就唯有进化是行得通的，而民族同化进行的是一场自上而下的文化革命。

但是它们都属于理想模式，两者都不可能在现实中被始终不渝地实行。虽然它们可能说出了各自的殖民地官员的一些心态，但是作为教条，它们只具有有限的时效。而现实压力导致这两种模式陷入了相同的处境。民族同化根本就不可能实现，因为它陷入了与法国利益的矛盾之中，而间接统治则必须考虑到欧洲的统治和经济必将自动引起社会和政治的变化。

间接统治在历史上并非新鲜事。罗马人曾经实践过它，而到此时为止，尼德兰人在印度尼西亚、英国人对印度的王侯土邦也早已成功地使用过它。由于必须极为高效和成本低廉地统治一个大国，弗雷德里克·路加德随后于世纪之交在北尼日利亚培育了这一体系的一种变体，而路加德勋爵（1928 年受封）夫妇神话般的声誉使它成为经典。路加德在新征服的卡诺发表的一次讲话里陈述了各项原则：统治体系及其继承和招募规则可继续存在，但是英国统治者在紧急情况下拥有干预任命王侯或官员的权力；同样，伊斯兰司法也可继续存在，但是废 988
除非人道的刑罚，如致人残废的酷刑，英国总督实行监督，由他批准判处死刑，特殊案件，尤其是涉及欧洲人的案件留待英国法庭审理；由英国人和埃米尔实施征税，但由于有英国的监督，征税并不过度，贸易实行免税政策；家庭奴隶制可继续存在，但禁止奴隶贸易，这旨在使富拉尼人相信自由雇佣劳动的优点；虽然土地和矿藏最终不再属于富拉尼人，而是属于英国王室，但唯有为了公众利益才能没收财产；取缔富拉尼人的武装和英国人的军事垄断，但在城外驻扎守备部队；禁止烧酒和不受限制的伊斯兰教活动（仅有这两个决定受欢迎）。

那时，路加德一年从伦敦获得30万到40万英镑作为“帝国补助金（Imperial Grant in Aid）”，但其中三分之二用于军事，而没有用于行政管理。他可以从比较富裕的南尼日利亚的关税中留下好几万镑，但他的支出合计足有50万镑。因此，与当地王侯的关系也就扩展成了一种财政伙伴关系。他们获得了英国的帮助以维护他们的征税权，并且必须为此缴纳他们收入的一半。从1902/1903年到1906/1907年，这项收入从16300英镑增长到142000英镑。财政困境催生出了间接统治！

这里考虑着如何对昂贵的欧洲雇员进行最佳使用。这几百个在整个尼日利亚由总督支配的欧洲人或在中央机构，或应需在北尼日利亚和南尼日利亚的副总督那里效力，其余的则作为省督或各省督下辖区的“区行政长官”和“长官助手”分布在整个国家。也就是说，每个人都是英国行政机构在一个或者数个王侯那里的代表。例行事务由当地人处理，但英国人对他们实施监督，在必要时还要督促他们遵守英国人的政令。对于后一种情况来说，官员通常只使用他的权威、国情知识以及他的个人技巧，因为人们不乐意将耸人听闻和费用昂贵的强制手段作为这一体系的最后手段加以利用。

但是还须实施进步和人道的社会变革，路加德的纲领性论述中早已表明了这一点。已宣告的对非洲人的责任在限制欧洲经济利益方面也发挥了巨大作用。间接统治的经济载体不是欧
989 洲人的种植园，而是非洲的农民。在尼日利亚，强制劳动这个黑暗的制度仅在有限的范围内被允许，每项工作规定的酬劳都得到尊重。这里的非洲人承受的压力比在法国殖民地的小。

然而路加德的后任已经使这一生机勃勃的组成部分受到损害，作为贵族，他们着眼于保护富拉尼贵族的所谓完好的世界免受资本主义、个人主义和民主主义的有害影响。也就是说，间接统治体系非常有利于当时的统治者，它用这种方法使远古的政治结构保留下来，否则它们或许无法继续存在。当接受过西方教育的非洲新精英成长起来并提出自己的政治诉求时，这一点更加引人注目。他们对传统的非洲封建制的憎恶几乎不亚于对与其串通一气的殖民统治的憎恶。然而，因为向西方意义上的现代化政治形式过渡在间接统治体系中不是事先计划好的，所以它为非洲新精英提供的机会不如法国的统治体系提供的多。而这些精英适应了在殖民国家的经济和政治活动中产生的新的城市世界。大批的非洲人拥入各个城市，其间丧失了一部分自己的传统的牵绊，这在这一体系中也不是事先计划好的。只要不是直接从中获益，非洲人可能会拒绝间接统治本身，因为他们想将现代政治生活形式据为己有，而且不让殖民国家给他们规定什么是“非洲的”。

早在路加德时代就已经证明，用他的体系对非洲各个民族原本非常传统的政治社会现实作出正确评价是不可能的。并不是任何地方都有北尼日利亚酋长国或东非王国那样的统治形

式，作为受过历史教育的欧洲人觉得差不多可以理解它们。在西南尼日利亚约鲁巴人复杂的社会体系中，谁应该承担北尼日利亚的埃米尔那样的角色？让当时的国王承担这一角色就是提升他的地位，增强他的作用，使他欧洲化。相反，在群龙无首的东南尼日利亚的社会秩序里根本就不存在可以类比的酋长权威，在家族联盟之上唯有神职人员，且那里也只有海岸地区的豪萨人，只有奴隶和棕榈油贸易的新成就。在这里以及东非的一些地区，英国人不得不自己创造一些想与其合作的酋长，因 990
为即便是一种较直接的管理模式也得像西班牙人在美洲那样依靠这种当地伙伴作为下层主管机关。也就是说，欧洲人利用这类酋长在非洲的一些地区也创建了一些所谓的“部落”这样较大的政治单位！

“部落”这一概念是长期流行的名称，用于表述所谓“原始人类”，特别是非洲人的典型社会生活形式，而今天常常被感受为具有歧视性的，因而人们小心翼翼地避免使用它，因为不仅是这一概念，而且事物本身也被视为源自殖民主义，因而自然而然地被视为种族主义的。虽然在非洲的一些地方绝对存在着相应的殖民之前的大联盟，殖民国家可以用它们作为起始点，但是与它们相关联的稳定的组织和同一性的观念常常被历史证明是有争议的。与欧洲社会相比，殖民之前的非洲社会是不统一和不稳定的，就这一方面而言也不符合欧洲人在恺撒和塔西佗那里读到过的秩序理念。出身、语言、地缘关系、经济取向和宗教信仰可能在非洲的种族起源过程中发挥了作用，但是最重要的大概是精英之间、村庄之间的亲属关系，特别是那些生机勃勃的、懂得聚集追随者的当权者。在需要实施控制的地方，殖民国家就会中断非洲权力变化过程中的这种传统动力，并确定一个适合于自己的中期结果，这在英国的间接统治中表现得最明显。因为此时继承是在殖民国家的监督下进行，不像过去有时要靠对手之间的流血争斗。直到后来，这种对非洲政治生活的反动影响才通过地方自治的现代形式得到补救，而这些形式是从城市传播开来的。

法国人用他们的同化政策为非洲人提供了更好的机会吗？这主要是体现在理论上，因为在实践中只在短时间里或在某些地区实行过同化政策。在法国，革命和颠覆总是给同化思想带来推动力，实施者是左派。1792年至1799年，殖民地在议会中有代表，1848年这种状态成为暂时性的，1871年又被长期恢复。1945/1946年，人们试图用法兰西联盟（Union Française）来完成这项任务。对于现实更为重要的是1890年后首先由儒勒·埃尔芒（Jules Harmand，一译何罗芒）提出
991 的保守的“协会说”，据此土著人应当按照他们自然的生存条件发展并应保留他们的制度。在海外绝对不允许出现“扭曲版”的欧洲形象。与英国的原则的相似性显而易见！

在它的后面不仅隐藏着对于具有历史特性的个体的生存权利而言属于反启蒙的思想，而且还含有一种简单的计算：法国与其殖民地的人口比例变动如此之大，以至于人们在普遍授予公民权时要冒法国可能成为“它的殖民地的殖民地”的风险，爱德华·赫里欧（Édouard Herriot）1946年曾有过这样的表述（Ansprenger, F.1981, 83）。因此，只有殖民地的有法国血统的居民和少数享有特权的地区的集体享有完全的法国公民权，如塞内加尔的“4个城镇”（所以并非整个塞内加尔殖民地）。然而在1936年，在20名国民议会的殖民地议员中有10人来自阿尔及利亚，7名参议院的殖民地议员中有3人来自阿尔及利亚，而只有一名国民议会议员来自塞内加尔，参议员中没有一人来自“黑非洲”。按照惯例，事实上个体只有通过同化才可获得完全的公民权。也就是说前提是放弃自身的文化和接受法国文化。具体地讲，这在法属非洲常常意味着

要脱离伊斯兰教和上法语学校，或者至少要掌握初级法语知识。1936 年，拥有这种文化的法国人在阿尔及利亚占总人口的 0.1%~0.2%，1939 年在西非甚至占到了 0.5%。

虽然法国的殖民地是共和国的组成部分，但是成为共和国公民（citoyens）的只是被同化者中的少数精英，而绝大多数居民仍然是臣民（sujets）。他们不仅被排除在共和国的政治生活之外，最多拥有（如果有的话）参与各自所在地区的管理那么一点权利，而且作为个体他们只拥有一个较低的法律地位，即土著身份（indigénat），它来自一种军法，该法自 1875 年起从阿尔及利亚向各地推广，但没有明确的规定。1944 年它在阿尔及利亚被废除，1946 年在其余的殖民地被废除——但也只是理论上的。尽管不是国家公民，土著人仍然可以被征召去服法国兵役，不过主要是去服劳役（prestation）。在审判方面，管辖轻微违法案件和民事案件的不是使用法国法律的法国法庭，而是当地法庭或混合法庭，或由法国行政官员按照当地的基本原则进行裁决。刑法和诉讼法当然是法国的，但部分司法权掌握在行政机构手里，两周以内的监禁 992
可以由行政机构裁决执行。虽然当地法也像在英国统治区一样被纳入法律中，而且录成文字以备使用，但在这里它更多的是一种暂时性的让步，因为更好的法律理所当然是法国法律。与此相比，英国殖民地的居民和英国人一样是英国臣民，如果已被同化，他们作为帝国的忠诚公民至少倾向于提出相同的法律诉求——这是一个“帝国的误解（imperiales Missverständnis）”，因为对于那些从单一民族国家出发进行种族主义思考的英国人来说，这当然是不可能的。他们根本不认为有必要为相反概念“土著的（native）”进行精确定义。

因为所有大国的殖民地在民事案件上实行的都是二元制，即欧洲法适用于白人，习惯法或伊斯兰法适用于非洲人。非洲的习惯法按照“部落”分别记载并由此“确定”下来，也是一种“创造的传统（invented tradition）”。特别是这一结果还常常受到非洲当权者利益的影响，有时显然对女性非常不利！不过主管机构并没有分开。通过采用一些外交条例，部分诉讼程序与欧洲法律相适应。就这一点而言，甚至可以说欧洲的法律“全球化”了。非洲人可以向由欧洲人组成的高等法院上诉，在某些情况下若对物件价值的争议较大，可直接向高等法院求助。现在大家都知道，非洲人懂得如何极为巧妙地利用这些可能性。和所有的殖民地一样，作为统治机器的一部分的刑法在非洲也基本上是殖民地主人的刑法，但它本身也同样是二元的。因为除了在法庭上常常被处理得更严厉以外，适用于土著人的是特别的规定。判处非洲人死刑时会更加毫无顾忌，另外他们还得忍受一个详尽的体罚制度，这种事并不仅仅发生在德国的殖民地。虽然其中附带的雇主的“父亲的惩罚权（väterliche Züchtigungsrecht）”备受质疑，但根本无法禁止。在德国本土，对雇工的体罚到1900年才被《德国民法典》（BGB）废除。普鲁士的司法直到1848年才废弃体罚，普鲁士军队几十年之后废弃体罚，英国军队在1867年废弃体罚。

由于实践的缘故，担任官职的当地酋长在两种体系中都发挥着具有战略意义的作用，这再次与当年的西属美洲非常类似。然而，恰恰在这两个体系在实践上看起来最相似的地方，它们的反差又越发显露。决定性的差别在于：英国人尊重一个由他们任命的酋长，视其为按自己的法律进行自我管理的权威，而法国人任命的酋长只不过是一个宠儿和行政机构的执行者。在英属地区，酋长可能是执法者并与行政机构分享他征收的赋税。英国的监督若是马虎大意，他便可以大发横财并培养个人的追随者，所有这些都根本不需要惠及他的下属。虽然在法属地区一个酋长也可能同样拥有简单的司法权，同样是赋税征收者，但是至少从理论上讲他必须缴出所有的一切，只能靠一份固定薪金生活，若有不正当的行为还会被扣除部分薪金。此外，在那些缺少他隶属于传统的统治集团的证明的地方，他的地位更加虚弱。英国人会尽可能保持预先确定的权力结构，最多在精英内部进行调整。虽然法国人并不完全厌恶这种做法，但也常常提拔那些经过考验的当地帮手或者士兵担任主管人员，有时甚至提拔女性，只要这些人表现可靠。相反，尽管他们保留了不少当地王侯的地位，但其内涵已被掏空，而且把他们降为前文提到过的种类——傀儡。显然，传统的权威对于英国人来说要比对法国人具有更大的作用。这一点也显现在殖民统治结束之后那些被任命的酋长的命运上。英国的条件在若干地方甚至导致了酋长地位的增强——一个北尼日利亚王侯或斯威士兰国王仍然是一种政治力量；而在法国人这里，首领的地位则更依赖于殖民国家的不断支持，以至于它在殖民国家撤回之后首先就崩溃了。

两种体系的差别同样体现在外交礼节中。英国的官员应该学会该国的语言，要掌握有尊严地与非洲当权者进行交往的有关详细规则，而法国人却较少注重语言知识，轻蔑地对待被视为译员和傀儡的主管人员的现象非常普遍。不过另一方面，虽然一个英国人可能会在政治上尊敬一个酋长，但却倾向于认为他没有社会活动能力，而且对同化的非洲人有所保留和反感。而同化的非洲人虽然只是法国人的走卒，但他们的社会晋升道
路却没有多少障碍；在这方面，殖民地的统治体系与殖民地的 994
教育体系有着直接关联！

因为统治体系的差别最终取决于宗主国不同的政治文化。在欧洲招募的“殖民官员”将它们作为早期内化了的规范带到了非洲。在非洲的欧洲殖民官员通常不是出自上流社会，然而“英国的”殖民官员凭其所受的教育可以被视为与上流社会等

同。公学、牛津大学、剑桥大学以及桑赫斯特皇家军事学院是最受推崇的学校。1899 年至 1914 年，在因其法律地位与殖民地公职机构（Colonial Service）分开而且等级稍高的苏丹政务机构（Sudan Political Service）的 83 名成员中，不少于 36 人拥有牛津大学学位，20 人拥有剑桥大学学位，6 人拥有都柏林圣三一学院学位（具有很高社会影响力的盎格鲁—爱尔兰阶层[①]的大学），9 人是桑赫斯特皇家军事学院的毕业生。因为英国的领导阶层认为，统治者要么出身贵族，要么至少毕业于公学，所以没有专门的殖民地公职人员培训和考试选拔。第一次世界大战后，前军官们首先拥入殖民地公职机构。大约从 1930 年起，大学学位逐渐成为先决条件。可替代的方法是候选人在牛津修满一年课程并通过法律和非洲语言的毕业考试，因为他们中的绝大多数将被派往非洲。

时间越往后，就出身和立场而言出自中等市民阶层的法国殖民官员就越多。高级行政官员和自由职业者，以及与二者有些差距的食利者和小商人，这些在 1929 年至 1936 年是“殖民地学校（École coloniale）”寄宿生的父亲最常见的职业。这所建于 1885 年的学校原本是为了向海外社会名流的儿子提供法国式的教育。1899 年，副部长欧仁·艾迪安内又为自 1887 年合入一个特别团体的殖民官员增建了一所学校。但是 1914 年仅有 20% 的当地官员出自该校；直到 1939 年，多数官员还是从“代理人”的辅助人员中提升上来的，至 1912 年，担任辅助人员甚至连一个起码的特别资格证明都不需要。因为与英国的情况相反，1930 年前后，非洲殖民地的公职机构得到的尽

① Anglo-Irish people，又译英裔爱尔兰人，是爱尔兰的一个社会阶级，其成员主要为“新教优越阶级（Protestant Ascendancy）”的后代和继承者，大多信仰爱尔兰圣公会，少部分信仰卫理公会等教派，倾向于依照英国的文化习俗、法律和政治理念等行事。该名词主要用于 19 世纪和 20 世纪早期。——编者注

是负面评价；甚至志愿者都可能被怀疑是逃犯。渐渐的，法国中等阶层的身份标准——“获得中学毕业文凭（baccalauréat）”和上“殖民地学校”，后者自1934年变为上“法国海外国立学校（École nationale de la France d’outre-mer）”——才变成了理所当然的。

就发展趋势而言，比利时和“葡萄牙的行政体系”与法国 995
的行政体系相对应，只是同化的意识形态和压迫的实践之间的对立也许会产生比较严重的结果。比属刚果酋长制在很大程度上是殖民国家的产物，因为预先确定的非洲行政管理单位大多都更小一些。在葡属殖民地，虽然非洲人的首领是依照非洲统治阶层通用的继承规则遴选出来的，但是他却成为殖民国家的辅助机构，殖民国家确定他为合法，付给他报酬，根据税收额对他进行奖赏。此外，甚至连前士兵和诸如此类的人也被任命为酋长。

在两个殖民帝国中，同化的非洲人（比利时语称为“évolué”，葡萄牙语称为“assimilado”或“civilizado”）在理论上是与白人平等的。然而在刚果，同化的非洲人却并没有被看作完全平等的人，实际上与那些没有被同化的非洲人地位相同。而在葡萄牙统治地区要符合必要的先决条件是非常困难的：能说准确无误的葡萄牙语，具备葡萄牙公民的习惯和知识，拥有足以养活一家人的收入，有良好的品行和服兵役。因此，1900年在安哥拉的400万非洲人中据称只有约30000人拥有被同化者的法律地位，在600万莫桑比克非洲人中只有5000人，其中大部分是来自城市的“文化中介人”。未被同化的大多数“土著人”或者“未开化的人”有一个“土著政权（regime do indigenato）”，它不仅仅是名称与法国政权相像得难分彼此：行政机构的职权范围相当不受限制，包括由白人行政官员行使的裁判权，税收和劳动义务，以及有限的法律行为能力。

在德国人统治的地区，尽管对行政有一定程度的过分热心，尽管建有私人教育机构，但仍然没有形成一个正规的体系。在卢旺达和布隆迪王国以及阿达马瓦酋长国已有间接统治的萌芽；在东非，利用当地首领作为行政机构的助手，或者任命非洲的，但却属于外来的具有桑给巴尔传统的“里瓦利斯人（Liwalis）、阿吉达斯人（Akidas）和琼布人（Jumben）”作为地方的监督人；最后还有德国人的直接统治，在西南非洲具有极为明显的压制特性。

然而到底为什么要对非洲人进行管理呢？当然是为他们好，要使他们文明化。殖民国家将此理解为传播安宁与秩序，推广医疗保健和更好的教育，在某些情况下也传播更高一级的
996 宗教——基督教，总之，也就是以一些形式传播欧洲的进步。当然，非洲人不能因此就与欧洲人平起平坐，至少不会马上这样。但是为了人类，特别是他们的主人的利益，他们应当立即学会文明行为的两种基本形式，即纳税和劳动。就将对非洲人征税有意识地用作劳动教育的工具这一点而言，这两者是紧密相连的。强制纳税应该促使非洲人放弃他们的“懒惰”生活，通过为市场生产，更好的情况是通过雇佣劳动挣到所需的金钱。在一些情况下能够或者必须以生产活动完税，如利奥波德二世统治时让人们在刚果以采集橡胶和狩猎大象完税，在早期的德属东非以种植棉花向行政机构缴税。

税收的经济教育目标与财政目标是共同推进的，也就是维持殖民统治的费用。原则上殖民地应当始终自筹资金。非洲人不仅要为将他们培养成文明人而承担费用，而且还要为帮助他们发展的人尽可能带来收益。当然这并不是任何时候都能够做到的，因而很多殖民地都需要大都会的补贴。德国所有领地的财政都是赤字，只有多哥例外，它自1906年起能够自己负担

财政，因此被誉为模范殖民地。西南非洲在战争爆发时凭借它新的钻石采掘业正在跨越这道门槛。西非较富裕的地区就更不在话下了。不仅各英国领地，就连法属西非也可以自筹资金，而法属赤道非洲则需要法国不断补贴。这两个法属联盟大总督的中央政权使各殖民地之间达到财政平衡，这自然使那些较富裕的殖民地觉得受到了掠夺。

当然这也涉及了白人，首先是通过关税，它是很多殖民地最初的主要收入来源。在黄金海岸它源源不断地流入财政，以至于至 1936 年，这个殖民地即便没有通常的对土著人征收的赋税也足以应付。另外，欧洲人的企业也须缴纳所得税和其他当地赋税。尽管矿山公司有逃税嫌疑，它们依然为比属刚果的预算作出了重要的贡献。不过，殖民地公司在纳税方面的待遇优于在本土的公司的情况并非少见。如果没有优待，那这些税就可以在本土缴纳，因此它们在殖民地的预算中压根就不会出 997
现——这也是一种利润转移！

于是对土著人个人的征税成为殖民地行政机构的一个主要收入来源，并且一直持续到第二次世界大战。1951 年，对各殖民地非洲人征收的直接税在收入中所占的比例与 1938 年相比分别降至一半（安哥拉）、三分之一（肯尼亚和坦噶尼喀）甚至十分之一（尼日利亚和乌干达）。在法国、比利时和葡萄牙的势力范围内，平均预算的约 25% 来自关税和对非洲人征收的赋税，其余部分来自土著人也须缴纳的间接税、对白人的征税和其他税收。

自 19 世纪末，非洲各地出现了人头税或家庭税。它常常是前面描述过的间接反抗的原因之一。一些地方也收实物税，例如在乌干达有时候用一头大象可抵 100 户人家的税，用一头河马可抵 10 户人家的税。这种税严厉伤害的恰恰是最穷的人，因为直到晚期才采用了累进税率——如果确实采用了的话。鉴于当时的行政体系和税收制度，这样做也几乎是不可能的。通常是统计成人或家庭的总数，酋长负责上缴相应的金额。如果他上缴的少于这个数额，即使理由充分，他也会给人以不良印象。此外，他的薪金取决于上缴税金的数额，或者说他会获得一笔合法或非法收入作为奖赏，该项收入在法国殖民地达到7%，在英属东非甚至达到10%~30%。那里的一些酋长变成了富翁。

这一体制可能会变成非洲人的烦恼，因为尽管税收相对较低而且总数也不多，但是负担依然很重，因为为了获得用于缴税的钱款，必须付出比在欧洲或移民殖民地更多的辛劳，而且常常是不管经济形势如何都一样。税率不仅在殖民地之间各不相同，在殖民地内也不相同，这也被用作防止税款流入城市的调节工具。1926/1927 年，加蓬的年税标准为 2~20 法郎；但是在首都利伯维尔却必须缴纳 28 法郎，它相当于一个月的工资。在自 1929 年开始的世界经济危机中，税金差不多耗尽了几内亚或象牙海岸许多非洲人的货币收入，不过 1940 年在法属西非，税金还保持在收入的 40%。在塞内加尔，1929 年之
998 后来自主要由白人缴纳的营业许可税和营业税的收入降低了三分之二，来自非洲人的个人税的收入则没有变化，因而这部分收入无疑承担着危机的压力。

除此之外，还可以征召大多数殖民地的非洲人服公共项目的“劳役”，铁路建设在这方面引起的轰动最大，例如从布拉柴维尔（Brazzaville）到黑角（Pointe-Noire）的那条五百公里长的刚果大洋铁路，1921 年至 1934 年它夺去了从整个法属赤道非洲征召的约 2 万服劳役者的生命！另外还强迫进行商品生产，如在殖民当局的土地上（法属非洲指挥官的土地）种植棉花，或强加给一些地区的农民大规模的强制性农业。尽管 1926 年（国际联盟）和 1930 年（国际劳工组织）颁布了

对强制劳动的国际禁令，为公众利益服劳役的要求仍然保留下来。劳役被英国人授权给了酋长们，并被作为传统的集体劳动（communal labour）出售给了国际劳工组织。从这一方面来看，即使在英国殖民地也绝非没有强制劳动！此外，在法国和葡萄牙殖民地也保持着惯例，即行政机构充当给欧洲人的农业和工业企业招募廉价和并非完全自愿的劳工的主管机构。1905年在尼日利亚、1912年在塞拉利昂成立了第一批工会，两次大战之间强制劳动在东非消失（第二次世界大战中又重新采用），而在法属大陆直到1937年，工人组织一直被禁止。因此规定的工资可以削减，劳役可以超过法定的12~15天这一最高限，住宿和伙食方面也可以削减。对于葡萄牙的臣民来说，自1899年以来有服为期半年的劳役的义务。尽管从理论上说非洲人作为纳税人也可以自己承担责任从事劳动，但整体导致的却是为行政机构和私人经济招募劳工。尽管1928年的劳动立法使这种情况有所减轻，尽管葡萄牙在1950年代加入了反对强制劳动的国际公约，劳动条件在很长时间内仍然是非常艰苦的。

999 ## 经　济

非洲的殖民统治是以“掠夺式经济（Beutewirtschaft）”开始的，其大规模的掠夺完全类似于西班牙在拉丁美洲的占领（Conquista）。那些撞运气的人和他们的幕后人想通过肆无忌惮地利用土著人的劳动快速开发矿藏以及象牙和橡胶之类的野生产品从而迅速发财，而且在这里没有为此进行过哪怕最小的投资！刚果和喀麦隆的情状就是这种掠夺的典型，一些特许公司在那里凭借它们的垄断地位可以获得高达1400%的毛利，非洲人另外还要受商品高利贷和承办者的剥削。1904年至1907年的德国殖民地危机暴露了这一体制的脆弱性，1910年后野生橡胶的繁荣崩溃，直到此时人们才普遍承认，殖民地的发展和善待非洲劳力符合应被正确理解的欧洲利益。与路加德相似，法国人阿尔贝·萨罗（Albert Sarraut）于1923年指出，这种发展政策符合非洲和欧洲双方的利益，也就是说能够造福整个世界。更确切地说，这种“发展”就是迅速且尽可能多地生产法国所需要的货物，这也是萨罗关于一直延续到第二次世界大战的非洲殖民经济史第二阶段的关键概念。世界经济危机过后，英国才转向这种严格地以大都会经济为基准的方式，虽然很早就有人提出了相应的要求。因此，早期的发展也可以用掠夺式经济来概括，这样一种有目的地建立起的非洲对欧洲的新型依赖才会随着世界经济危机开始。殖民地的经济“结构”当然早于世界经济危机，因为它可以追溯到发展政策，或者可以追溯到更早的决定。

这一点在“生产资料的占有（Besitz der Produktionsmittel）”上表现得十分清楚，而这种占有在非洲主要是土地占有。与大多数非欧洲文化一样，非洲人也不知道按照罗马法的不受限制
1000 的个人土地私有制为何物。但是这里几乎没有无主土地，却有

巨大的占有要求，这些要求自然不会按照欧洲的方式实现，或者说也许只能转让一片某个非洲群体经常在那里活动却不插手邻近地区事务的区域。然而，当殖民当局断然宣布在欧洲人眼中属于无主的一切土地为国家财产并将其转给移民和种植者时，那就说明他们对非洲法律习俗的蔑视多于无知。人们也可以为非洲人引入土地私有制，但那就需要按照规定进行登记，这种登记不仅涉及费用，而且关系到与其他有权提出要求的人的矛盾。因此在第二次世界大战前夕，在法属西非约 1600 万居民中，据称登记在册的非洲地产主只有 1742 人，名下共有土地 29000 公顷。这种私有土地可以出售、出租，可能随即通过抵押而丧失，比如在欠税或歉收时。当然，也存在尊重非洲的财产关系而不利于欧洲人的情况。

在各英国殖民地存在着各种极端之间的所有变体，通常是殖民地的历史越久远和在那里生存的白人移民越多，转移到欧洲人手中的土地就越多。在南非，1931 年，600 万非洲人分摊 34000 平方英里土地，而 180 万白人分摊 44 万平方英里土地，这也就是说，白人占有的土地几乎是非洲人的 24 倍，这里还没有涉及土地的质量。在坦噶尼喀，德国人没收的 175 万英亩土地没有被取消，但自 1923 年开始，所有没有变卖的土地都作为非洲人的信托地产由总督掌管；欧洲人只能获得有限的许可证。在乌干达，从 1900 年至 1902 年，人们将布干达王国的 4000 名贵族变成了私有地产主，但在其他地区则寻求其他解决办法，主要是阻止向欧洲人进行大规模的土地变卖。1930 年，在超过 94000 平方英里的土地中仅有 300 平方英里转到外国人手里。那时英国在肯尼亚终于也开始保护土著人的地产，而之前为了促进白人殖民，自世纪之交起大规模变卖过所谓的王室土地。1930 年前后，大约 280 万非洲人拥有 53000 平方英里的保留地，大约 12000 名白人却拥有 16700 平方英里的土地；99000 平方英里依旧是王

室土地；白人人均占有土地是非洲人的73倍！在英属西非则不同，非洲人的土地所有权受到了保护；归为欧洲人所有是不受欢
1001 迎的。1916年，在尼日利亚和黄金海岸，土地买卖需要得到总督的许可。1925年，仅有1%的土地掌控在外国人的手中；当然，非洲的可可种植农在那里开发了许多新的土地。欧洲人的经济活动集中在贸易和采矿业。

1902年，人们在塞拉利昂给联合利华公司（Unilever）的威廉·利弗（William Lever）仅仅提供了一个为期21年的棕榈种植园租约，利弗认为它对发展政策毫无意义，于是改道比属刚果。虽然在那里和在法属赤道非洲所颁发的许可证里并未授予拥有人完全的所有权，但是殖民国家却以此证明自己并非小气。截至1930年，法国转让了100万公顷，比利时转让了1600万公顷，其中仅转给基伍国家委员会（Comite national du Kivu）的就达到1200万公顷，虽然随后又缩减到40万公顷。不过在比属刚果产生了保护区制度（zones de protection），为此一家公司获得了农产品的买方垄断权、农产品加工垄断权和招募劳力垄断权。1911年，联合利华在那里获得了占有75万公顷棕榈林的候选资格。

在法国殖民帝国，就连历史最长的领地阿尔及利亚也体验过欧洲土地政策的全部重压和所有措施。而在西非和马达加斯加，当地的土地一直归农民自己所有，虽然在法属西非自1904年起所谓无主的土地都是殖民国家的财产，但是这种无主性必须得到证明。在因修建城市和海岸地区的投机买卖而出现没收土地的那些地方，当地人已经非常熟悉欧洲的惯例，因而不会毫无抵抗地放弃，例如在法属阿比让（Abidjan）和达喀尔以及在喀麦隆的德属杜阿拉——后者的事务甚至被委托给了德国国会。

在各个德国领地中，喀麦隆种植园公司的兴趣主要集中在喀麦隆山区的肥沃土地。它们的合伙人之一耶斯科·冯·普

特卡默（Jesko von Puttkamer）总督毫不犹豫地用宣告土地无主来帮助它们，非洲人被限制在不足2公顷的土地上。在多哥，这些公司采用了更加诡秘的方法，然而它们的阴谋诡计被揭露后导致了1910年的土地改革，永佃权取代了购买，采取了防止宣布土地无主的保障措施。在东非，白人移民在富饶的乞力马扎罗地区和其他地方也确立了类似于喀麦隆山区的状况。但是在该国的大部分地区，白人移民都无法抵御殖民当局的小农政策；1914年只有不到1%的土地属德国人所有。相反，在西南非洲，赫雷罗战争之后殖民地的土地几乎全被没收 1002
并提供给德国移民和资本公司使用。

意大利在东非建立了咖啡种植园。但是与在利比亚取得的有限成果相反，数百万意大利农民的殖民行动在那里没有收获一点成效。1940年在埃塞俄比亚有54296名意大利人，其中一半人生活在亚的斯亚贝巴。他们必须依靠食品进口才能维持生计。

土地政策战略和农业用途在殖民政策上紧密联系在一起。首先，与保护非洲人的地产对应的是非洲农民为世界市场生产商用作物（cash crops）。另有两个可能性，一是由白人移民经营的农业，二是资本投资公司的种植园。无论是没收政策还是更加诡秘的方法都与这两者无关，通过保留政策大大减少了非洲人的地产，致使非洲人除了给白人地产主当雇佣工之外没有别的选择。这两类欧洲企业可以根据不同的形势或经营畜牧场，或生产植物产品：咖啡、可可豆、烟草、香蕉、棕榈油、橡胶、剑麻和棉花，在北端和南端还可种植小麦和葡萄。只要它们属于资本投资公司，它们就与贸易和加工企业紧密地结合在一起。在一些移民有决定权的地方，在土地和劳工政策之外还出现了强有力的有利于白人农业的政策，比如在肯尼亚，重要的出口商品咖啡唯有白人种植园才可以经营。另一方面，主要是在西非的一些地区，白人农业无法胜过非洲人的农业及其与贸易的合作。世界经济危机使白人企业遭受沉重打击。1934 年，橡胶和棕榈油的价格只是其 1927 年至 1929 年价格的 10.4% 和 18.3%。当然，白人移民此时更想利用政治手段保持他们的优势。

在经济现实中，非洲农民为世界市场进行的生产相对重要起来，无论是像在法属西非和德属东非那样得到了殖民主人的支持，还是像在黄金海岸、塞内加尔或乌干达那样是由于非洲人的积极性。在西非，几个世纪以来土著经济的取向一直是通过奴隶贸易满足欧洲的需求，到 19 世纪它成功地适应了新的需求结构，用出口油脂取代了出口人。这些非洲人善于机敏地回应经济刺
1003 激，因而殖民国家为了欧洲生产者而进行暴力干预在经济上是毫无意义的。在塞内加尔，非洲农民在 19 世纪中叶之前就主动转向为法国市场种植花生，同时将种植区域显著地扩大到了内陆地区。自 1912 年开始，甚至有一个新的伊斯兰互助会莫里蒂亚兄弟会（Mouridija）负责深入内地开垦新的花生种植地，这个团体由于特殊的社会结构而取得了很大的成就，因而在独立前夕它控制了四分之一的花生生产并造成了严重的土壤退化。

值得注意的是经济作物常常源自美洲。如果说花生适合稀树草原的条件的话，那么可可树则适合几内亚海岸地区的热带雨林。1879 年，可可树被从费尔南多波岛（Fernando Po）带到了黄金海岸的腹地。1911 年，这个殖民地已经出口了 4 万吨可可豆，从此之后便成为世界上最大的可可生产地。这都得益于阿夸佩姆族（Akwapim）、埃维族（Ewe）和芳蒂族的非洲种植者的经济能力，他们懂得如何既不依赖殖民国家也不依赖传统的权威，在私有制的基础之上，必要时还通过建立土地购买合作社来确保林地中不断新垦的小块农田。随着橡胶热销的消退，阿善提人也紧随其后将他们在那里获得的利润投入了可可生产交易。尼日利亚和多哥的农民立即尝试进行仿效。在多哥，棉花种植是在德国人统治时期由美国黑人发展援助者引进的。

乌干达的棉花种植呈现了类似的情况，不过是在另一种社会基础之上而且还凭借了与欧洲人的相互合作。也就是说1901年出于政治原因修建的通往维多利亚湖的乌干达铁路应该也是有利可图的。此前，靠搬运者将一吨货物运至海岸要花费200英镑，而此时铁路的运价为每吨2.4英镑。另外，那些在乌干达当权的基督徒酋长也在寻找一种有利可图的出口商品以稳定他们的统治，当然这是英国圣公会传教士协会也不反对的目标。乌干达有限公司（Uganda Company Ltd.）与传教士协会关系密切，对加工和销售感兴趣，而英国棉花种植协会（British Cotton Growing Association）则意欲在帝国内大力推行棉花种植，从而摆脱对外国供货商的依赖（一个在德国和法国也同样非常重要的观点）。协会提供种子、技术和初加工设备，公司、传教士和政府督促酋长们把种子分发给农民并避免犯错误。1004
从1903/1904年至1910/1911年，乌干达的棉花出口总值从43000镑增加到307000镑，至第一次世界大战占总出口额的70%。在收获时节，这一地区的棉花会吸引来数十万季节工。

与西非相反，这里的非洲人并没有成为商人，他们仍然是农民，他们的酋长们仍然是统治者，欧洲人关心的是原料加工和大宗贸易，而小额贸易则由印度人承担。后者与其他从事贸易的少数民族受到憎恶，当独裁者伊迪·阿明（Idi Amin）于1971年将他们从独立的乌干达驱赶出去时，几乎没有哪些非洲人能够接替他们。在西非则不同，在那里发挥着相同作用的黎巴嫩人完全可以说是在与非洲人的小额贸易展开竞争，而这种小额贸易主要掌握在妇女手中。

非洲的经济作物生产是一种原始的、笨拙的经济形态。这是它的成本优势，但也是它的劣势，营销问题在大多数情况下对它而言完全是苛求。就连行政机构最初也没有关注此事，最多是为贸易准备好了基础设施。这种贸易本身毫无疑义地掌控在欧洲大公司的手里，而买方垄断常常允许它们单方面制定价格。但是这种依附并非单一经营经济所产生的唯一弊端，更加糟糕的是非洲农民在面对世界原料市场的价格变化趋势时束手无策，更别提他们陷入了受制于生态的困境。“前殖民种植系统”可能是生态学上更贴切的表述。而单一经营和新技术可能会导致地力衰竭和水源干涸。耕种面积的扩大消耗了土地储备，而由于很多非洲土地贫瘠，人们需要储备土地进行轮换种植。土地侵蚀蔓延开来。无奈的农民使用着与之前相同的方式，不仅要保证维持自己的生计，而且还要生产经济作物，所以常常勉强度日，因为他们将自己的生活水准降至营养不良状态。由于几乎不再可能有粮食储存，所以每年在收获季节前都会出现危机。在这种情况下，歉收和价格暴跌都意味着严重的饥荒。为了补救由于种子缺乏而产生的持续性威胁，在法属西非为土著创建了由行政机构掌控的带有强制参与和交费义务的储备公司（Sociétés indigènes de prévoyance），抛开滥用权力不说，人们感受到的不是帮助，而是额外的负担或额外的征税。

然而，已经有人尝试通过投入资本和技术创造其他更为有利的经济作物生产形式，更确切地说是通过灌溉项目扩大生产。在英埃共管的苏丹，格茨拉计划（Gezira-Projekt）本该把白尼罗河与青尼罗河之间的土地变成棉花种植区。它从森纳尔（Sennaar）的一个大坝开始，在那里灌溉渠能够利用自然
1006 重力输水。政府以租用的方式从地产主手中拿到土地，随后以约 40 公顷为单位将土地重新分配下去，有时候又分给原地产主，分得土地者负有根据指令将四分之一的土地用于种植棉花的义务。在其收获中，农民得到 40%，政府因租金、供水和指导获得 40%，一个私人加工和销售公司得到 20%。截至第二次世界大战结束，这项计划扩展到了 100 万公顷，1955 年它供养了 50 万人口，生产了苏丹出口产品的一半——然而代价

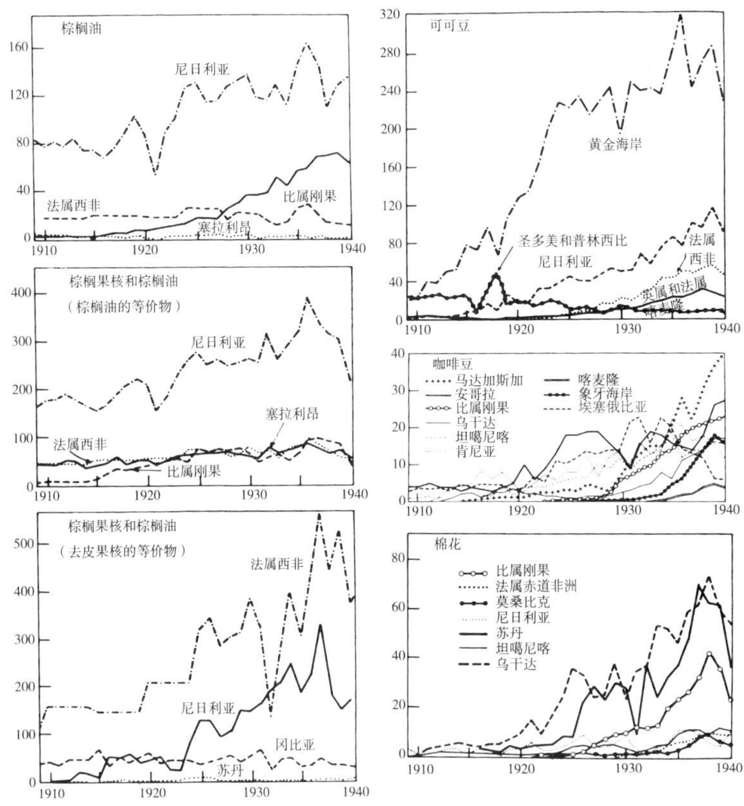

插图 84　1910~1940 年贸易果实的出口量（单位：吨）

是不得不依赖单一产品及其在世界市场上的价格！

第一次世界大战之后，法国人很快就制订了廷巴克图之上尼日尔河中游的尼日尔计划（Nigerprojekt），据此，那里应有约 100 万公顷的土地得到浇灌，150 万人口在那里安家，能够生产 30 万吨棉花。1923 年，法国进口了 261000 吨棉花，但是其中只有 0.8% 是来自它的非洲殖民地。然而，对这项计划及其盈利的可能性感兴趣的并非棉花工厂主，而是银行、建筑业和重工业。为了改善殖民地的食物状况，最终确定一半土地用于种植水稻。1929 年部分土地开始投入使用，但是 1940 年定居移民总共只有 12268 人，到第二次世界大战末，共生产棉花 2000~4000 吨，水稻 1 万 ~2 万吨。失败的原因主要在于行政机构的强制性和官僚的麻木不仁。

1935 年，棉花、羊毛、橡胶、玉米、棕榈油、可可豆和花生等共占非洲出口量的 25.14%，而 1913 年仅占 20.2%。当时出口总值的 55.9% 是由黄金、钻石和铜贡献的，1935 年该数字仍然保持在 53.5%。然而前两类商品再加上玉米和羊毛绝大部分都出自南非联邦。非洲主要是作为矿业大陆在世界经济中占有重要地位，尽管采矿企业绝非总是在各处都是成功的。由黄金和钻石所激发的发展动力很大程度上局限于南部非洲，尽管贫穷白人的数字暂时还在继续增加，而繁荣的支撑者仍然是未经专门训练的黑人劳工大众。当然，殖民国家希望在这个矿藏丰富的大陆的其他地方也能再现这种成效。在这方面英国占有优势地位。塞拉利昂可以提供白金、黄金、铬、铁和钻石，南罗得西亚可以提供煤炭、铁、黄金、锡和铬。1936 年，塞拉利
1007 昂出口的矿物价值 125 万英镑，黄金海岸出口的矿物价值 212 万英镑，南罗得西亚的价值 442 万英镑，北罗得西亚的价值 509 万英镑，它们分别占到各自出口量的 52%、41%、79.9% 和 72%。北罗得西亚的铜最为重要，1931 年至 1938 年其产量从 16000 吨增加到 255000 吨。即使是在独立的赞比亚，铜也占出口额的 90%、国家收入的 60% 和国民生产总值的 40%。

在法国殖民地，相比之下很少有成功的投机公司。几内亚矿业研究与勘探协会（Société Guinéene de Recherches et d’Explorations Minières，缩写为 Soguinex）甚至将它的几内亚钻石开采权用于禁止开采；这里涉及的是戴比尔斯（De-Beers）世界钻石垄断集团的子公司，因为它不希望出现压价竞争。在第一次世界大战中，戴比尔斯还直接吞占了自 1908 年

在德属西南非洲建立起来的钻石开采，它最终带来的是该殖民地三分之二的收入。

而比属刚果的采矿业则能够保持和扩张其地位，它主要集中在加丹加，几乎完全被控股公司法国兴业银行（Société générale）所控制，在刚果投入的总资本中后者占70%。从1912年至1930年，加丹加的铜产量从2492吨增长到了138949吨，成为世界上第一批铜、黄金和钻石的生产者之一。其他所有的采矿国家在采矿时使用的都是拥有专门知识的白人工人和尽可能不断更换的黑人辅助工（往往是季节工），而对于上加丹加矿业联合会（Union minière du Haut-Katanga）来说，白人工人太昂贵和太苛求，但黑人季节工劳动效率又太低。它依靠的是一支经过良好培训的和社会待遇较高的黑人专业工人队伍，并且取得了显著的成效。

生产情况与投资情况是相应的，投资几乎完全来自欧洲和美国，因为起初几乎还谈不上有非洲资本的构成。无论是按照国家还是按照行业来看，它们遵循的都是“谁拥有，谁获利”的原则，而且以此更进一步加强了单方面的发展。至1900年，投入非洲的资本大概有2.75亿英镑，大多数是几乎都流向了南非的英国资本。到1913年，投资增加了一倍，南非依然是主要目标，不过就连这些数额也仅占到英国资本输出的10%和法国资本输出的不足2%。直到两次世界大战之间的时期，“黑非洲”才在较大的范围内获得了投资，但英国的投资仍然只占其国外投资的近四分之一，法国人在马格利布投入了8亿法郎，而在“黑非洲”仅投入了8000万法郎。很能说明问题 1008
的是1870年至1939年遥遥领先的英国投资和矿业国家的良好成绩，因为按照行业来看，采矿业理所当然处于主导地位（Coquery-Vidrovitch/Henri Moniot 180；单位：百万英镑）。

	国家投资	私人投资	总额
英国	448.8	491.1	939.9
南非联邦	224	298	522
英属非洲其余地区	224.3	193.1	417.4
南非其余地区	61.4	72.2	133.6
东非	50.8	65.8	116.6
西非	112.1	44.2	156.3
其他地区		10.9	10.9
非英属“黑非洲”	97.2	182.5	279.7
法国	42.9	27.1	70
多哥和喀麦隆	11.3	7.2	18.5
法属西非	16.4	13.9	30.3
法属赤道非洲	15.2	6	21.2
截至1913年的德国殖民地			（85）
葡萄牙	18.5	48	66.5
安哥拉	10.1	21.7	31.8
莫桑比克	8.4	26.3	34.7
比利时和卢旺达—乌隆迪	35.8	107.4	143.2

1900年至1940年在法属“黑非洲”，其他行业的私人投资的情况如下：商业占39%，种植园占18%，森林占12.5%，工业占9.6%，（当地不太重要的）矿业占7.5%，银行占6%，不动产公司占3.5%。很明显，非洲的经济发展恰恰是因为在亟须发展的方面缺乏资金而被延缓。从总体上讲这也不可能通过国家投资来补救。

国家参与的极端情况出现在法西斯主义的意大利，为阿比西尼亚战争（Abessinienkrieg）支付了120亿里拉之后，每年依然要为各殖民地的预算提供16亿~17亿里拉，这相当于国家开支的八分之一，此外还有210亿里拉用于六年发展计划，至1940年总共占国家预算的21%。为了筹集这些资金，意大利采用了强制公债、特别税收和通货膨胀，此外还有外国资本，例如德国资本。起初是向交通业投资：公路、铁路和港

口。此外还成立了半国家性质的制造公司，它们确保了意大利 1009
在棉花、羊毛、皮革、油脂等产品方面实现自给自足，而且每年还能节约20亿里拉的外汇。1939年有4000家企业以27亿资本在东非经营；农业和贸易实现了增长。但是这种贸易仅占意大利贸易的微小部分，而且意大利贸易的90%是由从那里的进口构成的。所有这些没过几年就结束了。

对非洲其他地区的国家投资通常只有很小一部分来自宗主国的毫无裨益的补贴，大多数是靠各殖民地在当地举债筹措资金，这些借贷须由殖民地纳税人支付利息，而大都市的债券购买者则是利息的享受者。各殖民地在财政方面自我维持的原则同样也适用于投资！

然而第二次世界大战之后在非洲的投资成倍增长，不过它比以往任何时候都更多地归于公共机构使用。此时就连不符合市场需求，但却是用于特别需要发展的地区的捐赠和贷款也在增加。1956年至1963年是这一发展的高潮期，其具体情况如下（Peter Duignan/Lewis H. Gann 4，1975，26；单位：百万美元）。

	发展援助	私人投资
英国（1956~1963）	2867	2791
法国（1956~1963）	6811	2853
比利时（1956~1968）	444	523

起初绝大部分支出都用在了基础建设措施和社会福利，直到1959年才开始较为重视改进生产。不过这种发展援助是为了降低回流。如果说1962年法国将其国民生产总值的1.76%用于了其当时已经独立的殖民地的话，那么1965年这笔资金的三分之一是用于支付参与其中的法国专家的薪酬。此外，参与其中的各

个公司的一部分颇为可观的利润可能流回了法国。因此这种投资的真实分量很难估算，不过至少高于1945年之前的所有投资。

在殖民时代，官方和私人投资者主要将他们的资金投入了广义上的出口领域。其结果就是经济发展片面地定向为出口贸易。虽然生产受到鼓励，但这只是从欧洲的观察视角看到的结
1010 果，因为投资者和行政官员非常了解欧洲的需求，但对非洲的需求和盈利的可能性却所知甚少。总而言之，这里涉及的是欧洲经济生产力的最大化而不是非洲经济生产力的最大化，常常连在非洲利润的最大化都谈不上。有时甚至进行一些经济上毫无意义的投资，如对乌班吉沙里的棉花生产的投资，它的运输费用过高，需要几十年才能盈利。即使官方在基础设施方面投资，主要也不是为了自己发展地方的生产力，而是面向世界贸易。非洲以这种方式拥有了一个如此独特的交通网，以至于有时发往相邻殖民地的电报也必须通过欧洲中转。

这种情况也见于殖民当局最重要的投资领域——铁路建设，尽管引进了私人资本，1939年它还是占到了英国在非洲的国家投资的60%。自19世纪中叶起，铁路建设在世界范围内完全被视为最有价值的大型投资和经济开发措施，无论是在美洲、俄国和澳大利亚，还是在印度和中国，都是如此。但是，一幅非洲铁路地图向我们展示了1960年时，也只有在南非和马格利布有像样的铁路网。在尼日利亚和苏丹，各干线之间至少有横向支线，罗得西亚连通了比属刚果和安哥拉之后实现了铁路线横贯大陆。不过最后提到的那些铁路基本上是连接各港口的支线，作为附加投资的港口扩建也属于此类。达喀尔拥有自己的铁路，同样拥有自己铁路的还有：科纳克里（Conakry，几内亚），阿比让（象牙海岸），洛美（Lomé，多哥），科托努（Cotonou，达荷美），拉各斯和哈科特港（Port Harcourt，尼日利亚），杜阿拉（喀麦隆），罗安达、本格拉和木萨米迪什

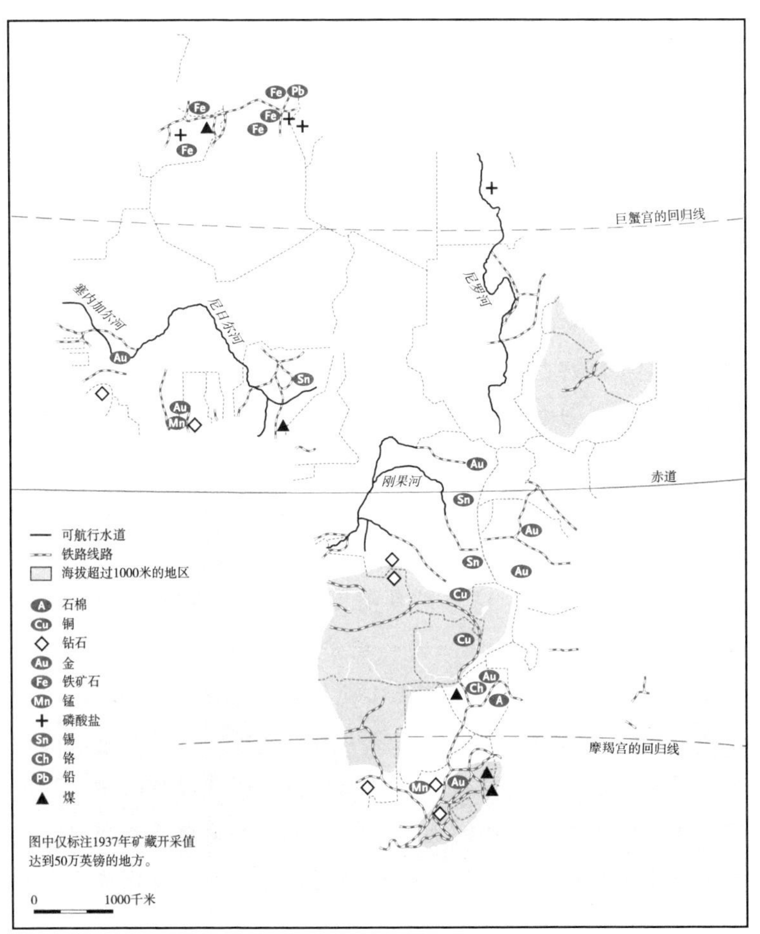

插图 85　1937 年的交通线和矿藏资源

（三者皆属安哥拉），斯瓦科普蒙德（Swakopmund）和吕德里茨海湾（Lüderitzbucht，德属西南非洲），莫桑比克（莫桑比克），达累斯萨拉姆（Dar-es-Salam，坦噶尼喀），蒙巴萨（肯尼亚），吉布提，苏丹港；甚至亚历山大港也有自己的尼罗河谷铁路。一些铁路线是在帝国主义时代出于战略考虑修建的：塞内加尔—尼日尔铁路和德属西南非洲的南部铁路是为了征服纳马人起义，乌干达铁路是为了将该国与帝国连接在一起而修建的。铁路运价被用于进行政治活动，不仅在德兰士瓦而且也在北罗得西亚，它在亏损的情况下与南部连接在一起，却不向西部开放。铁路修建有可能是源于国家的竞争，如法属赤道非洲的那条夺去了众多生命的刚果大洋铁路。人们想修建一条法国的铁路，这样就不必使用对岸的比利时铁路了。修建铁路本身就是政治，因为前面描述的法属西非的支线系统有助于殖民地的自治，进而会促使联盟在独立的进程中解散。

“黑非洲”殖民地的工业（如果它确实存在）中的主要部
1012 分只能依赖于这些基础设施建设。1940 年在法属西非，35% 的投资涉及建筑业，18% 涉及港口。只有占投资额 28% 的各大城市的电力生产自成一体。剩余的 19% 涉及的是加工业，要么是为利于运输进行预加工（花生去壳和木材切割），要么是供应一个有限的地方市场。至少后者被证明是具有发展前途的，特别是在二战期间需要以本地产品替代进口产品时，当然只是在那些有工业基础的地方，特别是在南罗得西亚和塞内加尔。南非自两次世界大战之间的时期起经历了工业化热潮，工业在很长时间内是排在采矿业之后的第二大国家行业，而非洲的其他地方则没有这样的热潮。1947 年至 1951 年，殖民地部在英属西非的种种尝试均失败在传统政策上，即将殖民地限制在原料出口方面，它在此期间成了英国重要的外汇提供者。

与非洲的重大事务可以说就是贸易，然而不是对作为整体的欧洲殖民国家而言，而是对某些行业和公司而言，因为与非洲的贸易在殖民国家的贸易结算中所占比例一直很小，而相关行业和公司则是官方的基础建设措施的主要受益者。如果说对于欧洲各国的财政来说非洲是赔本买卖，那肯定是符合实际的。然而私人企业获得了巨大的利润也是确定无疑的，当然关于这些利润的详情很少公之于众。尽管如此，我们也不能笼统地说利润由此人占有而损失由社会承担，私人的盈利在大都会所带来的成效的确是显而易见的：工作机会、倍数效应和税收收入等。因此，诸如此类林林总总也的确很难梳理清楚，因为其中有些部分已不再是单纯一国的生意。跨国公司的时代已经开始了！

除了南非的钻石垄断及黄金寡头垄断，最著名的就是在热带非洲运营的植物黄油和肥皂康采恩联合利华，其影响力通过 500 多家子公司在世界范围内延伸到了 40 多个国家。以 1888 年成功推出块状肥皂为起点，1920 年利华兄弟（Lever Brothers）控制着英国肥皂生产的四分之三，它以自己从非洲组织原料供应为基础，自 1911 年起靠的是比属刚果的 75 万公顷土地。1921 年它们用 850 万英镑收购了从事尼日尔贸易的皇家尼日尔公司（Royal Niger Company），1929 年与壳牌共同组建非洲和东方公司（African and Eastern Company），后合并为联合非洲公司（United Africa Company）。与一家尼德兰—德国黄油康采恩联合之后，1937 年组成了一家双重控股公司，此时它也要在大陆， 1013
特别是在法国的植物黄油和肥皂市场争取统治地位，为此它利用了在法属西非进行有限区域活动的子公司：塞内加尔的非洲新贸易公司（Nouvelle société commerciale africaine），几内亚、尼日尔和苏丹以及其他更多地区的法国尼日尔公司（Compagnie du Niger française）。在法国方面，波尔多的各家公司保持着组织架构方面明显的多样性，而马赛的法国西非公司（Compagnie française de l’Afrique occidentale）1887 年成立时仅有资本 750

万法郎，1939年已发展成拥有4.11亿法郎的、控制着法属非洲贸易的三巨头之一。联合利华之外的第三大公司是1906年由瑞士商人以注册资金1.25亿法郎建立的西非贸易公司（Société commerciale de l'ouest africain），1940年它拥有250家分公司。

在银行业，集中的趋势体现得更加明显。在“法属黑非洲”的15亿法郎银行资本中，14.5亿法郎分属于西非银行（Banque de l'Afrique occidentale）、非洲商业银行（die Banque commerciale africaine）和非洲法国银行（die Banque française de l'Afrique）。在世界经济危机中第三家银行破产，第二家银行陷入了第一家银行的控制，因此后者几乎可以不受任何限制地施行垄断，借助其发行货币的特权进一步加强垄断。与此不同，一个寡头垄断出现在英国殖民地，那里的第一家银行于1837年建于开普敦。在西非，1894年成立了英国西非银行（Bank of British West Africa），1926年成立的巴克莱银行（Barclays Bank）是它唯一的竞争对手，而国家银行（National Bank）和格林德利银行（Grindlay's Bank）则在东非分享生意。这两家银行继续维持着非洲的投资不足，因为它们将存储在它们那里的钱，包括非洲人的储蓄都投资在大都会而没有用于非洲。此外，它们在发放贷款和雇用人员上优先考虑欧洲人和亚洲人。在比属刚果，除了举足轻重的矿业集团（Union minière），控股公司兴业银行（Société générale）还控制着另外11个矿业公司、3条铁路和所谓的“总公司（Allgemeine Gesellschaften）”、2家银行、6家种植园企业、3家金融公司、11家工业和商业企业以及1家不动产公司等。除了采矿业，它们手里还掌握着水泥工业和水力发电设施。

寡头垄断的生意可能经营得不错，它们不断增长的数量证实了这一点。在英国和法国贸易中，非洲殖民地所占比例可能很小，但是它正在迅速增长，在第二次世界大战后的特定条件下于1950年前后达到其高峰。1875年非洲向英国出口的货物 1014
占英国进口总额的2.6%，从英国进口的货物占英国出口总额的2.9%，1938年这两个数字分别为10%和12.4%，1948年为19.6%和14.7%。若不包括南非，这两个数字1875年分别为1.2%和1%，1938年为3.9%和4.8%，1948年为4.3%和7.3%。1875年法国从非洲进口的货物占其进口总额的1.2%，向那里销售的货物占其出口总额的1.5%，1938年这两个数字分别是8.3%和5.2%，1948年是9.3%和9.7%，1952年才达到高峰13.4%和11.5%。德国殖民地与宗主国的贸易于1913年走到尽头，当年与非洲的贸易占帝国出口总额的0.57%和进口总额的0.49%。总体上看，1913年至1935年从非洲进口的货物价值从7900万英镑增加到1.402亿英镑。第一次世界大战和殖民地贸易的普遍上涨共同带来了进出口关系的暂时逆转。殖民地与欧洲的贸易结算首次出现盈余，因为欧洲需要更多的殖民地货物，却不能提供充足的制成品。战争结束后这种关系重新颠倒过来，因为后来世界经济危机期间的关税政策也导致了殖民地更加受制于宗主国。

英国最初甚至通过条约使自由贸易得到保障，比如在1885年的刚果会议上和1898年与法国签订的《西非条约》（Westafrikaabkommen）里，而且这种条约对国际联盟的托管地也具有约束力。当它因此于1932年转向了“帝国特惠制”这种关税保护体制时，也给自己套上了枷锁，尽管法国于1936年废除了《西非条约》。在经历了战时经济的控制和战后时期的瓶颈之后，英国于1950年重新回到了自由贸易。而法国实施自由贸易的地方仅限于不包括加蓬（作为刚果地区的一部分）的法属赤道非洲、达荷美、象牙海岸以及托管地多哥和喀麦隆。在别的地方的主要问题不是能否将绝大部分贸易归于法国人，而只是如何确保他们控制绝大部分贸易。1900 年前后，占主导地位的是加入 1892 年当地的保护关税税则的倾向。自 1920 年代后期开始，一种有所松动和区分殖民地的体系受到偏爱，该体系在与欧洲共同体的联合中基本上保留了下来。

这种殖民地贸易的非洲内部部分在一定程度上是以物易物，而且一直如此，其间各大公司或它们的职员可以在以货易货的结算中，或者在以实物发放工资和预支货款时赚取额外的利润。不过，除此以外依然存在着非洲人对非洲人进行的以供养人口为目
1015 的的大规模贸易，当然，这种贸易特别是在大量供应进口货物方面与殖民地经济是分不开的。最初几十年在拉各斯和其他地方处于主导地位的烧酒贸易已经退居次要地位。但是非洲人转向居间贸易领域鲜有成功。此外，由于帝国将世界联系在了一起，东非的印度人和西非的黎巴嫩人在这方面发挥了重大作用。

当然，即便是古老非洲的贸易也有使用钱或钱的替代物的“货币制度”，如铁质的镐或铜质的环，特别是西非的贝币以及北非和东非部分地区的玛丽娅特蕾莎塔勒（Maria-Theresia-Taler）。但是在桑给巴尔发现海贝床在 19 世纪引发了贝币贬值，从 1851 年至 1900 年，其价值在拉各斯降至原价值的 10%。因此殖民国家采用一种新币制是可以理解的。南非和中非区域采用的是一种以贵金属为基础的币制，西非殖民地使用的则是英国的英镑币制。

宗主国对殖民地的贸易顺差导致资金流向宗主国，这种流向对殖民地的购买力造成了消极影响。因此，1912 年创建了殖民地英镑兑换标准（Colonial Sterling Exchange Standard）。伦敦的西非货币局（West African Currency Board）发行硬币和纸币，虽然它们拥有英国货币的价值，可以自由兑换英国货币，但是它们的有效范围仅限于殖民地。当硬币的币面价值和金属价值自 1920 年起不再相符的时候，它

们之间的差价 90% 通过公债、10% 通过发行局拥有的贵金属进行补偿。殖民地的货币流通量通过发行局与从殖民地流向伦敦的贵金属、货物和信贷自动形成了适应关系。这一体制虽然保证了一个经济弱势地区的货币高度稳定，但是将本应更好地用于非洲投资的资本又留在了伦敦。1939 年，欧洲放弃了金本位制并转向通过货币政策调控经济，在这种情况下，殖民地的贸易顺差会自动造成货币流通量增加和通货膨胀的危险，而贸易逆差将会自动造成货币流通量减少，而且殖民地没有可能进行反调控。因此当年的英国殖民地独立后纷纷放弃了这一体制，与英镑集团只保持着松散的关系。只有三个国家跟随了 1967 年的英镑贬值！最初东非是印度卢比货币区的一部分，自 1893 年起卢比通过固定汇率与英镑币制捆绑在一起。当第一次世界大战动摇了这一体系时，三个东非国家获得了自己的 1016
货币发行局，并于 1922 年也采用了英镑币制。

与此相反，法国创建了一个货币统一的殖民帝国，但有违常理的是殖民地在这个帝国中拥有更多的行动自由。也就是说为一个或数个殖民地发行纸币的垄断权都掌握在一家拥有特许权的银行手中，在西非是西非银行，它处于国家的监管之下并有国家的参股，不过是根据私营经济的原则和地方的需求来运作。然而这些银行必须将其发行纸币的三分之一储存在巴黎，并将所有法郎和外汇的利润都存入巴黎的一个账户。这一体系在第二次世界大战期间和战后都被证明具有很强的创新力。此前的私营特许银行此时变成了各领地的国家中央银行，保证金账户消失了，只是收入的法郎和外汇必须继续存放在巴黎。不过法国对此保证（后）殖民地的货币可兑换成其他任何货币。

关于这些结果存在着争议。法国体制可能会迫使殖民地以高价在宗主国购买货物，同时将自己的外汇储备提供给巴黎使用，英国体制造成的结果可能是向本土提供低息贷款而不向自己的公司进行迫切需要的投资。另一方面，各殖民地从与一个勉强稳定的、可在世界范围内兑换的货币的联系中获利。甚至法国的关税保护制都可能发挥有利于殖民地的效用。据说1954年不得不在宗主国购买货物让殖民地花费了200亿法郎，但是到1964年，法郎区对法国的贸易顺差已达8.77亿法郎，因为进出口交换比率发生了有利于非欧洲国家的转变！

对非洲殖民经济史进行总体回顾的尝试最终得出的总是模糊不清或对其解释存有争议的经济论断，此外这些论断在量上也不能得到精确的证明。这大概可以归因于从一个错误的假设出发提出了一个错误的问题。首先，非洲经济并不像假设的那样对殖民主义百依百顺。殖民主义改变了非洲经济，但又没有完全改变；它对非洲的影响即使在经济方面也始终是有限的。其次，它的影响不像它的辩护士或它的批评者往往声称的那
1017 样，是单纯的好或单纯的坏。殖民统治既没有在既定情况下以最好的方式发展非洲而使其成为世界经济的具有同等价值的一员，也没有通过不充分的发展使欠发达的非洲经济毫无选择地依赖于大都市。不过这既不意味着不可能作出评判，也不意味着必须进行好坏参半的评判。

具有积极意义的一方面是建立了现代基础设施（港口、机场、铁路、公路、电报、电话）。但特别重要的另一方面是商品生产的革命性发展。非洲的矿产资源得到开发，采矿业开始繁荣。农业的商业化导致了各种全新作物的种植和土地价值的增长，导致了非洲方面显著的、现代的经济积极性以及作为结果的流动性和富裕。伴随着这种生产现代化而来的是第三方面，这就是大约至1920年引入了货币经济，其结果是非洲融入了世界经济。无论如何，1820年至1870年每年的经济总体增长率估计为0.3%，而1913年至1950年估计为0.9%。

当然这些成就也有其相反的方面。（1）基础设施是为了运走产

品而不是为了通过交流开发这片土地。（2）只有那些对于欧洲经济而言有望获得利益的地区得到了开发，其后果是加剧了地区差别。（3）但是重要的是没有进行任何工业化的努力和使非洲经济成为一种出口纯原料和进口消费品的经济。（4）进口廉价商品可能对非洲的相关行业造成了伤害。（5）经济作物生产导致了农业失去了多样性，依赖于世界市场，极度缺乏抗危机能力，忽视了粮食生产和破坏了生态。（6）在新农业的背景下，非洲人的土地常常被剥夺或被缩减，这带来了严重的社会和政治后果。（7）生产和贸易大都由少数非非洲的康采恩操控，它们不仅能够通过损害非洲人的价格政策获取额外利润，而且得到了税收的优惠以及不必在非洲进行再投资，因而它们在那里获取的利润可以流走。（8）非洲人被排斥在领导职位之外，非洲的内部贸易受到严重损害，因为它不符合殖民国家的利益。（9）经常以侮辱性的和残酷的强制措施将非洲人纳入这一经济体系，包括强制劳动、强制种植、没收和压制 1018
性的劳工政策。

总而言之可以确定，非洲虽然在经济上发展了，但为此付出了高昂的代价；或者大胆一些说：经济发展是剥削的一个副产品。然而，留下更令人忧虑的损害的并不是眼下的剥削，而是结构性的畸形发展，而之所以有这种畸形发展，是因为外来的殖民统治在经营管理中首先依据的是统治者的利益而不是被统治者的利益。

社　会

就连在非洲殖民社会也是按种族分成不同阶层：白人在上，黑人在下，阿拉伯人、印度人和混血儿处于中间阶层。这在世界史上并非新鲜事情，但是其规模却是新型的，非洲人那些特别明显的标志，特别是他们的肤色，导致了种族等级在这里不可能被轻易忽视。当然，在非洲的大部分地区只有少数白人在非常设的职能中发挥着主人的作用，因而非洲人的影响被弱化。真正的主人是白人移民，真正的种族主义者就连在这里也是“占少数的白人”，他们惧怕黑人（或印度人、黎巴嫩人）中的竞争对手，懂得如何让自己的肤色作为最重要的社会竞争优势充分发挥作用。下面一组数字是 1956 年欧洲居民在非洲人口中所占的百分比。

南非	20.8%	尼亚萨兰	2.7%
阿尔及利亚	10.9%	安哥拉	2.5%
南罗得西亚	7.2%	莫桑比克	1.0%
突尼斯	6.7%	肯尼亚	0.9%
摩洛哥	5.4%	比属刚果	0.8%
北罗得西亚	3.0%		

1019 按照欧洲人在总人口中所占比例来讲，马格利布、南非和罗得西亚都是注定要产生种族冲突的非热带气候地区。在热带，白人移民偏爱高原地区，如肯尼亚，由于土地占有过多和各种政治要求，他们在那里也扮演着孕育冲突的角色。

他们从一开始在政治上就比其他非非洲移民有着更重要的地位，肯尼亚的印度人占总人口的 3%，人数是欧洲人的三倍。在印度的支持下，他们虽然没有达到与欧洲人一样的地位，比如作为移民的地位，但是至少拥有一个好于非洲人的政治代表机构。在南非，他们在人口总数中所占比例不比在肯尼亚低，但在那里的人数却大大逊色于欧洲人，而且好像自己已经顺应了白人与黑人之间的社会角色。他们常常遭到双方的鄙视，这或许与他们群体中很多成员的商人角色有关。欧洲帝国各个部分之间的跨洲迁徙活动将具有相似社会角色的黎巴嫩人带入了西非，不过人数很少。

欧洲人无意间在非洲制造了问题，因为他们促进了黑人人口的迅速增长，因而随后像在肯尼亚一样留给非洲人的土地变得更加紧缺。1800 年，非洲大陆的人口估计在 1 亿左右，1880 年上升到 1.2 亿。1935 年人口数达到了约 1.65 亿，1940 年代末为 2 亿，1956 年增加到 2.2 亿。1984 年居民人数是 5.37 亿，至 2011 年终于超过了 10 亿，其中 44% 不满 15 岁。其间，以仔细确定的数据为基础对殖民前的聚居方式进行计算的逆算法代替了从前对前殖民时期的大胆推测。今天人们可以假定，在“黑非洲”每个女性平均生育 6 个活产儿，平均寿命 22.5 岁，儿童死亡率为 300‰~335‰，出生率为 48‰，死亡率为 33‰，其结果是人口增长 3.3‰。

对于整个非洲来说，奴隶贸易造成的人口损失大概最高使增长率减少三分之一，但是别忘了在奴隶的主要来源地（主要在安哥拉）出现了人口减少甚至人口灭绝的情况。然而也存在着迅速恢复的可能性，一方面是通过最大限度地利用女性的自 1020
然生殖力，使由奴隶贸易造成的损失男性的影响不至于太大，另一方面是通过由白人带入非洲大陆的美洲神奇作物——木薯和玉米——改善食物基础。

然而，得出这些数据的最新调查还确认，在包括喀麦隆、法属赤道非洲和刚果北部的一个约 500 万平方公里的四边形区域里，儿童的平均人数相当低，因为这里有些地方的妇女根本就没有孩子。原因尚不清楚，不过，这种事情正好发生在那些帝国主义残酷的掠夺经济造成了最大人口损失的地区，也许并非偶然。殖民统治绝对没有立即导致人口增加；更确切地说是导致了人口减少。战争的影响、掠夺式经济、被带入的瘟疫和欧洲人引发的生态危机都是其原因。自古以来非洲就有很多地方性传染病：疟疾、黄热病、昏睡病、天花以及众多的蠕虫病，好像还有一种无害的梅毒变体。但是欧洲人的渗透可能造成其中几种病更大范围的传播，至少可以断言世纪之交的昏睡病时疫就属于这一类。另外还有新带入的疾病：牛瘟、结核病、西班牙流感、腺鼠疫，还有各种更具侵袭性的性病，以及早在奴隶贸易时期就在西非传播开来的社会瘟疫——酗酒。

当然，非洲人自古以来就尽情享用着他们自己酿造的饮料，但其酒精含量非常低。进口的烧酒则完全不同，据说有时甚至具有毒性。但它却是很赚钱的生意，这并不仅仅是对于汉萨同盟成员而言的。直到1894年，尼日尔海岸保护区（Niger Coast Protectorate）还在否认其收入的50%来自烧酒关税，这肯定不利于打击酗酒。然而，国家财政与酒类和烟草不仅在殖民地保持着一种模糊不清的关系，直到今天，它在世界范围内的表现依然如此！

后来开始的人口增长因其规模之大，已经不能仅仅归因于克服了高死亡率的起因，它还与生育力的提高有关。或许是殖民统治不仅为废除传统的性禁忌提供了契机，甚至也使人们对
1021 家庭的未来有了乐观的预测——尽管这些预测常常令人失望？至少帝国主义的健康优势（health benefits of imperialism）带来了平均寿命的提高：在尼日利亚，由于有医疗机构，平均寿命提高了20%；在女性受教育得到改善的地方，平均寿命提高了33%；在这两项措施都实施了的地方，平均寿命提高了87%。

然而医疗保健一直到两次大战之间的时期还十分落后，直

到第二次世界大战才为人口增长作出了较大贡献。当然这也与欧洲人口基数不大相关联。1900年前后，德国、英国和法国的儿童死亡率达20%，平均寿命也仅有47岁！特别是对各种热带疾病的认知水平尚有很多不足。疟疾和黄热病的病原体直到1897年和1900年才分别被证实。在药品方面，除了治疗疟疾的奎宁和治疗性病的砷制剂几乎再无可用的药物，制药学在这一领域的突破直到1920年代才到来。不过，早在1897年，利物浦和伦敦就出现了热带医学教育和研究机构，1900年在汉堡，1901年在布鲁塞尔，随后在巴黎、波尔多和马赛，1912年在开普敦也相继出现了此类机构。1896年在圣路易斯（塞内加尔）建立了非洲第一家微生物实验室，它1918年迁往达喀尔，1924年成为巴黎巴斯德私人研究所（Institut Pasteur von Paris）的一部分，该所自1909年起在布拉柴维尔（Brazzaville）设有一家实验室专门研究昏睡病，自1923年开始在几内亚设有一个用猿做实验的研究站。至少从德国殖民地医生那里透露出，他们也用人做实验。

但是，研究所的建立并不能说明任何关于民众医疗保健的真实情况。医疗保健最初掌握在海军和陆军军医手里，只为欧洲人服务，后来才逐渐为非洲人投入了极为有限的人力和物力。1905年，在法属西非依靠21名医生和助手创建了土著医疗援助（Assistance médicale indigène）。1946年，法属“黑非洲”拥有23家医院、223家治疗中心、542家贫民药店、310名欧洲医生和370名非洲医生。但是医院分为欧洲人的医院和非洲人的医院，两类医院治疗水平不同，特别是病床数与对应人口数的比例相差很大。在英属非洲，乌干达是每4000名非洲人拥有一张病床，黄金海岸为每6000名非洲人，尼日利亚为每12000名非洲人才拥有一张病床。1924年，尼日利亚为每20万居民聘用1名医生，但只有四分之一的职位

上有人，在世界经济危机中有更多的职位被精简。连法国人自己都不否认，与德国人统治时相比，1926年在喀麦隆医生的
1022 人数减少了57%，在多哥减少了50%。所以非洲人如果住在一家教会医院的所在区域就非常幸运了，比如在加蓬非常出名的兰巴雷内传教会医院，它是由阿尔伯特·史怀哲（Albert Schweitzer）博士于1913年建立的。但是传教会的这些努力无法覆盖所有的地区，在数量上也不足。只有比属刚果的大康采恩及其堪称典范的医院取得了令人骄傲的成果。总体上说，医疗保健方面的成就不如流行病防治方面，尽管有时使用残酷的方法。比如从1906年至1918年在乌干达、1924年至1930年在喀麦隆成功地控制了昏睡病。由此至少摆脱了几个反复出现的死亡峰值。可以证实非洲人非常感激新的医疗保健。

55年内人口增长了4500万，在此情形下不是每一个非洲人都能在习惯的环境里寻找到传统形式的生计。人口压力增强了，这一方面造成税收加重甚至强制劳动，另一方面也使一种新型刺激开始发挥效用：提高了人口的横向流动。一个新的经济地理原则得以贯彻：人口不再依照自然经济的需要相对均匀地分布，而是集中在那些能够找到工作和维持生计的地方，如种植园、矿区、铁路枢纽、行政中心和港口等。年轻男子常常从做流动工开始，然后归来，他们或在新的环境中结婚，或将家人接过去定居。然而流动工也可能导致已有家庭的解体，加重了那些暂时或永远独自留在故里的妇女的压力，她们不得不承担起养活全家的重担。

在尼日利亚以西的非洲，1920年之前有三分之一的人口生活在海岸边和海岸附近，1970年已经变成了一半人口。肯定有约300万人已经在流动。然而前殖民时期的非洲已有人口流动。第一批西非的殖民地流动工是“纳维达诺人（Navétanes）”［沃洛夫语（Wolof），意为雨季人］，他们从

塞内加尔东部和今天的马里来到花生种植区。因为在英国的
殖民地既没有强制劳动也不用服兵役，只需从事种植可可的
劳动，所以那里对法属西非的居民具有很大的吸引力。据说
1920 年代末每年有 20 万人从稀树草原拥入黄金海岸和尼日利
亚。在东非，人们从人口密集的国家卢旺达和布隆迪迁出，此
外流动都在各殖民地内进行。在肯尼亚具有吸引力的是城市和 1023
高原种植园。最后不应忘记还有穆斯林的麦加朝圣大军，他们
可能会年复一年从一个工作地点辗转到另一个工作地点，而且
数量可观。

在南非，人们有目的地优先选择了另一种迁移模式。虽然人们夺去了非洲人最好的土地并迫使他们从事雇佣劳动，但绝不想让黑人劳工持续不断地迁入。加丹加的比利时矿山自 1920 年起将其劳工流动率有意识地从 96% 降为 7%，而在南非人们担心的则是与加丹加相比数量众多的白人居民的就业问题。因此，黑人劳工的长久居住地原则上须是土著居留地或国外，特别是莫桑比克，并且须将其家人留在那里，然后根据需要按期到联盟工作。

南非为自己建立了工业后备军，而法国获得其后备军则是基于阿尔及利亚在法律上是大都会的一部分这一事实。由于经济的发展，自两次世界大战之间的时期以来，在法国从业的北非劳工越来越多，1946 年约为 4 万人，1954 年近 25 万人，1970 年尽管阿尔及利亚已独立仍有近 100 万人。据说 1954 年阿尔及利亚劳工汇给家里的钱与阿尔及利亚农业支付的全部工资总额相等；阿尔及利亚四分之一的人口靠这些汇款生活，维持解放运动的部分款项也来自这些汇款。

在非洲，各新建城市成了迁徙运动的主要目标；大规模的城市化开始了，今天仍然在加速进行。殖民国家在一些地方有目的地以它们对领土主权的政治设想促进了自成一体的乡村的

形成，而非洲的城市化则成了自然发展的现象。据说1850年至1950年，非洲的城市人口平均每年增长了3.9%，而在整个世界“仅”增长了2.6%。非洲拥有传统的城市文化中心，它们参与到加速进行的城市化进程中，并且在新型城区的周围发展着，而这类新型城区在许多由很小的中心发展起来或由于某种契机完全在荒野中出现的城市里也能见到。令人尊敬的城市开罗、亚历山大和阿尔及尔从1880年至1935年人口增加了约两倍，分别达到100万、60万和25万，后来又增加到500万（1976年）、270万和170万（1983年）。就连尼日利亚的城市伊巴丹（Ibadan）的人口也从15万增长到40万，卡诺从4
1024 万增长到9万。但是殖民地新建城市的人口增长更加惊人：达喀尔从1878年的1500人增加到1936年的92000人，1962年增加到375000人；内罗毕（Nairobi）1899年是乌干达铁路的一个仓库，1950年作为首都拥有134000居民，1977年增加到775000人。1935年矿区中心约翰内斯堡的人口达到40万。这一名单几乎可以任意开列下去。

今天非洲的城市化与欧洲的城市化之间差距不再很大，但却存在着一个重要的差别。很多非洲城市一如既往没有为其大多数居民提供一份正规的工作。这一事实反映在城市地图上。除了一个常常已经有了种族或等级区别的、历史久远的城市中心——如果它存在的话——还可以看到现代行政中心和经济中心的功能性建筑群，特别是还可以看到一个精心建设的、优雅的欧洲人居住区，最初黑人只有在从事服务时才能进入那里，而今天这种居住区或多或少已由黑人接手了。然后就是大片大片的非洲移民居住区，在南非，它们过去被明确划定界线并受到严格控制，在其他地方则常常退化成混乱的大型贫民区，在法属地区依照最常用的建筑材料——旧汽油桶的铁皮（bidons），它们被称为“铁皮户区（bidonvilles）”。即使是在为这类居住区实施了规划和建设措施的地方，也大都满足不了拥入的人潮的需求。住在这些居住区的人只有极少数有工作，更确切地说他们尝试以做小生意或临时工（主要是服务业）勉强为生。因为常常缺乏合乎人的尊严的最起码的基础设施，即清洁的饮用水以及行之有效的废水和垃圾处理，这些居住地转眼之间就可能变成流行病疫源地，而这必然又成为白人社区继续与其隔离的论据，并且更加强化了对“肮脏的”非洲人的偏见。

尽管如此，在这些看上去如此“非非洲”的城市里，非洲人绝没有失去根基和陷入行为反常，而是巧妙地适应了新的生存环境，并在这种流动的和看似混乱的世界里形成了非常有效的社会组织形式。与来源地的联系是无论如何也割不断的。特别在种族基础上形成的自助和社交组织，它们有时追求再造家乡的社会结构，在拉各斯市郊可以观察到这类情形。或者在卢奥联盟，1947 年聚居在乌干达首都坎帕拉（Kampala）的卢奥人（Luo）为相互帮助建立了这一联盟，并且按照该族的传统分支再分为不同的下属组织。但是对新的文化准则的全盘接 1025
受或多或少会与此并行，其间宗教发挥着战略作用。迁徙可能是与伊斯兰化相伴而行的，但更常见的是借助于基督教打上的西方文化的烙印。在南非的城市中又出现了依照传统区分的两个人群：恪守传统的“红人（Red People）”和被传教同化的“学校人（School People）”。但是十分重要的是，新旧文化要素绝没有相互排斥，非洲人完成了一个令人惊讶其程度的综合。

由殖民统治引发的社会变革对于相关人员来说绝不总是意味着创伤性的体验。如同在其他殖民地一样，这种变革完全能够带来争取更多新的生存机会的丰富选择。最为重要的是在欧洲人的要求个人主义和一夫一妻制的法律和宗教影响下发生的婚姻和家庭变革。如果一夫一妻制、离婚和核心家庭脱离大家族变成常态，那么由此引发的妇女角色的改变将不亚于新的经济生存条件所引发的改变。然而，西方的婚姻和家庭法律可能会与伊斯兰庞大的法律相抵触。顺便说一下，殖民地法院倾向于依据所谓的传统容忍婚姻中的暴力——不仅是一夫多妻家庭中的女性之间的暴力。

关于殖民时期有名的约鲁巴人我们知道，他们有时将传统的婚姻形式和欧洲的婚姻形式完全理解为可供选择的生存策略。将妇女从一夫多妻制中“解放”出来并非一定就意味着改善了她们的地位。根据传统的观念，一个约鲁巴妇女可以做独立的企业主，而这对维多利亚时代的基督教家庭主妇来说是不成体统的。当然更谈不上前殖民时期西非门德人（Mende）的女性酋长，也更谈不上达荷美国王令人恐怖的亚马孙族军队中的女战士了！

在第一次世界大战和西班牙流感给英国人和非洲人造成了相同程度的创伤之后，英国人不仅仅在非洲比任何时候都更倾向于残忍地使用武力对付受他们逼迫的臣民的抗议运动。就像当年的欧洲民众起义一样，抗议税收于1929年在东南尼日利亚引发了反对正在形成的但尚虚弱的国家的伊博人（Igbo）和伊比博人（Ibibo）的“妇女战争（Ogu Umunwaanyi）”。和
1026 欧洲的民众起义一样，这场战争的后面还有更多的内情，当然是不一样的内情，是非洲的内情。自1924年以来独立经营的伊博族和伊比博族市场女性商贩一直在抗议新增税收，她们的抗议对象好像也包括1928年实行的对男性的征税。由英国人任命的令人厌恶的在任酋长和他的上级地区官员们反应强硬，接着抗议升级了。数万名妇女游行示威，一部分甚至裸体，这是一种对男性士兵传统的侮辱性的挑战。随后有数十人被击毙。镇压之后总是要进行一次调查，可是按照这些女性先驱

的观念，女性和男性角色已达到平衡的非洲世界已经陷入了混乱，对这种混乱来说，调查无补于事。我们可以将非洲妇女对新的不平等的抗议理解为反对欧洲男性以及和他们结盟的非洲男性的不断扩张的父权制的斗争，有人称这要早于欧洲的同类妇女运动（Ifi Amadiume nach Matera u. a. 2012，5）！

为了与一夫多妻制斗争，比属刚果对第一个妻子以外的配偶征税，自 1942 年起对城市里的单身女性进行征税，她们和尼日利亚妇女一样，1929 年在殖民国家眼里自动带有卖淫嫌疑，1950 年前后比属刚果的妇女也提出了强烈抗议，而且并非个案。

一方面，原始资料中有关于大总督弗朗索瓦·约瑟夫·克洛泽尔（François-Joseph Clozel）的报道，他在象牙海岸巡视途中每天就像安排膳食一样，让人为他和他的随从征用妇女。还有关于白人的报道，称他们与非洲妇女性交时无法看着她们的脸。是他们没有将自己的女性伴侣当人看待，还是他们为此感到羞耻？与非洲女性的关系可能是强奸，也可能是浪漫的爱情。虽然异族婚姻不像在德国殖民地那样被禁止，但也处处受到歧视，同样被歧视的还有非正式关系所生的后代。至少在法属西非鲜有父亲关心这类孩子，反正有收养这类孩子的孤儿院。这类孩子中的男孩子常常成为教师或者小公务员，女孩子常常成为护士，却并不拥有比其他非洲人更好的合法地位。另一方面，越来越清楚的情形是，即使在殖民统治下，非洲女性也善于利用市场、教会、学校、医院等为自己创造自由发展的空间，她们往往懂得充分利用官员和传教士、欧洲男性和非洲男性相互之间的矛盾并从中获利。

非洲的社会变革也创造了全新的欧洲式的阶层和群体，特 1027
别是雇佣工和以西方为导向的新精英。最初，19 世纪大西洋的反奴隶贸易首先引发了奴隶制和使用奴隶劳动生产出口商品在非洲土地上的扩大。虽然19世纪晚期如火如荼的反奴隶制运动能带来奴隶贸易的废除，但却不能立刻实现对奴隶制的遏制。否则，在北尼日利亚等地就会导致人们与他们所需要的当地精英之间发生矛盾。在非洲的一些国家，直到今天仍然存在着传统的奴隶制。但是很多殖民主人已宣布的发展目标是，通过拿走非洲人的土地或者至少通过税收压力防止他们终有一天能用工资所得购买一支猎枪重返家乡，要使他们变成始终得依靠出卖自己的劳动力为生的无产者。尽管一些传教士和行政官员试图抵制，以欧洲激进主义的经验为基础，利用小农理想反对非洲人的无产阶级化，却无法阻止这种发展。在比属刚果，1917年至1939年雇佣工的人数从47000增加到53万，并以此占到了有劳动能力人口的21%。1950年代在南非，足有200万男性作为季节工在矿山和非洲人居留地之间奔波度日；1946年共有250万非洲人在南非经济的各个现代行业里从业。

尽管如此，在1940年前后只有1%~2%的非洲人属于西方意义上的雇佣工。英属西非是他们的行动和组织的先驱。在黄金海岸，1874年已经出现了抵制西方商品的行动，1896年爆发了第一次罢工，1909年建立了工会。工人组织在绝大多数其他殖民地是非法的。多亏巴黎有了一个人民阵线政府，工会在法属非洲才于1937年得到允许；在比属刚果要到1946年才得到允许，在北罗得西亚则要等到1947年。此外，抵制西方商品的运动和罢工可能遭到了残酷镇压。在南非，1911年矿工罢工被禁止，1918年一次抵制西方商品运动失败，1920年一次矿工罢工流产，1946年一次非洲矿工罢工被暴力终止。

在这一地区和在其他地区一样，西非的优势地位表明了以西方为导向的新精英的重要性，他们懂得如何利用欧洲文化
1028 的工具。但是与工人相反，他们没有形成一个统一的阶层，而是由出身和地位完全不同的群体组成的混合体。西方教育和在

西方经济中获取成功成为提升社会地位的两条新途径，它们对出身寒门的非洲人也敞开大门。但是这里涉及的并非精英的完全更换，因为在埃及、埃塞俄比亚和乌干达这样的国家里，就连那些传统精英也迅速看出了这些新机会。殖民国家可能会在其他方面入手，为了维护统治的稳定优先向老主人的儿子们提供新式教育。一批具有自我意识的非洲经济精英首先出现在西非，其基础是可可、花生和咖啡种植，除此之外在乌干达的棉花和咖啡种植主中也出现了这样的精英。在其他国家，经济发展受阻于白人的经济特权或已经拥有一些生存空间的印度人的行为。另有一些非洲人走上了自由职业之路，成为律师、医生、教师和新闻工作者，特别是在英属西非，在那里政治职位常常是为那些传统首领预备的。明显排在他们下面的是由技术人员、职员、低层行政官员，也许还有士兵构成的非洲小资产阶层。特别是法国的行政体制有利于普通非洲人升入统治机构的中下层。在比属刚果、葡萄牙领地和中非，这一群体构成了整个非洲人口的新精英；在比属刚果，1947 年这类人有 4 万，或者说占总人口的 0.3%。

文 化

统治、经济和社会的变革的最终结果就是一场根本性的文化变革。第一眼看上去，非洲文化总体上已经西化，其中西式教育发挥了关键作用。因为新精英最大的优势就是他们具有用
1029 西方语言文字读写的能力。如今，非洲方面将书写文化称作殖民统治在“黑非洲”的最大革新。读写是一种新型的“魔法”，为了进入现代世界的宝库，人们千方百计想掌握这种“魔法”。第一代非洲作者、口译人员和教师在其同胞中赢得的威望显示了读写的魔力。精英们以此进入了西方科学技术思想的世界，能够成为殖民国家的对话伙伴，能够学会西方的生活方式，而那些少数受益者将这一生活方式视为楷模。

1900 年以前，欧洲意义上的学校几乎全部掌握在传教士的手里，这种情况在南非和西非一直延续到 19 世纪早期。当时英国人好像与法国人一样对同化非常乐观。人们不仅想培养出基督徒，而且想培养出黑皮肤的英国人或法国人。实际上，特别是塞拉利昂的克里奥尔人非常成功地建立了一个英国式的纯粹黑人的教会和教育系统。因为英国圣公会传教会从 1860 年至 1900 年垄断着英属非洲的教育。然而，当种族主义思想在英国也受到重视的时候，这种发展被扼杀了，如 1890 年前后黑人主教克劳瑟的尼日尔传教团遭白人清洗。

就连法国人从此以后也普遍认为作为个体的非洲人不再可能被完全同化，尽管与此同时，他们又像患了奇怪的精神分裂症似的为成功的同化案例感到自豪。但是 1903 年，法国刚刚进行了反教权主义的教会与国家的分离，因而剥夺了传教士的事实上的教育垄断权。与此同时，行政机构对非洲助手的需求呈增长趋势，这些人必须首先掌握法语。1903 年首先在法属西非创建了一所新型殖民地学校，法语是其课堂用语和教学

目标。它是免费的，并且是世俗办学，以培养行政机构的下层骨干力量为目的。在基础教育领域出现的第一类学校是由一名当地（代课）教师任教的乡村学校，该教师小学毕业后还必须上三年中学和一年专科学校。乡村学校教授法语、算数和农业知识，有人说这有可能导致人们在农田里使用童工。第二类学校是县城里的地方学校，有一个欧洲教师和一个校长，它们按照法国模式培养合格的小学毕业生。不过对这类学校的评价要 1030
低于形式上等级相同的第三类小学，后者设在各个首府，上这类学校的是欧洲人和那些已经完全被同化的土著人的孩子。此外，6 个殖民地首府还办有三种两年制中学，第一种是为了培养酋长们的孩子，第二种是为了培养行政骨干，第三种是为了培养未来的教师和辅助医生。后者随后还可以上戈雷岛［后设在塞比科达讷（Sébikhotane）］的威廉蓬蒂师范学校（École normale William Ponty），教师在那里修满三年可以获得毕业证书，而未来的辅助医生则在修满两年后转至一个医学专业学校继续学习。只有圣路易斯和达喀尔有高级学校；1924 年为它们创设了殖民地毕业会考（baccalauréat）。另外还有一些技术和农业专科学校。那里还没有大学；1909 年建立的阿尔及尔大学只招收欧洲人。

其余法国殖民地的教育或多或少成功地模仿了西非模式。但是到处都缺少资金，而且由于薪水少得可怜，教师的水平不尽如人意。人们在第一次世界大战中再次与传教士和解之后，1922 年在法属西非有 25000 名公众学校学生、5000 名教会学校学生。1944 年这两个数字分别是 57000 名和 19000 名。1938 年增加了 310 所乡村学校和 26000 名学生。但是总人口大约为 1200 万，而老殖民地塞内加尔的学生人数占学生总数的 25%，其人口却仅占总人口的 12%。1938 年，女生只占学生总数的十分之一，1944 年占到五分之一。总体上讲，法属西非在1945年仍有90%~95%的文盲并不出奇。

与此相对，传统教育完全有能力继续存在下去。估计1945年法属西非古兰经学校的学生人数为8万人，以开罗的艾资哈尔（al-Azhar）大学和突尼斯的宰敦（al-Zaituna）大学为首的北非伊斯兰大学继续吸引着大学生，尽管它们的课程偏于保守。法国的殖民政治家也毫不含糊，普通教育和特殊的法语课程设置得十分得当，因而既有助于殖民地的开发又有利于其主人的统治，而黑人却没有机会把自己视为法国人或从法国革命的历史中得出草率的结论。直到第二次世界大战之后，在一种新的同化热情的浪潮中和在非洲方面的压力下，包括大学在内的完整的法国教育体系才被移植到非洲。

1031 英国人出于相同的原因极不信任西化的非洲人，在传播自己的语言和开展西方教育方面从一开始就谨慎得多；他们在印度的经验使他们在行事时小心翼翼。所以在英属非洲的小学使用36种当地语言授课，其中26种有教材。这里涉及的并不是国立学校，而是由国家财政支持的教会学校，因而这种多样性特征更加突出。因为尤其是对于新教传教士来说，使用当地人的母语将上帝之道《圣经》传授给他们本就在计划之内。在苏丹南部授课使用的是丁卡（Dinka）、努尔（Nuer）、希尔克（Schilluk）等民族的语言，这进一步加剧了南方与信奉伊斯兰教的北方的疏远，由此造成了国家的长期危机。英语本可以像在印度那样成为一种共同的媒介！

但是非洲人自己热切地希望用英语授课，因为他们知道，这门世界语言除了能善意地维护他们的传统文化财富，还会为他们提供更好的机会。因此，1923年的《殖民地教育委员会报告》中不能再仅仅保守地建议按照英国行政机构和经济的需求培养实践技能，还必须考虑个体非洲人对现代教育和社会地位提升的追求。与法属非洲类似，在英属非洲，一些地方白人很少，因而对当地骨干的需求量较大，故那里也出现了中学教育甚至初级大学教育；而在移民殖民地则极少有为非洲人办的高级学校。所以，1938 年在尼日利亚已经有 42 所完全中学，在乌干达至少有 1 所，而在肯尼亚、尼亚萨兰和北罗得西亚连一所都没有。在大学教育方面西非也处于有利的地位，在塞拉利昂（1877 年）、黄金海岸和尼日利亚（1934 年）开办了 3 所大学；不过在乌干达也有一所培养技术人员的高等专科学校（1933 年），在肯尼亚有 1 所师范学院（1939 年），在喀土穆成立了戈登纪念学院（Gordon Memorial College，1902 年），在尼亚萨兰建有利文斯顿传教会的欧弗顿机构（die Overton Institution der Livingstonia Mission，1894 年）。至此，第二次世界大战后在这里也开始迅速扩大高等教育的先决条件预备好了。白人移民当然要求按种族分离原则开办学校，这随后在南非发展到了极致。

在德属东非，1911 年共有 941 所小学，48 所非常简陋的高级学校或实用高级学校。其中 537 所是新教学校，369 所是天主教学校，83 所是政府办的学校，共有 287 名白人教师和 1032
1265 名非洲教师，其中有 93 名白人女教师和 70 名非洲女教师。即使在这里，最受青睐的也是语言课。

比利时在教育方面走的是一条自己的路。它始终仅限于扩大由传教士在国家的资助下进行的用一些非洲语言授课的小学教育，如斯瓦西里语或林格拉语（林格拉语从一门很小的地方语言变成了一门重要的通用语言），其间取得了丰硕的成果。1938 年总人口为 1000 万，学生人数达 100 万，1958 年超过了 150 万，约占该国学龄儿童总数的 75%。1970 年文盲的比例仅为 60%。但是 1958 年仅有 64000 名非洲人上教授法语知识的中等学校。在与一位自由党殖民大臣的冲突中，在教育方面具有决定性作用的天主教教会在 1954 年至

1956 年完成了摆脱其之前教育政策上的家长制的转变。1947 年，天主教会曾在基桑图（Kisantu）建立了一所培训中级骨干的高等行政管理学院（École supérieure des sciences administratives），但迅速被殖民大臣关闭。可是他没能阻止 1954 年在利奥波德维尔（金沙萨）建立耶稣会大学罗万纽慕（Louvanium）大学。不过这所新建大学和 1956 年在伊丽莎白维尔（Elisabethville）建立的国立大学在 1958 年一共只有 290 名大学生。在葡萄牙，反对教会干预政治的共和国在第一次世界大战后以极大的热情为殖民地建立了一所世俗教育学院。但是“新国家”又将教育重新交给了传教士们。当然鉴于其有限的资源投入，也算是有所成就了。

不仅在教育方面，甚至在非洲与欧洲之间的文化关系方面，基督教传教会都发挥了头等重要的作用。其间，传教士有可能从帝国主义的代理人和殖民统治的合作伙伴完全转变成非洲人的辩护人，尽管往往为时已晚，例如在西南非洲。这里的确存在着差异，一个种族主义者的出发点是非洲人毫无希望的劣根性，而一个基督徒的出发点则是认为即使是非洲人也拥有一个值得拯救的不灭灵魂。当然，传教士们最初很少怀疑建立在白人文化优势基础上的殖民统治的合法性。因此，他们宣布基督教不要求与所有文化兼容，而是尝试在基督教化的同时也贯彻欧洲文化。鉴于酒精和安息日的神圣化，这可能会使英国自由教会信徒采取目光短浅的措施。但是欧洲式的“体面”衣
1033 着被强加于所有地方的或多或少裸露着身体的异教徒，据说这使他们更容易染上感冒。非洲的性习俗和一夫多妻制受到坚决的反对，而反对后者被当事人视为葬送传统社会秩序因而加以抵制，这一点并非毫无理由。

但是皈依也可能有其集体根源。各非洲人族群在殖民统治时期经历的世界变革是一次生存危机，他们只能用一种新的宗

教运动来回应这场危机。在此期间，非洲人对此世的美好生活的天然向往以及祖先在此世和彼岸的角色发挥着作用，而新福音作为对这种观念的补充而备受欢迎，并且通过改变其原本的文化含义而与美好生活观相适应。因此传教士们抱怨他们的基督徒身上留有异教观念是可以理解的。这样一种皈依决定可能是由真正的群体热情催生的，但也有可能是由一个首领为他的整个族群作出的。或者说这可能是一种为了赢得此世和彼世的强大庇护者的家族策略。

在殖民统治的盛期，鉴于传教士在教育中的作用，只有成为基督徒才有机会学习主人的语言从而在白人那里获得工作。皈依可能就意味着在新的世界里社会升迁的第一步。人们选择教会时考虑的是它提供的教育机会。例如，据说尼日利亚锐意革新的伊博人在皈依时选择的是天主教会传教士，因为后者不像作为福音宣讲工具的卫理公会教徒那样使用所在国家的语言教学，而是用英语授课。这样的抉择可能与在乌干达一样，完全是在殖民统治建立之前就已经作出了。自然，人们也可以通过加入政治上的非主流方向表示反对，比如在罗得西亚成为天主教徒或者在比属刚果成为新教徒。然而，人们应避免将皈依动机中明显的尘世考虑误解为玩世不恭的机会主义。与在旧时的欧洲一样，这种动机可能是一种纯粹的宗教意义上的美好生活的组成部分。

西方为在非洲传教付出的努力是巨大的。1815 年至 1914 年被视为传教的伟大世纪，因为基督教或其他宗教此前从未占据过像当时那么广大的新地域。在此期间，传教与欧洲扩张的高潮重合在一起，不过在时间上走在了真正的帝国主义鼎盛阶 1034
段前面，而且有时是作为它的先驱。可是这种协同效应的产生有时是出于不确定的原因，比如海外的法国反教权主义者支持传教，因为它在一些地区代表着法国的威严，再如传教宣传在德意志帝国被证明是使中央党的农民选民为威廉皇帝的世界政治感到振奋的唯一手段。

但是这种关联触及了更深的层面。显然帝国主义和传教建立在同一基础之上——大为提高的西方优势和由此产生的白人的优越感和使命意识。在这种情况下，福音的“软实力（soft power）”极其自然地随着帝国主义和殖民主义的“硬实力（hard power）”而出现。即使在传教士没有成功地使非洲人皈依基督教的地方，他们也必然传播了与新的权力关系相符并重塑着非洲人的宇宙观的价值和思想，因为传教士以此促成了“他们的意识的殖民化”（Comaroff 1989，268）。同属于此的还有此时有可能普遍进行的对当地民众的动员，因为19世纪巨大的传教努力不再依靠王侯们和教会资金的资助，而是依靠民众的捐助。特别是在新教地区，那些大都由底层产生并由底层支撑的传教会发挥着决定性的作用；不过天主教徒们跟随由中央控制的传教协会进入了那里。通过大量的传教出版物进行有计划的宣传即属于此类。

但是这种民众附着性也与教会内部的发展密切关联。在殖民史前三个世纪占主导地位的天主教会的传教瓦解了，首先是因为取缔了对于传教非常重要的耶稣会，后来是因为清除了传教带来的旧制度。19世纪重新开始的传教活动不再由国家教会或贵族教会，而是由民众教会承担，但也恰恰因为如此它首次处于拥有作为中央机构的罗马传布信仰圣部的教宗的严格领导之下。至少在理论上这意味着传教比以往任何时候都更加不依赖于国家。欧洲和美洲的新教派别早在此前的18世纪就经历了一场信仰复兴运动的洗礼。在此期间与德国的虔信派相应的
1035 是盎格鲁撒克逊国家的卫理公会派和福音派。宗教改革建立起的教会到那时为止作出的传教努力微乎其微，而这些新的民众运动不仅试图使欧洲人和美洲人重新皈依，而且还以前所未有

的规模使异教徒皈依了基督教。在这方面，摩拉维亚兄弟会教区做了开路先锋。然而，新教传教士主要来自社会中下层，只接受过基础教育，只有极少数是全职神学家。

这些结果给人留下了好印象。在第一次世界大战之前，所有教派的新教徒和天主教徒在非洲有五百多个传教团体。1913年在组织结构全貌比较清晰的天主教徒那里，除了阿尔及尔、奥兰、康斯坦丁和迦太基/突尼斯的正规主教管区，还有宗座代牧之下的78个传教教区。1955年总共有243个教区，其中已经有126个正规的主教教区。21世纪，估计非洲总人口中穆斯林占足足40%，基督徒占近40%，其他宗教信仰者占近20%，后者主要为传统世界观的信仰者。因为伊斯兰同盟被证明对基督教传教具有很强的免疫力，因此“黑非洲”基督徒的比例实际上是比较高的，而且基督徒人数的增长在那里要快于人口的增长。据称1984年非洲的基督徒中有40%是天主教徒，27.5%是新教徒，14.4%是非洲教会的信徒，9.5%是东正教徒［科普特人（Kopten）、埃塞俄比亚人］，8.6%是圣公会信徒。

各新教派别和传教会以及各天主教传教会的地域重点形成于殖民时期，其形成涉及的完全是权威性成员的国籍和在各欧洲国家里占统治地位的教派，即使其统治体制根本就不是基督教的。在法国和比利时统治地区，显然很少有新教派别进行传教，如果有，有时也是由前殖民时期的状况造成的，如在马达加斯加。而南非、东非、尼日利亚、黄金海岸和塞拉利昂则是新教传教的绝对重点区域。与此相比，天主教传教则比较均匀地分布在非洲大陆上，主要是因为英属殖民地对于天主教徒来说始终是可以进入的。法国、葡萄牙和比利时对新教徒采取的是限制政策，其国家原因多于宗教原因。人们都希望在殖民地拥有自己国家的传教士。所以第一次世界大战之后，在多哥

和喀麦隆的德国传教士必须由法国传教士替代，而盎格鲁撒克
1036 逊的信仰使者则不能被赶出国际联盟的托管地。另外，对于德国天主教徒来说，文化斗争（Kulturkampf）[①]之后的一个主要问题是要么允许外国传教士进入德国殖民地，要么使相应的传教协会德国化，例如通过招募德国成员或者建立德国修会的分支机构。与之相反的是，1885 年在卡尔·彼得斯的参与下建立了一个新教柏林传教会作为德国东非协会（die Deutsch-Ostafrikanische Gesellschaft）的平行机构。由法国宗教帝国主义者拉维热里（阿尔及尔和迦太基总主教，非洲首席主教和后来的枢机主教）创建的白衣传教会发展成为一个广泛的国际协作会。

下面是特别重要的新教传教会和天主教传教会及其在非洲的主要传教区。

新教	
福音传播会 （Society for the Propagation of the Gospel）（1701 年）	南非，罗得西亚（1890 年）
伦敦差传会 （London Missionary Society） （1795 年）	塞拉利昂（1795 年），南非（1798 年），西南非洲（1801 年），马达加斯加（1818 年），北罗得西亚（1859 年），东非（1876 年），南罗得西亚（1887 年）
英国圣公会差会 （Church Mission Society） （1799 年）	塞拉利昂（1804 年），尼日利亚（1842 年），肯尼亚（1844 年），尼亚萨兰（1860 年代），（德属）东非（1876 年），乌干达（1877 年）
巴色会 （Basler Mission）（1815 年）	黄金海岸（1828 年），多哥（1845 年），喀麦隆（1897 年）
莱茵传教会 （Rheinische Mission）（1828 年）	南非，西南非（1828 年）

① 指 1871 年至 1887 年德意志帝国俾斯麦政府与天主教会及其代表中央党的斗争。

续表

新教	
赫尔曼斯堡传教士协会（Hermannsburger Mission）（1849 年）	南非，罗得西亚
柏林传教会（Berliner Missions-Gesellschaft）（III）（1885 年）	南非（1834 年），德属东非（1886 年）
天主教	
圣神会（Väter vom Heiligen Geist，CSSp）（1703/1848 年）	加蓬（1844 年），塞内加尔（1845 年），喀麦隆（1848 年），尼日利亚（1885 年），刚果，安哥拉，东非（1868 年），马达加斯加
圣母无原罪奉献会（Oblaten von der unbefleckten Jungfrau，OMI）（1812 年）	南非，莱索托（1862 年）
白衣传教会（Weiße Väter，PA）（1868 年）	穆斯林传道，（德属）东非，乌干达（1878 年），罗得西亚（1891 年），尼亚萨兰（1897 年）
圣母圣心会（Scheutvelder Missionare，CICM）（1862 年）	（比属）刚果（1887 年）
圣言会（Gesellschaft vom Göttlichen Wort，SVD）	多哥（1892 年）

与殖民当局的合作通常运转良好，因为他们相互需要。特 1037
别是在比利时和葡萄牙的殖民地，根本谈不上教会和国家的分离。尽管如此还是会爆发冲突，或是因为如何对待土著人的问题，或是因为传教士不愿意与行政当局分享对非洲人的控制，特别是在涉及实实在在的经济利益时，如传教会自己的种植园。另一个冲突点是传教士指责英国、德国和法国行政当局优待伊斯兰教。但是法国人必须顾及的事实是，西非的大部分居民信仰伊斯兰教，只有少数人信仰基督教，而英国人在尼日利

亚顾及穆斯林是因为在北部实行的间接统治。

伊斯兰教在殖民统治时期确实赢得了追随者，如它在塞拉利昂总人口中所占的比例自1891年至1931年从10%增加到26.2%，但并不是由于殖民国家的支持，而是由于殖民国家造成的流动性，该流动性与18世纪开始的伊斯兰教的改革和扩张同时出现。然而也可能是伊斯兰教的教义相对比较简单，被强烈形式化的生活实践因家庭结构和团结原则与非洲人非常接近，因而与比较复杂和个人主义色彩强烈的西方基督教相比，伊斯兰教对这种处境中的非洲人来说是一个更具吸引力的现代宗教。但是也有人想把转向伊斯兰教解释为对殖民统治的抗议。毕竟从阿尔及利亚的赛努西教团开始，直至第一次世界大战前的法属西非新马赫迪，伊斯兰教都是这些反抗运动的载体。无论如何，伊斯兰教不像基督教那样以种族中心主义的面目出现在非洲；它是作为一种由非洲人呈现的非洲宗教出现的。

虽然基督教在很大程度上借助基督教教理指导者、教师及诸如此类的非洲同事同样取得了巨大的成就，但是基督教始终是白人的宗教，特别是在南非，在那里直到第二次世界大战后在一片博爱中还存在着拥有发言权的“兄长”（白人）和必须听话顺从的“小弟”（黑人）。即使教会工作人员全面非洲化也没有轻松地带来什么改变，而非洲化的必要性得到了大多数教会的完全肯定。在天主教教会可以清楚地看出这一点。在教宗于1919年对此表示了赞成之后，1918年至1945年非洲神
1038 职人员的数量从90名增加到了1811名。1930年，自1512年以来首次将主教圣职授予了一个非洲人。尽管如此，非洲教会上层人士仍感到失望，这一点体现在新教派别中分离出了纯非洲教会。在这方面，一个重要的先决条件是人们将《圣经》翻译成了非洲文字——由白人翻译。

当然非洲化可能远远超出了个人范畴，并扩大为对西方宗教的总体反应，这反过来又会引起其代表为非洲化付出更大的努力，在此过程中甚至会涉及一夫多妻制的禁忌。坚守古老的非洲宗教本身完全属于对殖民统治的反抗。这或许让人回想起东非 1905 年至 1907 年的马及马及运动，当时一种魔水将不同的民族凝聚在一起与德国人进行斗争。因此，以博爱为由遏制同类相食、人祭和迫害女巫的反对非洲宗教实践的斗争也完全具有一种政治意义。这一讯息被对方理解并回应了！

在成年仪式（Initiationsriten）上既对男性也对女性行割礼的传统不仅仅流行于东非。男性割礼仅是一个小手术，因此一些传教士将其看作犹太人和穆斯林的习俗，只是提出神学上的疑问。但是女性割礼在极端情况下要完全切除女性外生殖器，这非常疼痛并且有很高的感染风险，据说会导致女性完全失去性欲。女性割礼被传教士和行政官员视为野蛮的非人道行为，根除它是文明的责任。然而，因为它一直是非洲社会和文化成员资格的主要标志，所以坦噶尼喀马萨西（Masasi）的传教士对此持迁就态度，而一些新教传教会则在政府的支持下于 1920/1921 年在肯尼亚禁止基督徒行女性割礼。非洲人激烈的反应导致基库尤人（Kikuyu）自 1923 年起建立独立的学校，1928 年导致一个非洲教会的产生。女性割礼直到今天仍然在实施，很多非洲女性反对它，但其他女性则赞同它，因为她们将自己的文化身份建立在其上，她们认为自己的作用首先取决于自己的生育能力。

西方宗教冲动的非洲化被证明更加充满希望。然而分类尝试却遇到了困难，因为那些独立的教会和群体早已数以千计，所以即使考虑到非洲伊斯兰教不断进行新的组合，人们也愿意把教会分立干脆定义为非洲式虔诚的基本形式。人们愿意在多 1039
大程度上承认那些独特的群体所使用的“基督教”名称，最终取决于基督教传统的承载者愿意并且能够给予非洲多大的文化习得空间！因为许多非洲人皈依基督教后在宗教思想上并没有根本性的转变（Harnischfeger 2005，2007）。这可能也与欧洲信仰使者传播的是一种能与传统非洲理念相容的启蒙前的基督教有关。甚至有人有充分的理由认为，西方基督教在此期间准备与非洲的启蒙前的基督教重新相互适应。对异文化进行的种族学研究的结果再一次成为关于自己文化的见解。另外，至少在尼日利亚和加纳，建立和推行独立教会已经发展成为“美洲式”的大事。

尽管早在17世纪，在刚果和安哥拉就能看到非洲化的基督教的变体，但在南非持续性的非洲化是1884年以尼赫迈亚·泰尔（Nehemiah Tile）的卫理公会教派腾布教会（Tembu Church）开始的。第二次非洲化是1892年受到美国黑人卫理公会教派主教主义（Episkopalismus）影响的曼盖纳·M. 莫库讷（Mangena M. Mokone）的黑人教会（Ethiopian Church）[①]。由此开始了黑人主义（Äthiopismus），一种宗教的泛非洲主义（Panafrikanismus），然而它的政治潜能被高估了，尽管同样受到与美国联系影响的尼亚萨兰的约翰·奇伦布韦（John Chilembwe）独立教会的确在1915年发展成了一场

① 也译作“埃塞俄比亚教会”。此处的“埃塞俄比亚”源于《圣经·诗篇》（68：31）的“Ethiopia shall soon stretch out her hands unto God”（译作“埃塞俄比亚将很快向上帝伸手”或“古实人要急忙举手祷告”等），所代表的意思与叫这个名字的现代国家不同。19世纪末至20世纪初，许多因奴隶制而来到美国的非洲人在这句话中找到安慰，并渴望找到与故土和非洲文化的联系。出于对教会种族隔离制度的不满，莫库讷于1892年在南非建立“埃塞俄比亚教会”。这场宗教运动旨在建立非洲的基督教信仰，侧重于发掘欧洲殖民之前的非洲历史，尝试构建一种“非洲人的非洲”的文化理解，认为美国黑人的历史在救恩史上有放逐、流亡（exile）的意味，而基督将黑人从苦难中解放出来。这场运动代表了非洲人在殖民时期争取宗教和政治自由的一种斗争方式。——编者注

起义运动的坚强核心。自1904年起，同样在南非出现了另外一种类型——“犹太复国主义（Zionismus）”教会。尽管这种称谓被锡安山（Zion）一个名为伊利诺伊斯的团体所接受，这些教会还是与西方模式相差得很远。如果说黑人主义强烈地转向了城市和受西方影响的非洲人的话，那么“犹太复国主义”则是从农村向城市辐射。

组建这种教会放弃了西方的标准，是由神授超凡能力的先知们按照圣灵的启示重新创建的。值得注意的是他们对圣经—基督教原理的自由运用和将它们与非洲传统创造性的融合，比如广泛流传的天赐神力的医治疾病的实践。与许多西方教会相比，圣灵发挥着更大的作用，因为它符合世界充满了神灵这一非洲观念。为非洲人重新建立一个完美世界也是一种广泛流传的观念。先知主义（Prophetismus）、弥赛亚主义（Messianismus）和或多或少反西方的千年至福论 1040
（Chiliasmus）使得很多这类运动很难被引向回归西方意义上的正统教会。这一点已经被1910年至1915年在西非归附福音传教士威廉·韦德·哈里斯（William Wade Harris）的几十万信徒所印证。

下刚果地区的由“先知西蒙·金班古（Simon Kimbangu）建立的全球耶稣基督教会”于1969年被世界福音派教区理事会所接受。金班古是新教讲授基督教教义的教师。他成功地从事了疾病医治的工作，并且于1921年宣告自己为非洲的先知。他众多的追随者拒绝天主教教义，而且金班古还宣称，黑人将会变白和白人也会变黑，所以天主教传教团觉得受到了威胁，殖民国家嗅到了暴动的气息。这位先知效法耶稣将自己献上祭坛，他被判处了死刑，但随后被免去死罪，至1951年辞世一直被监禁。他的追随者受到迫害，但迫害不仅没有损害反而促进了他的学说的传播。1958年至1974年，殖民列强法国、比利时和葡萄牙最终不得不承认了由他的家人领导的教会。根据该教会自己的陈述，10%的刚果人属于它，世界范围内总共有1700万信徒。它花费巨资把金班古的出生地恩坎巴（Nkamba）建成了一个新的耶路撒冷，建立了一所大学和一家自己的电视台，还经营很多其他的事情。它的神学将极端的清教徒式的基督教与非洲元素结合在一起。比如在晚餐上因为有禁酒令而使用液体蜂蜜代替葡萄酒，使用土豆、玉米、鸡蛋和香蕉烘制的糕饼代替面包。尤其是自1970年代开始，根据《约翰福音》14:16–26，金班古被视为圣灵的化身，他的3个儿子自2002年起被视为三位一体的化身。然而，这也给世界福音派理事会（Weltkirchenrat）带来了大麻烦。

一些创始先知也使自己成为其信徒的世俗领袖，比如西非的穆萨马迪斯科克里斯托教会（Musama Disco Christo Church）直接变成了一个新的非洲民族。在其他地方，强势的千年至福论占主导地位，例如1908年在尼亚萨兰开始的引人注目的基塔瓦拉（Kitawala，王国）运动，随后它加入了守望台运动（Watch-Tower-Bewegung），最终通过基督降临与非洲千年至福论的融合在罗得西亚和坦噶尼喀的矿工和农村居民中赢得了众多的追随者。除了殖民主义终结和世界末日的信息，它还自我标榜为一个卓越的秘密组织。然而这种真正的宗教运动与其他大多数此类宗教运动一样，尽管它们具有反殖民性质，但并不能随随便便地就将它们诠释为政治的原始民族运动。

1041 “黑非洲人”在宗教方面的创造性大概充分证明了他们在获取西方文化方面的综合能力。与很多对皈依基督教具有抵御力的穆斯林相反，他们通常务实地接受了强加于他们或者提供给他们的东西，但往往从一开始就已经按照非洲的传统意义在文化方面对其进行重新诠释。在今天的乌干达，方形房屋取代圆形房屋普及开来。男性在“阿拉伯式”的白色长袍上穿着欧式夹克，女性穿着欧式的宽大裙装，这些很快就被视为自我身份的体现。

非洲人模仿欧洲的行为方式，期待从中获得好处并且因此能够得到殖民主人的同情——这是殖民地“模仿人（mimic men）”的经典角色，而很典型的是很少有非洲妇女扮演这种角色。非洲进口它可能需要的货物，无论是为了实际目的还是具有象征意义地为了赢得声望。因此，非洲的需求早在大西洋奴隶贸易时期就已经在世界经济中发挥着重要的作用。在这方面，非洲人绝对不是无论什么劣质物品都照单全收，而是非常注重质量，甚至还曾坚决拒收货物！然而，当19世纪比较富裕的桑给巴尔有选择地接受西方的成就时，在欧洲人眼里这充其量构成了一种“半文明”，而这是一个具有典型意义的误解，因为所涉及的并非一次不完全的西化，而是作为非洲化范例的一次成功的“桑给巴尔化”！

尽管暂时被剥夺了部分经济行为能力，但是非洲人懂得以这种方式适应西方式经营的要求。比较难以澄清的是，那些强加在他们身上的欧洲法律文化，过去和现在在多大程度上影响着他们，当地的法律以什么方式被改变或一成不变地继续存在着。今天，巫术比过去任何时候都更多地作为许多非洲人世界观的一个固定组成部分，而根据殖民国家的观点它根本就不存在，因此没有出现在它们的法律中，以至于对巫术的“必要的”迫害一直由较为普遍的私刑实施。在此期间，巫术在一些国家已被列入犯罪行为，但是现代的法律机构却陷入了举证困难的处境。

手工业、造型艺术和音乐并不总是被欧洲的相应物所排斥，而是有时能够在吸收欧洲技术、主题和风格要素的情况下维系自己。铜管音乐被成功地接受，同样被接受的还有吉

1042 他和其他乐器。反向影响也同样值得报告一下。非洲人在非自愿移居到新世界的过程中也将他们的文化和宗教要素传播了出去；甚至欧洲也有非洲人，包括在巴塞尔或施瓦本哈尔（Schwäbisch Hall）附近的韦斯特海姆（Westheim）进行的非洲传教士的培训。在两次世界大战期间及战后，非洲的地位明显提高，今天还在继续提高。然而，非洲对欧洲艺术和音乐的影响很少是通过这类非洲人的介绍，而更多地应归因于欧洲对非洲的直接感知，又或通过美洲迂回传播到我们这里。

就连在哲学的归属方面今天也在进行争夺，尽管哲学作为一门形式学科对于非洲人来说根本上是陌生的。荣誉——被定义为要求尊重的权利——最近也被认定为非洲现代文化的核心价值。传统上，勇士精神和地位在自己的团体中发挥着中心作用。赞歌和讽刺歌曲是重要的传播媒介。对于许多妇女来说，荣誉就是割礼和生育力。但是在伊斯兰教的影响下，据称通常也把尊重地位置于尊重道德水准之后。殖民统治将非洲的荣誉碎片化了。此后，非洲人可以在为殖民主人服务的过程中寻求荣誉，在军事方面充当雇佣兵，在文职方面充当拥有某些权力的雇员；这类人在现代职业技能方面和在残酷的男性崇拜的文化语境里，都被边缘化了。因为殖民统治最终导致的是颜面丧失，如果不是个体遭受羞辱，就是在结构方面作为反对帝国主义失败的结果。因此，包括去殖民化运动在内的反抗都可以被理解为重新建立非洲的荣誉。

在此过程中，即使在语言和文学领域也不存在非洲的异化。殖民主人的语言成为非洲新精英的媒介并一直如此，因为除阿拉伯语和斯瓦希里语外，只有它可以持久地克服非洲大陆被社会发展所逾越的一个个民族的狭小区域，能够为它创造与世界文化的联系。1986 年获得诺贝尔文学奖的尼日利亚人沃莱·索因卡（Wole Soyinka）是迄今为止唯一获得该奖的“黑非洲人”，他的写作语言是英文。使用当地语言进行写作的尝试可能从一开始就由于读者有限而失败。但是时间越久，使用英语、法语和葡萄牙语写作并采用西方文学形式和体裁的非洲文学就越是将非洲的事情也变成了西方文学的一部分，特别是将非洲人生活中的文化冲突和战胜殖民统治变成了西方文学的
一部分。非洲和亚洲使用英语者强烈地改变了英语，以至于他 1043
们说着并且维护着“新英语”，英国不仅丧失了它的帝国，而且也被剥夺了对其语言的独占权。

在非洲发生的文化接触到底是如何开始的？在白人占优势的时代，这一问题的答案曾经毋庸置疑，而今天人们却不再能作出明确的回答。如今人们不再像以往那样确定，这里究竟是西化了还是非洲化了。

原始资料与参考文献

管　理

Abraham, A., Mende Government and Politics under Colonial Rule, Freetown 1978 | Abshire, D./Samuels, M. (Hg.), Portuguese Africa: A Handbook, London u.a. 1969 | Abubakar, S., The Emirate-Type of Government, in: Journal of the Historical Society of Nigeria 7, 2 (1974) 211–29 | Adewoye, O., The Judicial System in Southern Nigeria, London 1977 | Afeadi, P., Brokering Colonial Rule: Political Agents in Northern Nigeria, 1886–1914, Saarbrücken 2008 | Afigbo, A. E., The Aboliton of the Slave Trade in Southeastern Nigeria, 1885–1950, Rochester, NY 2006 | Ageron, C.-R., France coloniale ou parti colonial? Paris 1978 | Ajayi, J. F. A./Crowder, M. (Hg.), History of West Africa, 2 Bde., 2.–3. Aufl., London 1985–87 | Akinjogbin, I. A./Catchpole, B., A History of West Africa in Maps and Diagrams, London 1984 | Albertini, R. v., Europäische Kolonialherrschaft 1880–1940, 3. Aufl., Zürich u.a. 1987 | Aldrich, R., Greater France: A History of French Overseas Expansion, Basingstoke 1996 | Amenumey, D. E. K., German Administration in Southern Togo, in: JAfH 10 (1969) 623–39 | Anene, J. C., The International Boundaries of Nigeria, 1885–1960, Ibadan 1970 | Ansprenger, F., Politische Geschichte Afrikas im 20. Jahrhundert, 3. Aufl., München 1999 | Anstey, R., King Leopold's Legacy: The Congo under Belgian Rule, 1908–1960, London 1966 | Aquarone, A., Dopo Adua. Politica e amministrazione coloniale, Rom 1989 | Asiwaju, A. I., Western Yorubaland under European Rule, 1889–1943: A Comparative Analysis of French and British Colonialism, Harlow 1976 | –, Control through Coercion, in: Journal of the Historical Society of Nigeria 9, 3 (1978) 91–123 | Austen, R. A., Northwest Tanzania under German and British Rule: Colonial Policy and Tribal Politics, 1889–1939, New Haven 1968 | Azevedo, M., Sara Demographic Instability as a Consequence of French Colonial Policy in Chad, PhD Duke Univ. 1976 | –, The Human Price of Development: The Brazzaville Railroad and the Sara of Chad, in: ASR 24, 1 (1981) 1–19 | Barker, E., The Ideas and Ideals of the British Empire, Cambridge 1941 | Baumgart, W., Der Imperialismus, Wiesbaden 1975 | Der Baumwollanbau in den deutschen Schutzgebieten, Jena 1910 | Bechhaus-Gerst, M., Treu bis in den Tod. Von Deutsch-Ostafrika nach Sachsenhausen. Eine Lebensgeschichte, Berlin 2007 | Benton, L., A Search for Sovereignty: Law and Geography in European Empires, 1400–1900, Cambridge 2010 | Bertram, A., The Colonial Service, Cambridge 1930 | Betts, R. F., Assimilation and Association in French Colonial Theory, 1880–1914, New York 1961, Ndr. 2005 | Beucher, B., Naaba Saaga II et Kougri, rois de Ouagadougou. Un Pére et son fils dans la tourmente coloniale plus postcoloniale (1942–1982), in: OM 99, 1 (2011) 99–109 | Bindseil, R., Ruanda und Deutschland seit den Tagen Richard Kandts, Berlin 1988 | Binoche-Guedra, J., La représentation parlementaire coloniale (1871–1940), in: RH 280 (1988) 521–35 | –, Le rôle des élus de l'Algérie et des colonies au parlement sous la troisième république, in: RFHOM 75 (1988) 309–46 | Bouche, D., 14 millions de Français dans la fédération de l'A. O.F.? In: RFHOM 69 (1982) 97–113 | Brausch, G., Belgian Administration in the Congo, London 1961 | Brunschwig, H., Noirs et blancs en Afrique noire française, Paris 1983 | Buell, R. L., The Native Problem in Africa, 2 Bde., Hamden 1928, Ndr. 1965 | Burke, F. G., Local Government and Politics in Uganda, Syracuse 1964 | Burns, A., Colonial Civil Servant, London 1949 |

Butlin, R. A., Geographies of Empires: European Empires and Colonies, c. 1880–1960, Cambridge 2009 | Carland, J. M., The Colonial Office and Nigeria, London 1985 | Cell, J. W., Hailey: A Study in British Imperialism, 1872–1969, Cambridge 1992 | [CHA] The Cambridge History of Africa, 8 Bde., Cambridge 1975–86; Bd. 8, 1984 | Clausen, W., Die Staatswerdung Ghanas, Hamburg 1960 | Clayton, A., The Thin Blue Line, Oxford 1985 | Cohen, R./Middleton, J. (Hg.), Comparative Political Systems, New York 1967 | Cohen, W. B., Rulers of Empire: The French Colonial Service in Africa, Stanford 1971 | Collins, R. O. (Hg.), Problems in the History of Colonial Africa, Englewood Cliffs 1970 | Colonial Office, Labour Supervision in the Colonial Empire 1937–1943, London 1944 | –, Notes on International Colonial Co-operation, London 1946–1950 | –, Report [...] on the Civil Service [...], 3 Bde., London 1947–48 | –, Labour Administration in the Colonial Territories, 1944–1950, London 1951 | Comaroff, J. L. u. J., Ethnicity, Inc., Chicago 2009 | Conac, G. (Hg.), Dynamiques et finalités des droits africains, Paris 1980 | Conklin, A. L., A Mission to Civilize: The Republican Idea of Empire in France and West Africa, 1895–1930, Stanford 1997 | Coquery-Vidrovitch, C., Le Congo au temps des grandes compagnies concessionaires, 1898–1930, Paris 1972 | –/Moniot, H. (Hg.), L'Afrique noire de 1800 à nos jours, Paris 1974 | Cordell, D. D./Gregory, J. W., Labour Reservoirs and Population, in: JAfH 23 (1982) 205–24 | Crais, C. C. (Hg.), The Culture of Power in Southern Africa: Essays on State Formation and the Political Imagination, Portsmouth, NH 2003 | Crowder, M., Senegal, London 1962 | –, West Africa under Colonial Rule, London 1968 | –, West African Resistance, 2. Aufl., London 1978 | –, Colonial West Africa: Collected Essays, London 1978 | –/Ikime, O. (Hg.), West African Chiefs, New York 1970 | Daly, M. W., British Administration and the Northern Sudan, 1917–1924, Leiden 1980 | Day, L., Nyarroh of Bandasuma, 1885–1914: A Re-Interpretation of Female Chieftaincy in Sierra Leone, in: JAfH 48 (2007) 415–37 | Delavignette, R., Service africain, Paris 1946 (engl. 1950) | Deschamps, H., Les méthodes et doctrines coloniales de la France, Paris 1953 | –, Und nun, Lord Lugard? In: Albertini, R. v. (Hg.), Moderne Kolonialgeschichte, Köln 1970, 203–19 | Die deutsche Kolonialgesetzgebung, 13 Bde., Berlin 1893–1910 | Deutsche Verwaltungsgeschichte, Bd. 3, Stuttgart 1984 | Diallo, M. D. C., Répression et enfermement en Guinée. Le pénitencier de Fotoba et la prison centrale de Conakry, de 1900 à 1958, Paris 2005 | Dietzel, K. H., Die Grundzüge der deutschen Kolonialpolitik, Bonn 1941 | Drummond, I. M., Imperial Economic Policy, 1917–1939, London 1974 | Duffy, J., Portugal in Africa, Harmondsworth 1962 | Duignan, P./Gann, L. H. (Hg.), Colonialism in Africa, 1870–1960, 5 Bde., Cambridge 1969–75 | Dulucq, S./Zytnicki, C. (Hg.), Savoirs autochtones et écriture de l'histoire en situation coloniale (XIXe–XXe siècles). *Informateurs indigènes*, érudits et lettrés en Afrique, in: OM 94, 2 (2006) 7–106 | Duperray, A.-M., Les Gourounsi de Haute Volta, Stuttgart 1984 | Durand, B. (Hg.), Kolonialverwaltung in Afrika zwischen zentraler Politik und lokaler Realität, in: Jahrbuch für Europäische Verwaltungsgeschichte 18 (2006) 1–314 | Echenberg, M., Colonial Conscripts: The Tirailleurs Sénégalais in French West Africa, 1857–1960, London 1991 | –/Filipovich, J., African Military Labour and Building of the *Office du Niger* Installations, in: JAfH 27 (1986) 533–51 | Eckert, A., Die Duala und die Kolonialmächte. Eine Untersuchung zu Widerstand, Protest und Protonationalismus in Kamerun vor dem Zweiten Weltkrieg, Münster 1991 | –, Grundbesitz, Landkonflikt und kolonialer Wandel: Douala 1880 bis 1960, Stuttgart 1999 | –, Herrschen und Verwalten. Afrikanische Bürokraten, staatliche Ordnung und Politik in Tanzania, 1920–1970, München 2007 | Encyclopédie du Congo belge, 3 Bde., Brüssel 1951–53 | Engels, D./Marks, S. (Hg.), Contesting Colonial Hegemony: State and Society in Africa and India, London u. a. 1994 | Etudes africaines offertes à Henri Brunschwig, Paris 1982 | Falola, T., Macht, Status und Einfluss von Yoruba-Chiefs in historischer Perspektive, in: Periplus 4 (1994) 51–67 | Fichtner, A., Die völker- und staatsrechtliche Stellung der deutschen Kolonialgesellschaften des 19. Jahrhunderts, Frankfurt 2002 | Fischer, H.-J., Die deutschen Kolonien. Die koloniale Rechtsordnung und ihre Entwicklung nach dem Ersten Weltkrieg, Berlin 2001 | Fisher, M. H., Indirect Rule in the British Empire, in: MAS 18 (19 84) 393–428 | Fitzner, R., Deutsches Kolonialhandbuch, 2 Bde., 2. Aufl., Berlin 1901–04, Ndr. 2011 | Foreign Office, The Constitutions of All Countries, Bd. 1: The British Empire, London 1938 | Forster, E., Rethinking *Republican Paternalism*: William Ponty in French West Africa, 1890–1915, in: OM 59, 2 (2007) 211–33 | Frankema, E., Raising Revenue in the British Empire, 1870–1940: How Extractive were the Colonial Taxes? In: JGH 5 (2011) 447–77 | Freund, B., The Making of Contemporary Africa, Basingstoke 1984 | Gailey, H. A., Lugard and the Abeokuta Uprising, London 1982 | Gann, L. H./ Duignan, P., The Rulers of German Africa, 1884–1914, Stanford 1977 | –/–, The Rulers of British Africa, 1870–1914, London 1978 | –/– (Hg.), African Proconsuls: European Governors in Africa, London u. a. 1978 | –/–, The Rulers of Belgian Africa, 1884–1914, Princeton 1979 | Gazetteers of the Northern Provinces of Nigeria, 4 Bde. (1920–1934), 2. Aufl., London 1972 | General History of Africa, 8 Bde., Oxford/Paris (UNESCO) 1990–1999; Bd. 7, 1985 | Gerstmeyer, J., Das Schutzgebietsgesetz, Berlin 1910 | Ghai, Y. P./McAuslan, J. P. W. B., Public Law and Political Change in Kenya, New York 1970 | Gifford, P./Louis, W. R. (Hg.), Britain and Germany in Africa: Imperial Rivalry and Colonial Rule, London 1967 | –/– (Hg.), France and Britain in Africa: Imperial Rivalry and Colonial Rule, London 1971 | Gluckauf, M. (Hg.), Ideas and Procedures in African Customary Law, Oxford 1969 | Gocking, R., British Justice and the Native Tribunals of the Southern Gold Coast, in: JAfH 34 (1993) 93–113 | –, The Adjudication of Homicide in Colonial Ghana: The Impact of the Knowles Murder Case, in: JAfH 51 (2010) 85–104 | Grandin, N., Le Soudan nilotique et l'administration britannique (1898–1956), Leiden 1982 | Gründer, H., Geschichte der deutschen Kolonien, 6. Aufl., Paderborn 2012 | Gulliver, P. H. (Hg.), Tradition and Transition in East Africa, London 1969 | Gutkind, P. W. C./Cohen, R./Copans, J. (Hg.), African Labor History, Beverley Hills u. a. 1978 | Hailey, W. M., Native Administration in British African Territories, 5 Bde., London 1950–53 | –, An African Survey, London 1938, 2. Aufl. London 1957 | Harding, L., Geschichte Afrikas im 19. und 20. Jahrhundert, 3. Aufl., München 2013 | Harmand, J., Domination et colonisation, Paris 1910 | Hazdra, P. Afrikanisches Gewohnheitsrecht und *modernes* staatliches Recht, Frankfurt 1999 | Heine, P./Van der Heyden, U. (Hg.), Studien zur Geschichte des deutschen Kolonialismus in Afrika. Festschrift [...] Sebald, Pfaffenweiler 1995 | [HEP] Historia da Expansão Portuguesa, hg. v. Bethencourt, F./Chaudhuri, K., 5 Bde., Lissabon 1998–2000; Bd. 4, 2000 | Hetherington, P., British Paternalism and Africa, 1920–1940, London 1978 | Heussler, R., The British in Northern Nigeria, London 1968 | –, British Tanganyika: An Essay and Documents on District Administration, Durham, NC 1971 | Hill, P., Population, Prosperity and Poverty, Cambridge 1977 | Hommes et destins. Dictionnaire biographique d'outre-mer (Académie des sciences d'outre-mer. Travaux et mémoires), 8 Bde., Paris 1975–88 | Huber, E. R., Deutsche Verfassungsgeschichte seit 1789, Bd. 4., Stuttgart 1969 | Huber, H. M., Koloniale Selbstverwaltung in Deutsch-Südwestafrika, Frankfurt 2000 | Hyam, R., The Colonial Office

Mind, 1900–1914, in: JICH 8 (1979/80) 30–55 | Ibhawoh, B., Historical Globalization and Colonial Legal Culture: African Assessors, Customary Law, and Criminal Justice in British Africa, in: JGH 4 (2009) 429–51 | Ikime, O., Niger Delta Rivalry, London 1969 | Iliffe, J., A Modern History of Tanganyika, Cambridge 1979 | International Labour Office, African Labour Survey, Genf 1958 | Isaacman, A., Peasants, Work and the Labor Process: Forced Cotton Cultivation in Colonial Moçambique 1938–1961, in: Journal of Social History 25 (1992) 815–55 | Isichei, E., History of West Africa, New York 1977 | Jacob, G., Gallieni et *l'impôt moralisateur* à Madagaskar, in: RFHOM 74 (1987) 431–73 | Jahnel, M. J., Das Bodenrecht in *Neudeutschland über See*. Erwerb, Vergabe und Nutzung von Land in der Kolonie Deutsch-Südwestafrika 1884–1915, Frankfurt 2009 | Jean-Baptiste, R., *These Laws Should Be Made by Us*: Customary Marriage Law, Codification and Political Authority in Twentieth-Century Colonial Gabon, in: JAfH 49 (2008) 217–40 | Johnston, W. R., Sovereignty and Protection: A Study of British Jurisdictional Imperialism in the Late Nineteenth Century, Durham 1973 | Joon-Hail Lee, C., The *Native* Undefined: Colonial Categories, Anglo-African Status and the Politics of Kinship in British Central Africa 1929–1938, in: JAfH 46 (2005) 455–78 | Kade, E., Die Anfänge der deutschen Kolonial-Zentralverwaltung, Würzburg 1939 | Karlowa, H., Die Strafgerichtsbarkeit über die Eingeborenen, Diss. iur. Leipzig 1911 | Keese, A., Living with Ambiguity: Integrating an African Elite in French and Portuguese Africa, 1930–61, Stuttgart 2007 | –, First Lessons in Neo-Colonialism: The Personalisation of Relations between African Politicians and French Officials in Sub-Saharan Africa, in: JICH 35 (2007) 593–613 | – (Hg.), Ethnicity and the Long-term Perspective: The African Experience, Bern 2010 | –, Ethno-cultural Mobilisation and the Colonial State: Finding and Selling Oneself in Coastal West Africa (Senegambia, Northern Sierra Leone, Voltaland), 1850–1960, Habil. Bern 2010 [Ms.] | Kerstiens, T., The New Elite in Asia and Africa: A Comparative Study of Indonesia and Ghana, New York 1966 | Killingray, D., *A Good West Indian, a Good African, and in Short, a Good Britisher*: Black and British in a Colour-Conscious Empire, 1760–1950, In: JICH 36 (2008) 363–81 | Kirchberger, U., Wie entsteht eine imperiale Infrastruktur? Zum Aufbau der Naturschutzbürokratie in Deutsch-Ostafrika, in: HZ 291 (2010) 41–69 | Kirk-Greene, A. H. M. (Hg.), The Principles of Native Administration in Nigeria: Selected Documents 1900–1947, London 1965 | –, A Biographical Dictionary of the British Colonial Governor, Bd. 1: Africa, Brighton 1980 | –, The Thin White Line: The Size of the British Colonial Service in Africa, in: AA 79 (1980) 25–44 | –, The Sudan Political Service: A Profile, in: IJAHS 15 (1982) 21–48 | –, A Biographical Dictionary of the British Colonial Service, 1939–1966, London 1991 | –, On Crown Service: A History of HM Colonial and Overseas Civil Services, 1837–1997, London 1999 | –, Britain's Imperial Administrators, 1858–1966, Basingstoke u. a. 2000 | Ki-Zerbo, J., Die Geschichte Schwarz-Afrikas, Frankfurt 1986 | Kleiner deutscher Kolonialatlas, Berlin 1902 | Knoll, A. J., Togo under Imperial Germany, 1884–1914, Stanford 1978 | Koller, C., Die Fremdenlegion, Paderborn 2013 | Kramer, F./Sigrist, C. (Hg.), Gesellschaften ohne Staat, 2 Bde., Frankfurt 1978 | Kuklick, H., The Imperial Bureaucrat, Stanford 1979 | Lackner, H., Koloniale Finanzpolitik im Deutschen Reichstag, Diss. rer. pol. Königsberg 1939 | Langhans, P., Deutscher Kolonialatlas, Gotha 1897 | Lawrance, B. N., Bankoe vs. Dome: Traditions and Petitions in the Ho-Asogli Amalgamation, British Mandated Togoland, 1919–39, in: JAfH 46 (2005) 243–67 | Le Cour Grandmaison, O., L'indigénat. Anatomie d'un monstre juridique: le droit colonial en Algérie et dans l'empire français, Paris 2010 | Lentz, C., Ethnicity and the Making of History in Northern Ghana, Edinburgh 2006 | Louis, W. R., Ruanda-Urundi, 1884–1919, Oxford, 1963 | Low, D. A., Fabrication of Empire: The British and the Uganda Kingdoms, 1890–1902, Cambridge 2009 | –/Pratt, R. C., Buganda and British Over-Rule, London 1960 | Low, V. N., Three Nigerian Emirates, Evanston 1972 | Lüttich, G., Die Mitwirkung von Bundesrat und Reichstag bei der Kolonialgesetzgebung, Münster 1914 | Lugard, F., The Dual Mandate in Tropical Africa, London 1922 | [Lugard] Perham, M. (Hg.), Lugard, The Diaries, 4 Bde., London 1959–63 | [Lugard] Kirk-Greene, A. H. M. (Hg.), Lugard and the Amalgamation of Nigeria [1919], London 1968 | [Lugard] –, F. D. J. Lugard, Political Memoranda: Revision of Instructions to Political Officers, 1913–1918, London 1970 | Lynch, G., *I Say to You*: Ethnic Politics and the Kalenjin in Kenya, Chicago 2011 | Madden, A. F. u. a. (Hg.), Selected Documents on the Constitutional History of the British Empire and Commonwealth, 8 Bde., London 1985–2000; Bd. 5, 1991; Bd. 7, 1994 | Madeira, L., Manipulation et propagande. L'équilibre salazarien des finances publiques dans l'empire portugais (1946–1974), in: OM 98, 1 (2010) 299–315 | Mair, L. P., Native Policies in Africa, New York 1936 | Malinowski, B., The Dynamics of Culture Change, New Haven 1945 | Mandeng, P., Auswirkungen der deutschen Kolonialherrschaft in Kamerun. Die Arbeitskräftebeschaffung in den Südbezirken, Hamburg 1973 | Mann, G., What was the *indigénat*? The *Empire of Law* in British West Africa, in: JAfH 50 (2009) 331–53 | Marchal, J.-Y., Chroniques d'un cercle de l'A. O.F., Paris 1980 | Marjomaa, R., The Martial Spirit: Yao Soldiers in British Service in Nyasaland (Malawi), 1895–1939, in: JAfH 44 (2003) 413–32 | Marx, C., Geschichte Afrikas. Von 1800 bis zur Gegenwart, Paderborn 2004 | –, Der Preis des Wohlwollens. Inder, Indigene und indirekte Herrschaft im britischen Empire, in: JEÜG 4 (2004) 9–32 | McClendon, T., You Are What You Eat up: Deposing Chiefs in Early Colonial Natal, 1847–58, in: JAfH 47 (2006) 259–79 | McCracken, J., Coercion and Control in Nyasaland, in: JAfH 27 (1986) 127–47 | Michels, S., Schwarze deutsche Kolonialsoldaten, Bielefeld 2009 | Midel, M., Fulbe und Deutsche in Adamaua (Nord-Kamerun) 1809–1916. Auswirkungen afrikanischer und kolonialer Eroberung, Frankfurt 1990 | Miège, J.-L., L'impérialisme colonial italien de 1870 à nos jours, Paris 1968 | Mohamed-Gaillard, S./Romo-Navarrete, M. (Hg.), Des Français Outre-mer. Une approche prosopographique au service de l'histoire contemporaine, Paris 2005 | Morlang, T., Askari und Fitafita. *Farbige* Söldner in den deutschen Kolonien, Berlin 2008 | Morris-Jones, W. H. (Hg.), From Rhodesia to Zimbabwe, London 1980 | Müller, F. F., Kolonien unter der Peitsche, Berlin 1962 | Murray, A. V., Education and Indirect Rule, in: Journal of the Royal African Society 34 (1935) 227–68 | Newbury, C., Patrons, Clients, and Empire: Chieftaincy and Over-Rule in Asia, Africa, and the Pacific, Oxford 2003 | Newitt, M., Portugal in Africa: The Last Hundred Years, London 1981 | Ngongo, L., Histoire des institutions et des faits sociaux du Cameroun, Bd. 1, Paris 1987 | [NHEP] Nova Historia da Expansão Portuguesa, 12 Bde. in 15 Tln., Lissabon 1991 ff.; Bd. 11, 2001 | Nicolson, I. F., The Administration of Nigeria, 1900–1960: Men, Methods, and Myths, Oxford 1969, Ndr. 1977 | Norris, E. G., Die Umerziehung des Afrikaners. Togo 1893–1938, München 1993 | Ofcansky, T. P., A Bio-Bibliography of F. D. Lugard, in: HA 9 (1982) 239–45 | Okonjo, I. M., British Administration in Nigeria, 1900–1950: A Nigerian View, New York u. a. 1974 | Olaniyan, R. A., The Amalgamation and its Enemies: An Interpretive History of Modern Nigeria, Ife 2003 | Oliveda, F., Gouvernement général de l'A.É.F. Repertoire général de la législation, Brazzaville 1921–1922 [Ms.] | Olorunfemi, A., The Liquor Traffic Dilemma in British West Africa, in: IJAHS 17 (1984) 229–41 | Ormsby-Gore, W.,

The Meaning of *Indirect Rule*, in: Journal of the Royal African Society 34 (1935) 283–86 | Osborn, E. L., *Circle of Iron*: African Colonial Employees and the Interpretation of Colonial Rule in French West Africa, in: JAfH 44 (2003) 29–50 | Owen, R., Die indischen Erfahrungen Lord Cromers, in: Albertini, R. v., Kolonialgeschichte 1970, 174–202 | Oxford University Summer School on Colonial Administration II, 1938 | Pakenham, V., The Noonday Sun: Edwardians in the Tropics, London 1985 | Palley, C., The Constitutional History and Law of Southern Rhodesia, 1888–1965, Oxford 1966 | Papstein, R., The Political Economy of Tribalism in Northwestern Zambia, in: Tijdskrift voor Geschiedenis 98 (1985) 393–401 | Parker, J./Reid, R. (Hg.), The Oxford Handbook of Modern African History, Oxford 2013 | Penvenne, J. M., A History of African Labour in Lourenco Marques, PhD Boston Univ. 1982 | Perham, M., Native Administration in Nigeria, London 1937 | –, Lugard, 2 Bde., London 1956–60 | Perrot, C.-H., Le processus de formation d'une ethnie. Les Anyi Ndenye de Côte-d'Ivoire, in: RFHOM 68 (1981) 427–29 | –/Fauvelle-Aymar, F.-X. (Hg.), Le retour des rois. Les autorités traditionelles et l'Etat en Afrique contemporaine, Paris 2003 | Pesek, M., Koloniale Herrschaft in Deutsch-Ostafrika. Expeditionen und Verwaltung seit 1880, Berlin 2005 | Petit, E., Organisation des colonies françaises et des pays du protectorat, Bd. 1, Paris 1894 | Post, A. H., Afrikanische Jurisprudenz, 2 Bde., Oldenburg 1887 | Reid, R. J., Past and Presentism: The *Precolonial* and the Foreshortening of African History, in: JAfH 51 (2010) 135–55 | Report of the Commission on Closer Union of the Dependencies in Eastern and Central Africa, London 1929 | Rezzi, N., Les gouverneurs français de 1880 à 1914. Essai de typologie, in: OM 99, 1 (2011) 9–19 | Richards, A. I., East African Chiefs, London 1960 | Rivet, D., Lyautey et l'institution du protectorat français au Maroc (1912–1925), 3 Bde., Paris 1996 | Roberts, B. C., Labour in the Tropical Territories of the Commonwealth, London 1964 | Roberts, R., Representation, Structure, and Agency: Divorce in the French Soudan during the Early 20th Century, in: JAfH 40 (1999) 389–410 | Roberts, S. H., The History of French Colonial Policy, 1870–1925, 2. Aufl., London 1963 | Rodet, M., Genre, Islam et pluralisme juridique au Soudan français (1900–1925), in: OM 99, 1 (2011) 173–83 | Rohde, E., Chefferie Bamiléké. Traditionelle Herrschaft und Kolonialsystem, Münster 1990 | Rotberg, R. I./Mazrui, A. A. (Hg.), Protest and Power in Black Africa, New York 1970 | Rothermund, D. (Hg.), Die Peripherie in der Weltwirtschaftskrise, Paderborn 1983 | Salacuse, J. W., An Introduction to Law in French-speaking Africa, Bd. 1, Charlotteville 1969 | Salifou, A., Colonisation et sociétés indigènes au Niger de la fin du XIXe siècle au début de la deuxième guerre mondiale, 2 Bde., Diss. Toulouse 1977 | Samassa, P., Die Besiedelung Deutsch-Ostafrikas, Leipzig 1909 | Sané, S., Le contrôle des armes à feu en Afrique occidentale française, 1834–1958, Paris 2008 | Sbacchi, A., Ethiopia under Mussolini: Fascism and the Colonial Experience, London 1985 (ital. 1980) | Schack, F., Das deutsche Kolonialrecht, Hamburg 1923 | Schaedel, M., *Eingeborenen-Arbeit* [...] in Mosambik, Köln 1984 | Schaper, U., Koloniale Verhandlungen. Gerichtsbarkeit, Verwaltung und Herrschaft in Kamerun 1884–1916, Frankfurt 2012 | Schlottau, R., Deutsche Kolonialrechtspflege. Strafrecht und Strafmacht in den deutschen Schutzgebieten 1884 bis 1914, Frankfurt 2007 | Schneebeli, R., Die zweifache Treuhänderschaft, Zürich 1958 | Schröder, M., Prügelstrafe und Züchtigungsrecht in den deutschen Schutzgebieten Schwarzafrikas, Münster 1997 | Schultz-Ewerth, E. v./Adam, L. (Hg.), Das Eingeborenenrecht [...] der ehemaligen deutschen Kolonien, 2 Bde., Stuttgart 1929–30 | Das Schutzgebietsgesetz, Berlin 1901 | Sebald, P., Togo 1884–1914, Berlin 1988 | Seitz, T., Grundsätze über die Aufstellung und Bewirtschaftung des Etats der deutschen Schutzgebiete, Berlin 1905 | Shadle, B. L., *Changing Traditions to Meet Current Altering Conditions*: Customary Law, African Courts, and the Rejection of Codification in Kenya, 1930–1960, in: JAfH 40 (1999)411–31 | Sharkey, H. J., Living with Colonialism: Nationalism and Culture in the Anglo-Egyptian Sudan, Berkeley 2003 | Shillington, K. (Hg.), Encyclopedia of African History, 3 Bde., New York 2005 | Sohier, J. (Hg.), La mémoire d'un policier belge-congolais, Brüssel 1974 | Spidle, J. W., Colonial Studies in Imperial Germany, in: History of Education Quarterly 13 (1973) 231–47 | Spittler, G., Verwaltung in einem afrikanischen Bauernstaat. Das koloniale Französisch-Westafrika 1919–1939, Wiesbaden 1981 | Stamp, P., Local Government in Kenya, in: ASR 29 (1986) 17–42 | Steinmetz, G., The Devil's Handwriting: Precoloniality and the German Colonial State in Qingdao, Samoa, and Southwest Africa, Chicago u. a. 2007 | Stengel, K. v., Die Rechtsverhältnisse der deutschen Schutzgebiete, Tübingen u. a. 1901 | Stenographische Berichte über die Verhandlungen des Deutschen Reichstages 75–325 (1884–1918) mit Beilagen zu den Kolonien | Stewart, J., The British Empire: An Encyclopedia of the Crown's Holdings, 1493 through 1995, Jefferson u. a. 1996 | Stigand, C. H., Administration in Tropical Africa, London 1914 | Stoecker, H. (Hg.), Drang nach Afrika. Die deutsche koloniale Expansionspolitik und Herrschaft in Afrika von den Anfängen bis zum Verlust der Kolonien, Berlin 1977, 2. Aufl. 1991 | Suret-Canale, J., Schwarzafrika, 2 Bde., Berlin 1966 | Symonds, R., The British and their Successors, London 1966 | Tamuno, T. N., Nigeria and Elective Representation, London 1966 | –, The Evolution of the Nigerian State, London 1972 | Tetzlaff, R., Koloniale Entwicklung und Ausbeutung. Wirtschafts- und Sozialgeschichte Deutsch-Ostafrikas 1885–1914, Berlin 1970 | Thomas, M. (Hg.), The French Colonial Mind, 2 Bde., Lincoln u. a. 2011 | Thompson, G., Governing Uganda: British Colonial Rule and its Legacy, Kampala 2003 | Tibenderana, P. K., The Role of the British Administration in the Appointment of the Emirs in Northern Nigeria, in: JAfH 28 (1987) 231–57 | –, The Irony of Indirect Rule in Sokoto, in: ASR 31, 1 (1988) 67–92 | Tiebel, A., Die Entstehung der Schutztruppengesetze [...] (1888–1898), Frankfurt 2008 | Tignor, R., Colonial Chiefs in Chiefless Societies, in: Journal of Modern African Studies 9 (1971) 339–59 | Tosh, J., Colonial Chiefs in a Stateless Society: A Case Study from Northern Uganda, in: JAfH 14 (1973) 473–90 | –, Clan Leaders and Colonial Chiefs in Lango, Oxford 1978 | Touré, O., Le refus du travail forcé au Sénégal oriental, in: CEA 24 (1984) 25–38 | Vail, L. (Hg.), The Creation of Tribalism in Southern Africa, London 1989 | –/White, L., Capitalism and Colonialism in Mozambique: A Study of the Quelimane District, London 1980 | Van Binsbergen, W./Pelgrim, R. (Hg.), The Dynamics of Power and the Rule of Law, Münster 2003 | Vanhove, J., Histoire du ministère des colonies, Brüssel 1968 | Van Laak, D., Imperiale Infrastruktur. Deutsche Planungen für eine Erschließung Afrikas 1880 bis 1960, Paderborn 2004 | Van Onselen, C., Chibaro: African Mine Labour in Southern Rhodesia, 1900–1933, London 1976 | Van Rouveroy van Nieuwaal, E. A. B./Van Dijk, R. (Hg.), African Chieftaincy in a New Socio-Political Landscape, Münster 1999 | Vanthemsche, G., Belgium and the Congo, 1885–1980, Cambridge 2012 (franz. 2007) | Van Zwanenberg, R. M. A., Colonial Capitalism and Labour in Kenya, 1919–1939, Kampala 1975 | Vaughan, O., Nigerian Chiefs: Traditional Power in Modern Politics, 1890s-1990s, Rochester, NY 2000 | –, Chieftaincy Policy and Communal Identity in Western Nigeria, 1893–1951, in: JAfH 44 (2003) 282–302 | Venier, P., Lyautey et l'idée de protéctorat de 1894 à 1902. Genèse d'une doctrine coloniale, in: RFHOM 78 (1991) 499–517 | Verhandlungen des deutschen Kolonialkongresses 1902, 1905, 1910, 1924, Berlin 1903–

24 | Veröffentlichungen des Reichskolonialamtes, Bd. 1, Berlin 1912 ff. | Walz, G., Die Entwicklung der Strafrechtspflege in Kamerun 1884–1914, Freiburg 1981 | Weiskel, T. C., French Colonial Rule and the Baule Peoples: Resistance and Collaboration, 1889–1911, Oxford 1980 | Westfall, G., French Colonial Africa: A Guide to Official Sources, London 1992 | White, J., Central Administration in Nigeria, 1914–1948: A Problem of Polarity, Dublin u. a. 1981 | Wickins, P. L., Africa 1880–1980: An Economic History, Kapstadt 1986 | Wight, M., The Gold Coast Legislative Council, London 1947 | –, British Colonial Constitutions, Oxford 1952 | Wilson, H. S., The Imperial Experience in Sub-Saharan Africa since 1870, Minneapolis 1977 | Wirz, A./Eckert, A./Bromber, K. (Hg.), Alles unter Kontrolle. Disziplinierungsprozesse im kolonialen Tansania (1850–1960), Köln 2003 | Woolf, L., Empire and Commerce in Africa, London 1920 | Wraith, R. E., Local Government in West Africa, 2. Aufl., London 1972 | Wright, M. S. J., Die Wirtschaftsentwicklung und die Eingeborenenpolitik in den ehemaligen deutschen Schutzgebieten, Diss. phil. Heidelberg 1932 | Youé, C. P., Robert Thorne Coryndon, Gerrards Cross 1986 | Young, C., The African Colonial State in Comparative Perspective, New Haven u. a. 1994 | Zollmann, J., Koloniale Herrschaft und ihre Grenzen. Die Kolonialpolizei in Deutsch-Südwestafrika 1894–1915, Göttingen 2010 | Zorn, P., Deutsche Kolonialgesetzgebung, Berlin 1901 | Zurstrassen, B., *Ein Stück deutscher Erde schaffen*. Koloniale Beamte in Togo 1884–1914, Frankfurt 2008.

经 济

Adedeji, A. (Hg.), Economic Crisis in Africa, Boulder 1985 | Ageron, C.-R. 1978 | Albertini, R. v. 1987 | Aldrich, R. 1996 | Allain, J.-C., Les chemins de fer marocains, in: RHMC 34 (1987) 427–52 | Amin, M./Willetts, D./Matheson, A., Die Ugandabahn, Zürich 1987 | Amin, S., L'Afrique de l'ouest bloquée. L'économie politique de la colonisation 1880–1970, Paris 1971 | –, Neo-Colonialism in West Africa, Harmondsworth 1973 | –, Les migrations contemporaines en Afrique de l'Ouest, London 1974 | –, Le développement du capitalisme en Côte d'Ivoire, 2. Aufl., Paris 1975 | –/Coquery-Vidrovitch, C., Histoire économique du Congo 1880–1968, Dakar u. a. 1969 | Arnold, B., Steuer und Lohnarbeit im Südwesten von Deutsch-Ostafrika, 1891 bis 1916, Münster 1994 | Asante, S. K. B., Property Law and Social Goals in Ghana, Accra 1975 | Atangana, M., French Investment in Colonial Cameroun: The FIDES Era (1946–1957), New York 2009 | Austen, R. A., African Economic History, London 1987 | Austin, G., Labour, Land, and Capital in Ghana: From Slavery to Free Labour in Asante, 1807–1956, Rochester, NY 2005 | Azevedo, M. 1981 | Babou, C. A., Fighting the Greater Jihad: Amadu Bamba and the Founding of the Muridiyya of Senegal, 1853–1913, Athens, OH 2007 | Bairoch, P./Etemad, B., Structure par produits des exportations du Tiers Monde, 1830–1937, Genf 1985 | Baldwin, R. E., Economic Development and Export Growth: A Study of Northern Rhodesia, Berkeley 1966 | Baltzer, F., Die Kolonialbahnen, Berlin 1916 | Barnett, T., The Gezira Scheme: An Illusion of Development, London 1977 | –/Abdelkarim, A., Sudan: The Gezira Scheme and Agricultural Transition, London 1988 | Bassett, T. J., The Development of Cotton in Northern Ivory Coast, in: JAfH 29 (1988) 267–84 | –, The Peasant Cotton Revolution in West Africa: Côte d'Ivoire, 1880–1995, Cambridge 2001 | Bauer, P. T., West African Trade: A Study of Competition, Oligopoly, and

Monopoly in a Changing Economy, Cambridge 1954 | Baumwollanbau 1910 | Beckert, S., King Cotton. Eine Geschichte des globalen Kapitalismus, München 2015 | Beinart, W./Delius, P./Trapido, S. (Hg.), Putting a Plough to the Ground: Accumulation and Dispossession in Rural South Africa, Johannesburg 1986 | Bentsi-Enchili, K., Ghana Land Law, London u. a. 1964 | Berry, S. S., Cocoa, Custom and Socioeconomic Change in Western Nigeria, Oxford 1975 | Blake, G./Dewdney, J./Mitchell, J., The Cambridge Atlas of the Middle East and North Africa, Cambridge 1987 | Bobrie, F., L'investissement public en Afrique noire française entre 1924 et 1938, in: RFHOM 63 (1976) 459–72 | Bonin, H./Hodeir, C./Klein, J.-F. (Hg.), L'esprit économique impérial (1830–1970). Groupes de pression et réseaux du patronat colonial en France et dans l'empire, Paris 2008 | Bowman, J. L., *Legitimate Commerce* and Peanut Production in Portuguese Guinea, in: JAfH 28 (1987) 87–107 | Braun, G., Nord-Süd-Konflikt und Entwicklungspolitik, Opladen 1985 | Brett, E. A., Colonialism and Underdevelopment in East Africa, London 1973 | Brogini-Künzi, G., Italien und der Abessinienkrieg 1935/36. Kolonialkrieg oder totaler Krieg? Paderborn 2006 | Buell, R. L. 1965 | Bundy, C., The Rise and Fall of the South African Peasantry, London 1979 | Burkhard, R., Deutsche Kolonialunternehmungen, Berlin 1940 | Butler, L. J., Industrialization and the British Colonial State: West Africa 1939–51, London u. a. 1997 | –, Copper Empire: Mining and the Colonial State in Northern Rhodesia, c. 1930–1964, Basingstoke 2007 | Caminho de Ferro de Benguela, London 1929 | Carlson, J., The Limits of Structural Change, Uppsala u. a. 1981 | CHA, Bd. 7, 1986 | Christopher, A. J., The Crown Lands of British South Africa, 1853–1914, Kingston 1984 | Chubb, L. T., Ibo Land Tenure, Ibadan 1961 | Clarence-Smith, W. G., The Economic Dynamics of Spanish Colonialism in the Nineteenth and Twentieth Centuries, in: Itinerario 15, 1 (1991) 71–90 | Clark, C./Haswell, M., The Economy of Subsistence Agriculture, 4. Aufl., London 1970 | Commins, S. K./Lofchie, M. F. (Hg.), Africa's Agrarian Crisis: The Roots of Famine, Boulder 1986 | Cone, L. W./Liscomb, J. F., The History of Kenya Agriculture, Nairobi 1972 | Coquery-Vidrovitch, C. 1972 | –, La mise en dépendance de l'Afrique noire. Essai de périodisation, 1800–1970, in: CEA 16 (1976) 7–58 | –, L'Afrique française et la crise de 1930, in: RFHOM 63 (1976) 336–424 | – (Hg.), Actes du colloque entreprises et entrepreneurs en Afrique (XIXe et XXe siècles), 2 Bde., Paris 1983 | –/Forest, A. (Hg.), Décolonisations et nouvelles dépendences, Lille 1986 | –/ Moniot, H. 1974 | Cruise O'Brien, D. | The Mourides of Senegal: The Political and Economic Organization of an Islamic Brotherhood, Oxford 1971 | Curtin, P. D. u. a., African History, Boston 1978 | Daly, M. W. 1980 | Denoon, D., Settler Capitalism: The Dynamics of Dependent Development in the Southern Hemisphere, Oxford 1983 | Den Twinder, B. M. u. a., Ivory Coast: The Challenge of Success, Baltimore u. a. 1978 | Dewey, C., The Eclipse of the Lancashire Lobby and the Concession of Fiscal Autonomy to India, in: ders../Hopkins, A. G. (Hg.), The Imperial Impact, London 1978, 35–67 | Dinham, B./Hines, C., Agrobusiness in Africa, London 1983 | Drummond, I. M. 1974 | Duignan, P./Gann, L. H., Bd. 1–5, 1969–75 | Dumett, R. E., El Dorado in West Africa: The Gold-Mining Frontier. African Labour and Global Capitalism in the Gold Coast, 1875–1900, Oxford 1998 | D'Ydewalle, C., L'union minière du Haut-Katanga, Paris 1960 | Echenberg, M./Filipovich, J. 1986 | Ehrler, F., Handelskonflikte zwischen europäischen Firmen und einheimischen Produzenten in Britisch-Westafrika, Zürich u. a. 1977 | Ekundare, R. O., An Economic History of Nigeria, 1860–1960, London 1973 | Encyclopédie, Bd. 2, 1953 | Fieldhouse, D. K., Unilever Overseas: The Anatomy of a Multinational, 1895–1965, London 1978 | –, Black Africa, 1945–1980: Economic Decolonization and Arrested Development, London 1986 | Fliedner, H., Die Bodenrechtsreform in Kenya, Berlin 1965 | Frankel, S. H., Capital Investment in Africa: Its Course and Effects, London 1938 | Gaitskell, A., Gezira: A Study of Development in the Sudan, London 1959 | Gandah Nabi, H., La Compagnie française de l'Afrique occidentale au Niger (1926–1998), in: OM 91, 1 (2004) 295–319 | Gann, L. H., A History of Northern Rhodesia, London 1964 | Geis, H.-G., Die Geld- und Bankensysteme der Staaten Westafrikas, München 1967 | General History, Bd. 7, 1985 | Gifford, P./Louis, W. R. 1971 | Goerg, O., Commerce et colonisation en Guinée (1850–1913), Paris 1986 | Griffiths, I. L., An Atlas of African Affairs, London u. a. 1984 | Gründer, H. 2012 | Gutkind, P. C. W./Wallerstein, I. (Hg.), The Political Economy of Contemporary Africa, Beverley Hills 1976 | Hailey, W. M. 1938 | Halbach, A. J. u. a., Industrialisierung in Tropisch-Afrika, München 1975 | Harding, L., Faszination afrikanische Geschichte. Afrikanische Händler zwischen zwei Welten, in: Periplus 1 (1991) 155–62 | – 2013 | Hausen, K., Deutsche Kolonialherrschaft in Afrika. Wirtschaftsinteressen und Kolonialverwaltung in Kamerun vor 1914, Zürich 1070 | Havinden, M./Meredith, D., Colonialism and Development: Britain and its Tropical Colonies, 1850–1960, London 1993 | Hayter, T., French Aid, London 1966 | Helleiner, G. K., Peasant Agriculture, Government, and Economic Growth in Nigeria, Homewood 1966 | Hellmann, J. (Hg.), Von der Heydt's Kolonial-Handbuch, Berlin u. a. 1914 | HEP, Bd. 4, 2000 | Heuer, A., Exporthandel, Handelshäuser und Händler an der Elfenbeinküste von 1880 bis 1939, Ammersbeck 1989 | Hill, P., The Migrant Cocoa Farmers of Southern Ghana, Cambridge 1963 | – 1977 | –, Development Economics on Trial, Cambridge 1986 | Hogendorn, J./Johnson, M., The Shell Money of the Slave Trade, Cambridge 1986 | Hopkins, A. G., An Economic History of West Africa, 2. Aufl., London 1975 | –, Big Business in African Studies, in: JAfH 28 (1987) 119–40 | Houghton, D. G./Dagut, J. (Hg.), Source Material on the South African Economy, 1860–1970, 3 Bde., Kapstadt 1972/73 | Howard, R., Colonialism and Underdevelopment in Ghana, New York 1978 | Hyden, G., Beyond Ujamaa in Tanzania: Underdevelopment and an Uncaptured Peasantry, London 1980 | Iliffe, J., The Emergence of African Capitalism, London 1983 | –, The African Poor: A History, Cambridge 1987 | International Monetary Fund, Survey of African Economics, 5 Bde., Washington 1968–73 | Irvine, F. R., West African Crops, London 1969 | Jahnel, M. J. 2009 | James, R. W./Fimbo, G. M., Customary Land Law of Tanzania, Nairobi u. a. 1973 | Jewsiewicki, B., Le colonat agricole européen au Congo belge, in: JAfH 20 (1979) 550–71 | Johnson, D. H., Political Ecology in the Upper Nile: The Twentieth Century Expansion of the Pastoral *Common Economy*, in: JAfH 30 (1989) 463–86 | Jones, W. O., Manioc in Africa, Stanford 1959 | Kanduza, A. M., Political Economy of Underdevelopment in Northern Rhodesia, Lanham 1986 | Kanfer, S., Das Diamanten-Imperium. Aufstieg und Macht der Dynastie Oppenheimer, München 1994 (engl. 1993) | Kanogo, T., Squatters and the Roots of Mau Mau, 1905–1963, London u. a. 1987 | Katzenellenbogen, S. E., Railways and the Copper Mines of Katanga, Oxford 1973 | Killingray, D., The Empire Resources Development Committee and West Africa, in: JICH 10 (1981/82) 194–210 | Klein, M. A. (Hg.), Peasants in Africa, London 1980 | Knoll, A. J. 1978 | Körner, H., Kolonialpolitik und Wirtschaftsentwicklung, Stuttgart 1965 | Konczacki, Z. A. u. J. M. (Hg.), An Economic History of Tropical Africa, 2 Bde., London 1977 | Koponen, J., Development for Exploitation: German Colonial Policies in Mainland Tanzania, 1884–1914, Helsinki u. a. 1995 | Larebo, H. M., The Building of an Empire: Italian Land Policy and Practice in Ethiopia, 1935–1941, Oxford 1994 | Larson, B. K., The Rural Marketing System of Egypt, in: CSSH 27 (1985) 494–530 | Leduc, M., Les institutions monétaires africaines, pays francophones, Paris 1965 | Low, D. A./Pratt, R. C. 1960 | Loynes, J. B., The West Africa Currency Board, 1912–1962, London 1962 | Lunn, J., The Political Economy of Primary Railway Construction in the Rhodesias, 1890–1911, in: JAfH 33 (1992) 239–54 | Marseille, J., L'investissement français dans l'empire colonial: l'enquête du gouvernement de Vichy (1943), in: RH 252 (1974) 409–32 | –, Les relations commerciales entre la France et son empire colonial de 1880 à 1913, in: RHMC 31 (1984) 286–307 | –, Empire colonial et capitalisme français. Histoire d'une divorce, Paris 1984 | Martin, S. M., Boserup Revisited: Population and Technology in African Agriculture, in: JICH 16 (1987/88) 109–23 | –, Palm Oil and Protest: An Economic History of the Ngwa Region, South-Eastern Nigeria, 1800–1980, Cambridge 1988 | Marx, C. 2004 | Mason, R. M., African Production and the Support of European Settlement in Kenya, in: JICH 14, 1 (1985/86) 52–64 | Maxon, R. M., The Kenya Currency Crisis, 1919–1921, and the Imperial Dilemma, in: JICH 17 (1989) 323–48 | Mayer, O., Die Entwicklung der Handelsbeziehungen Deutschlands zu seinen Kolonien, Diss. rer. pol. Tübingen 1913 | McCann, J. C., A Great Agrarian Cycle? Productivity in Highland Ethiopia, 1900–1987, in: Journal of Interdsciplinary History 20 (1990) 389–416 | –, Maize and Grace: Africa's Encounter with a New World Crop, 1500–2000, Cambridge, MA 2005 | McCulloch, J., In the Twilight of Revolution: The Political Theory of Amilcar Cabral, London 1983 | Meek, C. K., Land Law and Custom in the Colonies, London 1946, 2. Aufl. 1949, Ndr. 1968 | Meier, A., Hunger und Herrschaft. Vorkoloniale und frühe koloniale Hungerkrisen im Nordtschad, Stuttgart 1995 | Miège, J.-L. 1968 | Mollan, S. M., Business Failure, Capital Investment and Information: Mining Companies in the Anglo-Egyptian Sudan, 1900–1913, in: JICH 37 (2009) 229–48 | Mollion, P., Le Portage en Oubangui-Chari, in: RHMC 33 (1986) 542–68 | Mosley, P., Agricultural Development and Government Policy in Settler Economies, in: EcHR 35 (1982) 390–408 | Moyana, H. V., Land Apportionment in Rhodesia, 1920–1960, PhD Columbia Univ. 1975 | Mungeam, G. H. (Hg.), Kenya: Select Historical Documents, 1884–1923, Nairobi 1978 | Munro, J. F., Monopolists and Speculators: British Investments in West African Rubber, in: JAfH 22 (1981) 263–78 | –, British Rubber Companies in East Africa, in: JAfH 24 (1983) 369–79 | Newlyn, W. T./Rowan, D. C., Money and Banking in British Colonial Africa, Oxford 1954 | Ngango, G., Les investissements d'origine extérieure en Afrique noire francophone. Statut et incidence sur le developpement, Paris 1973 | Nuscheler, F. (Hg.), Dritte-Welt-Forschung, Opladen 1985 | Nwabughuogu, A. I., From Wealthy Entrepreneurs to Petty Traders, in: JAfH 23 (1982) 365–789 | OEEC, Investment in Overseas Territories in Africa South of the Sahara, Paris 1951 | Okalla Bana, E.-C., Les entreprises françaises de travaux publiques face au développement économique de l'outre-mer: la mise en place du réseau ferré au Cameroun (1945–1972), in: OM 99, 2 (2011) 275–98 | Olennu, N. A., Principles of Customary Land Law in Ghana, London 1962 | Oliver, R. A./Mathew, G. (Hg.), History of East Africa, 3 Bde., 1.–5. Aufl., Oxford 1976; Bd. 2 | Olukoju, A., Rotgut and Revenue: Fiscal Aspects of the Liquor Trade in Southern Nigeria, 1890–1919, in: Itinerario 21, 2 (1997) 66–81 | Overton, J., War and Econmic Development: Settlers in Kenya, 1914–1918, in: JAfH 27 (1986) 79–103 | –, The Origins of the Kikuyu Land Problem, in: ASR 31, 2 (1988) 109–26 | Palmer, R., Land and Racial Domination in Rhodesia, London 1977 | –/Parsons, N. (Hg.), The Roots of Rural Poverty in Central and Southern Africa, London 1977 | Parker, J./Reid, R. 2013 | Payer, C., The Debts Trap, London 1974 | Pearson, A./Mouchet, R., The Practical Hygiene of Native Compounds in Tropical Africa, London 1923 | Pedler, F., The Lion and the Unicorn in Africa: The United Africa Company, 1787–1931, London 1974 | Post, A. H. 1887 | Ram, K. V., British Government, Finance Capitalists, and the French Jibuti-Addis Abeba Railway, 1898–1913, in: JICH 9 (1980/81) 146–68 | Ravagnan, G. M., Sunflower in Africa, Florenz 1993 | Reikat, A., Handelsstoffe. Grundzüge des europäisch-westafrikanischen Handels vor der industriellen Revolution am Beispiel der Textilien, Frankfurt 1994 | Remy, K., Die Eisenbahnen im Rahmen des afrikanischen Gesamtverkehrs, Berlin 1943 | Roberts, A., A History of Zambia, London 1976 | –, Notes Toward a Financial History of Copper Mining in Northern Rhodesia, in: CJAS 16 (1982) 347–59 | Roberts, R., French Colonialism, Imported Technology, and the Handicraft Textile Industry in Western Soudan, in: JEcH 47 (1987) 461–72 | Röhr, G. F., Die Eisenbahnen im ehemaligen Deutsch-Ostafrika, Krefeld 1970 | –, Die Feldspurbahnen Südwestafrikas, Krefeld 1980 | Rotberg, R. I. (Hg.), Imperialism, Colonialism, and Hunger: East and Central Africa, Lexington 1983 | Rothermund, D. 1983 | Salifou, A. 1977 | Sandbrook, R./Barker, J., The Politics of Economic Stagnation, Cambridge 1985 | Sarraut, A., La mise en valeur des colonies françaises, Paris 1923 | Sbacchi, A. 1985 | Schinzinger, F., Die Kolonien und das Deutsche Reich, Wiesbaden 1984 | Schreyger, E., L'Office du Niger au Mali, 1932 à 1982, Wiesbaden 1984 | Schultz-Ewerth, E. v./Adam, L. 1929/30 | Searing, J., *God alone is King*: Islam and Emancipation in Senegal. The Wolof Kingdoms of Kajoor and Bawol, 1859–1914, Portsmouth, NH 2002 | Sebald, P. 1988 | Sertorio, G., Struttura sociale politica e ordinamento fondiario yoruba, Como 1967 | Shillington, K. 2005 | Siddle, D./Swindell, K., Rural Change in Tropical Africa, Oxford 1990 | Simon, D., Internationale Abhängigkeit und nationale Entwicklung, Frankfurt 1987 | Sklar, R. L., Corporate Power in an African State, Berkeley 1975 | Soret, M., Histoire du Congo-Brazzaville, Paris 1978 | Sorrenson, M. P. K., Origins of European Settlement in Kenya, Nairobi 1968 | Sunseri, T. R., Vilimani: Labor Migration and Rural Change in Early Colonial Tanzania, Portsmouth, NH 2002 | Suret-Canale, J. 1966 | Sy, C. T., La confrérie sénégalaise des Mourides, Paris 1969 | Taylor, T. F., The Role of the British Cotton Industry in the Establishment of a Colonial Economy in Uganda, PhD Syracuse Univ. 1981 | Tetzlaff, R. 1970 | Thompson, A. O., Economic Parasitism: European Rule in West Africa 1880–1960, Bridgetown 2006 | Tosh, J., The Cash-Crop Revolution in Tropical Africa, in: AA 79 (1980) 79–94 | –, The Economy of the Southern Sudan under the British, in: JICH 9 (1980/81) 275–88 | Union Minière du Haut Katanga, Monograph, Paris 1964 | Van den Bersselaar, D., The King of Drinks: Schnapps Gin from Modernity to Tradition, Leiden 2007 | Van Onselen, C. 1976 | Van Zwanenberg, R. M. A. 1975 | –/King, A., An Economic History of Kenya and Uganda, 1800–1970, Basingstoke 1975 | Vellut, J.-L., Hégémonies en construction. Articulations entre État et entreprises dans le bloc colonial Belge, in: CJAS 16 (1982) 313–33 | Volz, A., Auswirkungen der deutschen Kolonialherrschaft in Kamerun (1884–1916) auf die autochthone Bevölkerung am Beipiel der Bakwiri am Kamerunberg, in: Historisches Jahrbuch 109 (1989), 421–51 | Weigt, E., Europäer in Ostafrika, Köln 1955 | Die Weltwirtschaft im 20. Jahrhundert, Göttingen 1979 | West, H. W., Land Policy in Buganda, Cambridge 1972 | Westcott, N. J., The East African Sisal Industry, in: JAfH 25 (1984) 445–61 | Wickins, P. L. 1986 | Williams, G., Why is there no Agrarian Capitalism in Nigeria? In: Historical Sociology 1, 4 (1988) 345–98 | Wilson, H. S. 1977 | [OHSA] Wilson, M./Thompson, L. (Hg.), The Oxford History of

South Africa, 2 Bde., Oxford 1975–78 | Wirz, A., Vom Sklavenhandel zum kolonialen Handel. Wirtschaftsräume und Wirtschaftsformen in Kamerun vor 1914, Freiburg 1972 | Wrigley, C. C., Crops and Wealth in Uganda: A Short Agrarian History, Nairobi 1970 | Yansané, A. Y., Decolonization in West African States with French Colonial Legacy: Comparison and Contrast: Development in Guinea, the Ivory Coast, and Senegal (1945–1980), Cambridge, MA 1984 | Youé, C. P., Settler Capital and the Assault on the Squatter Peasantry in Kenya's Uasin Gishu District, in: AA 87 (1988) 393–418 | Zimmerman, A., Alabama in Africa: Booker T. Washington, the German Empire, and the Globalization of the New South, Princeton 2010.

社　会

Afigbo, A. E. 2006 | Allen, V. L., The History of Black Mineworkers in South Africa, 3 Bde., Keighley 1992–2003 | Alpern, S. B., Amazons of Black Sparta: The Women Warriors of Dahomey, London 1998 | Amin, S., L'économie du Maghreb, 2 Bde., Paris 1965–66 | Ananaba, W., The Trade Union Movement in Nigeria, London 1969 | Andersson, J. A., Administrator's Knowledge and State Control in Colonial Zimbabwe: The Invention of the Rural-Urban Divide in Buher District, 1912–80, in: JAfH 43 (2002) 119–43 | Asiwaju, A. I. 1976 | Ath-Messaud, M./Gilette, A., L'immigration algérienne en France, Paris 1976 | Atkins, K. E., *Kafir Time*: Preindustrial Temporal Concepts and Labour Discipline, in: JAfH 29 (1988) 229–44 | Austin, G. 2005 | Ayandele, A., The Educated Elite in the Nigerian Society, Ibadan 1979 | Azarya, V., Aristocrats Facing Change, Chicago 1978 | Azevedo, M. J. 1976 | Balandier, G., Sociologie actuelle de l'Afrique noire, Paris 1963 | Barbour, K. M./Prothero, R. M. (Hg.), Essays on African Population, London 1961 | Barnes, S. T., Patrons and Power: Creating a Political Community in Metropolitan Lagos, Manchester 1986 | Baskom, W. R./Herskovits, M. J. (Hg.), Continuity and Change, Chicago 1959 | Bates, R. H., Rural Responses to Industrialization, New Haven 1976 | Becher, J., Dar es Salam, Tanga und Tabora. Stadtentwicklung in Tansania unter deutscher Kolonialherrschaft (1885–1914), Stuttgart 1997 | Becker, F., Rassenmischehen – Mischlinge – Rassentrennung. Zur Politik der Rasse im deutschen Kolonialreich, Stuttgart 2004 | Berg-Schlosser, D., Tradition and Change in Kenya, Paderborn 1984 | Berrady, L. u. a., La formation des élites politiques maghrébines, Paris 1973 | Betts, R. F., Uncertain Dimensions: Western Empires in the Twentieth Century, Oxford 1985 | Beveridge, A. A./Oberschall, A. R., African Businessmen and Development in Zambia, Princeton 1979 | Bhana, S./Pachai, B. (Hg.), A Documentary History of Indian South Africans, Kapstadt 1984 | Birmingham, W. u. a., A Study of Contemporary Ghana, 2 Bde., London 1966/67 | Boller, M., Kaffee, Kinder, Kolonialismus. Wirtschafts- und Bevölkerungsentwicklung in Buhaya (Tansania) in der deutschen Kolonialzeit, Münster 1994 | Brass, W. u. a., The Demography of Tropical Africa, Princeton 1968 | Brede, H. D., Die medizinische Kolonisation Afrikas, in: Saeculum 17 (1966) 105–18 | Brokensha, D., Social Change at Lateh, Ghana, Oxford 1966 | Brown, C. A., A History of the Development of Workers' Consciousness of the Coal Miners at Enugu, PhD Columbia Univ. 1985 | Burrill, E./Roberts, R./Thornberry, E. (Hg.), Domestic Violence and the Law in Colonial and Postcolonial Africa, Athens, OH 2010 | Burton, A., Rwa Youth, School-Leavers, and the Emergence of Structural Unemployment in Late Colonial Urban Tanganyika, in: JAfH 47

(2006) 363–87 | Caldwell, J.C., Population Growth and Family Change in Africa, London u.a. 1968 | –/Okonjo, C. (Hg.), La population de l'Afrique tropicale, New York 1968 | Caplan, P./Bujra, J.M. (Hg.), Women United, Women Divided, London 1978 | Cell, J.W., Anglo-Indian Medical Theory and the Origins of Segregation in West Africa, in: AHR 91 (1986) 307–35 | CHA, Bd.7, 1986 | Chattopadhyaya, H., Indians in Africa, Calcutta 1970 | Christopher, A.J., Colonial Africa, Beckenham 1984 | –, The British Empire at its Zenith, Beckenham 1988 | Clark, L.E., From Tribe to Town, New York 1971 | Clarke, J.I./Kosinski, L.A. (Hg.), Redistribution of Population in Africa, London 1982 | Clayton, A./Savage, D.C., Government and Labour in Kenya, London 1974 | Cleland, J./Hobcraft, J. (Hg.), Reproductive Change in Developing Countries, Oxford 1985 | Codere, H., The Biography of an African Society, Rwanda 1900–1960, Brüssel 1973 | Cohen, A., Customs and Politics in Urban Africa, Manchester 1969 | Cohen, R., Labour and Politics in Nigeria, 1945–1971, London 1974 | Cole, P., Modern and Traditional Elites in the Politics of Lagos, Cambridge 1975 | Collins, R.O. 1970 | Colonial Office 1944 | – 1946–50 | – 1951 | Cooper, F., On the African Waterfront, New Haven u.a. 1987 | –, Decolonization and African Society: The Labor Question in French and British Africa, Cambridge 1996 | Coquery-Vidrovitch, C., Les Africaines. Histoire des femmes d'Afrique noire du XIXe au XXe siècle, Paris 1994 | –/Moniot, H. 1974 | Cruise O'Brien, R., White Society in Black Africa: The French of Senegal, London 1972 | Curtin, P.D., Medical Knowledge und Urban Planning in Tropical Africa, in: AHR 90 (1985) 594–613 | – u.a. 1978 | Dauber, H. (Hg.), *Nicht als Abenteurer bin ich hierhergekommen* ... 100 Jahre Entwicklungs-*Hilfe*. Tagebücher und Briefe aus Deutsch-Ostafrika 1896–1902, Frankfurt 1991 | Davies, C.B./Graves, A.A. (Hg.), Ngambika: Studies of Women in African Literature, Trenton 1986 | Davies, I., African Trade Unions, Harmondsworth 1966 | Day, L.R. 2007 | Denoon, D. 1983 | Deutsch, J.-G., Emancipation without Abolition in German East Africa, c.1884–1914, Dar-es-Salam u.a. 2006 | Domergue, D., Les vingt premières années de l'action sanitaire en Côte d'Ivoire, in: RFHOM 65 (1979) 40–65 | –, La lutte contre la trypanosomiase en Côte d'Ivoire, in: JAfH 22 (1981) 63–72 | Duignan, P./Gann, L.H., Bde.1–5, 1969–75 | Duperray, A.-M. 1984 | Duvignaud, J., Change at Shebika: Report from a North African Village, New York 1970 | Eckert, A., Regulating the Social: Social Security, Social Welfare and the State in Later Colonial Tanzania, in: JAfH 45 (2004) 467–89 | Edsman, B.M., Lawyers in Gold Coast Politics, Stockholm 1979 | Ela, J.-M., La ville en Afrique noire, Paris 1983 | Etudes africaines 1982 | Ewane, F.K., Semence et moisson coloniales, Paris 1985 | Fage, J.D., An Atlas of African History, 2.Aufl., London 1978 | La femme africaine, in: Afrique contemporaine 78, 3–4 (1975) | Fetter, B. (Hg.), Demography from Scanty Evidence: Central Africa in the Colonial Era, Boulder 1990 | Forde, C.D. (Hg.), Social Implications of Urbanization and Industrialization, Paris 1956 | Forster, P./Zolberg, A.R. (Hg.), Ghana and the Ivory Coast: Perspectives on Modernization, Chicago u.a.1971 | Fourchard, L., Between World History and State Formation: New Perspectives on African Cities, in: JAfH 52 (2011) 223–48 | Frémeaux, J., La France et l'islam depuis 1789, Paris 1991 | Freund, B. 1984 | –, The African City: A History, New York 2007 | Fröhlich, W. (Hg.), Afrika im Wandel, Leiden 1964 | Fuller, M., Moderns abroad: Architecture, Cities, and Italian Imperialism, London 2007 | Gallagher, N.E., Medicine and Power in Tunisia, 1780–1900, Cambridge 1983 | Gann, L.H./Duignan, P., White Settlers in Tropical Africa, Harmondsworth 1962 | Gelfand, M., Medicine and Custom in Africa, Edinburgh 1964 | –, Uhama: Reflections on Shona and Western Cultures,

Gwelo 1981 | –, Christian Doctor and Nurse, Sandten 1984 | General History, Bd. 7, 1985 | Genova, J. E., Colonial Ambivalence, Cultural Authenticity, and the Limitation of Mimicry in French-Ruled West-Africa, 1914–956, New York 2004 | Getz, T. R., Slavery and Reform in West Africa: Toward Emancipation in Nineteenth-Century Senegal and Gold Coast, Athens, OH 2004 | Ghai, D. P., Portrait of a Minority: Asians in East Africa, Nairobi 1965 | Ghai, Y. u. D. P., The Asian Minorities of East and Central Africa, London 1971 | Goerg, O. (Hg.), Perspectives historiques sur le genre en Afrique, Paris 2007 | Good, K., Settler Colonialism, in: Journal of Modern African Studies 14 (1976) 597–620 | Gordon, D. C., Women of Algeria, Cambridge, MA 1968 | Gregory, J. W. u. a., African Historical Demography: A Multidisciplinary Bibliography, Los Angeles 1984 | Gregory, R. G., India and East Africa, Oxford 1971 | Grevemeyer, J.-H. (Hg.), Traditionale Gesellschaften und europäischer Kolonialismus, Frankfurt 1981 | Grohs, G., Stufen afrikanischer Emanzipation, Stuttgart 1967 | Gugler, J./Flanagan, W. G., Urbanization and Social Change in West Africa, Cambridge 1978 | Gutkind, P. C. W., African Urban Family Life, in: CEA 3, 10 (1962) 149–217 | –/Cohen, R./Copans, J. 1978 | –/Wallerstein, I. 1976 | Guyer, J. I., Feeding African Cities, Manchester 1987 | Hailey, W. M. 1938 | Hance, W. A., Population, Migration, and Urbanization in Africa, New York 1970 | Harding, L. 2013 | Harper, M./Constantine, S. (Hg.), Migration and Empire, Oxford 2012 | Harrell-Bond, B. E., Modern Marriage in Sierra Leone, Den Haag u. a. 1975 | Hay, J. M./Stichter, S. (Hg.), African Women South of the Sahara, London 1984 | Heine, P./Van der Heyden, U. 1995 | Higginson, J., A Working Class in the Making: Belgian Colonial Labor Policy and the African Mineworker, 1907–1951, London 1989 | The History of the Family, in: JAfH 24 (1983) 145–283 | Hodgson, D. L., The Church of Women: Gendered Encounters between Maasai and Missionaries, Bloomington 2005 | Hunt, N. R., Noise Over Camouflaged Polygamy, Colonial Morality Taxation, and a Woman-Naming Crisis in Belgian Africa, in: JAfH 32 (1991) 471–94 | –/Liu, T. P./Quataert, J (Hg.), Gendered Colonialism in African History, in: Gender and History 8, 3 (1996) 323–457 | Iliffe, J. 1979 | – 1983 | – 1987 | Iliffe, J., East African Doctors: A History of a Modern Profession, Cambridge 1998 | Imoagene, O., Social Mobility in Emergent Society, Canberra 1976 | Institut international des civilisations différentes, Développment d'une classe moyenne, Brüssel 1956 | International Labour Office 1958 | Ittameier, C./Feldmann, H., Die Erhaltung und Vermehrung der Eingeborenenbevölkerung (1913), Hamburg 1923 | Johnson, G. W., Double Impact: France and Africa in the Age of Imperialism, Westport 1985 | Kaniki, M. H. Y. (Hg.), Tanzania under Colonial Rule, London 1980 | Kanogo, T., African Womanhood in Colonial Kenya, 1900–50, Oxford 2005 | Karstedt, F. O./Werder, P. v., Die afrikanische Arbeiterfrage, Berlin 1941 | Kennedy, D., Islands of White, Durham, NC 1987 | King, A. D., Colonial Urban Development, London 1976 | Klein, M. A./Robertson, C. C. (Hg.), Women and Slavery in Africa, Madison 1983 | Kuczynski, R. R., Demographic Survey of the British Colonial Empire, 3 Bde., London 1948–53 | Kuper, H., Urbanization and Migration in West Africa, Berkeley 1965 | Larebo, H. M. 1994 | Lauber, W. (Hg.), Deutsche Architektur in Kamerun, Stuttgart 1988 | LeVine, S., Mothers and Wives, Chicago 1979 | Liauzu, C., Un aspect de la crise en Tunisie. La naisance des Bidonvilles, in: RFHOM 63 (1976) 607–21 | Little, K., African Women in Towns, Cambridge 1973 | Lloyd, P. C., Africa in Social Change, London 1967, Ndr. 1972 | –/Forde, C. D. (Hg.), The New Elites of Tropical Africa, Oxford 1966, Ndr. 1970 | Lonsdale, J. M., Some Origins of Nationalism in East Africa, in: JAfH 9 (1968) 119–46 | Lovejoy, P. E./

Hogendorn, J. S., Slow Death for Slavery: The Cause of Abolition in Northern Nigeria, 1897–1936, Cambridge 1993 | Luke, D. F., The Development of Modern Trade Unionism in Sierra Leone, in: IJAHS 17 (1985) 425–54, 625–55 | Lyons, M., A Colonial Disease: A Social History of Sleeping Sickness in Northern Zaïre, 1900–1940, Cambridge 1992 | Malinowski, B. 1945 | Mangat, J. S., A History of the Asians of East Africa, Oxford 1969 | Mann, K., Marrying Well: Marriage, Status and Social Change among the Educated Elite in Colonial Lagos, Cambridge 1985 | Manning, P., The Enslavement of Africans: A Demographic Model, in: CJAS 15 (1981) 499–526 | Marris, P., Family and Social Change in an African City, London 1961 | Martin, P. M., Catholic Women of Congo-Brazzaville: Mothers and Sisters in Troubled Times, Bloomington 2009 | Marx, C. 2004 | Matera, M./Bastian, M./Kent, S. K., The Women's War of 1929: Gender and Violence in Colonial Nigeria, New York 2012 | Mazrui, A. A., Political Values and the Educated Class in Africa, London 1978 | McGee, T. G., The Urbanization Process in the Third World, London 1971 | McIntosh, M. K., Yoruba Women, Work, and Social Change, Bloomington 2009 | Meynaud, J./Saleh-Bey, A., Trade Unions in Africa, London 1967 | Miers, S., Britain and the Ending of the Slave Trade, London 1975 | –/Klein, M. A. (Hg.), Slavery and Colonial Rule in Africa, London 1999 | –/Roberts, R. L. (Hg.), The End of Slavery in Africa, Madison 1988 | Mitchell, B., International Historical Statistics, Bd. 2: Africa and Asia, London 1982 | Moss, R. P./Rathbone, R. J. A. R. (Hg.), The Population Factor in African Studies, London 1975 | Mueller, S. D., The Historical Origins of Tanzania's Ruling Class, in: CJAS 15 (1981) 459–97 | Murray, C., Families Divided, Cambridge 1981 | Obbo, C., African Women, London 1980 | Obudho, R. A./El-Shakhs, S. (Hg.), Development of Urban Systems in Africa, New York 1979 | –/Mhlanga, C. C. (Hg.), Slum and Squatter Settlements, New York 1988 | O'Connor, A., The African City, London 1983 | O'Hear, A., Power Relations in Nigeria: Ilorin Slaves and their Successors, Rochester, NY 1997 | Oliver, R./Mathew, G. 1976 | Oppen, A. v., The Village as Territory: Enclosing Locality in Northwest-Zambia, 1950s to 1990s, in: JAfH 47 (2006) 57–75 | Oumani, M. K., Un tabou brisé. L'esclavage en Afrique. Le cas du Niger, Paris 2005 | Pabst, M., Mission und Kolonialpolitik, München 1988 | Paden, J. N. (Hg.), Values, Identities and National Integration, Evanston 1980 | Palmer, R., Working Conditions and Worker Responses on Nyasaland Tea Estates, in: JAfH 27 (1986) 106–26 | Parker, J./Reid, R. 2013 | Parkin, D./Nyamwaya, D. (Hg.), Transformations of African Marriage, Manchester 1987 | Parkin, D. J., Neighbours and Nationals in an African City Ward, London 1969 | –, Palms, Wine, and Witnesses, London 1972 | Patterson, K. D., Disease and Medicine in African History, in: HA 1 (1974) 141–48 | –, Health in Colonial Ghana, Waltham 1981 | Paulme, D. (Hg.), Femmes d'Afrique noire, Paris 1960 | Pearson, A./Mouchet, R. 1923 | Peil, A./Sada, P. O., African Urban Society, Chichester 1984 | Pellow, D., Women in Accra, Algonac, MI 1977 | Perrings, C., Black Mineworkers in Central Africa, London 1979 | Phillips, A./Morris, H. F., Marriage Laws in Africa, 2. Aufl., London 1971 | Pinfold, J. R. (Hg.), African Population Census Reports, München 1985 | Potash, B. (Hg.), Widows in African Societies, Stanford 1986 | Presley, C. A., The Transformation of Kikuyu Women, PhD Stanford 1986 | Prochaska, D., Making Algeria French: Colonialism in Bône (1870–1920), Cambridge 1990 | Radcliffe-Brown, A./Forde, D. (Hg.), African Systems of Kinship and Marriage, London 1950 | Reinwald, B., Der Reichtum der Frauen. Leben und Arbeit der weiblichen Bevölkerung in Siin-Senegal unter dem Einfluss der französischen Kolonisation, Münster 1995 | Roberts, B. C. 1964 |

Roberts, R. 1999 | Roberts, S.A., Law and the Family in Africa, Den Haag 1977 | Robertson, C./Berger, I. (Hg.), Women and Class in Africa, New York u. a. 1986 | Rodet, M. 2011 | Roe, E.M., Lantern on the Stern, in: ASR 30 (1987) 45–62 | Ross, R.J./Telkamp, G.J. (Hg.), Colonial Cities, Den Haag 1985 | Rothermund, I., Die politische und wirtschaftliche Rolle der asiatischen Minderheit in Ostafrika, Berlin 1965 | Salifou, A. 1977 | Sandbrook, R./Cohen, R. (Hg.), The Development of an African Working Class, London 1975 | Satre, L.J., Chocolate on Trial: Slavery, Politics and the Ethics of Business, Athen, OH 2005 | Schäfer, R., Gender und ländliche Entwicklung in Afrika. Eine kommentierte Bibliographie, 2.Aufl., Münster 2003 | –, Im Schatten der Apartheid. Frauen-Rechtsorganisationen und geschlechtsspezifische Gewalt in Südafrika, 2.Aufl., Münster 2008 | Schwarz-Bart, S. u. A., In Praise of Black Women, 4 Bde., Madison 2001–04 | Sebald, P. 1988 | Sex, Marriage, Children, and Divorce, in: Africa 52 (1982) 1–66 | Shillington, K. 2005 | Skinner, P.S., African Urban Life, Princeton 1974 | Smythe, H.H. u. M.M., The New Nigerian Elite, 2.Aufl., Stanford 1962 | Sorrenson, M.P.K. 1968 | Southall, A.,/Forde, D. (Hg.), Social Change in Modern Africa, London 1961 | Steward, J.H. (Hg.), Contemporary Change in Traditional Societies, Bd.1, Urbana 1967 | Stiersdorfer, C. (Hg.), Women Writing Home, 1700–1920: Female Correspondence across the British Empire, 6 Bde., London 2006; Bd.1 | Strobel, M., Muslim Women in Mombasa, London 1979 | Sunseri, T.R. 2002 | Suret-Canale, J. 1966 | Teitler, M. u.a., Elites, pouvoir et légitimité au Maghreb, Paris 1973 | Tessler, M.A./O'Barr, W.M./Spain, S.H., Tradition and Identity in Changing Africa, New York 1973 | Thomas, M. 2011 | Tignor, R.L., The Colonial Transformation of Kenya, Princeton 1976 | Townsend, J.G./Momsen, J.H. (Hg.), Geography of Gender in the Third World, London 1987 | Van der Heyden, U. (Hg.), Kolonialer Alltag in Deutsch-Ostafrika in Dokumenten, Berlin 2009 | Van der Laan, H.L., The Lebanese Traders in Sierra Leone, Den Haag u. a. 1975 | Vellut, J.-L. (Hg.), Villes d'Afrique. Explorations en histoire urbaine, Paris 2007 | Verhaegen, P., L'urbanisation de l'Afrique noire, Brüssel 1962 | Villes africaines, in: CEA 21 (1981) 25–127 | Wallerstein, I., Social Change, New York 1966 | Watson, W., Tribal Cohesion in a Money Economy, Manchester 1958 | Weigt, E., 1955 | Weiss, H., Babban yunwa. Hunger und Gesellschaft in Nordnigeria und den Nachbarregionen in der frühen Kolonialzeit, Helsinki 1997 | West, M.O., The Rise of an African Middle Class: Colonial Zimbabwe, 1898–1965, Bloomington 2002 | White, L., Magomero: Portrait of an African Village, Cambridge 1987 | White, O., Children of the French Empire: Miscegenation and Colonial Societies in French West Africa 1895–1960, Oxford 2000 | Willis, J., Potent Brews: A Social History of Alcohol in East Africa, 1850–1999, Oxford 2002 | Wilson, H.S. 1977 | Wilson, M., For Men and Elders, London 1977 | Wilson, M./ Thompson, L., Bd.2, 1978 | Wright, G., Tradition in the Service of Modernity: Architecture and Urbanism in French Colonial Policy, in: JMH 59 (1987) 291–316.

文 化

Abun-Nasr, S., Afrikaner und Missionar. Die Lebensgeschichte von David Asante, Basel 2003 | Adebola, A.S., The Kikuyu Independent School Movement and the *Mau Mau* Uprising, in: Journal of the Historical Society of Nigeria 10, 4 (1981)

53–71 | Adewoye, O. 1977 | Adick, C. (Hg.), Bildungsentwicklungen und Schulsysteme in Afrika, Asien, Lateinamerika und der Karibik, Münster 2013 | –/Mehnert, W., Deutsche Missions- und Kolonialpädagogik in Dokumenten, Frankfurt 2001 | African Languages, 3 Bde., Paris 1978–81 | Agbeti, J. K., West African Church History, Leiden 1986 | Ajayi, J. F. A., Christian Missions in Nigeria, 1841–1891, London 1965 | –/Crowder, M./Richards, P. (Hg.), Historical Atlas of Africa, London 1985 | –/Goma, L. K. H./Johnson, G. A., The African Experience with Higher Education, Accra u. a. 1996 | Alexandre, P, Francophonie, in: JCH 4 (1969) 117–29 | Allman, J. M. (Hg.), Fashioning Africa: Power and the Politics of Dress, Bloomington 2004 | Altena, T., *Ein Häuflein Christen mitten in der Heidenwelt des dunklen Erdteils*. Zum Selbst- und Fremdverständnis protestantischer Missionare im kolonialen Afrika 1884–1918, Münster 2003 | Andall, J./Duncan, D. (Hg.), National Belongings: Hybridity in Italian Colonial and Postcolonial Cultures, Bern 2010 | Ansprenger, F., Auflösung der Kolonialreiche, 4. Aufl., München 1981 | Arlt, V., Der Tanz der Christen. Zu den Anfängen der populären Musik an der Goldküste ca. 1860–1930, in: JEÜG 4 (2004) 139–78 | Atkins, K. E. 1988 | Ayache, S., La découverte de l'Europe par les Malgaches au XIXe siècle, in: RFHOM 73, 270 (1986) 7–25 | Ayandele, E. A., The Missionary Impact on Modern Nigeria, 1842–1914, London 1966 | Azamede, K., Transkulturationen? Ewe-Christen zwischen Deutschland und Westafrika 1884–1939, Stuttgart 2010 | Baëta, C. G. (Hg.), Christianity in Tropical Africa, London 1968 | Baldus, M., Reichskolonialkirchenrecht. Über die religionsrechtliche Lage in den Schutzgebieten des Deutschen Reiches 1884–1919, in: NZMW 44 (1988) 2–18 | Balous, S., L'action culturelle de la France dans le monde, Paris 1970 | Barbag-Stoll, A., Social and Linguistic History of Nigerian Pidgin English, Tübingen 1983 | Barnett, U. A., A Vision of Order, London 1983 | Bechhaus-Gerst, M./Gieseke, S. (Hg.), Koloniale und postkoloniale Konstruktionen von Afrika und Menschen afrikanischer Herkunft in der deutschen Alltagskultur, Frankfurt 2006 | –/Klein-Arendt, R. (Hg.), Die (koloniale) Begegnung. AfrikanerInnen in Deutschland (1880–1945) – Deutsche in Afrika (1880–1918), Frankfurt 2003 | Bechtloff, D., Madagaskar und die Missionare, Stuttgart 2002 | Beck, R. B., Bibles and Beads: Missionaries as Traders in Southern Africa in the Early Nineteenth Century, in: JAfH 30 (1989) 211–25 | Benoist, J.-R. de, Eglise et pouvoir colonial au Soudan français, Paris 1987 | Benz, E., Messianische Kirchen, Sekten und Bewegungen, Leiden 1965 | Berger, H., Mission und Kolonialpolitik, Immensee 1978 | Bimwenyi-Kweshi, O., Discours théologique négro-africain, Paris 1981 | Binet, J., Psychologie économique africaine, Paris 1970 | Bischofsberger, O., Tradition und Wandel aus der Sicht der Romanschriftsteller Kameruns und Nigerias, Schöneck-Beckenried 1968 | Bitoto-Abeng, N., Von der Freiheit zur Befreiung. Die Kirchen- und Kolonialgeschichte Kameruns, Frankfurt 1989 | Blair, D. S., African Literature in French, Cambridge 1976 | Bleyler, K.-E., Religion und Gesellschaft in Schwarzafrika, Stuttgart 1981 | Blondeel, W., Settlement Policy of the Missionaries of Africa, in: Revue belge d'histoire contemporaine 6 (1975) 229–62 | Blunt, P., Organizational Theory and Behaviour, London 1983 | Boddy, J., Civilizing Women: British Crusades in Colonial Sudan, Princeton 2007 | Boer, J. H., Missionary Messengers of Liberation, Amsterdam 1979 | Bogonko, S. N., Education as a Tool of Colonization in Kenya, in: TAJH 12 (1983) 1–32 | Brändle, R., Nayo Bruce. Geschichte einer afrikanischen Familie in Europa, Zürich 2007 | Brann, C.-B., Afro-Saxons und Afro-Romans: Language Policies, in: History of European Ideas 5, 3 (1984) 307–21 | Braukämper, U., Der Einfluss des Islam auf die Geschichte und Kulturentwicklung Adamauas,

Wiesbaden 1970 | Braun, T., Die Rheinische Missionsgesellschaft und der Missionshandel im 19. Jahrhundert, Erlangen 1992 | Brausch, G. 1961 | Bravmann, R. A., African Islam, Washington 1989 | Bray, M./Clarke, P. B./Stephens, D., Education and Society in Africa, London 1986 | Brooks, G. E., The Observance of All Souls' Day in the Guinea-Bissau Region, in: HA 11 (1984) 1–34 | Bruchhaus, E.-M./Harding, L. (Hg.), Hundert Jahre Einmischung in Afrika, Hamburg 1986 | Bühlmann, W., Die christliche Terminologie als missionstheologisches Problem, Schöneck-Beckenried 1950 | Byabazaire, D. M., The Contribution of the Christian Churches to the Development of Western Uganda, Frankfurt 1979 | Ceillier, J.-C., Histoire de Missionaires d'Afrique (Pères Blancs). De la fondation par Mgr. Lavigerie à la mort du fondateur (1868–1892), Paris 2008 | CHA, Bd. 7, 1986; Bd. 8, 1984 | Champion, J., Langage et pédagogie en France et en Afrique, Paris 1986 | Chanock, M., Law, Custom, and Social Order: The Colonial Experience in Malawi and Zambia, Cambridge 1985 | Chevrier, J., Littérature nègre, Paris 1984 | Chidester, D., Religions of South Africa, London 1992 | Chirenje, J. M., Ethiopianism and Afro-Americans, Baton Rouge u. a. 1987 | Clarke, P. B., West Africa and Islam, London 1982 | –, West Africa and Christianity, London 1986 | Cobley, A. G., The *African National Church*: Self Determination and Political Struggle among Black Christians in South Africa to 1948, in: Church History 60 (1991) 356–71 | Colonial Office, Report of the Commission on Higher Education in the Colonies, London 1945 | Comaroff, J. u. J. L., Christianity and Colonialism in South Africa, in: American Ethnologist 13, 1 (1986) 1–22 | –, The Colonization of Consciousness in South Africa, in: Economy and Society 18, 3 (1989) 267–96 | –, Of Revelation and Revolution: Christianity, Colonialism and Consciousness in South Africa, Bd. 1, Chicago 1991 | Conac, G. 1980 | Conférence des ministres de l'éducation des états d'expression française, Paris 1986 | Cope, R. L. (Hg.), The Journals of the Rev. T. L. Hodgson, Johannesburg 1977 | Coquery-Vidrovitch, C./Moniot H. 1974 | Cornevin, R., Littératures d'Afrique noire de langue française, Paris 1976 | Craemer, W. de, The Jaama and the Church, Oxford 1977 | Curtin, P. D. u. a. 1978 | Cwienk, D./Klicker, J. R. (Hg.), Lernen von Afrika, Wuppertal 1982 | Dachs, A. J./ Bourdillon, M. F. C. (Hg.), Christianity South of the Zambesi, 2 Bde., Gwelo 1975–77 | –/Rea, W. F., The Catholic Church and Zimbabwe, Gwelo 1979 | Dalgish, G. M., A Dictionary of Africanisms, Westport 1982 | Damman, E., Das Christentum in Africa, München u. a. 1966 | Daneel, M. L., Old and New in Southern Shona Independent Churches, 2 Bde., Den Haag 1971–74 | Decraene, P., Le panafricanisme, 5. Aufl., Paris 1976 | Desroches, H./ Raymaekers, P., Départ d'un prophète, arrivée d'une église, in: Archives de sciences sociales des religions 42 (1976) 117–62 | Dia, M., Essais sur l'Islam, 2 Bde., Abidjan 1979–80 | Drathschmidt, U., Portugiesischer Kulturimperialismus in Afrika, Saarbrücken 1982 | Droogers, A., Kimbanguisme at the Grass Roots, in: JRA 11 (1980) 188–211 | Duignan, P./Gann, L. H., Bde. 1–5, 1969–75 | Dumont, P., Le français et les langues africaines en Sénégal, Paris 1983 | Dunjwa-Blajberg, J., Sprache und Politik in Südafrika, Bonn 1980 | Eggert, J., Missionsschule und sozialer Wandel in Ostafrika, Bielefeld 1970 | Ejizu, C. I., Endurance of Conviction, in: NZMW 43 (1987) 125–35 | Ekechi, F. K., Colonialism and Christianity, in: JAfH 12 (1971) 103–15 | Enayat, H., Modern Islamic Political Thought, London 1982 | Encyclopédie 1951–53 | Engel, L., Die Stellung der Rheinischen Missionsgesellschaft zu den politischen und gesellschaftlichen Verhältnissen Südwestafrikas und ihr Beitrag zur dortigen kirchlichen Entwicklung bis zum Nama-Herero-Aufstand 1904–1907, Diss. theol. Hamburg 1972 | –, Kolonialismus und Nationalismus im deutschen Protestantismus in Namibia 1907–1945, Bern 1976 | Erny, P., Ecoles d'église en Afrique noire, Immensee 1982 | Essiben, M., Colonisation et évangélisation en Afrique. L'héritage scolaire du Cameroun, Bern 1980 | Etherington, N., Preachers, Peasants, and Politics in Southeast Africa, 1835–1880, London 1978 | Etudes africaines 1982 | Fabian, J., Missions and the Colonization of African Languages, in: CJAS 17 (1983) 165–87 | Fage, J. D. 1978 | Farajajé-Jones, E., In Search of Zion: The Spiritual Significance of Africa in Black Religious Movements, Bern 1990 | Federici, S., Women, Witch-Hunting and Enclosures in Africa Today, in: Sozial.Geschichte online 3 (2010) 10–27 | Feltz, G., Histoire des mentalités et histoire des missions au Burundi, in: HA 12 (1985) 51–63 | Ferreira, E. de S., Portuguese Colonialism in Africa, Paris 1974 | Fiedler, K., Christentum und afrikanische Kultur, Gütersloh 1983 | Fields, K. E., Revival and Rebellion in Colonial Central Africa, Princeton 1985 | Förster, S./Mommsen, W. J./Robinson, R. (Hg.), Bismarck, Europe, and Africa: The Berlin Africa Conference 1884–1885 and the Onset of Partition, London 1988 | Fraser, R., West African Poetry, Cambridge 1986 | Fuchs, M./Linkenbach, A./Reinhard, W. (Hg.), Individualisierung durch christliche Mission? Wiesbaden 2015 | Fuglestad, F./Simensen, J. (Hg.), Norwegian Mission in African History, 2 Bde., Oslo 1987 | Gadille, J./Mayeur, J.-M./Greschat, M. (Hg.), Die Geschichte des Christentums, Bd. 11: Liberalismus, Industrialisierung, Expansion Europas (1830–1914), Freiburg 1997 | General History, Bd. 7, 1985 | Genova, J. E. 2004 | Gensichen, H.-W., Die deutsche Mission und der Kolonialismus, in: Kerygma und Dogma 8 (1962) 136–49 | –, Missionsgeschichte der neueren Zeit (Die Kirche in ihrer Geschichte 4 T), 2. Aufl., Göttingen 1969 | Gérard, A. S., African Language Literature, Harlow 1981 | –, European-language Writing in Sub-saharan Africa, 2 Bde., Budapest 1988 | Gérard, J. E., Les fondaments syncrétiques du Kitawala, Brüssel 1969 | Gifford, P., African Christianity: Its Public Role, London 1998 | –/ Louis, W. R. 1971 | –/– (Hg.), The Transfer of Power in Africa: Decolonization 1940–1960, London 1982 | Gilley, S./Stanley, B. (Hg.), The Cambridge History of Christianity, Bd. 8: World Christianities, c. 1815–c. 1914, Cambridge 2006 | Gilliland, D. S., African Religion Meets Islam, Lanham 1986 | Glélé, M. A., Religion, culture et politique en Afrique noire, Paris 1981 | Gluckauf, M. 1969 | Goody, J., Changing Social Structure in Ghana, London 1975 | Gouaffo, A., Wissens- und Kulturtransfer im kolonialen Kontext. Das Beispiel Kamerun-Deutschland (1884–1919), Würzburg 2007 | Gray, R., Black Christians and White Missionaries, New Haven u. a. 1990 | Green, A. H., The Tunisian Ulama, Leiden 1978 | Groves, C. P., The Planting of Christianity in Africa, 4 Bde., London 1948–58, Ndr. 1964 | Gründer, H., Christliche Mission und deutscher Imperialismus 1884–1914, Paderborn 1982 | –, Kulturkampf in Übersee. Katholische Mission und deutscher Kolonialstaat in Togo und Samoa, in: Archiv für Kulturgeschichte 69 (1987) 453–72 | Hackett, R. I. J., Religion in Calabar, Berlin u. a. 1989 | Hahn, H. P., Consumption in Africa: Anthropological Approaches, Münster 2008 | Hailey, W. M. 1938 | Haliburton, G. M., The Prophet Harris, London 1971 | Halldén, E., The Culture Policy of the Basel Mission in the Cameroons, Upsala 1968 | Harding, L. 2013 | Harnischfeger, J., *Man Eaters under New Managment*. Christliche Mission bei den Tangale in Nigeria, in: Zeitschrift für Mission 4 (2006) 388–433 | –, Rückkehr der Dämonen. Wandlungen des Christentums in Afrika und Europa, in: Schmidt, B./Schulte, R. (Hg.), Hexenglaube im modernen Afrika, Darmstadt 2007, 110–29 | Harries, P., The Roots of Ethnicity, in: AA 87 (1988) 25–52 | Harrison, C., France and Islam in West Africa, Cambridge 1988 | Hassing, P., The Christian Missions and the British Expansion in Southern

Rhodesia, PhD American Univ. Washington 1960 | Hastings, A., A History of African Christianity, Cambridge 1979 | –, The Church in Africa, 1450–1950, Oxford 1994 | Hausser, M., Essai sur la poétique de la négritude, 2 Bde., Paris 1986 | Haynes, J., African Poetry and the English Language, London 1987 | Heine, P./Van der Heyden, U. 1995 | Hertlein, S., Christentum und Mission im Urteil der neoafrikanischen Prosaliteratur, Münsterschwarzach 1962 | Hesseling, G., Etat et langue en Afrique, Leiden 1981 | Hetherington, P., The Politics of Female Circumcision in the Central Province of Colonial Kenya, 1929–30, in: JICH 26, 1 (1998) 93–126 | Higginson, J., Liberating the Captives: Independent Watchtower as an Avatar of Colonial revolt in Southern Africa and Katanga, 1908–1941, in: Journal of Social History 26, 1 (1992) 55–80 | Hilliard, F. H., A Short History of Education in British West Africa, London 1957 | Hillman, E., Polygamy Reconsidered, Maryknoll 1975 | Horstmann, J. (Hg.), Die Verschränkung von Innen-, Konfessions- und Kolonialpolitik im Deutschen Reich vor 1914, Schwerte 1987 | Horton, R., African Conversion, in: Africa 41 (1971) 85–109 | –, On the Rationality of Conversion, in: Africa 45 (1975) 219–35, 373–99 | –, Judaeo-Christian Spectacles, in: CEA 24 (1984) 391–436 | Hountondji, P., Sur la *philosophie africaine,* Paris 1976 | Hugon, P., Les blocages socio-culturels du développement en Afrique noire, in: Tiers Monde 8, 2 (1967) 699–709 | Ikenga-Metuh, E., The Shattered Microcosm, in: NZMW 41 (1985) 241–54 | Ikpe, E. B., Food and Society in Nigeria, Stuttgart 1994 | Iliffe, J. 1983 | –, Honour in African History, Cambridge 2005 | Ilogu, E., Christianity and Ibo Culture, Leiden 1974 | Isichei, E. (Hg.), Varieties of Christian Experience in Nigeria, London 1982 | –, Voices of the Poor in Africa: Moral Economy and the Popular Imagination, Rochester, NY 2002 | Jadin, L., Le Congo et la secte des Antoniens (1694–1718), in: Bulletin de l'institut historique belge de Rome 33 (1961) 411–615 | JanMohamed, A. R., Manichean Aesthetics, Amherst 1983 | Janzen, J. M./MacGaffey, W., An Anthology of Congo Religion, Lawrence, KA 1974 | Jensen, J., Afrikaner in Europa. Eine Bibliographie, Münster 2002 | Jinadu, L. A., Language and Politics, in: CEA 16 (1976) 603–14 | Johnson, D. H., Judicial Regulation and Administrative Control, in: JAfH 27 (1986) 59–78 | Johnson, G. W. 1985 | Jones, D. H., The Catholic Mission and some Aspects of Assimilation in Senegal, in: JAfH 21 (1980) 323–40 | Jones, T. D. u. a., Education in East Africa, London 1924 | Jules-Rosette, B. (Hg.), The New Religions of Africa, Norwood, NJ 1979 | –, The Message of Tourist Art, New York 1984 | Kalu, O. U. (Hg.), The History of Christianity in West Africa, London 1980 | Kamphausen, E., Anfänge der kirchlichen Unabhängigkeitsbewegung in Südafrika, Bern 1976 | Kaniki, M. H. Y. 1980 | Kanogo, T. 2005 | Kaufmann, R., Millénarisme et acculturation, Brüssel 1964 | Kenya Churches Handbook, Kisumu 1973 | Kinet, R., *Licht in die Finsternis.* Kolonisation und Mission im Kongo, 1976–1908, Münster 2005 | Kitching, G., Class and Economic Change in Kenya, London 1980 | Klaeger, G., Kirche und Königspalast im Konflikt. Christenviertel und Tradition in den Debatten zum Ohum-Festival in Kyebi (Ghana), Münster 2007 | Klein, M. A., Islam and Imperialism in Senegal: Sine-Saloum 1847–1914, Stanford 1968 | Korte, W., Wir sind die Kirchen der unteren Klassen, Frankfurt 1978 | Krüger, G., Schrift, Macht, Alltag. Lesen und Schreiben im kolonialen Südafrika, Köln 2009 | Kuba, L. J./Muasher, J., Female Circumcision in Africa, in: ASR 28 (1985) 95–110 | Kuklick, H., The Savage Within: The Social History of British Anthropology, 1885–1945, Cambridge 1991 | Laburthe-Tolra, P., *Christianisme et ouverture au monde.* Le cas du Cameroun, in: RFHOM 75 (1988) 207–21 | Langley, J. A. (Hg.), Ideologies of Liberation, 1856–1970: Documents on Modern African Political Thought, London 1979 | Des langues et des états, Paris 1986 | Lautenschlager, G. M., Die sozialen Ordnungen bei den Zulu und die Marianhiller Mission, Reimlingen 1963 | Lee, R./Vaughan, M. (Hg.), Death and Dying in the History of Africa since 1800, in: JAfH 49 (2008) 341–466 | Leenhardt, M., Le mouvement éthiopien, Cahors 1902, Ndr. 1976 | Lessing, H. u. a., Deutsche evangelische Kirche im kolonialen südlichen Afrika, Wiesbaden 2001 | Lewis, I. M. (Hg.), Islam in Tropical Africa, London 1966 | Libert, E., Les missionaires chrétiens face au mouvement kimbanguiste, in: Etudes d'histoire africaine 2 (1971) 121–54 | Limb, P./Etherington, N./Midgley, P. (Hg.), Grappling with the Beast: Indigenous Southern African Responses to Colonialism, 1840–1930, Leiden 2010 | Linden, I. u. J., Church and Revolution in Rwanda, Manchester 1977 | Loth, H., Vom Schlangenkult zur Christuskirche, Berlin 1985 | Low, D. A. 2009 | Lubeck, P. M. (Hg.), The African Bourgeoisie, Boulder 1987 | Ludwig, F., Die Entdeckung der schwarzen Kirchen. Afrikanische und afro-karibische Gemeinden in England während der Nachkriegszeit, in: Archiv für Sozialgeschichte 32 (1992) 131–59 | –, Kirche im kolonialen Kontext. Anglikanische Kirche und afrikanische Propheten im südöstlichen Nigeria, 1879–1918, Frankfurt 1992 | Lüsebrink, H.-J., Schrift, Buch und Lektüre in der französischsprachigen Literatur Afrikas, Tübingen 1990 | –, La conquête de l'espace public colonial. Prises de parole et formes de participation d'écrivains et d'intellectuels africains dans la presse à l'époque coloniale (1900–1960), Frankfurt 2003 | Lulat, Y. G.-M., A History of African Higher Education, Westport 2005 | Luongo, K., Witchcraft and Colonial Rule in Kenya, 1900–1955, Cambridge 2011 | Luykx, B., Culte chrétien en Afrique après Vatican II, Immensee 1974 | MacGaffey, J., Entrepreneurs and Parasites: The Struggle for Indigenous Capitalism in Zaïre, Cambridge 1988 | MacGaffey, W., Cultural Roots of Kongo Prophetism, in: History of Religions 17 (1977/78) 177–193 | –, Religion and Society in Central Africa, Chicago 1986 | Mark, P., A Cultural, Economic and Religious History of the Basse Casamance, Stuttgart 1985 | Markowitz, M. D., Cross and Sword: The Political Role of the Christian Missions in the Belgian Congo, Stanford 1973 | Martin, M. L., Kirche ohne Weiße, Basel 1971 (engl. 1975) | Martin, P. M. 2009 | Martin, S. M. 1988 | Marx, C. 2004 | Mazrui, A. A./Tidy, M., Nationalism and New States in Africa from about 1935 to the Present, London 1984 | Mbiti, J. S., Bibel und Theologie im afrikanischen Christentum, Göttingen 1987 | Mettler, L. A., Christliche Terminologie und Katechismus-Gestaltung, Schöneck-Beckenried 1967 | Meyer, B., Translating the Devil: Religion and Modernity among the Ewe in Ghana, Edinburgh 1999 | Miller, C. L., Blank Darkness, Chicago 1985 | Mills, J. H./Barton, P. (Hg.), Drugs and Empires: Essays in Modern Imperialism and Intoxication, c. 1500–c. 1930, Basingstoke 2007 | Mills, W. G., The Role of African Clergy in the Reorientation of Xhosa Society, PhD UCLA 1975 | Mirtschink, B., Zur Rolle christlicher Mission in kolonialen Gesellschaften. Katholische Missionserziehung in Deutsch-Ostafrika, Frankfurt 1980 | Monteil, V., L'Islam noir, 3. Aufl., Paris 1980 | Morris-Jones, W. H./Fischer, G. (Hg.), Decolonization and after: The British and French Experience, London 1980 | Mowoe, I. J./Bjornson, R. (Hg.), Africa and the West, New York u. a. 1986 | Müller, K., Geschichte der katholischen Kirche in Togo, Kaldenkirchen 1958 | Mungazi, D. L. A., Colonial Policy and Conflict in Zimbabwe: A Study of Cultures in Collision, 1890–1979, New York 1992 | Mungeam, G. H. 1978 | Murphree, M. W., Christianity and the Shona, London 1969 | Murray, J., The CMS and the *Female Circumcision Issue*, in: JRA 8 (1976) 92–104 | Neckebrouck, V., Le onzième commandement. Etiologie d'une église indépendante, Immensee 1978 | –, La théologie devant les eglises indépendantes, in: NZMW 36 (1980) 98–113 | –, Le peuple affligé, Immensee 1983 | Niederberger, O., Kirchen, Mission, Rasse, Schöneck-Beckenried 1959 | Niesel, H.-J., Kolonialverwaltung und Mission in Deutsch-Ostafrika, Berlin 1971 | Niwagila, W. B., From the Catacomb to a Selfgoverning Church [...] in Tanzania, Ammersbeck 1988 | Nnaemeka, O. (Hg.), Female Circumcision and the Politics of Knowledge: African Women in Imperialist Discourse, Westport 2005 | Nnamdi, R., Afrikanisches Denken, Frankfurt 1987 | Nuffield Foundation/Colonial Office, African Education, Oxford 1953 | Núñez, B., Dictionary of Portuguese-African Civilization, 2 Bde., London 1995–96 | Nwauwa, A. O., Imperialism, Academe, and Nationalism: Britain and University Education for Africans, 1860–1960, London u. a. 1997 | Obdeijn, H. L. M., The Political Role of Catholic and Protestant Missions in the Colonial Partition of Africa, Leiden 1983 | –, Mission en zending in Afrika, in: Tijdskrift voor Geschiedenis 98 (1985) 381–92 | O'Donnell, J. D., Lavigerie in Tunisia, Athens, GA 1979 | Oermann, N. O., Mission, Church and State Relations in South West Africa under German Rule (1884–1915), Stuttgart 1999 | Ogudo, D. E. O., The Catholic Missionaries and the Liturgical Movement in Nigeria, Paderborn 1988 | Okorocha, C. C., The Meaning of Religious Conversion in Africa: The Case of the Igbo of Nigeria, Aldershot 1987 | Oliver, R., The Missionary Factor in East Africa, 2. Aufl., London 1965, Ndr. 1969 | Omolewa, N., The Promotion of London University Examinations in Nigeria, in: IJAHS 13 (1980) 651–71 | Onibere, S. G. A. O., Christianity and Indigenous Religion, in: NZMW 36 (1980) 19–38 | Oosthuizen, G. C., Afro-Christian Religions, Leiden 1979 | –/Kitshoff, M. C./Dube, S. W. D. (Hg.), Afro-Christianity at the Grassroots: Its Dynamics and Strategies, Leiden 1994 | Orosz, K. J., Religious Conflict and the Evolution of Language Policy in German and French Cameroon, 1885–1939, New York 2008 | Ott, S., *Schwarz hat so viele Farben.* Afrikanisch-französischer Kulturtransfer im frühen 20. Jahrhundert, Frankfurt 2009 | Owomoyela, O., Culture and Customs of Zimbabwe, Westport 2002 | Pabst, M. 1988 | Paden, J. N., Religion and Political Culture in Kano, Berkeley 1973 | Palumbo, P. (Hg.), A Place in the Sun: Africa in Italian Colonial Culture from Post-Unification to the Present, Berkeley 2003 | Parker, J./Reid R. 2013 | Parsons, T., Race, Resistance, and the Boy Scout Movement in British Colonial Africa, Athens, OH 2004 | Penny, H. G., Objects of Culture: Ethnology and Ethnographic Museums in Imperial Germany, Chapel Hill 2002 | Picciola, A., Missionaires en Afrique, Paris 1987 | Popular Islam South of the Sahara, in: Africa 55 (1985) 363–464 | Porter, A. N., Religion versus Empire? British Protestant Missionaries and Overseas Expansion, 1700–1914, Manchester 2004 | Presthold, J., Domesticating the World: African Consumerism and the Genealogies of Globalization, Berkeley 2008 | Ragsdale, J. P., Protestant Mission Education in Zambia, Selinsgrove 1986 | Raison-Jourde, F., Bible et pouvoir à Madagascar au XIXe siècle. Invention d'une identité chrétienne et construction de l'état (1780–1880), Paris 1991 | Ranger, T. O., Dance and Society in Eastern Africa, London 1975 | –, Religion, Development, and African Christian Identity, in: NZMW 42 (1986) 44–68 | –, Religious Movements and Politics in Sub-saharan Africa, in: ASR 29, 2 (1986) 1–69 | –/Weller, J. (Hg.), Themes in the Christian History of Central Africa, London 1975 | Rauscher, F., Hundert Jahre Weiße Väter, in: ZMRW 52 (1968) 257–76 | Reh, M./Heine, B., Sprachpolitik in Afrika, Hamburg 1982 | Renault, F., Lavigerie, l'esclavage Africaine et l'Europe 1868–1892, 2 Bde., Paris 1971 | Rennie, J. K., Christianity, Colonialism, and the Origins of Nationalism, PhD Northwestern Univ. 1973 | Reuke, L., Die Maguzawa in Nordnigeria, Bielefeld

1969 | Richter, J., Geschichte der evangelischen Mission in Afrika, Gütersloh 1922 | Riesz, J., Europäisch-afrikanische Literaturbeziehungen, 2 Bde., Frankfurt 1993–98 | –, Léopold Sédar Senghor und der afrikanische Aufbruch im 20. Jahrhundert, Wuppertal 2006 | Rivinius, K. J., Akten zur katholischen Togo-Mission, in: NZMW 35 (1979) 58–69, 108–32, 171–91 | –, Das Missionswerk von Kardinal Lavigerie, in: NZMW 39 (1983) 1–15, 93–106 | Robinson, D., French *Islamic* Policy and Practice in Late 19th-Century Senegal, in: JAfH 29 (1988) 415–35 | Rotberg, R. I., Christian Missionaries, Princeton 1965 | Rotberg, R. I./Mazrui, A. A. 1970 | Rusch, G., Die verhinderte Mitsprache, Hamburg 1984 | Rutayisire, P., La christianisation du Rwanda, Fribourg 1987 | Saccardo, G., Congo e Angola, con la storia dell'antica missione dei cappucini, 3 Bde., Mestre 1982–83 | Salacuse, J. W. 1969 | Salifou, A. 1977 | Salvaing, B., Missions chrétiennes, christianisme et pouvoirs en Afrique noire de la fin du XVIIIe siècle aux années 1960. Permanences et évolutions, in: OM 94, 1 (2006) 295–333 | Samuels, M. A., Education in Angola, 1878–1914, New York 1970 | Sanderson, L. P. u. N., Education, Religion, and Politics in Southern Sudan, London 1981 | Sandgren, D. P., 20th-Century Religion and Political Division among the Kikuyu, in: ASR 25, 2 (1982) 195–207 | –, Christianity and the Kikuyu, 2. Aufl., New York 2000 | Sanneh, L., The Domestication of Islam and Christianity in African Societies, in: JRA 11 (1980) 1–12 | Sartorius, J., Staat und Kirchen im frankophonen Afrika, München 1973 | Schäfer, J. (Hg.), Commonwealth-Literatur, Düsseldorf 1981 | Schlee, G., Annahme oder Ablehnung von Christentum und Islam bei den Rendille in Nord-Kenia, in: Ostafrikanische Völker zwischen Mission und Regierung, Erlangen 1982, 101–30 | Schlosser, K., Propheten in Afrika, Braunschweig 1949 | –, Eingeborenenkirchen, Kiel 1958 | Schlunk, M., Die Schulen für Eingeborene in den deutschen Schutzgebieten, Hamburg 1914 | Schmied, J. J., Englisch in Tansania, Heidelberg 1985 | Schoffeleers, J. M., River of Blood: The Genesis of a Martyr Cult in Southern Malawi, c. A. D. 1600, Madison 1992 | Shankar, S., Medical Missionaries and Modernizing Emirs in Colonial Hausaland: Leprosy Control and Native Authority in the 1930s, in: JAfH 48 (2007) 45–68 | Shell-Duncan, B./Hernlund, Y. (Hg.), Female *Circumcision* in Africa: Culture, Controversy, and Change, Boulder 2000 | Shepperson, G. A./Price, T., Independent African: John Chilembwe and [...] the Nyasaland Native Rising of 1915, Edinburgh 1958, Ndr. 1987 | Shillington, K. 2005 | Shorter, A., Cross and Flag in Africa: The *White Fathers* during the Colonial Scramble (1892–1914), Maryknoll, NY 2006 | Sieberg, H., Colonial Development. Die Grundlegung moderner Entwicklungspolitik durch Großbritannien 1919–1949, Stuttgart 1985 | Sinda, M., Le messianisme congolais, Paris 1972 | Sow, A. I. (Hg.), Langues et politiques de langues en Afrique noire, Paris 1977 | Spencer, J. (Hg.), The English Language in West Africa, London 1971 | Stackelberg, J. V., Klassische Autoren des schwarzen Erdteils, München 1981 | Stocking, G. W. (Hg.), Colonial Situations: Essays on the Contextualization of Ethnographic Knowledge, Madison 1991 | Strayer, R. W., The Making of Mission Communities in East Africa, London 1978 | Streit, C., Katholischer Missionsatlas, Steyl 1906 | Stumpf, R., La politique linguistique au Cameroun, Frankfurt 1979 | Sundkler, B., Bantu Prophets in South Africa, 2. Aufl., London 1961, Ndr. 1976 | –, Zulu Zion and some Swazi Zionists, London 1976 | –/Steed, C., A History of the Church in Africa, Cambridge 2000 | Suret-Canale, J. 1966 | Taddey, G., Die Gründung der ersten deutschen Schule in Ostafrika, in: Zeitschrift für württembergische Landesgeschichte 43 (1984) 415–22 | Taiwo, O., Social Experience in African Literature, Enugu 1986 | Tasie, G. O. M., Christian Missionary Enterprise in the

Niger Delta, Leiden 1978 | Taylor, J. V., Progress of Growth in an African Church, London 1958 (dt. 1961) | Thornton, J., The Development of an African Catholic Church, in: JAfH 25 (1984) 147–67 | –, The Kongolese Saint Anthony: Dona Beatriz Kimpa Vita and the Antonian Movement, 1684–1706, Cambridge 1998 | Tibenderana, P. K., The Beginning of Girls' Education in [...] Northern Nigeria, in: JAfH 26 (1985) 53–109 | Tiberondwa, A. K., Missionary Teachers as Agents of Colonialism in Uganda: A Study of their Activities, 1877–1929, 2. Aufl., Kampala 1998 | Tignor, R, L. 1976 | Treffgarne, C., The Role of English and French as Languages of Communication between Anglophone and Francophone West African States, London 1975 | Trenz, G., Die Funktion englischsprachiger westafrikanischer Literatur, Berlin 1980 | Trimingham, J. S., The Influence of Islam upon Africa, London u. a. 1968 | Turcotte, D., La politique linguistique en Afrique francophone, Quebec 1981 | Turner, H. W., History of an African Independent Church, 2, Bde., Oxford 1967 | Ustorf, W., Afrikanische Initiative, Frankfurt 1975 | –, Die Missionsmethode Franz Michael Zahns und der Aufbau kirchlicher Strukturen in Westafrika, Erlangen 1989 | Van der Heyden, U. (Hg.), Unbekannte Biographien. Afrikaner im deutschsprachigen Europa vom 18. Jahrhundert bis zum Ende des Zweiten Weltkrieges, Berlin 2008 | –/Feldtkeller, A. (Hg.), Missionsgeschichte als Geschichte der Globalisierung von Wissen, Stuttgart 2012 | –/Stoecker, H. (Hg.), Mission und Macht im Wandel politischer Orientierungen. Europäische Missionsgesellschaften in politischen Spannungsfeldern in Afrika und Asien zwischen 1800 und 1945, Stuttgart 2005 | Vellut, J.-L. (Hg.), Simon Kimbangu 1921, de la prédication à la déportation. Les sources, 2 Bde., Brüssel 2005–10 | Venkatachalam, M., Between the Devil and the Cross: Religion, Slavery, and the Making of the Anlo-Ewe, in: JAfH 53 (2012) 45–64 | Volz, S. C., African Teachers on the Colonial Frontier: Tswana Evangelists and their Communities during the Nineteenth Century, New York 2011 | Weiler, H. N. (Hg.), Erziehung und Politik in Nigeria, Freiburg 1964 | Welbourne, F. B., Religion and Politics in Uganda, Nairobi 1965 | Werkmeister, S., Kulturen jenseits der Schrift. Zur Figur des Primitiven in Ethnologie, Kulturtheorie und Literatur um 1900, München 2010 | Whiteley, W., Swahili, London 1969 | Wilson, M., Religion and the Transformation of Society, Cambridge 1971 | Wraith, R. E., Guggisberg, London 1967 | Wright, M., German Missions in Tanganyika, Oxford 1971 | www.kimbanguisme.net | Yakemtchouk, R., L'université Lovanium, Chastre 1983 | Yates, B. A., Educating Congolese abroad, in: IJAHS 14 (1981) 34–64 | Young, J. U., African Theology: A Critical Analysis and Annotated Bibliography, Westport 1993 | Zell, H./Silver, H., A Reader's Guide to African Literature, London 1973 | Zimmerer, J. (Hg.), Kein Platz an der Sonne. Erinnerungsorte der deutschen Kolonialgeschichte, Frankfurt 2013.

第二十章

东方问题、第一次世界大战和新的动力

东方问题（die Orientalische Frage）对欧洲近代早期前大国奥斯曼帝国的未来而言至关重要。与在中国的情况一样，19、20世纪的欧洲大国在探寻，在大国对抗加剧的条件下西方另一个巨大的“半殖民地”会如何演变。与中国不同，第一次世界大战后奥斯曼帝国的解体对这一问题给予了回答，因而从这个视角出发，人们可以使用近代早期的政治行话称后者为“奥斯曼王位继承战争”。

在列强侵犯的同时，这里出现了一个多民族帝国中正在觉醒的各民族的分离活动，它尤其在巴尔干引人注目，从1812年塞尔维亚的内部自治开始，发展到1913年阿尔巴尼亚的独立。此前被奥斯曼人控制地区的历史不属于欧洲扩张史，因为直到进入17世纪都是奥斯曼人向欧洲扩张，而欧洲人与近东则仅限于有限的贸易和文化交往。转折发生在1683年奥斯曼第二次围攻维也纳之后，尽管遭遇挫败的奥斯曼帝国在18世纪仍然能够保持完好无损。终结起于俄国向南推进，起于在1774年《库楚克开纳吉和约》（Frieden von Kütschük Kainardschi）中承认对苏丹治下的基督教—东正教臣民的、没有明确定义的保护人地位，实际上就是在巴尔干实施干涉的特许状。尽管东方问题这一概念似乎直到1822年才出现，然而把它用于1774年至1923年奥斯曼帝国的整个解体阶段还是合适的。可这个曾经使整个欧洲战栗的世界大国是如何走向解体的呢？

人们乐于指出苏丹宫廷的衰退和腐败，因为一个完全以顶层的专制强权为基准的体系对于顶层的缺陷会作出灵敏的反应。然而，由此人们就可能在原始资料中误入单方论战的陷阱。因为一方面，从17世纪到19世纪绝对不缺少能干的苏丹

1048 和高层官员，另一方面，在此期间，宫廷和官僚机构已经积累了足够多的政治职能，即使没有能干的统治者这一体系也能照常运转。即便不将这一发展视为衰退，而是视为对统治体系的适应，其结果还是有违形成现代国家权力的要求，无法像欧洲竞争对手那样建立现代国家权力。奥斯曼军事国家是为了不断扩张而创建的，并且是为了这一目的，以一种尤其被证明优于欧洲的方式组织起来的。但是当欧洲人追赶上来而且懂得如何阻止奥斯曼的扩张后，通过输送战利品供养这一体系便行不通了，于是精英们转向了对帝国内部的剥削。终身包税制就是为此服务的，包税人变成了由大地产主和各省统治者构成的新阶层的核心（ayan），除了这些人，中央原先的总督们不再有太多的发言权。与此同时，16 世纪的通货膨胀导致收入减少，就算政府不放弃传统的食品低价政策也不转向欧洲式的重商主义发展政策，情况也是如此。虽然奥斯曼帝国已经融入世界经济并一直身处其中，但此时已成为廉价农产品的出口者，而由于受欧洲进口的影响，这一行业同时也呈下降趋势。到 19 世纪精英们更加坚定了改革的决心时，发展的差距已经太大了，在传统体系的框架内根本无法进行纠正。反过来说，经济衰退是政治衰退造成的。

由于 1935 年签订了一个从未获得国会批准的贸易条约之后又签订了一系列条约（投降条约），法国人并非没有理由地认为自己是奥斯曼人最早的伙伴。其实在西方影响的背景下在奥斯曼帝国首先传播开来的是法国语言与文化。但是法国在其商业利益之外也谋求政治影响力，目的是在陆路的印度通道上给对手英国制造麻烦。拿破仑 1798/1799 年远征埃及应该就是为了这些目标。就连穆罕默德·阿里大概也会乐于得到法国的支持，他是阿尔巴尼亚的军事统帅，1806 年使自己成为埃及的统治者。在获得其最高主人苏丹的许可之后，1811 年至

1818 年他征服了阿拉伯半岛的部分地区，随后他支持苏丹镇压起义的希腊人。然而他想要的更多。1831 年他的义子易卜拉欣帕夏（Ibrahim Pascha）从奥斯曼人手里夺取了叙利亚，1832 年由于俄国的干预才被阻挡在离伊斯坦布尔不远的地方。 1049
1839 年对苏丹的第二次进攻败于英国手下。1840/1841 年穆罕默德·阿里不得不交出叙利亚，但成了埃及的世袭总督。假如其他强国没有插手支持苏丹，或许法埃霸权就取代了奥斯曼帝国。

虽然英国同样自伊丽莎白一世时代起就出场了，不过导致英国政治参与的是上文提及的法国的先发行动，在英国看来，维持一个对它友善的奥斯曼帝国好像对自己的目的最为有利。于是英国成了苏丹最重要的依靠，但很快主要针对的就不是法国而是俄国。

伦敦怀疑俄国谋求占有拥有海峡的君士坦丁堡和毁灭奥斯曼帝国，可这种怀疑绝不总是有道理的。因为在俄国向前推进的过程中，圣彼得堡到 1830 年就认识到奥斯曼帝国的解体根本就不符合俄国的利益，只会让英国和法国得到好处。人们认为在俄国影响力增强的同时，让奥斯曼帝国作为一个独立但弱势的帝国更为有利。1832 年埃及的进攻提供了一个有利的机会，当时不仅亲埃及的法国，而且连正忙于内部改革的英国都拒绝向苏丹提供帮助。于是俄国拯救者 1833 年在温卡尔－伊斯凯莱西（Hünkar Iskelesi）防御联盟中成为苏丹的庇护者，但也开始讨好多疑的、觉得其印度受到威胁的英国。于是最终，俄国违背条约，在前文提及的 1839 年的危机中没有伸出援手。1841 年五大强国与苏丹达成《海峡条约》（Meerengenkonvention），根据该条约只要伊斯坦布尔处于和平状态，外国战舰就不得通过海峡。虽然这意味着对奥斯曼主权的限制，但同时也是将其纳入欧洲国际法，从而确保帝国的存在。

此时开始了英国占优势地位的时代，它当然与把竞争对手远远抛到后面的英国贸易的扩张是联系在一起的。1825/1826年英国缴纳的奥斯曼帝国进口关税为60万英镑，1835年为160万英镑，1850年为346万英镑。其中棉花商品均占四分之三。1838年，由英国实施、但对所有强国都具有效力的条约确立了统一关税，进口税率为3%，出口税率为12%，过境贸易税率为2%。因为这些税率至第一次世界大战一直在继续降低，所以西亚发展成为世界贸易最重要的低关税地区之
1050 一。对外国人免征奥斯曼赋税对于他们来说意味着另一个竞争优势。结果是某些地方发生了去工业化，如在印度，但无论在哪里都受到了一定的限制。由于交通运输条件恶劣，很多地方最重要的工业都靠供应地方维持生产。织工或使用进口棉纱生产，或尝试以牺牲自己的生活水平为代价保持竞争能力。因此发展被延滞，以至于工商业的衰落延续至20世纪。

西方商人的优先权可以部分追溯到让步条约（Kapitulationen）[①]的传统制度，它们原本就是由全能的苏丹授予有用的外国人的毫无掩饰的特权。首先是西方的优势使它们变为了相反意义上的“不平等条约”，变成了不顾及所在国家本身利益而对其进行帝国主义渗透的工具。除免征赋税、关税调整、居住自由和宗教自由外，对于外国人来说最重要的是只有各国领事才拥有对他们的司法管辖权，当他们与当地人发生冲突时，只有在领事的参与下才允许对其追究责任。由于力量对比发生了变化，它迫使奥斯曼官员变得克制。另外又有了一种可能性，即

① 让步条约是奥斯曼帝国以促进贸易发展为目的，对外国商人实行的一种贸易特权制度，允许其在帝国内居住和通商。最早为1453年与热那亚人签订的条款，后于1535年与法国达成了一系列协议，规定了作为少数派的基督徒在帝国境内的政治权利、经济活动、宗教利益等。——编者注

享受这一特权也扩展到了那些被奥斯曼帝国视为其臣民的被保护人身上。他们可能是或真或假的领事馆雇员，或者是利用自己的外国人血统的群体，如希腊人、犹太人和亚美尼亚人。后来这种保护甚至变成了世袭的。外国人的特权与传统的“米勒特（millet）”制度[①]之间总归有着密切关联，与占人口少数的宗教在帝国框架内的内部自治有着紧密关联。穆罕默德二世（Mehmed II）有一条伊斯兰教的原则，即拥有圣典的各宗教的信仰者以其正派的举止处于正统国家的保护之下，因此他授予信奉东正教的希腊人以在其宗教首领领导下的特别法律共同体的地位便制度化了，后来亚美尼亚人和犹太人也被授予了这一地位。然而，一旦外国人承担了对某一“米勒特”的保护（至 1914 年已经增加到 17 个），这个巧妙的控制工具就变成了分解发酵酶。自 1740 年起天主教徒处于法国的保护之下，自 1774 年起东正教徒处于俄国的保护之下，自 1850 年起承认新教徒也是“米勒特”，处在英国的保护之下。因为在此期间借助各个让步条约，传教士像潮水般涌入近东，由于众所周知穆斯林对改信基督教的尝试具有免疫力，这些传教士主要转向 1051
了当地的基督徒。因此，他们在黎巴嫩特别集中，在那里法国进行了干预以支持天主教马龙派教徒（Maroniten），而英国则知道如何依靠其他群体。这些传教士尽管通过建立众多的教育和救济机构作出了不可否认的贡献，但还是再次变成了帝国主义强国对抗的工具。

对于基督徒来说，自 1516 年一直处于奥斯曼统治之下的巴勒斯坦的圣地当然具有重要意义。自古以来这里就生活着

① 奥斯曼帝国实行的一种宗教自治制度，创始于穆罕默德占领君士坦丁堡之后，内容是非伊斯兰宗教团体或氏族（即“米勒特”）在不损害帝国利益并承担捐税的基础上，拥有专门的宗教文化和教育机构，可以保持本民族语言文字，充分享受内部自治。

受法国保护的拉丁（天主教）神职人员，但是东正教信徒在其俄国保护人的支持下提出对圣地控制权的要求。这并非没有理由，因为来圣地的拉丁朝圣者很少，而俄国人却很多。1808年圣墓教堂被烧毁，在君士坦丁堡牧首的领导下用对他的信徒的一项特别捐税和苏丹的一笔捐助重建了教堂。然而，当1842年教堂的穹顶需要修缮时却产生了争论，因为在此期间拉丁人借助法国的帮助变得更加活跃。1843年，俄国的候选人被选为耶路撒冷的希腊东正教牧首并将其驻地从伊斯坦布尔迁到那里，1847年，拉丁主教从教宗庇护九世那里领受教命也从罗马迁到耶路撒冷。1850年，在其着眼于长远的内政计划而深思熟虑地对天主教徒友善的政策框架内，路易·波拿巴在伊斯坦布尔敦促将圣地“归还（Rückgabe）”拉丁基督徒，随即拉丁主教于1852年从奥斯曼人那里得到了伯利恒（Bethlehem）耶稣出生地的钥匙。1853年，沙皇不仅要求对圣地的规定进行有利于东正教徒的修正，而且还超出此前表述模糊的规定要求明确的东正教庇护人的地位。正如英国大使对他直言不讳的描绘：只需要很少一点恶意，就能使其看似是要求做苏丹所有东正教臣民的庇护人并因此而失败。沙皇以占领罗马尼亚公国作为回应，苏丹在英法支持下向沙皇宣战。克里米亚战争（1854~1856年）爆发。

由于奥斯曼帝国是胜利者一方，所以战争以在《巴黎和约》（Frieden von Paris）里承认它的欧洲大国地位和它的占有状况结束，之前苏丹在英国的要求下通过1856年2月18日
1052 的一个法令表明自己配得上这一承认。该法令不仅对基督教和犹太教臣民公民权的完全平等作出保证，而且还宣布了一个司法、警察和刑罚改革计划，还包括取缔包税制、建立公共工作岗位和现代化银行业。这不纯粹是面对西方列强时的自我欺骗，确切地说，它是1839年至1876年的所谓坦志麦特时

期（Tanzimat-Periode）奥斯曼内部现代化进程的一份具有决定性意义的文件。它的前期历史可以追溯到苏丹塞利姆三世（Selim III，1789~1807 年在位）统治时期，他在法国的帮助下创建了一支小型的现代化职业军队和作为辅助措施的西方式教育机构。尽管他接着作为信仰之敌被推翻，他的后继者马哈茂德二世（Mahmud II，1808~1839 年在位）计划继续推行欧洲化，只要外交形势留给他活动空间。1826 年耶尼切里军团被屠杀，它早已经从独裁者的精锐部队变成了一个与保守势力纠缠在一起的残暴的游说集团。在封地骑兵制废除之后，一支现代军队得以建立。1836 年至 1839 年，普鲁士总参谋部的创建者和德国统一战争的战略家赫尔穆特·冯·毛奇（Helmuth von Moltke）作为教官也参与其中。

开展改革的还有政府和行政机构，因为此时已经宣告了再集权化。政府各部建立起来，最高官员从副专制君主变成了首相。司法机构、省总督和伊斯兰神职人员接受了纪律教育，人口统计和土地丈量开始进行。在一个特别的教育部领导下建起了现代学校，城市居民的生活方式越来越西化。上流阶层保持着优雅的法兰西风格（alafransa）。此时男士们用非斯帽取代了头巾，或是穿起了西式服装。1831 年第一份土耳其报纸出版。1839 年新苏丹阿卜杜勒·迈吉德一世（Abdülmecid I，1839~1861 年在位）颁布了一份公告，向臣民承诺法律的可靠性以及在确定赋税和征兵时的公正性。由此开始了亲英的穆斯塔法·雷希德帕夏（Mustafa Reshid Pascha）发挥影响力的时期。此时产生了现代官僚体制，薪金领取者取代了封臣或者职位承包者。公布了一部《刑法》（1840 年）和一部《贸易法》（1850 年），建立了一家奥斯曼银行（Banque ottomane），创建了第一批男子中学（1841 年）甚至女子中学（1850 年）。在阿卜杜勒·阿齐兹（Abdülaziz，1861~1876 年在位）统治时期，这一方针以较强的亲法态度延续着，直到行政管理能臣艾哈迈德·米德哈特帕夏（Ahmed Midhat Pascha）随着1864
1053 年的省区划分改革（28个拥有自治权的省作为下一级区划）走向了舞台前方。由于巴尔干半岛重现危机，他赶上了罢黜苏丹的时机，得以在顾及西方大国的情况下促使继任者阿卜杜勒·哈米德二世（Abdülhamid II，1876~1909年在位）颁布了由他和他的朋友们制定的宪法。该宪法规定了在一个民选议会里各民族的比例代表制，并保障基本权利。然而，宪法实验证明不适合危机管理。而阿卜杜勒·哈米德则开始了激烈的保守的反应。米德哈特帕夏被撤职，1884年在遥远的阿拉伯城市塔伊夫（Taif）的监狱里被勒死。

1856年的法令“什么都不缺，就缺执行”，一个刻薄的观察者这样说。话虽然有些夸张，但成效的确不尽如人意。原因不仅仅在于无能、腐败和保守，而且主要在于帝国危机四伏的财政状况。当不能定期支付官员薪金的时候，人们怎么愿意创建一个高效的官僚体系呢？人们又如何愿意用一个陈旧的财政基础结构搞现代政治，也就是花费昂贵的政治呢？而且这又是发生在一个国家要靠发达的公众财政定调子的环境里。1800年前后，苏丹的年收入估计为225万~375万英镑，而英国早在对法战争之前收入就已达1680万英镑。尽管如此，可以估算一下，苏丹的臣民通过包税制和采邑制大概必须筹措2000万英镑，才能有300万英镑进入统治者的钱箱。在主要的收入来源土地税、垄断商品（烟草）和关税中，最后一项已不归奥斯曼人拥有，前两项也不可能无限扩张。因此，奥斯曼人在克里米亚战争中是依靠外国的贷款打仗。1854年，330万土耳其镑（当时合380多万英镑）的债券按照这种交易通常的条件投放在伦敦资本市场。苏丹必须按照全额支付6%的利息和还债，但是得到的却只是扣除各种费用后的80%，准确地说就是

2514913土耳其镑。当人们向购买者提供实价为票面价值的80%和实际利率为7.9%的债券时，它很快就被买下了。1874年达到了最低点，当时必须以5%的利率借贷4100万镑，才能得到其中的43.5%，即1660万镑，因此实际利率为12.3%。1854年至1874年，奥斯曼帝国名义上总共借贷2.419亿土耳其镑，但真正拿到手的仅有1.2757亿土耳其镑。这意味着实际利率超过了10%，因为名义利率通常为5%~6%。值得注意 1054
的是只有一次例外：由西方盟友担保的1855年的第二次战时公债！

这些款项绝没有首先用于苏丹阿卜杜勒·阿齐兹古怪的建筑上，而是优先用于陆军和海军。主要是必须不断借贷新钱，才能够履行对旧债的义务。这是一个巨大的债务重组体系，欧洲的银行和投资人从中获取了丰厚的利益。奥斯曼人被不断鼓动进行新的借贷；一旦哪个最高官员起来抗争，像颠地（Dent）和帕尔默（Palmer & Cie）一类的公司就会让他倒台。随后针对有关条件进行了艰苦的商谈，奥斯曼人被夺去了欧洲人控制的债券市场提供的东西。

税收改革失败，由于缺少精确的预算和财务监督，1874/1875年收入2481万土耳其镑，支出2513万土耳其镑，其中784万土耳其镑用于支付利息，在这种情况下1875年国家破产变得不可避免。最终，1881年苏丹不得不接受由英国大使乔治·戈申（George Joachim Goschen）——也是一位银行家——拟定的解决方案，成立一个独立于国家之外的国际债务管理机构，即奥斯曼公共债务委员会（Administration de la dette publique ottomane）。它受由六个债权人代表组成的理事会领导，为英国人、尼德兰人、法国人、德国人、奥地利人、意大利人，以及由法国人和英国人控制的奥斯曼帝国银行（Banque impériale ottomane）工作；另外参与的第七位是苏丹的观察员。大量的国家收入固定地托付给这个委员会并被它的机构所收取。1912 年，它有近千个部门和分支机构，有 169 名外国雇员、5625 名当地雇员和 3250 名兼职人员。1895 年，他们的收入占间接税的 54% 和国家收入的 12%，1912 年为 990 万土耳其磅，而国家收入为 2860 万土耳其磅，国家支出为 3520 万土耳其磅（其中 1260 万土耳其磅用于军队）。在预算呈显而易见的赤字的情况下，偿还债务消耗了收入的 34.6% 或支出的 28.1%，它比任何时候都更得通过新的外国贷款来平衡收支。1881 年至 1914 年，政府另又贷款 1.66 亿土耳其镑，其中获得的实际支付至少为 1.47 亿土耳其磅（89%），这是非常有效的、发挥中介作用的债务管理机构的一项功绩。除此之外，该机构还极大地推动了交通、采矿和工业的发展。

然而这丝毫没有改变这样一个事实：它是典型的金融帝国主义（Finanzimperialismus）的一个完美工具，是一种间
1055 接统治的完美工具，它在这里根本没有必要像在突尼斯或埃及那样为保护投资人的利益而进行干预。因为债务管理机构与由法国占主导地位的奥斯曼帝国银行进行了紧密合作，后来也与 1888 年成立的德意志银行（Deutsche Bank）分行合作。这两家银行向政府提供短期贷款；如果合在一起的新贷款和未偿还债务到期，它们就会提出高昂的价码并且拒绝其他短期协议，因而政府顾忌债务管理机构不得不接受这些价码。1909 年想通过建立土耳其国家银行（National Bank of Turkey）另辟一条途径，这一尝试也因英国银行家此时参与其中而告结束。

这一体系在所有的民族对抗中都起到了相当好的协调作用，它也被用于借提供贷款为合作公司强索许可，或使贷款专门用于特定的投资，尤其是在铁路建设领域。为了开发土地，需要修建铁路，但是政府既没有资金，又缺少相关的技术。除了拥有几条支线的大马士革至麦地那的汉志铁路（Hedschas-

Bahn），政府无力完成更多的建设项目。其他所有的线路都由外国人修建，特别是法国人和德国人，不过奥斯曼人对盈利作出了国家担保，而获得附加特许权的情况也不罕见，例如巴格达铁路（Bagdadbahn）向两侧延伸20公里范围内的矿藏开采权，这与在中国的情形类似。另外，1910年超过三分之二的奥斯曼煤、铬和铜的生产掌握在外国人的手里。最终连公共项目的许可也给予了外国人，例如各大城市里的有轨电车、电话、煤气、水和电。有时欧洲各国政府也通过施加政治压力提供帮助，这一点完全可以得到证明。1914年法国资本占据绝对优势，不过德国的投资也有较大数额的增长，而英国的投资则停滞不前。1914年各国在奥斯曼帝国的投资总额如下［Jacques Thobie，1977，305，477，482；单位：千法郎］。

	国债		经济	
法国	2002603	59.84%	843819	47.3%
英国	458309	13.69%	234397	13.1%
德意志帝国	542365	16.20%	510787	28.6%
其他	343830	10.27%	195337	11.0%
总计	3347107	100.00%	1784340	100.0%

各国在各行业中所占份额如下（按百分比计）。 1056

	银行	铁路	港口	矿山	公共服务	其他
法国	77.4	36.8	51.0	61.0	41.5	73.4
英国	20.0	12.6	17.7	19.0	4.3	17.0
德意志帝国	0.8	42.8	17.8	2.0	13.8	0.15
其他	2.8	7.8	13.5	18.0	40.0	9.45

德国人在铁路建设方面表现抢眼是与修建巴格达铁路联系在一起的，它使自伊斯坦布尔经安纳托利亚直到伊拉克北部的一个广阔地区成为德国人的势力范围。1880年代德国人在奥斯曼帝国的经济活动飞跃式增长。1869年，巴伐利亚—比利时银行家冯·赫希（Von Hirsch）获得了土耳其铁路欧洲部分的建设和经营许可。当1888年维也纳至伊斯坦布尔的铁路能够验收通车时，有人施展了阴险的诡计后作出了由德意志银行领导下的一个德奥临时财团接手赫希营建的铁路的决定。与此同时，德意志银行自愿承担伊斯坦布尔至安卡拉段的铁路建设，1889年获得许可后建立了奥斯曼安纳托利亚铁路公司（Société du chemin de fer ottoman d'Anatolie）。1870年代，一位德国工程师在担任公职期间就开始修建这样一段铁路，由于1875年国家破产，一切都停顿下来。海达尔帕夏—安卡拉（Haidarpascha-Ankara）段于1902年竣工，1896年埃斯基谢希尔—科尼亚（Eskisehir-Konya）段也建成。各种错综复杂的阴谋早就开始四处蔓延，玩弄这些阴谋的是英国人、法国人、俄国人及具有民族意识的土耳其人，或许也有罗斯柴尔德家族（Haus Rothschild），最终还有德国的竞争对手，他们试图阻止把巴格达铁路的其他许可证颁发给由德意志银行领导的集团。德意志银行的慷慨大方的作用大概不如帝国政府和威廉二世皇帝本人在伊斯坦布尔进行国事访问时给予的支持，这些支持到1902年终于取得了成果。然而，这种行为绝不是作为德国的国家事务进行的，而是在与法国人的合作中进行的，他们与后者早就进行了关于叙利亚地区铁路的谈判。1903年建立的巴格达皇家铁路公司（Société impériale du chemin de fer de Bagdad）与原来的建筑公司一样包括了数目可观的法国资本份额。1914年，500法郎一股的股票分布情况如下（Jacques Thobie，1977，347 f.）。

单位：股

法国集团	8000	1057
其中：奥斯曼帝国银行	（1400）	
铁路运输总公司（Régie générale des chemins de fer）	（1405）	
土耳其农业银行（türkische Banque agricole）	3000	
奥斯曼安纳托利亚铁路公司	3000	
德意志银行	8200	
德意志集团（deutsche Gruppe）	4000	
苏黎世瑞士信贷银行（Crédit Suisse Zürich）	1200	
维也纳银行协会（Wiener Bankverein）	1200	
意大利商业银行（Banco commerciale italiano）	470	
其他	930	
总计	30000	

德国向波斯湾扩张的前景必然首先在英国引发了恐慌。因为在此期间那里不再单单涉及印度，而且也涉及西亚的石油优先开采权。尽管如此，面对潜在的德国、法国、奥斯曼和俄国的威胁，印度政府在英国在海湾地区地位的提高方面还是发挥了重要的作用。1899 年，英国接管了美索不达米亚的门户酋长辖地科威特的外交。尽管如此，德国和英国还是就这一区域达成了经济和政治上的一致意见（德意志银行拥有少数伊拉克石油股权），这发生在 1914 年世界大战开始前，因此完全有理由说它是“悲剧性的讽刺（die tragische Ironie）”。

讽刺或许也表现在与威廉皇帝大肆张扬其世界政策所形成的对照，这种张扬行为在 1898 年德皇的东方之行中达到了高潮，当时威廉外出进行道德征服，在大马士革宣布自己是苏丹和世界上所有穆斯林的朋友。拥有众多穆斯林臣民的英国人和法国人获悉此事时心情复杂。此行同时也是德国人“基督教帝国主义（christlichen Imperialismus）”的展示，因为其间由

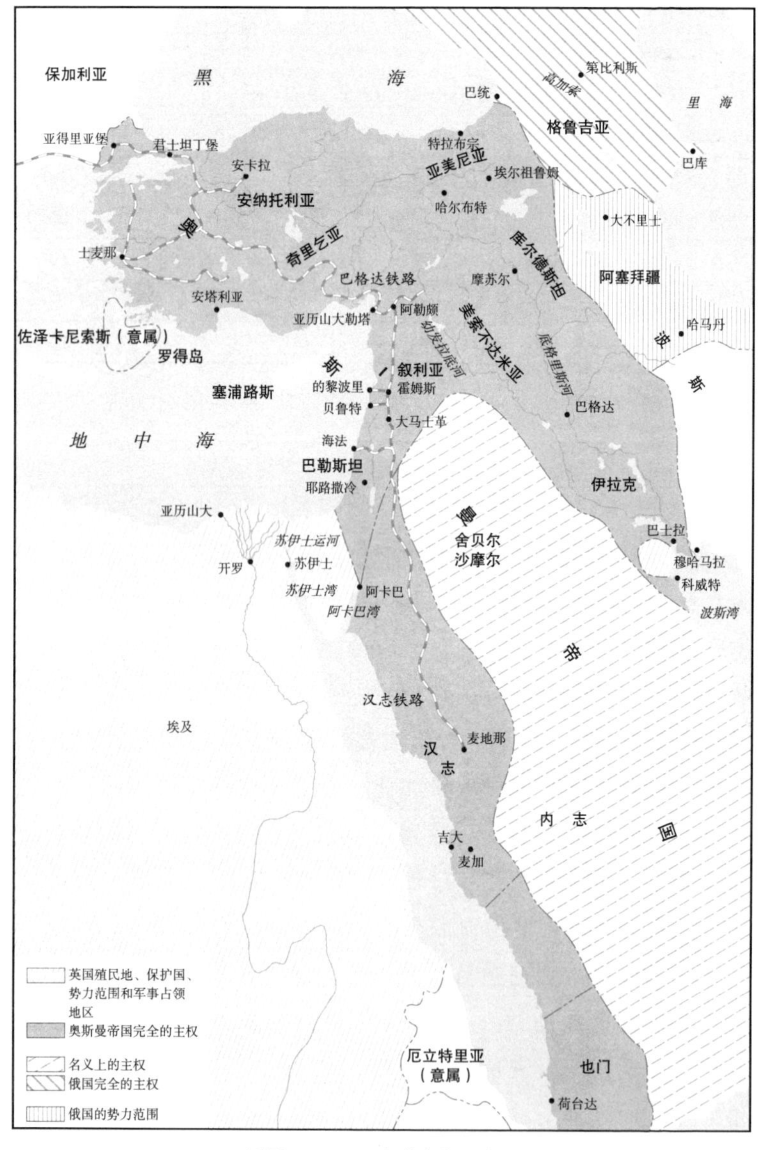

插图 86　1914 年的奥斯曼帝国

德皇资助的雄伟的耶路撒冷新教基督教堂举行了落成典礼，其新罗曼风格与皇帝通常的建筑规划是相称的。1841年，普鲁士还依据协议作为英国的最年轻的合伙人参与了在圣城建立圣公会—路德教主教管区，1886年主教教区协议在大国间对抗的背景下被终止，德国即自己进行宗教扩张。德意志天主教徒因参与扩张从皇帝那里获得了赠礼圣母安息教堂（Dormitio Mariae），也就是所谓的圣母在耶路撒冷的安息之所。最终，东方的德意志修女堂自1880年代起宣示性地升起了帝国国旗并摆脱了传统的法国对天主教徒的庇护。德国的巴勒斯坦政策 1059
不仅仅是针对俄国的新的首倡行动，而是主要针对法国。

尽管法兰西共和国的反教权主义（Antiklerikalismus）在不断增强，但它仍然坚持拥有对东方所有天主教徒的保护权。在对内政策方面态度强硬的反教权主义政治家在对外政策方面却慷慨地为天主教机构提供资助——注意，是为法国的天主教机构提供资助。另外，教宗也不准备像在中国那样减少法国的保护地并因此进一步挑战法国的反教权主义。所以德国的巴勒斯坦政策收获甚微，而且主要限于改善与奥斯曼帝国的关系方面。

德国在巴勒斯坦的各种殖民计划也鲜有收获，尽管自1870年代起施瓦本圣殿骑士教派取得了一定的成绩。在德国庇护下在那里建立一个奥斯曼帝国框架内的犹太自治国家的尝试也不太成功。自1870年代起就已经有了多次尝试，打算在约24000名生活在巴勒斯坦各个城市里的犹太人之外，再为进入老以色列的移民创建新的农业垦殖地。由于对犹太人的迫害，随后出现了两次来自东欧的较大的移民高潮（第一次为1882年至1903年，第二次为1904年至1914年），因而1914年犹太团体约有85000人，占巴勒斯坦人口的12.3%。犹太复国主义在1897年巴塞尔的大会上公布于众，其目标为在巴勒斯坦建立一个“得到公众承认的有法律保障的家园”。运动的发起人特奥多尔·赫茨尔（Theodor Herzl）的这一想法可能于1898年引起了威廉二世的关注，因为对德意志帝国来说这似乎是一条途径，既能在巴勒斯坦站住脚，又能甩掉国内的犹太人；顺便说一下，恰恰出于这个原因，犹太复国主义不断地受到那些主张贯彻同化的犹太人的强烈反对。然而，德皇的这一兴趣很快就遇到了政治上的障碍，因为这种倡议会损害与其他大国之间的关系，与德意志帝国相比，犹太人毕竟更加偏爱这些国家，而奥斯曼人也不愿意接受因大量移入犹太人而出现的另一个少数民族问题。

在此期间，少数民族问题和民族问题不仅像通常那样使奥斯曼帝国在巴尔干半岛焦头烂额，而且在亚洲也制造了麻烦。民族主义的基础起初是各传统宗教和社会群体之间的矛盾，到后来是语言、民族归属和文化以现代方式处于中心位置。在各大国进行干预之后，马龙派教徒和德鲁兹派（Drusen）穆斯林
1060 之间的流血争斗于1861年成功地得到彻底解决，方式是建立了一个半自治的山地省黎巴嫩，由一个信奉基督教、非本地的行政长官统治，下设一个由各个派别构成的咨询委员会。

此时东安纳托利亚的亚美尼亚人中的动乱显得更具威胁性，因为1878年列强在柏林曾向他们承诺给予特别保护。在英国和俄国的影响下，作为“米勒特”的自治变成了要求民族自治。面对这种临近帝国心脏的威胁，伊斯坦布尔非常敏感地作出了反应。1894年至1897年，叛逆精神被土耳其人和库尔德人的恐怖统治制伏，其间可能至少有10万亚美尼亚人丧生。然而“对亚美尼亚人的恐怖暴行（Armeniergräuel）”在世界大战中才达到高潮，因为1915年政府以大规模重新安置行动回应了亚美尼亚人的明确诉求，即英国支持的亚美尼亚人的“民族家园（Nationalheimat）”计划。在此期间掌握权力

的土耳其民族主义者决定进行种族清洗，甚至采取种族灭绝行动。根据不同的计算，据说其间有60万~130万人丧生，他们死于大屠杀，不过也有人死于混乱、饥饿和瘟疫，而土耳其人同样遭受了混乱、饥饿和瘟疫。仅在东安纳托利亚交战地区，据说就有100万土耳其人成为败于俄国人的牺牲品。与一些断言相反，尽管存在着紧密的军事合作关系，德国军官至少没有积极参与对亚美尼亚人的暴行，反而有不同的德国外交官、议员和传教士试图为受害者说项。不过帝国政府顾忌盟友关系，行动比较克制，要求对相关报道进行新闻审查。战争结束后随即出现了亚美尼亚苏维埃共和国，而巴黎和会规划的一个更大的、包括整个东安纳托利亚的亚美尼亚民族国家在1923年与土耳其签订的最终和平条约中，因土耳其造成的既成事实却未能实现。

对于奥斯曼帝国来说，阿拉伯人觉醒的危险性并不见得比这更小，尽管这一运动首先具有文化宗教特性，因此在政治上是含混不清的。运动的中心在贝鲁特（Beirut）、大马士革和开罗，其中贝鲁特的新教和天主教大学（1866年和1875年建立）在促进伊斯兰科学研究方面发挥着先锋作用，在艾资哈尔清真寺（al-Azhar-Moschee）这所传统大学之外，于1909年建立的现代开罗大学也发挥着这一作用。西方的东方学家在那里为年轻的知识精英指出了一条通往自己历史的道路。不过在 1061
艾资哈尔大学任教的波斯人加马尔丁·阿富汗尼（Dschemal ud Din al-Afghani，1838~1897年）1871年至1879年就宣告了伊斯兰现代主义的纲领。反思宗教渊源，同时通过接受西方科学技术进行革新，应该使得泛伊斯兰主义联合体战胜西方的统治。他最重要的学生埃及人穆罕默德·阿卜杜（Mohammed Abduh，1849~1905年）1892年至1905年也在同一所大学任教，1899年至1905年担任埃及的大穆夫提（Großmufti）。

他去掉了他的老师思想中的政治革命特性，将其用于一个革新后的伊斯兰教的文化演变。宗教文化方向的泛伊斯兰主义完全适合反动的苏丹阿卜杜勒·哈米德二世的计划，在中止了宪法之后他想通过军事、行政甚至教育的部分现代化来增强国家的权威。于是 1881 年采用了十进位制，1882 年在伊斯坦布尔建立了一个商会，1900 年建立伊斯坦布尔大学从而圆满完成了西方教育体系的扩展。因此，加马尔丁·阿富汗尼有时得到阿卜杜勒·哈米德的资助，而这位苏丹想将 1903 年在伦敦建立的泛伊斯兰协会（Pan-Islamic Society）纳入他的政策，就不足为奇了，虽然——或者恰恰是因为——印度穆斯林在这方面发挥着重要的作用。在第一次世界大战中调动有关哈里发和“圣战”的传统观念为其服务也是类似的尝试。

但是恰恰是清除专制体制将伊斯坦布尔的民族问题变成了亟待解决的问题，并进而使少数民族问题进入了危急阶段。自 1889 年起所有省份都有秘密军官协会，它们确立了进步目标，拥有骨干，组织完善，一个叫穆斯塔法·凯末尔·阿塔图尔克（Mustafa Kemal Atatürk）的人也在其外围发挥着作用。在发生了数次起因不同的士兵起义之后，最终，驻马其顿的第三军团于 1908 年要求恢复宪法，并以进军伊斯坦布尔相威胁。这时苏丹屈服了，进步军官们——青年土耳其党人（Jungtürken）——接管了政权。新议会由 147 名土耳其人、60 名阿拉伯人、27 名阿尔巴尼亚人、26 名希腊人、14 名亚美尼亚人、5 名保加利亚人、4 名塞尔维亚人、4 名犹太人和 1 名瓦拉几亚人（Walachen）组成。要在一个宏大的新奥斯曼帝国理念的名义下实现各民族的融合吗？联邦计划和以奥地利—匈牙利为榜样的土耳其—阿拉伯二元制都被纳入讨论。阿卜杜勒·哈米德的一次反革命行动使无足轻重的穆罕默德五世（Mehmed V，1909~1918 年在位）被立为苏丹，然而在战

胜这次反革命行动之后，在整个帝国实行民族主义的土耳其化的思想取代多民族政策最终在青年土耳其党人中占了上风。甚 1062
至所有突厥民族的泛土耳其主义（Panturanismus）的种族主义计划也越来越重要。新政权在各次巴尔干战争和1911年至1913年与意大利的战争中败北大概更加剧了它的民族主义的攻击性，而深刻感受到这一点的无疑首先是亚美尼亚人。

1908年，青年土耳其党人还是达到了任命哈希姆（Haschemiten）家族的谢里夫·侯赛因（Scherif Hussein）为汉志总督和麦加圣地保护人的目的，之前侯赛因在伊斯坦布尔当了十五年质子。但是他们的新路线很快就导致了独立要求在阿拉伯人中越来越普遍，英国和法国很乐意将这些要求看作制衡德国在伊斯坦布尔的影响的砝码。土耳其军队里出现了阿拉伯军官的秘密社团，阿拉伯半岛的那些或多或少独立的王侯们展开了各种各样的行动。18世纪，穆罕默德·阿卜杜勒·瓦哈卜（Mohammed abd el Wahhab）就已能为他的严格的伊斯兰革新赢得阿拉伯半岛中部地区内志［Nedsch，自1821年起首府为利雅得（Er-Riad）］的王侯们的支持，但是19世纪初他们在汉志的扩张被埃及人阻止了。此时瓦哈比派王侯伊本·沙特（Ibn Saud）占领了波斯湾的哈萨地区（Al Hasa）。然而阿拉伯各部族与各王朝之间的内部摩擦的损失是十分巨大的。对于奥斯曼帝国来说，阿拉伯人的政治活动经过第一次世界大战才变得具有威胁性。

第一次世界大战和近东

面对21世纪之初近东毫无出路的悲惨状况，“反事实历史（Kontrafaktische Geschichte）”反倒增加了吸引力。假如奥斯曼帝国不是与中欧列强结盟，而是站到它的获胜的对手一边参与第一次世界大战，它的历史发展到今天会是什么样呢？青年土耳其党的领导集团其实也绝非清一色的亲德派，但是国防部长恩维尔帕夏（Enver Pascha）1914年坚决地与德国建立
1063 了针对传统敌人俄国的防御同盟。与协约国之间的谈判似乎有望得到有意义的让步。然而英国扣押伊斯坦布尔在那里订购的战舰为恩维尔领导的亲德派帮了忙。此后不久开来了两艘德国巡洋舰，作为订购战舰的替代品连同全体船员和海军将军一并被纳入奥斯曼海军。当德意志帝国支付了200万土耳其镑并承诺提供范围广泛的物资之后，这些战舰按照主战派的命令向在黑海的俄国港口发起了进攻，这导致俄国和协约国对奥斯曼帝国宣战。

由此宣告了阿斯奎斯勋爵（Lord Asquith）所说的对“土耳其的争夺（Scramble for Turkey）”。然而1916年由温斯顿·丘吉尔提议的英国、法国和意大利对博斯普鲁斯海峡的一场大规模进攻遭受失败，在高加索战线直到最后双方一直在拉锯。而在帝国的阿拉伯地区，英国人则大获成功。战争之初，他们将自己长期控制的埃及变成了一个名副其实的英国保护地并毫无异议地维持着自己的庇护者的地位。除了南非的反对派，所有的自治领和印度都派出辅助部队支持宗主国。1915年至1916年，是印度、澳大利亚和新西兰的军队粉碎了土耳其和德国联军对苏伊士运河的攻击。

其间，印度事务处和印度军队在自己的势力范围内开始进行一场自己的战争，它主要是由印度承担的。首先是为了确保

当时已经极其发达的波斯油田的石油出口，后来是为了占领奥斯曼的巴士拉省和巴格达省。然而进攻受到重创，英印军队在底格里斯河边的库特埃尔阿马拉（Kut-el-Amara）被包围，在土耳其司令官拒绝了一笔200万英镑的贿赂之后，不得不于1916年投降。其结果是国防部对此进行调查和接管领导权。1917年巴格达才被攻占。

虽然战线可以继续向西推进至巴勒斯坦的南部边界，然而在汉志有强大的土耳其部队，它们通过汉志铁路与北方连接在一起。在这种情况下，英国人懂得该如何利用阿拉伯人的起义倾向。英国驻埃及高级专员麦克马洪（Henry McMahon）在与麦加的野心勃勃的谢里夫·侯赛因的往来通信中提出建立一个阿拉伯王国，可是在伊拉克和法国在叙利亚的利益的问题上却持一种模糊的保留态度（1915年7月14日至1916年3月10日）。同一时间，英国与法国就战争目标进行的谈判导致了1916年初的条约，它随后又通过与俄国和意大利之间 1064
的条约得到更进一步的扩展。根据因谈判代表赛克斯（Mark Sykes）和皮科（François Georges Picot）而得名的协议，俄国将得到博斯普鲁斯海峡和亚美尼亚；意大利将获得直至士麦那（Smyrna）的南安纳托利亚；法国将得到包括库尔德斯坦（Kurdistan）和叙利亚海岸的东南安纳托利亚；英国将获得港口阿卡和海法（Haifa）、伊拉克南部地区和海湾海岸；而围绕着圣地的巴勒斯坦则将国际化。

因1917年苏联公布档案，这些秘密文件为世人所知，当时侯赛因和他的儿子们并没有因此而心绪失衡，而那些年的另一份文件于1920年公之于众后则立即引发了阿拉伯人的强烈反应，它就是1917年11月2日的所谓《贝尔福宣言》（Balfour-Deklaration），也就是英国外交大臣贝尔福（Arthur James Balfour）写给犹太复国主义代表罗斯柴尔德（Lionel

Walter Rothschild）勋爵的一封信，信中这样写道：

> 国王陛下的政府赞成在巴勒斯坦为犹太民族建立一个民族家园，将竭尽全力协助实现这一目标，万望在此过程中勿做任何有害于巴勒斯坦现有的非犹太共同体的公民权和宗教权之事，或者说勿做有害于犹太人在其他某个国家所享有的权利和政治地位之事。

结束句是对乐于接受同化的犹太人中的反犹太复国主义者的一种承诺。然而却没有谈及巴勒斯坦的阿拉伯人的政治地位。毫无疑问英国人支配着它，因为当时没有向他们承诺自决，1918 年向他们宣布自决也仅仅是出于疏忽。很难说这一宣言是英国亲犹太主义的产物，它更是犹太复国主义者哈伊姆·魏茨曼（Chaim Weizmann）对反犹主义恐惧以及犹太人的权力观念的巧妙操纵。它的幕后发起人是赛克斯和劳合·乔治（Lloyd George）；另外，英国也曾就它与美国总统威尔逊进行过协商。它的目的首先是争取犹太复国主义者，破坏德国赞同犹太复国主义的行动，动员在美国具有影响力的各界犹太人支持美国参战，促使俄国的犹太人在反对他们的国家退出战争方面发挥作用。第二个目的是英国作为这一家园的保证人便有机会在巴勒斯坦立足并建立一座埃及通往伊拉克的陆桥。

英国的打算暂时如愿以偿。经历了最初的困难之后，1916 年开始的阿拉伯起义在英国和驻开罗情报部门军事顾问的支持下夺取了汉志的大片土地，不断地使铁路陷入中断状态，将自
1065 己的基地迁往阿卡巴，最终于 1917 年挺进至叙利亚，与英国在西部的进攻相配合，英国人也于 1917 年攻占了耶路撒冷。1918 年 10 月，侯赛因的儿子费萨尔（Feisal I）夺取了大马士革，然而在那里他想建立阿拉伯国家的希望应该很快就破灭

了。军事顾问之一托马斯·爱德华·劳伦斯（Thomas Edward Lawrence）于1926年发表了他的《智慧的七个支柱》，他的自传式著作以文学方式美化了这场起义，然而其历史可靠性是有限的。它的显然是以自我为中心的主人公绝非唯一的英国特工。当年有很多具有学术背景的英国政治冒险家游走于近东。同样在阿拉伯人和波斯人中也不缺少相应的德国特工。不过劳伦斯是最早的现代游击战理论家之一。

虽然伊朗宣布保持中立，但却成为英国人、俄国人、德国人和土耳其人以及他们的当地同盟者之间的战场。由于俄国于1917年退出战争，英国得以控制整个伊朗地区并借助这种侧翼掩护将美索不达米亚战线继续向北推进。当土耳其人的战争由于德国行将崩溃于1918年10月30日结束时，几乎整个阿拉伯人的西亚都落入了英国人的手中。

相反，在远东第一次世界大战在几个月之后才结束；德国的劣势是显而易见的。靠五个电台保持联系的几个基地面对的是三个人口众多、通过英国电缆网相互联系的英国殖民地。此外还有1902年签订的《英日同盟》条约，1905年和1911年又签订了第二、第三次同盟条约。该同盟起初更多是针对俄国，但由于早年德国对日本的不友好行为，它在能获益的情况下也针对德意志帝国。因此日本于8月15日以最后通牒的形式要求让出青岛和山东，因未获答复随即对德宣战并于1914年11月7日占领了这个基地。作为德国人的继承人，日本人1915年向中国提出了《二十一条》要求，其最终目的是将年轻的共和国变成日本的保护地。美国达到了使日本放弃影响最为深远的要求的目的，但是英国保持着克制，它担心日本和德国联手，认为自己要依靠日本海军的帮助。

这种谨小慎微已经在太平洋各自治领引起了恼怒。1914年8月和9月，新西兰和澳大利亚已经分别占领了萨摩亚群岛和包括其相邻德属岛屿的新几内亚。然而在这些自治领能够继续追寻它们的“太平洋命运（Pacific Ocean Destiny）”之前，
1066 日本在英国的默许下夺取了赤道以北的德属岛屿并宣布打算占有它们。与宗主国的目标相比，自治领的思虑显得微不足道。但是战争在这里已经结束。1914 年 11 月，德国太平洋分舰队最终在大西洋的福克兰群岛（马尔维纳斯群岛）附近被消灭。

各殖民地在其他战场的参战程度要大很多，这并非没有政治后果。法国在那里招募了大约 50 万兵员。1918 年英国军队共有 101 个师，其中 71 个师来自宗主国，12 个来自白人移民殖民地，16 个来自印度，最后还有 2 混合师。数以万计的各领地居民和 62000 多名印度人为了英国在海外献出了他们的生命。此外还有数量可观的物资供应和财政方面的努力。各自治领都是自己承担作战经费，而印度军队在海外战场作战则由英国提供经费，不过这是在印度政府于战争初期向宗主国提供了 1 亿英镑之后的事情。此后再也不可能像战争爆发之初那样与自治领既不协商政治也不协商作战。必定要让它们参加和平会议，也必定要让它们分享战利品。可是印度应该是一无所得，这不可能没有不良后果。南非获得了德属西南非洲，澳大利亚获得了德属新几内亚及其周边岛屿，新西兰获得了萨摩亚群岛。但是它们必须接受英国对磷酸盐岛（Phosphatinsel）瑙鲁享有发言权的要求和将赤道以北的岛屿最终交给日本。为了符合《国际联盟条约》（Völkerbundvertrag）第 22 款确定的殖民地托管原则（它也是《凡尔赛和约》的一部分），为了这一重新划分发明了 C 类托管地，这实际上导致了由托管国进行的合并。

与西亚完全不同，在这里《国际联盟条约》对属于 A 类托管地的奥斯曼帝国前组成部分的规定是，进行真正的托管并有义务允许托管地独立。《色佛尔和约》（Friedensvertrag von

Sèvres）规定1920年苏丹必须放弃对叙利亚、美索不达米亚、埃及、汉志和巴勒斯坦的管辖。为了占领叙利亚和黎巴嫩，1919年法国军队迅速抵达，而英国仍然是其余的北部阿拉伯地区的占领国。在费萨尔的驻地大马士革举行的一个阿拉伯大会作出了反应，大会选举费萨尔为叙利亚国王，选举他的兄弟
阿卜杜拉为伊拉克国王，而英国则与法国签署了一个复杂的条 1067
约，实现了将1914年前不久才开发的摩苏尔油田归入由英国控制的伊拉克，而按照《赛克斯—皮科协定》（Sykes-Picot-Vereinbarungen）它应归入法国控制区域。此时法国可以占领承诺给它的托管地叙利亚了。大马士革的费萨尔出乎意料地屈从于最后通牒，但他的追随者却没有屈服。在他们失败之后，叙利亚地区最终被分割，首先是建立了马龙派教徒和他们的法国朋友长期以来所要求的大黎巴嫩。因此在之前的德鲁兹派之外又出现了新的什叶派和逊尼派这两个少数派，而后来的黎巴嫩冲突的先决条件就是以这种方式创造的。

叙利亚和黎巴嫩，尤其是后者，此时经历了帝国主义强劲渗透的后期阶段。在与法郎挂钩的黎巴嫩货币的影响下，法国进行了广泛的投资，广泛实行的新闻、教育和语言政策应该至少给黎巴嫩的文化打上了法国烙印。在生活水平同时提高的情况下，这一计划显得极具吸引力，尽管——或正是由于反复出现的动乱，法国仍然给予黎巴嫩和叙利亚自治相当大的空间（这取决于谁在巴黎掌权）。最终，巴黎人民阵线政府于1936年与两个国家签订了条约，给予两个托管地完全独立及其国际联盟成员资格。然而，巴黎保守派的反动和随后的第二次世界大战使它暂时无法实现。

同样，英国对待它的托管地最初也像对待它的财产一样。1921年，由殖民地事务部大臣温斯顿·丘吉尔主持在开罗召开的一个近东政治会议将被从大马士革赶出来的费萨尔“委

派”到伊拉克当国王，并为他的兄弟阿卜杜拉（原本为他安排的是伊拉克）创建了由巴勒斯坦托管地和叙利亚荒漠部分地区组成的一个新王国外约旦（Transjordanien），其边界的划分导致1935年开通的基尔库克（Kirkuk）至地中海的输油管的一条支线留在了英国控制区。侯赛因被承认为汉志国王，像其他当时还没有油井的阿拉伯统治者一样领取英国补贴。然而，因为他不承认英国在巴勒斯坦和美索不达米亚的地位并将自己的儿子们视为总督，他处在孤立无援的境地。1923年，英国宣布停止对阿拉伯王侯们的补贴，却试图让他们遵守已作出的边界调整。内志的主人伊本·沙特表示拒绝。1921年他征服
1068 了阿拉伯半岛北部的各沙马尔部族，与他相反，它们出自拉希德家族的酋长与德国人眉来眼去。在他那严格的瓦哈比派眼光中侯赛因是“有罪的”，当后者于1924年接受了空出来的哈里发称号时，伊本·沙特占领了汉志，也是为了借助有发展潜力的朝圣生意改善自己的财政状况。于是产生了现代的沙特阿拉伯，而侯赛因也结束了在塞浦路斯流亡的日子。

英国制订计划时渐渐学会了考虑石油的重要性，按照它的计划，应该通过关于特许权以及在战略要地和军事基地派驻英国专家（其间空军变得越来越重要）的条约将托管地伊拉克以及形式上独立的波斯纳入英国的统治体系。但是经过1921年礼萨·巴列维（Reza Pahlawis）政变，伊朗重新赢得了政治独立。出于经费上的原因，英国托管在伊拉克被一个协商和联盟条约所替代，即便1932年独立之后它仍然是英国的附属国，正如它的政府在第二次世界大战中与轴心国眉来眼去时所表现的那样。相反，外约旦是拥有内部自治权的保护地，因为它属于托管地巴勒斯坦，想将条约里的哪些规定用于约旦东部取决于托管国的意愿。对于巴勒斯坦本身来说，无解的难题已经交给了托管国：在不损害这块土地上的现住民的权利的情况

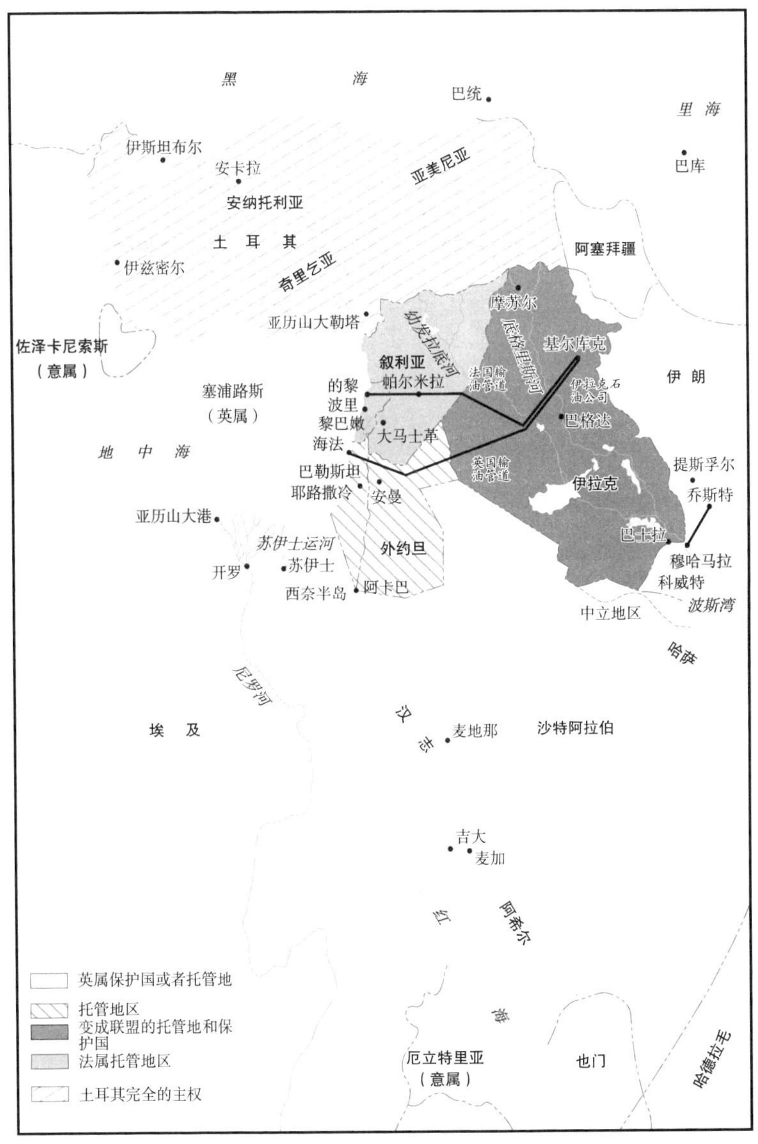

插图 87　第一次世界大战后的近东

下建立一个犹太人的民族家园。也就是说《贝尔福宣言》是托管协议的组成部分。另外还有英国自身的利益，因为那里有输油管道，要确保苏伊士运河和当时尚需中途降落的印度航线的安全。

对于巴勒斯坦来说，除英国托管地管理机构外还有一些“并立政府（Nebenregierungen）”：一个巴勒斯坦犹太人国民议会，对英国政府和议会的影响力有时大于托管地管理机构的伦敦犹太复国主义者委员会；一个没有得到英国人承认的巴勒斯坦阿拉伯人的行政委员会；一个在耶路撒冷穆夫提领导下的由托管地政府创建的穆斯林委员会。犹太复国主义者组织和资助了犹太人的迁入，它公开承认自己的目标：使犹太人成为这块土地上的多数。主要问题是让这种移民与阿拉伯人的经济前景和利益协调一致。在此期间，托管国忽视了通过乡村发展和教育政策使阿拉伯农民面对占优势的犹太移民能够
1070 自我维护。因为借助于国际支持，犹太人在经济上处于优势，1919年至1939年，犹太复国主义者在巴勒斯坦的计划可能花费了约4亿美元。尽管75%的移民根据各自的来源地迁入各个城市——当时新特拉维夫（Tel Aviv）和海法经历了引人注目的繁荣，但是有计划的、有时是由令人印象深刻的社会主义动力促进的乡村移民发挥着中心作用［1910年在革尼撒勒湖（Genezareth）南端建立了第一个犹太人的集体农庄］，与甘果生产的发展携手并进。犹太国家基金（Jewish National Fund）从未到场的大马士革或贝鲁特大地产主手中购买土地并非罕事，随后阿拉伯佃户必须被从这些土地上赶走。就连独具风格的犹太人的对头、民族社会主义者的盟友、耶路撒冷的穆夫提阿明·艾尔·侯赛因（Amin el-Husseini）的家族据说也在这种买卖中有所收获。不过也经常向流行热症的不毛之地殖民。托管国赞同犹太人的发展政策，因为这项政策通过较高的

税收收入对它的统治地自筹资金颇有益处。自 1922 年至 1933 年，受过良好教育且装备较好的犹太人对巴勒斯坦国民生产总值的贡献从 19% 增加到 57%。1918 年为自 1902 年起就在筹划的耶路撒冷希伯来大学奠基，1925 年建成启用。其间，犹太人社区拥有自己的民族语言，即自 19 世纪晚期一直矢志不渝发展起来的新希伯来语（Ivrit）。

1918 年巴勒斯坦有 62 万阿拉伯人和 5 万犹太人，1939 年有 1044000 名阿拉伯人和 445000 名犹太人，后者约占人口总数的 30%，其中 5.3% 生活在集体农场，至 1948 年增加到 7.6%，但至 1977 年减少到 3.3%，此后继续下降。1920 年至 1939 年移民总数约为 30 万人。起初移民人数呈增长趋势，1925 年以 35000 人达到第一次高峰。随后可能甚至是返回者占据了多数，直到 1933 年后移民人数再次增加，在有些年份超过 40000 人。因为犹太复国主义计划的成功与否与移民人数相关联，所以矛盾的是，希特勒取得政权或许使最后的成功成为可能。首先 1933 年至 1940 年民族社会主义者与犹太复国主义者之间有计划的合作甚至给巴勒斯坦带来了 52600 名德国犹太人和 1.059 亿马克的汇款。战争转向反英之后，德意志帝国的亲阿拉伯政策与流亡的耶路撒冷穆夫提的活动开始了。

有时在巴勒斯坦会出现几乎像政治周期的一些事情：犹太 1071
移民的增加导致冲突加剧；托管国限制移民并试图平息阿拉伯人的愤怒；自 1929 年起由犹太人代理机构（Jewish Agency）强有力地组织、管理的犹太复国主义者利益在伦敦得到认可，一切又重新开始。自 1920 年起，阿拉伯人和犹太人之间的流血冲突以及英国人的暴力介入有规律地发生。1922 年《白皮书》（White Paper）的宪法方案连同它的立法委员会由于阿拉伯人反对批准犹太人移民而失败。1935 年以 1930 年《白皮书》为基础进行的第二次尝试因被伦敦的犹太复国主义者视为过于亲阿拉伯人而归于失败。1936年至1939年，巴勒斯坦陷于阿拉伯人与犹太人之间以及两个族群和托管国之间的内战之中。双方的恐怖行动和英国人的镇压都是王牌。1937年，一个英国委员会提出了第一个分治方案，权威性的犹太复国主义者起初犹犹豫豫地接受了这个方案，最后犹太复国主义者世界大会以及阿拉伯人都拒绝了这个方案。英国人1939年的《白皮书》又主张建立两个族群的共同国家，其困难性应该通过限制犹太移民加以缓解。或许阿拉伯人接受它就意味着他们的胜利；对犹太人来说它是无法接受的。阿拉伯人的起义被大规模的军事投入镇压下去。然而在此期间，在第二次世界大战的战场上对巴勒斯坦的未来作出了裁定。

土耳其人比阿拉伯人更为成功，因为他们能够从奥斯曼帝国的崩溃中挽救一个现代民族国家土耳其，可能是因为他们与阿拉伯人相反，不仅仅与一个强国，而是与众多强国有关系，或许正是这一点导致了他们的衰落。一支联合舰队停泊在伊斯坦布尔；法国人要求占领与叙利亚接壤的东南安纳托利亚；意大利人为了确保他们的权利在西南部登陆；最终还有在最后一刻站在协约国一边参战的希腊人，1919年他们在列强的支持下侵占了西部的士麦那地区，那里的希腊人为数众多。希腊的这一行动引起了土耳其的强烈反应。战争英雄穆斯塔法·凯末尔·阿塔图尔克是已经垮台的强人恩弗尔帕夏的对手和新苏丹的亲信，他在黑海海岸遣散了第三军团，恢复了安宁与秩序，1919年成为以安卡拉为大本营的民族运动的领导人。紧接着，英国人占领了伊斯坦布尔并促使希腊人承诺恢复安纳托利亚的秩序。

1072 除了已经论及的割让帝国的阿拉伯地区，强加的1920年《色佛尔和约》还规划了一个独立的亚美尼亚和一个自治的库尔德斯坦，后者拥有选择独立的权力。罗得岛（Rhodos）

和佐泽卡尼索斯（Dodekanes）须割让给意大利，色雷斯（Thrakien）直至伊斯坦布尔近郊须割让给希腊，后者还有权控制士麦那地区直至举行全民公决。博斯普鲁斯海湾虽然仍然属于土耳其，但被置于一个国际委员会的监督之下，土耳其在委员会里很少有发言权。此外军队必须缩减到5万人，1914年宣告废除的投降重新生效，国际债务管理部门接管了对整个经济和财政政策的监督。

但是这一强迫签订的条约从来也没有发挥过效力。穆斯塔法·凯末尔用尚且完好无损的第九军将法国人赶回了阿勒颇，与布尔什维克相互配合粉碎了亚美尼亚的独立，与意大利人达成和解后反对希腊人和联军对伊斯坦布尔的占领。希腊的一次政府更迭导致本来就因莱茵兰问题与英国有争执的法国人在1920/1921年或多或少公开地转向了土耳其一方。即使是英国人也不信任希腊新政府，他们的近东帝国计划除了因一个顺从的土耳其的消失，也因波斯政变开始动摇，之后英国人作出了让步。英国外交大臣乔治·寇松勋爵变成了懂得节制的人，特别是他的外甥尚处于土耳其人的手中。1921/1922年希腊人在安纳托利亚被打败，在大肆掠夺后撤退。在遭法国人和意大利人背弃之后，英国人无力也不愿意继续坚守伊斯坦布尔；1922年它以及东色雷斯重新回到了土耳其的怀抱。1922年土耳其国民议会废除了苏丹制，但还是选出了一个哈里发，到1924年这一职位也被取消（这主要是在汉志和印度引起了后果）。

在最终的1923年《洛桑和约》（Frieden von Lausanne）里土耳其虽然不得不将几乎所有的爱琴海岛屿给了意大利和希腊，但保住了其他占有地，而且未来拥有完全主权，博斯普鲁斯海峡不设防除外。外国人的所有特权被取消，债务管理部门被解散，债务以正常条件按比例分给债权国。随着美国竞争的出现，英法的经济特许权的利益随即减弱。与希腊之间进行了

1073 双方各50万人的人口交换。国家缔造者实行现代化政策的道路已经畅通无阻，这一政策是西方世俗的，正因为如此也是民族主义的。因此自1928年起用经过改进的拉丁字母书写土耳其语，1930年代开始用土耳其语借词替代奥斯曼词汇中的阿拉伯语或波斯语借词，在必要时用新词。1933年土耳其就已经采用了妇女选举权，而法国直到1944/1946年才有妇女选举权。几乎是逐字逐句接受瑞士民法典于1926年引发了法律革命。

随着奥斯曼帝国的毁灭，传统的东方问题得到了解决。然而新近有人提出，自18世纪以来形成的近东政治游戏规则当时依然有效，只是场所转向了东南，构成要素和参与者变了。但是依然有军火供应商和教官的角色，依然有大国的干预或它们的幽灵，依然有蓄意挑起这种干预的小规模战争。

而对于整个欧洲扩张的历史来说，第一次世界大战后西亚的事件既是顶点也是转折点。总而言之，通过战利品，欧洲各殖民帝国获得了它们最大的扩张。一些国家的帝国主义渗透直到此时才成为可能。作为英国帝国主义的一项结果，在巴勒斯坦进行的绝无仅有的犹太殖民就属于此列。

另一方面，假如没有前殖民地美国和各英法殖民地的帮助，协约国就不可能那么容易取得胜利，这必然对它们与各大都会的关系产生影响。法国仅仅在西非就招募了161000名士兵，其中10万人参加了欧洲作战，3万人阵亡。在美国的督促下，国际联盟托管地（Völkerbundmandate）形式的托管构想首次成为官方的政治计划。这一发展的去殖民化潜能是显而易见的，尽管起初只有进行第二次去殖民化的白人移民可以从中得到好处。在两次世界大战的间隙，将它用于“有色的”世界的冲动在亚洲发挥了作用，尤其是在在第一次世界大战中吃亏极大的印度。

第二次去殖民化：英联邦 1074

英国的白人移民殖民地的第二次去殖民化始于加拿大，上面所描述的发展对英帝国其余移民殖民地来说具有示范意义。

在此期间，自治领地位沿着进一步独立的方向改变了自己的内涵。“自治领”这一概念最初是指英国的“臣属国家（Untertanenländer）”，如爱尔兰或海峡群岛（Kanalinseln），它们拥有自己的政治机构，如议会，拥有自己的税收和某种程度的自治，却要屈从于国王会同国会（King-in-Parliament）行使的立法权。为了强调这一点，1867年特意将这一概念用在了加拿大身上。1865年的一部英国法律已经写明：英国国会对殖民地也拥有立法权，与英国法律相违的殖民地法律无效。

加拿大通常都是率先起来反对给予拥有自治管理机构的自治领（四个大白人殖民地加拿大、澳大利亚、新西兰和南非自1907年起正式获得这样的称谓）一种较固定的经济或政治组织形式的企图。1914年的宣战典型地反映了这一状态。王国政府没有与各自治领协商就带领整个帝国参战，没有人反对，不过参战的规模由各自治领自己决定。然而它们必须参加和平会议，加拿大、南非、澳大利亚和印度在和会上各得到了两个席位，新西兰得到了一个。不过它们的代表同时也是英国代表团成员并排在英国之后签署条约。严格地说在法律上并不要求这样做，也不要求随后要经自治领议会批准，然而两者在政治上具有极为重要的意义。最终拥有自己席位的自治领和印度被国际联盟接纳为成员国，因而英帝国在国际联盟拥有6张表决票。显然对这些自治领而言，这一发展的结果就是主权，就是第二次去殖民化。在接下来的数年里，在加拿大和南非的领导下继续沿着这条道路向前走并首先在国际关系领域中取得了成就。

1075 由于内政原因，最终南非总理史末资（Jan Christiaan Smuts）在1921年的帝国会议上提交的“建立英联邦（The Constitution of the British Commonwealth）”备忘录中要求在王国统辖下的君合体（Personalunion unter der Krone）中实现完全平等。1865年的法律实际上（即使暂时在理论上还没有）已被废除，外交上的完全行动自由已经获得。1922年须予以决断的爱尔兰独立的类似问题加速了这一发展进程。1923/1924年加拿大宣布由英国签订的有关土耳其政策方面的协议对自己没有约束力，包括《洛桑和约》。自1924年起有了一个爱尔兰驻华盛顿大使，自1926年有了一个加拿大驻华盛顿大使。最终，1926年的帝国会议上的《贝尔福报告》（Balfour Report）对自治领地位作出了一个新的定义：

> 它们是帝国内部的自治体，地位平等，在内政和外交的任何方面互不隶属，唯凭借共同效忠于女王联合在一起，是自由结合的英联邦成员。（Mansergh, 433）

对于英国来说它们从此以后就拥有主权，但由于君合关系还不是外国。大总督从由英国政府任命的行政长官变成了共同国王的代表。最终，1931年的《威斯敏斯特法案》（Statute of Westminster）对这一新的事实情况也进行了法律确定：

> 英国1865年《殖民地法的效力法》（The Colonial Laws Validity Act）在其生效之日起不适用于任何自治领议会所颁布的法律规范。同时，在该法则生效之后所有自治领议会所颁布的法律都不能以其与英国本土法律不符为由而被视为无效或在执行中打折扣［……］每个自治领议会的权威包括对这个法则的条款予以废除和修改的权力。

（Statutes of the Realm, 22 Geo 5, c. 4）

很能说明问题的是，只有当这部英国法律再经南非议会通过之后，南非才将它视为具有约束力的。退出英联邦作为一种可能性呈现出来，1949 年爱尔兰退出英联邦，1961 年南非退出。

毕竟英国的政治精英们已从失去老北美殖民地的创伤性经历中吸取了教训，从长远着想没有反对第二次去殖民化的这种相当成功的方式的发展。这种模式能否也用于第三次去殖民化，也就是亚洲和非洲各“有色民族”的去殖民化？它能否作为对它们去殖民化的推动力？这个问题在两次世界大战之间的 1076
时期就已被着重提出来了。

南亚和东南亚的新动力

由于印度在第一次世界大战之中和之后的作用，它注定要作为第一个“有色”殖民地提出去殖民化的要求。即便是作为殖民地，它也在去殖民化过程中制定了种种标准。通过它的先驱甘地，它甚至创造了政治神话，它们反过来又影响了西方，而且一再被用于寻求其他政治可能性的地方。处于领先地位的同样是印度，因为由于长期的英国统治，它拥有一批现代的，但参与意愿受到挫败的精英，他们是去殖民化最重要的推动力。殖民主义在一个辩证的过程中创造了这个最终将取代它的对手。

直到殖民统治时期，印度次大陆才成为一个政治整体。人们最初不可能预见到它在 1947 年分裂成两个敌对国家，1971 年又分裂成三个。当然，起主导作用的是巨大的地域差异和社会差异。印度雅利安人的北方和达罗毗荼人的南方之间的种族和语言对立只能被接受过英国教育的上层社会勉强克服。1921 年占总人口 21.7% 的穆斯林至少分为逊尼派或什叶派，而占总人口 68.5% 的印度教教徒根本没有形成一个整体，而是分为不同的哲学流派和信仰不同的神的流派，但最主要的是分为无数的等级，而且这些还有复杂的地域差异。因此，那些新的已经西化的社会中间阶层尽管受过统一的教育，依然植根于他们的地域利益之中；近期的研究显示，对于这些人来说，地域利益要比民族利益重要得多。在此期间，印度的民族运动似乎是一个追求各异的地区权力精英们不断重新组合的联盟。

在孟加拉地区，出身上等种姓的印度教教徒在永久定居的情况下作为占有者或最高承包人控制着土地，他们在这种经济

基础上最早获得了西方的教育，后来或在加尔各答从事自由职业，或在司法系统就职，或在英国管理机构工作。这种“薄陀

罗卢迦（bhadralok）”（出身高贵的人）社会只是在这里具有可能性，但类似的现象却在到处发展。

由于与许多印度教教徒相比，过去曾引领社会，后遭英国人压制的穆斯林出于宗教原因暂时缺少现代化意愿，所以面对这些富有进取心的印度教精英，他们面临着越来越陷入不利境地的危险。但是自1857年殖民国对已经西化的印度人持保留态度之后，这就可能导致对殖民国的更强的依赖性。当曾担任过法官的赛义德·艾哈迈德汗（Sayyid Ahmad Khan，1817~1898年）宣布伊斯兰教在印度也要富于理性并通过与西方文化相结合而实现现代化的时候，他要克服他的教友的强烈反对，直到他于1875年能够建立贯彻其进步的教学理论的阿里格尔（Aligarh）盎格鲁—阿拉伯学院（Anglo Arabic College）。他不相信存在着一个统一的印度民族，因此也拒绝民主的“一人一票（one-man-one-vote）”的原则。虽然穆斯林落后的教育状态很快被克服，他们仍然倾向于将“民族的”首倡权留给印度教教徒。

他们的目标首先是与现存社会制度一致和务实的。它涉及的是现代印度精英们在英国的统治体系里的合适位置，1870年代在孟买城和加尔各答城创建的自治机构被证明是这一方面的练习场。后来它涉及的是允许印度人进入印度文职机构（Indian Civil Service），自1878年涉及的是英国的新闻检查，1883/1884年涉及的是《伊尔伯特法案》（Ilbert Bill）。在自由党总督里彭统治时期，该法案规定欧洲人也可由印度法官依法审讯，不过从未实施过。最终，印度文职机构的英国成员艾伦·屋大维·休姆（Allan Octavian Hume）倡议成立一个由主张西化的印度知名人士组成的全国论坛。1885年，印度国民大会党（The Indian National Congress）成立，确立了三个目标：建立一个印度民族统一体，彻底更新这个民族，通过消除对印度的不公正巩固与英国的联合。该党的结构显露了与至19世纪晚期在英国很普遍的绅士党的明显的相似性。发出会议邀请的城市负责组织工作并推出党主席，在各次大会之间由一个非正式的领导小组确定基调。其间，那些具有决定性影响力的人都以英国自由党为定位，因为他们希望把该党作为伙伴。从务实角度出发通过利益共同体或利益均衡实现民族
1078 团结。即使是在讨论种姓制度社会的广泛改革时，如废除童婚和寡妇再婚，无论是何出身的绅士都拥有一席之地。

民族主义的一种新形式通过印度教革新参与其中。宗教觉醒和与民族精神的神秘结合应该一举解决宗教、社会和政治团结问题。印度民族此时不再是不存在的或通过政治改革才得以构成的，而是一位表现着虔诚的献身精神的永恒的“母亲女神”。因而圣歌《我向您致敬，母亲》（*Banda Mataram*）变成了印度的非正式国歌。它出自一部孟加拉语小说，里面宣传了一个积极行动的，但传统色彩也更加浓烈的新式印度教。拉姆·莫汉·罗易（Ram Mohan Roy，1772~1833年）曾经通过重新诠释印度哲学经典《奥义书》并参照其他宗教教义把印度教变成了一个一神的理性宗教，在他的效仿者的推动下，自1828年起、最终于1842年在“梵志会院（Brahmo Samaj）”，其理念不仅发展为反对多神论和反对焚烧寡妇，而且还发展为接受西方文化。1875年雅利安社（Arya Samaj）成立，它不大注重理智，意欲用《吠陀》（Veden）取代《奥义书》作为最古老的圣典，意欲追寻圣典中反映的简单的宗教和社会关系，并培养了一种对穆斯林和基督教徒有攻击性的敌对态度。

大概最重要的推动来自纳兰德纳特·达塔（Narendranath Datta），他也叫辨喜（Swami Vivekananda，1863~1902年），是孟加拉神秘主义者室利·罗摩克里希那（Ramakrishna

Paramahansa，1836~1886年）的学生和诠释者。他和其他人借助传统的吠檀多哲学（Vedanta-Philosophie）重新论证了法国革命的理想，不过主要论证的还是行动意愿，并将它们送给年青一代用于研究西方。出自古代叙事诗《摩诃婆罗多》（Mahabharata）的宗教教喻诗《薄伽梵歌》（Bhagavadgita）成为解疑文本。在这里人们发现了认知途径和崇拜途径之后的实现完美的第三条道路：行动途径。此时这种无私行动被视为《薄伽梵歌》的重要信息。后来它成为甘地的主题，但也激发了印度教的恐怖主义，后者始于1890年代，在反对孟加拉分裂的战斗中于1905年达到了它的第一次高潮。

印度民族运动在世界观方面绝非中立不仅仅是因为雅利安社的种族主义。即使是一元论的印度哲学本身也可能以 1079
并非不令人担心的方式影响政治。因为这种宗教一元主义（Monismus）一方面极其宽容，但另一方面也随时准备以这种方式同化一切。这种不同宗教融合说对于像穆斯林那样的信仰一个唯一的有嫉妒之心的神的人来说是无法接受的，即使是以后来的印度国民大会党的形象出现的世俗化主张。于是就会出现这种情形：其成员强调他们的宽容并将穆斯林抵制他们的融入理解为恶意的分裂主义，而穆斯林在这种全面的宽容里看到的则是对他们的群体同一性进行的阴险攻击。因此，这种新印度教思想不仅加强了民族运动，而且也埋下了其分裂的种子，这是印度教教徒与穆斯林之间的分裂，但也是自由的实用主义者与极端的狂热分子之间的分裂。

以戈帕尔·克里希纳·戈卡莱（Gopal Krishna Gokhale，1866~1915年）为领袖的印度国大党温和派对1905年英国自由党选举获胜和有改革计划的新任印度事务大臣约翰·莫尔利（John Morley）寄予厚望。然而，1905年根据保守派的动议进行的孟加拉分割却使以巴尔·甘加达尔·蒂拉克（Bal

Gangadhar Tilak，1856~1920 年）为首的民族主义者占了上风，直到 1907 年在苏拉特经过一场厅堂大战之后发生了国大党的分裂。当然，蒂拉克 1908 年至 1914 年被监禁。在此期间，温和派制定了更为严格的组织监督体系，一个选举产生的全印度国大党委员会（All-India Congress Committee）作为领导机构。

但是自由党的这些计划在依然还由保守党委任的总督明托，特别是在标准的印度官员赫伯特·侯普·里斯利（Herbert H. Risley）的影响下失去了光彩，后者是一个等级制国家和普鲁士主义的赞扬者，据说作为人类学家他“发明”了，或者至少是确定了社会等级制度。当时英国开始与各穆斯林群体合作，它们担心在印度若按照民主的游戏规则，会造成印度教教徒占多数，1906 年为争取实现它们的要求建立了全印穆斯林联盟（All-India Muslim League）。事实上，英属印度的官僚制度使接受过西方教育的印度教精英们在新的选区划分和选民名册上吃了亏。现在依然在争论的问题是，“地方自治主义（communalism）”政策是否源于要顾及各个特殊团体（这种顾及未来可能发挥巨大的、所谓灾难性的作用），还是如尼赫鲁所宣称的那样源于英国“分而治之（divide et impera）”的策略，抑或是源于通过公平原则解决秩序问题的意图（这一意图或许不恰当，但却是善意的）。

1080 所谓的莫尔利—明托改革的结果无论怎么说都收效平平。中央立法委员会和 6 个省（1913 年变为 7 个）立法委员会都保留了大多数任命的代表，但孟加拉除外。其余的代表由土地所有者和穆斯林（！）在选区里选出，或由工商业协会、种植园主协会和城市以其他方式决定。在中央立法委员会的 60 个成员中，有 28 个任命的官员和 3 个任命的非官员，选举产生的有 2 个工商业代表、6 个土地所有者、6 个穆斯林和另外 13

个成员。各委员会的立法权限方面没有什么改变，但是它们的咨询和质询权有所扩大，特别是在预算方面。

由于1915年戈卡莱去世，蒂拉克得以在出狱后最终接管国大党的领导权，直到1917年与安妮·贝赞特（Annie Besant）结盟，她是一位爱尔兰社会主义者，在此期间成为受印度启示的神智学运动的领导人并将其驻地迁往了印度。1916年她参与了贝拿勒斯印度教大学的创立。1915年她成立了一个全印自治联盟（All-India Home Rule League），因为印度应该为它在战争中的忠诚索取爱尔兰模式的地方自治（Home Rule）作为报酬。1930年爱尔兰的复活节起义就为印度的一次起义起到了榜样作用！

但是穆斯林与英国人之间的良好关系蒙上了阴影，因为后者与哈里发苏丹阿卜杜勒·哈米德进行着战争，此时穆斯林同盟和国大党相互接近，其间一个名叫穆罕默德·阿里·真纳（Muhammad Ali Jinnah）的双重身份成员发挥了作用。真纳不是特别正统的穆斯林，而是一个已经完全西化、因其优雅而闻名的英国律师。1915年，他和蒂拉克同时在孟买召开了国大党大会和穆斯林同盟大会，1916年根据国大党和同盟的条约完成了一个共同的宪法草案。根据这一草案，穆斯林在其人口占少数的省份，在从此实行多数选举制和拥有预算权的立法委员会中的代表比例应超过人口比例，在其人口占多数的省份应低于人口比例，例如在旁遮普其人口比例为56.6%而代表比例为50%，在联合省这组数字是14.8%和30%。这份草案中的此类事情在一个实行严格的美国式的分权制的体系里并不构成问题，然而在面对任何一个英国式的大臣职责制时，它们却孕育着矛盾，果然在随后的数年里它们都被列入了议事日程。

虽然具有种族优越感的人的举止尤其在军队里表现得特别顽固，但很多英国人开始觉得扮演殖民主人的角色很不舒服。

1081 也得承认“有色人”的自治的观念传播开来。在危机中，战时内阁于1917年8月20日宣布，它有意逐步贯彻“负责任的印度政府是大英帝国不可或缺的组成部分”，这在不是特别遥远的将来就会带来自治领地位。为了这个目的，印度事务大臣埃德温·塞缪尔·孟塔古（Edwin Samuel Montagu）即刻赴印度考察情况。可是他发现这个国家尚不具备实行民主的条件，因此如释重负地采纳了老帝国主义宪法专家莱昂内尔·柯蒂斯（Lionel Curtis）的建议，暂时采用双元制，其中某些职权由议会负责管理，但其他职权像之前一样仍然由英国行政机构管理。当1919年这些通过一个《印度政府法案》（Government of India Act）变成了法律之后，总督切姆斯福德（Frederic Thesiger Chelmsford）（因此有了孟塔古—切姆斯福德改革）领导的印度政府选择了一种具有特别限制性的双元制形式。从一开始就安排印度部长在各省中负责健康、教育、公共事业、农业和工业事务，而不是首先尽量通过选举确定部长和根据地域实际情况分配职权。英国依旧掌管财政、灌溉、内政、警察、新闻检查、监狱、工商管理和司法等。而省立法会和两个中央议会——中央立法会议和国务会议——此时获得了真正的议会特性。平均70%的成员由选举产生，穆斯林和其他团体拥有保留席位。在中央立法会议的145个席位中，104席通过选举产生，预留41个席位（穆斯林30席，欧洲人9席，锡克教徒1席）。上议院有60个席位，33个通过选举产生，预留15个席位（穆斯林11席，欧洲人3席，锡克教徒1席）。但是有权选举各省议会的共计只有500万人，有权选举中央下议院的为100万人，有权选举上议院的共有14886人。不过重要的是这种双元制没有向中央政府延伸，恰恰相反，它也可以批准省议会的法律，与省督一样拥有广泛的特殊权限，特殊情况下也包括立法权。

无论有多少失望和分歧，国大党还是为这些改革对孟塔古表示了感谢，这是在一个人的推动下进行的，他正想走向一个日益极端的民族运动的最前列，他就是莫罕达斯·卡拉姆昌德·甘地（Mohandas Karamchand Gandhi，1869~1947 年）。甘地堪称世界历史上的一位巨人，原因不是他杰出的性格特征——它们发挥效用本来就是一个交流问题，而是历史进程在两个方 1082
面浓缩在他身上。一方面，他用令人难忘的方法把印度民族运动从一种“荣誉协会”般的由精英主导的运动变成了大众的事情，特别是变成了乡村的事情。因此他成了现代印度之父和去殖民化重要的先行者。没有人比他对英帝国的终结承担更多的责任。另一方面，这一切都发生在与西方的思想争论的基础之上，其结果最终在那里变得引人注目，因为它们能够利用道德上的优越性。甘地是一位地地道道的印度文化的代表，他在大众中的作用的确建立在这一基础之上，但他绝不是拒绝西方文化的人，而是深入经历了它的人，没有它的影响他是无法想象的。唯有如此，他才能够成功地将社会文化自信重新给予他的人民，或者说才创造了它——众所周知这是摆脱大都会的决定性的一步。

甘地出身于古吉拉特的商人种姓和一个严格敬仰毗湿奴（Vishnu）的教派，他整个一生都保持着这一教派的一神论倾向、严格的纯洁观、节食实践和素食。尽管取得的成就不太重要，但他很早就觉得自己在所有的领域都有一些特殊之处，也许是因为他的道德严肃主义（Rigorismus）。这种严肃主义明显的不宽容导致了与很小就嫁给他的妻子之间的矛盾，也使他至少在做父亲方面没有尽到教育好四个儿子的责任。1888 年至 1891 年他在伦敦圣殿区（Temple）学习英国法律，它虽然价格不菲但却相对容易，主要是很有面子。因为他在孟买的律师事务所不太成功，所以他作为一名印度穆斯林商人的法律助理远赴南非，据他自己说只是很短的一段时间。实际上他在那里待了23年（1893~1915年），因为他找到了一项使命，正是这项使命将他塑造成了日后能够登上印度舞台的人。

虽然他外表上是个已被完全同化的绅士，1893年他仍然因为肤色被赶出了头等车厢并被扔下火车。当这种种族歧视的创伤性经历唤醒了他对同胞的责任心时，他轻而易举地成为他们的领袖，带领他们与之进行斗争，因为在古吉拉特商人和泰米尔契约工人中没有人像他那样受过西方教育。在此过程中，甘地不仅仅发展成为一个影响公众舆论的大师——一个非常西
1083 方的观点，而这一点人们很乐意忽略；而且他发明、实验和（暂时）成功地运用了他的非暴力斗争的方式。1914年，一些针对印度人的歧视性措施被撤销。有目的地、和平地向对手发出的挑衅（当然也无条件地准备为之受苦）和斗争中的绝对坦诚一样，最终追求的目标都是借助羞愧心使对手认明事理和悔改。这种斗争方式不仅以自己的道德优越意识为先决条件，因为它只能如此变弱为强，而且它在策略上也符合具有明确目标的受压制少数的处境。它不太适合受压制的多数，不太适合以独立作为模糊的总体目标的整个民族。此外它还需要一个在道德上敏感的对手，这样它便能以这种方式击中其要害。甘地了解他的英国人。

当他在伦敦认识了神智学（Theosophie）、素食运动和独立教会新教教义的时候，他在那里已经从英国人那里接受了适合他的东西：也就是说，从基督教那里接受了登山宝训（die Bergpredigt），但不是关于上帝的理论或圣礼。此时，一些乌托邦社会主义者、生活的改革者也加入进来，崇尚简单生活和体力劳动。甘地建立了一些另类团体，它们当时在南非就已经对欧洲人产生了吸引力。然而对甘地来说，起决定性作用的始终是融入他儿童时代的世界观的印度教。不过西方的影响超出

了纯粹从外部充实业已存在的精神基本构成的作用，因为它是甘地发展的媒介和催化剂。《薄伽梵歌》以其关于积极的拯救之路的新信息成为他生命中最重要的典籍，而他最先接触的是它的英译本。他的语言也不再是东方人的华丽辞藻，而是英国律师和清教徒的更简练和更准确的语言。因此这里涉及的完全是一种更深层次的文化综合体，不过是一种按照印度教原则的文化综合体。

1906 年，甘地宣誓彻底禁欲（brahmacharya）；即使对他人他也只赞同出于繁衍后代目的的性交。然而也包括节食的禁欲自律绝非目的本身，而是特别有利于获得精神力量，它在非暴力政治斗争中是不可缺少的。他的第二条基本原则“不伤害生命（ahimsa）”要求放弃伤害自己的对手。一切最终均在最高原则“非暴力主义（satyagraha）”里得到论证，最初它是一个为表述他的行为新造的一个梵语词，意思是坚持真理，在此真理和上帝是同一的。人永远不可能终极地掌握真理，只 1084
能不断地使用近于科学的方法努力靠近它。于是禁欲论便形成了。甘地是印度禁欲主义传统中的伦理学家。传统禁欲以自我为中心专注于将自我从万物轮回中解放出来，而甘地已经在重新诠释《薄伽梵歌》中完成了向行动和邻人的转向。

这位南非的英雄首先是通过 1917/1918 年真正有利于受剥削农民的运动在印度出名的，因而当人们想要对英国的羞辱作出回应的时候，他的建议受到了一定的关注。这指的绝不是可怜的宪法改革，而是指1919年的所谓“罗拉特法案（Rowlatt-Acts）”在和平时期延长了战时紧急状态法。因为该法案涉及拘捕和诉讼法，甘地不能像当年触犯南非法律那样触犯它们。不过甘地促成了一个总罢工（hartal），可是在很多地方它压根就不是按照非暴力方式运行的。特别是在危机四伏的旁遮普发生了暴力和反暴力的升级，为了惩一儆百，鲁莽的戴尔

（Reginal Dyer）将军于1919年4月13日在阿姆利则命令廓尔喀士兵扫射聚集在一个出口不多的广场上庆祝一个节日的人群。据英国的报告，广场上留下了379名死者和大约1200名伤者。一篇由甘地巧妙编辑并先于官方发表的国大党的报告谴责了这些事件，而另一份报告却掩饰了它们。戴尔将军受到了谴责，而在他的同胞那里却得到了向贵宾赠送的礼物。这些与印度穆斯林的基拉法特运动（Khilafat-Bewegung）在时间上是重合的，在对土耳其情况不太了解的情况下这些穆斯林与在《色佛尔和约》（1920年）中被英国人侮辱的哈里发奥斯曼苏丹采取一致行动。1920年，甘地也赢得了他们对共同行动的支持，因为他把他们的事业也当成了自己的事业。

此外还有对英国汇率政策的普遍不满，这一政策使国大党首次获得印度商人的广泛支持，与此同时，人们可以通过因（战争造成的）白银短缺不得不铸造镍币的实例使普通人明白英国人的洗劫，因为印度人一直注重硬币的金属价值。因为甘地不仅从之前很少涉及的省份和社会阶层获得了新的追随者，而且他也是唯一拥有跨地域追随者的政治家，所以他能在1920年接管国大党的领导权，并使在全印度发动不合作运动的决定在党内以微弱多数获得通过。

1085 首先他实现了国大党的重组，重组使国大党更加民主同时也更加集权化，并使它从“绅士的聚会”变成了大众的运动，它不大像一个政党，倒更像一个国中国或反国家。重新划分依据的是语言省（今天的联邦各邦的前身）而不是英国行政单位。这样一来，不仅使用口语进行大众宣传成为可能，而且重心也从拥有已被同化的老一代精英的地区移往拥有大众追随者的地区，前者如孟买和孟加拉，后者如恒河平原的联合省。全印国大党委员会每年的全体会议和代表会议此时的重要性不如由全国大党选出的主席以及由他任命的工作委员会（类似政治局）。在全体会议期间由一个议程委员会作出重要决定，再经由全体会议批准。这种到 1934 年绷得更紧的状态导致国大党由一个外号叫作总司令部的小团体领导，1934 年形式上退出国大党之后甘地仍然属于该团体成员。实际上是甘地和工作委员会决定谁当主席，主席通过立即再将它任命为工作委员会来确认领导集团。

非暴力行动的口号是“不合作（non-cooperation）”：抵制英国的司法和教育机构，抵制新宪法和选举。因为英国的统治更倚重的是合作而不是暴力，所以根据甘地的估计，宣告取消合作必将使它立刻崩溃，因而一年后他向国大党宣布了“自治（swaraj）”，不管它意味着什么。当时甘地还组织了手工纺织运动，为了使农民能够自给自足或得到一些额外收入，为了不依赖从英国进口，为了推行简朴的生活方式，最初没怎么顾及印度的棉纺织业，它可是他的支持者之一。Khaddar——一种手纺的粗棉布成了这场运动的服装，纺车成了它的徽章，手工纺织成了一种仪式——甘地的宣传天才创造的很受欢迎的象征之一！不合作运动当然没有成功；英国的统治并没有崩溃，因为出于自私没有对它进行充分的抵制——用甘地的话说。南非的少数政治和印度的多数政治之间的差异是显而易见的。英国人可以静观其变。当甘地因其追随者对警察进行屠杀而停止 1086
行动时才被逮捕。在一次令人难忘的诉讼中他被判六年监禁，但由于健康原因于 1924 年被提前释放。

其间与穆斯林的联盟破裂了；一些地方甚至爆发了印度教教徒与穆斯林之间的流血冲突。由于西亚形势的发展，基拉法特运动开始变得没有了行动对象。真纳失望地不再进行合作。在富有影响力的克什米尔婆罗门牟提拉尔·尼赫鲁（Motilal Nehru）的参与下，国大党内形成了一个自治派并成功地参加了选举，直到它陷入一次新的、这次也具有社会动机的激进主义浪潮的阴影中。苏巴斯·钱德拉·鲍斯（Subhas Chandra Bose）和其他孟加拉国大党政治家发现了产业工人。动员他们对于绅士政治家是没有危险的，因为雇主都是英国人或者来自孟买的人，而他们若动员农民则可能损害自己的生存基础。在这一时间前后也出现了贾瓦哈拉尔·尼赫鲁（Jawaharlal Nehru，1889~1964 年），他在最好的英国学校受过教育，是国大党领导人的儿子，参加了在布鲁塞尔召开的首届反对帝国主义世界代表大会，会后游历了俄国之后作为一名热情的社会主义者回到印度，很快就跃升为激进的年青一代的代言人。1928 年，一波罢工浪潮席卷印度，世界市场的价格下跌重创了农业，世界经济危机即将到来。

比 1919 年的规划提前了两年，1927/1928 年，一个宪法委员会来到印度，但其中没有印度成员。紧接着牟提拉尔·尼赫鲁提交了一部正规的自治领法律，他的儿子和其他激进主义者要求独立。国大党决定发出最后通牒：1929 年 12 月 31 日前给予自治领地位，否则就要为完全独立作斗争。但是人们不应该忽视，与 1917 年相比，1926 年后自治领地位增加了新的内容。当时任何一届英国政府都不可能在这种意义上放弃使印度隶属于威斯敏斯特议会的任何可能性，它是白人移民殖民地！虽然总督欧文（Edward Wood Irwin）被允许在一份 1929 年 10 月 31 日由英国内阁编辑的声明中承诺给予其自治领地位，但没有确定时间点。国大党放弃了参加伦敦圆桌会议（Round-Table-Conference），表示赞成独立并委派甘地组织一场新的非暴力运动。

第二次运动比第一次运动更具攻击特性。此时积极的“不合作主义（civil disobedience）”以及大规模的非暴力违反法律法规取代了消极的不合作主义。英国人拒绝了十一条要
1087 求，这些要求关系到每个印度人的利益，也包括有利于商人的

汇率。接着甘地与他挑选出来的追随者一起辗转向大海进发，在那里带头象征性地采了一点盐，以此违反了对所有人都具有压迫性的盐税义务——又一个深思熟虑的宣传杰作。经历了最初的犹豫之后，政府予以猛烈的回击；甘地和其他领导人被关押。运动还在坚持，可是在由国际价格下跌引起的农业贷款危机的影响下存在着演变成一场农民暴力革命的危险。在同样危机四伏的英国，软弱的工党政府既不可能在经济上，也不可能在政治上迁就印度，因为它的敌人正窥伺着它可能暴露出来的弱点。总督欧文勋爵与甘地签署了债务延期清偿协定。作为对容忍私人采盐和释放在押人员的回报，甘地中止了他的正处在成功高潮的运动，以便前往伦敦参加1931年底的第二次圆桌会议。他的这个决定的批评者对这一成功视而不见，它的意义在于，民族运动的领袖第一次与总督平等地进行了谈判。对这位半裸的苦行僧的过分要求大发雷霆的温斯顿·丘吉尔具有超常的洞察力。

虽然保守党在英国政府中重新占据多数，但会议在一个作为招牌的工党首相的领导之下仍然是温和的。尽管如此，这次会议还是失败了，因为甘地不可能放弃作为印度民族运动的国大党的垄断要求。如果不是贱民（Parias）领袖比姆拉奥·拉姆吉·安贝德卡尔（Bhimrao R. Ambedkar）为他的群体提出这一要求，在关于为穆斯林和锡克教教徒预留议会席位的问题上或许能达成一种妥协。当1932年的地方判决（Communal Award）将这一规定强加给与所有人都相关的群体时，返回印度恢复不合作运动并再次锒铛入狱的甘地为此宣布绝食至死。因为对他来说，贱民属于印度教教徒共同体。对于将他们组成特殊的政治群体，他担心不和将会蔓延至最后一座村庄，而他的宏伟目标是对印度乡村进行道德和社会改革。他的这一步给人的印象是强劲的，全国各地的印度教教徒都为贱民们开放了他们的寺庙并且与他们建立关系，因而安贝德卡尔只有让步。根据与甘地签署的《浦那协约》（Poona-Pakt）国大党内为各个“受压制阶层（depressed classes）”预留了席位。但是公民不服从运动被英国人成功地压制住了，因此他们能够释放犯人并
1088 迫使国大党让步。因为与其他殖民政权一样，英国在两次世界大战之间的时间里不仅为了控制由世界经济危机引发的社会动乱将其警察进行了军事化，而且由于到处频发的暴力活动而组建了用于镇压的警察部队。1934 年甘地脱离政治，将自己奉献给了他的乡村计划。

以西蒙调查团（Simon Commission）[①] 提交的报告书为参考，一部宪法在 1935 年的《印度政府法案》（有史以来英国国会批准的最长的一部法律）的基础上创立了。该宪法确定了双元制，即使顶层也是如此，却为总督和被任命的委员会保留了很多权力，因而印度部长们只能支配约 20% 的财政预算。根本没有谈及自治领地位的问题。取而代之的是明确强调了威斯特敏斯特对印度的立法权。此时应该首次通过土邦的自愿加入创建一个全印度联邦；在两个立法议会里分别为他们保留了 375 席中的 125 席和 260 中的 104 席，分别达到了 33.3% 和 40%，而他们在总人口中占比为 23.6%。但是对很多王侯来说加入联邦太危险或太昂贵。所以关于中央政府的规定一直没有生效。印度作为整体直到 1947 年仍然按照 1919 年的法律进行统治。

相反，此时在各省实行了完全的议会制，被任命的成员从立法机构里消失了。选举权的范围扩大了，42% 的男性和 10% 的女性拥有选举权，选民人数从 1920 年的 500 万人增加到此

① 1927 年 11 月，英国政府派遣由约翰·西蒙爵士（Sir John Simon）担任主席的七人调查团前往印度，考察 1919 年颁布的《印度政府法案》的执行效果和研究印度的宪法改革情况。——编者注

时的3700万人。国大党决定参加1937年的选举并且在大部分省份赢得选举，因而马德拉斯、孟买、中部各省、联合省、比哈尔、奥里萨和西北边境省的各部由国大党组成。即便在国大党赢得1934年的老中央全体会议的选举之后穆斯林联盟就准备合作，也会在双方的抵制下归于失败。因为1937年它的成绩乏善可陈，此外它根本就不是一个穆斯林的统一战线，所以它的联合方案被国大党政治家拒绝了。在穆斯林的眼里，等同于民族的国大党有可能以这种方式变成纯粹的印度教组织，只有在宗教基础上建立一种集合政策才可能有助于抗衡它的这种有威胁的优势。其间，孟买的穆斯林农民与印度教地主之间以及比哈尔和联合省的印度教农民与穆斯林地主之间的阶级矛盾也发挥了作用。所以从被歧视者的联盟中逐步产生了第二个民族，即穆斯林民族，这是一种受到英国人地方自治主义政策保护的发展。若用自己设定的目标来衡量，甘地的团结政策如同 1089
他的两次大规模运动一样失败。尽管如此，他还是为未来的成功奠定了基础，因为他使印度教教徒成为一个民族并向穆斯林展示了如何才能做到这一点。

与在印度的英国人相比，尼德兰人对印度尼西亚未来的独立更加缺少前瞻性的想法。在1922年的尼德兰宪法中用“海外地区”替换“殖民地”概念没有任何这方面的预示，恰恰相反。在自1903年实行的道德政策的背景下建立自治和代表机构在1916年创建“人民参议会（Volksraad）”时达到了顶峰，建立这类机构是为了更好地融入而不是为独立作准备。人民参议会的选举是间接的而且代表是不平衡的。1931年至1942年，印度尼西亚人代表中选举产生和被任命的分别是20名和10名，尼德兰人代表中的为15名和10名，华人代表中的为3名和2名，总共60名代表。也就是说，一个印尼人代表225万人，一个华人代表30万人，一个尼德兰人代表1万人。此外，

1939年至1941年印尼人代表的三分之二出自当地的官员阶层“贵绅（priyayi）”。参议会最初只有咨询职能，直到1925年才获得了有限的财政预算和立法参与权。道德政策尽管有无可争辩的良好意愿，但还是因其家长式特性自1920年代起越来越保守，在与民族运动的对抗中越来越具有压制性。

早在1920/1921年政府的一项调查就已经确定，对居民的征税已经达到了极限。收入一直未变，自1930年起甚至在下降，但是税收与1920/1921年相比至1926年增长了50%，至1932年增长了100%，至1940年增长了250%，这是一种必然使印度尼西亚乡村瓦解的压力。可是在1930年代人们试图通过调整食糖、茶叶、橡胶和锡的国际份额以度过生产过剩危机的时候，好像并没有为了欧洲人而歧视当地生产者，这与过去的断言完全不同。正在起步的工业化只有很少一部分是由当地人进行的，却很容易损害传统行业。1925年有6名以上雇员的企业中有2816个是欧洲人的，1516个是华人的，865个是印度尼西亚人的，不过这些人里有一些仅是名义上的当地人。总体上看，居民的生活水平在世界经济危机之前好像就已经下降了，而他们的负担却在加重。

1090 虽然自19世纪中期以来已经实行了针对当地人的教育政策，但财政预算少得可怜。直到道德政治才给这里带来了改变。小学教育得到推动；政府支付教师的工资，却向农民征收教育费。小学生的人数从1900年的约10万增长到1928年的150万，1940年增加到190万，但是1940年仍然有93.6%的居民是文盲。课堂上使用的是一种地方语言或马来语，后者一步步发展成共同的交际语言，1928年在一次青年大会上宣布它为民族语言——印度尼西亚语（Bahasa Indonesia）。尼德兰人看得非常清楚，普及一个统一的当地语言以取代约300种印度尼西亚方言一定会促进民族意识的形成，但是他们在更大的范围内向印尼人开放使用荷兰语教学的高级教育方面表现得犹豫不决。受过西方教育的中层只有很少的发展可能性。经济领域的位子被欧洲人和华人占据，医生没有足够的病人，律师没有足够的当事人。管理机构一如既往，1938 年负责职位通常都留给尼德兰人，最多留给那些老贵族。当时 92.2% 的较高职位由欧洲人占据；1940 年在 3039 名较高级官员中只有 221 名印度尼西亚人。另一方面，早在 1928/1929 年，25% 的西式学校的毕业生已找不到与其学历相称的工作职位。有人甚至提出一个论点，称应对具有强烈的社会主义倾向的印度尼西亚民族主义精英关闭大门的不仅有管理机构，还有资本主义经济。

但是西方教育和由殖民国家创造的印度尼西亚的统一都不是能在其上建立民族运动的唯一基础。民族运动原本的起始点更多的是一个革新后的伊斯兰教的影响，因为唯有宗教才能够使民众感受到自己归属于一个更大的共同体，宗教完全是一种原型民族主义（Protonationalismus）。没有人像印度尼西亚人那样热衷于赴麦加朝圣；据称 1911 年至 1931 年期间他们占朝圣者人数的一半，这并非罕见现象。开罗的改革家的泛伊斯兰主义信息在这里得到的赞同多于其他任何地方。帝国主义的伊斯兰学者史努克·许尔格龙涅准确地认识到这一危险，在 1936 年离世前不久他还告诫他的同胞要慷慨大方地为印度尼西亚人敞开同化的道路，否则“我们将会把印度尼西亚人驱赶得离我们越来越远，对他们知识分子发展的控制权将会落入我们之外的人手里”。

事实上是伊斯兰教掀起了印度尼西亚的第一次民族群众 1091
运动，即 1912 年建立的伊斯兰联盟沙雷卡伊斯兰（Sarekat Islam），它原本是一个由穆斯林商人组成的对抗占优势的华人竞争的利益联盟。尽管它将为当地居民争取正义写在了自己的旗帜上并且因并非特别有成效的自助倡议而特别受欢迎，但这一运动避免直接攻击殖民主人，因而后者只是拒绝承认作为整体的组织，却并不拒绝承认各个地方联盟——其结果是无法控制基层的极端化。据称1918年沙雷卡伊斯兰拥有45万成员，1919年已经拥有250万。1914年由一个尼德兰人建立的社会民主联盟到1920年发展为共产党，它是沙雷卡伊斯兰的成员，忠实于那些年的共产国际的策略，试图从内部分化民族群众运动。1921年至1923年与沙雷卡伊斯兰分开之后，共产党人出于革命的急躁性于1926年尝试了一次由自己领导的武装起义，对其进行的镇压顿时使得民族运动陷入瘫痪。此时一部分穆斯林完全回到文化和社会工作中，而民族思想则继续存在于众多较小的、一再被镇压却不断重新组合的团体之中。

一个由在尼德兰学习的印度尼西亚人组成的联盟发出的倡议变得重要起来，穆罕默德·哈达（Mohammed Hatta）应该在其中发挥了突出的作用。1927年在万隆建立的由教师的儿子和技术员艾哈迈德·苏加诺（Achmed Sukarno，1901~1970年）担任主席的印度尼西亚民族党（Partai Nasional Indonesia）也越来越重要。他将伊斯兰教育和西方教育成功地综合在一起，他首先是一个杰出的演说家，懂得如何激发民众的热情。1928年他就成功地建立了一个由马克思主义者、穆斯林和民族主义者组成的联合会，不过代价是没有一个明确的纲领，只有模糊的反帝国主义、模糊的反资本主义和一种所谓印度尼西亚特有的达成民主一致意见的方式，这些要素1945年之后重新回到了苏加诺的思想体系中。1929年他被捕并被判监禁，虽然指控他的暴动计划不能被证明。印度尼西亚民族党和上文提及的联合会一样，在其领袖遭受厄运后也没存在多长时间，不过后继的政党已经形成，其中一个是哈达领导的党，另一个是很快被赦免的苏加诺领导的党，前者具有很强的亲西方倾向，试图建立一个骨干组织并对民众进行政治教育，后者具有社会革命的特性。1933 年苏加诺再次被捕，至 1942 年一直被流放；次年哈达和他的朋友们受到牵连。各 1092
温和团体此时有了自由发展的可能，它们两次尝试与殖民国家协调一致解决民族问题。1936 年，人民参议会要求讨论在尼德兰的法律框架下 10 年之内实现印度尼西亚自治——结果是徒劳无功。1939 年，众多民族组织就印度尼西亚的语言、国旗和国歌问题达成了一致，但是鉴于国际形势表示愿意进行合作，如果人民参议会能够变成一个全权议会。同样考虑到国际形势，这项建议被拒绝，由此殖民国家在拥有民族思想的印度尼西亚人那里最终丧失了他们的信誉。

如果说文化上西化但政治上受挫的当地精英是殖民帝国解体的前提，那么在最初的反抗被镇压下去之后，法国在印度支那起始较晚的统治肯定比英国在印度或尼德兰在印度尼西亚的统治问题要少得多。但是日本的成就、1911 年中国的辛亥革命和印度的民族运动在越南引起了反响。除了第一次世界大战的加速作用（法国也让它的殖民地臣民参与战争），大概可以把现代精英的迅速产生与法国扩张的更加强烈的同化观念联系在一起。在理论上它要使殖民地成为一个不可分割的共和国的组成部分，要使其居民在语言、教育、文化、衣着、言谈举止、政治心态和政治权利等方面成为法国人。可是在实践上它必定会失败，因为它将导致殖民统治的自行废除。只要在文化上已被同化且拥有完全的法国公民权的人在殖民地人数不多，它就是一个使进步的思想体系和镇压实践协调一致的杰出工具。但是长远地看，大范围的殖民同化终将使殖民地在人数上超过法国占据优势。在这种情况下，法国的社会主义者，有时甚至连共产主义者也首先执行一条以法国（党派）利益为导向的殖民政策，它可能在人道的抗议和残暴的镇压之间摇摆。

新的世界共产主义运动为了其世界革命的利益首先发展成为争取殖民地自由的先锋。1920年的共产国际大会接受了
1093 列宁的论点，即共产党有义务积极支持殖民地的自由运动，有义务为了这一目标与那里的资产阶级民主力量结为联盟。法国共产党人与在法国生活的越南人和非洲人的反殖民团体合作完全符合这一目的。除了资产阶级理想主义者，共产党人成为1927年在贾瓦哈拉尔·尼赫鲁的参与下于布鲁塞尔成立的反对帝国主义国际大同盟的主导力量。当中国的发展表明对于共产党人来说这样的联盟可能会变得多么危险的时候，1928年召开的共产国际第六次代表大会才作出决定，要求共产党在民族革命中须在中心城市同志们的支持下发挥领导作用。印度尼西亚的共产党人事实上已在当地的民族运动中发挥着重要的作用，其间法国和尼德兰的殖民政策使精英们感到失望。

因为尽管担忧其后果，法国人也不可能轻易取消在交趾支那早已进行的同化，所以他们采取了妥协，对此使用一个不是完全贴切的概念“结盟策略（politique d’association）”来形容非常适合。于是产生了一种法语—越南语教育体系，在小学只使用越南语，在高级阶段使用双语，这样就可能导致法语或者双语的毕业会考。但是河内大学的毕业考试与法国大学的价值并不相等，因而能够负担得起的人会赴法国求学。尽管各大总督辖区进行了不同的尝试，但由于殖民地法国人的反对，越南人即使具有相同的资格也很难担任官员，即便能担任也是处于从属地位并且薪金少得可怜，所以形成了一种具有高学历的无产者，从而形成了社会炸药。然而也存在着由生活在城市里的地产主、企业主和官员组成的越南资产阶级，不过1937年前后它只包括10500户人家，其中70%住在西贡，15%住在河内，其余的住在其他城市。他们是1917年成立的宪政党（Parti constitutionnaliste）以及安南帝国改革的支柱，该帝

国1932年被受过西方教育的保大接手，两者都是在与殖民国家合作中争取自治的徒劳尝试。

当时的农村人口中只有30%拥有能够养活自己的地产，而70%的人是小农、佃农和农业工人。此外大概还有60万城市雇佣劳动者，占总人口的2%，但是由于失去了乡村的根基 1094
而且是在法国人的直接利益领域里工作，他们在政治上具有重大的意义。最后是由商人、手工业者、官员、教师和技术人员构成的不稳定的小资产阶级。第一次世界大战后经济蓬勃发展，至少从法国人的角度看是这样的。除了大米和矿藏，还出现了引人注目的橡胶业的繁荣，从中获利的主要是大种植园。印度支那银行（Bank von Indo-china）的成功已经超出了象征意义，1895年至1922年它使自己的利润增加了40倍，其业务遍及世界各地。它甚至懂得利用世界经济危机廉价收购破产的橡胶种植园，以至于它最后控制了110个企业，其市值比经济萧条开始时增加了75%。与此相反，多数居民受到橡胶和大米市场衰落的严重影响。失去偿还能力和破产日益增多，法国移民也祈求政府援助，无数越南佃农和工人失去了工作——一种非常危险的形势。

由于通过与殖民政权合作争取平等的尝试失败，1927年河内的小资产阶级在相邻的中国国民党的影响下成立了“越南国民党（Viet Nam Quoc Dan Dang）”。它试图在1930年危机的形势中起义——结果徒劳无功。同一年通过几个团体的合并在香港建立的越南共产党则与其不同，它依靠的是工人和农民。阮生恭（Nguyen Sinh Cung）当时已经发挥了重要的作用，1919年至1940年他叫阮必成（Nguyen Ai Quoc），随后又改名胡志明（Ho Chi Minh）。他生于1890年，是一位儒家学者的儿子，受过法语—越南语教育之后找到了作为海员前往欧洲的道路，1920年他在图尔作为法国共产党的创建成员加入了当时最激进的反殖民团体。可是他对1930/1931年发生的事件的责任尚不清楚。在几次罢工之后，1930年5月1日的大游行引发了一次共产主义农民起义，在北安南建立了乡村苏维埃。但是殖民政府投入轰炸机和外籍军团进行回击。运动被镇压后很多人被处决。1931年，中央委员会和胡志明被拘捕，暂时关押在香港的英国人那里。

这些事件引发了巴黎议会里的激烈争论，其间左派进行了
1095 有力的批评。然而多数人还是更倾向于遵循尼德兰的压制政策而不是遵循英国自治领的发展模式，并且寄希望于再度繁荣以及较小的改革，如保大在安南的政权。但是左派在越南一如既往取得了选举的胜利。显然，诸如经过革新的佛教和极为成功的新建立的高台教（Cao-Dai-Religion）——带着灵性实践和天主教组织的道教——之类的其他选择还不足以防止民众的迷失和失望。

1936年，人民阵线在法国选举中获胜唤起了很高的期望，但在殖民地的法国人那里唤起的则多是恐惧。实际上还是发生了一些变化：政治犯获得了自由，取消了政党限制，获得完全的法国公民权比较容易了，赋税的压力减轻了，特别是采用了法国的劳动和社会立法。然而，当要以印度为榜样（不过在这里有共产党的决定性的参与）建立一个印度支那大会（Congrès indochinois）作为国民代表和对立政府时，社会主义的殖民地部长秘密授权大总督实施镇压。鉴于宗主国的种种问题，社会主义者放弃了他们的长远计划。但是越南共产党人利用了新的行动自由，根据1935年共产国际第七次代表大会决定的策略在东京创建了民主统一阵线，统一阵线取得了选举的胜利并且组织了群众游行，直到1939年希特勒和斯大林的条约签署之后，法国的反制措施都汇入了对所有共产党组织的镇压中。

与印度支那或印度尼西亚不同，在菲律宾殖民政权和它

的臣民之间好像充满了真正的和谐氛围，可是仍然存在着一个强大的菲律宾政党，它谋求的是作为一个州加入美国。由于这件事在华盛顿根本行不通，所以人们及时地为这一群岛的政治独立而努力。1901 年进行了乡镇选举，1902 年进行了省份选举，1907 年进行了下议院选举，1916 年进行了上议院选举。早在 1903 年，49% 的行政机构职员已是菲律宾人，1928 年，从部长到邮政官员，整个政府机构的职位实际上都由当地人担任。1907 年至 1942 年，民族主义者（Nacionalistas）的重要政党能够在与美国的密切合作中为自己的目标而奋斗。在经济上占主导地位的是为美国市场进行的生产，这带来了糖业繁荣，其间与东南亚其他地方不同的是当地人起着决定性的作用。这些领导人十分清楚，须长期依赖美国不仅是因为潜在的日本威胁，而且还因为对美国市场的依赖。因此用崇拜两面 1096
国旗向学童灌输一种双重的爱国主义。尽管政治形势稳定，但世界经济危机还是导致民族话语中的陈词滥调变成了严肃的想法，因为意欲摆脱菲律宾的利益集团在美国赢得了重要影响，它们是作为纽约银行后盾的甜菜糖业游说集团、古巴糖业游说集团以及意欲禁止廉价劳动力迁入的工会利益集团。因此，1933 年美国国会决定十年之内建立一个自治“联邦”和给予完全独立。但是鉴于日本的威胁，分离没有被强制执行。为了建立防御体系，一位与菲律宾打过交道的将军道格拉斯·麦克阿瑟（Douglas MacArthur）1936 年成为那里的陆军元帅［另外还得到了德怀特·D. 艾森豪威尔（Dwight D. Eisenhower）上校的协助］。世界经济危机减弱之后，美国甚至准备推迟将菲律宾作为不纳入本国关税区的本国领土对待的日期，即从 1946 年推迟到 1960 年。这应该为渐进式的经济转型提供了可能，以免在 99% 的菲律宾食糖不能再销往美国时出现惊人的崩溃，这些糖占出口额的 63%。因为还没有出现其他买主。

原始资料与参考文献

东方问题

Abou-El-Haj, R. A., Formation of the Modern State: The Ottoman Empire, Sixteenth to Eighteenth Centuries, Albany 1991 | Abraham, A. J., Lebanon at Mid-Century: Maronite-Druze Relations in Lebanon, 1840–1860, Washington 1981 | Akçam, T., Armenien und der Völkermord. Die Istanbuler Prozesse und die türkische Nationalbewegung, Hamburg 2004 | –, The Young Turks' Crime against Humanity: The Armenian Genocide and Ethnic Cleansing in the Ottoman Empire, Princeton 2012 | Aksan, V. H., Ottoman Wars, 1700–1870: An Empire Besieged, Harlow 2007 | Anderson, M. S., The Eastern Question, 1774–1923: A Study in International Relations, 2. Aufl., London 1983 | Antonias, G., The Arab Awakening, London 1938, Ndr. 1945 | Arai, M., Turkish Nationalism in the Young Turk Era, Leiden 1992 | Ayalon, A., Language and Change in the Arab Middle East: The Evolution of Modern Political Discourse, New York 1987 | Barth, B., Die deutsche Hochfinanz und die Imperialismen. Banken und Außenpolitik vor 1914, Stuttgart 1995 | Baumgart, W., Die europäischen Großmächte und die französische Intervention in Syrien 1860/61, in: Historisches Jahrbuch 106 (1986) 361–85 | Bein, A. u. a. (Hg.), Theodor Herzl, Briefe und Tagebücher, 3 Bde., Berlin 1983–85 | Ben-Arieh, Y., Jerusalem in the Nineteenth Century, Bd. 1, New York 1984 | Berchtold, J., Recht und Gerechtigkeit in der Konsulargerichtsbarkeit. Britische Exterritorialität im Osmanischen Reich 1825–1914, München 2009 | Beşirli, M., Die europäische Finanzkontrolle im Osmanischen Reich von 1908 bis 1914. Die Rivalitäten der britischen, französischen und deutschen Hochfinanz und der Diplomatie vor dem Ersten Weltkrieg am Beispiel der türkischen Staatsanleihen und der Bagdadbahn, Berlin 1999 | Beylerian, A., Les grandes puissances, l'empire ottoman et les Arméniens dans les archives françaises (1914–1918), Paris 1983 | Blaisdell, D. C., European Financial Control in the Ottoman Empire: A Study of the Establishment, Activities, and Significance of the Administration of the Ottoman Public Debt, New York 1929 | Bombaci, A./Shaw, S. J., L'impero ottomano, Turin 1981 | British Documents on Foreign Affairs I B: The Near and Middle East, 1856–1914, 20 Bde., Frederick, ML 1984–85 | Brown, C. L., International Politics and the Middle East: Old Rules, Dangerous Games, Princeton 1984 | Burrows, M., *Mission civilisatrice*: French Cultural Policy in the Middle East, 1860–1914, in: HJ 29 (1986) 109–35 | Busch, B. C., Britain and the Persian Gulf, 1894–1914, Berkeley 1967 | Carmel, A., Der Missionär Theodor Fliedner als Pionier deutscher Palästina-Arbeit, in: Jahrbuch des Instituts für deutsche Geschichte 14 (1985) 191–220 | –/Eisler, E. J., Der Kaiser reist ins Heilige Land, Stuttgart 1999 | Cebeci, M., Die deutsch-türkischen Beziehungen in der Epoche Abdülhamids II. (1876–1908), Marburg 2010 | Chaliand, G./Ternon, Y., The Armenians, from Genocide to Resistance, London 1981 | Choueiri, Y. M. (Hg.), A Companion to the History of the Middle East, Oxford 2005 | [CHT] The Cambridge History of Turkey, Bd. 3–4, Cambridge 2006–08 | Çiçek, K., Die Zwangsumsiedlung der Armenier, 2. Aufl., Darmstadt 2012 | Cohen, S. A., British Policy in Mesopotamia, 1903–1914, London 1976 | Commins, D. D., Islamic Reform: Politics and Social Change in Late Ottoman Syria, New York 1990 | Dadrian, V. N., The History of the Armenian Genocide: Ethnic Conflict from the Balkans to Anatolia to the Caucasus, Providence 1995 |

–, German Responsibility in the Armenian Genocide, Watertown 1996 | Davison, R. H., Reform in the Ottoman Empire, New York 1963, Ndr. 1973 | Documents on Ottoman Armenians, 2 Bde., Ankara 1983 | Ducruet, J., Les capitaux européens en Proche-Orient, Paris 1964 | Eliav, M., Die Juden Palästinas in der deutschen Politik. Dokumente aus dem Archiv des deutschen Konsulats in Jerusalem, 1842–1914, Tel Aviv 1973 | Ende, W./Steinbach, U. (Hg.), Der Islam in der Gegenwart, 2. Aufl., München 1989 | Faivre d'Arcier, A., Les oubliés de la liberté. Négociants, consuls et missionaires français au Levant pendant la Révolution (1784–1798), Brüssel 2007 | Faroqhi, S., Kultur und Alltag im Osmanischen Reich vom Mittelalter bis zum Anfang des 20. Jahrhunderts, München 1995 | –, Geschichte des Osmanischen Reiches, 3. Aufl., München 2004 | Findley, C. V., Economic Bases of Revolution and Repression in the Late Ottoman Empire, in: CSSH 28 (1986) 81–106 | Fisher, S. N., The Middle East: A History, 3. Aufl., New York 1979 | Foerster, F., Mission im Heiligen Land. Der Jerusalem-Verein zu Berlin 1852–1945, Gütersloh 1991 | Franz, E., Minderheiten im Vorderen Orient. Auswahlbibliographie, Hamburg 1978 | Frazee, C. A., Catholics and Sultans: The Church and the Ottoman Empire, 1453–1923, Cambridge 1983 | Friedman, S. S., Land of Dust: Palestine at the Turn of the Century, Washington 1982 | Friedrich, N./Kaminsky, U./Löffler, R. (Hg.), The Social Dimension of Christian Mission in the Middle East, Stuttgart 2010 | Fuhrmann, M., Der Traum vom deutschen Osten. Zwei deutsche Kolonien im Osmanischen Reich 1851–1918, Frankfurt 2006 | Geiss, I., Die jüdische Frage auf dem Berliner Kongress 1878, in: Jahrbuch des Instituts für deutsche Geschichte 10 (1981) 413–22 | Gilbar, G. G. (Hg.), Ottoman Palestine, 1800–1914, Leiden 1990 | Goldschmidt, A./Davidson, L., A Concise History of the Middle East, 8. Aufl., Boulder 2006 | Grandits, H., Herrschaft und Loyalität in der spätosmanischen Gesellschaft. Das Beispiel der multikonfessionellen Herzegowina, Wien 2008 | Gründer, H., Christliche Mission und deutscher Imperialismus 1884–1914, Paderborn 1982 | –, Die Kaiserfahrt Wilhelms II. ins Heilige Land, in: Dollinger, H. u. a. (Hg.), Weltpolitik, Europagedanke, Regionalismus, Münster 1982, 363–88 | –, Religionsprotektorate und europäische Mächterivalität im Zeitalter des Imperialismus, in: Geschichte in Wissenschaft und Unterricht 34 (1983) 416–33 | Günay, C., Geschichte der Türkei von den Anfängen der Moderne bis heute, Köln 2012 | Haarmann, U. (Hg.), Geschichte der arabischen Welt, München 1987 | Haddad, W. W./Ochsenwald, W. (Hg.), Nationalism in a Non-National State: The Dissolution of the Ottoman Empire, Columbus, OH 1977 | Hajjar, J., Le Vatican, la France et le catholicisme oriental (1878–1914), Paris 1979 | Hanioglu, M. S., Preparation for a Revolution: The Young Turks, 1902–1908, Oxford 2001 | –, A Brief History of the Late Ottoman Empire, Princeton 2008 | Heller, J., British Policy towards the Ottoman Empire, 1908–1914, Totowa 1983 | Hiller, M. P., Krisenregion Nahost. Russische Orientpolitik im Zeitalter des Imperialismus, 1900–1914, Frankfurt 1985 | Hofmann, T., Verfolgung, Vertreibung und Vernichtung der Christen im Osmanischen Reich 1912–1922, Münster 2004 | Hourani, A., The Emergence of the Modern Middle East, London 1981 | Hovannisian, R. G. (Hg.), The Armenian Genocide in Perspective, New Brunswick 1986 | Hurewitz, J. C. (Hg.), The Middle East and North Africa in World Politics, 2 Bde., 2. Aufl., New Haven 1975–79 | Inalcik, H./Quartaert, D. (Hg.), An Economic and Social History of the Ottoman Empire, 1300–1914, Cambridge 1994 | Islamoglu, H./Keyder, Ç., Ein Interpretationsrahmen für die Analyse des Osmanischen Reiches, in: Senghaas, D. (Hg.), Kapitalistische Weltökonomie, Frankfurt 1979, 201–34 | Ismail, A. (Hg.), Documents diplomatiques et consulaires relatifs à l'histoire du Liban et des pays du

Proche-Orient du XVIIe siècle à nos jours, Bd. 22–31, Beirut 1980–82 | Issawi, C., The Economic History of Turkey, 1800–1914, Chicago u. a. 1980 | –, An Economic History of the Middle East and North Africa, London 1982 | –, The Fertile Crescent, 1800–1914: A Documentary Economic History, New York 1988 | Jenks, L. H., The Migration of British Capital to 1875, London 1971, Ndr. 1973 | Karpat, K. H., Ottoman Population, 1830–1914, Madison 1985 | Keddie, N. R., An Islamic Response to Imperialism: Political and Religious Writings of Sayyid Jamal ad-Din *al-Afghani*, Berkeley 1968 | Kent, M., Oil and Empire: British Policy and Mespotamian Oil, 1900–1920, London 1976 | Khoury, D. R., State and Provincial Society in the Ottoman Empire: Mossul, 1500–1834, Cambridge 1997 | Köse, Y., Westlicher Konsum am Bosporus. Warenhäuser, Nestlé & Co. im späten Osmanischen Reich (1855–1923), München 2010 | Kössler, A., Aktionsfeld Osmanisches Reich. Die Wirtschaftsinteressen des Deutschen Kaiserreichs in der Türkei 1871–1908, New York 1981 | Kramer, H./Reinkowski, M., Die Türkei und Europa, Stuttgart 2008 | Kreiser, K., Der osmanische Staat 1300–1922, 2. Aufl., München 2008 | Kürşat, E., Der Verwestlichungsprozess des Osmanischen Reiches im 18. und 19. Jahrhundert. Zur Komplementarität von Staatsbildungs- und Intellektualisierungsprozessen, 2 Bde., Frankfurt u. a. 2003 | Kushner, D., The Rise of Turkish Nationalism, 1876–1908, London 1977 | –, (Hg.), Palestine in the Late Ottoman Period, Leiden 1986 | Landau, J. M., The Politics of Pan-Islamism, Oxford 1990 | Lantz, F., Chemins de fer et perception de l'espace dans les provinces arabes de l'empire ottoman (1890–1914), Paris 2005 | Laqueur, W., Der Weg zum Staat Israel. Geschichte des Zionismus, Wien 1975 (engl. 1972) | –/ Rubin, H. (Hg.), The Israeli-Arab Reader: A Documentary History of the Middle East Conflict, 4. Aufl., New York u. a. 1984 | Laves, W. H. C., German Governmental Influence on Foreign Investment, 1871–1914, Chicago 1927, Ndr. 1977 | Lemke, H., Die Deutsche Bank in der Auseinandersetzung um die Erteilung der Erdölkonzessionen in Mesopotamien 1911–1914, in: Jahrbuch für Geschichte 34 (1987) 211–47 | Lemon, A./Pollock, N. C. (Hg.), Studies in Overseas Settlement and Population, London 1980 | Levene, M., Genocide in the Age of the Nation State, 2 Bde., London 2005–08 | Lowe, C. J./Dockrill, M. L., The Mirage of Power, 3 Bde., London u. a. 1972; Bd. 1 | Mantran, R. (Hg.), Histoire de l'empire ottoman, Paris 1989 | Manzenreiter, J., Die Bagdadbahn als Beispiel für die Entstehung des Finanzimperialismus in Europa (1872–1903), Bochum 1982 | Matuz, J., Das Osmanische Reich, 2. Aufl., Darmstadt 1990 | McCarthy, J., The Arab World, Turkey, and the Balkans (1878–1914): A Handbook of Historical Statistics, Boston 1982 | –, Muslims and Minorities: The Population of Ottoman Anatolia and the End of the Empire, New York 1983 | McEwan, D., Habsburg als Schutzmacht der Katholiken in Ägypten, Wiesbaden 1982 | Mejcher, H./Schölch, A. (Hg.), Die Palästina-Frage, 1917–1948. Historische Ursprünge und internationale Dimensionen eines Nationenkonflikts, Paderborn 1981, 2. Aufl. 1993 | Meriwether, M. L., The Kin Who Count: Family and Society in Ottoman Aleppo, 1770–1840, Austin 1999 | Meyer, E./Berkian, A. J., Zwischen Rhein und Arax. Neunhundert Jahre deutsch-armenische Beziehungen, Oldenburg 1988 | Moltke, H. v., Unter dem Halbmond, 3. Aufl., Stuttgart 1984 | –, Briefe über Zustände und Begebenheiten in der Türkei aus den Jahren 1835–1839, Nördlingen 1987 | Nagel, T., Staat und Glaubensgemeinschaft im Islam. Geschichte der politischen Ordnungsvorstellungen der Muslime, 2 Bde., München 1981 | Nassibian, A., Britain and the Armenian Question, 1915–1923, London 1984 | Ochsenwald, W., Religion, Society and the State in Arabia: The Hijaz under Ottoman Control, 1840–1908, Columbus, OH 1984 | Owen, R., The Middle East in the World Economy, 1800–1914, London u. a. 1981 | Pamuk, S., The Ottoman Empire in the *Great Depression* of 1873–1896, in: JEcH 44 (1984) 107–18 | –, The Ottoman Empire and European Capitalism, 1820–1913: Trade, Investment, and Production, Cambridge 1987 | –, A Monetary History of the Ottoman Empire, Cambridge 2000 | Pélissié du Rausas, G., Le régime des capitulations dans l'empire otttoman, 2 Bde., 2. Aufl., Paris 1910–11 | Peters, R., Islam and Colonialism, Den Haag 1979 | Petmezas, S. D., Patterns of Protoindustrialization in the Ottoman Empire: The Case of Eastern Thessaly, c. 1750–1860, in: Journal of European Economic History 19, 3 (1990) 575–603 | Poidevin, R., Les relations économiques et financières entre la France et l'Allemagne de 1898 à 1914, Paris 1969 | Quartaert, D., Social Desintegration and Popular Resistance in the Ottoman Empire, 1881–1908, New York 1983 | Rathmann, L., *Volldampf vorwärts nach Euphrat und Tigris.* Die planmäßige Vorbereitung des deutschen Imperialismus auf den Endkampf um die Beherrschung des Osmanischen Reiches in den Jahren 1897 bis 1903, in: Markov, W. u. a. (Hg.), Kolonialismus und Neokolonialismus in Nordafrika und Nahost, Berlin 1964, 91–167 | Reinkowski, M., Die Dinge der Ordnung. Eine vergleichende Untersuchung über die osmanische Reformpolitik im 19. Jahrhundert, München 2005 | Robel, Y., Verhandlungssache Genozid. Zur Dynamik geschichtspolitischer Deutungskämpfe, München 2013 | Sägmüller, J. B., Das französische Missionsprotektorat in der Levante und in China, in: ZMRW 3 (1913) 118–33 | Schäbler, B., Aufstände im Drusenbergland, Gotha 1996 | – (Hg.), Westasien und die Moderne, in: Periplus 13 (2003) 1–98 | Scheben, T., Verwaltungsreformen der frühen Tanzimatzeit. Gesetze, Maßnahmen, Auswirkungen von der Verkündigung des Edikts von Gülhane 1839 bis zum Ausbruch des Krimkrieges 1853, Frankfurt 1991 | Schlicht, A., The Role of Foreign Powers in the History of Lebanon and Syria, 1799–1861, in: JAsH 14 (1980) 97–121 | –, Frankreich und die syrischen Christen 1799–1861, Berlin 1981 | –, Die Rolle der europäischen Missionare im Rahmen der Orientalischen Frage am Beispiel Syriens, in: NZMW 38 (1982) 187–201 | –, Religiöse und soziale Faktoren im Vorfeld des Libanon-Konflikts, in: Geschichte in Wissenschaft und Unterricht 38 (1987) 418–26 | Schölch, A., Palästina im Umbruch 1856–1886, Stuttgart 1986 | Schöllgen, G., Imperialismus und Gleichgewicht. Deutschland, England und die orientalische Frage 1871–1914, München 1984 | Schütz, C., Preußen in Jerusalem (1800–1861). Karl Friedrich Schinkels Entwurf der Grabeskirche und die Jerusalempläne Friedrich Wilhelms IV., Berlin 1988 | Sharabi, H., Arab Intellectuals and the West: The Formative Years, 1874–1914, Baltimore 1970 | Shaw, S. J., The Ottoman Empire in World War I, 2 Bde., Ankara 2006–08 | Shorrock, W. I., French Imperialism in the Middle East: The Failure of Policy in Syria and Lebanon 1900–1914, Madison 1976 | Şimşir, B. N. (Hg.), British Documents on Ottoman Armenians, 2 Bde., Ankara 1982–83 | Snyder, L. L., Macro-Nationalisms: A History of the Pan Movements, Westport u. a. 1984 | Somel, S. A., The Modernization of Public Education in the Ottoman Empire, 1839–1908, Leiden 2001 | Spagnolo, J. P., France and Ottoman Lebanon, 1861–1914, London 1977 | Ternon, Y., Les Arméniens. Histoire d'un génocide, Paris 1977 | Thelen, S., Die Armenierfrage in der Türkei, Bonn 2011 | Thevet, A., Cosmographie de Levant, Tours 1556, Ndr. Genf 1985 | Thobie, J., Intérêts et impérialisme français dans l'empire ottoman (1885–1914), Paris 1977 | Türk, F., Die deutsche Rüstungsindustrie in ihren Türkeigeschäften zwischen 1871 und 1914. Die Firma Krupp, die Waffenfabrik Mauser und die deutschen Waffen- und Munitionsfabriken, Frankfurt 2007 | Verdeil, C., La classe *sous le chêne* et le pensionnat. Les écoles missionaires en Syrie (1860–1914) entre impérialisme et désire d'éducation, in: OM 95, 1 (2007)

197–221 | Walker, C. J., Armenia: The Survival of a Nation, New York 1980 | Witschi, B., Schweizer auf imperialistischen Pfaden. Die schweizerischen Handelsbeziehungen mit der Levante 1848–1914, Stuttgart 1987 | Yapp, M. E., The Making of the Modern Near East, 1792–1923, London 1987 | Zamir, M., The Formation of Modern Lebanon, Beckenham 1985 | Zürcher, E. J., The Unionist Factor: The Role of the Committee of Union and Progress in the Turkish National Movement, 1905–1926, Leiden 1984.

第一次世界大战和近东

Andrew, C. M./Kanya-Forstner, A. S., France Overseas: The Great War and the Climax of French Imperial Expansion, London 1981 | Antier-Renaud, C./Le Corre, C., Les soldats des colonies dans la première guerre mondiale, Rennes 2008 | Antonias, G. 1945 | The Arab Bulletin: Bulletin of the Arab Bureau in Cairo, 1916–1919, Ndr. Gerrard's Cross 1986 | Aydin, C., The Politics of Anti-Westernism in Asia: Visions of World Order in Pan-Islamic and Pan-Asian Thought, New York 2007 | Bacharach, J. L., Near East Studies Handbook, Seattle 1984 | Bade, J. N. (Hg.), Karl Hansen's Samoan War Diaries, August 1914–May 1915, Frankfurt 2011 | Barker, A. J., The Neglected War: Mesopotamia 1914–1918, London 1967 | Beasley, W. G., Japanese Imperialism, 1894–1945, Oxford 1987 | Ben-Avram, B., Das Dilemma des Zionismus nach dem Ersten Weltkrieg, in: HZ 244 (1987) 605–31 | Betts, R. F., Uncertain Dimensions: Western Empires in the Twentieth Century, Oxford 1985 | Black, I., Zionism and the Arabs, 1936–1939, New York 1986 | Blaustein, P. u. a. (Hg.), Independence Documents of the World, 2 Bde., New York u. a. 1977 | Bombaci, A,/Shaw, S. J. 1981 | Brandes, J.-D., ... *mit Säbel und Koran*. Der Aufstieg der Königsfamilie Saud und der Wahabiten, Stuttgart 1999 | Buchanan, G., The Tragedy of Mesopotamia, Edinburgh u. a. 1938 | Callahan, M. D., Mandates and Empire: The League of Nations and Africa, 1914–1931, Brighton 1999 | –, A Sacred Trust: The League of Nations and Africa, 1929–1946, Brighton 2004 | Caplan, N., Futile Diplomacy, 4 Bde., London 1983–97 [Palästina 1913–56]; Bd. 1–2 | [CHBE] The Cambridge History of the British Empire, 8 Bde. in 9 Tln., Cambridge 1929–59, Bd. 3, Ndr. 1967 | [CHC] The Cambridge History of China, 15 Bde. in 16 Tln., Cambridge 1978–2009; Bd. 13, 1986 | [CHIran] The Cambridge History of Iran, 7 Bde. in 8 Tln., Cambridge 1968–96; Bd. 7, 1991 | Choueiri, Y. M. 2005 | CHT, Bd. 4, 2008 | Daly, M. W., The Sirdar: Sir Reginald Wingate and the British Empire in the Middle East, Philadelphia 1997 | Dann, U., The Great Powers in the Middle East 1919–1939, New York 1988 | Darwin, G. J., Britain, Egypt, and the Middle East: Imperial Policy in the Aftermath of the War, 1918–1922, London 1981 | Eliash, S., The Political Role of the Chief Rabbinate of Palestine during the Mandate, in: Jewish Social Studies 47 (1985) 33–50 | Elliot, M., *Independent* Iraq: The Monarchy and British Influence 1941–1958, London 1996 | Fesharaki, F., The Development of the Iranian Oil Industry, London 1976 | Fieldhouse, D. K., Western Imperialism in the Middle East, 1914–1958, Oxford 2006 | Fiore, M., Anglo-Italian Armament Trade Competition in Iraq: The Italian Air Force Mission to Iraq, 1937–40, in: JICH 40, 2 (2012) 263–85 | Fisher, S. N. 1979 | Flapan, S., Zionism and the Palestinians, London u. a. 1979 | Fogarty, R. S., Race and War in France: Colonial Subjects in the French Army, 1914–1918, Baltimore 2008 | Fraser, T. G. (Hg.), The Middle East, 1914–1979, London 1980 | –, A Crisis of Leadership: Weizmann and the Zionist Reactions to the Peel Commission's

Proposals, 1937–1938, in: JCH 23 (1988) 657–80 | Friedman, I., The Question of Palestine, 1914–1918, New York 1973 | –, The Response to the Balfour Declaration, in: Jewish Social Studies 35 (1973) 105–24 | –, Germany, Turkey, and Zionism, 1879–1918, Oxford 1977 | Gainsborough, J. R., The Arab-Israeli Conflict: A Politico-Legal Analysis, Aldershot 1986 | Gallagher, J., Nationalism and the Crisis of Empire, 1919–1922, in: MAS 15 (1981) 355–68 | Gantzel, K. J./Mejcher, H. (Hg.), Oil, the Middle East, North Africa and the Industrial States, Paderborn 1984 | Goldschmidt, A./Davidson, L. 2006 | Gorny, Y., Zionism and the Arabs, 1882–1948: A Study of Ideology, Oxford 1987 | Gregory, R. G., India and East Africa, Oxford 1971 | Günay, C. 2012 | Guillemarre-Acet, D., Imperialisme et nationalisme. L'Allemagne, l'Empire ottoman et la Turquie 1908–1933, Würzburg u. a. 2009 | Haarmann, U. 1987 | Hancock, W. K., Survey of British Commonwealth Affairs I: Problems of Nationality, 1918–1936, London 1937 | Hanioglu, M. S., Atatürk: An Intellectual Biography, Princeton 2011 | Harvey, D., British Imperialism in the Middle East of World War One: A Psychosocial History of the Arab Revolt, PhD Univ. of Texas, Austin 1982 | Helmreich, P. C., From Paris to Sèvres: The Partition of the Ottoman Empire at the Peace Conference of 1919–1920, Columbus 1974 | Hiery, H., The Neglected War: The German South Pacific and the Influence of World War I, Honolulu 1995 | Höpp, G./Wien, P./Wildangel, R. (Hg.), Blind für Geschichte? Arabische Begegnungen mit dem Nationalsozialismus, Berlin 2004 | Holland, R. F., Britain and the Commonwealth Alliance, 1918–1939, London 1981 | Hurewitz, J. C. 1975 | Hyamson, A. M., Palestine under the Mandate, 1920–1948, London 1950, Ndr. 1976 | Jbara, T., Palestinian Leader: Hajj Amin Al-Husayni, Mufti of Jerusalem, Princeton 1985 | Jeffrey, K., *An English Barrack in the Oriental Sea*? India in the Aftermath of the First World War, in: MAS 15 (1981) 369–86 | Jones, G. G., The British Government and the Oil Companies 1912–1924: The Search for an Oil Policy, in: HJ 20 (1977) 647–72 | Kappat, K. H., The Personality of Atatürk, in: AHR 90 (1985) 893–99 | Kayyali, A. W., Palestine: A Modern History, London 1978 | Keddie, N. R., Modern Iran: Roots and Results of Revolution, New Haven 2006 | Kedourie, E., England and the Middle East: The Destruction of the Ottoman Empire, 1914–1921, 3. Aufl., London 1987 | Kent, M. (Hg.), The Great Powers and the End of the Ottoman Empire, London 1984 | Khoury, P. S., Urban Notables and Arab Nationalism: The Politics of Damascus 1860–1920, Cambridge 1983 | –, Divided Loyalties? Syria and the Question of Palestina, 1919–1939, in: MES 21 (1985) 324–48 | –, Syria and the French Mandate: The Politics of Arab Nationalism, 1920–1945, Princeton u. a. 1987 | Kieser, H.-L./Meier, A./Stoffel, W. (Hg.), Revolution islamischen Rechts. Das schweizerische ZGB in der Türkei, Zürich 2008 | Kolinsky, M., Law, Order, and Riots in Mandatory Palestine, 1928–35, London 1993 | Krämer, G., Geschichte Palästinas von der osmanischen Eroberung bis zur Gründung des Staates Israel, 5. Aufl., München 2006 (engl. 2008) | Kramer, H./Reinkowski, M. 2008 | Kreiner, J. (Hg.), Japan und die Mittelmächte im Ersten Weltkrieg und in den zwanziger Jahren, Bonn 1986 | Kreiser, K., Atatürk, München 2008 | Kupferschmidt, U. M., The Supreme Muslim Council: Islam under the British Mandate for Palestine, Leiden 1987 | Landau, J. M. (Hg.), Atatürk and the Modernization of Turkey, Leiden 1984 | – 1990 | Laqueur, W. 1975 | –/Rubin, H. 1984 | Leatherdale, C. A., Britain and Saudi-Arabia, 1925–1939, London 1983 | Lemon, A./Pollock, N. C. 1980 | Lenczowski, G. (Hg.), Iran under the Pahlavis, Stanford 1978 | Levene, M., The Balfour Declaration: A Case of Mistaken Identity, in: EHR 107 (1992) 54–77 | LeVine, M., Overthrowing Geography: Jaffa, Tel Aviv, and the Struggle for Palestine, 1880–1948, Berkeley

2005 | Lieshout, R. H., *Keeping Better Educated Moslems Busy*: Sir Reginald Wingate and the Origins of the Husayn-McMahon Correspondence, in: HJ 27 (1984) 453–63 | Lo, H. (Hg.), The Correspondence of G. E. Morrison, 2 Bde., Cambridge 1976–78 | Louis, W. R., Das Ende des deutschen Kolonialreiches, Düsseldorf 1971 | Lowe, C. J./ Dockrill, M. L. 1972 | Lowe, P., Britain in the Far East: A Survey from 1819 to the Present, London u. a. 1981 | Lüdke, T., Jihad Made in Germany: Ottoman and German Propaganda and Intelligence Operations in the First World War, Münster 2005 | Macfie, A., The End of the Ottoman Empire, 1908–1923, London 1998 | Mack, J. E., A Prince of Disorder: The Life of T. E. Lawrence, London 1976 | MacMurray, J. V. A., Treaties and Agreements with and Concerning China, 1894–1919, 2 Bde., New York 1921, Ndr. 1973; Bd. 2 | Marr, P., The Modern History of Iraq, Boulder u. a. 1985 | Mattar, P., The Mufti of Jerusalem: Al-Hajj Amin Al-Husayni and the Palestinian National Movement, New York 1987 | Matuz, J. 1990 | McTague, J. J., British Policy in Palestine, 1917–1922, Lanham 1983 | Mejcher, H., Die Politik und das Öl im Nahen Osten, 2 Bde., Stuttgart 1980–90 | –, The Struggle for a New Middle East in the Twentieth Century: Studies in Imperial Design and National Politics, Münster 2007 | –/Schölch, A. 1993 | Memorandum Submitted to the Palestine Royal Commission on Behalf of the Jewish Agency for Palestine, London 1936, Ndr. 1975 | Metzger, J., The Divided Economy of Mandatory Palestine, Cambridge 1998 | Michel, M., L'appel à l'Afrique. Contributions et réactions à l'effort de guerre en A. O.F. (1914–1919), Paris 1982 | Miège, J.-L., L'impérialisme colonial italien de 1870 à nos jours, Paris 1968 | Miller, Y. N., Government and Society in Rural Palestine, Austin 1985 | Monroe, E., Britain's Moment in the Middle East, 1914–1971, London 1981 | Moore, J. N. (Hg.), The Arab-Israeli Conflict, 3 Bde., Princeton 1974 | Moore, R. J., The Crisis of Indian Unity, 1917–1940, Oxford 1974 | Morsey, K., T. E. Lawrence und der arabische Aufstand 1916/18, Osnabrück 1982 | Near, H., The Kibbutz Movement: A History, 2 Bde., Oxford 1992–97 | Nicosia, F. R., The Third Reich and the Palestine Question, London 1986 | Nish, I., Japanese Foreign Policy: Kasumigaseki to Migakazaka, London 1977 | Norris, J., Response to the Arab Revolt in Palestine of 1936–39, in: JICH 36 (2008) 25–45 | O'Brien, C. C., The Siege: The Saga of Israel and Zionism, New York 1986 (dt. 1991) | Ofer, P., The Commission on the Palestine Disturbances of August 1929, in: MES 21 (1985) 349–61 | Panzac, D., La marine ottomane de l'apogée à la chute de l'empire (1572–1923), Paris 2009 | Perlmutter, A., Israel, the Partitioned State: A Political History since 1900, New York 1985 | Petricioli, M., L'Italia in Asia Minore. Equilibrio mediterraneo e ambizioni imperialiste alla vigilia della prima guerra mondiale, Florenz 1983 | Plaggenborg, S., Ordnung und Gewalt. Kemalismus, Faschismus, Sozialismus, München 2012 | Porath, Y., The Emergence of the Palestine Arab National Movement, 1918–1929, London 1974 | –, The Palestine Arab National Movement: From Riots to Rebellion, 1929–1939, London 1977 | Reinharz, J., Chaim Weizmann: The Making of a Zionist Leader, 2 Bde., New York 1985–93 [bis 1922] | –, The Balfour Declaration and Its Maker: A Reassessment, in: JMH 64 (1992) 455–99 | Robinson, F., Atlas of the Islamic World since 1500, Oxford 1982 | Rumbold, A., Watershed in India, 1914–1922, London 1979 | Sabahi, H., British Policy in Persia 1918–1925, London 1990 | Sachar, H. M., Europe Leaves the Middle East, 1936–1954, New York 1972 | Satia, P., Spies in Arabia: The Great War and the Cultural Foundations of Britain's Covert Empire in the Middle East, Oxford 2008 | Schattkowski-Schilcher, L./Scharf, C. (Hg.), Der Nahe Osten in der Zwischenkriegszeit 1919–1939. Die Interdependenz von Politik, Wirtschaft und Ideologie, Wiesbaden 1989 | Schölch, A., Das Dritte Reich, die zionistische Bewegung und der Palästina-Konflikt, in: Vierteljahreshefte für Zeitgeschichte 30 (1982) 646–74 | Segev, T., Es war einmal *ein* Palästina. Juden und Araber vor der Staatsgründung Israels, München 2005 (engl. 1999) | Shaw, S. J. 2006–08 | Shorrock, W. I. 1976 | Silverfarb, D., Britain's Informal Empire in the Middle East: A Case Study of Iraq, 1929–1941, New York u. a. 1986 | Smith, P. A., Palestine and the Palestinians, 1876–1983, New York 1984 | Stein, K. W., The Land Question in Palestine, 1917–1939, Chapel Hill u. a. 1984 | Steininger, R. (Hg.), Der Kampf um Palästina 1924–1939. Berichte der deutschen Generalkonsuln in Jerusalem, München 2007 | Thompson, R. C., Australian Imperialism in the Pacific: The Expansionist Era, 1820–1920, Melbourne 1980 | Thorau, P., T. E. Lawrence – Mythos und Wirklichkeit. Der arabische Aufstand und das Osmanische Reich im Ersten Weltkrieg, in: Saeculum 52, 1 (2001) 55–71 | Thornton, A. P., The Imperial Power and Its Enemies, 2. Aufl., London 1966 | Townshend, C., The Defence of Palestine: Insurrection and Public Security, 1936–1939, in: EHR 103 (1988) 917–49 | –, Going to the Wall: The Failure of British Rule in Palestine, 1928–31, in: JICH 30, 2 (2002) 25–52 | Tung, W. L., China and the Foreign Powers: The Impact of and the Reaction to Unequal Treaties, Dobbs Ferry 1970 | Wasserstein, S., The British in Palestine: The Mandatory Government and the Arab-Jewish Conflict, 1917–1929, London 1978 | [Weizman] The Letters and Papers of Chaim Weizman, Series A: Letters, 23 Bde., Jerusalem 1968–80, Series B: Papers, 2 Bde., Jerusalem 1983/48 | Wight, M., British Colonial Constitutions, Oxford 1952 | Yapp, M. E. 1987 | –, The Near East since the First World War, London 1991 | Zamir, M. 1985 | Zürrer, W., Persien zwischen England und Russland, 1918–1925, Frankfurt 1978.

第二次去殖民化：英联邦

Careless, J. M. S., The Union of the Canadas, 1841–1857, Toronto 1967 | CHBE, Bd. 2, Ndr. 1968 | Fedorowich, K./Bridge, C., Family Matters? The Dominion High Commissioners in Wartime Britain, 1938–42, in: JICH 40 (2012) 1–23, 25–117 | Holland, R. F. 1981 | Hopkins, A. G., Rethinking Decolonization, in: PP 200 (2008) 211–47 | Madden, A. F. u. a. (Hg.), Select Documents on the Constitutional History of the British Empire and Commonwealth, 8 Bde., London 1985–2000; Bd. 4–6, 1990–93 | Mansergh, N., Das britische Commonwealth, München 1969 | –, The Commonwealth Experience, 2 Bde., 2. Aufl., London 1983 | McIntyre, W. D., The Commonwealth of Nations: Origins and Impact, 1869–1971, Minneapolis 1977 | –, A Guide to the Contemporary Commonwealth, Basingstoke 2001 | –, Dominion of New Zealand: Statesmen and Status 1907–1945, Wellington 2007 | –, The Britannic Vision: Historians and the Making of the British Commonwealth, Basingstoke 2009 | Morton, W. L., The Critical Years: The Union of British North America 1857–1873, Toronto 1964 | Pénisson, B., Le commissariat canadien à Paris (1882–1928), in: Revue d'histoire de l'Amérique française 34 (1980/81) 357–76 | Thompson, A. (Hg.), Britain's Experience of Empire in the Twentieth Century, Oxford 2008.

南亚和东南亚的新动力

[AGN] Algemeene geschiedenis der Nederlanden, Bde. 5–8, 11, 14, 15, Utrecht 1949–58, 1979–83; Bd. 14, 1979 | Ahmad, S. N., Origins of Muslim Consciousness in India,

Westport 1991 | Albertini, R. v., Dekolonisation. Die Diskussion über die Verwaltung und Zukunft der Kolonien 1919–1960, Köln u. a. 1966 | –, Europäische Kolonialherrschaft 1880–1940, 3. Aufl., Zürich u. a. 1987 | Anderson, D. M./Killingray, D. (Hg.), Policing the Empire: Government, Authority, and Control, 1830–1940, Manchester 1991 | –/– (Hg.), Policing and Decolonization: Politics, Nationalism, and the Police, 1917–65, Manchester 1992 | Anderson, N. F., *Mother Besant* and Indian National Politics, in: JICH 30, 3 (2002) 27–54 | Ansprenger, F., Auflösung der Kolonialreiche, 4. Aufl., München 1981 | Appadorai, A. (Hg.), Documents on Political Thought in Modern India, Bd. 1, Delhi 1973 | Arnold, D., The Congress in Tamilnad: Nationalist Politics in South India, 1919–1937, Delhi 1977 | Asia – The Winning of Independence, London 1981 | Bakshi, S. R., Documents of Muslim Politics: A Study of the Khilafat Movement, Delhi 1989 | –, Annie Besant: Founder of Home Rule Movement, Delhi 1990 | –, Motilal Nehru: The Man and His Ideology, Delhi 1990 | Banerjee, A. C. (Hg.), Indian Constitutional Documents, 1757–1947, 4 Bde., Calcutta 1945–65 | Barker, E., The Ideas and Ideals of the British Empire, Cambridge 1941 | Bates, C., Subalterns and Raj: South Asia since 1600, London 2007 | Bayly, C. A., The Local Roots of Indian Politics: Allahabad 1880–1920, Oxford 1975 | –, The Pre-History of *Communalism*? Religious Conflict in India, 1700–1860, in: MAS 19 (1985) 177–203 | Beckerlegge, G., The Ramakrishna Mission: The Making of a Modern Hindu Movement, Delhi 2000 | Benda, H. J., The Crescent and the Rising Sun: Indonesian Islam under Japanese Occupation, 1942–1945, Den Haag u. a. 1958 | –, Decolonization in Indonesia: The Problem of Continuity and Change, in: AHR 70 (1964/65) 1058–73 | Blumberger, J. T. P., De nationalistische beweging in Nederlandsch-Indië, Haarlem 1931, 2. Aufl. 1935 | Brackmann, A., Indonesian Communism: A History, New York 1963 | Brocheux, P., Hô Chi Minh. De révolutionnaire à l'icône, Paris 2003 | –/Hémery, D., Indochine. La colonisation ambiguë 1858–1954, Paris 1995 | Brown, J. M., Gandhi's Rise to Power: Indian Politics 1915–1922, Cambridge 1972 | –, Modern India: The Origins of an Asian Democracy, Oxford u. a. 1985 | Brugmans, I. J., Geschiedenis van het onderwijs in Nederlandsch-Indië, Groningen u. a. 1938 | Burger, D. H., Sociologisch-economische geschiedenis van Indonesia, 2 Bde., Wageningen 1975 | Burke, S. M./Al Din Quraishi, S., The British Raj in India: An Historical Review, Karachi 1995 | [CEHI] The Cambridge Economic History of India, Bd. 2: c. 1757–c. 1970, Cambridge 1983 | Chander, S., Congress-Raj Conflict and the Rise of the Muslim League in the Ministry Period, 1937–1939, in: MAS 21 (1987) 303–28 | Chatterjee, M., Gandhi's Religious Thought, London 1983 | Chatterjee, P., The Colonial State and Peasant Resistance in Bengal 1920–1947, in: PP 110 (1986) 169–204 | Chatterji, J., Bengal Divided: Hindu Communalism and Partition, 1932–1947, Cambridge 1994 | Chesneaux, J., Geschichte Vietnams, Berlin 1967 | [CHI] The Cambridge History of India, Bd. 5: British India 1497–1858, Cambridge 1929, Ndr. 1968; Bd. 6: The Indian Empire, 1858–1918, Cambridge 1932 | [CHSEA] The Cambridge History of Southeast Asia, 2 Bde., Cambridge 1992 | Collett, N., The Butcher of Amritsar: General Reginald Dyer, London u. a. 2005 | Conrad, D., Gandhi und der Begriff des Politischen, München 2006 | Copland, I., The Princes of India in the Endgame of Empire, 1917–1947, Cambridge 1997 | Creutzberg, P. (Hg.), Het ekonomisch beleid in Nederlandsch-Indië. Capita selecta. Een bronnenpublikatie, 3 Bde. in 4 Tln., Groningen 1972–75 | Dahm, B., Sukarnos Kampf um Indonesiens Unabhängigkeit. Werdegang und Ideen eines asiatischen Nationalisten, Frankfurt 1966 | Darwin, J., Imperialism in Decline? Tendencies in British Imperial Policy between the Wars, in: HJ 23 (1980) 657–79 | De

Klerck, E.S., History of the Netherlands East Indies, 2 Bde., Rotterdam 1938, Ndr. 1975 | Dengel, H.H., Darul Islam. Kartosuwirjos Kampf um einen islamischen Staat in Indonesien, Wiesbaden 1986 | Desai, A.R., Social Background of Indian Nationalism, 4. Aufl., Bombay 1966 | Desai, M.H., The Diary of Mahadev Desai, hg. v. Desai, V.G., Ahmedabad 1953 [1932] | –, Day-to-Day with Gandhi (Secretary's Diary), hg. v. Parikh, N.D./Nilkanth, H.G., 9 Bde., Varanasi 1968–74 [1917–1927] | Desika Char, V.S. (Hg.), Readings in the Constitutional History of India, 1757–1947, Delhi 1983 | Dhupelia-Mesthrie, U.S., Gandhi's Prisoner? The Life of Gandhi's Son Manilal, Cape Town 2004 | Duiker, W.J., The Rise of Nationalism in Vietnam, 1900–1941, Ithaca 1976 | Duman, D., The English and Colonial Bars in the Nineteenth Century, London 1983 | Effenberg, C., Die politische Stellung der Sikhs innerhalb der indischen Nationalbewegung, 1935–1947, Wiesbaden 1984 | Emmerson, D.K., Indonesia's Elite, Ithaca 1976 | Enayat, H., Modern Islamic Political Thought, London 1982 | Erikson, E.H., Gandhis Wahrheit. Über die Ursprünge der militanten Gewaltlosigkeit, Frankfurt 1978 | Evans, D.H., The *Meanings* of Pan-Islamism: The Growth of International Consciousness among the Muslims of India and Indonesia in the Nineteenth and Early Twentieth Century, in: Itinerario 11, 1 (1987) 15–34 | Fall, B., Le Viet-Minh. La République Démocratique du Vietnam 1945–1960, Paris 1960 | Fischer, L., Gandhi. Prophet der Gewaltlosigkeit, 6. Aufl., München 1978 | Fischer-Tiné, H., Der Gurukul Kangri oder die Erziehung der Arya Nation. Kolonialismus, Hindureform und *nationale Bildung* in Britisch-Indien (1897–1922), Würzburg 2003 | Foreign Office, The Constitutions of All Countries, Bd. 1: The British Empire, London 1938 | Fox, R.G., Lions of the Punjab, Berkeley 1985 | Friend, T., Between Two Empires: The Ordeal of the Philippines, New Haven 1965 | Fung, E.S.K., The Diplomacy of Imperial Retreat: Britain's South China Policy, 1924–1931, Hong Kong 1991 | Gallagher, J., The Decline, Revival and Fall of the British Empire, Cambridge 1982 | Gandhi, M.K., Collected Works, 84 Bde., Delhi 1958–81 | –, Die Geschichte meiner Experimente mit der Wahrheit, Freiburg u.a. 1960 | –, Mein Leben, Frankfurt 1983 | [Gandhi] Iyer, R.N. (Hg.), The Moral and Political Writings of Mahatma Gandhi, 3 Bde., Oxford 1986/87 | [Gandhi] Narayan, S./Dharampal-Frick, G. (Hg.), Ausgewählte Werke in fünf Bänden, Göttingen 2011 | Gandhi, R. (Hg.), A Centenary History of the Indian National Congress (1885–1985), 4 Bde., Delhi 1985–90 [Bd. 5 für 1964–85 nicht erschienen] | Giesecke, L.F., History of American Economic Policy in the Philippines during the American Colonial Period, 1900–1935, New York 1987 | Girardet, R., L'idée coloniale en France de 1871 à 1962, Paris 1972, 2. Aufl. 1986 | Golay, F.H., Face of Empire: United States-Philippine Relations, 1898–1946, Madison 1998 | Gopal, S., Jawaharlal Nehru, 2 Bde., London 1975–84 | Gould, W., Hindu Nationalism and the Language of Politics in Late Colonial India, Cambridge 2004 | Grabner, S., Mahatma Gandhi, Berlin 1983 | Grimal, H., La decolonisation 1919–1963, Paris 1965, 2. Aufl. Brüssel 1985 (engl. 1978) | Großheim, M., Ho Chi Minh, der geheimnivolle Revolutionär, München 2011 | Harvey, M., The Secular as Sacred? The Religio-Political Rationalization of B.G. Tilak, in: MAS 20 (1986) 321–31 | Hasan, Z., The Congress in a District, 1930–46, in: IESHR 23 (1986) 41–61 | –, Pan-Islamism versus Indian Nationalism: A Reappraisal, in: Itinerario 11, 1 (1987) 1–14 | Hatta, M., Protrait of a Patriot: Selected Writings, Den Haag u.a. 1972 | Hellmann-Rajanayagam, D., Tamil. Sprache als politisches Symbol. Politische Literatur in der Tamilsprache in den Jahren 1945 bis 1967, Wiesbaden 1984 | Heston, T.J., Sweet Subsidy: The Economic and Diplomatic Effects of the U.S. Sugar Acts, 1934–1974, New York 1987 | Hinüber, O. v., Indiens

Weg in die Moderne. Geschichte und Kultur im 20. Jahrhundert, Aachen 2005 | Holland, R. F., European Decolonization, 1918–1981, New York 1985 | Hue-Tam Ho Tai, Millenarism and Peasant Politics in Vietnam, Cambridge, MA 1983 | Huynh Kim Khanh, Vietnamese Communism, 1925–1945, Ithaca u. a. 1982 | India in 1917 – India in 1935: Social, Political and Economic Developments, 17 Bde., Ndr. Delhi 1985 [Berichte] | Indian Annual Register, Calcutta 1919–1947 | Ingleson, J., Road to Exile: The Indonesian Nationalist Movement, 1927–1934, Singapore 1979 | Jalal, A., The Sole Spokesman: Jinnah, the Muslim League and the Demand for Pakistan, Cambridge 1985 | –/Seal, A., Alternative to Partition: Muslim Politics between the Wars, in: MAS 15 (1981) 415–54 | Jansson, E., India, Pakistan or Pakhtunistan: The Nationalist Movement in the North-West Frontier Province, 1937–1947, Stockholm 1981 | Jha, M. N., Modern Indian Political Thought: Ram Mohan Roy to Present Day, Meerut 1975 | Kahin, G. M., Nationalism and Revolution in Indonesia, Ithaca u. a. 1952, Ndr. 1970 | Kantowsky, D., Indien. Gesellschaftsstruktur und Politik, 2. Aufl., Frankfurt 1986 | Kapur, R. A., Sikh Separatism, London 1986 | Kat Angelino, A. D. A. de, Colonial Policy, 2 Bde., Chicago 1931 | Kaufmann, H. W., Südafrikas Inderpolitik und das Empire, 1907–1915, Hamburg 1981 | Kaul, C., England and India: The Ilbert Bill, 1883: A Case Study of the Metropolitan Press, in: IESHR 30 (1993) 413–36 | Keith, A. B., A Constitutional History of India, 1600–1935, 2. Aufl. 1937, Ndr. New York 1969 | – (Hg.), Speeches and Documents on Indian Policy, 1750–1921, 2 Bde., Delhi 1985 | Kendle, J. E., The *Round Table* Movement and Imperial Union, Toronto 1975 | Khan, S. A., The Khilafat Movement, in: JPHS 34 (1986) 33–73 | Khurshid, K. H., Memories of Jinnah, Karachi 1990 | Kitching, G., Development and Underdevelopment in Historical Perspective, London 1982 | Kooiman, D., Communalism and the Indian Princely States: Travancore, Baroda, and Hyderabad in the 1930s, Delhi 2002 | Korver, A. P. E., Sarekat Islam 1912–1916, Amsterdam 1982 | Kozlowski, G. C., Muslim Endowments and Society in British India, Cambridge 1985 | Krüger, H., Die internationale Arbeiterbewegung und die indische nationale Befreiungsbewegung, 2 Bde., Berlin 1984/85 | –/Heidrich, J., Hundert Jahre Indischer Nationalkongress 1885–1985, Berlin 1985 | Kulke, H./Rothermund, D., Geschichte Indiens, Stuttgart 1982, 2. Aufl., München 2010 | Kwantes, R. C. (Hg.), De ontwikkeling van de nationalistische beweging in Nederlandsch-Indië, 4 Bde., Groningen 1975–82 | Lacouture, J., Ho Chi Minh, 2. Aufl., Paris 1977 | Legge, J. D., Sukarno. A Political Biography, New York u. a. 1972 | Lelyveld, D., Aligarh's First Generation, Princeton 1978 | Leue, H.-J., Britische Indien-Politik 1926–1932, Wiesbaden 1981 | Locher-Scholten, E. B., Ethiek in fragmenten. Vijf studies over koloniaal denken en doen van Nederlanders in de Indonesische Archipel 1877–1942, Utrecht 1981 | Low, D. A. (Hg.), Congress and the Raj: Facets of the Indian Struggle, 1917–1947, London 1977 | Lütt, J., Hindu-Nationalism in Uttar Prade , 1867–1900, Stuttgart 1970 | –, Das moderne Indien 1498–2004 (Oldenbourg Grundriss der Geschichte), München 2012 | Madden, A. F./Fieldhouse, D. K. (Hg.), Oxford and the Idea of Commonwealth, London 1982 | Malik, H., Sir Sayyid Ahmad Khan and Muslim Modernization in India and Pakistan, New York 1980 | Malik, J., Islam in South Asia: A Short History, Leiden 2008 | Mann, M., Geschichte Indiens. Vom 18. bis zum 20. Jahrhundert, Paderborn 2005 | –, Geschichte Südasiens 1500 bis heute, Darmstadt 2010 | Mansvelt, W. M. F./Creutzberg, P., Changing Economy in Indonesia: A Selection of Statistical Material from the Early 19th Century up to 1940, 4 Bde., Den Haag 1975–78 | Markovits, C., Indian Business and the Congress Provincial Governments, 1937–1939, in: MAS 15 (1981)

487–526 | –, Indian Business and Nationalist Politics, 1931–1939: The Indigenous Capitalist Class and the Rise of the Congress Party, Cambridge 1985 | –, The Un-Gandhian Gandhi: The Life and Afterlife of the Mahatma, London 2004 | Marr, D. G., Vietnamese Anticolonialism, 1885–1925, Berkeley 1971 | Marseille, J., La conférence des gouverneurs généraux des colonies, novembre 1936, in: Mouvement social 101 (1977) 61–84 | Martin, B., New India 1885: British Official Policy and the Emergence of the Indian National Congress, Berkeley 1969 | Martin, G., The Influence of Racial Attitudes on British Policy towards India during the First World War, in: JICH 14, 2 (1986) 91–113 | McDorman, K. S., Image of Empire: British Imperial Attitudes in Fiction, PhD Vanderbilt Univ., Nashville 1977 | McGuire, J., The Making of a Colonial Mind: A Quantitative Study of the Bhadralok in Calcutta, 1857–1885, Canberra 1983 | McIntyre, W. D. 1977 | McLane, J. R., Indian Nationalism and the Early Congress, Princeton 1977 | McVey, R. T., The Rise of Indonesian Communism, Ithaca 1965 | Mehrotra, S. R., A History of the Indian National Congress, Bd. 1: 1885–1918, Delhi 1995 | Metcalf, B. D., Islamic Revival in British India: Deoband, 1860–1900, Princeton 1982 | Minault, G., The Khilafat Movement, New York 1982 | Misra, B. B., The Indian Middle Classes, Delhi 1961 | –, The Administrative History of India, 1834–1947, London 1970 | –, The Indian Political Parties, Delhi 1976 | Molina, A. M., Historia de Filipinas, 2 Bde., Madrid 1984 | Mommsen, W. J., Das britische Empire, in: HZ 233 (1981) 317–61 | Moore, R. J., Liberalism and Indian Politics, 1872–1922, London 1966 | – 1974 | Mühlmann, W. E., Mahatma Gandhi, Tübingen 1950 | Muldoon, A., Empire, Politics and the Creation of the 1935 India Act: Last Act of the Raj, Farnham 2009 | Murray, M. J., The Development of Capitalism in Colonial Indochina, 1870–1940, Berkeley 1980 | Nagazumi, A., The Dawn of Indonesian Nationalism: The Early Years of Budi Utomo, 1908–1918, Tokyo 1972 | Nagel, T. 1981 | Nanda, B. R., Gokhale: The Indian Moderates and the British Raj, Delhi u. a. 1977 | –, Mahatma Gandhi, Oxford 1981 | Nehru, J., An Autobiography, London 1936 | –, Selected Works, Serie 1, 15 Bde., Delhi 1972–82 [bis 1946]; Serie 2, Bd. 1 ff., Delhi 1985 ff. | [Nehru] Jawaharlal Nehru's Speeches, 5 Bde., 2. Aufl., Delhi 1983 | [Nehru] Gopal, S. (Hg.), Jawaharlal Nehru, An Anthology, Delhi 1983 | Nicholson, M., The TUC Overseas, London 1986 | O'Hanlon, R., Caste, Conflict, and Ideology: Mahatma Jotirao Pule and Low Caste Protest in Nineteenth-Century Western India, Cambridge 1985 | [OHBE] Oxford History of the British Empire, Bd. 4, Oxford 1999 | O'Melia, R. E., French Communists and Colonial Revolutionaries, London 1980 | Owen, N. G. (Hg.), The Emergence of Modern Southeast Asia: A New History, Honolulu 2005 | – (Hg.), Routledge Handbook of Southeast Asian History, London 2014 | Page, D., Prelude to Partition: The Indian Muslims and the Imperial System of Control 1920–1932, Delhi 1982 | Pandey, B. N., Nehru, London 1976 | –, The Indian National Movement, 1885–1947: Select Documents, London 1979 | Pernau, M., Bürger mit Turban. Muslime in Delhi im 19. Jahrhundert, Göttingen 2008 (engl. 2013) | Petillo, C. M., Douglas MacArthur: The Philippine Years, PhD Univ. of New Jersey 1979 | Pham Cao Duong, Vietnamese Peasants under French Domination, 1861–1945, Berkeley 1985 | Pluvier, J. M., South-East Asia from Colonialism to Independence, Kuala Lumpur 1974 | Pradhan, B., The Socialist Thought of Jawaharlal Nehru, Gurgaon 1974 | Prasad, B. (Hg.), A Revolutionary's Quest: Selected Writings of Jayaprakash Narayan, Delhi 1980 | –, Pathway to India's Partition, 3 Bde., Delhi 1999–2009; Bd. 1, 1999 | Prashad, G., Nehru: A Study in Colonial Liberalism, Delhi 1976 | Pyarelal, N., Mahatma Gandhi, 10 Bde., Ahmedabad u. a. 1956–97 | Ray, R. K., Social Conflict and Political Unrest in Bengal, 1875–1927, Delhi 1984 | Reid, A., The Indonesian National Revolution, 1945–1950, Hawthorn 1974 | –, The Blood of the People: Revolution and the End of Traditional Rule in Northern Sumatra, Kuala Lumpur 1979 | Renford, R., The Non-Official British in India to 1920, Delhi 1987 | Ricklefs, M. C., A History of Modern Indonesia, c.1300 to the Present, Bloomington 1981 | Robb, P. G., The Government of India and Reform: Policies towards Politics and the Constitution, 1916–1921, London 1976 | Roberts, S. H., The History of French Colonial Policy, 1870–1925, 2. Aufl., London 1963 | Roff, W. R., The Origins of Malay Nationalism, New Haven 1967 | Rothermund, D., Die politische Willensbildung in Indien 1900–1960, Wiesbaden 1965 | – (Hg.), Die Peripherie in der Weltwirtschaftskrise, Paderborn 1983 | Rumbold, A., Watershed in India, 1914–1922, London 1979 | Schneider, U., Asketenethik und Politik in Indien, in: Hannoversche Beiträge zur politischen Bildung 4 (1967) 233–52 | Schorr, B., Das politisch-ideologische Profil des indischen Nationalkongresses in der ersten Phase der antiimperialistischen Massenbewegung (1917–1922), in: Jahrbuch für Geschichte 33 (1986) 111–31 | Schwartzberg, J. E. (Hg.), A Historical Atlas of South Asia, 2. Aufl., New York u. a. 1993 | Sen, A., The Proscription of an Irish Text and the Chittagong Rising of 1930, in: IHR 34 (2007) 95–121 | Sieberg, H., Colonial Development. Die Grundlegung moderner Entwicklungspolitik durch Großbritannien 1919–1949, Stuttgart 1985 | Soebadio, H./Marchie Sarvaas, C. A. du (Hg.), Dynamics of Indonesian History, Amsterdam 1978, 220–35 | Spodek, H., Pluralist Politics in British India: The Cambridge Cluster of Historians of Modern India, in: AHR 84 (1979) 688–707 | Suntharalingam, R., Politics and Nationalist Awakening in South India, 1852–1891, Tucson 1974 | Tate, D. J. M., The Making of Modern South-East Asia, 2 Bde., 2. Aufl., Kuala Lumpur 1977–79; Bd. 2 | Taylor, K. W., A History of the Vietnamese, Cambridge 2013 | Tendulkar, D. G., Mahatma: Life of [...] Gandhi, 8 Bde., Delhi 1960–63 | Thakur, S. C., Christian and Hindu Ethics, London 1969 | The Quyen Vu, Die vietnamesische Gesellschaft im Wandel, Wiesbaden 1978 | Thomas, M., The French Empire between the Wars: Imperialism, Politics, and Society, Manchester 2005 | –, Violence and Colonial Order: Police, Workers, and Protest in the European Colonial Empires, 1918–1940, Cambridge 2012 | Thursby, G. R., Hindu-Muslim Relations in British India, 1923–1928, Leiden 1975 | Truong Buu Lam, Patterns of Vietnamese Response to Foreign Intervention, 1858–1900, Detroit 1967 | Unselt, J., Viet-nam: Die nationalistische und marxistische Ideologie im Spätwerk von Phan-boi-Chau (1867–1940), Wiesbaden 1980 | Van der Wal, S. L. (Hg.), Het onderwijsbeleid in Nederlands-Indië 1900–1940, Groningen 1963 | – (Hg.), De Volksraad en de staatkundige ontwikkeling van Nederlands-Indië. Een bronnenpublikatië, 2 Bde., Groningen 1964/65 | – (Hg.), De opkomst van de nationalistische beweging in Nederlands-Indië, Groningen 1967 | Van Goor, J., De Nederlands Koloniën. Geschiedenis van den Nederlandse Expansie, 1600–1975, Den Haag 1997 | Van Klaveren, J., The Dutch Colonial System in the East Indies, Den Haag 1953 | Van Vollenhoven, C., Staatsrecht overzee, Leiden 1934 | Vickers, A., A History of Modern Indonesia, Cambridge 2005 | Wedema, S., *Ethiek* und Macht. Die niederländisch-indische Kolonialverwaltung und indonesische Emanzipationsbestrebungen 1901–1927, Stuttgart 1998 | Werner, J. S., Peasant Politics and Religious Sectarianism: Peasant and Priest in the Cao Dai in Viet Nam, New Haven 1981 | Wolff, O., Mahatma Gandhi, Göttingen 1963 | Wolpert, S., Jinnah of Pakistan, New York u. a. 1984 | Woodcock, G., Who Killed the British Empire? An Inquest, London 1974 | Woodside, A. B., Community and Revolution in Modern Vietnam, Boston 1976 | Zaidi, A. M. u. S. (Hg.), The Encyclopedia of Indian National Congress, 28 Bde., Delhi 1976–94 | Zastoupil, L., Rammohun Roy and the Making of Victorian Britain, Basingstoke 2010 | Zavos, J., The Emergence of Hindu Nationalism in India, Delhi 2000.

第二十一章

第二次世界大战和亚洲的去殖民化

德国人习惯把两次世界大战看成德国的战争，并将世界其他部分视为次要战场。从亚洲的视角看完全是另外一种情形。在这里，第一次世界大战是争夺西亚的奥斯曼帝国之战，而第二次世界大战涉及的则是日本在东亚和太平洋舞台上追逐霸权。两次大战的共同之处是在亚洲引发了去殖民化的进程。

然而，首先须强调一下始于日本的具有非常离奇规模的反向趋势。因为这个唯一成功避开了西方帝国主义染指并成为亚洲被压迫精英们钦佩的榜样的国家推行的是明显的帝国主义政策，而在西方只能在“迟到者”意大利那里观察到这种政策。难道这是现代化过程中一个必不可少的阶段？像其他国家此前在西方一样，此时一个资源基础有限的国家在东方试图确保它的原料来源地和销售市场。这在保护性关税和世界经济危机时代提升了一种受威胁感，它随后转变为民族主义的歇斯底里。此外在日本，社会帝国主义顾忌的是农民和工人的那些并不一定方向一致的要求，在这方面，军队领导在寡头政治框架内发挥着重要作用。因为士兵绝大部分是从受逼迫的农民当中招募来的，所以他们会响应用军事手段解决社会问题。会得到响应还因为这个国家的好战传统。日本帝国主义包含着熊彼得所说的“返祖现象”①，通过军队的地位它特别容易在法律之外发挥作用。

1920年代统治日本的还不是军队，而是一个相对明治时代更为扩展的寡头政治，可是其党首们更多地代表着大康采恩的利益，很少代表1925年通过实行男子普选权法从300万

① 政治经济学家熊彼得认为，19世纪末、20世纪初的欧洲帝国主义是一种倒退，即退回到资本主义前的野蛮掠夺和剥削模式，它是人类社会演进早期阶段的遗留。——编者注

1100 扩展到1400万的选民。因此在内政和外交方面他们倾向于温和的妥协路线。1921/1922年日本参与了《华盛顿海军条约》（Washingtoner Abkommen），该条约对太平洋地区的海军军备进行了限制，就中国对所有国家“开放门户”以及维护该国主权达成了一致。1926年日本成为国际联盟成员，1928年签署了禁止战争的条约，最终甚至于1930年签署了限制海军军备的《伦敦海军条约》（Londoner Abkommen），当然是在经历了激烈的内部争论之后，因为反对力量已经形成并提出了权力要求。

各右翼联盟和处于主导地位的军方代表着极端民族主义、反议会和反资本主义的反动观念，这种反动应引导明治复辟达到目的。随着生活的进一步现代化，开始有计划地维护民族传统，而其中的一部分是虚构的。通过清除议会腐败和工商界领导人的影响，通过对工人的支持，要建立起一个聚集在天皇周围的平民们的新的内部和谐，这种和谐将使日本有能力把西方从亚洲驱赶出去并建立自己的霸权。明治时代以天皇制意识形态为根基以及与西方法西斯主义有着内在的相似性都是一目了然的。不过与西方不同的是，在日本从未出现过此类统一的民众运动。

日本扩张政策的主要实施地是中国，日本的贸易和日本的投资在那里显示了惊人的增长率。早在1920年中国就成为日本的煤、铁和原棉的主要供应国，与此同时还是日本50%纺织产品的买主——一个值得为之而战的市场，如果说其他地方已经建立起关税壁垒，比如在印度。此外，日本在辽东半岛和山东拥有很好的出击阵地。即使是历届温和的日本政府在这里也比在其他地方表现得更为强硬。

日本喜欢支持中国的不同政治派别，所以东京成为1905年在孙中山的主持下成立中国革命同盟会的地方。当各种具体

的地方利益起而反抗清政府开始实行的铁路国有政策并与起义
士兵联合起来时，孙中山的革命行动才达到了目的。以袁世凯
为首的中国北方军队指挥官加入了1911年的革命，因而1912
年1月1日，孙中山建立的共和国尚能够维持；2月12日皇帝
退位，不过这对袁世凯有利，他在孙中山放弃之后成为首任总 1101
统。他直接剥夺了从孙中山的革命同盟会中产生的国民党的权
力，最终奋力从军事独裁登上了帝位，直到他1916年意外死
亡。此时中国分裂成一个个相互争斗的地方军阀的势力范围。
外国政府通常只与正在北京掌握政权的人打交道。

1917年，北京被说动参加了反对德国的战争，但它在凡尔赛提出的交还德国在山东的权利和清除整个帝国主义政体的要求遭到拒绝，拒绝后一要求是因为超出管辖范围，拒绝前一要求是因为对日本的秘密承诺。这一承诺在《凡尔赛条约》（Versailler Vertrag）第156条至第158条中通过转让山东的“战利品”予以兑现。中国的公众舆论以1919年5月4日的运动对此作出反应：大学生抗议游行，工人罢工，抵制日货。亲日政治家被迫辞职，签署《凡尔赛条约》被拒绝。除此之外，这场运动成为一次中国思想革新的起始点，一场真正的文化革命的起始点。对所谓虚伪的儒家学说的彻底批判此时才得到比较广泛的支持。“民主”和“科学”变成了被热情使用的口号，其间科学首先是按照美国的实证主义和实用主义进行理解的。白话文开始替代高雅的文言文。此时也成立了一个共产党，据说是在1921年7月1日。

在外交上好像也显现了转变的迹象。1922年，中国的独立和领土完整在华盛顿得到确认，并且与日本达成了一个协定，它基本满足了中国在山东的愿望。可是既没有修正不平等条约，也没有重新建立中国的关税主权，因为若这样做就违背了列强们的贸易政策观念，它们仍然不时地以炮舰外交的形式

炫耀实力以贯彻这种观念。与此相反出现了国民党与莫斯科的紧密合作，它和与中国共产党建立统一战线是相应的。1924年，苏联放弃了以不平等条约为依据的所有权利。只有东北地区的中东铁路在一个有限的时段内还属于苏联。当孙中山的继
1102 承者蒋介石于1926年与共产党分道扬镳和开始了有成功希望的北伐之后，在英美的倡议下开始对条约进行修正。在被确定为新首都的南京发生了严重的骚乱，上海出现了武装对峙，之后条约修正当然就变成了干涉要求。蒋介石也声明，尽管已与共产党决裂，但他仍打算继续进行反对帝国主义的斗争。

1928年国民党军队向北进军，日本认为此举触动其利益范围，挑起了和中国军队之间的战斗。接着，狂热的主张扩张主义的日本关东军的军官谋杀了张作霖，意图激化矛盾。虽然日本政府曾经与死者进行过合作，但它也无法与参谋本部对立去惩罚凶手。新上任的张学良向南京国民政府表明了他的忠诚。

1927年就已经在日本开始的世界经济危机增加了日本的侵略潜能。丝绸价格和丝绸出口下跌了一半，加上大米价格不断降低，以稻谷种植和丝绸生产为生的农民因此陷入了严重的困境。1929年至1931年，黄金储备从10.72亿日元降到4.7亿日元。根据右翼分子的观点，拥挤在日本列岛的民众只有三种可能的出路，其中两条已经被敌对环境封锁起来，也就是四处提升关税壁垒封堵了加强出口的可能性，美国当时通过的反亚洲移民法封堵了对外移民。因此仅剩下领土扩张一条出路。在这种形势下发生了九·一八事变。最终关东军借一个由它挑起的事件开始了敌对行动，1931/1932年占领了整个东北，1933年又占领了相邻的热河省（河北）。1932年至1939年关东军从94000人扩充到27万人，它已有能力对东京撤销前令的命令置之不理，因为政府无力承担放弃由军队争取到的

地位的责任。面对国外的批评，最后的抵制在日本也沉寂下来。1932 年出现了以清朝末代皇帝为首的伪满洲国，一个拥有 130 万平方公里的土地和 3200 万人口的“国家”，在随后的十几年里它在经济上得到了显著的、符合日本利益的发展。除了欧洲的法西斯国家，承认伪满洲国的只有泰国。来自华盛顿和国际联盟的都是严厉的言辞，它们在日本引起反感，1933 年日本以退出国际联盟作为回应。法国和英国出于一些顾忌一直比较克制。日本觉得自己是西方双重政治道德的牺牲品，然而它却凭借显而易见的自我欺骗的能力（Tsutsui u. a. 2007, 245）毫无顾忌地用这种双重政治道德对付第三方。

在中国，地方军阀的多中心主义留给南京中央政府的资源 1104
非常有限，因此很难被战胜。尽管如此，在蒋介石领导下中国逐步重新一体化的趋势是显而易见的，特别是还取得了外交成就。1928 年至 1930 年通过与 13 个大国订立条约重新赢得了中国的关税主权；同时收回了各种特权和租界，如威海卫。然而除了德国和俄国，只有较小的国家放弃了其国民的治外法权（Extraterritorialität）。英国和美国直到 1943 年在第二次世界大战中尽力争取中国的过程中才放弃了它们的特权，法国甚至到 1946 年才放弃。在内政方面发生了向右急转，国民党最初的社会革新计划都被放弃。另外，共产党在 1934/1935 年进行的著名“长征”，后在陕西北部扎下了根。但是反对共产主义并不意味着国民党推行符合中国资本家利益的政策，尽管它的领袖与著名的宋氏财阀家族结成姻亲。部分可以解释为资源匮乏，但更多的原因是以维持政治和军事机构为目的的国家的财政寄生性。

与日本的所有谈判无非是重又明确了立场的不一致。日本要求排除第三方势力的霸权，中国则坚持严格的平等。实际上，1935/1936 年日本能够将它的势力范围继续扩大到内蒙古和中国东北各省。1937年7月7日发生了卢沟桥事变，1937年至1945年的中日战争由此开始。

那些年各种右翼革命的恐怖谋杀在日本时有发生，1932年政党内阁的最后一任总理大臣成为这样一次谋杀的牺牲品。政变分子只受到了轻描淡写的惩罚，从此时起由在军队影响下的专家内阁统治日本。就连左翼团体也转而信奉帝国主义。1936年，由一个军队派系发动的另一次政变被残酷地镇压下去，不过是由军队自己镇压的，军队也借此加强了自己的地位，此次政变又杀害了总理大臣和几位内阁大臣。日本1934年声明
1106 《华盛顿海军条约》作废，1936年退出了伦敦裁军会议。现在军备竞赛可以开始了。为了按照“国体论（kokutai）”的所谓古老原则建立国家统一体，1937年利用《国家总动员法》（Gesetz zur nationalen Generalmobilmachung）建立了持久性的紧急状态和军事专政。

虽然日本此前在中国更多地是以和平经济渗透为目标，但是一直没有排除使用其他手段，特别是在中国政府推行敌视日本政策的时候。当然战争的目的不应是占领中国，而是建立一个无可争辩的霸权！而蒋介石尽管了解危险，却无法逃避这一国家挑战。由于中国人在训练和装备上处于劣势，上海、南京和武汉战役均告失败。南京战败后接踵而至的是一场大屠杀，死于这场大屠杀的中国人据说达到了20万①。1938年，蒋介石将政府迁到西南省份四川的重庆；东北和东南被日本人控制。然而就中国的面积和人口数量来说，日本不可能赢得这场战争，就算借助汪精卫领导下的对立政府也不可能。苏联以提供物资的方式支持中国；西方在此期间只限于调停行动。

在这种形势下，印度支那自1938年起对于日本来说具

① 根据我国统计，南京大屠杀遇难人数为30万以上。——编者注

有越来越重要的战略意义，因为在国民党政府的各个海港被封锁之后，云南昆明至河内的铁路以及翻越丛山的曼德勒（Mandalay）至昆明的滇缅公路（Birmastraße）一直是重要的尚能通行的补给线。但是日本的兴趣并没有只耗费在战略上，更确切地说东南亚部分地区早已变成日本人重要的原料供应地和销售市场。在 1930 年代，他们通过贸易或通过向自己的公司投资获得了菲律宾的大部分铬、锰、铜和铁，马来亚的整个铁、铝土矿和锰的生产，印度尼西亚一半的石煤生产以及数量可观的橡胶。1935 年荷属东印度向日本提供了其石油需求的四分之一，英属婆罗洲向日本提供了其石油需求的八分之一。随之而来的是在一些地方迁入大量的日本移民；在菲律宾甚至出现了由在当地定居的日本人经营的马尼拉大麻生产。更让殖民列强感到不安的是廉价的日本纺织品和工业产品在东南亚的泛滥，它们首先在 1931 年的日元贬值之后达到了令欧洲供货商担忧的规模。1929 年至 1933 年，日本在印度尼西亚进 1107
口总额中所占的比例从 11% 增长到 31%，而尼德兰则从 18% 降到 12%。此时英国和尼德兰也采取了限制措施，对于印度支那和菲律宾来说，它们通过关税与各大都会紧密联系在一起是不言而喻的。因此日本人就有可能被赶出马来亚市场，他们在印度尼西亚的进口份额 1933 年至 1939 年从 31% 降到了 18%，尼德兰则从 12% 增长到 21%。但是欧洲产品价格很高，百姓对此颇有微词。

1940 年夏，西方国家在欧洲的失败进一步刺激了日本各界热衷于扩张的人。1940 年奢华地庆祝了所谓的天皇帝制 2600 年纪念日。就连最受敬仰的禅宗领袖也是军国主义扩张政策的狂热追随者。因为人们此时更愿意实现一个在日本领导下的“大东亚共荣圈（groß-ostasiatische Wohlstandssphäre）”，除了此前的日本帝国和中国，它还应包括菲律宾、泰国、马来亚、印度尼西亚、印度支那和缅甸，还要尽可能地纳入西印度。届时将实行完善的殖民体系，南部地区被安排为原料生产基地，日本和中国被赋予工业生产的使命。日本估计与英国将有一战，但不准备与美国交战，而是希望通过控制东南亚摆脱美国的经济优势。然而日本在这方面的政策就像它与各轴心国之间的合作一样，其走向完全缺少有计划的一贯性，而是参与决断的实力集团之间不断变化的妥协的结果。

出于上面提到的地缘战略方面的原因，维希政权（Vichy-Regime）1940年不得不暂时容忍了日本旨在开辟对华战争另一战场的对东京的占领。其结果是这个殖民大国颜面扫地，因而很快就爆发了新的起义。其中的一次是违背胡志明和共产党中央委员会的警告而策划的交趾支那农民革命，它被法国人使用前所未有的残酷手段镇压了下去。最终亲日的泰国军事政权抓住这一机会要求得到整个老挝和柬埔寨；1941年法国人不得不交出其中的一部分作为补偿。此时日本要求英国关闭中国与西方的最后一条通道滇缅公路，而且已在香港附近集结军队。在这种危急的形势下英国作出了让步，但只退让了三个月，随后在这里和马来亚依然持强硬态度，也并未发生大事。日本犹豫不决，因为当时它最关注的是印度尼西亚。

1108 相反，缅甸年轻的民族主义者感到有利的时机来临了。他们对1937年从印度分离出来时获准的自治的程度以及老寡头对自治的运用感到不满。此外英国没有通过让步对其在战争中的支持表示酬谢，例如承认自治领地位。从丘吉尔那里听到的却是：1941年8月签署的《大西洋宪章》（Atlantikcharta）中对所有国家承诺的自己选择自己的政府形式的自由当然不适用于大英帝国。在这种情况下民族主义者站到了日本人一边，他们的首领昂山（Aung San）在日本人的主持下开始建立缅甸独立军（Burma Independence Army）。

在印度尼西亚也出现了相同的挫折，因为尼德兰人也向那些为了些许让步就有合作意愿的温和民族领袖（其他领袖或被拘捕或遭流放）表明，《大西洋宪章》适用于受纳粹压迫的民族，但不适用于他们，因为他们从未受过压迫。只靠自己的尼德兰人在这方面原本可以利用当地民众的支持，因为印度尼西亚是日本在东南亚最有价值的战利品。1940 年 9 月一个日本代表团就已来到巴达维亚，目的之一是将石油的年供应量从 60 万吨提高到 370 万吨。在各石油公司及其伦敦和华盛顿的政治伙伴干预之后，日本人最终只好带着半年提供 180 万吨的承诺离去。1941 年初，他们再一次就参与控制港口以及由日本—尼德兰公司开发印尼等类似问题提出了广泛的建议。尼德兰人再次熟练地使用自己的固执和狡猾导致谈判失败。

印度支那的法国人处于更困难的境地，因为与本土之间的联系被隔断，而且在经济上也被强行取代。所以迫于日本的压力在 1941 年缔结了条约，这些条约使日本取代法国变成在印度支那享受最优惠待遇的国家，日本人可以开办公司并获得采矿权；对外贸易大都转到他们手里。到了夏季，维希政府最终被迫同意他们占领整个印度支那。可是其间日本不负责管理，行政依然由继续存在的各法国机构负责。

占领南印度支那意味着日本与美国关系的转变。美国的公众舆论拒绝任何战争，因而华盛顿至 1940 年所做的仅限于外交活动，尽管如此他依然允许继续给日本供应废钢铁和石油， 1109
其中石油供应占到了日本需求量的 75%。但是与德国和意大利签订的针对其他大国进攻的三国同盟条约——日本人几经思量才于 1940 年作出了这一决定——加上日本继续推进导致美国的态度趋于强硬。其间一直进行到最后的谈判使人认识到双方的立场是无法调和的。无论如何美国经济至少也依赖东南亚的橡胶和锡。日本期待的是承认它在东亚的霸权，美国期待的是撤出中国和尊重其他国家的完整。美国越是——出于它的观念不得不为之——转向采取诸如部分禁运的报复行动以迫使日本放弃它的侵略政策，日本就越是——也是出于它的观念不得不为之——试图在东南亚得到替代品并使用武力从美国的“锁喉之手”中挣脱出来，尤其是自1941年7月罗斯福以全面石油禁运和冻结所有日本资产对日本占领印度支那作出回应之后。英国也立刻宣布终止所有的贸易条约，此举也适用于印度和缅甸，甚至尼德兰也跟着施行了贸易限制。

对于日本来说，这种经济封锁必定导致宣战。尽管在与主战派的对峙中有天皇的支持，但日本内阁中有和平意愿的派系仍然不可能作出美国举足轻重的政治家所要求的让步。于是决定战争的重锤落下。1941年12月7日，日本突然袭击珍珠港的美国舰队拉开了太平洋战争的序幕。12月8日，美国、英国和尼德兰对日本宣战。欧洲大战变成了世界大战。日本人在极短的时间内横扫了整个东南亚。12月印度支那和泰国已被迫加入日本一方，关岛、威克岛（Wake）和香港被占领，马来亚遭受攻击。1942年2月15日，在陆路方向守备力量不足的新加坡要塞，85000人的英国军队向30000日本人缴械投降，此事引起的轰动如此之大，以至于人们将这一天作为英帝国和欧洲殖民主义终结的起始日。1942年3月荷属印度不得不投降，5月菲律宾的美国人投降。同月缅甸被完全占领；英国军队九死一生逃往印度。但是日本已经不可能继续向英属印度和澳大
1110 利亚推进，因为自1942年8月起美国人在太平洋上的反攻开始了。可是东南亚至少在两年内仍然处于日本人的掌控之中。

尽管日本为了赢得朋友进行了种种尝试，尽管它充分利用各种泛亚洲思想以及反西方观念，但日本的统治与欧洲的统治几乎没有什么差别。它也是为利用另一个民族而进行的异族统

治，甚至连日本种族主义要素也位列其中。仅有的差别大概可以更多地归因于战争而不是偏离计划。除了要首先并吞马来亚和印度尼西亚，几乎不存在未来的设想。除了各个海军控制区域，所有的国家都由陆军实施管理，只有菲律宾例外，由驻在“韶南（Shonan）”（南方之光，新加坡此时的称谓）的南方军总司令管辖。与在战争中和在日本人那里通常的情况不同，此前的主人们一般没有再受到折磨，但被没收了财产、剥夺了使命，被孤立和拘禁起来，印度支那的法国人属于例外。由于欧洲人数量极少，其中只有在印度尼西亚的人算是较大的群体，大约有 14 万人。不可战胜的白人迅速失败已称得上耻辱！日本人对待中国人要残酷得多，因为无处不在的海外华人常常是国民党甚或共产党的后援。在计划吞并的马来亚，华侨占居民人数的 34%，已构成了威胁，一个名副其实的恐怖统治使他们人数锐减。据说他们中的 7 万人被屠杀。因为日本人不仅宣布对西方进行“圣战（seisen）”，而且也宣布进行“总体战（zenmen sensō）”，如有必要则以相应的手段进行这一战争，包括在东北地区进行生物武器的人体实验。

原本是要争取当地人支持日本。他们中的大多数采取不介入的中立态度。只有菲律宾人坚决反对这一亚洲的异族统治，在这种统治下他们只会失去一切。尽管如此到处都逐渐习惯了合作。常常只是重新任命政府机构的较高级别的人员。那些民族精英与日本人进行合作，因为他们为自己和国家看到了其中的机会，或许能防止反动的亲日力量掌权——到处都是同样的纲领，菲律宾总统在他逃亡之前甚至明确宣布了这种纲领。因而双方都有各自的私下盘算；到战争结束才会显现出谁是被骗的骗子。占领国的明确反欧洲的文化政策在清除学校里的西方影响，禁止荷兰语和歧视英语，宣布缅甸语（Birmanisch）、
他加禄语和印度尼西亚语为官方语言，然而特别是在马来西亚 1111

和印度尼西亚，相当令人讨厌的日本化政策又部分抵消了这种文化政策。

日本统治首先自己现出了通常类型的殖民主义的原形，因为经济剥削证明它所谓的或真正的良好意图属于谎言。占领东南亚并不是为了解放它，而是因为它拥有资源。这种过度行为或许是由战争决定的。由战争决定的不仅有广泛的征用，还有新经济体系的失败，在这一体系中东南亚与此前的世界贸易隔绝，仅仅面向日本的大都会。但是这个大都会在战争中没有能力替代之前的贸易伙伴。它既不能买下所有的原料，也不能提供足够的制成品。当战争导致交通瘫痪时，各个国家只能立足于自身，以至于下缅甸无法将自己的大米销售出去，而上缅甸和东京地区却在闹饥荒。那些拥有内部自治的地区也同样受到波及，例如法属印度支那和泰国。因为泰国不得不于 1942 年以与印度支那类似的条件与日本结盟。日本虽然买走了泰国和印度支那的大米、橡胶和矿产品，但是没有提供相应数量的急需成品。由此出现的贸易顺差对于相关国家并没有益处，因为它们的日元结存款被冻结在日本。其间法国行政机构还必须承担日本占领军的费用。

此外还有借助日本公司进行有计划的渗透。在那些处于军事管理下的国家里，军队和诸如三井（Mitsui）和三菱（Mitsubishi）公司那样的大康采恩可以直接占有那些曾付出了在菲律宾 80% 投资的前欧洲公司，前提条件是为日本生产令人感兴趣的产品。否则就会被强行调整。所以爪哇的食糖生产被压缩到十五分之一，半数制糖厂据说转成了水泥厂，而在菲律宾则试图用棉花取代甘蔗，因为日本的工厂急需原棉。基本食品和重要的军用品都实行管制，通过强制要求供货以固定价格购进或者直接充公。日本虽说支付了所有的货款，但用的是现行流通货币的军用票（Militärbanknoten），这种随意印

制的军用票无法兑付。这种方法导致的结果是，日本能够不掏钱获得该地区的货物，而代价是当地的通货膨胀。货币流 1112
通总额在爪哇从 4.5 亿盾增加到 20 亿盾，在菲律宾从 3 亿比索（Pesos）增加到 60 亿比索。对于生产国来说，那些以前销往世界市场而日本不需要的货物此时没有了销路。所以锡产量降低了 90%，茶叶产量降低了 52%，东京的煤开采量甚至降低了一半；关于食糖前已论及。如果歉收使得受日本需求和交通困境严重影响的食品供应进一步恶化，灾难便无法避免。1944 年底到 1945 年初东京地区饿死的人数按照法国估算为 60 万，按照越南的估算则为 200 万！如果再加上大量被招募的工人——他们不得不在非人道的条件下完成诸如缅泰铁路那样的项目——那么日本赢得当地人好感的尝试收效甚微就不足为奇了。

在占领缅甸的过程中日本人利用过昂山的缅甸独立军。可是当它随即对独立表现出过多的兴趣以及开始加害于少数民族，特别是遭忌恨的印度人时，日本接回了英国统治时期的老寡头统治者。但是这种对所谓佛教共性的呼吁收效甚微，民族阵线（Nationalen Front）的亲日集会运动也成绩平平，因为 1113
激进分子懂得如何瓦解后者。受到英国反攻的逼迫，1943 年东京允许缅甸独立，但附加了一部宪法，让那位既老又新的总理巴莫（Ba Maw）[①] 成了独裁者，而秘密补充条约则同意给予日本军方无限制的紧急全权。

在马来亚，日本人像英国人一样首先寄希望于马来亚的封建元素。然而三个北方苏丹国被转让给了以前曾控制过它们的友邦泰国。当 1943 年一个“新马来亚”计划取代了兼并意图时，很多当地人也加入了协商委员会。

① 巴莫曾在英国统治时期任英属缅甸总理（1937~1939 年），后来又在日本占领期间任缅甸国家元首（1943~1945 年）。

在印度尼西亚则相反，虽然各个政党被禁止，虽然人民委员会被解散以及宪法讨论被阻止，但是立即建立了一个印尼人领导的新的群众组织，不过由于其亲日特性没有多少成效。日本总指挥官试图通过1942年7月接回流放中的苏加诺对他作出补偿。但是这位能力超凡的人并不是任由占领军摆布的工具，他毫不怀疑自己对民众的影响力。他追求的是一种真正的伙伴关系，为这一目的他组织了一个由传统主义者和西方人构成的新集合运动，几经踌躇终于在1943年被日方承认，却被严加管束并利用保守的穆斯林组织进行限制。一支印度尼西亚军队建立起来并且培训了6000名军官，为未来打下一个重要基础。但是与对缅甸和菲律宾不同，日本在这里不愿对印度尼西亚作出独立的允诺。复活的只有改换了名称的老省委员会和人民委员，没有欧洲人参与，只是纯粹的协商机构。然而无论是出于民族利益还是个人的利益，苏加诺都愿意进行合作。

在菲律宾，在现有机构和党派被解散之后，建立了一个新的由担心自己地位的寡头们组成的当地政府。但是它甚至连假装站在民族运动最前列与“解放者”谈判都做不到，因为日本的这一角色在这里是完全靠不住的，而民众的反日态度也毋庸置疑。天主教僧侣统治制度的正派行为，包括教宗1942年为日本的战争目的发表的同情宣言，都未能改变多少这种状况。
1114 日本人为此花费了一些力气，然而在废除教会教育制度方面没有作出让步。即使是移植17世纪在日本采用的基层组织体系也收效甚微，根据该体系，各家族群体面对在这里的行为特别残酷的军警（kempeitei）时都应该对各自家族成员的得体举止负责。于是在1943年不得不打出最后一张王牌——日本恩赐的独立，当然同时将选举权限于亲日的统一阵线成员和赋予总统专制全权，与在缅甸的情况相似。至少总统能够成功地拒绝像其他日本的附庸们那样向同盟国宣战。甚至日本人都意识到，若是那样做了他会失去剩余的信誉。

在印度支那，日本人只是谨慎地努力争取赢得保守的当地支持者，因为在日益严峻的形势下法国人是大有益处的伙伴。例如后者保持有足够的活动空间，能建立比在维希法国更严厉的法西斯统治，包括对犹太人和戴高乐（Charles de Gaulle）拥护者的迫害。他们甚至能尝试通过建立有当地精英参与的印度支那联邦（indochinesischen Föderation）的计划赢得他们的同情。不过其中有些事完全是不得已而为之：在行政机构中使用越南人，因为不可能再得到本土的法国人；开放教育，以便用一个有吸引力的选择与日本的宣传形成对照；建立自己的工业，因为进口已不复存在，等等。对于早已被逼入地下活动的极端分子来说，特别是对于共产党人来说，有两个右翼敌人再加上资产阶级民族主义者的敌意，这种处境似乎极其危险。但是共产党人至少也拥有其决定性的优势。他们知道自己想要什么，有严格的纪律和优秀的组织，地下工作娴熟。因此反日斗争的领导权落在了他们身上。

在共产党的倡议下，1941 年在中国土地上出现了一个越南独立同盟会（Viet Minh）。不过起决定性作用的是共产党领袖阮爱国和武元甲，后者成功地开始在上东京地区的困苦农民中建立基层游击组织。国民党支持这一运动以作为对付日本的武器，却试图让资产阶级势力掌握领导权。就是在这场阴谋游戏中阮爱国开始使用新化名胡志明。至 1944 年游击战在东 1115
京地区建立了大片解放区，其主要对手是属于维希政权的法国人。其间在中国昆明设有代表处的戴高乐的自由法国（das freie Frankreich）虽然与维希法国势不两立，但在殖民政策方面与其是一致的，因此这是一种苦涩的失望。1943 年 12 月 8 日，戴高乐宣布法国将重返印度支那。此时胡志明把希望寄托于宣告反对殖民主义的美国。

此外，就连马来亚人民抗日军（Malayan People's Anti-Japanese Army）的热带丛林战士也处于共产党的领导下，但这并不妨碍英国突击队对他们的支持。几乎全由华人组成的共产党为那里的抵抗提供了唯一适用的组织核心。

游击战在菲律宾不是少数人的行为，而是一种真正的群众运动，日本的恐怖统治更进一步促使它蓬勃发展。估计总共约有30万游击战士，他们没有统一的领导，各个小部队自行采取军事行动。自1943年起，驻在澳大利亚的麦克阿瑟领导的美军司令部与他们之间有无线电台联系，向他们提供援助。除了爱国主义和杀日本人，他们没有长远计划，唯一的例外是中央吕宋的“抗日人民军（Anti-japanische Volksarmee）”（他加禄语缩写：Hukbalahab），它拥有约3万人，能守住一个解放区。他们把大地主当成卖国贼加以迫害，实行了有利于小农和佃农的土地改革并建立了合作社和学校。原本就是一场农民运动，就像这些“虎克党人（Huks）”[①]在菲律宾拥有的传统一样，他们在不容低估的程度上接受共产党的领导。

在缅甸，独立被证明只是一种假象，在阿萨姆发动的一次徒劳的进攻之后，日本人被盟军压得逐渐后退。此时众多的小部队形成了一个反法西斯民族阵线。但是这里起决定性作用的不是共产党人，而是原本属于日本人的辅助部队的民族军的领袖们，也就是国防部长昂山和总司令奈温（Ne Win）。面对日本人，巴莫庇护着这场运动，虽然他并不赞同它。但是它得到民众的支持，能以1945年3月底的一次起义为缅甸的解放作出自己的贡献。此外，在泰国政治舞台上也遵循着格言“谁输
1116 掉战争谁就是敌人”，因此1944年亲日政府被赶下台，不过没有冒险与霸权国家发生公开冲突。

① 即抗日人民军。

尽管在印度尼西亚并没有值得一提的反抗，日本还是不得不于1944年9月在这里也作出了独立的承诺，不过没有日期。在重建西方统治还未成定局时，苏加诺和其他民族领袖更愿意为此孤注一掷。因此他们催促实施具体措施，日本人最终作出了让步，或许是怀着争取印度尼西亚人保卫群岛的希望。当1945年3月盟军开始攻入印度尼西亚时，1945年9月被定为可望得到独立的时间，并且开始协商宪法，在协商中民族主义者确定建立一个包括英属婆罗洲、葡属帝汶和马来亚的大印度尼西亚，那里的穆斯林对此绝不会持拒绝态度。

此时菲律宾战役已经打响，麦克阿瑟1944年10月20日已在那里登陆。虽然结局很快就一目了然，战斗还是一直持续到1945年夏季，在1945年2月的马尼拉战役中发生了日军对平民的大屠杀。

最复杂的要数印度支那的局势，自1944年7月和8月法国获得解放以来，宗主国和殖民地在那里站在一条阵线的两侧，鉴于日本崩溃已可预期，这种状态不可能持续下去。巴黎考虑的是尽可能无风险地恢复自己在亚洲的威望，而殖民地的法国人则不得不适应新政权。然而几乎没有显现任何与日本人冲突的征兆，日本人就发动了攻击并于1945年3月9日接管了这个国家。关键职位都被日本人占据了，另外，传统的王侯们也趁机宣告自己独立。这在老挝和柬埔寨获得了成功，但是在越南“粮仓”交趾支那处于日本人的直接控制之下，皇帝保大受到严密监护，以至于他几乎无法获得传统精英们的支持。但人民倾向于越南独立同盟会，此时它拥有广阔的自由空间，因为日本人不得不集中在城市，必要时还得守护交通线。1945年5月，东京的大片土地和安南都已掌握在越南独立同盟会手中，因而日本人消失之后谁将接管政权几乎毫无疑问。

因为1942年至1945年日本输掉了太平洋战争。尽管日

1117 本已经开始有了和平意愿，但为了缩短战争，1945 年 8 月 6 日和 9 日，两颗原子弹还是落在了广岛（Hiroshima）和长崎（Nagasaki），结果是一共夺去了 22 万人的生命，他们或当场死亡，或煎熬到年底才死去。8 月 8 日，苏联向日本宣战并进军东北地区，9 月 2 日，日本投降书签署。日本帝国主义走向终结。然而尽管偶尔作出明智的道歉，但出于内政的考虑，历届日本政府在历史政治层面对过去的反思以及在赔偿方面始终都有它们的问题。

英属印度幸运地逃脱了日本的魔爪。在横扫东南亚的胜利进军中，日本人一心想要赢得马来亚和缅甸人数特别众多的印度侨民的同情。在宣传方面，他们把自己描述为印度的敌人的敌人及潜在的印度解放者。1942 年的印度侨民会议之后成立了一个印度独立联盟（Indian Independence League），在新加坡投降的印军的 55000 人中有 40000 人被争取过来加入了印度国民军（Indian National Army）。可是成效甚微，不仅是因为进攻没有所得，而且还因为日本人与英国人一样对印度的未来采取回避态度。1938/1939 年任国大党主席的苏巴斯·钱德拉·鲍斯带来了一次短暂的繁荣，但是由于对甘地的观念来说他的政策过于极端又被排挤掉了。尽管如此，他在群众中享有盛名，1941 年他逃亡德国引起了很大的轰动，因而他完全可以作为印度独立联盟和印度国民军的天生领袖。然而日本对此持怀疑态度，因为德国、意大利和日本在亚洲政策上并非总是齐心合力的。直到 1943 年，印度侨民领导层的懦弱非常明显地显现，而且也不再需要顾忌鲍斯的对头甘地和尼赫鲁，于是他被一艘德国潜艇送到日本的势力范围之内，他在那里可以展开令人瞩目的活动，直至 1945 年在一次飞机失事中丧生。他的影响或许是在他死后才在印度达到最大值，战争结束时对印度国民军的成员进行了审判，这些审判引发了一场民族的人民运动，甚至引发了印度军队中的大屠杀。

与在第一次世界大战中一样，印度军队为英国的种种行动作出了显著贡献。在英帝国1218万人的军队中有246万印度人，其中有18万人阵亡、负伤或被捕。印度部队被投入在东非、北非、伊拉克和伊朗的战斗中。鉴于苏联有可能发动的进 1118
攻，战争一开始就立刻强行扩充印度军队。由于在这方面缺少英国指挥人员，这种扩充几乎自动地推动了军官团和士官团的印度化；在薪金方面也不得不提高印度人的地位。但是指挥权和部队调动权都留在英国人手里，这一点在印度的民族运动中引起了极大的反感。因为扩军费用由印度承担，只有一部分进口装备和海外作战费用由英国承担。

印度工业家从自身收益、印度军备和帝国防御的共同利益出发，想利用有赖于战争的经济上升建起印度的汽车业、飞机制造业和造船业，这些倡议尽管得到总督的支持，但仍然受到英国方面阻碍。人们公开宣称不愿意招来战后时期的竞争。这引发了很多对英国额外的怨气，特别是因为在纺织业中根据印度的倡议在自我组织方面获得了极大成功。需求上升和同时存在的（例如来自日本的）进口中止造成了短缺，适合促成商品热销，但价格的增长使印度商品不具备吸引力。然而，一名身为中央执行委员会（Executive Council）成员的工业家可以取代强制管理建立自我控制机构，它可以确保企业家们获得由财政部估算的高出生产费用7.5%~10%的利润。但是从总体上说，英国的战争经济加剧了印度的供给问题。据说孟加拉的一次饥荒夺去了200万~300万人的生命，而丘吉尔应该对印度肆无忌惮的剥削政策负责。

英国的控制在政治方面也几乎被不计任何代价地保持下来，虽然实际情况早已按照另外一条轨迹发展着。当总督没有与印度政治家进行过任何形式的协商就于1939年9月3日宣布与德国处于战争状态时，国大党威胁称，如果英国人不将民主和各民族自决的基本原则——为此他们被吸引到战斗中——也运用在印度的话则拒绝支持。答复依然是不承担义务；两年之后首相丘吉尔在下院的讲话中基本上给予了答复，他在讲话中宣称，刚刚签署的《大西洋宪章》(Atlantikcharta)当然不适用于印度。此时国大党出任的各部长不得不坚决辞职，1935年的宪法也因此在大部分邦的层面上失去了功效。

1119 然而穆斯林总理们还留在任上。由此，穆斯林联盟及其领袖真纳的政治地位开始得到根本提升，他最终对进一步的、导致印度分裂的发展发挥了决定性的作用。如果国大党能同意与英国人合作，真纳在政治上也就只能做配角。因此他开始想接近国大党，却遭到拒绝，随即他将国大党部长们的辞职当作穆斯林的解放日来庆祝。可是真纳对旁遮普和孟加拉邦固执的王侯们远未做到绝对的控制，因而他只能防止穆斯林分崩离析和确保他领导的联盟的垄断权，其方法是大肆渲染唯一的共同利益——常常觉得受到不公正对待的穆斯林的自治要求。1940年3月24日，穆斯林联盟在拉合尔通过了它的所谓《巴基斯坦决议》(Pakistanresolution)，决议里虽然没有谈到巴基斯坦，却为那些穆斯林占多数的地区要求“成为自主国家，其组成部分应该拥有自治和主权”。在一份同时发表的宣言中，真纳阐明了两个民族论，要求穆斯林民族自治，却再次像在决议中那样回避了确立具体的宪法政治的目标。因此，他获得一个在以后的谈判中可以任意发挥的授权，尤其是当到1944年那些固执的穆斯林总理们被较顺从的联盟成员取代之后。此外，总督在用一个不充分的反建议拒绝国大党的一个合作新建议时明确确定，印度今后的宪法绝对不允许强加于穆斯林。只要真纳不倾向于将拒绝英国动议权的权力留给国大党并因此给人留下联盟有合作意愿的印象，它就可以扩展为一种宪法政治的否决权。

对于国大党来说，出于原则上的考虑以及对付英国镇压的经验，在战争期间发动一次群众运动暂时不在考虑之列。在“个体非暴力的消极抵抗和不合作主义运动（individueller Satyagraha）”中，经挑选的国大党政治家们发表了反战演说并因此被关进监狱——不过是一种示威。对方的那些在战争中拥有决定权的英国保守党人也做了一点儿实事，至少总督在他的行政院里扩充了印度成员。但是 1941 年底政治犯们突然被释放；几天之后日本开始了在东南亚的胜利进军。因为印度的防御面临着一场类似于新加坡那样的灾难，所以必须做点什 1120
么。此外，反殖民主义的美国总统罗斯福也敦促对这场印度民族运动作出让步。

于是丘吉尔接受了工党政治家斯塔福德·克里普斯（Stafford Cripps）关于在印度寻求一个解决方案的建议。克里普斯与尼赫鲁私交甚好。他的建议是依照英国模式建立一个印度政府，届时总督将仅仅扮演国家元首的角色。由于这种战时安排暂时只能以非官方的形式实现，所以总督林利思戈［Victor Alexander John Hope Linlithgow，外号林利思罗（Linlithslow）］必须予以配合。可这位忠实追随丘吉尔的保守党人拒绝参与。此外，各邦和各王侯能自己决定加入与否，规定立法大会由间接选举产生，即使是吉里普斯也不能承认印度人追求的掌控军队的权力。所有这些印度方面是无法接受的。于是这项使命只能以失败告终，这让丘吉尔如释重负，但他为了罗斯福已经展示了良好的意愿！

此时主动权又重新回到了印度一方，在那里人们鉴于严峻的形势而迟疑不决，虽然甘地认为用非暴力的消极抵抗和不合作主义也可以战胜日本的入侵。1942 年 7 月，一份由尼赫鲁审定的声明要求英国人立刻解除对印度的管辖并不过问它的事务，即《放弃印度决议》（Quit-India-Resolution）。可是一场新运动还未能开始，甘地和所有国大党领导人就被有计划地逮捕了，国大党被禁止。但是行动并没有因此被阻止；8月的所谓“退出印度运动”也不完全是以非暴力形式进行的。虽然一些地方的政府机构暂时失去了作用，但镇压机构仍然占据着优势。共有826人丧生，3953人受伤，91836人被捕，财产损失达570万卢比。由于甘地认为政府判定他为骚乱负责有失公正，所以他开始绝食——这一次政府不为所动。直到1944年他才被释放，好像更多的是蔑视而非尊敬的姿态；在新的战争形势下，英国人确信不再需要作出任何妥协。

由于这次镇压没有波及穆斯林联盟，真纳能够在此期间扩展他的地位。未来掌控着政治舞台的不再是甘地而是他。1944年获释后甘地与他商讨未来，但即使作出妥协也无法促使他放
1121 弃他为穆斯林提出的自治要求。尽管他可能只是想把巴基斯坦的要求用作按他的意思总体解决印度问题的谈判筹码，但在政治危机进一步升级之后，印度的分裂毕竟是他的雄心壮志的作品，而按照其计划来衡量，甘地和国大党则面临着失败。

去殖民化计划：美国和近东

在此之前，除了美国没有任何一个殖民国家表示去殖民化的意愿，虽然自第一次世界大战以来就在讨论这一问题。1932年在伦敦任教的德国移民莫里兹·尤利乌斯·波恩（Moritz Julius Bonn）创造了这个概念，他写道："在全世界范围内一个反殖民主义阶段开始了，'去殖民化'正在迅速展开。"但是具有决定性意义的是第二次世界大战中的事态发展以及最重要的殖民大国当时不得不接受的权力和荣耀的丧失。另外还有美国接过了世界霸权，与第一次世界大战后不同的是，美国已经明确地对此作好了准备。在战时和战后，无论是执政的民主党人还是他们的对手共和党人都毫不隐瞒自己对殖民主义的敌视态度。罗斯福总统和其他有影响力的政治家一再强调，根据《大西洋宪章》，自决权适用于所有民族。1943年美国国务院制订了一个托管计划，根据该计划，已经规划好的联合国应该决定一个所有殖民地完全独立的时间点。

但是在现实的压力下，这条明确的路线迅速让位于一条不太可信的左右摇摆的路线。美国必须一方面在自己的去殖民化计划和为自己树立年轻的联合国的主导者形象的愿望之间进行权衡，另一方面在追求自己的战略和经济利益与顾忌刚刚开始的冷战中的己方盟友之间进行权衡。但是经济利益通常不会导致具体的经济意图，而是更多地导向贯彻一个世界范围的自由资本主义秩序。此时在美国国会可以听到"宁要殖民主义不要 1122
共产主义"的声音。1945年华盛顿还与越南独立同盟会眉来眼去，拒绝支持法国为重新殖民化进行的种种努力。1949年它支持了法国人，造成了众所周知的后遗症。不过早在1944年，罗斯福就不得不向他的部长们作出让步，从他的自由计划中删掉了太平洋上各个具有战略意义的岛屿，如关岛和威克岛。虽然美国要将太平洋变成美国海的帝国政策伤害了美国人的大部分反殖民主义理想，但是由于主要涉及的是战略安全而不是经济剥削，所以美国在太平洋的统治与霸权可以被描绘为行使“神圣的委托（sacred trust）”，而且美国人相信自己的制度在政治和道德方面比各老帝国的制度更具优势。

在菲律宾也是如此，在英联邦宪法于1945年重新生效之前，1944年通过美国法律增加了军事基地的数量。与当时的副总统奥斯米纳（Sergio Osmena，后来作为总统重新归来）的计划相反，总司令麦克阿瑟出于民族和解的目的，促成与一位女大地产主结婚的前叛国者罗哈斯（Manuel Roxas）最终成功地竞选总统。通过这种方式，那些大都曾与日本人为伍的保守派精英的地位在美国的统治下完好无损，而抵抗战士们的领导资格却被剥夺，特别是使中央吕宋抗日人民军的农业革命归于失败。他们的当选代表被剥夺了议会席位，他们的暴动至1954年被镇压，在这类事情上罗哈斯在方法选择方面并未苛求。为此，美国国会1946年通过了《菲律宾贸易法案》（Philippine Trade Act），也称《贝尔法案》（Bell Act），它规划了随后八年与菲律宾之间的自由贸易；接着美国关税至1974年应逐步实现全额缴纳。但是这部法案将比索与美元挂钩，而且给予美国人在国家的发展和利用上与菲律宾人相同的权利，尽管联邦宪法已将菲律宾在外国企业中参股不低于60%列为义务。同时在华盛顿还通过了《菲律宾复兴法案》（Philippine Rehabilitation Act），也称《泰丁斯法案》（Tydings Act），规定了总额为6.2亿美元的战争赔款——不过要在批准《贝尔法案》的情况下才能全额付清！在这种情况下，可以通过一些手段得到菲律宾宪法修改所需要的四分之三的赞成票。当1946年7月4日菲律宾成为一个独立的共和国
1123 时，美国民主党的目标“还殖民地以自由（freedom from the

colony）”仅仅在形式上实现了。但即使事已至此，其他殖民大国还想保留它们在亚洲的领地。此外，当南部岛屿难以驾驭的穆斯林越来越觉得受到北方基督徒的逼迫时，他们的问题升级为武装斗争。

美国的托管计划在此期间大幅缩水。托管原则是否应适用于所有拥有明确的独立目标但尚未独立的地区，1944 年在旧金山制定《联合国宪章》（UNO-Charta）时就此进行了 48 天之久的商讨。这一要求是由中国提交的，并且得到苏联以及前殖民地的支持——在 51 个联合国创始成员国中有 27 个国家在过去的某一段时间曾经是殖民地！由于殖民列强的抵制，最终只有前国际联盟托管地以及从轴心国统治下解放出来的、由其殖民主人自愿提出委托的国家应列入托管范围。为其他“没有自我管理的地区（non-self-governing territories）”——令人厌恶的“殖民地”概念被回避了——描述目标的用词不是“独立（independence）”而是“自我管理（self-government）”。这应是为英帝国和已策划好的“法兰西联盟（Union française）”创造政治活动空间。对于英国和法国的政治家来说，这里涉及的只是各自的殖民统治适应 20 世纪的条件。尽管殖民列强掌握着完全的支配权力，但它们至少必须每年向联合国报告各自领地的发展情况（Artikel 73 e）。还有托管理事会为实际托管地所做的工作，该理事会不仅可以接受申请，而且可以派出调查委员会。此外还有安理会，尤其是联合国大会的反殖民主义行动，随着已占多数的前殖民地会员国的数量还在不断增加，时间越长，联合国大会在其第四委员会的领导下就越是发展成为一个反对殖民主义的论坛。印度总理尼赫鲁在这方面发挥了重要作用。从中产生的不仅是言语，还有行动，但并不总是有一个明确的结果，就像近东和中东的情况所显示的那样。

德国和意大利对仍然由维希法国掌控的托管地叙利亚和黎巴嫩的渗透导致1941年英国人和自由法国对两国的占领，因为连伊拉克也威胁要转向轴心国。尽管有宪法和经过了选举，
1124 但在这件事上法国根本不打算给予两个国家完全的独立。为此1943与英国人之间爆发了冲突，1945年再次爆发冲突。但是美国和苏联承认了这两个国家，又向它们发出了担任联合国创始成员国的邀请，于是法国也只剩下撤出这一条路可走了。

鉴于伊朗同情它当时最大的贸易伙伴德国，苏联为了确保石油供应也于1941年占领了伊朗东北部，英国占领了西南部，亲德的沙阿被迫退位让他的儿子继位。另外还有大量美国人拥入这个国家。经过费时费力的谈判，盟军于1946年撤出，阿塞拜疆和库尔德斯坦的自治运动遭到镇压。虽然1901年英国获得的石油开采特许权经过多次稍微有利于伊朗的修改，英国—波斯石油公司（Anglo-Persian Oil Company）付给伊朗的钱依然少得可怜。因此1951年伊朗议会决定实行国有化而不再进行新的谈判。接着，1952年至1954年西方的封锁导致了一场危机。1953年，锐意改革的中立政治家摩萨台（Mohammad Mossadegh）在美国和英国情报机构决定性的参与下被军队推翻。由此开始了新沙阿的亲西方的统治。与国际财团的新石油条约同意给予伊朗50%的分红，这是在此期间美国人曾给予沙特阿拉伯的分红比例。

在巴勒斯坦，鉴于两次世界大战之间的形势发展已不再可能有顺利的政治解决方案。虽然在战争期间还算平静，阿拉伯人支持迁就他们的托管政权，但是犹太复国主义者却不愿意依照1939年的《白皮书》长期容忍英国对移民的限制。自然他们不再寄希望于英国，而是寄希望于美国，那里有大量实力强大的犹太组织。1942年由耶路撒冷发起，与美国的犹太复国主义者共同在纽约的比尔特摩酒店召开了一次会议，会上通过

了一个为战后时期制订的计划，其核心句子是：“建立作为犹太联邦的巴勒斯坦。”计划中友善地提及了阿拉伯人，但未提及他们的权利。由于英国人石油的60%~70%是从西亚获得，所以他们也顾及到阿拉伯人，在战争结束后不打算立即放弃对犹太人的移民限制。随后犹太人的反抗组织采用了武力。犹如犹太代理机构（Jewish Agency）且倾向于社会主义的“哈加纳（Haganah）”，较小的右翼组织如以后来出任总理的贝京（Menachem Begin）为首的“伊尔根（Irgun）”以及以施特恩为首的“李海集团（Lehi）”于1946年10月开始了反对托管 1125
政权的游击战和数百起恐怖行动，致使338名英国人丧生。此外，1946年设在耶路撒冷大卫王酒店的英国司令部发生爆炸。虽然美国政府拒绝直接负责，但要求拥有参与决定权，一方面是为了争取犹太选民，另一方面是为了扩张性的近东石油政策。一个由美国人和英国人组成的共同委员会为了阿拉伯人的利益维持托管地，建议准允十万犹太移民迁入。英国政府犹豫不决，因为监管这个国家需要共计10万人的军队和警察，因而1945年至1947年的托管要耗费约1亿英镑的巨资。这个近于破产的战后国家早已无力承担1946年驻扎在地中海和近东地区的150万人的费用，不过在华盛顿人们正在就一笔对伦敦的贷款进行商谈。鉴于恐怖活动进一步升级，委员会制订了一个拥有一个共同的设在耶路撒冷的中央政府的分治计划，犹太代理机构犹豫不定地考虑着这个计划。1946年恰逢美国国会和纽约州州长选举，在犹太人的影响下杜鲁门总统不顾几乎所有专家的建议宣布：美国支持10万犹太人立即移民巴勒斯坦。比较激进的犹太势力从这一声明中受到激励。美国自身其实当时并不准备直接接收犹太难民。英国人继续拦截绝大部分载有非法犹太移民的船只，并把他们遣送回去（例如“出埃及记1947号”轮船和它的4554名乘客）。

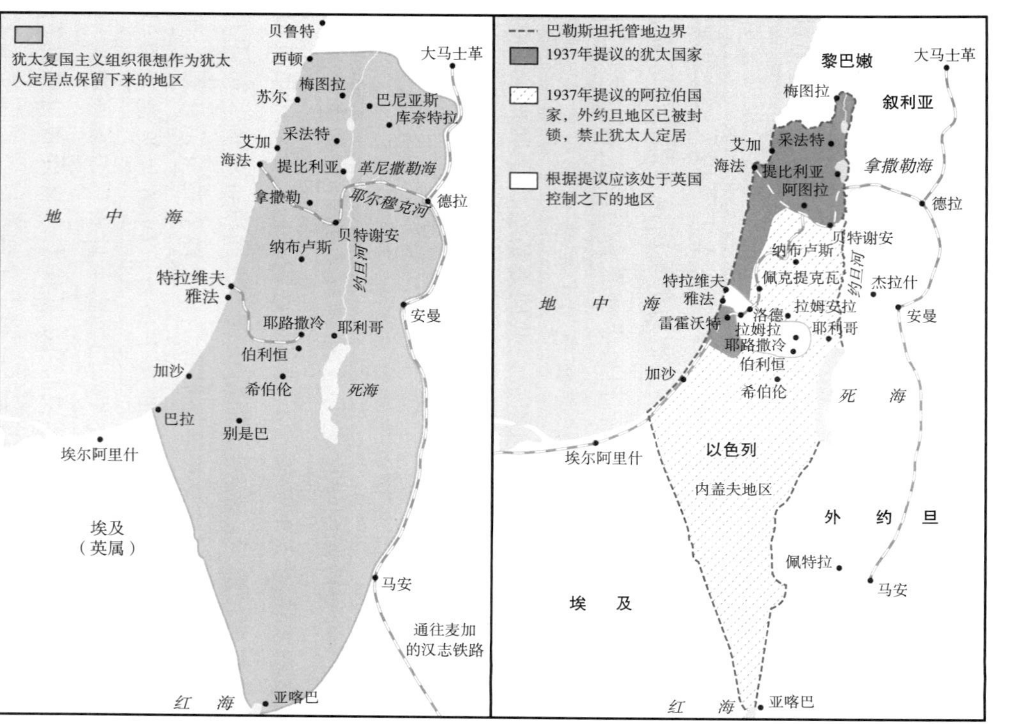

插图88　1919年犹太复国主义者的计划

插图89　1937年英国的分治计划

由于英国人感觉自己处于绝望境地，所以下院决定将巴勒斯坦问题移交联合国和仅在联合国作出决定前履行托管义务。1947 年夏天来了一个联合国委员会，制订了一个复杂的完全分治计划，但同时也将耶路撒冷和伯利恒国际化。1947 年 11 月 29 日，这项计划以 33 票支持、13 票反对和 11 票弃权在联合国全体大会通过，美国的压力不无作用。于是英国人开始撤离，将特拉维夫移交犹太人，将雅法移交阿拉伯人。随即内战才真正地爆发了。1948 年 4 月 9 日，伊尔根军队进攻了耶路撒冷郊区的代尔亚辛村庄（Deir Yasin）并杀害了 250 名阿拉伯人，其中一半是妇女儿童。虽然也不乏阿拉伯人的恐怖行动，它依然引发了恐慌。绝大部分阿拉伯居民因犹太人占优势而逃离，至少有 70 万人。明确被犹太人驱逐的只占约 2%，听从阿拉伯邻国指令的只占约 5%，阿拉伯方面或犹太方面长期以来就是这样解释这一群众运动的。回归者自然被犹太人遣送回去，因为这种大逃亡已致使他们实施了本来就规划好的居民迁徙。至 1947 年，在耶路撒冷出现了 216 个犹太人定居点，1948 年至 1950 年大概又继续建立了 246 个。阿拉伯语地名被新的希伯来语地名取代。犹太新城特拉维夫旁边的阿拉伯城市雅法（Jaffa）基本被遗弃，1950 年变成特拉维夫的一部分。最终犹太工党领袖戴维·本·古里安（David Ben Gurion）在无政府状态中于 1948 年 5 月 14 日宣告以色列建国。早在 1947 年，杜鲁门总统就已秘密承诺的承认几分钟之后便如期而至。

1944/1945 年建立的阿拉伯联盟从一开始就宣称支持巴勒斯坦的阿拉伯人，并且威胁若是犹太人建国，其成员国将进行干涉。于是 1948 年 5 月 15 日开始了第一次巴勒斯坦战争。

1948 年夏季，在以色列人与由英国训练指挥的外约旦阿拉伯军团——阿拉伯方面唯一战斗力强大的军队——之间呈相持局面时实现了一次停战，这次停战被以色列人利用来扩充他们的军队，此外还借助捷克提供武器。1948 年 9 月 18 日，联合国调停人弗克·伯纳多特（Folke Bernadotte）被犹太激进分子谋杀。接着以色列人消灭了埃及军队，直至他们的靠山杜鲁门和英国以武装干涉相威胁才使他们的胜利进军停下来。1949 年出现了各种确定了数年政治态势的停战协议，它们给战绩辉煌的以色列人带来了比分治计划的规定大出很多的领土。阿拉伯人只能在中部和南部守住约旦至死海一线以西的地区。耶路撒冷处于分裂状态。虽然联合国坚持耶路撒冷国际化的立场，1950 年以色列还是将它的首都迁移到了那里。

同年，外约旦的阿卜杜拉通过将残余的阿拉伯人的巴勒斯坦地区纳入约旦王国扩展了他的国家，直至 1967 年以色列有能力也占领了这一地区，即所谓的约旦河西岸（West Bank）。
1128 自 1947 年起，阿卜杜拉与犹太人和英国人一直在进行秘密协商，其间英国人打算通过与他商定的领土安排像在伊拉克那样保持自己在近东的影响力。然而令所有的当事人十分惊讶的是，以色列人证明他们能够对付可怕的阿拉伯军团甚至处于优势。不过当时还谈不上一个针对以色列的阿拉伯统一阵线，这也是犹太人胜利的一个原因。

在充满矛盾、费用昂贵、仅仅凑合着保住颜面的托管结束之后“不会再有其他的巴勒斯坦！”——一条常说的英国殖民政策和去殖民政策的口号。但是英国政府并非总能最好地利用在其他地方积累的经验。在塞浦路斯问题上，起有害作用的不仅是各政治派别和机构之间的内部矛盾，而且尤其是这些机构与参谋长之间的内部矛盾。因为对于后者来说，塞浦路斯是一个不可或缺的基地，轰炸机甚至能从这里飞抵苏联。所以任何时候都不可能允许完全独立！此外，所有的英国政治家一致认为，与不可靠的受到共产主义威胁的希腊合并（enosis）绝无可能，虽然据说至少96%的希腊族居民对此持赞成态度。但是塞浦路斯岛北部约占总人口20%的土耳其少数民族和北约的伙伴土耳其同样持反对态度。

第一次宪法实验失败数年后，受到东正教教会的激励，1953年开始了反英游行，东正教大主教马卡里奥斯（Makarios III）起着主导作用。1954年，英国应向联合国作出解释。1955年，希腊族地下组织北塞浦路斯种族抵抗组织开始进行炸弹暗杀行动。1956年，马卡里奥斯被流放到塞舌尔，首次考虑该岛分裂问题。1957年，大主教获准返国，希腊外长和土耳其外长就放弃合并和分裂达成一致并同意实行比例代表民主制，由马卡里奥斯出任总统，部长的分配比例为7∶3，此外由土耳其族人任副总统，至此旷日持久的争论才有了结果。1960年塞浦路斯独立，但是1963年希腊族和土耳其族之间的内战便开始了，联合国应要求派出部队确保边界的安全，直至1974年土耳其入侵，由此分裂被确定下来。

马耳他的30万居民或许是愿意成为联合王国的一部分，
但是1956年只有44%的选民投了“赞成票”。教会成功地 1129
促成弃权。经过其他的反反复复之后，1964年该群岛独立，2004年与（南）塞浦路斯一样成为欧盟成员。

除了这些地中海地区的殖民地和托管地巴勒斯坦，在它的势力范围约旦和伊拉克之外，英国暂时还一直控制着作为其印度帝国遗产的阿拉伯半岛的东海岸和南海岸。1962年，英国人预防性地让他们1839年购得的、一直视为战略要地的殖民地亚丁与由他们创建的内地的阿拉伯统治者的联盟联合起来，但这并不能阻止武装骚乱。同年北也门的统治者（他的宰德派君主国是在清除奥斯曼帝国的过程中于1918年产生的）被推翻并建立了共和国。1964年南阿拉伯显得是可有可无的，计划于1967年给予独立，但是面对暴动者英国人立刻溃逃，或许这是他们的去殖民化中最可悲的一幕（Rothermund，D. 2006，117）。1972 年两个也门之间爆发战争，此时南北也门分别得到沙特阿拉伯和苏联的支持。不过两个国家最终于 1990 年实现了统一，可是从那以后这个国家一直饱受战争、恐怖主义和镇压的折磨。

在海湾沿岸，在南部的阿曼与北部的科威特之间，其他十个小酋长国也是英国的保护地，昔日它们作为海盗的避难所臭名昭著。今天它们中的几个国家通过自己的石油资源获得了财富和全世界的重视。阿曼和科威特已分别于 1951 年和 1961 年获得完全的独立，经历了亚丁失败之后英国人于 1968 年宣布他们打算 1971 年完全撤出海湾沿海地区。接着 7 个埃米尔在石油巨头阿布扎比和迪拜的领导下联合组成阿拉伯联合酋长国（United Arab Emirates），这一结构形式与所有的期待相反被证明是成功的模式。产油国巴林和卡塔尔保持独立。

作为照明用油和润滑油，19 世纪石油在美国和俄国就已经是桩大生意。当电力照明的竞争威胁到它的时候，人们及时发明了内燃机，其爆炸般的需求连同发电厂和石化工业的需求使得石油成为世界最重要的原料。早在第一次世界大战之前，英国海军已经调整为燃油，以至于人们有时将德国的失败表述为石油打败了煤炭。自 1907 年尼德兰和英国的皇家壳牌石油公司（Royal Dutch Shell）开始开采苏门答腊的石油，
1130 自 1908 年起英国人开始开采伊朗的石油。从英国—波斯石油公司中产生了英国石油（British Petroleum，B.P.）。就连伊拉克基尔库克油田 1914 年也在英国手里，但是因为战争直到 1927 年才开始开采。1932 年在巴林、1938 年在科威特、随后在沙特阿拉伯发现了巨大的油田，但此时突然爆发了第二次世界大战。此前上述各公司与伊拉克石油公司（Iraq Petroleum Company）组建了一个卡特尔，一个法国石油公司和一个美

国大石油公司也都加入其中。生产和销售都被这“七姊妹”暗中操控，无论是对相关国家的小额支付还是巨大的利润。然而战时和战后世界市场的价格却在走低，美国人离开了该卡特尔并且接手了阿拉伯的石油开采。1948 年，其他一些美国公司加入了 1944 年成立的阿拉伯美国石油公司（Arabian-American Oil Company，ARAMCO）。1954 年，在伊朗的重新调整中，英国人徒劳地试图顶住美国人。此时新的美国卡特尔通过给予产油国 50% 的分红操纵着价格，直至产油国 1960 年成立了一个影响深远的针锋相对的卡特尔——石油输出国组织（O. P. E. C.）。虽然美国人认为英国在这一地区的继续存在或许是有益的，但在 1960 年代英国人已经明白，英帝国在这里再也不可能赚到钱。美国人在这里也必将以它经济上的领导地位接手英帝国的政治角色。

英国在马耳他和伊朗之间区域进行的去殖民化显然并不十分成功。就连联合国的干预在这种情况下也被证明收效甚微。但是英国和法国在殖民主义末期作出的决定尤其在巴勒斯坦和黎巴嫩制造了新的危机发源地，它们后来已合生为一个危机策源地。在此过程中英国快得出奇地逃避了解决由它制造的问题的责任，即在近东多了一个民族或少了一个国家的问题。在英属印度我们还将在更大的范围内遇到这种附带严重后果的仓促交出责任的情况。

甚至连1943年被任命的、影响甚微的保守的总督阿奇博尔德·韦维尔（Archibald Wavell）也认识到，只能用宪法改革应对已在预料中的战后骚乱。对于在必要时使用武力维持现状来说，已经疲惫不堪的英国在此期间缺少资源、国际声誉和自信。甚至连著名的印度文职机构也衰落了，而且只有608名英国成员。此外，经历了叛乱和审判印度国民军之后，印度军队在此期间已被视为不可靠。韦维尔的方法是将他的行政委员会非正式地转变为部长全由印度人担任的内阁。在1945年夏季于西姆拉（Simla）举行的一次筹备会议上，真纳将他有权任命所有的穆斯林部长作为穆斯林联盟进行合作的条件。当着也是穆斯林的国大党主席阿萨德（Maulana Azad）的面，韦维尔拒绝了这个条件，但也不敢组建一个没有联盟的内阁。真纳借此成功地炫示了他的独自代表要求，以至于选民们立即为此对他进行了嘉奖。新上台的工党内阁首领克莱门特·艾德礼（Clement Attlee）本人对印度的情况了如指掌，内阁决定1945年底先在印度举行一次选举。选举带来的结果是几乎在所有的地方要么是国大党占明显多数，要么是联盟占明显多数。这些情况造成的两极分化形成了一种两党制——这显然对真纳有利。

英国内阁寄希望于通过统一来解决问题，这也是为了英国在印度洋的战略地位，1946年春季它派遣一个由饱经考验的斯塔福德·克里普斯率领的内阁使团（cabinet mission）前往印度，该使团制定了一个极其复杂的联邦方案，一个职权范围仅限于外交、国防和交通的全印度联邦，它由四部分组成：此前的英属印度分为三个区，A区包括印度中部和南部，B区包括旁遮普、西北邦、信德和俾路支斯坦，C区包括阿萨姆和孟加拉；作为第四部分，各王侯应该接受这种形式的联邦。但是各邦有权自己选择归属的区。这样一来巴基斯坦就可能成为区一级的中等区。

两位缔约者都表达了有保留的赞同，然而当尼赫鲁主张强大的中央政府而反对这种模式的时候，真纳便收回了他的赞同，并且宣告1946年8月16日为直接行动日（direct action day）。其间孟加拉的首席部长在加尔各答组织了一场针对印度工人的大屠杀，以确保穆斯林占多数；幸存者都逃往比哈尔了。

尽管如此，伦敦还是促成了临时政府的建立和新的选举，这一次是选举立宪会议。尼赫鲁1946年9月受托组建政府，联盟部长们起初拒绝，到10月也进入了他的内阁，但只为巴 1133
基斯坦工作。内政部长萨特尔·瓦拉比哈·帕特尔（Sardar Vallabhai Patel）是尼赫鲁之外另一个国大党强人，在他完成使英国和印度官僚和睦相处这一绝招期间，联盟财政部部长里亚卡特·阿里·汗（Liaqat Ali Khan）封锁了所有能封锁的地方。艾德礼、真纳和尼赫鲁之间在伦敦进行的高层会谈一无所得；联盟议员们抵制1946年12月开幕的立宪会议，但国大党比以往更加寄希望于未来强大的中央权力。党的准军事组织的扩充进展得令人疑虑，因为尽管国大党要求在世界观方面保持中立，但它仍然处于激进的印度教民族主义者的影响之下。双方充满仇视的长篇大论越来越多。总督已一筹莫展。

尽管犹豫不决，临时政府毕竟还是签字同意英国延期清偿印度存储的英镑。英国用新印制的卢比支付印度在战争中的供应，并将等值的英镑储放在英国银行。战后偿付自然是不可能的，因为这会使债台高筑的英国破产。与一个债务人相比，人们会更容易地允许一个自己控制着其账户的债权人独立，而债务人则可以借此摆脱自己的义务（Rothermund，D. 2006，66）。

首相艾德礼用在缅甸大获全胜的、拥有国王堂兄的威信的蒙巴顿（Louis Mountbatten）勋爵替代了韦维尔。艾德礼已单方面将英国统治的终结定在了1948年8月。蒙巴顿直接促使日期提前了一年。因为伦敦及其新的代理领事懂得在最后阶段通过倒计时的时限压力将早已完全离心离德的印度政治家们至少凑合在一起。可是蒙巴顿对此了解甚少，他受尼赫鲁的影响很大，他与尼赫鲁，特别是与其夫人保持着朋友关系。蒙巴顿首先在内阁使团建议的基础上制订了一个计划，但是由于尼赫鲁抵制重新计划的1947年5月由各邦和王侯们自由选择加入，他转而只将划分两个新自治领的边界视为英国的任务，此事被委托给了一个英国法官。由此，印度和巴基斯坦的完全分裂最终正式成为政治目标。6月和7月就是否归属巴基斯坦举
1134 行了全民公决以及由各邦议会作出决定，据此孟加拉和旁遮普被分开，但是信德、俾路支斯坦和西北邦完全归属巴基斯坦。根据7月18日英国的一项法律，巴基斯坦于1947年8月14日在卡拉奇、印度于1947年8月15日在德里作为自治领获准独立。就连最后一个连接体——一个共同的大总督也未产生，真纳要求自己担任巴基斯坦大总督。由此，历史上从未有过的国家获得了独立（Salman Rushdie 1981）。

但是在宫殿里实现的统一并不意味着在茅草屋里能保持和平，情况恰恰相反。新主人还没有老主人关切边界划分的具体细节和必要的安全措施。留在印度的约4000万穆斯林从“两个民族理论”之父真纳那里得到的建议是做自己新国家的忠实公民，而且国大党也根据其世俗民族国家的构想努力保护他们。在伊斯兰教占主导的巴基斯坦，对于占少数的印度教教徒和锡克教教徒来说，原先的状况已经发生变化。事实上，在孟加拉和旁遮普都出现了双向的难民潮，至1951年至少有1450万难民，其间双方的数字大致相等。死者没有计算在内，因为居民的交换常常质变为大规模的屠杀，仅仅对旁遮普来说就有50万人被杀害，总数接近100万。其间这里所发生的不仅是有计划地煽动起的仇恨的自行爆发，而且也有有目的的暴力种

族清洗行动。针对留在国内的对方少数族裔的相应骚乱也属于此类。在加尔各答开始迫害穆斯林，随后在德里也开始了。甘地再次挺身应对民众的怒火。在加尔各答，他说服首席部长认罪道歉并与他一起平息了民众的怒火。随后他赶赴德里保护穆斯林免遭因旁遮普大屠杀而进行的报复。当时他尚能成功地仅用他的威望强迫以尼赫鲁和帕特尔为首的印度内阁向巴基斯坦支付了5.5亿卢比（1.25亿美元），这是巴基斯坦从英属印度国库应得的部分。此外很少存在好感，因为在此期间这两个新国家之间因争夺克什米尔爆发了第一次武装冲突，那里的居民多数为穆斯林，而王侯们却是印度教教徒。当巴基斯坦的志愿军进入克什米尔时，大君宣布并入印度，印度用飞机将部队运往那里。直至1949年停火，克什米尔的北部和西部由巴基斯坦控制，南部和东部处于印度的控制下，并就这样保持下来。 1135
由联合国规定的全民公决从未举行过。

甘地必须付出生命赢得最后一次道德的胜利。1948年1月30日，他在一次祈祷大会上被一个印度教教徒作为叛徒杀害了。也许这样也好，因为他最后的胜利几乎无法掩盖一个事实，形势的发展已经超越了他的控制。分别共享独立不是他曾为之战斗的独立。他本人也没有参加8月15日的庆祝活动。非暴力时代早已过去，它实现了它的目标，而尼赫鲁领导下的外交政策也不可能再以此开始。就连印度内政的发展也走了一条与甘地设想的完全不同的道路。在保守的内政部长帕特尔（卒于1950年）的领导下制定了一个相当集权和独裁的宪法，基本上就是1935年印度政府法案的翻版。尼赫鲁最重要的贡献在于，对之前一直保留的印度教的婚姻法和家庭法进行了有利于妇女的现代化改革。但是他却无法贯彻他的社会主义土地改革的思想。英国的保护佃户立法已经给较大的农户带来了好处，却忽略了转租者和农业工人。在世界经济危机中围绕着租赁展开的争论中，这些富裕农民成了国大党的依靠。帕特尔就出自这些人的行列。现在从他们的利益出发进行了改革。大地主被没收财产并获得相应的补偿，富裕农民变成了小地主，对国大党来说他们控制着乡村及其政治意愿的形成。

帕特尔也权威性地参与了各邦归并的极其顺利的过程，英国人或多或少地听任这些王侯邦自己作出抉择。慷慨大方的补偿是成功的秘密；不过国家支付于 1971 年通过宪法修订中止了。只有在例外情况下才不得不使用武力，比如 1948 年在海得拉巴，它的尼扎姆一定要成为英联邦的独立成员。此时印度的构成有 A 类邦（前英属各省），B 类邦（前王侯邦国或此类邦国的联合体，如 1949 年创建的拉贾斯坦），最后还有高度依赖中央政权的 C 类邦和 D 类属地。随后 1956 年的《邦重组法案》（States Reorganization Act）按照语言使用区进行了重新划分；由于进一步的变化，自 2014 年起邦的数量为 29 个，外加 7 个联邦属地。

巴基斯坦几乎没有融合问题，但一开始就被一个前所未有
1136 的事实困扰着，即它的国家版图由直线相距近 1500 公里的两个部分组成，那里居住着完全不同的民族，中间被一个敌对的区域隔开。面积较小的孟加拉占人口的多数，却总是受制于西巴基斯坦。因此自 1966 年起出现了大规模的争取自治的努力，它们于 1970 年引发了战争。此时爆发的内战于 1971 年结束，依靠印度和苏联的帮助，孟加拉分离出来成为孟加拉国（Bangla Desh），而美国和英国则始终保持对巴基斯坦的消极同情。

1949 年至 1956 年，剩余的 4 个法国领地经过艰难的谈判归入了印度联邦，1961 年，印度占领了果阿和两块葡萄牙飞地。由此，在印度的殖民统治具有象征意义地在其开始的地方结束了。虽然在出现这样或那样的机缘时绝没有吝于使用武力，但尼赫鲁还是特别重视展示印度政治相对于帝国主义西方

在道德上具有优势。不过在迄今为止各任印度统治者（出自其家族的人数令人惊讶）的领导下，国家已理所当然地走上了向一般大国政治的方向发展的道路！

同样，在缅甸进行的也不是由英国的政治智慧长期规划的权力交接，而是在民族主义者的压力下发生的短期即兴行为。自从民族主义者转向英国一方之后，常胜总司令蒙巴顿就想与他们进行合作，与此同时，总督、英国经济界和年长的当地寡头政治家们按照伦敦的意思力争恢复现状。国内处于主导地位的政治力量昂山和他的反法西斯联盟被投以怀疑的眼光并受到歧视，直至工党带来了转折。艾德礼在这里同样作出了加速去殖民化的决定，并于1947年初与昂山签订了一份协议，计划按照威斯敏斯特模式立即独立和保障非缅甸族的少数民族。一个立法大会被选出来了。就在此时，新总理昂山和他的六位部长在他对手实施的谋杀中毙命。尽管如此，独立还是按计划于1948年1月4日实现，其间缅甸是亚洲唯一一个退出英联邦的国家。但是由占星学家精心计算出的独立日并没有能够使年轻的共和国（自1989年以来称Myanmar）避免遭受严重的国内冲突。

缅甸的发展进程被锡兰（今斯里兰卡）的当地领袖用于论证他们提出的完全自治领地位的要求。

虽然锡兰堪称渐进的、无冲突的去殖民化和与当地精英合作的榜样，但伦敦在这里无疑也受到了强逼。在“立法委员会（Legislative Council）”中，当地人成员的数量很长时间以来一直在不断增长；自1910年以来首次在一个殖民地出现了一个民选代表机构。1931年它变成了国务委员会，其63名代表中有50名是选举产生的；行政权掌握在国务委员会的各个委员会手里。在这个基础上得以在战后争取到了“责任制内阁”， 1138
1948年2月4日争取到了独立。然而同样在这里，僧伽罗人的优势也促使泰米尔人作出反应，并且导致了内战。

东南亚和大洋洲的去殖民化

尼德兰人和法国人的退出进行得不如英国人那样有风度，虽然——或者也正是因为第二次世界大战将他们置于既成事实面前，这与英国人的情况完全不同。日本向美国投降后，苏加诺立刻提出承诺过的9月独立的要求，并于1945年8月17日宣告印度尼西亚共和国成立以及建国五项基本原则（pantja sila）：民族主义、国际主义、代议制政府、社会公平和信仰神。苏加诺任总统，哈达任副总统，一个由135名成员组成的民族委员会取代了议会。共和国虽然仅仅控制着爪哇和苏门答腊，却任命了所有省份的省长。1943年以来由日本人建立但随后又被解除了武装的地方防御部队成为军队的核心。此外加上一些非正规部队，它们士气很高但训练不足。1945年11月它们在泗水之战（Battle of Surabaja）中徒劳地试图顶住英国和尼德兰军队守住这座城市，这是它们初上战场。虽然英国人对共和国通常都是克制的，但这促成了1946年尼德兰人的推进，尼德兰部队部分由当年的被拘留者和从信奉基督教的东印度尼西亚人中招募的士兵组成，能够强占那些共和国尚未控制的外围岛屿，在英国的协助下占领了爪哇和苏门答腊的一些城市。为避开尼德兰人的压力，共和国政府从巴达维亚（雅加达）迁往日惹。

正在撤离的英国人和联合国敦促统一，最终于1946年11月15日在井里汶达成了《林芽椰蒂协议》（das Abkommen von Linggadjati）。协议规划建立尼德兰—印尼联邦中的印度尼西亚联邦共和国，它由共和国以及在尼德兰势力范围内创建
1139 的国家婆罗洲和东印度尼西亚组成。但是这种妥协既没有得到尼德兰公众舆论的赞赏——1946和1948年的选举加强了保守派的阵营，与此同时社会主义者和善意的家长主义者也在推行

殖民政策——而拥有印尼85%人口的共和国也不可能以这种方式获得多数票胜出。所有这些矛盾导致尼德兰人于1947年7月21日开始对共和国实施“警察行动”。因为印度和澳大利亚呼吁联合国安理会出面，尼德兰人不得不停止行动，之前他们迅速占领了爪哇的中心区域、海港和苏门答腊的重要经济地区。他们拒绝他人干涉所谓的尼德兰内政，不过这种表态没有起到任何作用。他们不得不接受一个以对他们善意的美国代表为首的联合国调解委员会的积极斡旋。1948年1月17日，在停泊在苏腊巴亚的美国军舰“伦维尔（Renville）号”上达成了协议，在这些协议中尼德兰基本上达到了目的，而共和国的存在也暂时得到拯救。当然共和国的困境也推动了可以指责政府顺从美国的左派力量的发展。然而，政府成功地于1948年秋季控制了茉莉芬（Madiun）的共产党起义，这让本指望各民族力量会自相残杀的尼德兰人感到惊讶，而让美国人感到喜悦，其政府在本国公众舆论的压力下从亲尼德兰转向了亲印尼；美国的石油和商业利益也因此得到巩固。

在共和国的抵制下，由继续仓促建立、最终达15个印尼国家组成联邦的计划归于失败；而右翼在本土的选举中获胜之后，尼德兰人于1948年12月9日以再次实施警察行动对计划失败作出回应，此时共和国可以利用美国人的同情。日惹被轰炸，伞兵部队俘虏了政府，尼德兰部队占领了共和国的一座座城市。然而军事上的胜利变成了政治上的失败，其主要原因不在于145000名尼德兰人此时不断受到游击队的袭扰，而是东西方世界舆论的激烈反应，特别是美国舆论的反应。联合国任命了一个正式的印度尼西亚委员会，而且美国还暗示马歇尔计划的援助尼德兰项目可能会因此受到损害。因此尼德兰人必须作出让步。1949年8月23日在海牙开幕的会议结果是，新的、不再属于尼德兰的印度尼西亚联邦共和国于1949年12月27 1140

日独立，共和国立刻选举苏加诺为总统，哈达重新成为总理。由于尼德兰人玩的花招使联邦制信誉扫地，该联邦共和国于1950年8月17日转变成一个中央集权制的共和国。忠于尼德兰的加尔文派信徒南马鲁古人（Südmolukker）逃往尼德兰。苏加诺把中华人民共和国视作一条新的现代之路的榜样。

1956年，印度尼西亚单方面宣布1949年重新商定的与尼德兰人组成的联邦无效，因为尼德兰人不准备交出1949年自己保留的西新几内亚（印尼语：Westrian）。这个地区的美拉尼西亚人与印度尼西亚的马来人没有任何共同点。1961年确定它将于1970年独立。印度尼西亚帝国主义大肆渲染新几内亚问题像通常情况一样与内政危机管理不无关联，但它不是在1957年，而是直到1963年才在联合国取得成功，当时肯尼迪总统为了他的印度尼西亚政策向尼德兰施加了压力。新几内亚通过联合国归到印度尼西亚的管辖之下。它于1969年经一次伪全民公决以一致通过的结果被吞并。在此期间有80万印度尼西亚人迁入，而当年的70万巴布亚人中至少有10万人在印度尼西亚的恐怖统治下丧失生命。他们的反抗运动把这个地区视为“西巴布亚（Westpapua）”。2001年，印度尼西亚将它命名为“巴布亚（Papua）”并同意它内部自治，但是2003年它被分成两个省；此时印度尼西亚不是拥有26个省，而是33个省。2002年，在230万居民中有140万巴布亚人，他们在印度尼西亚新的去中央化的背景下占据了多数省议会议席和行政官员职位。尽管如此，由于拥有石油、天然气和可以滥伐的热带森林，巴布亚一直是印度尼西亚精英，特别是军队的财源。

一场旨在获取前英属北婆罗洲的运动在1963年没有成功，该运动一直进行到印度尼西亚退出联合国。当1974年的葡萄牙政变使得东帝汶的局势动荡起来时，印尼染指的并非葡属东帝汶。马克思主义的东帝汶社会民主革命阵线（Frente revolucionaria social democrata timorese）要求独立，其他政党主张在印度尼西亚框架内自治。与澳大利亚协商达成一致之后，印度尼西亚占领了东帝汶，1976 年 7 月 17 日，当时统治着印尼的军政府的总统苏哈托（Haji Mohamed Suharto）颁布法令将其作为一个省份并入印尼。不只有美国担心越战之后在反共产主义的东南亚再出现一个新的红色细胞。印度尼西亚实行的残酷统治为了征服持续不断的抵抗也将反抗者关入集 1141
中营，据说在这里也夺去了大约 20% 居民的生命。直到苏联解体和在当地拥有宗教权威地位的天主教会发起非暴力行动，1989 年以来的世界舆论才发生转变，1998 年苏哈托倒台后，联合国从一开始就致力于使该国独立的计划直至 2002 年方才得以实现。

与尼德兰人完全一样，法国人也决心在所有的政治方向上实行再殖民化，从而重新赢得自己的大国地位。戴高乐的外交部部长已经向盎格鲁撒克逊人宣布，法国不会让自己降低到丹麦的水平，并且绝不接受美国的托管计划。可是它也要对付在日本衰落的阴影中产生的一个由当地人组建的国家——由越盟于 1945 年 9 月 2 日在河内成立的越南民主共和国（Demokratische Republik Vietnam）。8 月，越南民主共和国号召反对日本人的民族起义。摇摇欲坠的保大卖国政权向以胡志明为首的解放委员会交出了国印。由此，人民眼中的“上天的委任（Mandat des Himmels）”转到了越南民主共和国的手中。但是没过多久，法国人便在英国人的支持下在西贡登陆，再次将交趾支那置于他们的殖民统治之下。摆脱了日本人的中国国民党人开进北方。斗争之后，于 1946 年 2 月通过妥协完成了选举，产生了统一的候选人名单，但须为非共产党人预留 20% 的席位。取得赞同的过程是扣人心弦的。此时法国也大力向北方发展。通过放弃来自不平等条约的权力，它使中国人撤出这个国家，却无法否认年轻的共和国。1946年3月6日，经过谈判，共和国被作为“印度支那联邦”和“法兰西联邦（Union française）”里的自由国家得到承认。这都是些工具，借助这些工具正在建立第四共和国的法国想要将印度支那、摩洛哥和突尼斯置于它的继续控制之下，此时法国正处于同化形成的、但绝非反殖民主义的左倾热情的新的高涨之中。夏季和秋季，胡志明率一个代表团在法国进行谈判，在细节上谈得很友好，甚至谈到了法军在北方的驻扎，但在越南独立和统一问题上毫不让步。在此期间，法国人将交趾支那变成了一个自己的
1142 的共和国，将“独立”改为完全“自治”。虽然胡志明没有从法国共产党人那里得到任何支持，但决定冒险与法国合作，尽管在国内有人攻击他是机会主义者。回国之后，他成功地通过清洗牢固地建立了自己集团的统治，这引起了法国人的担忧。

因此，经过适当的准备之后，法国报刊将法国士兵与越南人之间的事件大肆渲染成即将发动的侵略的证据，1946年11月24日又将其作为从海上炮轰海防港（Haiphong）的理由，这次炮轰至少造成6000人死亡。胡志明试图与巴黎建立联系，但受到殖民当局的阻挠。12月19日，国防部长武元甲的民兵袭击了法国人——第一次越南战争开始。至1947年，法国人控制了绝大多数要地和交通线，但这并不能说明什么，因为他们的对手根据武元甲的长远战略转入了地下活动。尽管挫折连连，这项至1975年经受了多次检验的战略分三个阶段实施：（1）进行游击战，目标为将敌人与民众分离开来，通过敌人的和自己的行动，使民众站到自己一边；（2）在尽可能大的区域内建立自己的政治军事政权并组建一支正规军；（3）向依然在敌人手里的飞地发起进攻。但是法国也尝试发起了一场政治攻势，它放弃了印度支那联邦计划，并于1948/1949年建

立了一个重新统一的越南，首脑是再次出现于政治舞台上的保大。虽然为防万一从未施行过选举，但是1950年它与老挝和柬埔寨一起被纳入法兰西联邦，而越南民主共和国则得到中国和苏联承认。

国民党政权在一定程度上打上了集团经济和腐败的烙印，因而既不可能进行有效的行政管理，也不可能战胜对手共产党，尽管它与后者在抗击日本时进行过合作。农民和中等阶层的大部分都转而同情干练、纯洁和简朴的共产党人，后者业已进行了成功的土地改革。对财产的担忧可以退到次要地位，因为很多财产拥有者在战争中反正已经失去了一切。所以，尽管国民党政府拥有美国的支持，中国共产党仍然能够从处于明显 1143
的劣势成长为绝对占优势的对手，并于1949年建立了中华人民共和国。蒋介石不得不退避台湾。1955年苏联撤出东北地区。中华人民共和国开始实行一种主动的反对帝国主义的外交政策。

对于越南独立同盟会来说，这一发展意味着在北方有了一个友好邻邦。与此同时，这一发展也导致美国对印度支那的兴趣日益增长，在此之前美国对法国殖民主义持批评态度，因而更多地与印度支那问题保持距离。然而到1950年，朝鲜战争爆发，其间中国人民志愿军立即使热心于那里的战事的美国陷入窘境。所以美国此时准备帮助非共产党的越南，不过是在为印度支那联盟国家争取自由的条件下。因此在法国，人们谈论的不再是自己的权力，而是为世界的自由和安全而战。这种矛盾导致印度支那三个国家至1954年获得它们形式上的独立，它们悄无声息地辞别了法兰西联邦。

虽说是反对共产主义的斗争，但这场战争一直还是由法国独自承担着。然而令人惊异的是这场战争在法国公众中几乎没有引起关注。甚至连左翼的反殖民主义在很长时间里也被边缘化。至 1951 年取得了显著的战果，最后战斗却以沉重的失败告终。当武元甲开始将越南的影响也通过军事向老挝扩张时，法军总司令认为占领通往老挝的必经之路奠边府（Dien Bien Phu）能够与武元甲的精锐部队进行决战并消灭之。第一条实现了，结局却是出乎预料的失败，部分原因是越南人能够投入使用中国人在朝鲜战争中缴获的重炮。1954 年 5 月 7 日至 5 月 8 日，奠边府投降。美国国会不赞成直接干涉和在特定条件下使用核武器。就连英国人也对此持反对态度。这场战争夺去了至少 50 万人的生命，其中法方阵亡 92000 人，包括 20000
1144 名法国人，11000 名外籍军团士兵，15000 名非洲人和 46000 名越南人。据称外籍军团中大约 40% 是德国人，其中包括前党卫军成员［尽管后来人们发现，来自阿尔萨斯的会作诗的军团士兵、前党卫军成员乔治·福雷斯蒂尔（George Forestier）纯属文学杜撰］。1945 年至 1954 年，法国国家支出的 10% 流入了印度支那，1947 年至 1954 年总额为 8880 亿法郎，其间年支出从 110 亿法郎增加到 2020 亿法郎；从殖民地获取的经济利润远远低于这个数字。从美国获得的 15 亿美元的对法援助款中先是三分之二用于印度支那，后为 84%，其中战争费用从 20% 增长到 41%。从 1946 至 1954 年再到 1957 年，法国在印度支那的军费支出合计为 1683 亿法郎，年开支从 194 亿法郎增加到 490 亿法郎。不过据说 1954 年美国承担了战争费用的 80%（Tertrais，H. 1998，2002）。

1954 年，柏林外长会议的倡议促成了以英国和苏联联合主席团为主导的日内瓦印度支那会议，在会议上法国总理孟戴斯 – 弗朗斯（Mendès-France）威胁要大规模使用此前一直避免使用的法国服兵役者，从而达到了将北越边界定在北纬 17° 以及让近百万法国人的朋友离开北越的目的。因为那里进行了血腥的土地改革，对曾并肩战斗过的当地天主教徒的态度也发生了变化。然而美国和越来越依附于美国的历届南越政权并未承认停战协议。1956 年，西贡拒绝进行此前商定的在国际监督下举行的全越南选举——对河内来说又多了一条支持南越“解放阵线”的理由。

最终，约翰逊总统和他的顾问们于 1964 年在无把握的情况下转向对北越发动进攻。1954 年获得独立的邻国柬埔寨和老挝王国也被卷入冲突。第二次越南战争和第一次一样，面对一个充满敌意的民族是无法取胜的，在美国政策转变之后，1975 年战争以南越政权垮台和河内统一全国而告结束。这场对美国新殖民主义的胜利在世界范围内引起的轰动不亚于早先对法国殖民主义的胜利。柬埔寨变成了越南冲突的副战场，同时陷入了一场左派和右派力量之间的内战。所以 1965 年和
1973 年间，它一再遭受美国空军的狂轰滥炸，不过这些行动 1145
无疑都瞒着美国公众甚至国会。1970 年的一次军事政变使得一个对美国友好的政权登上了权力宝座，紧接着内战升级。最终，1975 年取得胜利的红色高棉（Roten Khmer）接管了政权，为了建立一个“理想社会”进行了大规模的谋杀，夺去了 170 万 ~220 万人的生命。但是他们从 1977 年起陷入了与越南之间的边界冲突，1979 年由于越南入侵他们被迫转入游击战，并且被一个亲越南的政府所取代。虽然 1991 年达成了停战协定，但是直到 1996 年，在联合国的暂管下，红色高棉部分的自行解散才成就了议会君主制。到那时为止，作为越南对手的红色高棉人得到美国和英国毫无顾忌的提携！

同时，英国人和在印度支那的法国人一起在马来亚与马来亚人民解放军（Malayan Races Liberation Army）进行了一场类似的“肮脏战争”并取得了胜利。马来亚人民解放军源于战争期间的共产党游击队，参与者几乎全是华人，他们很少得到其他各群体的支持，与他们的遭遇相比，那些随后在越南也

出现过的做法（喷洒化学药品，将100万华人重新安置到处于监管之下的500个新村庄）可谓小巫见大巫。虽然这里本来也有具有威胁性的马来民族主义，但英国人成功地赢得了它的信任。

英国曾打算在战争结束之后留在马来亚和新加坡。英国人把自己视为印度洋和东南亚的制度维护者，美国在那里还很少出现。此外新加坡是商业场所，还有锡和橡胶带来的利润。因此他们紧跟时代的标志，打算于1946年4月1日成立一个英国统治下的没有新加坡的马来亚联邦，在联邦里传统的王侯们应被剥夺权力，马来人、华人（各约占40%）和印度人（约20%）这三个族群应拥有平等权利。然而马来人强烈反对，他们害怕华人，而且他们的苏丹们也不愿意被排挤掉。于是1948年7月1日成立了拥有经过修订的宪法的马来亚联合邦（Federation of Malaya），它由9个邦以及槟榔屿和马六甲这两个殖民地组成。各邦在驻吉隆坡的一个英国高级专员（High Commissioner）领导下享有内部自治。但是此时唯有马来人理所当然地获得了公民权，严格的限制主要是针对华人。

1146 直至此时，马来亚共产党一直很平静。毕竟它作为唯一的抗日游击运动得到过英国人的大力支持；它的新任总书记甚至是英国皇家勋章的获得者。然而对华人的歧视以及种植园和矿山工人的窘迫处境导致了殖民政权与共产党之间紧张关系的升级，1948年殖民政权实行了紧急状态，共产党开始进行游击战。1960年他们被击败，紧急状态得以取消。英国人有时要投入12万兵力，每杀死一个敌人要花费45000美元，约等于美国人在越南的花费。

在此期间也出现了一个比较好的政治解决方式。马来亚有了一个民选成员越来越多的“立法委员会”，1955年有了一个议会内阁。此外温和派和保守派都提高了影响力。在1955年选举之际，后来的森美兰苏丹东姑阿都拉曼（Abdul Rahman）王子（也是在英国受过教育的法学家）成功地从相关的马来人、华人和印度人的政党中组建了一个支撑国家的联盟并开始与英国谈判。结果是1957年8月3日英联邦中的“马来亚联邦”独立。苏丹们轮流担任国家元首，任期为5年，在此期间他被称为“马来西亚国王（King of Malaysia）”。

新加坡还一直被排除在外，因为这座城市以其华人占人口多数和它的战略意义而成为特例。因此对待独立的愿望比较克制。在它朝气蓬勃的总理李光耀（Lee Kuan Yew）的领导下新加坡于1958/1959年获得了自治，为了彻底从英国殖民体系中独立出来，他计划与马来西亚实现联合。

为了防止华人超过马来人占多数和为了建立另一个反共堡垒，伦敦和东姑阿都拉曼在此期间制定了一个由半岛、新加坡、沙巴、沙捞越和婆罗洲的文莱组成的大马来亚计划。1946年，沙捞越脱离其布鲁克家族的王公归于英王室治下。1963年8月31日建立马来西亚，同时保留马来亚联合邦的宪法。然而富裕的被保护国文莱拒绝加入，并于1984年作为君主国 1147
独立。新建国家马来西亚并没有得到菲律宾和印度尼西亚的承认。1963年至1966年在婆罗洲——印度尼西亚索求的加里曼丹——印度尼西亚和马来西亚之间处于一种没有宣战的战争状态，其间为数10000人的英国、澳大利亚和新西兰部队投入其中。直到1966年苏加诺丧失权力之后冲突才得以平息。1965年，新加坡在取得华人占多数的选举胜利后脱离了联邦。李光耀力求在联邦层面上进行合作，东姑阿都拉曼不仅拒绝合作，还在新加坡煽动种族之间的流血动乱。在此期间不再有人向英国进行咨询。当1971年最后一批英国军队撤出新加坡时，英国在东南亚的存在也成了历史。新加坡的华人此间在那里建立了一个既具有压制性又成功的统治体系。

以1954年的印度支那会议为标志，最迟以1957年马来亚独立为标志，亚洲的去殖民化或第三次去殖民化的第一次浪潮从根本上讲已经结束。第二次浪潮应该包括非洲殖民地中的大多数，第三次浪潮包括葡萄牙殖民帝国和其他迟到者。前两次去殖民化几乎只涉及欧洲的移民殖民地，而此时轮到了拥有非欧洲居民的统治型殖民地，当然主要只是一些较大的国家。因为此外还有很多殖民列强的较小的领地，特别是印度洋和太平洋上的岛屿，它们直到后来才独立，有时甚至根本就没有独立。在这里去殖民化常常并非发自一场民族运动，而是发自一个希望其家园现代化的殖民国家。“虽然人们不能强迫任何人去实现自由，但是也同样不能强迫人去统治别人。”澳大利亚总理高夫·惠特拉姆（Gough Whitlam）如是说。通过相互认可实现的和平去殖民化甚至被宣布为“太平洋方式”（Aldrich, R. 2000, 180, 188）。在一些殖民地，人们过去和现在都可以问自己，它们到底是否应让自己去殖民化。只有利益相关者关注它们的命运，这些人群的人口常常不足10万，少于10000人的情况也并非罕见。然而，三个西方核大国在制定新政策时也在努力确保它们在广阔的太平洋上的核弹试验场。

香港是特例之一，因为地理位置变成了财富聚集地。根据
1148 1984年签订的一份条约，中国政府于1997年恢复对香港行使主权。对珠江口对面的澳门，中葡于1987年签署了一份类似香港解决方案的条约。

印度洋及其周边呈现了一种色彩斑斓的景象。1802年被占领的马尔代夫（Malediven）于1952年获得内部自治，1965年成为英联邦内部一个独立的苏丹国，1968年成为共和国。各个岛上当时还十分重要的军队和空军基地于1975/1976年被放弃，这使得该群岛陷入严重的经济危机。毛里求斯和塞

舌尔1814年落入英国人手中。毛里求斯1968年在英联邦框架内独立，塞舌尔1976年亦获独立。但是1965年建立的殖民地英属印度洋领地（British Indian Ocean Territory）的行政机构也设在那里，它由查戈斯群岛（Chagosinseln）和其他几个岛群组成。1967年至1973年，查戈斯群岛的1500~2000名混血住民被英国人强制迁往毛里求斯和塞舌尔，并将这个无人的群岛转让给美国作为军事基地，期限为50年。查戈斯人从一个法庭到另一个法庭为自己的家乡进行着斗争，尽管至今还未取得成功，但这一斗争证明前殖民地区域的政治选择可能性发生了多么巨大的变化。位于苏门答腊西南的科科斯群岛（Kokosinseln）于1984年进行全民公决之后并入澳大利亚，住民主要为华人的圣诞岛自1958年归属澳大利亚。法属留尼汪岛自1946年起拥有“海外省（Département d’Outre-Mer）”地位，而再往南的、部分相当贫瘠的法属岛屿则依然是殖民地。

在太平洋边缘，英国和澳大利亚的殖民地合并为东新几内亚，1973年获得内部自治，1975年作为巴布亚新几内亚（Papua-Niugini）获得英联邦内的独立。所罗门群岛1976获得内部自治，1978年获得英联邦内的独立。西萨摩亚也属于德国遗产的一部分，1962年作为第一个大洋洲上的国家独立，自1970年起为英联邦成员。2002年，新西兰女总理为在托管期间的实验行为道歉。相反，东萨摩亚自1960年起成为拥有内部自治的美国属地。自1965年起，新西兰属地库克群岛亦拥有类似的法律地位，直到1993年独立。磷酸盐岛瑙鲁自第
一次世界大战起由英国、澳大利亚和新西兰共同控制，1947 1149
年成为澳大利亚代行管理的联合国托管地，1968年获得英联邦内的独立。磷酸盐开采兴旺期间，瑙鲁一直保持着世界上最高的生活水准。自从1990年代磷酸盐采尽以来，那里笼罩着

持续的危机，人们试图通过洗钱和申请作为核废料最终储存地获得的资金进行弥补。在英国的领地和被保护国中，斐济群岛 1970 年获得了英联邦内的独立；移居斐济的印度人占人口多数，暂时在政治上占主导地位，他们与占少数的美拉尼西亚人之间的矛盾自 1987 年开始导致后者通过军事政变夺取国家政权，导致大量印度人外迁和 2009 年脱离英联邦。汤加王国 1970 年在英联邦框架内独立，随后是埃利斯群岛（Ellice-Inseln）于1978年作为图瓦卢（Tuvalu）独立，吉尔伯特群岛于 1979 年作为基里巴斯（Kiribati）独立，两个群岛此前都获得了内部自治。最终，前英法共管地新赫布里底群岛在与法国达成一致之后于 1980 年作为瓦努阿图（Vanuatu）独立。英国的殖民地到今天只剩下拥有 60 个住民的孤立的皮特克恩岛。同样位于波利尼西亚最东端的智利的复活节岛上的居民 1966 年获得国家公民身份，2007 年获得特别属地地位。

1957 年，中部波利尼西亚合并为法属波利尼西亚（Polynésie française），主要由社会群岛、土阿莫土群岛和马克萨斯群岛组成，现在拥有“海外省”地位，美拉尼西亚群岛的新喀里多尼亚也属于这种情况，随之岛民也拥有法国公民权和国民大会选举权。在新喀里多尼亚，被流放至此的白人或白人移民变得与当地的或作为工人被引入的美拉尼西亚人一样强大，因而独立的追求变得复杂起来。经历了严重的冲突之后，新喀里多尼亚 1987 年获得了一个新法规，其中包括管理层面的自治和地域之间的相互区分，对此分离主义者当然加以拒绝。1998 年经过国民公决后，以“卡纳克人为本体（kanakischer Identität）”的内部自治生效，不过法国允诺在 2014 年至 2018 年举行有关独立或留在法国的全民公决。瓦利斯（Wallis）以及富图纳（Futuna）群岛在 1961 年就已经成为与新喀里多尼亚分离的法国海外属地，其居民拒绝独立。自

2004 年起波利尼西亚也享有充分的内部自治，但到 2013 年还拒绝给予它联合国所力求的独立。

1966 年至 1996 年，法国在那里不仅进行了 193 次核武器实验，而且据说还存放了核废料。对于戴高乐来说，在丧失了 1150
阿尔及利亚的撒哈拉之后，波利尼西亚对于法国追求的大国地位发挥着关键作用。不过当法国开始在太平洋进行核试验的时候，美国、英国和苏联已经在那里共进行了 473 次试验。当法国人 1975 年过渡到地下核试验的时候，“迟到者”法国与新西兰和澳大利亚之间的矛盾并没有结束。直至 1996 年终止核试验，法国才得以最终从自命不凡的大国转变成为一个太平洋伙伴的角色。

在殖民时期，美拉尼西亚地区受双向移民的影响特别大，种族动乱不仅危害到斐济群岛和新喀里多尼亚，而且也危害到巴布亚新几内亚、所罗门群岛和瓦努阿图。其间所涉及的不仅仅是对占少数的华人的迫害，他们不得不乘中国飞机撤离所罗门群岛。有时这种族群矛盾也与天主教徒与新教徒之间的矛盾汇聚在一起，双方的布道团早在殖民时期就在竞争。

尽管秉持反殖民主义的原则，美国在第二次世界大战之后仍然将密克罗尼西亚的绝大部分暂时作为“战略托管地”占领。其中关岛自 1950 年起像东萨摩亚、中途岛和威克岛一样拥有“未合并的美国领土（unincorporated US territory）”的地位。它们的居民拥有美国公民权，但不是某个联邦州的成员，没有完全的国会选举权，不过拥有内部自治。1976 年马里亚纳群岛与其余岛屿分离，至 1986 年作为北马里亚纳群岛邦（Commonwealth of the Northern Mariana Islands）与波多黎各一样是美国的一个联合邦。根据与美国的自由联系条约，马绍尔群岛和密克罗尼西亚联邦（Federated States of Micronesia）自 1986 年起独立，条约规定外交和国防政策由美国管辖。1994 年，帕劳群岛在与密克罗尼西亚分离之后也作为最后一个托管地取得了这种法律地位。在马绍尔群岛区域，美国从 1946 年至 1958 年进行了 67 次原子弹实验。居民的移居过早地被取消，1970 年代它重新生效。1994 年帕劳在宪法中宣布其为无核地区，在美国的压力下这项决定不得不取消，为此美国给予了该地区 4.8 亿美元的投资额。1952 年至 1956 年，英国的核试验大多在澳大利亚的荒漠上进行，也在吉尔伯特群岛的岛屿上进行。

没有一个殖民国家有过去殖民化的计划或者进行过有计划的去殖民化。很多英国人一如既往地过高评价从大英帝国到英联邦的转变（尽管他们在此过程中失去了几个殖民地国家），称这一转变相当高雅和未使用武力显然更是民族神话而不是历史真实。因为第一，这里涉及的不是政治智慧而是根据各种具体情况务实地适应形势，这当然可以完全被视为历史贡献。第二，英国人在他们认为适当的时间、地点也进行过残酷和成功的暴力镇压，尤其是在马来亚和肯尼亚，而这些都被淡而化之。第三，坚定地维护帝国恐怕远远超出了一个已被战争耗尽而且经济上陷入窘境的国家的能力。第四，尽管如此，英国仍然想保持自己的世界帝国的角色，并凭借“去殖民化的帝国主义（Imperialism of Decolonization）”建立新的霸权。因此他们从自己考虑往往不急于进行去殖民化。因为即使在认识到了其必要性的地方，也不仅仅是英国人硬说被殖民者政治不成熟和准备不充分，而且常常试图把自己的统治终结期推迟数十年，通常是在不损害自己的前提下。尝试过形形色色的过渡模式，大都是徒劳一场。英国人以自己经过考验的自治领为模式创建了一个个联邦，法国人计划建立一个由自治国家、非独立地区和自己的共和国组成的联盟以充当霸主。虽然尚未作好独立的充分准备的说法常常是符合实际的，但这在很大程度上是殖民国家的故意耽延，因而这一论点不仅受到当事人的抵制，而且在1960年也受到联合国的抵制。

另外，没有一个反殖民运动是完全依靠自己的力量赢得了独立。在阿尔及利亚，法国人甚至直到最后在军事上都完全是成功的。无论在哪里，抵抗战士的政治朋友都发挥了重要的作用。当然也不应该忽略国际军火贸易及其在政治上至今还云山雾罩的途径。然而自相矛盾的是，有时也存在着由殖民国家发起的去殖民化，甚至出现相关居民拒绝去殖民化的现象！尽管并未面对一场反殖民运动，这些殖民国家也想卸掉领地的包袱。

但是去殖民化即使不是完全地，也是在极大程度上首先取决于国际框架条件以及与此相关联的殖民国家“自家”的政治形势。第一，美国和苏联这两个新的世界大国在国际政治中占据主导地位，只要没有涉及它们自身的利益，它们会严厉地反殖民主义，而且根据具体情况甚至完全作好准备支持独立运动，就像美国在菲律宾和印度尼西亚所做的那样。当然，这样做美国人就可能陷入与它的北约伙伴的矛盾之中，如殖民国家英国、法国和葡萄牙。

第二，联合国已一步步地发展成一个反殖民机构，单就数量而言，联合国成员国中的前殖民地国家已经发挥着越来越重要的作用，当然主要是在联合国大会上；与安理会决议不同，联合国大会的决议并不具有法律约束力。但是安理会中除世界大国外，拥有否决权的常任理事国还有英国和法国。尽管如此，联合国自 1948 年起不断地使用中立成员国的军队参与去殖民化进程，但不是作为解放者，而是为了平息参与各方无力控制的冲突。

第三，联合国全体大会的没有法律约束力的决议也绝不是毫无效果。它们对于世界公众舆论的反殖民的重新定位作出了重要贡献；这是一个难以把握的过程，但是尽管如此依然具有很大的意义。殖民列强此后在这里不断遭到诟病，尽管它们试图在去殖民化进程中同时展开目标明确的宣传运动。就连历史书写也在极短的时间里经历了转变，一些重要的意见领袖从颂扬民族帝国转为与被殖民者联合起来尖锐批评殖民。

第四，世界大国、联合国和世界舆论影响了殖民列强的内部情况，它们的国家发展中的特殊情况同样可能具有重大意义，比如第二次世界大战后英国和法国的财政窘境，或 1958 年戴高乐重新掌权，或 1974 年的葡萄牙革命。

简而言之，成功的去殖民化通常取决于三个因素的共同作 1153
用：一个足够强大的独立运动、一个有利的国际形势和殖民大国愿意作出妥协。

只要已完成去殖民化的国家的政治领袖随后能够活跃于世界政治舞台，他们便常常一方面倾向于尽可能与两个世界大国及其附庸之间的持续冲突保持距离，另一方面将去殖民化进程尽可能地继续向世界其他地区推进。首先，印度总理尼赫鲁借助由甘地积累的国际声望使自己成为和平共处不结盟政策的代言人。1955 年 4 月，应印度、巴基斯坦、锡兰、缅甸和印度尼西亚的邀请，来自亚洲和非洲的 29 个国家的代表（其中 17 个已是联合国成员国）聚集在爪哇的万隆召开会议，讨论共同的利益和问题。除中立国外，还有倾向西方和倾向东方的国家出席会议，如伊朗、日本、约旦和南越为一方，中国和北越为另一方。美国害怕中国和印度取得的成就，英国人主要担心这种影响扩散到非洲。两国都对各自的盟友施加了强烈而成功的影响。尽管如此，经过激烈的争论，最后的联合公报以及其他文件还是谴责继续存在的殖民主义是敌视进步的，谴责其违背了联合国宣布的民族自决的基本权利，并且号召加速清除殖民主义。诚然，这只是话语，但却是暴风雨般的话语（尤其是在非洲），是引发了在道德层面上反对继续存在的欧洲殖民统治的话语。而且不仅仅如此。万隆由此架起了通往第三次去殖民化的第二次浪潮（非洲浪潮）的桥梁。亚洲为非洲指明了道路。

可是具有更高道德要求的新世界秩序却没有实现。印度自身很快也像其他新建国家一样被卷入普遍的权力政治矛盾，因而人们自问，和平共处思想是否起着与甘地的非暴力思想类似的作用：它是弱者的一种有力工具，当不再需要时他会即刻放弃它。的确，年轻民族的领袖们不要西方榜样也能出色地表演人性和政治卑鄙的老把戏。不过他们能够从他们当年的主人们那里接受用于这一目的的新工具：技术工具、经济工具、大众传播工具和意识形态工具。

原始资料与参考文献

日本帝国主义和第二次世界大战

Agoncillo, T. A., The Fateful Years: Japan's Adventure in the Philippines, 1941–1945, Bd. 1., Quezon City 1965 | Allen, L., Singapore 1941–1942, London 1977 | Andaya, B. W. u. L. Y., A History of Malaysia, London 1982 | Aydin, C., The Politics of Anti-Westernism in Asia: Visions of World Order in Pan-Islamic and Pan-Asian Thought, New York 2007 | Ba Maw, Breakthrough in Burma, New Haven u. a. 1968 | Baker, C., Colonial Rule and the Internal Economy in Twentieth Century Madras, in: MAS 15 (1981) 590–602 | Banerjee, A. C. (Hg.), Indian Constitutional Documents, 1757–1947, 4 Bde., Calcutta 1945–65; Bd. 4 | Bayly, C. A./Harper, T., Forgotten Armies: The Fall of British Asia, 1941–1945, Cambridge, MA 2005 | Beasley, W. G., Japanese Imperialism, 1894–1945, Oxford 1987 | Benda, H. J., The Crescent and the Rising Sun: Indonesian Islam under Japanese Occupation, 1942–1945, Den Haag u. a. 1958 | Bernhardt, F., Die *Kollaboration* asiatischer Völker mit der japanischen Besatzungsmacht im Zweiten Weltkrieg als Glied im Dekolonsationsprozess, Hamburg 1971 | Blickenstorfer, C., Die Haltung der englischen Regierung während der mandschurischen Krise (1931–1933), Zürich 1972 | Boudarel, G., Giap, Paris 1977 | Brands, H., The MacArthur Myth and U.S. Policy towards Hirohito and the Japanese Imperial Institution, 1942–1946, in: PHR 75 (2006) 271–305 | Braun, O., Chinesische Aufzeichnungen (1932–1939), Berlin 1973 | Brown, J. M., Modern India: The Origins of an Asian Democracy, Oxford u. a. 1985 | Bruin, R. de, Islam en nationalisme in door Japan bezet Indonesië, 1942–1945, Den Haag 1982 | Calman, D., The Nature and Origins of Japanese Imperialism: A Reinterpretation of the Great Crisis of 1873, London u. a. 1992 | Cantier, J./ Jennings, E. (Hg.), L'empire colonial sous Vichy, Paris 2004 | Chang, J., Wild Swans: Three Daughters of China, New York 1991 | [CHC] The Cambridge History of China, 15 Bde. in 16 Tln., Cambridge 1978–2009; Bd. 11–13, 1980–86 | Ch'en, J., Yuan Shih-k'ai, 2. Aufl., Stanford 1972 | Cheng, C.-C., Impact of Japanese Colonial Rule on Taiwanese Elites, in: JAsH 27 (1988) 25–51 | Chesneaux, J., Le mouvement ouvrier chinois de 1919 à 1927, Paris 1962 | –, Geschichte Vietnams, Berlin 1967 | –, Geschichte Ost- und Südostasiens, Köln 1969 | Ch'i, H., Nationalist China at War, Ann Arbor 1982 | [CHJ] The Cambridge History of Japan, 6 Bde., Cambridge 1988–99; Bd. 6, 1989 | Chow, T., The May Fourth Movement, Cambridge, MA 1960 | Coble, P. M., The Shanghai Capitalists and the Nationalist Government, 1927–1937, Cambridge, MA 1980 | Collis, M., Last and First in Burma (1941–1948), London 1956 | Connors, L. A., The Emperor's Advisor: Saionji Kinmochi and Pre-War Japanese Politics, London 1987 | Conrad, S., Geschichtspolitik in Japan, in: Periplus 11 (2001) 1–101 | Coox, A. D., Nomonhan: Japan against Russia, 1939, 2 Bde., Stanford 1985 | Crozier, B., The Man Who Lost China, New York 1976 | Dabringhaus, S., Territorialer Nationalismus in China. Historisch-geographisches Denken 1900–1949, Köln 2006 | –, Geschichte Chinas 1279–1949, München 2006 | –, Mao Zedong, München 2008 | Dahm, B., Sukarnos Kampf um Indonesiens Unabhängigkeit. Werdegang und Ideen eines asiatischen Nationalisten, Frankfurt 1966 | Le général De Gaulle et l'Indochine, 1940–1946, hg. v. Pilleul, G., Paris 1982 | Detwiler, D. S./Burdick,

C. B. (Hg.), War in Asia and the Pacific, 15 Bde., New York u. a. 1980 [übersetztes japan. Material] | Domes, J., Vertagte Revolution, Berlin 1969 | Dreifort, J. E., Myopic Grandeur: The Ambivalence of French Foreign Policy toward the Far East, 1919–1945, Kent, OH 1991 | Droz, B. (Hg.), Vichy et les colonies, in: OM 91 (2004) 5–174 | Duus, P., The Abacus and the Sword: The Japanese Penetration of Korea, 1895–1905, Berkeley 1995 | –/Myers, R. H./Peattie, M. R. (Hg.), The Japanese Informal Empire in China, 1895–1937, Princeton 1989 | Eastman, L. E., China under Nationalist Rule, Urbana 1986 | Eng, R. Y., Chinese Entrepreneurs, the Government, and the Foreign Sector: The Canton and Shanghai Silk Reeling Enterprises, 1861–1932, in: MAS 18 (1984) 353–70 | Esherick, J. W., Reform and Revolution in China: The 1911 Revolution in Hunan and Hebei, Berkeley 1976 | Fairbank, J. K., The United States and China, 4. Aufl., Cambridge, MA 1984 | –, The Great Chinese Revolution, 1800–1985, New York u. a. 1986 | –/Reischauer, E. O., China: Tradition and Transformation, Sydney 1979 | Fall, B., Le Viet-Minh. La République Démocratique du Vietnam 1945–1960, Paris 1960 | Fessen, H./Kubitschek, H. D., Geschichte Malaysias und Singapurs, Berlin 1984 | Franke, W., Das Jahrhundert der chinesischen Revolution 1851–1949, 2. Aufl., München 1980 | Franz-Willing, G., Neueste Geschichte Chinas, Paderborn 1975 | Friend, T., Between Two Empires: The Ordeal of the Philippines, New Haven 1965 | Fröhlich, T./Liu, Y. (Hg.), Taiwans unvergänglicher Antikolonialismus. Jiang Weishui und der Widerstand gegen die japanische Kolonialherrschaft, Bielefeld 2011 | Fung, E. S. K., The Chinese Nationalists and the Unequal Treaties 1924–1931, in: MAS 21 (1987) 793–819 | Gäng, P./Reiche R., Modelle der kolonialen Revolution, Frankfurt 1967 | Galbiati, F., P'eng P'ai and the Hai-lu-Feng Soviet, Stanford 1985 | Gernant, K., Attrition Sustained by the First Front Army of the Chinese Red Army on the Long March 1934–1935, in: JAsH 19 (1985) 166–87 | Glendevon, J., The Viceroy at Bay: Lord Linlithgow in India, 1936–1939, London 1971 | Gopal, S., Jawaharlal Nehru, 2 Bde., London 1975–84 | Granados, U., Japanese Expansion into the South China Sea: Colonization and Conflict, 1903–1939, in: JAsH 42 (2008) 117–42 | Guillermaz, J., Histoire du parti communiste chinois, Bd. 1: 1921–1949, Paris 1968 | Haas, G., Französisch-Indochina zwischen den Mächten 1940–1945, Diss. phil. Berlin 1970 | Hall, J. W., Das japanische Kaiserreich, Frankfurt 1968 | Harrison, J. P., Der lange Marsch zur Macht. Die Geschichte der kommunistischen Partei Chinas, Stuttgart 1977 | Hauner, M., India in Axis Strategy, Stuttgart 1981 | Heé, N., Imperiales Wissen und koloniale Gewalt. Japans Herrschaft in Taiwan 1895–1945, Köln 2012 | Herde, P., Pearl Harbour, Darmstadt 1980 | –, Großostasiatische Wohlstandssphäre. Die japanische Besatzungspolitik auf den Philippinen und in Indonesien im Zweiten Weltkrieg und ihre Folgen, Stuttgart 2002 | Heussler, R., Completing a Stewardship: The Malayan Civil Service, 1942–1957, London 1983 | Ho, K., A History of Modern Chinese Revolution, Peking 1959 | Hoffmann, R., Der Untergang des konfuzianischen China. Vom Mandschureich zur Volksrepublik, Wiesbaden 1980 | Hofheinz, R., The Broken Wave: The Chinese Communist Peasant Movement, 1922–1928, Cambridge, MA 1977 | Holland, R. F., European Decolonization, 1918–1981, New York 1985 | Horlemann, J./Gäng, P., Vietnam. Genesis eines Konflikts, 2. Aufl., Frankfurt 1968 | Hsu, L./Chang, M., History of the Sino-Japanese War, Taipei 1971 | Hutchins, F., Spontaneous Revolution: The Quit India Movement, Delhi 1971 | Huynh Kim Khanh, Vietnamese Communism, 1925–1945, Ithaca u. a. 1982 | Ienaga, S., The Pacific War, New York 1978 | –, Japan's Last War, Oxford 1979 | Ireland-Kunze, L.,

Die Pearl-Harbour-Kontroverse, in: Militärgeschichte 23 (1984) 313–18 | Iriye, A., The Origins of the Second World War in Asia and the Pacific, Harlow 1987 | Jackson, A., The British Empire and the Second World War, London 2006 | Jalal, A., The Sole Spokesman: Jinnah, the Muslim League and the Demand for Pakistan, Cambridge 1985 | James, L., Imperial Rearguard: Wars of Empire 1919–1985, London 1988 | Jansen, M. B., Japan and China: From War to Peace, 1894–1972, Chicago 1975 | Japan's Road to the Pacific War: Selected Translations from: Taiheiyô sensô e no michi: kaisen gaikô shi, 3 Bde., New York 1976–84 | Jennings, E. T., Vichy in the Tropics: Petain's National Revolution in Madagascar, Guadeloupe, and Indochina, 1940–1944, Stanford 2001 | Johnson, C. A., Peasant Nationalism and Communist Power, Stanford 1962 | Jong, L. de, The Collapse of a Colonial Society: The Dutch in Indonesia during the Second World War, Leiden 2002 | Kahin, G. M., Nationalism and Revolution in Indonesia, Ithaca u. a. 1952, Ndr. 1970 | Kawai, T., The Goal of Japanese Expansion, Tokyo 1938, Ndr. Westport 1973 | Kerkvliet, B. J., The Huk Rebellion, Berkeley 1977 | Kim, M. S.-H., Colonial Courts and Custom: Comparative Reflections on Customary Law and Colonial Modernity in Korea, in: IIAS Newsletter 47 (2008) 17 | Kindermann, G.-K., Der Ferne Osten in der Weltpolitik des industriellen Zeitalters, München 1970 | – (Hg.), Sun Yat-sen, München/Wien 1982 | Kirby, S. W. u. a., History of the Second World War: The War against Japan, 5 Bde., London 1957–69 | Kratoska, P. H., The Japanese Occupation of Malaya: A Social and Economic History, London 1998 | Krebs, G., Japans Deutschlandpolitik 1935–1941, Hamburg 1984 | –, Das moderne Japan 1868–1952, München 2009 | Kreiner, J. (Hg.), Geschichte Japans, 2. Aufl., Stuttgart 2012 | Kuhlmann, J., Subhas Chandra Bose und die Indienpolitik der Achsenmächte, Berlin 2003 | Kulke, H./Rothermund, D., Geschichte Indiens, Stuttgart 1982, 2. Aufl. 2010 | Kuo, H. Y., Maos Weg zur Macht und die Komintern am Beispiel der Bildung der *Antijapanischen Einheitsfront* 1931–1938, Paderborn 1975 | –, Die Komintern und die chinesische Revolution. Die Einheitsfront zwischen der KP Chinas und der Kuomintang 1924–1927, Paderborn 1979 | Lacouture, J., Ho Chi Minh, 2. Aufl., Paris 1977 | Lamant, P. L., La révolution nationale dans l'Indochine de l'amiral Decoux, in: RHDGM 138 (1985) 21–41 | Legge, J. D., Sukarno. A Political Biography, New York u. a. 1972 | Lo, H. (Hg.), The Correspondence of G. E. Morrison, 2 Bde., Cambridge 1976–78 | Loh, P. P. Y., The Early Chiang Kai-shek, New York 1971 | Louis, W. R., British Strategy in the Far East, 1919–1935, Oxford 1971 | –, Imperialism at Bay: The United States and the Decolonization of the British Empire, 1941–1954, Oxford 1977 | Lu, D. J. (Hg.), Sources of Japanese History, Bd. 2, New York 1974 | Lux, C., Der politisch-ökonomische Entscheidungsprozess in China 1937–1945. Die Yan'an Periode, Bochum 1986 | Mansergh, N. (Hg.), Documents and Speeches on British Commonwealth Affairs, 1931–1952, 2 Bde., London 1953 | – u. a. (Hg.), Constitutional Relations between India and Britain: The Transfer of Power 1942–1947, 12 Bde., London 1970–83 | Mark, E., Race and Empire in Japan, the Hague Convention and the Prewar World, in: IIAS Newsletter 50 (2009) 10 f. | Marshall, J., To Have and Have Not: Southeast Asian Raw Materials and the Origins of the Pacific War, Berkeley 1995 | Martin, B., Verhängnisvolle Wahlverwandtschaft. Deutsche Einflüsse auf die Entstehung des modernen Japan, in: Deutschland in Europa, Berlin 1990, 97–116 | Martin, J., L'économie indochinoise pendant la guerre 1940–1945, in: RHDGM 138 (1985) 63–92 | McNamara, D. L., The Colonial Origins of Korean Enterprise, 1910–1945, Cambridge 1990 | Misra, B. B., The Indian Political Parties, Delhi 1976 | Molina, A. M., Historia de Filipinas,

2 Bde., Madrid 1984 | Mommsen, W. J./Kettenacker, L. (Hg.), The Fascist Challenge, London 1983 | Moore, R. J., Churchill, Cripps, and India, 1939–1945, Oxford 1979 | –, Escape from Empire: The Attlee Government and the Indian Problem, Oxford 1983 | Morley, J. W. (Hg.), Japan's Foreign Policy, 1868–1941: A Research Guide, New York u. a. 1974 | Morton, W. F., Tanaka Giichi and Japan's China Policy, New York 1980 | Mukerjee, M., Churchill's Secret War: The British Empire and the Ravaging of India During World War II, New York 2010 | Myers, R. H./ Peattie, M. R. (Hg.), The Japanese Colonial Empire, 1895–1945, Princeton 1984 | Myrdal, J., Bericht aus einem chinesischen Dorf, München 1966 (schwed. 1963) | Nathan, A. J., Peking Politics, 1918–1923, Berkeley 1976 | Naw, A., Aung San and the Struggle for Burmese Independence, Kopenhagen 2001 | Nieh, Y., Die Entwicklung des chinesisch-japanischen Konflikts in Nordchina und die deutschen Vermittlungsbemühungen 1937–1938, Hamburg 1970 | Nies, V., *Apaisement* in Asien. Frankreich und der Fernostkonflikt 1937–1940, München 2009 | Nish, I., Japanese Foreign Policy: Kasumigaseki to Migakazaka, London 1977 | Ogden, S. P., The Sage in the Inkpot: Bertrand Russell and China's Social Reconstruction in the 1920s, in: MAS 16 (1982) 529–600 | Osterhammel, J., Britischer Imperialismus im Fernen Osten. Strukturen der Durchdringung und einheimischer Widerstand auf dem chinesischen Markt 1932–1937, Bochum 1983 | –, Shanghai, 30. Mai 1925. Die chinesische Revolution, München 1997 | Owen, N., The Cripps Mission of 1942: A Re-Interpretation, in: JICH 30, 1 (2002) 61–98 | –, The British Left and India: Metropolitan Anti-Imperialism, 1885–1947, Oxford 2007 | Pandey, B. N., Nehru, London 1976 | – (Hg.), The Indian National Movement, 1885–1947: Select Documents, London 1979 | Papers Relating to the Foreign Relations of the US, Japan 1931–41, 2 Bde. Washington 1943 | Peattie, M. R., Ishiwara Kanji and Japan's Confrontation with the West, Princeton 1975 | Pluvier, J. M., South-East Asia from Colonialism to Independence, Kuala Lumpur 1974 | –, Indonesië. Kolonialisme, onafhankelijkheid, neo-kolonialisme. Een politieke geschiedenis van 1940 tot heden, Nijmwegen 1978 | Pong, D./Fung, E. S. K. (Hg.), Ideal and Reality: Social and Political Chance in Modern China, 1860–1949, Lanham 1985 | Pu Yi, Ich war Kaiser von China, München 1973 | Quested, R. K. I., Sino-Russian Relations: A Short History, London 1985 | Ratenhof, G., Das Deutsche Reich und die internationale Krise um die Mandschurei 1931–1933, Frankfurt 1984 | Reed, J., The Missionary Mind and American East Asian Policy, 1911–1915, Cambridge, MA 1983 | Reid, A., The Indonesian Revolution, 1945–1950, Hawthorn 1974 | Die Revolution von 1911, Peking 1911 | Rhoads, E. J. M., China's Republican Revolution: The Case of Kwangtung, 1895–1913, Cambridge, MA 1975 | Ricklefs, M. C., A History of Modern Indonesia, c. 1300 to the Present, Bloomington 1981 | Rizvi, G., Linlithgow and India, London 1978 | Rothermund, D., Die politische Willensbildung in Indien 1900–1960, Wiesbaden 1965 | Rule, P., Mao Zedong, New York 1984 | Ruoff, K. J., Imperial Japan at Its Zenith: The Wartime Celebration of the Empire's 2600th Anniversary, Ithaca u. a. 2010 | Salahuddin, S. A., Muslim League-Indian National Congress Relation? 1937–1940, in: JPHS 34 (1986) 241–64 | Salisbury, H., The Long March, New York 1985 (dt. 1985) | Sandhu, K. S./Wheatley, P. (Hg.), Melaka. The Transformation of a Malay Capital, 2 Bde., Kuala Lumpur 1983 | Scalapino, R. A./Yu, G. T., Modern China and its Revolutionary Process: Recurrent Challenges to the Traditional Order, 1850–1920, Berkeley 1985 | Schaller, M., The US Crusade in China, 1938–1945, New York 1979 | Schiffrin, H. Z., Sun Yat-sen and the Origins of the Chinese Revolution, Berkeley 1968 |

Schram, S. R., Das Mao-System, München 1972 | Schulz, G. (Hg.), Die große Krise der Dreißiger Jahre, Berlin 1985 | Schumpeter, J., Zur Soziologie der Imperialismen, in: Archiv für Sozialwissenschaft und Sozialpolitik 46 (1919) 1–39, 275–310 | Schwartzberg, J. E. (Hg.), A Historical Atlas of South Asia, 2. Aufl., New York u. a. 1993 | Seagrave, S., Die Soongs. Eine Familie beherrscht China, Köln 1986 | Selth, A., Race and Resistance in Burma, 1942–1945, in: MAS 20 (1986) 483–507 | Shai, A., Britain and China, 1941–1947, London 1984 | –, La Grande-Bretagne en Chine pendant et après la Seconde Guerre Mondiale, in: RHMC 33 (1986) 670–77 | Sheridan, J. E., China in Disintegration, New York u. a. 1975 | Shigemitsu, M., Die Schicksalsjahre Japans [...] 1920–1945, Frankfurt 1959 | Shin, G.-W./Robinson, M. (Hg.), Colonial Modernity in Korea, Cambridge, MA 1999 | Snow, E., Red Star over China, London 1937 | –, So fing es an, Stuttgart 1978 | Snyder, L. L., Macro-Nationalisms: A History of the Pan Movements, Westport u. a. 1984 | Spector, R. H., In the Ruins of Empire: The Japanese Surrender and the Battle for Postwar Asia, New York 2007 | Spence, J. D., The China Helpers: Western Advisers in China, 1620–1960, London 1969 | –, Das Tor des himmlischen Friedens. Die Chinesen und ihre Revolution 1895–1980, München 1985 (engl. 1981) | Steinberg, D. J., Philippine Collaboration in World War II, Ann Arbor 1967 | Sturtevant, D. R., Popular Uprisings in the Philippines, 1840–1940, Ithaca u. a. 1976 | Tamanoi, M. A., Crossed Histories: Manchuria in the Age of Empire, Honolulu 2005 | Tarling, N., The Fall of Imperial Britain in South-East Asia, 2. Aufl., Kuala Lumpur 1994 | Thaxton, R., China Turned Rightside Up, New Haven u. a. 1983 | The Quyen Vu, Die vietnamesische Gesellschaft im Wandel, Wiesbaden 1978 | Thomas, M., The French Empire at War, 1940–45, Manchester 1998 | Thorne, C., The Issue of War: States, Societies, and the Far Eastern Conflict of 1941–1945, London 1985 | Trager, F. N., Burma from Kingdom to Republic, London 1966 | Ts'ai, C. H., Taiwan in Japan's Empire Building: An Institutional Approach to Colonial Engeneering, London 2009 | Tsutsui, W. M. (Hg.), A Companion to Japanese History, Oxford 2007 | Tung, W. L., China and the Foreign Powers: The Impact of and the Reaction to Unequal Treaties, Dobbs Ferry 1970 | Turnbull, C. M., A History of Singapore, 1819–1975, London 1977 | Valette, J., Le gouvernement des Etats-Unis et l'Indochine, 1940–1945, in: RHDGM 138 (1985) 43–62 | Voigt, J. H., Indien im Zweiten Weltkrieg, Stuttgart 1978 | Wakeman, F., The Fall of Imperial China, New York u. a. 1975 | Wang, C., Endphase des britischen Kolonialismus in China [...] 1922–1928, Frankfurt 1982 | Wang, F., Erinnerungen eines chinesischen Revolutionärs (1919–1949), Frankfurt 1983 | Wang, T.-S., Legal Reform in Taiwan under Japanese Colonial Rule (1895–1945): The Reception of Western Law, Ann Arbor 1992 | Warburg, G., The Sudan under Wingate, London 1971 | Warren, A., Singapore 1942: Britain's Greatest Defeat, London u. a. 2002 | Weigold, A., Churchill, Roosevelt, and India: Propaganda During World War II, New York 2008 | Wilbur, C. H., The Nationalist Revolution: Chiang Kai-shek, China's Destiny, New York 1947 | Wilbur, C. M., Sun Yat-sen, Frustrated Patriot, New York 1976 | Wilson, D., Mao Tse-tungs Langer Marsch 1935, Wiesbaden 1974 | Wladimirow, P. P., Das Sondergebiet Chinas 1942–1945, Berlin 1976 | Wolpert, S., Jinnah of Pakistan, New York u. a. 1984 | Wong, J. Y., Three Visionaries in Exile: Yung Wing, K'ang Yu-wei, and Sun Yat-sen, 1894–1911, in: JAsH 20 (1986) 1–32 | Woodside, A. B., Community and Revolution in Modern Vietnam, Boston 1976 | Wray, H./Conroy, H., Japan Examined, Honolulu 1983 | Yamazaki, J. W., Japanese Apologies for World War II: A Rhetorical Study, London u. a. 2006 |

Yeh, Y.-M., Sun Yat-sens Regierung in Südchina von 1917 bis 1922, München 1983 | Young, A. N., China's Nation-building Effort, 1927–1937: The Financial and Economic Record, Stanford 1971 | Young, E. P., Yuan Shih-k'ai's Rise to the Presidency, in: Wright, M. C. (Hg.), China in Revolution, New Haven 1971, 419–42 | Zaidi, A. M. u. S. (Hg.), The Encyclopedia of Indian National Congress, 28 Bde., Delhi 1976–94, Bd. 11–12, 1980–81 | Zöllner, H.-B., *Der Feind meines Feindes ist mein Freund.* Subhas Chandra Bose und das zeitgenössische Deutschland unter dem Nationalsozialismus 1933–1943, Münster 2000 | Zöllner, R., Geschichte Japans. Von 1800 bis zur Gegenwart, Paderborn 2006 | –, Verfluchen oder verhandeln? Die mongolischen Invasionen in Japan 1274 und 1281, in: Walter, D./Kundrus, B. (Hg.), Waffen, Wissen, Wandel. Anpassen und Lernen in transkulturellen Erstkonflikten, Hamburg 2012, 282–99.

去殖民化计划：美国和近东

Abadi, J., Britain's Withdrawal from the Middle East, 1947–1971: The Economic and Strategic Imperatives, Princeton 1982 | Abrahamian, E., A History of Modern Iran, Cambridge 2008 | Adams, M./Mayhew, C., *Publish it not* ... The Middle East Cover Up, London 1975 | Albertini, R. v., Dekolonisation. Die Diskussion über die Verwaltung und Zukunft der Kolonien 1919–1960, Köln u. a. 1966 | Anderson, D. M./Killingray, D. (Hg.), Policing and Decolonization: Politics, Nationalism, and the Police, 1917–65, Manchester 1992 | Bachmann, W., Die UdSSR und der Nahe Osten. Zionismus, ägyptischer Antikolonialismus und sowjetische Außenpolitik bis 1954, München 2011 | Balfour-Paul, G., The End of Empire in the Middle East: Britain's Relinquishment of Power in Her Last Three Arab Dependencies, Cambridge 1991 | Bar-Joseph, U., The Best of Enemies: Israel and Transjordan in the War of 1948, London 1987 | Ben Gurion, D., Israel. Die Geschichte eines Staates, Frankfurt 1973 | Bessel, R./Haake, C. B. (Hg.), Removing Peoples: Forced Migration in the Modern World, Oxford u. a. 2009 | Bregman, A., Israel's Wars: A History since 1947, Abingdon u. a. 2002 | Caplan, N., Futile Diplomacy, 4 Bde., London 1983–97 [Palästina 1913–56] | Cattan, H., The Palestine Question, London 1988 | Chazan, M., The 1943 *Reconstruction Plan* for Mandatory Palestine: The Controversy within the Jewish Community, in: JICH 38 (2010) 99–116 | Choueiri, Y. M. (Hg.), A Companion to the History of the Middle East, Oxford 2005 | Cohen, M. J., Palestine: Retreat from the Mandate, 1936–1945, New York 1978 | –, Palestine and the Great Powers, 1945–1948, Princeton 1982 | –, Churchill and the Jews, Totowa 1985 | Cohen, S. A., Imperial Policy against Illegal Immigration: The Royal Navy and Palestine, 1945–1948, in: JICH 22 (1994) 275–93 | Cox, J. L., The Background to the Syrian Campaign, May–June 1941: A Study in Franco-German Wartime Relations, in: History 72 (1987) 432–52 | Diba, F., Mohammad Mossadeh: A Political Biography, London u. a. 1986 | Edelheit, H. u. A. J., History of Zionism: A Handbook and Dictionary, Boulder 2000 | El-Ayouty, Y., The United Nations and Decolonization, Den Haag 1971 | El-Khawas, M./Samir, A.-R., American Aid to Israel, Brattleboro 1984 | Flapan, S., Die Geburt Israels. Mythos und Wirklichkeit, München 1988 | Forsmann, J., Testfall für die *Großen Drei.* Die Besetzung Irans durch Briten, Sowjets und Amerikaner 1941–1946, Köln 2009 | Fraser, T. G. (Hg.), The Middle East, 1914–1979, London 1980 | –, Partition in Ireland, India, and Palestine: Theory and Practice, Basingstoke 1984 | –, A Crisis of Leadership: Weizmann and the Zionist Reactions to the Peel Commission's

Proposals, 1937–1938, in: JCH 23 (1988) 657–80 | Frey, M., Dekolonisierung in Südostasien. Die Vereinigten Staaten und die Auflösung der europäischen Kolonialreiche, München 2006 | Friedman, H. M., Creating an American Lake: United States Imperialism and Strategic Security in the Pacific Basin, 1945–1947, Westport 2001 | Friend, T. 1965 | Gainsborough, J. R., The Arab-Israeli Conflict: A Politico-Legal Analysis, Aldershot 1986 | Galpern, S. G., Money, Oil, and Empire in the Middle East: Sterling and Postwar Imperialism, 1944–1971, Cambridge 2010 | Gaunson, A. B., The Anglo-French Clash in Lebanon and Syria, 1940–1945, London 1987 | Geddes, C. L. (Hg.), A Documentary History of the Arab-Israeli Conflict, New York 1991 | Giesecke, L. F., History of American Economic Policy in the Philippines during the American Colonial Period, 1900–1935, New York 1987 | Gilbert, M., The Routledge Atlas of the Arab-Israeli Conflict, 7. Aufl., London 2002 | Glubb, G. B., A Soldier with the Arabs, London 1957 | –, The Changing Scenes of Life: An Autobiography, London 1983 | Golani, M., The End of the British Mandate for Palestine, 1948: The Diary of Sir Henry Gurney, Basingstoke 2009 | Golay, F. H., Face of Empire: United States-Philippine Relations, 1898–1946, Madison 1998 | Goria, W. R., Sovereignty and Leadership in Lebanon, 1943–1976, Ithaca 1985 | Gorny, Y., Zionism and the Arabs, 1882–1948: A Study of Ideology, Oxford 1987 | Hanf, T., Koexistenz im Krieg. Staatszerfall und Entstehen einer Nation im Libanon, Baden-Baden 1990 | Haron, M.-J., Palestine and the Anglo-American Connection, 1945–1950, Bern 1986 | Hartung, A., Zeittafel zum Nahostkonflikt, 2 Bde., Berlin 1979–91 | Herzog, C., Kriege um Israel 1948–1984, Berlin u. a. 1984 | Heston, T. J., Sweet Subsidy: The Economic and Diplomatic Effects of the U.S. Sugar Acts, 1934–1974, New York 1987 | Hilger, A. (Hg.), Die Sowjetunion und die Dritte Welt. UdSSR, Staatssozialismus und Antikolonialismus im Kalten Krieg 1945–1991, München 2009 | Hurewitz, J. C. (Hg.), The Middle East and North Africa in World Politics, 2 Bde., 2. Aufl., New Haven 1975–79 | Hyam, R., Britain's Declining Empire: The Road to Decolonization, 1918–1968, Cambridge 2006 | James, L., The Rise and Fall of the British Empire, London 1994 | Jasse, R. L., Great Britain and Abdallah's Plan to Partition Palestine, in: MES 22 (1981) 505–19 | The Jewish Plan for Palestine, Jerusalem 1947, Ndr. 1981 | Jones, M., Failure in Palestine, London u. a. 1986 | Kane, S./Rodriguez, F. N., La Croix et le Kriss. Violences et rancoeurs entre chrétiens et musulmans dans le sud des Philippines, Paris u. a. 2006 | Katouzian, H. (Hg.), Musaddiq's Memoirs, London 1988 | –, Musaddiq and the Struggle for Power in Iran, London u. a. 1990 | Kerkvliet, B. J. 1977 | Koestler, A., Promise and Fulfilment, Palestine, 1917–1949, London 1949 | Kuderna, M., Christliche Gruppen im Libanon, Wiesbaden 1983 | Laqueur, W., Der Weg zum Staat Israel. Geschichte des Zionismus, Wien 1975 (engl. 1972) | –/Rubin, H. (Hg.), The Israeli-Arab Reader: A Documentary History of the Middle East Conflict, 4. Aufl., New York u. a. 1984 | Latter, R., The Making of American Foreign Policy in the Middle East 1945–1948, New York u. a. 1986 | Laurens, H., La question de Palestine, 4 Bde., Paris 1999–2011 | LeVine, M., Overthrowing Geography: Jaffa, Tel Aviv, and the Struggle for Palestine, 1880–1948, Berkeley 2005 | Lindholm Schulz, H./Hammer, J., The Palestine Diaspora: Formation of Identities and Politics of Homeland, London 2003 | Louis, W. R., The British Empire in the Middle East, 1945–1951: Arab Nationalism, the United States, and Postwar Imperialism, Oxford 1984 | –, Sir Alan Cunningham and the End of British Rule in Palestine, in: JICH 16, 3 (1988) 128–47 | –/Stookey, R. W. (Hg.), The End of the Palestine Mandate, London 1986 | Lunt, J., Glubb Pasha: A Biography,

London 1984 | Mayer, T., Egypt's 1948 Invasion of Palestine, in: MES 22 (1986) 20–36 | –, Arab Unity and the Palestine Question, 1945–48, in: MES 22 (1986) 331–49 | Mazower, M., No Enchanted Palace: The End of Empire and the Ideological Origins of the United Nations, Princeton 2009 | Mejcher, H., Die Politik und das Öl im Nahen Osten, 2 Bde., Stuttgart 1980–90 | –/Schölch, A. (Hg.), Die Palästina-Frage, 1917–1948. Historische Ursprünge und internationale Dimensionen eines Nationenkonflikts, Paderborn 1981, 2. Aufl. 1993 | Middle East Contemporary Survey 1–24 (1976–2000), New York u. a. 1978–2002 | Minerbi, S. I., The Vatican and Zionism, New York 1990 | Mockaitis, T. R., British Counterinsurgency, 1919–1960, London 1990 | Molina, A. M., Bd. 2, 1984 | Moore, J. N. (Hg.), The Arab-Israeli Conflict, 3 Bde., Princeton 1974 | Morris, B., The Causes and Character of the Arab Exodus from Palestine: The Israel Defence Forces Intelligence Branch Analysis of June 1948, in: MES 22 (1986) 5–19 | –, The Birth of the Palestinian Refugee Problem, 1947–1949, Cambridge 1987 | O'Brien, C. C., The Siege: The Saga of Israel and Zionism, New York 1986 (dt. 1991) | Ovendale, R., The Origins of the Arab-Israeli Wars, London u. a. 1984 | –, Britain, the United States, and the End of the Palestine Mandate, 1942–48, Woodbridge 1989 | –, Britain, the United States and the Transfer of Power in the Middle East, 1945–1962, London 1996 | Pappe, I., The Ethnic Cleansing of Palestine, Oxford 2006 | Perlmutter, A., Israel, the Partitioned State: A Political History since 1900, New York 1985 | Pluvier, J. M. 1974 | Porath, Y., In Search of Arab Unity, 1930–1945, London 1986 | Rahman, H., British Post-Second World War Military Planning for the Middle East, in: Journal of Strategic Studies 5 (1982) 511–30 | Razoux, P., Tsahal, nouvelle histoire de l'armée israélienne, Paris 2006 | Rodinson, M. Israel: A Colonial Settler State? New York 1973 | –, Israel and the Arabs, 2. Aufl., Harmondsworth 1982 (franz. 1968) | Rothermund, D., The Routledge Companion to Decolonization, London u. a. 2006 | Rowley, G., Israel into Palestine, London 1984 | Ryan, D./Pungong, V. (Hg.), The United States and Decolonization: Power and Freedom, Basingstoke/New York 2000 | Sachar, H. M., Europe Leaves the Middle East, 1936–1954, New York 1972 | Sato, S., Britain's Decision to Withdraw from the Persian Gulf, 1964–68: A Pattern and a Puzzle, in: JICH 37 (2009) 99–117 | Schreiber, F./Wolffsohn, M., Nahost. Geschichte und Struktur des Konflikts, 2. Aufl., Opladen 1989 | Schulze, R., Geschichte der islamischen Welt im 20. Jahrhundert, München 2002 | Segev, T., Es war einmal *ein* Palästina. Juden und Araber vor der Staatsgründung Israels, München 2005 (engl. 1999) | –, Die ersten Israelis. Die Anfänge des jüdischen Staates, München 2008 | Shlaim, A., The Politics of Partition: King Abdullah, the Zionists, and Palestine, 1921–51, 2. Aufl., Oxford 1990 | Smith, P. A., Palestine and the Palestinians, 1876–1983, New York 1984 | Stein, L., The Making of Modern Israel, 1948–1967, Cambridge 2009 | Sturtevant, D. R. 1976 | Taryam, A. O., The Establishment of the United Arab Emirates, 1950–85, London 1987 | Teveth, S., Ben-Gurion and the Palestine Arabs, Oxford 1985 | Wagenaar, L./Spehl, H., Briefe vom anderen Israel, Freiburg 1969 | Watrin, K. W., Machtwechsel im Nahen Osten. Großbritanniens Niedergang und der Aufstieg der Vereinigten Staaten 1941–1947, Frankfurt 1989 | Weber, W., Die USA und Israel. Zur Geschichte und Gegenwart einer politischen Symbiose, Stuttgart 1991 | Weiler, P., Ernest Bevin, Manchester 1993 | [Weizman] The Letters and Papers of Chaim Weizman, Series A: Letters, 23 Bde., Jerusalem 1968–80, Series B: Papers, 2 Bde., Jerusalem 1983/48 | Wildangel, R., Zwischen Achse und Mandatsmacht. Palästina und der Nationalsozialismus, Berlin 2007 | Wilson, M. C., King

Abdullah, Britain, and the Making of Jordan, Cambridge 1987 | Yapp, M. E., The Near East since the First World War, London 1991 | Yergin, D., Der Preis. Die Jagd nach Öl, Geld und Macht, Frankfurt 1991 | Zabih, S., The Mossadegh Era: Roots of the Iranian Revolution, Chicago 1982 | Zweig, R. W., Britain and Palestine during the Second World War, London 1986.

南亚的去殖民化和印度的分裂

Ahmed, M., Bangladesh, Wiesbaden 1978 | Ali, T., An Indian Dynasty: The Story of the Nehru-Gandhi Family, New York 1985 | Anderson, D./Killingray, D. 1992 | Appadorai, A. (Hg.), Selected Documents on India's Foreign Policy and Relations, 1947–1972, 2 Bde., Delhi 1982–85 | Ashton, S. R., Mountbatten, the Royal Family, and British Influence in Post-Independence India and Burma, in: JICH 33 (2005) 73–92 | Bates, C., Subalterns and Raj: South Asia since 1600, London 2007 | [BDEE] British Documents on the End of Empire, Series A, 1,1–5,3, London 1996–2004, Series B, 1,1–11, London 1992–2006, Series C, 1–2, London 1995–98 | Bègue, S., La valeur de *l'exemple français* dans le conflit indo-portugais sur Goa (1947–1954), in: OM 97, 2 (2009) 317–43 | Bessel, R./Haake, C. B. 2009 | Brecher, M., Nehru's Mantle: The Politics of Succession in India, New York 1966 | Brown, J. M., Nehru: A Political Life, New Haven u. a. 2003 | Burke, S. M./Al Din Quraishi, S., The British Raj in India: An Historical Review, Karachi 1995 | Chaffard, G., Les carnets secrets de la décolonisation, 2 Bde., Paris 1965 | Chatterji, J., Bengal Divided: Hindu Communalism and Partition, 1932–1947, Cambridge 1994 | Chaudhry, M. S., Der Kaschmirkonflikt, 3 Bde., München 1976 | [CHBE] The Cambridge History of the British Empire, 8 Bde. in 9 Tln., Cambridge 1929–59; Bd. 3. Ndr. 1967 | Clarke, P. F., The Cripps Version: The Life of Sir Stafford Cripps, 1889–1952, London 2002 | Clymer, K. J., Quest for Freedom: The United States and Indian Independence, New York 1995 | Collis, M. 1956 | Copland, I., Lord Mountbatten and the Integration of the Indian States: A Reappraisal, in: JICH 21 (1993) 385–408 | –, The Princes of India in the Endgame of Empire, 1917–1947, Cambridge 1997 | Crane, R. J., Inventing India: A History of India in English-Language Fiction, London 1992 | Darwin, J., British Decolonization since 1945: A Pattern or a Puzzle? In: JICH 12, 2 (1984) 187–209 | Droz, B., Histoire de la décolonisation au XXe siècle, Paris 2006 | Dülffer, J./Frey, M. (Hg.), Elites and Decolonization in the Twentieth Century, Basingstoke 2011 | Ehrenberg, E., Die indische Aufrüstung 1947–1974, Saarbrücken 1974 | Fischer, L., Gandhi. Prophet der Gewaltlosigkeit, 6. Aufl., München 1978 | Fraser, T. G. 1984 | Gandhi, R. (Hg.), A Centenary History of the Indian National Congress (1885–1985), 4 Bde., Delhi 1985–90 [Bd. 5 für 1964–85 nicht erschienen] | Gooneratne, Y., Relative Merits: A Personal Memoir of the Bandaranaike Family, London 1986 | Gopal, S., 1975–84 | Gould, W., Hindu Nationalism and the Language of Politics in Late Colonial India, Cambridge 2004 | Hart, H. C., Indira Gandhi's India: A Political System Reappraised, Boulder 1976 | Hellmann-Rajanayagam, D./Rothermund, D. (Hg.), Nationalstaat und Sprachkonflikt in Süd- und Südostasien, Stuttgart 1992 | Hettne, B., The Political Economy of Indirect Rule, Mysore 1881–1947, London u. a. 1978 | Hilger, A./Unger, C. R. (Hg.), India in the World since 1947, Frankfurt 2012 | Hinds, A. E., Sterling and Imperial Policy, 1945–51, in: JICH 15 (1987) 148–69 | Hinüber, O. v., Indiens Weg in die Moderne. Geschichte und Kultur im 20. Jahrhundert, Aachen 2005 | Hodson, H. V., The Great Divide: Britain, India, Pakistan, 2. Aufl., Karachi 1985 | Hough, R., Mountbatten, Wien 1981 | Hyam, R. 2006 | Jalal, A., Inheriting the Raj: Jinnah and the Governor-Generalship Issue, in: MAS 19 (1985) 29–54 | – 1985 | James, L. 1988 | Jansson, E., India, Pakistan or Pakhtunistan: The Nationalist Movement in the North-West Frontier Province, 1937–1947, Stockholm 1981 | Kantowsky, D., Indien. Gesellschaftsstruktur und Politik, 2. Aufl., Frankfurt 1986 | Khurshid, K. H., Memories of Jinnah, Karachi 1990 | King, C. R., One Language, Two Scripts: The Hindi Movement in 19th-Century North India, Bombay 1994 | Kulke, H./Rothermund, D. 2010 | LeSueur, J. D. (Hg.), The Decolonization Reader, London 2003 | Livingstone, W. S., Federalism in the Commonwealth, London 1963 | Low, D. A., The Egalitarian Moment: Asia and Africa, 1950–1980, Cambridge 1996 | Lowe, P., Britain in the Far East: A Survey from 1819 to the Present, London u. a. 1981 | Ludowyk, E. F. C., The Modern History of Ceylon, London 1966 | Lütt, J., Das moderne Indien 1498–2004 (Oldenbourg Grundriss der Geschichte), München 2012 | Mahajan, S., Independence and Partition: The Erosion of Colonial Power in India, Delhi 2000 | Malik, J., Islam in South Asia: A Short History, Leiden 2008 | Mann, M., Geschichte Indiens. Vom 18. bis zum 20. Jahrhundert, Paderborn 2005 | –, Geschichte Südasiens 1500 bis heute, Darmstadt 2010 | Mansergh, N. 1970–83 | Mansingh, S., India's Search for Power: Indira Gandhi's Foreign Policy, 1966–1982, London 1984 | McIntyre, W. D., The Commonwealth of Nations: Origins and Impact, 1869–1971, Minneapolis 1977 | Mehta, V., A Family Affair: India under Three Prime Ministers, New York 1982 | Mehrotra, S. R., A History of the Indian National Congress, Bd. 1: 1885–1918, Delhi 1995 | Misra, B. B. 1976 | –, Government and Bureaucracy in India, 1947–1976, Oxford 1986 | Mitter, P., Art and Nationalism in Colonial India, 1850–1922: Occidental Orientations, Cambridge 1994 | Moore, R. J. 1983 | –, Making the New Commonwealth, Oxford 1987 | Owen, N. 2002 | – 2007 | Pandey, B. N. 1976 | – 1979 | –, Remembering Partition: Violence, Nationalism, and History in India, Cambridge 2001 | Pandey, G./Geschiere, P. (Hg.), The Forging of Nationhood, Delhi 2003 | [Patel] Sardar Patel's Correspondence 1945–1958, 10 Bde., Ahmedabad 1971–74 | Pathak, D. N./Sheth, P. N., Sardar Vallabhai Patel, Ahmedabad 1980 | Pitoëft, P., L'inde française en sursis, 1947–1954, in: RFHOM 78, 1 (1991) 105–31 | Pochhammer, W. v., Indiens Weg zur Nation, Bremen 1973 | Prasad, B., Pathway to India's Partition, 3 Bde., Delhi 1999–2009 | – (Hg.), Towards Freedom: Documents on the Movement for Independence in India, 1945, Delhi 2008 | Rizvi, G., Transfer of Power in India: A *Restatement* of an Alternative Approach, in: JICH 12, 2 (1984) 127–44 | Roberts, M. (Hg.), Documents of the Ceylon National Congress and National Politics in Ceylon, 1929–1950, 4 Bde., Colombo 1977 | – (Hg.), Collective Identities, Nationalism, and Protest in Modern Sri Lanka, Colombo 1979 | Rothermund, D. 1965 | –, Staat und Markt in Indien 1757–1995, in: Breuninger, R./Sieferle, R. (Hg.), Markt und Macht in der Geschichte, Stuttgart 1995, 177–205 | – 2006 | Russell, J., Communal Politics under the Donoughmore Constitution, 1931–1947, Dehiwala 1982 | Sarkar, S. (Hg.), Towards Freedom: Documents on the Movement for Independence in India, 1946, 2 Bde., Delhi 2007–09 | Schwartzberg, J. E. 1993 | Shiels, F. L. (Hg.), Ethnic Separatism and World Politics, Lanham 1984 | Silva, K. M. de, A History of Sri Lanka, Berkeley 1981 | Singh, A. I., Keeping India in the Commonwealth, in: JCH 20 (1985) 469–81 | Sinha, M., Suffragism and Internationalism: The Enfranchisement of British and Indian Women under an Imperial State, in: IESHR 36 (1999) 461–88 | Snyder, L. L., Global Mini-Nationalisms, Westport 1982 | Tahmankar, D. V., Sardar Patel, London 1970 | Talbot, I., India and Pakistan, London 2000 | –/Singh, G., The Partition of India, Cambridge 2009 | Thomas, M. (Hg.), European Decolonization, Aldershot u. a. 2007 | Tinker, H., The Union of Burma, 4. Aufl., London u. a. 1967 | –, Burma's Struggle for Independence: The Transfer of Power Thesis Re-examined, in: MAS 20 (1986) 461–81 | – u. a. (Hg.), Burma: The Struggle for Independence, 1944–1948, 2 Bde., London 1983–84 | Tomlinson, B. R., Indo-British Relations in the Post-Colonial Era: The Sterling Balances Negotiations, 1947–49, in: JICH 13 (1985) 142–62 | Torri, M., Colonialismo e nazionalismo in India. Il modello interpretativo della scuola di Cambridge, in: RSI 103 (1991) 483–527 | Trager, F. N. 1966 | Weigold, A. 2008 | Wilson, A. J., Sri Lankan Tamil Nationalism: Its Origins and Development in the 19th and 20th Centuries, London 1999 | Wolpert, S., A New History of India, 2. Aufl., New York u. a. 1982 | – 1984 | –, Shameful Flight: The Last Years of the British Empire in India, Oxford 2006 | Zachariah, B., Nehru, London 2004 | –, Playing the Nation Game: The Ambiguities of Nationalism in India, Delhi 2011 | Zaidi, A. M. u. S., Bd. 12–13, 1981 | Ziegler, P., Mountbatten: The Official Biography, London 1985.

东南亚和大洋洲的去殖民化

Ageron, C.-R., France coloniale ou parti colonial? Paris 1978 | –, La décolonisation française, Paris 1991 | [AGN] Algemeene geschiedenis der Nederlanden, Bde. 5–8, 11, 14, 15, Utrecht 1949–58, 1979–83; Bd. 15, 1983 | Aldrich, R., The Decolonization of the Pacific Islands, in: Itinerario 24, 3–4 (2000) 173–91 | – (Hg.), Sites et monuments de mémoire, in: OM 94, 1 (2006) 5–192 | Ampalavanar, R., The Indian Minority and Political Change in Malaya, 1945–1957, Kuala Lumpur 1981 | Andaya, B. W. u. L. Y. 1982 | Anderson, B. R. O'G., Java in a Time of Revolution, Ithaca 1972 | Anderson, D./Killingray, D. 1992 | Angleviel, F., Brève histoire politique de la Nouvelle-Calédonie contemporaine (1945–2005), Nouméa 2006 | Ansprenger, F., Auflösung der Kolonialreiche, 4. Aufl., München 1981 | Archiv der Gegenwart 1984, 1987 | Baudet, H., The Netherlands after the Loss of Empire, in: JCH 4, 1 (1969) 127–39 | Baxter, C., The Great Power Struggle in East Asia 1944–50: Britain, America, and Post-War Rivalry, Basingstoke 2009 | Bayly, C. A./Harper. T., Forgotten Wars: The End of Britain's Asian Empire, London 2007 | BDEE, B 3, 1–3, 1995; B 10, 2006 | Bedlington, S. S., Malaysia and Singapore: The Building of New States, Ithaca u. a. 1978 | Bessel, R./Haake, C. B. 2009 | Best, A. (Hg.), The International History of East Asia, 1900–1968, 2009 | Blaustein, P. u. a. (Hg.), Independence Documents of the World, 2 Bde., New York u. a. 1977 | Boon, S./Van Geleuken, E. (Hg.), *Ik wilde eigentlijk niet gaan*. De repatriëring van Indische Nederlanders 1946–1964, Den Haag 1993 | Boudarel, G. 1977 | Brackmann, A., Indonesian Communism: A History, New York 1963 | Bradley, M., Making Revolutionary Nationalism: Vietnam, America, and the August Revolution of 1945, in: Itinerario 23, 1 (1999) 23–51 | Brocheux, P., Hô Chi Minh. De révolutionnaire à l'icône, Paris 2003 | –/Hémery, D., Indochine. La colonisation ambiguë 1858–1954, Paris 1995, 2. Aufl. 2001 | Burns, R. D./Leitenberg, M., The Wars in Vietnam, Cambodia and Laos, 1945–1982: A Bibliographic Guide, Santa Barbara 1984 | Cable, J., The Geneva Conference of 1954 on

Indochina, London 1986 | Cassilly, T. A., The Anticolonial Tradition in France, PhD Columbia Univ. 1975 | Chaffard, G. 1965 | Chanoff, D./Doan Van Toai, Portrait of the Enemy: The Vietnam War from the Other Side, London 1987 | [CHC] The Cambridge History of China, 15 Bde. in 16 Tln., Cambridge 1978–2009; Bd. 13, 1986 | Chesneaux, J., Geschichte Vietnams, Berlin 1967 | [CHSEA] The Cambridge History of Southeast Asia, 2 Bde., Cambridge 1992 | Cloake, J., Templer, Tiger of Malaya, London 1985 | Clubb, E. O., Twentieth-Century China, 3. Aufl., New York 1978 | Cook, C./Paxton, J., Commonwealth Political Facts, Basingstoke 1979 | Craig, R. D./ King, F. P. (Hg.), Historical Dictionary of Oceania, Westport u. a. 1981 | Cribb, R., Historical Atlas of Indonesia, Richmond 2000 | Dahm, B. 1966 | Dalloz, J., La guerre d'Indochine dans les élections législatives de 1951, in: OM 93, 1 (2005) 290–302 | Darcourt, P., De Lattre au Vietnam, Paris 1965 | Dengel, H. H., Darul Islam. Kartosuwirjos Kampf um einen islamischen Staat in Indonesien, Wiesbaden 1986 | Denoon, D. u. a. (Hg.), The Cambridge History of the Pacific Islanders, Cambridge 1997 | –/Mein Smith, P./ Wyndham, M., A History of Australia, New Zealand, and the Pacific, Malden 2007 | Devillers, P./Lacouture, J., End of War: Indochina 1954, London 1969 (franz. 1960) | Dittmann, A./Gieler, W./Kowasch, M. (Hg.), Die Außenpolitik der Staaten Ozeaniens, Paderborn 2010 | Drachman, E. R., United States Policy toward Vietnam, 1940–1945, Rutherford 1970 | Dreifort, J. E. 1991 | Droz, B. 2006 | –, La fin des colonies françaises, Paris 2009 | Dülffer, J./Frey, M. 2011 | Dunn, P. M., The First Vietnam War, London 1985 | Dutton, G./Werner, J. S./Whitman, J. K. (Hg.), Sources of Vietnamese Tradition, New York 2012 | Easton, S. C., The Twilight of European Colonialism, London 1961 | Elson, R. E., Suharto: A Political Biography, Cambridge 2001 | Fairbank, J. K. 1986 | Fall, B. 1960 | Fessen, H./Kubitschek, H. D. 1984 | Förster, S./Pöhlmann, M./Walter, D. (Hg.), Schlachten der Weltgeschichte von Salamis bis Sinai, München 2001 | Foley, M., The Cold War and National Assertion in Southeast Asia: Britain, the United States and Burma, 1948–1962, London 2010 | Foster, A. L., Projections of Power: The United States and Europe in Colonial Southeast Asia, 1919–1941, Durham, NC 2010 | Franke, W. 1980 | Frey, M., Geschichte des Vietnamkriegs, München 1998 | – 2006 | Gardner, L. C., The American *Cause* in Vietnam, 1941–1965, in: Itinerario 22, 3 (1998) 59–78 | [Giap] Vo Nguyen Giap, The Military Art of the People's War, New York u. a. 1970 | [Giap] Vo Nguyen Giap, Dien Bien Phu, 4. Aufl., Hanoi 1984 | Gibbons, W. C., The U.S. Government and the Vietnam War: Executive and Legislative Roles and Relationships, 4 Bde., Princeton 1986–95 [1945–68, Bd. 5: 1968–75 angekündigt] | Goscha, C. E./Ostermann, C. (Hg.), Connecting Histories: Decolonization and the Cold War in South-East Asia, 1945–1962, Stanford 2009 | –/Tréglodé, B. de (Hg.), Naissance d'un état-partie. Le Viêtnam depuis 1945/The Birth of a Party State: Vietnam since 1945, Paris 2004 | Grimal, H., La décolonisation 1919–1963, Paris 1965, 2. Aufl. 1985 (engl. 1978) | Großheim, M., Ho Chi Minh, der geheimnivolle Revolutionär, München 2011 | Hak, M., *Self-Government in Due Course.* Die britischen Dekolonisationskonzepte und ihre Umsetzung in Malaya 1900–1960, Bern 1998 | Hammer, E. J., The Struggle for Indochina, 1940–1955: Vietnam and the French Experience, Stanford 1954 | Handbuch der Dritten Welt, 8 Bde., Hamburg 1982–83 | Hanlon, D., Remaking Micronesia: Discourses over Development in a Pacific Territory, 1944–1982, Honolulu 1998 | Hargreaves, A. (Hg.), Memory, Empire, and Postcolonialism: Legacies of French Colonialism, Lanham 2005 | Harper, T. N., The End of Empire and the Making of Malaya, Cambridge 1999 | Heijboer, P., De politionele acties, Haarlem 1979 | Hellmann-Rajanayagam, D./Rothermund, D. 1992 | Heussler, R. 1983 | Hilger, A. 2009 | Hodeir, C., Stratégies d'Empire. Le grand patronat colonial face à la décolonisation, Paris 2003 | Homan, G. D., The Netherlands, the United States, and the Indonesian Question, 1948, in: JCH 25 (1990) 123–41 | Horlemann, J./Gäng, P. 1968 | Huynh Kim Khanh 1982 | Hyam, R. 2006 | James, L. 1988 | Jong, L.de, 2002 | Journoud, P., De Gaulle et le Vietnam (1945–1969), Paris 2011 | Kahin, G. M. 1970 | Kalter, C., Die Entdeckung der Dritten Welt. Dekolonisation und radikale Linke in Frankreich, Frankfurt 2011 | Kelly, J. D., Fiji Indians and Political Discourse in Fiji from the Pacific Romance to the Coups, in: Journal of Historical Sociology 1, 4 (1988) 399–422 | King, F. P. (Hg.), Oceania and Beyond: Essays on the Pacific since 1945, Westport u. a. 1976 | Kirkman, W. P., Unscrambling an Empire: A Critique of British Colonial Policy, 1956–1966, London 1966 | Koster, B. M., Een verloren land. De regering Kennedy en de Nieuw Guinea kwestie, Baarn 1991 | Krieger, M., Geschichte Asiens, Köln 2003 | Lacouture, J., Vo Nguyen Giap, London 1970 | – 1977 | Lagerberg, K., West Irian and Jakarta Imperialism, London 1979 | Larkin, B. D., China and Africa, 1949–1970, Berkeley 1971 | Lau, A., The Malayan Union Controversy, 1942–1948, Singapore 1991 | –, A Moment of Anguish: Singapore in Malaysia and the Politics of Disengagement, Singapore 1998 | Lawrence, M. A., The Vietnam War: A Concise History, Oxford 2008 | –/Logevall, F. (Hg.), The First Vietnam War: Colonial Conflict and Cold War Crisis, Cambridge, MA 2007 | Legge, J. D. 1972 | Leibowitz, A. H., Embattled Island: Palau's Struggle for Independence, Westport 1996 | Leifer, M., Indonesia's Foreign Policy, London 1983 | LeSueur, J. D. 2003 | Leupold, R. J., The US and Indonesian Independence, 1944–1947, PhD Univ. of Kentucky, Lexington 1976 | Liauzu, C., Histoire de l'anticolonialisme en France, du XVIe siècle à nos jours, Paris 2007 | Lijphart, A., The Trauma of Decolonization: The Dutch and West New Guinea, New Haven u. a. 1966 | Liu, H., China and the Shaping of Indonesia, 1949–1965, Singapore 2011 | Logevall, F., Choosing War: The Lost Chance for Peace and the Escalation of War in Vietnam, Berkeley 1999 | Low, D. A. 1996 | Lowe, P. 1981 | Luard, E., A History of the United Nations, Bd. 1, London 1982 | Madjarian, G., La question coloniale et la politique du parti communiste français 1944–1947, Paris 1977 (dt.: Kolonialismus und Arbeiterbewegung, Berlin 1980) | Marshall, B. D., The French Colonial Myth and Constitution Making in the Fourth Republic, New Haven 1973 | Marsot, A.-G., The Crucial Year: Indochina 1946, in: JCH 19 (1984) 337–54 | McAlister, J., Vietnam: The Origins of Revolution, New York u. a. 1969 | –, The Johnson Administration and the South Vietnamese Elections of 1967, in: PHR 73 (2004) 619–52 | McMahon, R. J., The US and Decolonization in South East Asia: The Case of Indonesia, 1945–1949, PhD Univ. of Connecticut 1977 | Mockaitis, T. R. 1990 | –, British Counterinsurgency in the Post-Imperial Era, Manchester 1995 | Mohamed-Gaillard, S., L'archipel de la puissance? La politique de la France dans le Pacifique Sud de 1949 à 1998, Brüssel 2010 | Moneta, J., Le parti communiste français et la question coloniale, 1920–1963, Paris 1971 (dt. 1968 [!]) | Nasution, A. H., Fundamentals of Guerilla-Warfare and the Indonesian Defence System Past and Future, London u. a. 1965 | Officiële bescheiden betreffende de Nederlands-Indonesische betrekkingen 1945–1950 (Rijks geschiedkundige publicatiën, kleine serie), 20 Bde., Den Haag 1971–96 | Owen, N. G. (Hg.), The Emergence of Modern Southeast Asia: A New History, Honolulu 2005 | – (Hg.),

Routledge Handbook of Southeast Asian History, London 2014 | Pluvier, J.M. 1978 | Post, K., Revolution, Socialism, and Nationalism in Viet Nam, 5 Bde., Aldershot 1989–94 | Ramakrishna, K., Emergency Propaganda: The Winning of the Malayan Hearts and Minds, 1948–1958, Richmond 2002 | Randle, R.F., Geneva 1954: The Settlement of the Indochinese War, Princeton 1969 | Rathgeber, T., Wirtschaftliche, soziale und kulturelle Rechte in West-Papua. Soziale Realität und politische Perspektiven, Wuppertal 2006 | Reid, A. 1974 | –, The Blood of the People: Revolution and the End of Traditional Rule in Northern Sumatra, Kuala Lumpur 1979 | Rice-Maximin, E., Accommodation and Resistance: The French Left, Indochina and the Cold War, 1944–1954, Westport 1986 | Ricklefs, M.C. 1981 | Romo-Navarrete, M., Pierre Mendès France. Héritage colonial et indépendances, Paris 2009 | Rose, L.A., Roots of Tragedy: The United States and the Struggle for Asia, 1945–1953, Westport 1976 | Rothermund, D. 2006 | Rous, J., Chronique de la décolonisation, Paris 1965 | Sady, E.J., The United Nations and Dependent Peoples, Washington 1956 | Sandhu, K.S./Wheatley, P. 1983 | Sbrega, J.J., The Anticolonial Policies of Franklin D. Roosevelt, in: Political Science Quarterly 101 (1986) 65–84 | [Schermerhorn] Het Dagboek van Schermerhorn, 2 Bde., Groningen 1970 | Schiller, A.A., The Formation of Federal Indonesia, 1945–1949, Den Haag 1955 | Schönenberger, T., Der britische Rückzug aus Singapore 1945–1976, Zürich u.a. 1981 | Shihor, Y., The Middle East in China's Foreign Policy, 1949–1977, Cambridge 1979 | Short, A., The Communist Insurrection in Malaya, 1948–1960, London 1975 | Smail, J.R.W., Bandung in the Early Revolution, 1945–1950, Ithaca 1964 | Smit, C., Het akkoord van Linggadjati uit het dagboek van [...] Schermerhorn, Amsterdam 1959 | –, De decolonisatie van Indonesië, Groningen 1976 | Smith, A.D., The Ethnic Origin of Nations, Oxford 1986 | Smith, R.B., An International History of the Vietnam War, Bd.1, London 1983 | Smith, S.C., British Relations with the Malay Rulers from Decentralization to Malayan Independence, 1930–1957, Kuala Lumpur 1995 | Smith, T. (Hg.), The End of European Empire, Boston 1975 | Sorum, P.C., Intellectuals and Decolonization in France, Chapel Hill 1977 | Statler, K.C., Replacing France: The Origins of American Intervention in Vietnam, Lexington 2007 | Steenbrink, K., The New Decentralisation: *Blossoming* Ethnic and Religious Conflict in Indonesia, in: IIAS Newsletter 46 (2008) 37 | Stoler, A.L., Capitalism and Confrontation in Sumatra's Plantation Belt, 1870–1979, New Haven u.a. 1985 | Stubbs, R., Hearts and Minds in Guerilla Warfare: The Malayan Emergency, 1948–1960, Singapore 1989 | Sullivan, M.P., France's Vietnam: A Study in French-American Relations, Westport 1978 | Tarling. N., Southeast Asia and the Great Powers, London 2010 | Tate, D.J.M., The Making of Modern South-East Asia, 2 Bde., 2.Aufl., Kuala Lumpur 1977–79 | Taylor, A.M., Indonesian Independence and the United Nations, 2.Aufl., Westport 1975 | Taylor, K.W., A History of the Vietnamese, Cambridge 2013 | Tertrais, H., America Takes Over Vietnam: The French View, in: Itinerario 22,3 (1998) 51–58 | –, La piastre et le fusil. Le coût de la guerre d'Indochine, 1945–1954, Paris 2002 | Thomas, M. 2007 | Turnbull, C.M. 1977 | Turpin, F., De Gaulle, les gaullistes et l'Indochine, 1940–1956, Paris 2005 | Valette, J. (Hg.), L'Indochine de 1945 à 1952, in: Guerres mondiales et conflits contemporains 148 (1987) 3–114 | Van den Doel, H.W., Afscheid van Indië. De val van het Nederlandse imperium in Azië, Amsterdam 2000 | Van Goor, J., De Nederlands Koloniën. Geschiedenis van den Nederlandse Expansie, 1600–1975, Den Haag 1997 | Van Kaam, B., The South Moluccans, London 1980 (ndl. 1977) | Varga, D., Léon Pignon, l'homme-clé de la solution Bao Dai et l'implication des Etats-Unis dans la guerre d'Indochine, in: OM 97, 2 (2009) 277–313 | Vickers, A., A History of Modern Indonesia, Cambridge 2005 | Voigt, J. H., Geschichte Australiens und Ozeaniens, Köln 2011 | Vu Ngu Chieu, The Other Side of the 1945 Vietnamese Revolution: The Empire of Vietnam (March-August 1945), in: Journal of Asian Studies 45, 2 (1986) 293–328 | Wang, G., Nation-Building: Five Southeast Asian Histories, Singapore 2005 | Wesley-Smith, P., Unequal Treaty, 1898–1997: China, Great Britain and Hongkong's New Territories, 2. Aufl., Hongkong 1984 | Wesseling, H. L., Post-Imperial Holland, in: JCH 15 (1980) 125–42 | –, Les Pays-Bas après la décolonisation: politique extérieure et forces profondes, in: Opinion publique et politique extérieure III: 1945–1981, Paris 1985, 219–39 | Widyono, B., Exorcising the Curse of the Khmer Rouge, in: IIAS Newsletter 48 (2008) 17 | Woodside, A. B. 1976 | Yacono, X., Les étapes de la décolonisation française, Paris 1971.

去殖民化的过程和计划

Ageron, C.-R. (Hg.), Les chemins de la décolonisation de l'empire colonial français, Paris 1986 | – 1991 | Akamatsu, P. u. a., Das moderne Asien, Frankfurt 1969 | Albertini, R. v. 1966 | –, Das Ende des Empire. Bemerkungen zur britischen Dekolonisation, in: HZ 249, 3 (1989) 583–617 | Aldrich, R., The French Colonial Empire and its Contemporary Legacy, in: European History Quarterly 40, 1 (2010) 97–108 | Ampiah, K., The Political and Moral Imperatives of the Bandung Conference of 1955: The Reactions of the US, UK, and Japan, Folkestone 2007 | Anderson, D./Killingray, D. 1992 | Ansprenger, F. 1981 | Betts, R. F., Decolonization, London 1998 | Blaustein, A. P. 1977 | Boyce, D. G., Decolonization and the British Empire, 1775–1997, Basingstoke 1999 | Bragança, A. de/Wallerstein, I. (Hg.), The African Liberation Reader, 3 Bde., London 1982 | Burke, R., Decolonization and the Evolution of International Human Rights, Philadelphia 2010 | Burns, A., In Defence of Colonies, London 1957 | –, Parliament as an Export, London 1966 | Carrington, C. E., The Liquidation of the British Empire, London 1961 | Caute, D., Fanon, London 1970 | Chamberlain, M. E., Decolonization: The Fall of the European Empires, 2. Aufl., Oxford 1999 | Chesneaux, J., Geschichte Ost- und Südostasiens, Köln 1969 | Clayton, A., The Wars of French Decolonization, London 1994 | Darwin, J., Britain and Decolonization: The Retreat from Empire in the Post-War World, Basingstoke 1988 | –, The End of the British Empire: The Historical Debate, Oxford 1991 | Deschamps, H., La fin des empires coloniaux, Paris 1969 | Droz, B. 2006 | – 2009 | Duara, P., Decolonization: Perspectives from Now and Then, London u. a. 2004 | Dülffer, J./Frey, M. 2011 | Duignan, P./Gann, L. H. (Hg.), Colonialism in Africa, 1870–1960, 5 Bde., Cambridge 1969–75 | Easton, S. C. 1961 | El-Ayouty, Y. 1971 | Fanon, F., Die Verdammten dieser Erde, Frankfurt 1968 | Fedorowich, K./Thomas, M. (Hg.), International Diplomacy and Colonial Retreat, in: JICH 28, 3 (2000) 1–252 | Fuchs, G./Henseke, H., Das französische Kolonialreich, Berlin 1987 | Furedi, F., Colonial Wars and the Politics of Third World Nationalism, London 1994 | Gifford, P./Louis, W. P. (Hg.), The Transfer of Power in Africa: Decolonization 1940–1960, London 1982 | Goldsworthy, D., Colonial Issues in British Politics, 1945–1961: From *Colonial Development* to *Wind of Change*, Oxford 1971 | Guérin, D., Ci-gît le colonialisme, Den Haag u. a. 1973 | Hargreaves, J. D.,

Decolonization in Africa, London u.a. 1988 | Hodeir, C. 2003 | Holland, R.F. 1985 | Howe, S., Anticolonialism in British Politics: The Left and the End of Empire, 1918–1964, Oxford 1993 | Hyam, R. 2006 | Isnard, H., Géographie de la décolonisation, Paris 1971 | Jackson, A. 2006 | James, L. 1988 | Johnston, W.R., Great Britain, Great Empire, St. Lucia 1981 | Kahler, M., Decolonization in Britain and France: The Domestic Consequences of International Relations, Princeton 1984 | Kalter, C. 2011 | Kirkman, W.P. 1966 | Kruke, A. (Hg.), Dekolonisation. Prozesse und Verflechtungen 1945–1990, Bonn 2009 [= Archiv für Sozialgeschichte 48 (2008) 3–510] | Kuczynski, M., Turgot zur kolonialen Frage, in: Jahrbuch für Wirtschaftsgeschichte 1977, 4, 139–52 | Lee, C.J. (Hg.), Making a World after Empire: The Bandung Moment and Its Political Afterlives, Athens, OH 2010 | LeSueur, J.D. 2003 | Liauzu, C. 2007 | Louis, W.R. 1977 | –/Robinson, R., The Imperialism of Decolonization, in: JICH 22 (1994) 462–511 | Marr, D. u.a., Asia: The Winning of Independence, London 1981 | McIntyre, W.D., British Decolonization, 1946–1997, New York 1998 | –, A Guide to the Contemporary Commonwealth, Basingstoke 2001 | Mohamed-Gaillard, S./Romo-Navarrete, M., Les représentants de l'Outre-mer dans les assemblées de la IVe République (1946–1958). Approche prosopographique, in: OM 99, 1 (2011) 135–47 | Mouralis, B./Piriou, A. (Hg.), Robert Delavignette, savant et politique (1897–1976), Paris 2003 | Pandey, B.N., South and South East Asia. Problems and Policies, 1945–1978, Basingstoke 1980 | Pletsch, C.E., The Three Worlds, in: CSSH 23 (1981) 565–90 | Romein, P./Raben, R., States of Transition: Modernization, Performance, and Meaning of State and Authority in the Era of Decolonization, in: Itinerario 33, 2 (2009) 83–91 | Romo-Navarrete, M. 2009 | Rothermund, D. 2006 | Sasse, H., Die asiatisch-afrikanischen Staaten auf der Bandung-Konferenz, Berlin 1958 | Schenk, C.R., Decolonization and European Economic Integration: The Free Trade Area Negotiations, 1956–58, in: JICH 24 (1996) 444–63 | Shipway, M., Decolonization and its Impact: A Comparative Approach to the End of the Colonial Empires, Oxford 2008 | Sik, E., The History of Black Africa, 4 Bde., 1.–7. Aufl., Budapest 1970–74 | Sinclair, G., At the End of the Line: Colonial Policing and the Imperial Endgame, 1945–80, Manchester 2006 | – (Hg.), Globalizing British Policing, Farnham 2011 | Smith, T. 1975 | –, A Comparative Study of French and British Decolonization, in: CSSH 28 (1978) 70–102 | Sorum, P.C. 1977 | Stanley, B./Low, A. (Hg.), Mission, Nationalism, and the End of Empire, Grand Rapids 2003 | Tan, S.S./Acharya, A. (Hg.), Bandung Revisited: The Legacy of the 1955 Asian-African Conference for International Order, Singapore 2008 | Taselaar, A.P. (Hg.), Comparative Decolonization, in: Itinerario 20, 2 (1996) 7–13, 20–117 | Thomas, M. 2007 | Thompson, A. (Hg.), Britain's Experience of Empire in the Twentieth Century, Oxford 2008 | Tinker, H., The Contraction of Empire in Asia, 1945–48: The Military Dimension, in: JICH 16 (1988) 218–33 | Webster, W., Englishness and Empire, 1939–1963, Oxford 2005 | Wesseling, H.L., Towards a History of Decolonization, in: Itinerario 11, 2 (1987) 95–106 | White, N., Decolonization: The British Experience since 1945, London 1999, Ndr. 2005 | Wickins, P.L., Africa 1880–1980: An Economic History, Kapstadt 1986 | Winks, R.W., On Decolonization and Informal Empire, in: AHR 81 (1976) 540–56 | Yacono, X. 1971.

第二十二章

晚期殖民主义和非洲的去殖民化

反殖民运动、第二次世界大战和晚期殖民主义 1157

欧洲殖民统治在两次世界大战之间才达到了它的高潮，与此同时也进行着以英国海外领地取得实际主权为标志的第二次去殖民化。南非的情况表明，这次去殖民化与美洲的第一次一样都是白人移民的事情。但是在已建立起统治的亚洲殖民地，当时能明显感觉到新的反殖民冲动，锡兰和英属印度达到了一定程度的内部自决，它可以被解释为通往自治领法律地位道路的一个阶段。第三次去殖民化，也就是“有色人种”的去殖民化，在亚洲也已经开始。可是在殖民列强那里，非洲人的独立还不是讨论的题目。

但是第一次世界大战在非洲也给白人的声望造成了一次打击，非洲人的自我意识通过他们巨大的战争努力得到了加强，使他们能够继续进行交往和积累经验。即便是打上西方烙印的非洲人也得不到欧洲革命取得的那些权利，而这种情况不仅仅在政治发达的塞内加尔非常突出。除北非外，非洲人将自己的要求限定于现行体制框架内的政治参与。虽然青年政治团体如雨后春笋般出现，大量的媒体可供使用，而且并不缺少引起轰动的行动，但是“黑非洲”缺少群众政治基础。与能够和历史上的政治体联系在一起的埃及、摩洛哥和突尼斯相反，现代“黑非洲”的民族主义涉及的不是寻求建立一个国家时的语言和文化民族。在这里，国家的形成不得不先于民族的形成！

这也可能受到外部动力的直接影响。泛伊斯兰主义在第一次世界大战中被奥斯曼人所利用并且自此变成了泛阿拉伯
主义，后者对埃及施加了一些影响。而泛非洲主义在很长时 1158
间内很少涉及“非洲”，更多涉及的是“非洲人”。它从美洲发起并且希望成为黑色种族的运动，在马库斯·奥勒留·贾维（Marcus Aurelius Garvey，1887~1940 年）那里甚至带

有种族主义的特性，包括常见的拼凑历史的现象。在哈佛和柏林完成学业的美国人威廉·爱德华·布格哈特·杜波依斯（William Edward Burghardt Du Bois，1868~1963年）与西印度人亨利·西尔维斯特·威廉姆斯（Henry Sylvester Williams）一起在世纪之交发起了泛非洲主义运动；尽管具有种种国际特性，但这场运动中，首先是各种种族问题在美国受到重视。

尽管如此，在他们于1919年至1927年召集的四次泛非洲会议上也有来自非洲的代表。与这一首倡相关联的还有其他组织，特别是1920年成立的英属西非国民议会（National Congress of British West Africa）和1925年在伦敦成立的西非大学生联盟（West African Students Union）。日后加纳和尼日利亚的领袖们就产生于它们中间。绅士会议无法否认印度模式，它实际上为在英属西非采用新宪法作出了贡献，1923年至1925年，这些宪法首次计划设置黑人代表。在法属非洲政治活动空间还比较小，因而在这里，对应英语泛非洲主义的是主要表现为文学运动的“黑人文化传统认同（négritude）”，其中有来自海地的让·普瑞斯－玛斯（Jean Price-Mars），来自马提尼克的艾梅·沙塞尔（Aimé Césaire），来自塞内加尔的利奥波德·塞达·桑戈尔（Léopold Sédar Senghor，1906~2001年），“有中学和大学教师资格的人（agrégé）”，诗人们，法国部长和“法国科学院（Académie française）”成员。这里涉及的是一种与西方文明保持批判距离的做法，它对非洲文化遗产进行了相当浪漫的“升华”——使用西方文明的语言来书写。人们尚在为“有色人种的法国人”而战斗。也许就是这种对待事物的观点为法国在后殖民时期与其当年的殖民地精英们相对宽松的关系铺平了道路。

然而在英属和法属区域都存在明显的共产主义行动。西印度人乔治·帕德莫尔（George Padmore，1903~1959年）最初就是共产主义者，其伦敦的圈子曾经拯救了泛非洲主义关于第二次世界大战的计划。列宁如此重视反殖民运动的可能性，当年没有任何一个人能出其右。共产国际和赤色职工国际（国际工人联合会）执行了反殖民政策，威利·明岑贝格（Willi Münzenberg）1927 年在布鲁塞尔组织召开了反对殖民压迫和反对帝国主义会议，尽管当时亚洲处于中心地位，但仍有阿尔及利亚和“黑非洲”的代表出席会议。一个反对帝国主义和争取殖民地独立的联盟建立起来，使得各殖民地管理机构产生了持续多年的对共产主义者的恐惧。也许共产主义能够承担起第 1159
三次去殖民化的领导角色，但是当斯大林开始接近西方时，反殖民主义却于 1930 年代中期衰落了。像帕德莫尔一类的人非常失望，即刻与共产主义决裂。除了白人领导下的南非，共产主义政党在非洲还几乎没有产生。

在社会主义方面，工党从来也没有完全敌对殖民，以至于 1924 年和 1929 年至 1935 年，工党执政期间几乎没有进行殖民政策的创新。而英国社会主义者的非官方影响根本就不可能被过高评价。我们简单回顾一下作为当年殖民地未来领导人培训地的伦敦经济学院（London School of Economics）。第二次世界大战期间，“费边社（Fabian Society）”[①] 制订了一项令人瞩目的殖民政策计划。它要求以民主机构取代反动的间接管理；计划提供毫无附加条件的发展援助以反对工业化，为已得到充分发展的殖民地规划了自治领地位。这些不可能不影响到 1945 年至 1951 年的工党政府，虽然这届政府除了一个庞大的去殖民化计划还有其他完全不同的忧虑，并且总归首先必须在亚洲进行一次尝试。但是它毕竟作出了承诺，它的保守党后任再也无法回避这些承诺。法国的社会主义者似乎走了一条

① 20 世纪初英国的一个工人社会主义派别，注重务实的社会建设，倡导建立互助互爱的社会服务。

相反的道路，从反殖民主义走向殖民主义。他们寄希望于殖民地渐进的平等并且在此框架内支持政府的殖民政策。1927年，党代会作出决定：以对阿尔及利亚进行同化和殖民地实行“自治”为目标，没有谈及独立。虽然人民阵线政府开始了一项相应的改革计划，但它几乎无法贯彻下去。后来该党接受了这一教训，采取了选民的民族主义路线。

而对非洲的推动则源于一个个事件。“世界经济危机”的后果被认为是殖民统治的失败：销售困难，在收入减少的情况下提高赋税，失业，各种形式的强制措施等。另外，当时转向引导性经济促使英国人首次设计了一个发展计划并为此提供了资金。在法国，相应的尝试停滞不前。

埃塞俄比亚危机给人留下了一个非同寻常的印象，也许很少是由于意大利进攻本身，而更多是因为西方列强和它们的国际联盟的失败。报刊上连篇累牍地发表了各种尖锐的观点和态度，比如后来的加纳领导人夸梅·克鲁玛（Kwame Nkrumah）写道：
1160 “……仿佛突然之间整个伦敦向我个人宣战……我因我的民族主义必须挺身而出。”（Wilson，H. S. 1977，273 f.）

但是发挥决定性作用的是第二次世界大战及其后果。非洲从最初就参与其中。法国招募了161361名西非人，其中10万人与德国人作战，阵亡3万人。1940年的11000~16000名非洲战俘中有1500~3000人被德国人杀害，其他人受到符合惯例的对待，尽管如此，活下来的仅有一半人。英国人投入了374000名非洲战士，主要用于对意大利人作战和在缅甸对日本人作战，此外还有近东的165000名没有武装的工兵和劳工，其中损失约15000人。可是法国的崩溃和意大利的参战首先将英国人逼入了困境。不仅仅是因为意大利的领地威胁着苏伊士运河和印度航路，法属西非大总督决定投靠与德国人合作的维希政权大概相当于为敌人提供了任意进攻的可能性。只有乍得总督菲利克斯·埃布维（Félix Eboué），一个黑皮肤的西印度人，完全保持着此前权威的殖民政治路线，而维希政权几乎没有必要加强这一路线。埃布维选择了“自由法国”，并且使法属赤道非洲和喀麦隆站到了同一边；1941 年自封的自由法国领导人夏尔·戴高乐提升他为大总督。此举为同盟国架起了从尼日利亚通往埃及的桥梁。在此期间，英国人清除了意大利在埃塞俄比亚的殖民统治；1941 年 5 月 5 日，海尔·赛拉西得以重新进入亚的斯亚贝巴，此地曾经处于英国人的监护下，厄立特里亚和意属索马里兰也保持着这一监护关系。在北非持续的时间稍微长一些，意大利在那里的失败导致了德国的介入，后者直到 1942 年才最终受挫于阿拉曼战役。此时德国人和意大利人被赶回了西部，直到他们经过了一段对突尼斯的短暂控制之后，不得不于 1943 年离开北非。1942 年，同盟国在阿尔及利亚和摩洛哥登陆，西非宣布赞同戴高乐，英国人占领了马达加斯加。虽然戴高乐需要一些手段才能达到目的，但是现在非洲所有的领地都隶属于自由法国。意属利比亚北部被英国人占据，南部的费赞（Fezzan）被法国人占领。

非洲人不仅在非洲和欧洲参与了胜仗，而且同时也经历了其主人的失败，尤其是经历了白人地位的降低，也许这是他们在自己的生存空间里最重要的一番经历。此外，他们在殖民 1161
统治经济拮据的情况下创造了巨大的战争经济成就，因为比利时、英国和法国有时只能依靠它们非洲领地的产品。比利时为同盟国提供刚果的矿藏，特别是为美国人的原子弹提供价廉物美的铀。由于进口缺失，工业化开始实行，与此相应在南非出现了繁荣，而农民和工人却为此承受着包括强制劳动在内的巨大压力，现在英国人也遇到了相同的问题。针对此，政治宣传就不得不开始展望战后的未来了——人们再也不能绕开这个问题了。

但是这里指的是改革，政治依赖关系并没有发生任何改变。1944年，戴高乐召集非洲总督们在布拉柴维尔开会的时候，宣布了一套较人道的殖民政策，但是也明确地把遥远未来的自治排除在外。1946年在非洲议员参与下制定的宪法用一个新名字“海外领地”将殖民地重新变成共和国的组成部分。那里的居民从“土著（indigènes）”升格为“当地人（autochthones）”。法兰西联盟现在的决定性纲领在维希政府时期就已经拟定了。比利时认为没有政治改革也应付得了。而在英国已经出现了一些人，对他们来说，非洲独立虽然还没有到必须作出决断的时候，但那只是个时间问题。当然，这里列入议程的暂时还不是政治，而是经济发展。

1945年之后，当大量专家拥入这里，为了这个地方以及各大都市的利益而进行开发的时候，非洲正在经历第二次殖民化。各个国家和国际康采恩的生意比以往任何时候都兴旺。当英帝国在亚洲土崩瓦解的时候，1947年至1957年，殖民地服务局（Colonial Service）非洲事务处的人员增加了50%。早在1929年，在世界经济危机的背景下，《殖民地发展法案》（Colonial Development Act）为帝国批准了100万英镑的年预算；1940年以战争为基础的《殖民地发展和福利法案》（Colonial Development and Welfare Act）将这笔款项提高到了500万英镑。1945年的同名法案将其增加到10年投入1.2亿英镑，这意味着从收支平衡政策最终转向了发展政策。可是，这一发展政策的实施从根本上讲关系到大都市的利益，否则在严峻的战后形势下，这种巨额开支根本无法贯彻下去。从殖民地进口是为养活正在忍饥挨饿的民众作贡献，民众主要
1162 缺乏的是脂肪。国家采取了比以往更加严格的措施保障大都市的优势，特别是人为压低采购价，并且收回强行向第三国，特别是向美国出口可可豆、橡胶、西沙尔麻、花生、矿物和很多

其他商品所挣得的外汇。当英国的国际收支面对美国处于窘迫地位的时候，殖民地为它挣得了宝贵的美金，例如马来亚、加纳和尼日利亚。人们估计，虽然英国1945年至1951年向殖民地投入了4000万英镑的发展援助资金，但却从那里获得了1.4亿英镑的进账。然而一些费用昂贵的发展项目不得不被放弃，例如修建一条从南非通往肯尼亚的铁路的项目，或者由国家组织的在南坦噶尼喀种植花生的项目。在坦噶尼喀，铁路后来由中国人投资建成！政治上，工党政府追求的是“政治进步（political advancement）”，远期目标是“自治政府（self-government）”，例如为最为发达的黄金海岸设定了20~30年的目标，但绝对不涉及独立。

对法国来说，1946年至1952年尤其被称为殖民帝国主义的高潮。但是现在法国也同样首次以那个1946年成立、至1958年拥有差不多85亿德国马克资金的“经济和社会投资发展基金组织（Fonds d’investissement et de développement économique et social，一个漂亮的缩写F.I.D.E.S.）”为依托，踏上了发展援助的道路；早期的发展援助项目一如既往地使用贷款来提供资金。然而这件事情的目的在于，在传统的自给自足政策的意义上确保特定货物的销售或供货。

1952年前后，由于韩国的繁荣，战后危机已经过去。英国的殖民地开始变成威胁，因为它们中的一些像战时的印度一样，受贸易政策影响，积存了巨额英镑债权，若兑付它们就会损害英国的国际支付平衡，并进而损害一直还在捍卫的英镑作为国际主要通用货币的角色。1956年进攻埃及（苏伊士危机）的费用使英国的黄金和美元储备降到了英镑集团运转必备数量的界限之下。英国的贸易政策变得更加自由，和投资商一样更果断地转向了欧洲市场。1957年，一份给内阁的评估得出了一个谨慎的结论，称放弃殖民地可能对经济更为有利。1958

年，英镑成为可自由兑换货币。英镑继续贬值，到 1967 年兑美元汇率不得不从 2.8 降至 2.4。

即使在法国也流行着一种观点，认为经济政策的转变势在
1163 必行，其间英国的保守党政府鉴于这一状况于 1959/1960 年在非洲掀起了去殖民化的“变革之风（wind of change）”。前文描述过的近东的第二次去殖民化背后也存在一种经济推动力。但是我们无法证明，殖民地首先是基于经济政策考量被认作无利可图而予以排斥的，尽管经济政策的总体考虑理所当然会融入政治决策。然而，公司或公司集团对去殖民化的具体影响十分有限。相反，很多企业懂得巧妙地迎合新的力量关系，或者至少作过这样的尝试。不言而喻的是，只要殖民贸易还有利可图，去殖民化就是不可取的。

可是，对于新的世界大国美国来说，这完全是可取的，在战争期间那里就在讨论为所有的殖民地建立国际托管，虽然它仅限于旧的国际联盟托管地和意大利的领地，但殖民列强却有义务就各自占有的其他地区做报告。丘吉尔顽强地反对这个计划并取得成功。在冷战时期，美国的反殖民主义进一步减弱。但是它将自己的计划传递给了 1945 年新成立的联合国，其 51 个创始国中，27 个是当年的殖民地。

联合国接管了国际联盟的托管地，但不同的是，联合国通过托管理事会的调查委员会发挥着真正的监督作用。但是，联合国大会越来越成为一个反殖民主义的世界论坛，虽然这种新的亚非民族的庞大集团很快就分解成地域或者意识形态群体。根据《联合国宪章》第 73e 条，殖民列强必须定期向联合国秘书长报告各自领地的发展状况。这项规定被联合国大会常务委员会定为反殖民主义政策的最重要的工具，比如将其用于了罗得西亚。重要的是 1960 年 12 月 14 日颁布的《殖民地国家和人民独立宣言》（Declaration on the Granting of

Independence to Colonial Countries and Peoples），其中的核心话语可追溯到1955年万隆会议宣言，即不允许将“准备不充分”作为推迟独立的借口。联合国政策绝对取得了成功，比如有关前意大利殖民地的决定，再如托管地多哥、喀麦隆和坦噶尼喀能够把联合国当作论坛使用，因此在去殖民化过程中获得好处。即使是联合国军事介入某些冲突也会产生有利于前 1164
殖民地的效果，比方说在刚果/扎伊尔就以这种方式使国家的统一得以保留。

法属“黑非洲”的精英们首先寄希望于合作，而北非人则企图利用战争实现他们影响深远的计划，却遭受了失败。在突尼斯，部分民族党人向德国大献谄媚，但是民族领袖布尔吉巴（Habib Bourguiba）却坚持与法国交往。在阿尔及利亚，费尔哈特·阿巴斯（Ferhat Abbas）与他的朋友们在1943年的《阿尔及利亚人民宣言》（Manifest des Algerischen Volkes）中要求与法国相关联的自治；因为他也把宣言呈送到了美国、英国和苏联的代表手中，致使他遭到了软禁。在摩洛哥，苏丹与罗斯福总统会面，从后者的反殖民主义态度中汲取了那么多的希望，以至于1933年成立的民族党在宫廷的秘密支持下于1944年以新的名称复活：独立党（Istiqlal）。但是它的领导人还是先进了法国监狱。

因此，英语区域成了推动力最激进的地方。1945年在曼彻斯特召开了第五次泛非洲大会，但以杜波依斯为首的主席团被激进的帕德莫尔集团所控制，该集团于两次大战之间在英国形成，成员是那些在美国上了大学并于1939年在那里成立了非洲大学生联合会（African Students Association）的非洲人，其中有来自黄金海岸的夸梅·克鲁玛。大会通过了两份受到马克思主义激励的决议——“对殖民地列强的挑战”和“对殖民地工人、农场主和知识分子的宣言”，其结束语受到《共产党宣言》的启示："全世界殖民地和被统治的人民联合起来！"现在民族独立变成了第一步要求，而不是像在善意的英国的考量中被当作最后一步——民族独立是发展的先决条件而不是发展的结果。在必要时为了它的实施可以考虑使用武力。此后不久，克鲁玛和肯雅塔（Jomo Kenyatta）等人回到了非洲开始实施他们的计划。但是第一批成果的产生并非仅仅出于他们的行动，因为即使那里的非洲人都被充分地动员起来，也不足以实施去殖民化。也就是说，去殖民化成功还需要另外两个条件：殖民列强的让步和一个有利的国际局势，它首先对殖民列强施加压力，并且依靠外部的帮助向非洲人提供补给。非洲人绝对不可能轻而易举地获得独立，而且独立也绝对不会通过殖民列强单方面的精心规划施与他们。更确切地说，不管怎么样，独立都是在前面提到的力量的三角关系中成长的。

北非成了去殖民化的先锋，因为尽管受外来统治，埃及和埃塞俄比亚仍然保持着它们的政治同一性，还因为这里的意大利殖民地不能再像以前那样简单地重新划分。苏丹也随之陷入发展的旋涡中。

1914年奥斯曼帝国参战时站到了德国一边，埃及随即与它分道扬镳，并且自此公开成为英国的保护国。在此期间，一场强大的民族运动在由公务员、自由职业者和地主所构成的新精英们中兴起，而由于战争的劳顿，在人民中充斥着强烈的反英怨恨。因此1918年萨阿德·扎格卢尔（Sa'd Zaglul）向高级专员温盖特提出要求，要带领一个华夫脱党（Wafd）代表团在和平会议上代表埃及，还要求独立，而得到的回答是被逮捕和流放，此事导致了民众动乱，"华夫脱"也成了一个独立党的名称。1922年，英国最终作出让步，但以广泛的保留权力阻滞了埃及的独立：帝国的交通道路，特别是苏伊士运河以及国防仍属英国管辖，外国人的特权没有被触及，埃及也没有得到他们所争取的对苏丹的主权。虽然福阿德一世（Fuad I）颁布了一部法律，却表示英国人是君主和支柱。持反对态度的华夫脱党最终作出让步，于是在新国王法鲁克一世（Faruk I）统治时于1936年达成了一个持续到1956年的妥协协议，根据协议，英国军队撤回到苏伊士运河地区，外国人的特权被废除。

但是，1939年埃及人违背条约，拒绝参加反对德国的战争，而是与轴心国眉来眼去。经济危机和伊斯兰教革新导致了极端化，从此华夫脱党更像一支保守力量。1942年，轴心国站在埃及家门口时，英国人强迫法鲁克任命了华夫脱党内阁，这又被看作新的屈辱。虽然1944年华夫脱党政府促成了阿拉

伯联盟（Arabische Liga）的成立并且懂得把开罗打造成泛阿
1166 拉伯主义的所在地，却无法保持它的权力。1948/1949 年败于新成立的以色列使得政治和军事上的分裂公开化。当埃及拒绝加入西方的防御体系时，它也未能通过 1951 年 10 月单方面废除 1936 年的条约赢得极端分子的支持。

1952 年 7 月 23 日，“自由军官”密谋集团突然出手，军队接管了政权，国王流亡海外。1954 年，真正的幕后操纵者迦玛尔·阿卜杜尔·纳赛尔（Gamal Abd el-Nasser）中尉取代受人欢迎的纳吉布（Muhammad Nagib）将军成为埃及的领导人，1956 年建立一党制的总统制共和国。但是这一新的阿拉伯社会主义（der neue arabische Sozialismus）既没有投身于马克思主义，也没有投身于伊斯兰宗教激进主义，而是投身于农业改革和雄心勃勃的经济发展计划。宪法把埃及诠释为一个“阿拉伯民族”的胚细胞。1958 年成立的由叙利亚、也门、利比亚组成的所谓联合阿拉伯共和国作出的不同的联盟尝试均被证明是没有生命力的。而纳赛尔最大的外交成就产生于 1956 年在苏伊士危机中的军事失败。

根据 1954 年签订的条约，英国撤离了运河地区。但是埃及并不准备加入 1955 年签订的《巴格达公约》（Bagdadpakt）。当无法再从西方获得建设已经计划好的新阿斯旺大坝的贷款时，纳赛尔转向了东方集团（Ostblock），并于 1956 年没收了英国政府占有 44% 股份的苏伊士运河公司。首相安东尼·艾登（Anthony Eden）把纳赛尔视为一个穆斯林的墨索里尼，或者干脆就是一个新的希特勒，因此必须避免重演 1938 年的“绥靖政策（appeasement-Politik）”。虽然纳赛尔宣布愿意继续承认 1888 年签署的《运河公约》（Kanalkonvention），但是英国、法国和反正已计划好进攻埃及的以色列以老帝国主义风格的军事行动对埃及发起了突然袭击。但是在世界列强的压力下它们不得不可怜地撤回。然而运河上的交通当时并未中断，直到1967年至1975年由于阿拉伯与以色列之间其他的战争才中断。这次危机大大提升了纳赛尔的威望，他跃升为反殖民主义的第三世界的著名领导人之一。与此同时，老殖民列强的荣誉损失如此巨大，它们的非洲帝国的解体也由此开始了。苏伊士虽然没有引发这种解体，但却预告了它的到来。据说当时英国公众都已经认识到英帝国时代已经逝去——民主是成功去殖民化的一个重要先决条件！

可是纳赛尔也没有成功地掌控苏丹。1924年，英国人将埃
及人从那里驱逐出去，当1936年该托管地形式上得到确认时， 1167
唯一的结论就是苏丹人可以充分利用埃及牌来对付英国牌。民族运动的承载者起初更多地是小资产阶级和尼罗河中央地区受西方影响的行政干部们。很能说明特点的是第一批苏丹政党的领袖是喀土穆戈登纪念学院（Gordon Memorial College）的两位教师，这个学院是培养官员的地方。这些“阿凡迪亚（Effendiyya）”——苏丹人这样称呼此类人——依照印度的榜样创建了毕业生全体大会（Graduates'General Congress）作为传达他们的种种努力的传声筒，它在1942年处于危机时向英国人提出了它的要求，当然除承认埃及的要求外，还包括要求独立。在遭到拒绝之后，一部分人继续坚持与英国人合作，而另一些人则尝试着打埃及人这张牌。双方都与国内最强大的力量穆斯林兄弟会联合，在这件事上，马赫迪派支持对英国持友好态度的路线，因为“哈特米亚（Khatmiyya）”早在19世纪就同情埃及，现在是为了阻止一个有可能建立的马赫迪王朝。战争结束时与马赫迪分子的“乌玛党（Umma）”抗衡的是“阿希加（Ashiqqa）”，即后来伊斯梅尔·阿尔·阿扎里（Ismael al-Azhari）领导的民族联合党（National Unionist Party，N.U.P.）。与和埃及艰苦的谈判相关联，1946年英国

决定20年之内给予苏丹自决权，并为此从该国家统一出发修正了1930年开始实施的分离非伊斯兰的南苏丹的政策。然而北方占主导地位的是阿拉伯化的穆斯林，南方是黑人基督徒，因分离政策而增强的南北方敌对并没有被克服。反复出现的对南方的歧视于1955年导致了一场暴动，英国人将它作为长久的纠纷留给了独立的苏丹。1948年选出的立法大会上北方拥有67个席位，而南方只获得了13个，英国官员得到6个。它被乌玛党控制着，因为民族联合党将它作为帝国主义的傀儡戏加以抵制。由于英国人只能在埃及人和苏丹民族主义之间作出抉择，所以1951年迅速宣告那里将在1952年实行自治，来对开罗废除《托管地条约》（Kondominiumvertrag）和宣布法鲁克为苏丹国王作出回应。但是埃及的新的国家元首纳吉布（本人即苏丹人）准备在三年之内承认苏丹自治。在美国的压力下，英国已经没有退路。1953年，民族联合党赢得了新的两院议会的选举，其领袖阿尔·阿扎里成为总理。但是他没有执
1168 行与埃及联合的政策，而是忠诚地与英国合作，就这样带领着国家于1956年1月1日在尚无宪法的情况下早早地走向独立。在这一时刻，非同一般的阿凡迪亚政治的权力基础已经瓦解；两位宗教领袖相遇，阿尔·阿扎里被推翻。只是随后的联合显得那么不稳固，以至于总理本人1958年要求军队接管政权。

自1942年起，相邻的埃塞俄比亚重新独立；1944年英国不得不放弃保持非正式控制的尝试。埃塞俄比亚皇帝运用高超的策略恢复了他日后还将持续33年的统治，在国际上他被盛赞为非洲独立和团结的先锋。他聘用了大量来自不同国家的外国顾问，这虽然使他的政权现代化，但同时也把它扩建成比过去任何时候都更个人化、绝对化的统治，而这没有使他受到任何损害。1955年颁布的宪法建立了立宪制政体，不是议会制政体。直到1974年发生的导致君主制被废除的军事政变才带

来了政治上的转变。

意大利的老殖民地厄立特里亚、索马里兰和利比亚的命运比较复杂，战争结束时，除了被法国占领的费赞，其他地区都处于英国的掌控之下。埃塞俄比亚的帝国主义分子梦寐以求想要继承他们的敌人意大利的遗产，而利比亚则被视为战略地位十分重要的地区，以至于除英国、法国和新意大利外，埃及、美国甚至苏联都对它都表现出了兴趣。由于战胜国无法达成一致，这个问题被排除在1947年与意大利签订的和平条约之外并被委托给联合国。此时意大利试图将这些海外领地作为托管地收回，这一意图得到拉丁美洲朋友们的支持，也得到法国的部分支持，主要是得到苏联的支持，后者想借此在选举中支持意大利共产党人。最终制定了英国和意大利的《贝文—斯福尔扎方案》(Bevin-Sforza-Plan)，根据此方案，索马里兰和的黎波里塔尼亚属于意大利，昔兰尼加属于英国，费赞属于法国，厄立特里亚一半属于埃塞俄比亚一半属于苏丹。1949年这个方案在联合国大会上未获通过时，以英国为后盾的赛努西教团的领袖宣布成立一个独立国家。随即联合国大会同年就作出决定，至1952年利比亚事实上应获独立。索马里兰的管理被委托给意大利，直至其10年后独立。一个调查委员会被派往厄立特里亚。

此时厄立特里亚的形势令人捉摸不透。在高原有一个由
东正教会组织的、得到亚的斯亚贝巴支持的政党，它赞同与埃 1169
塞俄比亚联合，而低地的穆斯林们则赞成独立。另外在高原还有一个地方主义运动，它赞同与埃塞俄比亚的北部地区蒂格雷联合独立。联合国安理会五个常任理事国无法就什么是厄立特里亚人民的意愿的问题达成一致。联合国决定，应该促成一个与埃塞俄比亚联合的自治的厄立特里亚，1952年它得以实现。但是埃塞俄比亚政府老练地直至1962年都将这个地区的

地位限制在一个普通省上。因此厄立特里亚解放阵线开始战斗，1975 年，埃塞俄比亚革命政府从它的前任那里继承了这场战斗。战斗一直持续到 1991 年。1993 年，厄立特里亚作为第 52 个非洲国家独立。

一个民族能够在民族和文化统一的坚实基础上发展，这样的地区在非洲为数不多，索马里兰是其中之一。造成问题的是在邻国进行的索马里民族统一运动（irredenta[①]）。但是英国于 1948 年承认了埃塞俄比亚对索马里人居住的东南地区的主权，并且很少考虑退出北肯尼亚的索马里地区，就像法国准备允许吉布提的伊萨（Issa）与索马里合并一样。1941 年至 1949 年的政治化是英国人有意推动的，当 1949 年至 1960 年在南方的相当成功的意大利托管结束时，意属索马里兰和刚刚进行了第一次大选的英属索马里兰于 1960 年联合成为索马里共和国。但是 1969 年，这个民主政权被一次军事政变推翻。与埃塞俄比亚的冲突促使联盟转变了外交政策。在皇帝还在亚的斯亚贝巴掌权期间，索马里与苏联串通一气，当埃塞俄比亚的新主人开始走东方路线时，它于 1977 年又接近西方。1978 年开始的对埃塞俄比亚的战争以失败告终。

围绕着吉布提的小小的法属索马里兰的行政当局巧妙地利用着意大利人和英国人，在内部利用相互对抗的各个民族，依靠占多数的阿法尔人对付伊萨人。因此，1958 年这个地区同意留在法国，1966 年戴高乐访问该地区时，伊萨人的独立要求摆在了他的面前，1967 年该地区再次同意留在法国。1967 年至 1977 年这个地区成为“阿法尔和伊萨领地”，由法国人和阿法尔人治理，随后在 1977 年被允许作为“吉布提共和国”独立。

---

① 这个词原指意大利为收复被邻国统治的少数民族地区而进行的民族统一运动。

1951年，利比亚在联合国的监督下作为联邦独立。英国根据当年的战略还在寻找能够替代在埃及的根据地的地方，它 1170
促成了赛努西教团领袖伊德里斯一世（Sayyid Idris）的君主国的建立，但由此也制造了很大的内部问题，因为的黎波里塔尼亚是较发达地区，而且结构与昔兰尼加不同，因而绝不可能向赛努西君主国宣誓效忠。此外，利比亚起初是世界上最贫穷的国家之一。就连1960年代石油的繁荣也使得社会的躁动和对亲西方政府的不满继续增长。所以，最终在1969年，以奥马尔·穆阿迈尔·卡扎菲（Muammar al-Gaddhafi）为首的亲阿拉伯的军官团接管了政权，他试图将自己打造成纳赛尔之后的阿拉伯革命的领袖。

法属马格利布应该是在印度支那之后为法国去殖民化政策的发展发挥了最重要的作用。法属非洲的解放意愿在这里得到了最充分的发展，但站在另一方的是170万法国移民（1955年），他们首先通过在大多数内阁中都有其代表的激进党对第四共和国的历届政府施加了巨大影响。由于在阿尔及利亚问题上他们能够引证其属于母国，所以那里爆发了非洲最漫长、最血腥的解放战争。与此相对，两个被保护地区则从它们的地位和移民的存在较弱中获得了好处，特别是从它们的民族同一性中受益匪浅，这种同一性在阿尔及利亚只能在武装斗争中成长。由于情况和利益各异，在不同的国家进行团结一致的行动的计划终归一无所获。

突尼斯的优势是中级干部完全由自成一体的现代精英组成，他们主要来自突尼斯中部的萨赫勒地区。他们遏制了突尼斯的老绅士们或者吸收了他们的儿子们，这也反映在公共机构中。1919年，绅士们受到美国总统威尔逊政治主张的影响建立了一个“德斯图尔宪政党（Destur-Verfassungs-Partei）”，行动却非常谨慎。1934年，一个在法国学习并且与法国人结婚的来自意大利莫纳斯提尔（Monastir）的律师哈比卜·布尔吉巴（Habib Bourguiba，1903~2000年）在民众中发起了一场运动，创办了一份报纸并建立了“新德斯图尔党（Neo-Destur-Partei）”。他很快就被驱逐出境，1936年在人民阵线政府执政时他才被允许返回，1938年动乱之后在法国被捕。他的政党被禁。1943年，德国人和意大利人将他带回突尼斯，但他非常聪明，没有像他的政党的其他成员那样把宝押在轴心国身上。同年，一位过分独立和锐意改革的州长被法国人罢免。1945年至1949年，布尔吉巴在开罗为独立进行鼓动宣传，
1171 接着在突尼斯献身于他浴火重生的政党。在此期间，该党受到一些群众组织的拥护，特别是强大的工会联合会突尼斯总工会（Union générale tunisienne du Travail，U.G.T.T.），1955年其15万会员中有80%属于该党。布尔吉巴的代理人萨拉赫·本·尤塞夫（Salah ben Youssef）扩建了党的机构，直至1951年参与到政府中。由于同时关于内部自治的谈判在殖民者的压力下失败，自1952年起，煽动和压制、恐怖和反恐怖升级了。布尔吉巴再次被捕。这时法国总理孟戴斯－弗朗斯作出决定，在丢失了印度支那之后也要清理与各北非保护地的关系，当然其意图在于将阿尔及利亚更加紧密地与宗主国结合在一起。1954年他允诺突尼斯内部自治，1955年布尔吉巴奏凯而归。在他的对手中，工会的创建者已经于1952年被谋杀，在1955年的党代会上，萨拉·本·尤塞夫被逼入了恐怖主义的死角，赞同社会主义政策的新任工会领导人艾哈迈·本·萨拉赫（Achmed Ben Salah）在其对手的帮助下被中立化，尽管布尔吉巴自己于1961年又回到了这项计划。在此期间，突尼斯于1956年独立，1957年州长被取消并创建了以布尔吉巴为总统的共和国。1959年的宪法建立了总统制政府的一党制国家。1964年和1969年，布尔吉巴在没有竞选对手的情况下

重新当选，1974 年成为终身总统，但 1987 年被他的总理，即后来的独裁者本·阿里以年迈力衰为由废黜。1963 年该党改名为社会主义宪政党（Parti socialiste déstourien），自 1965 年至 1969 年，该党在本·萨拉赫的主持下实行了国家社会主义经济计划，但失败在农业合作化上。它导致了来自杰尔巴岛（Dscherba）的本·萨拉赫及其集团的垮台以及萨赫勒人重新占据优势地位。此时，符合正在上升的突尼斯资产阶级利益的再私有化开始了。

突尼斯从西方获得了贷款，当从法国得不到时，又从美国那里获得了贷款，因为虽然布尔吉巴执行的是一条阿拉伯和反殖民化的路线，但它是温和的和亲西方的。他支持阿尔及利亚解放战争，把法国人驱赶出比塞大（Bizerta）海军基地，1964 年没收了法国移民的财产。当阿拉伯联盟因为埃及与以色列签订了和平条约将其排除在外时，就像从前作为阿尔及利亚流亡政府的避难地一样，突尼斯取代开罗在 1979 年至 1989 年成为阿拉伯联盟的所在地，1982 年成为被赶出黎巴嫩的巴勒斯坦解放组织的驻地。另外，布尔吉巴致力于为巴勒斯坦冲突寻找一个现实政治解决方案，并且反对卡扎菲追求霸权，就 1172
像当年反对纳赛尔追求霸权一样。1969 年他与欧共体签署了一份联合条约。

与混乱和充满敌对情绪的摩洛哥相比，突尼斯显得非常忠实。由于利奥泰元帅的间接统治政策，他的现代精英不像突尼斯精英那样深深扎根于国内，因而法国人能够轻易地利用柏柏尔人对付城市里的阿拉伯人。当穆罕默德苏丹与独立党（Istiqlal）合作时，马拉喀什（Marrakesch）的塔米·阿尔·戈劳伊（Thami al-Glaui）帕夏被推动着与他的柏柏尔人发生冲突。苏丹不得不于 1953 年退位，但即使身在遥远的马达加斯加，他依然是民族独立的象征。随后的年月充满了恐怖与反恐怖，在这件事上民族主义者能够依靠来自北摩洛哥西班牙控制区的帮助。由于执行孟戴斯－弗朗斯的新政策，1955年不得不将苏丹作为唯一可能融入的人召回。1956年摩洛哥也与法国分离，不过附带有1957年签署的合作条约。

穆罕默德五世此时使用更偏重于民族共识的“国王（melik）”称号替代了正统的苏丹称号。当然他和他的儿子哈桑二世（Hassan II，1961~1999年在位）借助于法国人遗留下来难以胜任改革的政治基础结构执行着“分而治之”的政策。不过用这种方式既击败了独立党的势力，也击败了受工会支持的更激进的人民力量民族联盟（Union nationale de forces populaires）的势力。哈桑进行的波拿巴主义和恺撒主义实验自1965年起使国家实行了多年的紧急状态，由于不可靠的内政部长乌弗基尔（Mohammed Oufkir）的统治而变得更加臭名昭著。难道说自1977年以来重新容忍一种议会制的王权是反对军事独裁的唯一保证吗？

哈桑在外交政策上企图充分发挥社会帝国主义牌的效用，西班牙领地的任务给他提供了这样的机会。1956年西班牙放弃了它的辖区，只保留了老飞地休达（Ceuta）和梅利利亚（Melilla），西部海岸的飞地塔尔法亚（Tarfaya）和伊夫尼（Ifni）则分别于1958年和1969年还给了摩洛哥。但是摩洛哥额外提出了“历史的”要求：不仅要求得到西属撒哈拉殖民地里奥－德奥罗，还要求得到法属毛里塔尼亚和法国已经划给阿尔及利亚的撒哈拉的一部分。西属撒哈拉有着世界上最大的磷酸盐矿藏，毛里塔尼亚和阿尔及利亚的撒哈拉有铁矿。1963年与阿尔及利亚的边界战争帮助哈桑解决了内政困难。在另一次内政危机中，他又打起了里奥－德奥罗这张牌，1975年组
1173 织了30万摩洛哥人进行“绿色”（这里意味着伊斯兰的）进军去解放这个地区。

1974年葡萄牙革命的印象还历历在目，弗朗哥（Francisco Franco）统治的西班牙在它的最后阶段，于1976年断然将这一地区转给了摩洛哥和1960年才独立的毛里塔尼亚两国的总统。但是波利萨里奥阵线（Polisario）在阿尔及利亚和利比亚的支持下，自1973年开始为这一地区的独立进行战斗，起初是对西班牙，随后是对两个非洲的占领者，1977年甚至向毛里塔尼亚的首都发起了进攻。1979年，波利萨里奥解放阵线与毛里塔尼亚签订了和平协议之后，对摩洛哥的战斗继续进行，后者自此也占领了这一地区的剩余部分，并且对其绝大部分用界墙和雷区加以保护。早在1976年，波利萨里奥解放阵线就已经宣布建立阿拉伯民主撒哈拉共和国。1989年实现停战，但1991年由联合国安理会推动的全民公决因要求让摩洛哥人参加投票而失败。当时约16万阿拉伯民主撒哈拉共和国公民在西阿尔及利亚廷多夫的营地里已经生活了数十年。一个被46个国家承认的国家竟然一直只相当于摩洛哥的一个省！

西撒哈拉冲突通过1975年海牙国际法庭的一份判词而具有了普遍的意义，虽然这份判词不能确认毛里塔尼亚和摩洛哥的历史要求，但是被帝国主义殖民扩张视为基本准则的“无主主权（Terra nullius）”从国际法中消失了。从此以后，即使不拥有西方观念里的达到一定程度的国家组织，一个地区的住民也可以拥有那里的主权，这种认识放在一百年以前大概是不可能的，而且肯定是行不通的！

虽然阿尔及利亚是法国的一部分，但其大部分居民在这个祖国里没有公民权。摩洛哥和突尼斯的现代教育始终保持着双语制，也就是说精英们能够占据两种文化的中间地位，而阿尔及利亚的现代教育却是纯法语，意味着与传统共同体的分离。但是人们对此却鲜有反应，因为他们对穆斯林的同化不感兴趣。1954年，在800万非欧裔居民中有约700名受过大学教育的阿尔及利亚人，其中有143名医生或药剂师，185名文科中学教师和354名法学家。当然，此外还有很多阿尔及利亚人通过在法国工作和服兵役被非正式地西化了。在两次大战之
1174 间的时间里也许还存在着一种真正融入的可能性，因为除了法国，并不存在其他可能性。人民阵线政府谨慎地尝试提高穆斯林完全公民的数量，但毫无结果。“外乡人（colons）”（1954年约100万人）缺少与“穆斯林兄弟会”交流的意愿，他们中间只有不到20%的人还能够使用阿拉伯语进行一定程度的交流。1956年仅有330起异教婚姻，而且可能把已被同化的阿尔及利亚人也算在了里面！

阿尔及利亚人已经开始为自己创建“另外一个祖国”取代拒绝他们的祖国。1931年，伊斯兰右翼学者建立了阿尔及利亚乌理玛斯协会（Association des Oulémas d'Algérie），其口号是：“伊斯兰教是我的宗教，阿尔及利亚是我的祖国，阿拉伯语是我的语言。”人们为独立的伊斯兰学校募款，但在正式场合仍然拥护法国。1923年，共产党方面就在法国的阿尔及利亚外籍工人中成立了“北非之星（Étoile nord-africaine）”，其领袖梅萨里·哈奇（Messali Hadsch）在1927年布鲁塞尔反帝国主义大会上主张阿尔及利亚独立。虽然已经与转向斯大林主义的共产党人分道扬镳，但该运动还是受到迫害，直到1936年，人民阵线政府才为在阿尔及利亚采取新行动开启了可能性。自1937年起，尝试建立一个合法机构阿尔及利亚人民党（Parti du peuple algérien，P.P.A.）的策略也无法阻止新禁令在战争中颁布，不过这并未损害该党在阿尔及利亚的盛名。当时乌理玛斯协会的民族路线更加清晰，就连在费尔哈特·阿巴斯领导下的已被同化的阿尔及利亚人1943年也在《阿尔及利亚人民宣言》（Manifest des Algerischen Volkes）中为阿尔及利亚要求平等、自决，至少也要实现自

治。阿巴斯曾作为志愿者在反对希特勒的军队中服务，并且娶了一位来自阿尔萨斯的阿尔及利亚法国女郎为妻。他一生从没有说好过阿拉伯语。尽管受到压制，他的“宣言和自由之友社（Freunde des Manifests und der Freiheit）”还是立刻赢得了50万追随者，却备受激进的阿尔及利亚人民党的影响，后者似乎已经在组织法国“抵抗运动（résistance）”式的游击运动并筹划起义。

1945年5月8日，德国投降的日子见证了暴力的发生，其印记或许已经刻在随后的发展进程中。在塞蒂夫（Setif）东部发生了对阿尔及利亚游行队伍的射击行为，对方以谋杀欧洲人予以回应。可能是这里提前引发了计划好的阿尔及利亚人民党的起义。法国进行了强有力的回击。根据法国的统计，有103个法国人被杀，1500个阿尔及利亚人死亡，但据阿尔及利亚的统计，阿方死亡45000人，此外还有4560人被捕，99人被判死刑。据说当时阿尔及利亚人民已经失去了最后的幻想。不过之后平静了将近10年。1946年生活恢复正常之后，费尔 1175
哈特·阿巴斯成立了阿尔及利亚民主宣言联盟（Freunde die Union démocratique du manifeste algérien，U.D.M.A.）替代“宣言和自由之友社”，它与梅萨里·哈奇的民主自由胜利运动（Mouvement pour le triomphe des libertés démocratiques，M.T.L.D.）处于竞争状态。但是在1947年新的阿尔及利亚法规之下，一切都保持着老样子。拥有120名议员的新阿尔及利亚大会应该由两个选民等级选出。其间，在第一等级中只有13%的阿尔及利亚人进行了登记，而在第二等级中据说行政当局通过选举舞弊得出了他们想要的结果。1948年，在第二阶级中是9名民主自由胜利运动和8名阿尔及利亚民主宣言联盟议员对43名“独立者”。看来当时民主自由胜利运动是以牺牲阿尔及利亚民主宣言联盟为代价取得了成功，虽然1954年初在阿尔及尔的中央委员会和在法国的梅萨里·哈奇领导的派别，他们相互将对方开除出党。

在这种事态下，由前军士艾哈迈德·本·贝拉（Achmed Ben Bella）领导的党的“特别组织（Organisation spéciale）”采取了以攻为守的策略，在此之前它搜集武器好像只是为了应对紧急情况。9名年轻男子建立了一个联合行动革命委员会（Comité révolutionnaire pour l’unité et l’action），1954年11月1日带领1500人开始在卡比利亚（Kabylia）和奥雷斯山脉（Aurèsgebirge）大约30个地点举行武装起义，尽管得到了埃及的帮助，但获胜的机会微乎其微。与政府的秘密接触也由于无法调和的观点最晚于1956年苏伊士运河危机之际失败。移民所希望的强硬路线得以贯彻。法国以50000人予以回击，当时的内政部长弗兰索瓦·密特朗（François Mitterrand）宣称：“阿尔及利亚就是法国［……］唯一的谈判就是战争。”当民族解放阵线（Front de libération nationale, F.L.N.）最晚在1955年（这场运动也被冠以同一名称）证明自己有望得到民众的广泛支持时，阿尔及利亚民主自由胜利运动、民主宣言联盟和乌理玛斯协会先后加入进来。唯有梅萨里·哈奇没有加入，1955年他建立了阿尔及利亚民主运动（Mouvement national algérien, M.N.A.），它主要在法国的外来工人中发挥影响。民族解放阵线的追随者和阿尔及利亚民族运动的追随者之间在那里时有凶残的冲突，有时连在德国也是如此，一共造成4000人死亡。即使在阿尔及利亚，1957年民族解放阵线也屠杀了战略要地迈卢扎村的315名男人，因为他们是阿尔及利亚民主运动的追随者，因此被视为叛徒。尽管——甚或恰恰是因为战争，阿尔及利亚工人向法国的迁移在继续进行，这些工人的自愿或被迫捐献是起义者一个重要的资金来源。

1176 战斗不仅有对法国军队进行的游击战，而且包括有选择的和普遍性的恐怖活动。针对法国人及其朋友的有选择的恐怖活动是要清除对手，并向民众展示与敌人合作有生命危险。普遍性的恐怖活动，例如在一家邮局或者咖啡馆安放炸弹，是要让民众从心理上摆脱殖民国，然而这种恐怖活动有个前提，那就是愿意按照民族解放阵线的指令，原则上避开某些会引发战争的地方。与民众合作使得民族解放阵线能够在使用武力时投入的财力比法国少得多，法国人的全面军事行动在暗含着敌意的民众面前没有多少深层作用，却在国际上留下了坏印象。在已经支出大量费用的情况下，法国的镇压措施不可能没有成效。换算下来，总费用可能超过 500 亿德国马克；同时投入的兵力最多时达 50 万人，这只能靠实行普遍义务兵役制实现。至 1961 年，至少有 1625000 名阿尔及利亚人被强制移居到 2000 个由法国人控制的乡村，其中独立的阿尔及利亚接收了一半。与迁移相关联的阿尔及利亚社会全面“现代化”的乌托邦，以及包括妇女解放在内的成就仅仅是表面的。对于参与战斗的民族解放阵线的妇女来说，取得胜利后，对父权制影响的遏制同样收效甚微。

此外，法国人还有能力粉碎因 1957 年联合国就阿尔及利亚问题进行辩论而举行的、起初得到全面响应的总罢工。随后已经被赋予警察功能的军队懂得通过有计划和大规模地使用刑讯赢得“阿尔及尔之战”，并且消灭首都民族解放阵线组织。此外，这种刑讯并非源于伞兵部队的恣意妄为，而是靠着巴黎政治家们的见识和决心实现的。法国人已经在印度支那和马达加斯加进行过刑讯。只不过它此时在法国知识分子中间和国际媒体上引发了令人瞩目的争论。阿尔及尔的警察首领保罗·泰特让（Paul Teitgen）向法国总理居伊·摩勒（Guy Mollet）递交了他的辞呈，因为否则他就会在阿尔及尔经历他自己曾经在南希盖世太保那里遇到的事情。当然，民族解放阵线也在使用刑讯，这并非毫无原因，因为它必须考虑到叛徒的不断出现。1957 年，与突尼斯之间的边界被通电的障碍物严密封锁。
1177 除此以外，一年之前，一架摩洛哥民航机的法国驾驶员把以本·贝拉为首的在国外逗留的民族解放阵线领导人交给了阿尔及尔警察局。

尽管如此，民族解放阵线依靠民众、阿拉伯邻国和国际同情者的支持成功地保住了自己，其间瑞士和国际武器贸易发挥了惯常的秘密作用。最初战斗着的民族解放军（Armée delibération nationale，A.L.N.）的领袖应该掌握着领导权，而民族解放阵线暂时更像是它的一个追随者。因此，他们作出了 1956 年 8 月在卡比利亚苏曼谷（Summamtal）召开一次会议的决定。在会上，民族解放阵线宣布自己为唯一的民族运动并且确定了集体领导原则。民族革命应该走向一个民主和社会福利的共和国；关于这些目标没有作更多的表述。约 200 名代表任命了由 34 人组成的阿尔及利亚国民革命委员会（Conseil national de la révolution algérienne，C.N.R.A.）作为议会，再从中选出 5 人组成合作和执行委员会（Comité de coordination et d'exé-Cution，C.C.E.），它后来演变为过渡政府。一个地方组织已经存在，因为一个反抗力量的行政网，即政治和行政组织（Organisation politique et administrative）的网络已广泛覆盖了这一地区。军队分为 5 个区，后分为 6 个区（Vilayas）：奥雷斯、康斯坦丁、卡比利亚、阿尔及尔、奥兰、撒哈拉。通常以由 35 人组成的"菲尔卡（Ferka）"为单位进行战斗；很少能够成功地组建"卡提巴（Katiba）"（110 人）或者"费雷克（Failek）"（350 人），这可能是因为法国的空中优势，尽管民族解放军拥有一支防空部队。军队的形式受到重视，区指挥官是最高级别，不存在将军级别。1960 年战斗部队可能包括约15000人。一支人数不相上下、装备精良、训练有素的“边界那边”的军队出现在突尼斯，自1960年由胡阿里·布迈丁（Houari Boumedienne）指挥，他至1957年曾是第五区奥兰的指挥官。

1957年，由于法国的成功，从前线开始，领导班子的地位就不再稳固。阿尔及利亚国民革命委员会在开罗召开会议，将合作和执行委员会里的新流亡者代表扩大到9人。1958年，合作和执行委员会宣布成立阿尔及利亚共和国临时政府（Gouvernement provisoire de la république algérienne），所在地为突尼斯。阿尔及利亚独立运动取得这一成功的一个原因是他们在包括美国和联合国在内的国际舞台上广泛和巧妙的行动。温和的费尔哈特·阿巴斯出任总理以及1961年他被本·赫达（Benyoucef Ben Khedda）替换，都意味着对第五共和国提出了一个政治解决方案。这样一个方案对于虚弱的第四共和国来说是无法期待的。1957/1958年的新的阿尔及利亚法律只停留在众所周知的立场上。当巴黎的政府危机好像将“被放弃的政治家”推向权力时，移民以激烈的游行作出回应， 1178
军队站在游行队伍前方阻止了这些游行。结果是第四共和国的终结和戴高乐的回归，他向阿尔及尔的支持他上台的人许诺：“我明白你们的心思［……］。”这种空洞的套语可以被解释为一种讽刺，因为戴高乐正在考虑无论如何都要结束这场战争，以便能够开始实施他的建造一个伟大的新法兰西的计划。不应忽略的是，自1958年以来，阿尔及利亚撒哈拉的石油和天然气就开始输出。

1959年至1961年再次发动了一次50万人的大规模进攻。可能戴高乐起初还估算着他能赢得这场战争。至少他盘算着能以强者的身份进行谈判。还在1958年，他就谈到“勇敢者的和平”。1959年9月第一次提到了“自决”，好像是出自戴高乐新非洲政策的大语境。在阿尔及尔的法国极端分子以1960年1月的街垒暴动予以回应。在暴动被粉碎之后，戴高乐首次挑衅性地以“法国的阿尔及利亚（Algérie française）”对抗“阿尔及利亚人的阿尔及利亚（Algérie algérienne）”。1961年4月22日，四位将军，包括当年的司令官莫里斯·沙勒（Maurice Challe）和拉乌尔·萨朗（Raoul Salan），在阿尔及尔发动了暴动，这是一场关乎政权存亡的危机，在这场危机中戴高乐不得不使用他的个人传奇色彩和左派力量，以阻止法西斯法国的出现。与此同时，民族解放阵线在法国一如既往采用强有力的针锋相对的恐怖活动进行战斗，在首都的领导者是在维希时期、后来在阿尔及利亚“经受过考验的”老法西斯主义分子莫里斯·帕蓬（Maurice Papon）。1961年10月17日在巴黎对游行的血腥镇压只是冰山的一角。移民以秘密部队组织（Organisation de l'armée secrète，O.A.S.）的恐怖活动作出反应，尽管发生了对戴高乐的一次暗杀，但这些恐怖活动未能阻止1962年3月18日在依云（Evian）签署停战协定。然而它是在时间的压力下形成的，因为戴高乐感觉到自己开始控制不住局势。4月8日，超过90%的法国人对此表示赞同，1962年7月1日，99.72%的阿尔及利亚人赞同独立。

在此期间，又有约3000名法国人和约10000名阿尔及利亚法国人的朋友被杀害，民族解放阵线在的黎波里取消了依据协议对阿尔及利亚法国人提供的保障，并且决定没收他们的财产。此时，这些“黑脚（picds noirs）”[①]全部离开了这个国家，大约有100万人，这起初使法国面临巨大的难民问题。战争使23000名法国士兵丧生，65000名士兵受伤，夺去了6000名平民的生命。阿尔及利亚方面估计有25万~30万

① 指阿尔及利亚的法国早期移民。

死者，但不像阿尔及利亚教科书里所说的那样有150万种族 1179
屠杀的牺牲者。法国军队雇用了大约有235000人的阿尔及利亚辅助部队和不同类别的工作人员，连同他们的家庭一起大约有70万人，这些人的生命此时受到了威胁。在《依云协定》（Vertrag von Evian）里对他们只有一个模糊的大赦附加条款，尽管军队抗议，戴高乐也拒绝为他们提供任何形式的帮助。他们被拘禁和刑讯，据说有3万~10万人被杀害，包括妇女和儿童。不过军队和一些个人网络也将数千人秘密运到法国，他们在那里大都过着悲惨的生活。几十年后法国才开始回想起这些人。

当各游击队指挥官带着各自为发战争横财而增多的追随者争夺“历史领导者”的权力和利益时，流亡政府进入了阿尔及尔，却不能维护自己的地位。实力最强的力量——布迈丁派的流亡军队最终为本·贝拉起到了决定性的作用，这使得众多游击队员在1962年9月丧失了生命。1963年的宪法建立了一党制的总统制民主政体，本·贝拉成为总统。他试图将政党扩建为他权力的基础，却受制于大肆攫取钱财的军队。削弱布迈丁地位的尝试导致了1965年的军队政变，此举却将他送上了权力宝座。直到1978年去世布迈丁一直是国家元首，1976年颁布了一部新宪法，施行了更加严格的总统民主制，总统和党的总书记两个职位自动联系在一起。即使在有坚定信念的穆斯林布迈丁取代了左倾的本·贝拉之后，国家依然保持着“阿拉伯社会主义（arabischen Sozialismus）”。法国的占领地在1963年就已经被收回，紧接着便是工业的国有化，1971年，法国的石油企业也有51%被国有化。按照南斯拉夫模式进行的工人自我管理和直接民主的实验也紧随其后。石油收入本当资助雄心勃勃的工业化计划，但是不可避免地出现了外债。外交政策上，阿尔及利亚在反对以色列的阿拉伯事业和反对殖民主义方面比它的众邻国表现得更加不妥协，但它仍然懂得为了双方的利益与法国和睦相处。1963 年至 1970 年，阿尔及利亚获得了 33 亿法郎的发展援助，1976 年与欧共体（EG）联合。另外，巨额的战争费用并没有损害法国经济在战争年代的增长。据说难民的拥入随后也为此作出了贡献。

撒哈拉以南的英属、法属和比属非洲地区的去殖民化的重头戏在1950年代后期和1960年代早期上演。在大陆的西部，它一旦开始，便在短短的几年里顺利进行，而在东非和中非的英属殖民地，白人移民的存在虽然使得这一进程较早开始，但随后使之变得困难，以至于它在一些地方拖延下来。简单地说，英国人的行动始终按殖民地方式务实地进行着，而完整的不可分割的法兰西共和国却在追求适用一切的、具有约束力的总体解决方案。如果说英属西非已经开了头，那么这一步准备得也要比法属殖民地更充分一些。自从哈雷勋爵（Lord Malcolm Hailey）在1930年代开始撰写他的报告《英属热带非洲的土著人管理和政治发展》（*Native Administration and Political Development in British Tropical Africa*）以来，在殖民地办公室就讨论起了扩大非洲人政治参与的问题，但仍然以在更大范围内达成共识来巩固英国统治为目的。工党政府1945年至1951年能够坚持对此继续努力，保守党1951年至1964年足够务实地继续推行解放政策，包括著名的帝国主义分子丘吉尔。

1942年，在黄金海岸两位非洲人被聘入总督的顾问团执行委员会（Executive Council），还有两位非洲人被任命为“区长（District Commissioners）”。1946年新宪法赋予国家一个立法委员会，它是第一个当选的非洲人占多数的立法会。历史学家丹夸（Joseph Kwame Kyeretwi Boakyel Danquah，1895~1965年）将位于别地的老帝国的名字“加纳”转用于黄金海岸，由他于1947年成立的黄金海岸联席会议（United Gold Coast Convention，U.G.C.C.）认为这种立法会已过时并要求自治。1948年，战争造成的经济后果，尤其是物价上涨引发了动乱，1947年被从伦敦召回并被指定为联席会议总书记的夸梅·克鲁玛从中看到了他的机会。1949年他分裂了联席会议，并将他新建立的人民大会党（Convention People's Party，C.P.P.）打造成了一个激进的、以领土而不是以种族为导向的民族主义的聚集地。由于将甘地的方法和美
1181 国的竞选方法相结合，它成为一个受欢迎的群众运动，其领袖克鲁玛具有超凡能力，但每个人都可以接近。根据动乱后任命的、全部由非洲人组成的委员会的推荐，1949年产生了一个拥有更加广泛的选民基础的议会和一个政府，这个政府除总督和3位官员外还包括在议会多数派领袖领导下的8位非洲人部长，也就是说这是一个非正式的内阁制。克鲁玛想要的不仅仅是这种过渡解决方案，此时他要求“自治政府”，1950年借一次工业罢工之机，一次印度式的基本属于非暴力的“积极行动（positive action）”开始了：罢工、抵制政府机构和游行示威。政府立即宣布了紧急状态，按照总督查尔斯·阿尔登-克拉克（Charles Arden-Clarke）勋爵的说法，“我们小地方的希特勒”被判监禁3年。尽管如此，新宪法得到确认，人民大会党以压倒性多数赢得大选，克鲁玛于1951年被释放并随即被任命为总理——第一个多年担任这一职位的“黑非洲人”。

此时克鲁玛虽然忠诚地与英国人合作，但也懂得借助英国的多数选举法贯彻自己的中央集权制加纳的观念，以此对付酋长们的，尤其是阿善提的地方主义。在参选率为50%的情况下，1956年他以57%的选票赢得了104个席位中的71席。这已经足以使英国人在1957年3月6日允许加纳独立。托管地多哥的英属部分在1956年的表决中多数同意留在加纳。或许克鲁玛和人民大会党对加纳的重要贡献都是在独立之前作出的，因为此时克鲁玛越来越关注的是他在国际和泛非洲舞台上的角色。自1958年起，内政方面确定了一人统治和一党制国

家。国家、政党以及诸如工会和农民协会等组织全被统一到一个权力机构之中。准社会主义的中央管理经济被证明既无效率又腐败。1957年加纳拥有1.9亿英镑的外汇储备，1966年负外债2.5亿英镑，实际上已经破产，而这绝不仅仅是由于世界市场上可可豆价格下跌。因为军队看到自己的地位也受到克鲁玛政策的威胁，便于1966年统治者出访期间发动了政变。1969年，自1956年以来就再也没举行过的选举得以重新进行，一届民主政府产生了，但它于1972年再次被军方解散；又经过多次政变（部分是流血的），1979年军队重又暂时为一届民选政府让出了位置。

在尼日利亚，政治的发展反而更加繁荣，但殖民地复杂的结构导致其较晚一些时候才独立。纳姆迪·阿齐克韦 1182
（Nnamdi Azikiwe，1904年出生，人称齐克）完成美国的学业回国之后，在1930年代就已经赢得反殖民主义作家和报业人的声誉。1944年，他建立了尼日利亚和喀麦隆民族委员会（National Council of Nigeria and the Cameroons，N.C.N.C.）作为各个组织的联合运动。1945年，一次由他支持的反对物价上涨的工会总罢工促成了全国的政治大动员。1946年由英国人颁布的宪法首次将北方纳入立法委员会，却创建了北方、东南和西南三个地方委员会——一个影响极为深远的决定。由于该宪法过分依赖传统的权威，所以它遇到了强烈的抵制，对此英国人为一部新宪法启动了一个广泛的协商程序，而管理的非洲化也在同时进行。由此尼日利亚在政治上才全面活跃起来，当然也包括种族和地方利益的冲突。虽然齐克的尼日利亚和喀麦隆民族委员会是为整个尼日利亚所设计的联合运动，但发展成为东南灵活的伊博人的大众政党。约鲁巴人奥巴费米·阿瓦洛瓦（Obafemi Awolowo）嗅出了一个“统治民族”的味道，早在1950年就为此在约鲁巴人中创建了一个“行动组”。当豪萨人的政党北方人民进步联盟（Northern Elements Progressive Union）1950年与尼日利亚和喀麦隆民族委员会结盟时，北方的事态才发展起来，进步联盟意欲通过牺牲埃米尔修正统治关系。继而出现了在索科托苏丹本人领导下的北方人民会议（Northern People’s Congress，N.P.C.）的绅士党。随着1951年新宪法的颁布，间接统治结束，为了使更多的非洲人参与进来，1953年就已对该宪法进行了修改。因为它在北方、东南和西南创建了三个强大的地区国家，均拥有自己的议会和内阁，索科托、齐克和阿瓦洛瓦的苏丹成为它们的总理。也就是说，地区领袖植根于各自的家族统治中。其上存在着一个虚弱的中央权力机构，拥有联邦议会的一些有限管辖权和北方50%的有保障的最低代表权。尽管如此，尼日利亚和喀麦隆民族委员会还是努力接近北方人民会议，所以尼日利亚1960年获得独立时齐克出任国家元首，索科托苏丹称号的拥有者任总理，阿瓦洛瓦是反对党领袖。

各地方政府坚决地把各种肥差预留给自己人，这就导致了将主动却不受欢迎的伊博人挤出北部和西部的后果。但新建国家的基本问题并未随之解决，它存在于富拉尼人、伊博人和
1183 约鲁巴人的优势中，虽然这三个地区还有很多其他民族居住。此外还有北方在联邦层面上的优势。当受到北方支持的政府1965年想从行动组骗取一个地区选举胜利时爆发了叛乱，而且在西南投入了军队，这导致了1966年在整个尼日利亚的军事政变。直至1979年，国家处于更迭变换的军政府统治之下；1983年至1998年再次出现一个残暴的军人统治。在军人政权的统治下，经历了失败的统一国家的尝试后，国家的重新划分开始了。3个州变成了12个州（1967年），随后又变成19个（1976年）、21个（1987年）、29个（1991年）和36个州（1996年），另外还创建了位于中心地区的新首都阿布贾。

但首先是军队使伊博人问题真正地蔓延开来。根据当时的军队构成，发动政变的军官大都是伊博人，人们嗅到了伊博人的阴谋。还在1966年，北部就发生了对伊博人的大屠杀，伊博人大规模地逃往东南，据说有200万人。因此，东南地区的军人总督伊博人奥朱古（Ojukwu）上校决定脱离，或许带着这样的考虑，通过动员世界舆论为伊博人营造一个有保障的地位。尽管处在毫无希望的劣势，受专制统治的比夫拉（Biafra）还能从1967年维持到1970年。他的宣传带着对种族灭绝的恐惧。红十字会和教会的救济机构通过一个空中桥梁关心那些挨饿的人，由此实际上延长了这场战争。除了少数几个非洲国家，法国也提供了支持，因为戴高乐对尼日利亚抗议法国在撒哈拉试验原子弹非常恼火，想要削弱尼日利亚在法国的非洲卫星国的邻国中的巨人地位。尼日利亚联邦政府从对世界公众舆论取得的胜利中获得了更多的自我证明。此外还有石油繁荣，当对立的石油利益影响到英国和法国在比夫拉冲突中的态度之后，它为尼日利亚带来了非常丰厚的收入。

在其余的西非英语国家也一样，如果不是由内陆地区接管政权，那么去殖民化同时也意味着一体化，而在此之前都是一个发达的海岸地区或多或少地独自定调子。在塞拉利昂，一场内陆的联合运动于1961年赢得了独立。1967年，一次军官政变意欲阻止反对党合法接管政权，普通士兵发动的反政变将激进分子送上了台，他们随后建立了总统制的一党制国家。小小的冈比亚于1965年以按照民主模式建立起来的一党统治独立， 1184
虽然就连英国人也曾希望它与法属塞内加尔合并，后者环绕着冈比亚并且由有亲缘关系的民族居住着。然而由于殖民统治所造成的语言差异，民众对此表示反对，因为很多冈比亚人依靠走私生活。直到1981年才形成联邦，但它仅仅持续到1989年。甚至在独立的利比里亚或许也谈得上去殖民化，因为自

1944 年起就已经开始将此前受间接统治的内地“野蛮人”融入当时的纯美国黑人的政治体系。但直至 1980 年的军事政变，总统职位一直在旧主人的手中。

在撒哈拉以南的法属非洲，暂时如同英属非洲一样没有宪法改革，因为这里在实验巴黎的宪法。但是有一批被同化的非洲人能够作为议员一起发挥作用和建立有益的联系。这种与英国人完全不同的实践可以用于解释为什么这里的去殖民化开始得晚却进行得非常顺利。人们首先致力于同化，随后便有了关系。如果说在英国控制地区，监禁一段时间对于一位非洲领导人来说是一件平常事的话，那么它在法语地区就属于特例：在巴黎不乏黑人部长，他们享受着议会豁免权的保护。只有在马达加斯加，统治民族梅里纳人能够与自己的政治同一性联系起来。还在战争之前，他们就已经要求独立。1946 年，马达加斯加议员们提交的一份独立法案在巴黎不出预料地未获通过，1947 年发生了暴动，它与阿尔及利亚暴动的开始阶段完全类似，但被宣布为共产主义的阴谋，至 1948 年被军队残酷地镇压下去。有关牺牲者的统计数字在 2 万和 10 万人之间。

一体化政策导致了各种重要的改革法律的产生。1946 年，殖民地土著较低级的法律地位被取消，1946 年的《乌弗埃 - 博瓦尼法》（Gesetz Houphouet-Boigny）（以象牙海岸政治领袖的名字命名，该法由他提出）取消了强制劳动。1946 年 5 月 7 日第一部《拉明 - 盖伊法》（Gesetz Lamine-Guèye）（以一位塞内加尔人的名字命名）宣告殖民地所有的居民都成为法国公民。可是将它具体化仍需时日。直到 1950 年第二部《拉明 - 盖伊法》才给予非洲政府官员与法国政府官员同样的权力和薪金。一部《劳动法》（Code du Travail）根据法国模式
1185 承认了非洲工人的社会权利（最低工资、家庭补贴、带薪休假和有效的劳资合同等），它虽然于 1947 年由一位社会主义部

长签署，但其非社会主义的继任者在经济利益的驱使下阻挠了它，在经历了各种各样的动乱之后，到 1952 年该法才生效。相同的社会标准使得非洲精英们的身价提高了——对于法国人来说又多了一条逐步放弃殖民体系的理由？

非洲政治也就是在上述状况下被拖进了法国的政治斗争。法国各政党拥有非洲成员；法国社会主义者在塞内加尔相当强大。而菲利克斯·乌弗埃–博瓦尼（Félix Houphouet-Boigny）则在同样发达的殖民地象牙海岸以种植园主协会为基础创建了自己的家族势力——科特迪瓦民主党（Parti démocratique de Côte d'Ivoire，P.D.C.I.）。当有人对已经开始的改革受阻感到失望时，1946 年底，800 名非洲政治家聚集在巴马科开会，以协调他们为继续推动发展所付出的努力。除了共产党人，法国各政党都抵制这次大会，社会主义的殖民地部长知道如何通过法国社会主义者与组织良好的塞内加尔人保持距离。因此在乌弗埃–博瓦尼的领导下创建了一个跨国联合政党非洲民主联盟（Rassemblement démocratique africain，R.D.A.），该党在巴黎与共产党联合到了一起。然而，1947 年当共产党人被排除在法国政府之外时，便开始了一场对非洲民主联盟的围剿。乌弗埃–博瓦尼与共产党人分道扬镳，并与现任海外部长密特朗的社会主义小派别建立了议会党团联盟。唯有全国协会喀麦隆人民联合会（Union des populations de Cameroun）拒绝与共产党人决裂，而且执行了一条斗争路线，它导致了该协会被禁，并引发了 1952 年至 1959 年的一场流血的、却收效甚微的游击战；保守党人接管了国家。然而非洲民族联盟在随后的选举中赢得了国民议会 28 个非洲席位中的 10 个。

改革也带来了生机勃勃的议会活动。1946 年至 1958 年，非洲人平均每 18 个月就会被号召出来投一次票。此时每个地区都有一个选举产生的大会，各大会派送 5 位代表参加法属西非或者法属赤道非洲委员会；此外还有国民大会的两个议院、法兰西联盟大会和经济委员会里的非洲代表们。分离的选民委员会逐渐衰落，人们在接近普遍和平等的选举权。1945 年在象牙海岸只有不足 1% 的居民拥有选举权，1951 年为 8%，
1186 1956 年为 36%，1957 年为 60%。1956 年为“海外领地”制定的框架法律《法律总则》（Loi-cadre）带来了普选权，它应该预防印度支那和北非那样的发展趋势。此时，地区大会得到了一个内容上受到限制但意义深远的立法职权，并且选举了在总督的“地方长官议会（Conseil du gouvernement）”里具有部长职权的非洲成员。一些职能部门和职权范围仍然保留在法国人手里。但是非洲人担任的副总统事实上已经成为总理——一个典型的英国式的过渡宪法，尽管有些法国人希望这是让步的极限。

然而，当各个殖民地以这种方式变成了潜在的国家时，在联邦层面上却没有任何改变。这种方向的转折阻止了强大的拥有多样化经济的联邦国家的产生。尽管如此，西非最终的“巴尔干化”①（根据桑戈尔的说法）不是在巴黎计划的，而更多是源于非洲领导人的分歧。利奥波德·塞达·桑戈尔避开非洲民主联盟，将他的非洲社会主义小组变成了一个自己的群众政党——塞内加尔人民联合会（Union populaire sénégalaise），但是他与他的几内亚对手艾哈迈德·塞古·杜尔（Achmed Sékou Touré，1922~1984 年）一样对“巴尔干化”持批评态度，后者是追求一个强大的西非联邦的萨莫利·杜尔的孙子，当然联邦不包括桑戈尔。医生和农业资本家乌弗埃 - 博瓦尼出身于巴乌莱（Baoulé）举足轻重的部族，为了他的相对富裕的象牙海

① 指分裂某一地区，使其互相对立、牵制，以便从中获利，就像第一次世界大战前列强针对巴尔干半岛各国的做法。

岸，他更想要的是独立和与巴黎直接交往，而不希望处在塞内加尔的影响之下，不愿为贫穷的殖民地的赤字掏钱。在法属赤道非洲加蓬发挥着类似的作用。1957年，乌弗埃－博瓦尼在巴马科非洲民主联盟大会上付出极大的代价取得了反对联邦的胜利。此时三个处于领导地位的政治家通过绝对多数巩固了他们在各自国家的地位；塞古·杜尔甚至已经能够用他的党的干部取代地方行政机构的首领。

在巴黎暂时不能获得更多的东西。可是，1958年戴高乐接管了政权之后，他个人的意愿变成决定性的。1958年8月24日，在布拉柴维尔的演讲中，他宣告在法国领导下自治国家共同体成立，但带着这样的可能性，即要么通过全民公决立即决定独立，要么以后通过与法国的协议获得独立。只有塞古·杜尔的被政党严格控制的几内亚以95.2%的选票选择了立即独立，戴高乐随即将其逐出。其他地区起初还保持原样，象牙海
岸甚至拥有99.9%的赞成独立的选票，可是由塞内加尔和苏丹 1187
于1959年创建的马里联邦的领导人则在为通过条约独立而努力，联盟很快于1960年分裂之后他们有了这样做的机会。马达加斯加走的是同一条路，托管地多哥和喀麦隆（至少是法属部分）未被共同体接受，于1960年被允许独立，加纳和尼日利亚已经独立，比属刚果正在争取独立，在这种情势下，乌弗埃－博瓦尼此时也强烈地为自己及其朋友们要求独立。1960年共有14个法国殖民地或者托管地独立：达荷美（1975年以来称贝宁，名字源于今尼日利亚境内达荷美东面的著名王国）、象牙海岸、加蓬、喀麦隆、刚果（布拉柴维尔）、马达加斯加、马里（此前称苏丹）、毛里塔尼亚、尼日尔、上沃尔特［自1984年起叫布基纳法索（Burkina Faso）——正人君子之国］、塞内加尔、多哥、乍得和中非（过去叫乌班吉沙里）等。托管地多哥英属部分1956年公决同意留在加纳，只有英属喀麦隆

的南部与法语区联合，北部更喜欢尼日利亚。1975年，这三个大国以及马达加斯加西北的科摩罗小岛国独立；马约特岛愿意继续作为法国的殖民地。1997年，另外三个岛国中的两个徒劳地尝试回到殖民地状态，这让已确定维持现有国界的非洲联盟组织感到惊异。但是2002年它们获得了更多的自治权。1977年也终于轮到了吉布提。

自1778年起，西班牙在几内亚海岸前（喀麦隆前）占据着葡萄牙为交换南巴西领地而转让的费尔南多波岛。1886年，它对海岸对面的内陆还提出了广泛的要求，这些要求在1900年的《马德里条约》（Vertrag von Madrid）中被限定在木尼河镇（Rio Muni）的小四边形内，但其真正的开发还是到1920年代才开始。在1958年至1962年与摩洛哥冲突的影响下，首先追求的是融入战略。这个双重殖民地变成了“赤道西班牙（Äquatorial-Spanien）”，其居民获得了选举权和自治权。由于邻国的去殖民化——新建国家喀麦隆、加蓬和尼日利亚对这一地区产生了兴趣，由于在弗朗哥政权开始解体的过程中自身靠拢欧共体，再加上联合国的压力，西班牙自1963年起顺应政治趋势并且也给予这些殖民地自由，1968年这些殖民地组成了赤道几内亚共和国。

由于毫无问题的去殖民化过程和戴高乐的盛名，法语地区
1188 与大都市之间通常保持着良好的关系，即使后者对非洲失去了兴趣。显而易见，其原因在于这些国家发展意愿强烈的资产阶级新精英们。然而，使相当随意划分的领地变成民族的尝试遇到了各种各样的特殊的地域问题，它们大都与一个种族或一个群体的有争议的统治地位相关联。在乍得，由利比亚支持的埃塞俄比亚穆斯林、北部的游牧民以及受到法国优待的接受过西方教育的南方黑人农民之间的矛盾被证明是无法解决的，因为北方不能接受前殖民时期的统治关系发生有利于南方的逆转。

另外还有经济问题，因为新建国家中的一部分属于世界上最贫穷的国家。贸易和工作从贫穷的内陆国家转移到了比较富裕和地理位置比较有利的海岸国家，那里自然立即爆发了针对外来工人的骚乱。为了确保一个政权的支持度，一定程度的繁荣显然是必需的，比较富裕的国家象牙海岸、塞内加尔、喀麦隆和加蓬显示了极高的政治稳定，不过完全依靠的是一党制。这样一种体制也能够在一定程度上防止经济衰弱，例如塞古·杜尔的几内亚。一位根基稳固的民族领袖看来同样可以成为一个成功的条件。在其他国家，军队并非总是作为危难中成功的拯救者接管政权，在中非事例中，在1976年至1979年甚至变成了与总统季斯卡·德斯坦（Giscard d'Estaing）关系密切而且喜欢自诩为拿破仑的让–贝德尔·博卡萨（Jean-Bédel Bokassa）的帝制。在贝宁和刚果建立了马克思主义政权。法国在各个国家重又进行了部分军事干涉——它的后殖民存在要比英国人的明显得多。其间，非洲政治家与法国政治家的个人关系好像要比经济利益发挥了更大的作用！

比属刚果的去殖民化在一定程度上要归功于法属非洲一
系列事件的吸引作用。本来比利时人在1945年后就不像法国
人将心思浪费在结束殖民统治上。1955/1956年非洲学学者
范·比尔森（Antoine A. Jozef Van Bilsen）发表了为比属非
洲不可避免的解放制订的30年计划，他遭到了拒绝。相反，
一个受过欧洲教育的小团体接受了这些思想，并于1956年在
宣言《非洲的良心》（Conscience africaine）里宣告刚果民
族与比利时进行合作。巴刚果联盟（Alliance des Bakongo，
ABAKO）以“立刻独立”为口号进行反击，该联盟自1954
年起在约瑟夫·卡萨武布（Joseph Kasavubu）的领导下从一 1189
个民族文化协会变成了一个政党。由于在大河对岸此间只有公
民而没有臣民，所以就连比利时也于1957年组织了地方选举。

1958年带来了新的推动和决定。在布鲁塞尔国际博览会上，刚果人能够将自己的状况与其他非洲人和非非洲人的状态进行对比，例如约瑟夫·蒙博托（Joseph Mobutu，1930~1997年）。虽然卡萨武布未被允许参加在加纳召开的克鲁玛非洲民族大会（Konferenz der Völker Afrikas），但是帕特里斯·卢蒙巴（Patrice Lumumba，1925~1961年）或许参加了，他原本是邮政官员，刚刚建立了刚果民族运动（Mouvement national congolais），因为他和其他非巴刚果人在巴刚果联盟里没有位置。因此导致了激进民族主义的刚果民族运动的特殊地位，而刚果的政治觉醒通常就是一种民族动员。行政机构容忍了民族联合，但不容忍政党。由于此前控制着刚果的由资本、教会和行政机构组成的“铁三角”已经瓦解，所以此后的事情均由比利时政治家和刚果政治家们协商解决。

1958年，由自由党和基督教民主党组成的新的比利时联合政府决定转向；1959年初国王承诺刚果独立，但尚没有具体日期。民族特色鲜明的政党如雨后春笋般出现，出现了部分出于经济原因的动乱，它们催促比利时人赶快行动。他们想避免法国在阿尔及利亚所犯的错误，想通过让步凌驾于民族运动之上，并且作好了合作的准备，因为比利时没有考虑放弃自己的利益。在加丹加已经有了一个经济伙伴——莫伊兹·冲伯（Moïse Tschombé）的加丹加部族协会联盟（Confédération des associations tribales du Katang，CONACAT）。1960年1月27日，在布鲁塞尔举行的圆桌会议毫不迟疑地接受了非洲人意欲于同年6月30日独立的最高要求，连非洲人也为此感到十分惊愕。至5月19日，一部临时宪法迅速制定出来：拥有6个有限自治省和强大的中央政权的联邦共和国，但中央政权应受两院议会以及总统和总理之间行政权力分配的约束。5月底的大选让人看到的是选票严重分散。在众议院的137个席位中，卢蒙巴及其朋友拥有41个，巴刚果联盟拥有12个，加丹加部族协会联盟拥有8个。中央集权者卢蒙巴成为联合政府的总理，联邦主义者卡萨武布当选总统，冲伯留在了加丹加。

6月30日举行了独立庆典，卢蒙巴发表了一场热情洋溢的演说，国王受到侮辱。7月5日，危机随着“公安军（Force publique）”叛乱开始。保守的比利时司令官谋划了很久的非 1190
洲化计划好像要从下级军官和士兵那里骗得独立的好处，而政治家们从中捞到了大量好处。卢蒙巴领导的过分仓促的非洲化将蒙博托推上参谋长位置，却没有带来多少改变。由于有关谋杀和强奸的消息不断传来，很多白人在恐慌中逃离，这使得当地的技术员和行政官员缺乏而更加重了危机。不过他们留在了加丹加，因为冲伯7月11日宣布该省独立。比利时伞兵部队解除了那里的公安军的武装；一支由白人雇佣兵组成的宪兵队建立起来。8月，钻石国南开赛效法了加丹加的做法。比利时军队的干涉促使卡萨武布和卢蒙巴在1960年7月向联合国呼吁，后者即刻派出了军队——这是它第一次对一个国家的内政进行干涉。卡萨武布和卢蒙巴之间此时出现了决裂，他们相互罢免了对方。蒙博托上校任命了一个专家政府，但仍然把卡萨武布视为总统，而卢蒙巴则被联合国部队关押。11月他脱逃，他逃往自己的堡垒斯坦利维尔（基桑加尼），但又被抓获并被押往加丹加，随后在那里被比利时人杀害。他的代表安托万·季森加（Antoine Gisenga）此时宣布基桑加尼为合法政府的所在地。刚果分裂成四部分。

虽然印度人占多数的联合国部队直至1964年一直留在这个国家，但这个国际组织中的紧张关系限制了它的行动。美国和苏联已经确定反对或支持卢蒙巴及其追随者，并开始进行秘密行动和供应武器。据说中央情报局参与了对卢蒙巴的谋杀行动，至少此前在华盛顿有过这样的考虑。经联合国斡旋，1961年在金沙萨产生了一届虚弱的联合政府，但是热心于该国统一的联合国秘书长达格·哈马舍尔德（Dag Hammerskjöld）也死于同一年，死于他的飞机坠毁——官方称是一场意外，但并非没有争议。尽管如此，联合国部队以一次复杂的行动至1963年1月终结了加丹加的脱离。但是这个国家的种族分裂在继续着。此时冲伯懂得如何从流亡地以拯救者的身份归来；事实上卡萨武布在1964年7月任命他为总理。可是郁积已久的不满变成暴动公开爆发了。在中国受过培训的皮埃尔·穆莱莱（Pierre Mulele）在首都南边尝试开展农民革命只是一个小插曲。但是季森加手下的战士们有意将自己与非洲魔力联系
1191 在一起，并赋予自己狮子（simbas）的形象，他们控制着东部的广大地区，从坦桑尼亚送来了苏联和中国的武器以及古巴顾问。另一方面，冲伯获得了美国、比利时和以色列的支持，以至于他能够利用白人雇佣军掌控局面，其间战斗伴随着巨大的恐怖行为。1965年，中央政府能够再一次为了即将到来的选举而全力进行权力斗争。卡萨武布罢免了冲伯，因为后者觊觎总统的位子，却无力建立另一个内阁。随即军队接管了政权，1965年11月25日任命蒙博托将军为总统。他有违常理地变成了卢蒙巴的继承者，以显著的玩世不恭的态度宣布后者为民族英雄，试图借助精心算计的非洲化通过准君主制的一党制将1971年易名为扎伊尔的地区变成一个国家或者一个民族。他的极度贪污腐化的专制政权一直延续到1997年！

早在1957年联合国特使访问期间，托管地卢旺达—乌隆迪的情势已变得一目了然。在这里，冲突的双方不是殖民者和非洲人，而是旧的统治民族图西人（Tutsi）和胡图族（Hutu）农民，前者约占人口的15%。作为不同生活方式的结果，两个族群虽然有遗传学上的差异（Chrétien 2003），但并没有达到

过去假设的程度。另外，它们也不单单是殖民统治的产物，但殖民统治的种族分离政策却可能对它们的流血冲突起了作用。根据所有参与方的意愿，去殖民化在两个国家中分别进行。

1950年代，比利时人开始在卢旺达将胡图族人拉进管理机构，这引发了图西人的忧虑，1959年引发了第一次流血冲突。此时比利时人才开始真正地寄希望于胡图人，以至于借助他们的支持在选举获胜和废除了图西君主国之后，于1961年产生了胡图共和国，并于1962年独立。图西人要么逃离，要么依靠美国的暗中支持开始进行游击战。在不断出现的暴力浪潮中，他们中间数以万计的人被杀害，比如1972年在邻国布隆迪作为图西人对胡图人的种族大屠杀的报复（见下文）。当1990年图西人的卢旺达爱国阵线（Rwandische Patriotische Front，R.P.F.）从乌干达开始进攻时，据说有60万图西人生活在国外。由法国支持和武装的胡图政权在此期间变成了军事独裁，鉴于卢旺达爱国阵线的优势，它虽然不得不于1993年准备签署一个由坦桑尼亚斡旋而成的和平协议，但自1990年起极端的胡图人鼓吹要灭绝图西人。1994年，至今尚未澄清的胡图总统谋杀案在30分钟之内（！）引发了那场精心策划的 1192
大屠杀，其间175000~215000名胡图人杀害了50万~100万图西人和温和的胡图人，总统谋杀案时而归咎于卢旺达爱国阵线，时而归咎于极端的胡图人。甚至天主教多数派教会的神父也参与其中。法国、比利时、联合国都有人员在这个国家，它们和美国发挥着一种微不足道或者不可靠的作用。比如小心翼翼地避免使用“种族灭绝（genocide）”这一概念，以躲避可能导致的干涉义务。卢旺达爱国阵线在同年获得了胜利，尽管它实施了暴力行为，但还是导致了联合政府的建立和形势的稳定，因为极端的胡图人将他们的行动转移到了相邻的刚果。到1996/1997年，大约40万胡图流亡者在那里成为卢旺达入侵军队胜利的牺牲品。

在同样于1962年独立的布隆迪，先是各图西派别相互争斗，直至1965年胡图军人的一次未遂政变导致了1966年君主国的垮台和一个图西族军人政权的建立。1972年，新的胡图人起义随后引发了图西人的种族大屠杀，据说它夺去了20万胡图人的生命，布隆迪损失了总人口的5%。之后交替出现了一次次政变和绝非只是以种族界定的群体之间的内战，直到通过非洲邻国的斡旋和联合国部队的投入，自2003年起才出现相对的安静局面。

在英属东非和中非，去殖民化被白人移民延缓。东非虽然开始较晚，却比中非更早地实现了独立，因为在肯尼亚除了16万名印度人和520万名非洲人，还有42000名白人，他们虽然很有影响力，但却没有像在罗得西亚那样行使政府权力；他们甚至从未在立法委员会中占有过多数。可是殖民地办公室长期以来在给予非洲人特权方面比较谨慎，并且鉴于强大的印度群体而寄希望于“种族伙伴关系（racial partnership）”。也就是说，在立法和行政委员会里给予欧洲人、印度人和非洲人的代表比例在肯尼亚为2∶1∶1，在坦噶尼喀和乌干达为1∶1∶2，在坦噶尼喀由于白人施压而将比例缩小到1∶1∶1；此外还有每次任命的白人官员。与非洲民族主义分子的冲突没有停止过。通过一个东非联邦来解决问题的尝试归于失败，另外还因为肯尼亚的移民不愿意为贫穷的坦噶尼喀负担费用。

大规模的发展措施在坦噶尼喀对此未能作出丝毫改变。在
1193 政治上，那里的管理部门用非洲人的现代地区管理部门逐渐替代了借助酋长们的间接统治，但至1958年仍然坚持在国家层面上执行种族伙伴关系计划。结果是自1954年起反对党地位的不断提升，它就是在爱丁堡受过培训的教师朱利叶斯·尼雷尔（Julius Nyerere，1922~1999年）领导的坦噶尼喀非洲民

族联盟（Tanganjikan African National Union，T.A.N.U.）。在1957年的第一次选举中它取得了压倒性的胜利。1958/1959年，它已能够放弃种族伙伴关系；由于托管地的特殊地位，但也由于尼雷尔与总督理查德·特恩布尔（Richard Turnbull）之间的亲密关系，在伦敦决定放弃非洲之后，它于1961年几乎毫无问题地轻松地获得独立。1964年通过坦噶尼喀与桑给巴尔和奔巴岛联合产生了坦桑尼亚共和国。尽管有阿拉伯党和非洲党之间的暴力冲突，1963年桑给巴尔仍然作为君主立宪制国家获得独立，不过苏丹还是于1964年通过一次军事政变被赶走。从此，坦桑尼亚作为一党制国家在尼雷尔的领导下走上了1967年在《阿鲁沙宣言》（Erklärung von Arusha）里宣告的非洲的社会主义道路，它在社会政治方面得到了益处，但在经济方面却毫无所获，因而市场经济的修正和向多党制过渡变得不可避免。

其他两个东非殖民地的发展进行得较有戏剧性，在乌干达是由于殖民大国创造的国家种族政治结构。作为英国人的第一位受尊敬的伙伴，布干达王国虽然能够以其占总人口16%的居民反抗它不喜欢的措施，但却没有强大到能够强制四个比较小的王国安科莱（Ankole）、布尼奥罗（Bunyoro）、托罗（Toro）和布索加（Busoga）以及其余领地的组织程度很低的族群组成一个民族整体。在剑桥受过教育的国王1953年为他的国家要求单独独立并随即于1955年被废黜，在1961年的独立谈判中实现了布干达在乌干达的自治地位以及由传统机构任命议会的布干达议员。其间就连反布干达联合运动乌干达国民议会（Uganda People's Congress）的领袖米尔顿·奥博特（Milton Obote，1924~2005年）也认识到，他只有借助国王的帮助才能够战胜对手天主教民主党。所以1962年乌干达实现独立时布干达国王出任国家元首，奥博特担任总理。事先预

料到的冲突接踵而至。1966年奥博特借助军队废除了君主制，开始建立一个社会主义的统一国家，只是到1971年就被他最重
1194 要的助手伊迪·阿明·达达将军（Idi Amin Dada，1925？~2003年）推翻。后者的恐怖政权在1979年与坦桑尼亚的冲突中垮台，但奥博特的回归开启了混乱的局面。

在肯尼亚，由于排外主义的起义，去殖民化进展缓慢，起义以非洲人自己并不使用的模糊称谓“矛矛党人（Mau Mau）”而声名远播。受白人乡村政策伤害最大的基库尤人（Kikuyu）以破坏和恐怖谋杀来回应他们的经济和文化窘境。此外还有几代人之间以及乡村与新的城市群体之间的种族内部冲突，这些冲突都是由殖民统治造成的。可以说是基库尤人的内战。因为据说1952年至1956年被暴动者杀害的欧洲人和印度人只有32个，可非洲人却有1920个，而暴动者中则有13500人丧生。关于可恶的宗教礼仪的报告起着证明英国人的残酷镇压为合法的作用。1090个暴动者和嫌疑分子被绞死——比在阿尔及利亚战争中还多——至少有8万人被监禁，人民中的绝大多数被强制迁往受控制的村庄。营地里，任意殴打和强制劳动随处可见。与阿尔及利亚人不同的是，肯尼亚人无法赢得国际上的同情，因此只能无助地听任英国暴政的摆布。在去殖民化过程中，关于在肯尼亚和其他36个殖民地的镇压措施以及刑讯的大批档案被运往英国秘存，直到2011年一家英国法庭作出了有利于在此期间已经衰老的肯尼亚酷刑受害人的判决，它们才被强制解密公开。

民族运动的领袖乔莫·肯雅塔（Jomo Kenyatta，1893~1978年）原本很温和，1938年在伦敦经济学院撰写了关于人种学的毕业论文《面对肯尼亚山》（*Facing Mount Kenya*），他被指对起义负有罪责并于1953年被判处7年监禁。可是在成功的镇压终结时——1960年紧急状态被取消——对非洲人

让步的时代就已经开始了。1954 年至 1957 年，非洲人在立法委员会的代表性有了很大的改善，1961 年他们占据了多数。第一位非洲总理属于肯尼亚非洲民主联盟（Kenya African Democratic Union，K.A.D.U.），一个较小民族的联合体，而由工会领袖汤姆·M’博雅（Tom M’Boya，1930~1969 年）创建的肯尼亚非洲民族联盟主要吸引了基库尤人和卢奥（肯雅塔是基库尤人，M’博雅是卢奥人）。1961 年肯雅塔被释放，接管了肯尼亚非洲民族联盟的领导权，带领他的国家于 1963
年走向独立，他的政党成为绝对多数。凡是白人移民不愿意保 1195
留的，全都被黑人（但不是被小农）用英国和世界银行的贷款买走。亲西方的资本主义市场政策带来了显著的经济增长，但也导致了从政权得到好处的新富与大众之间相当紧张的关系。1969 年，一个基库尤人谋杀了可能成为肯雅塔接班人的 M’博雅，引发了严重的种族动乱，但这些动乱反而为肯尼亚非洲民族联盟的一党制统治进一步铺平了道路。它同样经受住了 1979 年肯雅塔去世的考验。

刚刚独立不久，三个东非国家全都由于非洲军队的叛乱而于 1964 年陷入了困境，非洲军队像刚果公安军一样要求改善薪酬和接替白人军官。被请来援助的英国部队镇压了起义，但似乎只有尼雷尔对此感到羞愧。

当英国南非公司的统治终结时，自 1907 年起就在立法委员会中占据多数的约 5 万南罗得西亚白人移民于 1923 年作出决定，反对与令人厌恶的布尔人合并，支持内部自治；自治领地位看来只是一个时间问题。然而英国人有目标地保留了重要的经济权限和对土著政策的管辖权。但是他们没有阻止移民进行立法，这种立法使黑人难以发挥他们的能力，并将他们的地产转移至干旱的边缘地区。此外，1936 年移民还要求与北罗得西亚合并，在那里当时只生活着很少的白人。相反在南方白人数量通过迁入（也包括来自南非）增加到居民总数的5%，但他们拥有49%的土地，雇用了42%的农业工人并经营着城市企业。此外他们还控制着武装力量——这在英属非洲绝无仅有。但是他们暂时并未顺从继续扩张的欲望。直到第二次世界大战结束他们才实现了自己的目标。1948年民族主义在南罗得西亚选举获胜后，南罗得西亚的右翼反对派变得如此强大，以至于时任政权只能借助与“铜国”北罗得西亚和劳动力储备地尼亚萨兰联合的口号才能够赢得选举。伦敦也开始作出让步，首先是为了抵御发展得越来越危险的南非而创造一种平衡力量。除此之外，土著居民人数的增加也许能够约束南罗得西亚人危险的种族政策。最终通过联合而大大增长的经济潜
1196 力可能也发挥了作用。尽管存在着来自工党以及北罗得西亚和尼亚萨兰的非洲人和传教士方面的反对，还是在南罗得西亚进行了全民公决，这促使其他殖民地的白人立法委员会作出相应的决定，于1953年9月3日成立了罗得西亚和尼亚萨兰联邦（Föderation von Rhodesien und Njassaland）。北罗得西亚的罗伊·韦伦斯基（Roy Welensky，1955~1963年在任）出任强大的联邦政府的总理，政府成员中没有非洲人，联邦大会的60个席位中白人占据了45个。

巨大的经济增长似乎证明了决定的正确：至1959年，投资额几乎等值于900万德国马克，移民达14万人，主要来自英国和南非。此外联邦政府对土著实行的不是南非那样的种族主义政策，而是父权主义政策，不过带有对非洲人的歧视。南罗得西亚曾拥有的白人多数以有利于比较极端的白人右翼势力的方式在缩减，同时非洲人对白人控制的联邦的反抗也在加强。在三个国家，战后都形成了印度式的议会运动，并由此产生了民族政党：在北罗得西亚以肯尼思·卡翁达（Kenneth Kaunda，生于1924年）为首，在尼亚萨兰以从伦敦诊所归来

的黑斯廷斯·K. 班达（Hastings K. Banda，1898？~1997 年）医生为首，在南罗得西亚以工会干部约书亚·恩科莫（Joshua Nkomo，1917~1999 年）为首。1959 年动乱达到了实行紧急状态的程度，这使得英国的调查委员会虽然出于经济原因赞同维持联邦，但同时又质疑它的政治生存能力。

1960 年 1 月，保守却极其务实的英国首相哈罗德·麦克米伦（Harold Macmillan）在其非洲之行中谈到了“改变之风”，此风促使他的政府对非洲民族主义作出妥协，不仅在东非，而且也在中非立刻付诸行动。1962 年他的英联邦大臣在罗得西亚宣布：“我们英国人已经失去了统治的愿望。”（Rothermund，D. 2006，191）尽管韦伦斯基极力反对，北罗得西亚（即今赞比亚）和尼亚萨兰（即今马拉维）仍然能够在艰难的谈判后于 1963 年获得在卡翁达和班达领导下的、非洲人占议会多数的内部自治以及退出的权利，因为英国保留了宪法的权限——联邦里很少有像南罗得西亚那样变成独立的自治领。它们立刻使用了这一权利，联邦结束了。1964 年独立后，两国都发展成为由一人统治的一党制国家。马拉维没有能够战胜它的贫穷，由于世界市场铜价格下跌，赞比亚没有能够 1197
将它的铜财富以计划的规模投入农业的发展。

在南罗得西亚（此时只称罗得西亚），尽管英国有特权，但对土著的政策发生的转变还是无法贯彻；在大都会使用暴力根本不可能。因此，1961 年一部新宪法能够实际上将非洲人排除在选举权之外，自 1962 年起能够长期维持罗得西亚阵线（Rhodesian Front）——此前的右翼反对派——的统治。英国工党威尔逊（Harold Wilson）政府提出，把消除对非洲人的所有歧视和过渡到黑人多数统治作为独立的先决条件。1965 年，罗得西亚白人以单方面宣布独立予以答复，有意按照美国的模式表述：殖民者对英国的不公正感到愤怒！1970 年共和国宣告成立。英国的干涉好像冒着极大的风险，实施的经济封锁没有成效，因为它没有得到充分的遵守，或者说通过进口替代甚至促进了工业化。非洲人丝毫不让人怀疑他们对政权的拒绝态度，但自 1963 年起产生分裂。除了津巴布韦非洲人民联盟（Simbabwe African People's Union，Z.A.P.U.）（恩科莫的政党此时的名称），还出现了恩达班宁吉·西托莱（Ndabaningi Sithole）的津巴布韦非洲民族联盟（Simbabwe African National Union，Z.A.N.U.），这是绍纳人的运动，而津巴布韦非洲人民联盟则把他们的重点放在了恩德贝勒人身上。然而领袖们被逮捕，游击战的尝试毫无效果。与英国人协商好的通过一部新宪法赢得非洲人的尝试于 1971 年导致了以大主教艾贝尔·穆佐雷瓦（Abel Muzorewa，1925~2010 年）为首的联合非洲民族理事会（United African National Council，U.A.N.C.）的成立，但它丝毫没有改变计划的失败。

1972 年出现了转变。从莫桑比克开始，津巴布韦非洲民族联盟能够过渡到具有极大效果的游击战，1974 年葡萄牙革命之后，在罗伯特·穆加贝（Robert Mugabe，1924 年出生）的新的政治领导下，自 1976 年得到了进一步加强。战争加剧了罗得西亚本来已经危机四伏的经济局面，并因此驱使其他非洲人参加到游击战中。最后津巴布韦非洲民族联盟控制了北罗得西亚的大片土地。1979 年，白人绝望地尝试通过穆佐雷瓦领导的政府在西托莱的支持下实现和平，但导致的只是战争的进一步升级，而穆佐雷瓦也因此丧失了信誉。但其邻国，也包括南非，对当事各方施加压力，以至于英国新首相玛格丽特·撒切尔 1979 年在卢萨卡召开的英联邦会议上能够着手解决问
1198 题。南非真的希望穆佐雷瓦赢得选举吗？这也正是津巴布韦非洲民族联盟部分成员所担心的。穆加贝勇敢地，尽管不完全是自愿地决定接受和约，这一决定被证明是明智的：1980 年他

的津巴布韦非洲民族联盟获得了63%的选票，津巴布韦非洲人民联盟获得了24%的选票。津巴布韦在穆加贝的领导下获得独立，但他必须首先与强大的少数派津巴布韦非洲人民联盟和罗得西亚阵线磨合好关系。

就连英国的中央机构也考虑到了它的大英帝国的解体和越来越松散的英联邦结构。1964年，殖民地部（Colonial Office）并入了1925年设立的英联邦关系部（Commonwealth Relations Office），1970年，后者和1964年才创建的海外发展部（Ministry of Overseas Development）干脆并入了外交部！

1945年至1975年的葡属非洲

葡萄牙的殖民地独立较晚，这不仅是因为缺少现代非洲精英，而且是因为欠发达的葡萄牙在经济上无力或者不愿意承担政治上的去殖民化，因为唯有政治统治能够在宗主国感兴趣的范围内确保殖民地的利润：廉价的原材料、纺织品和葡萄酒的市场，用外币向国外汇款，外汇、黄金和钻石以及各种隐性收入。此外还有官方支持的对外移民。向巴西和美国移民的人数虽然在下降，可是在此期间葡萄牙人却拥向欧洲繁荣的国家。1974年在其殖民地的35万白人中仅有20%是在当地出生的，因为当时每4个葡萄牙人中就有1个在各殖民地服兵役，在那里有一支20万人的军队处于战斗状态。

战后葡萄牙的统治体系也许温和了，但是在开发的意义上，特别是从安哥拉看在数量上扩大了。具有重要意义的是支付微薄的薪酬强制种植商业作物。1951年至1961年，安哥拉的咖啡生产从38380吨增加到168000吨。据称1958年在莫
1199 桑比克有100万人从事强制性棉花种植，1956年他们的年薪相当于11美元。关键是强制劳动，也就是说尽管被禁止，但私人还在使用。据说1954年在安哥拉有379000名契约工人和40万名自由工人。大概安哥拉总人口的四分之一曾或多或少自愿地为殖民经济工作过。而葡萄牙殖民体系的自我表达中，在智性层面上流露的强势为这一现实“保驾护航”，传统上它根本不需要区分不同的种族（Lusitanismo）。

与此相对，反抗发生得很晚。第一波武装行动出现在1961年，当时非洲绝大部分已经独立。1948年罗安达的“被同化人（Assimilados）”就已经把他们的非洲身份在诗歌里表达出来——使用的是葡萄牙语！提供灵感的是葡萄牙唯一的反殖民团体——被禁止的共产党。因此，数位领袖主张马克思

主义，如阿米尔卡·卡布拉尔（Amilcar Cabral）、德·安德拉德（Mario De Andrade）和阿戈斯蒂纽·内图（Agostinho Neto），而蒙德兰内（Eduardo Mondlane）却因在美国学习而受到影响。1956年，阿米尔卡·卡布拉尔与他的五个朋友建立了几内亚和佛得角非洲独立党（Partido africano de independēncia da Guiné e Cabo Verde，P.A.I.G.C.），又与其他人一起发起了安哥拉人民解放运动（Movimento popular de libertação de Angola，M.P.L.A.），1959年阿戈斯蒂纽·内图（1922~1979年）加入该党，1962年成为该党主席。但是起初它只是很小的团体，国际及卫国警察（Polícia internacional de defesa do estado,P.I.D.E.）[①]很容易就能控制它们。莫桑比克的情况甚至需要尼雷尔的推动，各个流亡者团体1962年才得以在达累斯萨拉姆联合为莫桑比克解放阵线（Frente de libertação de Mosambik，FRELIMO）并选举联合国机关工作人员爱德华多·蒙德兰内（1920~1969年）为主席。血腥镇压让这些人在1959/1960年对用和平手段实现独立的可能性产生了怀疑，也促使他们付诸武力。1961年，安哥拉人民解放运动徒劳地尝试进攻罗安达监狱，那里关押着它的领袖们。同年在安哥拉北部爆发了一场反对强制劳动的起义，它大约夺走了1300名白人和5万名非洲人的生命。起义得到霍尔敦·罗伯托（Holden Roberto，1923~2007年）领导的安哥拉人民联盟（União das populaçães de Angola，U.P.A.）的支持，最初它是巴刚果族的一个组织，以金沙萨为基地进行活动。但是它的游击队员能够在安哥拉北部的山区坚持到大约1965年。1963年，几内亚和佛得角非洲独立党从相邻的几内亚开始游击战，1964年，莫桑比克解放阵线以坦桑尼亚为基

① 葡萄牙统治时期的秘密情报组织。

地在莫桑比克北部开始了游击战。此前在非洲去殖民化过程中几乎还从未有过建立在相邻国家里的根据地。

世界舆论对血腥镇压的愤怒和从安哥拉拥向刚果/扎伊尔
1200 的难民数字——1960年代早期已达141000人，后增长到40万人——促使葡萄牙政府进行旨在一体化的改革，情况与西班牙类似。1961年取消了“土著”和“被同化人”的差别，并且给予所有非洲人公民权，1962年强制劳动正式终结。但是当1971年要在“海外省”实行有限自治和民选大会时，一个专制政权的公民权并没有多少价值的事实就显现出来了。1961年，国际劳工局的一份报告报道了为改善劳动条件而付出的巨大努力。然而当小学生的人数成倍增长时就可以注意到，承担着这一责任的传教士们必须使用葡萄牙语授课。

1961年，葡萄牙对外国投资人开放其殖民地之后，经济增长政策是最成功的。据说在1960年代，安哥拉的工业增长率达17%。它与南非共同在库内内河上建造了灌溉和发电站系统。1965年，一个在克虏伯领导下的国际财团开始开采铁矿，1966年，美国海湾石油公司（amerikanische Gulf Oil Company）在刚果河入海口北面的卡宾达飞地（Enklave Cabinda）开始了石油的开采。1973年，美国比葡萄牙进口了更多的安哥拉商品，虽然1948年至1970年葡萄牙从非洲的进口额从8%增加到了15%，出口额稍有降低，从25%减少到23%。相比之下，在莫桑比克的大项目只有根据与南非签署的《电力购买协议》（Stromabnahmevertrag）于1969年至1978年在卡布拉巴萨（Cabora Bassa）的赞比河上修建的拦河坝。此外，该项目首期施工的15.53亿德国马克的订单总额中，有6.83亿德国马克落到了德国德律风根有限公司（AEG-Telefunken）、豪赫蒂夫公司（Hochtief）和西门子公司（Siemens）手中。

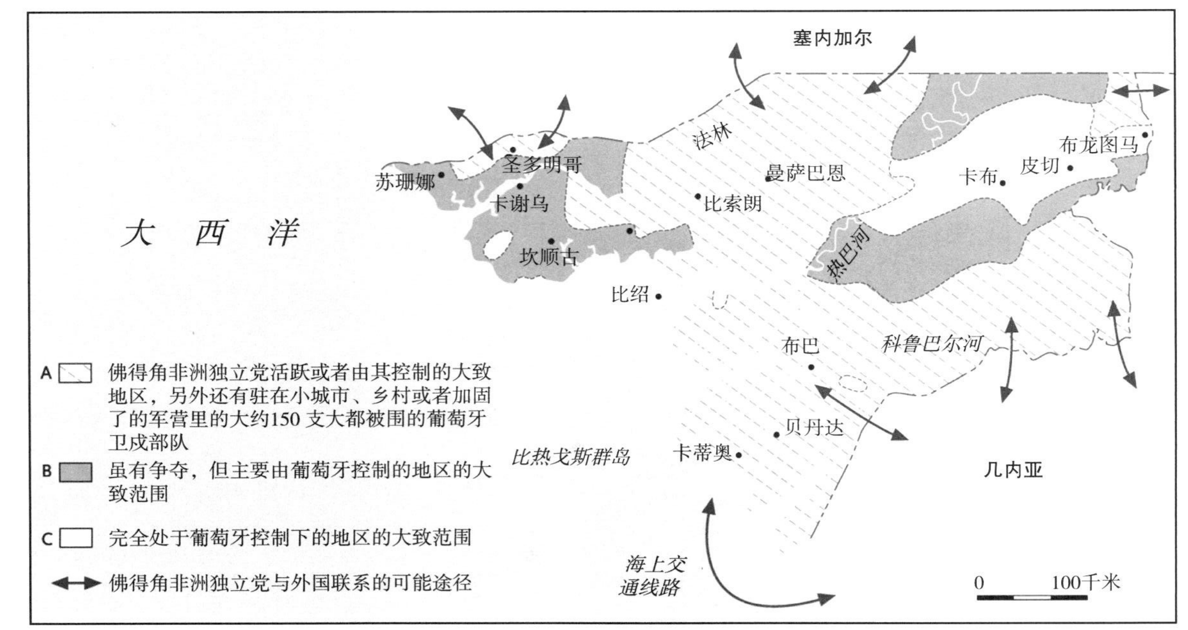

插图 90　1968 年的几内亚比绍

相反在政治上，政权仍然相当缺少创见，而反叛者在各区域和国际上都进行着耐心的组织建设工作，直至他们的一个个小基层组织发展成民众运动。非洲邻国提供了基地，阿尔及利亚培训了战士。霍尔敦·罗伯托1962年将安哥拉人民联盟重新命名为安哥拉民族解放阵线（Frente nacional de libertação de Angola，F.N.L.A.），通过他的姻亲蒙博托获得了美国的军事援助，后者之前也得到过美国的援助。1975年，蒙博托直接受美国中央情报局援助反对他的马克思主义的对手。反对北约成员国葡萄牙的起义者在西方最多只能得到人道主义援助；1964/1965年，蒙德兰内赢得了福特基金会对学校的支持。与此相反，自1968年起从东方集团，主要是从苏联运来的是武器。古巴发挥着很大的作用，而中国在与苏联的冲突爆发后表现更为克制一些，但自1971年起有选择地支持那些与受到苏联偏爱的政权进行斗争的团体，如安哥拉民族解放阵线。葡萄牙利用自己作为北约成员国的各种条件，尽管官方不允许将来自美国和联邦德国的武器投入非洲使用。但是1969年至1974年，尼克松总统与肯尼迪相反，坚决地站在了葡萄牙一边，由于亚速尔群岛上有空军基地，葡萄牙在冷战中对于北约是不可或缺的。

尽管如此，几内亚比绍（Guinea-Bissau）和佛得角非洲独立党等借助古巴的帮助，在1968年能够提出将几内亚比绍的一半甚至三分之二作为“解放区”的要求，也就是说葡萄牙的各个据点处于孤立状态。对此，无论是进攻还是强制迁徙都于事无补，即使1973年在科纳克里谋杀卡布拉尔也丝毫未能改变这一状态。1972年，几内亚比绍和佛得角非洲独立党根据一份统一名单甚至举行了选举，并且于1973年宣布几内亚比绍共和国独立，3个月之内获得了75个国家的承认。1973年底，65个国家在联合国代表大会上提出一个动议，抗议葡萄

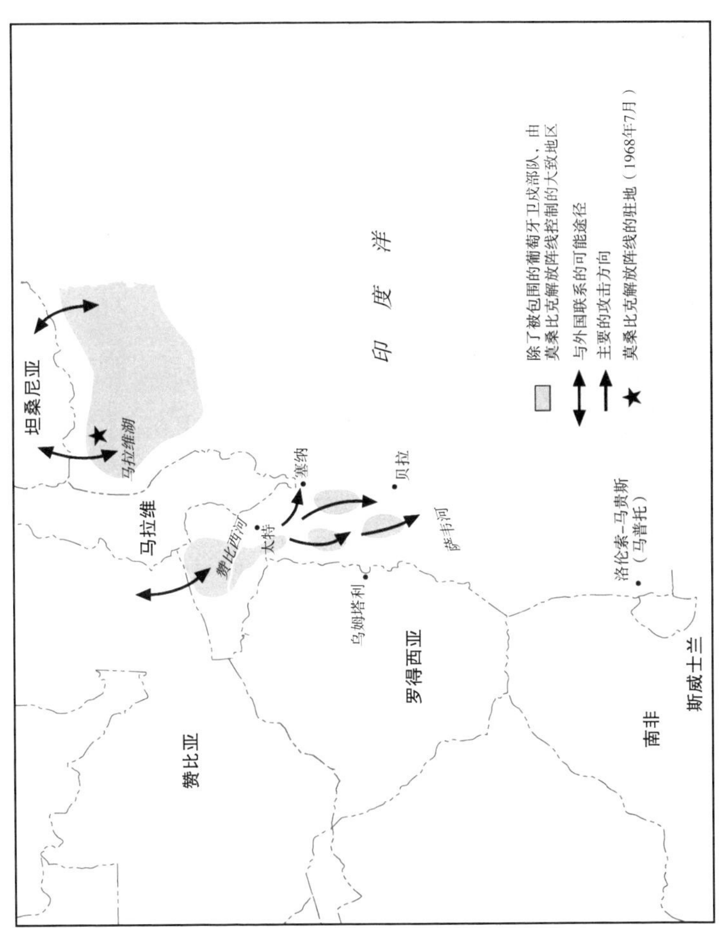

插图 91　1973 年的莫桑比克

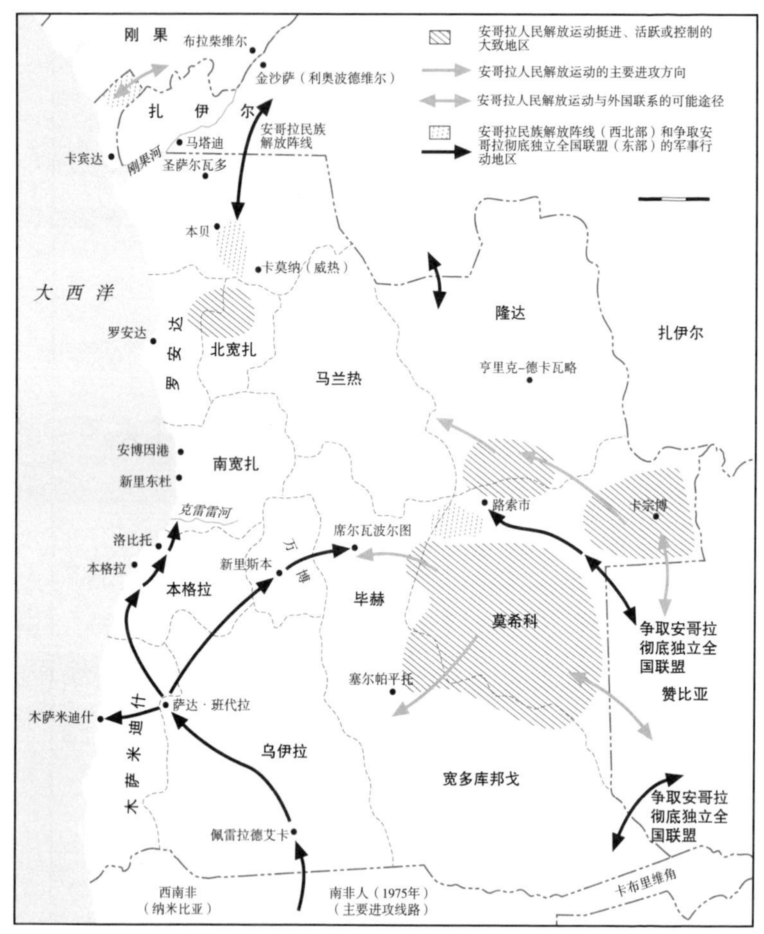

插图 92　1970 年的安哥拉

牙对几内亚比绍部分地区的非法占领。93 个代表团投赞成票，30 个代表团投了弃权票，其中有联邦德国；与葡萄牙一起投反对票的有美国、英国、巴西、南非和希腊。

虽然葡萄牙在莫桑比克通过一次进攻重新控制了与坦桑尼亚的边界，尽管 1969 年谋杀蒙德兰内引发了一场内部危机，但是莫桑比克解放阵线仍然能够守住北方各省。萨莫拉·马谢尔（Samora Machel，1933~1986 年）成了他的继承者。1971 年，在卡布拉巴萨施工地区开辟了第二条战线，但未向大坝发动攻击。1973 年，争取德国社会民主党支持的尝试失败，这可能会成为一个依赖东方集团的颇具意味的选择。1974 年，莫桑比克解放阵线宣告解放了北方的广大地区，而它在南方和城市里却很少出现。然而没有人对它提出的自己是莫桑比克人民唯一代表的要求产生怀疑。

而在安哥拉提出这一要求的是三个相互争斗的组织。1964 年，若纳斯·萨文比（Jonas Savimbi，1934~2002 年）进行了反对霍尔敦·罗伯托的起义，以赞比亚为基地建立了争取安哥拉彻底独立全国联盟（União nacional para a independēncia total de Angola），并且像安哥拉民族解放阵线和安哥拉人民解放运动一样在内陆地区站稳了脚跟，葡萄牙人对于这些地区不是特别感兴趣。

萨文比在内部可以依靠奥文本杜民族（Ovimbundu），在外部可以依靠赞比亚的支持，好像还有中国的支持；安哥拉民族解放阵线依靠的是巴刚果、扎伊尔和美国；而安哥拉人民解放运动则依靠说金邦杜语（Kimbundu）的族群、刚果—布拉
柴维尔和东方集团。由于它们之间的冲突部分已是武装冲突，1204
所以留给葡萄牙人的活动空间比在其他地方更大。1974 年它们基本取得了战争的胜利。

最后的决定在宗主国作出。那些对非洲战争失望的军官们

于1974年4月25日推翻了专制统治并喊出了口号："民主在我们这里，去殖民化在非洲。"于是，当其他各地都在相当顺利地进行着权力交接时，在安哥拉，对手们却在扩军备战。虽然在首都罗安达区域最强大的安哥拉人民解放运动受到左翼葡萄牙当权者的优待，它却因为内部的冲突而削弱，而由于扎伊尔和赞比亚支持其他两场运动，非洲统一组织（Organisation für Afrikanische Einheit，O.A.U.）不得不承认所有三个政党。无论是1975年1月在葡萄牙举行的会议还是肯雅塔的调停都没有促成统一。30万葡萄牙人离开了这个国家，战争开始了。就连葡萄牙人中也有献身于非洲辅助部队的人。

要求的选举一直没有举行。当安哥拉民族解放阵线和争取安哥拉彻底独立全国联盟与至少2000名南非人一起从南方向罗安达推进时，蒙博托支持着安哥拉民族解放阵线并设法为它争取到美国和中国的帮助。然而1975年11月1日宣告建立安哥拉人民共和国的安哥拉人民解放运动仍然能够维持其地位：卡斯特罗（Fidel Castro）应其请求派出了古巴部队。这些部队取得了成功之后，1976年初苏联从海路和空路不仅向这个国家运送战争资源，而且继续运送古巴部队：总共大约有2万人。此外还有来自民主德国的专家和武器，同样提供给莫桑比克解放阵线。据说1975年民主德国向安哥拉人民解放运动提供了892.38亿马克的援助，向莫桑比克解放阵线提供的援助甚至达2.77亿马克，另外还有5200万马克援助给了南非非洲人国民大会，1.1亿马克援助给了纳米比亚西南非洲人民组织（S.W.A.P.O.）。还有非军事的发展援助，特别是向安哥拉派出了大约10000名古巴教师。由于1975年底，国会明确禁止尼克松政府向安哥拉民族解放阵线和争取安哥拉彻底独立全国联盟提供哪怕是隐蔽的援助，所以南非处于孤立无援的境地并首先撤军。南非的政治干涉使得安哥拉民族解放阵线和争取安哥拉彻底独立全国联盟不仅得到世界舆论的同情，而且得到了非洲统一组织的同情，后者此时决定支持安哥拉人民解放运动。尽管如此，其他组织并没有被压制下去。另外，纳米比亚解放组织依托安哥拉领土进行的行动导致了与南非的长期冲突，古巴人不得不留在这个国家，甚至继续加强它的存在，直到苏联淡化了对峙局面并在 1988 年与古巴和南非达成一致， 1205
才使古巴人至 1991 年撤军成为可能。然而争取安哥拉彻底独立全国联盟继续坚持内战，直至萨文比 2002 年被枪杀。但是在此期间，安哥拉人民解放运动已经足够强大，致使 1992 年过渡到多党制，1997 年它与安哥拉民族解放阵线以及继续战斗的争取安哥拉彻底独立全国联盟组成联合政府，争取安哥拉彻底独立全国联盟在此期间变成了两个政党，与其联合有违常理。

其他殖民地问题较少，因此先于安哥拉独立，1975 年 7 月 5 日莫桑比克独立。虽然南非和罗得西亚建起了一支由受莫桑比克解放阵线歧视的党内同路人组成的游击队，但这里除了莫桑比克解放阵线没有其他选择。1982 年，莫桑比克全国抵抗组织（Resistencia Nacional Mocambicana，RENAMO）开启了并不特别成功的、长达数年的内战。1974 年 9 月 10 日，葡萄牙在几内亚比绍仅仅需要承认几内亚和佛得角非洲独立党的政府。在佛得角群岛上，几内亚和佛得角非洲独立党与在陆地不同，还必须一直处于地下活动状态。尽管如此它仍然赢得了大选，并于 1975 年 7 月 5 日宣告独立。但是几内亚比绍接管各岛政权由于 1981 年的一次政变而被取消。佛得角的混血儿在共同的国家里已经可以控制非洲人。就连两个岛屿圣多美和普林西比也于 1975 年 7 月 12 日成为独立的共和国。

南非和纳米比亚

欧洲撤离非洲时，在那里留下了“殖民地”这个词原本意义上所指的东西——“移民点”。最终有500万白人移居非洲，不像阿尔及利亚的移民或肯尼亚的移民，他们在欧洲不再有母国。这些白人统治着5倍于他们的非洲人，使用的是殖民时代形成的、随后又变得更加严厉的种种方法。此外，至1991年，他们还阻止国际联盟托管地西南非洲和纳米比亚实现独立。从欧洲的视角看，这就是次级殖民主义，在南非，它的前身是次级帝国主义；而从非洲的观点看，它是内部的殖民主义，是同一个国家之内的殖民统治关系。植根于欧洲的殖民主义对于相关的欧洲民族而言，所呈现的仅仅是其诸多问题中的一个，而且常常还不是最重要的问题，因此原则上总是可以协商的，而南非的次级殖民主义则构成了白人的生存基础，体现着他们的社会地位，因此人们毫不妥协地予以保护。这种主人立场并不新鲜，它可以追溯到南非种族政策长期的发展，参与其中的不仅有布尔人，还有英国人。如果说这种政策在对非洲的殖民统治时期不是特别引人注目的话，那么通过去殖民化，它变成了不合时代的残余。但是在南非的环境下，这种事实情况首先导致的不是它的消除，而是使它变本加厉。

南非联盟成立后很快就确定了发展方向。布尔人联盟总理路易·博塔（Louis Botha，1910~1919年在任）和扬·克里斯蒂安·史末资（Jan Christian Smuts，1919~1924年和1939~1948年在任）的南非党（South African Party）希望尽快实现英国人和布尔人之间的和解。而詹姆斯·B. M. 赫佐格（James B. M. Hertzog）则担心清一色的白人居民会英国化，数量上占优但经济和社会上处于弱势的布尔人会失去自己的身份地位。为了自我维护和继续发展布尔人的身份认同，他于 1914 年建立了民族党（National Party），长期地看应该说它的确不仅在政治方面，而且在社会方面实现了这一目标。由于战时经济的工业繁荣，主要由布尔人构成的白人摆脱了贫困，第二次世界大战之后布尔人在说英语的南非人占主导的私人经济中也发挥了比以前更重要的作用。特别是民族党，自从它 1948 年因布尔人的社会怨恨掌握了政权以后，便把国家机器变成了布尔人的领地。国家雇员的 71% 是布尔人，陆军的 85% 和空军的 75% 是布尔人。

与此相反，1910 年之后解决白人的贫困问题最初是以损害黑人利益的方式开始的。1911 年的《矿山与劳动法》（Mines and Works Act）尽可能地把需要培训的工作留给了白人，1913 年《土著土地法》（Native Land Act）禁止“黑非洲人”在他们 7.3% 的土著居留地之外购买土地。所有的政党都想把南非打造成一个白人的国家，这引发了黑人的反抗。1912 年，南非土著国民大会（South African Native National Congress）成立，自 1923 年起改称非洲人国民大会（African National Congress，A.N.C.），当年是按照印度模式进行的联合运动，其领导是被同化的、自视为英王国的平等臣民的 1207
非洲人，以克服种族分裂作为目标。此外，1917 年还出现了第一家非白人工会——工业和商业工人联盟（Industrial and Commercial Workers Union）。但是抗议行动在战争即将结束时被镇压。相反，布尔人却处于上升状态。虽然总理史末资在国际上极其成功，因为他决定性地推进了第二次去殖民化，即英国自治领的去殖民化，但在 1920 年的选举中只能勉强过关。1914 年布尔人就已经作出了反对英国和赞同德国的选择。1918 年成立了非洲人秘密兄弟会（Afrikaner Broederbond），一个布尔人的秘密组织，它不仅对民族党有着决定性影响，而且对大多数布尔人信仰的尼德兰改革宗教会（Niederländisch-

Reformierte Kirche）也有着决定性的影响。建设使用南非荷兰语（Afrikanns）教学的单语学校是短期目标。其后还隐藏着庸俗的神学观，称布尔人是在他们的应许之地的选民，住在这里的黑人是受上帝诅咒的“含”的后裔，被规定要做仆人。根据上帝对以色列的指令，他们也必须与他的子民分开居住。史末资在实践中打下了更进一步的基础，此外还通过 1923 年《土著城市地区法案》（Native Urban Areas Bill）规定了与城市分离的黑人居住区。

1924 年，史末资因他的经济政策下台，赫佐格与民族党人执掌政权至 1939 年。他的第一批措施是确保白人的工作岗位。1922 年，白人矿工的一次起义不得不借助于军队镇压。后来很多职业的能力证明不再允许发给非洲人。1925 年确定南非荷兰语为第二官方语言，这给布尔人带来了好处，他们说英语的频率高于以英语为母语者说南非荷兰语的频率。不是所有计划好的对非洲人的限制都能够贯彻下去，但至少惩罚黑人和白人之间的婚外性行为的《不道德行为法》（Immorality Act）1927 年得到了贯彻。1929 年，借助“黑祸（schwarze Gefahr）”口号赢得的大选挑起了暴力并真的引发了“黑祸”；后果就是决定镇压。但是大多数民族党人在世界经济危机中脱党，以至于当 1933 年赫佐格以三分之二的多数与史末资的人联合为“联合党”时，他的冒险才能够获得成功。1936 年《土著代表法》（Representation of Natives Act）取消了开普省有表决权的“黑非洲人”80 年以来一直行使的选举权。取而代之的是，未来允许他们选举 3 个白人代表进入联邦众议院
1208 和 2 个白人代表进入开普省议会，此外与其他 3 个省的黑人一起选举 4 个白人进入联邦参议院。作为补充，又建立了以土著事务部长为首的土著代表参议院（Natives Representative Council），其成员除了 500 名白人官员，还有 4 名任命的和

12 名选举产生的黑人成员，但是它从来也未被严肃对待过。

非洲人的反应还有非洲人国民大会的复兴。当时政府的通常做法是将黑人的“阴谋活动”追溯到 1921 年建立的共产党，实际上它在 1920 年代具有很大的影响。事实上是新法律迫使黑人犯罪，根据这些法律，90% 的黑人不得不非自愿地和不可避免地犯罪，每年有 7% 的黑人受到惩罚。

赫佐格联盟政策的代价是 1934 年丹尼尔·弗朗索瓦·马兰（Daniel François Malan）领导的纯洁民族党（Gereinigte Nationale Partei）分裂出去，此时兄弟会的权力意志集中在该党身上。因为 1938 年布尔人大迁徙百年纪念日带来了极端布尔人的民族主义的巨大繁荣，它不再需要赫佐格的引导。当时出现了奥瑟瓦 – 布兰德威格（Ossewa-Brandwag，意为牛车消防站），一个拥有 25 万成员的准军事法西斯主义组织，它遵循希特勒德国的模式。他们的领袖之一是鲍尔萨泽·约翰内斯·沃斯特（Balthasar Johannes Vorster，1966~1978 年任总理，1978/1979 年任国家总统）。1942 年至 1944 年他因为亲德态度被拘留，战后出于其他原因暂时没有被接受为重新崛起的民族党的候选人。马兰作为伙伴反对奥瑟瓦 – 布兰德威格组织，却把它的成员吸引到他那里。1953 年该组织消失，它的成员留在民族党内。

1939 年再一次以微弱多数赞成票决定加入反对德国的战争；史末资重新成为总理。对此持反对态度的赫佐格和他的追随者们最终又一次与剩余的民族党人联合起来。由于在战时经济中，为了各种战争事项而需要黑人，所以他们的期望值节节升高。他们认为 1941 年发表的《大西洋宪章》中的漂亮话也是针对自己的。1943 年，由纳尔逊·曼德拉（Nelson Mandela）和奥立弗·坦博（Oliver Tambo）等人建立的青年同盟推动非洲人国民大会向前发展。1945 年，它的代表参加了在曼彻斯特召开的泛非洲大会。然而各种期望都落空了。战争结束后的1946年，当矿工们为提高工资待遇举行罢工时，回应他们的是暴力镇压。史末资既没有对经济政策也没有对土著政策有过规划，即使在国际政策上也经历了失败，因为独立的印度不准
1209 备无异议地忍受对人数众多的南非印度人的歧视。因此，1948年重新统一的民族党与立即被它接纳的立场更加右倾的非洲人党（Afrikaner Party）一起赢得了多数。1961年由此产生了三分之二多数，随后数字继续增长；1981年赢得了165个席位中的131个。1977年联合党瓦解；从此进步党（Progressive Party）（1981年拥有26个席位）成为主要的反对党。1989年4月，由于马上要进行大选，3个反对党联合组成民主党（Democratic Party）。

1948年在南非各种政治路线终于分道扬镳了。在历任总理丹尼尔·弗朗索瓦·马兰（1948~1954年在任）、约翰内斯·G.斯揣敦（Johannes G. Strijdom，1954~1958年在任）、亨德里克·弗伦施·维沃尔德（Hendrik Frensch Verwoerd，1958~1966年在任）和鲍尔萨泽·约翰内斯·沃斯特（1966~1978年在任）的领导下，民族党政府此时能够毫无顾忌地实现自己的种族隔离理想。其间，应用心理学家维沃尔德是最重要的人物，1950年至1958年，他在其前辈的领导下作为土著人事务部长行使职权。为了保持布尔人的血统纯正和民族身份，须进行尽可能彻底的种族隔离。虽然也完全规划了非白人群体的发展，但要尽可能地依靠他们自己的力量，因而他们不可能赶上白人。隔离应该只能进行到这种程度，即白人的政治统治和经济剥削可以持续下去并且还会提高。矿山一如既往地处于这一体制的中心地位。

一大批法律和规章以建立各种相应关系为目的。1949年《禁止异族婚姻法》（Prohibition of Mixed Marriages

Act）禁止种族之间的异族婚姻，1950年《道德修正法》（Immorality Amendment Act）规定任何异族间的性交都属犯罪。即使白人也会因此受到惩罚。种族隔离已经极端地扩张到了日常生活设施，如公共汽车、海滨浴场、公园长凳和盥洗室等，而只有在每个个体的种族归属都很清楚的情况下，种族隔离才可以贯彻下去。所以《人口登记法》（Population Registration Act）采用了根据出身和外貌进行种族定义的方法，并且规定了相应的居民登记。1950年《禁止共产主义法》（Suppression of Communism Act）限制了某些基本权利。在该法中，共产主义者不仅被定义为马克思主义者，而且还极其广泛地被定义为“各种思想和学说的追随者，这些思想学说会通过引发动乱和无秩序导致南非的政治、工业、社会或者经济情况的改变，无论是由于违法行为还是渎职行为”。司法部部长可以对这类人颁布禁令，可以实施软禁，与此相关，还
可以禁止交往、禁止发表言论和禁止在媒体上对他们稍有提 1210
及。1950年至1957年有1300人通过这种方式被贴上了没落人士[1]的标签，其中很多人与共产主义者毫不沾边。1967年颁布的《恐怖主义法》（Terrorism Act）的追溯效力至1962年，它对可以判处死刑的恐怖分子的定义具有伸缩性。南非以1960年至1977年的1200例死刑保持了合法处决方面的世界纪录。1963年至1976年颁布的这些法律和其他法律是为了对付不断增长的黑人反抗，它们允许警察拘捕人后不送交法庭，警察可以不允许被拘捕者与律师联系或者告知其亲属。刑讯非常普遍，各种蹊跷的自杀出现得越来越多。

随着1951年的《预防非法占地法》（Prevention of Illegal Squatting Act）、1952年的《废除土著通行证和文

① 指曾经具有影响力的，但出于某种原因受政界、媒体等冷落而被人们淡忘的政界或社会名流。

件协调法》（Native Abolition of Passes and Coordination of Documents Act）和《土著法律修正法》（Native Law Amendment Act）的颁布，开始按照预期构建各工业中心区的生活关系。未来黑人家庭能在城市里长久安家只是例外；通常只给予单身男性工人有限期居留许可。为了监控采用了统一的证件，至1959年也规定这种证件适用于非洲妇女。根据《班图教育法》（Bantu Education Act），1953年不再允许地方当局和布道团涉及非洲人教育并将其置于中央政府的管辖之下。未来只有得到它的许可和根据它的原则才被允许授课。1960年，整个土著教育掌控在国家的手里。用于有色人种学生的支出大大低于用于白人学生的支出。除此之外，非白人大学生几乎被所有大学逐出，为混血儿、印度人以及三个最重要的黑人族群科萨人（Xhosa）、祖鲁人和茨瓦纳人建立了五所隔离学院。

为了种族隔离（Apartheid），政策规定将非洲人划归地方管理，使非洲人分裂成相互隔离的种族，这样做的统治目的是显而易见的。因此，重新安排保留区的政策应该是整个体制发展的高潮。1950年至1954年，以其主席的名字命名的汤姆林森委员会（Tomlinson-Kommission）制定了一份长达数千页的详尽报告，它为将现存的保留地重新安排成自治的、最终“独立的”黑人居住区（Homelands）或者班图斯坦（Bantustans）奠定了基础。可是报告没有得到政府的认可，因为它为黑人居住区经济规划了过高的投资。尽管如此，1959年《班图自治促进法》（Promotion of Bantu Self-Government Act）创建了8个所谓的民族单位，后来又补充了两个单位。1963年，第一个单位根据《特兰斯凯组织法》（Transkei Constitution Act）获得了自治地位。然而只有两个单位拥有完整的领地，其他单位都是由少则两三个，多则11个互不相关的部分组成。

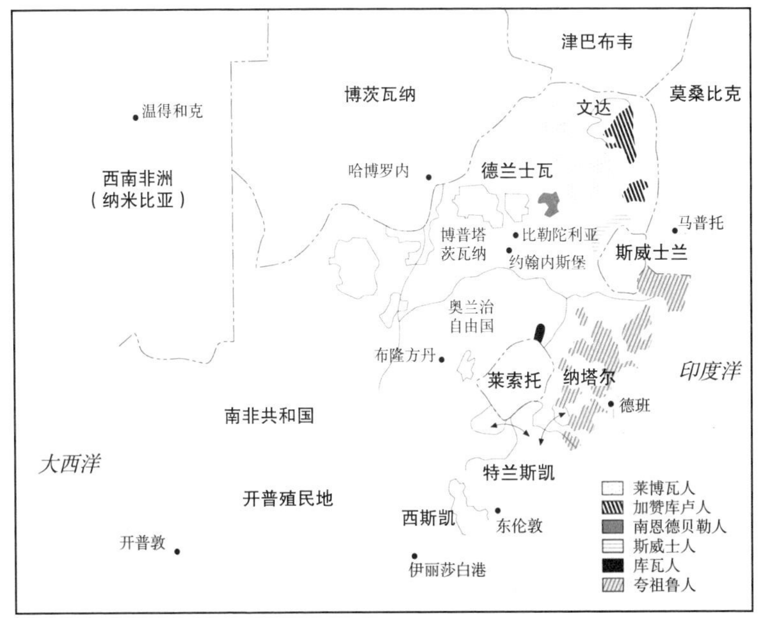

插图 93　1981 年南非的班图人居住区

民族单位的名称及其所包括的部分的数量	“独立”	面积（平方公里）	1977 年人口（人）
特兰斯凯（科萨人）2	1976 年	36722	2178000
博普塔茨瓦纳（Bophutha Tswana）（茨瓦纳人）11	1977 年	37722	1100000
文达（Venda）（文达人）3	1979 年	6044	349000
西斯凯（Ciskei）（科萨人）1	1980 年	5530	554000
加赞库卢（Gazankulu）［尚加纳人（Shangaan）］3		7400	345000
夸祖鲁（KwaZulu）（祖鲁人）10		31443	2895000
卡恩格瓦尼（KaNgwane）（斯瓦希里人）2		3720	220000
夸恩德贝勒人（KwaNdebele）（恩德贝勒人）1		728	200000
莱博瓦（Lebowa）（梭托人）8		25180	1471000
库瓦（Qwaqwa）（梭托人）1		620	200000

1212 部分黑人居住区虽然属于南非土地最肥沃和人口最稠密的地区，但经济也最不发达。为了把它们打造成真正的“祖国”，根据委员会的观点，通过在黑人居住区实行费用昂贵的工业化政策创造新的工作岗位是不可缺少的。但是恰恰是这件事没有做，以至于1974年汤姆林森（Frederik Rothmann Tomlinson）感觉到有责任对规划未充分施行提出批评。1960年代就已经明朗，其后隐藏着某些手段。南非1910年就计划合并巴苏陀兰、贝专纳兰和斯威士兰，却未能实现，后一直在为此努力，因此一开始就将它们纳入黑人居住区的计划。但是英国拒绝违背相关居民的意愿批准此事，并且在1966年和1968年分别同意莱索托、博茨瓦纳以及斯威士兰独立。早在1962/1963年维沃尔德政府就已经满足于这种发展，并由此开始巧妙地转变了自己的黑人居住区政策。不是将尽可能多的黑人置于南非的统治下，未来最重要的是要将尽可能多的黑人排除在南非之外。不仅现在不再想要上文提到的当年高级专员地区（High Commission Territories）的三个飞地，甚至要使用同样的方法将黑人居住区从南非划分出去并允许它们完全独立。如果每个非洲人在法律上都是一个黑人居住区的公民，在南非只是“外籍工人”，就像来自莱索托或莫桑比克的季节工，那么南非事实上就可能变成一个法律上的纯白人国家。黑人居民占据多数的种族问题就可以定义为外交问题优雅地走出国门。这当然不会改变黑人居住区绝对的经济依赖性，也不会改变在紧急情况下白人的绝对军事优势。所以在这种霸权模式的框架内不对黑人居住区进行工业化是合理的！1976年至1980年，它们中间的四个毕竟也赢得了独立，但这种独立在国际上未获承认，虽然至少在特兰斯凯如同在莱索托或者博茨瓦纳一样出现了反对南非的政策。特兰斯凯甚至想要成为英联邦的成员，当1961年南非实现了布尔人的旧梦建立了独立的共和国之时，它作为南非的一部分脱离了英联邦。

民族党人的政策从一开始就遇到了激烈的内部抵制，不仅来自相关人员方面，而且也受到很多白人的反对，其中甚至包括布尔人传教士。1949 年非洲人国民大会就已经提出了抗议，并于 1952 年值南非 300 年庆典之际开始进行消极反抗运动， 1213
它使得数以千计的人因蔑视法律锒铛入狱并使非国大的成员增加到 10 万人，却因遭受镇压而失败。1955 年非国大与印度人、混血人种和志同道合的白人一起召开了人民大会（Congress of the People），其《自由宪章》（Freedom Charter）拥护种族平等和社会主义的福利国家。虽然针对领袖们谋反罪的诉讼以宣告无罪结束，但非国大主席祖鲁人艾伯特·卢图利（Albert Luthuli）最终还是于 1959 年被流放。不过 1961 年他被允许出境领取诺贝尔奖。1959 年，拒绝与其他种族合作的激进非洲人作为泛非主义者大会（Pan-Africanist Congress，P.A.C.）与非国大分离。在竞争中，两党均于 1960 年开始进行蔑视《通行证法》的非暴力运动。在南德兰士瓦的沙佩维尔（Sharpeville），警察向没有通行证在岗哨前游行的人群开枪，杀死了 69 个非洲人。其结果是暴力和镇压的升级，行政当局获得了更多的特别权力。

1961 年，很多非洲人不再相信用非暴力方法能取得成功。非洲人国民大会和泛非主义者大会创立了破坏组织“民族之矛（Umkhonto we sizwe）”和“独立战斗（Poqo）”，他们在国外受训之后转向采用所谓不对人而对事的暴力。1963 年，这两个组织被警察击溃，1964 年民族之矛的 17 名成员受审，其中包括纳尔逊·曼德拉（1918~2013 年），他当时解释了绝望如何驱使他采取暴力手段：“[……] 50 年的非暴力没有给非洲人民带来任何东西，但带来的镇压立法却越来越多，权利越来越少。”1964 年，所有的积极分子都不得不逃亡国外进行有计划的军事训练，据说1978年有4000名南非黑人接受了这种训练。非国大的武装力量不断尝试从邻国渗入南非进行游击战或恐怖行动。南非以在国内进行反恐怖和进入邻国迅速实施的军事行动进行应对，在行动中显而易见无视邻国的主权。抛开那些最新式的、在此期间大部分已经自给生产的军备不计，1961年至1974年，南非军队的规模扩大了10倍。国防预算一直显示最高的增长率。

暴力对双方来说只不过构成了它们的斗争的一部分。非国大和泛非主义者大会在很多非洲国家设立了办公室，在印度、英国、美国和民主德国也设有办事处，与苏联和中国建立了外交关系，非国大在联合国和非洲统一组织设有常驻代表处。尽管有东方集团的支持，尽管与共产主义者保持着公开的伙伴关
1214 系，尽管很多领袖具有共产主义信念，非洲人国民大会依然坚持它的独立性和乐于接受各方面的援助。南非试图通过大规模的行动来对付这种对世界舆论发动的卓有成效的攻势，特别是在实用主义者沃斯特接替了教条主义者维沃尔德之后。按照百余年的霸权传统，非洲国家经济上的落后和依赖性被用于精心调配的胡萝卜加大棒的政策。除此之外，种族隔离政权即使在它重要的经济伙伴中也几乎不可能赢得公开的和积极的政治朋友，1970年代新的内部争论又进一步使它丧失颜面。

1973年繁荣时期结束，经济形势每况愈下。1973年至1977年，采矿业受到罢工和动乱的冲击，数以百计的人丧失生命，企业家心中充满疑虑。1976年在约翰内斯堡附近黑人居住的卫星城市索韦托的一次学校孩子们的抗议行动中有700人被杀害，其间警察射杀的大部分是年轻人。对此出现了新的批评声音，这些声音是不能迅速封杀的。虽然1969年成立的黑人南非大学生组织（South African Students' Organization，S.A.S.O.）的领袖于1973年被捕，但是这一策略没有被用于对付祖鲁酋长盖夏

曼·布特莱奇（Gatsha Buthelezi）的“英卡塔（Inkatha）”运动（1978年），这一运动拟从内部，也就是从黑人居住区开始和平解决种族隔离问题，比如对于夸祖鲁黑人居住区和纳塔尔省来说，实现这个目标需要一部共同的宪法。1983年成立的、拥有改革宗牧师阿兰·布萨克（Allan Boesak）的联合民主阵线也是到1988年才瘫痪下来。自1963年组织起来的教会界反对派找到了英国圣公会黑人主教德斯蒙德·图图（Desmond Tutu）作为享有国际声誉的发言人。自1980年代起，黑人大学生为一个统一的南非民族阿扎尼亚（Azania）摇旗呐喊。

1970年代末，就连政权的权威人士也不能无视一种认识，即种族隔离政策已经把国家带进了一条死胡同，唯有通过改革才能够走出来。甚至非洲人兄弟会为了布尔人自我维护的利益也学会了改变思维。1986年，它在内部提出了批判种族隔离的专题报告。或许是它对白人精英们的影响减轻了这一转变的难度。彼得·威廉·博塔（Pieter Willem Botha）自1978年起当总理，自1984年起作为国家总统根据新的总统制宪法控制着这个国家，1980年，宣告改革种族隔离制度和合并黑人居住区，却拒绝所有人拥有平等选举权的统一国家，因为它 1215
或许会导致黑人独裁。总之黑人广泛的地方自治受到限制，尽管并非不受控制。1983年的宪法改革采用了总统制共和国，而议会——参议院于1981年被取消——被平行的白人议院、有色人（混血儿）议院和印度人议院取代，三院的人数比例为4∶2∶1，当三个议院之间产生矛盾时由总统进行裁决！由于黑人在此次改革中一无所获，很明显政府想要依靠的是其他的联盟者。但是即使博塔1986年初将种族隔离制度明确地称为“过时的”并打算建立一个有黑人成员参加的咨询委员会，他依然拒绝多数民主制，因为此时南非是一个少数民族的国家。

改革带来的不仅仅是或多或少索然无味的宪法实验。《不道德行为法》（Immorality Act）被废除，自1989年初开始，地方行政机构有权结束居住区的种族隔离。每月执行的死刑判决数由平均10人降低到2人。但是自1985年7月起使得改革政策放慢的紧急状态却在1988年6月再次延长。尽管如此还是很清楚，在此期间很多南非白人认为，日常生活中的种族小隔离乃至在经济上对非洲人的歧视是多余的甚至是令人讨厌的。时间越久，经济发展就需要越多的高水平的黑人劳动力和黑人的补充性购买力。尽管南非黑人的生活水平比很多已经独立的非洲国家都高，与白人之间的差距仍然是令人惊讶的。但是此前得到最大限度容忍的黑人工会于1979/1980年获得许可并非偶然，尽管人们试图阻止它们的非工会性质的行动。1985年，工会顶层协会南非商业联盟大会（Congress of South African Trade Unions, C.O.S.A.T.U.）成立，拥有会员65万。随着白人态度的这种转变，南非问题也渐渐简化到了它坚硬的核心，即不受限制地维护白人的统治，在紧急状态下要一如既往地以强硬手段予以捍卫的白人统治。

犹犹豫豫开始进行的对南非的国际经济制裁暂时似乎只是增强了白人的忌恨和他们的阵营心态。民族党以外的右翼极端
1216 分子取得了新的成就。特别是当涉及缩减投资政策的时候甚至声称，它只让第三方甚或南非自身获益，它要让更多的黑人失业。1989年接替博塔的新总统和党的主席弗雷德里克·威廉·德克勒克（Frederik Willem de Klerk）也必须考虑，改革在多大程度上能受到仍然起决定性作用的白人选民的支持。但是美国在加强制裁，外国公司开始撤离，黄金价格下跌，严重的财政危机，这些好像都使他别无选择，只能彻底改变方针。东西方之间冲突的结束缓解了他的压力。

1990年迈出了决定性的步骤：经过自1980年代起秘密

的前期商谈后，曼德拉在经历了27年的监禁之后获释；非国大和其他黑人组织得到承认；在公众场合的族群隔离（小种族隔离）被取消和紧急状态结束，等等。非国大随即停止了武装斗争。1991年大种族隔离法律被废除［《土地法》（Land Act）、《族群住区法》（Group Areas Act）、《居民登记法》（Population Registration Act）和《内部安全法》（Internal Security Act）等］，并且准备重新纳入黑人居住区。9月4日得以与其新主席曼德拉领导的非国大和其他非洲人组织签署协定，确定了反对暴力和开始民主的进程。尽管如此，还是出现了双方激烈的冲突和严重的暴力事件，总共死亡16000人，特别是在非国大与英卡塔运动之间的战斗中，后者丧失了在各阵线之间的优势地位。1992年进行了白人的全民公决，他们得到了特赦和保障，68.7%的选票赞成德克勒克的改革路线。1993年通过了一部过渡性宪法，建立了一个有非洲人参与的过渡性政府；具有独特魅力的曼德拉和实用主义者德克勒克共同获得了诺贝尔和平奖。1994年进行的第一次大选与此前结合名单提名的比例选举完全不同，结果非国大以62.65%的选票获胜；民族党获得了20.39%的选票，仅仅在西开普兰赢得了53.2%的选票。非国大在9个新省的其他几个省同样占据多数，各黑人居住区已经融入了这9个省。因为新宪法以新的形式强化了之前受到很多限制的国家的联邦结构。

两院议会选举曼德拉出任总统，德克勒克出任两个副总统之一，至1996年制定出一部堪称典范的民主宪法。1995年废
除死刑。可是新国家一如既往并非只受到种族矛盾的威胁，还 1217
受到仍遭歧视的非洲下层的社会焦躁的威胁，与这种社会焦躁相对的是非洲新政治阶级的广泛的自助。

之前受南非控制的纳米比亚成功的去殖民化是否可作为榜样呢？南非在很长时间里都扮演着绝不退让的殖民政权的角

色，但最终还是对世界政治的转变作出了反应，特别是对苏联的新路线作出了反应。南非作为托管地政权在两次世界大战之后让德国殖民者留在了国内。由于布尔人、英国人和葡萄牙人的迁入，在此期间他们已经不再占据白人居民的四分之一，尽管如此，1984 年至 1990 年德语依然是第三国语。与德国的土著政策相反，非洲种族的重新构成被容忍，但针对动乱也像那里一样使用了相同的暴力。一个 C 类托管地可以作为托管地政权领土的组成部分来对待。因此 1952 年西南非洲的白人可以选派议员进入联盟议会去加强民族党。联合国没有直接接管国际联盟的托管地，而是建议当时的托管承担者向联合国提出托管申请。而只有南非要求将西南非洲纳入自己的领地。鉴于那里的种族政策，联合国全体大会拒绝了这一要求，但这并未妨碍民族党把西南非洲视为自己国家的一部分，在那里实行种族隔离，甚至将黑人居住地计划转用于那里，虽然那里的情况与联盟完全不同。也就是说，在北方，奥万博人和他们的同宗未受干扰地占有着自己的土地，而在“红线（rote Linie）”以南占该地区约 70% 面积的所谓警察区域，德国人在赫雷罗战斗之后已经几乎完全清除了土著的土地占有。

而南非则倾向于居留地政策，开始时德国人也曾看好这项政策。所以 1925 年在警察区域已经有 25000 平方公里的土著人保留地。1961 年面积增加到了 13 万平方公里。根据为西南非洲组建的奥登达尔委员会的建议，拟在红线另一边的各个地区和拟在南方获得的另外 107000 平方公里的土地上创建总面积为 326000 平方公里的 10 个黑人居住区，其中 7 个以马蹄形围绕着楚梅布—赫鲁特方丹（Tsumeb-Grootfontein）矿区，3 个作为在南方的飞地。若不将自然保护区和钻石保护区计算在内，留给占人口 11.6% 的白人的土地接近土地总面积的一半，而且不是最坏的土地。1936 年，44.3% 的土地（3060

万公顷）掌握在 3905 个农场主的手里。

1974 年统计的各个群体人数及占比如下。

奥万博人	396000	46.3%
卡万戈人（Kavango）	56000	6.6%
东卡普里维人（Ost-Caprivier）	29000	3.4%
达马拉人（Damara）	75000	8.8%
赫雷罗人	56000	6.6%
纳马人	37000	4.3%
灌木丛人（Buschleute）	26000	3.0%
雷霍博特人（Rehobother）	19000	2.2%
考寇兰人（Kaokolander）	7000	0.8%
茨瓦纳人	5000	0.6%
混血儿	32000	3.8%
其他人	15000	1.8%
非白人合计	753000	88.4%
白人	99000	11.6%

1976 年为他们建立或者计划了 10 个黑人居住区，而规划的居民人数显然并非总是包括整个族群。

居住区名称（民族）及可能的建立时间	面积（平方公里）	居民（人）
奥万博兰（奥万博人）1968 年	57000	344000
卡万戈兰（卡万戈人）1970 年	41500	50000
东卡普里维（东卡布里维人）	15000	25000
考寇兰（辛巴人，亭巴－赫雷罗人）	39000	18000
达马拉兰（达马拉人）	48000	7000
赫雷罗兰（赫雷罗人）	59000	16000
纳马兰（纳马人）	?	15000
布施曼兰（灌木丛人）	20700	?
茨瓦纳兰（茨瓦纳人）	1550	?
雷霍博特－地区（混血儿）	13700	12000

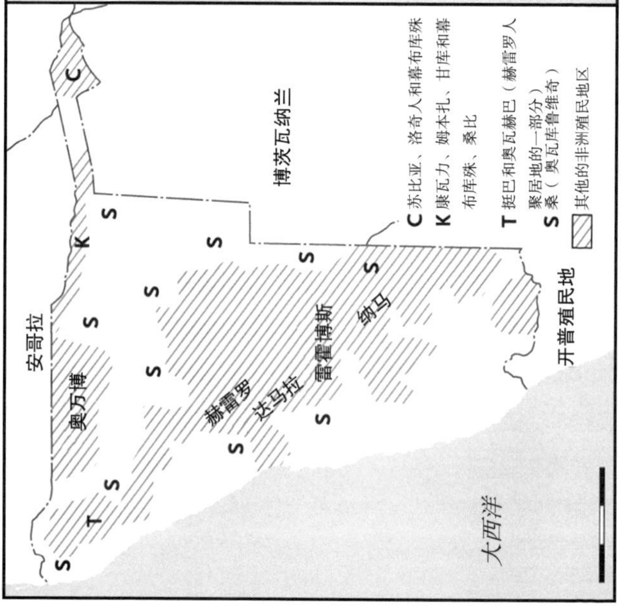

插图 94　1900 年德属西南非洲内的非洲人居住地区

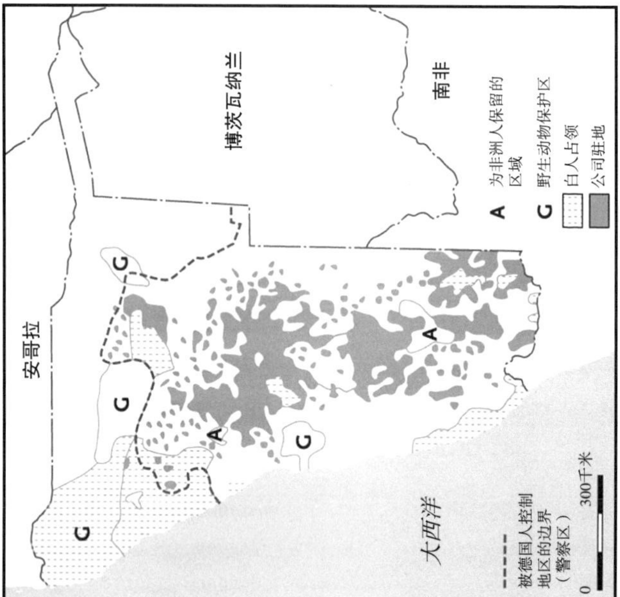

插图 95　1911 年德属西南非洲的区划

1968年建立黑人居住区的工作从奥万博兰开始。但是其57000平方公里的面积仅占该地区总面积的6.9%，而奥万博人却占总人口的46.5%。也就是说他们和在德国人统治时期一样被迫在南方作为契约工人受雇于人。这些以及不仅仅是他们数量上的强势使他们成为该地区的政治领导群体。1957年，赫尔曼·托伊沃·亚·托伊沃（Herman Toivo ja Toivo）就已经建立了一个奥万博组织与契约制度作斗争，由此产生了后来的西南非洲人民组织（S.W.A.P.O.）。它把自己理解为该地区所有非洲人的联合体，由于采取巧妙的政策而被联合国和非洲统一组织承认为纳米比亚人民的唯一合法代表。它植根于奥 1220
万博人的事实让其他种族因为安波（Ambo）统治出现了担忧，这种忧虑对南非而言来得正逢其时。

1959年在温得和克（Windhuk），当黑人们按照种族隔离原则应该迁往一个隔离的市郊的时候，发生了抗议游行，对此警察以开枪回应。11人被打死。西南非洲人民组织的新领导人萨姆·努乔马（Sam Nujoma，1929年出生）出走国外，首先到达累斯萨拉姆，接着便开始建立一支游击队。但在国内还有一个从来没有被禁止的西南非洲人民组织的合法分支。1966年成为一个决定性的年份。当时国际法院出于形式上的原因驳回了对南非伤害托管地的起诉。西南非洲人民组织发起了针对南非安全部队的行动。不久联合国全体代表大会决定终结托管，接管“纳米比亚”由联合国管理，从此这个地区被称为纳米比亚。南非根据海牙的判决拒绝了联合国的决议，并以大力推进黑人居住区政策予以回应。1971年，重新组成的国际法院宣告南非在纳米比亚的存在为非法，对此也没有造成任何的改变。南非的行动在同一年引发了更大规模的罢工和抗议运动，虽然运动被镇压下去，但它毕竟导致了契约工人制度的改革。

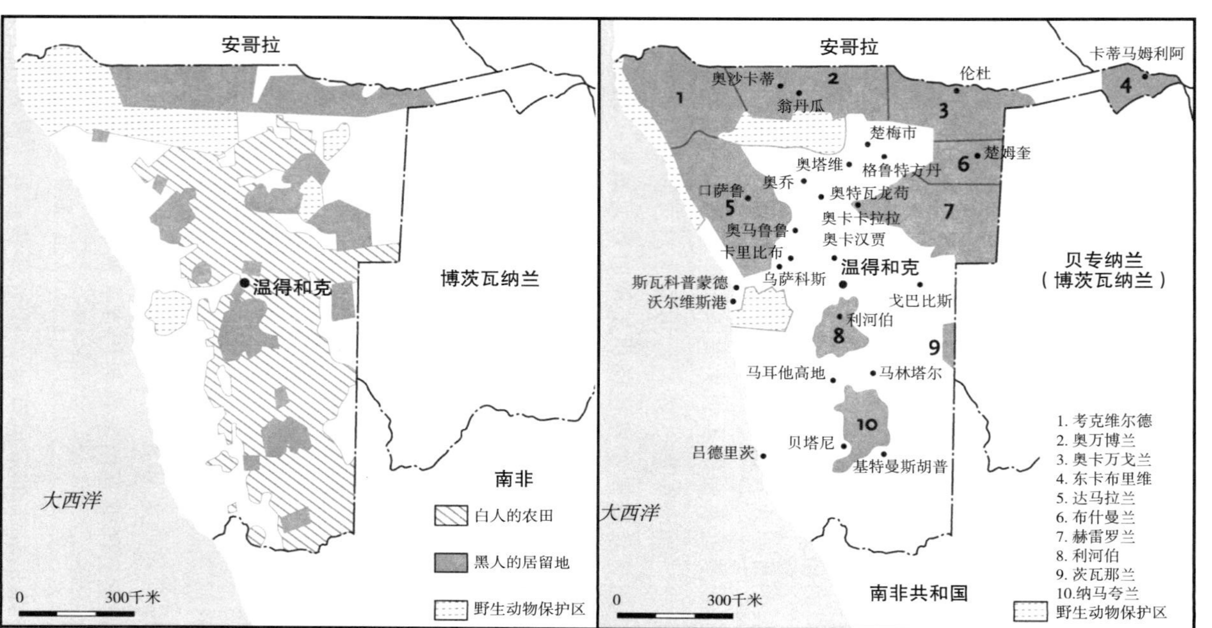

插图 96 1937 年在南非统治下的西南非洲区划

插图 97 在奥登达尔计划中的西南非洲规划的家园

随着1974年葡萄牙殖民帝国的崩溃，转折出现了，与西南非洲人民组织不同，当时南非无法指望未来在安哥拉会有一个友好政权。南非在沃斯特领导下开始与所有族群进行宪法谈判，也就是说没有设定一个特定的解决方案，但以独立作为最终目标。同时继续实行黑人居住区政策估计是为以后的调整造成既成事实，但却很快导致了西南非洲人民组织的退出，后者作为一个要求垄断的政党也没有参加1975年至1977年在温得和克体育馆召开的宪法会议。会议和由它产生的民主体育馆联盟（Democratic Turnhalle Alliance，D.T.A.）坚持种族代表的原则，坚持白人是其他群体中的一个，并且主张保护少数种族群体，而西南非洲人民组织却按照“一人一票”的形式民主的原则追求一个统一的民族国家。所以它的对手能够轻易地召唤奥万博一党制独裁的幽灵，而与南非合作的民主体育馆联盟的力量也轻易地被谴责为它的傀儡。除此以外，西南非洲人民 1221
组织把自己视为革命的社会主义运动，并且与非洲人国民大会相似，受到东方集团和左翼非洲政权的支持，前者包括民主德国。在南非看来这就意味着共产主义，因为驻扎在安哥拉的3万~4万古巴人在为西南非洲人民组织打气撑腰。

尽管如此，为了对形势的发展施加影响而进行徒劳尝试的既有联合国，又有在纳米比亚拥有经济和战略利益的西方列强的一个联络组，其中包括联邦德国，它从罗辛（Roessing）矿场购买铀，是南非第二重要的贸易伙伴。由于联合国已经确定支持西南非洲人民组织，南非不能容忍在联合国监督下的选举。西南非洲人民组织表达了准备谈判的意愿，却从一开始就要南非对预料中的失败负责，而1981年在日内瓦召开的纳米比亚会议果然失败了，1984年，南非与西南非洲人民组织接触同样也失败了。其间，南非于1978年在没有西南非洲人民组织参与的情况下独自举行了选举，1979年成立了立法大会，1980年组建了部长会议，后者很快就成功地着手撤销种族隔离和压制性的劳动法立法。1983年，过渡政府因受到南非的屈辱性对待而辞职，南非的行政总管解散了大会并重新接管政府。但是博塔宣布其他选举为不妥当。经历了数轮准备工作之后于1984年在多党会议（Multi-Party Conference）的基础之上再次尝试达成广泛和温和的一致意见，以此可以与西南非洲人民组织相对抗。除了一个拥有新的民族联盟过渡政府（Transitional Government of National Unity）的民族会议（National Assembly），还任命了一个制定宪法的立宪委员会（Constitutional Council），其方案已经不再顾及种族的议会比例代表制，而新总理则要求西南非洲人民组织参加下一次选举。

美国在努力调停的过程中，于1981年推出了它的包括古巴撤离安哥拉的一揽子建议，1982年该建议被南非接受，随后被博塔多次公告。可是美国自己不得不于1987年承认它的斡旋努力失败。通过愿意在非洲淡化对峙局面的苏联的共同作用，他们才在1988年获得了成功。4月至12月进行了一系列双边和多边谈判，最终于1988年12月22日在联合国所在地纽约完成了安哥拉、古巴和南非之间的《纳米比亚
1222 协定》（Namibia-Vertrag）。它规定，所有古巴人在联合国的监督下至1991年7月1日撤离安哥拉；把南非在纳米比亚的军队缩减到1500人，并集中在赫鲁特方丹和奥奇瓦龙戈（Otjiwarongo）；最终实现1978年关于举行大选和纳米比亚独立的联合国安理会第435号决议。1989年4月1日，在7500名联合国士兵和2000名公民观察员的监督下，按时开始了付诸行动的进程。西南非洲人民组织在这一规定日放弃了它作为纳米比亚在联合国的唯一代表的特权地位。但依然发生了各种事件；此外，西南非洲人民组织俘虏营的生存条件以酷

刑、强奸和屠杀而闻名于世，该组织丧失了三分之二多数票的原因可能就在于此。然而，1989 年 11 月初的选举还是能够不受干扰地如期举行。在 72 个立宪大会席位中，西南非洲人民组织获得 41 个，民主体育馆联盟获得 21 个。尽管存在着冲突和腐败，与其他国家相比，独立的纳米比亚在它的西南非洲人民组织政府的领导下还是经历了一个和平而有秩序的发展过程。

原始资料与参考文献

反殖民运动、第二次世界大战和晚期殖民主义

Adès, L., L'aventure algérienne, Paris 1979 | Ajala, A., Pan-Africanism, London 1973 | Ajayi, J. F. A./Crowder, M. (Hg.), History of West Africa, 2 Bde., 2.–3. Aufl., London 1985–87 | Aldrich, R., Greater France: A History of French Overseas Expansion, Basingstoke 1996 | Amadi, L. O., The Reactions and Contributions of Nigerians, in: TAJH 6/7 (1977/78) 1–11 | Ansprenger, F., Auflösung der Kolonialreiche, 4. Aufl., München 1981 | Atangana, M., French Investment in Colonial Cameroun: The FIDES Era (1946–1957), New York 2009 | Austen, R. A., African Economic History, London 1987 | Balesi, C. J., From Adversaries to Comrades-in-Arms: West Africans and the French Military, Waltham, MA 1979 | Bangura, Y., Britain and Commonwealth Africa: The Politics of Economic Relations, 1951–1975, Manchester 1983 | Baptiste, F./Lewis, R. (Hg.), George Padmore, Kingston 2009 | Barbier, M., Le Comité de décolonisation des Nations Unies, Paris 1974 | [BDEE] British Documents on the End of Empire, Series A, 1,1–5,3, London 1996–2004, Series B, 1,1–11, London 1992–2006, Series C, 1–2, London 1995–98; A, 1,1–5,3, 1996–2004 | Berthélemy, J.-C., L'économie de l'A. O.F. et du Togo, 1946–1960, in: RFHOM 67 (1980) 301–37 | Betts, R. F., Uncertain Dimensions: Western Empires in the Twentieth Century, Oxford 1985 | Boldorf, M., Grenzen des nationalsozialistischen Zugriffs auf Frankreichs Kolonialimporte (1940–1942), in: VSWG 97 (2010) 143–59 | Bourgi, R., Le général de Gaulle et l'Afrique noire, Paris u. a. 1980 | Brahm, F., Wissenschaft und Dekolonisation. Paradigmenwechsel und institutioneller Wandel in der akademischen Beschäftigung mit Afrika in Deutschland und Frankreich 1930–1970, Stuttgart 2010 | Burns, A., In Defence of Colonies, London 1957 | Callahan, M. D., Mandates and Empire: The League of Nations and Africa, 1914–1931, Brighton 1999 | –, A Sacred Trust: The League of Nations and Africa, 1929–1946, Brighton 2004 | Carter, G./O'Meara, P. (Hg.), African Independence: The First Twenty-Five Years, Bloomington 1986 | Cassilly, T. A., The Anticolonial Tradition in France, PhD Columbia Univ. 1975 | Cataluccio, F., Preludio di indipendenza dell'Africa nera, in: Archivio storico italiano 126 (1968) 535–84 | Cell, J. W., On the Eve of Decolonization, in: JICH 8 (1979/80) 235–57 | [CHA] The Cambridge History of Africa, 8 Bde., Cambridge 1975–86; Bd. 8, 1984 | Chathuant, D., Français de couleur contre *métèques*. Les députés coloniaux contre le préjugé racial (1919–1939), in: OM 98, 1 (2010) 239–53 | Clark, L. E. (Hg.), The Rise of Nationalism, New York 1973 | Clarke, P. B., West Africans at War, London 1986 | Clayton, A., France, Soldiers, and Africa, Oxford 1988 | Cohen, A., British Colonial Policy in Changing Africa, London 1959 | Conan, A. R., The Sterling Area, London 1952 | La Conférence africaine française, Algier 1944 | Cooper, F., Africa since 1940, 10. Aufl., Cambridge 2008 | Coquery-Vidrovitch, C./D'Almeida-Topor, H. (Hg.), Cinquante ans d'indépendances africaines, in: OM 98, 2 (2010) 7–292 | Cornevin, M., Histoire de l'Afrique contemporaine de la deuxième guerre mondiale à nos jours, 2. Aufl., Paris 1978 | Cowen, M., Early Years of the Colonial Development Corporation, in: AA 83 (1984) 63–75 | Creech-Jones, A. (Hg.), New Fabian Colonial Essays, London 1955 | Darby, P., Three Faces of Imperialism, New Haven 1987 | Darwin, J., British Decolonization since 1945: A Pattern or a Puzzle? In: JICH 12, 2 (1984) 187–209 | –, Britain and Decolonization: The Retreat from Empire in the Post-War World, Basingstoke 1988 | –, The End of the British Empire: The Historical Debate, Oxford 1991 | – (Hg.), What Was the Late Colonial State? In: Itinerario 23, 3–4 (1999) 73–209 | Decraine, P., Le panafricanisme, 5. Aufl., Paris 1976 | Del Boca, A., Gli Italiani in Africa orientale, 4 Bde., Bari 1976–84 | Depestre, R., Bonjour et adieu à la négritude, Paris 1980 | Derrick, J., Africa's Agitators: Militant Anticolonialism in Africa and the West, 1918–1939, London 2008 | Dimier, V., *L'internationalisation* du débat colonial. Rivalités franco-britanniques autour de la Commission permanente des Mandats, in: OM 89, 2 (2002) 333–60 | –, Décentraliser l'empire? Du compromis colonial à l'institutionalisation d'un gouvernement local dans l'Union Française, in: OM 90, 1 (2003) 83–107 | Droz, B., Histoire de la décolonisation au XXe siècle, Paris 2006 | Du Bois, W. E. B., Dusk of Dawn, New York 1968 | Duffield, I., Dusé Mohamed Ali, PhD Edinburgh 1971 | Duignan, P./Gann, L. H. (Hg.), Colonialism in Africa, 1870–1960, 5 Bde., Cambridge 1969–75 | –/–, The United States and Africa, Cambridge 1984 | El-Ayouty, Y., The United Nations and Decolonization, Den Haag 1971 | Falk, R./Wahl, P. (Hg.), Befreiungsbewegungen in Afrika, Köln 1980 | Fanon, F., Die Verdammten dieser Erde, Frankfurt 1968 | Fieldhouse, D. K., Black Africa, 1945–1980: Economic Decolonization and Arrested Development, London 1986 | –, Merchant Capital and Economic Decolonization: The United Africa Company, 1929–1987, Oxford 1994 | Finsterhölzl, R., *The Spirit of True Socialism.* Das Fabian Colonial Bureau und die koloniale Reformpolitik im subsaharischen Afrika, in: ZfG 58 (2010) 994–1013 | Fitzgerald, E. P., Did France's Colonial Empire Make Economic Sense? In: JEcH 48 (1988) 373–83 | Flint, J., Planned Decolonization, in: AA 82 (1983) 383–411 | Foreign Office, The Constitutions of All Countries, Bd. 1: The British Empire, London 1938 | Gbago, L., Réflexions sur la conférence de Brazzaville, Yaundé 1978 | General History of Africa, 8 Bde., Oxford/Paris (UNESCO) 1990–1999, Bd. 7–8, 1985–93 | Gertzel, C., Margery Perhams Image of Africa, in: JICH 19, 3 (1991) 27–44 | Gifford, P./Louis, W. R. (Hg.), France and Britain in Africa: Imperial Rivalry and Colonial Rule, London 1971 | Ginio, R., French Colonialism Unmasked: The Vichy Years in French West Africa, Lincoln 2006 | Goldsworthy, D., Colonial Issues in British Politics, 1945–1961: From *Colonial Development* to *Wind of Change*, Oxford 1971 | Grimal, H., La décolonisation 1919–1963, Paris 1965, 2. Aufl. 1985 (engl. 1978) | Gupta, P. S., Imperialism and the British Labour Movement, New York 1975 | Hanf, I., Leopold Sedar Senghor, München 1972 | Hargreaves, J. D., The End of Colonial Rule in West Africa, London 1979 | –, Decolonization in Africa, London u. a. 1988 | Harneit-Sievers, A., Zwischen Depression und Dekolonisation. Afrikanische Händler und Politiker in Süd-Nigeria 1935–1954, Saarbrücken 1991 | Hausser, M., Essai sur la poétique de la négritude, 2 Bde., Paris 1986 | Hinden, R., Plan for Africa, London 1941 | – (Hg.), Fabian Colonial Essays, London 1945 | Hinds, A. E., Sterling and Imperial Policy, 1945–51, in: JICH 15 (1987) 148–69 | –, Britain's Sterling Colonial Policy and Decolonization, 1939–1958, Westport 2001 | Hodeir, C., Stratégies d'Empire. Le grand patronat colonial face à la décolonisation, Paris 2003 | Holland, R. F., The Imperial Factor in British Strategies, in: JICH 12, 2 (1983/84) 165–86 | Hooker, J. R., Black Revolutionary, London 1967 | Hyam, R., Africa and the Labour Government, 1945–51, in: JICH 16 (1988) 148–72 | –, Britain's Declining Empire: The Road to Decolonization, 1918–1968, Cambridge 2006 | Hymans, J.-L., An Intellectual Biography: Leopold Sedar Senghor, Edinburgh 1971 |

Iliffe, J., Honour in African History, Cambridge 2005 | Jablon, R./Quennouëlle-Corre, L./Straus, A., Politique et finance à travers l'Europe du XXe siècle. Entretiens avec Robert Jablon, Brüssel 2009 | Jacobs, S. M., The African Nexus, Westport 1981 | Johnson, G. W., Double Impact: France and Africa in the Age of Imperialism, Westport 1985 | July, R. W., The Origins of Modern African Thought, London 1968 | Kacza, T., Äthiopiens Kampf gegen die italienischen Kolonialisten, Pfaffenweiler 1993 | Kalter, C., Die Entdeckung der Dritten Welt. Dekolonisation und radikale Linke in Frankreich, Frankfurt 2011 | Kelemen, P., Modernising Colonialism: The British Labour Movement and Africa, in: JICH 34 (2006) 223–44 | Kent, J., The Internationalization of Colonialism: Britain, France, and Black Africa, 1939–1956, Oxford 1992 | Killingray, D., Military and Labour Recruitment in the Gold Coast, in: JAfH 23 (1982) 83–95 | –, Fighting for Britain: African Soldiers in the Second World War, Woodbridge 2010 | –/Rathbone, R. (Hg.), Africa and the Second World War, London 1986 | Kiyaga-Mulindwa, D., The Bechuanaland Protectorate and the Second World War, in: JICH 12, 3 (1983/84) 33–53 | Kodi, M. W., The 1921 Pan-African Congress at Brussels, in: TAJH 13 (1984) 48–73 | Krozewski, G., Money and the End of Empire: British International Economic Policy and the Colonies, 1947–1958, Basingstoke 2001 | Langley, J. A. (Hg.), Ideologies of Liberation, 1856–1970: Documents on Modern African Political Thought, London 1979 | Lawler, N. E., Soldiers, Airmen, Spies, and Whisperers: The Gold Coast in World War II, Athens, OH 2002 | Lee, J. M., Colonial Development and Good Government, Oxford 1967 | –/Petter, M., The Colonial Office, War and Development Policy [...] 1939–1945, London 1982 | Legum, C., Pan-Africanism, 2. Aufl., New York 1965 | Le Tourneau, R., Evolution politique de l'Afrique du Nord musulmane, Paris 1962 | Lewis, J. I., Félix Eboué and Late French Colonial Ideology, in: Itinerario 26, 1 (2002) 127–60 | Liauzu, C., Histoire de l'anticolonialisme en France, du XVIe siècle à nos jours, Paris 2007 | Luard, E., A History of the United Nations, Bd. 1, London 1982 | Madden, A. F., *Not for Export*: The Westminster Model of Government and British Colonial Practice, in: JICH 81 (1979/80) 10–29 | Madjarian, G., La question coloniale et la politique du parti communiste français 1944–1947, Paris 1977 (dt.: Kolonialismus und Arbeiterbewegung, Berlin 1980) | Mahoney, R. D., JFK: Ordeal in Africa, New York u. a. 1983 | Mair, L., Representative Local Government, in: Journal of African Administration 10 (1958) 11–24 | Marseille, J., Empire colonial et capitalisme français. Histoire d'une divorce, Paris 1984 | Marshall, B. D., The French Colonial Myth and Constitution Making in the Fourth Republic, New Haven 1973 | Mathurin, O. C., Henry Silvester Williams, Westport 1976 | Maurice, A., Félix Eboué, Brüssel 1954 | Mazrui, A. A./Tidy, M., Nationalism and New States in Africa from about 1935 to the Present, London 1984 | Melone, T., De la négritude, Paris 1962 | Meredith, D., State Controlled Marketing and Economic *Development*, in: EcHR 39 (1986) 77–91 | –, The Colonial Office, British Business Interests, and the Reform of Cocoa Marketing, in: JAfH 29 (1988) 285–300 | Metz, S., American Attitudes towards Decolonization in Africa, in: Political Science Quarterly 99 (1984) 515–33 | Metzger, C., L'empire colonial français dans la stratégie du Troisième Reich (1936–1945), 2 Bde., Brüssel 2002 | Meynier, G., L'Algérie révélée. La guerre de 1914–1918, Genf 1981 | Michel, M., L'appel à l'Afrique. Contributions et réactions à l'effort de guerre en A. O.F. (1914–1919), Paris 1982 | Milcent, E./Sordet, M., Léopold Sédar Senghor, Paris 1969 | Miller, J.-D., The US and Colonial Sub-Saharan Africa, PhD Univ. of Connecticut 1981 | Moneta, J., Le parti communiste français et la question coloniale, 1920–1963, Paris 1971 (dt. 1968 [!]) | Morgan, D. J., The Official History of Colonial Development, 5 Bde., London 1980 | Morris-Jones, W. H./Fischer, G. (Hg.), Decolonization and after: The British and French Experience, London 1980 | Munro, J. F., Africa and the International Economy, 1800–1960, London 1976 | Murphy, P., Party Politics and Decolonization: The Conservative Party and British Colonial Policy in Tropical Africa, 1951–1964, Oxford 1995 | Newton, S., Britain, the Sterling Area, and European Integration, in: JICH 13, 3 (1984/85) 163–82 | Njoku, O. N., The Burden of Empire: Nigeria War Relief, in: TAJH 6/7 (1977/78) 79–99 | Nkrumah, K., I Speak of Freedom, London 1961 (dt. 1963) | OEEC, Investment in Overseas Territories in Africa South of the Sahara, Paris 1951 | Ohneck, W., Die französische Algerienpolitik von 1919 bis 1939, Köln u. a. 1967 | Olorunfemi, A., Effects of War-Time Trade Controls, in: IJAHS 13 (1980) 672–87 | Olukoju, A., *King of West Africa*? Bernard Bourdillon and the Politics of the West African Governors' Conference, 1940–1942, in: Itinerario 30, 1 (2006) 17–38 | Olusanya, G. O., The West African Students' Union and the Politics of Decolonization, 1923–1958, Ibadan 1982 | O'Melia, R. E., French Communists and Colonial Revolutionaries, London 1983 | Padmore, G., Afrika unter dem Joch der Weißen, Leipzig 1936 | –, Africa! Britain's Third Empire, London 1949 | –, Pan-Africanism or Communism? London 1956 | Parker, J./Reid, R. (Hg.), The Oxford Handbook of Modern African History, Oxford 2013 | Pearce, R., The Colonial Office and Planned Decolonization in Africa, in: AA 83 (1984) 77–93 | Pearce, R. D., The Turning Point in Africa, London 1982 | Perham, M., Colonial Reckoning, London 1963 (dt. 1963) | –, Colonial Sequence 1930–1949, London 1967; 1949–1969, London 1970 | Piquion, R., Manuel de négritude, Port-au-Prince 1965 | Porter, A. N./Stockwell, A. J. (Hg.), British Imperial Policy and Decolonization, 1938–1964, 2 Bde., London 1987–89 | Reinwald, B., Reisen durch den Krieg. Erfahrungen und Lebensstrategien westafrikanischer Weltkriegsveteranen der französischen Kolonialarmee, Berlin 2005 | Rendell, W., The History of the Commonwealth Development Corporation, London 1976 | Riesz, J./Schultz, J. (Hg.), *Tirailleurs Sénégalais*. Zur bildlichen und literarischen Darstellung afrikanischer Soldaten im Dienste Frankreichs, Frankfurt 1989 | Robinson, C. J., Black Marxism, London 1983 | Robinson, K., Colonialism French Style, in: JICH 12, 2 (1983/84) 24–41 | Rothermund, D. (Hg.), Die Peripherie in der Weltwirtschaftskrise, Paderborn 1983 | –, The Routledge Companion to Decolonization, London u. a. 2006 | Rudwick, E. M., W. E. B. Du Bois, New York 1972 | Sady, E. J., The United Nations and Dependent Peoples, Washington 1956 | Scheck, R., Hitler's African Victims: The German Army Massacres of Black French Soldiers in 1940, Cambridge 2006 | Schenk, C. R., Decolonization and European Economic Integration: The Free Trade Area Negotiations, 1956–58, in: JICH 24 (1996) 444–63 | Schümperli, W., Die Vereinten Nationen und die Dekolonisation, Bern 1970 | Schuknecht, R., British Colonial Development Policy after the Second World War, Münster 2010 | Senghor, L. S., Liberté, 4 Bde., Paris 1964–83 | –, Poèmes, Paris 1964, Ndr. 1983 | Sherwood, M., Origins of Pan-Africanism: Henry Sylvester Williams, Africa, and the African Diaspora, New York 2011 | Shillington, K. (Hg.), Encyclopedia of African History, 3 Bde., New York 2005 | Sieberg, H., Colonial Development. Die Grundlegung moderner Entwicklungspolitik durch Großbritannien 1919–1949, Stuttgart 1985 | Sithole, N., African Nationalism, 2. Aufl., London 1968 | Smith, A./Bull, M. (Hg.), Margery Perham and British Rule in Africa, in: JICH 19, 3 (1991) 1–235 | Smyth, R., Britain's African Colonies and British Propaganda during the Second World War, in: JICH 14, 1 (1985/86) 65–82 | Snyder,

L. L., Macro-Nationalisms: A History of the Pan Movements, Westport u. a. 1984 | Steins, M., Les antécédents et la genèse de la négritude senghorienne, Thèse Paris 1981 | Stephenson, G., Notes on Negro American Influences on the Emergence of African Nationalism, in: JAfH 1 (1960) 299–312 | Suret-Canale, J., Schwarzafrika, 2 Bde., Berlin 1966 | Szilági, S., The United Nations' Role in the Liquidation of Colonialism, Budapest 1986 | Thomas, M., The French Empire between the Wars: Imperialism, Politics, and Society, Manchester 2005 | –, Innocent Abroad? Decolonization and US Engagement with French West Africa, 1945–56, in: JICH 36 (2008) 47–73 | Thompson, G., Governing Uganda: British Colonial Rule and its Legacy, Kampala 2003 | Thompson, V. B., Africa and Unity, London 1969 | Tignor, R. L., Capitalism and Nationalism at the End of Empire: State and Business in Decolonizing Egypt, Nigeria, and Kenya, 1945–1963, Princeton 1998 | Tillery, A. B., Between Homeland and Motherland: Africa, US Foreign Policy, and Black Leadership in America, Ithaca 2011 | Valette, J., Guerre mondiale et décolonisation, in: RFHOM 70 (1983) 133–50 | Washington, S., The Concept of Negritude in the Poetry of Leopold Sedar Senghor, Princeton 1973 | Weinstein, B., Éboué, New York 1972 | White, D. S., Black Africa and De Gaulle, University Park, PA 1979 | Wilder, G., The French Imperial Nation-State: Negritude and Colonial Humanism between the Two World Wars, Chicago 2005 | Wilkins, G. L., African Influence in the United Nations, 1967–1975, Washington 1981 | Wilson, H. S. (Hg.), Origins of West African Nationalism, London 1969 | –, The Imperial Experience in Sub-Saharan Africa since 1870, Minneapolis 1977 | Wohlgemuth, P., The Portuguese Territories and the United Nations, New York 1963 | Woolf, L. S., Empire and Commerce in Africa, London 1920 | World War I and Africa, in: JAfH 19 (1978) 1–130 | World War II and Africa, in: JAfH 26 (1985) 287–408 | Zahar, R., Kolonialismus und Entfremdung. Zur politischen Theorie Frantz Fanons, Frankfurt 1969.

1918 年至 1977 年的北非和东北非

Abbas, F., De la colonie vers la Province, Paris 1981 | Abd al-Rahim, M., Imperialism and Nationalism in the Sudan, 1899–1956, Oxford 1969, Ndr. 1987 | Abun-Nasr, J. M., A History of the Maghrib, 2. Aufl., Cambridge 1975 | Ageron, C.-R., Les Algériens musulmans et la France (1871–1919), 2 Bde., Paris 1968 | –, L'opinion française devant la guerre d'Algérie, in: RFHOM 63 (1976) 256–385 | –, Histoire de l'Algérie contemporaine, 2 Bde., Paris 1979 | –, *L'Algérie algérienne* de Napoleon III à de Gaulle, Paris 1980 | –, L'association des étudiants musulmans nord-africains en France, in: RFHOM 70 (1983) 25–56 | Albes, W.-D., Albert Camus und der Algerienkrieg, Tübingen 1990 | Alleg, H., Die Folter, München 1958 | – (Hg.), La guerre d'Algérie, 3 Bde., Paris 1981 | Allman, J., Social Mobility, Education, and Development in Tunisia, Leiden 1979 | Al-Sayyid Marsot, A. L., Egypt's Liberal Experiment, 1922–1936, Berkeley u. a. 1977 | Amin, S., L'économie du Maghreb, 2 Bde., Paris 1965–66 | Ansprenger, F. 1981 | Bachmann, W., Die UdSSR und der Nahe Osten. Zionismus, ägyptischer Antikolonialismus und sowjetische Außenpolitik bis 1954, München 2011 | Barker, A. J., Suez: The Seven Day War, London 1964 | BDEE, B, 4,1–5,2, 1998 | Bennoune, M., The Making of Contemporary Algeria, 1830–1987, Cambridge 1988 | Bernard, S., Le conflit Franco-Marocain, Brüssel 1963 | Berque, J., Le Maghreb entre deux guerres, 3. Aufl., Paris 1979 |

Beshir, M. O., Revolution and Nationalism in the Sudan, London 1974 | Bidwell, R., Morocco under Colonial Rule, London 1973 | Binoche-Guedra, J., Le rôle des élus de l'Algérie et des colonies au parlement sous la troisième république, in: RFHOM 75 (1988) 309–46 | Blake, G./Dewdney, J./Mitchell, J., The Cambridge Atlas of the Middle East and North Africa, Cambridge 1987 | Bleuchot, H., Les libéraux français au Maroc, Aix-en-Provence 1973 | Bongartz, M., Somalia im Bürgerkrieg, München 1991 | Bonin, H., Les banques et l'Algérie coloniale. Mise en valeur impériale ou exploitation impérialiste? In: OM 97, 1 (2009) 213–25 | Bourdrel, P., Le livre noir de la guerre d'Algérie. Français et Algériens, 1945–1962, Paris 2003 | Bourguiba, H., Discours, 9 Bde., Tunis 1974–76 [1955–61] | Bowring, W., Great Britain, the United States, and the Disposition of Italian East Africa, in: JICH 20 (1992) 88–107 | Branche, R., La torture et l'armée pendant la guerre d'Algerie, 1954–1962, Paris 2001 | Brownlie, I., African Boundaries, London u.a. 1979 | Brunet, J.-P., Police contre FLN. Le drame d'octobre 1961, Paris 1999 | Bumbacher, B., Die USA und Nasser [...] 1961–1967, Wiesbaden 1987 | Cahn, J.-P./Mueller, K.-J., La république fédérale d'Allemagne et la guerre d'Algérie (1954–1962). Perception, implication et retombées diplomatiques, Paris 2003 | Cantier, J., L'Algérie sous le régime de Vichy, Paris 2002 | Carter, B. L., The Copts in Egyptian Politics, London 1986 | Caute, D., Frantz Fanon, London 1970 | Cerych, L., Européens et Marocains, 1930–1956, Brügge 1964 | CHA, Bd. 8, 1984 | Chaffard, G., Les carnets secrets de la décolonisation, 2 Bde., Paris 1965 | [CHBE] The Cambridge History of the British Empire, 8 Bde. in 9 Tln., Cambridge 1929–59; Bd. 3, Ndr. 1967 | [CHE] The Cambridge History of Egypt, Bd. 2: Modern Egypt from 1517 to the End of the 20th Century, Cambridge 1998 | Clausen, U. (Hg.), Der algerische Sozialismus, Opladen 1969 | Clayton, A., The Wars of French Decolonization, London 1994 | Cohen, J. M./Weintraub, D., Land and Peasants in Imperial Ethiopia, Assen 1975 | Collins, R. O., Land beyond the Rivers: The Southern Sudan, 1898–1918, New Haven 1971 | –, Shadows in the Grass: Britain in the Southern Sudan, 1918–1956, London 1983 | –, A History of Modern Sudan, Cambridge 2008 | –/Tignor, R. L., Egypt and the Sudan, Englewood Cliffs 1967 | Combeau, Y. (Hg.), 1958 et l'outre-mer Français, in: OM 96, 1 (2008) 7–145 | Confer, V., France and Algeria [...] 1890–1920, New York 1966 | Connelly, M., A Diplomatic Revolution: Algeria's Fight for Independence and the Origins of the Post-Cold War Era, Oxford 2002 | Courrière, Y., La guerre d'Algérie, 4 Bde., Paris 1968–71 | Daly, M.W., British Administration and the Northern Sudan, 1917–1924, Leiden 1980 | –, Empire on the Nile: The Anglo-Egyptian Sudan, 1898–1934, Cambridge 1986 | –, Imperial Sudan: The Anglo-Egyptian Condominium, 1934–1956, Cambridge 1991 | Damis, J., Conflict in Northwest Africa, Stanford 1983 | Darwin, J., The Lloyd George Coalition Government and Britain's Imperial Policy in Egypt and the Middle East, Oxford 1976 | –, Imperialism in Decline? Tendencies in British Imperial Policy between the Wars, in: HJ 23 (1980) 657–79 | Davidson, B., The People's Cause: A History of Guerillas in Africa, London 1981 | Davis, E., Challenging Colonialism, Princeton 1983 | Del Boca, A., Bd. 4, 1984 | –, Gli Italiani in Libia, 2 Bde., Bari 1986–88; Bd. 2, 1988 | Droz, B. 2006 | –, La fin des colonies françaises, Paris 2009 | Drysdale, J., The Somali Dispute, London 1964 | Dunand, F., L'indépendance de l'Algérie. Décision politique sous la Vème Republique, Bern 1977 | Eckert, A., Predigt der Gewalt? Betrachtungen zu Frantz Fanons Klassiker der Dekolonisation, in: www.zeithistorische–forschungen.de – 1–2006 | El Mechat, S., Les Etats-Unis et la question coloniale en Afrique du

Nord 1945–1962, in: OM 96, 1 (2008) 249–66 | Elsenhans, H., Frankreichs Algerienkrieg, 1954–1962, München 1974 | El-Tayeb, S. el-Din el-Zein, The Europeanized Algerians, in: MES 22 (1986) 206–53 | The Eritrean Case: Proceedings of the Permanent Peoples' Tribunal (1980), Rom 1982 | Erlich, H., The Struggle over Eritrea, 1962–1978, Stanford 1983 | –, Ethiopia and the Challenge of Independence, Boulder 1986 | Faath, S., Tunesien. Die politische Entwicklung seit der Unabhängigkeit, Hamburg 1986 | Fabunmi, L. A., The Sudan in Anglo-Egyptian Relations: A Case Study in Power Politics, 1800–1956, London 1960 | Fanon, F., Pour la révolution africaine, Paris 1964 (dt. 1972) | –, Sociologie d'une révolution, Paris 1966 (dt. 1968, engl. 1970) | Farah, G., La république de Djibouti, Paris 1982 | Farnie, D. A., East and West of Suez: The Suez Canal in History, 1854–1956, Oxford 1969 | Feichtinger, M./Malinowski, S., *Eine Million Algerier lernen im 20. Jahrhundert zu leben.* Umsiedlungslager und Zwangsmodernisierung im Algerienkrieg, 1954–1962, in: Journal of Modern European History 8, 1 (2010) 107–35 | Feraoun, M., Journal 1955–1962, Paris 1962 | Fisch, J., Die europäische Expansion und das Völkerrrecht. Die Auseinandersetzung über den Status der überseeischen Gebiete vom 15. Jahrhundert bis zur Gegenwart, Stuttgart 1984 | General History, Bd. 7–8, 1985–93 | Grandin, N., Le Soudan nilotique et l'administration britannique (1898–1956), Leiden 1982 | Griffiths, I. L., An Atlas of African Affairs, London u. a. 1984 | Grohs, G./Tibi, B. (Hg.), Soziologie der Dekolonisation, Frankfurt 1973 | Guérin, D., Ci-gît le colonialisme, Den Haag u. a. 1973 | Harbi, M., Le FLN, Paris 1980 | –, Les archives de la révolution, Paris 1981 | –/Meynier, G., Le FLN. Documents et histoire 1954–1962, Paris 2004 | Hargreaves, A. (Hg.), Memory, Empire, and Postcolonialism: Legacies of French Colonialism, Lanham 2005 | Hargreaves, J. D. 1988 | Hautreux, F.-X., La guerre d'Algérie des Harkis 1954–1962, Paris 2013 | Héduy, P., Algérie française, Paris 1980 | Heggoy, A. A., Insurgency and Counterinsurgency in Algeria, 1954–1958, Bloomington 1972 | Hermassi, E. (Hg.), Leadership and National Development in North Africa, Berkeley 1972 | Hess, R. L., Ethiopia: The Modernization of an Autocracy, Ithaca u. a. 1970 | Hodges, T., Western Sahara, Westport 1983 | Holt, P. M., The History of Sudan, 3. Aufl., Harlow 1979, Ndr. 1988 | Horne, A., A Savage War of Peace: Algeria, 1954–1962, 2. Aufl., London 1987 | Hornemann-Ray, B., Spanische Überseepolitik in Afrika seit 1945, Diss. phil. Berlin 1970 | House, J./Macmaster, N., Paris 1961: Algerians, State Terror, and Memory, Oxford 2006 | Hurewitz, J. C. (Hg.), The Middle East and North Africa in World Politics, 2 Bde., 2. Aufl., New Haven 1975–79; Bd. 2 | Hutchinson, M. C., Revolutionary Terrorism, Stanford 1978 | Hyam, R. 2006 | Ikeda, R., The Paradox of Independence: The Maintenance of Influence and the French Decision to Transfer Power in Morocco, in: JICH 35 (2007) 569–92 | Iyob, R., The Eritrean Struggle for Independence, Cambridge 1995 | Jacob, A., D'une Algérie à l'autre, Paris 1963 | Jauffret, J.-C., Ces officiers qui ont dit non à la torture. Algérie 1954–1962, Paris 2005 | Julien, C. A., L'Afrique du Nord en marche. Nationalismes musulmans et souveraineté française, Paris 1952, 3. Aufl. 1973 | – (Hg.), Les Africains, 12 Bde., Paris 1977–78; Bd. 9, 1978 | –, Le Maroc face aux impérialismes, Paris 1978 | Kalter, C. 2011 | Kibreab, G., Eritrea: A Dream Deferred, Oxford 2009 | Klein, T./Schumacher, F. (Hg.), Kolonialkriege. Militärische Gewalt im Zeichen des Imperialismus, Hamburg 2006 | Klose, F., Menschenrechte im Schatten kolonialer Gewalt. Die Dekolonisationskriege in Kenia und Algerien 1945–1962, München 2009 | Knapp, W., North West Africa, 3. Aufl., London 1977 | Knauss, P. R., The Persistence of Patriarchy:

Class, Gender, and Ideology in Twentieth Century Algeria, New York 1987 | Kunz, D. B., The Economic Diplomacy of the Suez Crisis, Chapel Hill u. a. 1991 | Laban, A. M., Einige Aspekte der Akkulturation und des sozialen Wandels in Ägypten, Frankfurt 1977 | Labonde, J., De Gaulles Algerienpolitik, Krefeld 1981 | Lauff, R. J., Die Außenpolitik Algeriens 1962–1978, München 1981 | Legum, C./Firebrace, J., Eritrea and Tigray, 2. Aufl., London 1983 | LeSueur, J. D., Uncivil War: Intellectuals and Identity Politics during the Decolonization of Algeria, Philadelphia 2001 | – (Hg.), The Decolonization Reader, London 2003 | Le Tourneau, R. 1962 | Lorcin, P. M. E., Imperial Identities: Stereotyping, Prejudice and Race in Colonial Algeria, London u. a. 1995 | Louis, W. R., The Coming of Independence in the Sudan, in: JICH 19, 3 (1991) 137–58 | –/Owen, R. (Hg.), Suez 1956: The Crisis and its Consequences, Oxford 1989 | MacMaster, N., Burning the Veil: The Algerian War and the *Emancipation* of Muslim Women 1954–62, Manchester 2009 | Madden, A. F. u. a. (Hg.), Select Documents on the Constitutional History of the British Empire and Commonwealth, 8 Bde., London 1985–2000; Bd. 7–8, 1994–2000 | Mandouze, A. (Hg.), La révolution algérienne par les textes, 3. Aufl., Paris 1962 | Markakis, J., National and Class Conflict in the Horn of Africa, Cambridge 1987 | Marlowe, J., Anglo-Egyptian Relations 1800–1956, 2. Aufl., London 1965 | Mathias, G., M., Le sang des disparus d'Algérie en mai-juin 62. Un drame oublié de la guerre d'Algérie, in: OM 95, 2 (2007) 265–80 | Mazrui, A. A./Tidy, M. 1984 | McDougall, J., History and the Culture of Nationalism in Algeria, Cambridge 2006 | McIntyre, J. D., The Boycott of the Milner Mission, New York 1985 | Metzger, C. (Hg.), Les deux Allemagnes et l'Afrique, in: OM 99, 2 (2011) 5–144 | Meuleman, J. H., Le Constantinois entre les deux guerres mondiales, Assen 1985 | Meynier, G. 1981 | –, Histoire intérieure du FLN, 1954–1962, Paris 2002 | Miège, J.-L., L'impérialisme colonial italien de 1870 à nos jours, Paris 1968 | Mikdadi, F., Gamal Abdel Nasser: A Bibliography, Westport 1991 | Monneret, J., La phase finale de la guerre d'Algérie, Paris 2000 | Muehlenbeck, P. E., Betting on the Africans: John F. Kennedy's Courting of African Nationalist Leaders, Oxford 2012 | Müller, K. J., Die Bundesrepublik Deutschland und der Algerienkrieg, in: Vierteljahreshefte für Zeitgeschichte 38 (1990) 609–41 | Münchhausen, T. v., Kolonialismus und Demokratie. Die französische Algerienpolitik von 1945 bis 1962, München 1977 | Mutin, G., La Mitidja. Décolonisation et espace géographique, Paris 1977 | Nagy, L. J., La naissance et le développement de la libération nationale en Algérie (1919–1947), Budapest 1989 | Naylor, P. C., France and Algeria: A History of Decolonization and Transformation, Gainsville 2000 | Negash, T., Italian Colonialism in Eritrea, 1882–1941, Stockholm 1987 | Nerfin, M., Gespräche mit Ben Salah, hg. v. Hellwig, H., Bonn 1976 | Niblock, T., Class and Power in the Sudan, Albany 1987 | Nouschi, A., La naissance du nationalisme algérien, Paris 1962 | Oberle, P., Histoire de Djibouti, 2. Aufl., Paris 1985 | Ododa, H., Somalia's Domestic Politics and Foreign Relations since the Ogaden War of 1977/78, in: MES 21 (1985) 285–97 | Ohneck, W. 1967 | Oppermann, T., Die algerische Frage, Stuttgart 1959 | Pélissier, R., Los territorios españoles de Africa, Madrid 1964 | –, Spanish Africa/Afrique espagnole, Paris 2005 | Pelt, A., Libyan Independence and the United Nations, New Haven u. a. 1970 | Perham, M., The Government of Ethiopia, London 1948, 2. Aufl. 1969 | Perkins, K., A History of Modern Tunisia, Cambridge 2004 | Pervillé, G., Pour une histoire de la guerre d'Algérie 1954–1962, Paris 2002 | –, La guerre d'Algérie, Paris 2007 | –/Marin, C., Atlas de la guerre d'Algérie. De la conquête à l'indépendance, Paris 2003 |

Planche, J.-L., Sétif 1945. Histoire d'un massacre annoncé, Paris 2006 | Quandt, W. B., Revolution and Political Leadership, Cambridge, MA 1969 | Quemeneur, T., Refuser l'autorité? Etude des désobéissances de soldats français pendant la guerre d'Algérie (1954–1962), in: OM 99, 1 (2011) 57–66 | Ribs, J., L'indemnisation des français dépossédés outre-mer, Paris 1971 | Richardson, M. L., French Algeria [...] 1919–1939, PhD Duke Univ. 1975 | Richmond, J. C. B., Egypt 1798–1952: Her Advance towards a Modern Identity, London 1977 | Rivet, D., Le Maroc de Lyautey à Mohammed V, Paris 1999 | Robertson, T., Crisis: The Inside Story of the Suez Conspiracy, London 1965 | Rocard, M., Rapport sur les camps de regroupement et autres textes sur la guerre d'Algérie, hg. v. Duclert, V./Encrevé, P., Paris 2003 | Romo-Navarrete, M., Un face-à-face franco-libyen. Du Fezzan français à la ratification du traité d'amitié (1951–1957), in: OM 89, 2 (2002) 361–89 | –, Pierre Mendès France. Héritage colonial et indépendances, Paris 2009 | Rossi, G., L'Africa italiana verso l'independenza, Mailand 1980 | Rothermund, D. 2006 | Saint-Veran, R. [= Tholomier, R.], A Djibouti, Cagnes 1977 (engl. 1981) | Salem, N., Habib Bourguiba, Islam, and the Creation of Tunisia, Beckenham 1984 | Samatar, A. I., The State and Rural Transformation in Northern Somalia, 1884–1986, Madison 1989 | Schröder, G., Die hartnäckige Revolution, Gießen 1980 | Shehim, K./Searing, J., Djibouti and the Question of Afar Nationalism, in: AA 79 (1980) 209–26 | Shepard, T., The Invention of Decolonization: The Algerian War and the Remaking of France, Ithaca 2006 | Sivan, E., Communisme et nationalisme en Algérie, Paris 1976 | Smith, S. C., Reassessing Suez 1956: New Perspectives on the Crisis and its Aftermath, Aldershot 2008 | Smith, T., The French Stake in Algeria, Ithaca 1978 | Soustelle, J., L'esperance trahi, 1958–1961, Paris 1962 | –, Lettre ouverte aux victimes de la décolonisation, Paris 1973 | Spillmann, G., Du protectorat à l' independance, Paris 1967 | Stora, B., La gauche socialiste révolutionnaire et la question du Maghreb [...] 1933–1936, in: RFHOM 70 (1983) 57–79 | Terry, J. J., Cornerstone of Egyptian Political Power: The Wafd, London 1982 | Thénault, S., Une drôle de justice. Les magistrats dans la guerre d'Algérie, Paris 2001 | Thornhill, M. T., Road to Suez: The Battle of the Canal Zone, Stroud 2006 | –, Informal Empire: Independent Eygpt and the Accession of King Farouk, in: JICH 38 (2010) 279–302 | Tripier, P., Autopsie de la guerre d'Algérie, Paris 1972 | Vanderwalle, D., A History of Modern Libya, 2. Aufl., Cambridge 2012 | Vatikiotis, P. J., Nasser and His Generation, London 1978 | –, The History of Egypt from Muhammad Ali to Sadat, 3. Aufl., London 1985 | Vatin, J.-C., L'Algérie politique, 2 Bde., Paris 1974–75 | Wai, D. M. (Hg.), The Southern Sudan, London 1973 | Wall, I. M., The French Communists and the Algerian War, in: JCH 12 (1977) 521–44 | Walter, H., Das Selbstverständnis des modernen Algerien, Frankfurt 1983 | Weise, S., Probleme der Integration und Desintegration der Völker Äthiopiens von 1930 bis Ende der 70er Jahre, Münster 1994 | Wilson, K. M. (Hg.), Imperialism and Nationalism in the Middle East, London 1983 | Wirz, A., Krieg in Afrika. Die nachkolonialen Konflikte in Nigeria, Sudan, Tschad und Kongo, Wiesbaden 1983 | Woodward, P., Condominium and Sudanese Nationalism, London 1979 | Ziadeh, N. A., Origins of Nationalism in Tunisia, Beirut 1962 | Ziebarth, R. W., The Colonialists in France: The Integration of the *Pieds-noirs* 1962–1973, PhD Stanford Univ. 1975.

1923 年至 1980 年撒哈拉以南的英属、法属和比属非洲

A.B.A.K.O. 1950–1960. Documents, Brüssel 1962 | Adamolekun, L., Sekou Touré's Guinea, London 1976 | Ageron, C.-R., France coloniale ou parti colonial, Paris 1978 | –/Michel, M. (Hg.), L'Afrique noire française, l'heure des indépendances, Paris 1992 | Ajayi, J. F. A./Crowder, M., Bd. 2, 1987 | Altheimer, G./Hopf, V. D./Weimer, B. (Hg.), Botswana, Münster 1991 | Amin, S., Neo-colonialism in Westafrica, Harmondsworth 1973 | Amonoo, B., Ghana 1957–1966, London 1981 | Anderson, D., History of the Hanged: Britain's Dirty War in Kenya and the End of Empire, London u. a. 2005 | –/Killingray, D. (Hg.), Policing and Decolonization: Politics, Nationalism, and the Police, 1917–65, Manchester 1992 | Ansprenger, F., Politik im schwarzen Afrika. Die modernen politischen Bewegungen im Afrika französischer Prägung, Köln 1961 | – 1981 | –/Traeder, H./Tetzlaff, R., Die politische Entwicklung Ghanas von Nkrumah bis Busia, München 1972 | Anstey, R., King Leopold's Legacy: The Congo under Belgian Rule, 1908–1960, London 1966 | Anthony, D., *Resourceful and Progressive Blackmen:* Modernity and Race in Biafra, 1967–70, in: JAfH 51 (2010) 41–61 | Apter, D. E., Ghana in Transition, 2. Aufl., Princeton 1968 | Arnold, G., Kenyatta, London 1974 | Aumüller, I., Dekolonisation und Nationwerdung in Sansibar, München 1980 | Austin, D., Politics in Ghana, 1946–1960, Oxford 1964 | –/Luckham, R. (Hg.), Politicians and Soldiers in Ghana, London 1975 | Azikiwe, N., My Odyssey, New York 1970 | [Azikiwe] ZIK, A Selection from the Speeches of Nnamdi Azikiwe, Cambridge 1961 | Ballot, F., Politische Herrschaft in Kenia, Rheinfelden 1986 | Baumhögger, G., Dominanz oder Kooperation. Die Entwicklung der regionalen Integration in Ostafrika, Hamburg 1978 | – u. a. (Hg.), The Struggle for Independence, 7 Bde., Hamburg 1984 | Baynham, S., The Military and Politics in Nkrumah's Ghana, Boulder u. a. 1988 | BDEE, A, 5, 1–3, 2004; B, 1, 1–2, 1992; B 7, 1–2 2001; B 9, 1–2, 2005 | Bennett, G., Kenya: A Political History, London 1963, Ndr. 1978 | | Benoist, J.-R. de, La balkanisation de l'Afrique occidentale française, Dakar 1979 | –, L'Afrique Occidentale Française de la conférence de Brazzaville (1944) à l'indépendence (1960), Dakar 1982 | Bernault-Boswell, F., Un journal missionaire au temps de la décolonisation, in: RFHOM 74 (1987) 8–25 | Bertrand, H., Le Congo, Paris 1975 | Bessel, R./Haake, C. B. (Hg.), Removing Peoples: Forced Migration in the Modern World, Oxford u. a. 2009 | Biarnès, P., Les Français en Afrique noire de Richelieu à Mitterrand, Paris 1987 | Binder-Krauthoff, K., Phasen der Entkolonialisierung [...] in Ghana und der Elfenbeinküste, Berlin 1970 | Biondi, J.-P., Saint-Louis de Sénégal. Memoires d'un métissage, Paris 1987 | Birmingham, D./ Martin, P. M. (Hg.), History of Central Africa, 2 Bde., London u. a. 1983 | Birmingham, W. u. a., A Study of Contemporary Ghana, 2 Bde., London 1966–67 | Blake, R., A History of Rhodesia, 1890–1965, London 1977 | Bourgi, R. 1980 | Bouscaren, A., Tshombe, New York 1967 | Bouvier, P., L'accession du Congo belge à l'indépendance, Brüssel 1965 | Branch, D., The Enemy within: Loyalists and the War against Mau Mau in Kenya, in: JAfH 48 (2007) 291–315 | –, Defeating Mau Mau, Creating Kenya: Counterinsurgency, Civil War, and Decolonization, Cambridge 2009 | –, Kenya: Between Hope and Despair, 1963–2011, New Haven 2011 | Brands, H., Wartime Recruiting Practices, Martial Identity and Post-World War II Demobilization in Colonial Kenya, in: JAfH 46 (2005) 103–25 | Buijtenhuijs, R., Le mouvement *Mau Mau,* Den Haag u. a. 1971 | –, Mau Mau Twenty Years after, Den Haag u. a. 1973 | – Essays on Mau-Mau, Leiden

1982 | –, Le Frolinat et les guerres civiles du Tchad, Paris u. a. 1987 | Buisseret, A., La politique de la Belgique dans ses territoires d'outre-mer, Brüssel 1957 | Burns, A., Colonial Civil Servant, London 1949 | Butler, L. J., The Central African Federation and Britain's Post-War Nuclear Programme: Reconsidering the Connections, in: JICH 36 (2008) 509–25 | Campos, A., The Decolonization of Equatorial Guinea: The Relevance of the International Factor, in: JAfH 44 (2003) 95–116 | Carney, D. E., Government and Economy in British West Africa [...] 1947–1955, New York 1961 | Carter, G. M. (Hg.), Politics in Africa, New York 1966 | Central Office of Information, Constitutional Development in the Commonwealth, London 1964 | Červenka, Z., The Nigerian War, Frankfurt 1971 | Césaire, A., Im Kongo, Berlin 1966 | CHA, Bd. 8, 1984 | Chafer, T., The End of Empire in French West Africa: France's Successful Decolonization? Oxford 2002 | –, Education and Political Socialisation of a National-Colonial Political Elite in French West Africa, 1936–47, in: JICH 35 (2007) 437–58 | Chaffard, G. 1965 | Chanock, M., Law, Custom and Social Order: The Colonial Experience in Malawi and Sambia, Cambridge 1985 | Chidzero, B. T. G., Tanganyika and International Trusteeship, Oxford 1961 | Chrétien, J.-P., The Great Lakes of Africa: Two Thousand Years of History, New York 2003 | Clark, L. E. (Hg.), Nation Building: Tanzania and the World, New York 1970 | Clausen, W., Die Staatswerdung Ghanas, Hamburg 1960 | Clayton, A., Counterinsurgency in Kenya, Nairobi 1976 | –, The Zanzibar Revolution and its Aftermath, London 1981 | Cohen, A., Business and Decolonization in Central Africa Reconsidered, in: JICH 36 (2008) 641–58 | Cole, J. S. R./Denison, W. N., Tanganyika, London 1964 | Coleman, J. S., Nigeria: Background to Nationalism, Berkeley 1960, Ndr. 1971 | Colonial Office, Notes on International Colonial Co-operation, London 1946/1950 | –, Notes on Colonial Constitutional Changes, London 1950 | –, The Colonial Territories, 1956–1957, London 1957 | –, Historical Survey of the Origins and Growth of Mau Mau, London 1960 | Comité Zaïre, Zaïre, le dossier de la recolonisation, Paris 1978 | Congo 1959. Documents belges et africains, 2. Aufl., Brüssel 1961 | Cooper, F., Review Article: Mau Mau and the Discourses of Decolonization, in: JAfH 29 (1988) 313–20 | –, Decolonization and African Society: The Labor Question in French and British Africa, Cambridge 1996 | –, Possibility and Constraint: African Independence in Historical Perspective, in: JAfH 49 (2008) 167–96 | Coquery-Vidrovitch, C./D'Almeida-Topor, H. 2010 | –/Forest, A./Weiss, H. (Hg.), Rébellions – révolution au Zaire, 2 Bde., Paris 1987 | Cornevin, M. 1978 | Crook, R. C., Legitimacy, Authority, and the Transfer of Power in Ghana, in: Political Studies 35 (1987) 552–72 | Crouch, S., Western Responses to Tanzanian Socialism, Avebury 1987 | Davidow, J., A Peace in Southern Africa, Boulder u. a. 1984 | Davidson, B. 1981 | –, Black Star: A View of the Life and Times of Kwame Nkrumah, Oxford 2007 | Davidson, J. D., The Northern Rhodesian Legislative Council, London 1947 | Dayal, R., Mission for Hammarskjold: The Congo Crisis, Princeton 1976 | Decraene, P., Le Mali, Paris 1980 | Demunter, P., Luttes politiques au Zaïre, Paris 1975 | Dent, M., The Nigerian Civil War, in: JICH 19, 3 (1991) 201–11 | Deschamps, H., Histoire de Madagaskar, Paris 1972 | Des Forges, A., Kein Zeuge darf überleben. Der Genozid in Ruanda, Hamburg 2002 (engl. 1999) | Diallo, A., Sékou Touré et l'indepéndance guinéenne. Déconstruction d'un mythe et retour sur l'histoire, in: OM 96, 1 (2008) 267–88 | Dimier, V. 2003 | Droz, B. 2006 | – 2009 | Dudley, B. J., Parties and Politics in Northern Nigeria, London 1968 | Dülffer, J./Frey, M. (Hg.), Elites and Decolonization in the Twentieth Century, Basingstoke

2011 | Duignan, P./Gann, L.H. 1969–75 | Dumoulin, M. u.a. (Hg.), Du Congo belge à la République du Congo, 1955–1965, Brüssel 2012 | Dunn, J., West African States, Cambridge 1978 | East African Royal Commission 1953–1955: Report, London 1955 | Edgerton, R.B., Mau Mau: An African Crucible, New York u.a. 1990 | Elias, T.O., Nigeria, London 1967 | Elkins, C., Britain's Gulag: The Brutal End of Empire in Kenya, London 2005 | Englert, B., Die Geschichte der Enteignungen. Landpolitik und Landreform in Zimbabwe 1890–2000, Münster 2001 | Fage, J.D., Ghana, Madison 1961 | Falola, T./Heaton, M., A History of Nigeria, Cambridge 2008 | Fieldhouse, D.K. 1986 | Flower, K., Serving Secretly: An Intelligence Chief on Record: Rhodesia into Zimbabwe, 1964–1981, London 1987 | Foltz, W.J., From French West Africa to the Mali Federation, New Haven u.a. 1965 | Foreign Office, Rhodesia: Documents Relating to Proposals for a Settlement, London 1966 | –, Rhodesia: Proposals for a Settlement, London 1971 | Forsyth, F., The Biafra Story, Harmondsworth 1969 (dt. 1976) | Franck, T.M., Race and Nationalism, New York 1960 | Franklin, H., Unholy Wedlock, London 1963 | Fuchs, G./Henseke, H., Das französische Kolonialreich, Berlin 1987 | Gann, L.H., A History of Northern Rhodesia, London 1964 | –, A History of Southern Rhodesia, London 1965 | Ganshof van der Meersch, W.J., Congo, mai-juin 1960, Brüssel 1960 | –, Fin de la souveraineté belge au Congo, Brüssel 1963 | Garner, J., The Commonwealth Office, 1925–1968, London 1978 | Gauze, R., The Politics of Congo-Brazzaville, Stanford 1973 | Gbago, L., La Côte d'Ivoire, Paris 1982 | Gellar, S., Senegal, Boulder 1982 | General History, Bd.8, 1993 | Genova, J.E., Colonial Ambivalence, Cultural Authenticity, and the Limitation of Mimicry in French-Ruled West-Africa, 1914–956, New York 2004 | Gérard-Libois, J./Verhaegen, B. (Hg.), Congo 1960, 2 Bde., Brüssel 1960–61 | –/–, Secession du Katanga, Leopoldville 1963 | Gifford, P./Louis, W. R (Hg.), The Transfer of Power in Africa: Decolonization 1940–1960, London 1982 | Glélé, M.A., Naissance d'un état noir. L'évolution politique et constitutionnelle du Dahomey, Paris 1969 | Goerg, O./Pauthier, C./Diallo, A. (Hg.), Le non de la Guinée (1958). Entre mythe, relecture historique et résonances contemporaines, Paris 2010 | Göhring, C., Chief and President. Strukturanalyse modener und traditioneller Herrschaft in Ghana, Göttingen 1979 | Gondola, C.D., The History of Congo, Westport 2002 | Gordon, D.F., Decolonization and the State in Kenya, Boulder u.a. 1986 | Gray, R., The Two Nations: Aspects of the Development of Race Relations in the Two Rhodesias and Nyasaland, London 1960 | Griffiths, I.L. 1984 | Guérin, D. 1973 | Guernier, E. (Hg.), Afrique Occidentale Française (Encyclopédie de l'Empire Français), Paris 1949 | – (Hg.), Afrique Equatoriale Française (Encyclopédie de l'Empire Français) Paris 1950 | Hailey, W.M., Native Administration in British African Territories, 5 Bde., London 1950–53 | –, An African Survey, London 1938, 2. Aufl., London 1957 | Hansen, H.B., Ethnicity and Military Rule in Uganda, Uppsala 1977 | Harding, L., Ruanda – der Weg zum Völkermord, Münster 1998 | Hargreaves, J.D. 1979 | – 1988 | Hazelwood, A./Henderson, P.D., Nyasaland: The Economics of Federation, Oxford 1960 | Herzog, J., Geschichte Tansanias, Berlin 1986 | Hodder-Williams, R., White Farmers in Rhodesia, 1890–1965, London 1983 | Hoskyns, C., The Congo since Independence, January 1960 – December 1961, London u.a. 1965 | Howe, S. u.a., Flakking the Mau Mau Catchers, in: JICH 39, 5 (2011) 695–748 | Huxley, E./Perham, M., Race and Politics in Kenya: A Correspondence, London 1944, Ndr. 1956 | Hyam, R., The Geopoliticial Origins of the Central African Federation, in: HJ 30 (1987) 145–72 |

– 2006 | Ibingira, G. S. K., The Forging of an African Nation, New York u. a. 1973 | Iliffe, J., A Modern History of Tanganyika, Cambridge 1979 | – 2005 | Imperato, P. J., Historical Dictionary of Mali, 2. Aufl., Metuchen 1986 | Jalabert, L./Joly, B./Weber, J. (Hg.), Les élections législatives et senatoriales outre-mer (1848–1981), Paris 2010 | James, C. L. R., Nkrumah and the Ghana Revolution, London 1977 | James, L., Imperial Rearguard: Wars of Empire 1919–1985, London 1988 | Jones, T., Ghanas First Republic, 1960–1966, London 1976 | –, Postwar Counterinsurgency and the SAS, 1945–1952: A Special Type of Warfare, London u. a. 2001 | Joseph, R. A., Radical Nationalism in Cameroun, Oxford 1977 | Jules-Rosette, B., Black Paris: The African Writers' Landscape, Urbana 1998 | Kabwegyere, T. B., The Politics of State Formation […] in Uganda, Nairobi 1974 | Kalck, P., Histoire de la République Centralafricaine, Paris 1974 | Kamoche, J. G., Imperial Trusteeship and Political Evolution in Kenya, Washington 1981 | Kanogo, T., Squatters and the Roots of Mau Mau, 1905–1963, London u. a. 1987 | Kanu, G., Nkrumah, the Man, Enugu 1982 | Kanza, T., The Rise and Fall of Patrice Lumumba, 2. Aufl., London 1978 | Karugire, S. R., A Political History of Uganda, Nairobi u. a. 1980 | Kaunda, K. D., Zambia Shall be Free, London 1962 | Keese, A., *Quelques Satisfactions d'Amour-propre*: African Elite Integration, the *Loi-cadre*, and Involuntary Decolonization of French Tropical Africa, in: Itinerario 27, 1 (2003) 33–57 | –, Living with Ambiguity: Integrating an African Elite in French and Portuguese Africa, 1930–61, Stuttgart 2007 | –, First Lessons in Neo-Colonialism: The Personalization of Relations between African Politicians and French Officials in Sub-Saharan Africa, in: JICH 35 (2007) 593–613 | Keeton, G. W. (Hg.), The British Commonwealth: The Development of its Laws and Constitutions, Bd. 10: Elias, T. O., Ghana and Sierra Leone, London 1962 | Kent, J., America, the UN, and Decolonization: Cold War Conflict in the Congo, London u. a. 2010 | Kershaw, G., Mau Mau from Below, Oxford 1997 | Kilson, M., Political Change in a West African State, Cambridge, MA 1966 | Kirk-Greene, A. H. M. (Hg.), Crisis and Conflict in Nigeria: A Documentary Sourcebook, 1966–1970, 2 Bde., London 1971 | Kitching, G., Class and Economic Change in Kenya, London 1980 | Ki-Zerbo, J., Die Geschichte Schwarz-Afrikas, Frankfurt 1986 | Klose, F. 2009 | Kras, S., Senghor's Rise to Power 1948–1951: Early Roots of French Sub-Saharan Decolonization, in: Itinerario 23, 1 (1999) 91–113 | Langley, J. A. 1979 | Lanotte, O., La France au Rwanda (1990–1994), Brüssel 2007 | Legum, C./Mmari, G. (Hg.), Mwalimu: The Influence of Nyerere, London 1995 | Lemarchand, R., Rwanda and Burundi, London 1970 | –, Political Awakening in the Belgian Congo, London u. a. 1964 | – (Hg.), African Kingships in Perspective, London 1977 | LeSueur, J. D. 2003 | LeVine, V. T., The Cameroons from Mandate to Independence, Berkeley 1964 | –, Political Corruption: The Ghana Case, Stanford 1975 | Lewis, I. M., A Modern History of Somalia, 4. Aufl., London u. a. 2002 | Leys, C., European Politics in Southern Rhodesia, Oxford 1959 | –, Underdevelopment in Kenya: The Political Economy of Neo-Colonialism, 1964–1971, London 1975 | Lisette, G., Le combat du Rassemblement Démocratique Africain pour la décolonisation pacifique de l'Afrique noire, Paris 1983 | Listowell, J., The Making of Tanganyika, London 1965 | Lohrmann, U., Voices from Tanganyika: Great Britain, the United Nations and the Decolonization of a Trust Territory, 1946–1961, Münster 2007 | Lonsdale, J. M., Some Origins of Nationalism in East Africa, in: JAfH 9 (1968) 119–46 | –, La pensée politique Kikuyu et les idéologies du mouvement Mau Mau, in: CEA 27 (1987) 329–57 | Low, D. A., The Mind of Buganda,

London 1971 | Lumumba, P., Le Congo – terre d'avenir – est-il menacé? Brüssel 1961 (engl. 1962) | Lynn, M., The Nigerian Self-Government Crisis of 1953 and the Colonial Office, in: JICH 34 (2006) 245–61 | Mackenzie, W. J. M./Robinson, K. E. (Hg.), Five Elections in Africa, Oxford 1960 | Madden, F., Bd. 7–8, 1994–2000 | Madjarian, G. 1980 | Maguire, G., Uhuru. Tanzanias Weg in die Unabhängigkeit, München 1971 (engl. 1969) | Mahoney, R. D. 1983 | Marshall, H. H. (Hg.), From Dependence to Statehood in Commonwealth Africa, 2 Bde., London 1980–82 | Marx, J., Völkermord in Rwanda, Hamburg 1997 | Mazrui, A. A., Soldiers and Kinsmen in Uganda: The Making of a Military Ethnocracy, London 1975 | Mazrui, A. A./Tidy, M. 1984 | Meredith, M., The Past is Another Country, London 1979 | –, Mugabe: Power and Plunder in Zimbabwe, Oxford 2002 | Merriam, A. P., Congo: Background of Conflict, Evanstown 1961 | Migani, G., La France et l'Afrique sub-saharienne, 1957–1963. Histoire d'une décolonisation entre idéaux eurafricains et politique de puissance, Brüssel 2008 | Milburn, J., British Business and Ghanaian Indpendence, London 1977 | Miller, N., Kenya: The Quest for Prosperity, London 1984 | Mockaitis, T. R., British Counterinsurgency, 1919–1960, London 1990 | Mohamed-Gaillard, S./Romo-Navarrete, M., Les représentants de l'Outre-mer dans les assemblées de la IVe République (1946–1958). Approche prosopographique, in: OM 99, 1 (2011) 135–47 | Mollin, G. T., Die USA und der Kolonialismus. Amerika als Partner und Nachfolger der belgischen Macht in Afrika 1939–1965, Berlin 1996 | Molnos, A., Die sozialwissenschaftliche Erforschung Ostafrikas 1954–1963, Berlin 1965 | Monson, J., Africa's Freedom Railway: How a Chinese Development Project Changed Lives and Livelihoods in Tanzania, Bloomington 2009 | Morgenthau, R. S., Political Parties in French-speaking West Africa, Oxford 1964 | Morris, H. F./Read, J. S., Uganda, London 1966 | Mortimer, E., France and the Africans, London 1969 | Mouralis, B./Piriou, A. (Hg.), Robert Delavignette, savant et politique (1897–1976), Paris 2003 | Msindo, E., Ethnicity and Nationalism in Urban Colonial Zimbabwe: Bulawayo, 1950 to 1963, in: JAfH 48 (2007) 267–90 | Muehlenbeck, P. E. 2012 | Mühlmann, W. E., Chiliasmus und Nativismus, Berlin 1964 | Mugabe, R., Our War of Liberation, Gweru 1983 | Mulford, D., Zambia: The Politics of Independence, Oxford 1967 | Muriuki, G., A History of the Kikuyu, London 1974 | Murphy, P. 1995 | Murray, D. J., The Governmental System in Southern Rhodesia, Oxford 1970 | Murray-Brown, J., Kenyatta, London 1972 | Mutambirwa, J. A. C., The Rise of Settler Power in Southern Rhodesia, 1898–1923, London 1980 | Ndaywel è Nziem, I., Histoire générale du Congo, Brüssel 1998 | Ndiaye, G., L'échec de la fédération du Mali, Dakar u. a. 1980 | Nell, R.-E. v. (Hg.), African Biographies, 5 Bde., Bonn 1977–79 | Nelson, C. I. H., Kwame Nkrumah: A Study of his Intellectual Development in the US, PhD Temple Univ. 1985 | Ngoh, V. J., Southern Cameroons, 1922–1961: A Constitutional History, Aldershot 2001 | Nkrumah, K., Consciencism: Philosophy and Ideology for Decolonization and Development, London 1946 | –, Ghana: The Autobiography of K. N., London 1957 | –, Towards Colonial Freedom, London 1962 | –, Africa Must Unite, London 1963 | –, Neo-Colonialism, the Last Stage of Imperialism, London 1965 | –, Axioms of K. N. Freedom Fighters Edition, London 1967 | –, Voice from Conakry, London 1967 | –, Challenge of the Congo, London 1967 | –, Dark Days in Ghana, London 1968 | –, Handbook of Revolutionary Warfare, New York 1968 | –, Class Struggle in Africa, London 1970 | –, The Struggle Continues, London 1973 | –, The Revolutionary Path, London 1973 | –, Rhodesia File, London 1976 | Nwabueze, B. O.,

A Constitutional History of Nigeria, London 1982 | Nwankwo, A. A./Ifejika, S. U., The Making of a Nation: Biafra, London 1969 | Nyerere, J., After the Arusha Declaration, Dar-es-Salam 1967 | –, Ujama: Essay on Socialism, Dar-es-Salam 1968 | –, Freedom and Unity, 2 Bde., London u. a. 1967–68 | –, Freedom and Development, Dar-es-Salam 1973 | Obasanjo, O., My Command, Ibadan 1980 | Obuibé Bassa, K., Les conseils des notables au Togo. Du mandat à la tutelle francçaise (1922–1958): tribunes d'expression d'une future opposition, in: OM 99 (2011) 89–93 | Odhiambo, A./Lonsdale, J. (Hg.), Mau Mau and Nationhood: Arms, Authority, and Narration, Oxford 2003 | Ogot, B. A. (Hg.), Politics and Nationalism in Colonial Kenya, Nairobi 1972 | Okpaku, J. (Hg.), Nigeria: Dilemma of Nationhood: An African Analysis of the Biafran Conflict, Westport 1972 | Okpu, U., Ethnic Minority Problems in Nigerian Politics, 1960–1976, Stockholm 1977 | Oliver, R. A./Mathew, G. (Hg.), History of East Africa, 3 Bde., 1.–5. Aufl., Oxford 1976 | Omenka, N. I., Blaming the Gods: Christian Religious Propaganda in the Nigeria-Biafra War, in: JAfH 51 (2010) 367–89 | Orimoloye, S. A., Biographia Nigeriana, Boston 1977 | Oyelaran, O. O. u. a. (Hg.), Obafemi Awolowo: The Ende of an Era? Ife 1988 | Palley, C., The Constitutional History and Law of Southern Rhodesia, 1888–1965, Oxford 1966 | Panter-Brick, K. (Hg.), Soldiers and Oil, London 1978 | Parker, J./Reid, R. 2013 | Patrice Lumumba, London 1973 | Pearce, R. D., Governors, Nationalists, and Constitutions in Nigeria, in: JICH 9 (1980/81) 289–307 | Pélissier, R. 2005 | Pfennig, W., Entwicklungsmodell Tansania, Frankfurt 1980 | Phimister, I., Accommodating Imperialism, in: JAfH 25 (1984) 279–94 | –, An Economic and Social History of Zimbabwe, 1890–1948: Capital Accumulation and Class Struggle, Harlow 1988 | Pike, J. G., Malawi, London 1968 | La politique africaine du Général de Gaulle, Paris 1980 | Pollak, O. u. K., Rhodesia/Zimbabwe, London 1979 [Bibliographie] | Post, K./Vickers, M., Structure and Conflict in Nigeria, 1960–1966, London 1973 | Powell, E., Private Secretary (Female)/Gold Coast, London 1984 | Power, J., Political Culture and Nationalism in Malawi: Building Kwacha, Rochester 2010 | Pratt, C., The Critical Phase in Tanzania, 1945–1968, Cambridge 1976 | Prunier, G., Mythos et histoire. Les interprétations du mouvement Mau Mau 1952–1986, in: RFHOM 74 (1987) 401–29 | Rabearimanana, L., Presse d'opinion et luttes politiques à Madagascar 1945–1956, in: RFHOM 67 (1980) 99–122 | Randrianja, S./Ellis, S., Madagaskar: A Short History, London 2009 | Ranger, T. O. (Hg.), Aspects of Central African History, London 1968 | –, The African Voice in Southern Rhodesia, London 1970 | Rathbone, R., Nkrumah and the Chiefs: The Policy of Chieftaincy in Ghana 1951–60, Oxford 2000 | –, The Transfer of Power and Colonial Civil Servants in Ghana, in: JICH 28, 2 (2000) 67–84 | Rempe, M., Entwicklung und Konflikt. Die EWG und der Senegal 1957–1975, Köln 2012 | Report of the Commission on Closer Union of the Dependencies in Eastern and Central Africa, London 1929 | Reuke, L., Befreier und Erlöser? Militär und Entwicklung in Ghana, Bonn 1976 | Rey, M.-P. (Hg.), L'URSS et le Sud, in: OM 95, 1 (2007) 5–171 | Reyntjens, F., Pouvoir et droit au Rwanda. Droit public et évolution politique 1916–1973, Tervuren 1985 | Riesz, J., Léopold Sédar Senghor und der afrikanische Aufbruch im 20. Jahrhundert, Wuppertal 2006 | Roberts, A., A History of Zambia, London 1976 | Rogers, C. A./Frantz, C., Racial Themes in Southern Rhodesia, New Haven 1962, Ndr. 1973 | Rooney, D., Sir Charles Arden Clarke, London 1982 | –, Kwame Nkrumah, London 1988 | Rosberg, C. G./Nottingham, T., The Myth of *Mau Mau*, New York 1966 | –/Segal, A., An East African Federation, New York 1963 | Rotberg, R. I., The Rise of Nationalism in Central Africa, Cambridge, MA 1966 | –, Black Heart: Gore-Brown and the Politics of Multiracial Zambia, Berkeley 1977 | –/Mazrui, A. A. (Hg.), Protest and Power in Black Africa, New York 1970 | Rothchild, D. S., Racial Bargaining in Independent Kenya, London 1973 | Rothermund, D. 2006 | Rous, J., Chronique de la décolonisation, Paris 1965 | Sathyamurthy, T. V., The Political Development of Uganda, 1900–1986, Aldershot 1986 | Schärer, T., Das *Nigerian Youth Movement*, Frankfurt 1986 | Scherk, N., Dekolonisation und Souveränität. Die Unabhängigkeit und Abhängigkeit der Nachfolgestaaten Frankreichs in Schwarzafrika, Wien u. a. 1969 | Schmitz, E., Politische Herrschaft in Burkina Faso [...] 1960–1987, Freiburg 1990 | Schrewel, M. de, Les forces politiques de la décolonisation congolaise, Löwen 1970 | Schwarz, F. A. O., Nigeria, Cambridge, MA 1965 | Senghor, J. C., The Politics of Senegambian Integration,1958–1994, Oxford 2008 | Shiels, F. L. (Hg.), Ethnic Separatism and World Politics, Lanham 1984 | Shillington, K. 2005 | Simonet, T., Les composants du pouvoir de Félix Houphouët-Boigny en Côte d'Ivoire (1958–1965), in: OM 98 (2010) 403–20 | Siriex, P.-H., Félix Houphouet-Boigny, Paris 1975 | Sithole, N. 1968 | Sklar, R. L., Nigerian Political Parties, Princeton 1963 | Soret, M., Histoire du Congo-Brazzaville, Paris 1978 | Sorum, P. C., Intellectuals and Decolonization in France, Chapel Hill 1977 | Spear, T., Mountain Farmers: Moral Economies of Land and Agricultural Development in Arusha and Meru, Dar-es-Salam 1997 | Spencer, J., The Kenya African Union, London 1985 | Spitzer, L., The Creoles of Sierra Leone, Madison 1974 | Stockwell, S., The Business of Decolonization: British Strategies in the Gold Coast, Oxford 2000 | Stremlau, J. J., The International Politics of the Nigerian Civil War, Princeton 1977 | Strizek, H., Geschenkte Kolonien. Ruanda und Burundi unter deutscher Herrschaft, Berlin 2006 | –, Clinton am Kivu-See. Die Geschichte einer afrikanischen Katastrophe, Frankfurt 2011 | Suret-Canale, J., La république de Guinée, Paris 1971 | Swainson, N., The Development of Corporate Capitalism in Kenya, 1918–1977, London 1980 | Tamuno, T. N., Nigeria and Elective Representation, London 1966 | Taylor, C., The Political Development of Tanganyika, Stanford 1963 | Thomas, M. (Hg.), European Decolonization, Aldershot u. a. 2007 | Thompson, G. 2003 | Thompson, V./Adloff, R., French West Africa, London 1958 | Thompson, W., Ghana's Foreign Policy, 1957–1966, Princeton 1969 | Throup, D. W., Economic and Social Origins of Mau Mau, London 1987 | Titley, B. E., Dark Age: The Political Odyssey of Emperor Bokassa, Montreal u. a. 1997 | Tlou, T./Parsons, N./Henderson, W., Seretse Khama, 1921–1980, Braamfontein 1997 | Touré, A. S., Experience guinéenne, Paris 1962 | Tronchon, J., L'insurrection malgache de 1947, 2. Aufl., Paris 1986 | Turpin, F., De Gaulle, Pompidou et l'Afrique (1958–1974). Décoloniser et coopérer, Paris 2010 | Uche, C., Oil, British Interests and the Nigerian Civil War, in: JAfH 49 (2008) 111–35 | Uzoigwe, G. N. (Hg.), Uganda: The Dilemma of Nationhood, New York u. a. 1982 | Vambe, L., From Rhodesia to Zimbabwe, Pittsburgh 1976 | Van Bilsen, A. A. J., Vers l'indépendance du Congo et Ruanda-Urundi, Brüssel 1958, 2. Aufl., Kinshasa 1977 | Van der Heyden, U./Benger, F. (Hg.), Kalter Krieg in Ostafrika. Die Beziehungen der DDR zu Sansibar und Tansania, Münster 2009 | Vanderlinden, J., Contribution à l'étude de la crise congolaise de 1960, Brüssel 1972 | Van Lierde, J. (Hg.), Le pensée politique de Patrice Lumumba. Textes, Paris 1963 | Vansina, J., Antecedents to Modern Rwanda: The Nyiginya Kingdom, Madison 2005 | Vanthemsche, G., Belgium and the Congo, 1885–1980, Cambridge 2012 (franz. 2007) | Verhaegen, B., Rebellions au Congo, 2 Bde., Brüssel 1966–69 | Vidal, C., Colonisation et décolonisation du Rwanda. La question Tutsi-Hutu, in: Revue française d'études politiques africaines 8 (1973) 32–47 | Vos, P. de (Hg.), La décolonisation. Les événements du Congo 1959–1967, Brüssel 1975 | Voss, J., Der progressistische Entwicklungsstaat, Hannover 1971 | Wallerstein, I., The Road to Independence: Ghana and the Ivory Coast, Paris u. a. 1964 | Wasserman, G., Politics of Decolonization: Kenya Europeans and the Land Issue, London 1976 | Wayas, J., Nigeria's Leadership Role in Africa, London 1979 | Weinbuch, H. K., Entkolonialisierung und föderales Prinzip im Spiegel der französischen Gemeinschaft, Berlin 1968 | Weiss, H. F., Political Protest in Congo: The Parti Solidaire Africaine, Princeton 1963 | Welbourne, F. B., Religion and Politics in Uganda, Nairobi 1965 | Welensky, R., Welensky's 4000 Days, London 1964 | Westcott, N. J., Closer Union and the Future of East Africa, in: JICH 10 (1981/82) 67–88 | Weyel, V., Interaktion von Politik und Religionen in Uganda nach 1875, München 1976 | Wheare, J., The Nigerian Legislative Council, London 1950 | Whitaker, G. S., The Politics of Tradition [...] in Northern Nigeria, Princeton 1970 | White, D. S. 1979 | White, J., Central Administration in Nigeria, 1914–1948: A Problem of Polarity, Dublin u. a. 1981 | Wight, M., The Gold Coast Legislative Council, London 1947 | Wiking, S., Military Coups in Sub-Saharan Africa, Uppsala 1983 | Wills, A. J., An Introduction to the History of Central Africa, 4. Aufl., London u. a. 1985 | Wilson, H. S. 1977 | Windrich, E., Britain and the Politics of Rhodesian Independence, London 1978 | Winrow, G. M., The Foreign Policy of the GDR in Africa, Cambridge 1990 | Wirz, A. 1983 | Witte, L. de, Regierungsauftrag Mord. Der Tod Lumumbas und die Kongo-Krise, Leipzig 2001 (Übers. d. 2. franz. Aufl. 2000, zuerst ndl. 1999) | Yakemtchouk, R., Aux origines du séparatisme katangais, Brüssel 1988 | Yeager, R., Tanzania: An African Experiment, Aldershot 1982 | Young, C., Politics in the Congo: Decolonization and Independence, Princeton 1965 | Ziegler, J., Politische Soziologie des neuen Afrika, München 1966 | –, Afrika. Die neue Kolonisation, Köln 1980 | Zolberg, A. R., One Party Government in the Gold Coast, 2. Aufl., Princeton 1969 | Zuccarelli, F., Un parti politique africain, Paris 1970.

1945 年至 1975 年的葡属非洲

Abshire, D./Samuels, M. (Hg.), Portuguese Africa: A Handbook, London/New u. a. 1969 | Andrade, M. de/Ollivier, M., The War in Angola, Dar-es-Salam 1975 | Ansprenger, F. 1981 | Austen, R. A. 1987 | Bender, G., Angola under the Portuguese, London 1978 | Birmingham, D., Angola Revisited, in: Journal of Southern African Studies 15 (1988) 1–14 | Cabral, A., Unité et lutte, 2 Bde., Paris 1975 (engl. 1979, dt. Ausw. 1983) | Caetano, M., For the Safety, the Welfare and the Progress of the Portuguese People, Lissabon 1972 | –, The Only Road open to Us is to Defend Ourselves, Lissabon 1973 | Castro, A., O sistema colonial português em Africa, 2. Aufl., Lissabon 1980 | CHA, Bd. 8, 1984 | Chabal, P., National Liberation in Portuguese Guinea, in: AA 80 (1981) 75–99 | –, Amilcar Cabral: Revolutionary Leadership and People's War, Cambridge 1988 | Chilcote, R., Portuguese Africa, Berkeley 1967 | –, Emerging Nationalism in Portuguese Africa: A Bibliography, Stanford 1969 | –, Emerging Nationalism in Portuguese Africa: Documents, Lissabon 1972 | Clarence-Smith, G., The Third Portuguese Empire, Manchester 1985 | Companhia de diamantes de Angola, Report 1963 | Davidson, B. 1981 | Droz, B. 2006 |

Duffy, J., Portugal in Africa, Harmondsworth 1962 | Duignan, P./Gann, L.H. 1969–75 | Eduardo Mondlane, London 1972 | Egerö, B., Mozambique: A Dream Undone, Stockholm 1987 | Faye, J.P., Le Portugal d' Otelo, Paris 1976 (engl. 1976) | Ferreira, E. de S., Portuguese Colonialism in Africa, Paris 1974 | General History, Bd. 8, 1993 | Gersdorff, R. v., Wirtschaftsprobleme Portugiesisch-Afrikas, Bielefeld 1962 | Gibson, M.J., Portuguese Africa: A Guide to Official Publications, Washington 1967 | Gifford, P./Louis, W.R. 1982 | Hanlon, J., Mosambik, Bonn 1986, 2. Aufl. 1985 (engl. 1984) | Hargreaves, J.D. 1988 | Hatzky, C., Kubaner in Angola. Süd-Süd-Kooperation und Bildungstransfer 1976–1991, München 2012 | Heimer, F.-W., Social Change in Angola, München 1973 | –, Der Entkolonialisierungskonflikt in Angola, München 1979 | Henriksen, T.H., Revolution and Counterrevolution, Westport u.a. 1983 | [HEP] Historia da Expansão Portuguesa, hg. v. Bethencourt, F./Chaudhuri, K., 5 Bde., Lissabon 1998–2000; Bd. 4–5, 2000 | International Labour Office, Official Bulletin 45, 2, Suppl. II (April 1962) | Isaacman, A. u. B., Mozambique from Colonialism to Revolution, 1900–1982, Boulder 1983 | Junta de investigações do ultramar, Estudios de ciencias politicas e sociais, 89 Bd., Lissabon 1957–72 | Keese, A. 2007 | Kivouvou, P., Angola, Köln 1980 | Ki-Zerbo, J. 1986 | Langley, J.A 1979 | Larkin, B.D., China and Africa, 1949–1970, Berkeley 1971 | Livro do Centenario de Mouzinho de Albuquerque, Lissabon 1955 | Luke, T.W., Angola and Mozambique: Institutionalizing Social Revolution, in: Review of Politics 44 (1982) 413–36 | Machel, S., Le processus de la révolution démocratique populaire en Mozambique, Paris 1977 | –, An African Revolutionary: Speeches and Writings, London 1985 | MacQueen, N., The Decolonization of Portuguese Africa: Metropolitan Revolution and the Dissolution of Empire, London 1997 | –, An Ill Wind? Rethinking the Angolan Crisis and the Portuguese Revolution, 1974–1976, in: Itinerario 26, 2 (2002) 22–44 | Madeira, L., Manipulation et propagande. L'équilibre salazarien des finances publiques dans l'empire portugais (1946–1974), in: OM 98, 1 (2010) 299–315 | Marcum, J., The Angolan Revolution, 2 Bde., Cambridge, MA 1969–78 | McCulloch, J., In the Twilight of Revolution: The Political Theory of Amilcar Cabral, London 1983 | Mestiri, E., Les Cubains et l'Afrique, Paris 1980 | Metzger, C. 2011 | Minter, W., Imperial Network and External Dependency: The Case of Angola, Beverley Hills 1972 | –, Portuguese Africa and the West, New York 1972 | Mondlane, E., The Struggle for Mozambique, Baltimore 1969 (dt. 1978) | Mühll, U. v. d., Die Unterentwicklung Portugals, Frankfurt 1978 | Munslow, B., Mozambique: The Revolution and its Origins, Harlow 1983 | Newitt, M., Portugal in Africa: The Last Hundred Years, London 1981 | – A History of Mozambique, London 1995 | Offermann, M., Angola zwischen den Fronten, Pfaffenweiler 1988 | Ogunsanwo, A., China's Policy in Africa, Cambridge 1974 | Patricio, R., Portugal in Africa, Lissabon 1972 | Paul, J., Mozambique: Memoirs of a Revolution, Harmondsworth 1975 | Pélissier, R., La colonie du minotaure. Nationalisme et révoltes en Angola (1926–1961), Orgeval 1978 | –/Wheeler, D., Angola, New York 1971 | Porch, D., The Portuguese Armed Forces and the Revolution, Stanford 1977 | Robbins, D., On the Bridge of Goodbye: The Story of South Africa's Discarded San Soldiers, Johannsburg 2007 | Rothermund, D. 2006 | Rudebeck, L., Guinea-Bissau, Uppsala 1974 | Salentiny, F., Aufstieg und Fall des portugiesischen Imperiums, Wien u.a. 1977 | Shillington, K. 2005 | Somerville, K., Angola, London u.a. 1986 | Stone, G., Britain and the Angolan Revolt of 1961, in: JICH 27, 1 (1999) 109–37 | Teixeira, A. de A., Angola intangivel, Porto 1934 | Terror in Tete: A Documentary Report of Portuguese Atrocities, London 1973 | Themido, J. H., Portugal e o anticolonialismo, Lissabon 1960 | Thomas, M. 2007 | Vail, L./White, L., Capitalism and Colonialism in Mozambique: A Study of the Quelimane District, London 1980 | Van Ley, M., Kirche im Entkolonisierungskonflikt, München u. a. 1981 | Venter, A. J., Portugal's War in Guiné-Bissau, Pasadena 1973 [Ms.] | Wilensky, A. H., Tendencias de la legislación ultramarina portuguesa en Africa, Braga 1968 | Winrow, G. M. 1990.

南非和纳米比亚

ACR 16, 1983/84; 17, 1984/85; 19, 1986/87 | AG 49, 1979; 50, 1980; 51, 1981; 53, 1983; 54, 1984; 56, 1986; 58, 1988; 59, 1989 | Ansprenger, F., Die SWAPO, München 1984 | –, Freie Wahlen in Namibia, Frankfurt 1991 | Assion, P., Deutsche Kolonisten in Südafrika, in: Zeitschrift für Volkskunde 73 (1977) 1–23 | Austin, D., Britain and South Africa, London 1966 | Babing, A./Bräuer, H.-D., Namibia, Köln 1980 | Beckers, G., Religiöse Faktoren in der Entwicklung der südafrikanischen Rassenfrage, München 1969 | Beinart, W./Bundy, C., Hidden Struggles in Rural South Africa, London 1987 | Benson, M., Nelson Mandela, New York u. a. 1986 (dt. 1986) | Bertelsmann, W., Die deutsche Sprachgruppe Südwestafrikas, Windhoek u. a. 1979 | Bhana, S./Pachai, B. (Hg.), A Documentary History of Indian South Africans, Kapstadt 1984 | Bilger, H., Südafrika in Geschichte und Gegenwart, Konstanz 1976 | Bissell, R. E., Apartheid and International Organizations, Boulder 1977 | –/Crocker, C. A. (Hg.), South Africa into the 1980s, Boulder 1979 | Bonner, P., Kings, Commoners and Concessionaires, Cambridge 1983 | Bradford, H., A Taste of Freedom, London 1987 | Bragança, A. de/Wallerstein, I. (Hg.), The African Liberation Reader, 3 Bde., London 1982 | Brooks, E. H. (Hg.), Apartheid, London 1968 [Quellen] | Butler, J./Rotberg, R. I./Adams, J., The Black Homelands of South Africa, Berkeley 1977 | Carter, G. M., Continuity and Change in Southern Africa, Crossroads 1985 | CHA, Bd. 8, 1984 | Christopher, A. J., The Crown Lands of British South Africa, 1853–1914, Kingston 1984 | –, Atlas of Changing South Africa, 2. Aufl., London 2001 | [CHSA] The Cambridge History of South Africa, 2 Bde., Cambridge 2010–11 | Citino, R., Germany and the Union of South Africa in the Nazi Period, Westport 1991 | Cockram, G. M., South West African Mandate, Cape Town 1976 | Cooper, A. D., The Occupation of Namibia: Afrikanerdom's Attack on the British Empire, Lanham 1991 | Cornevin, M., L'apartheid, Paris 1979 (dt. 1981) | Cros, G., La Namibie, Paris 1983 | Davenport, T. R./Saunders, C. C., South Africa: A Modern History, 5. Aufl., Basingstoke 2000 | De Klerck, W. A., The Puritans in Africa: A History of Africanerdom, 2. Aufl., Harmondsworth 1982 | Dewaldt, F. (Hg.), Native Uprisings in Southwest Africa, Salisbury 1976 | Dore, I., The International Mandate System and Namibia, Boulder 1985 | Doxey, G. V., The Industrial Colour Bar in South Africa, Kapstadt 1961 | Drascher, W., Die Rassenpolitik in Südafrika, in: Saeculum 15 (1964) 177–206 | Driver, C. J., Patrick Duncan, London 1980 | Droz, B. 2006 | Dülffer, J./Frey, M. 2011 | Dugard, J., The Southwest Africa/Namibia Dispute, Berkeley u. a. 1973 | Duignan, P./Jackson, R. (Hg.), Politics and Government in African States, 1960–1985, London u. a. 1986 | Du Toit, A., No Chosen People, in: AHR 88 (1983) 920–52 | –, Puritans in Africa? In: CSSH 27 (1985) 209–40 | –/Giliomee, H., Afrikaner Political Thought: Analysis and Documents,

1780–1850, Berkeley 1983 | Ermacora, F., Zur Diskussion gestellt: Namibia, München 1981 | Falk, R., Nelson Mandela, Köln 1986 | Fatton, R., The African National Congress of South Africa, in: CJAS 18 (1984) 593–608 | Feinstein, C. H., An Economic History of South Africa, Cambridge 2005 | First, R., South West Africa, Harmondsworth 1963 | – u a., The South African Connection, London 1972 | Frankel, P., An Ordinary Atrocity: Sharpeville and its Massacre, New Haven 2001 | Frederickson, G. M., White Supremacy: A Comparative Study of American and South African History, New York 1981 | Friedman, B., Smuts: A Reappraisal, London 1975 | Gann, L. H./ Duignan, P., Südafrika geht seinen Weg, Stuttgart 1982 | Garnier, C. v., La Namibie vue de l'intérieur, Paris 1984 | Garson, N. G., South Africa and World War I, in: JICH 8 (1979/80) 68–85 | Germani, H., Rettet Südwest, München u. a. 1982 | Gewald, J.-B., Herero Heroes: A Socio-Political History of the Hereros of Namibia, 1890–1923, Oxford 1999 | –, *We Thought We Would Be Free ...*: Socio-Cultural Aspects of Herero History in Namibia, 1915–1940, Köln 2000 | Giliomee, H., The Beginnings of Afrikaner Nationalism, in: Southafrican Historical Journal 19 (1987) 115–42 | Goldblatt, I., The Mandated Territory of South West Africa in Relation to the United Nations, Cape Town 1961 | –, History of South West Africa from the Beginning of the Nineteenth Century, Kapstadt 1971 | Griffiths, I. L. 1984 | Grundy, K. W., Confrontation and Accommodation, Berkeley 1973 | –, The Militarization of South African Politics, London 1986 | Hagemann, A., Südafrika und das *Dritte Reich*, Frankfurt 1989 | –, Nationalsozialismus, Afrikaaner-Nationalismus und die Entstehung der Apartheid in Südafrika, in: Vierteljahreshefte für Zeitgeschichte 39 (1991) 413–36 | –, Nelson Mandela, 7. Aufl., Reinbek 2010 | Halbach, J. A., Die südafrikanischen Bantu-Homelands, München 1976 | –, Südafrika und seine Homelands, Köln u. a. 1988 | Hancock, W. K., Smuts, 2 Bde., Cambridge 1962–68 | –/Van der Poel, J. (Hg.), Selections from the Smuts Papers, 7 Bde., Cambridge 1966–73 | Hanlon, J. 1986 | Harneit-Sievers, A., Namibia. Wahlen zur verfassunggebenden Versammlung 1989, Hamburg 1990 | Hasselhorn, F., Bauernmission in Südafrika. Die Hermannsburger Mission, Erlangen 1988 | Helbig, H. u. L., Mythos Deutsch-Südwest, Weinheim u. a. 1983 | Hexham, I., Dutch Calvinism and the Development of Afrikaner Nationalism, in: AA 79 (1980) 195–208 | Hillebrecht, W., Namibia in Theses and Dissertations, Basel 1985 | Horrell, M., Laws Affecting Race Relations in South Africa (to the End of 1976), Johannesburg 1978 | Houghton, D. G./Dagut, J. (Hg.), Source Material on the South African Economy, 1860–1970, 3 Bde., Kapstadt 1972–73 | Hyam, R., The Failure of South African Expansion, London 1972 | Ilanga Nyonschi, M., Le capital international et ses effets en Namibie, Sherbrooke, QU 1978 | Iliffe, J., The South African Economy, 1652–1997, in: EcHR 52 (1999) 87–103 | Ingham, K., Jan Christian Smuts, London 1986 | Isaacs, A. H., Dependence Relations, Leiden 1982 | Jaeger, F., Geographische Landschaften Südwestafrikas, Windhuk 1965 | James, W. G., The State of Apartheid, Boulder 1987 | Jaster, R. S., Die Sicherheitspolitik Südafrikas, München 1981 | –, South Africa in Namibia: The Botha Strategy, Lanham u. a. 1985 | Jenny, H., Südwestafrika, 5. Aufl., Stuttgart 1972 | John, S./Karis, T./Gerhart, G. M. (Hg.), From Protest to Challenge: A Documentary History of African Politics in South Africa, 5 Bde., Stanford 1997 | Johnstone, F. A., Class, Race, and Gold, 2. Aufl., London 1987 | Katjavivi, P., A History of Resistance in Namibia, London 1988 | Keegan, T., The Dynamics of Rural Accumulation in South Africa, in: CSSH 28 (1986) 628–50 | Knecht, A., Ein Geheimbund als Akteur des Wandels. Der Afrikaner Broederbond und seine Rolle im Transformationsprozess Südafrikas, Frankfurt 2007 | Kotecha, K.C./Adams, R.W., The Corruption of Power: African Politics, Washington 1981 | Krikler, J., White Rising: The 1922 Insurrection and Racial Killing in South Africa, Manchester 2005 | Krüger, D.W. (Hg.), South African Parties, London 1960 | Krüger, G., Kriegsbewältigung und Geschichtsbewusstsein. Realität, Deutung und Verarbeitung des deutschen Kolonialkriegs in Namibia 1904–1907, Göttingen 1999 | Kühl, C., Darstellung und Analyse des Außenhandels Südafrikas 1946–1980, Köln 1987 | Lanham, L./MacDonald, C.A., The Standard in South African English, Heidelberg 1979 | Lass, H.D., Nationale Integration, Hamburg 1969 | Lemon, A., Apartheid: A Geography of Separation, Oxford 1976 | –, Apartheid in Transition, Aldershot 1987 | Leonhard, R., South Africa at War, Westport 1986 | Leser, H., Südwestafrika. Eine geographische Landeskunde, Windhuk 1976 | –, Namibia, Stuttgart 1982 | Libby, R., The Politics of Economic Power in Southern Africa, Princeton 1987 | Lippe-Weissenfeld, G.P.z., Transkei, München u.a. 1986 | Lipton, M., Capitalists and Apartheid, Aldershot 1985 | Lodge, T., Black Politics in South Africa since 1945, London u.a. 1983 | Löwis of Menar, H.v., Namibia im Ost-West-Konflikt, Köln 1983 | Luswazi, P.N., Sozialisationsbedingungen für die Aufrechterhaltung des Apartheid-Systems, Frankfurt 1989 | Luthuli, A., Let My People Go, London 1962 | Magaziner, D.R., The Law and the Prophets: Black Consciousness in South Africa, 1968–1977, Athens, OH 2010 | Mandela, N., I am Prepared to Die (1964), Ndr. London 1986 (dt. 1973) | –, Struggle is my Life: His Speeches and Writings, London 1978 (dt. 1986) | Maré, G./Hamilton, G., An Appetite for Power, Johannesburg 1987 [Buthelezi] | Marks, S./Trapido, S. (Hg.), The Politics of Race, Class and Nationalism in Pre-Industrial South-Africa, Harlow 1987 | Marshall, H.H. 1980–82 | Marx, C., Im Zeichen des Ochsenwagens. Der radikale Afrikaaner-Nationalismus in Südafrika und die Geschichte der Ossewabrandwag, Münster 1998 | –, Folter und Rassimus. Südafrika während der Apartheid, in: Burschel, P. u.a. (Hg.), Das Quälen des Körpers, Köln 2000, 257–79 | – (Hg.), Jugend und Befreiungsbewegung im südlichen Afrika, in: Periplus 12 (2002) 2–133 | –, Der Preis des Wohlwollens. Inder, Indigene und indirekte Herrschaft im britischen Empire, in: JEÜG 4 (2004) 9–32 | –, Globalizing Cities: Ethnicity and Racism in Vancouver and Johannesburg in the First Wave of Globalization, in: Butler, M./Gurr, J.M./Kaltmeier, O. (Hg.), EthniCities, Trier 2011, 13–27 | –, Hendrik Verwoerd's Long March to Apartheid: Nationalism and Racism in South Afrika, in: Berg, M./ Wendt, S. (Hg.), Racism in the Modern World, New York u.a. 2011, 281–302 | –, Südafrika. Geschichte und Gegenwart, Stuttgart 2012 | Matanzima, K.D., Independence my Way, Pretoria 1976 | Mazrui, A.A./Tidy, M. 1984 | Mbumba, N./Patemann, H./Katjivena, U. (Hg.), Ein Land, eine Zukunft. Namibia auf dem Weg in die Unabhängigkeit, Wuppertal 1988 | Meintjes, J., General Louis Botha, London 1970 | Meissner, H.O., Traumland Südwest, Stuttgart 1968 | Melber, H. (Hg.), Namibia: A Decade of Independence, 1990–2000, Windhoek 2001 | Meli, F., South Africa Belongs to Us, Harare, 1988 | Metzger, C. 2011 | Moodie, T.D., The Rise of Afrikanerdom, Berkeley 1975 | Moore, J.D.I., South Africa and Nuclear Proliferation, London 1987 | Morrell, R., Farmers, Randlords, and the South African State, in: JAfH 27 (1986) 513–32 | Msabaha, I.S.R./Shaw, T.M. (Hg.), Confrontation and Liberation in Southern Africa, Boulder u.a. 1987 | Mugomba, A./Nayaggah, M. (Hg.), Independence without Freedom, Oxford 1981 | Murray, R. u.a., The Role of Foreign Firms in Namibia, Uppsala

1974 | Ndadi, V., Kontraktarbeiter Klasse B, Zürich 1978 | Noller, J. F., Theorie und Praxis der Apartheid, Bern 1977 | Nordholt, H. H. (Hg.), Apartheid und Reformierte Kirche, Neukirchen 1983 | [OHSA] Wilson, M./Thompson, L. (Hg.), The Oxford History of South Africa, 2 Bde., Oxford 1975–78 | Ortlieb, H.-D./Spandau, A. (Hg.), Südafrika, Revolution oder Evolution? Hamburg 1977 | Parry, R., *In a Sense Citizens, But not altogether Citizens*, in: CJAS 17 (1983) 377–91 | Patemann, H., Lernbuch Namibia, Wuppertal 1984 | Perham, M./ Curtis, L., The Protectorates of South Africa: The Question of their Transfer to the Union, London 1935 | Phimister, I., An Economic and Social History of Zimbabwe, 1890–1948: Capital Accumulation and Class Struggle, Harlow 1988 | Posel, D., The Making of Apartheid, 1948–1961, Oxford 1991 | Puschra, W., Schwarze Gewerkschaften in Südafrika, Bonn 1988 | Reinhard, W. (Hg.), Hendrik Witbooi, Afrika den Afrikanern, Bonn 1982 | Ress, G. (Hg.), Verfassungsreform in Südafrika und Verfassungsgebung in Namibia/Südwestafrika, Heidelberg 1986 | Rich, P., The Origins of Apartheid Ideology: The Case of Ernest Stubbs, in: AA 79 (1980) 171–90 | Rich, P. B., White Power and the Liberal Conscience, Manchester 1984 | Rogers, B., White Wealth and Black Poverty: American Investments in Southern Africa, Westport 1976 | Rotberg, R. I. (Hg.), Namibia, Lexington 1983 | Rüsen, J./Vörös-Rademacher, H. (Hg.), Apartheid und Menschenrechte in Geschichte und Gegenwart, Pfaffenweiler 1992 | Sady, E. J., The United Nations and Dependent Peoples, Washington 1956 | Schmokel, W. W., The Myth of the White Farmer, in: IJAHS 17 (1985) 93–106 | Schoeman, S. u. E., Namibia, Oxford u. a. 1984 [Bibliographie] | Scholl-Latour, P., Mord am Großen Fluss, Stuttgart 1986 | Serfontein, J. H. P., Brotherhood of Power, London 1979 | Silagi, M., Von Deutsch-Südwest zu Namibia, Ebelsbach 1977 | Simons, H. J. u. R. E., Class and Color in South Africa, London 1969, Ndr. 1983 | Slonim, S., South West Africa and the United Nations, Baltimore 1973 | Smit, D. J., Geistliche an den Schalthebeln der Macht? Von der kirchlichen Legitimierung zur Kritik des Apartheid-Regimes in Südafrika, in: Oberdorfer, B./Waldmann, P. (Hg.), Machtfaktor Religion, Köln 2012, 221–32 | Smuts, J. C., Jan Christian Smuts, New York 1952 | South Africa Government Information Office, South West Africa and the Union of South Africa, New York 1946 | South African Institute of Race Relations, Survey of Race Relations in South Africa/Race Relations Survey, 58 Bde., Johannesburg 1948–95 | Southall, R., South Africa's Transkei, London 1982 | Stadler, A., The Political Economy of Modern South Africa, Westport u. a. 1987 | Stopford, J. M. u. a. (Hg.), The World Directory of Multinational Enterprise, 2 Bde., New York 1980 | SWAPO Information Bulletin, Luanda, Dezember 1985 | SWAPO of Namibia, Department of Information and Publicity, To Be Born a Nation, London 1981 | Templin, J. A., Ideology on a Frontier, London 1984 | Thompson, L., The Political Mythology of Apartheid, London 1985 | –/Prior, A., South African Politics, New Haven 1982 | Tötemeyer, G., South West Africa/Namibia, Randburg u. a. 1977 | [Tomlinson Report] Report of the Commission for the Socioeconomic Development of the Bantu Areas, Pretoria 1954, Summary, Pretoria 1955 | Tomlinson, R., South Africa: Competing Images of the Post-Apartheid State, in: ASR 31, 2 (1988) 35–60 | Tutu, D., The Voice of One Crying in the Wilderness, London 1982, Ndr. 1986 | United Nations Institute for Namibia, Namibia: Perspectives for National Reconstruction and Development, Lusaka 1986 | Van Duin, P., White Building Workers and Coloured Competition in the South African Labour Market, c. 1890–1940, in: International Review of Social History 37 (1992) 59–90 | Van Jaarsveld, F. A., The

Afrikaner's Interpretation of South African History, Cape Town 1964 | –, From Riebeck to Vorster, Johannesburg 1975 | –, Recent Afrikaner Historiography, in: Itinerario 16, 1 (1992) 93–106 | Vries, J. L. de, Namibia. Mission und Politik (1880–1918). Der Einfluss des deutschen Kolonialismus auf die Missionsarbeit der Rheinischen Missionsgesellschaft im früheren Deutsch-Südwestafrika, Neukirchen-Vluyn 1980 | Wallace, M./Kinahan, J., A History of Namibia from the Beginning to 1990, London 2011 | Walshe, P., The Rise of African Nationalism in South Africa, Berkeley u. a. 1971 | Wellington, J. H., South West Africa, Oxford 1967 | Wilson, H. S. 1977 | Winrow, G. M. 1990 | Winter, C. O'B., Namibia, Grand Rapids 1977 | Woodson, D. C., Albert Luthuli and the ANC: A Bio-bibliography, in: HA 13 (1986) 345–62 | Youkpo, B. N., Les relations entre la République Féderale d'Allemagne et l'Afrique du Sud (1949–1982), Frankfurt 1986 | Young, T., Restructuring the State in South Africa: New Strategies of Incorporation and Control, in: Political Studies 37 (1989) 62–80 | Yudelman, D., The Emergence of Modern South Africa, Westport u. a. 1983.

第二十三章

没有未来的过去?

控制两极地区? 1225

从欧洲开始的扩张进程不会结束。它甚至早已经涉及宇宙空间，因为它明白，发展到一定的程度就要克服自然给它设定的界限。尽管如此，自然的限制还是不可避免的，这些限制给了人们提出问题的缘由，即扩张能够和应该如何继续下去。这也适用于极地地区。然而，在北极地区和南极地区扩张的框架条件区别很大。在北极地区除了格陵兰，极地圈还包括美国的北部地区、加拿大、挪威、瑞典、芬兰和俄罗斯等，这里至少在气候方面，海湾洋流为北欧地区提供了便利。北极本身位于海洋之下，更确切地说在冰层之下。相反在南极地区，极地圈的边缘就是一个巨大的由冰盖覆盖的大陆的边缘，在大陆中心可以找到极点。其他各大陆的南端离南极点都非常遥远，就连拥有与之有地理关联的离岛群的南美洲也是如此。

19、20世纪两极地区的发现与开发绝不仅仅是科学的好奇心和纯粹的探险兴趣所致，虽然低估这些动机是莫大的错误。可是如果在描述发现之旅中谈到“占领”极地地区的话，那么这个比喻就指向了驱动力，人们定会将其称为典型的帝国主义，无论它是否仅仅满足了民族的荣誉需求。福克兰战争即展示了这一点。

两极地区是地球上最后一部分还存在一些可以瓜分之物的地区，尽管与欧洲扩张期间时常发生的情形一样，这种瓜分大概只不过是对未来的空头支票。当然，最初这一兴趣很小，至少在北极地区很少与从那里能够获取什么联系在一起。西北欧人在这里寻找一条不受自诩为“伊比利亚垄断者”控制的通往中国的海上通道。在16世纪，英国人和尼德兰人努力寻找一条东北通道，然后英国人又努力寻找一条西北通道。由于两条通道都没有找到，而且人们在此期间以另一种方式抵达了东 1226

亚，所以除了捕鱼和捕鲸，17 世纪早期人们的兴趣减弱了。直到 16 世纪格陵兰的维京人灭绝之后，1721 年传教士汉斯·埃格德（Hans Egede）在那里登陆，随之丹麦人在那里占据土地开始了新一轮扩张。只是与法国人之间的竞争促使英国人在 18 世纪重新努力寻找西北通道，1763 年法国人失败后这些努力也就渐渐停止了。南方是海盗和地理学家投机活动的天地，这些地理学家大都相信古代流传下来的一个观念，认为存在着一个人口或稠或稀的南方大陆。到 18 世纪，当两个相互竞争的海上大国英国和法国在这里嗅到了新的扩张可能性时，这个传说突然变得重要起来，而新兴起的科学兴趣和使游记成为畅销书的公众舆论更使其增添了分量。于是出现了太平洋的科学考察航行，直至库克的实践证明至少在可居住的纬度内不存在一个南方大陆。他对南极地区一无所知，尽管他已经到达了离它相当近的地方。

然而自 1815 年起，英国称霸海洋为继续发现提供了有利的先决条件，同样有利于继续发现的是自然和地理研究兴趣的提高。可是对于具体的行动来说还需要有具体的契机。针对英国的对手俄国和美国的不断扩张，为了确保加拿大北部地区，根据长年任海军秘书的约翰·巴罗（John Barrow）的倡议，英国皇家海军依据冰川后退的消息重新致力于解决西北通道的问题。因此自 1818 年起进行了一系列的航海考察和陆地考察。1821 年议会甚至设立了一笔奖金，但当俄国的行动减弱后，于 1828 年取消。不过各类考察依靠私人捐助得以持续到 1830 年代。最成功者当数爱德华·帕里（Edward Parry）和詹姆斯·克拉克·罗斯（James Clark Ross），后者于 1831 年到达了地磁北极。

英国人在逐步认识自己的南美洲利益的进程中进入了南极海域，即使这里也不是没有北美洲和俄国的竞争。1820

年，威廉·史密斯（William Smith）和爱德华·布朗斯费尔德（Edward Bransfield）在智利和拉普拉塔河地区之间的海洋航行中发现了从合恩角南向北延伸的南极大陆格雷厄姆半岛（Graham-Halbinsel）。美国人纳撒尼尔·帕尔默（Nathaniel Palmer）和俄国人法比安·戈特利布·冯·别林斯高晋（Fabian Gottlieb von Bellingshausen）保持领先的意图是不可能维持的。后者受沙皇亚历山大一世（Alexander I）委托在1819 年至 1821 年在太平洋进行了考察航行，其间在库克斯路线南边绕着南极地区行驶，但同样也没有看见它。1822 年和 1227
1839 年间很多英国海豹捕猎者拥入这个区域，他们同时也从事发现者的工作。由于有了杰姆斯·威德尔（James Weddell）和约翰·比斯科（John Biscoe）等人的发现，渐渐产生了一个巨大的冰雪大陆的观念。1833 年，英国再次占领 1774 年在与西班牙的冲突中放弃的福克兰群岛（马尔维纳斯群岛）。美国在其半球的边缘充满怀疑地观察着欧洲人的这些行动。但是它需要个人积极性作为补充，直到 1838 年一支美国特混舰队终于在查斯·威尔克斯（Charles Wilkes）的领导下得以出海进行一次成功的考察航行。1840 年这里第一次清清楚楚地谈及了一个南极大陆。这种在美国极其受欢迎的活动让欧洲人坐不住了，特别是像亚历山大·冯·洪堡（Alexander von Humbold）这样一个权威人物敦促赶快确定对导航非常重要的地磁南极，其位置卡尔·弗里德里希·高斯（Carl Friedrich Gauss）已经预言过。充分考虑到公众舆论，1838 年，国王路易·菲利普（Louis Philippe）派出儒勒·塞巴斯蒂安·塞萨尔·迪蒙·迪尔维尔（Jules Sébastien César Dumont d' Urville）为法国赢取荣誉。1839 年至 1843 年，詹姆斯·克拉克·罗斯带领专门加固的帆船“厄瑞波斯号（Erebus）”和“恐怖号（Terror）”为英国进行了一次成功的考察航行，途中发现了后来根据两艘帆船命名的山，其中一座是活火山。他第一个战胜了冰盖并且向前推进到今天被称为罗斯屏障的冰架边缘。由此，他为以后的行动指明了攀登地点。虽然他和其他人每次都努力为各自的国家争夺财产，但南极地区暂时还是保持了半个世纪的安宁；兴趣和资金又重新转向北极地区。

在巴罗和帕里的推动下，1845 年由约翰·富兰克林（John Franklin）勋爵挂帅，两艘加装了蒸汽机和有成功希望的新式螺旋推进装置的特种船“厄瑞波斯号”和“恐怖号”被派出探查西北航道。然而探险船队消失得无影无踪。搜寻它的工作一直持续到 1857 年或者 1878 年并且带来了大量的补充知识。虽然找到了一条西北航道，但因为冰层的缘故它被证明无法使用。在那些年里，极地研究越来越多地变成了私人首倡和出于冒险乐趣的事情，直至成为报刊上尽人皆知的体育比赛。或者说是由科学协会接管了倡议和资助。众多在这方面表现出色的美国人中，查尔斯·弗朗西斯·霍尔（Charles Frances Hall）赢得了特别的注意，因为他第一个与因纽特人（Inuit）一起生活了数年，并且把顺应他们的生活习惯作为一种方法引入到极地研究中。

1228 一支英国和一支美国的探险队分别于 1876 年和 1882 年将它们的旗帜插在了更接近北极的地方。奔向北极的国际竞赛开始了。根据地理学家彼得曼（August Petermann）不大精准的指点，两位奥地利少尉发现了位于新地岛（Nowaja Semlja）北边、被他们称为法兰士约瑟夫地（Franz-Joseph-Land）的群岛。他们中间的一个——卡尔·维普利克特（Carl Weyprecht）成功倡导了 1882/1883 年的第一个国际极地年，以此使极地研究显著地国际化了。在此期间，斯堪的纳维亚人的时代也到来了。首先，瑞典人阿道夫·埃里克·诺登许尔德（Adolf Erik Nordenskiöld）在斯匹次卑尔根（Spitzbergen）

和格陵兰进行了自然科学考察，他的一次冲击极地的行动遭遇了失败，之后于1878/1879年乘坐蒸汽机帆船“维加号（Vega）”首次从西向东探查了东北通道。1913年至1915年俄国船长维基斯基（Andrey Vilkitski）首次从相反方向探查了这条通道。今天它已成为一条主要航道。下一个要提到的是最著名的极地研究者弗里德约夫·南森（Fridtjof Nansen）。1888年，他第一个利用滑雪板由东向西横穿了格陵兰，之后他作出了利用浮冰到达北极的决定。人们不是已经在格陵兰前面的大块浮冰上发现了在西伯利亚北面沉没的一支科学探险船队的残骸了吗？他让专门为此设计建造的“前进号（Fram）”冻结在浮冰上，船没有被冰块压碎而是被推到了浮冰上，1893年至1896年，该船漂过了北极地区。他不仅进行了一系列科学观察，还成功地证明，北极被海洋覆盖，在它的周围不存在任何陆地。可是“前进号”的漂浮却与极地点擦肩而过。当南森意识到这一点时，他离开了船只和团队，随后与一个同伴一起开始向北极点冲击，冲击失败后历尽艰辛抵达新西伯利亚群岛。南森的第一个同伴——“前进号”船长奥托·斯维德鲁普（Otto Sverdrup）和年轻的罗尔德·阿蒙森（Roald Amundsen）于1898年至1906年考察了加拿大北极群岛的大部分地区。其间阿蒙森第一个成功地穿越了西北通道。最终，瑞典人奥古斯特·安德烈（August André）于1897年尝试利用气球从空中抵达北极，却在行动中丧命。斯维德鲁普在一次行动中与美国人罗伯特·埃德温·皮瑞（Robert Edwin Peary）相撞，后者将占领北极视为自己的人生使命，但自1898年起多次尝试都由于天气和偏航而失败。1899/1900年，意大利人也在因探险而闻名遐迩的阿布鲁奇（Abruzzen）公爵的领导下进行了部分成功的“冲击”，它在意大利引起了巨大的热情。皮瑞在因纽特人的帮助下有计划

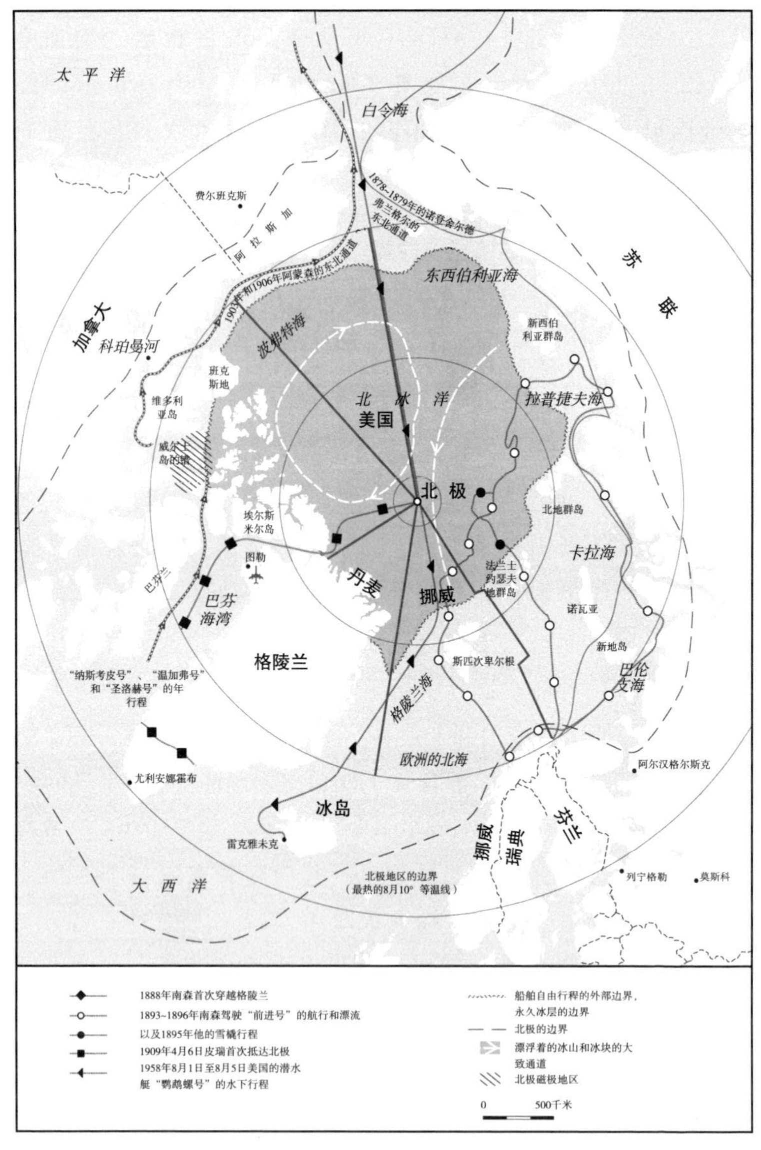

插图 98 北极地区的探索

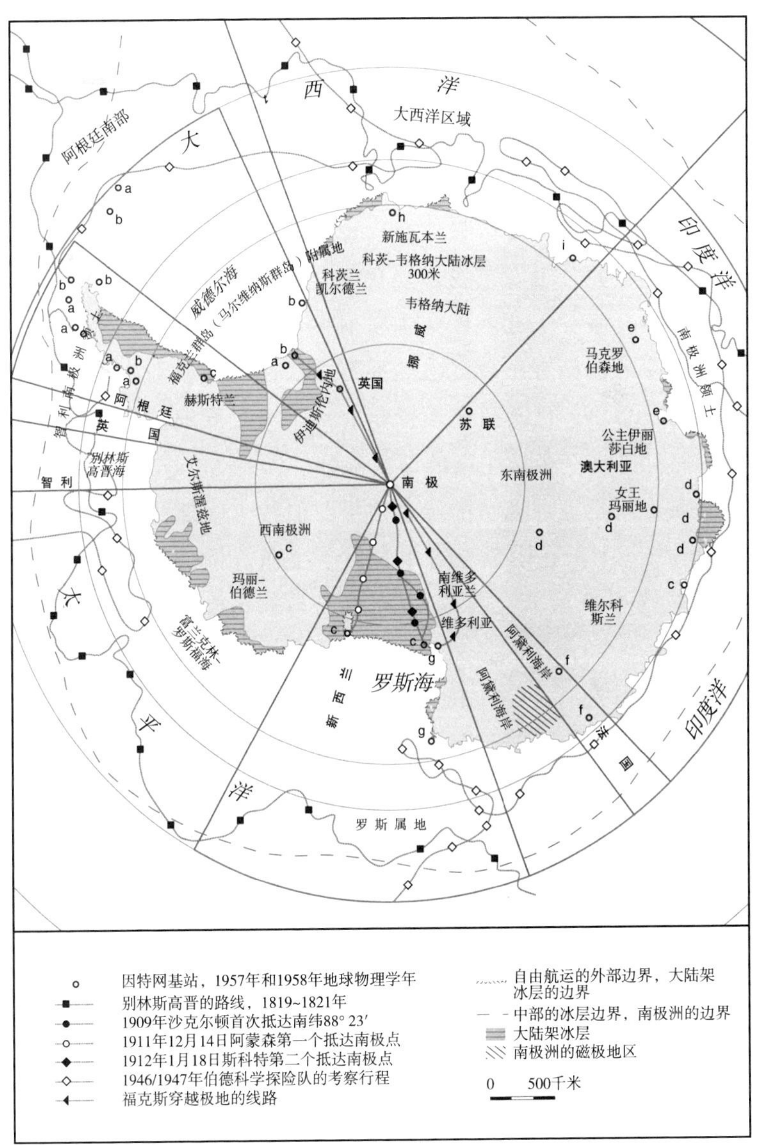

注：基站所属国家：a- 阿根廷　b- 英国　c- 美国　d- 苏联　e- 澳大利亚　f- 法国　g- 新西兰　h- 挪威　i- 日本

插图 99　南极地区的探索

地建立分段营地，以此终于实现了目标，于1909年4月6日第
1231 一个到达北极——只是很快暂时被一个冒牌货挤掉了。

以上例子在从19世纪晚期出现的新式发现和新式发现者中十分典型。除海军军官和科学家外，出现了阿蒙森或者皮瑞这样的新型“职业发现者（Berufsentdecker）”，他们要么对于科学毫无兴趣，要么只对获取金钱感兴趣。其核心动力是成功和荣誉，并且很有市场。公众想看到的不是科学结果而是民族的成功。服务于此的媒介是新型大众报刊，因此它常常作为极地探险的资助者出现，当然拥有首次发表的权利。在这里可以清楚地看出，极地研究不仅是它那个时代欧洲扩张的组成部分，而且是高度帝国主义的组成部分。

或许正是这种成功的压力使得罗伯特·F.斯科特（Robert Falcon Scott）在南极竞赛中丧失了生命。可是南极地区暂时还未被这些所触及。直至在美国人马修·F.毛里（Matthew F. Maury）和德国人奥拓·诺伊迈耶（Otto Neumayer）的催促下，英国皇家学会才在1870年代与海军部一起利用科考船“挑战号（Challenger）”环绕南极地区进行了海洋学考察，还完全是以科学的名义进行的。与通常情况不同，考察结果经过了仔细的分析才于1893年公布，此外，它提供了直接的地理佐证，即在南极地区冰盖下面藏着一个真正的大陆。大约在这个时间，捕鲸业开始对南极地区感兴趣，因为北极的格陵兰鲸正在消失，最初鲜有成果，但是那些被允许一起航行的研究者却获得了益处。1895年，在一次这样的航行中澳大利亚—挪威人C.E.博克格雷温克（Carsten Egeberg Borchgrevink）首次登上了南极大陆，随后作为一个规模小却相当成功的比利时科学探险队的成员于1899/1900年第一个推进到了罗斯冰架，紧接着在南极地区度过了冬天。这一类事情让克莱门茨·马卡哈姆（Clements Markham）欲罢不能，他是领头的

人，最后长年担任英国皇家地理协会（Royal Geographical Society）常务主席，但他不太像科学家，倒更像浪漫的民族主义者。他把振兴极点竞赛意义上的英国南极研究作为他的使命，最终在充分利用新时代所有手段的情况下获得成功。他的协会与私人、报刊，最终也与政府一起组织了一个南极科学考察队，尽管有科学家和商业舰队的军官参加，比如厄内斯 1232
特·H. 沙克尔顿（Ernest H. Shackleton），但进行卓有成效的领导的是英国皇家海军，即司令官罗伯特·F. 斯科特。发现行动颇具成效；冲击也可以向内陆继续推进。1904 年，斯科特在皇家艾尔伯特大厅的公开报告大获成功。这一时间前后的另外四支科学考察队具有较强的科学色彩，尽管在埃里希·冯·德里加尔斯基（Erich von Drygalski）领导下乘坐“高斯号（Gauss）”的德国科学考察队是由帝国政府资助的。1901 年至 1903 年，瑞典地理学家奥托·诺登许尔德（Otto Nordenskjöld）想要证明火地岛（Feuer land）与格雷厄姆半岛之间的地理联系，而法国人于 1903 年至 1905 年在 J.B. 沙尔科（Jean-Baptiste Charcot）的领导下，尤其通过测绘作出了贡献。1903 年的苏格兰科学探险队因为缺少支持不得不将南奥克尼群岛（Südorkney）上的气象站转让给了阿根廷人。沙克尔顿（Ernest Shackleton）是个爱尔兰赌徒，但也是一个有天赋的领导人，为 1907 年至 1909 年进行的科学探险提供了私人贷款，在此次探险中他发现了一条从罗斯冰架攀上南极大陆高原的路，最后在距离南极点仅 97 英里时不得不返回。他的探险队的另一个小组在此期间抵达了地磁南极。在英国，人们的热情是如此炽烈，以至于政府不仅给沙克尔顿授予了爵位，还支付了他的债务。

这一成功让斯科特无法停歇下来，特别是美国刚刚将它的旗标插在了北极，而且英国公众舆论现在需要南极。虽然斯科特可以利用沙克尔顿那样的筹资方式，但因此背负了巨大的压力。因为在此期间阿蒙森·南森已经为冲击北极设法搞到了“前进号”船，但是当他获悉皮瑞的成功时，立即重新安排冲击南极。斯科特直到在去墨尔本的路上才听到了这些。现在开始了戏剧性的冲击极点的竞赛，其间阿蒙森在东边开始，斯科特却在由沙克尔顿在罗斯冰架西边开发的地点开始行动。1911年12月14日，阿蒙森第一个抵达南极，1912年1月17日，斯科特也抵达目的地，只是后来与他的同伴们一起在返回途中丧生。除了天气的眷顾，瑞典人的战略也被证明是占有优势的，即按照因纽特人的方式利用雪橇狗行动，它们最终还可以作为食物提供给它们的同类以及科学探险队的参加者。沙克尔顿和斯科特没有接受这种做法，而是依靠那些不太合适的西伯利亚矮种马。

当然占领极点并没有收获多少东西。对于认识北极，更
1233 别提认识南极，还有许多事情要做。1906年至1913年，丹麦方面对格陵兰进行了全面研究；当时德国人艾尔弗雷德·韦格纳（Alfred Wegener）于1913年横穿了格陵兰。对于加拿大的北极地区来说，1913年至1920年，维尔亚那·斯蒂芬森（Vilhjalmar Stefansson）的研究取得了巨大的进展。1911年至1913年，道格拉斯·莫森（Douglas Mawson）领导的科学探险队开始对澳大利亚对面的南极地区进行考察。在威德尔海（Weddell-See）和罗斯海（Ross-See）之间横穿南极的想法在很长时间里发挥着作用。德国研究者威廉·菲尔希纳（Wilhelm Filchner）着迷于这种想法，但在1911/1912年考察南极时缺乏所需的资金。相反，沙克尔顿促成了一次“帝国穿越南极的探险（Imperial Trans-Antarctic Expedition）”，也就是1914年至1916年想从两侧采取行动，但也遭受了戏剧性和英雄式的失败。

在两次世界大战之间，人们经历了 1932/1933 年的第二个极地年，然而它与第一个极地年一样主要贡献给了北极及其气象学。其间人们已经转向建立固定的科学考察站。1930 年，艾尔弗雷德·韦格纳在格陵兰丧失了生命。此时就连飞机也可以为极地研究服务；此后的时间大型科学探险队没有空中支持几乎是无法想象的。伊凡·帕潘宁（Ivan Papanin）领导下的苏联探险队就是如此，他们于 1937/1938 年再一次致力于北极地区的冰上漂流；自威尔克斯以来美国进行的第一次南极科学探险也是如此，此次探险是在理查德·E. 伯德（Richard F. Byrd）领导下于 1928 年至 1930 年进行的，其他的科学探险队纷纷效法。此外，1931 年第一次尝试利用潜水艇接近北极，暂时还是徒劳无功的。捕鲸情况的变化，特别是通过采用不依靠海岸行动的捕鲸母船，使得南极水域自 1925 年起对于这个行业有利可图，在这方面挪威担当了开路先锋。挪威 1927 年至 1937 年大力开展南极地区的研究或许与此有关？或者说更多的是与极地地区的高度政治化相关联？

自两次世界大战之间的时期以来，就可以观察到大国之间的博弈日益增强，有时让人想到了“对非洲的争夺（Scramble for Africa）”。不过在北极涉及的更多是政治的巩固。1916 年，美国用它通过极地考察获得的对西北格陵兰的权利换得了丹麦属西印度群岛。1921 年至 1932 年，丹麦与挪威争夺格陵兰岛的冲突最终通过国际法院作出了有利于丹麦的调解。1920 年，斯匹次卑尔根岛通过一个国际条约成为挪威国土，但所有人都可以自由进入。1925 年，加拿大对一块通过其国界确定的直
至北极的区域提出主权要求，1926 年，苏联也以类似方式提 1234
出要求，这种瓜分起初好像得到了国际认可。在此期间，对 12 海里区域或者大陆架的明确主权要求被收回，但是所有相邻北极的国家此时都要求 200 海里（370 公里）的渔业或者经

济专属区。这些要求不可避免地会有重叠，这类问题还远没有得到协议解决，但是1996年建立了北极委员会，各利益相关国在2008年格陵兰伊卢利萨特会议（Konferenzvon Ilulissat auf Grönland）之后发表了共同声明，从此呈现了国际合作的趋势。

在南方，英国早在1908年就已经宣告了它对依附于福克兰群岛（马尔维纳斯群岛）的南奥克尼、南设得兰和南乔治亚岛等岛屿的主权。1917年，这个要求根据1907年由加拿大人M.P.波利尔（Pascal Poirer）发明的区段原则已经扩大到了南极大陆西经20°~80°之间的地区。1925年至1927年，阿根廷对整个英属福克兰群岛属地（Falkland Islands Dependencies）提出要求，1937年又重申该要求，英国作出的反应是加强研究活动。另外还有自治领的要求：1923年，东经160°和西经150°之间的罗斯属地（Ross Dependency）归于新西兰，1931年最终确定东经160°至东经50°之间“巨大的澳大利亚南极地区领土”。然而，1923年法国宣布的对其间东经142°~135°的一个狭长地段的要求得到承认。这就是1840年迪尔维尔接触到的阿德利兰（Adélie-Land）。首先由美国人涉足的西经90°~150°的地域没有被任何人占领。1931年挪威只对近海岛屿中的一个提出了要求，而1939年却将主权要求扩展到东经45°至西经20°的整个地域，刚好还算及时，赶在了由赫尔曼·戈林（Hermann Göring）支持的德国科学探险队同年在那里对新士瓦本（Neuschwabenland）提出要求之前。

第二次世界大战期间和随后的时间还进行了不同的重要的北极科学探险。苏联发现了罗蒙诺索夫移动现象，它将极地海分成了大西洋和太平洋区域。1958年，美国的“鹦鹉螺号（Nautilus）”潜水艇在水下抵达了北极；1977年，苏联破冰船在水上抵达北极。但是在此期间，北极研究已经过渡到北极开发。在阿拉斯加、加拿大和西伯利亚的矿藏被大力地利用。此外，在当时的世界大国之间，北极也具有战略意义。美国在加拿大建立了它的战略雷达早期预警系统——一条由站点组成 1235
的狭长地带，它对加拿大北部的开发具有显著的意义。几乎比它还要重要的是格陵兰“航空母舰”，美军根据与丹麦的协议于 1941 年和 1951 年在这里驻扎，特别是它在西北部的图勒（Thule）的空军基地。然而自 1954 年起，北极对于民用航空也变得重要起来，因为极地航线比较短，而它的战略意义随着冷战结束而降低。

与北极地区相比，南极地区置身于世界政治危机热点地区之外，而且它的经济意义亦暂时甚微。由于鲸鱼进一步濒临灭绝，1986 年捕鲸不得不被叫停。虽然存在着矿藏，但开采它们所需的费用暂时仍太高。尽管如此，大国的算计在南极地区反映了最典型的帝国主义特色，正如 1982 年福克兰战争所展示的那样。1940 年智利也宣布西经 53°~90° 为“智利南极领土”，由于阿根廷对西经 25°~74° 的要求，阿根廷、英国和智利的区域重叠在一起。1948 年，阿根廷和智利先宣布了西经 25°~90° 为两国共同的主权地区，但是英国自 1943 年就已经加强了它在南极地区的活动。美国也派出了一支新的科学探险队，并在 1948 年建议将整个南极地区置于联合国的管理之下，但徒劳无果！

随后是 1957/1958 年的国际地理物理年，其焦点特别集中在南极地区。12 个参与国拥有 50 个研究站，在所有的研究站中美国的极地研究站最著名。同年，维维安·福克斯（Vivian Fuchs）和埃德蒙·希拉里（Edmund Hillary）领导下的一支英联邦科学探险队实现了第一次穿越。从 1957 年至 1960 年，美国在威德尔海和罗斯海之间、苏联在澳大利亚提出领土要求的区域内先后进行了大规模的研究探险。1956年，印度和新西兰重又倡议将南极地区置于联合国管理之下，同样遭受失败，不过一份由美国于1958年提出的条约最终在1959年12月1日得以签署并于1961年6月23日生效。对南极地区的领土要求并未随之宣布无效，但暂时推迟实施。取而代之的是所有缔约方都负有义务，南纬60°以南地区只能用于和平和科学研究目的并且保持自由进入；核武器被绝对排除在外。缔约方有阿根廷、澳大利亚、智利、法国、英
1236 国、新西兰、挪威、比利时、日本、南非、美国和苏联；截至2001年，另有33个国家补充签署了条约，其中包括民主德国和联邦德国（1979年2月5日）。该条约永久有效。签字国中的一个较小的核心圈子每两年召开一次协商会议，旨在处理亟待解决的问题。只是当被敦促开除种族隔离国家南非时，统一的意见才暂时显得支离破碎，南非与印度一样也提出了要求并维持着一个常驻研究站。这个条约刺激了科学研究行动，比如1981年由美国和苏联共同进行的一次海洋科学探险行动，条约也使一系列有关采矿、旅游以及物种和环境保护的补充规定成为可能。总体上这是一种面向未来的发展，是从民族帝国主义向在一个全球化时代里进行后殖民国际合作发展。

可是这个条约未能阻止1982年签约国阿根廷和英国之间爆发的争夺福克兰群岛（马尔维纳斯群岛）的战争，该群岛刚刚超出了条约规定的区域。虽然英国在南大西洋的存在即使是在20世纪也首先打着帝国主义权力交易观念的烙印，但是英国政府最初并非不愿意向阿根廷长期转让——附带99年回租的转让，以便减轻居民在过渡中的困难。可是面对阿根廷的侵犯，很有影响的福克兰海岛居民爱国游说集团获得成功。冲突对于双方已经变成了社会帝国主义的面子问题。在伦敦，一场

拥有 30 万观众的胜利游行之后，胜利者英国保守党政府通过选举获胜辉煌地实现了它的目标。玛格丽特·撒切尔的政治生命被拯救。而失败的阿根廷军政府此后不再可能长期维持。显然，至少在当时，世界南部的殖民结构依然存在。甚至它们的来源仍然留在意识里，比如阿根廷为了证明自己的主权引证了 15 世纪的教宗训谕和《托尔德西拉斯条约》（Vertrag von Tordesillas）。

同一时间在北极，丹麦属格陵兰进行了并非没有冲突，但还算和平的去殖民化。早在 1859 年，它的乡镇就已经获得了自治。1953 年它成为地位平等的丹麦领土的一部分，在哥本哈根拥有两个议员席位，但 1979 年准许了它的独立请求。格陵兰（最大的因纽特族群之地）从此获得了完全的内政自治，但是外交还是由丹麦代理。甚至冰岛也拥有完整的主权，
自 1918 年至 1944 年实行共和制一直与丹麦王室保持着一 1237
种君合国关系。丹麦属法罗群岛自 1948 年获得自治。1984 年格陵兰自己决定退出欧洲共同体，其捕鱼船队，特别是德国船队以及谋求矿藏都违背冰岛的利益。但是一个仅仅拥有 57000 名居民，且部分人尚生活在可怕的贫困中的国家的未来可能是成问题的，同样可能成问题的还有在北极和南极地区大国利益国际化的持续性未来。

迟到的去殖民化还是帝国一体化？

显然摆脱殖民并非总是那么简单，特别是所涉及的是群岛或其他小而穷的地区时。因为在各殖民帝国数目众多的剩余地区中，今天只有波多黎各、加那利群岛和留尼汪拥有50万或者50万以上的居民。早期的欧洲民族主义者，比如朱塞佩·马志尼（Giuseppe Mazzini），已经对一个有生存能力的民族国家的最小规模进行过估算。据此，有意去殖民化的前殖民大国在迟到的，但最终还是实现完全独立与尽可能完全融入自己国土之间尝试了各种解决办法。尽管前殖民地的规模经常微不足道，但这种融入总还是具有帝国的特性，因为它超出了相关民族国家的领土和居民的范围。在此过程中涉及的完全可能是当年的移民殖民地，或者是其居民已被文化同化的地区，第一眼看上去我们可能已经不再把它们看作殖民地。在英国事例中还有当年皇家海军世界基地网的残余，比如直布罗陀。冷战结束后，亚速尔群岛一类的空军基地失去了意义。然而关岛和查戈斯群岛还一如既往使美国世界范围的空中攻击成为可能。在一些情况下，比如在南极周围，主张在200海里区域内拥有优先捕鱼和采矿权可能会使没有价值、无人居住的岛屿突然之间赢得价值。不过更为重要的或许是“避税天堂”，欧洲和加勒比海的一些岛屿分摊了这个角色。

福克兰群岛（马尔维纳斯群岛）、直布罗陀和加勒比海的蒙特塞拉特拥有英国直辖殖民地的法律地位，其余的英国占领地都是“属地”。从海峡群岛和马恩岛（Isle of Man）开始，接着是北大西洋和南大西洋的百慕大、圣赫勒拿岛、特里斯坦－达库尼亚群岛（Tristan da Cunha）和阿森松，然后是加勒比海的安圭拉、英属维尔京群岛、开曼群岛、特克斯（Turks）和凯科斯群岛（Caicos Islands）、英属印度洋领土（查戈斯群岛)、东太平洋的皮特凯恩，最后是无人居住的群岛南乔治亚岛、南桑威奇岛(South Sandwich)、南奥克兰岛和英国要求的南极区域附近的南设得兰群岛。只要可行，人们都乐于享有相当大的自治权，乐于拥有宪法、议会和一种主任部长，然而英国政府可以在任何时候进行干涉，并且可以暂时中止宪法，比如当特克斯和凯科斯群岛大规模地卷入毒品买卖的时候。此外它还宣布决定在加勒比地区废除死刑。这类地区中只有少数几个像百慕大那样自己拥有充足的收入，大多数在财政方面或多或少地要依靠英国的资助。

这种自治领领地有澳大利亚西北的阿什莫尔群岛(Ashmore Islands)和卡蒂埃群岛(Cartier Islands)、东北的珊瑚海群岛(Coral Sea Islands)、印度洋上的圣诞岛(Christmas Island)、科科斯(Cocos)[又名基林群岛(Keeling Islands)]以及赫德(Heard)和麦克唐纳群岛(McDonald Islands)，最后是太平洋的诺福克岛(Norfolkinsel)。但是这些岛屿中的绝大部分和澳大利亚所要求的南极区域一样没有常住居民，不过与新西兰结盟的太平洋上的库克群岛也许有常住居民。太平洋上的纽埃岛(Niue)、托克劳群岛(Tokelau)和南极的一个区域被视为新西兰的“属地”。

法国一直还在为新喀里多尼亚和波利尼西亚谋求独立的事情而烦扰。相反，有四个前殖民地作为“海外省”成为宗主国的组成部分，它们是瓜德罗普、马提尼克、加勒比海的几内亚和印度洋的留尼汪岛，那里的住民绝大部分是种植园时期非洲奴隶的后代，另外还有印度契约工人的后代。可是他们的一切都需要特别的资助。太平洋上的瓦利斯和富图纳群岛是一种“集体领地”，地位类似于海外省，在全民公决中同意留在法国的印度洋上的马约特岛以及加拿大海岸前的小群岛圣皮埃尔和密克隆（Saint-Pierre-et-Miquelon）都属于此类。

太平洋上的北马里亚纳群岛和加勒比海的波多黎各决定
1239 接受作为美国一个“邦”的地位。而美属萨摩亚群岛、关岛和维尔京群岛的美国属地部分则是拥有自治权但没有美国选举权的“未合并领土（unincorporated territories）”。另外还有太平洋上无人居住的岛屿：约翰斯顿环礁（Johnston-Atoll）、贝克和豪兰岛（Baker and Howland Islands）、贾维斯岛（Jarvis Island）、金曼礁（Kingman Reef）、中途岛（Midway Island）、威克岛和巴尔米拉（Wake and Palmyra）。

对西班牙来说，在它的帝国中，“桥头堡”摩洛哥海岸的休达和梅利利亚以及加那利群岛一直是自治体。对葡萄牙来说，马德拉群岛和亚速尔群岛拥有相应的法律地位。不过这里的居民早已都是欧洲人，他们的文化也是欧洲的。

具有典型意义的是，很大一部分继续存在的殖民地在加勒比海地区，虽然第一个由非欧洲移民进行的成功的独立运动发生在海地；不过它更是一次迟到的去殖民化。在拉丁美洲，欧洲扩张的延续不仅表现在大陆对世界经济的依赖性和针对印第安人的内部殖民主义上，而且表现在这种欧洲殖民地简单的继续存在上。在拉丁美洲独立的时刻，除了海地和圣多明各，整个加勒比海地区包括南美海岸前的库拉索和特立尼达都还处在欧洲的殖民占领下，另外还有巴哈马群岛、百慕大群岛以及大陆上的英属洪都拉斯和法属几内亚的三部分。由于这个地区动荡的历史，除了西班牙和英国，法国、尼德兰和丹麦（包括波多黎各东边的处女群岛）都作为殖民大国参与其中。殖民地的一部分甚至刚刚才更换了占有者：几内亚和特立尼达经过历次欧洲战争最终于1814年归属了英国。

可是，美国的帝国主义随着时间的推移不仅在中美洲的独立国家，而且在加勒比海欧洲各国的殖民地都有发言权。就这点而言，被推迟的去殖民化不仅仅归因于这个地区的贫穷和政治分裂。因为首先在大多数情况下继续存在的殖民统治似乎符合美国的利益，直到第二次世界大战后才转向了去殖民化政策。当古巴 1959 年之后选择了共产主义并且成为苏联的伙伴时，应该在冷战的背景下千方百计地阻止共产主义在美洲继续传播。1898 年，美国购买的波多黎各在 1917 年获得了有限的内政自治。现在它可以就自己的地位进行表决，1952 年它决定作为波多黎各联邦（Commonwealth of Puerto Rico）与美 1240
国联合。然而，1972 年联合国去殖民化委员会一如既往把波多黎各视为殖民地，而古巴则促进了无论如何业已存在的争取彻底独立的努力。在多次动乱之后，1977 年就向巴拿马完全归还被美国控制的运河地区达成协议，至 1999 年实施完毕。

法国在 1946 年的新宪法中引入海外行政区解决了这个问题，尼德兰则试图通过不同的模式解决这个问题。荷属安的列斯群岛中的阿鲁巴岛、博奈尔岛、库拉索岛、萨巴岛、圣尤斯特歇斯岛以及圣马丁岛的荷属部分的大部分住民都是非洲奴隶的后裔，1954 年它们联合组成了一个拥有民主内政自治的联盟，1985 年阿鲁巴岛退出，但很快又放弃了最初追求的独立。尽管如此，在其他岛上也涌动着不满，以致联盟于 2010 年解体。经过全民公决后，在阿鲁巴岛和尼德兰本身之外，库拉索岛和圣马丁岛成为尼德兰王国的四个邦国之一，而博奈尔岛、萨巴岛和圣尤斯特歇斯岛则获得了尼德兰国家特别行政区的地位。苏里南人口混杂，其住民中的美洲黑人、印度人和爪哇人可以追溯到奴隶和契约工人的输入，1954 年它同样获得了内政自治，1975 年实现了彻底的独立，尽管在政治上喧闹不断，在经济上还总是强烈地依赖尼德兰。

数量众多且种类不同的英国占领地呈现了一幅多彩的景

象，根据直辖殖民地模式，它们大都很早就获得了一定程度的内政自治。起初的意向是让牙买加、英属小安的列斯群岛以及巴巴多斯、特立尼达和多巴哥作为1958年成立的联邦国家西印度联邦（The Federation of the West Indies）逐步共同走向独立。但是牙买加和特立尼达—多巴哥分别于1959年和1956年获得了完全的内政自治，所以它们退出联邦，1962年成为英联邦中的独立国家。1961年巴巴多斯争取到了自治，随后于1966年独立。作为替代，1967年成立了西印度联合国家（The West Indies Associated States），其成员包括安提瓜岛、圣克里斯托弗岛—尼维斯—安圭拉、多米尼加、圣卢西亚、格林纳达和圣文森特岛（1969年），它们在内政方面参加"责任制内阁"，外交由英国负责。但是此后成员数量由于一
1241 些地区获得英联邦框架内的完全独立而不断减少：1974年格林纳达退出，1978年多米尼加步其后尘，1979年轮到了圣卢西亚和圣文森特岛，最后安提瓜岛、圣基茨岛和尼维斯分别于1981年和1983年退出。

在其余的英国占领地中，几内亚于1953年获得了内政自治，尽管存在占多数的印度居民与占绝对少数的美洲黑人之间的严重冲突，但仍然最终于1966年独立。巴哈马群岛和伯利兹，后者即从前的英属洪都拉斯，于1964年获得了"责任制内阁"，唯有巴哈马群岛于1973年独立。对伯利兹来说这一进程在延缓，因为危地马拉对这一地区提出了要求。直到1981年才同意其冒险实现完全独立，依旧在所有的新国家都加入了的英联邦的保护下。然而在此期间，这种保护不再具有太多的价值。

是迟到的去殖民化还是帝国一体化？这个问题好像涉及的只是欧洲海外历史的海洋问题。与各海洋帝国相反，大陆帝国好像通过同化和强有力的控制牢牢地联合并不可逆地成为一体。它们内部的紧张关系可以通过或多或少广泛的联邦制度承

受下来。所以殖民史就是海外历史；大陆帝国属于另外一种范畴。它的殖民开端被视为早已逝去的过去。但在苏联的危机中却突然得到证明，即便这样的过去也可能有未来。

1985 年新当选的苏联共产党总书记米哈伊尔·戈尔巴乔夫（Michail Gorbatschow）坚决地进行了一场内政和外交改革。由于世界范围的政治义务和花费昂贵的军备竞赛消耗了在内政方面急需的能量，他转向了一种减负和裁军的政策，该政策导致 1987 年与美国签订了划时代的第一份裁军条约。苏联不仅将它的军队从征战数年的阿富汗撤出，而且也撤出了东欧，并且赞同了德国的重新统一。在内政方面，经济上诚实的改革路线通过更大的独立性带来更高的工作效率；在国家层面，通过居民的积极参与带来更多的一致意见和更新的干部。然而其结果是单方面的，共产党的权力垄断越来越受到质疑，最终于 1990 年不得不放弃，从而为多党民主制创造了有利条件。

另外，新政几乎从一开始就伴随着苏联多民族国家里的民族问题的爆发，部分地区发生了流血动乱，处处在进行着分离的尝试。1991 年在整个苏联发生了 76 次民族冲突。在此期间， 1242
根据一部新宪法，当选总统的戈尔巴乔夫已经不再能够阻止分裂。1991 年一次失败的政变给了这个制度致命的一击，戈尔巴乔夫不得不引退。15 个加盟共和国要求无限制主权，苏联解体。此前有权随时退出苏联的理论上的门面主权只是掩盖了实际上的主要由俄罗斯领导的共产党的中央集权制。但是在其怀抱里一批要求领导权的非俄罗斯的精英在此期间成长起来。虽然已经独立的国家中的大部分（包括 5 个中亚共和国）重新组成了一个松散的国家联盟——独联体，但是不仅波罗的海国家不准备加入，而且至 1993 年连格鲁吉亚也不准备加入。这个联盟越来越失去意义，2008 年格鲁吉亚再次退出，2014 年乌克兰也退出；土库曼斯坦也仅仅是表面的联合。

就高加索和中亚发生的这种种族—民族分裂的过程而言，历史地看它肯定可以被称为去殖民化，这里涉及的毕竟是那些曾经被俄国以完全殖民主义方式置于其统治之下的地区。就这方面来说，亚美尼亚、阿塞拜疆、格鲁吉亚、哈萨克斯坦、吉尔吉斯斯坦、塔吉克斯坦、土库曼斯坦和乌兹别克斯坦获得无限制主权与越南、阿尔及利亚或者坦噶尼喀独立完全是一回事。然而，由于这些新国家中的很多与其他大陆的殖民地一样是在它们此前边界内获得了独立，所以它们也像很多殖民地国家一样依旧是多民族国家，在这种国家里少数民族感觉自己被殖民化，因而也致力于去殖民化。

依然巨大的俄罗斯尤其如此，当年称作“俄罗斯社会主义联邦苏维埃共和国（Russische Sozialistische Föderative Sowjetrepublik，RSFSR）”，今天叫“俄罗斯联邦（Russländische Föderation）”，除了57个没有区分民族的行政区，它还一如既往地包含16个自治共和国（在其他前加盟共和国中还另有4个共和国）、5个自治区和10个自治专区。然而在21个共和国和自治区中，只有8个冠名民族的人口超过总人口的50%，这就孕育着冲突的萌芽。特别是在种族、宗教和文化特别多样化的高加索，它总是导致私人国家的（Mikronationalistisch）分裂主义，比如在印古什（Inguschetien）、阿布哈兹（Abchasien）、南奥塞梯（Südossetien）和卡巴尔达－巴尔卡尔（Kabardino-Balkarien）共和国。

各种族的去殖民化努力使曾受殖民统治的高加索发展成政治火药桶。

此外，它与中亚构成拥有丰富矿藏的里海大区域的一部分，除俄罗斯想在这里保持它的控制外，美国和欧盟、伊朗和土耳其以及中国也都在这里追寻着自己的利益。自从独立的阿塞拜疆1994年与西方石油康采恩签订了一项协议之后，这里就充满着争夺里海石油的竞争。因为一条输油管道从巴库通往土耳其，另一条通往格鲁吉亚的黑海港口，只有一条天然气管道经过俄罗斯联邦抵达俄罗斯的黑海港口新罗西斯克（Noworossijsk）。俄罗斯试图使用武力来保持在高加索地区的地位就毫不奇怪了。

当1991年车臣的一个分裂主义运动在东北高加索的“车臣—印古什自治共和国（Tschetschenisch-Inguschischen Autonome Republik）”赢得了大选并立即宣布车臣独立时，印古什少数民族与车臣人分离了。几经思索后，俄罗斯以军事行动对这种单方面宣告独立、非车臣族居民大量外迁和自身影 1244
响力日渐衰退作出反应，但是在付出极大的代价获得胜利之后终于同意停战。在人口只有约120万的车臣，1994年至1996年的第一次车臣战争就牺牲了8万人的生命（据其他统计甚至达20万人）。极端伊斯兰的影响力越来越大，其代表发动了对相邻的达吉斯坦的进攻，在俄罗斯发生的恐怖主义袭击的源头都指向了车臣，这一切导致了1999年至2009年的第二次车臣战争，其间双方的手段都很残酷，战争结束后一个由俄罗斯指定的总统被强加给这个国家。车臣人毕竟是19世纪对俄国统治顽强抵抗到最后的穆斯林高加索民族中的一个。由于与德国人合作，1944年他们被逐往哈萨克斯坦，直到1957年允许他们返回后，他们的自治共和国才重新成立。

车臣冲突或许呈现的是一种极端情况，但是前俄罗斯帝国的去殖民化即使在其他地方也绝不可能已经结束。不过这种过去的未来不见得必然导致恐怖主义和残酷的镇压。就连自治地区中人口最稠密的喀山鞑靼人的共和国1992年也曾拒绝签署新的联邦条约，并且通过暗中交易商定了特别广泛的半主权，它被俄罗斯以慷慨的投资所化解。其他共和国也对俄罗斯内部的这种主权提出了要求，不管它叫什么。

以色列——西方的最后一个移民殖民地？

由于1948年大批阿拉伯人逃亡，以色列得以在369个已放弃的阿拉伯居民点的基础上建立起186个犹太人定居点。1946年60.8万犹太人面对的还是135万阿拉伯人，而1948年65万犹太人面对的只有16万阿拉伯人。但是以色列随即
1245 接收了从东方各国驱赶出的60万~80万犹太人，这是最大的迁入潮，从1990年起数十万犹太人获准从苏联迁出。此时以色列的殖民可以以一种令人难忘的方式继续进行下去，尽管生活在城市中的以色列人比以往任何时候都多。把水从革尼撒勒湖（Genezareth-See）引到内格夫沙漠（Negevwüste）地区这一巨大的引水工程值得特别称赞。水的争夺在以色列国内外与阿拉伯人的冲突中发挥着巨大的作用。1980年以色列拥有328万犹太人和60万阿拉伯居民，但是此外还有约旦河西岸的70万和加沙地带的44.2万阿拉伯人。因为针对埃及的威胁以色列成功地发起了先发制人的攻击，也就是1967年6月的“六日战争”，战争以埃及、叙利亚和约旦的空军被消灭而结束，在此战中以色列占领并守住了阿拉伯人的东耶路撒冷（Ostjerusalem）、巴勒斯坦的约旦部分、革尼撒勒湖对面战略地位十分重要的戈兰高地（Golanhöhen）和加沙地带（Gazastreifen）。

随着它的“第二次诞生”，以色列实现了犹太复国主义的梦想目标：统治整个巴勒斯坦。像对待联合国其他许多决议一样，以色列对要求其撤出被占领地区的《联合国第242号决议》（UNO-Resolution 242）置之不理。此举用暴力论证的是再次通过暴力从一个移民殖民地变成了殖民大国。如果说留在以色列的阿拉伯居民至少还是二等公民的话——民法上受到歧视，没有服兵役义务，但毕竟还有选举权——而那些新的阿拉

伯臣民则处于压制性的军事管理之下，并作为廉价的流动短工提供服务。为了有目的地把殖民和殖民主义联系起来，1967年开始在占领区修建新的犹太人定居点，历届政府都坚定不移地继续修建，通过肆意滥用法律使之合法化，必要时使用武力使之得到保障。即使是以色列最高法院作出的有利于对方的决议移民和政府也不予理睬。犹太人从1970年在希布伦附近创建的定居点向前推进到了这座阿拉伯城市里，多次导致了特别血腥的事件。因为通常情况下新的定居点包括它们之间的道路都会谨慎地将阿拉伯人隔离在外。

虽然1973年埃及和叙利亚在赎罪日战争（Jom-Kippur-Krieg）中的突然袭击将以色列置于失败的边缘，但凭借美国大规模的供应以色列最终获胜。尽管激进的敌人喊着血腥的口号，但凭借美国的财政政治支持以及它的技术和军事优势，比如从未承认但众所周知的拥有核武器，以色列的存在过去和现 1246
在仍然是安全的。但是在边境和国内反复出现的威胁其民众的小规模战争只能使以色列的态度更加强硬，以致西方的这最后一块殖民地看起来必定无法去殖民化——诚然人们也曾经从南非和苏联接受过这种观点。

首先世界政治的变化似乎影响不了以色列。虽然恰恰是利库德集团（Likudblock）的保守政府响应了萨达特（Anwar as-Sadat）总统的倡议并于1979年与埃及签订了和平条约，但其目的首先是确保他们对巴勒斯坦人的侵略政策和在占领区建立定居点。1987年底那里开始了“以色列占领区内巴勒斯坦人的暴动（Intifada）”（意为摆脱），一场反对占领国的持久暴动，特别是看不到前景的阿拉伯青年纷纷参与其中。暴动和以色列的严厉镇压显得特别适合上电视镜头，招致世界公众舆论对以色列的激烈批评。1964年在纳赛尔影响下建立的巴勒斯坦解放组织（die Palästinensische Befreiungsorganisation,

P.L.O.）自1969年至2004年处在好战的亚西尔·阿拉法特（Jassir Arafat）的领导之下。尽管主张暴力行动，但它还是于1988年借巴勒斯坦国（Palästinenserstaat）宣告成立之际首次承认了以色列国家的存在。以色列对此不予理睬，就像不理睬当年美国施压逼迫停止在西岸强行建立犹太人定居点一样。1990/1991年的第一次海湾战争因给以色列带来的现实威胁和阿拉伯极端势力的削弱导致了犹太人态度变得更加严厉。但是世界政治的压力大大地增长，因为美国和此时允许国内数十万犹太人迁往以色列的俄罗斯暂时追求着同一目标。所以1991年以色列表示准备参加由两个世界大国主导的与阿拉伯国家的会谈，但会谈在谈及礼仪形式问题时就已经开始停滞不前了。

1992年，工党大选获胜可以被视为人民投票赞同和平谈判。1993年，以色列在挪威与巴勒斯坦解放组织进行了秘密谈判之后于9月13日达成了一份协议。除了相互承认和至1999年巴勒斯坦人在以色列境内实行自治并可选出拥有议席的代表机构，还计划不管情况如何都要继续谈判，甚至涉及所有问题中最棘手的问题：东耶路撒冷的地位。因为一个经大规模扩展的大耶路撒冷自1950年起就是以色列不可侵犯的首
1247 都，1967年占领的东半部完全被纳入其中。通过一个全面的建设和定居计划，此后它有计划地向东扩展到西岸地区。但是阿拉伯人坚持捍卫他们的圣地，绝不会放弃他们的要求。特别迫切的仍然是在被占领区修建的众多以色列定居点的问题，其居民认为自己的政府作出的最微小的让步也是将他们出卖给了巴勒斯坦人。1993年仅在西岸就已经有10.9万犹太人。这些问题在其他所有协议中都提到了，却没有处理，而是继续延期。1994年，勇于担当的总理伊扎克·拉宾（Jitzhak Rabin）与阿拉法特一起获得了诺贝尔和平奖，1995年他被一名以色

列极端分子谋杀。有关调查报告的一部分如今仍然处于保密状态。

尽管如此，1994 年还是得以签订和执行了一份关于在加沙地带和耶利哥建立一个巴勒斯坦自治政权的协议，而且开始逐渐转交约旦河西岸各地的民事管理权。但这绝不意味着以色列放弃了殖民主义统治。在饱受失业痛苦的巴勒斯坦人的经济依赖性方面没有任何改变。此外，它的自治机构仅管理着约旦河西岸 27% 的面积，也就是一些不相关联的岛屿，而 73% 的面积继续由以色列控制，犹太人定居点的建立和扩建在那里不受影响地继续进行。自治机构不仅要承受内部的政治结构问题、腐败和权力滥用等，而且在这种情况下也没有能力充当以色列势均力敌的伙伴。它屈从于以色列非官方的殖民主义，也就是说，它相当无助地承受着种种压力、军事暴力行动或秘密警察暴力行动。此前归为政治反抗以色列的暴力行动的行为，现在被双方从宗教层面重新给予定义。在巴勒斯坦方面穆斯林组织“哈马斯（Hamas）”发挥着越来越大的作用，它最初作为特殊的巴勒斯坦解放组织的备选组织曾得到以色列的支持。由于美国大规模的支持，保守势力领导下的联合政府自 1996 年以来能够拖延谈判的继续进行。

2000 年，沙龙（Ariel Sharon）将军带着 1000 多名武装随从“访问圣殿山（Besuch des Tempelbergs）”引发了第二次以色列占领区巴勒斯坦人的暴动，与第一次暴动相比，此次暴动在使用武力方面进一步升级。2003 年赢得大选胜利之后，他作为总理开始利用一条深入约旦河西岸的界墙来保卫以色列。2004 年初巴勒斯坦总统阿拉法特去世后其继任者更加务实，加沙地带的几个犹太人定居点解散，2005 年沙龙从加沙地带撤军，这些似乎为和平进程重启了机会；就连哈马斯也同意了“停火”，虽然以色列人 2004 年杀害了他们的精神领袖。但是，2006 年初哈马斯以压倒性赢得大选不仅引起了以色列和西方的强烈反应，而且也导致了一场哈马斯和法塔赫（Fatah）——巴勒斯坦解放组织武装力量——之间的武装冲突。在加沙地带的冲突以哈马斯的胜利结束，而法塔赫则勉强保住了约旦河西岸。两个分裂和相互为敌的巴勒斯坦政权的存在继续强化了以色列的主人地位，并使得 1993 年期盼的巴勒斯坦的去殖民化变得更加遥遥无期。因为在持续不断地受到巴勒斯坦袭击威胁的情况下，对以色列来说尊重加沙地带的领土完整
1249 是不可能的；在约旦河西岸，由于各巴勒斯坦地区的定居点互不相连，所以去殖民化无论如何也是不可能的。西方不仅在外交上陷入了这种继续存在的殖民主义的缠绕，在财政上亦如此，因为尽管以色列的经济运行完全有效率，但还是依然仰赖美国的支援，巴勒斯坦解放组织则依靠欧盟的援助。1994 年至 2000 年，巴勒斯坦自治机构从西方施予者那里获得了 34 亿美元的财政援助。来自美国的对以色列的国家和私人资助以及利率优惠贷款的总数不详。乔治·W. 布什（George W. Bush）当政期间据说每年至少有 10 亿美元流入以色列。

2014 年以色列拥有 820 万人口，其中有 610 万犹太人（74%）和 170 万阿拉伯人（20%）。以色列最后还能接受来自苏联的 100 多万迁入者，仅 1989 年至 1999 年就接受了 75 万人。尽管如此，阿拉伯人的数量还是在慢慢地增加。91% 的以色列人生活在城市里。2009 年，30 多万犹太人生活在 400 多个定居点和约旦河西岸的外围地区，而在它们之间生活着约 200 万阿拉伯人，其中 30% 是从今天的以色列逃出的流亡者或者这些人的后代。在面积小得多的加沙地带据称生活着 150 万巴勒斯坦人，其中 60% 是流亡者或他们的后代。加沙地带的人口密度如同一个大都市的人口密度，其出生率位列世界第一。2008 年、2012 年和 2014 年以色列为回击加沙地带的导

弹和恐怖行动发动的进攻一再造成新的破坏，因而那里的经济继续倒退。至少有一半居民需要依靠“联合国巴勒斯坦难民救济和工程处（United Nations Relief und Work Agency for Palestine，U.N.R.W.A.）”发放的必需品生活。经济困境，特别是极高的失业率，再加上可以将这一切的责任通通归于以色列主人，所以加沙地带变成了一个政治火药桶。

1949 年，联合国巴勒斯坦难民救济和工程处成立，并且总是每三年延期一次。它的约 6 亿美元的财政预算（2013 年）由联合国成员承担，一半由美国提供，三分之一由欧盟提供。除了加沙地带，它还要关心约旦河西岸、约旦、叙利亚和黎巴嫩的 460 万人的基本需求，今天的重点在教育事业上。根据其他的报告，1950 年从巴勒斯坦逃出的难民为 91.4 万人，“六日战争”的难民为 30 万人，今天已经变成 650 万甚或 850 万人。这些难民仅仅在约旦获得了国民身份。在其他国家他们中 1250
的一部分受到有针对性的歧视，目的是维持他们作为反以色列的机动性群体。他们一如既往地生活在难民营，但数十年过去，这些营地已经拥有了城市居民区的特性。《联合国第 194 号决议》（UNO-Resolution 194）所宣布的他们的返回权被以色列拒绝；此外它也有可能损害国家的犹太特性。

但是，自两次世界大战间隔期以来就在讨论并构成了此后所有和平努力基础的“两国解决方案（Two-States Solution）”在此期间已经落空，尽管官方几乎没有注意到这一点。约旦河西岸犹太人居民点的一部分已经成为真正的城市，它们以及犹太人的大耶路撒冷的存在在此期间已经变得不可逆转。与在加沙地带撤空几个村镇相反，它的解体仅从经济上看就是不可行的，而且在政治上也会违背犹太复国主义的大以色列计划，该计划从一开始就引领着犹太复国主义的权威政治家。旨在建立一个纯犹太人国家的种族清洗本也属于这个计划，它曾是全力奋争的目标，而且1948年和1967年的巴勒斯坦人大逃亡也使它得以实现，但并不彻底。因为它几乎不可能通过暴力来实现，所以事情便停留在巴勒斯坦部分自治的妥协方案上，不过这种部分自治出于实际和政治原因不具备国家的能力。

这种渐进的种族清理与种族主义南非的黑人居住区政策最相近。犹太国家将自己定义为历史上最糟糕的种族主义牺牲品的共同体，南非是世界上最严厉的种族主义分子的政权，有违常理的是，很长时间里两者之间存在着紧密的政治和军事伙伴关系！难道从中可得出结论，南非的解决方法或许也适合以色列的去殖民化？实际上，以阿拉伯人和犹太人作为整个巴勒斯坦民主国家平等公民的“一国方案（One-State Solution）”新近也得到了那些喜欢责备的犹太人越来越多的欢迎。同样，这个方案早在两次世界大战间隔时期就讨论过，马丁·布伯（Martin Buber）和汉娜·阿伦特（Hannah Arendt）也分别于1942年和1947年支持过它。但它的实现以包括美国在内的所有参与方作出很大的政治思想的改变为先决条件。

因为阿拉伯方面从中只会获得好处，所以克服其因无望而生的侵略性是大有可能的。然而新近从宗教角度重新解释冲突却可能会导致这样的结果：除犹太人的排他性思想外，现在穆斯林的排他性思想也将阻碍这样一种发展进程。

1251 或许基于自己暂时毫无疑义的优势，犹太人方面比较容易作出必要的妥协，因为对新的浩劫（Shoah）的恐惧在此期间也同样自行消除了。但是它可能要面对难民及其后代的返回权问题。抛开这些不说，完全可以预料的是，从人口学角度长期地看，犹太人的多数有可能变成民主制下被剥夺权利的少数。多民族国家在历史上本来就从未经受住考验。即使成功地在法律上确保犹太共同体不受歧视，也存在着因同化而丢失身份的危险，犹太复国主义就一直反对这种同化。犹太教本来就是一个以种族定义追随者的宗教。犹太人的民族身份在以色列是建立在宗教实践上的，但是很多以色列人不再把这种实践与信仰联系在一起。如果国家在这方面的强制取消了，会发生什么呢？正在进行这种实践的犹太人会不会出于这个原因而变成少数呢？

解决方案或许存在于一种可能性中，它虽然违背了时下以“强制记忆（Erinnerungszwang）”为义务的文化趋势，但对于被不公正地忽视了的“遗忘文化（Kultur des Vergessens）”来说，却是合适的。对于年轻的阿拉伯人来说，他们的父母和祖父母遭受驱逐的“纳克巴（Nakba）”[①]是促使他们产生身份认同感的心灵创伤；而对于年轻的犹太人来说，则是他们的祖父母辈遭受大屠杀的“浩劫”；如果两者能将这些抛在脑后并寻求一个共同未来，那将会怎样呢？“如果我们始终牢记仇恨，我们就永远也得不到和平。”格陵兰的去殖民化先驱古尔堡·开姆尼茨（Guldborg Chemnitz）这样说（Braukmüller，457）。

① 阿拉伯语，意为灾难日，指以色列对阿拉伯人的驱逐和迫害。

原始资料与参考文献

控制两极地区？

Altmann, G., Abschied vom Empire. Die innere Dekolonisation Großbritanniens 1945–1985, Göttingen 2005 | Amundsen, R., Die Nordwestpassage, Leipzig 1908 | –, Die Eroberung des Südpols, 2 Bde., Leipzig 1921 | Antarctic Treaty: Report of the Consultative Meeting, Nr. 1 ff., Canberra u. a. 1961 ff. | Archer, C. (Hg.), The Soviet Union and the Northern Waters, London 1988 | –/Scrivener, D. (Hg.), Northern Waters, London 1986 | The Arctic Zone of International Inspection, in: Polar Record 10 (1960/61) 153–57 | Beck, P. J., The International Politics of Antarctica, London 1986 | –, Antarctica at the United Nations, 1985, the End of an Consensus? In: Polar Record 23 (1986/87) 159–66 | –, The UN and Antarctica 1986, in: Polar Record 23 (1986/87) 682–90 | –, The Falkland Islands as an International Problem, New York 1988 | –, Convention on the Regulation of the Antarctic Mineral Resource Activities, in: Polar Record 25 (1989) 19–32 | [Bellingshausen] F. G. von Bellingshausens Forschungsfahrten im südlichen Eismeer 1819–1981, Leipzig 1902 | Berkman, P. A. u. a. (Hg.), Science Diplomacy: Antarctica, Science, and the Governance of International Spaces, Washington 2011 | Borchgrevink, C. E., First on the Antarctic Continent, London 1901, Ndr. 1980 | Braukmüller, H., Grönland – gestern und heute. Grönlands Weg der Dekolonisation, 3. Aufl., Leer 1996 | British Antarctic (*Terra Nova*) Expedition, 1910–1913, 20 Bde., London 1914–35 | Brown, R. N. R. u. a., The Voyage of the *Scotia*, London 1906, Ndr. 1917 | Bruce, W. S., Scottish National Antarctic Expedition (1902–1904), 7 Bde., Edinburgh 1907–20 | Burns, A., In Defence of Colonies, London 1957 | Bush, W. M. (Hg.), Antarctica and International Law, 3 Bde. u. Index, London u. a. 1982–88 | Byrd, R. E., Little America: Aerial Exploration in the Antarctic and the Flight to the South Pole, London 1931 | Calvert, P., The Falkland Crisis, New York 1982 | Charcot, J. B., Journal de l'expédition antarctique française 1903–1905, Paris 1906 | –, Expédition antarctique française, 7 Bde., Paris 1907–08 | –, Deuxième expédition antarctique française (1908–1910), 9 Bde. u. Atlas, Paris 1911–17 | Chehabi, H. E., Self-Determination, Territorial Integrity, and the Falkland Islands, in: Political Science Quarterly 100 (1985) 215–25 | Coll, A. R./Arend, A. C. (Hg.), The Falkland War, Boston 1985 | Consejo Argentino para las Relaciones Internacionales, Malvinas [...] Diplomacia Argentia en Naciones Unidas 1945–1981, 2 Bde., Buenos Aires 1983 | Crane, D., Scott of the Antarctic, London 2006 | David, R. G., The Arctic in the British Imagination 1818–1914, Manchester 2000 | Del Carril, B., La cuestión de las Malvinas, Buenos Aires 1983 | Dodds, K., The End of a Polar Empire? The Falkland Islands Dependencies and Commonwealth Reactions to British Polar Policy, 1945–61, in: JICH 24 (1996) 391–421 | –, Geopolitics in Antarctica: Views from the Southern Ocean Rim, Chichester 1997 | –, Pink Ice: Britain and the South Atlantic Empire, London u. a. 2002 | Drygalski, E. v., Die deutsche Südpolarexpedition [...]. Bericht über die wissenschaftlichen Arbeiten, 3 Hefte, Berlin 1902–03 | –, Zum Kontinent des eisigen Südens. Deutsche Südpolarexpedition [...] 1901–1903, Berlin 1904 | – (Hg.), Die deutsche Südpolarexpedition 1901–1903, 20 Bde. u. Atlas, Berlin u. a. 1911–31 | Dumont d'Urville, J. S. C., Expedition au Pôle Austral [...], Paris 1839 | –, Voyage au Pôle Sud et dans l'Océanie, 23 Bde., Paris 1841–54 | Fuchs, V./Hillary, F., The Crossing of Antarctica, London

1958 | Gad, F., The History of Greenland, 2. Bde., Montreal 1971–73 | Gualtieri, A. R., Christianity and Native Traditions: Indigenization and Syncretism among the Inuit and Dene of the Western Arctic, Notre Dame 1984 | Hall, C. F., Life with the Esquimaux, London 1864 | Headland, R. K., Chronological List of Antarctic Expeditions and Related Historical Events, Cambridge 1989 | Heinzelmann, F. (Hg.), J. Dumont d'Urvilles Reise, Leipzig 1851 | Herrmann, E., Deutsche Forscher im Südpolarmeer, Berlin 1942 | Herzfeld, U. C., Atlas of Antarctica, Berlin 2004 | House of Commons, The Falklands Campaign: A Digest of Debates, 2 April to 15 June 1982, London 1982 | Huntford, R., Scott and Amundsen, London 1979 (dt. 1980) | –, Shackleton, London 1985 | Israel, H., Kulturwandel grönländischer Eskimos im 18. Jahrhundert, Berlin 1969 | James, L., Imperial Rearguard: Wars of Empire 1919–1985, London 1988 | Kämmerer, J. A., Die Antarktis in der Raum- und Umweltschutzordnung des Völkerrechts, Berlin 1994 | Kirwan, L. P., The White Road: A Survey of Polar Exploration, London 1959, 2. Aufl.: A History of Polar Exploration, London 1960, Ndr. 1962 | Kosack, H. P., *Antárctica Argentina*, in: Polarforschung 21 (1951) 129–32 | Launius, R. D./Fleming, J. R./DeVorkin, D. H. (Hg.), Globalizing Polar Science: Reconsidering the International Polar and Geophysical Years, Basingstoke 2010 | Mawson, D. u. a., Australasian Antarctic Expedition 1911–14: Scientific Reports, 14 Bde., Sydney 1918–42 | Meister, J., Der Krieg um die Falkland-Inseln 1982, Osnabrück 1984 | Myhre, J. D., The Antarctic Treaty System, Boulder u. a. 1986 | Nansen, F., Auf Schneeschuhen durch Grönland, 2 Bde., Hamburg 1891 | –, In Nacht und Eis, 2 Bde., Leipzig 1897, Neubearb. 1962 | – (Hg.), The Norwegian North Polar Expedition 1893–1896: Scientific Results, 6 Bde., Christiania u. a. 1900–05 | –, Eskimoleben, Berlin u. a. 1903 | Nordenskiöld, A. E. v., Die Umsegelung Asiens und Europas auf der Vega, Leipzig 1882, Neuausg.: Nordostwärts, Stuttgart 1987 | Nordenskjöld, N. O. G./Andersson, J. G., Antarctic, 2 Bde., Berlin 1904 | – (Hg.), Wissenschaftliche Ergebnisse der schwedischen Südpolarexpedition 1901–1903, 6 Bde. in 11 Tln., Stockholm 1910–20 | Ossendorf, I., Der Falkland-Malwinenkonflikt 1982 und seine Resonanz in der nationalen Presse [beider Seiten], Frankfurt 1987 | Parry, E., Journal of a Voyage for the Discovery of the North-West-Passage [...] 1818–1829, London 1981 | –, Journal of a Second Voyage [...] in 1821–1832, London 1824 | –, Journal of a Third Voyage [...] in 1824–1825, London 1826 | –, Narrative of an Attempt to Reach the North Pole [...] 1827, London 1828 | Payer, J., Die österreichisch-ungarische Nordpolexpedition in den Jahren 1872–1874, Wien 1875–76 | Peary, R. E., The North Pole, London 1910 | Polar Research Board, Antarctic Treaty System: An Assessment, Washington 1986 | Porter, B., The Absent-minded Imperialists: Empire, Society and Culture in Britain, Oxford 2004 | Reports of the US-USSR Weddell Polynya Expedition 1981, 8 Bde., 1983–86 [Ms.] | Riffenburgh, B. (Hg.), Encyclopedia of the Antarctic, 2 Bde., New York u. a. 2007 | Ritscher, A. (Hg.), Wissenschaftliche und fliegerische Ergebnisse der Deutschen Antarktischen Expedition, 2 Bde., Leipzig u. a. 1942–58 | Roberts, B., Chronological List of Antarctic Expeditions, in: Polar Record 9 (1958/59) 97–134, 191–239 [bis 1957] | Roberts, P., The European Antarctic: Science and Strategy in Scandinavia and the British Empire, Basingstoke 2011 | Rose, L. A., Assault on Eternity: Richard E. Byrd and the Exploration of Antarctica 1946–47, Annapolis 1980 | Rosenman, H. (Hg.), An Account [...] of Two Voyages to the South Seas by [...] Dumont d'Urville, 2 Bde., Melbourne 1987 | Ross, J. C., Narrative of a Voyage in Search of a North-West-Passage, Paris 1835 | –, A Voyage of Discovery and Research in the Southern and Antarctic Regions, 1839–1843, London 1847, Ndr. 1969 (dt. 1847) | Sanders, D. u. a., Government Popularity and the Falklands War: A Reassessment, in: British Journal of Political Science 17 (1987) 281–313 | Savoyen, Ludwig Amadeus v., Die *Stella Polare* im Eismeer, Leipzig 1903 | Scott, R. F., The Voyage of the *Discovery*, London 1929 | Scott's Last Expedition, 2 Bde., London 1913 (dt. 1913) | Shackleton, E. H., Einundzwanzig Meilen vom Südpol, 2 Bde., Berlin 1909–10 | –, South, London 1919 | Simpson-Housley, P., Antarctica: Exploration, Perception, and Metaphor, London u. a. 1992 | Stefansson, V., My Life with the Eskimo, London 1913 | –, The Friendly Arctic, London 1921 (dt.: Land der Zukunft, 1923) | –, Hunters of the Great North, London 1927 | –, Discovery: The Autobiography, New York 1964 | Svarlien, O., The Legal Status of the Arctic, in: Proceedings of the American Society of International Law 1958, 136–43 | –, The Sector Principle in Law and Practice, in: Polar Research 10 (1960/61) 248–63 | Sverdrup, O. N., Neues Land. Vier Jahre in arktischen Gebieten, 2 Bde., Leipzig 1903 | Thomson, C. W./Murray, J. (Hg.), Report on the Scientific Results of the Voyage of H. M. S. *Challenger* during the Years 1973–76, 5 Bde., London 1881–1891 | Trans-Antarctic Expedition 1955–1958: Scientific Reports, 11 Bde., London u. a. 1960–82 | Tyler, D. B., The Wilkes Expedition, Philadelphia 1968 | The Unnecessary War: The Belgrano Enquiry by the Belgrano Action Group, Nottingham 1986 | US Navy, Report on Operation *High Jump*, 1947 | US Navy, Reports on Operation *Deep Freeze*, 1956–83 | Vorbericht über die deutsche Antarktische Expedition 1938/39, Berlin 1939 | Wegener, A., Mit Motorboot und Schlitten in Grönland, Bielefeld u. a. 1930 | Wegener, E./Loewe, F. (Hg.), Alfred Wegeners letzte Grönlandfahrt, Leipzig 1932 | Wilkes, C., Narrative of the U.S. Exploring Expeditions, 1838–1842, Philadelphia 1845.

迟到的去殖民化还是帝国一体化？

Aldrich, R./Connell, J., France's Overseas Frontier: Départments et Territoires d'Outremer, Cambridge 1992 | –/–, The Last Colonies, Cambridge 1998 | [BDEE] British Documents on the End of Empire, Series A, 1,1–5,3, London 1996–2004, Series B, 1,1–11, London 1992–2006, Series C, 1–2, London 1995–98; B, 6, 1999 | Costs and Benefits of Independence in the Caribbean, in: Itinerario 25, 2 (2001) 9–92; 25, 3 (2001) 90–111 | Cox-Alomar, R., Britain's Withdrawal from the Eastern Caribbean 1965–67: A Reappraisal, in: JICH 31, 3 (2003) 74–106 | Drower, G., Britain's Dependent Territories: A Fistful of Islands, Aldershot 1992 | Dschafarow, R., Die Politik der Groß- und Regionalmächte im Südkaukasus und in Zentralasien, Frankfurt 2009 | Fedorowich, K./Thomas, M. (Hg.), International Diplomacy and Colonial Retreat, in: JICH 28, 3 (2000) 1–252 | Götz, R./Halbach, U., Politisches Lexikon Rußland, München 1994 | –/–, Politisches Lexikon GUS, 3. Aufl., München 1996 | Gumppenberg, M.-C. v./Steinbach, U. (Hg.), Zentralasien. Geschichte, Politik, Wirtschaft. Ein Lexikon, München 2004 | Hartog, J., Geschiedenis van de Nederlandse Antillen, 4 Bde. in 5 Tln., Oranjestad 1953–64 | Konfliktherd Kaukasus, in: Welt-Trends 64 (2009) 26–77 | Krech, H./Noack, H., Der zweite Tschetschenienkrieg (1999–2002). Ein Handbuch, Berlin 2002 | Parker, J., Brother's Keeper: The United States, Race, and Empire in the British Caribbean, 1937–1962, Oxford 2008 | Perkins, W. T., Constraint of Empire: The United States and Caribbean Interventions, Oxford 1981 | Perovi , J., Der Nordkaukasus unter russischer Herrschaft, Köln 2015 | Plaggenborg, S. (Hg.), Handbuch der Geschichte Russlands, Bd. 5, 1–2, Stuttgart 2002–03 | Porter, B. 2004 | Quiring, M., Pulverfass Kaukasus. Konflikte am

Rande des russischen Imperiums, Berlin 2009 | Rey, M.-P. (Hg.), L'URSS et le Sud, in: OM 95, 1 (2007) 5–171 | Waal, T. de, The Caucasus: An Introduction, Oxford 2010 | Wagensohn, T., Russland nach dem Ende der Sowjetunion, Regensburg 2001 | Waldmann, P./Krumwiede, H.-W., Politisches Lexikon Lateinamerika, 3. Aufl., München 1992 | Wilkins, M., The Emergence of Multinational Enterprise: American Business Abroad from the Colonial Era to 1914, Cambridge, MA 1970 | –, The Maturing of Multinational Enterprise: American Business Abroad from 1914 to 1970, 2. Aufl., Cambridge, MA 1975 | Wooden, A. E./Stefes, C. H. (Hg.), The Politics of Transition in Central Asia and the Caucasus: Enduring Legacies and Emerging Challenges, London 2009 | Wright, F. R./Goldenberg, S./Schofield, R. (Hg.), Transcaucasian Boundaries, London 1996.

以色列——西方的最后一个移民殖民地？

Beit-Hallahmi, B., Schmutzige Allianzen. Die geheimen Geschäfte Israels, München 1988 | Braukmüller, H. 1996 | Bregman, A., Israel's Wars: A History since 1947, Abingdon u. a. 2002 | Bunzl, J., Israel in Nahen Osten, Köln 2008 | Cattan, H., The Palestine Question, London 1988 | Choueiri, Y. M. (Hg.), A Companion to the History of the Middle East, Oxford 2005 | Cleveland, W. L./Bunton, M., A History of the Modern Middle East, 4. Aufl., Boulder 2009 | Faris, H. A. (Hg.), The Failure of the Two-State Solution: The Prospects of One State in the Israeli-Palestine Conflict, London 2013 | Farsoun, S. K./Aruri, N., Palestine and the Palestinians: A Social and Political History, 2. Aufl., Boulder 2006 | Förster, S./Pöhlmann, M./Walter, D. (Hg.), Schlachten der Weltgeschichte von Salamis bis Sinai, München 2001 | Geddes, C. L. (Hg.), A Documentary History of the Arab-Israeli Conflict, New York 1991 | Gilbert, M., The Routledge Atlas of the Arab-Israeli Conflict, 7. Aufl., London 2002 | Grobe, S., Amerikas Weg nach Israel. Die Eisenhower-Administration und die amerikanisch-jüdische Lobby 1953–1961, Münster 1995 | Hagemann, S., Die Siedlerbewegung. Fundamentalismus in Israel, Schwalbach 2010 | Hartung, A., Zeittafel zum Nahostkonflikt, 2 Bde., Berlin 1979–91 | Hazony, Y., The Jewish State: The Struggle for Israel's Soul, New York 2000 | Hilger, A. (Hg.), Die Sowjetunion und die Dritte Welt. UdSSR, Staatssozialismus und Antikolonialismus im Kalten Krieg 1945–1991, München 2009 | Inbari, M., Jewish Fundamentalism and the Temple Mount: Who Will Build the Third Temple? Albany 2009 | Kahhaleh, S., The Water-Problem in Israel and its Repercussions on the Arab-Israeli Conflict, Beirut 1981 | Kleinschmidt, C., Von der *Shilumin* zur Entwicklungshilfe. Deutsch-iraelische Wirtschaftskontakte 1950–1966, in: VSWG 97, 2 (2010) 176–92 | Krakau, C., Die Rolle der palästinensischen Minderheit im politischen Leben Israels 1976–1996, Münster 2005 | Kreutz, A., Vatican Policy on the Palestinan-Israeli Conflict: The Struggle for the Holy Land, London 1990 | Laurens, H., La question de Palestine, 4 Bde., Paris 1999–2011 | Lindholm Schulz, H./Hammer, J., The Palestine Diaspora: Formation of Identities and Politics of Homeland, London 2003 | Marx, B., Gaza. Berichte aus einem Land ohne Hoffnung, Frankfurt 2009 | Middle East Contemporary Survey 1–24 (1976–2000), New York u. a. 1978–2002 | Minerbi, S. I., The Vatican and Zionism, New York 1990 | Minning, S. N., Der Dialog zwischen der israelischen Friedensbewegung und den palästinensischen Friedenskräften. Divergenzen und Konvergenzen 1973–1993, Münster 2005 | Moore, J. N. (Hg.), The

Arab-Israeli Conflict, 4 Bde., Princeton 1974–91 | Pappe, I., A History of Modern Palestine, 2. Aufl., Cambridge 2006 | –, The Ethnic Cleansing of Palestine, Oxford 2006 | Razoux, P., Tsahal, nouvelle histoire de l'armée israélienne, Paris 2006 | Said, E., Zionismus und palästinensische Selbstbestimmung, Stuttgart 1981 (engl. 1979) | Sand, S., Die Erfindung des jüdischen Volkes. Israels Gründungsmythos auf dem Prüfstand, Berlin 2010 (hebr. 2008) | Schäbler, B., Vertreibung, Nostalgie, Nationalismus. Das Land (*al-ard*) im politischen Gedächtnis der Generationen, in: Sterzing, C. (Hg.), Palästina und die Palästinenser 60 Jahre nach der *nakba*, Berlin 2011, 62–85 | Schreiber, F./Wolffsohn, M., Nahost. Geschichte und Struktur des Konflikts, 2. Aufl., Opladen 1989 | Schulze, R., Geschichte der islamischen Welt im 20. Jahrhundert, München 2002 | Segev, T., Die siebte Million. Der Holocaust und Israels Politik der Erinnerung, Reinbek 1995 | –, 1967. Israels zweite Geburt, München 2007 (engl. 2007) | Sobhani, S., The Pragmatic Entente: Israeli-Iranian Relations, 1948–1988, London 1989 | Tilley, V. Q., The One-State Solution: A Breakthrough for Peace in the Israeli-Palestinian Deadlock, Ann Arbor 2005 | Weber, W., Die USA und Israel. Zur Geschichte und Gegenwart einer politischen Symbiose, Stuttgart 1991 | Yapp, M. E., The Near East since the First World War, London 1991 | Zertal, I./Eldar, A., Die Herren des Landes. Israel und die Siedlerbewegung seit 1967, München 2007 | Zimmermann, M., Die Angst vor dem Frieden. Das israelische Dilemma, Berlin 2010.

第二十四章

总结和展望

从扩张性到全球性 1255

虽然欧洲的扩张还可以继续进行下去，但必须改变自己的特性，因为它在其传统的殖民主义形态上已经触到了自然和历史的界限。毕竟在20世纪，它最终席卷了整个世界，世界上没有一个部分没有直接或者间接地被它波及。但是在此期间，在这个世界不可能再进行殖民扩张，特别是不可能再进行殖民，因为世界已经被占满。根据估算，世界人口在1500年为5亿，1800年为10亿，2011年为70亿。最后一个移民殖民地以色列遇到了种种困难就不足为奇了，因为它早已与时代不合拍。

但是欧洲的殖民扩张首先就辩证地引起了自身的超越。这种扩张的基础是，相对于世界的其他部分，现代欧洲民族国家及其统治手段占有优势。在此过程中，它总是要依靠与当地精英们的合作，在一定程度上将它的非欧洲臣民欧洲化完全有利于它的控制，虽然它造就了当地的精英们，但是这些精英的平等意识不断增强，从自身统治的利益出发也日益需要实现政治解放，而这种意识和诉求却不断受挫。同时这些人又很熟悉欧洲物质、精神和体制的各种成就，所以他们学会使用这些统治手段对付他们的主人，并在有利的政治框架条件下利用去殖民化进程创建独立的民族国家，只是一个时间问题。在落后于西方一段时间之后，经历了现代化历程的日本的巨大成功就是这一历史辩证法的范例，其他国家也都深有体会。

这就是说，后殖民世界从根本上不同于前殖民世界。欧洲扩张赋予世界一个新的、现代的面貌。它使世界各个部分长期处在或紧密或不太紧密的联系之中，在许多方面给它们打上
了西方特有的文化烙印，尽管时间越长，美国的欧洲派生文化 1256
越多地接过了主导地位。我们称这种广泛的统一状态为“全

球性（Globalität）”，实现这种统一的历史过程叫作“全球化（Globalisierung）”。后一个概念出现于1960年代，在1970年代的发展中，尽管——或者恰恰是因为它很模糊，它成了社会科学的一个中心范畴。第一批关于全球历史的书籍也出现在1962年，但是这一新概念直至1990年代才成为旧的“世界史（Weltgeschichte）”或者“普世史（Universalgeschichte）”的竞争者。因为到那时为止，在冷战的影响下，它所涉及的是“对等平分的全球化”（Osterhammel/Petersson）。

今天很多对于我们来说理所当然的事情在几十年前却是无法想象的。由于在世界范围内时空被压缩，我们不仅可以从欧洲打电话到澳大利亚，借助因特网甚至还可以视频通话。内容广泛的文本可以在几秒钟之内发往世界各地，网络能促成交际群体的形成乃至引发政治行动。1995年至2000年，全球范围的因特网服务商从300家增长到1万家。另一方面，通信广播实时将全世界的重大事件传播出去。2001年9月11日我们能够“实时”看到世界贸易中心大楼的倒塌。此外我们即便在欧洲，每天也能多次获悉石油价格以及纽约和东京交易所的行情。据说有10亿张VISA信用卡在流通中。全球的金融资本根据不同的汇率行情在以秒计算的时间内在全球买进卖出的数额达数十亿美元，这些金钱常常是虚拟概念，它们不再对应实际价值。投资者将金钱“投放”到这种行动中而不再将它“投资”到实际存在的企业和产品中。用这种方式金钱以前所未有的规模直接创造出新的金钱。我们至少间接地依赖于这种工作程序，尽管我们只是觉察到我们的存款不再有多少利息。

决定我们命运的不仅是在世界范围内行动的银行和康采恩，还有国际政治有关当局，民族国家曾经无限制的主权明显受到了它们的限制。那些较弱的国家受到了更强的限制，它们中间最弱的国家甚至唯有通过国际结盟才能保障自身的存在，因为若是放在过去，它们早已被比较强大的邻国占领了。实力越强受到的限制越少，如果国际法违背了世界大国的利益，它们可以随意无视它。因此在过去几十年中所创造的国际 1257
刑事裁决权迄今为止只能够追究弱国国民的责任。联合国及其众多下属组织的行动因而一再受限，虽然这些组织取得了显著的成就，而且作为世界政治论坛已经是不可或缺的。各个国际经济委员会，如世界银行集团的五个部分、世界货币基金组织（IMF）和世界贸易组织（WTO），以及非正式机构如G8、G7、G20或者世界气候峰会的情况亦是如此。

与此同时，外交也早已发展为旅游外交。因为环游世界需要的时间不再是80天，而是不到80个小时，而且价格也承受得起。总体上说，过去的欧洲人向国外移居的“单行道”早已被强有力的“双向交通”所取代。与此相应，人数众多的深肤色人以及戴着严实程度不一的面纱的穆斯林妇女已经成为欧洲城市里的常见情景。可以听到几十种甚至上百种外语，而另一方面，英语或者美国英语则在世界范围成为通用语。虽然在非洲和亚洲不能遇上同样众多的欧洲人和美国人，但是双方的商人们不间断地在所有大陆的城市之间来回奔忙。此外，一方面西方旅游者一直人数众多，另一方面也渐渐出现了大批中国游客和人数稍少的日本游客。一个诚实的德国清洁工在泰国拥有一套小房屋几乎不会令人惊讶。当跨洲婚姻和性关系变为常态之后为什么还要惊讶呢？

然而这种“时空压缩”也有其不利的一面。在世界其他地区爆发的瘟疫转眼间就可能通过空中交通侵入我们这里。此外还可能出现新的异域疾病，比如2014年由非洲的埃博拉病毒引发的时疫，各地的人们都没有准备好应对它的办法。流动性的小刑事罪犯可能会养痈成患。但是，全球性的金融和工业资本首先就滋生了世界范围的有组织的犯罪行为，这种犯罪行为在毒品、武器和贩卖人口交易中的金额达数十亿美元。与此同时存在着资金流动的通道，因为金融资本的运作也能用于洗钱，至少也能被用于逃税。加勒比和其他避税天堂都是“全球性”的典型例子。

日本或者韩国生产的汽车在欧洲驰骋着，而中国人非常看重奥迪和劳斯莱斯；在肯尼亚的民间笑话里，富有的新贵被称作“瓦本茨人（Wa-Benzi）”，他们都开着梅赛德斯汽车。1945 年至 2010 年，世界范围内机动车的数量从 4000 万辆增
1258 加到了 8 亿辆，而且尚看不到尽头，或者根本没有尽头！西方的衣服和内衣（包括 19 世纪末欧洲发明的胸罩）在全世界占主导地位。不过在近东的部分地区、印度以及其他一些地方，至少在上衣方面仍然保留着充分体现身份特征的民族服装。然而非洲人发现，典型的西非长袍的五颜六色的衣料出自尼德兰，是用印度尼西亚的巴提克印花法制造出来的——这又是一种全球性的体现。我们的服装大部分是在孟加拉国或中国低成本生产出来的。我们的计算机首先来自中国台湾或者大陆地区。19 世纪英国被视为世界车间，而最近中国已经变成了世界工厂，它为全世界生产着 80% 的玩具、70% 的彩电、34% 的冰箱和洗衣机以及 30% 的船舶。不久前还处于工业领先地位的日本退到了幕后。

德国东部的一座小城已经出现了一家印度餐厅，它也提供无可指责的希腊菜肴和意大利菜肴，包括有全球性特征的创新菜式，例如带有芒果调味汁的提拉米苏。一个稍大一点的欧洲或美国城市今天都拥有一个五彩缤纷的国际化餐饮场所以及中东和东亚特色的食品市场。麦当劳及其竞争对手们在世界范围内已标准化和程序化的快餐自 1970 年代起占领了世界，工业化生产的饮料可口可乐和百事可乐到处可见，它们均可被视为餐饮全球性的典范。带有美式自助早餐的国际酒店餐厅在世界

范围内也随处可见。中国的机场也提供袋装牛奶配快餐，虽然很多中国人体内缺少乳糖酶。但是牛奶在亚洲已很时尚，而且可以生产无乳糖牛奶。日本人如今生产的威士忌比苏格兰人的更好！

早在 1988 年，一支乐队就在拉萨的一家宾馆为享用欧式套餐的客人演奏了莫扎特的小夜曲作为餐间音乐。特别是日本人和韩国人已经成为西方乐器卓越的演奏者和古典西方音乐重要的诠释人。而亚洲音乐在西方的影响远不如非洲和美洲的爵士乐。在造型艺术上则不同，这个领域形成了一个相当平等主义的国际场景，而在文学方面能否取得国际成就则与是否以英语出版密切相关，无论它们是不是翻译的。在流行文化方面，日本的漫画和动画片的爱好者遍布全球，例如 1974 年日本人改自瑞士小说《海蒂》（*Heidi*）的动画片 1979 年在南非获得了巨大的成功。

比西方服饰更普遍的是以自然科学技术为导向的生活实践和与此相关的物质方面的世界联系。然而两者都与各种精神冲动密切相关。与欧洲扩张联系在一起的传教使得基督教变成了遍及全球的世界宗教。伊斯兰教也在同一时间扩张，但却与无法完全强行进入西方宗教概念的其他亚洲和非洲的世界观一样，直到后来才开始在西方赢得追随者。在欧洲和美洲有为数众多的清真寺，印度、中国的庙宇寺院以及非洲和美洲的神庙，它们的信众往往还都是移民。但是西方皈依者的数量在增加。

趋于缓和的亚洲精神性的消费传播得更加广泛。例如，据说有 400 万德国人练习着某一种形式的瑜伽，练习气功的人数量不详。但是这种德国瑜伽已经是跨文化转换的产物。原始的印度瑜伽的身体动作部分受西方的影响，在本土发展成了一种高雅的体操，并以这种形态重新回到了西方。类似的情况可能也适用于东亚的搏击项目，它们本来也属于一种精神的联系。在此期间，亚洲人和非洲人在以印度教、佛教或者基督教为基础创建新的精神共同体方面变得极其富有创造力。其中很多是以商业形式和组织为目标的。但是它们具有独特魅力的创建者和领导者证明自己对欧洲人和美国人来说也是具有吸引力的。

总而言之，这种具有现实意义的全球化的景象看起来极其丰富多彩，并不整齐划一，我们不说它们相互矛盾。在共时性层面上，系统性的“全球秩序”的景象并没有出现，而更多显现了一种“全球无秩序”的景象。几乎不能说这是一种体系，充其量只是一种网络系统，更确切地说是多个网络系统。后现代的、去中心化的范畴“网络（Netzwerk）”被适时地发明出来，以替代现代的、中心化的关键概念“体系（System）”，因为后者还有些欧洲中心的意味。即使在历时性方面，全球化也没有证明自己是自成一体的、直线的进步过程，而是欧洲扩
1260 张的具有偶发性的副产品，而且经常显现为由完全不同的意图引导的行动所导致的未曾预期的效果。因此，在此期间，全球化也完全可能被“去全球化”替代。

这种相互关联的印象最早源于经济发展，因为全球化原本有理由被视为经济过程。然而，一个打上欧洲扩张烙印的漫长准备阶段还不可能形成一个整体历史，最多只是不同的活动家相互影响的局部历史。在此过程中逐渐出现了较大的相互影响的区域，它们囊括了所有的大陆和大洋。其中，大西洋作为世界贸易的新的“地中海”，包括非洲在内，也同样是一个欧洲的新创造，就像源自拉丁美洲的贵金属流在世界范围形成的体系是欧洲所创一样。而印度洋、东南亚海洋以及东亚海洋作为传统的贸易区域早在13世纪就经历了原始的全球化，作为世界贸易体系存在着，它一度从格陵兰延伸至日本，因为在14世纪，接踵而至的是世界范围内的“去全球化”。

直到19世纪，特别是由于英国的世界贸易形成了经济相互影响的增强和相对的均衡，其1870年至1914年的鼎盛时期有一定的理由可以被称为全球化。迅速膨胀的世界贸易导致了价格趋于一致，若按国民生产总值计算，那时的投资额应该比今天高。基于现代交通网和通信网络，今天可以在共同的金本位货币制的基础上进行多边的贸易结算和国际收支结算。虽然除了英国，大多数国家自1878年就从自由贸易回归到关税保护，但直到1914年去全球化阶段才开始，这一阶段的背景是两次世界大战和世界经济危机。1929年至1935年世界贸易萎缩了三分之二，直至第二次世界大战开始时才部分恢复。

1945年之后开始了第二次全球化，若将以前的发展情况包括在内则是第三次，从今天的观点看，这或许是在美国的领导下进行的最终全球化。两个世界超级大国美国和苏联的持续冲突造成的世界分裂并没有阻碍世界贸易的发展，而在通常情况下事情应该恰恰相反。比如在1950年至1953年的朝鲜战争期间，战时经济为西方的经济增长作出了一份贡献。1948年至1958年，世界经济年均增长率为5.1%，世界贸易年均增长率为6.2%，1958年至1970年经济增长率甚至保持在6.6%和8.3%之间。与经济或多或少有着紧密关系的是，全球化的发展在各个领域开始进行，包括在学术上对全球化和全球历史 1261
进行反思。

然而这一发展在空间上、事实上和时间上极不均衡。根据苏黎世联邦工业大学经济研究部门公布的全球化指数，至1979年这种情况主要涉及的还只是北美和西欧。2008年，当世界其他部分也被广泛地纳入其中的时候，新加坡被证明在经济全球化方面居首位，瑞士在社会方面、法国在政治方面居首位，而三个方面综合起来，比利时排名第一。但是迄今为止，一些人期望而另一些人担忧的全球化造成的世界文化同质化并没有出现，情况恰恰相反。认定世界正趋于同质并不能让我们恰如其分地理解现实中的全球化，我们应看到现实差异的普遍化。事实就是这样的，因为共性从来也不会以同质化的形式出现，而总是以特别的形式出现，例如人从来不会以同质化的形式出现，而是以女人或男人、非洲人或欧洲人等形式出现。所以无论同一性的趋势有多强，普遍的全球性也必须根据地域性包罗不同的特性，也就是说将会带来“全球本土化（Glokalisierung）”（Roland Robertson，1998）。事实上全球化的世界是由无数个全球化村庄，也就是无数个小世界组成的，它们是极有特色的经济、政治和文化混合体，尤其具有典型意义的是处于不同文化之间的边界城市，如北非的西班牙飞地梅利利亚（Melilla）（Driessen，1992），或者一个在世界范围做生意的公司，如巧克力工厂施托尔韦克（Stollwerck）（Epple，2010）。从这种意义上讲，世界上存在着全球化的交汇点和焦点，当然首先是世界都市、首都和港口城市。

除此之外，全球化也像过去的殖民主义那样辩证地带来了反向运动。无论是出于本能的还是非常有意识的，异质化都对同质化带来的压力作出了回应。经济、社会和文化不再扎根于本土，会导致人们对自己的传统进行反思，甚至是创造新的身份。世界社会可能会以这种方式“再部族化”成无数新“部族”（但实际上是换汤不换药），作为对电子世界平等化的反应（McLuhan）。

此外还有明确反对全球化的不同运动，它们可以归为两个方向，第一眼看上去是矛盾的。一方面，学界对全球化概念缺少精确性的批评受到这样一种论断的支撑，即全球化本就是一
1262 个愚弄我们的纯意识形态的概念，国际资本和美国的做法不仅是由一定程度上天然的、无法避免的经济发展催生的，而且还关系到人类的共同福祉。

另一方面，对全球化造成的各种后果的恐惧引起了或多或少有组织的反对运动，最早出现的是对来自其他文化的移民的普遍嫉恨。此外还有生产和资本的转移以及全球低价竞争所导致的对丧失工作岗位的恐惧。自 1980 年代起，消费者组织与在全世界做生意的康采恩（如雀巢）的经营手法作斗争，还尝试吁请联合国参与，尽管没有取得多大成功。内奥米·克莱因（Naomi Klein）的著作《没有商标》（*No Logo*，2000 年）成了这场运动的宣言。1998 年成立的公民利益金融交易税收联合会（A.T.T.A.C.）为向金融交易征税而斗争。广义上的环境保护者如今已经获得广泛的成功，以至于公司和政府再也无法完全逃避媒体在可持续利用资源和预防气候灾难方面的施压。2015 年，大众集团操纵数据成为世界丑闻，也是因为话题敏感性已经达到一定高度。

今天世界还一直以全球化的名义在所有的领域软硬兼施地与欧洲扩张的遗产作斗争。克服欧洲扩张绝没有随着政治上的去殖民化而结束，恰恰相反，它由此才真正开始！不仅与当年的殖民地有关，而且与前殖民大国本身亦有关联，只不过方式不同而已。

经济、社会和环境

在欧洲扩张的进程中，世界范围里全新的经济资源被调动起来，但主要是为了实现欧洲和它的分公司的利益！在拉丁美洲的银、黄金和钻石之后是非洲的黄金、钻石、铜、铀和磷
1263 酸盐以及西亚的石油。最重要的是随着时间的推移，美洲人工培植的植物被接受，其中土豆、玉米、木薯和甘薯不仅是欧洲的，而且也是其他各洲的食物。市场也得到了重新分配，例如烟草改变了世界麻醉品消费的特性。近代的人口爆炸和工业化只有在这种框架内才有可能发生。

在各个殖民地，也包括各个前殖民地，欧洲扩张的遗留影响因此在很长时间内还是固定于原材料生产和向西方的世界市场供货方面。在欧洲工业化的进程中，南亚和东亚各国在这种世界贸易中的角色甚至被完全扭转过来。人们不再关注有价值的货物，如香料和纺织品、瓷器等制成品，由于运输费用下降，人们更想从那里获得原材料，不久之后自己生产这些制成品。人们现在反过来在寻找市场，以便像在拉丁美洲和非洲那样也在亚洲大量销售制成品；堪称范例的是，印度从一个出口国转变成棉花制品进口国和原棉出口国。在拉丁美洲、亚洲和非洲先是投资采矿，后来投资石油开采和农业原料的生产以及基础设施，如铁路和港口，但几乎没有投资工业的发展。除西方投资人的大种植园外，在非洲主要是移民和当地农民经营着面向出口的种植业。其后果是经营方式非常单一，附带环境破坏和对被西方控制的世界市场的依赖。尽管如此，在亚洲和非洲的去殖民化过程中，乡村中那些富有的农民常常获得了成功。在坦桑尼亚和中国，平均主义的实验只是一段插曲。

如果经济控制得以维持，去殖民化在政治上甚至能够变成一笔好买卖。从宏观经济看，欧洲扩张最初的结果是需求得

到满足，在工业化之后是扩大产品的销路，但是从微观经济看它却总是在追求利润的最大化。然而这些利润几乎总是由私人创造，而对于国家来说，除了少数例外，政治殖民统治始终是需要拿补贴的事业，因此通过当地精英们的参与，应尽可能保持无须增添费用。殖民主义和资本主义一样根据如下的原则发挥着作用：私人获益而社会承担损失。可是殖民利润很少出现在殖民地而较多出现在大都市。由于尼德兰在19世纪例外地以国家的名义从它的印度尼西亚领地获得了利润，对它来说，1264
1945年与其分离大概显得特别困难。而英国在第二次世界大战中从印度获取利润的情况则颠倒了过来，以至于去殖民化在这里与后来在非洲类似，都没有遇到多大的抵制。大公司懂得自己去适应，只有移民在制造困难。

尽管欧洲扩张留下的是单一经济结构，新近获得独立的国家的精英们首先还是从1950年到1970年间的经济繁荣中得到了好处。依赖绝不像依附论所假设的那样意味着经济政治的无助。相反，前殖民地在较长时间内的关键性的经济发展大都可以追溯到各独立政府作出的决定，尽管依赖世界市场，它们还是在相当大的选择范围的框架内作出了这些决定，到事后才显现出是错误的。19世纪获得独立的拉丁美洲人决定要适应向英国（后来变成了向美国）供应原料和购买英国制成品的舒适角色，这种决定当年可能显得完全合理，因为它的确符合有关世界经济最佳分工的自由主义理论。

亚洲和非洲也首先体现了一种后殖民的乐观主义，并直至尝试摆脱对世界市场的依赖，因为它在海地和缅甸导致了贫困化。印度和中国只是借助它们广阔的国内市场得以坚持较长时间，可是也同样不能持久。非需求性的工业化政策、面子工程造成的浪费、对军队和国家机构的扩充、对本国货币的高估、对被忽视或被约束的农业规定的低位价格和为“赤字支出”筹资而产生的高额外债等，这些绝对不应首先归咎于非洲政治家的无能。他们屈从于繁荣年代和政治重新崛起的乐观主义，屈从于墨守右倾和左倾习惯的经济理论家的发展理论。然而还有政治的必然性，即通过大规模的支出和资助来维持那些支撑着国家的群体对还不稳固的政府的赞同。其后存在着前资本主义和即使在欧洲和美洲也绝对没有消亡的观念：获取利润不是为了节省或者为了将其投入经济增长，而是那些成功的商人和政
1265 治家的家庭、朋友和追随者都有分享它的道德要求。

大多数新建非洲国家在寻找政治朋友和经济利益时绝没有过多地以意识形态的优先权为准则，即使在冷战时期也是如此。尽管克鲁玛的追随者大声宣告种种泛非理想，但其他非洲人或数量众多的非洲超国家组织却少有响应。因此，从前的殖民地主人和他们的欧洲还仍然总是有吸引力的伙伴。特别是法国懂得如何通过有目标的发展援助将它的大多数当年的殖民地继续与自己结合在一起，甚至能继续实行将互补区域发展成都市的殖民计划。自由法国中央基金被合作与援助基金（Fonds d'aide et de coopération，F.A.C.）取代。不需偿还的援助所占比例很高，高达80%，除此之外还可以从中为接受国提供直接的预算补贴，这进一步提高了吸引力。贸易依然基本上以法国为主，并在出于这一目的而保留下来的法郎区内进行。各国货币和它们的可兑换性由此得到了保障，法国管理的共同的黄金和外汇储备化解了支付困难。但是，它减少了非洲的资本流出，加大了那里的资本形成的难度并促进了消费品的进口。另外，非洲人依然要依赖法国单方面的货币政策的决定。

1957年欧洲经济共同体建立之后，法国实施了其前殖民地的联合。后又增加了意属索马里兰和比属刚果。它们的农业产品被允许免税进入欧共体，但必须撤销自己的关税。此外它们还享受欧洲发展基金的优待，该基金由所有的成员国提供，

尤其是德国，但其中的88%支付给了法语区。每过五年就会与那些新的国家签订相关的协议［第一和第二个《雅温得协定》（Jaunde I und II）］，其间在欧洲市场上的特权减少了，但援助资金却增加了。英国加入欧共体之后，英联邦各国也要求联合，却对新殖民主义的雅温得体系提出批评。所以1975年与42个非洲国家、11个加勒比国家和7个太平洋地区国家（ACP，非加太国家集团）谈判签订了第一个《洛美协定》（Abkommen von Lomé），它带来了两项改进：这些国家的农产品出口94%免征关税，6%享受优惠关税，但不要求对等； 1266
此外所谓的稳定出口收入体系在世界市场价格下跌或歉收时通过补偿性付款来稳定它们的出口收益。

对工业发展援助的希望只是部分得到实现；此外还存在着欧共体农业市场的抵制，而且并没有为稳定出口收入投入足够的资金，而这些资金只是用于特定的产品。有效期至1985年的第二个《洛美协定》没有带来多少改善。欧共体显然不准备超越自己的贸易保护主义界限。即使第三个《洛美协定》（1984年）也基本上是一次调整，对1979年失败的人权附加条款和使产品多样化的农业发展计划进行了扩展。尽管如此，欧共体仍然以此为豪，它所提供的发展援助比美国高出2倍并且是东方集团的6倍。

但是欧盟与多数所谓的发展中国家的伙伴关系遇到了矛盾，即欧洲市场对对方几乎不生产的制成品是开放的，而对方的农产品出口却陷入与欧盟的农产品贸易保护主义的冲突之中。1989年签订的第四个《洛美协定》有效期延长至2007年，2008年至2020年取而代之的是《科托努协定》（Vertrag von Cotonou），它为为期五年的欧洲发展基金配置了135亿欧元，而2000年至2006年为欧洲内部结构基金提供了1950亿欧元。欧洲的援助应当首先对现时共78个非洲、加勒比和太平洋地区国家中的那些最不发达的国家有利，当然未来应当考虑到由此能创造的自身效益。因为根据世界贸易组织的自由贸易规则，在加速开放市场的过程中，出口收入稳定制度（Stabex System）将被灵活的行动方式代替，此前的关税特惠制度也由四个区域性的互惠经济伙伴关系所取代。

相比之下，非洲内部的贸易额1965年只占非洲贸易总额的6%！所以非洲人即使在独立之后仍然依赖世界市场，且往往依赖跨国的大公司，它们掌控着世界市场的机制。如果看一看美国不断扩大的影响力及其在非洲的贸易、投资和经济援助方面表现出的增长趋势，克鲁玛强势宣告的殖民主义转向新殖民主义好像实际上就呈现在眼前，这一转变带来的后果就是不可避免的发展低下。

因为单独地看，前殖民地仍然常常处于一种贫穷的恶性循环之中。由于劳动生产力十分低下，实际收入微薄并保
1267 持不变；生产力的低下是由于资本短缺，它又可以归因为居民的储蓄能力低下。可是实际收入如此低微又怎样能有储蓄呢？1990年，很多非洲国家人均收入低于刚刚独立时的水平。2001年，卢森堡人均收入估算为11万美元，德国为4.4万美元，法国为4.3万美元，富裕的非洲国家如赤道几内亚、加蓬和博茨瓦纳的平均收入处于3000美元和4000美元之间，南非为2620美元，纳米比亚为1730美元，而其余国家都低于1000美元，最低的几个国家是刚果（金）（99美元）、布隆迪（99美元）和埃塞俄比亚（95美元）。

自去殖民化以来，数十亿美元的发展援助从大约20多个工业化国家流入世界的其他地区，但显然效果甚微。除了联合国、其他国际政治组织和欧盟，各国政府以及越来越多的所谓非政府组织（NGOs）也自愿承担义务，如今这样的组织有数万个。在此期间，教会救济机构的行动也发挥了重要的作用。

然而我们没有根据提供者的支出和受援者的使用开列的总收支表。由国家提供的发展援助只有在个别情况下达到或者超过联合国的指标：至 1990 年为国民生产总值的 0.7%，其后为 1%。在大多数国家，这种发展援助都低于 0.5%。此外对提供方来说，尤其是在冷战时期，政治影响发挥着重要作用，而受援者在政治方面采取“正确行动”则获得益处。美国和苏联还有目的地提供军事援助。提供国通过供货关系或者高薪聘用自己的专家继续进行控制，让很多资金重新回到自己的钱袋子里。此外还有从西方观点出发的失误的资金投入，例如对看似简单的自给自足经济的复杂机制知之甚少。心存善意的干预在那里有时候是伤害多于帮助。只要资金没有在这种政治制度的非正规渠道里完全流失，从接收方角度看，它们常常以类似的方式被投入在错误的地方。但是也许这些资金就这样悄无声息地为一些人带来了某些改善呢？

无论如何，1970 年代世界范围的繁荣走到了尽头，康德拉季耶夫（Nikolai Kondratieff）所说的周期性繁荣被衰退取代。产品不再完全有销路，失业率上升影响了购买力，利润率下降到令人忧虑的程度。因为同时石油输出国组织（O.P.E.C.）提高石油价格导致能源费用大幅度增加。这个组 1268
织建于 1960 年，是为了应对当时石油价格不断下跌，然而经过一段时间它才能战胜“七姊妹”的寡头垄断。这 7 家寡头是壳牌公司、英国石油公司和 5 个美国石油公司，它们共同控制着市场。尽管如此，自 1970 年起，石油开采国第一次实现了石油价格的小幅增长。1973 年作为对“赎罪日战争”的反应，石油开采国首先对向以色列提供援助的美国和尼德兰颁布了禁运令，接着迫使石油价格增长了 100%。1974 年各处的石油开采权都收归国有；石油输出国组织卡特尔的寡头卖主垄断市场取代了康采恩的寡头买主垄断市场——只要它能保持统一。但是1979年值伊朗伊斯兰革命之际石油价格再一次大幅度增长，一方面是由于新一轮的价格增长，另一方面是因为由危机引起的囤积购买。因为日本能源供应的73%、欧洲的60%和美国的50%都依赖石油进口，所以它导致了发达国家的世界经济危机和欠发达国家的进一步贫穷化。因此，1970年代和1980年代核能发电站的数量增长特别迅猛。

仅1977年石油输出国组织就收入了1400亿美元。金融市场被所谓的石油美元所充斥，各家银行直接向拉丁美洲、非洲和亚洲饱受危机折磨的国家追加了贷款。同时西方对发展援助的投入被缩减。在经济繁荣期债务下降，而此时却大幅度增加。1973年至1981年，三个大陆每年接受的贷款额从65亿美元增加到2930亿美元。债务陷阱闭合了。虽然1996年非洲还得到了200亿美元的发展援助，但却必须筹措360亿美元支付债务利息。当时撒哈拉以南的非洲债务已经达到了国民生产总值的90%。拉丁美洲五个最大的国家总共2520亿美元债务中的三分之一转到了外国的银行账户上。

因为在西方国家，此前的以需求为导向的经济控制不再如愿地发挥作用，所以此时以供应为导向的新自由主义的时刻到来了，它期待从完全放开市场和竞争中获得福祉。货币主义者们（Monetaristen）相信，在由独立的中央银行保障的足够的流动资金的情况下将会实现这样一个稳定的平衡。它被证明是
1269 一种幻想，因为根据人类学的自由悖论，完全的行动自由将不可避免地导致强者和弱者之间的不平衡。

但是到此时才宣布反干预、私有化、自由贸易和货币自由浮动，并在美国和英国的主导下逐步贯彻。具有典型意义的是，即使是英国和德国的社会党都不能够摆脱这种政策的束缚。1985年底，美国、英国、联邦德国、法国和日本的财政部部长或大臣以及货币发行银行行长在纽约广场酒店开会，商

定了跨境外汇交易的自由化。在世界范围行动的康采恩和大银行的伟大时代开始了。此时可以将生产转移到其法律对经济发展有益的国家，或者转移到劳动力廉价而且既没有强大的工会又没有环保法规的地方。利润可以在世界范围内来回转移以减少缴税。此外，在金融领域还发明了新的投机性赢利方法。1944 年就计划好的旨在引导世界贸易的组织在美国的反对下失败了，1986 年在所谓的乌拉圭回合中，美国与欧洲共同体（欧盟的前身）就自由贸易、外国公司的自由投资权以及对跨国的专利实施保护进行了商谈。141 个签署国的其他国家只剩下举手同意。商定的旨在监督和调解的世界贸易组织于 1994 年宣告成立。1986 年，“股东利益（shareholder value）”的口号也被创造出来。据此企业首先要维护资本拥有者的利益（如果不是只维护他们的利益），而公众利益、工人和顾客则不须顾及。因为经济已经不再是为消费者存在，而是消费者为了经济存在！只要劳动还是不言而喻的艰辛之事，它就聚集在下层社会，而精英们则能够享受闲暇。自从有了大规模失业的威胁，闲暇已是一种宝贵的财富，社会下层缺乏它，而在领导层那里却堆积到荒谬的程度。

出口原料的世界其他地区还受到了价格下跌的震动。因为雄心勃勃的工业化计划到此时为止基本上是失败的，即使在富裕的石油国家阿尔及利亚和尼日利亚亦如此。如有外国人投资，更多的是投入资源开采而不是生产领域。来自税收、发展援助和贷款的收入常常用于官吏机构，最多会用于教育和卫生事业。结果是一种数据上的表面现代性，因为臃肿的公共领域 1270
给人一种现代服务业社会的印象。但是服务业不是增长的行业！大多数从业者一如既往地在农业领域工作，但生产力低下。很多国家没有选择，只有屈从于结构调整计划，这些计划是自 1981 年以来与世界银行和国际货币基金组织“协商的”，也就是说主要是与美国资本“协商的”，如果它们想得到复兴贷款的话。规定的义务与以往一样：对外贸易自由化，本国货币贬值，国有企业私有化，取消对服务业的管制，大幅度削减政府支出，特别是削减用于政府人员的支出，减少军费和购买武器的开支。因为该计划必须由那些本应被辞退的官员来执行，对它进行破坏的诱惑很大。现存的殖民和后殖民进口替代工业由于强制进行自由贸易遭受了去工业化的压力。就由失业保险、疾病保险和养老保险构成的社会保险而言，农村人口和非正规经济领域几乎都没有被包括进去。但是此时就连这方面也被缩减，而非正规领域由于失业率上升而继续扩大。据说1991年至1993年，后者承担了80%的经济行为。总之在新自由主义的背景下，过去和现在一样，富人比任何时候都更加富裕，穷人比任何时候都更加贫穷。

尽管如此，经历了全球化的非西方世界呈现的绝不是整齐划一的贫困景象，“第三世界”这个早些年惯用的概念就是指在西方世界和当时的共产主义世界之外的、或多或少具有同一性的国家和地区。首先是所谓“亚洲四虎”①的发展——它们是中国台湾、韩国、新加坡和中国香港——加速了“第三世界的终结和这个伟大理论的失败”（Menzel，1992）。印度尼西亚、马来西亚，尤其还有中国，在此期间跟了上来，而且印度也大大缩短了与前者之间的差距。1960年韩国还是世界上最贫穷的国家之一。它当时的人均收入为78美元，甚至低于朝鲜。但是它拥有经验丰富的家族康采恩以及廉价和有积极性的劳动力。依靠外国的贷款和投资（但由于储蓄率很高，很快就转变为基本上在国内筹集资金），它集中力量发展廉价出口商

① Four Asian Tigers，西方国家一般使用此称呼，亚洲则更常使用“亚洲四小龙”的说法，而用“亚洲四小虎（Tiger Club Economies）”指印度尼西亚、泰国、马来西亚、菲律宾四国。——编者注

品的劳动密集型工业生产以取代通常的进口替换，取得了辉煌
的成就。1962 年至 1987 年，国外销售额从 4.8 亿美元增加到
1270 亿美元，人均收入增加到 4380 美元，增长了 56 倍。韩 1271
国的汽车和油轮畅销。1980 年至 1993 年，亚洲对欧洲的出口增长了 3 倍，对北美洲的出口增长了 5 倍。欧洲内部的贸易在这一时段增长了 1 倍，而亚洲内部的贸易却增长了 5 倍。中国今天已经是世界工厂，南亚和东亚在 21 世纪可能成为世界经济的火车头。但是这一区域也是大型或小型非法交易甚至犯罪交易的中心：销售被禁影片或被保护动物，卖淫，贩卖武器、毒品和人口。

曾经被视为“南美洲的美国”的阿根廷不断地陷入危机，在此期间，在拉丁美洲也出现了成功的“新兴工业国家（Schwellenländer）”，例如巴西。就连在非洲，向好的方面转变的迹象也越来越多。虽然这里仍然一如既往地存在几个世界上最贫穷的国家，但是总体上看非洲比印度富裕。有着 9 亿人口的非洲尽管有很多问题，但它仍然是世界上增长最快的市场。2.2 亿人口生活在经济增长率为 6% 的地区，即使在危机中仍然保持 3.5% 的水平。在采矿、电信、银行和地产领域并不缺少大公司。2003 年，欧洲和美国典型地在非洲地区为它们的军队创建了一个新的地区指挥部［非洲司令部（AFRICOM）］，此外中国也参与联合国行动和进行投资，由此承担了义务。印度也新近发挥了作用，尽管被驱逐出乌干达，但它传统上仍然以人数众多的侨民的方式存在于非洲大陆。以上情况使得非洲的精英们能够在南亚和东亚的扩张与西方的“新殖民主义”之间挑拨离间，尽管这一选择的长期后果尚不清楚。尚未解决的问题是，这一发展是否可以解释为结构调整计划的成果。在富裕与贫穷之间越来越扩大的剪刀差和臭名昭著的腐败问题无论如何没有丝毫的改变。1960 年，尼日

利亚居民中的25%被视为贫穷人口，2000年尽管拥有数十亿石油美元，贫穷人口反而增长到70%！

此外，非洲就像不久前的拉丁美洲一样是一个“年轻的”大陆，以至于一直存在着经济增长被较高的人口增长耗尽的危险。欧洲在它19世纪发生人口爆炸时借助人口大量移居国外避免了这一命运。相反，在东南亚的一些社会，如同许多欧洲
1272 的社会一样，在此期间人口逐渐老化。他们的福利目前受到的损害不大，但未来在有些地方或许会很大。与此相反存在一个大规模的因贫穷而起的移民潮，当年是迁出欧洲，今天是从拉丁美洲迁往美国，从印度、巴基斯坦、孟加拉国、菲律宾和加勒比迁往欧洲或者富裕的亚洲国家，特别是阿拉伯海湾国家，后者需要廉价劳动力来满足它们的面子工程。但是韩国、中国台湾、马来西亚和泰国也变成了迁入地。据称，2008年全世界共有1.75亿人生活的国家不是其出生国。外籍劳工，当中包括女性劳工——比如那些在富裕的香港已经组成了一个完整的团体的菲律宾女佣们——的收入被寄回家里，这些钱在那里虽然被用于消费，但就这一点而言最多是间接地促进经济增长。尽管如此，据称2006年这类钱的总数达2300亿美元。

就连在移民事情上，欧洲扩张也辩证地引起了朝向自身的反向运动。首先是来自世界其他地区的大学生们，他们在欧洲和美洲是很受欢迎的。其中有些人留在了西方，作为竞争者，或者也作为知识分子群体的补充力量；其他人回到了家乡，作为通晓西方的人成为去殖民化的先驱。随后在1945年至1980年的去殖民化过程中，有500万~700万人需要从前殖民地迁回欧洲并恢复他们的国籍，他们中的一部分人甚至从没有见过欧洲，首先是从印度尼西亚迁回尼德兰，其后是从阿尔及利亚迁回法国，最后是从非洲不同的地区迁回葡萄牙。其中也包括殖民地政权的原住民助手，他们的生命在家

乡受到了威胁，比如尼德兰的南马鲁古人和法国的哈基斯人（harkis）。这样对待这两个族群对于他们当年的主人们来说并非光荣的功绩。但是最终来了大量的人，他们常常不仅贫穷，而且茫然地面对他们“新家乡”的文化，因此在那里组成了地域、社会和文化封闭的团体。这些迁入国迄今为止执行着一项特别含糊不清和没有决断力的政策，它一方面必须利用自己的居民对外来人和失去工作岗位的恐惧来影响选举，另一方面又不能不顾及对劳动力的需求和自己崇高的慈善冲动，不管这些迁入者是合法还是非法地来到这个国家。

根据 1948 年的《英国国籍法》（British Nationality Act），其殖民地所有居民均拥有英国国籍和自由入境的权利。但是自 1962 年起这项权利被逐步严厉地加以限制。1981 年 1273
有 150 万非欧裔人生活在英国，他们主要来自南亚和加勒比地区。2002 年伦敦人口的 14% 为来自巴基斯坦、孟加拉国和印度的穆斯林，在曼彻斯特为 11%，在伯明翰为 15%。1962 年阿尔及利亚人失去了法国国民的法律地位。但是这种涌入的人潮还在持续，其中包括来自摩洛哥和突尼斯的人潮。1973 年在法国有约 80 万阿尔及利亚人、20 万摩洛哥人和 12 万突尼斯人。就连较小的法国南部城市在此期间也有了它们的阿拉伯人居住区（Araberghetto）。其他地方刚刚开始依照协议招募外籍劳工，如在美国和联邦德国。至 1990 年，海湾各国招募了约 200 万印度人、150 万巴基斯坦人、20 万孟加拉国人，另外还有来自斯里兰卡、菲律宾的劳工，有时也有来自韩国的。2000 年前后，阿拉伯联合酋长国人口的 70% 由迁入者组成，这样的人在卡塔尔甚至占到了 88%——堪称一项世界纪录。

这种国际移民只是人口流动的一部分，它们都是由经济和社会的转变引发的，这种转变最终可以追溯到欧洲扩张。首先那些被忽视的农村居民蜂拥到城市，特别喜欢拥进世界各国的人口在100万~1000万的275个城市，或者干脆拥入32个特大城市。后者中的20个在2014年已经拥有1000万~2000万人口，12个甚至拥有2000万~3700万人口。这32个特大城市中19个在亚洲，其中5个在中国、4个在印度、5个在拉丁美洲，而且非洲也已经有了3个：开罗、拉各斯和金沙萨。在欧洲只有伦敦、莫斯科和巴黎属于此列，在美国有纽约和洛杉矶。其余的百万人口城市的地域分布也呈类似的状况。世界范围内有超过一半的人口生活在城市，呈迅速增长的趋势。澳大利亚拥有89%的城市人口，新西兰为86%，美国和加拿大超过了80%，西欧的城市人口介于意大利的68%和比利时的97%之间，在德国占到75%，拉丁美洲在玻利维亚的67%和巴西的87%或阿根廷的92%之间浮动，在韩国已经占到84%，在中国还处于47%，在印度尼西亚和菲律宾占45%，在印度仅占30%。非洲特别不均衡，南部（南非62%，安哥拉59%）和西非海岸（加蓬86%，喀麦隆58%，加纳51%，尼日利亚50%）比例较高，内陆（刚果35%，尼日尔17%）和东非（坦桑尼亚26%，肯尼亚22%，埃塞俄比17%，乌干达13%，布隆迪11%）则比例较低。

在大规模进行工业化的中国据说有一半农民是过剩的，他
1274 们拥入城市甚或被整体迁移到那里。然而很多人只是在非正规行业谋生。亚洲、非洲和拉丁美洲的其他国家也是如此，那里有近一半的城市居民靠非正规行业谋生，新近甚至有时使用因特网谋生。在城市里常常很少能满足对水、电、废水处理、垃圾清运和安全的基本要求，或者根本不能满足，因为大多数新移民生活在贫民区，它们的产生经常是无计划的和不受控制的。尽管如此，那里的人们还是期待能有更好的生存机会，因为这里的接触面毕竟比农村大，或许还能享受教育和医疗体系。贫民区的居民绝不是没有社会根基，而是经常加入一个已

经定居下来的亲属群体或一个种族群体。或者会出现相当有效的自我组织，而具有犯罪特性的团体并非罕见。其间，交际仅限于酒类消费，文化生活仅限于单调的电视节目。

在世界范围内，城市的吸引力真的建立在它们真实或虚构的现代性的优势地位上吗？因为殖民地城市过去就是殖民统治有计划地或无意地施加更多的现代化影响的地方，从理性的城市规划开始，而未顾及其种族因素。这里首先是新的社会群体和社会关系发展的地方，它们因殖民经济和殖民统治而产生：企业主和工人，医生和教师，法学家和官员，士兵和警察，工厂和行政机构，学校和医院。城市精英们不仅接受了西方的服装、教育和风俗习惯，而且在这种关联中也接受了西方的一夫一妻婚姻、小家庭及其新的性别角色。另外，妇女们一如既往地在非正规行业发挥新的经济和社会主动性，但往往是被迫的，因为迁移，特别是流动短工常常导致家庭的暂时或长期分离。妇女们，常常是带着孩子的妇女们，必须找到自己的应对办法。与此相对应的是流动短工的男性社会，他们有自己特殊的社会问题和性问题。

大城市也是后殖民环境问题随即变得明显的地方。在世界范围内都有非正规行业的代表，他们以有选择地搜集和回收废品谋生，有时候收入一点也不差。自己用不着的东西可以卖掉。从中发展出对特定的塑料废品的搜集，它们被企业主收购 1275
并再利用。因为后殖民城市被巨大的垃圾山环绕，它们的水系不仅常常变成废水渠，而且还被垃圾，特别是塑料垃圾覆盖。2000 年生产了 1.5 亿 ~2 亿吨塑料，比 1950 年多了 100 倍。因为其中大多数还不能自行分解，它就成为垃圾，成为太平洋上巨大的塑料旋涡。据说它们主要来自日本，并且比巴伐利亚的面积还大。塑料不仅进入了动物和人的食物循环，其后果还根本不能完全估计出来。

因为全球的后殖民社会早已处在一种新的风险之下，其间危险不再仅仅来自自然力量，而是也由人为制造，因为人只关注自己的大工艺而疏忽大意地轻视了自然体系，比如人不应该把核电站建立在受地震和海啸威胁的沿海地区；或者人类已经把这些自然体系变得更糟糕，可以预见的气候变化就是一个例子。在这方面至关重要的是，相应的人类行动如此大规模地堕落，变得如此广泛和如此复杂，以至于没有人觉得负有责任，因为不再可能让任何人直接对体系的运行过程负责。自然这是在迎合肆无忌惮的新自由主义的利润意愿。

过去的移民已经不仅有目的或无目的地通过他们的行为灭绝了他们遇到的一些动物和人种，例如美洲野牛或塔斯马尼亚人。他们把森林和热带稀树草原变成了可耕地，引进了新植物、新动物和新人，没有思考过其后果，如土壤侵蚀、杂草和害虫的传播或造成新的疾病。后来的殖民统治者一方面通过铁路和空中交通无意地促进了瘟疫的传播，另一方面通过改善医疗条件参与引发了人口爆炸，又制造了新的问题。或者他们修建了灌溉系统，比如他们截断了阿拉尔湖（Aralsee）的入流，将它缩减到原来面积的10%，而剩余部分变成了无人居住的荒漠。虽然早已众所周知，热带雨林尽管表面繁茂却因土地贫瘠几乎没有再生能力，但对它的开垦和对热带树木的砍伐仍在继续进行。

1276 更骇人听闻的是全球资本主义造成的现实环境问题。众所周知，市场每天推销给顾客的电器中的元件既有价值，也含有剧毒。但是几乎没有一个商家或购买者对提取和清除它们感兴趣——除非是使用童工才有人会感兴趣，那些孩子必须冒着生命危险徒手从事从西方进口的计算机废料的再利用。无论过去还是现在，大康采恩将生产地迁往低工资国家时常常很少有危险意识。1984年，在距离印度百万人口城市博帕尔不远的美国碳化物联合公司农药工厂溢出了约40吨有毒气体，造成超过2万人死亡，直到今天那个已经关闭的工业区的垃圾仍然污染着地下水，给居民带来了恶果。在孟加拉国，一家生产廉价纺织品的工厂倒塌并且砸死了几百名女工，还有石油工业输油管泄漏损害着自然和尼日尔三角洲居民的生存可能性。

利用核能时的突出特点就是无责任心。完全抛开核武器库大规模杀伤的特性不谈，仅仅是无数的爆炸试验就破坏了景观，有时人们在不知情的情况下也遭受试验。就连核电站的建设者和经营者也经常失职，引起轰动的1979年的三里岛（Three Mile Island）事故、1986年的切尔诺贝利事故和2011年的福岛事故所展现的还不是全部。但是，应当如何处理核废料暂时还没有引起任何人的兴趣，而且一如既往相当地浑浑噩噩，它发射有害射线的持续时间比迄今为止的人类历史还要长。也许未来人类该担心的是自身的消亡，而这对环境来说肯定是再好不过了！

1277 ## 政治和国家政权

扩张在参与其中的大国中间甚至导致了政治重点的转移。若是没有建立殖民帝国，英国就不可能在短短的时间内成为第一海上强国和世界大国，而俄国和美国的强大要感谢它们的大陆殖民。相反，早期的殖民大国从各自的帝国承受的损失可能大于收益。西班牙的实力地位建立在它的欧洲财产之上，而其殖民帝国的收入只是延长了那超限度的大国政策，这一政策大概在 17 世纪催化了它的衰落。尽管如此，欧洲政治成了世界政治，欧洲的国家体系已经变成了一个世界的国家体系。自 17 世纪起人们就谈到世界大战了，不过是欧洲列强间的世界大战，因为新的世界政治依然还是欧洲政治。直到 20 世纪，随着美国和日本的参与，这一格局才得到改变。通过 16 世纪讨论西班牙在美洲的法律权利，国际法就得到过新的推动。但是起决定性作用的始终是欧洲大国之间的关系，后来是西方大国之间的关系；在这局棋中殖民地很少超出小卒子的作用。还需要一定的时间，因扩张而产生的新力量在国际政治舞台才得到完全相应的重视，如美国、日本、拉丁美洲国家和英国的自治领。

与此相反，去殖民化彻底改变了国际政治，特别是因为 1946 年成立的联合国协会世界联合会与 1920 年成立的国际联盟完全不同，后者始终是未完成之作，根本没有把重要的国家包括进去，没有发展成为一个包罗万象的国际社会。自从 2011 年接纳南苏丹后联合国共有 193 个成员国。在剩余的国家中，除了梵蒂冈，就是没有被普遍承认的国家。头两任联合国秘书长是斯堪的纳维亚人，第四任来自奥地利，而第三任吴丹（U Thant，1961~1971 年在任）来自缅甸，自此以后所有的联合国秘书长均来自当年的殖民地：来自秘鲁的哈维尔·

佩雷斯·德奎利亚尔（Javier Pérez de Cuéllar，1982~1991 1278
年在任），来自埃及的布特罗斯·布特罗斯－加利（Boutros Boutros-Ghali，1992~1996 年在任），来自加纳的科菲·安南（Kofi Anan，1997~2006 年在任）和来自韩国的潘基文（Ban Ki-moon，自 2007 年以来在任）[1]。然而联合国的所在地是纽约，它的下属组织都分布在西方城市，顺便说一下，分布在那些生活很舒适的城市。仅日内瓦就是其中 5 个的驻地。

联合国全体大会决定成员资格和预算。此外它还可以颁布不具有约束力的建议性决议，尽管如此它们还是影响着世界舆论，从而影响政治。它的各种“人权宣言”使人权的范围越来越大，获得批准后便成为成员国的有效法律。只有安理会可以作出具有法律约束力的裁决。在它的 15 个席位中 10 个席位被轮流占据着，而 5 个常任理事国由中国、英国、法国、俄罗斯和美国担任，它们对委员会的决议拥有否决权。大国的不稳定而又稳定的统治在这里被持久化了，它给近代早期的欧洲政治以及随后的世界政治打上了烙印。这 5 个大国也是正式的核大国。应借助一些方法尝试阻止以色列、印度、巴基斯坦和朝鲜以外的其他后殖民国家拥有核武器，因为候补国的名单是相当长的。

然而就连安理会也不能强迫一个国家遵从自己的授权，在以色列和纳米比亚展现的就是这种情形。联合国国际维和部队，即所谓的“蓝盔部队”的使用由安理会决定，使用维和部队不是参与战斗，而只是为了在交战区内武装自卫。尽管如此，它们仍然能够在不同的场合为实现和维护和平作出贡献。不过可能属于联合国最重要和费用最高的行动是救济世界饥民和救助各种难民。这里大概首先可以列举的是巴勒斯坦难

① 截至本著作德文原版出版（2016 年），潘基文仍担任联合国秘书长；自 2017 年起由安东尼奥·古特雷斯（葡萄牙籍）接任。——编者注

民，特别是加沙地带的居民。尽管存在着很多欠缺，例如面对2015年的难民潮欧盟未发挥任何作用，但与过去的时代相比，在现实危难中以私人或公众形式表现的助人精神的国际团结仍然是全球化的一个令人欣慰的成就，这在以往是无法想象的！

蓝盔部队和救助饥民必须通过或多或少属于自愿的会费来筹措经费。正式预算按照依据成员国的国民生产总值计算出的分摊比例来承担。2011年经费总额为2.34亿美元，分摊到美
1279 国22%，日本12.5%，德国8%，英国6.6%，法国6.1%，意大利5%，总共60.2%。中国和墨西哥是这个高级圈外的最重要的交纳国。因此德国机敏地争取安理会常任理事国的位置大概并非完全没有理由，而受阻的大国印度尽管参与了蓝盔任务迄今为止仍未成功，其失败显然也有财政方面的原因。美国时而停交会费，以此迫使减少会费和人事变动等，如秘书长布特罗斯－加利的替换。美国于1984年、英国于1985年退出了联合国教科文组织，因为与在安理会不同，它们以其没有分量的声音无法使自己不赞成联合国教科文组织政策的意见发挥作用。虽然2003年美国又重新加入，但因以色列反对接纳巴勒斯坦又于2011年停止交纳会费。

如果说联合国最初是作为战后时代美国乌托邦的组成部分而设想出来的话，那么从那以后由于前殖民地占多数，它在政治上显然已经获得解放。然而大国的特权和资金方面的依赖性依然使这种解放受到限制。尽管如此，它还是可以对世界政治的稳定作出一些贡献，此外还可以通过国际法的改革，如《人权公约》。这应该也适用于新近创建的国际刑事司法领域，它的创建以2002年建立的海牙法庭和针对南斯拉夫和卢旺达设立的联合国特别法庭为标志。可是美国和以色列拒绝批准1998年的国际刑事法庭章程。尽管如此，从去殖民化中产生的众多新国家仍然因拥有国际法的生存保障而高兴，这在过去

是无法想象的。即使大国也不能再像过去那样支配弱国的存在或至少支配它们的政权。虽然后一种情况仍然会出现，但这类干预不得不采取特工的方式秘密进行，如美国 1953 年在伊朗、1954 年在危地马拉和 1973 年在智利的行动。直到 2003 年的第二次伊拉克战争才重又是一次公开的侵略战争。

相关国家所处的不良状况可以用作这类行动合法的证明，而所谓的对第三方的威胁就来自这些不良状况。新近也有人提出有关政权蔑视自己居民的人权。但是这种所谓的人道主义干涉同样可以作为廉价的借口为强权政权服务。它既不受联合国也不受国际法的保护，因为它违背了主权原则，该原则比任何 1280
时候都更多地构成了国际政治的基础。因为自欧洲扩张在世界范围内清除了各个前现代帝国，而且取而代之的各殖民帝国也灭亡之后，政治世界基本上只由现代主权国家组成。

这种现代主权国家拥有它本应拥有的一切——领土和民族、宪法和法制、选举制和政党、议会和政府、司法和警察、军队和秘密警察等——是欧洲扩张输出的最受欢迎的商品之一。就这方面而言，第一眼看上去，欧洲扩张导致了“世界的国有化（Verstaatlichung der Welt）”，因为此前存在的所有其他的国家形式都被这种国家排斥掉了。除了梵蒂冈和阿拉伯半岛一些绝对君主制国家，今天世界上两百多个国家，尤其是一些自以为了不起的国家都提出想成为民主宪法和民族国家的要求，也包括伊朗伊斯兰共和国。即使这个或者那个国家缺少一个明确的宪法文件，比如英国和以色列，但它也明确涉及政治全球性。

更确切地说，政治现实完全是另一种样子。往往还几乎谈不上是一个民族国家，尽管有华丽的宪法，但人权和法制却绝对不尽如人意，没有多党制，没有选举，或者只有不可靠的选举。更有甚者，实行统治的是一个以国家的名义由军队、警察和秘密警察支撑的恐怖政权。国家经常连保障臣民的安全都做不到，更谈不上提供法律保护和确保社会安定了。在极端情况下，国家机构只是残缺不全的形式，并没有实际意义。这种失灵转变成国家的失败。

因此合适的做法是在实际中将后殖民政治现实作为动态过程而不是作为稳定结构进行分析，少将国家作为机构或者机构群去探寻，而是更多地探寻国家的合法地位，也就是说寻求不同的特性和行动——根据欧洲人的理解，一个“国家”就是由它们构成的。虽然这种观点是欧洲中心主义，但却是合理的，因为“国家”确实是源于欧洲的一种现象。最终，非欧洲人明确想要这种“国家”，尽管他们不大愿意承认它的欧洲来源。尽管如此，这种认识并不妨碍我们赞赏非欧洲来源的要素，而鉴于现代欧洲国家价值观念的输出并没有取得很大的成就，这种认识最终也不妨碍我们探索国家形式的可能的变体。
1281 从过去到现在，欧洲国家总是能够胜任包括基本权利和民主在内的高要求吗？此外我们必须习惯，那些前殖民地可能宁愿要自己人的糟糕统治，也不愿要外人的好统治。就连2004年至2014年担任印度总理的曼莫汉·辛格（Manmohan Singh）也明确赞同英国自由党总理亨利·坎贝尔－班纳曼（Campbell-Bannerman）在20世纪早期因重新给予南非自治权而说的那句名言：“自治权强于好政府（self-government is better than good government）。”

拉丁美洲的后殖民精英们和后来一次次去殖民化浪潮中的其他人一样只有一种可能性，即接受现代国家当前的形态。然而还有很多人屈从于这样一种观点，即接受了现代国家的各种机构就万事大吉了。在此他们忽略了，在欧洲及一些相关地域，对这些机构还算成功的使用是建立在几百年之久的尝试和经验之上的，而这正是他们所欠缺的。这种差异是美国在政治上取得了成功而拉丁美洲却没有成功的诸多原因之一。人们常说的“民间社会（Zivilgesellschaft / civil society）”及其所在的“第三空间民间（der Dritte Raum）”在此处发挥重要作用。“民间社会作为非政府组织和公共机构的聚合体展示了公民的兴趣和意愿”；译成“公民社会（Bürgergesellschaft）”可能更好，因为这里所涉及的是针对公益的行动，以及处在国家、经济和私人领域之间的第三空间的国民的自我组织。此外，独立的媒体发挥着一种重要的作用，特别是具有批判性和自觉性的报刊。这种潜能往往被归因于因特网的主动性，但是它们缺少必要的组织上的稳定性。

公民社会是民主发挥作用的必要条件。它的发展低下是后殖民国家危机的原因之一，它的存在是印度民主成功的先决条件。没有它，人们就可能会直接地、几乎自动地屈从新建一个国家所需的特殊条件，特别是屈从一人独裁的统治。或者欧洲机构的外壳里安放的是传统机关和传统方法，这些导致了混合型政治制度，以及按照欧洲的说法，导致了普遍的腐败。例如当马拉维的统治者海斯廷斯·班达（Hastings Banda）借助一种以口头辩论为基础的政治文化（Mündlichkeit）使自己几十年不易受到攻击（Power，2010），那就存在着这种“权威的克里奥尔化（Kreolisierung von Autorität）”（Willis，2005）。“国家”这一概念场的所有类型对于当地的政治文化都是陌生的，这种情况不只发生在非洲！

“管理（Governance）”常常作为总体概念使用，被定义 1282
为对社会事实的集体性的调节行为的总和，这些调整包括从非正式的自我组织到国务活动家的主权行动。因为最晚到面对没有人在意国家的法律和秩序的后殖民世界巨大的非正式领域时，人们就会非常清楚，“非惯例”绝对不意味着社会失范甚或混乱。然而，“在有限的国家政权的空间里进行管理”对西方是不言而喻的事情，因为它必须涉及公共福祉，涉及国家的替代结构。但是恰恰在后殖民世界，情况很大程度上不是这样的。可是这种认识对于理解政治意味着什么呢？

德国法学家用三个特性来定义现代欧洲国家：国家领土、国民和权力垄断。属于后者的还有作为第四个特性的税收垄断。自19世纪起，现代国家吸收了其他不同的特性，因而继续提高了自己的权力要求。它具有了世俗和民族的特性，成为法治国家、宪法国家、民主和社会国家。此间尚未解决的问题是：为什么国家需要人们顺服它提出的要求。社会学家找到了统治合法性的不同理由。由此产生了一个哲学问题："国家"是否不仅仅是权力组织各种可能性中的一种，是否绝不是自然形成的形态。

领土、人民、强制力和征税权隶属于"统一（Einheit）"这一形态原则。现代国家之所以是现代的，是因为它是统一的，统一是现代性的一个原则——顺便说一下，在此期间，它也已成为"过去的现代性"。这可能会对国家的未来带来影响。前现代帝国没有严格的边界，由具有不同地位的地区和居民组成。与此相对应，现代国家拥有一条可以控制的线形边界，拥有一片同质领土和一个统一的国家民族，后者意欲通过同化统一其他族群，或通过种族清洗消灭它们。

在所有的后殖民国家，作为国家现代性基础的"统一"存在一些不尽如人意的地方。但是三个大陆由于历史的原因差异很大。拉丁美洲在过去几百年的殖民统治中，形成了围绕着城市中心的区域性统一，它们可以毫无困难地转变为国家或者联邦的一部分。然而交界地区长期存在着暴力公开化的区域，即
1283 使之后国家对农村地区进行控制，情况也很不理想。在哥伦比亚内陆或在墨西哥的联邦州恰帕斯，被抵抗运动控制的地区直到今天还不在中央政府的控制之下，而且警察也不敢进入一些

百万人口城市的贫民区。虽然国家民族第一眼看上去给人以西班牙或葡萄牙文化完整性的印象，但实际上却是以精英和大众之间的巨大差距为标志的，特别是在那些后者仍然由拥有自己语言和文化的土著构成的地方。

而东亚、东南亚和南亚要么可以与前现代帝国的身份衔接起来，日本就是一个非常典型的例子；要么那里涉及的是不统一的国家，经过持久的、有时非常严厉的殖民统治，它们变成了新的政治统一体，比如菲律宾、印度尼西亚，严格来说也包括印度，它应该将自己的政治统一——或者说它今天分为孟加拉国、巴拉特（Bharat）① 和巴基斯坦 3 个国家——归功于英国的统治。在菲律宾，先是西班牙殖民主人的语言，后来是美国殖民主人的语言发挥着统一的作用，此外还流行他加禄语。鉴于荷兰语影响有限，印度尼西亚将马来人的交际语言巴哈萨（Bahasa）——印度尼西亚语——提升为国家语言没有什么困难。尽管存在着后来的马来西亚联邦的人为作用，作为变体的马来语（Bahasa Malaysia）完成了这一任务。而印度共有 122 种语言，还有数不清的方言和不同的文字。根据宪法，最重要的北印度语言印地语（Hindi）至 1965 年应该取代英语成为国家语言。外来词在印地语中有计划地被古印度梵语（Sanskrit）里的派生词所替代，以便使语言持续性地民族化。但是 1963 年在 55 万中央政府官员中，只有 25 万人说印地语。由于一些使用其他达罗毗荼语言（dravidische Sprachen）的南印度人总归感到被北印度人殖民化了，于是发生了流血动乱，因而这一调整被暂缓执行，并被交给各邦处理。实际上，除了印地语和 22 个地区语言，英语作为中立媒介如今被继续使用。这里与非洲一样，可以较容易地实行意在创建同一民族

① 印度的其中一个官方名称，常在自称时使用，且往往限于指印度北部；国际上更习惯使用 India 指代印度共和国。——编者注

身份的语言政策，其中包括更改名称：孟买的名称从 Bombay 改为 Mumbai，马德拉斯改为金奈（Chenai），孟加拉改为孟加拉国（Bangla Desh），锡兰改为斯里兰卡（Sri Lanka），缅甸的名称从 Birma 改为 Myanmar，等等。但是即使这里也存在国家政权受到限制的区域，特别是菲律宾的穆斯林地区以及印度和印度尼西亚所谓的部落社会最后保留的地区。

殖民时代在非洲虽然仅仅持续了数十年，却带来了一场政
1284 治革命，它将无数个小联盟或边界模糊的前现代帝国变成了殖民地，从中最终产生了 55 个现代国家甚或民族。但是这些新国家很难忍受殖民政策强行划定的边界，从地图上笔直的边界线就可以看出它们的荒唐。可是在经历了几十年的统治后，情况显然已经变得不可逆转；去殖民化之后，它没有在任何地方得到改变。各个民族被分离开来：巴刚果人生活在安哥拉、两个刚果和加蓬；索马里人生活在索马里、埃塞俄比亚、肯尼亚和吉布提。奥万博人原本只是偶然进入德属西南非洲，更多地应归属于安哥拉，今天则是在纳米比亚起主导作用的民族。边界冲突不断以及被强行拉到一起的种族之间的内部纠纷都是这个事实的后果。此外还有刚果和纳米比亚之间巨大的面积差异以及极不均匀的自然资源，前者的面积为 250 万平方公里，后者的为 10350 平方公里。富裕国家加纳和尼日利亚面对的是其他国家，如属于世界上最贫穷国家之列的乍得和尼日尔。

现代的民族形成以破坏传统的政治文化作为前提。但是对于大众来说，除了传统的文化，并不存在另一种形式的团结，因为新建立的国家对于非洲人来说首先就是白人的，面对他们，非洲人没有义务感，而是会尽力破坏他们的财产。殖民主人的非洲接班人必须将这种政治观点作为遗产一起继承下来。与亚洲相比，这里的语言景象更加丰富多彩，以至于除北部和伊斯兰国家的阿拉伯语外，几乎所有地方的官方语言和教

育语言一直是英语、法语和葡萄牙语，在南非除了英语和各种非洲语言还有南非荷兰语。斯瓦希里语在坦桑尼亚也拥有这一地位，在肯尼亚再加上英语。在马达加斯加岛，马尔加什语和法语共同作为官方语言和教育语言。埃塞俄比亚的阿姆哈拉语（Amharische）虽然是一门非洲语言，却是也进行过同化殖民统治的“主人民族”的语言。

不仅在欧洲，在美洲和亚洲通常也是先有国家、后有民族而不是相反，虽说为了证明合法性，往往很喜欢唤起这种印象。到处在创造民族，但都以一个共同历史作为现实基础。如果一个新国家的历史仅由几十年的殖民统治构成，如果常常连一次声势浩大的，至少创造了克鲁玛、肯雅塔或曼德拉一类的 1285
民族英雄的自由运动都没有发生过，在非洲就很难构建一个民族了。与以往一样，只有精英们为了自己的利益将自己与自己的民族视为一体，而大多数非洲人却更认同由语言、区域、历史渊源或神话渊源所限定的种族。种族冲突在非洲属于政治常态，直至发展为内战甚至像发生在卢旺达那样的大屠杀。

殖民和后殖民环境加强了种族意识，并将它提升至种族主义和种族灭绝的地步，这被视为殖民主义最沉重的遗产。事实上，虽然殖民主人为了他们统治体系的利益并非凭空创造了所谓的种族，但却是在语言和政治上进行划界和确定。现实情况是，非洲人绝不总是组织在固定的部族中，根本不是欧洲人在读过塔西佗的《日耳曼尼亚志》后所以为的那样。在有些地方，人种进化早已被证明更具流动性和复杂性。但是现在不言而喻的是，它在有些地方可能与血缘群体和定居群体有关联，这些群体绝对维护着种族自我意识。

就连酋长的再度出现也与种族在当下的意义相关联，无论是传统酋长还是由殖民国家创造的公职酋长的继承人。新国家的创建者为了自己权力的利益与这两种酋长进行激烈的斗争，但由于自己的国家机器的虚弱不能获得持久的成功。1966 年君主政体在布干达被废除，但 1993 年在国家元首的倡议下重新恢复。即使在不担任职务的地方，这些酋长仍然拥有权威和影响力，地方民众请求他们作出决定、进行调解或给予支持，由此他们的权力在增长。

最终就连那些主要从事发展援助的非政府组织也参与到与后殖民国家的竞争中。它们可能出自相关国家或前殖民大国，可能具有国际特性或教会特性。在国家政权被淡化的地区，它们在酋长之外有时也行使超国家的权威。

就这一点而言，后殖民国家权力还能够表现得如此统一和强烈——至少在非洲它遇到了很大的竞争。它对内和对外对合法的有形权力的运用，它的权力垄断——马克斯·韦伯等人所认为的现代国家的存亡所植根的权力垄断——并没有稳固的基
1286 础。这无须涉及种族暴力冲突或有影响的组织犯罪，如拉丁美洲的毒品卡特尔。与现代欧洲国家相反——但不包括美国——很多公民准备在他们认为自身权利被剥夺时便使用暴力获取自己的权利。如果司法和警察长期腐败或至少无能，这种事情很快就会发生。即使在近代早期的欧洲，这种类型的暴动也属于政治常态，直至国家权力垄断和对司法的信任一同实现。国家权力极为残暴的反应以及持久性的国家恐怖统治所展现的并不是一个强大的国家，而恰恰是一个虚弱的国家。与至 18 世纪的欧洲统治者一样，后殖民统治者，特别是在非洲，直到今天仍然喜欢将反对派视为反叛势力并加以制裁。

外部的权力垄断通常由军队来履行。后殖民国家偏爱搞高度现代化的、大规模的和相应昂贵的军事机构。因此，军队在一个仕途晋升空间有限的社会里提供了具有吸引力的可能性，吸引着有才干的人。当自己的集团利益出现问题或出于其他原因认为时机成熟时，他们可以轻易地通过国家政变接手政权。

他们几乎不再在正规战争中战斗，因为这样的战争在官方层面已经不复存在，进行的更多的是内战，有时双方在其他国家交战，或者干涉其他国家。随意发动战争的权力过去是一个国家权力主权至上的化身。今天这种权力不复存在，而主权受到损害一方面是因为上面提到的干涉，另一方面是因为很多国家被纳入同盟体系。

在冷战时期，被纳入包围苏联的美国各同盟体系的不仅有欧洲和拉丁美洲，还有亚洲和澳大拉西亚的许多国家。但是苏联完全懂得如何突破这种“拦堵”，直至在美国的家门口与古巴建立同盟，因此触及美国对拉丁美洲左翼行动的敏感神经。而非洲人则能够与各个势力集团保持着让各方都感到高兴的距离。在美国的经济援助中存在一个与政治和军事利益紧密相关的一揽子方案，比如 1975 年埃及一国得到的援助与非洲所有其他国家获得的一样多，1978 年至 1981 年，首先是苏丹和索马里被给予优惠待遇，而 1977 年处于它们之间的埃塞俄比亚却转向了苏联。就连摩洛哥、突尼斯、扎伊尔和肯尼亚也获得了美国的军事援助。可是由于没有一个非洲国家属于美国的联 1287
盟体系，而且美国在非洲没有维持军事基地，所以可以辩解这一政策是面对苏联明显的干预采取的守势。不仅是安哥拉、莫桑比克和埃塞俄比亚作为观察员被接纳到东方的经济联盟——经济互助委员会中；在安哥拉和埃塞俄比亚还各建了一个海军基地和空军基地，在几内亚比绍建立了一个海军站点。此外，古巴人不仅出现在安哥拉，而且也进入了埃塞俄比亚；据说 1982 年那里有 14000 名顾问和 7000~9000 人的战斗部队。1982 年在马里、几内亚比绍、圣多美、赤道几内亚、赞比亚、莫桑比克和马达加斯加都有苏联的军事顾问，在阿尔及利亚和利比亚甚至超过 2000 人。除此之外，埃及、加纳、几内亚、马里、阿尔及利亚和索马里有时候还享受苏联的经济援助。

虽然克鲁玛的泛非理想没有产生任何结果，但是非洲人比其他人更积极地一再尝试在他们的各国际组织成员之外建立超国家的非洲协会。即使这种协会能够较好地运行，同样也会因此丧失主权。1963 年建立的非洲统一组织（O.A.U.）于 2000 年根据利比亚独裁者奥马尔·穆阿迈尔·卡扎菲的财政支持不足的倡议变为非洲同盟（Afrikanische Union，A.U.），从此情况有所改变。非洲同盟同样包括所有非洲国家——摩洛哥除外，1984 年由于撒哈拉冲突它退出了该组织。该同盟模仿欧盟，在亚的斯亚贝巴拥有一个雄伟的驻地和一个范围广泛的行政体制，但 54 个成员国大都很穷，迄今为止其功效不如非洲统一组织。与严格恪守不干涉原则的非洲统一组织不同，非洲同盟组建了一支执行和平使命的干预部队，承认民主和人权，迄今为止以暂时开除出组织处罚各种国家政变。

旧的统治形式大多数以宗教为依据，而现代国家则是自我指涉的（selbstreferentiell），因此是世俗的。当欧洲基督教会的剩余特权被削减的时候，宗教在后殖民世界的影响却又在增加。伊斯兰国家尤其如此，尽管它们没有像巴基斯坦那样已经对自己原本的身份进行了宗教论证。一系列伊斯兰国家乃至革命性的重建尝试虽然都完全是在实践现代性，但保留伊斯兰法“沙利亚（scharia）”的终审有效性是唯一的前提，一些人甚至想用它论证针对西方的信仰之战。伊朗的两位巴列维国王和土耳其的穆斯塔法·凯末尔的富有攻击性的世俗化已经或者
1288 正在被取消。然而就连在过去已决定世俗化的印度，“印度教徒主义（hindutra）”也在挺进中，这是一场意图将国家重新置于印度教规则之下的运动。与实力强大的穆斯林少数群体的暴力冲突就是结果，1992 年阿逾陀（Ayodhya）的一座清真寺被毁就是信号，相传阿逾陀是罗摩神的出生地。媒体和教科书传播着以这一思想改写的历史，各种地图展现着一个从巴基

斯坦至缅甸的“大印度（Greater India）”，俨然一个“达摩的超级大国（Dharmic Superpower）”（Brosius，279）。甚至在人们眼中如此温和的佛教也不得不在斯里兰卡支持僧伽罗人佛教徒反对占人口少数的泰米尔人印度教教徒的战斗。

宗教与民族主义的交叠在这里十分明显，这种交叠过去在欧洲是常例，在此期间又重新归来。政治家早已认识到它大有用处。而非洲却很难这样。甚至穆斯林的选举胜利也常常导致内战，更不要说其他接管政权的尝试了。另外，在许多西方国家，民族主义好比政治宗教信仰，在非洲却更像一件有些微吸引力的艺术作品——鉴于民族身份欠发达，这一点并不奇怪。

作为现代国家，后殖民国家通常也拥有西方式的宪法和法典；1996 年的《南非宪法》甚至被视为法律经典。除了亚洲的一些例外，作为现代国家它们都批准了联合国的《人权公约》并因此将其作为现行法律。作为现代国家它们或许是民主政体，其公民定期在普遍、自由和秘密选举中决定由谁和如何管理他们。作为现代国家它们应该是法治国家：拥有有秩序的立法，拥有使公民获得权利的司法，拥有在日常生活中按照法律法规实行国家统治的行政机构。因为统治的法制化和去个性化是成为现代国家的决定性步骤。然而表面现象具有欺骗性。仅仅是管理机构就存在不尽如人意的地方，就更别提政治和行政实践了。

全世界有 150 个国家还在实行刑讯。虽然美国和与其关系亲近的国家在破坏人权方面同样并非无可诟病，可是重点大概还在发展中国家和门槛国家。那里实际上常常缺少符合宪法的分权制。行政权占主导地位，控制着虚弱的立法权和司法权。只有少数国家的司法机构可以审判政府和行政机构的侵害行为，比如印度和以色列，据说甚至在实行种族隔离制度的南 1289
非也可以。然而这样的判决常常没有功效，因为行政权可以示威性地无视它们。更经常的情况是法官依照统治者的意愿作出判决，通过拖延手段使程序空转或者干脆收受贿赂。除了个别显而易见的例外，政治家和官员的表现也是如此，因为他们作为统治者的党羽得到了他们的职位，首先将它们视为肥差，理所当然要从中获得一些利益。因此非洲的官僚机构1960年至1970年规模至少扩大了一倍，在有着石油亿万富翁的富裕的尼日利亚至1999年至少扩大了9倍，但对国家的相应义务却没有明显增长。非洲国家财政的50%~80%用于维持所谓的公共服务。这一维持费用常常很低，因为人们悄然估计到官员和警察懂得凭借自己的地位对其收入进行必要的提升。这也解释了为什么在很多后殖民国家存在着失控的警察暴力行为。

只有额外付费才能获得国家的服务，甚至仅仅是为了获得许可也得如此，这是理所当然的事情。可获利的公司由国家经营，或者在改革的压力下进行假私有化。利润由领导集团收取。私有经济必须支付贿金，在很长时间内德国公司甚至能够在家乡用行贿费用抵税。在印度尼西亚，不仅独裁者苏哈托将军的家族敛财无度，而且军队本身已将所有经济分支机构据为己有。不过在苏哈托统治时期，贿赂是可以计算出来的。每个人都知道什么时候在哪里付钱。自从重新实行民主制就不再是这种状况了。腐败成了随意的和无法控制的，因此也就变得更加严重。虽然有防治腐败的机构，但在那些设立它们并不是为了增添肥差的地方，它们的行动也会受到体制的制约。于是自2000年起在肯尼亚开展了一场由英国考古学家小李基（Richard Leakey）领导的绝对有效的反腐败运动，但它在总统及其身边的人那里却碰到了禁区，因此不了了之。从1971年到1999年，总统府雇员的人数从1.8万人增加到4.3万人，除了贿赂收益，这还带来了对政府机构其他部门的权力的剥夺。根据国际透明组织的调查统计，世界上最腐败的国家

1999年是喀麦隆，2000年是尼日利亚，2001年被孟加拉国取代。

在极端情况下可能会出现迫使国家犯罪的现象，如查尔 1290
斯·泰勒（Charles Taylor）的强盗政权以及1980年至2003年在利比里亚和塞拉利昂的同类政权。对自建国以来就统治着国家的美国黑人集团之外的年轻人来说，加入军队在利比里亚是唯一的晋升机会。1980年，撒姆尔·K.多尔（Samuel K.Doe）领导的政变第一次将来自大陆腹地的非洲人推上了权力宝座。但是这个集团十分虚弱，尽管采取了极端残酷的措施，仍然碰上了由西非法语国家集团支持的查尔斯·泰勒领导的抵抗，而多尔的支持者则是英语国家集团。因此一支西非的和平部队——当然实际上是尼日利亚的和平部队——进行了对多尔有利的干预。因为当时的尼日利亚总统同时也是利比里亚石油公司的所有者。虽然多尔随后被谋杀，但他的集团控制着首都，而查尔斯·泰勒则控制着国家几个地区。可是那里至少有20个军阀在相互争斗，他们的童兵部队是靠钻石走私（带血的钻石）筹措经费的。1993年，尼日利亚的军事政变使得在利比里亚进行大选成为可能，选举以查尔斯·泰勒的胜利结束，他却不能顶住对手的反对实现自己的目标。内战继续进行，并殃及邻国塞拉利昂，直至联合国进行干预以及前殖民大国英国在塞拉利昂进行干预才结束了恐怖时代，并促成了以选举为标志的新的开始。25万利比里亚人丧命，不少人是被总数约为2万的童兵杀害的，因为这些孩子不再满足于砍掉他们的牺牲品的胳膊。被捕的政治敌人多被拷打致死。

新国家的精英们在引入民主的过程中常常很少关注实际的细节部分，如选举法和选区。英国的多数选举法有利于实际上的一党统治，例如它有利于1947年至1977年和1984年至1989年印度国大党的一党统治。在后殖民国家，一党制体系有时几乎是自行产生的，那里的拥有独具魅力的领导人的解放运动在去殖民化进程中接管了权力。这在非洲完全成了常例。

这离独裁仅一步之遥。但是若与军队作对则无法实行独裁，克鲁玛就为此不得不经历了对他的伤害。与此相反，经常发生的是军官们自己接管政权的情况，有时是一个集团，但是大多数情况下结果都是个人独裁。在拉丁美洲一开始就有军
1291 事领导者（caudillos）的统治。但是在1960年代和1970年代，那里几乎到处是现代军事机构的代表接管了政权，有一部分采用极端的暴行对付真正的对手或所谓的左派敌人以维持政权。1932年至1973年君主制的泰国由军队统治，1991年和2006年军队重又短期接管了政权，同样的事也发生在2014年。1962年以来缅甸实行的是军事独裁，它只是很踌躇地有所松动。1965年，在对共产党人和华人进行的大屠杀中，穆罕默德·苏哈托领导的右倾军队剥夺了印度尼西亚独裁者艾哈迈德·苏加诺的权力。苏哈托的独裁统治持续到1998年。费迪南德·马科斯（Ferdinand Marcos）——1965年的民选菲律宾总统——1972年借助军队建立了一个腐败的独裁统治，他能够维持该独裁到1986年。在非洲，在埃及1952年政变之后，1963年在多哥爆发了第一次军事政变。就连这里也在1960年代和1970年代建立了多次军事独裁，其中几个还使用了现代化的行动，甚至还有左倾军事独裁，如1974年的埃塞俄比亚军事独裁。人口最多的国家尼日利亚1965至1979年和1983年至1998年处于军人统治之下。至1988年撒哈拉以南的44个国家中只有寥寥几个实行的是民主统治。

因为尤其是对美国来说，军事独裁作为稳固的反共产主义秩序的保障来得非常及时，如果美国人不是亲自参与接管政权的话，例如在危地马拉、智利或刚果。军事援助和合作也很风行，有时也有以色列的秘密介入，在那些年里世界范围内都有

这种事情。不过独裁者绝对不总是美国顺从的奴仆。

统治刚果的是约瑟夫－德西雷·蒙博托（Joseph-Désiré Mobutu，伪古非洲语，意为拥有王位和豹皮的君王），他为自己选定的名字为Mobutu Sésé Seko Kuku Ngbendu wa Za Banga[①]。刚果从1965年至1977年同样为了非洲化暂时改称为扎伊尔。作为非洲头等窃国之盗，他与马科斯和苏哈托属于世界上三个最腐败的独裁者。由于他的国家拥有原料财富，他对外国的依赖十分有限。据称他共攫取了50亿美元，其中部分送到了国外安全之地，但根据瑞士提供的数据那里“仅有”530万美元。他和他的家族生活在疯狂的奢华中，而饱受剥削的国家的经济和基础设施却在1970年代的危机中衰败了，一国百姓食不果腹。他任命自己家族的人担任要职，由他的族人恩格班迪人（Ngbandi）充当总统卫队。政治敌人或被折磨致死，或用有利可图的职位加以收买，有时是在施以酷刑之 1292
后。但在分派职位方面注意不断轮换，所以没有人能够建立起家族权力。

自1980年代起情况发生了变化。1983年至1990年，除了古巴和洪都拉斯，拉丁美洲到处都在向民主过渡。1986年在菲律宾马科斯被推翻。1990年一股民主浪潮开始在非洲涌动。在1990年和1997年间进行的选举几乎都是多党选举，但这并不说明民主已占优势。从1960年至2003年，199个非洲的国家首脑中有107人因国家政变、战争或侵略失去了他们的职位，只有19人在选举时落选，而这些落选中的18次发生在1990年之后。冷战结束之后，双方都不再需要独裁者作为可靠的伙伴，在西方，人们普遍认识到，民众的参与能更好地促

① 意思是：不知道失败的勇士，拥有忍耐力和不屈不挠的能力，呼唤着火焰，从一个胜利走向另一个胜利。按照奇卢伯语（Tshiluba）的简单翻译是：战无不胜的勇士，从未输过的公鸡。

进经济增长和发展。至少很多城市精英已经厌烦毫无建树的独裁者，尽管独裁政权能够在亚洲和非洲继续维持下去。

然而除了印度，没有一个后殖民国家证明民主制是稳定的成功典范，完全的现代国家至此还没有出现在那里。一方面，殖民国家培养民众被动接受官方权威，但是另一方面，它又被它的许多臣民和新精英中受挫的成员视为外来的强制制度，因此被视为非法，所以可以问心无愧地破坏和榨取它。这种观念显然常常被传给它的后继者——后殖民国家。前殖民统治关系的传统的合法性绝没有因其消失而自动变成信任法律法规的理性的合法性。一个民族领袖的个人魅力作为替代物或许可以暂时起到过渡性合法证明的作用。有时它甚至可以传承，例如在尼赫鲁家族，但却不能持久。如果存在着民族情感，那么它导致的多是仇外而不是献身国家。

而这个后殖民国家依靠的是所谓的“基本合法证明”。这是一种简单的认识，即既然现在存在着这个国家，那么它就有某些方面的用处。在西方，这种“基本合法证明”是与社会福利国家为其国民带来福利联系在一起的。为此甚至会容忍高税收。但是如果因为弱国无力贯彻它的税收权而没有提供这样的福利，或是这种福利被边缘化，或是只对少数人有好处，那将会发生什么？国家份额，即国家支出在国民生产总值中的份额
1293 很适合用于衡量国家建构（Staatsverdichtung）甚至国家实力。在千禧年之际，在经济合作和发展组织成员国里它的比例平均为50%，在后殖民国家大都在20%以下，在印度是15%，也就是说到那时为止绝对不是一种增加趋势。其间，个人所得税在欧洲国家收入中同样占约50%，而在后殖民国家还是在20%左右。在那里，国家收入来自间接税收和对企业的征税，或者说来自国家企业的利润。也就是说，这些国家没有做到开发公民的税收潜能。逃税在那里比在欧洲更加司空见惯。那是

一个从因拒绝纳税而效率低下到因效率低下而拒绝纳税的恶性循环。

拒绝纳税作为一种违反社会惯例的社会行为产生于一种政治文化，现代国家政权对它来说一直以来都是陌生的。这里涉及的是一种不平等的个人关系的秩序，而不是一种非个人化的平等的法律秩序。也就是说，首先是家庭和亲属关系，然后是当事人的以自我为中心的网络，他们通过义务和回报受其庇护人的约束。此间，双方被延迟的对义务的期待发挥着中心作用。由于节俭的殖民国家给他们——除了印度——留下的成形的官僚体制没有效率，后殖民精英们没有别的选择，只能像欧洲国家发展的早期阶段那样，在这种个人关系网络的基础上建立他们的统治。随后，这一体系被证明对参与者来说是如此舒适，以至于这些人极为乐意维持它。但是被排除在外的人通过前殖民文化和殖民经历制定计划谋求参与而不是质疑这一体系。

或许在真正实现现代国家之前，这个后殖民世界还面临着一个漫长的学习过程。但也可能正好相反。因为在此期间，就连欧洲也有违常理地面对着这样一个问题，即怎能与反社会的人一起维护一个社会国家，怎能与无政府主义者一起维护一个现代国家。虽然现代国家绝不可能消失，但是它显示着明显的解体现象，不再能够完全贯彻它的权力和税收权，不再能够提供很多期待由它完成的义务。甚至连它的基本合法证明也在缩水。难道对此的回答只能是“未来在非洲”（Trotha，2000）？

若是没有蒸汽机和柴油机，没有电和电子学，没有西方的自然科学和技术成就，就不会有全球化。西方的自然科学和技术文化席卷了整个世界，而且至今仍然是西方的，与其共生的工业和金融业也是如此。一台汽车发动机或一支冲锋枪到处都使用相同的操作方法，传送带或银行账户在哪里的运作方式都一样。到处都使用十进位制，米制和砝码在世界范围都适用。最重要的例外或许不是欧洲以外的特殊情况，而是极有影响力的英语文化圈的非米制体系，这一文化圈的存在也让我们看到很多国家机动车是靠左行驶的。1884 年开始采用格林尼治标准时间及其时区。除了一天 24 小时，一周 7 天在全世界也是理所当然的，尽管休息日在沙特阿拉伯和以色列分别是周五和周六，而在其他国家或多或少没有休息日。采用太阳年的格里高利历因其源于天主教，直到 18 世纪仍受到欧洲部分新教徒抵制，东正教教徒则抵制至 20 世纪，而它在日本于 1873 年被采用，土耳其和中国分别于 1927 年和 1935 年采用了它[①]。

然而，在中国，人们还是喜欢根据阴历过新年，用中国的十二生肖为年份命名，而且在世界范围里还一直深受喜爱。今天，西方也倾向于将按基督诞辰计算的纪年谨慎地中立化，但它自然地还是会引起特别的反感，尽管它在此期间被悄然接受了。在中国，在进行 1898 年那次失败的现代化时就有人建议从孔子的诞辰开始纪年，提此建议的恰恰是孔子的批判者康有为，而穆斯林至少同时还一直根据回历使用太阴年纪年。在奥斯曼帝国，对 1869 年引入的米制的强制推行也一直持续到 20 世纪。

① 原文如此。——编者注

到处都有人民抗拒由上层规定的文化变革，尽管这一变革对于人们所追求的西方模式的现代化来说是不可避免的。因为这样做不仅仅是大规模地介入每个人的日常生活。时间的殖民 1295
化（Kolonisierung der Zeit）其实就意味着人的殖民化，对时间的控制也就意味着对人的控制。借助钟表得以贯彻的“人的时间”违反自然时间，它教育人们准时，为现代创造纪律严明的人。七天一周以及新教传教士严格恪守的清教徒的安息日则带来了更大的改变——对于一些人来说，大英帝国就是“安息日帝国（Sabbath Empire）”。无论如何，为了经济收益，新教的惜时精神在世界范围内战胜了爱尔兰人的老欧洲原则：“当上帝创造时间的时候，他造了很多时间！”非常典型的是，甚至鲁滨孙·克鲁索（Robinson Crusoe）在他的孤岛寂寞中也付出了很大的努力保持对时间的控制。

西方的时间文化是在犹太—基督教的拥有起始和终结的“线性时间观”的影响下产生的。它使因果关系观成为可能，这一观念对自然科学和技术至关重要。它允许人们提出各种未来的计划，从个体的发展机会到普遍的进步思想和乌托邦，因此一些现代经济行为方式才变得有意义，如为了利息而储蓄，或是通过保险得到保护。这种时间是可测算的，而且因为它是宝贵的，所以也具有测算的价值。在印度和东亚起重要作用的“循环时间观”则缺少这一切。虽然穆斯林的时间是线性的，但却不可估算，因为它随时都要屈从于全能的主的重新确定。在这种情况下，自然的年循环就成为可计划之事的上限。

单单基于自己所获得的硕果累累的技术工艺，对于欧洲人来说，他们的自然科学对世界的理性解释所具有的优势就已经是理所当然的了。由此——不再像过去是自认为拥有所谓“较好的宗教”——他们油然而生一种同样理所当然的优越感和向其他人继续传播这些成就的欲望。而在不断的交往中，这些成就应该服务于自己的统治利益和他人的福祉。因此，世界其他地区的人不仅觉得这类创新异常可疑，而且还视其为异族统治的工具。比如殖民地医学，特别是印度和非洲的殖民地医学被视为殖民统治的核心权力机制，被视为“医学帝国主义”。它的各种措施的出发点常常就是为了保护欧洲人不得传染病，尤其是保护军队免于染上性病。

1296 尽管如此，一方面，它在防治印度的天花、鼠疫霍乱和非洲的昏睡病，以及在降低牲畜的昏睡病死亡率方面作出了巨大贡献，并进行了各种各样的卫生革新。另一方面，它对非常成功的当地医疗学常常缺少理解。虽然人们相互学习，但各医学体系间没有对话。例如印度已先于欧洲人通过有目的的感染（人痘接种）防治天花，然而它虽能使人免疫，却可能有2%的死亡率。与此相比，接种被杀死的病原菌（种痘）死亡率仅为0.0002%，但疫苗却很难制造、储存和运输。在印度，不仅对种痘和卫生改革存在宗教方面的保留条件，而且英国人认为是必需的大众种痘等措施在执行过程中也遇到了抵制。在非洲由德国人进行了药品试验，有时以死亡结束；1906年，罗伯特·科赫（Robert Koch）在这里得到的可不全是荣誉。西方医学的本土化更应该归功于少数开放的和有抱负的当地人，可是他们常常不能当医生，最多可以成为痘苗接种者。另外，医生在母国将自己从殖民地的人体上所积累的经验用于卫生条件恶劣的工人住宅区，这又是一种“人体殖民化（Kolonisierung der Körper）”。

只要仔细观察一下就会看到，即使在无可争议的优势领域，接受西方文化直至今天还在继续进行。当然，可以料想，人们设想的是一种自成一体的、均质的、互不重合的、其成员到最后也必定彼此陌生的文化。我们可以将“文化”理解为对行为规范的正式或非正式的界定，或是理解为符号构成的网络，又或是两者均有。但是只有当我们从它的具象层面，特别是从所谓的高等文化的具象层面看，也就是从文本、建筑物和造型艺术等一经创造就以特定形态示人的物品看时，才会产生整体观念。然而对它们的诠释也可能各不相同。各种文化过去和现在基本上都是流质的、同步渗透的，历时性地处于不断的变化中。在全球性的各种条件下，通过“文化的克里奥尔化（kulturelle Kreolisierung）”，两种文化之间的“第三空间”不仅比以往更频繁地出现跨文化的“混合种”，甚至还出现了两个以上文化的跨文化融合。转变的最重要的推动力是吸引力，也就是“软实力”，对一种文化的成员来说，它来源于另 1297
一种文化，特别是作为占优势的政治势力的后果产生的，是由“硬实力”产生的。就这方面来说，（殖民）统治和霸权是文化转变的重要框架条件。但是在这种存在着普遍差异的条件下，又能如何划分文化的归属呢（比如是德国的或英国的，是非洲的或中国的，是佛教的或基督教的）？基于实证观察得出的结果是，根据统计数据推测，一些文化现象聚集性地出现在特定区域或特定时间，它们大都也产生于那些区域或时间，它们从这些中心向外辐射，密度逐渐减小。一个俗套的例子就是麦当劳大量出现在美国，而在布基纳法索却十分罕见。

另外，对同一性和真实性的需求也发挥着作用，这导致了对某些文化现象的强调，甚至导致一些新的权当真实的文化现象被发明出来。1966 年，非裔美国人替代圣诞节创立的“宽扎节（Kwanzaa）”大概可作为一个例子。另一个例子是为了证明男性气概而进行高难度的冲浪运动，这堪称夏威夷的文艺复兴。以这类事物作为（新）民族主义政治的工具变得十分重要，例如印度的民族主义运动，又或是人们在南非宣告的所谓维系非洲共同体的传统理念——乌班图（Ubuntu）[①]。不过文化强迫观念在这里和其他地方都不厌其烦地被用于掩盖政治创造性的欠缺。

“克里奥尔化”本来是一个语言学概念，因为文化变革在那里特别引人注目。接受和新创也都必须在语言层面上完成，因为每一个术语的翻译肯定都要遇到语义差异问题。比如若要考虑所呈现的词语的规定内涵，应该选择哪个阿拉伯词语来表达欧洲的“共和国”一词呢？如果像在印度那样，出于政治必要性，使用殖民政权的语言作为国家语言并沿用它的各种政治概念，形势就更明确些吗？因为使用它的印度人对一个英语概念的理解可能不同于一个英国人。

学会对方语言的先决条件不仅是接触，还要有兴趣。欧洲人似乎比亚洲人更多地利用了现有的可能性，毕竟他们是想卖出商品的商人和想传播福音的传教士。但是除了这些实际需
1298 求，语文学兴趣本身或许也是西方文化的特性，或许甚至就是它暂居优势的一个原因？值得深思的是，没有摆脱接受西方文化控制的日本人是唯一与欧洲人情况类似的亚洲人，他们已经习惯与另一种语言的母文化——中国文化共同生存。不过在欧洲，掌握亚洲语言向来是少见的现象。

而欧洲语言在亚洲的胜利进军最初出现在商业环境中。各种洋泾浜语和克里奥尔语是在葡萄牙语、荷兰语、法语和英语的基础上产生的。后来人们学习了殖民主人们的语言。这一过程背后的权力取向可以在美国英语在菲律宾排挤西班牙语的事例中特别明显地看出来。另外，殖民政权传播一个统一的、西方的或当地的统治语言也变成了去殖民化的工具；马来语在印度尼西亚的作用相当于英语在印度的作用。

---

① 该词来自非洲南部祖鲁语或豪萨语，是一种非洲的传统价值观，大意为“人道待人”。

连古老的语言中也留有文化交流的印记，当然首先是借词，它的出现频率大概同样取决于权力的对比。例如英语吸收了大约900个印度语言的基本词素，而各印度语言中的英语外来词却数量众多。这些外来语随后继续在语言中游移，使用者直接在交际中应用它们，在欧洲也进入了德语。今天又有谁还知道Joppe[①]来自阿拉伯语的Djubba？

全球性的青年嘻哈文化使用的是一种全球化的英语。在一家马来西亚的夜总会里可以听到用非洲裔美国人的发音和句法演唱的英语说唱乐——确实是一种跨文化的融合。在印度除官方宣传的印地语外，混合语“印度斯坦语”使用也很普遍，这是一种拥有很多外来词语的印地语。印度英语（Hinglish）则更进了一步，这是一种拥有大量英语词语的印地语，或者反过来说，是持续印地语化的英语。这种英语印地语化发展到如此程度，以至于在英国专门为说印度英语者编纂了英语中“不常见”用法的词典。阿拉伯语作为拥有丰富文献的书面语和《古兰经》语言——安拉只说阿拉伯语——保持着稳固的地位。相反，非洲人往往根本就不看重他们最初的语言，除了个别的例外，这些语言都缺少文字和书写文化。语言之间的相互排挤和竞争仍然符合一句话所反映的现实：“哪里有英语，哪里就有力量。”（Wolff，2007，216）

因此就连非洲的文学语言也几乎总是殖民大国的语言：英 1299
语、法语和葡萄牙语。在亚洲，西方对文学的影响比较细微。一些使用英语写作的著名作家，如V.S.奈保尔（Vidiadhar Surajprasad Naipaul）和萨尔曼·鲁西迪（A.S.Rushdie），其实是寓居外国的印度人。但是西方作家和他们的主题则完全被接受了。例如中国接受莎士比亚，也吸纳了这位作家极为丰

① 一种宽大的男式短上衣。

富多彩的表现手法乃至讽刺滑稽的风格。或者欧里庇得斯的《美狄亚》（*Medea*）被改编成一部具有某一地域风格的中国戏曲。其间首先必须解决的是中国不曾有的合唱团的导演问题。而强调中国的尽孝义务单方面改变了原作中女主人公的产生矛盾心理的性格。

在直接交流的时代，欧洲、亚洲和非洲相互成为艺术表现的题材。在欧洲艺术中我们遇见了源于亚洲和非洲的题材和人物，穆斯林、中国人、印度人、日本人，甚至连被歧视的非洲人都先后成为文学作品中的主人公。相应的，贝宁的青铜雕塑艺术、日本的屏风和印度的小画像也很早就表现了来自西方的奇特的人。

然而双方都夸大所谓的典型的特征，有时甚至超越了漫画的界限，甚至可以说是带有挑衅的意图。或许所谓的“他人”无非就是自我的一个面具，源自欧洲的异域风情以某种表象被人们广泛接受。凡是被接受的具有异国色彩的修辞手段和题材，在欧洲常常要经历一个符合西方美学原则的吸收过程，而这种源于古典时代的美学原则被认为是优越的。直到脱离了古代经典，西方才得以比较公正地接受亚洲和非洲艺术。所谓的“日本主义（Japonismus）”是随同1862年的巴黎展览开始的，并对青年风格（Jugendstil）施加了明显的影响。而非洲则必须等到表现主义的出现。

但是18世纪在中国活动的欧洲画家和建筑师们则完全不同，他们想推广透视法和多层建筑方式，却未能打破那里因世界观而固化的表现方式和题材准则。虽然亚洲充分接受了欧洲的艺术形式，但是即使是在那些涉及西方新媒介的地方，例如故事片，风格和内容上的印度化或日本化也是显而易见的。

1300 因为在造型艺术和建筑方面，某种转换模式特别明显。各文化之间艺术家的创造力一方面导致了“伪西方”的结果，另一方面导致了“伪东方”的结果。印度画家的裸体像可能受到了欧洲范本的启发，而在绘制方法上他们显然使人联想到著名的神庙雕塑。与此相对，英国的殖民地建筑师在印度也吸收了东方要素，但值得注意，他们几乎只吸收了穆斯林要素，他们不仅将这一结果带到了英国，而且将它带往了澳大利亚。

文学和艺术可能也映射了在西方的影响下两性关系的变化。由于某些已知的困难，在这方面很难获得可靠的实证数据，推断出的结论故而相当矛盾。除此之外，现实中还存在其他问题。殖民地是很多欧洲人和美国人的不受约束的性游乐场。有些殖民地甚至拥有同性恋避难所的固定名声，同性恋当时在许多欧洲国家还是受迫害的。然而当地女伙伴和男伙伴的地位从一开始就没有随之提高——恰恰相反，种族主义因此变得更加强大。有人认为印度比过去的时代更加禁欲，尚不清楚的是，英国的影响是否在这方面发挥过作用。

在爱情、婚姻和家庭方面，各个地区肯定受过西方的影响，但其程度很难估计。在中国文学中，爱情和婚姻变成两个独立平等的伴侣之间的关系。这是为了清除过时的儒家家庭模式，它被斥为感情冷漠和虚伪的。旧中国确也崇尚感情，不过其始终囿于传统秩序。除了大家庭，由妻子、丈夫及子女组成的所谓核心家庭在前现代的欧洲发挥的作用也大于过去的假设，不过我们在审视它们时不应割裂其与较大的亲属群体的关联。在19世纪，伴随着工业化和公民社会的发展，核心家庭的特征是职业丈夫和家庭主妇之间的角色分工明确，以及与 1301
亲戚之间联系松散。后殖民世界的精英们无疑在殖民统治时期已经部分接受了其主人当年的这一理想。但是现实中存在着各种各样大大小小的传统的家庭形式，这一理想似乎并没有普遍贯彻下去。在坦桑尼亚，有时由上面指派这种核心家庭，但遭到了女性的拒绝。除此之外，家庭的规模大小和相互关联不仅取决于文化传统，而且取决于经济框架条件，例如外出务工会产生单身母亲家庭。在亚洲的异族通婚中可以观察到，广泛流行的经人说合的婚姻正在消逝，婚姻很少被视为爱情关系，更多的是被视为两个独立个体之间的协议。由于那里普遍缺少女性，男性娶的常常是社会地位低的人，而女性嫁的往往是社会地位高的人。

父权制在西方虽然也处于统治地位，但欧洲扩张似乎在其他地方在两个方面导致了妇女状况的改善。一方面，它为妇女提供了部分解放的新角色；另一方面，它导致了广为流行的一夫多妻制的衰落，尽管后者，尤其在非洲，并不总是导致妇女受歧视。在突尼斯，一夫多妻制问题在1956年被法学家们解决了，其理由是《古兰经》为此设定的条件已不复存在，所以法律禁止它是合理的。在利比亚，妇女解放也是在伊斯兰教的框架内实行的。而在革命后的阿尔及利亚，早在1962年，国籍就与伊斯兰国籍法连接在一起，而1984年的家庭立法意味着回归父权制。直到2005年，那里才和2004年的摩洛哥一样实现了离婚法的现代化。

在达荷美，直到进入19世纪还存在大名鼎鼎（也可以说臭名昭著）的妇女团。在相邻的布基纳法索，总统托马斯·商羯罗（Thomas Sankara，1983~1987年在任）创建了一支摩托化女子卫队。在中国、马来亚和菲律宾，妇女作为女游击队员进行战斗，有的还被赞扬为历史楷模。印度军队女子部队的榜样不是北印度的强盗女王和后来的女议员普兰·黛维（Phoolan Devi，1963~2001年），而是在1857年大叛乱中牺牲的占西女王（Rani von Jhansi，1828~1858年）。1921年至1926年，印度各省先于法国和瑞士实行了妇女选举权。像女总理英迪拉·甘地（Indira Gandhi，1966~1977年及1980~1984年在任）或2007年至2012年任印度总统的普拉蒂巴·帕蒂尔（Pratibha Patil）这样的人物也没有被定为传统典范。

但是，印度轻视妇女的传统还一直在导致人们秘密谋杀新生女婴，或者进行产前检查后选择堕胎——手段可谓非常现代。这种诊所似乎在一些国家很普遍，它们在一些地方导致女性人口占比非常低，以至于找不到伴侣的男人合买一个妻子；强奸也在不断增加。此外，在印度还有十分普遍的嫁妆谋杀，这是正在扩大的现代中产阶层中的一种现象，这一阶层以及嫁妆婚姻都是在英国统治时期才出现的。在印度圣典中，嫁妆婚姻只是婆罗门的另外一种选择。可英国人在婆罗门的影响下将它提升为法定的准则。关于女性的生存状况，一个可靠的指标是平均寿命：2011 年在印度，女性平均寿命只是稍微长于男人，而通常情况下，几乎世界各地女性的寿命都比男性长很多。

随着时间推移，各大陆的中产阶层及其青年人的生活方式越来越接近美国的新欧洲模式，另外，媒体和广告还将它展示在他们眼前。自行车（中国，1988 年）、小型助动车（越南，1996 年）、轻便摩托车（印度，1996 年）和轿车（中国，2015 年）与身份、地位密切相关，它们的大规模发展与普及十分引人注目。由于许多地区的食品供应没有西方那么铺张浪费，所以人们的饮食习惯大多保持不变，不过偶尔也会有些民族主义的见解，例如在德国就有人提出“吃烤香肠，不吃土耳其烤肉”的口号。而在服饰方面，受到的西方影响远远不止全世界商人的统一的“经理套装（executive suit）”。对于那些负担得起的人来说，首先是对于年轻人来说，服饰还受到西方时尚变化的影响。不断变化的服饰时尚也是一个西方的“成就”，它在欧洲以外的文化里尚处于雏形阶段。

这些具体的日常行为在全球范围内是极为同质的，与此同时在地域上却又是极为参差多样的，此外，即使在欧洲，各个国家和地区之间也是如此。显然，不仅欧洲人和东亚人、美国人和非洲人，就连英国人和德国人、巴伐利亚人和威斯特法伦人都认为差异极大的事物很滑稽，并以完全不同的方式揶揄取笑它们。一直以来我们很难确定，美国人和英国人或阿拉伯人是不是咒骂方面的世界冠军，毕竟我们只能统计骂人词语的数量，而它们的意义差别巨大，顺便再说一下，在欧洲内部也是如此。

业余活动属于现代生活方式的一部分，作为贵族的闲情逸致的“简陋版本”，它同样是西方的成就，然而它在新兴工业化国家尚未发展到同等程度。在那里，根据考勤时间严格执行的劳动纪律还得时时与前现代的“懒散”进行斗争，但它绝不是懒惰，只不过是另外一种生活节奏。属于业余活动的还有体育，风靡全球的非足球莫属。由于这项运动是从英国传播开来的，所以在地球任何一个地方，无论人们是主动还是被动地以满腔激情进行大众娱乐，人们都会这样评价英国人：“是他们教会世界玩游戏。”（Mangan，1998）他们在自己的帝国里还推广了其他体育运动项目，比如板球、曲棍球和橄榄球。他们与印度在这一领域进行了文化交流。英国贵族接受了马球作为合乎身份的娱乐，而印度人则非常成功地学会了曲棍球和板球。获准参加奥运会之后，从1928年至1956年，印度经常取得曲棍球金牌，后来在板球运动中也扮演着重要角色，1983年和2009年获得该项目的世界冠军。尽管基督教青年会进行着某些传教活动，但各种体育运动项目还是被自愿、热情地接受了，在取得上列成就之后，它们对印度的民族自我意识发挥了重要作用。

英国人原本不仅想在游戏中获得乐趣，而且想把他们的价值观传播出去——“公平竞争”和“团队精神”，因为团队体育运动项目为数众多。不过西方的价值观首先是通过殖民教育传播的，在这方面，教育体系的不同定位和传教士的参与对于这一结果似乎并不是特别重要。除此之外，20世纪国际童子军运动在英国和法国殖民地发挥了重要作用，此项运动的领导权最晚在去殖民化进程中被当地人接管。

然而还有疑问的是，欧洲的基本价值观在欧洲以外的世界里是否以及在多大程度上可以说是“崭新”的。荣誉体现了人们要求尊重的权利，它慢慢发展为伦理，它的内涵从一种外在的声望变为一种道德的、受尊重的人格，它在非洲历史上发挥的作用似乎与在欧洲历史上发挥的作用别无二致。反对殖民政权的失败就像《凡尔赛条约》在德国那样被视为一种羞辱，而且在许多地方，人们都格外强调男子气概。只是在欧洲，长期 1304
以来人们都认为妇女的荣誉在于贞洁，而在非洲，荣誉则体现在她们的繁殖力上。

作为生活实践甚至是价值观的极端个人主义将一个人从他的群体束缚中完全解放出来，可以算作西方现代的一种“出口商品”。但这并不意味着在其他文化和在欧洲的前现代中不存在有自我意识的个性。在前现代的中国和日本并不缺少自传体文本，它们与当年的欧洲自传体文本一样镶嵌在社会的庞大语境中。现代基督教，特别是新教不断阐释和记录自己的生活，这种实践在非洲尤为突出，但原因可能只是那里缺乏自己的书写文化，而事实上，像尼日利亚的伊博人那样的非洲人早在皈依基督教之前就和任何一个欧洲人一样分明是个人主义者。

要理解价值观，就必须从历史角度追溯宗教，宗教在这里被理解为对待“绝对”的特殊的文化方式。然而千万不能将这种“绝对”直接套在西方宗教概念上，后者以圣典、教义，以及基于此才有可能出现的皈依和一定规模的组织为先决条件。这类东西对各非洲宗教来说是陌生的，对印度教，特别是对儒教来说也是陌生的。在那里涉及的更多的是文化传统，西方科学分类的需求才将它们归纳为各种“主义”。鉴于全球宗教市场在此期间呈现的令人迷乱的五光十色的景象，人们尝试着使用同样源于西方的模糊概念“灵性”来加以概括。因此各种各样的世界观很有竞争力。然而即使在这种更广泛的意义上，前现代宗教在核心价值观方面也在很大程度上与文化是一致的。所以任何宗教当时都是政治的。与此相对，现代就意味着以“宗教去政治化”和“文化世俗化”为标志的文化和宗教的分离。

人类所有拥有圣典的宗教均源于亚洲，也包括基督教。但是西亚的一神教与南亚和东亚的固有宗教之间存在着对立，前者包括犹太教、基督教和伊斯兰教，它们超验的神善妒得不能
1305 容忍自己以外的其他神，后者包括印度教、佛教、中国的天下大同思想、神道教等，它们带有多神信仰融合的特性。然而基督教来到了欧洲，其间被希腊哲学、罗马法和欧洲思想重塑，因而作为欧洲文化的集大成者成为世界宗教。它的原则被证明与这些亚洲宗教互不相容，因而它收信徒的成就主要是在这些亚洲宗教影响范围以外的地区取得的，例如菲律宾和南太平洋。后来，亚洲各文化发达民族因欧洲的优势而完全失去了自信，西方思想对其他边缘群体成员也产生了吸引力，这时基督教在西方的主导作用却有所削弱。因此继它之后的各种思想对致力于现代化的亚洲精英们来说更具吸引力，如实证主义、实用主义、社会主义和共产主义。如果说约10%的亚洲人是基督徒，那么这一数字主要是靠菲律宾和其他边缘地区实现的，而各大文化被证明在很大程度上对受基督教影响的西方思想具有免疫力，也包括印度，尽管它具有悠久的基督教传统。

这是无法克服的异离感和巧妙的适应造成的，二者乍看上去相互矛盾。伊斯兰教的神虽然是基督教上帝的“近亲”，但

祂的统治方式是只允许顺从，而不允许有计划地塑造未完成的世界。亚洲人，尤其是穆斯林都更是一种一元论世界观的追随者，他们认为神和世界是一体的，而西方统治自然的意愿就体现在犹太教和基督教的“治理这地”（《创世记》1:28）上，这必然让他们觉得简直就是亵渎神灵。除此之外，穆斯林觉得自己的严格的一神教要优于三位一体学说这个“自我掩饰的多神教”。《古兰经》敬畏地谈及耶稣和马利亚，但同时又严厉地拒绝任何圣子教义。这可能与马利亚所体现的对神的绝对顺从是穆斯林的基本道德有关，因而它的人格理想更注重的是整体的精神完美，而不是富有攻击性的理智和意志力，它更看重的是家庭和部族内的紧密联系，而不是西方式的直接隶属于社会和国家的个体的行为。

这种推断在更大的程度上得自南亚和东亚的宗教，与西方相反，它们全都从整体观和同一观出发。在那里，宇宙、自然和人被视为一个整体，在这个整体中万物都有其位置，众神 1306
也不例外；超验的人格神和精神与物质、主观与客观、个体与社会的双元论一样，都是陌生的。所以在中国缺少以主观和客观之间的本体学差异为先决条件的形式逻辑。相当极端的一点是，空间和时间在这里很少作为清晰分开的抽象概念存在，也很少作为连续不断的和可测量的量存在。这里只有不同质量和密度的具体时间单位，也就是说，就连数量和质量之间的界限也是游移不定的。这就难怪中国史学的纲领不同于西方，也难怪人们按照西方的观念干脆否认了印度的历史意识。基督教的神要么作为众神之一被纳入体系（这与他的嫉妒本性相矛盾），要么作为早已过时的原始神观的残余被搁置一旁。再者，基督教的原罪思想也是无法理解的。就连印度的救赎宗教也仅仅是附带着赎罪的宗教观，而佛教只是希望从痛苦中，而不是从罪孽中解脱。由道德自由构成的个体个性没有像在西方那样发挥中心作用，相反，人是通过完满地实现自己在共同体中的角色获得满足，如果不是在更高的层面上通过参悟宇宙的根源来获得满足的话。因此个人主义被视为西方化的具体体现，而且有人声称远东典型的心理疾病是抑郁症，而精神分裂症却几乎从未出现！

东方宗教比西方宗教宽容，因为它们由于自身固有的世界一元论拥有巨大的融合度。尽管如此，它们还是趋向于不宽容那些不想被融合的运动。因此基督教被禁止和迫害，直到权力关系发生变化。随后另一种策略变得不可或缺，它起初是由别无选择的印度人发展起来的，即通过有选择地接收西方的思想财富对自己的宗教进行现代化改革。只要有一点，可能他们就会声称这仅仅是要回归自己纯净的渊源——《古兰经》、《吠陀经》及孔子的经典或佛陀（Buddha）的圣言。罗姆莫罕·罗易及其后继者受西方一位论派的启发，利用吠檀多哲学首次在印度发展起一个现代化的印度教，它使新的中等阶层和高等阶层中受过教育的印度人能够既进行现代化，又继续做印度教教徒。稍后在不同的国家兴起了佛教现代化的改革运动。

1307 在进行这些适应尝试中，一种奇特的来回往复的影响产生了，当中不乏错觉或自我迷惑。通过印度作品的英语改写和托尔斯泰的影响，甘地被引上了一条已经受到西方影响的印度教的道路，他和世界后来都将这条道路看成典型的印度式道路。用丰富的学识能够证明，叔本华对同情进行的同一性哲学论证是建立在对古印度原始文献资料的误解上。尽管如此，叔本华的学生保罗·杜森（Paul Deussen）还是将这一论证传播给了印度人。它在那里恰好适合成为一种利他的唯意志主义的论据，而对于印度教来说，这是陌生的。威雅克南达和蒂拉克都采用了它，但都未说明渊源，今天它还被视为真正的印度教的内容。的确这是一个创造性的误解，不过也是东西方相遇的复杂性的一个例子！

使用这种策略使得各亚洲宗教有可能转为“反攻”，由它们向西方传教，而且相当成功。东方智慧无疑既可以满足神秘主义，也可以满足理性主义的需求。1875 年神智学会建立，它用东方的神秘学说丰富了西方的神秘主义，最终将它的总部迁往了印度。到安妮·贝赞特宣布一位印度人为世界导师时，人智学会于 1913 年在鲁道夫·斯坦纳（Rudolph Steiner）领导下分裂出来，从而重新更多地定位于西方的传统。紧接着，芝加哥世界博览会于 1893 年召开的世界宗教议会给予了有力的推动。威雅克南达尊者在这里引起了轰动，随后他于 1897 年建立了他的新印度教的罗摩克里希那传教会，也是为了在西方的工作。就连重要的佛教改革家安努加力加·达摩波罗（Anagarika Dharmapala）的一次讲话在这里也造成了迅速的皈依。第一次世界大战之后研究东方成为一种普遍的需求。一个很好的佐证就是赫尔曼·黑塞（Hermann Hesse）的作品《悉达多》（*Siddharta*，1922 年），在指出普遍的精神窒息（Atemnot des Geistigen）的情况下它被题献给罗曼·罗兰（Romain Rolland），后者在给新印度教诗人和诺贝尔文学奖获得者拉宾德拉纳特·泰戈尔（Rabindranath Tagore）的信中称，欧洲需要亚洲的思想就像需要大脑的另一半，而且他也是最敬慕甘地的人之一。可能甘地的巨大知名度才使得亚洲在欧洲的传教真正对大众产生了影响力。

佛教早已吸引着许多人，因而一些作家悦耳的亚洲名字下
面隐藏着出生时纯朴的欧洲名字，在西方推动的基础上进行了 1308
改革的佛教很乐意作为无教条的、理性的、宽容的，甚至人本主义的宗教呈现在西方面前，它使在后基督教和后理性主义的西方普遍流行的不可知论合理化，同时也增加了它的神秘主义色彩。谁不曾喜欢因铃木大拙的书而世界闻名的禅宗呢？因为

一般性的亚洲宗教和特殊的佛教都拥有已能回答人类灵魂问题的声誉，而数千年的时间还是将西方与弗洛伊德隔离开来——在这方面下面的论断大概并非不令人感兴趣：弗洛伊德通过言语治疗，而佛陀则是通过沉默。换句话说，除了满足于诺斯替教派的原始欲望，西方还在东方寻找着一种比基督教传统教义更能与现代科学的结果协调起来的世界观，现代科学为主观的、超验的神和精神物质二元论留下的位置十分狭小。

另外，欧洲扩张在亚洲和非洲也导致了宗教的克里奥尔化。各种混合型构成物不单单将欧洲文化的基督教元素与当地的传统结合在一起。例如越南的高台教的造物主神身边不仅聚集了佛陀、基督、孔子、观音和老子，还有——在一个法国殖民地——维克托·雨果（Victor Hugo）以及自称法国巫师和招魂者的亚兰·卡甸（Allan Kardec）[原名H. L. D. 里韦尔（H. L. D. Rivail）]。这个教会利用它的唯灵论模仿天主教组建了一个严密的组织，在越南战争中甚至建立了一支自己的军队。前比属刚果的“尘世特使西蒙·基班古的耶稣基督会（Eglise de Jésus-Christ sur la terre par son envoyé spécial Simon Kimbangu）”的组织同样严密，它遵循的是源自新教的一个保守的、创造性的基督教神学，但补充有非洲元素，这也与它的清教徒道德的禁忌有关。它的圣事有受洗、圣餐、忏悔、圣职授予仪式（也包括女性的）和婚姻。在领受圣餐时使用液体蜂蜜代替葡萄酒，因为禁止饮酒；使用土豆、玉米、鸡蛋和香蕉制作的糕点代替面包。但重要的是这个教会处于其创始人西蒙·基班古后代的统治下，在他的教会神学中，他逐渐从一个特殊的非洲先知变成了圣灵的化身，他的3个儿子变成了三位一体的化身。因此世界基督教会联合会取消了先前授予他的会员资格。

在此期间，全世界都有“神在盛行（God is in）”的说

法，也就是说并非只存在于美国的通俗文化中。如前所述，新宗教的建立不仅仅在非洲和亚洲成为一笔很好的买卖。各宗教 1309
的重新兴盛甚至得出了这样的结论：其传统的复兴应被视为现代化的表现形式。甚至被斥为反动的儒教也表现为全球的人文主义，而且可能将成为国教。使传统现代化和通过传统实现现代化——这是否可被视为显而易见的“宗教再政治化”？首先是伊斯兰教在世界范围的兴盛引发了这个问题。因为伊斯兰教就其本质来说始终是政治宗教，这也正是因为它不知道教会为何物，只知道由启示推导出的法律准则，这种法律准则适用于整个一生，并且必须在全世界贯彻下去。已立稳脚跟的基督教教会在历史发展过程中，已经使它的神学具有相对性而且缓和了其传教中的侵略性，而伊斯兰教才处于这种发展的开始阶段。然而对宗教具有支配作用的宗教激进主义也控制着基督徒并让他们“故态复萌”。就连美国基督教也重新成为政治宗教。

认知、反省和占有

上巴伐利亚与新几内亚一样，过去就已经普遍认为邻村的住民是异族人，而且常常认为是敌人，不管怎么样都视其为劣等人。由此可能会迅速产生暴力冲突。在后殖民世界，这一情况就可能从村子扩展到人种、民族、种族、宗教和意识形态。但是感知和相应的行为几乎没有改变。全球性没有改变这一点，即我们所有的人一如既往地对与自己不同的人本能地有所保留。这种心态被称为Xenophobie，字面意思是“对异族人的恐惧”。它不仅是一个人类学的普遍现象，而且甚至是生物学的普遍现象，因为同一种细菌的种群虽然仅能通过唯一的血清学标志相互区分，但在显微镜下的载片上也能清晰地显现彼此的差异。历史再一次被证明是生物学的延续。

1310 对于作为文化生物体的人来说，对异族人的恐惧甚至是生存所必需的，人们有自己的生活方式，对其价值保持忠诚，这种特性和与他人保持距离自动联系在一起，而他人也因此自动成为劣等人。也就是说，同一性依靠别样性存在。一些民族甚至把“人”这一称谓保留给自己。通常人们反感的对象不仅是他人的行为，还尤其是他人的语言。对希腊人来说异族人就是“野蛮人（Barbaren）”，意为口吃的人；对斯拉夫人来说德意志人和其他异族人都是“哑巴（němbci）”；对中国人和日本人来说蛮族语言就是“鸟语”。犹太人、基督徒和穆斯林也与作为“异教徒”的其他人保持着距离。在对同一性和别样性的需求增长的情况下，人们也可以事后才把差异当作工具利用，甚至是设计差异，比如肤色。并非种族主义使得非洲人遭受奴役，而是黑色种族天生低贱这一观念使得这种奴役合法化。在欧洲“颂华”时代，中国人于1772年还被视为拥有可爱外表的白人。直至“贬华”兴起后，18世纪在伊曼努尔·康德决定性的参与下，他们于1775年被称为黄种人，也就是说成了一个独特的、不再拥有与白人相等的能力的种族。

这种不可抗拒的民族优越感必然支配着与他人之间的关系，这很少能通过有意地净比语言和政治上恰当地避忌加以清除，而人类是由不同种族构成的这一基本事实也难以清除。如果我们更愿意把后者称为种群，那就有理由认为所谓的“不同的人”和“不同的文化”多是统计学现象，而不是基本事实。但是在民族优越感和人类种族多样性方面真正令人不满的并不是它们的存在，而是人们借此做了什么。因为通过欧洲扩张，事态明显恶化了。撇开移民殖民地不论，欧洲人眼中的“对方”只接触到少数欧洲人，相比之下，欧洲人则在不断地结识新部族和新文化。他们以已上升至种族主义的民族优越感对此作出反应，只是很少使用人性的能力去思考接触情景，也很少在文化上抑制自己的欧洲中心主义。因为除了文化的同质化，相向的异质化也是全球化世界的特性，这种挑战很少有变化。不过今天受到挑战的不再仅仅是欧洲人，而是世界所有民族。

虽然文化不是稳定的、封闭的、没有可供出入的窗口的单 1311
子（Monade），而是在不断经受着外部影响和内部变化，但这丝毫没有改变他人对它的疏离感，只是这种疏离感不是绝对的和不可克服的，而是一种相对的疏离感，通过努力理解基本上是可以克服的。然而，这种疏离感和自然而然的民族优越感的偏见都必须被克服。即使在某些地方，乍一看二者已被克服，认知无偏见，彼此有尊重，但是我们也经常发现一种同样理所当然地存在着的次级民族优越感，即所谓的尊重他人就是尊重自己。中国学者、印度智者和高贵的野蛮人往往无非就是“化了妆的欧洲人”，而在后一种情况下则是“卸了妆的欧洲人”。首先聪明人都倾向于找寻那些自己期待的东西——仔细观察就知道这是错误的。莱布尼茨在《易经》里发现了他的二进位算术，伏尔泰在印度著作集里发现了他的自然神论，尼采在《摩奴法典》中发现了他的超人和劣等人——一系列有名望的人，几乎可以随意列举下去。

科学家投向他人的显然带有偏见的目光，是否就不比其他欧洲人的更狭隘？答案不言而喻。蒙田已经宣布，一无所知的，以质朴的、不带偏见的态度对待陌生现象的观察者是更好的观察者。以科学方法反思性地深入研究异国语言和文化直至20世纪都是西方特有的做法，但其实日本也是这么做的，它在17、18世纪就通过所谓的“兰学”开始有计划地开发西方知识。但是在西方获取知识的意愿背后常常隐藏着另一种巨大的兴趣。为了找到使当地人皈依的方法，传教士在美洲、中国、印度、日本和其他地方成了语言科学和文化科学的先驱。英国的印度语言文化研究者效力于大英帝国，19、20世纪的地理学家经常明确地把自己当成各自国家统治利益和经济利益的代理人。所以爱德华·萨义德会在米歇尔·福柯话语理论的启发下最终宣称，就连在主观意图上完全客观和中立的科学（在他这里是指东方学），背地里也使研究对象屈从于西方的要求，除了效力于政治征服，也为西方的精神征服开辟了道路。

1312 他人看欧洲人的——也包括看第三者的——目光当然同样狭隘。甚至可以说，种族主义在中国、印度、毛利人和西南非洲的纳马人那里也能得到证实。16世纪的日本人首先以友善谦恭的态度看长着大鼻子的葡萄牙“南蛮（namban）”，后者不是体面地用筷子而是用手吃饭，以不讲廉耻的坦率展示他们的感情，不过倒是无害的。然而到19世纪，去欧洲和美国游历的奥斯曼人和日本人的看法明显发生了变化。此时人们想要学习并探寻西方处于优势地位的原因。此外，人们发现女士的角色在公众场合特别引人注意。欧洲的偏见在欧洲扩张的影响下才对世界历史起了决定性的作用。

因为感知他人及其文化无疑也意味着要感知和反省扩张过程本身，感知和反省对其英雄们的“记忆（memoria）”和其重大事件的“历史（historia）”，感知和反省这样的“历史”在欧洲人和他人的同一性意识里和在文化记忆里的地位。直至进入后殖民时代，欧洲人一直是历史和记忆的主人。第一，欧洲人自己先掌握他人的历史，再教授他人用科学方法研究自己的历史。非欧洲国家史学的创始人几乎都是欧洲人，最重要的拉丁美洲史和非洲史研究所仍然设在美国和英国。作为研究对象的国家反而没有分量相当的研究机构。而印度和中国在历史科学里则付出了较大的努力。

第二，各殖民大国拥有原始文献，因为它们控制着文献档案，掌握着将其转交给已经独立的国家的政府的权力。在第二次世界大战后的去殖民化过程中，英国人有目的地将来自37个殖民地的大量档案运到了英国并加以保密，这些档案很可能会给英国人及其政治朋友制造麻烦，特别是有关“镇压叛乱”的档案，人称至少有120万捆，直到2011年宣布了一个法庭判决，至少在理论上，查阅这些档案才成为可能。在法属非洲，这一切不得不快速进行，以至于大部分档案都留在了那里。然而出于与英国人类似的考虑，档案经过了秘密挑选，它们今天就存放在南特。对于葡萄牙来说，政权更迭和去殖民化好像来得如此出乎意料，以至于他们无法控制档案。然而后殖 1313
民档案的状况比在法国更加混乱。特别是非洲档案馆自身往往还有许多方面得不到改善，因为政府有更急迫的事情要做。

尽管如此，史学在后殖民国家相当受尊重。然而它应该将构建身份认同的民族历史作为“公民学”来撰写，第二次世界大战之前这种做法在西方就很普遍。让历史学家拼凑民族主义的历史并不罕见，这种拼凑之作不仅仅在印度发挥着重要作用。在历史书写这一领域，欧洲的民族主义也提供过先例。有时候人们还会对拉丁美洲、亚洲、穆斯林或非洲的历史整体同一性进行全面规划。非洲历史尤其引起了轰动。博才多学的塞内加尔人谢赫·安达·迪奥普（Cheikh Anta Diop，1923~1986年）在1951年就已代表着这样一种论点：埃及是“黑非洲”的文化，鉴于埃及对希腊的影响，欧洲文化的根源必须在非洲寻找。马丁·贝纳尔（Martin Bernal，1937~2013年）在三卷本著作《黑色雅典娜》（*Black Athena*，1987~2006年）里继续发展了这一历史观。现在占主导地位的声音属于默勒费·科特·阿桑特（Molefi Kete Asante，生于1948年），2007年他在其从原始时代书写到当代的非洲通史中设计了非洲大陆文化的统一图景，并称其应为“永恒的和谐追求（quest for eternal harmony）”。谢赫·安达·迪奥普（Cheikh Anta Diop）在巴黎求学，并在那里以他的论文获得了博士学位。贝纳尔是在美国工作的英国汉学家，阿桑特在佐治亚出生时名叫亚瑟·L.史密斯（Arthur L. Smith），而且是美国的非洲学（african studies）最大的促进者。这就是说，非洲的声音更是“非洲的大西洋”的声音，而且恰恰是因为这一点才在世界范围被关注。

直到第二次世界大战，尽管毫无疑问存在着批评殖民的声音，西方史学对于欧洲扩张的基本态度主要还是积极的。殖民统治一方面被作为欧洲人的成就加以赞扬，另一方面无论存在着多少不可否认的缺陷，它仍然被视为对被殖民者的一种恩赐。难道人们没有给被殖民者带来基督教和西方文明的好处吗？其中一部分成就不是在付出了巨大的代价后取得的吗？最好的情况是，他者被认为是“发展落后”的；更常见的观点认为他者是“不完善的人”，但终归可以被改造变好；最糟糕的是生物种族主义观点，它把他者视为劣等人。无论属于哪种情况，对他者最有利的选择就是让更优秀的人统治他们。

在欧洲方面，这种看事物的视角一开始就基本上打有民族 1314
烙印，自19世纪以来常常是极端民族主义的。这种影响一直延续到今天，因为即使是后来的批判性的研究通常涉及的也是各自国家的殖民历史。但凡想写点什么，最终都还是会写大英帝国或德意志人的殖民纪念地。因为这一切过去和现在都属于国家政治教育。2005年，人们在法国就国民大会的法案进行了激烈的争论，这些法案欲将承认法国殖民统治的功绩作为学校的必修课内容。而在德国，人们也要进行民族耻辱的教育，不过得“适可而止”，最好别让他人像纳米比亚那样提出经济赔偿要求。

这已经是转向彻底批判殖民的一个结果，这一转折是随着1945年之后大规模的去殖民化出现的。不仅仅是曾被殖民化者此时发出了他们的声音和全面摒弃殖民统治。令人惊讶的是西方的历史研究领域也发生了180度的转变，至少是在那些意见领袖那里，在历史学中，通常只有在战败后才会出现这种转变。此间，马克思主义的影响发挥着一种创造性的作用。因为欧洲扩张及其殖民统治现在基本上被看作经济现象。其他的一切，如战争、政治、研究和传教，最终都是为效力于经济而进行的。对相关者而言其结果就是剥削，而这种剥削又被种族主义合法化了。总之，殖民主义是一宗大罪，它的历史是由单个罪行构成的没有尽头的链条。

这一争论在自1970年代起占主导地位的依附论中达到顶点。依照这一论点，当年所谓的第三世界的不发达不是因为其本身不发展，而是第一世界为了自己的利益有目的地造成了第三世界的缓慢发展。因此，被殖民化者的反抗虽然如此英勇，也只能是徒劳无功的。他们成为西方优势的无能为力的牺牲者。第三世界发展低下对外导致了其作为纯原料提供者依赖于西方主导的世界市场，对内导致了持续不变的贫穷。这种贫穷被认为是不可逆转的，人们说，若想改变，只有通过一次古巴模式的革命才能克服它。

这种看事物的视角没有改变。2003年出版了一本《殖民主义黑皮书》（*Schwarzbuch des Kolonialismus*），它内容
1315 广泛，在科学上非常严肃，其独特的副标题为“从灭绝到赎罪（Von der Ausrottung zur Buße）”（Ferro，2004）。现在人们乐于作出政治道歉，因为道歉是廉价的，充其量是伤害了某种民族自豪感。“不太廉价”的大概是赔偿要求，自1970年代起北美印第安人开始索赔，在法庭上获得了很大的成功。而德国迄今为止对西南非洲的赫雷罗人和纳马人却很少妥协，当年德国曾使他们的人口锐减。废奴主义者布克斯顿（T.F. Buxton）在19世纪早期就已写到应对非洲奴隶进行赔偿，1990年代这个要求被重新提起。换算下来，仅在美国，人们被扣的工资估计就达14000亿美元！

在这个问题上，即使能够毫无疑义地确定受害者的身份，那么应对受害者的后代作出赔偿的犯罪者又是谁呢？难道仅仅是欧洲和美国的奴隶贩子和奴隶主？还是说也包括参与了这种大规模交易的非洲和穆斯林猎奴者、奴隶贩子和奴隶主？这个问题涉及的并不是空洞的历史套话，即认为只要做得够彻底，便可以让所有污秽大白于天下。确切地说有一点是清楚的：对在某一具体的时间、地点对具体的人所犯的具体罪行进行赔偿虽然是完全可能的，但是对持续时间长久、受害者和参与者人数众多、范围广、复杂程度高的过程进行赔偿却是不可能的，比如非洲人的奴隶制甚或整个欧洲殖民主义。

出于理论和实践的原因，对“欧洲殖民主义对于整个世界，或者只是对世界局部到底是好还是坏”这一问题进行科学的、立得住脚的陈述是完全不可能的，即使人们对好与坏的评价标准完全一致。甚至对一个显然应给予负面评判的现象，例

如欧洲人的非洲奴隶贸易，也有人从经济史和社会史的客观视角发掘出或许积极的观点，如声称它减轻了非洲多余人口的压力和相对改善了部分地区非洲人的食物。可是这种“客观”给人以玩世不恭的感觉，因为人的存在状态不仅是一个存在问题，而首先是一个意识问题。也是由于这一原因，我们无法在数量上精确计算出欧洲人付出了什么和得到了什么，然后根据差额一个一个国家地向前殖民大国和向欧盟提出赔偿要求。然 1316
而若是满足于定性的陈述，那么就像我们所看到的那样，人们可以言之凿凿，大谈特谈殖民主义对于殖民者和被殖民者意味着什么，以及它们中的什么东西直至今天仍然发挥着影响。在这种情况下，补偿要求大概不是关注具体的受害者或他们的后代，而是要带来一种来自过去的、针对现在和未来的道德推动力。1945 年以来，在西方十分普遍的应进行后殖民忏悔的感觉从何而来？如果考虑到保守党人对同时代人的这种情感状态是反感的，那么有一种假设就显得越发重要，即清教徒思想里，认为自己比其他人更道德、更好，这种心理需求在从前的反奴隶制运动中就已经发挥了作用。或许它是欧洲中心论的一种后现代变体？

虽然依附论让我们充分认识到各种经济关联，但是如今它已被伪造成拥有全面解释权的宏大理论。在实践方面，它已被当年的第三世界迄今为止的发展不平衡所驳斥，特别是被“四小龙”和门槛国家的出乎意料的繁荣所驳斥；而在理论方面则受到根本就不承认什么宏大理论和宏大叙事的后现代思想的驳斥。因此对于后现代而言，在极端情况下根本就不存在历史，而是只有最终互不关联的一个个往事。

与这种来自实践的经验相对应，在西方发生了从“现实历史（Realgeschichte）”到“话语历史(Diskursgeschichte)”的视角转变，即人们关注的不再是所谓的现实历史的事实，而是在语言中赋予这些历史事实的意义。“历史的意义”简化成了“意义的历史”。在此过程中，话语历史又完全可以变成现实历史，如果它的观念产生了效果并由此创造了新的现实——或者说如果它解构了旧观念并由此揭示了之前帝国的隐藏的真实。另外，这一转变与现实历史的另一个转变同时进行，而殖民历史的后现代派，也就是所谓的后殖民主义者（postcolonialists）将后者置于中心位置。政治上的去殖民化至少在形式上已基本结束，经济上的去殖民化如前所述与过去的依附论大相径庭，在一些地方进行得大有希望，而文化方面和精神方面的去殖民化甚至还没有开始，因为西方仍然还是话语的主人。

1317 接受西方文化和语言致使从前的被殖民者还得一直以西方方式进行思考，而前殖民主人的文化的涵盖一切的权力则将这一状态合理化了。新国家不进行任何质疑地继续采用西方教育体系，这又将这种状态确定下来。后殖民世界的精英们仍然将他们的孩子送进这样的学校，因为唯有这样才能确保孩子的未来，特别是应学习必不可少的英语。现代民族国家和现代教育都完全源于西方，它们相互依存，共同影响了后殖民世界的话语实践。西方的历史学家们一直都可以在不了解世界其他部分的情况下书写自己的历史，而他们的非西方同行还总得不情愿地书写欧洲历史，因为为了自己国家的历史，他们还一直依赖于现代欧洲民族国家的大师级史学著述。事实上已经有人指出，学界正持续承受着书写后殖民国家史著述的压力。

后殖民主义初期，巴勒斯坦人爱德华·萨义德（1935~2003年）就提出了前文提及的对东方学话语依赖性的批评。“后殖民主义的三位一体（postkolonialistischen Dreifaltigkeit）”（一位崇拜者对他们的称谓）的另外两人是印度袄教徒霍米·巴巴（Parse Homi Bhabha，1949年出生）和孟加拉人佳亚特里·查克拉瓦蒂·斯皮瓦克（Gayatri Chakravorti Spivak，1942年出生），前者于1994年出版的重要著作《文化的定位》（*The Location of Culture*）2000年有了德译本，后者于1999年发表了《后殖民理性批判》（*A Critique of Postcolonial Reason*）。他们三人都是英国文学学者。萨义德虽然仿效米歇尔·福柯，但他的著作是传统的，文体明确清晰，而另外两人则是十足的后现代，他们的著述只是文章汇编，其语言以雅克·德里达（Jacques Derridas）为榜样，艰涩难懂，需要猜测。他们甚至以此而自豪。巴巴将自己的语言理解为有诗意的，而斯皮瓦克则信奉格言“平淡的散文秘籍（plain prose cheats）”，想用她的语言描述调查结果的复杂性和矛盾性。

“模糊”现在最受欢迎。在主要由巴巴阐明的类型系统里，所有的二元对立都消失了，邪恶的白人罪犯和善良的棕色人和黑人受害者之间的对立也消失了。“第三空间”里各种混合形式的混杂性（hybridity）在他的文章里发挥着核心作用。斯皮瓦克谴责殖民主义造成的种种后果，要与新的美利坚帝国进行斗争，作为富有战斗精神的女权主义者，她没有回避棕种人男 1318
性的性别歧视观念可能比白种人男性更强的论断。后殖民主义者以此为一种新的历史观作出了决定性的贡献，尽管他们不是最先这样做和唯一这样做的人。当然，后殖民主义者的反西方态度就从这种看事物的新视角中自行确立了，因为他们的思想与他们不接受二元对立的基本前提是不相容的。

后殖民主义思想无法避免的悖论之一是，它的代表只能识别所提及的事实真相，只能为克服它进行尝试，因为他们使用的是英语，特别是使用的是西方思想开发的智力工具。孟加拉国历史学家迪佩什·查卡拉巴提（Dipesh Chakrabarty，1948年出生）2000年在他的著作《欧洲地方化》（*Provincializing*

Europe）中明确地确定了这一点。此外，将欧洲打造成人类的一个“省份”在政治上早已没有必要，但在文化上还有必要。自相矛盾的是，对此有所助益的是马丁·海德格尔（Martin Heidegger），特别是德里达之后的现代派。

与智力悖论相对应的是一种社会悖论。一方面，处于主导地位的后殖民主义者来自受西方影响特别漫长和强烈的国家，也就是说主要来自印度和近东，来自加勒比地区的则较少，来自非洲的最少。另一方面，他们无一例外地在西方拥有教授席位，特别是在美国，作为缘起于法国的后现代语言哲学的先行者，他们名声斐然。这是他们的学说成功的先决条件，这一学说首先在陷于后殖民悔悟中的西方被热情地接受了。很能说明问题的是上面提及的非洲文化研究的社会基础至少看起来与此很相似。为了论证这种引发反感的事实真相而论证西方体系只会从内部分解，后一论证看起来的确有几分道理。

只是与经济和政治相反，文化方面已不再有多少可分解的东西。因为新文化史最重要的成果之一是后现代重新发现了行动着的个人，即使后殖民主义者也为此作出了贡献，这种个人暂时消失在打有经济史烙印的历史的无名结构和过程的后面。如果人们认真对待这种人的“行为能力（agency）”，那么就会再次出现一个新图景，就是说首次出现欧洲扩张史的一幅“去偏光”的图景。它的光线和阴影分布均匀，分为各种层
1319 次的灰色调取代了这种或那种黑白画，使得它在科学上更有希望。现实历史也以这种方式重新进入科学。另外，这一发展趋同于历史政治的框架条件的变化。

因为除了个别例外，殖民史已从贴近当代的“交际记忆（kommunikatives Gedächtnis）”变为“文化”的背景记忆，而这种背景记忆不再是十分紧迫的。或还在舔舐伤口，或还在为自己辩解，或还得赎罪的那几代人就要死光了。甚至“非洲

的大西洋”的非洲中心论也遇到非洲的强烈反对。丹尼斯·埃克博（Denis Ekpo）是一个对此持异议的名人，他生于1959年。遗忘正在开始，遗忘是记忆文化的一个不可或缺的组成部分，也是记忆的一种形式。毫无疑问，总会有争论和民族情感，但是很多人几乎不再知道当年帝国的规模或殖民压迫。有时人们有着完全不同的忧虑。或许现在才正是时候，因为欧洲扩张终于过去了，历史学家的时刻来到了！

作为具有行动能力的个体，被殖民者不是历史的被动的客体和殖民主人的无助的牺牲品。但是在史学的民族史和殖民批判阶段，他们要么被描述为那样的人，要么就根本未被描述。只有殖民主人的行为在历史上才显得关系重大，无论是被颂扬还是受到谴责。甚至依赖论实际上也具有潜在的种族主义特性，因为它基本上不相信依赖者应付得了他们的依赖性，因此宣告他们只有较少的权能。但是现在他们被认真地看作了历史的行动主体。他们的行为常常比其主人的行为更难以看透，其渊源更难以把握，这虽然将研究导向了种种问题，但这些问题与欧洲下层社会史或日常生活史（Alltagsgeschichte）的问题是完全相应的。

因此，被殖民者可能会从受害者变成施害者，而且不仅仅是作为猎奴者和奴隶贩子。因为霍尔敦·罗伯托1972年就已经断言，任何一个殖民统治都建立在被殖民者卖国的基础之上，而且再无其他可能。甚至有充分的理由可以断言，西方殖民统治的结果通常是殖民主人与土著精英为控制和剥削殖民地社会下层结成联盟。这类土著精英可能是传统的，也可能是殖民大国根据需要新创造出来的。这些精英中的一部分非常
失望，因为他们没有被赋予权力。他们发展成为统治者的敌 1320
人，但是接着又成为这一体制的下一个受益者。因为就连去殖民化也证明了这条规律，即一旦力量对比发生变化，受害者往

往会变成施害者。这种对人类无可避免的卑劣性的人类学认识令人悲哀，没有一个善于思考的历史学家会忽略它。博卡萨、伊迪·阿明、蒙博托、穆加贝、萨达姆·侯赛因（Saddam Hussein）、苏哈托及其同类都足以使最卑劣的殖民地总督相形见绌，尽管老百姓事实上宁愿忍受他们那样的人的劣质统治也不愿接受异族的良性统治。

重新发现的被殖民者的行为能力绝对没有完全耗费在胁从中，而是完全相反。确切地说，我们总能发现他们对殖民统治作出的创造性的新反应，这些反应破坏了统治机构，甚至改变了这一机构的功能，直至使它成为殖民主人的权谋。或者说这些反应是在反对这一机构中形成的，或干脆向与其相对的自由空间发展，有时全靠殖民统治才有可能创造这种自由空间。与历史上许多引发矛盾现象的事物一样，殖民统治不仅带来了压迫，而且也使人从传统枷锁中解放出来。新的经济机会被利用，女性找到了新的角色，新的宗教生活蓬勃发展，世界范围的联系和流动成为可能，甚至有可能产生一个成功的反殖民运动和一个批判性的后殖民学派。

因为在各殖民地的所有地方都在实施“占有”，因此强调某一成就源自西方（如人权或现代国家）或有选择地坚持认为在欧洲人到来之前它早已存在已不再具有任何意义，尽管后一种说法是一种流行的跨文化占有的技巧。反之应该承认，他人在殖民主义时期已经占有了所有这些舶来品，之后更是如此。比如英语早已不再是“女王的英语（the Queen's English）”，它也是美国人、澳大利亚人、印度人和尼日利亚人等很多人的财产。英国人被剥夺了自己的语言，因为他人占有了它。虽然全世界都打有欧洲文化的烙印，但世界早已不再是欧洲的了，如果说世界确曾是欧洲的。“全球欧洲化”仅仅还是一个历史论断！

如前所述，历史学家由此遇到新的挑战。因为即使在占
有之后，人们也要对问题重重的欧洲遗产进行反思。此外，只 1321
有当我们确切地了解历史，特别是要比历史政治家更加了解历
史，我们才能把握住历史，才能应对政治上对历史的滥用。否
则我们必将在不知不觉中听命于它。因为“撰写历史是摆脱过
去的一种方式”（Goethe，1981，391）。

原始资料与参考文献

从扩张性到全球性

Albrow, M., Global Age Essays on Social and Cultural Change, Frankfurt 2014 | Aldrich, R./McKenzie, K. (Hg.), The Routledge History of Western Empires, London u. a. 2014 | Anheier, H. K./Juergensmeyer, M. (Hg.), Encyclopedia of Global Studies, 4 Bde., Los Angeles u. a. 2012 | Bach, O., Die Erfindung der Globalisierung, Frankfurt 2013 | Borowy, I., Coming to Terms with World Health: The League of Nations Health Organization, 1921–1946, Frankfurt 2009 | Bulard, M./Bauer, B. (Hg.), Atlas der Globalisierung, Berlin 2012 | Conrad, S., Globalgeschichte, München 2013 | –/Eckert, A./Freitag, U. (Hg.), Globalgeschichte, Frankfurt 2007 | Cooper, F., Colonialism in Question: Theory, Knowledge, History, Berkeley u. a. 2005 | Denzel, M. (Hg.), Vom Welthandel des 18. Jahrhunderts zur Globalisierung des 21. Jahrhunderts, Stuttgart 2007 | Driessen, H., On the Spanish-Moroccan Frontier, New York u. a. 1992 | Edelmayer, F./Feldbauer, P./Wakounig, M. (Hg.), Globalgeschichte 1450–1620. Anfänge und Perspektiven, Wien 2002 | Enwezor, O. (Hg.), The Short Century: Independence and Liberation Movements in Africa 1945–1994, München 2001 | Epple, A., Das Unternehmen Stollwerck. Eine Mikrogeschichte der Globalisierung, Frankfurt 2010 | Foreman-Peck, J. (Hg.), Historical Foundations of Globalization, Cheltenham 1998 | Greider, W., Endstation Globalisierung. Der Kapitalismus frisst seine Kinder, München 1998 | Hauser, B. (Hg.), Yoga Traveling: Bodily Practice in Transcultural Perspective, Heidelberg 2013 | Herren, M., Internationale Organisationen seit 1865. Eine Globalgeschichte der internationalen Ordnung, Darmstadt 2009 | Hilton, M., Prosperity for All: Consumer Activism in the Era of Globalization, Ithaca u. a. 2009 | Inikori, J., Africa and the Globalization Process: Western Africa, 1450–1850, in: JGH 2 (2007) 63–76 | Kirloskar-Steinbach, M./Dharampal-Frick, G./Friele, M. (Hg.), Die Interkulturalitätsdebatte. Leit- und Streitbegriffe, Freiburg 2012 | Lüdde, J., Die Akkulturation chinesisch-buddhistischer Kultur im *Shaolin Tempel Deutschland*, Münster 2007 | Magee, G. B./Thompson, A. S., Empire and Globalization: Networks of People, Goods and Capital in the British World, c. 1850–1914. Cambridge 2010 | McLuhan, M., Understanding Media: The Extension of Man, Cambridge, MA 1994 | Middell, M./Naumann, K., Global History and the Spatial Turn: From the Impact of Regional Studies to the Study of Critical Junctures of Globalization, in: JGH 5 (2010) 149–70 | Niederberger, A./Schink, P. (Hg.), Globalisierung. Ein interdisziplinäres Handbuch, Stuttgart 2011 | Osterhammel, J., Die Verwandlung der Welt. Eine Geschichte des 19. Jahrhunderts, München 2009 | –/Petersson, N. K., Geschichte der Globalisierung, München 2003 | Pernau, M., Transnationale Geschichte, Göttingen 2012 | Rehbein, B./Schwengel, H., Theorien der Globalisierung, 2. Aufl., Konstanz u. a. 2012 | Reynolds, D., One World Divisible: A Global History since 1945, London 2000 | Sachsenmaier, D., Global Perspectives on Global History: Theories and Approaches in a Connected World, Cambridge 2011 | Schäbler, B. (Hg.), Area Studies und die Welt. Weltregionen und neue Globalgeschichte, Wien 2007 | Smith, W. K., Asian New Religious Movements as Global Cultural Systems, in: IIAS Newsletter 45 (2007) 16 f. | Stearns, P., Cultures in Motion: Mapping Key Contacts and their Imprints in World History, New Haven u. a.

2001 | Torp, C., Die Herausforderung der Globalisierung. Wirtschaft und Politik in Deutschland 1860–1914, Göttingen 2005 | Van Staden, C., Heidi in Japan: What Do Anime Dreams of Europe Mean? In: IIAS Newsletter 50 (2009) 24 | Walter, R. (Hg.), Globalisierung in der Geschichte, Stuttgart 2011.

经济、社会和环境

Abraham, I. u.a., Illegal but Licit, in: IIAS Newsletter 42 (2006) 1–21 | Almenas-Lipowsky, A. J., The Position of Indian Women in the Light of Legal Reform, Wiesbaden 1975 | Anker, P., Imperial Ecology: Environmental Order in the British Empire, 1895–1945, Cambridge, MA u.a. 2001 | Ansari, H., *The Infidels Within*: Muslims in Britain since 1800, London 2004 | Beckert, S., King Cotton. Eine Geschichte des globalen Kapitalismus, München 2015 | Borthwick, J., Changing Concepts of the Role of Woman from the Late Qing to the May Fourth Period, in: Pong, D./Fung, E. S. K. (Hg.), Ideal and Reality: Social and Political Change in Modern China, Lanham 1985, 63–91 | Borthwick, M., The Changing Role of Women in Bengal, 1849–1905, Princeton 1984 | Butakov, A. I., Tagebuch der Aralsee-Expedition 1848/49, Zell 2008 | Cassis, Y., Metropolen des Kapitals. Die Geschichte der internationalen Finanzzentren 1780–2005, Hamburg 2007 | Ch'en, J., China and the West: Society and Culture 1815–1917, London 1979 | Daum, P., Immigrés de force. Les travailleurs indochinois en France, 1939–1952, Paris 2009 | Daus, R., Großstädte Außereuropas, 3 Bde., Berlin 1990–97 | –, Banlieue. Freiräume in europäischen und außereuropäischen Großstädten, 2 Bde., Berlin 2002–03 | –, Neue Stadtbilder – Neue Gefühle, 3 Bde., Berlin 2011–12 | Dawson, A., Mongrel Nation: Diasporic Culture and the Making of Post-colonial Britain, Ann Arbor 2007 | Eckert, A./Frasch, T., Bibliographisches zum Thema [Metropolen], in: Periplus 6 (1996) 125–31 | Fieldhouse, D. K., The West and the Third World: Trade, Colonialism, Dependence and Development, Oxford 1999 | Grove, R. H., Green Imperialism: Colonial Expansion, Tropical Island Edens, and the Origins of Environmentalism, 1600–1860, Cambridge 1995 | –, Ecology, Climate, and Empire: Colonialism and Global Environmental History, Cambridge 1997 | –/Damodaran, V./Sangwan, S. (Hg.), Nature and the Orient: The Environmental History of South and Southeast Asia, Delhi 1998 | Gründer, H./Johanek, P. (Hg.), Kolonialstädte – Europäische Enklaven oder Schmelztiegel der Kulturen? Münster 2001 | Hilton, M. 2009 | Home, R., Of Planting and Planning: The Making of British Colonial Cities, London 1997 | Husa, K./Jordan, R./Wohlschlägl, H. (Hg.), Ost und Südostasien zwischen Wohlfahrtsstaat und Eigeninitiative, Wien 2008 | Iriye, A. (Hg.), Geschichte der Welt, Bd. 6: 1945 bis Heute. Die globalisierte Welt, München 2013 | Kettenacker, L., Das Empire schlägt zurück. Die farbigen Minderheiten in Großbritannien, in: Archiv für Sozialgeschichte 32 (1992) 161–79 | Low, D. A., The Egalitarian Moment: Asia and Africa, 1950–1980, Cambridge 1996 | Mackenzie, J. M., The Empire of Nature: Hunting, Conservation and British Imperialism, Manchester 1988 | – (Hg.), Imperialism and the Natural World, Manchester 1990 | Marx, C., Globalizing Cities: Ethnicity and Racism in Vancouver and Johannesburg in the First Wave of Globalization, in: Butler, M./Gurr, J. M./Kaltmeier, O. (Hg.), EthniCities, Trier 2011, 13–27 | Maskiell, M., Social Change and Social Control: College-Educated Punjabi Women 1913 to 1960, in: MAS 19 (1985) 55–84 | McKeown, A., Melancholy Order: Asian Migration and the Globalization of Borders, New York 2008 | Menzel, U., Das Ende der Dritten Welt und das Scheitern der großen Theorie, Frankfurt 1992 | Miège, J.-L./Dubois, C. (Hg.), L'Europe retrouvée. Les migrations de la décolonisation, Paris 1994 | O'Brien, P./Escosura, L. P. de la, European Balance Sheet for the Acqusition, Retention and Loss of European Empires Overseas, in: Itinerario 23, 3–4 (1999) 25–52 | Oltmer, J., Globale Migration. Geschichte und Gegenwart, München 2012 | O'Malley, L. S. S. (Hg.), Modern India and the West, Oxford 1941 | Otto, I./Schmidt-Dumont, M., Frauenfragen im modernen Orient. Eine Auswahlbibliographie, Hamburg 1982 | Randeria, S./Eckert, A. (Hg.), Vom Imperialismus zum Empire, Frankfurt 2009 | Rönnbäck, K., Who Stood to Gain from Colonialism? In: Itinerario 33, 3 (2009) 135–54 | Ross, R. J./Telkamp, G. J. (Hg.), Colonial Cities, Den Haag 1985 | Schweizer, G., Abkehr vom Abendland. Östliche Traditionen gegen westliche Zivilisation, Hamburg 1986 | Shaxson, N., Poisoned Wells: The Dirty Politics of African Oil, New York 2007 | Siriwardena, R. (Hg.), Equality and the Religious Tradition of Asia, London 1987 | Southall, R./Melber, H. (Hg.), A New Scramble for Africa? Imperialism, Investment and Development, Scotsville 2009 | Southard, B., Bengal Woman's Education League: Pressure Group and Professional Association, in: MAS 18 (1984) 55–88 | Spellman, W. M., Uncertain Identity: International Migration since 1945, London 2008 | Urry, J., Offshoring, Cambridge 2014 | Visram, R., Asians in Britain: 400 Years of History, London 2002 | Wilkins, M., The Emergence of Multinational Enterprise: American Business Abroad from the Colonial Era to 1914, Cambridge, MA 1970 | –, The Maturing of Multinational Enterprise: American Business Abroad from 1914 to 1970, 2. Aufl., Cambridge, MA 1975 | Yergin, D., Der Preis. Die Jagd nach Öl, Geld und Macht, Frankfurt 1991.

政治和国家政权

Andresen, H., Staatlichkeit in Afrika, Frankfurt 2010 | Asafa, J., Oromia and Ethiopia: State Formation and Ethno-National Conflict, 1868–1992, Boulder 1993 | Beit-Hallahmi, B., Schmutzige Allianzen. Die geheimen Geschäfte Israels, München 1988 | Berman, B./Eyoh, D./Kymlicka, W. (Hg.), Ethnicity and Democracy in Africa, Oxford 2004 | Beucher, B., Naaba Saaga II et Kougri, rois de Ouagadougou. Un Pére et son fils dans la tourmente coloniale plus postcoloniale (1942–1982), in: OM 99, 1 (2011) 99–109 | Branch, D., Kenya: Between Hope and Despair, 1963–2011, New Haven, CT 2011 | Brandstetter, A.-M./Neubert, D. (Hg.), Postkoloniale Transformation in Afrika, Münster 2002 | Brass, P. R., The Production of Hindu-Muslim Violence in Contemporary India, Seattle, 2003 | Brosius, C., Empowering Visions: The Politics of Representation in Hindu Nationalism, London 2005 | Büschel, H./Speich, D. (Hg.), Entwicklungswelten. Globalgeschichte der Entwicklungszusammenarbeit, Frankfurt 2009 | Chabal, P. u. a., A History of Postcolonial Lusophone Africa, London 2002 | Comaroff, J. L. u. J., Ethnicity, Inc., Chicago 2009 | Cooper, F., Africa since 1940, 10. Aufl., Cambridge 2008 | Dibengue, A., Zur Vormachtstellung Frankreichs im frankophonen Afrika, Aachen 1993 | Eberhardt, M., Zwischen Nationalsozialismus und Apartheid. Die deutsche Bevölkerungsgruppe Südwestafrikas 1915–1965, Münster 2007 | Falola, T., Macht, Status und Einfluss von Yoruba-Chiefs in historischer Perspektive, in: Periplus 4 (1994) 51–67 | Feichtinger, M./Hainzl, G. (Hg.), Krisenmanagement in Afrika, Köln 2008 | Fisch, J., Die europäische Expansion und das Völkerrecht. Die Auseinandersetzung über den Status der überseeischen Gebiete vom 15. Jahrhundert bis zur Gegenwart, Stuttgart 1984 | –, Nationalsprache und Volksbildung in Indonesien, in: Internationale Schulbuchforschung 6, 3–4 (1984) 301–310 | Gieler, W. (Hg.), Die Außenpolitik der Staaten Afrikas, Paderborn 2007 | Hellmann-Rajanayagam, D./Rothermund, D. (Hg.), Nationalstaat und Sprachkonflikt in Süd- und Südostasien, Stuttgart 1992 | Herbst, J., States and Power in Africa, Princeton 2000 | Herren, M. 2009 | Hilger, A./Unger, C. R. (Hg.), India in the World since 1947, Frankfurt 2012 | Hippler, J. (Hg.), Nation-Building. Ein Schlüsselkonzept für friedliche Konfliktbearbeitung? Bonn 2004 | Hopkins, A. G., The New Economic History of Africa, in: JAfH 50 (2009) 155–77 | Hyden, G., African Politics in Comparative Perspective, New York 2006 | Jones, B., Beyond the State in Rural Uganda, Edinburgh 2009 | Keese, A. (Hg.), Ethnicity and the Long-term Perspective: The African Experience, Bern 2010 | Kibreab, G., Eritrea: A Dream Deferred, Oxford 2009 | King, C. R., One Language, Two Scripts: The Hindi Movement in 19th-Century North India, Bombay 1994 | Kippenberg, H. G., Gewalt als Gottesdienst. Religionskriege im Zeitalter der Globalisierung, München 2008 | Koenen, S. L., Korupsi. Korruption in Indonesien, Bremen 2009 | Kohli, A. (Hg.), The Success of India's Democracy, Cambridge 2001 | Kundu, A., Militarism in India: The Army and Civil Society in Consensus, London 1998 | Lewis, I. M., A Modern History of Somalia, 4. Aufl., London u. a. 2002 | Lindberg, S. I., Democracy and Elections in Africa, Baltimore 2006 | Löhr, I./Wenzlhuemer, R. (Hg.), The Nation State and Beyond, Berlin 2013 | Marfaing, L./Reinwald, B. (Hg.), Afrikanische Beziehungen, Netzwerke und Räume, Münster 2001 | Michler, W., Weißbuch Afrika, Bonn 2001 | Monson, J., Africa's Freedom Railway: How a Chinese Development Project Changed Lives and Livelihoods in Tanzania, Bloomington 2009 | Oberdorfer, B./Waldmann, P. (Hg.), Machtfaktor Religion, Köln 2012 | Parker, J./Reid, R. (Hg.), The Oxford Handbook of Modern African History, Oxford 2013 | Perrot, C.-H./Fauvelle-Aymar, F.-X. (Hg.), Le retour des rois. Les autorités traditionelles et l'Etat en Afrique contemporaine, Paris 2003 | Pitcher, A. M., Transforming Mozambique: The Politics of Privatization, 1975–2000, Cambridge 2002 | Power, J., Political Culture and Nationalism in Malawi: Building Kwacha, Rochester 2010 | Reid, R. J., History of Modern Africa: 1800 to the Present, Oxford 2009 | Reinhard, W., Geschichte der Staatsgewalt. Eine vergleichende Verfassungsgeschichte Europas von den Anfängen bis zur Gegenwart, 3. Aufl., München 2002 | –, Die Nase der Kleopatra. Geschichte im Lichte mikropolitischer Forschung. Ein Versuch, in: HZ 293 (2011) 631–66 | Rempe, M., Entwicklung und Konflikt. Die EWG und der Senegal 1957–1975, Köln 2012 | Reyels, L., Die Entstehung des ersten Vertrags von Lomé im deutsch-französischen Spannungsfeld 1973–1975, Baden-Baden 2008 | Rothermund, D., Indien. Aufstieg einer asiatischen Weltmacht, München 2008 | Rouvez, A., Disconsolate Empires: French, British and Belgian Military Involvement in Post-Colonial Sub-Saharan Africa, Lanham 1994 | Rüdiger, K. H., Die Namibia-Deutschen, Stuttgart 1993 | Sadiki, L., Rethinking Arab Democratization: Elections without Democracy, Oxford 2009 | Schlichte, K., Der Staat in der Weltgesellschaft, Frankfurt 2005 | Schmitz, E., Politische Herrschaft in Burkina Faso [...] 1960–1987, Freiburg 1990 | Scholler, H., Staat, Politik und Menschenrechte in Afrika, Münster 2007 | Schubert, F., Das Erbe des Kolonialismus oder: warum es in Afrika keine Nationen gibt, in: www.zeitgeschichte-online.de Juni 2010 | Schuppert, G. F., Staat als Prozess, Frankfurt 2010 | Shillington, K. (Hg.), Encyclopedia of African History, 3 Bde., New York 2005 | Souaïdia, H., Schmutziger Krieg in Algerien. Bericht eines Ex-Offiziers der Spezialkräfte der Armee (1992–2000), Zürich 2001 | Spear, T., Neo-Traditionalism and the Limits of Invention in British Colonial Africa, in: JAfH 44 (2003) 3–27 | Titley, B. E., Dark Age: The Political Odyssey of Emperor Bokassa, Montreal u. a. 2002 | Trotha, T. v., Die Zukunft liegt in Afrika. Vom Zerfall des Staates, von der Vorherrschaft der konzentrischen Ordnung und vom Aufstieg der Parastaatlichkeit, in: Leviathan 28, 2 (2000) 253–79 | Vahsen, U., Eurafrikanische Entwicklungskooperation. Die Assoziierungspolitik der EWG gegenüber dem subsaharischen Afrika in den 1960er Jahren, Stuttgart 2010 | Van der Veen, R., What Went Wrong with Africa, Amsterdam 2004 | Van der Veer, P., Religious Nationalism: Hindus and Muslims in India, Berkeley 1994 | Van Rouveroy van Nieuwaal, E. A. B./Van Dijk, R. (Hg.), African Chieftaincy in a New Socio-Political Landscape, Münster 1999 | Vaughan, O., Nigerian Chiefs: Traditional Power in Modern Politics, 1890s–1990s, Rochester, NY 2000 | Wagner, C., Die *verhinderte* Großmacht. Die Außenpolitk der Indischen Union 1947–1998, Baden-Baden 2005 | Waites, B., South Asia and Africa after Independence, Basingstoke 2012 | Waldmann, P., Der anomische Staat. Über Recht, öffentliche Sicherheit und Alltag in Lateinamerika, Opladen 2002 | Walsch, C., Die Afrikapolitik Frankreichs 1956–1990, Frankfurt 2007 | Willis, J., The Creolization of Authority in Condominium Sudan, in: JAfH 46 (2005) 29–50 | Wilson, A. J., Sri Lankan Tamil Nationalism: Its Origins and Development in the 19th and 20th Centuries, London 1999 | Zachariah, B., Playing the Nation Game: The Ambiguities of Nationalism in India, Delhi 2011.

文化和宗教

Abbassi, D. (Hg.), Le sport dans l'empire français, un instrument de domination coloniale? In: OM 97, 2 (2009) 5–161 | Abegg, L., Ostasien denkt anders, Zürich 1949 | Adas, M., Machines as the Measure of Men: Science, Technology, and Ideologies of Western Dominance, Ithaca 1989 | – (Hg.), Technology and European Overseas Enterprise, Aldershot 1996 | Adler, M. K., Pidgins, Creoles, and Linguas francas: A Sociolinguistic Study, Hamburg 1977 | Aldrich, R., Colonialism and Homosexuality, Lanham 2003 | –/McKenzie, K. 2014 | Anderson, J. D. S./Coulson, N. J., Islamic Law in Contemporary Change, in: Saeculum 18 (1967) 13–92 | Anker, R./Buvinic, M./Youssef, N. H., Women's Role and Population Trends in the Third World, London 1988 | Arnold, D., Colonizing the Body: State Medicine and Epidemic Disease in Nineteenth-Century India, Los Angeles 1993 | Ayalon, A., Semantics and the Modern History of Non-European Societies, in: HJ 28 (1985) 821–34 | Bala, A. (Hg.), Asia, Europe, and the Emergence of Modern Science: Knowledge Crossing Boundaries, New York 2012 | Barjot, D./Boiteux, M. (Hg.), L'électrification outremer de la fin du XIXe siècle aux premières décolonisations, in: OM 89, 1 (2002) 7–660 | Bauer, A., Die soziolinguistische Status- und Funktionsproblematik von Reduktionssprachen, Frankfurt 1975 | Becker, H.-J., Die frühe Nietzsche-Rezeption in Japan (1893–1903). Ein Beitrag zur Individualisierungsproblematik im Modernisierungsprozess, Wiesbaden 1983 | Belfanti, C. M., Was Fashion a European Invention? In: JGH 3 (2008) 419–43 | Bell, D. A./Chaibong, H. (Hg.), Confucianism for the Modern World, Cambridge 2003 | Benedict, R., The Chrysanthemum and the Sword: Patterns of Japanese Culture, Boston 1946, Ndr. 1977 | Bennett, M., Passage through India: Global Vaccination and British India, 1800–1805, in: JICH 35 (2007) 201–20 | Berger, K., Japonismus in der westlichen Malerei 1860–1920, München 1980 | Bibliotheca Sanctorum, Bd. 2, Rom 1962 | Blavatsky, H. P., Die Geheimlehre, London 1975 | Burland, C. A./Forman, W., So sahen sie uns. Das Bild der Weißen in der Kunst der farbigen Völker, Wien 1968 | Capra, F., Das Tao der Physik. Die Konvergenz von westlicher Wissenschaft und östlicher Philosophie, 2. Aufl., München 1984 | Dikötter, F., Nationalism and Sexuality in China, in: Itinerario 18, 2 (1994) 10–21 | Dumoulin, H., Buddhismus der Gegenwart, Freiburg 1970 | –, Das Problem des Bösen im Buddhismus, in: Saeculum 31 (1980) 78–91 | Ebert, H.-G., Rechtsreformen in der arabischen Welt am Beispiel des Personalstatuts, in: JEÜG 10 (2010) 189–214 | Eckart, W. U., Medizin und Kolonialimperialismus. Deutschland 1884–1945, Paderborn 1997 | Ende, W./Steinbach, U. (Hg.), Der Islam in der Gegenwart, 2. Aufl., München 1989 | Exotische Welten – Europäische Phantasien, 3 Bde., Stuttgart 1987 | Franklin, J. J., The Lotus and the Lion: Buddhism and the British Empire, Ithaca 2008 | Fuchs, M./Linkenbach, A./Reinhard, W. (Hg.), Individualisierung durch christliche Mission? Wiesbaden 2015 | Glasenapp, H. v., Der Buddhismus in der Krise der Gegenwart, in: Saeculum 4 (1953) 250–66 | –, Altindische und modern-abendländische Elemente im heutigen Hindutum, in: Saeculum 6 (1955) 307–28 | Govinda, A. [Hoffmann, E. L.], Lebendiger Buddhismus im Abendland, Bern u. a. 1986 | Grunebaum, G. E. v., Das geistliche Problem der Verwestlichung in der Selbstsicht der arabischen Welt, in: Saeculum 10 (1959) 289–326 | Hacker, I., Die künstlerischen Beziehungen zwischen Japan und der westlichen Welt seit der Mitte des 19. Jahrhunderts, in: Saeculum 16 (1965) 283–95 | Hacker, P., Schopenhauer und die Ethik des Hinduismus, in: Saeculum 12 (1961) 366–99 | Halbfass, W., Indien und Europa, Stuttgart 1981 | Hammerschmidt, H., Waren aus Übersee in Dramen und Gemälden, in: Forschung. Mitteilungen der DFG 1980, 1, 13–16 | Harris, L. J., Modern Times: The Meaning of Dates and Calendars in Modern China, 1895–1935, in: IIAS Newsletter 48 (2008) 20 | Harrison, M., Public Health in British India: Anglo-Indian Preventive Medicine, 1859–1914, Cambridge 1994 | –, Medicine in an Age of Commerce and Empire: Britain and Its Tropical Colonies, 1660–1830, Oxford 2010 | Hay, S. N., Asian Ideas of East and West: Tagore and His Critics in Japan, China, and India, Cambridge, MA 1970 | Hayot, E./Takahashi, K. (Hg.), East-West: Asia and World Literature, in: Comparative Literature Studies 47, 3 (2010) 263–395 | Headrick, D. R., The Tentacles of Progress: Technology Transfer in the Age of Imperialism, 1850–1940, New York u. a. 1988 | [Hobson-Jobson] A Glossary of Colloquial Anglo-Indian Words and Phrases, and of Kindred Termes, Etymological, Historical, Geographical and Discursive by Col. Henry Yule and A. C. Burnell [1886], 2nd Edition by William Crook, London 1903, Ndr. 1994 | Höfert, A. u. a. (Hg.), Geschlechtergeschichte global, in: L'homme 2012, 2 (2013) 5–135 | Hoppe, K. A., Lords of the Fly: Sleeping Sickness Control in British East Africa, 1900–1960, Westport 2003 | Huang, J., Humanism in East Asian Confucian Contexts, Bielefeld 2010 | Hymes, D. (Hg.), Pidginization and Creolization of Languages, Cambridge 1968 | Ihsanoglu, E. (Hg.), Transfer of Modern Science and Technology to the Muslim World, Istanbul 1992 | –, Science, Technology and Learning in the Ottoman Empire, Aldershot 2004 | Iliffe, J., East African Doctors: A History of a Modern Profession, Cambridge 1998 | –, Honour in African History, Cambridge 2005 | Isobe, H., Medizin und Kolonialgesellschaft. Die Bekämpfung der Schlafkrankheit in den deutschen *Schutzgebieten* vor dem Ersten Weltkrieg, Münster

2009 | Iwamura, J. N., Virtual Orientalism: Asian Religions and American Popular Culture, Oxford 2011 | Jammes, J., Le Saint-Siège caodaïste de Tay Ninh et le médium Pham Cong Tac (1890–1959). Millénarisme, prosélytisme et oracles politiques en Cochinchine, in: OM 94, 2 (2006) 2009–48 | Jannetta, A., The Vaccinators: Smallpox, Medical Knowledge, and the *Opening* of Japan, Stanford 2007 | Jones, A. (Hg.), Außereuropäische Frauengeschichte, Pfaffenweiler 1990 | Kachru, B. B., The Indianization of English: The English Language in India, Delhi 1983 | Kachru, Y./Nelson, C. L. (Hg,), World Englishes in Asian Contexts, Hongkong 2006 | King, C. R. 1994 | Knauss, P. R., The Persistence of Patriarchy: Class, Gender, and Ideology in Twentieth Century Algeria, New York 1987 | Körber, S., Die *Verteufelung* des Ego und des Verstandes bei Rajneesh, in: Saeculum 34 (1983) 351–62 | Kopf, D., The Brahmo Samaj and the Shaping of the Modern Indian Mind, Princeton 1979 | Koschorke, K. (Hg.), Außereuropäische Christentumsgeschichte, in: Periplus 16 (2006) 1–161 | Krech, V./Steinicke, M. (Hg.), Dynamics in the History of Religions between Asia and Europe, Leiden 2012 | Kulke, H., Geschichtsschreibung und Geschichtsbild im hinduistischen Mittelalter, in: Saeculum 30 (1979) 100–12 | Kumar, D., Probing History of Medicine and Public Health in India, in: IHR 37 (2010) 259–73 | Labib, S., Grundlagen der Nationbildung im arabischen Orient, in: Saeculum 15 (1964) 350–64 | Lal, P., Militants, Mothers, and the National Family: *Ujamaa*, Gender, and Rural Development in Postcolonial Tanzania, in: JAfH 51 (2010) 1–20 | Lanczkowski, G., Zur Unterscheidung biblischen und indischen Denkens, in: Saeculum 8 (1957) 110–19 | Lanzona, V. A./Rettig, T., Women Warriors in Asia, in: IIAS Newsletter 48 (2008) 3–15 | Lee, E.-J., Konfuzius interkulturell gelesen, Nordhausen 2008 | Lee, H., Revolution of the Heart: A Genealogy of Love in China, 1900–1950, Stanford 2007 | Levine, P., Prostitution, Race, and Politics: Policing Venereal Disease in the British Empire, New York u. a. 2003 | –, Gender and Empire, New York u. a. 2004 | Lin, K., Westlicher Geist im östlichen Körper? *Medea* im interkulturellen Theater Chinas und Taiwans, Bielefeld 2010 | Littmann, E., Morgenländische Wörter im Deutschen, 2. Aufl., Tübingen 1924 | Loimeier, R. (Hg.), Seuchen im subsaharischen Afrika, in: Periplus 21 (2011) 4–197 | –, Muslim Societies in Africa: A Historical Anthropology, Bloomington 2013 | Lyons, L./Ford, M. (Hg.), Transnational Marriage in Asia, in: IIAS Newsletter 45 (2007) 1–9 | Lyons, M., A Colonial Disease: A Social History of Sleeping Sickness in Northern Zaïre, 1900–1940, Cambridge 1992 | MacLeod, M. J./Rawski, E. S. (Hg.), European Intruders and Changes in Behaviour and Customs in Africa, America, and Asia before 1800, Aldershot 1998 | MacMaster, N., Burning the Veil: The Algerian War and the „Emancipation" of Muslim Women, 1954–62, Manchester 2009 | Majumdar, B./Mehta, N., India and the Olympics, London 2009 | Mangan, J. A., The Games Ethic and Imperialism: Aspects of the Diffusion of an Ideal, London 1998 | Marx, C., Ubu und Ubuntu. Zur Dialektik von Apartheid und Nation-Building, in: Saeculum 52, 1 (2001) 91–120 | Meisel, J. (Hg.), Langues en contact, Tübingen 1977 | Miller, R. A., Levels of Speech (keigō) and the Japanese Linguistic Response to Modernization, in: Shively, D. H. (Hg.), Tradition and Modernization in Japanese Culture, Princeton 1971, 601–67 | Mitter, P., Art and Nationalism in Colonial India, 1850–1922: Occidental Orientations, Cambridge 1994 | Nagel, T., Muslime und die Säkularisierung. Die Furcht vor dem Ungewissen, in: Slenczka, N. (Hg.), Unverfügbare Voraussetzungen des modernen Staates, Berlin 2013, 73–95 | Nanni, G., The Colonization of Time: Ritual, Routine and Resistance in the British Empire, Manchester 2012 | Nihalani, P. u. a., Indian and British English: A Handbook of Usage and Pronunciation, 2. Aufl., Delhi 2004 | Notz, K.-J., Der Buddhismus in Deutschland in seinen Selbstdarstellungen. Eine religionswissenschaftliche Untersuchung zur religiösen Akkulturationsproblematik, Frankfurt 1984 | Nye, J. F., Soft Power: The Means of Success in World Politics, New York 2004 | Pennycook, A., Global Englishes and Transcultural Flows, London 2007 | Potthast-Jutkeit, B. (Hg.), Familienstrukturen in kolonialen und postkolonialen Gesellschaften, Münster 1997 | Quecke, K., Der indische Geist und die Geschichte, in: Saeculum 1 (1950) 362–79 | Ramanna, M., Indian Attitudes towards Western Medicine: Bombay, a Case Study, in: IHR 27 (2000) 44–55 | Rao, G. S., Indian Words in English, Oxford 1954, Ndr. 1969 | Rau, W., Die indische Staatssprache während der letzten fünf Jahre, in: Saeculum 6 (1955) 180–85 | Reinhard, W., Missionare, Humanisten und Indianer im 16. Jahrhundert. Ein gescheiterter Dialog zwischen Kulturen? Regensburg 1993 | –, Globalisierung des Christentums? Heidelberg 2007 | Roces, M./Edwards, L., Transactional Flows and the Politics of Dress in Asia, in: IIAS Newsletter 46 (2008) 1–13 | Romein, J., Das Jahrhundert Asiens. Geschichte des modernen asiatischen Nationalismus, Bern 1958 | Ruggiu, F.-J. (Hg.), The Uses of First Person Writings: Africa, America, Asien, Europe, New York 2013 | Sansom, G. B., The Western World and Japan: A Study in the Interaction of European and Asian Cultures, New York 1950 | Sardar, Z., The Future of Muslim Civilization, 2. Aufl., London 1987 | Sarkisyanz, M., Zur buddhistischen Geistesgeschichte des birmanischen Sozialismus, in: Saeculum 15 (1964) 260–72 | Schaeder, H. H., Die Orientforschung und das abendländische Geschichtsbild, in: ders., Der Mensch in Orient und Okzident, München 1960, 397–423 | Schäfer, J. (Hg.), Commonwealth-Literatur, Düsseldorf 1981 | Schlehe, J./Rehbein, B. (Hg.), Religion und die Modernität von Tradition in Asien, Münster 2008 | Schweizer, G. 1986 | Sedlar, J. W., India in the Mind of Germany: Schelling, Schopenhauer, and their Times, Washington 1982 | Sheel, R., The Political Economy of Dowry: Institutionalization and Expansion in North India, Delhi 1999 | Sieferle, R. P. (Hg.), Familiengeschichte. Die europäische, chinesische und islamische Familie im historischen Vergleich, Münster 2008 | Sinha, M., Suffragism and Internationalism: The Enfranchisement of British and Indian Women under an Imperial State, in: IESHR 36 (1999) 461–88 | Slaje, W., Textkultur und Tötungspraxis. Historische und aktuelle Aspekte *traditionsverankerten* Frauentötens in Indien, in: Reinhard, W. (Hg.), Sakrale Texte. Hermeneutik und Lebenspraxis in den Schriftkulturen, München 2009, 193–215 | Smil, V., Two Prime Movers of Globalization: History and Impact of Diesel Engines and Gas Turbines, in: JGH 2 (2007) 373–94 | Smith, I. C., Peasant Time and Factory Time in Japan, in: PP 111 (1986) 166–97 | Spieß, O., Orientalische Kultureinflüsse im Abendland, Braunschweig 1949 | Standaert, N., The Jesuits' Preaching of the Buddha in China, in: China Mission Studies Bulletin 9 (1987) 38–41 | Stange, H. O. H., Chinesische und abendländische Philosophie, in: Saeculum 1 (1950) 380–96 | Steiner, R., Geheimwissenschaft im Umriss (1910), 26. Aufl., Stuttgart 1955 | –, Westliche und östliche Weltgegensätzlichkeit (1922), Dornach 1981 | Stephenson, G., Ansätze zum geschichtlichen Denken im Reformwerk Swami Vivekanandas, in: Saeculum 23 (1972) 90–108 | Stoddart, B., Sport, Cultural Imperialism, and Colonial Response in the British Empire, in: CSSH 30 (1988) 649–73 | Suzuki, D. T., Der westliche und der östliche Weg, Berlin 1960 | –, Die große Befreiung, Frankfurt 1975 | –, Leben aus dem Zen, Frankfurt 1982 | Thundy, Z. P. (Hg.), Religions in Dialogue: East and West Meet, Lanham u. a. 1985 | Tibi, B., Die Krise des modernen Islam, Frankfurt 1991 | –, Der Islam und das Problem der kulturellen Bewältigung sozialen Wandels, Frankfurt 1991 | Todd, L., Modern Englishes, Oxford 1984 | Trauzettel, R., Probleme der Modernisierung in Ostasien, in: Saeculum 26 (1975) 191–204 | –, Modernisierung der Logik und Logik der Modernisierung, in: Saeculum 30 (1979) 304–15 | Tsurumi, S., A Cultural History of Postwar Japan, London u. a. 1984 | Valdman, A. (Hg.), Pidgin and Creole Linguistics, Bloomington u. a. 1977 | Van der Veer, P. (Hg.), Conversion to Modernities: The Globalization of Christianity, New York 1996 | –, Gods on Earth: Religious Experience and Identity in Ayodhya, Delhi 1997 | –, The Modern Spirit of Asia: The Spiritual and the Secular in China and India, Princeton 2014 | Vanita, R., Eloquent Parrots: Mixed Language and the Example of Hinglish and Rekhti, in: IIAS Newletter 50 (2009) 16 f. | Verma, R., Western Medicine, Indigenous Doctors and Colonial Medical Education, in: Itinerario 19, 3 (1995) 130–41 | Vie des Saints, Bd. 11, Paris 1954 | [Vivekananda] The Complete Works of Swami Vivekananda, 4 Bde., Mayrati 1965–66 | Walker, I. H., The Hui'O He'e Nalu and Hawaiian Resistance to Colonialism, in: PHR 74 (2005) 575–602 | Wendorff, R., Dritte Welt und westliche Zivilisation, Opladen 1984 | Wichmann, S., Japonismus. Ostasien-Europa. Begegnungen in der Kunst des 19. und 20. Jahrhunderts, Herrsching 1980 | Wolff, H. E., Die afrikanischen Sprachen im 21. Jahrhundert, in: JEÜG 7 (2007) 189–219 | Zimmermann, J. H., Die Zeit in der chinesischen Geschichtsschreibung, in: Saeculum 23 (1972) 332–50.

认知、反省和占有

Abbassi, D., Entre Bourguiba et Hannibal. Identité tunisienne et histoire depuis l'indépendance, Paris 2005 | Asante, M. K., The History of Africa: The Quest for Eternal Harmony, New York 2007 | Banton, M., Destroy? *Migrate*? Conceal? British Strategies for the Disposal of Sensitive Records of Colonial Administration at Independence, in: JICH 40, 2 (2012) 321–35 | Burton, A., Empire in Question: Reading, Writing, and Teaching Imperial History, Durham, NC 2011 | Cluet, M. (Hg.), La fascination de l'Inde en Allemagne 1800–1933, Rennes 2004 | Demel, W., Wie die Chinesen gelb wurden. Ein Beitrag zur Frühgeschichte der Rassentheorien, in: HZ 255 (1992) 625–66 | Deutsch, J.-G.,/Wirz, A. (Hg.), Geschichte in Afrika. Einführung in Probleme und Debatten, Berlin 1997 | Dikötter, F., The Construction of Racial Identities in China and Japan, London 1997 | Ekpo, D., From Negritude to Post-Africanism, in: Third Text 24, 2 (2010) 177–87 | Etemad, B., Crimes et réparations. L'occident face à son passé, Brüssel 2008 | Falola, T., Nationalism and African Intellectuals, Rochester, NY 2001 | Ferro, M. (Hg.), Le livre noir du colonialisme, XVIe–XXIe siècle. De L'extermination à la repentance, Paris 2004 | Goethe, J. W. v., Maximen und Reflexionen (Werke, Bd. 12), München 1981 | Gomes, B./Schicho, W./Sonderegger, A. (Hg.), Rassismus. Beiträge zu einem vielgesichtigen Phänomen, Wien 2008 | Gordon, D. C., Images of the West: Third World Perspectives, Totowa 1989 | Halbfass, W. 1981 | Howe, S. (Hg.), The New Imperial Histories Reader, Abingdon 2010 | Irwin, R., For Lust of Knowing: The Orientalists and their Enemies, London 2006 | Jabbar, N., Historiography and Writing Postcolonial India, London 2009 | Lindner, U. u. a. (Hg.), Hybrid Cultures – Nervous States: Britain and Germany in a (Post)Colonial World, Amsterdam 2010 | MacDonald, R. H., The

Language of Empire: Myths and Metaphors of Popular Imperialism, Manchester 1994 | Mann, M., Sinnvolle Geschichte. Historische Repräsentationen im neuzeitlichen Südasien, Heidelberg 2009 | Michaels, A./Mishra, A. (Hg.), Manusmrti. Manus Gesetzbuch, Berlin 2010 | Mishra, P., Aus den Ruinen des Empire. Die Revolte gegen den Westen und der Wiederaufstieg Asiens, Frankfurt 2013 | Poliakov, L., Der arische Mythos, Hamburg 2000 | Rothermund, D. (Hg.), Aneignung und Selbstbehauptung. Antworten auf die europäische Expansion, München 1999 | Trautmann, T. R., Aryans and British India, Berkeley 1997 | Van der Veer, P., Imperial Encounters: Religion and Modernity in India and Britain, Princeton 2001 | Völkel, M., Geschichtsschreibung, Köln 2006 | Walker, C. E., We Can't Go Home Again: An Argument about Afrocentrism, New York u. a. 2001 | Webster, W., Englishness and Empire, 1939–1963, Oxford 2005 | Winks, R. W./Rush, J. R. (Hg.), Asia in Western Fiction, Manchester 1990 | Woolf, D. R. (Hg.), A Global History of History, Cambridge 2011.

附录一　地图与插图说明

插图3　C. W. Troll, Die Chinamission im Mittelalter, in: Franziskanische Studien 1/2, [1967]
插图4　Public domain
插图6　Björn Landström: Segelschiffe. Von den Papyrusbooten bis zu den Vollschiffen in Wort und Bild, Gütersloh 1970
插图7　J. Vicens Vives: Historia de España y America, Bd. 2, Barcelona 1961
插图8　© Wolfgang Reinhard
插图9　© Wolfgang Reinhard
插图10　J. Vicens Vives: Historia de España y America, Bd. 2, Barcelona 1961
插图11　J. Vicens Vives: Historia de España y America, Bd. 2, Barcelona 1961
插图12　© Wolfgang Reinhard
插图13　© Wolfgang Reinhard
插图21　© Wolfgang Reinhard
插图22　© Wolfgang Reinhard
插图23　Björn Landström: Segelschiffe. Von den Papyrusbooten bis zu den Vollschiffen in Wort und Bild, Gütersloh 1970
插图27　Dietmar Rothermund: Europa und Asien im Zeitalter des Merkantilismus, Darmstadt 1978
插图28　Entwurf: Johannes Müller nach: K. N. Chaudhuri: The Trading World of Asia and the English East India Company, 1660–1760, Cambridge 1978
插图31　Dietmar Rothermund: Europa und Asien im Zeitalter des Merkantilismus, Darmstadt 1978
插图35　British Library, London, UK/© British Library Board/Bridgeman Images, Berlin
插图36　Privatsammlung/Bridgeman Images, Berlin
插图37　De Agostini Picture Lib./G. Dagli Orti/akg-images, Berlin
插图38　Entwurf: Wolfgang Reinhard nach: Charles Gibson: The Aztecs Under Spanish Rule, Stanford 1964
插图41　J. Vicens Vives: Historia de España y America, Bd. 3, Barcelona 1978
插图42　Album/Oronoz/akg-images, Berlin
插图43　Album/Oronoz/akg-images, Berlin
插图45　Sammlung Rauch/Interfoto, München
插图46　John V. Murra/Rolena Adorno/Jorge L. Urioste (Hg.): Felipe Guaman Poma de Ayala. Nueva crónica y buen gobierno, © Historia 16, Madrid 1987
插图47　Album/Oronoz/akg-images, Berlin
插图48　Album/Oronoz/akg-images, Berlin
插图49　M. Haubert: La vie quotidienne au Paraguay sous les Jésuites, Paris 1967
插图51　Wolfgang Joost (Hg.): Die wundersamen Reisen des Caspar Schmalkalden nach West- und Ostindien 1642–1652, Leipzig 1983
插图55　Christian Degn: Die Schimmelmanns im atlantischen Dreieckshandel. Gewinn und Gewissen, Neumünster 1974
插图59　David J. Silverman, „We Chuse to Be Bounded“: Native American Animal Husbandry in Colonial New England, in: WMQ 60, 3 (2003)
插图62　Roland und Sabrina Michaud/akg-images, Berlin

插图63 © Wolfgang Reinhard
插图67 Wolfgang Lindig/Mark Münzel: Die Indianer. Kulturen und Geschichte der Indianer Nord-, Mittel- und Südamerikas, München 1976
插图74 C. Dewey/A. G. Hopkins (Hg.): The Imperial Impact, London 1978
插图75 W. M. F. Mansvelt/P. Creutzberg: Changing Economy in Indonesia. A Selection of Statistical Source Material from the Early 19th Century up to 1940, Bd. 1, Den Haag 1975
插图77 M. G. Mori: The First Japanese Mission to America (1860). Being a Diary Kept by a Member of the Embassy, Kobe, Japan 1937
插图84 Cambridge History of Africa, Bd. 7, Cambridge 1986

地图： © Angelika Solibieda, cartomedia, Karlsruhe

德国 C.H.Beck 出版社声明：因未能确定所有图片权利人的身份，如有知情，恳请告知，我社将依照规定相应作出补偿。

附录二　地名与人名索引
（此部分页码为德语原书页码，即本书页边码。）

索引由 Alexander Goller 制作

图书在版编目（CIP）数据

征服世界：一部欧洲扩张的全球史，1415-2015（全三册）/（德）沃尔夫冈·赖因哈德著；周新建，皇甫宜均，罗伟译. -- 北京：社会科学文献出版社，2022.6（2025.4重印）
ISBN 978-7-5201-9022-0

Ⅰ. ①征… Ⅱ. ①沃… ②周… ③皇… ④罗… Ⅲ. ①欧洲－历史－研究－1415-2015 Ⅳ. ①K500.7

中国版本图书馆CIP数据核字（2021）第184271号

征服世界：一部欧洲扩张的全球史，1415~2015（全三册）

著　　者 / ［德］沃尔夫冈·赖因哈德
译　　者 / 周新建　皇甫宜均　罗　伟

出 版 人 / 冀祥德
组稿编辑 / 段其刚
责任编辑 / 周方茹
文稿编辑 / 陈嘉瑜　陈旭泽
责任印制 / 岳　阳

出　　版 / 社会科学文献出版社·教育分社（010）59367069
地址：北京市北三环中路甲29号院华龙大厦　邮编：100029
网址：www.ssap.com.cn
发　　行 / 社会科学文献出版社（010）59367028
印　　装 / 北京盛通印刷股份有限公司

规　　格 / 开　本：889mm × 1194mm　1/32
印　张：60.25　字　数：1483 千字
版　　次 / 2022年6月第1版　2025年4月第2次印刷
书　　号 / ISBN 978-7-5201-9022-0
著作权合同登记号 / 图字01-2016-5309号
审 图 号 / GS（2022）1391号
定　　价 / 388.00元（全三册）

读者服务电话：4008918866